Comentario Bíblico Moody

ANTIGUO
TESTAMENTO

Comentario Bíblico Moody

ANTIGUO TESTAMENTO

CHARLES F. PFEIFFER, EDITOR GENERAL

EDITORIAL
PORTAVOZ

La misión de *Editorial Portavoz* consiste en proporcionar productos de calidad —con integridad y excelencia—, desde una perspectiva bíblica y confiable, que animen a las personas a conocer y servir a Jesucristo.

Título del original: *Wycliffe Bible Commentary: Old Testament*, redactado por Charles F. Pfeiffer, © 1962 por Moody Bible Institute, Chicago, Illinois y publicado por Moody Press.

Edición en castellano: *Comentario Bíblico Moody: Antiguo Testamento*, © 1993 por Editorial Portavoz, filial de Kregel, Inc., Grand Rapids, Michigan 49505. Todos los derechos reservados.

Traducción: Santiago Escuain

EDITORIAL PORTAVOZ
2450 Oak Industrial Drive NE
Grand Rapids, Michigan 49505 USA

Visítenos en: www.portavoz.com

ISBN 978-0-8254-5696-1

2 3 4 5 / 25 24 23 22 21 20 19

Impreso en los Estados Unidos de América
Printed in the United States of America

CONTENIDO

PREFACIO DE LOS EDITORES

(Cómo utilizar este libro)

El enfoque

El *Comentario Bíblico Moody: Antiguo Testamento y Nuevo Testamento* (2 tomos) es un comentario escrito y editado por una cantidad de eruditos que representan una amplia sección del cristianismo protestante. Dentro de los límites de su más de un millon y cuarto de palabras, intenta tratar el texto entero del Antiguo y Nuevo Testamentos frase por frase. Además, aparecen por lo general resúmenes de las principales secciones de cada libro de la Biblia en relación con los principales encabezamientos del bosquejo. Así, el lector puede tener una visión de conjunto y una consideración detallada de un pasaje de las Escrituras de forma simultánea.

En los comentarios de los varios libros los escritores presentan los resultados del propio estudio cuidadoso y personal que ellos han hecho. Pero también han preservado algo de las mejores obras de los antiguos comentaristas y han utilizado los atisbos de la erudición contemporánea. Mientras que infunden al todo un nuevo estilo, manifiestan al mismo tiempo su fe inamovible en la divina inspiración de las Sagradas Escrituras.

Aunque el texto bíblico utilizado en la preparación de este comentario es el de Reina-Valera 1960, varios de los escritores han hecho sus propias traducciones de los libros sobre los que han trabajado. En ocasiones *utilizan frases de sus propias traducciones en el texto de los comentarios*. Para comodidad del lector, toda la fraseología bíblica aparece en letras negritas, así como todos los números de los versículos. De esta manera se distinguen bien los números de los versículos de los números del bosquejo. En los casos en los que el comentarista prefiere emplear una variación de la traducción en lugar de la versión Reina-Valera, se identifica la fuente de la variación. Mientras que los comentarios de los varios libros enfatizan la interpretación de las palabras mismas de las Escrituras, cada uno de ellos incluye una breve consideración introductoria de la paternidad del libro, fecha de redacción, marco histórico, y similares. A fin de proveer al lector con más información histórica, se ha incluido una breve relación de la historia del período intertestamentario.

A fin de mejorar la apariencia de la página impresa, los pronombres que se refieren a la deidad (que aparecen con mucha frecuencia) no se ponen en mayúsculas, excepto cuando ello es necesario para evitar ambigüedades en el significado. También, se utiliza frecuentemente, como traducción de la palabra hebrea *YHWH*, la palabra *Jehová*. Pero en algunos casos los contribuyentes prefirieron utilizar la forma Yahvé, que está ganando las preferencias entre los eruditos bíblicos.

El objetivo básico de este comentario es la determinación del significado de las Escrituras. Por ello no se trata, hablando estrictamente, ni de un tratamiento devocional ni técnico exegético. Trata de presentar el mensaje bíblico de tal manera que el estudiante serio de la Biblia halle una ayuda extensiva dentro de estas páginas.

Los contribuyentes a este comentario representan a un total de más de quince orígenes denominacionales. Entre los cuarenta y ocho comentaristas se hallan profesores en veinticinco centros de educación superior cristiana. Con tal variedad de orígenes, es de esperar que los contribuyentes difieran entre ellos en algunos asuntos de interpretación. No se ha llevado a cabo ningún esfuerzo para llevar estas diferencias a una conformidad total. Por ello, el lector descubrirá algunas diferencias de enfoque en casos tales como pasajes paralelos en los Evangelios y en los libros de Reyes y de Crónicas.

La bibliografía

Cada uno de los libros en este comentario va acompañado de una bibliografía. Ocasionalmente, cuando un autor ha tratado libros relacionados (p.ej., 1 y 2 Pedro; 1 y 2 Tesalonicenses; Esdras, Nehemías y Ester), él ha elegido disponer toda su bibliografía en una sola lista. En tales casos, el lector es dirigido a la lista bibliográfica completa.

El hecho de que un comentarista haya incluido un título determinado no significa que

7

lo recomiende como totalmente conservador o totalmente exacto. Los comentaristas han includo tanto las obras a las que ellos se han referido como aquellas que creen que serán de utilidad al lector. Hemos añadido una lista de libros publicados en español.

Debido a que muchos lectores se hallarán interesados en tener conocimiento de comentarios conservadores de toda la Biblia o de secciones mayores de ella, se mencionan aquí unas pocas de las principales obras. Viejos favoritos son el *Comentario Exegético y Explicativo de la Biblia* de Jamieson, Fausset y Brown (2 tomos, El Paso: Casa Bautista de Publicaciones) y el *Comentario Exegético Devocional a Toda la Biblia* (12 tomos, Terrassa: Editorial CLIE) de Matthew Henry. Un comentario más reciente de un solo volumen que ha disfrutado de amplia utilidad es el *Nuevo Comentario Bíblico*, editado por D. Guthrie, J. A. Motyer, A. M. Stibbs, y D. J. Wiseman (El Paso: Casa Bautista de Publicaciones).

El estudioso que esté interesado en temas de introducción bíblica, tales como paternidad literaria, fechas, circunstancias de redacción, y similares, encontrará útiles los siguientes libros: *Nuevo Manual Bíblico de Unger* de Merrill F. Unger (Grand Rapids: Editorial Portavoz); *Compendio Manual de la Biblia* de Henry H. Halley (Grand Rapids: Editorial Portavoz); y *Reseña Crítica de una Introducción al Antiguo Testamento* de Gleason L. Archer (Editorial Portavoz). Un atlas especialmente útil de la Biblia desde la perspectiva conservadora es el *Atlas Bíblico de Bolsillo*, preparado por Charles F. Pfeiffer (Deerfield, FL.: Editorial Vida).

Contribuyentes

Génesis: Kyle M. Yates, Sr., Th.D., Ph.D., Profesor de Antiguo Testamento, Universidad de Baylor, Waco, Texas.

Éxodo: Philip C. Johnson, Th.D., Profesor de Biblia, Gordon College, Beverly Farms, Massachusetts.

Levítico: Robert O. Coleman, Th.D., Profesor Adjunto de Introducción Bíblica, Seminario Teológico Bautista Southwestern, Fort Worth, Texas.

Números: Elmer Smick, S.T.M., Ph.D., Profesor de Lenguas Muertas, Instituto Superior y Seminario Teológico Covenant, San Luis, Missouri.

Deuteronomio: Meredith G. Kline, Th.M., Ph.D., Profesor Adjunto de Antiguo Testamento, Seminario Teológico Westminster, Filadelfia, Pennsylvania.

Josué: John Rea, A.M., Th.D., Profesor de Antiguo Testamento, Instituto Bíblico Moody, Chicago, Illinois.

Jueces: Charles F. Pfeiffer, Th.M., Ph.D., Profesor de Antiguo Testamento, Gordon Divinity School, Beverly Farms, Massachusetts.

Rut: Charles F. Pfeiffer (*ver* Jueces)

1 y 2 Samuel: Fred E. Young, B.D., Ph.D., Profesor de Antiguo Testamento, Seminario Teológico Bautista Central, Kansas City, Kansas.

1 Reyes: John T. Gates, S.T.D., Profesor de Biblia y de Filosofía, St. Paul Bible College, St. Paul, Minnesota.

2 Reyes: Harold Stigers, Ph.D., Instructor en Lenguas Muertas, Instituto Superior y Seminario Teológico Covenant, San Luis, Missouri.

1 y 2 Crónicas: J. Barton Payne, A.M., Th.D., Profesor Adjunto de Antiguo Testamento, Escuela Graduada del Instituto Superior Wheaton, Wheaton, Illinois.

Esdras, Nehemías, y Ester: John C. Whitcomb, Jr., Th.D., ex-profesor de Antiguo Testamento y Director de estudios post-graduados, Seminario Teológico Grace, Winona Lake, Indiana.

Job: Meredith G. Kline (*ver* Deuteronomio).

Salmos: Kyle M. Yates, Jr., Th.D., Profesor Adjunto de Antiguo Testamento y Arqueología Bíblica, Seminario Teológico Bautista Golden Gate, Mill Valley, California.

Proverbios: R. Laird Harris, Th.M., Ph.D., Profesor de Antiguo Testamento, Instituto Superior y Seminario Teológico Covenant, San Luis, Missouri.

Eclesiastés: Robert Laurin, Th.M., Ph.D. Profesor de Antiguo Testamento y de Hebreo, Seminario Teológico Bautista de California, Covina, California.

Cantar de los Cantares: Sierd Woudstra, Th.D., pastor, Iglesia Reformada Cristiana Calvin, Ottawa, Ontario, Canadá.

Isaías: Gleason L. Archer, Jr., B.D., Ph.D., Profesor de Lenguas Semíticas y del Antiguo Testamento, Trinity Evangelical Divinity School, Deerfield, Illinois.

Jeremías: John F. Graybill, B.D., Ph.D., Director, Departamento de Biblia y de Teología, Barrington College, Barrington, Rhode Island.

Lamentaciones: Ross Price, M.Th., D.D., Profesor de Teología, Instituto Superior Pasadena, Pasadena, California.

Ezequiel: Anton T. Pearson, Th.D., Profesor de Lenguas del Antiguo Testamento y Literatura, Instituto Superior y Seminario Bethel, St. Paul, Minnesota.

Daniel: Robert D. Culver, Th.D., Profesor de Biblia, Instituto Superior Northwestern, Minneapolis, Minnesota.

Oseas: Charles F. Pfeiffer (*ver* Jueces)

Joel: Derward Deere, Th.D., Profesor de Interpretación del Antiguo Testamento, Seminario Teológico Bautista Golden Gate, Mill Valley, California.

Amos: Arnold C. Schultz, M.A., Th.D., Profesor de Antiguo Testamento y Arqueología, Seminario Teológico Bautista Northern, Chicago, Illinois.

Abdías y Jonás: G. Herbert Livingston, B.D., Ph.D., Profesor de Antiguo Testamento, Seminario Teológico de Asbury, Wilmore, Kentucky.

Miqueas: E. Leslie Carlson, A.M., Th.D., Profesor de Introducción Bíblica y Lenguas Semíticas, Seminario Teológico Bautista Southwestern, Fort Worth, Texas.

Nahum: Charles L. Feinberg, Th.D., Ph.D., Decano y Profesor de Lenguas Semíticas y de Antiguo Testamento, Seminario Teológica Talbot, La Mirada, California.

Habacuc: David W. Kerr, Th.D., Decano y Profesor de Interpretación del Antiguo Testamento, Gordon-Conwell Theological Seminary, Beverly Farms, Massachusetts.

Sofonías: H. A. Hanke, Th.D., Profesor de Biblia, Instituto Superior Asbury, Wilmore, Kentucky.

Hageo: Charles L. Feinberg (*ver* Nahum)

Zacarías: Charles L. Feinberg (*ver* Nahum)

Malaquías: Burton L. Goddard, Th.D., Director de la Biblioteca y Profesor de Lenguas Bíblicas y Exégesis, Gordon-Conwell Theological Seminary, Beverly Farms, Massachusetts.

Entre Malaquías y Mateo: Charles F. Pfeiffer (*ver* Jueces).

Abreviaturas

a. Libros de la Biblia.

1. AT. Gn Ex Lv Nm Dt Jos Jue Rt
   1 S 2 S 1 R 2 R 1 Cr 2 Cr Esd
   Neh Est Job Sal Pr Ecl Cnt Is Jer
   Lm Ez Dn Os Jl Am Abd Jon
   Mi Nah Hab Sof Hag Zac Mal
2. NT. Mt Mr Lc Jn Hch Ro 1 Co 2 Co
   Gá Ef Fil Col 1 Ts 2 Ts 1 Ti
   2 Ti Tit Flm He Stg 1 P 2 P 1 Jn
   2 Jn 3 Jn Jud Ap

b. Apócrifos.

I Esd (I Esdras); II Esd (II Esdras); Tob (Tobit); Sab (Sabiduría de Salomón); Sir (La Sabiduría de Jesús el Hijo de Sirach, o Eclesiástico); Bel (Bel y el Dragón); I Mac (I Macabeos); II Mac (II Macabeos).

c. Revistas, obras de referencia, diccionarios y versiones de la Biblia.

ANET	*Ancient Near Eastern Texts*, editado por Pritchard
ASV	American Standard Version
AV	Authorized Version (versión del Rey Jaime)
BA	*Biblical Archaeology*
BASOR	*Bulletin*, American Schools of Oriental Research
BDB	Brown, Driver, Briggs, *Hebrew-English Lexicon of the Old Testament*
BJ	Biblia de Jerusalén, versión
BLA	Biblia de las Américas, versión
BS	*Bibliotheca Sacra*
BV	Berkeley, versión de
CBSC	*Cambridge Bible for Schools and Colleges*
ERV	English Revised Version (1881)
ExpB	*The Expositor's Bible*
HDB	*Hastings' Dictionary of the Bible*
ICC	*International Critical Commentary*
ISBE	*International Standard Bible Encyclopaedia*
JBL	*Journal of Biblical Literature*

JFB	Jamieson, Fausset, y Brown, *Comentario Exegético y Explicativo de la Biblia*
JNES	*Journal of Near Eastern Studies*
Jos	Josefo, Flavio, *Las Antigüedades; Las Guerras; Los Escritos Esenciales*
JPS	Jewish Publication Society Version of the Old Testament
JTS	*Journal of Theological Studies*
KB	Koehler and Baumgartner, *Lexicon in Veteris*
KD	Keil and Delitzsch, *Commentary on the Old Testament*
LXX	*Septuaginta*
NC	Nacor-Colunga, versión de
RSV	Revised Standard Version
RV	Reina-Valera 1960, versión
RVA	Reina-Valera Actualizada, versión
TM	Texto Masorético
VM	Versión Moderna
VT	*Vetus Testamentum*
WTJ	Westminster Theological Journal
ZAW	*Zeitschrift für die alttestamentliche Wissenschaft*

d. Otras

a.C.	antes de Cristo
AT	Antiguo Testamento
art.	artículo
c.	*circa* (alrededor de)
cap/caps.	capítulo(s)
cm.	centímetro(s)
com.	Comentario
cp.	comparar, ver
d.C.	después de Cristo
et al	y otros
gr.	griego
heb.	hebreo
ibid	*allí mismo (obra citada)*
i.e.	*id est* (esto es)
intr.	introducir
Intro.	Introducción
kg.	kilogramas
km.	kilómetro(s)
lit.	literalmente
m.	metro(s)
marg.	margen, lectura alternativa
MS./MSS.	manuscrito(s)
NT	Nuevo Testamento
N.t.	nota del traductor
op. cit.	obra citada
p.ej.	por ejemplo
p./pp.	página, páginas
Pal.	Palabra
par.	párrafo
pl.	plural
pulg.	pulgadas
s./ss.	siguiente(s)
sg.	siglo
sing.	singular
v./vv.	versículo(s)

Transliteración

Las palabras hebreas y griegas han sido transliteradas según la siguiente pauta:

Griego	Hebreo		
	Consonantes[1]		Vocalización[2]

Griego

α – a
ᾳ – â
ε – e
η – ē
ῃ – ê
ο – o
ω – ō
ῳ – ô
ζ – z
θ – th
ξ – x
υ – y
φ – ph
χ – ch
ψ – ps
' – h

Consonantes[1]

א – '   ם מ – m
ב בּ – b   ן נ – n
ג גּ – g   ס – s
ד דּ – d   ע – '
ה – h   ף פ – p
ו – w   ץ צ – ṣ
ז – z   ק – q
ח – ḥ   ר – r
ט – ṭ   שׁ – sh
י – y   שׂ – ś
ך כ – k   ת תּ – t
ל – l

Vocalización[2]

בָה – bâ   בְ – bo[3]
בּוֹ – bô   בֻ – bu[3]
בּוּ – bû   בְ – be
בֵּ – bê   בִ – bi[3]
בֶּ – bè   בַ – bă
בִּ – bî   בֹ – bŏ
בָ – bā   בֶ – bĕ
בֹ – bŏ   בְ – b•
בֻ – bū   בָה – bāh
בֵ – bē   בָא – bā'
בִ – bī   בֶה – bēh
בַ – ba   בָה – beh

[1] No se indica el *dagesh lene*. El *dagesh forte* se representa doblando la letra.
[2] Esta es una *ecuación ortográfica* y no una representación científica.
[3] En sílabas cerradas.

GÉNESIS

INTRODUCCIÓN

Título. La palabra Génesis se introdujo en el castellano mediante el latín, siendo originalmente griega. En la Septuaginta (LXX), constituía el encabezamiento del primer libro de la Biblia. La palabra significa "origen, o engendramiento". La palabra hebrea *ber'ēshîth*, traducida "en [el] principio", es la primera palabra en la Biblia hebrea. Se utiliza frecuentemente para designar el libro del Génesis.

Naturaleza. Génesis es el libro de los orígenes. Da un majestuoso relato de los orígenes de todo lo que el Creador llamó a la existencia. Da respuesta a las preguntas del hombre con respecto al origen del mundo, y de la vida vegetal, animal, y humana. Habla de la constitución de la familia, de la entrada del pecado, del otorgamiento de la revelación divina, del crecimiento y desarrollo de la raza humana, y de la inauguración del plan de Dios para llevar a cabo la redención mediante su pueblo escogido. Presenta e ilustra verdades eternas, y da solución a enigmas y misterios y situaciones confusas a la luz de la voluntad de Dios para su pueblo. En un lenguaje claro y lleno de significado, el escritor expone los planes revelados de Dios y sus propósitos, y las maravillas de sus tratos con los hombres.

Génesis lleva al lector hacia atrás, al momento todo importante de la creación cuando el Creador omnipotente dio existencia por su palabra a las incomparables maravillas del sol, la luna, las estrellas, los planetas, las galaxias, las plantas, y las criaturas móviles, y a aquel a quien hizo a su imagen. En estos cincuenta capítulos el escritor inspirado desarrolla el drama de la creación. Cuenta cómo se introdujo el pecado de manera furtiva e implacable trayendo la ruina, deformación, y muerte; revela los trágicos frutos del pecado en la patética derrota de nuestros primeros padres; y más tarde muestra la maldad acumulada de los hombres atrayendo la destrucción y la casi aniquilación de la sociedad humana. En el nuevo comienzo el escritor sigue el crecimiento de la nueva raza, y por fin las conmovedoras vidas de Abraham, Isaac, Jacob, y de los hijos de Jacob. El libro acaba con la muerte de José en la tierra de Egipto.

Génesis 1–11 presenta el relato de la historia del hombre desde la creación hasta el comienzo de la vida de Abraham. Génesis 12—50 relata los tratos de Dios con su pueblo escogido: Abraham, Isaac, Jacob, José, y los descendientes de ellos. A lo largo de la narración, el principal objetivo del autor es el de exponer los propósitos de Jehová en la creación y en la guía providencial de su pueblo escogido. No es sólo Génesis, sino que toda la Biblia muestra que por medio de este pueblo el Señor ha buscado revelar Su naturaleza y sus caminos al mundo, y establecer su santa voluntad sobre la tierra, y comunicar sus "buenas nuevas" de redención a todos los hombres. Las naciones y los individuos se mencionan y describen en este libro solamente en tanto que entran dentro del sublime plan y propósito de Dios. Los sumerios, los hititas (o heteos), los babilonios, y los asirios, entran en escena siempre que la historia de ellos afecta a la del pueblo escogido, de manera breve, a fin de exhibir el propósito de Dios para el mundo. En cada paso, el Espíritu busca dar una revelación clara a los hombres de todas las épocas. En este drama de rápido movimiento, se desarrollaba el plan de Dios.

Paternidad. Se puede afirmar con seguridad que Moisés es el autor responsable de este libro. Es el primer libro del Pentateuco, que tanto la Escritura como la tradición atribuyen a Moisés. Sería difícil hallar un hombre en todo el período de la historia de Israel que estuviera más cualificado para escribir esta historia. Instruido en "toda la sabiduría de los egipcios" (Hch 7:22), Moisés fue preparado de forma providencial para comprender todos los registros disponibles, manuscritos y narraciones orales. Como profeta al que se le concedió el desacostumbrado privilegio de largas horas de comunión reposada con Dios en el Sinaí, estaba bien equipado para registrar para todas las generaciones el registro de Dios de Su actividad a través de las edades. ¿Qué otra persona a lo largo de los siglos poseyó tales poderes y tal fe, y gozó de tal comunión estrecha con Jehová?

El descubrimiento, en tiempos modernos, de registros tan remotos como las Cartas de El Amarna, de la literatura ugarítica (o de Ras Shamra), y de las tabletas de arcilla cocida de Mesopotamia (Mari y Nuzu), ha posibilitado a los eruditos la reconstrucción del marco histórico y cultural del registro bíblico, y ha posibilitado también el descubrimiento de cómo era la vida en Egipto, Palestina y Mesopotamia durante la época bíblica. Con mucha probabilidad, fueron muchos los registros orales y escritos disponibles, llegando hasta muy atrás en la antigüedad, que pudo examinar aquel distinguido erudito hebreo, cuya educación egipcia y cuyos estudios post-graduados en la región del Monte Sinaí le hicieron consciente de las corrientes significativas del mundo. Según la tradición judía, cuando el gran escriba Esdras volvió de Jerusalén a Babilonia, llevando consigo los manuscritos hebreos del Antiguo Testamento, se puso a trabajar con una prodigiosa energía, preservando, copiando, y editando los antiguos materiales en su posesión.

El Génesis y la ciencia. Si el estudioso espera hallar en Génesis un relato científico de cómo vino a existir el mundo, con la respuesta a todas las preguntas acerca de la vida primitiva dada en un lenguaje técnico con el que está familiarizado el profesor o el estudiante de ciencias, quedará defraudado. El Génesis no constituye un intento de tratar ni de dar respuesta a cuestiones técnicas. Trata de asuntos mucho más allá del reino de la ciencia. El autor trata de ponernos en contacto con el Dios eterno, y de revelar el significado sagrado de su existencia, de su propósito, y de sus tratos con sus criaturas al llevar a cabo su santa voluntad. Este libro, tan notable por su profundidad y exaltación moral, su dignidad y grandeza, presenta al Dios eterno obrando, preparando un lugar en el que puedan vivir y crecer sus amadas criaturas y revelar la gloria divina.

BOSQUEJO

I. **Los tempranos principios. 1:1 — 11:32.**
  A. La creación. 1:1 — 2:25
  B. La tentación y la caída. 3:1–24
  C. Los dos hermanos. 4:1–26
  D. Set y sus descendientes. 5:1–32
  E. El pecado y el diluvio. 6:1 — 8:22
  F. La posterior vida de Noé, y sus descendientes. 9:1 — 10:32

  G. La torre de Babel. 11:1–32

II. **Los patriarcas. 12:1 — 50:26.**
  A. Abraham. 12:1 — 25:18
  B. Isaac. 25:19 — 26:35
  C. Jacob. 27:1 — 36:43
  D. José. 37:1 — 50:26

COMENTARIO

I. Los tempranos principios. 1:1 — 11:32.

A. *La creación. 1:1 — 2:25.*

Dios es el Creador de todas las cosas. Desde el mismo arranque en el Libro del Génesis, el enfoque de la potente luz de la revelación se centra sobre el Omnipotente. El es el Principio, la Causa, la Fuente de todo lo que existe. El dio ser a todas las cosas y personas que tenían que participar en su plan para las edades. Toda la materia necesaria para su obra posterior fue milagrosamente creada por El.

1. En [el] principio (*ber'ēshîth*). El autor lleva al lector muy atrás en el tiempo, hacia los insondables confines de la eternidad, aunque el lenguaje le es insuficiente al tratar de sugerir el estado de cosas antes de que existiera el tiempo. No da ninguna indicación de una fecha tangible para este **principio.** Su relato llega atrás en el tiempo antes de que puedan haber fechas para los eventos. **Creó Dios.** La sublime certeza de la revelación se basa en esta poderosa afirmación. Dios lo hizo. No se podría declarar nada más asombroso. *'Elōhîm* es la palabra normalmente usada para nombrar a "Dios" en hebreo, arameo y árabe. Es en realidad de forma plural, pero se utiliza con un verbo en el singular. Quizás el plural quede mejor explicado como indicando "plenitud de poder" o dignidad excepcional e ilimitada grandeza. En éste se hallan unidos todos los poderes de la eternidad y de la infinitud.

Creó (*bārā*) es un verbo utilizado exclusivamente de Dios. El hombre no podría llegar a los poderes inherentes a esta palabra, porqu describe puramente un milagro. Por el poder soberano, originativo, de Dios algo absolutamente nuevo recibió el ser. **Los cielos y la tierra.** Aquí el autor centra el interés sobre todas las áreas del mundo arriba, abajo, y alrededor. En esta frase incluye el universo completo tal como era conocido (o pudiera llegarse a conocer) por los hebreos, y toda la materia prima necesaria para hacer los soles, los planetas, las estrellas, las nebulosas, las galaxias, las moléculas, los átomos, los electrones, y todas las cosas y seres específicos de la tierra.

Los científicos revelan que nuestra galaxia contiene más de 100 mil millones de estrellas, y que nuestro sol está a 250 billones de kilómetros del centro de nuestra galaxia. Nuestra galaxia pertenece a una pequeña agrupación de 19 galaxias, la más cercana de las cuales está a 30 millones de años luz (280 trillones de km.). Nuestros científicos investigadores, con su utilización de poderosos telescopios, han mostrado, con una seguridad razonable, que existen más de mil millones de galaxias. La estimación de la cantidad de estrellas en estas galaxias ronda los 100.000 billones. El poder luminoso de una galaxia es igual a 400 millones de soles. Al contemplar el hombre esta vasta creación y al comparar lo que ve con el relato inspirado de su origen, su corazón tiene que elevarse de maravilla. Reconoce la mano de Dios en la belleza y orden del sistema solar y en el poder en el núcleo del átomo. Sea que contemple el sol (positivamente cargado) sosteniendo los planetas (negativamente cargados), o sea que examine el núcleo del átomo (cargado positivamente) en el centro que mantiene a cada electrón (negativamente cargado) bajo su influencia, percibe la sabiduría, poder y grandeza de Dios. A la luz de todo esto, el hombre reverente se inclina ante el Creador en maravilla y genuina dedicación, y derrama adoración, alabanza y acción de gracias sin restricciones. La sublime creación del Señor es aquel ser, sumamente amado, que él eligió crear a su propia imagen.

2. La tierra estaba desordenada y vacía (*tōhû wābōhû*). El autor inspirado centra rápidamente su atención sobre la tierra, porque su historia tiene que ver con los planes de Dios y su provisión para la vida humana en este planeta. Describe la tierra en su estado inacabado. Había material en abundancia para toda obra que Dios quisiera crear, aunque en un estado caótico: desordenado, informe, en tinieblas. Seis días plenos de creatividad iban a hacer cambios tremendos. El propósito de Dios no podía quedar satisfecho hasta que su toque milagroso hubiera hecho algo concreto de

aquel caos. Incluso las tinieblas (a menudo asociada en las Escrituras con la maldad) tenía que ser hecha sujeta a su voluntad. **El Espíritu de Dios se movía** (*rûan...merăhepet*). Estas palabras ilustran la energizante presencia de Dios, tocando y envolviendo el caos y la inacabada tierra, al prepararse él para completar su creación. Como una ave dedicada a sus polluelos, revoloteaba alrededor, derramando su amor sobre un mundo acabado de nacer.

3. Y dijo Dios: Sea la luz. El autor presenta la primera palabra creativa de Dios. Con una increíble facilidad y una consciencia deliberada de ello, el Dios omnipotente dio existencia a la luz. Habló su palabra, e instantáneamente se cumplió su voluntad (Sal 33:6, 9). La luz fue la respuesta de Dios al dominio de las tinieblas. Fue el primer acto positivo de Dios para completar el programa total de su creación. Sin ella, los otros pasos no hubieran tenido significado. El apóstol Juan nos dice que "Dios es luz" (1 Jn 1:5). **4. Vio Dios...que era buena.** Cuando el Creador contempló el producto de su voluntad, lo halló perfectamente bueno y admirable; y quedó complacido. Esta afirmación se repite siete veces. Cada uno de los actos creativos de Dios fue perfecto, completo, satisfactorio, complaciente. Es cosa buena recordar que esta era la misma luz que el hombre ve y disfruta en la actualidad.

5. La tarde y la mañana. En el libro del Génesis la tarde siempre precede a la mañana. La creación de la luz finalizó el reinado de las tinieblas e introdujo el primer día. Ya que esto era un tiempo antes de la creación del sol y de la luna no es correcto hablar de días verdaderos de veinticuatro horas hasta después de aquel punto en el programa del creador. Aquí la referencia es a un día de Dios, y no a un día ordinario limitado por minutos y horas. Al comienzo de cada acto de creación recibe el nombre de mañana, y el cierre de aquel acto específico recibe el nombre de tarde.

6. Haya expansión en medio de las aguas. La palabra hebrea *rāqî'a* representa algo batido o prensado de manera que se extienda sobre una gran superficie. Aquí el escritor sugiere una expansión sobre la tierra, sosteniendo grandes cantidades de agua para ser liberadas en forma de lluvia.

9. Descúbrase lo seco. Hasta entonces, las aguas lo cubrían todo. No obstante, al tercer día el Señor hizo la tierra y el reino vegetal. Por su divino poder hizo que la masa terrestre emergiera de la gran masa de aguas, y formó la tierra (cp. Sal 104:6–8; Job 38:8–11). Del suelo, al mandato expreso de Dios, la vegetación viva surgió, y pronto cubrió la tierra con su hermosura y con su provisión de alimento a las criaturas vivientes.

14. Haya lumbreras. La palabra hebrea *me'ōr'ot* describe las lumbreras o instrumentos de iluminación. Mediante estas lumbreras, la tierra recibió la luz necesaria para mantener la vida. Tenían que **señorear** sobre el día y la noche (v. 16), ser para señales para las estaciones, y para alumbrar sobre la tierra. El relato pone en claro que Dios las *hizo*, y que después las *dispuso* en sus lugares. Según el plan divino, el sol, la luna y las estrellas recibieron el ser para llevar a cabo su voluntad específica.

20. Produzcan las aguas enjambres de seres vivientes. Este versículo describe la repentina aparición de muchedumbres de seres alados y de peces. Fueron designados para proveer otra demostración visible del poder del Creador. Con la aparición de ellos, apareció la vida sobre la tierra, y también la actividad. Y además, hubo una sucesión sin fin de criaturas vivientes, todas ellas hechas por la poderosa mano de Dios.

21. Los grandes monstruos marinos. Lit., animales *alargados* que se arrastran, gatean, o deslizan sobre la tierra, como serpientes, anguilas, peces, y dragones. **22.** El Señor infundió su bendición sobre estos y les mandó: **fructificad y multiplicaos.** El progreso de la actividad creativa de Dios se dirigía ascendientemente hacia la creación del hombre.

26. Hagamos al hombre. El momento supremo de la creación llega ahora cuando Dios crea al hombre. La narración presenta a Dios convocando la corte celeste, o a los otros dos miembros de la Trinidad, para centrar toda la atención en este evento. No obstante, hay algunos comentaristas que interpretan el plural como un "plural majestático", indicando dignidad y grandeza. La forma plural de la palabra Dios, *'Elōhîm*, puede explicarse de forma semejante. Se presenta al Señor manteniendo una deliberación desacostumbrada ante un asunto repleto de significado.

A nuestra imagen (*ṣelem*), **conforme a nuestra semejanza** (*demût*). Aunque estos sinónimos tienen significados separados, no aparece aquí ningún esfuerzo por presentar diferentes aspectos del ser de Dios. Es patente que el hombre, tal como Dios le hizo, era diferente de una manera distintiva de los animales ya creados. Estaba situado a un nivel muy distinto, porque Dios le había creado para ser inmortal, y le hizo una imagen especial de Su propia eternidad. El hombre era una criatura con la que su Hacedor podía relacionarse y tener compañerismo y comunión. Por otra parte, el Señor podía esperar del hombre que le

respondiera y que le fuera responsable. El hombre estaba constituído para tener el privilegio de la elección, incluso hasta el punto de desobedecer a su Creador. Tenía que ser el representante responsable de Dios y el administrador de la tierra, para llevar a cabo la voluntad del Creador, y cumplir el propósito creativo. A esta criatura se le iba a conceder el dominio sobre el mundo (cp. Sal 8:5-7). Le fue dada la comisión de señorear (*kābash*, "pisar por encima de") la tierra, y de seguir el plan de Dios llenándola de gente. Esta sublime criatura, con sus increíbles privilegios y pesadas responsabilidades, tenía que vivir y moverse a la manera de un rey.

31. Bueno en gran manera (*tôb meōd*). Cuando el Señor contempló el resultado completo de sus actos creativos, expresó una delicia peculiar y una satisfacción extremada. Todo en el universo, desde la mayor estrella hasta la hoja más pequeña de hierba, le dio gozo a su corazón. Era una hermosa sinfonía. La satisfacción del Creador se expresa aquí en un lenguaje terso, pero vívido.

2:1, 2. Acabados *kâlâh....***reposó** (*shābāt*)....**santificó** (*kādăsh*). Cuando el Creador pronunció su aprobación sobre todo lo que él había hecho, incluyendo al hombre, la corona de la creación, declaró la obra acabada. Por ahora, no iba a dedicarse a ninguna creación más. No obstante, *santificó* un día de descanso total. La palabra hebrea *shābāt* puede traducirse como "desistió" o "cesó" o "cortó". Durante este tiempo incluso Dios descansó de la actividad creadora (cp. Éx 20:11; 31:17). **3. El séptimo día** fue puesto aparte para ser santificado y honrado a lo largo de los años como recordatorio de que Dios ha señalado un período de descanso, de refrigerio, y de cesación completa de todo trabajo, esfuerzo y luchas ordinarias.

4. Estas son las generaciones (*tôledôt*). La palabra hebrea viene de un verbo que significa *engendrar* o *parir niños*. Podría traducirse como "engendramientos". Esta afirmación puede ser una referencia a Génesis 1. La LXX traduce así, *Este es el libro del Génesis*. Los hay que lo traducirían de la siguiente manera: *La historia de los cielos y de la tierra*. Así se representa la descendencia de los cielos y de la tierra.

Jehová Dios. Por primera vez aparece el nombre Yahvé, o Jehová (cp. Éx 6:2, 3). Jehová es el Dios personal del pacto con Israel, que a la vez es el Dios de los cielos y de la tierra. El nombre connota la propia existencia eterna del Autor de toda existencia. Es una expresión de la misericordia de Dios, de su gracia, su señorío, y de su relación eterna con los propios escogidos suyos que han sido creados a su imagen. La especial relación de Jehová con Israel será descrita mucho más distintivamente cuando él aparezca en la zarza ardiendo cerca del Sinaí. Aquí el Autor de la vida queda identificado con el divino Creador de Génesis 1.

6. Acostumbraba a subir de la tierra un vapor...y regaba. A fin de preparar la tierra para su obra señalada, el Creador proveyó humedad. La traducción usual se refiere a una llovizna muy fina o a una niebla. Es posible que la palabra traducida **vapor** en la RV (*'ēd*) pudiera traducirse como "río" o "corriente". Sería preferible el primer significado. En todo caso, el **vapor** constituía la forma en que Dios obraba su voluntad acerca de la tierra. Se expresa una acción contínua.

7. Jehová Dios formó (*yāṣār*) **al hombre del polvo de la tierra.** De nuevo se unen los dos nombres de Dios en la expectativa del evento que iba a marcar el inicio de una era. Se utiliza la palabra *yāṣār* para dar la idea de un alfarero dedicado a su trabajo, moldeando con sus manos el plástico material que sostienen (cp. Jer 18:3, 4). Se utiliza el mismo versículo para ilustrar la conformación de un pueblo o de una nación. El cuerpo del hombre fue formado del polvo del suelo, mientras que su espíritu vino del mismo "aliento" de Dios. Es, literalmente, una criatura de dos mundos; tanto la tierra como el cielo pueden demandarle. Señálense las tres afirmaciones: **Jehová formó** (*yāṣār*) **al hombre del polvo...Jehová Dios sopló** (*nāpaḥ*) **en su nariz aliento de vida...fue** [vino a ser— *ḥāyāh*] **el hombre un ser viviente.** El primer paso fue de gran importancia, pero el polvo humedecido se hallaba muy lejos de ser un hombre, hasta que se consumó el segundo milagro. Dios comunicó su propia vida a aquella masa inerte de sustancia que El había previamente creado y moldeado hasta conformarla. El aliento divino penetró el material y lo transformó en un ser viviente. Aquella extraña combinación de polvo y deidad produjo una maravillosa creación (cp. 1 Co 15:47–49), hecha en la propia imagen de Dios. Como ser viviente, el hombre estaba destinado a revelar las cualidades del Dador de la vida.

Este lenguaje de las Escrituras no sugiere que el hombre portara una semejanza física al Creador. Más bien, él había sido hecho como Dios en cuanto a los poderes espirituales. A él le fueron dados los poderes de pensar y de sentir, de comunicarse con otros, de discernir y de distinguir, y, hasta cierto punto, de determinar su propio carácter.

8. Un huerto (*gan*) **en Edén** (*be'ēden*). El autor representa a Dios plantando un hermoso huerto para sus nuevas criaturas. La palabra significa un vallado o un parque. La versión LXX utiliza aquí un término que forma la base de nuestro término "paraíso". El trabajo del hombre en aquel huerto era el de ejercer dominio mientras servía —una buena combinación. Es probable que los deberes fueran rigurosos pero gozosos. Edén, o la tierra de Edén, es probable que cayera en la parte inferior del valle de Babilonia. Aunque se han presentado muchas localidades rivales para la localización de Edén, la evidencia parece señalar un área entre el Tigris y el Eufrates como la cuna de la civilización. Es probable que la palabra hebrea *Edén* signifique "encanto", "placer", o "delicia". En este tranquilo lugar de indescribible belleza, el hombre debía gozar la comunión con el Creador, y trabajar de acuerdo con el plan divino para perfeccionar Su voluntad. Arboles magníficos ofrecían alimentos sustentantes, pero el hombre tenía que trabajar para cuidar de ellos. El suministro de agua quedaba asegurado por un vasto sistema de irrigación, un sistema de ríos que entraban al huerto y lo atravesaban con sus aguas vivificadoras. A fin de llevar al hombre a un desarrollo moral y espiritual completo, Dios le dio unos mandatos y una prohibición específicos para gobernar su comportamiento. Le dio también la capacidad de elegir y puso ante él el privilegio de crecer en el favor divino. Así empezó la disciplina moral del hombre.

18. Ayuda idónea para él (*'ēzer kenegdô*). El autor inspirado revela indirectamente la soledad natural del hombre y la falta de una satisfacción total. Aunque era mucho lo que se había hecho por él, no obstante él estaba consciente de una ausencia. El Creador no había aún acabado. El tenía planes para proveer una compañera que satisfaría el anhelo incumplido del corazón del hombre. Creado para la comunión y el compañerismo, el hombre podía entrar en la vida total solamente cuando pudiera compartir el amor, la confianza y la devoción en el círculo íntimo de la relación familiar. Jehová hizo posible que el hombre tuviera una **ayuda idónea para él.** Literalmente, *una ayuda que correspondía a él*, o *una que responde.* Ella tenía que ser la que compartiera las responsabilidades del hombre, responder a su naturaleza con comprensión y amor, y cooperar de todo corazón con él en llevar a cabo el plan de Dios.

21. Sueño profundo (*tardēmâ*)**...hizo** (*bānâ*). En la actualidad los médicos utilizan varios anestésicos para producir un profundo sueño. No sabemos qué medios o qué método utilizó el Creador para inducir en Adán un **sueño profundo** así, que quedara inconsciente a lo que sucedía. Esto permanece como un misterio. Es patente que la misericordia divina queda exhibida en este milagro. El Eterno estaba trayendo a la vida no solamente a otro individuo, sino a un individuo nuevo, totalmente diferente, con otro sexo. Alguien ha dicho que la mujer "fue tomada, no de la cabeza del hombre para que le dominara, ni de sus pies para ser pisoteada, sino de su costado, de debajo de su brazo, para ser protegida, y de muy cerca de su corazón, para ser amada". Queda también representada en la historia de la creación como totalmente dependiente de su esposo, y no completa sin él. De manera similar, el hombre nunca está del todo completo sin la mujer. Y es la voluntad de Dios que ello sea así. Ya que la mujer fue formada del costado del hombre, ella está atada a él y obligada a serle una **ayuda**. El se halla obligado a darle la protección total y dedicada de su brazo. Los dos seres hacen el todo completo, la corona de la creación. El autor de Génesis declara que Dios **construyó** (*bānâ*) una mujer de la costilla que había tomado del hombre. La mano que había moldeado el polvo de la tierra para formar el cuerpo del hombre tomó una parte del cuerpo viviente del hombre y lo transformó en una mujer.

22. Y la trajo al hombre. Cuando Dios había ya preparado esta nueva creación, la "entregó" en matrimonio a su esposo, estableciendo así la institución del matrimonio, de significado eterno. Tal como Dios instituyó el matrimonio se trataba de una relación sagrada entre el hombre y la mujer, con un profundo misterio en su centro que proclamaba su origen divino. Es indudable que el corazón amoroso de Dios se gozó en la institución de una relación que tenía que ser elevada, limpia, santa, y placentera para la humanidad.

23. Esto es ahora...carne de mi carne. El hombre reconoció en esta nueva creación una compañera divinamente creada que había sido formada para proveer todo lo que su hambriento corazón precisaría para llevar a cabo la santa voluntad de Dios. **Varona** (*'ishshâ*)... **varón** (*'ish*). Estas dos palabras hebreas son muy parecidas, incluso en el sonido. La única diferencia entre ellas es que la palabra para "mujer" tiene una terminación femenina (que se correspondería en castellano a **varona**, tal como lo traduce la RV.) Los léxicos más recientes afirman que estas palabras no tienen relación etimológica. Pero no hay ninguna verdadera razón para rechazar la anterior postura de que la palabra para "mujer" (*'ishshâ*) está derivada de la palabra para "varón" (*'ish*).

24. Por tanto,...el hombre...se unirá (*dābaq*) **a su mujer.** El Creador había establecido la base total para el matrimonio monógamo. El gran comentarista hebreo, Rashi, afirma que estas palabras son un comentario expreso hecho por el Espíritu Santo. El comentario final sobre la unión del hombre y la mujer lo dio nuestro Señor, al decir: "Por esto dejará el hombre a su padre y a su madre, y se unirá a su mujer, y los dos serán una sola carne; así que no son ya más dos, sino uno. Por tanto, lo que Dios juntó, no lo separe el hombre" (Mr 10:7–9). El plan de Dios era que el matrimonio fuera indisoluble para siempre. **Unir** (*dābaq*) significa "pegarse a sí mismo a" su mujer (su propia mujer). La palabra para "mujer" está en singular. El hombre, que es más fuerte, es el que tiene que **unirse**. La mujer será sostenida cuando el marido ejerza el tipo de poder amoroso descrito en este versículo. El amor es fuerte y paciente. "Lo que Dios ha unido, no lo separe el hombre". Esta es una antigua afirmación, pero es verdaderamente la palabra de Dios para todos nosotros en nuestros corazones en la actualidad, y siempre.

¡Cuán notable que esta relación tan exactamente descrita hace siglos por Moisés esté aún arraigada en la verdad eterna y en el decreto divino! La sacralidad del matrimonio está basada en el mismo corazón de las Escrituras, y eternamente enfatizado como básico por el Espíritu Santo. Dios quiso que los seres que había creado a su imagen fueran sus vasos escogidos para formar un hogar que le placiera. En el NT el Espíritu revela: la relación divinamente ordenada entre el hombre y la mujer, basada en el orden de la creación; la autoridad en la familia residente en el marido; la eterna santidad del voto matrimonial; el tipo de amor que debe unir al esposo y a la esposa; y la pureza que debe caracterizar a aquellas que tipifican a la Esposa por la que Cristo dio su vida.

B. La tentación y la caída. 3:1–24.

El autor del Génesis relaciona aquí los pasos que llevaron a la entrada del pecado en los corazones de aquellos individuos que habían sido creados por Dios, que habían empezado la vida con unos corazones tan limpios y con tanta promesa. La desobediencia y el pecado ensombrecen la escena. Aunque estos seres eran moralmente justos, habían recibido la capacidad de elegir; y quedaban sujetos al poder del tentador en todo momento. Por ello la prueba era inevitable. El huerto constituía una exquisita creación, repleta de abundantes provisiones. El medio ambiente del hombre no dejaba nada de desear. No obstante, se había establecido una prohibición sobre el hombre y la mujer. Todo árbol, arbusto, y delicia podía ser de ellos, excepto el "árbol del conocimiento del bien y del mal". Parece que esta prohibición produjo el ambiente en el que las mentes humanas dan la bienvenida a las sugerencias del tentador.

1. La serpiente (*nāḥāsh*). La narración presenta al seductor como uno de los animales, que era mucho **más astuta** que los otros. La palabra hebrea contiene la idea de una astucia excepcional. (La leyenda rabínica dice que la serpiente andaba erguida.) Tenía el poder del habla y hablaba libremente con su víctima. Era malvada, insidiosa, retorcida. La exégesis posterior identifica a la serpiente con Satanás o el diablo. A la luz de posterior luz que arrojan las Escrituras, tenemos justificación en llegar a la conclusión de que la serpiente fue un instrumento especialmente escogido por Satanás para esta prueba. En Ap 12:9 el tentador recibe el nombre de "el gran dragón...la serpiente antigua que se llama diablo y Satanás" (cp. Milton, *El Paraiso Perdido*, Libro IX). La palabra *nāḥāsh*, que significa *dando un sonido silbante*, se refiere indudablemente al ser que nosotros conocemos como serpiente. Pablo afirma que Satanás se transforma en "un ángel de luz" (2 Co 11:14). El eligió al más astuto, al más cauto de los animales y tomó un control total sobre él para llevar a cabo su destructora obra. Dijo Jesús de Satanás: "Es mentiroso y padre de mentira" (Jn 8:44; cp. Ro 16:20; 2 Co 11:3; 1 Ti. 2:14; Ap 20:2).

El método de engaño que empleó la serpiente con Eva fue el de distorsionar el significado de la prohibición de Dios y después exhibirla en ridículo en su nueva forma. El tentador fingió sorpresa de que Dios fuera capaz de haber dado tal mandato. A continuación intentó derribar la fe de la mujer sembrando dudas y suspicacias y falsas representaciones del Todopoderoso y de Sus motivos en la mente de la mujer. Era un intento deliberado de denigrar a Dios. Cuando falla la fe, la base cierta de toda la conducta moral se hunde. Hay solamente un pequeño paso de la incredulidad al pecado y a la desgracia.

2, 3. Y la mujer respondió. Siempre constituye un peligro parlamentar con el tentador. Inconscientemente, la mujer estaba revelando una disposición de llegar a un acuerdo con el tentador. No tenía el beneficio de la advertencia de las palabras de Jesús en Mt 4:10 ni de la exhortación de Stg 4:7. Era inocente, sin engaño, y no podía medirse con su astuto antagonista. No estaba dispuesta a estar quieta al ver a Dios falsamente representado, y por ello intentó valientemente corregir la afirmación de la serpiente. Pero citó mal la afirmación de Dios, añadiendo la palabra **tocar**.

5. Seréis como Dios. Ahora que Eva había entrado en conversación, el seductor presentó su más poderoso argumento. Sugirió que el gran deseo del hombre de estar a la par de Dios y verdaderamente conocer como El había sido deliberadamente bloqueado por el mandato divino. Acusó al Creador de egoísmo y de falsedad maliciosa, representándole como envidioso y como no dispuesto a que sus criaturas tuvieran algo que pudieran hacerlas como el Omnisciente. (La palabra *'Elōhîm* se puede traducir como *Dios* o como *dioses*, ya que está en plural. Es preferible el primer significado.)

6. Vio la mujer...tomó...comió...dio. Estos poderosos verbos relatan la historia de una forma vívida y clara. Algo sucedió en el pensar de la mujer. Gradualmente, el fruto tomó un nuevo significado. Era atractivo a la vista, deseable al paladar, y poderoso para dar una nueva sabiduría. Ella dio un nuevo paso hacia el campo del auto-engaño. No solamente quería alimento que fuera delicioso y atractivo, sino que quería obtener poder. Creyó que este fruto podría satisfacer todos sus deseos. El siguiente paso era automático e inmediato. **Tomó...y comió.** A partir de entonces el tentador era ya innecesario. Eva asumió su obra y presentó el fruto tan recomendado a su marido, **el cual comió.**

7. Fueron abiertos (*pāḳaḥ*) **los ojos de ambos, y conocieron.** La palabra *pāḳaḥ* representa un milagro repentino. La promesa del tentador se cumplió pronto; recibieron una percepción instantánea. Vieron y conocieron. Pero lo que vieron fue muy diferente de la escena de color de rosa que les había hecho creer la serpiente. La conciencia fue brúscamente avivada. Vieron la desnudez en que estaban, tanto la espiritual como la física. Y después vergüenza y temor surgieron en lo más íntimo de ellos. Cuando Adán y Eva se dieron cuenta de que estaban fuera de comunión con Dios, una terrible soledad les invadió. Siguieron el remordimiento y sus inevitables secuelas. Su pérdida de fe les había atado a estos males consiguientes. Apresuradamente se hicieron **delantales** o *ceñidores* para proveer una cierta medida de cubierta mientras buscaban un remedio para su aturdimiento, soledad, y culpabilidad.

8. La voz de Jehová Dios...al aire del día. (*Kol*, "voz", significa, lit., *sonido*; *leruaḥ*, "aire" significa *viento* o *brisa*.) Podían esconderse de Dios, pero no podían escaparse de él. El amante creador no podría pasar por alto la desobediencia de ellos, ni podía dejar a temblorosos pecadores en la ayuda necesidad en que se hallaban. Eran suyos. Su santidad tiene que venir, revestida de amor, para buscar, hallarles, y juzgarles. De ordinario, los pasos de Dios al aproximarse les llenaban de gozo. Ahora, terror y pavor los paralizaban, aunque el Señor no se aproximaba en un trueno ni les llamaba duramente. **9.** Es fácil imaginarse la dulzura de la llamada de la voz divina, al oirse en la quietud del atardecer, diciendo: "¿Dónde estás tú?" Naturalmente, Dios sabía donde estaban el hombre y la mujer. Pero les estaba llamando, buscando una respuesta favorable de ellos mediante ternura y amor. Y estaba tratando de llevar gentilmente a los transgresores a una convicción plena del pecado de ellos. Aunque la Justicia estaba dictando el procedimiento, la Misericordia lo estaba dirigiendo. El Juez rendiría la decisión y pronunciaría la sentencia.

12. La mujer...me dio del árbol, y yo comí. Las preguntas de Dios eran directas y desusadamente específicas. En lugar de hacer una confesión llana y suplicar por misericordia, Adán y Eva empezaron a ofrecer excusas y a pasar la responsabilidad a otros. El hombre de una manera algo brusca le echó parte de la culpa a Dios: **que me diste por compañera. 13.** La mujer, rehusando aceptar la responsabilidad, la echó toda sobre la serpiente. La serpiente no tenía manera de pasársela a nadie. **Engañó** (*hishshînî*). Este verbo connota la idea de seducción (cp. el uso que Pablo hace de este concepto en 2 Co 11:3; 1 Ti 2:14).

14. Maldita ('*arûr*) **serás.** El Señor puso aparte al originador e instigador de la tentación para una especial condenación y degradación. A partir de aquel momento tendría que arrastrarse por el polvo e incluso alimentarse de él. Se arrastraría en su andar en desgracia, y hacia ella se centraría odio desde todas partes. El hombre la consideraría siempre un símbolo de la degradación de aquel que había calumniado a Dios (cp. Is 65:25). Iba a representar no solamente a la raza de la serpiente, sino al reino del poder del mal. En tanto que continuara la vida, los hombres la aborrecerían y tratarían de destruirla.

15. Y pondré enemistad. La palabra '*êbâ* denota una lucha a muerte que subyace profundamente en el corazón del hombre (cp. Nm 35:19, 20; Ez 25:15–17; 35:5, 6). **Tú le herirás** (*shûp*). Una profecía de lucha contínua entre los descendientes de la mujer y de la serpiente para destruirse mútuamente. El verbo *shûp* es infrecuente (cp. Job 9:17; Sal. 139:11). Es el mismo en ambas cláusulas. Cuando se traduce *aplastar*, parece apropiado en el contexto de la referencia, que trata de la cabeza de la serpiente; pero no tan preciso para describir el ataque de la serpiente al calcañar del hombre. Se traduce también como *emboscarse, apun-*

tar, o (LXX) *vigilar*. La Vulgata la traduce como *conteret*, "magullar", en el primer caso e *insidiaberis*, "emboscarse", en la segunda cláusula. Así, tenemos en este pasaje, llamado el *protoevangelio*, o "primer evangelio", el anuncio de una prolongada lucha, un antagonismo perpétuo, heridas por ambos lados, y la eventual victoria de la simiente de la mujer. La promesa de Dios de que la cabeza de la serpiente sería aplastada señalaba hacia adelante a la venida del Mesías y garantizaba la victoria. Esta certeza cayó sobre los oídos de las primeras criaturas de Dios como una bendita esperanza de redención. Una desafortunada traducción en la Vulgata cambia el pronombre posesivo de **él** (v. 15c) del masculino al femenino, proveyendo un falso apoyo para las pretensiones carentes de base acerca de que ello se aplica a "la Bendita Virgen María".

16. A la mujer dijo. A la mujer, Dios predijo sujeción al hombre, y sufrimiento. El embarazo y el parto serían acompañados de dolor. La palabra '*asvon* representa tanto el dolor físico como el mental. Eva cumpliría sus anhelos y deseos femeninos, pero no sin agonía. En otras palabras, como esposa y madre, iba a estar sujeta a la disciplina de Jehová. El amor de la mujer y la autoridad del hombre son presentadas en una vívida descripción. No podemos llegar a comprender **a fondo** la naturaleza de tales juicios del Señor.

17. A Adán le dijo. Las dificultades físicas, el trabajo penoso, vejaciones frustrantes y una dura lucha fueron la parte señalada para el hombre, que fue definitivamente juzgado como pecador culpable. Anteriormente, la tierra había rendido sus productos de manera fácil y plena para el hombre, en gran abundancia. Adán tenía solamente que "labrar" el huerto (2:15) para poder gozar de sus lujuriantes frutos. Pero ahora Dios pronunció una maldición especial sobre la tierra. A partir de entonces rendiría sus granos y sus frutos de mala gana. El hombre tendría que trabajar intensamente cultivando el suelo a fin de que produjera para las necesidades de la vida. Y tendría que luchar contra los obstaculizadores espinos y cardos y hierbajos que no se habían evidenciado hasta entonces. El tráfago, las dificultades, y el cansancio constituirían su suerte diaria. Para Adán como para Eva, el pecado les demandaba una dura paga.

20. Eva (*ḥawwâ*). La palabra hebrea está relacionada con la vida, y el verbo con el que está relacionado habla de vivir. Toda la vida se originó en la primera mujer. Ella era la madre de toda persona y, por ello, la madre de cada tribu y nación. En conformidad al propósito divino, la vida tenía que seguir, aun a pesar de que se había establecido la sentencia de muerte: **y al polvo volverás** (v. 19).

22–24a. Echó, pues, fuera (*gārash*) **al hombre.** Un acto necesario y misericordioso. El Señor no podía permitir que el hombre rebelde tuviera acceso al árbol de la vida. Con un cuidado amoroso mantuvo a Adán y Eva apartados del fruto que les haría inmortales y que así perpetuaría la terrible condición en la que les había sumido el pecado. Del encantador huerto les expulsó al páramo inamistoso.

24b. Querubines, y una espada encendida. El intérprete hebreo, Rashi, afirmaba que estos instrumentos eran "ángeles de destrucción" dispuestos para destruir a todo el que intentara entrar. El **kerubim** hebreo indica figuras divinamente formadas que sirven como portadoras de la deidad o como guardianes especiales de los objetos sagrados. En un caso se les muestra sosteniendo el trono sobre el que se sienta Dios. En otro, se utilizan para describir la terrible lejanía inaproximable de Jehová. Por lo general, su función parece ser la de guardar la sagrada habitación de Dios de intrusión o de contaminación. El árbol de la vida estaba perfectamente guardado con los querubines manteniéndose vigilantes a la entrada. Y el hombre pecador estaba a seguro del daño que le habría venido si no hubiera tenido tan majestuoso protector. **24c. Una espada encendida que se revolvía por todos lados** (*mithhapeket*). El camino de vuelta al Edén estaba guardado no solamente por los querubines sino también por una llama como espada que se revolvía por todos lugares. Esto daba una seguridad adicional de que el hombre no podría llegar al árbol de la vida. Aunque el paraíso del hombre le fue cerrado debido a que se había convertido en un pecador, Jehová no olvidó a sus criaturas. El había ya hecho provisión para su triunfante retorno.

C. Los dos hermanos. 4:1–26.

1. Caín (*Qayin*). La palabra **Caín** es por lo general asociada a la palabra hebrea *qānâ*, "adquirir" o "conseguir." La derivación se basa en el parecido de las palabras más que en la etimología básica. Podría considerarse como un juego de palabras. Es posible que el verdadero significado de la palabra nos venga a través del árabe ("una lanza" o "un herrero"). Eva quedó abrumada de gozo al nacimiento de su hijo. Exclamó: "He tenido un varón." **2. Abel** (*Hebel*). El nombre impuesto al segundo hijo indica "un soplo transitorio" o "un vapor." La palabra acadia relacionada *aplu* significa *hijo*. Abel fue el originador de la vida pastoril, mientras que Caín siguió a su padre en la actividad agrícola.

3, 4. Una ofrenda (*minḥâ*). Cada hombre trajo una ofrenda especial a Jehová. No se hace mención de altar ni de un lugar de observancia religiosa. El *minḥâ*, tal como lo conocían los antiguos, servía para expresar gratitud, para efectuar reconciliación con el Señor, y para acompañar la adoración. Este relato ilustra el primer acto de adoración registrado de la historia humana. En cada caso el adorador llevaba algo suyo propio como oblación al Señor.

4b. Y miró Jehová con agrado (*shā'â*). La ofrenda traída por Caín no fue recibida por el Señor. No se da razón alguna del rechazo en este pasaje. Y las Escrituras no nos dicen cómo Dios indicó su desaprobación. Puede ser que cayera fuego del cielo que consumiera la ofrenda aceptada y que dejara la otra intacta. Hay quienes han pensado que la ofrenda de Caín fue rechazada debido a que Caín dejó de efectuar el ritual apropiado. Otros han presentado la idea de que es la naturaleza de los dones lo que hizo que hubiera diferencia, siendo una de las ofrendas de carne e implicando derramamiento de sangre, la otra siendo vegetal, sin derramamiento de sangre (cp. He 9:22). El autor de la Epístola a los Hebreos nos da la explicación inspirada de la diferencia entre las ofrendas: "Por la fe Abel ofreció a Dios más excelente sacrificio que Caín …dando Dios testimonio de sus ofrendas" (He 11:4). Esta explicación centra la diferencia en el espíritu manifestado por los dos hombres. Debido a que Abel era un hombre de fe, vino en el espíritu adecuado y presentó una adoración que complació a Dios. Tenemos razones para creer que Abel tenía un conocimiento de su necesidad de una expiación sustitutoria. Por todas las apariencias ambas ofrendas expresaban gratitud, acción de gracias y devoción a Dios. Pero el hombre, que carecía de una fe genuina en su corazón, no podía complacer a Dios a pesar de que el don material fuera impecable. Dios no miró a **Caín** debido a que ya le había visto y había contemplado lo que había en su corazón. Abel vino a Dios con la actitud de corazón adecuada para la adoración y de la única manera en que los pecadores se pueden acercar a un Dios santo. Caín no lo hizo así.

5b. La ira desatada de Caín se evidenció al instante. Una ira furiosa ardía en su rostro, revelando el espíritu que encerraba dentro de sí, en su corazón. Caín se volvió un enemigo de Dios y hostil a su hermano. Así, el orgullo herido produjo envidia y un espíritu de venganza. Y estos produjeron el odio ardiente y la violencia que hicieron posible el asesinato. **6, 7a. Decaído [el] semblante….enaltecido.** El ardor que le consumía hizo que su semblante "decayera." Provocó un espíritu ensimismado y falto de amor, arisco. Dios trató con Caín con paciencia y gentileza, buscando salvar al rebelde pecador. Le aseguró de que si se arrepentía sinceramente, él podría otra vez levantar su rostro con felicidad, reconciliado. *Nāsā*, "enaltecer," se presta a la idea del perdón. Así extendió el misericordioso Jehová a Caín la esperanza del perdón y de la victoria al confrontar su trascendental decisión.

7b. El pecado (*ḥaṭṭ'aṭ*) **acecha** (*rābas*). Conjuntamente con su alentadora promesa, Jehová pronunció una dura advertencia, apremiando al pecador a que controlara su temperamento y a que tuviera cuidado, no fuera que una fiera al acecho (el pecado) saltara sobre él y lo devorara. El peligro era real. La mortal fiera estaba ya en aquel momento lista para abrumarle con su poder. La palabra de Dios demandaba una acción instantánea y un gran esfuerzo para rechazar al que quería conquistarlo. Caín no debía dejar que estos pensamientos ardientes e impulsos le condujeran a un comportamiento ruinoso. Dios presentó su poderoso alegato a la *voluntad* de Caín. Se tenía que lanzar la voluntad a la lucha para poder consumar la victoria sobre el pecado (*ḥaṭṭ'aṭ*). Le correspondía a Caín derrotar en sí al pecado, controlar en lugar de ser controlado. El momento del destino le había llegado. No le era demasiado tarde para elegir el camino de Dios.

9. ¿Dónde está Abel tu hermano? Fracasando al no lograr adueñarse de sí mismo y no derrotar a aquel salvaje mónstruo, Caín pronto se halló a merced de una fuerza que lo controlaba totalmente. Casi inmediatamente un hijo se tornó en asesino y el otro en mártir. Jehová se presentó rápidamente para confrontar al asesino con la pregunta. Parece que El quería inducir una confesión que abriera el camino a la misericordia y a un perdón total y pleno. Aunque Caín había pecado con su voluntad en ello, se vio perseguido por un Dios amante, rico en gracia. **¿Soy yo acaso el guarda de mi hermano?** (*shōm'ebr*) ¡Una respuesta vergonzosa a una pregunta de un Padre amante! Petulante, desafiantemente, Caín dio su respuesta. El pecado ya le había encerrado en su cárcel. Había renunciado a los derechos inalienables de la fraternidad. Rehusó respetar al Dios eterno. Endurecido, se encerró en su propio desafío egoísta y dijo lo que nadie debiera atreverse a decir.

10. La voz (*qôl*) **de las sangres de tu hermano están clamando** (*sō'qîm*) **a mí de la tierra.** La sangre derramada por un asesino, aunque cubierta por la tierra, estaba clamando a Dios. Jehová podía oirla, y comprendió el motivo del clamor, porque conocía la culpa de Caín. ¡Cuán lastimeramente estaban estas **sangres** clamando por venganza! El autor de Hebreos se refiere a esta experiencia con esta frase: "la sangre rociada que habla mejor que la de Abel" (12:24).

12. Errante (*nā'*) **y extranjero** (*nād*). La maldición pronunciada sobre el asesino involucraba su expulsión de la tierra productiva al desierto improductivo. La tierra, dijo Dios, le sería hóstil al asesino, de manera que no podría hallar sostenimiento del cultivo del suelo. En su búsqueda de sustento, se volvería en un beduíno de los páramos, errando en fatiga y desesperación. La inseguridad, la falta de estabilidad, la lucha incesante, la culpa, y los temores, serían sus "compañeros" constantes. La palabra **errante** connota la idea de ir sin rumbo cierto en una estéril búsqueda de satisfacción. Era una perspectiva desoladora y desalentadora.

13. Mi castigo (*'āwōn*). Aunque se perdonó la vida a Caín, él tembló bajo el peso de su pecado, de su culpabilidad, de su castigo, y de las consecuencias sin fin que despuntaban delante de él. La palabra hebrea *'āwōn* se refiere lit. a su iniquidad, pero contiene también el pensamiento de las consecuencias de su pecado. Caín estaba más preocupado por su sentencia que por su pecado. **Grande es mi castigo para ser soportado.** Su amarga exclamación a Dios llamaba la atención al insoportable peso de su castigo. Era más pesado de lo que él podría levantar y llevar. La palabra hebrea *nāsa* conlleva las ideas de "llevar afuera" (perdón) y de "levantar" (expiación). De nuevo, parece evidente que el aterrorizado asesino estaba pensando acerca del castigo que iba a caer sobre él.

14b. Cualquiera…me matará. El temor y la desesperación empezaron a abrumar al pecador al pensar en los peligros del páramo. Se imaginó que crueles enemigos encontrarían su delicia matándolo. El podía ya sentir el cálido aliento del vengador de la sangre detrás de su cuello. Su activa conciencia estaba ya obrando. En su temor, estaba seguro de que una destrucción cierta le esperaba, porque sintió que estaría completamente fuera del círculo del cuidado de Dios. **15. Señal** (*'ôt*) **en Caín.** Pero Jehová, en su misericordia, aseguró a Caín su contínua presencia y su protección sin fin. Puso una **señal** en él: evidentemente una marca o una designación para indicar que Caín pertenecía a Jehová Dios y que no se le tenía que hacer ningún daño físico. No hay evidencia de que la 'señal de Caín' constituyera un signo para anunciar al mundo que él era un asesino. Era, más bien, una marca especial de cuidado y protección amorosas. Caín continuaría siempre bajo la protección del Dios del pacto. Aunque un asesino, era un receptor del favor de Dios.

16. Tierra de Nod (*nôd*). Lit., la *tierra de huída* (cp. 4:12, 14). No hay manera de localizar esta área geográficamente excepto un que estaba **al oriente del Edén**. Caín estaba tan sólo cumpliendo la predicción de Dios acerca de su futura existencia. Patética y estoicamente se dirigió a los desiertos sin caminos. Las ideas de "huída" y de "miseria" son discernibles en la palabra hebrea traducida como **salió**.

17. Su mujer (*'ishtô*). El libro del Génesis no da respuesta a la tan repetida pregunta: "¿De dónde consiguió Caín su esposa?" Sí que pone en claro que les nacieron a Adán y Eva muchos otros hijos e hijas. Presenta también un lapso de muchos años (quizás de cientos) antes de la experiencia del matrimonio por parte de Caín. Ya que toda la vida vino de la primera pareja humana, divinamente creada, es necesario llegar a la conclusión de que hubo un momento en que hermanos y hermanas se casaban entre ellos. Para el tiempo en que Caín estaba listo para establecer un hogar, Adán y Eva tenían numerosos descendientes. No hay ninguna necesidad de imaginar que ninguna raza de gente estaba ya establecida en el mundo. La esposa de Caín pertenecía a la familia de Adán y Eva.

25. Set (*Shēt*). La narración divina ha preservado el nombre **Set** como el tercer descendiente de Adán. La palabra hebrea muestra una marcada similaridad con la palabra *shāt*, que se traduce como "señalado" o "dispuesto." En realidad, Set vino a ser uno a quien Dios podía usar como piedra de fundamento para Su familia. Fue "señalado" o "dispuesto" para asumir la obra y misión de Abel. Caín había perdido su derecho a llevar a cabo la sublime esperanza de Dios. Set tomaría la carga y el privilegio sobre sus hombros. A través de su línea Dios llevaría a la perfección Sus promesas.

26. Comenzaron a invocar el nombre de Jehová. Fue una experiencia que nunca se iba a olvidar cuando, con el aliento de **Enós**, los hombres empezaron a **invocar** el nombre de Jehová, el Dios del pacto. Enós, que tuvo prominencia en la línea de Set, fue el originador de la oración pública y de la adoración espiritual. En ella se usaba el nombre inefable del Dios eterno. Había la esperanza de un día mejor mediante la descendencia de Set.

D. Set y sus descendientes. 5:1–32.
    22. Enoc (*Ḥănôk*) **caminó con Dios.** Dentro de una narración de nacimientos y existen-

cias fatigosas y muertes consiguientes, el autor introduce repentinamente un carácter sublime, Enoc, que complació al Señor y vivió en su inmediata presencia. En una época en progresivo deterioro, Enoc dio una demostración notable de recomendable piedad. Tanto en pensamiento como en palabra y en obra estaba en sintonía con la voluntad divina; y daba gozo al corazón de su Hacedor. Dice la LXX con respecto a él: "Enoc era de buena complacencia para Dios." Una afirmación notable revela un vislumbre del inicio del andar de Enoc con Dios (cp. 22a). Puede haber sido en el momento del nacimiento de su hijo varón, indudablemente un gran momento en su vida, que dispuso su corazón para una comunión estrecha con su Dios. Su estrecha asociación en tal atmósfera le dio una sabiduría celestial, que le capacitó para comprender y apreciar las riquezas de Dios.

24. Desapareció, porque le llevó Dios. A consecuencia de su genuina piedad y de haber obtenido la sabiduría divina, fue levantado de la tierra para continuar su andar en las sagradas regiones más allá. Su desaparición fue repentina y totalmente inesperada, y la muerte no tuvo nada que ver con ella. Dice la LXX: *No fue hallado, porque Dios lo trasladó.* "Por la fe Enoc fue traspuesto para no ver muerte, y no fue hallado, porque lo traspuso Dios" dice el escritor de Hebreos (He 11:5). Se llevó a cabo un hermoso y significativo milagro de manera que un hombre que había aprendido a amar a Dios y a andar con él pudiera continuar esta comunión sin interrupción.

E. El pecado y el diluvio. 6:1—8:22.
    6:2. Los hijos de Dios (*benê 'Elōhîm*) **...las hijas de los hombres.** La maldad aumentaba por todos los lados. Los descendientes de Caín se habían vuelto más y más impíos y paganos. Una poderosa raza de gigantes, llamados "Nefilim," cobraron importancia. El verbo *nāpal*, "caer," ha sido considerado como la fuente del nombre, y así se ha creído que estas criaturas gigantescas recibían el nombre de "los caídos." La referencia a los *benê 'Elōhîm* ha provocado marcadas diferencias de opinión entre los eruditos. *'Elōhîm* tiene forma plural. Por lo general, se traduce "Dios." Pero puede traducirse como "dioses" como, por ejemplo, cuando se refiere a los dioses de los vecinos paganos de Israel. También puede denotar al círculo celeste de seres en estrecha comunión con Jehová, residentes del cielo, a los que Dios les asigna deberes específicos como auxiliares Suyos (ver Job 1:6). En algunos casos en las Escrituras "hijos de Dios" se pueden identifi-

car como "ángeles" o "mensajeros." Jesús es el Hijo de Dios en un sentido singular. Los creyentes reciben el nombre de "hijos de Dios" debido a su relación con él. No obstante, en el AT, "hijos de Dios" forman una clase especial de seres que forman el círculo celeste.

La referencia a los casamientos de los *benê 'Elōhîm* con las hijas de los hombres ha sido tratado por muchos de muchas maneras. Traduciéndolo literalmente se haría que el pasaje dijera que miembros de la compañía celestial seleccionaron mujeres escogidas de la tierra y que entraron en relación matrimonial con ellos, literal y realmente. Esta es la única interpretación posible de Job 1:6. Allí, los *benê 'Elōhîm* son claramente los miembros de la corte celestial de Dios. S. R. Driver mantiene que este es el único sentido legítimo y correcto que se le puede aceptar. No obstante, parecería que la réplica de Jesús a los saduceos en Mt 22:30 hace insostenible este punto de vista. Dijo que los ángeles "ni se casan ni se dan en casamiento." La afirmación de Gn 6:2 hace evidente que se describe un matrimonio estable. Se eligieron mujeres y se las obligó a que fueran parte de una relación no natural. Los eruditos bíblicos que han rechazado esta solución han recurrido a otras explicaciones. Algunos dicen que se describe la unión de la línea piadosa de Set y de los descendientes impíos de Caín. Y aun los hay que sostienen que estas palabras se refieren al casamiento entre personas de las capas superiores de la sociedad con las de las capas bajas o menos dignas. A la luz de los hechos y de la precisa traducción de las palabras del texto, llegamos a la conclusión de que algunos hombres del grupo celestial (ángeles o mensajeros) realmente se tomaron esposas de las mujeres terrenas. Utilizaron una fuerza superior para abrumarlas, para hacer completa la conquista. Los "hijos de Dios" eran irresistibles (cp. 2 P 2:4; Jud 6).

3. No contenderá (*yādōn*) **mi espíritu** (*rûaḥ*) **con** [o actuará en] **el hombre para siempre.** Este verbo hebreo podría traducirse tanto *luchar con* como *habitar en.* La primera traducción presentaría a Dios siempre utilizando la fuerza contra el hombre rebelde para retenerle e impedirle que se destruyera por completo como resultado de su comportamiento pecaminoso. La segunda le presentaría como determinado a retirar el vital aliento de vida del hombre, con el resultado, naturalmente, de la muerte. La palabra hebrea *dûn* (o *dîn*) indica la vida expresándose en acción o en evidencias de poder.

En la primera interpretación, se considera al **espíritu** (*rûaḥ*) como el principio ético utili-

zado para reprimir o controlar al ser creado, siendo el resultado un comportamiento ético. En el otro, se considera al **espíritu** (*rûaḥ*) como un principio vital dado al fragmento inanimado de polvo para proveer vida, motivo, y energía para vivir. Cuando se retira el *rûaḥ* por parte de Dios, el juicio queda consumado. Este anuncio divino vino de Jehová cuando halló a sus criaturas dominadas por el pecado. Es la declaración de Dios de que tiene que abandonar al hombre a la muerte. El pecado había introducido una moción que llevaba a la muerte.

5, 6. La maldad (*rā'āt*)...**se arrepintió** (*nāḥam*)...**le dolió** (*'āṣāb*). La depravación estaba ampliamente esparcida. Y era interna, contínua y habitual. El hombre estaba totalmente corrompido, malo de corazón y en su conducta. No había nada bueno en él. Toda la tendencia de sus pensamientos e imaginaciones estaba totalmente apartada de la voluntad de Jehová. La carne estaba entronizada. Dios estaba olvidado o abiertamente desafiado. *Nāḥam* en la forma *niph'al* describe el amor de Dios que ha sufrido un golpe que le desgarra el corazón. Lit., habla de dar un profundo suspiro en un extremo dolor. Los planes y propósitos de Dios no habían producido el precioso fruto que El había dispuesto debido a que el hombre pecador había impedido que fructificara plenamente. *'Asāb* en la forma *hithpa'el* significa herirse o sufrir una herida. Así, esta expresión dice que Dios sufrió una tristeza que le hirió en el corazón al contemplar la trágica desvastación que había producido el pecado. La obra de Sus manos había sido estropeada y arruinada. En medio de todo ello, el amor de Dios brillaba claramente, incluso cuando los truenos del juicio divino empezaron a amenazar a la gente de la tierra.

7. Raeré (*mahâ*). El verbo indica un movimiento que barre dejando limpio completamente. La operación fue dispuesta para destruir todo ser viviente que estuviera en medio. Se iba a ejecutar una destrucción total. No se iba a perdonar nada. **8. Pero Noé halló gracia** (*ḥēn*). Un hombre de todas las incontables multitudes que entonces habitaban la tierra era apto para recibir el don de la gracia de Dios. Ciertamente, la palabra **gracia** significa "favor" o "aceptación," por lo menos, y probablemente tenga un significado más rico y pleno. Era el amor y la misericordia en acción. La extensión de la gracia de Dios a Noé significaba que había nueva vida y nueva esperanza para la humanidad en los días futuros.

9. Noé, varón justo, perfecto en sus generaciones; con Dios caminó Noé. Con estas palabras el autor describe tres características de una vida piadosa: justicia, pureza y santidad (cp. 6:8, él **halló gracia ante los ojos de Jehová**).

La palabra **justo**, del hebreo *ṣaddîq*, describe el carácter de Noé al manifestarse hacia otras personas. La justicia o "rectitud" era evidente en su comportamiento. Toda su conducta revelaba esta justicia moral y ética (cp Ez 14:14, 20). El hebreo *tāmîm*, **perfecto**, describe al producto perfecto de un constructor sabio; es total, completo, y sin fallo. Visto objetivamente, la palabra *intachable* describe el carácter. En el reino de la ética, la idea de "integridad" constituye su significado derivado (cp. Job 1:1). La afirmación, **con Dios caminó**, abre otra área de pensamiento. Al andar con Dios, Noé había exhibido un espíritu, una actitud, y un carácter que le hicieron acepto y aprobado para la relación espiritual más estrecha. Manifestó cualidades del alma que le hicieron querido al Señor (cp. Gn 5:22; Mi 6:8; Mal 2:6).

14–16. Un arca (*tēbâ*). La palabra castellana **arca** vino del latín, *arca*, "un cofre." La palabra para el "arca" de la alianza es diferente: *'ārôn*. *Tēbâ* es probable que provenga del egipcio. El arca de Noé era muy probablemente una gran balsa cubierta construida de una madera resinosa ligera. Con sus tres puentes, llegaba a una altura total de 12 m. de altura. Tenía unos 140 m. (450 pies) de longitud y unos 23 m. (75 pies) de anchura. (El codo era igual a unos 46 cm. [18 pulg.]) Se construyeron aposentos, o celdas, a lo largo de los lados de los tres puentes. A fin de hacer estanca esta embarcación, se utilizó una poderosa **brea**, o betún, tanto dentro como fuera, para calafatear. La palabra hebrea *sōhar* se puede más bien traducir como una *luz* o una *ventana*. Tenía aproximadamente unos 46 cm. (18 pies) de altura y se extendía a todo lo largo del arca; admitía aire y luz.

17–22. Diluvio (*mābbûl*). Esta palabra no tiene etimología hebrea. Se utiliza *solamente* para el diluvio de Noé. Puede haber provenido de la palabra asiria *nabalu*, "destruir." Según el autor del Génesis, el propósito de Dios era ciertamente llevar a su fin a los seres vivientes de su creación. Durante los 120 años que Noé estuvo finalizando su obra, estuvo predicando a la gente en un esfuerzo urgente para hacer que se arrepintieran. Vieron ellos cómo el arca iba tomando forma delante de sus ojos mientras que el predicador daba sus sermones. La familia inmediata de Noé, incluyendo a su esposa, sus tres hijos, y las esposas de ellos, le acompañaron al refugio seguro. En obediencia al mandato de Dios, tomaron con ellos a parejas representativas de todos los animales de la tierra.

7:11a, b. Fueron rotas (*bāqa'*) **todas las fuentes del gran abismo.** Enormes reservas de agua se hallaban guardadas bajo la tierra. Esta poderosa colección de aguas era llamada *tehôm*, "el grande abismo" (cp. Gn 1:2). Estas aguas subterráneas, confinadas por el poder creador el segundo día de la creación, fueron desatadas para derramarse en un volumen y con una violencia que desafía a toda descripción. No fue una inundación ordinaria, sino una gigantesca ola de aguaje que cayó repentinamente sobre un populacho sobresaltado. *Bāqa'* indica una convulsión terrestre que partió toda barrera que hubiera podido existir. Fue un desatamiento tumultuoso de una destrucción indescriptible. Los hombres no pueden ni imaginar la furia y el poder destructivo de la erupción, ni lo horripilante de la exhibición del poder de Dios para destruir a las criaturas pecadoras. La total corrupción del hombre era mucho peor de lo que cualquiera de nosotros pueda siquiera imaginarse. La destrucción era necesaria.

11c, 12. Las ventanas de los cielos fueron abiertas (*pātaḥ*). Además del terrible cataclismo de debajo, las gentes de la tierra fueron testigos de la apertura de las puertas de los poderosos depósitos de agua sobre la tierra. Todas las aguas reservadas allí se derramaron en torrentes. Sin resistencia alguna y de forma contínua durante cuarenta días y cuarenta noches, la gigantesca tromba de agua se derramó sobre la tierra. No se puede imaginar del todo, el efecto del diluvio sobre los hombres, mujeres, niños, animales, plantas, y sobre la superficie de la tierra.

16–18. Jehová le cerró (*sāgar*)...**y subieron las aguas** (*gābar*). En medio de la rugiente tormenta y de los torrentes diluviales, Jehová, el Dios del pacto, extendió su mano de misericordia y cerró la puerta del arca para mantener en seguridad a su pueblo. Pero derramó torrentes de agua para destruir de raíz a los pecadores de sobre la tierra. Los habitantes de la casa flotante podían surcar las aguas con un sentimiento de seguridad y de estar guardados, porque confiaban en Dios. La mano divina que había roto las fuentes del grande abismo y que había abierto las ventanas del cielo para derramar la destrucción también había demostrado el afectuoso cuidado de Dios sobre aquellos que debían ser el núcleo del nuevo comienzo.

Mientras que los elegidos de Dios anidaban seguramente dentro del arca, las aguas continuaban creciendo e inundando la tierra. El verbo *gābar* indica señorío, sujeción, un poder vencedor. Implacablemente, las aguas tomaron dominio y continuaron prevaleciendo hasta

que las montañas más altas quedaron cubiertas
por completo. De nuevo, la majestad, poder, y
el propósito director del Todopoderoso se volvieron a hacer patentes más y más. El propósito divino se estaba cumpliendo sobre la
tierra. La voluntad de Dios se estaba ejecutando.

8:4. Los montes de Ararat. Después de
150 días, el arca reposó sobre uno de los picos
de las cordilleras altas de Armenia. *Urartu*,
una palabra acadia relacionada con Ararat, se
utiliza en documentos antiguos para designar a
Armenia. Las montañas que reciben el nombre
de Ararat llegan a la altura de 5.156 m. (169.16
pies).

La historia babilónica del diluvio, que es
una sección de la Epica de Gilgamés, relata
cómo su héroe, cómo el Noé bíblico, construyó
un arca, puso en ella especímenes del reino
animal, y después del diluvio desembarcó en el
monte Nisir, al este del río Tigris.

20. Edificó Noé un altar (*mīzbēaḥ*) **a
Jehová.** Al salir de nuevo Noé a la luz brillante del día, lo más natural para él fue buscar
una elevación de terreno y construir allí un
mīzbēaḥ. Era el primer altar construido en la
tierra limpiada. Noé reconoció la finalidad del
trágico juicio y el despertar de un nuevo día de
esperanza y de promesa. La construcción del
altar fue su iniciativa para derramar sobre
Jehová su alabanza y acción de gracias.

El **ofreció holocausto** (*'olā*). La palabra
para **holocausto** proviene del verbo *'ālāh*,
"subir." Lo que aquí se sugiere es que, al
consumirse el sacrificio, los humos subieron
hacia Dios, llevando, en un sentido, la gratitud
y la adoración del ofrendante. Era verdaderamente un sacrificio propiciatorio (cp. 2 S.
24:25), ofrecido en sincera adoración, proviniente de una profunda gratitud. Y, así, el Dios
eterno quedó complacido. Noé había hallado
gracia ante sus ojos.

*F. La posterior vida de Noé, y sus descen-
dientes. 9:1—10:32.*

9:9–15. Yo establezco (*mēqîm*) **mi pacto...mi arco he puesto** (*nātan*) **en las nubes.**
De una manera solemne Jehová confirmó las
promesas del pacto que había ya dado. El establecimiento de un pacto involucra el compromiso solemne de las dos partes, hasta entonces
libres de compromisos mútuos. El compromiso de Dios con este grupo familiar fue un
acto voluntario de gracia libre. Noé y su familia no habían hecho nada para merecer la relación de pacto, y Dios no estaba obligado a
ellos. Además, era éste un pacto con toda la
humanidad. Al aceptar los términos y obedecer, el hombre se ligaba a su Creador para

guardar los términos divinos y observar el
espíritu interno de ellos.

El pacto tenía que tener un signo externo y
visible, o **prenda** como recordatorio constante
del sagrado contrato. Esta señal (*'ôt*) constituiría la prenda de un lazo espiritual interno,
garantizando su confiabilidad perpétua. El
tiempo perfecto hebreo puede traducirse de la
siguiente manera: *He puesto*, o *Yo ahora
pongo en este momento*. El arco en las nubes
debía ser la "señal." Dios pudo haber creado
el arco en aquel momento e investirle con su
significado. No obstante, es probable que señalara al arco que estaba ya en la nube y que
indicara que desde entonces tomaría su nuevo
significado, dando seguridad de su misericordia y de su gracia; sería un recordatorio visible
de su amor. Dijo: **Me acordaré** (v. 15).

18. Sem, Cam, Jafet. El autor del Génesis
pone bien en claro que estos tres hijos de Noé
vinieron a ser los padres de las tres grandes
familias de la humanidad. **Sem** es nombrado,
en primer lugar, como ocupando el puesto de
dirección y de importancia en los planes de
Dios para las gentes. Los semitas debían ser
los líderes espirituales de los hombres. Los
elegidos de Dios de aquella línea enseñarían la
religión de Jehová al mundo. Sabemos que el
Mesías iba a venir de los descendientes de
Sem. **Jafet** iba a ser el padre de una gran rama
del mundo gentil. Sus descendientes iban a
esparcirse lejos, a lo largo y ancho del mundo
en su búsqueda de ganancia material y de
poder. **Cam** iba a ser el padre de la otra rama
de los gentiles, incluyendo a los egipcios, etíopes, absinios, y grupos relacionados. Su hijo,
Canaán, fue el padre de los grupos llamados
cananeos, los habitantes de la tierra de Canaán,
más tarde desposeídos por los hebreos. La
maldición pronunciada sobre Canaán por Noé
no está relacionada, en ningún sentido, como
texto de prueba en discusiones de esclavitud ni
de segregación.

10:4. Tarsis. La famosa ciudad en España a
la que iban los comerciantes fenicios. Siglos
más tarde el profeta Jonás subiría a un barco
con destino a aquella distante ciudad. Los
griegos la llamaron *Tartesos*. **6. Mizraim.** La
palabra hebrea correcta para Egipto, comprendiendo el Alto y el Bajo Egipto. Las dos capitales de Egipto eran Tebas y Menfis. **8, 9.
Nimrod.** Hijo de Cus. Fundó el primitivo
imperio babilónico y construyó la ciudad de
Nínive. Era un poderoso cazador y un notable
líder de ejércitos. Su poder se extendía sobre
las ciudades de Mesopotamia. **11, 12. Nínive.**
Conocida ya en el 2.800 a.C., fue el centro del
poderoso reino asirio, que consiguió su máximo esplendor bajo Senaquerib, Esarhadón, y

Assurbanipal. Estaba situada sobre el río Tigris, a unos 400 km. (250 millas) de la ciudad de Babilonia. Fue en contra de esta fortaleza que Jonás y Nahum dirigieron sus profecías.

14. Los filisteos reciben el crédito de haber dado su nombre a la tierra de "Palestina". Amós y Jeremías se refieren a ellos como procedentes de Caftor. Sus cinco ciudades principales eran Asdod, Ascalón, Gaza, Gat, y Ecrón. Los filisteos continuaron, durante siglos, siendo una espina en el costado de los israelitas. **15. Het.** Antecesor de los heteos, o hititas, cuyo gran imperio dominó entre 1600 y 700 a.C. Las principales ciudades de los heteos eran Carquemís sobre el Éufrates y Cadés sobre el Orontes. Este pueblo se estableció en la vecindad de Hebrón, y fueron testigos de la compra de la cueva de Macpelá, que Abraham compró a Efrón (23:8–10). Esaú contrajo matrimonio con mujeres de esta tribu. Los heteos figuraron en las inscripciones asirias y egipcias. Los arqueólogos han hallado valiosos restos de aquel poderoso imperio.

21. Los hijos de Eber comprendían muchos grupos diferentes entre los hijos de Sem. El nombre **Eber** ha sido asociado con la palabra *hebreo*, el nombre por el que se conocía a los israelitas por parte de otros pueblos. Eran los que poseían el conocimiento del verdadero Dios. El término "hebreo" es racial, mientras que "israelita" es nacional. En tiempos posteriores se empezaron a utilizar estas palabras de manera intercambiable, como sinónimos.

22. Aram, o el pueblo sirio o arameo, formaban el grupo de dentro y alrededor de Damasco. Figuraron de manera importante en la historia del pueblo de Israel. El idioma arameo pasó a ser el idioma del comercio y de las relaciones diplomáticas. Fue gradualmente desplazando al lenguaje hebreo hasta que al final, en la época de nuestro Señor, el arameo era la lengua de la conversación y de las relaciones por escrito.

28. Seba es mencionada a menudo en el AT para denotar a un grupo rico de gente cuyo principal trabajo constituía proveer de oro, perfumes, y piedras preciosas para exportación a Palestina y Egipto. Se identifican con los sabeos, que mantenían puestos importantes en el comercio y en los logros gubernamentales. Por lo que a los estudiosos de la Biblia concierne, la reina de Saba fue la más famosa de las personas de Seba.

29. Ofir era famoso por su oro fino. Salomón envió allá a sus hombres junto con los de Hiram para extraerlo y transportarlo a Palestina. Además del oro, encontraron metales y piedras preciosas en gran abundancia. Pronto el reino de Salomón rivalizó en riqueza con todas las tierras vecinas. Es probable que Ofir fuera un puerto de mar en la costa de Arabia. Ha sido localizado por algunos hasta tan lejos como la desembocadura del Indus. Mucha de la cubierta de oro del Templo de Salomón provenía de Ofir.

G. La torre de Babel. 11:1–32.

1, 2. Tenía entonces toda la tierra una sola lengua. Génesis presenta a Noé y a los hijos que con él salieron del arca poseyendo un lenguaje y un conjunto de palabras. Al multiplicarse los hijos de Noé, naturalmente siguieron con aquel mismo lenguaje, puesto que era suficiente. Vivían en y alrededor del valle del Eufrates, la zona generalmente considerada como la cuna de la civilización. **Sinar.** Los hebreos utilizaban el nombre Sinar, originalmente una región al norte de Mesopotamia, para designar toda Mesopotamia. Los nómadas migrantes se desplazaron a lo largo de las montañas de Ararat a las llanuras bien regadas de Babilonia.

3, 4. Edifiquémonos una ciudad...una torre...y hagámonos un nombre. Cuando los descendientes de Noé hallaron, en su movimiento hacia el este, un lugar en el que podían establecer unos cuarteles generales permanentes, decidieron construir una ciudad. Iban a construir una gigantesca torre tan alta que su cúspide atravesara la "bóveda" encima de ellos. Esta gran estructura les daría el lugar de prominencia desde el cual podrían establecer su importancia a los ojos de los hombres, e incluso a los ojos de Dios.

El propósito de este intento era doble. Por un lado, querían asegurarse a sí mismos la resistencia que da la unidad. La ciudad y la torre les atarían en un grupo sólido, de manera que podrían ser poderosos, incluso sin la ayuda de Dios. Dijeron: **Para que no seamos esparcidos.** Por otra parte, estaban decididos a darse renombre: **hagámonos un nombre.** Los pecados de la autosuficiencia y de la soberbia predominaban en su manera de pensar. Querían asegurarse de que no iban a ser olvidados. La torre les mantendría unidos y aseguraría que sus nombres no pasaran al olvido. Desafiaron a Dios y se dispusieron a demostrar su propia suficiencia. Su masiva estructura sería un monumento a su energía, su genio audaz, y a sus recursos propios. Muchas masivas ciudades, como Babilonia, Sodoma, Gomorra, Sidón, Tiro, y Roma, han demostrado ser todo menos estructuras piadosas. Cuando los hombres rechazan en su escarnio las leyes y la gracia de Dios, y se exaltan a sí mismos, la catástrofe cae inevitablemebre ellos.

7–9. Confundamos allí su lengua. Jehová comprendía el motivo, el espíritu, y los planes egoístas de la rebelde gente. De inmediato se dispuso a trastornar sus necios esquemas. Aquello mismo que habían querido evitar cayó repentinamente sobre ellos. Dios intervino directamente a fin de que nadie entendiera las palabras de los que estaban a su alrededor. Y los dispersó a lo largo y a lo ancho de la tierra. La palabra hebrea *bālal* "confundir", indica que hubo una perturbación distintiva que dejó a la gente confundida en gran manera. La palabra **Babel** se traduce *Babilonia*. Los mejores lexicógrafos afirman que nunca hubiera podido venir del hebreo *bālal*, "confundir" o "mezclar", sino que significaba "puerta de Dios". Mediante un juego de palabras vino a significar "confusión". La palabra aramea *balbel* significa "confusión". Alan Richardson nos recuerda que el don de lenguas en Pentecostés (Hch 2:5–11) se puede considerar como la inversa de la confusión de lenguas en Babel. Dice: "Cuando los hombres en su soberbia se jactan de sus propios logros, lo único que resulta es división, confusión, y falta de entendimiento; pero cuando se proclaman las maravillosas obras de Dios, entonces cada persona puede oír el evangelio apostólico en su propia lengua" (*Génesis 1—11, p. 126*).

27. Taré. Hijo de Nacor (un descendiente de Sem) y el padre de Abram, Harán y Nacor. Su primer hogar estuvo en Ur de los caldeos, pero pasó los últimos años de su vida en Harán, donde murió.

28. Ur de los Caldeos. Una antigua ciudad del temprano reino sumerio, localizado a unos 200 km. (125 millas) de la presente desembocadura del Éufrates, a 160 km. (100 millas) al sudeste de Babilonia, a unos 1350 km. (830 millas) de Damasco, y a unos 880 km. (550 millas) de Harán. Era la capital de Sumeria. En los tiempos de Abram era una ciudad comercial próspera, con unas pautas culturales desusadamente elevadas. Los edificios del área del templo eran muy sofisticados. Los habitantes adoraban al dios-luna, *Sin*. Los arqueólogos han desenterrado fabulosos tesoros de esta antigua ciudad. El cementerio real ha dado tesoros artísticos de fecha tan temprana como 2900 a.C. El Instituto Oriental de Chicago posee una placa de Ur que data del 3000 a.C. Fue en este mundo antiguo que Abraham nació y creció hasta ser un hombre. La suya era una herencia rica.

31. Harán (o *Ḥarran*). Una ciudad importante en la antigua Mesopotamia. Estaba situada a unos 880 km. (550 millas) al noreste

de Ur y a unos 450 km. (280 millas) al norte de Damasco. Allí convergían las principales rutas. Los caminos a Nínive, Babilonia y Damasco tenían allí su inicio. Estaba solamente a 100 km. (60 millas) de la fortaleza de Carquemis, la capital del imperio heteo. Harán era uno de los principales centros de la adoración de *Sin*, el dios-luna. Taré y su familia fueron a Harán, y el registro afirma que Taré murió allí. Rebeca, la esposa de Isaac, y Raquel, la esposa de Jacob, crecieron en Harán. Todavía existe en forma de un pequeño pueblo árabe.

II. Los patriarcas. 12:1—50:26.

A. Abraham. 12:1—25:18.

En la segunda división principal del libro del Génesis, es evidente que en el nuevo orden de cosas los elegidos de Dios tienen que reconocer la comunicación directa del Señor y su conducción directa. En los caps. 12—50 cuatro caracteres sobresalen como hombres que oyeron la voz de Dios, que comprendieron sus instrucciones, y que ordenaron sus vidas conforme a su voluntad. El propósito de Jehová era aún el de suscitar un pueblo que cumpliría su voluntad en la tierra. En Noé había hecho un nuevo comienzo. Sem era el escogido para ser el portador de la verdadera religión. Los semitas (los descendientes de Sem) debían de llegar a ser los misioneros a los otros pueblos de la tierra. En el cap. 12 Abram empieza a emerger de la línea de Sem como representante elegido de Jehová. Sobre él iba Jehová a depositar toda la responsabilidad de recibir y de pasar Su revelación a todos. Desde el marco pagano de Ur y de Harán vino el hombre de Dios para la hora estratégica de la temprana revelación del AT.

1) El llamamiento de Abraham. 12:1–9

1. Pero Jehová había dicho a Abraham: Vete de tu tierra y de tu parentela, y de la casa de tu padre. El relato bíblico pone claro que antes de emigrar a Palestina, Abram tuvo dos hogares. Pasó sus primeros años en Ur y después una larga temporada en Harán. Cada comunidad vino a ser su hogar. Tuvo que dejar amigos, vecinos y parentela tras él cuando dejó Ur, y aún otros cuando dejó Harán. En cada caso, se cortó la triple relación de tierra, gente, y parentela. Dice el obispo Ryle que Abram fue ordenado: "(a) que renunciara a la certeza del pasado, (b) que afrontara las incertidumbres del futuro, (c) que buscara y siguiera la dirección de la voluntad de Jehová" (*Génesis en CB, p. 155*). Era una gran demanda (cp. He 11:8). Pruebas severas le esperaban. Este llamamiento tiene que haberle venido cuando vivía aún en Ur (Hch 7:2). Fue renovado en Harán muchos años después.

A la tierra que te mostraré. Jehová no nombró la tierra en este momento ni la describió. Así, Abram iba a confrontar una nueva prueba de fe. Él Señor había hallado al hombre para su propósito, al que podría someter a grandes pruebas, un hombre que consideraría como muy importante en su vida el llevar a cabo la voluntad de Dios.

2, 3. Sé una bendición (*berākâ*). La forma imperativa expresa en realidad una consecuencia: "con lo que serás una bendición". Este distinguido viajero desde la politeísta Mesopotamia había recibido una comisión divina para que fuera en medio de completos extraños en alguna nueva tierra. Él y sus descendientes constituirían un canal mediante el cual Dios bendeciría a todas las naciones del mundo.

Y haré de ti una nación grande, y te bendeciré, y engrandeceré tu nombre. Dios fortaleció grandemente a Abram con promesas pactadas de prosperidad, posteridad numerosa, y grandeza. La promesa de la bendición divina garantizaba a Abram todo lo que pudiera desear. Todas sus necesidades serían cubiertas. Incluso sus vecinos hostiles llegarían a considerarle como el dirigente del pueblo de Dios. Por medio de él vendrían las bendiciones a todas las naciones de la tierra. Y su nombre sería honrado y reverenciado por todas partes. En la actualidad, Abram es reconocido y honrado como un "padre" por los cristianos, judíos, y musulmanes. Dios eligió a Abram y a sus descendientes para que llevaran Su Evangelio al mundo. De la línea de Abram, el Cristo había de venir, para cumplir los propósitos de Dios. Y mediante hombres y mujeres "nacidos de nuevo" sus ideales hallarían cumplimiento. El plan de Dios estaba tomando forma.

5. La tierra de Canaán. Abram interpretó la llamada de Dios como involucrando una partida de inmediato hacia Canaán. No se explica en el texto cómo él llegara a saber que Canaán era su punto de destino. Pero Dios había dicho: "Vete...a la tierra que te mostraré". Y él obedeció. Sin dudarlo un momento reunió a toda su familia y salió en una migración de importancia. Por lo que parecía, no tenía temores, ni dudas, ni recelos. Viajó a Carquemis por el Eufrates y se dirigió al sur por Hamat a Damasco de Siria. Josefo presenta a Abram durante su estancia en Damasco como actuando como rey sobre la gente de aquella capital. La tierra de Canaán se describe en las Escrituras como comprendiendo toda la tierra desde el Jordán hasta el Mediterráneo, y desde Siria hasta Egipto. Moab y Edom eran sus límites al sudeste. En la Biblia, la palabra "cananeos" se refiere, por lo general, a los primeros habitantes de la tierra, incluyendo a todos los grupos que vivieran allí antes de la llegada de los hebreos.

6. Siquem. Esta antigua ciudad era probablemente un santuario o lugar sagrado. Era un establecimiento importante en la encrucijada de las rutas importantes del comercio. Estaba situada entre el monte Gerizim y el monte Ebal, alrededor de unos 75 km. (41 millas) al norte de Jerusalén. En años posteriores, el pozo de Jacob estuvo en la vecindad inmediata. En tiempos más recientes, Siquem recibe el nombre de Nablus.

Abram fue al **encino de More.** Este era, probablemente, un árbol sagrado, bajo el que un sacerdote o maestro o adivino daba instrucción o enseñanza. Es posible que **More** sea un participio del verbo *yārâ*, "enseñar". El encino y el roble eran dos árboles parecidos. Siquem fue el principal punto de parada de Abram en Canaán. Aquí recibió él un mensaje especial de aliento y de promesa por parte del Señor. Dios le daba la tierra a él como posesión, y le prometía que sus descendientes la poseerían después de él. Con tribus guerreras por todos lados, Abram iba a encontrar difícil establecer sus derechos sobre la nueva tierra. No obstante, hizo un buen comienzo estableciendo de inmediato un altar y ofreciendo sacrificios a Jehová. Al ir tomando forma su vida en Palestina, declaró su total dependencia del Señor y su dedicación a él de todo corazón.

8. Bet-el (*Bēt-'ēl*). Este antiguo santuario data del siglo XXI a.C., y se menciona con más frecuencia que ninguna otra ciudad en las Escrituras, excepción hecha de Jerusalén. Está situada en la ruta de Siquem, a unos 16 ó 18 km. (10 ó 11 millas) al norte de Jerusalén. Al erigir un altar, el patriarca proclamaba su adhesión a Jehová, y al plantar sus tiendas, declaraba públicamente a todos los observadores que estaba tomando posesión permanente de la tierra. Con estos dos actos simbólicos, Abram revelaba su resuelta fe en el poder de Jehová de los ejércitos de que llevaría a cabo todas Sus promesas. La palabra **Bet-el** significa, lit., *casa de Dios*. Una narración posterior indica que Jacob le dio este nombre a aquel lugar después de su experiencia allí con Jehová (28:19). Abram **invocó el nombre de Jehová.** En su acto de adoración genuina, utilizó el nombre de Jehová en la invocación (cp. 4:26).

9. Abram partió (*nāsā'*) **de allí, caminando y yendo hacia al Neguev.** *Nāsā'* significa *arrancar* o *tirar* de las estacas de las tiendas. Se refiere a la partida de Abram hacia el sur. Arrancó las estacas y se fue desplazando por etapas cortas. El Neguev, *tierra seca*, es una sección definida del sur de Palestina, entre Cades-Barnea y Beerseba. En el verano era lo suficiente seco como para ser un desierto, sin agua ni vegetación. Con todos sus rebaños y manadas, Abram tenía necesidad de mucha agua y pastos. El Neguev no le era un lugar adecuado.

2) El patriarca en Egipto. 12:10–20.

10. Y descendió Abram a Egipto para morar allá. Las hambres eran frecuentes en Canaán. No se podía hacer nada para impedirlas. El único remedio era ir a Egipto, donde el Nilo proveía agua para los ganados y las cosechas. Abram y la gran compañía que iba con él se dirigieron a Egipto. La palabra heb. *gûr*, **morar**, indica que se preveía una residencia temporal. Tan pronto como el hambre cediera, Abram estaría de vuelta a Palestina. No hay aquí evidencias que nos puedan indicar que Faraón estaba entonces en el poder en Egipto.

11–16. El temor atenazó el corazón del patriarca al aproximarse al palacio del monarca. Se imaginó que el Faraón intentaría matarle a fin de llevarse a Sarai a su harén. Por ello, Abram planeó hacer pasar a Sarai como su hermana, tranquilizando entre tanto su conciencia con el pensamiento de que era su medio hermana. Era un truco vergonzoso el que empleó. Como resultado, ¡la madre de los futuros líderes de la nación hebrea fue llevada al harén egipcio! **17–20.** Para volver las cosas a su cauce, el Faraón fue afligido con plagas hasta que se dio cuenta de que había algo que no estaba bien, y expulsó a los forasteros de la tierra. Abram tomó consigo a Sarai, a sus seguidores, y a su propiedad —muy aumentada durante su estancia en Egipto— y rehizo su camino a través de la distancia hacia el Neguev y hacia Canaán. El comportamiento de Abram en Egipto no fue digno de la majestuosa alma del embajador especial de Jehová a las naciones. Iba a tener que crecer si tenía que aproximarse al plan de Dios para su vida. Tenía que volver a Bet-el y reconstruir el altar a Jehová.

3) Su separación de Lot. 13:1–18.

1–4. Subió, pues, Abram de Egipto. Cuando hubo conseguido la renovación de su comunión con Dios, Abram estuvo dispuesto para una nueva vida. Era inmensamente rico. Ganado, oro y plata los poseía en gran abundancia. Su compañía de seguidores había ido aumentando hasta que se enfrentó con un gran problema. Con tanto ganado y ovejas, tenía

que poder desplazarse con rapidez para conseguir suficiente agua y pastos. **5–8.** Pronto el grupo de Lot se encontró con dificultades con el grupo de Abram. El heb. *meríbâ*, **contienda**, indica discusiones, forcejeos, y peleas. El justo tío no podía permitir que continuara una conducta tan indigna. Dijo: **somos hermanos** (v. 8). Un comportamiento así era innecesario, inútil, y totalmente fuera de carácter con los representantes de Dios.

9–13. En interés de la paz y de la armonía, Abram tuvo el gesto generoso de que Lot eligiera la sección que prefiriera de la tierra y que se fuera en aquella dirección, dejando el resto del territorio para Abram. La naturaleza egoísta y acaparadora de Lot se manifestó de inmediato; eligió el bien regado valle del Jordán. Allí abundaba la vegetación tropical al lado de las aguas revitalizadoras del río. El valle (*kīkēr*) del Jordán era lo suficientemente grande y fértil como para garantizar prosperidad y abundancia para el porvenir. No obstante, las ciudades de Sodoma y de Gomorra estaban asentadas en el área que Lot había elegido, y eran extremadamente corrompidas. ¿Cómo iba a poder crecer una religión espiritual entre las espinas del egoísmo y de la corrupción en aquel lugar? La elección de Lot demostró ser desastrosa. **Fue poniendo sus tiendas hasta Sodoma** (v. 12). Al principio *miró hacia Sodoma*. Más tarde, *habitó en Sodoma*. Estos fueron los pasos por los que este hombre y su familia fueron a una degeneración cierta y a la destrucción.

14–17. Y Jehová dijo a Abram,...alza ahora tus ojos. En esta notable comunicación, Lot y Abram son presentados en un intenso contraste. El débil, egoísta y acaparador pecador eligió por sí mismo aquello que él consideraba la posesión más valiosa. Jehová eligió para Abram. Como premio por su singular falta de egoísmo, el patriarca recibió la tierra de Canaán. Dios le dio el derecho a la tierra y le invitó a que abriera bien los ojos y a que se deleitara con los tesoros que se extendían ante él en cada dirección. Desde la colina cercana a Bet-el podía contemplar hermosos panoramas de una hermosura por corta el aliento. ¡Y todo era suyo! Para hacer el don más atractivo todavía, el Señor le prometió a Abraham muchos descendientes, más numerosos que la arena del mar. Esta profecía puede haber asombrado al patriarca, que no tenía ningún hijo. Pero la aceptó por fe.

18. Hebrón. Una ciudad antigua al sur de Judá, a 30 km. (19 millas) al suroeste de Jerusalén, en la unión de todas las rutas principales de la región. Estaba situada en una elevación prominente del terreno, a casi mil m. (3.040

pies) de altura sobre el nivel del mar. Josefo habla de ella como una ciudad más antigua que Menfis en Egipto. Dice también que allí existía un viejo roble desde la misma creación del mundo. Rodeando a la ciudad habían olivos, viñedos, fuentes de aguas, pozos, y pastos. La cueva de Macpelá, que Abraham compró para tumba de Sara, estaba muy cerca. Fue la tumba no solamente de Sara, sino también de Abraham, Isaac, Jacob, Rebeca, y Lea.

4) Abram, Lot, Melquisedec. 14:1–24.

En lugar de vivir en paz, prosperidad y felicidad, Lot y Abram se vieron en medio de una guerra. Unos poderosos ejércitos de oriente invadieron la tierra de Palestina, provocando grandes perjuicios. Abram se involucró profundamente en ella, por su amor a Lot, y pronto se reveló como un guerrero con el que se tenía que contar cuando los invasores intentaron obtener despojo. Lot quedó hecho prisionero de guerra cuando su ciudad, Sodoma, y los reinos vecinos quedaron derrotados por estos invasores. El había quedado al alcance de estos problemas al elegir disfrutar el bienestar y los privilegios de Sodoma, y al hacerse ciudadano de aquella perversa ciudad. Ahora se encontró con que tenía que compartir el peligro y la tragedia de la ciudad. Abram respondió prestamente con sus 318 hombres para llevar a cabo un rescate, y para establecerse como una poderosa fuerza de la justicia en la tierra.

1. Amrafel, el **rey de Sinar**. Uno de los del cuarteto que componían el ejército invasor. **Sinar**, situado al norte de Mesopotamia, daba su nombre a toda el área entre el Tigris y el Eufrates, incluyendo Babilonia. La Mesopotamia inferior era el centro de la civilización sumeria, que databa de alrededor del 3500 a.C. **Amrafel** era el rey de aquella región. Hasta hace poco los eruditos le identificaban con Hammurabi, una de los primeros reyes de Babilonia. No obstante, unos hallazgos recientes entre las tabletas de arcilla cocida tienden a situar a Hammurabi más cerca del 1700 a.C. Amrafel fue rey mucho más atrás en el tiempo. **Arioc** era **rey de Elasar**, la *Larsa* babilónica, y probablemente controlaba una región mucho más extensa en la parte meridional de Babilonia. **Quedorlaomer**. Rey de *Elam*, una región montañosa bien conocida cerca de la cabecera del Golfo Pérsico. Parecía ser el más poderoso de los cuatro reyes que condujeron esta expedición. Había establecido su control sobre los otros reyes de Babilonia y de Palestina. Su nombre *Kudur–Lagamer* significa "siervo de Lagamer", uno de los dioses de Elam. La capital de **Elam** era Susa. **Tidal**,

el otro rey confederado, era llamado el rey de **Goim**, o *Goiim* (esto es, **naciones**, o *gentes*). Su título puede indicar que controlaba varios reinos individuales, o que estaba a la cabeza de una fuerte banda de gente errante que se dedicaba como actividad a hacer la guerra para conseguir botín.

2. Estos reyes, con sus tropas escogidas, venían de la región más allá de Damasco, y barrieron el país al este del Jordán hasta el extremo sur del mar Salado. Entonces giraron en dirección al norte y fueron rápidamente hacia la ribera occidental del Jordán. La batalla decisiva se libró en el país bajo más abajo del mar Muerto (el **valle de Sidim**, v. 3), con los cinco reyes de aquella región inmediata que se habían rebelado contra sus señores de oriente.

3. El mar Salado (mar Muerto) tiene unos 74 km. (46 millas) de longitud y unos 15 km. (6,5 millas) de anchura. Ya que la superficie del agua está a 394 m. (1.292 pies) por debajo del nivel del Mediterráneo, y que el agua tiene una profundidad de 365 m. (1.200 pies), este mar es "la masa de agua más baja del mundo". Su agua tiene cinco veces más contenido salino que el agua de mar ordinaria. Los eruditos afirman que las ruinas de Sodoma y Gomorra permanecen debajo de las aguas del extremo meridional de este mar. Adma y Zeboim (cp. v. 2) fueron las otras dos ciudades destruidas por el fuego que Dios hizo descender. Los reyes del oriente inflingieron una decisiva derrota sobre los guerreros aliados y se llevaron prisioneros y botín con ellos al volverse a ir. Lot se hallaba entre los cautivos.

6. Y a los horeos en el monte de Seir. La arqueología ha contribuido mucho a establecer la historicidad básica de estas antiguas narraciones. Este pueblo, llamado **horeos**, son ahora bien conocidos como *hurrianos*, un grupo no semítico. Sus registros, desenterrados en Nuzu por los arqueólogos, han arrojado mucha luz acerca de las costumbres patriarcales. William F. Albright cree que estos hurrianos cobraron importancia en época tan remota como el 2400 a.C., y que llegaron a ser competidores de los heteos y de los sumerios en la carrera por la supremacía en cultura y conocimientos. Tienen que haberse asentado en la región al sur del mar Muerto muy en el amanecer de la historia. Fueron desplazados de la región del monte Seir por los descendientes de Esaú (Dt 2:22).

7. Cades (*santuario*). Un lugar antiguo en el que el agua se filtraba de una roca, y de donde salía el juicio de un hombre santo que recibía revelación divina. Estaba en la frontera con Edom, a unos 80 km. (50 millas) al sur de Beerseba, y a unos 110 km. (70 millas) de

Hebrón. Aquí pasaron los israelitas el tiempo correspondiente a una generación esperando la orden de Dios para entrar en Palestina. Miriam fue enterrada en Cades, a once jornadas del Sinaí. **Amalecitas.** Toscos, dedicados al pillaje y al bandidaje, merodeaban el área desértica del sur de Palestina. Probaron ser una amenaza constante a los israelitas durante toda la historia del reino. En este caso el pueblo de Canaán quedaron severamente vencidos por los invasores de oriente.

10. Pozos de asfalto. Pozos de los que se había sacado el petróleo líquido. Los agujeros podrían haber estado todavía llenos del burbujeante líquido. Los guerreros, en su desesperada huída de la furia del ataque enemigo, cayeron en estos agujeros y murieron. Fue un momento desastroso para ellos. Los atacantes orientales escaparon con mucho botín y con muchos cautivos, que irían a convertirse en sus esclavos.

13. Abram el hebreo. Las noticias de la batalla llegaron rápidamente a Abram en Hebrón. El no se había mezclado en esta lucha, pero ya que su sobrino era uno de los prisioneros, estaba doblemente obligado a intentar un rescate. Esta es la primera vez que se utiliza en las Escrituras la palabra **hebreo** (*hā'ibrî*). La derivación exacta del nombre está aún bajo discusión. Lo utilizaban los extraños cuando se referían a los descendientes de Abraham y de los patriarcas. Es probable que signifique "un descendiente de Eber", o uno "de la otra ribera". Esto se aplica a Abram como emigrante de Mesopotamia. Los hay que han identificado a los hebreos como los *habiru*, que adquirieron importancia en la arqueología gracias a las cartas de Tell el Amarna halladas en Egipto y a las tabletas mesopotámicas de Nuzu y Mari. El carácter de los merodeadores no los habría hecho ser queridos por los hijos de Abram.

14. El hebreo *rîq* (RV, **armó**) describe el rápido y exaustivo trabajo de Abram de conseguir a cada hombre disponible y de prepararlo de inmediato para la acción. Lit., se traduce *desenvainó*, como una espada de su vaina. No quedó ni un solo hombre atrás. Trescientos dieciocho hombres respondieron a la llamada para seguir a su respetado guía. Para un establecimiento como el que gobernaba el patriarca se precisaba de una potente fuerza con la que contar. Además de estos hombres preparados y de confianza, Abram llevó consigo tropas de sus amigos confederados, Abner, Escol y Mamre, que fueron leales a su buen amigo en una hora de emergencia. Los invasores del oriente se dirigían en su huída rápidamente hacia Dan en el límite septentrio-

nal de Canaán. La ciudad se hallaba al pie del monte Hermón, a alguna distancia al noroeste de Cesarea de Filipos. En aquel tiempo tenía el nombre de Leshem o Lais (cp. Jue 18:7). Los danitas la tomaron años después y le dieron el nombre de Dan.

15. Hoba era una ciudad a menos de 80 km. (50 millas) al norte de la antigua ciudad de Damasco. Después que empezara el ataque en Dan, Abram y sus guerreros cubrieron 160 km. (100 millas) en su persecución del ejército de Quedorlaomer. En el ataque por sorpresa, desperdigaron al enemigo y tuvieron éxito en la recuperación de todo el botín y de los prisioneros. Lot quedó a salvo de nuevo bajo el cuidado de su tío. Y Abram había establecido su poder en Canaán, porque los pueblos que le rodeaban iban a estar maravillados ante uno que podía aplicar unos golpes tan demoledores.

17. Volviendo a su propio distrito, Abram fue alcanzado por el rey de Sodoma, que le dio sus más expresivas gracias por una liberación tan destacada. Se encontraron en un lugar llamado Save, o el **Valle del Rey** (RV). La palabra *Save* significa "una llanura". Estaba probablemente cerca de Jerusalén.

18–20. Melquisedec, rey de Salem. El nombre de esta misteriosa persona significa o "rey de justicia" o "mi rey es justicia", o "mi rey es Sedec". *Sedec*, o *Zedek*, es la palabra hebrea para "justicia", y también el nombre de una deidad cananea. Melquisedec era el rey-sacerdote de **Salem**, que es una forma abreviada de *Urusalim*, "ciudad de paz", identificada con Jerusalén. Las cartas de Tell el Amarna identifican a **Salem** con Jerusalén ya tan atrás como el 1400 a.C. *Shalom* es la palabra hebrea para "paz", y es probable que Shalem fuera el dios de la paz cananeo.

Este bondadoso rey-sacerdote, reconociendo la nobleza y dignidad de Abram, proveyó refrigerio y sostenimiento para el fatigado guerrero y sus hombres. Estos dones eran prendas de amistad y de hospitalidad. Melquisedec alabó a *El Elyon*, su Dios (**el Dios Altísimo**) por haber concedido a Abram el poder de conseguir la victoria. Abram reconoció en *El Elyon* de Melquisedec a Jehová, el Dios al que él mismo servía. El nombre de **el Dios Altísimo** se halló en los documentos de Ras Shamra, que datan del siglo xiv a.C. Evidentemente, Melquisedec tenía una fuerte adhesión a las doctrinas de su fe, que eran tan verdaderas y fundamentales como las traídas de Babilonia por Abraham. Cada uno de estos baluartes tenía algo que dar y algo que aprender. (Ver Sal 110:4, He 5:9, 10; 7:1–7 para ver el desarrollo del concepto del sacerdocio ideal y de su aplicación a la doctrina mesiánica.) El autor de Hebreos afirma que Cristo era de un orden sacerdotal mucho más antiguo que el de Aarón, y que por ello su sacerdocio era superior al del sacerdocio aarónico. Como reconocimiento adicional de la posición sacerdotal de Melquisedec, Abram le ofreció diezmos como ofrenda religiosa.

21–24. Al tratar con **el rey de Sodoma**, el patriarca rehusó aceptar para sí mismo el botín conseguido en la batalla. No había hecho ninguna guerra para enriquecerse, sino para conseguir la liberación de Lot. El no iba a aprovecharse en forma alguna, pero sí que procuró que sus aliados obtuvieran una cantidad razonable para compensar sus gastos. Evidentemente, no había nada mezquino, egoísta, o acaparador en su carácter.

5) Promesa de un heredero a Abram. 15:1–21.

A lo largo de toda su vida, Abram manifestó una poderosa fe en Dios. Era fácil que su confianza brillara en horas de triunfo. Cuando recordaba las maravillosas promesas de Dios, tomaba consuelo en la declaración de que el cumplimiento de ellas sería en y mediante su simiente. Pero al hacerse viejo y ver que el fin de sus días se estaba aproximando y que todavía no había tenido ningún hijo, estuvo tentado a desalentarse. Su fe en las promesas vaciló. ¿Cómo iba Dios a poder cumplir sus promesas ahora? ¿Cuándo las cumpliría? Abram necesitaba certeza. Y, así, Dios le habló.

1. No temas...Yo soy tu escudo, y tu galardón será sobremanera grande. En primer lugar, Abram tenía que alejar de sí los temores depositando por entero su confianza en Dios. Esta figura de Dios como escudo estaba destinada a dar esperanza, aliento, y fe. Pero la defensa no era suficiente. Abram tenía que tener ante sus ojos la certeza de un galardón que le daría el mayor de los gozos.

2–7. El Señor aseguró a Abram que no tenía que pensar en **Eliezer damasceno** como heredero suyo, sino que nacería un hijo suyo, engendrado por él mismo para llevar a un cumplimiento exhaustivo todas las predicciones. En momentos de peligro o de desaliento Abram tenía que creer en la protección de Dios, el cumplimiento divino de las promesas, y en el ilimitado número de sus descendientes. Era un reto a una confianza sublime. Y Abram pudo creer debido a que conocía a Aquel que había hecho las promesas. Sabía que se podía confiar en Jehová. A pesar de que no había ningún hijo en el hogar, Dios iba a llenar la tierra con aquellos que mirarían tras ellos a Abram como su padre. La rendición

confiada a la voluntad de Dios es el elemento básico de la verdadera religión. **6. Y le fue contado por justicia.** La cualidad de estar correctamente con Dios es indescriptiblemente preciosa a los ojos de Dios. Abram fue justificado, esto es, contado como justo, sobre la base de su fe.

8–21. De inmediato Jehová se dispuso a ratificar el pacto con el hombre que se había rendido a la voluntad divina (cp. Gn 12:1–3). El hebreo *berît* se traduce alternativamente como "convenio", "pacto", "contrato solemne", "testamento", "tratado". Ninguna de estas palabras traducen al castellano el significado completo de esta solemne transacción. En la antigüedad los hombres ratificaban en ocasiones un pacto o contrato pasando entre las partes de un animal sacrificial partido en dos. Este "cortamiento del pacto" no era en sí mismo un sacrificio. Se trataba más bien de una ceremonia sagrada mediante la cual los hombres declaraban su propósito solemne de guardar el pacto. Algunos estudiosos de la Biblia han señalado que en este caso registrado en Gn 15:8–21, solamente una representación simbólica de las partes contratantes — **una antorcha de fuego** (cp. Jue 7:16, 20), símbolo de Jehová — pasó entre las mitades de los animales. En otras palabras, en este caso el pacto iba a ser guardado solamente por el lado mismo de Dios. Solamente el Señor mismo podría cumplir sus promesas. El haría a los descendientes de Abram tan numerosos como las estrellas y les daría una tierra inmensa, extendiéndose desde las puertas de Egipto hasta el río grande, el Éufrates.

6) Ismael, 16:1–16.

1–3. Sarai...no le daba hijos. Abram y Sarai habían estado casados durante muchos años. No habían venido hijos a alegrar su hogar ni a cumplir las maravillosas profecías. Pero Jehová había sido específico con respecto a su promesa de un heredero (cp. 15:4). Según iban pasando los años, la discrepancia entre las promesas y las circunstancias se hacía más y más frustrante. Estar sin hijos era una calamidad y una desgracia para una esposa hebrea, y era aun mucho peor para Sarai. Tanto el marido como la mujer debieron haber estado buscando medios para ayudar a Dios a cumplir su promesa. Conocían la enseñanza de Gn 2:24, y se daban cuenta de que los maridos y las mujeres tenían que ajustarse a aquella elevada pauta. Que un hombre tomara una segunda esposa o una concubina era algo pecaminoso. Pero, al intentar proveer a Dios con un camino para llevar a cabo su predicción, Sarai estaba dispuesta a pasar por alto la norma divina y a darle su esclava, Agar, a Abram, en la esperanza de que ella pudiera dar a luz un hijo en la familia. **Que yo pueda ser edificada** (heb. *bānâ*, "edificada") **por ella** (margen RV 1569, literal), le dijo ella a él. Cuando los hombres y mujeres permiten que su fe se resquebraje, recurren a las estratagemas humanas. La esclava egipcia fue llevada a la tienda de Abram a fin de que pudiera **edificarse** la familia. Pero lo que siguió como trágica consecuencia fueron la discordia y la desolación.

4–6a. Y él se llegó a Agar. Sarai actuaba de acuerdo con las costumbres de otros pueblos de su época (cp. las tabletas de Nuzu). Pero se esperaba de Abram y de Sarai que se mantuvieran según una norma superior que la de los pueblos alrededor de ellos. Abram, el amigo de Dios, ejercitaba una fe más rica y estaba sometido a un código más puro. No obstante, siguió las sugerencias de su esposa y se llevó a Agar a su tienda. Pronto la esclava empezó a despreciar a su señora. Y Sarai se amargó contra su sierva. Las tres personas de este triángulo sufrieron. Sarai le echaba la culpa a Abram de todo este problema, aunque él solamente había actuado a instancias de Sarai. Los celos saturaban por completo la atmósfera. La paz, la armonía, y la felicidad no podían existir en aquel hogar. Y el hogar estaba al borde de la rotura.

6b. La afligía. En hebreo, *'ānâ* significa "oprimir, deprimir, afligir". En este caso puede significar "perseguir, maltratar". Sarai puede haber perseguido a Agar asignándole trabajos pesados o por el castigo corporal. Sea como fuere esta persecución, tanto la encolerizó, o avergonzó, que huyó de la presencia de su señora. Los celos y la amargura apasionadas enfrentaron a las dos mujeres. Y Abram no podía ser de mucha ayuda a ninguna de las dos. Las circunstancias iban de mal en peor.

7, 8. Y la halló el ángel de Jehová. En su desesperación, Agar huía en dirección a su patria, Egipto. Ella era todavía legalmente una esclava, y no tenía derecho a huir. No obstante, su situación se había vuelto insoportable, y la huída parecía ser su único alivio. Es probable que creyera que podría hallar paz, descanso, y una nueva vida en su vieja patria. Cuando llegó a **Shur** (*el muro*), descansó antes de cruzar la frontera. Allí los egipcios mantenían un muro o una potente línea de fuertes destinados a proteger a Egipto de invasiones procedentes del Este. Se menciona en registros egipcios ya tan remotos como 2000 a.C. En la soledad del desierto Agar fue confrontada por **el ángel de Jehová**, que había venido a darle instrucciones, esperanza, y paz en sus pensamientos. Esta aparición es la primera visita

registrada del **ángel de Jehová** a la tierra. Fue un momento de significado desusado. Este "ángel" no era un ser creado, sino el mismo Jehová, manifestándose a Agar. Para otros usos de este nombre, ver Gn 32:30; Éx 23:20–23; 32:34; 1 R 19:5, 7; Is 63:9. De estos pasajes es evidente que el "ángel" es el mismo Jehová, presente en aquel tiempo y lugar. Se identifica con Jehová; habla y actúa con la autoridad de Dios; se habla de él como siendo Dios, o Jehová.

9–12. La alentadora palabra del "ángel" a Agar le dijo que tenía que volver a la difícil situación que había dejado, tomar su carga, esperar al cumplimiento del plan divino, y esperar aquel día en que **Ismael**, el hijo de ella, llegaría a ser la cabeza de una importante tribu. **Ismael** (*Dios oye*) iba a ser "hombre fiero", con fortaleza y osadía y un carácter feroz. Viviría salvaje y libremente en el desierto, sin amigos ni lealtades. Sus descendientes estaban destinados a crecer hasta llegar a constituir una poderosa horda de beduínos, salvajes, libres, traicioneros, temerarios, errantes por las grandes extensiones del desierto.

13–16. Tú eres Dios que ve. Agar se quedó abrumada de gozo al reconocer a Dios en aquella experiencia, y al verle como un observador lleno de gracia, de bondad y de atención, al cuidado de un pobre ser en profunda necesidad. Ella respondió con una fe reverente. El pozo o fuente recibió el nombre de **Beer-lahai-roi**. Este nombre ha recibido bastantes traducciones y enmiendas. Quizás una traducción tan buena como otras sea: *Pozo del Viviente que me ve.* Agar quedó fuertemente conmovida al darse cuenta de que había estado ante la misma presencia del Dios poderoso y de que estaba aún viva. Posiblemente el pozo estuviera en las cercanías de Cades (cp. 16:14), alrededor de unos ochenta km. (50 millas) al sur de Beerseba. Nació el niño, y Abram, que entonces tenía ochenta y seis años, le dio nombre de Ismael.

7) Nuevas promesas, y la respuesta de Abram. 17:1–27.

1. Yo soy el Dios Todopoderoso (*'El Shaddāi*). Trece años más tarde Dios se apareció a Abram con unas seguridades alentadoras, un reto, y una promesa más plena. Cambió el nombre de Abram y el de su esposa. Dio instrucciones específicas en cuanto al rito de la circuncisión. El nombre divino *'El Shaddāi*, con su mensaje de que "nada es imposible para Dios, el cual es todopoderoso y todosuficiente", tiene que haber infundido un aliento desusado en Abram. Evidentemente, la palabra *'El Shaddāi* centra esta atención sobre estos dos atributos de Dios. Los antiguos eruditos hebreos afirmaban que se derivaba de *sh-da*, significando "Aquel que es suficiente". Algunos eruditos lo derivan de la raíz *shādad*, "destruir". Hay otros que la relacionan con la palabra asiria *shādu*, "montaña". La LXX nos da *hikanos*, "suficiente". Con toda probabilidad el traductor debería de mantenerse tan cerca de "todo-poderoso" ya que la palabra *'El* connota poder. Aquel que tiene todo el poder tiene también los recursos para suplir todas las necesidades de su pueblo.

Anda delante de mí y sé perfecto. Un Dios tal podía presentar estas demandas. "Andar con Dios" se describe en la narración referente a Enoc. Ahora se le ordenaba a Abram que llevara su vida diaria (pensamientos, palabras, hechos) delante de Dios, totalmente complacientes a los penetrantes ojos de Dios. El hebreo *tāmîn*, **perfecto**, conlleva el significado de "intachable", o "impecable". Pero va más allá de estos sentidos en su sugerencia de un todo bien redondeado, cada área totalmente completa.

3–8. Humilde y reverentemente Abram cayó al suelo en adoración. La paciencia de Dios había llevado al patriarca a la actitud de corazón adecuada que le haría posible recibir un cambio de nombre, recibir una renovación del pacto, y una repetición de las promesas. **Abram**, su nombre desde su nacimiento, se traduce generalmente como *padre exaltado*. El nombre *Abraham* no tiene significado en hebreo, pero el nuevo pacto asociado con este nombre enfatiza la misión universal del patriarca como representante de Dios a las gentes de la tierra (cp. Ro 4:16, 17). Unos privilegios más elevados iban a conllevar unas responsabilidades más pesadas. Dios prometió dar una dirección especial para cada paso en la nueva jornada de la fe y de la obediencia.

9–14. Circuncidado. Como símbolo o prenda del pacto, Abraham y sus descendientes tenían que adoptar el rito de la circuncisión y obedecer cuidadosamente las reglas a su respecto. Así mostrarían ante los pueblos que les rodeaban una memoria perpetua de su dedicación y consagración plena a Jehová. La circuncisión no era ningún rito nuevo. Ni tampoco se confinaba en el pueblo hebreo. Era ampliamente practicado en muchas partes del mundo, especialmente en Egipto y en Canaán. No obstante, los asirios y los babilonios rehusaban tener parte alguna en ello. Señálese cómo David se refiere con escarnio a Goliat como "filisteo incircunciso" (1 S 17:26; cp. 14:6). Dios ordenó a Abraham sellar el pacto entre ellos con el símbolo o prenda de la circuncisión. Así constituiría para siempre la "señal

visible y exterior de una relación interna e invisible". Cada hijo varón de la familia de Abraham debía experimentar este rito ordenado por Dios, en su octavo día de vida.

15, 16. Sara. La esposa de Abraham había recibido el nombre de Sarai durante toda su vida. Ahora Dios ordenó que su nombre fuera cambiado por el de **Sara**, *Princesa*. Es la forma femenina de *sar*, "príncipe". Este nuevo nombre enfatizaba el papel de la esposa de Abraham en el futuro, como madre de naciones. Abraham es considerado como "Padre Abraham" por judíos, mahometanos y cristianos. Sería también bueno recordar que Sara jugó también un papel vital en el drama de los siglos.

17–22. De nuevo **Abraham se postró sobre su rostro** ante el Señor. Dios le había predicho que aquel hijo tan largamente esperado ciertamente nacería de su esposa. Aunque Sara tenía noventa años, iba todavía a tener el gozo de dar la bienvenida a un hijo mediante el cual se cumplirían las promesas del pacto de Dios. Abraham había llegado a considerar a Ismael como su heredero, y a creer que las doradas promesas de Dios tendrían que cumplirse por medio de él (cp. v. 18). Ahora se enfrentaba con la segura palabra de que Isaac nacería para llegar a ser el hijo de la promesa. **Abraham ...se rió** (v. 17). Se vio abrumado. No hay aquí ninguna sugerencia de incredulidad sino más bien evidencia de asombro y gran gozo. Abraham a duras penas podía comprender un anuncio tan asombroso. En hebreo, *ṣāḥǎq* significa "reir". Es la raíz de la que se deriva la palabra **Isaac.** Comparar esto con la reacción de Sara y su risa en 18:12. Hubo una definida diferencia entre los motivos de la risa en los dos casos.

23–27. Abraham fue llevado por la fe y por un espíritu obediente para cumplir el mandato de Dios. De inmediato instituyó el rito de la circuncisión para toda su compañía. Ismael se hallaba entre los que fueron circuncidados. Abraham estaba obedeciendo a Dios y poniéndose a sí mismo y a su familia a disposición para cumplir los propósitos divinos. El plan de Dios para alcanzar y bendecir a todas las naciones estaba dirigiéndose hacia su cumplimiento.

8) Sodoma y Gomorra. 18:1—19:38.

18:1. Los terebintos (RV, *encinar*) **de Mamre.** La residencia de Abraham se hallaba en la inmediata vecindad de Hebrón. Aunque la palabra hebrea *'ēlôn* se puede traducir "roble" o "encina" o "terebinto", es probable que la mejor traducción sea la última. Estos árboles eran los árboles sagrados del santuario cananeo de Hebrón. La cueva de Macpelá estaba situada en el mismo lugar. El patriarca se hallaba en estrecho contacto con los lugares sagrados y con los lugares santificados. A través de los siglos, se han identificado antiguas encinas o terebintos como proviniendo de la época de los patriarcas. ...**le apareció Jehová.** Aunque Abraham no reconoció en el acto al visitante celeste como al Señor, pronto se le hizo evidente que el principal de los tres mensajeros era el mismo Jehová. Era el "angel de Jehová", que aparece varias veces en las anteriores páginas del Génesis.

2–5. Salió corriendo de la puerta de su tienda a recibirlos, y se postró en tierra. Abraham demostró ser extraordinariamente hospitalario. Hacía por sus huéspedes todo lo que la hospitalidad oriental pudiera sugerir. Sus maneras eran todo lo que se podía pedir. Dispuso que estos visitantes celestiales tuvieran una acogida principesca. Les invitó a **recostarse** y **sustentar** sus corazones mientras que se preparaba la comida. En hebreo, *ṣā'ad*, **sustentar**, significa *fortalecer*. El descanso y la comida les "sustentarían".

6–8. Toma pronto tres medidas de flor de harina. Abraham, Sara e Ismael (*el chico*, no **el criado** como en la RV) se dedicaron rápidamente a la tarea de dar refrigerio a sus huéspedes. Una **medida**, *se'â*, era la tercera parte de un efa, o alrededor de trece litros. Se utilizan dos palabras hebreas, *gem'âḥ* y *sōlêt*, para denotar el carácter excepcional de la harina utilizada para hacer los panes para la comida. *Ḥem'â*, "leche cuajada" mezclada con leche fresca, era una bebida refrescante que se servía a viajeros cansados mientras que se preparaba la comida más sustanciosa. El **becerro** era un lujo raro y de más que se proveyó a estos ilustres visitantes.

9–15. El Señor declaró de forma clara y comprensible que le nacería un niño a Sara cuando *la estación vuelva a la vida* (RV, **según el tiempo de la vida**). El feliz suceso se hallaba solamente a un año de distancia. Dios no había olvidado su promesa y estaba ahora obrando para llevarla a cabo de una forma milagrosa. Sara escuchaba. La palabra hebrea *shōma'at* indica que estaba entonces escuchando, no que meramente oyera. **De edad avanzada.** Del modismo hebreo "entrados en días". **Sara se rió** en total incredulidad al pensar lo imposible que le era dar a luz un hijo. Ella se describe aquí a sí misma como *belōtî*, "desgastada", "seca", "lista para caer en pedazos, como un vestido". Recordó también que Abraham era viejo, ya pasada su edad de paternidad. La palabra divina aseguró a Sara y a Abraham que nada es **difícil** (lit. *maravilloso*) **para el Señor.** Incluso

si lo que iba a suceder era desusado, extraordinario, o más allá del comportamiento natural de las cosas, Jehová era capaz de llevar a cabo lo que quisiera cuando quisiera y de la manera que quisiera. "Porque nada es imposible para Dios" (Lc 1:37). En el nacimiento de Isaac, como en el de Jesús, fue necesario que Dios obrara un milagro.

16–22. Sodoma...Gomorra. Las dos ciudades principales al extremo sur del mar Muerto. Las otras—Adma, Zeboim y Zoar—iban a ser destruídas juntamente con Sodoma y Gomorra en la conflagración que purgaría aquellos centros de maldad. (Al final, Dios perdonó Zoar para que sirviera de nuevo hogar a Lot.) Las Escrituras indican claramente que una visita divina iba a infligir un terrible juicio y condenación sobre aquellos habitantes llenos de pecado. Las ciudades se hallaban a unos 29 km. (18 millas) de donde Abraham residía en Hebrón. Podía ver el extremo sur del mar Muerto desde las mismas cercanías de Hebrón.

23–33. En su sobresaliente oración de intercesión por los pocos justos de Sodoma, Abraham reveló los elementos más ricos de su carácter: su generosidad, simpatía, sensibilidad, su preocupación por la justicia en Dios y en el hombre. Mostró que tenía comprensión de la buena disposición de Dios para perdonar de forma total y completa y para tratar con Sus criaturas, aunque malvadas, de acuerdo con las normas reveladas de justicia y de rectitud. Sabía que se podía confiar en Jehová, que Él actuaría según su santa naturaleza.

Cuando Abraham dejó de interceder, tenía la promesa de Dios de que perdonaría a Sodoma si se podían hallar tantas como diez personas justas allí. Pero cuando no se pudieron hallar la cantidad dicha de personas justas en toda la ciudad, nada ya podía impedir la catástrofe. La oración intercesora siempre hace salir lo mejor que hay en el hombre. Esta preocupación no egoísta por otros brilla como una hermosa joya. Al rogarle al Señor, Abraham demostró su genuina preocupación y amor. Y experimentó de nuevo la amistad de Dios en Su buena disposición a tener consejo con él y al concederle una revelación especial de lo que iba a suceder antes de que cayera aquella catástrofe.

19:1–3. Lot estaba sentado a la puerta de Sodoma. Lot había llegado a tener una cierta importancia entre sus conciudadanos en la malvada ciudad. Es posible que el hecho de hallarse sentado a la puerta indique que ayudaba al pueblo a administrar justicia. Pero delante de los visitantes celestiales, el débil, mundano y egoísta Lot tiene que haber parecido una figura patética. De inmediato se presentó voluntariamente a actuar como regalador anfitrión para los dos forasteros.

4-22. La trágica experiencia con los hombres de la ciudad, una vez en casa de Lot, demostró que la situación más atroz posible dominaba en Sodoma. Los ángeles, que habían llegado con órdenes divinas de descubrir la medida de la depravación humana en aquel lugar, no precisaban ya de ningún otro descubrimiento. Se practicaba abierta y descaradamente la más vil e indescriptible forma de pecado. Los mensajeros de Dios solamente tenían ya que pronunciar la sentencia oficial, dar un aviso adecuado, y buscar por todos los medios que Lot y su familia salieran de la ciudad sentenciada. Era necesario darse prisa. Se exigió una obediencia incondicional. Lot trató desesperadamente dar aviso y persuadir a aquellos de su propia familia para que dejaran la ciudad. Pero, como nos dice la narración, **pareció a sus yernos como que se burlaba.**

Lot había actuado egoísta y neciamente al elegir formar parte de Sodoma, donde sus hijas quedarían contaminados por la vergüenza de la ciudad. Aunque había llegado a adquirir una cierta importancia entre la gente, nunca había conseguido influenciarlos hacia un comportamiento justo; y por ello fracasó al intentar ejercitar una conducción moral en esta hora de crisis. Su propia familia, al final, no depositó fe en sus advertencias más intensas. ¡Qué contraste entre la depravación de Lot y la justicia de Abraham! Los miembros de la familia de Lot estaban todos corrompidos. Ni uno de ellos pesaba un solo gramo en las balanzas de la justicia y de la rectitud. Cuando Lot y su esposa y sus dos hijas salieron a trompicones de la ciudad maldita, Dios retuvo el inminente juicio hasta que sus mensajeros pudieron alejarlos de la vil garra de Sodoma.

23-25. Jehová hizo llover...azufre y fuego. Bueno será tomar literalmente este relato, que registra un juicio definitivo por parte del Señor sobre un pueblo tan corrompido que no tenían derecho a vivir. Estaba dentro del poder producir un terremoto que abriera una grieta en las rocas, y que éstas liberaran gas que explotara y que arrojara inmensas cantidades de petróleo al aire. Cuando se encendió todo el material inflamable, capas literales de fuego se derramaron para consumar la destrucción. Llamas cauterizadoras y humo negro cubrieron todos los sectores de la ciudad, consumiendo y abrasando todo ser viviente.

26. Una estatua de sal. La esposa de Lot hizo un cierto esfuerzo por escapar al inminente desastre. Pero dejó que su curiosidad y su amor desordenado por las cosas de Sodoma (y quizás también por su propia familia) le hicieran desobedecer las órdenes y mirar hacia atrás. Fue un acto fatal. La mujer quedó fijada en aquel sitio, y su cuerpo se transformó en **una estatua de sal,** cubierta por los depósitos de la lluvia de azufre. Allí permaneció durante muchos años, una terrible advertencia contra la desobediencia a las órdenes específicas de Dios, y un mudo recordatorio del inmutable carácter de Dios. Alguien ha dicho: "Allí se levantaba ella, un centinela silencioso del sórdido egoísmo". Incluso en la actualidad se ven pilares y pináculos de sal en el área al sur del mar Muerto. Jesús, queriendo recordar a sus discípulos de las trágicas consecuencias del amor a las cosas, les exhortó: "Acordáos de la mujer de Lot" (Lc 17:32).

27, 28. El humo salía de la tierra como el humo de un horno. Abraham miró desde las alturas cerca de Hebrón, y contempló el infierno que era el valle más abajo. Había hecho todo lo que había podido para salvar a Lot y a su familia. Ahora contemplaba la destrucción de las cuatro impías ciudades que habían sido tan insolentes en su comportamiento. Verdaderamente que la paga del pecado es la muerte.

30-38. Las dos hijas. El capítulo que cierra la carrera de Lot es lastimoso. Describe unas relaciones incestuosas que preferiríamos olvidar. Las dos hijas, criadas en la perversa Sodoma, se hundieron lo suficiente como para involucrarse en un acto que es indeciblemente execrable. El resultado de aquel acto fue el nacimiento de dos niños, que llegaron a ser los progenitores de los moabitas y de los amonitas. Lot y su familia fracasaron miserablemente. El desastre, la desgracia, la desesperación y la miseria se hallan escritos en el epitafio de ellos. "No os engañéis; Dios no puede ser burlado: pues todo lo que el hombre sembrare, eso también segará" (Gá 6:7).

9) Abraham y Abimelec. 20:1-18.

Este lamentable episodio añade otra línea deplorable al retrato del patriarca. ¿Por qué cometió Abraham dos veces el mismo error? (cp. 12:11-20). ¿Por qué iba a equivocarse de tal manera el representante elegido de Dios como para dar oportunidad a un rey pagano a que le diera un reproche bien merecido? Mediante el temor y una infidelidad temporal, Abraham recurrió a la falsedad, al engaño, y a una representación equivocada de las cosas de una forma deliberada.

1. Abraham...habitó como forastero en Gerar. Gerar estaba probablemente a unos 9 ó 10 km. (5 ó 6 millas) al sur de Gaza, y era por ello parte del territorio que pertenecía a los filisteos. No obstante, algunos comentaristas la han localizado a alrededor de 21 km. (13 millas) al sudoeste de Cades. **4–6. Con sencillez de mi corazón...limpieza de mis manos.** Abimelec, que gobernaba sobre la gente de Gerar, era desusadamente honrado, ético, y justo. Sus afirmaciones de **sencillez,** p.ej., "perfección" o "sinceridad" y **limpieza** le hacen destacar como un hombre de elevadas normas. Cuando fue advertido en un sueño por Jehová, confrontó la dificultad de una forma frontal y varonil. Aparece en una mejor luz que el representante de Dios. **7.** Aquí Abraham recibe el nombre de **profeta.** Como tal, se hallaba en una relación peculiar con el Señor. Tenía acceso a Dios, estaba protegido por el poder divino, recibía revelaciones especiales, y estaba obligado a proclamar de parte de Dios el mensaje que había recibido. **9–16.** Abimelec reprochó a Abraham, restauró a Sara a su hogar, y además le dio ovejas y vacas, y siervos y siervas, y un tesoro especial de 1000 monedas de plata; asegurándole también una residencia en su territorio. **17, 18.** En contrapartida, Abraham rogó por Abimelec a fin de que la aflicción que Dios había enviado sobre él y sobre su pueblo pudiera ser eliminada. El patriarca partió de la presencia de Abimelec más sabio, aunque más triste también. Estaba aprendiendo que la mano de Jehová estaba sobre él para acompañarle a cumplir su destino.

10) Nacimiento de Isaac; expulsión de Ismael. 21:1–21.
1–7. Visitó. De *pāqǎd*, "visitar", en el sentido de "traer un juicio o una bendición". En este caso se trataba de una bendición atesorada la que Dios trajo. La gracia y el poder divinos hicieron el milagro. **Sara...dio a Abraham un hijo en su vejez.** Fiel a su promesa, Dios le dio un niño a Sara y a Abraham. Cada promesa pactada iba a tener su cumplimiento mediante el hijo de Abraham. El padre tuvo el gozo de poner el nombre al niño, y después el privilegio de circuncidarle cuando hizo los ocho años de edad. Cuando Sara sostuvo al bebé en sus brazos, su gozo no conoció límites. Durante muchos meses había vivido para aquel sagrado momento. Dijo: **Dios me ha hecho reir** (o, *Dios me ha preparado risa*); **y cualquiera que lo oyere, se reirá conmigo.** Para los vecinos, se trataría de la risa de una sorpresa agradable acompañada de una delicia sincera y de unas felicitaciones cordiales. Para Sara se trataba de la gozosa risa de una realización maravillosa. Tenía ella en sus brazos el don de Dios al

mundo. Se trataba de un momento inolvidable de acción de gracias, de gozo, y de dedicación sagrada.
8. Y creció el niño. El día del destete del pequeño Isaac, probablemente cuando tenía tres años de edad, fue un gran suceso en la vida de toda la familia. Era una ocasión para celebrar con gozo y gran fiesta.
9–11. No obstante, pronto empezaron los problemas. **Vio Sara que el hijo de Agar la egipcia...se burlaba** (RV). Sara había ya sufrido antes a causa de Agar y de Ismael. Ahora volvió a arder el conflicto cuando vio al hijo de Agar dedicado a un comportamiento que la enfurecía. La palabra hebrea *meṣaḥēq* es una forma intensiva del verbo del que se deriva *Isaac*. Se ha traducido como "burlando", "escarneciendo", "jugando", y "haciendo burla". No hay buenas razones aquí para introducir la idea de **burla.** No importa tanto lo que Ismael estuviera haciendo como el hecho de que ello enfureció a Sara. Quizás sencillamente no podía soportar ver a Ismael jugando con Isaac como si se tratara de iguales. O quizás aquellos celos llegaron a dominarla totalmente. Sara puede haber temido que Abraham, por su amor por Ismael, le daría al mayor la parte del león en la herencia. En todo caso, la vida familiar no podía continuar de aquella manera. Agar e Ismael tenían que irse. Echarlos tiene que haberle parecido muy **grave** a Abraham, porque él amaba al muchacho, y porque durante años le había considerado su heredero.
12–14b. Jehová dio remedio a la situación asegurando a su amigo que cada uno de los chicos iba a tener un puesto importante en el futuro. Abraham tenía que dejar ir a Agar e Ismael, como Sara pedía. En un tiempo por venir, Ismael sería el padre de una gran nación. Pero Isaac iba a ser el heredero de las promesas y traería bendición a todo el mundo: **En Isaac te será llamada descendencia.** De mala gana Abraham envió a Agar y a Ismael hacia el desierto, provistos de un odre de agua. No resulta clara la edad que tuviera Ismael. El cuidadoso estudio del texto hebreo permite pensar que se trataba de un joven adolescente, de alrededor quizás de los dieciseis años.
14c–16. Beerseba, en la frontera con Egipto, estaba a alrededor de unos 80 km. (50 millas) al sur de Jerusalén y a unos 44 km. (27 millas) al sur de Hebrón. Para los que iban en dirección al sur, era el último punto de importancia en Palestina. En aquella reseca área del desierto, aquellos dos viajeros no podían esperar pasar mucho rato sin experimentar una intensa sed. Cuando se terminó el agua, una

extrema fatiga se apoderó del chico, y su madre le echó a la pequeña sombra de un arbusto para que muriera allí. Pero Dios, en su misericordia y amor, intervino para dar esperanza, vida, y seguridad. **17–19. Dios oyó la voz del muchacho.** El Señor proveyó abundancia de agua fresca, y salvó la vida del muchacho. Para la madre como para el hijo, un nuevo día había amanecido. **20, 21. Y Dios estaba con el muchacho.** Era evidente que Dios iba a cumplir su promesa con respecto a este hijo de Abraham; haría de él la gran nación de los ismaelitas.

11) Abimelec y Abraham. 21:22–34.

Cuando surgieron problemas (v. 25) entre los hombres de Abraham y los de Abimelec, los dos dueños decidieron entrar en un pacto. En primer lugar, aclararon dificultades y rectificaron injusticias. Después Abraham dio presentes al rey para ratificar el tratado. Además de otras cosas, le regaló siete corderas del rebaño a Abimelec. **Así hicieron pacto en Beerseba** (v. 32). La similaridad de las palabras hebreas *sheba'* "siete", y *shāba'* "jurar", parece indicar que existe una relación entre ellas. Así, **Beerseba** puede significar "pozo de siete" o "pozo del juramento". La utilización reflexiva de la palabra "jurar" significa "sietearse uno mismo" o darse a sí mismo en prenda por siete cosas sagradas. En entrega total al pacto, Abraham expresó su gratitud al Dios eterno (*'El' ōlām,* v. 33). Pronto el patriarca saldría del mapa de la historia, pero su Dios, el inmutable, el Eterno, permanecería. Es evidente que Abraham había dejado una impresión indeleble en el rey pagano, Abimelec, porque a su propia manera, el rey reconoció su propia adhesión al Dios de Abraham.

12) Abraham e Isaac. 22:1–19.

La suprema prueba de la fe y de la obediencia de Abraham vino después de que Ismael hubiera sido echado, cuando todas las esperanzas para el futuro residían en Isaac. **1. Probó Dios a Abraham.** El heb. *nissâ,* **probar,** significa una prueba que revelaría la fe de Abraham como nada todavía lo había hecho. Tenía que dar pruebas de una absoluta obediencia y de una confianza sin duda ninguna en Jehová, tenía incluso que obedecer ciegamente, yendo paso a paso hasta que la fe quedase tan evidente como el sol de mediodía. Abraham pasó por los fuegos más fieros, se mantuvo firme frente a la presión más poderosa, y soportó la carga más pesada, para surgir de la prueba en triunfo completo. **2.** Ninguna prueba podía ser más severa que la que Dios le imponía ahora. Y ninguna obe-

diencia podría haber sido más perfecta que la de Abraham. Cuando Dios le llamó, el patriarca respondió con presteza. Incluso sabiendo lo que había más allá, les dijo con calma a sus siervos: "Esperad aquí...y yo y el muchacho iremos hasta allí y adoraremos, y volveremos a vosotros" (v. 5). Su fe en el Dios que ve, y que se ocupa de todas las cosas, le aseguraba que todo iría bien. Confió en Jehová que cumpliría sus promesas. "Por la fe Abraham, cuando fue probado, ofreció a Isaac; y el que había recibido las promesas ofrecía su unigénito, habiéndosele dicho, en Isaac te será llamada descendencia; pensando que Dios es poderoso para levantar aun de entre los muertos, de donde, en sentido figurado, también le volvió a recibir" (He. 11:17–19). La fe veía más allá del sacrificio y estaba dispuesta a obedecer.

Moriah. No se puede identificar de manera positiva el lugar del sacrificio. 2 Crónicas 3:1 parece situarlo como el sitio donde se asentaba el Templo de Salomón. La tradición ha mantenido este punto de vista, y sería difícil aceptar un lugar más universalmente aceptado. El viaje a pie desde Beerseba tiene que haber tomado la mayor parte de los tres días. **Ofrécelo...en holocausto.** La palabra hebrea que aquí se utiliza, *'ālâ,* literalmente, *levántale,* significa la ofrenda de la víctima como un holocausto, ofrenda íntegra en total dedicación. No se hace ninguna referencia a matar al muchacho. Es patente que la intención original de Jehová era garantizar la ofrenda completa, pero interferir antes de que la víctima fuera degollada. En parte, el propósito de Dios era presentar una lección gráfica mostrando su aborrecimiento de los sacrificios humanos, practicados abiertamente en todas partes por los paganos.

7, 8. Mientras que los dos iban subiendo por la ladera del monte, el observador muchacho le preguntó: **¿Dónde está el cordero para el holocausto?** ¡*Qué patetismo!* La respuesta del padre no se hizo esperar: **Dios se proveerá de cordero para el holocausto, hijo mío.** "Proveer", en hebreo como en castellano, significa "ver". En realidad, Abraham le estaba diciendo que Jehová *vería para* ello a su propia manera. Él tenía dentro de su corazón la sosegada seguridad de que Dios podría cuidar de tales detalles. Abraham no sabía que al muchacho se le ahorraría la experiencia de la muerte, pero sí creía que el Omnipotente proveería a todo lo necesario a su propia manera y a su tiempo. Pablo penetró en las profundidades de esta verdad cuando dijo: "El que no escatimó ni a su propio Hijo, sino que lo entregó por todos nosotros, ¿cómo no nos dará también con él todas las cosas?'' (Ro 8:32).

9, 10. Todo estaba ya dispuesto sobre el altar. El amado muchacho de las promesas estaba atado y postrado sobre la leña que había llevado sobre sí mismo. El fuego estaba dispuesto. Todo estaba quieto y en silencio. El afilado cuchillo había sido desenvainado y levantado. **12, 13.** Repentinamente, una voz del cielo rompió aquella quietud. Dios ordenó a Abraham que dejara el cuchillo a un lado, que liberara de sus ataduras al muchacho, y que trajera un carnero que estaba trabado en un zarzal. Fue la hora más exaltada de Abraham: Dios había probado su corazón y se hallaba satisfecho. Isaac estaba de nuevo al lado de su padre, testigo de la misericordia, gracia y provisión de Dios (cp. v. 14). No es extraño que Jesús dijera: ''Abraham vuestro padre se gozó de que había de ver mi día; y lo vio, y se alegró'' (Jn 8:56). El hombre de Dios volvió a Beerseba, resplandeciente con el sentido de la presencia de Dios. Ya nunca más sería el mismo. Las grandes promesas habían sido renovadas, y le había sido asegurado que las bendiciones del pacto vendrían sobre él y sobre sus descendientes.

13) La muerte y sepultura de Sara. 23:1–20.
1, 2. Murió Sara en...Hebrón. A la edad de 127 años Sara murió dejando a Abraham abrumado de dolor. Su amor hacia ella había sido genuino y tierno. Ella fue ''la princesa'' para él. Bien podemos imaginar que durante las horas oscuras y las felices ella había sido un apoyo para su fe y una fuente de energía en todo su andar. Habían ido de Beerseba a Hebrón, una ciudad a 29 km. (18 millas) de Jerusalén. Isaac tenía ahora treinta y siete años. En su dolor Abraham reveló algo de la dignidad del alma que caracteriza a un hombre fuerte de Dios. Aparte del duelo y de manifestar su dolor de otras formas ostensibles, Abraham rompió en llanto. Las palabras hebreas para **duelo** y **llorar** conllevan esta idea.
3–20. No obstante, a su debido tiempo **se levantó** de su sitio de duelo sobre el suelo y se fue varonilmente a llevar a cabo la gestión de procurar un lugar de sepultura y de disponer el funeral. En lugar de devolver el cuerpo de Sara a Arán o a Ur, eligió buscar un sepulcro en la tierra que Dios le había dado. Hizo un trato con los heteos nativos y compró, a un precio exorbitante, **la cueva de Macpelá,** a fin de que su familia dispusiera de una localidad escogida para sepultura. Al tratar con los propietarios, Efrón y los otros, se autodenominó un **extranjero** y **forastero** en aquella parte del mundo, indicando que su origen era extranjero y su período de estancia en la tierra incierto. Los

hijos de Het (heteos) le llamaron **poderoso príncipe** o *príncipe de Dios* (v. 6). Le tenían en gran estima. Macpelá, una cueva doble, vino a ser el sepulcro de Sara, Abraham, Isaac, Rebeca, Jacob, y Lea. En años posteriores vino a ser una posesión musulmana, y se construyó una mezquita sobre este lugar.

14) Eliezar, Isaac y Rebeca. 24:1–67.
El viejo patriarca estaba ya bien avanzado en años (heb. *entrado en días*). Isaac no estaba aún casado. A Abraham le importaba que su heredero hallara una esposa de su propio pueblo, en lugar de entre los cananeos. Eligió a su siervo de confianza, Eliezer, para que hiciera el largo viaje a Mesopotamia para que hallara una esposa para Isaac.
1–9. Dijo Abraham a un criado suyo, el más viejo de su casa...tomarás mujer para mi hijo Isaac. Antes de que Eliezer saliera, Abraham le dio instrucciones completas y pidió de él un voto sagrado. La colocación de la mano debajo del muslo del otro constituía una forma solemne de significar que si se violaba el juramento, los hijos, aún no nacidos, vengarían el hecho desleal. Mediante el juramento, el siervo quedaría ligado más efectivamente a conseguir una esposa aceptable para Isaac. Abraham le aseguró de la ayuda de Dios: **El enviará su ángel delante de ti, y tú traerás de ella mujer para mi hijo.**
10–14. Y el criado...se fue...a la ciudad de Nacor. Al siervo se le había prometido guía divina, y él estaba ansioso de ser conducido. Un hombre devoto, que trataba de conocer la voluntad de Dios, oró ferviente y esperanzadamente para que se le dieran instrucciones detalladas. Se daba cuenta de que un error sería algo desastroso. De cierto, Eliezer era el hombre de Dios para una búsqueda tan importante como ésta. **La ciudad de Nacor.** Era o Arán, o una ciudad llamada Nacor en las cercanías de Arán. **Mesopotamia** es la traducción del hebreo, que se podría traducir lit. como ''Aram de los dos ríos'', esto es, la región de los valles de los ríos Tigris y Eufrates. Betuel era el padre de Labán y de Rebeca. Sus padres eran Nacor y Milca. Abraham era tío de ellos.
15–28. Cuando el siervo encontró a Rebeca junto al pozo, quedó convencido de que Dios había dado respuesta a su oración y que le había llevado directamente a ella. La doncella era hermosa e inteligente, y respondía precisamente a cada demanda que había hecho. Así, Eliezer le dio unos pocos regalos preliminares: un zarcillo para la nariz y después dos brazaletes, todo ello muy vistoso y extremadamente valioso. Más regalos seguirían después cuando la familia se reuniera en la tienda de la madre de Rebeca.

29–31. Labán...Eliezer...Rebeca. Labán traicionó su verdadero carácter cuando, al ver el valioso zarcillo y los brazaletes, decidió que no se debían ahorrar esfuerzos para retener a Eliezer. No podía dejar de ser hospitalario a una persona que hacía tales regalos. Los adornos eran solamente el principio. Pronto cayeron sobre Rebeca joyas de plata y de oro, y hermosos vestidos. **Y cosas preciosas** (v. 53), regalos especiales, fueron entregadas a la madre y al hermano de la novia. En cierta manera aquellos regalos eran para compensar la pérdida de un miembro tan amado de la familia. La costumbre de presentar regalos valiosos a los miembros de la familia de la novia llega por lo menos a un tiempo tan remoto como el de Hammurabi (1728–1686 a.C.). Quizás viniera de la época en que realmente se compraban las novias.

34–48. Eliezer narró con cierto detalle el asombroso cumplimiento de su oración por conducción y certeza. El piadoso hombre sabía que el Señor le había guiado y que Rebeca era la elección de Dios para su joven señor.

49–61. Sin esperar el consentimiento de la novia escogida, los otros miembros de la familia dieron su consentimiento definitivo: Rebeca sería la esposa de Isaac. Estaban dispuestos a retener a la muchacha por un tiempo (quizás por varios meses), pero la doncella, al serle preguntado qué era lo que prefería, declaró su buena disposición a empezar el viaje de inmediato. Era una decisión de gran trascendencia para una muchacha. Su nuevo hogar estaba a gran distancia, y probablemente nunca volvería a ver a su familia. Estaba dando un paso de fe, como lo había hecho Abraham años antes. Ahora, la vida en Canaán sería su recompensa.

62–65. Isaac había salido a meditar. Isaac estaba esperando a su novia cerca de Beerlahai-roi, donde Agar había hallado esperanza, ánimo, y dirección divina. El heb. *sûâḥ*, que generalmente se traduce **meditar**, se ha traducido también como "andar alrededor", "orar", hacer duelo", "lamentar", o "gemir". El v. 67 puede arrojar alguna luz sobre su significado. Isaac necesitaba consuelo. Es posible que Sara hubiera muerto durante la ausencia de Eliezer. La narración describe a Rebeca como, lit., *saltando del camello* para mostrar respeto a Isaac y en consideración debida a su importancia. Rápidamente se ajustó el velo, manteniendo las reglas de etiqueta aceptadas. Una mujer desposada permanecía velada hasta que se hubiera consumado el matrimonio. Solamente entonces podía el marido mirar su rostro.

66–67. Eliezer le dio a Isaac un informe completo de lo que le había sucedido en el largo viaje. Isaac vio que Dios había guiado a su siervo a elegir a Rebeca y reconoció Su voluntad, que tenía que llevarse a cabo. Instaló a Rebeca en la tienda de Sara, y así vino ella a ser la primera dama de la tierra. Dos verbos destacan en el versículo que cierra el capítulo: **Isaac...la amó; y se consoló.** El amor surgió de una manera natural, trayendo consuelo y gozo al corazón de Isaac. Era algo muy apropiado que aquella alma solitaria hallara una mujer que era encantadora y digna de ser amada. El amor de Isaac engendró consideración, comprensión y gentileza de alma. Era especialmente bueno que aquella joven, tan alejada de su hogar, hubiera sido bendecida con un marido que verdaderamente la amaba. La palabra "consuelo" tiene sobretonos aún más profundos cuando se considera a la luz del corazón, del hogar, y del matrimonio. Isaac estaba en una gran necesidad de consuelo. Rebeca proveyó algo de lo que él había tristemente carecido desde que su madre les había dejado. El heb. *nāḥam*, "consuelo", significa en realidad dar fortaleza o poder estabilizante (cp. Jer 10:4, donde se dice del constructor de ídolos que "*consuela* a su ídolo con clavos y con martillos"). Aquel hombre de fe tranquila, pasiva y tímida se unió en matrimonio con una mujer tan osada, tan decidida, tan ambiciosa, que iba a estar destinada a causarle dolores en los años futuros. Pero Dios estaba en el timón, y utilizaría incluso estas imperfectas personas para llevar a cabo su voluntad para Su pueblo.

15) Los últimos días de Abraham. 25:1–18.

1–6. Abraham tomó otra mujer, cuyo nombre era Cetura. Además de Sara y Agar, Abraham tomó a Cetura como mujer secundaria o concubina (1 Cr 1:32). Esto tiene que haber tenido lugar muchos años antes de la muerte de Sara, porque se señalan varios hijos. Los hijos y nietos de Agar y de Cetura recibieron dones de la mano de Abraham, pero toda la propiedad y autoridad y las posesiones espirituales fueron a Isaac, el heredero espiritual del patriarca.

7–10. A la edad de 175 años, Abraham llegó al final de su peregrinación sobre la tierra, y expiró. **Exhaló el espíritu.** La expresión se deriva del hebreo *gāwa'*, "expirar", "fallar", "hundir". Inmediatamente fue **reunido con la familia de su padre** lit., y tomó su residencia en el Seol, el lugar de los espíritus idos. Él **murió en buena vejez...lleno.** Un epitafio apropiado para un gran hombre de Dios. Su vida quedó verdaderamente finalizada y redondeada. Había vivido una gran aventura. Se había movido siempre hacia adelante en la fe a lo largo de la ruta trazada por Dios. Ante el sepulcro en la cueva de Macpelá estaban los dos hijos a los que había amado con un afecto insuperable. Isaac e Ismael se hallaban unidos en un dolor común y en una devoción común a aquel que había tenido el mayor significado en sus vidas. Indudablemente, Isaac quedó fortalecido en su dolor por la consciencia de que él permanecía en el favor especial de Dios y que no tendría que seguir solo. Porque él iba a ser el heredero de las ricas bendiciones del pacto que habían sido prometidas a y por medio de Abraham.

B. Isaac. 25:19—26:35.

1) Isaac y su familia. 25:19–34.

19–23. Sara, Rebeca, Raquel y Ana fueron estériles, y por ello sin hijos hasta las últimas etapas de la vida. Para cada una de ellas ello fue una trágica experiencia. **Y oró Isaac a Jehová** por Rebeca. La palabra hebrea *'ātar* significa "orar como suplicante", "rogar". Cuando se utiliza en sentido pasivo, indica que el sujeto ha sido llevado a conceder, mediante la oración, y ha dado respuesta. Isaac oró fervientemente por su esposa estéril, y Jehová concedió el ruego. Rebeca dejó de ser estéril, y concibió. La oración prevaleciente fue honrada por Dios.

24–34. Había gemelos en su vientre (v. 24). Incluso antes de nacer Jacob y Esaú luchaban uno contra el otro en su encierro prenatal. Y continuaron en su conflicto al ir creciendo. En la actualidad muchos de sus descendientes están luchando apasionadamente para conseguir la victoria sobre el otro en el Oriente Medio. Esaú se convirtió en el velloso hombre del campo, con poco aprecio para los valores espirituales. Se lanzó aventureramente por la vida, solamente para verse defraudado en lo mejor y acorralado por un suplantador astuto. Jacob derivó su inspiración de Rebeca, que no se detenía ante nada para conseguir sus fines. Isaac era muy débil para mantenerse el tanto de todos los teje-manejes o para enfrentarse a la combinación Rebeca-Jacob. Esaú parecía solamente preocupado por las posesiones materiales. A él, la primogenitura, con sus bendiciones materiales y espirituales, le parecía de poco valor, hasta que la vendió. La primogenitura era el derecho del primogénito. Le garantizaba una posición más honorable que la de sus hermanos, lo mejor de sus tierras, y lo más rico de sus posesiones, así como las bendiciones del pacto que Dios había prometido a Abraham y a sus descendientes. La primogenitura era de Esaú debido a que Dios le había permitido nacer el primero.

Ni Esaú ni Jacob mostraban ningún interés digno de alabanza en los tesoros espirituales.

Los dos eran sórdidamente egoístas y carecían del entendimiento de qué comportamiento sería apropiado para que un hombre fuera un príncipe de Dios. Jacob tenía la ambición de reunir para sí todo lo que pudiera darle la preeminencia. Rebeca provocó la chispa y los planes que asegurarían la ventaja de su hijo favorito. Tendría que correr mucho camino antes de llegar a ser el líder de aquellos que quisieran adorar a Jehová. Pero Dios era paciente. No tenía ninguna prisa; Él instruiría a su conductor.

Esaú estableció su hogar en los rocosos montes de Edom. Años más tarde, sus descendientes, la gente de la nación que él había fundado, revelarían el mismo tipo de mentalidad que él había exhibido y el mismo desprecio profano hacia el programa eterno de Jehová de los ejércitos. A pesar de cada incidente desalentador, el reino de Dios iría moviéndose adelante hacia la más plena consumación del propósito divino.

2) Isaac y Abimelec. 26:1–35.

1. Y se fue Isaac a Abimelec. A causa de un hambre que cayó sobre Canaán, Isaac se fue temporalmente a vivir a la tierra de los filisteos. Este Abimelec, **rey de los filisteos**, no era el Abimelec de las experiencias de Abraham. Puede que este nombre fuera el de una dinastía de los monarcas en Filistea. **Gerar.** Un pequeño establecimiento en la ruta a Egipto, a unos 18 km. (11 millas) al sudeste de Gaza.

2–5. Isaac estaba a punto de decidir de ir a Egipto, y se le apareció Jehová en una teofanía especial. El Señor advirtió a Isaac que no bajara a Egipto, y le alentó a que peregrinara en Filistea hasta que pudiera volver a morar en la tierra del pacto. **Estaré contigo, y te bendeciré** (v. 3). En este período, Jehová renovó definitivamente las promesas que le había hecho a Abraham. Él afirmó que estaba derramando estas bendiciones sobre Isaac debido a la piedad y fidelidad de su padre. Abraham había obedecido la voz de Dios y había guardado sus órdenes, mandamientos, estatutos y leyes. Isaac podría tomar esperanza y esperar con certidumbre los repetidos cumplimientos de las promesas de Dios a lo largo del camino. Y podía contar en tener su papel en el plan de Dios, que ya se perfilaba, para testimonio a todas las gentes.

6–11. Es mi hermana (v. 7). Isaac reveló algo de su debilidad humana en Gerar, cuando dejó que el temor le traicionara, haciéndole mentir acerca de su esposa, Rebeca. Tal como Abraham lo había intentado en dos ocasiones, Isaac intentó hacer pasar su esposa por su hermana. Cuando Abimelec se dio cuenta de que el comportamiento de Isaac con Sara era mucho más propio de un esposo que de un hermano, reprendió firmemente a Isaac por su engaño. Otra vez, uno que se hallaba fuera del pacto reprendió atinadamente a uno que tendría que haberse hallado por encima de los reproches.

12–22. Después de este desagradable episodio, Isaac se estableció a un tipo de agricultura que le hizo la envidia de todos sus vecinos. Incluso Abimelec se llenó de envidia y dio orden de que se alejara de allí. El rico propietario se alejó una corta distancia, saliendo de los dominios de Abimelec, para empezar de nuevo su vida. Se encontró con que los nativos habían cegado unos pozos que habían sido fuentes de bendición desde los días de Abraham. Isaac hizo que sus siervos volvieran a abrir estos pozos, y también que cavaran otros. Allí donde los hombres cavaban nuevos pozos, los filisteos suscitaban graves incidentes acerca de ellos. El patriarca nombró a su primer pozo nuevo 'Esek, *contienda*, y al segundo **Sitnāh**, *enemistad*. El tercer pozo, que se terminó sin peleas, recibió el nombre de **Rehōbôt**, *lugares amplios*.

23–33. Pasando a la vecindad de **Beerseba**, Isaac recibió una comunicación especial de Jehová asegurándole de unas bendiciones desusadas y contínuas: **No temas, porque...te bendeciré** (v. 24). Ahora que se hallaba de nuevo en terreno sagrado, era particularmente apropiado de su parte que erigiera un altar a Jehová y que por su medio anunciara a todos que estaba dedicado a la tarea puesta ante él. Isaac empezó entonces a dar evidencia de un espíritu de piedad que no había hasta entonces revelado con tanta claridad.

C. Jacob. 27:1—36:43.

1) Jacob y Esaú. 27:1–46.

1–17. Cuando Isaac envejeció...llamó a Esaú. Es difícil imaginar toda la profundidad, agonía, y cruel frustración encerrada en esta colorida descripción. El viejo patriarca, con ojos oscurecidos y un cuerpo decrépito, hacía ahora sus planes para dar la bendición sagrada a su hijo primogénito. Pero la astuta Rebeca, que oyó las instrucciones que habían sido dadas a Esaú, se puso de inmediato a subvertir y a frustrar sus planes. El hijo favorito de ella, Jacob, ya tenía la primogenitura; estaba también decidida a que recibiera la bendición oral de los labios del representante del Señor, de manera que todo fuera bien con la herencia divina. Ella no quería arriesgarse a que Dios cumpliera Sus propios planes a Su propia manera. De manera que recurrió al engaño más

despreciable para conseguir la bendición para su hijo menor.

18–29. Y Jacob dijo a su padre: Yo soy Esaú tu primogénito. Instruído por su madre, Jacob se presentó ante su anciano padre con engaño y mentiras. Incluso declaró que Jehová le había ayudado a hacer con rapidez sus preparativos. Después de mentir a su padre, plantó un falso beso sobre el rostro levantado de su padre.

30–40. Y alzó Esaú su voz, y lloró (v. 38). La tragedia de Esaú fue que era totalmente desconocedor de la sacralidad de la bendición, y que solamente deseaba las ventajas que pudiera reportarle. Su profundo dolor de que Jacob le hubiera vencido al conseguir su primogenitura, su amargo desengaño, sus sollozos patéticos, y la encendida vergüenza que rápidamente estalló en un odio intenso y un poderoso deseo de venganza son profundamente conmovedores.

41–46. Levántate, y huye a casa de Labán. Para salvar a Jacob de la venganza de su hermano, Rebeca halló una excusa para enviarle. ¿Cuál de estas tres personas — Rebeca, Jacob, o Esaú— era más digna de compasión? Su vida familiar quedó destruída, y cada uno de ellos tendría que sobrellevar horas solitarias de separación, desilusión, y pesar. Rebeca no volvería ya más a ver a su hijo favorito, y Jacob tendría que afrontar la vida sin padre, madre, ni hermano. Y, ¿qué acerca de los planes de Dios para el reino? ¿Cómo podrían llevarse a cabo ante tales egoísmos, intriga, y engaño? El Señor de los ejércitos no se frustra ante la oposición de los hombres, los fracasos de ellos, ni su falta de fe. El puede hacer que prevalezca su voluntad a pesar de todo.

Mientras que Isaac iba acercándose más a la hora de su muerte, y Rebeca se dolía de la situación angustiosa que ella había provocado, y Esaú rumiaba su venganza, Jacob hacía su solitario viaje desde Beerseba hacia Padanaram.

2) Jacob, Labán, Lea, y Raquel. 28:1—30:43.

28:1–5. Isaac lo **bendijo**, y **le mandó...vé a Padan-aram** (vv. 1, 2). Isaac no dejó partir a Jacob sin una bendición. Habló en tono de declaración profética, y en una hermosa forma de hablar que revela su percepción espiritual. Jacob debía buscar una esposa entre sus parientes en Arán, pero su mayor atención tenía que dirigirse a entrar en la rica herencia prometida a Abraham. Isaac invocó a '*El Shaddāi*, **Dios omnipotente** (v. 3), para que diera a Jacob provisión de salud, prosperidad, e inteligente comprensión para equiparlo para ser un conductor espiritual. Profetizó que si su hijo encomendaba su camino al Señor, las bendiciones que Dios había prometido a Abraham serían todas suyas. Por medio de Isaac, Dios dio a Jacob un mandato, un reto, una certidumbre, y dirección para el viaje.

6–9. Esaú observó y escuchó, y después se fue a la casa de Ismael para conseguir una esposa de la línea familiar, que complacería a sus padres. Evidentemente, quería hacer un cierto esfuerzo en la dirección correcta, pero debido a que era básicamente mundano, su carrera en la tierra de Edom cayó por debajo del comportamiento que podía complacer al Señor Jehová.

10–17. Jacob hizo el viaje de Beerseba a Luz, alrededor de unos 32 km. (12 millas) al norte de Jerusalén, donde pasó la noche. Betel estaba en aquellas mismas cercanías. Por la noche fue honrado con una especial revelación de Dios, una visión o sueño de ángeles que subían y bajaban por una escalera que llegaba de la tierra al cielo. Se dio cuenta entonces de que existe realmente una comunicación entre el cielo y la tierra. En aquel lugar se dio cuenta de que Dios se hallaba a su lado, prometiéndole conducción a lo largo de la vida, y una grandeza futura. Dijo Jehová: **Yo estoy contigo, y te guardaré...y volveré a traerte a esta tierra...no te dejaré** (v. 15). ¡Qué mensaje más retador! No es de asombrarse que Jacob exclamara: **Ciertamente Jehová está en este lugar...¡Cuán terrible** [lleno de maravilla] **es este lugar!** (vv. 16, 17). Quedó profundamente tocado. Quizás por vez primera en su vida se encontró consciente de la presencia de Dios a su lado. La voz, las palabras de esperanza, la presencia real de *'El Shaddāi* le indujo a la adoración, a la maravilla, y a la entrega.

18–22. Llamó al lugar Bet-el, *Casa de Dios*, porque Dios estaba allí. Con el fin de que esta fuera una experiencia inolvidable, levantó un pilar de piedra para indicar que aquél era un lugar sagrado, un santuario en el que siempre sería posible una íntima comunión con Dios (v. 18). Espiritualmente, tenía todavía mucho camino que recorrer, pero había dado un paso adelante con su primer encuentro con Dios. También consagró su vida al Señor y el **diezmo** de todas las posesiones que pudieran llegar a ser suyas a lo largo del camino. Pero hizo esta promesa de una forma condicional: Si Dios permanecía con él, le guardaba en su camino, y le volvía a su hogar de nuevo, él cumpliría su parte del compromiso. Era un gran paso adelante. La **piedra** (*maṣṣēbâ*) que erigió quedaría como un recordatorio permanente del voto que había hecho (v. 22).

29:1–12. Siguió luego Jacob su camino (v. 1). El modismo hebreo, *levantó sus pies*, es revelador de la respuesta del joven al aliento que Dios le había infundido. Estaba de camino a Padan-aram, buscando la familia de su madre cerca de Arán. Era difícil efectuar un viaje tan largo, pero parecía que Jacob no tenía otra alternativa. Al final se hallo frente a un pozo, en medio de rebaños de ovejas, son los pastores esperando que fuera sacada la gran piedra que había sobre su boca para poder dar agua a las ovejas. Es posible que fuera el mismo pozo en el que Eliezer hallara a Rebeca para Isaac. Aunque habían pasado muchos años, Labán vivía aún, como Jacob supo por los pastores, y su hija Raquel era la pastora de su rebaño (v. 6). Cuando Raquel se aproximó con el rebaño de Labán, Jacob se adelantó para sacar la gran piedra y para dar agua para las sedientas ovejas. Después besó a su prima y le dijo quién era él. Profundamente conmovido por todo lo que le había sucedido y por su primera reunión con alguien de su familia, Jacob **alzó su voz y lloró**, en tanto que Raquel corrió a decirle a Labán que su sobrino había llegado.

13, 14. Labán, hermano de Rebeca, nieto de Nacor, quedó abrumado de gozo al dar la bienvenida a uno de su propio hueso y carne. Mucho tiempo había transcurrido desde que su hermana se había ido para enlazarse con Isaac. Gozosamente recibió al hijo de Rebeca dentro de su círculo familiar. Quizás recordaba la gran exhibición de riquezas que Eliezer había traído. Quizás estaba impresionado por la fortaleza de Jacob, quien podría llegar a ser un buen pastor. Casi ciertamente consideró la posibilidad de un marido para sus dos hijas. Lea y Raquel estaban ambas en edad de casarse. Labán nunca perdió una oportunidad para sacar compromisos ventajosos. El joven sobrino del país de las montañas aprendería a tratar cuidadosamente con él. De hecho, Jacob iba a aprender cómo ganarle la partida al principal tramposo de entre todos "los hijos de Oriente".

15–20. Raquel era desusadamente hermosa y atractiva, y Jacob ya había quedado impresionado de ella. La Escritura nos dice: **Jacob amó a Raquel** (v. 18). Lea, la hermana mayor, estaba lejos de ser hermosa. Sus ojos carecían del lustre, viveza y atractividad que los hombres admiran. Pero Lea iba a quedar tan firmemente atrincherada en la historia sagrada que las siguientes generaciones tendrían que tenerla en cuenta. Uno de sus hijos iba a ser el elegido para tomar el lugar de la línea mesiánica. Estos cuatro —Labán, Jacob, Lea, y Raquel— iban a ser figuras significativas en los tratos de Dios con y por medio de su pueblo escogido.

21–30. Después de trabajar siete años por la hija menor, Jacob fue engañado y mediante engaño se casó con Lea. Después de las fiestas de esponsales por Lea, Jacob se casó con su hermana menor, Raquel, pero tuvo que trabajar siete años más como pago por ella. Así, tuvo dos esposas de la misma categoría. Su ardiente amor por Raquel hizo que su relación con Lea fuera más bien extraña y frustrante. Lea tiene que haber sufrido mucho al darse cuenta de que su marido no la quería. Pero se mantenía en la esperanza de que algún día el corazón de su esposo se volvería hacia ella.

31–35. Al principio ni Raquel ni Lea le dieron hijos a Jacob. En aquellos días, ser estéril era considerado como una situación patética. No obstante, Jehová auxilió a su tiempo a Lea y curó su esterilidad, y fue madre. Sus hijos vinieron uno tras otro, hasta que había dado a luz a seis de ellos. Una niña, Dina, le vino de añadidura. Con una regularidad conmovedora, Lea sostenía un hijo con las palabras: **Ahora me amará mi marido.** Pero ninguna palabra de aprecio ni de reconocimiento salía de los labios de Jacob. La palabra **menosprecio** (*śānē*) indica "menos afecto," o "menos devoción". No indica ningún odio positivo.

30:1–13. Raquel también sufría, porque su estado de esterilidad no se solucionaba, y no le daba hijos a Jacob. El hebreo *qānē'* (**envidia**) tiene el sentido de uno que ya no puede aguantar más. Envidia, descontento, petulancia; estas cosas marcaron su voz, sus palabras, y la expresión de su rostro. Lea, Raquel y Jacob eran todos infelices. Sus problemas domésticos y sus penas llevaron a palabras y acciones totalmente indignas, innecesarias, e impropias. Los intentos humanos de resolver la situación demostraron ser insatisfactorios. El hecho de dar a **Bilha** y a **Zilpa** como esposas secundarias para ayudar a "edificar" a la familia probó ser solamente una cosa dañina. Nacieron hijos, pero los corazones estaban aún fuera de sintonía e infelices. Además de los seis hijos de Lea y de una hija (por lo menos), nacieron dos hijos de Bilha y dos de Zilpa.

14–24. Raquel trató de utilizar **mandrágoras** (*dûdā'îm*) para producir fertilidad. Estas mandrágoras eran comunmente llamadas "manzanas de amor". Dice Ryle: "La mandrágora es una planta tuberosa, con un fruto amarillo parecido a la ciruela. Se suponía que actuaba como encantamiento de amor. Madura

en mayo, lo que resulta apropiado en el pasaje (v. 14) de la cosecha del trigo" (*CB, in loco*). Raquel permanecía estéril a pesar de encantamientos supersticiosos. La situación se hallaba en manos del Señor, y Él no podía honrar los intentos humanos de cambiarla. Al final, **Dios recordó a Raquel, y Dios la oyó, y abrió su vientre. Y ella concibió y dio a luz a un hijo...y le llamó José** (vv. 22–24). A su propio buen tiempo Jehová dio su respuesta. Eliminó la **afrenta** de Raquel y la llenó de gozo y alabanza.

25–30. Jacob dijo a Labán: envíame e iré a mi lugar, y a mi tierra. Cuando José nació, Jacob había trabajado hasta cumplir plenamente con sus deudas a Labán, y estaba ya listo para volverse a Canaán. Si se hubiera ido entonces, solamente habría podido llevarse consigo a su familia; no tenía nada de propiedades. Pidió a su tío que le dejara ir a su hogar. Labán afirmó que había recibido un conocimiento especial (RV, **he experimentado**), por adivinación mágica o por sus dioses familiares, que tenía que mantener a Jacob cerca a fin de garantizar su buen suceso y prosperidad.

31–36. Ofreció que Jacob se asignara su propio salario. Imagínese su sorpresa cuando su sobrino le hizo una oferta que parecía estar abrumadoramente de parte suya. En Siria, con muy pocas excepciones, las ovejas eran blancas y las cabras eran negras. Jacob ofreció empezar en el acto a trabajar, aceptando que serían suyas las ovejas que no fueran blancas y las cabras que no fueran negras, dejando las otras para Labán. Así crecerían las dos propiedades. Labán aceptó la oferta en el acto. Empezó **aquel día** eliminando de sus rebaños a todas las cabras y ovejas que existieran de color distinto, y llevándolas a distancia de Jacob, a fin de que Jacob no tuviera nada con que empezar. Los animales separados de esta manera fueron confiados al cuidado de sus hijos. Este fue un truco bajo y perverso. Labán creía que había hecho imposible la victoria de Jacob, porque había sacado todo su capital incluso antes de empezar.

37–42. Pero a Jacob no se le podía ganar con tanta facilidad. Instaló tres sistemas para ganarle la partida a su tío. Dispuso varas listadas delante de las ovejas en los abrevaderos, a fin de que los corderitos quedaran sujetos a influencias prenatales. Constituye un hecho establecido según afirma Delitzsch, que se puede asegurar que los corderos serán blancos colocando una multitud de objetos blancos alrededor de los abrevaderos (*New Commentary on Genesis, in loco*). También Jacob separaba las manchadas y a las rayadas y a los pequeños del rebaño, pero los mantenía a plena vista de las ovejas, a fin de poderlas influenciar. Su tercer sistema era el de hacer que estas influencias tuvieran efecto sobre las ovejas más fuertes de manera que sus corderos y borregos fueran más fuertes y viriles que los otros. Jacob era lo suficientemente inteligente para recurrir a las influencias prenatales y a la fertilización selectiva.

43. Como resultado de estos planes, en unos pocos años Jacob se hizo inmensamente rico en ovejas y cabras. Aunque había utilizado su cabeza, él sería el primero en declarar que el Señor había intervenido para darle la victoria. Jehová estaba haciendo posible que el patriarca volviera a la tierra prometida con riquezas, y que llegara a ser el príncipe de Dios, que haría la voluntad de Dios.

3) El retorno de Jacob a Canaán. 31:1–55.

1–3. El semblante de Labán...no era para con él como había sido antes. Finalmente, las relaciones entre tío y sobrino llegaron a un punto de ruptura. Jacob vio que Labán y sus hijos sentían hostilidad hacia él debido a su prosperidad. Además, había conseguido la suficiente riqueza y posesiones como para estar satisfecho. Así, cuando recibió orden de partida de parte del Dios de Bet-el, vio que era ya hora de volver a su hogar. Veinte años habían pasado, durante los cuales su madre había muerto. Quizás por ello Labán se volvería aún más hóstil. Era ya hora de partir. **4–13.** Jacob explicó su decisión a sus esposas, contándoles como el **ángel de Dios** le había hablado en sueños y le había alentado en su propósito. El ''angel'' se había identificado a sí mismo como aquel que se le había aparecido en Bet-el. Era en realidad el mismo Jehová. **14–16.** Lea y Raquel aprobaron vehementemente la decisión de Jacob. Conocían a su padre, y habían perdido su amor y respeto hacia él. Recordaban cómo se había él quedado con el fruto de catorce años de trabajo de Jacob, sin haberles dado la parte que una desposada tenía derecho a esperar. **¿No nos tiene ya como por extrañas** —dijeron— **pues que nos vendió, y aun se ha comido del todo nuestro precio?** (v. 15).

17–21. Jacob preparó a sus rebaños, manadas, hijos, y posesiones para el largo viaje, y esperó hasta que Labán se había marchado a la fiesta del esquileo. Entretanto Raquel se aseguró que Jacob iba a tener derecho a una buena porción de la primogenitura tomando los **ídolos** o *terāpîm* (cp. latín *penates*), en realidad los ''dioses familiares,'' muy apreciados por Labán. Las tabletas de Nuzu del siglo xv a.C. indican que la posesión de los *terāpîm* señalaban al poseedor como el principal heredero. Evidentemente, Raquel no había aprendido a confiar en Jehová para proveer sus necesidades. Jacob había dejado de enseñar a su familia a esperar y a adorar a Dios con todos sus corazones. Pronto Jacob y su compañía salían de Harán, cruzaban el Éufrates, y viajaban tan rápidamente como podían hacia Canaán. Su meta inmediata era el país montañoso de Galaad en la ribera oriental del río Jordán.

22–24. Labán...fue tras Jacob. Al cabo de tres días se enteró Labán de la huída. Tan pronto como pudo organizar a sus hombres para la persecución, se puso en camino para alcanzarles. A pesar de que se trataba de un viaje de casi 500 km. (300 millas), pudo atrapar al grupo de prófugos en el país montañoso de Galaad. Por el camino, Labán recibió un extraño mensaje de Dios, un mandato de abstenerse de imponer ninguna presión sobre Jacob. No tenía que decirle **ni bueno ni malo** (*no hablarle descomedidamente*, RV). Los contrarios en las Escrituras se utilizan con frecuencia para dar la idea de totalidad. O sea, no tenía que decirle nada.

25–35. Labán no podía quedar impedido por visitas divinas. Empezó su reproche expresando su angustia por haberle arrebatado a sus hijas y nietos sin ninguna despedida adecuada. De repente, siguió con la pregunta: **¿Por qué me hurtaste mis dioses?** Se refería a sus *terāpîm* (v. 30; cp. 19). Evidentemente, Labán estaba más preocupado por perder sus ídolos que por perder la familia de Jacob. La búsqueda no tuvo fruto, y los pequeños ''dioses'' no se hallaron, porque Raquel los había escondido en el cesto de mimbre que formaba parte de la silla en la que se sentaba. Esta **albarda de camello** (v. 34) daba a las damas orientales una cierta comodidad y aislamiento mientras que viajaba.

36–55. Es indudable que Jacob halló un gran alivio de espíritu al replicar a Labán. El aire quedó totalmente despejado, y Labán perdió el mordiente de su lengua. Los dos hombres hicieron un pacto, ratificando y conmemorando el evento por la erección de un montón de piedras sobre un monte. El montón formó lo que se llamaba **mizpa** o *atalaya*, desde donde un vigía podría observar todo el país en ambas direcciones. Indicaba sospecha y falta de confianza. Al levantar este montón de piedra querían decir que invitaban a Jehová para que vigilase entre dos personas que no podían tener mútua confianza. Dios iba a ser centinela para vigilar tanto a Jacob como a Labán, en la esperanza de que se pudieran evitar las luchas. Jacob se hallaba ligado a la promesa de tratar a las hijas de Labán con bondad y consideración. Ninguna de las partes del pacto debían pasar aquel punto para hacer daño a la otra parte. Y ninguna parte se debía jamás mover para hacer daño a la otra.

4) El encuentro de Jacob con Esaú. 32:1—33:17.

32:1–5. Jacob siguió su camino, y le salieron al encuentro ángeles del cielo. Tanto en el camino de salida de Canaán como en la vuelta, estos mensajeros celestiales vinieron a Jacob para hacerle consciente de la presencia celestial y para darle certidumbre de la divina protección. La palabra **Mahanaim**, *dos campamentos*, describe un campamento interior, formado por el grupo de Jacob y una compañía al exterior, formada por los enviados de Dios, formando esta compañía exterior un maravilloso círculo de protección alrededor de los viajeros. ¡Hermosa ilustración de seguridad y de protección, y de serenidad de alma! (cp. 2 R 6:15–17).

6–8. Esaú estaba en camino desde Edom, según le informaron a Jacob sus mensajeros, para encontrar a la gran compañía de gente que llegaba de Padan-aram. **Edom** era la tierra al sur del mar Muerto, que frecuentemente recibe el nombre de **Seir**, o monte Seir (v. 3) en la Biblia. En los tiempos del Nuevo Testamento, a la gente de Edom se les llamaba idumeos. Jacob tenía mucho temor en su corazón al recordar las amenazas de Esaú de años atrás e imaginó que su hermano estaba haciendo planes para llevar a cabo su venganza. **Cuatrocientos hombres** al mando de un hombre salvaje de Edom podrían ser peligrosos. Jacob adoptó una táctica triple para garantizar la seguridad. Primero, fue al Señor en humilde oración. Segundo, envió regalos escogidos a Esaú para asegurarse su buena voluntad. Tercero, dispuso sus familias, sus posesiones, y sus mejores guerreros en la mejor disposición posible, y se preparó para presentar una buena batalla si ello era necesario.

9–12. En su oración, Jacob recordó al Señor que Él le había ordenado hacer el viaje a Canaán y que le había prometido protección y victoria. La oración era sencilla y humilde, un ferviente ruego por seguridad, liberación, y protección en la emergencia que se le avecinaba. Aunque no salió de sus labios ninguna palabra de confesión con respecto al mal que le había hecho a Esaú y a Isaac, no obstante, Jacob reconoció humildemente que no era digno del favor de Dios, lit., **menor soy que todas las misericordias...** (v. 10). Mostró su reverencia hacia Dios y su fe en él. Lit., se estaba echando en los brazos del Señor para obtener victoria y liberación.

13–21a. El **presente**, o *don, minḥâ*, era elaborado, consistiendo por lo menos en 580 animales de los más selectos de las manadas y rebaños de Jacob. Por lo general, el *minḥâ* era el regalo que se ofrecía a un superior con el intento de ganarse su favor y buena voluntad. Jacob dijo: **Apaciguaré** (*kipper*) **su ira** (v. 20). Esta palabra es significativa por su referencia a la expiación. Su sentido literal es: *cubriré.* Mediante este don, Jacob esperaba poder "cubrir" el rostro de Esaú de forma que éste pasara por alto la ofensa y dejara a un lado su ira. Su siguiente palabra —**quizá le seré acepto**— es, lit., *quizá levantará mi rostro.* Este es un lenguaje figurado, que indica total aceptación después del perdón. Jacob fue excepcionalmente humilde, cortés, y conciliador, en sus mensajes a Esaú. Llamaba a Esaú "mi señor," y hablaba de sí mismo como "tu siervo." No iba a dejar ni una piedra sin revolver con tal de conseguir la reconciliación.

21b–23. Por la noche antes de la llegada de Esaú, Jacob se encontró con la prueba crucial de su vida. Después de cuidar de la seguridad de sus esposas e hijos al vadear el Jaboc, volvió a la ribera norte para quedarse solo en la oscuridad. El **Jaboc** era un afluente del Jordán, que se reunía con este a mitad de camino entre el mar de Galilea y el mar Muerto. En la actualidad se conoce al Jaboc como el Zerka.

24–32. Y luchó con él un varón hasta que rayaba el alba. En la soledad de la tenebrosa noche Jacob se encontró con un hombre que luchó con él. El hebreo *'abaq*, "torcer" o "luchar," tiene alguna relación con la palabra *Jaboc*. Después de una larga lucha, el desconocido visitante pidió a Jacob que le dejara ir. Jacob rehusó hacerlo hasta que el extraño no le bendijera. El "hombre" le preguntó a Jacob su nombre, que significa *suplantador*. Después, el extraño le dijo que desde entonces tendría un nuevo nombre con un nuevo significado. La palabra **Israel** puede traducirse como *aquel que lucha con Dios*, o *Dios lucha*, o *aquel que persevera*; o también puede asociarse con la palabra *śar*, "príncipe". El "hombre" afirmó: **has luchado con Dios...y has vencido.** Era una certidumbre de victoria para cuando tratara con Esaú, así como una certidumbre de triunfos a todo lo largo del camino. En la titánica lucha, Jacob vino a darse cuenta de su propia debilidad y de la superioridad del Todopoderoso que le había tocado. En el momento de ceder, vino a ser un nuevo hombre, que podía recibir la bendición de Dios y asumir su lugar en el plan de Dios. El nuevo nombre, Israel, sugiere realeza, poder, y soberanía sobre los hombres. Estaba destinado a ser un

hombre gobernado por Dios en lugar de un
suplantador sin escrúpulos. Por medio de la
derrota había llegado a la victoria. Durante
todo el resto de su vida sería un tullido; pero su
cojera sería un recordatorio de su nueva realeza.

Peniel (o *Penuel*) significa *rostro de Dios*.
La **i** y la **u** son meramente vocales conjuntivas
que unen los sustantivos *pen* y *el*. Es probable
que se tenga que situar arriba del valle del
Jaboc, a unos 11 ó 12 km. (7 u 8 millas) del
Jordán. Jacob había visto el rostro de Dios y
todavía vivía. El nunca olvidaría esta increíble
experiencia.

**33:1–3. Alzando Jacob sus ojos, miró, y he
aquí venía Esaú.** Por fin había llegado el
momento del encuentro. Esaú, con sus cuatrocientos hombres, estaba a la vista. Con temor y
temblor, y con todo ello de la manera más
cortés, Jacob se encontró con su enemistado
hermano y se postró ante él siete veces. Así, le
indicó un total sometimiento. **4–11.** Esaú, en su
respuesta, reveló un espíritu generoso y magnánimo que parecía demasiado bueno para ser
cierto. Había estado anidando en su seno una
fuerte hostilidad hacia Jacob, y se había traido
consigo a cuatrocientos hombres fuertes como
si planeara ejecutar su vieja amenaza. Pero no
lo hizo así. Su corazón fue cambiado. Dios
había transformado su odio en magnanimidad.
Vino a reunirse con Jacob con comprensión y
perdón. En los veinte años que habían transcurrido, la mano interventora de Dios había provocado cambios en ambos hombres. Ahora
aquel que se había humillado tan recientemente delante de Dios hallaba que el camino
se le había allanado ante él.

12–17. El liberal regalo de Jacob y la cálida
y afectuosa acogida de Esaú daban evidencia
de que los días futuros podrían traer nuevas
victorias para el reino de Dios. Estos hombres
no iban a luchar ni a matarse entre sí. Aunque
Jacob no aceptó la generosa oferta de protección por parte de Esaú ni su urgente invitación
a ir al monte Seir, apreció mucho el magnánimo espíritu de su hermano. Esaú había mostrado que podía perdonar y olvidar. Los
hermanos se separaron en paz. En **Sucot**
(cabañas) Jacob, juntamente con su compañía,
halló un hogar. Allí construyó una casa. Sucot
era una magnífica tierra alta en la ribera oriental del Jordán y al norte del Jaboc.

5) Jacob y su familia en Siquem. 33:18—
34:31. La evidencia no es concluyente con
respecto a la duración de la estancia de Jacob
en Sucot. Puede haber sido un tiempo largo.
Después de haber hecho la paz con Esaú, no
tenía motivos para darse prisas. Antes de cruzar el Jordán, es probable que pasara varios
años en la bien irrigada región al este del río.

33:18–20. Cruzando el río, se halló en las
cercanías de Siquem, donde Abraham se había
detenido en su primera peregrinación en la
tierra de Canaán. Siquem estaba aproximadamente a unos 66 km. (41 millas) al norte de
Jerusalén, en el valle entre el monte Ebal y el
monte Gerizim. El pozo de Jacob estaba allí, y
Sicar no muy lejos. Jacob compró una parcela
de tierra en las cercanías de Siquem, y de esta
manera estableció una afirmación de propiedad en Canaán. Se le había ordenado que volviera a la tierra de sus padres y a su familia,
significando probablemente las cercanías de
Hebrón. Bien cierto es que hubiera tenido que
ir, por lo menos, hasta tan al sur como Bet-el.
Tenía que aprender que la gente de Siquem no
iba a resultar de ayuda para su familia.

34:1–5. Dina, una hija de Jacob y de Lea,
efectuó una desastrosa visita a la cercana ciudad de Siquem. La inmadura muchacha no
tenía ninguna base espiritual para sostenerla en
un momento de necesidad. Siquem, el hijo
joven de Hamor, se enamoró desesperadamente de ella, y pronto se conocieron las trágicas consecuencias de ello en la familia de
Jacob. El hebreo *lāqah*, **tomó** (v. 2), indica que
se utilizó una fuerza irresistible. La palabra
ūnâ, **deshonró**, indica un tratamiento amanci-
llante. La pobre muchacha estaba arruinada.
De inmediato, Siquem **habló al corazón de
ella** (v. 3) en su angustia, para consolarla. La
amaba y la quería por esposa.

6–12. La palabra *nebālâ*, **vileza**, indica un
acto vergonzoso, vil, insensato que exhibe una
insensibilidad total en el comportamiento
moral. Para Jacob y sus hijos, el acto de
Siquem era una grave inmoralidad, un ultraje
en contra de la decencia y el honor de la
familia. Hamor y Siquem trataron de arreglar
un casamiento, ya que Siquem amaba a la
joven. Jacob estaba dispuesto a llegar a un
acuerdo con ellos. El *mōhar* —el don a la
novia— sería bueno. Los dos grupos se enla-
zarían, de manera que el matrimonio sería
legal. **13–24.** No obstante, los hijos de Jacob
eran ardientes, implacables, y sin escrúpulo
alguno. Bajo el pretexto de demandar observancia religiosa, hicieron que los siquemitas
aceptaran ser circuncidados. Todos los hombres de la tribu se sometieron al rito. **25–29.**
Después Simeón y Leví condujeron un ataque
a la ciudad. Los hijos de Jacob mataron a todos
los hombres mientras que éstos se hallaban
incapacitados para luchar, y se llevaron sus
familias y posesiones. En la historia de los
patriarcas, este es un capítulo sórdido de
pasión, crueldad, y desgracia.

30–31. El pueblo elegido de Dios en su
tierra sagrada se habían comportado como

crueles paganos. El pobre y anciano Jacob se vio abrumado. Recordó a sus hijos que le habían puesto difícil mantener la buena voluntad de los pueblos vecinos. Su actitud era indigna de un hombre de fe que era el representante elegido de Dios ante las gentes de la tierra. El temor egoísta parece haber sido lo principal en su corazón. No reprendió a sus hijos a causa de la inenarrable crueldad de ellos, ni expresó tristeza debido a que el honor de Dios había sido muy mal presentado. Jacob había pasado veinte años en la tierra de Labán, y ahora probablemente otros diez años entre Sucot y Siquem sin hacer nada digno de nota para preparar espiritualmente a su familia para las horas trascendentales de la vida. Había estado demasiado ocupado erigiendo un imperio material y ganando ventajas mundanas para poder dar atención a poner los cimientos espirituales y éticos de sus hijos. Tenía todavía que llegar a Bet-el. ¿Sería entonces ya demasiado tarde para Dina y Simeón y Leví y todos los demás? Esta historia podría hacer llorar incluso a un hombre fuerte.

6) El retorno a Bet-el. 35:1–29.

1. Jehová pronunció una solemne orden a Jacob, para que éste se dirigiera a su meta: **Levántate y sube a Bet-el, y quédate allí; y haz allí un altar al Dios que te apareció cuando huías de tu hermano Esaú.** Bet-el se hallaba situado a unos 300 m. (1.010 pies) más alto que Siquem y situado en la ruta que lleva a Jerusalén, Belén, y Hebrón. Jacob había tardado demasiado en llegar a aquel lugar santo. Tenía ahora que construir allí un altar, como lo había hecho Abraham en su memorable viaje a Palestina. Jacob había erigido un *maṣṣēbâ*, i.e., un pilar de piedra, después de su inolvidable experiencia con Jehová, cuando huía hacia Arán. Este retorno al lugar santo implicaría una entrega total de su vida al Señor. Había dejado de lado el altar de Dios. El énfasis espiritual había estado ausente de su vida y de su pensamiento.

2–7. De inmediato y obedientemente, Jacob dispuso el viaje a Bet-el. En primer lugar, ordenó a su semipagana familia que se purificaran (v. 2), que quitaran de enmedio todos los *terāpîm* y representaciones visibles de dioses extraños. Después, la familia de Jacob fue en su peregrinación a Bet-el. La gente de los lugares por los que pasaron quedó bajo **el terror de Dios**, y no molestaron a los peregrinos (v. 5). Cuando Jacob hubo llegado a **Luz**, supo que estaba a punto de andar en terreno sagrado. Erigió un altar a Jehová, y llamó al lugar **El-bet-el**, *El Dios de la casa de Dios*.

9–15. De nuevo se apareció Dios a Jacob y le aseguró que su nuevo nombre, Israel, sería un recordatorio constante de su nuevo carácter, de su nueva relación con Jehová, y de su andar como rey en el camino divino de la vida. Él era el heredero de las promesas dadas a Abraham. El pacto estaba en toda vigencia, y continuaría siendo vigente para él y para sus descendientes. Al hablar con Jacob, Dios utilizó su nombre, **Dios omnipotente**, *'El Shaddāi*, "El todo-suficiente" (v. 11). Jacob podía contar con *'El Shaddāi* para suplir todas y cada una de las necesidades, y para dar toda gracia en cada emergencia.

16–20. Ahora Raquel, que había provisto la inspiración y el amor que Jacob precisaba, llegó al final de su camino. Murió al dar a luz a su segundo hijo, al que llamó **Benoni**, *Hijo de mi tristeza*. Pero Jacob eligió el nombre de **Benjamín**, *hijo de mi diestra*. Raquel tiene que haber sido sepultada en algún sitio al sur de Bet-el, en la ruta de Hebrón (cp. 35:16, 19). Bet-el estaba a 16 km. (10 millas) al norte de Jerusalén, y Belén a alrededor de unos 10 km. (6 millas) al sur de Jerusalén. Por lo general se concluye que Raquel fue sepultada en las cercanías de Belén. Todavía en la actualidad se les señala a los visitantes el sitio tradicional.

27–29. Isaac continuó viviendo hasta el retorno de Jacob de Arán. De Beerseba se había desplazado a Mamre, muy cerca de la vieja ciudad de Hebrón. Allí Abraham había comprado la cueva de Macpelá para sepulcro de Sara. Ahora, a la edad de 189 años, **Isaac exhaló el espíritu, y murió.** La palabra heb. *gāwā'* significa "fallar," o "hundirse." A la hora del entierro, Esaú y Jacob estuvieron juntos ante la tumba, para honrar a su padre. Los hermanos se vieron unidos en un dolor común, como Ismael e Isaac lo habían estado ante la tumba de Abraham.

7) Edom y su pueblo. 36:1–43. Antes de relatar la historia de José, el autor de Génesis describe algo de la tierra de Edom y sus habitantes. Los habitantes originales del monte Seir recibían el nombre de horeos. En el curso del tiempo, Esaú y sus descendientes se apoderaron del territorio. Esaú se hizo rico y poseyó mucho ganado y manadas. Las principales ciudades del área eran Sela, Bosra, Petra, Temán, y Ezión-geber. Los edomitas siguieron siendo hostiles a los israelitas durante los tiempos del AT (cp. Abdías, especialmente vv. 10–15).

D. José. 37:1—50:26.

1) Las tempranas experiencias de José. 37:1–36.

1–11. José, el hijo mayor de Raquel, era un favorito de su padre Jacob. Por esta y otras razones llegó a ser muy impopular entre sus hermanos. Una de las razones era que reaccionaba intensamente en contra del comportamiento inmoral y falto de ética de ellos, y que los denunciaba con franqueza, ganándose para sí el nombre de "chivato." Para empeorar la situación, su padre le hizo túnicas reales, con mangas abiertas y flotantes, que le ponían aparte del grupo como el favorecido. La inferencia normal era que Jacob había escogido a José como aquel mediante el cual las bendiciones divinas seguirían su curso. Además, José soñaba sueños que señalaban a su futura grandeza, y les relató sus sueños a sus hermanos.

Los hijos de Jacob quedaron enardecidos de rabia al oír de boca de José el anuncio de que él regiría sobre ellos. El, el joven príncipe favorito, creía evidentemente que iba a tener la preeminencia sobre la familia entera. En su hablar sin malicia, suscitó los fuegos de la envidia y del odio asesino. Pero Dios tenía dispuestas unas maravillosas bendiciones para el muchacho, como revelaría el tiempo. A José se le hubiera debido aconsejar acerca de la manera apropiada de tratar con criaturas imperfectas que se resentían de sus maneras y de sus aires de superioridad (según ellos creían). ¡Cómo necesitaba un sabio consejero! Parece que Jacob le amaba tan ardiente y tan ciegamente que no podía guiarle con sabiduría.

12-28. Los hermanos anidaban malicia en sus corazones hasta el punto en que llegaron a decidir librarse de José. Tenían tiempo de sobras para preparar un plan para conseguir su propósito. Desde Hebrón, donde vivían, hasta Siquem en el norte, estos hombres iban a buscar tierras de pastos para sus rebaños y manadas. Jacob envió a José a Siquem para que visitara a sus otros hijos y para que le diera noticias acerca de cómo se encontraban. Al llegar a las cercanías de Siquem, José se enteró de que sus hermanos habían pasado a **Dotán**, unos 24 km. (15 millas) más al norte. Cuando los hermanos vieron que José venía, planearon matarlo, aunque Rubén trató de salvar la vida del muchacho. Rubén convenció a los otros de ponerle en una cisterna vacía, con la esperanza de poderle sacar más tarde. Judá convenció después a sus hermanos de que sería inteligente sacarle de la cisterna y venderle a una caravana que iba de camino a Egipto. Rubén había planeado llevar al muchacho de vuelta a casa con su padre. Judá había planeado salvarle de morir de hambre. Tal como salió la cosa, José se vio prisionero de una banda de **ismaelitas** (v. 25) o madianitas. Pronto sería un esclavo de alguna familia egipcia. Tanto los ismaelitas como los madianitas eran descendientes de Abraham. Quizás la compañía estaba formada de gentes de ambos pueblos.

29-35. Rubén, el primogénito, era directamente responsable ante su padre por el muchacho. Penosamente él y los otros mostraron a Jacob una túnica ensangrentada y una historia engañosa que prácticamente quebrantó el corazón del viejo patriarca. Quedó convencido de que su hijo favorito había muerto. Aquel que, en su juventud, había sido un engañador principal era ahora cruelmente engañado. Su dolor no conocía límites. Se lamentó: **Descenderé enlutado a mi hijo hasta el Seol.** El hebreo **Seol** describe la habitación subterránea de los muertos, y se corresponde con el "hades" griego. Allí, según la tradición, los espíritus separados del cuerpo siguen existiendo en regiones de sombras que no tienen salida ni comunicación con Dios ni con los hombres. Es una mera media existencia. Jacob se daba cuenta de que iba a ir pronto al Seol, pero no veía ninguna esperanza de ver un final a sus sufrimientos amargos hasta aquella hora.

36. Los ismaelitas vendieron a José a **Potifar**, un oficial en la corte del Faraón. Evidentemente, Potifar era **jefe de los ejecutadores** (lit.). Es probable que la palabra se refiera al trabajo de matar animales para la cocina real o quizás a los animales utilizados para los sacrificios. El joven José fue señalado como mayordomo de la residencia de Potifar. Estaba muy lejos de su casa y, aparentemente, aún más lejos del cumplimiento de los sueños celestiales acerca de su pre-eminencia. No obstante, el Dios de José estaba aún obrando sus propósitos y planes. Y Él estaba a punto de utilizar a Potifar y al Faraón para hacer avanzar su programa divino.

2) Judá y Tamar. 38:1-30.

En medio de la narración que describe la carrera de José en Egipto, el escritor del Génesis introduce el relato de la vergonzosa implicación de Judá con las cananeas. Judá era el conductor de la familia de Jacob, el destinado a ser el canal de todas las ricas promesas a y mediante Abraham a posteriores generaciones y al mundo. El nombre de Judá iba a ser prominente en la línea mesiánica. David sería uno de sus honrosos descendientes.

2-11. Vio allí Judá la hija de un hombre cananeo, el cual se llamaba Súa; y la tomó. Este enfoque de la vida familiar en Canaán revela hasta qué puntos de inmoralidad habían llegado algunos, por lo menos, del pueblo escogido. Judá se casó con la hija de Súa, un cananeo pagano, y empezó así una cadena de eventos pecaminosos. Dos hijos, Er y Onán, murieron sin tener hijos. Judá le prometió a

Tamar, que había sido la esposa de ambos hijos, uno a continuación del otro, que tendría su tercer hijo, Sela, por esposo, cuando llegara a ser de la edad adecuada. La línea familiar no debía extinguirse.

12-23. A su tiempo, cuando Tamar se dio cuenta de que su suegro no mantenía su promesa, tomó el asunto en sus propias manos. Pretendiendo ser una de las *kedēsôt* (prostitutas sagradas), engañó a Judá para que tuviera relaciones ilícitas con ella. **24-26.** Cuando Judá se enteró de que Tamar estaba embarazada, la declaró digna de muerte, solamente para descubrir que él era el culpable padre del niño. Dijo: **Más justa es ella que yo** (RV). **27-30.** El relato del nacimiento de los mellizos, **Fares** y **Zara**, cierra el capítulo. El contraste entre José y su hermano mayor se verá aún más agudo cuando José reveló su comportamiento en su hora de tentación. Judá necesitaba llegar a ser un hombre nuevo para poder complacer al Señor.

3) José y la esposa de Potifar. 39:1-23.

1-6b. Llevado, pues, José a Egipto ...Cuando José asumió su trabajo en casa de Potifar, era un esclavo y un extraño. En primer lugar, llegó a ser un ayudante personal del oficial egipcio. Cuando Potifar le halló inteligente, vivo, y digno de confianza, y **vio que Jehová estaba con él.** (v. 3), le puso sobre toda su casa como su confiable mayordomo. En su nueva posición José era responsable de todos los detalles del gobierno de la casa, con solo una excepción: como extranjero, él no podía supervisar la preparación de las comidas (cp. 43:32).

6c. José era desusadamente atractivo. Era como su madre, de la que se ha dicho, "Raquel era de lindo semblante y de hermoso parecer," o sea, "de formas hermosas, y de apariencia hermosa" (cp. 29:17). Además, José irradiaba una piedad dulce y limpia que le hacía aún más atrayente.

7-13. La esposa de Potifar no pudo resistir la tentación de tratar de conquistar a José. Evidentemente, no tenía nada para ocupar su mente ni principios que la retuvieran en la hora de la tentación. Para José, que vivía constantemente en comunión con el santo Dios, quedaba totalmente fuera de consideración el pecar con aquella mujer. Sería pecar contra Dios, y una injusticia contra el hombre que confiaba en él de una manera tan implícita. A pesar de que la tentación le hacía una llamada sútil, repentina y poderosa, la victoria de José estaba asegurada.

14-20. Frustrada, la tentadora se convirtió en calumniadora. En un ataque de ira pasó a acusar falsamente a José de un intento malvado, esperando que suscitaría las simpatías de parte de los otros siervos, y que haría que su esposo se enojara tanto como para matar al joven. La evidencia circunstancial era poderosamente acusadora. Potifar se enfureció. No obstante, y a pesar de la seriedad de la acusación, es evidente que tenía sus dudas acerca de la culpabilidad de José, porque no le mató. En lugar de ello le echó en **la cárcel** (la "Casa Redonda"). Esta prisión era, probablemente, una famosa torre redonda o un calabozo donde quedaban arrestados los presos relacionados con la vida oficial. La palabra heb. *sōhar*, **cárcel**, puede ser un intento de traducir una palabra egipcia.

En el relato egipcio *Relato de los Dos Hermanos* se halla un interesante paralelo con la experiencia de José. En aquella historia un hombre casado vivía en la misma casa con su hermano. La esposa del primero acusó al hermano menor de intentos impropios. El marido, aunque encolerizado, buscó la verdad del asunto. Al hallar que la culpable era su esposa, el marido la ejecutó. Esta historia data de los días de Seti II, esto es, de alrededor del 1180 a.C.

21-23. La vida en la prisión no era agradable, pero dice la narración que **Jehová estaba con José.** ¡Qué diferencia que esto causaba! Podía disfrutar de su consuelo y fortalecimiento.

4) Las experiencias de José en la cárcel. 40:1-23.

1-4. El copero...y el panadero delinquieron contra su señor el rey de Egipto... Faraón...los puso en prisión. Ni en la cárcel podía José ser mantenido en baja condición. Se le dio la supervisión de los presos, y él **les servía.** El viejo calabozo se transformó en un lugar distinto debido a su presencia. Dios estaba bendiciendo a otros gracias a la atención y bondad de José. Potifar le había puesto en un lugar en el que a pesar de todo se podían hacer notar sus notables talentos. El **copero** (*mashgēh*) era un miembro valioso de la casa del Faraón. En Nehemías 1:11 aparece también esta palabra. Nehemías, que tenía este título, era un funcionario de confianza en el palacio del rey de Persia. El **panadero** (*'ōpeh*) era el superintendente de la panadería, responsable de ocuparse de que la comida del monarca fuera sana y saludable. Estos dos altos funcionarios de la casa real habían ofendido al Faraón. Mientras se efectuaba la investigación, quedaron confinados en la misma prisión en la que estaba encerrado José.

5-23. Era el deber del joven hebreo cuidar de estos dos presos. Al hallarlos tristes y cariacontecidos, les preguntó acerca de sus necesidades. Habían tenido sueños que no podían comprender. Y no estaba a mano ningún intérprete oficial de sueños. José les recordó que Dios les podía dar sus significados. A continuación le contaron sus sueños, y él les explicó lo que significaban. El copero iba a tener una agradable sorpresa. Dentro de tres días sería libertado de la prisión para volver a su trabajo al lado del rey. El panadero sería liberado al mismo tiempo, pero se le separaría la cabeza del cuerpo, y su cadáver sería colgado afuera para alimento de las aves. José le hizo una petición al copero: **Acuérdate, pues, de mi cuando tengas ese bien, y te ruego que uses conmigo de misericordia...y hagas mención de mí a Faraón** (v. 14). José quería ser libre y cooperar a que se hiciera en él toda la voluntad de Dios en su vida.

5) José y Faraón. 41:1–57.

1–8. Aconteció que pasados dos años tuvo Faraón un sueño. Le pareció que estaba junto a un río. El rey soñó que estaba junto al Nilo (*yeōr*), el dador de la vida y de refrigerio a la tierra. (El país dependía del río para proveer la irrigación año tras año, como venida del cielo.) Y vio siete vacas gordas que subían del río, y que pacían en el prado. Entonces vinieron siete vacas muy flacas que vinieron y se comieron a las gordas. Otra vez, vio siete espigas llenas y hermosas creciendo en una sola caña, y que aparecían siete de menudas que devoraban a las primeras. Estos sueños perturbaron profundamente al Faraón, especialmente cuando resultó que no se podía hallar a nadie que los interpretara. Los **magos** (*ḥartummîm*) eran los escribas sagrados que tenían más conocimiento de lo oculto que ninguna otra persona del reino. Pero incluso ellos se quedaron perplejos y sin saber qué decir en esta ocasión. Su especial instrucción en los misterios sagrados se vio incapaz para poder resolver estos misterios.¿Qué significaba todo ello? se preguntaba el rey. ¿Quién le podría explicar?

9–24. Repentinamente el jefe de los coperos recordó a José, después de haberle olvidado por dos años, y le contó a Faraón acerca de su capacidad para interpretar sueños. Rápidamente se reclamó la presencia del joven hebreo. En breve apareció él en el palacio, afeitado e inmaculadamente vestido. Faraón le dijo que había oído que José podía interpretar sueños, pero José puso muy en claro que la interpretación tenía que venir del Señor: **Dios será el que dé respuesta propicia a Faraón** (v. 16). **25–32.** Sin dudarlo y con una claridad desusada, el joven le declaró que sus sueños anunciaban siete años de abundancia, que serían seguidos por siete años de un hambre devastadora. El período primero de siete años sería una época de fertilidad y de cosechas muy abundantes. Los años del hambre traerían necesidad, sufrimiento y muerte.

33–36. Provéase ahora Faraón de un varón prudente y sabio. José fue más allá de la mera interpretación y dio unos consejos de sentido común. No se tenía que perder ningún tiempo. Se tenía que hallar a un hombre de capacidades elevadas que pudiera supervisar la producción agrícola, que reuniera enormes reservas de grano, y que, a su debido tiempo, hiciera una sabia administración de los recursos amasados. Aquella posición demandaría al mejor hombre que el reino pudiera presentar.

37–42. Afortunadamente, Faraón era un hombre sabio, porque él reconoció en José al hombre en quien estaba **el espíritu de Dios** (v. 38). Hizo de él el administrador de los alimentos de Egipto, y le señaló como gran visir, o primer ministro. Le puso al mando de todo el reino, solamente su segundo. Puso su propio sello en la mano de José, como prenda de autoridad, dándole poder de emitir edictos oficiales. Le vistió con unas ropas finísimas reservadas para los más poderosos de Egipto, y puso un collar especial de oro de servicios distinguidos alrededor de su cuello.

43. José iba a montar en un carro y a ser considerado solamente precedido por el rey. Un oficial especial tendría que proclamar al pueblo: ''¡*Abrek*!'' Esto, probablemente, significaba: ''¡Atención!'' o ¡**Doblad la rodilla!**'' (RV), o algo similar. Se tenía que poner en claro a todas las personas que ante ellos estaba una persona de sobresaliente capacidad, carácter, y autoridad. Iba a tener el completo control de unos asuntos que implicaban la vida o la muerte de multitudes. El privilegio y la responsabilidad quedaban entrelazadas en este momento de reconocimiento e investidura. Las retadoras palabras de Mardoqueo a Ester bien podrían aplicarse a José: ''¿Y quién sabe si para esta hora has llegado al reino?'' (Est 4:14, RV).

45, 46, 50–52. José era de treinta años de edad cuando fue presentado delante de Faraón rey de Egipto, habiendo estado en Egipto unos doce o trece años. Desde la prisión al palacio fue un gran paso. Dios, que había estado con el joven cada minuto de su vida, había hecho provisión para este salto. A continuación, Faraón dio un nuevo nombre a José: **Zafnat-panea** (que en copto, según dicen los eruditos, significa ''un revelador de secretos'', o ''el hombre a quién le son revelados los secretos.'' También le dio una esposa llamada **Asenat**, que era de una de las familias sacerdotales, siendo su padre un **sacerdote de On**. On, una ciudad de cultura y de religión situada a unos 12 km. (7 millas) al norte de El Cairo, era el centro de la adoración al sol. A Asenat y José les nacieron dos hijos, Manasés y Efraím. Estos muchachos, varios años más tarde, fueron adoptados dentro de la tribu de Jacob y llegaron a ser cabezas de dos tribus de Israel.

6) La primera visita de los hermanos. 42:1–38.

1–8. Y descendieron los diez hermanos de José a comprar trigo en Egipto. Mas Jacob no envió a Benjamín, hermano de José, con sus hermanos; porque dijo: No sea que le acontezca algún desastre. Cuando el hambre se hizo severa en Canaán y parecía inminente la muerte, Jacob se dio cuenta de que se debía buscar alimento en otras partes. Envió a sus diez hijos a Egipto a comprar grano. A Benjamín lo guardó en casa para que le consolara. Cuando los diez hermanos se presentaron ante el **señor de la tierra** de Egipto para comprar el grano, no reconocieron en él a su hermano. Doce años o más habían ya transcurrido. El frágil joven, al que ellos habían vendido, había crecido hasta ser un hombre. Él estaba ahora ante ellos como la figura más poderosa de la tierra de Egipto. Su lenguaje, sus vestidos, su comportamiento oficial, y su posición, tuvieron su parte en contribuir a disfrazarlo. Pero José reconoció en el acto a sus hermanos.

9–12. Cuando acusó a sus hermanos de ser espías, estaba solamente señalando la explicación más evidente de su llegada. Los egipcios sabían que su frontera oriental era especialmente vulnerable, y por ello temían a los pueblos asiáticos. José acusó a los diez hombres de venir a Egipto para descubrir los lugares débiles en las defensas de la frontera a fin de dar información a los posibles invasores.

13–24. Cuando los hombres le contaron acerca de su padre y de su hermano menor, les pidió pruebas de su honradez. Uno de ellos, dijo él, tendría que irse a casa para traer al hermano menor a Egipto mientras que los otros permanecían en prisión. Después de guardarlos en la cárcel por tres días, José sugirió la solución más fácil de guardar a uno de ellos como rehén mientras que los otros nueve se iban de vuelta con el grano. **Simeón** fue el seleccionado para quedarse en la cárcel (v. 24). Era el segundo hijo de Jacob, y dice la tradición que era el más cruel de todos los hermanos.

21–24. En el curso de la conversación, José vio que sus hermanos estaban muy preoc"

pados y con grandes remordimientos. Se dio cuenta de la lealtad de ellos hacia Jacob y su sólido espíritu familiar. **El...lloró** al pensar en los días pasados y el sufrimiento que aquellos hombres le habían causado por su hostilidad y crueldad, y al reconocer el cambio en el corazón de ellos.

25–38. Al volver a Canaán, uno de los hijos de Jacob efectuó el perturbador descubrimiento de que su dinero estaba en la parte superior de su saco de grano. Y cuando el grupo llegó al hogar y vaciaron sus sacos hallaron **en el saco de cada uno...su dinero**. Quedaron desconcertados y alarmados por el descubrimiento. El misterio del dinero, la detención de Simeón, y las noticias de que el señor de la tierra de Egipto había demandado ver a Benjamín; todo esto fue demasiado para el anciano Jacob. Su dolor y sus temores casi le abrumaron. Y no estaba de acuerdo en dejar ir a su hijo más joven a Egipto con los demás.

7) Más experiencias con los hermanos. 43:1–34.

1–14. Cuando acabaron de comer el trigo...les dijo su padre: Volved y comprad para nosotros un poco de alimento (v. 2). Los hombres aseguraron a su padre que no se iban a atrever a ir a Egipto sin Benjamín. Solamente cuando Judá se ofreció a sí mismo como garantía de la seguridad de Benjamín dejó Jacob ir a su hijo más joven. Judá dijo: **Envía al joven conmigo...Yo te respondo por él.** Judá estaba poniendo su propia vida en prenda de que garantizaba el retorno seguro de Benjamín (44:32–34). Evidentemente, los hijos de Jacob habían aprendido mucho desde aquel día en que intentaron matar al hermano de Benjamín. Cuando Jacob vio que su hijo tenía que partir, mandó a sus hijos que prepararan una abundante *minhâ*: **un presente** (v. 11), para el hombre—algo de la mejor miel, los frutos más escogidos, las nueces más exóticas, y otras de las mejores delicias de la tierra. También les mandó que llevaran el doble del dinero que habían hallado en sus sacos. Sin duda la segunda parte de este dinero iba destinada a pagar el grano que iban a comprar esta vez. Antes de enviar a sus hijos, Jacob oró que **el Dios Omnipotente** (*'El Shaddāi*) les guardara y supliera todas sus necesidades (v. 14).

15–34. Cuando llegaron a Egipto, se vieron sobresaltados al descubrir que tenían que ir a la casa del señor de la tierra a comer. Esta noticia les desconcertó y les alarmó. Temieron que les iba a alcanzar algún castigo terrible, porque no sabían qué era lo que podían esperar del gran visir del Egipto. Cuando el gran hombre entró en la habitación en la que estaban, ellos **se inclinaron ante él hasta la tierra** en homenaje total (v. 26). José les trató con bondad y gracia, preparándoles un banquete, en el que derramó dones especiales para Benjamín. Se vio profundamente conmovido al compartir con ellos. Era una ocasión que los hermanos no podrían olvidar. Comieron y bebieron abundantemente. Cuando la comida se había terminado, José sabía ya más. ¡Sabía que habían cambiado!

8) La propuesta sacrificial de Judá. 44:1–34. José tenía una última prueba para sus hermanos, una prueba calculada para conseguir una visión clara de lo interior de sus corazones.

1–5. Mandó a su mayordomo que preparara las sacas (*costales*, RV) de grano como la vez anterior y que colocara su copa de plata en la saca que Benjamín se iba a llevar. **Pon el dinero de cada uno en la boca de su costal. Y pondrás mi copa, la copa de plata, en la boca del costal del menor, con el dinero de su trigo.** Esta copa era una "copa de adivinación" (cp. v.5), una posesión apreciada, utilizada para recibir oráculos o representaciones de eventos futuros. Primero, se echaba agua. Después, se echaban pequeños fragmentos de oro, plata, o de piedras preciosas. Cuando se agitaba el agua de una forma muy ligera, los fragmentos formaban una "figura" o pauta. Los usuarios instruidos en este sistema pretendían poder adivinar lo desconocido. Era un tipo de magia llamado "hidromancia."

6–13. José hizo que los hermanos fueran arrestados al empezar su viaje de retorno a Canaán. Ellos protestaron de su inocencia y aceptaron de buen grado la proposición de que el culpable permaneciera en Egipto como esclavo para toda su vida. Para el asombro de ellos, ¡la copa se hallaba en el costal de Benjamín! Llevados ante José, estaban sin habla por el temor y la desesperación. ¿Qué iban a poder hacer? Rubén, Benjamín, y los otros estaban callados.

14–34. Luego, Judá habló por sí mismo y por sus hermanos en una de las sublimes declaraciones que se pueden hallar en la literatura. No ofreció ninguna excusa. No hizo ninguna protesta, sino que solamente rogó al poderoso funcionario egipcio por la vida y libertad de Benjamín. Sir Walter Scott llamó a este ruego: "La pauta más completa de genuína elocuencia natural que exista en lenguaje alguno." El espíritu de sacrificio propio, una vez tan ajeno a Judá, brilló con una singular belleza. Judá confesó con franqueza sus propios pecados y los pecados de sus hermanos. Cierto era que no habían robado el dinero del grano, ni tampoco la copa de adivinar, pero sí habían cometido el negro pecado de vender a su hermano en esclavitud. Habían causado a José y al padre de ellos un dolor y una angustia indecibles. Por sus referencias a los sufrimientos de su padre, Judá se reveló como uno que estaba ahora íntimamente familiarizado con las relaciones y valores sagrados.

La disposición de este hermano a quedar como *sustituto* de Benjamín le revela como una gran alma. Se ofreció a sí mismo a José como esclavo, y le rogó que Benjamín y los otros hermanos pudieran volver al hogar para bendecir el corazón del viejo padre. Este fue el climax de los tratos de Dios con Judá. El Señor había creado en él un campeón espiritual para representarle a Él en la ejecución del plan divino.

9) La invitación de José a Jacob. 45:1–28.
1–8. No podía ya José contenerse... Entonces se dio a llorar a gritos...Y dijo José a sus hermanos: Yo soy José. Cuando José no pudo ya contener más sus sentimientos, él *levantó su voz en llanto* (lit.). En un momento había descubierto su identidad y abierto su gran corazón a sus hermanos. Ellos, en su confusión y temor, se quedaron sin habla. Pero José les tranquilizó. Les dijo: **Para preservación de vida me envió Jehová delante de vosotros** (v. 5). Con presteza sacó de encima de sus espaldas la culpa de su malvado acto, al tratarles de interpretar los planes y propósitos de Dios. Era su forma de centrar la atención de ellos a la consideración suprema sobre todas las demás. El propósito providencial era de mucho mayor significado que cualquier acto de menor importancia de parte de los hombres mortales. Aquel propósito involucraba la preservación de la vida de un remanente que sería utilizado para llevar a cabo la obra de Dios en la tierra.

9–24. José apremió a sus hermanos a que trajeran con ellos a su padre y vinieran a Egipto a vivir. Les explicó que el hambre persistiría por cinco años más, pero que en Egipto les podría proveer un hogar y provisiones ilimitadas para Jacob y para toda su familia. Podrían establecerse en **la tierra de Gosén**, que estaba a unos 65 km. (40 millas) del actual El Cairo. Situada en el delta del Nilo, este sector era el mejor para tierra de pastos, para manadas y rebaños. Estaba cerca de On, y también de Menfis, donde vivía José. Cuando los hermanos se dirigieron al hogar, envió con ellos carros para el viaje de vuelta a Egipto, y los llenó de grano, presentes, y suministros de todo tipo.

25–28. Al escuchar el viejo patriarca las

nuevas acerca de su hijo, su corazón **se afligió**, porque no se podía creer las buenas noticias acerca de su hijo, perdido hacía ya tanto tiempo (v. 26). Pero cuando vio los carros y los presentes, y oyó el mensaje que José le había enviado, su espíritu revivió y empezó a esperar su reunión con su hijo en Egipto. Fue un día de consuelo y de gozo para uno que había vivido tanto dolor.

10) La emigración a Egipto. 46:1–34.

1–4. Salió Israel con todo lo que tenía, y vino a Beerseba. Es casi cierto que Jacob vivía entonces en Hebrón. Su primera parada en aquel trascendente viaje fue en Beerseba. Allí ofreció sacrificios, y allí, en una visión nocturna, Dios le habló, alentándole en su viaje y dándole certidumbre de incontables bendiciones. En primer lugar, renovó la promesa de que los descendientes de Jacob llegarían a ser una gran nación. Puso en claro que Egipto iba a ser la tierra en la que este crecimiento iba a tener lugar. En segundo lugar le dijo: **Yo descenderé contigo,** garantizando Su protección de esta manera. En tercer lugar, le afirmó: **Yo también te haré volver.** Esta predicción estaba destinada a ser cumplida después de la muerte de Jacob, en el éxodo, cuando la poderosa mano de Dios liberaría a Sus elegidos del poder de Egipto y les devolvería a Canaán. La declaración de que José **cerraría** los ojos de Jacob era una profecía de que el ilustre hijo llevaría a cabo los ritos funerales a la muerte de su padre.

5–28. Alentado por el mensaje de parte del Señor, Jacob salió, con sus descendientes, de Beerseba y emprendió el largo viaje a la tierra de Gosén. Eligió a Judá para que fuera a la vanguardia (**envió a Judá delante de sí a José, para que le viniese a ver a Gosén),** a fin de que finalizara los preparativos de la entrada en la tierra.

29, 30. El encuentro de Jacob y de José fue un momento de gran gozo. Ambos se hallaban demasiado conmovidos para hablar. Se mantuvieron durante largo rato en un estrecho abrazo (v. 29). Cuando el viejo patriarca pudo hablar, dijo: **Muera yo ahora, ya que he visto tu rostro, y sé que aún vives** (v. 30). Había experimentado el mayor gozo de su vida.

31–34. Antes de presentar José su familia a Faraón, les dio instrucciones específicas acerca de cómo dar respuesta a las preguntas del monarca. Cuando se les preguntara acerca de su ocupación, se tenían que presentar como pastores. Así el Faraón les asignaría con toda probabilidad la tierra de Gosén como su tierra de asentamiento. Gosén proveería unos pastos excelentes para sus manadas y rebaños. Se

hallarían juntos, y por lo tanto bien protegidos de mezclarse con otras naciones.

11) Jacob y Faraón. 47:1–12.

1–6. José... lo hizo saber a Faraón...: Mi padre y mis hermanos... han venido. El encuentro con Faraón fue memorable. Cinco de los hermanos, elegidos para ello por José, presentaron al soberano su petición de que les fuera concedida la tierra de Gosén, ya que eran pastores. El rey accedió a que se establecieran en aquella área, donde los pastos eran inmejorables. También pidió a José que señalara a los mejores entre ellos, **hombres capaces** (v. 6), para que recibieran puestos de responsabilidad entre sus pastores. Egipto invertía mucho dinero y esfuerzo en la crianza de buen ganado.

7–10. El momento cumbre de esta ocasión lo fue la presentación por parte de José de su anciano padre al rey. **Jacob bendijo a Faraón** (v. 7). La palabra *bārak*, que aparece en dos ocasiones, se puede traducir *saludó*, pero el significado principal y fuertemente preferible es el de **bendijo.** En aquel momento el poderoso hombre de Dios estaba ante el gran monarca con dignidad y con la consciencia de que él era él mismo el representante del Omnipotente ('*El Shaddāi*). ¿Qué hubiera podido ser algo más natural para él que otorgar una bendición proviniente del cielo sobre el rey de Egipto? Él sabía que mantenía una posición sublime en el programa de Dios. Con una tranquila dignidad pronunció la santa bendición sobre Faraón. Jacob era un canal especial de bendición divina, y Faraón era el receptor. Cuando se fue preguntada su edad, el patriarca replicó: **los días de los años de mi peregrinación** (*gûr*) **son ciento treinta años** (v. 9). Su vida había estado marcada por una serie de *peregrinaciones.* Le parecía corta en relación con las vidas más dilatadas de Abraham y de Isaac.

11, 12. La tierra de Ramsés era la misma que la tierra de Gosén. La parte oriental del delta del Nilo comprendía un área que incluía el lugar de la famosa ciudad construida por Ramesés posteriormente. **José alimentaba** (*yekalkēl*) a su padre. Esta forma particular del verbo *kûl* que se utiliza aquí (forma pilpel) puede significar "nutrir", "sostener", o "proteger". Está claro que José ejerció todas estas funciones al proveer un abundante cuidado y amor por Jacob.

12) El administrador de los alimentos. 47:13–27.

Al ir empeorando las condiciones del hambre, los egipcios cayeron en una abyecta necesidad. Dice la Escritura: **No había pan en**

toda la tierra. El pueblo fue a José en busca de pan para sus familias. Cuando el dinero de ellos se acabó, cambiaron sus ganados por grano (v. 17). Al final, tuvieron que dar sus tierras y sus cuerpos a Faraón para poder conseguir más alimentos (v. 19). Así, todas las tierras del reino, excepto las propiedades de los sacerdotes, pasaron a manos de Faraón. Se estableció un sistema totalmente feudal. El gobierno proveía al pueblo de semillas, y el pueblo pagaba el 20 por ciento de sus beneficios al estado (vv. 23b–24). Era ésta una situación angustiosa, pero la gente se sometió a ello a fin de poder comer. Dijeron a José: **La vida nos has dado...seamos siervos de Faraón** (v. 25). Aquella emergencia extrema había hecho necesarias unas medidas drásticas. Y así el pueblo de Egipto pasó a ser una nación de siervos, y su tierra pasó a ser propiedad del estado.

13) Jacob y los hijos de José. 47:28—48:22.
29, 30. Y llegaron los días de Israel para morir. Jacob vivía sus últimos años en paz, abundancia, y felicidad. Antes del fin de su vida hizo prometer a José que volvería a llevar su cuerpo a Canaán para ser enterrado allí. Su vida había sido tumultuosa; había peregrinado lejos. Pero quería que sus huesos fueran enterrados junto a los de Abraham, Isaac, Sara, Rebeca y Lea. El **sepulcro** mencionado por Jacob era la cueva de Macpelá comprado por Abraham cuando Sara murió (cp. Gn 23). El cuerpo del representante elegido de Jehová sería puesto a su descanso con el de aquellos de los otros patriarcas anteriores. Según la narración (v. 31), Jacob se volvió sobre su rostro y se tendió de manera que su cabeza estaba a la cabecera de la cama. Así, él se postró humilde y reverentemente. La otra traducción, *se inclinó apoyado en su bordón*, no tiene superioridad sobre el texto masorético.

Antes de que Jacob muriera, adoptó a los dos hijos de José, Manasés y Efraím, y así los levantó al nivel de sus propios hijos. Por ello, cuando se repartió la tierra prometida entre las tribus muchos años después, José quedó representado por dos partes completas. Así, Raquel vino a ser la madre de tres tribus en el reino de Israel.
48:1–14. José trajo sus dos hijos a su padre para que recibieran su bendición. Él dispuso sus hijos de manera que la mano derecha de Jacob descansara sobre Manasés, el hijo mayor, y su mano izquierda descansara sobre Efraím. Pero, aunque Jacob era viejo y casi ciego, corrigió deliberadamente las posiciones poniendo su mano derecha sobre la cabeza del más joven y su mano izquierda sobre la de

Manasés. Sabía lo que estaba haciendo. Cuando José intentó cambiar las manos de su padre de manera que Manasés recibiera la bendición principal (según era la costumbre), le informó que era Efraín el destinado a recibirla (v. 19). La solemne bendición del patriarca pronunciada sobre los hijos de José era tan vigente como una última voluntad o testamento. En ella Jacob incluía una predicción de importancia futura para cada uno de los muchachos, pero el crecimiento de Efraín y su efectividad iba a ser mucho mayor que el de Manasés.

15–22. Cuando el anciano llegó a pronunciar una bendición especial sobre José, se refirió a Dios con un título triple: El Dios de mis padres, el Dios que me mantiene, el Angel de liberación. Así, se presentaron los aspectos ancestral, personal, y redentor de Dios, La palabra hebrea *ro'eh* (RV, *mantener*) conlleva el significado de pastorear (cp. Sal 23:1). **El Angel que me libera de todo mal** (v. 16) identifica a Éste con el Angel de Jehová que consoló a Agar (16:7; 21:17) y que advirtió a Abraham de la inminente destrucción de Sodoma (Gn 18); en otras palabras, este "Angel" era el mismo Señor en sus manifestaciones en el AT. Jacob dijo que José iba a poseer el especial "hombro" (*shekem*) o ladera montañosa de especial valor (RV, *una parte más que a tus hermanos*). Esto se refiere, probablemente, a la propiedad que Jacob había comprado a Hamor, aunque Gn 34 muestra que Jacob repudió la forma en que la había tomado al principio. Posiblemente fuera recapturada más tarde de los amorreos por parte de Jacob (cp. Jn 4:5).

14) La solemne bendición. 49:1–27
1, 2. Y llamó Jacob a sus hijos, y dijo: juntáos...y oíd. En su discurso de despedida a sus hijos, Jacob se elevó a la desusada estatura de un profeta hablando en el poético lenguaje de la inspiración. Convocó a cada uno de sus hijos al lado de su cama, por turnos, para oír sus palabras de bendición, de censura, o de maldición. En cada caso señaló alguna característica notable del carácter como su valoración del hombre y de su grupo familiar. Las palabras de Jacob constituyen una predicción de los eventos del porvenir basado en el conocimiento del carácter de cada hijo. Los hombres comprendieron que las afirmaciones solemnes de su padre constituían predicciones significativas y determinantes.
3, 4. Rubén, el primero de Lea, había gozado de la preeminencia entre sus hermanos. Pero había perdido sus derechos naturales. Su lugar como primogénito favorito fue dado a

José. Sus privilegios como sacerdote iban a pasar a los hijos de Leví. Su derecho a ser la cabeza de las tribus de Israel, esto es, el derecho real, iría a Judá. Así Rubén, que disponía de la dignidad, del derecho de primogenitura, y de excelencias naturales, perdería todo puesto de poder debido a su inestabilidad de carácter. Su innombrable pecado con Bilba dio evidencia de debilidad moral que predecía ruína. Su incontrolable pasión (RV, **impetuoso como las aguas**) se representa en el hebreo como "agua sin frenos derramándose pendiente abajo como torrente espumoso" (v. 4). Aunque capaz de sueños y de planes y de buenas intenciones, no se podía contar con él para llevarlas a buen término.

5–7. Simeón y Leví. El segundo y el tercer hijo de Jacob por Lea eran hermanos en violencia. El anciano padre nunca podría olvidar la cruel masacre que hicieron entre los siquemitas. Aquel día revelaron sus verdaderos caracteres, porque atacaron y destruyeron violentamente a unos hombres a los que primeramente habían dejado indefensos mediante astucia y engaño. En aquel tiempo fueron censurados por su padre. Ahora, mientras que yacía en su lecho de muerte, oyeron las mordientes palabras de su maldición: **Yo los apartaré en Jacob, y los esparciré en Israel** (v. 7b). No iban a tener un territorio que pudieran llamar suyo propio, sino que se verían dispersados entre las otras tribus. En Canaán se cumplió esta maldición: Los simeonitas quedaron asimilados en la tribu de Judá; los levitas no tuvieron ningún territorio asignado, sino que sirvieron como ministros del santuario y maestros de Israel.

8–10. Judá. El cuarto hijo de Jacob por Lea, recibió la primera alabanza incondicional de parte del patriarca. El era el portador de la esperanza de Israel. No poseyendo ni la primogenitura ni una dignidad excepcional ni poderes espirituales, emergería como el poderoso conductor de un pueblo que podría admirarle y alabarle entusiasmado. (Judá significa *alabanza*.) Sería temido por sus enemigos, porque como león perseguiría implacablemente hasta que la victoria fuera suya. Después, habiendo acabado su misión, se retiraría a su montaña para descansar en la seguridad de una fortaleza que nadie podría tomar. Tendría en su mano el cetro que simbolizaría su señorío en los papeles de guerrero, rey y juez. Todas las naciones se sentirían felices, seguras, y honradas con Judá como su cabeza y protector.

11, 12. La paz, abundancia y prosperidad prevalecerían en la tierra de Judá. Los viñedos serían tan florecientes y las uvas tan abundantes que el conquistador podría atar las riendas de su caballo a los grandes pámpanos y gozar de su suculento fruto. El vino sería tan abundante que los hombres podrían lavar en él sus vestidos si querían. Las uvas escogidas proveerían las mejores provisiones. Los ojos de Judá estarían no rojos de beber excesivamente (**rojos del vino**, v. 12, RV) "sino brillantes de prosperidad", y sus dientes "más blancos que la leche" (RV, **blancos de la leche**). Esto es, la tierra de Judá sería bendecida por Dios.

La frase, **hasta que venga Siloh**, fue pronunciada por Jacob en medio de su representación profética de Judá en el plan de Dios. Para nosotros queda muy contrastado el fulgor de esta predicción por el hecho de que desde tiempos antiguos se ha considerado este pasaje como mesiánico. El hebreo se puede traducir de dos formas: **Hasta que venga Siloh**, o *hasta que venga aquel de quien es*. En ambas traducciones la primera referencia tiene que ser a Judá, pero en lo definitivo es el Mesías el verdadero que tiene que venir. En otras palabras, la soberanía no se apartaría de Judá hasta que venga Aquel que tiene el derecho a reinar. La predicción, *hasta que venga aquel de quien es el derecho*, se repite en Ez 21:27. Si esta interpretación es correcta, entonces estas palabras de Jacob constituyen una de las más tempranas apariciones de la promesa mesiánica. Lo que Jacob pudo ver fue una visión clara de la herencia de Judá. Pero no se podría llevar a cabo el cumplimiento de los propósitos de Dios hasta que el gobernante ideal, el Mesías, demostrase su perfecta soberanía. Afortunadamente, el AT presenta una línea distintiva de profecías —empezando en Gn 3:15 y continuando a través de los Salmos y de los Profetas— con respecto a la venida del Mesías a reinar como Rey de reyes. Jacob vio a Judá como el padre de la tribu real que ejercería el poder y la conducción sobre todas las otras tribus. En medio de las catástrofes y de los tiempos difíciles, Dios mismo se ocuparía de que el cetro permaneciera en la tribu de Judá hasta que el gobernante ideal, el Mesías, viniera.

13. Zabulón. El sexto hijo de Jacob con Lea, iba a situarse en un lugar en el que sería posible la actividad comercial y la prosperidad. Ello puede significar el territorio a lo largo de la costa sería otorgado a la tribu de Zabulón. O puede significar que la prosperidad vendría a los hijos de Zabulón debido a su proximidad a los fenicios, que tenían un acceso ilimitado a las rutas comerciales. Jacob menciona a **Sidón** como estando allí. Es también posible que la predicción de Jacob no se cumpliera totalmente cuando se efectuó la división de la tierra entre las tribus. En el canto de Débora (Jue 15) se alaba cálidamente a las gentes de Zabulón por su valerosa postura contra Sísara y su ejército.

14, 15. Isacar. El quinto hijo de Jacob con Lea, es representado como un asno fuerte, amante del buen descanso y de la tranquilidad. La palabra *hâmōr*, lit., *asno huesudo*, no se refiere al animal salvaje, de actividad, rápido, que podría atraer la vista del espectador. Por el contrario, designa a una poderosa bestia de carga que se somete sin quejas al amargo yugo a fin de tener libertad de dedicarse a la tranquilidad y a la comodidad. Así, Jacob estaba prediciendo que la tribu de Isacar se sometería al invasor cananeo, que oprimiría un yugo sobre ellos. En lugar de luchar, los hombres de esta tribu se someterían a quedar esclavos de las gentes de la tierra. Preferirían la vergüenza y la esclavitud a la acción valerosa.

16–18. Dan, el primer hijo de Bilha, se convertiría en un poderoso defensor de su pueblo. Defendería la causa de ellos y les ayudaría en sus luchas por la independencia. La tribu sería pequeña, pero serían muy temidos por los vecinos que pudieran desear pisotearlos. Jacob llamó a Dan *una serpiente con cuernos junto al camino* (RV, **serpiente junto al camino,** v. 17), provocando el terror e infligiendo heridas rápidas y fatales. El hebreo *nāhāsh* significa no solamente una serpiente en la hierba, sino también un reptil venenoso con colmillos venenosos. Esto es, Dan sería tremendamente peligroso para sus enemigos. En tiempos posteriores miembros de la tribu de Dan llevaron a cabo estas palabras con una exactitud digna de ser señalada. Después de un tiempo en su territorio original, los danitas pasaron hacia el norte y ocuparon el punto más septentrional de Israel. Estas gentes nunca se distinguieron por sus logros espirituales. El 931 a.C. Jeroboam dispuso un becerro de oro en Dan para proveer oportunidad para la adoración pagana.

19. Gad era el primer hijo de la sierva de Lea, Zilpa. El anciano patriarca reconoció que el espíritu bravo y guerrero de Gad sería de gran ayuda a su pueblo en Canaán. Jacob predijo que Gad precisaría de toda su astucia, valor, y constancia en la lucha, debido a que sería perturbado por los contínuos ataques de las tribus del desierto. Bandas de forajidos le oprimirían. Jacob utilizó un juego de palabras —**Gad** significa un *ejército*— para indicar la ferocidad y crueldad de los asaltantes del desierto. Predijo que Gad sería victorioso y que podría expulsar al enemigo. Después de la conquista de Palestina, la tribu de Gad quedó estacionada al este del Jordán.

20. Aser, el segundo hijo de Zilpa, le dieron un nombre que significaba *feliz.* Jacob le representó como descansando en un fértil campo, donde se produciría trigo, vino y aceite en gran abundancia. Tendría prosperidad y conseguiría riquezas. Las delicias que produciría serían adecuadas para la mesa del rey. (Incluso los reyes de Tiro y de Sidón las iban a desear.) La tribu de Aser fue testigo del cumplimiento de esta profecía patriarcal.

21. Neftalí, el segundo hijo de Bilha, demostraría un notable amor por la libertad; sería **cierva suelta,** dijo Jacob. Esta ilustración describe a un animal silvestre, gracioso, que se deleita en la libertad que le procuran las colinas boscosas y los valles abiertos. Neftalí iba a tener las grandes puertas de Dios. **Pronunciará dichos hermosos** es, quizás, una referencia a los discursos oportunos y elocuentes que serían pronunciados por hombres de esta tribu. Barak, debido a su valor, vino a ser uno de sus principales muestras. En Jue 5:18 leemos, "El pueblo de Zabulón expuso su vida a la muerte, y Neftalí en las alturas del campo".

22. José, el primer hijo de Raquel, recibió la mayor alabanza de todos los hijos. Un hombre de visiones, de sueños, de fortaleza moral y espiritual, ejemplificaba a todo lo mejor en el reino de la vida del AT. En sus varios papeles de hijo, hermano, esclavo, y administrador, demostró su superior carácter mediante su inmutable lealtad hacia su Dios. Jacob llamó a José **joven árbol frutal.** El heb. *parâ* (RV, *rama fructífera*) contiene un juego de palabras con el nombre "Efraín". La referencia es a un árbol o vid en crecimiento, connotando vitalidad y juventud. Como resultado de estar plantado cerca de una fuente, continuaría creciendo y dando fruto. En el país seco, el agua hace toda la diferencia entre la esterilidad y la fertilidad. El agua garantizaba la fertilidad. Un árbol tan fortalecido podría extender sus ramas o sus vástagos sobre el muro, a fin de dar de su abundante fruto a los pueblos de la tierra.

23. Como resultado de esta prosperidad excepcional, José podría esperar abundantes celos y hostilidad. Los **arqueros** estarían ocupados en sus furiosos ataques. Esto había sido cierto en los primeros días de José cuando sus hermanos, amargados por la envidia, trataron de destruirlo. Muchos años después, en la tierra de Canaán, las tribus de Efraín y Manasés se iban a encontrar con oposición y persecución. Tendrían que depositar su fe viva en Jehová, que se había demostrado como el Dios todo-suficiente. José le conocía y se había apoyado en Él en cada emergencia. **Le causaron amargura, le asaetearon, y le aborrecieron,**

son traducciones de tres palabras hebreas, *mārar*, en la forma piel, significa "provocar", "amargar", "maltratar". La utilización en esta forma piel, además de la palabra *rābab*, añade a la intensidad y habla de la frecuencia del suceso. La tercera palabra, *sātam*, connota la idea de un odio profundamente arraigado, juntamente con una persecución activa.

24, 25. Su arco se mantuvo poderoso. En las victorias de José se habían visto evidencias del firme arco y de las ágiles manos, el poder especial concedido por el Señor. Jacob predijo que esta misma ayuda sobrenatural podría esperarse en las colinas de Palestina. La palabra traducida **poderoso** se podría también traducirse *inmutable, paciente,* o *corriente constante*. Jacob utilizó los títulos, el **Fuerte de Jacob**...el **Dios de tu padre**, y el **Dios Omnipotente** (*'El Shaddāi*), para representar al brazo que sería tan poderoso, tan fiable, tan rápido y tan ágil que ningún enemigo podría resistírsele. En una fe sencilla confió a la tribu de José a las manos divinas, y en fe confiada les predijo victorias ciertas sobre los enemigos que les esperaban. Además de los poderes especiales en sus tratos con sus enemigos, los descendientes de José recibieron la certidumbre de abundantes bendiciones. De arriba, lluvia y rocío abundante. De abajo, el suelo recibiría los ingredientes que serían útiles para la producción de alimentos y de cosechas. Por el don especial de Dios, la fertilidad entre los hombres y los animales supliría una fructificación sin fin de la familia.

26. En resumen, José sería siempre considerado como **un príncipe entre sus hermanos** (RV, *apartado de entre sus hermanos*). El heb. *nezîr* indica a "uno puesto aparte", o "uno que está consagrado para altos deberes". El nazareo era un hombre que había sido consagrado a Dios y que por un voto especial estaba entregado a él irrevocablemente. Efraín, su hijo, iba a tener unas cualidades que corresponderían a la dedicación santa para cumplir el propósito de Dios para uno que había sido elegido para poner en práctica los principios tan hermosamente ejemplificados por José. Él era *el príncipe* entre las tribus de Israel.

27. Benjamín, el más joven de los hijos de Raquel, fue caracterizado como un lobo fiero y peligroso que podría provocar graves daños. El lobo es penetrante y constante en sus movimientos. Por la noche se desliza silenciosamente entre las ovejas y se va con su presa. El hebreo *tāraf* significa *desgarrar en pedazos*. Todo esto habla de una fiera crueldad. Los lobos del atardecer podían ser igual de salvajes y destructores en lo temprano de la mañana. Estaban dispuestos en cualquier momento a la inhumana actividad de destrucción. Ehud, Saúl, y Jonatán estuvieron entre los posteriores descendientes de Benjamín que dieron evidencia de sus aptitudes guerreras. Los hombres de estas tribus se hicieron famosos por sus arqueros y sus honderos (cp. Jue 4:15; 20:16).

15) Los últimos días. 49:28—50:26.

28–33. Cuando Jacob terminó su discurso de bendición, censura y maldición, habló a sus hijos para que llevaran su cuerpo a Canaán para ser sepultado allí. **Sepultadme con mis padres en la cueva,** dijo, **que está en el campo de Efrón el heteo** (v. 29). Les recordó que la sepultura familiar contenía ya los restos de Abraham, Sara, Isaac, Rebeca, y Lea. Raquel estaba enterrada en una tumba cerca de Belén (cp. 35:19, 20). Tan pronto como Jacob hubo terminado de dar sus instrucciones, **encogió sus pies** y, sin lucha alguna, **dio su espíritu** (*ruâh*) y pasó a la presencia de aquellos que ya habían ido al otro mundo (Sheol). Los santos del AT se hallaban aún distantes de la concepción del NT acerca de la vida después de la muerte, pero incluso en aquella temprana época estaban conscientes de algunas percepciones desusadas al estar en la presencia de miembros difuntos de sus familias. *Sheol* era la región de las sombras en la que las almas que habían dejado su cuerpo muerto seguían su existencia.

50:1–3. José reveló su fuerte afecto por su padre con una demostración emocional contínua. Los otros hijos dieron también, probablemente, expresión de sus sentimientos de afecto. Para asegurar que el cuerpo de Jacob quedaría preservado de corrupción para el largo viaje a Hebrón, José llamó a sus siervos, los médicos egipcios, para que lo embalsamaron, **y los médicos embalsamaron a Israel** (v. 2). Los egipcios eran cuidadosos en la preservación de un cuerpo de una persona difunta, a fin de que cuando el alma volviera a tomar su residencia al cuerpo, éste estuviera listo para ser ocupado. Las momias egipcias preservadas durante siglos dan silencioso testimonio de la efectividad notable de estos embalsamadores. La palabra *rāphā'* significa "curar" o "arreglar", mediante cirugía o medicina. Los médicos eran abundantes en Egipto, y es posible que llevaran a cabo la mayor parte del embalsamamiento. En todo caso, el cuerpo de Jacob fue momificado para el viaje, y tuvo que haber quedado preservado para el día del entierro. **Y lo lloraron los egipcios setenta días** (v. 3) Quizás se precisara de cuarenta días para el embalsamamiento. Los días adicionales se necesitaron para completar el período de duelo, por lo que transcurrieron setenta días antes de que empezara el viaje a Canaán. La nación egipcia, por respeto a José, participó en el duelo.

4–6. Al procurarse permiso oficial para salir del reino, José citó la petición de su padre de ser enterrado **en el sepulcro que cavé para mí.** La palabra hebrea *kārâ* puede traducirse por *cavar* o *comprar*. En Dt 2:6 parece significar "comprar", pero en este pasaje parece que **cavé** es la mejor traducción. Abraham compró el terreno a Efrón para poderlo utilizar como sepultura para Sara. No hay razones para presentar objeciones a la idea de que Jacob había entrado en la cueva, y que de la roca cavó su propia tumba.

7–13. Con una pompa y exhibición desusada la procesión egipcia salió de Gosén para hacer el largo viaje a Hebrón. Los carros y los jinetes, juntamente con funcionarios de la corte de Faraón y todos los hijos de Jacob, formaron la compañía funeral. Los egipcios **lloraron allí con grande y muy triste lamentación** (v 10). Los nativos se asombraron al ver a la gran multitud de gente que estaba en duelo; nunca habían visto nada como aquello. En la cueva de Macpelá **sus hijos...lo sepultaron.** Israel había llegado al final de su accidentada carrera.

14–21. José, con sus hermanos, volvió a Egipto para reasumir la vida. De inmediato el temor agarrató a los hijos mayores de Jacob. Pensaban que ahora José podría volverse contra ellos, y hacer caer sobre ellos una exacta y cumplida venganza por el crimen que habían cometido al venderle en esclavitud. **Se postraron delante de él** (v. 18) en dolor, arrepentimiento, y ruegos. Rogaron el perdón y su misericordia. José les recordó afectuosamente que la mano de Jehová había estado en todo lo que había acontecido, que el Señor lo había encaminado todo para bien. Les aseguró de su contínuo amor y prometió proveer a sus necesidades durante el tiempo que quedaba de hambre. Fiel a su naturaleza bondadosa, **les habló al corazón** (v. 21).

22–26. Y murió José...y fue puesto en un ataud en Egipto. A la edad de ciento diez años José murió, habiendo vivido para ser el representante de Jehová en una difícil crisis en la vida de Su pueblo escogido. Hizo pronunciar un solemne juramento a sus hermanos de que ellos guardarían a salvo su cuerpo hasta que volvieran a Canaán y que entonces lo llevarían a su patria para ser allí sepultado. Cp. He. 11:22: "Por la fe José, al morir, mencionó la salida de los hijos de Israel, y dio mandamiento acerca de sus huesos". Su cuerpo fue momificado y colocado en un ataud (*'arôn*) para esperar allí el largo viaje de cuarenta años de duración hasta Siquem. En la época del éxodo, aquel sarcófago se guardó en el campamento como recordatorio de que la mano soberana de Dios está obrando la voluntad divina en todas las luchas de la vida (cp. Ex 13:19).

Génesis cierra con la renovación de las santas promesas del Señor a sus escogidos y el reto a avanzar para el cumplimiento de los propósitos divinos para Israel. José había ya partido. Vendría un Faraón "que no conocía" a José para cambiar las felices relaciones provistas por la sabiduría de José, pero surgiría un Moisés para tomar la carga de la conducción del pueblo. El Dios eterno no iba a olvidar ni a fallar a su pueblo. Los ricos propósitos revelados a los patriarcas hallarían su cumplimiento a Su propia hora.

BIBLIOGRAFÍA

ALLEMAN, H. *Old Testament Commentary.* Filadelfia: Muhlenberg Press, 1948.

BENNETT, W. H. *Genesis (The Century Bible).* Edimburgo: T. & T. Clark.

DELITZSCH, FRANZ. *A New Commentary on Genesis.* 2 vols. Minneapolis: Klock & Klock, 1978.

DRIVER, S. R. *The Book of Genesis (Westminster Commentary).* Londres: Methuen, 1948.

ERDMAN, CHARLES R. *The Book of Genesis.* Nueva York: Fleming H. Revell, 1950.

HERTZ, J. H. *The Pentateuch and Haftorahs.* Londres: Oxford University Press, 1929.

PFEIFFER, CHARLES F. *The Book of Genesis.* Grand Rapids: Baker Book House, 1958.

PIETERS, ALBERTUS. *Notes on Genesis.* Grand Rapids: Wm. B. Eerdmans, 1943.

RICHARDSON, ALAN. *Genesis 1—11.* Londres: S.C.M. Press, 1953.

RYLE, H. E. *The Book of Genesis.* Cambridge: The University Press, 1914.

SKINNER, JOHN. *Genesis (International Critical Commentary).* Nueva York: Scribner's, 1925.

_____. *The Divine Names in Genesis.* Londres: Hodder and Stoughton, 1914.

COMENTARIOS EN ESPAÑOL

ARCHER, GLEASON L. *Reseña Crítica de una Introducción al Antiguo Testamento (Génesis).* Grand Rapids: Editorial Portavoz, 1987.

CARROLL, B. H. *Comentario Bíblico: Génesis.* Terrassa: Editorial CLIE, 1986.

THOMAS, W. H. GRIFFITH. *Génesis: Comentario Devocional.* Terrassa: Editorial CLIE, 1986.

VOS, HOWARD F. *Génesis* (Serie "Comentario Bíblico Portavoz"). Grand Rapids: Editorial Portavoz, 1990.

ÉXODO

INTRODUCCIÓN

Título. El nombre *Éxodo* es una transliteración del título en la Septuaginta (LXX), *Exodos*, que nos ha llegado mediante la Vulgata latina. La palabra en griego significa "partida" o "salida". El nombre hebreo para este libro es simplemente su primera frase, "Estos son los nombres", o, más comúnmente, "nombres". Como nombre descriptivo del libro entero, *Éxodo* no es satisfactorio, porque la verdadera salida de Egipto se toma menos de la mitad del volumen.

Fecha y paternidad. Las Escrituras atribuyen la paternidad de Éxodo, juntamente con los otros cuatro libros del Pentateuco, a Moisés. La Alta Crítica ha hecho de estos libros una compilación de manuscritos, escritos por varios autores entre el siglo ix y el v a.C. La postura radical que negaba a Moisés toda parte en la redacción de estos libros ya no se sostiene con tanta amplitud como lo era hace una generación. Aunque muchos eruditos liberales siguen poniendo en tela de juicio la paternidad mosaica del Pentateuco, los descubrimientos arqueológicos han dado a los eruditos de todo tipo de marco teológico un mayor respeto por la historicidad de los eventos que se describen en él.

Marco histórico. Éxodo recoge la historia de los israelitas allí donde queda en Génesis. El largo período entre José y Moisés queda cubierto con dos versículos sumarios, 1:6, 7, y a continuación se describe la situación totalmente nueva de los descendientes de Jacob. Los huéspedes favoritos de Faraón y de José se han transformado en una nación de esclavos, objeto de temor y de odio por parte de sus gobernantes. En tanto que el Faraón trata mediante una opresión brutal de controlar a los hebreos, Dios actúa para liberarles. El libertador, Moisés, es primero preparado, y después, en el poder de Dios, tiene lugar la gran liberación. No obstante, la redención del poder de Egipto es algo más que una simple liberación de la esclavitud. Dios ha sacado a los israelitas de Egipto a fin de poderlos introducir, como su propio pueblo dispuesto, en la Tierra Prometida. Entonces, el gran tema del Éxodo no lo constituye solamente el gran acto redentor de Dios, sino también su adopción y constitución de Israel como el pueblo de Dios. Dice E. E. Flack que "el Éxodo es indudablemente el libro más significativo que jamás haya sido compilado que trate del nacimiento de una nación" ("Interpretation of Exodus", *Interpretation*, ene., 1949). "Toda la historia o filosofía de la historia hebrea posterior que se refleja en los profetas se volvía al Éxodo como el acto creativo de Dios que había constituído a los hebreos en una nación" (Alleman y Flack, *Old Testament Commentary*, p. 207).

La fecha del Éxodo ha sido un problema para los eruditos durante siglos, y con los descubrimientos de la moderna arqueología, el calor de la discusión ha aumentado, aunque la luz del hecho histórico es aún más bien pálida. La fecha ha sido fijada tan atrás como el 1580 a.C. y tan reciente como 1230 a.C. Ya que la Escritura da por sí misma pocos datos para una cronología, se tendría que tener en cuenta que la fecha del Éxodo no es asunto de doctrina, sino solamente una aclaración histórica. Se enseña, generalmente, que los israelitas vinieron a Egipto cuando sus primos semíticos, los hicsos, estaban en el poder, quizás alrededor del 1700 a.C. Si su peregrinación en Egipto duró 430 años (Éx 12:40), entonces la fecha de su partida tiene que haber estado alrededor del 1270 a.C. La mayor parte de la evidencia arqueológica que poseemos parece señalar una fecha dentro del siglo xiii. El constructor de Pitón y Ramesés (Éx 1:11), Ramsés el Grande, estaba entonces en el poder. La fecha establecida por las excavaciones de numerosas ciudades cananeas, de Laquis a Azor, es otra vez del siglo xiii. Las investigaciones de Nelson Glueck en Transjordania y en el Neguev han establecido el hecho de que las naciones de Moab, Ammón, Edom, y los amorreos, no estuvieron establecidas allí, listas para desafiar el avance de Israel, antes del siglo xii (cp. *The Other Side of Jordan and Rivers in the Desert*). La principal dificultad que se halla en la datación del Éxodo es la que se encuentra en 1 Reyes 6:1. Allí leemos que el Templo fue empezado 480 años después del Éxodo, en el año cuarto de Salomón. Ya que el año cuarto de Salomón era alrededor del 960 a.C., esto parece poner el Éxodo en el año 1440 a.C.; y esta fecha entra en conflicto no solamente con la arqueología, sino también con la fecha obtenida de Éxodo 12:40. Se ha sugerido una solución a este problema tomando los años de 1 Reyes 6 como significando doce generaciones, no siendo el verdadero tiempo de más de trescientos años. No obstante, el hecho de que no se pueda determinar la fecha exacta del Éxodo no le quita de la historicidad del libro ni del gran mensaje de la redención de Dios.

BOSQUEJO

I. La liberación de Israel. 1:1 — 18:27.

A. Introducción. 1:1–7

B. Esclavitud en Egipto. 1:8–22

C. Preparación del libertador. 2:1 — 4:31
1. Nacimiento y preservación de Moisés. 2:1–25
2. Llamada y comisión de Moisés. 3:1 — 4:31

D. La misión de Moisés ante Faraón. 5:1 — 7:7
1. Primera aparición de Moisés ante Faraón. 5:1–23
2. Renovación de la promesa y mandato de Jehová. 6:1–13
3. Genealogía de Moisés y de Aarón. 6:14–27
4. Moisés vuelto a enviar a Faraón. 6:28 — 7:7

E. Maravillas de Dios en la tierra de Egipto. 7:8 — 11:10
1. Prueba de la comisión divina a Moisés y Aarón. 7:8–13
2. Primera plaga: El Nilo vuelto en sangre. 7:14–25
3. Segunda plaga: Ranas. 8:1–15
4. Tercera plaga: Piojos. 8:16–19
5. Cuarta plaga: Moscas. 8:20–32
6. Quinta plaga: Carbunco. 9:1–7
7. Sexta plaga: Ulceras. 9:8–12
8. Séptima plaga: Granizo. 9:13–35

9. Octava plaga: Langostas. 10:1–20
10. Novena plaga: Oscuridad. 10:21–29
11. Anuncio de la última plaga. 11:1–10

F. La pascua, y la salida de Israel. 12:1 — 15:21
1. La consagración de Israel. 12:1–28
2. La décima plaga: el juicio de Dios sobre Egipto. 12:29–36.
3. El éxodo de Egipto. 12:37 — 15:21
a. La partida. 12:34–42
b. Más reglas para la pascua. 12:43–51
c. Consagración de los que abren matriz. 13:1–16
d. El paso del mar Rojo. 13:17 — 14:31
e. El cántico de Moisés. 15:1–21

G. Israel en el desierto. 15:22 — 18:27

II. Israel en el Sinaí. 19:1 — 40:38.

A. Establecimiento del pacto en el Sinaí. 19:1 — 24:11

B. Instrucciones para el santuario y el sacerdocio. 24:12 — 31:18

C. El pacto roto y restaurado. 32:1 — 34:35

D. Construcción del santuario. 35:1 — 39:43

E. Erección y consagración del santuario. 40:1–38

COMENTARIO

I. La liberación de Israel. 1:1 — 18:27.

A. Introducción. 1:1–7.

Estos pocos versículos sirven para relacionar Exodo con la narración del Génesis. Después de relacionar a aquellos que bajaron a Egipto con Jacob, el pasaje se mueve con gran rapidez pasando por alto muchos años de intervalo y reanuda el hilo de la historia en el v. 7.

B. Esclavitud en Egipto. 1:8–22.

El período después de la muerte de José trajo un cambio completo en las condiciones de los israelitas. De ser el pueblo favorito bajo los gobernantes hicsos semíticos, pasaron a ser los temidos esclavos de una nueva dinastía de reyes egipcios nativos. Oprimidos por sus señores egipcios, los israelitas llegaron a un estado de total impotencia y desesperación, cuando Dios, en fidelidad a su pacto, les redimió con gran poder.

8. Un nuevo rey. Los invasores hicsos controlaron Egipto desde alrededor del 1720 a.C. hasta el 1570 a.C. Fueron expulsados de la tierra por Amosis I, el fundador de la Décimooctava Dinastía, quizás la era más brillante en la historia egipcia. Después de la expulsión de los aborrecidos reyes extranjeros, la enemistad de los egipcios se dirigió contra aquellos que habían estado asociados con ellos, en especial los hebreos, que estaban relacionados con los hicsos tanto por raza como por posición. Según fueron pasando las generaciones, las condiciones de los hebreos fueron degenerando, hasta que llegamos a los tiempos aquí descritos, justo antes de la redención. **9. Mayor y más fuerte.** *Demasiado numerosos y demasiado fuertes.* **10. Seamos sabios,** o *tomemos precauciones frente a ellos.* Existía un peligro muy real de que los hebreos, habitando en Gosén, en la frontera nor-oriental de la tierra, pudieran unirse a invasores que vinieran desde el este a atacar a Egipto.

11. Pitón y Ramesés. Estas ciudades han sido localizadas con un alto grado de certidumbre en Tell er-Retabeh y en Tanis, las dos en la región del Delta. Tanis es también conocida en las Escrituras como Zoán (Nm 13:22), y fue llamada Avaris por los hicsos. Rameses-Tanis, que había sido la capital bajo los hicsos, fue abandonada después de su expulsión. En la Dinastía XIX (1310–1200 a.C.) fue restaurada, y de nuevo vino a ser la capital de Egipto. En la providencia de Dios, las únicas ocasiones en que la capital estaba tan cerca de la frontera de la tierra fueron las épocas en que Israel entró y salió. **12. Temían.** Mejor, *en terror.* En los egipcios había un elemento de asombro, así como de aborrecimiento, en el aumento de los hebreos, no solamente debido al peligro mencionado en el v. 10, sino también debido a la evidencia de la bendición de Dios en su número en constante aumento.

15. Las parteras de las hebreas. Esto puede significar las "mujeres hebreas", o "las parteras de las mujeres hebreas", esto es, mujeres egipcias encargadas de los partos de las mujeres hebreas. En todo caso es probable que fueran las parteras principales, no las únicas. **16. Asientos** (RV 1909). *Asientos de parto* (lit. *piedras*). Se trataba de dos ladrillos, piedras, o asientos bajos sobre los que acostumbraban a sentarse o arrodillarse las mujeres durante el parto. **Hija.** Las hijas eran perdonadas, ya que podían ser tomadas y dadas en casamiento a egipcios, perdiendo así su identidad nacional. Esta distinción era hecha a menudo en los tiempos del AT, no solamente por los hebreos, sino también por otras naciones. **19. La explicación** dada a Faraón era solamente verdad en parte. Es evidente, por la bendición retributiva de Dios sobre las parteras, que ellas mismas no tomaban precauciones para impedir que los varones fueran preservados.

22. Todo hijo que nazca. La LXX, los Targúmenes, y otras versiones añaden las evidentes palabras explicatorias: "a los hebreos".

C. Preparación del Libertador. 2:1—4:31.

En la plenitud del tiempo, cuando el opresor estaba haciendo su mayor esfuerzo para destruir Israel, Dios preparó el medio de salvación.

1) El nacimiento y la preservación de Moisés. 2:1–25.

La fecha exacta del nacimiento de Moisés y la identificación del Faraón y de su hija son asuntos discutibles, pero la evidencia de la fidelidad de Dios es indudable. Sobre el terreno de que existen vagos paralelos a esta narración en otras historias antiguas, la *Interpreters' Bible* llama a este pasaje "un relato legendario". Sobre esta base se le podría llamar ahistórica a casi cualquier cosa.

1. Un varón de la familia de Leví. Según 6:20, éste era Amram, que se casó con la hermana de su padre, Jocabed. **2. Hermoso.** Hebreos 11:23 atribuye este acto de los padres de Moisés a la fe de ellos —"porque le vieron un niño hermoso". Tomaron el aspecto robusto y apuesto del bebé como evidencia de que Dios lo había dado para un gran propósito.

3. Juncos. Probablemente, las cañas de papiro tan abundante en el Nilo. **Asfalto y brea. A la orilla del río.** Es muy probable que la madre supiera que la hija del rey acostumbraba a bañarse allí (KD). Toda la acción, incluyendo la colocación de la hija para que vigilara, hace evidente que no estaba solamente abandonando al niño a la merced del río en la débil esperanza de que sería rescatado. **5. El** baño puede haber sido un acto de adoración y el rescate puede haber constituído un acto de piedad más que de mera misericordia (Alleman y Flack, *op. cit.*).

9. Hay una ironía divina en esta situación en la que el destinado a libertador fue no solamente preservado, sino también apoyado por aquellos a los que un día iba a derrotar.

10. Moisés. El heb. significa *sacado.* Muchos críticos creen que la palabra hebrea para Moisés (*Mōsheh*) se deriva del egipcio *mesi*, que significa "parir". En el proceso de nacer, un niño es sacado; en este caso el niño recibió el nombre de Moisés debido a que fue sacado del agua. No obstante, hay eruditos que dudan de que haya una relación con el egipcio *mesi*.

11. Los vio. "Contempló con simpatía" (CB). **12.** Por este acto Moisés echó su suerte de una manera irrevocable al lado de sus hermanos (cp. He 11:24–26). **14.** Moisés se había presentado a su pueblo como el campeón de ellos, pero ellos no se hallaban preparados para la redención, y tampoco lo estaba él. "Fue por la vara y no por la espada —por la mansidumbre y no por la ira de Moisés que Dios cumplió la gran obra de la liberación" (JFB p. 62). Hechos 7:25 expresa este patético pensamiento: "El pensaba que sus hermanos comprendían que Dios les daría libertad por mano suya".

15. Este hecho. No era tanto el asesinato como la rebelión que llevaba implícita lo que hizo suscitar la ira del Faraón (cp. He 11:27). **Madián.** Los madianitas eran un grupo de tribus que descendían de Cetura y Abraham (Gn 25:1–4). Aunque parece ser que su hogar estaba en la parte oriental del golfo de Akaba, eran una nación de nómadas y se introdujeron en Palestina y descendieron por el Neguev y la península del Sinaí. Según Éx 3:1, aquellos que Moisés encontró debían de haber estado viviendo en la vecindad del monte Sinaí. El intento de limitar a los madianitas a un área y de localizar el monte Sinaí al este de Akaba (T. Meek, *Hebrew Origins, et al.*) no concuerda con las Escrituras y parece carecer de toda base.

16. Sacerdote de Madián. Las Escrituras no nos dicen a qué dios servía. Bien puede haber sido Jehová, como algunos afirman, pero las palabras de Jetro en Éx 18:11 suenan más como las palabras de un converso. No hay razón alguna, en absoluto, para suponer, como algunos autores lo han hecho, que Moisés supiera acerca de Jehová de parte de los madianitas (cp. Meek, *et al.*). **17.** La compasión por los oprimidos formaba parte del carácter de Moisés. **18. Reuel.** Este nombre significa *amigo de Dios.* Recibe también el nombre de Jetro (3:1; 4:18). La versión RV sigue incoherentemente la versión de los LXX y en Nm 10:29 transliteraron el nombre como *Ragüel.* **22. Gersón.** El nombre significa *un extranjero aquí.* En 18:3 se menciona otro hijo, Eliezer, *Dios es mi ayuda.*

23. Después de muchos días. Según Hch 7:30 el período de tiempo fue de cuarenta años, o de una generación. Si tomamos la fecha del siglo XIII para el Éxodo, entonces el rey que murió habría sido Seti I (1319–1301), o posiblemente Ramsés I, el fundador de la XIX Dinastía. El nuevo rey habría sido Ramsés II, uno de los más grandes de todos los faraones (1301–1234). **24–25.** Dios había esperado durante mucho tiempo y había estado callado, pero nunca había olvidado ni abandonado a su pueblo. El **oyó...se acordó... miró...y los reconoció.**

2) Llamada y comisión de Moisés. 3:1— 4:31.

Tratando de redimir a Israel a su propia manera y en su propio momento, Moisés fracasó. Pero en la fecha de Dios fue llamado por Dios para hacer de liberador según el plan de Dios, y por el poder de Dios.

1. Horeb. Horeb es llamada el **monte de Dios** en forma anticipada. En el AT Horeb y Sinaí se forman de manera sinónima, aunque el primer nombre puede referirse a una cordillera y Sinaí a un pico en particular. Es imposible conocer con certidumbre cual de los numerosos picos, el mayor de los cuales se levanta a unos 2400 m. (8.000 pies), fuera el lugar en el que Moisés se encontró con Dios. La tradición, que tiene por lo menos 1800 años, que sitúa el lugar en el monte Jebel Musa, "monte de Moisés", tiene que tener un cierto fundamento, y el pico llamado **Horeb** se halla seguramente en la vecindad de aquel "monte". Según se supone, el monasterio de Santa Catalina ¡estaría en el lugar exacto de la zarza ardiente! (cp. más sobre todo esto en 19:1). **2.** Como Israel no quedaba consumido en el horno de su aflicción, así no se quemaba la zarza ardiente, porque Dios estaba en ella. **Angel de Jehová.** No se trataba solamente de **un** ángel, sino de la manifestación del mismo Jehová (v. 4; cp. Gn 16:7; 22:11; 31:11–13; 48:15, 16).

7, 8. He visto...oído...conocido...y he descendido a librarlos. No Moisés, sino Dios iba a ser el Redentor. **Leche y miel.** Una expresión proverbial para gran fertilidad y abundancia. **A los lugares del cananeo.** Dios había estado esperando por más de cuatrocientos años por un señal de arrepentimiento. Ahora la iniquidad de las naciones amorreas había llegado a su colmo (cp. Gn 15:16).

11, 12. ¿Quién soy yo...? El confiado e impulsivo Moisés había aprendido humildad; ahora tendría que aprender a tener fe. Cada una de las dificultades de Moisés se encontró con seguridades de parte de Dios. **¿Quién soy yo?** no era de importancia, porque, dijo Dios, **yo estaré contigo.**

14. Yo soy el que soy. El nombre expresa "no la existencia abstracta, sino la manifestación activa de su existencia...no lo que Dios será en sí mismo, sino lo que Él se manifestará a otros...Él será a Moisés y a Su pueblo lo que Él será: algo que no está definido, pero que al irse manifestando más la plenitud de Su naturaleza a través de las lecciones de la historia y de las enseñanzas de los profetas, probará ser mucho más de lo que las palabras puedan expresar" (CB). Keil y Delitzsch expresan un pensamiento similar: "La pregunta... presuponía que el nombre expresaba la naturaleza y operaciones de Dios y que Dios expresaría en hechos la naturaleza expresada en el nombre...[Él] se designó a sí mismo mediante este nombre como el Dios absoluto...actuando con una capacidad y auto-dependencia sin ataduras''. Comentando acerca del nombre Jehová en Gn 2:4, dicen los mismos eruditos: "Es el Dios personal en su manifestación histórica en la que la plenitud del Ser Divino se manifiesta al mundo...el Dios de la historia de la salvación. Ello no aparece en la etimología del nombre, sino en la expansión histórica". Así, Dios se reveló a sí mismo a Moisés, no como el Dios Creador de poder: Elohim, sino como el Dios personal de salvación, y todo lo que el "Yo soy" contiene se manifestará a lo largo de las edades futuras, culminando en aquel cuyo "Yo soy" ilumina las páginas del Nuevo Testamento.

15. Mi memorial. *Con él se me recordará* (RSV). **16, 17. En verdad os he visitado.** Había llegado el tiempo del cumplimiento de la promesa de José (Gn 50:25). **18. Nos ha encontrado.** Lit., *ha descendido sobre nosotros* de una forma inesperada y repentina. **Camino de tres días.** Probablemente, un modismo corriente para expresar una gran distancia. "Dios conocía el duro corazón de Faraón, y por ello instruyó que al principio no se le demandara más que lo que pudiera acceder o exhibir la dureza de su corazón...Por ello fue un acto de misericordia hacia Faraón que no se le demandara al principio la partida total de los israelitas, durante la primera audiencia a Moisés...porque si se le hubiera demandado tal cosa, le hubiera sido aún más difícil inclinar su corazón en obediencia a la voluntad divina, que presentándosele una propuesta tan intrascendente como razonable. Y si hubiera dado obediencia a la voluntad de Dios en lo pequeño, Dios le hubiera dado fortaleza para ser fiel en lo mayor" (KD). **19. Sino por mano fuerte.** *A no ser que sea obligado a ello por una mano poderosa* (RSV). **22. Pedirá.** Los israelitas recibirían así una recompensa a su labor de años, al despojar a los egipcios.

4:1. Ellos no me creerán. La tercera dificultad de Moisés, como las otras, se centraba en sí mismo. Las señales dadas por Dios serían un testimonio no solamente a Israel y a Egipto de la presencia de Dios con su mensajero, sino que también darían certidumbre y fortalecerían la fe de Moisés. **2-4. La primera señal.** La vara de pastor, rendida a Dios, se transformó en una señal de victoria y de poder sobre el enemigo. **6, 7. La segunda señal.** La contaminada, leprosa mano de Moisés simbolizaba el propio estado de aflicción de Israel, y la necesidad que tenía del poder limpiador del Señor. **9. La**

tercera señal. **El río.** Literalmente, el Nilo, la arteria vital de Egipto, estaba bajo el poder de los mensajeros de Dios, y de la misma manera lo estaban Faraón y todo su pueblo bajo el poder de Moisés.

10. La última dificultad de Moisés. Dios no comete errores. Él había formado a Moisés; Él sabía lo que él era capaz de hacer. **12. Yo estaré con tu boca.** "La tartamudez de Moisés como siervo fiel de Dios será más que suficiente" (IB). **13. Envía, te ruego, por medio del que tienes que enviar.** Esta última declaración no constituye una negativa descarada, pero indica qué era lo que estaba detrás de las objeciones. En la debilidad de la carne, simplemente, Moisés no deseaba volver a Egipto. Dios descendió en gracia a su debilidad y proveyó a Aarón como "profeta" de Moisés. No obstante, según la historia va progresando, parece que Moisés va adquiriendo más valor y va tomando más y más su lugar apropiado como conductor.

18-31. El retorno de Moisés a Egipto. 18. Ya que Moisés estaba al servicio de Jetro, tenía que pedir su permiso para partir. No podía contarle a su suegro la increíble historia de la revelación y comisión que de parte de Dios había recibido, sino sencillamente le dice que deseaba volver para ver cómo estaban sus hermanos. **20. La vara de Dios en su mano.** Por pobre que hubiera podido ser su apariencia exterior, tenía en su mano la vara ante la que la soberbia y el poder de Faraón y de todo Egipto se inclinarían.

21-23. Esta es la esencia y la culminación de los tratos de Dios con Faraón. El endurecimiento del corazón del Faraón era el juicio divino sobre uno que ya había endurecido su propia corazón contra el Señor.

24-26. Este pasaje, que es despedido por muchos comentaristas modernos como una curiosa mezcla de folklore y de superstición, constituye en realidad una ilustración de una verdad espiritual que pasa a través de las Escrituras: Aquel que quiera proclamar la voluntad de Dios a otros, tiene ante todo que ser obediente a la voluntad expresa de Dios. La señal de la circuncisión, decretada por Dios (Gn 17:9-14) había sido descuidada por Moisés hasta que Dios le recordó de su obligación a la fuerza. **Tú me eres un esposo de sangre** (v. 26). Este acto de Séfora, al que evidentemente se hallaba remisa, y que fue retrasando hasta que casi le costó la vida a su esposo, puede haber decidido a Moisés dejar a Séfora y a los niños en Madián. Nada iba a impedir ahora su servicio al Señor.

D. La misión de Moisés ante Faraón. 5:1— 7:7.

Moisés y Aarón aparecieron ante Faraón para darle a conocer la voluntad de Jehová. La petición de ellos fue duramente rechazada, y las aflicciones de Israel aumentaron ante la orden del rey. Así, los israelitas fueron llevados a su estado más bajo de impotente desesperación y sufrimiento a fin de que la gracia y el poder de Dios solos brillaran en su redención. Las genealogías de Moisés y Aarón son insertadas en este pasaje para poner en claro su relación con Israel como los conductores acreditados por Dios.

1) Primera aparición de Moisés ante Faraón. 5:1–23.
1. Celebrarme fiesta. Esto podría traducirse mejor por, *hacer una peregrinación*. El heb. *hag*, "fiesta", iba acompañado por una peregrinación (cp. 23:14–17). "La demanda presentada ante Faraón de parte del Dios de los israelitas…parece tan natural y razonable que Faraón no hubiera podido rechazar la propuesta que le hicieron si hubiera habido un solo rastro de temor de Dios en su corazón" (KD).
2. ¿Quién es Jehová…? La escarneciente pregunta de Faraón iba pronto a ser cumplidamente contestada, de una manera terrible. **4.** Faraón consideró a Moisés simplemente como un astuto conductor intentando conseguir mejores condiciones de trabajo para los israelitas. **Ocupáos de vuestas cosas** (RV, *volved a vuestras tareas*). **5. El pueblo de la tierra.** Esto es, los trabajadores comunes. **6. Cuadrilleros… capataces.** Los cuadrilleros egipcios trataban con los capataces israelitas, *shōterîm*, quizás escribas o controladores de tiempos. **7.** La utilización de paja mezclada con el barro incrementaba en un factor de tres la resistencia a la rotura del ladrillo, y por lo general los ladrillos egipcios se hacían de este modo (cp. BA, xiii, 2). **14.** Cuando no se pudo llevar a cabo este imposible trabajo, el castigo cayó severamente sobre los capataces hebreos.
16. El pueblo tuyo es el culpable. "Tú pecas contra tu propio pueblo" (LXX). La traducción exacta y el significado de este texto es incierto, pero es indudable que los hebreos se defendían poniendo la culpa de su fracaso donde pertenecía. **19. Se vieron en aflicción.** La misión de los capataces no consiguió obtener ningún alivio para el pueblo. **20. Y encontrando a Moisés.** Lit., *se dispusieron para encontrarse* con ellos. **21. Nos habéis hecho abominables.** "Invocan a Dios para que sea juez, en tanto que muestran que no tienen confianza en Dios ni en Su poder para salvar" (KD).
22. ¿Por qué? ¡Cuán incomprensible tuvo que parecerle a Moisés que Dios, que le había

enviado a liberar Israel, hubiera hecho en cambio que él llegara a ser la causa de mayores sufrimientos!

2) Renovación de la promesa y mandato de Jehová. 6:1–13.
Los críticos toman este como un pasaje paralelo, en lugar de como una secuela al relato en Éxodo 3:6. La asunción de ellos no tiene en absoluto ninguna justificación; la promesa es afirmada de una forma muy distinta, y es abundantemente evidente por parte de Moisés la necesidad de unas seguridades adicionales.
1. Con mano fuerte. *Él se verá obligado* por el gran poder de Dios. **3. El Dios Omnipotente.** Heb., *'El Shaddāi*. La derivación y significado de Shaddāi es incierta. Es probable que la traducción **Dios Omnipotente** sea tan cercana como sea posible al pensamiento contenido en este nombre. Es posible que el nombre "Jehová" no fuera conocido a los patriarcas, pero este no es necesariamente el sentido de la afirmación en este lugar. Dios no se había revelado a sí mismo en su carácter de "Jehová" a Abraham como él iba a hacerlo ahora con Israel. Como Jehová, Dios iba ahora a redimir al pueblo de Israel (v. 6), adoptarles como su pueblo (v. 7), y traerlos a la tierra prometida (v. 8). Mediante esto ellos aprenderían cuál es la naturaleza del Dios que había dicho: **Yo soy Jehová** (v. 2).
4, 5. La redención de Israel se basaba en el pacto con los padres y constituía su cumplimiento. **La tierra de su peregrinación** (RV, *la tierra en que fueron forasteros*). **6. Redimiré.** La palabra hebrea significa "reclamar, vindicar los derechos". **7. Sabréis.** Una de las grandes razones de que el Señor presentara las extraordinarias demostraciones de su poder, que iban a venir pronto, era que él pudiera grabar profundamente en la mente y en la conciencia de Israel el hecho de que Él, Jehová, era Dios. **9. Congoja de espíritu.** El sufrimiento de ellos era demasiado grande para ser expresado en meras palabras.
10–13. Moisés fue de nuevo comisionado a presentar a Faraón la petición del Dios de Israel. Antes de describir el cumplimiento de esta comisión, se da la genealogía de Moisés y Aarón. **Siendo yo torpe de labios** (v. 12). *Labios incircuncisos*. Labios cubiertos con un prepucio, por lo que se abren y cierran con dificultad (cp. 4:10).

3) Genealogía de Moisés y Aarón. 6:14–27.
14. Las familias de sus padres. La "familia" o "casa" descendía de un solo antepasado. "Casa" puede denotar una tribu entera, pero en general denota las subdivisiones más importantes, o clanes. Así, **Hanoc, Falú, Hez-**

rón y **Carmi** eran los antepasados, **jefes,** de los cuatro principales clanes de la tribu de Rubén. **18. Amram,** el hijo de Coat, era un antepasado de Amram el padre de Moisés (v. 20). **27. Moisés y Aarón.** Como hijo mayor (cp. 7:7), Aarón aparece el primero en la genealogía (v. 26), pero como líder señalado, Moisés toma la precedencia cuando se reanuda la narración.

4) Moisés vuelto a enviar a Faraón. 6:28 — 7:7.

Se reanuda ahora la narración y el Señor les da instrucciones específicas a Moisés con respecto a su misión. **7:1. Te he constituido dios.** Mejor, *yo te hago como Dios* (BLA). Moisés recibió autoridad divina y poder sobre Faraón, en tanto que Aarón iba a servir como profeta o portavoz de Moisés. No se iba a tratar de una repetición del primer encuentro con Faraón. **3. Yo endureceré.** *Haré obstinado,* o *haré terco.* No se trata de la palabra normal para endurecer; se halla también en el Sal 95:8. **4. Mis ejércitos, mi pueblo.** Mejor, *mi pueblo por sus ejércitos.* **5. Sabrán los egipcios.** La segunda gran razón para la exhibición de su gran poder. Israel le conocería (6:7) por la redención, Egipto por el juicio, **que Yo soy Jehová. 6.** Este versículo resume e introduce la siguiente sección principal.

E. Maravillas de Dios en la tierra de Egipto. 7:8—11:10.

Las plagas mediante las cuales Dios se manifestó a Israel y a Egipto son denominadas en la Biblia mediante varios términos: *maggēpâ,* "un severo golpe" 9:14, utilizado en 1 S 4:17 para una gran derrota en una guerra; *nega'* "un fuerte toque o azote" (Éx 11:1), utilizado en Levítico, caps. 13 y 14, del azote de la lepra; *negep* (Éx 12:13), derivado de *maggēpâ,* que se utiliza solamente de la décima plaga y, por lo general, de una calamidad proviniente de Dios en Su juicio (Jos 22:17). Mediante estos golpes terribles y maravillosos de la mano de Dios la gente tenía que darse cuenta de que "Yo soy Jehová".

Las nueve plagas caen, evidentemente, en grupos de tres. Las plagas número uno y dos, cuatro y cinco, siete y ocho fueron anunciadas de antemano a Faraón, pero las tres, seis, y nueve cayeron sin advertencia. Las primeras tres cayeron sobre Israel y Egipto sin distinción, porque ambas naciones tenían cosas que aprender. Los dos últimos grupos cayeron solamente sobre los egipcios, a fin de que supieran que el Dios que cuidaba de Israel era también Dios en Egipto (Éx. 8:22) y mayor

que los otros dioses (9:14). Las plagas fueron haciéndose progresivamente más severas, las tres últimas casi destruyendo la tierra (10:7). La décima plaga se considera en la siguiente división del texto. Se pone así aparte debido a que fue no tan sólo la culminación del juicio y la base de la redención, sino porque también fue una visitación directa de Dios, no un juicio mediante causas secundarias. Las primeras nueve plagas fueron maravillas **naturales,** en el sentido de que se trataba de una intensificación de aflicciones que ya se conocían en el curso ordinario de la historia. Lo que las marca como milagrosas es su severidad y, aún más, su aparición y desaparición a la palabra de Moisés. Ejercieron su efecto sobre los egipcios no solamente física y mentalmente, sino también espiritualmente. Cada plaga fue dirigida en contra de algún aspecto de la naturaleza adorado por los egipcios y relacionado de alguna manera con sus dioses.

1) Prueba de la comisión divina a Moisés y Aarón. 7:8–13.

9. Mostrad milagro. 11. Sabios y hechiceros. Estos no eran timadores profesionales, sino que se trataba de los muy eruditos líderes sacerdotales de Egipto, hombres de una inmensa influencia y habilidades. Sea que llevaran a cabo su acción mediante algún tipo de truco con reptiles entrenados o mediante una "maravilla engañosa" energizada por Satanás no puede determinarse. En todo caso quedó demostrada la supremacía de Jehová cuando sus serpientes fueron devoradas.

13. Se endureció. Hecho fuerte, firme. Estas palabras se utilizan con respecto al endurecimiento del corazón del Faraón: *hāzaq,* "ser o hacer fuerte" (7:13,22; 8:19); *kābēd,* "ser o hacer pesado, lento para moverse" (7:14; 8:15, 32); y *qāshâ,* "endurecer" (sólo en 7:3). Las traducciones generales oscurecen el hecho de que siempre queda afirmado claramente cuando fue Dios el que provocó el endurecimiento (9:12; 10:1, 20, 27, y otras) y cuando fue Faraón quien él mismo endureció su corazón. Dios solamente endurece "a aquellos que empiezan endureciéndose a sí mismos...los medios por los cuales Dios endurece a un hombre no son necesariamente por una intervención extraordinaria por Su parte; puede ser por las experiencias ordinarias de la vida, operando por medio de los principios y el carácter de la naturaleza humana que son de Su designación" (CB).

2) Primera plaga: El Nilo vuelto en sangre. 7:14–25.

15. El sale al río. ¿Un acto devocional? Si el propósito de la visita de Faraón era el de adorar, se encontraría que su dios quedaría hecho abominable por un poder superior. **17. En esto conocerás.** Faraón iba ahora a tener la respuesta a su escarnecedor "¿Quién es Jehová?" (5:2). **Se convertirá en sangre.** Cada año, hacia el fin de junio, cuando las aguas del Nilo empiezan a ascender, quedan coloreadas de un rojo oscuro por el limo transportado desde las cabeceras. Esto continúa por tres meses, hasta que las aguas empiezan a bajar, pero ello no obstante, el agua es entretanto saludable y potable. El milagro de 7:17–21 incluía tres elementos por los cuales difería del fenómeno acostumbrado: el agua fue cambiada al ser golpeada por la vara de Moisés; el agua se hizo imbebible; y esta condición duró solamente siete días (v. 25). **19. Arroyos.** El Nilo y sus brazos. **Ríos** (lit., *sus Nilos*). Canales del Nilo, de irrigación. **Estanques.** Lagos que se formaban por los ríos en sus inundaciones. **Sus depósitos de aguas.** Cisternas y otros depósitos. **Vasos.** No se obtenía ni una gota en estos vasos que no estuviera contaminada. La relación de todas las fuentes de agua hace patente cuán totalmente quedó Egipto azotado por la plaga. **22, 23. Y los hechiceros de Egipto hicieron lo mismo.** Por algunos medios los magos cambiaron la apariencia de algo de agua en sangre, y el corazón de Faraón **permaneció endurecido,** y no los escuchó. **25. Siete días.** Se ha creído que la primera plaga pudo haber tenido lugar en la época cerca de la inundación del Nilo en junio. Ya que la última plaga tuvo lugar en la primavera, parece ser que los juicios sobre Egipto se extendieron a lo largo de la mayor parte de un año.

3) Segunda plaga: Ranas. 8:1–15.
Siempre han habido ranas habitando en los marjales a lo largo del Nilo. Pero a la palabra de Moisés, aparecieron en tanta cantidad e invadieron todo lugar por impensable que fuera que llegaron a ser una molestia insoportable. **7. Los hechiceros hicieron lo mismo.** Aunque en cierta forma produjeron más ranas, fueron totalmente impotentes para quitar ninguna. **8.** Faraón quedó tan descompuesto por esta repulsiva situación que estaba ya dispuesto a prometer cualquier cosa. Ya se había visto obligado a reconocer al Dios al que había desdeñado. **9. Dígnate indicarme.** *Puedes tener el honor de decirme.* **15. Reposo** (lit. *anchura*). "Tan pronto como 'consiguió aire' endureció su corazón" (KD).

4) Tercera plaga: Piojos. 8:16–19.
Se han sugerido piojos (RV, BLA), mosquitos (BJ), pulgas de la arena (ERV) como instrumentos de esta plaga. Aunque se desconoce el significado exacto de esta palabra hebrea, parece ser que los mosquitos, que son bien conocidos en Egipto, son muy apropiados. Se tiene que señalar que de nuevo se trataba de una intensificación de una experiencia natural. Las plagas eran también una intensificación de una mera molestia a una aflicción penosa.

17. El polvo de la tierra. "Así como la fertilizante agua de Egipto se había convertido en una plaga dos veces, así mediante el poder de Jehová el suelo tan ricamente bendecido se transformó en una plaga para el rey y su pueblo" (KD). **19. Dedo de Dios.** Los impotentes hechiceros reconocieron que ahora se trataba de algo sobrenatural. No lo atribuyeron a Jehová, pero confesaron que estaba más allá de sus poderes mortales. El hecho de que hubieran duplicado hasta cierto punto las anteriores plagas hizo que la rendición de ellos fuera más importante. Porque no hay ningún límite de tiempo expresado para esta plaga, podemos asumir que continuó por algún tiempo.

5) Cuarta plaga: Enjambres de moscas. 8:20–32.
La segunda triada de plagas distinguió entre Israel y los egipcios. La confesión de los magos de que "un dios" había provocado estos desastres iba ahora a ser reforzada, y se iba a poner en claro que era *el* Dios, Jehová, quien era el causante. **21. Moscas.** La palabra denota una forma particularmente irritante de insectos, sean moscas o mosquitos. La palabra hebrea "toda clase de moscas" significa *una mezcla* y puede significar el aumento de todo tipo de plagas de insectos. **22. Apartaré.** *Pondré aparte.* Gracias al hecho de que Israel quedaría protegido de todas las plagas futuras, se pondría en evidencia cuyo Dios estaba en el poder. **23. Redención.** Esta redención era una liberación para Israel. **24. Corrompida.** *Destruída, asolada.* Las plagas estaban aún aumentando en severidad; ahora ya no eran solamente una molestia, sino un peligro. La gente sufría, el trabajo sufría, y toda la economía quedaba dislocada. **26. La abominación de los egipcios.** Sea que Moisés se refiriera a la forma del sacrificio o a la víctima, que los egipcios consideraran sagrada, la gente de Egipto habría considerado aquello como "una manifestación de desprecios hacia ellos y hacia sus dioses" (*Calvin's Commentaries*). **28.** Por segunda vez Faraón dio su permiso para que los israelitas se fueran; pero al finalizar la plaga, a pesar de la advertencia de Moisés (v. 29), se acabaron sus temores, y renegó de su promesa.

6) Quinta plaga: Carbunco. 9:1–7.

Se ha dicho que la mención de camellos constituye un anacronismo; pero habían caravanas de camellos que llegaban constantemente a Egipto, y ciertamente que algunos egipcios tienen que haber invertido en ellos. **Carbunco.** *Plaga gravísima* (RV). No se sabe cuál fuera la enfermedad específica, pero tiene que haberse tratado de una epidemia severa y mortal que atacó a todo tipo de ganado. **6. Todo el ganado.** Como a menudo sucede en hebreo, el término **todo** significa una gran cantidad. En castellano decimos, "Está todo el mundo enfermo", y queremos decir solamente que hay gente enferma por todas partes. Esta plaga iba a caer sobre los ganados que se hallaban en los campos (v. 3).

7) Sexta plaga: Úlceras. 9:8–12.

Como la tercera plaga, esta tampoco fue anunciada sino que vino simplemente por la acción de Moisés. **8. Ceniza.** Lit., *hollín del horno.* El horno era un símbolo de la riqueza comercial y artística de Egipto. Como habían venido desastres de los recursos naturales como el río y la tierra, así la industria proveía la fuente de nuevos problemas. **9. Sarpullido con úlceras.** Un sarpullido doloroso inflamado, rompiendo en úlceras abiertas, muy dolorosas y penosas, pero no fatales. **10. Se pusieron delante de Faraón.** Tomó su lugar delante del rey de manera que no pudiera haber duda alguna acerca del origen de esta nueva plaga. **11.** No solamente no pudieron los hechiceros duplicar esta nueva plaga, sino que ellos mismos quedaron en una impotente miseria. **12.** Ante la inminencia de la nueva tríada de juicios, Dios endureció el corazón de Faraón no fuera que se rindiera debido a la mera debilidad humana antes de que Dios hubiera cumplido su voluntad.

8) Séptima plaga: Granizo. 9:13–35.

14. Todas mis plagas a tu corazón. Estas últimas plagas no iban a caer solamente como advertencias y sufrimientos, como las otras. No solamente "azotarían a la cabeza y a los brazos, sino que penetrarían en el corazón e inflingirían una herida mortal" (Calvino). **15. Serás quitado de la tierra.** Nunca más se levantó el Egipto a la altura del poder y de la gloria a la que se había llegado en esta dinastía. **16. Yo te he puesto para mostrar en ti mi poder.** Faraón iba a experimentar el poder de Jehová, y en sus experiencias todo el mundo iba a aprender del Señor. "Ya que tanto la rebelión del hombre natural en contra de la palabra y de la voluntad de Dios y la hostilidad del poder del mundo contra el Señor y contra Su pueblo quedaron concentrados en Faraón

...este iba a ser un caso típico de todas las épocas y circunstancias del reino de Dios en su conflicto con el mundo" (KD). **17. Te ensoberbeces.** "Una palabra peculiar que solamente se halla aquí...te levantas a ti mismo como un montículo u obstáculo frente a mi pueblo" (CB). **19.** Se le dio ahora oportunidad a aquellos egipcios que habían llegado a creer en la palabra de Jehova para que se distinguieran de entre aquellos que no la creyeron. **23. Granizo, trueno, y fuego mezclado con el granizo.** El granizo y las tormentas eléctricas no son desconocidos en Egipto, pero la terrible furia de una tormenta como aquella no se había visto jamás en toda la dilatada historia de Egipto. **27.** ¡Cuán a menudo un gran desastre natural hace que incluso el hombre más impío clame en temor y en impotencia! Tales confesiones no resultan de una verdadera convicción de pecado en el corazón sino que surgen solamente del terror de las circunstancias. **29, 30.** Moisés manifestaría de nuevo el control supremo de parte de Jehová, pero no se hacía ilusiones acerca de la duración del arrepentimiento de Faraón. Era aquella terrible tormenta, no Jehová lo que causaba temor a Faraón. **31. El lino y la cebada.** Ya que éstos maduran en febrero, queda determinada la estación del año en que cayó esta plaga. **32. Trigo y...espelta** (BJ). La espelta es un tipo inferior de trigo; el centeno (RV) no se conocía en el antiguo Egipto. Estos granos maduran alrededor de un mes después del lino y de la cebada.

9) Octava plaga: Langostas. 10:1–20.

2. Las cosas que yo hice. *Como me he burlado de los egipcios* (BLA). Dios no se estaba divirtiendo, pero había una ironía divina en el hecho de que el antagonismo directo de Faraón contra Dios estaba solamente llevando a una mayor manifestación de la gloria de Jehová. **4–6.** El hecho de que las langostas eran conocidas y temidas hizo solamente que esta advertencia fuera más terrible. Las plagas de langosta que los egipcios habían sufrido antes no serían nada en comparación con ésta. **7. ¿Acaso no sabes todavía que Egipto está arruinado?** Solamente Faraón parecía estar inconsciente de la extensión de los daños, insensible a ellos. **8. ¿Quiénes son los que han de ir?** (lit. *quién y quién*). ¿Quién, exactamente, se va a ir? **10.** La respuesta de Faraón ante la demanda de que toda la nación iba a marchar fue al principio cínica: "Quiera el Señor estar con vosotros si alguna vez os dejo marchar". Él esperaba, sugiere IB, "que la protección divina en el viaje fuera tan inexistente como su permiso para dejarles ir''. A continuación les acusó: "Tened cuidado porque tenéis malas intenciones" (BLA). **11.** Id entonces, vosotros los varones, porque esto es lo que vosotros realmente deseáis. Si sois honrados, sabéis que solamente se precisan hombres para ofrecer sacrificio. **Los echaron.** La prolongada entrevista concluyó con este ataque de ira de Faraón.

13. "El hecho de que el viento sopló un día y una noche antes de la llegada de la langosta mostró que venían de una gran distancia, y por el mismo hecho demostró a los egipcios que la omnipotencia de Jehová llegaba más allá de las fronteras de Egipto y que gobernaba todas las tierras" (KD). **16.** De nuevo el choque de esta visitación llevó a Faraón a sus rodillas, confesando su pecado y rogando por la eliminación de esta plaga. **17. Esta plaga mortal.** Las langostas habían destruído totalmente lo que quedaba de la vegetación de Egipto.

10) Novena plaga: Oscuridad. 10:21–29.

La novena plaga siguió a la octava sin introducción, peticiones, ni advertencias.

21. Tinieblas...tanto que cualquiera las palpe. La mayor parte de los eruditos concuerdan en que, probablemente, las tinieblas fueron provocadas por el *ḥamsîn*, la fiera tormenta de arena tan temida en el este. El ardiente viento seco, como la llamarada de un horno, llena el aire de arena y polvo, de forma que el sol desaparece de la vista. El calor, el polvo, y la electricidad estática provocan unas condiciones físicamente casi insoportables. Añádase a esto el efecto de la oscuridad densa y oprimiente sobre la mente y el espíritu. Esta plaga concluyó con la manifestación de las maravillas de Dios y fue el ominoso preludio al acto del juicio definitivo. **23. Luz en sus habitaciones.** Milagrosa e instructiva resultó esta definida demarcación entre Israel y Egipto. **24.** Faraón casi se rindió. **Solamente queden vuestras ovejas y vuestras vacas.** Dejadas en depósito, como rehenes, en garantía de que ellos volverían. **25. Tú también nos darás sacrificios.** Esto es, tienes que darnos medios para sacrificar y debido a ello (v. 26) tenemos que llevarnos nuestro ganado. **28.** Dejar ir a toda la nación, sin la certidumbre de que volverían, era demasiado para Faraón. Terminó no solamente con esta entrevista sino también con la posibilidad de cualquier otra con Moisés con amenaza de muerte. **29.** Dios ya había informado a Moisés (11:1) que esta sería la última petición a Faraón, y así Moisés respondió: **Bien has dicho.** No obstante, antes de que el profeta saliera, había un último mensaje que tenía que dar (11:4–8).

11) Anuncio de la última plaga. 11:1–10.

El enfoque crítico a las Escrituras ha provocado una gran cantidad de innecesaria confusión en la determinación de la secuencia apropiada aquí. Parece evidente que 11:1–3 se refiere a instrucciones dadas previamente a Moisés, mientras que 11:4–8 es la advertencia de despedida a Faraón, siguiendo a 10:29.

1. Os echará. Los egipcios se hallarían tan ansiosos de que los israelitas se fueran que, lejos de impedirles su marcha, les insistirían que se fueran. **2. Pida.** Cp. 3:22. **4. A la medianoche.** No a la medianoche del día en que estaba hablando, sino a la medianoche del día señalado por Dios (cp. 12:6). **5. Todo primogénito.** "Los primogénitos eran representantes de toda la raza, de la que constituían la flor y la nata" (KD). **7.** Ni siquiera el ladrido de un perro inamistoso impediría la marcha de Israel. **8. Vete.** La certidumbre de Moisés era la promesa de Dios (v. 1).

9. Faraón no os oirá. Si Faraón hubiera escuchado, incluso en esta extremidad, todavía hubiera hallado una puerta abierta a la esperanza, pero no quería escuchar (cp. Mt 23:37).

F. La pascua, y la salida de Israel. 12:1—15:21.

1) La consagración de Israel. 12:1–28.

"La liberación de Israel de la esclavitud en Egipto estaba a mano; también la adopción de ellos como la nación de Jehová (6:6, 7). Pero para ello era necesaria una consagración divina a fin de que su separación exterior de la tierra de Egipto fuera acompañado también de la separación de ellos de todo lo que proviniera de una fuente egipcia o pagana. Esta consagración iba a ser impartida por la Pascua" (KD). **1. En la tierra de Egipto.** La ordenanza primeramente dada en Egipto se repetiría en el Sinaí (Lv 23) y en la llanura de Moab (Dt 16). **2. Este mes.** El nombre hebreo del mes es el de *Abib*, que significa "espigas verdes". Corresponde a marzo-abril en nuestro calendario. Durante el exilio vino a utilizarse en su lugar el nombre de *Nisán*, que significa "principio, comienzo". **Principio de los meses.** Así se tendría que marcar en sus calendarios el principio de Israel como pueblo de Jehová. El año civil empezaba, como sigue haciéndolo, en el otoño, con la Fiesta de las Trompetas (Lv 23:24; Nm 29:1), llamada ahora Rosh Hashanah, *Cabeza del Año* o Año Nuevo. El año religioso o espiritual tenía que empezar con el mes de la Pascua, el primer mes de la nueva vida de Israel como pueblo redimido.

3. Cordero. *Una sola cabeza,* fuera de las ovejas o de las cabras (cp. v. 5). **4.** Esta tenía que ser una observancia familiar, a no ser que la familia fuera demasiado pequeña. Según la exégesis rabínica, **tan pequeña** significaba menos de diez (Targum Jonathan). **Conforme al comer de cada hombre.** Tenían que calcular cuánto cada uno podría comer y determinar así si se iban a unir con otra familia o no. **5. De un año.** Hebreo: *hijo de un año.* Los rabinos han interpretado este pasaje como significando "como del primer año", esto es, a partir de ocho días de edad. Los comentaristas modernos lo toman generalmente como significando de un año de edad. **De las ovejas o de las cabras.** La costumbre posterior limitó la Pascua a las ovejas.

6. Toda la congregación del pueblo, esto es, todos a la vez. **Entre las dos tardes.** Desde muy atrás las opiniones han estado muy divididas con respecto al tiempo exacto del sacrificio. Abn Ezra, los samaritanos, y los karaítas lo interpretaron como el momento entre la puesta del sol y la oscuridad total. Los fariseos se mantenían en la explicación tradicional de que se trataba desde el principio del alargamiento de las sombras hasta la puesta del sol, aproximadamente entre las 3:00 y las 5:00 de la tarde, y con esto concuerda el Talmud (Peshahim 61a). Esta era la práctica general, según Josefo (*Guerras de los Judíos* VI.9.3). Deuteronomio 16:6 simplemente afirma: "a la puesta del sol". **7.** Se tenía que rociar la sangre "en los dos postes y en el dintel, donde pudiera verse, y no en el umbral para ser pisoteada" (JFB). Mediante este acto se tenía que expiar tanto la casa como aquellos que vivían en ella (por el uso de la sangre y del hisopo; cp. Lv 14:4–7; Nm 19:1ss.) y consagrarlos a Dios.

8. Asada. Todo el animal tenía que ser ensartado y asado sobre el fuego. "Por medio de la unidad e integridad del cordero que les era dado comer, los participantes quedaban unidos en una unidad indivisa y comunión con el Señor que les daba aquella provisión de comida" (KD). **Panes sin levadura.** Un memorial de las prisas con que tenían que partir (v. 34), pero también un símbolo de su purificación y libertad de la levadura del mundo. **Hierbas amargas.** La Misná (Pesahim 2:6) menciona la lechuga, endivia, achicoria, raíces secas, pimienta, y diente de león como satisfactorias como hierbas amargas. Esto tenía que "recordar la amargura de la vida experimentada en Egipto por Israel, y esta amargura tenía que quedar vencida por la dulzura de la carne del cordero" (KD). **9. Cocida** (RV), hervida.

11. Apresuradamente. Con urgencia, mezclando la prisa con la alarma. **Ceñidos vuestros lomos.** Sus vestiduras largas y flotantes tendrían que ser ceñidas a fin de no poder

impedir su marcha. **La Pascua de Jehová.** Una pascua (heb. *pesah*, LXX *pascha*, y así el "pascual" castellano) a Jehová; señalada por y guardada para Él. La etimología de la palabra es incierta, pero el significado se hace claro en 12:13. Dios "saltaría" en su juicio, a aquellos que hubieran evidenciado su fe en Él, y que hubieran tomado su refugio bajo la sangre. **12. En todos los dioses.** Los dioses egipcios tenían que ser puestos en evidencia como impotentes para defender, y totalmente indignos. Además, los dioses eran adorados en las formas de muchos animales y en la persona del mismo Faraón, y en estos representantes los mismos dioses iban a ser azotados.

15–20. Reglas para la Fiesta de los Panes sin Levadura. Aunque estas instrucciones pueden haber sido dadas después del Éxodo (cp. v. 17, "saqué"), la estrecha relación tanto en significado como en tiempo entre esta fiesta y la Pascua explica la inclusión de las reglas en este pasaje. Los panes sin levadura eran simbólicos de una nueva vida limpiada de la levadura de una naturaleza pecaminosa…Por esta razón los israelitas tenían que echar a un lado la levadura de la naturaleza egipcia, la levadura de la malicia y de la iniquidad, y comiendo un pan puro y santo y reuniéndose para la adoración de Dios, mostrar que estaban andando en novedad de vida…Comer pan con levadura en esta fiesta hubiera constituído una negación del acto divino por el cual Israel era introducido en la nueva vida de comunión con Jehová" (KD).

15. El primer día. El día quince de Abib. **Será cortado,** i.e., proscrito o expulsado de la comunidad. **16. Convocación.** *Asamblea; reunión sagrada.* Se podría hacer el trabajo necesario; aquel día no se guardaba tan estrictamente como el sábado.

18. Desde el día catorce del mes. El pan sin levadura debía de comerse desde el día de la Pascua el día catorce; la Fiesta de los Panes sin Levadura empezaba el quince. **19. Extranjero.** *Peregrino, residente extranjero.* Uno puede habitar toda su vida en medio del pueblo de Dios y nunca constituir una parte integral de la compañía (cp. v. 43).

21–28. Instrucciones dadas a los ancianos. Las reglas con respecto a la Pascua, dadas a Moisés de parte de Dios, fueron pasadas a los representantes del pueblo. **21. Sacad,** esto es, de los rediles. **22. Hisopo.** Aunque se discute la identidad de la planta, la opinión general es que se trataba de una especie de orégano, ya fuera mejorana o tomillo silvestre. **Lebrillo.** El recipiente en el que se recibía la sangre cuando el animal era degollado. Ya que se utilizaba el manojo de hojas de hisopo para rociar la sangre de un sacrificio de purificación, llegó a utilizarse en forma figurada de la purificación misma (cp. Sal 51:7). **23. El heridor.** *El ángel destructor* (BLA). 28. Mediante este acto de obediencia y de fe, el pueblo de Israel puso de manifiesto que habían puesto su confianza en Jehová; y así aquel acto vino a ser su redención.

2) Décima plaga: El juicio de Dios sobre Egipto. 12:29–36.

¿Fue esta plaga, como las otras, una epidemia natural intensificada y dirigida de forma sobrenatural, o fue más que esto? El repetido acento en que se trataba de un acto propio de Jehová (12:12, 13, 23, 27, 29) parece indicar que era un acto directo de Dios mismo.

29. El primogénito. Por lo general, se está de acuerdo en que esto significa todo hijo mayor que no era todavía él mismo un padre. De otra manera, hubiera muerto el primogénito de cada generación, incluyendo, probablemente, al mismo Faraón. **31. Hizo llamar a Moisés.** En su terror y dolor Faraón ignoró sus propias amenazas (10:28). **32. La rendición era completa. Bendecidme.** Al iros, rogad por mí y por este pueblo azotado.

34. Antes que se leudase. Esto nos da la circunstancia natural de la Fiesta de los Panes sin Levadura, de tanto significado espiritual. **Sábanas.** Lit., artesas envueltas en mantos. Las artesas eran como unas platas de fondo plano. En este caso cada familia se llevaba su artesa envuelta en la *šimlâ*, un manto cuadrado grande, que se utilizaba con frecuencia como una bolsa para transportar cosas (cp. Rut 3:15). **36. Les dieron cuanto pedían.** La palabra hebrea por **dar** significa ''conceder, dejar tener''.

3) El éxodo de Egipto. 12:37—15:21.

a) La partida. 12:37–42.

La exacta línea de marcha para la partida de Egipto está todavía en discusión, pero la mayor parte de las autoridades concuerdan en las identificaciones que se hacen en relación con los siguientes versículos. Habiendo reunido al pueblo en Sucot, Moisés y Aarón los tenían que conducir ahora a través de la barrera de marjales, lagos y mar que constituyen ahora el Canal de Suez. El camino estaba, además, determinado por el hecho de que Dios quería lanzar un último golpe a la soberbia y al poderío de Egipto.

37. Sucot. Este está identificado como Tell-el-Maskhutah, a 16 km. (10 millas) al este de Pitón. Esto significa que después de que Moisés saliera de delante de Faraón en Ramesés, viajó al sur al mismo centro de Gosén,

para allí reunir a Israel para la marcha. **Seiscientos mil.** Siempre ha constituído un problema determinar la cantidad exacta de los que estaban envueltos en el éxodo. Por ejemplo, se ha señalado que un ejército de 600.000 hombres hubiera podido abrumar al ejército mucho más pequeño del Faraón debido a sus grandes números. La cuestión no trata de si Dios hubiera podido multiplicar a los setenta de Jacob a más de dos millones, sino si lo hizo. Una solución es que la palabra '*elep*, que se traduce **mil**, pudiera traducirse por *clan* o *familia*, como en otras partes (p.ej., Jue 6:15). En tal caso en número total podría ser de cincuenta o sesenta mil individuos. De una cosa podemos estar seguros: Dios redimió a una gran hueste sacándola de Egipto, cuidó de ella milagrosamente a lo largo de cuarenta años en el desierto, y los introdujo en la Tierra Prometida. Que desconozcamos la cantidad exacta de aquellos que participaron en ello no disminuye el milagro. **38. Grande multitud de toda clase de gente.** Egipcios y, probablemente, otras nacionalidades que se habían casado con hebreos, trataban de escapar de la esclavitud o eran persuadidos de que habían algunas ventajas a conseguir poniéndose del lado de una deidad tan poderosa como Jehová.

40. Cuatrocientos treinta años. Gn 15:13 y Hch 7:6 dan el número redondo, cuatrocientos. Ya que no sabemos la fecha exacta de la entrada de Israel en Egipto, tan sólo podemos conjeturar la fecha de su salida, pero lo más razonable parece ser una fecha alrededor del 1300 a.C. (cp. Introducción). Los hay que concluyen que la fecha fue 1440 en base de 1 R 6:1. **41. En el mismo día.** Cp. 12:17. Este era El Día para Israel para generaciones por venir, hasta que un Día o una Salvación más grande viniera. **42. Es noche de guardar a Jehová.** Se han ofrecido varias traducciones de esta frase: *una noche de preservación del Señor para sacarlos* (KD), *una noche de vigilia fue esta para Jehová para sacarlos* (CB); *esta es noche de vigilia para el Señor…para ser guardada por todos los hijos de Israel por todas sus generaciones* (BLA). Quizás se impliquen las dos ideas expresadas por las varias traducciones: la noche en que Jehová mantuvo vigilia sobre los suyos iba a ser una noche de vigilia para Israel a lo largo de sus generaciones, como memoria.

b) Más reglas para la Pascua. 12:43–51.

Este pasaje parece a los críticos que está fuera de lugar aquí, y a pesar de ello parece bien apropiado. Define, en el mismo instante de la acción, las demandas precisas que harán que la ordenanza sea espiritualmente significativa así como verdadera para las generaciones que tenían que venir.

43-45. Extraño...extranjero...jornalero. Solamente uno que estuviera identificado con el pueblo de Dios podría tener parte en la ordenanza. Esto se dispuso así para rechazar no al extranjero, sino al incrédulo. Si el extraño quisiera identificarse con la fe de Israel, era bienvenido como uno "de vuestra nación" (v. 48). **46.** "En esta comida Israel iba a preservar y a celebrar su unidad y comunión con el Señor" (KD). Por esta razón no se debía romper la unidad ceremonial ni por la inclusión de extraños ni por la división de la comida misma. Así también se tiene que guardar celosamente la unidad de Cristo (cp. 1 Co 1-3). **49. La misma ley.** No eran suficientes ni la descendencia natural ni la asociación. **Ningún incircunciso comerá de ella** (v. 48).

c) Consagración del primogénito. 13:1-16.

"Si los israelitas completaron su comunión con Jehová en la Pascua, y celebraron el comienzo de su posición divina en la fiesta de los panes sin levadura, dieron un efecto ininterrumpido a su filiación divina en la consagración de los primogénitos" (KD). Así como Egipto fue azotado por Dios en las personas de sus primogénitos, así Israel se consagraba a Dios en sus primogénitos.

2. Cualquiera que abre, i.e., el primero que abre.

3-10. La ley ya dada a Moisés (12:15-20) era ahora proclamada al pueblo. **7. Tu territorio.** *Límites* (ASV). 8. Se tendría que explicar la dedicación de los primogénitos de generación en generación, así como la Pascua (12:26, 27). **9. Será como una señal.** Como otras razas llevaban señales, incluyendo cortes y tatuajes, para recordarles de sus dioses, así esta fiesta era para traer ante Israel el recuerdo de la redención de Jehová. "No era por tiritas recordatorias sobre la mano y la frente que se pondría tanto la ley en la boca como para hablar de ella contínuamente, sino por la recepción de ella en el corazón y por su contínuo cumplimiento" (KD).

11-16. La ley del primogénito (cp. 22:29; Dt 15:21-22). **12. Dedicarás** (lit., *harás pasar* al Señor). Esta no es la palabra normal para **separar,** o dedicar, sino que es la palabra utilizada para describir la práctica pagana de sacrificio de niños a sus dioses (2 R 16:3; Ez 20:31). Puede ser que el Señor utilizara esta palabra a propósito para marcar la distinción entre esta dedicación y la de los paganos. **13.** El asno no era un animal sacrificial, y por ello un cordero tendría que tomar su lugar. Los primogénitos de los hombres tendrían que ser redimidos

mediante plata, como se les mandó más adelante (Nm 3:47; 18:16). La obligación del servicio transferida a los levitas como representantes, se le pidió, al pueblo solamente que reconocieran la demanda de Dios sobre ellos. **15.** De esta manera todo lo que Israel era y todo lo que poseía tenía que presentarse de contínuo al Señor que los había redimido.

16. Memorial. En heb. *tôtapōt*, las "filacterias" del NT. Más adelante los judíos obedecerían, lit., esta exhortación atando en sus frentes y brazos tiras a las que se ataban pequeñas cajas de cuero que contenían vv. de las Escrituras sobre pergamino. El propósito de Dios era que la fiesta y la dedicación, no cajitas, les sirvieran como memoriales para su mano y su corazón.

d) El paso del mar Rojo. 13:17 — 14:31.

La descripción del viaje, iniciada en 12:37, se reanuda ahora. Había un buen camino directo a Palestina, subiendo por la costa hacia Gaza, pero este les hubiera llevado a intervalos a pasar fortalezas egipcias, y les hubiera exigido presentar batalla, para la cual no estaban preparados ni física ni psicológicamente. En su bondadosa sabiduría, Dios les guió por otro camino.

18. El desierto del mar Rojo. En heb., *mar de Suf, mar de las Cañas.* La equivocada traducción, mar Rojo, ha provocado una concepción totalmente equivocada de la ruta de Israel. Es un término totalmente diferente del que se utiliza para designar lo que conocemos como mar Rojo o golfo de Suez. El mar de las Cañas o mar de los Marjales es mencionado en los escritos egipcios del siglo XIII a.C. como estando cerca de Rameseses. Lo que cuadra con esta descripción son o el lago Timsa o la extensión al sur del actual lago Menzale. Estos lagos forman parte de la cadena que anteriormente unía el golfo de Suez con el Mediterráneo, y que forman ahora parte del Canal. El lago Timsa se halla más cerca de Sucot. **Armados.** El significado preciso es incierto. La BLA dice *en orden de batalla,* y la BJ dice *bien equipados.* **19.** La fe de José quedaba justificada (Gn 50:25). **20. Etam.** Su localización se desconoce. **21, 22.** Estas no eran dos columnas, sino una sola, de nube por el día y de fuego por la noche. La Biblia no permite explicar este guía mediante fenómenos naturales (cp. CB). La columna era un verdadero signo de la presencia de Jehová con su pueblo.

14:1-31. El paso a través del mar Rojo. "El hecho del paso del mar Rojo solamente puede ser puesto en tela de juicio debido a un escepticismo extremo y sin base alguna" (CB). **2. Den la vuelta.** Pi-hahirot y **Migdol** se mencionan en inscripciones egipcias pero no están aún identificadas con certidumbre. **Baalzefón.** Una carta fenicia menciona a "Baalzefón y a todos los dioses de Tahpanhes". Tahpanhes es Dafné, el moderno Tel Dafné, localizado cerca del extremo sur del lago Menzale, a mitad de camino entre Sucot y Ramesés. Esto explica la palabra "den la vuelta". En lugar de ir directamente hacia el oriente a partir de Sucot, los hebreos habían vuelto a dirigirse al norte y acampaban frente a un lago de marjales. Esta aparente incertidumbre en su sentido de marcha tiene que haber alentado al Faraón a creer que los israelitas no podían hallar el camino a través de la barrera de agua y que por ello se hallaban atrapados, "errantes en el país" (BJ). **4. Glorificado en Faraón...sabrán los egipcios.** El hecho de que fuera a haber una lección final para Egipto explica por qué Dios los condujo de esta manera aparentemente sin rumbo.

5. ¿Cómo hemos hecho...? Se describe la partida de Israel a Faraón como una huída, no como una peregrinación a un lugar de sacrificio. **7. Capitanes.** Se desconoce el sentido exacto; se trata de algún tipo de oficial superior. **8. Con mano poderosa.** "La elevada mano de Jehová con el poder que exhibía" (KD). **9. Caballería.** Algunos dicen que se trata de un anacronismo, porque los egipcios no tenían caballería en época tan temprana; pero la palabra puede querer igual significar jinetes en carros. Esta posibilidad se admite en relación con 15:1 por los que la niegan aquí (cp. CB). **12. Déjanos.** Hablando humanamente, se enfrentaban a una destrucción cierta. Cuán característico de la naturaleza humana gritar: "Déjanos". Preferiríamos más bien estar caídos en una esclavitud de pecado que, con el valor de la fe, hacer el esfuerzo de seguir a Dios en novedad de vida. **13. Estad firmes** (cp. 1 Co 15:58, "estad firmes"). **14.** Solamente se tiene que permanecer firme (cp. Is 30:15; Sal 46:10). **15.** No hay ningún reproche, sino una exhortación a ir adelante: "¡Qué marchen!" **19, 20.** Milagrosamente protegida su retaguardia de los egipcios por una espesa nube, recibían al mismo tiempo una intensa luz de parte del Señor a fin de poder cruzar.

21. La fuerza natural utilizada por Dios para ejecutar este milagro fue el viento oriental, sea que fuera acompañando a una marea baja, como algunos suponen, o no. Es suficiente para nosotros conocer que, en el momento preciso, Dios causó que el vado quedara al descubierto, para que su pueblo pudiera cruzar, y que exactamente en el instante preciso volvió a volver las aguas a su lugar, de manera que el enemigo quedó destruido. **24. Tras-**

tornó. *Los arrojó a un pánico* (Moffat). **La vigilia de la mañana,** entre las 2:00 y las 6:00 de la mañana. **25. Quitó las ruedas de sus carros.** Las ruedas de los carros se hundieron en la arena, que se hizo más pantanosa por entonces. **27, 28.** Las aguas que habían amenazado a los israelitas en su paso, y que a no ser por la intervención de Dios les hubieran destruído, abrumaron ahora a los egipcios. "De esta manifestación de la omnipotencia de Jehová, los israelitas debían discernir no solamente al Libertador misericordioso sino también al Santo Juez de los impíos, para que así crecieran en el temor de Dios, así como en la fe que ya habían mostrado" (KD). **31. Creyeron.** Más que simplemente *creer* (RV), implica "asirse firmemente moralmente de una persona o de una cosa" (CB).

e) El cántico de Moisés. 15:1–21.

Aunque los críticos reconocen que este himno de alabanza es "uno de los mejores productos de la poesía hebrea" (CB), por lo general, lo relegan a la época de la monarquía. ¡Asumen que una poesía tan sublime no hubiera podido escribirse en la época de Moisés! La Escritura enlaza este cántico triunfante con el himno de una redención más grande, ya que en las orillas del mar eterno, al final y glorioso triunfo sobre todos los enemigos, los redimidos cantan "el cántico de Moisés...y el cántico del Cordero" (Ap 15:3). **1. Ha echado al mar al caballo y al jinete.** "Así de breve pero completamente se describe la ruína del ejército de Faraón" (CB). **2. Lo alabaré,** o *le agradeceré*. **3. Jehová es su nombre.** Un escarnio a Faraón, que había preguntado: "¿Quién es Jehová?" **7. Has derribado.** El hebreo es más potente: "Romper en pedazos y arrojar las ruínas sobre la tierra" (CB). **9. El enemigo dijo.** Cuan a menudo el propósito orgulloso del hombre queda torcido por el poder de Dios (cp. Is. 14:13, 14). **Destruirá.** Lit., *desposeerá, desarraigará.* **10.** "Un soplido de Dios fue suficiente para hundir a la orgullosa hueste en las olas del mar" (KD; cp. Sal. 46:6). **11. Terrible en maravillosas hazañas,** *temible en las alabanzas* (BLA). **13. Santa morada.** Como un pastor lleva a su grey al redil, así Dios estaba llevando a Israel a Su morada, la Tierra Prometida. **14. Palestina** (RV, *tierra de los filisteos*), en heb., *Filistea.* Irónicamente, el nombre que más a menudo utilizamos de Tierra Santa proviene de los terribles enemigos de Israel y de Dios. **16. Temblor y espanto.** Hasta que hubieron pasado cuarenta años e Israel entró en la tierra, el terror de Jehová estuvo sobre los cananeos (cp. Jos. 5:1; 2:9, 10). **17. El santuario que tus**

manos...han afirmado. Esta es la meta, no todavía el hecho cumplido. **20.** Aunque Miriam era hermana de ambos, se la considera junto a Aarón, no con Moisés. **Pandero.** Un instrumento de percusión. La danza era, y sigue siendo en Oriente, el lenguaje de la religión. **21. Respondía.** Cantaban antifonalmente, quizás las estrofas del cántico de Moisés (vv. 1–19).

G. Israel en el desierto. 15:22—18:27.

Liberado de la esclavitud en Egipto, Israel fue guiado ahora por el Señor al monte Sinaí. En esta etapa al pueblo de Dios estaba constituído por una multitud desorganizada, pendenciera e infiel. Tenían que ser moldeados para formar una nación, capaz de servirle a Él. A este fin, todo, incluyendo la marcha al Sinaí, iba a contribuir a la instrucción de ellos. La línea tradicional de marcha, descendiendo por el borde occidental de la península, es todavía el más ampliamente aceptado por los eruditos bíblicos, y el más razonable. Aunque no se pueden identificar con certeza los lugares exactos mencionados en las Escrituras, las localidades generales están bastante bien establecidas. (Para las varias otras rutas propuestas, cp. T. Dowley, *Atlas Bíblico Portavoz*).

22. Desierto de Shur. Al este de Suez, en la sección noroccidental de la península. **Shur** significa en hebreo *pared o muralla*. En Nm 33:8, esta área recibe el nombre de "el desierto de Etam", que es el mismo nombre que en egipcio. Es probable que recibiera este nombre de la línea de fortificaciones que existía allí. **Tres días.** En tres días se habría acabado el agua que llevaban con ellos, aunque probablemente no habrían andado más allá de unos 25 km. (15 millas). **23. Mara.** Se la identifica razonablemente con Ain Hawarah, una pequeña fuente todavía existente de aguas saladas y desagradables. **24. Murmuró.** Esta fue la reacción casi automática de Israel, como ha sido la reacción de multitudes del pueblo de Dios desde entonces, a todas y cada una de las dificultades. **25, 26.** Es totalmente inútil intentar buscar una explicación natural a este milagro mediante algún tipo de árbol que transforme en buena el agua mala. Por esta prueba de Jehová y la prueba de su cuidado y de su poder, se estableció una ordenanza para todos los tiempos: que a los obedientes, Dios mostraría ser Jehová *Rōp'ekā*, "Jehová tu sanador". **27. Elim.** A unos 10 km (6 millas) de Ain Hawarah hay un gran y hermoso oasis con abundancia de aguas, Wadi Gharandel, que se corresponde con la descripción de Elim.

16:1. El desierto de Sin. Según Nm 33:10–12, el pueblo de Israel viajó a lo largo de la costa, posiblemente a lo largo de la ruta regular de las minas del Sinaí. Se adentraron en el desierto de Sin en Dofca. Si se puede identificar Dofca como Serabit el-Khadem, entonces el desierto de Sin es la llanura a lo largo del borde de la meseta, llamado Debbet er-Ramleh. Las descripciones geográficas son demasiado superficiales para tener demasiada seguridad. **2.** Las circunstancias y la provisión de Dios se volvieron a combinar para probar la fe y la obediencia de Israel.

7. La gloria del Señor. La mirada de la fe ve la gloria del Señor en el pan y en la carne que él provee. **¿Qué somos?** *Nosotros no contamos; ¿por qué murmuráis contra nosotros?* (Moffat). **10. He aquí la gloria.** La evidencia inescapable de la presencia de Dios en el pilar de fuego mostró la veracidad de Moisés y preparó al pueblo para la gloria más velada del milagro que iba a acontecer.

14. Una cosa menuda, redonda. *Una cosa delgada, como copos* (BLA). **15. Es maná.** De *mānhû*, "¿Qué es?" El nombre **maná** puede haber surgido de la pregunta, o puede que la similitud en el sonido haya relacionado las dos palabras. **16. Gomer.** Unos 3,7 litros. **23. Cocer. Hervir. Sábado.** Esto indica que aunque el sábado ya era conocido, no se observaba en ningún sentido especial.

31. Maná. Existe una especie de tamarisco que crece en la Península del que exuda, quizás debido a una picada de insecto, durante las noches de verano, un líquido que forma granos pequeños blancos. Los árabes lo recogen, lo hierven, y lo utilizan como miel. Tiene un gusto dulce y aromático. Se guarda durante mucho tiempo en un sitio fresco pero se funde al sol; no se puede moler ni se pueden hacer tortas con él. Se parece, pero presenta también diferencias distintivas al maná de la Biblia. Las Escrituras ponen en claro, no solamente en su descripción del maná, sino también en su registro de provisión maravillosa durante cuarenta años (v. 35) que el maná no era un fenómeno natural, sino una provisión especial de la mano del Señor. **Culantro.** Es una semilla pequeña, de un color blanco-gris, con un aroma especioso agradable, utilizado ampliamente como especia para la cocina. **33, 34. Delante de Jehová...delante del Testimonio.** Esto es, delante de las tablas de la Ley en el arca. Esta instrucción tiene que haber sido dada más adelante, quizás para el tiempo en que se acercaba el final del maná. **35.** No se tiene que tomar esto como significando que los israelitas no comieron sino maná durante cuarenta años. Durante la estancia en el Sinaí bien hubieran podido sembrar y segar cosechas, y también hubieran podido obtener alimento de vez en cuando de comerciantes.

17:1-7. Agua de la roca en Refidim. Desde la meseta del desierto de Sin, una serie de valles se dirige directamente al monte Sinaí. Uno de estos, el Wadi Refayid, es propuesto por algunos como el valle de Refidim. **2. Altercó.** *Halló falta* (RSV). **Tentáis.** Someter a prueba. Fue la incredulidad lo que les llevó a poner en tela de juicio la fidelidad de Dios (v. 7). **6. Horeb** se utiliza en las Escrituras como término intercambiable con el de Sinaí. Puede hacer referencia más amplia a la cordillera, de la que el Sinaí es un pico. En Refidim, entonces, Israel se hallaba cercano al fin de su viaje inmediato. **Golpearás la peña.** Se ha ofrecido una explicación natural al milagro en que ciertas formaciones rocosas en esta área son solamente una delgada corteza de limolita que quedarían quebradas por un golpe de vara, y dejarían que el agua brotara. El apóstol Pablo nos dice que "la Roca era Cristo" (1 Co 10:4). Sean los que fueren los medios usados por Dios, el hecho importante es que quedó de manifiesto ante los israelitas que su ayuda venía del Señor. **7. Masah.** Prueba, por el verbo utilizado en 17:2 (**tentar** = *probar*). **Meriba,** *rencilla,* traducido como "altercado" en el v. 2.

8. Amalec era una tribu o grupo de nómadas rapaces y fieros, muy parecidos a los beduínos de la actualidad. Aunque descendían de Esaú (Gn 36:12), no formaban parte de la nación de Edom. Según Dt 25:18, atacaron a Israel por la retaguardia, asaltando a los "cansados y trabajados". Esto explica la severa condenación en Éx 17:14. **9.** Esta es la primera aparición de Josué, destinado a ser el gran sucesor de Moisés. **10. Hur.** La tradición judía le hace el marido de Miriam (Jos. *Antig.* III.2.4). **11.** Los comentaristas, antiguos y modernos, consideran casi unánimemente que este acto de Moisés es un acto de oración. Como tal, expresaba una actitud de dependencia de Dios que determinó el resultado de la batalla, y que sirvió para demostrar la realidad de esta dependencia a todo el pueblo. "La batalla que Israel luchó contra este enemigo poseía un significado típico en relación con toda la futura historia de Israel. Israel no podía conquistar solamente mediante la espada, sino que sólo podía ganar la victoria por el poder de Dios, viniendo de lo alto y obtenido mediante la oración" (KD). **13. Deshizo.** *Hizo caer* (RSV); incapacitó, postró.

15. Jehová-nisi. *Jehová es mi estandarte.* **16. La mano se levantó sobre,** o *contra,* el trono de Jehová. Algunas autoridades leen *nēs,* "estandarte", en lugar de *kēs,* "trono", y lo traducen como *una mano sobre el estandarte de Jehová* (RSV); o *juramos lealtad a la bandera del Eterno* (Moffat). La traducción indica un compromiso jurado por Moisés y, como tal, una admonición al pueblo de Israel para que se comprometieran a cumplir el propósito de Dios (v. 14).

18:1-27. La visita de Jetro y el establecimiento de jueces. 2. Después que él la envió. Cp. 4:24-26. **3.** Cp. 2:22. **5. El monte de Dios.** La secuencia de este pasaje se ha puesto en duda debido a que no es hasta el capítulo 19 que se anuncia que Israel ha llegado al Sinaí. No obstante, ya que incluso en Refidim se hubiera podido decir que se hallaban en el monte de Dios: Horeb (17:6), no parece existir ningún verdadero problema con el orden de la narración aquí. **7. Se inclinó.** Los usos orientales. **11. Jetro,** en KD, es llamado "las primicias de los paganos que desde entonces buscarían al Dios viviente". Este testimonio de Jetro, y el subsecuente acto de adoración, parecen indicar una experiencia de conversión, e invalidan la teoría de que fue por medio de Jetro y de los madianitas que Moisés conoció a Jehová. **15. Consultar a Dios.** Las decisiones de Moisés y las ordenanzas en las que estaban basadas provenían en último término de Jehová. **18. Desfallecerás del todo. 21. Jefes de millares.** Es mejor tomar esto como significando "millares" de familias que de individuos, siguiendo así las divisiones naturales de las tribus. Driver encuentra que este plan no es práctico, porque un hombre se hallaría sujeto a cuatro diferentes jueces (CB). Pero se asume que estas diferentes categorías funcionarían como tribunales inferiores y superiores. La mayoría de los problemas quedarían resueltos, como en nuestro propio sistema, por el tribunal más inferior, "los jefes de diez". **24. Y oyó Moisés.** Moisés ha recibido críticas por ello. No obstante, Jetro condicionó su consejo con: "Si...Dios te lo mandare;" y podemos asumir que Moisés consultó con el Señor. Además, no hay registro de que Dios reprendiera a Moisés. En Dt 1:15 Moisés explica cómo se eligieron los jueces de líderes, sabios y bien conocidos, de las varias tribus.

II. Israel en el Sinaí. 19:1 — 40:38.

El año de estancia en Sinaí consiguió dos cosas: (1) Israel recibió la Ley de Dios y fue instruído en los caminos de Dios; y (2) la multitud que había escapado de Egipto fue unificada formando el principio de una nación. Este período es de la máxima importancia para comprender la voluntad y el propósito de Dios tal como éste está revelado en el resto del AT. Este es el corazón de lo que tan a menudo es mencionado en todo el resto de las Escrituras como ''la Ley''. El registro de la estancia en el Sinaí y de la Ley allí dada ocupa no solamente el resto del libro del Éxodo, sino también el libro de Levítico y los primeros capítulos de Números.

La hipótesis Graf-Wellhausen, promulgada en el siglo xix, que negaba incluso la existencia del Tabernáculo, hizo de estas leyes simplemente el reflejo de las costumbres de siglos posteriores. La última mitad de siglo ha visto la inversión de este tipo de pensamiento, de manera que en la actualidad prácticamente todos los eruditos están dispuestos a admitir que la estructura y la esencia de la Ley son mosaicas. Los críticos siguen insistiendo que la Ley, tal como la tenemos en la actualidad, ha sido modificada del original y retocada considerablemente en eras posteriores. Mientras que no es imposible que se hayan añadido juicios y ordenanzas posteriores, aquellos que mantienen que la Ley es una revelación de parte de Dios la aceptan en su forma presente como sustancialmente la forma en que Moisés la recibiera. Incluso los críticos que niegan ésto en la teoría encuentran difícil decidir precisamente qué ordenanzas son las posteriores.

A. *Establecimiento del pacto en el Sinaí.* *19:1—24:11.*

La historia de la llegada al Sinaí y la presentación del pacto por parte de Dios es seguida por el denominado Libro del Pacto (caps. 20–23), en el que se establece el código básico. A continuación viene el relato de la ratificación del pacto por el sacrificio y por el rociamiento de la sangre.

1) Llegada al Sinaí y preparación para el pacto. 19:1–25.

19:1. El mismo día. La tradición judía mantiene que este era el día de Pentecostés, y que el propósito de la Fiesta de Pentecostés era celebrar la promulgación de la Ley. No obstante, la expresión es demasiado general para indicar algún día en particular. **El desierto de Sinaí.** La cordillera de montañas del sur, situada en el borde de la península triangular, tiene tres cumbres. A la cumbre central los árabes la llaman Jebel Musa, a la del sur, Jebel Hum, y a la tercera, Jebel Serbol. Cada uno de estos tres montes ha sido propuesto como el Sinaí de las Escrituras, pero desde el siglo iv d.C., por lo menos, Jebel Musa ha sido el más coherente e insistentemente propuesto. El **desierto del Sinaí** tiene que ser una llanura ante la montaña (v. 2) lo suficientemente grande para que Israel acampe allí delante. Un lugar así se ha hallado en er-Raha, al norte de Jebel Musa, o en Wadi es-Sebayeh, al este. El primero tiene una extensión de 160 hectáreas, muy amplio para cualquier número de hebreos. De er-Raha, el Wadi ed-Deir, ''Valle del Convento'', lleva a un valle entre Jebel Musa y Jebel ed-Deir, donde está el famoso monasterio de Santa Catalina. El monasterio fue construido por Justiniano el 527 d.C. en un sitio ya ocupado por una pequeña iglesia que identificaba el sitio donde se creía que Dios se había aparecido a Moisés en la zarza ardiendo. El Wadi es-Sebayeh es un valle largo y estrecho, pero con facilidad de acceso a la montaña. Es difícil, si no imposible, decidir cuál de estos picos y valles queda más apropiado a la descripción que se da en las Escrituras.

3. Casa de Jacob. El nombre de Jacob recuerda las profundidades de las que Dios les había levantado. **4. Sobre alas de águilas.** Una alusión a la majestuosa ave entonces abundante en Palestina.

5. El pacto estaba basado sobre el hecho consumado de la redención de Egipto, una redención que Israel había recibido por la fe. ''La teocracia establecida por la conclusión del pacto fue tan solamente el medio adoptado por Jehová para hacer de Su pueblo elegido un cuerpo de sacerdotes reales; y el mantenimiento de este pacto era la condición subjetiva indispensable de la que dependía que consiguieran este destino divinamente señalado'' (KD). Tenemos también que recordar que la Ley no anuló el pacto con Abraham (Gá 3:17). ''El pacto de la ley se suscitó sobre el terreno del previo pacto de gracia y buscaba llevarlo a su legítima consecuencia y sus frutos consiguientes'' (Fairbairn, *Typology of Scripture*, II, 143). **Mi especial tesoro.** *Mi propia posesión valiosa* (Moffat). **6. Sacerdotes ... gente santa.** ''Así como el sacerdote es un mediador entre Dios y el hombre, así Israel es llamado a ser el vehículo del conocimiento y de la salvación de Dios a las naciones de la tierra... Él eligió a Israel como Su posesión, para hacerlo una nación santa, si oían Su voz y guardaban Su pacto'' (KD).

8. Todo lo que Jehová ha dicho, haremos. Cierto es que el pueblo de Israel no se daba cuenta de todas las implicaciones de su voto. Tampoco comprende un cristiano todo lo que está implicado cuando se presenta como ''sacrificio viviente'' a Dios. En ambos casos hay una respuesta por la fe a la voluntad expresa de Dios el Redentor. **9. Que te crean para siempre.** La aparición del Señor impresionaría al pueblo y al mismo tiempo confirmaría la autoridad de Moisés. **13. No lo tocará.** Más bien, *no le tocará*; un transgresor no debía ser seguido a la montaña, sino asaeteado o apedreado a distancia. **Bocina.** Más bien el *cuerno de* *un carnero* (Moffat); esta no es la misma palabra que se utiliza en los versículos 16, 19.

16. El vano intento de determinar qué tipo de fenómeno es el descrito aquí —terremoto, volcán, o tormenta— pierde de vista el hecho de que, fuera lo que fuera lo implicado, se trataba simplemente de una manifestación de la presencia del Señor. No fue una perturbación natural que convenciera a un pueblo supersticioso que Dios estaba cerca; era el mismo Dios dando a conocer su presencia. **21. Desciende, ordena.** No se trata de la confusión de dos relatos unidos, sino de un reénfasis del mandato ya dado en 19:12. **22. Sacerdotes.** No los sacerdotes levíticos, que todavía no habían sido señalados, sino aquellos que hasta entonces "habían llevado a cabo las funciones sacerdotales según el derecho y las costumbres naturales" (KD).

2) Los Diez Mandamientos. 20:1–20.

La Ley no fue dada como medio de salvación. Fue dada a un pueblo ya salvado (19:4; 20:2) a fin de instruirlos en la voluntad de Dios, a fin de que pudieran llevar a cabo el propósito de Dios para ellos como "un reino de sacerdotes y una nación santa" (19:6). La revelación fue dada "no para dar vida, sino para guiar la vida" (Fairbairn, *The Revelation of Law in Scripture*, p. 274).

La division de la Ley en leyes morales, sociales, ceremoniales, o religiosas es, aunque conveniente, desencaminadora. La Ley es una, y toda la Ley es espiritual, sea que trate de cosechas, o de criminales, o de adoración. El comentario de Calvino trata todas las leyes posteriores bajo uno u otro de los Diez Mandamientos. Esto es muy justificable, y constituye una excelente ilustración de la unidad y del espíritu de la Ley. "Por ello, lo que recibe el nombre de ley ceremonial, constituía en su aspecto más inmediato y primario una exhibición, mediante ritos simbólicos e instituciones, de la justicia ordenada en el Decálogo, y una disciplina mediante la que el corazón pudiera ser llevado a conformarse algo según la misma justicia" (Fairbairn, *Typology*, II, 157).

El Decálogo, o Diez Palabras (Dt 4:13) fue dado directamente a todo Israel por una voz audible y terrible, la voz de Jehová, sonando como una trompeta por encima de la multitud (Éx 19:16; 20:18). Abrumados por la experiencia, el pueblo rogó que Dios no les hablara ya más de forma directa, sino por medio de Moisés. Entonces el resto de la Ley fue dada a Moisés como mediador, pero el núcleo de la Ley había sido ya dado. Los mandamientos son repetidos, con ligeras variaciones sin significado, en Dt 5:6–18. Esto provee a los crí-

ticos de materia para argumentar con respecto a la edad relativa y autenticidad de los dos registros. También se ha intentado encontrar un "decálogo ritual" en Éx 34, pero no ha sido ampliamente aceptado. Aunque algunos niegan que Moisés haya tenido que ver algo con los mandamientos, o que éstos fueran conocidos de David, o Elías, o incluso Jeremías, la mayor parte de los eruditos han venido a aceptar la afirmación bíblica, y creen que los mandamientos llegan a los días de Moisés.

Hay diferentes formas de dividir los mandamientos. Las iglesias luterana y romana siguen a Agustín haciendo de los vv. 2–6 el primer mandamiento y, después en dividir el v. 17, acerca de la codicia, en dos. El judaísmo moderno hace del v. 2 el primer mandamiento y de los versículos 3–6, el segundo. La división más temprana, que se puede trazar hasta llegar a Josefo, en el siglo I d.C., toma a 20:3 como el primer mandamiento, y 20:4–6 como el segundo. Esta división fue aceptada unánimemente por la iglesia primitiva, y la mantienen en la actualidad las iglesias ortodoxas orientales y la mayor parte de las protestantes.

2. Es importante señalar que la base de los mandamientos de Dios y la base de la obligación del pueblo residía en el hecho de que Jehová era su Señor y Dios que los había redimido. Estos preceptos se dan a un pueblo salvado para enseñarles cómo andar en el camino de Dios, pero observamos que "casi todos los mandamientos se hallan expresados en la forma negativa de la prohibición, debido a que presuponen la existencia de pecado y de deseos malvados en el corazón del hombre" (KD).

3. *El Primer Mandamiento.* Tenemos aquí algo más que tan sólo una proclamación de monoteísmo. Prohibe la adoración o dar honra a nada por delante de Dios, en pensamiento, palabra, u obra, "para que en todo tenga la preeminencia" (Col 1:18). **4–6.** *El Segundo Mandamiento.* Este prohibe la creación y la utilización de imágenes como objetos de adoración. Pero más esencialmente, constituye un recordatorio de que Dios es un Espíritu, que no debe de ser concebido como hecho a la imagen del hombre o en la de cualquier otro ser creado. **Visito la maldad** (v. 5). Los resultados del pecado se ven afectando a tres o cuatro generaciones, pero la misericordia de Dios se extiende a miles. "Él no dice que será fiel o justo hacia los que cumplen Su ley, sino misericordioso" (Calvino). **Los que me aman** (v. 6). "La fuente y origen de la verdadera justicia se expresa, porque la observancia externa de la ley no serviría de nada a no ser que fluyera de allí" (Calvino). **7.** *El Tercer Man-*

damiento. Prohibe utilizar el nombre de Dios "al servicio de la incredulidad o de la mentira" (KD). Apoyar nuestra falsedad apelando a Dios provocará un juicio cierto. Aquí también puede hallarse fuerza para la exhortación dirigida a los cristianos de andar "como es digno de la vocación con que fuisteis llamados" (Ef 4:1), esto es, no llevar en vano el nombre de Cristo.

"Así, el primer mandamiento guarda la unidad de Dios, el segundo Su espiritualidad, y el tercero Su deidad o esencia. En el primero se nos prohibe hacer de Dios uno de tantos cuando Él es el Único; en el segundo, asemajarlo a una imagen corruptible siendo que Él es el Espíritu incorruptible; en el tercero, identificarlo de ninguna manera con la criatura cuando Él es el Creador" (James Murphy, *Commentary on Exodus, in loc*). **8–11.** *El Cuarto Mandamiento*. La palabra **sabbath** significa, no descanso ni relajamiento, sino cesación del trabajo. La razón para el sábado se da objetivamente aquí, basado en el hecho de que Dios cesó Su obra de creación el séptimo día. Subjetivamente, en Dt 5:14, 15, se da una razón en el hecho de que los hombres precisaban descansar. También, con ello se recordaba a los israelitas que habían sido redimidos por Dios de la esclavitud de Egipto para gozar de Su descanso. La observancia del séptimo día de la semana como el *Sabbath* no queda abrogada en el NT, pero el *Sabbath* de la Nueva Creación tiene su celebración más natural en el día en que Cristo, habiendo cesado su obra consumada, resucitó de los muertos. La iglesia apostólica celebraba a la vez el primero y el séptimo días, pero pronto interrumpieron la observancia hebrea.

12. *El Quinto Mandamiento*. Este mandamiento marca una división entre los mandamientos que tratan de la relación del hombre hacia Dios y aquellos que tratan acerca de sus prójimos. Un hombre se halla obligado a honrar a sus padres como a Dios, y a asumir sus responsabilidades hacia ellos como hacia sus prójimos. **Para que tus días se alarguen.** Esto puede entenderse tanto refiriéndose a la estancia de Israel en la tierra prometida como a la vida del individuo. No solamente en Israel, sino también en todas las naciones y en todas la vidas individuales, la destrucción del hogar marca el principio del fin.

13. *El Sexto Mandamiento*. La santidad de la vida humana queda afianzada, y se prohibe el asesinato, por la razón que fuere. Pero este mandamiento se cita erróneamente en oposición a la pena capital administrada por el estado. Poner judicialmente fin a una vida como castigo por un crimen está autorizado en Éx

21, así como en Ro 13. Por otra parte, pocas veces se enfatiza que este mandato es aplicable a todo aquello que degrade al hombre y que le prive de la vida rica y plena que Dios quisiera que él gozara.

14. *El Séptimo Mandamiento*. En tanto que se dirige específicamente a mantener la pureza y santidad del matrimonio, también lo aplica Jesús a toda inmoralidad sexual, tanto de pensamiento como de obra (Mt 5:27, 28). **15.** *El Octavo Mandamiento*. Se tiene que respetar el derecho a la propiedad privada. **16.** *El Noveno Mandamiento*. "No solamente se prohibe mentir, sino la evidencia falsa e infundada en general" (KD). **17.** *El Décimo Mandamiento*. La codicia es "el deseo desordenado de bienes no poseídos" (G. A. Chadwick, *Exodus* en *Expositor's Bible*). El más interno de todos los mandamientos, que no prohibe un acto externo, sino un estado mental escondido, estado éste, no obstante, que es la raíz de casi cada uno de los pecados en contra del prójimo" (CB). Es básicamente el pecado de Adán y de Eva, desear aquello que no es la voluntad de Dios que hayamos de tener. **20. Para que su temor esté delante de vosotros.** *Os guarde de pecar por un temor constante de Él* (Moffatt).

3) La constitución del pacto. 20:21—23:33.

Las ordenanzas que se le dan a Moisés a continuación y por medio de él al pueblo, tratan brevemente de: (1) la forma general de adoración (20:22–26); con cierta extensión acerca de (2) las relaciones y derechos sociales del pueblo (21:1—23:13); y, finalmente, de (3) la relación del pueblo con Jehová (23:14–33).

Anteriormente algunos críticos hallaban razones en estas leyes para asignarle a esta sección una fecha muy posterior a la época de Moisés. Pero, desde el descubrimiento de una cantidad de códigos legales más antiguos que el mosaico —p. ej., el babilónico, asirio, hitita, y sumerio—, la práctica actual es la de determinar la dependencia del código hebreo de otros anteriores. Que pueblos, viviendo aproximadamente en la misma era y en culturas similares, precisaran de una legislación similar en líneas generales es algo evidente, pero no constituye dependencia. "Las leyes no son todas ellas nuevas, sino costumbres aprobadas combinadas, ya establecidas, juntamente con nueva legislación apropiada para la ocasión... También aparece la previsión al adaptar la legislación menos a las condiciones presentes de nomadismo que al próximo establecimiento en Canaán" (*Catholic Commentary*). El espíritu de la Ley mosaica se halla en los Diez Mandamientos. No solamente la gente a la que se dirigían estas leyes era diferente de las naciones alrededor de ellos, sino que las asunciones subyacentes a las leyes mismas son radicalmente diferentes.

a) La forma general de adoración. 20:22–26. El mandato se enfatiza aquí (vv. 22–23) de que el Dios cuya presencia había sido manifestada a todo Israel no tenía que asemejarse a ninguna imagen producida por la habilidad del hombre. No se tenía que precisar de estructuras elaboradas para marcar el camino de acercamiento a Jehová, sino un sencillo altar de tierra o de piedras comunes, sin labrar (vv. 24–26). Este precepto no choca con las instrucciones posteriores ordenando un altar de bronce (27:1–9), sino que trata con una situación particular. No se tenían que erigir altares por todas partes sino donde ''yo hiciere que esté la memoria de mi nombre''. En tales lugares se tenía que erigir un altar sencillo, no un santuario elaborado. La aplicación práctica de este mandato se halla en muchos lugares en la historia posterior (Jue 6:25, 26; Jos 8:30; 1 R 18:30–32). **Gradas** (v. 26). Las vestimentas flotantes se levantarían con el pie levantado y así quedaría el cuerpo al descubierto. Otros preceptos dan indicaciones con respecto al sacerdote sirviendo en el altar más grande (28:42).

b) Relaciones civiles y sociales. 21:1— 23:13.
21:1–11. El esclavo israelita. Esta ley trata solamente de los esclavos hebreos; los esclavos extranjeros son considerados en Lv 25:44–46. Los hebreos podían llegar a ser esclavos por su propia voluntad debido a la pobreza o a algún desastre privado. Los preceptos aseguraban que serían tratados como hermanos bajo tales circunstancias. Algunos han sugerido que no se trataba tanto de leyes a ser impuestas como de derechos personales a ser respetados (p. ej., KD). **Al séptimo** [año] (v. 2). El año sabático, el final del trabajo (cp. 21:2; 23:10, 11). El esclavo tenía que salir con la misma posición personal con la que entró (21:3, 4). **Ante los jueces** (RV, v. 6). *Ante Dios* (ASV, BLA, RSV, VM). Ambas traducciones son válidas. Aunque la palabra es 'Elōhîm, la palabra que acostumbra a designar a Dios, la transacción verdadera tenía lugar indudablemente ante los jueces que actuaban como representantes de la justicia de Dios (cp. Sal 82:6; Jn 10:35). **A la puerta.** Así se le unía a la casa para siempre, por el oído, el órgano de la atención y de la obediencia.

El precepto es distinto para la esclava, que como concubina o incluso como esposa pasase a formar parte de la casa del dueño (21:7–11). Quedaba protegida por tres preceptos: No podría ser vendida a un gentil, a un tipo muy diferente de esclavitud (v. 8); si había sido tomada para darla en desposorio a un hijo, debería ser tratada como una hija (vv. 9, 10); si no se le proveía de los alimentos, vestido, y derechos de una esposa, se la tenía que dejar en libertad (v. 11). El padre, que debido a las circunstancias se veía así obligado a deshacerse de su hija, no la vendía a una dura esclavitud, sino que la enviaba a una familia donde sería tratada como en casa.

12–17. Crímenes capitales. La santidad de la vida queda subrayada por estas leyes en contra del asesinato, secuestro, y violencia. Dios reprime la violencia de los pecadores mediante esta sanción de estricta justicia. **Dios lo puso en sus manos** (v. 13). Nosotros diríamos ''accidentalmente'', pero para el hebreo no habían ''accidentes'' en un mundo en el que Dios reinaba supremo.

18–32. Daños corporales, sea que fueran inflingidos por hombre o animal. Aquí de nuevo se acentúa el valor del individuo ante Dios. También se hallan más en la línea de exhortaciones que de decretos. Heridas como resultado de una pelea (vv. 18–19); heridas a un esclavo (vv. 20, 21); heridas a una mujer embarazada (vv. 22–25). **22. Sin haber muerte**; esto es, aparte de la salida del feto, no resulta un daño permanente para la madre. Los vv. 23–25 afirman la *lex talionis* (ley de las represalias), tan a menudo citada como típica de la dureza de las leyes del AT. En primer lugar, se debería señalar que la ley se limita a los casos de daños corporales solamente. En segundo lugar, su propósito no era el de obligar al cumplimiento, sino el de refrenar aquella apasionada venganza que por un ligero daño a menudo tomaba represalias de muerte y de destrucción. Los esclavos tenían que ser puestos en libertad en retribución por un daño permanente (vv. 26, 27). Cuando los hombres sufrían un daño por parte de animales, los dueños eran responsables (vv. 28–32).

21:33—22:17. Leyes con respecto a la propiedad.
33–36. Daños sufridos por animales. En tales casos la responsabilidad se medía por la negligencia o desidia en tomar las precauciones apropiadas. **Abrir un pozo** (v. 33). Se refiere a cisternas para el almacenamiento de agua o grano. ''Me he quedado asombrado ante el descuido con que se dejan abiertos pozos y cisternas, sin protecciones, por todo este país'' (Thomson, *The Land and the Book*, II, 283; cp. I, 89, 90; II, 194; III, 458).
22:1–4. Hurto. Allanamiento (v. 2). Lit., *cavando a través*; **forzando** (RV). La manera normal por la que un ladrón lograba acceso era

cavando las paredes relativamente blandas de barro de la casa. **El autor de la muerte será reo de homicidio** (v. 3). *El dueño de la casa es culpable* (Moffatt). Un golpe mortal en las tinieblas, en defensa de la vida y de la propiedad era excusable, pero a la luz del día, se razona, es innecesaria una defensa tan violenta. La vida, incluso de un ladrón, es de importancia a los ojos de Dios. **Vendido**. No como castigo, sino como restitución.

5–17. Pérdida de valor, sea por accidente, robo, u otras causas. Los vv. 5 y 6 tratan de la restitución por daños a los campos y a las cosechas. Se tenía que hacer restitución si se provocaban daños en el campo de otro. Con una pequeña enmienda, el v. 6 podría decir: "Si alguien quemare un campo a una viña", esto es, para destruir paja y malas hierbas. Perdiendo el control, el fuego destruye el campo de otro.

Pérdida o daño de bienes dejados en depósito (vv. 7–13). No se conocían almacenes guardados ni cajas de seguridad, ni siquiera bancos. Si alguien se tenía que ausentar de su casa, dejaba su propiedad al cuidado de un vecino de confianza. En un sentido, esta ley servía como garantía al vecino. **Plata** (v. 7); *Bienes*: un término muy general para una variedad de cosas. **Jueces** (v. 8). Cp. 21:6. **Toda clase de fraude** (v. 9). *Abuso de confianza* (RSV). **Juramento de Jehová** (v. 11). Sea que fuere ante jueces o por juramento, las disputas se tenían que solucionar como ante Dios y en reconocimiento de su ley. La Ley tenía por responsable al hombre por las cosas que tomaba prestadas o alquiladas (vv. 14, 15).

Seducción (vv. 16, 17). La doncella es aquí considerada como parte de la riqueza de la familia, y el ataque se tiene en cuenta con respecto a la pérdida de valor debido a la dote, un bien de consideración, tanto entonces como ahora en Oriente. El crimen moral es tratado en Dt 22:22–27. **Dote**. Mejor, *precio del casamiento*. Era el precio pagado por el novio a los padres o familia de la novia (cp. Gn 24:53).

22:18 — 23:9. Leyes morales y religiosas. Estas leyes se hallaban basadas en el hecho de que Israel debía ser una nación santa a Jehová. **18**. **Hechicera**. La maligna práctica de la magia y de la adivinación es todavía una fuerza potente en las áreas primitivas, e incluso entre los supersticiosos en tierras más ilustradas. A menudo se citan estas pocas palabras, y se las comenta de forma voluminosa como prueba de que se halla ignorancia supersticiosa en el AT, que por lo tanto no podría ser inspirado. Estas leyes han sido muy mal aplicadas, como en los juicios contra hechiceras del siglo XVII en Nueva Inglaterra. Es

cierto que el Nuevo Testamento no contiene estas leyes, debido a que la economía cristiana no es una autoridad civil, como lo era la congregación del Antiguo Testamento. No obstante, esto no niega la realidad de las prácticas demoníacas ni la validez de las leyes en contra de ellas. **19**. Bestialismo. Este acto innombrable formaba parte, de hecho, de las degradadas prácticas religiosas de aquella época. **20**. Sacrificios a dioses. **Será muerto**. Lit., *consagrado, puesto aparte* a Jehová. "Consagrado por la muerte al Señor a quien no quería dedicarse en vida" (KD).

21–27. Leyes humanitarias para la protección de los pobres, de los marginados, y de los desamparados. Estas exhortaciones son olvidadas por parte de quienes piensan en la ley mosaica como dura y nacionalista. **Ciertamente oiré** (vv. 22–24). El Dios que ve caer el pájaro, dará su merecido al opresor sin entrañas. **Usura** (v. 25). *Interés*. El préstamo de dinero como transacción comercial es una práctica moderna que no se considera aquí. El dinero se prestaba como acto de caridad a aquellos que se hallaban en gran necesidad. Cargar interés en tales casos, aprovechándose de las necesidades de otro, es un acto contra toda decencia. **El vestido** (v. 26). Para el pobre hombre que dormía en sus ropas, el gran manto rectangular, la única prenda que valía como prenda, era su única protección de noche. **Yo le oiré** (v. 27). Dios oiría el clamor que el endurecido acreedor ignoraba (cp. Thomson, I, 54, 99; III, 89).

28. Injurias a Dios o al príncipe. "El desprecio hacia Dios no consiste solamente en blasfemias a Jehová abiertamente expresadas, que tenían que ser castigadas con la muerte (Lv 24:11ss), sino en el desprecio de Sus amenazas con respecto al trato con los miembros más pobres de Su pueblo (vv. 22–27), y con respecto a que se les retuviera lo que tenían que recibir (vv. 29–31). Comprendido de esta manera, el mandato se halla estrechamente relacionado no solamente con lo que antecede, sino también con lo que sigue. El príncipe (lit., *el elevado*) es mencionado al lado de Dios, debido a que en su exaltada posición tiene que administrar la ley de Dios entre Su pueblo" (KD).

29–31. Los términos del pacto enfatizaban las responsabilidades de los israelitas ante el Señor. Tenían que mostrarse santos no solamente en dar lo que el Señor les demandaba sino en abstenerse de lo que estaba prohibido.

23:1–9. El deber de mantener la verdad y la justicia. Los israelitas tenían que andar en integridad y consideración hacia todos. No tenían que dar falso testimonio (v. 1), esto es, suscitar una falsa denuncia, ni hacerse cómplices de nadie que lo hiciera. **Testigo falso.** Lit., *testigo de violencia.* **No seguirás a los muchos** (v. 2). Una condena clásica de la violencia de la masa. No se tenía que pervertir la justicia ni por acción ni de palabra debido a la presión de la multitud. **Distinguirás** (v. 3). Favorecer o ser parcial. Algunos creen que se trata de un error de escriba, y que lo que aquí se decía era "rico", y no "pobre". Pero hay necesidad de advertir en contra de injusticias debido a la simpatía mal dirigida, igual que por otras razones. **El buey de tu enemigo** (vv. 4, 5). No solamente no se tenía que determinar la conducta de ellos por la opinión pública, la dirección tomada por la multitud, ni por la compasión hacia el pobre, sino que la antipatía personal, la enemistad, o el odio, no tenían que llevarles a un comportamiento ruín (cp. Mt 5:44; Thomson, *op. cit.,* III, 345). **No pervertirás el juicio** (v. 6). *Nunca manipules los derechos del mendigo en el juicio* (Moffatt). Este es el complemento al precepto en 23:3. **Te alejarás** (v. 7). No tendrás nada que ver con la injusticia. **Yo no justificaré.** La LXX lee: *Tú no justificarás.* La lectura hebrea muestra poderosamente que hacer tal cosa pone a uno en oposición al santo Dios que no justifica la maldad. **Ciega a los que ven y pervierte las causas** [no las **palabras,** RV] **de los justos.** Una y otra vez Dios enfatizaba la responsabilidad de los israelitas hacia aquellos que se hallaban despojados de sus derechos o bajo injusticias, al recordarles la propia experiencia de ellos (**vosotros sabéis como es el alma de un extranjero,** v. 9) de la que solamente Su compasión les había liberado.

10–13. Un calendario eclesiástico. Las responsabilidades de los adoradores; solamente se hace aquí una breve mención de los asuntos que se tratan más tarde con detalle. Los sábados, el año sabático, y el día de reposo (vv. 10–12). **La dejarás libre.** Así como el esclavo tenía que ser liberado de su tarea (21:2), así también la tierra tenía que descansar el año séptimo. A los pobres se les permitía comer de lo que crecía de sí mismo aquel año (cp. Lv 25:1–7, 20–22; Dt 15:1–18; 31:10– 13). **12. El sábado.** Cp. 20:8–11; 31:12–17; 35:1–3. **Para que descanse tu buey y tu asno, y tome refrigerio el hijo de tu sierva, y el extranjero.** Esto añade una razón humanitaria a la razón religiosa dada en 20:11, pero no la contradice. **13. Y todo...guardadlo.** Driver (CB) cree que este versículo está desplazado, y que debería seguir el versículo 19. Pero, según KD, se trata de una frase transicional: El 13*a* acentúa la fidelidad de ellos hacia las leyes que

tratan de sus prójimos; y 13*b* les prepara para las leyes que tratan de la relación de ellos con Jehová.

c) Las fiestas de peregrinación 23:14–19.

Aunque había otras observancias que guardar, estas tres eran las grandes fiestas durante las cuales se requería que todos los hombres de Israel se presentaran delante del Señor. En ellas había no solamente el recuerdo de la redención, sino de la contínua bendición y provisión de Dios. Se ha señalado que no se trata solamente de deberes, sino de derechos, "porque la observancia de una fiesta al Señor y comparecer ante Él eran ambas cosas unos privilegios que Jehová había concedido al pueblo de su pacto" (KD). **14. Fiesta.** Cp. 5:1. **15. Panes sin levadura.** Naturalmente, inseparable de la Pascua (cp. caps. 12; 13; Lv 23:5). **Ninguno se presentará delante de mí con las manos vacías.** Se tenía que llevar dones como evidencia de gratitud por las bendiciones de Jehová, y como tributo a Jehová el rey de ellos (cp. Dt 16:16, 17). **16. Fiesta de la siega.** Pentecostés (Lv 23:15–22; Nm 28:26–31; Dt 16:9– 12). **Fiesta de la recolección.** Tabernáculos (Nm 29:12ss; Lv 23:34–43; Dt 16:13– 14). Estas fiestas marcaban el principio y el final de la siega de todos los productos de la tierra. **18, 19.** Se tenían que observar tres normas en las fiestas. (1) Se tenía que utilizar pan sin levadura, no solamente en la fiesta de aquel nombre, sino en todas las fiestas. (2) **La grosura de mi víctima** no tenía que quedar (cp. 12:10). **Las primicias.** La retención de esta confesión y expresión de gratitud atrajo juicio sobre Israel una y otra vez (cp. Mal 3:8). (3) **No guisarás el cabrito en la leche de su madre.** Esta ordenanza parece no tener relación con las otras, y había provocado mucha especulación entre los comentadores. Entonces, en la literatura ugarítica descubierta en 1930, se llegó a saber que guisar un cabrito en la leche de su madre era una práctica cananea que se llevaba a cabo en relación con ritos de fertilidad (*Birth of the Gods,* 1:14). Israel, por su presentación de las primicias, reconocía que la bendición procedía de Jehová, no de ninguna magia.

d) Exhortación de despedida. 23:20–33.

El pacto queda concluido con estas palabras de promesa y de advertencia.

20–22. El Ángel de Jehová. "El nombre de Jehová estaba en este ángel; esto es decir, Jehová se revelaba a sí mismo en Él; y por ello en 33:15, es llamado la presencia de Jehová, porque en Él se manifestaba la naturaleza

esencial de Jehová. Este ángel no era un espí-
ritu creado y era, por ende, la manifestación de
Jehová mismo'' (KD). ''El ángel es el mismo
Jehová en un descenso temporal a la visibili-
dad para un propósito especial'' (McNeile,
Westminster Commentary).

23–33. Promesa y advertencia. Dios prometió expulsar a las naciones delante de ellos y
bendecirles, proveyendo a sus necesidades y
protegiéndolos. Por su parte, el pueblo de Israel tenía que abstenerse de toda idolatría y de
pactos con pueblos paganos.

Los destruirás del todo. (v. 24). *Y los que-
brarás.* **Estatuas.** *Pilares* (BLA). Piedras situadas cerca de un templo o en un bosque
sagrado, una característica regular de la adoración cananea. **El número de tus días** (v. 26).
Tanto el individuo fiel como la nación fiel
recibían la promesa de que vivirían toda la
duración de sus días. **Mi terror** (v. 27). El
pánico de corazón que llenaría de sus días. **Mi
terror** (v. 27). El pánico de corazón que llenaría a los paganos al irse conociendo los poderosos actos de Dios en favor de Israel (Jos
2:11). **Consternaré.** *Llenaré de confusión*
(BLA). **Avispas** (v. 28). Esto es difícil de
tomar literalmente, pero los hay que lo aceptan
así. Determinar lo que aquí se simboliza ha
ejercitado el ingenio de generaciones de comentaristas. Se ha sugerido que las avispas representan a egipcios, enfermedades, desastres
naturales, y otras cosas. La sugerencia de KD
de que se trataba del aguijón del temor (v. 27)
parece ser una idea muy razonable. Después de
expulsar gradualmente a los cananeos, el pueblo de Israel iba a ocupar la tierra (vv. 29, 30).
En esto fracasaron de una manera señalada
(Jue 1; 2). **Fijaré tus límites** (v. 31). Sólo en
una ocasión, bajo Salomón, y tan solo brevemente, llegó Israel a tener esta frontera. **El
mar de los filisteos.** El mar Mediterráneo.
Desierto. El desierto entre Egipto y Palestina.
El Éufrates. No sea que te hagan pecar
(vv. 32, 33). La destrucción de los cananeos
fue necesaria, y se prohibió el contacto con
ellos no fuera que infectaran al pueblo de Dios
con su pecado, como una enfermedad conta-
giosa.

4) La ratificación del pacto. 24:1–11.

1, 2. Estos dos vv. son en realidad la conclusión de las palabras de Dios del cap. precedente. Dios dio a Moisés instrucciones con
respecto a la ratificación del pacto que eran
distintos de las ordenanzas a dar a todo el
pueblo. Aarón y sus dos hijos mayores, Nadab
y Abiú, y setenta de los ancianos tenían que
adorar ''desde lejos'' mientras que Moisés se

acercaba al Señor. El resto del pueblo no tenía
que subir al monte para nada.

3. Palabras...leyes. Tanto los mandamientos positivos como las decisiones en casos
particulares (el contenido de 20:22—23:33)
fueron entregados al pueblo. Puede que el Decálogo no fuera incluído, puesto que todo el
pueblo lo había oído de parte del mismo Jehová. ''Era necesario que el pueblo supiera, no
solamente lo que el Señor les imponía en el
pacto que estaba a punto de celebrarse con
ellos, sino que ellos declararan que estaban
dispuestos a llevar a cabo lo que se les imponía'' (KD). **4. Altar...columnas.** ''Así como
el altar indicaba la presencia de Jehová, siendo
el lugar al que el Señor se llegaría para bendecirlos (20:24), así las doce columnas, o piedras
marcadoras, no iban a servir como meros memoriales, sino que iban a indicar el lugar de las
doce tribus y a representar también su presencia'' (KD).

5. Jóvenes. Estos no eran ni primogénitos ni
sacerdotes aarónicos, sino hombres elegidos
por Moisés para este acto particular, quizás
''como los miembros más fuertes y activos de
la comunidad'' (CB). **Holocaustos y... sacrificios de paz.** Es significativo que no se describa ninguna ofrenda por el pecado. Se trataba
de un pueblo redimido que ahora, por estos
sacrificios de dedicación y de comunión, se
consagraban a sí mismos y entraban en una
comunión estrecha y vinculante con su Redentor. **7. El libro del pacto.** El libro escrito por
Moisés (v. 4) y que contenía las leyes de
20:22—23:33.

8. ''En la sangre rociada sobre el altar, se
entregó la vida natural del pueblo a Dios,
como una vida que había pasado a través de la
muerte, para quedar saturada de Su gracia; y
después mediante el rociamiento sobre el pueblo les fue restaurada de nuevo como una vida
renovada por la gracia de Dios...vino a ser un
poder vital, santo divino, uniendo a Israel y al
Dios de ellos...una transposición de Israel el
reino de Dios, en el cual quedaba lleno de los
poderes del espíritu de la gracia de Dios y
santificado en un reino de sacerdotes, una nación santa (19:6)'' (KD). **Sobre todas estas
cosas.** *Sobre la base de todas estas ordenanzas*
(American).

9–11. La comida del pacto fue celebrada por
los representantes de Israel. **Vieron al Dios de
Israel** (v. 10). ''No debemos ir más allá de los
límites impuestos en 33:20–23 en nuestras
concepciones de lo que constituyera la presencia de Dios; al mismo tiempo tenemos que
considerarla como una visión de Dios que hacía que la naturaleza divina fuera discernible al
ojo humano. Nada se dice acerca de la forma
en que Dios se manifestó a Sí mismo'' (KD).

B. Instrucciones para el santuario y el sacerdocio. 24:12—31:18.

Habiendo quedado establecido el pacto, permanecía aun la necesidad de "dar una forma externa definida al pacto celebrado con su pueblo y de constituir un lazo visible de comunión en el que Él se pudiera manifestar al pueblo y en el que ellos pudieran acercarse a Él" (KD). Por esta razón es por lo que Moisés fue llamado al monte por un largo período de tiempo. La construcción del santuario no debía dejarse al ingenio del hombre. "Las instrucciones divinas se extendieron a todos los detalles, debido a que ellos todos tenían importancia en relación con el propósito de Dios" (KD). Al mismo tiempo, la ausencia de Moisés sirvió como prueba de la sinceridad de la reciente consagración y promesa del pueblo.

1) Subida de Moisés al monte. 24:12–18. **12.** Las **tablas de piedra** eran para inscribir sobre ellas el Decálogo (31:18). **La ley, y mandamientos,** incluyendo, probablemente, las instrucciones (*tōrâ*) para el santuario y el sacerdocio, y las leyes ahora en el Levítico y en Deuteronomio. **13. Josué** acompañó a Moisés al monte, pero no parece que estuviera a la inmediata presencia de Moisés cuando Jehová dio las leyes. **14. Los ancianos.** No necesariamente tan sólo los setenta de 24:1. Aarón y Hur fueron designados administradores en ausencia de Moisés.

2) Las ofrendas a presentar para el Tabernáculo. 25:1–7. **2. Ofrenda.** Lit., *levantado.* Un don levantado de la posesión de uno y dado al Señor. **3. Cobre.** En realidad, bronce. El bronce moderno, que es una aleación de cobre y de zinc, no era conocido en el mundo antiguo. Pero la aleación de cobre endurecido con estaño era utilizado muy en general hasta que fue sustituído por el hierro. **4.** Es difícil determinar los matices exactos de los colores mencionados. El **azul** se acercaba al índigo o violeta, mientras que el púrpura tenía tintes rojizos. Ambos colores eran costosos y muy apreciados por su brillantez. **5. Pieles de tejones.** El significado de la palabra heb. es incierto, y son varias las interpretaciones que se han ofrecido: *foca* (ASV), *cabra* (RSV), *marsopa* (BLA). Una palabra árabe similar significa "delfín" o "dugong". Otro punto de vista es que es una palabra egipcia significando simplemente "cuero" (Moffatt). *Tejón* es lo que sugiere el Talmud, pero hay poca probabilidad de que fuera esta la piel utilizada. **Acacia.** Se halla en abundancia en la península del Sinaí, una madera muy dura y duradera.

3) Instrucciones para el santuario. 25:8—27:21.

Los nombres que recibe la estructura llamada normalmente el Tabernáculo son muchos. Se le llama "la tienda", con referencia, generalmente, a la cubierta exterior; "el tabernáculo de la congregación", donde Dios se reunía con Su pueblo (27:21); el "tabernáculo del testimonio", porque contenía el arca y el Decálogo (25:16); el "tabernáculo de Jehová" (Nm 16:9), y el "santuario" (25:8). Los nombres "casa" y "templo" (1 S 1:9; 3:3) también se utilizan, pero se refieren a una condición más fija del Tabernáculo. El nombre común es "tienda", nombre que los traductores castellanos exaltaron a la palabra más resonante de "tabernáculo", siguiendo a la Vulgata en su traducción *tabernaculum*.

Aunque en el texto no se le atribuye ningún simbolismo al Tabernáculo, no puede haber duda alguna de que simbolizaba para Israel, como para nosotros, grandes verdades espirituales. Enseñaba claramente el hecho de la presencia de Dios en medio de su pueblo. Al mismo tiempo, indicaba que él era un Dios santo en medio de un pueblo pecador, porque toda la disposición del Tabernáculo ponía en claro que "aun no se había manifestado el camino al Lugar Santísimo" (He 9:8). Con el arca conteniendo el Testimonio, constituía "un testigo siempre presente a las demandas de Dios y a los deberes del hombre" (CB).

9. Conforme a todo lo que yo te muestre. Moisés recibió no solamente unas instrucciones detalladas, sino que también tiene que haber visto una pauta o modelo. Aquí es donde nos hallamos ante una dificultad; mucho de lo que nos confunde en las instrucciones quedaría claro en el acto si tan solo pudiéramos ver el modelo. Por ello, al considerar las varias especulaciones acerca de la forma y el modo exactos de la estructura del Tabernáculo, tan solamente podemos intentar decidir cuál parezca el más razonable.

a) El arca del testimonio. 25:10–22. El arca era una caja o cofre oblongo, de madera de acacia recubierta de oro. Tomando para el codo unos 45 cm. (18 pulg.) de longitud, el arca medía aproximadamente un metro y doce cm. (45 pulg.) de longitud, unos 68 cm. de anchura (27 pulg.), y otros 68 cm. (27 pulg.) de altura. Alrededor de la parte superior había una corona o molde de oro, formando un borde. En cada una de las esquinas (v. 12) se hallaba un anillo de oro. A través de estos anillos se pasaban unas varas recubiertas de oro con las que se llevaba el arca. La cubierta del arca es mencionada separadamente como el "propiciatorio" (v. 17). Era una losa de oro macizo, que se ajustaba a la longitud y anchura del arca. Puestos encima de la cubierta se hallaban las figuras de dos querubines hechos de oro batido. Estas figuras estaban frente a frente, con sus alas extendidas como cubriendo el propiciatorio. "La lámina de oro sobre el arca constituía el estrado de los pies de Aquel que hacía que Su nombre, esto es, la verdadera presencia de Su ser, habitara en una nube entre los dos querubines, encima de sus alas extendidas.... Así, el estado de los pies de Dios vino a ser un trono de gracia, que recibía su nombre *kappōret* o *hilasterion* por el hecho de que el acto más elevado y perfecto de expiación bajo el Antiguo Testamento se llevaba a cabo sobre él" (KD). **16. Testimonio.** El Decálogo sobre las tablas de piedra. **18. Querubines.** Sea la que fuere la apariencia exacta de estas figuras, ellas siempre simbolizaban la presencia del Señor (cp. Ez 1:5ss; Gn 3:24; 2 S 22:11; Ap 4:6, 7).

b) La mesa para el pan de la proposición. 25:23–30.

Se trataba de una mesa sencilla, de unos 90 cm. (36 pulg.) de longitud, y de 45 cm. (18 pulg.) de anchura, y 68 cm. (27 pulg.) de madera recubierta de oro. Un borde o marco de unos cinco cm. (3 pulg.) (**un palmo menor**, v. 25) rodeaba la mesa, bien justo por debajo de la parte superior, como en las mesas modernas, o a la mitad de la altura de las patas, como se ve en la representación en el Arco de Tito. En las cuatro patas habían anillos de oro para las varas con las que se transportaba la mesa. El nombre *pan de la proposición* quedaría mejor traducido como *pan de la presencia* (BLA, Moffatt, RVA). Se ponía pan en la mesa en la presencia de Jehová, una pieza para cada tribu de Israel. Así había un reconocimiento contínuo por parte de Israel de que de Jehová provenía su pan diario, un símbolo a la vez de comunión y de dependencia. **29. Platos.** Platos grandes, como platas, para transportar las piezas planas de pan. **Cucharas.** Más bien, *tazas* para el incienso que se debía colocar sobre el pan, identificándolo como un sacrificio (Lv 24:7). **Cubiertas.** Cálices o cuencos para el vino de la ofrenda de libación. **Tazones.** Para derramar el vino en libaciones.

Los panes eran llamados *pan del rostro* (v. 30) debido a que tenían que descansar sobre la mesa ante el rostro de Jehová como una ofrenda de vianda presentada por los hijos de Israel (Lv 24:7), "no como comida para Jehová sino como símbolo del alimento espiritual que Israel tenía que preparar...de manera

que el pan y el vino, que estaba sobre la mesa al lado de los panes, como el fruto de la obra hecha por Israel en el suelo de su herencia, eran un símbolo de su labor espiritual en el reino de Dios, el viñedo espiritual de su Señor" (KD). El pan de la proposición recordaba también a los israelitas de su dependencia de Jehová, de quien venía el sostén diario de ellos (cp. Ez 16:19; Os 2:8).

c) El candelero. 25:31–40.

La única luz del Tabernáculo era la que proveía el candelero. Este consistía de un tronco central del que se extendían tres brazos a cada lado y hacia arriba; encima de los brazos y del tronco, se fijaron lámparas, siete en total. Tanto el tronco como las lámparas fueron decoradas a intervalos con obra de ornamentación con formas de cáliz y corola de la flor del almendro. No se nos da el tamaño del candelero en las Escrituras. Josefo dice que tenía 150 cm. (60 pulg.) de altura, y un metro de anchura (39 pulg.). Otros infieren que tenía 65 cm. (27 pulg.) de altura y de anchura, el tamaño de la mesa del pan de la proposición frente a él. Se utilizó un talento de oro puro, aproximadamente 42 kilogramos (94 libras), para hacer el candelero y sus varios vasos. Aparte de su función propia, la lámpara constituía un símbolo, no solamente de la luz de Dios por la que Israel andaba, sino del mismo Israel, una luz en medio de un mundo oscuro, alimentada por el aceite del Espíritu de Dios. **31. Su pie.** Su base (BLA). **Sus copas, sus manzanas y sus flores.** La *copa* es la flor entera, la *manzana* es el conjunto de los pétalos exteriores e interiores. Los hay que han creído que el candelero tenía que asemejarse al almendro, llamado el "despertante" por los hebreos debido a su temprano florecimiento. **37.** En los tiempos bíblicos, una lámpara era como un platito con un pico en uno de sus extremos. Se llenaba de aceite, y se colocaba en él una mecha con un extremo saliendo por el pico. **Las cuales encenderás.** En realidad, "poner" las lámparas en el candelero después que habían sido preparadas. **38. Despabiladeras.** Un instrumento, parecido a pinzas, para sacar la mecha. **Platillos** (lit., *atrapador de fuego*). Una bandeja para las despabiladeras.

d) El Tabernáculo. 26:1–37.

1–6. Las cortinas ornamentales que formaban el mismo Tabernáculo. Habían diez cortinas, cada una de ellas con una longitud de casi 13 m. (42 pies) de longitud y de un metro ochenta cm. (seis pies) de anchura. Cuando se unían, formaban una gran colgadura, de 18 m. (60 pies) por casi trece metros (42 pies). Las cortinas eran tapices hermosamente tejidos de lino blanco, y material azul, púrpura y carmesí, con figuras de querubines, tejidas o bordadas. Estas cortinas, montadas sobre la armazón de madera (vv. 15–30) formaban el Tabernáculo propiamente dicho. A no ser que vayamos a entender que esta maravillosa obra se hallaba completamente cubierta, tenemos que suponer que los postes del armazón formaban cuadros vacíos en lugar de una pared sólida (Kennedy, "Tabernacle", HDB), o que las cortinas colgaban por dentro del armazón (James Strong, *The Tabernacle of Israel*). Strong cree que no se utilizaban como tienda, sino que colgaban como cortinas en el interior del armazón.

Obra primorosa (v. 1). Obra de diseñador o de diseño. Las cortinas (vv. 3–6) se unían en dos conjuntos de cinco cada uno mediante lazadas de material azul en los bordes, que se unían con corchetes de oro. Los dos conjuntos se unieron después de la misma manera, haciendo así una cortina larga. Ya que el armazón del Tabernáculo era de unos 13 por 4,5 por 4,5 m. (45 por 15 por 15 pies), la cortila, de 18 m. (60 pies), tiene que haber caído hasta el suelo por la parte de atrás (asumiendo que se dejara abierta la parte frontal), y la anchura de casi trece metros (42 pies) la haría llegar hasta unos 45 cm. (18 pulgadas) del suelo.

7–14. Las cubiertas exteriores. La tienda por encima estaba hecha de pieles de cabras, como lo son las de los beduínos en la actualidad, y probablemente como estaban hechas entonces las tiendas de los israelitas. Mientras que las cortinas de lino formaban un interior hermoso, el cabello de cabra hacía una cubierta exterior útil. Esta cubierta estaba hecha de once cortinas, cada una de ellas de trece metros setenta centímetros por un metro ochenta cm. (45 por 6 pies), unidas por corchetes de bronce (vv. 10, 11) de la misma forma que las cortinas de lino. Ya que la cortina de pelos de cabra era un metro (tres pies) más ancha que la de lino, tiene que haber cubierto completamente por los lados (v. 13). Tenía un metro y ochenta y dos cm. (seis pies) más de longitud que los tapices, y este exceso se utilizaba para doblar una de las dos secciones (v. 9), dejándola colgar en el frente, como una especie de doselera para proteger la cortina de la entrada. Probablemente que el resto del exceso fuera a la parte de atrás. Cualquier flojedad en esta cubierta quedaría eliminada, como en otras tiendas, por las cuerdas y postes con las que estuviera extendida y amarrada. Algunos creen que puede haber habido un poste alto central para formar un pico o copete, pero no se puede determinar por el texto. Otras dos cubiertas de cuero (v. 14; cp. 25:5) cubrían los tejidos de pelos de cabra y proveían protección frente al mal tiempo.

15–30. La estructura de madera. Una estructura hecha de tablas de madera de acacia recubierta de oro, siendo la longitud de cada tabla de 4 m. y 60 cm. (15 pies) y 66 cm. (2 pies, 3 pulg.) de anchura. Kennedy argumenta que se trataba de una estructura abierta y no una estructura maciza ("Tabernacle", HDB). No conocemos el grosor de las tablas, pero Josefo dice que era de unos ocho cm. (3 pulg.) (*Antigüedades* (III.6.3.), lo que hubiera constituído una estructura muy fuerte y pesada, en lugar de simplemente la estructura fuerte que se precisaba. También, como se sugiere anteriormente, a no ser que consideremos a la tapicería como cortinas, su hermosura habría quedado totalmente cubierta por una estructura sólida. Las Escrituras no nos dan los suficientes detalles para representarnos la estructura con exactitud. Cada tabla tenía dos espigas (v. 17) que ajustaban con unos orificios en las basas de plata (v. 19). Las basas de plata pesaban un talento cada una (unos 43 km., 95 libras), un peso suficiente para asegurar la solidez de la estructura (38:27). Las tablas formaban los lados y la parte de atrás del Tabernáculo. Veinte tablas formaban cada lado, de algo más de 15 m. (45 pies) de longitud, y seis tablas formaban la parte posterior. En las dos esquinas en las que se encontraban la parte posterior y los laterales, se añadieron dos tablas extra de cierta forma para añadir resistencia. Aunque es oscura la forma exacta de la formación de las esquinas (v. 24), sabemos que las dos tablas servían para aumentar la solidez del conjunto de la estructura. Para hacerlo aun más sólido, cinco barras corrían horizontalmente a lo largo de cada lado y de la parte posterior, ajustadas a anillos de oro en las tablas. La barra central iba de extremo a extremo (v. 28); las otras posiblemente eran más cortas, yendo quizás cada una de ellas hasta la mitad de la longitud.

Dos espigas (v. 17). *Dos espigas enclavadas en la basa* (Moffatt). *Cada una de estas dos tablas formando un doble apoyo y llevándolo hasta el anillo superior* (v. 24; Moffatt).

31–35. El velo del Lugar Santísimo. El Tabernáculo se hallaba dividido en dos secciones, llamadas "el lugar santo" y "el santísimo". El velo estaba hecho de la misma tapicería ricamente tejida que las cortinas. Colgaba de ganchos de oro de cuatro columnas de madera recubierta de oro, que estaban posadas sobre basas de plata mediante las dos espigas que penetraban en ellas, igual que las tablas de la estructura. **Corchetes** (v. 33). Ganchos o anillas.

36, 37. La cortina de la entrada. La entrada estaba cubierta por un velo de obra menos cuidada que la del Santísimo y colgaba, como el otro, de columnas, posadas sobre basas de bronce.

e) El altar de bronce. 27:1–8.

Este altar era una estructura hueca de madera de acacia, recubierta de bronce, de dos metros treinta centímetros de altura. En cada esquina se proyectaba un cuerno de bronce (v. 2). Debajo del cerco del altar había un enrejado de bronce, **hasta la mitad del altar** (v. 5), esto es, que *llegaba hasta la mitad de la altura del altar* (RSV). Algunos suponen que este enrejado se extendía por todo el altar, formando una parrilla sobre la que descansaba el sacrificio. Otros creen que el cerco, apoyado por el enrejado, corría alrededor del altar y formaba el sitio donde los sacerdotes estaban mientras ofrecían el sacrificio. Esto último parece más probable, porque es dudoso que hubiera habido un fuego dentro del mismo altar, ya que este hubiera quemado pronto la madera. Es probable que el altar de bronce fuera situado sobre un amontonamiento de tierra o de piedra y que el fuego se pusiera arriba. En las cuatro esquinas del cerco habían anillos de bronce, por donde se pasaban varas de madera recubiertas de bronce para llevar el altar.

Cuernos (v. 2). "En ellos se concentraba toda la fuerza del altar" (KD). Aquellos que huían a un santuario por protección se agarraban a los cuernos del altar (1 R 1:50). La sangre del sacrificio se untaba en los cuernos (Lv 4:7). Como a través de las Escrituras, "cuerno" significa poder, es probable que los cuernos del altar simbolizaran el poder de Dios. **Ceniza** (v. 3; lit. *grasa*), esto es, la ceniza del sacrificio quemado. **Tazones** (lit. *vasijas para echar*). Grandes cuencos en los que se recogía la sangre y se echaba contra los lados del altar.

f) El atrio del Tabernáculo. 27:9–19.

Un área rectangular, de 46 m. de longitud por casi 23 m. de anchura (150 por 75 pies), rodeaba el Tabernáculo. Quedaba cerrada por colgaduras de lino blanco, de alrededor de un metro setenta centímetros de altura, suspendidas de columnas. Habían veinte columnas para los lados mayores y diez para los lados menores. Las columnas eran de bronce con capiteles de plata (38:17), y reposaban sobre basas de bronce. Las cortinas estaban unidas a los pilares mediante unos garfios de plata que se unían a las molduras o bandas de las columnas. Cuerdas y agujas de bronce mantenían tensión sobre las colgaduras (38:19). La entrada a este atrio era por el lado de oriente. Allí las colgaduras se extendían por quince codos a partir de cada esquina, dejando una entrada de unos 9 m. (30 pies). La entrada quedaba cerrada por una cortina de tapiz bordada como la cortina de la entrada del Tabernáculo mismo. **Utensilios del Tabernáculo** (v. 19). Probablemente las herramientas utilizadas para montar y desmontar el Tabernáculo.

20, 21. La luz del santuario. Aceite de oliva de la mejor calidad, obtenido por "machacamiento", esto es aplastando suavemente las aceitunas en un mortero. Se obtenía un aceite inferior moliendo la pulpa que quedaba. **Desde la tarde hasta la mañana.** Las lámparas se mantenían encendidas en el Lugar Santo, delante del testimonio de Dios, durante toda la noche.

4) Las vestiduras y la consagración de los sacerdotes. 28:1—29:46.

Aarón y sus hijos fueron elegidos por Jehová para ser los sacerdotes, los mediadores, de Israel. Esta era una nueva ordenanza, como lo eran las ordenanzas para el santuario y los sacrificios. Los críticos insisten en que la restricción del sacerdocio a la familia de Aarón constituye un reflejo de los tiempos postexílicos. Pero si había un tabernáculo, tiene también que haber existido un sacerdocio regular. No hay evidencia en ninguna de la historia posterior de Israel de que, excepto bajo circunstancias excepcionales, nadie actuara como sacerdote excepto los hijos de Aarón.

a) Instrucciones con respecto a la designación y al atuendo de los sacerdotes. 28:1–5.

b) El efod. 28:6–14.

Esta era la parte más distintiva del atuendo del sumo sacerdote. Era una especie de delantal bordado primorosamente. Consistía de dos piezas, anterior y posterior, unida por los hombros mediante tiras u **hombreras** (v. 7), y atadas alrededor de la cintura mediante un cinto que formaba parte del efod mismo (v. 8). Sobre cada hombro se hallaba una piedra de ónice en un engaste de filigrana de oro, sobre las que se grabaron los nombres de las doce tribus de Israel, seis en cada piedra. Así, simbólicamente, los sacerdotes llevaban sobre sus hombros toda la carga de Israel, al representarlos ante Dios. Los colores y materiales del efod (v. 6) se corresponden con los colores y textura del santuario, identificando así al santuario y al ministro. No obstante, en lugar de querubines, el efod estaba totalmente bordado con fino hilo de oro, entretejido en él juntamente con todos los demás colores (v. 8). **Cinto de obra primorosa.** *Cinto hábilmente tejido* (BLA). **Conforme al orden de nacimiento de ellos.** (v. 10). Por el orden de las edades de los hijos ancestrales de Jacob. **Engastes** (v. 11). *Engastes de filigrana de oro* (RSV).

c) El pectoral. 28:15–29.

El pectoral de juicio era una bolsa del mismo material que el efod. Estaba hecho de una pieza de material, doblada para formar una bolsa, de 23 por 23 cm. (9 por 9 pulg.). Adheridas al pectoral en engastes de oro estaban doce piedras preciosas, cuatro hileras de tres piedras cada una, sobre las que se hallaban grabados los nombres de las doce tribus. La bolsa se mantenía en el efod mediante dos cadenas de oro, que se enlazaban con anillos de oro en las esquinas superiores del pectoral y que se unían con las hombreras del efod (vv. 22–25). Mediante otros anillos en las esquinas inferiores se aseguraba el pectoral al cinto del efod, mediante cordones azules (vv. 26–28).

Al ministrar el sumo sacerdote en el santuario, llevaba las cargas y necesidades de su pueblo no solamente en el lugar del poder, sobre sus hombros, sino también sobre su corazón, para que con sabiduría y compasión pudiera ser el mediador de ellos ante Jehová (v. 29).

La identidad de algunas de las piedras en el pectoral (vv. 17–20) es muy incierta. Y ya que las primeras traducciones de la Biblia eran también inciertas acerca de la identificación, sus traducciones son muy diversas. Las siguientes identificaciones representan un consenso de opiniones de las modernas autoridades. **Sárdica** (v. 17). Posiblemente cornalina o jaspe rojo. **Topacio.** Una piedra amarilla o verde, probablemente crisolito. **Carbunclo.** Esmeralda o cristal de roca. **Esmeralda** (v. 18). Una piedra roja, evidentemente no una esmeralda; o un rubí o un granate. **Zafiro.** Más probablemente un lapis lazuli que un zafiro. **Diamante.** O esta piedra o el sardónice. No hay evidencia de que se conociera el diamante en la antigüedad. **Jacinto** (v. 19). Una piedra estratificada roja y blanca, jacinto o cuarzo ahumado. **Ágata.** Traducción correcta. Una roca roja opaca. **Amatista.** La misma piedra de un púrpura clara que llamamos por este nombre. **Berilo** (v. 20). O la misma piedra o la calcedonia; posiblemente un jaspe amarillo. **Ónice.** La misma que ónice actual. **Jaspe.** Berilo jaspe verde.

Las instrucciones para la fijación inferior del pectoral no están claras (v. 27), pero probablemente era como se ha explicado anteriormente. Moffatt traduce así: *hacia abajo del delantal, cerca de la unión de las hombreras y por encima del cinto de obra artística.*

d) El Urim y Tumim. 28:30.

La palabra hebrea significa *luces y perfecciones.* La traducción de los LXX dice: *revela-ción y verdad.* "Lo que realmente fueran el Urim y Tumim no lo podemos determinar con certeza, ya sea por los nombres mismos o por ninguna otra circunstancia relacionada con ellos. Quizás fueran un medio dado por el Señor a Su pueblo por medio del cual, siempre que la congregación precisara de iluminación divina para guiar sus acciones, esta iluminación quedara garantizada; y mediante el cual los derechos de Israel, cuando se pusieran en tela de juicio o estuvieran en peligro, podrían ser restaurados, y...este medio tenía que quedar enlazado con el atuendo oficial del sumo sacerdote, aunque su carácter preciso no puede ya determinarse" (KD; cp. Nm 27:21; 1 S 28:6; Ez 2:63).

e) El manto del efod. 28:31–35.

Estaba tejido de una sola pieza de tela, con agujeros para los brazos, pero sin mangas. Se colocaba por encima de la cabeza y probablemente llegara a las rodillas. Alrededor del borde de la falda se alternaban pequeñas campanillas de oro y granadas de fibras entretejidas. Se han tomado las granadas como un símbolo de la Palabra de Dios, un fruto dulce y refrescante, y las campanas la proclamación de esta Palabra (cp. Sir [o Eclesiástico] 45:9). **Un borde...como el cuello de un coselete.** El cosido era para impedir que el borde se deshilachara. **Para que no muera** (v. 35). Ningún mero sacerdote podía entrar en el lugar Santísimo, la presencia inmediata de Jehová. "Este privilegio quedaba restringido al representante de la congregación entera ...e incluso él podía hacerlo solamente cuando llevara el atuendo de la palabra de Dios, como portador del testimonio divino sobre el que se basaba la comunión del pacto con el Señor" (KD).

f) La mitra. 28:36–38.

La mitra del sumo sacerdote era un turbante de lino fino y blanco (v. 39) sobre cuya frente se ataba, con un cordón azul, una placa de oro en la que estaban grabadas las palabras: "Santidad a Jehová". Así quedaba señalado el oficio y la persona del sumo sacerdote por Dios ante el pueblo, hasta que viniera Aquel que era santo Él mismo (cp. He 7:26). El término **mitra** (v. 37) es equívoco, porque la prenda de la cabeza no tenía ningún parecido con las modernas concepciones de la mitra. Se parecía más al turbante común de oriente. **Y llevará Aarón todas las faltas** (v. 38). El sumo sacerdote estaba exaltado a la posición de mediador expiatorio de la nación entera; y a su oficio se hallaba asociada una intercesión expiatoria.

g) La túnica. 28:39

La **túnica** era de tejido de lino, y se llevaba cerca del cuerpo, debajo del efod. Según

Josefo (*Antigüedades*, III.7.2), la túnica llegaba a los pies y tenía mangas ceñidas. Estaba atada al cuerpo mediante un cinto ricamente bordado como los tapices del santuario.

h) Vestimentas de los sacerdotes ordinarios. 28:40–43.

Aunque se describen como siendo ''para honra y hermosura'', se trataba de atuendos muy sencillos. Había una túnica como la que llevaba el sumo sacerdote, pero de color liso, atada con un cinto no descrito. Sobre la cabeza llevaban una tiara (RV), ya fuera una banda de lino alrededor de la cabeza o, más probablemente, una tiara. Debajo de la túnica, el sacerdote llevaba calzoncillos de lino. Se debería de tener presente que en aquellos tiempos el lino era un tejido muy costoso, de manera que incluso el más humildes de los atuendos de los sacerdotes estaba hecho del material más fino. Mediante estos atuendos los sacerdotes señalados por Jehová quedaban oficialmente marcados como sus representantes. Dejar de llevarlos, y acercarse de tal manera al Tabernáculo (v. 43) como por su propia virtud y derecho personal, significaba atraerse sobre sí mismos el juicio y la muerte.

i) La consagración de los sacerdotes. 29:1–37.

''Aunque la santidad de su oficio se reflejaba en su vestimenta, era necesario, debido a la pecaminosidad de sus naturalezas, que fueran santificados mediante una consagración especial para la administración de su oficio'' (KD). Las instrucciones que ahora se dan para la consagración se llevaron a cabo en Lv 8. Ya que un aprecio total del significado de las instrucciones tiene que esperar a una consideración del valor de las leyes sacrificiales de Lv 1—7, parece mejor tratar aquí solamente con las instrucciones dadas y no de su significado espiritual.

1–3. Preparación de las ofrendas. Tres tipos de galleta o de **pan** acompañaban a las ofrendas: pan ordinario sin levadura; **tortas**, esto es, pan sin levadura mezclado con aceite; y **hojaldres**, esto es, tortas muy delgadas untadas con aceite (v. 2).

4–9. La investidura de Aarón y de sus hijos. Los sacerdotes tenían que ser lavados, vestidos, y ungidos con aceite. Verdaderamente tenemos aquí una indicación muy clara de la limpieza espiritual de ellos, de su revestimiento con la justicia de Dios, y de su unción con el poder del Espíritu de Dios.

10–14. La ofrenda por el pecado. Se ofrecía un becerro como ofrenda por el pecado por los sacerdotes señalados. Los hombres que eran tipo del Gran Sacerdote que había de venir tenían primero que ser limpiados de sus propios pecados (cp. He 7:27).

15–18. El carnero de la dedicación. El carnero, totalmente quemado sobre el altar, simbolizaba a los sacerdotes, totalmente dedicados a Dios. **Rociarás** (v. 16). En realidad, *lanzar* o *echar* representarían mejor el significado del hebreo.

19–28. El carnero de la consagración. Los sacerdotes, lavados y dedicados, tenían una comunión simbólica con su Señor, al participar del carnero sacrificado. Los oídos, las manos y los pies (v. 20) se dedicaban a Dios para oír y obedecer su palabra. La sangre purificadora y el aceite santificante se rociaban no solamente sobre los hombres, sino también sobre sus vestimentas oficiales (v. 21) consagrándoles y dándoles poder para el servicio.

Cola (v. 22; lit., *cola gorda*). Los corderos de cola gorda se crían todavía en Palestina, y se considera la cola como una delicia especial. **Mecerás** (v. 24). Se mecían las porciones especificadas del carnero, esto es, se extendían sobre el altar y después se volvían a sacar; esto les presentaba simbólicamente a Dios. La parte de Dios (v. 25) era consumida en el altar. El pecho y la espaldilla del carnero de la ofrenda de consagración fueron dados a Moisés como sacerdote oficiante (vv. 26–28). De ordinario, como aquí se ordena, esta porción sería para el sacerdote.

29, 30. Las vestimentas sacerdotales tenían que pasar de generación en generación. La consagración de sacerdotes en sucesivas generaciones tendría que durar siete días, como esta consagración inicial (v. 35).

31–34. La comida sacrificial. Que los sacerdotes participaran de la misma ofrenda por la que habían sido expiados y consagrados nos recuerda de la comunión cristiana en el Cordero por cuyo sacrificio hemos sido redimidos. **35–37.** A lo largo de siete días se llevaba a cabo la consagración no solo de los sacerdotes, sino también del altar de sacrificio.

j) Los sacrificios de la mañana y de la tarde. 29:38–42.

Cada día, por la mañana y por la tarde, y a favor de toda la congregación de Israel, los sacerdotes tenían que ofrecer un cordero, con la comida y las libaciones consiguientes. Así se renovaba día a día la dedicación de todo el pueblo.

k) Promesa de bendición. 29:43–46.

En respuesta a tal dedicación contínua, Jehová prometía su presencia y bendición constante. Él habitaría en medio de su pueblo, y los medios señalados de mediación —sacerdote, tabernáculo, y altar— le serían santificados.

5) Instrucciones finales con respecto al Tabernáculo. 30:1–38.

a) El altar de incienso. 30:1–10.

Este pequeño altar, hecho de madera de acacia recubierta de oro, es llamado a menudo el "altar de oro" (39:38; 40:5, 26; Nm 4:11) como contraste al altar de bronce de sacrificio. Tenía una superficie de 0,14 metros (18 pulg.) cuadrados y un metro (tres pies) de altura. Sobre sus cuatro esquinas habían cuernos. Un cerco o moldura lo rodeaba, y debajo de esto, en las esquinas, habían anillos de oro para transporte. El altar estaba colocado en el lugar santo, directamente enfrente del velo que le separaba del Lugar Santísimo y del arca. Esta relación tan estrecha entre el altar y el arca está evidentemente mencionada en He 9:4. (La RV lo traduce erróneamente como *incensario*.)

Solamente se tenía que quemar incienso en este altar, y tan solo la mezcla prescrita por Dios (Éx 30:34–38). Este altar, el símbolo del acercamiento más estrecho del hombre a Dios, tenía también que ser limpiado por la sangre de la expiación año tras año (v. 10). "La relación entre la ofrenda de incienso y el holocausto queda indicada por la norma de que tenían que ofrecerse a la vez. Ambas ofrendas eran la sombra de la devoción de Israel a su Dios, mientras que el hecho de que fueran ofrecidas cada día exhibía esta devoción como constante e ininterrumpida. Pero la distinción entre ellas consistía en esto, que en el holocausto Israel consagraba su vida entera y todas sus acciones, tanto en cuerpo como en alma, al Señor, mientras que en la ofrenda de incienso su oración quedaba manifestada como la exaltación del hombre espiritual a Dios…la ofrenda de incienso presuponía reconciliación con Dios …A este respecto, la ofrenda de incienso no era solamente una espiritualización y transfiguración del holocausto, sino también una consumación de aquella ofrenda" (KD).

b) El dinero del rescate. 30:11–16.

Cada israelita, **de veinte años arriba** (v. 14) tenía que pagar medio siclo (alrededor de las cuarenta centavos USA) a Jehová como **expiación por vuestras personas** (v. 15). "No se trataba de un tributo ordinario…que Israel tenía que pagar a Jehová como su Rey, sino un acto demandado por la santidad del pacto teocrático. Como expiación por las almas, señalaba a la naturaleza no santa de Israel, y recordaba de contínuo al pueblo de que por naturaleza se hallaban apartados de Dios, y que solamente podían permanecer en el pacto con el Señor y vivir en Su reino sobre el terreno de Su gracia, que cubría el pecado de ellos. No era hasta que esta naturaleza hubiera sido santificada mediante una expiación perfecta, y que la servidumbre bajo la ley hubiera quedado completamente glorificada y totalmente transformada en aquella condición filial a la que se le llamaba a Israel…que como hijos del reino ya no tendrían que pagar más el dinero de expiación por sus almas" (KD; cp. Mt 17:25, 26). **Todo aquel que sea contado** (v. 13). *Relacionado en el censo* (RSV).

c) La fuente de bronce. 30:17–21.

La fuente era un cuenco grande lleno de agua, dispuesta entre el altar de bronce y el Tabernáculo, en el que el sacerdote se podía lavar las manos y los pies antes de entrar en el Lugar Santo. No se da descripción alguna del tamaño ni de la forma de la fuente. Con esta fuente no solamente se sugería, sino que se demandaba la limpieza diaria de los que servían al Señor (v. 20).

d) El aceite de la santa unción. 30:22–33.

Un aceite perfumado, mezclado según una fórmula específica, se tenía que preparar para la unción sacramental. Para subrayar la sacralidad de aquello que se ponía aparte para el Señor, se prohibió cualquier otra utilización del aceite (v. 33). **Mirra excelente** (v. 23). Bálsamo líquido. **Quinientos siclos.** Alrededor de 7 kg. (16 libras). **Canela.** En aquellos días era una especia costosa y rara. **Cálamo aromático.** Una caña aromática, posiblemente la misma que en tiempos clásicos venía de la India. **Casia** (v. 24). Una especie de canela. En total, alrededor de 22 kg. (48 libras) de especias, secadas y reducidas a polvo, se mezclaban con algo más de seis litros (un galón y medio) de aceite y se mezclaban *según el arte del perfumador* (v. 25).

e) El santo incienso. 30:34–38.

El incienso para ser utilizado en adoración fue también cuidadosamente prescrito, y se prohibió su utilización para propósitos ordinarios (vv. 37, 38). Así, la fragancia del aceite y del incienso santos, que se tenían que utilizar en el servicio del Tabernáculo, tenían que ser singulares y inequívocos, recordatorios para el pueblo, con cada aroma de ellos que les llegase, que Dios estaba en medio de ellos. **Estacte** (v. 34; lit., *lo que gotea*). La palabra *estacte* es simplemente una transcripción del término que aparece en la LXX y en la Vulgata. Era un tipo de mirra muy fragante. Se ha identificado también con la goma del árbol estoraque, "un hermoso y perfumado arbusto, que abunda en las colinas bajas de Palestina" (CB). **Uña.** Esto es también una transliteración de la LXX y de la Vulgata; era una concha de un cierto molusco, que todavía se recoge y utiliza para incienso y perfume. **Galbano.** Una resina picante y amarga, que también se utiliza medicinalmente; daba vigor a los otros ingredientes. **Incienso puro.** Otra resina gomosa, de árboles que se hallaban antiguamente, especialmente en el sur de Arabia. **Bien mezclado** (v. 35). Lit., *salado*, ya como símbolo de purificación o para inducir una combustión más rápida; posiblemente por ambas razones. Los ingredientes tenían que ser mezclados y fundidos, y llevados a formar una masa sólida (v. 36). Las porciones pequeñas se romperían de ella y se molerían a polvo para ser echado sobre los carbones vivos del altar.

6) Los constructores del Tabernáculo. 31:1–11.

Dos hombres fueron llamados por el Señor para supervisar la ejecución de las instrucciones para la construcción del Tabernáculo. Eran hombres que habían sido dotados por Dios de la sabiduría y del talento necesarios para esta misma obra: Bezaleel, de Judá, y Aholiab, de Dan.

7) La observancia del sábado. 31:12–17.

Una solemne insistencia de la ordenanza del sábado, ya ordenada en el Decálogo. Esta observancia iba a ser el signo peculiar de la relación de Israel con Jehová. "Por esto conocerán todos los hombres..." Es de señalarse que esta observancia externa, juntamente con otros signos externos, como el de la circuncisión, las leyes dietarias, *et al*, quedan traducidas específicamente en el NT a unas evidencias internas, espirituales de discipulado (cp. Ro 2:28, 29; Gá 4:9, 10; Col 2:16, 17). **Ciertamente morirá** (v. 14). Una sanción añadida para hacer cumplir la orden (cp. 20:8–11; 23:12).

18. A la conclusión de este prolongado período de instrucción, Moisés recibió las dos tablas del testimonio, inscritas por Dios mismo con el Decálogo.

C. El pacto roto y restaurado. 32:1—34:35.

El pueblo de Israel encontró difícil andar tan sólo cuarenta días por fe mientras que el líder visible se había ido. Exigieron a Aarón que les diera una prueba tangible de la presencia de Dios. Es cosa incierta si fue el primer mandamiento el que se rompió, un repudio de Jehová como Dios, o el segundo, la demanda de una imagen que representara a Jehová. En todo caso, se trataba de una transgresión clara y deliberada del pacto al que ellos se habían comprometido tan abiertamente hacía solo unas pocas semanas, un pacto sellado con sangre.

1) La demanda de un Dios por parte de Israel. 32:1–6.

"No se hallaban dispuestos a continuar mucho tiempo más sin un Dios que les precediera; pero la fe sobre la que se basaba el deseo de ellos era una fe muy pervertida, no solamente al aferrarse a lo que era patente a la vista, sino como corrompida por la impaciencia e incredulidad de un corazón natural que no ha sido penetrado por el poder del Dios viviente, y que se cree abandonado por Él cuando Su ayuda no se ve cercana de una manera visible y patente" (KD).

1. **Dioses.** La palabra *'Elōhîm*, aunque plural, se traduce generalmente como *Dios*, aunque se puede traducir, y se traduce, igual de bien como *dioses*. En este caso es difícil saber cómo traducir, y los comentaristas se hallan divididos debido a que, como se ha dicho anteriormente, no se sabe precisamente qué era lo que estaba en la mente del pueblo. **Tardaba.** Lit., *causar vergüenza*, esto es, por no volver.

4. **Estos son tus dioses.** O, *Este es tu Dios*. **Le dio forma.** Los ídolos antiguos se hacían por lo general recubriendo con oro o plata un centro o estructura de madera (Is 40:19, 20; 44:12–17; Jer 10:1–9). No es probable que Aarón fundiera un animal de oro macizo. **Becerro.** Un toro joven. El Apis egipcio y el Baal fenicio eran ambos representados como toros, una representación ésta muy común entre muchas naciones de aquel entonces por la fertilidad y fortaleza de ellos. Sea el que fuere el impulso original de los israelitas, hacer una imagen era el primer paso por un camino muy resbaladizo, que llevaba a una eventual identificación de Jehová con los dioses de las naciones (cp. Is 40; Jer 10). **6. Se levantó a regocijarse** (el pueblo). La idolatría iba acompañada de danzas obscenas y sensuales que formaban parte del culto de la fertilidad.

2) El pecado de Israel revelado a Moisés por Dios. 32:7–14.

7. **Tu pueblo.** Con esta palabra Dios parecía desechar a Israel. La frase puede haber sido utilizada (como KD sugiere) debido a que eran transgresores de un pacto del que Moisés era mediador, y por ello eran particularmente de él.

10. **De ti yo haré.** "Dios pone la suerte de la nación en manos de Moisés, para que recuerde su oficio de mediador, y se muestre digno de su llamamiento. Esta condescendencia de Dios, que ponía la preservación o destrucción de Israel en las manos de Moisés, acompañada de una promesa que le dejaba en completa libertad en cuanto a su decisión...constituía una gran prueba para Moisés, de si estaría

dispuesto a abandonar a su propio pueblo, cargados como estaban de culpa, como el precio de su propia exaltación. Y Moisés soportó la prueba. La preservación de Israel le era más querida que el honor de llegar a ser la cabeza y el fundador de un nuevo reino de Dios'' (KD).

11. Moisés rogó por Israel en esta oración de intercesión debido a que ellos eran **tu pueblo**; debido a la gran liberación que Dios les había ya dado; y para que los egipcios no se burlaran, no comprendiendo las razones de la destrucción de ellos; y, finalmente, alegó la promesa dada a los padres.

14. Jehová se arrepintió. ''Se dice así que Dios se 'arrepintió', no debido a que realmente Él cambie Su propósito, sino debido a que lo hace en apariencia cuando, como resultado de un cambio en el carácter y conducta de los hombres, Él se ve obligado a cambiar en el propósito que había anunciado previamente hacia ellos, y a adoptar una nueva actitud'' (CB). Keil y Delitzsch mencionan ''la profunda idea espiritual del arrepentimiento de Dios, como una descripción antropopática del dolor que se le causa al amor de Dios por la destrucción de Sus criaturas''.

3) El retorno de Moisés al campamento. 32:15–24.

19. La contemplación real de la abierta transgresión afectó más a Moisés que lo que podía hacerlo la noticia de ella. Vencido por la indignación, arrojó al suelo las tablas de piedra, cuyos mandamientos habían ya sido quebrantados por el corazón y los actos de Israel. **20.** Se quemó el núcleo de madera de la imagen, se pulverizó el metal, y el polvo de la madera carbonizada y del oro se dispersaron en agua. Al pueblo se le humilló haciéndole beber su propio pecado.

4) Castigo de los idólatras. 32:25–29.

Los levitas pudieron haber estado involucrados en el pecado del resto del pueblo, pero si fue así, hubo una vergüenza inmediata, arrepentimiento, y disposición de su parte para volverse de la idolatría a Jehová. La terca persistencia de los otros en su pecado se hizo evidente por su falta de disposición de responder al llamamiento: **¿Quién está por Jehová?** (v. 26).

25. Desenfrenado, sin freno, totalmente rebeldes a Dios. **27. Pasad y volved.** *Barred el campamento de lado a lado* (Moffatt). ''Como en toda otra matanza, la selección tenía que ser determinada por suerte o por elección accidental, por lo que Moisés dejó aquí que fuera determinado por suerte sobre quién caerían las espadas de los levitas, sabiendo bien que la

llamada suerte estaría bajo el control de Dios ...La actitud no resistente del pueblo en general se puede explicar debido en parte a la reverencia de ellos hacia Moisés, que Dios había acreditado de una forma tan maravillosa y poderosa como Su siervo a la vista de toda la nación, y en parte debido a la desesperación y al temor tan connaturales a una conciencia culpable'' (KD).

29. Os habéis consagrado...cada uno se ha consagrado en su hijo y en su hermano. *Ha estado en contra de su hijo* (BLA). ''En la causa del Señor, uno no debe perdonar ni a su pariente más próximo, sino que tiene que negar a hijo o hermano por causa del Señor'' (KD; cp. Dt 33:9; Mt 10:37, 38).

5) La intercesión de Moisés por el pecado de Israel. 32:30–35.

30. Quizá le aplacaré acerca de vuestro pecado. El aplacamiento del pecado es una cosa mucho más grande de lo que incluso Moisés entendía. Solamente el Cordero de Dios podría quitar el pecado del mundo.

32. Ráeme ahora de tu libro que has escrito. ''Cortar, o raer, de la comunión con el Dios viviente, o del reino de aquellos que vivían ante Dios, y entregar a la muerte. Como verdadero mediador de su pueblo, Moisés estaba dispuesto a poner su propia vida por la liberación de la nación, y no vivir ante el mismo Dios, si Jehová no perdonaba al pueblo su pecado'' (KD; cp. Ro 9:3). ''No es fácil estimar la medida de amor en un Moisés y en un Pablo; porque la estrechez de los límites de nuestros razonamientos no la comprende, como el niño pequeño es incapaz de comprender el valor de los héroes de guerra'' (Bengel, *New Testament Commentary*).

33. Al que pecare contra mí. Ni siquiera el sacrificio de Moisés podía quitar el pecado. **34.** ''Moisés había obtenido la preservación del pueblo y la entrada de ellos en la tierra prometida, bajo la protección de Dios, mediante su intercesión, y libró a la nación de una abrogación del pacto; pero la relación de pacto que existía antes no fue restaurada en su integridad. Aunque la gracia pueda modificar o suavizar la ira, no puede afectar a la justicia del santo Dios'' (KD).

6) La modificación de la justicia de Dios. 33:1–3.

Las palabras ''**mi ángel irá delante de ti**'' (32:24), se explican aquí. La afirmación era una modificación del juicio de Dios sobre Israel, pero era todavía un castigo. El mismo Jehová, no un mero mensajero, había estado en medio de ellos antes; pero ahora, **Yo no subiré en medio de ti** (v. 3).

7) Arrepentimiento y prueba de Israel. 33:4–11.

El pueblo estaba empezando a sentir el peso del juicio de Dios, y en dolor se despojaron de todo adorno.

7. El Tabernáculo de la congregación. Los críticos han introducido aquí una confusión de manera gratuita, una confusión que no se halla en la narración. Evidentemente, este "Tabernáculo de Reunión" (RV) no es el Tabernáculo que había sido descrito a Moisés, pero que todavía no había sido construido. Asumir que esta tienda fuera el Tabernáculo es juzgar que generaciones de judíos y de cristianos, incluyendo al autor original o a los editores del Éxodo, fueron tan increíblemente estúpidos como para no reconocer la contradicción. Lo que se afirma aquí es que Moisés puso una tienda afuera del campamento, un santuario provisional donde él se encontraba con Jehová, y adonde también podían ir los que buscaban al Señor. Así reforzó e ilustró el juicio de Dios de que Él no moraría en medio de los israelitas. La partida de Moisés hacia la tienda quedó imprimida en toda la gente (v. 8), y la lección de que sus pecados les habían separado de su Dios no cayó en saco roto. Este mismo hecho hizo despertar un anhelo en los corazones de la gente, lo que hizo posible una total restauración.

8) La reconciliación de Israel a Jehová. 33:12–23.

Moisés suplicó que, aunque Dios había declarado que Moisés había hallado gracia ante Sus ojos, no le había dado la certeza que era necesaria para llevar a cabo esta difícil tarea. Moisés también insistió ante Dios que, después de todo, Israel era la nación de Dios. **12. Yo te he conocido por tu nombre:** "Te conozco individualmente, más estrechamente que a los otros israelitas, como un rey que conoce solamente el nombre de aquellos de sus siervos con los que se halla en relación estrecha" (CB). **13. Que me muestres tu camino.** Lit., *hazme conocer. Mostrar,* en castellano clásico, significaba también, además de "dejar ver", "hacer conocer". **14.** Dios prometió que Él mismo, no solamente un representante (vv. 1, 3), iría con Israel.

18. Moisés fue envalentonado por esta promesa llena de gracia para pedir un favor sin paralelo. "Cuando Dios hablaba con él cara a cara…él veía meramente una 'similitud de Jehová', una forma que rendía al ser invisible de Dios visible al ojo humano…Por ello, lo que Moisés deseaba, era contemplar la gloria del ser esencial de Dios, sin ninguna figura, sin ningún velo" (KD). Esta petición no provenía

de una vana curiosidad sino "del deseo de cruzar el abismo que había sido causado por la apostasía de la nación, que para el futuro pudiera tener una base más firme que el que la historia previa le había dado" (Baumgarten, citado en KD). **23. Verás mis espaldas.** "Por así decirlo, solamente el resplandor que deja tras sí, pero que puede sugerir vagamente la brillantez total de Su presencia" (CB).

9) El pacto restaurado. 34:1–35.

1–3. Dios instruyó a Moisés que ascendiera al monte como antes, llevando consigo tabletas de piedra para reemplazar a las que habían sido rotas.

4–9. La revelación de la gloria de Dios a Moisés. "Lo que Moisés vio no se nos relata, sino solamente las palabras en las que Jehová proclamaba la gloria de todo Su ser…'Este sermón sobre el nombre del Señor', como Lutero lo llama, reveló a Moisés el nombre más escondido de Jehová…todas las palabras que el lenguaje contiene para expresar la idea de la gracia en sus varias manifestaciones al pecador, se acumulan aquí, para revelar el hecho de que en Su ser más íntimo Dios es amor" (KD).

11–26. Al ser restaurado Israel a la comunión con Jehová, se acentuaron dos de los puntos básicos del pacto, los mismos puntos que el pueblo había ignorado en su transgresión: Una advertencia en contra de ningún pacto con los cananeos; y un recordatorio de sus responsabilidades en la adoración de Jehová. **Estatuas…Aseras** (v. 13). *Columnas …y Aseras* (RSV; BLA). *Asherah* era, según la mitología griega, una diosa, la consorte de *El.* En el AT aparece como consorte de Baal de Tiro, introducido por la fenicia Jezabel en Israel (1 R 18:19). *Asherim,* la forma plural, eran objetos de culto erigidos para la adoración de Asherah, probablemente árboles o postes. Las *columnas,* o *masseboth,* representaban la deidad masculina.

Para un comentario de los vv. 18–26, ver las notas acerca de 13:13, 14; 23:12, 15–19. **En la arada** (v. 21). El sábado se tenía que observar incluso cuando pareciera más necesario trabajar.

27–35. El retorno de Moisés de la montaña. "Por la renovada adopción de la nación, fue restaurado *eo ipso* el pacto del cap. 24; de forma que no se precisó de una nueva conclusión de este pacto; y el registro por escrito de las condiciones fundamentales del pacto se hizo meramente como prueba de su restauración" (KD). **29. La piel de su rostro resplandecía.** La palabra hebrea para **resplandecía** es peculiar, proviniendo de la palabra para "cuerno", y significa lit., *rayeado.* En la Vulgata, Jerónimo lo tradujo a la luz del significado básico de la palabra raíz: "corneado". Por ello Moisés ha sido frecuentemente representado en el arte con cuernos saliendo de su cabeza.

D. Construcción del santuario. 35:1—39:43.

Estos caps. relatan detalladamente la ejecución de las instrucciones dadas a Moisés (caps. 25–31) para el Tabernáculo y su mobiliario y las vestimentas de los sacerdotes. Por lo general se repiten a pie de la letra las instrucciones, con unas pocas adiciones explicativas y algunas omisiones o condensaciones. Hay también alguna diferencia en el orden del contenido (cp. CB) para una comparación tabular).

1) Materiales para la obra ofrecidos por el pueblo. 35:1–35.

1–3. Se le repitió al pueblo el mandato de observar el sábado, con la notable adición del juicio de muerte al que quebrantara el sábado (31:15). Este recordatorio se dio en este tiempo para refrenar al pueblo y recordarles que incluso en su entusiasmo por construir la casa del Señor, tenían que descansar y esperar en Jehová un día de cada siete. El peligro espiritual de ser una "Marta" trabajadora en exceso se halla siempre presente.

4–9. Se dio la invitación a los liberales de corazón para que dieran materiales (25:1–8). Se debería de ver que no se puso presión sobre la gente, ninguna obligación ni necesidad, sino que se hizo una sencilla proclamación de la necesidad.

10–19. Los **sabios de corazón** fueron invitados a tomar parte en la obra. Es significativo que en el mismo corazón de las leyes y actividad mosaica exista una perfecta libertad de desear y llevar a cabo la obra del Señor. **Estacas …cuerdas** (v. 18). Hasta lo último, todo se dedicó a Jehová. Las estacas para la tienda no se mencionan en 27:19, pero se dan por supuestas.

20–29. Presentación de la ofrenda. **Así hombres como mujeres…todos** (v. 22). Se mencionan tanto a los hombres como a las mujeres; esta era una expresión individual de fe y de adoración. **Brazaletes…zarcillos.** El tipo preciso de joyas que se expresa no está muy claro. **Ofrenda de oro.** Probablemente el oro usado no estaba en forma de joyas. Los vv. 23, 24 describen la ofrenda particular de los hombres, mientras que los vv. 25, 26 describen la contribución especial de las mujeres, cuya obra particular era la del hilado de los materiales más bastos. Los materiales más preciosos vinieron de los príncipes (vv. 27, 28).

30–35. Moisés presentó a Bezaleel y a Aholiab como los artesanos elegidos y especialmente dotados de parte de Dios para supervisar el trabajo (31:2–5). Tenían que pasar sus propias habilidades instruyendo a otros.

2) La liberalidad del pueblo. 36:1–7.

Los dones excedieron a la necesidad. Los materiales fueron entregados a Bezaleel y Aholiab, o a sus ayudantes, hasta que la cantidad era tan grande que se tuvo que refrenar al pueblo para que no entregaran más cosas.

3) La ejecución de la obra. 36:8—38:20.

El registro de la construcción del Tabernáculo sigue el relato de las instrucciones casi verbalmente. Esto no constituye una repetición inútil, sino un énfasis acerca del hecho de la cuidadosa adhesión de Israel a la palabra de Dios. Sin esta obediencia, no habría sido aceptable ninguna cantidad de sacrificio ni de esfuerzo.

8–19. Las cortinas y cubiertas del Tabernáculo. Cp. 26:1–14. **20–34.** La estructura. Cp. 26:15–30. **35–38.** El velo y la cortina. Cp. 26:31–37. **38. Capiteles…molduras.** Capiteles para las columnas, y una banda alrededor de las columnas justo por debajo de los capiteles (no mencionados en el cap. 26). **37:1–9.** El arca del pacto. Cp. 25:10–20. **10–16.** La mesa del pan de la proposición. Cp. 25:23–29. **17–24.** El candelero. Cp. 25:31–39. **25–28.** El altar de incienso. Cp. 30:1–5. **29.** El aceite de la unción y el incienso, una afirmación sumaria de 30:22–38. **38:1–7.** El altar del holocausto. Cp. 27:1–8.

38:8. La fuente de bronce. Cp. 30:18–21. El bronce para la fuente provino de los espejos de metal pulimentado que utilizaban las mujeres. Aquello que había reflejado sus rostros naturales iba a ser utilizado ahora para recordar a los hombres de su necesidad de limpieza espiritual a fin de poder reflejar la gloria de Dios. **Las mujeres que velaban a la puerta.** Lit., *mujeres sirvientes que servían*, quizás en la limpieza, o como coro.

9–20. El atrio del Tabernáculo. Cp. 27:9–19.

4) Estimación de la cantidad utilizada. 38:21–31.

El oro fueron 29 talentos, 730 siclos, o alrededor de 40.940 onzas troy. La plata mencionada fue solamente el dinero del rescate (30:13, 14), que ascendía a 100 talentos, 1.775 siclos, o alrededor de 140.828 onzas troy. No se hace mención de los dones voluntarios de plata. Los intentos de valorar los metales preciosos en términos de moneda actual no sirven de mucho, ya que no tenemos forma de conocer el valor comparable de aquel tiempo. Es evidente que el gasto hecho para este pequeño santuario fue enorme, y un monumento a la dedicación del pueblo a su Dios. Es significativo que el Tabernáculo reposaba sobre la plata que constituía la contribución representativa de cada hombre en la congregación de Israel. El Tabernáculo se mantenía así sobre la dedicación del pueblo redimido de Dios. **29–31.** El bronce utilizado pesaba alrededor de tres toneladas.

5) El atuendo de los sacerdotes. 39:1–31. **2–7.** El efod. Cp. 28:6–12. **8–21.** El pectoral. Cp. 28:15–27. **22–26.** El manto del efod. Cp. 28:31–35. **27–29.** Túnicas y otras vestiduras. Cp. 28:39, 40, 42. **30, 31.** La mitra del sumo sacerdote. Cp. 28:36–38.

6) La obra acabada presenta a Moisés. 39:32–43.

Al concluir el redactor su relato de la obra, acentúa de nuevo, como lo ha hecho repetidamente, después de la descripción de cada pieza separada, que todo fue hecho **como Jehová lo había mandado** a Moisés.

E. *La erección y consagración del Tabernáculo. 40:1–38.*

1–6. Jehová instruyó a Moisés a que erigiera el Tabernáculo y que preparara tanto el Tabernáculo como a los sacerdotes para el servicio de Dios. La erección del Tabernáculo se afirma simplemente, habiéndose ya dado todos los detalles, pero de nuevo la frase repetida, **como Jehová había mandado a Moisés,** nos recuerda de cuán exactamente obedeció Israel las palabras del Señor.

17–33. El Tabernáculo se erigió para su uso el primer día del primer mes (día de año nuevo) del **segundo año** del éxodo de Egipto.

34–38. El cumplimiento de los mandamientos de Dios culminó en la santificación, por la presencia visible de Dios, de todo lo que le había sido dedicado. Para Israel, y para todas las épocas venideras, estos caps. enseñan claramente la lección de que el camino de la bendición es el camino de la obediencia y de la fe.

BIBLIOGRAFÍA

ALBRIGHT, WM. F. *From the Stone Age to Christianity,* 2 ed. Garden City, Nueva York: Doubleday and Co., 1957.

CALVIN, JOHN. *Calvin's Commentaries.* Grand Rapids: Wm. B. Eerdmans Publishing Company, 1948.

CHADWICK, G. A. *Exodus (Expositor's Bible).* Nueva York: Armstrong, 1895.

DRIVER, S. R. *Exodus (Cambridge Bible).* Cambridge: The University Press, 1911.

FAIRBAIRN, PATRICK. *Typology of Scripture.* Grand Rapids: Kregel Publications, 1989.

FILSON, F. V. y WRIGHT, G. E. *The Westminster Historical Atlas.* Filadelfia: Westminster Press, revisada 1956.

KEIL, C. F. y DELITZSCH, F. *Biblical Commentary on the Old Testament, The Pentateuch,* Vols. 1, 2. Grand Rapids: Eerdmans, 1951.

MOOREHEAD, W. G. *Studies in the Mosaic Institutions.* Nueva York: Revell, 1893.

MURPHY, JAMES. *Commentary on Exodus.* Edimburgo: T. & T. Clark, 1866.

OEHLER, G. *Old Testament Theology.* Grand Rapids: Zondervan, s.f.

STRONG, JAMES. *The Tabernacle of Israel: Its Structure and Symbolism.* Grand Rapids: Kregel Publications, 1987.

COMENTARIOS EN ESPAÑOL

CARROLL, B. H. *Comentario Bíblico: Éxodo y Levítico.* Terrassa: CLIE, 1986.

KELLY, P. H. *Éxodo: Llamadas a una Misión Redentora.* El Paso: Casa Bautista de Publicaciones.

JAMIESON, ROBERTO, A.R. FAUSSET, DAVID BROWN. *Comentario Exegético y Explicativo de la Biblia,* tomo 1: El Antiquo Testamento. El Paso: Casa Bautista de Publicaciones, 1958.

MAIER, PAUL L. *Josefo: Los Escritos Esenciales.* Grand Rapids: Editorial Portavoz, 1991.

RITCHIE, JOHN. *El Tabernáculo en el Desierto.* Grand Rapids: Editorial Portavoz, 1988.

LEVÍTICO

INTRODUCCIÓN

Título. El libro de Levítico recibe su nombre del *Levíticus* de la Vulgata, derivado del *Levitikon*, "perteneciente a los levitas", el título que tiene en la LXX. Los judíos lo conocían por su primera palabra, en hebreo *wayyiqrā'*, "y llamó", según la costumbre de los judíos de llamar a muchos de los libros del Antiguo Testamento por su primera o primeras palabras. La utilización de la "y" al principio (en el original hebreo) de este libro no significa que forme un apéndice de algún otro segmento de las Escrituras. Se continúa la línea de Éxodo, pero el libro constituye una unidad y se mantiene por sí mismo. A este respecto, nótese que varios libros más del Antiguo Testamento empiezan con "y" en el texto hebreo, esto es, Éxodo, Números, Josué, Jueces, Rut, y otros.

Levítico presenta el plan de Dios para enseñar a su pueblo escogido cómo acercarse a Él de una manera santa. Se da énfasis particular a las funciones sacerdotales al hacer este acercamiento a Dios de forma reverente y santa. Así el libro desarrolla el oficio sacerdotal o "levítico", de lo cual se halla referencia en el NT en He 7:11, donde se halla el término "el sacerdocio levítico".

Fecha y paternidad. "Y pusieron a los sacerdotes en sus turnos, y a los levitas en sus clases, para el servicio de Dios en Jerusalén, conforme a lo escrito en el libro de Moisés" (Est 6:18).

Esdras el escriba se refiere al rollo de Levítico al describir la fuente utilizada en su tiempo para determinar los procedimientos apropiados en la dedicación del Templo reconstruído. El libro de Levítico mismo acentúa contínuamente el papel de Moisés de registrar las reglas que le fueron dadas por Dios para una adoración apropiada en los ritos del Tabernáculo. El hecho de que hubieran tenido que haber reglas antes de que hubiera podido haber una adoración ordenada por parte de los sacerdotes y del pueblo demanda una fuerza controladora central y un tiempo fijado. Nuestra mejor comprensión de ello es que fue el papel de Moisés en el establecimiento de la adoración del Tabernáculo. Las naciones de los tiempos de Moisés tenían elaborados ritos fijados de adoración, desde mucho antes que él apareciera en escena. No hay necesidad alguna de creer que esta fijación de ritos en la adoración de Jehová tuvo lugar gradualmente por evolución ni que el registro de Levítico sea una invención tardía de los tiempos de Esdras.

Material de base. La misma simplicidad de la forma del Levítico ha preocupado a sus críticos. Algunos ven en su segunda sección (caps. 17—27), que describen la base del hombre para su comunión con Dios, la adición posterior de un "código de santidad". No obstante, la sola diferencia de énfasis puede dar cuenta de las diferencias entre las dos principales divisiones de este libro.

Uno bien puede decir que el libro de Levítico nos fue dado mediante Moisés para anticipar el "sacrificio eterno" —Jesucristo— del Nuevo Testamento. El libro de Hebreos presenta esta figura del Nuevo Pacto, y Levítico nos provee del material de base para los aspectos más importantes de "un sacerdote según el orden de Melquisedec". En realidad, un estudio de Levítico tiene un valor duradero solamente en cuanto que éste señale a Jesucristo, nuestro Sumo Sacerdote.

BOSQUEJO

COMENTARIO

I. Cómo aproximarse a Dios. 1:1—16:34.

A. *Las leyes del sacrificio. 1:1—7:38.*

1) Normas generales. 1:1—6:7.

a) Introducción. 1:1, 2.

1. Llamó Jehová a Moisés. El escenario está explicado en Éx 40. Dios habla a Moisés desde el **tabernáculo,** *'ōhel mo'ēd,* "Tabernáculo de reunión", esto es, donde Dios se reune con su pueblo. Este no era un lugar de reunión en el sentido de la sinagoga posterior, porque solamente se permitía acercarse a los sacerdotes y a los levitas. **2. Ofrenda.** El heb. *qōrbān,* proviene de la raíz *qrb,* "acercarse". Es con ello con lo que uno se acerca a Dios. Un hombre traía algo para prepararle a entrar a la presencia de Dios. Lo que estas ofrendas eran se da en los caps. 1 al 7.

b) Holocaustos. 1:3–17.

3. Si su ofrenda fuere holocausto. El holocausto, u ofrenda totalmente quemada (*'ōlâ*) podía consistir en un animal grande, macho, *bāqār* (v. 3), o en un animal pequeño *sō'n* (v.10). Aquí el pensamiento principal es que ni la ofrenda ni el ofrendante (cp. caps. 13, 14) podían tener mancha ni contaminación. La ofrenda se traía para conseguir aceptación delante de Dios tanto de la ofrenda como del ofrendante. **4. Pondrá su mano.** En heb. (*sā-*

mak yādô) esto implica apretar con vigor la cabeza del animal. No conocemos todo el ritual involucrado, pero es probable que lo que se quisiera mostrar fuera la energía física y mental involucrada en la transferencia, sea lo que ésta implicara. El propósito último era la expiación, o cubrir el pecado (*kappēr*). **6. Desollará.** Después de haber desangrado a la víctima, el ofrendante la despellejaba y la dividía en sus piezas por las articulaciones. En la práctica posterior (2 Cr 29;35), fueron los levitas los que llevaban a cabo el despelleje del cadáver.

10. Su ofrenda...del rebaño. No solo se podía utilizar un animal grande, sino también un animal pequeño, esto es, una oveja o una cabra. Se observó el mismo ritual como el de arriba por parte del ofrendante y los sacerdotes. Se hace aquí la observación adicional de que el animal tenía que ser muerto al lado septentrional del altar. **14.** La pequeñez del tamaño de las aves normales demandaba algunos cambios en el ritual utilizado para los animales grandes. El ritual era ejecutado solamente por el sacerdote. **17. Olor grato.** Era un olor grato a Dios, esto es, le complacía.

c) Oblaciones. 2:1–16.
1. Ofrenda de comida. La palabra heb. utilizada aquí, *minḥâ,* significa "don o pre-

sente'', y en algunas ocasiones ''tributo''. Cuando se utiliza en relación con u sacrificio, puede denotar o una ofrenda animal o de grano (como en el caso de Abel y Caín, Gn 4). Significa comúnmente una ofrenda de grano (en la espiga), de harina fina, o de comida cocida en horno. La ofrenda de harina fina, *sōlet*, se mezclaba con aceite, incienso y sal. **3. Lo que resta.** Después de que los sacerdotes hubieran quemado la harina fina en el altar, lo que quedaba era de ellos. Se quemaba como memorial, *'azkārā*: recordar a Dios (cp. Hch 10:4).

4–10. Ofrenda cocida en horno. Esta palabra corresponde al *qorbān* hebreo (cp. 1:2). Esta ofrenda podía ser cocida al horno, en una sartén o plato plano (*mahâbat*, v. 5), o en una cazuela (*marheshet*, v. 7). Lo que quedaba después de la ceremonia era para alimentación del sacerdote. **11. Ninguna ofrenda...con levadura.** La comida se tenía que dejar sin levadura. Tampoco se permitía miel. Tanto la levadura como la miel se hallan sujetas a fermentación. Se utilizaba la levadura como señal de corrupción en altares paganos. Solamente ofrendas dadas a sacerdotes (7:13, 14) podían tener levadura. **12. Primicias.** El *rēshît*, o primicias, ''primeros'' (frutos), se contrastan aquí con el *bikkurim* del v. 14. Ambos significan lo mismo. Los primeros no debían de ofrecerse sobre el altar, mientras que los mencionados en el v. 14 se quemaban en el altar. **13. En toda ofrenda tuya ofrecerás sal.** La sal era considerada un bien valioso en el antiguo Oriente Medio. Se creía que era una añadidura necesaria a los alimentos ofrecidos a Dios, así como a los consumidos por el hombre. **14. Espigas verdes...grano desmenuzado.** El grano tanto en la espiga como molido se tostaba y se ofrecía como memorial, y el resto iba para los sacerdotes.

d) Sacrificios de paz. 3:1–17.

1. La ofrenda de sacrificio de paz. En heb. *zebah shelāmîm* podría bien traducirse como: ''El sacrificio de unidad o de integralidad''. La integralidad connota una relación estrecha a comunión entre Dios y el hombre. En el ritual esta ofrenda era muy similar al holocausto (cap. 1), excepto en que, en tanto que en el holocausto se quemaba toda la ofrenda, en la ofrenda de paz el adorador se unía a sacerdote en la comida sacrificial de lo que quedaba. En otras ofrendas —de comida, del pecado, y de yerros— sólo el sacerdote participaba de esta comida sacrificial (cp. 7:11–38). **4. Grosura... sobre el hígado.** En heb. *yōteret*, significando probablemente ''el dedo del hígado'' (*lobus caudatus*).

6. De ovejas...macho o hembra. Una oveja macho o hembra sin tacha era el sacrificio usual del **rebaño**, diferenciado del ''ganado'' (v. 1). **12. Si fuere cabra.** También se podía sacrificar una cabra. No se podía comer ninguna sangre ni grasa. No se hace ninguna mención de sacrificio de aves, debido indudablemente a que quedaría poco para una comida sacrificial. Los pobres tendrían que compartir los sacrificios de rebaños ofrendados por otros.

e) Ofrendas por el pecado. 4:1–5:13.

2. Cuando alguna persona pecare por yerro. En heb. *hattā't* puede significar tanto ''pecado'' como ''ofrenda por el pecado''. Este hecho puede clarificar la afirmación de Pablo con respecto a Cristo en 2 Co 5:21*a*: ''Por nosotros lo hizo pecado [esto es, ofrenda por el pecado]''. Aquí, la ofrenda por el pecado se aplica solamente a aquellos que pecan (*bishegāgâ*) ''por ignorancia'', o **yerro**, no intencionadamente. El pecado cometido intencionadamente (o desafiantemente), no podía ser expiado con ningún sacrificio (Nm 15:30, 31). A la luz de esto, considerar el lamento del salmista (Sal 51) y el clamor de los profetas en contra de los pecados del pueblo (p.ej., Mi 6:6–8). ¡Cuánto más no hace por nosotros Cristo, nuestra ofrenda por el pecado! (He 7:26, 27).

3–7. Si el sacerdote...pecare. El sacerdote ungido, o sumo sacerdote, representa a la comunidad, y por ello su pecado hace recaer culpa sobre la comunidad. La ofrenda es un becerro sin defecto. La ceremonia era muy parecida a la del holocausto, excepto que se utilizaba la sangre para rociarla hacia el velo del santuario y para ponerla sobre los cuernos del altar (cp. vv. 14–18).

8–12. Y tomará...toda su grosura. Nótese que después de quemar la grasa y ciertos órganos sobre el altar, se llevaba el cadáver a un sitio limpio fuera del campamento para ser quemado allí (cp. He 13:10–13).

13. Si toda la congregación de Israel hubiere errado. El pecado de toda la congregación de Israel quedaba cubierto en un ritual muy parecido al utilizado por el pecado del sumo sacerdote. La ceremonia puede haber variado de la descripción que aquí se da, como parece indicarlo el relato de la ceremonia en Nm 15:22–26.

22. Cuando pecare un jefe. El jefe, como ungido de Dios, es responsable de andar piadoso ante su pueblo. La ofrenda por el pecado prescrita para el jefe era de un macho cabrío. La sangre no era introducida en el tabernáculo de reunión, como en los casos citados anteriormente, sino que se ponía en los cuernos del altar de holocausto y derramada a la base del altar.

27. Si alguna persona del pueblo pecare por yerro. El ciudadano como individuo tenía también responsabilidad ante Dios. No podía esconderse en medio del grupo y fingir inocencia. Tenía que traer una cabra o un cordero hembra. Se seguía el mismo ritual que para el jefe.

5:1–5. Se dan ahora tres casos de la ofrenda del sacrificio por el pecado. **1. Si alguno pecare, y fuera testigo que vio, o supo, y no lo denunciare.** El primer caso es el de un testigo que ha rehusado testificar. Se trata de alguien que ha presenciado la comisión de un crimen o que ha oído algo que sería de ayuda para dar solución a un crimen. Tiene que pagar la pena por su silencio si esconde su conocimiento. ¿No nos recuerda esto el castigo del cristiano por su falta de testimonio? **2. La persona que hubiere tocado cualquier cosa inmunda.** El segundo caso es el de una contaminación ceremonial accidental. Uno que accidentalmente toque un animal inmundo, sea doméstico o salvaje o un reptil, es culpable. Tampoco se debe de tocar la inmundicia del hombre. Esto se amplía aún más en los caps. 12—15. **4. Si alguno jurare a la ligera.** El tercer caso es el de un hombre pronunciando algún juramento o voto a la ligera en alguna ocasión. En tanto que el hombre no pueda darse cuenta en el momento de que ha hecho mal, es culpable cuando se le hace la luz.

6–13. Se permitían varias ofrendas para la expiación. Puede haber alguna cuestión acerca de si la ofrenda por el pecado y la ofrenda por la culpa (5:14, 15) no se solapan. No obstante, hay algunas diferencias que notará el lector cuidadoso. Se tenía que ofrecer una cabra o un cordero hembra por los pecados mencionados en 5:1–4. Para los que no podían disponer de un animal, se prescribían dos tórtolas o dos palominos (v. 7). Para los muy pobres era suficiente una medida de flor de harina (v. 11).

f) Ofrendas por yerros. 5:14—6:7.

15. Cuando una persona cometiere falta. La ofrenda por el pecado (cap. 4) subrayaba el pecado del que uno se hacía consciente. La ofrenda por falta o yerro enfatizaba la situación en la que uno se sintió culpable pero era incapaz de especificarlo exactamente. Aquí en la ofrenda por yerro (*'āshām*) si se retenía parte de lo que se debía al Señor —como un diezmo—, se tenía que pagar un doble diezmo. Se ofrecía también un carnero por valor al menos de dos siclos. El acto de pecar se refiere con la palabra hebrea *ma'cal*, "tratar con engaño".

17. Si una persona pecare...aun sin hacerlo a sabiendas. Si alguien hacía sin querer lo que Dios había mandado no hacer, traía un carnero como ofrenda por yerro (como antes). Pero no hacía restitución, ya que se desconocía el pecado exacto. Esta ofrenda voluntaria ayudaba a aliviar mentes y corazones apesadumbrados.

6:1–7. Cuando una persona pecare, y cometiere prevaricación. Esta sección forma parte del cap. 5 en el texto hebreo. En este caso el pecado es un daño a la propiedad de otra persona por fraude o violencia. Este es un caso en que se llega a conocer el pecado por la confesión. Los aspectos legales de estos pecados se tratan en Éx 22:7, 8.

2) Normas más específicas acerca de estas ofrendas. 6:8—7:38.

La consideración de las ofrendas en la sección anterior ha sido hecha desde el punto de vista del adorador al acercarse este al altar con su sacrificio. El punto de vista se centra ahora en el sacerdote, al instruir la ley a Aarón y a sus hijos en el ejercicio apropiado de su oficio en lo que tenía que ver con el ritual del sacrificio.

8–13. *Instrucciones para la presentación del holocausto.* Se manda la ofrenda de dos corderos, uno a la salida del sol, y otro al ocaso (Éx 29; Nm 28) —por todo el pueblo— además de que los sacerdotes han de llevar los atuendos apropiados para le ejercicio de sus servicios.

14–18. *Instrucciones para la presentación de la oblación (ofrenda de comida).* Esta consideración de la ofrenda de comida es una reiteración de 2:2ss. Se dan especificaciones para la alimentación de los sacerdotes de la comida que queda después del sacrificio. El lugar de comida es el atrio del tabernáculo de reunión.

19, 20. Una ofrenda de comida perpétua. Se hizo provisión para una ofrenda perpétua de comida, en la que Aarón inauguró una comida que debía ser continuada por sus sucesores. En la época del segundo Templo, esta ofrenda se hacía diariamente. Se quemaba totalmente. No se comía ninguna parte.

24, 25. La ley del sacrificio expiatorio. El resto de este capítulo es una consideración de la ofrenda por el pecado como la dada anteriormente desde 4:1 a 5:13.

7:1. La ley del sacrificio por la culpa. Los primeros diez versículos del cap. 7 pasan revista a las leyes relacionadas con la ofrenda por la culpa dadas desde 5:14 hasta 6:7. No obstante, aquí se dan más detalles. **2. En el lugar donde degüellan el holocausto.** Las ofrendas por la culpa y de expiación se tenían que degollar en el mismo lugar que la ofrenda de holocausto (cp. 6:25; 1:11), esto es, al lado norte del altar. 6. Será comida en lugar santo. El ritual de comer de la ofrenda sigue asimismo la de la ofrenda de expiación (cp. 6:26, 29). 8. El sacerdote...la piel del holocausto ...será para él. La piel (*'ôr*) del holocausto era retenida por el sacerdote oficiante. Sobre la base de esta afirmación en el v. 7, la Mishna extendió este privilegio a los sacerdotes ofrendando tanto la ofrenda por la culpa como de expiación. 9. Toda ofrenda que se cociere en el horno. Los sacerdotes debían recibir las ofrendas de comida.

11-36. *Instrucciones para la presentación de la ofrenda de paz.* El sacrificio de paz se podía hacer como un acto de acción de gracias, *tôdâ*, o como resultado de un voto, *neder*, o como una ofrenda voluntaria, *nedâdâ*. 12. En acción de gracias. El *tôdâ*, o acción de gracias, era suplementado por tres tipos de tortas preparadas con aceite. Una torta de cada tipo era una ofrenda elevada (o para mecer), *terûma*, elevada hacia el cielo a la vista de la congregación y después presentada a los sacerdotes oficiantes. 15. El *tôdâ* tenía que ser comido el día del sacrificio, pero se permitía dejar una porción del *neder* y del *nedâbâ* hasta el segundo día para comerla entonces. Cualquier porción que quedase después tenía que ser quemada. 19. La carne que tocare alguna cosa inmunda. La carne sacrificial no podía tocar nada inmundo ni podía ser comida por ninguna persona contaminada. Lo que contaminaba al individuo se considera en las leyes de pureza, caps. 11—15. 22, 23. Ninguna grosura... comeréis. La grasa y la sangre quedaban prohibidos como artículos de alimentación. La regla con respecto a la grasa se refería solamente a las porciones de grasa de los animales sacrificiales, que quedaban reservadas como ofrenda a Dios. La restricción se ampliaba a las mismas porciones de grasa en los animales hechos inapropiados para el sacrificio por haber muerto de muerte natural o por haber sido muertas por fieras. La sangre de los animales y de las aves no se podía comer bajo ninguna circunstancia. 28, 29. El que ofreciere sacrificio... traerá su ofrenda. El individuo que hacía la ofrenda tenía que llevarla al altar. La porción que servía como ofrenda elevada, *tenupâ*, era elevada y movida hacia el altar y después apartada del altar y dada a los sacerdotes. Los siguientes versículos (30–34) hablan de estos elementos del sacrificio de la ofrenda de paz que tenían que apartarse para el sacerdote.

37. La ley del holocausto. Los dos últimos vv. de esta sección concluyen la sección de las leyes del sacrificio.

B. El testimonio de la historia. 8:1—10:20.

1) Inauguración de las ofrendas. 8:1–36. 2. Toma a Aarón y a sus hijos. El marco de este pasaje se tiene que hallar en Éx 28; 29 donde se da el proceso para vestir y ungir a los sacerdotes, siguiendo el sacrificio a efectuar en el momento de la consagración de ellos. En Lv 8:1–4 se nos dice que Moisés debía reunir todos los materiales precisos, junto con los sacerdotes, a la puerta del tabernáculo de reunión en presencia del pueblo.

8, 9. Los Urim y el Tumim. Se desconoce la naturaleza de los Urim y Tumim, y tampoco se comprende bien su significado exacto, aunque hay indicaciones de que pueden haber constituido un medio en aquellos tiempos de determinar la voluntad del Señor (cp. 1 S 28:6; Esd 2:63; Neh 7:65; y la LXX en 1 S 14:41. 10. El aceite de la unción. La investidura de los sacerdotes con el atuendo prescrito fue seguida de la unción con el aceite santo (vv. 10–13, 30). El aceite de la unción (*shemen hammishhâ*) simbolizaba el don del Espíritu Santo y el poder espiritual resultante (cp. 1 S 16:13; Is 61:1; Hch 10:38). Del mismo modo ponía aparte a las personas y a las cosas ungidas, consagrándolas para ser utilizadas en la obra de Dios.

14. El becerro de la expiación. El becerro de la expiación se sacrificaba según Éx 29:10–14. 15. Echó la demás sangre al pie del altar. La reconciliación (*kapēr*) o expiación del altar era un acto necesario para limpiarlo de la contaminación de los sacerdotes que ofrecían sacrificios sobre él. 18. Hizo que trajeran el carnero. Se sacrificó el carnero del holocausto conforme a las instrucciones en Éx 29:15–18 y Lv 1:3–9, implicando así una dedicación completa de los sacerdotes al servicio del Señor. 22. Hizo que trajeran el otro carnero. El carnero de las consagraciones (*millū'îm*) fue sacrificado como en el caso de la ofrenda de paz, excepto por la utilización de la sangre, tal como se describe en 8:23, 24. En esta ofrenda, se colocaba la sangre del carnero sobre ciertos órganos: el oído para oír a las palabras del Señor, la mano efectuando las obras del Señor, y el pie para dirigirse a los encargos de Dios. 27. Y lo puso todo en las manos de Aarón. La consagración (*millū'im*) tenía lugar cuando se colocaban los elementos del sacrificio en las manos de los participantes. El término utilizado para la consagración o designación del sacerdote era "llenar la mano" (Jue 17:5, 12). 31. Aarón y sus hijos la comerán. Ciertas partes de la carne y del pan eran para comida

de los sacerdotes, Así, se les proveía de alimento al observar ellos siete días consecutivos en los que se repetía el proceso de consagración sin que ellos abandonaran el tabernáculo de reunión.

2) Cuando se ofrendaron por primera vez. 9:1–24.
2. Toma...un becerro. Aunque Aarón había sido consagrado por siete días, durante los cuales se había ofrecido repetidamente la ofrenda por el pecado y el holocausto, se necesitaban más sacrificios. No se había conseguido la perfección (He 10:1–4). Aarón tenía que hacer sacrificios adicionales por sí mismo y, además, sacrificios por el pueblo. **22. Alzó sus manos Aarón.** Antes de bajar de la plataforma que rodeaba el altar de sacrificio, Aarón bendijo al pueblo con sus manos alzadas. **23. Entraron Moisés y Aarón en el tabernáculo de reunión.** La entrada de Moisés y Aarón en el tabernáculo de reunión puede haber sido con el propósito de instruir al nuevo sumo sacerdote en sus deberes. Saliendo del tabernáculo, el mediador de la ley de Dios y el sumo sacerdote se unieron en una bendición conjunta al pueblo. **24. Y salió fuego de delante de Jehová.** La gloria del Señor apareció como un fuego milagroso (cp. Éx 3:2–4; 13:21; 19:18, etc.) que se unió al que estaba ya ardiendo sobre el altar y consumó la combustión del sacrificio. El pueblo respondió a la manifestación divina postrándose en reverencia y humildad.

3) El mal uso de las ofrendas (Nadab y Abiú). 10:1–20.
1. Nadab y Abiú...ofrecieron...fuego extraño. El fuego extraño (*'ēsh zārâ*) no recibe explicación. Puede que los elementos utilizados o que el procedimiento seguido, o ambos, hubieran estado en contra de lo que había sido prescrito. Sea el que fuere su motivo y su mal uso, aquel acto fue, a la vista de Dios, digno de castigo por la muerte. **3. Me santificaré.** La ofrenda impropia de sacrificios de parte de los sacerdotes robaría a la gloria de Dios, y Dios estaba dispuesto a mantener esta gloria.
4. Y llamó Moisés. Cp. Éx 6:18, 22, 23 para los miembros designados de la familia de Aarón. **6. No descubráis vuestras cabezas** se podría traducir mejor como: *No dejéis que cuelguen los cabellos de vuestras cabezas.* La expresión normal de duelo les fue negada al sumo sacerdote y a sus dos hijos restantes, en este caso para que no se indicara disconformidad acerca del juicio de Dios. En lugar de ello, tenían que permanecer encerrados en el santuario en tanto que otros llevaban a cabo el entierro y expresaban dolor.

9. No beberéis vino ni sidra. Aquellos consagrados al servicio de Dios tenían que llevar a cabo sus funciones con una mente clara, no entorpecida por el alcohol. La presencia de este versículo en este pasaje no implica de forma necesaria, como algunos creen, que Nadab y Abiú pecaron al llevar a cabo sus deberes estando bebidos. **12. Tomad la ofrenda.** Moisés revisó con Aarón y sus hijos las leyes con respecto a comer el sacrificio. **16. Se halló que había sido quemado.** La porción del sacrificio que debía haber ser comida por los sacerdotes se había quemado. La explicación de Aarón parece implicar que el juicio impuesto sobre dos de sus hijos indicaba que él y sus otros dos hijos no se hallaban personalmente lo suficiente libres de pecado como para merecer comer la porción designada de la ofrenda de expiación. Moisés quedó satisfecho con la explicación.

C. Las leyes de la pureza, 11:1—15:33.
Los medios de mantener y restaurar la pureza ceremonial se dan en los siguientes caps. Las instrucciones tratan acerca de cómo comer la carne de los animales, del contacto con los muertos (tanto seres humanos como animales), del nacimiento, de la impureza de la persona, de los vestidos, y de las casas. Aunque un resultado importante de estas reglas puede haber sido la preservación de la salud, no es lo mismo que afirmar que el motivo de ellas fuera la motivación. No se pueden racionalizar de esta manera las leyes. En todas las naciones y religiones se puede hallar un contraste generalmente acusado entre la pureza o impureza de ciertas criaturas, sustancias y situaciones. Había una propiedad relacionada con unas y una impropiedad relacionada con otras. No se asigna ninguna razón a tal designación, y evidentemente no se precisaba de ninguna. No son muchas las restricciones que se aplican en la actualidad, pero se pueden leer con interés y se pueden reconocer como reglas que ayudaban a la vez a mantener la salud física de Israel y a mantenerla aparte como nación distinta de las naciones idólatras a su alrededor.

1) Lo que podía comerse o tocarse. 11:1–47.
2. Estos son los animales que comeréis. Cp. Dt 14:3–8. Aunque el pasaje de Dt relaciona animales limpios (*tāhôr*) así como animales inmundos (*tāmē'*), el pasaje correspondiente de Levítico da solamente relación de los inmundos. No obstante, en ambos pasajes se da el criterio de la pureza: El animal tiene que poseer pezuña hendida, y ser además un rumiante. **5. El conejo** (*shāpān*) es un co-

nejo de las rocas o tejón de rocas, un animal muy tímido que vive en madrigueras naturales o en grietas de las rocas. Ni el conejo ni la liebre son verdaderamente rumiantes (v. 6), pero el constante movimiento de las mandíbulas da esta impresión. **8. De la carne de ellos no comeréis.** No se tenía que comer el animal inmundo, ni tampoco se había de tocar su cuerpo muerto (el v. 39 incluye animales limpios que habían muerto por causas naturales). **9. Estos comeréis de todos los animales que viven en las aguas.** Cp. Dt 14:9, 10. Las restricciones en los siguientes versículos acerca de criaturas viviendo en las aguas evidentemente eliminaban la posibilidad de comer mariscos y anguilas. **13. Y de las aves, estas tendréis en abominación.** Cp. Dt 14:11-18. Ciertas aves quedan prohibidas por nombre pero sin nombrar el factor que las descalificaba. No se puede identificar con toda certeza a cada una de las aves mencionadas. **20.** Cp. Dt 14:19, 20. **Todo insecto alado que anduviere sobre cuatro patas**...aunque los insectos andan en realidad sobre seis patas. **21. Esto comeréis de todo insecto que anda sobre cuatro patas.** El grillo (una cucaracha), la langosta y el saltamontes se permiten aquí. Todavía se consumen en muchas partes del mundo en a actualidad. **24. Cualquiera que tocare sus cuerpos muertos será inmundo hasta la tarde.** El contacto con los cadáveres de animales, de criaturas acuáticas y aladas, prohibidos, conllevaba contaminación hasta el final del día, y demandaba el lavado de los vestidos. **29. Tendréis por inmundos a estos animales que se mueven sobre la tierra.** Se enumeran animales adicionales de menor tamaño. **32. Quedará inmundo hasta la noche.** Cualquier objeto quedaba inmundo cuando se ponía en contacto con las criaturas inmundas relacionadas, y se tenía que lavar para hacerlo utilizable de nuevo. **33. Toda vasija de barro.** Pero si el objeto era de barro, era insuficiente su lavado. Se tenía que destruir. **36. La fuente y la cisterna serán limpias.** La fuente y la cisterna tenían un suministro contínuo de agua dulce, lo que tendía a purificarla. **39.** Cp. nota en el v. 8. **44. Yo soy Jehová vuestro Dios.** El motivo para la observancia de lo dado anteriormente tenía que ser el dar honor a Dios, que había sido visto por Israel en actos poderosos en favor de ellos. Tenían que ser un pueblo peculiar, manteniendo el pacto que les recordaba constantemente su relación con Dios. Mediante Jesucristo se ha revelado ahora plenamente que el espíritu del individuo determina su obediencia (Mt 15:11).

2) Nacimientos. 12:1-8.

2. La mujer cuando conciba. A lo largo de todo este cap. es la mujer quien es considerada inmunda, no el niño recién nacido. **3. El octavo día se circuncidará al niño.** Cp. las instrucciones en Gn 17:12. Este rito era un signo externo indicando que se había establecido una relación con caracter de pacto entre el individuo y el Señor, con todos los privilegios y responsabilidades que conllevaba esta relación. **4. Ninguna cosa santa tocará.** El estado de su impureza impedía todo contacto con las cosas santas y prohibía su presencia en la casa de adoración durante el período designado. **5. Y si diere a luz hija.** El período de impureza era el doble de largo en el caso del nacimiento de una hembra. Esto puede atribuirse a la creencia antigua de que el período de recuperación de la madre era más largo en el caso de una niña que en el caso de un niño. **8. Si no tiene lo suficiente para un cordero.** María, la madre de Jesús, se acogió al privilegio concedido en el caso de alguien con los medios limitados (Lc 2:24).

3) Lepra. 13:1—14:57.

La condición designada como lepra (ṣara'at) en este cap. y en el siguiente no se relaciona en cada caso con la enfermedad conocida por este nombre en el presente. Por otra parte, la verdadera lepra queda evidentemente incluída en las irregularidades físicas descritas. Con las limitaciones de diagnóstico en la época de Moisés, las regulaciones escritas trataban con tanta efectividad como era posible con los problemas suscitados por la verdadera lepra y por condiciones análogas. El aislamiento y la observación detenida de las presuntas víctimas de la enfermedad son cosas no menos recomendadas en la actualidad que lo eran entonces.

Levítico 13 trata de la identificación de la lepra y de condiciones análogas en el hombre y en sus vestiduras. El cap. 14 trata de los procedimientos de purificación a seguir cuando el ṣar'at era observado sobre el hombre y sobre los muros de su casa.

13:2. Será traído a Aarón el sacerdote. Aarón o alguno de sus hijos fue designado para examinar al individuo sospechoso de ser leproso. Si había alguna hinchazón o erupción o manchas blancas en la piel, se debía diagnosticar como lepra si el cabello creciendo en la señal se había vuelto blanco y si la condición evidenciaba estar arraigada. Si el cabello no había cambiado de color y la condición parecía ser superficial, se tenía que imponer una cuarentena con el propósito de continuar la observación. Si al cabo del tiempo señalado la condición no se había extendido, el individuo era considerado limpio; no obstante, si había una extensión de la erupción, la condición era declarada leprosa por el sacerdote. **11. Lepra crónica de la piel.** Si el sacerdote podía determinar de la apariencia del hombre que estaba sufriendo de un antiguo caso de lepra, podría ser pronunciado inmundo sin cuarentena ni observación adicional. **12. Mas si brotare la lepra...que cubriere toda la piel.** Si la enfermedad de la piel cubría todo el cuerpo, se consideraba limpio al hombre hasta que apareciera carne viva. Entonces se le pronunciaba inmundo. Si la carne viva quedaba cubierta, podía volver a ser declarado limpio. No se sabe si esto es una referencia a la verdadera lepra o no. **18. Y cuando en la piel...hubiere divieso.** Podría aparecer una condición leprosa en el lugar de un divieso recientemente curado. Si había alguna duda con respecto a la certeza del diagnóstico, se empleaba la cuarentena y la observación. **24. Quemadura de fuego.** La zona de una quemadura podía también ser el sitio en el que podía aparecer una lepra. El sacerdote tenía que tomar las acciones necesarias para efectuar un diagnóstico correcto. **29. Llaga en la cabeza o en la barba.** Si aparecía una comenzón o llaga (*neteq*) en la cabeza o en la barba, era observada por el sacerdote. Si después de un cierto período no se extendía y si no contenía cabello amarillo, se pronunciaba limpio al individuo. Se hacía entonces un lavamiento. **35. Si la tiña se hubiere ido extendiendo.** Si, después del lavamiento, aparecía que la tiña se había extendido, se tenía que pronunciar inmundo al hombre tanto si había cabello amarillo presente como si no. **38. Manchas blancas.** Si apareciera una condición de la piel (*bōhaq*) en la que la inflamación consistiera de manchas blancas oscurecidas, no habría involucrada ninguna impureza. **40. Cuando se le cayere el cabello.** La pérdida de cabello no implicaba impureza de sí misma. No obstante, si la condición iba acompañada de una hinchazón llagada, se tenía que pronunciar leproso. **45. El leproso en quien hubiere llaga.** La desgracia del leproso era digna de compasión. Vivía en completo exilio afuera de la ciudad (Nm 5:2–4), considerado como muerto (Nm 12:10–12). No obstante, ya que no todas las enfermedades de la piel que conllevaban tal exilio eran la verdadera lepra, habían evidentemente los que se recuperaban, eran declarados limpios, y se les permitía volver a asumir sus lugares en la sociedad.

47. Cuando en un vestido hubiere plaga de lepra. Evidentemente, la referencia aquí es o a algún tipo de moho o a vestiduras que habían sido usadas por un leproso. Lo primero es lo más probable. **49. Si la plaga fuera verdosa o rojiza.** Si las manchas eran rojizas o verdosas, se tenían que poner los vestidos aparte durante siete días. Si el crecimiento había aumentado durante el primer período de observación de siete días, se tenía que destruir el material sobre el que estaba creciendo, por fuego, debido a que era una lepra maligna. **54. Lo encerrará otra vez por siete días.** Si no se había extendido durante el primer período de observación de siete días, se tenían que lavar los vestidos y volverlos a poner aparte por otros siete días. **55. La quemarás al fuego.** Si el lavamiento no eliminaba la mancha, se tenían que quemar los vestidos. **Corrosión penetrante** se refiere a la tendencia del moho a penetrar en el material de cuero o tejido, sea que lo atravesara a no. **56. La cortará del vestido, del cuero...** Si la mancha se había vuelto vuelto más débil, el sacerdote debía eliminar la sección de material contaminado del resto del artículo. **57. Quemarás al fuego aquello en que estuviere la plaga.** Si la eliminación de la mancha no impedía la extensión de la plaga, se tenía que quemar todo el vestido contaminado. **58. Se lavará segunda vez.** Si el lavado eliminaba la plaga, se tenía que volver a lavar la prenda y después se considerabalimpia.

14:1–57. *Purificación de los leprosos y de las casas leprosas.* La primera parte del capítulo (vv. 1–32) se dedica a la purificación del leproso. La segunda parte (vv. 33–57) da el procedimiento a seguir en el caso de lepra en las casas.

2. Será traído al sacerdote. Cuando el leproso parecía curado y buscaba ser reintroducido en la sociedad, tenía que ser llevado al sacerdote, que tenía que reunirse con él afuera de la ciudad.

4. Dos avecillas vivas. Para otras referecias a estas aves (*sippôrîm*), ver Gn 15:10, donde se registra que Abraham utilizó estas aves como sacrificio, y Éx 2:21, donde la mujer de Moisés recibe el nombre de Séfora (*sippōrâ*). No se designa la especie de las avecillas. La **grana** (*shenî tô la'at*), lit., "escarlata de gusano", era probablemente un pequeño trozo de tela escarlata. **5. Y mandará el sacerdote matar una avecilla.** Se tenía que mezclar la sangre de la avecilla muerta con agua en el vaso de barro. **6. Después tomará la avecilla viva...la grana.** Es posible que se utilizara la tela escarlata para ligar el hisopo y la madera de cedro para mojarlos en la mezcla de sangre y de

agua. **7. Soltará la avecilla viva.** Puede ser
que al dar una avecilla su vida como símbolo
de, y en lugar de, el leproso, la otra avecilla
simbolizara la nueva libertad del hombre de
retornar a su puesto entre su pueblo y a la casa
de adoración, sitios de los cuales había estado
excluído. En el v. 53 el mismo ritual es llamado "expiación" o "rescate" (*kipper*).
8. Y el que se purifica. Al hombre no se
le permitía todavía entrar en la comunidad.
Después de lavarse totalmente y de lavar sus
vestidos y de rapar su cabello, tenía que permanecer afuera siete días más. Después de este
tiempo se tenían que repetir el lavado y el
rapado. **10. El día octavo.** Al octavo día tenía
que traer los elementos necesarios para una
ofrenda por la culpa, una ofrenda de expiación,
un holocausto, y una oblación. La cantidad de
harina era de alrededor de tres décimas de efa.
El **log** era alrededor de medio litro de aceite.
11. Y el sacerdote. La ofrenda por la culpa
la tenía que hacer el sacerdote por el hombre
de la manera prescrita. **15. El log de aceite.** El
aceite, después de ser rociado delante del altar
para consagrarlo al Señor y santificarlo para
usos posteriores, se tenía que utilizar de la
misma manera que la sangre en el v. 14. **18. Lo
que quedare del aceite que tiene en su
mano.** El aceite restante tenía que utilizarse
para ungir la cabeza del hombre. **19. Ofrecerá
luego el sacerdote.** La ofrenda de expiación,
el holocausto, y la oblación, venían a continuación. **21–32.** *Provisión especial para los pobres.* Estos versículos explican cómo se hacía
provisión para aquellos que no podían proveer
todos los elementos designados en 14:10. Se
permitía una reducción en los casos de la
ofrenda de expiación, del holocausto, y de la
oblación, pero la ofrenda por la culpa permanecía la misma, esto es, un cordero. Los
vv. 23–32 simplemente repiten el proceso
prescrito en los vv. 11–20, para ser observados
en la ofrenda de sacrificios destinados a restaurar al hombre al estado de pureza.
34. Plaga de lepra en alguna casa. La
presencia de una plaga en las paredes en el
interior de una casa demandaba su examen por
parte del sacerdote. Puede haber sido una especia de moho o alguna forma de corrupción,
pero indicaba una acción específica de parte de
Dios y no podía ser ignorada ni tratada sin
supervisión e instrucción sacerdotal. Puede
que hayan influído consideraciones sanitarias,
pero el acontecimiento no dejaba de tener su
significado religioso además.
36. Desocupar la casa. Evidentemente
aquellos que vivían en la casa y los muebles
podrían quedar contaminados por lo que crecía
en las paredes. Por ello, la casa tenía que ser
vaciada antes del examen sacerdotal.

37, 38. Y examinará la plaga. Bajo ciertas
condiciones la casa tenía que quedar cerrada
durante siete días para observar si se extendía
la plaga. Si era así, las partes contaminadas de
las paredes tenían que ser sacadas, y volverse a
reconstruir aquellas secciones. **43. Y si la
plaga volviere a brotar.** Si, a pesar de todo,
continuara extendiéndose la plaga por las paredes, se tenía que tomar una acción más enérgica. Se tendría que destruir todo el edificio y
eliminar todos los materiales.
**46. Y cualquiera que entrare en aquella
casa.** Durante aquel período de observación
cualquier persona que entrara en la casa tenía
que ser considerada impura, y se tendrían que
emplear las medidas apropiadas de purificación.
48. Mas si entrare el sacerdote. Si después
de volver a construir las secciones enfermas no
se extendía de nuevo la plaga, la casa podría
ser considerada limpia. **49. Entonces tomará
para limpiar la casa.** Se tenían que utilizar los
mismos elementos sacrificiales y se tenía que
seguir los mismos procedimientos en la limpieza de la casa que en la limpieza del leproso
curado (vv. 4–7).

4) Pureza sexual. 15:1–33.
2. Flujo de semen (*zāb*), o "descarga", del
verbo *zūb*, "fluir". La descarga **de su carne**
(*mibbeśārô*) se traduce como significando los
órganos genitales, aunque la naturaleza exacta
de la enfermedad considerada no se conozca.
3. Esta será su inmundicia. La impureza
existía tanto si la descarga estaba siempre presente como si se desarrollaba una obstrucción
que causaba temporalmente una cesación de la
descarga.
4. Toda cosa...inmunda será. Todo el que
tocare al hombre inmundo, la descarga, o cualquier cosa sobre la que se sentara o echara en
tanto que estuviera inmundo, tenía que lavarse y lavar sus vestidos y ser considerado
como inmundo hasta la tarde. **11. Y todo aquel
a quien tocare el que tiene flujo.** Si el hombre
inmundo tocaba a alguna persona sin haberse lavado las manos con agua primero, su
inmundicia se transfería a la persona tocada.
**13. Contará siete días después de la puri-
ficación.** Al final de la enfermedad y después
de otros siete días, el hombre tenía que lavarse
a sí mismo y sus vestidos y era puro otra vez.
14. Y al octavo día. Después de ello, tenía
que llevar dos avecillas al sacerdote para
ofrendarlas como ofrenda de expiación y holocausto. **16. Lavará en agua su carne.** Mientras que los vv. 2–15 se refieren a una
condición de enfermedad, los vv. 16–18 se
refieren a una secreción natural. Aunque el

hombre quedaba inmundo por un tiempo, no tenía que ofrecer sacrificio. Su inmundicia impedía su participación en los servicios religiosos (cp. v. 31).

19. Cuando la mujer tuviere flujo. Otra descarga natural se considera en los vv. 19–24. Durante el período de la separación de la mujer, se aplicaban las mismas reglas que en 15:2–10. No existía ninguna necesidad en este caso de ofrendas sacrificiales. **25. Fuera del tiempo de su costumbre.** Más en línea con los vv. 2–15 es la condición de enfermedad descrita en 15:25–30. En este caso la mujer tenía que traer dos avecillas al sacerdote, que las ofrecería como ofrenda de expiación y holocausto.

D. El Día de la Expiación. 16:1–34.

A pesar de todos los sacrificios hechos durante el año por los miembros de la congregación de Israel y por los mismos sacerdotes, todavía quedaban pecados e impurezas por los que no se había hecho expiación si se tenía que mantener la correcta relación entre Dios y su pueblo. De ahí se inauguró un día particular en el que el rito llevado a cabo por el sumo sacerdote conseguiría la reconciliación de la nación con su Dios. Hebreos 9 da el significado de la ceremonia para el cristiano de una manera tan clara que Lv 16 puede verdaderamente denominarse la corona del sistema sacrificial del AT.

2. No en todo tiempo entre en el santuario detrás del velo. A Aarón no se le permitía una entrada frecuente al lugar santo dentro del velo (*pârōket*), o "divisoria", ante el propiciatorio (*kappōret*), que se describe en Éx 25:17–21. Este *kappōret* proviene del verbo *kāpar*, "cubrir, perdonar, o expiar". Por ello, la cubierta del arca recibe el nombre de *propiciatorio*. Tal como se prescribe en los vv. 29, 30, la entrada tenía que ser tan solo una ocasión al año. Y se tenía que llevar a cabo solamente de la manera prescrita.

3. Con esto entrará Aarón en el santuario. Ya que el sacerdote mismo tenía que ser limpio antes de poder ofrecer sacrificios por el pueblo, tenía que traer un becerro para expiación y un carnero para holocausto. Del pueblo (v. 5) tenía que traer dos machos cabríos para expiación y un carnero para holocausto, para ser ofrecidos por el pueblo. **4. Se vestirá la túnica santa de lino.** Después de lavarse, el sacerdote tenía que revestirse de las vestiduras sacerdotales. **6. Hará traer Aarón el becerro de la expiación que es suyo.** El becerro estaba destinado como ofrenda por el pecado del sacerdote y de su casa (cp. v. 11). Contrastar

ésto con la descripción del Señor Jesús en He 7:26, 27.

7. Después tomará los dos machos cabríos. Los dos machos cabríos, después de haber sido presentados "delante de Jehová", eran designados por suerte para el Señor y como "escape" (*'azā'zēl*). No se dan ni el significado ni la identidad de *'āzā'zēl*, pero parece evidente de las referencias en este cap. que era algún tipo de demonio que representaba ante el pueblo judío aquello que era opuesto a Jehová. No obstante, se debería tener en cuenta que en tanto que un macho cabrío se tenía que sacrificar al Señor (vv. 9, 15), el otro no se tenía que sacrificar a *'āzā'zēl* sino que solamente se tenía que dejar ir al desierto después de haber sido presentado delante de Jehová (cp. vv. 20–22).

Otra interpretación de *'āzā'zēl* es que la palabra hebrea es un nombre abstracto, que significa "eliminación completa". Bajo este punto de vista *'āzā'zēl* se forma a partir de un tronco intensivo del verbo radical *'azal* que se halla en el idioma árabe, relacionado con el hebreo, y que significa "eliminar". Levítico 17:7 prohíbe expresamente todo tipo de sacrificio a demonios. La función real del macho cabrío vivo es la de llevar afuera de la vista los pecados de Israel, y hacer evidente el *efecto* de la gran obra de la expiación. Esta singular ceremonia involucrando al segundo macho cabrío enseña la completa eliminación de los pecados expiados por el sacrificio (cp. Sal 103:12; Is 38:17; 43:25; Jer 31:34; Mi 7:19; Jn 1:29; He 9:26).

12. Tomará un incensario. La primera entrada del sumo sacerdote al Lugar Santísimo tenía el propósito de introducir el incensario de carbones vivos y dos puñados de incienso. **13. El Testimonio** (*hā'ēdût*) es un término utilizado para denominar las dos tablas de la ley dadas a Moisés en el Sinaí, y después depositadas en el arca (cp. Éx 25:16; 31:18; 32:15). La nube resultante del incienso en combustión estaba destinada, quizás, a esconder de la visión del sacerdote la manifestación de Dios sobre el propiciatorio a fin de que no muriera (Éx 33:20).

14. Tomará luego de la sangre. Aquí, la implicación es que el sumo sacerdote tenía que salir del Lugar Santísimo a fin de obtener sangre del becerro, y después volver a entrar otra vez para rociar la sangre sobre y cerca del propiciatorio tal como había sido instruido. **15. Después degollará.** Entonces tenía que volver a salir, matar el macho cabrío de la expiación por el pecado del pueblo, y entrar por tercera vez en el Lugar Santísimo, repitiendo con la sangre del macho cabrío el procedimiento seguido en el v. 14.

16. Así purificará el santuario. Así el sumo sacerdote haría la expiación por los pecados del pueblo, y por la impureza relacionada del Santuario y del Tabernáculo, que demandaba una purificación periódica.

20. Hará traer el macho cabrío vivo. El macho cabrío del versículo 10 tenía que ser traído, y Aarón tenía que poner las manos sobre él y confesar sobre él todos los pecados de Israel. Se consideraba que este acto simbolizaba la transferencia de los pecados al macho cabrío, que era enviado a continuación al desierto y liberado, presuntamente a morir. Ya se había dicho (v. 8) que *'âqā' zēl* representaba para los judíos aquel que estaba opuesto al Señor. Así como el primer macho cabrío constituía un medio de expiación con respecto *al Señor* por los pecados de Israel, así el segundo macho cabrío era un medio de expiación ante *el que se hallaba opuesto al Señor* al devolverle con el macho cabrío los pecados de los cuales era responsable. Pero en tanto que el macho cabrío destinado al Señor era sacrificado, el macho cabrío destinado a *'âzā' zēl* no lo era. Que, en verdad, se considerara que el segundo macho cabrío llevara **todos** los pecados (esto es, los pecados de presunción así como los inintencionados) de los hijos de Israel no queda en claro.

23–25. Vendrá Aarón al Tabernáculo de Reunión. Aarón tenía que entrar en el Tabernáculo, sacarse sus vestiduras de lino, lavarlos, y ponerse otros vestidos. Los vestidos que entonces llevaba no son descritos, aunque es probable que fueran los vestidos formales de sumo sacerdote (cp. Éx 28). Entonces tenía que sacrificar en el altar un carnero como holocausto por el pueblo, después de lo cual se tenían que quemar las porciones de grasa de la ofrenda por el pecado (cp. Lv 16:11, 19).

26. El que hubiere llevado el macho cabrío. El hombre impurificado por haber llevado el macho cabrío al desierto (v. 21) tenía que lavar sus vestidos y a sí mismo antes de reintegrarse a la comunidad. **27. Y sacarán fuera...el becerro y el macho cabrío.** Se tenían que sacar del campamento las porciones restantes del becerro y del macho cabrío utilizados en la ofrenda por el pecado y destruir las con fuego. Los que llevaban a cabo este acto tenían que lavar sus vestidos y cuerpos antes de volver.

29. Afligiréis vuestras almas. El establecimiento perpetuo del Día de la Expiación, *yōm hakkippūrîm* (cp. 23:27), y su observancia por el sumo sacerdote y el pueblo siguen en los restantes vv. del capítulo. El día décimo del mes séptimo fue designado para esta celebración, y en este día el pueblo tenía que humi-

llarse (*te'annû*) a sí mismo y cesar de toda actividad. Esta humillación o aflicción de uno mismo se llevaba probablemente a cabo mediante ayuno (cp. Sal 35:13; Esd 8:21; Is 58:3, 5), poniendo control a los apetitos terrenos a fin de manifestar la penitencia por los propios pecados. **31. Día de reposo.** Las palabras *shabbat shabbatôn* significan un ''sábado de descanso solemne;'' esto es, un sábado *solemne*, o *singular*. **32. Hará expiación el sacerdote.** El ritual prescrito lo tenía que seguir una vez al año (v. 34) la persona que entonces ejerciera el cargo de sumo sacerdote. Todo el ritual, imperfecto, y necesariamente repetitivo como era, tendía solamente a hacer que los devotos anhelaran la venida del Sumo Sacerdote y Perfecto Mediador que cumpliría, con un solo acto, todas las demandas necesarias, y ello para siempre, para llevar a cabo la perfecta reconciliación con el Padre.

II. Cómo mantenerse en comunión con Dios. 17:1—27:34.

Una vez establecida la deseada relación con Dios, tenía que mantenerse. Los capítulos restantes presentan claramente la manera en que el judío individual tenía que andar a fin de poder ser a la vez diferente de los paganos y aceptable al Señor.

A. La santidad del pueblo. 17:1—20:27.

1) Con respecto a los alimentos. 17:1-16.

1. Las instrucciones de Dios vinieron mediante Moisés y de él al pueblo mediante Aarón y sus hijos.

3. Cualquier varón de la casa de Israel. Todos los animales que se tuvieran que degollar, los apropiados para el sacrificio, tenían que traerse al sacerdote y sacrificados a la puerta del tabernáculo de reunión. Entonces la sangre y la grosura tenían que ser hechas parte de una ofrenda de paz a Jehová (v. 5). **4. Y no lo trajere.** Si se desobedecía el mandato, se tenía que considerar que el hombre había derramado sangre pecaminosamente, y tenía que ser **cortado...de entre su pueblo.** La palabra **cortar** es de la raíz *krt*, que significa también ''desarraigar'', ''mutilar'', o ''destruir''. No hay ninguna certeza acerca de si el término implicaba una sentencia de muerte o meramente una excomunión. Éxodo 31:14 parece implicar la pena de muerte, ya que se mencionan ambos términos como la pena por el mismo delito.

5–7. Y nunca más sacrificarán sus sacrificios a los demonios. El propósito de un castigo tan severo se da en los vv. 5 al 7. Los animales tenían que ser degollados a la puerta del tabernáculo de reunión y no debían ser sacrificados a los "demonios". Estas criaturas, llamadas "sátiros" en la RSV, son mencionados en singular en Lv 4:23 y se traducen simplemente como "macho cabrío". No obstante, se utiliza el mismo término en Is 13:21 y 34:14, que evidentemente se refiere a demonios, objetos de la adoración pagana. Evidentemente, algo de la idolatría de Egipto que había invadido las filas de los Israelitas (Jos 24:14) los había acompañado desde allí durante el éxodo. Josefo (*Contra Apión* II. 7) habla de la adoración al macho cabrío en Egipto. Este **estatuto perpetuo** fue ajustado por Moisés como relata Dt 12:15, en anticipación a la entrada en la Tierra Prometida, donde la dispersión de las tribus haría impráctica esta restricción.

9. El tal varón será igualmente cortado de su pueblo. La pena por la impropia ofrenda de cualquier animal sacrificial fue promulgada tanto para los hebreos como para los extranjeros que vivían en medio de ellos.

10. Comiere alguna sangre. Ni el hebreo ni el extranjero residente podía comer ninguna sangre. Las razones se dan el 17:11. La primera era que era el fluído que llevaba la vida por el cuerpo, y representaba así la vida o alma (*nepesh*) del animal. La segunda era en realidad la razón principal, siendo la primera solamente la base de la segunda. La expiación por los pecados se hacía en base del sacrificio de animales, por la ofrenda de la vida del animal como sustitución de la propia vida; el derramamiento de sangre como el fluído de la vida constituía la ofrenda de aquella porción que exhibía con más claridad la ilustración de la expiación. **13. Derramará su sangre.** Se tenía que derramar sobre la tierra la sangre de toda caza comestible que fue muerte y no se podía comer.

15. Mortecino. El animal que hubiera muerto de muerte natural, o que hubiera sido muerto por otros animales, o retenía la sangre o la había derramado de una manera que era ceremonialmente impropia. Así, aun cuando ordinariamente se hubiera podido considerar al animal como limpio, la naturaleza de su muerte impedía que fuera comido. Cuando por ignorancia, o sin pensar, se consumía este animal, se tenía que seguir el procedimiento adecuado de purificación.

2) Con respecto al matrimonio. 18:1–30. **3. No haréis...como hacen en tierra de Canaán.** El pueblo hebreo, elegido por Dios, para ser la nación de la cual saldría el Salvador de toda la humanidad, no debía de permitirse las prácticas inmorales e idolátricas de las gentes de las que acababan de separarse ni las de la tierra a la que pronto tenían que entrar. **4. Mis ordenanzas pondréis por obra.** En lugar de ello, tenían que andar en el camino dispuesto ante ellos por el Guía de ellos, por el Señor Dios de Israel. Y era con la autoridad de su Guía y Dios que les fueron dados los siguientes mandatos, poniendo así ante la responsabilidad de ellos la obligación en que estaban bajo el pacto. **5. Vivirá en ellos.** Los mandamientos no fueron dados sin una promesa. La persona obediente **viviría.** La misma expresión se halla en Ez 20:11, 13, 21 sin aclarar el significado exacto. No obstante, se cree que el significado se ha de hallar en el NT (Lc 20:38; Ro 10:5; Gá 3:12), en donde la vida "abundante", "plena", o "verdadera" parece ser la mencionada.

6–15. *Mandamientos con respecto a la pureza en la relación padre-hijo.*

6. Parienta. Lit., carne de su carne (*she'ēr beśārô*), esto es, parentesco de sangre como contrastado al parentesco simplemente por matrimonio. **Descubrir su desnudez.** Modismo hebreo refiriéndose a la relación sexual. Esto es una prohibición del incesto.

7. La desnudez de tu padre. Estas leyes iban dirigidas a los hombres. Por ello este versículo contiene una prohibición, no en contra del incesto entre padre e hija, sino en contra de hijo y madre solamente. La vergüenza que caía sobre la madre caía también sobre el padre. Al ser los dos una sola carne (Gn 2:24), cualquier acto cometido contra la madre se podría considerar como también habiendo sido cometido contra el padre. **8. Es la desnudez de tu padre.** Incluso, aunque la madrastra no tiene un parentesco de sangre, la relación entre marido y mujer conllevaba la misma prohibición y ello por las mismas razones que el v. 7.

9. La desnudez de tu hermana. Se hallan aquí referencias a media hermana y a hermanastra. **Nacida en casa o nacida fuera** constituye con toda probabilidad una referencia a que la chica fuera producto de un matrimonio subsiguiente o anterior al que produjo el hijo. **10. La hija de tu hijo.** Se prohibe la relación sexual entre el padre y la nieta. **11. La hija de la mujer de tu padre.** De nuevo se hace referencia a una hermanastra, ya que existe un parentesco de sangre (ver también v. 9).

12, 13. La hermana de tu padre...la hermana de tu madre. Estos versículos se refieren a una tía, hermana tanto del padre como de la madre. **14. El hermano de tu padre.** Se prohibe incluso la relación sexual con la esposa de un tío paterno, ya que ello conllevaría deshonor sobre un parentesco de sangre.

15. Tu nuera. Caería deshonor sobre un hijo como resultado de una relación ilícita entre padre y nuera.

16-18. *Preceptos con respecto a la pureza en otros parentescos familiares.* **16. La mujer de tu hermano.** La referencia es a una cuñada. No obstante, esto no estaba en vigor en caso de que el hermano muerto no hubiera dejado hijos. En tal caso, el hermano estaba *obligado* a casarse con la viuda de su hermano (Dt 25:5) a fin de que ella pudiera tener un hijo para preservar el hombre del difunto. **17.** Se prohíbe la relación sexual con una **mujer y su hija**, o con una mujer y su nieta, a la vez. **18. Mujer juntamente con su hermana.** Se prohibía el casamiento con dos hermanas mientras que las dos estuvieran vivas, aunque la ley, por lo que parece, no prohíbe el matrimonio con una hermana de la esposa difunta. Cp. el caso de Jacob, Lea y Raquel (Gn 29:23, 30), que señala que la ley no era conocida en tiempos anteriores.

19. Mientras esté en su impureza menstrual. En los vv. 19–23 se mencionan otros tipos de impureza y crímenes innaturales. Durante el período de separación de la mujer, ningún hombre se le tenía que llegar (cp. 15:24; 20:18).

21. Por fuego no aparece en el texto hebreo, sino que es tan sólo una interpolación de los traductores, basada en pasajes como 2 R 16:3; 17:17; 21:6. En realidad, la naturaleza de la ofrenda que se indica puede haber involucrado a la vez el fuego y el sacrificio humano, aunque no se afirma explícitamente. Moloc era un dios pagano, que también es llamado Milcom (Sof 1:5). En 1 R 11:5 es llamado ''Milcom, el ídolo abominable de los amonitas'', y en 1 R 17:7 se dice que Salomón erigió un ''lugar alto'' para él en ''el monte que está enfrente de Jerusalén''. En Jer 32:35 hallamos que era en los lugares altos de Baal donde se adoraba a Moloc, mostrando así una estrecha relación entre ambos dioses. Al adorar a Moloc, los israelitas profanarían el nombre de Dios. Profanar (*hillēl*) es ''rebajar, contaminar, hacer vulgar''. Es interesante señalar que la palabra hebrea es muy similar en escritura a otra que significa precisamente lo opuesto (*hillēl*), ''alabar, dar fama, glorificar''.

22. No te echarás con varón. Las perversiones que aquí se mencionan, y en el v. 23, no pueden producir ninguna descendencia, y por ello van en contra del propósito por el cual la humanidad recibió esta responsabilidad y capacidad. Por ello constituye una rebelión en contra de Dios y en contra de una sociedad como ordenada por Dios.

24. En ninguna de estas cosas os amancillaréis. Cp. el v. 3. En los siguientes vv. del cap. tenemos la figura de una persona con náuseas por la corrupción y vileza que lleva

dentro, expulsando violentamente de su sistema aquello que solamente le iba a contaminar aun más. Como contraste, Dios le recordaba al pueblo que ellos tenían que esperar en él como su Dios y que debían separarse a sí mismos *de* las costumbres de las naciones paganas y *para* él.

3) Con respecto al orden social. 19:1–37. **1, 2.** Este es uno de los caps. con más grandeza en el AT. Constituye una anticipación mosaica del mismo espíritu del Sermón del Monte. Su contenido se halla estrechamente relacionado con los Diez Mandamientos con la afirmación **Yo Jehová vuestro Dios**, que se repite frecuentemente como tema. También el Libro del Pacto revela algunos de los mandamientos que se hallan aquí (Éx 21–23). **Santos seréis.** El motivo y la inspiración a la obediencia a los mandamientos que siguen tenían que ser la santidad con la de Dios. El pueblo hebreo tenía que medir su propia santidad de Dios. La obediencia a los mandamientos de Dios aseguraría que permanecerían un pueblo separado, peculiar de Dios. **3. Cada uno temerá a su madre y a su padre.** Este mandato puede haber sido situado el primero en reconocimiento de que, si al niño se le enseña respeto por sus padres y por el día de Dios, tendrá más posibilidad de respetar los mandamientos del Señor. **4. No os volveréis a los ídolos.** El mandamiento de evitar volverse a los ídolos ('*ĕlîlîm*, ''vanidad'', ''vaciedad'', ''nada'') ciertamente que los ponía aparte de sus idólatras vecinos. **5.** Cp. 7:15–18. **Ofrecedlo de tal manera que seáis aceptos.**

9-18. *Mandamientos con respecto a los tratos de uno con su prójimo.* El amor y la generosidad tenían que ser los motivos del curso a seguir. **9, 10. No segarás hasta el último rincón.** Se tenía que hacer provisión para las necesidades de los pobres y de los extranjeros dejando que algo de la cosecha quedara en el campo para ellos en el tiempo de la cosecha (cp. Dt 24:19–21, donde se incluyen las aceitunas en el mandamiento). **12. No juraréis falsamente por mi nombre.** Jurar en falso por el nombre de Dios era a fin de engañar o defraudar a otro, lo cual profanaría (*ḥālāl*, ''desacreditar, hacer común'') su santo nombre. **13. El salario del jornalero.** Se manda el pronto pago del salario debido. **14. No maldecirás al sordo.** Se prohíbe ridiculizar al sordo y al ciego. Ya que Dios conoce tales actos, el temor a la retribución debería de impedirlo. **15. Ni favoreciendo al pobre.** No tenían que existir dos pautas de justicia: una para el rico y otra para el pobre (cp. Dt 25:13ss., donde se mencionan dos tipos de peso y de medida). La administración de la justicia tenía que ser de la misma naturaleza para todas las clases. Esta fue asimismo la carga de Amós (ver 2:6, 7; 4:1; 5:11, 12, 24). **16. La vida de tu prójimo.** No se tenía que atentar contra la vida del prójimo, ni por acusación ni por silencio. **17. Razonarás** (de *yākāh*) implicaba reprenderle, mostrándole donde se hallaba su fallo. Haciendo esto con sinceridad se mostraría no solamente la ausencia de odio sino también un deseo de mejoramiento. Dejar de pronunciar una represión podría alentarle a continuar en pecado, atrayendo así el pecado sobre uno mismo. **18. No te vengarás, ni guardarás rencor.** El hombre no debía de tomar venganza (*nāgam*) ni guardar rencor (*nātar*) hacia su prójimo. *Nātar* significa lit. emboscarse, y así mantener una malicia en el corazón hacia otro. En lugar de ello, la norma tenía que ser el amor hacia él (cp. Mt 19:19; 22:39; Ro 13:9; Gá 5:14).

19–25. *Instrucciones para la salvaguarda del orden moral.* Según Keil y Delitzsch, este grupo de mandamientos al pueblo escogido estaba destinado ''a mantener sagrado el orden físico y moral del mundo'' (KD, *Pentateuch*, II, 421). En el v. 19 se le dice al pueblo que aquellas cosas, que por creación estaban separadas, tenían que permanecer así. No se permitía el cruce de diversas clases de animales. No se podían sembrar juntas diversas clases de semilla. No se podía hacer un paño de mezcla de lino y lana. **20. Una mujer que fuere sierva.** El hecho de que la sierva, aunque desposada, no había sido redimida ni recibido su libertad, la protegería de la pena de muerte por el pecado mencionado (cp. 20:10). Y al hombre se le demandaría que trajera una ofrenda por la culpa al Tabernáculo, para conseguir el perdón de su pecado (vv. 21, 22). **23. Consideraréis como incircunciso lo primero de su fruto.** En la tierra en la que tenían que entrar, no debían de comer fruto de los frutales durante los primeros cuatro años. Se tenía que considerar como incircunciso el fruto de los primeros tres años, o prohibido, mientras que el del cuarto año se tenía que dedicar a Jehová como una ofrenda de acción de gracias. **25. Mas al quinto año.** Se permitía comer del fruto al quinto año, y de acuerdo a la obediencia del pueblo, las bendiciones de Dios estarían sobre la futura producción del fruto. La sanción del mandamiento para abstenerse durante cuatro años no era la dedicación del fruto a los espíritus de fertilidad del campo, sino simplemente ''Yo Jehová vuestro Dios''.

26. La primera parte de este v. es una reiteración de 17:10ss. **No seréis agoreros ni adivinos,** no se debía practicar la brujería. **27. No haréis tonsura en vuestras cabezas.** Una antigua costumbre religiosa árabe demandaba que se recortara de esta manera el cabello y la barba. Tal prohibición de esta costumbre era necesaria si se debía distinguir entre los judíos y los paganos. **28. Rasguños en vuestro cuerpo.** Se prohibe toda desfiguración voluntaria de la persona. Tanto los cortes como los tatuajes eran prácticas paganas. **29. No contaminarás a tu hija haciéndola fornicar.** Una acción así, prostituir a la propia hija, resultaría en la disolución del propio corazón de la sociedad, el hogar. **30. Mis días de reposo guardaréis.** El cimiento de una sociedad piadosa se construye con la honra del Día del Señor y de la Casa del Señor. **31. Encantadores.** La búsqueda de mediums y de brujos indicaría una falta de confianza y de dedicación al Señor. **32. Las canas.** El respeto por la autoridad y la sabiduría terrena constituyen un prerrequisito al respeto por los juicios y mandamientos del Señor.

33. Cuando el extranjero morare entre vosotros. Con el tratamiento que Dios hizo de los judíos en Egipto, así también tenían los judíos que ser bondadosos y amables hacia los extranjeros que vinieran a vivir entre ellos, amándole como a uno e ellos mismos (v. 34). **35. No hagáis injusticia en juicio.** La justicia y la honradez más escrupulosa tenían que ser la regla en todos los tratos con el prójimo de uno.

4) El castigo contra la desobediencia. 20:1– 27.

3. Dio sus hijos a Moloc. Por una rebelión tan abierta de parte de uno de los pertenecientes al pueblo escogido, la casa de Dios y su nombre serían tenidos en poco. **4. Cerrare sus ojos.** Si el pueblo no cumplía su deber ejecutando la sentencia de muerte, Dios traería juicio sobre el hombre y sobre su familia, y todos aquellos que se unieron a él para prostituirse (espiritualmente), esto es, apostatar. **6. Encantadores o adivinos.** Dios trataría de la misma forma con los que se volvieran a mediums y hechiceros ya que también esto constituía una forma de adulterio espiritual. La sentencia a ser impuesta por sus semejantes es mencionada en el v. 27. **7. Santificaos** (*hitqaddishtem*, de *qādash*, ''ser santo, consagrado, devoto'') se puede traducir también como *consagraos* (RSV), o *mostraos santos.* **9.** Cp. Éx 21:17 y Dt 27:16. **Su sangre será sobre él** significa que la ley de la venganza no se podría aplicar en el caso de aquellos que le arrebataban la vida.

10–21. *Revisión de algunas leyes con respecto a pecados sexuales.* Ver cap. 18 para la anterior enunciación de estos estatutos. Aquí aparecen los castigos.

12. Cometieron grave perversión (*han cometido incesto*, RSV) habiéndose rebelado contra el orden divinamente creado. **14. Quemarán con fuego.** Probablemente, como en Jos 7:15, 25, la muerte no era por el fuego, sino que se destruían los restos de los individuos ejecutados con fuego. **19. Su iniquidad llevarán.** No se prescribe castigo por parte del pueblo para los pecados que se hallan en 20:19–21. Es evidente que Dios mismo se cuidaría de ello. **22. Guardad, pues, todos mis estatutos.** Ya que Dios se había separado a los judíos para Sí (vv. 24, 26), tenían que mantenerse apartados en todas las maneras de las prácticas de los paganos que habían sido expulsadas de la Tierra Prometida (v. 23). Esta Tierra Prometida iba a fluir "leche y miel" (v. 24), pero tampoco retendría a los judíos si ellos no permanecían como pueblo consagrado (v. 22). Tenían que ser santos debido a que el Señor al que pertenecían era santo.

B. *La santidad de los sacerdotes y de sus ofrendas. 21:1—22:33.*

21:1–9. *Instrucciones a los sacerdotes en general.*

1, 2. No se contaminen por un muerto en sus pueblos. La exhibición de señales externas de duelo y tocar a los muertos descalificaba al sacerdote para llevar a cabo sus deberes sacerdotales. Por ello se le negaba este privilegio excepto en el caso de la familia más inmediata. **3.** Esta incluía una hermana virgen que, no estando aún casada, no hubiera dejado la familia. No se sabe por qué no se menciona aquí a la esposa, particularmente porque Ezequiel 24:15ss parece asumir que el profeta hubiera hecho duelo por la muerte de su esposa, si el Señor no le hubiera hablado en aquella ocasión particular. **4.** El significado de este v. es oscuro. En la VM se traduce así: **Siendo hombre principal entre su pueblo no se ha de contaminar, haciéndose profano.** Con toda probabilidad, **hombre principal** (*ba'al*) tendría que traducirse como *esposo* (margen de la RV, y BLA), o *señor de la casa.* Así, debido a su posición en la familia y en la comunidad, el sacerdote debería de tener cuidado en no contaminarse, excepto en los casos permitidos anteriormente. **5. No se harán tonsura en su cabeza.** Estas eran señales de duelo entre las naciones paganas (cp. 19:27, 28). Por ello el sacerdote judío no podía hacerlo, pues él ofrecía el "pan (*lehem*; también traducido en otras partes como "comida" y "alimento") de su Dios y

no debía de estar en tal condición de impureza ceremonial que profanara el nombre de Dios (v. 6).

7. Infame (*Hâlâlâ*) significa "una mujer que ha sido contaminada" (RSV), una mujer inmoral. Igualmente era inaceptable una mujer repudiada por su marido, esto es, divorciada, como esposa de un sacerdote.

10–15. *Mandamientos específicamente relativos al sacerdote.*

10–12. Sobre cuya cabeza fue derramado el aceite de la unción. El término **aceite de la unción,** *shemen hammishhâ,* proviene de "ungir o consagrar". El nombre *mâshîah* es "el ungido", el Cristo, Mesías. El hombre en la posición de sumo sacerdote tenía que mantener tal pureza que impediría su exhibición de las señales normales de duelo por nadie; y no podía dejar en santuario para participar en duelos, y que ello conllevaría contaminación al santuario del Señor.

13. Por esposa a una mujer virgen. Sólo podía casarse con una israelita virgen. **15. Su descendencia** (*zar'ô,* "posteridad") no tenía que ser profanada por haber contraído un matrimonio impropio, porque tenía que recordar su estado como uno separado por el Señor para un oficio particular.

16. El resto del cap. trata de aquellas imperfecciones y deficiencias que descalificaban a un hombre para ejercer los deberes del sacerdocio. La afirmación general efectuada en 21:17 se hace específica en 21:18ss. **18. Mutilado** se traduciría mejor como un *rostro partido* o *desfigurado* (BLA). **O sobrado.** Cualquier cosa más allá de lo normal. **20. Nube en el ojo.** Defecto de la vista. **Empeine. Picazón.**

21. Ofrecer el pan de su Dios. Ofrecer sacrificio a Dios en el papel de sacerdote. No obstante, los que sufrieran estos defectos sí podían participar de las porciones de los sacrificios generalmente dadas a los sacerdotes (v. 22). No se le podía permitir efectuar ninguna función sacerdotal. Estas restricciones se basaban en la creencia hebrea de que la naturaleza espiritual del hombre se reflejaba en su condición física. Solamente aquellos que eran físicamente perfectos podían ser considerados con la suficiente santidad para llevar a cabo las funciones del sacerdocio.

22:2, 3. Las cosas santas consistían de los sacrificios hechos por el pueblo y ofrecidos por el sacerdote. La separación a la que se refería era exigida durante un estado de impureza ritual. Ningún sacerdote podía manipular estos dones dedicados mientras estaba impuro. Las porciones del alimento sacrificial que se les daba a los sacerdotes les eran de gran importancia, pero no se podían ni preparar ni comer excepto cuando el que los iba a comer se hallaba limpio. **6.** Para el judío, el nuevo día empezaba con la puesta de sol. Por ello, ser **inmundo hasta la noche** significaba ser inmundo por el resto del día, hasta que **el sol se pusiere** (v. 7).

10, 11. Ningún extraño (*zār*, "forastero", "lego") podía participar de la comida santa, pero un miembro de la casa del sacerdote, como un esclavo, si podía. **12, 13.** Si **la hija del sacerdote** se casaba con un *zār*, no podría comer la comida sagrada; pero si volvía a la casa del padre como viuda sin hijos a divorciada, entonces sí podría. **14. Y el que por yerro comiere alguna cosa sagrada.** Es a un sacerdote a quien se hace referencia. Cp. 5:14–16, pero en el capítulo 22 la regla trata específicamente de comer inintencionadamente la comida santa por parte de un *zār*.

17–25. *Mandamientos con respecto a la condición de los animales ofrecidos como sacrificio.* Estas reglas pertenecen al pago de votos y a las ofrendas voluntarias (cp. 7:16). **22. Verrugoso.** Una úlcera o llaga purulenta. **23. Que tenga de más.** En el caso de una ofrenda voluntaria se podría traer un animal que no estuviera perfectamente proporcionado; por ej., una parte podría ser más corta o más larga que lo normal. No obstante, no se permitía esta laxitud para el cumplimiento de un voto. **24. Magullados.** La referencia aquí es específicamente a animales castrados, habiéndose ejecutado la operación en cualquiera de las cuatro formas especificadas. **25. Ni de mano de extranjeros.** Un extranjero que deseara ofrecer un sacrificio al Señor tendría que observar las mismas reglas con respecto a la calidad del animal que observaban los judíos. **27. El becerro o el cordero o la cabra.** Los animales mencionados tenían que tener por lo menos siete días de edad antes de poder ser ofrecidos como sacrificio al Señor. Cp. Éx 22:30. **28. No degollaréis en un mismo día a ella y a su hijo.** Cp. Dt 22:6. El propósito de este mandamiento no es claro, pero quizás se diera para imprimir en los israelitas la importancia de mantener lo sagrado de la relación existente entre padres y descendencia. **29.** Cp. 7:15; 19:5, 6. **31–33.** Exhortación final.

C. La santidad del tiempo. 23:1—25:55.

1) El uso santo de los días. 23:1–44.

Se tenían que dedicar al Señor ciertos días y períodos. Este capítulo da la relación de tales períodos. **2. Fiestas solemnes de Jehová.** Eran estas "santas convocaciones" o asambleas religiosas dispuestas aparte para el Señor y dedicadas a él para la observancia de alguna fase particular de la vida religiosa de Israel. *Mô'ēd*, la palabra traducida como "fiesta", significa "un tiempo señalado", "tiempo de fiesta", "asamblea", y proviene del verbo *yā'ad*, "señalar", "reunirse por acuerdo".

3. El término **día de reposo**, *shabbat shabbātôn*, proviene de la palabra *shābat*, que significa "cesar", "descansar", "finalizar". Como se indica, la observancia del día presupone seis días de actividad. El día de descanso queda además identificado como el **día de reposo de Jehová**, esto es, a la vez señalado por él y dedicado a él. Su origen, tal como se da en Gn 2:2, 3, relaciona el día con la creación del mundo por parte de Dios, lo sitúa en una posición indispensable en aquella creación, y hace de su observancia un imperativo incontestable. Marcos 2:27 no se puede utilizar para debilitar el imperativo. "El día de reposo fue hecho por causa del hombre" debido a que era de absoluta necesidad que el hombre tuviera un tal día de descanso, y que lo observara con el espíritu apropiado.

5. El mes primero era el de Abib (más tarde llamado Nisán, como en Neh 2:1 y Est 3:7) y se correspondía con la última parte de marzo y la primera parte de abril. Los detalles de la fiesta de la Pascua y de los panes sin levadura se hallan en Éx 12. Aquí solamente se bosqueja por encima. **6. Panes sin levadura**, reciben el nombre de *maṣṣâ*, con una forma plural, *maṣṣôt*, que incluso en la actualidad designa a las obleas sin levadura vendidas para la observancia judía para este tiempo santo. **7. Trabajo de siervos** era evidentemente la labor relacionada con actividades agrícolas y otras ocupaciones definidas. Que se permitía la preparación de alimentos queda implicado en Éx 12:16. **8. Ofrenda encendida.** Nm 28:19ss da los detalles del sacrificio.

9–14. *Instrucciones para la ofrenda de las primicias.* Cp. Dt 26:2ss.

10. Cuando hayáis entrado en la tierra. Este mandato miraba hacia el tiempo cuando los israelitas cultivarían cosechas en la Tierra Prometida. La gavilla, *'ōmer*, era de grano, pero no se especifica si de trigo o de cebada. Se asume que era este último porque era el primero en madurar.

El sacerdote tenía que mecer la gavilla y moverla hacia el altar y después alejarla de él. Esto era el mecimiento. Denotaba la consagración a Jehová y el volverla a recibir. El día específico de la ofrenda, **el día siguiente del día de reposo** (v. 11), es incierto, ya que el séptimo día de la semana no era el único que recibía la apelación de "sabbath", o día de reposo. El Día de la Expiación recibía esta designación (16:31; 23:32) fuera cual fuera el día de la semana en que cayera. Lo mismo sucede con el primer día de la Fiesta de los panes sin levadura. Era un día de reposo, *shabbāt*. Es más que probable que la ofrenda de las primicias tuviera que ser traída al sacerdote el día después del primer día de los Panes sin Levadura. Esto lo situaría en el día dieciseis de Abib (cp. v. 6). Así, esta fiesta prefigura la resurrección de Cristo como la primicia de los muertos (1 Co 15:23; Ro 8:29).

13. Dos décimas de efa equivalía a unos siete litros y medio, mientras que un cuarto de hin equivalía a un litro y medio.

15–22. *Instrucciones para la observancia de la Fiesta de las Semanas.* Cp. Éx 34:22. También se conocía como la Fiesta de la Siega (Éx 23:16). El término "Pentecostés", que se halla en Hch 2:1; 20:16; 1 Co 16:8, es de la palabra gr. *pentēkostē*, significando "quincuagésimo" (día). La Fiesta de las Semanas llegó más tarde a ser conocida como la "Fiesta de Pentecostés". **15.** **Desde el día que sigue al día de reposo.** Ver la nota sobre 23:11. **16.** **Contaréis cincuenta días.** En el v. 15 el mandato es de contar siete semanas (por ello se llama "Fiesta de las Semanas") más un día ("Hasta el día siguiente del séptimo día de reposo"), o sea un total de cincuenta días. Tenía que ser **nuevo** grano a Jehová por el hecho de que era de la nueva cosecha. **17.** **Cocidos con levadura.** Cp. nota en 23:13. Este es el único alimento que se tenía que ofrecer con levadura. Muy probablemente se hacía así a fin de que el producto pudiera ser presentado al Señor en el condición en que el pubelo lo hallara útil y pudiera disfrutar de él. **18–20.** **Ofrenda encendida,** una **expiación** y una **ofrenda de paz** se tenían que ofrecer entonces. "De esta manera se colocaba toda la cosecha del año bajo la graciosa bendición del Señor por la santificación de su comienzo y de su finalización; y también quedaba santificado el disfrute de su pan diario por ello" (KD, *Pentateuch*, II, 444). **22.** **Para el pobre y para el extranjero la dejarás.** Cp. 19:9, 10. La acción de gracias al Señor se puede demostrar con frecuencia mediante actos de bondad hacia los que sufren privaciones.

24, 25. En el mes séptimo. El día primero del mes séptimo los israelitas tenían que observar un día de reposo (*shabbāt*), un toque de trompeta (como el cuerno de carnero o *shôpār*), una asamblea religiosa (v. 24), y la ofrenda de un holocausto. Estas observancias ponían aparte a todo el mes séptimo como mes sabático, que era importante no solamente por su orden numérico sino por el hecho que este mes contenía el día en que Israel recibía el perdón de sus pecados. En los tiempos del AT este mes tenía el nombre de Etanim (1 R 8:2), pero más tarde fue llamado Tishri.

26–32. *Instrucciones para el Día de la Expiación.* Cp. 16:1–34. **27.** El día designado es el día décimo de Etanim (Tishri). **32.** El día judío iba de puesta de sol en puesta de sol, y por ello **de tarde a tarde.**

33–36. *Instrucciones para la observación de la Fiesta de los Tabernáculos.* **34. Tabernáculos.** En heb. *sukkôt*, "cabañas". Esta fiesta tenía que durar siete días, empezando el día quince del mes séptimo, esto es, cinco días después del Día de la Expiación. **36.** Ciertos actos, como el *'âenet* o "asamblea solemne", se tenían que llevar a cabo el día octavo, es cierto, pero estos actos eran tan solo la finalización de la observancia. La Fiesta de los Tabernáculos (o de las Cabañas) conmemoraba la peregrinación de los israelitas en el desierto del Sinaí cuando el Señor les liberó de la esclavitud de Egipto (v. 43). **37, 38. Estas son las fiestas solemnes de Jehová.** Esta es una afirmación que cierra la sección y que mira hacia atrás a la introducción en 23:4. Los vv. precedentes del cap. hablan de los días santos especiales que se observaban además de los sacrificios regulares, de las ofrendas, y de los días santos indicados en otras partes. **39. Haréis fiesta a Jehová.** Una descripción más plena de la Fiesta de los Tabernáculos se da ahora en el resto del capítulo. En Éx 23:16; 34:22 recibe el nombre de la "Fiesta de la Siega" (*hāg hā'āsip*, de *'āsap*, "recolectar o juntar"), y en este v. se hace referencia al tiempo cuando los israelitas habrán "*recogido* el fruto de la siega". **40.** Cp. Neh 8:15. **Ramas con fruto de árbol hermoso** eran lit. *el fruto* (perî; así lo traduce la VM), aunque Keil y Delitzsch mantienen que "fruto" se refiere a "las ramas de los árboles, así como a las flores y frutos que crecían el ellas" (*Pentateuch*, II, 448). La segunda palabra traducida "ramas" en la RV viene de *'ānāp*, que significa específicamente "rama". Era con los varios tipos de ramas mencionados aquí que los israelitas tenían que construir las cabañas de 23:42. **43. En tabernáculos hice yo habitar a los hijos de Israel.** La observancia de esta fiesta especial no consistía en recordar las privaciones sufridas durante el período de peregrinación por el desierto. Se trataba de recordar la provisión hecha a sus necesidades por parte de su Creador y Liberador durante el período más importante de su historia, el nacimiento de la nación hebrea como resultado de la intervención directa del Señor su Dios.

2) El uso santo de los objetos. 24:1–23. Este cap. se puede dividir en tres temas: (1) El aceite de las lámparas del tabernáculo (vv. 1–4); (2) el pan de la proposición (vv. 5–9); y (3) blasfemias y retribución (vv. 10–23). **2. Aceite puro de olivas.** El aceite para las lámparas tenía que ser suministrado por el pueblo para asegurar que se mantendrían encendidas contínuamente. Cp. Éx 27:20, 21, donde se dan las mismas instrucciones que aparecen en los vv. 2 y 3 aquí. Para obtener este aceite, machacaban o prensaban las aceitunas, para extraer su jugo. A continuación colaban el jugo para eliminar la pulpa. Después, cuando el aceite subía a la superficie del jugo, lo decantaban. **3. Testimonio.** Una referencia a las Tablas de la Ley situadas en el arca dentro del velo (Éx 25:16; cp. Dt 31:26. En el primer pasaje se utiliza el término *'ēdut*, como en el pasaje de Levítico. En el segundo se utiliza *'ēd*. Ambos significan "testimonio"). **4. Candelero.** Se utilizaban lámparas de aceite en el candelero. **5. Dos décimas de efa.** Como en 23:13, 17. Significa que cada torta de pan sin levadura tenía que contener alrededor de dos kilogramos y tres cuartos (6 1/4 libras) de harina. **7.** Probablemente el **incienso puro** se colocaba en pequeñas tazas de oro y se colocaban *en cada hilera* (cp. Jos. *Ant.* iii.10.7), no directamente **sobre** el pan. Era para, *con* el pan, servir de memorial (*'azkārâ*; cp. nota sobre 2:3), mientras que el incienso mismo era probablemente echado sobre el fuego del altar. **8. En nombre de los hijos de Israel.** Como en el caso del aceite (v. 2), el pan de la proposición tenía que ser provisto por el pueblo. **9. Y será de Aarón y de sus hijos.** Después de haberse ofrecido el incienso al Señor por medio del fuego, el pan tenía que ser comido por los sacerdotes. **10. El hijo de una mujer israelita.** El hijo de un egipcio, acompañado de su madre israelita, estaba evidentemente incluído entre la "grande multitud de toda clase de gente" de Éx 12:38. Según Dt 23:7, 8, probablemente no fuera considerado como parte de la "congregación de Jehová". No se afirma la naturaleza de la pelea entre él y el israelita. **11.** La palabra traducida *blasfemó* viene de *nāqab* y significa lit. "agujerear, herir, marcar, distinguir, o designar". Por sí misma no denota una falta de reverencia (cp. Nm 1:17, donde se traduce

como "expresó"), pero en el contexto de este pasaje no queda duda alguna acerca del significado que aquí tiene. Más tarde los judíos tomaron la palabra en su sentido general y no mentaban en absoluto en nombre sagrado de *Yhwh*, sustituyéndolo por el de *'Adōnay*, "Señor". **12. Les fuese declarado por palabra de Jehová.** Todavía no se había especificado ningún castigo por blasfemar en nombre de Dios.

14. Pongan sus manos sobre la cabeza de él. Ya que el pecado de aquel hombre habría podido involucrar el castigo de toda la comunidad, toda culpa que pudiera haber en la comunidad quedaba transferida al pecador mediante la imposición de manos. (Cp. 16:21; donde los pecados de la comunidad eran simbólicamente transferidos al macho cabrío sustituto.) A continuación fue ejecutado por el pueblo. **15, 16.** Estos vv. afirman la ley que entonces fue promulgada por Dios con respecto al pecado que había sido cometido. **Llevará su iniquidad.** Llevará toda la responsabilidad y quedará sujeto al castigo para ello designado.

17–21. *Revisión de un grupo de leyes previamente promulgadas.* De una afirmación anterior de las leyes, consultar Éx 21:12ss. Pero la situación en 24:18 no se trata directamente en el pasaje de Éxodo.

17, 18. El hombre que hiere de muerte a cualquiera persona significa, lit., *el que golpee el alma [nepesh] de cualquier hombre*. En el v. 18 se halla la misma construcción general: "El que golpee el alma de una bestia la restituirá. *alma por alma*". **19, 20.** Cp. Éx 21:24–25. **Ojo por ojo, diente por diente.** Esta ley de retribución, *lex talionis*, fue mencionada por Jesucristo en Mt 5:38ss, cuando condenó, no el principio de ley civil aquí involucrada, sino el espíritu de venganza y de represalia que se podía muy probablemente hallar en relación con ella.

22. Un mismo estatuto tendréis. El principio mencionado en el versículo 16 se enfatiza aquí. La ley se tenía que aplicar igual al extranjero que al israelita.

3) El uso santo de los años. 25:1–55. Se considera el año sabático (vv. 2–7); se ordena la observancia del año de jubileo (vv. 8–12); y se exponen los efectos del año de jubileo sobre la propiedad (vv. 13–34) y las personas (vv. 35–55). **2. La tierra guardará reposo para Jehová.** En 23:3 sabemos que se hacía guardar un sábado al pueblo. En este v. se manda que la tierra sea dejada reposar un sábado (*weshābetâ shabbāt*) para Jehová. **4. Descanso, reposo para Jehová.** Así como el séptimo día

era designado el sábado, así cada séptimo año tenía que ser un año sabático, en el que no hubiera ni siembra ni siega. **5. Lo que de suyo naciere.** El dueño de la tierra no recogería lo que creciera de sí mismo durante el año sabático. La vid *no cuidada* recibe el nombre de *nazir*, la misma palabra hebrea que para un Nazareno, que se dejaba crecer el cabello sin cortarlo ni arreglarlo. **6. El descanso de la tierra te dará de comer a ti, a tu siervo, a tu sierva, a tu criado, y a tu extranjero que morare contigo.** En lugar de que fuera el propietario el que recogiera la cosecha, tenía que ser provisión de comida para todos, ricos y pobres por igual (cp. Éx 23:11).

8, 9. Después de **siete semanas de años,** o cuarenta y nueve años, Israel tenía que hacer oir el sonido de la trompeta (o cuerno, *shōpar*) por toda la tierra. El toque de cuerno tenía que tener lugar el Día de la Expiación, y evidentemente, éste era el día en el que tenía que empezar un año especial. **Tocar fuertemente la trompeta** es, lit., el *cuerno de grito,* o "fuerte trompeta". La palabra traducida *fuertemente* en el v. 9 es *terû'â.* En otros pasajes, la palabra *yôbēl* se utiliza para expresar el "jubileo", y es una palabra de derivación incierta (v. 10ss; 27:17–23; Nm 36:4; ver comentario sobre Jos 6:4). Esta palabra hebrea pasó a la vulgata como *Jubilaeus,* y de allí al castellano como "júbilo" y "jubileo".

10. El año cincuenta presenta la dificultad de dos años sabáticos sucesivos, el cuarenta y nueve y el cincuenta, en los que la tierra tenía que estar en reposo. Esta dificultad ha llevado a algunos a suponer que se puede haber calculado de tal manera que se llevara a coincidir el año cincuenta con el séptimo año sabático. Y el año del "jubileo" parece haber empezado el Día de la Expiación, que caía en el día décimo del mes séptimo del año sagrado de los judíos, Etanim O Tishri. No obstante, este mes séptimo era también el primero del calendario civil judío. Esta es la razón cómo se podría considerar que un año empezara al séptimo mes. Otra explicación sería que el sonar de trompetas diera seis meses de aviso del inicio del año de jubileo a partir del Día de la Expiación. No obstante, la inferencia es que era el tocar del cuerno que en realidad introducía el año especial. No se dan detalles suficientes para permitir una solución a este problema. Al menos, se trataba del año que daba la libertad al hombre que durante un tiempo había vivido sin ella. Se hace la afirmación general de que el hombre volvería a su posesión y a su familia, y esta afirmación queda más claramente delimitada en los vv. 23–34, 39–55.

13. Volveréis cada uno a vuestra posesión. El primero de los dos efectos del año de jubi-

leo se afirma otra vez en general, y se dan instrucciones en preparación para el año. La base de estas instrucciones es la de que la tierra pertenecía en realidad al Señor y no al individuo. El Señor iba a distribuir la tierra a las varias familias, y no la podrían vender a perpetuidad debido a que tenía que volver a revertir a su tiempo a la familia a la que había sido entregada (cp. vv. 23, 24).

14–16. Engañe (de *yānâ*) significa "hacer el mal a alguien, o maltratar" al defraudar en la valoración de un trozo de tierra. **Conforme al número de los años.** Ya que la tierra pertenecía al Señor, solamente se podían vender las cosechas que crecían en ella. Debido a ello, se tenía que considerar la cantidad de años que quedaban hasta el siguiente año de jubileo al establecer el precio para el intercambio de la tierra, ya que cuanto más cercano se hallara el año especial a la fecha de la compra, tantas menos cosechas podrían obtenerse antes de que la tierra revirtiera otra vez al propietario israelita original.

18, 19. Cuando los israelitas guardaran los mandamientos del Señor, se hallarían **seguros** viviendo en la tierra (*betah,* "seguridad y confianza"). La tierra iba a dar fruto suficiente a fin de que ellos pudieran comer hasta saciarse (*śōba',* "abundancia"). **20–22. ¿Qué comeremos el séptimo año?** Como evidentemente los israelitas iban a quedarse preocupados no fuera que al quedar la tierra en descanso hubiera una disminución en las cosechas conseguidas, Dios les prometió que las cosechas del año sexto serían suficientes para que pasaran el año sabático y el año de jubileo (vv. 21, 22).

24. Rescate a la tierra. Habían varias maneras en que la tierra se podía rescatar o redimir (de *gā'al,* "desempeñar", "pagar rescate". Booz cumplió el papel de un pariente cercano redentor, *gô'ēl,* cuando se casó con Rut. Cristo Jesús fue nuestro *gô'ēl* en la cruz).

25. Cuando tu hermano empobreciere. La pobreza era la única situación que podría obligar a un israelita a que vendiera su tierra (cp. 1 R 21:3). En tal caso podría venir un pariente próximo a redimir y volver a comprar lo que había sido vendido, y restaurárselo a su dueño original. **26, 27. Y cuando el hombre no tuviere rescatador.** Si no tenía pariente próximo para el rescate, ni le capacidad de volver a comprar la tierra, la tierra simplemente volvía a su posesión a la llegada del año de jubileo. El comprador no perdía nada mediante esta disposición, porque había pagado solamente por las cosechas que se iban a conseguir hasta el año de jubileo.

29. El varón que vendiere casa de habitación. En una ciudad amurallada, si una casa se

vendía y permanecía en posesión del comprador por más de un año (esto es, sin que nadie la
redimiera), venía entonces a ser posesión total
del comprador (cp. una excepción en el v. 32).
El año de jubileo no afectaba a su propiedad.
**31. Las casas de las aldeas que no tienen
muro alrededor.** No obstante, una casa en una
población sin murallas se hallaba sujeta a las
reglas de la tierra misma (vv. 25–28). **32–34.
Las ciudades de los levitas.** En el caso de los
levitas, las leyes del año de jubileo que por
ordinario pertenecían a la tierra se aplicaban,
entonces, solamente a sus casas, fueran o no en
ciudades amuralladas. La tierra no la podían
vender jamás.
35–55. El segundo efecto del año de jubileo
se da en los vv. que quedan en este capítulo.
35–37. Tu hermano se refiere a un connac-
cional israelita. Los préstamos a amigos en
necesidad no debían tener intereses. En lugar
de ello, el necesitado tenía que ser asistido
permitiéndosele residir con uno de la comunidad y disfrutar de los mismos privilegios que
un extranjero o forastero que, aunque no podía
poseer tierra, podía acumular propiedad y vivir
en comodidad como un hombre libre.
38. Yo Jehová vuestro Dios. Como Aquel
que los había creado, elegido, y liberado de la
esclavitud en Egipto, Dios estaba autorizado
para imponer estas reglas sobre los israelitas.
**39–43. Cuando tu hermano empobreci-
ere.** El israelita que se tenía que vender a sí
mismo en esclavitud a otro no tenía que ser
considerado como un trabajador esclavo, sino
que tenía que trabajar simplemente como
siervo contratado, y se le tenía que tratar con
consideración. Cuando llegara el año de jubileo se le tenía que dejar en libertad, a no ser
que hubiera renunciado a su derecho a la libertad. El contenido de estos versículos no entra
en conflicto con Éx 21:2–6, debido a que el
pasaje de Levítico queda limitado a la consideración del efecto del año de jubileo en la libertad de un hombre. Si el israelita se vendía a
esclavitud más de siete años antes del año de
jubileo, se aplicaban las instrucciones de Éx
21:2. En todo caso, seis años era el máximo
lapso de tiempo que se le podía obligar a servir
antes de volver con sus hijos a su familia y a
sus posesiones.
**44–46. Así tu esclavo como tu esclava que
tuvieres.** El trabajo esclavo tenía que quedar
restringido a aquellos que eran comprados de
naciones extranjeras y a aquellos extranjeros
que se habían establecido entre los judíos. Esta
categoría de esclavos ('*ebed*, de '*ābad*, ''servir
o trabajar''; cp. '*ōbadyâ*, Abdías, lit. *Siervo del
Señor*) podían pasarse a los hijos como herencia (v. 46).

47–54. Y tu hermano...se vendiere. Si un
israelita se vendiere al servicio de un extranjero residente, podría ser redimido por un pariente próximo (vv. 48, 49; ver la nota en el
v. 24), o podría redimirse él mismo. También
aquí tendría que considerar el pago apropiado
por el tiempo que quedara hasta el año de
jubileo, dependiendo la cantidad de si quedaban muchos o pocos años (vv. 50–52).
53. En tanto que servía a un extranjero residente, el israelita tenía que ser tratado con
consideración, como un siervo contratado. **54.
Y si no se rescatare en estos años.** Su tiempo
de servicio tenía que finalizar sin compensa-
ciones en el año de jubileo.
55. Porque mis siervos son. Las disposiciones del año de jubileo tenían como su principio director el hecho de que los israelitas
eran siervos del Señor y que no se podían
vender permanentemente al servicio de otro.
Asimismo, ya que la tierra era posesión del
Señor, tenía que ir volviendo, periódicamente,
a la posesión de aquellos israelitas a las que
había sido originalmente entregada.

D. Promesas y advertencias. 26:1–46.

Después de los dos primeros versículos, que
parecen sumarizar los primeros cuatro mandamientos, los vv. 3–13 hablan de las bendiciones de la obediencia, y los vv. 40–45
prometen perdón por el arrepentimiento.
1, 2. No haréis para vosotros ídolos. Al
prohibir la idolatría (v. 1) y exigir la guarda de
los sábados (v. 2), se puede decir que quedan
resumidos los primeros cuatro mandamientos.
Los **ídolos** (*élîlim*) eran, lit., *cosas de vanidad.*
Esculturas (*pesel*) eran ídolos tallados o fundidos. **Estatua** (*maşşêbâ*) era en realidad un
pilar vertical. **Piedra pintada** ('*eben maśkît*)
era una piedra dibujada, o con una imagen
grabada en ella. Si el pueblo iba a dejar la
idolatría a un lado, y si se iba a observar el
sábado del Señor, se reduciría mucho la probabilidad de que se volvieran apóstatas.
3, 4. Yo daré vuestra lluvia. La obediencia
a los mandamientos del Señor tendría como
resultado la mejora de las condiciones de la
agricultura dentro de la nación (cp. 2 Cr 7:14).
5. Podrían comer su pan **hasta saciaros**
(*śôba'*; cp. 25:19). **6. Yo daré paz en la tierra.** La seguridad prometida en el v. 5 (cp.
25:18, 19) queda reforzada por la promesa de
paz (*shalôm*), tanto mental como nacional, que
tendría como resultado la capacidad de vivir
una vida abundante. **7, 8. Perseguiréis a vuestros enemigos.** No obstante, en caso de que se
declarara una guerra, conseguirían una victoria
completa y fácil. **10. Para guardar lo nuevo,**
una manera de expresar la abundancia de provisión.

11, 12. Dios pondría su **morada** (mejor *tabernáculo, mishkān*), entre ellos; y ellos estarían contínuamente conscientes de su presencia enmedio de ellos. **13. Yo Jehová vuestro Dios.** La liberación llena de gracia efectuada por el Señor hacía tan poco testificaba del hecho de que podían fiarse de las promesas de los versículos precedentes. **14, 15. Pero si no me oyereis.** Lo exactamente opuesto a las bendiciones precedentes caería sobre Israel si la nación se volvía desobediente e infiel. La rebelión se figura de cuatro maneras con los términos **desdeñareis, menospreciare, no ejecutando, invalidando.** **16–39.** *Los detalles de la maldiciones.* **16. Enviaré sobre vosotros terror.** El terror vendría en la forma de enfermedad (**extenuación y calentura,** esto es, fiebre) que atormentaría la vida de ellos. Sus enemigos devorarían sus cosechas, de forma que sería inútil planta cosechas. **17. Pondré mi rostro contra vosotros.** Sus enemigos les vencerían totalmente y Israel quedaría tan acobardado que huirían incluso de un enemigo inexistente (cp. v. 36 y Pr 28:1). **18. Siete veces más,** indica una intensificación aún mayor de los castigos. Esta amenaza se repite en los vv. 21, 24, 28. **19, 20.** Un **cielo como hierro** no daría lluvia, y una **tierra como bronce** no daría cosechas. **25. Espada vengadora, en vindicación del pacto.** Ejecutaría los castigos prescritos por la violación de la relación del pacto. **26. Cuando yo os quebrante el sustento.** El suministro de pan quedaría tan reducido que un horno sería suficiente para cocer el pan preparado para diez familias. El pan quedaría racionado y, en contraste con la situación en 26:5, lo que se comiera no serviría para saciar. Micklem asume que, ya que cada casa tenía su propio horno, la figura de diez mujeres cociendo en un horno denota "la disgregación de la vida hogareña" (Micklem, IB, II, 129). No obstante, lo más probable es que lo que aquí se exhibe es la escasez de alimentos más bien que la disolución del hogar. **29. Y comeréis la carne de vuestros hijos.** La severidad del hambre resultaría en canibalismo dentro del círculo familiar (cp. 2 R 6:28, 29; Lm 4:10). **30. Ídolos.** *Gillûlîm,* de *gālal,* "girar", era un término ridiculizador, que mencionaba a los objetos adorados como "bloques" o "terrones". **32, 33. Entonces gozará la tierra sus días de reposo.** Durante el tiempo de exilio la tierra podría por fin quedar inculta, habiendo quedado impedido ésto antes por la codicia de la gente. "Así como la tierra gime bajo la presión del pecado de los hombres, así se gozará en su liberación

de esta presión, y en la participación del descanso de toda la creación" (KD, *Pentateuch,* II, 476). **36, 37. Infundiré en sus corazones... cobardía.** Una desmoralización total sería la suerte de los cautivos (ver en v. 17). **38. Os consumirá** se refiere tanto a la muerte a manos de los enemigos como a la absorción por ellos (cp. Nm 13:32). **39. Decaerán** es de *māqaq,* "fundirse o decaer". Sufrirían no solamente por sus propios pecados sino también por los de sus padres. La palabra traducida **iniquidad** (*'āwōn*) implica a la vez castigo y pecado (cp. Stg 1:15). **40–42. Y confesarán su iniquidad y la iniquidad de sus padres.** Esta frase parece más bien ser condicional, *Si confesaren.* Si confesara Israel que su castigo era de Dios, castigo justo y merecido por la rebeldía y perversidad de sus corazones, entonces Dios **recordaría** el pacto hecho con los patriarcas. **43. Pero la tierra...gozará sus días de reposo.** Aun cuando Israel tuviera que dejar su amada tierra, que por ello quedaría sin cultivar, e incluso aunque tuviera que soportar por un tiempo el castigo por su pecado, se arrepentiría y sería perdonada, y el pacto sería renovado por el Señor, su liberador de la esclavitud de Egipto.

E. La pronunciación de votos. 27:1–34.

Se puede dividir el capítulo en dos partes principales: votos, 27:1–29, y diezmos, 27:30–33. La primera consiste en instrucciones para los votos con respecto a (1) personas, vv. 1–8; (2) ganado, vv. 9–13; (3) casas, vv. 14, 15; (4) tierra, vv. 16–25; y (5) excepciones a las instrucciones anteriores, vv. 26–29. Nunca se mandaba pronunciar un voto, pero una vez pronunciado se tenía que observar escrupulosamente (Ecl 5:4, 5; Dt 23:21–23; Nm 30:2). Si se tenía que conseguir conmutación o redención, se demandaba un pago. Y, según KD (*Pentateuch,* II, 480), "el cumplimiento del voto solamente podía haber consistido en el pago al santuario del precio fijado por la ley". **2. Especial.** Una traducción libre del pasaje podría ser la siguiente: "Cuando un hombre haga un voto especial, las personas implicadas serán contadas como pertenecientes al Señor" (Nathaniel Micklem, IB, II, 131). **3–7. Lo estimarás.** La evaluación de un individuo quedaba evidentemente basada en su dignidad como trabajador para un tiempo determinado. Se desconoce el valor del siclo en aquel tiempo; por ello no se intenta convertir los valores en moneda actual. Se relacionan los valores de la siguiente manera: (1) Edad de veinte a treinta años, cincuenta siclos por un hombre y treinta por una mujer; (2) de los cinco a los veinte, veinte siclos por un chico y diez por una chica; (3) edad de un mes a cinco años, cinco siclos por un niño y tres por una niña; (4) más de sesenta años, quince siclos por un hombre, y diez por una mujer. **8. Pero si fuere muy pobre para pagar tu estimación.** En el caso de que la persona que hizo el voto fuera demasiado pobre para pagar las cantidades fijadas, quedaría a discreción del sacerdote la suma a fijar.

9. Y si fuere animal. Evidentemente, un animal no podía ser redimido por dinero. **10. No será cambiado.** Tanto el animal originalmente dedicado como el sustituto quedaban apartados.

14, 15. Cuando alguien dedicare su casa. Una casa que se dedicaba al Señor era evaluada por los sacerdotes. Si no se redimía, parece que era vendida en beneficio del santuario. Si el dueño deseaba redimirla, tenía que añadir un quinto al valor estimado.

16. Si alguno dedicare de la tierra de su posesión. El valor de un campo que pertenecía a un hombre por herencia tenía que medirse por la cantidad de simiente que se precisaba para sembrarlo. La cantidad que aquí se relaciona era aparentemente la cantidad estimada con respecto a las cosechas de aquel campo por todo el período del jubileo. **17. Desde el año del jubileo.** Si el período del jubileo ya había transcurrido en parte por el tiempo en que se dedicaba el campo, se tenía que modificar la estimación con respecto al tiempo que todavía quedaba. **19. Añadirá...la quinta parte del precio de ella.** Después de pagar la cantidad fijada, evidentemente continuaría poseyendo el campo, pero no tendría derecho a venderlo. Lo podría redimir añadiendo una quinta parte de la evaluación. **20, 21. No la rescatará más.** Si no era redimida por él antes del año de jubileo, el campo pasaría a ser propiedad del sacerdote, y sería vendido por él.

22, 23. La tierra que él compró. Si el campo no era por herencia, sino por compra, y se dedicaba al Señor, tenía que pagar todo de una vez, **aquel día**, el valor que el sacerdote le asignara. **24. Volverá la tierra a quién él la compró.** Según este v. y 25:23–28 la tierra revertiría a su dueño hereditario en la época del año de jubileo.

26. Pero el primogénito de los animales. El primogénito del ganado limpio y de las ovejas pertenecía al Señor ya por ley y no se podía redimir. **27. Si fuere de los animales inmundos.** Los primogénitos de un animal inmundo dedicado al Señor se evaluaba por el sacerdote y se podía redimir añadiendo una quinta parte al valor asignado.

28. Ninguna cosa consagrada. Las cosas que se **consagraban** (*ḥērem*, bajo un anatema, puestos completamente aparte para su utilización por el Señor) no se podían redimir. Esto era distinto de la dedicación. Una cosa de esta manera dedicada y puesta bajo anatema como resultado de haber sido consagrada con voto al Señor tenía que considerarse como **santísima**, lit., *santidad de santidades*. Se trataba de rendir algo a Dios de una forma irrevocable e irredimible. **29. Ninguna persona separada ...podrá ser rescatada.** En ciertas circunstancias las personas podrían ser colocadas bajo anatema, y tales personas tenían que ser muertas. No es probable que esta "consagración" se hiciera al arbitrio de cualquier hombre. Más probablemente se hacía oficialmente y se utilizaba en contra de "aquellas personas que se resistían abiertamente a aquella santificación de vida que les era prescrita" (KD, *Pentateuch*, II, 485).

30. Y el diezmo de la tierra. Los diezmos pertenecían al Señor y se hallaban sujetos a las mismas reglas de redención que los animales limpios que hubieran sido dedicados (vv. 9, 10). **32. Todo lo que pasa bajo la vara** se refiere a la costumbre de contar los animales haciéndoles pasar en fila india de un encierro y marcando a cada décimo animal con una vara untada de material colorante. **33. No podrán ser rescatados.** No tenía que sustituir por otro animal al que así había quedado designado, o tenía que perder a los dos.

BIBLIOGRAFÍA

BARNES, ALBERT. *Bible Commentary on the Old Testament: Exodus-Ruth.* Grand Rapids: Baker Book House, 1957.

BONAR, ANDREW A. *A Commentary on the Book of Leviticus.* Londres: James Nisben & Co., 1875.

CHAPMAN, A. T., y STREANE, A. W. *The Book of Leviticus (The Cambridge Bible for Schools and Colleges).* Cambridge: The University Press, 1914.

ERDMAN, CHARLES R. *The Book of Leviticus.* Westwood, New Jersey: Fleming H. Revell Co., 1951.

GENUNG, GEORGE F. *An American Commentary on the Old Testament: The Book of Leviticus.* Filadelfia: American Baptist Publication Society, 1905.

KEIL, C. F. y DELITZSCH, F. *Biblical Commentary on the Old Testament.* Vol. II: *The Pentateuch.* Traducido por James Martin. Grand Rapids: Wm. B. Eerdmans Publishing Co., 1956.

KENNEDY, A. R. S. (ed). *Leviticus and Numbers (The New Century Bible).* Nueva York: Henry Frowde, Oxford University Press, American Branch, s.f.

MICKLEM, NATHANIEL. "The Book of Leviticus". *The Interpreter's Bible.* Editado por George Arthur Buttrick, *et al.* Vol. 2. Nueva York: Abingdon-Cokesbury Press, 1953.

PFEIFFER, CHARLES F. *The Book of Leviticus: A Study Manual (Shield Bible Series).* Grand Rapids: Baker Book House, 1957.

COMENTARIOS EN ESPAÑOL

ALLIS, OSWALD T. "Levítico". *Nuevo Comentario Bíblico,* editado por D. Guthrie, J. A. Motyer, A. M. Stibbs y D. J. Wiseman. El Paso: Casa Bautista de Publicaciones, 1978.

JAMIESON, ROBERTO, FAUSSET, A. R. y BROWN, DAVID. *Comentario Exegético y Explicativo de la Biblia,* tomo I. El Paso: Casa Bautista de Publicaciones, 1958.

NÚMEROS

INTRODUCCIÓN

Título y alcance del libro. Entre los antiguos títulos dados a este libro se halla el que se utiliza en nuestras biblias hebreas actuales, *bᵉmīdbar*, que significa "en el desierto". Se toma de una palabra importante en el primer versículo, y es muy descriptiva de su contenido total. El título castellano tiene su origen en la versión Septuaginta (LXX) de dónde, por medio de la Vulgata, recibimos nuestro nombre de Números. Solamente se dedican unos pocos capítulos (1—4; 26) a numerar (censar), en tanto que el grueso del libro trata de leyes, reglas, y experiencias de Israel en el desierto. No obstante, no tenemos que tomarnos a la ligera el significado de los dos censos, uno efectuado en Sinaí en preparación del desierto, y el otro efectuado cerca del Jordán, casi cuarenta años después, en preparación para entrar en la tierra prometida. Se podría incluso decir que este censo divide el libro en sus dos divisiones lógicas. Así, los caps. 1—21 empiezan con un censo y cubren los años del desierto, en tanto que los caps. 26—36 empiezan con un censo de la nueva generación, y hablan de los meses anteriores a la entrada en Canaán. La historia de Balaam, que separa estas dos porciones de capítulos, forma un gozne literario, del cual ya comentaremos más adelante.

Números no debería ser estudiado independientemente de Éxodo, Levítico y Deuteronomio. Por ejemplo, Éx 19:1 habla de la llegada de Israel al desierto de Sinaí al tercer mes después de que los hebreos dejaran la tierra de Egipto. Desde el mes tercero al décimo segundo recibieron el Decálogo, las instrucciones para la construcción del Tabernáculo, e instrucciones con respecto a los muchos detalles del sistema sacrificial expuesto en Levítico. En Números, se les enseña al pueblo de Israel cómo funcionar como un campamento. Se disponen sus economías religiosa, civil y militar, en preparación para el viaje, adoración y conquista como nación.

Se hallan leyes e instrucciones suplementarias a los muchos detalles legales y ceremoniales de Éxodo y Levítico, dispersas por todo el libro. La fecha más temprana que se da en

Números aparece en 9:1, donde se nos habla de que en el primer mes del segundo año, se les dieron reglas al pueblo para que guardaran la primera Pascua conmemorativa. Nm 1:1, 2 nos dice que Israel, mientras que estaba en Sinaí, efectuó un censo en el segundo mes del segundo año, y que recibió instrucciones adicionales, principalmente de tipo ceremonial (caps. 5—10), y que después abandonó el Sinaí el día veinte del segundo mes al principio del segundo año después del éxodo (10:11). Así, Números nos da la historia de los movimientos de Israel desde los últimos diecinueve días en Sinaí (1:1; 10:11) hasta que el pueblo llegó a las llanuras de Moab, al este del Jordán, a los cuarenta años de haber salido de Egipto (Nm 22:1; 26:3; 33:50).

La secuencia de eventos del libro de Números es como sigue: Del Sinaí, Israel viajó hacia el norte al desierto de Parán. Allí, los espías que volvieron y "hablaron mal" acerca de la tierra instigaron una rebelión, y así el pueblo rehusó entrar en la tierra. Debido a una necia presunción sufrieron derrota en manos de los paganos, y tuvieron que volver a andar errantes por el desierto por otros treinta y ocho años. Al final de este período, fueron a las llanuras de Moab, al este del Jordán, y conquistaron y ocuparon toda la transjordania al norte del río Arnon. Allí cayeron en pecado con las mujeres moabitas y madianitas y adoraron a los dioses de ellas. Israel fue censado de nuevo, como generación nueva, y al mando de Dios destruyeron a los madianitas que tanto les habían hostilizado. Gad y Rubén y la media tribu de Manasés recibieron posesiones al este del Jordán, y Moisés señaló a Josué como sucesor suyo. Desde el cap. 20 hasta el cap. 36, el libro trata de detalles del año cuarenta (36:13). Debido a sus muchas leyes y reglas esta parte tiene mucho en común con el libro de Deuteronomio.

Fecha y paternidad. G. B. Gray es portavoz de la opinión de una cantidad de exponentes de la "alta" crítica al afirmar, acerca de Números: "Mucho de lo que aquí se relata de la época de Moisés puede demostrarse como no histórico..." (ICC, p. xlii). No obstante, admite que algunos asuntos expuestos "no son incompatibles con ningún hecho ni condiciones históricas conocidos". Al tratar de dar cuenta del libro de los Números sin admitir su paternidad mosaica, muchos eruditos han propuesto que es un mosaico de varios documentos. La mayor parte del libro es designada por estos eruditos como "P" (por *Priestly*, "sacerdotal" en lengua inglesa), esto es, el documento "P", afirmando ellos que no fue escrito antes del siglo v o vi a.C., *principalmente* por sacerdotes de la época post-exílica. Admiten que algunos de los pasajes de Números provienen de "J" y "E", dos documentos no más antiguos que del siglo ix y viii a.C. Incluso estos antiguos documentos, dicen ellos, se hallaban tan distanciados de la época de Moisés y sus tradiciones se hallan tan confundidas que nos dicen poco acerca del período mosaico.

Tal punto de vista nos dejaría con un libro escrito a lo largo de medio milenio o más, por muchos diferentes autores, editores, y redactores. El libro de Números, dicen tales críticos, es "falto en unidad de expresión religiosa", y es "imposible sumarizar las ideas fundamentales, o señalar el valor religioso del libro, porque presenta diferentes valores en diferentes partes" (*ibid.* p. xlvii). Los argumentos básicos que presentan Gray y otros en apoyo de esta hipótesis documentaria del origen del Pentateuco ya no son considerados como válidos por los mejores eruditos de la teoría de las fuentes. E.E. Flack dice en *Interpretation* (1959, XIII, p. 6): "La tendencia en el pensamiento reciente es la de reconocer materiales antiguos en el Pentateuco, y buscar una solución más satisfactoria al problema de la estructura literaria que el que provee la teoría documentaria". (Ver también B. D. Eerdmans, *Oudtestamentische Studien*, Deel VI, 1949.) Observa C. H. Gordon en su "*Homer and the Bible*" (*Hebrew Union College Annual*), Vol. XXVI, 1955) que "textos recientemente descubiertos muestran que mucho del material adscrito a "P" es muy primitivo, incluso premosaico". Acusa Gordon aquí a los abogados del documentarismo de dar fechas hipotéticas a estratos (documentos) hipotéticos y luego llamar a ésto crítica "histórica". No obstante, las tendencias recientes dentro de la erudición no han resultado en ninguna aceptación general de las afirmaciones presentadas en este libro (ochenta veces o más) de que "habló Jehová a Moisés" o que "Moisés escribió sus salidas". Uno tiene que preguntarse si es que unos fraudes piadosos fueron la causa de la inserción de estas palabras, "habló Jehová a Moisés", para dar a la obra literaria de ellos un halo de autoridad. W. F. Albright, el conocido arqueólogo, señaló que el fraude piadoso y la pseudoepigrafía no eran comunes en el oriente prehelénico. De hecho los hallazgos de la arqueología moderna han obligado a algunos eruditos a cambiar su actitud con respecto al origen de mucho del material en Números. Muchos arqueólogos competentes de la actualidad incluso confían en las referencias geográficas en el Pentateuco para guiarles en su trabajo. Hace tan poco como en 1959, Nelson Lueck, después de muchos años de fructíferos descubrimientos en tierras bíblicas dijo, hablando de la asombrosa "memoria histórica" de la Biblia: "Se puede afirmar categóricamente que nunca ha habido un descubrimiento arqueológico que haya controvertido una referencia bíblica" (*Rivers in the Desert*, p. 31).

El libro de los Números, juntamente con otros libros del Pentateuco, ha estado presentando durante mucho tiempo problemas difíciles a los eruditos. Pero muchos de los problemas han hallado su resolución a la luz de datos adicionales recientemente descubiertos. Para un buen ejemplo de ello, ver los comentarios que acompañan a Nm 34:15. El enfoque del crítico hacia las Escrituras es frecuentemente negativo y destructivo, porque empieza negando lo sobrenatural. Tenemos que acercarnos a Números con una actitud positiva y con fe en la validez de lo sobrenatural. Podemos escudriñar el texto con ojo crítico y estar conscientes de las dificultades que hallamos en él, sin por ello cerrar nuestras mentes a su verdadero significado. En temas que involucran lo sobrenatural, tenemos que buscar el significado más claro coherente con un método histórico-gramatical de interpretación. Cuando la Biblia afirma que han tenido lugar eventos sobrenaturales, tenemos que aceptar esta afirmación sobre su misma base. Cuando la Biblia no lo afirma, no tenemos por que leer algo sobrenatural forzándolo en el texto; porque la interposición sobrenatural tiende a ser desusada y no la práctica normal. Así, lo que uno crea acerca del origen del libro de los Números depende de las premisas filosóficas que se asuman. Si la filosofía básica que uno admite es naturalística, su conclusión será que un libro tan sobrenaturalístico tiene que ser fraudulento y fantasioso. Pero si uno cree que el Ser Supremo puede intervenir en el curso de los eventos humanos, no hallará difícil contemplar la liberación de Israel de la tierra de Egipto como sobrenatural.

No obstante, tenemos que reconocer que hubo una economía de lo sobrenatural. Moisés no estaba siempre ejecutando milagros, ni Dios dictó cada una de las palabras del texto inspirado. Es indudable que el profeta utilizó a numerosos escribas (cp. Nm 11:16, 25), lo que explica el uso de la tercera persona. Dios reveló directamente a Moisés algunas partes del libro, incluyendo las provisiones para al asentamiento en la tierra y los detalles de los procedimientos ceremoniales. Es probable que

tanto Moisés como sus escribas, por otra parte, tuvieran acceso a documentos, y conocieran muchas tradiciones orales. El Espíritu de Dios les guardó de errores de hecho, doctrina y juicio. El relato de Balaam y de Balac (Nm 22 — 24) es el único pasaje del libro que no se atribuye expresamente a Moisés y en el que no se menciona a Moisés.

BOSQUEJO

Primera parte: Israel en el desierto. 1:1 — 22:1

I. **Primer censo en el desierto del Sinaí. 1:1 — 4:49.**
  A. Censo de los hombres de guerra de Israel. 1:1–54
  B. Disposición del campamento. 2:1–34
  C. Función sacerdotal de los hijos de Aarón. 3:1–4
  D. Cargas y censo de los levitas. 3:5–39
  E. Censo de los varones primogénitos. 3:40–51
  F. Censo de la mano de obra levita, y sus deberes. 4:1–49

II. **Primer rollo sacerdotal, 5:1 — 10:10.**
  A. Separación de los inmundos. 5:1–4
  B. Compensación por ofensas, y honorarios sacerdotales. 5:5–10
  C. Un juicio por celos. 5:11–31
  D. La ley del nazareo. 6:1–21
  E. La bendición del sacerdote. 6:22–27
  F. Ofrendas de los príncipes de las tribus. 7:1–89
  G. El candelero de oro. 8:1–4
  H. Consagración de los levitas y su retiro. 8:5–26
  I. Primera Pascua conmemorativa y suplementaria. 9:1–14
  J. La nube sobre el Tabernáculo. 9:15–23
  K. Las dos trompetas de plata. 10:1–10

III. **Del desierto del Sinaí al desierto de Parán. 10:11 — 14:45 (cp. 10:12; 13:26).**
  A. Partida de Sinaí. 10:11–36.
    1. Orden de la marcha. 10:11–28
    2. Hobab invitado a servir de guía. 10:29–32
    3. El arca del pacto. 10:33–36

  B. Tabera y Kibrot-hataava. 11:1–35
    1. Tabera. 11:1–3
    2. Provisión de maná. 11:4–9
    3. Los setenta ancianos de Moisés como oficiales del pueblo. 11:10–30
    4. Castigo por las codornices de Kibrot-hataava. 11:31–35
  C. Rebelión de Miriam y de Aarón. 12:1–16
  D. La historia de los espías. 13:1 — 14:45
    1. Los espías, su misión e informe. 13:1–33
    2. El pueblo, desalentado y rebelde. 14:1–10
    3. La intercesión de Moisés. 14:11–39
    4. El inútil intento de invasión en Horma. 14:40–45

IV. **Segundo rollo sacerdotal. 15:1 — 19:22.**
  A. Detalles ceremoniales. 15:1–41
    1. Cantidades de ofrendas de alimentos y de oblaciones. 15:1–16
    2. Ofrendas de tortas de las primicias. 15:17–21
    3. Ofrendas por los pecados de ignorancia. 15:22–31
    4. Castigo del violador del sábado. 15:32–36
    5. Franjas. 15:37–41
  B. La rebelión de Coré, Datán y Abiram. 16:1–35
  C. Incidentes vindicadores del sacerdocio aarónico. 16:36 — 17:13
  D. Deberes e ingresos de los sacerdotes y de los levitas. 18:1–32
  E. El agua de la purificación para aquellos contaminados por los muertos. 19:1–22

COMENTARIO

Primera parte: **Israel en el desierto.**
1:1 — 22:1.

**I. Primer censo en el desierto del Sinaí.
1:1 — 4:49.**

El marco de esta escena es en el Sinaí, unos
diez meses después de haber llegado Israel allí
(Éx 19:1). Solo quedaban diecinueve días antes
de que se levantara la nube del Tabernáculo y
que Israel iniciara su marcha hacia la Tierra
Prometida (Nm 10:11). Ya que el pueblo afrontaba un desierto yermo y una fuerte resistencia del enemigo, precisaban de un campamento
bien organizado.

A. *Censo de los hombres de guerra de Israel.
1:1-54.*
  1. Habló Jehová a Moisés. Esta fórmula se
utiliza más de ochenta veces en el libro de los
Números. Sería necesario asumir que el redactor de estas palabras era un engañador si este
escrito no debió su origen a Moisés. **El mes
segundo, en el segundo año.** Hacía exactamente un mes que se había erigido el Tabernáculo (Éx 40:1, 17). Números 7:1 y 9:1, 15 se
refieren al primer día del mes primero, lo que
le daba una fecha anterior en un mes a este
versículo inicial. Los sacerdotes y el Tabernáculo fueron consagrados durante este mes
(Éx 40; Lv 8); los príncipes trajeron sus
ofrendas en este mes (Nm 7); y tuvo lugar en
él la primera Pascua conmemorativa (9:1–14).
  **2. Tomad el censo de toda la congrega-
ción.** El Tabernáculo, recién acabado, vino a
ser el centro del campamento. Se tenía que
organizar el ejército y disponer todo el campamento y ordenarlo como una organización
religioso-civil y militar; por ello el censo vino
a ser una necesidad básica. La palabra *rō'sh*,
suma, que comúnmente significa "cabeza",
se traduce como *número* en 1 Cr 12:23. Asimismo **cabezas** se refiere al contaje de los
individuos o cabezas (*gulgelōt*, "cráneos").
  **3. De veinte años arriba, todos los que
pueden ir a la guerra.** Esta terminología, que
se utiliza catorce veces en este capítulo, pone
en claro que el censo tenía un propósito militar. Los levitas, exentos de la milicia, tenían
que ser censados por separado (1:47–49; 3:14–
51).
  5. Estos son los nombres de los varones.
Los intentos de demostrar que la lista (vv. 5–
15) es "ahistórica" no pueden basarse en
datos factuales. El abundante uso del nombre
divino *'ēl* (como Eliab, Pagiel, etc.) no indica
en absoluto una paternidad tardía del texto
(ICC, *Numbers*, pp. 6, 7), porque el nombre se
utiliza libremente en nombres personales en
textos ugaríticos de alrededor del 1400 a.C.
También el compuesto *Shaddāi* (como en Zu-
risadai, v. 6) aparece en un nombre personal
sobre una figurilla de finales del siglo xiv
(Wm. F. Albright, *The Biblical Period*, p. 7).
  18. Y fueron agrupados por familias. Para
la mente semítica, el conocimiento de la
genealogía propia es más importante que el
conocimiento del día de nacimiento o la edad.
Por ello es que tenemos las largas genealogías
de la Biblia, que llegaron a ser utilizadas, a su
vez, para trazar la descendencia del Mesías a
través de Abraham, Judá y David, de acuerdo
con las promesas de Dios. **19. Los contó.** Este
verbo *pāqad* tiene una gran amplitud de significado. Aquí significa "pasar revista", o
"pasar lista" y, en este sentido, "numerar".
Las repetidas frases, **por su descendencia,
por sus familias, según las casas de sus padres** (v. 20), indican lo que nosotros queremos
decir "por familias", "por clanes", y "por
tribus enteras".
  **46. Seiscientos tres mil quinientos cin-
cuenta.** Estos eran solamente el ejército, porque habían dos condiciones que gobernaban el
censo: los hombres incluídos tenían que tener
más de veinte años, y tenían que ser capaces de
ir a la guerra. Se ha estimado que entre dos y
tres millones de personas, entre levitas, personas de edad, niños y mujeres, constituían el
campamento. Los eruditos incapaces de aceptar los elementos sobrenaturales de los tratos
de Dios con su antiguo pueblo afirman que
cinco mil hombres para la lucha sería una
cantidad más razonable, y explican este censo
como un censo mal situado, hecho en épocas
posteriores. Algunos dicen que era el censo de
David de 2 S 24. Pero allí el número de hombres para la guerra solamente en Judá era ya de
500.000 (2 S 24:9), en tanto que aquí Judá
tenía sólo 74.000. En 2 S el término utilizado
para soldado es *'ish hayl*, "hombre de fortaleza"; en Números es *kōl yōṣē' ṣābā'* "todo el
que va con la hueste".
  George E. Mendenhall, en un retador estudio (JBL, marzo de 1958), considera los relatos
del censo en Números como verdaderas listas
mal comprendidas por generaciones posteriores. Señala él que listas así; aparecen
comúnmente en antiguas culturas primitivas.
Se han descubierto, en el mundo semítico,
listas de censos de Mari, Ugarit, y Alalakh,
que se extienden en el tiempo desde la época
de los patriarcas hasta poco antes de la época
de Moisés. La palabra *'elep*, que generalmente
significa *mil*, es considerada por Mendenhall

como significando una unidad tribal, probablemente no militar y comprendiendo mucho menos de mil personas. Por ejemplo, cuando el hebreo señala 46.500 hombres para Rubén, esto significaría 46 unidades tribales pero solamente 500 hombres para la guerra. Así, habían 558 unidades tales, y 5.550 hombres para la guerra. La dificultad con este punto de vista es que Nm 2:32 nos da un total que asume que *'elep* significa *mil*. Pero Mendenhall cree que los sacerdotes postexílicos que redactaron Números forzaron la palabra para que significara "mil", no conociendo su significado anterior. Mendenhall observa correctamente, en relación con Jue 6:15, que Gedeón consideró que su *mil ('elep)* era débil (esto es, no a sus plenos efectivos), característica ésta de muchas unidades militares. Pero entonces se queda obligado a considerar Ex 18:25 como un versículo espúreo, debido a que dice: "Escogió Moisés varones...y los puso por jefes... sobre mil, sobre ciento, sobre cincuenta, y sobre diez". **Sobre mil** (*'alapîm*). El autor cree que la evidencia muestra que el término *'elep* designaba una unidad militar (Nm 1:16; 31:5, 14), pero que eventualmente llegó también a significar una unidad tribal de número indeterminado (1 S 23:23; Miq 5:2). Para sostener dos o tres millones de personas en un desierto se precisaba de intervención sobrenatural. El propósito de este libro de los Números es de relatarnos que esto es lo que sucedió.

B. Disposición del campamento. 2:1–34.

El orden de la marcha y la disposición del campamento alrededor del Tabernáculo se describen en este capítulo. **2. Los hijos de Israel acamparán cada uno bajo su bandera.** Habían cuatro de estas banderas, marcando los cuatro campamentos básicos alrededor del Tabernáculo (vv. 3, 10, 18, 25). Habían también otras banderas designando a familias, que aquí se mencionan como **las enseñas de las casas de sus padres. Alrededor del tabernáculo de reunión acamparán.** Solamente los levitas y los sacerdotes acampaban cerca del Tabernáculo. "El extraño que se acercare, morirá" (3:10, 38). El Tabernáculo se tenía que mantener puro de las contaminaciones ceremoniales asociadas con el vivir diario del pueblo. **17. Luego irá el tabernáculo de reunión.** La mitad de las tribus marchaba delante de él y la otra mitad detrás; y cuando acampaban, el tabernáculo, con sus sacerdotes y levitas, se hallaba en el centro. Cuando los sacerdotes y levitas se ponían en marcha, todos los demás tenían que disponerse, y se esperaba que todo el mundo ocupara sus puestos, lit., **junto a su bandera** es *a mano*.

34. Hicieron los hijos de Israel conforme a todas las cosas que Jehová mandó. El pueblo obedeció todo lo que Dios mandaba, un marcado contraste con la frecuente desobediencia que hallamos en este libro.

C. Función sacerdotal de los hijos de Aarón. 3:1–4.

1. Estos son los descendientes. Este modismo heb. (lit., *estas son las generaciones*) se utiliza en Gn 2:4 como manera de introducir el relato de la creación. Es un versículo de transición y puede traducirse: "Y esta es la historia de Moisés y Aarón, en el día en que Jehová habló a Moisés en el monte de Sinaí". **3. A los cuales consagró.** La figura de lenguaje hebrea traducida, lit. *llenar la mano de uno*, se utiliza para expresar consagración a un oficio sagrado. La idea básica no es la llamada al ministerio, sino la instalación o llenado del oficio por el consagrado. **4. Ejercieron... delante de Aarón.** La práctica de sus deberes sacerdotales delante de su padre les capacitó para aprender cómo complacer a Dios en una miríada de detalles ceremoniales que precisaban de tiempo y de una práctica cuidadosa.

D. Cargas y censo de los levitas. 3:5–39.

Ya que todos los primogénitos de Israel fueron salvados del ángel de la muerte en Egipto, Dios les declaró consagrados para el servicio en el Tabernáculo. Más tarde, no obstante, estableció a los levitas para que sirvieran en su lugar. Las ramas levíticas de Gersón, Coat, y Merari, que tenían deberes específicos con respecto al Tabernáculo, acampaban alrededor de tres de sus costados. Moisés, Aarón, y los hijos de Aarón acampaban al lado oriental del Tabernáculo, enfrente del santuario. Cuando se descubrió que habían 273 más primogénitos que levitas para tomar sus puestos, los sobrantes se redimieron del servicio pagando al contado cinco siclos de plata de redención. **9. Le son enteramente dados.** El término *nᵉtûnim*, "dados", se repite para dar énfasis; de ahí la traducción **enteramente dados.** La misma raíz se utiliza más tarde para describir a los esclavos extranjeros dados a los levitas, que tenían que llevar a cabo los trabajos más pesados del Templo (Sirvientes, 1 Cr 9:2). **12. Yo he tomado a los levitas de entre los hijos de Israel.** Un grupo separado, dedicado a servir a Dios por el servicio en el santo Tabernáculo, al que otros se les prohibía acercarse, bajo pena de muerte (1:53; 2:2; 3:10). **En lugar de todos los primogénitos** (cp. v. 41). La preposición *tahat*, **en lugar de**, se utiliza con frecuencia en el AT para expresar "sustitución" (Gn 22:13). La idea de la "expiación sustitutoria" era una verdad que había sido familiar de hacía mucho a los israelitas, y su intención era prepararlos a ellos y a otros para el gran Primogénito entre muchos hermanos, el Señor Jesucristo (Mr 10:45). **13. Míos serán.** De lo que aquí se trata no es el tiempo futuro, sino la posesión de los primogénitos por parte del Señor, que los redimió. El punto éste se expresa otras dos veces, en el v. 41 y en el v. 45. El Señor estaba diciendo: "Me pertenecen".

25. A cargo de los hijos de Gersón, en el tabernáculo...estarán el tabernáculo, la tienda y su cubierta. El *tabernáculo de un tiempo y lugar señalados ('ohel mo'ēd)* se reserva como una designación para todo el complejo en el que Dios solo habitaba y se reunía con el pueblo. Los hijos de Gersón estaban al cargo del *'ōhel,* **la tienda,** significando las cortinas que formaban la estancia.

28. Ocho mil seiscientos. Surge una discrepancia cuando añadimos los totales de las tres familias de los levitas. Hay trescientos más de los 22.000 dados en el v. 39. Es probable que algún escriba, por error, omitiera una letra; en lugar de escribir tres (*sh-l-sh*) cientos, habría escrito seis (*sh-sh*) cientos.

38. Teniendo la guarda del santuario en lugar de los hijos de Israel. Mejor, *preservando la función [mīshmeret] del santuario para la salvaguardia de [mīshmeret*; 1 S 22:23] *los hijos de Israel.*

E. Censo de los varones primogénitos. 3:40–51.

41. Y los animales de los levitas en lugar de todos los primogénitos de los animales de los hijos de Israel. Los primogénitos del ganado de Israel fueron salvados durante la Pascua en Egipto (Éx 12:29, 32); por ello se dedicaba ahora al Señor el primogénito de los ganados. La redención del ganado (Éx 34:20) y la asignación de responsabilidad moral al ganado (Éx 21:28, 29), no son cosas desconocidas en la Biblia. En Jonás 3:7, 8; 4:11, se registra que Dios perdonó al ganado juntamente con el pueblo de Nínive que se arrepintió (cp. Os 5:6). Entre otros antiguos pueblos semíticos (Ugarit), los animales domésticos se incluían en las cifras del censo como miembros de la comunidad. Mientras que los hebreos compartían esta peculiaridad cultural, su ley se oponía frontalmente a la conducta pecaminosa a la que tal familiaridad con los animales llevaba a los paganos (Lv 18:23, 24). En el código de ley hitita se permitía la bestialidad con ciertos animales.

47. El siclo del santuario. El siclo no era una pieza de moneda, sino un peso. La necesidad de normas o medidas oficiales de peso queda aquí reflejada. Estos pesos normativos llevaban una inscripción oficial. En una sociedad teocrática es el santuario el que provee la norma (cp. Gn 23:16). **49. El dinero de rescate.** Aquí y en el v. 48 *dinero* por *kesep,* "plata", no es una traducción clara. Ya que no se inventó la acuñación hasta el siglo VI a.C., la plata fue una medida primitiva de valor; por ello se utiliza aquí para expresar la enseñanza del AT acerca de la redención. Había plata de expiación (*kesep hakkippūrîm*), como en Éx 30:16, y plata de rescate (*kesep happidyôm*), como en este versículo. La mayor medida de valor es la vida misma; por ello la ofrenda de sangre, no la plata, era la lección más impresionante de la deuda espiritual del hombre hacia Dios (Lv 17:11).

F. Censo de la mano de obra levita, y sus deberes. 4:1–49.

Bajo pena de muerte nadie sino Aarón y sus hijos podían tocar los instrumentos sagrados de dentro del santuario (vv. 15, 19, 20). Aquí se dan las instrucciones para el apropiado manejo de estas **cosas santas** y para cubrirlas (v. 5). La familia de Moisés y de Aarón (26:58, 59), los coatitas, fueron comisionados para llevarlas bajo la dirección del hijo de Aarón, Eleazar (v. 16). A los demás familias levitas les fue dado un servicio menos honorable, el de cuidar de las cortinas (gersonitas) y las barras y columnas (meroritas). Este trabajo fue puesto bajo la supervisión del otro hijo de Aarón, Itamar. Los levitas de 30 a 50 años de edad, los que realmente trabajaban (v. 3), fueron contados y llegaron a ser un total de 8.580 personas.

4. En el lugar santísimo (*qōdesh haqqādāshîm*). Se utiliza la frase para describir al Lugar Santísimo (Éx 26:34) dentro del "velo de separación" (*pārōket hammāsāk*), pero se utiliza también para las cosas de todo el santuario.

5. Aarón y sus hijos...desarmarán el velo de la tienda. Este es el "velo de separación" entre las dos partes del Tabernáculo: el lugar santo y el santísimo, donde se guardaba el arca del pacto (Éx 26:31–34).

6. Pondrán sobre ella la cubierta de pieles de tejones. La ASV utiliza *pieles de foca,* siguiendo una raíz árabe similar a la hebrea *tahash.* Una raíz egipcia parecida sugiere que se trata de un proceso como curtido en vez de la piel de un animal especial. Para proteger de los elementos, se utilizaban, por lo general, estas cubiertas sobre todas las cosas. No obstante, se tiene que señalar que el arca tenía que cubrirse con el paño de azul *por encima* de la cubierta de pieles, no *debajo* como con las otras cosas santas (vv. 7–10). Por este medio se podría distinguir el arca durante la marcha (cp. 10:33). **Le pondrán sus varas.** Lit. *sus en-las-manos (baddāyw)*. Se traduce mejor por "colocar sus asas", o "varas de porteo".

7. La mesa de la proposición. *La mesa de la Presencia*, esto es, *la presencia del Señor.* **El pan contínuo.** También llamado el *pan de la proposición* (o "pan de la presencia"; Éx 25:30), ya que se mantenía contínuamente extendido ante el Señor sobre la mesa.

8. Un paño carmesí. El término *tôla 'at shānî* indica el insecto o gorgojo del que se extraía la púrpura. Otro colorante, como en **el paño azul** (*tᵉkēlet*, *índigo*, v. 9), se obtenía de una especie de marisco que se hallaba en las costas de la península del Sinaí. La tinción era una práctica común entre los cananeos del siglo XVI a.C. (W. F. Albright, *Archaeology of Palestine*, p. 96).

20. No entrarán para ver cuando cubran las cosas santas, porque morirán. En el v. 15 los porteadores levíticos fueron advertidos que no tocaran ninguna cosa santa bajo pena de muerte. En los vv. 17–20 el Señor advertía de nuevo a los coatitas que podrían ser cortados "de entre los levitas" si se volvían descuidados en el manejo de las cosas santas. Si se atrevían a mirar tan sólo por un instante (*kᵉballa'* = *como el tiempo que se precisa para tragar*), morirían.

23. Para servir. La raíz heb. *ṣābā*, se reserva, por lo general, para servir en el ejército, como en 1:3, 30. Dios recibe a menudo el nombre de Jehová de los Ejércitos. Mediante este ejército religioso (ver también 1:3) se nos recuerda nuestro servicio espiritual en la iglesia militante.

37, 45, 49. Como lo mandó Jehová por medio de Moisés. La palabra **mandó** se traduce "encomendar" en el v. 27. Es lit. *boca* (*peh*). Esta y la utilización de la palabra **por medio de** (lit., por *mano* de *yad*) proveen un vislumbre fructífero. La boca habla de la procedencia de la autoridad y la mano significa la ejecución de esta autoridad. Así que, las leyes eran conforme a la boca de Dios pero por la mano de Moisés. Con la autoridad delegada (por la boca, encomendación; v. 27) Itamar llevaba la responsabilidad de administrar (bajo su mano, vv. 28, 33) el servicio de los hijos de Gersón y Merari. Otra vez se nos recuerda que el modismo hebreo para "consagrar" es *llenar la mano de uno* (3:3).

II. Primer rollo sacerdotal. 5:1—10:10.

Las leyes acerca de la observancia de la Pascua se datan a un mes antes de Nm 1:1

(ver 9:1). Esto es comprensible cuando nos damos cuenta de que, aun cuando se observaba un orden cronológico básico, se disponían los materiales y se reunían por temas. Es razonable asumir que los escritos originales estaban en rollos de pergamino o papiro. Hemos estado en un rollo que trataba de un censo, y pasamos ahora a un rollo en el que se habían reunido otros detalles ceremoniales y hieráticos adicionales.

A. Separación de los inmundos. 5:1–4.

2. Que echen del campamento a todo leproso, y a todos los que padecen flujo de semen, y a todo contaminado con muerto. Según las instrucciones que aquí se dan, estos tres tipos de personas inmundas tenían que ser echadas del campamento. Pero, en los tres pasajes que tratan más completamente con sus varias contaminaciones (Lv 13; 15; Nm 19), solamente tenían que expulsarse a los leprosos (Lv 13:46). Según Lv 13, no se echaba a nadie del campamento hasta que no quedaba establecido que tenía un caso de lepra real y permanente. Por lo que respecta al que tenía "flujo de semen", Nm 5:2 podría también significar un flujo permanente o crónico, que demandara que fuera echado del campamento, en tanto que Levítico trataría solamente del tipo temporal de flujo. El tercer modismo hebreo se refiere a "cualquiera que sea inmundo debido a una persona" (*nepesh*), lo cual es la expresión usual para la contaminación debida a un cadáver (Nm 9:10; 19:11). Este tipo de inmundicia no demandaba, por lo general, la expulsión del campamento. Pero, según 19:20, si el inmundo dejaba el limpiarse apropiadamente, tenía que ser echado de la congregación. En resumen, los tres tipos de inmundicia aquí mencionadas se refieren a casos extremos en los que la expulsión del campamento constituía la única forma de preservar la pureza ceremonial de la congregación.

B. Compensación por ofensas, y honorarios sacerdotales. 5:5–10.

7. Compensará enteramente el daño. La palabra heb., *'āshām*, aquí traducida como **daño**, es la palabra clave de este pasaje. El término es descriptivo de una ofensa por la que se puede hacer una compensación. Estos son pecados en contra de los hombres, en contraste con los pecados contra solo Dios. Por ello, la traducción de RV que dice **pecados con que los hombres prevarican** (Nm 5:6) debiera vertirse como *pecados contra el hombre*. Este pecado, como el que trata Lv 5:16, demandaba restitución completa, más una quinta parte añadida a la cosa por la cual se compensaba. **8. El carnero de las expiaciones.** El medio por los cuales se expiaba la culpabilidad de un hombre ("limpiado") y por el cual la ira de Dios en contra del pecador quedaba propiciada ("se hacía favorable"). En Lv 5:16 este carnero recibe el nombre de "el carnero del sacrificio por el pecado", que acentúa la ofensa del hombre ("daño"); en tanto que en Números el término "el carnero de las expiaciones" acentúa la separación de Dios.

10. Suyo será. Si la persona que tenía que ser restituída había muerto y no había ningún pariente cercano (*gō'ēl*) para recibir su restitución, entonces tenía que quedar en posesión del sacerdote. Los vv. 9 y 10 ponen en claro que cada sacerdote era el único poseedor de todo lo que recibiera de esta manera (Lv 10:12–15).

C. Un juicio por celos. 5:11–31.

Cuando un marido sospechaba que su mujer era adúltera (no habiendo habido testigos de ello) y ella mantenía su inocencia, tenía que ser llevada al sacerdote para ser puesta ante el Señor, el único que podría determinar su inocencia o culpabilidad. El sacerdote tenía que hacerla tomar un juramento de inocencia y sujetarla a una prueba: la bebida de aguas amargas portadoras de maldición hecha con polvo del suelo del Tabernáculo. Su culpabilidad sería determinada por ciertos efectos manifestados en su cuerpo. Si no habían efectos evidentes, era inocente, y podría volver a su esposo para tener hijos. Un ejemplo notable de prueba para una esposa sospechosa es la que se registra en el Código de Hammurabi (párs. 131, 132. ANET, p. 171). No tenemos que asumir, como ciertos eruditos "liberales", que esta "costumbre de prueba" entre los hebreos se remonta al período más remoto de su historia (ICC, p. 46), como si se tratara de unos restos de sus orígenes paganos. Ni tenemos que ir al otro extremo e ignorar el hecho de que se han hallado paralelos a algunas leyes bíblicas en la jurisprudencia de ciertos antiguos pueblos semíticos (ANET, pp. 163–188). Así como Dios eligió la práctica de la circuncisión, que ya estaba siendo ampliamente utilizada por pueblos paganos (p.ej., los cananeos y los egipcios), como ordenanza a su pueblo, así el hecho de que la Torah fue divinamente inspirada no elimina el conocimiento que Moisés tenía de su época.

En realidad, incluso los juicios de prueba paganos tenían su validez psicológica, y el principio que subyace en ellos se utiliza todavía en la moderna detección de crímenes (p.ej., el detector de mentiras). Aunque los resultados de los juicios paganos eran sólo parcialmente válidos, ¿no se podría emplear una técnica

similar con resultados perfectamente válidos bajo la soberana providencia del Señor? "Esta ley no prescribía una prueba cuyos efectos fueran inciertos, como las pruebas de otras naciones, sino un juicio de Dios, del que el culpable no podía escapar, debido a que había sido designado por el Dios viviente" (KD, *in loco*). Se debiera añadir que no había nada inherente en el polvo que provocara juicio. En cada caso tenía que haber una intervención sobrenatural.

12. Si la mujer de alguno se descarriare, y le fuere infiel. Las leyes bíblicas expresan una seria condena del adulterio, en contraste con la laxa actitud de los vecinos de Israel y de sus prácticas inmorales (G. E. Wright, *Biblical Archaeology*, pp. 111–119). Por extraña que pudiera parecer esta ley, ayudó a producir un elevado nivel de pureza marital en Israel (Lv 20:10).

15. Efa de harina de cebada...no echará ...aceite...ni...incienso. En ninguna parte más que aquí se prescribe la cebada como ofrenda de comida. Por lo general se demandaba harina fina (*sōlet*) juntamente con aceite e incienso. La razón por la diferencia parece ser que la ofrenda de alimento acostumbrada era una ofrenda gozosa, por lo general, de las primicias. La única ofrenda de comida seca era la del pecado del hombre pobre (Lv 5:11). En ambos casos la comida de cebada seca habla de una circunstancia pecaminosa y humillante. **Ofrenda recordativa, que trae a memoria el pecado.** En realidad es el término **traer a memoria** (*zikkārōn*) el que explica el propósito de este procedimiento tan desacostumbrado. No era para recordar a Dios (ICC, p. 51) sino para exponer abiertamente ("dar a conocer") si había base o no para los celos. **17. Agua santa en un vaso de barro.** De barro a fin de poderlo romper después de la ceremonia (Lv 6:28). El agua sacada de la fuente de bronce era santa; pero ya que todo en el Tabernáculo era santo, se le daba un carácter más impresionantemente santo todavía al añadir el polvo sagrado. **18. Hará el sacerdote estar en pie a la mujer delante de Jehová.** Solamente el Señor podría resolver este misterio. Para dar énfasis esto se repite en el v. 16. **Descubrirá la cabeza de la mujer.** La palabra *pāra'* significa "soltar su cabello", no descubrir su cabeza. Al estar bajo sospecha, quedaba privada de este signo de dignidad; se soltaba su cabello.

23. El sacerdote escribirá estas maldiciones en un libro. Este reconocimiento incidental de la utilización de la pluma, o pincel, y de la tinta cuadra bien con un pueblo que había vivido durante generaciones en Egipto, donde el pincel del escriba había estado en constante uso desde los tiempos tempranos del tercer milenio a.C. **Las borrará.** Para el significado de este borrado de la maldición, ver el v. 24. **24. Dará a beber a la mujer.** Este versículo anticipa la bebida que tenía lugar después de que el sacerdote recibiera la ofrenda (v. 26), pero es así debido a que este dar a beber tenía que asociarse con el importante detalle de *borrar* del v. 23. Mediante este acto, las mismas palabras de la maldición eran transferidas simbólicamente al agua amarga.

27. Su vientre se hinchará y caerá su muslo. Es evidente que la inchazón del vientre puede referirse a un embarazo. El ICC sugiere que la caída del muslo significa un nacimiento prematuro (p. 48). La misma raíz *nepel*, "una caída", se traduce como "nacimiento fuera de tiempo" en Job 3:16; Sal 58:8, 9; Ecl 6:3. También se utiliza muslo o lomo (*yārēk*) como el asiento del poder procreativo, en Gn 46:26 (y en otras partes): "Todas las personas... procedentes de sus lomos". Así **caerá su muslo**, podría significar "dará a luz". Que *nāpal*, "caer" significa también "nacer" es claro de su utilización en Is 26:18. Nosotros traduciríamos esta frase de la siguiente manera: "Su cuerpo se hinchará y dará a luz (o dará a luz fuera de tiempo), y esta mujer será una maldición en medio de su pueblo".

Así la mujer culpable no recibía la muerte, lo que habría sido injusto, ya que el hombre culpable se iba libre. No obstante, no se permitía a los hijos ilegítimos que constituyeran una carga en el campamento debido a la intervención sobrenatural de Dios en casos como este (cp. Dt 23:2). No hay evidencia de que se pusiera en práctica esta ley en ninguna época excepto durante el período del liderazgo de Moisés.

D. La ley del nazareo. 6:1–21.

Dios deseaba que su pueblo viniera a ser un "reino de sacerdotes y gente santa" (Éx 19:6). Venir a ser un nazareo era un paso que cualquier israelita, hombre o mujer, podrían tomar para llegar a este ideal. Un tal entonces entraba en una condición de vida consagrada a Dios y libre de contaminación. Naturalmente, el sumo sacerdote era similarmente puesto aparte y purificado (Lv 21:10–12). Pero su condición de vida se basaba en su oficio hereditario. El voto del nazareo se tomaba, por lo general, de forma espontánea, y solamente por un período de tiempo. El término *nāzîr* significa "separar", y siempre en este contexto significa separar para el Señor. Se exponen aquí dos fases definidas de esta consagración. La primera se introduce en Nm 6:3, donde se le dice

al devoto que se separa a sí mismo mediante una cierta práctica de negación propia. La segunda fase, prescrita en 6:13–21, es llamada propiamente "la ley del nazareo". Esta fase, que tiene que ser llevada a cabo al final del período de separación, demandaba una elaborada serie de ofrendas.

Un nazareo tenía que abstenerse no solamente de bebidas embriagantes, sino también de todo lo que proviniera del vino (v. 4). Oseas 3:1 nos informa de que las tortas de pasa eran un artículo de lujo. 1 S 25:18, 36 nos habla de la abundancia de pasas en el hogar de Nabal, un hombre rico y sensual. En el espíritu de negación propia, el nazareo tenía que apartarse de la vida lujosa. No obstante, la consagración de un nazareo tenía que quedar simbolizada en su plenitud por su cabello sin cortar (Nm 6:5). El cabello del nazareo Sansón era un símbolo de poder y virilidad dedicados a Dios; pero cuando aquel poderoso hombre despreció esta dedicación, perdió su don de gracia. Aunque este poder no se le concedía a todos los nazareos, se requería de todos ellos, como también Sansón, que dedicaran todo lo que tenían al Señor. Esto se exhibe por la provisión hecha a los nazareos de que votaran grandes dones como ofrendas (v. 21).

Era debido a que el cabello del nazareo (*nēzer*, "corona") estaba consagrado que tenía que evitar contaminación por los muertos. Si se contaminaba, tenía que afeitar el cabello contaminado y empezar de nuevo su voto (v. 12). Como un cordero o cabra traída como ofrenda tenía que ser puro, de la misma manera su "ofrenda del cabello" tenía que ser pura, porque el cabello del nazareo tenía que ser una ofrenda de holocausto al Señor. El cabello es representativo de la vida misma, porque solamente un hombre vivo produce cabello. Entonces, lo ofrecía en lugar de su propio cuerpo, como signo de que él mismo era un "sacrificio vivo, santo y agradable delante de Dios". Es comprensible por qué Pablo (Hch 18:18; 21:24) y Santiago, el anciano de Jerusalén (Eusebio, *Historia Eclesiástica* ii.23), viendo el profundo significado de la antigua ley del nazareo, tomó votos nazareos.

La segunda fase de la ley del nazareato empezaba a la finalización "del tiempo de su nazareato" (Nm 6:13). Tenía que ofrecer un sacrificio por el pecado de todos sus pecados desconocidos y, a continuación, una ofrenda de holocausto y una ofrenda de paz para simbolizar su rendición y adoración. En la cima de estas ceremonias se tenía que afeitar la cabeza del devoto, y el cabello consagrado se colocaba sobre los carbones debajo de la ofrenda de paz (vv. 18–20).

**2. Se apartare...haciendo voto de naza-
reo.** El primer verbo aquí (*pālā'*) significa
"hacer algo extraordinario o maravilloso"
(cp. la misma raíz del epíteto aplicado al
Mesías en Is 9:6). Aquí y en otras partes (Lv
22:21; 27:2; Nm 15:3, 8) se utiliza para expresar lo difícil de hacer un voto solemne. Se
permitía al devoto ofrecer algo voluntariamente, por encima de este mínimo exigido
(v. 21). **7. La consagración de su Dios tiene
sobre su cabeza.** *Nezer* denota no solamente
"consagración" sino, además, consagración
que tiene que ver con la "cabeza", sea una
diadema consagrada (Éx 29:6; Zac 6:11) o el
cabello ungido del sumo sacerdote (Lv 21:12),
o como aquí, el "cabello consagrado" del
nazareo (cp. Nm 6:19). En lugar de *su separación a Dios* (ASV) léase "el cabello consagrado de (perteneciendo a) su Dios está
(todavía) sobre su cabeza".

**21. Además de lo que sus recursos le per-
mitieren,** esto es, las ofrendas especiales que
un nazareo pudiera votar, además de las que
estaban especificadas en esta ley. En tanto que
esto se refiere a lo que un hombre pudiera
añadir a su ofrenda, la misma terminología se
utiliza para la contribución del pobre que no
pudiera adquirir la ofrenda prescrita (Lv 5:11).
Según el voto que hiciere, así hará. Esto es,
según lo que prometió, así tiene que hacer.
Habían ocasiones en que otra persona pagaba
los votos del nazareo, como parece ser el caso
en Hechos 21:24.

E. La bendición del sacerdote. 6:22–27.

Esta es una bendición hermosa, en el estilo
de poesía semítica excelente y llena de un
mensaje muy necesitado por parte de aquellos
que afrontan las incertidumbres y las fuerzas
hostiles de la vida en el desierto. Habla de la
bondad de Dios en el cuidado y protección de
su pueblo. Cuando un individuo o una nación
viene a ser el objeto del favor de Dios, la
angustia, el hambre, el peligro, o la espada
sirven tan sólo para probar cómo el Señor ama
a sus hijos y cuán capaz es de liberarlos.
23. Así bendeciréis a los hijos de Israel.
La gramática de esta frase ha sido combatida.
No obstante, Gesenius, el famoso gramático,
dijo que la forma en interrogante aparece
"especialmente en los libros posteriores del
AT" (Lexicon, pár.113). Sabemos en la actualidad que hay textos ugaríticos (c. 1400 a.C.)
que confirman la construcción como modismo
antiguo y que puede darse perfectamente. **24.
Jehová te bendiga y te guarde.** De una parte
Dios provee toda buena cosa para sus escogidos; por la otra, les guarda, protege, y vela
por ellos contra el enemigo que quisiera pri-

varles de estos bienes. **25. Haga resplandecer
su rostro sobre ti.** Una expresión hebrea
típica. Cuando el rostro de un hombre resplandece (Pr 16:15), se halla lleno de felicidad;
pero cuando su rostro se vuelve oscuro, es
evidente que el mal y la desesperación han
hecho presa en su alma (Joel 2:6). **26. Y ponga
en ti paz.** *Shālôm* ("paz") es una palabra que
abarca muchos conceptos, incluyendo totalidad, seguridad, salud, tranquilidad, contento,
amistad, y paz con Dios y con los hombres.

**F. Ofrendas de los príncipes de las tribus. 7:1–
89.**

Después de la erección de todo el Tabernáculo (*'ōhel mô'ēd*), de su unción y santificación (ver Éx 40:14), los príncipes (cp. Nm 1:5–
16) trajeron ofrendas necesarias para transportar el Tabernáculo. Presentaron seis carros y
doce bueyes a los hijos de Gersón (4:24–26) y
de Merari (4:31, 32). (Porque los hijos de Coat
tenían prohibido llevar las cosas santísimas en
carros, las suspendían de varas, que llevaban
sobre sus hombros). Además, en doce días
separados, los príncipes ofrecieron, cada uno
de ellos en su día, un número de dones idénticos para la dedicación del altar (vv. 11, 88).
El último versículo de este capítulo revela que
Dios se comunicaba con Moisés mediante una
voz por encima del propiciatorio, entre los
querubines (cp. Éx 25:22). **1. Cuando Moisés hubo acabado de levantar el tabernáculo.** Este no fue un día espe-
cífico. El significado es simplemente que,
después de que Moisés había acabado de erigir
y ungir, etc., entonces los príncipes dieron sus
ofrendas (ver v. 88). **3. Seis carros cubiertos.**
La infrecuente palabra hebrea que aquí se utiliza para **carros** es de raíz acadia, *subbu*, significando "carreta o litera". La palabra misma
no especifica si los carros eran cubiertos o
abiertos.

10. Para la dedicación del altar. Los críticos han insistido en aplicar esta frase al período de los macabeos, durante el cual se originó
la Fiesta de la Dedicación. Afirman que *hănukkâ* ("dedicación") es una tardía. Pero incluso admiten (ICC, p. 76) que la raíz de esta
palabra es antigua, como se ve de su utilización en el nombre Enoc (*hănōk*; Gn 4:17; 25:4;
46:9) y en la palabra para los hombres experimentados de Abraham (*hănîk*; Gn 14:14). Aunque esta palabra es infrecuente, la Biblia
muestra que se utilizaba ampliamente. El rey
David celebró una *hănukkâ* para su palacio,
según el título del Salmo 30. Salomón, similarmente, dedicó el altar del Templo (2 Cr 7:9).
Nehemías dedicó el muro de Jerusalén (Neh

12:27). Y Judas Macabeo rededicó el Templo después de su profanación (1 Mac 4:52). En cada caso se utiliza la misma palabra hebrea. Es probable que Judas Macabeo tuviera conocimiento de una larga tradición de *hănukkâ*, porque la suya no fue una época de innovación.

12. Naasón... de la tribu de Judá. A diferencia de Nm 1, el orden en que vinieron los príncipes fue según la línea de la marcha (cap. 2). **14. Una cuchara de oro.** Un plato de oro (no una cuchara) lleno de incienso cuadra bien con la descripción del altar del incienso en Éx 30:1–10 (cp. Ap 8:3, 4).

88. Después que fue ungido. Una frase similar a esta en 7:10, 84 — "en el día en que fue ungido"— no tiene, evidentemente, referencia alguna a un día determinado, sino que es simplemente una cláusula temporal. Este v. (88) pone en claro que la dedicación del altar tuvo lugar algún tiempo después de la unción registrada en Lv 8:11.

89. Oía la voz que le hablaba. Moisés recibía revelaciones divinas conversando con Dios. Un uso infrecuente de un tronco hebreo, aquí, da un sentido recíproco, "conversar", al verbo "hablar" (KB, p. 200). Se emplea la misma utilización para mostrar que Ezequiel estaba en comunicación directa con Dios (Ez 2:1; 43:6; cp. 2 S 14:13). En Mal 3:16 se utiliza un verbo relacionado con este para significar "hablaron cada uno a su compañero". Así, "cuando entraba Moisés en el tabernáculo de reunión, para hablar con Dios, oía la voz que le hablaba de encima del propiciatorio que estaba sobre el arca del testimonio, de entre los dos querubines".

G. El candelero de oro. 8:1–4.

Los detalles acerca del candelero se dan en otros pasajes: En Éx 25:31–40, donde se describe; en Éx 37:14–24, donde se hace; en Éx 40:24, 25, donde es puesto en su sitio; y en Lv 24:2, donde se prescribe un caro aceite de oliva para su alumbrado. Aquí en Nm 8 lo hallamos en uso, despidiendo su luz ceremonial sagrada ante el Señor incesantemente (cp. Jn 8:12).

2. Las siete lámparas. Joseph Free descubrió, en sus excavaciones en Dotán, una lámpara de cerámica de siete bocas, en estratos antiguos, lo que tiende a refutar la opinión mantenida por ciertos eruditos de que tal lámpara era desconocida en el tiempo de Moisés.

3. Encendió hacia la parte anterior del candelero sus lámparas. No es necesario añadir las palabras "para dar luz" como sucede en algunas versiones.

H. Consagración de los levitas y su retiro. 8:5–26.

Los levitas tenían que lavar sus vestidos y afeitar su piel, ser rociados con agua santa, llevar ofrendas apropiadas al Tabernáculo, juntamente con toda la congregación. En este momento Aarón ofreció a los levitas como sacrificios vivientes (ofrendas mecidas) en lugar de los primogénitos, a los que el Señor, en la época de la Pascua de Egipto, compró para sí mismo para el servicio. Por ello los levitas tenían que ser "consagrados", totalmente dedicados al servicio del santuario. La posición que tenían asignada, en la inmediata vecindad del Tabernáculo y a su alrededor, servía para guardar en contra de la violación de los recintos sagrados por los israelitas seglares (v. 19). A la edad de cincuenta años los levitas se retiraban del trabajo manual, que era su principal ocupación. Pero continuaban ministrando en cierta capacidad, quizás como instructores de los jóvenes y en otros deberes menos fatigosos.

7. Rocía sobre ellos el agua de la expiación. Esta recibe el nombre de *agua del pecado (mê hattā't)*. Así, como la ofrenda de expiación era por el pecado, lo mismo era esta agua, para limpiar del pecado. Podría ser que se identificara esta agua con el "agua de separación" hecha mediante la utilización de cenizas de una vaca alazana y también llamada *hattā't*, "por el pecado" (Nm 19). **Haz pasar navaja sobre todo su cuerpo.** Ya que la lengua hebrea tiene otra palabra que significa "pelar al cero" (6:9, 18), algunos comentaristas creen que aquí solamente se significa "cortar el cabello" (KD, p. 47). Pero el mandato dice, lit., que se pasare **navaja por todo el cuerpo.** Es evidente que ésto tiene que significar que se les tenía que eliminar todo el cabello (ceremonialmente contaminado), así como el lavamiento iba a eliminar la contaminación de sus vestidos y el rociamiento con "el agua de la expiación" iba a purificar sus cuerpos. Esta limpieza ceremonial prefiguraba no solamente la limpieza espiritual de la Iglesia por parte de Cristo (Ef 5:25, 26), sino que también implicaba el elemento esencial de obediencia a la Palabra de Dios, mediante la cual Cristo puede limpiar.

10. Pondrán los hijos de Israel sus manos sobre los levitas. Es indudable que esto se llevó a cabo de alguna forma representativa, aunque es posible que cada primogénito impusiera realmente sus manos sobre cada uno de los levitas. Mediante este hecho se exhibía gráficamente la verdad de que estos levitas eran sustitutos de los primogénitos en el servicio del santuario. La iglesia primitiva continuó las prácticas tan conocidas como la imposición de manos (Hch 6:6; 1 Ti 4:14).

11. Ofrecerá [esto es, *mecerá*] **Aarón a los levitas delante de Jehová.** A la vista de determinar cómo podrían los levitas ser "mecidos" delante del Señor, la RV ha omitido el significado pleno del verbo y del nombre. Cómo se pudieran mecer miles de levitas como ofrendas mecidas solamente se vislumbra en el v. 13. No obstante, este tecnicismo es mucho menos importante que el significado de la ofrenda. Los hay que creen que la palabra puede haber perdido su significado original, de manera que ahora simplemente significaba ofrecer (Éx 35:22). Parece más posible que el término tuviera un significado especializado, sea que se llevara a cabo siempre el acto de mecer o no. Era un "rito en el que originalmente el sacerdote levantaba su parte de la ofrenda y la mecía, esto es, la movía hacia el altar y hacia atrás, como prenda de su presentación a Dios y su retorno por él al sacerdote (BDB, p. 632). Así, la ceremonia demostraba que los levitas pertenecían al Señor, pero que eran devueltos a Aarón para ministrar como sacrificios vivos en el Tabernáculo.

12. Los levitas pondrán sus manos sobre las cabezas de los novillos. De nuevo se exhibe el principio de la sustitución. Mediante la sustitución de una víctima inocente, se hacía expiación por ("en favor de") los levitas. **14. Apartarás a los levitas...serán míos los levitas.** Dios demanda la separación de lo limpio de lo inmundo, de su pueblo de los paganos y de sus prácticas. Aquí hallamos una verdad hallada en la trama y el tejido de las enseñanzas del Antiguo y Nuevo Testamentos pero tan a menudo ignorada por la iglesia. Dios es santo, y su pueblo es santo, porque le pertenece; por lo tanto, hace separación entre su pueblo y los demás (Lv 20:26). Así, Cristo vino a llamar a los hombres a santidad y por ello a hacer una distinción entre la gente, por lo que los enemigos de uno pueden ser los de su propia casa (Mt 10:34–36).

19. Yo he dado en don a los levitas. Nótese la secuencia: "He tomado a los levitas" (v. 18); "Yo he dado...a los levitas". La secuencia misma cumple el propósito de una *tᵉnûpâ*, "ofrenda mecida". Dios tomó y volvió a dar a Aarón estos sacrificios vivientes como "dados". Asimismo, la iglesia habla de aquellos a los que Dios le ha dado (cp. Ef 4:11, 12), no como sus sacerdotes, sino como sus ministros, debido a que de ellos es "la obra del ministerio, para la edificación del cuerpo de Cristo". **Para que ejerzan el ministerio de**

los hijos de Israel en el tabernáculo...y reconcilien a los hijos de Israel; para que no haya plaga. Solamente hubo un Siervo por excelencia, que "no vino para ser servido, sino para servir, y para dar su vida en rescate por muchos" (Mr 10:45). Estos siervos, como él también lo fue, eran sustitutos, tomando el lugar de los hijos de Israel, haciendo reconciliación por su servicio, proveyendo la redención que traía liberación de la ira de Dios. **21. Y los levitas se purificaron.** Así, como el "agua de la expiación" (v. 7) y la ofrenda de expiación estaban designadas para sacar el pecado, este verbo de la misma raíz *hata'* significa lit. *despecarse*, o mejor aún, "hacer las cosas necesarias para la limpieza ceremonial".

24. De veinticinco años arriba. Esto no concuerda con 4:35 (y otros vv.) en los que la edad es desde los treinta años. Una diferencia tan evidente no parece ser un error textual. El duro trabajo de "guerrear esta guerra" (ASV, margen) en la que los errores de unas manos inexpertas podrían resultar en la muerte (2 S 6:6, 7), bien puede haber necesitado un aprendizaje de cinco años.

I. Primera Pascua conmemorativa y suplementaria. 9:1–14.

La Pascua original fue observada cuando Israel salió de Egipto el mes primero, el mes de la cebada acabada de madurar (*'ābîb*). Ahora el pueblo celebraba la primera Pascua (*pesaḥ*) en recuerdo de aquel evento, empezando el día catorce del mes primero del segundo año. El propósito de esta sección no es el de hablarnos de la Pascua, sino de una provisión hecha para aquellos que no podían guardar la Pascua. Por ello se inserta esta sección, porque la observancia de esta Pascua suplementaria empezó el día catorce del mes segundo, un mes y medio después de la fecha del inicio de este libro. Los fieles israelitas que tuvieron que aislarse debido a que estaban contaminados por un muerto o que estaban de viaje durante el tiempo de la observancia de la pascua regular pidieron a Moisés que se les permitiera hacer esta ofrenda al Señor. Moisés fue instruido por el Señor que permitiera esto siempre que los que guardaran la Pascua un mes después tuvieran razones legítimas para hacerlo. Dios dio, además, una advertencia estricta de que los que dejaran de lado la observancia de la Pascua en su época señalada deberían ser cortados del pueblo. Fue en el último día de esta Pascua del mes segundo que la nube empezó a levantarse del Tabernáculo, y el pueblo empezó a prepararse para el viaje (10:11).

1. El mes primero. (Éx 12:2; 13:4; Dt 16:1). Este mes, el tiempo de la cebada acabada de madurar ('*ābîb*) era en primavera, como la Pascua es y siempre lo ha sido. Después del exilio (587 a.C.), los israelitas fueron adoptando el calendario babilónico, y lo han utilizado desde entonces. *Rō'sh Hashānâ* (el actual ''Año Nuevo'' judío) se observa en otoño, siguiendo la cuenta babilónica. En tanto que este hecho no es concluyente, ayuda a refutar la teoría de que la mayor parte del libro de Números fue escrito por sacerdotes post-exílicos. Los libros post-exílicos de la Biblia, como Esdras, Nehemías, y Ester, exhiben conocimiento del calendario babilónico. En tiempos anteriores los hebreos numeraban sus meses, en lugar de nombrarlos, y utilizaban también términos agrícolas, como '*ābîb*, pero no utilizaban nombres derivados del culto (cp. Calendario de Gezer, BASOR 92; ver también las notas acerca de Nm 32). **2. A su tiempo.** Es la misma palabra que se utiliza para el Tabernáculo cuando se le llama ''el tabernáculo de reunión'', significando el lugar en el que el pueblo se congregaba de acuerdo con la voluntad de Dios en un tiempo señalado. Era alrededor de la ley ritual del Tabernáculo que el pueblo de Israel llevaba su vida religiosa. El quebrantamiento de estas leyes de tiempos y lugares señalados constituía una negación del Señor y desprecio por su mensaje revelado. **3. Entre las dos tardes.** Así como un 'dual' de la palabra ''brillar,'' (*ṣāhar*) se refiere a aquel punto cumbre del sol que llamamos mediodía, así el dual de la palabra ''tarde'' (*'ereb*) se refiere a aquella media luz que llamamos crepúsculo. Proverbios 7:9 identifica este tiempo con el crepúsculo, en contraste a la medianoche. **6. A causa de muerto.** Una expresión de gran interés en hebreo, debido a que la palabra a menudo traducida como ''alma'' por la RV tiene aquí el significado de ''cadaver''. La palabra *nepesh* se utiliza con mucha frecuencia en conjunción con las funciones animales del cuerpo, las pasiones y los apetitos, más que en referencia a la existencia inmaterial. En Génesis los animales (2:19), como el hombre (2:7), reciben el nombre de *nepesh ḥayâ*, ''criaturas vivientes (vidas)''. Y en Dt 12:23, 24 *nepesh* es el ''principio de la vida'' que se halla en la sangre (cp. también Pr 12:10; Éx 21:23). La palabra significa a menudo el ''yo'' propio, o ''persona'', y se halla por lo general asociado con el cuerpo. Esto es cierto del Sal 16:10, en donde se contempla la resurrección corporal, no la inmortalidad espiritual (cp. Hch 2:27-31). A la luz de esto no es difícil ver cómo *nepesh 'ādām*, ''el yo humano'', viene a significar un ''cadaver''.

12. Ni quebrarán hueso de él. Entre las leyes de la Pascua sobresale este detalle más bien pequeño, que también se manda en Éx 12:46. La pequeñez de esta regla, que ya no se vuelve a mencionar más en el AT, da más fuerza a su cumplimiento como evidencia de que verdaderamente Cristo fue el Cordero Pascual de Dios, que quita el pecado del mundo (Jn 1:29; 19:36). **13. El tal hombre llevará su pecado.** Si llevaba una ofrenda al Señor, aquel cordero llevaría su pecado; pero si dejaba a un lado esta ofrenda, llevaría su propio pecado. Lo que está a la vista es la expiación vicaria, o sustitutoria, porque el sustituto señalado por Dios tiene que llevar el pecado del hombre para que el hombre pueda seguir siendo receptor del favor de Dios. **14. Y si...extranjero...celebrare la pascua.** Se hacía provisión siempre para los conversos (prosélitos), pero los tales tenían primero que hacerse israelitas mediante la ordenanza de la circuncisión (Éx 12:48, 49).

J. La nube sobre el Tabernáculo. 9:15–23.

La presencia de la nube no era una experiencia nueva para los israelitas (Éx 13:21, 22). Ahora que se había erigido el Tabernáculo, la nube se situó encima de él. Por los movimientos de la nube, se le recordaba al pueblo que tenían que ponerse en marcha otra vez (Nm 10:11, 12). (Los traductores de la LXX tropezaron aquí con la redundancia y dejaron de lado unas pocas frases. El estilo repetitivo no es meramente un estilo literario, sino una forma de enfatizar la importancia de la conducción divina.) Para los israelitas el movimiento de la nube era el mandato del Señor. Por este movimiento viajaban, y por ella acampaban. Si descansaba solamente por una noche, o dos días, un mes, o largo tiempo, tenían solamente que descansar o ir con ella, en obediencia implícita a Dios. Y esto, al cabo de muy poco tiempo, dejaron de hacer, fracasando miserablemente. **16. Así era continuamente, la nube lo cubría.** ¿Empieza esto una narración de eventos pasados, o una instrucción (v. 17) de cómo los israelitas debieran actuar en el futuro? Ya que en hebreo el tiempo de los verbos es a menudo oscuro, sea suficiente con decir que los verbos de este pasaje describen una situación contínua. **20. Y cuando la nube estaba sobre el tabernáculo pocos días, al mandato de Jehová acampaban, y al mandato de Jehová partían. 22. O si...un año.** La RV traduce a menudo la palabra hebrea ''días'' como ''un año''. Génesis 24:55 muestra que esta palabra significa una cantidad de días, quizás diez, pero por lo general significa más de un mes.

K. Las dos trompetas de plata. 10:1–10.

La anterior experiencia de Israel con las trompetas se registra en Éx 19:16–20. Allí, palabras de derivación cananea y fenicia hablan del sonido de la trompeta de cuerno de carnero que acompañaba a los aterradores truenos y rayos del monte Sinaí. Ahora se prescribía un tipo totalmente distinto de trompeta. Estos *ḥăṣōṣrōt* eran clarines de plata, representados en fuentes extrabíblicas como largos tubos ensanchándose en un extremo. Desde aquel entonces los hebreos utilizaron este particular instrumento como "estatuto perpetuo", solamente para propósitos sagrados (p.ej. Nm 31:6; 2 R 12:13; Esd 3:10). Ahora Dios ordena también una variedad de señales de llamada. Dos trompetas tenían que tocarse juntas para congregar a la congregación a la puerta del Tabernáculo, y se tenía que tocar una trompeta para reunir solamente a los príncipes. Se hace distinción en las Escrituras entre solamente tocar para reunir al pueblo y el toque de alarma para romper el campamento. Los sacerdotes tenían que salir a la batalla tocando las trompetas a fin de que Israel fuera "recordado por Jehová su Dios". Desde entonces tenían también que tocarse en conjunción con las fiestas, con nuevas lunas, y con ofrendas de holocausto y de paces. Es indudable que el apóstol Pablo tenía el uso de estos instrumentos en mente cuando hizo la referencia metafórica a la trompeta en 1 Co 14:8.

9. Y seréis recordados por Jehová vuestro Dios. ¿Se le tiene que recordar al Señor que salve a su pueblo? La respuesta es Sí y No. Israel no le concebía como una deidad limitada, cuyo interés se sumía en otras cosas, ni como un Dios que se fuera a dormir y tuviera que ser despertado por el toque de trompetas. Los críticos que mantienen este punto de vista apelan al Sal 44:22–24, y citan las palabras: "Despierta; ¿por qué duermes, Señor?" Pero el escrutinio de este Salmo muestra que es una queja a Dios, que conoce "los secretos del corazón" y que castiga a su pueblo. Se hallan en angustia, y no parece hacer nada; por ello el sentimiento de la depresión viene en forma de lenguaje hiperbólico. Para un relato de la utilización de estas trompetas en tiempo de angustia, ver 2 Cr 13:12–15. En batalla el pueblo "clamaba al Señor, y los sacerdotes tocaban las trompetas". Evidentemente, las trompetas, como "estatuto perpetuo", simbolizaban la dependencia de Dios. De forma similar la oración, como una expresión más articulada de esta dependencia, recuerda a Dios a bendecir a su pueblo.

III. Del desierto del Sinaí al desierto de Parán. 10:11 — 14:45.

Empezando el día veinte del segundo mes del segundo año, las tribus se pusieron en marcha desde el Sinaí en el orden indicado en los capítulos anteriores, y con la nube llevándoles al desierto de Parán. No se da el tiempo transcurrido, pero sabemos que los eventos cubrieron por lo menos unos cuantos meses (cuarenta días para los espías y varias semanas o meses para los capítulos 10–12). Su ruta les llevó por el camino de Tabera (11:3) y de Kibrot-hataava (11:35) a Cades (13:26).

A. Partida de Sinaí. 10:11–36.

El orden de la marcha (vv. 11–28), una invitación a Hobab (vv. 29–32), y la importancia del arca (vv. 33–36) constituyen los varios temas que se relacionan con la partida de Israel de Sinaí.

12. Y partieron. El heb. significa *rompieron el campamento según sus estaciones* (o grupos). Estaban siguiendo el proceso bosquejado en el cap. 2. **Y se detuvo la nube en el desierto de Parán.** Este v. es un afirmación sumaria anticipando su llegada a Parán (cp. v. 33: "el arca del pacto de Jehová fue delante de ellos...camino de tres días", etc.).

17. Se movieron los hijos de Gersón y los hijos de Merari, que lo llevaban (el tabernáculo). Un ligero cambio de 2:17, que dice que los levitas habían viajado en medio de la hueste, siguiendo a las tribus conducidas por Rubén. El v. 21 aclara este punto informándonos que los coatitas, llevando las cosas santas, viajaban en su lugar correspondiente, mientras que "los hijos" de Merari y de Gersón se adelantaron para erigir el Tabernáculo y tenerlo dispuesto para la llegada de las cosas santas (ver BLA, 10:21). Tenemos que recordar que habían mujeres y niños, y mayores de cincuenta, en el campamento de los levitas, además de los que llevaban la carga. Es probable que solamente se habla de los porteadores en el v. 17.

21. Llevando el santuario. Los coatitas no llevaban el santuario, sino las cosas santas que se utilizaban en él. La utilización de *miqdāsh* ("santuario") no es impropio, porque Nm 18:29*b* nos muestra que la palabra puede significar una pieza santa lo mismo que el lugar santo, aunque ciertamente que este último es su significado usual. **25. A retaguardia de todos los campamentos. La retaguardia** o (más cercano al hebreo) *recolector (mᵉʾassēp)* es una palabra con una connotación tierna. Como cuando un hombre recoge la oveja perdida de su vecino en su propia casa para devolverla, así el Señor nos recoge incluso cuando nuestro padre o nuestra madre nos abandonan (Sal 27:10). O cuando la opresión malvada conlleva cautividad, el Dios de Israel no solamente va delante de su pueblo sino que viene a ser el "recolector" ("retaguardia") de los perdidos (Is 52:12).

29. Hobab, hijo de Ragüel madianita. Los "parientes políticos" de Moisés reciben el nombre de madianitas en Éx 2:16; 3:1; 18:1, pero ceneos en Jue 1:16; 4:11. Estos dos eran pueblos nómadas que vivían próximos e incluso mezclados. El término ceneo se refiere a los "metalúrgicos" ambulantes, especialmente artífices de cobre del valle del Arabá, rico en cobre. La presencia de ellos entre el pueblo de Israel cuadra bien con la fabricación de la serpiente de bronce (Nm 21:8, 9) y el trabajo en metal del Tabernáculo. Los matrimonios mixtos y la larga asociación de estas dos tribus hace razonable que el cuñado de Moisés sea llamado a la vez madianita y ceneo. Estos mismos ceneos que llegaron a formar parte de Israel continuaron siendo llamados ceneos e israelitas (1 Cr 2:55). Es igualmente posible que el nombre de madianita viniera a ser un nombre genérico de los muchos beduínos camelleros del este del Arabá. Los nombres ismaelita y madianita se utiliza intercambiablemente en Gn 37:27, 28, 36. También se nos recuerdan los madianitas camelleros que lucharon contra Gedeón, y la asociación del nombre de Madián tanto con los edomitas (Gn 25:4) y los moabitas (Gn 36:35; Nm 22:3, 7). **Su suegro** (de Moisés). Puede que *Re'ûêl* haya sido el nombre del abuelo de esta familia, o que fuera otro nombre de Jetro (cp. Éx 2:18; 3:1). El término *hôtēn*, "suegro", significa cualquier varon pariente por matrimonio, por lo que en las palabras de Jue 4:11 se podría traducir, "Hobab, el cuñado". **Te haremos bien; porque Jehová ha prometido el bien a Israel.** Cuando el Señor habla, su palabra es su promesa.

30. Yo no iré. Hobab estaba decidido a volver a su patria; pero Jue 1:16 nos informa que Moisés le persuadió a que fuera con ellos, porque nos muestra allí que había entrado en la tierra prometida.

31. Tú conoces los lugares donde hemos de acampar...y nos serás en lugar de ojos. Los Targum judíos y la LXX, interpolando aquí, presentan a Moisés como suplicando a Hobab que sirviera como guía a Israel, cuando Dios ya había dado un medio sobrenatural que les guiara. En realidad, no hay nada incongruente en la petición de Moisés, porque la dependencia de Dios para su conducción divina e incluso de su intervención sobrenatural no elimina la utilización del conocimiento humano cuando está a disposición. Hobab conocía bien el desierto, y podía servir de ayuda tanto para el viaje como para las acampadas, haciendo todo ello más fácil al señalar los secretos del desierto.

33. El monte de Jehová. En el monte Sinaí Dios se reveló como un Soberano justo expresando las demandas de su santa voluntad, así como su ira en contra de todo pecado. Aunque el monte del Señor estaba ahora detrás de ellos, su mensaje (el testimonio) permanecía inscrito en las tablas de piedra que se guardaban ahora en el arca. **El arca del pacto del Señor.** El arca recibe a menudo el nombre del arca del testimonio; aquí es el arca del pacto. En Éx 34:28 se identifica el pacto con los Diez Mandamientos. El arca era el lugar de habitación del Señor y de las Tablas de la Ley. Como tal era un símbolo de pureza divina. Cuando el sumo sacerdote se aproximaba una vez al año al arca, simbolizaba entonces el pacto de misericordia con un pueblo contaminado, que mediante la sangre de la expiación podía ser limpiado y gozar así de los beneficios del favor de Dios sobre ellos y sus hijos.

34. La nube de Jehová. Con la experiencia del monte de Jehová detrás de ellos y el arca delante de ellos buscando un lugar de reposo, los israelitas tenían también la nube sagrada sobre ellos como símbolo de la presencia de Dios. No solamente les guiaba sino que les daba consuelo y certeza, y posiblemente les diera protección de los elementos, especialmente del fiero sol, al extenderse por encima de todo el campamento, como se sugiere en el Sal 105:39 (KD, p. 62).

35. Cuando el arca se movía, Moisés decía. Moisés pronunció esta oración por primera vez en la primera etapa del viaje a partir del Sinaí. Vino a ser una oración clásica, que se utilizaba, por lo que parece, cada vez que el arca salía (cp. Sal 68:1; 132:8; 2 Cr 6:41, 42). Moisés habló también **cuando ella se detenía** (Nm 10:36). La oración enseña de manera elocuente la efectiva relación existente entre Dios y la iglesia militante. Va delante de ella, y las puertas del infierno no pueden prevalecer contra ella. Él habita en medio de ella y queda en gran manera fortalecida y llega a ser un gran ejército.

B. Tabera y Kibrot-hataava. 11:1–35.

Rehusando recibir la instrucción dada por un castigo menor en Tabera, el pueblo de Israel dejó que la multitud extranjera les incitaran a desear la carne y las frutas suculentas y las verduras de Egipto. La ira del Señor se encendió contra ellos otra vez, e incluso Moisés cayó víctima de un sentimiento de solitaria responsabilidad por estos delincuentes espirituales. Moisés le pidió al Señor que le diera muerte ya entonces para no tener que soportar toda la carga del Israel culpable sobre sus hombros. Por ello, Dios señaló a setenta ancianos para que ayudaran al profeta a llevar la carga del rebelde Israel sobre sus hombros, y les dio el espíritu de profecía. Cuando dos ancianos que no eran del número de los setenta fueron hallados ejerciendo el don de profecía en el campamento, Josué pidió a Moisés que los detuviera. Esto provocó la magnánima respuesta de Moisés: "Ojalá todo el pueblo de Jehová fuera profeta, y que Jehová pusiera su espíritu sobre ellos". El apetito de carne de Israel quedó satisfecho cuando Dios envió bandadas de codornices a comer. Aquellos que las codiciaban tuvieron satisfacción, y pronto, poco después, se desató una plaga entre ellos.

1. Aconteció que el pueblo se quejó. Se podría expresar así: "Y el pueblo se volvió murmurador de desgracias, a los oídos de Jehová". La idea que se expresa es que Israel no tenía ninguna desgracia de la que quejarse, pero murmuraba como aquellos que realmente se encuentran abatidos por una desgracia. **Se encendió en ellos fuego de Jehová.** La ingratitud insensible ante la evidencia de todas las bondades de Dios atrajo un castigo necesario, aunque menor en las extremidades del campamento. Llamaron a aquel lugar *Tabera*, "incendio", incendio que parecía haber sido un suceso natural, pero que con todo era "fuego de Jehová", enviado por Dios para cumplir su propósito.

2. El pueblo clamó a Moisés, y Moisés oró a Jehová, y el fuego se extinguió (*abatió*). En forma de cápsula tenemos aquí la historia del pueblo de Dios para las edades por venir (cp. Sal 107). Israel fracasó, no aprendiendo las lecciones de la obediencia agradecida, y por ello pasó a castigos más duros como se registran aquí y en subsiguientes capítulos. **4. La gente extranjera.** Una multitud mezclada había seguido a Israel fuera de Egipto (Éx 12:38). **5. Que comíamos en Egipto de balde.** La inundación anual del Nilo hacía que Egipto pareciera un jardín a los beduínos que vivían en el desierto estéril. Los frutos y las verduras que se mencionan son todavía comunes en el Egipto actual y todavía reciben los mismos nombres semíticos que se utilizan en el texto. **6. Nuestra alma se seca. De nuevo hallamos la palabra alma,** *nepesh*, como asiento de los apetitos animales; no designa al espíritu (ver el comentario sobre 9:6). Se traduce como apetito en Pr 23:2 y en Ecl 6:7 como deseo. El pueblo había estado durante tanto tiempo circunscrito al maná que

empezaron a sentir deseo (un vivo deseo, codicia) por comida que estimulara sus glándulas salivares. **Nada sino este maná.** Esta es una exageración común a la gente llevada por la autocompasión y sus apetitos animales.

7. Color de bedelio. Los vv. 7–9 son una disgresión acerca del maná mismo. La cuidadosa comparación de esta descripción con la de Éx 16:31–36 muestra que las únicas diferencias reales son con respecto al color y al sabor. Estas diferencias, lejos de señalar fuentes diferentes, muestran espontaneidad y libertad por parte del escritor, cosas que oscurecería un redactor. Tanto la vista como el gusto son sentidos subjetivos, por lo que el maná podría ser llamado blanco en tanto que fuera amarillento o perlino (bedelio); y podría saber a miel a una persona y a aceite nuevo a otra.

12. Como lleva la que cría al que mama. El profeta utiliza aquí una manera gráfica de hablar que no entra bien en la concepción occidental acerca del papel de un lider nacional. Moisés no está siendo humorístico ni sarcástico con el Señor, sino que le recuerda que Él es soberano, porque Él solo dio el ser a esta nación y le prometió una tierra. Por ello, el Señor solo tiene que llevar este bebé, y sostenerlo, así como la que cría lleva al que mama. **14. No puedo yo solo soportar a todo este pueblo.** La fragilidad humana de Moisés aparece aquí y en el lenguaje del v. 15. Sus palabras se hallan cargadas de intensa emoción, porque se hallaba al final de sus fuerzas, y consideró que sería un acto de misericordia por parte de Dios si diera fin a su vida. **16. Reúneme setenta varones de los ancianos de Israel.** Estos hombres vinieron a ser los organizadores y secretarios de Moisés, como queda indicado por la palabra **principales** (*shōtēr*; cp. asirio *shatâru*, "escribir"). De ahí que la LXX traduce aquí con el familiar término de "escribas" (*grammateis*). Verdaderamente, eran "oficiales", pero pueden haber contribuido a la organización y preservación del sagrado registro. Estos tienen que distinguirse de los jefes sobre miles y cientos, etc., de Éx 18:21–27; Nm 10:4. **17. Tomaré del espíritu que está en ti.** Debido a la depresión emocional de Moisés, Dios reservó algo del don de profecía para dárselo a estos ancianos.

18. Santificaos para mañana. ¿Por qué? Porque Dios iba a efectuar una obra milagrosa (cp. Jos 3:5). La contrapartida del NT la constituye la certeza de que él obrará milagros en los corazones. Esto, p.ej., lo hace mediante su palabra (y por todos los medios de gracia). Pero los corazones no preparados tan sólo hacen una burla de esta promesa. **20. Menospreciasteis a Jehová que está en medio de vosotros.** Esta era la razón básica por la que Israel fue castigado. La gente lamentó haber salido de su estado de esclavitud por un estado de libertad con negación propia. Esto muestra que estaban rechazando la promesa de Dios, y por ello al mismo Dios.

22. ¿Se degollarán para ellos ovejas y bueyes que les basten? "¿Por qué tenían que lamentarse por la carne gentes ricas en ganados?" (ICC, p. 103). El problema de Moisés no era el del comentario crítico que minimiza el relato sugiriendo que hay una incoherencia en la economía divina. Los ganados de Israel en el desierto pronto se habrían agotado si se hubieran utilizado como alimento diario. Sin duda había cierto consumo de carne (cp. las porciones de los sacerdotes), pero esto era en días especiales (fiestas), como sigue siendo el caso de los beduínos ganaderos.

25. Profetizaron, y no cesaron. Mejor, *y no lo hicieron otra vez.* ¿Significa esto que profetizaron solamente en esta ocasión y nunca más, o que profetizaron en esta ocasión sólo una vez y no continuaron (lo opuesto a la traducción de la RV)? El primer punto de vista es improbable a la luz de 12:6. La última postura proveería a Moisés con un cuerpo de escribas inspirados que también asistieron al registro y edición de los escritos sagrados (Pentateuco). Éxodo 4:16, tomado conjuntamente con 7:1, indica que una parte de la idea hebrea de profeta (*nâbî'*) era la de "uno que hablaba en nombre de otro". Bien podrían los ancianos tener una experiencia de éxtasis; si fue así, fue tan sólo porque estaban recibiendo la palabra de Dios.

26. Sobre los cuales también reposó el espíritu...estaban estos entre los inscritos. En lugar de ser dos miembros desobedientes de los setenta que no habían ido con el resto, eran dos de los muchos príncipes registrados que se hallaban sobre los miles. Este don que les vino fue totalmente inesperado. **29. ¿Tienes tú celos por mí?** Moisés mostró el verdadero espíritu del liderazgo guiado por Dios. No era él un demagogo, que mantenía su posición mediante medios indecorosos. Totalmente deseoso de que otros compartieran su maravilloso don, tenía en su corazón el bien corporativo de Israel antes que su propia posición.

31. Y vino un viento. El ICC (pp. 117–119) da un comentario muy interesante y mayormente constructivo acerca de los vv. 31–34. **Dos codos sobre la faz de la tierra.** La frase tiene mejor sentido si se toma *'al* ("sobre") como "encima" o "por encima" (ASV) de "la superficie de la tierra" (BLA), lo que significa codornices en vuelo rasante. **32. Las tendieron...a lo largo alrededor del campamento.** Un medio antiguo de conservar la comida por secado al sol. **33. Antes que fuese masticada.** El verbo heb. no significa "masticar", sino "cortar". Se debería traducir *antes de que escaseara.* (El mismo verbo se traduce *cortar* en Jos 3:16 y en otros pasajes.) Esto no significa que el castigo cayó sobre el pueblo antes de que tuvieran tiempo de comer ninguna codorniz, porque el Señor les predijo que comerían carne por un mes (Nm 11:19, 20). La idea es que antes que hubieran acabado de comer todas las codornices, la plaga empezó a cebarse en ellos.

35. Kibrot-hataava...a Hazerot. Estas estaciones no pueden identificarse. Todo lo que puede decirse es que Israel estaba yendo en una dirección al norte desde el Sinaí.

C. Rebelión de Miriam y de Aarón. 12:1–16.

Como sumo sacerdote, Aarón era una figura sobresaliente en Israel; pero le faltaban las cualidades de caudillaje, y que sepamos no se le había concedido el don de profecía. Utilizando el casamiento de Moisés con una etíope como pretexto para causar una campaña de murmuración contra su hermano, Miriam y Aarón desafiaron el derecho singular de Moisés de hablar de parte de Dios al pueblo. Dios puso en claro al rebelde para que Moisés era un instrumento especial de la revelación divina, mucho más cercano al Todopoderoso que ningún profeta ordinario. Miriam, como caudilla de la rebelión (cp. la debilidad de Aarón en el caso del becerro de oro; Éx 32), quedó azotada de lepra. El humilde arrepentimiento de los delincuentes y la intercesión llena de gracia de Moisés trajo curación y restauración, pero sólo después de la exclusión normativa de siete días para la purificación de un leproso.

1. María y Aarón hablaron contra Moisés. El texto heb. pone en claro desde el principio del capítulo que fue Miriam la instigadora de esta rebelión, porque su nombre se pone delante del de Aarón; y el verbo **hablaron** porta una desinencia femenina. **A causa de la mujer cusita.** La circunstancia que los dos utilizaron como pretexto para criticar a Moisés fue su segundo casamiento. El resto del capítulo revela que la causa básica de la crítica eran los celos. La mujer etíope (cusita) puede haber sido asiática más bien que de raza africana (cp. Gn 2:13; 10:6–8; Hab 3:7; Herodoto, VII.70). **2. ¿Solamente por Moisés ha hablado Jehová?** La preposición —b—

(**por**) puede significar "por medio de", "con", o incluso "de dentro de" Moisés (cp. Ro 1:17, *ek*, "por", citando Hab 2:4*b*). Esta última traducción es la que más concuerda con el tenor de este pasaje (Nm 12:8), que muestra que Dios eligió comunicarse con Moisés directamente, y no indirectamente, como hizo con otros profetas.

3. Moisés era muy manso. Algunas veces se ha suscitado la cuestión, ¿cómo podía haber sido Moisés manso si buscaba el reconocimiento de su mansedumbre alabándose a sí mismo? Hengstenberg sugiere que el carácter de Moisés no se ha de medir por el de los hombres ordinarios. Este capítulo mismo nos enseña que el profeta tenía una relación tan estrecha con Dios que podía hablar la verdad de forma objetiva, como le era revelada, incluso cuando se trataba de su propia naturaleza. Pero la respuesta podría ser también que esta sea la obra de un *shotēr* divinamente inspirado (11:16), como lo fueron el relato de la muerte de Moisés y otras notas editoriales.

6. Entre vosotros profeta. El heb. dice: *Si hubiere vuestro profeta del Señor, me daré a conocer.* El heb. es inusual, pero posible. La gramática presenta la supervivencia de una forma de habla muy antigua (*Manual Ugarítico*, C. H. Gordon, p. 46). **7. Fiel en toda mi casa.** Dios se revelaba a profetas ordinarios mediante medios secundarios (visiones y sueños). Pero, debido a que Moisés era *el hombre de fe* en toda la casa de Israel, tenía una especial relación con el Señor. **8. Cara a cara hablaré con él, y claramente, y no por figuras.** No por visión (*mar'â*) sino claramente (*mar'eh*); desentrañándose el significado por la frase antitética **no por figuras**, porque Moisés contempló la forma del Señor. Aarón sabía lo que esto significaba, porque había tenido una experiencia así con Moisés (Éx 24:10).

10. María estaba leprosa. Solamente ella fue castigada, porque era la instigadora de este desafortunado incidente. **12. Tiene ya medio consumida su carne.** Aarón estaba profundamente arrepentido y rogó por la curación de Miriam, que no sufriera el horror de que la lepra consumiera su carne.

13. Te ruego, oh Dios, que la sanes ahora. La intercesión de Moisés es breve (especialmente en heb.), pero ferviente. En dos ocasiones interpone la partícula *nā*, que expresa súplica: "Oh, Dios, por favor sánala, por favor". **14. Si su padre hubiera escupido en su rostro.** El Señor perdonó a Miriam y la limpió de su gran pecado. Escupir en el rostro era una señal de vergüenza impuesta en los malhechores que no habían incurrido en la

extrema disciplina de la excomunión (Dt 25:9).

D. La historia de los espías. 13:1—14:45.

Los espías salieron con órdenes de Moisés de hallar si la tierra de Canaán era buena o mala, con bosques o yerma, si la gente era mucha o poca, débiles o fuertes, y si eran nómadas que vivían en tiendas o habitantes bien asentados, con ciudades amuralladas. Después de una investigación de cuarenta días, desde el Neguev hasta el límite de Hamat, volvieron los espías. Todos estaban de acuerdo en que la tierra fluía "leche y miel", pero diez de ellos quedaron tan profundamente impresionados por las fortalezas y la gran estatura de la gente que incitaron una fuerte corriente de opinión en contra de ningún intento de tomar el país. Solamente Caleb y Josué tenían confianza en que "si Jehová se agradare de nosotros, él nos llevará a esta tierra, y nos la entregará". La repentina aparición de la gloria de Jehová salvó a los dos fieles espías de ser apedreados. El Señor propuso a Moisés que Él destruiría al pueblo y que haría del profeta mismo una nación más grande. Pero Moisés intercedió con efectividad por Israel. Expuso la necesidad de mantener el honor de Dios ante los paganos, que irían de cierto a decir: "El Señor no pudo". Y también apeló a la paciencia y a la gran misericordia de Dios. El Señor perdonó al pueblo pero también les disciplinó, declarando que esta generación, que había murmurado y que se había rebelado, no vería la Tierra Prometida. El pueblo de Israel, con gratitud por el perdón, pero no percibiendo todo el significado del prometido castigo, se determinaron ahora a obedecer en el asunto que habían desobedecido. A pesar de la advertencia de Moisés, subieron a luchar contra los amalecitas y los cananeos. Fueron deshechos y puestos a la fuga hasta Horma.

2. Envía tú hombres que reconozcan la tierra. Según Dt 1:22, Dios cedió a una petición del pueblo de que se espiara la tierra. El Señor no puso objeciones a un planteo tan inteligente. No obstante, la consecuente falta de fe de Israel es todavía más vergonzosa a la luz del testimonio unánime de los espías de que la tierra era feraz, tal como Dios había prometido que sería. **4. Estos son sus nombres.** No se puede demostrar la teoría de que los nombres singulares que aparecen en esta lista cuadren mejor con otra época que con el período mosaico. La propia singularidad de los nombres constituye evidencia de que proceden del período heroico de la historia de Israel, y que no son producto de autores posteriores.

16. Y a Oseas...le puso Moisés el nombre de Josué. Dios añadió el nombre de pacto de

Dios (*yhwh*) al nombre Oseas ("liberación"). Este nombre de Dios se transcribe como Jehová en la RV. Según Éx 3:14, 15, el nombre designa a Dios como el gran "YO SOY", eterno y personal en su ser. También recordaba a Israel que era el Dios autor del pacto, que dio las promesas a los padres: Abraham, Isaac, y Jacob. La fijación de este nombre de la deidad como prefijo a un nombre fue el principio de una gran tradición que se mantuvo en relación con la lucha cada vez más intensa de Israel con las deidades cananeas, especialmente Baal.

17. Subid de aquí al Neguev. Fueron hacia el norte "a través del Neguev", o "área seca". Neguev está al sur de Canaán. **18. Observad la tierra...y el pueblo.** Este reconocimiento estaba destinado a determinar si la tierra era buena o no, si el pueblo era fuerte o débil, y si vivían en ciudades fortificadas como poseedores permanentes de la tierra, o en tiendas como beduinos. Siglos más tarde, cuando los asirios inventaron la guerra de sitios, utilizaron máquinas de guerra de gran tamaño y un cuerpo de ingenieros para someter ciudades fortificadas; e incluso entonces se precisaba a menudo de años. Desde el punto de vista humano, Israel iba a afrontar un enemigo formidable. **21. El desierto de Zin hasta Rehob, entrando en Hamat.** Viajaron desde un área justo al norte de Cades hasta una ciudad llamada Rehob, que se hallaba cerca o "en dirección a" la entrada del antiguo reino de Hamath, cuya antigüedad queda reflejada en Gn 10:18. **22. Hebrón fue edificada siete años antes que Zoán en Egipto.** Zoán era la Tanis griega, una ciudad en la parte oriental del delta del Nilo. Así como la Ṣōr hebrea vino a ser la *tir*(o) griega, así *Ṣo'an* vino a ser *Tan*(is). **Hebrón** jugó un papel muy importante en la vida de los patriarcas (Gn 13:18; 23:19), lo que puede hacer que este versículo se refiera a tiempos pre-abrahámicos. No obstante, puede que la referencia se refiera a la reconstrucción de estas ciudades en la época de los hicsos. La relación de Zoan y Hebrón en la tradición heb. habría ocurrido con más probabilidad después de que Egipto hubiera estado bajo el yugo semítico (hicso), especialmente ya que Zoán fue la capital del Egipto de los hicsos y una residencia probable de Faraón en tiempos de Moisés. **24. Valle de Escol.** La palabra que aquí se traduce valle es *hahal*, que significa "un lecho de río seco". Estos 'wadies' conservan a menudo agua debajo de la superficie durante mucho tiempo después de que hayan cesado las lluvias, contribuyendo así a la feracidad de la tierra. Escol significa "racimo". Algunos relacionan este

nombre con un príncipe que vivió en esta área en una época anterior (ver Gn 14:13).

28. El pueblo...es fuerte...las ciudades ...fortificadas. Los espías trajeron un informe factual de la tierra. Con este informe (*dābār*, v. 26) Josué y Caleb estaban de acuerdo (vv. 26–29). Fue a lo que **hablaron mal** (*dibbat*, "una calumnia" "una murmuración", v. 32) contra lo que lucharon. **30. Caleb ...dijo: Subamos...y tomemos posesión.** Caleb tenía confianza en Aquel que hasta entonces se había demostrado a Sí mismo. Moisés expresó la actitud característica de Caleb cuando dijo: "Jehová vuestro Dios...él peleará por vosotros, conforme a todas las cosas que hizo por vosotros en Egipto...y en el desierto" (Dt 1:30, 31). **Porque más podremos nosotros que ellos.** Fue después de esta expresión triunfante de fe que los diez espías empezaron sus palabras calumniosas (**hablaron mal**, v. 32). Esto solo es lo que les hizo objetos del enojo de Dios.

23. Y hablaron mal. En hebreo dice: *hicieron circular una difamación de la tierra*, lo que sugiere que iniciaron una campaña de desprestigio en contra de los dos hombres fieles. **Tierra que traga a sus moradores.** Esto no significa que la tierra era pobre —acababan de demostrar lo contrario— sino que mucha gente luchaba por ella debido a que era una tierra tan buena.

33. Gigantes, hijos de Anac. Algunos han sugerido que los espías imaginaron que habían gigantes alrededor cuando vieron las grandes murallas, en algunas ocasiones de hasta 15m. (50 pies) de altura, y supusieron que solamente gigantes podrían construirlas. Pero las medidas del lecho del rey Og que se dan en Dt 3:11 dan testimonio de una raza de gente anormalmente alta. Dt 2:10, 20 y Gn 14:5 indican que los "gigantes" datan ya de la época de los patriarcas, y que recibieron varias denominaciones (*Emims, Zamzumims, y Rephaim*). En el heb. de Dt 2:11 los anaceos reciben el nombre de *Rephaim* (traducido "gigantes"). Josué 11:22 nos dice que los anaceos permanecieron en tres ciudades filisteas: Gaza, Gat y Asdod (Jer 27:5; LXX). La familia de Goliat en Gat pueden haber sido descendientes de estos antiguos, porque en 2 S 21:16–22 y en 1 Cr 20:4–8 estos gigantes filisteos reciben el nombre de hijos de *Rāpā*. Los textos del siglo xv procedentes de Ugarit mencionan a los Rephaim (C.H. Gordon, *Ugaritic Literature*, pp. 101 – 103), que probablemente no cran "sombras de los muertos" sino en realidad los mismos poderosos personajes (cp. el *ilnym* ugarítico y el hebreo *'elîm*; Job 41:17, Biblia heb.; 41:25, español) del norte, de donde vino el tratamiento del hierro (cp. la cama de hierro de Og).

14:8. Si Jehová se agradare de nosotros, él nos llevará a esta tierra, y nos la entregará. La pecaminosa difamación ("hablar mal") que los diez espías esparcieron entre el pueblo era una acusación contra el mismo Señor de quererles matar. Nótese aquí en contraste la confianza total en el Señor que aquí expresa Caleb. No fue hasta que Caleb tenía ochenta y cinco años (Jos 14:11, 12) que, con la misma fe vibrante, desposeyó a los anaceos en la vecindad de Hebrón. **9. Porque nosotros los comeremos como pan.** El verbo *'ākal*, "comer", significa también "devorar", "asolar", o "destruir" (12:12). Se da la misma figura aquí sin el verbo. **Su amparo** (*sombra*) **se ha apartado de ellos.** Jonás 4:6 nos habla de cómo una sombra protegía al profeta del calor ardiente del sol del desierto. Cuando la sombra se fue, Jonás quedó expuesto y vulnerable (Jon 4:8). Pero Ez 31:3, 12 muestra que las naciones poderosas son como árboles (Nm 24:6) bajo cuyas sombras otras naciones tienen que vivir. Cuando Asiria cayó, su sombra, esto es, su poderío, quedó disipado; y otras naciones ya no estuvieron más bajo su poder. Así, el texto podría significar: "Su fortaleza se ha apartado de ellos".

15, 16. Las gentes...hablarán, diciendo ...no pudo Jehová. La belleza de este pasaje radica en el hecho de que Moisés era celoso del honor del Señor y no por el suyo propio. Mientras que el espíritu de Moisés era maravilloso, su argumento era solo parcialmente válido. Si Dios hubiera actuado según las peticiones de Moisés, nunca habría tenido que castigar a su pueblo, por temor de que los paganos no comprendieran la realidad. La parte válida del argumento se centra alrededor de la confianza de Moisés de que Dios sí puede llevar a cabo sus promesas. **18. Jehová, tardo para la ira y grande en misericordia.** Esta parte del alegato de Moisés es por el pueblo. El argumento es ahora totalmente válido, porque expone toda la causa de Dios. Dios es no solamente de gran misericordia, sino también el Justo, que no puede dejar al culpable como inocente, esto es, dejar la iniquidad impune. Esta verdad fundamental para la enseñanza de la expiación sustitutoria con sangre satura toda la Biblia. Dios es misericordioso, y perdona, no pasando por encima del pecado, sino proveyendo un sustituto a fin de poder ser a la vez el Justo, y el que justifica a los que creen (Ro 3:21–26). **19. Como has perdonado.** El significado de la raíz *perdona*, "llevar o portar", apoya el aspecto sustitutorio del perdón. Para que Dios perdone tiene que haber un portador del pecado.

21. Mas tan ciertamente como vivo yo. Esta es la introducción a un juramento que continúa a través del v. 23. A fin de clarificar varios puntos, ofrecemos la siguiente traducción: "Tan ciertamente como vivo y que la tierra será llena de la gloria del Señor, que ninguno de los hombres que vieron mi gloria y las señales que hice en Egipto y en el desierto pero que me han probado décuplamente y no han escuchado mi voz, verán la tierra que juré a sus padres". La prueba décupla parece referirse a los diez espías malvados.

23, 24. Ninguno de los que me han irritado la verá. Pero a mi siervo Caleb, por cuanto hubo en él otro espíritu, y decidió ir en pos de mí, yo le meteré en la tierra. La división en los vv. en la RV viola en realidad la estructura de la frase, que debería decir así: *Ninguno de los que me ha irritado la verá, excepto mi siervo Caleb.* A continuación empezaría el v. 24: *Por cuanto hubo en él otro espíritu...* "Ir en pos de mí" se deriva de una raíz que significa "rellenar", y se utiliza de la consagración de los sacerdotes ("llenar su mano", 3:3). Significa también "rebosar" o "hacer cualquier cosa en abundancia sin retener nada", sea para bien o para mal (Job 16:10). Caleb abandonó todo su ser por completo en manos de Dios, que a su vez "abundanció" a Caleb "llenando su mano" para que hiciera la voluntad divina. ¡Un perfecto ejemplo de consagración! **Su descendencia la tendrá en posesión.** Esta promesa fue fielmente cumplida. Ver Jos 14:6–15.

25. Volveos mañana y salid al desierto. El mandato está claro. Sólo les quedaba obedecer. **Camino del Mar Rojo.** El heb. *Yam Suph* ("mar de las cañas") significa las aguas de los dos golfos que envolvían la península del Sinaí. Este "camino" queda distinguido en Éx 13:17, 18 del "camino a la tierra de los filisteos", que seguía la costa del Mediterráneo.

26. Y Jehová habló...diciendo. Los vv. 26 hasta 35 forman una afirmación ampliada dando la razón del castigo y sus detalles. Lejos de representar otro documento de otra fuente, como algunos mantienen, sigue al buen estilo semita al repetir y enfatizar una fase de un contexto mayor (Gn 1, 2). **28. Vivo yo.** El juramento de 14:21–23 se repite aquí en términos ampliados que configuran la caída real de sus cadáveres en el desierto y el cumplimiento de la promesa de Dios mediante sus hijos. La ironía de su situación fue que en su murmuración habían acusado al Señor de hacer de estos mismos hijos una presa del desierto (v. 31). En su castigo, Dios les recordó sus palabras, y les prometió que estos mismos hijos heredarían la tierra.

33. Llevarán vuestras rebeldías. Lit., *vuestras prostituciones.* Se trata de una metáfora. Debido a su infidelidad, aquellos que estaban casados con Dios (creyentes) cometían adulterio espiritual, pecado que sus hijos llevaron hasta que se desvaneció toda aquella generación. **34. Conoceréis mi castigo.** Cuando los hombres persisten en el pecado, Dios solo puede hacer que oponerse, desaprobar, y desalentar.

36. Los varones ... que habían hecho murmurar... que habían hablado mal de la tierra. Este texto, que utiliza la misma palabra *dibbâ* que se utiliza en Nm 13, confirma nuestra interpretación de la "difamación" (13:28, 30, 32). Al iniciar una campaña de palabras difamantes, estos pecadores volvieron a toda la congregación en contra del Señor. Ahora, ellos "murieron de plaga delante de Jehová" (v. 37).

41. ¿Por qué quebrantáis el mandamiento de Jehová? Dios les había puesto en claro que tenían que volverse ahora al desierto (v. 25). Por ello, este intento de mostrar un celo tardío era imprudente; porque la fe se basa sobre la obediencia, sin la que no podría haber ni la presencia de Dios ni su bendición (v. 42).

44. Sin embargo, se obstinaron en subir. Su pecado anterior fue una incredulidad reticente, manifestado en una precaución y temor extremos (2 Ti 1:7). Ahora pasaron al otro extremo de incredulidad presuntuosa, demostrada por su excesiva confianza propia y descuido. La raíz hebrea de **obstinarse**, *'āpal*, se utiliza también en Hab 2:4, y tiene un sentido de *enorgullecerse*: "He aquí que aquel cuya alma no es recta, se enorgullece; mas el justo por su fe vivirá". Al apóstol Pablo vio la verdad espiritual latente ahí. El hombre injusto confía en su propia virtud. Pero la verdadera justicia se origina en la fidelidad de Dios y se comunica al hombre que vive en una confianza obediente, de fe en fe (Ro 1:17).

IV. Segundo rollo sacerdotal. 15:1—19:22.

La principal característica de esta sección sacerdotal se halla en los caps. 16 y 17, que relatan la rebelión de Coré y la consiguiente vindicación triple del sacerdocio aarónico. Reunidos alrededor de esta vindicación del sacerdocio aarónico se hallan otros detalles de relevancia para el sacerdocio (ver el bosquejo).

A. Detalles ceremoniales. 15:1–41.

Un conjunto de instrucciones más anterior (Lv 2:1–11) que tenía que ver con las ofrendas de alimento (de cereales) no daba más detalles acerca de las cantidades exactas. Tenemos ahora un pasaje que da las proporciones exactas (cp. Lv 23:13). Contemplando anticipadamente la época en que el pueblo comería los alimentos de Canaán, el Señor les dio instrucciones para que ofrecieran su contribución simbólica de las primicias de sus productos (ofrendas mecidas). Hizo provisión para el perdón de los pecados de ignorancia —casos en los que ya la congregación como un todo como los individuos hubieran podido transgredir involuntariamente— sobre la base de las ofrendas de holocausto acompañadas de sangre de expiación (vv. 23–31; cp. Lv 4). Pero también puso en claro que si una persona actuaba malintencionadamente, **con soberbia** (*una mano levantada*), tenía que ser cortada de su pueblo, y llevar su propia iniquidad. Un hombre fue lapidado hasta morir por despreciar el mandamiento de Dios con respecto al estatuto del sábado. Algunos han tratado de identificar este severo juicio con las ideas que del sábado tenían los fariseos, en contra de las cuales habló Cristo. Las dos situaciones no son la misma. Los fariseos añadieron a la ley religiosa judía del sábado reglas y normas ausentes del AT, y de esta manera se proveyeron de vacíos legales para sí mismos. El Señor del sábado enseña que la ley del sábado fue dispuesta para el goce espiritual del hombre y para satisfacer sus más profundas necesidades. La Biblia no toma en ningún sitio una actitud ligera acerca de las transgresiones deliberadas de ninguna de las leyes de Dios. El capítulo concluye con un estatuto de valor psicológico (Nm 15:37–41). Los israelitas tenían que hacerse franjas en los vestidos y poner en cada franja de los bordes un cordón azul, como recordatorio para que guardaran todos aquellos mandamientos (Dt 22:12). Este era el "cordel atado al dedo" de Israel.

5. Por cada cordero. Nótese que las cantidades de aceite y harina mezclados y de vino aumentaban en tamaño con el tamaño del animal que se ofrendaba: Un cuarto de hin de aceite y de vino con cada cordero, un tercio de cada con el carnero, y medio hin de cada con cada novillo. Esto demuestra un principio que subyace en cada ofrenda: que el hombre tiene que dar conforme a su capacidad (Lv 5:7–13).

7. En olor grato (aplacador, reposante). Esta frase se utiliza en 15:3, 10, 13, 14. En Gn 8:20, 21 se nos relata que el Señor olió la placentera fragancia del holocausto de Noé, y que tuvo un efecto favorable ante Él. A algunos les desagrada el extremo antropomorfismo que se evidencia en este pensamiento. Pero la Biblia se halla llena de tales descripciones de Dios. La expresión no es más literal que las palabras "cabalgó sobre un querubín", o "voló sobre las alas del viento" (Sal 18:10).

A la deidad pagana Baal se la llama ''el jinete de las nubes'' (C. H. Gordon, *Ugaritic Literature*, p. 30), como también al Señor en el Sal 68:4 (BLA). El crítico que asuma que este ''antropomorfismo'' constituye evidencia de que la religión de Israel se hallaba en una etapa primitiva pudiera igualmente acusar de idolatría a un pastor actual cuando ora a Dios que ''desnude Su brazo en favor de Su pueblo''. Al hombre se le hace conocer lo desconocido en términos de lo conocido, en este caso los sentimientos de Dios hacia él. Mediante esta práctica expresión, **olor grato**, el pueblo de Dios conocía que sus sacrificios le eran placenteros, muy similarmente a como un olor agradable era aplacante y grato al pueblo mismo.

16. Una misma ley y un mismo decreto tendréis, vosotros y el extranjero que con vosotros mora. A los extranjeros se les daba la bienvenida a que ''peregrinaran'' con Israel, pero quedaban obligados a adorar a Dios de la forma señalada, no a la propia manera de ellos. La decadencia espiritual de los pueblos que les rodeaban era tal que la introducción de sus prácticas religiosas habría contaminado a la nación.

20. De lo primero que amaséis, ofreceréis una torta en ofrenda. La palabra *'ărisâ*, que se traduce como **lo que amaséis**, o *masa*, se toma por lo general como *grano basto*. Una referencia anterior a la ofrenda de las primicias (Lv 23:14) menciona solamente el mecimiento de una gavilla, acompañada de una ofrenda de alimento de *sōlet*, ''harina fina''. El hecho de que esta ofrenda mecida de grano basto recibe el nombre de *tᵉrûmâ*, ''una contribución'', indica que era para consumo de los sacerdotes, en tanto que la harina fina de Lv 23:13 tenía que ser un holocausto, un olor grato a Jehová.

30. Mas la persona que hiciere algo con soberbia (*con mano levantada*). El Israel obediente salió de Egipto ''con mano poderosa'' (levantada) (Éx 14:8), con un puño levantado y cerrado en desafío a Faraón. Aquí el Israel arrogante peca con mano levantada en desafío al Señor (cp. Dt 32:27; Is 10:32).

36. Y lo apedrearon, y murió. Los labios de Cristo describieron una suerte mucho peor que ésta para aquellos que desprecian en sus corazones la ley de Dios (cp. Mt 18:9). En realidad, este evento del AT fue una lección misericordiosa. Aunque un juicio así no podía cambiar el corazón del que había sido juzgado, guardaba a muchos israelitas descarriados de desafiar a Dios.

39. Y no miréis en pos de vuestro corazón y de vuestros ojos. Las franjas les recordaban que no debían andar conforme a sus propias inclinaciones malvadas, en lugar de seguir los mandamientos del Señor, buenos y dadores de salud.

B. La rebelión de Coré, Datán y Abiram. 16:1–35.

Cualquier rebelión de este tamaño tiene numerosas facetas y varias razones y quejas subyacentes. Los críticos han imaginado que las diferentes corrientes de pensamiento de aquí se derivan de las fuentes documentarias hipotéticas JE y P, y que nuestra historia representa los relatos combinados de varias rebeliones durante la historia de Israel. No obstante, del texto mismo sabemos que hubieron a la vez las fracciones eclesiástica y civil de la rebelión. Coré persuadió a compañeros levitas y a otros a que se le unieran en la demanda de la función sacerdotal (vv. 9, 10). Al mismo tiempo, los rubenitas, Datán y Abiram, se volvieron en contra de Israel por su aparente fracaso en proveer los campos y los viñedos de la Tierra Prometida (v. 14). El pensamiento de que tenían que permanecer el resto de sus vidas en el desierto tiene que haberles hecho pensar que la rebelión era una forma de escapar a ello.

Datán y Abiram rehusaron ir al Tabernáculo a encontrarse con Moisés, pero enviaron una queja amarga (vv. 12–14). Por otra parte, Coré y sus 250 ''príncipes'' (muchos de ellos, aunque no todos, siendo levitas; vv. 7, 8; 27:3) aparecieron con incensarios en las manos, para demostrar que ellos eran santos y que podían llevar a cabo este deber sacerdotal. De repente, la gloria del Señor apareció a la puerta del Tabernáculo; y el Señor mantuvo la autoridad de Moisés abriendo la tierra para que tragara a los líderes de la rebelión, con sus casas y posesiones (v. 32). Un juicio subsiguiente con fuego barrió a la compañía de los que portaban los incensarios.

3. ¡Basta ya de vosotros! Algo más tarde (v. 7) Moisés les lanza las mismas palabras (mal traducidas como **esto os baste**). **Porque toda la congregación, todos ellos, son santos.** En Éx 19:6 Dios prometió hacer de Israel un reino de sacerdotes y una nación santa. Pero esta promesa tenía una condición: ''Si diereis oído a mi voz, y guardareis mi pacto'' (Éx 19:5). Para dar y ejecutar este pacto se precisaba de mediadores divinamente señalados. **11. Por tanto, tú y todo tu séquito sois los que os juntáis contra Jehová.** Dios había ya elegido a su mediador (v. 5). Que Coré y su congregación pusieran esto en tela de juicio era lo mismo que poner en tela de juicio a Dios. **Pues Aarón, ¿qué es, para que contra él murmuréis?** El derecho de Aarón a ser sacerdote no se originó en sí mismo.

12. Datán y Abiram...respondieron: no iremos allí. La escena pasa ahora a los rubenitas, cuyos motivos de rebelión eran diferentes a los de Coré pero cuyo propósito de echar a Moisés y Aarón era idéntico. **13. ¿... sino que también te enseñorees imperiosamente?** Estos hombres se encontraban enfurecidos ante la perspectiva de pasar toda su vida en el desierto. Le echaron la culpa a Moisés por la derrota en Horma (14:45). Se imaginarían que rehusó llevar el arca con ellos en aquella ocasión por temor de perder control sobre ellos cuando entraran en la tierra. **14. ¿Sacarás los ojos a estos hombres?** En línea con Pr 30:17 la alusión aquí es a los buitres sacando los ojos a los cadáveres en el desierto. ¿No había dicho Moisés que esta generación tenía que morir en el desierto?

19. Ya Coré había hecho juntar contra ellos toda la congregación. El hebreo marca una distinción entre **su congregación**, "séquito", y **la congregación** (cp. v. 9). Coré se presentó a sí mismo como campeón de toda la congregación: "¿No somos todos nosotros los del pueblo santos?" (v. 3).

22. Dios, Dios de los espíritus de toda carne. El dualismo evidente de espíritu y de carne que aquí se revela en esta frase da evidencia de que este concepto era parte de la ideología religiosa hebrea ya tan atrás como el tiempo de Moisés. No obstante, la erudición "liberal" tiende a asignar este concepto a la teología del tardío documento "P".

24. Apartaos de en derredor de la tienda de Coré, Datán y Abiram. Es improbable que estos hombres hubieran construido otro tabernáculo. El término *mishkan* puede referirse a una vivienda o a una tienda (24:5). La mera adición de la consonante heb. "yod" indicaría el plural, "las tiendas de". Los traductores de la LXX verían esta dificultad, y dejaron los nombres de Datán y Abiram fuera del texto, o trabajaron con un manuscrito hebreo que solamente mencionaba a Coré. Nuestro texto actual de 16:32 menciona solamente a Coré como expresión abreviada que implica a los tres rebeldes. **27. Y se apartaron de las tiendas de Coré.** La gente que creía en Moisés lo demostraron ahora por sus acciones. **Datán y Abiram salieron y se pusieron a la puerta de sus tiendas.** como si para desafiar a Moisés.

28. Que no las hice de mi propia voluntad. De nuevo vemos que la lucha no era en contra de Moisés, sino de Dios. El heb. *lēb*, "corazón", se traduce correctamente como "voluntad" en la RV, porque el corazón significaba a menudo las capacidades intelectuales (cp. Os 7:11, "entendimiento", RV), en tanto

que los riñones, las entrañas, etc., significaban las capacidades emotivas. **30. Mas si Jehová hiciere algo nuevo.** Tanto el verbo como el nombre proceden de *bārā*, "crear"; por ello, aquello nuevo tenía que ser sobrenatural, o por lo menos preternatural. **Y descendieren vivos al Seol.** En el AT son pocas las ocasiones en las que Seol significa "el lugar de los muertos que han partido". Aquí indica la "tumba".

32. Abrió la tierra su boca, y los tragó a ellos, a sus casas, a todos los hombres de Coré, y a todos sus bienes. *Battêhem* no significa sus **casas**, sino sus *familias*, como en 18:31. El resto del versículo hace diferencia entre posesiones humanas (siervos) y no humanas (animales y bienes). Esta era una forma hebrea de significar "todo". No obstante, Nm 26:11 nos informa de que los hijos de Coré no perecieron con él. Es probable que la "familia" de Coré no incluyera a sus hijos adultos que tuvieran sus propias familias.

C. Incidentes vindicadores del sacerdocio aarónico. 16:36—17:13.

En este punto la Biblia hebrea empieza un nuevo capítulo. Los escribas judíos consideraban como una unidad el resto del cap. 16 y el 17, que trata del derecho singular de Aarón al sacerdocio. Los incensarios de bronce utilizados por los rebeldes fueron batidos para formar la cubierta del altar, como memorial para perpetuar el derecho exclusivo de la casa de Aarón al sacerdocio. Un sobretono adicional de la rebelión aparece en la murmuración que culpaba a Moisés de la muerte de los rebeldes. La ira de Dios se abatió solamente cuando Aarón utilizó su incensario para hacer expiación por el pueblo (v. 46). Esta vindicación de la familia de Aarón culminó en la prueba de las varas (cp. 17). De doce varas seleccionadas, una para cada tribu, solamente la vara de Leví, inscrita con el nombre de Aarón, floreció sobrenaturalmente y dio almendras delante del Señor. Esta vara se tenía que guardar en el arca, como testimonio en contra de todo intento futuro de rechazar la elección que Dios había hecho de la familia mediadora.

37. Son santificados. ¿Por qué se contaron como santos los incensarios de estos malvados? Porque Dios tenía un propósito sagrado para ellos. "Por cuanto ofrecieron con ellos delante de Jehová...serán como señal a los hijos de Israel...de que ningún extraño que no sea de la descendencia de Aarón se acerque para ofrecer incienso delante de Jehová" (cp. vv. 37–40).

48. Y se puso entre los muertos y los vivos. Una dramática ilustración del oficio mediatorio de Aarón. No fue por virtud de lo que él fuera en sí mismo, sino porque Dios le había elegido, que el incienso de Aarón hizo expiación por el pueblo y se detuvo la plaga (cp. He 5:4–6).

17:4. Delante del testimonio. La referencia es al arca del testimonio. **Donde yo me manifestaré a vosotros.** La raíz heb. de **manifestaré** significa "señalar un tiempo o lugar". La misma raíz se utiliza para el **tabernáculo de la reunión**, *'ōhel mō'ēd*, que significa "la tienda del lugar y tiempo señalados". La congregación recibe en ocasiones el nombre de *'ēdâ*, "la compañía reunida por convocación". **6. Doce varas.** Ya que una era de Leví (de Aarón) y que tanto Manasés como Efraim constituían tribus, hubieran habido trece varas en lugar de doce. Habían dos formas de contar las tribus a fin de que siempre hubieran doce. En Nm 1:5–15 se cuenta a los hijos de José como a una sola tribu. No obstante, en 13:4–15 lo que se tiene en mente es la división de la tierra; por ello se divide a la tribu de José para tener doce divisiones, ya que Leví no recibió herencia en la tierra. **8. Al día siguiente.** Esta limitación de tiempo ayuda a establecer el hecho de que había tenido lugar un verdadero milagro de Dios. **10. La vara de Aarón... por señal.** Un símbolo que mostrar a futuras generaciones. Contra los rebeldes. Los *hijos rebeldes*, o *hijos de rebelión* (margen, BLA). Eran estos hombres que hacían que sus propias vidas fueran desgraciadas y que ofendían gravemente a Dios al permitir que la autocompasión, u otra forma de profunda inquietud hirviera en sus corazones.

12. He aquí nosotros somos muertos, perdidos somos, todos nosotros somos perdidos. Una expresión final de autocompasión de una generación murmuradora cierra este capítulo y también el relato de los tratos de Dios con ellos. Las siguientes palabras de la narración (20:1) describen los últimos días de la peregrinación por el desierto y el surgimiento de la nueva generación.

D. Deberes e ingresos de los sacerdotes y de los levitas. 18:1–32.

Aarón y los levitas eran los siervos de Dios, señalados para llevar a cabo el ministerio sagrado del santuario por el que Israel aprendió de la santidad de Dios (vv. 1–7). Ninguno de la casa de Leví iba a recibir ninguna herencia de la tierra; Dios proveyó para ellos mediante una porción perpétua, *hâq'ôlām* (v. 8). Esta era la parte del sacerdote de las ofrendas de Israel. Pero ya que no se podía mantener a toda la tribu de Leví gracias a las porciones de las ofrendas, los levitas recibieron el diezmo de toda la herencia de Israel. Y

cada levita daba el diezmo de su diezmo al sacerdote, igual que si lo hubiera conseguido en las labores del campo.

1. Llevaréis el pecado del santuario; y... de vuestro sacerdocio. Llevar [*perdonar*] el **pecado** significa limpiar mediante la ofrenda sustitutoria. Los sacerdotes tenían que hacer expiación por sus propios pecados (Lv 16:6). También, ya que había siempre posibilidad de que se contaminara involuntariamente el santuario por parte de alguien, el mismo lugar santo y el altar se tenían que purificar (Éx 29:36, 37; Lv 16:20). **6. Dados a vosotros en don de Jehová.** Fueron dados a los sacerdotes como aquellos que eran dedicados ("don") a servir al Señor. Este v. constituye una clave al entendimiento del uso que hace el apóstol Pablo del Sal 68:18 en Ef 4:8. **7. En don del servicio.** El sacerdocio era un servicio privilegiado, dado y señalado por Dios. **8. Ofrendas.** Estas *terûmōt* eran las contribuciones de los sacerdotes y de los levitas, que se distinguían de las ofrendas de holocausto, que era expiatorio. **Por razón de la unción.** Mejor traducido: *les he dado como porción ungida (o consagrada)*. **9. Que me han de presentar.** El pensamiento es el de devolver a Dios lo que es suyo. Se puede traducir como "devolver". **10. Todo varón comerá de ella.** Las ofrendas del v. 9 eran "muy santas"; solamente los varones participaban de ellas. **11. A ti y a tus hijos y a tus hijas contigo ...todo limpio...comerá de ellas.** Estas no eran ofrendas reservadas del fuego para la expiación, y por ello toda la familia del sacerdote participaba.

16. Por el precio de cinco siclos. Esto debería de leerse de la siguiente manera: *Y el precio de su rescate, empezando de un mes, lo fijarás según tu evaluación, a partir de cinco siclos de plata.* Cp. Lv 27:1–7 en cuanto a la variable evaluación según la edad y el sexo. **Por el precio de cinco siclos.** En el antiguo Israel no había dinero (por lo menos en nuestro sentido de la palabra), y las transacciones con plata se hacían por peso. Por ello dice **el siclo del santuario, que es de veinte geras** (granos de peso). **19. Pacto de sal perpétuo.** Según Lv 2:13, se salaba todo sacrificio. Cristo utilizó este pensamiento para describir la verdad eterna del infierno (Mr 9:49). La sal significaba un pacto inviolable entre Dios y los sacerdotes.

20. Yo soy tu parte y tu heredad. Sus vidas tenían que ser dedicadas al servicio de Dios en el santuario. Por ello se les tenía que mantener físicamente mediante la aportación del pueblo, que era a su vez mantenido por Dios. **24. A los levitas he dado por heredad los diezmos ...que ofrecerán a Jehová.** Los levitas y los sacerdotes dependían de la fidelidad del pueblo, que a su vez disfrutaban del contentamiento de su Dios mediante la cuidadosa observancia de toda la ley del santuario. **29. De todos vuestros dones ofreceréis... a Jehová; de todo lo mejor de ello.** La ofrenda debida al Señor (v. 26) tenía que ser de lo óptimo. El pueblo daba de lo mejor de sus frutos a los levitas, que daban de esto lo mejor a Jehová, representado por el sacerdote. **31. Es vuestra remuneración por vuestro ministerio.** La palabra *śākār*, ''remuneración'', puede parecer mercenaria; pero comparar con Gn 15:1, donde Dios se llama a sí mismo el *śākār* de Abraham (''tu galardón'').

E. El agua de la purificación para aquellos contaminados por los muertos. 19:1–22.

Los vv. 1 al 10 explican cómo se tenía que preparar esta agua, y el resto del capítulo habla de cómo se tenía que utilizar. Eleazar, el hijo de Aarón, tenía que supervisar el degollamiento de la vaca alazana, perfecta, fuera del campamento. Tenía que rociar su sangre hacia el Tabernáculo siete veces y después quemarla enteramente, con su sangre, junto con madera de cedro, hisopo, y escarlata. Las cenizas resultantes se tenían que utilizar para hacer al ''agua de purificación''; esto es, agua para eliminar impurezas ceremoniales. A una persona contaminada por muerto se la tenía que contar impura por siete días. Tenía que conseguir la pureza ceremonial siendo rociada con esta agua los días tercero y séptimo. En el séptimo día tenía que lavar sus vestidos y su carne, y a la noche sería limpio. El que no cumpliera estas instrucciones tenía que ser cortado de la congregación como persona inmunda. **2. La ordenanza de la ley.** Lo que recibe aquí el nombre de ''estatuto de enseñanza'' es más tarde llamado un ''estatuto perpétuo'' (v. 10). Por ello, el propósito dual de este ritual era el de enseñar a Israel acerca de la pureza de Dios y preservar esta revelación para futuras generaciones. **Una vaca alazana, perfecta.** Se han publicado muchas interpretaciones alegóricas forzadas de la utilización de esta vaca alazana, en las que cada detalle, incluyendo el color del animal, recibe un significado espiritual. Es mejor considerar esta ceremonia como se consideraría la pintura de un artista, reconociendo que en tanto que la totalidad expresa un mensaje, los detalles son insignificantes cuando se consideran por separado. He 9:13, 14 señala el mensaje de esta lección material,

que es que el pueblo de Dios tiene que experimentar el lavamiento de sus impurezas. Así como las cenizas de la vaca alazana limpiaban ceremonialmente al israelita contaminado, así la sangre de Cristo satisface a la justicia divina, purga la conciencia del pobre pecador, y le restaura a Dios. **4. Rociará hacia la parte delantera del tabernáculo.** Este era el acto que expiaba el pecado y que hacía propiciación ante Dios (Lv 16:14, 15). La vida de una víctima pura e inocente sustituía a la vida del que estaba contaminado. Por esta razón, se le llama ofrenda por el pecado *haṭṭā't* (Nm 19:9, 17). **9. En lugar limpio,** esto es, ceremonialmente limpio. **Para el agua de purificación.** Mas correctamente, *agua de impureza*, aquella que elimina la impureza. **Es una expiación.** El plan de este ritual era el de proveer una forma sencilla de purificar a los israelitas de una impureza muy común. Sentían en sus conciencias la relación entre el pecado y la muerte y la necesidad de liberación de la maldición que representa la muerte, la maldición del pecado. **12. Se purificará.** Como en 8:21, la expresión hebrea es *se des-pecará.* Aunque significa limpieza, el acento recae en la contaminación, no en la pureza, quizás porque uno no puede quedar realmente limpiado a no ser que se dé cuenta de que el pecado es pecado. **13. El tabernáculo de Jehová contaminó.** Un israelita contaminado con muerto contaminaría todo aquello que tocara o que se le acercara. Esta idea de contagio de la impureza ceremonial queda acentuada en los vv. 14, 15 (cp. Hag 2:13). **16. Cadáver, o hueso humano, o sepulcro.** Todo lo que tuviera que ver con la muerte contaminaba. La gente no podía evitar quedar contaminado ocasionalmente, por ello era que siempre estaba a disposición **el agua de purificación.** No obstante, al sacerdote se le prohibía que se contaminara excepto cuando sus parientes más cercanos morían (Lv 21:1–3). **18. Un hombre limpio tomará hisopo.** Cualquier persona ''limpia'' podía llevar a cabo este deber; no se precisaba de un sacerdote. El propósito de esta provisión era hacer fácilmente accesible la purificación de contactos inevitables con los muertos.

V. Del desierto de Zin a los campos de Moab. 20:1—22:1.

De Nm 33:36 podemos inferir que al final de los años de peregrinación, Israel se hallaba en Ezión-geber, en la costa más septentrional del golfo de Akaba. De allí entraron al desierto de Zin, en el que se hallaba el oasis de Cades, término que se utiliza en 33:36 para designar una área muy amplia. Pidieron derecho de paso por Edom, por la antigua ruta de comercio, por el camino real, pero se les denegó. Estos capítulos indican que Edom, Moab, los amorreos, y los cananeos controlaban muchas fortalezas establecidas en el Neguev y en Transjordania. Mientras que acampaban en el monte Hor, Israel luchó contra Arad el cananeo y le derrotó. En este punto (21:4) siguieron hacia el sur por *Yam Suph* (el golfo de Akaba) para evitar chocar con los edomitas. Eventualmente, viajaron hacia el norte por el valle del Arabá hasta que llegaron al Wadi Zered. Entonces viajaron entre Edom y Moab y el valle de Zered, evitando a Moab yendo al este de él y pasando al norte hacia Arnón, y después otra vez al oeste al camino real. El territorio al norte del río Arnón, llamado "los campos de Moab", lo capturaron derrotando al rey Sehón de los amorreos, que lo había tomado a los moabitas. Consiguieron más tierra al este del Jordán derrotando a Og, rey de Basán. El resto de Números (después de la historia de Balaam) está dedicada a preparar a esta nueva generación a la importante conquista al oeste del Jordán.

A. El desierto de Zin. 20:1–21.

1) El pecado de Moisés. 20:1–13.
1. Llegaron...Israel...al desierto de Zin, en el mes primero. Zin (*Sin*) cae entre la subida de Akrabbim, al suroeste del mar Muerto, y Cades (20:16; 34:3). Aunque no se menciona el año, tiene que haber sido al final del año treinta y nueve o al cuarenta después del Éxodo. Porque salieron de Cades al monte Hor (20:22), donde murió Aarón; y 33:38 nos dice que murió en el año cuarenta. **5. No es lugar de sementera, de higueras, de viñas ni de granadas; ni aun de agua para beber.** La descripción que Nelson Glueck hace de la importancia del agua en el Neguev (*Rivers in the Desert*, pp. 20–25) hace plausible la actitud comprensiva de Dios ante esta queja (p. 16). **8. Hablad a la peña...y ella dará su agua.** Que una roca diera su agua indica que esta agua de la roca era algo que era de esperar. El milagro consiste en el que Moisés conociera qué roca estaba lista para dar agua y en el hecho de que solamente tenía que hablarle. **10. ¡Oíd ahora, rebeldes! ¿Os hemos de hacer salir aguas de esta peña?** El Sal 106:32, 33 da el comentario divino sobre estas palabras. El pueblo enojó a Moisés, e "hicieron rebelar a su espíritu, y habló precipitadamente con sus labios". No era Dios, sino Moisés el que se enojó con el pueblo. Por ello, el pronombre *nosotros* implícito en la frase implica una forma de blasfemia. **11. Golpeó la peña con su vara dos veces.** Si Moisés hubiera solamente hablado a la peña, como el Señor la había instruido, el milagro habría señalado al poder de Dios. Tal como fue, Moisés tomó el lugar de Dios tanto en palabra como en hecho.

12. Por cuanto no creísteis en mí, para santificarme delante de los hijos de Israel. (cp. v. 24). El pecado de Moisés fue un rechazamiento voluntarioso a desviar la atención de él al poder de Dios y santificar así al Señor a la vista del pueblo. Moisés y Aarón compartieron el castigo por este pecado, porque Dios había dicho: "Hablad [plural] a la peña". Después del acto les dijo: "No meteréis [plural] esta congregación en la tierra". **13. Estas son las aguas de la rencilla** (heb., *Meriba*). El lugar no fue llamado Meriba después del incidente, como Refidim lo había sido cuarenta años antes (Éx 17:7); sino que el agua fue ahora llamada "el agua de la rencilla" (*meríbâ*), porque **contendieron los hijos de Israel con Jehová.**

2) Petición de ir a través de Edom. 20:14–21.
14. Envió Moisés embajadores al rey de Edom...Así dice Israel tu hermano. Los edomitas eran descendientes de Esaú (Dt 23:7). Moisés estaba siendo diplomático, además de verdadero, al dirigirse a ellos. **16. En Cades, ciudad cercana a tus fronteras.** Por lo general se considera que la frontera de Edom está en el borde occidental del valle del Arabá. Si la presente identificación de Cades en *'Ain Qadeis* (o *'Ain el-Qudeirat*) es correcta, entonces la frontera de Edom tiene que haberse extendido hasta bien adentro del Neguev. Esto sugiere la extensión de la esfera de influencia de Edom, ya que las verdaderas fronteras se establecían solamente mediante el control de ciertas fortalezas clave. **17. El camino real.** Esta era una antigua ruta de caravanas. Se utilizaba ya mucho antes del tiempo de Moisés como principal arteria pública. El v. 19 la llama el camino principal (*mesîllâ*).

20. Salió Edom contra él con mucho pueblo, y mano fuerte. No hubo batalla, porque no era el propósito de Dios disipar la fuerza de Israel en este lugar, sino guardarlo para la dura lucha contra los amorreos, cuya tierra era necesaria para lograr acceso a Canaán.

B. El área del monte Hor. 20:22—21:3.

1) Muerte de Aarón. 20:22-29.
22. Y partiendo de Cades...vinieron al monte Hor. La situación del monte Hor (*Hôr hāhār*) no se conoce. Muchos creen que es

Jebel el-Medhra, que está justo al este del valle del Arabá. Otros sugieren otra montaña al noreste de Cades. Esta última concordaría con la descripción de Moisés de la esfera de poder de Edom, ya que el monte Hor estaba en la frontera con Edom (v. 23). Moisés, en Dt 1:44, asume que Seir (otro nombre para Edom) está en el Neguev, lo que cuadraría con la concepción de que las fronteras de Edom no estaban limitadas al Wadi Arabah. Las descripciones del límite meridional de Israel en Nm 34:1–5 y Jos 15:1–12 hacen que las fronteras entre Israel y Edom viren apartándose del Arabá hacia el oeste, toquen a Cades-barnea, y lleguen al Río de Egipto (Wadi el'Arish). **23. El monte de Hor, en la frontera de la tierra de Edom.** Esto no significa que el monte se hallaba emplazado directamente en la frontera con Edom. Puede que sea simplemente una manera de distinguirlo del otro monte Hor en 34:8. Había varios lugares llamados Cades (*sagrado*) y tenían que distinguirse, esto es: Cades-barnea, Cades-neftalí, y Cades en el Orontes.

28. Y Moisés desnudó a Aarón de sus vestiduras, y se las vistió a Eleazar su hijo. Estos eran los vestidos sagrados de Éx 39, el distintivo del sumo sacerdocio. Habían sido la marca de Aarón —y ahora marcaban a Eleazar— como mediador elegido de Dios, cuyas ministraciones enseñaban al pueblo que Dios era su todopoderoso y siempre santo Amigo.

2) Arad el cananeo derrotado en Horma. 21:1–3.
1. El cananeo, el rey de Arad, que habitaba en el Neguev. Todavía se usa el nombre **Arad** para un montículo en el Neguev. Un hombre que pudiera dar su nombre a un área por miles de años difícilmente podría haber sido solamente un reyezuelo tribal (Glueck, *Rivers in the Desert*, p. 114). Los vv. 1 y 2 no describen estos eventos separados por cientos de años, en contra de lo que algunos piensan. **Por el camino de Atarim,** era probablemente el nombre de una ruta de caravanas, ya que el equivalente árabe de *'âtârîm* significa "las huellas". **3. Y los destruyó a ellos y a sus ciudades.** Los hombres de Israel fueron obligados a presentar batalla, porque no era el plan de ellos entrar en la tierra por el sur. Aquel suceso fue la prenda de futuras conquistas. El resultado de la última batalla que había luchado el pueblo de Dios treinta y ocho años antes fue una triste derrota en un lugar llamado Horma (14:45). Por ello, hay un juego de palabras en este versículo, viniendo Horma de la misma raíz que "destruir totalmente". Puede

que esta no fuera la ciudad de Horma mencionada en 14:45 (Jos 15:30; Jue 1:17). Es posible que Moisés quisiera hacer subir la moral al dar a este lugar de victoria un nombre en recuerdo de la derrota humillante por parte del mismo enemigo.

C. El viaje a los campos de Moab. 21:4—22:1.

1) Rebelión en el viaje alrededor de Edom. 21:4–9.
4. Camino del Mar Rojo. No el Mar Rojo que se muestra en nuestros mapas, sino *Yam Suph,* que significa "mar donde crecen las cañas", que en este caso es el golfo de Akaba. Dt 2:8 (BLA) lo llama "el camino de Arabá", significando la llanura baja que asciende lentamente de las profundidades del mar Salado al Golfo. Israel fue en esta dirección, aunque no necesariamente hasta llegar al mar, para evitar contacto con los edomitas.

8. Hazte una serpiente ardiente. No hay adjetivo en el hebreo; el término *śārāp* significa *serpiente venenosa.* **Y cualquiera que... mirare a ella, vivirá.** Solamente aquellos que creyeran la promesa de Dios actuarían según aquella instrucción y vivirían. Nuestro Señor vio en esto no solamente una ilustración de la eficacia de la fe en la palabra de Dios, sino también una lección material muy apta de su propio sufrimiento vicario, cuando sería levantado entre cielo y tierra (Jn 3:14).

2) Lugares pasados en la marcha desde el Arabá. 21:10–20.
10. Después partieron los hijos de Israel. Los vv. 10 a 20 dan los nombres de los lugares en los que acampó Israel mientras que estaba viajando hacia el norte por el Arabá. Este itinerario se da más plenamente en 33:41–49.

14. El libro de las batallas de Jehová. Aquí tenemos una de las auténticas fuentes de las que Moisés y escribas subsiguientes en Israel obtuvieron información con respecto a sucesos anteriores. **Lo que hizo en el Mar Rojo.** Estas palabras son una traducción discutible del principio de un fragmento de esta antigua fuente. La primera línea es oscura debido a que está desgajada de su contexto. La última parte del v. 14 es la más importante debido a que da la razón para la cita: mostrar que el valle de Arnón era la frontera con Moab. Las dos palabras hebreas que comprenden la frase introductoria de la cita se pueden traducir de varias formas. La RSV sigue al ICC en transliterar el hebreo como lugares geográficos: *Waheb in Suphah. A Zahab junto a Sufá* en RVA. La RV toma las palabras introductorias como una forma verbal aramea (una antigua exégesis judía, también seguida por Jerónimo en la

Vulgata). La versión que hace la RV de *sûpâ* como *mar Rojo* no es probable, ya que el área en cuestión es adyacente a Moab. La difícil referencia a *sup* en Dt 1:1 (RVA) sitúa este lugar, por otra parte desconocido, en Transjordania, donde Moisés pronunció sus últimas palabras. El fragmento podría ser traducido de la siguiente manera:

> Una porción en dirección a Sufá:
> Sí, los wadies [arroyos] de Arnón,
> Sí, la subida de los wadies [arroyos]
> Que se dirigen hacia el asiento de Ar,
> Es ciertamente adyacente al límite de Moab.

17. Cantó Israel este cántico. Se refleja aquí la tradición poética. Puede que los poetas y cantores de baladas hayan pasado algo de la historia de Israel como poesía épica. Es posible que el Libro de las Guerras de Jehová fuera una compilación de tales poemas. El hecho de que la poesía tradicional fue incorporada muy recientemente en registros escritos queda evidenciado en la literatura del Ugarit del siglo XV. Este pequeño fragmento, del v. 17, ha sido llamado: "El canto del Pozo". La primera línea es una introducción o línea de tema. *Con el cetro y con sus báculos* (v. 18, BLA) expresa, probablemente, la autoridad de los nobles, que dirigirían la excavación del pozo. No obstante, el agua estaba muy a menudo cerca de la superficie en un *nahal*, "wadi", o "lecho seco de río", de forma que incluso una vara que golpeara al suelo podría hacer que subiera a la superficie (cp. Gn 26:19; 2 R 3:16–18).

> ¡Sube, o pozo! ¡A él cantad!
> Pozo, el cual cavaron los señores.
> Lo cavaron los príncipes del pueblo,
> Y el legislador, con sus báculos.

18. Del desierto vinieron a Matana. La mayor parte de los lugares de los vv. 18–20 no se pueden localizar con exactitud. La dirección general del viaje fue desde el desierto al este de Moab, en el área al norte de Arnón, al oeste de la cumbre llamada Pisga, que se encumbraba por encima de las aguas del mar Salado y de los yermos del desierto de Jeshimón.

3) Derrota de los amorreos. 21:21–32.
21. Envió Israel embajadores a Sehón rey de los amorreos. El propósito de Moisés era del de conseguir acceso a la tierra a occidente del Jordán. Pidió paso pacífico (vv. 21, 22), pero Sehón rehusó (v. 23); y allí no hubo ya manera de evitar el conflicto. **24. La frontera de los hijos de Amón era fuerte.** La LXX tiene un texto heb. más correcto, y lee correctamente, *Jazer era la frontera de los amonitas*

(Jos 13:25; Nm 32:1). Nuestro texto heb. actual ha perdido una letra, una "r". **26. El cual había tenido guerra antes con el rey de Moab, y tomado de su poder toda la tierra hasta Arnón.** Este v., tomado de la victoria de Israel sobre Sehón, explica el significado del poema que se da en 21:27–30. **27. Por tanto dicen los proverbistas.** Estos *Môshelîm* eran poetas, posiblemente cantores de baladas. Los oráculos de Baal reciben el nombre de *mashals* (RV, *masquil*), como lo son los Proverbios y algunos salmos didácticos (ver los títulos de Sal 32; 42; 52, y otros). Según Nm 21:26, Sehón el amorreo había destruido antes a Moab (cp. las estrofas paralelas segunda y cuarta a continuación); pero los vv. 21–25 nos informan de que Israel había destruido a los amorreos (primera y tercera estrofas). Así, el poema es una oda satírica, que viene a decir lo siguiente: "Vosotros [amorreos] les habéis vencido [a los moabitas], pero nosotros [los israelitas] os hemos vencido a nosotros". Nótese el equilibrio de las estrofas y el desarrollo ascendente en este poema. Las estrofas segunda y tercera tienen la misma pauta estructural. La última estrofa responde por antítesis a la que le precede inmediatamente, pero completa en realidad el significado de la estrofa inicial.

> ¡Venid! Hesbón será reconstruida.
> ¡Sí! Sea reconstruida la ciudad de Sehón.
>
> Porque fuego ha salido de Hesbón,
> Una llama de la ciudad de Sehón;
> Ha devorado a Ar de Moab,
> Los baales de los altos de Arnón.
>
> ¡Ay de ti, oh Moab!
> Pereciste, ¡oh pueblo de Quemós!
> Ha dado a sus hijos a la huída,
> Y sus hijas en cautiverio,
> Al rey de los amorreos, Sehón.
>
> Mas les desvastamos: Hesbón pereció
>   hasta Dibón.
> Sí, les desvastamos, hasta que el fuego
>   se esparció hasta Medeba.

31. Habitó Israel en la tierra del amorreo. Todo el territorio entre los ríos Arnón y Jaboc quedó bajo su dominio y, además, la ciudad amonita de Jazer (v. 32) y el reino de Og (vv. 33–35); de forma que Israel controló la tierra al este del Jordán desde el Arnón hasta el monte Hermón (Dt 3:8). La mayor parte de los nombres geográficos que se hallan en estos versículos son bien conocidos incluso en el presente.

4) Derrota de Og, rey de Basán, 21:33–35.

33. Salió contra ellos Og rey de Basán. Estos vv. forman un paralelo de Dt 3:1–4 casi palabra por palabra (excepto por el cambio en el pronombre personal). La cama de hierro de Og (o su sarcófrago) capturó evidentemente la curiosidad de Israel. La mención especial que merece aquí sugiere que el uso del hierro era raro en aquel entonces. (Con respecto al tamaño, ver Dt 3:11; cp. el comentario sobre 13:33.)

5) Llegada a los campos de Moab. 22:1.

1. Acamparon en los campos de Moab. Acamparon en un lugar llamado *Shĭttĭm* (25:1), cerca de allí donde el Jordán se vacía en el mar Salado. **Junto al Jordán, frente a Jericó.** Ver el comentario sobre 34:15.

Segunda parte. **Intrigas extranjeras contra Israel. 22:2—25:18.**

Los caps. 22 al 25 forman una divisoria literaria entre las dos mitades lógicas del libro de los Números. En ningún pasaje de los caps. 22 al 24 hallamos la fórmula generalizada, "habló Jehová a Moisés", que se halla en todos los otros capítulos. Esta sección, como el libro de Job, puede haber tenido origen fuera de Israel. Aunque se nos dice (Dt 23:5) que Moisés estaba consciente de las maquinaciones de Balaam, es imposible determinar si esta fuente de material "foráneo" vino a ser parte del registro sagrado bajo la supervisión de Moisés o no. Nm 22:4*b*, que dice, **Balac ...era entonces rey de Moab,** señala el trabajo de escribas post-mosaicos. Así, puede que la historia haya sido insertada aquí, donde cuadra cronológicamente y provee al mismo tiempo de gozne literario para pasar de la antigua generación a la nueva, y a un nuevo censo y a nueva legislación señalada para el asentamiento en la tierra.

Algunos comentaristas intentan reducir la importancia de Balaam, el hombre, en esta historia (ICC, p. 316, seguido por IB, vol. 2. pp. 248–263) y ver ahí solamente los mayores conceptos político-religiosos de la cultura que se representan. Pero Balaam es un individuo de un carácter tan acusado que no se puede en realidad enfocar la historia sin intentar entenderle. Cierto es que el propósito de esta narración es de mostrar cómo Dios protegió a su pueblo de los malvados propósitos de un monarca pagano y de la escondida codicia de un profeta descarriado. Pero los sútiles hechos de Balaam y sus poderosas palabras hacen de esta historia una obra maestra de dramatismo.

El rey de Moab, Balac, sintió temor en su corazón, debido a la victoria de Israel sobre los amorreos. Envió a que buscaran a Balaam, un popular profeta del norte de Mesopotamia, prometiéndole fama y riquezas a cambio de que maldijera a Israel. El Señor le mandó a Balaam que no fuera, por lo que él rehusó ir. Pero cuando el rey Balac le hizo mayores promesas, el profeta intentó que el Señor cambiara de actitud. Por ello, el Señor permitió que Balaam se dirigiera a Moab. Por el camino Dios intentó, por medio de un ángel, comunicar al profeta su disgusto con él. Pero solamente el asna de Balaam vio al ángel del Señor. Llegó el momento en que el asna se detuvo y reprochó a Balaam por su ceguera espiritual. Entonces fueron abiertos los ojos del profeta para que viera al ángel. El Señor permitió a Balaam que fuera a Moab a fin de que pudiera declarar abiertamente el propósito de Dios de cumplir Su antigua promesa a Israel. Balac mostró a Balaam el campamento de Israel desde tres distintos miradores sucesivos, y en cada punto el profeta pronunció una *bendición* sobre Israel. Balac, disgustado, le mandó a Balaam que no dijera nada más. Pero el profeta continuó con más oráculos todavía, en los que predijo no solamente la prosperidad futura y el poder de Israel como nación, sino que predijo también la destrucción de Moab, Edom, Amalec, los ceneos, y Asiria.

I. Fracaso del intento de Balac de apartar al Señor de Israel. 22:2—24:25.

A. Balaam llamado por Balac. 22:2–40.

4. Balac hijo de Zipor era entonces rey de Moab. Como referencia postmosaica, es posible que se añadiera la frase simple, o refleja que todo el relato fue insertado en tiempos premosaicos (ver más arriba).

5. Petor, que está junto al río en la tierra de los hijos de su pueblo. El ICC pretende que algún editor ha confundido dos lugares distintos en base de una compilación de varias historias. El río es el Éufrates; la tierra recibe el nombre de *'Áram de los dos ríos* (Mesopotamia) en Dt 23:4. Esta área era tanto la tierra de los antecesores de Moab por Lot (Gn 19:37) como de los antepasados de Israel por Abraham. Harán, el padre de Lot, murió en la tierra de su nacimiento, en Ur de los Caldeos (Gn 11:28). Algunas evidencias indican que Ur era posiblemente una ciudad al norte de Mesopotamia más bien que la antigua ciudad Sumeria al sur de Mesopotamia (JNES, XVII, 1958, pp. 28–31, 252). La adoración del Señor por parte de la familia de Abraham continuó, pero los descendientes de Lot, los moabitas y los amonitas, adoptaron los dioses de las gentes entre las que se establecieron. Que hubiera un profeta del Señor en el área llamada *'Aram Nahârayîm* (Gn 24:10), concuerda con el contexto bíblico general.

6. Pues yo sé que el que tú bendigas será bendito. Parece que Balaam era un profeta popular, y también un profeta del Señor (Jehová). Por ello, Balac envió "dádivas de adivinación" (v. 7), con la esperanza de que tal combinación de talentos fuera efectiva contra Israel. Que Baalam fuera un verdadero profeta descarriado, o un falso profeta que quedó abrumado por el poder de Dios no se puede conocer de cierto. Los comentarios que hallamos acerca de él en otros lugares del AT y del NT son coherentemente despreciativos (Nm 31:8, 16; Dt 23:5, 6; Jos 13:22; 24:9; Neh 13:2; 2 P 2:13-15; Jud 11; Ap 2:14). Aunque algunos autores han opuesto el débil argumento de que Dios habla bien de Balaam en Mi 6:5, lo que en realidad dice aquí el Señor de bien es sólo de Su propia bendición de Israel a través del infiel profeta y no hace comentario alguno acerca del carácter de Balaam. En Jos 13:22 Balaam es llamado adivino (*haqqōsēm*), y la adivinación era una abominación al Señor (Dt 18:10). Podríamos comparar a este profeta con Simón el Mago (Hch 8:13-24), un creyente confundido que quiso combinar la adivinación con el poder del Espíritu Santo. Nm 24:1 nos informa de que Balaam recurría a los augurios (*nehāshîm*).

7. Las dádivas de adivinación en su mano. La historia muestra una marcada distinción entre el concepto pagano de que el profeta era un manipulador de los dioses y la idea hebrea de que Dios era el Determinante de todo lo que sucedía, "que bendice a quien quiere bendecir, y maldecirá a quien quiera maldecir" (v. 6). **18. Aunque Balac me diese su casa llena de plata y oro, no puedo traspasar la palabra de Jehová.** Aunque estas eran grandes palabras, no correspondían con su corazón (cp. v. 18). Dios había hablado, pero Balaam estaba esperando que hubiera un cambio que le posibilitara de ir. Y Dios le permitió que fuera, para mostrar de una forma dramática Su decisión soberana de bendecir a Israel. **22. Y la ira de Dios se encendió porque él iba.** La utilización de un participio en el hebreo sugiere la traducción: "la ira de Dios se encendió en tanto que él iba". Aunque Dios le había concedido permiso a Balaam para que fuera conforme a su deseo, Su ira se encendió porque el corazón del profeta se hallaba inclinado por su amor de "el premio de la maldad" (2 P 2:15). **25. Y apretó contra la pared el pie de Balaam.** El aplastamiento de su pie puede quedar reflejado en la palabra *shepî* (23:3) que, según se ha sugerido, podría provenir de una raíz acadia, *shēpu*, que significa, "con paso cojeante". La RV traduce *shepî* como "un monte descubierto" (23:3) y la BLA como "un cerro pelado".

28. Jehová abrió la boca del asna. ¿Habló realmente el asna, o se trató solamente de una experiencia en la mente de Balaam? Es probable que la verdad se halle en ambos lados. En tanto que la aparición del ángel y la voz del asna no fueron alucinación, parece ser que fueron vistos y oídos solamente por Balaam y no por los otros que se hallaban presentes, como sucede varias veces en el NT (Hch 9:7; 22:9; Jn 12:28, 29). En el camino de Damasco hubieron fenómenos físicos que solamente Pablo comprendió; igualmente con Balaam, debido a una combinación de distracciones mentales y espirituales, no pudo ver al angel del Señor hasta que Dios abrió sus ojos. Ni otros hubieran podido comprender a la asna a no ser que Dios les habría podido dar esta capacidad.

35. Ve con estos hombres. Como en 22:20, Dios le dijo a Balaam que fuera. Así, no estaba enojado con el profeta debido a que iba, sino debido a su motivo para ir. Los hombres no pueden determinar los motivos de otros, pero Dios sí puede. Tenemos el comentario divino en el resto de las Escrituras para guiarnos, y Nm 31:16 demuestra que Balaam era un réprobo. Además, no se puede comprender la historia de otra forma a no ser que adoptemos la dudosa táctica de afirmar que la historia es un mosaico de distintas historias diferentes.

38. ¿Podré ahora hablar alguna cosa? La palabra que Dios pusiere en mi boca, esa hablaré. Balaam no había dicho a los moabitas nada acerca de la intención revelada de Dios de bendecir a Israel. Y así lo mejor que se puede decir acerca de esta réplica es que es ambigua, quizás porque Balaam tenía la esperanza de que Dios cambiara de idea. Así, Balac asumió que la venida de Balaam indicaba su buena disposición a maldecir a Israel.

B. Los oráculos de Balaam. 22:41—24:25.
Los lingüistas semíticos más eminentes ven en esta poesía un reflejo de la época de Moisés. La forma del lenguaje, la temática, los términos técnicos, y los nombres propios, todo ello tiende a apoyar la postura de que estas son declaraciones auténticas de un poeta de mediados del segundo milenio. Balaam llama a cada poema un *māshāl*, traducido "parábola" en 23:7, 18; 24:3, 15. *Māshāl* no puede limitarse a ser vertido como parábola o proverbio; más bien, es tan amplio que se aplica a toda la literatura "sapiencial". La poesía hebrea tiene como su principal característica el paralelismo de pensamientos, líneas y estrofas, en formas, aposicional, inversa, o progresiva. Los oráculos de Balaam exhiben todas estas, y además tienen un sabor arcaico y a menudo

arameo, que señala a la antigüedad y al origen (de Arán) de la persona que habla. William F. Albright, que ha hecho unas investigaciones definitivas y eruditas sobre estos oráculos, dice: "No hay nada en el tema de los poemas que demande una fecha del siglo x, o más tardío, para su redacción original" (JBL, sept., 1944, p. 227). Señala él que Balaam es un nombre característico del milenio segundo a.C. (2000 — 1000), y que ha sobrevivido en varios lugares, todos los cuales van al siglo xv. Luego, afirma que verdaderamente Balaam era "un adivino del norte de Siria, del valle del Éufrates", que "pasó un tiempo en la corte de Moab...se hizo converso al Jehovismo", y más tarde "abandonó a Israel y se unió a los madianitas en su lucha contra los Jehovistas (Nm 31:8, 16)". El adecuado tratamiento de los poemas sería imposible aquí. Por ello ofrecemos una traducción particular que, es de esperar, clarifique algunos puntos, e ilustre la estructura poética.

Primer Oráculo. 23:7–10.

El poema contiene una pauta de 1–2–1–2–1 de pareados paralelos. El último pareado es una conclusión, expresando el pensamiento nostálgico de Balaam que quisiera participar en la bendición de Israel.

7. De Arán me trajo Balac,
   El rey de Moab de los montes de Oriente.
   "Ve, maldíceme a Jacob,
   Ve, denuncia a Israel".

8. ¿Cómo maldeciré cuando Dios no ha
      maldecido?
   ¿Cómo denunciaré cuando Dios no ha
      denunciado?

9. Desde la cima de los montes veo,
   Desde los cerros observo.
   He aquí, un pueblo que habita solo,
   No es contado entre las naciones.

10. ¿Quién puede contar el polvo de Jacob,
   O poner número a la nube de "polvo"
      de Israel?
   ¡Muera yo la muerte de un justo,
   Sea mi fin como el de él!

Segundo Oráculo. 23:18–24.

Balaam ve aquí al Señor como el que le obliga a bendecir Israel debido a que Él tiene que cumplir Su palabra dada. El Señor es la fuente de la fuerza de Su pueblo; por ello no hay encantamientos que puedan ser efectivos en contra de ellos. Concluye Balaam asemejando Israel a un león rapante, que atrapa y devora su presa. En la frase, **grito de un rey** (v. 21), seguimos la LXX, el Targum de Onkelos, y el Pentateuco Samaritano, y traducimos *majestad real*.

Introducción

18. Levántate, ¡oh Balac!, y escucha;
   Oye mi testimonio, ¡Oh, hijo de Zipor!

Estrofa 1

19. No es Dios un hombre para que mienta,
   Ni un ser humano para que se arrepienta.
   Aquello que dice: ¿Acaso no lo hará?
   Aquello que decreta: ¿No lo llevará a
      buen fin?

20. He aquí, he aprendido a bendecir,
   Y bendeciré, pues otra cosa no puedo hacer.

21. No se ve iniquidad en Jacob,
   Ni se evidencia perversidad en Israel.

Estrofa 2

El Señor su Dios está con él,
Y majestad real le acompaña.

22. Cuando Dios estaba sacándole de Egipto,
   tenía el poder de un buey salvaje.

23. Porque no puede haber sortilegio contra
      Jacob,
   Ni encantamiento contra Israel.
   Ahora se dirá de Jacob,
   De Israel, "¡Lo que ha hecho Dios!"

Conclusión

24. He aquí, un pueblo que se levanta
      como leona,
   Que se engrandece como un león,
   Que no se echa hasta que devora la presa,
   Y lame la sangre de los muertos.

Tercer Oráculo. 24:2–9.

Las dos estrofas principales de este poema contrastan a Israel en paz y en guerra. Entre los pueblos del antiguo Oriente Medio esta era una forma favorita de representar a una nación. Los estandartes de paz y de guerra de las Tumbas Reales de Ur (J. Finegan, *Light From the Ancient Past*, Fig. 16) ilustra esta cuestión de una forma efectiva. El poema muestra también simetría en su apareados paralelos introductorios y finales, que son las únicas líneas que utilizan el pronombre "te" con respecto a Israel. Aunque el par que cierra la primera estrofa es decididamente difícil, es evidente a este autor que se refiere a las ramas del árbol mentado en los versículos precedentes. Ez 31 utiliza la misma ilustración ("El cedro" es Asiria) y la misma raíz *dâlâ*, en referencia a las ramas del cedro que crece al lado de las muchas aguas. En Ez. 19 Israel es "una vid al lado de muchas aguas" y "un leon devorador". El primer par de la segunda estrofa de este oráculo no se halla en nuestro texto hebreo, sino que viene de le LXX. Puede representar a una familia de manuscritos detrás de la LXX que preservó este versículo pero que perdió el par precedente. Este par provee una transición entre las estrofas de paz y de guerra.

Estrofa 1

5. ¡Cuán hermosas son tus tiendas, oh Jacob,
   Tus moradas, oh Israel!

6. Como valles de ríos que se extienden,
   Como jardines bordeando un río.
7. Con rocío que cae de sus ramas,
   Con su simiente entre las muchas aguas.

Estrofa 2

Un hombre procederá de su simiente,
Y será Señor de muchas naciones.
Y su reino será más alto que el de Agag,
Y su dominio será exaltado.

8. Porque cuando Dios le estaba sacando
   de Egipto,
   Tenía la fuerza de un buey salvaje.
   A las naciones, sus adversarias, devorará,
   Sus huesos quebrantará en pedazos,
   Y con sus flechas las atravesará.
9. Se agazapa, se echa,
   Como un león, como un leoncillo.
   ¿Quién le levantará?

Conclusión

Bendito el que te bendiga,
El que te maldiga es maldito.

Cuarto Oráculo. 24:15-19.

Balaam se introduce a sí mismo (est. 1) con las mismas palabras utilizadas en 24:3, 4. La traducción de las últimas palabras del par introductorio, "que es verdadero de ojo", es apoyado por un texto fenicio de encantamientos que utiliza un modismo similar (Albright JBL, sept., 1944). El rey David está aquí predecido como la estrella de Jacob que aplastaría a Moab y Edom. La traducción de la última línea como un "resto de Seir" involucra una ligera enmienda al texto, que el contexto apoya.

Estrofa 1

15. El oráculo de Balaam hijo de Beor,
    El oráculo del hombre que es verdadero
    de ojo.
16. El oráculo de aquel que oye las palabras
    de El,
    El que conoce el conocimiento de Elyon.
    El que se le hace ver lo que ve Shaddai
    El que cae y tiene los ojos abiertos.

Estrofa 2

17. Lo veo, pero no ahora,
    Lo contemplo, pero no de cerca.
    La estrella de Jacob regirá,
    El cetro surgirá de Israel,
    Y quebrará la frente de Moab,
    Y desgarrará cabeza de los hijos de Set.
18. Y Edom será desposeído,
    Desposeído de Seir por sus enemigos.
19. Pero Israel actuará poderosamente;
    El imperio será ejercido por Jacob,
    Y destruirá al resto de Seir.

Quinto Oráculo. 24:20.

La destrucción de los amalecitas fue principalmente una hazaña davídica.

Y viendo a Amalec, tomó su parábola y dijo:
"Amalec, cabeza de naciones;
Mas al fin perecerá para siempre".

Sexto Oráculo. 24:21, 22.

Como señala Albright (JBL, 1944, Vol. 63, No. 3, p. 227), la única vez que los ceneos fueron una nación autónoma fue en la época mosaica, por lo que el oráculo no hubiera podido venir del siglo décimo, como muchos han sugerido. Assur (v. 22) era el nombre de una tribu árabe que vivía en la misma área que los ceneos (cp. Gn 25:3); pero es también el nombre de los asirios. Estos últimos no tenían contacto con los ceneos como un pueblo distinto. Un intercambio de dos letras en la palabra *quemado* ("echado", en la RV) haría que la línea dijera "Kain [el ceneo] pertenecerá a *'ēber* ['al hebreo']".

Los ceneos fueron ciertamente asimilados a Israel, y formando parte del reino septentrional de Israel (Jue 4:17; 5:24) fueron llevados a cautividad por los asirios el 722. No obstante, Albright toma "Assur" como verbo, "contemplo"; pero esto tiene poco sentido, incluso con enmienda.

Y viendo al ceneo...dijo:
"Fuerte es tu habitación;
Tu nido está puesto en la peña.
Pero Kain (el ceneo) será quemado,
Hasta que Assur os lleve cautivos".

Séptimo Oráculo. 24:23, 24.

Seguimos a Albright en parte de la traducción de este difícil pasaje. En la primera línea preferimos la palabra aramea *hayâ*, "mostrar o dar a conocer", a una raíz árabe similar que significa "reunir". Albright dice que el pasaje se refiere a la irrupción de pueblos mediterráneos que trajo a los filisteos de las islas egeas a la tierra de Canaán por etapas durante el segundo milenio. De nuevo surge la cuestión, ¿Es Assur la distante Asiria, o posiblemente tan sólo una tribu árabe relacionada con los madianitas por medio de Cetura, la esposa de Abraham? Esta último caso encuadraría con la postura de que Balaam estaba hablando de los tempranos pueblos del mar del mundo egeo. El primer punto de vista se interpreta variamente como significando: (1) Assur (Siria) de los seléucidas; o (2) Assur como Persia, y las "naves de la costa de Quitim" como Alejandro Magno (cp. 1 Mac 1:1).

23. Tomó su parábola y dijo:
    "Islas que se conocen de la parte del norte,
24. Sí, naves de la costa de Quitim,
    Ellas afligirán a Assur,

Y afligirán su territorio (o, *ēber*, 'el
hebreo')
Y también él perecerá''.

II. Éxito de Balac en apartar a Israel del Señor. 25:1–18.

Nm 31:16 muestra que Balaam, que no podía
apartar a Dios de Su pueblo, tuvo éxito en
apartar a algunos del pueblo de su Dios. El NT
habla ''del camino de Balaam'' (2 P 2:15),
significando su amor ''del premio de la maldad'' (cp. Nm 22–24); y la ''doctrina de
Balaam'' (Ap 2:14) refiriéndose a este incidente.

A. El pecado de Baal-peor. 25:1–5.

**2. Invitaban al pueblo a los sacrificios de
sus dioses.** El sujeto (**las cuales**) es femenino,
refiréndose a las hijas de Moab, con las que los
hombres de Israel cometieron fornicación.
Balac, aconsejado por Balaam (Ap 2:14), utilizaron este método para debilitar a Israel. **3. Así
acudió el pueblo a Baal-peor.** Posiblemente
Baal de Bet-peor (Dt 3:29; 4:46). En el culto a
Baal, los festivales de primavera dramatiza-
ban, con hechos, la cohabitación de Baal con
la diosa de la fertilidad. Los descubrimientos
arqueológicos han revelado que los devotos de
Baal practicaban la prostitución como parte de
su adoración. Esta sórdida práctica fue adoptada por los israelitas. En Dt 23:17 se dan leyes
en contra de la prostitución masculina y femenina. **4. Toma a todos los príncipes del pueblo. Convoca a los ancianos para ejecutar
juicio. Y ahórcalos.** Esto es, a los fornicarios.
El verbo es algo oscuro. Puede significar
''degollarlos''. **Delante del sol** (RV) significa
''a la vista de todos''.

B. El celo de Finees. 25:6–18.

8. Fue tras el varón...a la tienda. El
infrecuente término *qūbbâ*, que significa
''tienda abovedada'', designa el dormitorio
donde Finees les cogió en el acto (Delitzsch).
11. Llevado de celo entre ellos. Lit. *celoso
con mi celo.* Finees había sido el campeón del
celoso odio de Dios contra el pecado. Este
perfecto odio contra el pecado se halla detrás
de todas las ''difíciles'' plagas e imprecaciones de la Biblia. **13. Sacerdocio perpétuo.**
Debido a este **pacto de paz** (v. 12), los descendientes de Finees serían los sumos sacerdotes
de Israel (cp. 1 S 14:3; 22:11, 20). Y así siguieron siéndolo a lo largo de la historia del Tabernáculo y del Templo.
14. Jefe de una familia. La casa de un
padre, como se utiliza en 1:2 y en otros pasajes, es una subdivisión de una tribu. **15.
Cozbi hija de Zur.** Este hombre es relacio-

nado entre los cinco reyes de Madián. Aquí es
llamado **padre de familia**, o ''cabeza de
clan''. **17. Hostigad a los madianitas.** Haber
matado a la hija de un rey solo podía significar
la guerra. Dios recordó a Israel que tenían una
razón justa para entrar en guerra con Madián.
Los madianitas y moabitas estaban confederados en su oposición al pueblo escogido de
Dios, tanto en contratar a Balaam (22:4) como
en **lo tocante a Baal-peor** (v. 18).

Tercera parte. **Preparación para entrar en
la tierra. 26:1—36:13.**

Desde este punto hasta el final de Nm 36, el
tema está directamente relacionado con la
entrada de Israel a la tierra prometida, un
nuevo censo de los guerreros (cap. 26), problemas de la herencia por parte de las hijas, y
la consagración de un sucesor de Moisés (cap.
27), la división de la tierra y varias instrucciones para el establecimiento en la tierra
(caps. 32; 34) y el establecimiento de las ciudades levíticas (cap. 35).

I. Segundo censo, en los campos de Moab. 26:1–65.

5. Rubén, primogénito de Israel. Este
censo, en contraste al de llevado a cabo en
Sinaí, relaciona a las familias de las diferentes
tribus a la vista de su herencia (cp. Gn 46). **11.
Los hijos de Coré no murieron.** No toda la
familia de Coré resultó destruida. Es probable
que Coré tuviera hijos mayores, con familias
propias, que no tuvieron que participar de la
condena de su padre (cp. comentario en el cap.
16). Algunos de los hijos de Coré se hicieron
famosos en Israel. El profeta Samuel y el cantor Hemán estuvieron entre ellos (1 Cr 6:33–
37; cp. Sal 88, el título). **51. Seiscientos mil setecientos treinta.**
Israel se multiplicó muchísimo en Egipto (Éx
1:20) ¿Por qué entonces, después de treinta y
ocho años de peregrinación por el desierto, la
nación siguió contando con aproximadamente
la misma cantidad que en el Sinaí? La respuesta se halla en los vv. 64, 65, que muestran
que solamente tres de unos 603.550 israelitas
originales quedaban vivos. También, Israel
había pasado por varias plagas durante aquel
período, la última de las cuales se llevó 29.000
vidas. **53. A estos se repartirá la tierra.**
Además de suplir información para los asuntos
de la defensa, este censo tenía también que
servir de base para la división de la tierra. Las
tribus más grandes tenían que heredar más
tierra y las más pequeñas, menos, en tanto que
la disposición final de las tribus se tendría que
decidir por suertes (26:54–56; 33:54). **59. La mujer de Amram se llamó Jocabed, hija de Leví...ésta dio a luz de Amram**

a Aarón y a Moisés, y a María su hermana. Algunos sugieren que Amram y Jocabed fueron progenitores pero no el padre y la madre de Moisés. Dicen que la genealogía de Coat, Amram, y Moisés es demasiado corta para que hubiesen habido 8.600 coatitas (3:27, 28) en los días de Moisés desde un mes de edad para arriba. No obstante, si el padre de Moisés tuvo hijos por otras esposas y sus tíos hubieran tenido hijos de varias esposas, todas las cuales hubieran empezado otra generación (Moisés siendo de ochenta años de edad antes de salir de Egipto), entonces no sería irrazonable esperar una cantidad de 8.600 primos de la edad de Moisés para abajo, entre primos directos y de segundo y tercer grado, hasta llegar a los de un mes de edad.

II. La ley de la herencia. 27:1–11.

4. Danos heredad entre los hermanos de nuestro padre. El manasita Zelofehad tuvo cinco hijas y ningún hijo. Estas hijas señalaron que si ellas, por ser hijas, no podían heredar tierra, entonces la herencia de su padre se perdería. Dios confirmó a Moisés la bien conocida provisión por la que las hijas podían heredar tierra (Jos 17:3–6). Pero los siguientes en la línea de la herencia tenían que ser los hermanos paternos del difunto, a continuación los tíos paternos, y a continuación el pariente más cercano. No obstante, las hijas quedaban libres para casarse, y sus hijos continuarían la genealogía de sus padres y heredarían su tierra. Así estaba Jair en la línea de Manasés en 32:41 y en Dt 3:14 (cp. también 1 Cr 2:34, 35). Similar a ésta era la ley del matrimonio de levirato, por el cual una viuda sin hijos se casaba con el pariente más próximo de su marido, a fin de que su nombre y herencia no pudieran quedar cortados. Ambas leyes estaban basadas en el principio de que la tierra que el Señor daba a la familia nunca debería de ser vendida ni dejar que pasara fuera de la familia (Lv 25:23). La costumbre de la propiedad inalienable se practicaba, se sabe ahora, mucho antes del tiempo de Moisés, como testifican las falsas adopciones de Nuzu (C. H. Gordon, *Old Testament Times*, p. 101). Los hebreos seguían por lo general su tradición ancestral de que la herencia pasaba de padres a hijos (Dt 25:5–10). Pero en Egipto, donde habían pasado muchos años, la herencia pasaba por la madre. Bajo una circunstancia extrema, ésto era lo que se permitía en el texto.

III. Designación del sucesor de Moisés. 27:12–23.

12. Sube a este monte Abarim. Abarim era el nombre de una cordillera que se cierne sobre la quebrada geológica que forma el valle del Jordán y el Mar Salado (Nm 33:47, 48). Una parte de esta cordillera, llamada monte Pisga, tenía un pico llamado Nebo, donde Moisés murió (Dt 34:1). Probablemente la ciudad llamada Nebo (Nm 32:38) diera su nombre a esta cima. Es evidente que en 32:1 la ciudad de Jazer daba su nombre a su área, y es por la misma razón que la gente de Tiro recibían a veces el nombre de sidonios.

16. Dios de los espíritus de toda carne. Ver nota sobre 16:22. **17. Que salga delante de ellos y que entre delante de ellos.** El hebreo utiliza frecuentemente los antónimos para expresar totalidad. Josué sería el hombre que les guiaría por todas partes. **Para que la congregación de Jehová no sea como ovejas sin pastor.** Se le había acabado de recordar a Moisés que él no iba a entrar en la tierra debido a su pecado acerca de las "aguas de Meriba" en Cades. Pero el espíritu de Moisés era como el de Cristo, que sin autocompasión, aunque rechazado y afrontando el Calvario, fue movido a compasión hacia la multitud y les vio como ovejas sin pastor (Mt 9:36).

18. Toma a Josué...varón en el cual hay espíritu. La palabra **espíritu** no tiene artículo en hebreo. Aunque la referencia principal aquí es a la capacidad de Josué, recibió también don divino. La Biblia dice que era él "lleno del espíritu de sabiduría, porque Moisés había puesto sus manos sobre él" (Dt 34:9). **Pondrás tu mano sobre él.** La imposición de manos como símbolo de imposición de autoridad o de imputación de responsabilidad es una antigua práctica bíblica. Jacob siguió esta costumbre cuando impuso bendición a los hijos de José (Gn 48:14). El pueblo de Israel transfirió sus responsabilidades poniendo las manos sobre los levitas (Nm 8:10), y los levitas pasaban su propia culpabilidad a los novillos para la expiación mediante la imposición de manos (8:18). La práctica continuó en la sinagoga y fue adoptada por los apóstoles (Hch 6:6; 1 Ti 4:14).

19. Le darás el cargo en presencia de ellos. El heb. dice: *le mandarás.* El mandato era a todo el pueblo así como a Josué (ver Dt 31). **20. Y pondrás de tu dignidad sobre él, para que toda la congregación...le obedezca.** Esta **dignidad** iba a ser la autoridad que Josué necesitaba a fin de tener el respeto del pueblo como el conductor de ellos. **21. Él se pondrá delante del sacerdote Eleazar, y le consultará por el juicio del Urim delante de Jehová.** La autoridad de Josué no iba a ser igual a la de Moisés, cuya comunión con el Señor era directa (Nm 7:89; 12:7, 8). Josué iba a depender de la utilización del *Urim* y *Tumim*

(Ex 28:30) por parte de Eleazar el sacerdote. No conocemos hoy en día cómo el sacerdote utilizaba estos medios de determinar la voluntad de Dios.

IV. Tercer rollo sacerdotal. 28:1—29:40.

Los caps. de Nm 28 y 29, como Lv 23, dan todo el bosquejo del año ritual. Pero aquí se trata de las cantidades de las ofrendas, adelantándose ya al establecimiento de Israel en la tierra. Los meses están numerados, y el año está todavía más dividido por la observancia de una fiesta al inicio del mes séptimo (Nm 29:1). El primitivo calendario religioso heb. estaba controlado con respecto a las estaciones agrícolas, como se ve del nombre del mes de Abib, ''la primera cebada madura'' (Éx 13:4), y de la tableta israelita del siglo x, el Calendario de Gezer (G. E. Wright, *Biblical Archaeology*, pp. 180, 181). Tal dependencia de las estaciones solares (Dt 16:9) eliminó el corrimiento del calendario hebreo, de que adolece el calendario árabe actual, porque los hebreos añadían un mes extra cuando era necesario. En estos caps. los meses (las lunas nuevas) están marcadas por el toque de las trompetas de plata, lo que provee el medio para llevar a cabo el año ritual aquí prescrito. En su rústica simplicidad, los hebreos evitaron los complicados problemas del calendario egipcio de 365 días, basado en la observación de las estrellas que, aunque sofisticado, estaba también equivocado en un cuarto de día, y que a su tiempo hacía correr el calendario con respecto a las estaciones. Por otra parte, los hebreos parecen haber asumido el sistema egipcio de numerar las lunas, mientras que la mayor parte de los semitas las nombraban. Pero Israel no hizo esto oficialmente hasta después del exilio cuando adoptaron las designaciones babilonias.

A. Introducción. 28:1, 2.

2. Mi pan con mis ofrendas encendidas. El pan de Dios que aquí se menciona no era el que los sacerdotes recibían como su salario, sino más bien el alimento que se consumía dando olor grato en las ofrendas encendidas. El pensamiento aquí es que Dios come y bebe con Sus adoradores, lo que, bien lejos de constituir una concepción primitiva, pasa al NT, en la ordenanza paralela de la Mesa del Señor, la Comunión.

B. Ofrendas diarias. 28:3–8.

5. Un efa de flor de harina...un hin de aceite de olivas machacadas. Los harina era *sōlet*, una harina fina, y el aceite era de aceitunas batidas o machacadas, muy caro, aunque prescrito en Sinaí y repetido aquí debido a que estas cosas eran específicamente para aquellos que iban a vivir una vida sedentaria en la tierra.

C. Ofrendas sabáticas. 28:9, 10.

10. Además del holocausto contínuo. Las ofrendas eran cumulativas, añadiéndose la ofrenda del sábado al resto de las ofrendas diarias, y así con el resto a lo largo de estos dos caps.

D. Ofrendas mensuales. 28:11–15.

11. Al comienzo de vuestros meses (lunas nuevas). Ya que lo que se acentúa es las cantidades de ofrendas, se omite la instrucción para el toque de las trompetas de plata (cp. 10:10), aunque se remarcan como parte de la fiesta religiosa al principio del séptimo mes (29:1). Según 10:10, las trompetas se tocaban regularmente en las lunas nuevas. La costumbre estaba posiblemente destinada a tener significado tanto religioso como civil para el pueblo. **15. Un macho cabrío en expiación.** Se añadía una ofrenda de expiación por los pecados que no habían sido expiados durante aquel mes.

E. Ofrendas anuales. 28:16—29:40.

1) Fiesta de los Panes sin Levadura. 28:16, 25.

16. En el mes primero, a los catorce días del mes, será la pascua. No se especifica ninguna ofrenda para la Pascua, debido a que estas instrucciones lo son para ofrendas por los sacerdotes. La ceremonia de la Pascua de comer un cordero era un asunto familiar (Éx 12:3–14, 21, 22). **17. Y a los quince días de este mes...fiesta solemne.** La fiesta de los panes sin levadura (*Maṣṣôt*) se tenía que observar desde el día quince hasta el veintiuno del primer mes (Éx 12:15-17). El primer y séptimo días tenían que ser días de reposo, en los que no se tenía que hacer ninguna obra ''de siervos'' (Nm 28:18, 25). **24. Vianda y ofrenda encendida en olor grato a Jehová...además del holocausto contínuo.** Además de las ofrendas diarias, estas ofrendas especiales tenían que ofrecerse cada día de la fiesta.

2) Fiesta de las Semanas. 28:26–31.

26. Cuando presentéis ofrenda nueva (cereal) **a Jehová en vuestras semanas.** Lv 23:16 da la clave a comprender estas palabras. El día siguiente a los siete sábados después de la Fiesta de los Panes sin Levadura (*Pentecostés*, gr., ''Día quincuagésimo''), el pueblo tenía que ofrecer una ofrenda de cereal de las primicias. Los sacrificios de la fiesta que se tenían que presentar en este tiempo eran los mismos que los ofrendados en la época de los panes sin levadura. **29. Con cada uno de los siete corderos, una décima.** Se tenía que ofrecer la décima parte de un efa juntamente con cada cordero. (Ver la misma expresión en los vv. 13, 21.)

3) Fiesta de las Trompetas. 29:1–6.

1. En el séptimo mes, el primero del mes, tendréis santa convocación. La luna nueva del séptimo mes era un día de sacrificios acumulados, incluyendo los sacrificios diarios, los sacrificios regulares de la luna nueva, además de aquellos que marcaban el principio de la segunda mitad del año (cp. Lv. 23:24).

4) Día de la Expiación. 29:7–11.

7. En el diez de este mes séptimo...afligiréis vuestras almas. Se hace especial mención de arrepentimiento y de examen de conciencia en este gran día en que el sumo sacerdote entraba dentro del velo para hacer expiación por sí mismo y por todo el pueblo (Lv 16:29–34; 23:26–32).

5) Fiesta de los Tabernáculos. 29:12–40.

12. A los quince días del mes séptimo tendréis santa convocación...y celebraréis fiesta solemne a Jehová por siete días. Esta fiesta era el clímax del año religioso. La atención que se le presta a la ofrenda de los becerros cada día explica la importancia de la fiesta. Se ofrendaban en total setenta becerros, empezando con trece el primer día, doce el segundo, y así, hasta siete el día séptimo. A continuación seguía un día octavo que era sábado de ofrendas. Todo esto en adición a las ofrendas regulares de cada día. Como en el caso del toque mensual de las trompetas (10:10), se asume aquí que los detalles acerca de vivir en cabañas se conocían bien (Lv 23:40–44). Los sacrificios animales se multiplicaban en esta época porque se trataba de una fiesta (*hag*), no de un ayuno. Excepto por la Pascua y el Día de la Expiación, en que había una aflicción de alma, la gente estaba de ánimo festivo en los días especiales. Aunque siempre se prescribían algunas ofrendas por el pecado, la mayor parte de estas ofrendas eran de consagración y de acción de gracias.

39. Además de vuestros votos, y de vuestras ofrendas voluntarias. Además de presentar las ofrendas prescritas, el pueblo siempre era alentado a tomar votos de consagración (Nm 6) y a hacer ofrendas voluntarias en gratitud a Dios por Su abundante provisión.

V. La validez de los votos de una mujer. 30:1–16.

Cada cultura instituye maneras de hacer que las intenciones humanas sean obligatorias. En asuntos civiles el mundo de la Biblia utilizaba tanto el documento firmado y testimonio jurado. En temas religiosos la gente pronunciaba votos. La intención escondida se volvía obligatoria cuando quedaba revelada oralmente. Las leyes que regulan los votos se consideran en Dt 23, Lv 27, y Nm 6; pero aquí se presta especial énfasis a la validación del voto de una mujer. El Señor instruyó que el padre de una mujer o su esposo tenían que invalidar los votos de ella si creían que ella no tenía que ser tenida como responsable. Él podría apoyar el voto de ella con su silencio, o invalidarlo con su veto. Un padre tendría autoridad absoluta sobre su hija en tales asuntos, y lo mismo un esposo sobre una esposa. Las mujeres no estaban por lo general instruidas con respecto a los detalles de la ceremonia religiosa y por ello podían hacer votos imprudentes (ver nota acerca del v. 6). Una esposa desafecta podría hacer un voto o un compromiso que dañase a su esposo. Así, su derecho legal a invalidar el juramento de su esposa protegía sus propiedades, ya que un voto podría incluir el pago de una fuerte suma. Si el voto era del tipo que colocara una aflicción o prohibición sobre la esposa, el marido estaba libre de validar el voto y así conllevar la carga, o de vetarlo.

5. Si su padre la vedare. Uno de los verbos utilizados para expresar invalidación del voto de una mujer es *heni'*, ''impedir, reprimir, o frustrar''. La raíz, aunque rara, se utiliza principalmente en Números y aparece en 14:34 (ver nota), donde se nos dice que, a lo largo de cuarenta años, Dios frustró a Israel, o los impidió, que entraran en la tierra prometida. La misma raíz se utiliza para describir lo que los espías hicieron cuando ''desalentaron a los hijos de Israel'' (32:7, 9). Aquí en Nm 30 se provee para el caso del perdón de una hija si queda vedada por su padre de cumplir su voto; y para que un esposo ''frustre'' la intención de su esposa para el bien de su casa.

6. O pronunciare de sus labios. La connotación de esta cláusula es ''una afirmación imprudente de sus labios''. Así es como habló imprudentemente Moisés en las aguas de Meriba (Sal 106:32, 33).

15. Si los anulare [él]...él llevará el pecado de ella. Dejar de mantener un voto era un pecado. Si un marido invalidaba el voto de su esposa, tenía que llevar la iniquidad de ella. Esto es, tenía que cumplir todas las demandas ceremoniales y legales, como si el pecado fuera suyo propio.

VI. Guerra con Madián. 31:1–54.

El Señor ordenó la destrucción de los madianitas debido a que eran la gente vil que había sido responsable de la orgía de Baal-peor (cap. 25). (Para tener luz acerca de la degradación de la adoración cananea, ver Wright, *Biblical Archaeology*, pp. 111–119.) Cuando los guerreros hebreos volvieron de la batalla, con las mujeres y niños madianitas como cautivos, Moisés les recordó que éstas eran las mismas mujeres de Baal-peor, y que eran moralmente degradadas y tenían que morir. Este parece un juicio cruel, pero era el menor de dos males. La alternativa era dejar que los madianitas vivieran y corrompieran a Israel, lo que habría aumentado el sufrimiento humano así como traido deshonor a Dios. Los niños madianitas varones fueron también muertos, porque si hubieran sido criados entre los hijos de Israel, habrían destruido la herencia de los hijos de Israel. Las únicas que salvaron la vida fueron las niñas vírgenes, que podían ser asimiladas a Israel. En años posteriores se aplicó el mismo principio en aquellos casos en que mujeres no israelitas (pero nunca hombres) formaron parte de la línea mesiánica (p.ej., Rahab y Rut).

Nada se relata de la lucha contra Madián, lo que indica que el propósito central de este dilatado capítulo es exponer la ley relativa al botín y a los prisioneros de guerra. De otra manera la derrota de Madián hubiera podido ser mencionada en unos pocos versículos (cp. el tratamiento de las victorias sobre Arad, Sehón, y Og; Nm 21). Esta ley especificaba que todo el botín tenía que ser purificado, ya por fuego, o con "las aguas de la impureza" (31:23, BLA; 19:9). La mitad del despojo (de cautivos y animales) tenía que ir a los hombres de guerra, y la otra mitad a los que se habían quedado en la retaguardia. Entonces, una parte de quinientas de la mitad correspondiente a los guerreros se tenía que dar a los sacerdotes como ofrenda al Señor. Una parte de cincuenta de lo que pertenecía a la congregación tenía que darse a los levitas. Después de la derrota de Madián, los soldados dieron una ofrenda especial de oro y de joyas que habían tomado. Esto lo ofrendaron al santuario "para hacer expiación" por sus "almas".

A. Destrucción de Madián. 31:1–18.

3. Hagan venganza de Jehová en Madián. Vengar es "visitar un castigo justo o merecido por un malhechor" (Webster). El Señor mandó a Israel a que hiciera caer este juicio sobre Madián. No obstante, este mandato no constituye justificación alguna de las "guerras santas" de la era cristiana por la sencilla razón de que en esta era no ha habido ningún Moisés que supiera por revelación cuando y donde el Dios soberano quiere ejecutar Su venganza. **6. Finees...fue a la guerra con los vasos del santuario, y con las trompetas en su mano.** Este uso del Urim y de las trompetas en el combate (27:21; 1 S 28:6), los singulares nombres de los cinco reyes de Madián (Nm 31:8; Jue 21:12), y que tomaran las madianitas vírgenes como esposas son detalles que van en contra de la postura que algunos defienden que el capítulo es Midrash posterior y que, por lo tanto, tiene poco valor histórico (ICC, p. 418). **17. Matad, pues, ahora a todos los varones de entre los niños.** El Señor, no Moisés, es el que asume la responsabilidad de esta matanza. ¿Acaso no se había descrito Dios mismo como Aquel que visita "la maldad de los padres sobre los hijos hasta la tercera y cuarta generación de los que me aborrecen"? (Éx 20:5). Rehusar tener en cuenta las prerrogativas de un Soberano justo le reduce a algo menos que al mismo hombre pecador.

B. Purificación de los guerreros. 31:19–24.

23. Todo lo que resiste al fuego. En esta provisión el Señor diferencia entre aquellas cosas que podrían ser purificadas por el fuego (metales) y las que no (gente y artículos de madera). Todo lo que no pudiera resistir el fuego, incluyendo a los guerreros y a sus cautivos, tenían que ser purificados con las "aguas de purificación" hecha con las cenizas de una vaca alazana según la ley del cap. 19.

C. Repartimiento del botín de guerra. 31:25–54.

30. Uno de cada cincuenta...y los darás a los levitas. El Señor demandaba que una parte de cada quinientas de la mitad de los guerreros fuera asignada a los sacerdotes como la porción de ellos (v. 28). Aquí se asigna una de cada cincuenta para los levitas, de la mitad del pueblo. Parece que prevalecían los múltiplos de cinco para los impuestos en el mundo semita. José promulgó una ley en Egipto imponiendo el tributo a los egipcios de una parte en cincuenta de sus cosechas (Gn 47:26). **32. Seiscientas setenta y cinco mil ovejas.** Se afirma que estas cantidades son demasiado elevadas para ser auténticas. El censo en los caps. 1 y 26 daba una cantidad de 600.000 guerreros en el ejército de Israel. Compárese con el censo de David de 800.000 guerreros para Israel y de 500.000 para Judá (2 S 24:9). No es lógico por parte de los críticos que se tomen en serio el censo de David pero que asuman que las cifras mosaicas son inexactas. La cultura egipcia detrás de Moisés era aún más sofisticada que la que estaba detrás de David. No hay evidencia alguna que demuestre que las cifras de Moisés no sean correctas.

VII. Establecimiento de dos y media de las tribus en Transjordania. 32:1-42.

Rubén y Gad, que tenían mucho terreno, viendo que las tierras de Jazer y de Galaad eran buenas para pastos, pidieron a Moisés si podrían vivir allí. Moisés temía que el establecimiento de dos tribus al este del Jordán pudiera bajar la moral del pueblo como "el hablar mal" de los espías lo había hecho hacía treinta y siete años atrás. Les recordó del trágico resultado de la incredulidad de sus padres en Cades. Si ahora ellos, a su vez, evitaban enfrentarse a sus enemigos, resultaría en las mismas consecuencias, y la nación sería destruida. Rubén y Gad aceptaron este consejo y se ofrecieron bien dispuestos a luchar con sus hermanos hasta que todos estuvieran asentados en sus herencias y después volverían a sus hogares. A esto accedió Moisés, con una advertencia final de que hacer menos que esto sería un pecado. Y añadió: "Sabed que vuestro pecado os alcanzará" (v. 23). Así, Rubén, Gad, y media tribu de Manasés recibieron numerosas ciudades en Transjordania. Las reconstruyeron y las volvieron a nombrar y construyeron encierros vallados para sus ganados.

A. Respuesta de Moisés a la petición de Gad y de Rubén. 32:1-33.

1. Una muy inmensa muchedumbre de ganado. Mucha parte de esto era ganado que había sido conseguido por conquista (cap 31). No obstante, Israel había ya tenido algunos ganados en el desierto que no era todo él estéril (cp. 20:19). **La tierra de Jazer y de Galaad.** Jazer se hallaba en la frontera del territorio amonita (ver v. 32; cp. LXX, Nm 21:24). La transjordania se hallaba dividida en dos partes, al norte y sur del río Jaboc (Jos 12:2). **4. La tierra que Jehová hirió.** La tierra no se describe por límites inexistentes, sino por ciudades fortificadas (v. 3) que controlaban ciertas áreas. La figura del Señor hiriendo al país nos recuerda de otras figuras en el libro de las batallas de Jehová (21:14) que, como los grandes poemas épicos, Éx 15, Sal 68, y Hab 3, describe al Señor como el guerrero heróico de ellos que funda o salva una nación. La misma figura es dominante en la literatura apocalíptica de la Biblia, que describe al Señor llevando a la nación a su meta última (cp. Is 9:6, *'El gibbôr,* "el héroe poderoso"). **7. ¿Y por qué desanimáis a los hijos de Israel?** Moisés estaba temiendo que la propuesta de ellos pudiera empezar una oleada de complacencia entre las otras tribus, que tenían todavía que afrontar los terrores de un enemigo desconocido. Si unos pocos se asentaban

en los laureles de una victoria pasada, ¿no querrían todos los demás hacer los mismo? Como un líder afrontando un problema de moral de batalla, Moisés estaba justificado en su firme tratamiento de las dos tribus. La elección del verbo por parte de Moisés les recuerda del reproche de Dios en 14:34 (cp. comentario); y sus palabras acentúan aquel incidente para que no volvieran a caer totalmente, dejando de ir en pos del Señor (32:11-13). La separación geográfica de estas tribus más allá del Jordán llegaron a producir en ellas una indiferencia hacia la suerte de la nación que Débora escarneció en su canción (Jue 5:16, 17). El tiempo demostró que los temores de Moisés estaban bien fundamentados.

27. Armados todos para la guerra. La raíz *hālas,* "ceñirse para la batalla", se utiliza en 32:17, 20, 21, 27, 30, y en 31:3. El cinto del héroe, *hâlîsâ,* con el que se ceñía, era un equipo normal de cada guerrero. Ver 2 S 2:21 (despojos o cinto-armadura) y Jue 14:19, que indican que tomar el cinto de la armadura de un enemigo era símbolo de la victoria sobre él. De acuerdo con esta costumbre, el Mesías lleva "la justicia cinto de sus lomos, y la fidelidad ceñidor de su cintura" (Is 11:5). (Ver R. Gower, *Nuevo Manual de Usos y Costumbres de los Tiempos Bíblicos,* Editorial Portavoz.)

30. Mas si no pasan armados con vosotros, entonces tendrán posesión entre vosotros, en la tierra de Canaán. A fin de poder asegurar sus posesiones en Transjordania, tenían que ceñirse para la guerra ante la presencia de Dios al cruzar Israel el Jordán, demostrando así que creían en la promesa de Dios con respecto a la tierra, y que estaban dispuestos a esperar en él para la victoria definitiva. Las tribus que habían elegido vivir al este del Jordán ayudaron en la conquista de Canaán para volver a su propia herencia.

B. Ciudades reconstruidas por Rubén y Gad. 32:34-38.

34-36. Y los hijos de Gad edificaron... ciudades fortificadas; hicieron también majadas para ovejas. Esto es, reconstruyeron encima de las ruínas o simplemente tomaron y añadieron a las ciudades capturadas. Muchas de estas ciudades están nombradas en la famosa inscripción del rey Mesa de Moab, que data de alrededor del 835, donde dice el rey de Moab que "los hombres de Dios vivían en la tierra de Atarot", etc. Las majadas eran recintos con muros bastos de piedra como los que se utilizan hasta el día de hoy en aquella área (cp. Jn 10:1-18). **38. Nebo, Baal-meón (mudados los nombres).** Nebo pudiera haber sido nombrada según una deidad babilonia del mismo nombre, en tanto que Baal era un dios popular del panteón cananeo. Los israelitas reaccionaron en contra de dar reconocimiento a las deidades paganas en sus propios nombres personales y geográficos. Los escribas de tiempos posteriores cambiaron a menudo nombres que contenían el nombre de una deidad pagana (p.ej., en 1 Cr 8:33, 34 dos de los hijos de Saúl son llamados Es-baal y Merib-baal; en 2 S 4:4, 8 son Is-boset y Mefi-boset).

C. Galaad tomada por los manaseítas. 32:39–42.

41. Tomó sus aldeas, y les puso por nombre Havot-jair. El término *havvôt*, traducido **aldeas**, significa "pueblos de tiendas", pero esto solo muestra que así habían sido en el pasado, porque Jue 10:4 las numera y las llama "ciudades". En tanto que ya no eran "pueblos de tiendas", tampoco eran ciudades fortificadas, como lo era Kenat, mencionada en el siguiente versículo, donde el texto habla de **Kenat y sus aldeas.** El pueblo que trabajaba en los campos mientras vivían en las aldeas podían hallar refugio detrás de los muros de las ciudades fortificadas en épocas de invasión.

VIII. La ruta desde Egipto hasta el Jordán. 33:1–49.

Nm 33 da el itinerario de las jornadas de Israel desde el día en que dejaron Egipto hasta la llegada de ellos a las orillas del Jordán cuarenta años más tarde. En el v. 2 el escritor afirma que Moisés escribió estos hechos según el mandato del Señor. La carga de la prueba reposa sobre los que afirman que el capítulo es un mosaico de documentos tardíos, porque no hay evidencia de que la paternidad fraudulenta jugara ningún papel en la literatura hebrea prehelénica.

Nada se sabe acerca de la parte del viaje descrita entre los vv. 18–30. Este pasaje describe la ruta seguida durante los silenciosos treinta y siete años siguientes a la derrota en Horma (14:15). El cap. no menciona a Cades en la época en que se enviaron a los espías (v. 18). Puede ser que se deba a que Cades es el nombre de un área así como una ciudad en el desierto de Parán-Sin y que Ritma fuera un osasis menor en el área de Cades. El campamento cubría una gran área que hubiera podido incluir a ambas ciudades (cp. v. 49). Wadi Abu Retemat (cp. Ritma) está cerca de 'Ain Qadeis, que los modernos arqueólogos indican que estuvo cerca de Cades-barnea (KD, Vol. III, p. 243).

8. Desierto de Etam. Llamado Shur en Éx 15:22. Era esta una ruta antigua utilizada por los patriarcas (Gn 16:7; 20:1; 24:62; 25:18; 26:22). **13. Dofca...Alús.** Dofca se identifica en la actualiad con Serâbit el-Khâdim, un centro de minería egipcio. (Wright, *Biblical Archaeology*, p. 64). Todos los lugares mencionados en los vv. 5–12 se hallan en el relato del Éxodo excepto Dofca y Alús. **15. Refidim.** Identificado por los arqueólogos como Wâdi Refâyid, cerca del monte Sinaí.

31. Moserot. Este es el lugar donde murió Aarón, según Dt 10:6, 7. Estaba cerca del monte Hor. En Dt 10:6, 7 hay un orden diferente de estas ciudades, lo que sugiere que este versículo (31) habla de una jornada anterior en el área, en tanto que los vv. 37–39 coincide con Dt 10:6, 7; Nm 20:22–29.

36. Ezión-geber (Elat). Este es Tell el-Kheleifeh, en la costa septentrional del golfo de Akaba, donde se han hallado las refinerías de cobre de Salomón. **42. Punón.** Feinan, al norte de Edom, mencionada en fuentes bizantinas, era también un centro de minas de cobre (ver Wright, *Biblical Archaeology*, Fig. 35). **43. Obot.** Identificado como 'Ain el-Weiba, al lado occidental del Arabá, alrededor de 50 km. (30 millas) al sur del mar Salado. **46. Dibóngad.** Dibán, a unos pocos km. al norte del Arnón. La tribu de Gad la heredó de los amorreos, que la habían tomado a los moabitas (21:27–30). Más tarde vino a ser una capital de Moab, según la inscripción de Mesa (835 a.C.).

49. Acamparon...desde Bet-jesimot hasta Abel-sitim. La extensión del campamento de Israel, como se puede deducir del versículo, guarda proporción con las grandes cantidades que se dan en el censo.

IX. Instrucciones para el establecimiento en Canaán. 33:50—35:34.

A. Expulsión de los habitantes, establecimiento de límites, división de la tierra. 33:50—34:29.

La sección empieza con una fórmula introductoria (33:50), que se repite en 35:1: "Habló Jehová a Moisés en los campos de Moab junto al Jordán frente a Jericó". Moisés dio instrucciones a Israel para que destruyera todos los ídolos de piedra, las imágenes de fundición, y los altos de adoración pagana que hallarían en Canaán. Tenían que echar a los habitantes originales, porque si dejaban de hacerlo permitirían que aquellas gentes se convirtieran en espinas en sus costados y llegarían a efectuar a su tiempo la propia destrucción de Israel.

El cap. 34 es una descripción de los límites ideales de la futura patria. Israel no llegó a tener estas fronteras sino hasta el tiempo de David y de Salomón. Incluso entonces hicieron varias de sus adquisiciones mediante tratados en lugar de por conquista. La división que se tenía que hacer de la tierra en herencias, dijo Dios, se debía hacer bajo la supervisión de Josué y de Eleazar el sacerdote, con la ayuda de un príncipe de cada tribu.

33:52. Echaréis de delante de vosotros. Se tiene que traducir como: *Desposeed a todos los habitantes.* **Destruiréis todos sus ídolos de piedra**, esto es, *piedras pintadas.* (Ver Albright, *The Archaeology of Palestine*, Fig. 27, para ver las placas de Astarté de la Edad Superior de Bronce.) **54. Heredaréis la tierra por sorteo por vuestras familias.** El tamaño de la herencia iba determinado por el tamaño de la tribu, pero la posesión quedaba determinada por suerte.

34:3. Tendréis el lado del sur desde el desierto de Zin hasta la frontera de Edom. Esta descripción general, especificada en los siguientes dos versículos, constituye prueba de que el dominio de Edom comprendía un territorio considerable al oeste del Arabá. **4. La subida de Acrabim** (El paso del Escorpión). Entre esta empinada cuesta que sale del Arabá y Cades-barnea está el país de las colinas quebradas llamado el desierto de Zin. A través de él el límite sur pasaba y después giraba al noroeste cerca de Cades ('Ain Qadeis) para seguir Wadi el-'arish, **el río de Egipto** (v. 5), hasta el Mediterráneo.

7. El límite del norte será este: desde el mar Grande trazaréis al monte de Hor. Excepto por características tan notables como Hamat, el mar de Chinneret (Galilea), y el Jordán, no se pueden identificar con certidumbre la mayor parte de los puntos en los límites septentrional y oriental (cp. comentario sobre 20:23).

15. A este lado del Jordán frente a Jericó al oriente, al nacimiento del sol. Los comentarios de críticos destructivos sobre estas palabras ofrecen un ejemplo excelente de cómo se ha oscurecido la interpretación de Números por un enfoque negativo. El ICC afirma que "frente a Jericó" es una expresión no apropiada para describir la línea fronteriza de las dos tribus y media, y que esta frase fue escrita mecánicamente. Siguiendo esta postura, afirma el IB que aquí se describe a Jericó como al este, y que por ello la frase no fue escrita como desde Canaán, y que la mención de Jericó no es exactamente una descripción plena del territorio pedido por estas tribus. En una cantidad de pasajes (22:1; 26:3, 63; 34:15; 36:13) la frase que se utiliza es *Yardēn Yerēo*, "el Jordán de Jericó". Nm 43:15 y Jos 20:8 dicen: "Jordán de Jericó hacia oriente", y se refieren entonces a ello como toda la Transjordania. El

hecho es que la palabra "Jordán" viene de una palabra mediterránea oriental introducida por los Caftorim y otros pueblos egeos (Dt 2:23), y significaba "el río" en su tierra, Creta (Gordon, *Old Testament Times*, p. 109, nota). De ahí que estos pasajes se refieran todos "al río (el Jordán) de Jericó" y a toda la tierra al oriente de él. El artículo determinado se utiliza cuando la palabra Jordán se halla sola, mostrando que era un nombre común, no propio. Es "el río" de aquella tierra, y Jericó era la fortaleza más impresionante de aquel valle, y por ello se decía: "El río de Jericó".

17. Estos son los nombres de los varones que os repartirán la tierra. Estos príncipes son nombrados en el orden aproximado del asentamiento de las tribus en la tierra, empezando con Judá en el sur, y siguiendo hasta Neftalí en el norte. Ello parece indicar que las suertes en cuanto a posición (33:54) ya se habían echado y que estos versículos no llegaron al texto hasta después de los eventos de Jos 14:1–5 (cuando se echaron las suertes).

B. Ciudades levíticas y ciudades de refugio. 35:1–34.

Dios instruyó al pueblo a que diera a los levitas, de sus posesiones, ciudades en las que habitar y la tierra de pastos a su alrededor. Seis de estas ciudades iban a ser "ciudades de refugio" para homicidas (no asesinos). Otras cuarenta y dos ciudades levíticas deberían proveer a los levitas con lugares para vivir, con pastos para el ganado. El homicida (Dt 19) es definido como uno que mata sin querer y que tiene que ser protegido del *gō'ēl*, "el pariente próximo redentor" que era, entre otras cosas, vengador de la sangre de su hermano muerto. La protección del homicida era un elevado principio moral que aseguraba la administración de la justicia. El homicida tenía que huir a una de estas ciudades y quedarse allí hasta que quedara ante la congregación para juicio. El Señor declara aquí que el que asesinaba tenía que morir y, de acuerdo con la costumbre prevaleciente, el vengador de la sangre (el pariente próximo del muerto) tenía que matar al asesino. Este principio de venganza de sangre, que es aún practicado por los beduínos en el Oriente Medio, es apoyado en este capítulo. Actúa como efectivo freno en comunidades en las que hay poca autoridad central establecida, o ninguna. Este iba a ser el caso de Israel durante muchos años, hasta el surgimiento de la Monarquía Unida. Incluso si se determinaba que un hombre había sido un homicida involuntario, dijo el Señor, tenía que vivir en la ciudad de refugio hasta la muerte del sumo sacerdote, después de lo cual podría volver a su propia tierra. El Señor tuvo cuidado en señalar que asesinato es matar premeditadamente; un asesino es un homicida culpable de **odio** o **asechanzas** (v. 20). Provisiones adicionales para asegurar la justicia demandaba que un hombre no debería ser ejecutado por el testimonio de una sola persona (v. 30).

5. Luego mediréis. Algunos afirman que las medidas que se dan en este versículo hacen que la ciudad sea un mero punto (IB, Vol. 2, p. 303). Una estrecha atención al hebreo muestra lo siguiente. El v. 4 dice: "Mil codos alrededor, desde el muro de la ciudad para afuera". Una traducción muy literal del v. 5 sería: "Mediréis del exterior con respecto a la ciudad, por el lado oriental dos mil codos". "Con respecto a la ciudad" podría bien significar que esta medida del perímetro era de más a lo que midiera la ciudad.

31. Y no tomaréis precio por la vida del homicida. Esto es, no se podría dar ningún precio de rescate para salvar su vida, ni podría un homicida involuntario pagar rescate para salir de la ciudad de refugio. Ya que el derramamiento de sangre contaminaba ceremonialmente la tierra en la que el Señor habitaba, ninguna ofrenda de sacrificio animal ni el pago de un precio podría limpiar la tierra, sino solamente la sangre del que había derramado sangre. Esto explica el concepto del AT de culpa de sangre (Sal 51:4, 14) como una ofensa contra la pureza de Dios.

X. Casamiento de herederas. 36:1–13.

Los ancianos de la tribu de Manasés se quejaron de que la legislación dada con respecto a las hijas de Zelofehad (cap. 27) podría resultar en la pérdida de la porción de la herencia de Zelofehad si sus hijas se casaban fuera de la tribu. Moisés, bajo autoridad divina, estuvo de acuerdo con esto y demandó que las hijas de Zelofehad se casaran dentro de su propia tribu. La propiedad era inalienable y no podía pasar siquiera de tribu a tribu (v. 7). Israel compartía en común con los pueblos del Oriente Medio el principio de la propiedad inalienable mucho antes de llegar a ser nación. Los contratos de fincas en una ciudad de Mesopotamia del norte en el siglo quince, Nuzu, se centran alrededor de este principio (cp. comentario sobre 27:2). Siguió controlando la forma de pensar de los israelitas fieles incluso en los días de Acab y Nabot (1 R 21:3). Así estas mujeres tuvieron que casarse con sus primos paternos (Nm 36:11), que hubieran incluso podido ser primos segundos o terceros.

13. Estos son los mandamientos... en los campos de Moab. Este versículo forma un apropiado epílogo a la Tercera Parte (caps. 26–36), que conforma una legislación que solamente señala a la entrada de Israel en la Tierra Prometida.

BIBLIOGRAFÍA

ALBRIGHT, W. F. "The Oracles of Balaam", *Journal of Biblical Literature*, LXIII (1944), 207–233.

ANDERSON, C. A. "The Book of Numbers", *Old Testament Commentary*. Editado por H. C. Alleman, Filadelfia: Muhlenberg Press, 1949.

BINNS, L. E. *Numbers (Westminster Commentaries)*. Londres: Methuen and Company, 1927.

EERDMANS, B. D. "Text of Numbers", *Oudtestamentische Studien*. Deel VI. Leiden: E. J. Brill, 1949.

ELLICOTT, C. J. *The Bible Commentary for English Readers*, Vol. I. Londres: Cassell and Co., Ltd., s.f.

GRAY, G. B. *Numbers (International Critical Commentary)*. Edimburgo: T. & T. Clark, 1912.

GREENSTONE, J. H. *Numbers With Commentary*. Filadelfia: Jewish Publication Society, 1939.

KEIL, C. F., y DELITZSCH, F. *The Pentateuch*. Vol. III. Grand Rapids: Wm. B. Eerdmans Publishing Co., 1956.

KERR, D. W. *Numbers (The Biblical Expositor)*. Londres: Pickering and Inglis, 1960.

LANGE, J. P. *Numbers (A Commentary on the Holy Scriptures)*. Grand Rapids: Zondervan Publishing House, 1956.

MARSH, J. "The Book of Numbers", *The Interpreter's Bible*, Vol. 2. Nueva York: Abingdon Press.

MCNEILE, A. H. *Numbers (The Cambridge Bible for Schools and Colleges)*. Cambridge: The University Press, 1911.

MENDENHALL, G. E. "The Census Lists of Numbers 1 and 26", *Journal of Biblical Literature*, LXXVII (1958), 52–66.

NOORDTZIJ, A. *Het boek Numeri*. Kampen: Kok, 1941.

WATSON, R. A. *Numbers (The Expositor's Bible)*. Nueva York: Armstrong & Co., 1903.

COMENTARIOS EN ESPAÑOL

JAMIESON, ROBERTO, FAUSSET, A. R. y BROWN, DAVID. "Números". *Comentario Exegético y Explicativo de la Biblia,* tomo I. El Paso: Casa Bautista de Publicaciones, 1958.

JENSEN, I. L. *Números: Viaje a la Tierra de Reposo* (Serie "Comentario Bíblico Portavoz"). Grand Rapids: Editorial Portavoz, 1980.

MACRAE, A. A. "Números". *Nuevo Comentario Bíblico.* Editado por D. Guthrie, J. A. Motyer, A. M. Stibbs y D. J. Wiseman. El Paso: Casa Bautista de Publicaciones, 1978.

DEUTERONOMIO

INTRODUCCIÓN

Título. El título castellano del libro de Deuteronomio se halla basado evidentemente en la defectuosa traduccion en la version LXX de la frase "una copia de esta ley" (17:18), como *to deuteronomion touto*, "esta segunda ley". El título judío, *devārîm*, "palabras", surge de la costumbre de utilizar la(s) palabra(s) de un libro como su nombre. Deuteronomio abre sus paginas con la afirmacion: "Estas son las palabras que habló Moisés (1:1*a*). Ya que los antiguos tratados de los soberanos empezaban precisamente de esta forma, el título judío llama la atención a una de las claves que identifican el carácter literario de este libro.

Fecha y paternidad. El origen de Deuteronomio es de importancia crucial en el moderno estudio de la alta crítica del Pentateuco y, ciertamente, en estudios de literatura del AT y de teología en general. Según la antigua Hipotesis del Desarrollo, Dt se originó en el siglo VII a.C., y constituyó la base de la reforma de Josías (cp. 2 R 22:3 — 23:25), pretendiéndose que fue en interés de un culto centralizado (cp. comentario acerca de Dt 12:4–14). Esta postura persiste, en forma modificada, entre los críticos negativos; pero los hay que sugerirían una fecha post-exílica, y otros trazan la legislación deuteronómica hasta el período monárquico temprano, o incluso el pre-monárquico. Es significativa para la datación de los varios pretendidos documentos del Pentateuco la tendencia a explicar los supuestos conflictos en sus códigos no recurriendo a una larga evolución cronológica, sino asumiendo diferentes fuentes geográficas-cúlticas de los mismos. En particular, Dt es así derivado de un santuario siquemita. En lugar de asociar Dt con los primeros cuatro libros del Pentateuco, un enfoque moderno razona en términos del Tetrateuco y de una tradición literario-histórica comprendiendo a todos los libros desde Deuteronomio hasta 2 Reyes.

La erudición cristiana ortodoxa actual se une con la tradición cristiana y judía antigua en la aceptación de las claras afirmaciones del mismo Dt de constituir el adiós, los discursos ceremoniales de Moisés a la asamblea de israelitas en los campos de Moab. Dt 31:9 y 24 afirman que Moisés escribió lo mismo que habló: "las palabras de esta ley". Muy probablemente, algun funcionario teocrático completó el documento con el registro de la muerte de Moisés (cap. 34) y probablemente el cántico de testimonio de Moisés (cap. 32) y su testamento (cap. 33). Es también posible que añadiera otros ciertos elementos esqueletales a este documento legal.

La unidad y autenticidad de Dt como producto de Moisés quedan confirmadas por la notable conformidad de su estructura a la de un pacto soberano o tratado en su forma clásica correspondiéndose a mediados del segundo milenio a.C. (Ver más abajo y para detalles consultar el comentario. Ver también S. J. Schultz, *Deuteronomio: El evangelio del amor* [Serie "Comentario Bíblico Portavoz"], pp. 9–16.)

Circunstancia histórica. Es tan sólo dentro del marco de la administración del pacto redentor de Dios que se puede interpretar Dt de una forma adecuada. Las promesas dadas a los patriarcas y finalmente verdaderamente cumplidas en Cristo tuvieron un cumplimiento provisional y típico en los pactos dados a Israel a través de la mediación de Moisés. En el pacto sinaítico se estableció la teocracia, con Moisés como representante terrenal de la soberanía del Señor sobre Israel. Después, cuando la rebelde generación del éxodo había ya perecido en el desierto y la propia muerte de Moisés era inminente, fue necesario renovar el pacto a la segunda generación. El acto central, decisivo, de la ceremonia fue la consagración del pueblo siervo por juramento al divino Señor de ellos. En particular, el reinado de Dios representado simbólicamente en la dinastía terrenal, mediadora, tiene que ser confirmado asegurando el compromiso de parte de Israel de obedecer a Josué como sucesor de Moisés en aquella dinastía.

Parte del proceso normativo seguido en el antiguo Medio Oriente cuando los grandes reyes daban así pactos a pueblos vasallos era la preparación de un texto de la ceremonia como documento y testigo del tratado. El libro de Dt es el documento preparado por Moisés como

testimonio del pacto dinástico que el Señor extendió con Israel en los campos de Moab (cp. 31:26).

BOSQUEJO

COMENTARIO

I. Preámbulo: El mediador del pacto. 1:1–5.

Los antiguos tratados de soberanía empezaban con un preámbulo en el que el orador, el que estaba declarando su señorío y demandando la adhesión del vasallo, se identificaba. El preámbulo deuteronómico identifica al orador como Moisés (v. 1a), pero a Moisés como mediador terreno, representante de Jehová (v. 3b), el Soberano celestial y el Soberano total de este pacto.

Estas son las palabras (v. 1a). Con esta fórmula introductoria empezaban los tratados extrabíblicos. La localidad de la ceremonia de la renovación del pacto de la que Dt constituye testimonio fue el área del Jordán en la tierra de Moab (vv. 1a, 5a; cp. 4:44–46). La fecha era el último mes, a los cuarenta años después del éxodo (v. 3a), cuando habían muerto todos los hombres de guerra de aquella generación (2:16), habían tenido lugar la conquista de Transjordania (v. 4; 2:24ss), y cuando era inminente la muerte de Moisés. Es especialmente esta circunstancia lo que ocasionó la renovación del pacto. Dios aseguró la continuidad de la dinastía mediadora demandando de Israel una declaración de obediencia a su nueva designación, Josué (cp. 31:3; 34:9), y un nuevo voto de consagración a sí mismo. Se describe la ceremonia como una declaración o exposición de **esta ley** (v. 5), ya que las estipulaciones figuraban en un lugar tan central y extenso en los pactos de soberanía. Es evidente que la localidad donde tuvo lugar esta asamblea queda descrita con mayor precisión en el v. 2b. Aunque la mención de localidades por otra parte desconocidas hace que la interpretación sea incierta, el propósito de la nota en 1b, 2, parece ser el de orientar la asamblea de Moab en forma histórica, además de geográfica, al indicar que tuvo lugar al final de la jornada desde el Horeb pasando por el desierto del Arabá. Para Israel, el viaje a Canaán por este camino resultó ser de cuarenta años de duración (v. 3), aunque la ruta original que siguieron hasta Parán era normalmente sólo un viaje de once días (v.2). No obstante, Israel se había rebelado en Parán, en el límite septentrional de Canaán, rehusando entrar en la tierra (Nm 12:16ss.) y por ello aquella generación fue sentenciada a morir en el desierto. Ahora sus hijos habían llegado a través de la ruta del Arabá desde "Suph" (presumiblemente el golfo de Akaba) para acercarse desde el este a Canaán a través de la tierra de Moab. Tanto la dirección de entrada a Canaán como la duración de la peregrinación hablaba de una historia de rotura del pacto y de una herencia pospuesta. Así, existe un interesante contraste entre la mirada del preámbulo hacia el sur desde Moab, hacia un pasado de fracaso y de maldición y la mirada final de Moisés hacia el norte desde Moab, hacia el futuro de Israel de plenitud y de bendición (Dt 34:1–4).

II. Prólogo histórico: Historia del pacto. 1:6 — 4:49.

El preámbulo en los tratados internacionales de soberanía iba seguido de una revisión histórica de las relaciomes de señor y vasallo. Se escribía en un estilo Yo-Tú, y trataba de establecer la justificación histórica del reinado continuado del señor. Se citaban los beneficios conferidos por el señor sobre el vasallo, en vista a basar la adhesión del vasallo en un sentimiento de gratitud complementario al sentido de temor que se calculaba produciría la identificación maravillosa del soberano en el preámbulo. Cuando se renovaban los tratados, el prólogo histórico se ponía al dia. Todas estas características formales aparecen en Dt 1:6 — 4:49.

El prólogo histórico del pacto sinaítico se había referido a la liberación de Egipto (Éx 20:2b). Deuteronomio empieza en la escena del pacto sinaítico y continua la historia hasta la constitución de la asamblea para la renovación del pacto en Moab, remarcando las recientes victorias en Transjordania. Cuando, más tarde, Josué renovó otra vez el pacto con Israel, continuó la narración en su prólogo histórico, a través de los sucesos de su propio caudillaje de Israel, la conquista y el establecimiento en Canaán (Jos 24:2–13).

A. De Horeb a Horma. 1:6 — 2:1.

6–8. Al llegar el final de un año de estar acampados en el área del Sinaí, donde el pacto había sido ratificado y el Tabernáculo establecido como la habitación de Dios en Israel, había llegado el tiempo para el siguiente paso decisivo en el cumplimiento de las promesas hechas a los padres (vv. 6, 8b). La iniciativa en el avance contra la tierra de promisión fue asumida por el mandato del Señor, **Entrad y poseed la tierra** (v. 8; cp. Nm 10:11–13). Con respecto al v. 7b, ver Gn 15:18ss.

9–18. Teniendo ya cercana la hora de su muerte, era la preocupación de Moisés confirmar la autoridad de aquellos que tenían que llevar la carga del gobierno después de él. De importancia primordial era la sucesión que Josué iba a asumir, y a quien iba a referirse (1:38; 3:21, 28), pero ahora Moisés recuerda a Israel la autorización de otros funcionarios judiciales. Para ver el relato original, consultar Éx 18:13ss. **10. Como las estrellas del cielo.** La misma circunstancia que había dado origen a la necesidad de estos ayudantes judiciales para asistir a Moisés, esto es, la multiplicación de la simiente de Abraham, era en sí mismo una evidencia de la fidelidad del Señor en su cumplimiento de las promesas (Gn 12:2; 15:15; etc.), y así dio aliento a Israel para avanzar en fe para tomar posesión de Canaán (cp. Dt 1:7, 8). El fiel mediador de Dios, reflejando la bondad del Señor, oró por la total realización de todas las promesas del pacto abrahámico (v. 11). **17. Porque el juicio es de Dios.** Esta razón para que se administrara rectamente la justicia constituía a la vez un recordatorio de la naturaleza teocrática del reino israelita, recordatorio de que Dios era el Señor, que estaba renovando el pacto con ellos aquel día.

19–40. Como contraste a la fidelidad al pacto por parte del Señor (cp. 6–18) había habido la infidelidad y desobediencia de Israel. El hecho de que el Señor estaba renovando este pacto a pesar del pasado rebelde del vasallo magnifica aún más Su gracia y bondad (cp. comentarios introductorios en II Prólogo histórico). El pecado particular del pueblo de Israel que se recuerda aquí en vísperas de su conquista de Canaán fue su negativa a avanzar en Canaán cuando se les ordenó que lo hicieran por primera vez, unos treinta y ocho años atrás. Para revisar el relato original, consultar Nm 13 y 14.

En aquel tiempo el acceso de Israel a Canaán era desde el sur (Dt 1:19). Moisés les dijo claramente que Canaán era de ellos, y que sólo tenían que entrar para apoderarse de ella (vv. 20, 21; cp. 7, 8; Gn 15:16); pero cuando recibió la órden del Señor (cp. Nm 13:1ss.), consintió en la estrategia de Israel de reconocer la tierra antes de atacar (Dt 1:22–25). **26, 27a. Fuisteis rebeldes...y murmurasteis.** La respuesta de Israel al informe de los espías fue de temor carente de fe y una negativa a avanzar. **27b. Nos ha sacado de tierra de Egipto ...para destruirnos.** La perversidad de Israel llegó al extremo de interpretar su elección como una expresión de odio de Dios contra ellos; ¡él les había liberado de los egipcios sólo para que los cananeos les pudieran destruir! **29–33.** No pudieron ser disuadidos—**no creisteis** (v. 32)—de su rebelión abierta contra el programa del pacto del Señor, a pesar de toda la insistencia de Moisés y de las seguridades dadas de la ayuda paternal y sobrenatural de Dios, como la que habían experimentado en Egipto y en el desierto. **34. Y oyó Jehová...y se enojó.** La incredulidad de ellos

provocó el veredicto divino, sellado por un juramento, sentenciándoles al exilio de la tierra a la que habían rehusado entrar (v. 35), exilio en el desierto hasta la muerte (v. 40). **36–38. Excepto Caleb...Josué.** En el anuncio de juicio hubo una manifestación de la misericordia en el pacto de Dios, porque no solamente se permitió a los piadosos espías Caleb y Josué que entraran en Canaán en el futuro, sino también a toda la segunda generación de Israel (v. 39). Ahí caía la promesa de un nuevo principio lleno de gracia—ahora siendo cumplida en la renovación deuteronómica del pacto. **37. También contra mí se airó Jehová.** La rebeldía de Israel devino la ocasión de un fracaso de parte de Moisés, al no cumplir él fielmente su llamamiento como un tipo del mediador mesiánico que está siempre sumiso a la voluntad del Padre (cp. 3:26; 4:21; 32:50ss.). Ello tuvo lugar al retorno de Cades después de los treinta y ocho años de peregrinación (cp. Nm 20:1ss.), pero se menciona aquí debido a que su consecuencia fue la exclusión de Moisés juntamente con la vieja generación de Canaán (cp. v. 35). Fue a causa de esto que fue precisa la designación de Josué como heredero de la dinastía mediadora — Josue, "él entrará allá: (v. 38)— para guiar a los **niños** (v. 39) hacia y en Canaán.

1:41—2:1. Después de que el pueblo de Israel hubiera coronado su revuelta contra la voluntad del Señor con un presuntuoso y desastroso asalto en Canaán, en la vana esperanza de escapar al veredicto divino contra ellos (1:41–44; cp. Nm 14:40ss.), permanecieron por un tiempo en Cades (1:46). Después, como el Señor les había mandado (1:40; cp. Nm 14:25), fueron errantes hacia sus tumbas en el desierto (2:1a). Así se pasó el tiempo en el área al suroeste de los edomitas hasta el año cuadragésimo (2:1b; cp. 2:14–16).

B. Avance hacia el Arnón. 2:2–23.

2–8. Cp. Nm 20:14–21. **3b. Volveos al norte.** Se repite ahora el mandato divino, dado una generación antes, de avanzar sobre Canaán (cp. 2:14–16). Acerca de la ruta, evidentemente alrededor del norte de Edom y cruzando el camino del Arabá que lleva del golfo de Akaba al mar Muerto, ver Nm 20:21ss.; 21:1–12; 33:36–44. Surgen incertidumbres en cuanto a la ruta debido a nuestra incapacidad a identificar muchos de los lugares, pero no es probable que 2:8 o Nm 21:4 sugieran un rodeo meridional hasta el golfo de Akaba como parte del camino para evitar el monte Seir. **4. Ellos tendrán miedo de vosotros.** El temor de Esaú con respecto a Israel (contrastar Gn 32:3ss.) se exhibió en que impidieron la entrada de ellos a Seir (Nm 20:20). **5. No os metáis con ellos.** La lucha por la primogenitura hacía tiempo que había quedado ya resuelta: Canaán era de Jacob. No obstante, Esaú tenía su posesión, también, en el monte Seir (cp. Gn 36), e Israel tenía prohibido luchar por él. (Ver Dt 23:7, 8 en cuanto a la posición privilegiada de los edomitas en la asamblea de Israel.) Cuando se siguió la política dictada por el Señor, los edomitas rehusaron dejar paso a través de su tierra, obligando por ello a los israelitas a hacer un rodeo alrededor de sus fronteras (v. 8; cp. Nm 20:14ss.). El pasaje de Nm no dice que los edomitas rehusaron vender provisiones a los israelitas una vez que quedó claro que Israel se contentaba con ir alrededor de Edom. Además, Dt 2:6 y 29 no afirman claramente que Edom vendiera provisiones a Israel. Porque incluso es posible que 2:29a se refiera solamente a la última cláusula del v. 28 (cp. 2:29b con 23:3, 4). Por ello, no hay contradicción entre Números y Deuteronomio acerca de este punto. **7. Nada te ha faltado.** Este v. es otro recordatorio de las pasadas benevolencias de Dios derramadas sobre Israel incluso durante la ejecución de su juicio durante el exilio (cp. p.ej., 32:1).

9–23. Israel entró en contacto, a continuación, con los descendientes del sobrino de Abraham, Lot, los moabitas y los amonitas (Gn 19:37, 38). **9. No molestes a Moab.** Aunque estos grupos no gozaban del privilegio edomita de entrada en la congregación de Israel (23:3ss.) también ellos disfrutaban de una posesión por la que los israelitas no tenían que luchar (cp. 5, 19). Ambas naciones habían desposeído a naciones de gigantes anaceos (hijos de Anac, generalmente conocidos como rephaim, pero llamados emitas por los moabitas (vv. 10, 11) y zomzomeos por los amonitas (vv. 20, 21; cp. Gn 14:5). La tribu de Anac es mencionada en textos egipcios de excecración y los Rephaim en textos administrativos de Ugarit. **12. En Seir habitaron antes los horeos.** En relación con las adquisiciones territoriales de cada nación, se señala igualmente que el Señor había desposeído a los originales habitantes, los horeos (o hurrianos) de Seir, en favor de los edomitas (cp. 5b, 22). También, se hace en cada caso otra comparación; respectivamente, el otorgamiento por el Señor de una herencia a Israel (v. 12b) y la desposesión de los aveos por parte de los caftoreos (v. 23). Si la nota con respecto a Israel no fue añadida por algún escriba anónimo, como el que evidentemente escribió el final del documento deuteronómico después de la muerte de Moisés, entonces es evidente

que se refiere a la conquista de la Transjordania.

Mediante todas estas advertencias históricas se mostró al siervo del pacto, Israel, que el Señor poseía una hegemonia sobre el territorio alrededor de la tierra prometida. En Su providencia controladora había desposeído grandes naciones en repetidas ocasiones — incluso los anaceos, cuya presencia en Canaán había atemorizado a Israel hasta el punto de provocar la rebelión de ellos en contra del Señor una generación anterior (cp. 1:28; 2:14, 15). Y el Señor había hecho esto en beneficio de varias naciones que no gozaban de una posición tan especial de llamamiento por pacto como elegidos que Israel disfrutaba. Por ello, era con toda confianza que Israel podía obedecer la llamada del Señor (**levantaos,** v. 13) y cruzar los torrentes de montaña de **Zered** y **arnón** (v. 24), y pronto el Jordán (cp. Jos 1:2). Ver Amos 9:7 para otra leccion derivada de estos datos históricos. El Zered marcaba la frontera meridional de Moab, a lo largo de cuyos limites orientales fue Israel, acercándose así a los límites de Amón, que caía al este y al norte de Moab. (Dt 2:18, 19; cp. 8b; Nm 21:11ss.).

C. Conquista de Transjordania. 2:24–3:29.

A través del Arnón (2:24), la frontera septentrional de Moab, Israel iba a hallar a los amorreos. Sehón el amorreo gobernaba desde al Arnón hasta el Jaboc (2:36; cp. Nm 21:24), siendo su capital Hesbón (2:26), y Og el amorreo (cp. 3:8) gobernaba desde el Jaboc sobre el norte de Galaad y Basán hasta el monte Hermón (3:4, 8–10; cp. 3:13; Jos 12:5). Los amorreos no quedaban protegidos por la misma inviolabilidad que los edomitas, moabitas y amonitas. El hecho de que se hiciera una oferta de paz a Sehón (2:26) indica que su tierra en Transjordania (que había pertenecido anteriormente a los moabitas y a los amonitas; cp. Jos 13:25; 21:26; Jue 11:13) no constituía una parte de la tierra prometida propia de Israel (cp. Dt 20:10). Pero su pueblo, como un pueblo de Canaán, cayó victima del principio de *hērem* (ver en 7:1–5; cp. 2:33–35; 3:6; 7:2, 16; 20:14–17).

Era ciertamente la época en que los amorreos habían madurado para el juicio que había sido dispuesta como la hora de la conquista de Canaán por Israel (cp. Gn 15:16). Con la extensión de estos amorreos por el Jordán, hubo una extensión correspondiente mayor que caería en manos de Israel por razón de conquista. Por ello, una nueva orden fue dada a Israel en el Arnón: **Comienza a tomar posesión de ella, y entra en guerra con él** (v. 24); y también una nueva promesa: **Hoy comen-**

zaré a poner tu temor y tu espanto sobre los pueblos (v. 25). El proceso de la caída de Sehón fue muy parecido al de la caída de Amenofis II, el Faraón del éxodo. Los dos fueron confrontados con una petición de favorecer a los israelitas (vv. 26–29), que rehusaron, porque Jehová...había endurecido su espíritu (v. 30). Cada uno de ellos efectuó un movimiento hóstil contra Israel (v. 32) y sufrió derrota, porque el Señor luchaba por Su pueblo (vv. 31, 33ss.). (Acerca de 2:29, ver comentarios sobre 2:2–8.) El curso superior del Jaboc al este corría de norte a sur, separando el reino de Sehón del de los amonitas (2:37). **36. Todas las entregó Jehová en nuestro poder.** En esta victoria, el comienzo de la desposesión de los amorreos, se demostraron el irresistible poder y la total autoridad del dominio del Señor ejercido sobre y en favor de Israel. Para el relato original de la conquista de Sehón, ver Nm 21:21ss.; para la conquista de Og, ver Nm 21:33ss. **3:2. En tu mano he entregado a él.** El avance contra Og fue también bajo el mandato de Dios, acompañado por Su promesa de éxito (cp. 2:24, 25); y de nuevo el don del Señor fue la victoria (3:3). **5. Ciudades fortificadas con muros altos.** La altura de las fortificaciones del enemigo no debía suscitar temor en los ejércitos del Señor, ni tampoco el tamaño del rey de ellos (v. 11; cp. 2:11, 20). Dt 3:8–11 resume los frutos de las victorias de Israel en Jahaza (2:32) y Edrei (3:1).

3:12–20. Le fue dado a Moisés ver tanto el inicio de la conquista bajo su caudillaje como también la distribución de las suertes por tribus. En cuanto a este último, ver Nm 32. **12. Esta tierra...la di a los rubenitas y a los gaditas.** Las tribus de Rubén y Gad tomaron la iniciativa en pedir la tierra acabada de conquistar. Pero cuando Moisés concedió la petición, tomó cuenta de los triunfos particulares ganados en el norte por las familias manaseitas de Maquir, Jair y Noba (v. 14; cp. Nm 32:39–42). A esta media tribu de Manasés se le dio el territorio de Og, esto es, la parte septentrional de Galaad desde el Jaboc y Basán (Dt 3:13, 15; cp. Jos 13:29–31). A Rubén y Gad les fueron entregadas las tierras de Sehón desde el Jaboc en Galaad hacia el sur hasta Arnón, quedando Gad al norte de Rubén, con sus límites justo al norte del mar Muerto. Gad recibió también el valle del Jordán hasta el mar de Cineret (ver Dt 3:12, 16, 17; cp. Jos 13:15–28). **18. Iréis armados.** Se impone la estricta condición sobre las dos tribus y media que heredaban la tierra fuera de Canaán (Nm 32:6–32) de que tenían primero que cumplir su parte de responsabilidad en la conquista de Canaán. La intensa preocupación de Moisés acerca de este asunto vuelve a aparecer aquí en el tratado deuteronómico (vv. 18–20).

21–29. Excepto por la misma ceremonia de renovación del pacto, la conquista y al distribución de la tierra más alla del Jordán hacia el oriente constituyó el fin de la labores de Moisés. **24. Tú has comenzado a mostrar ...tu grandeza.** En estos logros el siervo de Dios había sido testigo de las primicias de la entrada de Israel en su herencia. Pero por mucho que deseaba ver el cumplimiento de las promesas de Dios en el mismo Canaán — **pase yo, te ruego** (v. 25) —, no se le permitió pasar el Jordán sino solamente mirar a través de él (v. 27; cp. Nm 27:12ss.; Dt 34:1ss.). Acerca de 3:26, ver 1:37; 4:21, 22. Por ello, el último deber de Moisés era el de mandar al pueblo que conquistaran en nombre del Señor (v. 22) y que mandara a Josué que los acaudillara en la conquista (vv. 21, 28; cp. Nm 27:18–23; Dt 1:38; 31:7, 8, 14, 23). La referencia a Beth-peor en la identificación del lugar de estos actos finales de Moisés (Dt 3:29; 4:46) recuerda otros eventos que sucedieron durante el tiempo en que Israel acampó allí (cp. Nm 22–25).

D. Resumen del pacto. 4:1–49.

El prólogo histórico concluye con una exhortación. Es una transición hacia la siguiente sección que trata de las obligaciones de las relaciones del pacto. La llamada a la obediencia que se hacen resonar aquí tienen su breve eco en párrafos que introducen significativas divisiones dentro de las estipulaciones (ver 5:1; 6:1; 12:1). Dt 4 es un capítulo notable en que incorpora, en cierta extensión, todas la características que constituyen la pauta documentaria de los antiguos tratados de soberanía. Así, hay: (1) la identificación del autor del pacto como orador (vv. 1, 2, 5, 10); (2) referencias a relaciones históricas del pasado; (3) la presentación de la demanda central de pura devoción al soberano; (4) apelación a las sanciones de bendición y de maldición; (5) invocación de testigos (v. 26); (6) la demanda de transmitir el conocimiento del pacto a las siguientes generaciones (vv. 9, 10); y (7) alusión al tema dinástico (vv. 21, 22). Esta mezcla de los varios aspectos directores de la institución del pacto hallados aquí y en otras partes por todo el libro queda explicado por el origen del material en la oratoria libre del adiós de Moisés. Deuteronomio no es un documento preparado en la oficina de estado con una adhesión desapasionada a la forma legal.

Los vv. **1–8** presentan una llamada a la sabiduría. Los estatutos que Moisés enseñó a Israel constituían una revelación de la voluntad de Dios (v. 5). **2. No añadiréis a la palabra ...ni disminuiréis de ella.** Las leyes de Dios no deben sufrir ninguna enmienda ni ninguna mutilación debido a la legislación humana (cp. 12:32; Ap 22:18ss.). La obligación total del hombre es la de escuchar, y a los israelitas obedientes les fue dada la promesa de vida y de una rica herencia:*..*y **viváis, y entréis y poseáis la tierra** (v. 1). El hecho de que, al final, la piedad y la prosperidad se unirán queda prefigurado en la historia de la teocracia de Israel, pues ésta simboliza el reino consumado de Dios. Ilustrativo de este hecho era el reciente juicio que Dios había ejecutado sobre Israel por su implicación en la idolatría de Baal-peor (v. 3; Nm 25:1-9); porque los que habían sido fieles en medio de aquella tentación fueron protegidos de la plaga de muerte (Dt 4:4). Es así comprensible que la obediencia a la ley de Dios quede identificada con la verdadera sabiduría. **7, 8. Tan cercanos... como...Jehová nuestro Dios...estatutos y juicios justos como esta ley.** La obediencia es el camino del disfrute de las supremas bendiciones del pacto: la cercanía de Dios en poder salvador, y el conocimiento de la verdadera justicia. Esta luz revelada en Israel ha llegado a ser verdaderamente la luz de los gentiles (v. 6*b*). En esta exposición del camino del pacto como el camino de la sabiduría, quedaba dispuesta en la Torah la base de la literatura sapiencial que iba a hallar después su lugar en el canon sagrado.

En los vv. 9-31 se afirma la necedad de la idolatría. Cuando Moisés confrontó a la nueva generación con el reto a que reafirmaran la adhesión que sus padres habían pronunciado en el Sinaí, les recordó vívidamente el pecado de los padres en cuanto al becerro de oro, por el cual violaron el pacto casi inmediatamente después de haber sido sellado (cp. 9:7ss.; Éx 32). Por ello, acentuó la prohibición contenida en el segundo mandamiento al contrastar frente al camino de sabiduría y de vida el camino de necedad y destrucción.

10. Para que yo les haga oír mis palabras. En Horeb Dios había revelado a Israel la manera de la verdadera adoración. Aquella revelación se hallaba contenida en el pacto que fue comunicado primeramente en forma oral y después inscrito en las dos tablas. La preparación de documentos por duplicado, uno para el soberano y otro para el vasallo, constituía el procedimiento regular en la ratificación de tratados de soberanía. El hecho de que el contenido de las tablas reciba el nombre de los "diez mandamientos" así como "pacto" señala a la naturaleza del pacto como una declaración del Señorío de Dios. **12. Y habló**

Jehová...de en medio del fuego (ver también v. 15). La forma de la verdadera adoración quedó también revelada por la misma naturaleza de la teofanía. Porque, aunque se oyó una voz declarando las palabras del pacto, no se vio ninguna forma de Dios, sino solamente el fuego devorador de la gloria de Dios. Los símbolos visibles de la autorevelación de Dios reforzaban así la prohibición expresada por el segundo mandamiento.

Israel tenía que cuidarse de la idolatría de adorar la obra de las manos del hombre — **escultura, figura** (vv. 16, 18, 23; cp. 5:8) — pero también de adorar la obra de las manos de Dios, **el ejército del cielo** (v. 19). La adoración de lo visible y de la criatura era característica de las naciones gentiles a las que Dios había abandonado a su perversa necedad (v. 19*b*; cp. 29:26; Ro 1:21ss.). **20. Para que seáis el pueblo de su heredad.** Si Israel volvía a la idolatría significaba preferir la reprobación a su elección divina como la propia posesión exclusiva y redimida de Dios (ver tambien 7:6; 14:2), un privilegio exclusivo que demandaba un servicio y devoción exclusivas. **23. Guardaos.** Moisés les advirtió proféticamente que el disfrute dilatado de las bendiciones de Canaán, bendiciones que le habían sido negadas incluso a él (vv. 21, 22*a*), producirían el olvido en la edad anciana (v. 25; cp. v. 9). Por ello, que los israelitas recordarán que el Dios a quien ellos habían jurado adhesión en Sinaí se les había aparecido allí como un fuego consumidor (v. 24). Si se le provocaba a celos por medio de idolatría, les haría visitación con las maldiciones del pacto por tal necedad. ¿Y qué mayor maldición que la de abandonar a los repudiadores de la elección divina a la vanidad de la idolatría que preferían y a la comunidad de hombres de mente y destino igualmente reprobados? (vv. 27, 28; 28:64ss.). **29-31. Lo hallarás, si lo buscares.** No obstante, el pacto de Dios es de salvación, y su cumplimiento queda garantizado por el juramento de Dios hecho a los patriarcas. Por ello, después de la necedad de Israel y de su juicio Dios daría arrepentimiento de manera que más allá de la maldición del exilio pudieran surgir las bendiciones de la restauración (cp. 30:1ss.).

Los vv. **32-40** presentan evidencias de verdadera religión. La identidad del Señor como Dios — **no hay otro fuera de él** (v. 35) —, Creador soberano de los cielos y de la tierra, quedó evidenciada en sus maravillosas autorevelaciones en teofanía y en milagro redentor (vv. 35, 39; cp. Éx 10:2). **32. Pregunta ahora si...se ha hecho cosa semejante a esta gran cosa.** Sus actos gloriosos en Horeb y en Egipto fueron señales sin paralelo alguno; ningún ídolo de las naciones se identificó jamás de tal manera. Si el propósito del llamamiento de Israel era el de traer al pueblo a un temor reverente (v. 36) y al conocimiento del Señor como Dios (vv. 35, 39), la fuente de aquel llamamiento se hallaba en la libre gracia de Dios (cp. 9:5). **37, 38. Por cuanto él amó a tus padres.** Moisés traza la liberación de Egipto y la herencia del descanso prometido (prenda de lo cual era la ocupación de la Transjordania) al amor soberano de Dios hacia los patriarcas, y ante todo a Abraham. **39. Jehová es Dios.** Moisés señala además a la totalidad de las misericordias del pasado y a la sanción de la futura esperanza del pacto (v. 40) como razones para tener en cuenta de una manera consciente la demanda de la exclusiva deidad de Jehová.

41–43. Como parte del prólogo histórico del tratado de Dt., el evento más reciente y significativo en el gobierno lleno de gracia de Dios sobre Israel se cita aquí. En obediencia a las instrucciones de Dios (cp. Nm. 35:1, 14), Moisés señaló tres ciudades de refugio en la herencia Transjordana de Israel, una en el sector meridional, otra en el central, y otra en el septentrional (cp. 19:1–13).

44–49. Este es un pasaje transicional. Como un resumen de las conquistas transjordanas (vv. 46b–49; cp. 2:32–36; 3:1–17), sirve como conclusión al prólogo histórico. Pero sirve también como introducción inmediata a las estipulaciones (vv. 44–46a). La escena de la ceremonia del pacto y del adiós de Moisés queda dispuesta de una forma precisa (cp. 1:3–5; 3:29). **46. Cuando salieron de Egipto** marca la transición como perteneciente a la era moisáica del dilatado viaje desde Egipto al Jordán. La ratificación de este pacto iba a quedar finalmente concluida en la nueva era cuando Israel entrara en Canaán bajo Josué (cp. 11:29ss.; 27).

III. Estipulaciones: Vida del pacto. 5:1—26:19.

Cuando se renovaban los tratados de soberanía, las estipulaciones, que constituían la parte dilatada y crucial central del pacto, se repetían aunque con modificaciones, especialmente las que eran necesarias para afrontar la situación cambiante. Así Moisés recitó y reformuló las estipulaciones promulgadas en el pacto sinaítico. Además, así como las estipulaciones de un tratado empezaban generalmente con la demanda fundamental y general de la adhesión absoluta del vasallo al soberano, y a continuación desarrollaba las varias demandas específicas, así Moisés confrontaba ahora a Israel con la demanda principal de consagración al

Señor (vv. 5–11) y a continuación los mandamientos colaterales de la vida del pacto (vv. 12–26).

A. El gran mandamiento. 5:1—11:32.

El primer y gran mandamiento del pacto, la demanda de la perfecta consagración al Señor, queda enunciado en los caps. 5–7, y es puesto en vigor mediante afirmaciones y sanciones divinas en los caps. 8–11. No obstante, estas divisiones por temas no son rígidas; la corriente persuasoria lo invade todo. Analizándola con algo más de detalle, esta sección desarrolla el tema del gran mandamiento de la siguiente manera: las demandas existentes de Jehová sobre Israel (cap. 5); el reto del exclusivo señorío de Dios sobre Israel, expresado como un principio (cap. 6) y como un programa (cap. 7); advertencias en contra de la tentación de autonomía, sea en la forma de un espíritu de autosuficiencia (cap. 8) o de justicia propia (9:1—10:11); una llamada a la verdadera adhesión (10:12—11:32).

1) El señorío del pacto de Dios. 5:1–33. **1. Oye...aprendedlos...guardadlos, para ponerlos por obra.** Este capítulo se abre y se cierra (vv. 32, 33) con un mandato a seguir cuidadosamente las estipulaciones divinas del pacto que se estaba solemnizando.

2–5. La consagración a la que Israel era convocado tenía que ser una renovación de la relación del pacto con el Señor que ya había obtenido. Hacía cuarenta años, en Sinaí, Dios había establecido, mediante un pacto allí solemnizado, a Israel como su pueblo teocrático (v. 2). Esto fue hecho en fidelidad a sus anteriores promesas dadas a los patriarcas. **3. No con nuestros padres...sino con nosotros todos.** Los "padres" patriarcas (cp. 4:31, 37; 7:8, 12; 8:18) habían muerto sin recibir las promesas. Pero la generación actual, con la que se había establecido el pacto sinaítico juntamente con la generación anterior que había perecido en el desierto (cp. 11:2), tuvo el privilegio de ver la realización del reino prometido. **5. Yo estaba entonces entre Jehová y vosotros.** En Sinaí, como ahora, Moisés era el mediador entre Dios e Israel, un oficio de gran necesidad debido al temor de Israel ante una confrontación cara a cara con la ardiente teofanía (cp. 4:12). Si el papel de informador que aquí se le asigna a Moisés no se refiere a revelaciones que le fueron dadas después de la promulgación del Decálogo, entonces las afirmaciones halladas en otros pasajes acerca de que Israel oyó a Dios declarar el Decálogo (p. ej. 4:12; Éx. 19:9; 20:19) significaría que la voz de Dios fue audible, pero que Sus palabras no pudieron ser discernidas por Israel. No obstante, es posible que el v. 5 sea proléptico, como el 22*b*.

6–22 (Biblia hebrea 6–18). Del hecho del pacto sinaítico, Moisés pasa a su contenido documental tal como se halla inscrito en las tablas duplicadas (cp. comentario sobre 4:13). En tanto que continuaba el pensamiento que Israel estaba ya atado a Jehová por el pacto, esto consigue el propósito adicional de incorporar el sumario inclusivo de la ley del pacto continua en la sección de estipulaciones del documento de renovación deuteronómico. El Decálogo, al no ser en sí mismo simplemente un código moral sino el texto de un pacto, exhibe la característica de un pacto como sigue: preámbulo (v. 6*a*), prólogo histórico (v. 6*b*), y estipulaciones salpicadas de formulas de bendición y maldición (vv. 7–21). **12. Guardarás el día de reposo para santificarlo.** La más significativa de las variaciones de la formulación del Decálogo tal como éste se expresa en Éx 20:2–17 la constituye la nueva formulación de la cuarta "palabra", o cuarto mandamiento, El ciclo sabático de vida simboliza el principio de consumación característico de la acción divina. Dios obra, cumple Su proposito y, gozándose, descansa. Éxodo 20:11 se refiere a la exhibición de la pauta de consumación en creación como el modelo original del sábado. Dt 5:15 se refiere a la consumación revelada en redención, en la que el triunfo divino es tal que trae también a los elegidos de Dios a su reposo. Por lo tanto, es de una forma muy apropiada que se señalara el sábado como un signo del pacto de Dios con el pueblo que el redimiera de la esclavitud en Egipto para heredar el descanso de Canaán (cp. Éx 31:13–17). La asociación novotestamentaria del sábado con la resurrección triunfal del Salvador, por la cual Sus redimidos, con Él, llegan al descanso eterno, se corresponde a la interpretación deuteronómica del sábado en términos del progreso del propósito redentor de Dios.

Otras notables variaciones deuteronómicas en el Decálogo son la inversión del órden de **mujer** y **casa** en el décimo mandamiento, y la adición en el de **su tierra** (Dt 5:21). Se añade este último debido a que Israel estaba a punto de entrar a una existencia estable en la tierra, en tanto que durante la peregrinación en el desierto tal legislación hubiera sido irrelevante. Este es un buen ejemplo del tipo de modificación legislativa hallada en antiguas renovaciones de tratados seculares. **22. Estas palabras habló Jehová a toda vuestra congregación.** La singularidad de la revelación de las diez "palabras" queda subrayada en este versículo. Aquella revelación sóla fue hablada

directamente por Dios a todo Israel; sólo aquélla fue escrita directamente por Dios.

23–27 (Biblia hebrea 20–24). Continuando el relato de la celebración del pacto en el Sinaí, Moisés le recuerda al pueblo de Israel de su anterior voto de obediencia a la voz de Dios (cp. Éx 20:18–21). En verdad, tal había sido el temor de ellos hacia Dios en la presencia de Su gloria que desearon que Moisés recibiera las revelaciones más plenas de la voz divina a ellos: **Acércate tú, y oye** (Dt 5:27). Este temor a experimentar la presencia de Dios constituye una gran caída desde el original deleite del hombre en la comunión con su Creador en Edén. Y aquí queda expuesta la grandeza de la maldición sobre el pecado. Naturalmente, hay límites para la calificación del hombre a la visión de Dios (cp. Éx 33:20). Pero incluso aunque, dentro de estos límites, la gracia redentora hace posible el goce de una visión de Dios, el hombre caído considera a esta experiencia como una amenaza a su vida (p. ej., Gn 32:30; Jue 6:22–23). En la santa presencia de Dios en el Sinaí, los israelitas se hallaban tan profundamente conscientes de su contaminación que tenían temor de aventurarse más en su singular privilegio (cp. Dt 4:33). No obstante, su temor era piadoso, porque reconocieron al Dios que aparecía de una manera tan terrible en el monte como el Dios de ellos, y se comprometieron a hacer Su voluntad.

28–33 (Biblia hebrea 25–30). ¡Qué memorias más conmovedoras hubiera podido evocar Moisés en anticipación de su exhortación final de que andarán en el camino de Jehová y de la vida (vv. 32, 33) que éstas: (1) la aprobación de Dios del voto dado anteriormente por Israel: **bien está todo lo que han dicho** (v. 28); su deseo paternal de que cuando hubieran cesado la teofanía sinaítica, continuará la reverente devoción que ella había inspirado y que así **a ellos y a sus hijos les fuese bien para siempre!** (v. 29). Esta respuesta del Señor suplementa el registro de Éxodo 20.

En el cap. 6 se enuncia el principio de la devoción exclusiva a Jehová, y con Él la prohibición corolaria de alianza con deidades extrañas. A continuación se anuncia en el cap. 7 el programa de conquista para la eliminación de dioses extraños y de su pueblo del dominio de Canaán, la tierra elegida por Jehová como un tipo terreno de Su reino eterno y universal.

2) El principio de la consagración. 6:1–25. **1–3.** Los mandamientos que se dan a continuación fueron la ley dictada divinamente para el reino teocrático que iba pronto a ser erigido en el nuevo paraíso de leche y miel. **3. Para**

que te vaya bien. El gozo continuado de Israel de una morada en la tierra de Dios, como el goce continuo por parte de Adán del paraíso original, dependía de la fidelidad continua al Señor. Se precisa de unas ciertas distinciones importantes al hacer tal comparación. Una obediencia intachable era la condición para que Adán continuara en el paraíso; pero la tenencia de Canaán por parte de Israel quedaba condicionada en el mantenimiento de una medida de lealtad religiosa, que no tenía que ser inclusiva de todo Israel ni perfecta siquiera en aquellos que eran el verdadero Israel. Había libertad en el ejercicio o no del juicio por parte de Dios, libertad que se originaba en el principio subyacente de la gracia soberana en su gobierno sobre Israel. No obstante, Dios dispensó Sus juicios de manera que quedara preservado el interés del mensaje típico-simbólico de la historia de Israel. (Ver comentarios adicionales en caps. 27–30).

4–9. 4. Jehová nuestro Dios, Jehová uno es. Esta confesión (de la que son posibles varias traducciones gramaticalmente correctas) parece entenderse mejor como equivalente a las declaraciones de monoteísmo en 4:35 y 32:39 (cp. 1 Cr 29:1). "Pues aunque haya algunos que se llamen dioses, sea en el cielo, o en la tierra (como hay muchos dioses y muchos señores), para nosotros, sin embargo, sólo hay un Dios, el Padre...y un Señor, Jesucristo" (1 Co 8:5, 6). Dios es único; la deidad se halla confinada exclusivamente en Él. A Él sólo tenía que someterse el pueblo de Israel en pacto religioso, y a Él tenían que servirle en la totalidad de su ser, con la intensidad del amor (Dt 6:5). La demanda de Dios de esta devoción intensa y exclusiva hacia Él fue llamada por Dios como "el primero y grande mandamiento" (Mt 22:37, 38; Mr 12:29, 30; cp. Lc 10:25–28). Es el principio central de todas las estipulaciones del pacto. **6. Estas palabras... estarán sobre tu corazón.** Las misericordias pasadas de Dios recitadas en el prólogo histórico provocarían tal amor, y el amor se revelaría en obediencia reverente a todos los mandatos particulares de Dios (cp. 11:1, 22; 19:9; 30:16; Jn 14:15). Estos vv. son así el texto de todo lo que sigue. **7a. Y las repetirás a tus hijos.** El carácter familiar de la administración del pacto requiere que los hijos sean introducidos bajo el gobierno de las estipulaciones (cp. 20ss.). Día y noche tienen que meditar los piadosos en la ley de Dios (vv. 7b–9; cp. Sal 1:2). Moisés no estaba aquí haciendo demandas ceremoniales, sino elaborando con ilustraciones concretas la demanda de un centraje constante de ocupación en agradar al Señor de Israel. **9. Postes...puertas.** Estas palabras reflejan las costumbres arquitectónicas en el mundo de Moisés. Para la utilización figurativa de este lenguaje, ver Éx 13:9, 16. Se puso en voga la práctica literal de estas demandas de Dt 6:8, 9 entre los judíos de épocas posteriores en forma de filacterias llevadas en la vestimenta (cp. Mt 23:5) y en la mezuza fijada en los postes de la puerta.

10–19. El corolario constante de una demanda de lealtad en los antiguos tratados de soberanía era la prohibición de aliarse a ningunos otros señores. En Canaán la tentación a la idolatría sería fiera, ya que la pretensión de los dioses de aquella región era que eran los dadores de fertilidad y de abundancia en la tierra. Tal es la perversidad humana que Israel, satisfecho con la abundancia material de los despojos obtenidos de una cultura, se sentiría inclinado a honrar a las pretensiones de los ídolos de sus víctimas y a olvidar las demandas de Jehová que los había salvado de Egipto y que les había dado victoria en Canaán (vv. 10–12). **13. Por su nombre jurarás.** Tal juramento constituía una renovación del juramento de adhesión que ratificaba el pacto e invocaba a Dios como la deidad que vengaba la perfidia. **14. No andaréis en pos de dioses ajenos.** Así Dios prohibía de forma específica que se implicarán con los dioses de Canaán. Él verdaderamente guardaría de manera celosa el honor de Su nombre (v. 15). **16. No tentaréis a Jehová vuestro Dios.** Por ello, Israel no tenía que poner presuntuosamente a Dios a prueba, como en Masah (cp. Éx 17:4), buscando pruebas de Su presencia y de Su poder en visitarles con las sanciones del pacto, sea con bendición o maldición. Más bien, que Israel fuera fiel, y Dios cumpliría fielmente Sus buenas promesas (vv. 17–19; cp. v. 10). **20–25.** El haber visto el ir y venir de generaciones había agrandado la perspectiva de Moisés. Su interés no se hallaba confinado a la presente congregación de Israel sino que incluía el futuro lejano del reino de Dios (cp. v. 2). **20. Cuando te preguntare tu hijo.** Cosa crucial para el bienestar de la teocracia sería la fiel crianza de los hijos en el mensaje de los actos rendentores de Dios y de Sus propósitos hacia Su pueblo. **24. Para que no vaya bien todos los días.** En particular, que Dios diera la Ley fue para el adelanto de los propósitos de misericordia al revelar el camino de justicia, cuyo seguimiento llevaría al favor y a las bendiciones divinas. **25. Y tendremos justicia.** Este versículo no presenta las obras como principio de salvación. El acento recae en la función de la ley como norma de conducta justa a los ojos de Dios, el amor hacia la cual es un prerrequisito para la bendición pero no la base meritoria para tal estado.

3) El programa de la conquista. 7:1-26.

1-5. En el Libro del Pacto redactado en Sinaí se había promulgado un programa de conquista y exterminación en contra de las gentes de Canaán y del culto de ellos (cp. Éx 23:20-33; 34:11-16). De ahí la antigua profecía en la que Noé había pronunciado a Canaán maldito y el siervo de Sem (Gn 9:25, 26; cp. Gn 10:15-18; Éx 23:23) iba a ser cumplida (ver también Gn 15:16-21). Habiendo llegado la hora del juicio divino, Moisés encargó ahora a Israel de la ejecución de aquel programa. Todos y todas las cosas en Canaán que estaba consagrado a los ídolos en lugar de al servicio de Dios tenía que ser consagrado a la ira de Dios.

1. Siete naciones (cp. Jos 3:10; 24:11). En listas así en otros lugares la cantidad varía entre tres y diez. El "siete" aquí expresado se refiera posiblemente a plenitud. **2.** La raíz hebrea *hrm*, traducida **las destruirás del todo** en las principales versiones, significa primariamente *dedicar*, y de ahí "anatematizar" y "extirpar". El principio del *hērem* halla su manifestación plena y definitiva en los juicios del infierno.

Hay personas que se sienten ultrajadas ante este mandato de Dios dado a Israel de exterminar a los cananeos, como si representara una ética subcristiana. En realidad, están sintiéndose ultrajados por la teología y religión de la Biblia como un todo. El NT, igual que el AT, advierte a los hombres con respecto al reino de la anatematización eterna, donde los réprobos, dedicados a la ira de Dios, tienen que magnificar la justicia del Dios al que han odiado. Ya que la teocracia del AT en Canaán constituía un símbolo divinamente señalado del reino definitivo de Dios, se halla allí en relación con una anticipación intrusiva de la pauta ética que resultará en el juicio final y más allá.

Además, la exterminación de los cananeos y de sus instalaciones de culto (**sus altares destruiréis, y quebraréis sus estatuas... y quemaréis sus esculturas;** v. 5). Era un acto necesario si se tenía que cumplir la llamada a Israel a una consagración positiva a Dios en un servicio vivo. Porque, debido a la fragilidad de Israel, la proximidad de los cananeos llevaría a la disolución de la distintividad espiritual de Israel (v. 3), a alianzas extrañas e idolátricas (v. 4*a*), y por ello a la propia destrucción de Israel (4*b*). El programa de conquista (cap. 7) es por ello una aplicación coherente del principio de consagración (cap. 6; esp. 6:12-15).

6-16. Los propósitos de la elección de Israel que tenían que quedar protegidos mediante la eliminación de los cananeos quedan aquí detallados. **6. Escogido para serle un pueblo especial.** Esto recuerda a Éx 19:5, 6, la formulación clásica de la singular posición teocrática para la cual fue escogido Israel. Una llamada sublime va acompañada de una tentación a la vanagloria (cp. la preocupación de Moisés por este problema en los caps. 8-10). Por ello, se recordó a Israel que se gloriase solamente en el nombre de Dios. **8. Por cuanto Jehová os amó.** En Su amor y fidelidad soberanas solamente se podía hallar la explicación de la eleccion de Israel (4:37), no ciertamente en el tamaño de la nación. Porque Dios eligió a su padre Abraham, siendo solamente uno, y a la familia de Jacob, que descendió a Egipto siendo solamente de unas setenta almas (7:7; cp. 10:22). Seguía de la soberanía de la gracia de Dios que Israel no tenía derechos sobre Él que pudieran alentar al descuido con respecto a las demandas y sanciones del pacto. **9. Guarda el pacto... hasta mil generaciones.** Aludiendo a las formulas de sanción que acompañan al segundo mandamiento. Moisés afirmó que aunque, mediante gracia inmerecida continuaría hasta mil generaciones (5:10), los apóstatas menospreciadores de la gracia y de la santidad descubrirían que las maldiciones del pacto no eran amenazas sin base (7:9-11). **12. Jehová ...guardará... el pacto.** Los fieles podían confiar en que las bendiciones del pacto no eran promesas vacías (vv. 12-15; cp. Gn 12:2, 3; Éx 23:22-31). El Dios de Israel, el Creador, no Baal, era el dador de la fertilidad en el campo, en los rebaños, y en la familia (Dt 7:13, 14). **15. Y quitará Jehová de ti toda enfermedad.** Era Jehová quien había sujetado al hombre a la maldición de la naturaleza por su pecado, y por ello podía librar a los israelitas de las notorias enfermedades de Egipto (p.ej., elefantiasis, disentería, y oftalmía) igualmente como los había rescatado del infame Faraón de Egipto (v. 15; cp. v. 8; Éx 15:26). El v. 16 resume, repitiendo el mandamiento y su propósito.

17-26. Aunque con respecto a los privilegios de elección los israelitas se vieran tentados a la vanidad, en vista a las responsabilidades de su comision los israelitas pudieran verse tentados a la timidez (v. 17; cp. Nm 13:31ss.). **18, 19a. No tengas temor.** En respuesta a temores de tal tipo Moisés les recordó de la maravillosa experiencia en Egipto durante su juventud cuando Dios los salvó con señales portentosas. Les aseguró que aquel mismo Dios grande y temible estaba aún en medio de ellos para guerrear en favor de ellos contra los reyes cananeos (vv. 19*b*-24). ¿A quién tenían ellos que temer? **20. Avispas** (cp. Éx 23:28; Jos 24:12) no es aquí un símbolo del poder de Faraón, aunque pueda serlo en el uso egipcio. Es más bien una figura del terror de

Dios que, descendiendo sobre los enemigos de Israel, produciría pánico y desbandada (cp. Dt 7:23). El hecho de que ciertas especies de avispa en Palestina aniden debajo de tierra y en grietas rocosas sugiere lo apropiado de la figura en cuanto a la destrucción de los cananeos escondidos. Hay los que traducirían *sir'â* no como "avispa" sino como "desaliento". **22. Echará...poco a poco.** Cp. Éx 23:29, 30; Jue 2:20–23; 3:1, 2. La desposesión gradual que Dios iba a efectuar de los cananeos, designada para el bien de Israel, fue suspendida después de la apostasía de Israel después de la muerte de Josué, como castigo. **24. Destruirás el nombre de ellos.** La promesa confortadora se transforma en un renovado imperativo en los vv. 24b–26 (cp. v. 5). Apoderarse de aquello que había caído bajo el anatema divino sería caer de la posición del favor del pacto y colocarse bajo el anatema divino (cp. Jos 7).

Los caps. 8–11 exponen la verdad de que la adhesión absoluta a Jehová (6:4ss.) significaba no solamente que los israelitas tenían que privarse de dar servicio simultáneo a otro dios (6:12ss.; 7:1ss.), sino que tampoco podían declarar su independencia religiosa. Por ello, Moisés puso en vigor la obligación fundamental de una devoción de todo corazón a Dios advirtiendo en contra de los peligros de una actitud autónoma, sea que se manifestara en un espíritu de auto-suficiencia (cap. 8) o en un espíritu de justicia propia (9:1 — 10:11). Siguiendo las advertencias negativas, esta sección concluye con un reto positivo a someterse a la autoridad de Dios (10:12 — 11:32).

4) La ley del maná. 8:1–20.

El punto focal de este capítulo es el v. 17, con su ilustración de un Israel cómodamente instalado en Canaán, y dándose la alabanza a sí mismo. El recuerdo de la conducción providencial que Dios les había dado durante los cuarenta años en el desierto (v. 2ss.) constituiría la corrección de tal vanidad.

1–6. El v. 1 es otro sumario introductorio de la llamada del pacto y de las sanciones (ver también 4:1; 5:1; 6:1). **2.** Por lo que respectaba a la generación superviviente, la peregrinación por el desierto había sido un período de probación —**para probarte**— (v. 2b; cp. 13:3) y de necesaria instruccion (v. 3c). Fue una disciplina paternal y contribuyó a su bendicion definitiva (v. 5; cp. 16c). **3. Te sustento con maná.** Lo que se significa por Dios afligiendo a Israel (v. 2) queda ilustrado con referencia a esta extraordinaria provisión para todas las necesidades durante los cuarenta años (vv. 3, 4; cp. 29:5, 6), particularmente por medio del maná (ver Éx 16, esp. v. 4). La aflicción con-

sistió en la privación y después en la provisión del "¿qué es?", el desconocido, el sobre natural pan del cielo, que obligó al pueblo a reconocer su dependencia de Dios (cp. Dt 8:16a,b). La exégesis naturalista moderna identifica al maná con las excreciones parecidas a miel de insectos escamosos que se hallan en arbustos de tamarisco en el área del Sinaí. Sea que estas excreciones jugarán un papel sustantivo o no, el pan del cielo fue, no obstante, en su naturaleza y provisión, un producto milagroso. Además, un cambio de una alimentación normal, gustosa, a otra, no importa cuán exótica, no hubiera humillado a Israel ni les hubiera enseñado la verdad que les enseñó el maná: **No sólo de pan vivirá el hombre, más de todo lo que sale de la boca de Jehová vivirá el hombre.**

Dios condujo a Israel a una situación en la que la vida se derivaba y tenía que ser buscada diariamente de un pan celestial, el fruto de un ejercicio creador diario de la palabra de Dios. Este era un recordatorio efectivo de que la criatura no existe como ser auto-suficiente, sostenida por los frutos de una tierra también existente y produciendo independientemente de Dios. Depende en último término y siempre de la palabra divina que le llamó a él y a su mundo al ser. Además, Dios se propuso enseñar a Israel que la vida del hombre, a diferencia de la de la bestia, no consiste solamente en vitalidad física que el pan, sea este terreno o celestial, pudiera sostener. De ahí Él proveyó el pan del cielo de tal manera como para requerir una respuesta ético-religiosa a Su palabra conminatoria. Esta respuesta se hallaba centrada de una forma apropiada en la observancia del sábado, el signo de la alianza del pacto del hombre así como el recordatorio de que Dios es Creador. El maná enseñó así a Israel que sólo en tanto que el hombre se mantiene obediente bajo la palabra soberana de su Señor, en último término la fuente de la vida, halla él vida verdadera y duradera (cp. 30:20).

7–20. 7a. La buena tierra. Era necesario en este punto recordar la lección del desierto, pues Dios estaba conduciendo a Israel a una tierra en la que los productos normales de la naturaleza proveerían un nivel de vida relativamente lujoso (vv. 7–10a). **9b. Cuyas piedras son hierro.** En el substrato de arenisca de Palestina se hallan vetas de cobre y de hierro, y se han descubierto antiguas operaciones de minado allí donde esta arenisca aflorece en el Arabá. **11. Cuídate de no olvidarte de Jehová.** Aunque todos estos productos naturales tenían que reconocerse con gratitud como los dones de Dios tanto como el maná sobrenatural (v. 10), el lujo y la vida muelle embotarían el filo de la consciencia de Israel acerca de Dios (vv. 12, 13). **14. Se enorgullezca tu corazón.** El orgullo surpimiría la memoria de los días más humildes de la esclavitud y de escorpiones, y de sed, días en los que la liberación y la supervivencia demandaron la intervención divina, mediante caminos antes desconocidos (vv. 15, 16). Tenían que guardarse de tal negación de su Señor mediante adulación propia. La misma verdad que habían tenido que aprender en los días anteriores de estómagos vacíos sería una verdad importante en el día de los estómagos llenos: la fuente de la vida del hombre se halla en la palabra de Dios: **él te da el poder** (17, 18a). La bienaventuranza de Israel se debía solamente a la fidelidad de Dios al juramento de Su pacto (v. 18b; cp. Gn 15). Al mismo tiempo el Señor haría visitación sobre los quebrantadores del pacto con las maldiciones que ellos habían invocado. **20. Así pereceréis.** La repudiación de la elección como posesión peculiar de Jehová, y la identificación con los anatematizados cananeos en su idólatra iniquidad, resultaría en la identificación de Israel con los paganos en la condenación de ellos.

5) La advertencia de las tablas rotas. 9:1— 10:11.

Que Israel asumiera que Canaán constituía una recompensa por su justicia (9:4) constituiría una contradicción aún mayor de las realidades de la relación del pacto que si se vanagloriaban de que habían conseguido la posesión y prosperidad de la tierra por su poder (8:17). El orgullo de la justicia propia constituye un intento del pecador codiciando la autonomía para librarse de Dios en el mismo momento en que su necesidad de Dios es más desesperada: la necesidad de perdón y purificación. Por ello es que Moisés les presentó apasionadamente la verdad de que las promesas y bendiciones de la relación del pacto eran de Israel en virtud de misericordia, y no de mérito.

1–5. La circunstancia de esta admonición la constituyó el hecho de que Israel iba a desposeer una nación con una reputación de invencible en guerra ofensiva y defendida por unas fortificaciones aparentemente inexpugnables: **Ciudades grandes y amuralladas hasta el cielo** (v. 1). Acerca de los anaceos y otros pueblos impresionantes, ver 1:8; 4:38; 7:1; Nm 13:28. No obstante, la punta de lanza del avance de Israel era Aquel que habitaba en los cielos y que hacía de las grandes montañas de la tierra el estrado de Sus pies y que, además, era un fuego devorador (cp. Dt 4:24; 7:17ss.).

4c. Por mi justicia. Esta es una trágica malinterpretación de los eventos de conquista a la que Israel se hallaría inclinado a pesar de todos los evidentes hechos históricos y a la explícita advertencia de Dios en contra de ello. La explicación del triunfo de Israel recaería sólo en la impiedad de los cananeos, por una parte (vv. 4c, 5) y en la gracia perdonadora de Dios hacia Israel por la otra (9:6—10:11). En cuanto a la relación de la iniquidad de los habitantes de Canaán con respecto al cumplimiento del pacto abrahámico, ver Gn 15:16. La investigación arqueológica ha revelado las profundidades abismales de la degeneración moral en la sociedad y religión cananea en la era mosaica. La forma en que la adquisición de la tierra prometida por parte de Israel se hallaba ligada a la eliminación de los cananeos ejemplifica el principio del juicio redentor. La salvación de los amigos de Dios implica necesariamente su triunfo sobre los enemigos de Satanás. Desde el punto de vista de los elegidos, el juicio de los últimos constituye un juicio redentor (p. ej., Ap 19:11ss.; 20:9, donde la redencion de los elegidos queda consumada por la condenación de las hordas satánicas).

9:6—10:11. La interpretación pretenciosa de Israel en cuanto a la conquista había quedado contradecida por adelantado por toda la experiencia que Moisés había tenido con la nación durante los cuarenta años transcurridos (vv. 7, 24). Habían demostrado ser un pueblo ingobernable, quebrantadores del pacto (vv. 6–17, 21–24). Habían sido perdonados y preservados sólo por la renovación misericordiosa de Dios del pacto quebrantado (10:1–11) en respuesta a la mediación importuna de Moisés (9:18–20, 25–29).

9:8. En Horeb provocasteis a ira a Jehová. El ejemplo clásico de la infidelidad de Israel tuvo lugar en el mismo momento en que se estaba solemnizando en Horeb (9:8ss., cp. Éx 32). Israel había justo jurado adhesión a Dios y había prometido obediencia a Sus mandamientos (Éx 24). Ciertamente, fue en tanto que Jehová estaba escribiendo el tratado en los documentos en duplicado de piedra durante la primera estancia de Moisés de cuarenta días y noches en el monte, que Israel quebrantó el pacto entregándose a la idolatría. En aquella hora la ira de Dios se encendió, e Israel se halló abocado a la destrucción: **Déjame que los destruya** (v. 14; cp. 19a). Hasta allí donde se trataba de méritos, Israel no se merecía, entonces, heredar la abundancia de Canaán, sino caer bajo el anatema juntamente con los cananeos desposeídos. El tratamiento de Moisés de las tablas del tratado — ...**las quebré** (v. 17)— y el becerro de oro (v. 21) era simbólico del quebrantamiento del pacto. Este proceso ritual se halla testificado en los antiguos tratados estatales en relación con la violación del juramento por parte del vasallo. **22. También en Tabera, en Masah y en Kibrothataava.** Otros casos de la provocación de la ira de Dios por parte de Israel precedieron y siguieron al día de la congregación en Sinaí (Éx 17:2–7; Nm 11) hasta su perversidad en Cades-barnea (Dt 9:23; cp. 1:26ss.; Nm 13; 14) que trajo sobre ellos el veredicto de exilio hasta la muerte sobre la generación más vieja.

Más de una vez el juicio había sido evitado por medio de la intercesión de Moisés. En este aspecto del ministerio de Moisés, más notablemente que en cualquier otro, su mediación prefiguró la mediación antitípica de Cristo, que también oró "por los transgresores" (Is 53:12). Cuando en Sinaí Dios amenazó con borrar Israel del mapa, y ofreció exaltar a los descendientes de Moisés como nueva nación del pacto (Dt 9:14; cp. Éx 32:10). Moisés ejecutó fielmente su oficio mediador en favor de Israel en lugar de aferrarse a la oportunidad de ser un segundo Abraham. De hecho, se ofreció a sí mismo como un segundo Isaac sobre el altar. Moisés alegó que si tenía que haber una destrucción, que en lugar de ser hecho una excepción en cuanto al juicio, que él fuera destruido como medio de conseguir seguridad para los otros (Éx 32:32). "De no haberse interpuesto Moisés su escogido delante de él a fin de apartar su indignación para que no los destruyese" (Sal 106:23) el curso de la historia hubiera sido muy otro. La intercesión que se menciona en Dt 9:18–19; 25–29 (cp. 10:10) fue ofrecida durante los segundos cuarenta días de Moisés en el monte.

Se ha presentado una dificultad en el hecho de que el contenido de la oración de Moisés, 9:26–29, se corresponde con la registrada en Éx 32:11–13, porque se ha asumido que la última se refiere a los primeros cuarenta días de Moisés delante de Dios. En realidad, Éx 32:11–14 constituye un resumen introductorio del siguiente relato, que abarca el segundo período de cuarenta días. La secuencia cronológica inmediata va desde Éx 32:10 a 32:15, como se refleja en Dt 9:14, 15. La narración de Éxodo desde 32:30 a 34:29 se refiere posiblemente a los segundos cuarenta días y a su secuela, no a eventos precedentes; la disposición, como sucede en tantas ocasiones en la narración hebrea (cp. Dt 9 mismo), subordina la secuencia estrictamente cronológica a intereses tópicos. **Aun esta vez** (9:19; 10:10), *incluso entonces* sería mejor, dando a *gam* su sentido enfático más frecuente.

La ira de Dios en particular contra Aarón (v. 20), no mencionada en el relato de Éxodo,

se cita aquí para demostrar cuán vacio de mérito se hallaba Israel y cuán dependiente de la misericordia; ¡incluso su sumo sacerdote era un tizón arrebatado del incendio! La misma verdad es evidente sobre la base de la intercesión de Moisés (vv. 26–29). **27. Acuérdate de…Abraham, Isaac y Jacob.** Rogó por una represión del juicio a pesar de la terca maldad de Israel (v. 27b) y sólo sobre la base de los intereses de Dios en su propio nombre entre las naciones de la tierra. Desde antiguo Dios había declarado Sus propósitos soberanos de juicio redentor y había identificado aquel programa con Sus tratos con Israel y con Egipto. **28b. No pudo Jehová introducirlos en la tierra.** Si ahora destruía Él a Israel, aun cuando Él no violara con ello Su pacto y aunque cumpliría fielmente Sus promesas a los patriarcas (cp. 9:14), tal procedimiento sería propicio a malinterpretaciones. El significado de la poderosa revelación del nombre de Dios en juicio y salvación en el éxodo quedaría oscurecido y el temor hacia él disminuido en lo que se malinterpretaría como debilidad.

10:1–11. La renovación del pacto después de la idolatría de Israel en Sinaí fue debida, así, solamente a la gracia divina. Parte de la ceremonia de la renovación la constituía la preparación de dos nuevas tablas del tratado. Ver Éx 34:1–4a, que posiblemente pertenezca cronológicamente entre 32:29 y 32:30. De forma similar, Dt 10:1a precede en tiempo a 9:18ss. y a 9:25ss. Hay una falta de atención adicional de las distinciones cronológicas dentro de 10:1–5, porque la mención de la construcción del arca como el depósito de las tablas de piedra queda entrelazada con el relato del grabado de este segundo par de tablas del tratado. Fue en realidad después del segundo período de cuarenta días que Moisés hizo que Bezaleel construyera el arca (Éx 35:30ss.; 36:2; 37:1) y pasó, naturalmente, un cierto tiempo hasta que Moisés puso el testimonio en el arca (Éx 40:20) y luego puso el arca en el Tabernáculo (Éx 40:21).

El tratamiento condensado y sumario en Dt 10:1–5 refleja la demanda hallada en tratados de soberanía internacionales de que los textos duplicados del pacto tenían que ser depositados en los santuarios de las dos partes del pacto a fin de estar así bajo la guarda de las deidades del juramento. En el caso del pacto de Dios con Israel, solamente se hallaba implicado un solo santuario, ya que Dios, el Soberano del pacto, era también el Dios que tenía su santuario en Israel. El propósito de 10:1–5 es el de afirmar de una forma general y sumaria que Dios había reconfirmado el pacto con sus rebeldes vasallos, por lo que Moisés incluyó el tema del arca como un elemento familiar e integral en la forma normativa del procedimiento.

Los vv. 6 y 7, con los que van materialmente los 8 y 9, constituyen una interrupción estilística. Es incierto si esta disgresión (1) se originó como una cita leída de un itinerario en el curso del discurso de Moisés, o (2) si se insertó parentéticamente al escribir el libro de la Ley, o (3) si alguien como el autor de Dt 34 lo añadió. **6. (Después salieron los hijos de Israel...).** El viaje que se contempla es hacia el sur desde Cades, registrado en Nm 33:37 (para las etapas en detalle, consultar Nm 33:30–33). **En lugar suyo tuvo el sacerdocio su hijo** (v. 6c). Los vv. 6, 7 son relevantes al contexto; porque remarcan la gracia renovadora del pacto de Dios al recordar que Jehová reinstituyó al sacerdocio de Aarón en la tribu de Leví y lo continuó en el hijo de Aarón, Eleazar, a pesar de su ira en contra del padre (9:20). **8. Apartó Jehová...Leví.** Cp. Éx 28; 29; Nm 1:49ss.; 3:9ss.; 4:17ss.; 8:6ss.; 18:20-24. Esta sección puede también considerarse como una elaboración del tema de las tablas del pacto (Dt 10:8; cp. v. 5). El tema de la intercesión queda concluido en 10:10, 11. **10. Jehová...me escuchó.** Cp. 9:18, 19. El viaje a la patria prometida, tan inmerecida por parte de Israel, iba a continuar debido a la consideración de Dios hacia su propio nombre, el nombre que Él había tomado para jurar debido a que no podía jurar por nadie más elevado (10:11; cp. Éx 33:1ss.).

6) Una llamada a la consagración. 10:12—11:32.

Israel quedaba ahora confrontado con la gran decisión, la elección entre la bendición y la maldición (11:26–32). Moisés indicó vigorosamente la llamada a la obediencia (10:12ss.; 11:1, 8, 13, 18ss., 32) dirigiendo las miradas del pueblo hacia Aquel que les dirigía Su pacto como el justo Juez de los cielos y de la tierra (10:12–22), cuyo juicio imparcial Israel había visto ejecutado en Egipto y en el desierto en el pasado (11:1–7) y hallaría en el futuro ejercitado de una forma soberana sobre la tierra y los habitantes de Canaán (11:8–25).

12–22. 12. Ahora introduce la conclusión a una división principal del discurso (cp. 4:1). **Que temas a Jehová...y que lo ames.** La demanda básica y sumaria del pacto se repite aquí (vv. 12, 13, 20; cp. 6:5, 13, 24; Mi 6:8). El verdadero temor y el verdadero amor son complementarios e inseparables. Son la respuesta de un corazón veraz a la majestad de Dios y a Su bondad, respectivamente, y juntos resultan en un servicio cordial en obediencia a toda la buena voluntad de Dios. **16. Circuncidad... vuestro corazón.** Esta genuina devoción puede surgir solamente de un corazón que ha experimentado la realidad de aquella cualificación que estaba simbolizada en la señal iniciadora del pacto (cp. 30:6; Éx 6:12, 30; Lv 26:41; Jer 6:10; 9:25, 26). Para inspirar el temor de Jehová, Moisés convocó a Israel a que le contemplara como el Señor del universo (Dt 10:14, como Dios por encima de todos los que se llamen dioses (v. 17a), como Juez justo (v. 17b), y como Soberano por encima de la historia y de la naturaleza (v. 21). Para alentar el amor hacia Él, Moisés les recordó cómo Dios había otorgado el privilegio de la posición en el pacto a los antecesores de Israel (v. 15a), cumplió las promesas dadas a los patriarcas (vv. 15b, 21, 22), y se mostró a sí mismo como un Auxilio de los que se hallaban sin ayuda (vv. 18, 19).

11:1–7. El mandato de amar a Jehová (v. 1) es un refrán conectivo en 10:12—11:32. Después "y comprended hoy" (v. 2), hay una observación parentética que señala que la convocatoria a la decisión del pacto no había sido dirigida a los hijos nacidos en el desierto. Más bien, había sido dirigida a los que habían nacido en Egipto y que habían visto los grandes actos de juicio en el pasado (v. 7). **2.** El objeto de **comprended** es **el castigo de Jehová vuestro Dios, su grandeza, su mano poderosa**, etc. Israel había sido castigado, o disciplinado para reverenciar al Señor como al Juez con quien tenían que ver por su experiencia de su juicio sobre sus enemigos (vv. 2–4) y sobre ellos mismos también (vv. 5, 6). Por ello, ellos sabían que Sus juicios eran todopoderosos, de manera que ni los más poderosos sobre la tierra podrían evitarlos; y eran imparcialmente justos, de manera que ni tan siquiera Su pueblo del pacto podían osar de presumir debido a su elección. **6. Lo que hizo con Datán y Abiram.** Ver Nm 16, especialmente los vv. 31–33. El silencio de Moisés con respecto al rebelde Coré fue posiblemente en deferencia a los levitas hijos de Coré supervivientes (Nm 26:11).

8–17. También Moisés adujo motivos de obediencia en vista del futuro de Israel. **8, 9. Para que...entréis y poseáis la tierra... y...os sean prolongados los días.** Acerca de la relación de la tenencia de la tierra por parte de Israel con su fidelidad al pacto, ver los comentarios acerca de 6:1–3. A diferencia de Egipto, con su cultura de irrigación, Canaán evidentemente dependía para su fertilidad de la bendición directa de Dios (vv. 11, 12; cp. 8:7ss.); y en esta esfera se registraría el justo juicio de Dios con respecto a la conducta de Israel

(vv. 13–17). **13, 14. Si obedeciereis... yo daré la lluvia.** La prosperidad dependería de las condiciones apropiadas del clima a lo largo del año (cp. 12*b*) siendo de especial importancia el inicio exacto de la estación de las lluvias en el otoño y la debida extensión de las últimas lluvias en la primavera. El mismo estado de la naturaleza serviría así constantemente como un sensible barómetro de la posición de Israel ante Jehová. Por ello, Israel tenía que estar en guardia en contra de los peligros espirituales de la abundancia material (vv. 14*b*, 15). **16. Guardaos.** Porque la abundancia podía volverse en sequedad, hambre, y muerte a la mera palabra de Jehová, el Juez imparcial y todopoderoso a cuyo mandato hasta la tierra abrió su boca para tragar a los israelitas Datán y Abiram (vv. 15–17; cp. 11:6; 6:11–15; 8:11–20).

18–25. Ya que las naciones, como la naturaleza, se hallan bajo el control absoluto de Jehová, constituyen otra agencia en Su gobierno de Sus vasallos israelitas. **18. Pondréis estas mis palabras en vuestro corazón.** Cp. 6:6–9. La fidelidad de generación en generación tendría como resultado la posesión de la tierra prometida por parte de Israel de forma perpétua **como los días de los cielos sobre la tierra** (v. 21); esto es, por tanto tiempo como los cielos continuen por encima de la tierra, esto es, para siempre (cp. Sal 72:5, 7, 17; 89:29). Por la misma razón la infidelidad tenía que llevar a la cancelación de la tenencia. **22, 23. Si...también.** El éxito en el estipulado programa de conquista (vv. 23–25; cp. 7:1, 2, 17ss.; 9:1ss.) dependería en primer y último término no en el poder militar sino en la fidelidad religiosa. El cumplimiento del gran mandamiento sería bendecido con la herencia de la tierra de promisión hasta sus fronteras más extendidas: desde el desierto de la península de Sinaí en el sur hasta los montes del Líbano en el norte, y desde el Éufrates en el este hasta el Mediterráneo en el oeste (v. 24; cp. 1:7; Gn 15:18).

26–32. 26. La bendición y la maldición. Aquí se halla el resumen y la conclusión de todo el tema (vv. 26–28). La soberanía de Jehová, declarada en el pacto ahora renovado con Israel, podría manifestarse tanto en bendición como en maldición (cp. cap. 28; 30:15–20). Israel tiene que decidir cuál va a ser. Esta doble perspectiva y su reto, que Moisés dispuso delante de Israel **hoy** en Moab, sería puesta delante de ellos por Josué de nuevo al otro lado del Jordán, en Canaán, para que la nación tuviera cuidado de obedecer a Dios y vivir (11:29–32). La transición del caudillaje de Moisés al de Josué tenía que estar marcado así por un ritual de renovación en dos etapas,

que exhibiría la continuidad de liderazgo que en definitiva era divino. Esta disposición era el equivalente a las medidas tomadas en tratados de vasallaje por parte de los soberanos humanos para garantizar la sucesión dinástica en sus tronos. Ver Dt 27 en cuanto a las instrucciones más detalladas con respecto a la segunda etapa de la ceremonia a ser llevada a cabo en el monte Gerizim y en el monte Ebal (cp. Jos 8:30–35).

B. Mandamientos colaterales. 12:1—26:19.

Habiendo delineado el espíritu interior de la vida teocrática (caps. 5–11), Moisés pasó a detallar las ordenanzas y las instituciones de la forma exterior de la teocracia (caps. 12–26). Los vv. 12:1—16:17 tratan principalmente de las demandas de consagración culto-ceremoniales. La autoridad gubernamental y judicial constituye el tema de 16:18—21:23. La esfera de las relaciones mutuas de los ciudadanos teocráticos queda cubierta por la legislación en 22:1—25:19. Las estipulaciones concluyen con confesiones rituales del dominio de Jehová y una declaración final de la ratificación del pacto (cap. 26).

1) Consagración culto-ceremonial. 12:1— 16:17.

El interés central de las leyes de esta sección era el de garantizar una consagración total al Señor. Gobernando todas las demandas de servicio tributario en diezmos (v. 14), primicias (v. 15), y ofrendas sacrificiales (v. 16) se hallaba la ley del altar central, con la que se abre esta sección (v. 12). La simplicidad de la devoción a Jehová quedaba salvaguardada por la imposición de las penas más severas sobre todos los que seducían o se hacían culpables de apostasía (v. 13).

a) Adhesion al altar de Dios. 12:1–32.

1–3. En la tierra (v. 1; cp. 6:1). En la perspectiva profética de las siguientes estipulaciones se considera a Israel como ya en posesión de su herencia. **Destruiréis enteramente ...y...derribaréis** (vv. 2, 3). Esta sección conecta con el precedente reasumiendo aquella parte del mandato de conquista que demandaba el barrido de los centros e instalaciones del culto cananeo (cp. 7:5, 25; Éx 23:24; 34:13). La ejecución del programa de conquista como un todo daría a las tribus el control de santuarios idolátricos por toda la tierra (cp. Is 1:29; 57:5; 65:7; Jer 2:20; 3:6; 17:2; Ez 6:13; 18:6ss.; Os 4:13; 1 R 14:23; 2 R 16:4; 17:10); y estos presentarían una tentación de sincretismo religioso (Dt 12:29, 30). Los israelitas se verían en peligro de adoptar abominaciones como la ofrenda votiva de niños en fuego (v. 31; cp. 18:10; Lv 18:21; 2 R 16:3; 17:17; 21:6; 23:10; Jer 7:31; 19:5; 32:35). Además del propósito punitivo de la destrucción de las localidades cúlticas cananeas, existía, así, el designio preventivo de proteger a Israel frente a las trampas de los ritos cúlticos cananeos. El hecho de que la ley del santuario central (Dt 12:4ss.) se introduce (vv. 2, 3) y concluye (cp. vv. 29–31) con tales referencias al culto cananeo muestra que un propósito de la centralización de la adoración israelita era, también, el de evitar la contaminación de la pura adoración al Señor mediante prácticas idolátricas.

La demanda de centralización tiene que comprenderse también en términos de la naturaleza de Deuteronomio como tratado de soberanía. Tales tratados prohibían al vasallo que se dedicara a una diplomacia independiente con cualquier otro poder extranjero que el soberano del pacto. En particular, el vasallo no debía pagar tributo a ningún otro señor. De manera similar, se calcularon todas las demandas y prohibiciones de Dt 12 para asegurar para el Señor todos los sacrificios tributarios y ofrendas de Israel. Israel no debía pagar ningún tributo sacrificial a otros dioses, porque un intento tan imposible de servir a dos señores constituiría rebelión en contra del gran mandamiento del pacto de Dios.

En la tierra prometida la ley del altar central involucraría tanto la centralización de las fiestas sacrificiales especiales (vv. 4–14) como la descentralización de las fiestas familiares comunes (vv. 15–28).

4–14. En contraste con la multiplicidad de altares entre los cananeos (v. 4), que sacrificaban allí donde mejor les parecía (cp. v. 13), Israel tenía que tener solamente un altar central, y ello **en el lugar que Jehová vuestro Dios escogiere** (v. 5). Esta unidad del santuario se corresponde con la unidad del divino señorío sobre Israel (cp. 6:4, 5).

La moderna alta crítica ha mantenido erróneamente que el concepto del altar central enseñado en Dt (o según algunos solamente en Dt 12:1–7, que a continuación se considera como una interpolación posterior) se halla en contradicción con otra legislación bíblica (ver especialmente, en el libro del pacto, Éx 20:24). Por ello, se ha considerado que la demanda deuteronómica era una modificación posterior de una práctica anterior supuestamente más laxa. El libro como un todo ha sido fechado en el siglo VII a.C. y se identifica con el libro de la ley hallado en la época de Josías. Un enfoque más reciente de los críticos es el de resolver el supuesto conflicto de códigos no mediante la disposición de ellos en una secuencia cronoló-

gica, sino por su asignación a una diferente fuente geográfico-cúltica. Se cree que Deuteronomio representa la postura septentrional, levítica, siendo Siquem el santuario central bajo consideración. Algunos críticos han incluso admitido que la ley de centralización en Deuteronomio representa un retorno a un ideal anterior, pre-monárquico, de la anfictionía.

En realidad, por lo que respectaba a la práctica religiosa normativa, no había nada esencialmente nuevo en esta ley incluso en los días de Moisés. En la época patriarcal, cuando se erigía una sucesión de altares en el curso de las peregrinaciones de los patriarcas, había evidentemente sólo un altar central familiar en cada momento dado. De forma similar, en la legislación sinaítica (Éx 20:24), el lugar de sacrificios de Israel queda identificado con el lugar central en el que Dios registraba su nombre (esto es, revelaba su gloriosa naturaleza) mediante una teofanía sobrenatural especial, el lugar de la habitación simbólica visible en medio de su pueblo. El Tabernáculo tuvo localizaciones sucesivamente diferentes durante las peregrinaciones de Israel por el desierto, pero siguió siendo un solo santuario.

Lo que es nuevo en la formulación de Dt es tan sólo la perspectiva de una localización sedentaria del santuario. Dt contempla una habitación permanente de Dios en Israel. **10. Él os dará reposo.** Incluso esta nueva circunstancia tendría que esperar al cumplimiento de paz y reposo (cp. He 4:1ss), condición a la que se llegó solamente en el nivel típico del AT en los días de David y de Salomón (2 S 7:1; 1 R 5:4). Solamente entonces eligió Dios de entre todas las tribus a la ciudad de Jerusalén como el lugar para su casa (1 R 8:16, 44, 48; 11:13, 32, 36; 14:21; 2 R 21:7; 23:27), aunque al principio había puesto temporalmente su nombre en Silo (Jer 7:12; Jue 21:19). Además, la ley mosaica del altar central, en tanto que regulaba el servicio prescrito y ordinario de los sacrificios (Dt 12:6, 7, 11ss.), tal como se tenían que llevar a cabo en las tres principales fiestas, reconocen también la posibilidad de acción reveladora de Dios aparte del altar central y dejaba lugar al altar y al servicio especialmente señalados (cp. 27:5ss.). Así, el énfasis recae más intensamente en la pureza que en la unidad del culto. También es eminente en el pensamiento de Moisés acerca de la comunión del pacto con el Señor la nota de gozo: **Y os alegraréis delante de Jehová vuestro Dios** (v. 12; cp. v. 7). El amor a Dios expresado en adoración gozosa tenía también que hallar su corolario en el amor a los hermanos, especialmente en bondad hacia aquellos que, como los levitas (v. 12; cp. v. 19), dependían de la generosidad, ciertamente de la piedad, de la congregación (cp. Nm 18:21; 35:1ss.).

Contrastando las disposiciones futuras con la práctica presente, Moisés declaró que incluso bajo su caudillaje los israelitas hacían lo que era recto ante sus propios ojos (Dt 12:8; cp. Jue 17:6; 21:25). Por lo menos aquí su expresion no es acusatoria pero evidentemente indica que no había necesidad todavía de tener en cuenta distinciones como las de las fiestas sacrificiales y las fiestas familiares (vv. 15–28).

15–28. Además de poner a los israelitas en contacto con los santuarios paganos, la herencia de Canaán localizaría los hogares tribales a considerables distancias del propio santuario central de Israel (v. 21). Si se tenían que llevar a cabo las estipulaciones de 12:4–14 en aquella nueva situación, se tenía que hacer una distinción entre la matanza y consumo de los animales apropiados para una fiesta sacrificial y aquellos dispuestos para una comida normal; y se tenía que dar permiso para una descentralización de lo último. Esta nueva provisión constituía una modificación de las demandas de Lv 17:1ss., que gobernaba el consumo de carne por parte de los israelitas en tanto que se hallaban en un compacto campamento alrededor del Tabernáculo en el desierto. **15b. El inmundo y el limpio la podrá comer, como la de gacela o de ciervo** (cp. v. 22). La participación en una fiesta familiar no dependía de la condición ceremonial (cp. Lv 7:19ss.), y el tipo de comida permisible incluía la apropiada para sacrificio así como comidas como caza (cp. Dt 14:15), que no era sacrificialmente aceptable.

Adjuntas a este permiso habían unas ciertas restricciones. Una de ellas es la familiar prohibición de la sangre: **solamente que sangre no comeréis** (vv. 16, 23 ss.; cp. Lv 17:10ss.; Gn 9:4). El derramamiento de la sangre en el suelo constituiría una salvaguardia en contra de derramarla en sacrificio ante algún altar cercano, ilegalmente preservado. La centralización, durante las peregrinaciones en el desierto, del degüellos de animales apropiados para el sacrificio estaba designada específicamente para evitar tales tentaciones (cp. Lv 17:7). **17. No comerás. . .el diezmo**, etc. Otra provisión, o mejor, una clarificación del permiso en el v. 5, era que el recordatorio de que todos los santos dones al Señor se tenían que llevar al lugar del santuario central que Dios eligiera (ver también vv. 26, 27). Esto es, el permiso operaba dentro de las demandas positivas de los vv. 4–14 (cp. esp. vv. 6, 11). La salpicadura de exhortaciones entre las estipu-

laciones (p.ej., vv. 25, 28) constituye una de las marcas identificadoras de la legislación deuteronómica como estipulaciones de un tratado en lugar de como un código legal. **29–32.** Acerca de los vv. 29–31, ver el comentario acerca de los vv. 1–3. **32. No añadirás a ello, ni de ello disminuirás** (13:1 en la Biblia hebrea). Repitiendo esencialmente 4:2, Moisés declaró de nuevo que la única verdadera norma de ética y de servicio piadoso lo constituye la voluntad revelada de Dios, ni más, ni menos.

b) Resistencia a la apostasía. 13:1–18.

En los antiguos tratados de soberanía se demandaba del vasallo que no tuviera connivencia con malas palabras habladas en contra del soberano, sea que fueran una afrenta o una conspiración. El vasallo tenía que informar del insulto o de la incitación a la revuelta. En caso de rebelión activa, tenía que tomar medidas militares en contra de los delincuentes. Además, tenía que manifestar fidelidad a su señor en tales casos, sin importar quien pudiera ser el rebelde, tanto si se trataba de un príncipe como del pariente más cercano. Todo ello halla su contrapartida formal en Dt 13. Estilísticamente, el capítulo se halla en la forma casuística característica de los antiguos códigos legales pero también de algunas estipulaciones en tratados. Se tratan de tres casos de rebelión contra el Señor. Los dos primeros se relacionan con la etapa de la instigación, estando las partes culpables apoyadas por señales y pretensión de revelación (vv. 1–5) y siendo el pariente o compañero más íntimos del vasallo (vv. 6–11). El tercer caso trata de una ciudad que haya sido seducida a rebelarse contra el Señor y que sea culpable de servir a ídolos (vv. 12–18).

1–5 (Biblia hebrea 2–6). **1. Profeta, o soñador de sueños.** Ya se había dado antes una intimación de que se iba a establecer en Israel la institución profética. La revelación de Dios a los profetas vendría dada mediante visiones y sueños (Nm 12:5; cp. Dt 18:15ss.). Incluso si alguien con impresionantes credenciales al efecto de que era un canal de revelación (1b, 2a) fuera a incitar a Israel a rendir adhesión y tributo a otros dioses (2b; cp. 3b, 5b), se debía menospreciar su consejo (3a; cp. Gá 1:8, 9). **2. Y si se cumpliere la señal o prodigio.** Ambos términos pueden referirse a un evento que en sí mismo pueda ser ordinario o extraordinario. Evidentemente, se refiere aquí a un evento predicho, no necesariamente milagroso, que viene a suceder. El cumplimiento de esta predicción es entonces presentado como una señal de un llamamiento profético y autoridad genuinos. **Diciendo** (v. 2) tiene que tomarse con **cuando se levantare** (v. 1). La norma de vida y de adoración de Israel era la revelación de Dios por medio de Moisés, hablada y escrita; la demanda central de esta revelación era la adhesión exclusiva a Jehová: **En pos de Jehová vuestro Dios andaréis** (v. 4). Con el fin de ensayar la obediencia de Israel a aquella estipulación básica y fundamental, Dios permitiría que surgieran falsos profetas (v. 3*b*). Y debido a que estos aconsejarían a Israel a que repudiara tal demanda, la misma esencia del pacto (cp. 6:4, 5; Éx 20:3), se prescribía para el tal la última pena: **tal profeta...ha de ser muerto** (v. 5). Nótese las citas del preámbulo y del prólogo histórico de las tablas del pacto (cp. Éx 20:2). La ejecución del instigador a la traición "quitaría" el mal de enmedio de Israel, el cual, si se dejara y se permitiera difundir, resultaría en la destrucción de muchos en Israel (cp. Dt 13:12ss.; esp. v. 16; 17:12; 19:11–13; 21:18–21; 22:21–24; 24:7).

6–11 (Biblia hebrea, vv. 7–12). Tan efectivo como la señal maravillosa de la serpiente que hablaba, con sus declaraciones oraculares, en el caso de la seducción de Eva lo fue la compulsión dada a la subsiguiente tentación de Adán por parte de Eva debido al afecto de él por ella, la esposa de su seno, amada como a su propia alma. **6. Si te incitare tu hermano.** La sutileza de la tentación en este caso contrasta con la invitación pública del falso profeta (cp. vv. 1ss.) y haría más fácil esconder el pecado de la persona querida e impedir la responsabilidad judicial sin detección. Pero, como en el caso de los tratados internacionales, cualquier negligencia en denunciar "palabras malvadas" y en denunciar conspiraciones rebeldes constituía un quebrantamiento del pacto de Dios. **8. Ni tu ojo le compadecerá.** La vocación del pacto es amar al Señor nuestro Dios aunque ello signifique odiar a padres y hermanos, esposa e hijos, y la propia vida también (cp. Lc 14:26). Por ello, aquel que era más querido al siervo del pacto tenía que ser juzgado con la misma dureza que el falso profeta si él o ella proponían cometer deslealtad a Jehová. **9. Lo matarás.** En cuanto al proceso judicial que se contempla, ver 17:7. Un beneficio importante de la ejecución de una sentencia divina sería el impacto controlador sobre Israel, lo que reprimiría apostasías adicionales (v. 11; cp. 17:13; 19:20; 21:21).

12:18 (Biblia hebrea, vv. 13–19). Si las estipulaciones de los versículos precedentes no se llevaban a cabo de forma rigurosa, la rebelión aumentaría de individuo en individuo hasta llegar a proporciones comunitarias, situación ésta que demandaría una decisión y acción judicial más difícil que se describe aquí. **13. Hombres impíos** es una traducción de una expresión que se comprende variamente como hijos de indignidad o de desórden o de maldad o de Sheol. Así es como Dios ve a aquellos seductores a la idolatría que se aparecen a los hombres como profetas impresionantes o como de la relación más estrecha. Si se llegaba al veredicto de culpabilidad (v. 14), la sentencia tenía que ser la inflicción del anatema (vv. 15ss.; cp. comentario sobre 7:1–5). **15. Herirás...a los moradores de aquella ciudad.** Al abrazar las abominaciones de Canaán, la ciudad de Israel se volvería una abominación; se volvería como la Jericó cananea y tendría que compartir su condenación de maldición por la espada y el fuego. El soberano divino, como los señores humanos en sus antiguos tratados, impuso reglas acerca del botín que caería en sus manos en una campaña punitiva. En el caso presente, se hacía la demanda menos común de que todo el botín se añadiera al holocausto mediante el que toda la ciudad maldita sería ofrecida como sacrificio ardiente para alabanza de la justicia y la ira de Dios. **16. Un montón de ruínas para siempre.** El hebreo *tēl* denota un montón abandonado producido por la acumulación de escombros de sucesivas ocupaciones de un lugar. La experiencia de Israel en el caso de Acán (Jos 7; 8) ejemplificó tanto el peligro de violar la ley del botín en Dt 13:16, 17*a* como la fidelidad del Señor a la promesa de los vv. 17*b*, 18.

c) *Obligaciones filiales.* 14:1—15:23.

Como pueblo de Jehová, entregado a su servicio y encargado de eliminar de entre ellos a todos los devotos de los ídolos y a sus santuarios (caps. 12 y 13), Israel era una nación distintiva. Aquello tenía que hallar su manifestación a través de la dimensión ceremonial de la vida de la nación. Fuera en relación con la muerte (14:1, 2) o con la vida (vv. 3–21), la práctica ceremonial de los israelitas tenía que reflejar su santidad peculiar. La consagración sagrada de ellos tenía también que revelarse en la consagración del fruto de las labores de sus vidas a Jehová su Dios (vv. 22–29).

1–2. Hijos sois de Jehová vuestro Dios... pueblo santo. Aquí, de nuevo, resuena el eco de la definición de la nación teocrática en Éx 19:5, 6 (cp. Dt 7:6), enriquecida ahora con el concepto filial (cp. Éx 4:22). En el período del AT el énfasis recaía en Israel como siervo más que como hijo, porque aunque la nación de Israel era el hijo y heredero, tenía que estar bajo ayos hasta el tiempo señalado por el Padre (cp. Gá 4:1ss.). **No os sajaréis.** Los israelitas no debían mutilarse como lo hacían normalmente los paganos en los ritos de duelo (v. 1*b*; cp. Lv 19:28; 21:5). La razón que se da es que, como pueblo elegido y adoptado por Dios, mantenían una posición santa. Y subyaciendo a esta razón se hallaba el hecho de que su Dios es el Señor de la vida y Creador del hombre a su imagen.

3–21. 3. Nada abominable. En ocasiones las distinciones ceremoniales pueden parecer arbitrarias. Tal es el caso con la clasificación de los alimentos limpios e inmundos en estas reglas dietéticas. Porque aunque las explicaciones higiénicas son evidentes en algunos casos, no lo son en todos. Pero la misma arbitrariedad de estas estipulaciones las hizo mejores pruebas de sumisión a la palabra soberana de Jehová y prendas más distintivas de consagración a él. Recordaban a Israel que el hombre tiene que vivir conforme a cada palabra de la boca de Dios (cp. 8:3). Es la palabra creadora de Dios que da a todas las cosas su definición y significado, y el hombre tiene que interpretar todas las cosas en imitación a la interpretación que Dios les asigna. A este respecto las reglas dietéticas mosaicas se parecían a la prohibición probatoria del fruto del árbol del conocimiento en Edén o las reglas para la provisión del maná en el desierto.

4. Estos...animales...podréis comer. Esta sección repite casi verbalmente Lv 11:2–23. Dt 14:4*b*, 5 suplementa la formulación levítica, y ello de una manera que refleja el origen desértico de Deuteronomio. Porque el hábitat de los animales de caza especificados era el área de las peregrinaciones de Egipto a Canaán, no el país boscoso mismo de Canaán. **21. Ninguna cosa mortecina comeréis.** Esto involucra una modificación de Lv 17:15. La práctica aquí mencionada en el v. 21*b* (cp. Éx 23:19; 34:26) fue prohibida porque era una costumbre ceremonial entre los cananeos.

22–29. 22. Diezmarás...el producto del grano que rindiere tu campo. Se tenía que ofrecer un diezmo anual del producto de la tierra al Señor en reconocimiento del hecho de que la tierra era suya y que Él era el dador de vida y de fertilidad. Debido a las variantes entre las estipulaciones de Dt y las estipulaciones anteriores respecto al diezmo (Lv 27:30–33; Nm 18:21–32), se desarrolló la errónea opinión entre los judíos (y ha sido aceptada por muchos exégetas cristianos), que Dt prescribe un segundo diezmo y, algunos dicen, incluso un tercer diezmo (cp. Dt 14:28ss.; 26:12–15). Dt 14 no involucra necesariamente, a pesar de todo, ninguna modificación drástica de la anterior ley del diezmo. Especifica solamente un diezmo agrícola, aunque menciona las primicias de las manadas y de los ganados

(v. 23; cp. 12:17; 15:19ss.). Pero incluso Nm 18 no menciona explícitamente un diezmo animal. Solo Lv 27 lo hace (cp. 2 Cr 31:6). Es posible que se dé por sabido tanto en Nm 18 como en Dt 14. Según Nm 18:21, "todos los diezmos" se entregaban a los levitas. Dt 14 especifica que excepto en los años tercero y sexto (y naturalmente el año sabático en el que no se cultivaba; cp. Éx 23:11), el ofrendante podía utilizar el diezmo —no obstante, posiblemente solo una pequeña parte de él— para una fiesta de comunión en el santuario.

23. Para que aprendas a temer a Jehová. El propósito de esta sección no es tanto el de dar una afirmación extensiva de la ley del diezmo como el de guardar al procedimiento del diezmo de ser prostituido para fines idolátricos; esto es, para impedir a Israel que honrara a las deidades cananeas de la fertilidad por sus cosechas. Por ello, la insistencia consiste en que toda ceremonia religiosa asociada con el diezmo tuviera lugar en el santuario central (12:6, 11). Es necesario tener en cuenta este propósito particular de estos versículos cuando se hagan comparaciones con reglas del diezmo en otros pasajes. (Para la razón del permiso de los vv. 24ss., ver 12:21.) **28. Al fin de cada tres años.** La conjunción de esto con la legislación sabática de 15:1ss. indica que estos años trianuales (que en 26:12 reciben el nombre de "el año del diezmo") eran el año tercero y sexto dentro del ciclo sabático-jubilar.

29. El extranjero, el huérfano y la viuda. Una modificación de menor importancia acerca del diezmo agrícola, manteniéndose en línea con el familiar interés caritativo del Señor en la clase pobre, que emergería en la estratificación social de la vida en Canaán, la constituye esta inclusión de otras personas desamparadas, además de los levitas, en la utilización del diezmo de los años tercero y sexto. Ver Nm 18:26–32 para la disposición que los levitas tenían que hacer de estos diezmos.

15:1–23. Se recoge de nuevo el hilo principal de la legislación precedente en la ley de las primicias en 15:19–23 (cp. 14:23). Entretanto, los vv. 1–18 desarrollan el tema del amor hacia los hermanos en necesidad, que surgió en la exposición del procedimiento del diezmo (14:27ss.). Específicamente, estas estipulaciones tratan de la redención de las deudas (vv. 1–11) y la emancipación de los esclavos (vv. 12–18). Se halla otro elemento de continuidad en el marco sabático de este programa de misericordia (cp. 14:28).

1–11. 1. Cada siete años harás remisión. Esto se refiere al año sabático que finalizaba cada período de siete años dentro de un ciclo jubilar (cp. 14:28). La institución del año de la emancipación había quedado establecida en el libro del pacto (Éx 23:10, 11) y expuesta en las instrucciones levíticas (Lv 25:2ss.). **2. La remisión de Jehová.** El hebreo *shemittâ*, "remisión", proviene de una raíz que significa *dejar caer*. En Éx 23:11 se aplica a la tierra en el sentido de dejarla sin cultivar. Por ello el año de remisión es un "reposo para Jehová" (Lv 25:4). Aquí se aplica a deudas en el sentido de remisión. Muchos lo han interpretado como una moratoria de un año en el cobro de las deudas por parte del acreedor. No obstante, el hecho de que el séptimo año de remisión y el año del jubileo de libertad pertenecían a una unidad simbólica indica que se significa una cancelación permanente de deudas. El sábado jubilar culminante simplemente llevaba el principio más allá hasta la restauración de la libertad personal y un retorno de las tierras. En cada uno de sus niveles la remisión sabática constituía una renovación de la liberación original que el Señor dio al pueblo del pacto de la esclavitud y una reinstauración de las familias en su herencia original. Ciertamente, el sábado mismo está asociado con la liberación que el Señor da a su pueblo, necesitado y clamante, de la esclavitud (cp. Dt 5:14, 15). La liberación del año séptimo era del Señor, aunque su misericordia se manifestaba mediante la filantropía de sus siervos. Había sido designada para repulir periódicamente el símbolo teocrático del reino de Dios mediante una nueva realización de la gracia salvadora y restauradora del Señor que había sido experimentada en forma tan abundante al principio de la vida teocrática de Israel. Al mismo tiempo señalaba proféticamente a la futura acción redentora de Dios, anticipando el reinado mesiánico de misericordia hacia los pobres y los desamparados (cp. Sal 72). Esta perspectiva de consumación se halla siempre presente en el simbolismo sabático. **4. Para que así no haya en medio de ti mendigo.** La necesidad de tal caridad, como se observa parentéticamente (vv. 4-6), quedaría eliminada por la ausencia de pobres en Israel, si se manifestara siempre tal fidelidad como para justificar el derramamiento de las bendiciones del pacto de la manera más rica. No obstante, debido a la falta de fidelidad en Israel, habría siempre pobres (v. 11; cp. Mr 14:7). **9. Guárdate de tener en tu corazón pensamiento perverso...y mires con malos ojos a tu hermano menesteroso.** Ciertamente, tales eran las propensiones pecaminosas incluso del pueblo del pacto que tenían que ser advertidos para que esta provisión septanual de misericordia para los pobres no llegara a ser una ocasión para oprimirlos en el

período intermedio. La práctica de observar un año de remisión les parece a algunos infactible financieramente (razón por la cual algunos comentaristas interpretan la remisión como la suspensión temporal de la deuda). Pero el pueblo de fe fue llamado a reconocer que dentro de las peculiares disposiciones del pacto de Dios con la nación teocrática, la obediencia a esta estipulación constituía la garantía de prosperidad: **porque por ello te bendecirá Jehová** (v. 10; cp. Lv 25:20, 21). Es evidente que las Escrituras no recomiendan esta práctica afuera de la comunidad teocrática del AT de Israel como política normativa, y ello de la cláusula exceptiva en Dt 15:3*a*. El **extranjero** (v. 3*a*) no es, como el "peregrino" o "extranjero que vive dentro de tus puertas", un miembro permanente de la comunidad, sino uno que visita temporalmente con propósitos comerciales o similares.

12-18. 12. Le despedirás libre. Aunque estaba estructurada septanualmente, esta ley, a diferencia de 14:28, 29 y 15:1-11, no se refiere a las unidades sabáticas dentro de un ciclo jubilar sino a un período de siete años principiando cuando un individuo hebreo venía a adquirir la condición de esclavo. Esta provisión de emancipación se hallaba también en el libro del pacto (Éx 21:2-6), y halla una contrapartida dentro de la legislación levítica con respecto al año del jubileo (Lv 25:39-55; cp. Jer 34:14). **O hebrea.** La inclusión de mujeres hebreas, posiblemente implícita en Éx 21:2-6 (cp. Éx 21:7-11, que trata del caso especial de la concubina-esclava) es aquí explícita. Como en la remisión de deudas, así en la remisión del esclavo, los límites de la aplicación se hallaban en la hermandad israelita.

En vista del contraste instituido entre el "hermano" y el "extranjero" en este contexto y la identificación del esclavo hebreo como hermano (Dt 15:12), la teoría que contempla al "siervo hebreo" como un "siervo extranjero" tiene que ser juzgada errónea. Según esta teoría, lo que Éx 21:6 y Dt 15:17 permite de un siervo hebreo, Lv 25:44-46 prohibe para un israelita. Pero Lv 25 se refiere a una esclavitud obligatoria, rigurosa, en tanto que los pasajes acerca del siervo hebreo se refieren a un servicio voluntario y razonable. La estipulación de una emancipación en Lv 25:40-41 suplementa los derechos del siervo hebreo de manumisión al cabo de siete años como un privilegio especial cuando el Jubileo llegara antes de septimo año de servicio. **16. Si él te dijere: no te dejaré.** Este derecho suplementario, como el de la remisión en el año séptimo, se hallaba condicionada al adicional derecho del siervo a dar un servicio voluntario a lo largo de toda su vida a un dueño amado (cp. Éx 21:5, 6). En la reformulación deuteronómica de esta provisión, se hace más liberal (15:13, 14) y se citan varias inducciones para obedecer (vv. 15, 18).

19–23. Se reanuda ahora el tema de los primogénitos mencionados en 14:23 (cp. 12:6, 17). La legislación anterior acerca del tema se halla en Éx 13:2, 11–16; 22:29, 30; 34:19, 20; Lv 27:26, 27; Nm 18:15–18. El tratamiento deuteronómico no es exhaustivo sino designado solamente a clarificar la pertinencia de la ley del altar central (Dt 12) a la administración de la ley de los primogénitos dentro de las circunstancias que se anticipan de la dispersión de las tribus, expuestas a las peligrosas influencias de los santuarios cananeos locales. Así, la nueva formulación se refiere a un hecho no señalado en la legislación anterior, esto es, que el ofrendante y su casa tenían que participar de la comida sacrificial que acompañaba a la presentación de los primogénitos. **20. Delante de Jehová los comerás.** Evidentemente, esto se menciona aquí a fin de apremiar la demanda de que todas las fiestas sagradas tenían que celebrarse en el santuario central (12:6, 17), incluso aunque en Canaán se permitirían fiestas comunes en los demás sitios (12:15ss.). No existe ninguna contradicción entre la asignación de los primogénitos a los sacerdotes y sus familias (Nm 18:15–18) y que la familia del ofrendante participara en la comida sacrificial. Ver 14:23–27 para una situación similar con respecto a la disposición de los diezmos. **Cada año.** La ofrenda anual tomó el lugar de la ofrenda al octavo día (cp. Éx 22:30), por la misma razón que se iba a permitir desde entonces comer la carne en casa (Dt 12:21). Acerca del v. 21a, ver Lv 22:19ss.; Dt 17:1. Obsérvese de nuevo el interés en mostrar la pertinencia de la legislación fundamental de Dt 12 a esta asunto particular de los primogénitos (15:22, 23; cp. 12:15, 16, 22ss.).

d) Peregrinaciones tributarias. 16:1–17.

La sección que empezó en 12:1 concluye con mandamientos referentes a las tres peregrinaciones anuales al santuario central: las fiestas de la Pascua y del Pan Ázimo (16:1–8), de las Semanas (vv. 9–12), y de los Tabernáculos (vv. 13–15). En cuanto a la legislación anterior, ver principalmente Éx 12; Lv 23; Nm 28 y 29. Aquí nuestros comentarios van principalmente dedicados a características peculiares de la formulación deuteronómica y a los problemas suscitados por ella. El esquema sabático está presente de nuevo (cp. Dt 14:28—15:18), porque todo el calendario religioso de las fiestas estaba estructurado sabáti-

camente. Todavía sobresale el interés con la forma en que la esperada elección divina de un santuario permanente en medio de una tierra extensa modificaría la anterior práctica ceremonial. Nótese la repetida utilización de la fórmula del altar central (16:2, 6, 7, 11, 15, 16). Debido a que Dt es un documento de renovación del pacto que presupone unas anteriores estipulaciones todavía válidas, excepto en aquello que las modifique, condensa y omite mucho en tanto que remarca las características afectadas por la introducción del "lugar que Jehová tu Dios hubiere escogido para poner allí su nombre". El reconocimiento de este hecho hubiera impedido muchos de los alegatos de la alta crítica acerca de la existencia de contradicciones entre el Deuteronomio y otras legislaciones del Pentateuco. Visto como un tratado de soberanía, Dt 16:1–7 se corresponde con la acostumbrada demanda de que el vasallo comparezca anualmente ante el soberano con el tributo estipulado. Empezando con el v. 18 hay una sección principalmente ocupada con la administración de justicia.

La Pascua. 16:1–8. **El mes de Abib.** Ver Éx 12:1, 6; 34:18. **Pascua.** Este término se utiliza en estos versículos como comprendiendo tanto la Pascua propia como los siguientes siete días de la Fiesta de los Panes Ázimos (cp. el v. 3, notando que el antecedente de "con ella" es **pascua**). Consecuentemente, este sacrificio de la Pascua podía tomarse tanto del rebaño como de la manada (v. 2), en tanto que para la Pascua propia, se prescribía un cordero (Éx 12:3ss.). Para los sacrificios mencionados en Dt 16:2, ver el relato de su celebración en 2 Cr 30:22ss. y 35:7ss., y nótese la utilización allí del término "los sacrificios de la pascua", literalmente, *pascuas*, para los sacrificios del ganado. **3. El pan de aflicción** recordaba las circunstancias opresoras en la casa de esclavitud, especialmente la oposición de Faraón a la salida de Israel, lo que les obligó a hacer preparativos apresurados para la huída. Acerca de los vv. 3, 4a, ver Éx 12:15, 18–20; 13:3, 6, 7; 23:15; 34:18; Lv 23:6. Acerca del v. 4b, ver Éx 12:10; 23:18b; 34:25b; Nm 9:12. Sobre el v. 9, ver Éx 12:16; Lv 23:7, 8; Nm 28:18, 25.

4. A fin de designar más específicamente la Pascua propiamente dicha, Moisés la llama: **la carne que matares en la tarde del primer día.** Las referencias a la "pascua" inmediatamente después de esta designación (vv. 5, 6) tienen también que tomarse, evidentemente, en este sentido estrecho. **7a. La asarás y comerás.** El término utilizado en el original, *bāshal*, es ambiguo, y significa *hervir* cuando se añade la adicional especificación "con agua" o "en ollas" (cp. Éx 12:9; 2 Cr 35:13b).

Cuando se especifica "con fuego", *bāshal* significa claramente "asar" (ver 2 Cr 35:13*a*). Por sí mismo es un término ambiguo. Esta ambigüedad en Dt 16:7 se debe al hecho de que ya estaba establecida la manera de preparar el sacrificio para comerlo y que Moisés ya no estaba preocupado por este extremo. En lugar de ello, estaba enfatizando el punto de que esta fiesta tenía que celebrarse en el santuario central. Solamente después de la celebración de la fiesta entera, tanto preparación como participación, podían los adoradores irse del santuario a los lugares en que vivían. **7b. A tu habitación.** La ambigüedad de esta expresión (que aquí se referiría a las moradas provisionales de los peregrinos en la ciudad santa) es también atribuible al interés dominante de Moisés en la idea del altar central. La preparación del sacrificio en el santuario era una modificación de la observancia de la primera Pascua en Egipto, cuando la sangre fue aplicada a los hogares individuales debido a la ausencia de un culto y un altar centrales.

La Fiesta de las Semanas. 16:9–12. Acerca del tema de esta sección, ver las prescripciones anteriores en Éx 23:16; 34:22; Lv 12:15ss. **10a. La fiesta...de las semanas** (cp. Éx 34:22) fue también llamada la "fiesta de la siega" (Éx 23:16) y el "día de las primicias" (Nm 28:26). En tiempos posteriores recibió el nombre griego de *Pentecostés* debido a la forma en que se calculaba su fecha, esto es, cincuenta días a partir de un inicio determinado (Lv 23:16). Aquel inicio se describe aquí en términos generales como el inicio de la siega del grano (Dt 16:9). No había necesidad de una mayor precisión debido a que la fecha exacta había sido dada ya en Lv 23:10ss. Era el segundo día de la Fiesta de los Panes Ázimos, el día de la ofrenda de la gavilla de las primicias de la siega. Este día era "el día que sigue al día de reposo" (Lv 23:15), porque el primer día de los Panes Ázimos era un día de reposo. A partir de esta cuenta, el Pentecostés del NT cayó en sábado. Las siete semanas entre las peregrinaciones de la Pascua y de la Siega daban tiempo para terminar la siega del grano. **10b. Abundancia voluntaria...que dieres** (cp. Nm 29:39; Lv 23:38). Esta fiesta era una fiesta de gozo: gozo en el Señor, que había introducido a su pueblo a esta tierra paradisíaca y fructífera (Dt 16:10*c*, 11; cp. 12:7, 12, 18; 16:14, 15); gozo en el Señor que les había librado de la esclavitud (v. 12), y por ello un gozo a ser compartido con todos los pobres dentro de la familia del pacto (v. 11*b*).

La Fiesta de los Tabernáculos o de las Cabañas. 16:13–15. La legislación paralela aparece en Éx 23:16; 34:22; Lv 23:33ss.; Nm

29:12ss. **13. La fiesta...de los tabernáculos,** o *cabañas* recibe también el nombre de "fiesta de la cosecha" (en Éxodo). Como la Fiesta de los Panes Ázimos, duraba una semana, esto es, desde el día quince hasta el veintiuno del mes séptimo. Iba seguido por un octavo sábado (Lv 23:36, 39). El nombre tabernáculos refleja la costumbre de habitar en cabañas durante la fiesta, que servía como memoria de la vida en el desierto (cp. la utilización del pan ázimo). El nombre "cosecha" indica que esta fiesta era la culminación del año agrícola, cuando se había recogido la vid además del grano. En el año de remisión, en el que no había cosecha, esta fiesta constituía la ocasión para la lectura pública del texto del pacto (Dt 31:9–13). Otra vez, el quid de la formulación era el de hacer efectiva la ley del santuario central—**en el lugar que Jehová escogiere** (v. 15). Aquí, también, el gozo y el amor constituyen las marcas de la vida y de la adoración del pacto (v. 14).

16, 17. Cp. Éx 23:17; 34:23. Este sumario final dirige todos los ojos de nuevo hacia el santuario central (v. 16*a*) y pone de relieve el carácter de las peregrinaciones como viajes tributarios al trono del Dios-Rey (v. 16*b*). **17. Conforme a la bendición que Jehová tu Dios te hubiere dado.** Cp. 1 Co 16:2.

2) *Justicia judicial-gubernamental.* 16:18—21:23.

Esta sección contiene una serie de estipulaciones con respecto al gobierno teocrático, con un énfasis principal en lo judicial. Israel tenía que añadir a la santidad cúltica una justicia político-judicial. Entre lo gubernamental y lo cúltico existía una unidad de autoridad última, ya que Jehová era a la vez Dios y Rey en Israel. En consecuencia, todas las instituciones teocráticas, a diferencia de aquellas en el estado ordinario, eran confesionalmente religiosas, y había una extensión de práctica cultural más allá del santuario en la administración del gobierno. Además, debido a que toda la ley teocrática, moral y civil así como cúltica, se hallaba comprendida en las estipulaciones del pacto con el Señor que se hallaban escritas en el documento del pacto, y debido a que el Libro de la Ley estaba custodiado por los sacerdotes en el santuario central para ser guardado y expuesto por ellos, el sacerdocio poseía la voz judicial dominante (cp. 21:5), por lo menos hasta el principio de la monarquía (cp. 17:9, 10). Además de su conocimiento de la ley escrita, los sacerdotes tenían acceso mediante el Urim y Tumim a veredictos divinos directos. Esto iba a permitir a los sacerdotes un papel más decisivo, incluso aunque los reyes se hicieran más importantes en los procesos judiciales. Por toda la tierra la voz oracular del Rey divino entronizado en el Santuario se revelaba más y más a y por medio de los profetas. Pero, en tanto que los profetas registraban los juicios no buscados que Dios quería dar a conocer, el funcionamiento judicial del sacerdote se refería a la litigación instituida por un vasallo israelita en contra de otro o a investigaciones iniciadas dentro de la comunidad israelita.

a) Los jueces y el altar de Dios. 16:18—17:13.

18–20. Durante la peregrinación por el desierto Moisés, el mediador, había sido el principal juez de Israel, en tanto que jueces ayudantes señalados de entre las tribus decidían los casos ordinarios (cp. 1:12ss.; Éx 18:13ss.). Aquella disposición quedaba ahora modificada para acomodarse a las nuevas condiciones de vida en Canaán. **18. En todas tus ciudades.** Los districtos judiciales tenían que ser ciudades en lugar de divisiones tribales-genealógicas. Los caudillos naturales del consejo de ancianos local serían probablemente los jueces y los oficiales ayudantes que tenemos aquí a la vista (cp. 19:12). No obstante, en esta introducción a este asunto el énfasis recae no en la estructura organizativa de los juzgados sino en la demanda de justicia en la administración de la ley del Señor— **No tuerzas el derecho** (vv. 19, 20, cp. Éx 23:3, 6, 8). Incluso en los códigos y épicas de los vecinos paganos de Israel la virtud de la justicia en los caudillos constituye un ideal reiterado frecuentemente.

16:21—17:1. La conexión de los procesos cúlticos y gubernamentales (cp. los comentarios introductorios sobre 16:18—21:23) explica la aparición de normas cúlticas entre las regulaciones judiciales. Estos versículos proponen de una forma concreta los principios religiosos normativos hallados en las tres primeras leyes del Decálogo, que tenían que caracterizar los procedimientos judiciales. En primer lugar, sólo se debía consultar la autoridad del Señor (vv. 21, 22; cp. 17:8, 10). Esto se expresa en forma negativa con la prohibición de apelaciones idolátricas a decisiones oraculares (18:9–14). **21. Asera,** la diosa cananea, tiene un sobrenombre significativo, ''Asera de depósitos, diosa de los oráculos'' (*Keret*, 201, 202). La Asera cúltica y el pilar eran evidentemente, entonces, símbolos asociados con procesos judiciales, específicamente la emisión de veredictos oraculares (cp. Pr 16:10). Este papel lo jugaban las imagenes de dioses en Egipto, especialmente en el Nuevo Reino. En segundo

lugar, el aspecto cúltico del procedimiento judicial tiene que estar caracterizado por la misma reverencia por el santo nombre de Jehová que la que se demandaba en el servicio cúltico en todo Israel: **No ofrecerás en sacrificio...buey o cordero en el cual haya falta** (17:1; cp. 15:21; 21:1ss.; Lv 22:17ss.).

17:2–7. Empezando aquí, se presentan reglas de evidencia y de juicio. El caso particular de apostasía que se cita de apostasía (vv. 2, 3) es simplemente ilustrativo de los casos que demandaban castigo capital como veredicto. La formulación concreta de principios, más que la abstracta, constituye una característica de la legislación deuteronómica. En cuanto a las estipulaciones con respecto a la apostasía como tal, ver Dt 13 (cp. Éx 22:20). La selección de esta ilustración en particular es apropiada, pues subraya el énfasis contextual en el señorío exclusivo de Dios en el procedimiento judicial. **2. Traspasando su pacto.** La prohibición de alianzas extrañas es la prohibición básica y repetida del pacto. **3. Lo cual yo he prohibido.** La primera persona nos recuerda que Moisés hablaba como la boca de Jehová (cp. 1:3, 7:4). El punto central lo constituye la demanda de que se salvaguardara la justicia mediante una investigación total y exhaustiva (v. 4; cp. 13:14) y la insistencia en evidencias adecuadas (vv. 6, 7; cp. 19:15). Se precisaba de un mínimo de dos testigos (ver Nm 35:30), y la confianza de ellos en su propio testimonio tenía que evidenciarse por su asunción de la temida responsabilidad de arrojar los primeros, y posiblemente mortales, golpes en la ejecución del condenado (cp. 13:9). Esta medida impedía también la acusación secreta en la prosecución de venganzas personales. **5. Sacarás a tus puertas.** La ejecución tenía lugar fuera del campamento (cp. Lv 24:14; Nm 15:36; He 13:12).

8–13. Moisés perpetuó en forma modificada el sistema de jueces inferiores y superiores que había sido instituido en el Sinaí (Éx 18:13ss.). Durante las peregrinaciones, tanto Moisés, el árbitro definitivo, como el cuerpo de jueces que le ayudaban en temas de menor importancia efectuaban sus funciones de jueces en la vecindad del santuario. No obstante, ya que los tribunales inferiores quedarían descentralizados a partir de entonces y quedarían localizados por las ciudades de Israel (Dt 16:18), se especificó ahora que el tribunal superior tenía que seguir en el santuario central—el **lugar que Jehová tu Dios escogiere** (v. 8)—, un recordatorio de que aquel que habitaba en el santuario era el supremo Juez de Israel. Esta disposición fue dispuesta en primer lugar para el período premonárquico, pero podría seguir después de que surgiera un rey en Israel (cp. 14ss.; 2 Cr 19:8ss.).

8a. Te fuere difícil. Cualquier tipo de caso que resultara ser demasiado difícil (lit. *demasiado maravilloso*; cp. Job 42:3) para el tribunal local quedaría bajo la jurisdicción del tribunal en el santuario central (cp. 19:16–18). No obstante, este último no era un tribunal de apelación. **9. Los sacerdotes...el juez.** El tribunal central consistía de una pluralidad de sacerdotes y jueces (19:17), pero cada uno de estos grupos tenía una cabeza individual, esto es, el sumo sacerdote (cp. 17:12) y un "juez supremo". La formulación no es lo suficientemente específica para determinar de esta ordenanza la división exacta de responsabilidades entre el sacerdote y el juez (cp. 2 Cr 19:11). Evidentemente los veredictos podían ser anunciados tanto por el sacerdote como por el juez (Dt 17:12). **12. El hombre que procediere con soberbia, no obedeciendo...el tal morirá.** Ya que en los dos casos la decisión había sido tomada por un representante del Señor, el dejar de obedecer constituía una rebelión en contra de él y hacía que el delincuente fuera reo de muerte. En verdad, estos representantes del Señor, como agentes oficiales de su juicio, son denominados 'ĕlōhîm, "dioses" (RV, "jueces") en Éx 21:6; 22:8, 28 (en el último, nótese el paralelismo con el "príncipe de tu pueblo"). Acerca de Dt 17:13, ver 13:11.

b) Los reyes y el pacto de Dios. 17:14–20.

Como la ley del santuario estacionario, esta ley contempla no el futuro inmediato sino el más distante. Aunque el establecimiento de la monarquía no se presenta como un imperativo sino como una permisión, es suficiente para mostrar que la monarquía como tal no es antitética al principio del gobierno teocrático (cp. Gn 17:6, 16; 35:11; 49:10). Todo dependía del tipo de monarquía que fuera a surgir. Si el rey se conformaba al espíritu de las provisiones presentes, juzgando bajo el Señor, y según la ley del pacto, en realidad enriquecería la prefiguración simbólica del AT del reinado mesiánico. Fue la indiferencia de Israel a los requisitos religiosos de un rey teocrático que explica la oposición de Samuel a la petición de ellos de un rey (cp. 1 S 8:4ss.). Es digno de señalarse que en tratados similares de soberanía, se ejercita una supervisión similar sobre la elección del rey por parte del vasallo.

La principal insistencia de este pasaje, que establece el fundamento legal del pacto para la monarquía posterior, es que incluso cuando la línea real dinástica haya reemplazado al carisma de los jueces, los reyes también tienen

que sujetarse en su vida y reinado, y especialmente en su actividad judicadora, al pacto de Dios (vv. 18–20). La supremacía judicial pertenecía al Señor, cuya ley se hallaba bajo la vigilancia de los sacerdotes (v. 18; cp. 11). **15. Al que Jehová tu Dios escogiere.** La elección divina de un rey para que se sentara en el trono de Jehová (cp. 1 Cr 29:23) fue revelada mediante un profeta (cp. 1 S 10:24; 16:12ss.). **De entre tus hermanos.** Tenía que ser un cosiervo del pacto. A este respecto el rey sería semejante a su antitipo mesiánico. Las restricciones de los vv. 16, 17 reflejan condiciones en las cortes reales de las naciones alrededor de Israel. En algunas de éstas el rey era un dios; en Israel, Dios era Rey (cp. Éx 15:18; 19:5, 6; Dt 33:5; Jue 8:23). Sobre 16b, ver Éx 13:17; 14:13; Dt 28:68. En el desierto, Israel suspiraba por los productos agrícolas de Egipto (Nm 11:5, 18, 20; 14:4). Confrontado por imperios en los que los caballos eran una fuente de poder económico y militar, codiciarían los famosos caballos de Faraón y sus carros (cp. Is 30:2; 1 R 10:28, 29), olvidando el significado de su elección y de su liberación de la esclavitud de Egipto. Respecto a la violación salmónica de estas restricciones, ver 1 R 10:26ss.; 11:1ss. **18. Una copia de esta ley.** Se proveía una copia del tratado de soberanía para cada rey vasallo. La copia de Jehová, considerada aquí como la original y normativa, se hallaba depositada en el santuario central (31:9). Acerca de los vv. 19, 20, cp. 31:12, 13. David manifestó la conformidad de su espíritu a esta ley del pacto de la monarquía mediante su respuesta salmódica a él (ver Sal 1) y al establecer su trono cerca del santuario central en el lugar que Dios había escogido.

c) Sacerdotes y profetas. 18:1–22.

Se había impuesto responsabilidad sobre Israel para la manutención de los ministros del sacerdocio de Dios cuyas asignaciones administrativas se citan en los contextos precedente y siguiente (vv. 1–8). Después Moisés apremió la eliminación de todos los falsos pretendientes oraculares, incluyendo al falso profeta (vv. 9–22). En relación con ello, expuso la institución de los verdaderos profetas (v. 15ss., con la inclusión del tratamiento de los caudillos teocráticos (juez, 16:8; rey, 17:14ss.; sacerdote y levita, 18:1ss.), que quedan apropiadamente incorporados a esta sección de legislación que trata de la administración oficial de la justicia en la vida teocrática.

1–8. 1. Los sacerdotes levitas. Dt utiliza esta designación en siete ocasiones, y en otras siete ocasiones simplemente "sacerdote(s)". **Es decir, toda la tribu de Leví.** Todos los sacerdotes descendían de la tribu de Leví, pero solamente los levitas aaronitas eran sacerdotes. La traducción de la RV1960, *es decir, toda la tribu de Leví*, arroja sobre Deuteronomio la postura de que todos los levitas eran sacerdotes y por ello crea un conflicto entre su legislación y la de otros pasajes bíblicos. En realidad, la traducción literal del hebreo es, **y toda la tribu de Leví.** La y es interpretativa, ya que en hebreo la construcción es de aposición sencilla. Esta interpretación es gramaticalmente aceptable (cp. 17:1) y coherente con la exposición en el resto de las Escrituras, según la cual todos los sacerdotes descendían de Leví, pero solamente los levitas aaronitas son sacerdotes. El Deuteronomio mismo da una imagen distintivamente diferente de cada grupo: Los sacerdotes son los ministros del altar del santuario central, que gozan de una posición de honor y autoridad supremas; los levitas son en todas partes subordinados funcionales y dependientes sociales. Los sacerdotes y los levitas compartían la comisión de instruir a Israel en la Ley (33:10a; Lv 10:11; 2 Cr 15:3; 17:8, 9; 30:22; 35:3). **1a. No tendrán parte ni heredad.** Esto es, no iban a poseer ningún territorio tribal unificado (cp. 10:9; 12:12; 14:27, 29). Como formulaciones compactas sirviendo al propósito de la renovación del tratado, las estipulaciones deuteronómicas asumen la validez de las regulaciones más detalladas dadas anteriormente, a no ser, naturalmente, que las modifiquen expresamente. Así, los vv. 1b, 2 aluden a una legislación como la de Nm 18:20ss.; Lv 2:3; 7:6–10, 28ss.

2. Jehová es su heredad. El Señor había elegido a los levitas como Su parte primogénita consagrada de Israel (v. 5; cp. Nm 3:5–13) y después se dio a sí mismo a ellos como su heredad. Esto último se expresaba en la participación de ellos en las ofrendas de Israel a Él. Esta disposición era simbólica de la gran verdad del pacto de que Jehová era el Dios de Israel y que Israel era el pueblo de Jehová.

3. El derecho de los sacerdotes. Está en duda si este versículo define más detalladamente las ofrendas por fuego y la **herencia** (p. ej., las primicias, los diezmos) de los vv. 1, 2, o si señala ciertas porciones adicionales. En el primer caso, hay una modificación de la ley anterior, porque las partes aquí asignadas a los sacerdotes no son las mismas que las detalladas en Lv 7:29ss. Si esto es cierto, una explicación de la modificación de la antigua demanda de la espaldilla derecha podría bien ser que la espaldilla derecha era la parte dada a los sacerdotes cananeos, como se ha descubierto en la excavación de una hoya relacionada con un templo cananeo y llena de huesos

de la espaldilla derecha. Asumiendo que el v. 3 sea suplementario a la legislación anterior, algunos mantienen que la referencia no es al sacrificio sino a los animales degollados en casa (cp. la terminología en Dt 12:15, 21). Tal provisión impediría la seria disminución de los ingresos de los sacerdotes, que sería de otra manera el efecto de eliminar esta cantidad considerable de matanza de la categoría de sacrificio. Otra explicación, más sostenible, de 18:3, que lo interpreta como una provisión suplementaria, es que se refiere no a las ofrendas de paz propiamente dichas, sino a otras ciertas comidas sagradas que se consumían en el santuario, ya generalmente festivas, o, como el presente contexto pudiera sugerir, asociadas con procedimientos judiciales. En el v. 4, la lana suplementa las demandas anteriores (cp. Nm 18:12).

6. Y cuando saliere un levita de alguna de tus ciudades. Las ciudades de los sacerdotes se hallaban cerca de Jerusalén, pero las de los levitas se hallaban más alejadas (ver Jos 21). Los vv. 6–8 garantizaban los derechos de todos los levitas en contra de cualquier tendencia restrictiva de intereses sacerdotales en el santuario central. El amor hacia los levitas demandado en general de Israel era requerido también de parte de los sacerdotes.

9–22. Si Israel deseaba más revelaciones de la voluntad de Jehová además de lo que se hallaba expresamente escrito en la Ley de Moisés, se podía recurrir al Urim y Tumim mediante los sacerdotes. Más allá de ello, la iniciativa en revelación pertenecía a Dios, que suscitaría profetas y hablaría por ellos (v. 18). Los israelitas tenían que quedar satisfechos con ello y someterse a aquella revelación (vv. 15–19). Si ellos consideraban inadecuados a Moisés y a los profetas, entonces ni la voz de un muerto sería de ayuda. Se tenían que evitar las pretendidas fuentes oraculares, como las que florecían entre los cananeos (vv. 9–14). Y el profeta presuntuoso, que hablará falsamente como de parte de Jehová, y con el todos los falsos profetas, tenía que ser exterminado (vv. 20–22).

9. No aprenderás a hacer según las abominaciones de aquellas naciones. Todas las supersticiones ocultas —adivinación, brujería, espiritismo (vv. 10, 11)— eran **abominaciones** (vv. 9, 12) para Jehová, e invitaban la sentencia del anatema (cp. comentarios acerca de 7:1ss.). La magia pagana estaba identificada con la religión pagana, y por ello su práctica constituiría rebelión en contra de la demanda de lealtad de Israel hacia el pacto de Jehová: **perfecto serás.**

15. Profeta de en medio de ti...como yo. Esta figura del profeta, como ciertas otras del

AT (p.ej., la simiente de la mujer, el hijo de David, el siervo de Jehová, el hijo del hombre) posee a la vez un significado corporativo y un significado individual. El sentido colectivo (esto es, la institución como un todo de la profecía del AT) es claramente requerido, porque se toca en relación con este contexto el problema de distinguir entre profetas falsos y verdaderos (vv. 20–22), y este "profeta" se presenta como la legítima contrapartida de las instituciones oraculares de Canaán (vv. 9–14). Además, dentro de la estructura de Deuteronomio, esta es la sección que trata de los varios oficios teocráticos, y el oficio profético no es establecido de manera formal en ningún otro pasaje (cp. Lc 11:50, 51). Al mismo tiempo, este pasaje fue interpretado por Jesús y Sus apóstoles como señalando al Mesías (ver especialmente Hch 3:22, 23; cp. Jn 5:43; 12:48, 49; Mt 17:5). Jesús fue el profeta antitípico que la institución profética del AT prefiguraba. El oficio profético era una función mediatoria y así, en una medida, una extensión del oficio mediador de Moisés: como yo (cp. Nm 12:6, 7). Le fue dado a Israel en respuesta a la petición hecha en Horeb por un mediador de la revelación divina (Dt 18:16ss.; cp. 5:23ss.).

20a. El profeta que tuviere presunción de hablar palabra en mi nombre. Uno así era una amenaza más sutil que el adivino cananeo o el soñador israelita, apoyado por señales, que seducían hacia otros dioses (v. 20b; 13:1ss.). Y tenía que recibir el mismo tratamiento que éstos (v. 20c; cp. v. 12; 13:5). Identificarle era más difícil (v. 21), pero quedaría descubierto por el fracaso de sus predicciones verificables (v. 22).

d) Garantías de justicia. 19:1–21.

El tema de la justicia judicial sigue con estipulaciones calculadas para asegurar un juicio justo y un veredicto verdadero. Se proveía de asilo para el homicida a fin de que la ira del vengador no impidiera un juicio sobrio (vv. 1–13). Se prohibía la manipulación de la evidencia (v. 14). Se demandaba un testimonio adecuado y honesto (vv. 15:21). Estas medidas servían a la justicia al proteger al inocente, pero la justicia tenía que ser satisfecha también mediante el castigo del culpable sin compasión alguna (vv. 11–13, 19–21).

Asilo judicial. 19:1–13. **2, 3. Te apartarás tres ciudades...para que todo homicida huya allí.** La tierra que se considera es la que se halla al oeste del Jordán, porque, como se afirma en la conclusión del prólogo histórico (4:41–43), Moisés había ya señalado tres ciudades de refugio al este del Jordán. El papel de Josué en la ejecución de esta institución de ciudades de refugio constituye una marca de la unidad funcional y dinástica de Josué con Moisés (cp. Jos 20).

6. Una función del pariente-redentor era la de ser **el vengador de la sangre** (Gn 4:10ss.). Esta institución no constituía necesariamente la marca de una sociedad éticamente primitiva; más bien, constituye la marca de una forma de gobierno menos compleja y menos centralizada. Considerado idealmente, el **vengador** tenía que actuar debido a su pasión por la justicia. No obstante, debido a la posibilidad de que actuara debido a una mera pasión, su oficio, en tanto que persistiera, quedaba sabiamente controlado en el nuevo gobierno de Israel, más centralizado, establecido en Deuteronomio. El control se conseguía explotando y expandiendo la institución de asilo anteriormente asociada con el altar (cp. Gn 4:15; Éx 21:14b).

La semilla de esto se hallaba contenida en el libro del pacto sinaítico (Éx 21:12–14), y se hallaba totalmente expuesto en Nm 35:9–34. Se añaden ciertos refinamientos en Dt 19 (cp. 3a, 8, 9 y 12, particularmente en referencia al futuro crecimiento de Israel en Canaán. En Nm, el termino "ciudades de refugio" se aplica a aquellas ciudades que ofrecían protección al homicida fugitivo no culpable de asesinato premeditado (vv. 4, 5). Así como la separación geográfica de las tribus del altar central en Canaán demandaba la descentralización de la matanza de animales (12:15ss.), así se demandaba una descentralización del asilo. El hecho de que las ciudades de refugio fueran las ciudades levíticas (cp. Jos 20:7ss. y 21:1ss.) indica, no obstante, que a diferencia de las matanzas de animales efectuadas aparte del altar central, el asilo descentralizado no perdía su carácter sagrado. Notar también la integración de esta provisión con la vida del sumo sacerdote (Nm 35:25). Las ciudades de refugio eran, entonces, extensiones del altar como un lugar de asilo. Todo esto contribuye adicionalmente al énfasis de esta sección de las leyes acerca de la importancia judicial del sacerdocio y el altar central. Ya que el altar era el lugar de la habitación de Jehová, se pueden ver en estas leyes de asilo el equivalente deuteronómico de las estipulaciones de extradición que figuran de forma sobresaliente en los tratados internacionales de soberanía.

9. Entonces añadirás tres ciudades más. Moisés miraba más allá del futuro cercano y la selección de las tres ciudades occidentales a un futuro más remoto, cuando la expansión israelita —de acuerdo con la promesa divina (1:7; 11:24; 12:20)— crearía la necesidad de nueve ciudades de refugio en lugar de seis. No existe ningún registro histórico de que se llevara a cabo este mandato.

12a. Los ancianos de su ciudad. Estas autoridades locales tenían la responsabilidad de la sangre inocente vertida en su vecindad (ver también 21:3ss.), y tenían por ello un papel en satisfacer el clamor de aquella sangre por justicia (cp. v. 13), pero sin anular el antiguo derecho del vengador individual (12*b*). El juicio mismo tenía lugar ante "la congregación" (Nm 35:12, 24), esto es, en público, pero sea que ello tuviera lugar en la localidad del homicida o en la ciudad de refugio no está claro. Jos 20:4 (cp. v. 6) menciona un juicio, por lo menos provisional, que tenía que celebrarse en esta última.

La ley de los límites. 19:14. Este versículo trata de lo que era, en efecto, una violación del noveno mandamiento, como lo hacen también los vv. 16–21. **Los límites de la propiedad de tu prójimo.** El valor de las marcas de límites como evidencia en litigación de propiedades es evidente. Su inviolabilidad quedaba protegida por severas sanciones en varios códigos legales antiguos, y maldiciones inscritas en las mismas marcas de los límites en contra de los violadores (cp. 27:17). Piedras de varios metros de altura (*kudurru*, en acadio), marcaban los límites de las concesiones reales. El hecho de que la herencia de Israel y de cada israelita individual era una concesión real de su Rey divino, lo que añadiría a la culpabilidad de cualquiera que violara los límites que serían establecidos por las primeras generaciones después de la conquista: **los antiguos.**

Leyes sobre el testimonio. 19:15–21. **15. Por el testimonio de dos o tres testigos.** Este versículo estipula como principio general de administración en casos criminales la ley del testimonio que había sido anteriormente enunciada para casos capitales (17:6; Nm 35:30). Dt 19:16–21 trata de los testigos perjuros, esto es, de la violación del noveno mandamiento en el tribunal (ver 5:20; Éx 20:16; 23:1). **16. Testigo falso.** Así se le designa en vista de las conclusiones; pero desde el punto de vista de los jueces locales no está claro si él o el acusado es el mentiroso. Es precisamente debido a esta dificultad que se tenía que remitir el caso al tribunal central (cp. 17:8–13). **18. Inquirirán bien** (cp. 13:14; 17:4). No se tenía que recurrir a la tortura, como en algunos casos en la práctica legal de los vecinos de Israel. **21. Vida por vida.** No obstante, la pena por perjurio tenía que establecerse según el principio de la *lex talionis* (Éx 21:23ss.; Lv 24:17ss.), que se seguía casi universalmente. Este principio no constituía una licencia a la venganza, sino una garantía de justicia. Nótese de nuevo la preeminencia del sacerdote en el juicio (Dt 19:17).

e) El juicio de las naciones. 20:1–20.

La justicia teocrática tenía que ejercitarse en el seguimiento de la guerra más allá de las fronteras de Israel así como en la administración de la ley criminal dentro de la tierra. Aquí, de nuevo, aparece una hegemonía del sacerdote y del culto en el proceso judicial (v. 2ss.). Así como las ciudades de refugio constituían una extensión del aspecto del asilo del altar a través de la tierra (cp. 19:1ss.), así la campaña militar consagrada en contra del enemigo extranjero constituía el juicio justo y santo del santuario —o mejor, de Jehová— sobre la tierra (vv. 1*b*, 4, 13*a*). Mientras que todas las operaciones militares de los israelitas sancionadas por Jehová constituían juicios teocráticos, y el adversario asumía siempre el carácter de enemigo del reino de Dios, se hacía una distinción entre las guerras contra las naciones cananeas y las guerras contra las naciones muy lejanas (v. 15ss.). El mandato programático de Dt 7 se concentraba en las primeras; las presentes estipulaciones tienen que ver con las segundas. También en los tratados extrabíblicos de soberanía se regulaban cuidadosamente las actividades militares del vasallo y la distribución del botín y el soberano prometía su ayuda en caso de necesidad.

1. Jehová...está contigo. La memoria de las victorias del Dios todopoderoso en el establecimiento de la teocracia, y la seguridad de su presencia en medio de su pueblo también cuando estuviera dando las batallas del Señor eran para confirmar su fe cuando afrontaran ejércitos y tecnología militar superiores a los de ellos. En cuanto a caballos y carros, que Israel cante de nuevo el Cántico del Mar: "Jehová es varón de guerra...echó en el mar los carros de Faraón y su ejército...ha echado en el mar al caballo y al jinete...Jehová reinará eternamente y para siempre" (Éx 15:3*a*, 4*a*, 18). **2. Se pondrá en pie el sacerdote y hablará.** En el mundo antiguo, los sacerdotes y los intérpretes de oráculos eran miembros regulares del personal militar (cp. Nm 10:8, 9; 31:6; 1 S 7:9ss.). La función del sacerdote israelita no era análoga a aquella de un capellán en un ejército moderno. Más bien representaban al santuario en nombre del cual avanzaba el ejército israelita; consagraba la batalla a la gloria de Jehová de los ejércitos y del reino de su pacto. Sobre el v. 4, ver 23:14; 1 S 14:18; 2 S 11:11.

La situación contemplada en los vv. 5–9 es la de los primeros días en Canaán antes de que

DEUTERONOMIO 20:5 — 21:3

hubiera un ejército regular con mercenarios extranjeros como cuerpo de elite. **5. Los oficiales.** La milicia de las tribus tenía que ser levada por los oficiales tribales (cp. 1:15). El asirio Shamshi-Adad, en su correspondencia militar, manda a aquellos encargados de la leva: "El jefe cuyas fuerzas no salen en toda la fuerza y que deje atrás a un hombre incurrirá en la desgracia del rey" (Mari, I, 6:18ss.). No obstante, ya que en las guerras de Jehová la victoria no venía por el poder de las huestes de Israel, la leva se hacía libre de obligación de manera que sólo la conciencia fortificada por la fe en Jehová como el Dador de la victoria (v. 4) compelía al alistamiento. (Para un ejemplo histórico sobresaliente de ello, ver Jue 7:2, 3.) **8. Y no apoque el corazón de sus hermanos.** Las épicas homéricas retratan a los ejércitos desmoralizados llorando como niños añorando su hogar, y gimiendo como becerros. Tal comportamiento de parte del ejército israelita traería deshonor al nombre de Jehová ante los paganos. Los tipos de exención citados en los vv. 5–7 no eran, evidentemente, nuevos para Israel (cp. el poema sumerio, "Gilgames y la tierra de los vivientes", 49ss.; el poema ugarítico, *Keret,* 101 ss.). Jesús insistió (Lc 14:18ss.) que tales excusas que servían para la exención del servicio militar no eran válidas para la exención de que un hombre respondiera prontamente a Su invitación para salvación. (Acerca del v. 6, cp. Lv 19:23ss.; acerca del v. 7, cp. 24:5.)

10. Le intimarás la paz. Tal oferta fue expresamente prohibida en el conflicto con las ciudades de Canaán (7:2ss.). La identificación del reino de Dios con el reino terrenal de Israel constituyó una anticipación en el AT del juicio final que ha de caer sobre aquellos que permanecen afuera del reino redentor de Cristo. No obstante, este juicio del AT no podría ejecutarse universalmente. Pues entonces habría terminado prematuramente la época de gracia para los gentiles, y se habría nulificado la promesa de que Israel iba a ser una bendición a todas las naciones por medio del Mesías (Gn 12:3). Por ello se aplicó estrictamente la tipología del juicio final solamente en la guerra contra las naciones dentro de los límites reclamados por Dios para su reino típico (Dt 20:16–18; cp. 7:2ss.). **15. Las ciudades que estén muy lejos de ti.** Más allá de estos límites la tipología del juicio quedaba atemperada por los principios que gobiernan las relaciones acostumbradas de las naciones ordinarias (vv. 10–15), pero no de tal manera que se perdiera el significado de la confrontación de una nación antigua con el reino de Dios de Israel. En consecuencia, en el ofrecimiento de

paz de parte de Israel (v. 10) y en la sumisión de la ciudad gentil como tributario del pacto con Jehová (v. 11) quedaba tipificada la misión salvadora del pueblo de Dios en este mundo (cp. Zac 9:7*b*, 10*b*). El juicio de aquellos que rehusan hacer su paz con Dios por medio de Cristo quedaba exhibido en el sitio, conquista, y castigo de la ciudad rebelde (Dt 20:13), aunque, como se observa más arriba, no equivalía a una aplicación estricta del *ḥērem* (anatema), ni tan siquiera un tratamiento tan severo como se acostumbraba en la guerra antigua (vv. 14, 19, 20). **19b. Porque el árbol...no es hombre para venir contra ti.** Estas palabras son oscuras en hebreo. Otra versión dice: *El árbol...es la vida del hombre.*

f) Autoridad del santuario y del hogar. 21:1–23.

Este cap. concluye los mandamientos relacionados con la autoridad gubernamental. Ya que toda esta autoridad constituye una extensión de la autoridad de la cabeza individual de la familia (ver el quinto mandamiento), estas estipulaciones finales acerca de este tema tratan apropiadamente del ejercicio de la autoridad dentro del hogar. Se imponen sanciones para dar vigor a esta autoridad (vv. 18–21), y hay reglas para asegurar un justo ejercicio de la tal autoridad (vv. 10–17). Los vv. introductorios prescriben el proceso judicial en casos en los que no se pueda satisfacer la justicia penal debido a que se desconoce la identidad del delincuente (vv. 1–9). Las provisiones que se dan son tales como para demostrar aún más la orientación de todo el gobierno teocrático hacia el santuario. De manera similar, la estipulación final insiste en que se respete la ley cúltico-ceremonial en la administración de la ley criminal (vv. 22–23). El altar teocrático y el tribunal teocrático eran dos manifestaciones de la justicia del Rey teocrático, el Santo que escogió Su habitación en Israel.

Responsabilidad corporativa de la comunidad. 21:1–9. **2. Tus ancianos y tus jueces.** Los miembros de los tribunales locales (ver 16:18) debían determinar qué ciudad tenía que llevar la responsabilidad. **3. La ciudad más cercana.** Este principio de responsabilidad corporativa de la comunidad en el caso de criminales no descubiertos aparece también en el código de Hammurabi. Las leyes 23 y 24 de aquel código demandaban de la ciudad más cercana que hiciera restitución en casos de robo y que se compensara con una mina de plata a la familia de algún muerto. **Los ancianos de la ciudad** (cp. 19:12), como representantes de toda la población, tenían que llevar a cabo la ejecución ceremonial (3*b*, 4). Este ritual tenía que llevarse a cabo bajo la jurisdicción de **los sacerdotes** (5*a*). **5b. Por la palabra de ellos se decidirá toda disputa y toda ofensa** (cp. 17:8, 10). Aquí tenemos una clara afirmación de la definitiva autoridad judicial investida sobre el sacerdocio. La función del sacerdote en el caso que nos ocupa tenía que ser puramente judicial, porque la matanza de la becerra (v. 4*b*) no era un sacrificio cúltico, sino una ejecución judicial. Es evidente de la forma de la ejecución que no se trataba de un sacrificio de altar (cp. Éx 13:13). Ya que era solamente una ejecución ceremonial, considerándose a la becerra como sustituto del homicida desconocido, no se hacía una verdadera satisfacción de la justicia. **9. Y tú quitarás la culpa...de en medio de ti.** El ritual servía para mantener la posición ceremonial de aquellos involucrados como miembros del pacto sacramentalmente cualificados (vv. 8, 9). Al hacerlo así, aquello prefiguraba proféticamente (igual que un sacrificio en el altar) la ejecución vicaria del Siervo mesiánico de Jehová por la culpa de sangre de Su pueblo. No solamente los hombres, sino que la tierra manchada de sangre participaba también de la contaminación simbólica; y también su contaminación quedaba purgado, en figura, mediante el ritual judicial (cp. Nm 35:33). En ello había un recordatorio de que la justicia perfecta tiene que llegar a saturar al fin la totalidad del reino de Dios. Otro producto secundario de esta demanda ritual sería la preservación de la paz mediante la eliminación de posibles malos entendidos que pudieran desatar luchas entre ciudades si el pariente del muerto fuera precipitadamente a seguir su papel de vengador.

Los límites de la autoridad de un esposo. 21:10–14. Esta primera de tres estipulaciones tratando de la autoridad de la cabeza de la familia (cp. vv. 15–21) trata de los límites de la autoridad del marido sobre su mujer. El caso de una mujer cautiva (vv. 10:11; cp. 20:14; contrástese con 7:3) se utiliza como un ejemplo para establecer los derechos de una esposa, quizás debido a que al principio sería evidentemente aplicable *a fortiori* en el caso de una esposa israelita. Acerca de los actos de purificación de los vv. 12*b*, 13*a*, que significaban la eliminación de la posición de esclava-cautiva, cp. con Lv 14:8; Nm 8:7. Acerca del mes de duelo, ver Nm 20:29 y Dt 34:8. Este período proveería la consecución de una compostura interna para empezar una nueva vida, así como para una expresión apropiada de piedad filial. **14. No la venderás.** Una esposa no podía ser reducida a la posición de esclava, ni tan siquiera una esposa que había sido elevada de una posición de esclava. Aunque la ilustración

de la esposa cautiva en particular es peculiar de Dt, se expresa el mismo principio en el libro del pacto, en el que se cita el caso de la esclava israelita (Éx 21:7–11). **La dejarás en libertad.** La rotura de la relación matrimonial se menciona aquí solamente de pasada con la afirmación del principio de que la autoridad de un hombre no llegaba a poder reducir a su esposa a una condición de esclavitud. La disolución del matrimonio tendría que efectuarse según las leyes de divorcio de la teocracia (cp. Dt 24:1–4). No que el divorcio fuera obligatorio, sino que se otorgaba libertad en caso de que un hombre decidiera divorciarse de su mujer según el permiso dado por Moisés a causa de la dureza de sus corazones (cp. Mt 19:8).

Los límites de la autoridad de un padre. 21:15–17. Esta estipulación circunscribía la autoridad del padre sobre sus hijos específicamente con respecto a los derechos del primogénito. La ilustración en particular involucra otra situación dentro de la economía mosaica que era solamente tolerada, esto es, la poligamia. Allí donde se practicara la poligamia, el problema citado (v. 15) habría sido común (cp. Gn 29:30ss.; 1 S 1:4ss.). **17c. Suyo es el derecho de primogenitura.** El derecho de primogenitura incluía una parte doble de la herencia a la de los otros hijos. El principio aquí puesto en vigor es que la autoridad paterna no es absoluta. La mera preferencia de un padre no justificaba el menosprecio de los derechos tradicionales divinamente sancionados de aquellos que se hallaban bajo su autoridad paterna.

El juicio de un hijo rebelde. 21:18–21. Si el mal uso de la autoridad producía tiranía, la falta de respeto por la autoridad apropiada sería causa de anarquía, la misma contradicción del orden del pacto como manifestación del señorío de Dios. En particular, la autoridad paterna había sido ordenada por Dios para representar la autoridad divina y para ser la piedra angular de todo el gobierno humano y del orden de la sociedad. Por ello, en tanto que era necesario proteger a aquellos bajo la autoridad de un cabeza de familia de un abuso arbitrario de autoridad (vv. 10–17), era también necesario fortificar aquella autoridad frente al espíritu de rechazo a la ley en una generación de Belial (v. 20). Aquí queda apoyado por la máxima sanción de la ley teocrática (v. 21; Éx 21:15, 17; Lv 20:9; Dt 27:16). **18. Y habiéndole castigado.** El castigo tenía que ser el límite de la propia aplicación por parte de los padres de sanciones judiciales. A partir de aquello, el proceso judicial tenía que ser llevado a cabo por los ancianos a la puerta

(v. 19), esto es, por el tribunal teocrático local (cp. 16:18ss.).

Desprendimiento de un cadáver de un criminal. 21:22, 23. La ley anterior había pasado de la autoridad paterna a la judicial oficial y había prescrito la pena de muerte. El caso presente toma el proceso judicial un paso más adelante, a la exposición del cadáver como una proclamación pública, indicativa de la justicia satisfecha. El principio que se ejemplifica es que toda la administración teocrática de la ley tiene que operar en el servicio de la religión del pacto. **23. Maldito por Dios es el colgado.** El condenado habrá sido culpable de delitos declarados malditos en las sanciones del pacto. Como un ejecutado, incorporaría de una manera visible la maldición de Dios derramada. Y como cadáver humano expuesto a las aves y a los animales de presa (cp. 2 S 21:10), el hombre colgado de un árbol sería una expresión de lo mas definitivo en maldición de Dios sobre la raza caída (cp. p. ej., Ap 19:17ss.). En esta conclusión a la serie de estipulaciones en las que Dios demanda una perfecta rectitud judicial y la satisfacción de cada una de las demandas de la justicia, si era necesario mediante un vicario sufriente, el creyente del NT recuerda a Aquel que sufrió la maldición de Dios para redimir a su pueblo de la inexorable maldición de la ley (Gá 3:13).

3) Santidad del orden divino. 22:1—25:19. El amor hacia Dios demanda reverencia hacia las ordenanzas divinas en los varios niveles de la creación y en las varias esferas de la actividad humana. El siervo del pacto tiene que respetar la santidad de los ordenes de la naturaleza (22:5–12), del matrimonio (22:13–30; Biblia hebrea, 23:1), y el reino teocrático (23:1 [Biblia hebrea, 23:2]–25:12). Con la excepcion parcial del orden natural, el área contemplada es la de las mutuas relaciones de los siervos del pacto. Por ello, toda esta sección se halla constituida de leyes que claramente expresan el principio básico de que se tiene que expresar la misma consideración afectuosa por los intereses del prójimo de uno que por los propios (22:1–4; 25:13–16). Los tratados extrabíblicos de soberanía regulaban también las relaciones de los vasallos del señor entre ellos.

a) Las ordenanzas del trabajo y del matrimonio. 22:1–30.

1–4. Se halla legislación similar en el libro del pacto (Éx 23:4ss.). Allí se halla en medio de las leyes designadas para asegurar una administración honesta de la justicia. La ley de Dios tiene que ser obedecida por el hombre incluso en sus actos secretos que se hallan más allá de la detección de los agentes humanos que Dios utiliza para la puesta en vigor de la ley. Así Dt 22:1–4 pudiera servir bien como un apéndice a la sección precedente acerca de la puesta en función de la ley teocrática. Se da el recordatorio de que las demandas de Dios con respecto a nuestras relaciones se hallan verdaderamente cumplidas solamente cuando actuamos en un espíritu de amor que va más allá de meramente mantenerse dentro de la ley, para evitar el castigo, y que positivamente busca el bien de otros como si fuera el nuestro propio. Esta ley del amor es el principio esencial que las siguientes estipulaciones aplican en las particulares situaciones en la vida del pueblo del pacto.

5–12. El hombre tiene que tener presente que, en todo el uso que hace de este mundo, es el mayordomo de Dios. Por ello se prescribieron varias regulaciones para los israelitas que les recordarían de forma continua, al dedicarse a seguir el programa cultural del reino de Dios (cp. Gn 1:28), que el mundo es del Señor, porque él es su Hacedor. Ciertamente, el hombre ha sido puesto como un rey sobre la tierra, con todo el orden de la naturaleza bajo su dominio; pero el gobierno del hombre es el de virrey en nombre del Creador. Por ello, la autoridad humana tiene que ejercitarse según la pauta dispuesta por Dios. Es este principio fundamental que subyace en la demanda introductoria de esta sección de que no se borre la distinción entre hombre y mujer debido a la apropiación por parte de uno de los artículos característicos del otro (Dt 22:5). Dios los creó macho y hembra, con naturalezas y funciones distintivas; específicamente, en el orden divinamente establecido de autoridad, el hombre es la cabeza de la mujer en su reinado conjunto sobre la tierra. Jehová creó las varias ''clases'' en el reino vegetal y animal (Gn 1:11ss.). Israel tenía que tratar estas ''clases'' de tal manera que quedaran preservadas en sus naturalezas distintivas (Dt 22:6, 7, 9–11; cp. Lv 19:19). **8. No eches cuba de sangre sobre tu casa.** De significado especial en el orden natural de la creación es la vital sangre del hombre. El descuido con respecto a ella muestra una ausencia de respeto al prójimo y de respeto a Dios. Por ello, se incurre en culpabilidad ante el Creador incluso cuando los accidentes resultantes de tal descuido no reciban correctivo humano. **12. Te harás flecos.** Como las otras estipulaciones en esta sección, la regla final, que demandaba el cosido de flecos en el vestido exterior, estaba designado para proveer un especial recordatorio de la soberanía de Dios sobre Israel (cp. Nm 15:37–41).

13–30. Las leyes de los versículos precedentes eran para regular la ordenanza del trabajo, que procedía de la creación; las leyes de esta sección estaban destinadas a gobernar la institución del matrimonio, también instituida en la creación. La santidad de la divina institución de la familia es así el centro del interés de las presentes provisiones. **13, 14. Cuando un hombre tomare mujer,...y le atribuyere faltas que den que hablar.** El caso es aquel en el que el marido alega falta de castidad en contra de su esposa, sea falsamente (vv. 13– 19) o justamente (vv. 20, 21). En el primer caso, el malicioso acusador debía sufrir un castigo corporal (v. 18; cp. 25:1–3), pagar compensación a su suegro por difamar su casa (v. 19a), y retener a su esposa sin que jamás se le permitiere divorciarla (v. 19b). En el segundo caso, la esposa culpable que había traido "vileza" tenía que sufrir muerte por lapidación delante de la casa de su padre. En sociedades en las que este tipo de evidencia era legalmente decisiva, se acostumbraba después de la consumación del matrimonio guardar la prenda de la virginidad de la esposa (v. 17). (Acerca de la responsabilidad de los ancianos, ver 19:12; 21:2–6, 19, 20; 25:7–9. Acerca del adulterio, punido con la muerte, ver 5:18; Lv 18:20, 29; 20:10.)

Los vv. **23–29** tratan de la seducción de doncellas no casadas, sea que estuvieran desposadas (vv. 23–27) o no desposadas (vv. 28, 29). Si la doncella estaba desposada, el hombre apresado tenía que ser apedreado a muerte. La misma pena le era aplicada a la muchacha si su relación sexual había tenido lugar en la ciudad (vv. 23, 24); pero no si las circunstancias permitían la razonable asunción de que había sido violada: **no hay en ella culpa de muerte** (vv. 25–27). El seductor de una virgen no desposada se hallaba obligado a tomarla por esposa, pagando el acostumbrado precio de la novia, y perdiendo el derecho a divorcio (vv. 28, 29). Es probable que el derecho del padre mencionado en Éx 22:17 siguiera teniendo precedencia. Acerca de Dt 22:30, ver Lv 18:6ss.; 20:11ss.; Dt 27:20ss. Esta sola prohibición representa, tal como trae en mente, toda la lista de grados prohibidos de afinidad.

El tema de los caps. **23–25** lo constituye la santificación del reino teocrático. Israel tiene que respetar la santidad de la congregación del Señor como tal (23:1–18; Biblia hebrea, 2–19); la santidad de clases especiales de siervos de Dios, en particular los menesterosos (23:19 [Biblia hebrea, 20], 24:22); y la santidad de cada ciudadano de la teocracia como un portador individual de la imagen de Dios (25:1–12).

b) La congregacion de Jehová. 23:1–18.
1–8. La sacralidad de la congregacion de Jehová quedaba significada por la exclusión de la participación en la congregación teocrática oficial de aquellos descalificados en varias maneras. La descalificación podía ser física (vv. 1, 2) o étnica e histórica (vv. 3–8). Excluidos quedaban el eunuco (v. 1) y el **bastardo** (v. 2) junto con sus descendientes: **ni hasta la décima generación**, esto es, indefinidamente (cp. v. 3). La condición de eunuco era una mutilación de una naturaleza divinamente otorgada (cp. 14:1). El bastardo era el producto de un repudio de la ordenanza divinamente señalada. Es posible que *mamzēr*, traducido **bastardo**, sea más precisamente uno nacido de una unión incestuosa (cp. 22:30). Tales exclusiones del privilegio señalan a la importancia del designio del matrimonio en la administración del pacto para asegurar una simiente piadosa. No obstante, incluso en los días del AT esta incapacidad física constituía un obstáculo solamente al privilegio externo, no a las realidades espirituales de la salvación. En los tiempos del NT tales incapacidades no entran ya más en consideración siquiera en la administración externa de la Iglesia (cp. Is 56:4, 5; Hch 8:27, 28). Lo mismo resulta cierto de los casos de descalificación mencionados en Dt 23:3–8.

4a. Por cuanto no os salieron a recibir con pan y agua. Aunque los amonitas y los moabitas habían nacido de un incesto (cp. v. 2; Gn 19:30ss.), la razón que se asigna para su proscripción es que no estuvieron dispuestos a mostrar hospitalidad al pueblo de Dios en su viaje por el desierto desde Egipto a su patria (cp. Dt 2:18ss., 29), e incluso intentaron una acción ofensiva contra Israel—**Alquilaron contra ti a Balaam...para maldecirte** (4b; cp. Nm 22—25). La maldición divina es la porción de aquellos que maldijeran al pueblo del pacto, según la promesa de Dios dada a Abraham (Gn 12:3). De ahí, el Israel teocrático no podía entrar en alianza con pacto con estos malditos maldicientes (Dt 23:6). **7. No aborrecerás al edomita...al egipcio.** En el caso de los edomitas y de los egipcios de nuevo la exclusión era la regla, debido a su pasada enemistad (cp. la opresión egipcia, Éx 1:8ss., y la oposición edomita, Nm 20:18ss.), pero quedaba modificada (Dt 23:8; cp. Éx 20:5), en un caso, debido a sus relaciones de parentesco abrahámico (cp. Gn 36:1ss.) y en el otro, debido a la hospitalidad mostrada a Abraham y a la familia de Jacob cuando estuvieron angustiados por el hambre (Gn 12:42–47).

9–14. 9. Te guardarás de toda cosa mala. El campamento militar de Israel comprometido en las guerras de Jehová constituía una extensión del reino teocrático y tenía que estar caracterizado por la misma santidad que marcaba a la comunidad asentada. **14. Jehová tu Dios anda en medio de tu campamento.** En la guerra como en la paz Dios se hallaba presente en medio de su pueblo, y Su nombre tenía que ser santificado. La limpieza física constituía el símbolo apropiado de la santidad de la relación del pacto. (Acerca de los vv. 10, 11, cp. Lv 15:16.)

15–18. Estos vv. presentan ejemplos adicionales de lo que podría considerarse o no compatible con la membresía sagrada en la congregación de Jehová. **15. El siervo que huyere.** Esta ley se relaciona con esclavos extranjeros huidos. Acerca del otorgamiento de asilo al refugiado, comparar con las leyes de extradición en los tratados seculares. **17. Ramera...sodomita.** Estos eran mujeres que se sometían a prostitución religiosa, masculina o femenina, tal como queda indicado en los términos hebreos, que tienen la forma femenina y masculina de una raíz que significa "sagrado". La ley se refiere a israelitas nativos dedicados a la prostitución cúltica. Lo que está a la vista son los abominables ritos de fertilidad paganos. **18. El precio de un perro.** Acerca de **perro**, otro nombre para un varón prostituido, ver Ap 22:15. No se podían satisfacer las santas demandas del pacto de Dios escondiendo el pecado bajo hipocresía religiosa. Con el fin de impedir que las normas dadas en Dt 23:3–8 dejen la falsa impresión de que las consideraciones étnicas eran lo más importante, se pone en claro mediante estas otras dos normas, la una dando la bienvenida al extranjero y la otra excluyendo a ciertos israelitas, que la misericordia y la moralidad eran los principios vitales de la administración del pacto.

c) La protección de los débiles. 23:19— 24:22.

Se tenía que mostrar respeto hacia todos aquellos dignificados por la posición del siervo del pacto del Señor. Esta sección de estipulaciones tenía el designio de garantizar esta santidad del ciudadano teocrático mediante normas que aseguraran paz, prosperidad y libertad dentro del compromiso del pacto con Dios de todo su pueblo, pero especialmente a aquellas clases cuyo bienestar quedaba amenazado por varias circunstancias. La legislación parece estar dispuesta en grupos correspondiéndose a las leyes seis hasta la diez en el Decálogo, pero en un orden ligeramente diferente, de la siguiente manera: leyes de propiedad (23:19–25), de familia (24:1–5), de vida (24:6–15), de justicia (24:16–18), y de caridad (24:19–22).

Leyes de propiedad. 23:19–25. **19. No exigirás de tu hermano interés de dinero.** Los israelitas empobrecidos quedaban protegidos de la explotación de manos de sus hermanos más ricos por la prohibición de interés sobre los préstamos que se les hicieran. (cp. Éx 22:25; Lv 25:35ss.; Dt 15:1ss.). Se podía cobrar interés a extranjeros (**extraño**, v. 20), empero, debido a que los préstamos dados a ellos no serían para aliviar la pobreza, sino para capital para negocios que emplearan estos viajantes de negocios en empresas provechosas. **22. Cuando te abstengas de prometer.** Más allá de las demandas tributarias estipuladas con el Señor del pacto, la propiedad del vasallo se hallaba a su propia disposición. No obstante, este derecho no tenía el designio de desalentar la libre expresión de amor y gratitud religiosas, ni permitía escapar de la obligación de un voto voluntario una vez éste había sido pronunciado. Reverenciando su propio santo nombre, Dios no iba a desalentar un sentido de descuido o de impunidad en aquellos que entraban en solemnes compromisos con Él (vv. 21, 23; cp. Lv 27; Nm 30:2ss.). **24.** La ley de las cosechas (vv. 24, 25) proveía la libertad suficiente para satisfacer el principio de libertad fraterna, pero prohibía el cambio de libertad a licencia en violación de los derechos de propiedad del reino teocrático.

Leyes de familia. 24:1–5. El divorcio, tal como se permitía en la Ley de Moisés (cp. Lv 21:7, 14; 22:13; Nm 30:9), debido a la dureza de corazón de los israelitas (Mt 19:8; Mr 10:5), ponía en peligro la dignidad de las mujeres dentro de la teocracia. Por ello, se impedía el fácil abuso del permiso circunscribiéndolo con tecnicismos y restricciones (Dt 24:1–4). La BLA está en lo cierto al contemplar los vv. 1–4 como una frase, con 1–3 la condición y 4 la conclusión. La RV puede ser interpretada como que el divorcio era mandatorio en la situación descrita. En realidad, lo que era mandatorio no era el divorcio sino (si se recurría al divorcio) un proceso legal que incluía cuatro elementos. (a) Tiene que existir una causa seria para el divorcio. El significado exacto de las palabras **alguna cosa indecente** (v. 1; cp. 23:14) es incierto. No se significa el adulterio, pues la ley prescribía la pena de muerte para tal cosa (22:13ss.; Lv 20:10; cp. Nm 5:11ss.). (b) Se tenía que dar en mano de la mujer una carta de divorcio para su subsiguiente protección. La preparación de este instrumento legal implica la participación de (c) un funcionario público que pudiera también tener que juzgar la adecuacia de las pretendidas bases para el divorcio. (d) El hombre tenía que despedirla formalmente: **la despedirá de su casa** (v. 1). No obstante, el principal punto de esta ley es que un hombre no podía volverse a casar con su mujer después de haberse divorciado de ella si ella se había casado entretanto, incluso si su segundo esposo la había divorciado o si había muerto. Con respecto al primer esposo, la divorciada vuelta a casar estaba **envilecida** (v. 4). Tal era la anormalidad de esta situación, tolerada en tiempos del AT pero abrogada por nuestro Señor en interés de la norma original (Mt 19:9; Mr 10:6–9; cp. Gn 2:23, 24). **5. Libre estará en su casa por un año.** Se tenía que mostrar un respeto adicional por la santidad de la relación familiar y especialmente por el bienestar de la mujer en el matrimonio concediendo un año de exención de servicios públicos al hombre recién casado, para que su esposa se alegrara con su presencia.

Leyes de vida. 24:6–15. Lo que trataban estas estipulaciones era la vida del pueblo de Dios y de cosas esenciales para la preservación de la vida de ellos. Se dan salvaguardas para la dignidad y paz de los menesterosos, en particular, porque el Señor se deleita en ser la Ayuda de los desamparados, y quiere que su pueblo sea de un mismo sentir. **7. Le hubiere vendido.** El tráfico de vidas humanas quedaba prohibido bajo pena de muerte (cp. Éx 21:16). El respeto por la vida y salud de toda la comunidad demandaba una cuidadosa atención a las prescripciones divinas para tratar con la enfermedad de la lepra (Dt 24:8; cp. Lv 13:14), cuya seriedad fue evidenciada por la experiencia de Miriam (Dt 24:9; cp. Nm 12:10ss.). **10. Cuando entregares a tu prójimo una cosa prestada.** Aunque quedaba prohibido el interés en los prestamos a los israelitas (23:19, 20), se podía tomar una prenda como seguridad; pero incluso esto no se tenía que exigir de tal forma que causara un perjuicio a la dignidad, ni aun menos a la vida, del deudor. No se les podía privar de artículos indispensables para la vida y la salud. En esta categoría se hallaban la muela de molino (v. 6), el manto cuadrangular utilizado como cubierta para dormir (vv. 10–13; cp. Éx 22:26, 27), y la paga del jornalero (Dt 24:14, 15; cp. Lv 19:13). **15. Que no clame contra ti a Jehová.** En los tratados seculares de soberanía, asimismo, las quejas de un vasallo contra otro eran juzgadas por el soberano.

Leyes de justicia. 24:16–18. La justicia tenía que ser administrada entre los israelitas según la verdad. **16. Cada uno morirá por su pecado.** Solo se tenía que castigar al individuo culpable, y no a los miembros inocentes de su familia (cp. 2 R 14:6). No hay contradicción entre esto y el juicio divino descrito en el Decálogo (Dt 5:9; Éx 20:5), porque esto último no afirma que Dios aflija al inocente. Aquellos que comparten la visitación del juicio

sobre las iniquidades del padre son también los que comparten el odio de su padre hacia Dios. Por otra parte, no hay repudiación del principio de responsabilidad corporativa que existe en ciertas situaciones de grupo. **17. Extranjero...huerfano...viuda.** Incluso las clases más desamparadas tenían que disfrutar de justicia y tener garantizados todos sus derechos legales. Acerca de la familiar apelacion al Éxodo (v. 18), ver 22; 15:15.

Leyes de caridad. 24:19–22. El espíritu de la caridad, demandado negativamente en el décimo mandamiento, tenía que ser el espíritu regidor de la vida teocrática. Una vez más los pobres tenían que ser los beneficiarios. Cp. Lv 19:9, 10; 23:22.

d) La santidad del individuo. 25:1–19.

Los vv. 1–12, las leyes finales acerca de la santificación del reino (23:1 — 25:12), guardaban la santidad del hombre como portador individual de la imagen de Dios. Los vv. 13–19 concluyen las leyes de reverencia hacia los ordenes natural, familiar y teocrático (vv. 22–25) tal como empezaron, (cp. 22:1–4), con el principio de la regla dorada.

1–12. El justo castigo a los culpables se tenía que administrar de forma que su dignidad humana individual fuera honrada (vv. 1–3). Así se daba fuerza al principio de la santidad de la criatura individual portadora de la semejanza de Dios en aquel punto en que más plausiblemente podría ser dejado de lado. En contra de la división de frases en la RV, la conclusión no empieza hasta el v. 2 (ver BLA). Se tenía que impedir una degradación pública indecorosa mediante varias medidas precautorias. El castigo de un criminal tenía que ir precedido por un juicio y una sentencia, y tenía que ser personalmente supervisado por el juez. Los azotes tenían que ser contados escrupulosamente —**se podrá dar cuarenta azotes, no más** (v. 3)— y no aplicados al azar, como a un animal, o con el abandono de la ira, olvidándose de que se trataba del juicio del Señor. La severidad de los azotes tenía que ir proporcionada a la gravedad del delito, pero en ningún caso se tenía que exceder los cuarenta azotes. **4. No pondrás bozal al buey cuando trillare.** La contrapartida positiva a la prohibición de deshonrar al hombre a pesar de sus malas acciones es la demanda de que recibiera la honra debida a sus buenas acciones. Este versículo, probablemente una expresión proverbial, parece tener aquí la connotación que le da Pablo en 1 Co 9:9 y 1 Ti 5:18.

El siervo del pacto es un ser inmortal con un destino, incluso más allá de la muerte y de la tumba, en aquella bendición futura del reino de

Dios que había sido prometida en el pacto de redención a los creyentes y a su simiente después de ellos (vv. 5–10). **6. Que el nombre de éste no sea borrado de Israel.** Se tenía que dar testimonio de la dignidad del siervo-hijo de Dios perpetuando su nombre en una simiente del pacto habitando en su herencia dentro del reino típico del AT. Como una aplicación de esto, el pacto deuteronómico adoptó una forma de la difundida práctica del matrimonio de levirato, por el cual recaía en el hermano de un hombre que muriera sin hijos el deber de suscitarle de su viuda un heredero al muerto: **y el primogénito...sucederá en el nombre de su hermano.** Esta demanda constituía una excepción a la prohibición en Lv 18:16; 20:21. Para ejemplos bíblicos de esta práctica o similar, ver Gn 38 y el libro de Rut. El deber del levirato queda limitado en Deuteronomio a situaciones en las que hermanos participaban de la misma propiedad (25:5a), e incluso entonces no era obligatorio: **Mi cuñado no quiere** (v. 7). No obstante, no ceder a esto traicionaba una falta de cariño fraterno, y quedaba públicamente estigmatizado (vv. 8–10). Acerca de la transferencia de la sandalia para confirmar transferencia legal, del derecho de propiedad, ver Rut 4:7. En vista de la provisión de Nm 27:4ss., no habría necesidad del matrimonio levirato si el muerto tenía hijas. De ahí parece preferible entender **no tuviere hijo** como una afirmación absoluta, incluyendo hembras. Los vv. 11, 12 se ocupan también de la dignidad del individuo y precisamente de su dignidad como siervo del pacto de Dios, que en su circuncisión lleva en su cuerpo la marca del pacto. La referencia al órgano de reproducción pudiera explicar la inmediata conjunción de esta prohibición con la ley del matrimonio levirato. Que el acto prohibido incluye desprecio por la señal del pacto y no solamente indecencia queda sugerido por la evidente similaridad entre la naturaleza del castigo y de la marca, ambas cosas involucrando una mutilación del cuerpo. Se añade peso a esta interpretación por el hecho de que, aparte de este caso, solamente la *lex talionis* (19:21) exige tales mutilaciones penales.

13–19. 15. Pesa exacta y justa tendrás. Se tenía que amar al prójimo como a uno mismo (vv. 13–16); por ello, los negocios con el prójimo no tenían que llevarse a cabo con dos juegos de pesas, el grande para recibir, y el pequeño para vender (cp. Amos 8:5). Esta ley expande algo Lv 19:35, 36, especialmente por apéndice de bendiciones y maldiciones del pacto. En tanto que esta ley de amor suma todas las demandas acerca de las relaciones interteocráticas que han sido tratadas en las secciones inmediatamente precedentes de estipulaciones, no se trata de ninguna repudiación del mandato de conquista (cp. Dt 7; 20:16, 17; 25:17, 19). Ni hay tampoco ninguna contradicción entre ambos. Porque, aunque Dios demanda amor hacia el prójimo, aquellos que se ponen en oposición para destruir el pueblo del reino teocrático típico del AT se eliminan a sí mismos de la categoría de prójimo, así como aquellos maldecidos con Satanás en perdición eterna no son los prójimos de los habitantes de la teocracia celestial. Acerca del mandato de exterminar Amalec, ver Éx 17:8–16. Tomado en conjunto, las leyes de amor y de odio resultan una sola demanda de amar a Dios, y en consecuencia de amar a quienes Él ama y de odiar a quienes Él odia.

4) Confesión de Dios como Redentor-Rey. 26:1–19.

La gran sección de estipulaciones (caps. 5—26) llega a su fin con las liturgias de las dos confesiones cúlticas (vv. 1–11; 12–15) y una declaración de la ratificación del pacto (vv. 16–19).

3. La tierra que juró Jehová a nuestros padres que nos daría. Los siervos israelitas del Señor tenían que hacer confesión continua de gratitud de que su buena herencia en Canaán era el don de la gracia redentora de Dios en cumplimiento a su juramento a los padres. Tenían que confesar su señorío permanente y expresar su consagración mediante una ofrenda tributaria de las primicias. Acerca de la ley de las primicias, ver 18:4; Éx 23:19; 34:26; Nm 18:12ss. Se hallan elementos de la ofrenda de las primicias en relación con cada una de las fiestas anuales (Dt 16). Por ejemplo, en la Fiesta de los Panes Ázimos se mecía una gavilla de las primicias (Lv 23:10ss.). También, la Fiesta de las Semanas recibía el nombre de "el día de las primicias" (Nm 28:26; cp. Éx 23:16; 34:22) y se ofrendaban dos hogazas de las primicias entonces (Lv 23:17); y las primicias del vino no se ofrendaban hasta la Fiesta de los Tabernáculos, cuando los viñedos maduraban. Si "todos los frutos...de la tierra" (Dt 26:2) indica el fin de la temporada de la siega, entonces es la Fiesta de los Tabernáculos que tiene que haber sido la ocasión de la presentación de esta cesta de las primicias al altar central. Gramaticalmente, se puede comprender el v. 2 como descriptivo de todas las primicias de la tierra o sólo de un cesto en prenda de ellas. En el caso de las primicias agrícolas, no se especifica en ningún lugar la cantidad. Ya que las primicias eran asignadas a los sacerdotes (Nm 18:13, 14), la referencia a las fiestas sagradas que el ofrendante tenía que disfrutar después de este ritual: **Te alegrarás en todo el bien que Jehová tu Dios te haya dado** (v. 11; cp. 12:6, 7, 11, 12, 17, 18; 16:11, 14) indica que el cesto representaba solamente una prenda de las primicias (ver comentarios sobre 14:22ss.; 15:20), por lo menos si esta fiesta se aprovisionaba de las primicias. No obstante, esto es incierto. El israelita tenía que confesar que el llamamiento teocrático de su pueblo no podía atribuirse a su poder (v. 5ss.; cp. 7:7, 8; 8:17, 18). **5b. Un arameo a punto de perecer fue mi padre.** El hebreo '*ôbēd* connota las ideas de "perdido" y "en peligro". La referencia es a Jacob. Recibe el nombre de arameo debido a que los orígenes patriarcales eran geográficamente, aunque no racialmente, arameos, y debido a que Jacob mismo había peregrinado en Aramnaharaim durante el período del nacimiento de sus hijos, los futuros padres tribales de Israel. **7, 8. Jehová oyó...nos sacó.** El recital conmemorativo de los actos redentores de Dios en el éxodo y en la conquista era el Amen confesional al recital propio de Dios de su favor a la nación en el prólogo histórico del pacto. El v. 10b no describe un nuevo paso en el ritual de la ofrenda de las primicias (en contradicción al v. 4); más bien se trata de una conclusión sumaria. **12–15.** La dependencia de Israel en Jehová para su continua prosperidad tenía que expresarse en un servicio trianual de rogativas por su atención favorable y bendición. (Acerca de las normas de diezmo, ver los comentarios sobre 14:22ss.) **13. Delante de Jehová tu Dios.** Esta instrucción se refiere probablemente al santuario central. Si es así, entonces el énfasis en la finalización del proceso de diezmado (vv. 12, 13) sugiere que la Fiesta de los Tabernáculos constituía la circunstancia que lo enmarcaba. Esta liturgia puede haber seguido inmediatamente a la de la presentación del cesto de las primicias (vv. 1–11). **15. Mira desde tu morada...y bendice a tu pueblo Israel.** El reconocimiento de la obediencia a todas las prescripciones de diezmado (vv. 13, 14) como introducción a esta petición de bendición divina recuerda el hecho de que Dios declaró que esta última dependería de lo primero (14:28, 29). El adorador tiene que afirmar que su diezmo no había estado expuesto a contaminación ceremonial, en particular la inmundicia asociada con el duelo por los muertos (v. 14; cp. Lv 22:3ss.; Nm 19:11ss.; Os 9:4). **16–19.** El acto central en la ceremonia de ratificación del pacto era el juramento de adhesión que el vasallo tomaba a su señor en respuesta a la declaración de las estipulaciones y

sanciones del pacto. Israel había tomado tal juramento después de la lectura del libro del pacto en Sinaí (Éx 24:7), y ahora Israel tenía que hacer lo mismo en los campos de Moab, tal como se refleja en estos vv. (ver tambien Dt 29:10–15). **16. Ponerlos por obra con todo tu corazón.** El Señor demandaba consagración pactual. El pueblo de Israel reconocía que se sometían a Jehová como el Dios de ellos, que tenía que ser obedecido según toda su santa voluntad: **para andar en sus caminos** (v. 17). El Señor los reconocía en gracia como su pueblo (v. 18a) y garantizaba las bendiciones del pacto a los fieles (vv. 18b, 19; cp. 7:6; 14:2; Éx 19:5, 6).

IV. Sanciones: La ratificacion del pacto. 27:1—30:20.

La cuarta división normativa en los tratados de soberanía la constituía las bendiciones y maldiciones, las sanciones de mal y de prosperidad del pacto. En Dt esta sección se halla en los caps. 27—30. En tanto que 26:16–19 forma una conclusión a las estipulaciones, introduce también el elemento de ratificación del pacto, el núcleo alrededor del que se agrupan las maldiciones y bendiciones de estos capítulos. La ratificación del nuevo pacto que Moisés estaba haciendo con la segunda generación iba a desarrollarse en dos partes. Este era el procedimiento acostumbrado al asegurar la sucesión en el trono al heredero real señalado para ello. Cuando la muerte era inminente, el soberano demandaba de sus vasallos una prenda de obediencia a su hijo; después, poco después de la accesión del hijo, se repetía la sumisión de los vasallos. De forma similar, Moisés y Josué formaban una dinastía de representantes mediadores de la soberanía de Jehová sobre Israel. De ahí la sucesión que recae en Josué, que simbolizaba el continuado señorío del Dios de Israel, quedaba asegurada mediante el juramento demandado de Israel antes de la muerte de Moisés, y de nuevo mediante una ceremonia de ratificación después de la accesión de Josué. La pronunciación de maldiciones y bendiciones es prominente en cada uno de estos rituales de ratificación.

La sección de las sanciones en Dt empieza con las bendiciones y las maldiciones que tienen que utilizarse en la segunda etapa de la ratificación (cap. 27), y a continuación vuelve a la situación inmediata y a las solemnes sanciones de la etapa inicial de ratificación (caps. 28—30). Cuando se considera a Dt como el testimonio documental legal del pacto, no se suscita ninguna dificultad con la posición asignada a las instrucciones del cap. 27. Por otra parte, la relación entre el final del cap. 26 y el principio del cap. 28 es tan suave como para sugerir la posibilidad de que el cap. 27 no haya tenido lugar en este preciso momento del progreso de la ceremonia en Moab. De manera similar, en el flujo original de la oratoria de Moisés, Dt 30 hubiera podido tener lugar al final del cap. 28.

A. Ceremonia de ratificación en Canaán. 27:1-26.

Moisés prescribió la ceremonia para la segunda parte de la renovación del pacto, que tenía que realizarse en Canaán (vv. 1-8). Se proclamó el restablecimiento del pacto (vv. 9, 10). Se dio una orden con respecto a la recitación de las bendiciones y de las maldiciones en la ceremonia posterior (vv. 11-26). Para el cumplimiento histórico de lo que aquí se prescribe, ver Jos 8:30-35. Para una anticipación de estas instrucciones entre las estipulaciones deuteronómicas, ver Dt 11:26-30.

1-8. 1. Para promover el respeto a las autoridades designadas, Moisés se asoció a sí mismo en esta solemne hora a **los ancianos de Israel** y a los sacerdotes (cp. v. 9). **2. Levantarás piedras grandes, y las revocarás con cal.** La consagración del pacto tiene que ser un acto de fe y de devoción inteligente e informada. Por ello, se tenía que publicar el contenido del pacto en preparación a su ratificación por el pueblo. Este era un propósito de escribir el pacto en las piedras revocadas, técnica egipcia, como queda confirmado por el hecho de que en el cumplimiento histórico Josué leyó esta ley al pueblo (Jos 8:34). Cosa comparable fue la lectura por Moisés a Israel del libro del pacto en la ratificación del pacto sinaítico y la proclamación del pacto deuteronómico en los campos de Moab. El hecho de que se eligieran las duraderas piedras invita a la comparación con las tablas de piedra de la ley inscritas por el dedo de Dios y sugiere que otro motivo era el de proveer un testimonio simbólico a la permanencia del pacto (cp. Dt 31:26; Jos 24:26, 27). **3. Todas las palabras de esta ley.** Esto se refiere al pacto deuteronómico, tomándose la parte de ''ley'' para representar el todo. La fiesta ceremonial era otro método simbólico reconocido por el cual el pueblo ratificaba tratados. Este es el significado de las ofrendas de paces y la comida alegre que las acompañaba (v. 7; cp. Éx 24:11).

La ratificación final tenía que llevarse a cabo después de la muerte de Moisés, cuando Israel, bajo Josué, estaba en Canaán (v. 2a). Su marco tenía que ser el escenario impresionante de los montes adyacentes, Ebal y Gerizim, entre las que estaba Siquem (v. 4; cp. vv. 12, 13). No hay registro de que se precisara de

ningún esfuerzo militar para tomar esta área de Canaán. El elemento esencial de la ceremonia sería la propia consagración de Israel al Señor del pacto. Los holocaustos (v. 6) simbolizaban esta consagración. De efecto similar eran la serie de juramentos de propia maldición (cp. v. 15ss.).

5. Y edificarás allí un altar. Para el propósito de las ofrendas sacrificiales, se tenía que erigir un altar especial en Ebal. Puede ser que se eligiera el monte de la maldición debido a que la economía mosaica, en su énfasis distintivo, era una ministración de muerte y de condenación (cp. 2 Co 3:7-9), aunque, como un ayo, conduciendo a los hombres a la gracia de Cristo. O posiblemente se tenía que erigir el altar en Ebal debido a que la paz del pacto tenía que venir mediante la inflicción de las maldiciones sobre el Redentor-Siervo, sacrificado por los pecados del pueblo de Dios. El altar se tenía que hacer de piedras sin labrar, de acuerdo con las demandas del libro del pacto (Éx 20:25). Evidentemente, la ley deuteronómica del altar central permanente no había sido dada con el propósito de repudiar la ley del altar del libro del pacto. Ni el principio de centralización del altar tenía que ser tan absolutamente restrictivo que no pudiera haber el altar especial para ocasiones extraordinarias (ver sobre 12:4-14).

9, 10. En medio de las instrucciones referentes a la etapa posterior en el proceso de renovación, se dio un solemne recordatorio de que ya se había entrado en el compromiso pactual, en el día de la declaración deuteronómica.

11-26. Seis tribus que descendían de las esposas de Jacob, Lea y Raquel, tenían que estar en las laderas del monte de bendición y dos de descendencia similar —la tribu de Rubén, que perdió el derecho de primogenitura por el pecado de incesto (Gn 49:4; cp. Dt 27:20), y la tribu de Zabulón, el hijo más jóven de Lea— tenían que unirse a las cuatro tribus que descendían de las criadas en el monte de la maldición (vv. 12, 13). No se afirma si los dos grupos de tribus tenían que cumplir sus papeles respectivos acerca de la maldición y de la bendición mediante la pronunciación de las fórmulas de maldición o de bendición sobre ellos, o por su recitación o por lo menos aquiescencia a la una o la otra. En el cap. 28 aparecen grupos correspondientes de seis bendiciones (vv. 3-6) y de seis maldiciones (vv. 16-19); parece difícil disociarlos de los dos grupos de tribus. Evidentemente, Josué leyó Dt 28 delante de toda la congregación de Israel como parte de todo el tratado de renovacion (cp. Jos 8:34, 35).

El arca del pacto y los sacerdotes levíticos tenían que estar detenidos entre Ebal y Gerizim (Dt 27:14; cp. Jos 8:33). Tenían que guiar a Israel en el juramento de ratificación, consistentes en una serie de doce auto-maldiciones (Dt 27:15–26). El repetido **Maldito el que** identifica la suerte del quebrantador del pacto con la de la serpiente (cp. Gn 3:14). La respuesta **Amén** constituía la fórmula acostumbrada de asentimiento (cp. Nm 5:22; 1 R 1:36; Neh 5:13; 8:6; Sal 72:19). El hecho de que en este pasaje se den solamente maldiciones y no bendiciones indica que este no es el relato detallado de la proclamación de maldición y de bendición por los dos pares de seis tribus mencionadas en Dt 27:12, 13. Una indicación similar la da el hecho de que los vv. 15–26 tenían que ser dirigidos y tener respuesta de todos los israelitas (v. 14). Esta sección describe más bien una característica separada de la ceremonia del pacto, el verdadero juramento, que tomaba característicamente la forma de auto-maldiciones proverbiales, pero no de bendiciones. En contraste a las maldiciones en el cap. 28, los varios miembros de esta serie difieren no en variedad de maldición sino en tipo de pecado. El área que se cubre de transgresión es la de pecados secretos que podrían escapar a la detección humana y al castigo (notar especialmente 27:15, 24; cp. Job 31:24ss.) y, por ello, peculiarmente la provincia de Dios como Testigo divino del juramento. Se impreca a aquellos que violan secretamente las demandas de Dios de respeto hacia Sí mismo (v. 15), hacia la autoridad de derecho (v. 16), hacia la verdad (vv. 17–19), hacia la familia (vv. 20–23), hacia la vida humana (vv. 24, 25), y, en suma, al pacto de Dios (v. 26).

B. Proclamación de las sanciones. 28:1–68.
Volviendo a la primera etapa de la ceremonia de la renovación del pacto, Moisés pronunció sus sanciones. En la sección correspondiente del libro sinaítico del pacto (Éx 23:20–33), predominaban las bendiciones. Ahora, habiendo tenido lugar la historia de cuarenta años de apostasía israelita, el énfasis de Moisés cae pesadamente sobre las maldiciones; así, bendiciones (Dt 28:1–14) y maldiciones (vv. 15–68). Este énfasis quedaba anticipado en las promesas y amenazas en una sección similar en Levítico (cap. 26), escrita después de la primera rebelión de Israel en contra del pacto sinaítico. La notable visión profética de la historia de Israel en Dt 28 — 30, especialmente del exilio en tierras lejanas, ha constituido una piedra de tropiezo principal para la aceptación de la paternidad mosaica de este documento por parte de la alta crítica naturalista.

1) Bendiciones. 28:1–14 (cp. 7:12ss.; 11:13ss.; 22ss.).
1. Si oyeres atentamente. Aunque la herencia de Israel y el continuo disfrute de las promesas no dependía del mérito legal, existía una relación entre la piedad corporativa de la nación y su prosperidad. Porque el reino teocrático del AT prefiguraba la consumación del reino de Dios, en el que se han de reunir la justicia y la gloria. Correspondientemente a ello, para mantener claro el mensaje de la figura profético-típica, Dios permitía a los israelitas disfrutar las bendiciones de su reino típico solamente en tanto que ellos, y especialmente sus representantes oficiales, exhibieran una medida apropiada de la justicia del reino. Ya que toda justicia que Israel poseyera constituía un don de gracia del Dios de su salvación, el principio que informa Dt 28 no tiene afinidades con ninguna religión de salvación por obras (ver sobre 6:1–3). Los vv. 3–6 presentan seis bendiciones que tienen su paralelo en seis maldiciones en 16–19. (Acerca del evidente uso de éstas en la ceremonia posterior en Canaán, ver comentarios en 27:12, 13.) Las bendiciones representan una plenitud amplia de la bendición. Los opuestos apareados, por ejemplo, expresan totalidad (cp. vv. 3, 6). Lo que se presentó concisamente en fórmulas litúrgicas en las seis bienaventuranzas se detalla en los vv. 7–14. La disposición de las bendiciones es quiástica: así, las relaciones exteriores (vv. 7 y 12*b*, 13); asuntos domésticos (vv. 8 y 11, 12*a*); y, en la posición central, la relación con Jehová (vv. 9, 10).
Si Israel obedecía a Jehová, llegaría a la cumbre en todo encuentro militar y comercial con otras naciones. Dentro del reino habría abundancia de los bienes de la tierra. Canaán sería verdaderamente un paraíso destilando leche y miel. De principal importancia, Israel prosperaría en su relación con su pacto con Jehová (vv. 9, 10). Este es el secreto de toda bienaventuranza, porque Su favor es vida. De las prendas manifiestas del favor de Dios sobre Israel, toda la tierra reconocería que **el nombre de Jehová es invocado sobre ti** (v. 10). Esto es, quedaría en claro que el pacto de Dios estaba establecido con Israel y que Él, el soberano, era el Dueño de Israel y su Defensor (cp. Is 63:19; Jer 7:10, 11; 15:16). Una y otra vez se recuerda el prerrequisito de lealtad pactual (Dt 28:9*b*, 13*b*, 14).

2) Maldiciones. 28:15–68.
La proscripción de la herencia prometida era el extremo de la maldición. Significaba la

pérdida de la especial presencia y favor de Dios, la pérdida del acceso sacramental a él en su santo monte de Sion, y la pérdida de posición como el pueblo del reino de Dios. Por ello, en esta larga sección de maldiciones, aparecen repetidamente el sitio y el exilio como la cumbre del mal. Hay una serie de figuras paralelas del desastroso futuro que asomaba en el horizonte delante de esta nación tan propensa a la infidelidad (vv. 20–26, 27–37, 38–48, 49–57, 58–68). Las tres primeras y la última de estas figuras culminan en la sentencia de conquista por parte del enemigo, con su terrible secuela (vv. 25, 26; 36, 37; 48; 63–68); la cuarta está completamente dedicada a aquel maldito evento (vv. 49–57). Esta extensa descripción de males particulares sigue a una formulación introductoria, ritualística, de las sanciones maledictorias del pacto (vv. 15–19).

15–19. El v. 15 se corresponde con los vv. 1, 2, y 16–19 son la contrapartida de 3–6. La venganza del pacto (cp. Lv 26:25) alcanzaría al pueblo violador del juramento incluso dentro del asilo de su tierra paradisíaca heredada. Sin santidad nadie puede habitar allí donde Dios revela su gloriosa presencia, y Él no hace acepción de personas.

20–26. 20. Me habrás dejado. Esta era la esencia del pecado de Israel: la violación del primer mandamiento del pacto. **Jehová enviará.** Era el derecho y el deber del mismo Señor, puesto de tal manera de lado, Aquel a quien y por quien Israel pronunció el juramento del pacto, para vengar el pacto. Fuera cual fuera el origen humano o terreno de las varias maldiciones, el Señor sería el Autor de ellas. **Hasta que seas destruido** (cp. vv. 24, 45, 51, 61). Se afirma repetidas veces aquí que el resultado de los varios tipos de maldición —epidemias (vv. 21, 22*a*), sequías (vv. 22*b*–24), y guerra (vv. 25, 26)— sería nada menos que la destrucción de Israel (vv. 20–22, 24, 26). **24. Por lluvia a tu tierra polvo y ceniza.** El siroco llenaría el aire de arena y polvo. El v. 25 es la inversión del v. 7 (cp. Lv 26:17). **26. Tus cadáveres servirán de comida a toda ave del cielo y fiera de la tierra.** El principio de la maldición es esencialmente la postración del hombre bajo los reinos sub-humanos sobre los cuales Dios le había señalado al principio como rey. De ahí, las Escrituras representan la condenación de la humanidad rebelde como una fiesta escatológica en la que los hombres muertos son devorados por aves y fieras (cp. Sal 79:2; Ez 39:4, 17ss.; Ap 19:17, 18).

27–37. La vejación y la frustración caracterizan las maldiciones de esta sección. Observar las referencias en casi cada versículo ya a la impotencia definitiva de los israelitas para afrontar sus aflicciones, o su desamparo ante la opresión. Dios creó al hombre como aquel que, entrando en el programa de Su reino, pudiera gozarse en seguir la divina pauta sabática de trabajo coronado con gozo y satisfacción de la finalización. Pero el intento del maldecido Israel de conseguir resultados en el área del matrimonio y del trabajo recibiría solamente que fracasos. En lugar de llegar al gozo sabático de los logros, el pueblo de Israel quedaría abrumado por la magnitud de sus fracasos, la vanidad y frustración de sus esfuerzos (vv. 28, 34). El contenido de los vv. 27–35 están dispuestos quiásticamente: (a) enfermedad incurable (v. 27); (b) locura (v. 28); (c) opresión continua (v. 29); (d) frustración (vv. 30–32); (c) opresión continua (v. 33); (b) locura (v. 34); (a) enfermedad incurable (v. 35). Las similaridades con las calamidades de Job son dignas de mención.

La sección finaliza (vv. 36, 37) con la maldición de la conquista por una nación extranjera —que no conociste ni tú ni tus padres— que había sido anticipada en los vv. 32, 33. Dios afligiría a los apóstatas abandonándoles a su propia mente reprobada y a la adoración de ídolos (v. 36; cp. v. 64; 4:27). En idolatría el hombre sustituye sometimiento a las criaturas por debajo de él en lugar de la consagración al Soberano por encima de él. Al hacerlo así el hombre pone el sello sobre su propia impotencia en pecado; porque, al cortarse a sí mismo del Señor-Protector, la Roca que se deleita en liberar a los desamparados, en vano busca a un señor pactual más debil que él mismo. La naturaleza esencial del principio de la maldición halla expresión una vez más en esta adoración rendida por el hombre a lo sub-humano por encima de lo cual el Creador le hizo rey. **37. Y servirás de refrán.** Israel, el heredero de la promesa de que todas las naciones serían bendecidas en Él, llegaría a ser identificado en refrán por todos los pueblos como maldición.

38–48. Las maldiciones de 28:38–42 constituyen lo opuesto a las bendiciones de los vv. 8, 11ss. **38, 39. La langosta…el gusano.** Las plagas de las cosechas, otro sector del dominio total del hombre (cp. Gn 1:26), harían efectivamente que los israelitas fueran sus siervos, que trabajarían para alimentarlas. Sobre 28:41, ver v. 32. **43. Y tú descenderás muy abajo.** Aquí se invierte la bienaventuranza de los vv. 12*b*, 13. En los vv. 45–48 hay un resumen de las amenazas precedentes de maldición, tanto en cuanto a causa (cp. v. 20) como en cuanto a resultado. La causa sería el quebrantamiento por parte de Israel del juramento del pacto; el resultado sería el que Israel sufriría la venganza total del pacto hasta el extremo de la devastación del exilio. **46b. Y en tu descendencia para siempre.** Si esta amenaza significa que el juicio del exilio de Israel, que constituye el climax del AT, serviría como una señal perpetua de la venganza pactual de Dios, si se predice una maldición divina perpetua de Israel, entonces Moisés advierte aquí de aquello que Pablo declara haber venido a ser un decreto firme (1 Ts 2:16). El castigo (Dt 28:48) tenía que ser adecuado al crimen (v. 47). El yugo de la maldición de Israel (v. 48) consistiría en un retorno a la posición de la que Dios les había llamado según el amor del pacto (cp. Lv 26:13). Aunque en este punto Moisés no delimita la impresión de estas maldiciones con ninguna cualificación, en otros pasajes proclama el triunfo de la gracia del pacto mediante la restauración del remanente elegido y penitente (Dt 4:29ss.; 30:1ss.).

49–57. Lo que había constituido el climax en cada una de las series precedentes constituye el tema exclusivo de esta cuarta figura profética de Israel, alcanzado por la maldición del pacto. Con una vividez que no ahorra ningún detalle Moisés expone aquí la abrumadora angustia y degradación a la que esta nación, una vez la cabeza de las naciones, quedaría reducida cuando quedara atrapada en la maldición del cerco. **49. Una nación de lejos... que vuele como águila.** El bárbaro invasor de remotos lugares, descendiendo sobre Israel como un águila sobre su presa, sería inmisericorde en su rapacidad (vv. 50, 51). Pero la inhumanidad del guerrero enemigo empalidecería ante la de la más tierna madre israelita, transformada en canibal en el horror del cerco (vv. 52–57; cp. Lv 26:29; Lm 4:1–10). **51–53. El fruto de tu tierra... el fruto de tu vientre.** El pasaje contrasta el apetito natural de los bárbaros y el deseo antinatural de los israelitas. No habría refugio ante el sitio en ningún lugar de la tierra (vv. 52*a, c*, 55, 57) para aquellos que habían puesto su confianza en las defensas humanas en lugar de en Dios, su verdadero Refugio. La historia del AT dio testimonio de sucesivas ejecuciones de esta maldición, y quedó finalmente consumada con la caída de Jerusalén en el 70 d.C.

58–68. 58. Si no cuidares de poner por obra... esta ley. En este párrafo final Moisés vuelve a la forma condicional con que empezó la pronunciación de las maldiciones (cp. v. 15), porque en el día de la congregación en Moab Israel tenía que tomar todavía su decisión entre las bendiciones o las maldiciones. Para evitar las maldiciones el pueblo de Israel tiene que obedecer las estipulaciones de este documento pactual en verdadera reverencia al Señor que

había revelado su gloria y obras terribles al salvarlos de Egipto. **62, 63. Y quedaréis pocos en número...y seréis arrancados de sobre la tierra.** La desobediencia conllevaría la pérdida de las bendiciones prometidas en el pacto abrahámico, esto es, la multiplicación del pueblo y la posesión de una tierra patria. En lugar de las bendiciones habría todo tipo de aflicciones extraordinarias y persistentes (vv. 59–61). **64. Y Jehová te esparcirá por todos los pueblos.** Siguiendo proféticamente al pueblo sitiado y conquistado a su exilio (vv. 64–67), Moisés recoge con unas pocas pinceladas todo el sufrimiento del incrédulo y errante Israel a lo largo de los siglos; una vez el pueblo de Dios, pero transformados en su exilio a semejanza de los paganos, sin Cristo, sin esperanza, sin Dios en el mundo (Ef. 2:12). Al repudiar su elección y llamada del pacto, en virtud del cual habían sido sacados de la esclavitud en Egipto para llegar a ser los hijos teocráticos de Dios, el pueblo de Israel se hallaba sentenciado a recaer en una esclavitud egipcia aún peor (v. 68), en la esclavitud de Satanás y del pecado, muerte e Infierno.

C. Convocatoria al juramento del pacto. 29:1– 29.

En una llamada directa, personal, a la generación que estaba ante él, Moisés la confrontó con el propósito central de la ceremonia de este gran día (vv. 10–15). Esta demanda central del juramento de adhesión, que refleja la pauta completa del tratado de soberanía, va precedida de un recordatorio de las pasadas obras salvíficas del Señor (vv. 2–9) y seguida de una advertencia de que las maldiciones del pacto serían visitadas sobre una nación infiel a lo largo de sus generaciones (vv. 16–29).

1. (Biblia hebrea, 28:69). Aunque algunos, siguiendo la disposición hebrea, consideran que esto es un suscrito, y resultaría ser ciertamente una descripción exacta de lo que precede, se tiene que entender probablemente como una superscripción. Acerca de la relación de los vv. 1 y 2, comparar la secuencia similar desde 4:45 a 5:1. Hay una continuidad esencial en el pacto de redención de Dios desde Génesis hasta el Apocalipsis. No obstante, las administraciones sucesivas de aquel pacto, tal como se renuevan repetidamente por gracia divina, se tienen que distinguir. El pacto hecho en Moab renovaba el que había sido hecho en Sinaí, que renovaba el pacto que Dios había hecho con Abraham, que renovó el pacto que había hecho con Adán (cp. Gn 3:15; Dt 5:2, 3).

2–9. La misericordia y el milagro de la liberación de Egipto y el paso por el desierto hubieran debido abrir los ojos de esta generación a la suprema sabiduría de darse a sí mismos en amor de todo corazón a un Señor tan grande y tan lleno de gracia. (Acerca de los vv. 5, 6, ver 8:2ss.; acerca de los vv. 7, 8, ver 2:30ss.; 3:1ss.) **4. No os ha dado corazón para entender.** Pero el conocimiento espiritual más sencillo está más allá de la percepción del hombre pecador a no ser que el Espíritu de Dios le conceda comprensión como un don de gracia soberana. Este pueblo, tan señaladamente favorecido como para haber vivido cuarenta años en la atmósfera de la providencia sobrenatural, carecía de este necesario don (cp. 9:7, 24). **9. Guardaréis...las palabras de este pacto.** La responsabilidad de la sordera espiritual era de Israel, y con esta reprensión se incitaba al pueblo a dar una mejor respuesta a su Señor. La manera imperceptible en que la llamada de Moisés llega a ser la llamada directa del Señor (v. 5ss.; cp. 7:4; 11:15; 17:3; 28:20) es evidencia de la realidad de la revelación sobrenatural, que vino mediante Moisés, el mediador de Dios.

10-15. El acto central de la ratificación del pacto y su significado se declaran aquí. Los términos de los vv. 10, 11 indicaban la naturaleza solemnemente formal de la congregación y acentuan el hecho de que la comunidad entera del pacto se hallaba presente para participar en el juramento. Se incluían las mujeres y los niños, los no israelitas (cp. Éx 12:38; Nm 10:29; 11:4), y los siervos (Dt 29:11c; cp. Jos 9:21). **12. Para que entres en el pacto de Jehová tu Dios.** La frase hebrea, solamente hallada en este pasaje, significa lit., *pasar sobre a*, o *pasar a través*. Según esta última traducción, la expresión pudiera derivarse de una ceremonia de toma de juramento como la de Gn 15:17, 18. La ecuación del pacto de Jehová con su juramento (Dt 29:12) constituye un índice significativo de la naturaleza del pacto como instrumento del gobierno de Dios mediante el cual Él asegura la entrega de un pueblo a Su servicio. **13. Para confirmarte hoy.** Este versículo es para el mismo efecto, pero muestra, también, que el establecimiento por parte de Dios de una relación pactual con el hombre no constituye una humillante subyugación sino un acto de favor redentor. Cumple la promesa y el juramento en el que los hijos de Dios han hallado esperanza y consolacion (cp. He 6:17, 18). **15b. Y con los que no están aquí hoy con nosotros.** Esto significa que tenía que haber una continuidad genealógica del pacto. Este es el caso no debido a que la salvación constituya una herencia familiar inalienable sino debido a que Dios es fiel a su promesa de extender las misericordias de su

pacto a la milésima generación de aquellos que le aman y debido a que la administración del pacto respeta la autoridad paterna (vv. 14, 15). De acuerdo con ello, el pacto con su signo sacramental de consagración se administra a los creyentes juntamente con sus hijos.

16-29. **Porque** (v. 16) y **no sea** (v. 18) asumen los dos un pensamiento antecedente. La idea que se quiere dar es probablemente la de la llamada a una adhesión fiel que se había presentado en la sección anterior. Así: (Recuerda, oh Israel, que Jehova es tu Dios), porque, como bien sabéis, la tentación de idolatría os viene de todas la naciones alrededor y **habéis visto sus abominaciones** (vv. 16, 17). (Recordad), **no sea** que la idolatría arraige entre vosotros, y cosechéis unos frutos amargos y venenosos (v. 18; cp. He 12:15). El peligro prefigurado figurativamente en el v. 18b se desarrolla en los vv. 19-28: la raíz en los vv. 19-21 y el amargo fruto en los vv. 22-28. **19b. De modo que arrase la tierra regada junto con la sedienta** (RVA). La referencia de esta frase proverbial es a las plantas; plantas regadas y secas significa todas las plantas. Sigue la figura del v. 18b, advirtiendo en contra de la idolatría, pues si ésta arraigaba en Israel, su resultado final tenía que ser mortal, en verdad la ruina de toda la nación. Este pensamiento se resume en 29:22. En cuanto al individuo que pronunciara hipócritamente el juramento de auto-maldición del pacto (v. 19b), el Señor no le tendría por inocente por haber tomado Su nombre en vano. Aunque aquel individuo se creyera escondido en la hueste congregada de Israel y supusiera su hipocresía escondida dentro de su propia corazón, el Señor, el divino vengador del Testimonio del juramento, le señalaría y derramaría sobre él sin misericordia alguna todas las maldiciones que había invocado en vano. Sobre el v. 20b, ver Ap 22:18, 19. Cambiando bruscamente su perspectiva de futuro (Dt 29:22) más allá de la desolación de la teocracia y del exilio (v. 28) que habían sido hasta entonces el tema de sus amenazas en las maldiciones del pacto, Moisés traza de nuevo la causa de la caída de Israel al haber abandonado el pacto al transferir su adhesión a dioses-reyes idolátricos (vv. 25-28). **24. ¿Por qué hizo esto Jehová a esta tierra?** Utiliza aquí el instrumento dramático de un diálogo entre los israelitas y los extraños de pie entre las abrasadas ruínas de la tierra teocrática, un paraíso que se había vuelto, como las ciudades de la llanura, en una desértica aridez por la furia del juicio de Dios (v. 23). **29. Las reveladas son para nosotros y para nuestros hijos para siempre.** La atención a la demanda revelada de consagración es el motivo de la vida de sus siervos (cp. 30:11ss.), y no la codicia de conocimiento de misterios divinos (cp. Gn 3:5).

D. Restauración definitiva. 30:1–10.

Más allá de la maldición del exilio se abría la esperanza de la restauración (vv. 1–10; cp. 4:29–31; Lv 26:40–45). El programa redentor no tiene que quedar frustrado por la caída de aquellos que eran de Israel, pero que no eran fieles israelitas. Un remanente obediente juntamente con el remanente de los gentiles será restaurado al Señor del pacto en Su glorioso reino. De esta restauración definitiva, el retorno de Babilonia en el AT constituyó un tipo. El vasto complejo de restauración típica y antitípica queda abarcado en esta bendición profética de Moisés. La sección del tratado que se refiere a la ratificación del pacto (Dt 27 — 30) concluye con la llamada a la decisión en la que Moisés recuerda al pueblo de Israel que no podían ellos pretender ignorancia de las demandas de Dios (vv. 11–14) y les advierte que las alternativas puestas ante ellos en las maldiciones y bendiciones del pacto eran las de la vida y la muerte (vv. 15–20).

1–10. En 28:64ss. Moisés retrata la desesperanza de los israelitas incrédulos en su dispersión entre las naciones. **1. Cuando hubieren venido sobre ti todas estas cosas.** Aquí miraba él más allá del exilio, en verdad más allá de la maldición y bendición descritas hasta ahora en estas sanciones del pacto, y extendió a su pueblo la esperanza de restauración, la esperanza de un nuevo pacto. **2. Te convirtieres a Jehová.** La entrada a esta nueva bienaventuranza sería la entrada a una consagración verdadera y renovada al Señor, en contra de quien Israel se había rebelado (cp. v. 10). **6–8.** El origen de tal arrepentimiento y amor de corazón a Jehová se hallaría en una obra divina de cualificación: **circuncidará Jehová tu Dios tu corazón.** Lo que había quedado externamente simbolizado en la circuncisión, el sacramento de consagración en el AT, sería espiritualmente llevado a cabo por el poder de Dios (cp. 10:16; Jer 31:33ss.; 32:39ss.; Ez 11:19; 36:26, 27).

Como muestra el desarrollo de este tema en los profetas, la renovación y restauración que Moisés preveyó es el cumplido por Cristo en el Nuevo Pacto. La profecía no se queda encerrada estrechamente en los judíos de raza sino con la comunidad del pacto, aquí concretamente denotada en su identidad del AT como Israel. Dentro de la esfera del Nuevo Pacto, no obstante, desaparece el muro de las distinciones étnicas. Por ello, la figura del AT que

aquí se utiliza de israelitas exilados siendo reunidos al Señor en Jerusalén (Dt 30:3*b*, 4; cp. 28:64) halla su principal cumplimiento en la reunion del NT de pecadores de todas las razas humanas, exiliados del Paraíso, de vuelta al Señor Cristo entronizado en la Jerusalén celestial. **3a. Hará volver a tus cautivos,** se refiere a un cambio radical de condiciones. **9. Y te hará Jehová tu Dios abundar en toda obra.** Juntamente con los dones espirituales de regeneración, conversión, y santificación mediante los cuales los rebeldes son transformados en siervos fieles, el Mesías les dará a ellos un nuevo mundo de paz y de prosperidad como su herencia (vv. 3*a*, 5, 9; cp. 28:4, 62). El reino teocrático restaurado en Canaán se utiliza como una figura típica de la realidad anti-típica, el reino eterno de Dios en el renovado universo. Esto se conseguirá mediante un juicio divino, pues en tanto que el pueblo de Dios tiene que heredar la tierra, sus enemigos recibirán la plaga de todas las maldiciones (v. 7). La salvación mesiánica es, así, un nuevo éxodo y conquista, una renovación del pacto mediado a traves de Moisés y Josué, primero en Sinaí y después en Moab y en Ebal y Gerizim.

E. Decisión radical. 30:11–20.

11–14. El Señor no demandaba de Israel nada incomprensible ni imposible de conseguir (v. 11). El deber de Israel no se hallaba escondido en ninguna altura inaccesible (v. 12) ni más allá de ninguna barrera insuperable (v. 13). Nótese el similar uso que Pablo hace de estas preguntas proverbiales en Ro 10:5, 6. **14. Muy cerca de ti está la palabra.** Hay las cosas incomprensibles, secretas, que pertenecen a Dios (cp. 29:29*a*; Sal 131:1), pero la demanda del pacto es una de las cosas reveladas dadas al pueblo de Dios para ser obedecida (cp. 29:29*b*; 6:6, 7; 11:18, 19; 31:19). Como Job afirmaba, el conocimiento exhaustivo es la posesión de Dios solamente, pero al hombre Dios asigna, como su porción de sabiduría, el temor de Jehová, que es el camino del pacto (Job 28, esp. v. 28).

15–20. Moisés concluye su exposición de las bendiciones y maldiciones del pacto con una llamada de simplicidad y sublimidad memorables. Recordó a Israel que en su experiencia como reino, la bendición y la obediencia serían inseparables, como también lo serían la rebelión y la maldición (vv. 16–18). **15. La vida y el bien, la muerte y el mal.** El tema era tan claro y radical como la vida y la muerte (cp. 19*b*). Amar al Señor, obedecerle, y permanecerle leal; esto era la vida de ellos (v. 20; cp. 6:1–5). **19. A los cielos y a la tierra llamó por

testigos hoy contra vosotros. Una de las divisiones acostumbradas en los tratados seculares de soberanía era la que contenía la invocación a los dioses del señor y del vasallo como los testigos divinos del juramento del pacto. Es significativo que el tratado deuteronómico contenga por lo menos un paralelo retórico a esta característica (cp. 4:26; 31:28; 32:1). El Señor era, naturalmente, el Testigo divino además del Soberano de este pacto. Una y otra vez Moisés conectaba la obra de salvación que Dios estaba llevando a cabo por medio de él con las promesas hechas a Abraham (v. 20c).

V. Disposición dinástica: Continuidad del pacto. 31:1—34:12.

Esta sección final del documento del pacto tiene como tema unificador la perpetuación de la relación del pacto. De importancia especial es el tema de la sucesión real, que es también prominente en los tratados de soberanía estrabíblicos (cp. antes, la Introducción a IV. Sanciones). Esta sucesión queda asegurada mediante la designación y constitución de Josué como heredero dinástico de Moisés en el oficio de representante mediador del Señor (cap. 31). La asignación testamentaria de la herencia del reino a las varias tribus de Israel (cap. 33) tiene en cuenta la posición de todo el pueblo de Dios como herederos reales. Se incluyen también otros dos elementos normativos en los tratados internacionales. Uno de ellos es la invocación de los testigos del pacto, representados aquí principalmente por el Cántico del Testimonio (cap. 32). El otro es las instrucciones para guardar el documento del tratado después de la ceremonia (31:9–13). Para dar fe notarial del documento, se adjunta un relato de la muerte de Moisés al final (cap. 34).

A. *Disposiciones finales. 31:1–29.*

Moisés dio una serie de instrucciones con respecto a la ejecución del pacto y de sus programas: a todo el pueblo (vv. 1–6), a Josué (vv. 7–8), y a los sacerdotes (vv. 9–13). Después, en una revelación teofánica en el santuario (vv. 14, 15) el Señor instruyó a Moisés con respecto al Cántico del Testimonio para el Israel futuro (vv. 16–22), y también encargó a Josué de su inminente mandato (v. 23). Finalmente, Moisés ordenó otra vez a los sacerdotes con respecto a la disposición de los testigos documentales del pacto y con respecto a la congregación del pueblo para oír el Cántico del Testimonio (vv. 24–29).

1–6. Acerca de la edad de Moisés (v. 2a), ver Éx 7:7; Dt 29:5. **2b. No puedo más salir ni entrar.** Aunque Moisés era aún competente en términos de su vida individual diaria (cp. 34:7), había perdido la necesaria energía para pastorear toda la congregación de Israel y en particular para conducir una campaña de conquista como la que estaba ante la nación (cp. Nm 27:16ss.). Acerca de Dt 31:2c, ver 3:23ss.; 4:21, 22; Nm 20:12. El Señor, con Josué como su nuevo representante mediador, continuaría y finalizaría en Canaán la conquista ya empezada triunfalmente en Transjordania bajo Moisés (vv. 3–6). Con tal liderazgo asegurado, Israel tenía que ejecutar el mandato de conquista (cp. 7:1ss.) con fortaleza y valor (v. 6; cp. vv. 7, 23; 20:3, 4; 31:7, 23; Jos 1:6ss.).

7, 8. Bajo el mandato de Dios, Josué ya había sido ordenado por Moisés ante Eleazar y la congregación como el nuevo caudillo de Israel (Nm 27:18–23; Dt 1:38). **8. Jehová... estará contigo.** Repitiendo la promesa de la presencia divina (cp. Jos 5:13ss.) acabada de dar a todo el pueblo (Dt 31:3–6), Moisés encargó públicamente a Josué que finalizara la misión de conducir a Israel a su herencia.

9–13. Moisés asignó a sus sacerdotes y a los ancianos el deber de volver a publicar con regularidad la ley del pacto. El efecto de esto era el de asociar a los sacerdotes y ancianos con Josué en la responsabilidad de gobernar y en la estima de Israel. De mayor importancia, todo el pueblo del pacto, juntamente con todas las autoridades humanas en la comunidad del pacto, quedaban colocados bajo la autoridad del Dador de la Ley. **9a. Y escribió Moisés esta ley.** Esta es una clara afirmación de evidente importancia para investigaciones de la alta crítica (cp. v. 24). Aunque la redacción queda mencionado en esta ocasión, es probable que el documento oficial del pacto, o por lo menos la parte más importante, había sido preparada antes. La entrega de la ley a los sacerdotes y ancianos mencionada aquí (9b), si tiene que distinguirse de la mencionada en los vv. 24ss., puede haber sido simplemente una transferencia simbólica de la responsabilidad de mantener en vigor la ley del pacto como se describe en los vv. 10–13.

En los tratados de soberanía de las naciones, se incluían instrucciones para leerlos al pueblo vasallo en intervalos regulares, desde una vez a tres veces anualmente. **11. Leerás esta ley delante de todo Israel a oídos de ellos.** En Israel tenía que haber una proclamación constante de la voluntad de Jehová mediante el servicio del culto y a su tiempo mediante el ministerio de los profetas. Los padres, también, recibían el encargo de instruir fielmente a los hijos del pacto en los mandamientos del Señor (ver p. ej. 6:7, 20ss.). De ahí la lectura septanual de la Ley a Israel (v. 10) en la Fiesta de los Tabernáculos (cp. 16:13ss.) en el año sabático (cp. 15:1ss.) no estaba designada como el único medio de enseñar al pueblo de Israel sus obligaciones en el pacto sino que servía como un recordatorio especialmente impresionante, en esta época de renovación y consumación sabática, de la necesidad de una renovada auto-consagración por parte de los siervos de Jehová, si querían disfrutar de todas las bendiciones del pacto.

14-23. Josué, como Moisés (cp. Éx 3:1— 4:17), había sido designado personalmente por el Señor mismo. Este era el principal propósito explícito para la comparecencia de Moisés y de Josué en presencia del celestial Soberano, que a continuación habló con ellos cara a cara como un hombre habla con su amigo (Dt 31:14, 15; cp. Éx 33:9, 11; Nm 12:5). Las palabras de la revelación divina (Dt 31:23) eran simplemente una afirmación directa de la orden — **Esfuérzate**— y de la promesa —**yo estaré contigo**— dadas mediatamente por Moisés (vv. 7, 8) y una confirmación de la ordenación pública de Josué (Nm 27:18-23).

En esta ocasión el Señor también confirmó las negras profecías de Moisés acerca de la futura infidelidad de Israel y la ira de Dios en contra de ellos: **este pueblo...me dejará, e invalidará mi pacto** (v. 16ss.). En particular, el Señor dirigió a Moisés a que enseñara a Israel un cántico que sería testimonio por Él en contra de ellos cuando ellos quebrantaran el pacto (v. 19ss.). La codicia de Israel por dioses-ídolos, su fornicación espiritual (v. 16; cp. Éx 34:15, 16), debido a los abominables ritos del culto de fertilidad cananeo en que se dejarían atrapar, involucraría prostitución carnal también. La inclinación a ignorar al Señor sería más evidente cuando el pueblo de Israel habitaran en seguridad y en prosperidad en su tierra (Dt 31:20; cp. 6:10ss.; 8:12ss.; 32:15). **17. Los abandonaré.** Tal sería la inevitable consecuencia del abandono del Señor por parte de Israel. Sin la protección de Dios la nación caería víctima de muchos males y así se darían cuenta de una manera muy dolorosa de que **no está mi Dios en medio de mi** (v. 17b). Para que los israelitas no reclamaran la promesa divina de no abandonarlos (cp. v. 6) y no le imputaran injusticia, Dios les dio en Cántico del Testimonio, que dispone las bendiciones prometidas y la advertida maldición en su perspectiva apropiada dentro del pacto. Este cántico proclamaría la perfecta justicia de Dios y pondría a los israelitas en el lugar de convictos en cuanto a la justicia de sus aflicciones (cp. 32:4, 5). Era solamente debido a la pura gracia de Dios que Israel podría siquiera entrar

en la tierra de promisión, porque Jehová se hallaba totalmente consciente del orgullo y rebelión en sus corazones antes de conducirlos a traves del Jordán, 31:21b. El v. 22 anticipa el 31:30 — 32:47.

24-29. Como un testigo complementario del pacto junto con el cántico, el documento del tratado se tenía que conservar **al lado del arca del pacto** (v. 26; cp. 9ss.). Esta demanda, y la disposición similar de las dos tablas sinaíticas concordaban con la práctica contemporánea (ver comentarios sobre 10:1-11). Es posible que fuera uno de los sacerdotes a cuyas manos se confió el tratado deuteronómico (v. 25) el que adjuntara el registro de la muerte de Moisés, o incluso todo aquello que va desde aquí hasta el final. Este funcionario puede haber tenido una parte, aunque pequeña, en poner el resto del documento en su forma definitiva. **27. Sois rebeldes...¿cuánto más después que yo haya muerto?** El previo conocimiento de Dios acabado de revelar a Moisés (cp. v. 21) era ahora el previo conocimiento de Moisés. En estas instrucciones a los sacerdotes, se reúnen todas las partes del tratado. El Cántico del Testimonio que estaba a punto de ser cantado ante Israel incluía al mismo tiempo una invocación a los cielos y a la tierra como testigos (v. 28). La fuerza del testimonio se dirigía primariamente contra el pueblo de Israel, en vista de sus provocaciones previstas (v. 29).

B. El Cántico del Testimonio. 31:30—32:47.

30. Según las instrucciones de Moisés (v. 28), Israel fue reunido, y Moisés, juntamente con Josué (32:34), los representantes anterior y nuevo de Jehová, proclamaron el cántico (Dt 32).

En su estructura general este cántico poético sigue la estructura del tratado deuteronómico. Después de la invocación a los testigos a que dieran oído (vv. 1-3), se identifica al Soberano en forma de preámbulo como Dios de verdad y como Padre de Israel (vv. 4-6). A continuación el prólogo histórico del tratado halla su contrapartida en una recitación del favor especial mostrado hasta entonces a Israel por parte de Jehová (vv. 7-14). A continuación, se reflejan las estipulaciones del tratado en la condena de la rebelión de Israel en contra de Jehová y en favor de nuevos dioses (vv. 15-18). La consecuencia de este quebrantamiento del pacto es el amontonamiento de maldiciones sobre ellos (vv. 19-25). No obstante, como también se afirma en la sección de bendición y maldición del tratado, más allá de la maldición final se halla la perspectiva de una renovación del pacto conseguida mediante un juicio redentor en el que Dios vengará a Sus siervos contra sus enemigos; tal es el tema final del cántico (vv. 26–43).

a) Invocación. 32:1–3.

1. La invocación a los cielos y a la tierra tiene que entenderse como una llamada a que ellos sean los testigos del pacto, ya que Moisés había acabado de afirmar que precisamente este era el propósito de congregar a Israel para escuchar el cántico (cp. 31:28). **2.** El camino del pacto y el camino de la sabiduría se unen aquí al identificar Moisés este cántico como **mi enseñanza**, una palabra común en la literatura de la Sabiduría. El cántico presenta la verdadera sabiduría debido a que su tema es el temor de Jehová, el gran Dios de Israel (v. 3).

b) Preámbulo. 32:4–6.

El cántico es una teodicea (cp. comentarios sobre 31:19ss.). **4.** Con esto a la vista, la identificación de Jehová es en términos de su justicia perfecta. **La roca.** Este epíteto contempla a Dios como el refugio digno de confianza de su pueblo (cp. vv. 15, 18, 30). La palabra heb. *ṣûr,* así utilizada de Dios, puede derivarse de una raíz que significa "montaña" (cp. el ugarítico *ġwr*). En contraste a la justicia de Dios resalta la perversidad de los israelitas, estos "hijos de Dios" (cp. Dt 32:6, 18ss.; 14:1; Éx 4:22ss.) que en realidad eran *sus no-hijos* (32:5*a,* lit.: cp. "no-dios" (v. 21) y "no-pueblo" (v. 21). Esto introduce la principal carga del cántico, esto es, que el pecado de Israel daba una explicación totalmente adecuada de todo el mal que le alcanzaría. **6. Pueblo loco e ignorante.** Al mantenerse con el motivo de la sabiduría, el pecado es considerado como locura (cp. vv. 28, 29). **¿No es él tu padre que te creó?** La referencia es al Señor formando a Israel como pueblo teocrático por la elección y por la llamada redentora sacándolos de Egipto.

c) Prólogo histórico. 32:7–14.

7a. Acuérdate de los tiempos antiguos. Así empieza la sección del prólogo histórico del cántico. El hecho de que el v. 8 se refiere a la divina providencia remontándose hasta Gn 10 y 11 explica la perspectiva histórica de Dt 32:7*a.* **8. Estableció los límites de los pueblos según el número de los hijos de Israel.** Como Pablo afirma que Cristo gobierna todas las cosas para el beneficio de su iglesia, así Moisés afirma que Jehová se tomó un interés especial en las necesidades geográficas de la numerosa simiente de Abraham en su providencial gobierno de todas las naciones (cp. Gn 10:32), porque Israel era Su pueblo elegido (Dt 32:9; cp. 7:6; 10:15). Según una lectura apoyada por la version LXX y por los fragmentos

de Qumrán, se tendría que poner "hijos de Dios" en lugar de **hijos de Israel.** Los que prefieren esta lectura apelan a la tradición mítica de que El, cabeza del panteón cananeo, tuvo setenta hijos, y al hecho de que hay setenta naciones mencionadas en Gn 10; y llegan a la conclusión de que esta correspondencia numérica es mencionada en Dt 32:8. De manera similar, los comentaristas judíos, siguiendo el texto masorético, vieron una correspondencia de las setenta naciones de Gn 10 con los setenta israelitas de Gn 46:27.

Habiendo dispuesto la herencia de Israel en Canaán desde los tiempos antiguos, el Señor iba, en los días de Moisés, a conducirlos a la posesión de sus ricos bienes (Dt 32:10–14). **10. Le halló.** El Señor, viniendo a buscar y a salvar lo que se había perdido, halló al desamparado Israel impotente en el desierto. **Como a la niña de su ojo.** Guardó a su pueblo tan celosamente como lo hace un hombre con aquello que es más precioso para él, o como un águila cuida a sus pollos (v. 11). Se podría interpretar esta figura como referente a la liberación de Egipto así como la conducción a Canaán. **12b. Con él no hubo dios extraño.** Ya que el Señor era el único benefactor de Israel, su subsiguiente mudanza y adhesión a dioses extraños (v. 15ss.) era manifiestamente inexcusable. **13a. Lo hizo subir sobre las alturas de la tierra.** En la fortaleza de Jehová Israel avanzó en majestuoso triunfo por Transjordania (cp. 2:31ss.) y sobre la montañosa tierra de Canaán para alimentarse de todas las más elegidas ofrendas del campo y del rebaño (vv. 13*b,* 14).

d) Registro de la rebelión. 32:15–18.

Como soberano de ellos, Jehová demandaba, primariamente, una lealtad perfecta y exclusiva. Como una animal ingobernable, Israel, engordado en los ricos pastos, rehusó someterse. **15. Jesurún,** el justo, se utiliza aquí en forma de reproche. En su arrogante desprecio por la Roca de su salvación, el pueblo de Israel pagó sus tributos a fantasmagóricos no-dioses. **17a. Sacrificaron a los demonios, y no a Dios,** o *sacrificaron a los demonios que eran no dioses* (RSV), de los que nada habían recibido y de los que hasta entonces nada habían siquiera sabido. Tan indecible era la ingratitud de ellos, que preferían estos nuevos dioses-reyes a la Roca que les había mostrado a la vez el amor de padre (v. 18*a*) y de madre (v. 18*b*).

e) Maldiciones sobre los quebrantadores del pacto. 32:19–25.

En el pacto sinaítico, adjunta a la estipulación proscribiendo imágenes de dioses rivales, se hallaba la advertencia: "Yo soy Jehová tu Dios, fuerte, celoso" (5:9; Éx 20:5). Dios responde a la infidelidad en la relación del pacto con algo similar al fiero celo conyugal de un hombre cuya esposa le ha sido infiel (Dt 32:21, cp. v. 16). La ley prescribía la muerte para las adúlteras. Las maldiciones del pacto amenazaban a Israel con la extinción si actuaba como prostituta con los no-dioses de Canaán (cp. 31:16ss.). No hay escape del fuego de los celos divinos; arden **hasta las profundidades del Seol** (32:22), el lugar de los muertos. **19, 20. Se encendió en ira…Y dijo: Esconderé de ellos mi rostro.** Aplicando el principio de la *lex talionis*, Dios rechazaría a Israel y eliminaría su protección de sobre ellos. Incitaría a Israel a celos mediante un no-pueblo (v. 21; cp. Ef 2:12). Esto es, concedería a un pueblo que no había conocido su favor del pacto el triunfo sobre sus **hijos infieles** (v. 20).

23. Amontonaré males sobre ellos. En los vv. 23–25 se amenazó con las maldiciones del pacto, especialmente la pestilencia, el hambre, y la espada, los terrores que acompañan la maldición suprema del cerco (cp. cap. 28). Allí recaía el triunfo del no-pueblo. Como resultado del cerco, Israel sería eliminado del reino de Dios y se convertiría el mismo en un no-pueblo (cp. Os 1:9). En el posterior desarrollo de la revelación redentora Dios iba a prometer renovación de su misericordia por la cual el no-pueblo volvería a ser de nuevo "mi pueblo" (cp. Os 1:10; 2:23). Y Pablo ha interpretado esto como cumplido en la entrada de gentiles así como de judíos en el Nuevo Pacto en Cristo Jesus (Ro 9:25, 26). En relación con ello Pablo da también un giro a la idea de los celos de Israel ante el favor mostrado por Dios a los gentiles (Ro 11:11ss.; cp. 10:19). El cántico mosaico del testimonio anticipa en sí mismo la misericordia y la bendición redentora que caen más allá de la predicha maldición de Israel (ver Dt 32:26–43).

f) Bendiciones por medio del juicio redentor. 32:26–43.

La atención se centra ahora en la nación enemiga que golpearía sin misericordia tanto al niño de pecho como al hombre cano. **27. Nuestra mano poderosa.** Para que el enemigo no malinterpretara su victoria sobre Israel y le quitara a Jehová el honor a Él debido (cp. Is 10:5ss.), Él limitaría la matanza que el enemigo hiciera en Israel (Dt 32:26). Desde el punto de vista de las maldiciones del pacto, esto constituiría un freno a la venganza de Dios contra Israel. Así, la preservación de un resto que no es aniquilado queda basado en el celo de Dios de su propia gloria. Al mismo

tiempo, la vindicación definitiva, de su pueblo, que es facilitada por la preservación del resto, surge de la compasión de Dios hacia ellos (v. 36). **29a. ¡Ojalá fueran sabios, que comprendieran esto!** El necio enemigo hubiera tenido que comprender que su fácil victoria sobre Israel, el protectorado bajo pacto con el Soberano de los cielos y de la tierra, tenía que deberse a Su disgusto con Israel (vv. 19ss., 30). El v. 31 es una interjección parentética pronunciada por Moisés, dando mayor vigor a 32:30 al eliminar la posibilidad de que el dios del enemigo le hubiera otorgado la victoria. Sobre el v. 31*b*, ver Éx 14:25; Nm 23 y 24; Jos 2:9, 10; 1 S 4:8; 5:7ss.; Dn 4:34ss. **29b.** Además, si el enemigo fuera sabio, se daría **cuenta del fin que les espera.** Este tema continua en el v. 32ss. Su arrogancia se transformaría en temblor si se dieran cuenta de que el Dios de Israel, que había juzgado a su propio pueblo en fiera ira, los juzgaría de cierto también con estricta justicia (v. 34) por su depravación y crueldad (vv. 32, 33). El mayor mal de la nación enemiga sería que estaba en enemistad contra el pueblo de Dios. Porque, aun cuando en esto serían la vara de la ira de Dios en contra de Israel, sus propios motivos y propósitos serían muy diferentes (cp. 27*b*; Is 10:7ss.). **35, 36a.** Por ello el juicio de Dios sobre el enemigo sería un acto de **venganza y de vindicación en favor de su pueblo…sus siervos.** Así el cántico vuelve habilidosamente al tema principal de Israel y de las sanciones del pacto, e intima que las bendiciones definitivas seguirán a la maldición anterior.

Para citas en el NT de 32:35, 36, ver Ro 12:19 y He 10:30. **36b. La fuerza pereció.** Solo cuando Su pueblo fuera tan impotente como cuando al principio los halló (v. 10) intervendría Dios en juicio redentor. No obstante, el perdón sería concedido solamente cuando fueran confrontados con su pecado (vv. 37, 38) y fueran así llevados a experimentar una tristeza piadosa y arrepentimiento y a confiar en el Señor como su verdadera y única Roca. **39. Y hago morir, y yo hago vivir.** Prometiendo venir en juicio como el salvador de sus siervos, el Señor se identifica a sí mismo como Dios solo y absolutamente soberano (cp. v. 12; 4:35, 39; 5:6*a*; Is 43:11, 13). **40. Yo alzaré a los cielos mi mano.** Así como Jehová añadió juramento a promesa en el pacto abrahámico, así también lo hizo en este Nuevo Pacto, jurando por sí mismo, porque no hay otro (cp. Is 45:22, 23; He 6:13), que Su juicio sería terrible en contra de aquellos que le odian (Dt 32:41, 42; cp. v. 35; Is 63:1ss.). En el v. 42, la tercera cláusula finaliza la primera; la cuarta, la segunda. **43. El cántico concluye** con la perspectiva de júbilo sobre el juicio de Dios que involucra tanto retribución sobre el enemigo como expiación de toda culpa dentro del reino de Dios. Ya que se llama universalmente a las naciones a que participen en el gozo de la salvación de Dios, el horizonte de esperanza es evidentemente la edad mesiánica, cuando todas las naciones de la tierra hallarán bendición en la simiente de Abraham.

44–47. La designación de Josué y las instrucciones referentes al Cántico del Testimonio se unieron a la revelación especial en el santuario (31:14–23), y significativamente Josué fue asociado con Moisés en la proclamación del cántico a Israel (32:44). Moisés selló la recitación con una llamada final a la comunidad del pacto a que cultivara en sus generaciones sucesivas fidelidad al pacto, que en su sumarización en el cántico era un testimonio por Dios a Israel (v. 46). La conclusión a las sanciones (30:15ss.) queda reflejada en la advertencia de que ésta era una cuestión de la misma vida de Israel (32:47).

C. El testamento de Moisés. 32:48—33:29.
48-52. Cp. 3:27; Nm 27:12-14. **48. Aquel mismo día.** Fue hacia el fin del día de la ceremonia de renovación (cp. 1:3–5; 27:11; 31:22) que Moisés ascendió **a este monte de Abarim, al monte Nebo** (49*a*), para morir allí. Acerca de la muerte de Aarón en el monte Hor, ver 10:6; Nm 20:22ss.; 33:37, 38. **51. Por cuanto pecasteis.** Acerca del pecado que descalificara a Moisés para no poder entrar en Canaán, ver 1:37; 3:26; 4:21; Nm 20:10ss.; 27:14. En Dt 34:1ss. se describe el cumplimiento de este mandato.

En el antiguo Medio Oriente, la última bendición de un padre moribundo pronunciada a sus hijos constituía un testamento legal irrevocable, aceptado como evidencia decisiva en disputas judiciales. En el caso de los patriarcas bíblicos, la autoridad y potencia de sus últimas bendiciones se derivaba del Espíritu de profecía en ellos, hablando en forma testamentaria (cp. los casos de Isaac, Gn 27, y de Jacob, Gn 49). Como padre espiritual y teocrático de las doce tribus, Moisés pronunció sus bendiciones sobre ellos justo antes de ascender al monte para morir (Dt 33:1), y así sus palabras constituyen su testamento. Hasta allí donde Deuteronomio constituye una garantía dinástica, Josué, como sucesor de Moisés, era el heredero del pacto. También era cierto, no obstante, que todos los israelitas eran los hijos adoptados de Dios, y por ello herederos de las bendiciones de Su reino que estaban siendo dispensadas mediante su siervo Moisés. Es simplemente imposible ecualizar las formas pactual y testamentaria sin un empobrecimiento drástico y distorsión del concepto del pacto. Pero hasta allí donde las bendiciones prometidas en el pacto redentor de Dios no son heredables aparte de la muerte del testador, aquel pacto si incluye como una de sus características el principio testamentario.

El testamento poético de Moisés contiene tres secciones: (a) una introducción, descriptiva de la gloria del Señor al declarar su realeza en el otorgamiento de su pacto teocrático a Jesurún (vv. 2–5); (b) las bendiciones de las tribus, tomando estas las formas de oraciones, doxologías, imperativos, y predicciones (vv. 6–25); y (c) una conclusión, exaltando a Dios, el majestuoso Protector de Jesurún (vv. 26–29). (Para un útil estudio de los problemas textuales en este capítulo y una nueva traducción ver F. M. Cross y D. N. Freedman, "The Blessing of Moses", JBL 67 (1948), 191–210.)

1) Introducción. 33:2–5.
La aparición de Jehová como Rey de reyes para proclamar Su pacto tuvo lugar en gloria radiante, como del amanecer sobre las montañas orientales de la península del Sinaí (v. 2*a*; cp. las descripciones poéticas similares de la teofanía del desierto en Jue 5:4ss.; Sal 68:7ss., 17ss.; Hab 3:2ss.).
2b. Acompañando al Rey en Su venida se hallaba una huesta angélica de **santos** (cp. Sal 68:17; Zac 14:5; Hch 7:53; Gá 3:19; He 2:2). Probablemente más cercana al sentido del original que RV sea la traducción que Cross y Freedman dan: *A su derecha seguían los poderosos, sí, los guardianes de las naciones. Todos los santos se hallan a tu mano, se postran a tus pies, cumplen tus decisiones.* Como el representante terrenal del Señor, Moisés dio el pacto de Dios con sus promesas del reino a Israel (v. 4), y se ratificó el reinado teocrático de Jehová sobre Israel mediante la ceremonia del pacto (v. 5).

2) Las bendiciones a las tribus. 33:6–25.
Moisés bendijo por vez primera a los hijos de las esposas de Jacob, y después a los hijos de las criadas. Aunque Jacob anunció la perdida de los derechos de primogenitura del primer hijo, Rubén, tanto él como Moisés empezaron sus testamentos con él (cp. Gn 49:3, 4). **6. Viva Rubén.** Moisés oró para que Rubén no sufriera extinción tribal. **7. Llévalo a su pueblo.** La bendición para el Judá real (el cuarto hijo de Lea) es, en efecto, la oración para que se cumpla en él la bendición profética de Jacob (cp. Gn 49:9–12), que Judá sea capacitado para cumplir la tarea real de conquistar los adversarios y así volver a su pueblo para

recibir su obediencia. En el testamento de Jacob, Simeón y Leví (segundo y tercer hijos de Lea) fueron reprendidos y esparcidos en Israel (Gn 49:5–7). Históricamente, Simeón fue pronto absorbido por Judá (cp. Jos 19:2ss.). Moisés omitió a Simeón de la bendicion separada (obteniéndose el número doce por la división de la tribu de José). Pero invistió con un nuevo significado la dispersión de Leví por Israel (cp. Jos 21:1–40). **9b. Pues ellos guardaron tus palabras.** Leví había mostrado devoción a Jehová, precisa para el oficio sacerdotal en la prueba de Sinaí (Éx 32:26–29). Acerca de los sucesos en Masah y Meriba (Dt 33:8b), el principio y el final de las pruebas de Dios sobre Israel (cp. 8:2ss.), ver Éx 17:1–7; Nm 20:1–13; Dt 6:16; 9:22; 32:51. Sobre esta tribu fue conferido el honor del sacerdocio en la familia de Aarón, con sus privilegios de recibir revelaciones especiales de parte de Dios (33:8a), enseñar la ley del pacto (v. 10a), y oficiar en el altar (v. 10b). La bendición de Leví termina muy apropiadamente con la oración de que su ministerio sacerdotal en favor del pueblo del pacto pueda resultar eficaz (v. 11).

Habiendo tratado con las tribus real y sacerdotal, Moisés pasa a Benjamín (el hijo más joven de Raquel). **12c. Entre sus hombros morará.** A Benjamín le fue otorgada Jerusalén en la frontera con Judá, el lugar del santuario y trono del Señor (cp. Gn 49:27; Jos 15:8; 18:16). La utilización del término ''hombro'' en los pasajes posteriores para denotar la elevada situación de Jerusalén apoya la postura de que es Jehová el sujeto de **morará.** Acerca de **el amado de Jehová,** ver Jer 11:15; Sal 60:5. Adjuntó con Benjamín en la bendición (Dt 33:13–17) y en herencia territorial se halla José (el hijo mayor de Raquel). La doble porción, el derecho del primogénito que Rubén había perdido, había sido dado a José (Gn 48:22) en que sus dos hijos disfrutaron de posición de tribus separadas. Moisés confirmaba ahora la preeminencia que Jacob había dado a Efraín sobre Manasés (Dt 33:17; cp. Gn 48:14ss.). Otra vez como Jacob, Moisés bendijo a José con poder militar y abundancia de los dones más escogidos de la tierra (cp. Gn 49:22–26). **16.** La fuente de toda la superioridad y prosperidad de Jacob se hallaba en **la gracia del que habitó en la zarza** (cp. Éx 3:2ss.). Un ligero cambio en el texto resultaría en el cambio de **zarza** por ''Sinaí''. Zabulón e Isacar (respectivamente el sexto y el quinto hijo de Lea) se unen aquí en su bendición (Dt 33:18, 19; cp. Gn 49:13–15). Su porción especial era la de ser los tesoros del mar, asegurados evidentemente mediante el comercio con aquellos que traba-

jaban en y a lo largo del Mediterráneo y del mar de Cineret. Sus herencias se hallaban cercanas pero no en estas aguas (cp., no obstante, Gn 49:13). **19a. Llamarán a los pueblos a su monte.** Esto parece indicar que sus triunfos comerciales serían reconocidos con gratitud en su adoración verdadera.

La tribu de Gad (el primer hijo de la criada de Lea, Zilpa) había elegido **la mejor tierra para sí** como su herencia en Transjordania, las primicias de la conquista (vv. 20, 21a). A continuación se unieron fielmente con sus hermanos en el conflicto por sus partes en Canaán (v. 21b). Como la bendición de Sem (Gn 9:26), la de Gad se halla revestida de doxología (cp. Gn 49:19). En enérgico poder la tribu de Dan (el hijo mayor de Bilha, la criada de Raquel) iba a ser como los leones de Basán (Dt 33:22; cp. Gn 49:17). Fue al área de Basán que migró una expedición de danitas desde su territorio original en la costa del sur (Jue 18). El favor de Jehová sobre Neftalí (el hijo menor de Bilha) se iba a mostrar en la notable fertilidad y belleza de su herencia, especialmente su parte meridional sobre las orillas del Cineret (Dt 33:23; cp. Gn 49:21). **24a. Bendito sobre los hijos sea Aser.** Esta tribu del hijo menor de Zilpa se hallaba situada en el extremo septentrional de Israel, una tierra fertil vecina a la de Neftalí (v. 24b; cp. Gn 49:20). **25. Como tus días serán tus fuerzas.** La oración de Moisés era que la protección de Aser pudiera ser constantemente poderosa.

3) Conclusión. 33:26–29.
26a. No hay como el Dios de Jesurún. Como en la introducción (vv. 2–5), Moisés exalta aquí al verdadero Dador de las bendiciones de este testamento. El establecimiento del pacto se celebraba en la introducción, pero aquí Jehová recibe alabanza como Defensor y Benefactor de Israel en la subsiguiente conquista (v. 27) y establecimiento en la paradisíaca tierra prometida (v. 28). Sobre el v. 26b, ver Sal 18:10; 68:33. Sobre 27a, ver el Salmo mosaico 90:1, 2. **29. ¿Quién como tú, pueblo salvo por Jehová?** La singularidad de la bienaventuranza de Israel deriva de la singularidad del Salvador-Señor de Israel (cp. v. 26a). **Tus enemigos serán humillados.** Todos tendrán que reconocer la supremacia de Israel.

D. La sucesión dinástica. 34:1–12.
Un testamento está en vigor solamente después de la muerte del testador. Así, al pacto deuteronómico en su aspecto testamentario (cp. los comentarios introductorios al cap. 33) no serían operacionales sino hasta después de la muerte de Moisés. Solamente entonces sucedería Josué en el papel de virrey de Dios

sobre Israel, y sólo entonces bajo el caudillaje de Josué podrían las doce tribus, según la declaración de Jehová, entrar en su herencia en Canaán. Por ello, fue apropiado que el tratado deuteronómico finalizará con el registro de la muerte de Moisés, que de hecho da acta notarial del tratado. Queda evidenciada la significación testamentaria de la muerte de Moisés por la atención que se da conjuntamente a la herencia de la tierra de Israel y a la accesión de Josué a la mediación real del pacto. Los vv. 1–8 registran la muerte de Moisés y los vv. 9–12 la sucesión de Josué en el puesto de Moisés. El relato reanuda la narración de 32:48–52.

1–8. 1a. Subió Moisés de los campos de Moab al monte Nebo. Moisés anduvo solo en ascenso sin retorno, alejándose de la tierra prometida en su marcha a la cumbre de la montaña al oeste de los campos de Moab, frente a Jericó, al monte Nebo. El panorama de la herencia jurada de Israel se describe como se veía mirando primero hacia el noreste, y después desde allí hacia el occidente y el sur, y otra vez hacia la llanura extendiéndose entre Jericó y Moisés. **2. El mar occidental**, esto es, el mar Mediterráneo, más allá de los montes de Judá, no se puede ver desde el monte Nebo en forma natural. **4b. Más no pasarás allá.** Cp. 1:37; 3:26; 4:21, 22; 32:52. Aunque no podía ahora entrar en la tierra, Moisés contempló sus picos septentrionales, en uno de los cuales, él, juntamente con Elías, iba más tarde a estar con el Mediador del Nuevo Pacto y a hablar con el acerca de la partida que tenía que cumplir en Jerusalén antes de que pudiera atravesar para ir a la herencia celestial (cp. Mt 17:3; Mr 9:4; Lc 9:30, 31). Era necesario que Jesús muriera antes de entrar en su descanso, debido a que Él era el verdadero Mediador que vino a reconciliar a su pueblo pecador con Dios. Moisés tenía que morir sin entrar en el resto típico debido a que como mediador del AT se había descalificado a sí mismo debido a una transgresión oficial para consumar la misión que prefiguraba la del impecable Hijo de Dios. A diferencia de Moisés, que después de su muerte fue sucedido por Josué (Dt 33:9), el Mediador mesiánico se sucedería a sí mismo después de Su muerte debido a que era imposible que la muerte le retuviera. **7. Ni perdió su vigor.** Moisés, aunque con 120 años de edad (cp. 31:2; Éx 7:7), no expiró debido a su avanzada edad, sino por el mandato de Dios, que por Su palabra soberana crea y destruye (Dt 34:5). Acerca de la situación de la tumba de Moisés (v. 6), ver 3:29, 4:46. Acerca de su secuela, ver Judas 9.

9–12. Lleno del espíritu de sabiduría. Josué había sido ordenado como heredero dinástico por el otorgamiento de los dones carismáticos de esta dinastía, preeminentemente el don de la sabiduría en gobierno (cp. Nm 27:18ss.; Dt 31). **9b. Los hijos de Israel le obedecieron.** Fieles a su juramento de obediencia a la voluntad de Jehová, pronunciado en la ceremonia deuteronómica (cp. 26:17; 29:12), Israel asintió a la accesión de Josué. **10. A quien haya conocido Jehová cara a cara.** Aunque sucesor de Moisés, Josué no fue su igual. Con Moisés Dios conversaba directamente (Éx 33:11; Nm 12:8), pero Josué tenía que descubrir la voluntad de Dios a través de mediación sacerdotal (Nm 27:21). Por las señales de victoria sobre las aguas del Jordán y sobre las huestes de Canaán, Josué fue confirmado como el sucesor de Moisés, que había triunfado sobre las huestes del Faraón y sobre las aguas de la mar. Pero ninguno fue como Moisés en la plenitud de su revelación del poder redentor de Jehová (Dt 34:11, 12).

BIBLIOGRAFÍA

DRIVER, S. R. *A Critical and Exegetical Commentary on Deuteronomy (International Critical Commentary)*. Nueva York: Charles Scribner's Sons, 1895.

KEIL, C. F. *Commentary on the Pentateuch*, Vol. III, Edimburgo: T. & T. Clark, 1880; Grand Rapids: Wm. B. Eerdmans Publishing Company, 1949.

MANLEY, G. T. *The Book of the Law*, Grand Rapids: Wm B. Eerdmans Publishing Company, 1957.

REIDER, J. *Deuteronomy*. Filadelfia: The Jewish Publication Society of America, 1937.

WRIGHT, G. E. "The Book of Deuteronomy", *The Interpreter's Bible*, Vol. I. Nueva York: Abingdon Press, 1953.

COMENTARIOS EN ESPAÑOL

SCHULTZ, SAMUEL. *Deuteronomio: El Evangelio de Amor* (Serie "Comentario Bíblico Portavoz"). Grand Rapids: Editorial Portavoz, 1979.

HARRISON, R.K. "Deuteronomio." *Nuevo Comentario Bíblico*, editado por D. Guthrie, J. A. Motyer, A. M. Stibbs y D. J. Wiseman. El Paso: Casa Bautista de Publicaciones, 1978.

JOSUÉ

INTRODUCCIÓN

Título. El primer libro de *Los Profetas*, la segunda gran división del canon del Antiguo Testamento, recibe su nombre de su personaje principal, Josué.

Paternidad y fecha. El libro parece ser una unidad literaria, compuesto por un solo autor, no basado, como algunos han afirmado, sobre dos o más fuentes primarias, editadas y reeditadas durante muchos siglos. En tanto que el mismo Josué escribió ciertos documentos (18:9; 24:26), no puede haber sido el autor del todo el libro que lleva su nombre. Este registra su muerte (24:29–30), y sucesos que no tuvieron lugar sino hasta después de su muerte: la conquista de Hebrón por Caleb (15:13*b*, 14; cp. Jue 1:1, 10, 20), de Debir por parte de Otoniel (Jos 15:15–19; cp. Jue 1:11–15), y de Lesem por los danitas (Jos 19:47; cp. Jue 17; 18) en un tiempo después en que la idolatría era tolerada en Israel (cp. Jos 24:31). Estos eventos tuvieron lugar probablemente antes de la opresión de Cusán o durante el caudillaje de Otoniel (Jue 3:8–11), alrededor de 1370–1330 a.C.

Por otra parte, el autor fue testigo ocular de muchos de los eventos descritos (p.ej., Jos 5:1, 6). Rahab vivía todavía en el tiempo de la redacción del libro (6:25). El libro tiene que ser pre-salomónico (16:10; cp. 1 R 9:16); pre-davídico (Jos 15:63; cp. 2 S 5:5–9), anterior al siglo XII, cuando Tiro ganó superioridad sobre Sidón, porque los fenicios son aquí denominados todavía como sidónios (Jos 13:4–6); y tiene que haber sido escrito antes del 1200 a.C., después de lo cual más filisteos invadieron Palestina, porque los filisteos no constituían todavía una amenaza en tiempos de Josué (ver comentario sobre 13:2*b*–4*a*).

Parece de la mayor probabilidad que Josué fue escrito durante el caudillaje de Otoniel (c. 1370–1330. Ver comentario sobre 1:4). La mucho mayor familiaridad con los intereses de la tribu de Judá (cp. el detallado relato de la campaña en el sur, 10:1–23; el interés en Caleb y Otoniel, 14:1–15; 15:13–19; la dilatada lista de los límites y ciudades de Judá, 15:1–63)

indica, todo ello, que el autor puede haber residido en Judá. Él delinea solamente de una manera muy esquemática los límites de las importantes tribus de José incluso a pesar de que Silo caía dentro de ellos (16:1 — 17:11). Si vivía en Judá, es comprensible que relacionara las áreas geográficas de aquel territorio en primer lugar sin cualificar sus términos (11:16). Ya que hay mención insistente del hecho de que no se dio ningún territorio a la tribu de Leví (13:14, 33; 14:3, 4; 18:7), es posible que fuera un sacerdote (ver J. J. Lias, ''Joshua'', *Pulpit Commentary*, III, xi, xii).

Propósito y valor. Los propósitos de este libro son los de continuar la historia de Israel empezada en el Pentateuco y demostrar la fidelidad de Dios a sus pactos con los patriarcas y la nación teocrática con el establecimiento de las tribus en su patria prometida (11:23; 21:43–45). Además, la santidad de Dios se ve en sus juicios sobre los inicuos cananeos y en su insistencia de que Israel, en la lucha de esta guerra santa, quitará toda cosa mala de en medio de sí. Un tercer aspecto de la relación de Dios con el hombre evidenciado en este libro es la salvación de Dios. El mismo nombre ''Josué'', la forma hebrea de Jesús, significa ''Jehová es salvación''. Así, la historia redentora de la entrada de Israel en Canaán y de su posesionamiento de la tierra ilustra la experiencia espiritual cristiana de conflicto, victoria, y bendición en las esferas celestiales (Ef 1:3; 2:6; 6:12) mediante el gran poder de Dios (Ef 1:19, 20; 6:10). En He 4 se expone el descanso en Canaán de los vanos intentos en el desierto como típico de nuestro actual descanso espiritual en la obra acabada de Cristo y en su continua intercesión para capacitarnos para conquistar el ego y Satanás.

Marco histórico. Los datos para determinar el marco histórico del éxodo y de la conquista nos vienen dados por el registro bíblico y por la investigación arqueológica. Los patriarcas peregrinaron en Canaán durante lo que los arqueólogos denominan la Edad Media de

Bronce (2100–1550). José probablemente fue exaltado al poder durante la Duodécima Dinastía de Egipto. Entonces, el rey que surgió en contra de (qûm'al) Egipto y que no conocía a José (Éx 1:8) era indudablemente un gobernante hikso en la región del Delta del Nilo. Ya que los hiksos afligieron a los israelitas, obligándoles a construir Pitón y Ramesés (Éx 1:11), Israel no huyó de Egipto cuando los egipcios nativos echaron a los hiksos alrededor del 1570 a.C. Los faraones de la 18ª dinastía (cuya capital era Tebas, pero que tenían capitales secundarias en Menfis, Heliópolis, y probablemente Bubastis) continuaron esclavizando a los israelitas hasta que Moisés finalmente les condujo al Sinaí, alrededor del 1447 a.C. (cp. 1 R 6:1), durante el reinado de Amenhotep II (1450–1423). Josué tiene que haber conducido a Israel a Canaán alrededor del 1407, durante la Edad de Bronce Posterior (1550–1200). Las suertes tribales se echaron alrededor del 1400, y Josué vivió hasta el 1390 o hasta más tarde. Un punto de vista alternativo fecha el Éxodo durante el reinado del Faraón Ramsés II poco después del 1300 a.C. Los que mantienen este punto de vista toman el número de 480 años en 1 R 6:1 como un número redondo para doce generaciones.

Alrededor del tiempo de la invasión de Canaán, el Faraón Amenhotep III (1410–1372) estaba perdiendo interés en sus posesiones asiáticas, de forma que la mayor parte de reyezuelos de Palestina y Siria pronto se rebelaron contra Egipto o dejaron de pagar su tributo. Las cartas cuneiformes halladas en 1887 en Tell el-Amarna en Egipto, la localidad de la capital del hijo de Amenhotep, Akhenaten (1380–1363), constituyen los archivos reales de estos dos gobernantes. La mayor parte fueron escritas por príncipes vasallos en Palestina y Siria durante el período 1400–1360, rogando por la ayuda del Faraón en contra de ciudades-estado vecinas o en contra de los Habiru. Generalmente, el término *Habiru* (o *'Apiru*) designa tropas mercenarias. En este caso designa a tropas pagadas por Siria por los príncipes cananeos rebelados contra Egipto. Así, el silencio en Josué con respecto a Egipto puede explicarse debido al hecho de que

Egipto tenía una política exterior debil desde Amenhotep III hasta Seti I (1313–1301), el siguiente Faraón que marchó por Palestina. Incluso entonces los egipcios evitaron las montañas y tomaron la ruta costera cuando estaban en campaña en contra de los hititas en Siria.

Durante el período de Josué y de los jueces, las observancias religiosas cananeas habían degenerado a la licencia y a la brutalidad más licenciosa, como llegamos a saber por las tabletas de Ras Shamra (ugaríticas) y las existentes reliquias de las prácticas de los cultos de fertilidad desenterradas en Bet-sán, Meguido, etc. El carácter inmoral de las deidades cananeas condujo a sus devotos a los ritos más desmoralizadores del antiguo Oriente Medio, tales como prostitución sagrada de ambos sexos, adoración de la serpiente, y sacrificios de infantes. Ya que tales prácticas religiosas eran contaminantes tanto espiritual como moralmente, uno puede ver fácilmente por qué Dios ordenó a Israel que exterminara a los cananeos. Así, ellos y sus ciudades tenían que ser dedicados a destrucción para que la vida religiosa de los israelitas no quedara en peligro debido al contacto con gentes tan idólatras. W. F. Albright explicó notablemente lo que estaba involucrado ahí cuando escribió:

> Fue afortunado para el futuro del monoteísmo que los israelitas de la Conquista fueran un pueblo salvaje, dotados de energía primitiva, y con una voluntad implacable de existir, ya que la resultante decimación de los cananeos impidió la fusión completa de los dos pueblos vecinos lo que inevitablemente hubiera hundido las normas yahvísticas hasta un punto en el que fuera imposible la recuperación. Así, los cananeos, con su orgiástica adoración de la naturaleza, su culto a la fertilidad en forma de símbolos de serpiente y de desnudez sensual, y su grosera mitología, fueron reemplazados por Israel, con su simplicidad nomádica y pureza de vida, su elevado monoteísmo, y su severo código de ética (*From the Stone Age to Christianity.* p. 281).

BOSQUEJO

I. La entrada a la Tierra Prometida. 1:1 — 5:12.
- A. La comisión de Dios a Josué. 1:1-9
- B. La movilización de Josué para pasar el Jordán. 1:1-18
- C. La misión de los espías. 2:1-24
- D. El paso del Jordán. 3:1 — 5:1
- E. La renovación de las observancias de la circuncisión y de la Pascua. 5:1-12

II. Conquista de la Tierra Prometida. 5:13 — 12:24.
- A. Aparición del divino Comandante en Jefe. 5:13 — 6:5
- B. La campaña central. 6:6 — 8:29
  1. La captura de Jericó. 6:6-27
  2. Derrota en Hai debido al pecado de Acán. 7:1-26
  3. Segundo ataque e incendio de Hai. 8:1-29
- C. Establecimiento del pacto de Israel como la ley de la Tierra. 8:30-35
- D. La campaña del sur. 9:1 — 10:43
  1. Tratado con la tetrápolis gabaonita. 9:1-27
  2. Destrucción de la coalición amorrea. 10:1-43
- E. La campaña del norte. 11:1-15
- F. Resumen de la conquista. 11:16-23
- G. Apéndice: Catálogo de los reyes derrotados. 12:1-24

III. Repartimiento de la Tierra Prometida. 13:1 — 22:34.
- A. Mandato de Dios de repartir la tierra. 13:1-7
- B. Territorio de las tribus transjordanas. 13:8-33
- C. Principio de la división de Canaán. 14:1-15
- D. Territorio de la tribu de Judá. 15:1-63
- E. Territorio de las tribus de José. 16:1 — 17:18
- F. Territorios de las siete tribus restantes. 18:1 — 19:51
- G. La herencia de Leví, 20:1 — 21:42
  1. Designación de ciudades de refugio. 20:1-9
  2. Asignación de ciudades a los levitas. 21:1-42
- H. Resumen de la conquista y del reparto. 21:43-45
- I. Apéndice: Partida de las tribus transjordanas. 22:1-34

IV. Llamada final a la lealtad al pacto en la Tierra Prometida. 23:1—24:33.
- A. Discurso de despedida de Josué a los caudillos de Israel. 23:1-16
- B. Renovación del compromiso del pacto en Siquem. 24:1-28
- C. Apéndice: Muerte de Josué y la subsiguiente conducta de Israel. 24:29-33.

COMENTARIO

I. La entrada a la Tierra Prometida. 1:1 — 5:12.

A. La comisión de Dios a Josué. 1:1-9.

A la conclusión del Pentateuco se registra la muerte del sobresaliente líder y fiel siervo y legislador de Jehová. Los israelitas estaban aún acampados al este del Jordán. La historia inspirada por Dios acerca de su pueblo elegido continua aquí.

1. Jehová habló a Josué hijo de Nun, servidor de Moisés. (cp. Éx 24:13; Nm 27:18-23; Dt 1:38; 31:23). Mientras que Moisés, a quien Josué había servido como principal ayudante u oficial, le había dado una comisión antes, ahora Dios le habló directamente para que asumiera el mando de los israelitas. En tanto que probablemente no fue "cara a cara" (Nm 12:8), esta revelación tiene que haber venido casi inmediatamente después de la muerte de Moisés, a fin de mantener la continuidad del gobierno teocrático de Dios. El Señor dio a Josué cuatro órdenes específicas: (1) pasar el Jordán; (2) ser fuerte...; (3) procurar la herencia del pueblo; y (4) cuidar de hacer conforme a la Ley. **2. Levántate y pasa este Jordán.** ¡Arriba! Prepárate a pasar hacia Canaán. El Jordán estaba ahora en máximo caudal, inundando las márgenes (3:15). **La tierra que yo les doy.** *Les estoy dando* (participio heb.), o, *estoy a punto de dar.*

3. Como lo había dicho a Moisés. Ver Dt 11:23-32. Tenían que ocupar realmente el terreno a fin de recibirlo de parte de Dios, como los cristianos tenemos que afirmar y apropiarnos de nuestras bendiciones espirituales en Cristo (Ef 13). **4. El Líbano.** Según la LXX, Antilíbano, de cuya cordillera el monte Hermón, quizás visible desde una altura por encima de Abel-shitim, es el pico más meridional. **La tierra de los heteos.** Esta frase no se halla en Dt 11:24; y la versión LXX la omite aquí. En 1407 a.C. los emperadores heteos (o hititas), no habían derrotado todavía a Siria; La supremacía de ellos entre el Éufrates y el Mediterráneo empezó treinta o cincuenta años más tarde, bajo el rey Suppiluliumas. Si esta frase es genuina en el manuscrito original, entonces el libro de Josué no fue escrito antes de alrededor de 1350 a.C. **5. No te dejaré.** Lit., *no te arrojaré, abandonaré* (cp. 10:6, "no dejes caer", o "no dejes tu mano detenida", **no niegues ayuda**). LXX, *no te dejaré en el peligro.* **6. Esfuérzate y sé valiente** (cp. 1:7*a*, 9). La segunda orden de Dios, tan necesaria para un guerrero, fue: *Sé fuerte y resuelto, inflexible;* LXX: *Compórtate como un hombre.* **A este pueblo...la tierra.** Lit., *porque tú harás que este pueblo herede la tierra,* es el tercer mandato a Josué. Canaán fue prometida en el pacto abrahámico (Gn 15:16–21). **7. Para cuidar de hacer conforme a toda la ley.** El cuarto mandato era el de mantenerse en guarda o de tener cuidado y practicar toda la ley mosaica, no meramente la letra de la Ley, sino el espíritu de ella también (cp. Mt 5:27, 28, etc.). **8. De día y de noche meditarás en él** [libro de la ley]. *Hāgâ,* "recitar en tono bajo". La LXX utiliza *meletâô,* denotando la ponderación meditativa y la práctica audible de los oradores. La valentía de Josué, la esperanza de la victoria, y la sabiduría necesaria para el triunfo eran dependientes de su atención constante y de su adhesión inflexible a la Ley escrita (*tôrâ,* "instrucción, enseñanza"). **9. Mira que te mando.** La invasión que Josué estaba a punto de dirigir había sido explícitamente ordenada por Dios. Así, Josué no era un jefe del desierto ni un sheik tribal efectuando una incursión en Palestina, como los reyes de los madianitas y de los amalecitas hicieron más tarde (Jue 6 — 8). Era tan sólo el general de campo recibiendo órdenes de su Comandante en Jefe (Jos 5:14) en una guerra santa de exterminación de los pueblos malvados y que rechazaban a Dios.

B. *La movilización de Josué para pasar el Jordán. 1:10–18.*

Descansados después de la rigurosa conquista de la Transjordania, los israelitas se hallaban mucho mejor organizados y disciplinados que lo que habían estado hacía cuarenta años. **10. Los oficiales del pueblo.** El término *shoterîm* (Éx 5:6–19; Dt 1:15; 1 Cr 27:1) designa a los escribas de la lista de movilización,

correspondiéndose a los ayudantes u oficiales de personal que emiten las órdenes administrativas en un puesto. **11. Comida.** Provisiones. Ya que ahora había otra comida disponible, ya no tenían que depender solamente del maná; y pronto iba éste a cesar del todo (5:11, 12). Podían saquear en los campos de grano que maduraba en el oasis de Jericó. Dios no mantiene a Su pueblo en vagancia. **Dentro de tres días.** Lit., *dentro de tres días vais a pasar este Jordán,* esto es empezar la marcha que os llevará más allá del Jordán. Probablemente, los mismos tres días que los espías estuvieron fuera (2:22), pero no los tres días de 3:2. **13. Acordaos de la palabra.** La proposición hecha por Moisés en Nm 32 (cp. Dt 3:12–21).

14. Armados. Lit., *en cinco partes*: vanguardia, retaguardia, cuerpo, y dos alas; esto es, "en orden de batalla". **Todos los valientes y fuertes.** Josué permitió que las tribus orientales enviaran a sus mejores tropas (4:13), de forma que la mayor parte permaneció para proteger a sus familias y sus rebaños. **16–18.** Esta rápida respuesta de las tribus transjordanas facilitó que los israelitas pudieran invadir Canaán con un frente unido, tan necesario para la moral militar como espiritual del pueblo de Dios.

C. *La misión de los espías. 2:1–24.*

Teniendo un cierto conocimiento de primera mano de Canaán de su propia experiencia como espía treinta y ocho años antes, Josué, al ejecutar las órdenes divinas, envió prudentemente espías a Jericó, la fortaleza clave de todo el valle meridional del Jordán. Dos dificultades inmediatas le hacían frente: cómo vencer a los hostiles cananeos en su ribera occidental; y cómo cruzar el Jordán en la época de la inundación (cp. 3:15; 1 Cr 12:15. No todos podrían nadar como los espías debieron seguramente hacer).

1. Sitim es identificada por Nelson Glueck con Tell el-Hamman sobre el Wadi Kefrein, en los montes al pie del extremo oriental del valle del Jordán (Nm 25:1; 33:49). **Secretamente, diciendo.** Esta misión fue cuidadosamente reservada en secreto, incluso de los israelitas, no fuera que la circulación de un informe desfavorable desalentara al pueblo (cp. Nm 13:28 — 14:4). **Entraron en casa de una ramera que se llamaba Rahab.** Josefo y muchos escritores desde aquel entonces han argumentado que era una posadera. Pero la palabra heb. *zônâ,* la palabra griega *pornē* en la LXX, y He 11:31 y Stg 2:25, todos estos pasajes la califican como una prostituta común (no una *qedēshâ,* una prostituta del templo, o cúltica). ¿Acaso los espías la vieron andando por la calle a la caída de la tarde (cp. Pr 7:9–12) y la siguieron a su casa, como los detectives en la actualidad pueden visitar lugares de mala fama, donde pueden escuchar los secretos de criminales? O, guiados enteramente por el Señor, ¿cayeron por "casualidad" en la casa de una que había sido de antemano preparada por el Espíritu? Su casa estaba probablemente construida sobre la pared occidental de la ciudad, con su ventana trasera mirando a la montaña (Jos 2:15, 16); así, su casa se hallaba a una cierta distancia de las puertas de la ciudad de Jericó, que se hallaban sobre el pozo de aguas vivas justo al este del montículo de la ciudad. La profesión de Rahab implicaba una menor desviación de la norma moral aceptada en su ambiente que en el nuestro. Además, se ocupaba en la honesta profesión de hilar y teñir lino. Su calidad de prostituta es mencionada para mostrar en intenso relieve la misericordia de Dios en darle fe y en preservarla (cp. Mt 21:32; Lc 15:1).

2. El rey de Jericó. A fines de la Alta Edad de Bronce cada cuidad importante en Canaán constituía el centro de una ciudad-estado y tenía su rey. **4, 5.** La mentira de conveniencia de Rahab fue un pecado de debilidad en una cuya conciencia estaba justo empezando a despertarse de la oscuridad del paganismo. Un hombre de fe desarrollada aprende a responder sin mentir (p.ej., Gn 22:7, 8). En la ética oriental, la preservación de un huesped como acto de hospitalidad constituye uno de los mayores actos de virtud. En cuanto a la acusación de que estaba traicionando a su rey, en su corazón se estaba desarrollando una nueva alianza con el Rey celestial. Así, ella escondió a los espías, aunque a gran riesgo para ella mismo. **6. Los manojos de lino** eran los troncos, de un metro a más (tres o cuatro pies) de longitud, extendidos sobre el terrado plano para que se secaran (cp. Dt 22:8) después de ser macerados en agua durante varias semanas. El lino maduraba temprano en Marzo, cuando la cebada estaba ya espigada (Éx 9:31, 32).

9–11. Rahab reveló la preciosa información de que se había extendido el pánico (tal como lo había cantado Moisés en Éx 11:15, 16; como Dios lo había prometido en Dt 2:25) por toda la vecindad de Jericó. Su testimonio (Jos 2:11*b*) es notable proviniendo de boca de una mujer pecadora en una sociedad idólatra y politeísta. Los líderes israelitas mismos no siempre hablaban tan monoteísticamente (ver 24:14, 15; 1 R 18:21). La misma evidencia que convenció a Rahab sirvió solamente para endurecer a sus compatriotas.

12. La traducción **he hecho misericordia** no da la connotación apropiada. La palabra *hesed* se refiere básicamente a una promesa no dada por escrito, o a un pacto o contrato oral (diferenciándose de la palabra más formal *berît*, "pacto", inaugurado por una ceremonia; Gn 15:7–18). En el desesperado pacto entre Rahab y los espías, es evidente por los juramentos pronunciados que ninguna de las partes estaba actuando debido a simpatía y misericordia puras. Más literalmente, ella dijo: "Ahora pues, juradme por Jehová que así como yo he hecho un acuerdo-*hesed* con vosotros, que vosotros haríais también un acuerdo-*hesed* con la casa de mi padre, y que me daréis una prenda de (vuestra) fidelidad". La prenda era el juramento por el que tenían que confirmar su lealtad al acuerdo; ellos lo pronuncian en el 14.

14. Los espías respondieron: "Nuestras vidas para morir en lugar de las vuestras [si somos infieles]; si vosotros [tú y tus parientes] no informáis de nuestra misión, entonces será, que cuando Jehová nos dé la tierra, que guardaremos el acuerdo-*hesed* y fidelidad contigo". **15. Una cuerda.** *Hebel* (2 S 17:13; Jer 38:6–13). **16. Y** [ella] **les dijo:** Mejor: *Y ella les había dicho*. Es indudable que intercambiaron instrucciones al despedirse (vv. 16–21*a*) antes de los espías salir por la ventana, para no ser descubiertos cuando estaban todavía hablando. **18. Este cordón de grana.** Un cordón (*tiqwâ* cp. Cnt 4:3) hecho de grana que descubrieron en casa de Rahab, para que lo atara en la ventana a través de la cual les descolgó. Era para facilitar la identificación de la casa por parte de los atacantes israelitas.

22. El monte. Acantilados de limolita, de 456 metros (1500 pies) de altura, con muchas cuevas, a 80 m. (media milla) al oeste, en el extremo del valle del Jordán. Estos acantilados se hallan solamente a 13 ó 16 km (8 ó 10 millas) al norte de las cuevas en las que fueron halladas los rollos del mar Muerto. **23, 24.** Probablemente antes de la madrugada de 3:1 los espías informaron a Josué de la baja moral de los cananeos, proveyéndole así la respuesta a su primer problema. Ellos cumplieron apropiadamente su tarea sin tratar de dar consejo en cuanto al ataque (cp. 7:23).

D. El paso del Jordán. 3:1—5:1.

El cruce del Jordán para entrar en Canaán constituyó una crisis de fe de primera magnitud. Casi cuarenta años atrás, Israel había confrontado la misma crisis, pero había fracasado. Escapar del Sinaí atravesando el mar Rojo demandó una medida de fe; pero invadir Canaán por el Jordán y, de esta manera comprometerse, sin posibilidad de retirada, en la lucha en contra ejércitos y carros y ciudades fortificadas exigía una fe suprema en el Dios viviente (3:10). Aquí una nación entera tomó el paso de arriesgar sus vidas (cp. Hch 15:26) en entrega total al Señor.

1. Vinieron hasta el Jordán. Tan pronto como los espías dieron la información, Josué quedó confirmado en que era Dios el que obraba. Aunque sin saber todavía cómo iba a cruzar el río, en fe trasladó el campamento hasta el límite del *Zor*, la estrecha depresión 45 m. (150 pies) de profundidad en la que se hallaban contenidas las aguas inundando la "espesura [jungla] del Jordán" (Jer 12:5; 49:19).

1) Preparaciones finales para el paso del Jordán. 3:2–13.

Al final del tercer día, el novena de Nisán (cp. 4:19), el pueblo recibió instrucciones (3:2–4) para una nueva forma de marcha, ya que la columna de nube ya no les guiaría más. **Los levitas sacerdotes.** Los levitas que eran sacerdotes, no los coatitas (Nm 4:15) llevarían el arca, porque ésta iba a ser una ocasión extraordinaria y solemne (cp. Jos 6:6; 1 R 8:3–6). El pueblo tenía que extenderse alrededor del arca en un radio de casi mil metros (3.000 pies), a fin de poder todos ellos ver más fácilmente el símbolo de la conducción de la presencia de Jehová, "por cuanto vosotros no habéis marchado de esta manera antes" (Jos 3:4*b*). **5. Santificaos.** Ellos precisaban de consagrarse a sí mismos con una purificación exterior y con una devoción interior a Dios, debido a que Él iba pronto a efectuar milagros en medio de ellos, dando la primera evidencia pública de su presencia con Josué (3:7), y debido a que iban a entrar en una guerra santa (Nm 31:24).

7. Este día. Aquella noche, después del inicio del nuevo día hebreo a la caída del sol, el Señor honró la fe de Josué revelándole la forma de pasar. Entonces él podría anunciar a la nación cómo iban a pasar el río (3:9–13). Esto era para asegurar que después del evento pudieran saber que no se había tratado de una coincidencia, sino que un Ser de vida, poder y actividad les estaba defendiendo y obrando por ellos. **11.** Este versículo, tomado lit., indica que el arca que contenía la Ley escrita representaba a Dios ante los israelitas de una forma definida: ¡He aquí, el arca del pacto! Señor [*'âdôn*] de toda la tierra pasará delante de vosotros en medio del Jordán.

2) El paso de todo el pueblo. 3:14–17.

Temprano, a la mañana siguiente, toda la nación pasó, en un solo día, porque el pueblo se dio prisa (4:10), indudablemente pasando a cientos o a miles en fondo. No hay necesidad de investigar dos diferentes relatos del suceso cuando se interpretan apropiadamente las varias afirmaciones del cap. 4. *Las aguas que venían de arriba se detuvieron* (v. 16). Este difícil versículo puede explicarse mejor traduciéndolo lit.: *Las aguas que descendían de arriba se detuvieron; se amontonaron en un montón muy lejos en Adam, la ciudad que se halla al lado de* [esto es, en la misma ribera del Jordán como] *Saretán. Y las que descendían* [al Jordán en otros afluentes al sur de Adam] *hacia el mar del Arabá, el mar Salado, fueron totalmente cortadas.* Adam puede identificarse con Tell ed-Damayeh, justo al sur de la confluencia del Jaboc y del Jordán, a unos 24 km. (15 millas) aguas arriba de la área de paso. Las aguas pueden haber quedado embalsadas hasta tan lejos como Saretán (Tell es Sa'idiyeh), a 19 km. (12 millas), más al norte. Un corrimiento de tierras de elevados acantilados de marga (de 45 m. de altura [150 pies] del Zor en la vecindad de Adam puede haber bloqueado el río (cosa que sucedió alrededor del 1266 d.C. y más recientemente; según Garstang, en 1927 el río quedó así bloqueado durante más de 21 horas). No obstante, Dios obró un gran milagro: otros afluentes tuvieron también que ser bloqueados; las aguas detenidas y vueltas a soltar (4:18) casi *inmediatamente*; y el blando fondo del río quedó seco de inmediato; además, la detención del río tuvo lugar en epoca de inundación.

3) El paso conmemorado y finalizado. 4:1–18.

Antes de que los sacerdotes portadores del arca pudieran dejar su puesto, se recogieron piedras para dos montones de piedras, y uno de ellos se erigió donde los sacerdotes se hallaban en el río.

1. Jehová habló a Josué. Más bien, *como Jehová había dicho a Josué.* La repetición del mandato divino —dado indudablemente en el tiempo de 3:7, 8, porque Josué ya había señalado a los doce hombres (3:12)— se hace aquí para introducir el relato de su ejecución. **5.** Este versículo puede traducirse: *Pasad a la presencia* [esto es, la cercanía] *del arca de Jehová vuestro Dios, al medio del Jordán, y tome cada uno de vosotros una piedra sobre su hombro...* Josué y sus doce designados tienen que haber permanecido en la ribera oriental hasta que la multitud hubo cruzado. **6, 7.** El montón de piedras tenía que ser testimonio del poder de Dios y de su fidelidad al llevar a todo Israel a la Tierra Prometida (cp. 4:21–24). Tanto el AT como la arqueología dan testimonio de la frecuente utilización de sencillas piedras en pie (*maṣṣēbôt*) y de montones de piedras como memoriales para conmemorar teofanías (Gn 28:18; 35:14), votos o pactos (Gn 31:45–53; Jos 24:26), sucesos sobrenaturales (1 S 7:10–12), o incluso a parientes o tribus (Gn 35:20; Éx 24:4). Un altar, ya que era hecho de piedras sin labrar, podría servir para un propósito similar (Is 19:19; Jos 22:10, 26–34; cp. Gn 12:7; 26:24, 25; 35:1, 3, 7; Éx 17:15; Dt 27:1–8; Jos 8:30–35).

9. Josué también levantó doce piedras en medio del Jordán, en el mismo lugar en el que habían estado los sacerdotes. Este lugar tiene que haber estado en la vertiente oriental, donde tocaron por primera vez las aguas de la inundación, porque ni 3:17 ni 4:9, 10 indican que fueron más adentro del río. Por ello el montón de piedras tiene que haber sido fácilmente visible durante la mayor parte del año. Nótese que estos dos conjuntos de doce piedras daban testimonio al hecho de que todas **las doce tribus** estuvieron juntas en el desierto, y que entraron a una en Canaán.

10. Y el pueblo se dio prisa y pasó. Esta afirmación explica un aspecto de cómo los sacerdotes pudieron esperar pacientemente. **12, 13.** Los hombres de las tribus de Transjordania, no embarazados por familias ni posesiones, habían dirigido el paso (1:12–18). **14. En aquel día Jehová engrandeció a Josué.** Como el líder divinamente escogido al hacer que dirigiera al pueblo a través del Jordán con seguridad (cp. 1:5, 17; 3:7).

15–18. Este pasaje da un relato más pleno de 4:11. Traducir 4:15 como sigue: *Porque el Señor había dicho a Josué....*

4) La erección del monumento en Gilgal. 4:19 — 5:1.

El primer campamento de los israelitas en Canaán, y sus cuarteles generales para la conquista de la tierra, fue en Gilgal, a 3 ó 4 Km. (2 ó 3 millas) al noreste de Jericó, cerca de Khirbet el-Mefjir. Como en la otra orilla, aquí las piedras se dispusieron en un montón memorial, cada una de ellas siendo demasiado pequeñas para ser una piedra derecha individualmente (*messēbâ*). El nombre *gilgal*, no obstante, que significa ''círculo'', pertenecía a este lugar antes, evidentemente, porque parece que Moisés ya lo conocía (Dt 11:30). Quizás para marcar un lugar de sepulturas cúlticas, como en Stonehenge y Micenas, los cananeos habían instalado en el pasado piedras esculpidas en un círculo cerca de Gilgal (Jue 3:19), de manera que los israelitas establecieron allí un memorial a Jehová para contrarrestar prácticas idolátricas.

19. El día diez del mes primero. Abib (Éx 13:4) o Nisán (Neh 2:1), nuestro marzo-abril, del 1407/6 a.C. Llegaron a su campamento justo a tiempo de seleccionar el cordero de la Pascua (Éx 12:3) que tenía que ser degollado el catorce del mes (cp. Jos 5:10), disponiendo la providencia de Dios que exactamente cuarenta años después de abandonar la tierra de servidumbre llegarán a la tierra prometida.

23. A la manera que Jehová vuestro Dios lo había hecho en el mar Rojo. Estas son las dos pruebas coronadoras del poder y de la misericordia de Jehová en la historia de la nación israelita, nunca olvidada por los salmistas ni los profetas (Sal 66:6; 74:13, 15; 114:3, 5; Is 50:2; Hab 3:8). **24. Para que todos los pueblos de la tierra conozcan que la mano de Jehová es poderosa.** Este propósito iba a ser notablemente cumplido tan pronto como las varias naciones de la tierra de Canaán conocieran las nuevas (5:1). Probablemente habían confiado en que el caudaloso Jordán actuaría como barrera segura, aunque temporal. Pero cuando supieron que se había secado por completo, la moral de ellos se derrumbó por completo ante una prueba tan incontestable de que el Jehová de los invasores era un Dios verdadero, viviente, poderoso.

E. La renovación de las observancias de la circuncisión y de la Pascua. 5:2–12.

La circuncisión y la observancia de la Pascua marcaron las etapas finales de la preparación de Dios de su pueblo escogido para la guerra santa. Debido a que los habitantes de Canaán se hallaban aterrorizados, Josué podía permitirse el dejar inmóviles a sus guerreros unos cuantos días para la circuncisión, que constituía el prerrequisito a la fiesta de la Pascua (Éx 12:44, 48).

2. Cuchillos afilados. Lit., *cuchillos de pedernal,* no de bronce; aunque las herramientas de corte de piedra no eran ya de uso común. Pero parece que se demandaba la utilización de cuchillos de pedernal para esta ceremonia (cp. Éx 4:25). El arte egipcio representa la supervivencia de esta costumbre, indudablemente debido al conservadurismo religioso. **Vuelve a circuncidar la segunda vez.** Este mandato no demandaba que los hombres más viejos, nacidos en Egipto, volvieran a sufrir la operación; más bien, los hombres de Israel, como un todo, tenían que volver (*shûb*) a su anterior condición circuncidada como un pueblo en la relación del pacto con Jehová. **La segunda vez** puede que meramente enfatice la palabra *shûb,* ''vuelve'' (Keil); o puede que indique una circuncisión general en alguna ocasión previa, como antes de la Pascua de Nm 9:5, ya que una multitud mezclada acompañaba al campamento (Jamieson en JFB). El pueblo no había descuidado a propósito el rito desde el Sinaí, sino que evidentemente Dios había prohibido su práctica porque el pueblo se hallaba bajo su juicio. El pueblo se había rebelado en contra de Jehová en repetidas ocasiones, y había rehusado entrar en la tierra (Nm 14:1–10) que les había sido prometida en el pacto abrahámico (Gn 15:18; 17:8), por ello se les prohibió dar a sus hijos la señal del pacto abrahámico, que habían quebrantado en espíritu y en realidad.

9. El oprobio de Egipto no se refiere al oprobio o a los insultos amontonados sobre Israel por los egipcios, ni a la miseria que los israelitas soportaron como esclavos en Egipto, sino a la suspensión del acuerdo del pacto abrahámico del cual la circuncisión constituía el signo. La palabra *herpâ*, "oprobio", se refiere frecuentemente a la condición de vergüenza, de desgracia (cp. Gn 34:14 en cuanto a la desgracia de la incircuncisión). Aunque habían sido liberados de la tierra de Egipto y unidos con Dios en el pacto del Sinaí, no obstante los israelitas abrogaron el pacto abrahámico (condicionado en la *fe* en Jehová) y el pacto mosaico (condicionado a la *obediencia* a Jehová) por el deseo de ellos hacia la idolátrica adoración egipcia (Éx 32; Jos 24:14; cp. Ez 20:5–9; 23:3, 8; Hch 7:39–42) y las cosas placenteras de Egipto (Éx 16:3; Nm 11:5, 18; 14:2–10; 16:13). Reconociendo la apostasía de ellos, Moisés exhortó a los israelitas a que se arrepintieran ante Jehová, empleando la figura de la circuncisión (Dt 10:16). Cuando por la fe el pueblo de Israel cruzó el río pasando a la tierra que les había sido prometida, y mostró su buena disposición a volver a aceptar el pacto de Dios sometiéndose a la circuncisión, entonces la vergüenza de su idolatría y de la concupiscencia que provenían de Egipto fue finalmente desechada. **Llamado Gilgal.** Un nuevo significado de "rodar" fue asignado por Israel al antiguo nombre, que probablemente había significado "círculo" (ver notas sobre Jos 4:19 — 5:1).

10. Celebraron la pascua. Esta es solamente la tercera pascua registrada; la segunda (Nm 9:5) fue celebrada en el primer aniversario de la institución. Durante muchos años el pueblo no había estado en relación pactual con Dios, y por ello no podían celebrar la Pascua (ver Am 5:25, 26). **11. El fruto de la tierra.** El producto de la tierra, comido en forma de pan sin levadura (Éx 12:14–20), y espigas tostadas o asadas de cebada (cp. Lv 2:14; Rut 2:14), que eran también alimentos sin levadura y fácilmente preparados. Ya que la cebada estaba disponible de la cosecha entonces en curso en el oasis de Jericó, desde aquel día ceso enteramente el don del maná (Éx 16:35).

II. Conquista de la Tierra Prometida. 5:13 — 12:24.

A. Aparición del divino Comandante en Jefe. 5:13 — 6:5.

Así como Jehová había hablado a Josué para prepararle para el primer gran suceso —el paso del Jordán, así ahora se le apareció para confirmarle e instruirle para la segunda gran empresa— la subyugación de Canaán. Reconociendo la necesidad estratégica de la conquista de Jericó para los israelitas (cualquier retirada a través del Jordán se hallaba cortada), Josué había ido a reconocer por sí mismo el bastión, lleno de perplejidad a causa de su aparente inexpugnabilidad (6:1).

13. Un varón...el cual tenía una espada desenvainada. No una mera visión, sino una real aparición del Hijo de Dios pre-encarnado: una Teofanía (cp. Gn 18:33; 32:24–30; Éx 3:2–6). El Ángel de Jehová aparecía en el carácter más adecuado a las necesidades de Su pueblo: a Moisés, como el Salvador de Israel, sufriendo con os suyos (Éx 3; Is 63:9); A Josué, como el comandante de Israel, conduciendo a su ejército con la espada desenvainada, listo para juzgar a Canaán. Como comenta Blaikie (ExpB); "El Capitán de las huestes de Jehová había desenvainado su espada para mostrar que el juicio de aquella malvada gente no iba a retrasarse más".

14. Se podría traducir así la réplica del Varón: *No, porque soy Yo; como General-de-la-hueste-de-Jehová he venido ahora.* En cumplimiento de su promesa a Moisés (Éx 33:14), Dios manifestó Su presencia con Israel no meramente como un aliado sino como el líder de ellos. Se trataba de *Su* guerra, porque la iniquidad de los amorreos se hallaba ahora en su plenitud (Gn 15:16; Dt 9:5; 18:12); y los israelitas constituían solamente una división de este gran ejército, juntamente con sus ángeles (Sal 148:2) y fuerzas de la naturaleza (Jos 10:11–14; Jue 5:20). Así Josué percibió de inmediato que él era tan sólo el siervo del Capitán. El relato de la conquista (Jos 6 — 11) pone en evidencia que la estrategia militar de Josué estaba dirigida divinamente. Hubieron tres campañas en la conquista. Conducido por el Señor contra el centro de la tierra, Israel conquistó primeramente Jericó y Hai asegurando así los pasos al Macizo Central y efectuando una cuña entre las secciones septentrional y meridional de Canaán. A continuación la segunda campaña en el sur conquistó la coalición amorrea, y la tercera, la confederación norteña. **15. El lugar donde estás es santo.** Comparar Éx 3:5. Este lugar en el contaminado Canaán estaba santificado por la presencia del santo Dios.

6:1. Estaba cerrada, bien cerrada. El hebreo expresa el hecho de que los defensores habían cerrado la puerta, y que Jericó estaba totalmente cerrada sobre sí misma, cercada por los israelitas. Este constituye un paréntesis introducido para explicar la inmediata situación de Jericó al lector, seguido de las órdenes dadas por Dios a Josué (6:2–5). **2. Yo he entregado en tu mano a Jericó.** Jehová, el Comandante de Josué, prometió la destrucción divina, sobrenatural, de Jericó como la prenda de la captura de todo Canaán. Por ello, Josué no tenía que preparar ningún plan para conquistar Jericó.

3. Rodearéis. La ejecución de este mandato en absoluto silencio, excepto por las bocinas (6:8), no podría hacer más que provocar ridículo en los enemigos, y así constituiría una disciplina de humillación para los israelitas. La brillantez de la fe de parte de Josué, sacerdotes, y pueblo brilló durante una semana en su mayor esplendor en toda la historia de Israel (cp. He 11:30). **4. Siete bocinas de cuernos de carnero.** Lit., *siete trompetas de jubileo.* En hebreo *yôbēl* ("cuerno de carnero"), de derivación incierta, es utilizado en primer lugar en Éx 19:13, incluso antes de las referencias al año del jubileo (Lv 25:8–54; 27:17–24; Nm 36:4); parece tener un significado religioso-ceremonial, anunciando la llegada de Jehová como Rey, sea a Su pueblo para consumar Su pacto o proclamar liberación y libertad, o a Sus enemigos para juzgarlos y azotarlos. La "trompeta de Dios" (1 Ts 4:16) tendrá este propósito dual al anunciar la segunda venida de Cristo. Siete sacerdotes llevando siete trompetas durante siete días significaba que el juicio sería completo.

B. La campaña central. 6:6—8:29.

En primer lugar Jericó en el valle del Jordán, después se tenía que toman Hai en el Macizo Central.

1) Captura de Jericó. 6:6–27.

La evidencia arqueológica de Jericó (Tell es-Sultan) no es clara con respecto a la captura de esta fortaleza por Josué. La expedición de Kathleen Kenyon (1952–1958) demostró que los muros paralelos de la fortificación (construidos de ladrillos de adobe y caídos hacia afuera) que John Garstang excavó (1930–1936) y fechó como pertenecientes a la Alta Edad de Bronce (1500–1200 a.C.) pertenecían en realidad a una época muy anterior a la de los días de Josué. No obstante, en tumbas al oeste de la ciudad, Garstang descubrió 320 objetos de la Alta Edad de Bronce (1500–1200 a.C., incluyendo dos sellos de escarabajo de Amenhotep III (1410–1372 a.C.), así como

vasos de barro de la Alta Edad de Bronce en el foso y en el tell, especialmente en escombros subyacentes al aislado "Edificio Medio" (que Garstang atribuyó a Eglón; ver Jue 3:12–30). Así él confirmó ocupaciones de la localidad en los días de Josué. Garstang y Kenyon (que hallaron un pequeño nivel de suelo del Bronce Alto con un horno y un pequeño deposito) estarían de acuerdo en que la ciudad anterior, habitada por los hicsos, fue destruida e incendiada alrededor del 1560 a.C. Después el montículo estuvo deshabitado por alrededor de 150 años. Ya que la mayor parte de formas típicas de cerámica del siglo xv no aparecen allí, la reocupación tiene que haber tenido lugar alrededor del 1410. Es probable que los cananeos de la Alta Edad de Bronce utilizaran de nuevo el baluarte, sobre el que ellos construyeron su propio muro de ladrillos de adobe. La razón de que no se haya hallado más cerámica de la Alta Edad de Bronce puede deberse a que la ciudad fuera reocupada durante un corto lapso de tiempo antes de su destrucción en el 1407. Además, se tiene que tener en cuenta la magnitud de la destrucción (Jos 6:21, 24) y la exposición de la mayor parte de este estrato a la erosión durante los siguientes cinco siglos hasta que Hiel reconstruyó Jericó (1 R 16:34).

En este pasaje vemos el triunfo de la fe. Israel estaba haciendo la obra de *Dios a Su* manera, sin importar cuan necia aquella marcha pudiera haber parecido (cp. 1 Co 1:25).

8. El arca del pacto de Jehová les seguía. Mencionada en nueve ocasiones en 6:6–13, evidentemente el arca simbolizaba a Israel que Jehová estaba con ellos, y que los estaba conduciendo en esta extraña maniobra. **15. Aquel día, rodearon la ciudad siete veces.** Se puede andar fácilmente alrededor del montón de ruinas de casi cinco hectáreas de extension en quince o veinte minutos.

17. Anatema. *Hērem*, LXX, *anathema*, traducido en 6:21 como "destruyeron". *Hērem* era cualquier cosa irrevocablemente dedicada al Dios de uno, debido a haber sido sagrado o asociado con otra deidad (Dt 7:25, 26; 20:17, 18; Piedra de Moab, línea 17). Para impedir que fuera puesto en uso normal, el objeto (en ocasiones) o la persona (siempre) era anatematizada y condenada a destrucción (Éx 22:20; Lv 27:29; Dt 13:15–17; 1 S 15:3, 21) por una sentencia divina pronunciada por el líder apropiadamente designado por Dios. No obstante, ciertas posesiones (Lv 17:21, 28) u objetos capturados (Jos 6:19), podían ser anatematizados y dedicados al uso sagrado en el santuario o para los sacerdotes (Nm 18:14; Ez 44:29). En el caso de Jericó, la ciudad con todo lo que contenía fue totalmente dedicada a Jehová (nada de ella podría considerarse como botín para el pueblo; pero cp. Dt 2:35; Jos 8:27; 11:14) como las primicias de la tierra, como señal de que ellos recibirían todo Canaán de Él. Así, la destrucción no se debió al deseo de derramar sangre. **18.** Traducir: *Pero vosotros, manteneos aparte totalmente de la parte dedicada, para que no codiciéis* (así traduce la LXX y 7:21) *y toméis algo de la parte dedicada, y pongáis al campamento de Israel sobre terreno de dedicación, y* (así) *atraigáis el mal sobre el.*

20. El muro se derrumbó. Lit., *el muro cayó en su lugar*; esto es, se hundió, excepto por la parte vecina a la casa de Rahab. Sea que Dios utilizara o no un terremoto, fue un milagro de oportunidad y de totalidad.

22–25. Josué actuó honorablemente de acuerdo con el pacto hecho por los espías con Rahab (2:12–21). Rahab y su familia tuvieron que ser puestos afuera del campamento israelita a fin de que ellos, como paganos, pudieran ser limpiados de la contaminación de sus idolatrías y que los hombres fueran circuncidados. El tiempo exigido puede haber sido de siete días (Nm 31:19).

26. La maldición era una prohibición de reconstruir los muros de Jericó, no en contra de habitar el lugar (cp. Jos 18:21; Jue 3:13; 2 S 10:5). La maldición se cumplió durante el reino de Acab, cuando Heil reconstruyó la pared al precio de (no *sobre*) sus dos hijos (1 R 16:34).

2) Derrota en Hai debido al pecado de Acán. 7:1–26.

Hai estaba a unos tres km. (dos millas) al este de Bet-el, en el extremo oriental del Macizo Central, cercano a Bet-avén (7:2). Unas excavaciones francesas (1933–1935) en et-Tell, el lugar generalmente identificado como Hai, revelaron un intervalo (c. 2000–1200 a.C.) en su ocupación, mostrando que et-Tell no estaba ocupado cuando Josué entró en Canaán. Parece que la evidencia de et-Tell apoya que se identifique con Bet-avén, *casa de idolatría,* porque habían templos paganos en su cumbre en el tercer milenio; y un pequeño establecimiento existía allí en tiempos del rey Saúl, quizas empezando en el siglo xiv en los tiempos del autor de Josué (cp. 18:12; 1 S 13:5; 14:23). Más tarde, Oseas aplicó el nombre Bet-avén al cercano Betel (Os 4:15; 5:8; 10:5). Probablemente el-Tell no deba ser identificado con Hai. Las muy erosionadas ruinas de Hai pueden hallarse debajo del actual pueblo de Deir Dibwan inmediatamente al sureste de et-Tell. Ajat (Is 10:28) surgió más tarde, en Kirbeth Haiyan, a un km. y medio (una milla) al

sur de Deir Dibwan, y fue el Hai postexílico o (en arameo) Aía (Esd 2:28; Neh 7:32; 11:31). Sea cual fuere su localización exacta, en los días de Josué Hai era una ciudad fortificada, distinta de Bet-el, y teniendo su propio rey. Era un lugar de importancia estratégica, dominando la principal ruta desde Gilgal a la región de Bet-el.

Este cap. revela cómo la fe de un cuerpo del pueblo de Dios queda minada e incapacitada por los efectos contaminantes del compromiso secreto de parte de un solo miembro. El pecado se desliza a la misma sombra de la victoria de la fe; como la levadura, pronto contamina toda la masa. También, Josué queda expuesto como el líder espiritual que extrajo, con mezcla de dulzura y de severidad, la confesión del pecador (Jos 7:19, 20), de manera que la nación pudiera repudiar el pecado y librarse del anatema que ahora colgaba sobre ella.

1. Cometieron una prevaricación en cuanto al anatema. Lit., *cometieron un quebrantamiento del compromiso con respecto a la parte dedicada,* porque esto constituyó un crimen en contra de la ley del pacto. Un transgresor en contra del *herem* (anatema) en Jericó atrajo la culpa y el castigo de tal traición sobre toda la nación. Este versículo anticipa la narración a fin de dar cuenta del revés sufrido.

2. Reconocieron. *Espiaron.* Los espías erraron en su estimación del tamaño de la población de Hai (8:25; ver comentario sobre 2:23, 24). **5. Sebarim.** *Los lugares quebrantados* (esto es, desfile) en los acantilados, asociados con la siguiente garganta al norte de la famosa garganta de Micmas (1 S 14:4, 5). Treinta y seis guerreros israelitas fueron muertos en una vergonzosa huida, mientras trataban en su pánico de llegar al camino descendente en la ribera meridional del wadi.

6–9. Como un gran general, Josué quedó desalentado ante tal pérdida de moral cerca del inicio de la guerra. Olvidando momentáneamente su propia comisión (1:5) temió que Dios había abandonado a Israel. Más que nada, temía el avivamiento de la esperanza entre los cananeos y la deshonra del carácter de Dios (cp. 4:24; Nm 14:15, 16; Dt 9:28). **10–15** Jehová replicó que el revés se debía no a Su infidelidad sino al pecado de Israel (cp. Is 59:1, 2). Él reveló la perversidad del pecado (Jos 7:10, 11), su resultado o derrota (7:12), y su remedio, o eliminación (7:13, 14).

16–18. El ofensor, Acán, fue identificado por el ritual sagrado de sacar suertes, quizás inscritas en tabletas de barro, de un vaso (cp. 1 S 10:20–24; 14:41, 42; Pr 16:33). Este era el método que se iba a utilizar para repartir la tierra entre las tribus (Nm 26:55). **19. Da gloria.** Mediante esta solemne adjuración a decir la verdad ante Dios, Josué mandó a Acán que hiciera una confesión total (cp. Jn 9:24). **Dale alabanza**; mediante una confesión Acán iba a alabar al omnisciente Jehová por sacar el secreto a la luz y a reconocer que el juicio era justo.

21. Un manto babilónico muy bueno. Lit., *un hermoso manto de Shinar*, un manto del norte de Siria (cp. la Carta de Amarna, nº 35, línea 49), probablemente entretejida con hilos de oro, y por ello dedicado a la tesorería de Dios. **Doscientos siclos de plata.** Pepitas o anillos de plata, medidos por peso. **Un lingote de oro**, de alrededor de 25 cm. (10 pulgadas) de longitud, dos y medio cm. (una pulgada) de anchura, y algo más de un centímetro (media pulgada) de espesor, como el que Macalister desenterró en Gezer. Un lingote similar se halla indicado en la Carta de Amarna nº 29, línea 39.

24–26. Acán, al robar objetos dedicados, se puso a sí mismo bajo la posición de dedicación, esto es, bajo la condenación de destrucción. Todo el que toca *herem* pasa a ser *herem* y por ello dedicado a muerte (cp. 1 R 20:42). Toda la casa de Acán, incluyendo sus hijos, estaban maldecidos con él (cp. Dt 13:12–17). Viviendo bajo la misma tienda, no podían ser otra cosa que cómplices. Las personas infames eran a menudo enterradas bajo un montón de piedras (Jos 8:29; 2 S 18:17). **El Valle de Acor** (*turbación*, Jos 7:25), sobre el límite septentrional de Judá (15:7), es probablemente Wadi Qelt, a casi dos km. (una milla) al sur de Jericó.

3) Segundo ataque e incendio de Hai. 8:1–29.

Tan pronto como el crimen de Israel hubo sido juzgado por la muerte de Acán, el Señor restauró Su favor y la fe de Israel fue vuelta a revivir. **1, 2.** Ahora Dios estaba dispuesto a conducir a Josué, porque él estaba dispuesto a escuchar *Su* plan.

3–9. Los hombres de la primera emboscada fueron enviados de noche para tomar posiciones detrás de la ciudad, tras algunos montículos, al oeste, para estar dispuestos a entrar precipitadamente en la ciudad e incendiarla tan pronto como el cuerpo principal del ejército provocará la salida de los defensores. La cantidad, **treinta mil hombres fuertes** (8:3), parece imposiblemente grande para una emboscada que se tenía que esconder tan cerca de la ciudad. R. E. D. Clark ha sugerido que en ciertos pasajes (p. ej., 1 Cr 12:23–27; 2 Cr 13:3, 17; 17:14–19) la palabra hebrea *'elep*,

traducida **mil**, significa "jefe", "oficial", un sinónimo de **hombre fuerte** ("The Large Numbers of the Old Testament", Victoria Institute, tratado de mayo, 1955). Así, Josué hubiera seleccionado treinta oficiales o jefes guerreros, cada uno de ellos un valiente heroe, para ir en una mision tipo comando.

10–17. Permaneciendo aquella noche en Gilgal, Josué convocó (*wayyipqōd*), "contó" o **pasó revista** al ejército temprano por la mañana siguiente y avanzó con los hombres los 20 a 25 km (13 a 15 millas) hasta Hai (una subida de 1000 de desnivel). Hizo que el cuerpo principal del ejército acampara en plena vista a través de un valle al norte de Hai. Entonces envió otra emboscada de alrededor de 5.000 hombres (aquí un destacamento completo, no especificados como "hombres fuertes") para cortar el paso a cualquier tipo de refuerzos que pudieran dirigirse de Bet-el a Hai. (Jos 8:17 y 12:16*b* indica que estos 5.000 estuvieron ocupados matando betelitas. Así, quedó neutralizado el potencial de lucha de Bet-el, haciendo innecesario que Israel conquistara aquella ciudad hasta más adelante; Jue 1:22–26.) Josué pasó la noche en el valle en el puesto adelantado, para estar listo para guiar el asalto por la mañana.

14. Al tiempo señalado. . .frente al Araba. Mejor, *en el lugar detallado en la dirección del Arabá* (Valle del Jordán), donde los hombres de Hai habían puesto efectivamente en fuga a los israelitas anteriormente. **18. Extiende la lanza.** En realidad, el arma con la que Josué señaló era una cimitarra (*kîdôn*), la gran hoja reflejando más fácilmente el sol a los treinta hombres escondidos en emboscada.

23, 29. El rey de Hai, como mayor criminal, quedaba reservado para una ignominiosa ejecución y entierro bajo la directa supervisión de su líder enemigo. En cuanto al mandato divino con respecto al colgar o empalar el cuerpo de un criminal en un palo —una práctica antigua extensamente practicada—, ver Dt 21:22, 23.

C. Establecimiento del pacto de Israel como la ley de la Tierra. 8:30–35.

En lugar de capitalizar la victoria en Hai, Josué cometió una simpleza, visto desde el punto de vista militar: se detuvo para hacer una peregrinación divinamente ordenada (Dt 11:26–30; 27:2–13). Dios les protegería en tanto que toda la nación adoraba en un área tan sagrada para los patriarcas. O bien Josué condujo al pueblo hacia el norte unos 32 km (20 millas) desde Bet-el a Siquem, a lo largo de la ruta aproximadamente igual a la de la actual carretera de Naplusa a Jerusalén, a través de montañas boscosas (cp. Jos 17:18) casi vacias de localidades antiguas, excepto por Silo, que Israel fundaría más tarde; o, más posiblemente, ya que las mujeres y los niños acompañaban al ejército, tomo la ruta más fácil desde Gilgal subiendo por el Valle del Jordán y el Wadi Far'a enfrente del Jaboc.

Para llegar al gran anfiteatro natural formado por grandes bahías curvadas, una al lado de cada montaña, enfrente la una de la otra, los israelitas tenían que pasar la fortaleza de Siquem que guardaba la entrada del valle, a menos de dos km. (una milla) al este. Esta ciudad tiene que haber estado en manos amistosas (ver 20:7; 24:1). Varias de las Cartas de Amarna declaran que alrededor del 1380 a.C. Lab'ayu, el príncipe de Siquem, estaba aliado con los invasores 'Apiru. La razón de tal amistad entre los siquemitas y los israelitas puede deberse a que residiendo en Siquem se hallaran algunos israelitas que abandonaran Egipto en pequeños números antes de la opresión (p. ej., 1 Cr 7:24, donde una hija o nieta de Efraim volvió a Canaán para construir Bet-horón generaciones antes del día de Josué).

30. En el monte Ebal. Al pie de este límite en el centro de Canaán. Ebal, el mayor de los dos montes (casi mil m. [3.085 pies] de altura) es el designado en lugar del monte Gerizim (de algo menor altura que el primero). Aunque Moisés había dado ordenes al principio (en Dt 27:2–4, 8) acerca de inscribir la Ley en grandes piedras encalados, y después dio órdenes acerca da la ofrenda de sacrificios sobre un altar de piedras sin labrar (Dt 27:5–7; cp. Éx 20:25), la ceremonia religiosa hubiera empezado lógicamente con los sacrificios (cp. Éx 24:4–8), y ello necesariamente debido a que el pacto estaba siendo establecido por vez *primera* en *Canaán*.

32. Sobre las piedras. No las del altar sino grandes pilares, tales como la estela de más de dos metros de altura del famoso código de Hammurabi, con sus 3.654 líneas de texto. Según Dt 27:2–4, 8, estas piedras se tenían que revocar con cal para recibir la inscripción. Los egipcios encalaban frecuentemente las piedras antes de escribir o pintar sobre ellas con tinta negra. Varias estelas, de dos metros y medio (ocho pies) de altura y encalados, fueron halladas en Biblos juntamente con un templo fechado en 200 a.C. Tan solo podemos especular acerca de cuanta de la ley de Moisés fue inscrita en las piedras encalados, aunque muy posiblemente Dt 5 — 26. Las inscripciones de la Roca Behistun son casi tres veces tan largas como el Deuteronomio.

33–35. Con los oficiales de pie alrededor del arca cerca del altar, a mitad de camino entre los montes y las tribus en las laderas, según Dt 27:11–26, Josué proclamó la Ley a la nación. Concordaba con el propósito divino de la conquista de Canaán que la Ley fuera establecida en el corazón del país para ser desde entonces la ley de la tierra, y que Israel renovará sus votos del pacto con Jehová su Dios. Ver Éx 24:4, 7; 2 R 23:2; Neh 8, 9 para similares lecturas públicas de la Ley. Ver comentarios sobre Josué 24.

D. La campaña del sur. 9:1–10:43.

Después de volver a los cuarteles generales israelitas en Gilgal en el Valle del Jordán, Josué fue pronto llamado a luchar en contra de las ciudades-estados amorreas que controlaban el sur de Canaán. Mientras que los reyes de 9:1, 2 pueden haber planeado unirse de forma unánime, nunca consiguieron unir sus esfuerzos para oponerse a los invasores israelitas. La defección de los gabaonitas puede constituir la explicación del colapso de un esfuerzo unida, de forma que solamente cinco ciudades en el sur y una gran confederación en el norte presentó batalla a Josué.

1) Tratado con la tetrápolis gabaonita. 9:1–27.

La fe entra en peligro cuando el pueblo de Dios deja de consultar cada decisión con Él (cp. 9:14). En la actualidad, los cristianos necesitan estar al tanto de las estratagemas del archi-engañador (2 Co 2:11).

3. Gabaon. Probablemente el moderno el-Jib (a 10 km. [6 millas] noroeste de Jerusalén, a 11 km. [6,5 millas] al suroeste de Hai), esta gran ciudad era la cabeza de una república independiente gobernada por ancianos en lugar de por un rey (9:11; 10:2). En 9:7 sus habitantes son llamados *heveos*; aquí, y en Gn 34:2, la LXX dice, "horeos", que pudieran ser identificados con los hurrianos. Estos constituían un elemento étnico dominante en el Oriente Medio (c. 2300–1200), extendiéndose tan rápidamente en Canaán en los siglos XVII y XV que uno de los nombres egipcios para Palestina era *Huru*.

a) Engaño de los gabaonitas (vv. 4–15).

Astutamente pretendiendo ser enviados de un país alegado, como más allá del Jordán (porque pretendían haber oído acerca de Sehon y Og, pero no mencionaron acerca de Jericó y Hai; ver 9:10), un grupo de gabaonitas perpetró su fraude sobre Josué mediante sus viejos vestidos y cueros de vino remendados, sandalias recosidas, y casos viejos, y pan seco y mohoso. Dios permitía que los israelitas dejaran que pueblos a considerable distancia se sometieran y les pagaran tributo, pero les ordenó que arrasaran totalmente las ciudades pertenecientes a las naciones de Canaán (Dt 20:10–18). Convencidos al comer de las provisiones mohosas de los gabaonitas (el cual mismo hecho de comer, por antigua costumbre oriental, establecía una relación de amistad más o menos duradera), los conductores de la congregación formalizaron un pacto-tratado (*berît*) con ellos. "Los israelitas fueron culpables de excesiva credulidad y de negligencia culpable, al no preguntar mediante el Urim y Tummim del Sumo Sacerdote la voluntad de Dios, antes de entrar en la alianza" (Jamieson en JFB; cp. Nm 27:21).

b) Descubrimiento de la estratagema (vv. 16–21).

Tres días más tarde, cuando los israelitas llegaron a saber por algún medio que sus nuevos vasallos habitaban en su vecindad, se pusieron en marcha a paso normal para tratar con los engañadores. Además de Gabaón, sus ciudades eran **Cafira** (Tell Kefireh, a unos 7 km. [4,5 millas] al oeste-sudoeste de el-Jib, a unos tres km. [dos millas] al norte de Abu Ghosh), **Beerot** (probablemente el-Bireh, una ciudad que se halla en la actualidad en la carretera de Naplusa a Jerusalén, a unos siete km. [4,5 millas] al nor-noreste de el-Jib, y **Quiriat-jearim** (Tell el-Ashar, con cerámicas del Bronce Alto, inmediatamente al oeste de Abu Ghosh, una ciudad a 8 km. [5 millas] al sudoeste de el-Jib). Beerot estaba solamente a 5 km. (3 millas) al oeste de Hai, ¡a la vista de los israelitas cuando pasaron al lado de Bet-el! Debido a que su pacto había sido ratificado en el santo nombre del Jehová, era sagrado, por ello los conductores no se atrevieron a romper el juramento del tratado y atraer sobre sí la ira de Dios (cp. Ez 17:12–19). Dios juzgó a Israel en los días de David por el desprecio de Saúl de este juramento (2 S 21:1–6).

22–27. La razón para la decisión de los príncipes en 9:21 se da aquí en detalle: Porque llamándolos Josué... **23. No dejará de haber entre vosotros siervos.** Lit, *no habrá de entre vosotros ninguno que sea cortado de ser esclavo.* Nunca dejaréis de ser o de dar esclavos, para trabajar como leñadores y aguadores para el Tabernáculo (Dt 29:11). Josué denominó esta estructura, apropiadamente, **la casa de mi Dios**; fue denominada "templo" (*hêkal*) en los tiempos de Eli (1 S 1:9). En realidad, fue una bendición de Josué, no de Dios. Debido a que fueron asignados a un servicio perpétuo en la casa de Dios, Él les bendijo. Para la protección de Gabaón, Dios hizo un gran milagro (Jos 10:10–14), y en años posteriores el Tabernáculo estuvo allí (2 Cr 1:3). Durante sesenta y siete años o más Dios

dejó que el arca del pacto permaneciera en Quiriat-hearim (1 S 7:1, 2; 2 S 6:2, 3). Debido a que Josué les *hizo* (de *nātan*, "dar") que fueran leñadores, etc. (Jos 9:27), fueron más tarde llamados los "sirvientes del templo" (1 Cr 9:2; Esd 2:43, 58; 8:20) y fueron vueltos a traer del exilio juntamente con los sacerdotes y los levitas por la providencial mano de Dios.

2) Destrucción de la coalición amorrea. 10:1–43.

El rey de Jerusalén, la ciudad más cercana a la tetrápolis gabaonita, asumió el caudillaje en reunir aliados para castigar a las ciudades heveas por la deserción de ellas y para impedir que los israelitas las ocuparán.

1. Adonisedec es casi sinónimo con Melquisedec (Gn 14:18), ambos nombres o títulos bastante frecuentes de los reyes jebuseos. Los jebuseos (Jos 15:63) eran una mezcla racial de amorreos, heteos (esto es, los hititas no indo-europeos y de horeos, como Ez 16:3 y el nombre Arauna (palabra horea para "el rey") en 2 S 24:18, 23 indican. Adonisedec tiene que haber sido un predecesor de Abdi-heba, el gobernante de Jerusalén en las Cartas de Amarna. Meredith Kline ha argumentado con claridad (en sus artículos acerca de los Habiru en WTR, XIX, X) que en general los Habiru ('Apiru), mercenarios con sus carros, infiltrándose de Siria, para ayudar a los reyes cananeos a rebelarse contra Egipto no pueden ser identificados con, ni haber incluido a (excepto posiblemente alrededor de Siquem) los israelitas invadiendo en masa desde la Transjordania para destruir a los cananeos y edificar una nación.

Según las Cartas de el Amarna, alrededor del 1375 a.C. habían solamente cuatro principales ciudades-estado independientes en el sur de Palestina: Jerusalén, Shuwardate, Gezer, y Laquis (estas dos últimas hostiles a Jerusalén). Jarmuth y Eglón eran gobernadas por oficiales egipcios. No obstante, en la época de Josué, contando a Jericó, Hai, Bet-el, Gabaón, y las ciudades de los otros reyes del sur de Canaán en Jos 12:9–16, habían casi veinte ciudades-estado. Pero antes del período de Amarna Israel había conquistado muchas de éstas y dejó a las otras en temor las unas de las otras. **3. Hebrón.** La antigua ciudad estaba evidentemente sobre Jubel er-Rumeidi, justo al oeste de la ciudad actual, a unos 30 km. (10 millas) al sur de Jerusalén. **Jarmut.** Khirbet Yarmûk, 26 km. (16 millas) al oeste-sudoeste de Jerusalén. **Laquis.** Tell ed-Duweir, a 43 km. (27 millas) al sudoeste de Jerusalén. **Eglón.** Quizas Tell el-Hesi, a más de 11 km. (7 millas) al oeste de Laquis.

a) La batalla del día único y singular (vv. 6–21)

La importancia histórica de esta victoria ha sido comparada con la de la batalla de Maratón (Blaikie). Cuando los gabaonitas apelaron urgentemente por ayuda, los israelitas se hallaron ligados por el pacto (ver comentario sobre 24:1) a ir en defensa de ellos. Alentados por el Señor (10:8; cp. 1:5), Josué condujo una marcha forzada a la luz de la luna desde Gilgal de por lo menos 40 km. (25 millas), quizas por la ruta de Jericó a Jerusalén, a fin de cortar la retirada a esta última ciudad que era la más cercana de las fortalezas amorreas (Maunder en ISBE). Pudo sorprender a los amorreos atacantes a la salida del sol y causar mortandad en ellos desde Gabaón hacia el noroeste por **Bethorón** hacia la Sefela. Los amorreos siguieron huyendo hacia el suroeste a lo largo de los valles que separaban las colinas del Macizo Central, hacia **Azeca** (Tell ez-Zakarîyeh, que guarda el Valle de Elah, a unos 5 km. [dos millas] al oeste de Jarmut), al tratar en vano de llegar a Jarmut (10:3), a unos 32 km. (20 millas) a pie desde Gabaon.

El Señor aumentó el pánico (10:10) enviando una tormenta de mortal granizo sobre los amorreos en su huida a lo largo de los tres km. (dos millas) de descenso a lo largo del acantilado entre Bet-horón de arriba (alt. 616 m. [2.022 pies]) y Bet-horón de abajo (364 m. [1.210 pies]). Los vv. 12–14 no describen un evento subsiguiente a los eventos de los vv. 10, 11; más bien, son un extracto (10:12–15) del Libro de Jaser, introducido para rendir más vívidamente las circunstancias detras de la lluvia de granizo que Dios provocó. Similar al Libro de las Guerras de Jehová (Nm 21:14–18), el Libro de Jaser estaba constituido por una colección de cánticos, salpicados de notas históricas explicativas, en alabanza de los héroes de Israel; los cantos deben haberse acumulado progresivamente (cp. 2 S 1:18).

La interpretación usual del milagro que aquí se describe es que Dios prolongó la luz del día **alrededor de un día entero** (v. 13) para facilitar a los israelitas la finalización de la persecución de sus enemigos. No obstante, si se extendió la luz del día durante diez, doce, o más horas, de manera que todo el Medio Oriente antiguo hubiera podido observar el fenómeno —un milagro más espectacular que el paso del mar Rojo y del Jordán— parece entonces extraño que sólo se halle otra referencia al evento (Hab 3:11) en el AT. Dios no exhibe sus poderes milagrosos de forma inconsiderada; en lugar de ello él solamente desencadena su poder en la medida suficiente para conseguir la meta deseada, sólo a la vista de aquellos que pueden ser entonces enseñados a reconocerle si quieren. Lo que Josué consideró necesario para sus tropas en persecución del enemigo, ya cansadas de una escalada que había durado toda la noche, era descanso del sol inmisericorde en un cielo estival sin nubes. (Hasta este episodio la conquista de Canaán había progresado tan rápidamente, después de la Pascua en Gilgal, que sólo tenían que haber pasado unos meses.) Que cesara el brillo del sol en esta estación seca hubiera sido milagro suficiente. Dios respondió por encima de todo lo que Josué podía pedir o pensar enviando no solamente la sombra deseada para refrescar a Su ejército, sino también un granizo devastador para aplastar y retrasar a Sus enemigos. Toda tormenta desde la cosecha del grano a través de los meses de verano se consideraba un juicio de Dios (ver 1 S 12:17).

La verdadera explicación de este milagro, relatado en el estilo antiguo, oriental y poético, tiende a confirmar la idea de que Josué estaba tratando de hallar alivio del sol. La palabra *dôm*, traducida **detente** (v. 12b), significa básicamente "esta mudo, silencioso, o detenido''; y después "descansar'' o "cesar'' de la actividad usual, como en Job 30:27; 31:34; Sal 35:15; 37:7; Lm 2:18. Robert Dick Wilson demostró que la raíz *dm* en los textos cuneiformes astronómicos babilónicos significaba "ser oscurecido''. Así, se habla del sol como "mudo'' cuando no billa, como en el *Inferno* de Dante, línea 60; las "palabras'' o "voz'' del sol es su brillo universal, su calor que se extiende por todas partes (Sal 19:2–6). Asimismo el sinónimo *'āmad*, traducido **detuvo** (v. 13a) y **paró** (v. 13b) tiene frecuentemente el sentido de "cesar'' (Gn 30:9; 2 R 4:6; Jon 1:15). Jos 10:12–14 puede entonces traducirse: "Ahora bien, Josué habló a Jehová en el día que Jehová entregó a los amorreos a los hijos de Israel; y dijo ante los ojos de Israel:

Oh sol, sé mudo en Gabaón,
y tú, luna, en el Valle de Ajalón.
Y el sol fue mudo y la luna cesó [de brillar],
hasta que la nación tomó venganza de sus
     enemigos —
¿No está escrito en el Libro de Jaser? —
Porque el sol cesó [de brillar] en medio del cielo,
y [esto es, aunque] no se apresuró a ponerse en
     casi un día entero.
Y no hubo un día como éste ni antes ni después
     de él,
que Jehová oyó la voz de un hombre;
porque Jehová estaba guerreando por Israel.

Evidentemente, Josué hizo su petición cuando el sol estaba ascendiendo sobre Gabaón al este y la luna se estaba poniendo en el valle de Ajalón (Wadi Selman), que emerge de las montañas a una milla al sur de Bet-horón de abajo. Así, él oró *antes* de la tormenta.

15. A no ser que, siguiendo la LXX, se omita enteramente este versículo, tiene que constituir la conclusión del relato condensado del libro de Jaser. Porque, según el relato principal, Josué acampó en Maceda (10:21) y no volvió a Gilgal hasta que hubo acabado su campaña (10:43).

b) Ejecución de los cinco reyes (vv. 22–27).
Probablemente fue el día después del día más largo que Josué hizo sacar a los reyes de la cueva en la que se habían escondido (10:16–27). **24. Poned vuestros pies sobre los cuellos de estos reyes.** El antiguo símbolo de subyugación total, representada a menudo en los monumentos de los reyes de Egipto y de Asiria, que aquí tenían que llevar a cabo los comandantes de campo de Josué (cp. 1 R 5:3; Sal 8:6; 18:38–40; Is 49:23).

c) La conquista del sur de Palestina (vv. 28–43).
En esta etapa el método de guerrear de Josué parece haber sido una serie de incursiones relámpago en contra de ciudades cananeas clave, con el propósito de destruir la capacidad de lucha de sus habitantes, no necesariamente para capturar y ocupar las ciudades atacadas (10:19, 20). Cuando el rey de Gezer y sus tropas fueron destruidos (10:33; 12:12), Josué no fue en contra de aquella ciudad (16:10). Lo mismo es cierto de Bet-el (ver comentarios sobre 8:10–17). Al final de la campaña volvió con todo su ejército a Gilgal (10:43), sin dejar guarniciones; y así Hebrón y Debir tuvieron que volver a ser capturadas más tarde (15:13– 17). Por ello Yehezkel Kaufmann, de la Universidad Hebrea, ha denominado las campanas de Josué como "guerras de destrucción y de exterminación, no de ocupación y de establecimiento inmediato" (*Relato Bíblico de la Conquista de Palestina*, p. 86).

Ya que Josué no permaneció suficiente tiempo en ninguna ciudad para emplear tácticas de asedio (10:31–35) —aunque Moisés había dado instrucciones a Israel con respecto a asedios (Dt 10:10–20)— parece probable que no intentara escalar las murallas de las ciudades, y, ciertamente, no las ciudadelas interiores. El poderoso ejército de Tutmose III capturó finalmente Meguido sólo después de un sitio de siete meses. No hay informes de posteriores intervenciones divinas como en Jericó, cuyas defensas Israel no hubiera podido esperar derrotar mediante un ataque frontal. Por ello, Josué tuvo que concentrarse en las ciudades dependientes de alrededor —**a todas sus ciu-**

dades (Jos 10:37, 39) —, y las secciones residenciales de cada ciudad principal debajo y afuera de la fortificación. Para conseguir una oportunidad de matar al rey y a los defensores, indudablemente Josué dependía de que hicieran una salida, como en Hai; o puede haber esperado que las anteriores batallas perdidas y la moral quebrantada hicieran que la resistencia fuera despreciable. Esta teoría acerca de la táctica militar de Josué parece estar confirmada por 11:13: "pero a todas las ciudades que estaban sobre colinas, no las quemó Israel; únicamente a Hazor quemó Josué". Por ello, la mayor parte de estas ciudades hubieron podido ser rápidamente repobladas por cananeos, quizás incluso por aquellos que sobrevivieran en la ciudadela de cada ciudad; más tarde, las tribus tuvieron que reducirlas por separado una a una durante el período de los jueces (cp. Jue 1).

31. Laquis. La ciudad de la Alta Edad de Bronce sobre el Tell ed-Duweir fue quemada alrededor del 1230 a.C., quizás por el Faraón Merneptah, pero ciertamente no por Josué (cp. 11:13). No obstante, el fin del más anterior de tres santuarios sucesivos construidos en un foso antiguo afuera del muro de la ciudad puede dar evidencia de la incursión de Josué. Este "Templo I" pertenecía al siglo xv. **38. Debir.** También llamado Quiriat-sefer (15:15) y Quiriatsana (15:49). Kyle y Albright localizaron Debir en Tell Beit Mirsim, pero la evidencia arqueológica en la localidad no armoniza con la fecha del éxodo en el siglo xv. J. Simons sugiere en su lugar a Khirbet Terrameh (a 8 km. [5 millas] al sudoeste de Hebrón) con fuentes cercanas en altitudes notablemente diferentes, como "las fuentes de arriba, y las de abajo" de 15:19 (*The Geographical and Topographical Texts of the Old Testament*, p. 282).

40. Léase: *Así Josué hirió toda la tierra, el macizo montañoso y el Neguev y la Sefela y las empinadas laderas...* El Neguev es la región desértica del sur de Palestina; la Sefela son las colinas entre el macizo central y el llano filisteo; las empinadas laderas (*ha' ashedot*) son las que descienden desde el macizo central al mar Muerto. **41. Gosén.** Una ciudad (15:51) en las montañas meridionales de Judá, utilizada juntamente con Gabaón para delinear la extensión sur-norte de esta campaña.

E. La campaña del norte. 11:1–15.
Los informes de las victorias israelitas en el sur alarmaron a los reyes del norte de Canaán. Convocados por Jabin, rey de Hazor (ver 11:10*b*), unieron sus fuerzas y acamparon en las aguas de Merom. Entretanto Josué y los

soldados israelitas marchaban sin oposición alguna hacia el norte por la abandonada ribera occidental del Jordán. Bet-seán (17:16) puede haber tenido solamente una guarnición en aquel tiempo (Carta de Amarna nº 289). Otras ciudades, más hacia el norte, aliadas con Jabín, quedaron indefensas. Así, el ataque relámpago de Josué cogió a los confederados totalmente por sorpresa.

1. Jabín (*el inteligente*). Otro rey que tenía el mismo nombre dinástico o título hereditario gobernó en Hazor en los días de Débora y de Barac (Jue 4:2). Es precipitado afirmar que las dos historias son meramente relatos variantes del mismo suceso. **Hazor** (Tell el-Qedah, casi 8 Km. [5 millas] al sudoeste del lago Huleh) tenía en la Alta Edad de Bronce unas 68 hectáreas y tenía una población probable de 40.000 habitantes. Era, con mucho, la población más grande y de más fama en Palestina en aquellos tiempos. Su última fase ha sido datada en el siglo XIII a.C.; la destrucción descubierta por los excavadores tiene que ser la descrita en Jue 4:24. Ya que las ruinas revelan una ocupación cananea constante desde el siglo XX hasta el XIII, los cananeos tienen que haber reconstruido la ciudad poco después de que Josué la incendiara (Jos 11:11). **Madón.** Qarn Hattin (*Los cuernos de Hattin*) en las alturas frente a Tiberias. **Simrom.** O Shim'on (así la LXX, Carta de Amarna nº 255, y ostraca egipcia), a seis km. y medio (cuatro millas) de Nazaret. **Acsaf.** Tell Keisan en la Llanura de Acco. **2. Léase:** "Y a los reyes que se hallaban al norte en el país montañoso (esto es, la Alta Galilea), y en el Arabá al sur (o, cerca) de Cineret (esto es, la llanura de Genesaret, Mr 6:53), y en la Sefela (esto es, las colinas entre Samaria y el Carmelo, incluyendo Meguido y Taanac; cp. Jos 11:16), y en la región de las colinas de Dor al oeste (colinas bajas parecidas a que predominan entre Dor y Athlit" — Baly, pp. 24, 132). **Cineret.** Tell el-'Oreimeh, capturado por Tutmose III, a tres km. (dos millas) al suroeste de Capernaúm. **3. Al heveo al pie de Hermón en tierra de Mizpa.** Establecimientos hurrianos en el pie occidental del monte Hermón en el valle del Líbano (la parte meridional de el Beqa' líbanes, conteniendo el río Leontes; cp. 11:17; Jue 3:3). **El llano de Mizpa** (11:8) contiene las cabeceras de aguas superiores del Nahr el-Hasbani, una fuente del Jordán. Mizpa y Baal-gad (11:17) eran lugares vecinos, alrededor de unos 36 km. (23 millas) al este de Sidón. **5. Las aguas de Merom.** No el lago Huleh. La LXX dice: *Marrōn.* Muy probablemente fue en el pequeño llano al lado de la caudalosa fuente entre las modernas ciudades de Meirôn

y Safed, a unos 10 km. (6 millas) al sudoeste de Hazor; un wadi de la fuente corre casi 15 km. (9 millas) hacia el sur al mar de Galilea en Cineret.

6. ¡Con cuánta gracia Dios alentó a Josué a que atacara al enemigo aparentemente invencible en Su poder al siguiente día! Los israelitas pueden haber vivaqueado en el llano de Genesaret aquella noche. Dios les ordenó que desjarretaran los caballos y quemaran los carros de los cananeos, no fuera que Israel pusiera su confianza en armas militarmente superiores en lugar de en Él (cp. Dt 17:16; Sal 20:7; Is 31:1). Además, emplear tales equipos hubiera demandado un ejército profesional como la clase *Maryannu* entre los cananeos (cp. 1 S 8:11, 12). Más tarde, la adoración de deidades asirias en Jerusalén involucró rituales idolátricos con caballos y carros (2 R 23:11). **8. Sidón la grande.** La ciudad mayor, en tierra firme, de Sidón, en contraste a Sidón la pequeña, que estaba asentada en unas pequeñas isletas frente a Sidón la grande (cp. El Prisma Taylor de Senaquerib). **Misrefot-maim.** Khirbet el-Mushreifeh, justo al sur del promontorio conocido como "la escalera de Tiro". Así, los enemigos huyeron hacia el norte, al oeste, y al noreste (ver comentario sobre 11:3).

11. A espada. Lit., *a la boca de la espada*, esto es, hasta la empuñadura. La pequeña espada de mandoble (*hereb*), la principal arma de los israelitas, tenía una hoja de bronce de 25 a 30 cm. (10 ó 12 pulgadas) de longitud sobresaliendo de una empuñadura a menudo formada como una cabeza de león con la boca abierta (cp. Ap 19:15). La empuñadura del *hereb* de Ehud tenía dos bocas, con una longitud total de casi cuarenta y seis centímetros (Jue 3:16). Ver BASOR, nº 122, pp. 31ss.). El ejército de Josué utilizaba también cimitarras (Jos 8:18, ver comentario), arcos y flechas (24:12), e indudablemente hondas con piedras (Jue 20:16), lanzas (Nm 25:7, 8), y javalinas de lanzamiento (1 S 18:10, 11).

F. Resumen de la conquista. 11:16–23.

"Las batallas de Bet-horón y de Merom fueron decisivas, y el poder de los cananeos para resistir a la invasión quedó aplastado. Toda resistencia organizada quedó destrozada. **Y la tierra descansó de la guerra** (v. 23) en el sentido de que ya no se precisaban de más batallas en orden formal" (Blair, NBC, p. 232). Pero estas batallas, además de las operaciones de barrido o de guerra de guerrillas, se tomaron "mucho tiempo" (11:18), unos siete años, según 14:7, 10. El valor y la fortaleza eran ambas cosas esenciales en la posesión de la tierra (cp. 13:1; 23:5–13), en la captura de fortalezas aisladas (cp. 15:63; 17:12, 16–18; Jue 1). Esta fatigosa actividad llegó a ser la responsabilidad frecuentemente dejada de lado de las tribus individuales.

16. Las montañas de Israel. La montaña más elevada en todo Canaán (y, por ende en todo Israel) tiene 1.208 m. (3.963 pies) de altura. Es Jebel Jermaq, justo al oeste de Meirón. Por ello, este término no constituye necesariamente evidencia de que Josué fuera escrito durante la monarquía dividida.

17. El monte Halac, que sube hacia Seir. Jebel Halac (*la montaña pelada*), cadena en la que Maaleh-acrabim (*el ascenso de los escorpiones*) "paso del escorpión", 15:3; Nm 34:4) iba en zig-zag desde Wadi Fiqreh, a 36 km. (23 millas) al sudoeste de Beerseba. **Sier**, la patria de los edomitas antes de la monarquía, se hallaba en el Neguev central, al oeste del Arabá, entre Cades-barnea y el Paso del Escorpión (ver Jos 15:1, 21). Así, Israel tuvo que ir hacia el sur desde Cades-barnea y el monte Hor a Ezión-geber a fin de rodear Seir, antes de marchar hacia el norte por el Arabá hacia Moab (Nm 21:4; Dt 2:1–4, 8), **20. Endurecía el corazón de ellos.** Una expresión que revela la obra soberana de Dios en la confirmación de los corazones de los hombres impenitentes en su obstinación antes de juzgarlos (cp. Éx 4:21; 7:13, 14; 9:12; 14:17; Is 6:10; Jn 12:40; 2 Ts 2:10–12).

21, 22 Los anaceos. Josué casi exterminó a estas gentes, que eran o bien una raza de gigantes (*'Anāqîm*, "pescuezos largos", esto es, altos), o inmigrantes de Anaku, una tierra en el área del Egeo mencionada en una tableta cuneiforme de Asshur. Es posible que los anaceos se hallen mencionados en un texto egipcio de excecración (ANET, p. 328). Habitaban en el sur de Canaán, especialmente en Hebrón (Dt 2:10, 11, 20, 21; Jos 14:12, 15; 15:13, 14). Solamente en Gaza, Gat y Asdod permanecieron algunos, los antepasados de Goliat y otros (2 S 21:16–22). Quizás están especialmente mencionados aquí debido a que eran los hombres que habían aterrorizado a los espías de Israel la primera vez, hacía más de cuarenta años (Nm 13:22–23).

G. Apéndice: Catálogo de los reyes derrotados. 12:1–24.

1) Aquellos al este del Jordán. 12:1–24.

Los territorios de Sehón y de Og, conquistados bajo Moisés, son mencionados aquí. Ver Nm 21; Dt 2:24—3:17.

2) Aquellos al oeste del Jordan. 12:7–24.

Los treinta y un reyes conquistados por Josué, bien en sus tres campañas, o en batallas

aisladas posteriores, eran príncipes autónomos de ciudades-estado con autoridad solamente local. Las Cartas de Amarna escritas por reyezuelos así a los faraones de Egipto alrededor del 1400–1360 a.C. revelan también numerosas ciudades-estado en Siria y Palestina. No se afirma que Israel ocupara las ciudades de estos reyes. Las divisiones topográficas de 12:7, 8 son las de 10:40; 11:16, 17.

3) Reyes en el sur de Canaán. 12:9–16.

4) Reyes en el norte de Canaán. 12:17–24.

Tapúa (v. 17*a*) es muy probablemente la ciudad mencionada en 16:8; 17:7, 8, en la localidad de Jiljuliyeh, a unos 5 km. (3 millas) al norte de Antipatris por el Wadi Kanah, y no la Tapúa de 15:34, probablemente Beit-Netif al este de Azeca. **Hefer** (v. 17*b*) puede ser et-Tayibeh, alrededor de 16 km. (10 millas) al oeste de Samaria, sobre la vía Maris, la ruta mediterránea principal utilizada tan a menudo por las expediciones militares egipcias. La ruta corría a lo largo del extremo oriental del llano de Sarón, que en aquellos días era pantanoso y espesamente boscoso. **Afec** (v. 18*a*, 1 S 4:1; 29:1) es Ras el-'Ain (Antipatris; ver Hch 23:31), a casi 15 km. (9 millas) al este de Joppa, a la cabecera del río Yarkón (Jos 19:46), capturado por Tutmose III y Amenhotep II. **Sarón** (v. 18*b*). En la LXX 12:18 lee, *el rey de Afec de el Sarón;* por ello sólo un rey es mencionado aquí. **Simron-merón** (v. 20), según la LXX, representa a dos reyes: el rey de Simrón (11:1) y el rey de Merom (11:5). Así, con un solo rey indicado en 12:18 y tres en 12:20, se mantiene el número completo de treinta y un reyes. **El rey de Goim en Gilgal.** Esto es probablemente una referencia a *Harosheth de los gentiles* (Goyim) de Jue 4:2, una ciudad en la región de Galilea, habitada probablemente por algunos de los pueblos del mar provinientes del área del mar Egeo. **Tirsa** (v. 24) es más probablemente la capital antigua del Reino del Norte (1 R 14:17; 15:21, 23; 16:6–23), localizada provisionalmente en Tell el-Far'ah, a diez km. (seis millas) al noreste de Siquem. Este rey, o bien acudió a la convocatoria de Jabín (Jos 11:1–3), o bien fue atacado en la marcha de vuelta de Josué desde Hazor, o fue muerto posteriormente en una batalla aislada.

III. Repartimiento de la Tierra Prometida. 13:1—22:34.

Esta larga sección de Josué expone con detalle geográfico la asignación de la tierra dada a cada tribu, con los límites de las futuras posesiones de la tribu y generalmente con una enumeración de las ciudades en ellas contenidas. Como Kaufmann ha argumentado, la distribución de la tierra constituyó un acto de política nacional llevado a cabo por las tribus que conquistaron Canaán, empezado en tanto que los israelitas se hallaban todavía en su campamento de base en Gilgal (*op. cit.*, p. 25).

Es importante reconocer que las tribus no habían colonizado todavía sus porciones cuando se redactaron estas listas. En realidad, los danitas no se asentaron permanentemente en su territorio señalado; Efraín no conquistó ni se estableció en Gezer (16:3, 10; 21:21); y los benjaminitas nunca conquistaron ni disfrutaron la ocupación de Jerusalén por sí solos, aunque esta ciudad fue asignada a Benjamín (18:28). Además, el hecho de que Ofra y Ofni, ciudades que pertenecían a Benjamín (18:23, 24) se hallaban entre 5 y 7 km. (3 a 4 millas) al norte del límite de Efraín, señala a un período anterior a que hubieran fricciones tribales. Así, las listas de los territorios tribales no pueden ser listas de las ciudades y distritos de los reinos de Judá y de Israel ya del tiempo de Josías (según Alt, Noth y Mowinckel) o del tiempo de Josafat (según Cross, Wright, Albright, con respecto a Jos 15:21–62; JBL, LXXV, sept., 1956, 202–226).

Muchas de las ciudades y sus aldeas mencionadas en estos capítulos no fueron conquistadas por los israelitas durante siglos. Y algunas de las localidades de las ciudades relacionadas pueden no haber estado habitadas por cananeos y no colonizadas por los israelitas durante un largo período de tiempo después de la distribución de la tierra.

Rubén, Gad, y la media tribu de Manasés ya habían recibido la asignación de sus territorios de parte de Moisés en la Transjordania (Nm 32:1–42; Jos 13:8–33). El retorno de sus guerreros después de ayudar a la conquista de Canaán se describe en el cap. 22. En cumplimiento de las bendiciones tribales pronunciadas por Jacob (Gn 49) y Moisés (Dt 33), la principal división de la Tierra Prometida fue entre las tribus de Judá y de José; la asignación dada divinamente a las otras tribus dependía de esta división básica.

La tribu de Judá recibió el territorio en el sur de Canaán debido a que Judá se hallaba asociado con Caleb, que demandó Hebrón como herencia suya (14:12–15). Más tarde la tribu de Simeón recibió su parte dentro de Judá debido a que "la parte de los hijos de Judá era excesiva para ellos" (19:9). Los descendientes de José —Efraín y la otra media tribu de Manasés— recibieron el Canaán central (Samaria), evidentemente porque Siquem había sido asignado a José por Jacob (Gn 48:21, 22; Jos 24:32). Silo, donde se estableció

el Tabernáculo (18:1), estaba en territorio de Efraín, siendo elegido este estratégico lugar en el país montañoso debido a su fácil defensa y accesibilidad central para todas las tribus.

Entre Judá y Efraín, Benjamín recibió más tarde sus tierras (18:11–28), y, hacia el oeste hacia el Mediterráneo, Dan recibió las suyas (19:40–48). Las tribus restantes —Zabulón, Isacar, Aser y Neftalí— sacaron suertes al mismo tiempo para el territorio al norte de Manasés en las regiones de Jezreel y de Galilea (19:10–39). Además de las asignaciones a las tribus, se designaron ciudades de refugio y ciudades para los levitas (20:1 — 21:42). El método de repartimiento de la tierra para las últimas siete tribus fue echando suertes delante de Jehová (18:6; ver comentarios sobre 7:16–18). Indudablemente las secciones, con sus límites, fueron predeterminados para que corriesen a lo largo de líneas de defensa naturales, por parte de un comité seleccionado para describir la tierra restante (18:4–9). La partición de la tierra no fue una tarea sencilla, sino compleja, que exigió una dirección cuidadosa y un lapso considerable de tiempo.

A. Mandato de Dios de repartir la tierra. 13:1–7.

1. Siendo Josué ya viejo, entrado en años. Mejor, *Josué había envejecido, y estaba entrado en años*, porque ya que tenía casi ciento diez años de edad en el 23:1 (ver 24:29), tiene que haber tenido noventa o cien años aquí. El repartimiento, así como la subyugación, de la tierra había sido incluida en la comisión a Josué (1:6). Por ello, su envejecimiento constituyó una razón especial para entrar en el cumplimiento inmediato de aquel deber; esto es, de distribuir Canaán entre las tribus de Israel. No solamente las partes ya conquistadas, sino también aquellas que se iban a someter (Jamieson en JFB). Josué tenía que contentarse en ver que la tarea que el Señor le había entregado permanecía sin cumplir, a fin de que Dios pudiera desarrollar la energía y el valor de cada tribu en particular. Se relacionan los pueblos y las áreas a vencer (13:2–6).

2b–4a. Traducir y puntura: *todas las regiones de los filisteos y de los gesureos (desde Sihor, que está en el límite con Egipto, hacia el norte hacia el límite de Ecrón se considera como cananeo; hay cinco príncipes de los filisteos, los de Gaza, Asdod, Asquelón, Gat, y Ecrón), y de los aveos en el sur; toda la tierra de los cananeos y las ciudades que pertenecen a los sidonios.* Sólo aquí en Josué se mencionan los filisteos; porque esta gente de Creta ("Caftor", Amos 9:7) no invadieron

Palestina en masa hasta el 1200 a.C., según los registros egipcios. En Jos 11:22 son los anaceos, no los filisteos, los que habitan las ciudades más tarde filisteas, de Gaza, Gat y Asdod. Los filisteos no son relacionados en 12:8 entre los habitantes de la tierra. Se hallaban todavía confinados en la zona costera del Neguev (Éx 13:17), cerca del Sihor (Wadi, el-Arish), en la misma región en la que se hallaban los precursores de los filisteos en la epoca patriarcal (Gn 21:32; 26:1). Se hallaban clasificados en igualdad con los gesureos (1 S 27:8) y con los aveos (Dt 2:23). Sus precursores pueden bien haber sido mercaderes minoicos (cretenses), que estaban estableciendo colonias mercantiles alrededor del mar Mediterráneo ya en el año 2000 a.C. *Filistea* es mencionada como un precinto en Creta en el Disco de Faistos, fechado alrededor del 1450 a.C. (JNES, XVIII, 1950, 224–227). A la luz de la evidencia acabada de presentar, Jos 13:3 es posiblemente una nota antigua de escribas para informarnos de que el dominio de los cinco príncipes filisteos (*seren*, Jue 16:5; 1 S 5:8) en los tiempos de Josué pertenecían todavía a los cananeos.

B. Territorio de las tribus de la Transjordania. 13:8–33.

8. Porque. El mandato a Josué finaliza en 13:7; este versículo empieza lit., *Con él* [esto es, con la otra media tribu de Manases] *los rubenitas y los gaditas habían recibido su herencia.*

C. Principio de la división de Canaán. 14:1–15.

1) Introducción. 14:1–5.

La herencia de cada tribu fue designada por suerte, según Nm 34:16–29. En la distribución, los levitas no fueron consideradas como una de las doce tribus, "porque el sacerdocio de Jehová [era] su herencia" (Jos 18:7), sí, verdaderamente el mismo Dios (13:33; Dt 18:1, 2).

2) Caleb y su herencia prometida. 14:6–15.

Caleb, el gran anciano de Judá, el vocal líder de la minoría entre los doce espías (Nm 13:30), vino humildemente a Josué en Gilgal para pedir la parte de tierra que le había sido prometida (Nm 14:24, 30; Dt 1:36). Señálese que no existía rivalidad entre ellos.

6. Caleb, hijo de Jefone cenezeo. Antes del éxodo el padre de Caleb, un no israelita, se había casado con una hija de Hur del clan de Quelubai (Caleb) de la tribu de Judá (1 Cr 2:9, 18, 19, 50). Ella dio a luz a Jefone su primogénito, que recibió el nombre familiar de ella, Caleb. Este joven heredó las prerrogativas de

ella en el clan, y a su tiempo llegó a ser el jefe de la tribu. El pariente de Caleb, Otoniel (Jos 15:17), es llamado hijo de Cenaz (1 Cr 4:13, 15), esto es, un ceneo. Los ceneos (Gn 15:19) eran una de las tribus en el Neguev y monte Seir. Relacionados con los cenitas, eran posiblemente hábiles artesanos del cobre en el Arabá, tierra rica en este metal.

8. Caleb constituye un ejemplo notable de un creyente piadoso. Debido a que él siguió al Señor de todo corazón, Dios le mantuvo físicamente fuerte y valiente a su edad de ochenta y cinco. Damandó una herencia gloriosa — Hebrón, cerca de donde Abraham había plantado su tienda y había muerto — y estuvo bien dispuesto a luchar para vencer a los anaceos, que constituyen para nosotros una ilustración de los pecados internos y de las tentaciones externas. Al capturar Hebrón rindió a toda la nación un valioso servicio; más tarde cedió de buena voluntad la ciudad a los levitas y vivió en los suburbios (21:12).

D. Territorio de la tribu de Judá. 15:1–63.

1) Los límites de Judá. 15:1–12.

El límite meridional iba desde la poco profunda bahía al sur (*lāshōn*, lit., "lengua") del mar Muerto por debajo de la península de el-Lisán, a lo largo de Wadi Fiqreh, hacia el sur del Paso de los Escorpiones (ver comentario sobre 11:17), a lo largo del Wadi Murrah a través del desierto de Sin, al sur de Cadesbarnea, girando hacia el noroeste a través de otros varios oasis a Wadi el-Arish y el mar Mediterráneo.

El límite septentrional empezaba en el este en la desembocadura del Jordán, corría hacia el noroeste a través de dos pequeños oasis con pozos (**Bet-hogla** y **Bet-arabá**) a las pendientes occidentales del valle del Jordán en el Wadi Qelt (**Valle de Acor**), donde se hallaba la piedra limítrofe de Bohán. Ascendía la ribera norte del Wadi Qelt, pasando hacia otro **Gilgal** (*Gelîlôt*, 18:17) cerca del Ascenso de la Sangre (no lejos de la actual Posada del Buen Samaritano en la carretera de Jerusalén a Jericó) en el lado meridional del Wadi Qelt (*el río*). Iba a **En-semes** (la Fuente de los Apóstoles, al este de Betania), y después por encima del Monte de la Ofensa a **En-rogel** (el pozo al sur de Jebus-Zion, en la confluencia de los valles de Cedrón y de Hinom (1 R 1:9). Desde el lado inmediato sur de Jerusalén el límite ascendía el **valle de Hinom** (en arameo *Gehenna*) a la altura (en la actual estación de ferrocarril) que lo separaba del extremo norte del valle de Refaim (*valle de los gigantes*, ver 2 S 5:18, 22). De allí el límite se volvía hacia el noroeste a la fuente de **las aguas de Neftoa** (Jos 15:9; Ain Lifta) y seguía el curso de la moderna carretera de Jerusalén a Haifa a **Quiriat-jearim** (ver cometario sobre 9:16–21; cp. 15:60; 1 Cr 13:6). Al oeste de aquella ciudad el límite se dirigía hacia el sur hacia Seir (Sōrēs, LXX 15:59a; la Saris moderna, entraba en el valle de Sorec (Jue 16:4, Wadi es-Surar) al norte de **Quesalón**, y descendía a **Bet-semes** (Ir-semes, 19:41; Tell Rumeileh, probablemente no ocupado entonces, entre los Niveles IV a y IV b, ya que no se menciona en el cap. 10 ni en 15:30–36, no se halla tampoco en las Cartas de Amarna). Continuaba más allá de Timna (Tell el-Batashi, a 8 km. (5 millas) abajo de Wadi es-Surar desde Bet-semes) al lado de la colina al norte de **Ecrón** (Khirbet el-Muqanna) en la ladera meridional del wadi cuando este deja la Sefela. El límite gira en el wadi más allá de **Sicrón** (Tell el-Ful, a más de 5 km (3 millas) al noroeste de Ecrón) en la ribera septentrional, pasaba a lo largo del monte de Baalat (19:44; Mughar, una pendiente empinada a 3 km. [2 millas]) al noroeste de **Sicrón**, y salía a **Jabneel** (Jamnía, Yavneh) y a la desembocadura del wadi en el mar (Y. Aharoni, "The Northern Boundary of Judah", PEQ, 1958, pp. 27–31).

Este método de delinear límites —yendo en orden por puntos topográficos, desde la ciudad a la montaña a la ciudad y al río, etc.,— tiene su paralelo casi exacto en este mismo período de la historia en el pacto definiendo límites acordados entre el rey heteo Suppliuliuma a Noqmadu de Ugarit, gobernante de una ciudad-estado vasalla sobre la costa siria (Claude Schaeffer, *Le Palais Royal d'Ugarit*, IV, 10–18).

2) Las posesiones de Caleb y de Otoniel. 15:13–20.

Este fragmento de narrativa es repetido en Jue 1:10–15, 20. **17. Otoniel.** En cuanto a su carrera posterior como juez, ver Jue 3:9–11. **19. Un don.** Aquí, el *berākā* es un don tangible, como en Gn 33:11; 1 S 25:27; 2 R 5:15. **Me has dado tierra del Neguev.** Aquí es mejor traducir según el significado original de *negeb* y traducir, *porque me has puesto en tierra árida*. Quiriat-sefer se halla en el límite norte del Neguev. Fuentes de aguas. Los *gullōt* son con mayor probabilidad cisternas o estanques de aguas formados por el represamiento de wadis. Todavía se pueden ver ruinas de antiguos diques en el Neguev.

3) Las ciudades de Judá. 15:21–63.

Las ciudades se relacionan por doce distritos según sus localidades dentro de cuatro áreas geográficas.

a) Ciudades en el Neguev (vv. 20–32).

Beerseba (v. 28) era la principal ciudad del Neguev en la antigüedad, como también en la actualidad. El siguiente nombre, **Bizotia**, es posible que debiera leerse, como en la LXX, y *sus hijas* (esto es; aldeas). En tanto que algunos de los nombres de localidades pueden ser combinados (Hazor-itnán, v. 23; **Hazorhadata y Queriot-hezrón**, v. 25; **Aín-rimón**, v. 32), hay no obstante más de **veintinueve**. O bien el número veintinueve es un error de un copista, o unos nombres originalmente puestos en el margen fueron posteriormente introducidos en el texto.

Una comparación con Jos 15:21–32; 19:1–8; 1 Cr 2; 4 con la segunda mitad de la lista de campaña del Faraón Sisac (2 Cr 12:2–12) descubierta en Karnak, revela que son pocas las ochenta y cinco localidades relacionadas por Sisac en el Neguev y áreas vecinas que se hallan en los pasajes de Josué; en tanto que muchas aparecen como nombres personales o de clan en las listas genealógicas posteriores de 1 Cr 2 y 4. Por ello las listas de ciudades en Josué pertenecen a un tiempo **anterior** al de cuando los descendientes de Judá y Simeón empezaron a ocupar el Neguev y a dar sus nombres a nuevos establecimientos que existían en tiempos de Sisac (ver Benjamín Mazar, "La Campaña del Faraón Sisac en Palestina", suplemento a *Vetus Testamentum*, IV, 59–66).

b) Ciudades en la Sefela (vv. 33–47).

Cuatro distritos se incluyen en la region de las estribaciones, aunque en el cuarto (vv. 45–47) caen ciudades en la llanura costera sólo teóricamente bajo control de Judá (11:22; 13:2, 3). **36. Gedera y Gederotaim.** Léase con la LXX, Gedera y sus rediles, lo que hace catorce ciudades en total.

c) Ciudades en el país montañoso (vv. 48–60).

Se incluyen seis distritos en la región del Macizo Central, el quinto apareciendo en un versículo en la LXX entre los vv. 59 y 60, omitido del texto masorético por un antiguo copista. Entre las once ciudades relacionadas se hallan Tekoa, Belén, y Etam (cp. 2 Cr 11:6).

d) Ciudades en el desierto (vv. 61, 62).

Este es el inhóspito desierto de Judea descendiendo hacia el mar Muerto. Ya que **Bet-arabá** (15:6; 18:22) se halla cerca de Jericó, las siguientes tres o cuatro ciudades pueden haberse hallado cerca de la desembocadura del Jordán o a lo largo de la costa occidental del mar Muerto al norte de **Engadi**, más que en el *Buqei'ah*, un valle elevado por encima y al suroeste de Qumran. **63. Ni Judá ni Benjamín** pudieron expulsar a **los jebuseos** de su ciudad fortificada en el monte Sión (ver Jue 1:21); pero los hombres de Judá capturaron y quemaron la parte residencial no fortificada en la colina al suroeste (Jue 1:8), y habitaron allí con los jebuseos antes de que David tomara la fortaleza (2 S 5:6, 7).

E. Territorio de las tribus de José 16:1—17:18.

Este territorio se sacó como una suerte y se dividió después entre Efraín al sur y la media tribu de Manasés al norte. El territorio de Efraín se delinea primero debido a que, aunque esta tribu era más pequeña (Nm 26:34, 37), Jacob había concedido la primogenitura a Efraín (Gn 48:9–20).

1) El límite sur (de Efraim). 16:1–4.

Desde el Jordán, pasado Naarat (16:7) en las fuentes justo al norte de **Jericó** ('Ain Duq y'Ain Nu'eimeh), al país montañoso al sur de **Betel-Luz** (v. 2), el límite se dirigía al dominio de **Bet-horón** de abajo (v. 3), descendiendo al valle de Ajalón más allá de **Gezer**, y siguiendo la extensión de aquel wadi al Mediterráneo justo al norte de Jope. Teóricamente, por lo menos, Dan iba a poseer las ciudades alrededor de Jope y el río Yarkón (19:45, 46).

2) Territorio de Efraín. 16:5–10.

Desde el Yarkón el límite occidental seguía la costa al norte de **Micmetat** (v. 6. LXX: *Ikasmon*; probablemente Tell Arshuf, a unos 11 km. [6,5 millas]) al norte del Yarkón, donde habia un antiguo puerto). El límite septentrional con Manasés giraba hacia el sureste desde Siquem (el punto central; cp. Sarid como punto central en el límite meridional de Zabulón, 19:11, 12) hasta **Taanat-silo** (a diez kilometros [seis millas] al este-sudeste de Siquem en el Wadi Kerad —el siguiente valle al sur de Wadi Far'a) y bajando al Wadi Kerad al este de **Janoa** (16:7; Khirbet Janun, a 11 km. [9 millas] al sudeste de Siquem) a **Atarot**, en algún lugar cercano al alto monte con la fortaleza asmonea de Alexandrium (Qarn Sartabeh; ver los comentarios sobre 22:10–34) colgando por encima del valle del Jordán. El límite septentrional se dirigía hacia el oeste descendiendo hacia el **arroyo de Caná** desde sus cabeceras cerca de Siquem (ver comentario sobre 17:7– 9) a Jiljuliyeh, el **Tapúa** de 16:8; 17:7, 8; 12:17. Desde esta ciudad el límite se dirigía al noroeste a lo largo de un antiguo curso del Caná hasta Micmeta. (Ver Eva Danielus, "The Boundary of Ephraim and Manasseh in the Western Plain", PEQ, 1957, 1958.) La fortaleza de **Gezer** (cp. 10:33) fue finalmente capturada por un Faraón de Egipto,

que se la presentó a su hija como dote cuando se casó con Salomón (1 R 9:16).

3) División del territorio de Manasés en clanes. 17:1–6.

1. Traducir: *También se hechó suerte* [en Canaán] *para la tribu de Manasés, porque era el primogénito de José. Maquir, primogénito de Manasés, el padre* (esto es, el señor, el propietario) *de* [la tierra de] *Galaad y de Basán.* **2–6.** El hecho de que las diez partes asignadas a los clanes de Manasés en Canaán quedaron verdaderamente establecidas queda atestiguado muchos siglos después por la ostraca samaritana, fechada alrededor del 770 a.C. Estos registros de pagos de impuestos en especies de varios distritos de clanes, descubiertos en el palacio de Jeroboam II, incluyen el nombre de **Abiezer** (como un distrito; cp. Jue 6:34; 8:2), **Helec, Siquem, Semida, Noa, y Hogla** (ver Nm 26:28–34; 27:1–11; 36:1–13).

4) Las posesiones de Manasés en Canaán. 17:7–3.

7. La zona costera de Manasés se extendía desde Shihor-libnath, el límite formado por un arroyo con **Aser** justo al sur de Dor (19:26), a **Micmeta** (16:6). Este lugar **está enfrente de Siquem** en el sentido de que, mirando hacia el este desde Micmeta a través del llano de Sarón, se puede ver el valle de Siquem entre las colinas redondas de Ebal y Gerizim (G. A. Smith, *The Historical Geography of the Holy Land*, p. 119). **8. La tierra** o campos **de Tapúa** se hallaba en la ribera norte del arroyo de Caná en Manasés, aunque Tapúa misma se hallaba al sur del arroyo en Efraín. **9. Estas ciudades de Efraín.** Eva Danielus (*op. cit.*, ha propuesto leer *'ārîm hā'ēlleh* como *'ārîm ha'ela*, y traducir, siguiendo la LXX (edición de Margolis): "El 'Arim (equivalente al Haram árabe, un área escondida y santa) del terebinto pertenece a Efraín entre las ciudades de Manasés". Para el lugar sagrado con su roble o terebinto cerca Siquem, ver 24:26 y el comentario sobre 24:25–28. Así Siquem, la ciudad de refugio, se consideraba como si fuera monte de Efraín (20:7).

11. Tres provincias. Leer [y las] *tres alturas*, esto es, monte Tabor, la colina de Moreh, y o bien el monte Carmelo o el monte Gilboa (Baly, *The Geography of the Bible*, pp. 173, 174). El límite septentrional con Aser e Isacar se hallaba menos bien definido debido a que Manasés, la tribu más poderosa, tuvo la asignación de las fortalezas cananeas que persistían en su resistencia. "Este hecho tendería manifiestamente a producir *solidaridad* entre las varias tribus, y a prevenir la desunión creando intereses comunes. El interés de las tribus más fuertes quedaría satisfecho con la finalización de la conquista del territorio que le había sido asignado a las más débiles'' (Waller, *A Bible Commentary for English Readers*, p. 142). La excavación revela que el Meguido cananeo no cayó en poder de Israel hasta la última mitad del siglo xii a.C.

12, 13. El cananeo persistió en habitar en aquella tierra. Esto es, estaban determinados a permanecer en aquella región. Manasés no pudo arrojarlos. Jamieson sugiere que la indolencia, el amor a la comodidad, quizás una humanidad mal conducida, surgiendo de una falta de consideración o de olvido del mandato divino, una disminución en el principio de la fe y del celo en el servicio de Dios, fueron las causas del fracaso'' (JFB, p. 154).

5) La demanda de las tribus de José por más tierra. 17:14–18.

Josué demostró tacto y firmeza al tratar con la gente de su propia tribu. No les concedió una parte adicional, sino que les alentó a que limpiaran de árboles el país montañoso y que se asentaran en él. El hecho de que el macizo central había sido espesamente boscoso está atestiguado por semillas de bellota y de terebinto y de astas de ciervo halladas en muchas excavaciones y el diente de un jabalí hallado en Gezer, así como tablas de ciprés y de pino en la fortaleza del rey Saúl en Gabaa (Tell el-Ful). En tanto que los cananeas ocupaban la mejor tierra —el valle de Jezreel (v. 16)— y poseían equipos militares superiores —carros armados con hojas de hierro que sobresalían de ellos, indudablemente obtenidos en aquellos tiempos de los heteos en Asia Menor—, las montañas de Efraín y de Manasés estaban muy poco ocupadas alrededor del 1400 a.C. Excepto por Siquem y Tirsa, hay notablemente pocos lugares de Bronce Superior I de ciudades o aldeas cananeas fortificadas entre Bet-el e Ibleam. De toda aquella área Siquem puede ser la única ciudad cuyo nombre se halla en las Cartas de Amarna. Incluso Dotán, capturado por Tutmose III alrededor del 1479 a.C., no es mencionado en Josué o en Jueces o en las Cartas de Amarna. Así, esta gran localidad estaba probablemente vacía en el año 1400 a.C. Algo después los establecimientos colonizados aumentaron con gran rapidez en el país montañoso, al aprender los israelitas la técnica de cavar cisternas y forrarlas con cemento de limo a prueba de fugas de agua para almacenar agua de lluvia (Albright, *Archaeology of Palestine*, p. 113). Así, existe una razón para la ausencia de listas de ciudades en Josué 16 y 17.

F. Territorios de las siete tribus restantes. 18:1—19:51.

1) El Tabernáculo erigido en Silo y las suertes echadas allí. 18:1–10.

Como santuario común los israelitas eligieron una localidad de una ciudad abandonada de la Edad Media de Bronce en Efraín, debido a su localización céntrica con respecto a todas las tribus (Seilún, a 16 km. [10 millas] al norte noreste de Bet-el, y a 18 km. [11 millas] al sur de Siquem). El Tabernáculo servía como el núcleo de la organización anfictiónica de Israel antes de que la nación deseara tener un reino. La ciudad tiene que haber sido nombrada *Siloh* por Josué según el uso mesiánico de aquel título en Gn 49:10, ya que el arca, que simbolizaba la presencia de Dios, tenía que permanecer allí. En tanto que la selección de Silo y la consiguiente reunión de la nación en aquel lugar había interrumpido de forma necesaria el proceso de la asignación de porciones a las siete últimas tribus de Israel, estas tribus, por su parte, eran lentas en su conquista de la tierra de Canaán que quedaba por poseer. Josué tuvo que encargar a una expedición de reconocimiento de veintiún hombres que describieran la tierra en siete partes.

2) Territorio de Benjamín. 18:11–28.

Es evidente la mano de Dios en la suerte que le cayó a Benjamín. Esta zona de terreno entre los judaitas y los josefitas sirvió a la vez para cumplir Dt 33:12 al situar el lugar definitivo del Templo en Benjamín, y aseguró un enlace para unir a Israel poniendo a Benjamín como unión entre los dos grupos tribales más poderosos y naturalmente rivales. José y Benjamín eran hijos de la misma madre, y las tribus de Raquel marchaban juntas desde el Sinaí (Nm 10:22–24), mientras que fue Judá quien se ofreció a si mismo como rehén en lugar de Benjamín (Gn 43:8, 9; 44:18–34).

3) Territorio de Simeón. 19:1–9.

Al darle tierra a Simeón en la seccion meridional de la herencia de Judá Dios empezó el cumplimiento de la maldición de Jacob con respecto a Simeón (Gn 49:7). Los simeonitas fueron separados de sus compañeros de marcha, Rubén y Gad (Nm 10:18–20), que ya habían rechazado a Simeón y decidido, en su lugar, asentarse en la Transjordania juntamente con los manaseitas.

4) Territorio de Zabulón. 19:10–16.

Un distrito encerrado entre tierras en la Baja Galilea, incluyendo a la Nazaret del NT. La sabiduría divina dispuso a las tribus de Lea, Zabulón e Isacar, al norte de las tribus de Raquel, a fin de cementar la unión de todo Israel. Judá, Isacar y Zabulón habían acampado juntas en el desierto (Nm 2:3, 7; 10:14–16). Estos lazos persistieron por siglos. Por ejemplo, María y José, ambos de la tribu de Judá, vivieron en el antiguo territorio de Zabulón. También, solamente los zabulonitas pusieron por nombre a una ciudad Belén (Jos 19:15) según la de Judá.

5) Territorio de Isacar. 19:17–23.

El territorio extendiéndose desde el monte Tabor en el oeste hasta el extremo meridional del mar de Galilea e incluyendo en su área el valle de Jezreel.

6) Territorio de Aser. 19:24–31.

La región costera desde el monte Carmelo al norte, teóricamente, por lo menos, de Tiro y de Sidón. Las inscripciones de Seti I (c. 1319 a.C.) y de Ramsés II contienen referencias a un territorio de una gente llamada 'Asaru, correspondiéndose a la *hinterland* del sur de Fenicia, indicando así que Aser había empezado a establecerse allí hacia el final del siglo xiv.

7) El territorio de Neftalí. 19:32–39.

Galilea Oriental Alta y Baja. Y. Aharoni de Israel, que ha hecho una exploración arqueológica en la Alta Galilea, ha descubierto evidencia de numerosos pequeños establecimientos, muy cercanos entre sí que atribuye a los israelitas y algunos de los cuales dice él empezaron en el siglo xiv ("Problems of the Israelite Conquest in the Light of Archaeological Discoveries", *The Holy Land, Antiquity and Survival*, II (1957), 146-149. Ver también en *Journal of Semitic Studies*, IV (Julio, 1959), 279, 280, B.S.J. Isserlin en su revisión del informe de Aharoni en hebreo).

8) El territorio de Dan. 19:40–48.

Para fortalecer aún más la unión de Israel, Dios separó a Dan de su hermano Neftalí, ambos hijos de Bila (Gn 30:5–8) y de sus compañeros en el campamento en el desierto, Neftalí y Aser (Nm 10:25–27), situando a Dan entre Benjamín y el Mediterráneo. Por esta razón, cuando parte del territorio de Dan se perdió en manos de los amorreos en el llano de los filisteos (Jue 1:34), algunos de los danitas apostataron y emigraron hacia el norte y capturaron Lais cerca del límite septentrional de Neftalí (Jue 17;18). Aquella migración tuvo lugar necesariamente antes del surgimiento de las ciudades-estado arameas en aquella área en el siglo xii (cp. 2 S 10:6), probablemente durante el período en que Otoniel era juez (Jue 3:11; 18:28, 30), alrededor del 1370–1330 a.C.

9) La conclusion de la division de la tierra. 19:49–51.

Josué estaba dispuesto a esperar el último para una posesion; **Timnat-sera** (Khirbet Tibneh, a 18 km. [11 millas] al oeste-sudoeste de Silo, y a 27 km. [17 millas] al sudoeste de Siquem) en el distrito montañoso de Efraín, su tribu.

G. La herencia de Leví. 20:1—21:42.

1) Designacion de ciudades de refugio. 20:1–9.

Todas estas ciudades eran ciudades levíticas, probablemente consideradas como una ofrenda sagrada (*terûmâ*, Ez 45:1) a Jehová para ser utilizadas por sus levitas, y por ello propiedad de Dios, donde los homicidas podrían ser puestos bajo la protección de la gracia divina (ver Nm 35:9–34; Dt 4:41–43; 19:1–13). Las ciudades de refugio fueron establecidas para proteger del antiguo derecho de vendetta (venganza de la sangre) al homicida que hubiera matado accidentalmente a una persona, sin premeditación. Al llegar al asilo más cercano, el homicida presentaba su causa a la puerta, la antigua corte de justicia (cp. Dt 21:19; 22:15). Más tarde, era juzgado ante la congregación de la comunidad más cercana a la escena del crimen. Si era absuelto, volvía a la ciudad de refugio hasta que quedara libre de volver al hogar a la muerte del sumo sacerdote. Aquella muerte significaba un cambio en la administración sacerdotal y actuaba como lo hace nuestra ley de prescripción (ver comentario sobre 24:33).

2) Asignación de ciudades a los levitas. 21:1–42.

El cumplimiento de Nm 35:2–8. Ver también 1 Cr 6:54–81. En tanto que estas ciudades con pastos (**con sus ejidos**) fueron asignadas antes de la completa subyugación de la tierra (**Gezer**, Jos 21:21, no cayó en manos israelitas hasta el reinado de Salomón; en cuanto a **Taanac**, v. 25, y **Naalal** (v. 35), ver Jue 1:27–30), no obstante los levitas habían ocupado la mayor parte de sus ciudades por el tiempo de David (1 Cr 13:2). Esta distribución entre las otras tribus constituyó el cumplimiento de la maldición de Jacob sobre Leví así como sobre Simeón (Gn 49:5, 7*b*). Pero Dios actuó soberanamente en el caso de los descendientes de Leví para preservar su identidad debido a que habían estado al lado de Moisés en una hora crucial (Éx 32:26) y debido a la justa acción de Finees en relación con Zimri (Nm 25). Ni Silo ni ninguna de las ciudades de Efraín fueron otorgadas a los sacerdotes; todas las ciudades sacerdotales fueron asignadas dentro de Judá y de Benjamín a fin de que al fin cayeran dentro del reino de Judá, cuya capital sería Jerusalén, Sion, la ciudad de Dios (Sal 48). Vemos así que Dios tenía la **intención** de que la conquista fuera rápida y de que Jerusalén fuera el sitial de su santuario siglos antes de David (cp. Jos 9:27). Pero la repetida apostasía de Israel en el período de los jueces impidió la ejecución de la perfecta voluntad de Dios.

H. Resumen de la conquista y del reparto. 21:43–45.

Este es el pasaje clave del libro, enfatizando el tema de la fidelidad de Dios al mantener las promesas dadas a Josué (1:5–9, cp. Sal 44:2, 3). Al armonizar estas varias afirmaciones con el fracaso de Israel en someter a Canaán, recordar la provisión de Dios de tomar la tierra gradualmente (Éx 23:29, 30; Dt 7:22–24).

I. Apéndice: Partida de las tribus transjordanas. 22:1–34.

Se relata aquí un incidente con respecto a las dos tribus y media, posterior a las campañas y a la distribución de la herencia para demostrar adicionalmente el cuidado providencial de Dios en mantener la armonía dentro de Israel (cp. 22:31). Este cap. vuelve a abrir la cuestión de si estas tribus se hallaban en la voluntad de Dios al establecerse al este del Jordán. Muchos eruditos han reprochado a Rubén, Gad, y la media tribu de Manasés por elegir la herencia en Transjordania. Pero C. H. Waller ha argumentado que este punto de vista es históricamente incorrecto: "Dios entregó la tierra de Sehón y Og a Israel; alguien tiene que heredarla. De nuevo, el verdadero límite oriental de Palestina no lo constituye el Jordán, sino la cordillera de Galaad, que la separa del desierto que cae más allá. En realidad, las dos tribus y media se hallaban tanto en Palestina como el resto...". (*op. cit.*, p. 153).

1 — 9. Josué despidió a las tribus orientales con una bendición. Reconoció que habían cumplido sus obligaciones hacia Moisés y hacia él mismo (Nm 32:20–33; Jos 1:16, 17). **5.** Nótense las seis instrucciones básicas para una vida piadosa delante del Señor. **10–34.** Volviendo al hogar desde Silo, las dos tribus y media erigieron un altar en la región occidental del valle del Jordán, quizás en un punto cercano a Qarn Sartabeh (ver comentario sobre 16:15–10), colgando sobre el valle del Jaboc. **10. Un altar de grande apariencia.** Un gran altar para atraer la atención. Así servía bien como **testimonio** (22:27, 28) para todas las generaciones de que las tribus orientales tenían porción en Jehová y en Israel. Pero fue un hecho innecesario y presuntuoso; el método divino de preservar la unidad era el

de hacer que las tribus se reunieran tres veces anualmente alrededor del altar en Silo (Éx 23:17). **11. Un altar...del lado de los hijos de Israel.** BLA: *Un altar en el límite de la tierra de Canaán, en la región del Jordán, en el lado que pertenece a los hijos de Israel* (esto es, a las nueve tribus y media). **13.** En lugar de empezar una guerra de inmediato (22:12) sobre la base de Lv 17:8, 9; Dt 12:4–14; 13:13–18, las tribus occidentales actuaron sabia y prudentemente y enviaron una delegación encabezada por Finees, el celoso hijo del sumo sacerdote, que una vez antes había detenido la marea de apostasía cuando Israel se había vuelto a Baal-peor (Jos 22:17; Nm 25). Restauró a las tribus orientales "en espíritu de mansedumbre" tan necesario en los obreros cristianos (Gá 6:1; Mt 18:15). **16. Transgresión.** Traición, hecho infiel. Esta palabra se utiliza también como descriptiva del pecado de Acán (22:20; cp. 7:1), que casi provocó la ruina de toda la nación. **22. Jehová Dios de los dioses.** La combinación y repetición de los tres nombres divinos, *El, Elohim, Jehová* (cp. Sal 50:1), forma un juramento solemne y majestuoso pronunciado por los acusados en su negación de la acusación de rebelión y de traición. **No nos salves hoy.** Una excitada imprecación, dirigida directamente a Dios, en medio de la afirmación de ellos.

30. Les pareció bien todo ello. La acción de las tribus orientales pareció perfectamente honorable a los enviados. No se implica ninguna condenación de las tribus transjordanas por parte del autor inspirado. No obstante, esta separación del plan de Dios para la adoración centralizada resultó más tarde en apostasía, como se ve en el rechazo de ellos de ir en ayuda de Débora (Jue 5:15*b*–17*a*).

IV. Llamada final a la lealtad al pacto en la Tierra Prometida. 23:1 — 24:33.

A. Discurso de despedida de Josué a los caudillos de Israel. 23:1–16.

El libro de Josué se abre con la comisión de Dios a Josué para que éste asuma el mando; se cierra con la exhortación de Josué a la nación a que finalicen la conquista de la tierra. Entre diez y veinte años tienen que haber transcurrido entre la distribución de los territorios tribales, cuando la edad de Josué empezó a notarse en él (ver notas sobre 13:1). En aquellos años observó la creciente satisfacción propia de Israel y la tendencia al compromiso con los paganos, mientras que su propia debilidad le impidió tomar más conducción personal en la reducción militar de los centros de resistencia cananea. En tanto que Dios no tenía la intención de que nadie le sucediera como comandante central, ¿no fracasó al no adiestrar a caudillos tribales para que continuaran la lucha? Ahora, al sentir la proximidad de la muerte, tenía que utilizar la energía que le quedaba para alentar a Israel a una fidelidad renovada a Jehová y a obediencia a su pacto.

1, 2. Traducir y puntuar: *Y sucedió mucho tiempo después, cuando el Jehová...enemigos alrededor, y Josué era viejo y adentrado en años* [lit., *días*], *que Josué convocó a todo Israel: a sus ancianos...* En primer lugar, convocó a los *conductores* de la nación, probablemente a Silo, donde se hallaba el tabernáculo (18:1), a fin de advertirles con la mayor seriedad de los peligros de apostatar de Jehová.

3–5. En primer lugar, les alentó a que miraran al pasado a lo que Dios había hecho por ellos y también a sus promesas a echar de delante de ellos a las naciones paganas. **6–11.** En segundo lugar, les exhortó (no se utiliza la forma imperativa de mando) a que fueran muy resueltos en su seguimiento de la ley, como él lo había sido (1:7), no fuera que se mezclaran y asociaran con los cananeos idólatras que no habían sido aún expulsados. Les apremió a que continuaran a *aferrarse devotamente* (**seguiréis**, 23:8) a Jehová su Dios y a que le amaran (cp. Éx 20:6) "porque Jehová vuestro Dios es quien pelea por vosotros, como él os dijo". **Seguiréis a Jehová** es la forma en que el AT expresa: "permaneced en Cristo" (cp. Jn 15:1–10).

12, 13. En tercer lugar, les advirtió estrictamente por adelantado de las consecuencias de los matrimonios mixtos con sus vecinos (prohibidos en Éx 34:12–16; Dt 7:3), porque tal asociación atraería a los israelitas a la red de los cultos a la fertilidad y reaccionaría como un látigo sobre sus costados y como espinas ardientes en sus ojos (cp. Nm 33:55). Asimismo *nosotros* no debemos hacer la paz con ningún hábito escondido de pecado en nuestra vida. **14–16.** Como conclusión, resume él sus pensamientos, enfatizando la maldición que seguiría al quebrantamiento del pacto, basando las amenazas en Lv 26:14–33; Dt 28:15–68; etc.

B. Renovación del compromiso del pacto en Siquem. 24:1–28.

Como resultado directo de su encuentro con los conductores, Josué convocó a toda la nación a Siquem para reestablecer otra vez el pacto como la base de la relación de ellos con Jehová. Veinte años, más o menos, habían transcurrido: el histórico período de la subyu-

gación y establecimiento en Canaán, y la inclusión de nuevos pueblos (p. ej., los gabaonitas) en la Répública de Israel. Como Moisés había hecho después de la peregrinación por el desierto (Dt 30:15–20), así ahora Josué pidió a las tribus que renovaran solemne y formalmente su alianza en el pacto con su Dios —no en Silo, sino en Siquem—, porque cerca de este último lugar se hallaba un antiguo santuario o lugar santo de los hebreos (ver comentario sobre 24:26). Aquí fue que Dios prometió por vez primera Canaán a Abram; aquí el patriarca erigió su primer altar en la tierra (Gn 33:20) y ordenó a su casa que quitaran de entre ellos a sus ídolos (Gn 35:1–4). Cerca de aquí el mismo Josué había en el pasado conducido la ceremonia del establecimiento del pacto (Jos 18:30–35).

George E. Mendenhall ha revelado lucidamente la naturaleza del pacto y de la renovación del pacto en Israel en la época de Moisés y de Josué (*Law and Covenant in Israel and the Ancient Near East*, pp. 24–44). En forma, el pacto mosaico parece muy semejante a los tratados de soberanía mediante los cuales un gran monarca obligaba a sus vasallos a que le sirvieran en fidelidad y obediencia. Tales tratados se hallan en los pactos internacionales del Imperio heteo (o hitita) con sus estados vasallos, 1450–1200 a.C., pero en ningún lugar más tarde que hacia el cierre del segundo milenio a.C. Tanto el pacto mosaico como los tratados de soberanía son esencialmente unilaterales. "Las estipulaciones del tratado son obligatorias solamente para el vasallo, y solamente el vasallo pronunciaba juramento de obediencia" (Mendenhall, p. 30). En tanto que el vasallo quedaba obligado a confiar en la benevolencia y el apoyo protector del monarca, este último mantenía "su solo derecho de autodeterminación y de soberanía" (*ibid.*) al no atarse a sí mismo a ninguna obligacion específica. En el caso del pacto mosaico, los israelitas y la gente mezclada (cp. Nm 11:4) se hallaban en la posición de los pueblos vasallos, en tanto que Jehová era el divino soberano de ellos. Así Dios empleó una forma de pacto estandar conocida en Asia en aquel tiempo.

El pacto mediado por Moisés no se proclama en ningún sitio como pacto eterno; por ello tenía que ser renovado periódicamente; por lo menos cada generación. De manera similar, ya que los tratados heteos "no se consideraban como obligatorios a perpetuidad desde el principio, sería necesario de vez en cuando una renovación del pacto" (*ibid.* pp. 40–41), como cuando un heredero tomaba el lugar de un rey vasallo. Asimismo tenía que haber una lectura periódica del pacto en público, tanto en el imperio heteo como en Israel (ver nota sobre 8:33–35). El vasallo tenía que comparecer ante su señor una vez al año para pagar tributo (cp. 24:1*b*; Dt 16:16).

La mayor parte de los elementos hallados en los textos de los tratados heteos pueden detectarse en esta renovación del pacto en Siquem, como se evidencia en el siguiente bosquejo:

1) Preámbulo. 24:2*a*.

Así dice Jehová, Dios de Israel. Esta afirmación identifica al autor del pacto en su relación con su pueblo vasallo.

2) Prólogo histórico. 24:2*b*–13.

Esta sección describe en detalle las relaciones anteriores entre el soberano y los súbditos. "En los tratados de soberanía se ponía un gran énfasis en los actos benevolentes que el rey heteo ha llevado a cabo para beneficio del vasallo... No se trata, en absoluto, de formas estereotípadas... sino que se trata de descripciones tan cuidadosas de eventos reales, que constituyen una fuente de la mayor importancia para el historiador" (*ibid.*, p. 32). En el prólogo histórico el monarca siempre habla en la forma "Yo-tú", directamente al vasallo. Así en esta sección no es Josué, sino Jehová el que está hablando, bosquejando sus tratos teocráticos con Israel desde su llamamiento a Abraham hasta la Conquista.

2b. Al otro lado del río. El distrito al norte y al este del Éufrates, incluyendo Harán (cp. 2 S 10:16; 1 R 14:15; 2 R 17:6; Is 7:20). Ur de los Caldeos puede bien haber sido una ciudad en las montañas de Armenia al norte de Harán en lugar de la ciudad sumeria cerca del Golfo Pérsico (ver Cyrus Gordon, "Abraham and the Merchants of Ura", JNES, ene., 1958). **Taré ...Abraham...Nacor.** Solamente se mencionan dos de los hijos de Taré, aquellos que eran los antepasados de Israel: Nacor como abuelo de Rebeca y bisabuelo de Lea y de Raquel.

7. Ya que esta ceremonia era evidentemente una renovación del pacto, se omite mención del pacto original hecho en Sinaí, quizás por mor de la brevedad. Pero el pacto es mencionado definidamente en el contexto cercano (23:16).

12. Tábanos. Probablemente una expresión figurativa del poder de Dios que produjo el pánico que abrumó a Sehón y a Og (ver Éx 23:27–30; Dt 7:20), en lugar de una referencia velada a los ejércitos de Faraón (ver Garstang, *Joshua-Judges*, p. 259), que nunca fueron en pillaje contra el sur de Galaad y de Moab.

3) Las estipulaciones. 24:14–24.

Como en los tratados de soberanía heteos, la primera obligación era la prohibición de otras alianzas extranjeras afuera del imperio heteo, así también "la primera obligación del pacto [de Jehová] era la de rechazar todo tipo de relaciones exteriores —esto es, con otros dioses, y, por implicación, con otros grupos políticos" (Mendenhall, *op. cit.*, p. 38). Este deber principal fue demandado por Josué de parte de Israel, como aprendemos de 24:14, 15, 23; y el registro de la aceptación de esta obligación pactual por parte del pueblo, y no el texto completo de la renovación formal del pacto, es lo que se nos presenta por mor de la brevedad. Además, ya que se trataba de una renovación del pacto mosaico y no de un nuevo pacto, no se precisaba de dar relación de otras estipulaciones. Probablemente pueblos locales como los gabaonitas y los habitantes de Siquem (ver notas sobre 8:30–35) vinieron también a ser "vasallos" de Jehová al abandonar a **los dioses de los amorreos** (24:15; cp. 1 R 18:21).

4) El depósito del pacto. 24:25–28.

Incluso entre los heteos el tratado se consideraba bajo la protección de la deidad y "se depositaba como algo sagrado en el santuario del estado vasallo" (*ibid.* p. 34). Asimismo, **escribió Josué estas palabras en el libro de la ley de Dios** (24:26; cp. 1 S 10:25), que estaba depositado al lado del arca del pacto (Dt 31:24–27). Inscribió también los estatutos de la renovación del pacto en una gran estela, que situó debajo de la encina o terebinto que pertenecía al lugar santo de Jehová cerca de Siquem (ver nota en Jos 17:9). Este árbol se menciona en Gn 12:6 (lit., *el terebinto del maestro* por el "encino de More"; cp. 35:4. En el caso de la ceremonia del pacto de Jos 8:30–35, se pronunció la formula de bendiciones y de maldiciones, otra característica regular de los tratados heteos.

C. Apéndice: Muerte de Josué y la subsiguiente conducta de Israel. 24:29–33.

Josué tiene que haber sido tenido en alta estima al tiempo de su muerte, porque en 24:31 se afirma el efecto de su piadosa influencia: **Y sirvió Israel a Jehová todo el tiempo de Josué, y todo el tiempo de los ancianos que sobrevivieron a Josué**, a quienes había exhortado tan intensamente, según el cap. 23. **32.** El enterramiento de los restos de José (cp. Gn 50:25, 26; Éx 13:19) puede haber tenido lugar mucho antes de la muerte de Josué, pero el autor inspirado situó aquí el relato, simplificando, al cerrar la relación, el mensaje de todo el libro de Josué, su fidelidad en Dios" (Blair, en *Nuevo Comentario Bíblico*, p. 197). **33.** La muerte del sumo sacerdote **Eleazar**, hijo y sucesor de Aaron, queda registrada juntamente con la muerte de Josué, para indicar el final de una era (cp. 20:6 y el comentario sobre 20:1–9).

BIBLIOGRAFÍA

AHARONI, YOHAHAN. "The Northern Boundary of Judah", *Palestine Exploration Quarterly*, XC (1958), 27–31.

ALBRIGHT, WILLIAM FOXWELL. *From the Stone Age to Christianity*. (Doubleday Anchor Books). Garden City, Nueva York: Doubleday & Co., 1957.

———. *The Archeology of Palestine*. Hammondsworth: Penguin Books, 1956.

BALY, DENIS. *The Geography of the Bible*. Nueva York: Harper & Bros., 1957.

BLAIKIE, WILLIAM GARDEN. *Joshua. (The Expositor's Bible)*. Editado por W. Robertson Nicoll. Grand Rapids: Wm. B. Eerdmans Publishing Company.

BRIGHT, JOHN. "Joshua", *The Interpreter's Bible*. Editado por George Arthur Buttrick. Nashville: Abingdon-Cokesbury Press, 1953.

CLARK, R. E. D. "The Large Numbers of the Old Testament", *The Victoria Institute*. Discurso leido en la 930 reunión general del 6 de mayo, 1955.

DANELIUS, EVA. "The Boundary of Ephraim and Manasseh in the Western Plain", *Palestine Exploration Quarterly*, LXXXIX (1957), 55–67; XC (1958), 32–43; 122–144.

GARSTANG, JOHN. *Joshua-Judges: The Foundation of Bible History*. Grand Rapids: Kregel Publications, 1978.

KEIL, CARL FRIEDRICH. "Joshua", *Joshua, Judges, Ruth. (Biblical Commentary on the Old Testament*, by Keil and Delitzsch). Grand Rapids: Wm. B. Eerdmans, 1950.

KLINE, "The Ha-bi-ru—Kin or Foe of Israel?" *Westminster Theological Journal*, XIX (1956), 1–24; 170–184; XX (1957), 46–70.

LIAS, J. J. "Joshua", *The Pulpit Commentary*. Editado por Spence and Exell. Vol III. Grand Rapids: Wm. B. Eerdmans Publishing Co., 1950.

MAUNDER, E. W. "Beth-horon, the battle of", *International Standard Bible Encyclopedia*, I, 446–449.

MENDENHALL, GEORGE E. *Law and Covenant in Israel and the Ancient Near East*. Pittsburgh: The Biblical Colloquium, 1955.

SIMONS, J. *The Geographical and Topographical Texts of the Old Testament*. Leiden: E. J. Brill, 1959.

WALLER, C. H. "Joshua", *A Bible Commentary for English Readers*. Editado por C. J. Ellicott. vol. II. Londres: Cassell & Co., s.f.

WILSON, ROBERT DICK. "What Does 'The Sun Stood Still' Mean?" *Princeton Theological Review*, XVI (1918), 46–47.

COMENTARIOS EN ESPAÑOL

BLAIR, HUGH J. "Josué"; *Nuevo Comentario Bíblico*. Editado por F. Davidson, A. M. Stibbs, y E. F. Kevin. El Paso: Casa Bautista de Publicaciones, 1977.

JAMIESON, ROBERT. "Josué"; *Comentario Exegético y Explicativo de la Biblia*, por R. Jamieson, A. R. Fausset, y D. Brown, tomo I. El Paso: Casa Bautista de Publicaciones, 1958.

JENSEN, IRVING L. *Josué: La Tierra de Reposo, Conquistada* (Serie "Comentario Bíblico Portavoz"). Grand Rapids: Editorial Portavoz, 1980.

YOUNG, EDWARD. *Una Introducción al Antiguo Testamento*. Grand Rapids: TELL, 1977.

JUECES

INTRODUCCIÓN

Título. El libro de los Jueces recibe su nombre de los líderes (*shōpetîm*) que libraron a Israel de una serie de opresiones extranjeras durante un período entre la muerte de Josué y los inicios de la monarquía.

El término *shōpēt* tiene una connotación más amplia que el término castellano "juez". En la antigua Cartago y Ugarit se utilizaba para describir a los magistrados civiles, o a los jefes de estado. La literatura cananea de la antigua Ugarit utiliza la expresión *shptn*, "nuestro juez" en relación paralela con *mlkn*, "*nuestro rey*" (*Ba'al*, V,v, 32). El período bíblico de los *shōpetîm* tiene que distinguirse del de los reyes. Durante el período de los jueces existía un sentimiento antimonárquico muy definido (cp. Jue 9:8–15), aunque las presiones externas de posibles invasores hicieron que al fin el pueblo demandara un rey (1 S 8). Los jueces eran hombres dotados por el Espíritu Santo, suscitados por Dios y energizados por Él para confrontar crisis específicas en la historia de Israel. El mismo Dios era considerado como el rey de Israel (1 S 8:7), aunque el pecado del pueblo redujo con frecuencia este gobierno ideal a un estado de anarquía (Jue 21:25). Los jueces ejercían autoridad bajo Dios tanto en asuntos militares como civiles, rindiendo decisiones legales cuando se les pedía que lo hicieran (4:4, 5).

En Jueces 11:27 se le llama *hashshōpēt*, "El Juez", al Dios de Israel. Los "juicios" de Dios (*mishpātîm*) forman una parte de aquella instrucción que se conoce como la ley (*tôrâ*) de Jehová (cp. Sal 19:9; 119:7).

Fecha y paternidad. Como otro de los libros históricos del AT el libro de los Jueces es anónimo. No obstante, la evidencia externa nos ayuda a determinar la fecha aproximada de redacción. La destrucción de Silo se halla presupuesta (18:31). Las palabras, "en aquellos días no había rey en Israel" (17:6), sugieren una fecha durante la monarquía. El hecho de que se menciona que los jebuseos están todavía en Jerusalén (1:21) implica una fecha anterior a la captura de Jebus durante el reinado de David. De manera similar, la mención de Gezer (1:29) implica una fecha anterior a que Faraón diera esta ciudad como regalo de bodas a Salomón (1 R 9:16).

Así, la evidencia interna sugiere que la fecha de redacción de Jueces fue durante los primeros días de la monarquía (c. 1050–1000 a.C.), bien bajo el reinado de Saul, o en los primeros tiempos del reinado de David. El Talmud (*Baba Bathra*, 14b) y la tradición cristiana temprana ascriben su paternidad a Samuel. Aunque la evidencia no justifica una conclusión positiva con respecto al escritor del libro de los Jueces, sí que indica que el libro fue escrito por un contemporáneo de Samuel. El autor probablemente hizo uso indistinto de materiales tanto escritos como orales, pero el libro, en la forma que lo tenemos, exhibe una unidad que niega cualquier esquema complejo de compilación.

Marco histórico. La generación que entró en Canaán bajo Josué había conseguido mucho en cuanto a la ocupación de localidades estratégicas y el establecimiento de las tribus en sus porciones asignadas. No obstante, la obra de la conquista y de la ocupación estaba lejos de ser completa. Importantes fortalezas cananeas habían sido dejadas de lado por Josué, y por ello se esperaba de las tribus individuales que lucharan para ocupar sus territorios asignados (Jos 13:1–7).

BOSQUEJO

I. **Introducción. 1:1 — 2:5.**
   A. Marco político del período de los jueces. 1:1–36
   B. Marco religioso del período de los jueces. 2:1–5

II. **Historia de los jueces. 2:6 — 16:31.**
   A. El fracaso de Israel al no someter las naciones enemigas. 2:6 — 3:6
   B. Los opresores y los liberadores de Israel. 3:7 — 16:31
      1. La opresión de Cusan-risataim acabada por Otoniel. 3:8–11
      2. La opresión de Eglón acabada por Aod. 3:12–30
      3. Israel liberado de los filisteos por Samgar. 3:31
      4. La opresión de Jabín y Sísara acabada por Débora y Barac. 4:1 — 5:31
      5. La opresión madianita acabada por Gedeón. 6:1 — 8:35

   6. La usurpación de Abimelec. 9:1–57
   7. El caudillaje de Tola sobre Israel. 10:1, 2
   8. El caudillaje de Jair. 10:3–5
   9. La opresión amonita acabada por Jefté. 10:6 — 11:40
   10. Guerra entre los gaaladitas y los efrainitas. 12:1–7
   11. El caudillaje de Ibzán. 12:8–10
   12. El caudillaje de Elón. 12:11, 12
   13. El caudillaje de Abdón. 12:13–15
   14. Sansón y los filisteos. 13:1 — 16:31

III. **Condiciones anárquicas durante el período de los jueces. 17:1 — 21:25.**
   A. La idolatría de Micaía y la migración danita. 17:1 — 18:31
   B. El crimen de Gabaa y la guerra en contra de Benjamín. 19:1 — 21:25

COMENTARIO

I. **Introducción. 1:1 — 2:5**

A. *Marco político del período de los jueces. 1:1–36*

Durante la vida de Josué Canaán fue ocupado y dividido entre las tribus israelitas. No obstante, quedaron bolsas de resistencia considerables. La presencia de los pueblos enemigos en medio del territorio israelita y la fuerza de la oposición exterior produjeron la situación política descrita en el libro de los Jueces. **1. Después de la muerte de Josué.** Cp. Jos 1:1. Así como la muerte de Moisés marcó el final de la peregrinación por el desierto, así la muerte de Josué marcó el final de la primera fase de la conquista de Canaán. **¿Quién de nosotros subirá?** Incluido en la distribución hecha por Josué había mucho territorio todavía por conquistar. Se esperaba de las tribus que ocuparan los territorios que les habían sido asignados. **Los cananeas.** Se utiliza este término en ocasiones de todos los habitantes de Canaán sin tener en cuenta los orígenes raciales. El área ocupada en este tiempo por los cananeos queda bosquejada en Jue 1:9. **2. Judá** había recibido la asignación del territorio al oeste del mar Muerto y al sur de Jerusalén (Jebús), el territorio conocido como Judea en tiempos del NT (Jos 15:1–63). **Yo he entregado la tierra en sus manos.** Se afirma el propósito de Dios como un hecho ya cumplido. Se afirma la seguridad del triunfo como una inducción a la actividad. **3. Y Judá dijo a**

Simeón su hermano. Jacob había declarado que las tribus de Leví y de Simeón serían dispersadas en Israel (Gn 49:5–7). Josué no asignó un territorio específico a Simeón, sino que permitió que los simeonitas se establecieran en la porción asignada a Judá (Jos 19:9). Así, Simeón fue virtualmente incorporado a la tribu de Judá. **4. Ferezeo.** Este grupo se cree que eran un pueblo original de raza distinta de la cananea. Se habían establecido en Canaán antes de que Abraham llegara (Gn 13:7). **5. Adoni-bezec** significa "Señor de Bezec". Había subyugado a setenta reyezuelos y les había cortado los pulgares de las manos y de los pies (1:7). La mutilación física descalificaba a las personas para ejercer cualquier oficio religioso o civil (Lv 21:16–24; contrastar con 1 S 9:2; 16:12). Adoni-bezec fue igualmente mutilado por sus captores israelitas (Jue 1:6). **8. Combatieron...a Jerusalén.** Aunque tomada temporalmente, Jerusalén no fue tomada temporalmente por Israel hasta la época de David (cp. 1:21; 2 S 5:6–9). Durante la Edad de El Amarna (c. 1400–1360 a.C.) la ciudad fue conocida como *Urusalim*, y era una de las ciudades-estado canaeas más importantes. **9. En la montaña, en el Neguev, y en los llanos.** Estos términos explican mucha de la geografía y de la historia de Palestina. La montaña, o "región montañosa", fue la zona primeramente tomada y durante más tiempo mantenida por Israel. Ciudades importantes de las montañas de Judea incluyen a Jerusalén (790 m. sobre el nivel del mar) y Hebrón (930 m. sobre el nivel del mar). El **Neguev** se refiere al área específica de este mismo nombre. Este país semidesierto empieza a unos pocos kilómetros al sur de Hebrón. Beerseba es hoy la capital del Neguev como lo fue en la antigüedad. **Llanos** debiera ser traducido como *tierras bajas*, o transliterado como *Shephelah* (Sefela). Es el término utilizado de las colinas bajas que caen entre los llanos costeros y la cordillera de Judea. Durante el período de los jueces los filisteos ocuparon la llanura costera, los israelitas ocuparon la mayor parte de las montañas de Judea, y la Sefela era el escenario de una lucha constante entre ambos.

Cuando las tribus israelitas se asentaron en Canaán, se hallaron sujetos a las tentaciones de la religión cananea. La prostitución religiosa y el sacrificio de recién nacidos a Moloch se hallaban entre las degradantes prácticas que afrontaron en su nuevo hogar. A menudo olvidaron el pacto que tenían con Dios desde el monte Sinaí. Cuando caían en la idolatría, Dios les castigaba entregándolos a sus enemigos. Cuando, en espíritu de arrepentimiento, oraban por misericordia, les venía ayuda en la persona de un 'juez' que era suscitado por Dios para salvar a Su pueblo de sus opresores. No obstante, los períodos de fidelidad de Israel a Dios eran de breve duración. Se repite a menudo la pauta de apostasía, derrota, arrepentimiento, oración por la liberación, y victoria mediante un juez dotado por el Espíritu. Una serie de estos episodios forma la mayor parte del libro de los Jueces.

10. Y marchó Judá contra el cananeo que habitaba en Hebrón. La antigua ciudad de Hebrón se hallaba localizada a alrededor de unos 32 km. (20 millas) al sur de Jerusalén, en las partes más altas de las montañas de Judá, a unos 926 m. (3.040 pies) sobre el nivel del mar. Abraham había peregrinado en la vecindad de Hebrón (Gn 13:18; 35:27), y la tumba patriarcal se hallaba allí (Gn 23:2–20). En anticipación de la conquista, Hebrón fue asignada a Caleb (Nm 14:24), que posteriormente la ocupó por derecho de conquista (Jos 15:13, 14). El nombre anterior de Hebrón había sido Quiriat-arba (''cuatro ciudades'' o ''tetrápolis''). Un hombre llamado Arba es descrito como ''un hombre grande entre los anaceos'' (Jos 14:15). Es probable que tomara su nombre de la ciudad que fundara. **E hirieron a Sesai, a Ahimán y a Talmai.** Caleb y el destacamento de guerreros de Judá tuvieron éxito en la destrucción de sus fuerzas armadas y en la ocupación de la ciudad. Los nombres de los muertos son arameos, sugiriendo que la ciudad se

hallaba ocupada por tribus relacionadas con el pueblo que más tarde tuvo un poderoso reino con Damasco como capital.

11. De allí fue a los que habitaban en Debir. Debir, también conocida como Quiriatsefer, parece haber sido identificada con el montículo ahora llamado Tell Beit Mirsim, a 21 km. (13 millas) al suroeste de Hebrón. Este montículo fue excavado en 1926 y los años siguientes por una expedición dirigida por Melvin C. Kyle y William F. Albright. Un escarabajo real que se halló allí del faraón egipcio, Amenhotep III, sugiere que el control egipcio de la ciudad persistió hasta el siglo XIV a.C. Por encima de los restos de la Edad Alta de Bronce, los excavadores hallaron una capa quemada, encima de la cual se hallaban restos israelitas. El nombre de **Quiriat-sefer** se interpreta generalmente como *ciudad del libro*. El nombre **Debir** parece hallarse relacionado con una raíz hebrea significando *decir*. Con toda probabilidad, la antigua Quiriat-sefer era conocida por su posesión de un oráculo.

12. Y dijo Caleb: El que atacare a Quiriat-sefer y la tomare, yo le daré Acsa mi hija por mujer. La promesa de una hija en matrimonio como premio por un acto de heroísmo constituye un tema común en la Biblia (cp. 1 S 17:25) y en la literatura secular. Aquí se implica que la ciudad capturada así como la hija, serían dadas al vencedor. **13. Y la tomó Otoniel, hijo de Cenaz, hermano menor de Caleb.** Gramaticalmente, las palabras pueden significar que Otoniel era o bien el sobrino de Caleb o su hermano menor. **La tomó**; esto es, capturó Debir.

14. La persuadió que pidiese a su padre un campo. En la VM se da una versión más correcta de este pasaje. *Ella le incitó a que pidiese a su padre un campo.* Acsa persuadió a su marido a que la permitiera pedir un campo a su padre. **15. Ella entonces le respondió: concédeme un don** (cp. Gn 33:11; Jos 15:19; 2 R 5:15). **Puesto que me has dado tierra del Neguev...** Ella quería un **don** para compensar por los alrededores áridos del Neguev de Judea.

Entonces Caleb le dio las fuentes de arriba y las fuentes de abajo. Acsa pidió *Gūllōt-máyim*, quizás el nombre de un lugar, traducido como ''fuentes de aguas''. Caleb le dio *Gūllōt-'īllît* y *Gūllōt-tahtît*, indudablemente también nombres de lugares comúnmente traducidos como ''fuentes de arriba'' y ''fuentes de abajo''. Los excavadores de Tell Beit Mirsim sugieren que los ''pozos'' eran túneles que daban acceso a aguas subterráneas, de los que se han hallado una cantidad en esta región. A más de un kilómetro (una milla) más abajo, y a tres km. (dos millas) arriba de Tell Beit Mirsim se han descubierto pozos de estos. No obstante, otros identifican los pozos dados a Acsa con las fuentes por encima y abajo de la carretera en Seil ed-Dilbeh, a 9 km. (5,75 millas) al sudoeste de Hebrón, en el camino a Beerseba. Este es uno de los valles mejor irrigados en el sur de Palestina. La posesión de estas fuentes era de gran importancia, y el registro que aquí se da indicaría a todos los implicados el derecho que Acsa y todos sus descendientes tenían sobre las fuentes. J. Simons (*The Geographical and Topographical Texts of the Old Testament*, p. 382) rechaza la localidad de Tell Beit Mirsim como la situación de la antigua Debir, sugiriendo en cambio a Khirbet Terrameh debido a su proximidad a estos pozos.

16. Y los hijos del ceneo, suegro de Moisés. Los ceneos se hallaban emparentados con los israelitas mediante el casamiento de Moisés con Séfora (Éx 2:21; Jue 4:11). Preservaron su identidad, pero permanecieron amistosos hacia los israelitas hasta la época de David (1 S 30:29). **Subieron de la ciudad de las palmeras** [esto es, Jericó] **al desierto de Judá, que está en el Neguev cerca de Arad.** Tell 'Arad es una altura árida a casi 28 km. (17 millas) al sur de Hebrón. El texto masorético sigue diciendo: **y fueron y habitaron con el pueblo.** Nos enteramos más tarde de que los ceneos se asentaron entre los amalecitas (1 S 15:6). Se ha sugerido que las palabras **el pueblo** (*hà' am*) resulta de la pérdida de la última parte de la palabra *amalecita* en la historia del texto pre-masorético. El original, así, hubiera dicho: "y fueron y habitaron con los amalecitas".

17. Y fue Judá con su hermano Simeón. La tribú de Judá cooperó con la de Simeón en la destrucción de **Sefat**, posiblemente *Tell-es-Sab'a*. **Horma.** En este pasaje hay un interesante juego de palabras entre dos significados distintos de una raíz hebrea. La misma raíz que produce el nombre *hērem*, significando aquello que es dedicado o sagrado a los dioses de los no israelitas, y por ende ofensivo al Dios de Israel, produce también el verbal *hāram*, que significa "asolada". Dios había dicho que las ciudades cananeas debían ser destruidas "del todo" (Dt 7:2). Sefat había sido una ciudad pagana, "dedicado" (*herem*) a los dioses paganos. Al mandato del Señor fue "dedicado" a Él; esto es, dedicada a destrucción, destruida (*hāram*). Fue vuelta a nombrar *Holma*, que significa *destrucción total*. **18. Tomó también Judá a Gaza con su territorio, Ascalón con su territorio y Ecrón con su territorio.** Estas eran las principales ciudades

filisteas al sur de Jope. El historiador sigue afirmando que la tribu de Judá pudo expulsar a los habitantes de las montañas, pero que los carros herrados utilizados por los habitantes del valle constituyeron un obstáculo insuperable para la conquista. Ya que las ciudades de Gaza, Ascalón y Ecrón se hallaban firmemente en manos filisteas en fechas posteriores, todas las victorias en el valle costero en este entonces fueron de naturaleza temporal. La Edad de Hierro empezó en Palestina durante el siglo XII a.C. El monopolio heteo del hierro fue roto alrededor del 1200 a.C. y la conquista de David de los filisteos marcó el principio de la utilización del hierro como un material común en Israel.

20. Y dieron Hebrón a Caleb, como Moisés había dicho. Debido a que Caleb había mostrado ser un hombre de fe, cuando la mayoría de los espías hablaron mal de la tierra, Dios le había prometido una bendición (Nm 14:24; Dt 1:36). Aunque Hebrón fue dada a Caleb, él tenía la responsabilidad de ocuparla. Para hacerlo tuvo que arrojar de allí a "los tres hijos de Anac". La expresión **hijos de Anac** significa *hombres de* (largo) *cuello*, esto es, hombres de gran altura, o gigantes. **21. Mas al jebuseo que habitaba en Jerusalén no lo arrojaron los hijos de Benjamín.** Los jebuseos de Jerusalén no capitularon ante las fuerzas de Benjamín ni de Judá, sus vecinos al norte y al sur, hasta que Joab, el general de David, tomo la ciudad por la astucia (2 S 5:6–9).

22. También la casa de José, las tribus, de Efraín y Manasés, **subió contra Bet-el.** Bet-el se hallaba a 20 km. (12 millas) al norte de Jerusalén, a 29 km. (18 millas) al sur de Silo. Las excavaciones en la localidad de Bet-el revelan ladrillo quemado, tierra rellena de cenizas, y escombros carbonizados, evidencia de la total destrucción del predecesor cananeo del Bet-el israelita, la ciudad más mencionada en las Escrituras que ninguna otra, a excepción de Jerusalén. **25. Y él les mostró la entrada a la ciudad.** Las tribus de José prometieron mostrar misericordia a un hombre que vieron por casualidad en la vecindad de Bet-el con la condición que les mostrara la entrada a aquella ciudad. Lo hizo así, y se le permitió escapar a **la tierra de los heteos** (v. 26), probablemente una referencia al norte de Siria, que se contaba como parte de la "esfera de influencia" hetea. El gran imperio heteo (o hitita) se hallaba centrado en Asia Menor. El escapado de Bet-el construyó una ciudad que llamó Luz, el nombre anterior de Bet-el (cp. Gn 28:19).

27. Tampoco Manasés arrojó a los de Betseán. . .Taanac. . .Ibleam. . .Meguido. Un cordón de ciudades cananeas fortificadas dividía al norte de Israel en dos partes. Bet-seán se halla al extremo oriental del Valle de Esdraelón, donde se une al Valle del Jordán. Estuvo ocupado por guarniciones egipcias hasta la época de Ramsés III (1198 — 1167 a.C.). Ibleam, Taanac, y Meguido colgaban sobre el valle de Esdraelón al sur. Dor se hallaba sobre la costa del Mediterráneo, al sur del monte Carmelo. **28. Cuando Israel se sintió fuerte hizo al cananeo tributario.** La historia de Israel durante el período de los jueces alternó entre períodos de poderío y períodos de debilidad. Los cananeos nunca fueron expulsados, pero fueron reducidos a la condición de esclavos durante los períodos de poderío israelita.

29. Tampoco Efraín arrojó al cananeo que habitaba en Gezer. Gezer se halla a 29 km. (18 millas) al noroeste de Jerusalén, donde guarda un paso de Jope a Jerusalén. Atrincherados tras muros de cuatro metros y medio de espesor, los gezeritas pudieron resistir el dominio de los israelitas. La ciudad vino a formar parte del reino de Salomón solamente cuando le fue entregada como regalo de bodas por el faraón egipcio (1 R 9:16).

30. Tampoco Zabulón arrojó a los que habitaban en Quitrón, ni a los que habitaban en Naalal. Estas ciudades en Zabulón no han sido identificadas positivamente. **31. Tampoco Aser arrojó a los que habitaban en Aco...Sidón...Ahlab...Aczib...Helba... Afec...Rehob.** Aco es ahora conocida como Acre. Se halla situada al norte del la sierra del Carmelo, enfrente de la ciudad de Haifa en la Bahía de Acre. **Sidón** era la ciudad fenicia hecha famosa en la literatura homérica como un centro de arte y de cultura. En tiempos posteriores llegó a tener una importancia inferior a la de Tiro. **Ahlab** no ha sido identificada, pero **Aczib** estaba localizada a alrededor de 16 km. (10 millas) al norte de Aco. **Helba** ha sido identificada con Mahalliba, mencionada en los monumentos de Asiria, situada al noreste de Tiro. **Afec** podría ser Tell Kurdaneh, a unos 10 km. (6 millas) al sudeste de Aco. **Rehob** ha sido identificada con Tell Beriveh, un lugar bien irrigado a 11 km. (7 millas) de Aco tierra adentro. Los fenicios nunca fueron desposeídos por los israelitas. Tanto David como Salomón tuvieron relaciones amistosos con Hiram de Tiro. **33. Tanopoco Neftalí arrojó a los que habitaban en Bet-semes, ni...en Betanat.** Estos dos sitios parecen haber sido santuarios de deidades cananeas, el primero al dios sol, y el segundo a la popular diosa cananea de la fertilidad y de la guerra, la hermana y consorte de Baal. Se ha sugerido que Bet-

semes es otro nombre para Cades-neftalí. **Betanat** puede ser el moderno Ba'neh, a 20 km. (12 millas) al este de Acre.

34. Los amorreos acosaron a los hijos de Dan hasta el monte. El amorreo es aquí sinónimo con el cananeo. El término aparece en documentos asirios como una designación de gentes del occidente (de Mesopotamia). Los danitas parecen haberse lanzado hacia las tierras bajas, donde fueron contenidos y arrojados a un pequeño distrito alrededor de Zora y Estaol (Jue 13 — 16). Debido a que este territorio era demasiado pequeño, la parte principal de la tribu emigró a Laís, en la cabecera del Jordán, que ellos cambiaron por *Dan* (Jue 18).

35. Y el amorreo persistió en habitar en el monte de Heres, en Ajalón y en Saalbim. Heres significa "montaña del Sol" y es, indudablemente, el equivalente de Bet-semes (Jos 15:10) y de Ir-semes (Jos 19:41). La localidad, conocida en la actualidad como 'Ain-shems, se halla situada en el lado sur del Wadi Surar, frente a Zora. **Ajalón** se hallaba en el valle de su mismo nombre, a 23 km. (14 millas) de Jerusalén. Aparece en las Cartas de El Amarna (siglo xiv a.C.) como *Aialuna*. **Saalbim** aparece en Jos 19:42 como *Shaalabbin*. Puede identificarse provisionalmente como Selbit, cinco km. (tres millas) al noroeste de Ajalón. Las tribus de la casa de José no arrojaron a los amorreos de estos sectores, pero sí que consiguieron control sobre el territorio. **36. Y el límite del amorreo fue desde la subida de Acrabim, desde Sela hacia arriba.** La subida de Acrabim (*escorpiones*) lleva desde el nivel del extremo meridional del mar Muerto al del país montañoso del sur de Judá. Forma el límite septentrional del Desierto de Sin y también, en tiempos bíblicos, sirvió como frontera entre Edom y Judá. Los amorreos ocuparon el territorio al norte de la subida de Acrabim en el período descrito en Jue 1. La referencia a *la roca* (heb **Sela**) debe probablemente traducirse como nombre propio, **Sela** o *Petra*, la ciudad capital de los edomitas. Petra fue construida en un valle rodeado de acantilados roqueños, y sus casas estaban parcialmente cavadas en la roca natural. Los edomitas fueron arrojados de sus montañas por los árabes nabateos, alrededor del 300 a.C. (cp. la profecía de Abdías).

B. Marco religioso del período de los jueces. 2:1–5.

Aunque Israel había experimentado el poder de Dios durante el período del éxodo de Egipto y la conquista de Canaán, pronto olvidaron el pacto que habían hecho con Dios en el Sinaí. La idolatría fue tolerada entre ellos, y los matrimonios mixtos con los cananeos llegaron a ser cosa común.

1. El ángel de Jehová subió de Gilgal a Boquim. El ángel de Jehová era una teofanía, una aparición de Dios de una forma perceptible por los sentidos humanos. Tal manifestación había sido vista por Agar (Gn 16:7–12) y por Moisés (Éx 3:2–6). **Boquim** estaba situado probablemente entre Bet-el y Silo, a unos 32 km. (20 millas) del mar Muerto. **Yo os saqué de Egipto.** Dios se identificó a sí mismo como Aquel que ha suplido las necesidades de su pueblo en la hora de su angustia. Sus misericordias hubieran debido generar una respuesta agradecida. **2. No habéis atendido a mi voz.** Dios había sido fiel a su pacto, pero Israel había olvidado su promesa de obediencia a la Ley dada por medio de Moisés en el Sinaí. **3. No los echaré de delante de vosotros.** Israel había comprometido su lealtad a Dios a causa de la idolatría de ellos. El Señor declaró que los habitantes de Canaán no serían completamente expulsados, y que resultarían ser un tropezadero para Israel. Estas palabras anticipan la historia del tiempo de los jueces, cuando una serie de opresores subyugaron a Israel. Los dioses de Canaán sirvieron como tentación a las tribus para que olvidaran al Dios de Israel. **4. El pueblo alzó su voz, y lloró.** El mensaje del Ángel de Jehová había sido de juicio. La historia posterior indica que el lloro fue superficial, porque Israel no se detuvo en sus prácticas idolátricas. **5. Llamaron el nombre de aquel lugar Boquim** (*los que lloran*). Las Escrituras asocian frecuentemente el nombre de lugares con episodios significativos (cp. Bet-el, Gn 28:16–19; Mahanaim, Gn 32:2; Gilgal, Jos 5:9).

II. Historia de los jueces. 2:6 — 16:31.

A. El fracaso de Israel al no someter las naciones enemigas. 2:6 — 3:6.

Bajo Josué se consiguió finalizar la fase inicial de la conquista de la tierra. La tierra fue dividida entre las tribus, pero era necesario que los israelitas ocuparan el terreno que les había sido asignado. **7. Y el pueblo había servido a Jehová todo el tiempo de Josué, y todo el tiempo de los ancianos que sobrevivieron a Josué.** Las generaciones de Josué y de sus inmediatos sucesores permanecieron fieles al Señor debido a su asociación con **las grandes obras de Jehová, que él había hecho por Israel.** Estas palabras forman la transición entre el relato de la conquista de Canaán por parte de Josué y la historia de los jueces. Forman un paralelo con las palabras de Jos 24:28–31. **8. Pero murió Josué hijo de Nun, siervo de Jehová, siendo de ciento diez años.** Ciento

diez años es el lapso ideal de vida, según los papiros y las estelas egipcias. Se dice que José vivió este lapso de tiempo (Gn 50:26). Moisés vivió diez años más (Dt 34:7). **9. Y lo sepultaron en su heredad en Timnat-sera. Timnat-sera,** *porción doble,* se traduce también como ''Timnat-heres'', porción del sol. El lugar tradicional está en Tibnah, a 27 km. (7 millas) al noroeste de Jerusalén.

10b. Y se levantó después de ellos otra generación que no conocía a Jehová. La nueva generación olvidó las misericordias de Dios hacia Israel y el pacto de la nación de obedecer la Ley de Jehová. **11. Los hijos de Israel...sirvieron a los baales.** Baal era el dios de la fertilidad, y se creía que su adoración daba productividad a la humanidad, a la vida animal, y al fruto del campo. Ya que a Baal se lo adoraba en manifestaciones locales (Baal-peor, Baal-gad, Baal-zeboul, etc.), se utiliza en el hebreo el plural *baalim* (**baales**). **13. Y dejaron a Jehová, y adoraron a Baal y a Astarot.** Las **Astarots** eran la contrapartida femenina de los Baales. Astarot era el equivalente cananea de la Istar babilonia, la diosa del amor y de la fertilidad.

14. Y se encendió contra Israel el furor de Jehová. La idolatría se consideraba como un quebrantamiento del pacto, e involucraba ritos inmorales incompatibles con la santidad que Dios demandaba de su pueblo. **Y no pudieron ya hacer frente a sus enemigos.** El Dios de Israel no era impotente para proteger a Su pueblo de sus saqueadores. En el ejercicio de Su gobierno, no obstante, eligió usar a los enemigos de Israel como el medio de castigar al pueblo rebelde.

16. Y Jehová levantó jueces. El castigo por la idolatría estaba pensado para volver al pueblo de Israel de nuevo hacia Dios. El Señor dio respuesta a las oraciones penitentes de su pueblo en sus horas de angustia, y suscitó **jueces,** esto es, salvadores o libertadores. **17. Pero tampoco oyeron a sus jueces, sino que fueron tras dioses ajenos.** El ministerio de los jueces no tuvo un efecto permanente sobre Israel. El libro de los Jueces registra un monótono ciclo en el que Israel recaía una y otra vez en la idolatría. El culto de la fertilidad proveyó el lenguaje utilizado para describir la apostasía (lit. heb.: *fornicando tras de otros dioses*). La infidelidad a Dios se describe como adulterio. **18. Y cuando Jehová les levantaba jueces, Jehová estaba con el juez.** El Señor capacitaba al juez para guiar al pueblo en victoria contra sus enemigos. Tanto las victorias como las derrotas registradas en el libro de los Jueces se interpretan como actos de Dios. **19. Al morir el juez...ellos volvían atrás, y se**

corrompían más que sus padres. Un juez fuerte podía influenciar al pueblo de Dios durante su tiempo. No obstante, los jueces no formaron una dinastía. A la muerte de un juez, el pueblo tendía a caer de nuevo en la idolatría. **21. Tampoco yo volveré más a arrojar de delante de ellos a ninguna de las naciones que dejó Josué cuando murió.** Se iba a mantener el *status-quo*. Israel no sería sacado de Canaán, pero serían desposeídos los cananeos que no habían sido destruidos por Josué. **22. Para probar con ellas a Israel.** Desde un punto de vista, el fracaso de Israel en no arrojar a los cananeos constituyó un medio que Dios utilizó para castigar a su pueblo por su idolatría. Fue también un medio para probar la fidelidad de Israel hacia Él. **23. Por esto dejó Jehová a aquellas naciones, sin arrojarlas de una vez.** Las conquistas de Josué tuvieron lugar durante un período de tiempo relativamente corto. Las conquistas posteriores que condujeron a la monarquía de David y de Salomón llevaron mucho más tiempo. **3:1. Las naciones que dejó Jehová.** Aquellas que no habían sido desalojadas por Josué no pudieron serlo por las generaciones de los jueces. **2. Para que el linaje de los hijos de Israel conociese la guerra.** La presencia de los enemigos entre las tribus de Israel ayudó a entrenar a los israelitas en el arte de la guerra. **3. Cinco príncipes de los filisteos.** Los filisteos parecen haber emigrado a Palestina de Creta y de las islas vecinas. El liderazgo fue investido sobre los **príncipes** de Asdod, Ascalón, Ecrón, Gat, y Gaza. **Todos los cananeas.** Importantes fortalezas cananeas se hallaban situadas en el valle del Esdraelón. **Los sidonios.** Habitantes de la ciudad-estado fenicia de Sidón. El término puede referirse a los fenicios como pueblo. Posteriormente, Tiro tomó el puesto de liderato. **Los heveos que habitaban en el monte Líbano.** Es probable que los heveos fueran una parte de la nación hurriana, que establecieron el reino de Mitanni en la Mesopotamia superior alrededor del 1500 a.C. Los hurrianos se esparcieron rápidamente por Canaán durante los siglos xv y xiv. Una de las palabras egipcias para Canaán era Tierra de Hurru. **Desde el monte Baal-hermón hasta llegar a Hamat.** Baal-hermón puede ser idéntica con Baal-gad al pie del monte Hermón (Jos 11:27; 12:7). Constituía el límite septentrional de la conquista de Josué y se cree que había estado en la ladera occidental del monte Hermón. Hamat era una ciudad sobre el río Orontes, a unos 240 km. (150 millas) al norte de Dan. La palabra traducida **llegar a** (*lebô*) puede esconder el nombre de una ciudad, *Lebo de Hamat*,

identificada con la moderna Lebweh en el valle de Beqa'a, que separa las montañas libanesas de las cordilleras del Antilíbano. Este fue territorio heveo durante el período de los jueces. **6. Y tomaron de sus hijas por mujeres.** No solamente compartieron los israelitas la tierra con las tribus que no habían sido desposeídas por Josué, sino que se mezclaron con ellas y adoptaron sus costumbres y creencias religiosas.

B. Los opresores y los liberadores de Israel. 3:7—16:31.

Después de una introducción general que describe la vida durante el período de los jueces, se nos da una serie de episodios específicos. En cada caso leemos de la idolatría de Israel, con su subsiguiente castigo.

1) La opresión de Cusan-risataim acabada por Otoniel. 3:8–11.

8. Los vendió en manos de Cusan-risataim. El primer opresor tenía un nombre que significaba *doblemente malvado Cusán*. Este puede ser un epíteto asignado a este hombre por sus enemigos. También es posible que la palabra **risataim** sea una forma hebraizada de una palabra extranjera, quizás un lugar geográfico. Cusán venía de Mesopotamia, o, como translitera la versión de la Jewish Publication Society directamente del hebreo, *Aram-naharaim*. Durante el tiempo de los jueces, los heteos se apoderaron de Mitani, el estado que servía de tampón en el norte de Mesopotamia entre los reinos heteo y asirio. Durante esta época Canaán estaba nominalmente sujeta a Egipto. Cusán puede haber sido un oscuro príncipe heteo que quisiera desafiar el poderío egipcio en Canaán. Un punto de vista alternativo sugiere que Cusán era de Edom más que de Harán. Las dos palabras se parecen mucho en hebreo, y la proximidad de Edom a la tribu de Judá constituye un punto en favor de esta interpretación. Según los que leen *Edom* en lugar de **Harán**, la designacion **Naharaim** constituye una interpolación posterior. Se efectuaron campañas militares extensas a través del Creciente Fértil ya en la remota época de Sargón de Acad (c. 2400 a.C.), por lo que no puede rechazarse un origen mesopotámico de Cusán sobre una base de *a priori*. No se le menciona en otras partes de la Biblia, ni en fuentes extrabíblicas. **9. Jehová levantó...a Otoniel hijo de Cenaz.** Otoniel ha sido ya introducido (1:13–15). Aquí se le llama libertador, lo que constituye un sinónimo de *Juez*. Salvó a su pueblo de la opresión de Cusán. **11. Y reposó la tierra cuarenta años.** Desde las victorias sobre

Cusán hasta la muerte de Otoniel, Israel se vio libre de dominación extranjera. El término **cuarenta años** constituye un número redondo. Muchos eruditos sugieren que representa una generación.

2) La opresión de Eglón acabada por Aod. 3:12–30.

12. Jehová fortaleció a Eglón rey de Moab contra Israel. Después de la muerte de Otoniel, de nuevo la idolatría se volvió dominante entre las tribus israelitas. El líder de la segunda opresión venía de Moab, la tierra al oriente del mar Muerto y al sur del río Arnón. **13. Este juntó consigo a los hijos de Amón y de Amalec.** Los amonitas se hallaban establecidos al este y al norte de Moab, desde el Arnón hasta el Jaboc. Sehón, rey de los amorreos, había sido derrotado por Israel en esta área antes de la conquista de Canaán. Los nómadas amalecitas fueron implacables enemigos de Israel desde la batalla en Refidim, en el camino al Sinaí, hasta su final destrucción en los días de Ezequías (1 Cr 4:43). **Y tomó la ciudad de las palmeras.** Eglón y sus confederados invadieron Canaán por la misma ruta que antes hubiera utilizado Josué. Cruzaron el Jordán y capturaron **la ciudad de las palmeras,** o Jericó. La ciudad destruida por Josué había ocupado una situación estratégica, y es evidente que se había construido otra ciudad en la misma área poco después de su destrucción. El texto implica una batalla por la "ciudad de las palmeras" antes de que ésta fuera ocupada por Eglón y sus aliados.

15. Jehová les levantó un libertador, a Aod hijo de Gera, benjamita, el cual era zurdo. Los benjamitas parecen haber tenido una tendencia a ser zurdos (Jue 20:16), y por lo menos en un caso son descritos como ambidextros (1 Cr 12:2). **Y los hijos de Israel enviaron con él un presente a Eglón rey de Moab.** El **presente** era indudablemente el tributo exigido a Israel por los opresores moabitas. **16. Y Aod se había hecho un puñal de dos filos, de un codo de largo.** Aod se proveyó de una espada con la que quería matar al rey moabita. **18. Despidió a la gente que lo había traído.** Aod despidió al séquito que le había acompañado. Ya que el tributo se pagaba en plata, oro, ganados, y otros materiales voluminosos, se precisaba un gran número de hombres que lo llevaran. Al despedir al séquito, Aod impidió cualquier sospecha de malas intenciones. **19. Él se volvió desde los ídolos que están en Gilgal.** Después de despedir a su séquito, Aod se volvió para volverse a encontrar con el rey. **Rey, una palabra secreta tengo que decirte.** Se envió un mensaje a Eglón pidiendo una audiencia privada. La implicación era que el encargo era de tal importancia que no podía ser confiado a un cortesano.

20. Estando él sentado solo en su sala de verano. Eglón estaba en su *'ālîyâ* cuando Aod entró. La *'ālîyâ* era un piso adicional construido sobre el techo plano de la casa en una esquina. Por lo general consistía de una sola habitación, con ventanas con celosías todo alrededor para proveer ventilación. La *'ālîyâ* era la habitación más fresca de la casa. **Y Aod dijo: Tengo palabra de Dios para ti.** Las palabras de Aod implicaban que era el portador de un mensaje del Dios de Israel al rey moabita. Algunos comentaristas parafrasean este pasaje de la siguiente manera: "Tengo un asunto de Dios contigo, una comisión divina para ejecutarte". **Él [Eglón] entonces se levantó de la silla.** Probablemente el rey moabita se levantó como un signo de reverencia ante el oráculo divino. Esto puede haber sido planeado por Aod a fin de quedar dentro de una distancia adecuada de Eglón para asestarle el golpe.

21. Entonces alargó Aod su mano izquierda, y tomó el puñal de su lado derecho, y se lo metió por el vientre. El plan de Aod tuvo éxito. Sin suscitar sospechas, se había acercado al rey, y entonces repentinamente sacó su arma y asesinó al opresor de Israel. **22. De tal manera que la empuñadura entró también tras la hoja.** El golpe fue rápido y certero. Aod dejó la hoja en la herida. **Y salió el estiércol.** Tal herida en el abdomen impulsó hacia afuera los excrementos. Esta es la explicación más natural, y es fisiológicamente correcta.

23. Y salió Aod al corredor. El *misderôn,* traducido **corredor,** por el que Aod escapó, no puede ser identificado de una forma positiva. La palabra aparece solamente una vez en las Escrituras.

24. Sin duda él cubre sus pies en la sala de verano. Es evidente que los siervos de Eglón vieron salir a Aod. Como no había habido ninguna perturbación, no tenían motivos para sospechar. No se entrometieron en la intimidad de Eglón, asumiendo que estaba haciendo sus necesidades. "Cubrir los pies" es un eufemismo por "hacer las necesidades". **25. Y habiendo esperado hasta estar confusos.** Esperaron hasta que se dieron cuenta de que estaban equivocados. **Tomaron la llave y abrieron.** El tipo de llave utilizado en los tiempos bíblicos era común en Palestina hasta tiempos bastante recientes. El cerrojo se cerraba a mano. Una cantidad de tamboriletes caían en los agujeros correspondientes en el cerrojo y lo aseguraban. La llave, que se utilizaba solamente para abrir, era por lo general una pieza plana de madera con varillas en un extrema que se correspondían en cantidad y posición con los tamboriletes del cerrojo. La longitud se correspondía con la profundidad del cerrojo. El cerrojo estaba cortado de tal manera que la llave se podía deslizar por debajo de él hasta que las varillas levantaban los tamboriletes y dejaba libre el cerrojo para poderlo abrir.

26. Aod escapó...en Seirat. Para el momento en que los siervos de Eglón descubrieron su cadáver, Aod había llegado ya al límite de las tierras altas de Efraín. No se conoce la exacta situación de Seirat. **27. Tocó el cuerno en el monte de Efraín.** El cuerno llamaba al pueblo a la batalla (cp. 1 S 13:3, 4). Las montañas de Efraín comprenden la cordillera central de Palestina desde el valle de Esdraelón hasta el sur hasta los límites de Jerusalén. **28. Y descendieron en pos de él, y tomaron los vados del Jordán a Moab.** Los israelitas acudieron a la llamada de Aod. Tomaron los vados del Jordán, que serían utilizados por los moabitas en su huída (cp. Jos 2:7; 2 S 19:15). **29. Y en aquel tiempo mataron de los moabitas como diez mil hombres.** Aunque considerando **diez mil hombres** como un número redondo, tiene que haber sido una pérdida muy seria para Moab. El poder moabita sobre Israel fue efectivamente quebrantado. **30. Y reposó la tierra ochenta años.** Cp. 3:11. No se dice nada del caudillaje de Aod después de su victoria sobre los moabitas. No obstante, leemos de ochenta años (dos generaciones) durante los cuales la tierra estuvo libre de invasiones.

3) Israel liberado de los filisteos por Samgar. 3:31.
Después de él fue Samgar hijo de Anat. Samgar es un nombre extranjero (hurriano). Anat era el nombre de la diosa cananea del sexo y de la guerra, hermana de Baal. Por ello, **hijo de Anat** puede interpretarse como significando "el guerrero". Samgar es mencionado en 5:6 como viviendo en los días en que los enemigos de Israel habían conseguido un control indiscutido sobre la tierra. Es probable que fuera un contemporáneo de Débora y Barac. **El cual mató a seiscientos hombres de los filisteos con una aguijada de bueyes.** Esta es la primera de dos opresiones filisteas durante la época de los jueces. La segunda (13:1 — 16:31) es descrita en el relato de Sansón. Samgar es conocido solamente por un episodio. Utilizando una aguijada de bueyes, mató a seis-

cientos filisteas. La aguijada de buey puede haber tenido una longitud de más de dos metros y medio (ocho pies). En un extremo tenía un espigón, y en el otro una hoja en forma de cincel. Cuando era necesario se podía utilizar como sustituto de lanza. **Y él también salvó a Israel.** En el caso de Samgar no se dan las acostumbradas referencias cronológicas. Es probable que se le deba considerar como un individuo heroico que derrotó a los enemigos de Israel más que como gobernante de Israel durante el tiempo de los jueces.

4) La opresión de Jabín y Sísara acabada por Débora y Barac. 4:1–5:31.
4:1. Después de la muerte de Aod, los hijos de Israel volvieron a hacer lo malo ante los ojos de Jehová. Durante la vida de Aod, Israel permaneció fiel al Señor. No obstante, después de ello, una nueva caída en la idolatría provocó otro período de opresión. **2. Y Jehová los venció en mano de Jabín rey de Canaán, el cual reinó en Hazor.** Las anteriores opresiones fueron de afuera de la tierra de Canaán. Jabín, no obstante, un gobernante cananeo, acaudilló una revuelta contra los israelitas que, bajo Josué, les habían desposeído. Hazor era la fortaleza más importante en el norte de Canaán. **Y el capitán de su ejército se llamaba Sísara, el cual habitaba en Harosetgoim.** El hogar de Sísara, *Hârôshet haggôyim,*, es el actual Tell 'Amar, localizado en el lugar donde el río Kishon pasa a través de una estrecha garganta para entrar en el valle de Acre. Está alrededor de unos 16 km. (10 millas) al noroeste de Meguido. **3. Tenía novecientos carros herrados.** Ver 1:19, donde también se dice que los filisteos poseían carros de hierro. Estos eran un equipo de lo más formidable para los israelitas, que no habían entrado aún en la Edad de Hierro. **Había oprimido con crueldad a los hijos de Israel por veinte años.** Durante media generación Israel fue oprimido por los cananeos, que utilizaban su situación estratégica en el valle de Esdraelón como punto de partida para expandir su zona de dominio. **4. Gobernaba en aquel tiempo a Israel una mujer, Débora, profetisa, mujer de Lapidot.** Debora es descrita como profetisa y juez a la vez. En un tiempo de desesperación ella alentó al pueblo a la lucha. **5. Y acostumbraba sentarse bajo la palmera de Débora.** Parte de la responsabilidad de Débora como juez era la de sentarse como árbitro en la resolución de pleitos. El árbol particular asociado con la actividad que ella desarrolló como juez estaba **entre Ramá y Bet-el.** Ramá estaba en Benjamín, al norte de Jerusalén. Esta es el área en la que Samuel juzgó a Israel posteriormente (1 S 7:16).

6. Y ella envió a llamar a Barac hijo de Abinoam, de Cedes de Neftalí. Cedes de Neftalí era una ciudad de refugio (Jos 20:7; cp. 12:22). Esta era la zona de Israel más cercana a los opresores cananeos. **Vé, junta a tus gentes en el monte de Tabor.** Barac recibió la orden de reunir a los ejércitos de Israel en el monte de Tabor, en la parte nororiental del llano de Esdraelón. **7. Y yo atraeré hacia ti al arroyo de Cisón a Sísara, capitán del ejército de Jabín... y lo entregaré en tus manos.** Débora habló como profetisa. Dios prometía, mediante ella, llevar a los ejércitos de Sísara a la destrucción.

8. Si tú fueres conmigo, yo iré. Barac quería la seguridad de que la profetisa iría con él, asegurando así la victoria en la batalla. **9. Ella dijo: Iré contigo; mas no será tuya la gloria de la jornada que emprendes, porque en mano de mujer venderá Jehová a Sísara.** Débora prometió acompañar a Barac, pero declaró que sería una mujer la heroína. Esto constituye una anticipación del papel jugado en la derrota de los cananeos por parte de Jael, la esposa de Heber. **10. Y juntó Barac a Zabulón y a Neftalí en Cedes.** Las dos tribus septentrionales tenían la responsabilidad de afrontar la amenaza de Sísara.

11. Y Heber ceneo, de los hijos de Hobab suegro de Moisés. El historiador sagrado provee algún material de referencia con respecto a los ceneos. Parece que eran herreros nómadas con los que Moisés se encontró al principio de su peregrinación por el desierto antes de llegar a ser el conductor del éxodo. Heber se había separado del cuerpo principal de su tribu y se había establecido cerca de Cedes.

12. Vinieron, pues, a Sísara las nuevas de que Barac hijo de Abinoam había subido al monte de Tabor. Sísara, al ser informado de los movimientos de Barac, reunió a sus fuerzas, incluyendo a los novecientos carros herrados, y marchó desde Haroset hacia Cisón. **14. Y Barac descendió del monte de Tabor, y diez mil hombres en pos de él.** Asegurado por Débora de que Dios iba a dar una gran victoria a Israel, Barac y sus diez mil hombres se lanzaron en contra del ejército cananeo en el valle. **15. Y Jehová quebrantó a Sísara.** Los cananeos se llenaron de pánico. La repentina victoria del ejército israelita y la tempestad que hizo que el Cisón se desbordara (5:21) obligó a los cananeos a huir de sus carros, que dejaron atascados en el valle.

17. Y Sísara huyó a pie a la tienda de Jael mujer de Heber ceneo. Con el resto de su ejército destruido, la primera preocupación de Sísara era la de salvar su propia vida. **Porque había paz entre Jabín rey de Hazor y la casa de Heber ceneo.** Sísara tenía razones para creer que estaría a salvo si conseguía llegar a la casa de Heber. Evidentemente los cananeos no habían oprimido a los ceneos nómadas en medio de ellos, ni los ceneos habían tomado parte en la revuelta de los israelitas en contra de ellos.

18. Y saliendo Jael a recibir a Sísara, le dijo: Ven, señor mío. Jael ofreció la hospitalidad de su tienda al aterrorizado Sísara. Que lo invitara a su tienda para matarle o no es asunto de inferencia. **Y ella lo cubrió con una manta.** El significado exacto de la palabra traducida **manta** es incierto. También pudiera traducirse *cortina de tienda.* **19. Y ella abrió un odre de leche y le dio de beber, y le volvió a cubrir.** Sísara había pedido agua, pero Jael abrió el odre de piel de cabra o de cordero en el que se guardaba la leche y le dio un cuenco. **20. Estate a la puerta de la tienda.** Sísara tenía razones para creer que los israelitas le estarían persiguiendo. Le pidió a Jael que les dijera que él no estaba en la tienda. Los actos de hospitalidad de que le había hecho objeto le hicieron creer que podía confiar en ella. **21. Pero Jael mujer de Heber tomó una estaca de la tienda...y le metió la estaca por las sienes...y así murió.** Entre los beduínos es responsabilidad de las mujeres plantar las tiendas, y puede haber sido igual en la antigüedad. La estaca de la tienda y el mazo que Jael utilizó eran probablemente de madera. Sísara, agotado por su difícil huída, estaba pesadamente dormido, y Jael consideró que esta era su oportunidad de matar al enemigo de Israel. Algunos comentaristas sugieren que Jael no estaba de acuerdo con la neutralidad de su esposo (4:17) y que sus acciones en cuanto a Sísara estuvieron motivadas por su lealtad hacia Israel (4:17). Que su asesinato de Sísara hubiera sido premeditado o no es algo que no importa, por lo que respecta al relato de Jueces. Desde el punto de vista israelita, ella fue una heroína por matar a Sísara. **22. Y siguiendo Barac a Sísara, Jael salió a recibirlo.** Jael le dio a Barac la buena noticia de que el capitán cananeo había muerto.

23. Así abatió Dios aquel día a Jabín, rey de Canaán, delante de los hijos de Israel. Las Escrituras no abstraen a Dios de los procesos históricos. Se describe el acto de Jael, pero la victoria se ascribe a Dios. La actitud hacia la historia a través de toda la Biblia es coherente. Dios permite que los paganos castiguen a Su pueblo, y Dios suscita libertadores para salvarlos. La causa y el efecto son significativos al nivel histórico, pero a Dios se le contempla como el Poder detrás de todo lo que sucede, bueno o malo. No es preciso justificar el acto de Jael. Incluso los actos malvados se representan en las Escrituras como obrando para el cumplimiento de los propósitos últimos de Dios (cp. Hch 2:23, 24; Sal 76:10).

5:1. Aquel día cantó Débora con Barac. El relato de la derrota de Sísara se da en dos relatos. Uno en prosa (Jue 4), y otro en verso (Jue 5). La mayor parte de las autoridades críticas ascriben una gran antigüedad al cántico de Débora, fechándolo cerca de los eventos que describe. **2. Por haberse puesto al frente los caudillos en Israel, por haberse ofrecido voluntariamente el pueblo, load a Jehová.** La oda empieza con una exhortación a loar a Jehová. Las palabras que siguen inmediatamente han sido interpretadas de una variedad de maneras. Una traducción preserva el paralelismo con el original: *Por el caudillaje de los caudillos en Israel, por la buena disposición del pueblo.* Muy diferente es la traducción: *Porque ellos dejan el cabello largo ir suelto en Israel.* Esto último sugiere que Israel se volvió prácticamente una nación de nazareos, o que disfrutaban de la libertad y de la fuerza con la que generalmente se asociaba el cabello largo del nazareo. **3. Oíd, reyes; escuchad, oh príncipes.** Se apremia a los gobernantes de las naciones a que consideren los poderosos hechos de Jehová, el Dios de Israel.

4. Cuando saliste de Seir, oh Jehová, cuando te marchaste de los campos de Edom. En contraste a la fertilidad de Canaán, el Dios de Israel estaba asociado con las regiones áridas del sur, en particular el Sinaí y Horeb. Como había entrado en pacto con ellos con su pueblo en el Sinaí, y como había provisto a sus necesidades durante la peregrinación en el desierto, así ahora se le representa como saliendo de Seir y de Edom para librar a su pueblo de sus opresores. **5. Los montes temblaron delante de Jehová.** La figura es la de Dios saliendo de su habitación para ayudar a su pueblo en su conflicto con Sísara. Toda la naturaleza entró en convulsión al actuar Dios en su poder. La imagen es poética y está dispuesta para impresionar en la mente del lector la maravilla de la actividad divina. **Aquel Sinaí.** Los israelitas asociaron indudablemente al Sinaí con la teofanía a Moisés y la entrega de la Ley. Allí fue donde Israel entró en pacto con Dios. Aquí se presenta a Dios como viniendo del sur, de Sinaí, para liberar a su pueblo.

6. Quedaron abandonados los caminos, y los que andaban por las sendas se apartaban por senderos torcidos. Los cananeos habían conseguido el control de las principales rutas a través de la tierra, por lo que los israelitas que tenían que desplazarse utilizaban los **senderos torcidos** no frecuentados por los enemigos. **7. Las aldeas quedaron abandonadas.** Los aldeanos abandonaron sus pueblos por la protección de las ciudades amuralladas. Otros (p. ej., la Jewish Publishing Society) sugieren la traducción, *Los gobernantes cesaron en Israel.* **Hasta que yo Débora me levanté.** El verbo puede estar ya bien en primera persona o en segunda persona, en femenino, con una desinencia arcaica. Las traducciones más recientes vierten, *Hasta que tú te levantaste, Débora* (JPS; y también la RSV). **Madre en Israel.** Esta frase vuelve a aparecer en 2 S 20:19, en la que denota una ciudad.

8. Cuando escogían nuevos dioses. Estas palabras han confundido a los eruditos bíblicos. Su sentido más evidente es que Israel, sin ayuda de parte de Dios, se volvió a la idolatría. Algunos comentaristas hacen que el sujeto sea Dios, leyendo: *Dios* ['Elhõîm] *eligió algo nuevo* (así lo hacen la Peshitta y la Vulgata). Otros traducen 'Elhõîm como *jueces*, aunque este uso es foráneo al libro de los Jueces. Parece mejor traducir este pasaje como aparece en la Reina-Valera, viendo en ellas una descripción de la apostasía del pueblo de Israel y su intento desesperado para conseguir ayuda de los ídolos. **La guerra estaba en las puertas.** Las incursiones del enemigo llegaron a las mismas puertas de las ciudades israelitas. **¿Se veía escudo o lanza entre cuarenta mil en Israel?** Ya los israelitas estaban desarmados o bien temían que sus armas fueran vistas por el enemigo.

9. Mi corazón es para vosotros, jefes de Israel, para los que voluntariamente os ofrecisteis entre el pueblo. El poeta expresa gratitud hacia los líderes de Israel que probaron su fidelidad en una época de crisis.

10. Vosotros los que cabalgáis en asnas blancas. Todas las clases del pueblo tenía razones para estar agradecidas. Los ricos mercaderes y la nobleza cabalgaban en asnas blancas. **Los que viajáis.** Se refiere a viajar andando. Las clases más pobres tenían que viajar a pie al llevar a cabo sus negocios. **11. Allí repetirán los triunfos de Jehová.** Algunas expresiones en este versículo son oscuras para el lector contemporáneo. Albright sugiere que a la señal de los címbalos entre el redoble de los tambores, el pueblo tenía que repetir las palabras de alabanza. En su comentario, Keil y Delitzsch traducen: *Con la voz de los arqueros entre los abrevaderos, allí alabad los justos actos de Jehová.* Esto presupone una escena de victoria en la que los guerreros, habiendo vuelto del campo de batalla, se mezclan con las mujeres en los abrevaderos, relatándoles las victorias obradas por Dios.

12. Despierta, despierta, Débora. Estas palabras forman la introducción a la segunda parte del cántico, que describe el conflicto y la victoria. **13. Entonces marchó el resto de los nobles.** El pueblo del Señor, considerado como un remanente, gobernaría a los poderosos. **14. De Efraín vinieron los radicados en Amalec.** Esto es, los amalecitas habían invadido el centro de Canaán. **De Maquir descendieron príncipes.** Maquir era una rama de la tribu de Manasés. La parte de Manasés radicada en la ribera occidental tomó parte en el conflicto.

16. ¿Por qué te quedaste entre los rediles? Algunas de las tribus no tomaron parte en la batalla en contra de los cananeos. Quedan sujetas aquí a una serie de escarnios. **17. Galaad se quedó al otro lado del Jordán.** Ninguna ayuda vino de las dos tribus y media en la ribera oriental del Jordán. De forma similar, se reprocha a Dan, Aser, Zabulón y Neftalí por su indolencia.

19. Vinieron reyes, y pelearon. Después del relato de la actitud de las tribus, el poeta describe la batalla misma. Sísara condujo una confederación de reyes en contra de Israel. **En Taanac, junto a las aguas de Meguido.** Taanac, situada a 8 km. (5 millas) sudeste de Meguido, domina uno de los pasos al valle de Esdraelón. **Las aguas de Meguido** son el Cisón y sus afluentes. **No llevaron ganancia alguna de dinero.** Esto puede interpretarse como un escarnio, en cuyo caso constituiría una afirmación de que la campaña no tuvo ningún provecho para ellos. Puede también referirse a los reyes que, en su avidez por luchar en contra de Israel, no aceptaron la paga de mercenarios.

20. Desde los cielos pelearon las estrellas; desde sus órbitas pelearon contra Sísara. El Dios de Israel intervino en favor de su pueblo. Las mismas fuerzas de la naturaleza se agruparon en contra de los cananeos. **21. Los barrió el torrente de Cisón.** El Cisón no es por lo general un río peligroso. En el momento crítico de la batalla se creció hasta formar un torrente que inutilizó los carros cananeos. **22. Entonces resonaron los cascos de los caballos,** esto es, resonaron en su galopar tratando de huir.

23. Maldecid a Meroz. La ciudad de Meroz no se unió a los israelitas en su ataque contra los cananeos. Su situación es desconocida. Los hay que creen que estaba situada a lo largo de la ruta de la huída de Sísara, y que sus habitantes no intentaron capturarle. La maldición sobre Meroz puede contrastarse con la bendición sobre Jael. **24. Bendita sea entre las mujeres Jael, mujer de Heber ceneo.** En contraste con la cobardía de los hombres de Meroz, la devoción de Jael se destaca en acusado contraste. **Bendita entre las mujeres** es un superlativo hebreo, que significa "la más bendita de las mujeres".

25. El pidió agua, y ella le dio leche. Los pronombres identifican con efectividad a los caracteres de la historia, Sísara y Jael. **En tazón de nobles le presentó crema.** La palabra *hem'â*, traducida **crema** en la Reina-Valera, era leche agriada artificialmente. Se hacía agitando leche en el odre de piel en el que se guardaba, y fermentándola con leche agria adherida a la piel de usos anteriores. Esta bebida es todavía preparada por los árabes beduínos (cp. C. M. Doughty, *Arabia Deserta*, I, 325). El **tazón de nobles** sería un tazón de gran tamaño, un tazón digno de príncipes.

26. Tendió su mano a la estaca. El relato en prosa de 4:21 ayuda a explicar la acción. Jael tomó la estaca de la tienda en su mano izquierda y el mazo en su mano derecha, y así hirió al dormido Sísara. El acto fue de valor por el hecho de que arriesgó su vida para matar al enemigo de Israel. Si Sísara hubiera despertado, Jael hubiera estado a su merced. **27. Cayó encorvado entre sus pies, quedó tendido ...allí cayo muerto.** La caída no tiene que implicar que Sísara estaba derecho cuando recibió el golpe. El poeta está describiendo el resultado del golpe de Jael. El hecho de que el enemigo de Israel había sido eliminado era una ocasión de regocijo, y el poeta casi se recrea en el triunfo de Jael. El hecho de que el poderoso Sísara hubiera sido muerto por una mujer era una ocasión particular de regocijo.

28. La madre de Sísara se asoma a la ventana. La escena —de lo más humana— cambia ahora al hogar de Sísara. La madre de Sísara estaba preocupada acerca de su hijo. Se preguntaba por qué tardaba tanto en venir. **29. Las más avisadas de sus damas le respondían.** Las mujeres de rango que estaban con ella intentaron alentarla. Eran "avisadas" pero en este caso no sabían la verdad. **30. ¿No han hallado botín, y lo están repartiendo?** Se precisa de un cierto tiempo para repartir los despojos de la guerra. El ejército victorioso tenía que hacer una distribución apropiada. Mataban a los hombres, repartían las mujeres entre los guerreros (**A cada uno una doncella o dos**), y distribuían el botín mismo según las instrucciones del vencedor. Esta era la práctica normal en la guerra antigua. La poderosa ironía de esta referencia es que no era Sísara el que estaba disfrutando de tales frutos de victoria, sino que era un cadáver a los pies de una mujer, su asesina.

31. Así perezcan todos tus enemigos, oh Jehová. El poeta corta repentinamente la gráfica descripción de la suerte de Sísara con una oración a Dios. Que perezcan todos los enemigos de Dios como Sísara pereció. Y a la inversa, **mas los que te aman, sean como el sol cuando sale en su fuerza.** El sol, aniquilando la oscuridad de la noche con su poder irresistible, es aquí simbólico del poder de aquellos bendecidos por Dios. **Y la tierra reposó cuarenta años.** La destrucción de Sísara trajo alivio a los oprimidos israelitas. Durante una generación Israel se vio libre de injerencias exteriores.

5) La opresión madianita acabada por Gedeón. 6:1–8:35.

6:1. Jehová los entregó en mano de Madián. El ciclo de pecado, castigo, y liberación fue repetido. Los madianitas eran nómadas que vivían en la región al este y al sudeste del mar Muerto. Su genealogía es trazada mediante la concubina de Abraham, Cetura (Gn 25:1, 2). **2. Y los hijos de Israel, por causa de los madianitas, se hicieron cuevas en los montes, y cavernas, y lugares fortificados.** Las incursiones de los madianitas eran tan efectivas que los israelitas tuvieron que recurrir a las cuevas y a las fortificaciones como lugares de refugio. **3. Cuando Israel había sembrado, subían los madianitas y amalecitas y los hijos del oriente contra ellos.** Asociados con los madianitas se hallaban los amalecitas (cp. 3:13) y los **hijos del oriente,** un término general para los nómadas del desierto sirio. **4. Y acampando contra ellos...** temporalmente en la tierra, utilizándola como pastos para sus manadas y rebaños, y tomando sus frutos para ellos. Israel se veía impotente para interferir en estos movimientos de beduínos. **5. Ellos y sus camellos eran innumerables.** La utilización del camello domesticado hizo posible, por vez primera, incursiones involucrando grandes distancias. La Biblia se refiere a los camellos más tempranamente en la Edad Patriarcal (Gn 24:10ss.), pero esta es la primera referencia a una incursión organizada en la que se utilizaran camellos.

8. Jehová envió a los hijos de Israel un varón profeta. La opresión madianita llevó al pueblo al puesto en el que clamaron al Señor para que les concediera la liberación. Apareció en medio de ellos un profeta que les recordó la misericordiosa liberación que Dios había obrado para su pueblo de Egipto, y la posterior desobediencia de ellos.

11. Y vino el ángel de Jehová. El mensaje a Israel vino de un profeta, pero la llamada a Gedeón vino del **ángel de Jehová.** Se tiene que utilizar el artículo determinado, como en la Reina-Valera. Como en 2:1–5, lo mejor es considerar esta aparición como una teofanía, una aparición del mismo Dios a Gedeón. **Gedeón estaba sacudiendo el trigo en el lagar, para esconderlo de los madianitas.** Gedeón lo mismo que sus compatriotas israelitas, tenía que trabajar en secreto para que los madianitas no se apoderaran del grano. Dentro de un lagar solamente se podía sacudir una pequeña cantidad de trigo a la vez. Este era un acto de desesperación.

12. Jehová está contigo, varón esforzado y valiente. El mensaje del ángel de Jehová parecía un escarnio, porque Gedeón se sentía impotente para suplir la necesidad de su pueblo. **13. Ah, señor mío, si Jehová está con nosotros, ¿por qué nos ha sobrevenido todo esto?** El poder de los enemigos de Israel parecía mostrar que Dios no estaba con su pueblo. Gedeón preguntó acerca de los milagros del pasado, y se preguntó por qué no los veía en su generación. **14. Vé con esta tu fuerza, y salvarás a Israel de la mano de los madianitas.** Aunque Israel era débil ante sus enemigos, Dios prometió que Gedeón podría liberar a su pueblo. **15. ¿Con qué salvaré yo a Israel?** Los líderes de Israel exhibían uniformemente un espíritu de humildad hacia Dios (Éx 3:11; Is 6:5; Jer 1:6). Gedeón protestó que su situación en la vida le impedía ser un caudillo de Israel. **17. Me des señal de que tú has hablado conmigo.** Gedeón deseaba un acto sobrenatural efectuado en su presencia para confirmar el hecho de que este era ciertamente un mensaje de Dios.

19. Y entrando Gedeón, preparó un cabrito. Esta tenía que servir como la ofrenda (*minhâ*) que deseaba presentar a su huesped (6:18). La terminología es ambigua a propósito. En un sentido, Gedeón preparó la comida como pudiera normalmente prepararla ante un huesped a quien deseara honrar. Tal alimento, no obstante, pudiera servir también como ofrenda a Dios. Una señal de que Dios había aceptado la ofrenda validaría el mensaje que era causa de aturdimiento para Gedeón. **20. Toma la carne y los panes sin levadura, y ponlos sobre esta peña.** El ángel dio órdenes de disponer los alimentos sobre un altar improvisado. **21. Y subió fuego de la peña, el cual consumió la carne y los panes sin levadura.** Esta fue la marca de la aceptación divina (Lv 9:24; 1 R 18:38), el tipo de señal que Gedeón había solicitado.

22. Ah, Señor Jehová, que he visto al ángel de Jehová cara a cara. Gedeón estaba asustado porque había visto **al** (no *un*) ángel de Jehová. Jehová había dicho a Moisés: "No me verá hombre y vivirá" (Éx 33:20). Cuando el Ángel de Jehová desapareció, Gedeón temió que la teofanía fuera un presagio de muerte inminente. **23. Pero Jehová le dijo: Paz a ti; no tengas temor, no morirás.** Construyó entonces un altar para conmemorar el mensaje que le había venido de Dios. *Salom* es la palabra hebrea por "paz". El altar estaba todavía de pie cuando el libro de los Jueces fue escrito.

25. Toma un toro del hato de tu padre. Ya que la idolatría era el pecado prevaleciente en Israel, Gedeón recibió la orden de mostrar su lealtad al Dios de Israel y su aborrecimiento del culto a Baal. Gedeón tenía que tomar un toro para la adoración de Jehová. Entonces tenía que destruir el altar de Baal y cortar la Asera que estaba a su lado. Esta Asera representaba el elemento femenino en el culto de la fertilidad y consistía de un poste de madera o del tronco de un árbol, que estaba al lado del altar a Baal. **26. Edifica altar a Jehová tu Dios en la cumbre de este peñasco.** Gedeón tenía que edificar un altar al Dios de Israel y utilizar la madera de la *Asera* en la preparación de su sacrificio.

27. Entonces Gedeón...hizo como Jehová le dijo. Diez hombres estuvieron asociados con Gedeón en este acto, que fue llevado a cabo por la noche como una precaución en contra de encontrarse con oposición por parte de los israelitas partidarios de la adoración de Baal. **29. Y se dijeron unos a otros: ¿Quién ha hecho esto?** Al siguiente día los habitantes del pueblo se enfurecieron ante un hecho que interpretaron como sacrilegio. **31. ¿Contenderéis vosotros por Baal?** Cuando los hombres pidieron que Gedeón fuera muerto a causa de su acto de desacración, Joas, su padre, salió en defensa de él. Dijo: **Si es un dios, contienda por sí mismo con el que derribó su altar.** En otras palabras, un dios que no se pueda defender a sí mismo no es digno de la devoción de su pueblo. Este era el significado de la afirmación de Joas, que además amenazó de muerte a cualquiera que abrazara la causa de Baal. **32. Gedeón fue llamado Jerobaal.** Este es un nombre alternativo al de Gedeón. Se interpreta aquí como significando: "Contienda Baal contra él" (*yārêb Ba'al*). Sirve así como un tipo de lema para los adversarios de los baales. Posteriormente se cambió este nombre por el de **Jeroboset** (2 S 11:21 heb.), igual como Is-boset (2 S 2:8) tomó el lugar de Es-baal (1 Cr 8:33). El término *ba'al* en el estrato más profundo de la vida hebrea será sinónimo con *âdōnāy*. Ambos términos significaban "señor" o "dueño" y podían ser utilizados

del Dios de Israel. Después del período de conflicto con el culto fenicio de Baal, la palabra vino a ser sinónima con idolatría. La palabra *bōshet* "vergüenza", se consideraba como un sustituto adecuado para el componente Baal en los nombres personales.

33. Pero todos los madianitas y amalecitas ...acamparon en el valle de Jezreel. El valle se extiende desde el monte Carmelo hasta el valle del Jordán. Una rama pasa entre el monte Tabor y el collado de More, y otra entre el collado de More y el monte de Gilboa. Debido a que Jezreel lleva al interior de Palestina, ha sido un campo de batalla a lo largo de toda su historia. **34. Entonces el Espíritu de Jehová vino sobre Gedeón.** Lit., *revistió a Gedeón* (JPS). El Espíritu de Dios rodeó a Gedeón de forma que vino a ser el instrumento utilizado por el Espíritu en el cumplimiento de los propósitos divinos. **Los abiezeritas se reunieron con él.** El clan de Gedeón, los abiezeritas, fueron los primeros en ponerse a su lado. Posteriormente, Manasés, Aser, Zabulón y Neftalí ayudaron a Gedeón en su campaña en contra de los madianitas.

37. He aquí que yo pondré un vellón de lana en la era. De nuevo Gedeón buscó una señal por la cual pudiera saber si podía esperar o no una victoria en la batalla. Dispuso un vellón de lana en la era y declaró que quedaría cierto de que la victoria sería suya si hallaba el vellón mojado con el rocío, pero el terreno alrededor de él seco. **38. Por la mañana halló que el vellón estaba mojado por el rocío,** y el terreno alrededor de él estaba seco, **y exprimió del vellón...un tazón lleno de agua.** Para hacerlo doblemente cierto, propuso que al siguiente día el vellón se hallara seco, pero la tierra alrededor estuviera cubierta de rocío. La doble señal, que impedía interpretaciones naturalistas, constituyó evidencia para Gedeón de que Dios le daría la victoria a él y a su ejército.

7:1. Levantándose, pues, de mañana Jerobaal, el cual es Gedeón...acamparon junto a la fuente de Harod. La fuente de Harod puede ser 'Ain Jalûd, situada al pie del monte Gilboa. Los israelitas bajo Gedeón acamparon allí, y los madianitas se establecieron a través del valle en el collado de More, a unos 7 km. (4 millas).

2. El pueblo que está contigo es mucho. Un ejército grande hubiera podido suscitar una medida de confianza propia. Dios deseaba enseñar a su pueblo la necesidad de confiar en él. **3. Quién tema y se estremezca, madrugue y devuélvase desde el monte de Galaad.** En la primera etapa de reducir el tamaño del ejército, se permitió a cada individuo que se fuera de su propia voluntad. Alrededor de dos terceras partes del ejército se fueron, pero habían todavía demasiados hombres para los propósitos de Dios. **4. Llévalos a las aguas, y allí te los probaré.** Otra división tuvo lugar en las aguas, donde los hombres utilizaron dos métodos para beber. Aquellos que se pusieron sobre sus rodillas para beber fueron despedidos, mientras que los que lamieron con sus lenguas **como lame el perro** (v. 5) fueron guardados en el ejército de Gedeón. Estos últimos parecen haber tomado el agua en sus manos (v. 6) y estuvieron derechos mientras que lamían el agua. Los hombres bebiendo así estarían preparados para un ataque repentino. Josefo interpreta este pasaje de manera diferente: Aquellos que lamían eran los más cobardes en el ejército, porque estaban temerosos de beber de la manera acostumbrada en presencia del enemigo. Dios, según esta perspectiva, mostró su gracia ¡utilizando a los peores hombres del ejército para derrotar a los madianitas! No obstante, el pasaje no pasa ningún juicio moral sobre los dos grupos, aunque sí sugiere los medios por los cuales se redujo la cantidad de hombres para que la gracia de Dios pudiera ponerse de manifiesto. **7. Con estos trescientos hombres que lamieron el agua os salvaré.** Dios planeaba poner de manifiesto su gracia al utilizar un pequeño ejército para derrotar al enemigo de Israel.

9. Levántate, y desciende al campamento. Este mandato implica un ataque inmediato. Durante el éxodo se enviaron espías desde Cades-barnea (Nm 13) para espiar la tierra de Canaán. Y Josué envió espías a Jericó antes de atacarla (Jos 2). Pero Gedeón tenía que atacar en el acto. **10. Y si tienes temor de descender, baja tú con Fura tu criado al campamento.** Fura era el paje, o escudero, de Gedeón. A pesar de la promesa de Dios, Gedeón tiene que haber sentido alguna vacilación en conducir un ejército en contra del enemigo. Nunca había acaudillado un ejército antes, y sus hombres carecían de entrenamiento y de experiencia. **11. Y oirás lo que hablan.** Los temores de los madianitas resultarían ser una fuente de aliento para Gedeón. **Y entonces tus manos se esforzarán.** Dios utilizaría estas experiencias para preparar a Gedeón para que condujera a Israel a la victoria. **12. Y los madianitas...estaban tendidos en el valle como langostas en multitud.** Este versículo es un ejemplo de la utilización de la hipérbole en las Escrituras. Comparados con los trescientos hombres del ejército de Gedeón, los madianitas y sus aliados parecían

ser un ejército innumerable. Se les asemeja aquí a un ejército de langostas que invade un área, devora toda la vegetación, y deja la desolación a sus espaldas. **13. He aquí que un hombre estaba contando a su compañero un sueño.** Se consideraba que los sueños contenían revelaciones acerca del futuro. El madianita soñó que un pan de cebada rodaba hasta el campamento de Madián y lo destruía. La cebada era el grano más barato en Palestina, y su utilización aquí puede remarcar la pobreza de Israel. El sueño fue interpretado como evidencia de que Dios estaba a punto de utilizar a Israel para destruir las huestes de Madián. Gedeón, habiéndose enterado del temor en el corazón de los madianitas, se volvió confiado a su campamento y se preparó para el ataque.

16. Y repartiendo los trescientos hombres en tres escuadrones... Gedeón dispuso sus fuerzas de tal manera como para simular un ataque desde tres lados a la vez. El método que verdaderamente utilizó Gedeón fue un tipo de guerra psicológica. Utilizó cuernos (Heb *shôpārôt,* ''cuernos de carnero''), cántaros vacíos, y teas ardiendo. Los cántaros eran para esconder la luz hasta el momento adecuado. Gedeón deseaba desencadenar un ataque por sorpresa. En medio de la noche los madianitas serían despertados por el sonido de los cuernos y al mismo tiempo verían destellos repentinos de luz en la oscuridad. Así, Gedeón esperaba, con la ayuda de Dios, sembrar la confusión en el campamento enemigo.

19. Al principio de la guardia de medianoche. La noche estaba dividida en tres guardias de cuatro horas cada una, empezando la primera a las seis de la tarde. **Tocaron las trompetas, y quebrando los cántaros...** El sonido de los cuernos marcaría la llamada a batalla. El quebramiento de los cántaros simularía el choque de las armas. Al despertar los madianitas, cada uno de ellos pensaría que la batalla había ya empezado. **20. La espada de Jehová y de Gedeón.** El grito de guerra añadió al sonido de los *shôphārim* y al quebramiento de los cántaros para suscitar el pánico entre los madianitas. La RVA traduce: *¡La espada por Jehová y por Gedeón!*

22. Y Jehová puso la espada de cada uno contra su compañero. En la confusión, los madianitas y sus aliados empezaron a atacarse mutuamente. El ejército de Gedeón era relativamente débil, pero el ejército enemigo se aniquiló a sí mismo. Los israelitas aprovecharon su ventaja y persiguieron al enemigo. **Y el ejército huyó hasta Bet-sita, en dirección de Zerera. Bet-sita** (*casa de acacia*) estaba situada en algún lugar entre el valle de Jezreel y Zerera en el valle del Jordán. Algunos eruditos identifican a Zerera con Saretán (Jos 3:16). **Hasta la frontera de Abel-mehola en Tabat.** Abel-mehola (*campo de la danza*) ha sido identificado por Nelson Glueck con Tell-el-Maqlûb en el valle del Jordán. Otros prefieren una localidad en la ribera occidental del Jordán alrededor de 19 km. (12 millas) al sur de Bet-seán. Se conoce mejor como el lugar de nacimiento del profeta Eliseo. **23. Y juntándose los de Israel...siguieron a los madianitas.** La victoria de los trescientos hombres de Gedeón sirvió como señal para una campaña general para eliminar a los madianitas de la tierra.

24. Tomad los vados de Bet-bara y del Jordán antes que ellos lleguen. Era el propósito de Gedeón el de cerrar las rutas de huída a fin de poder efectuar la destrucción de los enemigos. **Bet-bara** podría hallarse localizada al sur de Bet-seán, enfrente del Wadi Fara'a. **25. Y mataron a Oreb en la peña de Oreb, y a Zeeb lo mataron en el lagar de Zeeb.** Los nombres significan *cuervo* y *lobo*, respectivamente. Se dieron nombres a estos lugares para conmemorar la victoria sobre estos príncipes madianitas. **Trajeron las cabezas de Oreb y Zeeb a Gedeón.** Las cabezas de los príncipes madianitas fueron llevadas como trofeos a Gedeón.

8:1. Pero los hombres de Efraín...le reconvinieron fuertemente. Los efrainitas estaban enojados porque Gedeón no había demandado la ayuda de ellos en la fase temprana de la batalla con los madianitas. Ya que los vencedores se repartían los despojos, sospechaban que Gedeón estaba tratando de privarles de los despojos de la guerra. **2. ¿No es el rebusco de Efraín mejor que la vendimia de Abiezer?** La réplica de Gedeón se halla en marcado contraste con la de Jefté (12:1–6). Les aseguró a los hombres de Efraín que el de ellos era el logro más importante. Efraín había tomado a los príncipes de Madián, en tanto que el clan de Abiezer (el clan de Gedeón) solamente había llevado a cabo una función preparatoria. La blanda respuesta de Gedeón satisfizo a los efrainitas.

4. Y vino Gedeón al Jordán. Gedeón y su banda de trescientos hombres perseguían a los reyes madianitas, Zeba y Zalmuna, a través del Jordán. **5. Yo os ruego que deis a la gente que me sigue algunos bocados de pan.** Gedeón y su ejército pasaron a través de Sucot, al este del Jordán, y al norte del Jaboc. Ya que el ejército estaba debilitado por el hambre, Gedeón pidió a los hombres de Sucot unos panes. Los oficiales de la ciudad eligieron seguir su propio camino, sin preocupación ninguna por el bienestar de sus hermanos en

Canaán. Escarnecieron a Gedeón, preguntándole si es que Zeba y Zalmuna estaban ya en sus manos para hacer tales demandas. Gedeón amenazó a los hombres de Sucot con castigarlos después de la derrota de los reyes de Madián. **8. De allí subió a Peniel.** En Peniel, al este de Sucot, Gedeón hizo la misma petición y recibió la misma respuesta. Los hombres de Peniel estaban orgullosos de su torre, que servía como fortaleza para los períodos de ataque. Gedeón amenazó con destruir aquella torre cuando volviera en paz, esto es, después de su victoria sobre los madianitas.

10. Y Zeba y Zalmuna estaban en Carcor. Este lugar no está identificado. Su nombre significa *tierra llana y blanda.* **11. Subiendo, pues, Gedeón por el camino de los que habitaban en tiendas...** Los madianitas estaban huyendo hacia el área del desierto, que estaba poblada solamente por nómadas que vivían en tiendas. No esperaban que Gedeón los persiguiera hasta tan lejos. **Al oriente de Noba y de Jogbeha.** Se puede identificar **Jogbeha** Jubeihat, a 24 km. (15 millas) al sudeste de Peniel. **El ejército no estaba en guardia.** Los madianitas creían que estaban lo suficientemente lejos de los hombres de Gedeón como para bajar la guardia. Se creían seguros, y así fueron sorprendidos por Gedeón. **12. Prendió a los dos reyes de Madián, Zeba y Zalmuna, y llenó de espanto a todo el ejército.** Cuando los dos reyes fueron capturados, de nuevo el terror volvió a caer sobre el ejército madianita.

13. Entonces Gedeón...volvió...antes de que el sol subiese. Según la BLA *volvió-...por la subida de Heres.* En algún punto a lo largo de la ruta se encontró con un joven que le facilitó información sobre los oficiales de Sucot. **14. Y él le dio por escrito los nombres de los principales y de los ancianos de Sucot.** La escritura estaba muy difundida por el tiempo de los jueces. Nuestros primeros documentos escritos antedatan el 3.000 a.C. Los documentos de Ras Shamra (la antigua Ugarit) en Canaán datan del siglo xv a.C. **16. Y castigó con ellos a los de Sucot.** Ver 8:7, la amenaza de Gedeón: "Cuando Jehová haya entregado en mi mano a Zeba y a Zalmuna, yo trillaré vuestra carne con espinos y abrojos del desierto". Aunque la forma exacta del castigo no es conocida, Gedeón retribuyó a los hombres de Sucot por su rechazo a ayudarle. **17. Asimismo derribó la torre de Peniel, y mató a los de la ciudad.** Esto también fue en consonancia con su amenaza anterior (8:9). **18. ¿Qué aspecto tenían aquellos hombres que matasteis en Tabor?** Lit., *¿Dónde están aquellos...?* La pregunta implica que Gedeón sabía que Zeba y Zalmuna habían matado a sus hermanos. La contestación tomó la forma de una arrogante adulación: "Como tú, así eran ellos; cada uno parecía hijo de rey" (ICC). **19. ¡Si les hubierais conservado la vida, yo no os mataría!** Al matar a sus hermanos, los madianitas imponían sobre Gedeón el deber de la venganza de la sangre (Dt 19:6). Gedeón explicó que eran sus hermanos de madre, esto es, no solamente del mismo padre, sino también de la misma madre. **20. Y dijo a Jeter su primogénito: levántate y mátalos.** Esto hubiera añadido a la humillación de los reyes madianitas. El muchacho no sacó la espada, con todo.

21. Levántate tú, y mátanos. Con orgulloso espíritu los madianitas retaron a Gedeón a que los matara él mismo. Gedeón mató a Zeba y a Zalmuna sin más tardar. **Y tomó los adornos de lunetas que sus camellos traían al cuello.** Los collares de los camellos tenían ornamentos de metal en forma de luna (heb. *śaharon*). La palabra se halla relacionada con la palabra aramea y siríaca para "luna" (*śahar*). Estos ornamentos eran también llevados por hombres (8:26) y mujeres (Is 3:18). Es indudable que originalmente se trataba de amuletos destinados a atraer la buena suerte o a alejar los malos espíritus.

22. Sé nuestro señor, tú, y tu hijo, y tu nieto. Gedeón había demostrado ser un hombre dotado del espíritu de Dios al conseguir la victoria sobre los madianitas. Su pueblo estaba dispuesto a hacerle rey. Este es el primer intento registrado de establecer una monarquía hereditaria en Israel. El rechazo de Gedeón es coherente con su reconocimiento del señorío de Jehová, el ideal teocrático acentuado a lo largo del libro de los Jueces.

24. Que cada uno me dé los zarcillos de su botín. Habiendo rechazado el reino, Gedeón hace una petición para él mismo. Les pidió a los guerreros que le dieran los anillos que habían quitado a los madianitas caídos. **27. Y Gedeón hizo de ellos un efod.** La naturaleza exacta de un *efod* es incierta. Era el nombre dado a una parte del atavío del sumo sacerdote (Éx 28:4). Se consultaba en ocasiones como fuente de instrucciones divinas (1 S 23:9–12; 30:7–8). Es quizás por esta razón que se convirtió en un objeto de idolatría. Es posible que Gedeón hiciera hacer un ídolo, revestido por un efod similar al que llevaban los sumos sacerdotes. **Y todo Israel se prostituyó tras de este efod en aquel lugar.** El efod de Gedeón se transformó en un objeto de idolatría. Su erección marca el final de la carrera de un hombre verdaderamente grande. Gedeón y su familia sufrieron como resultado de ello. En 9:5 leemos de la muerte de la mayor parte de

los hijos de Gedeón debido al deseo de uno de ellos, Abimelec, de ser rey. Esta tragedia tiene que ser relacionada con la idolatría que resultó de la construcción del efod de Gedeón. **28. Y reposó la tierra cuarenta años en los días de Gedeón.** La victoria sobre los madianitas conllevó una generación de paz para los israelitas. **29. Jerobaal hijo de Joas fue y habitó en su casa.** Gedeón parece haberse retirado de su carrera activa unos años antes de su muerte. **31. Su concubina que estaba en Siquem le dio un hijo.** Se hace mención de que, además de los setenta hijos de sus esposas, hubo otro hijo llamado Abimelec, el hijo de una concubina, debido al intento que iba a efectuar, después de la muerte de Gedeón, de hacerse reconocer como rey de Israel (9:1ss.).

33. Los hijos de Israel volvieron a prostituirse yendo tras los baales, y escogieron por Dios a Baal-berit. Se menciona un baal específico como el objeto de idolatría después de la muerte de Gedeón. **Baal-berit** tenía un santuario en Siquem (9:4). Su nombre significa *Señor del pacto,* una posible referencia a una confederación de ciudades estado que contemplaba a Siquem como su líder. El hecho de que Israel había entrado en un *berit,* o pacto, con Dios en el Sinaí puede haber alentado a algunos a identificar al *berit* israelita con el cananeo. No obstante, las Escrituras ponen en claro que los hombres no pueden hacer esta identificación sin incurrir en la ira del Dios de Israel.

6) La usurpación de Abimelec. 9:1–57.
1. Abimelec...fue a Siquem, a los hermanos de su madre. Como hijo de una concubina, se consideraba a Abimelec como parte de la familia de su madre. Entre los antiguos árabes, una concubina o "esposa" secundaria se quedaba con su propio clan y era visitada por su "esposo" de tiempo en tiempo. Los hijos de la unión pertenecían al clan de la esposa. Abimelec, el hijo de una concubina, tenía estrechas relaciones con la familia de su madre. Buscó la ayuda de ellos para apoyar sus pretensiones al trono. **2. Acordaos que yo soy hueso vuestro, y carne vuestra.** Abimelec infirió que todos los hijos de Gedeón tenían ambición de gobierno. Evidentemente, la disensión entre ellos tendría consecuencias dañinas para el pueblo sujeto a ellos. Sería mejor, dijo Abimelec, librarse de todos ellos en favor de su propio gobierno. Ya que su madre era de Siquem, podía pretender una relación de sangre con los siquemitas. Así apeló a la soberbia local en la sugerencia de que él fuera nombrado gobernante.

3. Porque decían: Nuestro hermano es. Los hombres de Siquem estaban convencidos de que su lealtad debiera ser expresada a Abimelec. **4. Y le dieron...plata del templo de Baal-berit.** En la antigüedad, los templos eran frecuentemente centros de gran riqueza. La gente traía dones a los templos, y se guardaban con frecuencia fondos públicos para tenerlos allí a buen recaudo. Los setenta siclos de plata que se le dieron a Abimelec no constituían una gran suma, pero sí que representaban el apoyo de los hombres de Siquem a la causa de Abimelec. **Abimelec alquiló hombres ociosos y vagabundos.** Abimelec halló un grupo de granujas que estaban dispuestos a hacer cualquier cosa por un poco de plata.

5. Y viniendo a...Ofra, mató a sus hermanos. Solamente Jotam, el hijo menor de Gedeón, escapó de la carnicería. El detalle de que fueron muertos **sobre una misma piedra** sugiere un paralelo con los animales ofrecidos en sacrificio sobre un altar de piedra. Los hermanos no fueron muertos en batalla, sino formalmente ejecutados.

6. Todos los de Siquem con toda la casa de Milo...eligieron a Abimelec por rey. Milo puede ser el nombre de la ciudadela, o fortaleza, en Siquem. Posiblemente se debiera leer *Beth Millo*, por la **casa de Milo. Cerca de la llanura del pilar que estaba en Siquem.** Era apropiado que Abimelec fuera proclamado rey en un lugar con una asociación religiosa. La coronación tuvo lugar *cerca del terebinto del pilar*. Jacob había enterrado los ídolos que su familia había reunido bajo un árbol en Siquem (Gn 35:4), y allí Josué estableció un monumento como testimonio del pacto entre Dios e Israel (Jos 24:26).

7. Jotam...se puso en la cumbre del monte de Gerizim. Una plataforma triangular de roca se proyecta desde la ladera del Gerizim, formando un púlpito natural colgando sobre Siquem. La voz de una persona hablando sobre Gerizim puede ser oída tan lejos como el monte Ebal, a través del valle en el que se halla Siquem. Jotam, el único hermano sobreviviente de Abimelec, eligió este lugar para dirigirse a los hombres de Siquem.

8. Fueron una vez los árboles a elegir rey sobre sí. Jotam eligió instruir a los hombres de Siquem mediante una parábola. Quería mostrarles que solamente individuos bajos quieren ser señores sobre los demás. Aquellos que tienen ocupaciones dignas están demasiado ocupados para tratar de llegar a ser reyes.

9. Mas el olivo respondió: ¿He de dejar mi aceite? Bosques de olivos florecen en el área alrededor de Siquem. El aceite de oliva se utilizaba como ungüento para la piel y para

propósitos ceremoniales cuando se ungían reyes o sacerdotes. Se quemaba para proveer iluminación, y se utilizaba como artículo de alimentación. No se pudo persuadir al olivo a que dejara su importante trabajo a fin de ser rey. **11. Y respondió la higuera: ¿He de dejar mi dulzura y mi buen fruto?** La higuera era el árbol frutal más común de Palestina. Los higos no constituían una delicia de lujo, como son en algunas partes del mundo, sino uno de los alimentos normales del país. **13. Y la vid les respondió: ¿He de dejar mi mosto, que alegra a Dios y a los hombres?** *'Elōhîm* puede traducirse como **Dios** o *dioses*. En este contexto Jotam parece referirse a las libaciones religiosas ofrecidas a los dioses, durante las cuales se derramaba vino ya sobre el sacrificio o sobre la tierra al lado del altar. La vid era muy estimada en Israel, como en el mundo mediterráneo en general. La vid no podía servir funciones más elevadas que la de producir uvas. **15. Y la zarza respondió a los árboles:...venid, abrigaos bajo mi sombra.** Como última alternativa, los árboles solicitaron a la zarza espinosa, que podía ser vista aferrándose a las rocas en la vecindad de Siquem. Irónicamente, la zarza dijo: **Abrigaos bajo mi sombra**, un absurdo evidente. Con un sentimiento de importancia propia, amenazó con devorar a **los cedros del Líbano** si los otros árboles no le otorgaban la debida deferencia. Las zarzas secas eran a menudo los lugares donde se iniciaban destructores incendios. Moore señala, en el ICC: "Los que ponían a la zarza el rey sobre ellos se colocaban bajo este dilema: Si le eran fieles, gozaban de su protección, que era una burla; si le eran infieles, sería la ruína de ellos".

16–20. Si con verdad e integridad habéis procedido...que gocéis de Abimelec...Y si no, fuego salga de Abimelec. Jotam hizo una precisa aplicación de su parábola. Los hombres de Siquem pueden haber creído que hacían bien al olvidar todo lo que Gedeón había hecho por ellos y al apoyar el asesinato de sus hijos. Si era así, dijo Jotam: "Mucha felicidad tengáis con este rey zarcero vuestro" (Moore). No obstante, advirtió Jotam, tal puede no haber sido el caso. No solamente resultaría para destrucción de los hombres de Siquem, sino que los hombres, a su vez, **consumirían a Abimelec. 21. Y escapó Jotam...a Beer.** Jotam consiguió escapar más allá del alcance de la venganza de Abimelec. **Beer** significa *pozo*, y habían muchos lugares en Palestina que tenían este nombre. Algunos comentaristas sugieren que Beer-seba fue el lugar de retiro. El-Bireh, entre Siquem y Jerusalén, es otra posibilidad.

23. Envió Dios un mal espíritu entre Abimelec y los hombres de Siquem. Cuando Abimelec hubo reinado durante tres años, él y los hombres de Siquem desarrollaron un espíritu de animosidad uno en contra de otros. Las Escrituras dan cuenta a menudo de tales actitudes como el resultado de la obra de Dios en los asuntos del hombre (cp. 1 S 16:14; 1 R 22:21). El principio de retribución divina es evidente a través del libro de los Jueces. Aquí se nos relata como Abimelec cayó víctima de la traición, así como él había matado traicioneramente a sus hermanos. **25. Y los de Siquem pusieron en las cumbres de los montes asechadores...** La emboscada establecida por los hombres de Siquem hubiera privado a Abimelec efectivamente del tributo y de otras cargas que hubiera podido recoger de caravanas utilizando las importantes rutas a través de Siquem. **28. Y Gaal...dijo: ¿Quién es Abimelec...?** En la celebración de la vendimia, Gaal condujo a los siquemitas a maldecir a Abimelec y a fomentar la rebelión en contra de su reinado. Habló como un cananeo y no como un israelita, apremiando al pueblo a servir **a los varones de Hamor padre de Siquem** (cp. Gn 33:19). Apremiaba así a rechazar el ''moderno'' dominio israelita de la casa de Gedeón y a revivir la antigua aristocracia siquemita. **31. Están sublevando la ciudad contra ti.** Zebul advirtió a Abimelec de las actividades de los rebeldes. Evidentemente, Abimelec había designado a Zebul como gobernador de Siquem en tanto que él vivía en Aruma. En tanto que la Reina-Valera traduce que Zebul envió **secretamente** mensajeros, la JPS traduce *en Tormah*, que es otra forma del nombre del lugar, Aruma. **34. Levantándose, pues, Abimelec...pusieron emboscada contra Siquem con cuatro compañías.** Abimelec tomó el consejo de Zebul y organizó sus fuerzas para acabar con la rebelión de Gaal (cp. 7:16; 1 S 11:11; 13:17). **36. He allí gente que desciende de la cumbre de los montes.** Cuando Gaal vio los movimientos de los hombres en los montes, Zebul le escarneció por creer que las sombras de los montes fueran hombres. Zebul implicaba que Gaal estaba atemorizado por una conciencia culpable. **37. He allí gente que desciende de en medio de la tierra, y una tropa viene por el camino de la encina de los adivinos.** La primera compañía parecería venir del **medio**, lit., *del ombligo* de la tierra. Esta era indudablemente la colina central del distrito. Otra compañía venía de *Elon-meonenim*, que significa *el terebinto de los adivinos*. Este terebinto puede identificarse con el del v. 6.

38. ¿Dónde está ahora tu boca...? Zebul escarneció ahora abiertamente a Gaal por su orgullosa renunciación de Abimelec. **39. Y Gaal salió delante de los de Siquem, y peleó contra Abimelec.** Gaal reunió sus fuerzas, pero era demasiado tarde para contener a Abimelec. **41. Y Zebul echó fuera a Gaal y a sus hermanos, para que no morasen en Siquem.** Se acabó la revuelta de Gaal y su líder fue echado de Siquem. Es indudable que Gaal constituyó una cabeza de turco de los siquemitas, que le hubieran culpado de la fracasada revuelta. **43. Y se levantó [Abimelec] contra ellos y los atacó.** Al dejar los siquemitas la ciudad, Abimelec dirigió personalmente sus fuerzas en contra de ellos. No está claro si es que los hombres de Siquem salían a sus campos para las normales labores agrícolas o si iban en misiones de rapiña, como en 9:25. **45. Y Abimelec...tomó la ciudad, y mató al pueblo que en ella estaba.** Abimelec no mostró ninguna clemencia hacia los habitantes de Siquem. Para asegurar que no vendrían más problemas desde allí, **asoló la ciudad, y la sembró de sal.** La tierra salada, en hebreo, es equivalente a un desierto. Era el propósito de Abimelec el de hacer que la misma tierra de Siquem se volviera estéril. No obstante, Siquem volvió a ser un centro importante durante los días del reino israelita (1 R 12:1). Fue reconstruido y fortificado por Jeroboam (1 R 12:25). **46. Todos los que estaban en la torre de Siquem se metieron en la fortaleza del templo del dios Berit.** Siquem era una ciudad amurallada, con una torre exterior que servía de defensa adicional. Se tiene que identificar al dios **Berit**, o *El-Berit*, con Baal-berit (9:4). Ya que el templo estaba situado cerca de la torre, los hombres de la torre huyeron al templo para refugiarse. **48, 49. Y...Abimelec...y todo el pueblo cortó...cada uno su rama.** Abimelec decidió quemar el templo que servía como fuerte a los hombres de la torre de Siquem. Ordenó a sus hombres que le siguieran a un monte cercano, en el que cortaron ramas de árboles para que sirvieran como leña para quemar el templo. Alrededor de mil hombres y mujeres perecieron en las llamas. **50. Después Abimelec se fue a Tebes.** Tebes, pudiera ser la moderna Tubas, situada a unos 21 km. (13 millas) al norte de Siquem. Probablemente los habitantes de Tebes se habían unido en la revuelta que se había centrado en Siquem. **En medio de aquella ciudad había una torre fortificada.** La torre de Siquem se hallaba afuera de la ciudad; la de Tebes, adentro. Después de que Abimelec tomara la ciudad, tenía que tomar la fortaleza dentro de ella.

53. Mas una mujer dejó caer un pedazo de una rueda de molino sobre la cabeza de Abimelec. El victorioso Abimelec fue repentinamente detenido por una mujer. Su arma fue la pieza superior, móvil, de un molino de mano. Estas piedras eran de unos 20 a 25 cms (8 a 10 pulgadas) de longitud y de varios centímetros de espesor. Lanzada desde la altura de la torre, este **pedazo de una rueda de molino** resultó ser un arma eficaz. **54. Saca tu espada y mátame.** El honor de un guerrero exigía que muriera en batalla como un hombre. La muerte a manos de una mujer era considerada como una desgracia. Abimelec le pidió a su escudero que le matara, lo que el joven hizo.

55. Y cuando los israelitas vieron muerto a Abimelec, se fueron cada uno a su casa. El ejército de Abimelec es designado como **los israelitas.** Se puede interpretar la rebelión de los siquemitas como una rebelión cananea en contra de los israelitas. Aunque Abimelec había conseguido inicialmente la corona en base del apoyo de los hombres de Siquem, su relación con Gedeón lo hizo aceptable para muchos en Israel. El apoyo siquemita a Gaal puede considerarse como un movimiento nacionalista con implicaciones anti-israelitas. **57. Y todo el mal de los hombres de Siquem lo hizo Dios volver sobre sus cabezas.** Tanto la destrucción de Siquem como la muerte de Abimelec se interpretan como un justo castigo por los crímenes perpetrados en contra de la familia de Gedeón. **Y vino sobre ellos la maldición de Jotam** (cp. 9:20). Tanto los hombres de Siquem como Abimelec fueron ''consumidos'', tal como Jotam había profetizado.

7) El caudillaje de Tola sobre Israel. 10:1, 2.

1. Después de Abimelec, se levantó para librar a Israel Tola hijo de Fúa. Tola fue uno de los jueces menores de los que poco sabemos. Su misión, como la de otros jueces, fue la de **librar,** o *salvar* (*lehôshîa'*) Israel. Un hijo de Isacar tenía el nombre de Tola (Gn 46:13). Se le menciona como el fundador de un clan (Nm 26:23). Tola y Fúa parecen haber sido nombres comunes en la tribu de Isacar. **Habitaba en Samir en el monte de Efraín.** Había otra Samir en Judá (Jos 15:48). Esta Samir se hallaría probablemente en la región de Jezreel.

8) El caudillaje de Jair. 10:3–5.

10:3. Tras él se levantó Jair galaadita. Jair era el nombre de uno de los hijos de Manasés (Nm 32:41), y este juez venía de la tribu de

Manasés. **4. Este tuvo treinta hijos, que cabalgaban en treinta asnos.** Esto se menciona como una indicación del rango y de la importancia de los hijos. El asno era muy estimado como animal de montar (Jue 1:14;1 S 25:20). **Y tenían treinta ciudades, que se llaman las ciudades de Jair.** O *Hawwōt-jair.* Los *Hawwōt* eran originalmente grupos de tiendas beduínas. El término pasó a ser aplicado a establecimientos más permanentes. Cada uno de los hijos de Jair estaba asociado a un pueblo galaadita que llevaba el nombre de Jair. **5. Y murió Jair, y fue sepultado en Camón.** Camón pudiera ser el moderno Kumem, al este del Jordán, entre el Yarmuk y el Jaboc.

9) La opresión amonita acabada por Jefté. 10:6—11:40.

6. Pero los hijos de Israel volvieron a hacer lo malo...y sirvieron a los baales. El contacto con las naciones alrededor llevó a Israel la tentación de adoptar las costumbres sociales y religiosas de sus vecinos. Los baales y Astarot habían sido una tentación en la que habían recaído una y otra vez (cp. 2:11, 13). Ahora se hace mención de otros numerosos dioses, **los dioses de Siria** (incluyendo a Hadad o Rimón); **los dioses de Sidón,** particularmente el Baal fenicio, cuya adoración rivalizaba con la del Dios de Israel en los días de Acab y Jezabel; **los dioses de Moab** (incluyendo a Quemos); **los dioses de los hijos de Amón** (incluyendo a Moloc); y **los dioses de los filisteos** (incluyendo a Dagón y Baalzeboul, llamado después Baal-zebub).

7. Y...Jehová...los entregó en manos de los filisteos, y en manos de los hijos de Amón. La mención de los filisteos y de los amonitas es introductoria a la historia de Sansón (13:1—16:31) así como al caudillaje de Jefté (11:1–40). **8. Los cuales oprimieron y quebrantaron a los hijos de Israel.** Durante dieciocho años los amonitas oprimieron a los israelitas que estaban asentados en Galaad. **9. Y los hijos de Amón pasaron el Jordán para hacer también guerra contra Judá.** Como los moabitas, que anteriormente habían tomado la misma ruta (3:12, 13), los amonitas efectuaron incursiones destructoras sobre Judá.

10. Nosotros hemos pecado contra ti. En su tiempo de opresión los hijos de Israel reconocieron su pecado en contra de Dios. Al adorar los baales habían roto el pacto; y por ello interpretaron el poder de sus enemigos como la mano de Dios en castigo. **11, 12. ¿...no os libré de sus manos?** Es indudable que Dios levantó un profeta u otro portavoz para recordar al pueblo sus liberaciones pasadas. No solamente sacó Dios a su pueblo de Egipto, sino que también los libró **de los amorreos** (Nm 21:21–35), de **los amonitas** (Jue 3:13), **de los filisteos** (Jue 3:31), **de los de Sidón** (no hay ninguna referencia específica, probablemente incluidos en la opresión de Jabín, Jue 4:2, 3), de **Amalec** (aliados con Eglón, Jue 3:13), y **de Maón** (LXX: *madianitas*; no hay ninguna referencia específica). **14. Andad y clamad a los dioses que os habéis elegido.** Ya que Israel había rechazado al Señor, Su portavoz les sugirió irónicamente que buscaran ayuda en los dioses que habían elegido servir. **15. Los hijos de Israel respondieron a Jehová: Hemos pecado.** La confesión de pecado fue el punto de viraje de Israel. **Haz tú con nosotros como bien te parezca.** Se arrojaron a la misericordia de Dios. **16. Y quitaron de entre sí los dioses ajenos.** La confesión de pecado fue acompañada de una renunciación de la causa de la ofensa. **Y él fue angustiado a causa de la aflicción de Israel.** Dios ya no podía mantenerse apartado y dejar que el enemigo oprimiera a su pueblo (cp. Is 63:9a). **17. Entonces se juntaron los hijos de Amón, y acamparon en Galaad. Se juntaron asimismo los hijos de Israel, y acamparon en Mizpa.** Los dos ejércitos se hallaban frente a frente. Israel se hallaba en **Mizpa** (*Atalaya*), que pudiera ser el lugar donde Jacob y Labán hicieron su pacto (Gn 31:46–49). **18. ¿Quién comenzará la batalla contra los hijos de Amón?** Los galaaditas precisaban de un conductor para dirigir la campaña en contra de sus opresores amonitas. Esto forma una introducción a la historia de Jefté. **11:1. Jefté galaadita era esforzado y valeroso.** Las palabras le describen como un gran guerrero (cp. Gedeón, 6:12; Cis, 1 S 9:1; Naamán, 2 R 5:1). Era, no obstante, **hijo de una mujer ramera**, lo que le daba un rango inferior en la familia. **2. Echaron fuera a Jefté.** Los hijos legítimos de Galaad llamaron a Jefté **hijo de otra mujer**, y le desheredaron. **3. Jefté...habitó en tierra de Tob.** Tob se hallaba probablemente al noreste de Galaad. Más tarde los hombres de Tob se aliaron con los amonitas en su guerra contra David (2 S 10:6–8). Era un distrito fronterero, donde hombres como Jefté podían llevar una vida de proscritos al margen de la sociedad. **Y se juntaron con él hombres ociosos, los cuales salían con él.** A Jefté y a sus compañeros se les consideraba como **ociosos** (*rêqîm*, "vacíos"), esto es, salvajes y perdularios, en contraste con los miembros 'respetables' de la sociedad.

5. Los ancianos de Galaad fueron a traer a Jefté de la tierra de Tob. Cuando se desató la guerra entre los amonitas y los galaaditas, estos últimos pensaron en Jefté como un líder potencial. **7. ¿Por qué, pues, venís a mí cuando estáis en aflicción?** Jefté reprochó a la delegación de galaaditas por no haberle ayudado en su momento de necesidad. Le habían echado, confiados en sus propios poderes. Ahora venían a él, pidiendo su ayuda. **8. Seas caudillo de todos los que moramos en Galaad.** Los hombres no dieron respuesta a la queja de Jefté, pero estaban dispuestos a darle todo el poder si les iba a ayudar en este tiempo de necesidad. **11. Entonces Jefté vino con los ancianos de Galaad, y el pueblo lo eligió por su caudillo y jefe.** Después de haber recibido la seguridad de que su soberanía sería reconocida después de la eliminación de la amenaza amonita, Jefté aceptó la posición ofrecida. La elección fue aprobada por el pueblo (cp. Saul, 1 S 11:15; Roboam, 1 R 12:1; Jeroboam, 1 R 12:20). **12. Y envió Jefté mensajeros al rey de los amonitas.** Como líder oficial de Galaad, Jefté envió mensajeros a los líderes amonitas para pedir razón de los ataques sobre territorio israelita. **13. Por cuanto Israel tomó mi tierra, cuando subió de Egipto, desde Arnón hasta Jaboc y el Jordán.** El territorio disputado estaba limitado por el Arnón al sur y por el Jaboc al norte, y se extendía hacia occidente hacia el Jordán. Esta tierra había sido el reino de Sehón en la época de la entrada en Canaán, y Sehón la había arrebatado a Moab (Nm 21:26). Los amonitas y los moabitas, que estaban confederados en la época de Jefté, creían que tenían derechos a este territorio que les había sido arrebatado. **15. Israel no tomó tierra de Moab, ni tierra de los hijos de Amón.** Jefté rechazó la acusación. Israel había tenido la precaución de pedir permiso a los reyes de Edom y de Moab antes de pasar a través de sus tierras. El permiso no fue concedido, y así Israel evitó escrupulosamente tocar los límites de Edom y de Moab. Cuando Sehón, rey de los amorreos en Hesbón rehusó dejar pasar a los israelitas a través de su país, no obstante, entonces se luchó una batalla en Jahaza. El Dios de Israel dio la victoria a su pueblo sobre Sehón, "y se apoderó Israel de toda la tierra de los amorreos" (v. 21). **24. Lo que te hiciere poseer Quemos tu dios, ¿no lo poseerías tú?** Jefté argumentó que se esperaba que un pueblo ocupara el territorio que su dios le hubiera dado. Un método tal de asignar territorios era mediante victorias dadas por el dios del pueblo sobre el campo de batalla. Evidentemente, el pueblo de Quemos ocuparía el territorio que Quemos les hubiera hecho conquistar. Ya que el Dios de Israel había dado tierra a su pueblo por derecho de conquista, era de esperar que la ocuparan. La Estela de Moab atribuye las victorias de Moab al favor de Quemos, y las victorias de Israel sobre Moab a la ira de Quemos. Hablando estrictamente, Milcom (o Moloc) era el dios de Amón y Quemos el dios de Moab. Moab y Amón descendían del mismo padre, Lot, y tenían mucho en común, y tanto Jefté como el rey de Amón los trataban como un solo pueblo. Una confederación sería una justificación histórica para esta terminología. El argumento *adhominem* de Jefté no significa que los israelitas de su época creyeran en realidad en el poder de Quemos. No obstante, considerando las raíces y la posterior conducta de Jefté, él mismo puede haber abrigado estos conceptos. Había una fuerte tendencia a hacer del Dios de Israel meramente uno de los dioses que debían ser reconocidos.

25. ¿Eres tú ahora mejor en algo que Balac...? El rey moabita, Balac, no contestó la posesión por parte de Israel de las tierras al norte del Arnón. Aunque pidió a un encantador que pronunciara una maldición sobre Israel, Balac nunca se aventuró a enfrentar batalla contra Israel. ¿Acaso el presente rey de Moab creía ser más capaz que Balac de someter a Israel? **26. Cuando Israel ha estado habitando en Hesbón...Aroer. Aroer,** la ciudad más meridional de Israel al este del Jordán, estaba situada en la ribera del Arnón. Jefté implicaba que los moabitas, al no expresar sus derechos cuando Israel ocupó el reino de Sehón, reconocieron tácitamente que el territorio no les pertenecía. **27. Jehová, que es el juez, juzgue hoy entre los hijos de Israel y los hijos de Amón.** Jefté resumió su defensa. Israel no había cometido ningún mal. Durante tres siglos (en números redondos) se había reconocido el derecho de Israel a sus ciudades en Transjordania. Si Amón insistía ahora en presentar batalla, el resultado quedaba en manos de Dios. **29. Y el Espíritu de Jehová vino sobre Jefté.** Jefté no era un mero oportunista. Estaba dotado por el Espíritu de Dios para acaudillar a los galaaditas a la victoria sobre sus opresores. Leemos de una serie de viajes hechos por Jefté. **Pasó a Mizpa de Galaad,** donde se hallaba situado el campamento israelita, y a continuación pasó hacia donde estaban los amonitas. **30. Y Jefté hizo voto a Jehová.** La forma del voto de Jefté es reminiscente de sus raíces medio paganas. Prometió en voto ofrecer como holocausto a lo que primero saliera a

recibirle de la puerta de su casa cuando volviera como vencedor de la guerra contra los amonitas. **33. Y desde Aroer...los derrotó con muy grande estrago.** Jefté fue victorioso en esta campaña. Esta Aroer no es la misma que ésta sobre el Arnón (v. 26), sino otra del mismo nombre, al este de Rabat-amón (Jos 13:25). **La vega de las viñas** es el nombre de un lugar, *Abēl kerāmîm*.

34. Y he aquí su hija que salía a recibirle con panderos y danzas. Quizás Jafet esperaba que saldría primero un criado a recibirle. El recuerdo de su voto y la vista de su hija cambió el gozo de la victoria por el dolor de un padre que está a punto de perder a su único hijo. **35. Le he dado palabra a Jehová, y no podré retractarme.** Para Jefté, el voto era sagrado, y tenía que llevarse a cabo. Los sacrificios humanos estaban prohibidos en Israel, pero Jefté había vivido en los márgenes de la sociedad, donde prevalecían ideas paganas. **37. Déjame por dos meses que vaya.** La hija de Jefté se sometió a las exigencias del voto sin esquivarlas. Pidió un plazo de dos meses durante los cuales pudiera **llorar** [su] **virginidad** con sus compañeras. Consideró su muerte inminente como una doble tragedia. No solamente tenía que ser un holocausto, sino que tenía que morir sin hijos, no estando casada. **39. Volvió a su padre, quien hizo de ella conforme al voto que había hecho.** Después del término de los dos meses, Jefté cumplió su voto. Aunque algunos comentaristas sugieren que su virginidad perpetua hubiera sido un cumplimiento del voto, el texto no parece dejar lugar a dudas de que la hija de Jefté murió a manos de su padre.

10) Guerra entre los galaaditas y los efrainitas. 12:1–7.

12:1. Entonces se reunieron los varones de Efraín. Así como los efrainitas se habían resentido del aparente descuido que Gedeón había tenido hacia ellos (8:1), así se ofendieron que Jefté les hubiera dejado de lado en su batalla con los amonitas. Se reunieron y cruzaron el Jordán, hacia Zafón (RV, *hacia el norte*), un lugar en el lado oriental del Jordán, cerca de Sucot. Con un espíritu hostil exigieron que Jefté diera cuenta de por qué no había alistado la ayuda de ellos. **2. Os llamó, y no me defendisteis de su mano.** Jefté insistió en que había pedido ayuda a los efrainitas para resistir la opresión de los amonitas, pero que no habían dado respuesta.

4. Entonces reunió Jefté a todos los varones de Galaad. Habían sido despedidos después de la victoria sobre Amón, pero la amenaza de una guerra civil era justificación para otra llamada a las armas. **Sois fugitivos de Efraín, vosotros galaaditas.** El escarnio de los efrainitas ha sido interpretado de varias maneras. Sugiere que las tribus en el área de la Transjordania —aquellos que provenían de José— eran desertores de Efraín y Manasés. **5. Y los galaaditas tomaron los vados del Jordán.** Los galaaditas consiguieron vencer a los efrainitas y en tomar los vados del Jordán a fin de impedir que escaparan. **6. Di Shibolet.** La palabra **shibolet** (*mazorca*) servía como santo y seña porque contenía una consonante que no se pronunciaba en el dialecto efrainita. Los efrainitas pronunciaban la palabra *sibolet* y así se identificaban ante los galaaditas. La existencia de distintos dialectos de hebreo durante el período de los jueces es coherente con el concepto de la conciencia tribal que aparece por todo el libro, en lugar de la nacional. **7. Y Jefté juzgó a Israel seis años.** Seis años repletos de sucesos acabaron con la muerte de Jefté. El lugar de su sepultura no se conoce de una forma definida. El texto hebreo dice simplemente: *y fue sepultado en una de las ciudades de Galaad.* Algunos manuscritos de la LXX dicen: *Mizpa de Galaad.*

11) El caudillaje de Ibzán. 12:8–10.

8. Después de él juzgó a Israel Ibzán de Belén. Lo único que se menciona acerca de Ibzán son los lugares de su nacimiento y muerte y el tamaño de su familia. Es probable que se significa el Belén de Judá, aunque muchos comentaristas sugieren Belén en Zabulón, alrededor de 11 km. (7 millas) al oeste-noroeste de Nazaret. Ibzán parece haber hecho una práctica de fortalecer sus conexiones políticas casando a sus hijos e hijas con familias a distancia de Belén.

12) El caudillaje de Elón. 12:11, 12.

11. Después de él juzgó a Israel Elón zabulonita. Solamente se dan el nombre del juez, su lugar de nacimiento, de sepultura, y la duración de su caudillaje. Las consonantes de **Ajalón** (v. 12), la lectura vocalizada del lugar de sepultura de Elón, son idénticas con el nombre de este Juez. Es posible que el lugar fuera solamente denominado Elón. Su situación es desconocida.

13) El caudillaje de Abdón. 12:13–15.

13. Después de él juzgó Israel Abdón hijo de Hilel, piratonita. Piratonita, esto es, residente en Piratón en Efraín, probablemente Fer'ata, a 10 km. (6 millas) al suroeste de Siquem. Es conocido por su familia de cuarenta hijos y de treinta nietos, que cabalgaban en setenta asnos. Como se ha señalado en 10:4,

esto es, señal de elevado rango. **15. Fue sepultado en...el monte de Amalec,** un nombre sugerente de ocupación amalecita (cp. 3:13; 5:14).

4) Sansón y los filisteos. 13:1—16:31.

13:1. Los hijos de Israel volvieron a hacer lo malo ante los ojos de Jehová. La recaída en la idolatría forma el mareo de un período de opresión por los filisteos que duró una generación entera (cuarenta años). La carrera de Sansón pertenece a este tiempo.

2. Y había un hombre de Zora, de la tribu de Dan, el cual se llamaba Manoa. Zora era una ciudad fronteriza entre Dan y Judá, a unos 28 km. (17 millas) al oeste de Jerusalén. Manoa y su esposa no habían sido bendecidos con un hijo, lo cual constituía un motivo de tristeza para ellos. **3. A esta mujer apareció el ángel de Jehová.** La esposa de Manoa recibió un anuncio angélico. En las Escrituras tales anuncios van asociados con los nacimientos de personas notables, como, p. ej., Isaac y Juan el Bautista. **5. Concebirás...el niño será nazareo.** Se tenían que tomar precauciones especiales con respecto a la dieta de la madre. Nm 6:2–21 prescribe las leyes del nazareato. Considerado como dedicado a Dios, tiene que mantenerse puro de posibles contaminaciones. **Él comenzará a salvar a Israel de mano de los filisteos.** Otros jueces darían liberación completa. El hijo prometido **comenzaría a salvar.** La amenaza filistea continuó hasta la época de David.

6. Cuyo aspecto era como el aspecto de un ángel de Dios, temible en gran manera. El mensajero angélico inspiraba maravilla y reverencia, no terror. **8. Aquel varón de Dios ...vuelva ahora a venir a nosotros.** Cuando Manoa recibió el informe del anuncio a su esposa, deseó más instrucciones con respecto al tratamiento que tenía que dársele al niño que tenía que nacer.

15. Te ruego nos permitas detenerte, y te prepararemos un cabrito. El ángel reapareció a la mujer de Manoa, que buscó a su marido, y ambos oyeron sustancialmente las mismas instrucciones con respecto al cuidado del niño. Manoa trató de retener al extraño a fin de darle pruebas apropiadas de hospitalidad. **16. Aunque me detengas, no comerá de tu pan.** En 6:18–22, Gedeón preparó comida para uno a quien más tarde reconoció como el Ángel de Jehová. La comida se convirtió así en una ofrenda. Aquí el Ángel le dice a Manoa que no comerá, y que los holocaustos se tienen que hacer a Jehová. **17. ¿Cuál es tu nombre?** Manoa pidió el nombre de este extraño huésped, a fin de que pudiera honrarle posteriormente. **18.** **¿Por qué preguntas por mi nombre, que es admirable?** El Ángel declaró que su nombre era inefable, más allá de la capacidad humana para oír o comprender.

19. **Y Manoa tomó un cabrito y una ofrenda, y los ofreció sobre una peña a Jehová; y el ángel hizo un milagro.** Ofrecieron un holocausto y una ofrenda de comida a Jehová. Manoa y su esposa contemplaron al ángel al hacer "el milagro". **20. El ángel de Jehová subió en la llama del altar ante los ojos de Manoa y de su mujer.** Al ascender el humo del sacrificio hacia el cielo, el ángel pareció montar en él hasta que Manoa y su mujer no pudieron verle más.

21. Entonces conoció Manoa que era el ángel de Jehová. Manoa puede haber tenido sus dudas con respecto a este misterioso visitante, pero la maravillosa ascensión en la llama del altar proveyó una identificación definitiva. **22. Ciertamente moriremos, porque a Dios hemos visto.** Cp. la reacción similar de Gedeón (6:22). **23. Si Jehová nos quisiera matar, no aceptaría de nuestras manos el holocausto y la ofrenda.** La aceptación del sacrificio y el extraño anuncio constituyeron evidencia de que Dios no estaba mal dispuesto hacia Manoa y su mujer.

24. Y la mujer dio a luz un hijo, y le puso por nombre Sansón. Las palabras del ángel se volvieron ciertas. Nació un hijo y le llamaron **Sansón,** que significa *sol.* Al otro lado del valle, enfrente de la casa de Manoa, se hallaba Bet-semes, la ciudad con el santuario del dios sol. Aunque no era idólatra, Manoa puede haberle dado a su hijo un nombre que era común en su localidad. **25. Y el Espíritu de Jehová comenzó a manifestarse en él en los campamentos de Dan, entre Zora y Estaol.** Sansón vino a ser un caudillo dotado por el Espíritu Santo. El lugar de su actividad fue el valle de Sorec.

14:1. Descendió Sansón a Timnat. Timnat estaba situada alrededor de unos cinco km. (tres millas) al suroeste de Bet-semes, en la frontera del territorio de Judá. Parece que en esta época estaba ocupado por filisteos, porque Sansón decidió que quería casarse con una muchacha filistea que había conocido en Timnat. **2. Os ruego que me la toméis por mujer.** Los matrimonios eran negociados entre los padres (cp. Gn 21:21). **3.** Manoa quedó confuso que su hijo pidiera casarse con una muchacha filistea, pero Sansón insistió en que quería casarse con la muchacha de su elección: **Tómame esta mujer, porque ella me agrada.**

4. Esto venía de Jehová. El historiador sagrado contempla la petición de Sansón a la vista de sus resultados. Los padres de Sansón no podrían prever que el deseo de su hijo de casarse con una mujer de los "filisteos incircuncisos" resultaría en realidad en la destrucción de muchos de los enemigos de Israel. Las palabras **porque él buscaba ocasión contra los filisteos** pueden referirse a Sansón. A la vista de la naturaleza teológica de la afirmación anterior, parece mejor tomar esto como una afirmación de que Dios, mediante el propuesto casamiento de Sansón, estaba buscando provocar la derrota de los filisteos.

5. He aquí un león joven que venía rugiendo hacia él. Sansón estaba de vuelta a Timnat, con sus padres, cuando un cachorro de león totalmente crecido le atacó. La fuente de su fortaleza física, según las Escrituras, era el Espíritu del Señor, que energizó al joven en esta emergencia. **8. Se apartó del camino para ver el cuerpo muerto del león.** En otro viaje a lo largo del mismo camino, Sansón observó que había un enjambre de abejas y algo de miel en el cadáver del león. Las abejas no se acercan a cadáveres corrompidos. No obstante, en climas calurosos y secos puede quedar eliminada la humedad de un cadáver en un tiempo muy corto. El cadáver del león se había secado rápidamente, y la siguiente vez que Sansón paso por aquel camino, contenía ya un panal de miel. **9. Y tomándolo en sus manos...** Más bien, la puso en sus manos. Esto constituyó una violación del código nazareo, que prohibía el contacto con un cadáver. Esta puede ser la razón de que Sansón no le dijera a sus padres donde había encontrado la miel.

10. Y Sansón hizo allí banquete. Hizo banquete en el hogar de la novia. El padre de Sansón estaba presente, pero todos los otros invitados eran filisteos.

12. Yo os propondré ahora un enigma. Los enigmas, o adivinanzas, servían como forma de entretenimiento. En una época posterior, la reina de Saba vino a probar la sabiduría de Salomón con enigmas (1 R 10:1). En este caso, Sansón limitó el tiempo para la resolución del enigma a la semana de la celebración de la boda. Como prenda, ofreció proveer treinta vestidos de lino (*sādîn*) y treinta vestidos de fiesta (*hâlîpâ*), uno para cada uno de los compañeros. Si no podían adivinar el significado, tendrían que darle a él lo mismo. El *sādîn* era una prenda hecha de lino fino, de forma rectangular, que se llevaba como ropa interior o como cubierta exterior para cubrir otros vestidos. El *hâlîpâ* era una prenda que se llevaba en ocasiones festivas en lugar de los vestidos diarios. **14. Del devorador salió comida, y del fuerte salió dulzura.** Sin la clave del león muerto y el enjambre de abejas, los invitados no podrían resolver la adivinanza de Sansón. **15. Induce a tu marido a que nos declare este enigma.** Los filisteos apelaron a su compatriota, la mujer de Sansón, para hallar el secreto. Le pusieron en claro que si no les ayudaba el resultado sería que la quemarían viva. En 15:6 cumplieron esta amenaza. **17. Y ella lloró en presencia de él los siete días.** Según el texto heb. los filisteos trataron de resolver el enigma en tres días (v. 17), apelaron a la esposa de Sansón al séptimo día (v. 15), y ella "lloró en presencia de él los siete días" (v. 17). La LXX y la versión Siríaca sitúan la demanda sobre la esposa de Sansón al cuarto día. *Rashi* sugiere que los siete días significaban en realidad los días de la semana que quedaban. **Al séptimo día él se lo declaró.** Las lágrimas y los ruegos tanto debilitaron a Sansón que le dijo a su mujer la solución al acertijo. **18. Si no araseis con mi novilla, nunca hubierais descubierto mi enigma.** La utilización del término novilla era una alusión escarnecedora a la esposa que había traicionado el secreto de su esposo.

19. Descendió a Ascalón y mató a treinta hombres de ellos; y tomando sus despojos, dio las mudas de vestidos a los que habían explicado el enigma. Sansón pagó a sus "compañeros" con vestidos tomados de treinta hombres que mató en Ascalón, a 37 km. (23 millas) de allí, en la costa mediterránea. A continuación de lo cual Sansón **volvió a casa de su padre.** Las fiestas de bodas duraban siete días, pero el matrimonio no se consumaba hasta el séptimo día. En el día en que tenía que ser consumado, los compañeros de Sansón presentaron la solución al acertijo, lo cual demostró la complicidad de ellos con su esposa. Sansón, con ello, se volvió a Timnat sin haber consumado el matrimonio. **20. Y la mujer de Sansón fue dada a su compañero.** La partida de Sansón dejó a la novia sin marido para consumar el matrimonio, lo que hubiera sido una deshonra para la muchacha. Pero el matrimonio fue consumado con el **compañero** de Sansón, que tomó a la novia.

15:1. Sansón visitó a su mujer. Sansón, trayendo un cabrito como regalo, visitó a su mujer cuando su enojo se había abatido. No obstante, el padre de ella no le dejó entrar al aposento, y le informó de que la muchacha había sido dada a su compañero. Ofreció a Sansón la hermana menor de su "mujer", con la sugerencia adicional de que era a más hermosa. **4. Y fue Sansón y cazó trescientas zorras.** Sintiéndose justificado en tomar venganza de los filisteos, Sansón atrapó trescientas zorras (o chacales; los dos animales

son confundidos con frecuencia), los unió a pares por las colas, y ató teas a las colas, saturándolas de aceite. Entonces encendió las teas y dejó ir a las zorras hacia los campos de los filisteos. El resultado fue la destrucción del grano y de las plantaciones de olivos de los filisteos. **6. Y vinieron los filisteos y la quemaron a ella y a su padre.** Los filisteos dieron la culpa del ultraje a la esposa de Sansón y a su familia, y actuaron en consecuencia.

7. Ya que así habéis hecho, juro que me vengaré de vosotros. La destrucción de la familia de la esposa de Sansón no fue una retribución adecuada para Sansón. **8. Y los hirío cadera y muslo con gran mortandad.** El modismo, lit., *pierna en muslo*, significa evidentemente una desolación completa. En los sellos cilíndricos babilónicos, se presenta a Gilgames utilizando esta técnica en la lucha. **Y descendió y habitó en la cueva de la peña de Etam.** Estaba, probablemente situada cerca de la ciudad de Etam en Judá, poco más de tres km. (dos millas) al sudoeste de Belén.

9. Entonces los filisteos subieron. Desde el llano de los filisteos los filisteos **subieron** a las tierras altas de Judá en busca de Sansón, para castigarle.

11. Y vinieron tres mil hombres de Judá...y dijeron a Sansón: ¿No sabes tú que los filisteos dominan sobre nosotros? Sansón era un danita, y los hombres de la tribu de Judá no sentían ninguna obligación de protegerle. El hecho de que fueran enviados **tres mil** hombres a prender a Sansón constituye un tributo indirecto a la fuerza de Sansón. Judá reconocía que los filisteos mantenían al país bajo tributo, y resentían los actos de Sansón, que eran rebeldes en naturaleza. **12. Hemos venido para prenderte.** Los hombres de Judá se sentían obligados hacia sus señores filisteos a capturar a Sansón y entregarlo a ellos. Sansón no se resistió al propósito de ellos de entregarle a los filisteos, pero les pidió que le juraran que ellos no le atacarían personalmente. Si le atacaran, Sansón tendría que defenderse, y al hacerlo tendría que derramar sangre de israelitas. Aunque Sansón no tenía escrúpulos en matar filisteos, no deseaba matar a sus compatriotas israelitas.

13. Le ataron con dos cuerdas nuevas. Cuando los hombres de Judá se comprometieron a que no atacarían personalmente a Sansón, él se dejó ser atado. Las **cuerdas nuevas** fueron elegidas por su resistencia. No se hubiera considerado conveniente atar a Sansón con cuerdas usadas anteriormente o que fueran viejas y desgastadas. **14. Y así que vino hasta Lehi, los filisteos salieron gritando a su encuentro.** Lehi estaba ocupada por los filisteos. Los hombres de Judá llevaron allí a su preso, y los filisteos se gozaron a la vista de su asaltante traído a ellos atado. En tanto que los enemigos de Sansón estaban gritando en triunfo, **el Espíritu de Jehová vino sobre él**, y rompió las cuerdas que le ataban. Para él fueron tan fáciles de romper como si fueran lino quemado con fuego.

15. Y hallando una quijada de asno fresca aun...la tomó y mató con ella a mil hombres. El momento de triunfo filisteo se cambió en desastre. Sansón agarró la primera arma que halló, una quijada de asno fresca. Con ella atacó a sus enemigos y mató a mil de ellos. **16. Con la quijada de un asno, un montón, dos montones.** El canto de triunfo de Sansón está en forma de poesía. El día de victoria filistea se había convertido en día de victoria para el campeón israelita. Ya que estaba solo en la conquista, tuvo que componer y cantar su propio cántico de triunfo. **17. Y llamó aquel lugar Ramat-lehi;** esto es, *la colina de la quijada.*

18. Y teniendo gran sed... Después del esfuerzo de matar a mil filisteos, Sansón se sintió sediento, y pensó que su debilitamiento pudiera ser fácil presa de otros filisteos que quisieran vengar la muerte de sus compatriotas. En su angustia clamó al Señor. **19. Entonces abrió Dios la cuenca que hay en Lehi; y salió de allí agua.** El nombre *maktēsh*, traducido **cuenca**, denota un cuenco redondo y profundo. Se utilizaba para un "mortero" (cp. Pr 27:22). En esta **cuenca** Dios hizo que surgiera agua para poder así apagar la sed de Sansón. **Llamó el nombre de aquel lugar En-hacore.** *La fuente del que clamó* era el nombre que se le daba a una fuente en las cercanías de Lehi en la época en que se escribió el libro de los Jueces. *Qôrē*, "el que llama", es el nombre hebreo para perdiz. La fuente puede haber sido conocida como "fuente de la perdiz", así como "fuente del que clama".

20. Y juzgó a Israel en los días de los filisteos veinte años. Esto constituye una conclusión a la historia de la victoria de Sansón sobre los filisteos en Lehi. Este hecho se vuelve a mencionar en 16:31.

16:1. Fue Sansón a Gaza, y vio allí a una mujer ramera. La fuerza física de Sansón tenía su contrapartida en su debilidad moral. En Gaza, en el país filisteo, a poco más de tres km. (dos millas) de la costa del Mediterráneo, Sansón cayó bajo el control de una mala mujer. **2. Y fue dicho a los de Gaza.** Los hombres de Gaza se enteraron de que su enemigo estaba en algún lugar en la ciudad. No intentaron registrar la ciudad durante la noche

a fin de hallarle, pero pusieron guardas y decidieron matarle por la mañana. **3. Más Sansón...a la medianoche se levantó, y tomando las puertas de la ciudad con sus dos pilares y su cerrojo...las subió a la cumbre del monte que está delante de Hebrón.** Aquí de nuevo se pone el acento en la capacidad física de Sansón. Pudo levantar las puertas de la ciudad, con sus pilares y la barra que las cerraba, y llevarlas a 64 km. (40 millas) de distancia, a las cercanías de Hebrón.

4. Se enamoró de una mujer en el valle de Sorec, la cual se llamaba Dalila. Este es el episodio final de la vida del poderoso Sansón. Otra vez se enamoró de una mujer filistea. Gran parte de la vida de Sansón transcurrió en el valle de Sorec, conocido en la actualidad como Wadi es-Surar, que empieza a 24 km. (15 millas) de Jerusalén y corre su curso hacia la llanura costera.

5. Engáñale e infórmate en que consiste su gran fuerza. Los líderes filisteos vieron ahí su oportunidad de conseguir ventaja sobre Sansón mediante sus relaciones con Dalila. Le pidieron que descubriera, lit., *por qué medios su fuerza es grande.* Si les pudiera descubrir la forma en que Sansón podía ser humillado, cada uno de los príncipes de los filisteos le prometió a Dalila la suma de mil cien siclos de plata.

6. Y Dalila dijo...te ruego que me declares en qué consiste tu gran fuerza. En tres ocasiones hizo ella la pregunta, y las tres veces Sansón dio respuestas falsas. En su primera respuesta Sansón dijo: **Si me ataren con siete mimbres verdes que aún no estén enjutos, entonces me debilitaré y seré como cualquiera de los hombres** (v. 7). Con ello, ya cuando estaba él dormido, o cuando estaban los dos jugando, Dalila le ató con mimbres verdes que los filisteos le habían dado. **9. ¡Sansón, los filisteos contra ti!** En el aposento interior de la casa se hallaban filisteos, listos para la llamada de Dalila para que tomaran a Sansón. Después de estar atado fuertemente, Dalila dijo las palabras: **¡Sansón, los filisteos contra ti!** con lo que Sansón **rompió los mimbres, como se rompe una cuerda de estopa cuando toca el fuego.** Los mimbres se rompieron, y el secreto de la fuerza de Sansón quedó aún en secreto. Se presupone en las siguientes partes de la historia que los filisteos no se lanzaron sobre Sansón a la voz de Dalila. Parecen haber esperado para ver si las cuerdas iban a aguantar o no.

10. Entonces Dalila dijo...He aquí tú me has engañado. Dalila pretendió estar dolida ante el hecho de que Sansón no lo había dicho la verdad. Apremiándole a dar el secreto de su fuerza, ella sacó de él una segunda explicación: **Si me ataren fuertemente con cuerdas nuevas que no se hayan usado, yo me debilitaré, y seré como cualquiera de los hombres** (v. 11). Se repitió lo anterior. Dalila le ató con cuerdas nuevas, y le dijo: ¡**Sansón, los filisteos sobre ti!** (v. 12). Pero otra vez Sansón demostró su fuerza, porque las **rompió de sus brazos como hilo.**

13. Y Dalila dijo a Sansón: Hasta ahora me engañas, y tratas conmigo con mentiras. Pero por tercera vez Sansón le dio una respuesta falsa. Dijo: **Si tejieres siete guedejas de mi cabeza con la tela...** Entonces, se supone (aunque no se expresa en el texto), Sansón quedaría débil como los otros hombres. Con ello Dalila puso su pieza de tejido en el telar y empezó a tejer el cabello de Sansón en su tejido como hubiera hecho con hilos ordinarios. En este caso Sansón se estaba aproximando a la verdad, porque la pérdida de su cabello hubiera tenido como consecuencia la pérdida de su fortaleza. No obstante, cuando Dalila dijo, ¡**Sansón, los filisteos sobre ti!** (v. 14), Sansón despertó de su sueño y, al levantarse, arrancó la estaca del telar con la tela estirándolo con los cabellos de su cabeza, que estaba todavía atada al telar.

15. Y ella dijo: ¿Cómo dices: Yo te amo, cuando tu corazón no está conmigo? Dalila le presionó **cada día con sus palabras** (v. 16), insistiéndole en que si había un verdadero afecto entre los dos, no habría prevención para divulgar secretos. **17. Le descubrió, pues, todo su corazón.** Sansón explicó el voto nazareo (cp. Nm 16:2–21) y declaró llanamente: **Si fuere rapado, mi fuerza se apartará de mí, y me debilitaré y seré como todos los hombres.** Entonces Dalila llamó a sus compañeros filisteos. Mientras Sansón estaba dormido, uno de los filisteos cortó sus siete guedejas. Por cuarta vez Dalila le dijo: ¡**Sansón, los filisteos sobre ti!** (v. 20), pero esta vez el fuerte israelita fue impotente ante sus enemigos. Parte de la tragedia de esta historia es que **él no sabía que Jehová ya se había apartado de él.**

21. Mas los filisteos le echaron mano, y le sacaron los ojos, y le llevaron a Gaza; y le ataron con cadenas para que moliese en la cárcel. Los filisteos mutilaron a su enemigo cegándole. Entonces le encadenaron al molino en la cárcel, donde se le obligó a que hiciera trabajos forzados. Pero en tanto que estaba en la prisión, **el cabello de su cabeza empezó a crecer.** El proceso era lento, pero significaba que la fuerza de Sansón sería definitivamente restaurada.

23. Entonces los principales de los filisteos se juntaron para ofrecer sacrificio a Dagón su dios. Se sabe que **Dagón** era uno de los dioses del panteón cananeo en Ugarit. Fue adoptado por los filisteos después de haberse establecido en Palestina. Adscribieron su victoria sobre Sansón al poder de Dagón (v. 24). **25. Llamad a Sansón, para que nos divierta.** En tanto que los filisteos estaban gozándose, Sansón estaba moliendo en el molino. Pero en medio de la fiesta, pidieron que trajeran a Sansón al templo, probablemente a fin de poder recrearse en su humillación.

26. Hazme palpar las columnas. Sansón fue llevado al templo. Allí pidió permiso al joven que le guiaba para **apoyarse** en las columnas que sostenían el techo de la nave en la que estaban congregados los más distinguidos de entre el pueblo. Las multitudes estarían sentadas o de pie sobre el techo por encima de la nave; desde allí podrían ver la gran nave donde Sansón estaba obligado a servir de diversión. A petición suya, Sansón fue guiado del patio a las columnas sustentantes de la nave adyacente. Si estos pilares eran abatidos, la multitud en el tejado caería sobre las cabezas de los dignatarios abajo, matando a muchos de ambos grupos.

28. Entonces clamó Sansón a Jehová. Las Escrituras no nos presentan a Sansón como un modelo de piedad. Su caída se atribuye, en la Biblia, a su pecaminosidad. Pero la humillación que experimentó a las manos de los filisteos parece haberle hecho consciente de su misión que Dios le había encargado. Incluso aquí, no obstante, su plegaria fue por venganza sobre los filisteos por haber perdido sus ojos. **30. Y dijo Sansón: Muera yo con los filisteos.** Ejerciendo todo su poder, el poderoso hombre empujó las dos columnas sustentantes centrales (v. 29) hasta que estas cedieron, y el techo cayó. Esto provocó la muerte de los dignatarios y príncipes filisteos, e indudablemente gran parte de los 3.000 hombres y mujeres expectadores en el tejado murieron también.

31. Y descendieron sus hermanos...tomaron...y le sepultaron...en el sepulcro de su padre Manoa. Sansón había provocado la muerte de una hueste de filisteos, el enemigo encarnizado de Israel. No había eliminado la amenaza filistea, pero fue honrado por sus peculiares logros. Su cuerpo fue sacado de Gaza y recibió sepultura honrosa en la tumba familiar. La historia de Sansón concluye con la afirmación: **Y él juzgó a Israel veinte años** (cp. 15:20). Estas palabras pueden interpretarse como significando que durante dos décadas obtuvo seguridad para Israel al mantener a los filisteos sin atacar al pueblo del pacto.

III. **Condiciones anárquicas durante el período de los jueces. 17:1—21:25.**

A. *La idolatría de Micaía y la migración danita. 17:1—18:31.*

17:1. Hubo un hombre en el monte de Efraín, que se llamaba Micaía. No se conoce con certeza la cronología de la historia de Micaía. El relato sirve como apéndice al Libro de los Jueces, preservando ciertos episodios que no forman parte de la historia de los jueces propiamente dicha. Los comentaristas rabínicos situaron la historia de Micaía en el período de Otoniel (3:8–11). Su posición a continuación de la historia de Sansón se explica por el hecho de que trata de danitas, la tribu de la que se originó Sansón. **2. Los mil cien siclos de plata que te fueron hurtados.** Micaía había robado mil cien siclos de plata de su madre. Ella, no sabiendo que su hijo era el ladrón, había pronunciado una maldición sobre el que había robado el dinero. Indudablemente, Micaía temió el poder de la maldición de su madre, y por ello confesó que tenía la plata. El hecho de que la cantidad era de **mil ciel siclos de plata** ha llevado a algunos comentaristas a identificar a la madre de Micaía con Dalila (cp. 16:5). Pero no hay suficiente evidencia para tomarse en serio este punto de vista. **3. En verdad he dedicado el dinero a Jehová por mi hijo.** La madre de Micaía determinó que el dinero fuera utilizado para propósitos religiosos. Al hacerlo así, es indudable que esperaba neutralizar la maldición sobre su hijo. Se decidió a hacer **una imagen de talla y una de fundición.** En realidad una imagen hecha de madera tallada recubierta de plata. **5. Y este hombre Micaía tuvo casa de dioses.** La JPS vierte, *una casa de Dios,* y la BLA vierte, como interpretación, *un santuario.* La madre de Micaía proveyó la plata necesaria; un *fundidor,* o platero, hizo el trabajo; y Micaía proveyó el santuario en el que guardar este ídolo. Para completar el equipo del santuario, Micaía **hizo efod y terafines, y consagró a uno de sus hijos para que fuera sacerdote.** El **efod** y los **terafines** servían como ídolos adicionales (cp. 8:27; 18:24). **6. En aquellos días no había rey en Israel.** Estas palabras sirven como una explicación para la anarquía que permitía tantas irregularidades. Las palabras implican que el autor vivía durante la monarquía, cuando esta anarquía no se permitía. **7. Y había un joven de Belén de Judá...el cual era levita, y forastero allí.** El joven levita era del área de Belén en Judá y residía en la vecindad de Micaía, en el monte Efraín. Cuando Micaía se enteró de que el levita no estaba empleado (v. 9), le urgió a que se que-

dara para que fuera el sacerdote privado de la familia. Le hizo una oferta. **10. Quédate en mi casa, y serás para mí padre y sacerdote, y yo te daré diez siclos de plata por año, vestidos y comida.** El levita consideró que la oferta era buena, y la aceptó. **13. Y Micaía dijo: Ahora sé que Jehová me prosperará, porque tengo un levita por sacerdote.** Micaía había preparado lo externo de la adoración. Tenía sus ídolos, su santuario, y un levita empleado y ordenado como sacerdote. La superstición, empero, era lo que marcaba su actitud hacia la vida. El contenido espiritual de la religión se hallaba totalmente ausente.

18:1. En aquellos días la tribu de Dan buscaba posesión para sí donde habitar. Los danitas, cuya zona asignada se hallaba ocupada por los poderosos filisteos, se hallaban sobrepoblados en un territorio al oeste de Judá. **2. Y los hijos de Dan enviaron...cinco hombres...para que reconociesen...la tierra.** Enviaron a cinco espías en búsqueda de nuevos territorios que pudieran ser la patria de los danitas. En su viaje hacia el norte llegaron a la casa de Micaía en el monte Efraín (17:1–13). **3. Reconocieron la voz del joven levita.** El levita que estaba sirviendo como sacerdote de Micaía había conocido, evidentemente, a los espías danitas en alguna ocasión anterior. **5. Pregunta, pues, ahora a Dios.** Los danitas pidieron al levita que determinara el éxito de su misión. Asumieron que un sacerdote con su efod podía ser un echador de buenaventura. **6. Id en paz; delante de Jehová está vuestro camino en que andáis.** El levita les dio un mensaje alentador. Les indicó que la misión podía esperar la bendición del Señor. **7. Entonces aquellos cinco hombres...vinieron a Lais.** Lais, o Lesem, es la ciudad al norte de la tierra ocupada por los antiguos israelitas. Después de ser conquistada por los danitas, vino a ser conocida como Dan. Los espías vieron que Lais era una ciudad sin ningún gobierno interno fuerte, muy alejada de los fenicios de Sidón, y careciendo de tratados con las tribus vecinas que pudieran causar preocupaciones a los danitas en caso de un ataque. **9. Levantaos, subamos contra ellos.** Los espías volvieron con un mensaje alentador, sugiriendo que los danitas debieran poseer Lais. **11. Entonces salieron de allí... seiscientos hombres.** La expedición danita incluía a seiscientos guerreros, sus esposas, hijos, y posesiones. **12. Fueron y acamparon en Quiriat-jearim.** Quiriat jearim (*ciudad de bosques*) está a una jornada de dos o tres horas de Estaol. En los días de la conquista, Quiriat-jearim era una de las ciudades de la confederación gabaonita (Jos 9:17). El nombre del establecimiento danita cerca de Quiriat-jearim era Mahanehdan (*el campamento de Dan*).

13. Y de allí...vinieron a la casa de Micaía. Los cinco espías le contaron a los de la expedición acerca del levita que servía en la casa de Micaía y acerca de los objetos de culto que el efrainita poseía en su santuario privado (v. 14). Después de dar el saludo convencional (v. 15), mientras que los seiscientos guerreros estaban a la entrada, los cinco hombres que habían sido espías entraron en el santuario y se llevaron la imagen, el efod, y los terafines (cp. 17:4, 5). Entonces persuadieron (u obligaron) al levita que los acompañara (18:19) asegurándole que era mejor que sirviera como sacerdote de toda una tribu que de solamente una familia. Habiendo cumplido su misión en la casa de Micaía, los danitas se dispusieron a partir (v. 21).

22. Los hombres que habitaban en las casas cercanas a la casa de Micaía...siguieron a los hijos de Dan. Micaía y sus vecinos alcanzaron a los danitas y les retaron por robar el sacerdote de Micaía y sus objetos de culto. **25. No des voces...no sea que los de ánimo colérico os acometan.** Los danitas amenazaron de muerte a los vecinos de Micaía si intentaban recuperar los objetos de culto que les habían quitado. Micaía y sus compañeros se vieron obligados a volver a su casa sin sus objetos robados (v. 26).

27. Y...llegaron a Lais, y...quemaron la ciudad. Los danitas cayeron sobre los habitantes de Lais, los mataron a filo de espada, y quemaron su ciudad. La distancia de la ciudad de Sidón, y su falta de aliados, la hacían indefensa (v. 28). Posteriormente, los danitas reconstruyeron la ciudad, le pusieron el nombre de Dan, y la ocuparon.

30. Y los hijos de Dan levantaron para si la imagen de talla. El ídolo de Micaía fue colocado en un santuario en la ciudad de Dan. Una línea de levitas que tenían su origen en **Gersón, hijo de Moisés,** oficiaba en el santuario danita. Jonatán puede haber sido el nombre del levita mencionado por primera vez en 17:7. Se dice que el sacerdocio de Jonatán y de sus hijos se perpetuó **hasta el día del cautiverio de la tierra.** Sobre la base del v. 31 se interpreta la ''cautividad'', por parte de algunos, como una referencia al exilio del arca de Silo (1 S 4:11). Otros sugieren que se refiere a la deportación del pueblo de la Alta Galilea por Tiglat-pileser (2 R 15:29). **31. Así tuvieron levantada...la imagen...que Micaía había hecho todo el tiempo que la casa de Dios estuvo en Silo.** Durante un tiempo Silo fue la capital religiosa de Israel (1 S 1:3), pero los

danitas mantuvieron su propia adoración idolátrica. Dan continuó siendo un centro de idolatría hasta después de la división del reino de Salomón. Jeroboam estableció dos becerros dorados en Bet-el y Dan (1 R 12:29).

B. El crimen de Gabaa y la guerra en contra de Benjamín. 19:1–21:25.

19:1. Hubo un levita que...había tomado para sí mujer concubina de Belén de Judá. La historia del crimen de Gabaa tiene como introducción la frase **cuando no había rey en Israel.** En aquellos tiempos anárquicos cuando en teoría Dios era rey, pero en la práctica los hombres hacían lo que bien les parecía, un levita del monte de Efraín tomó una concubina de Belén de Judá.

2. Y su concubina...se fue de él a casa de su padre. La causa de la dificultad que se da en la Reina-Valera que dice **le fue infiel.** La RV, siguiendo la LXX y la Antiqua Vulgata, vierte: *se fue de él,* esto es, le dejó. La RVA, vierte que ella *se enfadó con él.*

3. Y se levantó su marido y la siguió. El marido siguió a su esposa **para hablarle cariñosamente** (BLA). Lit., *para hablarle al corazón* (cp. Os 2:14). Fue recibido calurosamente por el padre de la joven, que le entretuvo por tres días (v. 4). Al cuarto día, el levita y su concubina se prepararon para partir, pero el padre no estaba dispuesto a dejarlos marchar. Se quedaron hasta el quinto día (v. 8).

10. Mas el hombre no quiso pasar allí la noche. Resistiendo la insistencia de su suegro, el levita y su concubina partieron para el norte. Pasaron Jerusalén, conocida como Jebús, por los jebuseos que vivían allí. Debido a que era una ciudad de no-israelitas, el levita decidió no pasar la noche en Jebús, sino que insistió en ir hasta Gabaa, una ciudad de la tribu de Benjamín (v. 12).

15. Y se apartaron del camino para... pasar...la noche en Gabaa. Esperando hospitalidad en la ciudad de Gabaa, el levita se vio frustrado. Esperó en la plaza pública, dentro de la ciudad, pero nadie de Gabaa le ofreció hospitalidad.

16. Y he aquí un hombre viejo que venía de su trabajo del campo al anochecer. Al final se ofreció hospitalidad, por parte de un hombre del monte Efraín que vivía en Gabaa. De nuevo se acentúa la falta de hospitalidad de los hombres de Gabaa. **18. Ahora voy a la casa de Jehová.** El levita se identificó al hombre que mostró un interés en ayudarle. Las palabras **la casa de Jehová** pueden significar Silo o Bet-el (cp. 20:18, 26). La BLA sigue la LXX vertiendo, *voy a mi casa.* **21. Y los trajo a su casa.** El anciano forastero en Gabaa ofreció hospitalidad al levita, sugiriendo que él tendría cuidado de todas las necesidades de su huésped (v. 20). **22. Hombres perversos, rodearon la casa.** El vicio de los hombres de Gabaa es comparable al de los sodomitas. Querían relaciones carnales con el levita. Así como Lot ofreció a sus hijas bajo circunstancias similares (Gn 19:8), así aquí el anfitrión ofreció a su propia hija y la concubina del levita como medio de proteger a su propio huésped (v. 24). **25. Tomando aquel hombre a su concubina, la sacó.** El levita ofreció a su concubina como medio de salvarse él mismo. Este acto no puede justificarse. Abraham estuvo dispuesto a sacrificar a Sara para salvarse a sí mismo bajo circunstancias similares (Gn 12:10–20). La concubina del levita fue abusada durante toda la noche.

27. Y se levantó por la mañana su señor ...y he aquí la mujer su concubina estaba tendida delante de la puerta de la casa. Después de su horripilante experiencia nocturna, la concubina se dirigió a la casa, buscando refugio. Pero murió fuera de la casa de su anfitrión. **29. Tomó un cuchillo, y echó mano de su concubina.** Cuando el levita vio lo que había sucedido, puso el cadáver de su concubina en un asno y se lo llevó a su casa. Allí dividió el cadáver en doce trozos y los envió a las varias partes de Israel (cp. 1 S 11:7). Todos estuvieron de acuerdo en que no había sucedido una atrocidad tal desde el éxodo de Egipto (v. 30).

20:1. Entonces salieron todos los hijos de Israel. Los israelitas se prepararon para la guerra. Se reunieron en Mizpa, un punto central de la tribu de Benjamín. A excepción de los hombres de Jabes-galaad (21:8), todo Israel se hallaba representado. **3. Y los hijos de Benjamín oyeron que los hijos de Israel habían subido a Mizpa.** Gabaa se hallaba a cinco km. (tres millas) de Mizpa. Los benjamitas decidieron defender a los habitantes de Gabaa.

4. El varón levita...respondió...Yo llegué a Gabaa. El levita relató los sucesos que llevaron a la muerte de la concubina, y explicó sus razones de enviar partes del cadáver por todo Israel. Entonces pidió consejo de la compañía congregada. **8. Ninguno de nosotros irá a su tienda.** Las tribus unidas decidieron castigar a los hombres de Gabaa, y establecieron un plan de acción. Decidieron: **contra ella subiremos por sorteo** (v. 9). Se podría determinar por sorteo quién subiría primero a atacar Gabaa. No obstante, aquí parece que se utilizó el sorteo para determinar la décima parte que sería designada para servir como intendencia. Un ejército grande precisa de hombres responsables de conseguir las provisiones (v. 10).

12. Y las tribus de Israel enviaron varones por toda la tribu de Benjamín, diciendo: ¿Qué maldad es esta que ha sido hecha entre vosotros? Las otras tribus juzgaron que Benjamín había permitido una atrocidad incoherente con la estatura moral de Israel como un todo. Pidieron que los culpables les fueran entregados para que fueran castigados. El propósito de ésto era el de **quitar el mal de Israel.** En la liturgia judía el verbo traducido **quitar** se utiliza de la total erradicación de la levadura en la víspera de la Pascua. Los israelitas deseaban eliminar el mal de su vida corporativa castigando a los delincuentes. **14. Los de Benjamín se juntaron de las ciudades en Gabaa, para salir a pelear contra los hijos de Israel.** Los hombres de la diminuta tribu de Benjamín se sentían capaces de defenderse a sí mismos en contra del resto de las tribus. Movilizaron un ejército, incluyendo a **setecientos hombres escogidos, que eran zurdos** (vv. 15, 16; cp. 3:15). Los benjamitas eran muy hábiles como arqueros y honderos (cp. 1 Cr 12:2).

18. Los hijos de Israel...consultaron a Dios. Los israelitas consultaron el oráculo en Bet-el para determinar quién sería el primero en ir a la batalla contra los benjamitas. Judá fue designado como la tribu que tenía que conducir el asalto. Las tropas israelitas se prepararon a asaltar Gabaa (v. 20), pero fueron masacradas por las tropas de Benjamín, que hicieron una salida de la ciudad (v. 21). Después de reagrupar sus fuerzas diezmadas, de nuevo Israel pidió consejo al oráculo de Jehová: ¿**Volveremos a pelear con los hijos de Benjamín nuestros hermanos?** Cuando el Señor les dio una respuesta afirmativa (v. 23), Israel se preparó para un segundo ataque. **25. Y aquel segundo día, saliendo Benjamín de Gabaa contra ellos...** Por segunda vez los benjamitas derrotaron a las fuerzas de las otras tribus.

26. Entonces subieron todos los hijos de Israel...a la casa de Dios. La BLA vierte, *vinieron a Bet-el.* Bet-el significa *casa de Dios.* La cuestión de la interpretación, aquí, se refiere a la situación de la "casa de Dios". ¿Estaba en Silo, o en Bet-el? Desde los días de Josué hasta los del sacerdote Elí, el arca se hallaba en Silo (Jos 18:10; 1 S 1:3). Esto, no obstante, no elimina la posibilidad de que hubiera un santuario en Bet-el durante el tiempo de los jueces. Los israelitas lloraron, ayunaron, y ofrecieron sacrificios adecuados. Cuando el sacerdote Finees se presentó ante Jehová y le preguntó si la batalla tenía que ser reanudada, recibió esta respuesta: **Subid, porque mañana yo os los entregaré** (v. 28). **29. Y puso Israel emboscadas alrededor de Gabaa.** En la tercera batalla contra los benjamitas. los israelitas utilizaron una estrategia que había sido utilizada con éxito en Hai por parte de Josué (Jos. 8:4–29). Hicieron salir a los benjamitas de Gabaa para luchar contra un ejército israelita, en tanto que un grupo de **emboscados** esperaba el momento estratégico de irrumpir en la ciudad. En la fase inicial de la batalla, los benjamitas, creyendo que iban a vencer, dijeron: **Vencidos son delante de nosotros, como antes** (v. 32). Pero los israelitas estaban actuando de acuerdo con su estrategia. Dijeron: **Huiremos, y los alejaremos de la ciudad hasta los caminos.** La línea de los israelitas volvió a formarse en Baal-tamar, lugar que por otra parte se desconoce. **33. Y también las emboscadas de Israel salieron de su lugar, de la pradera a Gabaa.** La RVA sigue a la LXX y a la Vulgata al verter *su lugar, al oeste de Gabaa*, como el lugar de donde salieron los emboscados. Las versiones BLA y la JPS transliteran esto como *Maareh-geba*. El lugar sirvió como escondijo para los emboscados.

37. Y los hombres de las emboscadas acometieron prontamente a Gabaa. La ciudad se hallaba inerme en tanto que sus ejércitos estaban combatiendo a los israelitas en su aparente huida. Los hombres de la emboscada entraron en Gabaa sin lucha, y anunciaron su presencia empezando un gran fuego (v. 38). Cuando los israelitas, en su fingida huida, vieron el humo del fuego (v. 40), que era una señal dispuesta de antemano (v. 38), se revolvieron contra los benjamitas (v. 42) y los abatieron a la vista de la ciudad. Dieciocho mil valientes benjamitas fueron muertos (v. 44). **45. Volviéndose luego huyeron . . . a la peña de Rimón,** a casi 7 km. (4 millas) de Bet-el (v. 47), donde permanecieron por cuatro meses. Los otros benjamitas, juntamente con sus ciudades y propiedades, fueron destruidos.

21:1. Los varones de Israel habían jurado en Mizpa. Después de la matanza de los benjamitas, los israelitas afrontaban un nuevo problema. Casi toda la tribu de Benjamín había sido destruida, y las otras tribus habían jurado que no permitirían que sus hijas se casaran con los pocos benjamitas restantes. ¿Cómo iba a poder preservarse la tribu de Benjamín?

5. ¿Quién de todas las tribus de Israel no subió a la reunión delante de Jehová? Buscando algunos medios de preservar a la tribu de Benjamín de la extinción, los israelitas trataron de determinar si había algunos que no se habían reunido con ellos en Mizpa. Habían determinado que cualquiera que rehusara venir a Mizpa sería muerto. Al investigar, se descubrió que Jabes-galaad no había dado respuesta a la llamada de ir a la asamblea (v. 8). Por ello, doce mil hombres fueron mandados a Jabes-galaad con la orden de matar a los varones y a las mujeres casadas, pero que trajeran a las vírgenes al campamento en Silo (vv. 10–12).

13. Toda la congregación envió luego a hablar a los hijos de Benjamín que estaban en la peña de Rimón. Los benjamitas que quedaban fueron asegurados de las intenciones pacíficas de los israelitas, y las vírgenes de Jabes-galaad vinieron a ser esposas de cuatrocientos de ellos (v. 14).

16. ¿Qué haremos respecto de mujeres para los que han quedado? En vista del juramento que había sido tomado de no dar esposas a los benjamitas y del deseo de preservar a Benjamín de la extinción, se tenía que encontrar alguna forma de proveer esposas.

19. He aquí cada año hay fiesta solemne de Jehová en Silo. Se descubrió una forma de evadir el juramento. Durante la fiesta anual de Silo, se veía a las jóvenes de la ciudad en sus danzas (v. 21). Los benjamitas fueron instruídos para que actuaran así: **Id, y poned emboscadas en las viñas** (v. 20) hasta que vieran a las doncellas. Entonces podrían salir de sus escondites y **arrebatad cada uno mujer para sí.** Los benjamitas tendrían así esposas, y los israelitas no habrían violado sus juramentos, porque no habrían "dado" sus hijas a los benjamitas. **23. Y los hijos de Benjamín lo hicieron así.** Así consiguieron sus esposas los hijos de Benjamín, que fueron después a sus casas, y reconstruyeron las ciudades que habían sido destruidas en la guerra. **24. Entonces los hijos de Israel se fueron también de allí, cada uno a su tribu.** La asamblea de los israelitas se dispersó después de haber tomado cuenta del asunto de los benjamitas. El libro concluye con el recordatorio de que estos tristes episodios tuvieron lugar durante el tiempo en que **no había rey en Israel; cada uno hacía lo que bien le parecía** (v. 25). Aunque se puede seguir la mano de Dios a través de la historia de los jueces, el fracaso humano se revela en acusado relieve.

BIBLIOGRAFÍA

BURNEY, C.F. *The Book of Judges.* 2ª ed. Londres: Rivingtons, 1930.

COHEN, A. *Joshua and Judges (Soncino Bible).* Londres: Soncino Press, 1950.

COOKE, G. A. *The Book of Judges (The Cambridge Bible).* Cambridge: Cambridge University Press, 1913.

GARSTANG, JOHN. *Joshua-Judges.* Grand Rapids: Kregel Publications, 1978.

KEIL, C. F. y DELITZSCH, F. *Joshua, Judges, Ruth. (Biblical Commentary on the Old Testament).* Grand Rapids: Wm. B. Eerdmans, 1950.

MOORE, GEORGE E. *A Critical and Exegetical Commentary on Judges (The International Critical Commentary).* Nueva York: Scribners, 1901.

MYERS, JACOB M. "The Book of Judges", *The Interpreter's Bible.* Vol. 2. Nueva York: Abingdon Press, 1953.

SIMPSON, C. A. *Composition of the Book of Judges.* Oxford: Blackwell, 1957.

COMENTARIOS EN ESPAÑOL

BRUCE, F. F. "Jueces". *Nuevo Comentario Bíblico,* editado por D. Guthrie, J. A. Motyer, A. M. Stibbs y D. J.Wiseman. El Paso: Casa Bautista de Publicaciones, 1978.

LEWIS, ARTHUR. *Jueces y Rut* (Serie "Comentario Bíblico Portavoz"). Grand Rapids: Editorial Portavoz, 1982.

RUT

INTRODUCCIÓN

Título. El libro de Rut recibe su nombre de su heroína, una moabita que, después de la muerte de su esposo, se dirigió a Belén con su enviudada suegra. Rut ocupa un lugar importante en la historia israelita debido a que llegó a ser antecesora del rey David (Rut 4:18–22) y de Jesús (Mt 1:1, 5).

Fecha y paternidad. Se desconoce la fecha de la redacción del libro de Rut. Los eruditos bíblicos hallan algunas claves en cuanto a la época de su redacción dentro del libro mismo. Ya que David es mencionado en el libro (4:17–22), no hubiera podido ser escrito antes del siglo x a.C. El autor encontró necesario explicar algunas costumbres que consideraba arcaicas (4:6–8), hecho que indica que el libro fue escrito algunos años después de que las costumbres cayeran en desuso.

Es asunto de conjetura cuánto tiempo después de David se redactara el libro de Rut. Aunque algunos eruditos lo datan en una fecha tan posterior como el siglo iv, muchos otros insisten en una fecha pre-exílica. Señala Robert Pfeiffer: "El carácter general del vocabulario y de la sintaxis hebrea, la utilización de antiguas expresiones idiomáticas corrientes en la mejor prosa del Antiguo Testamento... y la pureza clásica del estilo, podría ser presentado como favoreciendo una fecha temprana" (*Introduction to the Old Testament*, p. 718). No obstante, prefiere una fecha de alrededor del 400 a.C., y sugiere que un escritor bien dotado de un período posterior hubiera podido estructurar su libro según modelos anteriores.

Edward Young, llamando la atracción a la ausencia del nombre de Salomón en la genealogía, sugiere que ya que un escritor posterior hubiera extendido su genealogía hasta más allá del tiempo de David, el libro fuera probablemente escrito en una fecha durante el reinado de David (*Una introducción al Antiguo Testamento*, p. 392).

El Talmud (*Baba Bathra*, 14b) atribuye la paternidad de Rut a Samuel, punto este de vista que ya no lo mantiene ni la erudición cristiana ni la judía. Como en el caso de los otros libros históricos del Antiguo Testamento, no podemos asignar un autor conocido a Rut. Pero esto, naturalmente, no le resta a su valor espiritual ni a la belleza literaria de este episodio desde el tiempo de los jueces, que un autor judío desconocido ha preservado.

Utilización del libro. En la liturgia judía el rollo de Rut se lee en Pentecostés.

Marco histórico. El período de los jueces fue turbulento y agitado. Los celos tribales y las opresiones foráneas debilitaron a los israelitas políticamente, y la idolatría anuló la fuerza moral del pueblo que había experimentado el poder de Dios en la época del éxodo. Pero la historia de Rut presenta una cara diferente de la vida durante el período de los jueces. Leemos aquí de los gozos y tristezas de una familia piadosa de Belén. Rut, la moabita, que vino a ser adoradora del Dios de Israel, exhibió una fe y una lealtad que eran raras en aquella época en Israel. Después del dolor de haber perdido a su primer esposo, Rut fue a Belén cuando su suegra volvió allá, y tuvo la dicha de casarse con Booz. De esta manera vino a ser una antepasada del Rey David.

BOSQUEJO

I. La familia de Elimelec emigra a Moab. 1:1–5.

II. La viuda y la nuera de Elimelec vuelven de Moab. 1:6–18.

III. Noemí y Rut llegan a Belén. 1:19–22.

IV. Rut espiga en los campos de Booz. 2:1–23.

V. Rut halla un redentor. 3:1–18.

VI. Booz se casa con Rut. 4:1–17.

VII. Rut viene a ser una antepasada de David. 4:18–22.

COMENTARIO

I. La familia de Elimelec emigra a Moab. 1:1–5.

1. En los días que gobernaban los jueces. El libro de Rut presenta un contraste con los sucesos turbulentos descritos en Jueces. Allí leemos de apostasía y opresión, celos intertribales y guerra civil. Aquí se nos recuerdan los tratos providenciales de Dios en la vida de una familia, y de la forma en que los propósitos de Jehová hallaron cumplimiento mediante una moabita que vino a ser la antepasada del rey David, y del Salvador.

Hubo hambre en la tierra. La lluvia en Palestina no es nunca muy abundante, y muy a menudo es insuficiente para proveer adecuadamente para sus cosechas básicas. Hubo hambres durante las vidas de Abraham (Gn 19:10), David (2 S 21:1) y Elías (1 R 17:1). **En los campos de Moab.** Moab había sido el hijo de Lot, el fruto malvado de una relación incestuosa de Lot con una de sus hijas (Gn 19:36, 37). Los moabitas alquilaron a Balaam para que maldijera a Israel (Nm 22:1–8), durante la peregrinación de Israel hacia Canaán. Bajo circunstancias normales los moabitas estaban impedidos de participación en la vida corporativa de Israel (Dt 23:3–6). No obstante, habían relaciones amistosas entre algunos individuos israelitas y moabitas. Cuando huyó de la ira de Saul, David halló un amigo en el rey de Moab (1 S 22:3, 4).

2. Mahlón y Quelión. Los nombres de los dos hijos de Elimelec son expresivos de debilidad física. Mahlón significa "enfermizo" y Quelión, "lánguido". De hecho, no vivieron mucho tiempo después de asentarse en Moab. **4. Tomaron para sí mujeres.** Los hijos de Elimelec y de Noemí se asentaron en Moab y se casaron. No hay una condena específica de estos matrimonios, aunque ciertamente hubieran sido mal vistos por los ortodoxos en Israel. **5. Quedando. . .la mujer desamparada.**

Durante los diez años de vivir en Moab, murieron los dos hijos y el marido de Noemí. Todo lo que quedó de aquella familia una vez feliz fueron tres mujeres: Noemí y sus dos nueras, Rut y Orfa.

II. La viuda y la nuera de Elimelec vuelven de Moab. 1:6–18.

6. Oyó. . .que Jehová había visitado a su pueblo. En tanto que estaban en Moab, Noemí supo que el hambre había terminado en Belén. Siendo una viuda con lazos familiares allí, se dispuso a volver al hogar. **7. Y con ella sus dos nueras.** Las jóvenes se hallaban tan apegadas a su suegra que deseaban dejar su propio país e ir a Belén. **8. Volveos cada una a la casa de su madre.** Noemí creyó que no sería prudente para las jóvenes que dejaran Moab, su tierra natal. Las alabó por la lealtad de ellas a sus difuntos maridos y a ella misma, y las apremió a que se quedaran en su patria. **9. Cada una en casa de su marido.** Noemí pensó que las jóvenes querrían volverse a casar. Como habían sido fieles en los días de la adversidad, ella rogó a Dios que les diera días de prosperidad y de bendición en un segundo matrimonio.

10. Ciertamente nosotras iremos contigo a tu pueblo. Era un tributo al carácter piadoso de Noemí que sus nueras estaban dispuestas a dejar su propia tierra para ir con ella a Judá. **11. ¿Para qué habéis de ir conmigo?** Según el principio del matrimonio levirato, el siguiente hermano (o, como veremos más tarde, el pariente más próximo) tenía la responsabilidad de casarse con la viuda sin hijos de su hermano muerto, y aquel niño llevaba el nombre de la familia y recibía la heredad como si hubiera sido el hijo del muerto. Noemí preguntó: **¿Tengo yo más hijos en el vientre, que puedan ser vuestros maridos?** Implicó que no podía esperar ser madre de hijos que pudieran más tarde casarse con las dos viudas moabitas.

14. Mas Rut se quedó con ella. Rut no iba a dejarse disuadir. Había decidido quedarse con Noemí, fueran cuales fueran las consecuencias, y vino a ser antepasada de David como resultado de su decisión. Aunque el carácter de Orfa sufre en contraste con el de ella, no se pretende ningún reproche sobre ella. Actuó según el consejo de Noemí, y volvió a Moab, saliendo así del registro bíblico. **16. A dondequiera que fueres, iré yo.** Esta sección de Rut es considerada como uno de los pasajes más conmovedores de la literatura. Rut renunció a todo lo que se podía esperar que amara en Moab y decidió voluntariamente ir a Judá y empezar allí una vida totalmente nueva con su suegra. Esta elección tenía implicaciones religiosas, además de culturales, como hemos visto de las palabras, **tu Dios** [será] **mi Dios.** En Moab se hubiera esperado de Rut que adorara a Quemos (Nm 21:29). No obstante, al ir a Judá, adoraría al Dios de Israel. Era un testimonio tanto a su difunto esposo como a su suegra que Rut estaba dispuesta a confiarse al Dios al que ellos adoraban. **17. Así me haga Jehová, y aun me añada.** Con estas palabras Rut afirma solemnemente su deseo de ser leal a Noemí en tanto que viviera. Sus palabras implican un voto solemne, que puede parafrasearse así: "Que un juicio severo caiga sobre mí si no soy fiel a mi voto".

18. Y viendo Noemí que estaba tan resuelta a ir con ella... Las palabras de Rut expresaban un amor y una lealtad que la mujer anciana no pudo rechazar, y una determinación que hizo que Noemí dejara de apremiarla a que se volviera a Moab.

III. Noemí y Rut llegan a Belén. 1:19–22.

19. Anduvieron...hasta que llegaron a Belén. Cuando Noemí y Rut llegaron a la ciudad, provocaron una buena agitación. **¿No es ésta Noemí?** preguntaba la gente, expresando sorpresa. Noemí y Elimelec habían partido con su feliz familia; ahora la misma apariencia de Noemí daba evidencias de las dificultades y del dolor por los que había pasado. **20. No me llaméis Noemí, sino llamadme Mara.** Noemí significa *placentera*, en tanto que *Mara* significa *amarga*. Noemí estaba diciendo, en efecto, que las experiencias en Moab habían traido tanto dolor a su vida que ya no podía más llamarse Noemí. **En grande amargura me ha puesto el Todopoderoso.** Noemí reconoció que las tragedias de su vida no eran accidentes sino que la mano de Dios había estado en cada una de ellas. Dios es el Todopoderoso, Aquel que controla todas las circunstancias de la vida. Él no es impotente

en presencia del mal, sino que permanece el Dios soberano, que puede hacer que todas las cosas obren para el bien de sus hijos (Ro 8:28). Aunque Noemí no se sobrepuso a sus sentimientos de dolor al llegar a Belén, su reconocimiento de que Dios es Todopoderoso le ofrecía un rayo de esperanza. **21. Jehová me ha vuelto con las manos vacías.** Trazaba las mismas tragedias de su vida a la voluntad soberana de Dios. Pablo decía que él sabía "cómo vivir humildemente" y cómo "tener abundancia". Noemí creyó que su pobreza era el resultado de los tratos providenciales de Dios en su vida. Aunque "vacía", Noemí reconoció con gratitud que el Señor la había vuelto al hogar.

22. Llegaron a Belén al comienzo de la siega de la cebada. El hambre se había acabado y el principio de la siega era un buen tiempo para volver a casa. La experiencia en Moab había resultado trágica, pero los campos de Belén estaban ahora llenos.

IV. Rut espiga en los campos de Booz. 2:4-23.

1. Tenía Noemí un pariente...el cual se llamaba Booz. El pariente se describe en la RV como **hombre rico**, traduciendo así una frase que, por lo general, significa *varón esforzado y valiente*, esto es, un valiente guerrero. Aquí la expresión parece denotar la idea de las mejores cualidades varoniles. **2. Te ruego que me dejes ir al campo, y recogeré espigas.** Según la ley mosaica, los pobres tenían derecho a recoger el grano que cayera de las manos de los segadores (Lv 19:9; 23:22; cp. Dt 24:19). Era aquí la cosecha de la cebada (cp. Rt 1:22). **3. Aquella parte del campo era de Booz.** No había decidido ir a un campo en particular, pero "resultó" que fue al campo de Booz. Lo que parecía una casualidad se ve a la luz de toda la historia de la providencia de Dios.

5. ¿De quién es esta joven? Booz notó la presencia de una persona extraña en su campo. Su apariencia y vestido eran diferentes de los de las muchachas que generalmente veía espigando detrás de los segadores. **6. Es la joven moabita.** La contestación fue casi despreciativa: "¡Es aquella extranjera que volvió con Noemí de Moab!" **7. Entró, pues, y está desde la mañana hasta ahora.** Rut había pedido permiso para espigar en los campos de Booz. Cuando el encargado le dio permiso, se dedicó a trabajar con diligencia. **Sin descansar ni aun por un momento.** Estas palabras se refieren al descanso que se disfrutaba en la choza erigida en el campo para descanso y refrigerio. En realidad, el texto hebreo implica que pasó algo de tiempo allí, aunque la LXX traduce como en la versión RV.

8. Aquí estarás junto a más criadas. Las criadas seguían a los segadores en el campo, para atar las gavillas. Booz estaba sugiriendo que Rut permaneciese en su campo con ellas. Hay la asunción tácita de que él proveería a las necesidades de ella. **9. Yo he mandado a los criados que no te molesten.** Booz instruyó a sus trabajadores que protegieran a Rut. Y se lo dijo que bebiera del agua provista para los trabajadores en el campo de Booz.

10. ¿Por qué he hallado gracia en tus ojos...? Rut quedó conmovida ante estas atenciones de parte de Booz. Su misma pregunta mostraba un espíritu humilde y manso.

11. He sabido todo lo que has hecho. Booz había preguntado acerca de Rut y se había enterado acerca de la fidelidad de ella hacia su suegra. El abandono de la tierra donde uno había nacido se consideraba como un verdadero sacrificio. **12. Tu remuneración sea cumplida de parte de Jehová Dios de Israel.** Booz reconoció que él solo no podría pagar adecuadamente a Rut por su fidelidad. Oró para que Rut pudiera ser abundantemente premiada por el Señor. **Bajo cuyas alas has venido a refugiarte.** Rut había hallado un lugar de refugio en el Dios de Israel. Como una gallina recoge a sus polluelos bajo sus alas para protegerlos de daño, así Dios protege a aquellos que van a Él para hallar refugio.

13. Me has consolado. Rut había quedado profundamente conmovida por las declaraciones de Booz. Se sentía indigna de sus actos de bondad. **Aunque no soy ni como una de tus criadas.** Se consideraba como inferior a las jóvenes que trabajaban para Booz; quizás debido a su pobreza, a su nacionalidad gentil, y a su origen pagano. La bondad que él mostraba hacia los demás era comprensible. La bondad que él mostraba hacia ella era de pura gracia.

14. A la hora de comer: ven aquí. Booz invitó a Rut a tomar un puesto de honor a la hora de comer. Se aseguró de que tuviera comida en abundancia.

15. Que recoja también espigas entre las gavillas, y no la avergoncéis. Normalmente, las espigadoras tomaban solamente del grano que no había sido atado en gavillas. No obstante, Booz hizo una excepción para Rut. **16. Y dejaréis también caer para ella algo de los manojos.** La JPS dice: "Arrancad algo para ella". Se les mandó a los segadores que proveyeran de una forma especial para Rut (sin que ella lo supiera). Ella tenía el derecho legal de tomar todo lo que quedara atrás de una forma accidental. Los segadores se iban a preocupar de que se le dejara grano en abundancia.

17. Desgranó lo que había recogido. Cuando la cantidad de grano era pequeña, se batía con un palo para separar el grano de la paja. **Y fue como un efa de cebada.** Esto era aproximadamente unos 30 litros de merida de áridos. Era suficiente para subvenir a las necesidades de Rut y Noemí por unos cinco días. **18. Y su suegra vio lo que había recogido.** Es indudable que Noemí se quedó sorprendida ante la cantidad de cebada que Noemí había conseguido. **Sacó también luego lo que le había sobrado después de haber quedado saciada, y se lo dio.** Rut le trajo a su suegra la comida que había quedado después de haber ella comido su propia comida.

19. ¿Dónde has espigado hoy? Sorprendida ante la cantidad de grano, Noemí preguntó acerca del campo en el que Rut había estado trabajando. **El nombre del varón...es Booz.** Booz era a la vez un rico terrateniente y un pariente cercano de Noemí. Como tal se podía esperar que comprase para la familia la tierra que le pertenecía (Lv 25:25), y cuidar de los miembros pobres de la familia.

20. Sea él bendito de Jehová, pues que no ha rehusado a los vivos la benevolencia que tuvo para con los que han muerto. Al procurar por la viuda de Mahlón, Booz estaba proveyendo para el muerto así como mostrando bondad hacia los vivos. **22. Mejor es, hija mía, que salgas con sus criadas.** "Si Booz desea tratarte con bondad, no vayas a otros sitios", le aconsejó Noemí. "Acepta su generosidad y permanece con sus criadas". **23. Hasta que se acabó la siega de la cebada y la del trigo.** Rut siguió a través de la temporada de la siega trabajando con las criadas de día y volviendo a casa de su suegra cada noche.

V. Rut halla un redentor. 3:1–18.

3:1. ¿No he de buscar hogar para ti...? Aquí, hogar es sinónimo con casamiento. Noemí pensaba que Rut no tenía que seguir siendo una pobre espigadora en los campos. Ya que Rut no tenía madre (por lo menos en Judá), Noemí decidió tomar la iniciativa para arreglar una boda. **2. ¿No es Booz nuestro pariente...?** Noemí, consciente de las costumbres del matrimonio levirato, se decidió a contactar con Booz. **He aquí que él avienta esta noche la parva de las cebadas.** Booz pasaba la noche en la era para aprovechar la brisa que le permitía aventar. El grano era lanzado al aire, y el viento se llevaba la paja. Es posible también que Booz pasara allí la noche para guardar el grano frente a los ladrones.

3. Irás a la era. Está claro el registro de que tanto Noemí como Rut tenían los motivos más puros en sus planes. Aunque Booz había sido bondadoso con Rut, no había hecho él ninguna sugerencia con respecto al matrimonio. Noemí estaba ahora planeando una forma en la que Rut pudiera encontrarse a solas con Booz. **4. Irás, descubrirás sus pies, y te acostarás allí.** Bajo circunstancias normales esto hubiera sido interpretado como un acto inmoral. No obstante, la integridad tanto de Booz como de Rut era tal que Noemí se sintió con libertad de sugerir esto.

9. Extiende el borde de tu capa sobre tu sierva, por cuanto eres pariente cercano. La costumbre de que un hombre colocara un borde de su capa sobre una moza como prenda de matrimonio es conocida entre los árabes.

10. No yendo en busca de los jóvenes, sean pobres o ricos. Dice una tradición que Booz tenía ochenta años cuando se casó con Rut. Aquí se la alaba por no buscar la compañía de hombres jóvenes que, se infiere, hubieran sido más atractivos para ella. **11. Toda la gente de mi pueblo sabe que eres mujer virtuoso.** El término traducido **virtuoso**, cuando se aplica a un hombre significa energía, valentía, y hombría. Aquí se podría traducir como *mujer de valía.* Todas las cualidades que son de admirar en una mujer se hallaban en Rut, según este testimonio.

12. Hay pariente más cercano que yo. Booz era solamente sobrino de Elimelec, en tanto que había un hermano que estaba todavía vivo. Aunque deseoso de asumir la responsabilidad del *gô'ēl* (esto es, el "redentor") él mismo, Booz insistió en permitir que un hombre que tenía un parentesco más cercano al suyo elegir si deseaba asumir las responsabilidades. **13. Si él te redimiere, bien, redímate, más si él no te quisiere redimir, yo te redimiré.** El pariente más cercano tenía que tener la oportunidad de redimir, pero Booz expresó su buena disposición a actuar como *gô'ēl* si el pariente cercano decidía no hacerlo. El *gô'ēl* era un protector responsable para redimir la propiedad de la familia que había sido enajenada.

14. Se levantó antes de que los hombres pudieran reconocerse unos a otros, esto es, antes de la mañana. **No se sepa que vino mujer a la era.** Aunque no se había hecho nada malo, Booz estaba preocupado no fuera caso que la gente malinterpretara la presencia de Rut en la era. **15. El midió seis medidas de cebada, y se las puso encima.** La cebada puede haber sido enviada a Noemí en reconocimiento de su responsabilidad por la acción de Rut. Es probable que Rut llevara la cebada en la cabeza, como es costumbre en el Oriente.

VI. Booz se casa con Rut. 4:1–17.

4:2. Entonces él tomó a diez varones de los ancianos de la ciudad. El judaísmo posterior consideraba que diez hombres eran el *quorum* que se precisaba para una sinagoga. También se precisaba de diez para la bendición matrimonial. **3. Noemí...vende una parte de las tierras que tuvo nuestro hermano Elimelec.** El contexto implica que **vende** significa "desea vender" o "ha ofrecido en venta" (cp. v. 5). Era la responsabilidad de la comunidad asegurar que se preservara a una familia de extinguirse. Por esta razón los problemas de Noemí y de Rut eran tema de interés de la comunidad.

4. Y yo decidí hacértelo saber. Lit., *destapar tu oído. Si quieres redimir, redime.* El pariente próximo fue informado de su derecho legal a redimir. **Yo redimiré.** Asumía que la propiedad pertenecía solamente a Noemí, y que sus obligaciones terminarían con la compra del campo que le pertenecía a ella.

5. El mismo día que compres las tierras de mano de Noemí, deberás también tomar a Rut la moabita, mujer del difunto, para que restaures el nombre del muerto sobre su posesión. Tanto la enajenacíon de la tierra como la extinción de una familia tenían que ser impedidas mediante la ley del *gô'ēl.* El *gô'ēl* no entraba él mismo en posesión de la tierra, sino que sería el fideicomisario del hijo que tuviera con Rut, que heredaría el nombre y el patrimonio de Mahlón (su primer marido). **6. No podré redimir.** Esto implicaría pérdida financiera para el comprador. El posible *gô'ēl* podría *dañar* su propia *heredad*, al gastar dinero en una tierra que no le pertenecería a él, sino a un hijo de Rut. Dice el Targum que el pariente estaba ya casado, pero esto no le eximía de su obligación.

7. Había ya desde hacía tiempo esta costumbre en Israel. La explicación implica que en la época de escribir esta costumbre ya no se practicaba. **El uno se quitaba el zapato y lo daba a su compañero.** Este era un acto simbólico de transferencia. El hombre que se quitaba el zapato renunciaba a los derechos legales que tuviera en el asunto. La costumbre se menciona en las tabletas Nuzu (Ernest R. Lacheman, "Notes on Ruth 4:7, 8", JBL, LVI [1937], 53–56). **8. Tómalo tú.** El pariente próximo le dijo a Booz: *cómprala para ti* (BLA). Booz ya había puesto en claro que él lo haría si el pariente más próximo decidía no aceptar la responsabilidad de ser *gô'ēl.* **9. He adquirido de mano de Noemí todo lo que fue de Elimelec, y todo lo que fue de**

Quelión y de Mahlón. Booz afirmó públicamente que había tomado posesión de la propiedad y que había asumido la responsabilidad de
Noemí y de Rut. 10. Y que también tomo por
mi mujer a Rut la moabita. Booz tomó a Rut
en matrimonio levirato para que el nombre
del muerto no se borre de entre sus hermanos, esto es, para perpetuar la familia de Mahlón. De la puerta de su lugar. La puerta de
una ciudad oriental era el ayuntamiento, el
lugar de gobierno y de autoridad.
11. Jehová haga a la mujer...como a
Raquel y a Lea...y tú seas ilustre en Éfrata,
y seas de renombre en Belén. Raquel y Lea
fueron las esposas de Jacob. Los testigos
expresaron su oración para que Booz fuera
recompensado con una familia comparable a la
de Jacob (o Israel). Éfrata es el nombre dado a
la región en la que Belén está situada. Seas
ilustre. Lit., llama un nombre. Los ancianos y
el pueblo expresaron un deseo por hijos que
fueran contados como descendientes de Booz.
12. Sea tu casa como la casa de Fares. Fares
fue hijo de una cananea (Gn 38:2, 29). La
joven Tamar tomó en sus manos la ley del
gô'ēl después de la muerte de sus dos maridos.
Disfrazada como ramera sedujo a Judá a una
relación pecaminosa que produjo dos hijos
gemelos: Fares y Zara. 13. Booz, pues, tomó a Rut...y dio a luz
un hijo. El casamiento recibió la bendición de
Dios. De forma característica en la enseñanza
bíblica, Jehová le dio que concibiese. Los
hijos son considerados como un sagrado
encargo del Señor.

15. El cual será restaurador de tu alma.
Como los hijos de Noemí estaban muertos, ella
no tenía esperanzas de continuar su línea familiar. El casamiento de Rut y el hijo que dio a
luz le dio la esperanza de una nueva familia en
Israel. Tu nuera...es de más valor para ti
que siete hijos. Siete hijos serían una indicación de la bendición de Dios (cp. 1 S 2:5; Job
1:2). Pero Noemí tenía una nuera en cuyo hijo
halló consuelo por la pérdida de sus propios
hijos. 16. Y tomando Noemí el hijo...fue su
aya. Esto se interpreta como una ceremonia de
adopción.

VII. Rut viene a ser una antepasada de
David. 4:18–22.

17. Y lo llamaron Obed. Este es padre de
Isaí, padre de David. Obed significa "adorador", "siervo", o "esclavo". Se combina frecuentemente con el nombre del Dios de Israel
o de los dioses paganos, como en Abdías,
Obed-edom, Abed-nego, y Abdullah.
18. Las generaciones de Fares. Fares era
un hijo de Judá (Gn 46:12). En la época de
Moisés, Naasón sirvió como príncipe de la
casa de Judá (Nm 1:7; 7:12, 17; 10:14). Salmón
en forma de "Salma" (como se utiliza en el
hebreo de Rut 4:20) aparece en 1 Cr 2:51, 54
como "padre de Belén", indudablemente refiriéndose a la gente que se estableció allí, incluyendo a Booz.

BIBLIOGRAFÍA

BETTAN, ISRAEL. The Five Scrolls. Cincinnati:
Union of American Hebrew Congregations,
1950.
COOK, F. A. The Book of Ruth (The Cambrid-
ge Bible). Cambridge: Cambridge Univer-
sity Press, 1913.
KEIL, C. F. y F. DELITZSCH. Biblical Commen-
tary on the Old Testament: Joshua, Judges,
Ruth. Grand Rapids: William B. Eerdmans,
1950.
MACDONALD, D. B. The Hebrew Literary
Genius. Princeton: Princeton University
Press, 1933.
ROWLEY, H. H. "The Marriage of Ruth", The

Servant of the Lord and Other Essays on
the Old Testament. Londres: Lutterworth
Press. Publicado primeramente en Harvard
Theological Review, XL (1947).
SLOTKI, J. R. The Five Megilloth. Editado por
Abraham Cohen. Londres y Bournemouth:
The Soncino Press, 1952.
SMITH, LOUISE PETTIBONE. "The Book of
Ruth". The Interpreter's Bible. Vol. 2.
Nueva York: Abingdon Press, 1953.
WATSON, ROBERT ADDISON. Judges and Ruth
(The Expositor's Bible). Nueva York: A. C.
Armstrong and Sons, 1899.

COMENTARIOS EN ESPAÑOL

COLLINS, STANLEY. Coraje y Sumisión.
Terrassa: Editorial CLIE.
LEWIS, ARTHUR. Jueces y Rut (Serie "Comen-
tario Bíblico Portavoz"). Grand Rapids:

Editorial Portavoz, 1982.
YOUNG, EDWARD J. Una Introducción al Antiguo Testamento. Grand Rapids: T.E.L.L.,
1977.

PRIMERO Y SEGUNDO DE SAMUEL

INTRODUCCIÓN

Título. El título de estos dos libros proviene del nombre de la figura clave en los capítulos introductorios de 1 Samuel. La palabra hebrea *Samuel* tiene muchas interpretaciones. No obstante, el significado primeramente sugerido por el erudito en hebreo, el alemán Gesenius, "el Nombre de Dios", parece aún tener la preferencia de los eruditos bíblicos.

Fecha y redacción. Igual que en el caso de muchos otros libros del AT, no se conoce con certeza la fecha de la redacción de 1 y 2 Samuel. Parte de la dificultad en determinar la fecha reside en el hecho de que la mayor parte de los dos libros tratan de eventos que acontecieron después de la muerte de Samuel. La parte primera de 1 S hubiera podido ser escrita alrededor del 1000 a.C., y el resto unos treinta o cincuenta años más tarde. Aunque el Talmud adscribe la paternidad de estos libros a Samuel, es posible que el profeta escribiera solamente las secciones que tratan de la historia de Israel antes de su retirada de la vida pública. Una sugerencia, muy intrigante, es que Abiatar escribió buena parte de 1 y 2 Samuel, especialmente aquellas partes que tratan de la vida cortesana de David. Abiatar estuvo estrechamente relacionado con el surgimiento y las fortunas del gran rey de Israel en que pasó algún tiempo con David en su exilio. Asimismo, provenía de una familia sacerdotal y tenía por ello acceso al arte de escribir y de mantener registros en libros. Otra sugerencia es que uno de los hijos de los profetas de una de las escuelas fundadas por Samuel continuó la historia de Israel empezada por su maestro.

Marco histórico. El llamamiento a Samuel para que fuera el profeta y juez de Israel resultó ser un poderoso punto de viraje en el desarrollo del reino de Dios en el AT. En el período de transición del liderazgo por parte de jueces elegidos divinamente a la monarquía, Samuel asumió la tremenda tarea de dirigir la reconstrucción de la unidad social y religiosa. Fue el instrumento divino para establecer el reino de Israel en esta gran crisis nacional, segunda solo en importancia a la experiencia del éxodo. La tarea de Samuel iba a ser la de guiar a Israel afuera del período de los jueces y adentro del de los reyes.

Acabó la obra de los jueces, no por el poderío físico de su brazo solo, sino por el poder espiritual de su palabra y oración. Estableció también los cimientos del oficio de profeta y lo desarrolló al nivel del sacerdocio y de la realeza. Desde aquel tiempo, los profetas sostuvieron y promovieron la vida espiritual de la nación y fueron los instrumentos mediante los cuales la voluntad de Dios se comunicaba al gobernante y al pueblo.

BOSQUEJO

I. La vida y el ministerio de Samuel. 1:1—7:17.
A. El nacimiento y la infancia de Samuel. 1:1—4:1*a*
B. La captura y el retorno del arca. 4:1*b*—7:1
C. La victoria sobre los filisteos. 7:2–17

II. La vida y el ministerio de Saúl. 8:1—14:52.
A. Israel pide un rey. 8:1–22
B. Vida política de Saúl. 9:1—12:25
C. Guerra de independencia. 13:1—14:52

III. La vida y el ministerio temprano de David. 1 S 15:1—2 S 20:26.
A. Saúl rechazado por Samuel. 15:1–35

B. David ungido para ser rey. 16:1–13
C. David en la corte de Saúl. 16:14—19:17
D. David en el exilio. 19:18—31:13
E. David, rey en Hebrón. 2 S 1:1—4:12
F. David, rey en Jerusalén. 5:1—8:18
G. Vida cortesana de David. 9:1—20:26

IV. Los últimos días de David. 21:1—24:25.
A. El hambre. 21:1–14
B. Hazañas heroicas. 21:15–22
C. El salmo de David. 22:1–51
D. El testamento de David. 23:1–7
E. Hazañas heroicas. 23:8–39
F. El censo y la plaga. 24:1–25

COMENTARIO

I. La vida y el ministerio de Samuel. 1:1—7:17.

A. *El nacimiento y la infancia de Samuel. 1:1—4:1a.*

1:1. Un varón de Ramataim de Zofim. La LXX vierte, *un hombre de Arimatea* (cp. Mt 27:57), *zufita*. **Ramataim**, *Alturas gemelas*, es la forma dual de *Ramá*, "alto". Según este libro, Ramá fue el lugar de nacimiento (1:19), residencia (7:17), y lugar de sepultura (25:1) del profeta Samuel. Se identifica generalmente con Beit Rima, un pueblo en el extremo occidental de las tierras altas centrales de Palestina, a 19 km. (12 millas) al noroeste de Bet-el y a 19 km. (12 millas) al oeste de Silo. Zuf era el antepasado de Elcana (v. 1), y Ramá, el hogar de Samuel (1:19), estaba en la tierra de Zuf (9:5). De ahí, Ramá puede ser el nombre abreviado de Ramataim de Zofim. **Del monte de Efraín.** Elcana (y, por ello, Samuel) era un levita (ver 1 Cr 6:33) que vivía en territorio de Efraín. Esto no era raro, dado que los levitas no tenían territorio tribal, sino que habitaban entre las tribus en ciudades específicas.

2. Y tenía él dos mujeres. La poligamia, que no concuerda con el ideal del matrimonio, fue practicada por Abram, Jacob, Gedeón, David, y Salomón. Este matrimonio bígamo (probablemente según Dt 21:15–17), fue probablemente provocado por un primer matrimonio estéril. No se hace aquí ningún reproche de los casamientos de Elcana. **Ana**, o *Gracia*, era también el nombre de Ana la profetisa (Lc 2:36), y de la madre de la Virgen María (según una tradición), y de una hermana de la reina Dido de Cartago, sobrina de la reina Jezabel. **Penina**, "Coral", o "Perla", puede compararse con *Margarita*, que significa "perla".

3. Jehová de los ejércitos. Un título de Dios, el caudillo de las huestes terrenales de Israel (Éx 7:4; Sal 44:9), y el comandante de las huestes celestiales, ya sean (a) cuerpos celestiales, como el sol, la luna, y las estrellas, o (b) los seres celestiales. Este título se adjuntaba al nombre divino Jehová, apareciendo por vez primera en Samuel en el AT, y proclama Su soberanía universal. **En Silo.** Silo siguió siendo el centro religioso de la nación hasta después de la pérdida del arca del pacto en la desastrosa batalla de Ebenezer. Nob reemplazó después a Silo como el centro religioso. Jeremías señala la desolación de Silo como el testigo permanente del juicio de Dios: "Andad ahora a mi lugar en Silo, donde hice morar mi nombre al principio, y ved lo que le hice por la maldad de mi pueblo Israel" (Jer 7:12, 14). **Dos hijos de Elí, Ofni y Finees.** Ambos nombres son egipcios. **Ofni** significa *renacuajo*, y **Finees**, *el negro*.

4. Ofrecía. Su sacrificio era una ofrenda de acción de gracias, porque era solamente de la acción de gracias que el ofrendante participaba (Lv 7:11–18). Se ofrecía parte del animal como sacrificio a Dios, y el resto era consumido por los adoradores en un sencillo servicio de comunión. **5. Pero a Ana daba una parte escogida**. La mayor parte de comentarios acusa a Elcana de favoritismo hacia Ana. Esta errónea concepción surgió de la traducción de la Biblia de Ginebra de 1560, que vierte, *una parte escogida*, basada en una traducción del Targum de la difícil palabra hebrea *'apāyīm* ("de dos caras"?) como *escogida*. La LXX vierte *'epes-kî*, "pero", sugiriendo que Elcana daba a Ana solo una parte, aunque la amaba. El favoritismo de Elcana consistía no en demostrar discriminación a la mesa sino en amar más a Ana que a Penina.

6. Y su rival la irritaba. *Kā'as*, la palabra para "irritar", denota el sentimiento causado por algún comportamiento inmerecido. Se utiliza del sentimiento de Dios ante el triunfo de los enemigos de Israel (Dt 32:27). **Enojándola**. Lit., *haciéndola tronar*. La palabra *ra'am* significa agitar interiormente, excitar, poner en conmoción interior. Más tarde, la versión Siríaca vertió esta palabra para que significara "lamentar, quejarse, murmura". **8. ¿No te soy yo mejor que diez hijos?** Diez es un número redondo utilizado para expresar una gran cantidad. "¿No te soy yo mejor que una familia grande?" es lo que significa.

9. El sacerdote Elí pertenecía a la familia de Itamar, cuarto hijo de Aarón. El deber de los miembros de su familia era el de cuidar de las propiedades físicas del tabernáculo. Se desconoce cuándo pasó la sucesión del sumo sacerdocio a la familia de Elí. Algunos eruditos creen que el templo de Silo constituyó un intento abortado de la familia de Itamar de usurpar el control del sumo sacerdocio. Otros creen que la línea sumo sacerdotal de Eleazar puede haber entrado en decadencia, o incluso puede haberse extinguido, y que por ello su oficio pasó a la sección más prometedora de la familia. **La casa de Jehová**. Lit., *el palacio de Jehová*. *Hêkal* es una palabra tomada prestada del sumerio *É-gal*, "la casa grande". Se utilizó originalmente para denotar el palacio del rey, mientras que más tarde se utilizó para significar el templo de la deidad. Al Tabernáculo se le denomina "el palacio de Jehová" no en base de la magnificiencia y esplendor del edificio, sino a causa de que era el lugar de morada de Jehová de los Ejércitos, el Dios-Rey de Israel (cp. Sal 5:7).

10. Con amargura de alma. Eliseo utiliza esta expresión, "su alma está en amargura", al describir a su siervo, Gizei, la angustia de la rica mujer de Sunem por la muerte de su joven hijo (2 R 4:27). La frase utilizada de Ana denota la idea de amargura vital, de un pro-

fundo desaliento. **11. E hizo voto**. Su voto fue doble: (a) servicio levítico a lo largo de toda la vida de él; y (b) membresía para toda su vida en el círculo de los nazareos. Ninguna de estas posiciones era necesariamente permanente entre los hebreos. Un levita servía hasta que tenía cincuenta años; el voto nazareo era de una duración de tiempo definida (ver Nm 6:2ss. en cuanto a la ley del nazareo). Sansón, Samuel, y Juan el Bautista, estuvieron dedicados a un nazareato perpétuo desde su nacimiento.

13. Solamente se movían sus labios, y su voz no se oía. La oración silenciosa no caracterizaba la primitiva oración hebrea. El desacostumbrado tipo de oración de Ana hizo creer a Elí que estaba bebida. **16. Una mujer impía**. Lit., *hija de Belial*. Belial se utiliza en la literatura bíblica como apelativo para Satanás. Aquí, significa "mujer mala". **17. El Dios de Israel te otorgue la petición que le has hecho**. Los comentaristas judíos ofrecen una versión alternativa que hace que Elí prediga que Dios dará un hijo a Ana. El texto heb. implica un deseo piadoso, no una predicción profética. **18. Se fue la mujer por su camino**. La LXX traduce: *se fue a su alojamiento y comió*. Tanto la RV como la LXX implican que Ana interrumpió su comida para orar por un hijo.

19. Y levantándose de mañana, adoraron. La costumbre de levantarse temprano para orar queda atestiguada por los esenios en Qumrán. **Jehová se acordó de ella**. La sugerencia aquí es que se requirió la acción directa del Señor para la concepción. De esta idea había solamente un paso para creer que una familia grande era una recompensa a la virtud, y que la esterilidad era una señal de conducta pecaminosa.

20. Al cumplirse el tiempo. Explicado por el comentarista judío, Kimchi (1235 d.C.) como "el fin del período de gestación". Se comprende mejor como "la llegada del nuevo año", esto es, la siguiente temporada para la peregrinación anual de Elcana. **Samuel**. Algunos eruditos derivan su nombre de *Shemû'a-'ēl*, "oído de Dios"; otros, de *Shemû-'ēl*, "su nombre es poderoso". No obstante, es preferible la derivación de "el nombre de Dios", como primeramente fue sugerido por Gesenius. Dos otras personas en el AT tienen el nombre Samuel (Nm 34:20; 1 Cr 7:2), aunque la transcripción al castellano, en la RV, es *Semuel*.

21. Y su voto. Quizás Elcana se unió a Ana en hacer votos al Señor. La LXX vierte, *votos*, y añade que en esta ocasión él pagó "todos los diezmos de su tierra" (cp. Dt 12:26, 27).

Siguiendo a Josefo, se ha sugerido que el copista hebreo omitió lo que la LXX ha registrado debido a la improbabilidad de que un levita pagara diezmos. No obstante, Josefo describe a Elcana como un levita, y según Nm 18:26ss. y Neh 10:38, los levitas sí pagaban diezmo. **22. Hasta que el niño sea destetado.** Según 2 Mac 7:28, las mujeres hebreas daban de mamar a sus niños hasta los tres años. **23. Solamente que cumpla Jehová su palabra.** Dios no se había revelado todavía a Ana. Quizás las palabras de Elí a ella (v. 17) les hicieron creer que Dios había hablado en el nacimiento, y por ello esperaban más palabra de Él. La versión Siríaca y la LXX vierten *tu palabra*, como expresión de Elcana de que Ana tenía que cumplir su voto al tiempo debido.

24. Tres becerros. Los dos becerros, según Ehrlich, eran presentes a Elí, y uno fue sacrificado (v. 25). Keil sugiere que todos fueron ofrecidos, uno por el voto del niño, otro para el holocausto anual, y otro por la ofrenda anual de acción de gracias. La LXX vierte, un becerro de *tres años de edad.* **26. Que estuvo aquí junto a ti.** La oración era ofrecida (a) de pie, como por parte de Ana y de Abraham (Gn 18:22); (b) de rodillas, como por parte de Salomón (1 R 8:54) y de Daniel (Dn 6:10); o (c) postrados, como por parte de Moisés o de Aarón (Nm 16:22), y Jesús (Mt 26:39). **28. Lo dedico también a Jehová.** La dedicación era completa e irrevocable.

2:1. Mi poder se exalta en Jehová. Lit., *mi cuerno se exalta en Jehová* contiene una ilustración de un buey salvaje con la cabeza levantada en la confianza del poder. **Mi boca se ensanchó sobre mis enemigos** se refiere al gesto de abrir la boca un una mueca todavía utilizado en el Oriente Medio para mostrar ridículo y desprecio. **2. No hay santo como Jehová.** Es la santidad del Señor lo que le hace más que el hombre, trascendente. Esta trascendencia tiene más que ver en términos de grado que de lejanía. **Refugio como el Dios nuestro.** Lit., *Roca.* La *roca* constituye una frecuente metáfora para expresar la fortaleza y la permanencia del Señor. Las rocas eran susceptibles de fácil defensa, y se utilizaban frecuentemente como lugares de refugio. El poder de Jehová es un lugar de refugio (Sal 91:1, 2). **3. A él toca el pesar de las acciones.** Con esta figura de la balanza como el medio de pesar la valía humana (Pr 16:2; Dn 5:27), podemos comparar la ilustración familiar del Libro de los Muertos egipcio, que representa un corazón de un muerto siendo pesado en una balanza frente al símbolo de la Verdad y de la

Rectitud antes de que el difunto sea admitido al reino de Osiris. El texto al que se refiere el pasaje hebreo, empero, se aplica a esta vida. **4. Los arcos de los fuertes fueron quebrados.** Aparte de Is 51:56, no se utiliza *batat* para denotar el quebrantamiento de cosas externas, sino del quebrantamiento de los hombres. **6. Jehová mata, y él da vida.** Aunque esto se pueda referir a la resurrección de los muertos, se entiende generalmente para transmitir la idea de que los asuntos de vida y muerto se hallan en la mano de Dios; y puede referirse al ser de un hombre al punto de la muerte pero preservado.

8. El levanta del polvo al hombre, y del muladar al menesteroso. El basurero de la ciudad era el lugar en el que los mendigos dormían de noche y donde pedían limosna de día. Este versículo muestra el trato de Dios hacia los pobres y los débiles. Así como el juez humano tiene el deber de dar juicio en favor de la viuda, del huérfano, del extranjero, y del pobre (Is 1:17; Jer 5:28), así Dios, el Juez divino, da juicio en favor de los impotentes (Sal 43:1; Is 11:3, 4). Así, su justicia viene a ser sinónimo con la salvación (Is 46:13; 51:4–8). **De Jehová son las columnas de la tierra.** Esto es, los príncipes o gobernadores. El Señor ha dispuesto hombres como autoridades, y ha dispuesto **sobre ellas al mundo**, esto es, ha puesto el gobierno de los reinos del mundo sobre sus hombros (cp. Gá 2:9, donde se llama ''columnas'' a hombres). **9. Sus santos** (*basidîm*). La palabra heb. *ḥăsîdāw* se traduce mejor como ''lealtad en amor''. Denota la idea de lealtad a un acuerdo. El mejor ejemplo en los asuntos humanos es la fidelidad al voto matrimonial: lealtad y amor. *Hăsîdāw* se traduce frecuentemente como ''misericordia'' o ''bondad''. Es la raíz de *Hasîdim*, ''los piadosos''. **10. Su Rey...su Ungido.** Esta es la primera referencia en el AT al rey como el ungido de Jehová. Más tarde, en el pensamiento escatológico de los judíos, esta expresión se hizo el título característico del esperado Libertador, el Mesías o el Cristo, que aliviaría los dolores del mundo en una era mesiánica.

11. Ministraba a Jehová. Servir en la presencia del Señor denota la ejecución de las funciones de los sacerdotes o levitas en relación con la adoración de Dios. Samuel tomaba parte en tal servicio al crecer, bajo la supervisión de Elí y según sus instrucciones.

13–17. Costumbre de los sacerdotes. Aquello que tiene justificación por precedentes. En realidad, el precedente se ve en la ley de Dt 18:3 y de Lv 7:31–34. Los hijos de Elí eran culpables de un pecado doble: (a) En lugar de tomar solamente la parte que les tocaba, tomaban todo lo que pudiera sacar el garfio; y (b) tomaban su parte antes que fuera ofrecida la grosura y la sangre en sacrificio al Señor. Evidentemente, los sacerdotes no aceptaban invitaciones a cada comida familiar sino que querían que se les enviaran cortes escogidos a sus casas. Para asegurar que tendrían estos cortes escogidos, insistían en que sus siervos consiguieran las mejores partes antes de que se hicieran las ofrendas.

18. Vestido de un efod de lino. El efod era una prenda sencilla (2 S 6:14) que llevaban los sacerdotes inferiores, los levitas, los jueces, y personas eminentes con propósitos religiosos. No debe de ser confundido con el efod utilizado para adivinación. Aunque los sacerdotes egipcios llevaban también prendas de lino (*ipd*), no se sabe de cierto que su vestimenta influenciara la de los sacerdotes hebreos. **19. Una túnica pequeña.** El heb. *meîl* denota un tipo de vestimenta larga y suelta que llevaban los reyes (1 Cr 15:27), profetas (1 S 15:27), hombres de posición (Job 2:12), y mujeres de rango (2 S 13:18). Tenía un agujero para la cabeza, y cortes en los lados para los brazos, pero no tenía mangas. Se llevaba como una prenda encima de la túnica.

21. Crecía. Se utiliza el mismo verbo de Moisés (Éx 2:10ss.). Puede denotar crecimiento moral y mental además del físico.

22. Las mujeres que velaban a la puerta del tabernáculo. Éx 38:8 menciona a estas mujeres de servicio. Algunos creen que los dos hijos de Elí introdujeron la prostitución cúltica de Canaán en el templo de Silo. Otros creen que estas mujeres eran las encargadas de cuidar de niños pequeños como Samuel.

24. Hacéis pecar al pueblo de Jehová. La LXX vierte así: *de forma que el pueblo del Señor no adora;* esto es, rehusa asistir a los servicios debido a que los líderes son inmorales. **25. Si alguno pecare contra Jehová.** Cuando un hombre tiene queja contra otro, el asunto puede ser decidido por Dios mediante su representante, el juez (Sal 82:3), o por suerte sagrada en mano del sacerdote. Pero en un caso en el que Dios es el acusador, no puede haber arbitraje mediante una parte no interesada, y el crimen incurre en la venganza directa del cielo. **Porque Jehová había resuelto hacerlos morir.** Cp. el lenguaje de Éx 4:21 y de Jos 11:20, donde leemos que Dios endureció el corazón de Faraón y de los cananeos; y en 1 S 16:14 se dice que "le atormentaba un espíritu malo de parte de Jehová" a Saúl". Pero se nos asegura que "se deleita en misericordia" (Mi 7:18), y que Él dice: "no

quiero la muerte del que muere" (Ez 18:32). Esta coexistencia de misericordia y de juicio en la voluntad divina (Éx 34:6, 7) constituye un misterio que trasciende a nuestra comprensión. Pero tenemos que señalar cuidadosamente que no fue hasta que Faraón hubo hecho oídos sordos a advertencias repetidas, ni hasta después de que los cananeos se contaminaran con abominaciones intolerables, que Dios endureció sus corazones. Solamente cuando los hijos de Elí ignoraron y desafiaron Sus leyes es que Él decidió matarlos.

27. Un varón de Dios. El cántico de Ana y la profecía del varón de Dios constituyen los únicos dos casos registrados de profecía desde los días de Débora en el período temprano de los jueces. **La casa de tu padre.** Esto es, Aarón. Aunque no se da la genealogía de Elí en ningún lugar del AT, el cronista afirma (1 Cr 24:3) que uno de los descendientes de Elí era uno "de los hijos de Itamar", el cuarto hijo de Aarón. Asimismo, el nombre del hijo de Elí, Finees, es otro eslabón que le relaciona con la familia de Aarón (Éx 6:23, 25). **28. Quemar incienso** era rociar un polvo sobre carbones vivos para así crear un aroma. Los cananeos, hebreos, griegos, y romanos, utilizaban todos ellos esta característica en la adoración de la deidad.

29. ¿Por qué habéis hollado mis sacrificios...? Lit., *¿Por qué dáis patadas a mis sacrificios...?* La figura que aquí se utiliza es la de un animal mimado e intratable (Dt 32:15). **31–35.** El v. 31 se refiere a la masacre de los sacerdotes de Nob; los vv. 32, 33 a la deposición y consiguiente pobreza de Abiatar; el v. 35 a la elevación de Sadoc al sacerdocio. Ezequiel, en su visión del nuevo Templo, vio a los hijos de Sadoc como los verdaderos sacerdotes. **36.** Algunos eruditos modernos hallan en este versículo una figura de las extremidades a las que quedaron reducidos los sacerdotes de los santuarios locales cuando estos últimos fueron abolidos por la reforma de Josías.

3:1. El joven Samuel. Según Josefo, Samuel había acabado de cumplir doce años cuando el Señor le habló. Fue también a la edad de doce años que el niño Jesús subió con sus padres a Jerusalén (Lc 2:42). **La palabra de Jehová escaseaba en aquellos días.** La rareza de las revelaciones hizo que las pocas ocasiones constituyeran ocasiones preciosas. **No había visión con frecuencia.** La revelación era en forma de una palabra "vista" por el profeta (cp. Is 2:1: "Lo que vio Isaías hijo de Amoz..." se debiera traducir por *la palabra que vio Isaías hijo de—Amoz*") Así lo hace la LXX, que implica que no existía un profeta públicamente reconocido que el pueblo pudiera consultar, y ningún receptor de revelación divina.

3. Antes que la lámpara de Dios fuese apagada. Ya que el candelero (de siete brazos) estaba llenado del aceite suficiente para que quemara a través de la noche (Lv 24:2, 3), es indudable que la hora a que Samuel fue llamado era temprano por la mañana. **Y Samuel estaba durmiendo en el templo de Jehová.** Samuel dormía en algún lugar cerca del arca, en una estancia para los sacerdotes que ministraban. La palabra *templo* se aplicaba a toda el área. Así, Samuel no dormía al lado del arca, sino en una estancia en el área del templo. **4. Jehová llamó a Samuel.** Los modernos musulmanes creen aun que Dios habla en visiones a aquellos que duermen en el santuario. También Keret, en la Epica Ugarítica, recibió una revelación en la tienda sagrada.

11. Haré yo una cosa. Esto, según Rashi y Kimchi, se refiere a la captura del arca. No obstante, puede haber sido más amplio en su alcance, e incluir la derrota de Israel, la muerte de Elí y de sus hijos, la captura del arca, y la asolacíon del santuario. **Le retiñirán ambos oídos.** Esta expresiva frase aparece en otros dos pasajes (2 R 21:12; Jer 19:3), refiriéndose a la destrucción de Jerusalén por parte de Nabucodonosor.

13. El no los ha estorbado. Bien no los reprendió de manera suficientemente enérgica (2:23, 24); o bien (según Kimchi), los reprendió cuando era ya demasiado tarde, cuando era viejo, y su reprensión era ineficaz. Los hombres de Dios, cuyo deber es el de exhortar a otros con respecto a su comportamiento pecaminoso, dejan a menudo de darse cuenta del pecado en las vidas de aquellos que están de lo más cercano a su corazón. La insistencia de Pablo de que los líderes religiosos tienen que ser líderes en sus propios hogares es apropiada. **14. La iniquidad de la casa de Elí no será expiada jamás, ni con sacrificios ni con ofrendas.** Ningún sacrificio, ni de animales ni de pacíficos, haría que Dios se echara atrás de su decisión de acabar con la dinastía de la casa de Elí. Los pecados de los hijos de Elí pudieran ser perdonados, pero su oficio de sacerdotes se había acabado para siempre.

15. Abrió las puertas. Esta era una parte de los deberes regulares de un siervo del templo. Encendía también las luces al atardecer y guiaba al semiciego Elí a sus puestos. El tabernáculo del desierto tenía una cortina a la entrada; el templo de Silo tenía puertas que se doblaban. **17. Así te haga Dios y aun te añada, si me encubrieres palabra de todo lo que habló contigo.** Una imprecación relacio-

nada con el degüello de un animal al adjurar. Las partes involucradas oraban que la suerte de la víctima fuera la de ellos si se violara el juramento.

20. Desde Dan hasta Beerseba. Equivalente a "desde Santander hasta la Punta de Tarifa" (España). **Dan** era el punto más septentrional de Israel. Estaba en una colina en la que nace la principal fuente del Jordán. Beerseba era el punto mas meridional de Israel, un punto de estancia favorito de Abraham. Beerseba se halla localizado centralmente en el Neguev, el área más poco desarrollada y con más potencial del moderno Israel. **Samuel era fiel profeta.** Quedó acreditado, aprobado. La implicación de este versículo es que hombres de todas partes de Israel venían a consultar a Samuel en Silo.

B. La captura y el retorno del arca. 4:14b–7:1.

1. Los filisteos eran los únicos habitantes de Palestina que no eran semitas. Venían de Caftor (Am 9:7; Jer 47:4, 5; Dt 2:23), que generalmente ha sido asociada con Creta. Algunos eruditos creen que los filisteos eran las personas desplazadas que habían sido desarraigadas por la invasión aquea de la antigua Grecia, de las islas del Egeo, y de la costa de Asia Menor en el 1200. Los filisteos estaban organizados bajo cinco príncipes, cada uno de los cuales controlaba una de las cinco ciudades principales: Asdod, Ecrón, Ascalón, Gaza, y Gat. Sus centros caían en el camino de ejércitos conquistadores; y así los filisteos se desvanecen al fin de la escena de la historia de Israel, excepto en dar a la tierra de Israel el nombre de Palestina (Filistea). La anterior población filistea de Canaán se vio desbordada por estas personas desplazadas. **2. En el campo.** La batalla tuvo lugar en país abierto, probablemente en la llanura de Sarón donde los filisteos tenían la ventaja de sus carros (13:5; 2 S 1:6). Los israelitas mantuvieron sus posiciones, pero sufrieron una seria pérdida de hombres.

3. Traigamos...el arca del pacto...para que...nos salve. El arca precedía a Israel en el cruce del Jordán y en la batalla de Jericó. Simbolizaba la presencia y el poder de Jehová, y los ancianos creían que la apostasía podría quedar rectificada por la presencia del símbolo divino. No podían distinguir entre el arca como símbolo de la presencia de Dios y la verdadera presencia de Dios. **4. Que moraba entre los querubines. Entre** no aparece en el hebreo, y en la LXX dice: *sobre*. Dibelius teorizó que el arca era un trono llevado por querubines, estilizados al lado de la caja. **5. Gritó con tan gran júbilo.** Este puede haber sido el grito de guerra de Nm 10:35:

"Levántate, oh Jehová, y sean dispersados tus enemigos, y huyan de tu presencia los que te aborrecen". **6. En el campamento de los hebreos.** Hebreos era el nombre que los extranjeros utilizaban para designar a los israelitas y por los mismos israelitas cuando hablaban con extranjeros. Puede ser de *'ēber*, "más allá", aplicado originalmente a Abraham al haber venido de más allá del Éufrates (Jos 24:2ss.). O bien pudiera ser un patronímico de Heber (Gn 10:21, 24), significando los descendientes de Heber.

10. Cayeron de Israel treinta mil hombres de a pie. Algunos dicen que esta cifra es una exageración militar de las pérdidas; otros, que incluye a todas las otras pérdidas (hombres, y animales de guerra); otros, que el combate cuerpo a cuerpo y las flechas envenenadas producían fuertes pérdidas. Herodoto y Josefo atestiguan de la vasta mortalidad que frecuentemente marcaba las batallas de la antigüedad. Para un relato de este desastre nacional, ver Sal 78:60ss.

12. Un hombre de Benjamín. Existe una tradición rabínica que este hombre era Saúl y que él rescató las tablas de la Ley de Goliat, que a su vez se fue con el arca de Jehová. **Rotos sus vestidos.** La rotura de los vestidos y el derramamiento de cenizas sobre la cabeza de uno eran los signos universales de duelo por los muertos, o de una calamidad nacional (Jos 7:6; 2 S 15:32).

13. Elí estaba sentado en una silla vigilando junto al camino. Elí había salido a la puerta de la ciudad para esperar las nuevas de la batalla. El mensajero, en su ansiedad por llevar las noticias, pasó de largo del anciano a la puerta y tuvo que volver a él para darle un relato de la batalla. **Toda la ciudad gritó.** La mayor parte de los hombres de Silo habían muerto.

17. Esto ilustra bien el estilo gradado del redactor bíblico. Los cuatro puntos —la huida de Israel, la masacre general, la muerte de los hijos de Elí, y la captura del arca— son presentados a Elí en orden de importancia creciente para el viejo sacerdote.

19. Se inclinó. En algunas partes del Oriente, las parturientas dan sus hijos a luz en una postura derecha; en otras, paren de rodillas, como es todavía la costumbre en Etiopía.

21. Traspasada. La palabra heb. expresa mucho más. Es una palabra ominosa, que significa: *ha ido al exilio.* El arca había ido a una tierra extraña. Es probable que la victoria de los filisteos fuera seguida de la asolación de Silo. Aunque los libros históricos guardan silencio acerca de esta tragedia, estaba muy lejos de haber sido olvidada en los días de Jeremías (7:12, 14; 26:6). **Icabod.** Del heb. *'îkābôd*, "¿Dónde está la gloria?" La gloria tiene una variedad de significados en hebreo. Puede significar "peso", utilizada metafóricamente para significar "dignidad" o "prestigio". Tal "gloria" puede ser evidenciada en riquezas (Sal 49:16, 17), en una corona (Job 19:9), en vestimentas ricas (Éx 28:2). La gloria de un bosque son sus árboles; la de una nación, sus gentes. La "gloria" se utiliza también como un seudónimo de Dios. Aquí significa: "¿Dónde está Dios?" Los hebreos dejaban a menudo de distinguir entre la presencia de Dios y los símbolos religiosos de su presencia. Dios estaba donde sus objetos santos estaban. Cuando el arca fue tomada, se consideró que Dios estaba ausente de Israel. En años posteriores, los profetas de Israel insistieron en que Dios estaba con su pueblo tan verdaderamente en la hora de castigo como en la época de bendición.

5:1. Asdod estaba a 53 km. (33 millas) al oeste de Jerusalén, estratégicamente situada en la carretera de Siria a Egipto. Había sido asignada a Judá (Jos 15:47). Sargón de Asiria la capturó el 711 a.C., y en el 630 resistió un asedio egipcio durante veintinueve años. Fue finalmente destruida por Jonatán el Macabeo (1 Mac 10:84).

2. Dagón. Quizás de *dag*, "pez", o de *dāgān*, "maíz". Un dios-pez, representado por una figura con la cabeza y las manos de un hombre y el cuerpo de un pez, era adorado en Siria y es representado sobre un bajorrelieve asirio. Por otra parte, los filisteos en el rico llano de la Sefela habían adorado a un dios cerealero importado del valle del Éufrates. Este dios era Dagón, que es mencionado en las tabletas de Ras el-Shamra como padre de Baal. Existía en Asdod un templo a Dagón hasta el tiempo de los Macabeos (1 Mac 10:83ss.). La deposición de un trofeo en este templo de Dagón no fue cosa singular. En el santuario de Gezer se halló una piedra sagrada llevada de Jerusalén después de una victoria militar. También, la estela de Hammurabi fue llevada por los victoriosos elamitas, y erigida en Susa.

4. Los filisteos tuvieron victoria sobre los israelitas, pero no sobre Jehová. "Los ídolos... temblarán delante de él" (Is 19:1). **5. No pisan el umbral.** La práctica de saltar por encima del umbral y de no pisar sobre él era quizás una costumbre antigua (cp. Sof 1:9). El Targum parafrasea esto así: "que andan en la costumbre de los filisteos".

6. Los destruyó. Cuando se aplica a hombres, como en Mi 6:13, la palabra significa "asolar" no solamente por enfermedades, sino también por retirada y disminución de los medios de subsistencia. **8. Príncipes.** *Seren* se utiliza solamente de los cinco príncipes ciudadanos filisteos. Puede ser una palabra aquea que los filisteos retuvieran cuando adoptaron el vocabulario semítico. Está relacionado con el griego *tyrannos* ("tirano") en forma y función. Los griegos pudieran haberlo tomado de sus antecesores egeos. Gat significa *lagar*. Fue capturada por David (1 Cr 18:1), fortificada por Roboam (2 Cr 11:8), tomada por Hazael (2 R 12:17), y después vuelta a tomar por Uzzias y desmantelada (2 Cr 26:6). Se menciona en Amós 6:2 como un ejemplo de grandeza caída. Goliat vivió allí (1 S 17:4), como también David durante un tiempo, al huir de Saúl. **11. Había consternación de muerte.** Esto se utiliza del tumulto de un ejército en desbandada (Dt 7:23; Is 22:5). **12. Cuanto más tardaban** los filisteos en reconocer la supremacía de Jehová, tanto más pesadas se hacían las plagas. Esta creciente severidad caracterizó también las plagas inflingidas sobre Egipto en tiempos faraónicos.

6:2. Adivinos. Is 2:6 menciona la fama de los adivinos filisteos. **3. No la enviéis vacía.** En todas las religiones se consideran necesarias las ofrendas como parte de la adoración. Estas ofrendas podían adoptar la forma de sacrificios vegetales o animales, o de dinero. **6. Endureceréis.** Esta es la misma palabra que se utiliza del endurecimiento del corazón de Faraón en Éx 7:14; 8:15, 32. **7. Un carro nuevo.** Asimismo, nuestro Señor montó sobre un pollino en el que nadie se había sentado (Mr 11:2); su cuerpo fue depositado en la tumba nueva de José, en la que nadie más había sido nunca depositado (Mt 27:60). De la evidencia de la arqueología, este carro era indudablemente uno de dos ruedas similar a los que se ven en la actualidad en Europa. **8. En una caja.** La palabra *'argāz* aparece solamente aquí. La BLA vierte, *en una caja*, mientras que la AV dice; *en un cofre*. **12. Las vacas se encaminaron por el camino de Bet-semes, y seguían camino recto.** Ya que lo natural para una vaca es ir directamente a su becerro, la conclusión natural es que las vacas iban controladas por un poder sobrenatural. Cp. esto con la señal a Gedeón en Jue 6, que consistía en un fenómeno contrario a lo que era de esperar. **13. Segaban el trigo en el valle.** En tales tiempos, en las tierras bíblicas todo el mundo salía al campo. **14. Holocausto.** El carro y las vacas, habiendo sido utilizados para un propósito sagrado, eran santos, y no podían utilizarse para propósitos seculares, sino que tenían que

ser ofrecidos en sacrificio. El Talmud y varios comentaristas judíos explican esta ofrenda afirmando que, después de la desolación de Silo, se permitían los sacrificios en los 'lugares altos'. Como no había santuario central, la ley de Dt 12:10ss. quedó temporalmente suspendida. **19. Cincuenta mil setenta hombres.** Algunos manuscritos mencionan solamente los setenta. Cómo llegaran los cincuenta mil al texto es algo que se desconoce. **20. Jehová el Dios santo.** La acción de ellos ilustra al hombre que desea liberarse de la carga de la presencia de Dios, en lugar de adecuarse para ella. **21. Quiriat-jearim.** *La ciudad de las malezas.* En Jos 15:60 se la llama Quiriat-baal, posiblemente indicando la presencia de un santuario allí. Anteriormente había sido una ciudad en la liga gabaonita.

C. La victoria sobre los filisteos. 7:2–17.

3. A Astarot. Nombre plural heb. de *Astoret*, el nombre de la diosa a la que los babilonios llamaban *Istar*, y los griegos *Astarte* (31:10). Era una de las deidades semíticas más antiguas y más extensamente esparcidas. Entre los semitas occidentales era la diosa de la fertilidad y de las relaciones sexuales. Por ello, se asociaban ritos del carácter más licencioso con su adoración. El nombre de la diosa se pronunciaba con la máxima probabilidad como *Ashtart* en Palestina (de ahí la forma griega), en tanto que la forma tradicional, *Ashtoreth*, era una deformación intencionada de las vocales de *bosheth* ("vergüenza") dadas en la pronunciación del nombre de esta diosa. **4. Baales.** Baal era la deidad varonil suprema de las naciones fenicias y cananeas. En las inscripciones de Ras Shamra es conocido como el hijo de Dagón y heredero al trono de El. Era el dios de la fertilidad cuyo domino estaba en el cielo, de donde fertilizaba la tierra y así controlaba la naturaleza. El culto a Baal estaba en boga cuando Israel entró en Canaán, y sus muchas similaridades con la adoración hebrea de Jehová admitían un apresurado sincretismo de parte de muchas comunidades israelitas. El ministerio de Elías estaba dirigido en contra de la adoración de Baal, e incluso algunos reyes se unieron a la cruzada. **5. Mizpa.** Mizpa fue el lugar de reunión en otras dos importantes ocasiones: cuando se declaró la guerra a Benjamín (Jue 20), y cuando Saúl fue elegido rey (1 S 10:17). Se han sugerido dos identificaciones: Nebi Samwil, una altura a unos 8 km. (5 millas) al norte de Jerusalén, la residencia tradicional de Gedalías, el gobernador de Judá designado por Nabucodonosor (2 R 25:23), y la escena de otro día de humillación nacional bajo Judas el macabeo (1 Mac 3:44ss.); y el monte Scopus, la gran sierra inmediatamente al norte de Jerusalén. Debido a la similaridad de significado entre Mizpa, *atalaya*, o torre del vigía, y Scopus, *vigía*, algunos han favorecido este último lugar. **Yo oraré por vosotros.** Samuel era tanto un hijo de oración como un hombre de oración (8:6; 12:19, 23). En Jer 15:1, Moisés y Samuel son citados como hombres de oración prevalecedora.

6. Derramaron. El derramamiento de agua como señal de penitencia queda atestiguado solamente en este pasaje. El paralelo más cercano fue el derramamiento de agua del estanque de Siloam dentro del área del Templo el último día de la fiesta de los Tabernáculos en memoria del don de agua de la roca en el éxodo. **Juzgó.** Su función era doble: civil y militar. Como juez civil, hizo lo que Moisés había hecho: juzgar ''entre el uno y el otro'', y declarar ''las ordenanzas de Dios y sus leyes'' (Éx 18:16). Como juez militar, hizo lo que Otoniel, Aod, Barac y Gedeón habían hecho antes de él: organizó y dirigió al pueblo para una resistencia efectiva a sus opresores y les condujo a la victoria.

14. Amorreo. En varios pasajes de la Biblia se utiliza ampliamente el término amorreo (*occidental*) de los habitantes originales de Canaán en general. Hammurabi fue un famoso amorreo.

16. Daba vuelta. Samuel llevó a cabo voluntariamente las funciones de juez itinerante para comodidad de las gentes que residían en distintos distritos del país, y para poner fin a todas las controversias. **Gilgal.** Después de la destrucción de Silo, Gilgal parece haberse convertido en uno de los principales centros de la vida religiosa y civil de la nación. Ahí Samuel celebraba juicios, se convocaba la asamblea nacional (11:14), y se movilizaba el ejército (13:4). La lejanía de este lugar de los filisteos debe haber sido la razón de la elección. **17. Edificó allí un altar a Jehová.** Esta desviación de la ley de Dt 12:5, 13 fue probablemente ocasionada por el desorden público de aquel período y por la destrucción tanto del Tabernáculo como del altar. Samuel, siendo un hombre piadoso, estaba deseoso de alentar sus devociones con oración y sacrificio. Jehová dio su aprobación a la erección de este altar al aceptar a la persona y al servicio del adorador.

II. La vida y el ministerio de Saúl. 8:1— 14:52.

A. Israel pide un rey. 8:1–22.

3. Se volvieron tras la avaricia. Samuel no aprendió de la lección de Elí y sus hijos. **5.**

Constitúyenos ahora un rey. La institución de la monarquía involucraba la separación del liderazgo civil del religioso. Y esto a su vez significaba que Israel empezaba ahora a tener una historia política independiente de su historia religiosa y, por ello, de su verdadero llamamiento. Israel había sido llamada al liderazgo religioso en el mundo, y el veredicto de la historia se halla al lado de aquellos que consideraron que su entrada en las políticas de este mundo como un error fundamental.

6. Pero no agradó a Samuel. Los ancianos (v. 4) dieron a Samuel dos razones de su petición: la mala administración de la justicia por parte de los dos hijos de Samuel en el tribunal de Beerseba; y la necesidad de un caudillo militar (v. 20). Samuel quedó personalmente afectado por la petición. Decírsele, después de una vida de servicio, que sus hijos eran indignos de que le sucedieran, era de lo mis entristecedor. Y ser puesto a un lado por otro después de años de servicio fiel fue un golpe terrible para su sensible espíritu.

11. Así hará el rey que reine sobre vosotros. Las exigencias que el rey les haría fueron enumeradas: servicio militar, trabajos obligatorios en las tierras reales y en el armero real, servicio en la cocina real, apropiación de tierra para premiar a los ministros del rey, impuestos, y confiscación de esclavos para el servicio del rey. **13. Perfumadoras.** Esto es, las que hacían composiciones de especias y perfumes. **15. Diezmará.** Esta es la única referencia en el AT a la exacción de tributos por parte del rey. No obstante, no era cosa desacostumbrada en Oriente que los ingresos de los soberanos se derivaran en parte de los diezmos, como, por ejemplo, en Babilonia y en Persia.

21. Las refirió. ''Referir'' quiere decir, insistir. Samuel pasó de nuevo sobre lo dicho como un granjero vuelve a arar un campo antes de plantarlo.

B. Vida política de Saúl. 9:1—12:25.

9:1. Hombre valeroso. O, un hombre de gran riqueza (cp. 2 R 15:20). **2. Que se llamaba Saúl.** Saúl aparece como nombre: (a) de un príncipe edomita (Gn 36:37, 38); (b) de un hijo de Simeón (Gn 46:10); (c) de un levita coatita (1 Cr 6:24); y (d) en el NT, de Saulo de Tarso (Hch 7:58). **Joven.** *Bāhûr* significa en hebreo un hombre en la flor de la vida. Saúl no era un adolescente, porque tenía un hijo joven, Jonatán, para este entonces.

4. El monte de Efraín. Este fue un viaje prolongado. **Salisa** y **Salim** se desconocen. **6. Todo lo que él dice acontece sin falta.** Esta era una de las pruebas de un verdadero profeta.

Otra prueba era que la enseñanza del profeta tenía que estar acorde con la fe de Israel (cp. Dt 18:21, 22; 13:1–3). **11. Salían por agua.** El deber tradicional de las jóvenes de los pueblos, que se sigue practicando. Era por la tarde (cp. Gn 24:11). Un pozo o manantial suplía a todo el pueblo. **12. En el lugar alto. Lugar alto** no tiene que ser necesariamente una altura o colina. Pero siempre significa un lugar de oración y de sacrificio. **13. Es el que bendice.** En heb., el pronombre **él** que en castellano está solo implícito, es enfático. Debiera estar así: **él es el que bendice.** Samuel tenía que estar presente para ofrecer la plegaria de bendición antes de que los participantes se dedicaran a comer la comida sagrada. Tal bendición de la comida sagrada no es mencionada en ningún otro pasaje del AT. La bendición sacerdotal sobre la comida se ve en la literatura del Qumrán y en la Cena del Señor.

15. Había revelado al oído de Samuel. Lit., *había descubierto su oído,* un modismo que se dice se deriva de la práctica de uno echando el cabello de otro a un lado o la esquina de su turbante, a fin de susurrarle un secreto al oído.

19. Sube delante de mí al lugar alto. Dejar que una persona fuera delante era una expresión de gran estima. La Misná dice que Elcana era un "necio" ¡porque andaba detrás de su esposa! **Todo lo que está en tu corazón.** ¿No podemos suponer acaso que Saúl en su arado, como Juana de Arco con sus rebaños, había estado meditando y considerando acerca de la opresión de su país por parte de los filisteos, y alentando un deseo vago pero verdadero de liberar a su pueblo?

22. A la sala. En el lugar alto había un recinto para banquetes, en el que se celebraba la comida sacrificial. En los últimos tiempos se utilizaba esta palabra de cámaras en el área del templo utilizadas como residencia de los sacerdotes y de los levitas. **23, 24. La porción.** En la ley levítica esta era la porción de los sacerdotes. Josefo la llama: "la porción real". **25. Él [Samuel] habló con Saúl en el terrado.** El terrado se utilizaba para descanso. Es probable que Saúl durmiera allí. El contenido de la conversación de Samuel fue la profunda degradación política y religiosa de Israel, la opresión de los filisteos, la causa de la incapacidad de los israelitas de resolver sus problemas, la necesidad de un avivamiento nacional, y la necesidad de un caudillo totalmente dedicado al Señor y a Su programa.

10:1. Y lo besó. Esta era una evidencia del afecto personal de Samuel hacia Saúl, porque en ninguna parte se ve que el beso sea un acto de lealtad hacia el rey. La reverencia expresaba la lealtad de uno a la corona. **Ungido.** La unción no era una ceremonia peculiarmente israelita. Se practicaba en Canaán antes de la invasión israelita (Cartas de Tell el-Amarna 37, línea 6) y en Egipto, donde a los reyes se les ungía normalmente. Originalmente se utilizaba la grasa de animales para la ceremonia de la unción; más tarde se utilizó el aceite de oliva. Algunos creen que la costumbre de ungir empezó con la creencia de que la unción infundía la fortaleza del animal en el rey. No obstante, para los hebreos la unción significaba el poder de Dios que era infundido en la persona ungida. La unción es parte del ceremonial de la coronación en Inglaterra, todavía, así como en el de muchos otros países.

2. Hallarás. Samuel dio a Saúl una señal cuyo cumplimiento confirmaría la naturaleza divina de su llamamiento a la realeza. **3. La encina de Tabor** creen algunos que es la misma que el árbol de Débora, entre Ramá y Bet-el (Jue 4:5).

5. Al collado de Dios. O, *el Gabaa de Dios.* Gabaa se utiliza para denotar las colinas peladas y redondeadas de Palestina central. **Guarnición** puede ser el oficial filisteo (13:3) mantenido en el lugar para mantener la paz filistea y para recoger los impuestos. **Compañía de profetas.** Esta es la primera mención del gremio de los profetas en el AT. El principal interés de estos profetas era el de mantener la religión pura del Señor en contra de ningún sincretismo con el culto de la fertilidad en Canaán. Algunos eruditos han creído que Samuel fue el responsable de la introducción de los gremios de profetas. **Salterio, pandero, flauta y arpa.** El salterio era un instrumento de diez cuerdas, con una forma parecida a la de una botella de vino, y que se tocaba con los dedos. Las panderetas eran tamborcillos, que generalmente tocaban las mujeres. Las arpas se tocaban con púas.

9. Le mudó Dios su corazón. El Espíritu de Dios cambió su carácter a un valor tenaz y le dotó de las cualidades necesarias para la realeza.

20. La tribu de Benjamín. Benjamín era el favorito hijo de Jacob y el único de los doce hijos que nació en la Palestina propia. El área del Templo se hallaba cerca del territorio de Benjamín y de Judá. **22. El bagaje.** El bagaje de aquellos reunidos. Muchos habían venido de lejos y se habían traído sus propias provisiones. **23. Era más alto que todo el pueblo.** La estatura física era deseable para el caudillaje. Quizás era una ayuda en la guerra, tanto ofensiva como defensiva, ya que un hombre alto hace un buen luchador y puede ser visto fácilmente por aquellos que le siguen. Goliat era alto; Jerjes sobrepasaba a todos sus hombres. Samuel vio también cualidades físicas en el hijo mayor de Isaí, y estuvo dispuesto a elegirle a él como rey. **24. ¡Viva el rey!** Esta expresión es de uso común también en España. **25. Las leyes del reino.** Así como Moisés había escrito la ley para la *comunidad* de Israel, así Samuel escribió la constitución del **reino** teocrático de Israel. Esta constitución no ha sido hallada nunca. Sería interesante, poder leer las reglas y normativas registradas por Samuel. **En un libro.** Esto es, en un rollo. La forma de libro apareció mucho más tarde. Este rollo fue depositado en un lugar alto en Mizpa. **26. Cuyos corazones Dios había tocado.** Probablemente estos fueron los hombres que constituyeron el gabinete de Saúl. Se fueron con Saúl a casa en Gabaa, donde desde su casa gobernó como un granjero caballero. Las ruinas de la finca de Saúl, a casi 7 km. (4 millas) al norte de Jerusalén, han sido objeto de mucha excavación. Es posible ver desde Gabaa a través del valle a Nebi Samuel (Mizpa), uno de los lugares del ministerio de Samuel. **27. Algunos perversos.** Un partido de oposición formado tempranamente. Samuel describe a sus miembros como *hijos de Belial*, esto es, malvados revoltosos. Su rechazo a dar presentes según la costumbre fue ignorado por el magnánimo Saúl, y su espíritu generoso ''le dio un buen inicio''.

11:1. Amonita. Los amonitas, que se hallaban relacionados con Israel a través de Lot (Gn 19:38), vivían un estilo de vida beduino en el territorio al este de Galaad. **2. Saque el ojo derecho.** El carácter salvaje de los beduínos amonitas queda atestiguado en Am 1:13. Con la pérdida del ojo derecho se pretendía incapacitar a los hombres para la guerra, ya que el izquierdo quedaba generalmente cubierto por el escudo. De manera similar, la amputacíon de los pulgares de las manos y de los pies (Jue 1:7, 8) estaba hecha con la intención de incapacitar al que la sufriera para la utilización del arco y para eliminar la posibilidad de que pudiera correr con rapidez. **5. Saúl venía...tras los bueyes.** En vista de la oposición a la eleccíon de Saúl (10:27), Kimchi cree que se retuvo, por el momento, de ejercer su gobierno y que se volvió a la granja. Es posible que Saúl rigiera sobre Israel desde la granja por elección propia. **7. Los cortó en trozos.** La severa amenaza de Saúl, juntamente con su poder de llevarla a cabo, puso ''temor de Jehová'' en todos los granjeros israelitas. ¡Una afluencia de voluntarios colmó las posibilidades! **11. En tres compañías.** Saúl utilizó la estratagema de Gedeón (Jue 7:16). Con una marcha forzada durante la noche, sorprendió a los amonitas en la hora temprana de la mañana y provocó la sorpresa y la consternación en sus huestes.

12:3. Atestiguad contra mí. El argumento de Samuel trata de su conducta como juez. El cohecho es el precio de una vida. Normalmente significa el dinero de sangre ofrecido a los parientes de un hombre asesinado con la condición de que deje de lado el derecho de la venganza de la sangre. Aquí se trataba de un soborno ofrecido a un juez para persuadirlo a que absolviera al asesino o a que impidiera de alguna forma la ejecución de la justicia. **4. Nunca.** La vida política y religiosa de Samuel fue evaluada y se halló que estaba en buen orden. **7. Los hechos de salvación.** Aquellos actos en los que vindica a los impotentes al liberarlos de sus enemigos. Es el mismo poder salvador de Dios, dirigido contra el pecado más bien que en contra de enemigos humanos, de lo cual habla Pablo cuando declara que la justicia de Dios es revelada en el evangelio (Ro 1:17). **9. Los vendió.** El abandono de Israel por parte de Dios a sus enemigos se describe bajo la figura de una venta, así como la liberación de Israel recibe el nombre de redención, o volver a comprar. **Hazor...filisteos...Moab.** Estos fueron los tres principales opresores de Israel durante el período de los jueces. **17. Truenos y lluvias.** El testimonio de Jerónimo (ocular) que ''yo he visto lluvia a fines de junio, o en julio, en Judea'', es confirmado por viajeros modernos. Pero en tanto que hay tempestades fuera de temporada en Palestina, se ve en este caso la evidencia de intervención divina en el momento preciso en que tuvo lugar la tempestad. **23. Que peque yo.** Samuel consideraba que dejar de orar por Israel hubiera sido un pecado personal en contra de Dios. La oración por la propia nación permanece la obligación de un creyente.

C. Guerra de independencia. *13:1—14:52.*

13:1. Había ya reinado Saúl un año. El hebreo de este versículo es muy difícil de traducir. La edad de Saúl a su accesión y uno de los dos números que expresan el tiempo que había reinado han caído del texto. Es natural asumir que, ya que David y Salomón reinaron cuarenta años, que Saul reinó también cuarenta años. Isboset, su hijo, tenía también cuarenta años cuando asumió el trono y no se le menciona en 14:49 entre los hijos de Saúl. Una forma sugerida de leer este difícil versículo es: ''Saul tenía___años cuando empezó a reinar, y gobernó___y dos años sobre Israel''.

2. Micmas es un pueblo a poco más de 14 km. (9 millas) al norte de Jerusalén. En heb., **Jonatán** significa *Jehová ha dado*. Puede compararse con el griego *Teodoro*, "don de Dios". **3. Guarnición.** El hebreo *nesíb* puede significar "el residente" u "oficial político" de los filisteos. El asesinato de este representante del dominio filisteo fue la señal de la revuelta.

13. Locamente has hecho. El pecado de Saúl no fue el haber sacrificado. David y Salomón ofrecieron sacrificios sin haber sido censurados. Aquí el pecado fue la desobediencia a un mandato determinado de Samuel a que esperase siete días. Fue la impaciencia de Saul lo que le atrajo la censura. Uno puede bien comprender su tendencia humana hacia el temor cuando, por una parte, vio que su ejército emprendía la huida a la menor oportunidad y, por la otra, vio a los filisteos amasando sus carros y su ejército. No obstante, la extremidad humana ha constituido siempre la oportunidad divina. Israel ganaba guerras no por superioridad numérica sino por hombres de valor dedicado. Samuel creyó que Saúl podría proveer este tipo de valor y se vio frustrado ante la falta de fe del rey en esta hora de crisis. El solo fallo de un gran hombre causó el fin de la esperanza de una dinastía duradera. Los líderes no deben fracasar. Los hombres que fracasan en una hora decisiva prueban ser infieles al depósito sagrado y quedan condenados ante un Dios santo. **14. Un varón conforme a su corazón.** Este era el ideal para futuros líderes (cp. Jer 3:15).

17. Y salieron merodeadores. Esto es, bandas dedicadas a asaltar el país inmediatamente relacionado con la insurrección. La palabra **merodeadores** es la que en hebreo se utiliza del ángel destructor en Éx 12:23.

21. Y el precio era un pim por las rejas de arado. Los pesos hebreos descubiertos en Laquís y en otras partes estaban mareados con la palabra *pím*. Un *pím* pesaba aproximadamente dos terceras partes de un siclo. Los filisteos controlaban los derechos de la metalurgia y así mantenían una considerable ventaja sobre los hebreos en guerra tecnológica. La Edad de Hierro, que empezó alrededor del 1200 a.C., empezó a desplazar las armas y utensilios de bronce. Ya que las armas de hierro podían fácilmente agujerear los cascos de bronce, anulaban los instrumentos de bronce en la guerra. Los filisteos eran conocidos por su gran interés en el hierro, y el control de su uso mantenía a los hebreos en sujeción.

14:10. Subid a nosotros, sería una señal para Jonatán de la cobardía de los filisteos, ya que traicionaría la falta de valor que tenían

para dejar sus posiciones para atacar a los hebreos.

13. Y los que caían delante de Jonatán. Evidentemente, los filisteos, sorprendidos por la repentina aparición de Jonatán, huyeron sin sus armas. Jonatán los atrapó fácilmente y los hirió. Era la función del paje la de matar directamente a los que su señor había abatido. **15. Hubo pánico.** La actividad de Jonatán provocó un pánico entre los filisteos. **La tierra tembló,** lit., *temblor de Dios*. Hubo un terremoto durante esto.

16. Los centinelas de Saúl. Estos eran un cuerpo de exploradores situados en la colina cercana. **17. Pasad ahora revista.** El término utilizado para inspeccionar las tropas. **18. Trae el arca de Dios.** La LXX dice *efod*. El efod era el órgano usual de adivinación, y el arca estaba para este entonces en Quiriat-jearim. Algunos han utilizado este pasaje para inferir que se utilizaban varias arcas entre las tribus. Quizás la LXX preserve la verdadera lectura, ya que se precisaría de un cierto tiempo para ir a Quiriat-jearim a buscar el arca.

19. Detén tu mano. Saúl temió que si se retrasaba el ataque perdería la ventaja de la confusión general en el campamento filisteo. Aquí otra vez Saúl exhibió esta falta de paciencia en determinar la voluntad de Dios. **29. Mi padre ha turbado el país. Turbado** no es una buena traducción de este término fatal, anteriormente utilizado de la turbación traída por Acán sobre Israel (Jos 7:25), por la hija de Jefté a su padre (Jue 11:35) y por Elías sobre Acab (1 R 18:17). La palabra heb. significa "enturbiar", "destruir la felicidad de". **31. De Micmas a Ajalón.** La ruta era prácticamente la misma que aquella por la cual Josué persiguió a los cananeos (Jos 10:10). Era una distancia de unos 32 km. (20 millas).

35. Edificó Saúl altar. Evidentemente, en aquella época el derecho a sacrificar no estaba restringido a los sacerdotes, cuya función particular era la de utilizar el efod para interpretar la suerte sagrado. Saúl construyó, indudablemente, otros altares, porque éste fue **el primero que edificó a Jehová.**

43. ¿Y he de morir? No se marca una pregunta en el hebreo original, sino un asentimiento. **Y he de morir.** El anatema de Saúl fue tan reverenciado como el voto de Jefté (Jue 11:35), pero, a diferencia de la hija de Jefté, él era importante para la nación entera, y Saúl descubrió que su poder se hallaba muy estrictamente limitado por la voluntad popular. **45. El pueblo libró...a Jonatán.** En heb., *redimió*. Esto no significa que otra persona muriera en lugar de Jonatán. La redención pagada pudiera haber sido la vida de un animal o una suma de dinero (Éx 12:21–23; 13:11–15; 30:12–15).

47. Hizo guerra. El fin desastroso de la vida de Saúl tiene que ser visto con la óptica apropiada. La primera parte de su reinado fue una serie de éxitos, tanto en contra de enemigos locales como en contra de lugares remotos en el norte y en el sudeste. Hasta el fin, Israel estuvo contenta con su gobierno, y la nación permaneció fiel a su dinastía incluso después de su muerte.

49. Isúi es presentado por la mayor parte de los comentadores como Isboset. Otros dicen que se trata de Abinadab (31:2; 1 Cr 10:2).

III. La vida y el ministerio temprano de David. 1 S 15:1 — 2 S 20:26.

A. Saúl rechazado por Samuel. 15:1–35.

2. Amalec. Los amalecitas, que eran descendientes de Esaú (Gn 36:12), eran enemigos constantes de Israel. Atacaron a los israelitas en Refidim en la vecindad del Sinaí, y mataron a los rezagados del éxodo de Egipto. Pueblo nómada, se hallaban en diferentes puntos de Palestina. No fueron exterminados por Saúl. Un remanente sobrevivió hasta los tiempos del rey Ezequías (1 Cr 4:43), cuando fueron destruidos por una banda de simeonitas en la región del monte Seir. La campaña de Saúl en contra de Amalec tuvo como motivo asegurar el apoyo de Judá en contra de los filisteos, ya que los amalecitas se hallaban en el flanco de Judá. **3. Destruye todo lo que tiene.** Lit., *dedícale* (a Jehová). La primera idea de *hērem* es que aquello está dedicado a Jehová y, por lo tanto, excluido de usos comunes. Ciudades, personas, animales, posesiones, y objetos preciosos podían ser dedicados de esta manera. Nos encontramos con la misma idea en ''harén'' (la sección de las mujeres), y el *haram* (el recinto sagrado en la Meca), en que estos, también, se apartaban del uso secular.

6. Los ceneos. Los servicios de Jetro el ceneo a los israelitas en el tiempo de peregrinación llevaron a una firme alianza entre los ceneos y los israelitas. Este pueblo había acompañado a Israel a Jericó, y después se fue a habitar con los amalecitas en el desierto al sur de Judá. Famosos entre los ceneos estuvieron Jael, cuyo marido, Heber, había emigrado al norte, en Palestina (Jue 4:11; 5:24). Y los recabitas, que pertenecían a esta tribu (1 Cr 2:55), que preservaron durante largo tiempo los hábitos nómadas de sus antepasados (Jer 35:7–10).

7. Shur significa *muro.* Este nombre puede haber sido derivado de un muro o línea de fortificaciones que en la antigüedad defendiera las fronteras nororientales de Egipto. **8. Agag**

se halla solamente en otro pasaje en Nm 24:7. Puede haber sido un título hereditario, como *Faraón* entre los egipcios y *Abimelec* entre los filisteos.

11. Me pesa. En el lenguaje del AT se dice que Dios ''se arrepiente'' cuando un cambio en el carácter y conducta de aquellos con los que está tratando lleva a un cambio correspondiente en sus planes y propósitos hacia ellos. Su arrepentimiento no debe entenderse como lamentándose de Su acción, ni es un signo de mudanza. Sus promesas y amenazas son frecuentemente condicionales (Jer 18:8–10). **12. Se levantó un monumento.** Para conmemorar su victoria. **A Gilgal.** En el mismo lugar en el que se había confirmado el reino a Saúl (11:14), allí se le quitó. Y donde se había pronunciado la advertencia con respecto a las consecuencias de obediencia (13:13, 14), se pronunció la sentencia sobre la desobediencia.

15. Saúl respondió. . . el pueblo perdonó lo mejor de las ovejas. . . . Saúl, como Aarón en Sinaí (Éx 32:22), y Adán y Eva en Edén (Gn 3) intentaron pasar su responsabilidad personal a otros. Samuel se estaba dando cuenta ahora de que Saúl no era un líder, sino un instrumento y esclavo del pueblo. **17. Aunque eras pequeño en tus propios ojos...**Estas fueron las propias palabras de Saúl acerca de sí mismo cuando Samuel primero le habló de los planes de Dios para elevarle al trono. Una curiosa tradición en el Targum aquí es que la exaltación de Saúl al trono fue un premio por la valentía de la tribu de Benjamín en el paso del mar Rojo, cuando trataron de pasar los primeros.

23. Adivinación. . .rebelión. Ambas son formas de apostasía, siendo una la negación de la autoridad de Dios, la otra un reconocimiento de poderes sobrenaturales distintos de los de Dios. **24. Yo he pecado.** El arrepentimiento de Saúl no era genuino. Todavía intentaba pasar la culpa al pueblo. Su principal preocupación era su temor de que el corte de relaciones entre Samuel y él mismo constituyera un escándalo público y debilitara su autoridad. Señalemos que Saúl temió **al pueblo** en lugar de temer a Jehová, y **consintió a la voz de ellos** en lugar de obedecer a la voz de Jehová.

32. Agag vino a él alegremente. Mediante una ligera enmienda, algunos vierten: *vino encadenado.* Otros, mediante una inteligente enmienda, vierten, *vino de espaldas.* Algunos creen que estaba danzando la danza de la muerte. La palabra hebrea es de un significado bastante incierto.

B. David ungido para ser rey. 16:1–13.

2. Toma contigo una becerra. Puede inferirse del mandato que Samuel tenía el hábito de mantener asambleas religiosas en diferentes ciudades provinciales de vez en cuando. **4. Los ancianos...salieron a recibirle con miedo.** Quizás consideraban que Samuel venía como juez para tener juicio y castigar sus delitos (7:16). **7. Lo grande de su estatura.** La altura de Saúl era una de sus cualificaciones, y Samuel vio la altura de Eliab y se equivocó. **12. Era rubio.** Por lo general esta palabra designa cabello rojo y tez clara que se consideran hermosos en los países del sur, en los que por lo general el cabello y la complexión son oscuras. No obstante, *'admônî* puede referirse a la fuerza de la juventud. David y Esaú son los dos únicos caracteres descritos en el AT con este término. Quizás la palabra *guerrero* sería mejor traducción de este término que **rubio. 13. En medio de sus hermanos.** Es probable que entendieran por esta unción que David iba a ser discípulo de Samuel, o que a su tiempo pudiera llegar a ser profeta en lugar de Samuel, así como Eliseo llegó a ser el siervo ministrador de Elías. *David* aparece frecuentemente en las tabletas de Mari como *dawid-um* y puede ser un título, como Capitán o Sargento. La etimología judía es que proviene de *dôd,* ''amor'', y que él era amado de Dios.

C. David en la corte de Saúl. 16:14—19:17.
15. Un espíritu malo de parte de Dios. Aparentemente una melancolía tétrica, llena de sospechas, bordeando la locura, afectaba a la mente de Saúl. Para el hebreo, toda visitación, fuera de bien o de mal, venía directamente de Dios (Am 3:6). **16. El toque...y tengas alivio.** La poderosa influencia ejercida por la música sobre el estado de ánimo era bien conocido desde los tiempos más antiguos; de forma que los hombres sabios de la Grecia antigua recomendaban la música para domeñar las pasiones, para curar enfermedades mentales, e incluso para dominar tumultos populares. **18. Un hijo de Isaí...que sabe tocar.** En heb., *habilidoso.* La cualificación de David era que era de primera. Era de buen ver. Sabía música, y era un hábil guerrero. Era pronto a aprender y comprender. Y el Señor estaba con él. Todo lo que un rey precisaba para tener éxito David lo poseía. **21. Estuvo delante de él.** Como un levita *estaba delante* de la congregación para cumplir sus deberes, así David *estaba delante* de Saul en capacidad de un ministro de la corte.

17:1. Soco es el moderno Shuweikeh, a casi 23 km. (14 millas) al oeste de Belén. El nombre *Soco* se ha hallado en asas de jarras halladas en la vecindad. **2. Valle de Ela.** Ela significa ''encina'' o ''terebinto''. Esta área

probablemente recibió su nombre de un árbol distintivo que crecía en la región. **4. Seis codos y un palmo.** Un codo son aproximadamente unos 46 km. (18 millas), y un palmo alrededor de 23 cm. (9 pulg.) Goliat tenía una altura de dos m. y 95 cm. (nueve pies y nueve pulg.). Era un sobreviviente de la antigua raza de los anaceos, un remanente de los cuales halló refugio en Gaza, Gat y Asdod, cuando Josué ''los destruyó'' (Jos 11:21, 22) de los montes de Judá. **5. Cota de malla.** Esta pieza de armadura, hecha de placas sobrepuestas de metal, protegía al cuerpo hasta las rodillas. Armaduras de este tipo están representadas en esculturas asirias. **6. Bronce.** Aparte de la jabalina, todas las armas defensivas de Goliat eran de bronce, en tanto que las de ataque eran de hierro. **7. Su escudero.** Este era un asistente que llevaba un gran escudo e iba delante del guerrero para proteger todo su cuerpo.

8. ¿No soy yo el filisteo? El Targum de Jonatán afirma que Goliat siguió después vanagloriándose de que él había sido el que había muerto a Ofni y a Finees y que él se había llevado el arca a la casa de Dagón, y que en muchas ocasiones él había hecho matanza de israelitas. **10. Dadme un hombre que pelee conmigo.** Muchas batallas en la antigüedad se decidían por un duelo entre dos guerreros. Goliat propuso que las diferencias entre Israel quedaran resueltas entre él y un guerrero israelita.

15. Había ido y vuelto. Se fue de Saúl a cuidar de los corderos de su padre en Belén, por lo que no estaba en servicio permanente de Saúl, sino que en aquel mismo tiempo estaba con Isaí. **17. Grano tostado.** Estas palabras describen grano arrancado justo cuando estaba madurando y tostado sobre una plancha de hierro. Los árabes comen todavía ''grano tostado'' como un elemento importante en su dieta. **18. Toma prenda.** Traer de ellos alguna prueba de que había cumplido su misión. **25. Eximirá** de trabajos obligatorios y de contribuciones (cp. 8:11). **28. Aquellas pocas ovejas en el desierto.** El desierto es tierra no vallada con pastos adecuada para ganado, diferente de la tierra arable. **Malicia.** Cp. la ira de Eliab con el odio de los hermanos de José hacia él (Gn 37). Por lo que parece, Eliab estaba ignorante de que Samuel había ungido a David para que sucediera a Saúl, o bien interpretaba la unción como significando que David iba a ser un siervo de Samuel.

34. Cuando venía un león o un oso. Un frecuentativo imperfecto: ''Del Líbano a veces descendía el oso; del Jordán ascendía el león''.

Se dice que el oso sirio es especialmente feroz, y parece haber sido más temido que el león. David había tenido muchas experiencias horribles, pero había sido victorioso en preservar el rebaño de su padre de las fieras salvajes. Ahora aseguró a Saúl que él podría proteger al rebaño de Dios de este filisteo incircunciso. La fe en los eventos pasados da valor al creyente para confiar en el poder de Dios para afrontar las crisis del presente.

38. Saúl...le armó [a David]. El hecho de que David probara la armadura de Saúl indica que era aproximadamente de la altura de Saúl. Si este era el caso, los escarnios de Goliat con respecto a las capacidades del "joven" están más acusadamente envenenados de lo que generalmente se supone. **40. Su cayado.** Probablemente el bastón común para andar que se ve todavía en el Medio Oriente, utilizado para ayudar a andar y a mantener a raya a perros feroces. **Su honda.** En todas las edades, la onda ha sido el arma favorita de los pastores de Siria. Los benjamitas eran especialmente expertos en su uso; incluso los zurdos podían lanzar piedras "a un cabello, y no erraban" (Jue 20:16). **54. La trajo a Jerusalén.** Jerusalén era una ciudad que todavía no era hebrea (2 S 5:4ss.). Algo más tarde hallamos la espada de Goliat en Nob (21:9), y por ello algunos creen que es Nob la ciudad que aquí se menciona. Otros creen que David llevó la cabeza de Goliat a Jerusalén en un período posterior. No obstante, Jos 15:63 y Jue 1:8 muestran que habían hebreos que sí vivían en Jerusalén. Era la ciudadela del monte Sión que estaba en manos de los jebuseos.

18:1. Y lo amó Jonatán como a sí mismo. Cada uno halló en el otro el afecto que no había hallado en su propia familia. **Ligada** es la misma palabra utilizada en Gn 44:30 para expresar el amor de Jacob hacia Benjamín. Pocas naturalezas, como la de Jonatán, pocas veces llegan al lugar más elevado, y los registros de sus vidas son demasiado infrecuentes. Pero al pasar por el mundo, fortalecen la fe del hombre en la humanidad, y dejan una fragancia que perdura. **4. Jonatán...dio a David.** Cp. el intercambio de armaduras entre Glauco y Diómedes cuando se encontraron ante Troya y confirmaron así la promesa de antigua amistad familiar (Homero, *La Ilíada* VI. 230). Jonatán, el hijo del rey, dio todos los presentes materiales; David, el hijo del pobre, dio lo que tenía, amor y respeto. Uno recuerda aquí el don del Hijo de Dios a una humanidad caída en la miseria. Quizás esto da cuenta de la mención de Pablo de sí mismo como esclavo de Cristo.

7. Danzaban. Esta palabra se utiliza de deportes festivas, y especialmente de las danzas festivas (1 Cr 15:29). Algunas mujeres ejecutaban danzas mímicas en tanto que otras cantaban en coros alternativos. **11. La lanza.** Saulo, según parece, sostenía la lanza en la mano como cetro, siguiendo una costumbre antigua.

18. La familia de mi padre significa un grupo de familias unidas por un lazo de sangre, y formando una unidad más pequeña que la tribu, pero más grande que una sola familia. **21. Por lazo.** La palabra heb. sugiere la idea del disparador de una trampa con un cebo en él. Se utiliza también metafóricamente, como aquí, de aquello que atrae a una persona a su destrucción. **25. Dote.** Se efectuaba un cierto pago al padre de la novia por parte del que iba a ser el novio. Se podía hacer algún servicio en lugar de pagar dinero (Gn 29:20). Esta misma costumbre presistía entre los antiguos griegos (Homero, *La Ilíada* XVI. 178; *La Odisea* VIII. 318), los babilonios y asirios, y continua persistiendo en el Oriente.

19:12. Por una ventana. La casa de Mical estaba evidentemente situada en un muro. Cp. el escape de los espías de Jericó (Jos 2:15) y de Saúl de Damasco (Hch 9:25). **13.** *Terafim* (en heb., **estatua** en la RV). Mical, como Raquel, guardaba terafines en secreto, probablemente debido a su esterilidad (Gn 31:19). **14. Está enfermo.** Josefo relata que Mical dispuso el hígado todavía en movimiento de una cabra en la cama a fin de hacer creer a los mensajeros que debajo de las cubiertas había un enfermo que respiraba.

D. David en el exilio. 19:18—31:13.

18. Naiot. En algún lugar de Ramá, ya sea un edificio o un distrito, no se sabe de cierto. Naiot significa *moradas*, y pudiera ser el colegio o la residencia común de la sociedad de profetas que Samuel reunió alrededor de sí en Ramá. **24. Los profetas.** De este pasaje aprendemos que había una compañía de profetas en Ramá, bajo la supervisión de Samuel, cuyos miembros vivían en un edificio comunal, y que Samuel tenía su propia casa en Ramá (7:17ss.), aunque en algunas ocasiones viviera en Naiot. El origen y la historia de estas escuelas son oscuros. Según 3:1, antes del llamamiento de Samuel como profeta, la palabra profética era rara en Israel, y la profecía no era frecuente. Hay pocas dudas de que estas uniones de profetas surgieron en la época de Samuel, y que fueron fundadas por él. La única incertidumbre es si habían otros gremios en diferentes partes

de la tierra además del de Ramá. Estas asociaciones pueden haber crecido hasta el tiempo de
Elías y de Eliseo. Surgieron solamente en
Israel, no en Judá. Si estas escuelas fueron
fundadas por Samuel, parece extraño que no
hubiera ninguna en Judá.

20:1. ¿Cuál es mi maldad, o...mi pecado?
O, mi desviación del camino recto, y mi fracaso. **3. Un paso.** Los comentaristas judíos se
refieren aquí al **paso** que David tomó al evitar
la lanza de Saúl. **5. Nueva luna.** En cuanto a la
celebración de las fiestas de luna nueva en
Israel, ver 2 R 4:23; Is 1:13; Am 8:5. No era
meramente una fiesta religiosa (Nm 10:10;
28:11–15), sino también una fiesta civil.
Parece que era usada como oportunidad para
instrucción religiosa (2 R 4:23). David, como
miembro de la casa real, era esperado en el
banquete sacrificial de la luna nueva.

**15. No apartarás tu misericordia de mi
casa para siempre.** Jonatán, que era cuñado
de David, barruntaba que su amigo sucedería
a Saúl en el trono. Por ello solicitó que
cuando los enemigos de David fueran destruídos —especialmente, según la costumbre
oriental, la familia de su predecesor— su propia relación con la casa de David no fuera
olvidada ni rechazada.

20. Yo tiraré. No surgiría ninguna sospecha
de Jonatán y su arco, ya que era un guerrero y
es de suponer que saliera frecuentemente a
practicar con el arco. Esta era una clave dispuesta de antemano en caso de que hubieran
espías alrededor. **22. Jehová te ha enviado.**
Cuando los hijos de Jacob enviaron a Egipto a
su hermano menor, Dios estaba ahí en los
planes para la vida de José. Así ahora Dios
estaba enviando a David para prepararle en la
dura disciplina de la vida para el liderazgo
en Israel.

25. El rey se sentó. Saúl ocupaba el puesto
de honor, con su espalda dando a la pared
enfrente de la entrada. Jonatán se hallaba en
frente de él, Abner y David a su derecha y a su
izquierda. Parece que ellos se sentaban solos
en una mesa redonda, por lo que la ausencia de
David quedaba aún más patente. **26. No está
limpio.** Las personas que se hallaban ceremonialmente impuras no podían participar en una
fiesta religiosa. Quedaban excluidos de ella.
La presencia de la Deidad en las fiestas
sagradas demandaba pureza ritual y moral de
parte de los miembros participantes.

27. El asiento de David quedó vacío. El
rey supo que la impureza no podía ser la causa
de la ausencia, ya que la impureza que Saúl
tenía en mente persistía solamente hasta la
puesta del sol (Lv 15:16). **29. Mi hermano me
lo ha mandado.** El hijo mayor, que actuaba

como cabeza de familia, dispuso la comida
sacrificial. Esto indica que Isaí estaba ya cargado de años.

30. Para confusión tuya. Ya bien estaba
Saúl renegando de Jonatán y sugiriendo que la
gente pensaría que era el fruto de una unión
adulterina; o bien estaba diciéndole a Jonatán
¡que su madre llegaría algún día a ser la esposa
del nuevo rey! **31. Ni tu reino.** Evidentemente
Saúl sospechaba de David como rival suyo que
bien le arrebataría el gobierno, o bien a su
muerte, de su hijo.

**38. Volvió a gritar Jonatán tras el mu-
chacho.** Estas palabras, dichas al muchacho,
estaban dirigidas en realidad a David. **41. Postrándose.** Como muestra de reverencia y de
lealtad hacia el hijo del rey. Un oriental, al
encontrarse con su superior, se arrodillaba y
tocaba el suelo con su frente.

21:1. Nob era en aquel tiempo una ciudad
sacerdotal (22:19) en la que estaba el Tabernáculo y donde se llevaba a cabo la adoración
legal. Según Is 10:30, 32, se hallaba entre Anatot y Jerusalén, a alrededor de dos km. (una
millas) al norte de Jerusalén, en una sierra
desde cuyo frente se puede ver el área del
Templo.

5. Los vasos. Ewald interpreta esto como
refiriéndose a los cuerpos de los jóvenes, como
en 1 Ts 4:4. Los hombres estaban ceremonialmente limpios; por ello estaban preparados
para participar de las cosas santas. Ahimelec
se apartó de la ley levítica y observó el mandamiento mayor de amar un prójimo (Lv 19:18).
Cuando Mr 2:26 asigna la acción a los días de
Abiatar, la afirmación reposa sobre la memoria
del copista, en la que Ahimelec es confundido
con su hijo, Abiatar. Es también posible que el
hijo actuara de coadjutor de su padre, como los
hijos de Elí evidentemente hacían (cp. 1 S 4:4).

6. Los panes de la proposición. Llamados
así porque se disponían solemnemente como
ofrenda en presencia de Jehová. Se menciona
una mesa de oro en el Templo de Salomón
para el pan de la proposición en 1 R 7:48; y la
forma de la mesa, tal como existía en el Templo de Salomón, queda preservada en las
esculturas del Arco de Tito en Roma. El pan de
la proposición se renovaba cada sábado, y las
hogazas que quedaban tenían que ser comidas
por los sacerdotes en el Lugar Santo. Jesús se
refirío a este incidente (Mt 12:3, 4; Mr 2:25,
26; Lc 6:3–5), para mostrar que cuando existe
un conflicto entre obligaciones morales y ceremoniales, lo ceremonial cede el terreno a lo
moral. El sumo sacerdote estaba obligado a
preservar la vida de David, incluso al precio de
la norma ceremonial.

7. Doeg pudiera haber entrado al servicio de
Saúl después de la campaña israelita en contra

de Edom (14:47). Quizás un voto, un indicio de lepra, o alguna otra impureza, le mantenía en el santuario. **10. Aquis.** O, *Abimelec.* La nota de cabecera del Sal 34 se refiere al rey de Gat por su título, "Abimelec". **11. En las danzas.** Danzaban en círculos en tanto que cantaban. Sea que los filisteos intentaran mediante estás palabras presentar a David como un héroe, o señalarle como hombre peligroso ante el príncipe, no puede determinarse de estas palabras; es una cuestión que no puede determinarse con ninguna certidumbre. **13. Escribía.** Hacía marcas sin significado. La LXX vierte, *golpeaba o repiqueteaba,* de una palabra que suena como (aunque se escribe distintamente) al hebreo por "garabatear".

22:1. Vinieron allí a él. Esto es, desde su casa en Belén. Evidentemente, todo el clan siguió a David en el exilio. No es cosa extraña en Oriente que toda una familia sea exterminada por culpa de un solo miembro, y la masacre de Nob mostró a la familia de David lo que podía sucederles. **5. Este Gad** es mencionado aquí por primera vez. Más tarde vino a ser el vidente de David (2 S 24:11). Reprochó a David por su pecado en el asunto del censo y escribió una historia del reinado de David (1 Cr 29:29). De 2 Cr 29:25 parece que tenía la responsabilidad de la disposición del servicio del Templo. **6. Y Saúl estaba sentado.** Tenemos aquí una vívida descripción de los antiguos consejos, de los que se reunían para deliberar acerca de los asuntos de estado y para administrar justicia. **7. Hijos de Benjamín** muestra lo aisladas que estaban todavía las tribus, y que mayormente Saúl estaba rodeado de miembros de su propia tribu. **¿Os dará...el hijo de Isaí...?** Saúl no tenía palacio ni corte sofisticada. Sus hombres eran, estrictamente, benjamitas. Implicaba con ello que David sería igual de estrecho en cuanto a su afiliación tribal. No obstante, lo que resultó es que David fue en la otra dirección y se arriesgó a perder la lealtad de Judá. **18. Que vestían efod de lino.** La palabra vertida **vestían** significa siempre "levantar, llevar". Así, Doeg mató, en este día infame, a ochenta y cinco portadores de efod, sacerdotes de linaje, cada uno de ellos cualificado para dar oráculos mediante la utilización del efod. **19. A filo de espada.** Lit., *según la boca de la espada.* Los antiguos diseñaron una espada que pareciese un animal, con la hoja de la espada asemejándose a una lengua y los dos lados de la empuñadura asemejándose a labios. En la locura de su furia egocéntrica, Saúl se lanzó contra una ciudad inocente, dentro de los

confines de su propia tribu, haciéndoles sufrir a ellos la venganza que no había querido ejecutar sobre una nación pagana culpable cuando Dios se lo había ordenado (15:3). **20. Abiatar,** uno de los hijos de Ahimelec, que probablemente estaba al cargo del santuario de Nob, escapó de la masacre y huyó con el efod sagrado (23:6) a la cueva de Adulam. Compartió todo el exilio de David y fue hecho por él sacerdote junto con Sadoc. Más tarde apoyó la pretensión de Adonías al trono y fue deportado por Salomón a Anatot. Jeremías hubiera podido ser descendiente de esta familia.

23:1. Keila era una ciudad en la Sefela, un lugar importante en el tiempo de Nehemías (Neh 3:17, 18). Es mencionado en las cartas de Tell el-Amarna como *Kila.* En la actualidad es una ciudad en ruínas, pero las laderas escalonadas dan testimonio de su capacidad para el cultivo de cereales, que los filisteos envidiaban. **Roban.** Los filisteos utilizaban este método para reducir a Israel a servidumbre por el hambre. En Oriente, hasta el día de hoy, la principal fuente de alimento sigue siendo el pan. **9. Ideaba.** De *hārash,* "fabricar", "forjar". Es una metáfora derivada del trabajo del metal, y que se podría traducir al castellano de la siguiente manera: "forjaba males contra él". **14. En el desierto.** La extensión silvestre e inculta entre las montañas de Judá y el mar Muerto. Empieza aproximadamente en la longitud de Maón y del Carmelo y se va haciendo más y más inhóspito al descender hacia el mar Muerto. En Jos 15:61, 62 se mencionan seis ciudades establecidas en esta yerma región. La morada principal de David fue Zif, que se hallaba a cosa de medio camino entre Hebrón y el Carmelo, en una de las muchas cuevas de esta región de roca de limolita. **15. El desierto de Zif** es una altura fácil de distinguir, a 878 km. (2.882 pies) de altura el nivel del mar, a 7 km. (4 millas) al sudeste de Hebrón, sobre una meseta de tierra roja y ondulante. La meseta es principalmente rocosa, aunque parcialmente cubierta de trigo y cebada. Está rota, aquí y allí, por escarpes parcialmente cubiertos de terreno suelto, y se encuentra llena de cuevas, que empiezan cerca de Hebrón. **16. Jonatán...vino a David.** La humildad y el amor desprendido de Jonatán quedan en evidencia en este pasaje. No obstante, es indudable que quedó bien ordenado en la buena providencia de Dios que los nobles sentimientos de Jonatán no quedaran sujetos a la tensión innatural de tal situación. Jonatán murió la muerte de un soldado, luchando galantemente por su país, antes de que sucediera nada que perturbara la perfecta belleza de su amistad hacia David.

19. Los de Zif. La razón de la traición de ellos se debió bien al celo que tenían por Saúl, o bien al hecho de que David cargaba dinero por la protección que les otorgaba, así como lo hizo con Nabal (cap. 25).

24. En el Arabá. La palabra *'ārābā* denota, por lo general, la localidad deprimida alrededor del mar Muerto, la extensión desértica que va a lo largo del valle del Jordán desde el mar Muerto hasta el mar de Galilea, conocido en la actualidad como El Ghor. Esta palabra se aplica también al valle entre el mar Muerto y el golfo de Akaba, el único lugar al que en la actualidad los árabes designan por este nombre.

29. En-gadi es un sitio bien irrigado en el extremo oriental del desierto de Judá. Se encuentra a 180 m. (600 pies) de altura por encima del nivel del mar Muerto, y de la roca de limolita surge un copioso torrente hacia el mar. Se hallan cinco o seis cascadas en su camino, y el torrente salta como una cabra, de risco en risco; de ahí el nombre "Fuente del Cabrito". En los días de Abraham, la ciudad de Hazezón-tamar se hallaba en este lugar. En-gadi es todavía un oasis en el desierto de limolita y, aunque han desaparecido las palmeras y los viñedos, las hojas petrificadas que allí se han hallado y las terrazas esculpidas en las colinas dan testimonio de su antigua fertilidad. En la actualidad se encuentra un pequeño *kibbutz* (granja colectiva) judío en En-gadi.

24:2. Los peñascos de las cabras montesas. Los acantilados cerca de En-gadi, donde las cabras todavía saltan y trepan por los riscos. **3. Los rediles.** Toscos muros de piedra construidos en la entrada de las cuevas para proteger a las ovejas de las fieras y para servir de refugio en caso de mal tiempo. Dice Thomson que difícilmente hay una cueva en esta área que no tenga este muro frente a ella. **4. La orilla del manto de Saúl.** Probablemente, Saúl había dejado su manto en la entrada al introducirse en la cueva. Esto hizo posible que David cortara un trozo sin ser observado.

25:1. Murió Samuel, y...todo Israel...lo lloraron. Era como cuando en la actualidad se pone la bandera a media asta como tributo a una figura nacional. Todo Israel envió delegados al servicio funerario. Y Samuel fue enterrado en la propiedad familiar en Ramá, la ciudad de su nacimiento, caudillaje, y muerte. **Parán** era el desierto que separaba Palestina de la península del Sinaí.

2. En Maón había un hombre. El hogar de Nabal se hallaba en Maón, y su lugar de nego-

cio se hallaba a un km. y medio (una milla) al norte del Carmelo. **3. Nabal.** El nombre significa *necio*.

7. No les tratamos mal. David contrastó la estricta disciplina que él mantenía con la licencia usual de similares bandas errantes, y pidió que el rico granjero lo reconociera de una forma práctica. Este tipo de "pago de protección" es regularmente recaudado en la actualidad por los beduínos que viven en los límites del desierto y de la tierra cultivable. A cambio de presentes, ellos garantizan la protección de la vida y de la propiedad en estos distritos notoriamente inseguros.

10. Muchos siervos. La banda de David incluía a muchos esclavos huidos, así como hombres que habían abandonado el servicio del rey Saúl. Nabal consideraba a David como un mero esclavo huído. **11. Mi agua.** El agua es un artículo precioso en estas áridas tierras. **13. David se ciñó su espada.** La ira de David fue un impulso de pasión pecaminosa, indigna de un siervo de Dios. Si hubiera llevado a cabo sus intenciones, hubiera pecado en contra del Señor y de Su pueblo. Pero el Señor le preservó de este pecado. Justo en el momento preciso, Abigail, la piadosa e inteligente mujer de Nabal, se enteró del asunto y pudo apaciguar la ira de David mediante su interposición inmediata y bondadosa.

14. Los ha zaherido. Lit., *les voló encima de ellos.* Es la misma palabra que *'ît*, "volar", de la que se derivan *'ayit*, "ave rapaz", y la palabra griega *aetos*, "águila". **18. Racimos de uvas.** Los viñedos cerca de Hebrón producen todavía las uvas más grandes y mejores de todo el país; y las mejores de ellas se secan para hacer uvas pasas.

25. Nabal...insensatez. Las palabras hebreas para "necio" y "necedad" no denotan meramente una estupidez, sino una perversidad moral. *Necio* es una traducción inadecuada. La palabra heb. sugiere a uno que es insensible tanto a las demandas de Dios como de los hombres, y que es por tanto a la vez irreligioso y grosero. **28. Casa estable.** Abigail estaba tan segura de la ascensión de David al trono como Rahab lo había estado de la conquista de Canaán por parte de Israel (Jos 2:9–13). A pesar de la mala fortuna de David en la corte, el ciudadano promedio esperaba que la rueda diera la vuelta. Muchos le consideraban, aun en su exilio, como la esperanza de Israel.

29. En el haz de los que viven. Este dicho se ha aplicado durante largo tiempo a la vida de ultratumba, y su anagrama hebreo se halla en la actualidad casi en toda lápida hebrea. Esta hermosa metáfora se toma de la costumbre de atar las cosas valiosas en un haz para evitar que se dañen. La figura es la de una joya preciosa atada cuidadosamente (Gn 42:35). También es cierto *vice-versa*: se pronuncia la oración de que las vidas de los enemigos de David sean arrojadas como las piedras de una honda. **31. Derramado sangre sin causa.** El argumento de Abigail era que cualquier derramamiento de sangre en este momento repercutiría en contra del programa de David. Iniciaría un sangriento feudo entre los clanes de Judá que involucraría a hombres que David necesitaba para apoyar su causa por el trono. David tenía solamente a Judá para apoyarle en su pretensión al trono. Además, siguió Abigail, la conciencia de David le atormentaría si corría innecesariamente la sangre.

39. Envió David a hablar con Abigail. Esta es una expresión técnica para pedir la mano de alguien en matrimonio (cp. Cant 8:8). **43. También tomó.** David se había casado con Ahinoam, madre de Amón, antes de casarse con Abigail. En la lista de las esposas de David, Ahinoam siempre es mencionada la primera. **44. Galim** se menciona en la vecindad de Anatot, en Benjamín (Is 10:30).

26:6. Heteo. Los heteos son mencionados repetidamente en el AT como una de las naciones que debían ser expulsadas de Canaán. El imperio de ellos, centrado en Asia Menor, vio su fin alrededor del 1200 a.C. A continuación de ello se mantuvieron unos poderosos ciudades-estado heteos en el norte de Siria, notablemente en Carquemis, sobre el Éufrates, y Cades, sobre el Orontes. Estos fueron destruídos por los asirios en el siglo VIII. **Abisai** salvó la vida de David en una de las guerras filisteas (2 S 21:17), estuvo implicado en el asesinato de Abner (2 S 3:30), tuvo parte en la dirección del ejército (2 S 10:10), y permaneció fiel a David cuando la rebelión de Absalom. **8. Déjame que le hiera.** La generosidad de David queda contrastada en este pasaje con el odio asesino de Saúl en contra de él. Saúl había querido traspasar a David con su lanza. Ahora Abisai quería atravesar a Saúl con la suya. Pero David rehusó dejarle tocar al ungido de Jehová. **12. Un profundo sueño.** Este era un sueño tan profundo e innatural que fue considerado como enviado directamente del Señor. Se utiliza este mismo término del sueño de Adán en tanto que Dios creaba a Eva del costado de Adán. **19. Acepte él la ofrenda.** Aquí la idea es que si era el Señor el que impulsaba a Saúl a ir tras él, David buscaría el perdón de Dios mediante una ofrenda de expiación adecuada.

David reconocía la legitimidad de la intención de Saúl pero ofreció expiar el pecado de su parte. Con esto iba más allá de lo que realmente le tocaba. La segunda parte de este versículo sugiere la posibilidad de que quizás habían personas tratando de edificar obstáculos entre Saúl y David. Si este era el caso, David imprecó que fueran justamente castigados. **Vé y sirve a dioses ajenos.** Era costumbre de la gente adoptar los dioses de la tierra a la que iba. Rut decidió aceptar a Jehová en Palestina en lugar de Quemos en Moab. David sintió que Israel le estaba empujando literalmente afuera de la adoración de Jehová hacia la de dioses ajenos. **20. No caiga, pues, ahora mi sangre en tierra.** Ningún hebreo quería morir afuera de la tierra de Israel.

27:5. Lugar en alguna de las aldeas. En un distrito propio, David podría observar sus propios ritos religiosos como adorador de Jehová y no estar bajo la constante supervisión del rey.

10. El Neguev. Lit., *el país seco.* Era el nombre del árido distrito al sur de Jerusalén, entre los cerros de Judá y el verdadero desierto. Las varias regiones del Neguev eran conocidas como: el Neguev de Judá, incluido en las ciudades mencionadas en Jos 15:21–32; el Neguev de los jerameelitas; el Neguev de los ceneos; el Neguev de los queretitas; el Neguev de Caleb; y el Neguev de Arad.

28:2. Tú sabrás. La respuesta de David fue ambigua. Las palabras **lo que hará tu siervo** no contenían ninguna promesa definida de ayuda fiel en la guerra contra los israelitas. La expresión **tu siervo** era simplemente la forma de referirse a uno mismo ante un superior. **Guarda de mi persona.** Quizás este incidente hizo que más tarde David pagara mercenarios para su *guardia de corps.*

3. Encantadores y adivinos. El término *yidde'ōnîm* significa aquellos que están en contacto con el adivino. Uno que adivinaba con los *yidde'ōnîm* consultaba solamente al espíritu en particular que le era su familiar. De Is 8:19 y 19:3 puede inferirse que los oráculos se emitían en voz susurrante, mediante ventrilocuismo.

4, 5. Acamparon en Gilboa...se turbó su corazón en gran manera. Saúl puede haber acampado en el mismo terreno donde habían acampado Gedeón y sus hombres. El arroyo junto al que acampó Saúl recibe el nombre de ''la fuente de Harod'' (Jue 7:1), esto es, *la fuente del temblor.* Saúl acampo al lado del mismo arroyo, y ''tembló en gran manera''.

7. Endor fue largamente mantenida en la memoria del pueblo judío como relacionada con la gran victoria de Débora y Barac sobre

Sísara y Jabín. La distancia desde las laderas de Gilboa a Endor es de unos 12 km. (7 a 8 millas), sobre terreno difícil. Sobre la yerma ladera septentrional del Jebel Duhy (el pequeño Hermón), persiste todavía el nombre, asignado a un pueblo que había sido de considerable tamaño, pero que ahora es muy pequeño. La roca de este pueblo de montaña está excavada en cuevas, una de las cuales tiene una pequeña fuente y bien hubiera podido ser la escena del encantamiento de la bruja. **8. Vinieron...de noche.** Era un trecho peligroso de unos 12 km. (7 a 8 millas), parte de los cuales bordeaban el campamento filisteo.

11. La cuestión de si la mujer realmente poseía el poder de comunión con los espíritus de los muertos, o si se había engañado hasta llegar a creer que lo poseía, o si era simplemente una impostora deliberada, recibe diferentes respuestas de parte de diferentes autores. Que apareció realmente el espíritu de Samuel era la postura de los antiguos rabinos. Esto queda testimoniado por la traducción en la LXX de 1 Cr 10:13*b*: "Y Samuel el profeta le respondió''; y por Eclesiástico 46:20. La misma postura era la mantenida por Justino Mártir, Orígenes y Agustín. Tertuliano y Jerónimo mantuvieron que la aparición de Samuel fue un engaño diabólico.

13. Tú eres Saúl. Con la aparición de Samuel, la mujer, ya bien por el hecho de la aparición de Samuel, ya por su percepción intensificada en el estado de clarividencia, reconoció que era Saúl el que buscaba su ayuda. Es difícil comprender por qué no había reconocido antes al más alto de los israelitas. Es posible que la oscuridad no permitiera distinguir bien. **15. Me has inquietado.** Los comentaristas ortodoxos más modernos están de acuerdo en la opinión de que el difunto profeta se apareció realmente y anunció la futura destrucción de Saúl y de su ejército. Mantienen, no obstante, que Samuel fue atraído no por las artes mágicas de la hechicera, sino mediante un milagro efectuado por la omnipotencia de Dios. La ortodoxia anterior consideraba que esta aparición era un espectro, una aparición o un engaño. **16. Es tu enemigo.** Esta palabra para **enemigo** es una forma aramea, hallada solamente en uno o dos otros pasajes en el hebreo. En la LXX se traduce así: *ha venido a estar al lado de tu prójimo*; la Vulgata: *se ha pasado a tu rival*; el Targum, *ha venido a ser la ayuda del hombre que es tu enemigo*. Se prefiere la versión de la LXX. **20. En tierra cuan grande era.** Lit., *la plenitud de su estatura*. Exhausto como se

hallaba por el ayuno, Saúl perdió el conocimiento por el choque de oír pronunciar su sentencia. **23. Una cama.** Probablemente, la plataforma que corre alrededor de la pared, que en Oriente sirve de asiento de día y como cama de noche.

29:2. Los príncipes de los filisteas eran las autoridades civiles supremas, pero no eran comandantes del ejército. Esta división de la autoridad militar y civil antedata al sistema romano de gobierno de división de poderes.

30:1. Al tercer día. Del probable lugar de Afec en el Sarón al probable lugar de Siclag hay alrededor de 110 km. (70 millas). David y sus hombres tienen que haber vuelto a marchas forzadas. **2. Cautivas a las mujeres.** Las cautivas eran para venderlas en los mercados de esclavos de Egipto.

9. El torrente de Besor. Este puede ser el Wadi esh-Sheri'ah, a unos 8 km. (5 millas) al sur del lugar propuesto para Siclag. La palabra heb. para torrente es *nahal*, que significa barranca, o lecho de un torrente, con un riachuelo al fondo. **10. Cansados.** De las marchas forzadas desde Afec hasta Siclag, y de la inmediata persecución sin descanso. Los guerreros se encontraban "muertos de cansancio" (la palabra que aquí se traduce **cansados** en este versículo y en el 21 se utiliza con un sustantivo que significa "cadaver".)

13. Me dejó mi amo. La vida de un esclavo enfermo era de poca más importancia que la de un caballo tarado. **14. Cereteos.** Estos estaban posiblemente relacionados con Creta (Caftor), el país del que se cree que provenían los filisteos (Am 9:7). **Judá.** La parte oriental del Neguev pertenecía a Judá. Una parte de él pertenecía a la familia de Caleb, y era denominado el Neguev de Caleb. (25:3; cp. Jos 15:13).

20. Tomó también David todas las ovejas y el ganado mayor. El motivo de que David eligiera las ovejas y los bueyes para sí mismo es evidente de los vv.26-31. Eran los presentes más aceptables que podía hacer a sus amigos en Judá a cambio de seguridad frente a los hombres de Saúl y para promover su causa en medio de ellos. **24. Les tocará parte igual.** Según Polibio (X. 16.5), Escipión, después del saqueo de Cartago Nova (Cartagena), mandó a sus tribunos que dividieran el despojo en partes iguales para todos, incluyendo a los reservistas, los guardianes del campamento, y a los enfermos.

28. Sifmot no se menciona en ningún otro pasaje, pero Zabdi, el sifmita (1 Cr 27:27), que estaba sobre las bodegas de vino de David, era evidentemente nativo del lugar. **31. Hebrón** era conocida por el nombre de Quiriat-arba en los días de Abraham. En la actualidad es llamada El-Khalil, ''El Amigo'', como abreviación por ''la ciudad del Amigo de Dios'', que es el título mahometano para Abraham (cp. 2 Cr 20:7; Is 41:8; Stg 2:23). **31:1. En el monte de Gilboa.** En esta área se libraron cuatro batallas memorables:

    a. La batalla del Cisón, en la que Débora y Barac derrotaron a las huestes de Sísara (Jue 4:15; 5:21).

    b. La batalla de Jezreel, en la que los trescientos de Gedeón derrotaron a las vastas hordas de madianitas (Jue 7).

    c. La batalla del monte de Gilboa, registrada aquí.

    d. La batalla de Meguido, en la que Josías, el rey de Israel, perdió su vida luchando contra el Faraón Necao (2 R 23:29).

3. Tuvo gran temor de ellos. La LXX y la Vulgata traducen: *fue herido en el abdomen.* La historia implica que fue herido de tal manera que quedó impedido de escapar. **4. Me escarnezcan.** Esta misma palabra se utiliza antropomorficamente del tratamiento dado por Jehová a los egipcios (Éx 10:2). **Tomó Saúl su propia espada.** Hay solamente cuatro ejemplos de suicidio en la Biblia, los de Ahitofel (2 S 17:23), Zimri (1 R 16:18), Judas (Mt 27:5), y Saúl aquí. **5. Murió con él.** Si David hubiera seguido con su servicio a Saúl, probablemente habría perecido en la batalla. No obstante, Dios le había situado en un lugar seguro, aunque en aquel momento había parecido de gran peligro.

9. Le cortaron la cabeza. Probablemente como represalia por el trato dado a Goliat (17:54). **10. El templo de Astarot.** Por lo general se ha supuesto que era el famoso templo de la diosa Astarté en Ascalón, mencionado por Herodoto (I. 105) como el más famoso de los templos de la afrodita griega. No obstante, en las excavaciones del Museo de la Universidad de Filadelfia en Bet-sán, se han descubierto dos importantes templos construidos por Ramsés II, uno de Astarté, y uno de Resheph. Fue probablemente en este templo de Astarté que se guardó la cabeza de Saúl. **12. Los quemaron.** Quizás temían que los filisteos se llevaran los cuerpos y añadir más ultrajes. No obstante, la cremación no era una práctica hebrea, excepto en el caso de criminales (Jos 7:25). Era practicada por los filisteos y puede haberse tomado de ellos por los hombres de Jabes-galaad. **13. Sepultaron.** Saúl fue el héroe de tragedia en el sentido clásico del término. Tenía unas buenas cualidades, como valentía, capacidad de mando, modestia y generosidad. Pero no tenía una

tenacidad simple; este fue su trágico fracaso. Incluso cuando perseguía a David lo hacía a veces de mala gana. Le faltó la grandeza del David posterior. No obstante, aquí, en una exquisita elegía, David le lamenta como una gran figura.

E. David, rey en Hebrón. 2 S 1:1—4:12.

    9. Te ruego que...me mates. Este relato es distinto del relato de la muerte de Saúl en 1 S 31:3ss. Es improbable que Saúl hubiera estado apoyado en su lanza, sin escolta de guerreros israelitas, cuando los carros filisteos cargaban sobre él, y que tuviera que llamar a un extraño que pasaba por allí por casualidad. La historia fue en parte inventada por el amalecita en la esperanza de obtener una mejor recompensa de David. Es probable que aquel hombre hubiera hallado a Saúl después de haber muerto pero antes de que los filisteos llegaran para despojar a los muertos. **Se ha apoderado de mí la angustia.** La palabra heb. vertida **angustia** ha sido variamente traducida como ''vértigo'', ''mareo'', ''angustia'', y ''calambres''. Los comentaristas judíos leen: ''Me dan calambres, y no me puedo defender''. **10. La argolla.** En las esculturas asirias se representa a menudo a los guerreros con estos ornamentos. En realidad eran avambrazos que se llevaban en el brazo. **12. Y lloraron...por Saúl.** El único lamento profundo por Saúl vino de parte de la persona a la que él había más odiado y perseguido durante tantos años, incluso hasta el momento de morir. Cp. con el lamento de Jesús por la caída de Jerusalén, justo en el momento en que ésta estaba a punto de destruirle. **13. Un extranjero.** Este es el término técnico para un extranjero que vivía en Israel y que gozaba de protección pero no de todos los derechos civiles. Recibía los beneficios de la ley del reposo sabático (Dt 5:14), pero se esperaba que adoptara la religión de su comunidad si quería participar en las festividades religiosas. El **extranjero** recibe mención, juntamente con la viuda y el huérfano, en la legislación especial. Feudos sangrientos, aventuras y descontento pueden haber demandado el origen de esta institución en Israel. **15. Vé y mátalo.** Este justo castigo del amalecita eliminaba cualquier falsa acusación de parte de los oponentes políticos de David de que hubiera podido tener parte, directa o indirectamente, en la muerte de Saúl. Aunque David tuvo numerosas oportunidades de matar a Saúl, siempre le consideró como el ungido de Jehová. **17. Endechó.** Un término técnico. Según la costumbre, el lamento por los muertos era cantado por plañideras profesionales (2 Cr 35:25), generalmente mujeres (Jer 9:17). Aquí David, él mismo, lamentó la muerte de Saúl y la de Jonatán. **18. Del arco; cántico para enseñar a los hijos de Judá** (VM). Esto constituye probablemente un registro de la costumbre de David de enseñar música militar para desarrollar el espíritu marcial. El libro de Jaser es mencionado en Jos 10:13 y en 1 R 8:53 (LXX). Era una historia de las guerras de Israel ("Jeshurún", Dt 32:15). **20. Las hijas de los filisteos.** El regocijo de las hijas de los filisteos se refiere a la costumbre de emplear a mujeres para celebrar las victorias de su nación con cantos y danzas (1 S 18:6). **21. No...ungido con aceite.** Representa David al escudo de Saúl como yaciendo entre las montañas, ya no más pulido ni listo para entrar en acción, sino echado a un lado como inútil y dejado. En la antigüedad, los escudos, ya fueran de cuero o de metal, se aceitaban para mantenerlos en buena condición. **22. El arco de Jonatán.** Jonatán era célebre por su manejo del arco, en tanto que Saúl era conocido por su uso de la espada. **Ni...volvió vacía.** Lo que aquí se representa es la flecha bebiendo la sangre de los muertos, y de la espada devorando la carne de ellos (Dt 32:42). **23. Amados...tampoco...fueron separados.** A pesar de la diferencia de carácter, David paga tributo a ambos como valientes y de buen carácter. Jonatán permaneció fiel a su padre a pesar de su amor por David y la enemistad de Saúl contra el joven. **Águilas... leones.** La rapidez de un águila, sus movimientos ligeros (Hab 1:8) y la fuerza de un león eran las características sobresalientes de los grandes héroes de la antigüedad. **24. Escarlata...oro.** Estos eran los ornamentos normales de una mujer hebrea (cp. Jer 4:30).

2:1. Hebrón significa, en realidad, *hermandad* (cp. v. 3, **ciudades de Hebrón**, esto es, una federación de ciudades). Recibe ahora el nombre de *El Khalil* ("el amigo"), una contracción de *la ciudad del amigo de Dios*, esto es, Abraham. Servía como el centro de una liga o confederación de los clanes de Judá y Caleb y de aquellos asociados con ellos. Se halla aproximadamente a unos 32 km. (20 millas) al sur de Jerusalén, en la región célebre en la antigüedad por sus fértiles viñas. **7. Sed valientes.** Al enviar este mensaje real, David estaba indudablemente llevado por motivos políticos así como por la gratitud. Aquí, por vez primera, hizo pública su afirmación de ser el sucesor legítimo de Saúl y expresó su esperanza del apoyo leal de los hombres de Galaad. **8. Mahanaim.** *Campamentos gemelos*, situado en la ribera oriental del Jordán, no

lejos de los vados del Jaboc, era un importante lugar para la ejecución de los planes de Abner, en parte por sus asociaciones históricas (Gn 32:2, 3), y en parte por su situación geográfica estratégica. **10. Is-boset** era originalmente *Isbaal*. Los nombres hebreos iban frecuentemente compuestos con *ba'al*, el título del dios cananeo de la fertilidad. Ya que la palabra iba peculiarmente asociada con las bajas normas de moralidad sexual cananea y bajeza en la adoración, esta práctica fue posteriormente interrumpida. Posteriores editores sustituyeron *bosheth*, "vergüenza", en lugar de *ba'al*. Otra posición del significado de *Is-baal* es que proviene del ugarítico *it-ba'al* y que significa "Baal vive".

13. El estanque de Gabaón, a casi 10 km. (6 millas) al noroeste de Jerusalén, es conocido como el-Jib. Recientes excavaciones han rendido más de veinte asas de jarras con el nombre de la ciudad, Gabaón, inscrito en ellas. **14. Maniobren delante de nosotros.** No se ha encontrado ningún otro ejemplo de juego de guerra parecido a este tan singular. **23. El regatón de la lanza** estaba aguzado de manera que pudiera clavarse en el suelo. Esto explica el hecho de que la lanza atravesara el cuerpo. **32. El sepulcro de su padre.** Sarvia era la madre de tres hermanos (cp. 17:25). No sabemos por qué eran llamados por el nombre de la madre. Quizás su padre había muerto tempranamente. O, quizás el hecho de que Sarvia pertenecía a la familia inmediata de David explica este uso.

3:3. Quileab es llamado "Daniel" en 1 Cr 3:1 y, por ello, es probable que tuviera dos nombres. **Gesur.** Este casamiento con una princesa extranjera puede haber sido motivado por el deseo de asegurar un aliado en la vecindad de la capital de Is-boset. **13. Que...traigas a Mical.** El retorno de Mical ha sido considerado por algunos como un paso político para alistar el apoyo de Benjamín. Otros consideran que se trata de una prueba del contínuo afecto de David hacia su primera esposa. Según la ley de Dt 24:1-4, David no podía recibir legítimamente a su esposa después del casamiento de ella con Paltiel. Los comentaristas judíos explican que David había huido de la casa de Saúl la noche de su casamiento. Otros dicen que el matrimonio de Paltiel con Mical no había sido nunca consumado. Esto último parece muy improbable a la luz del v. 16. **22. Joab...Abner.** Abner estaba sentenciado en tanto que Joab viviera. Más tarde o más temprano se tenían que cruzar sus caminos. Es difícil entender por qué David trató, en interés del estado, sacrificar a Joab en el tratado político con Abner. **27. En medio de la puerta.** ¡El lugar más público de la ciudad no es el lugar para cambiar una palabra "en secreto" con nadie! La LXX vierte: *Al lado de la puerta*, en un rincón apartado. El motivo de la acción de Joab fue la venganza de la sangre, para vengar la muerte de su hermano en manos de Abner (3:30). Subyacente a este deber de venganza había quizás celos, o un celo equivocado por lo que Joab consideraba eran los mejores intereses del rey.

39. Muy duros para mí. Los seiscientos descontentos organizados por David actuaron duramente con los amalecitas (2 S 1), mataron a los hombres que asesinaron a Is-boset (2 S 4), pero no actuaron en el caso de las malas acciones de Joab. David se lavó las manos y dejó a la familia de Joab al juicio de Dios.

4:2, 3. Los beerotitas habían huido. Los beerotitas (gabaonitas, Jos. 9:17, 27) fueron expulsados por Saúl (2 S 21:1, 2) y huyeron a Gitaim. La ciudad de ellos, Beerot, se identifica generalmente con el Bireh, un pueblo a casi 15 km. (9 millas) de Jerusalén, en la carretera que lleva al norte.

5. Durmiendo la siesta. Se dormía desde las doce hasta las tres o las cuatro de la tarde, las horas de mayor calor. A esta hora el guarda estaría posiblemente dormido, o por lo menos lo suficiente amodorrado como para no estar alerta. **6. Limpiando trigo.** La portera de la casa había estado limpiando trigo, pero también se había quedado amodorrada. Esto explica también que pudieran entrar sin ser advertidos.

F. David, rey en Jerusalén. 5:1—8:18
5:2. Apacentarás. Actuarás como pastor. Este vino a ser un término técnico para un gobernante (Jer 3:15). La figura se desarrolla en Ez. 34. **3. Hizo pacto.** Es de lamentar que no tengamos los términos del acuerdo en el pacto con Israel. Evidentemente, incluirían igualdad de derechos con la tribu de Judá.

6. Los jebuseos. En Jue 19:10 y en 1 Cr 11:4, 5 la ciudad de Jerusalén recibe el nombre de Jebús. Las cartas de Tell el-Amarna se refieren a ella con el nombre de *Uru-salim* ("Ciudad de paz"). Sus habitantes eran de origen heteo-amorreo (cp. Ez 16:3, 45). Para su defensa confiaban en la desusada ventaja natural de su ciudadela, que se levantaba en el monte Sion, un monte cerrado por profundos valles en tres lados. En su orgullosa confianza propia se vanagloriaban de que no necesitaban emplear a guerreros poderosos y saludables para resistir a los hombres de David, ya que los ciegos y los cojos podrían resistir con éxito un ataque israelita.

7. David tomó la fortaleza de Sion. La captura de Jerusalén marca un hito de la mayor importancia en la historia de Israel. Hasta aquí, la vida nacional no tenía un centro real. La residencia de un juez o de un profeta o de un rey había servido como punto temporal de reunión, tales como la "palmera de Débora", Silo, Mizpa, Gabaa (de Saúl), Nob, o Hebrón. Desde este momento, el centro quedó fijado, y, por lo menos en el reino meridional, todas las otras ciudades se hicieron menos y menos importantes en comparación con la nueva capital. Pero la posición de Jerusalén, en medio de una sierra rocosa y yerma que se extendía por el centro de Palestina la hizo siempre más apropiada como fortaleza que como una rica capital comercial, como Salomón trató de hacerla.

8. Suba por el canal. Los descubrimientos arqueológicos han provisto una identificación atractiva de este canal (RSV, *tunel hidráulico*). Con el tunel que, descendiendo a través de la roca sobre la que está edificada la ciudad, lleva a un estanque alimentado por la Fuente de la Virgen enfrente del pueblo de Siloam. **9. Milo** La palabra significa, según parece, relleno, y puede denotar un montículo o un baluarte de tierra, o un edificio construido con el propósito de rellenar un gran agujero en la tierra. Este tipo de construcción se ha descubierto en varios centros hicsos, como en Avaris en Egipto y en Hazor en Palestina. Se parecía a un corral. **Hacia adentro** es, lit., *hacia la casa* y significa hacia el norte en dirección del Templo. Esta expresión es probablemente una nota añadida por un escriba después de la construcción del Templo.

11. Tiro. Una de las dos grandes ciudades de los fenicios, famosa por su comercio, artesanía, y riqueza. Estaba situada a mitad de camino entre el Carmelo y Beirut.

20. Baal-perazim. Un antiguo nombre cananeo que significaba *el Señor que quebranta*, indicando la deidad natural local, o Baal, que se suponía habitaba en la fuente. La imagen que este nombre da es la de una corriente de aguas rompiendo un dique. **21. Dejando allí sus ídolos.** Probablemente habían llevado a la guerra —como los israelitas llevaban el arca— como fuerza auxiliar.

23. Balsameras. La LXX vierte: *perales*. Según Abulfadl, la palabra hebrea *bākā* es el nombre que se aplica a una zarza que crece en la Meca. Se parece a la balsamera, excepto en que tiene hojas más largas y grandes y que su fruto es más redondo. Si se rompe la hoja por el tallo, sale una savia blanca picante, como un betún blanco. Es esta característica, muy probablemente, que dio origen al nombre *bākā*, "llanto".

6:2. Baala de Judá. Cp. 1 Cr 13:6. El modismo significa: *Señores de Judá.* Estos eran los miembros dirigentes de la tierra de Judá. Cp. el Baal Siquem, Jue 9. Tradicionalmente, se ha considerado este término como el nombre de un lugar: Baala de Judá. **3. El arca...sobre un carro nuevo.** Los comentaristas judíos señalan que el arca y los vasos santos debieran haber sido puestos sobre los hombros de los levitas solamente (Nm 3:31; 7:9).

7. Y el furor de Jehová se encendió. El pecado de Uza provino del hecho de que el arca no era llevada por levitas, como Dios había ordenado (Nm 4, esp. v. 15). **10. Geteo.** La tradición posterior le hace levita. Si esto es cierto, entonces venía probablemente de Gatrimón, una ciudad levítica (Jos 21:25).

13. Seis pasos. Después de haber andado seis pasos sin daño, supieron que el traslado a Jerusalén tenía la aprobación de Dios.

14. Vestido con un efod de lino. Es probable que David vistiera solamente el efod de lino. De ahí el desprecio de Mical, que consideró que la realeza quedaba degradada por el ritual religioso. Algunos creen que su celo por la casa de Saúl, o que su deseo de ir al frente de la procesión, como había hecho Miriam la profetisa, hermana de Moisés (Éx 15) le hizo despreciar a David. **18.** El hecho de que David vistiera un efod, ofreciera sacrificios, y pronunciara la bendición, muestra que el sacerdocio no estaba confinado dentro de la clase levítica de una manera estricta.

23. Nunca tuvo hijos. David infligió así a Mical la mayor de las desgracias que podía caer sobre una mujer oriental cuando quedó permanentemente apartado de ella.

7:14. Seré a él padre, y él me será a hijo. En He 1:5 estas palabras se aplican a Cristo. El pacto de Dios con David constituye una garantía de que Su propósito de traer a la humanidad un rey justo será verdaderamente cumplido. Salomón, el hijo de David y su sucesor, trajo un cumplimiento parcial e inmediato a la promesa. Salomón, no obstante, no fue el rey justo cuyo dominio será afirmado para siempre. El "Hijo mayor de David", Jesús, fue el Mesías largamente esperado de linaje davídico que fue también, en el sentido más pleno, también el Hijo de Dios.

18. Se puso delante de Jehová. Sentado sobre sus pies, con la cabeza erguida, a la manera del moderno musulmán en oración.

8:1. Meteg-ama significa *brida de la madre* (una ciudad). En 1 Cr 18:1 se identifica con Gat, que puede haber sido la estación de control de las cinco ciudades filisteas. La captura de la ciudad en la que había estado como refugiado político, y hogar de su primera víctima, Goliat, indicó a los israelitas tanto la capacidad de David como su espíritu nacionalista. **2. Los midió con cordel** puede significar que preservó a los pequeños pero que mató a los adultos cuya altura se aproximaba a la longitud de dos cordeles. **3. Soba** era un reino sirio, cuyo territorio parece haberse extendido al norte de Damasco y no lejos del Éufrates. **8. Gran cantidad de bronce.** Se dice que los egipcios de las dinastías XVIII y XI consiguieron tanto cobre de Siria que dejaron de trabajar las minas del monte Sinaí en el sur. **10. Joram su hijo.** El hijo del rey fue su embajador.

17. **Sadoc...Ahimelec...sacerdotes.** Sadoc puede haber sido sacerdote bajo Saúl. Abiatar sirvió a David mientras éste estaba huyendo de la corte de Saúl. David resolvió la dificultad resultante dividiendo el oficio entre ellos. Si no hubiera sido por la rápida acción de Joab, habría probablemente dividido el mando del ejército entre Joab y Abner. **Seraías** era el secretario de estado, y no un oficial militar responsable de la leva y movilización de tropas; porque la expresión técnica de levar el pueblo no era *sāpar* (del que se deriva el sustantivo escriba) sino *pāqad.*

18. Cereteos y peleteos. Se sabe bien que en todas las épocas los reyes y príncipes han preferido confiar la protección de sus personas a mercenarios extranjeros que a fuerzas armadas de la propia nación. Los gobernantes creen que tienen una mejor prenda de lealtad y devoción de los guardas si los hombres no surgen de la nación, y dependen más de solamente el gobernante. David había recibido una recepción hospitalaria en la tierra de los filisteos, y es posible que hiciera allí muchos leales amigos. **Los príncipes.** Lit., *sacerdotes.* Cuales fueran los deberes que les fueran confiados, no está claro. Sadoc y Abiatar eran los sacerdotes para la nación, y es evidente de 20:26 y 1 R 4:5 que estos "sacerdotes" tenían una relación especial con el rey. Así, Ewald conjetura que eran sus sacerdotes domésticos. En Egipto, se dice que los consejeros confidenciales del rey se elegían entre los sacerdotes, y es este punto de vista de las funciones de estos dos hombres que se toma en Crónicas.

G. *Vida cortesana de David. 9:1—20:26.*

9:10. Tenga pan para comer. Una expresión general aquí, que significa tener todas las necesidades de la vida cubiertas.

10:4. Les rapó la mitad de la barba. Incluso en la actualidad los árabes consideran que cortar la mitad de la barba de una persona es cometer una gran indignidad, muy como propinar latigazos y marcar con hierro candente entre nosotros. Muchos prefirieran morir antes de que se les rapase la barba. El insulto quedó empeorado al cortarles las ropas largas que cubrían las piernas, exponiendo la parte baja del cuerpo. **5. Jericó** estaba a mitad de camino entre Amán y Jerusalén. **12. Esfuérzate.** De aquí aprendemos que no se tiene que depender de milagros, sino que primero se tiene que luchar hasta allí donde se pueda para ayudarse uno mismo, y después esperar la ayuda de Dios.

11:1. Rabá es la moderna Amán (Filadelfia en los tiempos helenísticos), a unos 32 km. (20 millas) al este del Jordán a la cabeza del Wadi Amman.

3. Betsabé...Eliam tienen el mismo significado. La diferencia consiste únicamente en la transposición de las partes componentes del nombre. **4. Y vino a él.** Aunque se tiene a David como responsable del pecado, Betsabé no está sin culpa. Ella vino a su petición, aparentemente sin duda alguna, y no ofreció ninguna resistencia a sus deseos (por lo menos en tanto que el registro nos lo indica). El hecho de que se estaba bañando en un patio sin cubrir de una casa en el corazón de la ciudad, adentro del cual cualquiera podía mirar desde los tejados o desde terreno más elevado, no dice mucho acerca de su modestia, incluso si no tenía segundas intenciones, como sugieren algunos comentaristas. No obstante, esto no excusa a David de la enormidad de su transgresión en contra de los estatutos del Señor y en contra de uno de sus mejores guerreros.

16. Joab, como general que no estaba acostumbrado a ahorrar vidas humanas, sirvió fielmente a su señor en este asunto, en vista de tener sus propios fines servidos en otro momento. **21. Tu siervo Urías heteo es muerto** pudiera interpretarse que fue sin el mandato de Joab o en oposición a él que Urías se acercó tanto con sus hombres, y que él era responsable de su propia muerte y de la de los otros guerreros que habían caído.

27. Y pasado el luto. El período ordinario de luto era de siete días. No sabemos si las viudas guardaban un luto más prolongado. David tomó rápidamente a Betsabé como esposa suya, a fin de poderse casar con ella tan antes como fuera posible del nacimiento del niño. Esperaba así poder eliminar sospechas acerca de relaciones premaritales que de otra manera pudieran surgir.

12:6. Debe pagar...con cuatro tantos. La restauración cuádruple se corresponde con las provisiones de la ley en Éx 22:1. **13. Pequé contra Jehová.** El pecado tiene sus resultados: separa al hombre de Dios, y produce efectos perniciosos en el mundo. La primera parte

puede ser cancelada mediante el perdón, pero la segunda persiste. La tragedia de la historia humana es que los malos efectos del pecado no siempre son llevados por el pecador, ni de una manera total.

23. Yo voy a él, más él no volverá a mí. Cp. en Job, "la casa determinada a todo viviente" (Job 30:23). Algo de la idea hebrea de existencia consciente en la próxima vida puede hallarse implícita en la expresión común "fue reunido a sus padres". Es posible que con este dicho David implicara que el niño no podría volver a la vida ni a la actividad, pero que él mismo un día se uniría a su hijo en la muerte.

24. Salomón. El nombre significa *paz.* Quizás al dar este nombre David significaba que ahora estaba en paz con Dios. Otro punto de vista es que Salomón nació al fin de las hostilidades con Amón, al volverse a establecer la paz. Salomón fue su nombre real. **25. Jedidías** (*amado de Jehová*) fue su nombre en familia. Era bastante común en Israel que un rey poseyera dos nombres. **Por medio de Natán profeta.** Algunos creen que Natán sirvió de tutor real para Salomón.

27. La ciudad de las aguas. "Fuerte de las aguas", la fortaleza defendiendo el suministro de agua a la ciudad real. Polibio, en su relato del asedio de Rabat-amón por Antíoco Epífanes, dice que el rey sirio consiguió detener el suministro de agua y que obligó a la guarnición a rendir la ciudad propia, que estaba construída en el terreno alto. **31. Los hijos de Amón.** David los puso a trabajos forzados, no en tortura. Para un beduíno este tipo de castigo era de crueldad extrema.

13:1. Absalón...Tamar...Amnón. Absalón y Tamar eran hijos de David con Maaca, la hija del rey de Gesur (3:3); Amnón era hijo de David con Ahinoam la jeezrelita (3:2). El caso de Abram y Sarai muestra que el casamiento de hijos del mismo padre pero de diferentes madres estaba aprobado en la costumbre hebrea primitiva, aunque prohibido en la legislación levítica (Lv 18:9). **2. Le parecía...difícil.** Tenía pocas oportunidades de ver a los miembros solteros del harén real, probablemente ninguna de ver a Tamar sola.

6. Te ruego que venga...Tamar. Es evidente que los hijos del rey vivían en diferentes casas. Es probable que cada una de las esposas del rey viviera con sus hijos en un compartimiento particular del palacio. **Dos hojuelas.** La palabra heb. utilizada por **hojuelas** proviene de la raíz *lbb,* "corazón". Es posible que fueran pastelillos en forma de corazón. También, puede haber un juego de palabras en el uso de este término.

13. El no me negará a ti. La ley prohibía este tipo de casamiento (Lv 18:9), pero puede no haber sido observada estrictamente en aquel tiempo. El Talmud vence la dificultad asumiendo que Tamar era de nacimiento ilegítimo. 18. Un vestido de diversos colores. También se dice esto de la túnica de José. La famosa tabla de Beni Hasán (Egipto) muestra que el vestido típico de los nómadas en la Palestina patriarcal era un vestido de muchos colores. No obstante, ninguno de los vestidos en esta tabla son largos hasta el tobillo o hasta la muñeca. Esta característica es distintiva en los casos de José y de Tamar, y significaba algo especial. 20. Se quedó Tamar desconsolada. No se puede demostrar que *shōmēm*, "desolada", signifique nunca soltera o solitaria. No obstante, esta es la interpretación usual que se le da.

21. David...se enojó mucho. Se contentó con enojarse. ya que él mismo había sido culpable de adulterio. No obstante, su inactividad al no tomar medidas adecuadas surgía de su afecto indulgente hacia su hijo y a su costumbre de no disciplinar a los miembros de su familia.

27. Dejó ir con él a Amnón. Ya que Absalón no había mostrado ningún deseo de desear venganza, David le permitió de mala gana asistir a la fiesta. 29. Su mula. Esta es la primera mención de la mula en la Biblia. El caballo era utilizado principalmente para tirar de carros de guerra; el asno era montura de la realeza (1 R 1:33). Según la ley de Lv 19:19, estaba prohibida la cría de híbridos.

14:1. Joab creía que Absalón tenía las mayores probabilidades de acceder al trono. Y creyó que si podía poner a Absalón en una posición de sucesión al trono, que éste cancelaría la amenaza de juicio que pendía sobre él. 2. Tecoa. Joab había crecido en la vecindad de Tecoa, a unos 10 km. (6 millas) al sur de Belén. Puede haber conocido a esta mujer en tiempos pasados. 7. Nombre ni reliquia. La extinción de una familia era considerada como el más temido de los infortunios. Las instituciones del concubinato y del matrimonio levirato fueron ambos instituídos para disminuir esta posibilidad. El nacimiento de un hijo para dar continuidad al nombre de la familia era considerado de la mayor importancia. 9. La maldad sea sobre mí. De la respuesta de la mujer inferimos que David la había despedido con una promesa porque vio que si defendía al hijo culpable, quedaría involucrado en su culpabilidad. La madre pidió la ayuda del rey, y se ofreció para llevar personalmente cualquier culpabilidad.

10. Tráelo a mí. David dio autoridad a la mujer a que trajera a sus perseguidores ante la presencia real. 11. La mujer pidió a David que hiciera un juramento antes de aplicar su historia a la situación en la que se hallaba Absalón. 12–20. La mujer puso a David en el lugar de sus imaginarios perseguidores. Lo que ellos podían hacer a su familia al cortar a su único heredero, David lo estaba haciendo al pueblo de Dios al castigar a Absalón por un crimen que había cometido en el calor de la ira humana y en su deseo de hacer justicia al deshonor cometido contra su hermana, Tamar. 25. Su hermosura. David era también conocido por su hermosa apariencia. Absalón cortaba su cabello cada año, y pesaba su cabello según un sistema de medidas introducido en Palestina. Este acto puede haber tenido un significado religioso. 27. La LXX añade la nota de que esta segunda Tamar vino a ser la esposa de Roboam, el hijo de Salomón, y que le dio Abías. Según 1 R 15:2, Maaca la hija de Salomón se casó con Roboam.

15:1–6. Absalón empezó una vigorosa campaña para ganarse la lealtad de las tribus. Su método era encontrarse con personas en la puerta, el tribunal del antiguo Israel, hallar sus ciudades de origen, y sugerirles su interés y disponibilidad, y esperar que volvieran a su distrito y que vinieran a ser embajadores de su causa.

7. Hebrón guardaba todavía rencor contra David por haber trasladado la capitalidad a Jerusalén. También, los clanes confederados del Neguev, a través de cuyos buenos oficios David instaló primeramente su trono, estaban celosos de las tribus septentrionales —ahora la parte dominante del reino unido— debido a su poder e influencia ante el rey. 12. Ahitofel gilonita. Gilo se hallaba a 10 a 11 km. (6 a 7 millas) al noroeste de Hebrón. Ahitofel era abuelo de Betsabé (11:3; 23:34). El hecho de que abrazara la causa de Absalón se atribuye generalmente a su deseo de vengar la desgracia que David había traído sobre su familia, así como el asesinato de Urías.

14, 15. Huyamos. La decisión de David de huir de Jerusalén ha constituído un constante rompecabezas para los historiadores. Algunos han supuesto que su valor falló momentáneamente; otros, que tenía razones sobradas para sospechar de la lealtad de la población, quizás todavía predominantemente jebusea; otros, que quería ahorrarle a la ciudad los horrores de un asedio; y aún otros suponen que él pensó que si la revuelta prosperaba en el norte en tanto que Absalón marchaba sobre él desde el sur, quedaría atrapado en Jerusalén como en una trampa. El hecho de que los leales seguidores de David no pusieran en tela de juicio su decisión indica que esta decisión no estaba basada en la cobardía sino en el frío cálculo de un experimentado especialista militar.

18. Geteos. Estos eran los hombres que se habían reunido alrededor de David cuando huyó de Saúl y emigraron con él a Gat. Después vivieron con él en Siclag, y después le siguieron a Hebrón y Jerusalén. Con toda probabilidad, formaban una compañía separada de bien entrenados veteranos, o un tipo de *guardia de corps*, en Jerusalén, y que eran conocidos como los geteos.

21. Itai...para muerte o para vida. La réplica de Itai es magnánima a la luz de la aparente pérdida de la causa de David. Itai sentía una gratitud imperecedera hacia David por sus actos generosos en años pasados.

23. El torrente de Cedrón se halla en el bien conocido valle al este de Jerusalén. La ruta que tomaron fue probablemente la de la ladera sur del monte de los Olivos, la misma que se sigue todavía para ir a Jericó y al valle del Jordán.

24. Sadoc significa *justo*. Esta familia de sacerdotes venció ante la casa de Abiatar (de la línea de Elí) durante el reinado de Salomón. Los saduceos del Nuevo Testamento pretendían descender de Sadoc.

16:1. Mefi-boset era el hijo cojo de Jonatán a quien David había mostrado bondad a causa de su amor por Jonatán. **3. El reino de mi padre.** Según Siba, Mefi-boset creía que la lucha interna dentro de la casa de David haría posible que la casa de Saúl volviera a reconquistar el trono. Esto daría a Mefi-boset, el único heredero del trono, la oportunidad de asumir el liderazgo de Israel. La historia de Siba era una pura invención, mediante la cual esperaba conseguir una parte de las propiedades de Mefi-boset.

6. Arrojando piedras. Todavía se hace en señal de ira o de insulto. **7.** *Hombre de Belial* (literal); en la RV, **hombre sanguinario y perverso.** En el original constituye un insulto de lo más degradante; significa, "no eres bueno para nada".

9–14. David consideró que las maldiciones de Simei. Pensó que si lo aceptaba en silencio, Dios le recompensaría al final de todo aquello. No obstante, su generoso espíritu impacientaba a sus soldados, que vieron en las maldiciones no la voluntad de Dios sino las afirmaciones calumniosas de un ciudadano malcontento. **Perro muerto** (v. 9). Un epíteto desdeñoso. **Le quitaré la cabeza.** Esto es, decapitarle. Maldecir al rey era un crimen capital.

16. Viva el rey era un grito de respeto ante la persona real. La repetición de esta frase por parte de Husai expresó su fingido entusiasmo por el nuevo régimen.

21. Llégate a las concubinas de tu padre. Ahitofel aconsejó a Absalón que asumiera el derecho al trono mediante un posesionamiento público del harén real. Esta era la costumbre empleada en tiempos antiguos para demostrar la posesión del trono. No fue en realidad visto con aborrecimiento de parte de los israelitas, cuyas prácticas de la poligamia embotaban sus sentimientos. El seguimiento de este consejo causaría un quebrantamiento irreparable entre padre e hijo. El consejo de Ahitofel fue el de correr todos los riesgos en esta aventura.

17:4. Este consejo pareció bien a Absalón. Creyó que el consejo de Ahitofel era excelente. Si David hubiera sido atacado aquella misma noche, hubiera estado solamente a unos 20 ó 24 km. (12 ó 15 millas) de la capital, sin alimentos ni vituallas, y con sus fuerzas en un serio estado de desorganización. La rebelión de Absalón habría conseguido su objetivo y David habría sufrido una segura derrota. Evidentemente, el plan de Ahitofel era de rodear rápidamente las fuerzas de David y crear tal pánico que todos huyeran, haciendo posible matar solamente a David. Esto haría más fácil ganarse el resto de las cohortes de David.

8. Amargura de ánimo. El argumento de Husai fue que los hombres de David lucharían como un oso arrinconado. Se dice que el oso sirio era particularmente feroz. Añade la Septuaginta, "y como una cerda salvaje en el llano", que suena más a griego que a hebreo, y tiene que haber sido añadido por un escritor posterior.

12. Caeremos sobre él. El verbo se utiliza de enjambres de langostas (Éx 10:14) o de moscas y abejas descendiendo (Is 7:18, 19). **13. La arrastraremos hasta el arroyo.** Husai dijo que la ciudad que diera asilo a David sería totalmente destruida. La mayor parte de ciudades eran construidas sobre colinas, y la pena aplicada a una ciudad conquistada queda expresada en las palabras de Miq 1:6: "Derramaré sus piedras por el valle".

17. La fuente de Rogel. Quizás la fuente del blanqueador, mencionada en 1 R 1:9. Se hallaba en el valle de Cedrón, debajo del pueblo de Silwan, cerca de la confluencia de los valles de Cedrón y de Hinnom. Servía como límite de los términos de Judá y Benjamín. **Una criada.** El artículo definido en hebreo puede denotar simplemente a la criada elegida para la tarea o puede denotar una criada en particular —tomada de la casa de uno de los sacerdotes— a la que se la podía confiar con la misión. Podía ir a la fuente a por agua sin suscitar sospechas, ya que eran principalmente las mujeres las que se dedicaban al acarreo de agua.

19. Grano trillado. Se trataba de trigo o cebada machacados que la gente preparaban moliéndolo en un mortero.

23. Se ahorcó. El número de suicidios registrado en la Biblia es extremadamente pequeño. El cuidado con el que Ahitofel se preparó a sí mismo y a su familia y el entierro en el lugar familiar indica que este suicidio no fue mal visto. Ahitofel se había colocado en una situación difícil. Si Absalón hubiera vencido, Ahitofel habría tenido que ceder su puesto a Husai; si David vencía, Ahitofel sería llamado a rendir cuentas por su consejo con respecto a la propuesta captura de David. La gente sabía su precaria posición y comprendió la manera de pensar de un hombre desesperadamente derrotado. Puede señalarse que el suicidio de Ahitofel no le excluyó de su sepultura regular en el sepulcro familiar.

24. A Mahanaim. Estos fueron originalmente los cuarteles generales del reino de Isboset. Fue seleccionado por David como sus cuarteles generales en vista de su fuerte posición entre las ciudades transjordanas y debido a su menor desafección. Esta ciudad fue significativa en los días patriarcales y fue la escena de una de las paradas de Jacob al volver a Palestina para encontrarse con su hermano Esaú. En este lugar Jacob vio en una visión a los mensajeros divinos rodeando y protegiendo su campamento, y lo nombró **Mahanaim** (Campamentos Gemelos).

25. Abigail hija de Nahas. Según la tradición judía **Nahas** es otro nombre de Isaí. Otros creen que Nahas fue el primer marido de la esposa de Isaí.

29. Manteca. Es probable que se quiera significar leche fermentada. Es llamada *leben* por los árabes modernos y es muy estimada como bebida refrescante.

18:1. David...pasó revista al pueblo. Esto significa no solamente que contara al pueblo, sino que los movilizó y les pasó revista. **Y puso sobre ellos jefes.** Esta era generalmente la disposición militar, y se corresponde con la disposición civil sugerida por Moisés en Éx 18:25. Es interesante que David diera una tercera parte del ejército a Itai, un hombre de Gat, que había demostrado ser fiel a la causa del rey en el exilio.

5. Tratad buenamente por amor de mí al joven. Evidentemente, David consideraba todavía a Absalón solamente como a un muchacho. Trató la rebelión como una escapada juvenil que pudiera perdonar con bastante facilidad. No obstante, Joab y el ejército consideraban la rebelión como cargada de serias consecuencias.

8. Los que destruyó el bosque. La explicación general es que una gran multitud pereció en las hoyas y en los precipicios. Aparentemente, debido a la naturaleza del terreno, más murieron en la persecución a través del bosque que en la batalla misma. **9. Un mulo.** Montar en un mulo era marca de realeza (1 R 1:33, 38). Este mulo hubiera podido pertenecer a David. **La cabeza.** La tradición de que Absalón fue cogido por el cabello viene de Josefo.

10-13. El hombre que vio a Absalón colgando de la cabeza reprochó a Joab por haber sugerido que hubiera debido matar a Absalón y rechazó el don de Joab por el hecho. Por mucho que el capitán de las huestes de David deseara la muerte de Absalón, dijo el hombre, cuando afronta al rey, quien había ordenado a las tropas que actuaran benignamente con Absalón, no podría ponerse en defensa de quien lo hubiera matado.

17. Un gran hoyo. Esta puede haber sido una caverna o una cisterna abandonada. Algunos creen que el amontonamiento de piedras sobre la tumba de Absalón era simbólico del apedreamiento que era la pena legal aplicada a un hijo rebelde (Dt 21:20, 21). Es todavía costumbre en Oriente que los que pasan arrojen piedras sobre la tumba de un criminal. **18. El valle del rey.** Es otro nombre para el valle del Shaveh. En este valle el rey de Sodoma se encontró con Abraham. La localidad del valle es desconocida. La tumba de Absalón que todavía se ve en el valle del Cedrón es de fabricación romana y lo más probable es que se trate de una tradición posterior. **Columna de Absalón.** Esto es, un monumento. Que fuera una columna, o un obelisco o un monolito no puede saberse.

23. Ahimaas...pasó por delante del etíope. La ruta tomada por el etíope era la más corta, pero pasaba por colinas y valles. La ruta tomada por Ahimaas corría a lo largo del valle del río Jordán, y podía seguirse con más facilidad.

19:4. El rey, cubierto el rostro... Esta era la forma acostumbrada de expresar el propio dolor. La cabeza cubierta mareaba el dolor que le cerraba a uno del mundo exterior. Quizás simbolizaba la tristeza mortal que David sentía por su hijo Absalón. Su expresión vocal sugirió a la gente que el rey deseaba morir y estar con Absalón. En un sentido la cabeza cubierta de David simbolizaba el sudario de la sepultura de Absalón. Los velos llevados por las viudas en duelo son una modernización de esta antigua costumbre. No obstante, la sugerencia en el duelo actual es que uno desea estar solo al lamentarse. Por la misma razón, en los funerales los miembros de la familia inmediata se sientan en una habitación aparte.

5. Hoy has avergonzado el rostro de todos tus siervos. La severa disciplina militar de Joab le impedía comprender el dolor de un padre por su hijo. David veía los acontecimientos en tanto que se le relacionaban con él mismo, y sentía agudamente la pérdida de su hijo Absalón. Joab veía los mismos acontecimientos a la luz de su significado para la tribu de Judá y la familia de David. Apremió al rey a que escondiera sus sentimientos personales en los mejores intereses de la situación política. Job temía la reacción del populacho a los sentimientos que David expresaba hacia Absalón. Consecuencias más serias que la rebelión de Absalón pudieran venir si las masas se enfurecían por la falta de aprecio del rey de la valentía de ellos en su favor. **7. Habla bondadosamente.** Lit., *habla el corazón*. Habla de una forma amistosa, alentándolos y apagando el descontento de ellos. Esta expresión se utiliza a menudo en el AT.

9. Todo el pueblo disputaba. La efímera rebelión no había conseguido sus objetivos, y el elemento de descontento se extendió por todo el país. El movimiento para restaurar a David al poder no era unánime. Algunos creían que había perdido su capacidad de gobernar; otros consideraban que se había ganado el derecho a gobernar por sus servicios pasados. **11. Los ancianos de Judá.** Estos eran los hombres que podrían ganar otra vez a la tribu de Judá a la causa de David. Su reticencia se derivaba del hecho de que Judá había jugado una parte importante en la insurrección. David envió a los líderes religiosos, Sadoc y Abiatar, que hicieran su llamamiento a Judá a través de los ancianos tribales. El texto de su mensaje es demasiado breve para revelar qué enfoque presentaron estos dos delegados religiosos. Quizás recordaron a los ancianos del movimiento en Israel para restaurar a David e insinuaron que hubiera también un movimiento a instalar la capital en una ciudad del norte en lugar de Jerusalén. David había trasladado una vez su capital de Hebrón a Jerusalén, y podría haber otro traslado. La acción de David al volverse a su propia tribu era natural y esencial en su retorno al poder. No obstante, los hay que han considerado esta acción conciliatoria hacia Judá como un hecho engendrador de nuevas rebeliones.

13. Diréis a Amasa:...Así me haga Dios ...si no fueres general del ejército delante de mí. Este curso de acción fue un fuerte efecto de política militar para asegurarse la lealtad del general del ejército rebelde. Al hacerlo así, David esperaba asegurarse la adhesión del ejército rebelde y, al mismo tiempo, degradar a Joab por su asesinato de Absalón. Este paso ha

sido considerado como difícilmente prudente, porque Joab no era precisamente el tipo de persona que aceptara algo así de una manera sumisa, ni tampoco tenía probada la lealtad de Amasa. **20. La casa de José.** Las diez tribus de Israel se distinguían de la de Judá por el título de la tribu más poderosa entre ellos; Efraín, el hijo de José. **24. No había lavado sus pies, ni había cortado su barba, ni tampoco había lavado sus vestidos.** El descuido de su apariencia era una señal de dolor extremado. **29. Yo he determinado que tú y Siba os dividáis las tierras.** No se sabe si es que David estaba haciendo un compromiso para mantener a las familias de Siba y de Mefi-boset fieles a su causa, o si decidió esto sobre el terreno debido a que no tenía tiempo de investigar las afirmaciones de ambas partes. **37. Mas he aquí a tu siervo Quimam; que pase él con mi señor el rey.** Cp. 1 R 2:7. Josefo dice que era hijo de Barzilai.

20:1. Tocó la trompeta. Seba, un hijo indigno de la familia de Bicri, el segundo hijo de Benjamín, tocó la trompeta para llamar a Israel a la revuelta en contra de la casa de David. Es posible que esta rebelión fuera suscitada debido a la tradicional hostilidad entre la casa de Saúl y la casa de David, los benjamitas y los judaítas. Seba estaba interesado en arrebatar el poder de Judá y recuperarlo para Benjamín. En su llamada a la revuelta, **¡Cada uno a su tienda, Israel!** empleó las palabras más tarde utilizadas con éxito en la rebelión de Jeroboam (1 R 12:16). El significado es: "Hombres, devolvamos nuestros uniformes y raciones y volvamos a las granjas, y yo encabezaré un grupo de resistencia para conseguir una mejor parte para todos nosotros". Es extraño el uso de **tienda** en que Israel hacía tiempo que había dejado la forma nomádica de vida por la vida establecida en Canaán. La terminología de una cultura pasada persiste en toda sociedad, y Seba estaba utilizando un cliché que tenía un valor de propaganda y de sentimentalismo.

3. En viudez perpetua. Estas eran las diez mujeres a las que Absalón había violado a plena luz del día como señal a Israel de que había tomado el trono. David no podía devolver a estas mujeres al harén real, ni deseaba hacerlo. En lugar de ello, proveyó para las necesidades de ellas, y las declaró viudas para todo el resto de sus vidas. Esta acción de David tenía en sí los elementos a la vez de generosidad y de tragedia. La vida en el harén de un rey llevaba con ella la posibilidad de terribles consecuencias así como la recompensa de una vida lujosa. Estas mujeres fueron confinadas a fin de proteger a David de posteriores dificultades con respecto a ellas. Se les dio el derecho a ser mantenidas debido a que la violación de ellas fue perpetrada por Absalón y no fue iniciada como una intriga de harén para desbancar al rey reinante.

5. Se detuvo más del tiempo que le había sido señalado. ¿Carecía de iniciativa Amasa, el primo de Joab, al que Absalón había designado capitán de su ejército; o era más difícil reunir un ejército que lo que David había pensado? Es probable que algunos hombres pusieran en tela de juicio la fuerza de David en su retorno al poder, en tanto que otros resintieran el cambio de generales, prefiriendo a Joab antes que Amasa. David había ya prometido a Amasa la posición de Joab (19:13, 14). Quizás el retraso de Amasa fuera debido a dificultades militares y políticas puestas por aquellos que ponían en tela de juicio la sabiduría de las apresuradas promesas de David.

6. Y dijo David a Abisai. David aún pasaba por alto a Joab al dar las órdenes al hermano de Joab. No obstante, una vez que la campaña estuvo en marcha, Joab, con el consentimiento de Abisai, reasumió su puesto como comandante en jefe.

9. Para besarlo. Tomar la barba para besar es aún la costumbre entre los árabes y los turcos como señal de bienvenida amistosa. **10. Y Amasa no se cuidó de la daga.** Esta parte del texto es bastante difícil de traducir con exactitud, y por ello es difícil de determinar la naturaleza de la traición de Joab. Parece que Joab tenía una segunda arma escondida bajo su manto militar, en tanto que llevaba abiertamente otra arma en su vaina. Es probable que dejara caer la espada que llevaba abiertamente para hacer desvanecer cualquier duda o sospecha de la mente de Amasa.

14. Abel-bet-maaca. También se conoce como "Abel-maim" (*vega de aguas*) en 2 Cr 16:4. Esta ciudad cayó en manos de las fuerzas de Ben-hadad de Siria (1 R 15:20) y después de las del asirio Tiglat-pileser. La mención de **Maaca** puede sugerir una relación con el reino sirio de este nombre (10:6). Su situación es de alrededor de 20 km. (12 millas) al norte del lago de Hule y a 7 km. (4 millas) al oeste de Tell el Kadi (Dan) en el lugar del pueblo de Abil. **15. Pusieron baluarte contra la ciudad.** El propósito de este montículo era el de posibilitarles llegar al punto superior del muro a fin de poder quebrantarla y forzar una entrada. Este tipo de guerra se representa en los bajorrelieves del sitio de Laquis.

17. Oye las palabras de tu sierva. La mujer le sugirió que antes de empezar el asedio y posible destrucción de la ciudad, que debiera preguntar a los habitantes si es que estaban dispuestos a pelear por Seba y por sus cohortes. Esto era lo que se tenía que hacer, según Dt 20:10ss. Su segunda implicación era que Joab hubiera debido tener en cuenta la manera pacífica y la fidelidad de los ciudadanos de Abel y no destruir a ciudadanos amantes de la paz y miembros de la nación de Dios. Era ciertamente una mujer sabia y en simpatía con la mujer sabia de Tecoa, que puso de su mano para evitar un innecesario derramamiento de sangre. Cp. también la intercesión de Abigail en la causa de las familias granjeras en el Carmelo y su vecindad. Por lo general, las mujeres han argüido la causa de la paz y han apelado a una arbitración pacífica para evitar derramamientos de sangre. Eclesiastés (lit., *el predicador*) dijo que la sabiduría es mejor que la fuerza, y quizás utilizó este incidente para su referencia en Ec 9:13–16.

22. Cada uno a su tienda. Este es un comentario satírico acerca de la rebelión de Seba. Él había llamado a Israel a separarse de la unión de Israel y de Judá, y como resultado había perdido la cabeza. Los hombres de Judá volvieron a sus tiendas, en tanto que las fuerzas de Seba quedaron dispersadas. El camino de la espada puede llevar a trágicas consecuencias.

24. Adoram sobre los tributos. Más bien, estaba sobre los grupos de trabajo levados bajo el sistema de trabajos obligatorios. Mantuvo este puesto hasta el reinado de Roboam (1 R 4:6; 12:18).

IV. Los últimos días de David. 21:1 — 24:25.

A. El hambre. 21:1–14.

1. Hubo hambre. Ez 14:21 relaciona la espada (guerra), el hambre, las fieras y la pestilencia como los cuatro juicios pesados de Dios sobre los pecados de Jerusalén. En 1 R 8:35–37, Salomón se refiere al cielo sin nubes que podría traer hambre como resultado de los pecados de su pueblo. No se da la fecha precisa de esta hambre. "En los días de David" podría referirse a cualquier tiempo durante su prolongado reinado. Algunos lo situarían después del reconocimiento de Mefi-boset por parte de David (cp. v. 7), pero antes de la rebelión de Absalón. **Por causa de Saúl.** Saúl, parece, rehusó reconocer el tratado hecho por Josué con los gabaonitas (Jos 9), y, en su celo por su propio pueblo, mató algunos de estos residuos amorreos. Esto constituyó el quebrantamiento de un pacto y tenía que contarse como asesinato no expiado que, según Dt 21:7–9, contaminaba la tierra.

3. ¿Qué satisfacción os daré? David pidió a los gabaonitas qué aceptarían ellos como pago por su ofensa. El significado literal del verbo hebreo para "satisfacción" es *cubrir*. Con este *cubrimiento* se escondía la ofensa de los ojos de la parte ofendida, y para quitar la culpa del ofensor de ante los ojos de Dios que vengaba el mal. La satisfacción o expiación podía llevarse a cabo mediante un acuerdo en dinero, que dio lugar a la expresión *dinero de sangre*, o *precio de sangre*, o mediante la aplicación de la ley de la venganza. Si se utilizaba el último método, David hubiera podido dar a los gabaonitas la misma cantidad de hombres que Saúl había ejecutado. Estos hubieran podido ser hombres en desfavor de la corte de David, u hombres elegidos por suerte. No obstante, los gabaonitas no se iban a satisfacer con nada menos que con venganza sobre la familia de Saúl. Acusaron a Saúl de tratar de exterminarlos (una antigua política utilizada para invalidar la ley de la venganza). Querían ver a sus descendientes tratados de la misma manera en que él había tratado de hacer con ellos (cp. v. 5). Esta demanda de justicia exacta estaba en consonancia con la legislación de Nm 35:31, 32, que insiste en tener una consideración estricta hacia la vida humana. El pago de dinero por el asesino a la familia del asesinado era un precedente peligroso, del que los ricos pudieran abusar. Las personas con dinero podrían cumplir el viejo dicho de "hecha la ley, hecha la trampa".

6. Siete varones. Siete pudieran haber sido los gabaonitas ejecutados por Saúl; o, más probablemente, se trataba de un número sagrado, siendo elegidos los hombres a ser ajusticiados en un solemne ritual "delante de Jehová". No obstante, esta ejecución no fue como sacrificio para pedir lluvia a Dios, sino que se trató de un caso de retribución judicial.

8. Rizpa. Una concubina de Saúl. Is-boset acusó en una ocasión a Abner de tener relaciones ilícitas con Rizpa en un intento de asumir el trono de Saúl en su lugar (esto es, en lugar de Is-boset). Esta acusación llevó a Abner a pasar su lealtad a la casa de David. **Hijos de Mical** presenta un problema. Según el relato bíblico, Mical murió sin hijos debido a su alejamiento de David. Su actitud hacia su esposo en sus tratos con el sacerdocio y el arca del pacto hizo que sus relaciones quedaran en estado tenso. Él no se divorció de ella, pero la asignó a una casa especial, y no tuvo ya más relaciones maritales con ella. El Targum reconoce el problema aquí y sugiere que Mical crió a los cinco hijos de su difunta hermana Merab, que Merab había dado a Adriel. **El meholatita.** Esto es, de Abel-mehola, una ciudad en el valle del Jordán, cerca de Bet-sán, famosa por ser la ciudad natal de Eliseo (1 R 19:16).

10. Rizpa...tomó una tela de cilicio y la tendió...sobre el peñasco. Rizpa tomó tela, se hizo una tienda, y montó guardia desde abril hasta octubre, hasta que las lluvias del otoño cayeron y ella supo que el pecado de la casa de Saúl había sido expiado y que ya no se harían más demandas sobre las vidas de su familia. Era contrario a las leyes de Dt 21:23 dejar que un cuerpo colgara por la noche, pero esta ley fue dejada a un lado en este caso.

13. Recogieron también los huesos de los ahorcados. David quedó conmovido por la devoción materna de Rizpa. Para mostrar que él no tenía ninguna hostilidad personal en contra de la casa de Saúl, desenterró los restos de Saúl y de Jonatán de las tumbas en que habían sido sepultados por los hombres de Jabesgalaad y les dio una decente sepultura en su sepulcro familiar en Zela. Este lugar es mencionado entre las ciudades de Benjamín en Jos 18:28, pero no ha sido todavía identificado. Se ha sugerido Beih Jala cerca de Belén, pero ésta está en Judá, no en Benjamín. Es extraño que el sepulcro de Saúl no estuviera en Gabaa, su ciudad natal.

B. Hazañas heroicas. 21:15-22.

16. Uno de los descendientes de los gigantes. La palabra por hijos se utiliza en Nm 13:22, 28 de los hijos de Anac, los gigantes en la tierra en el período de la Conquista. El heb. por **gigante**, *Rafa*, no es el nombre de una persona. Es decir, utilizado de los Rafaim, una raza de gigantes que habitaba Palestina en tiempos antiguos y que dio a un valle cerca de Jerusalén el nombre de "valle de Refaim". La Vulgata vierte *Arapha*, del que viene *Harapha*, el nombre del gigante que aparece en la obra de Milton, *Samson Agonistes*. **17. Apagues la lámpara de Israel.** Esta era una metáfora por cambiar la luz de la prosperidad por la oscuridad de la calamidad. En forma moderna de hablar, estos hombres querían que David llevara la antorcha de Israel.

19. Elhanán...mató al [hermano de] Goliat geteo. En el texto masorético no aparece la palabra *el hermano de*. Se debiera añadir en base del relato paralelo de 1 Cr 20:5. Así, se debiera leer: **Elhanán...mató al hermano de Goliat geteo.** Algunos comentaristas suponen que el relato de Samuel preserva la tradición más antigua y que solamente más tarde se atribuyó la muerte de Goliat a David. No obstante, tampoco habría ninguna dificultad en suponer que hubiera otro hombre de gran estatura llamado Goliat, además del muerto por David. Hay otro Elhanán de Belén mencionado en 2 S 23:24. Algunos (cp. Targum y Jerónimo) han intentado identificar a Elhanán (*aquel a quien Dios muestra favor*) con David. Pero no hay ninguna evidencia válida que de apoyo a esta idea.

20. Doce dedos en las manos, y otros doce en los pies. Esta no era una deformidad inusual en tiempos antiguos, ni lo es en la actualidad. Plinio mencionaba peculiaridades así en su *Historia Natural.* Según Lv 21:18, uno que sufriera una deformidad así quedaba excluído del servicio del templo.

C. El salmo de David. 22:1–51.

3. Mi salvación. En el pensamiento del AT se consideraba a menudo la salvación como la liberación física del poder de las fuerzas enemigas.

6. Lazos de muerte. Las fortunas de David le llevaron frecuentemente a lugares peligrosos. Muchas veces hubo solamente un paso entre él y la muerte. En toda su vida vio la mano de Dios protegiéndole de serio daño.

7. Desde su templo. El Señor como rey gobernaba los cielos, y allí estaba su templo. El Templo salomónico iba a ser el símbolo terrenal de la autoridad celestial de Dios en el destino nacional de Israel.

17. Me sacó. La misma raíz que el nombre *Moisés.* Así como Moisés fue sacado de las aguas del Nilo, así David fue sacado de **las muchas** aguas de la tribulación.

D. El testamento de David. 23:1–7.

1. El dulce cantor de Israel. David es recordado por muchas cosas. Fue no solamente el patrón de la música de la sinagoga y de la iglesia, sino que fue el favorito de los escritores de cantos en Israel. Le amaban por la música que salía de lo más profundo de su corazón. Sus últimas palabras fueron en forma poética, expresando la gloria de Dios en el gobierno de un rey justo.

4. Como la luz. David vio en el buen rey la respuesta bienvenida de la nación al verdadero liderazgo. Era tan bienvenido como el sol de la mañana y tan refrescante como la lluvia en sus estaciones.

5. Pacto perpétuo. El Señor es un Dios hacedor de pactos. Los pactos en la Biblia incluyen aquellos hechos tanto con personas como con naciones. Con cada pacto se hallaba implicado el deber de lealtad a los términos del pacto. Aunque Israel dejara de cumplir su parte del pacto, tendría que aprender que Dios es siempre fiel.

17. No quiso beberla. El magnánimo espíritu de un guerrero se ve en el respeto de David hacia el valor de los tres valientes que se aventuraron entre los ejércitos de los filisteos que trajeron el agua fresca a David. En el moderno Belén es señalado a los turistas como el pozo de David.

E. Hazañas heroicas. 23:8–39.

18. Joab no es mencionado. Ya bien está en una clase aparte, solo, o la desgracia de matar a Absalón y de tomar partido con el pretendiente perdedor (1 R 1:7) hizo que su nombre fuera borrado de la lista de honor. Sirvió bien, fue leal con una lealtad de perro fiel, pero no tuvo honor. Las historias de estas figuras heróicas hallan a menudo su paralelo en la Ilíada y en la Odisea y en hazañas personales en las guerras de Egipto y de Mesopotamia. En estas últimas historias es por lo general el heróico rey o faraón que es hecho famoso; en Homero y en el AT las figuras heróicas salen de las filas.

F. El censo y la plaga. 24:1–25.

1. E incitó a David. El cronista (1 Cr 21:1) refiere la incitación de David a Satanás. Desde el punto de vista bíblico, todas las cosas tienen su fuente última en Dios. Incluso la ira del hombre y de Satanás, llegan definitivamente a cumplir los propósitos divinos. **Vé, haz un censo de Israel y de Judá.** En el Oriente Medio los censos siempre han sido muy mal vistos, porque el propósito de contar al pueblo era el de determinar las proporciones de los impuestos y de reclutar para el servicio militar.

14. Caigamos ahora en mano de Jehová. La penetración religiosa de este pasaje es ciertamente muy grande. Las deidades enfurecidas en las religiones paganas tenían que ser pacificadas rápidamente y los ofensores tenían que apartarse de delante de las deidades ofendidas. David sabía que su acto era pecaminoso y que estaba poniendo en peligro la nación con la justa ira de Dios en juicio. No obstante, conocía también a su Dios como un Señor perdonador, lleno de misericordia hacia todos los que se arrepienten. Vio más misericordia en Dios que en la mano de los hombres. Los pecadores en manos de un Dios enojado tienen más razones para la esperanza que el hombre delincuente en manos de una sociedad ofendida.

16. Jehová se arrepintió de aquel mal. El arrepentimiento de parte del hombre involucra un cambio de actitud hacia Dios. El arrepentimiento de parte de Dios es un cambio de enfoque hacia el hombre en base de la cambiada actitud del hombre hacia Dios. **La era de Arauna jebuseo.** Arauna era conocido como un jebuseo, uno de los habitantes originales de la ciudad de Jerusalén. Su nombre indica un origen hurriano, o por lo menos un título hurriano. Muchos creen que esta era tiene que identificarse con la formación rocosa preservada debajo de la Cúpula de la Roca, sobre o cerca del lugar del Templo de Salomón.

BIBLIOGRAFÍA

CAIRD, GEORGE, B. "Samuel", *Interpreter's Bible*, Vol. 2. Nueva York: Abingdon-Cokesbury Press, 1953.

DEANE, W. J. *Samuel and Saul: Their Lives and Times.* Nueva York: Fleming H. Revell Co., s.f.

DRIVER, S. R. *Notes on the Hebrew Text and the Topography of the Books of Samuel.* Oxford: Clarendon Press, 1913.

GOLDMAN, S. *Samuel.* Londres: The Soncino Press, 1951.

KEIL, C. F., y DELITZSCH, F. *Samuel.* Edimburgo: T. & T. Clark, 1872.

KIRKPATRICK, A. F. *I, II Samuel (The Cambridge Bible for Schools and Colleges).* Cambridge: The University Press, 1930.

SMITH, H. P. *Samuel (International Critical Commentary).* Edimburgo: T. & T. Clark, 1899.

COMENTARIOS EN ESPAÑOL

JAMIESON, ROBERTO, FAUSSET, A. R. y BROWN, DAVID. *Comentario Exegético y Explicativo de la Biblia*, tomo I. El Paso: Casa Bautista de Publicaciones, 1958.

PAYNE, D.F. "1 y 2 Samuel". *Nuevo Comentario Bíblico*, editado por D. Guthrie, J. A. Motyer, A. M. Stibbs y D. J. Wiseman. El Paso: Casa Bautista de Publicaciones, 1978.

PRIMERO Y SEGUNDO DE REYES

INTRODUCCIÓN

Título. Los libros ahora conocidos como 1 y 2 Reyes fueron así denominados por su contenido. En la Septuaginta (versión gr. del AT) se considera a Reyes en el original heb. como una continuación del material en el libro de Samuel. Se halla dividido en dos partes y titulado El Tercer y Cuarto Reinos. Jerónimo, aunque reteniendo esta división en su Vulgata, llamó a las dos partes simplemente: El Libro de los Reyes.

Es evidente que los dos libros forman un todo, cubriendo la historia de Israel desde la monarquía bajo Salomón hasta la disolución de la nación bajo Sedequías. Tratan de las fortunas de la nación de Israel, señalando los pecados de los reyes que quebrantaron el pacto y que provocaron la deportación de Israel y de Judá.

Fecha y paternidad. 2 Reyes concluye con la liberación de Joaquín de la prisión en el año trigésimo séptimo de su encarcelamiento: alrededor del 562/561 a.C. El libro no hubiera podido ser finalizado antes de esta fecha, ni más tarde del 536 a.C., el año del retorno de los exiliados, ya que nada dice del suceso. Como este libro es una unidad, y no el producto de varias manos en fechas sucesivas, tiene que fecharse en el período de alrededor del 562 al 536 a.C.

Ya que la liberación de Joaquín hubiera sido solamente significativa para los judíos de la cautividad babilónica, es nuestra conclusión que 1 y 2 Reyes fueron escritos por algún cautivo judío viviendo en el área de Babilonia.

Fuentes. El autor afirma explícitamente que tenía fuentes para su historia: (1) Los hechos de Salomón (1 R 11:41). (2) Ver referencias a las crónicas de los reyes de Judá (p.ej., 1 R 14:29 y las crónicas de los reyes de Israel (p. ej., 1 R 14:19). Las fuentes de la historia de los reyes de Judá nunca se mezclan con las de la historia de los reyes de Israel. Por ello, sabemos que cada uno de los anteriores era un documento separado y distinto. Las citas de estas obras muestran que contenían mucho más material que el que está dado en Reyes.

Se citan autores específicos de las fuentes de primera mano en los paralelos en 1 y 2 Crónicas: *Natán* el profeta, *Ahías* silonita, e *Iddo* el vidente (2 Cr 9:29). *Semaías* el profeta e *Iddo* el vidente (2 Cr 12:15); *Iddo* el profeta (2 Cr 13:22); *Isaías* el profeta (2 Cr 26:22; 32:32); *Jehú* (1 R 16:1). Debido a que las fuentes son así temas proféticos, no meramente unos anales, tenemos aquí un registro claro de los hechos de los reyes. Ningún cronista real se hubiera atrevido a publicar unos hechos tan acusadores en contra de David o de Jeroboam I como los que aquí se presentan.

Meta y propósito. Aunque la principal preocupación del autor es tratar de la monarquía davídica, trata al principio un tema de interés secundario: la monarquía en Israel. Después vuelve a pasar al relato de la monarquía davídica. En tanto que el pueblo conocía las fuentes proféticas de su historia, las fuentes eran demasiado numerosas, voluminosas, para poder exhibir con brevedad ante la gente la voluntad de Dios; es por ello que se escribió Reyes.

Utilizando extractos de varias fuentes, el autor desarrolla la historia de la nación elegida con respecto al pacto de Jehová (Éx 19:3–6). No tenían que tener otros dioses, sino a Jehová (Éx 20:2–6). La idolatría y la adoración de imágenes son considerados en este libro como el peor de los pecados, que, continuado y repetido, provocó la deportación de Israel. El lenguaje de estos libros puede ser denominado 'Deuteronómico' debido a que el Deuteronomio habla de una manera muy similar acerca de los mismos pecados condenados en 1 y 2 Reyes. El autor de Reyes mantiene la historia de Israel y de Judá ante los cautivos para enseñarles que la única manera de llegar a la libertad es arrepentirse de la idolatría, volver a Dios, guardar el pacto, y esperar en las promesas divinas. Trata de despertar en ellos la convicción de la verdad de esta enseñanza y de fortalecerlos en esta convicción.

Con respecto al pacto los profetas eran los mensajeros de Dios para recordarle al pueblo acerca de sus preceptos, y sus instrumentos para vigilar su cumplimiento. Fue la misión de ellos buscar mediante advertencias, amenazas, y promesas, obtener adhesión al pacto (cp. Jer 7:13; 11:1–8). En estos libros, se pronuncia la bondad o maldad de los reyes en tanto que se adheriesen o quebrantaran el pacto.

Marco histórico. Los israelitas fueron el primer pueblo de la antigüedad en desarrollar una verdadera historigrafía. Otras naciones, como Asiria, Babilonia, y Egipto, compusieron anales, pero solamente los heteos (o hititas) entre las naciones gentiles intentaron redactar escritos históricos.

En la época de David el poder de Egipto se había desvanecido y Asiria era débil; de ahí que eran naciones impotentes en ambas fronteras de Israel. No obstante, Asiria pronto despertó bajo Tiglat-pileser III (también llamado Pul en 2 R 15:19; 745 — 727 a.C.). El 721 a.C. Samaria cayó bajo el ataque de Salmanasar y Sargón. Más tarde, bajo Senaquerib, Asiria invadió A Judá y tomó muchas ciudades, pero no pudo tomar Jerusalén debido a la amenaza de Egipto sobre la retaguardia. Esar-hadón y Asurbanipal extendieron la hegemonía asiria a Egipto.

En tiempos de Josías el Faraón Necao subió a ayudar a Asiria en contra de Babilonia en Carquemis, pero los dos aliados fueron derrotados. Poco después el victorioso Nabucodonosor invadió Palestina, y en su tercer ataque contra Jerusalén saqueó y destruyó la ciudad, llevándose al pueblo a un cautiverio definitivo (586 a.C.).

Cronología. Las siguientes publicaciones serán útiles al lector para la cronología del período de 1 y 2 Reyes: BASOR, 100 (Dic., 1945); 130 (Abr., 1953); 141 (Feb., 1956); 146 (Oct., 1956); E.R. Thiele, *The Mysterious Numbers of the Hebrew Kings* (Chicago, 1951); E.R. Thiele, "The Question of Coregencies Among the Hebrew Kings", *A Stubborn Faith*, ed. E. C. Hobbs (Dallas, 1957); y M. F. Unger, *Nuevo Manual Bíblico de Unger*, pp. 171–172 (Editorial Portavoz).

BOSQUEJO

COMENTARIO

I. El reino unido desde Salomón hasta Roboam. 1 R 1:1—11:43.

A. La accesión de Salomón al trono. 1:1—2:46.

1) La derrota de las aspiraciones de Adonías al trono. 1:1–53.

1. Cuando el rey David era viejo... Las muchas desgracias de David en mano de Saúl antes de llegar al trono, y su reinado de cuarenta años sobre Israel, habían dejado una impresión indeleble sobre él. No obstante, antes que la muerte le alcanzara, el rey guerrero poeta llegó a la edad de setenta años (2 S 5:4), que sus propios escritos habían marcado como el límite definitivo de la vida. El último golpe que apresuró la muerte del anciano fue la rebelión de Absalón (2 S 15:1—19:10). **Le**

cubrían de ropas. *Begādîm* designa a ropas de cama. Tomaron la medida más sencilla para mantener al anciano en su declinar físico que, de todas maneras, no ayudaba al enfermo monarca. **2. Le dijeron, por tanto, sus siervos.** La sugerencia de los siervos de que se hallara para él una joven que restaurara la vitalidad perdida del rey y que le diera abrigo y calor era una prescripción médica aceptada hasta la Edad Media. No se debiera leer ninguna connotación inmoral en esta práctica más bien de apariencia extraña.

3. Y buscaron una joven hermosa. Fue elegida por virginidad y por belleza. **Abisag,** de Sunam, una ciudad de Isacar en la llanura de Jezreel, al pie del monte Hermón, el menor. **4. Ella...le servía; pero el rey nunca la conoció.** Esto es, no entró en relaciones sexuales con ella. Abisag asumió el papel como de enfermera práctica para el moribundo rey David.

5. Entonces Adonías hijo de Haguit se rebeló. Su rebelión se expresó en las palabras decididas: **Yo reinaré.** En su turbulenta vida David había experimentado la rebelión de parte de otro hijo, Absalón. Adonías, cuya madre era Haguit, era el cuarto hijo de David. Quizás Adonías creía que al ser el hijo mayor de los que vivían tenía por ello derecho al trono. Pero, si es así, ignoraba las implicaciones teológicas de que Dios hubiera ya elegido a Salomón, el hijo de David por Betsabé, esposa de Urías heteo (2 S 12:24). **6. Y su padre nunca le había entristecido en todos sus días.** De esto se infiere que a Adonías se le había permitido ir sin freno ni disciplina.

7. Y se había puesto de acuerdo con Joab...y con...Abiatar. Joab era el hijo de Sarvia, la hermana de David, el hermano de Abisai y de Asael. Parece que residía en Belén. Como comandante en jefe de los ejércitos de David, demostró ser un brillante estratega, valiente en la batalla, aunque no por encima de la crueldad y de verdadera traición en algunos casos. Sus principales logros militares fueron la conquista de Jerusalén y el asedio de Rabá, de los amonitas. Debido a que derramó innecesariamente la sangre de Abner y de Amasa, Salomón ordenó a Benaía que lo matara. A su propia petición Joab fue muerto al lado del altar de Dios en el Tabernáculo, donde había hallado refugio. Abiatar era el único sacerdote que había escapado a la venganza de Saúl sobre la clase sacerdotal de Nob por haber dado ayuda a David. Después de huir a David, vino a ser el consejero espiritual y amigo del guerrero fugitivo. Hasta este punto, Abiatar había permanecido personalmente fiel al rey, pero ahora se unió en la conspiración de Adonías contra Salomón. La pena que se le aplicó no fue la merecida pena de muerte, sino la expulsión del sacerdocio por Salomón.

8. Pero el sacerdote Sadoc...el profeta Natán...no seguían a Adonías. Sadoc se había unido a David en Hebrón inmediatamente después de la muerte de Saúl (1 Cr 12:28), le había acompañado en su huída de Jerusalén durante la insurrección de Absalón, y actuó como espía del rey (2 S 15:24–29; 17:15). **Natán.** Ver 1 R 1:11.

9. Y matando Adonías ovejas y vacas y animales gordos junto a la peña de Zohelet... Como pretendiente al trono, Adonías deseaba que se le considerara munificiente. Por ello, de adelantado a su coronación, dio esta fiesta real a los implicados. **La peña de Zohelet;** esto es, *la piedra de la serpiente,* o ''la esquina rocosa y empinada de la ladera meridional del Valle de Himnom, que arroja una sombra tan profunda''. El lugar ha sido identificado con el Wadi el Rubab. **La fuente de Rogel.** ''Fuente de los comerciantes'', o ''Fuente del pie''. Aquí los blanqueadores limpiaban ropas pisándolas sobre las aguas de la fuente. Este lugar ha sido identificado con ''el pozo de Job'' (más probablemente, el pozo de Joab), situado por debajo de la confluencia del valle del Cedrón con el valle de Himnom, a 170 m. (550 pies) por debajo del monte Sion. **10. Pero no convidó...ni a Benaía...ni a Salomón su hermano.** Benaía, el hijo de Joiada el sumo sacerdote (1 Cr 27:5), nativo de Cabseel, cabeza de la fuerza de policía de David, valiente en batalla contra hombres y fieras, permaneció fiel a Salomón. Por ello no fue llamado a la rebelión de Adonías. Salomón, hijo de David con Betsabé, el heredero legítimo señalado por Dios, naturalmente no fue invitado a la fiesta de Adonías.

11. Entonces habló Natán a Betsabé... diciendo: Natán el profeta aparece por primera vez en las Escrituras para anunciar a David que tiene que detener la construcción del Templo (2 S 7). Más tarde aparece para reprochar a David por su pecado doble de asesinato y de adulterio en el asunto de Urías heteo (2 S 12; Sal 51). Natán aseguró ahora el reino para el hijo de David, Salomón, denunciando las maquinaciones de Adonías a las autoridades adecuadas, en este caso Betsabé. **12, 13.** Natán apremió a Betsabé a que apelara directamente al rey para que éste nombrara su sucesor antes de su muerte. **14. Y estando tú hablando...yo entraré.** Esto es, compareceré para verificar tus palabras ante David, para mostrarle que no eres víctima de temores ni de tu imaginación. Las nuevas de la rebelión de Adonías cayeron ahora en oídos de David, evidentemente por primera vez. **20. Los ojos de todo Israel están puestos en ti.** Betsabé apeló a David para que hiciera una declaración directa e inmediata. **22.** Fiel a su promesa, Natán compareció para apoyar el relato de Betsabé de la rebelión de Adonías, que de otra manera hubiera podido parecerle al monarca una información desmesurada. **23–27.** Natán repitió sustancialmente la misma historia que David acababa de oír de boca de Betsabé.

28. Llamadme a Betsabé. Según la costumbre oriental, Betsabé se había retirado discretamente cuando Natán entró, pero ahora fue llamada para que oyera su decisión oficial. **29. Y el rey juró, diciendo: Vive Jehová.** Por el sagrado nombre de Jehová, el rey juró que Salomón, el hijo de Betsabé, sería verdaderamente señalado como sucesor legítimo a su trono. Así, toda discusión quedó fuera de orden. **31. Entonces Betsabé se inclinó...con su rostro a tierra.** Así mostró ella su gratitud por la decisión de su esposo y rey, que así había concedido su petición.

32, 33. Montad a Salomón mi hijo en una mula, y llevadlo a Gihón. Esta orden a Sadoc, Natán y Benaía pronunciaba el quebrantamiento del complot de Adonías, porque la coronación del medio hermano de Salomón estaba a punto de empezar. El rey dio instrucciones específicas para la ceremonia de la coronación. Se tenía que utilizar la propia mula de David, la mula real, para significar que Salomón era el elegido del rey. **34. Lo ungirán...como rey sobre Israel.** Tanto el rey como el sacerdote eran inaugurados en sus oficios con el rito de la unción, en contraste al profeta, cuyo oficio era sin unción. El toque de trompetas tenía que anunciar al pueblo que Salomón había tomado ahora legalmente el trono de su padre, incluso antes de la muerte de este último. **¡Viva el rey Salomón!** es una piadosa combinación de aliento y una oración para la longevidad y prosperidad del reinado del nuevo monarca.

36. Benaía...respondió al rey y dijo: Amén. Benaía dio su asentimiento y su promesa de obediencia a todo lo que David había dicho con respecto a la coronación de Salomón. **38. Los cereteos y los peleteos.** La real *guardia de corps* cumplieron así las instrucciones del rey hasta el más ínfimo detalle. **Gihón,** situada en el valle del Cedrón justo debajo del monte oriental (Ofel), era una fuente intermitente que era en aquel entonces la principal fuente de agua de Jerusalén. **39. Y tomando el sacerdote Sadoc el cuerno de aceite...** Sadoc, el custodio del Tabernáculo sagrado, fue allí para traer el símbolo material

de la invisible unción de Dios (cp. 2 S 6:17). **40. Todo el pueblo...hacían grandes alegrías.** Con un nuevo y prometedor rey en el trono, una nueva y prometedora era se extendía ahora ante Israel. Detrás quedaban las memorias de las grandes conquistas bajo David; por delante quedaba un futuro de paz y de expansión.

41–48. Y lo oyó Adonías, y todos los convidados que con él estaban. Estos vv. relatan el quebrantamiento de la conspiración de Adonías para apoderarse del trono. **49. Se estremecieron y se levantaron todos los convidados que estaban con Adonías.** Temían, y con razón, que se les pudiera considerar como traidores en contra del estado, y que se les tratara de manera sumarísima.

50. Mas Adonías, temiendo la presencia de Salomón... Abandonado a su suerte por aquellos que poco antes se llamaban sus amigos, Adonías huyó aterrorizado por su vida para buscar asilo en el santuario del Tabernáculo. **51. Y se lo hicieron saber a Salomón, diciendo: He aquí que Adonías tiene miedo.** En la práctica oriental, un insurgente como Adonías hubiera sido tratado muy severamente, si no ejecutado. Pero Salomón trató misericordiosamente con él, indultándole la pena de muerte y poniéndolo bajo libertad vigilada, estableciendo así la pauta de su magnánimo gobierno. No fue sino hasta después de que Adonías cometiera otro acto de perfidia que se pronunció su sentencia. **53. Y envió el rey Salomón, y lo trajeron del altar.** Salomón respetó el santuario del altar. Solamente uno que fuera un asesino demostrado tenía que ser sacado del altar sin misericordia. Adonías profesó someterse a Salomón y obedecer su autoridad. Si su sumisión hubiera sido genuina, su vida posterior habría sido más pacífica y su historia mucho más feliz.

2) Las últimas palabras y muerte de David. 2:1–11.

1–4. Llegaron los días en que David había de morir. Esto puede referirse a un período ocupando unos meses. Las palabras no se refieren necesariamente a la muerte inmediata. **2. Yo sigo el camino de todos en la tierra.** El encargo de David a Salomón puede considerarse como doble: (1) una exhortación a obedecer la ley de Jehová (vv. 3, 4); (2) una admonición a tratar sabiamente con los enemigos y amigos de David, según sus méritos (vv. 5–9).

5, 6. David instruyó específicamente a Salomón para que liquidase a los enemigos del rey, esto es, a Joab y a Simei. Los críticos afirman que las instrucciones de David con respecto a estos hombres eran una "pieza de crueldad oriental". No obstante, debiera recordarse que la inflicción de penas sobre ellos no se debía meramente al deseo personal de venganza por parte de David. Joab, el general del ejército, era culpable de un doble asesinato: el de Abner, un acto de la traición más profunda (2 S 3:27), y el de Amasa, hijo de Jeter (2 S 20:10). Joab fue justamente acusado por David de cometer actos de guerra en tiempo de paz. Por ello, tenía que morir en el acto. Obsérvese la colorida forma de hablar de poner sangre en el talabarte y en los zapatos (1 R 2:5).

7. Mas a los hijos de Barzilai galaadita harás misericordia. Barzilai, el anciano, había mantenido a David en su huída de su hijo Absalón (2 S 19:31ss.). Sin esta ayuda, David hubiera podido sucumbir al hambre en el desierto.

8. También tienes contigo a Simei hijo de Gera...el cual me maldijo. Durante la rebelión de Absalón, Simei fue a encontrarse con el fugitivo rey, maldiciéndole en tanto que se aproximaba y arrojando polvo y piedras a David y a su escolta (2 S 16:5–13). Después de ser reprimida la rebelión, Simei rogó perdón. Y David le perdonó por lo que respectaba a la ejecución del castigo. Hay dos interpretaciones principales del encargo de David a Salomón de que no lo absolviera (1 R 2:9). Una, atribuyendo supersticiones a David, toma el punto de vista de que el rey, siendo un Oriental típico, tenía temor a la maldición. La forma más efectiva de eliminar la maldición, según la forma prevalente de pensar, era eliminar al que la había pronunciado, para hacer así que fuera inoperante. La otra interpretación más defendible es que Simei, como benjamita, venía del vecindario de anterior rey Saúl, temiendo David que este hombre, una vez se desvaneciera su custodia protectiva, de nuevo sacudiera el trono. Además, antes de que se impusiera la pena, Salomón dio a Simei una suspensión condicionada a su obediencia.

10. Fue sepultado en su ciudad. *En la Ciudad de David* (RVA). En Jerusalén, en el terreno del monte Sion (Hch 2:29). La ciudad que David había conquistado a los jebuseos y que había hecho su capital vino a ser la sepultura del gran rey. Aunque David había nacido en Belén, desde entonces Jerusalén iba a ser designada **la ciudad de David. 11. Reinó David sobre Israel...cuarenta años.** No hay ningún problema particular de cronología involucrado aquí. David murió a la edad de setenta, habiendo reinado cuarenta años. Había reinado siete años sobre el área de Hebrón, un pequeño sector meridional, y se había sentado sobre el trono de todo Israel por treinta y tres años (1010 — 971 a.C.).

3) La eliminación de aspirantes al trono por parte de Salomón. 2:12–46.

Ejecución de Adonías. 2:13–25.

13–17. Entonces Adonías...vino a Betsabé. Fue a la madre de Salomón con una petición aparentemente inocente pero en realidad muy insidiosa. Dijo, en efecto, "que se me dé Abisag". Esta joven había cuidado de David en su declinar. La madre, en su buena fe, no vio nada perverso en esta petición, sino simplemente un "asunto de corazón", y accedió prontamente. **19. Vino Betsabé al rey Salomón.** Inocentemente se hizo una intermediaria de Adonías. El rey recibió a su madre con gran cortesía...hasta que puso su petición delante de él.

22. ¿Por qué pides a Abisag...para Adonías? La inteligencia de Salomón penetró en el complot. Incluso aun cuando David no había "conocido" a Abisag, se la consideraba no obstante como heredera. Con ella irían los derechos al trono. Habiendo fracasado una vez en conseguir el trono, Adonías buscaba ahora una forma más sutil de conseguir su objetivo. Esta vez no sería perdonado. **25. Entonces el rey Salomón envió por mano de Benaía.** Adonías no había apreciado la misericordia, por lo que cayó sobre él un juicio inmisericorde.

Expulsión de Abiatar. 2:26, 27.

26. Y el rey dijo al sacerdote Abiatar: Vete a Anatot (v. 26). Abiatar, descendiente de Aarón por Elí, fue expulsado del oficio sacerdotal, y desterrado en desgracia a su pueblo natal. La razón del castigo de Abiatar, tal como lo afirmó Salomón, fue que había participado en la rebelión de Adonías. Aunque expulsado, no fue ejecutado, porque había permanecido fiel a David durante la rebelión de Absalón (2 S 15:24ss.).

La muerte de Joab. 2:28–35.

28. Huyó Joab al tabernáculo de Jehová, y se asió de los cuernos del altar. Salomón empezó ahora a llevar a cabo las órdenes de su difunto padre con respecto a sus enemigos. El Tabernáculo estaba situado en Gabaón (ver 3:4), al que huyó Joab, sabiendo que su sentencia estaba decidida. No obstante, ni siquiera el santuario podía ofrecer refugio al voluntarioso asesino.

33. La sangre...de ellos recaerá sobre la cabeza de Joab...para siempre. El rey estaba dando evidencia concreta acerca de la justicia de la sentencia. Las palabras de la "bendición" que sigue implica que una vez que la culpa de la sangre fuera eliminada del trono, estaría después en una posición de bendición delante de Dios. Después de que hubiera tenido lugar la ejecución, Joab fue sepultado en su propia casa. Después de todo, el viejo general no fue deshonrado. Ser sepultado en la propia propiedad era una marca de distinción, como en el caso de Samuel el profeta (1 S 25:1) y otras personalidades notables. La morada de Joab estaba al este de Belén, en el desierto de Judea.

35. A Sadoc puso el rey por sacerdote en lugar de Abiatar. Después del cambio de Benaía en lugar de Joab, Abiatar fue sucedido por Sadoc. La designación de Sadoc estaba cargada de serias consecuencias, porque desde aquel entonces el sacerdocio estaba sujeto a las maniobras políticas del estado.

El castigo de Simei. 2:36–46.

36–41. Después envió el rey e hizo venir a Simei (ver 2:8, 9). El próximo en el orden de los que Salomón tenía que tratar era Simei, de acuerdo con lo que David le había encargado. El rey le ordenó que se hiciera una casa en Jerusalén, y que no saliera de los límites de la ciudad. **El torrente de Cedrón** dividía a la tribu de Judá de la tribu de Benjamín. Simei era de esta última tribu. Así, se le prohibió volver a su propia tribu (v. 37). Simei asintió a las condiciones y prometió obediencia (v. 38). Aunque puesto bajo una rígida vigilancia, y sabiendo el castigo, quebrantó las condiciones de la suspensión de su sentencia dejando Jerusalén para ir a buscar a dos siervos que habían huido a Gat, una ciudad de los filisteos (vv. 39, 40).

42. Entonces el rey...hizo venir a Simei. Se implica aquí que cada uno de sus movimientos era vigilado y que se informaba a Salomón de cada uno de ellos. Sea que la aplicación de la pena de muerte por parte de Salomón estuviera justificada o no es discutible. Por lo menos el monarca leyó en la desobediencia de Simei el peor de los motivos y le castigó con la muerte. Salomón había ahora finalizado los mandatos que le había hecho su padre. Bien le hubiera ido a Salomón si hubiera sido igual de celoso en adherirse a Jehová su Dios (cp. 2:3) como lo fue en finalizar este mandato. **45. Y el rey Salomón será bendito.** Salomón se felicitó de que con la muerte de Simei, la maldición puesta sobre David directamente y sobre sí mismo indirectamente quedaba ahora anulada.

46. El reino fue confirmado en la mano de Salomón. Con todas las amenazas eliminadas, Salomón podía ahora establecerse en un reinado próspero y pacífico.

B. La sabiduría y la riqueza de Salomón. 3:1— 4:34.

1) El casamiento de Salomón con la hija de Faraón. 3:1.

1. Salomón hizo parentesco con Faraón. Este parentesco fue mediante el casamiento. La exacta identidad de este faraón es asunto de conjeturas. Bien fue el último faraón de la vigésimo primera dinastía o el primero de la vigésimo segunda. La arqueología puede aún arrojar más luz sobre ello. **Y la trajo a la ciudad de David,** esto es, Jerusalén. El sentimiento popular hubiera estado en contra de una reina pagana viviendo en la morada del arca. El casamiento de Salomón fue una maniobra política. Esta corta sección puede estar algo fuera del orden cronológico.

2) La adoración de Salomón y la visión. 3:2–15.

2. Hasta entonces el pueblo sacrificaba en los lugares altos. No se hace ninguna acusación particular contra la gente por sus varios santuarios. Esta era una práctica anacrónica que provenía del período de los jueces. *Bamôt* (**lugares altos**) viene de la antigua palabra cananea describiendo "una plataforma elevada sobre la que se colocaban los objetos cúlticos" (Albright). Estos **lugares altos** eran considerados como sagrados a la adoración de la deidad cananea. Durante los primeros años de Salomón, los *Bamôt* solamente estaban dedicados a la adoración del Dios de Israel y estaban situados en Gabaón. **4. E iba el rey a Gabaón...y sacrificaba allí.** Antes de la erección del Templo, **Gabaón** de Benjamín (una posesión desde los días de Josué, y el último lugar de reposo del Tabernáculo) era el centro de adoración.

5. Y se le apareció Jehová a Salomón en Gabaón una noche en sueños. Dios se reveló a sí mismo a Salomón. La mente de Salomón había probablemente ascendido a un elevado estado de fervor religioso, aproximándose al éxtasis. En este estado se concedían revelaciones con frecuencia (cp. Is 6:1–3). **Y le dijo Dios: Pide lo que quieras que yo te dé.** El Dios del cielo se inclinó para conceder la súplica de un hombre. Dentro de los límites de la razón, Salomón habría podido conseguir lo que hubiera deseado.

6. Tú hiciste gran misericordia a...David mi padre. Salomón reconoció la bondad de Dios hacia su padre. **7. Yo soy joven.** Salomón tenía unos veinte años cuando accedió al trono. En relación con la magnitud de la tarea que tenía ante sí, sentía él su propia inmadurez. **9. Da, pues, a tu siervo corazón entendido.** *Lēb shōmēa'*, "un corazón atento", un corazón inclinado a hacer tu voluntad. **Para discernir entre lo bueno y lo malo.** Aquí las palabras **bueno** y **malo** se utilizan en un sentido judicial. El énfasis en la oración de Salomón es que él pudiera juzgar al pueblo en equidad y en verdad.

10–15. Y agradó delante del Señor. Dios alabó a Salomón por haber pedido lo mejor. Había hecho una petición por el bien supremo, la adquisición de la sabiduría, en comparación con la cual todas las otras bendiciones son fútiles, y vanas. Muchos otros dones que él hubiera podido pedir habrían sido totalmente justificables, pero la súplica por sabiduría los sobrepasó a todos. La literatura sapiencial de los tiempos salomónicos y post-exílicos da testimonio de la gran deseabilidad de la sabiduría (Pr 8:11–36; Ec 12:9–11).

3) Exhibición de la sabiduría de Salomón. 3:16–28.

16. En aquel tiempo vinieron a Salomón dos mujeres rameras. La sabiduría de Salomón recibió pronto una prueba práctica. Algunos críticos han considerado que este es un incidente ficticio destinado a embellecer la oración de Salomón. No obstante, lleva las marcas de autenticidad. El problema puesto ante el joven monarca para que adjudicase justicia era grave: ¿Qué mujer era la madre del niño muerto, y cuál era la madre del vivo? Cada una afirmaba que el vivo era el suyo. Salomón, con una concepción de lo dramático, apeló a las simpatías de la verdadera madre sugiriendo que el niño vivo fuera partido entre las dos madres. La mujer cuyas pretensiones eran falsas, no reconociendo el intento de la sugerencia, cayó fácilmente en la cuidadosa trampa. La madre, cuyos instintos maternales se conmovieron dentro de ella, pronunció una urgente y vehemente protesta. Salomón le concedió a ella la custodia del niño.

4) Organización del imperio. 4:1–28.

1. Reinó, pues, el rey Salomón sobre todo Israel. Este nos devuelve a un tiempo anterior a la división del reino. Las tribus que a menudo guerreaban entre sí y chocaban unas contra otras estaban ahora unidas bajo una sola cabeza y viviendo en un estado de prosperidad y de felicidad (ver v. 20).

2–6. Y estos fueron los jefes que tuvo. Sigue a continuación una relación de los sacerdotes, príncipes, y otros altos oficiales de la corte real. A la luz del v. 4, el "sacerdote" del v. 2 se refiere a Sadoc, en tanto que Azarías ocupaba la posición de escriba secretario. **Azarías hijo del sacerdote Sadoc.** La identidad de este hombre es un problema controvertido. Siguiendo a Unger (M. F. Unger, *Bible Dictionary*) identificamos al dicho Azarías como el nieto de Sadoc, hijo de Ahimaas, que siguió de inmediato a su abuelo (1 Cr 6:8, 9). En otras palabras, el Azarías, nieto de Sadoc, de 1 R 4:2

y el Azarías, hijo de Natán, de 4:5, no pueden ser la misma persona. Aunque el término "sacerdote", *hakkōhen*, se atribuye a ambos individuos, en 4:2 se emplea aparentemente en el sentido estricto, o religioso, para especificar un ministro; mientras que en el v. 5 se utiliza en un sentido más secular, para especificar un *funcionario*.

7–19. Tenía Salomón doce gobernadores sobre Israel. Los nombres que siguen constituyen una lista de los funcionarios de Salomón, y para todos propósitos son inidentificables. Es de interés observar que los servicios de los funcionarios fueron dispuestos sobre la base del año de doce meses, siendo cada funcionario responsable de su mes particular.

20. Judá e Israel eran muchos, como la arena que está junto al mar. Este versículo delinea en miniatura la ilustración de un pueblo feliz y próspero. Las guerras de David se hallaban en el pasado; los amargos conflictos de la división se hallaban aún misericordiosamente escondidos en el futuro.

21. Y Salomón señoreaba...desde el Éufrates hasta...el límite con Egipto. El reino de Salomón se extendía desde el Éufrates hasta la tierra de Egipto. Todos los reinos más pequeños en medio habían para entonces venido a ser vasallos de Salomón. Pudiera parecer imposible que con dos poderes contendientes tan fuertes como Egipto al sur y Asiria al norte se pudiera edificar un imperio tan grande, pero así fue al principio del reinado de Salomón. En este tiempo el reino de Egipto estaba regido por la débil y penosa XXI dinastía; y el poder de Asiria se hallaba en declive. **24. Al oeste del Éufrates.** Mejor: al otro lado del río. **Tifsa**, o *Thapsacus*, un punto de cruce del Éufrates de gran importancia. Quizás no se implique más aquí sino que Salomón tenía un uso libre y sin restricciones de este gran centro de comercio sobre el río Éufrates. **26.** Mucha de la riqueza de Salomón estaba invertida en caballos (ver 1 R 9:19, especialmente a la luz de la información arqueológica).

5) Resumen de la sabiduría de Salomón. 4:29–34.

29. Y Dios dio a Salomón sabiduría y prudencia muy grandes, y anchura de corazón. Anchura de corazón es del término hebreo que significa *amplitud de mente.* **20. Era mayor la sabiduría de Salomón que la de todos los orientales.** Esta sabiduría tiene que ver con asuntos del mundo, más bien que con realidades espirituales. Desafortunadamente no sabemos nada de estos sabios a los que Salomón excedía en sabiduría. **32. Y com-**

puso tres mil proverbios. Por común acuerdo se ascribe tradicionalmente la literatura sapiencial contenida en Proverbios y Eclesiastés a la pluma (o a los escribas) de Salomón. La producción literaria del hijo reinante de David fue poco menos que prodigiosa. **34. Y para oír la sabiduría de Salomón venían de todos los pueblos.** El escritor aquí se expresa en hipérbola. Quiere decir que la corte de Salomón estaba abierta a todos, y que como hombre sabio atrajo a muchos visitantes importantes e influyentes (cp. cap. 10).

C. Actividad constructora de Salomón. 5:1— 9:28.

1) Preparación para la construcción del Templo. 5:1–18.

1. Hiram rey de Tiro envió también sus siervos a Salomón. Hiram (*c.* 970—937 a.C.) había sido un amigo de David. Después de que David hubiera conquistado la fortaleza de Sion, hizo un tratado permanente de paz con el rey de Tiro. Hiram había ayudado a David en sus obras públicas enviando trabajadores y madera de cedro a Jerusalén desde las montañas del Líbano (2 S 5:11; 2 Cr 2:3, 4). Ahora Hiram garantizaba su ayuda continua y su buena voluntad hacia Salomón mediante un acuerdo comercial, estipulando que, a cambio de la madera y de la piedra de Tiro, Salomón le proveería de artículos agrícolas (2 Cr 2:3ss.). Tuvo lugar un agrietamiento temporal en la amistad cuando Salomón entregó a Hiram veinte de las ciudades de Galilea a Hiram a cambio de un gran envío de oro, e Hiram encontró que las ciudades eran desagradables (1 R 9:11–14). No obstante, este agrietamiento quedó subsanado, y los dos reyes se dedicaron a un provechoso comercio mútuo (10:22). Hiram ayudó materialmente a Salomón en la construcción del Templo.

3. Tú sabes que mi padre David no pudo edificar casa. Salomón asumió que Hiram sabía acerca del intenso deseo de su padre de erigir una casa para el servicio de Dios, y acerca de la denegación de este deseo por parte de Dios sobre la base de que David había sido un hombre guerrero. Salomón anunció ahora su intención de llevar a cabo los planes, y solicitó la ayuda de Hiram. Le pintó al rey de Tiro una imagen muy favorable de las favorables condiciones en su propia tierra que contribuirían a su capacidad de llevar a cabo la tarea. **6. Manda, pues, ahora, que me corten cedros del Líbano.** En tanto que las laderas occidentales de las montañas del Líbano tienen que haber estado cubiertas extensamente con cedros en la época de Salomón, solo unos pocos cientos quedan de ellos. Habiendo

tomado cientos de años para crecer, estos árboles eran valiosos para la construcción debido a la belleza de la madera y a su extremo amargor, que repelía a los insectos y a los gusanos, y por ello no se corrompía tan rápidamente como las otras maderas.

7. Cuando Hiram oyó las palabras de Salomón, se alegró en gran manera. La respuesta de Hiram fue entusiasta. Se comprometió a que llevaría a cabo todo lo que Salomón había solicitado. La madera sería llevada de los bosques al mar, y desde allí sería remolcada en forma de balsas a lo largo de la costa del Mediterráneo hasta un puerto designado para la recepción.

11. Y Salomón daba a Hiram veinte mil coros de trigo. Aproximadamente, unos cuatro millones y medio de litros, así como unos mil seiscientos litros de aceite puro de oliva fueron los productos agrícolas que Salomón envió a Tiro a cambio del material provisto por Hiram. Este es ciertamente un buen ejemplo de un "acuerdo de comercio entre caballeros". Salomón tomaba sus precauciones para que no se le pudiera acusar de trato injusto. Este era un trato anual.

13. Y el rey Salomón decretó leva en todo Israel. No hay contradicción entre este pasaje y 9:22, ya que los israelitas estaban libres cuando expiraba su período de servicio, en tanto que los cananeos fueron esclavos perpétuos. Los hombres quedaron distribuidos en turnos. Mientras que diez mil hombres estaban trabajando en el Líbano durante un mes, los otros veinte mil estarían en casa labrando la tierra. **14. Adoniram** (o Adoram), que fue puesto sobre la leva, vino a ser profundamente detestado (12:18). Además, Salomón tenía 70.000 transportadores y 80.000 labradores de piedra trabajando en las montañas del norte. Parece que todos los varones capaces, excepto los miembros de la corte real, estaban dedicados a algún empleo relacionado con la construcción del Templo.

17. Y mandó el rey que trajesen piedras grandes, piedras costosas, para los cimientos de la casa. El término **cimientos** se refiere tanto a los cimientos propios del Templo como a los de sus estructuras adjuntas. **18. Los hombres de Gebal.** *Los conformadores de piedras.* Eran de la moderna Biblos, a unos 21 km. (13 millas) al norte de Beirut.

2) La construcción del Templo. 6:1–38.

a) Introducción. 6:1.

1. En el año cuatrocientos ochenta después que los hijos de Israel salieron de Egipto, el cuarto año del principio del reinado de Salomón. Esta introducción, tal como reconocen los eruditos, presenta uno de los problemas más agudos de la cronología del AT. Se dice que la obra propia del Templo empezó a 480 años después del éxodo. Hay dos sistemas principales de datación de este evento, uno asignándole una fecha temprana, y otro que le asigna una fecha tardía. Empleando figuras redondas por mor de la simplicidad, el primer sistema data la salida de Egipto alrededor del 1440 a.C., en tanto que el segundo sistema lo fecha alrededor del 1250—1225 a.C., o casi doscientos años después. La fecha más anterior está en concordancia sustancial con Gn 15:13; Éx 12:40, 41, y Jue 11:26, donde Jefté indica que Israel había estado en Canaán por 300 años.

Salomón ascendió al trono alrededor del 963 a.C. El cuarto año de su reinado, en el que empezó a construir el Templo, fue probablemente alrededor del 959 a.C. Este tiene que ser entendido como favoreciendo el fechado más temprano del éxodo. La ciudad de Ramesés (Éx.1:11), que los hijos de Israel construyeran para Faraón, sería entonces considerada como un nombre posterior para la ciudad más antigua de Zoar o Avaris. La entrada de los patriarcas en Egipto hubiera tenido lugar alrededor del 1870 a.C., una fecha que permite los 400 años en Egipto. Puede entonces identificarse al Faraón del éxodo con Amenhotep II, que inauguró su reinado alrededor del 1447 a.C. Hay evidencia de que su hermano mayor murió y de que no sucedió a su padre. Parece que, a la luz de la presente evidencia, se tiene que preferir la fecha más temprana. Se debiera señalar que sobre esta base la fecha asignada por Garstang a la caída de Jericó, alrededor del 1400 a.C., se vuelve factible. **En el mes de Zif, que es el mes segundo.** Más tarde llamado Iyyar, el mes de las flores, nuestro mayo.

b) Planes generales y medidas del Templo. 6:2–10.

Llegamos aquí a una descripción bastante detallada de la erección del Templo. **2. La casa...tenía sesenta codos de largo.** En medidas modernas este edificio tenía alrededor de unos 28 m. (90 pies) de largo, unos 9 m. (30 pies) de ancho, y unos 14 m. (45 pies) de alto. Además, tenía un porche que le añadía otros 10 m. (30 pies) de longitud.

4. E hizo a la casa ventanas. Las **ventanas**, o *marcos*, presentan una ligera dificultad. Se cree que eran inmuebles en su construcción y que tenían el propósito de dejar pasar el aire y la luz, pero que no se podían subir ni bajar como las ventanas ordinarias.

5. Edificó también junto al muro de la casa aposentos alrededor (*pisos*, margen de

la AV.). En heb. *yāṣiw'a*. Esto se entiende mejor como estancias laterales, o celdas, que se reservaban para los sacerdotes. **6. El aposento de abajo era de cinco codos de ancho.** La celda más baja tenía una anchura de dos m. treinta cm., la del medio dos m. setenta y cinco cm., y la más alta tres metros y veinte centímetros. Aquí se bosqueja una disposición en tres pisos con escaleras que comunicaban.

7. Y cuando se edificó la casa, la fabricaron de piedras que traían ya acabadas. Las piedras se preparaban ya en la cantera de manera que no se tuviera que utilizar ninguna herramienta ni ningún hierro en el lugar de construcción. Se sabe que Salomón poseía una cantera en las afueras de Jerusalén.

8. La puerta del aposento de en medio estaba al lado derecho de la casa. Había una entrada principal a los aposentos laterales de los sacerdotes.

c) El mandato de Jehová a Salomón. 6:11–13.

11. Y vino palabra de Jehová a Salomón. Una vez más el Señor reafirmó su pacto condicional con Salomón; esto es, que si el rey obedeciera los mandatos de Dios, Dios confirmaría el pacto davidico, y honraría la casa de Salomón manifestando Su augusta presencia allí. Que esta promesa fuera condicional quedó demostrado por la posterior historia de Judá en la época de la división del reino (cap. 12). En cuanto al Templo mismo, fue destruido en 586 a.C. por el ejército babilónico (2 R 25:8, 9).

d) El acabado y la ornamentación del Templo. 6:14–38.

14. Así, pues, Salomón labró la casa y la terminó. El Templo fue construido de piedra, recubierta de madera de cedro. Uno de los ataques críticos dirigidos en contra del AT es la afirmación de que estas complejidades no se conocían en la época de Salomón. No obstante, los hallazgos arqueológicos en Meguido han arrojado luz sobre este problema. Excavaciones llevadas a cabo por la Universidad de Chicago han producido fragmentos de ladrillos de adobe juntos con cenizas de madera de la superestructura de un gran edificio de la época de Salomón. Se sometió una pieza grande de este material carbonizado al análisis químico, y se descubrió que se trataba de cedro. La evidencia indicaba que la superestructura había sido construida con un tipo de estructura mitad madera mitad piedra, similar a la de los atrios de Salomón, que habían sido hechos de filas de piedras labradas y de vigas de cedro. Se cree que este tipo de construcción es de origen heteo (ver J. P. Free, *Archaeology and Bible History*, p. 168).

Los detalles que siguen a continuación tienen que ser considerados como posteriores descripciones de la casa considerada ahora como finalizada.

16. Asimismo hizo al final de la casa un edificio de veinte codos. La estancia posterior de la casa recibe aquí el nombre de lugar santísimo. Tenía unos nueve m. (veinte codos; 30 pies) de longitud, nueve m. (30 pies) de anchura, y nueve m. (30 pies) de altura (6:20). Así, todo el edificio del Templo contenía dos estancias principales, (1) el Lugar Santísimo y (2) el santuario antes de él, de dieciocho metros (60 pies) de longitud (6:17), con reminiscencias de la disposición del Tabernáculo. Puertas deslizantes asumieron la función que anteriormente cumplían la cortina para separar las dos estancias (6:31, 32).

18. Y la casa estaba cubierta de cedro por dentro. Del suelo al techo, todo el interior del Templo estaba cubierto de tablas de ciprés, de forma que la obra de piedra estaba encubierta. La decoración de esta sección del Templo, que consistía de madera de cedro labrada de entalladuras de calabazas y de botones de flores, tiene que haber sido muy hermosa.

19. Y adornó el lugar santísimo por dentro en medio de la casa. Lugar santísimo, lit., *oráculo*, es una designación técnica para el arca del pacto, y para la estancia que la contenía. **23. Hizo también en el lugar santísimo dos querubines de madera de olivo.** En este edificio Salomón ejecutó el antiguo plan del antiguo Tabernáculo. Introdujo nuevas figuras de los querubines que cubrían el arca. Estos querubines estaban hechos de madera de olivo recubierta de oro y tenían una altura de más de cuatro m. y medio (15 pies). Sus alas, cada una de ellas de más de dos m. (7,5 pies) de longitud, formaban un arco por encima del arca. Las dimensiones del arca no se registran aquí, pero ver Éx 25:10, 11.

29. Y esculpió todas las paredes...de diversas figuras. Las esculturas representaban figuras angélicas, palmeras, y botones de flores.

En el atrio exterior se dispusieron el gran altar de los holocaustos, las fuentes de lavamiento, y el mar de bronce.

31. Y a la entrada del santuario hizo puertas de madera de olivo. Parecen haber sido puertas deslizantes. Estaban decoradas con las mismas figuras esculpidas que las paredes. La entrada al Templo propio estaba flanqueada con postes de madera de olivo y las dos puertas estaban decoradas para hacer juego con las que estaban entre el santuario y el Lugar Santísimo.

37, 38. Estos vv. dan la fecha del comienzo de la casa y de su finalización, período que cubrió siete años, desde el cuarto hasta el undécimo del reinado de Salomón. Este fue un tiempo relativamente corto para una estructura tan magnífica. Debiera recordarse que: (1) mucha de la preparación había sido acabada ya antes de la época de Salomón; (2) aunque muy ornamentado, el edificio era relativamente pequeño; (3) se empleó una gran cantidad de personal en la tarea. Este autor no ve ninguna censura implícita en el hecho de que le llevó a Salomón trece años construir su propia casa, sino una simple afirmación de hecho.

3) El palacio de Salomón y otros edificios. 7:1–12.

1. Después edificó Salomón su propia casa en trece años. El lapso de tiempo para construirla fue casi el doble que el de la construcción del Templo. Pero se debiera señalar que no se habían efectuado extensos preparativos para el palacio, y que no había ninguna gran urgencia en su preparación. **2. Asimismo edificó la casa del bosque del Líbano.** En este punto, el original hebreo es algo oscuro. La expresión *kol betho* (**toda su casa, v. 1**) puede ser traducida de varias maneras. Es posible considerar todos los edificios de Salomón, aparte del Templo, como una gran estructura. Es también posible considerar estos edificios, incluyendo al Templo, como cuatro estructuras distintas, pero estrechamente relacionadas. Las cuatro serían: (1) El Templo de Salomón, (2) su palacio privado, (3) el Pórtico de Columnas (armero para la defensa), y (4) el Pórtico del Trono para juicios. **10. El cimiento era de piedras costosas.** Estas piedras medían entre tres metros (12 pies) y medio y cuatro metros y medio (15 pies) de longitud.

4) El mobiliario del Templo. 7:13–51.

a) Hiram, el artesano de Tiro. 7:13, 14.

13. Y envió el rey Salomón, e hizo venir de Tiro a Hiram. Hiram, o **Huram,** era medio judío, teniendo un padre tirio y de madre judía de la tribu de Neftalí. Surge una aparente contradicción entre este versículo y 2 Cr 2:14, donde se dice que la madre de Tiro salió de la tribu de Dan. La solución puede ser muy sencilla, puesto que un versículo puede referirse a su lugar de nacimiento, en tanto que el otro puede que se refiera a su lugar de residencia. Algunos comentadores asumen que había dos Hirams que eran artesanos, pero esto no es probable. **14. Trabajaba en bronce...lleno de sabiduría, inteligencia y ciencia.** El **bronce** podría ser también *cobre*, pues la palabra hebrea admite ambos significados.

b) Las columnas de bronce. 7:15–22.

15. Vació dos columnas de bronce. Cp. 2 Cr 3:15–17; Jer 52:21–23. Las columnas flanqueaban la entrada al atrio y tenían casi 16 m. (52 pies) de altura, midiendo el capitel 2,5 m. (7,5 pies). Parecen haber sido solamente para ornamentación. Alrededor de la parte superior tenía cada uno de ellos cadenas decorativas de las que colgaban granadas. Recibieron los nombres de **Jaquín**, *Él establecerá*, y de **Boaz**, o *Booz*, *En ello hay poder* (v. 21). Hay los que han visto en estos nombres un criptograma para las palabras: "El rey se gozará en el nombre de Jehová".

c) El mar y las fuentes. 7:23–39.

23. Hizo fundir asimismo un mar. El mar, una construcción inmensa, perfectamente redonda, en forma de cuenca, de bronce o de cobre, para uso de los sacerdotes, medía 4,5 m. (15 pies) de borde a borde, tenía 2,30 m. (7,5 pies) de altura, y 13,70 m. (45 pies) circunferencia. Descansaba sobre doce bueyes, tres hacia cada punto cardinal. El mar y sus fuentes, según parece, eran portables. Los hallazgos arqueológicos han asistido a hacer comprensible un pasaje que de otra manera sería difícil con respecto a los carros con ruedas para las diez fuentes (7:38).

d) Sumario de la obra de Hiram. 7:40–47.

40. Hiram...así terminó toda la obra que hizo a Salomón para la casa de Jehová. No se menciona la ejecución del altar de bronce, aunque se asume la existencia del altar en 8:64.

Además de las fuentes y del mar, la obra de Hiram incluyó los candeleros, la mesa de los panes de la proposición, los calderos, cuencos, paletas, y todo el equipo necesario. No se da ninguna estimación del peso de bronce utilizado.

5) La dedicación del Templo. 8:1–66.

a) El arca es traída al Templo. 8:1–11.

1. Entonces Salomón reunió ante sí en Jerusalén a los ancianos de Israel, a todos los jefes de las tribus... El rey iba a tener un servicio de dedicación del Templo. Como preludio del servicio, el arca tenía que ser traída para ser puesta en su nuevo santuario. Los servicios de dedicación tuvieron lugar aproximadamente unos once meses después de la finalización del Templo. La posición del erudito veterotestamentario alemán, Ewald, de que el edificio fue dedicado un mes antes de su finalización, es insostenible. En días anteriores, la morada del arca había sido en la ciudad de David, o monte Sion (2 Cr 6:5–7). El traslado del arca fue acompañado de una procesión reverente pero gozosa.

5. Sacrificando ovejas y bueyes, que por la multitud no se podían contar ni numerar. El acto de sacrificio, en la teología de Israel, no debía ser considerado solamente como un "rito penitencial", sino también como un acto de acción de gracias y de regocijo. Una ocasión tan grande parecía demandar una multiplicidad de sacrificios. La estación elegida para este acontecimiento fue la de Ethanim, el nombre antiguo para el mes de Tishri, octubre-noviembre.

6. Y los sacerdotes metieron el arca del pacto de Jehová en su lugar. De la amarga experiencia de David al trasladar por vez primera el arca, Salomón había aprendido cual era el modo apropiado de proceder (2 S 6:6ss.). Por ello confió el manejo del arca a los sirvos divinamente señalados, los levitas. **9. En el arca ninguna cosa había sino las dos tablas de piedra que allí había puesto Moisés en Horeb.** En He 9:4 se mencionan otros dos artículos como estando en el interior del arca, esto es, el vaso de maná y la vara florecida de Aarón. La aparente discrepancia entre el AT (1 R 8:9) y el NT en relación con esto surge del hecho de que el versículo de Hebreos se refiere a tiempos anteriores, quizás al Tabernáculo en el desierto bajo Moisés.

b) El sermón de Salomón. 8:12–21.

12. Jehová ha dicho que él habitaría en la oscuridad. El orador dirigió los pensamientos de sus oyentes a la condescendencia divina. El quid del sermón, sin duda alguna, era que el todopoderoso Dios del cielo estaba dispuesto a hacer su morada, en presencia y poder protectores, en la casa que Salomón había ahora erigido para su gloria y honra. Magnífica y gloriosa como era que la casa tenía que ser considerada entre los hombres, se daba cuenta Salomón, de manera correcta y humilde, que nada era comparada con la gloria del cielo, la morada de Dios. **17. David mi padre tuvo en su corazón.** "El principesco orador" no fue olvidadizo de la deuda de gratitud que tenía hacia su padre.

c) Oración de dedicación de Salomón. 8:22–61.

22. Luego se puso Salomón delante del altar de Jehová. En el similar relato de 2 Cr 6:12–42, se añade una nota indicando que se había erigido una plataforma especial con este propósito. Esta plegaria de Salomón tiene que considerarse como conteniendo siete peticiones distintivas. El rey solicitó: (1) la presencia continua y protección de Dios (1 R 8:25–30). (2) La condenación de los malvados

y la vindicación de los justos (vv. 31, 32). (3)
Liberación del enemigo bajo confesión de
pecado (v. 33). (4) Socorro divino en días de
calamidad (vv. 35–40). (5) Ayuda divina para
el extranjero devoto (vv. 41–43). (6) Victoria
en las batallas futuras (vv. 44, 45). (7) Perdón
nacional (vv. 46–53).

En esta oración, la teología de Salomón se
levanta hasta grandes alturas. Las alegaciones
críticas (basadas en la hipótesis evolucionista)
de que la teología de Israel no quedó totalmente moldeada hasta los tiempos del segundo
Isaías'', el ''gran desconocido'', son por estas
palabras de Salomón aquí totalmente desacre-
ditadas. Se mantiene la inmanencia, y con todo
la trascendencia, de la deidad. **23. Misericordia.** En heb. *hesed* implica amor pactado. Los
términos del cumplimiento de este amor se
exponen sobre el terreno de la obediencia y de
la fe. Mediante la línea de David, las promesas
culminaron en su gran hijo, el Señor Jesucristo. **27. ¿Es verdad que Dios morará sobre la
tierra?** El relato en 2 Cr 6:18 contiene la
variación *¿. . .qué Dios habitará con el hombre sobre la tierra?* Esta ligera divergencia es
seguida por la LXX. Aunque en esta oración la
nota de la gracia no queda en absoluto oculta,
el énfasis está todavía sobre el atributo de la
justicia (v. 31ss.). **37. Si en la tierra hubiere hambre, pestilencia, tizoncillo, añublo. . .** Las condiciones
que aquí se visualizan son las provocadas por
la sequía o guerra, o por la invasión de la
langosta o de orugas, plagas a las que son
proclives las tierras bíblicas. Estas afliciones
son consideradas aquí como intensificadas por
encima del curso normal de los sucesos como
medidas disciplinarias. No obstante, Salomón
reconoció que la necesidad primaria no era la
eliminación de estas repelentes criaturas, sino
la remisión del pecado (v. 39). **41–43. Asimismo el extranjero. . .tú oirás
en los cielos.** En contra de las alegaciones
críticas, el pueblo de Israel tenía la orden de
amar al **extranjero**, recordando que fueron
ellos una vez extranjeros en tierra de Egipto.
Ciertamente, es el extranjero temeroso de
Dios, o prosélito, el que aquí se considera. **47. Y [si] ellos volvieren en sí en la tierra
donde fueren cautivos.** Aquí Salomón parece
haber ejercitado el don profético de visión del
futuro. Vislumbrando hacia adelante en los
oscuros corredores del tiempo, aparentemente
preveyó la cautividad babilónica siglos más
tarde. Es significativo que el constructor del
Templo recibiera una visión de su caída eventual, que tuvo lugar el 586/585 a.C., cuando
Nabucodonosor destruyó tanto la ciudad como

el Templo. No se delineaba así solamente la
cautividad de la nación, sino además su posterior restauración. **54. Cuando acabó Salomón de hacer a
Jehová toda esta oración y súplica.** Este y el
siguiente versículo nos introducen a la bendición. Por alguna razón se omite esta breve pero
importante sección en el relato correspondiente de 2 Cr. La bendición, por la que el
pueblo fue despedido, constituía ya una característica muy antigua de la liturgia hebrea (cp.
Nm 6:23–26).

d) Los sacrificios de Salomón. 8:62–66.
**62. Entonces el rey, y todo Israel con él,
sacrificaron víctimas delante de Jehová.**
Aunque las cifras dadas —22.000 bueyes y
120.000 ovejas— para la cantidad de sacrificios ofrecidos parezcan elevadas, no tienen
que considerarse como imposibles, especialmente cuando se considera la magnitud del
evento. **65. En aquel tiempo Salomón hizo fiesta,
y con él todo Israel.** La fiesta de la dedicación
fue seguida de la Fiesta de los Tabernáculos,
que era una fiesta establecida anualmente, que
conmemoraba los años de peregrinación. Su
observancia en esta ocasión tiene que haber
sido de especial significado para Israel. **Desde
. . .Hamat hasta el río de Egipto.** Aunque los
límites exactos designados en esta frase son
objeto de controversia, el sentido está bien
claro. La fiesta fue observada por gente de
toda la tierra, del norte al sur. **66. Y al octavo día despidió al pueblo.** Se
habían pasado siete días en servicio espiritual
centrado alrededor de la dedicación y de la
fiesta siguiente. La gente se fue ahora hacia
sus granjas y pueblos, con un nuevo sentido
del destino divino del reino ante ellos.

6) La ratificación del pacto davídico. 9:1–9.
**1–3. Jehová apareció a Salomón la
segunda vez.** Este cap. se dedica a la promesa
y a la admonición. La primera aparición del
Señor ante Salomón había tenido lugar en
Gabaón (cp. 3:4, 5). **4. Si anduvieres delante
de mí. . .en integridad.** La comparación de
este pasaje con 2 Cr 7:12–22 revela algunas
interesantes variaciones en los términos sobre
los que se condicionaba el reavivamiento: ''Y
si tú anduvieres delante de mí''. Dios exhibía
el ejemplo de David, un padre piadoso, como
la brillante norma para el monarca. Es profundamente significativo que no se relaciona ningún gran escándalo moral con el reinado de
Salomón, pero que nunca llegara al carácter
espiritual de su padre, y que, como mínimo,
murió bajo el desagrado del Señor. Por ello se
tiene que considerar la promesa como condicional.

6. Mas si obstinadamente os apartareis de mí vosotros y vuestros hijos. La pena anunciada era doble: (1) el reino cesaría; (2) el Templo, en el que el tanto pueblo como rey ponían un orgullo tan perdonable, sería derruído hasta su misma base. La posterior historia de Israel estableció plenamente la validez de esta advertencia profética. Después de la destrucción del Templo el 586/585 a.C., a mano de babilonios, nunca más —ni en la época de la restauración, ni bajo Herodes el Grande— llegó otra vez a su antigua gloria. La causa de la apostasía de Israel fue la idolatría. Es digno de señalarse que Salomón, a quien se le dio la advertencia, fue pronto culpable de este mismo delito (11:4, 5). **7. E Israel será por proverbio y refrán a todos los pueblos.** Esta advertencia profética mira incluso más allá de la cautividad, y contempla el posterior rechazo de Israel por su rechazo de Jesús el Mesías. **8. Se burlará.** Lit., *silbará.* El que pasara, al observar la devastación del Templo, silbaría de sorpresa y asombro.

7) Resumen de las actividades constructoras de Salomón. 9:10–28.

a) Disatisfacción de Hiram. 9:10–14.

12. Y salió Hiram de Tiro para ver las ciudades que Salomón le había dado, y no le gustaron. A cambio de la ayuda material de Tiro, Salomón había accedido a dar a Hiram veinte ciudades en el norte de Galilea. Se ha sugerido que la tesorería israelita estaba en aquel entonces mal de fondos y que por ello se dieron estas ciudades en lugar de pagos en dinero. Comprendían el área más tarde conocida como ''Galilea de los gentiles'' (Mt 4:15). **13. Cabul,** tierra improductiva o pantanosa. **14. Ciento veinte talentos de oro.** Se estima que eran unas cuatro toneladas de oro. Hay alguna ambigüedad en este pasaje; es evidente que no se registran aquí todos los detalles de la transacción entre Salomón e Hiram.

b) Las levas del rey Salomón. 9:15–28.

15. Meguido. Los establos de Salomón en Meguido habían sido generalmente considerados por los eruditos ''liberales'' como cosa ficticia. Pero ''las excavaciones en Meguido por parte de la Universidad de Chicago han revelado una sección de estensos establos de piedra del nivel de la época de Salomón'' (Free, *op. cit.*). Este establo era lo suficientemente grande, se estima, para alojar entre 300 y 500 caballos. Y está muy en consonancia con los detalles que aquí se dan. **24. Y subió la hija de Faraón de la ciudad de David a su casa que Salomón le había edificado.** Fue llevada del monte Sion a causa

de su origen pagano, para que no provocara ofensa a los piadosos de Israel. **Milo.** Mejor, *el Milo* (BLA). Posiblemente, la fortificación que cubría la brecha que David había hecho en el antiguo muro de los jebuseos (cp. 11:27; 2 S 5:9).

25. Y ofrecía Salomón tres veces cada año holocaustos. Aunque el corazón de Salomón no estaba a bien ante Dios, mantenía no obstante la ceremonia exterior prescrita por la ley de Moisés (Éx 23:14–17). **Después que la casa fue terminada.** Esta última cláusula puede considerarse como una última afirmación inclusiva de recapitulación.

26. Hizo también el rey Salomón naves en Ezión-geber. Ezión-geber, el puerto de Salomón, estaba situado en el brazo oriental del mar Rojo, cerca de **Elot,** el Eliat israelí. De nuevo la arqueología ha confirmado la historicidad del registro bíblico en cuanto a ésto. En 1938 y 1939, bajo la dirección de Nelson Glueck, los excavadores exhumaron una ciudad compacta pero importante en la localidad de Ezión-geber. Glueck descubrió allí hornos de fundición que se utilizaban para producir el cobre para el comercio de Salomón. **28. Fueron a Ofir.** La flota mercante de Salomón extendió su navegación hasta Ofir. Por lo general se concede que se trataba del sur de Arabia, pero algunos eruditos, en base del cargamento mencionado en 10:22, lo sitúan en la India.

D. La edad dorada de Salomón. 10:1–29.

1) La visita de la reina de Sabá. 10:1–13.

1. Oyendo la reina de Sabá la fama que Salomón había alcanzado. La reina de Sabá ha sido identificada como la reina de los sabeos (Job 1:15) que habitaban la Arabia Felix, o la mayor parte del territorio del Yemen. En los tiempos bíblicos se consideraba como un ejercicio real para los gobernantes con reputación el probarse mútuamente sus capacidades. El propósito principal de la visita de la reina fue el de hallar si las pretensiones de la sabiduría de Salomón eran cumplidas por su actuación. Todas las pretensiones de que provenía de Etiopía tienen que ser consideradas como puramente legendarias. **2. Y vino a Jerusalén con un séquito muy grande.** En conformidad con el protocolo diplomático antiguo (y actual), la reina presentó al rey Salomón unos dones de gran precio. **3. Y Salomón le contestó todas sus preguntas.** Su curiosidad no quedó desalentada en manera alguna. La verdadera sabiduría de Salomón concordaba totalmente con su reputación previa. El pueblo sabeo sobre el que gobernaba la reina estaba regido por reyes sacerdotes (Sal

72:10). Es indudable que la reina volvió a su tierra con informes brillantes acerca de la sabiduría de Salomón.

6. Y dijo...Verdad es lo que oí. La reina confesó que había creído que las informaciones estaban exageradas en manera suma. Ahora admitía que no se le había dicho ni la mitad. Su asombro surgió no solamente de lo que oyó de boca del rey, sino de lo que ella vio con sus propios ojos. **9. Jehová tu Dios sea bendito, que se agradó de ti.** Considerando quién era que hablaba, esta afirmación no era incoherente con el politeísmo. La reina estaba ahora dispuesta a admitir la existencia del Dios de Israel al nivel de las otras deidades. Pretender significar con ello que se había convertido a la fe hebrea sería afirmar demasiado (Mt 12:42). **10. Y dio ella al rey ciento veinte talentos de oro.** Unas cuatro toneladas de oro, ¡un costoso regalo de una reina opulenta! Esto fue además de las piedras preciosas y de las especias.

11. La flota de Hiram...había traído...oro de Ofir. La inserción relativa a Hiram en este punto indica que en este momento Salomón estaba negociando un acuerdo de comercio con los tirios en interés de su visitante.

13. Y el rey Salomón dio a la reina de Sabá todo lo que ella quiso. La reina, una vez habiendo "comido y bebido vino" y recibido numerosos presentes, se volvió ahora a su patria. Es indudable que la reina creía que su misión diplomática había sido eminentemente satisfactoria.

2) La gloria y el poder del imperio de Salomón. 10:14-29.

18-20. Hizo también el rey un gran trono de marfil, el cual cubrió de oro purísimo. Trono. Un banco alto, o silla, que denota realeza. El trono de Salomón era de especiales proporciones. Se llegaba a él mediante seis escalones, flanqueados por doce leones, seis a cada lado, presumiblemente representando a las doce tribus. El trono era un símbolo de justicia, liderazgo, y juicio. **19.** Las palabras hebreas para **redonda** (RV) y **cabezas de novillo** (BJ) están constituidas por las mismas consonantes; solamente hay diferencia en sus signos vocálicos. Aquellos que toman **cabezas de novillo** o *novillo* en este versículo toman la palabra para significar que había la figura de un becerro detrás del trono. Si es así, podemos ver la fea imagen de la adoración del becerro arrojando su sombra sobre el teísmo de Israel (12:28ss.).

23-29. Constituyen una recapitulación de la riqueza y sabiduría de Salomón. **Excedía el rey Salomón a todos los reyes de la tierra en riquezas y en sabiduría** (v. 23). La corte de Salomón estaba siempre abierta para recibir tanto a admiradores nativos como extranjeros. La reputada sabiduría de Salomón, además de la grandeza de sus edificios públicos, incluyendo al Templo, atrajeron inevitablemente a muchos visitantes. **Y juntó Salomón carros y gente de a caballo** (v. 26). Se ha dicho que las cosas pequeñas retratan mejor el carácter de un hombre que las grandes. Un lector casual pudiera no ver demasiado en el hecho de que el rey reuniera caballos. No obstante, la ley mosaica, en anticipación de la monarquía, prohibía expresamente al rey de Israel que se amasara caballos de Egipto (Dt 17:16). El hecho de que Egipto no haya sido conocido por la cría caballar presenta aquí una cierta dificultad. Puede que los caballos fueran criados en Cilicia, y que los egipcios comerciaran en ellos. Los heteos y sirios también proveían al mercado. Algunos creen que la palabra traducida "Egipto" significa, en realidad, un lugar en Cilicia-Musr.

E. La apostasía, decadencia, y muerte de Salomón. 11:1-43.

1) La infidelidad de Salomón a Dios. 11:1-13.

1. Pero el rey Salomón amó...a muchas mujeres extranjeras. Desobedeció las normas mosaicas para el rey previstas proféticamente en el código deuteronómico con respecto a la acumulación de caballos (Dt 17:16), de mujeres extranjeras (17:17), y de oro (17:17). Aunque los tres pesados de este monarca, vistos por separado o incluso pesados juntos, pueden no ser tan descarados como el gran pecado de su padre, eran no obstante pecados que separaban su corazón y lo alejaban del Dios viviente. Además, no existe ninguna indicación de que jamás se arrepintiera de ellos. **2. Porque ciertamente harán inclinar vuestros corazones tras sus dioses.** La razón dada para la prohibición de los matrimonios mixtos era que llevarían a la idolatría, en la que Salomón estaba a punto de caer. Que un gran monarca mantuviera un harén de setecientas esposas y trescientas concubinas era algo en consonancia con las cortes orientales típicas. Cuantas más mujeres en un harén, más grande era el rey. Quizás el pecado de Salomón no residiera tanto en la sexualidad como simplemente el deseo de que se le considerara grande.

4. Y cuando Salomón ya era viejo. Vemos aquí la triste imagen de Salomón dejando a Dios y volviéndose a la idolatría para complacer a sus esposas paganas. **5. Astarot.** La diosa de los sidonios, una deidad cananea relacionada con el culto de la fertilidad. El nombre está relacionado con la babilonia *Ishtar*, la diosa del amor sexual, de la maternidad y de la fertilidad (Unger, *Nuevo Manual Bíblico de Unger*, pp. 135, 145). Esta diosa se halla entre las más conocidas de las diosas del culto de la fertilidad. **Milcom, ídolo abominable.** Otra forma de *Malcham*, algunas veces identificado con *Molech* o **Moloc**, el dios principal de Moab y de Amón. Tan comprometido se volvió el rey Salomón en la adoración idolátrica que llegó a construir un lugar elevado de culto para esta deidad. La adoración de Moloc estaba estrictamente prohibida por la ley (Lv 18:21; 20:1–5). Moloc exigía el rito del sacrificio humano, especialmente de niños pequeños. Su adoración fue totalmente desacrada por el buen rey Josías. **6. E hizo Salomón lo malo.** El mal particular de la idolatría; los males generales de la ambición, el amor al lujo, y opresión de su pueblo. **7. Entonces edificó Salomón un lugar alto a Quemos.** La deidad nacional de los moabitas. Quemos era un "hermano gemelo" del dios Moloc de los amonitas; igualmente cruel, licencioso, y vulgar en sus demandas. **En el monte que está enfrente de Jerusalén.** Identificado provisionalmente como el monte de los Olivos.

9–13. Y se enojó Jehová contra Salomón, por cuanto su corazón se había apartado. Nos precipitamos ahora hacia la división del reino. Dios anunció a Salomón la extensión del castigo divino. El reino iba a ser partido y dividido; Israel perdería su unidad política. El sol de Salomón, que había subido hasta tanto esplendor, estaba ahora a punto de ponerse detrás de las más negras nubes. No obstante, David iba todavía a tener una lámpara en Israel (cp. v. 36). Tampoco el reino sería totalmente arrebatado.

2) Sus adversarios, y la división asomando en el horizonte. 11:14–40.

14–28. Y Jehová suscitó un adversario a Salomón. Aunque la división no tuvo lugar sino hasta después de la muerte del rey, Salomón tenía que experimentar castigos, ya que Dios, en Su enojo, suscitó enemigos internos y externos en contra de él. Surgieron tres poderosos adversarios:

(1) Hadad, un príncipe de la casa real de Edom, había escapado a la masacre de Joab y huído con algunos de sus partidarios a Egipto, donde fue tratado con bondad por el Faraón. Ahora, aparentemente sin razón alguna, aunque gracias a la conducción providencial de Dios, solicitó permiso de Faraón para volver al hogar. De nuevo en Israel, demostró ser una espina en el costado de Salomón (vv. 14–22).

(2) Rezón de Damasco, el hijo de Eliada, después de la derrota de su señor, Hadad-ezer (2 S 8:3–8, 10), vino a ser un capitán de bandidos que asolaban los campos. Poco después de la muerte de David, conquistó la ciudad de Damasco, indudablemente mediante un ataque por sorpresa. Salomón no pudo expulsarle de esta posición. Poco a poco Rezón vino siendo una amenaza creciente al dominar las rutas comerciales del Oriente (vv. 23–25).

(3) Jeroboam, hijo de Nabat, de la tribu de Efraín, vino a ser el adversario interno de Salomón. Un joven de considerable capacidad y talento, pronto atrajo sobre sí la atención del rey (v. 28), que le hizo superintendente de sus obras públicas. **29. Aconteció...que...le encontró en el camino el profeta Ahías silonita.** Al salir un día de Jerusalén, el joven Jeroboam se vio repentinamente frente a Ahías el profeta (que aparece aquí por primera vez), que le hizo saber su futuro de una manera simbólica. El profeta tomó el manto nuevo que él mismo vestía y lo partió en doce piezas. Dándole diez piezas al joven, retuvo dos, y le anunció que Dios estaba a punto de partir el reino de Salomón de manera similar, dando diez tribus a Jeroboam y dejando solamente dos para la casa de David. **31. Y dijo a Jeroboam: Toma para ti los diez pedazos.** A la luz de la profecía, Jeroboam ya era considerado como el conductor del nuevo estado de Israel formado en juicio disciplinario por los pecados de Salomón. **32. Y él tendrá una tribu por amor a David mi siervo.** Indudablemente, el pronombre "él" se refiere a la casa de Salomón, esto es, Roboam y sus descendientes. La una tribu, Benjamín, se adhirió fielmente a la casa de David. Las dos tribus se ven aquí como una sola, por ello, en realidad, no hay ninguna tribu ausente aquí. **33. Por cuanto me han dejado, y han adorado a Astoret...Quemos...Moloc.** Una razón específica que se da de la inminente división es que habían caído en la idolatría; un pecado que, a pesar de la severidad del juicio de Dios, continuó plagando ambos reinos hasta que fueron en cautiverio. **34. Pero no quitaré nada del reino de sus manos.** A pesar de la infidelidad de los hombres, Dios era fiel en preservar a la simiente de David "hasta que venga aquel cuyo es el derecho, y yo se lo entregaré" (Ez 21:27; Mt 1:1; Ro 1:3), y además mantuvo el reino unido hasta después de la muerte de Salomón. **36. Y a su hijo daré una tribu, para que mi siervo David tenga lámpara todos los días delante de mí en Jerusalén.** Lit., *que pueda haber una luz para mi siervo David.* El propósito de Dios

sería llevado a cabo a pesar de la desobediencia de Salomón. La casa de David sería disciplinada, pero no destruída. Cierto que Salomón había demostrado ser un pecador; pero es a través de la línea de David que Cristo, el Salvador de los pecadores, aparecería. **38. Y si prestares oído a todas las cosas que te mandare.** No solamente se comprometió Dios a ser fiel a la casa de David, sino que también prometió extender sus misericordias a Jeroboam en forma condicional: **Te edificaré casa firme, como la edifiqué a David.** ¡Qué diferente hubiera sido la posterior historia personal de Jeroboam, así como la historia posterior de su reino, si hubiera obedecido la voz del Señor! No obstante, este hombre se ganó el no envidiable título de "el hombre que hizo pecar a Israel". Aunque la profecía de Ahías no se cumplió inmediatamente, todo lo que había profetizado vino a cumplirse a su debido tiempo.

3) La muerte de Salomón. 11:41–43.

41. Los demás hechos de Salomón. El libro de los hechos de Salomón aquí mencionado es evidentemente un libro que ya no existe, y al que tuvo acceso el autor del libro de Reyes. Así, somos llevados a presenciar el fin más bien trágico de una vida una vez tan prometedora. **42. Los días que Salomón reinó en Jerusalén. . .fueron cuarenta años.** El verdadero tiempo del reinado de Salomón fue de cuarenta y dos años, aunque parte de este tiempo tiene que contarse como tiempo de corregencia con David.

43. Y durmió Salomón con sus padres...y reinó en su lugar Roboam su hijo. Roboam reinó sobre todo Israel por un tiempo muy breve. Las semillas de la división plantadas en tiempo de Salomón llegaron ahora a su total maduración.

II. El reino dividido, desde Roboam a la caída de Israel. 1 R 12:1 — 2 R 17:41.

A. *Antagonismo temprano entre Israel y Judá, desde Jeroboam hasta Omri. 12:1—16:28.*

1) La ruptura del reino. 12:1–33.

a) La demanda de los malcontentos. 12:1–20.

La causa inmediata natural de la inminente ruptura del reino era la pesada carga de impuestos provocada por los inmensos gastos de Salomón (cp. 2 Cr 10). La causa invisible fue la disciplina divina.

1. Roboam fue a Siquem, porque todo Israel había venido a Siquem a hacerle rey. Roboam, que es el único hijo de Salomón mencionado en las Escrituras, había sido indu-

dablemente señalado como sucesor por su padre. **Siquem.** Una ciudad en Efraín, más que la misma capital, era el punto de reunión. **2. Cuando lo oyó Jeroboam, que. . .habitaba en Egipto. . .vino.** Es indudable que es mediante espías que Jeroboam, que estaba exilado (11:40), oyó de la inminente coronación de Roboam. Con ello, volvió precipitadamente a Israel para reclamar el reino. A su llegada, el pueblo le hizo su portavoz para expresar el descontento que sentían y sus muchas quejas. **4. Tu padre agravó nuestro yugo.** Es indudable que esta es una abreviación de la petición del pueblo, dando su esencia. La petición tenía que ver principalmente con la solicitud de aliviar la carga económica, pero es posible que tuviera también a la vista la opresión política y social.

5. Y él les dijo: Idos, y de aquí a tres días volved a mí. La demanda del rey que se le diera tiempo para reflexionar sobre la petición de ellos parecía razonable. No obstante, de lo que sigue parece que el veredicto estaba ya determinado. **6. El rey Roboam pidió consejo de los ancianos que habían estado delante de Salomón su padre.** Los ancianos de la corte aconsejaron a Roboam que hablara diplomáticamente, que admitiera la validez de las quejas y prometer reforma a su debido tiempo.

8. Pero él dejó el consejo que los ancianos le habían dado, y pidió consejo de los jóvenes. El consejo de los jóvenes consejeros fue exactamente al revés del propuesto por los hombres más ancianos y más sabios. **10. Así hablarás a este pueblo.** El consejo que le dieron fue el de asumir una actitud amenazante y antidiplomática, para mostrar a la gente que conocía los manejos que se hacían a sus espaldas, y para advertirles que cada queja sería considerada como una acción traicionera. **14. Azotes. . .escorpiones.** Un "azote" era una tira de cuero simple. Un "escorpión" era un látigo con puntas o extremos de acero retorcido, que se utilizaba en el castigo de los esclavos. Por ello, la forma de hablar era sumamente insultante. No solamente amenazó Roboam al pueblo con mayores cargas que las que habían conocido hasta entonces, sino que indicó que estaba dispuesto a tratarlos como una nación de esclavos. Se podría decir en favor de Roboam que su trato de los que permanecieron fieles a la casa de David fue mucho más moderado que lo que sugiere su discurso. No obstante, el pueblo no podía entrever su futura actitud, y por ello, la grieta se hizo impasable. **15. Así, no oyó el rey al pueblo.** El motivo oculto de todo ello se da en la siguiente claúsula: **Porque era designio de**

Jehová. Las palabras del profeta Ahías con respecto a la división del reino tenían que ser cumplidas. Los decretos de Dios, aunque originados en la eternidad, quedan culminados en la historia. **16. ¿Qué parte tenemos nosotros con David?** Así se repudió la soberanía de la casa de David por parte de la mayoría de Israel. Con estas palabras dieron la espalda a su herencia, para buscar nuevos caminos con su líder recientemente elegido, Jeroboam, el hijo de Nabat. **17. Pero reinó Roboam sobre los hijos de Israel que moraban en las ciudades de Judá.** En cumplimiento de la promesa de que David tendría "lámpara todos los días...en Jerusalén" (11:36), los hebreos meridionales que habitaban en Judea permanecieron fieles, en tanto que las tribus septentrionales se iban por su propio camino. El intento de Roboam de ejercitar poderes dictatoriales había fracasado. **18. Y el rey Roboam envió a Adoram ...pero lo apedreó todo Israel, y murió.** No dándose cuenta totalmente de que la ruptura entre las dos naciones era definitiva, Roboam, imprudentemente, envió a su funcionario Adoram a Israel para que reclutara trabajadores. La reacción del pueblo de Jeroboam fue rápida y terrible: mataron al infortunado supervisor. **Entonces el rey Roboam se apresuró a subirse en un carro.** Parece que el mismo Roboam escapó a duras penas de la misma suerte.

b) La guerra civil impedida. 12:21–24.

12. Roboam...reunió a toda la casa de Judá y a la tribu de Benjamín...guerreros escogidos, con el fin de hacer guerra El pensamiento de Roboam era de invadir las tribus del norte para volverlas a la sumisión a su gobierno. Semaías, el profeta, intervino con un mensaje de Dios, apremiándole a que no fuera a la guerra y declarando que tal curso acabaría solamente con su derrota. Para crédito suyo, en este caso obedeció la voz del Señor y desmovilizó su ejército.

c) Establecimiento del reino del norte. 12:25–32.

25. Entonces reedificó Jeroboam a Siquem en el monte de Efraín. En este pasaje descubrimos qué pasos preliminares tomó Jeroboam para establecer su nuevo reino. Eligió a Siquem como su capital. En realidad, surgieron tres capitales en el norte: primeramente Siquem, después Tirsa, y más tarde Samaria, que eventualmente llegó a ser la capital permanente. **26. Y dijo Jeroboam en su corazón: Ahora se volverá el reino a la casa de David.**

Este puede considerarse el primer acto de infidelidad por parte de Jeroboam contra Jehová. Él había recibido la seguridad de que el Señor le edificaría casa firme. Pero, debido a que no confiaba en la palabra del Señor, recurrió a una medida de apostasía religiosa: la separación religiosa, además de la política, de los dos reinos. **28. Y habiendo tenido consejo, hizo el rey dos becerros de oro.** Dos becerros (toros) de oro, tomando el lugar de los querubines en el propiciatorio. Aunque Jeroboam puede no haber pretendido establecer una verdadera idolatría, estableció así el tenor de una decadencia espiritual. Albright (*From the Stone Age to Christianity*, p. 299), erige un buen alegato, sobre base arqueológica, en apoyo de que los becerros de oro no eran realmente imágenes de Jehová, sino que formaban el pedestal visible sobre el que estaba el invisible dios de Israel. Pero incluso tal uso de imágenes era un volver a la idolatría de los cananeos y de Egipto, y es totalmente condenada por los profetas Oseas y Amós (Os 8:5, 6; 13:2, 3). **30. Y esto fue causa de pecado.** A pesar de que pudiera insistirse, por mor del argumento, en que Jeroboam erigió los becerros en honor de Jehová, es todavía evidente que, por lo que al pueblo concernía, las imágenes rápidamente se transformaron en ídolos. **31. Hizo también casas sobre los lugares altos, e hizo sacerdotes de entre el pueblo.** El segundo paso que tomó Jeroboam para debilitar los lazos religiosos entre el Israel del norte y el del sur fue el de infiltrar no levitas en el sacerdocio. La ley mosaica especificaba que nadie debía ejecutar las ordenanzas religiosas excepto hombres de esta tribu. **32. Entonces instituyó Jeroboam fiesta solemne en el mes octavo.** Esta era en realidad la Fiesta de los Tabernáculos, que según la ley tenía que celebrarse el mes séptimo (Lv 23:24ss.). Jeroboam cambió la fecha al mes octavo. Estas tres medidas debilitaron los lazos entre las tribus y ampliaron la brecha religiosa.

2) El reinado de Jeroboam I, y su muerte. 13:1—14:20.

a) Pronunciamiento del juicio divino. 13:1–10.

1. He aquí que un varón de Dios...vino de Judá. Un profeta no nombrado, que llevaba una simple designación de **un varón de Dios**, fue de Judá a Bet-el, uno de los dos centros de la adoración del becerro de Jeroboam, para administrar un fuerte reproche y para anunciar el juicio. **2. He aquí que a la casa de David nacerá un hijo llamado Josías.** Este es uno de los casos más notables en el Antiguo Testamento de la profecía demostrativa de la omnisciencia divina. Esta predicción se halla en un nivel como el de la profecía de Isaías con respecto a Ciro (Is 45:1ss.). Debido a que esta predicción es tan notable, los críticos bíblicos 'liberales' han tratado de reducirla a un *status* de *ad hoc*. No obstante, considerar esto como una inserción histórica, que tuviera lugar después de los días del rey Josías, es dejar de comprender la verdadera esencia de la profecía. Para el notable cumplimiento de esta predicción, ver 2 R 23:15-20. **3. Y...dio una señal.** La rotura del altar tiene que ser considerada como una confirmación de la proclamación profética. Es evidente que tenemos aquí una manifestación inmediata, así como a largo plazo, del enojo divino.

4. Cuando el rey Jeroboam oyó la palabra...extendiendo su mano... Sumamente encolerizado, Jeroboam extendió la mano para ordenar el arresto del profeta. Antes de poder llevarse a cabo la inícua orden, empero, la mano de Jeroboam quedó seca, esto es, paralizada hasta tal grado que no la pudo volver a enderezar. El vengativo rey pidió ahora misericordia (v. 6). En respuesta a la oración del profeta, la mano de Jeroboam le fue restaurada.

7. Ven conmigo a casa. La invitación de Jeroboam puede haber tenido un doble propósito: puede haber tenido la naturaleza de petición de perdón por intentar su arresto; puede haber sido una treta para anular, o por lo menos lograr la suavización del juicio pronunciado sobre la casa real. **8. Aunque me dieras la mitad de tu casa, no iría contigo.** Fiel a las instrucciones divinas, el profeta se negó sobre la base de que le había sido expresamente prohibido comer o beber agua en Bet-el. Tal relación social hubiera podido crear la impresión en las mentes de la gente de que el juicio pronunciado por el profeta había sido bien evitado o bien mitigado. **10. Regresó, pues, por otro camino.** El profeta se dirigió ahora hacia su hogar. Hasta ahora había actuado en estricta obediencia al mandato divino.

b) Seducción del varón de Dios por parte del viejo profeta. 13:11-32.

11-14. Moraba entonces en Bet-el un viejo profeta. Lo que el rey, con toda su gloria y riquezas, no pudo conseguir en la vida del varón de Dios, un creyente que evidentemente no tenía "la mente del Espíritu" estaba ahora a punto de conseguirlo. Los hijos del viejo profeta en Bet-el dijeron a su padre la profecía que había sido pronunciada contra Jeroboam. Actuando en base de la información de ellos, el viejo profeta fue a buscar al varón de Dios, y le halló bajo una encina, o terebinto.

15. Ven conmigo a casa, y come pan. El oriental es conocido por su hospitalidad de una forma mucho más marcada que lo es su hermano occidental. Además de desear mostrar hospitalidad, es posible que el viejo profeta quisiera saber de una forma más exhaustiva acerca de esta maravillosa y singular profecía. **16. No podré volver contigo, ni tampoco comeré pan ni beberé agua contigo en este lugar.** Como el profeta había declinado la invitación de Jeroboam, así rechazó al principio la invitación de su compañero profeta sobre la base de la prohibición de Jehová (v. 17).

18. Yo también soy profeta como tú, y un ángel me ha hablado por palabra de Jehová... El viejo profeta le mintió. Pretendió que había recibido órdenes divinas que daban contraorden a las anteriormente dadas al profeta más joven. **19. Entonces volvió con él.** Desobedeció el mandato divino. Esto constituye una lección práctica de que el consejo de otras personas, no importa si son amigos cristianos, no debiera de tomar el lugar de la clara llamada al deber dentro de nuestros corazones.

20. Y aconteció que estando ellos en la mesa. El profeta que había estado dispuesto a asumir el papel de tentador, ahora, por apremio de Dios, asumió el más difícil papel de anunciador de castigo. La pena del profeta por su desobediencia sería la muerte. Esta profecía se cumplió casi inmediatamente.

24. Y yéndose, le topó un león por el camino. Los leones infestaban aun el bosque alrededor de Bet-el, y de vez en cuando se acercaban a los viajeros descuidados. No obstante, a fin de mostrarse que este era ciertamente un juicio sobrenatural, y no simplemente un accidente desafortunado, el león, después de matar al profeta, no dañó ni desgarró su cuerpo, y ni tan solamente mató al manso asno sobre el que había estado montando el profeta, sino que estuvo tranquilamente al lado, como si por indicación divina. **26. El varón de Dios es, que fue rebelde al mandato de Jehová.** Aunque el profeta mentiroso no sufrió ningún castigo físico, sus remordimientos de conciencia tienen que haber sido severos cuando se dio cuenta de que había provocado la muerte de un hombre al apremiarle a seguir un curso de desobediencia. **28. Y él fue, y halló el cuerpo tendido en el camino.** El carácter sobrenatural de la historia es evidente a lo largo de todo su relato. Estamos acostumbrados a pensar de milagros como actos o prendas de grandes curaciones y de beneficios, pero tenemos que recordar que hay milagros de disciplina asimismo. **29-32. Entonces tomó el profeta el cuerpo del**

varón de Dios. El cadáver del desobediente profeta no tenía que quedar abandonado, sino que debía recibir una decente sepultura. El último tributo que se le podía pagar a un profeta de Dios de parte de otro profeta se cumplió así de una forma conmovedora. Con amargos lamentos el viejo profeta de Bet-el dio descanso a su hermano profeta en la tumba. Quizás se puede ver aquí una doble fuente de dolor: (1) Había contribuido a la muerte del primer profeta, aunque quizás totalmente sin querer. (2) En aquella época difícilmente se podía permitir la nación la pérdida de uno de sus hombres piadosos. El viejo profeta, con cabeza caída, lamentó no solamente la triste suerte de su hermano profeta, sino también el miserable estado del reino dividido como un todo. Reconoció que las palabras habladas por el difunto profeta serían cumplidas a su debido tiempo.

c) La persistencia de Jeroboam en el mal. 13:33, 34.

33. Con todo esto, no se apartó Jeroboam de su mal camino. Estos hechos portentosos y extraños, terribles como eran, no detuvieron al rey de seguir el malvado camino que había elegido. En lugar de arrepentirse, prefirió repetir los tres pecados iniciales que al principio empezaron a hacer que el reino del norte se precipitara por el camino de la decadencia espiritual. **34. Y esto fue causa de pecado a la casa de Jeroboam, por lo cual fue cortada y raída de sobre la faz de la tierra.** La causa espiritual radical de la decadencia y de la caída final de la casa de Jeroboam se da aquí. Varias condiciones políticas y sociológicas, e incluso las relaciones internacionales, pudieran ser citadas como las causas de la caída de la línea de Jeroboam. No obstante, la destrucción derivaba principalmente de la desobediencia del rey al mandato del Dios santo. Por tanto, consideramos que están errados aquellos eruditos que excusan, si no defienden, la adoración de los becerros de Jeroboam sobre la base de que era simplemente la adoración del Dios de Israel en otra forma.

d) Más condenación y ayes pronunciados contra Jeroboam. 14:1–14.

1. En aquel tiempo Abías hijo de Jeroboam cayó enfermo. Este Abías no debiera confundirse con el hijo de Roboam del mismo nombre, que sucedió a su padre en el trono de Judá. Esta enfermedad del hijo no fue una de las muchas desgracias de la vida a la que estamos propensos todos los seres humanos, sino más bien un acto de Dios en disciplina. Jeroboam, el primer rey de la unión del norte, había dejado de oír las "solicitudes más bondadosas de Dios"; por ello el Señor golpeó ahora la posesión más preciada de Jeroboam, su joven hijo. **2. Y dijo Jeroboam a su mujer: Levántate ahora y disfrázate.** Con estas palabras el escritor introduce el complot del rey para engañar al profeta Ahías y con todo saber el futuro. Jeroboam pensó que si el profeta sabía la identidad del inquiriente, daría de seguro un mensaje de juicio y condenación. **Silo.** El antiguo santuario central y anterior lugar de morada del arca. La ciudad era ahora el lugar de residencia de Ahías, el profeta, que originalmente había predicho la subida de Jeroboam al poder (1 R 11:26–40).

4. Y ya no podía ver Ahías, porque sus ojos se habían oscurecido a causa de su vejez. El profeta, privado ahora de la vista a causa de su extrema vejez, pero mantenía sus oídos sintonizados a la voz de Dios, listo a recibir mensajes del mundo exterior. **5. He aquí que la mujer de Jeroboam vendrá a consultarte por su hijo.** La impía reina creía para sus adentros que el ardid sería adecuado para engañar al profeta. No tenía ni idea de que el Dios "ante cuyos ojos todo está abierto" había ya ido delante de ella para advertir a Su siervo de la llegada de ella y del mensaje que le tenía que entregar.

6. Cuando Ahías oyó el sonido de sus pies...dijo: Entra, mujer de Jeroboam. Disfrazada, descubierta, y condenada. No fue solamente el velo sobre su cara, sino la cubierta de su corazón que fue penetrada. Sus más malvadas intenciones así como su naturaleza quedaron ahora al descubierto. La hipocresía y los fingimientos se encontrarán siempre con el severo enojo y el juicio de nuestro Señor. **7. Vé y dí a Jeroboam: Así dijo Jehová Dios de Israel.** Ahías, con atrevidas pinceladas, procedió ahora a hablar de la unción del rey, de la promesa condicional de Dios, de Su gracia en poner a Jeroboam sobre las tribus del norte. Después recordó aceradamente a Jeroboam, a través de su esposa, de su apostasía y grave idolatría, culminando en la adoración de los becerros de oro. Por ello, tenía que esperar el castigo.

10. Por tanto, he aquí que yo traigo mal sobre la casa de Jeroboam...todo varón. El reino de Israel sería despoblado de sus varones, ya por la cautividad o por la muerte. **11. El que muera.** Sus cuerpos serían devorados por perros y por aves de rapiña la peor desgracia que podía caer sobre un semita. **12. Al poner tu pie en la ciudad, morirá el niño.** Así se pronunció la condenación sobre la casa de Jeroboam de la manera más asombrosamente terrible. Incluso los más encallecidos de corazón se conmueven ante la muerte de un niño, especialmente de uno en la línea del trono. Pero el decreto tenía que ser puesto en práctica inmediatamente. La esposa de Jeroboam nunca volvería a ver vivo a su hijo. Tenía que estar muerto al pasar sus pies por el umbral de la capital. En contraste con su padre, recibiría un entierro honroso.

e) Predicción de la cautividad. 14:15–19.

15. Jehová sacudirá a Israel al modo que la caña se agita en las aguas...y los esparcirá más allá del Éufrates. Esta es una predicción a largo plazo de la cautividad aún por venir. Cuando Samaria cayó en 722 a.C., el reino del norte experimentó esta amarga suerte a manos de los asirios. Y cuando Jerusalén cayó el 586/585 a.C., el reino del sur sufrió deportación en manos de los babilonios. La razón dada de este castigo fue la incurable idolatría de Israel.

17, 18. Entonces la mujer de Jeroboam se levantó y se marchó, y vino a Tirsa. Estos versículos relatan la trágica secuela de la predicción de Ahías. Como el profeta había predicho, el hijo tan amado por el populacho en general fue llorado y endechado al enterrarse su cuerpo en la tumba.

f) La continuada apostasía de Jeroboam y su muerte. 14:20.

20. Habiendo dormido con sus padres... Para hechos suplementarios, el lector es remitido al relato en 2 Cr 13:15–20. No obstante, esta referencia tiene que considerarse como una formalidad, ya que el relato en 2 R con respecto a Jeroboam es mucho más completo que el que hallamos en Crónicas.

3) Judá bajo Roboam, Abiam y Asa. 14:21 — 15:24.

a) Roboam de Judá. 14:21–24.

21. 22. Roboam hijo de Salomón reinó en Judá. La escena histórica pasa ahora al sur al delinearse las fortunas de la casa de David. Roboam reinó un año como corregente con su padre y dieciseis años por propio derecho. Aunque su reino estaba libre de la adoración al becerro de oro, no obstante la decadencia espiritual y la delincuencia moral caracterizaban su curso descendente.

La idolatría, y ello en forma grosera, había venido a estar a la orden del día. **23. Lugares altos** (heb. *bāmôt*). Lugares elevados que, aunque no fueran necesariamente idolátricos en carácter, se transformaban fácilmente en centros de este tipo de adoración. Las **estatuas,** lit., *pilares* (heb. *maṣṣēbôt*). Piedras situadas sobre su extremo representando la contrapartida masculina de la deidad cananea. Las

aseras eran postes que representaban el lado hembra de la deidad. El licencioso culto cananeo infiltró la adoración de Judea. **24. Hubo también sodomitas en la tierra.** Así, la fea imagen de la idolatría queda ahora completa. **Sodomitas.** Prostitutos masculinos, reservados para prácticas sexuales relacionadas con la adoración religiosa. Como en la tierra de Canaán, los israelitas no habían exterminado esta práctica idolátrica. Ahora se había vuelto en una red y una trampa para ellos.

b) La invasión de Sisac. 14:25–28.

25. Al quinto año del rey Roboam subió Sisac rey de Egipto contra Jerusalén. Sisac. *Sheshonk* en los registros egipcios (945–924 a.C.), el fundador de la XXII dinastía. Esta fue la primera invasión extranjera seria que los israelitas habían sufrido en el territorio desde los días de Saúl. En el templo de Karnak, en un relieve representando la victoria de Egipto sobre Judá, Sisac se vanagloria del daño que le hizo al rey de Judá. Un relato más breve y sobrio se da en la Biblia, donde se admite honradamente que Sisac despojó el hermoso Templo de Jerusalén antes de acceder a no saquear totalmente Jerusalén.

c) Muerte de Roboam. 14:29–31.

29. Los demás hechos de Roboam, y todo lo que hizo. Una vez más se remite al lector al más completo relato de 2 Cr 12:13–16. Este reinado había estado caracterizado por la tensión y por frecuentes escaramuzas entre las divididas tribus, anteriormente tan fuertemente unidas bajo una gloriosa cabeza, David.

d) Abiam de Judá. 15:1–8.

1. En el año dieciocho del rey Jeroboam... Abiam comenzó a reinar sobre Judá. Reinó tres años, del 913 al 911 a.C. **2. El nombre de su madre fue Maaca, hija de Abisalom. Maaca** era la reina madre. **Abisalom.** La forma más larga para *Absalom.* **3. Y anduvo en todos los pecados que su padre había cometido antes de él.** Para un relato más completo del reinado de Abiam, ver 2 Cr 13:1–22. Abiam conformó su vida a la de Roboam, según el impío y malvado ejemplo de este último. **No fue su corazón perfecto.** Una expresión utilizada para indicar que Abiam tenía una triste carencia de devoción y de fidelidad hacia Dios.

4. Por amor de David. Los vv. 4 y 5 exhiben la bondad y fidelidad de Dios. A pesar de la contínua iniquidad de Abiam, el Señor no retiró su misericordia del pueblo de Judá. Para el significado de **lámpara,** ver 11:36.

6. Y hubo guerra entre Roboam y Jeroboam. La actividad bélica continuó plagando y azotando el dividido reino. **7. Los demás hechos de Abiam.** En 2 Cr se da una imagen algo más piadosa de Abiam. Particularmente, en la oración que Abiam hizo en contra de Jeroboam, parece haber evidencia de algo de fe en Jehová. Es posible que Abiam, como tantos otros, pudiera predicar mejor de lo que podía practicar.

e) Asa y sus reformas. 15:9–15.

Es alentador y refrescante observar al joven rey rompiendo con la malvada tradición de dos reyes precedentes y determinando hacer lo que era recto ante los ojos de Jehová, como lo había hecho David, su "padre".

9, 10. En el año veinte de Jeroboam rey de Israel, Asa comenzó a reinar sobre Judá... el nombre de su madre fue Maaca, hija de Abisalom. Abiam y Asa pueden haber sido hermanos. Es más probable que debiéramos entender **madre** como significando "abuela", conforme a la usanza semítica.

11–15. Asa hizo lo recto. Habiendo puesto en su corazón hacer la voluntad de Jehová, Asa erradicó las prácticas idolátricas y a los idólatras del reino. En especial quitó también a los sodomitas (14:24). Asa no limitó sus reformas a los extraños, sino que las extendió al seno de su propia familia. Incluso eliminó a Maaca de su posición como reina, debido a que ella había introducido la idolatría en la tierra. El joven rey abatió el ídolo de su abuela y lo quemó junto al torrente de Cedrón. Este era un torrente de mucha corriente en invierno, al noreste de Jerusalén, el "Cedrón" que Jesús cruzó en la noche de su agonía en Getsemaní (Jn 18:1).

f) Guerra con Baasa de Israel. 15:16–22.

16. Hubo guerra entre Asa y Baasa rey de Israel. Baasa declaró la guerra a sus vecinos. El gesto hóstil y amenazante que hizo Baasa fue el de fortificar Ramá, una fortaleza a unos 7 km. (4 ó 5 millas) al norte de Jerusalén. Esto fue considerado como un acto de guerra. **18. Entonces tomando Asa toda la plata y el oro que había quedado en los tesoros de la casa de Jehová.** Por estos medios y con este don, Asa trataba de lograr el favor de **Ben-adad** de Siria. Ben-adad I, según parece, asumió el trono de Siria el 890 a.C. Más tarde, el rey Acab fue a la guerra en contra del rey Ben-adad. **20. Y Ben-adad consintió con el rey Asa, y envió los príncipes de los ejércitos que tenía contra las ciudades de Israel.** Las ciudades que aquí se mencionan, que Benadad tomara, eran ciudades en los alrededores del mar de Galilea. **21. Oyendo esto Baasa, dejó de edificar a Ramá, y se quedó en Tirsa.** Atemorizado por las noticias de la llegada de la poderosa ayuda siria a Asa, Baasa se retiró a su propia capital de Tirsa. **2. Y edificó el rey Asa con ello a Geba...y a Mizpa.** Geba de Benjamín es identificada con *Jeba'*, cerca de *Micmás*. Asa tomó el material que Baasa había reunido, ostensiblemente para defenderse en contra de él, y lo utilizó para una nueva fortaleza propia.

g) Muerte de Asa. 15:23, 24.

24. Y durmió Asa con sus padres, y fue sepultado con ellos en la ciudad de David su padre; y reinó en su lugar Josafat su hijo. El buen rey Asa fue seguido por su piadoso hijo, Josafat (873–848), que había sido corregente con él durante tres años.

4) Israel bajo Nadab, Baasa, Ela, Zimri y Omri. 15:25 — 16:28.

a) Nadab de Israel. 15:25, 26.

25. Nadab...comenzó a reinar sobre Israel. El historiador recoge aquí un incidente que tenía lugar en el norte. Nadab (910–909), el perverso hijo de Jeroboam, hijo de Nabat, asumió el trono. Se tiene que recordar que, en tanto que ocho dinastías distintas se fueron sucediendo en el Israel norteño, en el reino de Judá, al sur, solamente una dinastía, la casa de David, mantuvo el poder. **26. E hizo [Nadab] lo malo ante los ojos de Jehová.** Nadab tuvo un reinado muy corto, que se estima entre un año y un año y medio.

b) Conspiración y reinado de Baasa. 15:27 — 16:7.

27. Y Baasa hijo de Ahías, el cual era de la casa de Isacar, conspiró contra él. La dinastía de la casa de Jeroboam estaba llegando a un final infame, en tanto que la dinastía de Baasa, que iba a ser asimismo breve, llegaba al poder. **29. Y cuando él vino al reino, mató a toda la casa de Jeroboam... conforme a la palabra que Jehová habló por su siervo Ahías silonita.** De una manera implacable y exhaustiva, Baasa procedió a destruir la casa de Nadab. El juicio de Dios fue así ejecutado con rapidez contra la malvada dinastía en Israel. No obstante, Baasa no dio oído a los preceptos ni a la ley de Dios, sino que caminó en el mismo camino malvado como lo hicieron aquellos que andaron antes de él. El conflicto civil continuó entre ambas naciones (v. 32).

34. E hizo lo malo ante los ojos de Jehová, y anduvo en el camino de Jeroboam. Aunque Baasa había extirpado la casa de Jeroboam, desafortunadamente no abolió sus pecados, ni del reino en general ni de su propia vida en particular.

16:1. Y vino palabra de Jehová a Jehú hijo de Hanani contra Baasa, diciendo. Aunque el reino del norte era infiel a Jehová Dios de Israel, Dios todavía le extendía misericordia advirtiéndole del juicio que iba a venir. **2. Por cuanto yo te levanté del polvo y te puse por príncipe sobre mi pueblo Israel.** Baasa tenía que ser castigado de una manera adecuada. La razón de ello es que, aunque había sido elegido por Dios para regir sobre Su pueblo Israel, él había dado poca estima a su sagrada vocación. Se había aferrado a los pecados de Jeroboam, el hijo de Nabat, que "hizo pecar a Israel". **3. He aquí yo barreré la posteridad de Baasa, y...de su casa.** Una amenaza similar a la que se había hecho contra Jeroboam y su casa por parte del profeta Ahías (14:10, 11). Ya que Baasa había decidido compartir la iniquidad de la casa de Jeroboam, así también tendría que compartir la dura pena que había recaído por la tal, y sería comido por los perros.

6. Y durmió Baasa con sus padres. El reinado de Baasa llegó a un fin innoble, y Baasa fue sucedido por su hijo Ela. Podemos considerar a Ela como un calco fiel de su padre. Sobre la base del v. 7 podemos ver que el ministerio profético de Jehú prosiguió durante el reinado de Ela. Bendito es el rey cuyo consejero es el profeta, pero maldito es aquel que no escucha a su profeta.

c) Ela de Israel. 16:8–10.

8. En el año veintiséis de Asa rey de Judá comenzó a reinar Ela hijo de Baasa. El reinado de Ela (886–885 a.C.), breve e infeliz, duró solamente un año y terminó con una muerte violenta. Zimri, uno de los capitanes de la propia guardia de Ela, conspiró en contra de él, y le mató. **9. Estando él en Tirsa, bebiendo y embriagado en casa de Arsa.** Ela y Belsasar tenía por lo menos esto en común: ambos fueron muertos mientras que se estaban emborrachando. **Arza**, el mayordomo de su palacio, que dispuso la fiesta bacanal y que era indudablemente parte de la conspiración. **10. Vino Zimri y lo mató.** Así llegó la tercera dinastía al trono de Israel, si es que una línea que rigió solamente por siete días merece el nombre de una dinastía.

d) Zimri de Israel. 16:11–20.

11. Y luego que llegó a reinar...mató a toda la casa de Baasa. En cumplimiento de las palabras de Jehú el profeta, Zimri destruyó no solamente a los parientes, sino también a los amigos de su predecesor (vv. 12, 13). **15. En el año veintisiete de Asa rey de Judá, comenzó a reinar Zimri, y reinó siete días en Tirsa (885 a.C.).** El reinado más corto

de ninguno de los reyes de Israel o de Judá: ¡tan solo una corta semana! **17. Y subió Omri de Gibetón, y con él todo Israel, y sitiaron a Tirsa.** Las noticias viajaban en aquellos tiempos con mucha mayor lentitud que lo hacen en nuestros tiempos, pero finalmente llegó la noticia de la traición de Zimri a oídos del pueblo en Gibetón. Acaudillados por Omri, marcharon sobre Tirsa, la capital. **18. Mas viendo Zimri tomada la ciudad,** se retiró a la ciudadela, cerró las puertas tras sí, y quemó el edificio consigo mismo dentro. **19. Por los pecados que había cometido, haciendo lo malo ante los ojos de Jehová.** La verdadera razón del rápido fin de Zimri queda así expuesto. El juicio divino le había visitado.

e) Omri de Israel. 16:21–28.

21. Entonces el pueblo de Israel fue dividido en dos partes. Un segundo cisma tuvo ahora lugar. Por un tiempo pareció como si la nación de Israel fuera a dividirse en tres partes en lugar de dos. Porque ahora el pueblo del norte se dispuso en dos bloques iguales, unos esposando la causa de Omri, otros defendiendo la causa de Tibni. A Tibni se le conoce solamente de nombre. **22. Mas el pueblo que seguía a Omri pudo más que el que seguía a Tibni hijo de Ginat; y Tibni murió, y Omri fue rey.** Omri no entró de inmediato en posesión del trono de Israel, sino que tuvo que luchar por él. Según Josefo (*Antig.* VIII.12.1) Tibni fue muerto por sus oponentes. Pero este significado no viene dado necesariamente de las palabras y **Tibni murió.** Se tiene que tomar como que este último halló su muerte en las fieras batallas que siguieron al cisma, cinco años más tarde. **23. En el año treinta y uno de Asa rey de Judá, comenzó a reinar Omri sobre Israel.** Omri (880–874) fue, en muchos respectos, un gobernante capaz. La mancha sobre su carácter es que no se separó de los pecados de Jeroboam. **24. Omri compró a Semer el monte de Samaria por dos talentos de plata.** Sobre aquel monte construyó una ciudad fortificada, y le dio el nombre del anterior dueño del monte, Semer. Es indudable que la desolación provocada por el incendio de Zimri fue una de las causas que hicieron muy deseable una nueva capital, si no absolutamente necesaria. **28. Y Omri durmió con sus padres, y fue sepultado en Samaria.** Su nueva capital fue su lugar de sepultura.

B. *De Acab a la accesión de Jehú. 1 R 16:29— 2 R 9:10.*

1) Principio del reinado de Acab en Israel. 16:29–34.

29. Comenzó a reinar Acab hijo de Omri sobre Israel el año treinta y ocho de Asa rey de Judá. Acab (874—853 a.C.), en muchos aspectos un gobernante capaz, estuvo plagado no solamente por los pecados de Jeroboam sino también por las prácticas idolátricas de la princesa con la que se casó. **30. Y Acab hijo de Omri hizo lo malo ante los ojos de Jehová, más que todos los que reinaron antes de él.** Esta es la sobria evaluación que hace el historiador de la infame carrera de Acab.

31. Tomó por mujer a Jezabel, hija de Et-baal rey de los sidonios. Este matrimonio fue indudablemente una maniobra política, basado en el antiguo tratado de paz hecho entre Israel y Sidón bajo el reinado de Salomón. Y Acab puede haber creído que estaba parcialmente justificado en esta unión. No obstante, el culto cruel y licencioso de Baal saturaba de tal manera la adoración de Tiro y de Sidón que era inevitable su infiltración en Israel por medio de Jezabel. El término **Baal**, la palabra hebrea para "señor" y "dueño", era empleada de una forma más o menos indiscriminada para un número de dioses nacionales. No obstante, el Baal de Tiro era Melkart, el principal dios de los tirios. Jezabel jugó el papel de sumo sacerdotisa del Baal tirio. Melkart era el tipo de dios que demandaba la quema de inocentes niños como oblaciones sobre su altar. Una de las razones por las que se adoraba a Baal era porque se creía que era el dueño de la tierra. Para inducirle a que enviara lluvia sobre la tierra, se efectuaban prácticas del culto de la fertilidad y se ofrecían sacrificios. Quizás había alguna excusa para Jezabel, que había crecido y había sido educada como una princesa pagana, que ella siguiera tal tipo de religión. Pero no había absolutamente ningún tipo de justificación para que Acab dejara que su esposa introdujera esta repelente religión en la vida de Israel.

32. E hizo altar a Baal...en Samaria. Samaria, la ciudad capital del reino del norte, vino a ser ahora uno de los centros de la adoración de Baal. **33. Hizo también Acab una imagen de Asera.** Según G. E. Wright, Jezabel puede haber concebido la Asera no solamente como representando la adoración a Baal, sino a la esposa de Baal.

34. En su tiempo Hiel de Bet-el reedificó a Jericó. La antigua ciudad de Jericó, asolada por los israelitas en la época de Josué, fue ahora reconstruida, con el resultado de que la maldición que había sido pronunciada en contra de ello por Josué (Jos 6:26) se cumplió. Un punto de vista más anterior es que Hiel realmente ofreció sus dos hijos como "sacrificios cimentadores". Según un punto de vista más reciente, las vidas de los dos hijos fueron cortadas como resultado de la visitación divina sobre Hiel por su desobediencia al restaurar la ciudad que Dios había maldecido.

2) El ministerio de Elías, hasta la llamada de Eliseo. 17:1—19:21.

a) La sequía predicha por Elías. 17:1-8.

17:1. Entonces Elías tisbita...dijo a Acab. Como la llegada de un meteorito fulgurante a través del cielo oscuro de medianoche, así fue la llegada de Elías en la oscuridad espiritual de Israel. Con la llegada de Elías volvió a empezar el proceso de revelación directa, suspendido desde los días de Josué. Al sustituir la adoración de Dios por la de Baal en Israel, Jezabel había retado la existencia del Dios vivo. La respuesta de Dios a la adoración a Baal fue su poderoso profeta, Elías (*mi Dios es Yahweh o Jehová*), el tisbita. Tisbé se hallaba en Galaad, entre el Yarmuk y el Jaboc en Transjordania. **Vive Jehová Dios de Israel, en cuya presencia estoy.** Con esta formula introductoria, Elías anunció que estaba a punto de caer la disciplina sobre Acab y Jezabel en particular, y sobre la tierra de Israel. El castigo iba a tener la forma de una sequía de tres años y medio de duración. Es de señalar lo apropiado de esta medida punitiva. El pueblo de Israel se había vuelto de Jehová a los dioses populares de los baales, los dioses del culto a la fertilidad. Necesitaban que se les recordase que Jehová, el Dios de Israel, controla los elementos y por ello la fertilidad y la vida. Por ello, se iba a impedir que lloviera sobre la tierra. **2, 3. Y vino a él palabra de Jehová, diciendo: Apártate de aquí, y vuélvete al oriente.** Esto es, al oriente de Samaria, hacia el Jordán. El **arroyo de Querit** es uno de varios torrentes que desembocan en el Jordán. Aunque se desconoce su localización exacta, la tradición lo sitúa en Wadi el-Kelt. Esta localidad constituye un lugar apropiado para ocultarse de la ira de Acab y Jezabel; y también proveería a Elías sustento durante el hambre, ya que tenía que beber del arroyo y comer dos veces al día de lo que le traían los cuervos.

b) Elías en Sarepta. 17:9-24.

9. Levántate, vete a Sarepta de Sidón, y mora allí. Después de secarse el agua del arroyo, Dios mandó a su siervo Elías que fuera a la ciudad de Sarepta, donde una mujer viuda había recibido la orden de cuidar de él. **Sarepta** era un pueblecito situado en la costa del Mediterráneo entre Tiro y Sidón.

10. Entonces él se levantó y le fue. A su llegada fue saludado por la escena de una viuda preparando su última comida para sí y su hijo. Su petición de agua, aunque razonable bajo circunstancias ordinarias, parece haber sido designada como una prueba de fe. Al disponerse la mujer a dar de beber al profeta, le pidió también un bocado de pan (v. 11). **12. Y ella respondió: Vive Jehová tu Dios, que no tengo pan cocido.** Así reveló ella que reconocía al extraño como a profeta de Dios. Al mismo tiempo invitaba una maldición divina sobre ella si las palabras que estaba a punto de pronunciar no eran ciertas, esto es, que ella y su hijo estaban a punto de comer su última comida.

13. No tengas temor; vé, haz como has dicho. Por su obediencia al dar de comer al profeta, la mujer cambió lo incierto por lo cierto, el hambre por la abundancia, la muerte por la vida. **14. La harina de la tinaja no escaseará.** Las palabras proféticas de certeza dadas por el hombre de Dios fueron el criterio de conducta para la mujer, al cumplir con obediencia implícita el mandato del profeta. Para una mujer gentil, su fe es impasable. Hallamos la aprobación de esta viuda por parte de nuestro Señor en Lc 4:26.

16. Y la harina de la tinaja no escaseó. Es peor que inútil tratar de asignar alguna causa natural al suministro inagotable de aceite y harina para la mujer. El ministerio de Elías estuvo marcado por milagros. En este caso, Dios intervino sobrenaturalmente para preservar la vida de la viuda, de su familia, y del profeta.

17. Después de estas cosas aconteció que cayó enfermo el hijo del ama de la casa. En los tiempos antiguos se consideraban las enfermedades como una visitación de Dios para traer a memoria los pecados (v. 18). Las acciones de Elías aquí demuestran que esta enfermedad no era un juicio debido al pecado. **20, 21.** Tomando al hijo muerto, el profeta se retiró a su dormitorio, donde pidió a Dios que le devolviera la vida.

22. Y Jehová oyó la voz de Elías. La confiada fe de Elías llevaba consigo la certeza de que sería oído. Este es el primer caso genuino e indiscutible de resurrección de los muertos en el AT. **24. Entonces la mujer dijo a Elías: Ahora conozco que tú eres varón de Dios.** Todos sus temores y dudas se disiparon. Las afirmaciones de Elías como profeta quedaban establecidas.

c) El encuentro de Elías con Abdías. 18:1–16.

1. Vino palabra de Jehová a Elías en el tercer año. Había acabado el año de estancia de Elías en Sarepta, y Elías volvió para mos-

trarse a Acab. El hambre era ahora de lo más agudo. Tan terrible y devastador había sido su efecto en la vegetación de Israel que el ganado no podía ya encontrar hierba para comer. Así, Acab se puso a la búsqueda de tierra de pastos. Esperando contra esperanza, envió a su siervo Abdías por un camino, en tanto que él iba por otro.

7. Y yendo Abdías por el camino, se encontró con Elías. La duración del hambre, según Lc 4:25 y Stg 5:17, fue de tres años y seis meses. Cuando aquel tiempo había pasado, Dios ordenó a Elías que se mostrara a Acab. **Abdías.** El gobernador o mayordomo del castillo de Acab, un hombre temeroso de Dios, que no debe confundirse con el autor del libro de Abdías. Era este mayordomo el que había escondido cien profetas de Dios de la ira de Jezabel (v. 4). La matanza mencionada en el v. 4 es vuelta a mencionar en 18:13, pero no se menciona en ningún otro pasaje. Jezabel se había irritado doblemente, primero, debido al hambre, y segundo, debido a su incapacidad de poner sus manos sobre Elías. Así, había derramado su ira sobre los desafortunados profetas de Jehová.

8. Vé, dí a tu amo: Aquí está Elías. Con estas dramáticas palabras, Elías anunció su decisión de comparecer ante el rey.

9–16. Pero él dijo: ¿En qué he pecado? Abdías protestó que el llevar tales noticias a Acab pudiera costarle la vida, especialmente si el Espíritu de Dios se llevaba a Elías. Sus temores no carecían totalmente de base, como se puede ver de 2 R 2, donde leemos que Elías fue llevado al otro mundo en un carro de fuego. No obstante, el profeta aseguró al temeroso Abdías que ciertamente vería a Acab aquel mismo día.

d) La contención en el Carmelo. 18:17–40.

Acab confrontado por Elías. 18:17–20.

17. ¿Eres tú el que turbas a Israel? La conducta de Acab era más infantil que perversa, al acusar petulantemente al varón de Dios de traer turbación sobre la tierra. Elías confrontó las insinuantes afirmaciones de Acab lanzándole la acusación a la cara. **18.** Le recordó que no era él, Elías, el que había sido el turbador, **sino tú y la casa de tu padre, dejando los mandamientos de Jehová, y siguiendo los baales.**

19. Monte Carmelo. Una sierra de gran belleza, que consiste de muchos picos cortados por cientos de barrancas grandes y pequeñas. Se extiende por unos 21 km. (13 millas) en una dirección sudoriental, y en su extremo occidental desciende abruptamente al Mediterráneo, cerca de Haifa. Sobre uno de los promontorios Elías decidió librar "la batalla de los dioses", entre los dioses de los paganos fenicios, representados por los baales, y el Dios vivo, Jehová. Es probable que el profeta eligiera este lugar en primer lugar por su prominencia geográfica, pero también porque era una tierra contestada entre Israel y Fenicia, y debido a que los cananeos creían que el monte Carmelo era la morada especial de los dioses. Si esta interpretación es correcta, Elías, como los santos antes y después de él, eligieron presentar batalla a "los espíritus de maldad en las regiones celestes", en las mismas cumbres del Carmelo. Tan confiado estaba del resultado que hizo tan difícil como pudo para él mismo y para su causa el poder vencer, y con todo ello desafió a Baal a que venciera si podía.

El reto de Elías a Israel. 18:21–24.
21. Y acercándose Elías a todo el pueblo... Después de reunir al pueblo de Israel, Elías les emitió su reto. **¿Hasta cuando claudicaréis vosotros entre dos pensamientos?** Mas bien: *¿Hasta cuándo iréis titubeando entre las dos bifurcaciones del camino?* Sea cual fuere la traducción que se adopte, el significado es transparente. Tenían ante ellos una decisión a tomar, y la tenían que tomar de una forma clara. Si Baal era dios, tenían que renunciar a Jehová. Si Jehová tenía que reinar como Dios, Baal y su adoración tenían que ser abandonados para siempre. Es probable que muchos en Israel fueran tentados a establecer un compromiso. Elías, con quien compromiso no era posible, vio con claridad la alternativa radical de las dos posturas y llamó a una decisión definida. Tales hombres siempre gozan de las bendiciones de Dios a pesar de la impopularidad temporal ante las masas.

Propuesta de Elías a los profetas de Jezabel. 18:25–35.
25. Entonces Elías dijo a los profetas de Baal: Escogeos un buey. A continuación del amenazador silencio del pueblo, Elías siguió con su propuesta, tan sencilla como directa. Las dos facciones opuestas (450 adoradores de Baal; un representante de la adoración de Jehová) tenían cada uno de ellos que preparar un sacrificio, erigir un altar y disponer los animales sacrificiales. Solo que no habría fuego. La prueba era clara e inequívoca: "El Dios que respondiere por medio de fuego, ése sea Dios" (v. 24). **26. E invocaron el nombre de Baal desde la mañana hasta el mediodía.** Con medidas de progresiva desesperación, los adoradores de Baal trataron de obligar al señor de la atmósfera a que respondiera mediante el fuego, de acuedo con la estipulación acordada. **27. Elías**

se burlaba de ellos. Estas palabras, que a primera vista parecen divertidas, fueron dichas con la ironía y sarcasmo más profundos. Con sentimiento de burla Elías les sugería que su dios Baal pudiera estar durmiendo o que podía haber salido de caza. **28. Y ellos clamaban a grandes voces, y se sajaban con cuchillos y con lancetas.** Se indujeron a sí mismos a un estado de éxtasis o de frenesí. Tal condición no es desconocida aún en la actualidad entre ciertos de los danzarines derviches. Para propiciar a Baal, no dudaron en mutilar sus cuerpos hasta que la sangre brotaba. Pero a pesar de sus más frenéticas acciones, no había respuesta, porque clamaban a oídos sordos.

30. Entonces dijo Elías...: Acercáos a mí. Confiadamente, y con una tranquila certeza, el profeta pasó ahora a invocar al uno y verdadero Dios de Israel. Para erigir su altar, eligió doce piedras; una para cada tribu de Israel. Aunque política y socialmente divididos, en la mente de Dios eran todavía un solo pueblo, con un Señor y una esperanza mesiánica. Por ello, Elías erigió el altar con solamente doce piedras, como testimonio a y en contra de ellos. Alrededor del altar hizo a continuación una zanja lo suficientemente grande para contener dos medidas, esto es, unos setenta litros. **35. El agua corría alrededor del altar, y también se había llenado de agua la zanja.** Estando listos los preparativos del sacrificio, Elías hizo la extraña demanda de que el altar fuera empapado tres veces de agua, hasta que la zanja se llenó de agua a rebosar. Esto era para demostrar la absoluta validez del milagro que iba a tener lugar. Elías insistió en hacer la prueba tan difícil como fuera posible para que Dios la cumpliera, para que la respuesta pudiera estar en el contraste más absoluto con la impotencia de Baal y de sus profetas.

La oración de Elías y de su respuesta. 18:36–39.
36, 37. Jehová Dios de Abraham, de Isaac, y de Israel. La extrema brevedad, aunque total sinceridad, de la oración de Elías es notable cuando se la compara con el frenético clamor, saltos y danzas de los adoradores de Baal. Sencillamente, el profeta recordó a Dios que no había inventado esta manera aparentemente extraña de actuar, sino que la había llevado a cabo por mandato divino. **38. Entonces cayó fuego de Jehová, y consumió el holocausto.** Tan intenso fue el fuego divino, que devoró las piedras del altar e incluso lamió la sobreabundancia de agua en la zanja. La intervención de lo sobrenatural en respuesta a la fe y a la oración creyente del profeta de Dios decidió ahora el asunto. **39. El**

pueblo, recordando las condiciones del duelo espiritual, gritaron: **¡Jehová es el Dios, Jehová es el Dios!**

40. Prended a los profetas de Baal, para que no escape ninguno. La matanza de los profetas de Baal ha sido un punto de contención por parte de los críticos. Recuérdese que la matanza fue en represalia por el asesinato de los profetas de Jehová por parte de Jezabel, y que la muerte era la pena prescrita por Dios por la adoración de ídolos (Dt 13:13–15). **Cisón.** Un riachuelo que nace en el Tabor y que vierte sus aguas en el Mediterráneo. A la ribera de este riachuelo Elías degolló a los sacerdotes de Baal.

e) El fin de la sequía. 18:41–46

41. Sube, come y bebe. Para que el pueblo pudiera saber que la sequía no era meramente una desafortunada coincidencia de la naturaleza, sino que había venido particularmente como una medida disciplinaria, terminó ahora como había empezado — por una orden del varón de Dios (Stg 5:18).

43. Y dijo a su criado: Sube ahora, y mira hacia el mar. El mar era el Mediterráneo. Las deslumbrantes aguas se podían ver claramente desde las alturas del Carmelo. Seis veces fue hecho ir el siervo de Elías a la cumbre del monte para que detectara la venida de la lluvia. Cada vez quedó frustrado. **44.** Pero la séptima vez vino con la información de que "veo una pequeña nube como la palma de la mano de un hombre". **45a. Los cielos se oscurecieron con nubes y viento.** Los relámpagos cruzaban las nubes, y el trueno retumbaba en las profundas barrancas del Carmelo en tanto la tierra, de tiempo ya agrietada por el calor y la sequía, esperaba la bienvenida lluvia.

45b. Jezreel, situado a los pies del monte Gilboa, era la capital de invierno de Acab. **46. Y la mano de Jehová estuvo sobre Elías, el cual ciñó sus lomos, y corrió delante de Acab hasta llegar a Jezreel.** La celebración de Elías por el triunfo de Dios. Bien le iba no saber que severas pruebas le estaban reservadas de inmediato.

f) La huída de Elías a Horeb. 19:1–18.

1. Acab dio a Jezabel la nueva de todo lo que Elías había hecho. Cuando Jezabel supo la noticia del degüello de sus profetas, su furia no conoció límites. Su reputación como sacerdotisa del culto de Baal estaba en juego. **2. Entonces envió Jezabel a Elías un mensajero.** Es indudable que Jezabel significaba cada una de las palabras de su amenaza, y que pretendía castigar a Elías con suma severidad. La esencia de su amenazador mensaje era que así como él había hecho a sus profetas, así

haría ella con él al día siguiente. **3. Se levantó y se fue para salvar su vida...a Beerseba.** La ciudad más meridional de Judá. Elías huyó del reino del norte al reino más amigable de Josafat. Fue no solamente a Judea propia, sino "al fin de la civilización", a Beerseba.

4. Y él se fue por el desierto un día de camino. Esto es, al Neguev, al sur de Judá. No permitiéndose la comodidad de una ciudad, evidentemente por temor de ser detectado por uno de los espías de Jezabel, se retiró al desierto. Aquí, en un desaliento absoluto, no dándose cuenta de que Dios estaba obrando sus designios providenciales, Elías pidió poder morir. **Enebro.** Arbol de madera fuerte y de hojas rígidas y punzantes, bajo el cual Elías halló refugio y soledad. **5. He aquí luego un ángel le tocó.** El cuidado solícito de Dios hacia este agotado profeta es aquí evidente. Las experiencias emocionales a través de las cuales había pasado el profeta tan recientemente habían dejado su marca sobre él.

8. Se levantó...y...caminó...hasta Horeb, el monte de Dios. Fortalecido por aquella provisión milagrosa, Elías se retiró al Horeb, un monte en Arabia, en la vecindad del monte Sinaí (Éx 3:1; 33:6). **El monte de Dios.** Esto es, el monte sobre el que la ley había sido dada a Moisés (Éx 19:20). **9a. Y allí se metió en una cueva, donde pasó la noche.** Era muy distinto aquí de la experiencia en el monte Carmelo, a esta experiencia entre los rocosos barrancos del Horeb. Aquel por cuya oración Dios movía los elementos, se escondía ahora de la ira de una mujer. No obstante, no era su destino el de pasar el resto de sus días como un fugitivo, cazado por Jezabel y por Acab. Baal había sido derrotado; Jehová estaba entronizado. Y Dios no había terminado todavía de tratar con Elías; tenía todavía tarea para que él la hiciera.

9b. ¿Qué haces aquí, Elías? Un reto divino así como una pregunta. **10. Él respondió: He sentido un vivo celo por Jehová Dios de los ejércitos.** En soledad y aislamiento lamentó su suerte ante el Señor. Si estas palabras no hubieran sido pronunciadas en un estado de angustia emocional, habrían sido inexcusables. Pero Dios trata con solicitud a Sus hijos agotados. Las palabras del profeta, tomadas en lo que valen —lo que ciertamente no puede hacerse— acusan prácticamente a Dios de infidelidad. **Y sólo yo he quedado.** Ver el comentario de Pablo acerca de este experiencia (Ro 11:2–4).

12. Tras el fuego un silbo apacible y delicado. En heb., *un sonido de gentil apacibilidad.* En acusado contraste con las tremendas manifestaciones de la naturaleza que se movían de una forma tan catastrófica delante de la presencia de Jehová, el Señor mismo habló ahora apaciblemente. El *sonido de gentil apacibilidad* hizo ahora salir a Elías de la cueva para estar de pie ante la presencia de Dios.

15–18. Y le dijo Jehová: Vé, vuélvete... por el desierto de Damasco. Dios le dio ahora a Elías una triple comisión: (1) ungir a Hazael por rey de Siria (cp. 2 R 8:7–15); (2) ungir a un nuevo rey para Israel, a Jehú el hijo de Nimsi (cp. 2 R 9:1–10); (3) señalar a su propio sucesor, a Eliseo el hijo de Safat. Estos tres personas, aunque difiriendo en vocación y en carácter, se unirían en la humillación y desacración de la casa de Acab.

g) La unción de Eliseo. 19:19–21.

19. Partiendo de allí, halló a Eliseo hijo de Safat. Eliseo significa, lit., *Mi Dios es salvación.* No se da el exacto lugar de residencia de Eliseo en el momento de su llamamiento, aunque su hogar se hallaba en Abel-meola, en la parte septentrional del valle del Jordán. Elías echó sobre él su manto, un acto simbólico que significaba que el poder y la autoridad de Elías, el profeta a punto de retirarse, iban a descansar sobre el profeta más joven, sobre Eliseo.

20. Te ruego que me dejes besar a mi padre y a mi madre, y luego te seguiré. Podemos asombrarnos de la ruda respuesta de Elías a una respuesta aparentemente razonable, hasta que recordamos que las despedidas orientales ocupaban a veces días, y hasta semanas. **21. Y se volvió.** A pesar del reproche del v. 20, al joven se le permitió un breve adiós a su familia y amigos. La fiesta preparada para la ocasión lo fue, indudablemente, en honor del profeta mayor, Elías, así como a guisa de despedida.

Después se levantó y fue tras Elías, y le servía. La primera comisión dada a Elías en el Horeb quedaba ahora consumada. Proveía a la continuación del oficio profético en la persona de Eliseo, hijo de Safat, después de la asunción de Elías.

3) Ultimos años del reinado de Acab, y su muerte. 20:1 — 22:40.

a) Guerra con Siria — El asedio de Samaria. 20:1–21.

1. Ben-adad rey de Siria juntó a todo su ejército. Ben-adad, un título más bien que un nombre propio. Ben-adad I, renovando la lucha en contra de Israel, eligió ahora sitiar Samaria. **2. Y envió mensajeros a la ciudad a Acab.** Ofreció unas condiciones de paz que eran totalmente inaceptables para Israel. **3. En** primer lugar, Ben-adad pidió las esposas y los hijos de Acab y su oro y plata. Acab decidió a regañadientes entregárselos. Después Ben-adad hizo más demandas injustas. **6. Declaró** que enviaría también a sus siervos a que registraran la vivienda privada del rey, para llevarse todo lo que fuera deseable. Acab respondió con una nota diplomática repleta de formas de cortesía oriental, pero rechazando su demanda.

7. Entonces el rey de Israel llamó a todos los ancianos del país. El rey les presentó las injustas demandas del opresor sirio, Ben-adad. Un dilema les enfrentaba: (1) ¿Debieran rechazar sus injustas demandas y de esta manera prolongar el asedio? O, (2) ¿debieran asentir y permitir que este bribón, que se autoproclamaba rey, saqueara la ciudad de ellos? **8. Y todos los ancianos... le respondieron: No le obedezcas.** Los representantes del pueblo respaldaban la decisión del rey. **9. Entonces él respondió a los embajadores de Ben-adad: Decid al rey mi señor.** Utilizando el lenguaje de un cuidadoso diplomático, Acab rechazó los términos de la rendición.

10. Así me hagan los dioses, y aun me añadan. La arrogante bravata del monarca sirio era que habían más soldados sobre las armas con él que puñados de polvo en la tierra de Samaria; una exageración oriental de la cantidad de soldados conducidos por él y por los treinta y dos reyes (v. 1, que por otra parte son desconocidos) aliados con él. **11. Que no se alabe tanto el que se ciñe las armas, como el que se las desciñe.** Un refrán oriental que significa, *que no se vanaglorie prematuramente el que empieza una lucha como si ya tuviera la victoria.*

12. Y cuando él [Ben-adad] oyó esta palabra, estando bebiendo con los reyes en las tiendas, dijo a sus siervos: Disponeos. La embriaguez crea a menudo un falso sentimiento de seguridad, como el que se exhibe en la actitud de Ben-adad. **Las tiendas.** Las tiendas o barracas del ejército sirio. **Disponeos.** *En orden de batalla.* Así Ben-adad dio la orden para el inicio de la batalla.

13. Y he aquí un profeta vino a Acab. El profeta, aquí anónimo, dirigió la atención de Acab a la gran multitud que le asediaba, no, empero, para desalentarle, sino para alentarle. **He aquí yo te la entregaré hoy en tu mano.** Esta promesa más bien sorprendente de liberación de parte de Dios no estaba basada en la fidelidad de Acab, sino en el amor bondadoso de Jehová hacia Su pueblo.

14. Después de saber que él debía dirigir la batalla, Acab reunió al ejército, alrededor de unos 7.000 hombres. **16.** Entonces dio el golpe, estratégicamente, al mediodía, el tiempo tradicional de reposo, cuando Ben-adad estaba con sus socios en las tiendas, bebiendo. Mediante este ataque-sorpresa, Acab sembró la confusión en el ejército sirio y los deshizo totalmente. **20.** El rey de Siria escapó a uña de caballo, pero su ejército quedó diezmado.

b) La advertencia del profeta. 20:22–30.
22. Vino luego el profeta al rey de Israel. Dios advirtió a Acab de que a pesar de la brillantez de la victoria, ésta no había sido el fin de la lucha. Ben-adad renovaría sus esfuerzos. **23. Sus dioses son dioses de montes.** Estas palabras traicionan la falta de conocimiento de los sirios con respecto a la omnipresencia de Dios. Las deidades de los sirios eran dioses del valle; por ello los siervos de Ben-adad sugirieron que debían renovar las hostilidades en el valle. Esta insinuación acerca de los ''dioses'' de Israel iba a ser duramente corregida en las mentes de los sirios por parte del mismo Jehová (v. 28). **26. Pasado un año, Ben-adad pasó revista al ejército de los sirios.** Es indudable que fue al volver la primavera que se reanudaron las hostilidades. **Afec.** Parece que esta era una ciudad en una meseta al este del mar de Galilea, donde el desastre cayó sobre Ben-adad. **28. Vino entonces el varón de Dios.** Por cuanto los sirios habían creído que el Dios de Israel estaba limitado a los montes, iban a aprender que su poder está en todas partes. **29. Siete días estuvieron acampados los unos frente a los otros.** No se da la razón precisa para el retraso en librar batalla. Quizás estuvieran reconociendo las posiciones del adversario mediante espías. Al séptimo día se desencadenaron las hostilidades. Fueron los sirios —para su gran sorpresa— y no los israelitas los vencidos y devastados. Ben-adad huyó y se escondió en un aposento secreto en la ciudad.

c) Ben-adad perdonado por Acab. 20:31–34.
31. He aquí, hemos oído de los reyes de la casa de Israel, que son reyes clementes. En la guerra oriental la victoria no era completa hasta que el conductor del ejército adversario, en este caso Ben-adad, era ejecutado. Los siervos de Ben-adad le aconsejaron que se entregara a la misericordia de Acab. Debiera señalarse que la misericordia de los reyes de Israel era mayor que la de los reyes de las naciones enemigas que los rodeaban. **32. Ciñeron, pues, sus lomos con cilicio, y sogas a sus cuellos.** El cilicio y las sogas eran muestras de sumisión penitencial. Halagado por la sumisión de los sirios, Acab consintió en dejar a Ben-adad con vida. **Mi hermano es.** Estas palabras indican una disposición de llegar a un acuerdo. **33. Esto tomaron aquellos hombres por buen augurio, y se apresuraron a tomar la palabra de su boca.** Entrenados en la técnica de discernir la caprichosa voluntad real, los siervos tomaron como de buen augurio la pregunta de Acab, y tomaron lo dicho como palabra dada. Así Acab se vio comprometido bajo juramento a perdonar la vida de Ben-adad. Esto resultaba no solamente en la mayor de las injusticias a sus propios súbditos, sino también una abierta oposición a Dios, que había anunciado la victoria de antemano y que había entregado al enemigo en sus manos (KD, p. 267). **34. Las ciudades que mi padre tomó...yo las restituiré.** En lugar de tomar la oportunidad de quebrantar a Siria de una vez por todas, Acab permitió que Ben-adad se fuera en paz bajo las obligaciones de este pacto. **Hizo, pues, pacto con él, y le dejó ir.** Es indudable que Acab perdonó a Siria para que sirviera como ''parachoques'' entre Israel y el creciente poder de Asiria.

d) El reproche de un profeta. 20:35–43.
35. Entonces un varón de los hijos de los profetas dijo. La institución de las escuelas de los profetas estaba ya bien establecida en Israel para este entonces. **Hiéreme ahora.** El profeta deseaba pronunciar un sermón de reprensión en una parábola. Por ello le pidió a su compañero que le hiriera. No obstante, el segundo profeta rehusó, y como castigo fue muerto por un león (v. 36). **37. El profeta pidió a otro profeta que le hiriera. Esta vez, la petición fue cumplida; el tercer profeta hirió al primero y le hirió. **38. Y el profeta se fue, y se puso delante del rey en el camino.** Disfrazado, el profeta esperó la venida del rey a fin de entregar el mensaje de censura de parte del Señor. **39. Y cuando el rey pasaba, él dio voces al rey.** En forma parabólica, el profeta expuso ahora al rey una situación hipotética, que Acab, no reconociendo la identidad del profeta, tomó por real. El profeta dijo que un soldado de Israel había recibido el encargo de cuidar de un prisionero de guerra con la advertencia de que si el prisionero escapaba, tenía que perder su propia vida, o pagar un talento de plata (unos 34 kilógramos). **40.** Casi sin dudarlo un momento, Acab dio un veredicto de culpable, y le dijo al profeta que tenía que elegir entre las alternativas de castigo. **41. Pero él se quitó de pronto la venda de sobre sus ojos.** Sin el disfraz, Acab reconoció que el 'soldado' era un profeta de Dios. El

profeta pasó ahora el veredicto de Acab en contra del rey mismo. El prisionero de guerra entregado en sus manos había sido Ben-adad. Así como el rey había juzgado al 'soldado' culpable de negligencia al permitir que escapara su prisionero, así el profeta le condenó al rey bajo el mismo cargo. **42. Así ha dicho Jehová: Por cuanto soltaste de la mano el hombre.** Este versículo no nos ha sido dado para enseñar moralidad cristiana en caso de una situación que implique a prisioneros de guerra. Más bien el principio que aquí se nos enseña es que los creyentes no tienen que extender tolerancia, ni siquiera en nombre de la misericordia, a las fuerzas de Satanás. Había estado en manos de Acab acabar para siempre la lucha a vida o muerte entre Siria e Israel. Ahora, con Ben-adad libre, la lucha continuaría, y ello con resultados desastrosos.

43. Y el rey de Israel se fue a su casa triste y enojado. Acab se retiró a Samaria de un humor truculento y deprimido. Mal le iría a cualquiera que, aun sin culpa propia, se interpusiera en el camino de Acab, como vemos en el cap. 21.

e) Acab, Jezabel, y la viña de Nabot. 21:1–16.

1. Nabot de Jezreel tenía allí una viña junto al palacio de Acab. Nabot no es mencionado en ningún otro pasaje, excepto aquí. Era un judío temeroso de Dios, poseedor de una viña en Jezreel que estaba adyacente al palacio de invierno de Acab el rey. **2. Y Acab habló a Nabot...dame tu viña.** Naturalmente, Acab tenía derecho moral y legal a tratar de comprar la viña de Nabot. Su gran pecado recayó en su falta de respeto al derecho y privilegio de su vecino a negarse a su oferta. La Biblia no sabe nada de esta execrable doctrina de que el individuo exista para el estado. Acab hizo una proposición de negocio a su vecino, ofreciéndole pagar la propiedad con dinero o cambiar viña por viña.

3. Guárdeme Jehová. Nabot rehusó, en base de razones religiosas, a vender la viña a Acab, porque Dios había prohibido a los judíos vender su herencia paterna (Lv 25:23–28; Nm 36:7ss.). **4. Y vino Acab a su casa triste y enojado.** Con un humor ensombrecido e infantilón el rey volvió a su castillo, malhumorado por el rechazo que Nabot había hecho a su oferta.

7. Y su mujer Jezabel le dijo. Dándose cuenta del humor petulante de él, Jezabel le indujo a que le dijera la causa de sus problemas. La respuesta de ella fue cínica y acerada: **¿Eres tú ahora rey sobre Israel?** En otras palabras, ¿Acaso no eres tú la suprema autoridad? ¿Qué derecho tiene uno de tus súbditos a negarte algo que tú desees? Ya hemos observado que Jezabel era una mujer sin conciencia. Acab, complacido por el interés de su mujer, no se dio cuenta del tono ominoso de sus palabras: **Yo te daré la viña de Nabot de Jezreel.**

8. Entonces ella escribió cartas en nombre de Acab. Esto es, cartas llevando el sello real. **9. Poned a Nabot delante del pueblo.** Una frase técnica que significaba procesarlo. El veredicto estaba ya decidido de antemano. Esto fue un juicio falso con una mera semblanza de justicia. No obstante, para que ante el pueblo tuviera la apariencia de un juicio legal, se consiguieron dos testigos, tal como la Ley ordenaba (Dt 17:6, 7); pero eran testigos falsos. La acusación técnica no era meramente que Nabot se hubiera opuesto a los deseos del rey, sino que había blasfemado el nombre de Dios, un pecado del que Jezabel misma era notoriamente culpable. La pena por un crimen tal, cuando una persona era justamente convicta, era el apedreamiento (Lv 24:16; Jn 10:33). Después de que la víctima hubiera sucumbido, era costumbre erigir un pilar de piedras sobre su tumba para testimoniar la forma de su muerte y la razón de ella.

11. Y los de su ciudad, los ancianos y los principales...hicieron como Jezabel les mandó. Hay siempre hombres listos a vender su testimonio por dinero y de alterarlo, con el fin de favorecer los malvados propósitos de aquel que les paga. Cp. los testigos en el juicio de Jesús (Mt 26:60, 61). **13. Y lo llevaron fuera de la ciudad y lo apedrearon.** Nabot fue ejecutado por un crimen que nunca había cometido. Y el Dios de toda justicia había observado el malvado acto. Pronto estarían Acab y Jezabel ante el tribunal de la justicia eterna, para recibir un riguroso juicio. Cuando Acab supo que Nabot había muerto, fue bien rápido para tomar posesión de ella (v. 16).

f) La represión de Elías. 21:17–29.

17. Entonces vino palabra de Jehová a Elías tisbita. El Dios de verdad y de derecho, que había visto el acto criminal, envió ahora a Su profeta con el mensaje de su sentencia. Señálese que en estimación de Dios, Acab era igual de culpable que Jezabel. **19. ¿No mataste, y también has despojado?** La sombra de la justicia y de la inevitable condena cayeron ahora sobre la casa de Acab.

20. ¿Me has hallado, enemigo mío? La exclamación de Acab reveló su desfallecimiento; se dio cuenta de que su pecado había sido descubierto. Demasiado tarde aprendió que Dios ha puesto nuestros pecados secretos a la luz de Su rostro (Sal 90:8). **Él respondió: Te he encontrado.** Elías respondió atrevidamente la desesperada pregunta de Acab, y pasó a pronunciar sentencia. Acab había venido a ser un desesperado esclavo del pecado, como se implica en la explicación del profeta: **Porque te has vendido a hacer lo malo delante de Jehová.** **21. He aquí yo traigo mal sobre ti.** La maldición pronunciada sobre Acab es idéntica a la pronunciada en contra de la casa de Jeroboam y en contra de Baasa (14:10, 11; 16:3, 4). **23. Los perros comerán a Jezabel en el muro de Jezreel.** Para el terrible cumplimiento de esta profecía, ver las notas sobre 2 R 9:30–37. Debido a su tardío arrepentimiento, Acab recibió algo de respiro. **25. Ninguno fue como Acab, que se vendió para hacer lo malo ante los ojos de Jehová.** Esta es la sobria estimación del historiador en cuanto a la vida, reinado, y carácter de Acab, hijo de Omri de Israel. Otra vez vemos esta terrible imagen de Acab vendiéndose a sí mismo como esclavo a un terrible amo con el propósito de conseguir beneficios materiales. **Jezabel su mujer lo incitaba.** Estando casado con una perversa compañera, la hija del rey de Tiro, Acab eligió el camino de menor resistencia. Los dos principales pecados de Acab denunciados en las Escrituras fueron su mentalidad mercenaria y la idolatría; dos males estrechamente relacionados. **27. Y sucedió que cuando Acab oyó estas palabras, rasgó sus vestidos.** Sinceramente arrepentido, Acab se puso ahora tela de saco encima y cenizas, y **anduvo humillado.** Esto no fue arrepentimiento para vida, sino un apartamiento temporal del pecado, para suavizar la inevitable venganza temporal. **29. ¿No has visto cómo Acab se ha humillado delante de mí?** Incluso un arrepentimiento de muestra temporal, como éste, hará que Dios se muestre misericordioso. Las misericordias de Dios son infinitas. La plenitud de la maldición divina no se ejecutó sobre Acab como sobre Jezabel, que no mostró ninguna señal de arrepentimiento.

g) La batalla de Ramot de Galaad y la derrota de Acab. 22:1–4.

1. Tres años pasaron sin guerra entre los sirios e Israel. La renovación de las hostilidades fue provocada esta vez por la alianza entre el norte y el sur, entre Acab y Josafat. Las dos naciones israelitas unidas en alianza tomaron ahora la ofensiva en contra de Benadad. **2. Al tercer año...Josafat rey de Judá descendió al rey de Israel.** Para un relato más pleno del reinado del piadoso Josafat de Judá (corregente, 873–870 y reinando solo, 870–

848 a.C.), leer 2 Cr 17:1 — 21:1. Por propósitos políticos, Josafat, de la línea de David, ignoró ahora el inmenso espacio moral y religioso que separaba a los dos reinos e hizo alianza con el reino del norte, conducido por Acab hijo de Omri. **3. ¿No sabéis que Ramot de Galaad es nuestra?** Ramot de Galaad, una de las principales ciudades de la tribu de Gad, estaba al este del Jordán. Se identifica ahora con Tell Rãmîth en el norte de Transjordania (Glueck). El objetivo inmediato de la proyectada ofensiva guerrera era la reconquista de la ciudad de Ramot de Galaad. **4. Y dijo a Josafat: ¿Quieres venir conmigo a pelear contra Ramot de Galaad?** Acab parecía bien contento de dar la bienvenida a la ayuda del sur en el proyecto que se contemplaba.

h) Falsa profecía contra verdadera profecía. 22:5–18.

5. Josafat, como un rey verdaderamente temeroso de Dios, mostró una desconfianza comprensible acerca de la batalla que se iba a librar y deseó no solamente las seguridades de Acab, sino la bendición de Jehová de boca de Su profeta. **6. Entonces el rey de israel reunió a los profetas, como cuatrocientos hombres.** Estos cuatrocientos no deben ser confundidos con los cuatrocientos profetas de Baal, a los que Elías había ya dado muerte. Estos hombres eran ostensiblemente profetas del Señor, como muestra la buena disposición de Josafat a buscar el consejo de ellos. Pero eran infieles a su vocación y bien dispuestos a torcer sus mensajes para complacer los deseos y la voluntad del malvado rey. **Y ellos dijeron: Sube, porque Jehová la entregará en mano del rey.** Se dieron cuenta de que éste era el mensaje que más quería oír el rey, pero la certeza que dieron de la victoria resultó demasiado fácil para Josafat. **7. Y dijo Josafat: ¿Hay aún aquí algún profeta de Jehová, por el cual consultemos?** El rey de Judá estaba justificadamente sospechando que no todo estaba bien con la superficial certeza de los profetas. Por ello insistió en que se buscara el consejo de otro profeta. **8. Aún hay un varón por el cual podríamos consultar a Jehová, Micaías hijo de Imla.** Micaías es la forma larga de *Miqueas* (y no debe de confundirse con el profeta de la época de Isaías, y que escribió el libro que lleva su nombre). Josefo y los eruditos rabínicos han imaginado que Micaías es el profeta anónimo que condenó a Acab por haber dejado en libertad a Ben-adad (20:35ss.). Acab mismo declaró que aborrecía a Micaías porque el profeta nunca le profetizaba bueno sino malo siempre. No hable el rey así. Así es como Josafat respondió a Acab, pasando por encima de sus objeciones e insistiendo en que se hiciera comparecer a Micaías.

10. Y el rey de Israel y Josafat rey de Judá estaban sentados cada uno en su silla, vestidos de sus ropas reales. Antes de que Micaías llegara hubo un interludio de lo más interesante. Otro falso profeta, Sedequías hijo de Quenaana, dio un paso al frente para dar su profecía. Exhibiendo dos cuernos de hierro simbólicos, predijo que los dos reyes empujarían a los sirios como a cornadas hasta asolarlos. Este Sedequías tiene, por ello, que ser contado entre los falsos profetas. **13. Y el mensajero que había ido a llamar a Micaías, le habló diciendo:...anuncia también buen éxito.** En nombre de la diplomacia y de la buena voluntad, pero evidentemente no en el de la veracidad, el mensajero enviado a buscar Micaías le rogó que su mensaje fuera conforme al de los demás; esto es, que rompiera su reputación establecida de ser el portador de malas noticias y que por una vez hablara palabras alentadoras a los reyes aliados. **14. Y Micaías respondió: Vive Jehová, que lo que Jehová me hablare, eso diré.** Aquí tenemos a un profeta que estaba más allá de las consideraciones mercenarias, y que no iba a dar un mensaje "a la medida" para que fuera bien con la situación. Llevaba el mensaje del Señor, y ésto solamente iba a declarar. Este profeta no iba a venderse como Sedequías y los otros habían hecho de una manera tan bien dispuesta.

15. El rey le dijo: Micaías, ¿iremos a pelear contra Ramot de Galaad, o la dejaremos? El rey, con toda probabilidad, era Acab, que estaba más bien a cargo de la propuesta expedición. La misma pregunta hecha a Micaías había sido hecha a los otros: ¿Debían ir a la batalla, o no? **Sube, y serás prosperado.** El tono de voz de Micaías y su forma de hablar traicionaron, sin duda alguna, el hecho de que estaba hablando irónicamente; que quería decir justamente lo opuesto a lo que decía. **16. Y el rey le dijo: ¿Hasta cuántas veces he de exigirte que no me digas sino la verdad en el nombre de Jehová?** Dándose cuenta de que Micaías había hablado sarcásticamente, Acab le ordenó ahora bajo juramento a que dijera la verdad. Había pasado el tiempo de las burlas; había llegado el tiempo para los tratos serios. **17. Entonces él dijo: Yo vi a todo Israel esparcido por los montes, como ovejas que no tienen pastor.** Una imagen de desesperanza, de confusión, y de desesperación. El pastor y conductor, Acab, iba a ser

destruido, y el pueblo esparcido (Ez 34:5; Zac 13:7). El significado de la profecía de Micaías era claro: Que se desistiera de la guerra contra Siria.

18. ¿No te lo había yo dicho? Ninguna cosa buena profetizará él acerca de mí... Así de infantilmente dejó a un lado Acab la advertencia del varón de Dios.

l) La visión de Miqueas. 22:19–28.

19. Yo vi a Jehová sentado en su trono. Por un breve momento se corrió la cortina de la eternidad y se le dejó a Acab que diera un vistazo detrás de la escena. Allí Jehová se sienta en majestad, el Señor invisible de la historia. El mensaje de condenación anteriormente dado por Elías estaba a punto de ser cumplido. Ambos Testamentos enseñan que tanto los buenos como los malos espíritus se hallan bajo la autoridad de Dios. **22. Seré espíritu de mentira en boca de todos sus profetas.** El método por el cual Acab tenía que ser engañado era mediante el espíritu de mentira a punto de tomar posesión de los profetas. Acab quería oír su consejo, sin dar oído al verdadero profeta Micaías, a fin de que se cumpliera el propósito de Dios. **23.** El envío del espíritu malo tiene que considerarse como en base de la voluntad permisiva de Dios y no de su voluntad directa. Recuérdese que Acab había tenido multitud de oportunidades de conocer la verdad a través de Elías, pero que térceamente se había resistido a ella.

24. Entonces se acercó Sedequías...y golpeó a Micaías. Sedequías, el falso profeta, golpeó a Micaías con la mano abierta, acto éste considerado por los orientales como el más grande de los insultos. **25. He aquí tú lo verás en aquel día.** En respuesta al insulto de Sedequías y a su insinuación de que Micaías era culpable de tratar de crear temor allí donde no había motivos para temer, el profeta de Dios le replicó con presteza que llegaría el día en que Sedequías y todos los falsos profetas se esconderían en terror en un lugar secreto. Esto sucedería cuando Israel fuera derrotado, y Acab hubiera muerto. Entonces Sedequías y todos conocerían la verdad.

26. Entonces el rey de Israel dijo: Toma a Micaías, y llévalo. Así Micaías el verdadero profeta fue arrestado por haber dicho la verdad. Tan sólo podemos tener la esperanza de que alguien pensó en dejarle libre cuando el rey no volvió.

j) La advertencia del Señor echada a un lado. 22:29–33.

29. Subió pues, el rey de Israel con Josafat rey de Judá a Ramot de Galaad. A pesar de la advertencia del profeta de Dios, los dos reyes decidieron seguir sus propias inclinaciones.

30. Y el rey de Israel dijo... Y me disfrazaré. A pesar de su apariencia atrevida, Acab temía, para su fuero interno, que Micaías estaba diciendo la verdad. Por ello, sugirió que Josafat se vistiera con sus ropajes reales (quizás un uniforme especial), y que él se vestiría con el uniforme de un soldado ordinario. El buen Josafat no percibió que se le estaba atrapando en una trampa; trampa que casi le costó la vida.

31. Mas el rey de Siria había mandado a sus treinta y dos capitanes. Acab no sabía que era el blanco personal de Ben-adad y de sus hombres. El rey de Siria, según parece, no se cuidaba si todos los demás escapaban sin daño en tanto que pudiera dar muerte al rey de Israel. En vista de que Acab había perdonado recientemente la vida del rey de Siria, era esta una gran ingratitud. Quizás Ben-adad justificaba su conducta con el razonamiento de que Acab era el violador del tratado de paz, porque era Acab el que había renovado la guerra. **32. Cuando los capitanes de los carros vieron a Josafat.** Cuando los arqueros vislumbraron a Josafat, llegaron naturalmente a la conclusión de que se trataba del rey Acab, su blanco. **Mas el rey Josafat gritó.** Es posible que pronunciara una breve, pero intensa, oración para ser liberado. **33.** En todo caso, los sirios se dieron cuenta de que no se trataba del hombre que ellos querían, y se apartaron.

k) La muerte de Acab. 22:34–40.

34. Y un hombre disparó su arco a la ventura. El heb. para **a la ventura** significa *en su simplicidad*, esto es, sin apuntar específicamente a un blanco determinado. La probabilidad matemática de que la flecha hallara su blanco correcto era estremadamente baja. Pero dirigida por el juicio del Señor, halló su blanco. **35, 36.** Aunque Acab fue alcanzado y herido mortalmente, no murió de inmediato; el rey permaneció, sufriendo, en tanto que la batalla arreciaba.

37. Murió, pues, el rey...y sepultaron al rey en Samaria. Jezabel iba a ser comida por los perros, pero Acab, debido a su arrepentimiento temporal, iba a recibir un enterramiento digno. Para un judío, el peor castigo que podía caer sobre él era no ser sepultado.

38. Y lavaron el carro en el estanque de Samaria. *Y también lavaron su armadura*, (RV 1977). Esta cláusula presenta un problema textual, pues la forma consonantal hebrea puede traducirse también como *y también las rameras se lavaban allí* (RV 1960). Aunque puede argumentarse que la mejor lectura es la

primera, recuérdese que en la ley mosaica se pone en la misma categoría a las rameras y a los perros. Los perros vinieron a lamer la sangre de Acab; las rameras vinieron a lavarse. Es posible que así cayera una doble maldición para mostrar el extremo enojo de Dios en contra del hombre que de tal manera había despreciado su palabra.

39. La casa de marfil que construyó. Mediante la investigación arqueológica ha salido a la luz el palacio de marfil de Acab en Samaria. Los restos de esta estructura revelan que las paredes estaban recubiertas de mármol blanco, que daban la apariencia de marfil. Además de esto habían numerosas placas, paneles, y piezas de mobiliario decoradas con marfil. Así, el palacio de Acab puede ser llamado "casa de marfil" en un doble sentido.

40. Y durmió Acab con sus padres, y reinó en su lugar Ocozías su hijo. Ocozías sucedió a su padre en el trono de Israel.

4) Judá bajo Josafat. 22:41–50.

41. Josafat...comenzó a reinar sobre Judá. Con este y los siguientes versículos se da una breve sinopsis del reinado de Josafat. Son tres los hechos principales que sobresalen: Fue corregente con su padre Asa; fue en casi todos los respectos un hombre piadoso; su principal fallo fue alinearse con el rey Acab de Israel (2 Cr 17:1 — 21:1).

5) Israel bajo Ocozías y Joram. 1 R 22:51 — 2 R 1:1.

El reinado de Ocozías. 22:51 — 1:1.

51–53. Ocozías...comenzó a reinar sobre Israel en Samaria. El reinado de Ocozías, a pesar de su brevedad (853–852 a.C.), fue marcado por su extrema iniquidad. El nuevo rey era muy distinto de su contemporáneo del sur. Se hizo una breve alianza entre ellos, que se disolvió rápidamente cuando los barcos de Josafat se hundieron en Ezión-geber debido al enojo del Señor (cp. 2 Cr 20:37).

1:1. Se rebeló Moab. Este versículo va apropiadamente con 1 R 22:51–53, formando la conclusión del pasaje. La rebelión se suscitaba con frecuencia a la muerte de un monarca reinante. Mesa, rey de Moab, como han descubierto los arqueólogos, dejó una inscripción (conocida como la estela de Moab) describiendo su triunfante revuelta en contra de Acab, debido a la "opresión" del rey israelita sobre Moab.

6) Ministerio posterior de Elías, hasta su arrebatamiento. 1:2 — 2:11.

Esta sección, que incluye el intento del rey Ocozías de capturar a Eliseo y la muerte del rey, enseña varias lecciones. Muestra que es fatal dejar a Dios, que es necesario honrar a Su profeta, y que hay poder y protección solamente en obediencia a la palabra profética dada por Dios.

2. Ocozías...estando enfermo. La enfermedad de Ocozías surgió de haber caído por la ventana de la buhardilla. **Id y consultad a Baal-zebub.** Según las tabletas cuneiformes alfabéticas ugaríticas, este nombre se tiene que escribir *Baal-zebul*. Es posible que el nombre fuera cambiado por algún copista para ridiculizar este nombre. El primero significa *Baal de la mosca*. El último *Baal de la morada*, esto es, el dios de la vida cananeo, la principal deidad cananea. Ocozías había tratado de sincretizar la adoración a Baal con la adoración a Jehová. Elías demuestra aquí que Baal es impotente. Acab había roto el pacto por su parte al introducir la adoración a Baal, poniendo la idolatría en lugar del culto a Jehová. La petición de Ocozías de un oráculo fue un reto al Dios de Israel. **Si he de sanar de esta mi enfermedad.** La prolongada enfermedad de Ocozías había resultado de la caída, suscitando su preocupación y llevándole a preguntar al oráculo.

3. Entonces el ángel de Jehová habló. Gn 22:15, 16 hace al "ángel de Jehová" igual que al mismo Jehová. Dios aceptó el reto. **¿No hay Dios en Israel?** La idolatría del pueblo había cerrado a Dios fuera de sus corazones. **4b. Ciertamente morirás.** Un oráculo adverso indicaba que el pecado abierto y la defección deliberada de Dios tenían que acabar en la muerte.

4c. Y Elías se fue. Elías se fue a encontrarse con los mensajeros del rey. **5. Los mensajeros se volvieron al rey.** Los mensajeros habían hallado a Elías, y al oír su mensaje, se volvieron de inmediato al rey en Samaria. La idolatría había entenebrecido sus corazones de tal manera que no reconocieron la intervención de Dios por medio de Elías. **6. Encontramos a un varón.** Los aturdidos mensajeros repitieron fielmente las palabras de Elías a Ocozías. **7. ¿Cómo era aquel varón?** No habiendo olvidado las aventuras de Acab con Elías, Ocozías conjeturó que Elías estaba otra vez en acción. **8. Es Elías tisbita.** La descripción de Elías confirmó su conjetura. La vestimenta de Elías era característica de los predicadores de arrepentimiento. Un ministerio de arrepentimiento era lo más adecuado para esta época de apostasía en Israel (cp. Mr 1:6, 7). **9. Luego envió [el rey] un capitán de cincuenta.** La segunda fase de esta lucha entre Jehová y Baal empezó ahora. Ocozías se movió para castigar el insulto de Elías. **Varón de Dios...que desciendas.** El mandato era

escarnecedor. El soldado no comprendía que el tratamiento deshonraba el pacto al deshonrar al profeta de Dios. **10. Y Elías respondió.** Este **Y** debiera leerse como *Pero*, ya que este versículo está en contraste al v. 9. El desprecio del capitán tenía que resultar en su muerte. Demasiado a menudo el "mundo" considera de la misma forma a los siervos de Dios. El pecado y el poder mundano ciega la vista de los hombres. **Fuego del cielo...lo consumió.** Jehová Dios confirmó la palabra de Elías y se mostró el vencedor en el conflicto.

11. Otro capitán de cincuenta. En el segundo intento de prender a Elías, el rey aumentó su culpabilidad al añadir la palabra pronto. **12.** Ver el v. 10. El pecado no había sido aun derrotado en esta gente. **13, 14. Subiendo...se puso de rodillas.** El tercer capitán, sea que se diera cuenta o no de lo que estaba sucediendo, estaba convencido de la posición profética y del poder de Elías y le trató con respeto. Le vino a decir, en efecto: "Tan sólo soy siervo del rey, cumpliendo con mi deber; así que, por favor hónrame en esto y ven ante el rey". **15. El ángel de Jehová dijo a Elías.** El poder del rey era inútil. Elías no debía temer a Ocozías, debido a que Dios defendería al profeta. **16. Y le dijo.** Elías repitió el mensaje anteriormente confiado a los mensajeros.

17. Y murió conforme a la palabra de Jehová. La palabra de Dios nunca se dice en vano. **Reinó en su lugar Joram...porque Ocozías no tenía hijo.** Un hermano (cp. 8:16) ascendió al trono (cp. 3:1; 1 R 22:51). El reinado de Ocozías, de poco más de un año, fue demasiado corto para él para engendrar un heredero. **Segundo año de Joram.** Joram de Israel llegó a ser rey en el año décimo octavo de Josafat y segundo año de Joram, reyes de Judá. En esta época había una corregencia en Judá (cp. 3:1. Ver Introducción, *Cronología*.).

El arrebatamiento de Elías. 2:1–11. Ver 6) anterior. Ministerio posterior de Elías, etc.

1. Aconteció. Para la fecha de este suceso ver 1 R 22:51; 2 R 3:1; Es evidente que el arrebatamiento de Elías tuvo lugar después de la muerte de Ocozías. **En un torbellino.** Inserción retrospectiva. Tan sólo la posibilidad del arrebatamiento de Elías era conocida en este tiempo (2:3, 5). Elías venía con Eliseo de Gilgal. El heb. dice: *bajaba.* Este Gilgal es más alto que Bet-el, y está en Efraín cerca de Silo, el moderno Jiljiliyeh. En Amós 4:4 y en Os 4:15 es mencionado, juntamente con Bet-el, como asiento de un falso culto a Dios. **2. Quédate ahora aquí.** A pesar de la exhortación, Eliseo declaró que iría con Elías, que iba ahora a visitar las tres escuelas de los profetas para fortalecerlos en contra de las insidias de la adoración a Baal. La existencia de estas escuelas indica que los profetas estaban organizados en una especie de gremio.

Elías empezó ahora a poner a prueba el llamamiento personal de Eliseo al oficio profético. **3. Los hijos de los profetas...en Bet-el.** Estudiantes y seguidores de los profetas de Dios, ejercitando el ministerio de enseñanza bajo ellos. ¿**Sabes...**? Dios había revelado a Elías que estaba a punto de partir. Y Elías había dado a conocer la revelación, a fin de preparar a Eliseo y a los hijos de los profetas para su marcha. *Te quitará a tu señor de sobre tu cabeza.* Eliseo iba a perder a su maestro y conductor. **Callad.** Esto es, *"ceded ante la voluntad de Dios; no añadáis a mi carga de tristeza".* No debiéramos tratar de retener a aquellos a quienes Dios llama a Su presencia, sino regocijarnos de su entrada a Su presencia. **4.** Ver el v. 2 para la misma pregunta y respuesta. **5. En Jericó.** Ver los vv. 1–3. En este punto es evidente que Dios se proponía de una forma muy definitiva presentar a Eliseo como sucesor de Elías (cp. v. 3), calificado para conducir la batalla para resistir a los cultos falsos y para detener su difusión entre el pueblo. **6.** Cp. los vv. 2, 4. La constancia de Eliseo quedó evidente. Ver el v. 9 más adelante para ver qué es lo que debe haberse hecho presente a su mente.

7. Y vinieron cincuenta varones...a lo lejos. Una cantidad de los hijos de los profetas siguieron a los dos y observaron los sucesos en el Jordán, posiblemente desde un acantilado por encima de ellos. **8. Tomando entonces Elías su manto.** El llamamiento de Eliseo (1 R 19:19) había hecho del manto de Elías el símbolo del oficio profético; aquí era un símbolo del poder de Dios (cp. la vara de Moisés, Éx 17:9). **9. Pide lo que quieras que haga por ti.** Elías abrió la puerta de la sucesión profética. **Una doble porción.** La comparación con Dt 21:17 indica que Eliseo estaba pidiendo ser el heredero — sucesor. Ver He 3:5, 6 para la instrucción en "la condición de hijo" calificando para mantener un oficio en cuestión. **10. Cosa difícil.** La cosa pedida no era de Elías para concederla. **Si me vieres cuando te fuere quitado de ti.** La señal por la que Eliseo sabría que su petición había sido concedida. Si Eliseo tenía el valor de presenciar el arrebatamiento de Eliseo, y la comprensión espiritual para apreciar el significado de la partida del profeta mayor, sería él entonces su sucesor. **11. Y aconteció que yendo ellos y hablando.** Al ir andando más allá del Jordán

que habían cruzado. El **torbellino** (la tormenta, *se'ārâ*) con negras nubes y relámpagos), y el carro de fuego con caballos de fuego eran símbolos del poder de Jehová en batalla (cp. Is 31:1; 34:8, 9; Éx 14:9, 17; 1 R 10:29; Sal 104:3, 4). Elías subió en la tormenta en la presencia del Señor, *no* en el carro. Ver también Mal 4:5, 6; Mt 11:14.

7) Introducción de Eliseo. 2:12–25.

Eliseo fue presentado como profeta de Dios señalado para seguir a Elías. El suyo fue un ministerio de enseñanza, destinado a exhibir lo acertado de seguir a Jehová y a demostrar que Baal no podría suplir las necesidades del pueblo.

12. Viéndolo Eliseo. Esta era la evidencia que Elías había elegido. **Padre mío.** Eliseo habló así como sucesor de Elías. **Carro de Israel, y su gente de a caballo.** El carro era el arma más formidable conocido entonces, símbolo del poder supremo de Dios. Eliseo estaba hablando de Elías como el instrumento profético mediante el cual el poder de Dios estaba operando en favor de la verdad en Israel. Porque la defensa de Israel recaía solamente en Dios, y su idolatría era el rechazo de esta defensa. Este poder divino podía ayudar al pueblo a mantener el pacto. **Y nunca más le vio.** Elías desapareció completamente. **Y tomando sus vestidos, los rompió en dos partes.** Eliseo expresó así su sincero dolor ante la partida de Elías. **13. Alzó luego el manto.** El manto caído iba a ser una confirmación adicional de la sucesión en Eliseo (ver v. 15). **14. ¿Dónde está Jehová, el Dios de Elías?** Ver Jer 2:6–8 para la misma pregunta, que el pueblo había dejado de preguntar en fe. Eliseo no estaba siendo impertinente; estaba, en efecto, orando: "Aquí está tu oportunidad para mostrar tu gran poder en tu obediente siervo".

15. Viéndole los hijos de los profetas. Mirando aún, vieron a Eliseo utilizar la capa. **El espíritu de Elías reposó sobre Eliseo.** Eliseo había recibido los mismos dones que Elías, como evidencia de haber sido ungido para el oficio profético. **16–18. Busquen a tu señor.** Los hijos de los profetas no se daban cuenta de que la partida de Elías era permanente. Sus persistentes demandas de enviar un grupo de búsqueda consiguió una autorización de mala gana. Cuando su búsqueda probó ser infructuosa, tuvieron que aceptar el hecho de que Eliseo era ahora *el* profeta de Jehová.

19. Y los hombres de la ciudad dijeron ...las aguas son malas. La placentera situación de Jericó estaba profundamente dañada por el hecho de que el agua era mala. Traducir: *...pero el agua es mala—y la tierra—provocando abortos*. Consideraban que la mala agua que bebían como responsable de la causa de abortos. La fuente principal cerca del lugar del Jericó *antiguo* es dulce y pura, en tanto que las otras son salobres y nauseabundas. **20. Traedme una vasija nueva.** La obra de Dios tiene que efectuarse a través de vasos nuevos, sin contaminar. **Poned en ella sal.** La sal limpia y preserve. Es aquí un símbolo del poder purificador y preservador de Dios. **21. Yo sané estas aguas.** El signo y símbolo de la curación fue la sal allí arrojada. **22. Y las aguas fueron sanas hasta hoy.** Dios quiso dar testimonio de su poder de curar del pecado y de preservar mediante la fe. La purificación era permanente; el agua de este manantial permanece buena hasta hoy (ver sobre el v. 19). De la misma manera la obra de Dios en gracia sobre nosotros es permanente, nuestra única base para edificar vidas puras.

23. Subió de allí a Bet-el. La primera visita "oficial" de Eliseo, como sucesor de Elías, a Bet-el (cp. vv. 2, 3), el lugar de culto de los becerros de Jeroboam (1 R 12:29). **Unos muchachos.** Tenían responsabilidad por sus acciones. **¡Calvo, sube!** Se hicieron eco de las palabras de los hijos de los profetas a Eliseo: "El Señor quitará a tu señor de sobre tí" (vv. 3, 5). Con ello, los jóvenes de este versículo significaban: "¡Asciende, que podamos librarnos de ti [y que podamos seguir sin represión en nuestros malvados caminos]!" Una cabeza calva o afeitada era una marca de un leproso y denotaba desgracia (Is 3:17). En tanto que es probable que Eliseo no fuera todavía calvo, el epíteto muestra que los jóvenes le consideraban un "proscrito", como si se tratara de un leproso. Despreciaban al profeta de Dios. **24. Los maldijo en el nombre de Jehová.** El escarnio que vertían sobre Eliseo era una deshonra para Dios. Rompieron el pacto divino al ridiculizar a su supervisor. **Salieron dos osos [hembras] del monte, y despedazaron de ellos a cuarenta y dos muchachos.** El quebrantamiento del pacto comporta castigo. El tamaño del grupo sugiere que el escarnio había sido preparado de antemano.

25. Después de finalizar sus negocios con los hijos de los profetas, **fue al monte Carmelo**, para descansar y prepararse para la obra que tenía frente a él. **De allí volvió a Samaria.** Eliseo volvió a la escena de sus labores futuras, llenas de significado en favor de Israel.

8) Expedición de Joram contra Moab. 3:1–27.

La campaña de Joram contra Moab demuestra cuán totalmente abominable es la religión pagana a Dios. El resultado fue una lección objetiva a Israel mostrando por qué tenían ellos que apartarse de la idolatría. No obstante, no se volvió de ella.

1. Joram...comenzó a reinar...el año dieciocho de Josafat rey de Judá. Ver 3:1; 1:17 para fechar doblemente su accesión. Esto indica una corregencia de Josafat y Joram de Judá (Ver Thiele, *op. cit.*, p. 61ss.). **2. E hizo lo malo ante los ojos de Jehová.** Joram no pecó como Acab lo había hecho; pero quebrantó el pacto, porque **se entregó a los pecados de Jeroboam** (v. 3). Con respecto a los malos caminos de Jeroboam, ver 1 R 12:26–33; 13:33; 2 R 10:29.

4. Mesa rey de Moab. La estela moabita describe la duración de la subyugación de Moab a Israel (Ver ANET, "Moabite Stone"). **Pagaba.** Designa posición de tributario. **Era propietario de ganados.** Moab abundaba en la crianza de corderos. La cantidad de corderos designados indica el tributo anual. **5. Se rebeló.** Mesa consideró que Israel se había debilitado lo suficiente, después de la muerte de Acab, para que Moab pudiera intentar ganar su libertad. Ver 2 Cr 20 para una invasión anterior de Moab sobre Judá, en la que los moabitas quedaron descalabrados y Moab quedó demasiado débil para repeler el ataque aliado. **6. El rey Jorám...pasó revista a todo Israel.** La rebelión de Mesa consistía en rechazar el tributo. Por ello, Joram movilizó las tropas para recogerlo. **7. Envió a decir a Josafat.** El hecho de que Joram buscara aliarse con Josafat indica que tenía que cruzar por territorio de Judea a fin de pasar contra Moab. Esto indica a su vez que Mesa había fortalecido su frontera septentrional. Si Joram se ganaba a Josafat, se ganaría también a Edom, que estaba ahora bajo Judá. Josafat se olvidó de que están prohibidas las alianzas de los creyentes con aquellos que pecan con el Señor. **8.** La ruta elegida por Josafat pasaba a lo largo de la ribera occidental del mar Muerto y alrededor su extremo meridional.

9. Siete días de camino. Habiendo dejado Jerusalén, y habiéndose reunido con Edom por el camino, fueron buscando a Mesa, y finalmente se quedaron sin agua. **10.** La impiedad de Joram le llevó a acusar a Dios del desastre que les amenazaba. **11, 12. Profeta de Jehová.** Josafat rechazó la opinión de Joram. Aquí está Eliseo. Parece que Joram ignoraba la presencia de Eliseo. **Este tendrá palabra de Jehová.** Eliseo era bien conocido. La necesidad les obligó ahora a ir a él. **13, 14. Vé a los profetas de tu padre.** Ver vv. 2, 3. Eliseo rechazó todo recurso a él que tuviera sabor a la creencia pagana en lo mágico. **No.** Ver sobre el v. 10 antes. Si no hubiera sido por la presencia de Josafat. Eliseo no habría dado respuesta a tal impiedad. Encontrarse con el líder de la idolatría norteña era para deshacer sus nervios. **15. Traedme un tañedor.** Para tocar himnos, a fin de poder entrar en un estado de ánimo apropiado para oír la voz del Señor. **La mano de Jehová.** Dios respondió prediciendo el éxito de la campaña. Lo utilizaría para enseñar a Su pueblo el abominable aspecto de la adoración pagana.

16. Haced en este valle muchos estanques. El valle era el Zered, el actual Wadi el Hesa, el límite meridional de Moab. **17. Ni veréis lluvia; pero este valle será lleno de agua.** El agua de la lluvia de las colinas más altas llenaría los estanques. El milagro consistía en el momento. **18. Entregará...a los moabitas.** Confirmación de que era Jehová el que hacía esto. **19. Destruiréis toda ciudad fortificada.** La destrucción tenía que ser total.

20. Cuando se ofrece el sacrificio. El agua llegó al tiempo de la ofrenda de paz en el Templo, hablando del amor de Dios, y así daba indicación de la conclusión de la expedición. **Por el camino de Edom.** Ver v. 17. **21. Los de Moab...se pusieron en la frontera.** Moab movilizó a sus tropas contra la invasión. **22, 23. Por la mañana.** Aquella misma mañana en que apareció el agua. **Rojas como sangre.** Debido a su color fangoso y a los rayos matutinos del sol. Los moabitas, ansiosos de botín, llegaron a la conclusión de que sus enemigos se habían dado muerte mútuamente. **24. Cuando llegaron al campamento de Israel, se levantaron los israelitas.** Los israelitas sorprendieron a los atacantes saliendo de un campamento aparentemente vacío. **Pero los persiguieron.** La predicción de su victoria empezó a ser cumplida. **25. Asolaron las ciudades.** Tal destrucción representaba la política normal de guerra en aquellos tiempos, llamada en la actualidad ''de tierra quemada''. **Kir-hareset.** La única que no fue tomada, la actual el Kerak. Situada en una elevación al final de un estrecho desfiladero, resistió el ataque mediante honderos situados en las alturas circundantes.

26. Con gran atrevimiento, el rey Mesa acaudilló personalmente una salida de setecientos espaderos moabitas; no obstante, este intento fracasó. **Al rey de Edom.** Mesa esperaba evidentemente que fuera un eslabón débil o un soldado menos celoso que los otros. **27. Arrebató a su primogénito.** El rey de Moab

trató desesperadamente de inducir a su dios a que le diera la victoria. Para las naciones paganas, la adversidad significaba que su dios estaba enojado. El sacrificio de un primogénito no era demasiado grande para lograr el favor de un dios. **Sobre el muro.** A la vista de Israel, para hacer que Israel temiera a Quemos, el dios moabita, y hacer así que se retiraran. **Grande enojo en Israel** (no *contra* Israel, como dice la RV). La preposición hebrea 'al indica aquí que Judá e Israel se indignaron ante este acto abominable (cp. Lv 18:21; 20:3). **Se apartaron...se volvieron.** Israel, Judá y Edom rompieron el compromiso, y se volvieron cada uno a su tierra, con su sensibilidad moral profundamente afectada. El autor parece estar preguntando: Si Israel quedó tan profundamente perturbado en este caso, ¿por qué no quedó lo suficientemente perturbado como para abandonar su propia idolatría? Pero la idolatría siguió en Israel y en Judá.

9) El ministerio profético de Eliseo. 4:1—8:15.

El ministerio profético de Eliseo estaba designado para mostrar que no hay necesidad, personal o nacional, que Dios no pueda suplir, que todos los sucesos están en Sus manos, y que Él cuida de Su pueblo.

a) Eliseo y la viuda endeudada. 4:1–7.

1. Una mujer, de las mujeres. La presencia de hombres casados entre los hijos de los profetas demuestra que los profetas no eran monjes. **Era temeroso de Jehová.** Él había sido un fiel siervo de Dios. **Ha venido el acreedor.** El hecho de que a veces fueran reclamados los hijos como pago por deudas queda frecuentemente indicado en los registros cuneiformes. **2. Ninguna cosa...sino una vasija de aceite.** Eliseo estaba a punto de revelarle a la mujer el Dios vivo y amante. El aceite era aceite de oliva. **3. Vé, y pide... vasijas.** Para la abundante provisión que iba a tener. **4. Enciérrate tú...y echa.** Para impedir ninguna interrupción durante el llenado, que tenía que hacerse en presencia de Dios. **6. Cesó el aceite.** La provisión de Dios suple exactamente nuestra capacidad y nuestra necesidad. **7. Lo contó al varón de Dios.** Fue a por más instrucciones. **Vende...paga a tus acreedores.** La deuda podía ahora pagarse sin perder a los necesarios hijos. **Lo que quede.** Para mantenerlos hasta que los hijos hallaran trabajo.

b) Eliseo y la mujer de Sunem. 4:8–37.

8. Sunem. La actual *Sôlem*, cerca de Jezreel. **Cuando él pasaba por allí.** La mujer observó los frecuentes viajes de Eliseo. **9.**

Varón santo. Un varón realmente de Dios, no meramente pretendido. **10. Hagamos un pequeño aposento.** Un aposento a cubierto de la intemperie, amueblado con verdadera consideración a su carácter.

12. Giezi. Al intentar dar algo a cambio a la mujer por su hospitalidad, Eliseo utilizó a Giezi para evitar ponerla en un compromiso. **13. Yo habito en medio de mi pueblo.** Explicó ella que su vida era satisfactoria y sin problemas. Ella no les había ofrecido hospitalidad con el fin de conseguir algo. **14. ¿Qué, pues, haremos por ella?** La mujer les había dejado. Eliseo se lo preguntó a Giezi. **No tiene hijo, y su marido es viejo.** Ella deseaba un hijo, pero su marido era demasiado viejo para cumplirle su deseo. **16. Abrazarás un hijo.** La mujer fue vuelta a llamar, y se le prometió un hijo. **No, señor mío.** Este era el grito de un corazón cansado de esperar. No podía esperar tal cumplimiento. Su protesta significaba: "¡No me gastes bromas!" **17. Dio a luz.** Sólo Dios puede hacer revivir y dar vida. Tales bendiciones las otorga a aquellos que guardan su pacto.

18. El niño...vino a su padre. El suceso que sigue tuvo lugar durante la siega, el tiempo más caluroso del año. **19. ¡Mi cabeza!** Probablemente una insolación. **20. Traído a su madre...murió.** El Señor iba otra vez a demostrar la impotencia de Baal. **21. Lo puso sobre la cama del varón de Dios.** Lo puso a disposición de Eliseo, la única persona que podría ayudarla en este trance. **22. Llamando luego a su marido.** Pidió la ayuda de su esposo a un joven y una de las asnas, probablemente porque tenían solamente dos asnas, y las dos estaban siendo usadas. **23. ¿Para qué vas a verle hoy?** No habían otras fiestas anuales ni religiosas que dieran motivo a la visita. **Paz.** Simplemente, le apremiaba a que no se preocupara. El profeta de Dios era su única ayuda.

25. He aquí la sunamita. Eliseo la vio aproximándose al monte Carmelo. **26.** Instruyó a Giezi a que se enterara de sus problemas, pero ella prefirió dejar de lado al siervo, y hablar directamente con Eliseo. **27. Se asió de sus pies.** Su angustia ya no podía ser reprimida por más tiempo. **Déjala.** "Deja que ordene sus pensamientos". **Jehová me ha encubierto el motivo.** Eliseo desconocía la muerte del niño. En algunas infrecuentes ocasiones, Dios preparaba al profeta de antemano, pero no era cosa normal. **28. Que no te burlases de mí.** "No te pedí un niño. Si he recibido un hijo solamente para verlo morir, mejor me hubiera sido nunca haberlo tenido".

29. Ciñe tus lomos. Eliseo hizo de Giezi su representante. Poner el báculo, un símbolo del poder de Dios, era detener la inminente muerte. Eliseo creía que el niño no había muerto todavía. **30. No te dejaré.** Esto significa: "No es suficiente". **Él...la siguió.** Eliseo se dio cuenta de que el caso era serio. **31. Pero no tenía voz ni sentido.** Eliseo no tenía autoridad para delegar el poder que Dios le había dado a ninguna otra persona. Por ello, Giezi no pudo hacer nada. Eliseo había sido muy precipitado en las instrucciones dadas a su siervo. **32. Venido Eliseo a la casa...el niño estaba muerto.** Ahora Eliseo comprendió totalmente el dolor de la mujer. **33. Cerró la puerta.** Siguiendo el ejemplo de Elías, su "maestro", Eliseo buscó un momento de oración a Dios en quietud. **Oró.** Pidió al Señor que devolviera la vida al pequeño. **34. El cuerpo del niño entró en calor.** Las acciones precedentes eran simbólicas de lo que se deseaba, y constituían una extensión de la oración del profeta, que ahora estaba recibiendo respuesta. **35. Se paseó.** Eliseo, grandemente conmovido, esperó la respuesta de Dios. **36. Llama a esta sunamita.** El Señor estaba listo para mostrar Su gracia y Su misericordia (cp. Sal 4:3; 25:10). Dios premia a los creyentes por su fe y confianza, pero castiga a los idólatras, y acaba con sus vidas.

c) Eliseo y las calabazas mortíferas. 4:38–41.

38. Volvió a Gilgal. Una parte de su circuito. **Pon una olla grande, y haz potaje.** Durante el hambre, Eliseo les enseñaba a los hijos de los profetas durante la comida que el que vive en la presencia de Dios no tiene temer a la escasez. **39. Parra montés...calabazas silvestres.** Calabacines silvestres, de forma de huevo, que tienen un gusto amargo y que producen cólicos y una violenta diarrea cuando se comen. El joven las confundió con la variedad comestible (cp. Nm 11:5). **40. Muerte en esa olla.** El familiar sabor amargo les advirtió. Asumieron que era otra planta similar, el colocinto, que era también ponzoñosa y de sabor amargo. **41. Traed harina...la esparció en la olla.** Al arrojar allí un alimento ordinario y saludable, Eliseo demostró el poder de Dios para eliminar el mal. Por la fe el Señor puede eliminar el mal en nosotros.

d) Eliseo y la multiplicación de los panes. 4:42–44.

42. Un hombre de Baal-salisa. O *Bet-salisa*, "Casa de los tres valles" (1 S 9:4), cerca de Gilgal. El don cubrió las necesidades de los profetas. **Primicias.** Ver Nm 18:13; Dt 18:4. Al faltar los sacerdotes y los levitas en Israel, mantuvo él el espíritu de la ordenanza. Estos bien hubieran podido ser "los sacerdotes y levitas" de Israel. **43. Da a la gente.** El profeta reconoció y aceptó el alimento como la provisión divina para el pueblo, más que para sí mismo y para su siervo. **Comerán y sobrará.** Habría suficiente y sobraría. Así, el Señor demostró que Su poder y provisión son suficientes y que pueden exceder a nuestras necesidades, y así nos da la certeza de que no tenemos que refrenarnos en nuestra oposición al mal ni en tratar de desarraigarlo.

e) Conversión de Naamán. 5:1–27.
1. Naamán, general del ejército del rey de Siria. Empezó ahora la fase pública del ministerio de Eliseo. La posición de Naamán hizo resaltar aun más la importancia del suceso. **Leproso.** En Siria, la lepra provocaba solamente la incapacidad física de llevar a cabo los deberes demandados; Naamán como leproso no conseguía nuevas victorias para Siria, y esto causaba una preocupación genuina. **2. Habían llevado cautiva de la tierra de Israel a una muchacha.** Una nota acerca de la providencia de Dios. **3, 4. Si rogase mi señor al profeta.** Su pensamiento era: Hay un Dios vivo en Israel que puede sanar. **Entrando Naamán a su señor, le relató diciendo.** Sus palabras fueron relatadas al rey. **5, 6. Yo envío a ti.** Este rey mandó rápidamente aviso al rey de Israel, debido a que se creía que él podría conseguir lo que quisiera de Eliseo, "su" profeta. El mensaje fue a la persona inadecuada, porque el Señor quería que la curación fuera un asunto público. Es evidente que existía una tregua entre Siria e Israel. **8. Sabrá que hay profeta en Israel.** Esto es, "no temas lo que venga de tu incapacidad de curar a Naamán. El Dios Omnipotente sanará a Naamán". Ante el temor, tenemos que recordar: "He aquí yo estoy con vosotros todos los días" (Mt 28:20). **9, 10. Eliseo le envió un mensajero, diciendo: Vé y lávate siete veces en el Jordán.** Eliseo permaneció en el interior para enfatizar a Naamán que ni las riquezas (v. 5) ni la posición (v. 1) podían comprar la sanidad. El lavamiento en el Jordán enfatizaba el poder de Dios para sanar. **11, 12.** Naamán casi perdió la bendición por su soberbia. La humildad y la fe dan la liberación, no obstante, a todos (Mt 18:3). **13. ¿Cuánto más...?** Si no obedecemos a Dios en lo pequeño, ¿cómo podemos esperar que Él nos bendiga con grandes cosas? **14. Su carne se volvió.** La curación fue obtenida mediante la obediencia, a la séptima inmersión. **15. Ahora conozco.** Naamán aprendió que había un Dios en Israel al cumplir Sus mandatos. Así se persuadió de que solamente Jehová era Dios, y su propio Señor (v. 17). **16. No lo aceptará.** El Señor no quiere pagos sino la obediencia amante de las almas redimidas. **17. Tierra.** Naamán quería la tierra como recuerdo de su "bendición". **18, 19. Perdone Jehová a tu siervo.** No se tenía que considerar que Naamán estuviera adorando al dios [Hadad]-**Rimmon. Vé en paz.** Naamán mostró una conciencia tierna acerca de parecer adorar ídolos, y recibió la seguridad de que Dios entendía su corazón. No obstante, tenemos que guardarnos de exponernos a un medio ambiente debilitador, no sea que sobreestimemos nuestro poder de resistencia. **20, 21. Giezi...dijo,** esto es, pensó en su corazón. **¿Va todo bien?** El apresuramiento de Giezi hizo creer a Naamán que había traído infortunio a Eliseo. **22–24. Mi señor.** Giezi estaba ciego al hecho de que se haría un gran daño al testimonio del Señor a causa de su codicia. **Lo puso todo a cuestas.** Giezi tomó algo de "este sirio", y después escondió sus mal obtenidas riquezas. **25–27. Tu siervo no ha ido a ninguna parte.** Giezi mintió para esconder su pecado. **¿Es tiempo...?** "Este es el peor tiempo en el que recibir oro..." Giezi esperaba, mediante la largueza de Naamán, poder comprar todas las cosas enumeradas. **Se te pegará a ti.** "Si compras todas estas cosas, también compras la lepra de Naamán". Naamán se había convertido en israelita, pero Giezi se convirtió en pagano por su pecado (cp. Mt 6:31–34). La conversión de Naamán era para enseñar a los israelitas cuán fácilmente el Señor podía volver los corazones de sus adversarios, y con ello hacer de ellos adoradores de Jehová, creyentes juntamente con los judíos mismos.

f) Recuperación del hacha prestada. 6:1–7.
1. El lugar en que moramos...es estrecho. Mediante el incremento de los creyentes, surgió la necesidad de mayores alojamientos. El ministerio de Eliseo estaba dando frutos. Nuestras buenas obras debieran atraer a otros a la comunión de los santos. **3. Te rogamos que vengas con tus siervos.** Expresaron el sincero deseo de tener con ellos la presencia de Eliseo. **5. ¡Era prestada!** Esto refleja su manera sencilla de vivir y su pobreza. **6, 7. E hizo flotar el hierro.** Los fieles de Dios pueden experimentar su liberación en asuntos aparentemente pequeños. En algunas ocasiones la liberación viene mediante una interposición extraordinaria, como queda revelado en el siguiente incidente.

g) El conquistador frustrado. 6:8–23.
El hecho de que Dios pudiera jugar tan fácilmente con los sirios era para enseñar a Israel que el Señor podría protegerles además de ayudarles a controlar su pecado.

8. Tenía el rey de Siria guerra contra Israel. Había ahora guerra entre Israel y Siria (ver 5:5, 6). **Mi campamento.** Más bien, sería de esperar "pondremos una emboscada". Teodoción lee: *esconderéis vosotros*. **9. Los sirios van allí.** Los sirios habían montado una trampa. El heb. por *descender* es inexplicable. El contexto demanda un significado como "escondidos". **10. Con el fin de cuidarse.** El rey de Israel se salvó una y otra vez gracias a las advertencias de Eliseo. **11. ¿No me declaréis...?** "Uno de vosotros es traidor y pasa mis planes a Israel". ¿De otra manera, cómo lo podrían saber? **12. Eliseo...declara al rey de Israel las palabras que tú hablas en tu cámara más secreta.** El Señor se lo revelaba a Eliseo. Y los sirios supieron por sus espías que Eliseo poseía este conocimiento sobrenatural.

13. Para que yo envíe a prenderlo. El rey de Siria, deseando poner fin a las obras de Eliseo, rodeó Dotán (v. 14) para conseguirle. **15. ¡Ah, señor mío! ¿Qué haremos?** La *vista* mira a las apariencias, y teme, en tanto que la *fe* (v. 16) mira a Dios, y el alma queda en paz. **17. El monte estaba lleno de gente de a caballo, y de carros de fuego.** La poderosa protección de Dios se hizo evidente (cp. Sal 34:7). **18. Que hieras con ceguera**, esto es, incapacidad de reconocer. Eliseo y su siervo habían *descendido a él*, esto es, al ejército sirio. El Señor hizo que el ejército sirio quedara impotente, para mostrar a todos que cualquiera a quien Él protege no puede ser tomado (ver acerca del v. 7 antes).

19, 20. Yo os guiaré al hombre que buscáis. Las palabras de Eliseo implican una pregunta de parte de los sirios: "¿Dónde está Eliseo?" Pero su respuesta: **No es este el camino, ni es esta la ciudad; seguidme, y yo os guiaré al hombre que buscáis,** tenía por objeto salvar a Dotán y llevar a los sirios a Samaria. [Eliseo llevó a los sirios al *hombre que ellos buscaban*. Toda la acción de ellos había tenido por objeto capturar al rey de Israel. Su acción en contra de Eliseo fue solamente para eliminar el estorbo que les impedía llegar a su presa, el rey de Israel. Por ello, Eliseo no mintió tácticamente cuando les dijo que les llevaría "al hombre que buscáis", llevándolos así a Samaria. No es necesario tratar de excusar a Eliseo, puesto que no les engañó en nada, si tenemos presente este hecho. *Nota del Traductor*.] En Samaria les fueron restaurados los poderes de reconocimiento. Eliseo deseaba confundir futuros ataques. **21. ¿Los mataré...?** El rey de Israel, reconociendo que las circunstancias no eran normales, no ordenó la acostumbrada ejecución de los prisioneros de guerra (Dt 20:13).

En realidad, estos eran prisioneros del Señor. "Este no es en realidad un caso de guerra", replicó el profeta, en otras palabras. **22. Y vuelvan a sus señores.** Siria sabría que no podía hacer más contra Israel, cuyo guardián era Dios. **23. Y nunca más vinieron bandas armadas de Siria.** Las incursiones sirias cesaron por un tiempo.

h) El esteril sitio de Samaria por parte de Ben-adad. 6:24 — 7:20.

Este era el Ben-adad de 1 R 20, y de 2 R 8:7, identificado como Ben-adad I. No hubieron dos reyes del mismo nombre, como algunos eruditos habían mantenido. Su inscripción en la estela dedicada al dios Melkart ha sido datada de una manera confiable en alrededor de 850 a.C. (BASOR, 87, p. 23ss.; 90, p. 30ss.). De ello, su reinado se extendió desde antes del año trigésimo sexto de Asa (873/872 a.C.; 2 Cr 15:19) hasta poco después del 841 a.C., cuando Salmansar, como él registra, atacó a Hazael de Damasco. No es improbable un reinado mínimo de treinta y dos años, y de hasta cuarenta, cuando consideramos que Asa y Joas reinaron cuarenta años cada uno, Uzías cincuenta y dos, y Manasés cincuenta y cinco años.

24. Ben-adad...sitió a Samaria. Ver el comentario sobre 6:7. El hambre (cp. Lv 26:26–29; Dt 28:51–53) y el sitio estaban designados para castigar al pueblo por quebrantar el pacto (cp. 1 R 11:38 para las normales demandas del pacto). Este fue al menos el segundo asedio que Ben-adad hacía a Samaria (ver 1 R 20). **25. La cabeza de un asno.** El asedio hizo que incluso los alimentos contaminantes alcanzaran precios exhorbitantes. **Estiércol de paloma.** Si se hubiera comido estiércol de ave, no hubiera sido solamente el estiércol de paloma, por ello, lo que se significa es un pequeño grano. Los árabes hablan de una cierta planta (*herba alcoli*) como "estiercol de gorrión". El cab (*qab*) es una medida. **27. ¿De qué te puedo salvar yo?** "Los almacenes están vacíos. A no ser que Jehová te ayude, ¿de dónde te ayudaré yo?" **28. Da acá tu hijo.** La idolatría había caído tan bajo como para pedir al rey que hiciera valer un contrato canibal. **30. Rasgó sus vestidos...cilicio.** Debido a que llevaba **cilicio** debajo de sus vestidos, como símbolo de arrepentimiento, creyó que Eliseo hubiera podido poner fin al sufrimiento del pueblo, cuya continuación le era revelada ahora de una forma tan perturbadora. **31. Si la cabeza de Eliseo...queda sobre él hoy.** Enfurecido por el crimen de la mujer, juró venganza sobre la cabeza de Eliseo por haberlo engañado, según él suponía (cp. 6:21, 22). **32. Este hijo de homicida.** Un insulto. Posiblemente indica a Jehú como padre del rey. Pero más probablemente indica que la actitud de Joram era la de un asesino impenitente. **33. Y dijo.** El rey, habiendo cambiado de forma de pensar (cp. v. 31), alcanzó al mensajero, y reconoció que este mal venía de Jehová. "¿Para qué he de esperar...?" El rey vino a la actitud adecuada para que Dios liberara, y así debemos hacerlo nosotros. **7:1. Oíd palabra de Jehová.** Ante el arrepentimiento del rey (6:33), Eliseo dio la pronta respuesta de que al siguiente día habría abundancia de alimentos a bajos precios. **2. Si Jehová hiciese ahora ventanas en el cielo.** El príncipe (lit., *tercer oficial.* Ver Thiele, *Mysterious Numbers*, p. 114. Cp. v. 11) expresó incredulidad y escarnio acerca de tal posibilidad.

3. Cuatro hombres leprosos. Nadie ahora les traía comida. **4. Pasemos al campamento de los sirios.** Tenían ante sí la muerte por hambre o a manos de los sirios, pero había una posibilidad de que esta última no fuera tan cierta. **5. No había allí nadie.** Dios utilizó los razonamientos especulativos de unos proscritos para descubrir la liberación de Samaria. **6. Había hecho que en el campamento de los sirios se oyese estruendo de carros, ruido de caballos, y estrépito de gran ejército.** Dios utilizó sonidos producidos de una forma desconocida para engañar y atemorizar a los sitiadores, haciéndoles huir. Hubiera podido ser el viento rugiendo por los desfiladeros de las montañas. **Heteos...egipcios.** No *egipcios*, como en la RV, sino *musrianos.* Musri está en Siria (1 R 10:28). Salmansar III enumera a Musri entre sus adversarios en Qarqar en el 853 a.C. (Ver ANET, Salmansar, ii. 78–102, nota sobre Musru). Los heteos, como bandas mercenarias, eran numerosos y estaban a disposición, aunque su imperio había caído hacía ya tiempo. En cambio, no existían mercenarios egipcios a disposición.

8. Los leprosos llegaron. Naturalmente, su primer pensamiento fue satisfacer su hambre. **9. No estamos haciendo bien.** Si tardaban hasta la mañana, serían tenidos como culpables de no tener preocupación por los sitiados. **10. No había allí nadie.** Explicaron primero el hecho vital: que los soldados habían huido. Después hablaron de las provisiones y de las tiendas, todo lo cual fue de inmediato dicho al rey. **11, 12. Yo os declararé.** El rey, pronto olvidando la promesa de Eliseo, sospechaba un complot por el cual Samaria abriría sus puertas para su destrucción. **13. Tomen ahora.** "No os deis prisa; veamos en qué consiste todo esto.

En todo caso, la muerte nos espera dentro o afuera; y si no, la liberación vendrá rápida". **15. Y los siguieron hasta el Jordán.** Y hallaron evidencias concluyentes de la huída de los sirios.

16. Entonces...un seah de flor de harina por un siclo. La predicción de Eliseo acerca de la abundancia se cumplió. **17. El rey puso a la puerta a aquel príncipe,** al "tercer oficial" para que mantuviera el orden en la puerta: el mercado. Era a menudo que se precisaba de estos funcionarios. **Lo atropelló el pueblo.** Este escarnecedor fue pisoteado hasta morir por la gente empujada por el hambre en búsqueda de comida. **18–20.** Se recuerda aquí la predicción de Eliseo acerca de los alimentos y del príncipe incrédulo. Su cumplimiento fue perfectamente natural, perfectamente inevitable.

i) La gran consideración del rey hacia Eliseo. 8:1–6.

A pesar de la gran consideración del rey hacia Eliseo, que se ve en este incidente, no dejó aun sus pecados; porque el siguiente párrafo (vv. 7–15) indica que el juicio tenía que sobrevenir ahora.

1. Habló Eliseo a aquella mujer, sirve como introducción de lo que sigue. La cronología exacta de este incidente no está determinada. **Levántate.** La advertencia de Eliseo era otro testimonio de que Dios se cuida de aquellos que confían en Él. Es evidente que la mujer había para entonces enviudado, porque es a ella a quien Eliseo dijo que saliera y es ella la que "imploró" por la restauración de sus propiedades cuando volvió. **3. Cuando la mujer volvió,** halló que otros habitaban en sus propiedades. **4. Te ruego que me cuentes.** El rey deseaba conocer los hechos menos conocidos de Eliseo. **5. La mujer** vino – en la providencia de Dios. **6. Hazle devolver.** El rey fue arrebatado por la historia de cómo el hijo de ella había sido resucitado. Le dio más de lo que había pedido. Este rey hubiera podido ser Ocozías o Joram, los dos que "hicieron lo malo" (1 R 22:51, 52; 2 R 3:1, 2).

j) La usurpación de Hazael del trono de Ben-adad. 8:7–15.

7. El varón de Dios ha venido aquí. Eliseo era bien conocido en Siria. La predicción de 1 R 19:15 esperó hasta ahora para su cumplimiento. El cambio de reyes en Siria había sido de menor importancia para Elías que la destrucción del baalismo, en contra de lo cual se había movilizado de inmediato. Ahora la visita de Eliseo señala al juicio que había de caer sobre Israel mediante la acción de Hazael debido a que persistía en sus caminos de pecado (ver 1 R 19:17; 2 R 8:12). La accesión de Hazael al trono se relata aquí para dar el toque final a la escena. **9. Cuarenta camellos cargados** denota un presente acostumbrado hecho por un pueblo pagano a sus dioses cuando se deseaba un oráculo. **10. Seguramente sanarás.** Traducir: "Vé y dile [como pretendes hacer]: 'Seguramente sanarás'; no obstante, el Señor me ha mostrado que él morirá ciertamente [en tu mano]". **11. Hasta hacerlo ruborizarse [a Hazael].** Conociendo el corazón de Hazael, Eliseo lo miró fija y duramente hasta que los pensamientos del sirio quedaron revelados en su rubor. **Luego lloró el varón de Dios.** El vio de antemano las crueldades que Hazael infligiría sobre Israel (2 R 10:32; 13:3, 4, 22) a pesar de sus protestas de humildad — "¿Qué es tu siervo, este perro...?— y negación — "No piensas que yo quiero ser rey" (8:13)— al mismo tiempo. Eliseo simplemente repitió el hecho de que Hazael sería rey. **15. Lo puso sobre el rostro.** Hazael asfixió al rey para dar la apariencia de que había muerto de muerte natural. Después usurpó el trono, y así cumplió las palabras de Eliseo y sus propias ambiciones. Salmansar III (860–825 a.C.) de Asiria dice de él: "Hazael, el hijo de un don nadie, usurpó el trono" (D. Luckenbill, *Ancient Records of Assyria and Babylonia*, vol. I, Sec. 681). En otras palabras, Hazael no pertenecía a la línea real.

10) Reinados de Joram y Ocozías de Judá. 8:16–29.

La breve historia de Joram y de Ocozías se incluye aquí para mostrar cómo la adoración de Baal y sus pecados correspondientes se introdujeron en Judá. **16. En el quinto año de Joram hijo de Acab, rey de Israel...comenzó a reinar Joram hijo de Josafat** (cp. 2 R 3:1). Joram empezó una corregencia con su padre (ver Thiele, *op. cit.*, pp. 54, 65). **18. Porque una hija de Acab fue su mujer.** Ella fue la fuente de los pecados de Joram. Atalía introdujo la adoración a Baal en Judá, lo que aceleró el curso descendente de la nación y constituyó un factor principal en su ruína (2 Cr 21:5–7). **19, 20. Con todo eso, Jehová no quiso destruir a Judá...En el tiempo de él...** Aunque Judá había caído profundamente en el pecado, ni la dinastía ni el reino vendrían ahora a su fin. Pero Judá pagaría con creces en la pérdida de principados que le habían estado sujetos, como Edom (vv. 20–22*a*) y Libna (v. 22*b*). **21. Zair.** Probablemente se tenga que leer *Se'ir*. Esto es, Edom. (Ver el v. 21 en cuanto al área de la campaña para dar apoyo a la lectura *Se'ir*.) **22b. Libna**, que estaba cerca de Filistea, fue

posiblemente incitada por los filisteos (cp. 2 Cr 21:16). El pecado provoca unas pérdidas innúmeras. **25. Comenzó a reinar Ocozías.** El 842 a.C. (Ver Thiele, *op. cit.*, pp. 63, 64. **26, 27. El nombre de su madre fue Atalía... anduvo en el camino de la casa de Acab.** Atalía transmitió los pecados de Acab a Ocozías. "Las malas compañías corrompen las buenas costumbres". Era nieta (descendiente), no hija, de Omri; un tributo a Omri. En 2 Cr 21:17 se escribe el nombre de Ocozías como Joacaz, pero es el mismo nombre. *Acaz*, u *Ocoz*, es la parte verbal del nombre, a la que antecede el nombre divino *Jah*, escrito *Jo*, en tanto que *ias* se añade al final. La accesión de Ocozías marcó el punto de inflexión de Judá, a partir del cual nunca se recuperó. **28. Fue ...con Joram.** Aquí tenemos la causa inmediata que llevó a Ocozías a su muerte (cp. 9:16), que cayó como juicio a la "casa de Acab".

11) Jehú hecho rey en Israel. 9:1–10.

1. Eliseo llamó a uno de los hijos de los profetas. La copa de la iniquidad de la casa de Acab estaba ahora llena a rebosar, y el juicio de 1 R 21:21–24 estaba a punto de cumplirse. Los siguientes sucesos tuvieron lugar durante la convalecencia de Joram. **Ramot de Galaad.** Joram y Ocozías se habían unido en un intento de arrebatar esta ciudad a Siria. El intento de ellos reunió el necesario poderío militar y la disposición de personajes en un marco apropiado para el cumplimiento de los propósitos de Dios. **3. Así dijo Jehová: Yo te he ungido por ley sobre Israel.** Jehú era la segunda de las dos agencias —los profetas Elías y Eliseo siendo la primera— mediante la que Dios se proponía dar a conocer su voluntad. Si no se prestaba atención al primer ministerio de disciplina en gracia, el segundo ministerio, el de juicio, tenía que caer a continuación. **5. He aquí los príncipes del ejército que estaban sentados.** La referencia a la **casa** (v. 6) indica que **Ramot de Galaad** había sido tomada. **Jehú dijo.** Jehú respondió como portavoz, indicando que él era el jefe. Según parece, Jehú era muy respetado por los demás, porque se había distinguido en la captura de Ramot, en tanto que Joram había dejado la escena de la batalla para recuperarse de sus heridas. **6. Derramó el aceite.** Significando la designación divina ya para el trono o como siervo especial del Señor. Jehú fue designado para ambos oficios con un solo propósito (ver vv. 6, 7). **7. Herirá la casa de Acab.** La comisión dada comprendía a toda la casa (v. 8). **9. Como la casa de Jeroboam...y como la casa de Baasa.** Ver 1 R 15:29; 16:11. **10. Echó a huir.**

Un acto productivo indicando lo horrendo de la destrucción que seguiría.

C. De Jehú a la destrucción de Israel. 9:11— 17:41.

Debido a que la idolatría amenazaba a destruir todas las buenas influencias que quedaban en Israel e invadir Judá y destruir de esta manera a toda la nación, la casa de Acab estaba destinada a la extinción.

1) Reinado de Jehú. 9:11—10:36.

En conformidad a los principios divinos referentes al juicio del pecado, tal como se exponen en Deuteronomio, Jehú vino a ser el ejecutor de la ira de Dios sobre los principales pecadores de Israel: Acab y sus perversos descendientes. **11. ¿Hay paz? ¿Va todo bien?** La pregunta tenía que ver con las condiciones en Israel. **Aquel loco.** El epíteto da la impresión que les había hecho su comportamiento. **Vosotros conocéis.** Jehú implicó que ellos habían enviado al profeta-discípulo "con vistas a que él condujera un intento de revuelta". La respuesta de ellos, "decláranoslo ahora", reveló la honestidad de ellos. Así, Jehú les contó la historia. **13.** Traducir: *Tomó cada hombre su manto y lo tendió sobre el camino a las escaleras y tocaron corneta.* Tendieron una alfombra de circunstancias para la coronación sobre el terreno.

14. Estaba entonces Joram guardando a Ramot de Galaad. Después de haber tomado Joram a Ramot, los sirios le habían atacado allí, y herido en batalla. **Guardando a Ramot.** Como lugar avanzado en contra de incursiones de Hazael. **15. Ninguno escape de la ciudad,** para divulgar los planes a Joram. **17. Veo una tropa.** La falta de preparación de Joram facilitó la ejecución del juicio (cp. v. 10; **echó a huir**). **18. Vuélvete conmigo.** Jehú retuvo a los dos mensajeros para evitar ninguna "fuga" a Joram. El acto fue relatado a Joram. **20. El marchar de Jehú...viene impetuosamente.** Dijeron que la marcha era la marcha impetuosa acostumbrada de Jehú. Joram temió ahora por la situación en Galaad. **21. Unce el carro.** Para disponerse a las posibles malas noticias. **22. ¿Hay paz, Jehú?** Esto es, ¿Hubo buen éxito en la campaña de Galaad? **¿Qué paz...?** Jehú jugó con la palabra **paz**, recordando a Joram que no había **paz** para aquel que participaba en los pecados de idolatría y hechicería de Jezabel (cp. Éx 22:18; Dt 18:10). Jehú condenó a Jezabel como la fundadora y patrona de la idolatría en Israel. **23. ¡Traición!** Joram no percibió que era el juicio de Dios. **24. Entre las espaldas.** Jehú abatió a Joram al intentar este volverse e huir. **25. La**

heredad de Nabot...sentencia. Esta es que tenía que sufrir la muerte por el juicio. Y el cumplimiento de la sentencia tuvo lugar rectamente cerca de la viña de Nabot (cp. vv. 21, 23, 25). Este incidente sobresale mostrando el poder del Señor para utilizar nuestras acciones para cumplir Su voluntad. También muestra que Él hubiera podido destruir su nación Israel aunque ellos no lo creyeran probable. **27. Viendo esto Ocozías.** Ocozías vio lo que le esperaba como descendiente de Acab (cp. 1 R 21:21). **Herid también a éste...Y le hirieron a la subida de Gur.** Jehú dio órdenes a sus hombres para que persiguieran a Ocozías, mientras que él iba personalmente a Jezreel a encontrarse con Jezabel. Estimó que los hombres le hallarían en el paso de Gur cerca de Ibleam. **30. Jezabel lo oyó...se pintó.** Jezabel sabía con qué propósito había venido. **31. ¿Sucedió bien a Zimri...?** "¡Tú, Zimri, tú, regicida!" Trató de detener a Jehú recordándole de la rápida caída y muerte de Zimri. **32. ¿Quién está conmigo?** Jehú llamó a los expectadores a que tomaran partido en este asunto. **Eunucos.** Es probable que hicieran signos a Jehú de que estaban de su parte. **33. Echadla abajo. Y ellos la echaron...y él la atropelló** (esto es, con sus caballos). **34. Id...sepultadla.** Después de haber comido, se acordó ya tarde que Jezabel era princesa. **36. En la heredad de Jezreel comerán los perros las carnes de Jezabel.** Así, de una manera señalada, y ello por el descuido de Jehú, se cumplió la predicción acerca de Jezabel. **37. Que nadie pueda decir.** Jezabel no tendría ninguna tumba, sino que sería como basura.

10:1. Tenía Acab en Samaria setenta hijos. Cp. vv. 2, 3. Se significan todos los descendientes varones de Acab. Jehú tenía intención de borrar a toda la casa de Acab. Estaba ahora empezando a visitar juicio sobre Israel como nación. Porque para Israel la pérdida de esta familia constituiría la pérdida de la línea entera de uno de sus reyes más capaces. No obstante, lo que Jehú hizo al destruir a esta gente y a los adoradores de Baal fue condenado por Oseas (1:4), porque Jehú actuó con un espíritu sediento de sangre, de ambición y codicia. **3. Escoged al mejor...ponedlo en el trono de su padre, y pelead.** Jehú propuso resolver la cuestión mediante una lucha como de torneo (cp. 2 S 2:11-17), un medio normal de resolución de disputas en el antiguo Oriente Medio. Por lo general el temor o la culpabilidad obraban para ventaja del vencedor. **5. Siervos tuyos somos.** El temor indujo a la rápida sumisión. Aunque favorecían el antiguo régimen (v. 4), renunciaron a cualquier intento de resistir. **6. Las cabezas de los hijos varones de vuestro señor.** Se exigió de los ancianos que ejecutaran el juicio sobre el pecado. **7. Los setenta varones.** Específicamente, los que habían sido exigidos (cp. 1 R 21:21, 22). **8. Han traído...Ponedlas.** La demanda de Jehú fue cumplida. **9. Sois justos.** Esto es, "sois justos: juzgad por vosotros mismos". Trató de dar la impresión de que nada tenía que ver con esta masacre, alegando que, aunque los setenta habían muerto por su acción, que con todo habían muerto a causa de la sentencia contenida en la predicción de Elías.

12. Para ir a Samaria. Después de que hubiera cesado toda oposición efectiva. **13. ¿Quiénes sois vosotros?** Cp. 2 Cr 22:8. Estos eran los primos de los hijos de Ocozías. No sabían nada de la revolución. **14. Prendedlos vivos.** Para eliminarlos también a ellos. **Los degollaron.** Jehú los eliminó para impedir que condujeran una contrarrevolución.

15. Jonadab, subiendo al carro de Jehú, quería decir que aceptaba a Jehú como siervo de Jehová, y por ello un adversario de Acab. Como adversario de Acab, conducía a la comunidad religiosa en la adoración de Jehová. Jehú le utilizó para sancionar su actuación en Samaria. Informa Josefo que Jonadab alabó la acción de Jehú.

18. Jehú lo servirá mucho [a Baal]. Jehú eliminó las sospechas del pueblo pretendiendo adorar a Baal. Esta acción, que fue una de sus muchas falsedades, constituye una prueba de su sed de sangre. **19–22. Llamadme...a todos los profetas de Baal....Esto hacía Jehú con astucia.** Jehú planeaba una trampa. Las vestiduras (v. 22) eran para identificar más fácilmente a los sacerdotes de Baal. Reuniéndolos en los atrios exteriores del Templo (v. 21) facilitaba conseguir la muerte de ellos. **23. Mirad y ved.** Sólo se había de dar muerte a los siervos de Baal. Jehú se proponía destruir totalmente el poder de la dinastía de Acab eliminando a estos adherentes, y esperaba a la vez ganarse el apoyo de aquellos en Israel que eran leales al Dios de Israel, asegurando así su propia posición.

25. Traducir: **Cuando acabaron de hacer los preparativos para el sacrificio, Jehú dijo** ... Jehú no participó en el sacrificio. Si lo hubiera hecho habría sido fatal para sus intenciones de ganarse el favor de los fieles israelitas. **Entrad y matadlos.** Solamente la ejecución de los sacerdotes de Baal podría servir las demandas de la justicia y la santidad de Dios. **27, 28. Quebraron...y derribaron.** Jehú destruyó el centro cúltico a fin de poner fin al culto.

29, 30. Con todo eso, Jehú no se apartó de los pecados de Jeroboam. Jeroboam había roto el pacto al llevar a Israel a la adoración de los becerros en Bet-el y Dan. Jehú persistió en este pecado. Por este acto de Jehú, Israel fue a la cautividad. Así, Jehú destruyó el valor de su obra. Su dinastía fue militar, no religiosa. **32. Comenzó Jehová a cercenar el territorio de Israel.** En Jehú tenía Israel su última oportunidad. Su fracaso fue que las reformas de Jehú finalizaron en su avivamiento de los "pecados de Jeroboam". El *cercenamiento* fue la pérdida de territorio a Hazael (v. 33).

2) Atalía de Judá. 11:1–20.

El pecado de Atalía fue causa de su muerte, pero Dios preservó la línea de la casa de David, en conformidad con 2 S 7:28, 29.

1. Cuando Atalía madre de Ocozías vio que su hijo era muerto. Cp. 2 Cr 22:10–12. Como muchos otros usurpadores orientales, intentó eliminar a todos y a cualquiera que pudiera pretender al trono. **2. Josaba.** Medio hermana de Ocozías (2 Cr 22:11), la esposa de Joiada. **Ama.** Nodriza; Joás era un bebé.

4. Mas al séptimo año. Ver 2 Cr 23:1ss. para la reunión de una alianza de quinientos de la guardia y de los levitas en un pacto con Joiada acerca de Joás, probablemente durante una de las tres fiestas anuales. Los vv. **5–8** describen los grupos de la guardia del rey en tanto que Joiada trataba de pasar a Joás del Templo al trono. Una tercera parte de aquellos que entraban de guardia el sábado tenían que ser divididos en tres secciones: Un grupo tenía que montar guardia en la casa del rey: el palacio; otro tenía que guardar la salida del palacio: la puerta Shur; y el tercero tenía que guardar el acceso y la entrada a la casa del rey. Las dos terceras partes de la guardia liberada el sábado tenían que guardar el Templo y a Joás con filas cerradas, y matar a cualquiera que intentara penetrar a través de sus filas. **10. Y el sacerdote dio a los jefes de centenas las lanzas y los escudos.** Joiada armó a los soldados en el día señalado para entronizar a Joas. **11, 12.** Joás fue coronado por el sacerdote. **El testimonio.** Por lo menos el Decálogo (Éx 25:21; 16:34). Cp. Dt 17:19. La presencia de la multitud indica que la coronación tuvo lugar en día de fiesta. El pueblo manifestó su aprobación haciendo palmas.

13. Oyendo Atalía el estruendo. No se hacía ruido en este grado como cosa normal durante el cambio de la guardia de palacio o de los sacerdotes. Atalía solo tuvo que ver a Joás de pie en el palacio real (*'al hā'amôd*) para darse cuenta de la intención de aquella reunión. Ver 2 Cr 23:13; Ez 46:2; (cp. 2 Cr 6:13

para el concepto del lugar reservado para el rey). Su grito **traición** (v. 14) asume que estaba presente su propia *guardia de corps*, a los que ahora ordenaba que prendiesen a Joas y a los que le apoyaban. **15. Sacadla fuera.** Joiada actuó primero y mandó que Atalía fuera llevada y ejecutada. Arrestada entre las filas, fue llevada afuera y ejecutada en la puerta de caballos del palacio. La fidelidad de Joiada impidió que la política que Josafat había llevado de compromisos tuviera como resultado la extinción de la línea de David. No obstante, el acto del sacerdote solamente atrasó la caída final de Judá.

17. Entonces Joiada hizo pacto. El pacto del monte Sinaí, quebrantado por los pecados de Atalía, Ocozías, y Joram. Joás aceptó este "testimonio", por el cual gobernaría como virrey de Dios, a lo que el pueblo asintió. Este es el **pacto.** La destrucción del **templo de Baal** (v. 18), en Jerusalén, que seguía como consecuencia necesaria a la renovación del pacto, tuvo lugar después de que Joás hubiera sido puesto en el trono (v. 19). El orden es lógico, porque el 18 sigue al v. 19 en el tiempo, en tanto que los vv. 19, 20 se refieren a eventos que tuvieron lugar bajo el reinado de Joás. **18. Y el sacerdote puso guarnición.** *Oficiales* (BLA). Joiada instaló los oficios sacerdotales en el Templo (cp. 1 Cr 25; 2 Cr 23:18).

3) Judá bajo Joás. 11:21 — 12:21.

Se hace énfasis aquí sobre la renovación del pacto bajo Joás, demandando la purificación del Templo y su restauración para la adoración de Jehová. Las calamidades que cayeron sobre él reflejan el principio de Gá 5:17.

12:1. Esta sección debiera empezar en 11:21, según la fórmula normal utilizada con respecto a la vida y reinado del rey. **Comenzó a reinar Joás.** Para la fecha de este suceso, ver *Nuevo Manual Bíblico de Unger,* p. 177. **2. Y Joás hizo lo recto ante los ojos de Jehová todo el tiempo...del sacerdote Joiada.** Joás anduvo con el Señor solamente el tiempo en que vivió Joiada (2 Cr 24:17–25). Carecía de convicciones personales acerca de la verdad. **3. Los lugares altos:** Ver 1 R 22:43; 2 R 12:3; 14:4; 15:4; 2 Cr 15:17; 20:33. No lugares altos para idolatría, sino centros ilegales de adoración Jehovística. Señálese 1 R 3:2. Solamente dos reyes de Judá, Ezequías (2 R 18:4) y Josías (23:8), eliminaron los lugares altos. Uno de los malos efectos de la adoración en los lugares altos es que dividía la percepción espiritual de Judá; y contribuía así materialmente a la caída de la nación. **4. Joás dijo a los sacerdotes.** Como última etapa de la renovación del pacto con Jehová,

era necesario reparar aquellas secciones del Templo que habían caído en estado de ruína durante el reinado de Atalía (cp. 2 Cr 24:6, 7). Se citan dos clases de ofrendas: (1) pago en cumplimiento de un voto (Lv 27:2), la cantidad fijada por el sacerdote, en realidad una valoración de personas (Lv 27:8) para el mantenimiento del Templo; y (2) **el dinero que cada uno de su propia voluntad trae** (2 R 12:4*b*): una ofrenda voluntaria a Jehová. Traducir: *Todo el dinero que tenga que ver con asuntos de dedicación, que se traiga...las piezas de plata* (no monedas) *usadas en negocios, la plata de la valoración de cada uno...* Joás pedía solamente que los fondos del Templo fueran utilizados para el Templo. Trozos de lámina de plata, de peso definido, utilizados en los negocios. El dinero acuñado no se conoció sino hasta después del exilio.

6. Pero en el año veintitrés del rey Joás aún no habían reparado. No se siguieron las instrucciones, posiblemente debido a que los ingresos totales del Templo eran insuficientes para mantener a los levitas. La anterior idolatría de Atalía había desalentado al pueblo, y estos no daban. **7. No toméis más el dinero.** Joás mandó que dejaran de recibir dinero de los adoradores. **8. Y los sacerdotes consintieron.** Por razones prácticas, se dispusieron nuevos métodos para reunir dinero para reparaciones, métodos en los que los sacerdotes no participaban.

9. Joiada tomó un arca. En 2 Cr 24:8 dice: "a la puerta"; aquí dice: **junto al altar.** El arca puede haber estado primero junto al altar, y después a la puerta, para mejor acceso. **10. El secretario del rey y el sumo sacerdote.** La obra estaba bajo la dirección del rey, en cooperación con el sumo sacerdote (cp. v. 8). **13. No se hacían tazas de plata.** 2 Cr 24:14 afirma lo que se hacía con los *resíduos* de las reparaciones. No hay contradicción aquí. **16. El dinero por el pecado** (cp. Nm 5:8, 9; Lv 5:16). Siendo esto "precio de pecado", no podían introducirse en el Templo.

17. Entonces subió Hazael rey de Siria. Para el pecado de Joás como causa de la invasión, ver 2 Cr 24:15–22. La exacción de rescate tiene que considerarse como un juicio sobre Joás y sobre Judá por sus pecados (ver 2 Cr 24:18*b*). **20. Sus siervos...conspiraron en conjuración.** Joás murió por haber hecho matar a Zacarías, nieto de Joiada (2 Cr 24:25). **21. Jozabad.** "Zabad" en 2 Cr 24:26 fue escrito erróneamente por Zacar, contracción de Josacar.

4) Israel bajo Joacaz y Joás. 13:1–25.

Esta sección demuestra cuán insidiosamente se atrinchera el pecado a sí mismo y cómo se extiende a pesar de los repetidos esfuerzos para erradicarlo.

1. En el año veintitrés de Joás. Se empleaba el método de datación del año de no accesión, reduciendo este vigésimo tercer año en realidad al vigésimo segundo, el primer año de Joás, con su decimoséptimo año el trigésimo octavo de Joás (21 + 17 = 38; ver Thiele, *op. cit.*, pp. 37, 38, gráfica, op. p. 74). **2. Siguió en los pecados de Jeroboam.** El pacto de Dios siguió quebrantado durante este reinado (ver también 10:29).

3. Los entregó [Jehová] **en mano de Hazael rey de Siria** — por los pecados enumerados en el v. 2 anterior. En cuanto a la pérdida del territorio al este del Jordán, ver 2 R 10:32. Estas nuevas pérdidas tuvieron lugar en la ribera occidental del Jordán, siendo así una ampliación de los anteriores castigos. Durante muchos años Hazael estuvo ocupado con numerosas incursiones de Salmanasar III, pero después de la muerte de este monarca tuvo las manos libres para dirigir sus actividades opresoras contra Israel. **Por largo tiempo;** lit., *todos los días de ellos.* Esto es, los días de Joacaz (cp. vv. 22, 25). **4. Mas Joacaz oró en presencia de Jehová.** El aprieto en que se hallaba Joacaz (v. 7) lo obligó a buscar al Señor, que envió liberación por causa del pueblo oprimido. **5. Y dio Jehová salvador a Israel.** Vino después de que Joacaz muriera (ver v. 22 más abajo). **6.** El pueblo siguió practicando los **pecados de...Jeroboam,** continuando así con el pacto quebrantado. El "arrepentimiento" de Joacaz fue solamente mental; no retornó al pacto. **7. No le había quedado.** Mejor, *no le había dejado.* Se refiere a la acción del Señor, que no le había dejado con defensas.

10. Comenzó a reinar Joás hijo de Joacaz. Esto fue el 798 a.C. (ver Unger, *op. cit.*, p. 177). **11. Hizo lo malo.** Aunque el baalismo estaba desarraigado, no hubo, a pesar de todo, un verdadero retorno de Israel a Jehová bajo Joás, porque se seguían adorando los becerros en Dan y Bet-el. Los "pecados de Jeroboam" habían llegado a estar profundamente arraigados en los corazones del pueblo.

14. Estaba Eliseo enfermo de la enfermedad de que murió. Este incidente se relata aquí, con los siguientes vv. 22–25, debido a las necesidades del bosquejo tópico. Esto tuvo lugar por lo menos cuarenta y cinco años después de la accesión de Jehú (cp. 10:36; 13:1). La enfermedad de Eliseo era lo suficientemente grave como para hacer que el rey Joás de Israel fuera a su lecho de dolor (13:14–19 cae en el período de 13:10–13). **Carro de Israel.** Joás estaba diciendo: "Cuando tú te

vayas, ¿de dónde vendrán la sabiduría y la liberación?" **15. Toma un arco y unas saetas.** Los medios de victoria y de seguridad para Joás. **17. Herirás** era una promesa específica de liberación por el Señor en cumplimiento de la promesa del v. 4. **18. Toma las saetas.** Cp. las últimas cláusulas de los vv. 17 y 19. Joás carecía de fe y de un *celo incesante* para perseverar en confiar en el Señor para *la derrota total* de Siria. Se le dijo que *disparara las saetas al suelo* (v. 18). Esto es, "Haz morder el polvo a tus enemigos". **19. Cinco o seis golpes.** Hasta que fueran vencidos.

20. Y murió Eliseo. Las palabras forman una transición para llegar al siguiente suceso. **21. Revivió, y se levantó sobre sus pies.** El muerto fue restaurado a la vida debido a que el Señor obró un milagro como confirmación de su promesa de liberación a Joás. **22. Las palabras, Hazael, pues,...afligió a Israel,** reanudan el tema del v. 3. **23. Mas Jehová tuvo misericordia** reanuda el tema de 4a. Aunque Hazael había llegado casi a arruinar a Israel, el Señor no permitió aun la destrucción de la nación, debido a su pacto con Abraham. **24. Murió Hazael.** Un primer paso en la prometida liberación. **25. Tomó de mano de Ben-adad las ciudades.** Estas se hallaban en la orilla oriental del Jordán (cp. 10:32, 33). Estas ciudades habían sido tomadas por Hazael, dejando solamente la orilla occidental del Jordán para Joacaz. **Tres veces.** Cp. v. 19.

5) Judá bajo Amasías y Azarías. 14:1–22.

El registro de Amasías cuenta la historia de cómo se abate un corazón enaltecido en soberbia, y cómo el Señor pasa juicio sobre el pecado de arrogante soberbia.

1. En el año segundo de Joás hijo de Joacaz rey de Israel, comenzó a reinar Amasías...rey de Judá. Esto fue en 797/796 a.C. (Ver sobre 13:1 para la cronología de este período, y Thiele, *Mysterious Numbers*, pp. 68ss.) **3. E hizo lo recto...aunque no como David su padre** [=antepasado]. Para el relato de en qué dejó Amasías de seguir a David, consultar 2 Cr 25:14ss. Más tarde empezó a adorar los dioses edomitas capturados en su campaña en Edom. Siguió en los pasos de su padre Joás (3c). **5, 6. Mató a los siervos.** Amasías no siguió la costumbre oriental de matar a los conspiradores y a sus hijos, actuando en conformidad con Dt 24:16. *Nota:* La cita de **la ley de Moisés** constituye evidencia de que Deuteronomio no es una redacción posterior, como pretenden los "altos críticos". **7. Tomó a Sela en batalla.** Sela es la antigua Petra. Se llevó también sus dioses a Jerusalén y los adoró (cp. 2 Cr 25:14ss.). Este pasaje describe un acto de guerra sobre Edom sin provocación previa, exhibiendo la arrogancia y crueldad de Amasías. Fue un paso más en la progresión de Judá a su final destrucción.

8, 9. Entonces Amasías envió mensajeros. Su arrogancia le hizo entrar en problemas con Israel, debido a su adoración de los dioses edomitas. En la exaltación de su victoria sobre Petra, Amasías desafió a Joás de Israel a la guerra: **Ven, para que nos veamos las caras.** Dice Josefo (*Antig.* lx.9.2) que Amasías demandó sumisión, o que el resultado sería la guerra (ver también 2 Cr 25:13). **El cardo... envió a decir al cedro.** Joás era el cedro; Amasías era el cardo. El reto de Amasías era presuntuoso y arrogante. Joás había herido a Siria y se había medido con ella. Los vv. 11–14 describen la derrota de Judá, la destrucción parcial de Jerusalén, y la toma de rehenes — todo ello debido a que Amasías adoraba a dioses edomitas (2 Cr 25:20). El mismo Amasías fue llevado cautivo (2 R 14:13) por haber rechazado el consejo del profeta de que se arrepintiera (2 Cr 25:15, 16).

17–20. Amasías...vivió después de la muerte de Joás...rey de Israel, quince años. (Ver Thiele, *Mysterious Numbers*, pp. 68–72.) Jeroboam II tuvo una corregencia de doce años con Joás (cp. 14:23; 15:1); Azarías tuvo una corregencia de veinticuatro años con Amasías (cp. 15:1, 8; 14:23). Azarías fue entronizado, entonces, el quinto año de Amasías, probablemente debido a que el pueblo esta insatisfecho por la caprichosa expedición de Amasías en contra de Israel y de su resultado (ver cap. 19). Amasías huyó a **Laquis**, una antigua ciudad real, una fortaleza que brindaba refugio, para evitar su captura por los conspiradores. Situada cerca de los límites meridionales de Judá, ofrecía una fácil ruta de escape a otros países, y posible refugio. **Allí lo mataron.** Es probable que el pueblo de Laquis no le ayudara a defenderse.

21. Entonces todo el pueblo de Judá tomó a Azarías. Ver los vv. 13, 19; cp. 2 Cr 26:1, 2. La identidad de estos pasajes en Reyes y en Crónicas, cuando se comparan con 2 R 15:1–7, indica que Uzías puso más empeño en sus campañas de conquista que en eliminar de Judá los divisivos lugares altos (cp. 2 Cr 26:11ss.). **Azarías** significa (Aquel cuya) *ayuda es Jah.* Su otro nombre, *Uzías,* significa, *mi fortaleza es Jah.* **22. Elat.** Este evento es importante; ver 15:1–7.

6) Reinado de Jeroboam II sobre Israel. 14:23–29.

Este relato del reinado de Jeroboam II muestra (1) cómo Jeroboam rompió el pacto (porque solamente era importante la relación del rey con el pacto); y (2) cómo se cumplió la promesa de Jehová a Joás (cp. 13:17).

23. En el año cincuenta de Amasías. Amasías y Uzías eran corregentes; por ello la ascensión de Jeroboam al trono tiene que contarse en términos del rey de Judá de mayor edad (ver vv. 17–20). **24. E hizo lo malo.** Jeroboam persistió en quebrantar el pacto, y en adorar los becerros de Dan y de Bet-el (cp. 10:29). **25. Hamat.** No la ciudad, sino el área (ver 1 R 8:65; Am 6:2, 14; cp. 2 R 23:33; 25:21). Jeroboam II fue un administrador y general capaz. **Jonás.** Una predicción de pasada de Jonás el profeta, no contenida en el libro de Jonás pero fechando la época del profeta: 780 a.C. **26. Jehová miró.** Cp. 13:23. Se da testimonio a la fidelidad de Dios para que ella pudiera hacer volver los corazones de los hombres a Dios.

7) Reinado de Azarías sobre Judá. 15:1–7.

La importancia del reinado de Uzías recae en su fracaso al no eliminar el culto en los lugares altos, que dividía la unidad religiosa del pueblo, contrariamente a Dt 12:1–5;14; 16:16.

1. En el año veintisiete de Jeroboam. Ver sobre 14:17. **3. Hizo lo recto.** Siguió el ejemplo de la primera parte de la vida de su padre Amasías. **5. Mas Jehová hirió al rey con lepra.** Uzías se entrometió en el oficio sacerdotal (2 Cr 26:17ss.), y por ello fue azotado con lepra (cp. Nm 12:10; Dt 24:8, 9; 2 S 3:29; 2 R 5:27). La falta de penetración espiritual de Azarías, revelada en el hecho de permitir la continuación de los lugares altos, contribuyó a su deseo de tratar de controlar el sacerdocio (cp. 2 Cr 26:16, 17).

8) Reinados de Zacarías, Salum, Manahem, Pekaía, y Peka en Israel. 15:8–31.

La falta de información acerca de las actividades de estos hombres es intencionada, para mostrar cómo el desprecio de ellos hacia el pacto apresuró la caída de Samaria, ahora en su disolución final.

8. En el año treinta y ocho de Azarías. Ver sobre 14:17ss. Zacarías siguió quebrantando el pacto al mantener el culto idolátrico y nacionalmente cismático de los becerros en Dan y Bet-el. **10. En presencia de su pueblo.** Zacarías fue asesinado públicamente. La falta de retribución por parte del pueblo indica lo bajo que habían descendido en sus pecados. **12. Esta fue la palabra.** Zacarías era el cuarto descendiente de Jehú, el último de aquella línea en mantener el trono (cp. 10:30). **13. Salum...comenzó a reinar.** La rápida sucesión de asesinatos ilustra ampliamente la lastimosa condición del reino. **14. Porque Manahem...hirió a Salum.** El porque se refiere a la brevedad del reinado de Salum. Manahem, el comandante en jefe, según Josefo (*Antig.* ix.11.1), se acuarteló en Tirsa al oír el asesinato, marchó en contra de Salum, lo derrotó y lo mató, y después accedió él mismo al trono. La acción de Manahem se hallaba basada en el hecho de que Israel era una monarquía militar, que Salum era un usurpador, y que cuando se extinguiera la línea de Jehú, el trono pasaría al comandante en jefe del ejército. **16. Manahem saqueó a Tifsa.** No la Tifsa (Thapsacus) sobre el Éufrates, sino la que se hallaba cercana a Tirsa; Asiria hubiera detenido cualquier acción contra la primera. Surgió en esta ciudad un rechazo a reconocerle como rey, y sus feroces hechos estaban destinados a advertir y a desmoralizar a la oposición. No había ninguna vitalidad espiritual que quedara para oponérsele. **17. En el año treinta y nueve de Azarías.** Zacarías ascendió al trono en el año treinta y ocho de Uzías, y los reinados de los dos reyes, Zacarías y Salum, cubrieron hasta su año trigésimo noveno. **18. E hizo lo malo.** Ver sobre el v. 8. **19. Pul rey de Asiria.** Este es Tiglat-pileser III, que tenía otro nombre, Pul (Pulu en las inscripciones asirias. Ver JNES, III (Julio, 1944), pp. 137–186. Ver también Thiele, *Mysterious Numbers*, pp. 76, 77). Esta primera referencia bíblica a los asirios revela a Asiria en marcha, de camino a la formación de su imperio. Asiria llegó a ser el gran poder en el Oriente Medio. El imperio cayó alrededor del 611 a.C. Dice Tiglat-pileser: "El terror le abrumó [a Manahem], como un pájaro solo huyó, y se sometió a mí. A su lugar le devolví y...plata...recibí...su tributo" (Luckenbill, *Anc. Rec.*, Vol. 1, parr. 815). Manahem huyó; pero fue capturado, puesto como rey marioneta, y obligado a pagar tributo: **mil talentos de plata.** La fecha es aproximadamente el 743 a.C. (ver Thiele, *op. cit.*, p. 98). **23. En el año cincuenta de Azarías-...reinó Pekaía.** El reinado de dos años de Pekaía coincidió con los dos últimos años de Azarías, solapando con su año quincuagésimo (ver Thiele, *op, cit.*, pp. 73, 74). **24. Hizo lo malo.** Cp. v. 8. Su pecado fue que siguió en los pecados de Jeroboam. **25. Conspiró...Peka.** Peka era un ayudante de Pekaía, un capitán suyo sobre cincuenta hombres de la guardia personal del rey. El hecho de que la guardia del rey, en lugar de protegerle, ayudara a Peka a eliminarlo, muestra que los lazos de disciplina, orden, fidelidad, y obediencia, se habían disuelto. Por ello el Señor tenía *contienda con los moradores de la tierra* (cp. Os 4:1, 2). **27.**

En el año cincuenta y dos. Peka tomó el trono de Israel en el último año de Uzías. La correlación de todas las referencias a Pekaía, Uzías, Jotam, Acaz, y Oseas revela el asombroso hecho de que Peka usurpó los años de Manahem y de Pekaía (ver Thiele, *op. cit.*, p. 102ss.; también pp. 133, 134). **28. Hizo lo malo.** Ver sobre el v. 8. Peka perpetuó los pecados de Jeroboam, quebrantando así el pacto. Parece que la cautividad en que se cayó bajo Tiglat-pileser fue un juicio por los pecados de Peka. **29. En los días de Peka...vino Tiglat-pileser.** Estas actividades tuvieron lugar antes del 732 a.C., cuando Tiglat, como sabemos por los datos en *Eponym Chronicle*, puso a Oseas en el trono de Israel. Esta deportación señaló el principio del fin para Israel, predicha por una larga línea de profetas. Tiglat-pileser III (745–727 a.C.) había hecho a Manahem un vasallo (ver Luckenbill, *Anc. Rec.*, Vol. I, parr. 816). **Y los llevó cautivos a Asiria.** La primera de dos deportaciones de Israel, siendo la segunda por Salmanasar V en 723/722. Esta fue en cumplimiento de Dt 28:36. **Ijón.** En Neftalí. Ver 1 R 15:20. **Abel-bet-maaca.** Ver 2 S 20:14, 18. **Janoa.** También en Neftalí, probablemente cerca de las dos primeras. **Cedes.** Al noroeste del lago de Huleh. **Hazor** ha sido excavada por Yigael Yadin [ver BA, XIX, No. 1 (feb., 1956); XX, No. 2 (mayo, 1957); XXI, No. 2 (mayo, 1958); XXII, No. 1 (feb., 1959;]. **30. Oseas... conspiró contra Peka.** Dice Tiglat-pileser: "Puse a Ausi (Oseas) sobre ellos como rey". Lo que sucedió es que Oseas precisó de la aprobación de Tiglat para su usurpación del trono.

9) Judá bajo Jotam y Acaz. 15:32—16:20. **32. En el segundo año de Peka.** Cp. 15:5; 2 Cr 27:1–9. Jotam tuvo una corregencia con Uzías, del 751/750 al 740/739, y cuatro años de corregencia con Acaz, 736/735—732/731 a.C. (cp. Thiele, *Mysterious Numbers*, p. 116ss.). En realidad empezó a reinar al segundo año del reinado de Manahem (2 R 15:17). **33. Dieciséis años.** Ver sobre el v. 37. **34. Hizo conforme a todas las cosas que había hecho su padre Uzías,** excepto que no entró en el santuario (2 Cr 26:16), esto es, no usurpó las funciones sacerdotales. **35. Los lugares altos.** Jotam dejó persistir los cismáticos lugares altos (ver sobre 12:3). **Edificó él la puerta más alta de la casa de Jehová** (cp. Ez 9:2; en el lado norte del Templo). La reconstruyó. El versículo habla de **lugares altos** y de la **puerta más alta**, de cuya yuxtaposición de palabras se tiene que concluir que Jotam construyó la puerta a fin de atraer al pueblo al Templo a fin de que ofrecieran allí sus sacrificios.

37. En aquel tiempo. En los días de Jotam. **Rezín...Peka.** Siria e Israel estaban tratando de forzar a Judá a que entrara en el campo pro-asirio (cp. Thiele, *op. cit.*, p. 117). Acaz asumió el trono, y a Jotam se le asignan solamente dieciséis años de reinado (15:33), debido al resentimiento popular a su política anti-asiria. Ver también sobre el v. 32. **16:1. En el año diecisiete.** Ver sobre 15:32. **2, 3. Acaz...anduvo en el camino de los reyes de Israel** (cp. 2 Cr 28:1–4, esp. 3, 4). Acaz quebrantó el pacto con el Señor. Vivió como los reyes de Israel, e hizo imágenes de Baal para rendirles culto (cp. Éx 20:3). **Y aun hizo pasar por fuego a su hijo.** Nm 31:23 indica que esto se refiere a quemarlos literalmente. Hizo de sus hijos un holocáusto a Baal (2 Cr 28:3). Este fue uno de los pecados por los que Israel fue deportada (ver sobre 17:17). **5. Entonces Rezín...y Peka.** Ver sobre el v. 37. Ahora los pueblos de Siria y de Canaán estaban resistiendo el avance de Asiria, y este fue un intento de obligar a Acaz a unirse al movimiento. Así el Señor utilizó las circunstancias para castigar a Acaz, trayendo sobre él estas fuerzas contra él para castigarle por sus pecados. Para la liberación dada por el Señor, ver Is 7. Acaz fue derrotado por Peka, empero, porque no tenía fe alguna (Is 7:4, 9*b*, 11, 12) , y muchos de su pueblo fueron llevados cautivos (2 Cr 28:5–8). **6. Rezín...** Por la acción de Rezín, debilitando a Judá, **el rey de Edom recuperó Elat para Edom.** Otro castigo para Judá por sus pecados. **7. Entonces Acaz envió embajadores.** Cp. Is 7:17. Asiria asolaría la tierra tanto si se apelaba a ella como si no. Cuando Siria cayó, Judá perdió su parachoques contra la invasión de Siria. **Tu siervo.** El precio de ayuda de Asiria era el vasallaje. **8. Tomando Acaz la plata y el oro.** No hizo caso de la promesa de Isaías. ¡No podía creer! **9. Subió el rey de Asiria contra Damasco.** Tiglat tomó Damasco, pero afligió también a Acaz. 2 C 28:21 dice: "Éste no le ayudó" (esto es, Tiglat-pileser a Acaz). **10. Vio el rey Acaz el altar que estaba en Damasco.** Acaz fue a expresar su obediencia a Tiglat por su continuado favor, pero el altar vino a ser otro pecado por el que se apartó aun más de Dios. **11.** Señálese la apostasía de Urías el sumo sacerdote, que por sus acciones quebrantó el pacto. **12. El rey vino de Damasco, y vio el altar...ofreció sacrificios en él.** Acaz halló el altar ya dispuesto (cp. v. 10) —en tanto que el altar salomónico original había sido desplazado al lado del norte— y ofreció en él sus sacrificios. **15. Para consultar en él.** Traducir: "*Será mío para deliberación*"; esto es, "Dispondré acerca de él después de haber

deliberado''. El altar salomónico no complació a Acaz después de haber visto el altar en Damasco. Pecó contra el Señor por haber sacado el altar hecho según las instrucciones del Señor y colocado allí según Sus instrucciones. Los instrumentos designados por el Señor no han de ser manejados al antojo de uno. **17, 18.** Acaz hizo adicionales depredaciones sobre los muebles y utensilios del templo, despojándolos de valiosos ornamentos por temor de (no **para**, esto es, en beneficio de) el rey de Asiria. Se previno en contra de la codicia de Tiglat-pileser en caso de que este viniera a Jerusalén.

10) Destrucción y cautiverio de Israel. 17:1–41. **1. En el año duodécimo de Acaz.** Ver sobre 16:1–4; 15:27–31. **2. Aunque no como los reyes de Israel que habían sido antes de él.** Crónicas no da la razón de esta diferencia. Fue solo en su "manera de vivir"; perpetuó los pecados de Jeroboam. **3. Contra este subió Salmanasar.** Ver 15:30. Tiglat-pileser III murió en 727 a.C. Oseas había venido a ser vasallo de Salmanasar. Tenía que pagar su tributo anualmente. Alrededor del sexto año de su reinado, Oseas trató de conseguir la independencia de Asiria. Conspiró en contra de Salmanasar haciendo alianza con So de Egipto, y dejó de pagar los tributos. Así, naturalmente, provocó el ataque contra Israel, y su caída. **5. El rey de Asiria...sitió a Samaria.** Para la creencia de que se trataba de Salmanasar V, y no de Sargón II, ver J. P. Free, *Archaeology and Bible History*, pp. 199, 200. **Llevó a Israel cautivo a Asiria.** No a Asiria como tal, sino el imperio. **En Halah, en Habor.** Cp. 1 Cr 5:26. **Habor** es el río Aburas, que desemboca en el Éufrates. **Gozán** es el actual Tell Halaf (asir. *Guzanu*). **Ciudades de los medos.** El área al noreste de Nínive. La deportación de pueblos era ahora la norma aceptada para controlar a las naciones sujetas. **7. Porque los hijos de Israel pecaron contra Jehová su Dios.** La conclusión se halla en 17:18: **Jehová, por tanto, se airó en gran manera.** Los vv. 8–12 contienen una lista de pecados: especificaciones para el juicio. **Que les sacó de tierra de Egipto.** El pueblo de Israel pecó en contra de su Salvador. Eran unos miserables desagradecidos, quebrantadores del pacto y rebeldes. **8. Y anduvieron en los estatutos de las naciones...y en los estatutos que hicieron los reyes de Israel.** Sus pecados cayeron en dos categorías: las idolatrías de los cananeos, y la adoración de

los becerros de oro. **9. Y los hijos de Israel hicieron secretamente cosas no rectas contra Jehová su Dios.** Mediante formas idolátricas y malos actos negaron de tal forma al Señor que él ya no podía más ser visto ni reconocido. **Desde las torres.** Ningún lugar escapó a esta idolatría. Imágenes y estatuas de Asera fueron puestas en todos los montes y bosques (v. 10), y quemaban delante de ellas el **incienso** de la adoración (v. 11), como en las prácticas de los paganos. **12. Idolos,** hechos de madera, piedra, metal, o barro (Dt 29:17); un término despreciativo indicando su total impotencia. Lit., *palos.* **Servían,** esto es, los adoraban.

13. Jehová amonestó entonces a Israel. Los vv. 13–17 revisan los tratos de Dios con Israel. El escritor muestra cómo Dios, en Su fidelidad, suplementó las prohibiciones de la Ley con advertencias directas de sus profetas, exhortando al pueblo de Israel a volverse de su idolatría. Señálese que en 17:13 Judá también entra dentro del relato, porque esto fue escrito después de la caída de Judá. Pero con todo ello, no quisieron oír, siguiendo el ejemplo de sus padres. **14. Mas ellos no obedecieron.** Este era el acto voluntarioso de corazones rebeldes, de cervices endurecidas. **15. Siguieron la vanidad.** "Toda la vida de ellos tenía una meta sin valor alguno". **16. Dejaron todos los mandamientos de Jehová su Dios, y se hicieron imágenes fundidas de dos becerros, y también imágenes de Asera** (la diosa Astarté), **y adoraron a todo el ejército de los cielos.** Los instrumentos y objetos de adoración —los ídolos y las deidades estelares de Asiria— quedan aquí enumerados, todos estrictamente prohibidos en Dt 4:14–19. **17. E hicieron pasar a sus hijos y a sus hijas por fuego.** Las ofrendas de niños en holocausto quedan prohibidas en Dt 18:10, 11, como lo son todas las formas de adivinación. **18. Jehová, por tanto,...los quitó de delante de su rostro.** La ira de Dios fue provocada, y los castigó con la deportación. Solamente quedó Judá. El hecho de que estos pecados quebrantaron el pacto se da como la única razón de la deportación de ellos. **19–23.** Estos vv. describen el total rechazamiento de Israel Y, aunque quedaba Judá, también esta nación era infiel. El v. 19 da a entender que ella iba a compartir la suerte de Israel. **20. Y desechó Jehová a toda la descendencia de Israel.** Dios los entregó en juicio porque Israel estaba en bancarrota, habiendo quebrantado el pacto de una forma global. Por ello, esto fue escrito después de la caída de Judá. **21. Porque separó Israel de la casa de David.** El Señor no tenía el designio de que la división

nacional resultara en pecado como el aquí descrito (cp. 1 R 11:37ss.). **22, 23.** El pensamiento es: "Aunque separara yo a los dos pueblos, con todo esto Jeroboam condujo al pueblo hacia el pecado, y ellos consintieron en ser conducidos en el camino descendente de pecado en pecado hasta su definitiva destrucción".

Los vv. 24–41 hablan del transplante del pueblo de varios países a la tierra de Israel. **24. Trajo el rey de Asiria.** Salmanasar murió durante el sitio de Samaria, o muy poco después, y Sargón II (722–705) puede haber sido el que repoblara la tierra después de la deportación de Israel. Esdras 4:2 indica que hubo un transplante posterior bajo Esar-hadón (681–668). Si esta primera acción la llevó a cabo también Esar-hadón, entonces la tierra tuvo que permanecer vacía por lo menos durante cuarenta y un años. El repoblarla inmediatamente después de la deportación sería llevar a cabo un programa bien pensado para producir ingresos. **Gente de Cuta.** Josefo identifica a estos con los koseos que vivían al noreste de Susa (*Antig.* ix. 14.3; x.8.7). **Ava.** El Iva de 18:34; 19:13, entre Anah y el Habur sobre el Éufrates. **Hamat.** Una ciudad en Siria, sobre el Orontes. **Sefarvaim.** Sippar sobre el Éufrates, sobre Babilonia. **Samaria.** Primera aplicación de este nombre a la tierra de Israel.

25. Envió Jehová contra ellos leones. El lapso de tiempo entre la deportación y antes de que llegaran los colonos dio tiempo para que se multiplicaran los leones, y Dios utilizó sus incursiones naturales para humillar a la gente. **26. Las gentes...no conocen la ley del Dios de aquella tierra, y él ha echado leones en medio de ellos.** Un análisis supersticioso de parte de aquella gente, pero acertado. Formó la base de su apelación para que fueran enviados sacerdotes salvadores. **27.** La petición que de ellos se implica en el v. 26 fue atendida. **28. Y vino uno de los sacerdotes que habían llevado cautivo de Samaria.** Volvió a Bet-el, el asiento de la adoración de los becerros de Jeroboam, y enseñó al pueblo "cómo" tenían que temer al Señor. **29–32.** El resultado fue una mezcla de religión pagana y de adoración de Jehová, que era peor que el paganismo declarado. **33. Temían a Jehová.** Un "temor" impuro, ya que **honraban a sus dioses,** como habían hecho los anteriores israelitas.

Los vv. **34–41** presentan un análisis de las acciones de las gentes en relación con los mandatos del Señor. El v. 34 indica que las prácticas religiosas mezcladas persistieron hasta la época de redacción de Reyes. Los vv. 35–39 constituyen una larga cita de Éx 20:5, 7; 22:11; 6:6; 20:23; Dt 4:34; 5:15; 13:5; 28:14, etc. Aquí el Señor señala a sus obras entre ellos para delinear lo horrendo de sus pecados. **37. Que os dio por escrito.** Esta es una clara referencia al hecho de que los libros de Éxodo y Deuteronomio fueron escritos por Moisés, y que no pudieron haber sido redactados en una fecha más tardía. Si estos libros hubieran sido redactados, como pretenden los críticos, en una fecha más posterior, ¿cómo hubiera podido Dios deportar al pueblo por pecar en contra de sus mandamientos y de sus estatutos? **40. Pero ellos no escucharon. Ellos** incluye tanto a los israelitas como a los colonizadores. Persistieron en sus antiguos pecados. **41.** Este versículo es un resumen de los sucesos hasta el tiempo de la redacción del registro que constituyó la fuente del autor.

III. El reino de Judá hasta la destrucción final de la nación de Israel. 18:1—25:30.

A. El reino bajo Ezequías. 18:1—20:21.

1) Las reformas de Ezequías. 18:1–12.

Ezequías constituye la ilustración del parte de Señor de un rey justo que confió en Él. Apareciendo en la época de la caída de Israel y en la hora más negra de la nación, fue dado al pueblo de Dios para hacerles conocer su verdadero destino y carácter, y para demostrar que los caminos de Dios son verdadera bondad y verdad a aquellos que guardan su pacto y testimonio. Durante la primera campaña de Senaquerib, en 701 a.C., Ezequías confió en aliados; en la segunda campaña, alrededor del 688 a.C., dependió del Señor. El rey de Judá estaba creciendo en el área de fe y confianza en Dios. **1. En el tercer año de Oseas.** Esta es la última coordinación en Reyes de reinados judaicos con reinados israelitas. Otros datos históricos son de ayuda para establecer a partir de aquí la apropiada secuencia cronológica. **2. Reinó en Jerusalén veintinueve años.** Ezequías reinó veintinueve años. Además, tuvo una regencia con Acaz, deducida como sigue. Nabucodonosor II destruyó Jerusalén el 19 de julio del 586 a.C. (BASOR, 143, pp. 46, 47). Los reinados de Manasés (55 años), Amón (2 años), Josías (31 años), Joacaz (3 meses), Joacim (11 años), Joaquín (3 meses), y Sedequías (11 años) totalizando 110 años. Añadiendo 110 a 586 a.C. tenemos 696 a.C. como la fecha para la accesión de Manasés. No obstante, esto no deja lugar a los quince años adicionales de Ezequías después del 701 a.C. (ver sobre el cap. 20). El intervalo de cinco años (701–696) deducidos de quince deja diez años sin justificar. Estos tienen que haber sido años de corregencia con Manasés. (Ver más abajo acerca de cada uno de los reyes mencio-

nados.) No obstante, se fecha la accesión de Ezequías en 715 a.C. Pero se dice que había estado reinando en el cuarto y sexto años de Oseas, lo que indica que tuvo una corregencia con Acaz de doce años como mínimo (ver sobre 18:13). Se dice que Acaz tenía veinte años cuando accedió al trono (2 R 16:2), y reinó dieciséis años. De aquí que tiene que haber tenido treinta y seis en 715 a.C. En el tercer año de Oseas, Ezequías accedió al trono (ver sobre 18:1), lo que hubiera sido el 729/728 (cuenta inclusiva). Así, Acaz hubiera sido de treinta y tres años, y Ezequías de doce, lo que haría que Acaz tuviera once cuando nació Ezequías, y esto es demasiado pronto. Queda claro que la edad a la que se dice que Acaz subió al trono fue su edad al principio de la corregencia con Jotam. La afirmación de que reinó dieciséis años tiene que referirse al período de su reinado independiente (ver Thiele, *op. cit.*, p. 133). Según esta manera de contar, murió a los cuarenta años de edad. Y tiene que haber tenido solamente quince años cuando nació su hijo Ezequías. Esta paternidad tan temprana no es infrecuente en los países del Oriente Medio. **3. Hizo lo recto.** La vida de Ezequías recibe su valoración a la luz del pacto de Jehová: Los cumplió.

4. Quitó los lugares altos. Ver el relato entero de ello en 2 Cr 29—31. En 2 R 18:22 estos lugares son de adoración: de adoración divisiva de Jehová (ver sobre 12:3). Ezequías y Josías son considerados ''como David'' en que no toleraron adoración divisiva. **E hizo pedazos la serpiente de bronce que había hecho Moisés.** Este objeto tan concreto había llegado a ser objeto de idolatría, y por ello fue destruido por Ezequías a pesar de su origen y veneración. **5. Ni después...de él hubo otro como él,** en confianza y en obediencia a Jehová (v. 6) **no se apartó de El. 7. Y Jehová estaba con él** porque significa el favor de Dios a los obedientes. **Se rebeló contra el rey de Asiria.** Anuló la política de Acaz de sumisión a Asiria. **8. Hirió también a los filisteos.** Esto es evidencia de que el Señor estaba con él.

9–12. Estos versículos presentan una revisión de la caída de Israel, situada en anales judaicos según la pauta sincronística del autor. Aunque el evento registrado vino antes de la primera invasión de Senaquerib, se menciona aquí para recordar al pueblo las angustias que puede comportar la rebelión contra el Señor.

2) Liberación de las dos invasiones de Senaquerib. 18:13—19:37.

a) Primera invasión de Judá por Senaquerib. 18:13–16.

Para la cronología, ver sobre el v. 1. Senaquerib era hijo de Sargón II, y reinó entre el

705-681 a.C. Los vv. 13-16 sumarizan su primera campaña en Judá, el 701 a.C. (el pasaje de 17ss. se refiere a una campaña posterior, *c.* 688). Aunque Ezequías invirtió la política iniciada por Acaz de sumisión a Asiria, la deserción de las fuerzas aliadas a Judá le obligó a someterse (Luckenbill, *Anc. Rec.*, II, par. 240; cp. 2 R 18:14). Ezequías recogió el tributo despojando el Templo (vv. 15, 16). El hecho de que Senaquerib recibiera el tributo en Nínive (Luckenbill, *ibid.*), indica que Ezequías lo dio bajo la condición de que los Asirios se retiraran de Judea.

b) La segunda campaña. 18:17-25.

La lección de este relato es que el Señor provee liberación en respuesta a la verdadera fe. La fecha de la segunda campaña, que tuvo lugar trece o catorce años después de los sucesos de los vv. 13-16, queda determinado por la fecha de Tirhaca, rey de Etiopía (19:9). Un artículo en BASOR (130, pp. 8, 9) indica que Tirhaca no vino a ser corregente sino hasta el 690/689 a.C. Ya que su nacimiento tuvo lugar el 711/710 a.C., hubiera sido que él acaudillara las fuerzas egipcias el 701, a la edad de nueve años.

17. Tartán. Mariscal de campo. Rabsaris. Jefe de los eunucos, esto es, de los siervos de palacio, eunucos por lo general. Rabsaces. El copero principal. El acueducto del estanque de arriba. Se extendía desde Gihón (2 Cr 32:30; 1 R 1:33) al campo de los lavadores, o la heredad del Lavador. 18. Llamaron luego al rey. La delegación deseaba hablar con Ezequías. Pero él, observando el protocolo, envió a funcionarios que se correspondían con ellos en rango. Los vv. 19-25 constituyen un mensaje de afrenta pagana a Jehová.

19. Así dice el gran rey. Así denominado porque tenía poder sobre otros reyes. ¿Qué confianza...? La confianza significa aquí "aquello en lo que se confía". Su pregunta expresa asombro en vista de las conquistas logradas por el poder de Asiria. 20. Son palabras vacías. Palabras sin nada de verdadero respaldo. ¿En qué confías...? Rabsaces suponía que este qué era Egipto (v. 21). Es evidente que Senaquerib suponía que Ezequías había hecho una alianza con Faraón (cp. v. 22; 19:1ss.). No obstante, los filisteos de Ecrón pidieron a Tirhaca que les ayudara (Luckenbill, *Anc. Rec.*, *loc. cit.*). 22. Cuyos... altares ha quitado Ezequías. Estos asirios interpretaron la limpieza que Ezequías había hecho de la tierra, quitando los ídolos, más como sacrilegio que como obediencia. Había actuado en oposición directa a las prácticas y a las creencias paganas. Senaquerib estaba

intentando atraerse el populacho y debilitar así las defensas de Ezequías. 23. Dar rehenes debiera leerse *hacer un compromiso*. Nótese la insinuación sarcástica de que Ezequías no tenía siquiera estos muchos jinetes. No obstante, Ezequías se había elegido otros medios de defensa. 24. ¿Cómo, pues, podrás resistir ...? "No puedes, por tanto, resistir al más pequeño de los capitanes de Senaquerib". 25. ¿Acaso he venido yo ahora sin Jehová...? "El Señor me ha enviado a destruir la tierra". Solamente para castigar a la tierra, como mostraron los sucesos. Es cierto que Dios utiliza naciones extranjeras para castigar a Su pueblo (ver 19:25).

c) El intento de la embajada para persuadir al pueblo. 18:26-37.

26. Que hables...en arameo. Para impedir mayores efectos sobre el pueblo, los funcionarios de Judá solicitaron que la conversación se llevara a partir de entonces en arameo, que se estaba convirtiendo rápidamente en la lengua franca del mundo antiguo. Era ya el lenguaje de la diplomacia, pero no era todavía conocido por el pueblo de una forma general. 27. ¿Me ha enviado mi señor...no a los hombres que están sobre el muro...? Los defensores de Ezequías. Expuestos a comer. "Al rechazar a rendirte, someterás a tu pueblo a la terrible hambre de un prolongado asedio". 28. En lengua de Judá; esto es, en hebreo. Dirigió su alegato más poderoso al populacho. 29, 30. No os engañe. La exhortación de Ezequías a que confiaran en Jehová, les dijo, los descarriarían, porque ni Ezequías ni Jehová podrían librarlos. 31. Haced conmigo paz, o "rendíos"; porque decía él: salid a mí, y coma cada uno. Una promesa temporal. Serían deportados a una tierra "mejor". 32. Y viviréis, y no moriréis. "Podéis vivir solamente por la rendición y la deportación". Era la esperanza confiada de Senaquerib que se rendirían, y que ello demostraría la potencia de Asiria.

Los vv. 33-35 muestran como los asirios comprendían mal el poder y el propósito de sus conquistas anteriores. Rabsaces ignoraba el hecho de que el Señor selecciona frecuentemente a ciertas naciones para sujeción y otras para liberación. 34. Hamat. Ver sobre 17:24. Arfad. El actual Tell Erfad, a 21 km. (13 millas) al norte de Alepo. Hena e Iva se hallaban en la área general del Éufrates septentrional, al este de Hamat. Para las otras, ver 17:24ss. 35. ¿Qué dios de todos los dioses...? Ver sobre el v. 33.

36. Pero el pueblo calló. Ver Is 36:21. Tanto el pueblo como los ministros de Eze-

quías rehusaron dar respuesta. Ezequías quería que fuera Dios quien diera la respuesta. **37. Rasgados sus vestidos.** Debido a la tristeza de ellos por las blasfemias contra Jehová.

d) Ezequías apela a Jehová. 19:1–19.
1. Cuando el rey Ezequías lo oyó...se cubrió de cilicio. Señal de penitencia. Ezequías consideraba que la invasión era un castigo. El rey oró y buscó también la respuesta de Dios de parte del profeta Isaías. Había aprendido a confiar totalmente en el Señor. Había abandonado el principio de las alianzas mundanas. Era Dios solamente el que tenía que conducir y liberar. Ver 3) más adelante. **3. Día de angustia...reprensión... desdeñamiento** (no *blasfemia*, como en la RV). La **angustia** del pueblo era el castigo de la invasión efectuada por sus enemigos. **Los hijos.** El pueblo se hallaba en gran peligro, pero sus débiles esfuerzos de efectuar la liberación pudieran dar al traste con todo. **4. Quizá.** Ezequías expresó la esperanza de que el Señor tomaría nota de la blasfemia.

6. No temas. Isaías habló primero para eliminar el temor, declarando que, así como Senaquerib había infundido temor en Ezequías, que así un mensaje que llegaría de su capital le haría entrar en temor. **7.** Así como él quería hacer caer a Jerusalén, así caería su propia tierra (ver v. 37).

8–13. Y regresando el Rabsaces. Se retiró debido a que Jerusalén estaba demasiado bien fortificada. **Laquis.** Una escultura excavada en Nínive representa a Senaquerib sentado ante Laquis, recibiendo su tributo. **9. Oyó decir.** Senaquerib oyó del avance de Tirhaca, rey de Egipto (ver BASOR, 130, p. 8ss.). Ver comentario sobre 18:17. Esto tuvo lugar después del 688, hacia el fin del reinado de Ezequías. **Envió embajadores.** Senaquerib trató de ganarse a Ezequías por el temor, y así apoderarse de Jerusalén sin lucha. **10. No te engañe tu Dios.** Senaquerib atribuía ahora el ''engaño'' al Señor. Con esto llegó al apogeo de la blasfemia, y selló su propia sentencia (cp. v. 7). **11. Tú has oído.** ''Ten en cuenta mis anteriores conquistas'' (cp. 18:34). Ninguna de estas ciudades queda mencionada en las primeras tres campañas. Si este ataque hubiera tenido lugar después de la captura de estas ciudades, Senaquerib no hubiera dejado de mencionarlas. Por ello, esto tiene que referirse a una campaña posterior, que no está registrada (ver Luckenbill, *Annals of Sennacherib*, p. 29). Las ciudades no mencionadas previamente son: **Gozán** (*Gozanu* en asirio), el moderno Tell Halaf, sobre el Habur, al este de Harán, originada alrededor del quinto milenio

a.C.; **Harán**, la antigua Harán, sobre el río Balikh; **Resef**, la antigua *Rasapa* asiria, probablemente la actual Rusafah, o Risafe, al noreste de Palmira; **Edén**, los *Bit-Adinni* de las inscripciones asirias, un pequeño reino a orillas del Éufrates, al oeste del río Balikh. **Telasar**, probablemente en la misma área. **13. El rey de la ciudad** debiera leerse *el rey de d La'ir*, ya que esta ciudad se conoce ahora como la ciudad asiria de Lahiru (ver BASOR, 141, p. 25; Luckenbill, *Anc. Records*, Vol. II, parr. 252. Cp. 2 R 18:34). Senaquerib señala más ciudades, etc., para intensificar el efecto de su mensaje.

14. Y tomó Ezequías las cartas de los embajadores; y después que las hubo leído... El significado de este incidente recae en lo que Ezequías hizo con el mensaje. **Las extendió Ezequías delante de Jehová.** Por así decirlo, pasó las cartas al Señor, dejándole a él el castigo de la blasfemia. **16. Las palabras, Inclina, oh Jehová, tu oído...abre... tus ojos,** expresan una apelación de lo más intensa a Dios por ayuda y su atención más específica. Dios es glorificado cuando nos echamos en sus brazos tan totalmente en pos de su poder y bondad. **17, 18. En verdad.** Ezequías admitió la verdad de las afirmaciones de Senaquerib (vv. 12, 13). Al mismo tiempo reconoció que el asirio había tenido éxito no debido a que los dioses de madera y de piedra fueran impotentes, sino a que el Señor estaba obrando en la historia humana.

e) La liberación de Jerusalén. 19:20–37.
20. Así ha dicho Jehová, Dios de Israel. La respuesta vino rápidamente, quizás mediante Eliaquim y Sebna (v. 2). La primera parte de la respuesta se dirigía a Senaquerib. **21. La virgen hila.** Esto es, Jerusalén, inconquistada e inconquistable por Senaquerib. **Te menosprecia.** Isaías, anticipando la liberación de la ciudad, representa las jactanciosas amenazas de Senaquerib como evocando solamente escarnio y ridículo. ''Ella menea su cabeza tras tu figura en retirada, partiendo tú en vergüenza y derrota''. Senaquerib iba a perder todo su ejército. **22. ¿A quién has vituperado?** Haber blasfemado al Señor fue la mayor necedad de Senaquerib. **23. Con la multitud de más carros.** Senaquerib se vanagloriaba de un poderío terreno perecedero. **He subido.** Es un tiempo presente, *subo*. El Señor revela el pensamiento de Senaquerib de que era invencible y que no podía ser apartado de su propósito. El **Líbano** es Judá, **sus alturas** es Jerusalén, **sus altos cedros** son los príncipes de Judá, y sus **lugares** y **el bosque** son los palacios del monte Sión (cp. Jer 22:6, 7, 23; Ez 17:3). **24. Yo he**

cavado, etc., prosigue la misma idea en otra figura. **25. ¿Nunca has oído...?** Ahora el Señor Dios habla de Sus propios hechos y muestra que Senaquerib es un ladrón que ha pretendido como suyos los hechos de otro, y que ciertamente será castigado. **Y tú serás.** Senaquerib era solamente el instrumento, y debiera temer su propia caída como otros arrogantes pecadores habían caído. **26. Sus moradores fueron de corto poder.** No debido a que sus dioses fueran más débiles que los de Asiria, sino porque el Señor había dado poder a Senaquerib para Sus propios propósitos. **Como heno de los terrados,** que se seca debido a la falta de suelo. Grano **marchitado antes de su madurez** es un grano propenso a pudrirse y que no germina. Estas comparaciones ilustran y confirman el fracaso de Senaquerib. **27. He conocido tu situación.** Dios conoce el corazón del hombre y sus pensamientos directores (Sal 139:1–4). **Tu furor.** Odio violento, animosidad positiva (cp. vv. 23, 24). Aquí forma la base de la venganza de Jehová. **28. Pondré mi garfio en tu nariz.** Senaquerib sería de cierto desviado de sus propósitos, de manera tan cierta y tan vergonzosa como él llevaba a sus cautivos.

La segunda sección de la respuesta del Señor a Senaquerib se dirige a Ezequías (vv. 29–31). **29. Y esto te daré por señal.** Esta descripción del ciclo de tres años de cosechas indica que Isaías estaba profetizando en un año sabático, lo que significa que no habría cosecha el siguiente año. La **señal** era que "lo que nacerá de suyo" en el año sabático quedaría para ellos. Esto es, que el ejército de Senaquerib no estaría allí para saquear la cosecha espontánea. Quedaría para los judíos, para que ellos la recogieran. Ver Lv 25. **30. Y lo que hubiere escapado...llevará fruto.** Jerusalén escaparía a la destrucción. Y la población que quedara de la invasión aumentaría en gran manera. **31. El celo de Jehová.** Cp. Zac. 4:6b.

Mediante el profeta Isaías, Dios predijo el quebrantamiento del asedio de Senaquerib. **32. No entrará en esta ciudad.** Las invencibles tácticas de asedio de los asirios no serían utilizadas en contra de Jerusalén. El Señor se llevaría de nuevo a Senaquerib por el camino por el que vino, estéril y derrotado. **34. Por amor de mí mismo,** esto es, para reprender la vanagloria de Senaquerib. **Por amor de David mi siervo.** A fin de que la casa de David pudiera seguir por un tiempo más prolongado como testigo de las promesas firmes de Dios a David.

35. Aquella misma noche salió el ángel de Jehová, y mató en el campamento de los asirios. Cp. el v. 7. Herodoto registra una tradición egipcia que puede describir medios físicos que Dios utilizara para destruir al ejército de Senaquerib: "Los ratones se comieron los carcajes". Presumiblemente, ratones portadores de la peste bubónica. La plaga, incubándose en los soldados, llegó a la etapa de fiebre mortífera durante la noche en que la ciudad había recibido la promesa de liberación, y los mató en su sueño. Dios ordena los sucesos para coincidir con Su voluntad. El evento tuvo lugar después de que el Rabsaces se retirara de Jerusalén y hallara a Senaquerib en Libna. **36. Senaquerib rey de Asiria se fue, y volvió.** Huyó a Nínive debido a la posibilidad de una acción de parte de Egipto. **A Nínive, donde se quedó** indicó que no emprendió posteriores campañas hacia occidente (cp. Luckenbill, *Annals of Sennacherib*, p. 17). **37. Sus hijos lo hirieron a espada.** Senaquerib murió como resultado de una intriga de palacio (cp. v. 7). Esar-hadón (681–668 a.C.) afirma (Luckenbill, *Anc. Rec.*, Vol. II, parr. 501, 592) que sus hermanos mataron a Senaquerib en un complot para usurpar el trono. Asurbanipal (688–626 a.C.) afirma (*ibid.*, Vol. II, parr. 795) que él mató a los que habían matado a Senaquerib, su abuelo.

3) Enfermedad y recuperación de Ezequías. 20:1–11.

1. En aquellos días. Los días de las primeras invasiones de Senaquerib. La comparación del orden de 18:1 — 20:19 con el de Is 36:1 — 40:1 indica que el registro en Isaías es la fuente de este relato. Es evidente que ambos relatos tienen propósitos diferentes. En Isaías tiene el de mostrar que solamente el Señor puede dar consuelo a su pueblo; en Reyes es para mostrar que los reyes judaicos que siguen la política de alianzas con el mundo aseguran la caída de Judá. **Jehová dice así.** Los sucesivos eventos muestran que el pronunciamiento de muerte era condicional. **2. Él volvió su rostro a la pared.** Ezequías oró a solas con Dios. **3. He andado delante de ti en verdad.** Ezequías oró para que se le prolongaran los días, tal como se le promete a aquellos que andan en rectitud (Pr 10:27). Asumiendo que sus obras habían sido hechas en obediencia a los mandamientos de Dios, ¿por qué, entonces, tenía que morir? Cp. el testimonio de Ezequías en Is 38:10–20. Ezequías deseaba tiempo para establecer sus reformas morales más firmemente entre el pueblo. **4. La mitad del patio.** El área del castillo, monte Sion. El Señor respondió con presteza. **5. He oído tu oración.** Prometió curación. De Is 38:17, 18 se evidencia que había alguna razón por la cual Ezequías tenía que ser disciplinado, más probablemente por su vergonzosa falta de fe en la primera invasión de Senaquerib, cuando Ezequías hizo alianza con los árabes (Luckenbill, *Annals of Sennacherib*, p. 33). En este tiempo no constituyó un ejemplo notable de alguien que confiara y obedeciera al Señor. **6. Añadiré.** Dios se proponía que Ezequías mostrara todavía lo que era verdadera fe. Las palabras, **te libraré a ti y a esta ciudad**, sitúan a la enfermedad durante la primera invasión de Senaquerib. **Ampararé.** Ver 19:34, 35. **7. Toma masa de higos.** Los antiguos creían que una cataplasma de higos podía curar tumores. Se desconoce la causa exacta de la enfermedad de Ezequías. Quizás el tumor fuera un síntoma.

Dios le dio al rey, en Su gracia, una señal de que ciertamente sería curado. **8. ¡Qué señal ...?** Para la secuencia natural de los sucesos, leer los vv. en este orden: 6, 8, 11, 7. Ezequías demandaba un segundo testigo externo para aliviar su ansiedad y ayudar a su fe. **Al tercer día.** Su recuperación tenía que ser rápida. **9. ¿...la sombra...retrocederá diez grados?** Ezequías eligió el retroceso como la prueba más positiva de la promesa del Señor.

4) Embajada de Merodac-baladán. 20:12–19.

12. Merodac-baladán (*Marduk-Apaliddin*) fue rey de Babilonia en dos ocasiones (722–710, 703–702). Fue destronado por primera vez por Sargón alrededor del 710 a.C., pero volvió más tarde a recuperar el trono. La segunda vez fue derrotado y destronado por Senaquerib, juntamente con su aliado Elam (ver Luckenbill, *Annals of Sennacherib*, p. 24) en su primera campaña, en 703 a.C. La embajada de 20:12 vino en el año catorce de Ezequías (ya que se habían añadido quince) durante el curso de la primera invasión de Senaquerib (ver sobre v. 6). Merodac trató de hallar un aliado en Ezequías (ver Josefo, *Antig.* x.2.2). Ezequías no había todavía olvidado su práctica de hacer alianzas. Iba a olvidarla antes de su segunda campaña, y ser así un verdadero hombre de fe. Es probable que la embajada de Merodac viniera el 700 a.C. **13. Y Ezequías los oyó...les mostró toda la casa de sus tesoros.** Traducir **los oyó** como *les dio la bienvenida*. Josefo (*Antig.* x.2.2) indica que Ezequías mostró sus tesoros para demostrar que era un aliado confiable. Es evidente que el tributo que había pagado a Senaquerib en 701 no había vaciado sus reservas en demasía. **14. Entonces el profeta Isaías...le dijo.** Isaías, que comprendió los motivos ulteriores de la embajada, llamó a Ezequías para que le diera cuentas y le advirtió de las consecuen-

cias. Cp. 2 Cr 32:31. **17, 18. Que tus padres han atesorado...y...tus hijos...tomarán.** La vanidad de Ezequías fue un ejemplo de aquella vanidad e infidelidad que causaría la caída de Judá. Ezequías olvidó la fe en el Señor de los ejércitos y puso su confianza en sus propios medios (2 Cr 32:25). **19. Entonces Ezequías dijo a Isaías: La palabra que has hablado es buena...Habrá al menos paz y seguridad en más días.** Esta no fue una confesión de pecado. Fue una expresión de la política de "paz en nuestra época", aquella actitud miope que muestra poca preocupación por aquellos sobre los que caerá la catástrofe. Por ello, Isaías solamente podía volverse a Jehová y clamar: "Consolaos, consolaos, pueblo mío" (Is 40:1). Solamente después de la predicha destrucción habría fin al pecado de apostasía de Israel, y sólo entonces permanecería la verdadera paz.

5) Muerte de Ezequías. 20:20, 21.

20. Las actividades constructoras de Ezequías quedan aquí resumidas (cp. 2 Cr 32:27–30). **21. Y durmió Ezequías con sus padres.** Los importantes hechos de Ezequías han sido relatados. Ahora tenemos que pasar a la siguiente figura que ilustra aquella vanidad y soberbia que impulsó la caída de Judá.

B. Los reinados de Manasés y de Amón. 21:1–26.

1) La iniquidad y muerte de Manasés. 21:1–18.

a) La maldad de Manasés. 21:1–9.

1. De doce años era Manasés cuando comenzó a reinar. Ver 18:1–3. Manasés tuvo una corregencia de diez años con Ezequías (cp. Thiele, *Mysterious Numbers*, p. 155). **2. E hizo lo malo.** Manasés, siguiendo a los malvados reyes de Israel, quebrantó el pacto. **3a. Volvió a edificar los lugares altos** y erigió altares a Baal. **3b–5.** Reintrodujo la adoración astral de los asirio-caldeos y erigió altares **para todo el ejército de los cielos** en los dos atrios de la casa de Jehová. **6.** Y llegó a ofrecer a su hijo en holocausto, e hizo uso de la observación de **los tiempos** y la comunión con los malos espíritus, todo como si pretendiera **provocar a ira** al Señor. **7. Asera.** Una deidad femenina sedienta de sangre, Astarté. Este acto fue el principal pecado por el que Manasés repudió y quebrantó el pacto con el Señor. **9. Más mal que las naciones.** Adoró más y más distintos dioses que los cananeos paganos.

b) Pronunciación de la sentencia final sobre Jerusalén. 21:10–16.

11, 12. Por cuanto Manasés...ha hecho estas abominaciones. El deliberado pecado de

Manasés destruiría a la nación, y la llevaría en cautividad. **Le retiñirán ambos oídos.** Las noticias de la devastación de Jerusalén, como una nota musical intensa, haría temblar y vibrar a todos los que la oyeran. **13. Extenderé.** La justicia de Dios había medido a Samaria y había demandado su caída. **16. Derramó Manasés mucha sangre inocente,** la de los profetas de Dios. Esto hizo inevitable la deportación (2 Cr 33:11).

c) Muerte de Manasés. **21:17, 18. Fue sepultado en...el huerto de Uza.** Debido a que fue considerado indigno de ser sepultado entre los reyes.

2) Los pecados y muerte de Amón. 21:19–26.

19. De veintidós años era Amón cuando comenzó a reinar. Ver 18:1–3. **20. E hizo lo malo ante los ojos de Jehová.** Quebrantó el pacto, siguiendo a su padre (v. 21). **22. Y dejó a Jehová su Dios.** Por ello Jehová le dejó a él; el resultado fue la muerte. **Y los siervos de Amón conspiraron contra él, y mataron al rey.** Los funcionarios de la corte montaron una conjura que fue ahogada inmediatamente, porque **el pueblo de la tierra mató a todos los que habían conspirado contra el rey Amón** (v. 24), e hicieron **por rey en su lugar a Josías su hijo.** Así, Josías no hubiera podido ser corregente; ver sobre 18:1–3.

C. Reforma en Judá e Israel bajo Josías. 22:1—23:30.

El descubrimiento del libro de la Ley estimuló unas amplias reformas de una naturaleza solo temporal. No hubo tiempo suficiente para que las reformas de Josías desarraigaran un pecado profundamente asentado. **1. Cuando Josías comenzó a reinar era de ocho años.** Josías era demasiado pequeño para una corregencia (ver Thiele, *op. cit.*, p. 154). **2. E hizo lo recto.** Mantuvo el pacto del Señor. La razón de ello se da en 2 Cr 34:3: buscó al Señor en su año octavo, y ello le dio dirección en su año décimo octavo. **3. A los dieciocho años.** Cp. 2 Cr 34:8. Los asuntos de este año tratan de la restauración de la relación del pacto entre Judá y el Señor. La yuxtaposición de estos versículos con el v. 2 indica que este fue el resultado de que Josías buscara a Dios. **4. Que recoja el dinero.** El primer paso para restaurar la relación del pacto con Dios era obtener dinero para reparar el Templo (cp. 2 Cr 34:9). **8. Dijo...Hilcías: He hallado el libro de la Ley.** La Toráh, los cinco libros de Moisés (cp. Dt 31:24–26). **10. Me ha dado un libro.** Safán pasó por último al asunto más importante. Lo que leyó (v. 8) y lo que leyó...**delante del rey** (v. 10) fue indudablemente lo mismo; tanto él como Hilcías deben haber deseado unas reformas más profundas. **11. Cuando el rey hubo oído...rasgó sus vestidos.** Es posible que la sección leída fuera Lv 26, o Dt 28:15ss. El Señor combinó varias circunstancias para volver el corazón de Josías hacia la reforma. **13. Id y preguntad a Jehová.** ''Id y preguntad si estos juicios inminentes pueden ser detenidos''. **14. Hulda.** La fuente más cercana de respuesta de Jehová.

16, 17. Yo traigo sobre este lugar...todo el mal...por cuanto me dejaron a mí, y quemaron incienso a dioses ajenos. Habían quebrantado el pacto adorando a dioses ajenos. La ira de Dios **no se apagará,** dijo el profeta, pero caería sobre Judá en tiempos posteriores. **20. No verán tus ojos todo el mal...que había de caer.** Debido a sus buenas obras (v. 19).

El segundo paso en la restauración de la relación del pacto con Dios era el de renovar el pacto (23:1–3). **23:1. El rey mandó reunir ...a todos los ancianos de Judá y de Jerusalén.** Los regidores espirituales tenían que tomar parte y conducir. **2. Desde el más chico hasta el más grande.** Todas las clases del pueblo tenían que tomar parte en restaurar la relación del pacto. **Y leyó...todas las palabras del libro del pacto.** Ver Dt 31:24–26. Josías leyó el pacto de Jehová. Cp. Jos 23:6; 24:22–25. **3. El rey...hizo pacto delante de Jehová.** Todos participaron en la restauración.

El tercer paso era la erradicación de la idolatría en Judá (vv. 4–20). **4. Que sacasen del templo.** Josías sacó los ídolos contaminadores, y los hizo quemar (cp. Dt 7:25; 12:3). El Templo de Dios es solamente para él. **5. Y quitó a los sacerdotes idólatras.** ''Funcionarios sacerdotales'' que conducían al pueblo en su idolatría. Estos fueron sacados a fin de restaurar a los levitas. **A los signos del zodíaco.** Adoración de los astros. **6. Asera,** la diosa Astarté. Estos artículos indican la seriedad de la idolatría de Judá. **8. E hizo venir todos los sacerdotes...desde Geba a Beerseba** apartándolos de los lugares altos. Esto es, hizo cesar la adoración divisiva por todo Judá y Benjamín. **9. No subían al altar de Jehová.** La adoración cismática les privó del derecho al servicio levítico, pero no les privó del mantenimiento. **10. Profanó a Tofet.** Quemando allí a huesos humanos (cp. vv. 16–18). **11. Quitó también los caballos.** La adoración del sol fue eliminada. **12. Los altares que estaban sobre la azotea de la casa de Acaz.** Utilizados para adoración astral. **13, 14. El monte de la destrucción.** Sobre el monte de los Olivos. Para el origen del nombre, ver 1 R 11:7.

El rey Josías abolió también la idolatría en Israel. **15. Altar...en Bet-el.** Desarraigó el origen de la idolatría por la cual Israel había quebrantado el pacto (cp. 1 R 12:28; 13:1; Am 3:14; 6:10, 13; Jer 48:13). **16. Para contaminarlo.** Quemando huesos humanos sobre él para profanarlo para su utilización a los ojos de los idólatras. **17. ¿Qué monumento es este que veo?** Esta es la relación de Josías con 1 R 13:2. **19, 20.** Mató además sobre los altares a **todos los sacerdotes** cumpliendo la ley de Moisés que prohibía la idolatría.

A continuación reemplazó el rey el pecado con la adoración positiva a Jehová (vv. 21–23). Guió a su pueblo a la observancia de la Pascua, el recordatorio central del pacto (cp. 2 Cr 35:1–19). **22.** Las palabras, **tal pascua,** indican las circunstancias y la fidelidad de la observancia, sobrepasando incluso a la de Ezequías.

24. Josías extendió su reforma en cada hogar, **para cumplir las palabras de la ley.** Los hogares puros forman la base de una sociedad pura. **25. No hubo otro rey antes de él.** Llevó a cabo la ley con mayor exactitud y fidelidad que los otros reformadores habían hecho.

26. Pero los buenos actos de Josías no podían librar a Judá (cp. 2 R 22:16–20). **27. Quitaré de mi presencia** confirma la predicción de 2 R 20:17 y añade a ella. La retirada del nombre de Dios garantizaba la caída de Jerusalén.

29. Faraón Necao (609–594)...subió hacia el rey de Asiria (no **contra,** como en la RV) para ayudarle en contra de Nebopolasar, rey de Babilonia (ver BASOR, 143, p. 25; D.J. Wiseman, *Chronicles of Chaldean Kings,* p. 19). **En Meguido.** En la línea normal de la ruta a Siria. Babilonia no fue detenida, porque el esfuerzo de Josías debilitó a Necao y así facilitó el cumplimiento de 2 R 20:17.

D. *Los últimos días de Judá. 23:31—25:26.*

1) Reinado y deportación de Joacaz. 23:31–34.

Ver 18:1–3 para la cronología. El que hubiera sido hecho rey por el pueblo excluye la posibilidad de una corregencia (cp. Jer 22:11). **22. Hizo lo malo.** Quebrantó el pacto. **33. Lo puso preso Faraón Necao en Ribla,** a dónde fue llamado con este propósito (Josefo, *Antig.,* x.5.2).

2) Reinado de Joacim e invasión de Nabucodonosor. 23:34—24:7.

34. Necao puso por rey a Eliaquim por derecho de conquista, habiendo dado muerte a Josías. **35. Joacim** pagó tributo a Necao a fin de seguir como rey. **37. Hizo lo malo.** Ver sobre el v. 32. **24:1. Subió...Nabucodonosor** en 604 a.C., convocando a los reyes de la tierra de Hattu (Siria y Palestina) para que pagasen tributo (ver Wiseman, *op. cit.,* p. 28; BASOR, 143, pp. 24, 25). **Joacim vino a ser su siervo por tres años.** Esto es, hasta el 601, cuando se rebeló, cediendo al partido pro-egipcio, pero sometiéndose y pagando tributo cuando Nabucodonosor entró en la tierra aquel mismo año. **2. Jehová envió contra él tropas.** Bandas de árabes, y otros, que dieron rienda suelta a su odio contra Nabucodonosor o Joacim, **contra Judá, para que la destruyesen,** esto es, para que contribuyesen a su caída (cp. 20:17; 23:27; Wiseman, *op. cit.,* p. 32). **3, 4.** Estas bandas actuaban **por mandato de Jehová...por los pecados de Manasés** (20:17) y **por la sangre inocente** que había derramado (21:16). **5. Los demás hechos de Joacim.** Cp. 2 Cr 36:8a. Ver Introducción, *Fuentes.* Cp. Jer 22:19 para su fin ignominioso. **7. Nunca más el rey de Egipto salió de su tierra.** Nabucodonosor controlaba ahora las antiguas posesiones de Egipto en Palestina y Siria, hasta el Wadi Arish, el **río** que bordeaba **Egipto.**

3) Reinado de Joaquín y su cautividad. 24:8–16.

8. De dieciocho años era Joaquín...y reinó...tres meses (y diez días; cp. 2 Cr 36:9a). Ver 18:1–3. No hay aquí ninguna corregencia (ver Thiele, *Mysterious Numbers,* p. 154). **10. En aquel tiempo.** Cp. 2 Cr 36:10, "En el tiempo que giraba el año", esto es, Tishri (sept/oct. Ver BASOR, 143, pp. 24, 25). **Los siervos de Nabucodonosor.** Convocó a su ejército en Quisleu (dic.), el 598 a.C., *después* de la muerte de Joacim. Y tomó Jerusalén el 15/16 de marzo, del 597 a.C. (Wiseman, *op. cit.,* p. 33), cuando Joaquín era rey. **12. Salió Joaquín.** Esperaba poder mantener su reinado si se rendía. **Lo prendió el rey de Babilonia** para deportarle, porque estaba demasiado infectado por sus simpatías pro-egipcias para ser un buen vasallo. **En el año octavo de su reinado.** El 10 de Nisán (22 de abril) del 597 a.C. (Thiele, *op. cit.,* p. 163). **15. Llevó cautivos a Babilonia a Joaquín...** Se han hallado tabletas de racionamiento de Babilonia para Joaquín y cinco hijos (ver BA, Dic., 1942, pp. 49–55). **16. A todos los hombres de guerra.** Clasificaciones específicas de aquellos relacionados en el v. 14.

4) Reinado de Sedequías. 24:17–20.

17. Puso por rey...a Matanías. Un tío de Joaquín (cp. Jer 22:30). Mateo registra la línea legal de Cristo a través de Joaquín; Lucas traza la línea real a través de Natán y de María. La predicción de Jeremías se cumplió. No obstante, Joaquín seguía siendo considerado el rey de Judá (2 R 25:27). **Sedequías**, tercer hijo de Josías, tío de Joaquín, hermano de Joacaz (23:31). Señálese que Jer 52:1–34 (aparte de 2 R 25:22–26) y 2 R 24:18—25:30 (careciendo de Jer 52:28–30) revelan una fuente común. **19. Hizo lo malo.** Quebrantó el pacto. **20. Vino, pues, la ira de Jehová.** Los pecados de Judá llegaron a lo sumo bajo Sedequías, y provocaron su caída bajo un juicio anteriormente anunciado (20:17; 23:27).

5) Asedio y caída de Jerusalén. 25:1–21. **1, 2. A los nueve años...en el mes décimo, a los diez días del mes.** El 15 de enero del 588 a.C. (BASOR, 143, p. 23). **Vino...contra Jerusalén.** Debido a que Sedequías había quebrantado su juramento de lealtad. **Hasta el año undécimo.** El asedio duró un año, un cinco meses, y veintinueve días (cp. Jer 37:5, 11 para un alivio del asedio debido a una campaña contra Egipto; Wiseman, op. cit., p. 30). **3, 4. A los nueve días.** El pueblo había quedado debilitado por el hambre, y la ciudad cayó. **Abierta ya una brecha en el muro.** El 19 de julio del 586 a.C. **6. Le trajeron al rey de Babilonia en Ribla** (a Sedequías). (Ver Jer 39:2–5 para la prueba de que los generales de Nabucodonosor habían tomado Jerusalén.) Sedequías fue juzgado como rebelde. **7. Degollaron a los hijos.** Para poner fin a esta intratable dinastía. **A Sedequías le sacaron los ojos** debido a que no había querido hacer la voluntad del Señor.

Los vv. **8–17** registran la destrucción de Jerusalén. **8. En el mes quinto**, esto es, cuatro semanas después de la apertura de la brecha. **Año diecinueve.** No tiene que confundirse con el año décimo octavo de su reinado, sino con él verdadero año décimo noveno (según BASOR, 143, p. 26, fue el 15 de agosto del 586 a.C.; cp. Thiele, op. cit., p. 164). **Nabuzaradán** [el ejecutor jefe]...**quemó la casa de Jehová, y la casa del rey, y todas las casas de Jerusalén...y todo el ejército...derribó los muros.** La destrucción de Jerusalén como una fortaleza de resistencia cumplió las predicciones de 20:17; 23:27.

Los babilonios no perdieron el tiempo en liquidar a los caudillos de la resistencia. **18:21.** Tomó entonces el capitán de la guardia al **primer sacerdote Seraías**, un antepasado de Esdras (Esd 7:1) y a **Sofonías**, probablemente el hijo de Hilcías (2 R 23:4; cp. Jer 21:7; 24; 25; 29) **tres guardas**, cada uno a una puerta del Templo, jefes de tropas; **y...un oficial que tenía a su cargo los hombres de guerra, y cinco varones**, jefes de los funcionarios, **y sesenta varones** que eran caudillos de la revuelta. Todos ellos fueron llevados a **Ribla** a Nabucodonosor. Las palabras **hirió...mató** denotan el vigor con que Nabucodonosor acabó con la nación.

6) El gobernador marioneta, Gedalías. 25:22–26. **22. Y al pueblo que...dejó en tierra de Judá, puso por gobernador a Gedalías...** Gedalías era amigo de Jeremías y, por ello, probabilónico, y fue por esta razón que fue hecho gobernador. **23. Los príncipes del ejército.** O, de los *campos* (cp. Jer 40:7). Gedalías, siguiendo las palabras del Señor, aconsejao la cooperación con Asiria (2 R 25:24). **25. Mas... Ismael.** Gedalías, rehusando creer la advertencia con respecto a él (Jer 40:14), perdió su vida (Jer 41:2). Debido a que Ismael era de sangre real, creyó que le correspondía gobernar a él. **26. Y levantándose todo el pueblo...se fueron a Egipto.** Estos eran del partido pro-egipcio, el partido que ayudó a la caída de Judá.

E. Epílogo. La liberación de Joaquín. 25:27–30. **27. A los treinta y siete años.** En el año treinta y siete de su cautiverio, pero al vigésimo séptimo día del duodécimo mes del año de accesión de Evil-merodac. Si este hubiera sido solamente el año trigésimo séptimo de Joaquín, el año de accesión de Evil-merodac no hubiera sido mencionado. Según Thiele (op. cit., p. 165), fue el 21 de marzo del 561 a.C. **Libertó.** Lit., levantó su cabeza. Cp. Gn 40:13. Joaquín fue encarcelado después de su deportación, y Evil-merodac le libertó. **28, 29. Puso su trono más alto...le cambió los vestidos de prisionero.** Su cambio fue permanente. **Y comió siempre delante de él todos los días de su vida.** Debido a que Joaquín fue así tratado, había esperanza para la restauración de la nación a su tierra.

BIBLIOGRAFÍA

BURNEY, C. F. *Notes on the Hebrew Text of the Kings*. Oxford: The Clarendon Press, 1903.

FINEGAN, JACK. *Light From the Ancient Past*. Princeton: Princeton University Press, 1946.

FREE, J. P. *Archaeology and Bible History*. Wheaton, Ill.: Van Kampen Press, 1950.

GORDON, CYNUS H. *Introduction to Old Testament Times*. Ventnor, N. J.: Ventnor Publishers, 1953.

HONOR, L. L. *Sennacherib's Invasion of Palestine*. Nueva York, 1926.

KREALING, E. *Aram and Israel*. (Columbia University Oriental Series, Vol. 13.) Nueva York: Columbia University Press, 1918.

LANGE, JOHN PETER. *The Book of Kings (A Commentary on the Holy Scriptures)*. Nueva York: Charles Scribner's Sons, 1903.

LUCKENBILL, DAVID DANIEL. *Ancient Records of Assyria and Babylonia*. 2 vols. Chicago: University of Chicago Press, 1926.

———. *The Annals of Sennacherib*. Chicago: University of Chicago Press, 1926.

McCOWN, C. C. *The Ladder of Progress in Palestine*. Nueva York: Harper & Bros., 1943.

OLMSTEAD, A. T. *History of Assyria*. Nueva York: Charles Scribner's Sons, 1923.

———. *History of Palestine and Syria to the Macedonian Conquest*. Nueva York: Charles Scribner's Sons, 1931.

———. *Western Asia in the Days of Sargon of Assyria*. Lancaster, Pa.: Press of the New Era Printing Co., 1908.

———. "Western Asia in the Reign of Sennacherib", *Annual Report*, American Historical Associations. Washington, 1913.

OPPENHEIM, BARON VON. *Tell Hataf, A New Culture in Oldest Mesopotamia*. Nueva York y Londres: Putnam & Sons, 1933.

PARKER, R. A., y DUBERSTEIN, W. J. *Babylonian Chronology, 623 B.C.–A.D. 75*. Providence, R.I.: Brown University Press, 1956.

PAYNE, J. BARTON, *An Outline of Hebrew History*. Grand Rapids: Baker Book House, 1954.

PRITCHARD, JAMES B. (ed.). *Ancient Near Eastern Texts*. Princeton: Princeton University Press, 1955.

REED, W. L. *The Asherah in the Old Testament*. Fort Worth, Tex.: Texas Christian University Press, 1949.

ROGERS, ROBERT W. *Cuneiform Parallels to the Old Testament*. Nueva York: Eaton & Mains, 1912.

THIELE, EDWIN R. *Mysterious Numbers of the Hebrew Kings*. Chicago: University of Chicago Press, 1955.

UNGER, MERRILL F. *Archaeology and the Old Testament*. Grand Rapids: Zondervan Publishing House, 1956.

WISEMAN, D. J. *Chronicles of Chalden Kings (626–556 B.C.) in the British Museum*. Londres: British Museum, 1956.

COMENTARIOS EN ESPAÑOL

HENRY, MATTHEW. *Comentario Matthew Henry: 1 Reyes-Ester*. Terrassa, España: CLIE.

LASOR, WILLIAM S. "1 y 2 Reyes". *Nuevo Comentario Bíblico*, editado por D. Guthrie, J. A. Motyer, A. M. Stibbs y D. J. Wiseman. El Paso: Casa Bautista de Publicaciones, 1978.

UNGER, MERRILL F. *Nuevo Manual Bíblico de Unger*. Grand Rapids: Editorial Portavoz, 1987.

PRIMERO DE CRÓNICAS

INTRODUCCIÓN
(Para 1 y 2 Crónicas)

Título. En la Biblia hebrea, los libros de Crónicas llevan el título *dibrê hay-yᵐîm*, "Los sucesos (lit., *las palabras*) de los días". Otros diarios históricos, que están ahora perdidos, tales como los "*dibrê hay-yāmîm* del rey David" (1 Cr 27:24), empleaban la misma terminología. Por ello, el nombre significa "los Anales", o, como lo sugiere Jerónimo, uno de los Padres de la Iglesia, "las Crónicas", que han llegado a ser en castellano el nombre de estos libros. Los libros de 1 y 2 de Reyes mencionan anales similares denominados "*dibrê hay-yāmîm* de los reyes de Israel" (p. ej., 1 R 14:19), o "de Judá" (1 R 14:29). No obstante, tales citas no pueden referirse a los presentes libros de Crónicas, que no fueron escritos sino hasta cien años después de Reyes, sino que sugieren otros libros perdidos, crónicas contemporáneas de la historia israelita.

Crónicas había existido como una sola composición. La actual división del libro en dos partes surgió en la traducción griega, que se hizo algún tiempo antes del 150 a.C., aunque aparece ahora en todas las Biblias, incluyendo las ediciones impresas en hebreo. En la disposición original del canon, además, Crónicas está al final del Antiguo Testamento. Así, Cristo en Lc 11:51 habló de todos los mártires, desde Abel, en el primer libro (Gn 4) hasta Zacarías, en el último (2 Cr 24).

Fecha y paternidad. Las Crónicas no afirman cuando, o por quien, fueron redactadas. Los libros registran sucesos hasta el decreto de Ciro, el 538 a.C., que permitía a los judíos volver del exilio (2 Cr 36:22). Sus genealogías, además, mencionan al nieto del rey Jeconías, Zorobabel (1 Cr 3:19), que condujo a los judíos en el retorno del 537. A su vez bosquejan la descendencia de la familia de Zorobabel a través de dos de sus nietos, Pelatías y Jesaías. (3:21), o hasta aproximadamente el 500 a.C. Siguen cuatro nombres de hombres cuya relación exacta con el rey Jeconías no se da en el texto. Pero la familia del último de estos, un cierto Secanías (3:21), se relaciona a través de siete tataranietos (3:24). Así, si Secanías perteneciera al mismo período del rey Jeconías, que nació en 616, estas cuatro generaciones adicionales nos llevarían aproximadamente al 500 a.C. como la fecha más temprana posible para la redacción de Crónicas, sobre la base de la evidencia interna.

No obstante, el origen de las Crónicas queda poderosamente sugerido por su estrecha relación con otra parte del AT, esto es, el libro de Esdras, que describe los sucesos desde el decreto de Ciro hasta el 457 a.C. La tradición heb. afirma que Esdras escribió Crónicas así como Esdras, conclusión ésta confirmada por la moderna erudición de William F. Albright (JBL, 50 [1921], pp. 104–124); y los libros desde luego presentan el mismo estilo de lenguaje y tipo de contenido. Esto se evidencia de tales asuntos como las frecuentes listas y genealogías, el similar acento sobre el ritual, y su común devoción a las leyes de Moisés. Además, los vv. finales de Crónicas (2 Cr 36:22, 23) se repiten como los vv. iniciales de Esdras (1:1–3*a*). Esto parece indicar que Esdras y Crónicas eran inicialmente una historia consecutiva, redactada por Esdras alrededor del 450 a.C. El mismísimo hecho de que 2 Cr se interrumpe en medio del decreto de Ciro sugiere que cuando Esdras fue inspirado para incorporar este libro de Crónicas como la parte final del AT, estaba así llevando de una forma deliberada a sus lectores a su libro de Esdras. Esta última parte de su escrito original parece haber sido ya dispuesto por Dios en el canon de las Escrituras a fin de continuar el registro histórico de los libros de Reyes. Así, ya que Esdras queda separado de Crónicas en la disposición hebrea por la autobiografía de Nehemías, que menciona al rey Darío II que empezó a reinar el 423 a.C. (Neh 12:22), podemos asignar a la incorporación de Crónicas y el cierre del canon del AT alrededor del 420 a.C.

Si Esdras el escriba (Esd 7:6) fue el escritor de Crónicas, su "escribanismo" puede bien dar cuenta de los detallados reconocimientos de las fuentes históricas en estos libros. Estas fuentes incluyen los escritos de profetas como

Samuel, Natán, Gad (1 Cr 29:29), Ahías, Ido, Semaías (2 Cr 9:29; 12:15), Jehú hijo de Hanani (20:34), y otros posteriores como Isaías (32:32) y Hozai (2 Cr 33:19, BLA). La principal obra de referencia era "El libro de los reyes de Judá y de Israel" (16:11; 25:26, etc.), con "la historia [o *comentario*, en heb., *Midrash*] del libro de los reyes" (24:27). Pero aunque 1 y 2 Crónicas siguen con frecuencia a 1 y 2 Reyes de una forma bastante estrecha, nuestro libro de los Reyes no puede ser la fuente a la que aquí se remite. Porque los vv. como 1 Cr 9:1 y 2 Cr 27:7 se refieren al "libro de los reyes" para datos adicionales acerca de genealogías o guerras acerca de las cuales nada aparece en nuestros libros canónicos. Esta referencia principal tiene que haber sido un registro más grande de la corte, ahora perdido, que incorporaba también algunos de los escritos proféticos, como los de Jehú (2 Cr 20:34) o Isaías caps. 36–39 (2 Cr 32:32). De esta fuente tanto Reyes como Crónicas se surtieron después (cp. Is 36–39 con 2 R 18:13 — 20:19 y 2 Cr 32).

Circunstancia de la redacción. El celo de Esdras para el establecimiento de la ley de Moisés (Esd 7:10) le llevó en el 458 a.C. a volver de Babilonia a la comunidad judía en Palestina. Tomó medidas inmediatas para restaurar la adoración en el Templo (Esd 7:19–23, 27; 8:33, 34) y para eliminar los matrimonios mixtos, que un número de judíos habían contraído con vecinos paganos (Esd 9 — 10). A la luz de los amplios poderes concedidos a Esdras por el rey persa (Esd 7:18, 25), parece haber sido él quien empezó a reconstruir las fortificaciones de Jerusalén (Esd 4:8–16). No fue sino hasta que Nehemías se unió a Esdras el 444 a.C. que se reconstruyeron realmente los muros (Esd 4:17–23; Neh 6:15, 16) y la ley mosaica se reconoció plenamente (Neh 8). Pero es evidente que el propósito del cronista fue el de estimular esta reconstrucción de la teocracia, lo que queda evidenciado en las características mismas del libro.

En comparación con las historias paralelas en Génesis, 1 y 2 Samuel, y 1 y 2 Reyes, los libros de Crónicas, con su meta de mantener la pureza racial y religiosa, se hallan repletos de genealogías (p. ej., 1 Cr 1 — 9). Otra vez, a causa de su meta de preservar un sacerdocio y adoración apropiados, dan un mayor énfasis a la ley de Moisés, al Templo (1 Cr 22), y al arca, los levitas, y los cantores (1 Cr 13; 15; 16). Omiten las detalladas actividades de los reyes (2 S 9; 1 R 3:16–28), y también las narraciones extensas de los profetas (como 1 R 17:1 — 22:40; o 2 R 1:1 — 8:15). Este característico

acento sobre el sacerdocio parece dar cuenta de la posición que el libro halla en la tercera división (no profética), separado de 1 y 2 S y de 1 y 2 R, cuyo énfasis moralista los sitúa dentro de los profetas en la segunda división. Finalmente, la meta del libro de proveer aliento a aquellos que habían quedado desencantados por las dificultades postexílicas explica los relatos ofrecidos de las victorias anteriores de Judá, dadas por Dios (2 Cr 13; 14; 20; 25). Esta meta explica también la omisión de 1 y 2 Cr de la ausencia primera de éxito en la carrera de David (2 S 1 — 4), sus pecados posteriores y sus derrotas (2 S 11 — 21), los fracasos de Salomón (1 R 11), y además de toda la infame historia del reino septentrional de Israel.

Debido a estas características, la mayor parte de los críticos no evangélicos del AT rechazan 1 y 2 Cr como siendo una obra de propaganda de levitas del siglo v, con revisiones extensas (y contradictorias) tan posteriores como el 250 a.C. (así opinan Adam C. Welch, Robert Pfeiffer, y W.A.L. Elmslie). Este libro, argumentan ellos, no puede reflejar una historia auténtica sino que simplemente inventa "lo que hubiera debido suceder" (IB, III, 341). Sus cifras tan grandes, como el 1.000.000 de invasores etíopes (2 Cr 14:9), se someten a un ridículo particular, a pesar de que en tales casos hay explicaciones legítimas (ver más adelante, o Edward J. Young, *Una Introducción al Antiguo Testamento*, pp. 464–467). Además, esta censura está basada en el previo rechazo por parte del liberalismo de la paternidad mosaica del Pentateuco, cuyos rituales reciben validación a través de todo el registro de Crónicas. La crítica incrédula se ve así obligada por adelantado a negar la historicidad del libro. Pero las excavaciones en la antigua Ugarit han confirmado la autenticidad en Canaán de rituales de gran elaboración, y ello en el mismo siglo en que Moisés estaba conduciendo a Israel fuera de Egipto (J. W. Jack, *The Ras Shamra Tablets: Their Bearing on the Old Testament*, p. 29ss.). Albright ha señalado que muchas de las afirmaciones históricas halladas únicamente en 1 y 2 Cr han quedado confirmadas por los descubrimientos arqueológicos (BASOR, 100 [1945], p. 18). Además, es significativo que en tanto que los libros de Crónicas acentúan el lado brillante de la historia judía, no niegan sus fracasos. Más bien asumen el conocimiento anterior por parte de sus lectores (como en 1 Cr 22:8; 28:3), y pasan a acentuar, por ejemplo, la unción *segunda*, más alentadora, de Salomón (1 Cr 29:22), o los más ejemplares *primeros* caminos de David (2 Cr 17:3). Los juicios proféticos de 1 y 2 R y las esperanzas sacerdotales de 1 y 2 Cr son ambos verdaderos y ambos necesarios. La moralidad de los primeros es fundamental, pero la reden-ción de los segundos es la característica más distintiva de la fe cristiana.

BOSQUEJO

COMENTARIO

I. Genealogías. 1:1 — 9:44

A. Patriarcas. 1:1–54.

Este primer cap. sumariza el desarrollo de la raza humana. Empieza con Adán y sigue su línea de descendencia a través de Abraham a Jacob y Esaú. Su propósito es el de definir el lugar del pueblo elegido de Dios en la historia del mundo. Por ello, las ramas de la raza humana situadas a remota distancia de Israel son dejadas de lado después de una breve mención, si es que se señalan en absoluto; en tanto que aquellas más relacionadas con Israel se tratan con detalle más prolijo. La mayor parte del material se recoge directamente de los registros en Génesis.

4. Noé. El cronista espera que sus lectores sepan ya que Sem, Cam y Jafet son los tres hijos de Noé, y no generaciones sucesivas (Gn 5).

5. Los hijos de Jafet. Los vv. 5–23 reproducen la tabla de Gn 10, con diferencias poco importantes en la forma de escribirlos. Los jafetitas incluyen a tales naciones de Europa y del Asia septentrional como Javán (Ionia, los griegos), Gomer (los cimerios de las llanuras rusas), Tubal y Mesec (los antiguos Tabali y Mushki de la meseta turca), y Madai (los medos, de Irán).

8. Los hijos de Cam. Los descendientes de Cam ocupan Africa: Put (Libia), Mizraim (Egipto), y Cus (Etiopía). Pero Cam se estableció también en el suroeste de Asia: Canaán (Palestina), y el Nimrod cusita de Babilonia (cp. Gn 10:10; señálese como el segundo río de Eden bordea "Cus", 2:13).

17. Los hijos de Sem. Después fue dividida la tierra (v. 19), lo que probablemente se refiera a la confusión de lenguas en Babel (Gn 11:1–9). Después de este acontecimiento, los semitas se quedaron cerca de la cuna de la humanidad en el centro de Asia, extendiéndose desde Lud (Lidia, de Asia Menor) y Aram (Siria) a Elam (al norte del Golfo Pérsico). De Arfaxad vino Heber (esto es, "hebreo"), el antepasado de Abram y de otros pueblos no estables conocidos en la historia antigua como los Khabiru o Apiru. Uz, **Hul**, **Geter** y **Mesec** fueron hijos de Aram (Gn 10:23). **27. Y Abram, el cual es Abraham.** Aunque Isaac es nombrado aquí, los vv. 28–33 tratan de los descendientes de Abraham por sus esposas secundarias, Agar y **Cetura** (v. 32; ver Gn 25:1–4, 12–16). El cronista menciona a los descendientes árabes nómadas de Abraham antes de pasar al hijo de Sara, Isaac, que era el hijo de la promesa.

35. Los hijos de Esaú. A continuación se relaciona de forma sumaria la descendencia de Esaú, uno de los hijos gemelos de Isaac, y de su nación edomita, antes de Jacob y el pueblo israelita, que constituyen el tema de 1 y 2 Cr. Los vv. 35–54 sumarizan la tabla de Gn 36 con solamente unos pocos cambios escribales en la ortografía de los nombres. **36. Timna** no era hijo de Elifaz, sino su amante, e hija de Seir (v. 39). Ella tuvo a Amalec (Gn 36:12), y su nombre fue asignado a un distrito de Edom (v. 51). **38. Seir** era de los "horeos" (Gn 36:20), o hurrianos, un pueblo antiguo de importancia, algunos de los cuales se habían establecido en Edom antes de la llegada de Esaú (Dt 2:12, 22). **42. Uz.** Job, que era del área de este hombre (Job 1:1) puede así haber sido un edomita temprano descendiente de Esaú (cp. Lm 4:21). Comparar el hijo de Esaú, Elifaz, padre de Temán (v. 36), nombre que puede haber pasado al amigo de Job, Elifaz el temanita (Job 2:11).

51. Muerto Hadad. Su muerte no se menciona en la sección correspondiente del Pentateuco (Gn 36:39), probablemente debido a que era un contemporáneo de Moisés, pero, naturalmente, hacía ya largo tiempo que estaba muerto en la época de Esdras y de la redacción de las Crónicas. **Los jefes de Edom.** Estos eran los caudillos tribales.

B. Judá. 2:1—4:23.

La tierra ocupada por los judíos que volvieron del exilio consistía principalmente de los territorios de Judá y de Benjamín. Además, los elementos conductores de la comunidad de Esdras procedían también de estas dos tribus (Esd 1:5; 10:9), de las que había estado constituído el reino meridional. Por ello, en su designio de establecer la pureza nacional, el mayor énfasis del cronista recae sobre Judá (la mayor parte de los caps. 2 — 4) y Benjamín (la mayor parte de 7 — 9). Era Judá que era particularmente importante (Esd 4:4, 6), de los que se deriva precisamente el nombre de "judío".

1) El clan de Hezrón. 2:1–55.

De los cinco hijos de Judá, los dos primeros murieron sin descendencia. No obstante, Fares, que era el cuarto, engendró a Hezrón, bajo cuya jefatura se incluyeron algunos de los elementos de la posterior población de Judá. Este cap., por tanto, pasa rápidamente a este nieto de Judá y se ocupa particularmente de las relaciones dentro de este clan. Algunos nom-

bres son de comunidades enteras, descendidas de Hezrón, como Quiriat-jearim y Belén (vv. 50, 61). **4. Tamar.** Los detalles acerca de Judá, Tamar, Er y Onán se hallan en Gn 38.

6. Los hijos de Zera. Estos resultan ser cinco descendientes posteriores, mencionados a causa de su importancia: **Zimri**, que engendró al Carmi del siguiente versículo, es llamado Zabdi en Jos 7:1; los otros cuatro "ezraítas" (Zera) fueron famosos por su sabiduría (1 R 4:31) y compusieron Sal 88 y 89, pero no deben ser confundidos con Hemán y Etán, músicos de David, que eran de Leví, no de Judá (1 Cr 15:15, 17).

7. Acán, el que perturbó a Israel. Su transgresión tuvo lugar bajo Josué en Jericó. Ver Jos 7.

10. De los cinco hijos de Hezrón, el primero mencionado es **Ram**, siendo el antecesor de la familia real de David (vv. 10–17; cp. Rut 4:18–22). **15. El sexto Ozem.** Se menciona un séptimo hijo en 1 S 16:10; 17:12, pero no se nombra. Puede haber muerto en la infancia. **16. Sarvia y Abigail** eran medio hermanas de David, por padre diferente (2 S 17:25). Sus hijos fueron famosos soldados bajo su medio tío David (ver 2 S 3:10, 20; 19:13). **18.** La rama de **Caleb** (cp. v. 42) o **Quelubai** (v. 9), **hijo de Hezron**, es descrita a continuación (vv. 18–20, 42–55). No debe confundirse con Caleb, el fiel espía (4:15), que vino trescientos años más tarde. **20. Bezaleel** vino a ser el principal artífice en la construcción del Tabernáculo (Éx 31:1, 2). **23. Las ciudades de Jair.** Ver Nm 32:41, 42; Dt 3:14. Leer juntamente con RV: *Gesur y Aram tomaron de ellos las ciudades de Jair.* Aquí, la VM yerra la traducción, haciendo que las ciudades fueran quitadas *a* Gesur en lugar de quitadas *por* Gesur.

25. Los descendientes de **Jerameel primogénito de Hezrón** (vv. 25–41) ocuparon una extensa área en el Neguev, o país meridional de Judá (1 S 27:10; 30:29). **35. Sesán** le dio **su hija**, probablemente Ahlai (v. 31).

42. Los hijos de Maresa (¿variante de Mesa?) el **padre de Hebrón.** Léase, del hebreo (KD), *y Maresa tuvo también Abi-Hebrón.* **47. Los hijos de Jahdai.** La relación exacta de **Jahdai** con los precedentes se ha perdido. **49. Acsa fue hija de Caleb.** Acsa era en realidad una descendiente distante de este Caleb, hijo de Hezrón, e hija inmediata de Caleb el fiel espía, hijo de Jefone. Ella es famosa como la esposa de Otoniel, a quien fue dada como premio a su conquista de Debir (Jos 15:15–19; Jue 1:11–15).

50. Estos fueron los hijos de Caleb. Léase: *"Los nietos de Caleb fueron: el hijo de Hur, Sobal, etc"* **Efrata** es la esposa de Caleb (ver

v. 19). **55. Los ceneos** de la familia de Hobab, cuñado de Moisés, se incorporaron por casamiento o adopción a la tribu de Judá (Jue 1:16). Jonadab, un posterior descendiente de **Recab**, fue señalado posteriormente como reformador y prohibicionista. Para impedir la corrupción de su familia, mantuvo las formas primitivas de la vida nómada (2 R 10:15-28; Jer 35).

2) La familia de David. 3:1-24.

Este cap. traza la casa real de Judá desde David, su fundador, hasta alrededor del 500 a.C. Bajo los persas no se le permitió rey a la comunidad israelita, y ciertamente la profecía había afirmado que ningún descendiente puramente humano de David volvería a ocupar el trono de Israel (Jer 22:30). No obstante, el interés post-exílico se centraba aún en esta familia. Porque no solamente dio la casa de David conductores civiles (Zac 12:7, 8), incluyendo a Zorobabel, el gobernador de la primera restauración, sino que mediante esta casa surgiría la definitiva esperanza de Israel. Esperaban ellos al mayor Hijo de David, a un hombre, pero más que un hombre, el "compañero" de Dios (Zac 13:7). Mediante este Mesías, la traspasada Deidad (Zac 12:10), vendría la redención (Zac 13:1) y el reino de Dios sobre la tierra (Zac 14:9). **1. El segundo, Daniel** es conocido como Quileab en 2 S 3:3. **5. Betsúa** es conocida en los otros pasajes como Betsabé. Esta lista de hijos aparece con mínimas variantes en 14:4-7 y en 2 S 5:14-16. Fue a Salomón a quien Dios eligió para que sucediera a David (1 Cr 22:9), en lugar de uno de los hijos mayores, tres de los cuales al menos fueron asesinados en luchas intestinas de la familia. **6. Elisama, Elifelet.** Mejor leer *Elisúa y Elpalet* (como en 14:5); no hubieran tenido los mismos nombres que sus hermanos en el v. 8. **9. Y Tamar fue hermana de ellos.** Ver 2 S 13 para el relato de cómo fue violada por Amón y vengada por Absalom.

15. Salum es llamado también Joacaz (2 R 23; 2 Cr 36; cp. Jer 22:11). Era, de hecho, mayor que Sedequías (2 R 24:18), pero su reinado fue de más corta duración. **16. Jeconías** es también llamado Conías (Jer 22:24, 28; 37:1) y Joaquín (2 R 24; 2 Cr 36). **Sedequías** fue **hijo** de Joaquín solo en el sentido amplio hebreo de "sucesor" o "pariente". En realidad, era su tío (v. 15). **17. Asir** es probable que no sea un nombre propio, y debiera traducirse como "el cautivo". **Salatiel** tiene que haber sido simplemente un hijo legal (adoptado), porque Lc 3:27 señala que su verdadero padre había sido un cierto Neri.

19. Zorobabel es generalmente contado como hijo del hermano de Pedaías, Salatiel, quizas por la costumbre del levirato, si se asume que Salatiel muriera sin simiente (cp. Dt 25:5-10). Zorobabel fue el caudillo del retorno de los judíos a Palestina después del exilio, el 538 a.C. (Esd 2:2; 3:2). **21. Refaías, Arnán, Abdías, y Secanías.** La relación exacta de estos cuatro con Jeconías no aparece. Si eran ellos hermanos, la quinta generación volvería a llevar la línea a alrededor del 500 a.C., algún tiempo antes de Esdras y de la compilación de las Crónicas. Ver *arriba*, Introducción, *Fecha.*

3) Otros clanes de Judá. 4:1-23.

Los vv. 1-7 proveen un suplemento a las genealogías de Hezrón en el cap. 2. Las relaciones del clan entre los diez caudillos relacionados en los vv. 8-20 no son claras en el texto, bien por los vacíos en los registros disponibles para Esdras o debido a una posterior corrupción por los copistas. Los vv. 21-23 bosquejan el clan del tercer hijo de Judá, Sela. **1. Los hijos de Judá.** Pero ellos no son hermanos (ver antes, 2:4—7:50). **2. Reaía hijo de Sobal** recibe el nombre de Haroe en 2:52, al cual este versículo constituye un suplemento; como lo hacen, también, los vv. 3, 4 al 2:19, 50; y los vv. **5-7** al 2:24. **8.** Las exactas relaciones de Cos, **Jabes** (v. 9), **Quelub** (v. 11), **Cenaz** (v. 13), **Meonotai** (v. 14), **Jehalelel** (v. 16), **Esdras** (v. 17), **Hodías** (v., 19), **Simón** e **Isi** (v. 20) dentro de la tribu de Judá no son dadas.

9. Jabes y **dolor** se asocian en hebreo, *Ya'âbes* y *'oseb*; y el nombre se traduce: *el causa dolor.* Pero la oración de fe de Jabes (v. 10) trajo bendición en lugar de *'oṣbî* ("causándome tristeza").

13. Hijos de Cenaz: Otoniel... Este ceneo fue adoptado de su pueblo del desierto (Gn 15:19; 36:42) a Israel, en la tribu de Judá, y devino el primero de los jueces (Jue 3:9, 10). **14. Carisim** significa *grabadores.* **15. Caleb hijo de Jefone** era el hermano (considerablemente) mayor de Otoniel (Jue 1:13; cp. Jos 14:6) y el espía fiel (Nm 13;14). **17. Y ella dio a luz.** *Estos fueron los hijos de Bitia*, la esposa egipcia de Mered (v. 18). **18. Y su mujer Jehudaía dio a luz,** leer: *Pero su esposa judía dio a luz...*

23. Las palabras hebreas por **plantíos y cercados** es mejor tomarlas como nombres de lugares: *Netaím y Gederah.* **Estos eran alfareros...moraban allá con el rey.** La arqueología ha demostrado la existencia de gremios hereditarios de alfareros durante las dos monarquías (930-586 a.C.), con patrocinio real, y utilizando grabados identificadores uniformes de generación en generación (R. A. S. Macalister, *Palestine Exploration Fund Quarterly Statement* (julio y oct., 1905), pp. 244, 245, 328, 329).

C. Simeón. 4:24–43.

Simeón, juntamente con Leví, fue esparcido entre las tribus debido a la masacre de Siquem (Gn 34:24–30; 49:5–7). Específicamente, a Simeón se le dio a heredar el rincón sudoccidental de Palestina y virtualmente se fundió con Judá (Jos 19:1–9; cp. Jue 1:3). Después de la división del reino, no obstante, grupos de Simeón se dirigieron al norte, o, por lo menos, adoptaron sus prácticas religiosas (cp. la mención de Beerseba en Am 5:5, etc), y fueron contados con las diez tribus septentrionales (2 Cr 15:9; 34:6). Otros grupos llevaron una vida semi-nómada en puntos tan aislados como pudieran hallar, ejemplo de ello siendo las dos migraciones mencionadas en los vv. 34–41 y 42, 43.

24. Los hijos de Simeón. Esta genealogía amplía el bosquejo de la familia de Simeón que se da en Gn 46:10; Éx 6:16; Nm 26:12–14. **31. Sus ciudades hasta el reinado de David.** Después de las guerras filisteas, ciertas de las ciudades de Simeón, como Siclag (v. 30), pasaron a manos de los de Judá (1 S 27:6). **40. Los de Cam.** Probablemente cananeos, de ascendencia camítica (1:8). **41. Y cabañas.** Léase: *Y los Meunim*, una tribu edomita (cp. 2 Cr 26:6, 20:1 nota). **43. Los que habían quedado de Amalec.** Tanto Saúl como David habían devastado a estos antiguos enemigos (1 S 14:48; 15:7; 2 S 8:12).

D. Las tribus transjordanas. 5:1–26.

Justo antes de la conquista de Canaán, Israel se había visto obligado a emprender una batalla contra las naciones que caían al este del Jordán (Nm 21:21–35). Al ser derrotadas, Moisés concedió sus territorios a las tribus de Rubén (1 Cr 5:1–10) y Gad (vv. 11–17) y a la media tribu de Manasés (vv. 23–24). Este cap. se basa doblemente en los registros pre-exílicos y en lo que puede haber sido un censo post-exílico (v. 7). Describe sus tierras y genealogías de los clanes, su fe temprana que les dio una gran victoria contra los ismaelitas (vv. 16–22), y su posterior apostasía que provocó el exilio de ellas a Asiria (vv. 25, 26). **1. Rubén...violó el lecho de su padre.** Con Bilha (Gn 35:22, 49:4). Su **primogenitura** fue dada a José, como primer hijo de Raquel, la esposa a la que amaba Jacob **(Israel). 2. Judá llegó a ser el mayor de los hermanos.** Como Jacob lo había predicho (Gn 49:8, 9) y cumplido en David (2 S 5:1–3), el

precursor de Jesucristo (Mt 1:6). **3. Los hijos de Rubén.** Esta sección amplía lo bosquejado anteriormente de su familia como se señala en Gn 46:9; Éx 6:19; Nm 26:5–7. **4.** No se afirma cuál de los precedentes fue el padre de **Joel.**

6. Tiglat-pileser III de Asiria se llevó las tribus fronterizas al exilio en 733 a.C. (vv. 22, 26; 2 R 15:29), once años antes de la caída de Samaria ante Salmansar V (o, posiblemente, ante su sucesor Sargón II).

16. Ejidos. Pastos.

17. Jotam y **Jeroboam** II reinaron entre 751–736 y 793–753 a.C. respectivamente.

19. Hagar fue la madre de Ismael, el antepasado de **Jetur, Nafis** y otras tribus árabes (Gn 25:15).

26. Pul era el nombre de Tiglat-pileser antes de su accesión. Así, léase: "Dios...excitó el espíritu de Pul rey de los asirios, o sea, el espíritu de Tiglat-pileser...''

E. Leví. 6:1–81.

Aunque tanto Simeón como Leví habían sido maldecidos a una dispersión tribal entre Israel (Gn 34:24–30; 49:5–7), la posterior devoción de Leví (Éx 32:26–28) convirtió su dispersión en una dispersión de bendición y de caudillaje religioso (Dt 33:8–11). Esdras mismo era un sacerdote levítico, y orgulloso de su genealogía (Esd 7:1–5); y la comunidad post-exílica se centraba en los servicios de la tribu de Leví (cp. la preocupación de Esdras para que estuvieran presentes, 8:15–20). No obstante, una auténtica genealogía era esencial para el mantenimiento de la posición levítica (cp. Esd 2:59–63); de ahí el significado de este capítulo. Se extiende acerca de la familia de Leví como se señala en Gn 46:11; Éx 6:17–19; Nm 3:17–20; 26:57–62, e incluye la línea sumo sacerdotal (vv. 3–15, 49–53), los tres clanes de Leví (vv. 16–30), los cantores levíticos (vv. 31–48), y los territorios dispersos asignados a Leví (vv. 54–81). Ver también los caps. 23 — 26.

3. Nadab y Abiú fueron muertos en el desierto por su sacrilegio, y no dejaron hijos (Lv 10:1, 2; Nm 3:4). **4. Eleazar, Finees** (I), **Abisúa.** La lista relativamente corta de sumo sacerdotes que sigue no puede ser completa para los 860 años entre el éxodo y la caída de Jerusalén. No incluye a los descendientes de Itamar, que tuvieron oficio bajo los últimos jueces y el principio del reino: Elí, Finees II, Ahitub I, Ahimelec I (=Ahías), Abiatar, y Ahimelec II (1 S 14:3; 22:20; 2 S 8:17), ni otros ciertos sumo sacerdotes: Amarías II (2 Cr 19:11); Joiada (2 Cr 22:11), Zacarías (¿?) (2 Cr 24:20), Urías (2 R 16:10), Azarías III (2 Cr 31:10), y Meraiot (1 Cr 9:11).

8. Sadoc (I) fue sumo sacerdote bajo David y Salomón, el 970 a.C. **10. Azarías** II . . . **en la casa** (*el Templo*). Esto puede referirse a su resistencia al intento de Uzías a usurpar las funciones del sacerdocio, en el 751 a.C. (2 Cr 26:17). **13. Hilcías** fue el sumo sacerdote que descubrió el libro de la Ley dado por Moisés, provocando así la reforma de Josías en el 621 a.C. (2 Cr 34:14).

16, 17, 20, 43. Gersón es el Gersón del v. 1 y de los otros pasajes.

22. Aminadab es evidentemente otro nombre de **Izhar** (vv. 18, 38). **Coré** fue tragado por la tierra por rebelarse contra Moisés (Nm 16:32). **25.** Los nombres que siguen indican que este tiene que ser **Elcana** II, el hijo de Saúl (v. 24) y en la sexta generación de Ebiasaf (vv. 36, 37), y no Elcana I, el hermano de Ebiasaf, acabado de mencionar en el 6:23. **Ahimot**, el hijo (no hermano) de **Amasai**, recibe también el nombre de Mahat (v. 35). **26.** Este es Elcana (III), hijo de Ahimot (v. 25). **Zofai, Nahat** y **Eliab** (v. 27) son Zuf, Toah y Eliel (vv. 34, 35). **27.** Este **Elcana** (IV) es el famoso levita del monte de Efraín, marido de Ana y padre de Samuel (1 S 1:1). **28. Vasni.** El heb. para *y el segundo*. Por ello, se tiene que leer: "*El primogénito Joel, y el segundo, Abías*". El nombre de Joel se da en el v. 33, y en 1 S 8:2.

32. El tabernáculo de reunión. *Tienda del encuentro.* El lugar donde Dios se encontraba con el pueblo y, solo de forma secundaria, el pueblo se reunía (cp Éx 29:42, 43). **42, 44. Etán** y **Quisi** se llaman también Jedutún (25:1) y Cusaías (15:17).

54. El heb. para **domicilios** significa "campamentos" o "establecimientos". **A ellos les tocó en suerte.** La primera suerte se echó el 1400 a.C. en aquella distribución de la tierra (Jos 21:10). Los siguientes versículos acerca de las ciudades levíticas se comparan con Jos 21:3–40. **56. Se dieron a Caleb.** Como fue prometido por Moisés y por Josué (Jos 14:6–15). **57. La ciudad de refugio.** Para estas ciudades ver Nm 35; Dt 19:1–10; Jos 20. **60. Trece ciudades.** Solamente hay once nombradas en nuestro texto actual, pero las otras pueden verse en Jos 21. **61. Dieron diez ciudades de la media tribu de Manasés,** y también de Efraín y de Dan (cp. v. 66 y Jos 21:5).

F. Las otras seis tribus. 7:1—8:40; 9:35–44.

Aunque Judá y Benjamín (con Leví) dominaban la Israel post exílico, las otras tribus que habían compuesto el reino septentrional no estaban sin representación. Muchos habían huído a Judá con la caída de Samaria en 722 a.C. (1 Cr 9:1; 2 Cr 30:1, 2; cp. 34:6); y otros recuperaron su puesto entre el pueblo de Dios durante el exilio del 586 al 538 a.C. (cp. Ez 37:15–23), y volvieron con el resto bajo Zorobabel y Esdras (Esd 6:17; 8:35; cp. la Ana de la tribu de Aser en Lc 2:36). ¡Las así llamadas diez tribus perdidas y sus genealogías eran temas de ocupación personal para una cantidad de los contemporáneos de Esdras!

1) Sumarios. 7:1–40.

Sobre la base de Gn. 46 y de Nm. 26, 1 Cr 7 bosqueja los clanes significativos de seis tribus: Isacar (vv. 1–5), Benjamín (vv. 6–12), Neftalí (v. 13), Manasés occidental (vv. 14–19), Efraín (vv. 20–29), y Aser (vv. 30–40). Así, el cronista no hace mención ni de Dan ni de Zabulón. Se han efectuado intentos de dar cuenta de este hecho sobre la base de corrupción textual, pero puede ser simplemente que estas tribus tuvieran muy poca presencia y peso en la sociedad de Esdras.

1. Los hijos de Isacar. Estos vv. expanden los datos de Gn 46:13 y de Nm 26:23–25.

6. Los hijos de Benjamín...tres. Habían otros además (ver 8:1). Estos párrafos suplementan y proveen ligeras variantes a Gn 46:21 y Nm 26:38–41. **12. Hir** = *Iri* (v. 7), y es posible que se pueda identificar a **Aher** con Ahiram (Nm. 26:38).

13. Los hijos de Neftalí. Estos vv. constituyen una repetición de Gn 46:24 y de Nm 26:48–50 excepto con variaciones de ortografía de poca importancia. Los nombres son de **nietos** de Bilha, la criada de Raquel y madre de Neftalí (Gn 30:3–8).

14. Los hijos de Manasés: Asriel. Este fue un biznieto de Manasés mediante Maquir y Galaad. Para el registro más completo del Manasés occidental, ver Nm 26:29–34; Jos 17:2–5. **15. El segundo,** muchas generaciones después, fue **Zelofehad,** que **tuvo hijas** que heredaron en igualdad a los varones (Nm 26:33; 27:1; 36:2). **19. Semida** fue otro biznieto de Manasés a través de Maquir y Galaad.

20. Los hijos de Efraín. Estos vv. amplían Nm 26:35–37. **21. Naturales de aquella tierra,** en Canaán, **vinieron** a Gosén, en el límite con Egipto hacia Palestina, donde los israelitas se habían establecido bajo José. **23. Bería, por cuanto había estado en aflicción.** Las palabras hebreas son *berī̄'â* debido a *berā'â*. **27. Nun.** El nombre del padre de Josué se escribe generalmente *Nun*, pero aquí, en hebreo, es *Non*. **28. Hasta Gaza.** En lugar de esta ciudad, que está demasiado lejos de Efraín, léase "Ayyah".

30-33. Los hijos de Aser. Estos vv. amplían Gn 46:17 y Nm 26:44–47.

34, 35. Semer y **Helem** aparecen como Somer y Hotam (¿?) en el v. 32.
38, 39. Jeter y **Ula** aparecen como Itrán y Ara en los v. 37, 38.

2) Benjamín. 8:1–40; 9:35–44.
Esta sección constituye un suplemento principal a 7:6–12, así como a Gn 46:21 y Nm 26:38–40. Porque la tribu de Benjamín no solamente había dado a la familia del rey Saúl, que fue importante durante muchas generaciones (8:33–40; 9:39–44), sino que también se hallaba en segundo lugar respecto al mismo Judá en la sociedad post-exílica (Neh 11:4, 7, 31, 36).
6. No se preservan ni los ascendientes de **Aod** de Benjamín, ni los de **Saharaím** (v. 8).
7. Naamán, Ahías, y en particular **Gera,** fueron los que llevaron a los descendientes de Aod en este cautiverio sin fecha asignada. **8. Saharaím...dejó a Husim y a Baara.** Esto es, se divorció de sus dos esposas, ejemplo de la deterioración moral dentro de Israel.
17, 18. Mesulam e **Ismerai** pueden ser variantes de *Misam* y *Semed* (v. 12). **21. Simei** es probablemente una variante para Sema (v. 13). **27. Jeroboam** puede quedar identificado con Jeremot (v. 14).
29. Abigabaón, o *el padre de Gabaón: Jehiel* (9:35; o, como en 1 S 9:1; 14:51, Abiel). **32. Miclot** era el hijo menor de Jehiel (9:37, 38).
33. Ner, el quinto hijo de Jehiel (9:36) fue abuelo de Saúl, el primer rey de Israel (1050 — 1010 a.C.), y padre de Abner, comandante militar de Saúl y su tío (1 S 14:50, 51). **Abinadab** = Isúi (1 S 14:49). **Es-baal.** *Hombre de Baal* parece haber sido el nombre original de Isboset (2 S 2:8); pero en Samuel se pone *bōshet,* "vergüenza" en lugar del nombre del vergonzoso ídolo. No obstante, puede que Saúl no tuviera en mente al ídolo Baal cuando puso el nombre a su hijo, sino simplemente la palabra heb. *ba'al,* "señor". El nombre significaría, entonces, "hombre del Señor", refiriéndose quizás a Dios. **34.** De forma similar, **Meri-baal,** "héroe de Baal", o "guerrero de Baal", es llamado Mefi-boset en Samuel, esto es, *uno que esparce* (¿?) *vergüenza* (2 S 4:4).

G. Los habitantes de Jerusalén. 9:1–34.
Después de un versículo transicional (9:1) que sirve como una conclusión a las genealogías de Israel (1 Cr 2 — 8), esta sección pasa a una enumeración de los habitantes de Jerusalén, antes de la captura y destrucción de la ciudad el 586 a.C. Consiste principalmente de una relación de los principales cabezas de familias grandes o de clanes que habían vivido

en la capital: clanes de Judá (vv. 4–6); de Benjamín (vv. 7–9); de los sacerdotes (vv. 10–13); de los levitas en general (vv. 14–16); y de los porteros o guardas de las puertas del Templo (17–19a). Esto es seguido de una descripción de los deberes de los levitas (19b–33). Un conocimiento de estos elementos constitutivos en la población del Jerusalén pre-exílico era del mayor significado en la posterior campaña de Esdras para restaurar la legítima teocracia en Judá. No obstante, se intenta con frecuencia identificar este material con una relación posterior que se halla en Neh 11:3–24, de los grupos post-exílicos de Jerusalén. Pero a pesar de la similaridad en la disposición global, las diferencias específicas entre estas dos listas son pronunciadas; y es solamente por una traducción forzada de 1 Cr 9:2 (como p. ej. en la RSV) que se puede mantener una fecha posterior para 1 Cr 9.
1. El libro de los reyes. Esto se refiere a algún registro de la corte, ahora perdido; ver antes, en Introducción, *Paternidad.*
2. Los primeros moradores. Esto tiene que referirse a la población de Israel antes de la deportación del 586 a.C., acabada de mencionar. **Sirvientes del templo** se refiere a esclavos del Templo, como los hombres de Madián (Nm 31:47 en contexto) y de Gabaón (Jos 9:23 en contexto), organizados en un grupo separado por David (Esd 8:20).
3. Los individuos dispersos y las familias de **Efraín,** y **Manasés** no se mencionan en la lista que sigue, que se limita solamente a las cabezas de grupos familiares mayores, o clanes. **5. Los silonitas.** Léase, *Los selanitas,* de Sela. Estos, con Fares y Zera, constituían los tres clanes de Judá (Nm 26:20).
10. Jedaías, Joiarib, Jaquín parecen ser nombres, respectivamente, del segundo, primero y vigésimo primero de los veinticuatro grupos establecidos por David (1 Cr 24:7–18), en lugar que de individuos. **11. Azarías (IV)... príncipe de la casa de Dios,** era sumo sacerdote alrededor del 600 a.C., poco antes de la Cautividad (6:13). **12. Adaía** era un **hijo de Malquías,** del quinto grupo de David (24:9); y **Masai...de Imer,** el décimo sexto grupo (24:14).
14. Merari fue uno de los tres hijos de Leví fundadores de clanes. **15, 16. Asaf y Jedutún** eran dos de los jefes de los cantores de David, el 1000 a.C.
18. Entre las cuadrillas de los hijos de Leví...los porteros. Esto significa "los guardas de las puertas para las estaciones de los levitas", como habían en el pasado acampado alrededor del Tabernáculo (Nm 3:23, 29, 35, 38). **19. Salum,** el portero, era un **hijo de**

Coré; porque aun cuando Coré mismo fue destruido, su clan siguió siendo una parte importante de la división coatita de los hijos de Leví (ver antes, 7:22, y su nota). El Tabernáculo se refiere a la casa de Dios de David en forma de tienda (16:1), antes de la construcción permanente en forma de Templo. **20.** Así, el oficio de guarda de las puertas se traza hacia atrás hasta la época de **Finees hijo de Eleazar,** hijo de Aarón y sucesor de él como sumo sacerdote en el desierto. **21. Zacarías** había servido como portero bajo David en su juventud (26:2). Con David vino la organización final de los porteros.

31. Las cosas que se hacían en la sartén. Las tortas planas utilizadas en las ofrendas de comida. **32. Los panes de la proposición.** El pan dispuesto en hileras sobre la mesa dorada, simbolizando la comunión de los redimidos con Dios (Lv 24:5, 6).

33. También había cantores se refiere a los hombres de los vv. 15, 16, así como el v. **34** resume toda la sección.

El resto de este capítulo, 9:35–44, es prácticamente idéntico al 8:28–38 (ver), excepto en temas de menor importancia, como la ortografía de los nombres. Sirve para introducir el registro del final del reino de Saúl (el cap. 10).

II. El reinado de David. 10:1 — 29:30.

A. Trasfondo: La muerte de Saúl. 10:1–14.

El interés del cronista se centra en el rey David. Él fue a la vez el fundador de la dinastía real en Judá y un ejemplo heróico de los triunfos que coronarán los esfuerzos de aquellos que confían en Dios, en la época de Esdras, o en cualquier otra. Pero para establecer el marco de David, el cronista relaciona la genealogía de Benjamín (acabada de dar en 1 Cr 8; 9:35–44) con el desastre histórico que precipitó la accesión de David al trono, esto es, la muerte de su predecesor benjamita, el rey Saúl. 1 Cr 10 es un paralelo directo con 1 S 31, aunque hay una cierta diferencia en los detalles descritos. El cap. constituye una demostración histórica de cómo todo resulta en fracaso cuando se da la espalda al Señor (vv. 13, 14).

1. Los filisteos pelearon contra Israel. Los filisteos eran una nación camítica, pero no cananea, que descendía de Mizraim (Egipto) a través de Casluhim (Cirene) y Caftor (Creta; ver 1 Cr 1:8–12; Amós 9:7). Algunos entraron tempranamente en Palestina (Filistea) y entraron en contacto con Abraham en 2050 a.C. (Gn 21:32; cp. 26:14). Antes del 1400 habían ocupado la costa meridional desde Egipto hasta Ecrón (Dt 2:23; Jos 13:2, 3). No fueron conquistados por Josué (Jos 13:2, 3; Jue 3:3), y

Judá tuvo posesión solamente temporal de sus ciudades (Jue 1:18). La victoriosa escaramuza de Samgar, alrededor del 1250 a.C. (Jue 3:31), muestra al mismo tiempo la inferioridad material de Israel ante los filisteos. Con la caída de Creta a los movimientos bárbaros generales, el 1200 a.C., el ''resto de la costa de Caftor'' (Jer 47:4) vino a dar refuerzos a los antiguos filisteos minoicos.

Pero en tanto que su avance hacia Egipto fue quebrantado el 1196 a.C. como consecuencia de la derrota rotunda de los ''Pulesti'' por Ramsés III, con todo esto este pueblo del mar se volvió a consolidar, y, en tres oleadas, casi abrumó a Israel. La primera oleada, del 1110 al 1070 (Jue 10:7; 13:1; 1 S 4), fue destrozada por Samuel en la segunda batalla de Ebenezer (1 S 7:13); y la segunda, alrededor del 1055–1048, por Saúl en la batalla de Micmas (14:31). 1 Cr 10 se data en el 1010 a.C., la inauguración de la tercera y última gran opresión.

1. Israel...cayeron heridos en el monte Gilboa, al sudoeste del mar de Galilea, en la cabecera del valle de Esdraelón, por el que los filisteos podían penetrar en el interior y al Jordán (cp. 1 S 31:7).

2. Hijos de Saúl. Ver 8:33, y sus notas acerca de la familia de Saúl. **5. Saúl muerto.** En 2 S 1:6–10 la historia relatada a David difiere de este registro bíblico de la muerte de Saúl. El amalecita falto de escrúpulos que dio la información a David parece solamente haber descubierto y despojado el cuerpo de Saúl, y después haber inventado su historia del asesinato, esperando una recompensa. **6. Toda su casa murió juntamente con él.** 1 S 31:6 dice: ''todos sus varones''; esto es, los que estaban juntamente con él durante la batalla. Hubieron otros, tanto de sus hijos como de sus tropas, que pudieron sobrevivir (2 S 2:8; 21:8).

9. Tomaron su cabeza y sus armas, etc. A pesar de los logros filisteos en cultura material, ''filisteo'' ha venido a ser un refrán de barbarie y crueldad. **10. En el templo de Dagón,** un ídolo filisteo (1 S 5:2–5). 1 S 31:10 añade que colgaron su cuerpo en el muro de Bet-san, una ciudad principal que cayó ante ellos entre el monte Gilboa y el Jordán.

11. Los de Jabes de Galaad, en la Transjordania, eran aún leales a Saúl después de la gran liberación que él les había dado hacía cuarenta años (1 S 11:1–11). **12. Encina.** La palabra heb. *'ēlâ* se refiere a un ''gran árbol''. No obstante, 1 S 31:13 especifica la especie como un tamarisco.

13. La palabra de Jehová...no guardó. Desobedeció a Samuel (1 S 13:8, 9; 15:2, 3); **y porque consultó a una adivina,** la hechicera de Endor (1 S 28).

B. *La ascensión de David. 11:1—20:8.*

A la muerte de Saúl el 1010 a.C., David fue ungido en Hebrón como rey sobre la tribu de Judá (2 S 2:4). Pero al presentarse para el caudillaje real de la nación (2 S 2:5, 7) fue rechazado, ya que el hijo de Saúl, Is-boset, fue proclamado sobre las tribus norteñas y orientales (2 S 2:8, 9). El cronista, no obstante, pasa de largo el infame período de siete años y medio (2 S 5:5) de sucesión contestada, guerra civil, y de dominio filisteo (cp. 2 S 3;4), y pasa directamente a los sucesos del establecimiento de David sobre todo Israel (desde el 1003 hasta el 995 a.C.). 1 Cr 11:1—20:3 va así paralelo, ampliándolo, a 2 S 5—10 (omitiendo el cap. 9, la bondad personal de David hacia Mefiboset). Describe su captura de Jerusalén, para pasar a ser "la ciudad de David", su capital política, juntamente con sus partidarios militares (caps. 11–12). Relata su logro de la independencia de los filisteos (cap. 14) y su centralización del culto mediante la instalación del arca en Jerusalén, que vino así a ser la capital religiosa, también, de Israel (caps. 13, 15, 16). Registra el avance de sus ejércitos, victoriosos, por todas direcciones (caps. 18–20).

El climax aparece con la profecía de Dios por medio de Natán (cap. 17): "He estado contigo en todo cuanto has andado, y...humillaré a todos tus enemigos" (17:8–10). Porque este mensaje de esperanza se aplica no solamente a David, sino también a "mi pueblo Israel...para tiempo más lejano" (17:9, 17); a la luchadora comunidad de Esdras; a la iglesia del mayor Hijo de David, de quien Dios dijo: "Él me será por hijo" (17:13); y al reino, que aun ha de ser consumado, del Mesías, cuyo "trono será firme para siempre" (17:14).

1) David establecido en Jerusalén; sus héroes. 11:1—12:40.

Después de ser ungido como rey sobre todo Israel (11:1–3), lo primero a que se dedicó David fue a conseguir la fortaleza de Jerusalén (vv. 4–9). Esto le ofrecería no solamente una ciudadela inexpugnable, sino además una situación neutral, en el límite entre Judá y el norte, como capital de la nación vuelta a reunir. Entonces, el cronista enumera los héroes de David, "los Tres" (vv. 10–19), los dos jefes (20–25), y "los Treinta" (26–47), siguiendo con una descripción de los oficiales militares y las unidades que se habían puesto bajo su bandera en el exilio, y que habían sido mayormente responsables de su elevación al reino (1 Cr 12). Esta última sección se halla solamente en Crónicas, aunque el cap. 11 tiene un paralelo estrecho en 2 S 5:1–10; 23:8–39.

11:3. Y ungieron a David por rey sobre Israel...conforme a la palabra de Jehová. Veinte años antes Samuel había consagrado a David mediante la verdadera unción de Dios (1 S 15:28; 16:1–13), y por fin las tribus reconocían tanto su valía personal como su designación divina. Pero David **hizo con ellos pacto,** estableciendo con ellos una monarquía "constitucional" singular en el Medio Oriente. Porque el único freno sobre el despotismo es la entrega del creyente al reinado de Dios. (Contrástense incluso los débiles escrúpulos religiosos de Acab, 1 R 21:3, 4, con la manera más "natural" de actuar de Jezabel, vv. 7–10.)

4. Jerusalén, la cual es Jebús. Esta antigua ciudad-estado había sido conocida como "Salem" por Abraham (Gn 14:18) y como "Urusalim" por los egipcios en la época de la Conquista (en las cartas de Amarna de alrededor el 1400 a.C.) Jerusalén había sido un centro de resistencia contra los hebreos (Jos 10:1–5). Josué había derrotado a su ejército y ejecutado a su rey (12:7–10), y la tribu de Judá había quebrantado sus defensas en un ataque inicial (Jue 1:8). Pero por casi 400 años Judá había sido incapaz bien de ocupar la ciudad o de expulsar a sus habitantes jebuseos (Jos 15:63; Jue 1:21; 19:10–12); de ahí la extrema confianza de ellos (1 Cr 11:4; cp. 2 S 5:6).

6. Será cabeza y jefe. David puede haber hecho esta oferta en un esfuerzo de dejar de lado a Joab, su eficaz, pero incontrolable general en Judá (cp. 2 S 3:39), y promover así a alguna otra persona al rango de comandante de los ejércitos del reino unido de Israel. Pero Joab **subió el primero,** utilizando un *sinnôr,* "garfio" o escalera de asalto (2 S 5:8). La RV1960 traduce "canal", refiriéndose al tunel de agua que se corresponde con el tunel jebuseo que los arqueólogos han descubierto a través de la roca bajo la ciudad, evidentemente utilizado para el transporte de agua desde la tabla freática en caso de asedio.

8. Milo significa *relleno* y puede haber sido una fortaleza para cubrir una brecha en las defensas (cp. R. A. S. Macalister, *A Century of Excavation in Palestine,* p. 106).

10. Los valientes se incluyen en este punto debido a su influencia en la accesión de David al poder. Parte de esta lista—hasta el v. 41a— se halla también, con variaciones ortográficas, etc., como uno de los apéndices de 2 S (23:8–39). Doce de los héroes aparecen también en una lista de los comandantes de los doce cuerpos de las fuerzas armadas de David (1 Cr 27). **11. Los treinta.** Este puede haber sido la cantidad inicial de las personas en esta "legión de honor" de David. En realidad, los relacionados son treinta y siete (2 S 23:39), incluyendo a los sobresalientes tres y los dos jefes, además de otros dieciséis (1 Cr 11:41*b*–47), evidentemente adiciones posteriores al grupo original. **13.** El texto de 1 Crónicas es aquí defectuoso. Sobre la base de 2 S 23:9–11 se debiera hacer la siguiente restauración: **Los filisteos...se reunieron para la batalla,** "y los hombres de Israel se habían ido: Él se levantó e hirió a los filisteos hasta que su mano se cansó, y su mano quedó pegada a la espada: y el Señor dio una gran victoria a Israel aquel día; y el pueblo fue tras de él solamente para conseguir botín. Y después de él estuvo Sama hijo de Age, ararita. Y los filisteos se unieron en una tropa", **y había allí una parcela llena de cebada...** Así, los tres sobresalientes eran Jasobeam, Eleazar, y Sama.

15. Estando el campamento de los filisteos en el valle de Refaim, al sudoeste de Jerusalén. Esto se refiere a la primera campaña de ellos en contra de David (14:8, 9), incluso antes de su captura de la ciudad. Así, David recurrió a su viejo refugio de proscrito en Adulam (cp. 1 S 22:2; 2 S 5:21).

20. El medio sobrino de David, **Abisai,** había compartido el mando con Joab en contra de Abner (2 S 2:24) y más tarde tuvo el mando de divisiones en contra de los amonitas (2 S 10:10), de Absalom (2 S 18:2) y de Seba (2 S 20:6). Su heroísmo en el campamento de Saúl, acompañando a David, queda registrado en 1 S 26:6, 7. **21.** Leer, "sobre los tres fue doblemente honrado" (KD) siendo hecho comandante de ellos, aunque no llegando a sus actos específicos de heroísmo. **22. Benaía** fue hecho comandante de las tropas profesionales cretenses y filisteos que formaban la guardia personal de David (18:17). Pasó a ser el principal de los generales de Salomón (1 R 4:4). **23. Rodillo de tejedor** se refiere al pesado tambor de un telar, que mantiene en tensión a los hilos. **26. Asael** fue muerto mientras perseguía a Abner en la guerra de David en contra de Isboset (2 S 2:18–23). **34.** En lugar de **los hijos de Hasem,** léase el nombre de un hombre, *Bene-hasem.* **41. Urías heteo,** el marido de Betsabé, fue asesinado por orden de David, cuando éste trataba de encubrir su adulterio con la esposa de Urías (2 S 11).

12:1. Siclag era la ciudad en el límite de Judá sobre la que David había sido señalado por Aquis, el rey filisteo de Gat (1 S 27:5–7). **2. Incluso de Benjamín.** Algunos de los benjamitas, de la misma tribu que Saúl, reconocieron la designación divina de David.

4. Valiente entre los treinta, y más que los treinta. Aunque no era un miembro de este selecto grupo, Ismaías era digno incluso de un mayor reconocimiento. **6. Los coreítas.** Descendientes de Coré, que se habían rebelado en contra de Moisés (ver notas sobre 6:22 y 9:19). Estos cinco, por ello, tienen que haber sido de la tribu de Leví y no de la de Benjamín, como lo eran los del resto de la lista, aunque fueran probablemente residentes del territorio de Benjamín.

8. Los de Gad huyeron dejando sus hogares transjordanos, y quizás rompiendo con sus compañeros de tribu que seguían siguiendo a Saúl. El **lugar fuerte** puede ser la Cueva de Adulam (11:15). **13. Jeremías** es, en heb., *Jeremiahu,* distinto del Jeremías del v. 10. **15. El mes primero** era marzo/abril, el tiempo de los desbordamientos de la primavera (Jos 3:15; 4:19), lo que hizo que su acción fuera aun más notable.

18. El Espíritu vino sobre Amasai, lit., *se revistió con Amasai* (como en Jue 6:34; 2 Cr 24:20). La devoción de Amasai a David se expresa en forma de poesía hebrea y puede traducirse:

A ti pertenecemos, ¡Oh David!
¡Contigo estamos, hijo de Isaí!
Paz, perfecta paz sea sobre ti;
¡La paz bendiga a aquel que por ti luche,
Porque tu Dios te da Su ayuda!

19. Vino con los filisteos a la batalla contra Saúl. Ver 1 S 29 para la descripción de este suceso. **21. La banda de merodeadores** sugiere el grupo de Amalec que había saqueado la ciudad de David, Siclag, durante su ausencia (1 S 30). **22. Como ejército de Dios.** Esto es, "como una hueste inmensa" (cp. 1 Cr 9:19). Se utiliza la misma frase para los cedros (Sal 80:10).

23. Vinieron a David en Hebrón. El total de casi 350.000, de todas las áreas de Palestina, da una cierta idea del entusiasmo con el que fue recibido el gobierno de David. **27. Este Joiada** parece haber sido el padre de Benaías (11:22; 27:5). **28.** Este puede haber sido el **Sadoc** que era el colega de Abiatar y su sucesor como sumo sacerdote. **31.** Se significa la **media tribu de Manasés** occidental (cp. v. 37).

2) La búsqueda del arca. 13:1–14.

El principal propósito de Esdras era el de llevar a su pueblo a una entrega entusiasta a la fe y a la práctica de la ley de Moisés (Esd 7:10). Por ello, el cronista registra el siguiente acto de David, su intento de llevar el arca de Jehová a Jerusalén. Este proyecto surgió de la sincera piedad de David y de su deseo de adorar en presencia de su Dios (vv. 3, 9). E incluso su frustración temporal sirvió para

subrayar la necesidad de reverencia a la revelación divina (vv. 9–13). No obstante, la conformidad a la ley de Dios produce bendiciones
(v. 14). Excepto por unas pocas variantes, 2 S
6:1–11 es un paralelo de 1 Cr 13.

2. La frase, **nuestros hermanos que han
quedado**, refleja la dureza de la gran opresión
filistea, del 1010 al 1003 a.C. (cp. 16:35).

3. Traigamos el arca de Dios. El arca, o
cofre, era el objeto más santo en el ritual de
Moisés, un símbolo sacramental de la presencia del Dios mismo (v. 6; Éx 25:22; cp. 1 S
4:7). Pero Israel llegó a creer en una asociación inherente de la presencia divina con el
arca. A fin de mostrar la falsedad de esta
supersticiosa noción de un mágico "Dios en
una caja", el Señor permitió que el arca fuera
capturada por los filisteos en la primera y
desastrosa batalla de Ebenezer, alrededor del
1090 a.C. (1 S 4:10, 11). No obstante, con la
lección aprendida, Dios reanudó sus manifestaciones de poder desde el arca; el pueblo
herido, tanto de Filistea como de Bet-semes,
habían sacado de en medio de ellos su temible
presencia; y había reposado durante unos
ochenta años en la casa de Abinadab en
Quiriat-jearim, o Baala (1 S 7). **Desde el
tiempo de Saúl no hemos hecho caso de ella.**
La única excepción que se señala es en 1 S
14:18; e incluso en aquella ocasión parece que
no se empleó realmente, sino que solamente se
pidió.

5. Sihor es el lecho del arroyo que marea el
límite meridional de Palestina (Jos 13:3). **Todo
Israel.** 2 S 6:1 especifica un total de treinta mil
hombres escogidos.

7. Uza y Ahío descendían de Abinadab (2 S
6:3). **9. Quidón.** Una variación de nombre,
Nacón, aparece en 2 S 6:6. **10. Murió allí
delante de Dios.** Tal severidad tenía el propósito de remarcar, para futuras generaciones, la
necesidad de reverencia y de obediencia con-
formadora hacia los sagrados objetos de Dios.
Dos distintas transgresiones se combinaron
para producir esta situación: (1) el arca no
hubiera debido ser montada en un carro, ante
todo, sino llevada a mano (Nm 4:15; es cierto
que los filisteos habían utilizado un carro, pero
ello había sido en ignorancia, 1 S 6:11); y (2)
no hubiera debido ser tocada: ni tan solo una
sus porteadores autorizados, los levitas del clan de
Coat (no se sabe si Uza y Ahío pertenecían a
él), habían sido advertidos en contra de esto
bajo pena de muerte (Nm 4:15). No obstante,
las intenciones de Uza eran buenas, y su salvación personal no se vio necesariamente implicada en ello.

11. Y David tuvo pesar. *Se enojó* (BLA).
Los encontrados sentimientos de David fueron

de *ira y pesar*, una respuesta natural al hecho.
Pero su ira dio paso rápidamente al temor
(v. 12). **Pérez-uza.** *El quebrantamiento de
Uza.* **14. Obed-edom**, aunque proviniente del
área de Gat, era levita de la familia de Coat
(26:1, 5) y por ello cumplía los requisitos de
guarda del arca.

3) Independencia de los filisteos. 14:1–17.
1 Cr 14 forma un paralelo con 2 S 5:11–25.
Después de resumir el establecimiento real de
David (vv. 1–7), el cronista vuelve al principal
problema internacional de David, el del dominio por parte de los filisteos (vv. 1–7). En su
huída de Saúl, David había pasado a ser vasallo de los filisteos (1 S 27:1 — 28:2); y, durante
sus años en Hebrón, que coinciden con la tercer gran opresión que ellos ejercieron (1010–
1003 a.C.; ver 1 Cr 10, introducción), se le
consideraba todavía, indudablemente, como un
rey vasallo de los filisteos. No obstante, su
accesión sobre el unido Israel presentaba una
amenaza que el poder filisteo no podía ignorar.
Su ataque fue lanzado con presteza, incluso
antes de que David capturara Jerusalén (cap.
11; ver v. 15, nota). Pero gracias a su descanso
en el poderío divino, David pudo derrotar dos
invasiones y asegurar la independencia de su
nación. La lección tiene una validez permanente para el creyente: "Dios saldrá delante de
ti y herirá al ejército de los filisteos" (v. 15).

1. Hiram rey de Tiro envió...madera.
Años más tarde Hiram suministró a Salomón
de la misma forma (2 Cr 2:3), porque incluso
el paganismo puede dar servicio al pueblo de
Dios.

**3. Entonces David tomó también mujeres
en Jerusalén.** David se aumentó en mujeres,
cosa que estaba prohibida en la Ley (Dt 17:17)
y llevó a la calamidad (2 S 5:13–16; 11:27). **4.
Estos son los nombres** de sus hijos. La misma
lista aparece en 3:5–8, con variaciones de
mínima importancia. **7. Beeliada,** *el Señor
sabe*, fue más tarde cambiado a por *Eliada*,
"Dios sabe", para evitar las peligrosas implicaciones de **Beel**, *Baal* (cp. 8:33, ante).

9. Los filisteos...se extendieron, o, más
exactamente, **hicieron incursiones**, **por el
valle de Refaim**, al sudoeste de Jerusalén (Jos
15: 8). Este es quizás el valle del "Llanto", en
heb. *bākā*, balsameras (cp. v. 15). **11. Baal-
perazim** = *Señor de los quebrantamientos.* **12.
Sus dioses.** Los hombres de David los tomaron
y los quemaron, como ordenaba la Ley (Dt
7:5, 25).

15. Un estruendo de hombres en marcha
por las copas de las balsameras. Este fue un
sonido milagroso (cp. 2 R 7:6), señalando a
David que saliera de su emboscada. **16. Derro-**

taron al ejército de los filisteos...hasta **Gezer** (en la frontera), expulsándoles así del territorio israelita.

4) **El arca traída a Jerusalén. 15:1 — 16:43.** En los días de Esdras, Jerusalén era más importante religiosa que políticamente (y en verdad que así ha sido desde entonces). Por ello el cronista reanuda su narración de la introducción del arca en Jerusalén, evento el cual trajo la permanente centralización de la religión de Israel dentro de los muros de la nueva capital de David. Los caps. 15 y 16 amplían considerablemente la descripción paralela que se halla en 2 S 6:12–20. Porque relacionan los elaborados preparativos del rey (1 Cr 15:1–15) para prevenir cualquier tragedia como la que manchó su anterior intento y para asegurar un número apropiado de cantores (vv. 16–24); citan el salmo modélico de acción de gracias de David, que se utilizó para la instalación del arca en su tabernáculo (16:7–36); y explican la organización levítica que él estableció para la preservación de un ministerio regular en el santuario de Jerusalén (vv. 4–6, 37–42).

15:1. Arregló un lugar para el arca. Los informes acerca de las bendiciones de Dios sobre Obed-edom (2 S 6:12) habían avivado el deseo de David para tener la presencia del arca. **2. El arca de Dios no debe ser llevada sino por los levitas.** Así, David reconoció sus errores anteriores (ver 13:10, nota), **7. Gersón.** Como en 6:1 y otros pasajes. **8– 10. Elizafán, Hebrón, Uziel.** Estas subdivisiones familiares conforman el clan levítico de Coat mencionado en primer lugar (v. 5; Éx 6:18, 22). **12. Santificaos.** Mediante los lavamientos rituales y la evitación de contaminación ceremonial (Éx 19:10, 14, 15; Lv 11:44). **16. Címbalos, que resonasen.** Lit., *unos que hagan* (que los hombres) *oigan* (cp. v. 19, etc.). Esto es, los címbalos marcaban el compás, sonando alto y claro. **18. Obed-edom y Jeiel.** Es probable que se debiera añadir a Azazías (v. 21). **20. Aziel.** Una forma abreviada de Jaaziel (v. 18). **Sobre Alamot.** En el registro de soprano (¿?). **21. En la octava para dirigir.** En el registro bajo (lit., *en la octava*, ¿octava inferior?), para empezar. **Obed-edom**, el geteo, era, por su posición, guarda de la puerta (vv. 18, 24). Pero, debido a su fiel ministerio (13:14) fue recompensado con el puesto de arpista bajo en la procesión, posición que después quedó permanente (16:5, 38). Así, Berequías y Elcana quedaron como ''porteros del arca'' en la procesión (15:23). **24. Los sacerdotes tocaban** las trompetas. Esta era una función que les quedaba reservada a ellos (Nm 10:8; cp. 1 Cr 16:6). **Jehías** es probablemente el Jeiel de los vv. 18, 21, y 16:5.

25. David...y los ancianos...fueron... con alegría. David parece haber compuesto el Sal 24 para esta ocasión: ''Alzad, oh puertas, vuestras cabezas, y alzaos vosotras, puertas eternas, y entrará el Rey de gloria''. **26. Sacrificaron** [toda la compañía] **siete novillos y siete carneros.** 2 S 6:13 registra solamente una ofrenda de David, de uno de cada. **27. Un efod.** Un vestido, o capa, que se llevaba en la adoración (Éx 28:6; 1 S 2:18). David, en su entusiasta devoción (cp. 2 S 6:14), parece haberse quitado su vestido exterior. Contrástese esto con la reacción rígida y nada simpatizadora de la reina de David, Mical la hija de Saúl (v. 29; 2 S 6:20–23).

16:4. Puso...ministros de los levitas. Esto fue por mandato divino (2 Cr 29:25) y señaló el establecimiento de cantores levíticos establecidos, que pronto vinieron a formar una parte importante de la adoración pública hebrea, muy acentuada en Crónicas. **5. Asaf el primero.** Así David elevó a Asaf sobre Hemán, que evidentemente había sido el elegido por los levitas (15:17) como primero. Asaf y sus descendientes compusieron posteriormente doce de nuestros salmos inspirados (Sal 50 y 73–83). **Jeiel** (primer compás) es el mismo que Jaaziel (15:18).

7. David comenzó a aclamar a Jehová. El siguiente canto modélico que David les proveyó consiste, con ligeras modificaciones, del Sal 105:1–15; Sal 96; y Sal 106:1, 47, 48. Estos tres salmos están listados en el salterio de forma anónima, pero en base de la utilización de ellos aquí por parte de David, parecería que verdaderamente es él su autor. **Por mano de Asaf.** Así muchos de los salmos de David incluyen en sus títulos, *Al músico principal.* **12. Haced memoria de las maravillas que ha hecho.** El Sal 105 es una de las grandes rememoraciones de la fidelidad de Dios que se halla en el salterio. **15. El hace memoria de su pacto**, o *testamento* (heb. *berît*). Este era el instrumento legal de la redención de Dios, mediante el cual concedía a los hombres reconciliación consigo mismo, bajo la condición del ejercicio, por parte de ellos, de una fe sincera en su promesa (Gn 15:6). Revelado por vez primera en Eden al caído Adán (Gn 3:15), fue confirmado a Abraham y a su simiente elegida (Gn 17:7, 8; Éx 19:5, 6; Gá 3:29). Su cumplimiento último dependía de la muerte de Jesucristo, el divino testador (He 9:15–17), hecho este simbolizado bajo el anticipatorio antiguo testamento mediante el derramamiento de la sangre sacrificial (Éx 24:6–8; He 9:18–22).

20. Andaban de nación en nación, habiendo recibido la promesa de Palestina, pero no habiendo recibido todavía la tierra misma (He 11:9). **22. A mis ungidos.** Puestos aparte por Mi Espíritu (cp. 1 S 16:13). **Mis profetas.** Abraham fue un receptor, aunque no un heraldo regular, de las revelaciones de Dios. Fue designado, así, como profeta en la época en que Dios le protegió contra Abimelec, rey de Gerar (Gn 20:7). No obstante, otros patriarcas hicieron profecías específicas (p. ej., Jacob, Gn 48:19). El Sal 105:16–45 prosigue después la historia de Israel a través de la gran vindicación del éxodo; pero en este punto David pasa a la segunda de sus composiciones, el Sal 96.

29. Postraos delante de Jehová en la hermosura de la santidad. Más exactamente, *aparejados santamente.* **Venid delante de él.** Esto es particularmente apropiado, porque la presencia divina descansaba sobre el arca (Nm 7:89). **33. Porque viene a juzgar la tierra.** Una expresión de la esperanza que se desarrollaba en Israel de la gloriosa (segunda) venida de Jesús el Mesías (cp. Gn 49:10; Nm 24:17; 1 S 2:10; Sal 2). **35. Líbranos de las naciones.** Una oración aplicable a la luz de la opresión filistea que acababa de terminar (cp. 13:2, nota).

36. Este v. se basa en la conclusión del Sal 106, que constituye también la doxología que cierra el Libro IV del Salterio (Sal 90 — 106). Así, parece que David compuso el Sal 106 con el propósito de concluir esta colección de salmos (cp. v. 13 en su Sal 41, que concluye el Libro I, davídico, del Salterio). **Y dijo todo el pueblo, Amén,** lo que significa, *firme, estable.* Así, Amén podría traducirse como "¡Ciertamente!" **Y alabó a Jehová.** "Alabar a Jehová" es, en heb., *Aleluya.*

37. El arca del pacto. Porque el arca de la presencia de Dios era el símbolo de su testamento redentor, con su promesa, "Yo soy Jehová vuestro Dios" (v. 14; cp. v. 15 nota; Gn 17:7, 8). **38. Jedutún.** El texto heb. lee *Jedithun,* que no debe de confundirse con Jedutún, el principal cantor del clan de Merari. La familia de Obed-edom era de Coat (26:1, 4). **Como porteros.** Obed-edom fue así confirmado en su doble posición (ver 15:21, nota). **39. El tabernáculo** de Moisés permaneció **en el lugar alto que estaba en Gabaón,** como santuario separado (2 Cr 1:13) hasta la construcción del Templo por parte de Salomón (1 R 8:4). **41. Su misericordia,** en heb. es *hesed,* siendo su significado básico su lealtad a las provisiones de la relación del pacto (cp. Gn 21:23; Sal 136:10).

5) La profecía de Natán. 17:1–27.

Cap. 17 (paralelo a 2 S 7) constituye el clímax de 1 Cr, y explica la importancia permanente de David y de su carrera. Datando de alrededor del 995 a.C., después de la finalización de las guerras registradas en el cap. 18 (ver 17:8; cp. 2 S 7:1), empieza con el deseo de David de construir un templo permanente para el arca. Pero aun cuando Dios no le permitió a David que construyera Su casa (vv. 1–6), prometió establecer la casa de David (vv. 7–15). Así como Dios había prosperado a David personalmente, así prosperaría a su reino. En el futuro inmediato la simiente de David (Salomón) construiría el Templo de Dios (vv. 11, 12). En el futuro más distante la simiente de David (Jesucristo) combinaría en Su persona tanto la cualidad de Hijo del hombre como de Hijo de Dios (v. 13), y algún día establecería sobre esta tierra el reino de Dios para siempre (v. 14). David prorrumpe entonces en alabanza a Dios por Su increíble gracia (vv. 16–27).

1. El profeta Natán reprendió más tarde a David por su pecado (2 S 12), ayudó a Salomón (1 R 1:10, 11), y registró material original citado en Crónicas (1 Cr 29:29; 2 Cr 9:29). **2. Haz todo lo que está en tu corazón** fue la primera reacción, no inspirada, antes de recibir la verdadera palabra de Dios (v. 3). **4. Tú no me edificarás casa.** La forma implacable de guerrear de David (cp. 2 S 8:2) le había descalificado (1 Cr 22:8; 28:3). **5. No he habitado en casa.** Excepto por la edificación brevemente erigida en Silo (1 S 3:3), solo para ser destruida por los filisteos después de la primera batalla por Ebenezer (Jer 7:12). **7. Yo te tomé del redil.** Mejor, *del prado* (RVA) (cp. 1 S 16:11). **9. He dispuesto lugar...y lo he plantado para que habite en él, y no sea más removido...como antes.** Cuando Israel fue oprimido en Egipto. **10. Jehová te edificará casa.** No un edificio, como la "casa" que David deseaba construir para Dios, sino una dinastía (cp. v. 25).

12. Él me edificará casa. Esto fue cumplido por Salomón (2 Cr 3:4). Pero la promesa, **Yo confirmaré su trono eternamente,** nos adelanta al sucesor definitivo al trono de David, Jesucristo (Lc 1:32, 33). Cristo estableció su reinado (en los corazones de los hombres) en su primera venida (Lc 17:21; Dn 2:44*a*), aunque su imposición sobre el mundo aguarda a su segunda venida (Lc 17:24; Dn 2:44*b*). **13. Yo le seré por padre, y él me será por hijo.** Esto se refiere a la deidad de Jesucristo (He 1:5; cp. Sal 2:7, 12; Hch 13:33; He 5:5) y no a Salomón (cp. 1 Cr 22:10, nota). Era necesario que Cristo combinara en su persona una perfecta humanidad y una plena deidad (Mt

22:12–45; Fil 2:9), a fin de poder efectuar una verdadera sustitución en lugar del hombre pecador (1 P 2:24; He 2:17, 18) y con todo ello restaurarnos a Dios el Padre (Jn 1:18; 14:6). Con las palabras, **y no quitaré de él mi misericordia**, Natán vuelve a los sucesores más inmediatos de David (cp. el contexto en el pasaje paralelo, 2 S 7:14, 15), que no serían echados a un lado como lo fue **aquel que fue antes de ti**, esto es, Saúl.

16. David... estuvo delante de Jehová. En el Tabernáculo que había erigido como santuario del arca (16:1). **17. Como a un hombre excelente.** El texto es algo incierto, pero parece que refleja el asombro de David ante su exaltación a partir de unos principios tan humildes (v. 7). **22. Por pueblo tuyo...y tú...su Dios.** Esta es la promesa central del pacto reconciliador de Dios (cp. 16:14, 15), de Gn (17:7) a Ap (21:3).

6) Conquistas y administración. 18:1–17.

Esta sección forma un estrecho paralelo con 2 S 8 y establece la proposición de que "Jehová dio la victoria a David por dondequiera que fue" (vv. 6, 13): al oeste contra Filistea (v. 1); en el este contra Moab (v. 2); al norte contra Siria (vv. 3–11); y al sur contra Edom (vv. 12, 13). Un párrafo final da un repaso a los funcionarios administrativos de David (vv. 14–17). **1. Después de estas cosas.** Una fórmula introductoria, indicando nada más una sucesión lógica de temas. Por lo que respecta a la ordenación cronológica, el cap. 18 precede al cap. 17 (cp. 17:8), así como el cap. 19 (cp. estas mismas palabras introductorias en 19:1) tiene que preceder al 18 (v. 3). **Gat** era una de las cinco "ciudades madres" de los filisteos (2 S 8:1). **2, 6. Presentes.** Tributos. **3. Rey de Soba**, un territorio arameo que caía al noreste de Damasco y al sur de Hamat. **Yendo este a asegurar su dominio.** Esta fue la segunda derrota de estos sirios (arameos), hallándose el relato completo en el siguiente cap. (19:6–19). **El río Éufrates.** Considerablemente al norte y al este. Hadad-ezer había convocado refuerzos de esta área (19:16). **4. Desjarretó**, esto es, cortó las piernas por las corvas, **los caballos de todos los carros**, para asegurar la paz.

8. Tibhat y Cun. Estos, y algunos de los otros nombres que siguen, exhiben variaciones en forma con los vv. correspondientes (2 S 8:8–10). **Con el que Salomón hizo el mar de bronce** (cp. v. 11). Los inmensos recursos que David proveyó para el Templo de Salomón se relacionan en 22:2–5, 14, 15. **12. Abisai...destrozó en el valle de la Sal a dieciocho mil edomitas.** El título del Sal. 60

nombra a Joab como el jefe de las tropas de David (cp. 2 S 18:13, 16; 1 R 11:15, 16), y cita una cifra variante de 12.000. **16. Abimelec.** Más bien, Ahimelec (24:3; 2 S 8:17). **Savsa.** Seraías (2 S 8:17). **17. Los cereteos y peleteos** eran la guardia cretense y filistea de David, habiendo venido los filisteos originalmente de Caftor (Creta; cp. 1 Cr 10, notas). Durante los períodos de su dominancia sobre Israel ellos habían utilizado a los hebreos como tropas (1 S 14:21; 28:1). Pero las victorias de David en el 1003 habían dado la vuelta a la situación, y ahora los filisteos se hallaban a sus órdenes.

7) Victorias sobre Amón. 19:1 — 20:3.

Una de las luchas últimas y más desesperadas en el campo internacional tuvo lugar en relación con dos campañas en contra de los amonitas, un pueblo con lazos de sangre con Israel y que habitaba en la área inmediata a oriente de ellos en la Transjordania. El cronista detalla este ejemplo específico del cuidado que Dios tiene por los suyos (19:13), incluyendo: (1) las causas del conflicto (19:1– 5); (2) la victoriosa campaña de Joab en contra del doble ejército de los amonitas y de sus mercenarios aliados sirios (vv. 6–15); (3) el aplastamiento por parte de David de un intento de contraataque (vv. 16–19); y (4) la segunda campaña de Joab, que tuvo como resultado la destrucción del estado amonita. Estos registros, a excepción de la omisión que hacen del crimen que David cometiera con Betsabé, son paralelos a 2 S 10 — 12.

19:1. Después de estas cosas. Ver 18:1, nota. **Los hijos de Amón.** Descendientes por incesto del sobrino de Abraham, Lot (Gn 19:36–38). Habían hecho repetidas incursiones en los vecinos territorios de Israel en los caóticos días de los jueces (Jue 3:13; caps. 10; 11; 1 S 11:1), pero habían sido primeramente repelidos y después sometidos por Saúl (1 S 11:11; 14:47). **2. Nahas...su padre me mostró misericordia.** Difícilmente pudiera ser este el mismo Nahas contra el que había luchado Saúl hacía cincuenta y cinco años (1 S 11), pero hubiera podido ser uno de sus hijos, que ayudara a David en contra de Saúl. Cp. con la ayuda de David por parte del rey de Moab (1 S 22:3). **4. Hanún...los rapó.** 2 S especifica que "les rapó la mitad de la barba" (10:4), un hecho de lo más vergonzoso en Oriente (v. 5), y que era merecedor de un severo castigo (20:3).

6. Mil talentos de plata. Un talento pesaba aproximadamente unos 34 kilogramos (75 libras). **Mesopotamia.** El área entre el Tigris y el Éufrates proveyó el último refuerzo (v. 16).

Es probable que incluyera al Bet-rehob mencionado en 2 S 10:6, 8 (cp. Gn 36:37). **Siria-maaca** se hallaba al sudoeste de Soba (ver 18:3, nota), entre Damasco y Galilea. **7. Treinta y dos mil carros.** Añadir "jinetes y de a pie" (cp. v. 18; 2 S 10:6). **Al rey de Maaca y a su ejército.** 2 S 10:6 especifica mil hombres. **Acamparon delante de Medeba.** Una ciudad transjordana al norte en Rubén, al sudoeste de la frontera amonita. **9. A la entrada de la ciudad**; esto es, de su capital, Rabá (cp. v. 15; 20:1). **13. Esforcémonos... y haga Jehová lo que bien le pareciere.** El esfuerzo de uno al máximo, combinado con una fe implícita (cp. Fil 2:12, 13). **15. Joab volvió a Jerusalén.** Parece que era demasiado tarde en el año para acometer un asedio (ver 20:1). **16. Al otro lado del Éufrates.** Al lado oriental del Éufrates (18:3). **17. Pelearon.** En Helam (2 S 10:16, 17), cerca de Hamat en el valle del Orontes (1 Cr 18:3), el límite norte de Soba. **18. Siete mil hombres de los carros.** El relato paralelo (18:4) les define correctamente como "jinetes", ya que el total de carros capturados fue solamente de mil. Las cifras en el texto hebreo de Samuel (aunque no de la LXX, que concuerda con Crónicas) han sido corrompidas a la proporción menos probable de "setecientos" (2 S 8:4) jinetes ("gente de setecientos carros", 2 S 10:18). **Cuarenta mil hombres de a pie** (no "de a caballo", 2 S 10:18) parece ser así mismo una corrupción textual de la cifra original de veinte mil (2 Cr 18:4). El total de la fuerza inicial se da como de treinta y dos mil (19:7). **19. Los siervos de Hadad-ezer** incluían a sus reyes vasallos (2 S 10:19). **20:1. En el tiempo que suelen los reyes salir a la guerra.** La primavera del año siguiente, después de la estación lluviosa. **Mas David estaba en Jerusalén.** Fue en este punto que tuvo lugar el escandaloso asunto del adulterio de David con Betsabé y el asesinato de su heróico marido, Urías (2 S 11:2-27), que el cronista sugiere así a sus lectores, sin entrar en sus sórdidos detalles. **2. Y tomó David la corona.** Después de llegar a Rabá para la rendición definitiva de la ciudad (2 S 12:27-29). **Del rey.** En heb., *malkām.* Cp. con "Milcom" (Sof 1:5 y 1 R 11:5, 33), nombres del ídolo amonita principal. **La halló de peso de un talento de oro** (ver 19:6, nota). No podía ser llevada usualmente por ningún hombre. **Y había en ella piedras preciosas.** Mejor, *una piedra preciosa* (BLA), una piedra singular. **3. Y los puso a trabajar con sierras,** etc. David podía ser implacable, pero

no era cruel. **Trillos,** mejor: *picos.* 2 Samuel añade: "en los hornos de ladrillo" (12:31).

8) Guerras filisteas. 20:4–8.

El cronista concluye su análisis del período de la ascensión de David con un examen de ciertos incidentes notables que tuvieron lugar en las batallas contra los filisteos. Siguen a las primeras guerras filisteas (14:8–17), pero preceden al descanso dado por Dios a David de los enemigos extranjeros alrededor del 995 a.C. (17:8; 2 S 7:1). Se incluyen, con variaciones de poca importancia, en el apéndice de 2 S (en 21:15–22) y pueden asociarse con las campañas bosquejadas en 1 Cr 18:1. **4. Después de esto.** Ver 18:1, nota. Gezer (2 S 21:18, "Gob") era la ciudad fronteriza a la que se habían tenido que retirar los filisteos después de las guerras de independencia de David (14:16, nota). **Sibecai** era uno de "los treinta" héroes (11:29) y comandante del octavo cuerpo de ejército de David (27:11). **De los descendientes de los gigantes.** En heb., *Refaím,* una antigua nación (Gn 14:5), notables por su gran tamaño. Excepto por el reino de Og en Basán, los Refaím habían desaparecido para la época de Moisés (Dt 3:11). **5. Hermano de Goliat,** que había sido muerto por David (1 S 17). Una ligera corrupción textual hace que el pasaje paralelo (2 S 21:19) diga: ¡que Elhanán mató al mismo Goliat! **Un rodillo de telar.** Ver 11:23, nota.

C. Los últimos días de David. 21:1—29:30.

El pecado de David con Betsabé precipitó una cadena de crímenes (cp., la licencia de Amón, como "hijo del rey", 2 S 13:4), que se centraron en el príncipe Absalón y que ocuparon el espacio de once años enteros (2 S 13:23, 38; 14:28; 15:7, lectura variante), o desde aproximadamente el 990 hasta el 979 a.C. Una conducta tan poco ilustradora, no obstante, contribuía poco al propósito de Esdras de incorporar en los hombres de su propia época la piedad que caracterizaba a David en sus mejores cualidades. La mayor parte de los sucesos registrados en 2 S 11–19 no hallan, por ello, su paralelo en la obra del cronista (cp. Introducción, *Circunstancia de la redacción*). En estos tiene que incluirse también la revuelta de Seba (2 S 20); de forma que no es sino hasta los años posteriores de David que se reanuda el análisis histórico de Crónicas. Traza entonces el curso del censo de David (1 Cr 21), que tuvo como resultado la revelación de la situación del Templo y en los preparativos para su erección (cap. 22). Los resultados del genio organizativo de David, en las esferas tanto religiosa (caps. 23 — 26) como de la administración civil (cap. 27), quedan bosquejadas, seguido todo ello de sus indicaciones finales al pueblo a que fueran fieles a su Dios (caps. 28–29). Solamente el cap. 21 tiene un paralelo en otro pasaje de las Escrituras.

1) El censo. 21:1–30.

En tanto que la causa de que David hiciera un censo recaía en la provocación de Israel contra Dios (2 S 24:1), y en tanto que la propia insistencia del rey acerca del censo fue también pecaminosa (v. 3, nota); no obstante el arrepentimiento de David fue no solamente ejemplar de manera total (vv. 8, 13, 17, 24), sino que vino a ser, también, el medio por el cual designó el lugar para el gran altar del sacrificio, dentro del Templo que poco después sería erigido en Jerusalén. El cronista repasa por ello estos sucesos, que forman asimismo el capítulo final del apéndice de 2 S (cap. 24). **1. Satanás...incitó a David.** Debido a la enemistad del diablo en **contra de Israel** y, en último término, en contra del Dios de Israel (cp. Job 1:11; 2:5). El registro paralelo (2 S 24:1) va más allá y sugiere que Satanás fue un instrumento de Dios, siendo utilizado para ejecutar el castigo sobre Israel por sus pecados, presumiblemente por sus revueltas en contra de David, el ungido de Dios, que terminaron solamente con la muerte de Seba antes del 975 a.C. (cp. Job 1:12; 2:6; 1 R 22:22, 23). **3. Será para pecado a Israel.** No que hubiera nada inherentemente malo en un censo (cp. Nm 1:1, 2; 26:1, 2); pero en este caso David puede haber estado buscando su seguridad en el poderío de sus ejércitos (v. 5) en lugar de en la fe en las promesas de Dios (cp. 27:23 y Sal 30:6; ver 1 Cr 22:1, nota). **4. Joab...recorrió todo Israel.** 2 S 24:5–8 señala que se precisó de unos diez meses, y relaciona su ruta. **5. En todo Israel un millón cien mil que sacaban espada, y de Judá cuatrocientos setenta mil hombres.** 2 S 24:9 da la cifra redondeada para Judá de 500.000 y limita el censo de Israel a 800.000 valientes. **9. Gad, vidente de David,** le había aconsejado sabiamente en varias ocasiones (1 S 22:5; 2 Cr 29:25), y compuso más tarde una de las fuentes literarias de las Crónicas (1 Cr 29:29). **12. Tres años de hambre.** Igual que en la LXX de 2 S 24:13. No obstante, el paralelo hebreo de este pasaje dice "siete años", una cifra menos probable a la luz de las otras dos alternativas de "tres años". **Peste...el ángel de Jehová.** Cp. con casos similares de castigo divino en 1 S 6:3–6; 2 R 19:35. **13. David dijo a Gad.** La sumisión de David a la voz de Dios a través del profeta es digna de ser notada (cp. 2 S 12:13). **14. Murieron de Israel setenta mil**

hombres. Un castigo apropiado, ya que parece que el pecado de David involucraba el apoyarse en el poderío militar basado en los números. **15. Ornán.** "Arauna" en 2 S 24. **17. Estas ovejas.** Las Escrituras comparan frecuentemente al conductor y a su pueblo al pastor y a la manada (11:2; Sal 23). El espíritu sacrificial es digno de alabanza, aunque este no era un caso de una nación sufriendo simplemente por el pecado de su conductor (v. 1, nota).

23. Los bueyes se utilizaban para tirar de los trilladores de madera sobre el grano. **24. Ni sacrificaré holocausto que nada me cueste.** Con todo esto, Dios no se agrada del hombre que le da solamente lo que no le cuesta un sacrificio. Él pide de nosotros toda nuestra vida (Ro 12:1; cp. Lc 21:1–3). **25. Seiscientos siclos de oro.** Un peso aproximado de 6,8 kilógramos de oro. 2 S. 24:24 nota una pequeña cantidad de plata pagada en primer lugar por la era misma.

26. Le respondió por fuego desde los cielos. Dios inauguró de una manera similar otros de sus lugares de sacrificio (Lv 9:24; 2 Cr 7:1). **29. El tabernáculo...de Gabaón.** Ver 16:39, nota.

2) Las preparaciones para el Templo. 22:1–19.

Un estímulo eficaz para la futura devoción al Templo después del exilio recaía en el ejemplo de consacración que da David, al hacer él los preparativos para su prototipo pre-exílico (cp. caps. 28; 29). El cronista, por tanto, se regocija en relatar los propios esfuerzos de David (vv. 2–5) y las exhortaciones por las cuales alentó a su hijo Salomón (vv. 6–16) y a los conductores de Israel (vv. 17–19) a proseguir esta santa tarea. **1. Aquí estará la casa de Jehová.** La era de Ornán en el monte Moría, sobre cuyo lugar pronto iba a ser edificado el Templo por Salomón (2 Cr 3:1). Así se evidencia que el Sal 30, que se atribuye a David, y que con ello fue utilizado "en la dedicación de la Casa (el Templo)", pertenece históricamente a este período. Los vv. 5 y 6 sumarizan bien las experiencias de David en 1 Cr 21. **2. Mandó David que se reuniese a los extranjeros.** En heb., *gērîm*, "residentes extranjeros". Cp. similares "reclutamientos de obras" por parte de Salomón (2 Cr 2:17, 18; 8:7, 8). Esto constituye un paralelo con el empleo de los conquistados cananeos como los "netinim", esclavos del Templo (1 Cr 9:2, nota). **5. Salomón...es muchacho y de tierna edad.** Era según parece el cuarto hijo de David con Betsabé (3:5). Así, si hubiera nacido el 990 a.C., habría tenido veinte años a su accesión. **8. Vino a mí palabra de Jehová.** Traída por Natán antes del nacimiento de Salomón (17:4). **Tú...has hecho grandes guerras.** No se trata de que las guerras no puedan ser necesarias y justas (cp. 14:10; 19:13). Pero David había ido demasiado lejos; había sido culpable de innecesarios derramamientos de sangre (p. ej., 2 S 8:2). **9. Por tanto, su nombre será Salomón;** heb., *pacífico.* **10. Él edificará casa a mi nombre...y afirmaré el trono de su reino.** Una cita directa de 17:12–14, la predicción de Natán de que Salomón erigiría el Templo. No obstante, las cláusulas centrales, **Él me será a mí por hijo, y yo le seré por padre,** se refieren a Cristo (17:13). Las Escrituras parecen incluirlas aquí meramente para que sean un medio de asociar los pasajes pertinentes que las preceden y que las siguen. Cp. la inclusión de Hch 2:19, 20 en la cita total que se extiende desde Hch 2:17 al 21, como ejemplo de una cita inclusiva similar.

14. Con grandes esfuerzos. Con mis duras labores. Los recursos de David llegaron a exceder aquellos de su hijo, de una riqueza tan proverbial (2 Cr 9:13). **Cien mil talentos de oro, y un millón de talentos de plata,** equivalen, respectivamente, ¡a 3,7 millones de kilógramos de oro y a 37 millones de kg. de plata! **16. Del oro...no hay cuenta.** De hombres para el trabajado del oro...no hay cuenta". **17. Los principales de Israel.** Conductores nacionales y tribales, no necesariamente de sangre real (igualmente en 23:2, etc.). **19. Traer el arca...a la casa.** Así quedaría cumplido el proyecto original de David (caps. 13; 15; 16; 17).

3) Organización levítica. 23:1 — 26:32.

Una de las contribuciones más duraderas de David para la posteridad fueron los arreglos que hizo para el ministerio de la tribu de Leví. El genio que exhibió en la organización de los levitas ayudó a preservar los servicios levíticos bajo sus sucesores, proveyó la fuerza administrativa para el avivamiento de la teocracia mosaica bajo Esdras (ver cap. 6, introducción), y siguió sirviendo como base de la organización religiosa de Israel hasta los tiempos del NT. La política fundamental de David fue la de separar a los 38.000 levitas de su época en cuatro grupos operativos(23:3–5). Despúes de un bosquejo de los clanes levíticos y de sus familias (vv. 7–23) y de un breve repaso de sus deberes (vv. 24–32), se enumeran estos cuatro grupos: 24.000 que "entrasen en la casa de Jehová" (cap. 24), con los cuales se incluían la familia sacerdotal de Aarón (24:1–19) y los otros levitas que les asistían (vv. 20–31); 4.000

que servían como cantores (cap. 25); 4.000 "porteros" o guardas de las puertas, con los cuales se incluían los tesoreros del templo (26:1–28); y finalmente 6.000 "gobernadores y jueces", que estaban dedicados "sobre Israel en asuntos exteriores" (26:29–32). Los sacerdotes, los levitas (¿?) del templo y los cantores estaban además organizados en veinticuatro "grupos" cada uno, cuya rotación sería coordinada en períodos mensuales de servicio.

23:1. Siendo, pues, David ya viejo (cp. v. 27; 26:31). Tenía setenta años de edad el 970 a.C. (2 S 5:4). **Hizo a Salomón...rey.** La contestación de la sucesión y la implacable consolidación que siguió a la llegada al poder de Salomón (1 R 1; 2) son pasadas por alto por el cronista como no merecedoras de un comentario.

3. Fueron contados...de treinta años arriba (ver v. 24, nota) y, presumiblemente, por debajo de los cincuenta (Nm 4:3). **5. Instrumentos que he hecho.** El rey tenía un genio inventivo en esta área que fue recordada durante largo tiempo (Am 6:5). **6. Los hijos de Leví.** Cp. las listas en 24:20–30; 6:16–30, y las otras referencias bíblicas citadas en la introducción al cap. 6. Existen variantes de poca importancia en la ortografía de los nombres, y en algunos detalles.

7. Laadán y Simei...estos se relacionan no para proveer una genealogía completa sino más bien para establecer los principales clanes de Leví, de los cuales se constituyó la organización levítica. **8. Jehiel el primero.** Jehiel era el antiguo levita que fundó esta familia principal. Los "jefes" individuales que encabezaban los grupos de David se relacionan en 24:20– 30. **9. Este Simei,** evidentemente, no es el mismo al Simei hijo de Gersón relacionado en los vv. 7, 10. Es probable que tanto este segundo Simei como Laadán eran hijos de Libni, el hijo mayor de Gersón y hermano de Simei (6:17). Así, los clanes de Gersón totalizaban a nueve: seis para Laadán y tres para Simei (sobre la base de combinar a Jeús y Bería, v. 11). **14. Varón de Dios.** El título distintivo de Moisés (Dt 33:1; Sal 90, título). Moisés destaca como una de las figuras humanas de más talla en todo el AT (Dt 34:10–12).

22. Sus parientes [primos] **las tomaron** en matrimonio, siguiendo la ley mosaica para la preservación de la propiedad de la familia (Nm 36). Esto daba al clan de Merari cuatro divisiones (una para Mahli y tres para Musi), haciendo, entonces, con los nueve de cada de Gersón y Coat, veintidós divisiones levíticas, además de los sacerdotes aarónicos.

24. De veinte años arriba. Pero en el v. 3, son treinta años para arriba. Moisés había también tomado el censo de los levitas de edad superior a la de treinta años (Nm 4:3), pero más tarde incluyó en el trabajo a los de veinticinco y más (8:23–26). La explicación de que David volviera a rebajar el límite de edades parece haber sido las menores demandas físicas del servicio (v. 26), además de las crecientes demandas de mano de obra que surgirían con el nuevo Templo. **25. Habitará en Jerusalén para siempre.** Esto es, el Señor.

29. Para los panes de la proposición. Cp. 9:32, nota. **Flor de harina para el sacrificio.** Mejor, *ofrenda de comida.* Esta era una de las formas principales de sacrificio que no empleaba carne (Lv 2). **Lo preparado en sartén.** Lit., *lo que se mezcla* (con aceite).

30. Cada mañana...y asimismo por la tarde. El tiempo de los dos sacrificios diarios normativos (Éx 29:38, 39). **31. Para ofrecer todos los holocaustos.** Relacionar con el v. 30 y leer: "*para asistir...por la tarde y en toda ofrenda de holocaustos.*" En realidad, solamente los sacerdotes podían oficiar en el altar. Los levitas *asistían.* **Fiestas solemnes,** observadas anualmente, eran cinco: La Pascua, Pentecostés, de las Trompetas, el Día de la Expiación, y de los Tabernáculos (Lv 23). La primera, segunda y última demandaban una peregrinación al santuario central (Éx 23:14–17; Dt 16:16).

24:1. Los hijos de Aarón. Con respecto a la familia sacerdotal, cp. 6:3–15 y las notas que le acompañan.

3. David, con Sadoc... y Ahimelec...los repartió. Ahimelec II era el hijo de Abiatar (v. 6) y nieto de Ahimelec I, los que habían sido sumo sacerdotes en los días primeros de David.

4. Dieciséis y **ocho.** Los veinticuatro grupos sacerdotales (23:6) siguieron como la base para la rotación de los deberes sacerdotales hasta los tiempos del NT. Aunque algunos de estos grupos se extinguieron o tuvieron que ser consolidados con otros, se formaron otros nuevos para tomar su lugar. Al retorno del exilio, en el 538 a.C., estaban representados cuatro grupos registrados, el segundo, tercero, y dieciseisavo de David, y un nuevo grupo, de Pasur (Esd 2:3–39), y alrededor del 520 a.C. habían otra vez veintidós operando (Neh 12:1–7; cp. vv. 12-21; 10:2–8).

10. La octava a Abías. Este era el grupo al que pertenecía Zacarías, el padre de Juan el Bautista (Lc 1:5).

20. De los hijos de Leví que quedaron. Los grupos que siguen (vv. 20–30) son los de los asistentes levíticos en el Templo que se corresponden con los grupos sacerdotales. Los primeros nueve (vv. 20–25) corresponden con las nueve divisiones familiares (23:12–20) que surgieron de los cuatro hijos de Coat hijo de Leví: **Amram,** Izhar, Hebrón, y Uziel. Para cada grupo, p. ej., **Subael** (o *Sebuel,* 23:16), se da la cabeza en la época de David, p. ej., **Jehedías,** excepto por las cabezas de Hebrón, cuyos nombres pueden haberse perdido para Esdras. **22. Selomot.** O *Selomit* (23:18).

26. Los grupos de **los hijos de Merari** (vv. 26–30) incluyen a cuatro que se corresponden a las cuatro divisiones familiares (23:21– 23), aunque el único nombre de jefe, o cabeza, que aparece es el de Jerameel (24:29), para el grupo Mahlita combinado de Eleazar y Cis (cp. 23:22). **Los hijos de...Jaazías.** Este Jaazías se distingue contextualmente de **Mahli** y de **Musi,** los verdaderos hijos de Merari, y puede haber sido un merarita tardío, habiendo aumentado tanto el número de sus descendientes que demandó su reconocimiento separado como grupos por parte de David.

31. Estos también echaron suertes, como sus hermanos los hijos de Aarón; esto es, los anteriormente mencionados jefes de los levitas no aarónicos. Si las nueve divisiones de Gersón del capítulo precedente se incluyen como grupos (23:7–11), y si los hijos de Jaazías, Beno (o *Bani;* cp. LXX y ICC) y Soham, Zacur e Ibri (24:27), se consideran como representativos de dos grupos separados, con sus jefes, entonces el total de las veintidós divisiones levíticas (23:22, nota) proveería veinticuatro grupos de aproximadamente mil hombres cada uno, para que se correspondieran con los veinticuatro grupos de los sacerdotes.

25:1. David...apartaron para el ministerio a *algunos de* [RVA] **los hijos de Asaf.** Estas disposiciones fueron mediadas a David, por mandato divino, mediante los profetas Natán y Gad (2 Cr 29:25). **Asaf...Hemán y...Jedutún,** que pertenecían respectivamente a los clanes levíticos de Gersón, Coat, y Merari (6:33–47), habían sido señalados como músicos principales en la época de la entrada del arca en Jerusalén (16:5, 41).

2. Asaf...profetizaba. Muchas de las profecías del AT se hallan en forma poética (cp. los profetas musicales de 1 S 10:5); y, de forma correspondiente, mucha de la poesía es de naturaleza profética (cp. v. 4, nota). De manera específica, Asaf y sus descendientes compusieron los Salmos 50 y 73–83.

4. Empezando con el sexto hijo, **Hananías,** estos nombres, cuando se traducen del hebreo, forman la siguiente oración de Hemán acerca de su trabajo como profeta-cantor:

(6°) ¡Ten gracia, oh Jehová, (7°) ten Tú gracia hacia mí! (8°) Tú, mi Dios; (9°) yo he alabado (10°) y exaltado por ayudar (11°) aunque sentado en soledad, (12°) he proclamado (13°) las más altas (14°) visiones. **5. Hemán, vidente del rey en las cosas de Dios.** Él puede haber sido responsable de algunos de los Salmos (42—49; 84; 85; 87; 88) compuestos por su clan coratita (6:33–38). **Para exaltar su poder.** Esto es, el poder de Hemán: Dios le bendijo con una familia numerosa. **Tres hijas.** Las mujeres tenían también parte en el servicio musical (Sal 68:25). **8. Echando suertes.** Para determinar la disposición de los grupos bajo los veinticuatro hijos de Asaf, Hemán y Jedutún. **El maestro que el discípulo.** La división parece haber incluído a todos los 4.000 cantores (23:5) y no solamente a los 288 maestros músicos. **11. La cuarta...Izri;** esto es, Zeri (v. 3). Cp. similares variantes ortográficas para los conductores de los grupos séptimo, undécimo, décimo-tercero, y décimo-quinto. **26:1. Los porteros** servían como guardas de las puertas (v. 13) y en general como guardas de la propiedad del Templo (v. 20, nota). **Coreítas** = descendientes de Coré, el notorio levita que se rebeló contra Moisés (ver en 6:22; 9:19). El padre de Coré, **Asaf,** era Ebiasaf (9:19), no el famoso músico Asaf, que pertenecía al clan de Gersón. Coré, y los guardas de las puertas que eran sus descendientes, pertenecían al clan de Coat. **4. Obed-edom.** El levita que había recibido la bendición de Jehová por guardar el arca después de la muerte de Uza (13:13, 14). Tenía la doble designación tanto de cantor como de guardián del Templo (ver en 15:21; 16:38). **10. Hosa** fue designado al mismo tiempo que Obed-edom (16:38). El número original de guardas de las puertas, de 68, había aumentado para entonces a 93 (18, 62, y 13), los cuales constituían los jefes de un grupo de unos 4.000 porteros en total (23:5). Para la época de la caída de Jerusalén, en 586 a.C., el número había aumentado a 212 (9:22). **13. Echaron suertes,** no para los períodos de servicio, como en los grupos anteriores, sino para los puestos de servicio. **14. Selemías.** O *Meselemías,* como en el v. 1 y otros pasajes. **16. Supim** no se conoce por ninguna otra mención pero, como Hosa, era probablemente un guardián de puerta del clan de Merari. **La puerta de Salequet,** en el camino que subía desde la ciudad occidental, más baja, a través del valle del Tiropoeón, a la mayor elevación del Templo. **17, 18. Al oriente seis levitas,** etc. Un total de veinticuatro jefes de la

guardia (¿?) (cp. v. 10, nota) estaban así de servicio contínuamente. **18.** *Parbar* (heb.). La forma es incierta, y puede significar una avenida de columnas, o un atrio. En la versión RV1960 se traduce como *cámara.*
20. De los levitas, Ahías tenía cargo de los tesoros. El oficio de confianza de los porteros incluía el tesoro (9:26). Pero **Ahías** (en el texto heb. *'hyh*) es por otra parte desconocido; y puede ser mejor leer con la LXX, *los levitas, sus hermanos, estaban sobre los tesoros. Sus hermanos* (en heb. *'hyhm*) serían entonces los Laadanitas de Jehiel, sobre la tesorería del templo (vv. 21, 22), y los amramitas de Selomit, sobre los presentes dedicados (vv. 23–28). **22. Jehieli.** *Un hombre de Jehiel.* Jehiel, Zetam y Joel eran, de hecho, todos hijos de Laadán; pero Jehiel era el jefe aceptado sobre sus hermanos (23:8). **23. Los amramitas,** etc. Las divisiones del clan de Coat. **24. Sebuel hijo de Gersón** (23:16; 24:20). Había sido el jefe de la tesorería bajo su abuelo, **Moisés.** Pero **Selomit** (v. 25) el descendiente del hermano de Gersón, **Eliezer,** mantuvo el puesto bajo David (v. 26). **26. Los tesoros de todas las cosas santificadas.** Ver 18:11 y 2 Cr 5:1 en cuanto a la devoción de David a este respecto. **29. Izharitas y hebronitas** (vv. 30–32). Estos levitas del clan de Gersón proveyeron 4.400 (1.700 más 2.700) de los 6.000 **gobernadores y jueces** (23:4). Moisés había primeramente emitido la primera instrucción de que los levitas, que enseñaban la palabra de Dios (Dt 33:10), fueran encargados de su interpretación en juicio (Dt 17:9; cp. 2 Cr 19: 8, 11; Neh 11:15). **32. Rubenitas, los gaditas y la media tribu de Manasés.** Esto es, la parte de Israel que quedaba al este del Jordán.

4) La organización civil. 27:1–34.

El floreciente estado de Israel bajo David era algo que sobrepasaba por todos los costados a la empobrecida sub-provincia judía en la época de Esdras. Aunque este bosquejo de las glorias de una administración ya pasada no tenía pertinencia política para los exilados que habían retornado (como tampoco para nosotros), no obstante tenía que haber regocijado al pueblo de Esdras (como a nosotros) con la verdad de que se incluyen recompensas políticas visibles en el decreto de Dios a sus siervos fieles (cp. Ap 2:26). 1 Cr 27, por lo tanto, bosqueja: el sistema militar de David de doce cuerpos de ejército, cada uno con su comandante, su complemento de 24.000 hombres, y su término de servicio activo de un mes cada año (vv. 1–15); su organización regional por áreas tribales, cada una de ellas con su príncipe tribal (vv. 16–25); y su administración central de ejecutivos y funcionarios de "gabinete" sobre la propiedad real (vv. 25–34). **2. Sobre la primera división...estaba.** Los "tenientes generales" que tenían el mando de los doce cuerpos de ejército eran todos ellos figuras militares distinguidas (cp. 1 Cr 11, con las variaciones ortográficas ocasionales de sus nombres). **Jasobeam.** El primero de "los tres", los notables héroes (11:11). **3.** Jasobeam era **de los hijos de Fares,** uno de los dos principales clanes de la tribu de Judá (2:4). **4.** El **segundo** cuerpo, **Dodai,** el segundo de "los tres" (11:12). **Y Miclot era jefe en su división.** Su "jefe ejecutivo". **5. El jefe de la tercera división, Benaía.** (11:22–25), **hijo del sumo sacerdote Joiada** (ver sobre 12:27). Este era el comandante sobre la guardia cretense (18:17, nota). **6. Benaía era...sobre los treinta.** Ver notas sobre 11:11, 21; 12:4. **7. El cuarto** cuerpo...**Asael.** El primero de "los treinta", la heróica "legión de honor". Fue muerto en la guerra en contra de Abner a principios del reinado de David (11:26, nota). **8. El quinto** cuerpo ...**Samhut izraíta.** Samhut era "de Zera" (esto es, un zeraíta, vv. 11, 13), el otro clan principal de Judá (cp. v. 3). Era un miembro de "los treinta" (11:27). **9. El sexto...cuerpo, Ira hijo de Iques** etc. Los siete generales restantes eran también miembros de "los treinta" (11:28– 31). **15. Heldai** era de los descendientes de **Otoniel,** el primero de los jueces hebreos (Jue 1:13; 3:9–11). **17. Hasabías y Sadoc** el sacerdote. Así fueron señalados dos príncipes para Leví, en tanto que los príncipes de las tribus de Gad y de Aser eran desconocidos para Esdras, o bien se perdieron del texto posteriormente debido a algún error de copista. **18. Eliú...de los hermanos de David.** Llamado Eliab en los otros pasajes (2:13). **21. Por Benjamín, Jaasiel hijo de Abner,** que había sido el famoso general y tío del rey Saúl, de Benjamín (26:28; 1 S 14:50; cp. 1 Cr 8:33; 9:39). **23.** Dios **multiplicaría a Israel como a las estrellas del cielo.** La promesa dada hacía más de mil años a Abraham (Gn 22:17). Por ello, David no ordenó un censo **total** del pueblo, lo cual hubiera dado una impresión de que se ponía la profecía en tela de juicio. No obstante, evidentemente debido a una falta de fe en el poder de Dios para proteger su reino, había hecho un censo de los hombres en edad de hacer guerra (21:1–8). **28. De la Sefela.** La área al pie de las montañas entre la llanura costera filistea y los montes interiores de Judea. **32. Jonatán.** Esta lista de altos funcionarios suplementa al anterior "gabinete" presentado

en 18:15–17 y 2 S 20:23–26. **34. Después de Ahitofel estaba Joiada.** Ahitofel abandonó a David en favor de Absalón (2 S 15:12, 31; 16:20–23); pero, cuando se vio frustrado por Husai, el **amigo del rey** (un puesto oficial en el gabinete; 2 S 15:32–37; 17:1–16), cometió suicidio (2 S 17:23).

5) Palabras finales. 28:1 — 29:30.

Este pasaje reanuda el registro de la última convocación de David de los conductores de Israel (el v. 1 es paralelo a 23:2), el 970 a.C. (23:27; 26:31). Su propósito había sido no simplemente el de situar a la organización levítica sobre una base permanente (caps. 23 — 26) sino además de asegurar la entrega de su nación a la erección del Templo de Jerusalén. Por ello, David encargó tanto al pueblo (28:2–8) como a su hijo Salomón (vv. 9, 10) una dedicación a esta santa tarea. Después, habiendo presentando a su hijo los planos inspirados del Templo y de sus servicios (vv. 11–19), de nuevo le encargó que fuera fiel (vv. 20, 21). Pasando a los conductores nacionales, David apeló a continuación a ellos para un esfuerzo supremo para que dieran para el Templo (29:1–5). La asamblea se dispuso a afrontar el reto (vv. 6–9), y David alabó a Dios por la abundancia con que habían contribuido (vv. 10–22). Salomón fue entonces confirmado sobre el trono de su padre, y David pasó a su recompensa eterna (vv. 22–30).

28:2. El estrado de los pies de nuestro Dios sugiere la placa de oro, o "propiciatorio" (v. 11), que cubría el arca, y sobre la cual aparecía la nube de la gloriosa presencia de Dios (Éx 25:20, 21; 2 S 6:2; 22:11). **3. Has derramado mucha sangre** (cp. 22:8, nota). David había ya hablado de ello en privado con Salomón (22:7–16). **4. Pero Jehová el Dios de Israel me eligió ...para que perpétuamente fuera rey sobre Israel.** Su dinastía, culminando en Cristo, sería eterna (17:11). **A Judá escogió...para ponerme por rey.** Para esta elección en progresivo estrechamiento, ver Gn 49:8–10; 1 S 16:1–13; 1 Cr 22:9, 10. **5. El trono del reino de Jehová sobre Israel.** Los gobernadores de la tierra son solamente ministros, representantes de Dios (29:23; 1 S 12:14; Ro 13:1–6). **6. A éste he escogido yo por hijo, y yo le seré a él por padre.** Ver sobre 22:10. **9. Sírvele con corazón perfecto, y con ánimo voluntario.** El espíritu de este piadoso encargo entra en paralelo con la similar admonición de David en 1 R 2:2–4. **11. La casa del propiciatorio.** Ver sobre el v. 2. **12. El diseño...por el Espíritu** (VM.; cp. v. 19). Los diseños del Templo fueron inspirados por Dios, así como lo habían sido los del Tabernáculo de Moisés antes de él (Éx 25:9, 40; 27:8). Porque los propios artículos de mobiliario y su disposición eran típicos de la forma en que la salvación sería finalmente cumplida por Cristo (He 8; 9, especialmente 8:5). **18. El carro de los querubines de oro.** No los querubines sobre el arca (ver v. 2, nota), sino los querubines de mayor tamaño que cubrían todo este "asiento" de Dios (2 Cr 3:10–2; cp. Ez 1:5–26).

29:1, 2. Salomón...es joven y tierno de edad, y...he preparado. Pensamientos similares a los expresados por David cuando inició los preparativos del Templo (22:5, 14, notas). **3. Además de todas las cosas que había preparado** (22:14, 15). Lo que seguía era un don adicional, de los propios recursos de David. **4. Tres mil talentos de oro...de Ofir** [la mejor calidad] **y siete mil talentos de plata** (cp. 19:6; 22:14, notas) que equivalen a unas 107 toneladas métricas de oro y a 238 toneladas métricas de plata. Debido al aumento contínuo de la plata y del oro, sería inútil dar aquí una cifra equivalente en dólares o pesetas. El lector interesado en ello puede hacer un sencillo cálculo multiplicando estos pesos por el precio de cotización actual. **5. Ofrenda voluntaria a Jehová.** Lit., *llenar su mano*. Esta es una frase técnica. Se utilizaba cuando los candidatos eran ordenados para el sacerdocio. Nuestros dones debieran ser igualmente dedicados. **7. Cinco mil talentos y diez mil dracmas de oro.** Alrededor de 165 toneladas por una parte. La dracma es en realidad *daricas*, monedas acuñadas persas. El cronista utilizó esta evaluación en forma de moneda acuñada de la ofrenda dada el 970 a.C., aunque la moneda acuñada era desconocida en la época de David. **Diez mil talentos de plata, dieciocho mil talentos de bronce.** Esto es, 330 toneladas y 594 toneladas, respectivamente. **Cinco mil talentos de hierro.** La cifra correcta es de **100.000** *talentos de hierro* (RVA). El hierro era entonces un artículo mucho más escaso de lo que es en la actualidad. **8. Jehiel gersonita.** El jefe de la tesorería del Templo (26:21, 22)

9. Ofrecieron...voluntariamente. La actitud voluntaria es la que Dios ama (2 Co 9:7) y la que debiera caracterizar todo nuestro dar. **10. Dios de Israel** es aquí una referencia al patriarca Jacob (Gn 32:28). **11. Tuyo, oh Jehová, es el reino.** De estas alabanzas provienen las palabras situadas al final de la oración del "Padre Nuestro" en el Evangelio (Mt 6:13). **14. De lo recibido de tu mano te damos.** Esta es la base de la "mayordomía": que todo lo que tenemos y somos viene de Dios, siendo solo que nosotros lo administramos, y que por ello debiera ser utilizado para Él (Lc 17:10). **20. Adoraron delante de Jehová y del rey.** El "adoraron" que se utiliza aquí significa "postrarse". Así puede hacerse ante Dios o ante el hombre. **21. Y muchos sacrificios de parte de todo Israel.** Probablemente ofrendas de paces, de las que participaba el pueblo, como invitados del Señor (Lv 7:15; cp. Éx 24:11).

22. Dieron...la investidura del reino a Salomón (paralelo a 23:1). El cronista, así, no hace ningún intento de esconder, sino más bien de sugerir a sus lectores, el infame incidente (que no relata) de la primera proclamación de Salomón bajo la presión de un complot para desplazarlo (1 R 1:39). Los ritos de confirmación tenían valor, particularmente cuando había habido una sucesión tan discutida (cp. 1 S 10:24 y 11:14, 15 acerca de Saúl). **Y Sadoc.** Su unción como sumo sacerdote fue similarmente confirmada; en cuanto al otro sacerdote de David, Abiatar, se había descalificado a sí mismo en el complot (1 R 1:7; cp. 2:26). **24. Y todos los hijos del rey David, prestaron homenaje al rey Salomón,** *en particular* Adonías, el hermano mayor de Salomón, que había intentado usurpar el trono (1 R 1:53). **28. Murió...lleno...de gloria.** 1 Reyes cualifica esta generalización con ciertos asuntos específicos de una naturaleza menos congratuladora (1:1–4, 15; 2:5, 6, 8, 9).

BIBLIOGRAFÍA

ALBRIGHT, WILLIAM F. "The Date and Personality of the Chronicler", *Journal of Biblical Literature*, XL (1921), 104–124.

BEECHER, WILLIS J. "Chronicles", *The International Standard Bible Encyclopaedia*. Editado por James Orr. Grand Rapids: Wm. B. Eerdmans Publishing Co. Vol. I, 1939.
————. *Reasonable Biblical Criticism*. Filadelfia: The Sunday School Times Co., 1911.

BOYD, J. OSCAR. "An Undesigned Coincidence", *The Princeton Theological Review*, III (1905), 299–303.

CROCKETT, WILLIAM DAY. *A Harmony of the Books of Samuel, Kings, and Chronicles*. Grand Rapids: Baker Book House, 1951.

CURTIS, EDWARD L., y MADSEN, ALBERT A. *A Critical and Exegetical Commentary on the Books of Chronicles (The International Critical Commentary)*. Nueva York: Charles Scribner's sons, 1910.

ELMSLIE, W. A. L. *The Books of Chronicles.* *(The Cambridge Bible for Schools and Colleges.)* Cambridge: The University Press, 1916.
————. *"The First and Second Books of Chronicles," The Interpreter's bible*. Vol. 3. Nueva York: Abingdon Press, 1954.

HARVEY-JELLIE, W. R. *Chronicles (The Century Bible)*. Edimburgo: T. C. and E. C. Jack, 1905.

KEIL, C.F. *The Books of the Chronicles*. Grand Rapids: Wm. B. Eerdmans Publishing Co., 1950.

MACMILLAN, KERR D. "Concerning the Date of Chronicles", *The Presbyterian and Reformed Review*, XI (1900), pp. 507–511.

SLOTKI, I. W. *Chronicles (Soncino Books of the Bible)*. Londres: The Soncino Press, 1952.

ZOCKLER, OTTO. *The Book of Chronicles (Lange's Commentary)*. Nueva York: Charles Scribner's Sons, 1876.

COMENTARIOS EN ESPAÑOL

ELLISON, H. L. "1 y 2 Crónicas. *Nuevo Comentario Bíblico*. Editado por D. Guthrie, J. A. Motyer, A. M. Stibbs, y D. J. Wiseman. El Paso: Casa Bautista de Publicaciones, 1978, pp. 285–302.

SEGUNDO DE CRÓNICAS

BOSQUEJO

(Para las observaciones introductorias, ver Introducción a Primero de Crónicas).

COMENTARIO

I. El reinado de Salomón. 1:1 — 9:31.

A. La inauguración de Salomón. 1:1 — 9:31.

Antes de su propia muerte, el rey David había puesto a su hijo sobre el trono de Israel, y había asegurado que los conductores de la nación prestaran "homenaje al rey Salomón" (1 Cr 29:24). No obstante, el brillante reinado de Salomón tuvo su inauguración con la aparición de Dios a él en el monte Gabaón (2 Cr 1:1–13). Este incidente, más que ninguno otro en la historia entera, confirma la enseñanza bíblica de que "si alguno de vosotros tiene falta de sabiduría, pídala a Dios...y le será dada" (Stg 1:5). Con esto, así inicia el cronista la segunda mitad de su gran estudio. Hace así un paralelo con 1 R 3:4–15, aunque omite la inmediata validación de Gabaón en la decisión de Salomón acerca de los hijos de las dos rameras (1 R 3:16–28), al ser de un interés limitado y personal. En su lugar pone la validación económica posterior, vista en la prospe-

ridad nacional de Israel (2 Cr 1:14–17, pasaje que halla su paralelo en 1 R 10:26–29).

1. Jehová...lo engrandeció sobremanera. Esto resume el pensamiento de 1 Cr 29:25. **3. El lugar alto que había en Gabaón.** Este lugar se hallaba a 11 km. (7 millas) al noroeste de Jerusalén. Para la época de Salomón, Gabaón, con **el tabernáculo de Jehová** (1 Cr 16:39), y Jerusalén, con el arca de Dios (2 Cr 1:4), eran los únicos lugares legítimos del sacrificio divino (ver 1 R 3:2; cp. el principio de la adoración central, donde Dios se revelaba, en Éx 20:24; Dt 12:5). Otros lugares altos, incluso si se utilizaban con el nombre del Dios de Israel, Jehová (*Yahweh*) estaban contaminados por asociación con la adoración de Baal y se hallaban bajo la prohibición divina (Nm 33:52; Dt 12:2). El pecado de Salomón empezó, de hecho, con su reconocimiento de los lugares altos, plural (1 R 3:3). **4. David había traído el arca.** Ver 1 Cr 13;15;16. **7. Apareció Dios,** en un sueño (1 R 3:5, 15;

cp. 1 S 28:6). **8. Tú has tenido...gran mise-**
ricordia. Misericordia (_ḥesed_) significa aquí
"fidelidad" (ver sobre 1 Cr 16:41). **9. Para la**
palabra dada a David (ver 1 Cr 17:11–14).
Incluía el establecimiento de la simiente de
David sobre su trono y la erección del Templo
en Jerusalén. **Un pueblo numeroso como el**
polvo de la tierra. Dios había cumplido exactamente su anterior promesa a Abraham (Gn
13:16). **10. Dame...sabiduría.** La propia oración de Salomón se correspondía con aquella
misma que David había hecho por él (1 Cr
22:12).

12. Sabiduría y ciencia te son dadas. El
conocimiento factual de Salomón se hallaba
limitado por su medio ambiente cultural; pero
su "sabiduría", su capacidad en la aplicación
del conocimiento, nunca ha sido sobrepasada
(1 R 3:12). **Y también te daré riquezas,**
bienes y gloria (cp. 1 Cr 29:25). "Buscad
primeramente el reino de Dios y su justicia, y
todas estas cosas os serán añadidas" (Mt
6:33).

14. La existencia de **las ciudades de los**
carros de Salomón (cp. 9:25) ha sido notablemente confirmada por la arqueología. Las
excavaciones de Meguido, al sureste del monte
Carmelo, ha revelado un extenso establo de
piedra capaz de alojar a unos cuatrocientos
caballos (Albright, _The Archaeology of Pales-_
tine, p. 124). **15. Cedro...** Este v. es un paralelo de 9:27.
Cp. 1 Cr 27:28, nota. **16. Lienzos finos.** En
realidad, el texto heb. dice: "y de _qewē_", esto
es, Cilicia, una fuente de suministros de caballos al norte (cp. 9:28). **17. Un carro por**
seiscientas piezas de plata, y un caballo por
ciento cincuenta. Una pieza, o siclo, pesaba
unos trece gramos. Por ello, el coste sería de
unos siete kilogramos y medio de plata y uno y
medio, respectivamente, aunque tenemos que
tener presente que en la antigüedad se le asignaba mayor valor al oro y a la plata que el que
le asignamos en la actualidad. Y la ley prohibía el exceso en estos asuntos (Dt 17:16, precisamente el pecado al que le llevó a Salomón su
prosperidad).

B. El Templo de Salomón. 2:1—7:22.

Las mayores producciones de Salomón fueron sus libros inspirados (Pr., Ecl., Cnt., y
posiblemente Job) y su magnífico Templo.
Para nosotros en la actualidad, los primeros
tienen el mayor significado. Pero para Esdras,
que vivía en una época en que las escrituras
"alentadas por Dios" del canon del AT llegaron a su final (2 Ti 3:16; ver _ante_, Introducción, _Fecha_), pero cuando el Templo estaba
concentrando en sí mismo los medios mismos

de acceso a Dios, este último vino a ser, comprensiblemente, su preocupación prioritaria, el
evento que para él hacía sombra a todos los
demás en la carrera de Salomón. Porque el
Templo, como el Tabernáculo antes de él, simbolizaba la presencia del Dios reconciliado en
medio del pueblo que Él había redimido (2 Cr
7:1, 2; Éx 29:45, 46). Constituía su camino de
salvación, anticipando con sus sacrificios al
Cordero de Dios, que "ponía su tienda" entre
nosotros para quitar el pecado del mundo (Jn
1:14, 29). Y tipificaba la glorificación que
espera a los hombres en la presencia celestial
del mismo Dios (Éx 24:18; He 9:24). Por ello
el cronista dedica seis de sus nueve capítulos
salomónicos al Templo: los preparativos para
su construcción (2 Cr 2); su construcción
(caps. 3; 4); y su dedicación (caps. 5—7).
Estas secciones forman un paralelo amplifi-
cado a 1 R 5; 6; 7:13—8:66.

1) Preparativos. 2:1–18.

La principal planificación para el Templo
había ya sido efectuada en tiempos de David:
el diseño de la arquitectura, la reunión de los
materiales, y el alistamiento del personal (1 Cr
22; 28; 29). Quedaba para Salomón organizar
su mano de obra (2 Cr 2:2, 17, 18). No obstante, su gesto más sabio fue el de buscar la
ayuda de Hiram, el rey de Tiro, amigo de
David (cp. v. 12) para la provisión de un experimentado superintendente de construcción, y
el suministro de la incomparable madera de los
cedros del Líbano (vv. 3–10). Se negoció con
premura un contrato adecuado (vv. 11–16).
2. Setenta mil hombres que llevasen car-
gas, etc. (hace paralelo con vv. 17, 18). Estos
153.600 trabajadores alistados consistían de
extranjeros residentes en Israel, como ya había
sido determinado por David (1 Cr 22:2, nota).
Salomón reclutó también a 30.000 hombres de
Israel para que trabajasen en turnos de 10.000,
y cada hombre tenía que servir un mes de cada
tres (1 R 5:13, 14).

3. Hiram rey de Tiro. Sobre la costa del
Mediterráneo, al norte de Israel. Tiro poseía el
mejor puerto en el área, y sus habitantes fenicios eran notables por su capacidad mercantil.
Como hiciste con David. Ver 1 Cr 14:1.
4. Para quemar incienso aromático delan-
te de él. Esto se hacía dos veces al día en el
altar del incienso (Éx 30:6–89). **Los panes de**
la proposición, y para holocáustos...festivi-
dades. Cp. sobre 1 Cr 9:32; 23:30, 31. **6. Los**
cielos...no pueden contenerlo (cp. 6:18; Hch
7:48, 59). Salomón reconoció así desde el principio que la presencia localizada de Dios en el
Templo era una condescendencia de Su parte
llena de gracia y que no constituía ninguna

limitación sobre el Dios por otra parte omnipresente (cp. sobre 1 Cr 13:3).

7. Envíame...un hombre hábil. De hecho, Salomón contrató a una buena cantidad de experimentados fenicios para que ayudaran a sus palestinos no tan habilidosos (1 R 5:6, 18), de cuya cultura más inferior da testimonio la arqueología. **8. Envíame...cedro.** Los fragantes cedros del Líbano, famosos a través de toda la antigüedad, eran resistentes a la putrición y superiores a cualquier madera que creciera en Israel. En la actualidad solamente quedan escasos sobrevivientes aislados. **Ciprés.** El ciprés fenicio. **Sándalo,** que se importaba de Ofir (9:10), utilizado para trabajo ornamental de madera y para los instrumentos musicales (1 R 10:12).

10. Cortadores de madera (cp. 1 R 5:6)... **coros...batos.** Alrededor de 352 y 40 litros cada uno, respectivamente. Salomón envió también un suministro menor, pero anual, a Hiram (1 R 5:11). Tales pagos, que fueron especificados por Hiram (1 R 5:6), constituyeron una pesada carga sobre la economía de Israel. Al prolongarse, debido a los proyectos privados de construcción de Salomón (2 Cr 2:1, 12; cp. 1 R 7:1–12), dejaron exhausto al reino (cp. 1 R 9:10, 11).

11. Jehová...te ha puesto por rey sobre ellos, etc. Aunque este puede haber sido un reconocimiento sincero, parece más bien representar una fraseología cuidadosamente elegida por un práctico hombre de negocios. **13. Hiram-abi.** O, *Hiram mi padre.* Hiram (cp. 1 R 7:13), recibe el título de **padre** como un reconocimiento de su suma maestría. **14. Hijo de una mujer de...Dan,** una viuda que vivía en Neftalí (1 R 7:14). **Púrpura** era el tinte rojo intenso obtenido del molusco murex, conocido como ''púrpura real'' debido a su escasez y costo. **16. Jope** servía como el puerto de Jerusalén. Entre las ciudades había unos 56 km. (35 millas) terreno difícil, montañoso. **18. Tres mil seiscientos...capataces.** Eran extranjeros. Habían también 250 israelitas (8:10); en total, 3.850 capataces (que concuerda con los 3.300 capataces inferiores, más los 550 superiores, en 1 R 5:16; 9:23).

2) Construcción. 3:1 — 4:22.

Para los hombres de la época de Esdras la forma del Templo de Esdras constituía un testimonio tanto de la gloria de Israel en el pasado como de la exhibición de un ideal estructural con respecto al cual estructurar la restauración de su propio santuario. No obstante, para los hombres de todas las épocas, las principales características del Templo de Salomón, como las del Tabernáculo de Moisés, que fue colocado dentro de él (1 R 8:4) y sobre el cual estaba modelado, proveen ilustraciones típicas de significado imperecedero, creadas, como lo fueron, por el Arquitecto divino para expresar las verdades inmutables del Evangelio. 2 Cr 3 (paralelo por lo general a 1 R 6) describe la edificación como un todo; y el cap. 4 (paralelo a 1 R 7) describe su mobiliario. Este último, con la excepción del altar del incienso y el arca santa, muestran una elaboración considerablemente mayor que los objetos correspondientes en el Tabernáculo de Moisés.

3:1. En el monte Moríah. La cumbre en la que Abraham había estado dispuesto, hacía casi 1.100 años, a sacrificar a su hijo Isaac (Gn 22:2). **En la era de Ornán.** Ver 1 Cr 21:18 — 22:1. **2. En el mes segundo a los dos días del mes** [abril/mayo], **en el cuarto año de su reinado,** que iba desde el otoño del 967 al otoño del 966. Por ello, la fecha es el 966 a.C. (cp. Thiele, *The Mysterious Numbers of the Hebrew Kings,* pp. 30, 31).

3. Estas son las medidas que dio Salomón. O mejor, *estos son los cimientos que echó Salomón.* **Sesenta codos según la primera medida.** La medida primera, o sagrada, tenía unos ocho centímetros más de longitud que el codo ordinario de aproximadamente cuarenta y seis centímetros. Por ello, **sesenta codos por veinte codos** es alrededor de 32 m. (105 pies) por algo más de 10.5 m. (35 pies) y no de 27,4 por 9 m. (90 por 30 pies). Esto precisamente el doble de las dimensiones de superficie del Tabernáculo. **4. Su altura de ciento veinte codos.** Este vestíbulo oriental tenía la forma de una gran torre, de más de 60 m. (200 pies) de altura. **5. El cuerpo mayor del edificio,** o Templo propio, se correspondía con la estancia exterior del Tabernáculo, el Santuario. Cp. *el lugar santísimo* (v. 8). **Madera de ciprés.** Cp. 2:8, nota. También se utilizó el cedro (1 R 6:9).

6. Oro de Parvaim. Este venía, probablemente, de una mina en la Arabia meridional. El gasto para el recubrimiento de toda la casa fue enorme, pero ver 1 Cr 22:14; 29:4, 7. **7. Sus umbrales...querubines.** Los querubines eran unas criaturas angélicas, simbolizando la presencia de Dios, soberano y trascendente (v. 14, nota; Gn 3:24). Aparecían normalmente en forma humana, pero alados (Ez 1:5, 6). El intento de la crítica 'liberal' de identificar al querubín con la esfinge mitológica carece de bases bíblicas. También se representaban palmeras y flores en los realces (1 R 6:29). **8. Oro...seiscientos talentos** (ver 1 Cr 19:6, nota), con un peso de alrededor de veinte toneladas y media. **9. Los clavos,** para afirmar las placas de oro a las paredes, pesaban cada uno hasta **cincuenta siclos de oro,** algo más de medio kilogramo.

11. Las alas de los querubines...veinte codos. Estos no se tienen que confundir con los querubines del arca, sino que eran dos grandes figuras recubiertas de oro, hechas de madera de olivo (1 R 6:23) que llenaban "el lugar santísimo" (2 Cr 3:8) y que, una al lado de la otra, cubrían el arca.

14. El velo (ver Éx 26:31–33) escondía de la humanidad el Lugar Santísimo con la terrible y maravillosa presencia de Dios en él. Así, el velo era emblemático de que el camino a Dios no estaba todavía abierto (He 9:8) y que no lo estaría hasta que Cristo quitara de enmedio las sombras anticipadoras del AT (Mt 27:51).

15. Las dos columnas se levantaban libres, delante del Templo. **Treinta y cinco** es o bien una corrupción de dieciocho (las dos cifras se confunden con facilidad en hebreo), o bien una expresión de la longitud del molde original. Cada columna medía dieciocho codos si se incluía **el capitel** ornamental. La existencia de estos pilares, u obeliscos ornamentales, en los templos antiguos, ha sido repetidamente confirmada por la arqueología. **17. Jaquín.** *Establece.* **Boaz.** *En él hay poder.*

4:1. Este **altar de bronce** nuevo y mayor era el primer objeto que se hallaba en el patio del Templo, demostrando que a Dios uno se puede acercar solamente mediante el sacrificio, la muerte sustitutiva y testamentaria de Cristo (He 8:2, 3; 9:12).

2. El mar de fundición enseñaba la necesidad de la pureza (Éx 30:21), y señala al lavamiento de regeneración y santificación en Cristo (Tit 3:5; He 9:10). **Un cordón de treinta codos de largo lo ceñía alrededor.** Sólo de forma aproximada, porque el diámetro era de diez codos. **3. Debajo del mar.** Había una semejanza de bueyes (v. 4). **5. Cabían tres mil batos.** Esta cantidad sería demasiado grande para estas dimensiones. Tiene que ser una corrupción textual por dos mil (1 R 7:26), o alrededor de ochenta mil litros (cp. 2 Cr 2:10, nota). Este inmenso depósito, entonces, suministraba a las diez fuentes sobre sus basas (vv. 6, 14; 1 R 7:27–39) que estaban montadas sobre ruedas. La confirmación arqueológica de este extremo se ha hallado en unas excavaciones en Chipre (cp. las placas en C. F. Burney, *Notes on the Hebrew Text of Kings*).

7. En comparación con el solo candelero del Tabernáculo, el Templo se hallaba equipado con **diez candeleros** de la misma forma (**según su forma**). Simbolizaban ellos la perfección (séptuple) con la que la Iglesia de Dios tiene que brillar para Él (Lv 24:3), mediante el aceite del Espíritu Santo (cp. Zac 4:2–6). Así, parecen tipificar la luz y la verdad que debiera brillar en cada cristiano (Mt 5:14) mediante la

ministración sacerdotal de Cristo (Lv 24:4; Jn 8:12).

8. Diez mesas tomaban asimismo el puesto de la una, aunque parece que solamente se utilizaba una mesa cada vez para contener el pan de la proposición (13:11; 29:18). Las mesas simbolizaban la armonía re-establecida del creyente con Dios y la comunión sustentante con Él (Lv 24:8; cp. Éx 24:11), y puede haber sido un tipo y una prenda de aquella comunión más estrecha que existirá en el reino celestial y escatológico de Dios (Lc 14:15).

9. El atrio de los sacerdotes, y el gran atrio. Este era un adelanto con respecto al Tabernáculo, que tenía solamente un patio, o atrio. El deseo de la eficacia sugería que se construyera un área más interior y elevada (más visible) en la que los sacerdotes pudieran ejecutar sus sagrados deberes (1 R 6:36; Jer 36:10). Pero esta misma distinción (cp. 2 R 23:12) daba una expresión tangible de que bajo el AT no existía aun el sacerdocio universal de los creyentes que había de venir, cuando por medio de Cristo todos debían tener acceso directo al Padre (Jer 31:34; He 4:14–16).

11. Hiram. No el rey, sino el maestro artífice (2:13, 14). **12. Las dos esferas** eran las secciones inferiores, en forma de cuenco, cubiertas por red, de los capiteles, sobre los cuales estaban las coronas, como lirios abiertos (1 R 7:17–20). **16. Hiram-abi,** o *Hiram su padre.* Ver nota 2:14. **De bronce muy fino.** De bronce pulido. **17. Seredata.** O *Saretán* (1 R 7:46). Caía al este del Jordán y aproximadamente a mitad de camino entre Galilea y el mar Muerto. La **tierra arcillosa** era apropiada para grandes moldes metálicos.

21. Las flores servían como ornamentos para los candeleros (Éx 25:33). **22. Las puertas interiores** eran de madera de olivo recubiertas **de oro** (3:7; 1 R 6:31–37). Estas guardaban **la entrada de la casa,** el santuario, y constituían un obstáculo, además del velo, para cerrar el paso al **Lugar Santísimo** (ver 3:14, nota).

3) Dedicación. 5:1—7:22.

El significado del Templo se hace explícito en las ceremonias que acompañaron su dedicación. Después de convocar a los conductores representantes de Israel, Salomón designó primeramente que su Templo fuera el sucesor lineal de los anteriores santuarios de Israel instalando dentro de su Lugar Santísimo el arca del pacto de Dios (5:1–10). Dios confirmó a continuación la realidad de esta morada localizada habitando dentro del Templo al llenar la casa con la *Shekinah,* la nube de Su gloria (vv. 11–14). Salomón, en adoración, dio un breve testimonio de la fidelidad de Dios (6:1–11). Esto fue seguido de una más larga oración de dedicación, invocando al Señor para que interviniera a favor del pueblo de Israel cuando ellos hicieran sus peticiones hacía Su presencia en el Templo (vv. 12–42). Esto, también, fue confirmado al enviar Dios fuego sobre el nuevo altar, instituyendo así dos semanas de grandes sacrificios dedicatorios y de festividades (7:1–10). Más tarde, después de que Salomón hubiera construido su propio palacio, el Señor apareció al rey durante la noche y le reafirmó Sus promesas, bajo la condición de que Israel fuera fiel, pero amenazando con el exilio y la destrucción del Templo en caso de que la nación resultara apóstata (vv. 11–22). Estos caps. se corresponden con 1 R 8:1 — 9:9 de una manera muy estrecha.

5:1. Las cosas que David...había dedicado. Ver 1 Cr 8:11; 22:14; 26:26; 29:2–5. Algunos tesoros tienen que haber quedado, incluso después de la tremenda inversión para el Templo.

2. Para que trajesen el arca del pacto...de la ciudad de David. Salomón la hizo llevar desde la vieja ciudadela de Sion a la sierra de Moríah, que cala al norte de la antigua muralla de la ciudad. **3. El mes séptimo.** Sept./oct. La dedicación no tuvo lugar sino hasta *después* de haberse acabado todos los trabajos (v. 1) en el mes octavo (oct./nov.) del undécimo año de Salomón, o 960 a.C. (cp. 3:2, nota). Así, el Templo no fue dedicado sino hasta once meses más tarde, esto es, en 959 a.C., **en la fiesta** anual de los tabernáculos (cp. 7:8–10).

4. Los levitas tomaron el arca. Salomón tomó la precaución adicional (cp. sobre 1 Cr 13:10) de emplear a sacerdotes levíticos para esta tarea (v. 7; 1 R 8:3). **5. Y el tabernáculo.** Este fue traido de Gabaón (cp. 1:3, notas). **6. Sacrificaron** una multitud tan grande de sacrificios que el sacrificio de David era modesto en comparación (1 Cr 15:26).

7. El santuario de la casa, en el lugar santísimo, bajo las alas de los querubines. Ver 3:11, nota. **9. Y allí están hasta hoy.** No hasta la época de Esdras, sino hasta el día de la redacción de la fuente que se estaba citando (cp. 9:29; 1 R 8:8). **10. En el arca no había más que las dos tablas.** Para esta época habían desaparecido el vaso de oro de maná (Éx 16:32–34) y la vara de Aarón (Nm 17:10, 11; He 9:4). **Jehová había hecho pacto.** Las dos tablas de piedra del Decálogo expresaban el fruto moral que se esperaba de un pueblo al que Dios había ya redimido (Éx 20:2; cp. 19:4–6). Por ello recibían el nombre de "el testimonio" (Éx 25:16, 21) del pacto redentor.

11. No guardaban sus turnos. Los miembros de todos los veinticuatro grupos (1 Cr 24:3–19) ayudaron a esta importante ocasión. ¡Las rotaciones normales del servicio podían esperar! **13. Su misericordia** (heb. *hesed*). Esto es, su fidelidad. Ver 1 Cr 16:41, nota. **14. La nube...la gloria de Jehová.** Esta representaba la presencia del divino ángel de Dios, la aparición pre-encarnada de Cristo (Éx 14:19; 23:20–23). Había guiado en primer lugar al pueblo afuera de Egipto (Éx 13:21-22) y había entonces llenado el Tabernáculo mosáico (Éx 40:34, 35). En los días justamente anteriores al exilio, el pecado de Israel provocó la marcha de esta nube de la tierra (Ez 10:18, 19). Más tarde recibió el nombre de "Shekinah", "morada" de Dios. Marcó la primera venida de Cristo (Mt 17:5); y anunciará Su gloriosa segunda venida (Ap 1:7; 14:14; cp. R. E. Hough, *The Ministry of the Glory Cloud*).

6:1. Jehová...habitaría en la oscuridad. Esto es, cubierto por nube en la oscuridad, primero en Sinaí (Éx 19:9; 20:21), y después en el velado Lugar Santísimo del Tabernáculo (Lv 16:2). **2. En que mores para siempre.** Había, ciertamente, la condición de que Israel tenía que ser fiel (7:20; Mt 23:37, 38). Pero Cristo ha de reinar aún sobre Sion (Mt 23:39; Ro 11:26), en la final y definitiva Nueva Jerusalén (Ap 21:2).

4. Dios...ha cumplido lo que prometió...a David mi padre; esto es, que el Templo sería construido y la dinastía de David establecida (v. 10; 1 Cr 17). **6. A Jerusalén he elegido** (1 Cr 22:1) **para que** en ella esté mi nombre. Esto es, su misma presencia (Dt 12:5, 8). **11. El arca, en la cual está el pacto.** Ver 5:10, nota.

13. Sobre un estrado. Salomón...se arrodilló (cp. 1 R 8:54). Así, el rey reconoció públicamente que él también era solamente un siervo de Dios, administrando un reino que no era suyo (1 Cr 28:5).

14. Guardas el pacto y la misericordia (*hesed*; cp. sobre 5:13; 1 Cr 16:41). Expresiones sinónimas. El pacto lleno de gracia de Dios, mediante la muerte de Cristo, es la fuente de todas las bendiciones, tanto para nosotros como para aquellos que los que, bajo el primer pacto, recibían la promesa de la vida eterna (cp. He 9:15). **Con tus siervos.** La fe tiene que manifestarse siempre en obediencia (v. 16; Stg 2:17–26). **18. Los cielos de los cielos** (esto es, los más altos cielos) **no te pueden contener.** Ver 2:6, nota.

20. Oración hacia este lugar. Vino a ser la práctica de los judíos devotos de orar literalmente en dirección a Jerusalén (Dn 6:10). No obstante, el énfasis aquí debiera ser el de una verdadera entrega de corazón al Dios de la revelación especial, que ha ordenado al santuario de Jerusalén para que sirviera como figura de su obra redentora en Cristo (cp. introducción a caps. 5—7). **21. Tú oirás desde el cielo.** La definitiva morada de Dios (Sal 11:4; Hab 2:20), **que oigas y perdones.** Las siguientes siete peticiones pueden quedar resumidas en 1 Jn 1:9: "Si confesamos nuestros pecados, él es fiel y justo para perdonar nuestros pecados, y limpiarnos de toda maldad". **22.** (1) **Si se le exigiere juramento.** En los casos dudosos, el testimonio era confirmado por un juramento en el santuario (Éx 22:10, 11; Lv 16:3–5). Se pide a Dios que intervenga en el mantenimiento de la justicia. **24.** (2) La derrota y el exilio **delante del enemigo** eran provocados por el pecado (Lv 26:17, 33; Jos 7:11, 12). **26.** (3) **Si...no hubiere lluvias.** Los fenómenos de la naturaleza pueden obedecer a causas morales. Cierto es que Israel sufrió sequías en época de apostasía (1 R 17:1; Lv 26:19). **28.** (4) **Si hubiera hambre.** Plagas de varios tipos eran asimismo provocadas por el pecado (Lv 26:16, 20, 25, 26), porque Dios conoce los corazones de los hombres (v. 30; cp. 1 S 16:7). **32.** (5) **Y también al extranjero ...si viniere y orare.** El Templo había de ser "casa de oración para todos los pueblos" (Is 56:6–8). La elección misma de Israel tenía como su meta un conocimiento universal de Dios (v. 33; Gn 12:3; Ef 2:11, 12). **34.** (6) **Si tu pueblo saliere a la guerra.** Dios luchará por los suyos, que claman a él en la batalla (14:11, 12; 1 Cr 5:20). **36.** (7) **No hay hombre que no peque.** Aquí se halla expresada la coherente enseñanza bíblica de la total depravación del hombre (cp. Jer 13:23; 17:9; Ef 2:3). **Si...los que los tomaren los lleven cautivos.** El exilio y la restauración de Israel habían sido predichos ya desde tan antiguo como Moisés (Lv 26:44, 55); y todo se cumplió, tal como Salomón había orado (2 Cr 36:16, 22, 23). **41. Oh Jehová Dios, levántate ahora para habitar en tu reposo** (cp. Nm 10:35). Estos vv. finales citan el Sal 132:8–10, que es anónimo pero que probablemente fue escrito por David en la ocasión, análoga a ésta, de la instalación del arca en el tabernáculo de Jerusalén (1 Cr 16). **42. No rechaces a tu ungido,** esto es, no rechaces sus oraciones, las del mismo Salomón, debido a **tus misericordias** (*hesed*) hechos fieles, **para con David.**

7:1. Descendió fuego de los cielos. De esta misma forma Dios había inaugurado el sacrificio en el Tabernáculo mosaico (Lv 9:24) y en el altar davídico en el Moríah (1 Cr 11:26). **3. Cuando vieron todos los hijos de Israel...la gloria de Jehová sobre la casa.** Dios dio así una mayor manifestación de lo que ya había revelado a sus sacerdotes dentro del Templo (5:13, 14); y Salomón añadió su propia bendición a la congregación (1 R 8:55–61). **5. Veintidós mil bueyes, y ciento mil ovejas.** 1 R 8:63 confirma estas inmensas cifras y las define como "ofrendas de paces", por ello consumidas por el pueblo (cp. acerca de 1 Cr 29:21). Les proveyó para los quince días de festividad (2 Cr 7:9, 10). **7. La grosura de las ofrendas de paz.** Partes escogidas de muestra se presentaban a Dios en el altar, antes de la fiesta del pueblo (Lv 3). Con respecto a los **holocaustos, y las ofrendas,** ver, respectivamente, Lv 1 y 2.

8. Salomón retrasó durante muchos meses la dedicación (cp. sobre 5:3) para que pudiera coincidir con la **fiesta** de los tabernáculos, fiesta de la cosecha. Israel se reunió **desde... Hamat** sobre el Orontes, en el extremo septentrional del río Éufrates, hasta el río de Egipto, o **arroyo de Egipto,** Sihor (1 Cr 13:5), la frontera meridional con Egipto. **10. Y a los veintitrés días del mes séptimo envió al pueblo a sus hogares.** La fiesta especial de dedicación había durado desde el día octavo hasta el catorce (v. 9), incluyendo al gran día de la Expiación en el día diez (Lv 16). Esto era seguido a continuación por la fiesta regular de los Tabernáculos desde el quince hasta el veintidós (esto es, "octavo" día de 2 Cr 7:9; cp. Lv 23:33–36).

11. Terminó, pues, Salomón...la casa del rey. Su propio palacio. Han pasado así otros trece años (1 R 7:1; 9:10), pasándonos al año veinticuatro de Salomón, el 946 a.C. **12. Apareció Jehová a Salomón.** Esta fue su segunda revelación a Salomón (1 R 9:2), habiendo sido la primera en Gabaón (2 Cr 1:3– 13). **13. Si yo cerrare los cielos,** etc. Así, Dios dio respuesta específica a las anteriores respuestas de Salomón (vv. 15, 16; ep. 6:22– 39). **14. Si se humillare mi pueblo...y oraren...y se convirtieren de sus malos caminos; entonces yo...sanaré su tierra.** Este gran versículo, el mejor conocido en todas las Crónicas, expresa como ningún otro pasaje de las Escrituras lo hace, las demandas de Dios para la bendición nacional, sea en los días de Salomón, en los de Esdras, o en los nuestros propios. Aquellos que creen tienen que abandonar sus pecados, volverse de una vida centrada en uno mismo, y darse a la palabra y a la voluntad de Dios, entonces, y solamente entonces, enviará el cielo un avivamiento. **16. Para que esté en ella mi nombre para siempre,** ver sobre 6:2, 6.

18. Yo confirmaré el trono de tu reino. Esto es una cita de 1 Cr 17:12, 14, pero hace explícita la condición de una obediencia fiel. **19. Mas si vosotros os volviéreis...y sirviéreis a dioses ajenos.** Salomón y sus sucesores sirvieron a otros dioses (1 R 11:1–8; 2 Cr 36:16), y la infidelidad de ellos llevó a los mismos resultados que él había anunciado de antemano (vv. 20–22; cp. 6:36; 36:17–20).

C. El Reino de Salomón. 8:1—9:31.

Así como la valoración del cronista del reino de David proveía aliento a la comunidad post-exílica, debido a su exhibición de un poder que venía de Dios, así la descripción que hace del reino de Salomón provee una exhibición igualmente eficaz de la gloria que sigue al servicio a Dios. Específicamente, Crónicas concluye su registro acerca de Salomón con un bosquejo de los logros de su administración (2 Cr 8) y con ilustraciones del esplendor que rodeaba su trono (cap. 9). Este material concuerda estrechamente con el que se halla en Reyes, excepto en que omite intencionadamente, como menos edificante, o incluso contraproducente para la meta teocrática de Esdras, los detalles del funcionariado autocrático de Salomón (1 R 4), las extravagancias de su extenso palacio (1 R 7:1–12), la idolatría que provino de su extrema poligamia (1 R 11:1–8), y el resultante deterioro político que abrumó sus últimos años (11:9–40).

1) Los logros del reino de Salomón. 8:1–18. 2 Cr 8 constituye un paralelo de 1 R 9, dando un bosquejo del éxito conseguido por Salomón: en su expansión y conquistas militares (vv. 1–6); en su organización de la mano de obra (vv. 7–10); en su reglamentación de la adoración pública (vv. 11–16); y en sus aventuras comerciales (vv. 17, 18). **1. Después de los veinte años.** Esto es, en 946 a.C. (ver 7:11, nota). **2. Las ciudades que Hiram le había dado.** Esta referencia asume, sin comentario, el sórdido registro de 1 R 9:11–13. El documento dice como Salomón tuvo que dar unas veinte ciudades no israelitas de Galilea a Hiram rey de Tiro, evidentemente debido a que Hiram demandó a Salomón que liquidara sus deudas impagadas de construcción. En la transacción Hiram fue realmente engañado, ya que el territorio era realmente pobre. Por ello, parece que Salomón se vio obligado a volver a tomar el territorio. Después de ello hizo desarrollar algo aquel territorio haciendo establecer en él **a los hijos de Israel. 3. Vino Salomón a Hamat de Soba, y la tomó,** quizás por romper la paz de 1 Cr 18:10. Así, la única campaña registrada de Salomón resultó en la conquista del reino de Hamat, que era fronterizo con el reino ya ocupado de Soba (ver comentario sobre 1 Cr 18:3). **4. Edificó a Tadmor en el desierto.** Es el oasis de Palmira, a 240 km. (150 millas) al noreste de Damasco, y un punto central en la ruta de caravanas del río Éufrates. Tadmor controlaba el comercio en este atajo desértico a Babilonia, siendo en tiempos de los romanos el fabuloso estado de la reina Zenobia. Algunos textos de 1 R 9:18 presentan la lectura menos deseable de *Tamar*, que era una ciudad en el extremo meridional de Judá.

5. Las dos **Bet-horón** controlaban un importante paso al noroeste de Jerusalén que llevaba al puerto de Jope. **6. Baalat** puede haber estado en las cercanías de Bet-horón. Se relacionan otras ciudades en 1 R 9:15–17. **Ciudades de los carros.** Ver sobre 1:14.

8. Salomón **hizo tributarios** a los cananeos y (cp. 1 R 9:15, 21) alistó para trabajos asimismo (cp. 2 Cr 8:9 y 1 Cr 22:2, nota). **10. Doscientos gobernadores principales.** Cp. los quinientos cincuenta de 1 R 9:23; pero ver 2 Cr 2:18, nota.

11. Al principio de su reinado Salomón se había casado con **la hija de Faraón** (1 R 3:1). Una alianza así, incluso con el contemporáneo de Salomón, Hor-Psibkhannu, el último faraón de la débil XXI Dinastía, daba prestigio. Pero las idolatrías egipcias de esta mujer llevaron a una eventual apostasía en Israel (1 R 11:1; cp. 11:8; Esd 9:1), aunque en este punto Salomón retuvo suficiente sensibilidad para sacar su residencia de **aquellas habitaciones que son sagradas. 13. Cada cosa en su día.** La periodicidad de los sacrificios habían sido prescritas para Moisés (Lv 23:37).

17. Ezión-geber y...Elot (Eilat). Puertos en el extremo septentrional del golfo de Akaba, que proveían a Salomón con acceso estratégico hacia el sur al mar Rojo. La arqueología ha mostrado que eran además centros de la industria salomónica del refinado del cobre (Nelson Glueck, *The Other Side of the Jordan*, caps. 3, 5). **18.** El cobre resultaba entonces un producto de intercambio para conseguir oro de **Ofir,** en la costa suroccidental de la península arábiga, o quizás las costas orientales de África. **Hiram le había enviado naves...y marineros diestros en el mar.** Esto es, los tirios construían naves con los materiales enviados a Ezión-geber y después guiaban a los israelitas menos experimentados en su navegación, haciendo un viaje cada tres años (9:21). Así, Salomón consiguió un total de **cuatrocientos cincuenta talentos de oro** (420 en la variante textual de 1 R 9:28), o alrededor de quince toneladas.

2) El esplendor del Reino de Salomón. 9:1–31.

Jesucristo habló de "Salomón en toda su gloria" (Mt 6:29); y 2 Cr 9 (haciendo paralelo con 1 R 10) presenta una variedad de datos históricos que ilustran el esplendor de Salomón: la visita que recibió de la reina de Saba (vv. 1–12); los ingresos que conseguía, y los escudos, el trono, y el equipo que producía (vv. 13–21); y la extensión de su fama y poder (vv. 22–28). Se da después un resumen final del reino de Salomón como un todo (vv. 29–31).

1. El reino semito-camítico de **Saba** (1 Cr 1:9, 22), que caía en el extremo meridional de la península arábiga, era señalado por su comercio en oro y especias. Su reina visitó a Salomón, quizás con propósitos comerciales (cp. 2 Cr 8:18), pero también para probar la sabiduría que había recibido Salomón de Dios (1 R 10:1) con **preguntas difíciles.** El heb. es *hîdôt*, "rompecabezas" (como en Jue 14:12); y su intercambio es una familiar costumbre árabe hasta el día de hoy. **4. Las habitaciones de sus oficiales.** Los altos funcionarios a su mesa. **La escalinata** sugiere la procesión del grupo real para la adoración en el templo. **6. Ni aun la mitad...me había sido dicha.** Ver los vv. 23, y 1:12, nota. **8. Dios ...te ha puesto por rey...para que hagas juicio.** Este había sido el propósito de la sabiduría de Salomón desde el principio (1:10, 11). **9. Ciento veinte talentos de oro.** Algo más de cuatro toneladas de oro.

10. Los siervos de Hiram...habían traído...madera de sándalo. Ver sobre 8:2 y 8:18. **11. Gradas.** En heb. es *mesillôt*, "caminos". Quizás un tramo de escalones (ep. 1 R 10:12). **12. Salomón dio a la reina...todo lo que ella quiso.** 1 R 10:12 señala esto como más allá de su normal hospitalidad real. **13. Seiscientos sesenta y seis [666] talentos de oro** cada año, alrededor de veintiséis toneladas y media. **14. Mercaderes.** Lit., *los hombres de las caravanas. Los gobernadores de la tierra.* Príncipes vasallos en tierras vecinas. **15. Cada uno de los doscientos paveses de oro batido** (grandes escudos, que cubrían el cuerpo) estaba recubierto de **seiscientos siclos** (casi 7 kilogramos) **de oro.** Los **trescientos escudos** más pequeños tenían la mitad de este valor cada uno (en 1 R 10:17, con una medida diferente, "tres libras", en heb. *mānîm*; cp. HDB, IV, 903). **16. La casa del bosque del Líbano** (en Jerusalén) recibía este nombre de sus hileras de columnas de cedro (1 R 7:2–5). **21. La flota del rey iba a Tarsis.** Lit., *eran idores de Tarsis.* No que fueran a Tarsis (Tar-tesos, en la costa mediterránea de España), porque navegaban en el mar Rojo (8:17, 18), sino que eran grandes barcos, como los construidos para ir a Tarsis.

25. Cuatro mil caballerizas para sus caballos (cp. sobre 1:14, 17). 1 R. 4:26 dice, erróneamente, "cuarenta mil". **26. Tuvo dominio...desde el Éufrates.** El Éufrates (1 R 4:21, 24). Ocupaba así los límites de lo que Dios había prometido a Abraham (Gn 15:18). **29. Escritos...en los libros...en la profecía...en la profecía del vidente.** Ver Introducción, *Paternidad.* 1 R 11:41 se refiere a otra fuente: "El libro de los hechos de Salomón".

II. El reino de Judá. 10:1—36:23.

A. La división del reino. 10:1—11:19.

¡Nuestro Dios está en marcha!" Hablando humanamente, el curso del reino de Judá en tres etapas —su división de la mayoría de Israel, su sucesión de reyes de diversas maneras de pensar, y su final deportación al exilio— fue una negra tragedia. Incluso el autor profético de 1 y 2 Reyes, escribiendo cerca del final del exilio, podía salvar de todo ello la vindicación moral de Jehová, rindiendo a su infiel pueblo según sus hechos (2 R 17:7–23; 24:1–4). Pero el cronista, escribiendo después de la restauración del 536 a.C., fue inspirado a ver que detrás de los cuatro siglos de decadencia en Judá se movía la mano de Dios, cumpliendo en forma soberana sus propios planes en la historia. Esto está claro, incluso en el análisis que hace el cronista de la división inicial, en 930 a.C. La resistencia de Roboam a la reforma y la posterior rebelión en contra de él (2 Cr 10) fueron "de Dios, para que Jehová cumpliera la palabra" (10:15), y su intento de volver a someter al Israel septentrional fue impedido por la palabra del Señor (11:1–5). Pero el resultado fue una escisión de los piadosos del norte apóstata (11:6–22), "así fortalecieron el reino de Judá" (v. 17). Señálese que 2 Cr 10 y 11:4, 13–17, se corresponden con 1 R 12, aunque 2 Cr 11:5–12, 18–23 no tiene paralelo.

10:1. Roboam, el hijo de Salomón, **fue a Siquem.** Esta ciudad, que se hallaba a 40 km. (30 millas) al norte de Jerusalén, era un centro para las tribus norteñas. La dinastía de David había sido señalada por Dios (1 Cr 17:14), pero cada gobernante se hallaba aun sujeto a la reconfirmación popular (2 Cr 10:4). Roboam podía reinar solamente como un siervo "constitucional" (v. 7) bajo Dios (cp. sobre 1 Cr 11:3). **2. Jeroboam** había sido ya ungido por parte de Dios para ser rey sobre diez de las doce tribus de Israel (1 R 11:26–40); de ahí la

necesidad de su huída a **Egipto...a causa del rey Salomón.**
4. Tu padre agravó nuestro yugo. Salomón se había permitido en pecaminosas extravagancias a cargo de su pueblo (cp. Dt 17:17, 20). **9. Que respondamos.** Roboam se identificó así al inicio de su reino con la insolente autocracia de la generación que se había criado en el lujo de Salomón. **15. La causa era de Dios** (en heb., *nesibbâ*, "el giro de los sucesos"). Era Dios que había ordenado la división de Israel, por medio del profeta **Ahías silonita**, como castigo de la caída de Salomón en la idolatría (1 R 11:29–33).

16. ¿Qué parte tenemos nosotros con David? No obstante, un espíritu tan rebelde en contra de la dinastía divinamente ordenada era igualmente de condenar (13:5–7). **Cada uno a sus tiendas** (cp. 2 S 20:1). El aislamiento geográfico que surgía del mismo quebrado terreno de Palestina era en sí causante de quebrantamientos políticos. **17. Israel...de Judá.** Los más piadosos de Israel, que se habían adherido a Judá, permanecieron fieles a Roboam (cp. 11:3).

18. Adoram. *Adoniram* (1 R 4:6; 5:14) **tenía cargo de los tributos.** En heb., *mas*, los grupos de trabajadores alistados. Era probablemente uno de los hombres más aborrecidos en Israel, la personificación de la autocracia. **19. Así se apartó Israel.** 1 R. 12:20 describe cómo las tribus norteñas confirmaron a Jeroboam como el rey de ellas. No obstante, Crónicas se concentra en el fiel remanente y deja a un lado a partir de este punto la historia del Israel septentrional.

11:1. Judá y...Benjamín. Como había sido profetizado por Ahías (1 R 11:31, 32), estas dos tribus quedaron fieles a la dinastía davídica (2 Cr 11:3, 12; cp. sobre 1 Cr 4:24–43). **2. Semaías** era el profeta, o **varón de Dios**, que dio consejo a Roboam después de su caída posterior (12:5–7). **3. Todos los israelitas en Judá y Benjamín.** Esto queda definido en 1 R 12:23 como *al resto del pueblo* (BLA), los piadosos sobrevivientes de un grupo mayor apóstata (Lv 26:39, 44; Is 10:20–23). **4. Yo he hecho esto.** Ver 10:15, nota.

5. Roboam...edificó ciudades. Impedido de reposeer Israel, preparó defensas para el territorio que le había quedado, movimiento este necesario a la luz del constante guerrear que siguió (12:15). Las ciudades relacionadas (vv. 6–10) caen al sur y al oeste, situadas allí, aparentemente, debido al peligro egipcio (cp. 12:2–4).

14. Los levitas...Jeroboam y sus hijos los excluyeron del ministerio (cp. 1 R 12:31), como parte de su política general de alienar a

su nación de la dependencia religiosa sobre Jerusalén (1 R 12:26–28). **Sus hijos** (sucesores). Esta migración de los fieles a Judá fue así un proceso que persistió a través de los años. **15. El designó a sus propios sacerdotes...para los demonios.** En heb., *se'îrîm*, "machos cabríos" (como los que habitaban en el desierto; Is 13:21; 34:14). Lejos de ser "sátiros" mitológicos, como pretende la crítica 'liberal', los *se'îrîm* parecen haber sido meramente ídolos en forma de cabras, utilizados en unión a los **becerros** de oro **que él había hecho** (cp. Lv 17:7). **17. Pero por pecaminosas que fueran las idolatrías sustitutorias de Jeroboam, sirvieron, en la providencia de Dios, para reunir a los piadosos en el sur (vv. 13, 16) y para fortalecer así **el reino de Judá.**

18. Abihail era la mujer de **Jerimot** y madre de **Mahalat**, no una segunda esposa de Roboam (cp. ASV). **21. Maaca** (*Micaías*, 13:2) tiene que haber sido *nieta* de Absalón, a través de su hija Tamar, la mujer de Uriel (13:2; cp. 2 S 14:27; 18:18), y así hija de Absalón en el sentido de *descendiente*, tan común en hebreo. **Tomó dieciocho mujeres.** Roboam dejó así a un lado voluntariamente tanto la ley de Dios (Dt 17:17; Lv 18:18); cp. John Murray, *Principles of Conduct*, Apénd. B) y el desastroso precedente de su padre. **23. Obró sagazmente.** Delegando en sus hijos autoridad en asuntos de defensa nacional, y proveyéndoles con bienes y esposas (ASV); pero también dispersándoles, para asegurar la indiscutida sucesión de Abías, el heredero designado (v. 22).

B. Los gobernantes de Judá. 12:1—36:16.
Los diecinueve hombres y la mujer que ocuparon el trono de David desde el 930 hasta el 586 a.C. oscilaron en carácter desde lo más fuerte y mejor hasta lo más débil y peor. La suerte de cualquier nación se halla determinada en buena parte por el calibre de sus conductores, y esto se vio de manera marcada en Israel, donde la mano interventora de Dios se vio de forma más claramente manifiesta que en otras partes. El cronista alienta así a los hombres de su época a la consagración demostrando en base de las pasadas liberaciones milagrosas que Dios había efectuado de Judá como "la fe es la victoria" que puede vencer al mundo (2 Cr 20:20). Pero al mismo tiempo, y a partir de los mismos datos históricos, les exhorta en contra de entrar en compromiso con el mundo, en contra de la indiferencia a la Ley, y en contra a desviarse del Señor. Porque la pauta fundamental de la historia de Judá es de deterioro religioso. El pecado queda tan profundamente arraigado que incluso ni tan solo

un Josías puede invertir la tendencia descendente: "Subió la ira de Jehová contra su pueblo, y no hubo ya remedio" (36:16). ¡Dios *puede* echar a un lado a su pueblo, al que conoció! Hay puntos en que 2 Cr 12:1—36:16 se corresponde muy estrechamente con 1 R 14:22—2 R 24:20. No obstante, se omite buena parte del contenido de Reyes, como, por ejemplo, las vidas de los profetas, y, ciertamente, toda la historia del Israel septentrional (cp. Introducción, *Circunstancias de la redacción*). Pero para Judá el cronista provee ejemplos conmovedores de fe y de liberación que carecen de paralelo en el relato más resumido de Reyes.

1) Roboam. 12:1–16.
El hijo de Salomón le sucedió al trono el 930*a.C. y reinó hasta el 913 a.C. 2 Cr 12 reanuda el reinado de Roboam con su establecimiento (v. 1), después de la división del reino de Salomón ya consolidada (caps. 10; 11). Describe su castigo por apartarse de la Ley (vv. 1–6) y después su restauración al someterse a Dios (vv. 7–12). Un resumen de su reinado de diecisiete años finaliza esta sección (vv. 13–16). Un relato paralelo, aunque más corto, aparecen en 1 R 14:21–31.
1. Roboam...dejó la ley de Jehová. Al volverse a las inmoralidades y politeísmo de los cananeos nativos (1 R 14:23, 24; 15:12). Esta fue la causa determinante de la invasión de Sisac (v. 2). **2. En el quinto año,** el 925* a.C., **subió Sisac.** Esta campaña de Sheshonk I, el enérgico fundador de la XXII Dinastía de Egipto, ha quedado confirmada por su lista de ciudades palestinas conquistadas, grabadas sobre las paredes del templo de Amón en Karnak. Esta lista muestra que saqueó también el norte de Israel, igual que Judá. **3. Libios.** Los libios del norte de África; los **suquienos** permanecen sin identificar.
5. Semaías. Ver 11:2, nota. **7. Se han humillado, no los destruiré.** Fueron librados (v. 12), ilustrando así un principio permanente (1 P 5:6), aunque no parece que Roboam hiciera reflexión profunda de esta experiencia (2 Cr 12:14). **8. Para que sepan lo que es servirme a mí.** Comparado con el servicio al mundo. ¡Cuánto mejor es someterse a Dios! (Mt 11:28–30). **9. Sisac...tomó los escudos de oro que Salomón había hecho.** Ver 9:15, nota. **10. En lugar de ellos hizo el rey Roboam escudos de bronce.** La infidelidad le redujo a imitaciones de la gloria que una vez había tenido. **11. Los de la guardia...los volvían,** depositándolos después de haberlos utilizado.
12. En Judá las cosas fueron bien. Lit. *habían buenas cosas.* Persistía la verdadera

consagración. **13. Ciudad que escogió Jehová ...para poner en ella su nombre,** esto es, Jerusalén. Ver 6:6, nota. **15. Los libros...del vidente Iddo, en el registro de las familias.** Su contenido puede haber sido principalmente genealógico.

2) Abías (Abiam, 1 R 15:1). 13:1–22.
El reinado de tres años del hijo de Roboam 913—910* a.C., estuvo ocupado principalmente en sus guerras contra Jeroboam (cp. 1 R 15:6, 7). Además, en tanto que el bosquejo en 1 R. 15:1–8 no da detalle alguno acerca de este conflicto, el relato paralelo en 2 Cr. 13 revela tanto la valentía de Abías en contra de todas las probabilidades, surgiendo de la confianza en el Dios cuya ley obedecía (vv. 1–12) como la gloriosa victoria que resultó (vv. 13–21). "Los hijos de Judá prevalecieron, porque se apoyaban en Jehová el Dios de sus padres" (v. 18).
2. El nombre de su madre fue Micaías (Maaca); ver 11:21, nota.
3. Cuatrocientos mil contra **ochocientos mil.** Abías estaba muy superado en número por el enemigo. La historicidad de estas cifras, desde luego muy elevadas para unas áreas tan limitadas, está garantizada por 1 Cr 21:5 (cp. la nota que le acompaña). Este era un ataque de guerra total. **4. Monte Zemaraim.** La ciudad de Zemaraim caía dentro del territorio de Benjamín (Jos 18:22); así este campo de batalla tiene que haber estado en la frontera entre los reinos de **Efraín** (Israel) y Judá.
5. Dios...dio el reino a David y a sus descendientes (1 Cr 17:14) **bajo pacto de sal,** significando permanente (cp. Lv 2:13). La sal es señalada como preservante.
7. Hombres vanos y perversos (heb., *Belial*; indignidad). Para la época del NT, Belial había venido a designar específicamente a Satanás (2 Co 6:15), pero no aquí. **Porque Roboam era joven.** Su verdadera edad era de cuarenta y un años (2 Cr 12:13); pero era **pusilánime,** esto es, inmaduro en su comprensión y experiencia. **8. Becerros de oro...por dioses.** La crítica 'liberal' minimiza la apostasía de Jeroboam asumiendo que sus becerros eran, como el arca, solamente "pedestales" para la presencia invisible de Jehová. Pero aquellos que eran contemporáneos comprendieron estos becerros como imágenes de fundición de otros dioses (cp. 1 R 12:28; 14:9).
10. Jehová es nuestro Dios. Esta resonante afirmación queda modificada por el hecho de

---

*El asterisco después de una fecha indica un posible acontecimiento durante los meses finales del año anterior; ver Edwin R. Theile, *The Mysterious Numbers of the Hebrew Kings,* p. 55.

que Abías había caminado "en todos los pecados de su padre" (señálese su poligamia, v. 21, y ver el 12:1). Su fe fluctuaba; porque "no fue su corazón perfecto con Jehová su Dios, como el corazón de David su padre" (1 R 15:3). **11. Los holocaustos diarios y el incienso aromático,** los **panes** de la proposición. Ver notas a 2:4; 4:1, 8; 1 Cr 9:32; 23:30. **El candelero de oro.** El Templo de Salomón tenía diez de estos candeleros (4:7; cp. la nota que acompaña), uno de los cuales era evidentemente *el* candelero original de Moisés. **12. Sacerdotes con las trompetas de júbilo.** Para llamar a Dios en rescate de ellos (v. 14; Nm 10:9).

15. Dios desbarató a Jeroboam. Sea que fuera mediante una intervención sobrenatural directa, o mediante el valor de Su asediado pueblo, no se dice. **17. La matanza de quinientos mil hombres escogidos,** más de la mitad del ejército, fue una abrumadora pérdida para la nación relativamente pequeña de Israel (cp. v. 20).

19. Abías...tomó...Bet-el, cerca de la frontera entre Benjamín y Efraín, el mismo sitial del culto al becerro de Jeroboam (1 R 12:29, 33), aunque es posible que el ídolo fuera puesto a salvo antes de la conquista de la ciudad. **Jesana...y a Efraín** (Efrón) estaban a 7 km. (4 millas) al norte y al noreste de Bet-el, respectivamente. **20. Jehová lo hirió.** Los detalles de la muerte de Jeroboam el 910 a.C., tres años después de la muerte de Abías, no se dan en ningún pasaje.

22. La historia de Iddo profeta. La palabra utilizada aquí como **historia** es *midrash,* un "comentario", quizás del registro oficial de la corte (cp. 24:27).

3) Asa. 14:1—16:14.

Estos tres capítulos (que amplían 1 R 45:9–24) describen los cuatro principales sucesos del prolongado reinado de Asa, del 910*—869* a.C.: (1) la primera reforma, durante sus diez años de paz (14:1–8); (2) la victoria sobre Zera etíope en 896* 2.C. (14: 9–15); (3) la segunda reforma, que vino como resultado de ella (cap. 15); y (4) la hostil reacción de Baasa de Israel, en 895 a.C., que indujo a una serie de desviaciones religiosas de parte de Asa (cap. 16). Asa fue, no obstante, el monarca más justo que había de levantarse en Judá después de la división del reino de Salomón (1 R 15:11).

14:1. Tuvo sosiego el país por diez años. Esto es, hasta la invasión de Zera en 896 (ver 15:19, nota). Esta paz, que fue la recompensa de Dios por la primera reforma de Asa (vv. 5–7), puede relacionarse, en parte, a la aplastante derrota infligida por Abías sobre el Israel septentrional (13:17, 20).

3. Quitó...los lugares altos (ver 1:3, nota), en obediencia a Dt 12:2, 3; pero parece que el pueblo seguía recurriendo a ellos, a pesar de la abolición real (15:17). **Las imágenes** (heb., *masṣēbôt*) eran pilares cananeos de piedra, que se creía contenían los dioses locales de la fertilidad, los Baalim. El término **Asera** se refiere a la diosa consorte de Baal, que se creía que residía en un poste de madera al lado del pilar de piedra. Ambos, cuando se labraban, se convertían en ídolos (cp. 1 R 15:12). **5. Las imágenes.** Se sabe ahora, de la arqueología, que se trataba de incensarios (Albright, *Archaeology and the Religion of Israel,* pp. 215, 216).

7. Ya que la tierra es nuestra. Libre de enemigos. **8. De Judá trescientos mil** lanceros con **escudos** (pesados, que cubrían todo el cuerpo); **de Benjamín doscientos ochenta mil** arqueros con **escudos** más ligeros. Estas cifras tan elevadas tienen que haber incluido a toda la población capaz de tomar armas.

9. Salió contra ellos Zera etíope con un ejército... En hebreo, *cusita.* Este puede constituir un intento de *Osorkón I,* segundo Faraón de la XXII Dinastía en Egipto, de duplicar la invasión y pillaje de su predecesor, Sheshonk (ver sobre 12:2). No obstante, el resultado en contra del piadoso Asa fueron totalmente opuestos. **Un ejército de un millón de hombres.** Este es un número redondo; pero indica un inmenso número de tropas, empequeñeciendo mucho a las tropas de Asa. **10. Ordenaron la batalla en Maresa.** En el valle que marca la entrada a los montes, a mitad de camino entre Gaza y Jerusalén. Esta era una de las ciudades que Roboam había fortificado en previsión de tal ataque (11:9).

11. Para ti no hay diferencia alguna en dar ayuda al poderoso o al que no tiene fuerzas. La posición de Asa era desesperada. Pero para Dios, lo humanamente imposible es nada (Gn 18:14); y Asa tenía la fe que reposaba en Dios y para esperar lo imposible (cp. Mr 9:23). **12. Y Jehová deshizo a los etíopes** (cp. v. 13). De nuevo, no se suministran los detalles (ver sobre 13:15).

13. Asa...los persiguieron hasta Gerar, hasta más al sur de Gaza, en su huída a Egipto. **Hasta no quedar en ellos aliento.** Israel no experimentó más problemas de parte de Egipto durante 170 años, hasta la XXV Dinastía (2 R 17:4). **15. Asimismo atacaron las cabañas de los que tenían ganado;** esto es, de los propietarios de manadas de ganado filisteos en el área.

15:1. Azarías y Obed (cp. v. 8) son desconocidos a excepción de por esta profecía. **2. Si le buscáreis,** etc., fue la exhortación de David a Salomón (1 Cr 28:9); y Azarías pasa a ilustrar esta verdad en base de la pasada historia de Israel. **3. Ha estado Israel sin verdadero Dios.** Mejor, *estuvo.* Probablemente refiriéndose a los caóticos días de los jueces (cp. Jue 21:25). **Y sin sacerdote que enseñara.** Una de las principales funciones sacerdotales era la de enseñar la *Ley* (Lv 10:11). **4. Cuando en su tribulación se convirtieron a Jehová Dios de Israel. . .él fue hallado de ellos.** Cp. Jue 2:18. **5. No hubo paz.** Cp. Jue 5:6. **8. Asa. . .quitó los ídolos abominables,** y también las inmoralidades sexuales que acompañaban al culto cananeo (1 R 15:12). **9.** El hecho de que **muchos de Israel se habían pasado a él** ilustra el propósito de Dios al dividir el reino de Salomón, a fin de que pudiera preservarse un ''remanente'' (cp. sobre 11:3, 14). Pero explica también las acciones de represalía tomadas por Baasa de Israel poco después (16:2). **De Simeón.** Ver sobre 1 Cr 4:24–43.

10. Se reunieron en el mes tercero del año décimoquinto, mayo/junio del 895 a.C., quizás para la Fiesta de las Semanas (Pentecostés), una de las tres fiestas anuales de peregrinación (cp. 1 Cr 23:31, nota; Lv 23:15–21). Este fue el año siguiente al del ataque de Zera (2 Cr 15:19, nota), ya que la persecución y la ocupación de los territorios circundantes (14:13–15) tiene que haber consumido algunos meses.

12–15. Prometieron solemnemente. *Entraron solemnemente en el pacto.* Esta es la traducción correcta del hebreo. ''El'' pacto. El testamento grande y perpétuo de Dios (cp. 1 Cr 16:15, nota), para la redención de su pueblo. Las siguientes características se hallan entre las dignas de mención: (1) redención objetiva, como se expresa en las palabras **el Dios de sus padres** (v. 12). Cp. v. 15, ''fue hallado de ellos''. Dios entra en una relación salvífica con sus elegidos (Gn 17:7; Jer 31:34; Jn 17:6). (2) Las respuestas subjetivas del hombre de fe y obediencia (v. 13). **Buscase a Jehová el Dios de Israel** (cp. v. 15; Gn 15:6; Éx. 19:5; Lc 13:3; Jn 3:16). Aquí se obligaba a la conformidad so pena de **muerte** (cp. Dt 17:2–6); porque, después de todo, es mejor que un hombre sea refrenado en esta vida que no que por causa de él otros que sean afectados por él puedan ser perdidos por toda la eternidad (Dt 13:12–5; Mr 9:43–48). (3) La herencia de la reconciliación (v. 15): **Jehová les dio reposo.** Aquí un reposo inmediato de sus enemigos. Pero el **reposo** testamentario involucra, en su plenitud, todos los gozos de la vida redimida en el presente (Sal 103), del cielo más allá de la tumba (Sal 73:23–26; He 4:9–11), y del definitivo reino de Dios sobre la tierra (Ap 20:6; 22:5).

16. Maaca era la **madre** de Abías padre de Asa (cp. 11:21; 13:2, notas), y así, técnicamente, la abuela del rey. Ya que tiene que haber sido una figura influyente en la corte, se tiene que alabar a Asa por haber puesto a la fe por encima de la familia al deponerla (cp. Dt 33:9; Mt 10:37). **Una imagen de Asera.** Lit., *una cosa horrible para Asera* (ver sobre 14:3). Sea cual fuere su objeto de adoración, él lo quemó **juntó al torrente de Cedrón,** el valle cortado entre el muro oriental de Jerusalén y el monte de los Olivos. **17. Con todo esto, los lugares altos no eran quitados de Israel.** Esto describe el triste hecho histórico, no la intención personal del rey (ver sobre 14:3). **18. Y trajo a la casa de Dios** (cp. 1 Cr 18:11; 26:26–28) **lo que su padre. . .y lo que él había consagrado,** incluyendo despojos de Jeroboam (13:19) y de Zera y de sus aliados (14:13–15). **19. No hubo más guerra hasta los treinta y cinco años.** El texto hebreo carece de la palabra **más** y debiera de traducirse: *No había habido guerra hasta el año treinta y cinco, con referencia al reinado de Asa.* La guerra fue contra Zera en el 896, que fue en el año treinta y cinco después de la división del reino (cp. 16:1). No podía referirse al año treinta y cinco del propio reino de Asa, ya que guerreó con Baasa antes de su año vigésimo sexto (1 R 15:16, 33; cp. Thiele, *Mysterious Numbers,* pp. 57–60).

16:1. En el año treinta y seis, el 895 a.C. (cp. sobre 16:19), después de reunión de mayo/ junio (15:10), **subió Baasa.** En 909 a.C. Baasa había derrocado la dinastía de Jeroboam I y usurpado el trono de Israel (1 R 15:27–29). Habiendo estado en contra de Asa desde el principio, y habiéndose enfurecido por la deserción de parte de los suyos al rey del sur (2 Cr 15:9), avanzó hacia el sur, probablemente recapturando Bet-el (cp. 13:19), y fortificó **Ramá,** bloqueando así a Jerusalén solamente a 8 km. (5 millas) más al sur. **2. Entonces sacó Asa la plata y el oro** (todo el que había, 1 R 15:18) fuera del Templo. Así sacrificó el resultado de su propia piedad (2 Cr 15:18) y de la bendición de Dios (14:12–14) para inducir a un rey pagano, **Ben-adad** (I) de Damasco, para que hiciera un acto de perfidia (v. 3) ¡a fin de conseguir su ''protección'' y la de Judá! Pero ver Jer 17:5. **3. Haya alianza entre tú y yo, como la hubo entre tu padre y mi padre.** Esto es, entre Abías y Tabrimón (1 R 15:18) el hijo de Hezión (Rezón [¿?], el adversario de Salomón y el fundador del reino de Damasco; 1 R 11:23–25). Damasco cambió de aliados por conveniencia. **4. Los ejércitos de Ben-adad conquistaron** las ciudades de **Ijón, Dan, Abel-maim** (Abel-

bet-maaca, 1 R 15:20), **y las ciudades de apro-**
visionamiento de Neftalí (1 Reyes especifica
Cineret, las llanuras de la Galilea del noreste),
todas ellas en el extremo septentrional de
Israel. Este ataque sobre la retaguardia de
Baasa le obligó a abandonar sus operaciones
en el sur contra Asa. **6.** Asa construyó **Geba y**
Mizpa, al este y al oeste, respectivamente, de
Ramá (cp. Jer 41:9).

7. El vidente Hanani. Padre de Jehú, el
vidente del hijo de Asa, Josafat (19:2; 20:34).
Por eso el ejército del rey de Siria ha esca-
pado de tus manos. Porque ellos, como
aliados de Baasa, hubieran presumiblemente
ido con Israel a atacar a Judá, y Dios hubiera
entregado todas las fuerzas a Asa. **8. Los etí-**
opes y los libios. Ver 14:9, 11; cp. 12:3, notas.
9. Los ojos de Jehová contemplan toda la
tierra. Ningún problema puede surgir para el
pueblo de Dios del que Él no esté consciente, o
del que Él no pueda librar (cp. Ro 8:32). **Los**
que tienen corazón perfecto. Heb., *shālēm,*
''total''. Dios protege a aquellos que ''de todo
corazón'' se dedican a Él. **De aquí en ade-**
lante habrá más guerra contra ti (cp. 1 R
15:32). Los mismos sirios cuyos ataques había
iniciado Asa llevaron más tarde a Judá a su
ruína (2 R 12:17–18).

10. Asa...lo echó en la cárcel. Lit., *la casa*
de cepos. Esta es la primera persecución contra
un profeta que se registra, pero muchas más
siguieron (cp. 1 R 22:27; Mr 6:17, 18). **Y opri-**
mió Asa en aquel tiempo a algunos del pue-
blo. Un pecado lleva a otro.

11. El libro de los reyes de Judá y de Israel
no es nuestro 1 y 2 Reyes, sino alguna crónica
de la corte, ahora perdida (Ver Introducción,
Paternidad). **12. En el año treinta y nueve de**
su reinado, el 871* a.C.,...**en su enferme-**
dad no buscó a Jehová, sino a los médicos
(paganos¿?). La medicina es un don de Dios,
pero es el Creador de la medicina el que da la
curación (2 R 20:7; cp. vv. 2, 3). **14. Lo sepul-**
taron en los sepulcros que él había hecho
para sí. Esto clarifica la afirmación general de
1 R 15:24 de que ''fue sepultado con ellos (sus
padres) en la ciudad de David''. **Un gran**
fuego, de las especias (y no una cremación) se
hizo en su honor (cp. Jer 34:5).

4) Josafat. 17:1—20:37.

Sus años de reinado se extendieron desde el
872* al 848 a.C. (ver 17:7, nota). ¡Tal padre,
tal hijo! Así como Asa había llevado a cabo la
primera reforma, así Josafat eliminó la idolatría, enseñó la Ley de Dios, y fortaleció su
reino, el 866 a.C. (2 Cr 17); pero así como Asa
había entrado en impías alianzas, igualmente
Josafat se alió con Acab de Israel y quedó

involucrado en la casi fatal campaña de Ramot
de Galaad, el 853 a.C. (cap. 18). Otra vez, así
como el profeta Azarías había exhortado a Asa
e impulsado su segunda reforma, así Jehú el
hijo de Hanani condujo a Josafat a reformas
adicionales en la religión y en la administración de justicia (cap. 19). Finalmente, así como
Asa se había enfrentado con hordas del sudoeste, así Josafat, confiando en el Señor, se
enfrentó y venció a las multitudes del oriente
(20:1–30). Un pasaje final sumariza el fracaso
de su alianza comercial con Israel (20:31–37).
De estas secciones, solamente los caps. 18 y
20:31–37 hallan unos paralelos verdaderos en 1
R (cap. 22).

17:1. Josafat...se hizo fuerte contra
Israel. El impío Acab, segundo rey de la
dinastía de Omri, era ahora rey en Samaria;
persistía la hostilidad entre ambos reinos. **2.**
Asa había tomado ciudades en **Efraín.** No
simplemente la amenazante fortaleza de Ramá
(ver sobre 6:1), sino otras además (15:8).

3. En los primeros caminos de David. El
cronista confiesa así por implicación que los
últimos caminos de David fueron menos ejemplares (cp. 2 S 11—21). **Los baales.** Los
baales eran múltiples, teniendo cada campo su
propio espíritu de la fertilidad. **4. Las obras de**
Israel incluían las innovaciones de Jeroboam
en el sacerdocio y en el calendario así como el
culto de los becerros (1 R 12:28–33). **6. Quitó**
los lugares altos y las imágenes de Asera (o
postes de Asera; ver sobre 14:3). Cp. 1 R
22:46; aunque este acto oficial, como el de Asa
antes de él (2 Cr 15:17), no tuvo el apoyo
popular (20:33).

7. Al tercer año de su reinado. Esto es, de
su reinado a solas, o 866* a.C. Una comparación de 2 R 3:1 y 8:16 indica que el reinado de
Josafat de veinticinco años (2 Cr 20:31) en su
totalidad tiene que haber empezado tres años
antes de su padre, o en el 872* a.C. Es posible que se hiciera necesaria una
corregencia debido a la enfermedad de Asa,
que se fue haciendo más seria al año siguiente
(16:12, nota). **Envió...Ben-hail,** etc. Estos
son los nombres de los príncipes. **Para que**
enseñasen. Josafat se dio cuenta de que la
enseñanza del Libro de Dios (v. 9) es la obra
de *todos* los conductores que tienen la fe (cp.
Mt 28:20), no solamente de los levitas profesionales y sacerdotes (Dt 33:10; Lv 10:11). **9.**
Recorrieron, como los exhortadores y evangelistas del NT (cp. 3 Jn 7, 8).

12, 13. Edificó...fortalezas...y tuvo
muchas provisiones. Lit., *fortificó lugares* y
trabajó (y la propiedad ganó con ello).

14. De Judá...Adnas, y con él trescientos
mil... Los tres ejércitos judaicos totalizaban

así 780.000, comparados con los 500.000 de la época de David (2 S 24:9). Mandaba también los servicios de los dos ejércitos benjamitas con un total de 380.000. Estas son cifras muy grandes, incluyendo probablemente el reclutamiento de todos sus ciudadanos capaces (cp. 2 Cr 14:8). **19. Estos, los cinco comandantes del ejército, eran siervos del rey.** Partes de las tropas de ellos hubieran así estado **en las ciudades fortificadas. 18:1.** Alrededor del 865 a.C. (cp. la edad del hijo de su hijo, Ocozías, a su accesión el 841 a.C. (2 R 8:26), o después de sesenta y cinco años de hostilidad entre el Israel norteño y Judá, **Josafat...contrajo parentesco con Acab** (cp. v. 3; 1 R 22:44). Esto incluía el casamiento del hijo de Josafat, Joram, con Atalía, la hija de Acab y de Jezabel (2 Cr 21:6), alianza esta que iba a tener funestas consecuencias para Judá (22:10). Esta alianza puede haber sido impulsada por la amenaza del poder asirio, en contra del cual una coalición de estados occidentales, incluyendo a Damasco e Israel, libró una batalla sin resultado definitivo en 853 en Qarqar, sobre el río Orontes. **2. Contra Ramot de Galaad.** Esta ciudad clave en la ruta de caravanas en el extremo de la Transjordania perteneciente a Israel había sido ocupada por Siria (16:4, o 2 R 20:38); pero Acab puede haber creído que Damasco había quedado suficientemente debilitado debida a sus pérdidas en Qarqar como para intentar recuperarla en esta época (853 a.C.). **4. Que consultes...la palabra de Jehová.** Josafat ya se había comprometido (v. 3), pero retenía la suficiente piedad para darse cuenta de su necesidad de conducción divina, aunque dejó a un lado la instrucción después de haberla recibido (v. 29). **5. A cuatrocientos profetas.** Estos hombres de la corte de Acab hablaron en nombre del Señor (en su forma corrompida de becerro de oro), pero falsamente (v. 22), con los mensajes calculados para complacer (v. 12; Mi 3:5, 11). Josfat puso poca confianza en ellos (v. 6). **7. Micaías,** al que solamente se le conoce por este incidente, *nunca profetizaba cosa buena* a Acab. De hecho, el verdadero profeta se distinguía por profetizar fielmente advirtiendo a Israel de los resultados de sus pecados (Jer 23:22; Mi 3:8). **9. En la plaza.** En heb, *una era*. A la **entrada,** el lugar tradicional de administración de justicia (cp. Rut 4:1). **10. Se había hecho cuernos de hierro.** Símbolos de victoria (Dt 33:17), pero creyéndose supersticiosamente también que tenían poderes mágicos. **13. Lo que mi Dios me dijere, esto hablaré** (cp. Nm 24:13). Las revelaciones de Dios que-

daban distinguidas objetivamente, en los profetas verdaderos, de los pensamientos y deseos de sus propios corazones (Jer 14:14). **14. Subid, y seréis prosperados.** Habló burlonamente, como su tono de voz tiene que haber dejado patente (cp. v. 15). **16. Estos no tienen señor** (cp. Nm 27:16, 17). Predijo así la muerte de Acab (2 Cr 18:24), y la liberación de su pueblo **en paz** (v. 30). **18. Todo el ejército de los cielos...a su... derecha.** Esto es, ángeles. Cp. los "hijos de Dios" (Job 1:6). **19. ¿Quién inducirá a Acab...?** Dios puede obrar mediante sus espíritus para incitar a los hombres malos a que manifiesten sus pecados y ser así conducidos al castigo o al arrepentimiento (cp. 1 S 16:14, 15; 18:10, 11). **20. Salió un espíritu.** Heb., *el* (bien conocido) *espíritu*, Satanás, (Job 1:6–12). Micaías asumía en sus oyentes un conocimiento del libro de Job (¿escrito ya en la época de Salomón?). **23. Sedequías...golpeó a Micaías.** Este acto fue una prueba de que el Espíritu de Dios no estaba con Sedequías (Stg 3:17). **¿Por qué camino se fue de mí el Espíritu...?** El falso profeta afirmó descaradamente que una profecía contraria a la suya no podría ser del Espíritu. **24. Cuando entres...para esconderte.** El cumplimiento de esta profecía no se halla registrado, pero la profecía puede referirse al castigo aplicado a los falsos profetas por la familia de Acab, después de la muerte del rey. **25. En heb. dice, volvedle a llevar,** lo que implica que Micaías estaba ya en prisión para esta época; cp. el precedente de Asa (16:10). **26. Pan de aflicción.** Raciones escasas. **27. Oíd, pueblos todos.** Micaías convocaba a todas las naciones para que fueran testigos. **29. Me disfrazaré.** Acab trató, mediante este inútil intento, de escapar al decreto de Dios (v. 16). **30. Solo con el rey de Israel.** Si él podía ser capturado, la batalla estaría ganada (cp. 2 S 21:17). **31. Lo rodearon.** Josafat hubiera rechazado allá y entonces el fruto de su impía alianza, a no ser que Dios **lo ayudó.** **33. Disparando uno el arco a la ventura.** Heb., *en su simplicidad.* Pero para Dios no hay casualidades (Pr 16:33). **Entre las junturas y el coselete.** El heb. sugiere, "entre los eslabones de la malla abajo, y la coraza", esto es, en el abdomen.

19:1. Josafat...volvió en paz, cumpliendo así el último detalle de la profecía de Micaías (ver 18:16, nota). **2. Jehú hijo de Hanani** había condenado hacía unos veinticinco años la dinastía de Baasa de Israel (1 R 16:1). **¿... amas a los que aborrecen a Jehová?** No se trata de que el cristiano no deba tener un amor compasivo a aquellos que están perdidos (Mt

5:44), sino que no debe comprometer su posición por Dios (Sal 139:21, 22) ni ayudar a los **impíos** con cooperación (2 Jn 10, 11; Ro 16:17). **Ha salido...ira contra ti.** Había estado sobre él (18:31) y volvería a estar (20:1, 37; 22:10). No obstante, Josafat se humilló ante el profeta (cp. 12:6), como su padre Asa se había humillado ante el padre de Jehú, Hanani (16:10). **3. Asera.** Ver sobre 14:3. **6. Juzgáis ...en lugar de Jehová.** El buen gobierno nace de la sumisión al Señor (ver 1 Cr 11:3, nota). **7. Ni acepción de personas, ni cohecho.** El siervo de Dios tiene que ser imparcial, y no debe aceptar sobornos.

8. En la corte central en Jerusalén...puso también Josafat... a algunos de los levitas y sacerdotes...para el juicio; ver sobre 1 Cr 26:29. **10. En causas de sangre.** Causas de derramamiento de sangre. **Les amonestaréis.** Un juez es responsable ante Dios de sus acciones, por las que puede **venir ira sobre** ellos (cp. Ez 33:6). **11. En todo asunto de Jehová...en todos los negocios del rey.** En el Pentatéuco, la ley religiosa y civil, la ley ceremonial y la moral, son inseparables. La distinción que aquí se hace por vez primera (aunque basada en Dt 17:9, 12) se clarificó en el pensamiento profético posterior (Is 1:11–17; Amós 5:21–24).

20:1. Otros de los amonitas. El heb., *mēhāmmônîm*, es con mucha probabilidad una corrupción escribal de *mēhamme'ûnîm*, "de los Mehunim", un pueblo del monte Seir en Edom, más al sur (cp. vv. 10, 22, 23). **2. Del otro lado del mar** (Muerto), **y de Siria** (Aram). Léase *Edom*, que es un cambio escribal muy pequeño en el hebreo consonantal, y que concuerda con la geografía de En-gadí, sobre la costa occidental del mar Muerto. **3. Josafat...hizo pregonar ayuno a todo Judá.** El ayuno era una señal de dolor (Jue 20:26) y no era una característica regular de la religión hebrea pre-exílica (a no ser que se implique en Lv 16:29–31). Pero desde la época de Samuel se había empleado para enfatizar la sinceridad de las oraciones del pueblo de Dios cuando Israel afrontaba necesidades especiales (1 S 7:6; cp. Hch 13:2). **5. El atrio nuevo** era una innovación salomónica en la construcción del Templo (ver sobre 4:9). Quizás había sido restaurado recientemente por Josafat (cp. 17:12). **9. Si mal viniere sobre nosotros.** El rey estaba citando de la plegaria de Salomón (6:28–30; cp. 7:13–15). **10. A cuya tierra no quisiste que pasase Israel** (Dt 2:4). Josafat solicitó así de Dios que honrara la anterior obediencia de Israel, así como Su propia promesa llena de gracia (2 Cr 20:11). **12. En nosotros no hay fuerza...a ti**

volvemos nuestros ojos. Aquí había una fe como la de su padre Asa (ver sobre 14:11). **14. Jahaziel...de los hijos de Asaf** parece haber sido inspirado por el Espíritu de Dios para componer en esta ocasión el Sal 83 (ver especialmente los vv. 2, 7–8 del salmo). **15. No es vuestra la guerra, sino de Dios.** Cp. 1 S 17:47. **16.** Desde un punto a 12 km. (7 millas) al norte de En-gadí, **la cuesta de Sis** serpenteaba tierra adentro hacia el valle de Beraca (v. 26). **17. Estad quietos, y ved la salvación de Jehová.** Cp. Éx 14:13. **20. El desierto de Tecoa** caía al sur de Belén, hacia Hebrón. **Creed en Jehová vuestro Dios , y estaréis seguros.** Cp. Mr 9:27. **21. Cantasen...mientras salía la gente armada;** salían como lo habían hecho el arca de Dios y los trompeteros sacerdotales en Jericó (Jos 6:9). **Glorificad a Jehová.** Cp. 1 Cr 16:29, **en ornamentos sagrados. 22. Jehová puso contra los hijos de Amón...las emboscadas de ellos mismos.** El Señor provocó la confusión dentro del mismo campo enemigo; señalemos la manera en que las fuerzas se volvieron después en contra de los hombres de Seir (v. 23). **23. Cada cual ayudó a la destrucción de su compañero.** Como en el triunfo de Gedeón (Jue 7:22). **26. Beraca** significa *bendición* en hebreo (ver v. 16). **33. Los lugares altos no fueron quitados.** Ver sobre 17:6. **34. Las palabras de Jehú ...del cual se hace mención en el libro de los reyes.** Más bien, *las cuales fueron incluidas en el libro* (RVA, cp. 32:32). **35. Josafat trabó amistad con Ocozías,** el hijo de Acab, que reinaba en Israel, 953 — 852 a.C. **36. Naves en Ezión-geber.** Ver sobre 8:17, 18. **Que fuesen a Tarsis.** Esto es, del tipo de las que podían ir a Tarsis (cp. sobre 9:21). Su destino era, en realidad, Ofir (1 R 22:48). **37. Eliezer** es por otra parte desconocido. **Las naves se rompieron.** Dios no podía honrar alianzas acomodaticias.

5) Joram. 21:1–20.

Reinó desde el 848 al 841 a.C. 2 Cr 21 es un comentario acerca del hombre que se casó con la hija de Acab y Jezabel, y que anduvo en sus caminos (v. 6). Describe la maldad y la apostasía de Joram (vv. 1–11), pero también la condena de Dios sobre él mediante el profeta Elías, y los fracasos, tanto nacionales como personales, que le abrumaron como resultado (vv. 12–20). Los primeros versículos representan una expansión de 2 R 8:16–24, aunque los últimos carecen de paralelos bíblicos, excepto por la nota acerca de la muerte de Jorám.

1. Durmió Josafat con sus padres...Y reinó...Joram su hijo. Esto sucedió el 848 a.C.

En realidad, Joram había sido un adjunto del trono desde el 853 a.C.* (cp. 2 R 3:1 con 1:17; 2 Cr 17:7, nota; y Thiele, *Mysterious Numbers*, pp. 64, 75). **2.** El segundo **Azarías** es *Azariahu* en hebreo. **3.** Josafat **había dado** a sus seis hijos menores **regalos**, etc., siguiendo la prudente política de su bisabuelo, Roboam (ver sobre 11:23). **4. Joram...Mató...a todos sus hermanos**, y a otros. Habiendo aceptado la impía forma de actuar de su esposa Atalía, evidentemente asumió (falsamente, v. 13) que sus hermanos actuarían con la misma implacabilidad contra él, si llegaban a tener la oportunidad.

7. Mas Jehová no quiso destruir la casa de David. Fue la misma reticencia divina que había preservado al reino meridional para Roboam, después del pecado de Salomón (1 R 11:12, 13). El término **pacto**, *berit*, no aparece en la promesa que Dios hace en 1 Cr 17. Pero que se trataba ciertamente de una de las manifestaciones del testamento redentor de Dios queda confirmado en una cantidad de otros pasajes (cp. 2 S 23:5; Is 55:3).

8. "Por cuanto él había dejado a Jehová" (v. 10), **se rebeló Edom** contra el gobierno de los hebreos (1 R 22:47). Moab, al norte de Edom, ya había accedido a su independencia (2 R 1:1). **9.** Después que **le habían sitiado** (casi abrumado), **Joram...derrotó a los edomitas**, en Zair (1 R 8:21; posiblemente Zior (¿?), a unos cuantos kilómetros al sur del sitio donde su padre alcanzó la victoria en Beraca; 2 Cr 20:26). No obstante, no pudo aplastar la revuelta edomita como tal (v. 10). Así, esta campaña se corresponde estrechamente con el fracasado intento de Israel de volver a someter a Moab poco después (2 R 3:3–27). **10. También...Libna.** Una ciudad filistea al norte de Gat.

11. Joram **hizo lugares altos**, los mismos santuarios que sus padres habían intentado erradicar afrontando tantas dificultades (ver sobre 14:3; 17:6). En tanto que el culto cananeo así introducido incluía obscenidades (cp. 1 R 22:46), el que **fornicasen** se refiere a la infidelidad de Israel hacia Jehová, su divino Esposo. Para Moisés y los profetas, la idolatría era "fornicación" (2 Cr 21:13; cp. Lv 20:5; Nm 25:1, 2).

12. El último hecho registrado de **Elías** tuvo lugar en el año 852 (2 R 1:3, 17). Pero su arrebatamiento puede no haber tenido lugar hasta después de los crímenes de Joram al dar muerte a sus hermanos, a continuación de su accesión como monarca en solitario el 848 a.C. (2 R 3:3 no demanda necesariamente una época más tardía). No obstante, es posible que Elías se hubiera ido para la época de la entrega

de la carta, por lo que su sentencia de condenación vino casi como una voz de entre los muertos.

16. Los árabes que estaban junto a los etíopes (heb. *cusitas*), pueden haber sido nómadas de las fronteras entre Filistia y Egipto (cp. sobre 14:9).

19, 20. Enfermedad muy penosa. La enfermedad penosa de la que murió Joram parece haber sido una forma violenta de disentería. Además, murió sin que le hicieran duelo: **no encendieron fuego** (cp. 16:14, nota); y fue enterrado con deshonor, aparte de **los sepulcros de los reyes** (cp. 24:25).

6) Ocozías (841 a.C.). 22:1–9.

Estos vv. proveen una demostración histórica de cómo, en la providencia de Dios, los resultados de un pecado pueden venir a ser el mismo castigo del pecado. En el caso de Ocozías fue la malvada alianza entre Judá e Israel la que causó la muerte del rey (vv. 4, 7), después de un reinado de solo unos pocos meses. Los eventos mediante los cuales esto llegó a suceder son relatados en el pasaje más detallado y paralelo de 2 R 8:25 — 10:14.

1. Los habitantes de Jerusalén hicieron rey...a Ocozías. Esta intervención popular sugiere que la sucesión fue contestada (cp. 2 R 23:30), quizás por la propia madre del rey, la implacable Atalía (cp. 2 Cr 22:10). **Una banda armada...había matado a todos** los hijos mayores de Joram. Ver 21:17 (Joacaz es solo una forma variante de Ocozías). **2. Cuarenta y dos años** es imposible (cp. 21:5). Es probable que sea un error de copista por veintidós (1 R 8:26). **Reinó un año**, y solamente por parte de él (cp. 2 R 8:25; 3:1; y nótese que la muerte de Ocozías fue simultánea con la de Joram de Israel). **Atalía** era **hija de Omri**; significándose que pertenecía a su dinastía. De manera específica, era su nieta (cp. 21:6; 1 R 16:29). **3. Su madre le aconsejaba.** Adicional testimonio de la dominante influencia de esta perversa mujer (cp. 21:6; 21:4, nota). **A que actuase impíamente.** Atalía fue la patrona del culto fenicio de su madre Jezabel a Baal (cp. 23:17).

5. Doce años después de la muerte de Acab en **Ramot de Galaad** el 853 a.C. (18:34). El segundo hijo de Acab, Joram, había recapturado la ciudad, aparentemente envalentonado por el asesinato de Ben-adad y de la sucesión de **Hazael** como nuevo rey en Damasco (2 R 8:7–15). Hazael, no obstante, contraatacó contra Ramot de Galaad (cp. 2 R 9:14, 15) y en la lucha **hirieron a Joram. 6.** Joram volvió **a...Jezreel** a la cabecera del valle del Esdraelón, lugar del palacio de Acab (1 R 21:1), de **Ramot** (esto es, Ramot de Galaad, v. 5).

7. Los detalles de cómo el Señor **había ungido** a Jehú **para que exterminara la familia de Acab** aparecen en 2 R 9. **8.** Solamente después de la muerte de Ocozías (v. 9) mató Jehú **a los hijos de los hermanos** (v. 1) **de Ocozías** (cp. 2 R 10:12–14). No podían haber sido más que niños pequeños (cp. 2 Cr 21:5). **9.** Después del asesinato de su tío Joram por Jehú, **Ocozías** huyó hacia el sur, y se escondió **en Samaria**. Entonces **lo trajeron a Jehú,** quien lo hirió de muerte cerca de Ibleam (entre Jezreel y Samaria), de donde huyó al noroeste a Meguido y murió (2 R 9:27). Los siervos de Ocozías lo llevaron a Jerusalén (2 R 9:28) y **le dieron sepultura.**

7) Atalía (841–835 a.C.). 22:10 — 23:21 (paralelo al 2 R 11).

La alianza por matrimonio de Josafat con la casa de Acab llevó al final a la extinción casi total de la dinastía de David y a la oficial paganización de Judá. Porque la reina madre Atalía, después de la muerte del único hijo que le quedaba, Ocozías, pasó a matar a sus propios nietos príncipes a fin de usurpar ella el trono, y para consolidar el culto de su madre Jezabel a Baal como la religión de estado de Judá. Quedó, no obstante, un hijo de un año de edad de Ocozías, Joas, que fue protegido por el sumo sacerdote Joiada (2 Cr 22:10–12). Finalmente, después de seis años, Joiada urdió una revuelta que llevó a la coronación de Joás (23:1–11), la ejecución de Atalía (vv. 12–15), y la extirpación de su falso culto (vv. 16–21).

22:11. Josabet, **hija del** anterior **rey,** Joram, y hermana de Ocozías escondió a su pequeño sobrino **Joas...en uno de sus aposentos,** la habitación, esto es, en la que se guardaban los colchones y las camas. Fue más tarde llevado al Templo (v. 12) por el sumo sacerdote Joiada, el esposo de ella, que era mucho mayor que ella (cp. 24:15).

23:1. 2 R 11:4 explica que **los jefes de centenas** eran los oficiales de los cariteos (cp. de los cereteos, 1 Cr 18:17, nota) y otros elementos de la guardia real. **2. Reunieron a los levitas...y a los príncipes de las familias.** Esto tuvo que hacerse en secreto, ya que la revuelta la tomó completamente por sorpresa (v. 13). **3. Toda la multitud hizo pacto con el rey.** Esto es, con Joiada, el protector del rey (cp. v. 1; 2 R 11:4). Tenemos aquí otro ejemplo de la necesidad de la confirmación popular, que jugó un papel tan importante en la historia de las sucesiones reales de Israel (cp. 1 Cr 11:3; 2 Cr 10:1, notas). **4. Una tercera parte...los que entran el día de reposo.** En este momento había un cambio de los turnos levíticos que estaban de servicio activo en el Templo (1 Cr 24:4, 20, notas). De aquellos que entraban de servicio, **una tercera parte** tenían que estar a las puertas del Templo, "a la puerta del póstigo de la guardia; así guardaréis la casa" (2 R 11:6) para impedir la entrada de personas no levíticas y no autorizadas (v. 6). **5.** Una segunda **tercera parte** tenían que estar **a la casa del rey** en el Templo (cp. 22:12; no al palacio de Atalía, que permanecía abierto; cp. 23:12). La última **tercera parte** tenían que estar a **la puerta del Cimiento** (esto es, la puerta de Shur, 2 R 11:6) una puerta del Templo de incierta localización. **8. Los que salían el día de reposo.** Las dos compañías de levitas que salían del servicio no recibieron **licencia,** sino que montaron guardia ante el rey (2 R 11:7), equipadas con las armas del Templo (2 Cr 23:9).

10. Puso en orden a todo el pueblo, los jefes no levíticos (v. 2) y aquellos de la guardia real que eran considerados fieles por los cinco comandantes conjurados (v. 1; 2 R 11:6, 11), con sus espadas cada uno, en formación en el patio del Templo (v. 5). **11.** Dieron a Joás **el testimonio,** quizás el libro de la Ley de Moisés, que tenía que gobernar su conducta en el cargo (Dt 17:18, 19).

14. Joiada mandó que salieran los jefes de centenas para que sacaran a Atalía del recinto. La sacaron entre las filas armadas fuera del recinto del Templo, matando a cualquiera de sus seguidores que intentara rescatarla.

16. Con la revolución política vino el correspondiente avivamiento religioso, que rey, sacerdote, y ciudadanía, todos fueran **pueblo de Jehová.** Esto incluía la reafirmación de la monarquía "constitucional" bajo Dios por parte del rey y del pueblo (v. 3). **17. Mataron...a Matán.** Esta era la suerte que la Palabra de Dios demandaba de aquellos que conducen a otros a una falsa religión (Dt 13:5–10). Y restablecieron la verdadera adoración, como había estado bajo David (v. 18).

8) Joás (835–796 a.C.). 24:1–27.

El reinado de Joás sirve como paradigma de toda la historia de Judá. En su primera parte, Joás vivió justamente, honrando al Señor y cuidando del Templo, con sus sacrificios que eran figura del plan eterno de salvación de Dios (24:1–14). Pero en su segunda parte, dejó de lado tanto al Señor como a Su Templo (vv. 15–19), asesinó al profeta que le reprendió, el hijo del mismo sacerdote que le había establecido y conducido (vv. 20–22), sufrió una humillante sujeción bajo Hazael de Damasco (23, 24), y murió debilitado por sus heridas, muerto por sus crímenes (vv. 25–27). Este capítulo provee un paralelo ampliado a 2 R 12.

2. Hizo Joás lo recto ante los ojos de Jehová, excepto que no consiguió la eliminación de los lugares altos (14:3, nota; 2 R 12:3). **Todos los días de Joiada**; esto es, hasta algunos años después del 813 a.C. (v. 14; cp. 2 R 12:6). Pero después de la muerte de su gran protector cayó en pecado (vv. 17, 18). **4.** Después de la vandalización del Templo por parte de los hijos de Atalía (v. 7), era necesario **restaurar la casa de Jehová. 5. Recoged dinero.** En heb., *plata*. La acuñación no empezó sino hasta después del período exílico. **Pero los levitas no pusieron diligencia**, no solo porque los hombres se acostumbran a las cosas "tal como son", sino porque los sacerdotes gastaban muy fácilmente lo recibido en los gastos normales de operación y en el propio mantenimiento de ellos (2 R 12:7; Nm 18:19). **6. La ofrenda que Moisés...impuso.** 2 R 12:4 especifica las fuentes de ingreso: (1) "Las cosas santificadas", "de cada uno que pasare", esto es, el medio siclo reunido en el censo (Éx 30:14; Mt 17:24); (2) de la evaluación "según está estipulado", en las redenciones vicarias, entre tres y cincuenta siclos (Lv 22:1–8; Nm 18:15, 16); (3) y los dones voluntarios "que cada uno de su propia voluntad trae". **7. los ídolos.** *Los baales*, ver sobre 17:3. **8. Que hiciesen un arca**, con una ranura en la cubierta (cp. 2 R 12:9). Los sacerdotes habían accedido a apartarse tanto de la recolección como de la obra de reconstrucción del templo (2 R 12:8), quedando sus necesidades cubiertas con "el dinero por la culpa" (v. 16; Lv 5:16). **La cual pusieron fuera, a la puerta de la casa de Jehová**, esto es, al lado derecho del altar (2 R 12:9). **9. Hicieron pregonar en Judá.** Para el necesario aumento de la colecta (cp. v. 5, nota). **13. Restituyeron la casa de Dios a su antigua condición**, porque ninguno de los dones fue utilizado para el equipo santo (2 R 12:13) hasta que finalizó el trabajo de reparación (2 Cr 24:14). 2 R 12:15 acentúa también la honestidad y la fidelidad de **los que hacían la obra. 16. Y lo sepultaron...con los reyes**, un honor que contrasta con la suerte de Joás (v. 25). Joiada era yerno de Joram (22:11). **17. Los príncipes de Judá**, de los que se dice que **el rey los oyó**, eran la clase más atraída por el materialismo del culto de Baal (v. 18; cp. Sof 1:8) y recibieron el castigo más duro después (v. 23). **18. Símbolos** de Asera, postes de Asera (ver sobre el 14:3).

19. Dios les envió profetas...los cuales les amonestaron. Algunos de los anteriores, p. ej., Semaías y Jehú, habían sido oídos (11:2; 12:5; 19:2); pero los posteriores, p. ej., Hanani, Micaías, y ahora Zacarías (v. 20; 16:7; 18:16) fueron más y más rechazados. **20. El Espíritu de Dios vino sobre.** lit., "se revistió con", Zacarías (cp. 1 Cr 12:18, nota). **22. Joás no se acordó de la misericordia** de Joiada (heb., *hesed*, "fidelidad"; cp. 1 Cr 16:41, nota). Debía él su trono y su misma vida a la lealtad del sacerdote (2 Cr 23). El martirio de Zacarías fue citado por Cristo como el último caso en el canon (orden de libros hebreo) del AT de la gran perversidad de Israel (Lc 11:51). **Jehová lo vea y lo demande.** Esta oración de imprecación, en lugar de perdón (cp. Lc 23:34; Hch 7:60), queda justificada por las posiciones oficiales tanto del asesino como del asesinado. Era el nombre de Dios lo que estaba en juego, y la venganza siguió a ésto (2 Cr 24:24, 25). **23. El ejército de Siria...enviaron todo el botín al rey a Damasco**, juntamente con el tributo que Joás sacó del Templo. Esto incluía todo lo que había sido acumulado desde los días de Asa (cp. 16:2, nota; 2 R 12:18), cuyo pecado cosechó así su castigo último (cp. 2 Cr 16:9, nota). **24. Un ejército muy numeroso** judaico cayó en manos de **poca gente** de sirios, precisamente como Moisés había predicho (Lv 26:17; lo opuesto del v. 8). **25.** Los sirios **lo dejaron agobiado por sus dolencias** (en heb., *severamente herido*) y **sus siervos...lo hirieron en su cama** en la casa de Milo (2 R 12:20; quizás esto sea un paralelo de 1 Cr 11:8, ver nota). 2 R 12:21 describe su entierro "con sus padres en la ciudad de David", lo que queda aquí confirmado, pero con la especificación de que **no fue en los sepulcros de los reyes** (cp. sobre v. 16). **26.** Formas variantes de **Zabad**, etc., aparecen en 2 R 12:21. **27. La historia**, en heb., *midrash*, "comentario" **del libro de los reyes** sugiere una interpretación de esta fuente más básica (cp. sobre 13:22; y la Introducción, *Paternidad*).

9) Amasías (796–767 a.C.). 25:1–28.

Aparte de una introducción acerca de la sucesión de Amasías (25:1–4) y una conclusión acerca de su muerte (vv. 25–28), el registro del cronista acerca del reinado de Amasías se centra en dos guerras y en las lecciones históricas que se pueden sacar de ellas: (1) su reconquista de Edom, por su obediencia al Señor (vv. 5–16); y (2) su posterior derrota frente al Israel norteño, como castigo por las idolatrías adoptadas tras su victoria posterior estrecho con 2 R 14:1–20, excepto por la detallada revisión de la guerra edomita, que recibe solamente una breve mencion en 2 R (v. 7). **2. Hizo lo recto...aunque no de perfecto corazón.** Ver más abajo; y los lugares altos no eran quitados (2 R 14:4; cp. v. 3). **4. Mató a los** asesinos de su padre (24:26), pero **no a los hijos de ellos**; porque respetaba los mandamientos de Moisés (Dt 24:16). **5.** Debido a pérdidas como las de Joás (24:23), sus **trescientos mil escogidos** se hallan en número muy inferior a los totales de Asa y de Josafat (ver sobre 14:8; 17:14); pero eran **escogidos. 6. Y de Israel tomó a sueldo por cien talentos de plata**, o unos 3400 kilogramos de este metal. Pero ninguna alianza comprada con pecadores como los efraimitas hubiera podido recibir la bendición de Dios (v. 7; cp. sobre 16:2) y la suya es la decisión final (vv. 8, 9). **10. Entonces Amasías los volvió a** enviar **a sus casas**, poniendo su confianza en Dios, como lo habían hecho sus padres (cp. sobre 4:11; 20:12).

11. Seir (Edom) había disfrutado de cincuenta años de independencia de Judá (cp. 21:8) pero fue ahora vuelta a subyugar, con dura crueldad (v. 13). **El Valle de la Sal**, situado al extremo sur del mar Muerto (¿?), había sido la escena de la antigua victoria de David sobre Edom (1 Cr 18:12). Amasías llegó a capturar la capital edomita de Sela (Petra; 2 R 14:7). **13. Los del ejército efrainita que Amasías había despedido**, saquearon **las ciudades de Judá** (en la frontera benjamita noroccidental...**y mataron a tres mil de ellos.** El intento de reclutar a estos mercenarios trajo consigo su propio castigo (v. 5; cp. 22:1–9 nota introductoria). **14. Les quemó incienso.** Más bien, *Les hizo ofrendas.*

15. La futilidad de dioses...que no libraron a su pueblo debiera ser evidente, pero todavía en la actualidad hay personas que adoran cosas que saben que no les dan satisfacción alguna. **16. Déjate de esto.** El maltrato de Amasías al profeta quedó por lo menos solamente en amenazas (contrastar 24:21).

17. Veámonos cara a cara. La victoria de Amasías sobre Edom le envalentonó a desafiar a las mucho más poderosas fuerzas de Israel. Era esta una soberbia insensata, como pasó a demostrar el rey norteño Joás (2 R 14, 798–782 a.C.) en su fábula (2 Cr 25:18, 19). **21. Se vieron cara a cara** (lucharon, v. 17) en Betsemes, al oeste de Belén, en Judá, el terreno elegido por Amasías. **23. Joás...derribó el muro de Jerusalén...un tramo de cuatrocientos codos** (unos 180 metros), **desde la puerta de Efraín hasta la puerta del ángulo.**

La puerta de Efraín se hallaba en el lado norte de la ciudad, y la puerta del ángulo estaba al noroeste. **24.** Con **el oro** se llevó a la familia de **Obed-edom**, la familia de los guardianes de las puertas y cantores levíticos (cp. 1 Cr 26:4–8) y otros **rehenes** (RVA).

27. Como castigo adicional de parte de Dios (cp. v. 20), este desastre puede entonces haber provocado una conspiración contra Amasías y la elevación consiguiente de su hijo de dieciséis años, Uzías, a la corregencia (y a la verdadera autoridad) el 790* a.C. (26:1). Porque, en tanto que Amasías murió en 767, el año vigésimo séptimo de Jeroboam II (2 R 15:1), la muerte de este último en 753, catorce años más tarde (2 R 14:23) es fechada como en el año "treinta y ocho" de Uzías (2 R 15:8). La fatal huída de Amasías a Laquís (a 40 km. [25 millas] al suroeste de Jerusalén en el camino a Egipto) el 767 puede haber sido así a consecuencia de un fallido intento de recuperar el trono (cp. Thiele, *Mysterious Numbers*, pp. 71, 72). **28. La ciudad de** Judá. La ciudad de David (2 R 14:20).

10) Uzías (790*–739*a.C.). 26:1–23.

La carrera de Uzías (Azarías en 1 Cr 3:12 y de una manera predominante en 2 Reyes) exhibe un cierto paralelismo con la carrera de su padre Amasías y su abuelo Joás. Esto es, el cronista evalúa la parte anterior del prolongado reinado de Uzías como de piedad y de una correspondiente prosperidad (2 Cr 26:1–15); pero su última parte, marcada por una desviación religiosa que tuvo como resultado su afección de lepra, su apartamiento del palacio, y al fin su muerte (vv. 16–23). No obstante, su fracaso fue menor que los crímenes de sus padres; y sus logros le señalan como uno de los grandes reyes de Israel, aunque los pasajes paralelos en 2 R (14:21, 22; 15:1–7) proveen solamente el sumario formal de su reinado.

1. Uzías...tenía dieciséis años de edad el 790, por lo que tenía que haber nacido cuando su padre tenía solamente quince (cp. sobre 25:1). Los casamientos tempranos de este tipo no son incomunes en el Oriente. **2. Edificó a Elot** (Eilat; cp. sobre 8:17) **después que el rey Amasías durmió**, murió, en 767. Esto confirma la hipótesis de que la accesión de Uzías tuvo lugar un tiempo antes de la muerte de su padre Amasías (cp. sobre 25:17). **4. Hizo lo recto**, aunque seguían los lugares altos (cp. 25:2; 2 R 15:4) y la condición moral y espiritual de Israel sufría una decadencia (cp. Oseas y Amós) debajo de la prosperidad superficial (siguiente nota). **5. Zacarías, entendido en visiones de Dios.** Otros MSS leen, *que le instruía en el temor* de Dios. Este profeta, aunque aparentemente bien conocido por Esdras, no puede ser identificado en la actualidad. **Dios...le prosperó.** El período de Jeroboam II y de Uzías, o las cuatro décadas entre el 790 y el 750 a.C., constituyó el "verano indio" de Israel (vv. 8, 15), cuando los asirios habían destruido a sus enemigos sirios en las fronteras septentrionales (cp. 2 R 12:17–19; 13:3–5) pero no habían empezado aun a destruir los estados hebreos (cp. 2 R 15:19ss. y la preocupación sugerida por Is 6:1). **6.** La conquista de **Gat** por parte de Uzías redujo la cantidad de ciudades principales filisteas de cinco a cuatro (cp. Sof 2:4). **7. Los árabes de Gur-baal, y...los amonitas.** *Meunitas* (RVA). Parecen estos haber sido enemigos nómadas a lo largo de la frontera meridional de Judá (cp. sobre 20:1; 1 Cr 4:41).

9. La puerta del ángulo...del valle y... las esquinas estaban situadas respectivamente al noroeste, oeste y este en el muro (Neh 3:19–25). **10. En el desierto.** Esto es, el árido sur de Judá. **La Sefela** (ver sobre 1 Cr 21:28). **Los llanos fértiles** de la Transjordania, que habían estado anteriormente bajo control efrainita, pero que habían sido evidentemente reconquistados por Uzías de los amonitas que la habían ocupado (v. 8). **11. Maasías gobernador.** En heb., *shôtēr*, "ayudante", es escriba o funcionario de movilización (Éx 5:6). **13.** El ejército de Uzías de 307.500 soldados era de aproximadamente el mismo tamaño que el ejército de Amasías (25:5, nota). **14. Coseletes.** *Cotas de malla* (RVA).

16. Para quemar incienso. Al hacer esto Uzías no usurpaba solamente una función exclusiva del sacerdocio (v. 18; Éx 30:7, 8), sino que su acción implicaba su pretensión al oficio cananeo de divino rey-sacerdote (ver Gn 14:18; cp. Nm 12:10). **17.** El **Azarías** que se enfrentó con Uzías es probablemente Azarías II (cp. 1 Cr 6:10). **21. Uzías...habitó leproso en una casa apartada.** Una forma modificada de la cuarentena normativa (Lv 13:46). Así, **Jotam** asumió la corregencia, estando **a cargo de la casa real**. La fecha era el 751* a.C.; porque el año vigésimo de Jotam (2 R 15:30) fue el duodécimo de Acaz (2 R 16:1), que era el 732* (cp. 2 R 18:10). **22. Isaías** escribió los **hechos de Uzías**, igual que los de Ezequías (cp. 32:32). **23.** Debido a que Uzías era leproso, fue enterrado **en el campo de los sepulcros**, no en los mismos sepulcros de los reyes (cp. 24:25).

11) Jotam (751* — 736 a.C.). 27:1–9.

Jotam fue un rey cuya justicia fue premiada (vv. 2, 6), pero cuyo reino se solapó de tal manera con los reinos de otros gobernantes que fue poco el comentario independiente que se le dio. Los pocos versículos de 2 Cr. 27 detallan el breve resumen de 2 R. 15:32–38 solamente en mencionar una victoria que tuvo sobre los amonitas y en relacionar el tributo resultante (2 Cr 27:5, 6).

1. Dieciséis años reinó en Jerusalén. Las palabras "a los veinte años de Jotam hijo de Uzías" (2 R. 15:30) parecen marcar un punto de tiempo teórico, utilizado debido a que todavía no se había hecho consideración de Jotam, y menos aun de su sucesor. **2. El pueblo continuaba corrompiéndose**, sacrificando a ídolos en los lugares altos, etc. (2 R 15:35; cp. Is 1— 6, que pertenece a este período.) **3. Edificó la puerta mayor de la casa**, al lado septentrional del Templo (23:20; Jer 20:2), **y sobre el muro de la fortaleza**, la parte septentrional de la original ciudad de David, al sur del Templo (2 Cr 33:14). **5. Cien talentos de plata.** Unos 3.400 kilogramos (cp. 25:6), **y diez mil coros de trigo** (37.000 hectolitros). **7. Todas sus guerras.** Jotam era probablemente el verdadero comandante de la alianza concebida por su encerrado padre Azarías (cp. 26:21), que es mencionada en los anales asirios (pero no en las Escrituras) como derrotada por Tiglat-pileser III alrededor del 743 a.C. (ver Thiele, *Mysterious Numbers*, pp. 78–98). **8. Reinó dieciséis** años **en Jerusalén.** Pero después de ocho años, el 743*, su hijo Acaz quedó asociado con él en el trono (ver sobre 26:21), quizás debido a la derrota inflingida por Tiglat-pileser (cp. v. 7; 28:5, notas; 2 R 15:37).

12) Acaz (743* — 728* a.C.). 28:1–27 (haciendo paralelo con 2 R 16, con cambios y adiciones).

Acaz fue uno de los gobernantes más débiles y corrompidos de los veinte gobernantes de Judá. Tanto 2 R como 2 Cr consideran su reinado en dos etapas: (1) Su apostasía religiosa y la resultante sujeción al ataque siro-efrainita (2 Cr 28:1–7); y (2) su consiguiente capitulación defensiva a Asiria, que le condujo a una corrupción aún más profunda, debido a su implicación en las idolatrías de sus nuevos amos (vv. 16–27). Entre estas secciones, el cronista inserta un párrafo que relata cómo el profeta Obed liberó a una compañía de cautivos judáicos de manos de Efraín (vv. 8–15), suceso este que no se relata en 2 Reyes.

1. La accesión de Acaz a la corregencia en 743 a.C., con **veinte años** de edad (cp. sobre 27:8), indica que su padre tenía trece al nacimiento de su hijo (27:1; pero cp. sobre 26:1).

2. Baales. Ver sobre 17:3. **3. Quemó...
incienso.** Más bien, *hizo ofrendas* (vv. 4, 25,
también). **El valle de los hijos de Hinom**
(heb., *gê' hinnōm*) marcaba el límite sur de
Jerusalén y se hizo notable como escena de
atroces prácticas paganas (33:6). Más tarde fue
profanado por Josías cuando lo convirtió en
vertedero de la ciudad (2 R 23:10), cuyos
fuegos perpétuos vinieron a ser un símbolo del
infierno, Gehena (Mr 9:43). **Hizo pasar a sus
hijos por fuego.** La práctica cananea de sacrificio de niños fue prohibida a Abraham (Gn
22:12) y fue hecha un delito capital bajo
Moisés (Lv 20:1–5). **4. Lugares altos.** Ver
sobre 14:3.

**5. Dios lo entregó en manos del rey de los
sirios...y del rey de Israel, Rezín y Peka**
(752—732 a.C.), respectivamente. Puede que
cayeran sobre Judá debido al fracaso de la
alianza de Azarías (ver sobre 27:7) y por los
sufrimientos que habían experimentado en
manos de los victoriosos asirios (2 R 15:19; cp.
v. 37). Sitiaron, pero no pudieron tomar, Jerusalén (2 R 16:5; Is 7:1), aunque Rezín sí tomó
Eilat (2 R 16:5; cp. 2 Cr 26:2; 8:17, nota).

9. Obed, que por otra parte es desconocido,
recordó a los efrainitas que aquellos que
actúan como instrumentos punitivos de Dios
no debían exceder su misión divinamente
señalada (cp. Is 10:5–19). Además, la propia
posición de ellos distaba de estar segura (2 Cr
28:10). **15. Les dieron de comer**, etc.,
siguiendo la práctica del AT de mostrar amor,
incluso a los enemigos (Éx 23:4; Pr 24:17;
25:21; cp. Mt 5:44).

16. En 734 a.C., **Acaz** se echó en brazos de
los asirios, pidiéndoles **que le ayudasen.**
Isaías había tratado de impedirlo, al constituir
un quebrantamiento de confianza en el Señor
(cp. 16:2, 9; 25:6, 10, notas). Además, el llamamiento de Acaz era innecesario (Is 7:4–9).
Puso a Judá bajo el talón de hierro de Tiglat-
pileser (vv. 20, 21); provocó la deportación de
Israel a Asiria: tres tribus y media el 733 a.C.
(2 R 15:29), y el resto doce años más tarde (2 R
17:6); y llevó el 701 a la propia devastación de
Judá por los ejércitos de Senaquerib (2 R
18:13). **17. También los edomitas** atacaron a
Judá, porque Edom estaba bien dispuesta a
aprovechar en propio beneficio las angustias
de Judá (cp. 20:22; 21:8). Este ataque puede
entonces haber provocado las profecías de
Abdías (cp. v. 11) y de Joel (cp. 3:19). **18.
Asimismo los filisteos.** Ver Joel 3:4.

**23. Los dioses de Damasco que le habían
derrotado** (cp. 2 R 16:10–13). La referencia es
a los dioses del monarca asirio, que era ahora
el rey de Siria (2 R 16:9). El homenaje a sus
dioses fue probablemente exigido como parte

del precio del vasallaje de Acab. **24. Cerró las
puertas de la casa de Jehová,** no solamente
abogando por la religión asiria y las otras, sino
especialmente desplazando a la verdadera (cp.
2 R 16:14–18).

**27. No lo metieron en los sepulcros de los
reyes.** Para armonizar con 2 R 16:20, ver 2 Cr
24:25b (cp. 21:19b), notas. **Reinó en su lugar
Ezequías su hijo.** El descontento popular con
Acaz parece haber obligado a que Ezequías
asumiera el trono en 728* (cp. 2 R 18:9, 10),
tres años antes de su inauguración oficial (¿y
de la muerte de Acaz?) en 725* (ver 2 Cr
32:1).

13) Ezequías (725*—696* a.C.). 29:1–
32:33.

La piedad de Ezequías y su fuerza de carácter constituían la antítesis de la apostasía de su
padre y de su carácter acomodaticio. Mientras
que Acaz había convertido a Jerusalén en un
santuario de idolatría y las inmoralidades que
la acompañaban, Ezequías purificó el Templo
de Jehová de su contaminación (2 Cr 29),
celebró una pascua solemne (cap. 30), e hizo
campaña amplia y extensa para eliminar los
idolátricos lugares altos y para establecer la
religión pura (cap. 31). Luego, en política, en
tanto que Acaz había capitulado miopemente
ante Asiria, Ezequías planeó y luchó por el
bienestar y la libertad últimas de Judá, no
siempre de una manera sabia, pero con un
éxito final (cap. 32). Los pasajes paralelos en
2 R tocan solamente de una forma breve las
reformas religiosas de Ezequías (18:1–6) pero
proveen un registro más detallado de sus tratos
políticos (18:7—20:21) que el que se halla en
el único capítulo que se le dedica en 2 Cr. 32.

29:2. E hizo lo recto. Particularmente notable fue su "esperanza en el Señor", de manera
que entre "todos los reyes de Judá no hubo
ninguno como él ni antes ni después de él"
(2 R 18:5; cp. Is 26:3, 4).

3. El primer año de su reinado tiene que
referirse al que seguía a su accesión como rey
en solitario, el 725* a.C. (ver sobre 30:1), más
bien que al tiempo de su accesión al poder tres
años antes (ver sobre 28:27); de otra manera
Acaz hubiera tenido once, en lugar de catorce
años, al nacimiento de Ezequías (cp. 26:1). El
primer mes hubiera sido entonces marzo/abril
del 724. **Abrió las puertas** del Templo,
cerradas por el apóstata Acaz (vv. 6, 7; 28:24),
y las reparó, lo que incluía recubrirlas de oro
(2 R 18:16). **4. La plaza oriental.** El amplio
lugar frente al Templo (Esd 10:9).
5. Santificaos ahora (v. 15, también). Ver
sobre 1 Cr 15:12. **9.** Los castigos experimentados por el pecador Judá habían incluído

ser llevados cautivos a Damasco, Samaria, Edom, y Filistea (28:5, 8, 17, 18). **11. Jehová os ha escogido a vosotros,** levitas (v. 4; cp. Nm 3:5–13), **para... que le queméis incienso.** Mejor, *hacer las ofrendas,* lo cual constituía, de una manera específica, la función sacerdotal (v. 21). **12. Coat, Gersón y Merari** eran los tres clanes de Leví (1 Cr 6:1). **13.** Se hace una mención separada de la familia de **Elizafán,** que había sido príncipe de Coat en la época de Moisés (Nm 3:30; cp. 1 Cr 15:8). **Asaf, Hemán, y Jedutún** (v. 14) habían fundado las tres familias de cantores (1 Cr 25). **15.** Los mandamientos del rey eran por **las palabras de Jehová,** conformándose, esto naturalmente, a la inspirada Ley de Moisés (cp. Dt 12:2–4). **16. Los sacerdotes... sacaron toda la inmundicia.** No solamente la suciedad debida al abandono, sino también las inmundas idolatrías de Acaz y el equipo para ellas (cp. 2 R 16:15). **Al torrente de Cedrón.** Allí donde Asa había quemado las abominaciones de la reina-abuela (ver sobre 15:16). **19. Había desechado... Acaz,** e incluso destruido parcialmente, los utensilios para el servicio del Señor (28:24; 2 R 16:17). **21.** Para la ofrenda de **expiación** y su ritual, ver Lv 4:1—5:13.

23. Pusieron sobre ellos sus manos [sobre los machos cabríos], designándolos así como sustitutos por sus propias vidas, y transfiriendo sus pecados a ellos (Nm 27:18–21, cp. 8:18, 19). Las cabras eran símbolos de la muerte de Cristo en lugar del pecador (2 Co 5:21). **24. Los sacerdotes los mataron, e hicieron ofrenda de expiación con la sangre de ellos sobre el altar, para reconciliar a todo Israel.** El heb., para **expiación,** *kippēr,* significa "aplacar", o "pacificar" (Gn 32:20; Pr 16:14), para evitar el castigo pagando una redención (KB, p. 452). Israel era salvado mediante tales anticipaciones de la muerte de Cristo sobre la cruz, donde llevó sobre sí la ira de Dios por nosotros (Mr 10:45; Ro 3:25). **A todo Israel.** Cp. Lv 4:13; 16:30.

27. Para el holocausto, ver Lv 1. El cántico de **Jehová** sugiere los Salmos, utilizados desde la época de David en la adoración (1 Cr 16). **31. Todos los generosos de corazón trajeron holocaustos,** que eran totalmente consumidos en el altar. Estos están en contraste con las ofrendas más numerosas de gratitud o de paz ("cosas consagradas", v. 33), que eran principalmente consumidas por los ofrendantes en una fiesta que se celebraba a continuación (ver sobre 1 Cr 29:21). **34. Los levitas fueron más rectos de corazón... que los sacerdotes** (cp. 30:3; y la apostasía de Urías, 2 R 16:11). Esto era precisamente lo opuesto a lo que hubiera sido de esperar (cp. Ez 48:1). Pero la verdadera fe se halla a menudo entre los humildes, en tanto que históricamente los líderes religiosos profesionales han sido los menos dispuestos a someterse a Cristo y a la Palabra (cp. Jn 7:48). **35. La grosura** escogida de las ofrendas de paz se presentaba al Señor sobre el altar antes de que el pueblo tuviera su fiesta (cp. v. 3, nota; Lv 3).

36. Se alegró Ezequías con todo el pueblo, de que Dios hubiera preparado el pueblo, porque en último análisis todos los triunfos espirituales son dones de la gracia de Dios (30:12; 1 R 18:37; Hch 11:18).

30:1. Envió después Ezequías... a Efraín y a Manasés, para que viniesen a Jerusalén. Una acción así hubiera sido imposible en cualquier punto anterior en la historia del Israel norteño (cp. vv. 5, 26; 1 R 12:27, 28). Pero ahora la capital de Oseas había estado bajo el asedio de Asiria por varios meses (2 Cr 30:6; 2 R 17:5), y el rey del norte estaba impotente para interferir. Además, los asirios alentarían cualquier cosa que sugiriera defección de él. **2. La pascua en el mes segundo** (abril/mayo, 724) estuvo un mes retrasada, pero el retraso quedaba justificado con el precedente mosaico (Nm 9:10, 11) cuando las circunstancias lo hacían necesario, como sucedió esta ocasión (cp. 2 Cr 29:17). **3. Entonces,** el día catorce del primer mes (29:3, 17) **no había suficientes sacerdotes santificados** (ver 29:34 y 1 Cr 15:12, notas). Pero vino el arrepentimiento (v. 15). **5. En mucho tiempo no lo habían celebrado.** Más bien, *en grandes números,* esto es, como un reino unido. **8. Venid a su santuario.** La Pascua era una de las tres fiestas anuales de peregrinación, que requería la presencia de todos los varones en el Templo (Dt 16:16). **9. Vuestros hermanos** exiliados... **hallarán** misericordia y **volverán,** como Moisés había prometido proféticamente (Lv 26:40–42). **10. Se reían y burlaban de ellos.** La depravación humana es tan completa que hace que las personas sean inasequibles, incluso cuando están al borde mismo del desastre (cp. Amós 4:10; Ap 9:20). **13. La fiesta solemne de los panes sin levadura** duraba siete días después de la Pascua propia (Lv 23:5, 6), como recordatorio a Israel tanto de su rápida partida de Egipto como de su necesidad perpetua de separación del pecado (Éx 12:11, 34; 1 Co 5:7). **14. Los echaron al torrente de Cedrón.** Ver 29:16; 15:16, nota.

15. Sacrificaron la pascua, el cordero, como memoria de la liberación que en el pasado Dios había dado a los israelitas de la última plaga en Egipto (Éx 12:27) y como símbolo de su contínua demanda sobre los pecadoras, que sería satisfecha por la futura muerte vicaria de Cristo, el Cordero de Dios (Éx 13:15; 1 Co 5:7). **16. Los sacerdotes esparcían la sangre** de los corderos pascuales sobre el altar, **que recibían de los levitas.** Normalmente era presentado por el cabeza de cada familia (cp. Lv 1:11).

17. Por eso los levitas sacrificaban la pascua por todos los que no se habían purificado. Esto es, *no eran limpios* (como en Nm 9:6); y el valor del sacrificio como propiciación de Dios dependía de su cualidad de tipo de la perfecta redención obrada por Cristo (He 9:14). **18. Y comieron la pascua.** La oración de intercesión de Ezequías hizo posible que compartieran la Pascua en este grado. Porque si eran rectos de corazón (v. 19), podían en esta primera ocasión ser *sanados*, o perdonados (v. 20) por no haberse conformado a los ritos exteriores.

22. Los levitas que tenían buena inteligencia en el servicio (musical) **a Jehová.**

24. Porque Ezequías...había dado...mil novillos y diez mil ovejas. La cantidad de estas ofrendas de paz contribuyó a la decisión de extender la semana de festividades. (Cp. sobre 29:31; 1 Cr 29:21.)

27. Los sacerdotes...bendijeron al pueblo, tal como Moisés había mandado (Nm 6:23–27).

31:1. Destruyeron las imágenes de Asera, y derribaron los lugares altos locales (ver 1:3, nota), sea que fueran de Baal o de Jehová adorado en esta forma baálica. Ezequías se vio también obligado a romper Nehustán, la serpiente de bronce de Moisés, porque había sido pervertida y transformada en un objeto de idolatría (2 R 18:4). **Y también en Efraín.** Porque algunos se habían arrepentido de sus dos siglos de apostasía (30:11), en tanto que los que se habían endurecido eran impotentes para hacer nada (30:10, 11, notas). **2. Arregló Ezequías la distribución de los sacerdotes.** Esto es, restableció la ordenada administración de adoración primeramente establecida por David (cp. sobre 23:17; 1 Cr 24, 25). **3. El rey contribuyó de su propia hacienda para los holocáustos.** La responsabilidad de proveer para la adoración nacional había quedado expuesta detalladamente por Moisés (Nm 28; 29). **Para los holocaustos de mañana y tarde...y fiestas solemnes** (o, establecidas). Ver sobre 1 Cr 23:30, 31. **4. La porción...a los sacerdotes y levitas** (v. 5) consistía principalmente de las "primicias" (Éx 23:19; Nm 18:12) y de los diezmos de las

otras tribus (Lv 27:30–33; Nm 18:21–24). Los levitas podían dedicarse a sí mismos a la obra de Dios sin las trabas de las ocupaciones seculares solamente si percibían con regularidad estas "porciones" (cp. Neh 13:10).

6. Los diezmos de lo santificado puede ser un término general para referirse a los porcentajes que de ciertas ofrendas se entregaban a los sacerdotes, quedando de propiedad de ellos (Nm 18:6; cp. Lv 6:16 — 7:36). **7. En el mes tercero** (mayo/junio), la estación de la Fiesta de Pentecostés y de la recogida del grano (Éx 23:16*a*), **comenzaron..., y terminaron en el mes séptimo** (sept/oct.), el tiempo de la Fiesta de los Tabernáculos y de la recolección de las cosechas de los frutos y de la vid (Éx 23:16*b*). **10. Azarías III** (v. 13; cp. 1 Cr 6:4, nota) es probable que no sea el Azarías (II) que resistió a Uzías (2 Cr 26:17) treinta años antes.

12. Cargo de ello al levita Conanías, el principal David había organizado **las cosas consagradas** bajo porteros-tesoreros levíticos (1 Cr 26:20, 26, notas). **14. La distribución de las ofrendas dedicadas a Jehová.** Asignó estas **ofrendas voluntarias y cosas santísimas** (esto es, las partes especificadas de las ofrendas por la culpa; Lv 6:17) a sus legítimos destinatarios sacerdotales (Lv 7:14; cp. 6:29). **15. En las ciudades de los sacerdotes** (v. 19). Estas habían sido nombradas y distribuidas por Josué (Jos 21:9–19).

16. A los varones anotados por sus linajes, de tres años arriba...que entraban en la casa. A partir de esta temprana edad, los hijos de los sacerdotes tenían que acompañar a sus padres en el servicio, y por ello recibían sus porciones directamente en el Templo. **17.** Las revividas distribuciones levíticas dieron una importancia renovada y práctica a las **genealogías** (RVA). **De veinte años arriba.** Ver comentario sobre 1 Cr 23:24. **18. Con fidelidad se consagraban a las cosas santas.** Coré y sus asociados cumplieron fielmente una tarea problemática.

21. En todo cuanto emprendió. Ezequías se entregó de todo corazón a **la ley de Moisés, y fue prosperado.** Cp. 2 R 18:6, 7.

32:1. Después de estas cosas. En 715 a.C., Asdod, y los otros estados palestinos, se rebelaron en contra de Asiria. Fueron inducidos a ello por Shabaka, de la XXV Dinastía de Egipto (esto es, "So", 2 R 17:4) y Marduc-pal-iddina de Babilonia (ver sobre 2 Cr 32:25, 31). Pero en 711 a.C. Asdod fue vuelta a someter, Ezequías se sometió a la voluntad de Dios y se sometió (Is 20), y el gobernante asirio Sargón II se autodenominó como "el subyugador de Judá, situada muy lejos" (cp. Is 10:28–32; Mi 1:9). Esto sucedió en el año décimo cuarto de Ezequías, calculado retrogresivamente a partir de la accesión de su hijo Manasés, que se sabe que fue el 696* a.C. Pero con la muerte de Sargón en 705 a.C., Ezequías se dejó involucrar en complots con Egipto (Is 30:1–5; 31:1–3). Menospreció el consejo de Isaías y asumió el caudillaje de una revuelta occidental en contra de Asiria, e incluso puso en prisión al rey filisteo de Ecrón, que rehusó cooperar (2 R 18:8). Entonces, en 701, **Senaquerib**, el hijo de Sargón, **vino contra Judá**. Estos dos ataques son resumidos sin diferenciación en 2 R 18:13. Cp. la descripción en 2 Cr 32:24–26 de la enfermedad de Ezequías, el 711 a.C., después del relato, en los vv. 1–23, de la invasión del 701 a.C. por parte de Senaquerib. Senaquerib **acampó contra las ciudades fortificadas; con la intención de conquistarlas.** Y las conquistó, a excepción de Jerusalén (2 R 18:13; Is 36:1).

4. Cegaron...el arroyo. Probablemente el Gihón (v. 30, nota). **5. Edificó Ezequías todos los muros caídos...fortificó además Milo** (ver sobre 1 Cr 11:8). No obstante, sus esfuerzos fueron criticados por Isaías (Is 22:9, 10), debido a que Ezequías había desobedecido a Dios (Is 22:11) al apoyarse en el brazo de Egipto (Is 30:7; 31:1–3; cp. 2 Cr 16:2-9; 25:6, notas) en lugar de en el Señor (Is 30:15, 16). Como resultado, Senaquerib se gloría de que él "había cerrado [al rey] como a un pájaro enjaulado dentro de Jerusalén". Y Ezequías se vio obligado a capitular y a pagar una enorme indemnización a Senaquerib, incluyendo el mismo oro con el que había adornado el Templo a principios de su reinado (ver sobre 2 Cr 29:3; 2 R 18:14-16). Estos hechos se asumen sin mayor comentario en Crónicas pero quedan confirmados en detalle en los mismos anales de Senaquerib, además de posteriores datos sobre la desafección de las tropas árabes mercenarias de Ezequías y la liberación del rey de Ecrón de su cárcel de Jerusalén y su reinstauración en Ecrón. Senaquerib afirma, además, que tomó cautivos a 200.000 de Judá, lo que sirve para explicar los mensajes posteriores de Isaías de consuelo a un país asolado (Is 40:1) y de consuelo a su gente deportada (Is 43:6, 7).

9. Después de esto. Esto es, después que Ezequías rindiera el tributo estipulado. Los anales de Senaquerib, con una diplomacia comprensible, no dicen nada más de los eventos más allá de este punto. Pero el hecho es que el traicionero asirio renovó ahora sus exigencias sobre el prostrado Ezequías. Puso asedio **a Laquis**, a cuarenta kilómetros al suroeste de Jerusalén, y **envió a sus siervos**, incluyendo al "tartán", su comandante militar, **a**

Jerusalén. Pero la misma insolencia del mensaje que sigue (cp. 2 R 18:17–25) dio justificación a la inspiradora esperanza que Ezequías acababa de expresar (2 Cr 32:7, 8; cp. v. 11). **12. ¿No es Ezequías el mismo que ha quitado sus lugares altos y sus altares...?** Senaquerib esperaba poder explotar cualquier insatisfacción que existiera con las reformas de Ezequías (31:1). **14.** Más punzante fue su blasfemia contra Jehová, como no siendo capaz de **librar** que lo que habían sido los falsos **dioses de todas** aquellas naciones y reinos ya conquistados por Asiria (cp. v. 19; Is 10:15).

16. Y otras cosas más hablaron sus siervos (vv. 18, 19), como se registra en 2 R 18:27–35. **17. Además de esto escribió cartas**, al haber tenido que retirar sus tropas ante el avance de una fuerza egipcia bajo Tirhaca, el hermano más joven del faraón Shabaka y que más tarde llegó a Faraón (cp. 2 R 19:9–13).

20. Ezequías y...Isaías...oraron por esto. Ver 2 R 19:1–7, 14–34 para estos ruegos con examen de corazón y vibrantes afirmaciones de fe. **21. Un ángel...destruyó a todo valiente y esforzado...de Asiria.** 185.000 hombres en una noche. Se ha hecho la sugerencia de que una plaga portada por roedores cayó sobre los asirios. Esta teoría se basa en una leyenda egipcia de que Ezequías debía su victoria sobre Senaquerib a ratones del campo que se comió los equipos de los asirios (Herodoto, *Historias* II. 141). Pero la intensidad del desastre señala a una agencia sobrenatural. Este suceso se parangona con el paso de Israel por el mar Rojo como uno de los grandes ejemplos históricos de la intervención de Dios para salvar a su pueblo. **Se volvió, y lo mataron en su tierra** (2 R 19:35–37).

24. En aquel tiempo. Quince años antes de su muerte (2 R 20:6), ó 711 a.C., su año décimo cuarto. **Ezequías...oró** (cp. 16:12, nota; 2 R 20:2, 3). "La oración de fe salvará al enfermo" (Stg 5:15). **Quien [Dios] le respondió**, en liberación (2 R 20:4–6) **y dio una señal** confirmatoria, el milagro de la sombra que retrocedió (2 R 20:8–11). **25. Mas Ezequías...se enalteció en su corazón.** Ver com. sobre v. 31. **Vino la ira contra él, y contra Judá y Jerusalén.** La amenaza de Isaías de exilio consiguiente, a Babilonia (2 R 20:16–18; cp. Mi 3:12). **26. Ezequías...se humilló...y no vino** en sus días. Ver 2 R 20:19; Is 39:8.

30. Para proveer un suministro contínuo de agua dentro de los muros de Jerusalén, Ezequías cubrió los manantiales de Gihón la de arriba, haciendo un tunel de más de medio kilómetro (1.700 pies) a través de la dura roca. En 1880 se consiguió la confirmación arqueológica de esta conquista mediante el descubrimiento de la "inscripción de Siloam" dedicatoria, en hebreo arcaico, inscrita por los mismos ingenieros que construyeron el tunel. **31. Los mensajeros...de Babilonia** fueron enviados por Marduc-pal-iddina (el Merodac-baladán de Is 39:1, 2; cp. 2 R 20:12, 13), no simplemente para preguntar acerca de la enfermedad de Ezequías y acerca de la milagrosa señal de su recuperación, sino también, presumiblemente, para acordar medidas prácticas contra el ataque de Sargón del 711 a.C. Así, la embajada sirvió **para probar** el relativo apoyo de Ezequías, sobre Dios o sobre los hombres. El hecho de que esta prueba demostró que era sobre lo último en que se apoyaba Ezequías fue lo que provocó la ira de Isaías (v. 25). **32. La profecía del profeta Isaías...en el libro de los reyes.** Is 36 — 39 fue incorporado a la fuente común de la que citaron tanto Reyes como Crónicas (cp. Introducción, *Paternidad*). **33. Más prominente de los sepulcros** puede identificar alguna posición más elevada, utilizada cuando las tumbas más inferiores habían sido ocupadas.

14) Manasés (696*—641* a.C.). 33:1-20.
Fue Manasés, más que ningún otro, el que provocó la destrucción del reino de Judá (2 R 23:26; 24:3). Este malvado hijo de un padre piadoso obtuvo el reinado más prolongado de ningún rey hebreo. Pero dilapidó la mayor parte de él seduciendo a su pueblo hacia el paganismo, en lo religioso, y en un renovado vasallaje a Asiria, en lo político (2 Cr 33:1-10, como paralelo a 2 R 21:1-18). En sus años finales, la angustia personal le llevó al arrepentimiento, aunque demasiado tarde para que este tuviera mucho efecto nacional (2 Cr 33:11-20; no hay una narración paralela en Reyes).
3. Él reedificó los lugares altos...a los baales, e hizo imágenes de Asera y adoró a todo el ejército de los cielos (cp. 2 R 23:10, 11). Esta antigua forma de idolatría (Dt 4:19) que era el pecado particular de los asirio-babilónicos, con una mentalidad formada astrológicamente, tiene que haber recibido estímulo en Judá debido a el resometimiento de Manasés a Asiria en 676 a.C., cuando el hijo de Senaquerib, Esar-hadón, avanzó hacia occidente contra Egipto. **4. En Jerusalén estará mi nombre perpétuamente** (cp. v. 9). Ver com. sobre 6:2, 6. **5. Los dos atrios.** Ver sobre 4:9.
6. Pasó sus hijos por fuego en el valle...de Hinom, como lo había hecho Acaz (28:3, notas). **Y consultaba a adivinos y encantadores,** etc., tratando de comunicarse

con los muertos mediante espiritistas, lo cual las Escrituras condenan como opuesto a la verdadera fe en Dios (Éx 22:18; Dt 18:10-12). **Espíritu pitónico** (VM), o *familiar* significaba originalmente "espíritu"; pero vino a aplicarse después a los "mediums". Manasés practicó también la tiranía, derramando "mucha sangre inocente" (2 R 21:16).
8. Nunca más quitaré, había dicho Dios, **Israel de la tierra...a condición de que guarden** Sus mandamientos. Ver sobre 7:14, 19. **10. Y habló Jehová a Manasés,** mediante "sus siervos los profetas", amenazando con la destrucción (2 R 21:10-15), **mas ellos no escucharon.**
11. El rey de los asirios aprisionó **con grillos a Manasés...lo llevaron a Babilonia.** Quizás el 648 a.C., cuando Asurbanipal derrotó una revuelta de cuatro años de duración que su mismo hermano había conducido en esta ciudad. Egipto (la XXVI Dinastía) se había aprovechado de la oportunidad para sacudirse el yugo asirio; y Manasés pudiera haber intentado hacer lo mismo, con peor suerte. **12. En angustias...humillado grandemente.** En algunas ocasiones Dios tiene que empujar a los hombres a la conversión (cp. Hch 9:3-5).
14. Gihón...y Ofel. Ver com. sobre 27:3; 32:30. **La puerta del pescado.** En la pared septentrional (Neh 3:3). **17. Pero el pueblo sacrificaba aún en los lugares altos.** Medio siglo de paganismo no podía borrarse con media docena de años de reforma. **Aunque lo hacía para Jehová su Dios** solamente. Esto era todavía contrario a la ley mosaica del santuario central (ver sobre 1:3) y en realidad tiene que haber consistido en poco más que en aplicar un nuevo nombre al viejo culto baálico.
18, 19. Su oración (cp. vv. 12, 13) está perdida en la actualidad. "La oración de Manasés" en los Apócrifos, el título de la cual se basa en esta referencia, fue redactada poco antes de la época de Cristo. **Las palabras de los videntes.** Más bien, *la historia de Hozai* (ASV), un profeta desconocido.

15) Amón (641*—639* a.C.). 33:21-25.
Amón fue el infeliz producto de la vida pagana de su padre, no de su piadosa muerte. Este breve resumen de su reinado forma un estrecho paralelo con 2 R 21:19-26 y señala el inmediato relapso de Judá a la religión de Manasés antes de su conversión. En dos años Amón murió a manos de sus propios cortesanos.
22. Ofreció sacrificios...a todos los ídolos que su padre Manasés había hecho. Bien la eliminación de ellos no había supuesto su des-

trucción (v. 15), o la concentración de la reforma de Manasés en Jerusalén había dejado disponibles sus idolatrías más esparcidas (cp. v. 17).

16) Josías (639* — 608 a.C.). 34:1 — 35:27. Josías fue el último buen rey de Judá, y en algunos aspectos el más grande de ellos (ver sobre 34:2). Porque fue su reforma del 621 a.C. la que hizo más que nada para restaurar la dedicación de Israel al Libro de Dios; y fue la lealtad a esta misma palabra escrita la que proveyó el brillo de la esperanza para el judaísmo durante el exilio (cp. Dn 9:2), en su precaria restauración (Esd 7:10; Mal 4:6), y a través de los siglos hasta la venida de Cristo (Mt 5:17–18). 2 Cr 34 y 35 analiza las anteriores reformas de Josías (34:1–7); la gran reforma de su año dieciocho, que empezó con las reparaciones del Templo, durante las cuales se descubrió el libro de la Ley (34:8–33); la solemne Pascua del rey que siguió (35:1–19); y su trágica muerte (35:20–27). El primero y el tercero de estos tópicos se tocan solo ligeramente en la sección paralela de 2 R 22:1 — 23:30, en tanto que otros temas reciben un énfasis correspondientemente mayor.

2. Hizo lo recto (ver sobre 29:2), en particular en su devoción a "toda la ley de Moisés"; de forma que "no hubo otro rey antes que él. . .ni después de él nació otro igual" (2 R 23:25). **3. A los ocho años.** Esto es, en 631 a.C., cuando Josías tenía dieciséis. **Y a los doce años.** O, en 627. Esta segunda fecha cae dentro de la fecha de caos provocado por una erupción de jinetes nómadas desde el norte sobre la mayor parte del Oriente Medio (628 — 626 a.C.). Estas hordas escitas llenaron de terror a los corazones de los aposentados judíos (Jer 6:22–24; Sof 1:12); y, en tanto que nunca hicieron muchas incursiones más allá de las llanuras costeras, donde fueron por fin detenidos por los egipcios, rindieron a Judá un doble servicio: (1) precipitaron los llamamientos de Jeremías (Jer 1:2) y de Sofonías (cp. Sof 1:1 ¿?), así como en la etapa del 627 a.C. del avivamiento de Josías, que fueron mucho más alla de una mera religión en búsqueda de refugio (2 Cr 34:3–7); y (2) barrieron el dominio imperial asirio, que había ahogado a Judá durante el medio siglo precedente (v. 6; cp. 33:3, nota). **4. Las imágenes** (en el v. 7, **los ídolos**). Incensarios (ver sobre 14:5). **6. Simeón.** Ver sobre 1 Cr 4:24–43. **Y hasta Neftalí,** en Galilea. Josías recuperó así la mayor parte de la antigua provincia Asiria del Israel septentrional (vv. 7, 9).

9. Los levitas que guardaban la puerta habían recogido dinero, siguiendo el ejemplo de Joás y de su cofre (2 R 12:9). **12. Estos hombres procedían con fidelidad a la obra,** sin necesidad de auditores de ningún tipo (2 R 22:7) como había sucedido bajo Joás (2 R 12:15).

14. Hilcías halló el libro de la ley de Jehová. Recibe también el nombre de "el libro del pacto"(v. 30), sugerido por Éx. 19 — 24; en tanto que las maldiciones que contenía (2 Cr 34:24) y la ley del santuario central (2 R 23:8, 9) implican respectivamente Lv 26 o Dt 28 y 12:5–13, etc. Este libro era probablemente el rollo oficial del Pentateuco, que por lo general se guardaba al lado del arca (Dt 31:25, 26) pero extraviado en los gobiernos anteriores, cuando se había movido el arca de un sitio a otro (2 Cr 35:3). **Dada por medio** (lit., *por mano*) **de Moisés.** Aunque no se afirma que todo el Pentateuco fuera escrito, o siquiera hablado, por Moisés (cp. Dt 4:2; 12:32) fue redactado bajo su autoridad directora (cp. la propia afirmación de Cristo, Jn 7:19; Lc 24:44). Nuestro Señor, como en anticipación de la actual negación extendida de la paternidad mosaica del Pentateuco, afirmó explícitamente que aquellos que rehusaban creer en las palabras de Moisés no podrían, coherentemente, creer en las de Él (Jn 5:47).

19. Rasgó sus vestidos. Quedó angustiado por amenazas como las de Lv 26:32, 33 y Dt 28:36 (ver 2 Cr 34:21, 24, 27), "lo que nos fue escrito" (2 R 22:13). **20. Asaías siervo del rey.** Esta era una posición específica, alta en el gobierno. **Abdón hijo de Micaía.** 2 R 22:12 tiene las formas variantes de "Acbor hijo de Micaías". **22. Hulda profetisa.** La discriminación sobre la base del sexo era extraña al espíritu del AT (cp. Jue 4:4; 2 S 20:16). La restricción a las mujeres, p. ej., un patio separado en el Templo, surgió solamente con las perversiones del judaísmo intertestamentario.

24. He aquí yo traigo mal. "Jehová [a pesar de todo] no desistió del ardor de su gran ira. . .por todas las provocaciones con que Manasés le había irritado" (2 R 23:26). **28. Tus ojos no verán todo el mal.** Se había retardado la ira divina debido al arrepentimiento ya en otras ocasiones, a Ezequías (32:26) e incluso a Acab (1 R 21:29).

30. El pacto (v. 31) es el instrumento que utiliza Dios para la redención de su pueblo escogido. Esto se refiere al "pacto antiguo" (cp. 1 Cr 16:15 y 2 Cr 15:12–15). **31. Estando de pie el rey en su sitio** "junto a la columna" (23:13; 2 R 23:3). **33. Y quitó Josías todas las abominaciones.** Para los detalles acerca de su eliminación radical de la idolatría —con las inmoralidades sexuales que la acompañaban— de los lugares altos de culto, y del espiritismo, ver 2 R 23:4–14, 24. **Toda la tierra de los hijos de Israel** (v. 6). El rey destruyó el altar de Jeroboam en Bet-el, juntamente con los otros lugares altos del antiguo Reino del Norte, matando a los sacerdotes que quedaban (2 R 23:15–20). **No se apartaron de en pos de Jehová el Dios de sus padres, todo el tiempo que él vivió.** No obstante, el testimonio de Jeremías, que apoyó la reforma de Josías (Jer 11:1–5), muestra que para muchos el ir **en pos** de Dios era un asunto de conformación exterior, y no del corazón (Jer 11:9–13).

35:1. Josías celebró la pascua. Esta confirmación de la reforma de Josías surgía asimismo de su obediencia a la restablecida ley, ''conforme a lo que está escrito en el libro de este pacto'' (2 R 23:21). **El mes primero.** Del mismo gran año dieciocho (v. 19), el 621 a.C.; cp. con el hecho de que Ezequías tuvo que posponer su pascua al segundo mes (30:2). **3. Poned el arca santa en la casa que edificó Salomón.** En los oscuros días de Manasés y de Amón, parece que el arca fue sacada por fieles levitas y llevada a algún otro lugar para ser protegida (cp. 33:7–17; 28:24). **4. Preparaos según las familias...por vuestros turnos, como lo ordenaron David.** Ver sobre 1 Cr 24:4, 20. **Y Salomón.** Ver 8:14. **6. Preparad a vuestros hermanos.** Josías proveyó así en contra del tipo de confusión que había surgido bajo Ezequías hacía un siglo (cp. com. sobre 30:16–18). **7. Tres mil bueyes** (cp. vv. 8, 9, 13*b*). Los rebaños eran de corderos pascuales, pero estos tienen que haber sido utilizados como ofrendas de paz para la fiesta de los panes sin levadura que seguían a continuación (cp. 30:24; 1 Cr 29:21, notas).

12. Tomaron luego del holocausto. Esto es, separaron ciertas partes escogidas de los corderos pascuales para ofrecer **a Jehová** (ver v. 14), evidentemente siguiendo la pauta de las ofrendas de paz (Lv 3). El pueblo asó y comió entonces la Pascua misma (según Dt 16:7). **17. Y la fiesta solemne de los panes sin levadura.** Ver sobre 30:13. **18. Nunca fue celebrada una pascua como esta...desde los días de Samuel.** 2 R 23:22 añade ''desde los tiempos [de] los jueces''. Esto es, la fiesta de Josías cumplía las normas bíblicas como ninguna otra lo había hecho desde Moisés y Josué.

20. Después de todas estas cosas; esto es, el 608 a.C. (Thiele, *Mysterious Numbers*, pp. 158–160). **Necao (II) rey de Egipto subió.** Los faraones de la XXVI Dinastía presentaron batalla para suceder en el gobierno del imperio

asirio. Nínive cayó en 612; y los egipcios se opusieron a la pretensión babilónica al despojo subiendo ''en favor [no *en contra*] del rey de Asiria al río Éufrates'' (2 R 23:29), en cuyo punto más occidental caía la ciudad clave de Carquemis. **21. No vengo contra ti hoy.** Necao deseaba simplemente marchar a lo largo de la costa de Palestina, a fin de ir **contra la casa que me hace guerra**, esto es, contra el ejército babilónico bajo el príncipe heredero Nabucodonosor. **Dios me ha dicho que me apresure.** Esto, probablemente, era solo una manera diplomática de hablar de parte de Necao (cp. sobre 2:11; 32:12).

22. Josías, como Acab, **se disfrazó** para protegerse (cp. 18:29, nota). Porque, aun cuando este hecho pudiera sorprenderle al faraón, **las palabras de Necao...eran de la boca de Dios.** Porque el insistente mensaje del Señor a Judá había sido que tenía que confiarse a él y evitar involucraciones en ''políticas de poder'' internacionales (cp. sobre 16:9; 28:16; 32:1, 5). **Meguido** señalaba el paso estratégico en la sierra entre la llanura costera y el valle del Esdraelón al noreste. Ha sido la escena de batallas clave entre el siglo xv a.C. hasta la Primera Guerra Mundial. La última batalla de esta era, contra Cristo en su Segunda Venida, se librará en ''Armagedón'', esto es, *la montaña de Meguido*.

25. Jeremías endechó en memoria de Josías, a quien tenía en gran estima (Jer 22:15, 16). **El libro de Lamentos.** Estas endechas no deben de confundirse con las posteriores lamentaciones de Jeremías sobre Joaquín (Jer 22:10–30) o sobre la caída de Jerusalén (Lm).

17) Joacaz, Joacim, Joaquín y Sedequías (608–586 a.C.). 36:1–16.

En contraste señalado a la piedad y fortaleza del carácter de su padre, estos últimos reyes de Judá, tres hijos y un nieto de Josías, exhibieron una incapacidad moral que llevó a lo que quedaba del reino de Israel a su fin infame. La eliminación de Joacaz del trono marcó el final del gobierno independiente de Judá (36:1–4); el régimen de Joacim vio el establecimiento del dominio babilónico (vv. 5–8); el hijo de Joacim, Joaquín, recibió las consecuencias de la rebelión de su padre (vv. 9, 10); y Sedequías desencadenó la última revuelta, tozudamente, por su infidelidad a su soberano, Nabucodonosor, que vino a ser así el instrumento divino para traer la destrucción sobre una nación infiel (vv. 11–16). Estos párrafos son un paralelo resumido de 2 R 23:31—24:20.

2. De veintitrés años era Joacaz, más joven que Joacim, que le sucedió (v. 5). Pero aunque ''hizo lo malo'' (2 R 23:32), el pueblo de la tierra, los ciudadanos libres (2 Cr 36:1), parecieron ver más esperanza en él que en su hermano mayor. **Tres meses reinó**, o solo hasta que Necao halló oportunidad para cambiarlo (cp. 35:20, 21). **3.** Necao impuso una indemnización de **cien talentos de plata y uno de oro** (cp. 25:6; 27:5). El talento equivale a unos 34 kg. (cp. 1 Cr 19:6, nota). **4. Le mudó el nombre** de Eliaquim, *Dios levanta*, al de **Joacim**, *Jehová levanta*, mostrando la buena disposición de Necao a tolerar la religión de los judíos. Más significativo, este control sobre el nombre del rey demostraba el control de Necao sobre su persona (ver sobre 6:6). **Necao ...llevó a Egipto** a Joacaz, donde murió (2 R 23:34; cp. Jer 22:10).

5. Joacim...reinó once años, del 608 al 598 a.C., **e hizo lo malo.** Impuso cargas sobre la tierra para tributos al Faraón (2 R 23:35), mientras que él mismo vivía en lujo (Jer 22:14, 15); pervirtió la justicia y oprimió a los pobres (Jer 22:13, 17); y persiguió a los profetas que le reprendían (cp. 2 Cr 35:8, 16, más adelante; Jer 26:21–24; 32:36).

6. Subió contra él Nabucodonosor. En la primavera del año 605 los babilonios ganaron una decisiva victoria sobre Necao en Carquemis (ver sobre 35:20; Jer 46:2). Como resultado, los egipcios fueron rechazados a sus propias fronteras; y Palestina quedó en manos de Nabucodonosor (2 R 24:7). El conquistador pasó a encadenar a Joacim, **y lo llevó...atado con cadenas**, aunque parece que la amenaza parece haber sido suficiente sin llevarlo personalmente a **Babilonia.**

7. También llevó Nabucodonosor a Babilonia de los utensilios de la casa de Jehová, y también una cantidad de rehenes seleccionados entre los judíos, que incluían a Daniel (cp. Dn 1:1–3). Esto dio inicio a los setenta años de exilio babilónico, del 605 al 536 a.C. (Jer 29:10). La autenticidad de esta campaña palestina del 605 a.C., que había sido ampliamente puesta en tela de juicio en el pasado por los críticos incrédulos del AT, quedó notablemente confirmada mediante la publicación, en 1956, de dos tabletas babilónicas del reinado de Nabucodonosor. En estas afirma Nabucodonosor que él conquistó "toda la tierra de Hatti" [el Creciente Fértil occidental, incluyendo Palestina] el verano del 605 y que tomó "un gran tributo de Hatti a Babilonia" (cp. J. B. Payne, "The Uneasy Conscience of Modern Liberal Exegesis", *Bulletin of the Evangelical Theological Society*, I:I, Invierno, 1958), 14–18).

8. Los demás hechos de Joacim. Después de servir tres años a Nabucodonosor (hasta el 602), se rebeló (2 R 24:1, 2), pero murió antes de que pudiera caer sobre el todo su castigo.

9. De ocho años era Joaquín, más bien, *dieciocho*, según otros MSS (cp. 2 R 24:8); y **reinó tres meses y diez días en Jerusalén**, desde diciembre del 598 hasta el dieciséis de marzo del 597, según los nuevos textos de Nabucodonosor (v. 7, nota). **10. Nabucodonosor...lo hizo llevar a Babilonia**, el 597 a.C., juntamente con una segunda deportación, que incluyó a Ezequiel y a 10.000 de las fuerzas vivas de la sociedad judía (cp. 2 R 24:10–16). **Y constituyó a Sedequías** (su tío, 2 R 24:17) **por rey.**

12. No se humilló delante del profeta Jeremías. Sedequías ignoró primero los mensajes de Jeremías (Jer 34:1–10), después preguntó al profeta (Jer 21), y después rogó su ayuda (Jer 37), pero nunca se sometió a sus demandas. Sedequías era un hombre débil, maleable a los designios de los malvados nobles que había heredado (Jer 38:5). **13. Se rebeló...contra Nabucodonosor**, inducido por Hofra (588–567 a.C.), faraón de la XXVI Dinastía en Egipto (cp. Ez 17:15; Jer 37:5). **Al cual había jurado.** Sedequías se había atado como vasallo a Nabucodonosor mediante juramento; así su infidelidad vino a ser su destrucción (Ez 17:13–19).

C. El exilio. 36:17–23.

Crónicas es esencialmente un libro de aliento. Los capítulos acerca de los reyes de Judá registran grandes triunfos, vindicaciones de la fe de los hombres en Dios, incluso en medio de la general decadencia de la nación. Entonces, habiendo demostrado que Dios puede echar y echará a un lado a su pueblo por su desobediencia (36:17–21, formando paralelo con 2 R 25 en un breve resumen), el cronista pasa a intimar que de las ruínas ha de surgir una tierra rejuvenecida, un Templo vuelto a dedicar mostrando la inmutable salvación de Dios, y un pueblo afinado y por ello restaurado (2 Cr 36:22, 23, formando un paralelo con Esd 1:1–3*a*). Porque el exilio no fue una derrota permanente sino, en su realidad última, un triunfo de la providencia de Dios. La historia es un proceso, no de desintegración, sino de sacudimiento y selección. Así, cuando la paja ha sido eliminada, se revela un resto fiel (cp. sobre 10:9; 11:3): "Sea Jehová su Dios con él, y suba" (2 Cr 36:23).

17. Jehová los entregó a todos **en sus manos** (de los caldeos). Ver 2 R 25:1–21 para los detalles de la caída de Jerusalén y de su saqueo y la tercera y más grande deportación, en 586 a.C. (cp. 2 Cr 36:7, 10, notas). **20. Los que escaparon de la espada.** 2 Cr omite, como falto de relevancia, cualquier relato de la reunión de los dispersos bajo Gedalías y de la huída del resto a Egipto (2 R 25:22–27), de la pequeña cuarta deportación del 582 a.C. (Jer 52:30); y de "los pobres de la tierra" que permanecieron dispersos por Palestina (2 R 25:12). La arqueología ha demostrado la total despoblación de Judá en aquella época. **Fueron llevados cautivos a Babilonia, y fueron siervos de él.** Después de ciertos desalientos iniciales (Sal 137) y de un servicio tiránico (Is 14:2, 3), algunos judíos ganaron favor y posición (cp. 2 R 25:27–30). Los mundanos se hicieron indiferentes, y se asimilaron (cp. Ez 33:31, 32), pero los piadosos crecieron en madurez (cp. Dn 1:8; Est 4:14–16; Neh 1:4).

21. Para que se cumpliese la palabra de Jehová...hasta que la tierra hubo gozado de reposo...setenta años (cp. v. 7, nota), lo que presumiblemente compensaba medio milenio de años sabáticos incumplidos (Gustav Oehler, *Theology of the Old Testament*, p. 343; cp. Lv 25:1–7; 26:34).

22. En 538 a.C. Ciro rey de los persas derrocó a Nabónido y a su hijo Belsasar, los últimos gobernantes babilónicos nativos (Dn. 5). Su política de conciliación religiosa y de restauración de los exiliados ha recibido una total confirmación arqueológica en base de las inscripciones del mismo Ciro. (Acerca de la correspondencia de este material con Esd 1:1–39, ver Introducción, *Paternidad*).

23. Jehová, el Dios de los cielos, me ha dado todos los reinos de la tierra. Tal manera de hablar (cp. 35:21, nota), era meramente diplomática, y nada significaba para Ciro. Sus palabras a una audiencia babilónica fueron: "Marduk el rey de los dioses [la principal deidad de Babilonia, ¡pero no de Persia!] (me) designó para gobernar todas las tierras". Pero Ciro fue de hecho un instrumento de la providencia de Dios (Is 44:28—45:5).

BIBLIOGRAFÍA

Para la bibliografía, ver al final de 1 Crónicas.

ESDRAS

INTRODUCCIÓN

Título. El libro de Esdras, como Rut, Job, Ester, y otros, recibe el nombre de su protagonista principal. Los judíos consideraban que formaba un solo libro con Nehemías (cp. el Talmud, el texto masorético, Josefo), pero la repetición de Esdras 2 en Nehemías 7 indica que originalmente se trataba de dos obras distintas. En la LXX, Esdras y Nehemías reciben el nombre de Esdras B, para distinguirlo de un libro apócrifo, Esdras A (que contiene desde 2 Cr 35:1 hasta todo Esdras, además de Neh 8:1–12, con variaciones y adiciones).

Fecha y paternidad. Aunque no se menciona al autor, y la narración aparece en primera y tercera personas, es sumamente probable que Esdras mismo escribiera el libro, utilizando varios decretos, cartas, y genealogías como sus fuentes originales. Algunos documentos babilónicos utilizaban una forma similar de narración; de forma que el cambio de personas no constituye un argumento concluyente en contra de su paternidad. Ni tampoco el hecho de que se describa a sí mismo como "escriba diligente en la ley de Moisés" (7:6) puede utilizarse como un argumento efectivo en contra (cp. Nm 12:3).

Ya que Esdras vivió hasta la época de Nehemías (Neh 8:1–9; 12:36), tuvo tiempo suficiente para acabar su libro entre abril del 456 a.C., cuando tuvieron lugar los sucesos de Esd 10:17–44, y el verano del 444 a.C., cuando Nehemías llegó a Jerusalén procedente de la corte persa. Robert Dick Wilson ("Ezra-Nehemiah", ISBE, II, 1083) señala que el hebreo de Esdras se parece al de Daniel, Hageo, y Crónicas mucho más que al del Eclesiástico (escrito alrededor del 180 a.C.), y que las secciones arameas de Esdras (4:7 — 6:18; 7:12–

26) son muy similares al arameo de los papiros de Elefantina del siglo v a.C.

Marco histórico. El libro de Esdras registra el cumplimiento de la promesa de Dios a la nación de Israel por medio de Jeremías de devolverles a su tierra después de setenta años de cautividad. Mediante la protección y ayuda de tres reyes persas (Ciro, Darío, y Artajerjes), y el caudillaje de judíos tan grandes y piadosos como Zorobabel, Josué, Hageo, Zacarías y Esdras, el segundo Templo fue acabado y la verdadera adoración restaurada en Jerusalén.

Los primeros seis capítulos del libro cubren los eventos durante los dos o tres primeros años del reinado de Ciro (538–530 a.C.) y los primeros seis años del reinado de Darío I (521–486 a.C.). Los últimos cuatro capítulos (además de 4:7–23) registran los sucesos durante la primera parte del reinado de Artajerjes I (464–423 a.C.). No se hace mención alguna de Cambises (530–522 a.C.), y solamente un versículo menciona a Jerjes (486–465 a.C.). Así, aunque se cubren ochenta importantes años de la historia persa aqueménida en el libro de Esdras, no se dice prácticamente nada del período de cincuenta años entre el 515 y el 457 a.C., durante el cual los persas hicieron dos grandes pero inútiles intentos de conquistar a Grecia, y durante el cual tuvieron lugar los sucesos relatados en el libro de Ester.

Al abrirse la escena en Esdras 1, los judíos acaban de ser testigos del derrumbamiento del odiado Imperio Neo-babilónico, el 539 a.C., por Ciro el persa. Y Daniel acaba de ser puesto en un lugar de honor por Darío el Medo, a quien Ciro había señalado para que gobernara sobre los territorios Neo-babilónicos (Dn 5:30 — 6:3).

BOSQUEJO

COMENTARIO

I. El retorno de los exiliados de Babilonia. 1:1 — 2:70.

A. *El decreto de Ciro. 1:1–4.*

Dios cumplió sus promesas a Israel por medio de Jeremías de que la cautividad duraría solamente setenta años. Cuando aquel período finalizó, suscitó a Ciro el persa para que conquistara Babilonia, que retenía cautivos a los israelitas. Uno de los primeros actos públicos de Ciro como nuevo rey de Babilonia fue el de alentar a los judíos a que volvieran a Palestina a reconstruir la derruida casa de Jehová.

1. En el primer año de Ciro. Estas palabras, y las que siguen, son idénticas, hasta la mitad del v. 3, con las de la conclusión de 2 Cr. Así, los dos libros están relacionados por un eslabón común. Es muy posible que fuera Esdras el redactor de 1 y 2 Cr. Ciro, que, alrededor del 550 a.C., había unido a medos y persas en una monarquía dual, conquistó finalmente Babilonia en octubre del 539 a.C. **La palabra de Jehová por boca de Jeremías.** Fue el 605 a.C. que Jeremías había profetizado la cautividad de Judá por setenta años (Jer 25:12; cp. 25:1). Y fue esta profecía que hizo que Daniel orara por la liberación de su pueblo el año de la caída de Babilonia (Dn 9:2).

2. Jehová...me ha mandado que le edifique casa en Jerusalén. Casi doscientos años antes, Isaías había profetizado que Ciro sería el instrumento elegido de Dios para liberar a los judíos exiliados e iniciar la restauración del Templo (Is 44:28 — 45:7; 45:13). No es necesario asumir que el liberador fuera un verdadero creyente (cp. Is 45:4: "te puse sobrenombre, aunque no me conociste"). El famoso cilindro cuneiforme de Ciro registra esta oración del rey persa: "Quieran todos los dioses a los que he restablecido en sus sagradas ciudades pedir diariamente a Bel y a Nebo que me den larga vida..." Es probable que Ciro reconociera en el Dios de Israel a una de las más importantes deidades, especialmente si Daniel le mostró las profecías de Isaías (Josefo, *Antig.*, 11.1.1). Este decreto fue archivado en Ecbatana, donde Darío I lo descubrió veinte años más tarde (Esd 6:2).

B. *Preparativos para el retorno. 1:5–11*

Miles de piadosos judíos dieron oído a la convocatoria de Ciro, y se prepararon para el largo viaje. Y muchos de los utensilios que Nabucodonosor había tomado del Templo fueron entregados a los judíos para que fueran restaurados a Jerusalén.

6. Y todos los que estaban en sus alrededores les ayudaron. Solamente alrededor de 50.000 judíos retornaron (cp. 2:64–65). La mayoría decidieron quedarse en Babilonia, donde muchos estaban bien acomodados (Jer 29:4–7). Así, se hallaban en posición de ayudar a aquellos que volvían. Es probable que también recibieran presentes de gentiles (cp. Éx 12:35, 36).

7. Los utensilios de la casa de Jehová. Algunos utensilios fueron llevados a Babilonia en 605 a.C. (Dn 1:2), algunos en 597 a.C. (2 R 24:13), y el resto en 586 a.C. (2 R 25:14, 15; Jer 27:16-22). Aquellos que Ciro no devolvió en esta ocasión fueron restaurados al Templo por Darío alrededor del 518 a.C. (Esd 6:5). No obstante, el mobiliario del Templo, incluyendo el arca del pacto, fue destruido el 586 2.C. (Jer 3:16; 2 R 25:13). **8. Sesbasar, príncipe de Judá.** Así como Daniel era conocido oficialmente en Babilonia como Belsasar (Dn 1:7), así es probable que Zorobabel fuera conocido como Sesbasar. Sabemos que Zorobabel puso los cimientos del Templo (Esd 3:8; 5:2; Zac 4:9); pero en una carta oficial a Darío, se dice que lo había hecho "Sesbasar" (5:16). Zorobabel era nieto del rey Joaquín (Jeconía; 1 Cr 3:17–19) y un antepasado de José (Mt 1:12). El hecho de que 1 Cr 3:19 le llame hijo de Pedaías en lugar de hijo de Salatiel (Esd 3:2) sugiere que Salatiel murió sin hijos y que Pedaías contrajo matrimonio levirato con la viuda de su hermano. **11. Cinco mil cuatrocientos.** Los 2.499 utensilios relacionados en 1:9, 10 pueden haber sido los más grandes o los más importantes.

C. Los que volvieron. 2:1–70.

La lista se divide en ocho grupos. Zorobabel y sus compañeros (vv. 1–2); familias judías (vv. 3–19); ciudades de Palestina (vv. 20–35); sacerdotes (vv. 36–39); levitas (vv. 40–42); los netineos (VM) o siervos del Templo (vv. 43–54); los siervos de Salomón (vv. 55–58); los que no tenían las genealogías ciertas (vv. 59–63). Esta sección concluye con una lista de totales (vv. 64–67), y con una breve afirmación de su llegada y de los dones que dieron para el Templo (vv. 68–70).

2. Los cuales vinieron con Zorobabel: Jesúa, Nehemías. Según Neh 7:7, hay doce en este grupo de líderes. **Jesúa,** o Josué, era el sumo sacerdote (3:2), nieto del sumo sacerdote Seraías, a quien Nabucodonosor mató en Ribla (2 R 25:18–21; cp. 1 Cr 6:14). El Nehemías aquí relacionado no es, evidentemente, el mismo que fue famoso gobernador ochenta años más tarde.

3–19. Muchos de estos nombres aparecen de nuevo en Esd 8 y 10 y en Neh 10. Así, no tenemos aquí los nombres de personas que vivían en aquel entonces, sino de familias que eran antiguas y que estaban bien establecidas. Algunos miembros de estas familias volvieron con Zorobabel el 536 a.C., y el resto vino después con Esdras. **20–35.** La mayor parte de estas ciudades aparecen en otros pasajes del AT.

36-39. Jedaías es probablemente el nombre de un cabeza de familia en la familia sumo-sacerdotal de **Jesúa,** que descendía de Eleazar, el tercer hijo de Aarón. **Imer** es el nombre del tercer turno de sacerdotes (1 Cr 24:14). **Pasur** es posiblemente de la familia de Malquías, el quinto turno sacerdotal (1 Cr 24:9; cp. 1 Cr 9:12; Neh 11:12). **Harim** es el nombre del tercer turno de sacerdotes (1 Cr 24:8). **40–42.** Se mencionan tres clases de levitas: (1) los levitas regulares, que asistían a los sacerdotes;

(2) los cantores; y (3) los guardas de las puertas. Fueron solamente 341 los levitas que volvieron, comparados con 4.289 sacerdotes. Esdras halló una desgana similar a volver de parte de los levitas de su época (Esd 8:15). No es fácil explicar este fenómeno.

43-54. Los netineos (VM) o sirvientes del Templo eran probablemente descendientes de los gabaonitas, a los que Josué sujetó a servidumbre (Jos 9). **55-58. Los hijos de los siervos de Salomón** eran indudablemente los descendientes de sus prisioneros de guerra. Eran como los netineos, y se les contaba entre ellos (v. 58).

59-62. Tres familias del pueblo llano (vv. 59, 60) y tres familias sacerdotales (vv. 61, 62) no pudieron dar prueba de su relación con la nación mediante los registros genealógicos, y fueron por ello excluidos oficialmente, aunque se les permitió acompañar a los verdaderos judíos en este viaje.

63. El gobernador (*el Tirshatha*, que era un título persa, significando posiblemente "su excelencia". Se refiere aquí al gobernador, Zorobabel. En Neh 8:9 se aplica el mismo título a Nehemías. **Hasta que hubiese sacerdote para consultar con Urim y Tumim.** En Éx 28:30 se designan el Urim y Tumim como parte de las vestiduras ceremoniales del sumo sacerdote. Se utilizaban en cierta manera para determinar la voluntad de Dios. Pero parece que la voluntad de Dios ya no se podía determinar de esta manera desde la partida de la gloria de la Shekinah en 592 a.C. (Ez 8 — 11). La intensa esperanza de Zorobabel (y la de todos los judíos piadosos) de que esta trágica situación no continuaría por mucho tiempo, naturalmente, no se cumplió y el problema de las seis familias quedó sin resolución.

64-67. Este total de 42.360 es idéntico con el de Neh 7:66; pero los verdaderos números de Esdras llegan solamente a 29.818, y las cantidades de Neh 7 totalizan solamente 31.088. En la transmisión de las cantidades del AT, aparecen en ocasiones cambios y omisiones a causa del repetido proceso de copia; quizás sea esta la explicación de esta discrepancia. **Cantores y cantoras** (v. 65). No israelitas que eran contratados para festividades y endechas, además de los cantores levíticos.

68-70. Vinieron a la casa de Jehová. ¡Una expresión interesante, sugiriendo que había continuado estando en Jerusalén incluso después de su destrucción el 586 a.C.! Cp. Jer 41:5; Hag 2:9. **Sesenta y un mil dracmas de oro.** Ver notas sobre un pasaje paralelo, Neh 7:70–72. **Todo Israel en sus ciudades.** Cp. Esd 2:2*b*. Es cierto que todas las doce tribus se hallaban representadas en esta expedición, porque refugiados de las tribus norteñas habían estado descendiendo a Judá durante siglos antes del cautiverio babilónico.

II. La iniciación de la construcción del Templo. 3:1 — 4:24.

A. El altar y los cimientos. 3:1–13.

Poco después de llegar a la Tierra Prometida, los judíos hicieron provisión para la ofrenda de sacrificios. A la siguiente primavera se echaron los cimientos del segundo Templo, con gran ceremonia y emociones encontradas. **1. Cuando llegó el mes séptimo.** Este era el primer día del mes (v. 6), la Fiesta de las Trompetas (Nm 29:1–6), una sombra de la final reunión de Israel. Asumiendo un retraso de dos años en el inicio del viaje desde Babilonia después del decreto de Ciro, la fecha hubiera sido el 25 de septiembre del 536 a.C. El hecho de echar los cimientos del templo a la siguiente primavera hubiera así llevado a su fin oficial la cautividad de setenta años predicha por Jeremías, desde el 605 hasta el 535 a.C. (Jer 25:1–12). **3. Tenían miedo de los pueblos de las tierras.** Por ello, se hallaban totalmente conscientes de la necesidad que tenían de la protección de Dios. Cp. con el paganismo de 2 R 17:24–34. El hecho de que sus temores no eran exagerados puede verse de los siguientes capítulos de Esdras. **4. Celebraron asimismo la fiesta solemne de los tabernáculos.** Esta fiesta duraba desde el quince hasta el veintidós del mes séptimo, justo dos semanas después de la Fiesta de las Trompetas. Cp. Nm 29:13ss. El Día de la Expiación, en el día décimo del mes séptimo, no se menciona en este capítulo.

7. Para que trajesen madera de cedro desde el Líbano por mar a Jope. Comparar la recogida de material por parte de Salomón, más de 500 años antes (2 Cr 2:16 y el contexto). **Conforme a la voluntad de Ciro.** Los términos completos de esta concesión se hallan en 6:3–5.

8. En el año segundo...en el mes segundo. Mayo-junio del 535 a.C. Ver notas sobre Esd 3:1. **Los levitas de veinte años arriba.** En tanto que veinticinco años era la edad mínima para el servicio de los levitas en el Tabernáculo (Nm 8:24; 4:3), la edad era solamente de veinte para el servicio del Templo (1 Cr 23:24; 2 Cr 31:17). Hubo 24.000 levitas señalados para supervisar las obras del Templo de Salomón, en tanto que habían ahora ¡solamente 341 en total! (Esd 2:40–42). **9. Jesúa...Cadmiel...Judá...Henadad.** En lugar de Judá, sustituir por Hodavías (RVA). Así, los tres primeros nombres aquí son los

mismos que en 2:40, y representan a familias levíticas especiales puestas al cargo de los trabajadores del templo. **10. Los sacerdotes vestidos de sus ropas y trompetas, y a los levitas...con címbalos.** Este fue el mismo orden observado cuando el arca fue traída a Jerusalén en la época de David (1 Cr 16:5, 6; cp. Nm 10:8). **11. Y cantaban...diciendo.** Unos a otros (ASV), antifonalmente. El mismo salmo cantado en esta ocasión (cp. Sal 136:1) sugiere que estaban pensando en términos de la gran profecía de Jeremías (Jer 33:11). **Y todo el pueblo aclamaba con gran júbilo.** El gozo de ellos era abrumador, porque las esperanzas y oraciones de décadas de cautividad estaban ahora siendo cumplidas ante sus propios ojos.

12, 13. Y muchos...lloraban en alta voz; mientras muchos otros daban grandes gritos de alegría. Cincuenta años habían pasado desde que el primer Templo había sido destruido, y muchos de los hombres más viejos que lo habían visto lloraban ahora debido al triste contraste en tamaño y en grandeza de diseño. ¡Y qué contraste hacía con el glorioso Templo milenial profetizado por Ezequiel! ¡Bien lo sabían los judíos de este período! Cuando se renovó la obra en el segundo Templo en 520 a.C., habían todavía algunos de estos hombres ancianos que volvieron a llorar (Hag 2:3).

B. Oposición a la obra. 4:1–24.

Tan pronto como hubieron echado los cimientos que empezaron los problemas para los judíos. Primero vino la tentación a comprometer su testimonio. Cuando se resistieron a esto con efectividad, empezó la oposición activa, que persistió intermitentemente desde la época de Ciro hasta la época de Artajerjes. **1. Los enemigos de Judá y de Benjamín.** Se menciona a estas dos tribus en particular debido a que constituían ahora la mayor parte de la nación, y era principalmente en sus antiguos territorios que vivía ahora el remanente. **2. Desde los días de Esar-hadón.** Isaías había profetizado que las diez tribus norteñas dejarían de ser un pueblo aparte en sesenta y cinco años. Ya que profetizó esto en 734 a.C. (Is 7:8), esto se cumplió alrededor del 669 a.C., dentro del reinado del rey asirio Esar-hadón (680 — 668 a.C.), que fue el responsable de introducir extranjeros en Samaria (2 R 17:24). Estos extranjeros se casaron con israelitas, y fueron sus descendientes que fueron ahora a Zorobabel diciendo: "Buscamos a vuestro Dios, como vosotros". Esta propuesta era más peligrosa aún, porque venía bajo el disfraz de la verdadera religión (2 Co 11:15; cp. 2 Co 6:17).

3. Nosotros solos la edificaremos. Esto es, el pueblo de Jehová, en contraste al "pueblo de la tierra" (v. 4). Zorobabel vio con claridad la imposibilidad de aceptar a paganos sobre una misma base con verdaderos judíos en la construcción del Templo de Jehová. Estos samaritanos revelaron su verdadero carácter cuando, después de posteriores rechazamientos, construyeron su propio templo en el monte Gerizim (Jn 4:20–22).

4. Intimidó al pueblo de Judá, o *debilitó las manos del pueblo de Judá* (heb.). El profeta Jeremías fue acusado en su época de hacer lo mismo (Jer 38:4). **5. Sobornaron...a los consejeros contra ellos.** ¿Hubiera podido esto ser en la corte en Susa? Si esto fue en 535 a.C., entonces es probable que Daniel ya no viviera, y no había ningún judío influyente para interceder por la nación en la corte persa. **Todo el tiempo de Ciro rey de Persia hasta el reinado de Darío rey de Persia.** Esto significa los restantes años de Ciro (535–530 a.C.), el reinado de Cambises (530–522 a.C.), el breve reinado de Smerdis (522 a.C.), y hasta el segundo año de Darío I (521/520 a.C.). Después de la parentética historia de la oposición (vv. 6–23), se reanuda la historia en el presente (v. 24).

6. Empieza ahora un paréntesis en la historia principal, el cual nos habla de una oposición similar a los judíos en los días de Jerjes (486–465 a.C.) y de Artajerjes (464–423 a.C.). Ya que se menciona a **Asuero** (heb., *āhashwērôsh*) en el v. 6, después del Darío del v. 5, y tiene el mismo nombre que el rey del libro de Ester, hubiera debido estar claro para los comentaristas más anteriores que se trataba de Jerjes (ver nota de la RVA). **Acusaciones.** "La misma palabra radical en hebreo que para Satanás, "el acusador" (1 Cr 21:1; Job 1:6). Esta acusación escrita a Jerjes el 486 a.C. no es citada en ningún otro pasaje del AT.

7. Bislam, Mitrídates, Tabeel eran probablemente samaritanos que sobornaron a dos altos funcionarios persas —a Rehum el canciller y a Simsai el escriba o secretario (v. 8)— para que escribieran la carta del 4:11–16 a Artajerjes acusando a los judíos de estar reconstruyendo los muros de Jerusalén. **Tabeel** (*Dios es bueno*) puede ser el mismo que Tobías (*Jehová es bueno*) en Neh 2:19. **La escritura...de la carta era** en **arameo,** la lengua comercial del Creciente Fértil durante el primer milenio a.C. No solamente está escrita en arameo la carta de 4:11–16, sino también toda la sección de Esdras desde 4:8 hasta 6:18. Es muy similar al arameo de los papiros de Elefantina. **9. Afarsaquevitas** (VM), en RV dice *gobernadores*. Cp. 5:6. Keil

creía que eran estos una raza especialmente dedicada al rey de Persia, que consiguió una posición prominente entre los que se habían asentado en Siria. Algunas de las otras razas (los dineos, tarpelitas, persas, arquevitas, babilónicos, susanquitas, dehaítas, elamitas, son los que se mencionan en este versículo, además de los afarsaquevitas, ver VM), son difíciles de identificar, aunque la mayor parte de ellas venían probablemente de las regiones de Babilonia, Persia, y Media (cp. 2 R 17:24). **10. El grande y glorioso Asnapar.** El gran rey asirio Asurbanipal (668–626 a.C.), que finalizó el transplante (de naciones en Samaria que Esar-hadón había empezado (v. 2) un año o dos antes.

12, 13. Los enemigos de los judíos profesan aquí una gran preocupación por el bienestar del rey de Persia. El informe que dan ellos del progreso en la construcción de las murallas (v. 12) es evidentemente exagerado, a la luz del v. 13. No obstante, parece que se había hecho algún esfuerzo en reconstruir las murallas de Jerusalén, posiblemente por incitación de Esdras (ver nota sobre v. 23). No es la construcción del Templo lo que está bajo consideración en esta carta, porque había sido finalizado el 515 a.C. (6:15). **La ciudad rebelde y mala.** Cp. 4:15. Ciertamente, Jerusalén había demostrado serlo bajo los trágicos reinados de Joacim (2 R 24:1) y Sedequías (2 Cr 36:13). Y, por lo que a los asirios concernía, también lo fue en los días de Ezequías y de Manasés (2 Cr 32; 33).

14. Siendo que nos mantienen del palacio. Lit., *comemos la sal del palacio* (VM). Estaban a sueldo del rey. **15. El libro de las memorias de tus padres.** Ver Ester 6:1, donde el padre de Darío, Jerjes, consulta el "libro de las memorias y crónicas". Estas pueden haber incluido crónicas de la historia asiria y babilónica, además de la persa.

20. Hubo en Jerusalén reyes fuertes. En tanto que David y Salomón fueron los más grandes reyes de Jerusalén, monarcas como Asa, Josafat, Uzías y Ezequías habían ciertamente dejado su impronta en la historia del Oriente Medio. **21. Hasta que por mí sea dada nueva orden.** ¡Esta cláusula final dejaba la puerta abierta para el cambio de idea por parte del rey, como descubrimos en Neh 2! En verdad, esto fue providencial, porque las leyes de los medos y de los persas eran inmutables.

23. Les hicieron cesar con poder y violencia. Está claro que los samaritanos se aprovecharon totalmente de este decreto, e incluso llegaron a la extremada parcialidad de destruir las murallas que se habían ya construido, y de quemar las puertas. Fueron las noticias de este

desastre que apesadumbraron tanto a Nehemías y que le le llevaron al duelo y a la oración
(Neh 1:3, 4). Podemos así fechar este decreto
alrededor del 446 a.C. La relación de Esdras
con toda la crisis no queda indicada en las
Escrituras, aunque estaba ciertamente en favor
de que se construyeran las murallas de la ciudad (Neh 12:36). **24. Entonces cesó la obra de
la casa de Dios.** Esto sigue al paréntesis de
4:6–23, y reanuda el v. 5, con la información
adicional de que fue en el año segundo de
Darío que la obra de **la casa de Dios** (no de las
murallas) se reanudó (5:2). Los comentaristas
más antiguos, creyendo que 4:24 tenía que
seguir cronológicamente al 4:23, se veían obligados a interpretar ¡a Asuero del 4:6 como
Cambises, y a Artajerjes en 4:7 como Smerdis!

III. La finalización del edificio. 5:1 — 6:22.

A. La reanudación de las obras. 5:1–5.

Después de quince años de estancamiento,
se reanudó la obra del Templo bajo el ímpetu
de la poderosa predicación de Hageo y de
Zacarías. Ni siquiera el reto de Tatnai detuvo
la obra.

1. Hageo y Zacarías...ambos profetas. Se
omite el nombre del padre de Hageo tanto aquí
como en su libro. El abuelo de Zacarías era
Iddo, siendo su padre Berequías (Zac 1:1). El
ministerio de Hageo empezó el 29 de agosto
del 520 a.C. (Hag 1:1), pero Zacarías no
empezó su ministerio hasta octubre-
noviembre. **2. Comenzaron a reedificar la
casa de Dios.** ¡El trabajo en el Templo se
renovó solamente después de tres semanas de
que Hageo empezara la predicación! Esto fue
el 20 de septiembre del 520 a.C. (Hag 1:14, 15).
Zorobabel es sumamente honrado en el libro
de Hageo y en el de Zacarías, en tanto que
Jesúa, o Josué, lo es en el de Zac 3 y 6.
**3. Tatnai gobernador del otro lado del
río.** Este era el sátrapa persa para toda la
región al oeste del Éufrates. Desde el 539 al
525 a.C., no solamente esta región, sino Babilonia también, eran gobernadas por Darío de
Media. **Setar-boznai** era probablemente el
ayudante o secretario de Tatnai, como más
tarde lo fuera Simsai de Rehum (4:9). **Levantar estos muros.** Se refieren aquí a los muros
del Templo (cp. 5:8). **4.** Ver la VM para la
respuesta de los judíos a Tatnai. Los vv. 9, 10
contienen toda la pregunta de Tatnai, lo que
explica la respuesta de 5:4. Pero la respuesta
completa de los judíos a Tatnai se halla en los
vv. 11–16. **5. Los ojos de Dios estaban sobre
los ancianos de los judíos.** Una clara evidencia de la providencia de Dios. (Para una frase
similar y más frecuente, ver 7:6.) Ya que es
probable que se precisara de un año para vol-

ver a saber de Darío, hubiera sido un gran
golpe para los judíos tener que suspender
mientras tanto la obra.

B. Carta de Tatnai a Darío. 5:6–17.

Tatnai, el sátrapa persa, escribió a Darío el
rey, hablando de su reto y de la respuesta de
los judíos, y pidiendo un veredicto sobre la
base del decreto de Ciro. **8. La casa del gran Dios.** Esta carta trata
exclusivamente del Templo, en contraste con
la carta de 4:12–16, que fue escrita alrededor
de setenta años más tarde (ver notas). **11–13.**
La carta cita ahora la respuesta de los judíos a
Tatnai, en la cual relatan la historia de su
Templo desde su finalización el 960 a.C. a su
destrucción en 586 a.C., y el decreto de Ciro
para su reconstrucción en 538 a.C. **16. Entonces este Sesbasar vino y puso los
cimientos de la casa de Dios.** Cp. 1:8; 5:14.
Otro nombre para Zorobabel, debido a que fue
Zorobabel el que echó los cimientos del templo en 3:8–10. **Desde entonces hasta ahora se
edifica, y aún no está concluida.** La fraseología aquí no implica que no pudiera haber inte-
rrupciones en el trabajo (E. J. Young, *Una
Introducción al Antiguo Testamento*, p. 446).
El punto que aquí se trata es que no había
habido una cesación oficial, ningún decreto
oficial, que obligara a una interrupción, procedente de la corte persa (contrastar con el 4:23)
desde los días de Ciro hasta el presente. **17.**
Incluso si el decreto de Ciro era hallado, y era
favorable, Tatnai probablemente esperaba una
derogación de parte de Darío, el fundador de la
nueva rama de la dinastía aqueménida (ver
notas sobre 6:1, 2).

C. Decretos de Ciro y de Darío. 6:1–12.

Darío no solamente tuvo éxito en su búsqueda del decreto de Ciro con respecto a los
judíos y su Templo, sino que hizo otro, ordenando a Tatnai que ayudara a los judíos en su
obra y amenazando al que alterara el decreto.
**1, 2. La casa de los archivos...en Babilo-
nia...en Acmetá.** Keil señala que la vasta
complejidad del imperio persa y la confusión
general que acompañó el cambio de poder real
de la línea de Ciro a la línea de Darío el 521
a.C. ayuda a explicar por qué algunos decretos
anteriores habían quedado en el olvido. Pero es
un tributo a la eficacia de la administración
persa que los registros se hallaban archivados
sanos y salvos en un complejo sistema de
archivos centrados en **Babilonia** y llegando a
bibliotecas sucursales tan lejanas como
Acmetá (Ecbatana), la capital del antiguo
imperio de Media. **Un libro** (v. 2) significa un
papiro o un rollo de pergamino (diferentes
palabras en hebreo) en lugar de la acostum-

brada tableta de arcilla. Es posible que todos los antiguos rollos fueran archivados en la biblioteca de Ecbatana debido a que el aire no era tan cálido y húmedo como en Babilonia. **3.** Para una explicación de las diferencias entre este decreto de Ciro y el de Esd. 1, ver E. J. Young (*op. cit.*, p. 445 y G. Archer, *Reseña Crítica de una Introducción al Antiguo Testamento*, p. 456). En tanto que aquel era una proclamación pública, esta era una copia oficial más detallada para los archivos. **Su altura de sesenta codos.** El pórtico de Salomón tenía dos veces esta altura (2 Cr 3:4). **8. Y por mí es dada orden.** No solamente advirtió Darío a Tatnai que dejara en paz a los judíos a causa del decreto de Ciro, sino que además añadió otro suyo que tiene que haber dejado asombrados a Tatnai y a sus compañeros. **Del tributo del otro lado del río, sean dados puntualmente a estos varones los gastos.** Cp. 6:4. Esto probablemente disminuyó el propio bolsillo de Tatnai, porque él se tomaba su parte del tributo. **10. Para que ofrezcan sacrificios agradables al Dios del cielo, y oren por la vida del rey.** Darío podía decir esto fácilmente sin renunciar a su politeísmo. La oración por los reyes está implicada en el mandato de Jeremías a los exiliados judíos (Jer 29:7). Carl F. Keil (*The Books of Ezra, Nehemiah, and Esther*, p. 87) muestra que esto se hacía también en siglos posteriores (1 Macabeos 7:33; 12:11; Josefo, *Antig* xii. 2.5). **11. Se le arranque un madero de su casa ...sea colgado en él.** Keil cita a Herodoto (III. 159) afirmando que Darío empaló a 3.000 babilonios después de conquistar su ciudad. Por ello, ¡esta no era una amenaza vacía! **Y su casa sea hecha muladar.** Cp. Dn 2:5; 3:29; 2 R 9:37.

D. La finalización del Templo. 6:13–22.

Con la ayuda de los gobernantes seculares y de los piadosos profetas, los judíos acabaron su Templo en cinco años, y lo dedicaron con gran gozo a Jehová. Un mes más tarde, multitudes se reunieron en Jerusalén para celebrar la Pascua y la fiesta de los panes sin levadura. **14. Por mandato de Ciro, de Darío, y de Artajerjes rey de Persia.** Esdras tiene buen cuidado de añadir el nombre de su propio rey, Artajerjes, debido a que él ayudaba en el mantenimiento del Templo (7:15, 16, 21). **15. El tercer día del mes de Adar.** Este fue el 12 de marzo del 515 a.C., cuatro años y medio después de empezarse en serio la obra. Mientras que se estaba llevando a cabo la construcción del Templo, tuvieron lugar los sucesos de Zac. 7. **17.** ¡Salomón ofreció más de doscientas veces la cantidad que aquí se cita de bueyes y de corderos en la dedicación de su Templo! (1 R 8:63).

19. La pascua. Esto fue el 21 de abril del 515 a.C., justo cinco semanas después de que se había dedicado el Templo. A partir de este versículo, el texto es de nuevo en hebreo. **20. Los sacerdotes y los levitas se habían purificado a una.** A una, sin excepción. Los levitas reemplazaban a los cabezas de familia (Éx 12:6) y mataban a los corderos pascuales tanto para los del pueblo (que pudieran estar impuros) como para los sacerdotes (que estaban demasiado ocupados). Cp. 2 Cr 35:11, 14, 15. **21.** Se mencionan dos grupos de judíos aquí, aquellos que habían vuelto de Babilonia, y aquellos que habían permanecido en la tierra, mezclados con la población pagana (2 R 17:33). **22. El rey de Asiria.** Ya que los persas regían ahora los territorios del antiguo imperio asirio, se podía decir que Darío era rey de Asiria, así como Ciro fue rey de Babilonia.

IV. El viaje de Esdras a Jerusalén. 7:1—8:36.

A. Presentación de Esdras. 7:1–10.

Las relaciones familiares de Esdras y sus características personales, así como un breve resumen de su gran viaje, se exponen a continuación.

1. Pasadas estas cosas. Entre los capítulos 6 y 7, se interponen cincuenta y ocho años, durante los que tuvieron lugar los sucesos del libro de Ester. Esto pudiera explicar la favorable actitud de Artajerjes hacia Esdras. **Esdras hijo de Seraías.** Seraías era el sumo sacerdote en 586 a.C. (2 R 25:18). Pero Esdras tiene que haber descendido de un hijo menor de Seraías, porque no recibe el nombre de ''hijo de Josadac'', como sí sucede con Jesúa (Esd 3:2; 1 Cr 6:14); y por ello sus antecesores inmediatos no se hallaban en la línea sumosacerdotal. **3. Azarías, hijo de Meraiot.** Para abreviar la lista, se han eliminado seis nombres entre estos dos (1 Cr 6:7–11). **6. Este Esdras...era escriba diligente en la ley de Moisés. Escriba.** La palabra hebrea *soper* significaba antes un ''secretario''. Pero para la época de Jeremías los escribas eran ya maestros bíblicos (Jer. 8:8), y este es el significado aquí. **7–9.** El viaje de casi 1.500 km. (900 millas) llevó cuatro meses, desde el 27 de marzo hasta el 24 de julio del 457 a.C. **10. Porque Esdras había preparado su corazón.** Ver 2 Cr 12:14; 19:3; 30:19, para similares expresiones.

B. Carta de Artajerjes a Esdras. 7:11–28.

Artajerjes escribió una carta en arameo a Esdras, dándole permiso para llevarse consigo a voluntarios judíos, plata y oro, y utensilios del Templo, de vuelta a Jerusalén. También, hizo amplia provisión para suministros del templo y para los ministros, y dio a Esdras autoridad para designar magistrados y jueces. **14. Sus siete consejeros.** El tribunal supremo de Artajerjes (cp. Est 1:14; Herodoto III, 94). **A visitar a Judea y a Jerusalén.** Parece que Esdras tenía un puesto en la corte persa equivalente a la de Secretario de Estado para asuntos judíos.

18. Y lo que a ti y a tus hermanos os parezca hacer. ¿Hubiera podido Esdras haber interpretado esto como incluyendo el permiso para reconstruir los muros de la ciudad? **Tus hermanos.** Sus colegas sacerdotes. **20–22.** Artajerjes siguió el ejemplo de Ciro y de Darío (cp. 6:4, 8). Las cantidades máximas que se habían de entregar eran **cien talentos de plata** (un talento = 34 kilogramos), **cien coros de trigo** (370 hectolitros en total), **cien batos de vino** y también otros cien **de aceite** (cien batos = 3700 litros).

25. Que gobiernen a todo el pueblo que está al otro lado del río. Esto es, judíos (''todos los que conocen las leyes de tu Dios''). **Y al que no las conoce, le enseñarás.** Los judíos no instruidos tenían que ser enseñados en las Escrituras. Es indudable que Esdras sugirió a Artajerjes los puntos que el decreto debía incluir. En particular, la última provisión coincidía con la meta de la vida del escriba (v. 10).

27, 28. Esdras reconoció, en este notable decreto, que Jehová había inclinado el corazón del rey hacia su pueblo (Pr 21:1). El hermoseamiento del Templo era la principal causa de la acción de gracias, porque el restablecimiento del culto divino era la clave del avivamiento.

C. El viaje a Jerusalén. 8:1–36.

Alrededor de 1.500 sacerdotes y cabezas de familia salieron de Babilonia con Esdras. Además de estos, Esdras obtuvo algunos levitas y netineos de Casifia. Confió los tesoros del templo a veinticuatro sacerdotes y levitas. Después de un tiempo de oración y de ayuno, la compañía empezó el largo camino a Jerusalén. Cuatro meses más tarde llegaron a la ciudad, y depositaron sus tesoros en el Templo. Ofrecieron sacrificios en el altar y entregaron las comisiones de Artajerjes a las autoridades apropiadas.

2. Gersón...Daniel. Estos cabezas de casas sacerdotales eran descendientes, respectivamente, del tercer y cuarto hijos de Aarón (ver v. 24, com.). Extrañamente, no se da el total de los sacerdotes, ni de la familia de **Hatús**, descendiente del rey David.

3–14. Esta lista de genealogías se halla también entre las diecisiete genealogías en Esd

2:3–15, excepto por **Joab** (v. 9). *De los hijos de Zatu y Bani* debiera probablemente aparecer en 8:5, 10 (LXX y 1 Esd), concordando con los mismos nombres en 2:8, 10. El hecho de que aparezcan los mismos nombres con un intervalo de ochenta años muestra que se trata de nombres de familias, no de individuos que vivieran en la época de Zorobabel y en la de Esdras. Algunos miembros de estas familias volvieron con Zorobabel, pero otros miembros no volvieron hasta la época de Esdras.

15. Acampamos allí tres días. Ya que por fin dejaron el río Ahava (lugar desconocido, probablemente se trate de un canal) el día doce (v. 31), tienen que haber estado viajando nueve días desde Babilonia para llegar allí (cp. 7:9). **No hallé allí de los hijos de Leví.** Solamente 341 levitas volvieron con Zorobabel, comparados con los 4.289 sacerdotes (2:36–42). **17. Iddo, jefe en el lugar llamado Casifia.** Este tiene que haber sido un establecimiento de levitas y de netineos. Es probable que Iddo fuera un levita. **18–20. Un varón entendido.** Probablemente un nombre propio, Ishsechel, un descendiente de Mahli, nieto de Leví (Éx 6:16, 19). **Serebías y Hasabías** se mencionan de nuevo en Esd 8:24 (ver nota).

21–23. Y publiqué ayuno. Para otros ejemplos de ayuno en el AT para obtener respuestas a la oración, ver Jue 20:26; 1 S 7:6; 2 Cr 20:3; Joel 1:14. Esta vez, no apareció ninguna nube ni columna de humo para conducir a los peregrinos de vuelta a la Tierra Santa; pero la mano de Dios estaba sobre ellos (Esd 8:22). **Tuve vergüenza de pedir...tropa y gente de a caballo.** Esdras dio de esta forma un buen testimonio. Pero el hecho de que Nehemías tuviera una escolta (Neh 2:9) solamente demuestra que nuestras vidas y circunstancias ante Dios nunca son idénticas. **Él nos fue propicio.** Así es como Esdras reminisce acerca de un viaje seguro y con buen suceso.

24. Serebías y Hasabías y diez de sus hermanos. Estos son evidentemente levitas (vv. 18, 19), sumando doce sacerdotes y doce levitas. No se nombra a ninguno de los doce sacerdotes en este pasaje, pero dos de ellos son nombrados en el v. 2. **25–27.** Ver el decreto de Artajerjes, 7:14–16. El oro, la plata y los utensilios preciosos tenían un valor rondando los tres millones de dólares. Poco es de extrañar que Esdras proclamara un ayuno para buscar la protección de Dios para el viaje.

31, 32. Salieron de Ahava el 8 de abril del 457 a.C., y llegaron a Jerusalén el 24 de julio (7:9). Cerca de 1.500 km. (900 millas) en cuatro meses da una marcha de alrededor de 11 km. (7 millas) al día. Es este un buen promedio, porque había ''niños'' (v. 21), así como muchos equipos que se tenían que transportar. **La mano de nuestro Dios estaba sobre nosotros.** Cp. el testimonio de Esdras, 8:22. **Reposamos allí tres días.** Cp. Neh 2:11. **35, 36.** ¡Qué gozo fue para estos judíos ofrecer sacrificios sobre el verdadero altar de Dios! Entre ellos se hallaban sacerdotes y levitas que nunca habían visto Jerusalén ni su Templo. **Entregaron los despachos del rey a sus sátrapas y capitanes.** Estos eran los sátrapas y gobernadores de los distritos que rodeaban a Judá. Judá fue, durante esta época y por muchas décadas después, contada como parte de una área administrativa mayor.

V. La gran reforma. 9:1 — 10:44.

A. El trágico informe y la oración de Esdras. 9:1-15.

Cuando Esdras fue informado por las autoridades judías con respecto a los matrimonios mixtos que se habían celebrado en años recientes, se angustió profundamente, y su profunda angustia produjo convicción de pecado a los corazones de muchos. Su gran oración no contenía petición de perdón, pero proveyó la atmósfera apropiada para la confesión y el apartamiento de pecado de parte de la congregación. Contrastó la fidelidad de Dios con la desobediencia de la nación de Israel, por la que la nación era merecedora de extinción.

1. Acabadas estas cosas. Tiene que haber pasado un lapso de unos meses para que se llevaran a cabo los eventos de 8:36, porque estamos ahora en el mes de diciembre (10:9). **Los príncipes vinieron a mí.** Todas las clases de la nación se hallaban envueltas en esta reciente tendencia pecaminosa; pero ya que los príncipes habían sido los primeros en este pecado (9:2), ellos y no los sacerdotes fueron los primeros a Esdras. Se relacionan aquí cinco de las siete naciones cananeas (Dt 7:1; Hch 13:19), así como otras tres. Estas naciones paganas en la tierra habían escapado a la deportación de Nabucodonosor. **2. El linaje santo ha sido mezclado.** Cp. Éx 19:5; Is 6:13. **3. Arranqué pelo de mi cabeza.** El rasgado de los vestidos era una señal de una aflicción profunda (Lv 10:6; Jos 7:6); pero el hecho de arrancarse una parte del cabello de la cabeza y de la barba constituía una expresión de violenta ira o de indignación moral (Is 50:6; Neh 13:25). Esdras se dio completa cuenta de que a causa de la santidad de Dios, un pecado tan grave podría solamente provocar otro período de cautividad. **4. Todos los que temían las palabras del Dios de Israel.** Cp. 10:3; Is 66:2, 5; Sal 119:120, 161. La actitud de una persona hacia la Palabra de Dios es uno de los criterios definitivos acerca de su espiritualidad.

8. Y ahora por un breve momento. Ochenta años en la Tierra Santa parecían un breve momento comparado con los sufrimientos bajo los asirios y los babilonios (cp. Neh 9:32). **Un lugar seguro en su santuario.** Cp. Is 22:23. Era el Templo lo que mantenía unida a la comunidad. **A fin de alumbrar nuestro Dios nuestros ojos.** Cp. Sal 13:3; 1 S 14:27, 29. **9. Porque siervos somos.** Ningún judío bien instruido pensó que había amanecido la Era milenial cuando el resto de Zorobabel volvió a Palestina (cp. Is 14:1-3). **Darnos protección en Judá y en Jerusalén.** Protección es, lit., *muralla*. La palabra heb. *gâdēr* significa una muralla o valla de un viñedo, construida para su protección (Is 5:2, 5). Ya que los reyes de Persia les protegían, eran en este sentido una "muralla" entre Judá y sus enemigos.

B. El abandono de los matrimonios mixtos. 10:1-17.

La oración de confesión de Esdras produjo el efecto deseado, y muchos se reunieron ante él para confesar su pecado. Se hizo ahora una proclamación, que todos los judíos tenían que ir a Jerusalén en el plazo de tres días. No obstante, la complejidad del problema y el clima inclemente obligaron a un retraso en el procedimiento judicial. Finalmente, los judíos culpables se vieron ante el tribunal y se les obligó a expulsar a sus mujeres extranjeras.

1. Postrándose delante de la casa de Dios. Mientras que se postraba en el patio del templo, Esdras estaba todavía sobre sus rodillas (9:5). **Lloraba el pueblo amargamente.** Los judíos se conmovieron hasta el llanto debido a los pecados de la nación, vistos ahora bajo una luz totalmente nueva. Esdras consiguió mucho más con una preocupación surgiendo en amor de su corazón que lo que jamás hubiera conseguido por la fuerza. **6. La cámara de Johanán hijo de Eliasib.** Josefo (*Antig.* 11.5.5) afirma que Joiacim (Neh 12:10) era sumo sacerdote cuando Esdras llegó a Jerusalén. Su hijo, el Eliasib de este versículo, era sumo sacerdote en la época de Nehemías (Neh 13:4, 7). Ya que en Neh 12:10 se afirma que Jonatán era el nieto de Eliasib, podemos decir que el Johanán de nuestro versículo (la grafía se parece mucho en hebreo) era un hermano más joven de Joiada, hijo de Eliasib. En honor de su hermano, Joiada impuso a su hijo el nombre de Johanán también. Es muy razonable suponer que el nieto del sumo sacerdote Joiacim hubiera tenido una cámara en el Templo en la época de Esdras. **8. Perdiese toda su hacienda.** Lit., *fuera dedicada.* Esto probablemente no signifique destrucción, como en el caso de una ciudad idolátrica (Dt 13:12–17), sino la confiscación en beneficio del Templo (Lv 27:28). **9. El 8 de diciembre del 457 a.C.**, una inmensa multitud de judíos, que no podían caber en la pequeña ciudad (cp. Neh 7:4), reunida en el espacio abierto enfrente de la puerta de las aguas en la esquina sudoriental del patio del templo (Neh 3:26; 8:1, 3, 16; 12:37) para oír el solemne mensaje de Esdras (Esd 10:10, 11). **Temblando con motivo de aquel asunto y a causa de la lluvia.** Dos factores creaban mucha incomodidad: un abrumador temor de la ira de Dios sobre la nación; y la lluvia torrencial que caracteriza al mes de diciembre en Jerusalén. **15. Solamente Jonatán...y Jahazías...se opusieron a esto.** La oposición de estos dos hombres y de sus dos partidarios puede haberse basado en la simpatía hacia los hogares que estaban ahora amenazados de división. Si fue así, no estaban contemplando el asunto desde el punto de vista de Dios, y, afortunadamente, su oposición fracasó. **17. Y terminaron...el primer día del mes primero.** Parker y Dubberstein (*Babylonian Chronology 626 B.C.—A.D. 75*) han mostrado que hubo aquel año un mes intercalar, de manera que el juicio duró en realidad cuatro meses en lugar de tres, finalizando el 15 de abril del 456 a.C. Esto fue alrededor de un año después de la partida de Esdras del río Ahava.

C. Relación de los que tenían mujeres extranjeras. 10:18–44. Diecisiete sacerdotes, diez levitas, y ochenta y seis hombres de la congregación de Israel fueron hallados culpables, y cada uno de ellos despidió a su mujer extranjera, después de ofrecer un carnero como ofrenda por el pecado. **18.** Están representados aquí los cuatro órdenes sacerdotales, probando la veracidad de la afirmación de los príncipes (9:1; cp. 2:36–39). **19. Y dieron su mano...y ofrecieron ...un carnero.** Entraron en un acuerdo solemne, ratificado dando la mano derecha (Pr 6:1; Ez 17:18) que despedirían a sus esposas extranjeras. Ver Lv 5:14–16 para el mandato de ofrecer un carnero para la ofrenda por el pecado. **44. Y había mujeres de ellos que habían dado a luz hijos.** Esto se menciona para mostrar cuan consumadamente se llevó a cabo la separación, siendo mucho más dolorosa que la separación de esposas sin hijos. "Sin duda fue hecha una provisión adecuada para las esposas y los niños repudiados, según los medios y las circunstancias de los "esposos" (Jamieson, "Esdras" en JFB, p. 370). Una comparación con Neh 10:30 (unos treinta años después) muestra que este mal no quedó eliminado de forma permanente. La larga asociación con vecinos paganos hacía difícil una separación tan definida para los judíos mal instruidos. Pero Esdras fue el hombre de Dios para aquella hora para preservar, al menos para aquella generación, la identidad y el verdadero testimonio de la nación para el cumplimiento definitivo de los propósitos de Dios.

BIBLIOGRAFÍA

(Para Esdras, Nehemías y Ester)

ADENEY, WALTER F. "Ezra, Nehemiah, and Esther", *The Expositor's Bible*. Londres: Hodder and Stoughton, 1893.

CROSBY, HOWARD. "Nehemiah", en Vol. VII de *A Commentary on the Holy Scriptures*. Editado por John Peter Lange. Grand Rapids: Zondervan Publishing House, s.f.

KEIL, CARL F. *The Books of Ezra, Nehemiah, and Ester*. Grand Rapids: Wm. B. Eerdmans Publishing Company, 1950.

OLMSTEAD, A. T. *The History of the Persian Empire*. Chicago: The University of Chicago Press, 1948.

PARKER, RICHARD A. y DUBBERSTEIN, WALDO H. *Babylonian Chronology 626 B.C.—75 D.C.* Providence, R.I.: Brown University Press, 1956.

PRITCHARD, J. (ed.). *Ancient Near Eastern Texts Relating to the Old Testament*. Princeton: Princeton University Press, 1950.

SCHULTZ, F. U. "Ezra" y "Esther" en Vol. VII de *A Commentary on the Holy Scriptures*. Editado por John Peter Lange. Grand Rapids: Zondervan Publishing House, s.f.

TULAND, C. G. "Hanani-Hananiah", *Journal of Biblical Literature*, June, 1958, pp. 157–161.

WILSON, ROBERT DICK. "Ezra-Nehemiah", *International Standard Bible Encyclopedia*, Vol. II. Grand Rapids: Wm. B. Eerdmans, 1946.

COMENTARIOS EN ESPAÑOL

ARCHER, GLEASON L. *Reseña Crítica de una Introducción al Antiguo Testamento*. Grand Rapids: Editorial Portavoz, 1987.

IRONSIDE, HARRY A. *Estudios Sobre el Libro de Esdras*. Terrassa: Editorial CLIE, 1987.

JAMIESON, R., FAUSET, A. R., y Brown, D. *Comentario Exegético y Explicativo de la Biblia*, tomo I, pp. 362–387. El Paso: Casa Bautista de Publicaciones, 1958.

WHITCOMB, JOHN C. *Ester: Triunfo de la Soberanía de Dios* (serie "Comentario Bíblico Portavoz"). Grand Rapids: Editorial Portavoz, 1982.

WRIGHT, J. STAFFORD, "Esdras" y "Nehemías", *Nuevo Comentario Bíblico*. Editado por D. Guthrie, J. A. Motyer, A. M. Stibbs, y D. J. Wiseman. El Paso: Casa Bautista de Publicaciones, 1978.

YOUNG, EDWARD J. *Una Introducción al Antiguo Testamento*. Grand Rapids: Editorial TELL, 1977.

NEHEMÍAS

INTRODUCCIÓN

Título. Como Esdras, el libro de Nehemías recibe su nombre de su principal protagonista. Ver *Introducción* a Esdras para una consideración de la relación del libro de Nehemías con el libro de Esdras, y de estos dos libros canónicos con el libro apócrifo de Esdras A.

Fecha y paternidad. El hecho de que la narración esté escrito en primera persona singular en muchos pasajes es evidencia de que el libro fue escrito por el mismo Nehemías. Los pasajes en los que se le menciona en tercera persona (8:9; 10:1; 12:26, 47) pueden ser explicados en armonía con su paternidad. Por ejemplo, 12:26 y 12:47, que parecen mirar hacia atrás hacia "los días de Nehemías", se utilizan los dos en relación con la época de alguna otra persona. Para uniformidad de estilo, era mejor utilizar la tercera persona que decir: "en los días de X y en mis días". Además, quizás Nehemías se había retirado de su puesto de gobernador, y estaba reminisciendo sobre su administración.

Se han suscitado serias objeciones a la unidad del libro por parte de algunos, debido a la mención, en el mismo capítulo, de Jadúa (12:11, 22) como el biznieto del sumo sacerdote Eliasib, y de Darío de Persia (12:22). Los argumentos en favor de fechar a Jadúa hacia el fin del siglo v a.C., y de la identificación de Darío de Persia como Darío II (423–404 a.C.), se exponen en las notas sobre 12:22.

La historicidad del libro ha quedado bien establecida a causa del descubrimiento de los papiros de Elefantina, que mencionan a Johanán (12:22, 23) como sumo sacerdote en Jerusalén, y a los hijos de Sanbalat (el gran enemigo de Nehemías) como gobernadores de Samaria en 408 a.C. También nos enteramos por estos papiros que Nehemías había dejado de ser gobernador de Judea antes de aquel año, porque se menciona a Bagos como ejerciendo aquella función.

Marco histórico. Artajerjes I, a quien Nehemías servía como copero, era hijo de Asuero (Jerjes), que tomó a Ester como su reina. La fiesta de Purim (Est 9:20–32) quedó instituida el 8 de marzo del 473 a.C., solamente ocho años antes de que Artajerjes I fuera coronado rey. En la primavera del 457 a.C., Esdras condujo una expedición de judíos de vuelta a Jerusalén con la bendición de Artajerjes; y para la siguiente primavera, había completado el examen de aquellos en Judea que se habían casado con mujeres extranjeras (ver comentario de Esdras 10).

Uno de los subproductos del avivamiento bajo Esdras parece haber sido un esfuerzo de parte de los judíos de reconstruir los muros de Jerusalén. Esto a su vez provocó la ira de Rehum y de Simsai, que escribieron una acusación en contra de ellos ante Artajerjes (Esd 4:7–16). El rey ordenó que cesara la obra nueva orden (Esd 4:21). Rehum y Simsai, al recibir este decreto de parte del rey, se apresuraron a ir a Jerusalén y "les hicieron cesar con poder y violencia", presumiblemente destruyendo los muros y quemando las puertas (Esd 4:23; Neh 1:3). Fueron las noticias de este nuevo desastre las que abatieron a Nehemías y que le llevaron a arrodillarse ante Dios.

El libro de Nehemías cubre un período de por lo menos veinte años, desde diciembre del 445 a.C. hasta alrededor del 425 a.C., cuando Nehemías volvió de Babilonia a limpiar Jerusalén, y la provincia, de varios males que habían surgido durante su ausencia desde el 432 a.C. Las carreras de Esdras y de Nehemías se solapan, como se puede ver en Neh 8:1–9 y 12:26. Es muy probable que Malaquías profetizara durante la época en que Nehemías fue gobernador, porque muchos de los males que denunció se hallan de forma prominente en el libro de Nehemías.

Se tiene que decir, como conclusión, que ninguna parte del Antiguo Testamento nos da un mayor incentivo a un celo dedicado y discerniente para la obra de Dios que el libro de Nehemías. El ejemplo de la pasión de Nehemías para la verdad de la Palabra de Dios, fuera cual fuera el costo o las consecuencias, constituye un ejemplo extremadamente necesario en la hora presente. Ojalá que el estudio de este libro, en oración, lleve a más del pueblo de Dios a oír la exhortación de la Palabra:

"que contendáis ardientemente por la fe que ha sido una vez dada a los santos" (Judas 3).

BOSQUEJO

I. **Llegada de Nehemías a Jerusalén. 1:1—2:20.**
- A. Noticias trágicas de Jerusalén, y oración de Nehemías. 1:1–11
- B. La concesión de su petición a Nehemías. 2:1–8
- C. El examen de los muros por Nehemías, y su informe. 2:9–20

II. **La construcción del muro. 3:1—7:4.**
- A. Los obreros y sus tareas. 3:1–32
- B. La oposición de los enemigos. 4:1–23
- C. Reformas de Nehemías como gobernador. 5:1–19
- D. La finalización del muro, a pesar de las intrigas. 6:1—7:4

III. **Reformas civiles y religiosas en Jerusalén. 7:5—10:39.**
- A. Lista de judíos que volvieron con Zorobabel. 7:5–73
- B. La lectura y la observancia de la Ley de Dios. 8:1–18
- C. Confesión pública y pacto. 9:1—10:39

IV. **Lista de habitantes. 11:1—12:26.**

V. **Dedicación del muro y organización de los servicios del templo. 12:27–47.**

VI. **Las reformas finales de Nehemías. 13:1–30.**

COMENTARIO

I. Llegada de Nehemías a Jerusalén. 1:1—2:20.

A. Noticias trágicas de Jerusalén, y oración de Nehemías. 1:1–11.

Nehemías oye que el muro y las puertas de Jerusalén han sido destruídos y, en gran arrepentimiento, confiesa a Dios los pecados de Israel, y ora por la liberación de su pueblo. **1. Nehemías hijo de Hacalías.** Esto le distingue de otros del mismo nombre (Esd 2:2; Neh 3:16), aunque nada más se sepa de su padre, ni sabemos tampoco su tribu. **En el mes de Quisleu, en el año veinte.** Era en diciembre del 445 a.C., el año veinte de Artajerjes (2:1). **En Susa capital del reino.** En 478 a.C., Ester vino a ser la reina de Asuero en este palacio (Est 2:8–18); y en 550 a.C., Daniel fue llevado allí en visión (Dn 8:2). **Hanani, uno de mis hermanos.** Probablemente un hermano de sangre (cp. 7:2). **3. El muro... derribado, y sus puertas quemadas a fuego.** C. F. Keil (*The Books of Ezra, Nehemiah, and Esther*) y otros insisten en que esto se refiere a la destrucción del 586 a.C. Pero, ¿por qué entonces se quedó tan conmovido Nehemías por las noticias? Más probable es que se tratara de una destrucción reciente (ver *Marco histórico* y com. de Esd 4:23). **4–11.** Durante cuatro meses (2:1), Nehemías oró a Dios "día y noche" (1:6) en favor de su

pueblo. **Os traeré al lugar** (v. 9; cp. Dt 12:5, 11, 14). Aquí Nehemías no está orando para la vuelta de más exiliados a Palestina, sino por la protección divina de aquellos que ya estaban allí. Solo mediante la protección sobrenatural de Dios podría la ciudad sobrevivir y ser restaurada. **Yo servía de copero al rey.** Era esta una posición alta y respetada en la corte de Persia, porque era el deber del copero probar el vino del rey para ver que no estaba envenenado. "El copero... en los últimos tiempos de los aqueménidas iba a ejercer incluso más influencia que el comandante en jefe" (A. T. Olmstead, *The History of the Persian Empire*, p. 217).

B. La concesión de su petición a Nehemías. 2:1–8.

La tristeza de Nehemías en presencia del rey provoca una pregunta crucial, que lleva a Nehemías a pedir permiso para ir a Jerusalén para reedificar el muro. El rey accede no solo a esta petición, sino además a la petición de cartas de presentación a los, gobernadores occidentales y para materiales para construir las puertas de la ciudad, el palacio y el castillo. **1. En el mes de Nisán, en el año veinte del rey Artajerjes.** Aunque este era el primer mes, era todavía el año veinte de Artajerjes (cp. 1:1), debido a que su año oficial empezaba en el mes séptimo: Tisri (octubre). **Estando ya**

el vino delante del rey. Este era probablemente un banquete privado, porque la reina estaba presente (v. 6). **2. ¿Por qué está triste tu rostro?...Entonces temí en gran manera.** Nehemías tenía razones para tener miedo, porque estar triste en presencia del rey era un serio delito en Persia (cp. Est 4:2). Además, sabía que su petición podía encolerizar al rey. **Entonces oré al Dios de los cielos.** Esta oración breve y silenciosa, apoyada por semanas de ayuno y petición (1:4–11), provocó uno de los cambios más asombrosos de política real en toda la historia.

5. Envíame a Judá, a la ciudad...y la reedificaré. Es indudable que Nehemías sabía acerca del reciente decreto de Esd 4:21, con la posibilidad abierta de otro decreto con respecto a Jerusalén. Le pedía ahora al rey que derogara el primer decreto. **6. Y la reina estaba sentada junto a él.** Esta era Damaspia. Recordando el testimonio de Ester, probablemente influenciara a Artajerjes a que favoreciera la petición de este judío. **Yo le señalé tiempo.** Posiblemente un tiempo breve, ampliado después; porque permaneció doce años en Jerusalén (5.–1:4), y después volvió al lado del rey durante varios años (13:6).

7–8. Las cartas a los gobernadores occidentales y a Asaf, que el rey concedió a Nehemías, incluían probablemente su designación como gobernador de Judá (5:14). La emisión de estas cartas, con autoridad para reconstruir Jerusalén y su muro, es casi con toda certeza el decreto o ''la orden para restaurar y edificar a Jerusalén'' que tenía que marcar el inicio de las setenta semanas de años proféticos de Dn 9:24–27. **El bosque del rey.** La palabra hebrea para **bosque** es literalmente *paraíso*, lo que significa un ''parque'' o ''bosquecillo'' (Cant 4:13; Ecl 2:5). **El palacio de la casa.** Este era el castillo que protegía al Templo y que miraba por encima de la esquina noroccidental de sus patios. Hananías fue gobernador de este castillo (Neh 7:2). Hircano I (134–104 a.C.) construyó aquí una acrópolis (Josefo, *Antig.* 15.11.4), y aún más tarde Herodes la reconstruyó y la llamó *Antonia*. **La casa en que yo estaré.** Este iba a ser el palacio del gobernador.

C. El examen de los muros por Nehemías, y su informe. 2:9–20.

Después de viajar a Jerusalén con una escolta armada, Nehemías hace una inspección nocturna en secreto de los muros derruidos. Reta a los judíos a que reedifiquen el muro, y da respuesta a los insultos de los enemigos.

9. El rey envió conmigo capitanes del ejército. La posición oficial de Nehemías demandaba una escolta militar (ver notas sobre Esd 8:22). Estos soldados permanecieron en Jerusalén para su protección (Neh 4:23).

10. Sanbalat horonita. Era probablemente Bet-horón de arriba o de abajo, a unos 13 km. (8 millas) al noroeste de Jerusalén. Un papiro de Elefantina menciona a sus hijos como siendo gobernadores de Samaria en 408 a.C., **Tobías el siervo amonita.** Puede que hubiera sido un ex-esclavo en Amón, o quizás un siervo del rey de Persia (ver com. de Esd 4:7). **Les disgustó en extremo.** Nehemías recurre a la ironía para describir la actitud de ellos.

12. Me levanté de noche. Era prudente, con enemigos por todos lados, mantener sus planes en secreto hasta que pudiera determinar la verdadera magnitud de la tarea. Para evitar llamar la atención, sus acompañantes iban a pie, mientras que él montaba un caballo o una mula. **13–15.** Empezando en la puerta del Valle en la esquina suroccidental del muro de la ciudad, fue hacia el este, y después subió por el valle del Cedrón (**por el torrente**). Aquí su camino quedaba interrumpido por muros derruidos, y se vio obligado a desmontar. Rodeando la ciudad, entró de nuevo por la misma puerta. **16. Los demás que hacían la obra.** Probablemente aquellos que habían estado trabajando recientemente en los derruidos muros de Jerusalén.

17. Vosotros veis el mal en que estamos. Nehemías se abstuvo de dar culpas por aquella situación, y se incluyó a sí mismo en el infortunio general. **Venid, y edifiquemos el muro...y no estemos más en oprobio.** Los muros reconstruidos acabarían para siempre con la expuesta situación de la ciudad, que los exponía constantemente a los ataques y al escarnio de sus enemigos. **18. Les declaré cómo la mano de mi Dios había sido buena sobre mí, y...las palabras que el rey me había dicho.** ¡Qué climax tiene que haber sido esto en su discurso! Nadie en Israel podría negar la providencia directa de Dios en la derogación del decreto de Artajerjes de Esd 4:23. El efecto fue inmediato y de todo corazón: **Así esforzaron sus manos para bien.** Esto fue el 1 de agosto, el 444 a.C., porque el muro quedó reconstruido cincuenta y dos días más tarde, el 21 de septiembre (Neh 6:15).

19. Gesem el árabe. (Cp. 6:1, 2, 6). Probablemente el gobernador de Dedán (Olmstead, *op. cit.*, pp. 295, 316), o el jefe de alguna tribu árabe que vivía al sur de Jerusalén (cp. 4:7). **Hicieron escarnio de nosotros, y nos despreciaron...¿Os rebeláis contra el rey?** Cp. 4:1. ¡Desafiaron sarcásticamente a los judíos a que construyeran un muro lo suficientemente sólido para resistir al ejército persa, contra los cuales evidentemente se estaban rebelando! (cp. 6:6). **20. El Dios de los cielos, él nos prosperará...vosotros no tenéis parte ni derecho...en Jerusalén.** Por su impresionante gravedad, la réplica de Nehemías es comparable a la de Zorobabel (Esd 4:3). Solo mediante una vigilancia sin acomodaciones se podría perpetuar la teocracia.

II. La construcción del muro. 3:1—7:4.

A. *Los obreros y sus tareas. 3:1–32.*

Empezando en la esquina nororiental de la ciudad, y moviéndose en una dirección en sentido contrario al de las agujas de un reloj, Nehemías relaciona en este capítulo las diferentes puertas y las secciones correspondientes de muro, juntamente con los hombres que las repararon. Por su orden, eran: **La puerta de las Ovejas** (esquina nororiental); **la puerta del Pescado** (al norte); **la puerta Vieja** (esquina noroccidental); **la puerta del Valle** (esquina suroccidental); **la puerta del Muladar** (al sur); **la puerta de la Fuente** (esquina sudoriental, cerca del estanque de Siloam); **la puerta de las Aguas** (al este, cerca de Ofel); y **la puerta de los Caballos** (al este, cerca del Templo).

1. Entonces se levantó el sumo sacerdote Eliasib. (Cp. Esd 10:6; Neh 12:10). En años posteriores este viejo sumo sacerdote (nieto de Jesúa, y por ello probablemente octogenario para ahora) causó muchos problemas a Nehemías (13:4). ¿Dónde se hallaba Esdras en esta época? Es posible que estuviera en Babilonia pero que volviera a tiempo para el avivamiento del séptimo mes (8:1–18) y la dedicación del muro (12:36c). **Ellos la dedicaron y colocaron sus puertas** (RVA). Posiblemente dedicaran la puerta en primer lugar, a fin de santificar toda la empresa. Por otra parte, 7:1 afirma que las puertas no fueron colocadas hasta después. **5. Sus grandes no se prestaron para ayudar a la obra de su Señor.** Es mejor traducir *señor*, con referencia a Nehemías. Tekoa era conocida como la ciudad del profeta Amós. **26. Y los sirvientes** (*netineos*, VM) **del templo que habitaban en Ofel.** Ofel es conocida en la actualidad como la colina inmediatamente al sur de aquella sobre la que se construyó el Templo. Era también conocida como Sion, y era la situación de la fortaleza jebusea que David capturó e hizo su capital (2 S 5:6–10).

B. *La oposición de los enemigos. 4:1–23.*

Cuando Sanbalat y sus aliados hallan que la ridiculización no era suficiente para detener la obra, conspiran activamente contra los obreros de Nehemías. Muchos de los judíos se desa-

lientan, y otros temen por sus hogares y familias. Pero Nehemías dispone una guardia contínua, de manera que la obra puede llevarse a cabo sin retrasos.

2. ¿Qué están haciendo estos débiles judíos? ¿Se les permitirá volver a ofrecer sus sacrificios? En otras palabras, "con sus materiales totalmente inadecuados y su poca mano de obra, ¿esperan ellos en realidad llevar a cabo este proyecto? ¿Y para qué ofrecer sacrificios? ¡Dios no puede ayudarles, de todas formas!" (Cp. Is 36:7, 15). **¿Resucitarán ...las piedras que fueron quemadas?** La limolita queda ablandada por el fuego y pierde su durabilidad (Keil, *The Books of Ezra, Nehemiah, and Esther*, in loc.). **5. No cobras su iniquidad.** Que no vayan sin castigo (cp. Sal 85:2, 3). **Contra los que edificaban.** Estos enemigos estaban blasfemando a Dios a los oídos de los que edificaban, para desalentarlos. Una mejor traducción es: *Te han provocado a ira delante de los que edifican tu ciudad.* (Cp. Neh 6:5; 2 R 18:26, 27.)

7. Los árabes, los amonitas y los de Asdod. Los árabes eran guiados por Gesem y los amonitas por Tobías (2:19). Los de Asdod, que pertenecían a la raza filistea, fueron probablemente excitados fácilmente por Sanbalat para que fueran a luchar contra sus viejos enemigos, los judíos. **8. Conspiraron todos a una para venir a atacar a Jerusalén.** ¡Se había hecho ya evidente que se iba a necesitar de algo más que de ridículo (v. 2) y de zorras (v. 3) para detener la obra! Por ello se dispusieron al ataque, como en Esd 4:23, "con poder y violencia". Pero el ataque tenía que ser secreto (*conspiración*) debido al decreto favorable de Artajerjes. **9. Entonces oramos a nuestro Dios, y...pusimos guarda.** Bajo aquellas circunstancias, la oración y la vigilancia eran una excelente combinación, mezclándose la fe y la responsabilidad.

10, 11. No podemos. La combinación del desaliento debido al exceso de trabajo y por el temor de una invasión era casi demasiado para el pueblo de Dios. **12.** La ASV traduce mejor aquí: **Nos dijeron hasta diez veces de todas partes: Tenéis que volver a nosotros.** Los judíos en las ciudades alrededor (3:2,5,7) querían que sus obreros dejaran el proyecto de reconstrucción del muro y que les ayudaran a defender a sus familias contra las amenazas de sus enemigos.

13, 14. No temáis delante de ellos. Es evidente que Nehemías trajo a estos judíos y a sus familias dentro de la ciudad. Las situó en espacios abiertos detrás de la muralla y les facilitó armas para que pudieran proteger a sus familias además de a la ciudad. **15. Y cuando**

oyeron nuestros enemigos que lo habíamos entendido. Los enemigos deben haber abandonado sus planes de ataque cuando vieron a los guardas judíos alerta sobre el muro. La crisis ya pasada, podría continuar la obra del muro.

16. La mitad de mis siervos trabajaba en la obra. Estos eran probablemente siervos oficiales que le habían pertenecido a Nehemías como gobernador (4:23; 5:10, 16). **Corazas.** Petos de cuero cubiertos de delgadas placas de metal. Los gobernantes estaban **detras de ellos.** En caso de ataque, cada jefe estaba listo para conducir a su pueblo en contra del enemigo. **17, 18.** El significado parece ser que cada uno de los porteadores llevaba un arma en una mano, mientras que cada constructor utilizaba ambas manos, pero guardaba una espada ceñida a su lado. **El que tocaba la trompeta.** Para dar el toque de alarma en caso de peligro (cp. v. 20). **21. La mitad de ellos tenían lanzas.** La mitad de los mencionados en 4:16.

22. Cada uno...permanezca dentro de Jerusalén. Evidentemente, no todos los trabajadores se habían estado quedando de noche en la ciudad. Que se fueran a sus pueblos de noche no solamente tomaba un tiempo precioso, sino que también dejaba a la ciudad expuesta a ataques nocturnos. **23. Ni yo ni mis hermanos, ni mis jóvenes, ni la gente de guardia...nos quitamos nuestro vestido.** Los propios siervos de Nehemías y el cuerpo de guardia persa dieron el ejemplo de vigilancia. La última frase es oscura. Keil traduce, *Cada uno guardaba su arma a su derecha*; esto es, cuando dormía, su arma está lista a mano. La VM dice: *Cada uno iba con su arma al agua.*

C. Reformas de Nehemías como gobernador. 5:1–19.

Este capítulo parentético describe cómo Nehemías triunfó en su intento de detener la práctica de la usura, que tenía como resultado la extrema pobreza e incluso la esclavitud para muchos judíos. A lo largo de sus doce años como gobernador, fue un ejemplo de altruismo y de generosidad hacia sus hermanos judíos. **1. Entonces hubo un gran clamor del pueblo.** Es posible que esto ocurriera durante los cincuenta y dos días de construcción del muro, debido a la interrupción del comercio normal; pero la convocación de una gran asamblea (v. 7) y la fraseología del v. 14, sugieren un período posterior, a pesar de la posición de este capítulo. **2–5. Había quien decía.** Esta frase divide a los quejosos en tres clases: (1) grandes familias sin propiedades; (2) familias

con propiedades, que estaban en camino de hipotecarlas; y (3) aquellos que estaban tomando dinero de prestado para pagar el tributo dando como prenda sus cosechas y, al ser incapaces de cumplir el pago, se veían obligados a vender a sus hijos en esclavitud. Para las leyes sobre préstamos, prendas, y esclavos hebreos por deudas (que tenían que ser liberados en seis años, o el año del jubileo), ver Éx 21:2–11; Lv 25:10–17, 39–55. Dt 15:7–18.

7. Exigís interés cada uno a vuestros hermanos. "El préstamo de dinero con interés no es considerado en la Biblia como un mal en sí mismo (Dt 23:19, 20; Mt 25:27), pero es prohibido entre un israelita y otro (Éx 22:25), ya que el dinero se presentaba para aliviar una necesidad, no para desarrollar un negocio" (J. S. Wright, *Nuevo comentario bíblico*). **8. ¿Vosotros venderéis aun a vuestros hermanos?** Nehemías y otros que honraban la Ley habían redimido a sus hermanos judíos que habían sido vendidos a amos paganos. ¡Pero estos usureros habían vendido a sus hermanos a los paganos desafiando a la Ley! (Lv 25:42). **9. Para no ser oprobio de las naciones.** El constante escrutinio y el odio de las naciones enemigas constituyen un poderoso motivo para una vida irreprochable y coherente.

11. Nehemías apeló a los ricos judíos a que restauraran de inmediato la propiedad que tenían como prenda (v. 5c) y también a que dejaran de exigir a sus hermanos **la centésima parte del dinero** (probablemente un uno por ciento mensual, o 12 por ciento anual, como la "centésima" romana). Así, sus hermanos podrían estar posibilitados de empezar a pagar la deuda principal.

12, 13. Les hice jurar. Como Esdras antes que él (Esd 10:5), Nehemías insistió en confirmar las promesas verbales con un juramento administrado por un sacerdote. Esta vez se enfatiza mediante un acto simbólico muy gráfico de advertencia en contra de transgresores (cp. Hch 18:6), y confirmado por el "¡Amén!" de toda la congregación, la mayor parte de la cual indudablemente se beneficiaba de la tardía reforma.

14. Ni yo ni mis hermanos comimos el pan del gobernador. Justo antes de la clausura de su primera administración como gobernador de Judea (cp. 13:6), Nehemías recordó que durante doce años (444–432.a.C.), debido a la prevalente pobreza (v. 18), ni él ni su casa habían demandado sus legítimos salarios del pueblo. Aunque era rico, el gobernador había sacrificado mucho por Israel. **15. Pero los primeros gobernadores...abrumaron al pueblo.** Estos eran probablemente persas que no temían a Dios (cp. 15c). ¡Podemos estar bien seguros de que no estaba incluyendo a Zorobabel en esta acusación contra los primeros gobernadores! **Cuarenta siclos de plata.** "Esto (lo mismo que el interés mencionado en el v. 11) probablemente tenga que considerarse como mensual. Los primeros gobernadores habían recibido su manutención y 480 siclos al año como salario. Los 480 siclos serían solamente algo menos de cinco y medio kilogramos de plata al año; pero en su valor esto representaría un gran salario oficial en aquella época" (H. Crosby, *Lange's Commentary on the Holy Scriptures, in loc.*).

16. No compramos heredad. Nehemías hizo su parte de trabajo en el muro, y no obtuvo ninguna hipoteca sobre la tierra por medio de préstamos de dinero y de grano (v. 10). **17.** Nehemías invitaba a su mesa a 150 judíos y oficiales, y además a aquellos judíos que venían de las naciones y que no tenían aun lugar para vivir en la ciudad. Todo esto fue a cargo suyo. La reina Jezabel acostumbraba a mantener "a su mesa" 400 profetas de Asera, esto es, proveía para el mantenimiento de ellos (1 R 18:19). **18. Un buey y seis ovejas escogidas.** Contrastar con 1 R 5:22, 23, donde se registra que Salomón servía treinta bueyes y cien ovejas cada día. ¡Definitivamente, los tiempos habían cambiado! **19. Acuérdate de mí para bien, Dios mío.** Cp. 13:14, 22, 31.

D. El muro, acabado a pesar de las intrigas. 6:1—7:4.

Al no poder hacer caer a Nehemías en la trampa de que acudiera a Ono para una entrevista, Sanbalat envía una carta abierta a Jerusalén acusando a Nehemías de pretender asumir el trono. Trata también de atemorizar a Nehemías para provocar su huída al Templo. Pero a pesar de falsos profetas y de falsos hermanos, el muro quedó finalmente acabado, para consternación de los enemigos; y se establecieron guardas especiales sobre la ciudad. **2. Alguna de las aldeas en el campo de Ono.** Tratando de parecer imparciales al dejarle la elección de la aldea a Nehemías, Sanbalat y Gesem trataron de atraer al gobernador a unos 30 km. (20 millas) al norte, para secuestrarlo o matarlo. **3, 4. Yo hago una gran obra.** Nehemías veía su tarea en su verdadera importancia. Su presencia en Jerusalén era desesperadamente necesaria para el acabamiento del muro, para no decir nada de la futilidad y del evidente peligro de un viaje a Ono, que estaba a 11 km. (7 millas) al este de Jope. **5. Una carta abierta.** Para desalentar a los trabajadores, se hizo pública esta carta de acu-

sación contra Nehemías. Es posible que fuera escrita en papiro y que fuera clavada o leída en voz alta en el lugar de reunión pública en Jerusalén. **6, 7.** Sanbalat, que gozaba del apoyo de Gasmu (el mismo que Gesem el árabe, 2:19), acusó a Nehemías de pretender ser rey y de pagar a profetas para que dieran su apoyo a estas pretensiones. Quizás habían profetas como Malaquías que en este mismo momento estaban predicando acerca del Mesías Rey, y sus mensajes fueran retorcidos a propósito por parte de Sanbalat a fin de provocar problemas a Judá malquistándolos con los persas. El propósito de la carta era el de obligar a Nehemías a presentarse a Ono para una entrevista para justificarse de las sospechas.

10. Como si temiera a Sanbalat, el falso profeta Semaías invitó a Nehemías a su casa para revelarle un complot contra la vida del gobernador. Quería que Nehemías supiera que Dios le había revelado un complot de Sanbalat, y que la hora trágica sería aquella misma noche. La única esperanza, le dijo, es que huyera al Templo para hallar refugio allí. **11–13.** Pero esto expuso la traición de Semaías, porque Nehemías sabía que Dios no le hubiera podido llevar a quebrantar la prohibición mosaica en contra de que hombres laicos entraran en el Templo (Nm 1:51; 18:7). Un acto tan cobarde, implicando un crimen ceremonial, hubiera destruido su testimonio de manera permanente en Israel. Una vez más, Satanás se había excedido en sus intentos. **14. Noadías profetisa, y de los otros profetas.** ¡Tan pronto después de la cautividad, y la tierra ya sufría de nuevo la maldición de los falsos profetas! (Ver Ez 13 para la denuncia de Dios en contra de los falsos profetas y profetisas durante el período de la cautividad.) El complot de 6:10–13 era indudablemente uno de los muchos que se añadían a las cargas de un caudillo ya abrumado. Como en los días de Jesús, los falsos líderes religiosos eran los enemigos más decididos y más carentes de escrúpulos frente a los verdaderos siervos de Dios. **15, 16. En cincuenta y dos días.** La obra finalizó entre el 1 de agosto y el 21 de septiembre del 444 a.C. Este puede parecer un tiempo extremadamente corto; pero habían miles de trabajadores llenos de diligencia, el muro no había sido totalmente destruido (se trataba principalmente de la tarea de reparar las brechas; ver 6:1), y la puerta de Efraín, que no se menciona en el cap. 3, pudiera no haber sido dañada. No obstante, fue ciertamente un logro tremendo, en el que los enemigos de los judíos percibieron la mano de Dios. **17–19.** Al concluir su relato de complots e intrigas, Nehemías menciona la alianza de

Tobías con nobles judíos mediante su casamiento con una hija de Secanías hijo de Ara (Esd 2.5), y el casamiento de su hijo **Johanán** con **la hija de Mesulam** (Neh 3:4, 30). Más tarde, incluso el sumo sacerdote entró en alianza con él (13:4–8). Keil sugiere que Tobías y su hijo (que tenían nombres judíos genuinos) eran probablemente descendientes de las tribus norteñas, en tanto que estaban también emparentados con amonitas naturalizados (2:10). **Y enviaba Tobías cartas para atemorizarme.** Evidentemente, algunos nobles judíos demostraron su alianza con Tobías entregando a Nehemías algunas de las cartas amenazadoras, como la del v. 6.

7:1, 2. Cuando se acabó la reconstrucción del muro, Nehemías puso puertas en las varias entradas (cp. 6:1). Señaló a cantores y porteros levitas —cuya misión era generalmente la de cuidar del Templo y de las puertas de sus atrios (26:12–19)— para que ayudaran a montar guardia a las puertas de la ciudad ("**Y aunque haya gente allí, cerrad las puertas y atrancadlas**", v. 3). Después puso a su hermano Hanani (1:2) y a Hananías, el gobernador del castillo (sobre el lado septentrional del Templo, 2:8), al cargo de la ciudad.

3. Cada cual en su turno, y cada uno delante de su casa. Durante la noche los habitantes de Jerusalén tenían que montar guardia por toda la ciudad, presumiblemente uno de los grupos ocupando puestos a lo largo de los muros y los otros delante de sus propias casas para vigilar ciertas secciones de la ciudad. **4. Porque la ciudad era espaciosa y grande: pero poco pueblo dentro de ella.** Aunque grandes multitudes se reunían en Jerusalén en ocasiones especiales (8:1; Esd 10:9) durante varias generaciones los judíos habían evitado hacer sus hogares en una ciudad sin muros. Ver notas sobre 11:1, 2.

III. Reformas civiles y religiosas en Jerusalén. 7:5 — 10:39.

A. *Lista de judíos que volvieron con Zorobabel. 7:5–73.*

Ahora que el muro está acabado, Nehemías hace unos planes inmediatos para poblar la ciudad con judíos puros. El registro de todos aquellos que volvieron con Jerusalén viene a ser su base para determinar la pureza de genealogía. Excepto por los vv. 70–72, el registro es idéntico al de Esd 2:1–70.

70. Quinientas treinta vestiduras sacerdotales. Lit., *treinta vestiduras sacerdotales, y quinientas.* Debido a la analogía de los vv. 71 y 72, y debido al desusado orden de las palabras, la frase "libras de plata" tendría probablemente que añadirse al final de este versículo.

Si esta suposición es correcta, entonces Zorobabel ("el Tirsata"), algunos de los cabezas de familias, y el resto del pueblo dieron un total de 41.000 dracmas (dáricos) de oro, 5.700 libras de plata, 97 vestiduras sacerdotales y 50 tazones. Esto concuerda con los números redondos de Esd 2:69, excepto por las dracmas de oro, que son exactamente 20.000 menos que en Esdras.

B. *La lectura y observancia de la Ley de Dios. 8:1–18.*

En el primer día del mes séptimo, Esdras lee la Ley al pueblo. El pueblo llora debido al pecado, pero sus conductores le recuerdan el carácter gozoso de la fiesta. Al siguiente día los conductores hallan en la Ley que todos los judíos debieran observar la Fiesta de los Tabernáculos; de forma que la fiesta es universalmente observada, y con gran solemnidad.

1. El capítulo debiera empezar con la última frase de 7:73. "Venido el mes séptimo, los hijos de Israel estaban en sus ciudades". Esd 3:1 empieza de la misma manera, después de relacionar a aquellos que habían vuelto de Babilonia; pero la ocasión, naturalmente, es totalmente distinta. **La plaza que está delante de la puerta de las Aguas.** La plaza (o *lugar ancho*) estaba cerca de la esquina sudoriental del Templo cerca del manantial Gihón en el valle del Cedrón. **Y dijeron a Esdras el escriba.** Es posible que Esdras hubiera estado en Babilonia durante el período de la construcción del muro. Pero él era la persona apropiada para leer la Ley de Dios en esta ocasión, ya que Nehemías era un laico.

2. El primer día del mes séptimo. Era la Fiesta de las Trompetas, que en 444 a.C. caía el 27 de septiembre. El muro había acabado de construirse solamente una semana antes (6.15). La Fiesta de las Trompetas era la más sagrada de las lunas nuevas, y daba inicio al mes último de festividades religiosas (Lv 23:23–25); Nm 29:1–6). **3. Desde el alba hasta el mediodía.** Hubieran sido unas seis horas, alternando la lectura de la Ley por Esdras con discursos de instrucción acerca de la Ley por los levitas (vv. 7, 9).

4. Y el escriba Esdras estaba sobre un púlpito de madera. Esta es la primera mención de un púlpito en la Biblia. Detrás de él estaban seis (¿sacerdotes?) a su derecha y siete a su izquierda (cp. el v. 7, donde se dice que trece levitas habían participado). **8. Y leían en el libro de la ley de Dios claramente.** La palabra **claramente** (heb. *mepōrōsh*) sugiere no solamente una exposición de la Ley, sino también, posiblemente, una traducción de ella al arameo (cp. Esd 4:18).

9. Día santo es a Jehová nuestro Dios; no os entristezcáis ni lloréis. La clara exposición de la Palabra de Dios (probablemente secciones de Dt) trajo una poderosa convicción de pecado al pueblo, y provocó lágrimas de arrepentimiento. Pero el único día del año que Dios había dispuesto específicamente para el llanto y la tristeza era el Día de la Expiación (el décimo día del mes séptimo). Por ello, su verdadera fuerza se hallaba en **el gozo de Jehová** (v. 10). **12. A gozar de grande alegría.** ¡Señálese el repentino cambio del 8:9 al 8:12! También, cp. Est 9:19.

13–18. El estudio detallado de la Ley de Dios hizo que muchos de los conductores fueran a Esdras para instrucciones adicionales, especialmente en lo concerniente a la observancia apropiada de la Fiesta de los Tabernáculos (del quince al veintidós del mes séptimo). Los judíos habían observado esta gran fiesta por siglos (1 R 8:65; 2 Cr 7:9; Esd 3:4); pero se dieron cuenta ahora, después de un estudio más cuidadoso de Lv 23:42, que *"todo* natural de Israel habitará en tabernáculos".* Es de presumir que este punto se hubiera descuidado en los siglos anteriores; de forma que ahora, por vez primera desde los días de Josué hijo de Nun, **toda la congregación...en tabernáculos habitó** (v. 17). Es probable que los habitantes de la ciudad construyeran sus tabernáculos junto a sus casas, los sacerdotes y los levitas erigieran los suyos en los patios del templo, y los laicos no residentes en los lugares abiertos (v. 16).

C. Una confesión y pacto públicos. 9:1—10:39.

Poco después de la Fiesta de los Tabernáculos, el pueblo se reunió a oír otra vez la Palabra de Dios, y a confesar sus pecados a Dios en una ceremonia pública solemne dirigida por unos ciertos levitas. Después de ello, todas las clases de israeltas entraron en un pacto para guardar la Ley de Dios, especialmente con respecto a su separación de los paganos y a su mantenimiento del Templo. **1.** Justo un mes después de finalizar la reconstrucción del muro (6:15) y dos días después de la Fiesta de los Tabernáculos (8:18), el pueblo puso a un lado su actitud gozosa y festiva a fin de reconocer ante Dios de una forma pública la profundidad de sus pecados y de la tristeza que sentían por ellos (cp. Joel 2:15–17). **Cilicio** eran vestimentas penitenciales hechas de cabello. **Tierra sobre sí.** Pusieron tierra sobre sus cabezas como señal de un profundo pesar (1 S 4:12). **3. La cuarta parte del día.** Durante tres días se leyó públicamente la Palabra de Dios, a continuación de

lo cual el pueblo se unió en una gran confesión de pecado conducidos por los levitas (vv. 5–37). **5. Levantaos, bendecid a Jehová vuestro Dios.** Los levitas exhortaron ahora al pueblo a que se unieran a ellos en la confesión de pecado que sigue a continuación.

36. He aquí que hoy somos siervos. Esta triste confesión, como la de Esd 9:9, da una clara prueba de que los conductores del judaísmo post-exílico no consideraban que su retorno de Babilonia constituyera el cumplimiento definitivo de las profecías de la restauración de Israel a su tierra, como Is 11:11–16; 14:1, 2. **38. A causa, pues, de todo esto, nosotros hacemos fiel promesa.** Este pacto escrito, al que se pidió a cada conductor que adjuntase su firma personal, se expone en detalle en 10:29–39. Era solamente un esfuerzo renovado de guardar su parte del pacto del Sinaí.

10:1–8. Nehemías el gobernador y veintidós sacerdotes son relacionados en primer lugar. Ver notas sobre 12:1–9. **9–13.** De los levitas se mencionan **Jesúa, Binúi, Cadmiel,** y catorce de sus hermanos. Los levitas individuales firmaron los nombres de sus familias, porque dos de los nombres aparecen en 7:43. **14–27.** Se relacionan aquí cuarenta cabezas del pueblo. De las treinta y tres familias que volvieron de Babilonia (Esd 2), solamente trece se hallan en esta lista. Es posible que se hicieran adicionales subdivisiones de familias durante los años que habían transcurrido.

30–31. Se acentúan aquí tres puntos en el juramento: (a) que no habrían matrimonios mixtos con los paganos (Dt 7:3); (b) no se haría comercio durante el sábado ni en los otros días santos (Amós 8:5); (c) que habría una fiel observancia del año sabático, el año de la redención (Éx 23:10, 11; Dt 15:1, 2). **32.** El resto del capítulo trata del mantenimiento del Templo. **La tercera parte de un siclo.** Este era un avivamiento del precepto mosaico de que cada hombre de más de veinte años tenía que pagar medio siclo para el mantenimiento del Tabernáculo (Éx 30:13; cp. Mt 17:24). Es posible que la pobreza de la gente en aquel tiempo demandara un impuesto ligeramente rebajado. Esto era de más a las contribuciones garantizadas por Artajerjes (Esd 7:20–22). **34.** Se echaron suertes para determinar el orden correcto en que las varias familias contribuirían al suministro del templo. **La ofrenda de la leña** era para el fuego contínuo del altar (Lv 6:12; cp. Neh 13:31). **En los tiempos determinados cada año.** El orden fue dispuesto con varios años de anticipación. **38, 39. Y que estaría el sacerdote...con los levitas, cuando los levitas recibiesen el**

diezmo. Los levitas, que recibían los diezmos, eran también responsables, con los otros judíos, del mantenimiento de los sacerdotes (Nm 18:26–29) y de los guardas de las puertas y de los cantores (de entre los levitas) que servían en el Templo. Nótese como este sistema lleno de gracia en el mútuo apoyo pronto quedó desintegrado y tuvo que ser restaurado por Nehemías (13:10–14).

IV. Lista de habitantes. 11:1 — 12:26.

Habiéndose interrumpido el relato de Nehemías de cómo trató de poblar a Jerusalén con judíos puros de acuerdo con la lista de aquellos que habían vuelto de Babilonia (7:4ss.) por la narración de los servicios especiales del mes séptimo, ahora se reanuda (11:1, 2). Sigue a continuación una lista de aquellos que habitaban en Jerusalén (11:3–24); una lista de sacerdotes y de levitas que volvieron con Zorobabel (12:1–9); y una lista de sumos sacerdotes y de levitas en años posteriores (12:10–26).

1, 2. Como se había afirmado en 7:4, Jerusalén tenía pocos habitantes permanentes, debido probablemente a los peligros de vivir en una ciudad sin muros (especialmente después del desastre mencionado en Neh 1:3). Aquí se nos dice que aquellos que vivían en Jerusalén eran principalmente los jefes del pueblo. Es indudable que Nehemías había aprovechado la ocasión, durante el avivamiento del mes séptimo, para alentar a otros a que pasaran a vivir a la ciudad capital. La suerte fue aceptada como voluntad de Dios en este asunto, y aquellos cabezas de familia que asintieron voluntariamente fueron bendecidos por el pueblo. Jerusalén recibe el nombre de la **ciudad santa** por el hecho de que el Templo estaba en ella (Is 48:2).

3–24. El número total de hombres que vivían en Jerusalén, sin contar a los netineos, era de 3.044. Si esta era una décima parte del número total de personas que vivían en Judea (v. 1), la población había aumentado considerablemente durante el siglo anterior; porque es evidente que los 50.000 que volvieron de Babilonia con Zorobabel (Esd 2:64–67) incluían a las mujeres y a los niños.

25–36. No se nombran jefes de las familias para los distritos rurales, sino solamente para las ciudades en los territorios antiguos de Judá (vv. 25–30) y de Benjamín (vv. 31–35). Lo curioso es que las ciudades de Jericó, Gabaón, y Mizpa, aunque relacionadas en Nehemías 3, se omiten aquí.

12:1–9. Tenemos aquí los nombres de veintidós sacerdotes y de ocho levitas que volvieron con Zorobabel. Ya que se relaciona a quince de estos sacerdotes entre los que sella-

ron el pacto en los tiempos de Nehemías, tenemos que concluir en que firmaron el pacto en nombre de sus familias (10:3–9). En Esd 2:36–39, solamente se nombra a cuatro familias sacerdotales como habiendo vuelto con Zorobabel.

10, 11. Se da aquí una genealogía de los sumos sacerdotes postexílicos para proveer una cronología relativa. Así, 12:1–9 relaciona a sacerdotas y levitas en los días de Josué, en tanto que 12:12–26 relaciona a los sacerdotes y levitas en la época de sus sucesores sumo-sacerdotales. **Jonatán** es la misma persona que el Johanán de los vv. 22, 23. Para cometarios acerca de Jadúa, ver los vv. 22. **12–21.** Los hijos de los sacerdotes relacionados en los vv. 1–7, que vivieron en la época del sucesor de Josué, Joiacím. **De Iddo, Zacarías.** Este es el famoso profeta (Esd 5:1).

22. Los levitas en días de Eliasib, de Joiada, de Johanán y de Judúa...hasta el reinado de Darío el persa. Se ha asumido con frecuencia que este Jadúa era el sumo sacerdote que vivió en la época de Alejandro Magno (Josefo, *Antig.* 11.8.4), y que Darío el Persa era Darío III (335–331 a.C.). Pero incluso si Josefo está en lo cierto en que Jadúa era el sumo sacerdote en la época de Alejandro (y dista mucho de ser fiable en la cronología de este período), nos quedamos todavía con las posibilidades claras de que hubo dos sumos sacerdotes llamados Jadúa, o que el Jadúa de Neh 12:11, 22 viviera hasta llegar a 100 (el sumo sacerdote Joiada murió a la edad de 130; 2 Cr 24:15).

Es muy probable que Nehemías conociera a Jadúa cuando este era joven, si no como sumo sacerdote. Hay dos líneas de evidencia para apoyar esto. En primer lugar, el sumo sacerdote Eliasib tiene que haber tenido más de noventa años cuando entró en alianza con Tobías (Neh 13:4–9) después de que Nehemías partiera para Babilonia en 432 a.C., porque su abuelo, Jesúa, era sumo sacerdote el 536 a.C. (Esd 3:2). Por ello, el 432 a.C. Joiada podía haber tenido alrededor de setenta, Johanán (Jonatán) más de cuarenta, y Jadúa veinte. En segundo lugar, Nehemías expulsó de Jerusalén a uno de los hijos de Joiada por casarse con una extranjera (Neh 13:28), demostrándose así que Johanán, que era el mayor hijo de Joiada, podía haber estado casado el tiempo suficiente como para tener un hijo de veinte años, Jadúa.

Eliasib vivió durante tantos años que se mencionan las cuatro generaciones contemporáneas en su casa sumo-sacerdotal en el v. 22. Esto queda apoyado por el hecho de que "en cada una de las otras listas del mismo capítulo, solamente se mencionan los tiempos de un

sumo sacerdote, y que al final de la lista, el
v. 26, se afirma de manera expresa que los
levitas (previamente enrolados) eran jefes en
los días de Joiacim, Esdras y Nehemías''
(Keil, p. 147). Además, es importante observar
que la fecha más tardía mencionada en el libro
es la del sumo sacerdocio de Johanán (v. 23).
El hecho de que Joiada, padre de Johanán, no
retuviera su sumo sacerdocio hasta adentro del
siglo IV a.C. ha sido demostrado por los
papiros de Elefantina, que mencionan que
Johanán era el sumo sacerdote en 408 a.C. Por
ello Nehemías, que pudo haber vivido (incluso
aunque no fuera como gobernador) hasta alrededor del 400 a.C., y que hubiera incluso haber
podido ver a Jadúa asumir el sumo sacerdocio
en alguna fecha posterior al 408 a.C., bien
habría podido haber escrito todo lo que aparece en este capítulo y en este libro. A la luz de
estas consideraciones, podemos llegar a la
conclusión de que **Darío el persa** era casi con
toda certeza no Darío III (335–331 a.C.), sino
más bien Darío II (423–404 a.C.). El versículo
nos dice que los levitas fueron registrados
durante la vida de Eliasib; en tanto que los
sacerdotes fueron registrados después de la
muerte de Eliasib, en la época de Darío el
persa (423–404 a.C. Ver R.D. Wilson, ISBE,
II, p. 1084).

26. En los días del gobernador Nehemías.
Cp. 12:47. Se ha afirmado que esto demuestra
que Nehemías tiene que haber muerto antes de
que se acabara de redactar el libro. "Pero en
contestación a esto podemos señalar que la
frase se utiliza en cada caso juntamente con los
días de alguna otra persona, Joiacim (v. 26),
Zorobabel (v. 47). Por ello, parecería natural
para Nehemías que utilizara una frase similar
con referencia a su propia época'' (E. J.
Young, *Una Introducción al Antiguo Testamento*, p. 451. Ver también el apartado de este
comentario, *Fecha y paternidad*).

**V. Dedicación de los muros y organización
de los servicios del Templo. 12:27–47.**

Para la dedicación del muro de la ciudad, se
trae a los levitas, especialmente a los cantores,
de los pueblos alrededor. Dos grandes procesiones se mueven desde la esquina suroeste del
muro, y rodean la ciudad, una conducida por
Esdras, y la otra seguida por Nehemías. Reuniéndose ante el Templo, ofrecen sacrificios y
se regocijan grandemente. Los servicios del
Templo son puestos en su orden entonces, y
sus obreros son fielmente mantenidos.

27. La historia se reanuda ahora a partir del
11:2, aunque no se da ninguna fecha exacta
para los eventos que van a ser registrados. Las
varias indicaciones de tiempo pudieran incluso

conducir a asignar una fecha de dedicación
posterior en diecisiete años o más después del
acabamiento de los muros (cp. 13:4 con 13:1; y
13:10:11 con 12:28–30). **Buscaron a los levitas
de todos sus lugares.** Según 11:18 solamente
vivían 284 levitas en aquella época en Jerusalén. **28, 29.** Los miembros de las tres compañías de cantores levíticos reciben aquí una
mención especial (11:17; 12:25*a*) debido a la
importancia de la música para esta gran ocasión (v. 27*b*). **Las aldeas de los netofatitas.**
Alrededor de unos 27 km. (15 millas) al suroeste de Jerusalén (1 Cr 9:16). **30. Y se purificaron los sacerdotes y los levitas.** Mediante
la ofrenda de sacrificios cruentos (2 Cr 29).

31–37. Hablando de nuevo en primera persona, Nehemías nos habla de los dos grandes
coros que se habían reunido en la esquina
suroccidental del muro de la ciudad (probablemente en la puerta del Valle) con el propósito
de rodear la ciudad y de dar gracias a Dios
públicamente el día de la dedicación. El primer
coro iba conducido por Esdras y se movió
primero hacia el este, y después hacia el norte.
En ambos grupos el orden de la procesión
parece haber consistido primeramente de cantores levíticos (v. 31), seguidos por los príncipes (vv. 32, 33), después por los sacerdotes
con trompetas (v. 35; cp. 41), y finalmente por
levitas con instrumentos de cuerdas (v. 36).

38–43. La segunda compañía se movió
hacia el norte, y después hacia el este hacia el
área del templo, seguida por Nehemías. Las
varias puertas siguen el mismo orden que se da
en el cap. 3, excepto por la **puerta de Efraín** y
la puerta de la Cárcel, que no se mencionan
en aquel capítulo (es posible que se deba a que
no fueran destruidas originalmente y que no
tuvieran que ser reconstruidas). No obstante,
en 3:25 se hace mención del "patio de la
cárcel", probablemente en la esquina sudoriental del área del templo. Los dos coros parecen haberse hallado en el lugar amplio delante
de la fuente de las Aguas (v. 37; cp. 8:1), y de
allí entraron al Templo para ofrecer sus sacrificios (v. 43). Con respecto al tremendo gozo en
esta ocasión, cp. 2 Cr 20:27; Esd 3:13; 6:22.

44–47. En aquel día. Esta frase (cp. 13:1) se
refiere no solamente al día de la dedicación,
sino posiblemente también a toda la administración posterior de Nehemías, que estuvo
caracterizada por movimientos de reforma
(Keil, *op. cit.*, p. 152). Esto pudiera ayudar a
explicar la frase "antes de esto" en 13:4. **Las
cámaras de los tesoros.** Las varias ofrendas se
relacionan después. **Los diezmos.** Una décima
parte de las cosechas de la nación iban para la
manutención de los levitas. **Conforme al esta-**

tuto de David y de Salomón (v. 45). Cp. 2 Cr 8:14. **Los levitas consagraban parte a las hijos de Aarón.** El pueblo daba diezmos a los levitas, que a su vez daban diezmos de estos diezmos a los sacerdotes (Neh 10:38; cp. Nm 18:25–32).

VI. Las reformas finales de Nehemías. 13:1–30.

El punto culminante del día de la dedicación vino con la separación de los israelitas de la multitud mezclada. Durante la prolongada ausencia de Judá, se habían introducido muchos abusos en la vida de la nación, como la alianza de Eliasib con Tobías, el hecho de que el pueblo dejara de mantener a los levitas, quebrantando el sábado, y celebrando matrimonios mixtos con los paganos. Pero con la ayuda de Dios, Nehemías limpió valientemente a la nación de estos abusos, y estableció de nuevo las apropiadas observancias religiosas.

1–3. Aquel día. Es de presumir que es el mismo día que el de 12:44, y por ello el día de la dedicación. **Los amonitas y moabitas.** La separación de las naciones paganas era el primer punto que se enfatizaba en el pacto que el pueblo había hecho anteriormente (10:30). Los descendientes de los matrimonios mixtos con estas naciones quedaban excluidos de la congregación de Israel hasta la décima generación. Era necesario recordar a los judíos de esta ley, porque Tobías era un amonita (2:19), y estaba ya forjando poderosas alianzas con importantes familias judías por medio de matrimonios (6:18; cp. 13:4–9). **Dieron dinero a Balaam para que los maldijera.** Había sido un rey moabita el que había pagado a Balaam para que los maldijera (Nm 22:2–6). **Los mezclados** (v. 3). Cp. Éx 12:38. A los descendientes de matrimonios mixtos con egipcios y edomitas se les permitía una membresía total en Israel después de la tercera generación (Dt 23:7, 8).

4–9. Y antes de esto. Ver notas sobre 12:27; 12:44. **El sacerdote Eliasib había emparentado con Tobías.** La palabra **emparentado** puede significar *se hizo de familia cercana*, de *pariente próximo* (Rut 2:20), y puede referirse a un vínculo familiar con Tobías a través de Mesulam, un sacerdote (Neh 16:18; cp. 3:30). Durante la ausencia de Nehemías, Eliasib había entregado a Tobías **una gran cámara** en los atrios de la casa de Dios (vv. 5, 8–9), donde se tenían que guardar los diezmos y ofrendas de la nación (12:44). Allí Tobías tenía una habitación amueblada (v. 8), o quizás un apartamento de habitaciones (señálese el plural en el v. 9), siempre que visitaba Jerusalén. **Mas a**

todo esto, yo no estaba en Jerusalén (v. 6). En el año 432 a.C., después de gobernar Judá durante doce años (5:14; cp. 2:6), Nehemías había vuelto a la presencia del rey Artajerjes. **Rey de Babilonia.** Ya que la mayor parte de los judíos se hallaban aún en Babilonia, y a que el rey mismo estaba probablemente allí por aquellos entonces, Nehemías utiliza el título más restringido (ver nota sobre Esd 6:22). **Al cabo de algunos días.** Nehemías tiene que haber estado lejos durante algunos años, porque los abusos que halló a su retorno habían tenido tiempo de extenderse mucho por Judá (Neh 13:10, 15, 23). Ya que Artajerjes murió en 423 a.C., Nehemías puede haber vuelto a Jerusalén alrededor del 425 a.C. Es bien posible que Malaquías estuviera profetizando durante esta época (cp. 13:12 con Mal 3:8–10).

10–14. Habían huido cada uno a su heredad. A pesar del juramento de 10:25–29 (cp. 12:47), los levitas (y es de presumir que también muchos sacerdotes) se hallaban privados de la manutención a la que tenían título (1 Co 9:8–14). Por aquella razón es que tuvieron que abandonar sus deberes en el templo a fin de poderse ganar la vida ejerciendo actividades agrícolas (Neh 12:29). **Entonces reprendí a los oficiales** (v. 11). Era el deber de los jefes de la comunidad tomarse el cuidado de que los diezmos, etc., eran llevados al Templo de manera regular (cp. 17, 25). **Y los reuní y los puse en sus puestos.** Esto es, se reunió a los levitas, sacándolos de sus aldeas y fueron establecidos otra vez para que ejecutaran sus deberes.

15–18. En tanto que viajaba por los distritos que rodeaban a Judá, Nehemías halló a hombres que profanaban el sábado preparándose muy ocupados para las ventas a hacer durante la siguiente semana en Jerusalén (Amós 8:5). Esperó hasta que llegaran a Jerusalén a vender sus productos, y entonces les amonestó. Aun peor, los mercaderes de Tiro vendían pescado secado y otros productos en la provincia y en Jerusalén el sábado, llevando a los judíos a violar el juramento que habían pronunciado (Neh 10:31*a*). **¿No hicieron así vuestros padres?** (v. 18). Es indudable que Nehemías tenía en mente la clara advertencia de Jer 17:21–27, que había recibido oídos sordos, para el posterior dolor de toda la nación.

19–22. A la caída del sol, justo antes de sábado, Nehemías ordenó que se cerraran las principales puertas. Es de presumir que se permitiera durante el sábado que la gente entrara y saliera de la ciudad, pero los propios guardas de Nehemías (4:23) vigilaron las puertas para mantener afuera a los mercaderes. **Os echaré**

mano (v. 21). Cuando desafiaron esta medida poniendo bazares justo afuera de los muros, puso final a la profanación que hacían del sábado amenazándolos con violencia (cp. v. 25). Después de que hubiera pasado la crisis, parece que puso a levitas en lugar de a los guardas (v. 22), que guardaban las puertas y que santificaban el sábado consagrándolo como día santo por encima de los días ordinarios.

23–27. Viajando a los mismos límites de la provincia de Judá, Nehemías descubrió a judíos que hacía tiempo que se habían casado con mujeres de las naciones de alrededor, especialmente con las de **Asdod** (una ciudad filistea), de **Amón** y de **Moab**. Esto a pesar de las reformas que habían sido iniciadas por Esdras unos treinta años antes, y a pesar de las decisiones más recientes de 10:30 y de 13:1–3. Los hijos de estas uniones no podían siquiera hablar un buen hebreo. Nehemías, reaccionando ante aquel desafío con su celo característico, *riñió con algunos de ellos* e *hirió a algunos de ellos* (Dt 25:2), y *arrancó sus cabellos* (Is 50:6), y les hizo jurar que no se casarían con personas extrañas. A la luz de Esd 10:19, les insistió, probablemente, que debían disolver estas alianzas profanas. Aunque se trata de algo aparentemente duro, tales medidas eran totalmente necesarias, como ha demostrado la historia posterior. El triste caso de **Salomón** (cp. Neh 12:45) se cita de una forma eficaz en relación con esto. Aunque fue singular entre los reyes (2 Cr 1:12; 1 R 3:12) y amado de Dios (2 S 12:24), no obstante las mujeres extranjeras resultaron en su ruína (1 R 11:1–8).

28–29. Uno de los hijos de Joiada...era yerno de Sanbalat. Sabemos de 12:22, 23 que Johanán era el hijo mayor de Joiada y el padre de Jadúa. Johanán aparece en los papiros de Elefantina como sumo sacerdote en 408 a.C. Por ello, el que se casó con una hija de Sanbalat tiene que haber sido un hermano menor de Johanán. Este resulta ser un hecho importante, porque muestra que Johanán tiene que haber sido lo suficientemente mayor para este entonces para tener hijos él mismo, de los cuales el mayor era Jadúa. Ver nota sobre 12:22. **Lo ahuyenté de mí...contaminan el sacerdocio.** Este pecado merecía una mención especial, porque se cometía en contra de privilegios mayores. Al casarse con la hija de un extranjero, este hijo del sumo sacerdote Joiada había desafiado descaradamente al pacto de santidad de Dios con el sacerdocio Aarónico (Lv 21:6–8, 14, 15), y por ello se merecía un destierro sin paliativos de la nación. Josefo (*Antig.* 7, 8) nos habla de un cierto Manasés, hermano del sumo sacerdote Jadúa, en los días de Alejandro Magno, que se casó con una hija de Sanbalat. Cuando las autoridades judías le excluyeron del sacerdocio, Sanbalat estableció para él un nuevo templo y adoración sobre el monte Gerizim en Samaria. Es cierto que se estableció tal templo rival más adelante (Cp. Jn. 4:20), pero Josefo se confundió al tratar de relacionarlo con este episodio registrado en Neh 13:28.

30, 31. Nehemías sumariza sus grandes contribuciones al bienestar espiritual de su nación. En lo negativo, los extranjeros fueron quitados de sus posiciones de honor en Israel; y en lo positivo, se reinstauró a los sacerdotes y levitas en sus ocupaciones propias, y se reasumieron las varias ofrendas para el Templo. **Acuérdate de mí, Dios mío, para bien.** Cp. 5:19; 13:14, 22. Esta oración tuvo su respuesta maravillosa de parte del Señor, porque las memorias de Nehemías forman una parte permanente de la Palabra de Dios.

BIBLIOGRAFÍA

Para la Bibliografía, ver al final del comentario a *Esdras*.

ESTER

INTRODUCCÍON

Título. El libro recibe el nombre de su protagonista, Ester. Es un nombre persa, y significa *estrella.* Su nombre hebreo era Hadassah, *mirto* (ver 2:7).

Fecha y paternidad. Existe la certeza total de que el libro se redactara después del 465 a.C., porque se habla del reinado de Jerjes (486–465 a.C.) en tiempo pasado (10:2). Pero el autor muestra tener un conocimiento demasiado íntimo de los sucesos del reinado de Jerjes y de las instalaciones del palacio en Susa (que fue destruido por un incendio alrededor del 435 a.C.) para permitir una fecha de redacción posterior a la época de Artajerjes I (464–424 a.C.). Aunque Josefo creyó que Mardoqueo había escrito el libro, parece que 10:2, 3 excluya esta posibilidad. No obstante, el autor tiene que haber sido un judío que haya vivido en Persia en la época de los sucesos que se narran y que tuviera acceso a las crónicas oficiales de los reyes de Media y Persia (2:23; 9:20; 10:2). Aparecen palabras y nombres puramente persas en el libro, y su estilo hebreo se parece estrechamente al de Esdras, Nehemías, y Crónicas.

Historicidad y propósito. A pesar de las objeciones que se han suscitado en contra de la historicidad de este libro, da un relato perfectamente creíble de eventos que pudieron haber tenido lugar durante el reinado de Jerjes. La afirmación con respecto a la extensión del dominio de Jerjes (1:1; 8:9) concuerda con las afirmaciones de Herodoto (*Historias* 3.97, 98; 7.9), y no sería cierta de ningún otro rey persa. La gran fiesta del tercer año del reinado de Jerjes (Est 1:3) concuerda con la época dada por Herodoto (7.8) para la planificación de la expedición del rey de Persia contra Grecia. La descripción de su palacio (Est 1:6) ha quedado confirmada por los descubrimientos arqueológicos. Que se tomara una nueva esposa en su séptimo año (2:16) concuerda con la descripción de Herodoto del nuevo interés que manifestó por su harén después de su desastrosa campaña en Grecia (9.108, 109).

La fiesta de Purim, que se menciona en 2 Macabeos 15:36 como siendo observada alrededor del 160 a.C., difícilmente hubiera podido ser establecida sin razón alguna. La explicación más lógica es que fue establecida en conmemoración de los sucesos descritos en este libro. Los judíos siempre han aceptado el libro de Ester como canónico.

Cuando dirigimos nuestra atención al propósito de este libro, surge de inmediato la cuestión de por qué se omiten todas las referencias a la oración, a la adoración, a Jerusalén, al Templo, y al nombre de Dios, con la excepción de algunas insinuaciones de oración y de providencia (Est 4:14; 4:16; 9:31). Algunos han conjeturado que era demasiado peligroso adorar abiertamente a Jehová en aquellos días y que por ello quedaron cuidadosamente excluidas todas las referencias a Él en este libro. Pero esto tiende a una consideración demasiado baja de la inspiración divina de las Escrituras. Parece mejor llegar a la conclusión de que "ya que estos judíos no se hallaban en relación con la línea teocrática, por así decirlo, no se asocia con ellos el *Nombre* del Dios del Pacto. El libro de Ester, entonces, sirve para el propósito de mostrar cómo la Providencia divina gobierna por encima de todo; incluso en un país distante, el pueblo de Dios se halla en sus manos. Pero ya que se hallan en este país distante y extraño, y no en la tierra prometida, Su Nombre no se menciona" (Edward J. Young, *Una Introducción al Antiguo Testamento,* p. 415).

Marco histórico. En época tan temprana como el 722 a.C., los israelitas de las tribus septentrionales fueron transplantados como cautivos a "las ciudades de los medos" entre otros lugares (2 R 17:6). Además, después de la conquista de Babilonia por Ciro en 539 a.C., algunos de los judíos que habían sido transportados a Babilonia por Nabucodonosor es probable que pasaran hacia el este a Susa y a otras ciudades en Medio-Persia, como Mardoqueo lo hizo (Est 2:5,7). Pero de los millones de judíos que habían sido dispersados por todo el

Oriente Medio, solamente alrededor de 50.000 decidió volver a la Tierra Prometida con Zorobabel y Josué en 536 a.C. (Esd 2:64–67).

Según Esdras 6:15, el segundo Templo fue finalizado el 515 a.C., en el sexto año de Darío I. Fue treinta y dos años después que Jerjes, el hijo de Darío I, "hizo banquete a todos sus príncipes y cortesanos" (Est 1:3). Los eventos de este libro cubren un período de diez años, desde la gran fiesta de Jerjes (483 a.C.) a la fiesta del Purim (473 a.C.). Dieciséis años después de la primera fiesta de Purim, Esdras llevó a su primera expedición de vuelta a Jerusalén (Esd 7:9). Así, los sucesos de este libro se correlacionan con la época entre los capítulos sexto y séptimo del libro de Esdras.

BOSQUEJO

I. Vasti, repudiada. 1:1–22.

II. Ester hecha reina. 2:1–23.

III. El complot de Amán contra los judíos. 3:1–15.

IV. La decisión de Ester. 4:1–17.

V. El primer banquete de Ester. 5:1–14.

VI. Amán humillado ante Mardoqueo. 6:1–14.

VII. El segundo banquete de Ester. 7:1–10.

VIII. El contradecreto de Mardoqueo. 8:1–17.

IX. La victoria de los judíos, y la institución del Purim. 9:1—10:3.

COMENTARIO

I. Vasti, repudiada. 1:1–22.

En el último día de una fiesta de siete días de duración en el palacio de Susa, el rey Jerjes hizo llamar a la reina Vastí para que apareciera ante sus nobles embriagados para mostrar su belleza. Su rechazo a obedecer provocó la ira del rey, y éste siguió el consejo de Memucán, uno de los principales príncipes, de divorciarse de ella mediante un decreto público. Este castigo, razonaron los hombres, serviría para advertir a todas las mujeres por todo el imperio para que honrasen a sus esposos.

1. En los días de Asuero. Este no puede ser otro que Jerjes (486–465 a.C.; cp. Esd 5:6), el hijo de Darío I, que intentó la conquista de Grecia en 481 a.C. Fracasó estrepitosamente en este objetivo como resultado de una resonante derrota en Salamis (480 a.C.) y en Plataea (479 a.C.). **El asuero que reinó desde la India hasta Etiopía.** A fin de evitar una posible confusión con el padre de Darío el medo, que tenía el mismo nombre (Dn 9:1), el autor señala al inmenso territorio sobre el que reinaba este Jerjes (cp. 8:9; 10:1). La **India** a la que se refiere era el territorio correspondiente a la provincia del Punjab en el Pakistán actual, la región al oeste del río Indus al que llegaron las fuerzas de Alejandro en sus conquistas. Herodoto nos dice que tanto la India como Etiopía se hallaban sujetas a Jerjes (3.97, 98; 7.9). **Sobre ciento veintisiete provincias.** Esto ha sido confundido con las veinte satrapías relacionadas por Herodoto para Darío I (3.89–94) y los ciento veinte sátrapas señalados por Darío el medo (Dn 6:1). La palabra **provincias** (heb. *medînâ*) se refiere a las unidas gubernamentales más pequeñas, tales como la provincia de Judá (Neh 1:3), en tanto que Herodoto se estaba refiriendo a las unidades mayores, tales como la quinta satrapía, que incluían a toda la Fenicia, Palestina, Siria, y Chipre. Pero el libro de Daniel no habla de ninguna de estas unidades territoriales, porque meramente afirma que Darío el medo constituyó "ciento veinte sátrapas" (Dn 6:1; cp. John C. Whitcomb, *Darius the Mede*, pp. 31–33).

2. Susa capital del reino. Susa era una de las principales capitales del Imperio Persa, siendo las otras Ecbatana (Esd 6:1–2) y Persépolis. A esta ciudad una vez fue llevado Daniel en visión (Dn 8:2); y más tarde Nehemías sirvió allí como copero de Artajerjes (Neh 1:1; 2:1).

3. En el tercer año de su reinado hizo banquete. Esta fiesta (lit., *una fiesta de bebida*) tuvo lugar en el año 483/482 a.C., y es ciertamente la relatada por Herodoto (7.8), en la que Jerjes preparó los planes para la gran invasión de Grecia. **A los más poderosos de Persia y de Media, gobernadores y príncipes de provincias.** En los días de Ciro, Media era mencionada antes de Persia (Dn

6:8), pero ahora Persia era mucho más importante en la monarquía dual. **Los más poderosos** representa al estamento militar, en tanto que **gobernadores y príncipes** representan a los gobernantes civiles. **4, 5.** Durante los 180 días Jerjes discutió planes de guerra con sus subordinados y los deslumbró con su opulencia y con la magnificencia de su corte. Después de esto, se hizo una fiesta de siete días (vv. 3 y 5 se refieren probablemente a la misma fiesta) para **todo el pueblo que había en Susa capital del reino,** incluyendo a los gobernadores de las otras provincias que habían venido para varios días de planificación (Keil, *in loco*). **En el patio del huerto del palacio real.** Los terrenos o parque alrededor del palacio.

6. El significado de algunas de estas palabras es oscuro, pero la VM da el sentido general. Había toldos de tejidos blancos, verdes y de color jacinto (los colores reales; cp. 8:15) prendidos por medio de cordones de lino fino blanco y de púrpura a anillas de plata fijadas en columnas de mármol. Habían también reclinatorios de oro y de plata sobre un enlosado de mosaicos de pórfido y de mármol negro y blanco, y alabastro oriental. Este palacio, asombrosamente bello, ardió totalmente a finales del reinado de Artajerjes, el hijo de Jerjes, alrededor del 435 a.C. (A.T. Olmstead, *The History of the Persian Empire*, p. 352). **7, 8. Vasos de oro...diferentes unos de otros.** Una gran variedad de vasos de beber era un lujo persa. **Y la bebida era según esta ley: Que nadie fuese obligado a beber.** Por lo general, el rey hacía que sus huéspedes se comprometieran a beber una cantidad determinada, pero ahora podían beber tanto o tan poco como quisieran.

9–12. El último día de la fiesta, el ebrio rey (Jue 16:25; 2 S 13:28) envió a sus siete eunucos, que constituían su medio de comunicación con el harén, para que llamaran a Vasti. Por lo general, las reinas persas comían a la mesa del rey, pero no necesariamente en los grandes banquetes. Temiendo por su dignidad en medio de un grupo tan embriagado (Herodoto, 5.18), rechazó totalmente obedecer a la llamada.

13, 14. Los sabios que conocían los tiempos...siete príncipes de Persia. Es posible que siete fuera un número sagrado en Persia (cp. 1:10; 2:9; Esd 7:14). Estos sabios pueden haber sido astrólogos o legisladores. Era de estas familias principales que los reyes persas tenían que conseguir sus esposas (Herodoto, 3.84). **16–20.** Memucán, uno de los siete príncipes (v. 41), aprovechó la oportunidad para transformar un asunto doméstico y privado en una crisis pública y nacional, indudablemente debido a anteriores conflictos entre la reina y los príncipes. Las esposas de los ciudadanos ordinarios desafiarían a sus maridos (v. 17), y las mujeres de los siete príncipes exigirían "hoy mismo" (v. 18, VM) la igualdad deseando emular a su reina. **Que no sea quebrantado** (v. 19). Cp. 8:8; Dn 6:9. ¡Indudablemente, no deseaban que Vasti pudiera asumir otra vez el poder, y que los castigara por dar este consejo!

21, 22. Envió cartas a todas las provincias del rey...conforme a su escritura. El Imperio Persa gozaba de un eficaz sistema postal, pero la comunicación quedaba complicada debido a las docenas de idiomas que se hablaban por todo el imperio. **Que todo hombre afirmase su autoridad en su casa; y que se publicase esto en la lengua de su pueblo.** El significado es algo oscuro, pero es presumible que "la autoridad del marido en su casa se mostrara en el hecho de que solamente se fuera a utilizar la lengua del cabeza de familia en la casa" (Keil; cp. Neh 13:23). La mención de este punto en el decreto presupone que los hechos con respecto a Vasti fueron asimismo mencionados.

II. Ester hecha reina. 2:1–23.

Cuando Jerjes empezó otra vez a desear a Vasti, se propuso que se eligiera para él otra reina de entre las más hermosas vírgenes en la tierra. Ester, una joven judía que había sido criada por su primo Mardoqueo, se hallaba entre los que fueron llevadas a la casa de las mujeres. Jerjes la amó más a ella que a ninguna otra, y la eligió para que fuera su reina. Poco después, Mardoqueo descubrió un complot en contra del rey. Por medio de Ester, el asunto pasó a conocimiento del rey, y los criminales fueron ejecutados.

1. Pasadas estas cosas...se acordó de Vasti. Ya que Ester vino a ser reina en diciembre del 479 a.C. (2:16), y que tiene que haber pasado más de un año entre el decreto del 2:3 y su casamiento, el deseo del rey por Vasti tiene que haber sido conocido mientras que estaba aún dedicado a la gran campaña contra Grecia (481–479 a.C.). **2–4.** Dándose cuenta de que la restauración de Vasti significaría la ruina de ellos (ver com. sobre 1:19), los príncipes abandonaron el precedente de proveer una reina de entre sus propias hijas, y sugirieron que el rey se eligiera una nueva reina de entre las vírgenes más bellas del imperio. **A la casa de las mujeres, al cuidado de Hegai enunuco del rey, guarda de las mujeres.** Cp. 2:8, 15. Solamente los eunucos tenían acceso a "la casa de las mujeres" (v. 9). **Y la doncella que agrade**

a los ojos del rey, reine en lugar de Vasti (v. 4). De esta forma, su deseo por Vasti quedaría aminorado. Los príncipes estaban bien familiarizados con el débil carácter de Jerjes (Herodoto 9.108–113) y se aprovecharon de ello para sus propios propósitos.

5–7. Había...un varón judío cuyo nombre era Mardoqueo...había criado a Hadasa, es decir, Ester, hija de su tío. Se introducen ahora a los verdaderos protagonistas del libro. Mardoqueo, de la tribu de Benjamín, era el biznieto de un hombre llamado Cis, que había sido llevado a Babilonia con el rey Jeconías (Joaquín) en 597 a.C. A la muerte de su tío Abihail (2:15), Mardoqueo tomó a la hija huérfana de su tío a su propia casa, y la crió. "Asumiendo que Hadasa proviene de *hadhas*, mirto, y que Ester es *sitar*, el persa para estrella (en sánscrito *sta'na*; en acadio, *istar*), tenemos aquí un ejemplo temprano de la posterior práctica judía de dar dos nombres: uno hebreo y otro gentil, tal como Juan Marcos, Jose Justo, etc''. (A. MacDonald, "Esther", *The New Bible Commentary*, p. 382).

8–11. Ester también fue llevada a la casa del rey, al cuidado de Hegai guarda de las mujeres, y la doncella agradó a sus ojos (vv. 8, 9). Los sentimientos personales de Ester en este asunto no han quedado registrados, pero podemos asumir que tenía confianza en Jehová y que por ello recibió Su bendición (algo como José y Daniel). No obstante, a diferencia de José y de Daniel, no reveló su nacionalidad, y por ello es posible que participara de la comida ceremonialmente impura. No es fácil determinar la razón por la que Mardoqueo le mandó que mantuviera encubierta su nacionalidad (v. 20). Es posible que temiera por su seguridad (v. 11). O es posible que el Señor le concediera una premonición de una aflicción venidera para Israel y de la parte que Ester pudiera jugar en la liberación de su pueblo (4:14).

12–15. Después de un año entero de preparativos, llegó el turno de cada doncella de presentarse ante el rey. Para esta visita, podía llevar todos los adornos, joyería, o vestidos que quisiera. Ester reveló un espíritu singular en el hecho de que no estaba preocupada en absoluto por complacer al rey con el atavío "externo de peinados ostentosos, de adornos de oro o de vestidos lujosos", sino mediante "el incorruptible ornato de un espíritu afable y apacible, que es de grande estima delante de Dios" (1 P 3:3, 4). Por ello, no es de sorprenderse que Ester obtuviera **el favor de todos los que la veían,** y que se ganara el corazón del rey.

16–18. En el mes de diciembre del 479 a.C., sólo cuatro años después de su divorcio de Vasti, Jerjes hizo a Ester su reina. Durante aquellos cuatro años, el emperador había lanzado uno de los mayores ejércitos de la historia antigua contra los griegos, solo para sufrir unas derrotas humillantes y resonantes en Salamina y Platea. Ester le dio una medida de consuelo que con tanta urgencia precisaba. **Disminuyó tributos a las provincias** (v. 18). Este descargo al que se refiere el texto puede referirse bien a los tributos, o bien al trabajo (días de fiesta).

19–23. Y cuando las vírgenes eran reunidas la segunda vez. No se da explicación de esta segunda reunión, pero debe recordarse que Jerjes (como Salomón) era polígamo, y que estaba constantemente añadiendo a su harén. No obstante, fue durante esta segunda reunión que Mardoqueo descubrió un complot en contra de la vida del rey. Dos eunucos, **Bigtán** y **Teres,** que pudieran tener acceso al rey mediante las vírgenes mencionadas en 2:19, y que puede que hubieran quedado disgustados por el divorcio de Vasti, planeaban matar al rey. Es interesante señalar que al fin Jerjes murió asesinado (Olmstead, *op. cit.*, p. 289). Providencialmente, fue Mardoqueo el que descubrió el complot, porque el registro de su leal acción fue inscrito en las crónicas reales y, más tarde esto fue el medio de su exaltación (6:1–3). **Los dos eunucos fueron colgados en una horca** (v. 23). Es probable que fueran crucificados o empalados vivos. El original dice que *fueron colgados de un árbol* (cp. 7:10).

III. El complot de Amán contra los judíos. 3:1–15.

Mardoqueo rehusó inclinarse delante de Amán, a quien Jerjes había elevado a la segunda posición en el reino; y por ello la ira de Amán se encendió en contra de la nación de Mardoqueo. Mediante la suerte (*Pur*), se determinó el día fatal de la destrucción de los judíos, y Amán prometió al rey todas las propiedades que les fueran confiscadas. Amán envió cartas por todo el imperio en nombre del rey, anunciando el día de la destrucción de los judíos.

1–6. Según 3:7, los sucesos de este capítulo tuvieron lugar en 474 a.C., más de cuatro años después de que Ester viniera a ser reina (cp. 2:16). Por ahora, Amán el agagueo, había llegado a ser el favorito del rey, y toda rodilla se tenía que doblar ante él (cp. Gn 41:43). Era costumbre para los judíos doblar la rodilla ante sus reyes (2 S 14:4; 18:26; 1 R 1:16). Pero cuando los persas doblaban la rodilla ante sus reyes, pagaban homenaje a un ser divino. Los espartanos rehusaron doblar la rodilla ante Jerjes por esta razón (Herodoto,8.136). **Ya él les había declarado que era judío** (v. 4). Ya que se lealtad a Jehová era la base de su rechazo a inclinarse ante Amán, tuvo al fin que divulgar su nacionalidad. En este momento, esto puede haber parecido desastroso a Mardoqueo; pero al final Dios trajo mayores bendiciones debido a ello, porque Él no tiene su deleite en un testimonio silencioso (cp. 8:17). **Procuró Amán destruir a todos los judíos** (v. 6). Al descubrir que el rechazo de Mardoqueo a inclinarse ante él se basaba en motivos religiosos, Amán se dio cuenta de que nada menos que un *pogrom* a escala nacional iba a dar una solución final a este problema.

7. A principios de abril del 474 a.C., Amán hizo que los astrólogos y magos echaran la suerte para determinar qué día del año traería la destrucción sobre Israel (*Pur* es una antigua palabra persa que significa "suerte"). Los antiguos depositaban una gran confianza en la astrología y en la adivinación, pero poco se daban cuenta de que cuando "la suerte se hecha en el regazo...de Jehová es la decisión de ella" (Pr 16:33). El gobierno de Dios estuvo particularmente evidente en este caso, ya que al echar las suertes con respecto a cada día del año, cayó sobre el día trece del mes doce y último, ¡dando ello tiempo a que el complot de Amán fuera vencido, y a que se emitiera un contradecreto!

8–11. Amán reveló su extremada sutileza con la proposición que le hizo al rey. Dándose cuenta de que Jerjes era completamente ególatra, Amán consiguió su permiso para eliminar a los judíos convenciéndole de que ellos estaban desafiando sus leyes y que sus bienes confiscados harían aumentar sus tesoros de una forma inmensa. La singularidad de las leyes y costumbres de Israel ha provocado siempre ofensa a los gentiles profanos (Nm 23:9; Hch 16:20, 21). Pero difícilmente fuera cierto que rehusaran guardar las leyes de las naciones en las que vivieran, excepto en el caso de dar culto a una mera criatura (cp. Dn 3:12; 6:10). Amán estaba en lo cierto, no obstante, en su asunción de que los judíos tenían grandes riquezas. Muchos estaban posibilitados de dar generosamente a sus hermanos que habían vuelto a Palestina (Esd 1:4). "Aparecen treinta nombres hebreos...en 730 tabletas de cuentas que pertenecían a Murashu e hijos, una familia de banqueros en Nippur (Babilonia) el 464– 404 a.C''. (D. J. Wiseman, *Illustrations From Biblical Archaeology*, p. 76). **Diez mil talentos** (v. 9). En nuestras unidades de peso, se trataría de unas 340 tone-

ladas métricas (6 340.000 kilogramos). Afirma Herodoto (3.95) que Darío I recibía anualmente 15.000 talentos al año en impuestos. **Entonces el rey quitó el anillo de su mano y lo dio a Amán** (v. 10). En la antigüedad el anillo de sello era muy importante, pues era equivalente a la firma que utilizamos en la actualidad. Con este anillo, Amán podía enviar cartas en nombre del rey (3:12). Más tarde, el anillo fue dado a Mardoqueo (8:2, 8). **La plata que ofreces sea para ti, y asimismo el pueblo, para que hagas de él lo que bien te pareciere** (v. 11). Posiblemente para evitar la apariencia de codicia, Jerjes ofreció el dinero a Amán. La absoluta indiferencia del rey ante la suerte de millones de sus súbditos ha hallado paralelos modernos en Hitler, Stalin, Mao, y otros.

12–15. En el día trece de Nisán (17 de abril del 474 a.C.), fueron convocados los escribas para que prepararan copias y traducciones del decreto para su distribución por todo el imperio. **Fueron enviadas cartas por medio de correos** (v. 13). Herodoto escribió: "Nada mortal viaja con mayor rapidez que estos mensajeros persas. Todo el plan es un invento persa; y este es su método. A lo largo de toda la línea de carretera hay hombres (a decir de ellos) esperando con caballos, iguales en cantidad al número de días que se precisa para el viaje, dejándose un caballo y un hombre para cada día; y estos hombres no son estorbados de cubrir a su mejor velocidad la distancia que tienen asignada, ni por la nieve ni por la lluvia, ni por el calor ni por la oscuridad de la noche. El primer jinete entrega su despacho al segundo, y el segundo lo pasa al tercero; y así va pasando de mano en mano a lo largo de toda la línea, como la luz en la carrera de la antorcha que los griegos celebran en honor a Efesto'' (8.98). **El día trece del mes duodécimo.** Esto hubiera sido el 7 de marzo del 473 a.C., casi un año después. **Apoderarse de sus bienes.** Todos los que ayudaran a exterminarlos se quedarían con el botín, pero una parte de este pasaría a Amán. **La ciudad de Susa estaba conmovida** (v. 15). Es indudable que los judíos tenían numerosos amigos en la ciudad capital (cp. 8:15), que quedaron atónitos ante este chocante ejemplo de despotismo irresponsable. Es posible que el decreto fuera dado tan tempranamente a fin de alentar a los judíos a huir y a dejar atrás sus propiedades (Keil).

IV. La decisión de Ester. 4:1–17.

El gran luto de Mardoqueo provocó la curiosidad de Ester, quien supo después por él acerca del decreto y de su deseo de que ella apelara al rey. Cuando ella protestó que esto pudiera ser fatal para ella, Mardoqueo insistió en que se trataba de su responsabilidad ante Dios. Ella le prometió ir ante el rey si Mardoqueo se unía a ella en un ayuno de tres días.

1–3. Luego que supo Mardoqueo todo lo que se había hecho (v. 1). No solamente se enteró de lo que se había anunciado públicamente, además de tener en su posesión una copia del decreto (v. 8), sino que sabía el acuerdo que había entre Amán y el rey acerca de la cantidad exacta de dinero que le había sido prometida (v. 7). Esto agravó su dolor, porque es probable que se diera cuenta de que había sido debido a que él había dado a conocer su nacionalidad (3:4) que había desencadenado la ira de Amán sobre su pueblo. **Se vistió de cilicio y de ceniza.** La evidencia de un dolor abrumador (Job 2:12; Dn 9:3). No era **lícito pasar adentro de la puerta del rey con vestido de cilicio** (v. 2). El rey no toleraba tristezas ni tragedias en su presencia (cp. Neh 2:1, 2).

4–8. Al enterarse del duelo de Mardoqueo, Ester le envió unos vestidos adecuados a fin de que pudiera entrar en el patio (cp. v. 2). Quería impresionar sobre Ester la gravedad de la situación y tener la oportunidad de comunicarse con ella. **Entonces llamó Ester a Hatac** (v. 5). Es posible que Hatac fuera un judío que conociera la relación entre Ester y Mardoqueo. Al menos, pronto se enteró, porque entre otras cosas Mardoqueo le dijo que encargara a Ester que hiciera petición al rey *por el pueblo de ella* (v. 8).

9–12. Una sola ley hay...ha de morir (v. 11). Desde los tiempos más tempranos, los reyes de Media habían rehusado la entrada al salón del trono a personas no anunciadas a fin de destacar la dignidad de sus personas y para protegerse (Herodoto, 3.140). Pero Ester no había sido llamada por treinta días y es indudable que temiera que la falta temporal de interés del rey hacia ella pusiera en juego el éxito de su petición formal de audiencia. La única otra posibilidad era la de aparecer a la entrada del patio sin ser anunciada y esperar que la reacción del rey fuera de favor hacia ella. Este era para Ester un plan imposiblemente peligroso bajo tales circunstancias.

13, 14. No pienses que escaparás en la casa del rey más que cualquier otro judío. Mardoqueo le recordó la peligrosa posición en que ella misma se hallaba, especialmente debido a que su rechazo en ayudar al pueblo de Dios en esta hora de crisis atraería el juicio de Dios sobre ella y su familia, en tanto que **respiro y liberación vendrá de alguna otra parte para los judíos** (v. 14). Mardoqueo conocía las promesas de Dios y la historia de Israel demasiado bien para dudar de ello ni por un momento. De hecho, ¡bien pudiera ser que Dios la hubiera suscitado para ser Reina de Persia debido a la crisis que sabía que se iba a suscitar debido a la ira de Amán! Este pasaje es la clave al significado básico de todo el libro, esto es, demostrar la infalible providencia de Dios en favor de Su pueblo Israel. Las implicaciones de Mardoqueo eran totalmente claras, y su alegato irresistible.

15–17. Ayunad por mí...tres días (v. 16). No se menciona aquí la oración a Dios, pero queda implicaba de una manera muy evidente (cp. Jl 1:14). **Yo también con mis doncellas ayunaré igualmente.** Posiblemente fueran doncellas judías o quizás prosélitas a las que Ester hubiera enseñado a orar. **Si perezco, que perezca.** No se trata de un fatalismo ciego, ni de una resignación desesperada (cp. Gn 43:14), sino más bien una confianza en la voluntad y sabiduría de Dios (cp. Job 13:15; Dn 3:17, 18).

V. El primer banquete de Ester. 5:1–14.

El rey recibió con bondad a Ester, y ella a su vez le invitó a él y a Amán a un banquete privado. En el banquete, el rey le prometió concederle cualquier petición que ella pudiera hacer; ella le pidió que vinieran a otro banquete al siguiente día. Amán estaba abrumado de gozo por las invitaciones especiales, pero frustrado por la negativa de Mardoqueo de inclinarse ante él. La mujer y los amigos de Amán le sugirieron que obtuviera permiso del rey para colgar a Mardoqueo en una horca que él debía construir.

1–4. Al tercer día. El tercer día del ayuno, que probablemente durara más de cuarenta horas (4:16). **Ella obtuvo gracia ante sus ojos** (v. 2). Una evidencia notable del hecho de que ''como los repartimientos de agua, así está el corazón del rey en la mano de Jehová: a todo que quiere lo inclina'' (Pr 21:1); especialmente a la vista de Est 4:11. **Hasta la mitad del reino se te dará** (v. 3). Probablemente sorprendido ante la aparición de ella sin ser anunciada previamente, pensó que su petición tenía que ser de suma urgencia. A pesar de que esta expresión era una hipérbole, nunca se consideraba como una promesa dada a la ligera (cp. 5:6; 7:2; Mr 6:23; y Herodoto 9.109).

5–8. Mi petición y mi demanda es esta... mañana haré conforme a lo que el rey ha mandado (vv. 7, 9). El propósito de Ester al invitar al rey y a Amán a un banquete privado, en primer lugar, era para acusar a Amán de urdir un complot para destruir al pueblo de ella (cp. 7:6). Pero ahora, quizás dándose cuenta de que no tenía aun suficiente influencia cerca del rey para pronunciar una acusación tan atrevida, pospuso su petición y los invitó a otro banquete para la siguiente velada. Esto, naturalmente, fue providencial, porque los eventos que sucedieron entretanto proveyeron, como se registra en el cap. 6, el marco necesario para su acusación al siguiente banquete.

9–14. Y salió Amán aquel día contento y alegre de corazón; pero cuando vio a Mardoqueo...que no se levantaba...se llenó de ira contra Mardoqueo. Aquí tenemos un ejemplo interesante del autoengaño del pecador, gloriándose en sí mismo, y aborreciendo a Dios y al pueblo de Dios. Aunque las personas que rodeaban a Ester conocían su relación con Maradoqueo (cp. nota sobre 4:4–8), es evidente que Amán la desconocía. Esta ignorancia resultó en su propia destrucción. **La multitud de sus hijos** (v. 11). Amán tenía diez hijos (9:7–10). Tener muchos hijos era considerado un gran honor no solamente en Israel (Sal 127:3–5) sino también en Persia (Herodoto 1.136). **Hagan una horca de cincuenta codos de altura...que cuelguen a Mardoqueo en ella** (v. 14). Amán ordenó a los obreros que construyeran una horca de 22 m. (72 pies) de altura en su propio patio (7:9), a fin de que se viera desde lejos, probablemente incluso desde el palacio. La construcción empezó aquella misma noche, debido a que Amán estaba sumamente confiado en que el rey le concedería su petición y que esto le permitiría disfrutar el segundo banquete con Ester con total tranquilidad de mente.

VI. Amán humillado ante Mardoqueo. 6:1–14.

Incapaz de dormir aquella noche, el rey mandó que le leyeran las crónicas oficiales, que registraban el acto de lealtad no premiado de Mardoqueo al denunciar el complot contra el rey. Cuando Amán llegó a la corte para demandar la muerte de Mardoqueo, se le pidió qué honores debían otorgársele a un favorito del rey. Pensando en sí mismo, sugirió una exaltación muy elaborada, solamente para serle dicho que tenía que hacer estos honores a Mardoqueo el judío. Cuando llegó a su casa, su esposa y sus amigos le advirtieron que si Mardoqueo era realmente judío, no iba a poder prevalecer contra él, sino que su propia suerte estaba ya sellada.

1–3. Aquella misma noche se le fue el sueño al rey. Es posible que fuera la ansiedad acerca de la petición de Ester, o una excesiva indulgencia en el banquete de vino lo que mantuviera despierto a Jerjes aquella noche (cp. Dn 6:18). Pero, por encima de todo, fue la providencia de Dios, porque, aparte de ésta, el rey nunca hubiera oído la lectura del relato de la acción de Mardoqueo tal como ésta había quedado registrada en "el libro de las memorias y crónicas" (cp. 2:23).

4–9. ¿Quién está en el patio? Habiendo estado trabajando los carpinteros durante toda la noche para terminar la horca, Amán llegó a la corte temprano en la mañana para pedir el permiso del rey para colgar a Mardoqueo. Pero antes de poder hacer su petición, el rey le llamó al salón del trono para dar respuesta a una importante pregunta. Es evidente que el rey quería consultar al primer hombre de estado al que pudiera encontrar, y ¡resultó que era Amán el que se hallaba más a mano en aquel momento! **Más que a mí** (v. 6). Esto constituye una clara ilustración al texto: "Antes del quebrantamiento es la soberbia, y antes de la caída la altivez de espíritu" (Pr 16:18; cp. 11:2; 18:12). De inmediato Amán empezó a relacionar aquellos honores que serían de mayor estima en Oriente, ¡como si hubiera meditado a menudo sobre esta posibilidad y estuviera listo para dar una respuesta si el rey le preguntaba alguna vez! **El vestido real de que el rey se viste** (v. 8). No un vestido de estado ordinario, sino un vestido costoso que el rey tenía y que había realmente usado (cp. 1 S 18:4). **La corona real que está puesta en su cabeza.** La corona se tenía que poner sobre la cabeza del caballo, pues se puede ver en monumentos asirios y persas esculturas con cabezas de caballos ornamentadas (Keil). **Llévenlo en el caballo por la plaza de la ciudad, y pregonen delante de él** (v. 9). Cp. el honor similar que se le hizo a José en Egipto (Gn 41:42).

10. Hazlo así con el judío Mardoqueo. Es indudable que el rey había descubierto que Mardoqueo era judío conversando con sus cortesanos acerca de la buena acción que él había hecho (6:1–3). Pero siendo un monarca voluble y olvidadizo, ¡no había relacionado este hecho con el decreto que había emitido recientemente ordenando la exterminación de los judíos! (cp. 3:11).

13, 14. Los amigos de Amán, que habían actuado anteriormente como sus consejeros (5:14), actuaron ahora como **sabios** (*magi*), pues predijeron su caída. **Si de la descendencia de los judíos es ese Mardoqueo...no lo vencerás** (v. 13). El cambio repentino de la fortuna de Mardoqueo les hizo darse cuenta, con un sentimiento supersticioso lleno de maravilla debido al conocimiento del cuidado providencial por su pueblo desde la época de Ciro, que la caída preliminar de Amán no cesaría antes de su destrucción total. **Llegaron**

apresurados, para llevar a Amán al banquete. Con su espíritu abatido, Amán fue al segundo banquete de Ester como un cordero al matadero.

VII. El segundo banquete de Ester. 7:1–10.

Ester pidió al rey que su pueblo fuera preservado de la destrucción y acusó atrevidamente a Amán de ser el adversario. El rey salió enfurecido al jardín ante este descubrimiento, y volvió para encontrar a Amán rogando a Ester por su vida. Acusándole de atacar a la reina, ordenó que Amán fuera colgado de la misma horca que había hecho para Mardoqueo.

1–6. Hemos sido vendidos, yo y mi pueblo (v. 4). Envalentonada por el repentino cambio de fortuna, Ester finalmente se identificó con el pueblo de Israel que había sido vendido (3:9; 4:7) **para ser destruidos, para ser muertos y exterminados** (la misma fraseología que en 3:13). **Si para siervos y siervas fuéramos vendidos, me callaría; pero nuestra muerte sería para el rey un daño irreparable.** Lit., *aunque el enemigo no es igual al daño del rey.* Aunque la fraseología hebrea de este pasaje no nos es nada clara en la actualidad, es probable que signifique que el castigo de Amán implicaría mucha menos pérdida financiera para el rey que la destrucción de miles de judíos. No obstante, Ester se habría quedado callada si los judíos hubieran sido vendidos como esclavos, porque es indudable que ello hubiera traído un gran provecho inicial para el rey (F. Schultz, ''Esther'', en *Lange's Commentary*). **¿Quién es, y dónde está, el que ha ensoberbecido su corazón para hacer esto?** (v. 5) Esta es la respuesta por la que habían estado orando Ester y Mardoqueo. El rey, al enterarse de que su reina era judía, quedó abrumado ante el pensamiento de que ella y su pueblo habían sido vendidos a destrucción por un decreto inalterable. Cierto es que había consentido al complot de Amán sin mucha deliberación (3:10, 11); pero es difícil imaginar que no sabía quien había sido el responsable de iniciar este programa hacía solamente dos meses (cp. 3:7; 8:9). Es posible que se refrenara de volverse a Amán a fin de enfatizar en primer término la absoluta maldad del hecho mismo. **El enemigo y adversario es este malvado Amán** (v. 6). Ester erigió cuidadosamente su alegato antes de nombrar finalmente a Amán.

7. En tanto que el enfurecido rey salía al jardín para conseguir dominarse, Amán suplicaba a Ester por su vida, dándose cuenta de que no podría conseguir el favor del rey sin su intercesión. El día anterior había conducido en triunfo en procesión triunfante por las calles de la ciudad, y ¡ahora estaba rogando por su vida a una judía! Una inversión similar tendrá lugar en la inauguración del Milenio (cp. Is 14:1–3).

8. ¿Querrás también violar a la reina en mi propia casa? (v. 8). Desesperado por su propia vida, Amán cayó a los pies de Ester al reclinarse ella sobre el reclinatorio de oro y de plata (cp. 1:6). Los persas así como los romanos se reclinaban para comer, y los judíos lo hacían también en los años posteriores (cp. Jn 13:23). Cuando Asuero volvió del jardín, arrojó su ira sobre Amán y le atribuyó los peores de los motivos por dirigirse así a la reina. Es evidente que el rey no pensaba que Amán estuviera en realidad atacando a Ester, sino que en el calor de su ira habló de esta forma para mostrar a sus siervos como consideraba a Amán. **Al proferir el rey esta palabra, le cubrieron el rostro a Amán.** Esta palabra no era la pregunta que acababa de hacer, sino una orden de ejecutar a Amán, que no aparece registrada en el texto. Los antiguos cubrían en algunas ocasiones las cabezas de los que iban a ser ejecutados.

9, 10. Harbona era uno de los siete eunucos a los que el rey había enviado a que llamaran a Vasti al gran banquete (1:10). **He aquí en casa de Amán la horca de cincuenta codos de altura que hizo Amán para Mardoqueo.** Los eunucos habían probablemente relacionado los varios crímenes de Amán a fin de estar en sintonía con la ira del rey en contra de él, y concluyeron señalando la horca de veintidós metros de altura en el patio de la casa de Amán, que se podía ver claramente desde el palacio. Siguiendo las sugerencias de sus cortesanos, como de costumbre, el rey ordenó que Amán fuera colgado en su propia horca.

VIII. El contradecreto de Mardoqueo. 8:1–17.

La propiedad de Amán y su posición fueron ahora dadas a Mardoqueo por decreto de Jerjes y de Ester. Pero el rey no podía revocar su decreto en contra de los judíos; de manera que dio poderes a Mardoqueo para que emitiera un nuevo decreto que neutralizara el primero. Esto se hizo con toda urgencia, y a los judíos se les permitió defenderse en el día trece de Adar, la fecha que Amán había fijado anteriormente como el día de la destrucción de ellos. Esto produjo un gran regocijo por todas partes y muchas personas se hicieron prosélitos judíos.

1–2. Ahora que había revelado su nacionalidad a Jerjes (7:4), Ester tuvo el gozo de presentar a Mardoqueo al rey como su guardián y primo. El rey ya había tenido por bueno dar honor a Mardoqueo por denunciar el complot en contra de su vida (6:6); de forma que le era perfectamente natural darle al judío su anillo de sello (cp. 3:10; 8:8) y señalarle como primer ministro de su imperio (cp. Gn 41:42).

3–6. A pesar de la muerte de Amán y de la exaltación de Mardoqueo, los judíos estaban aun condenados a la destrucción por un decreto irrevocable. Por ello, la tarea de Ester no había terminado todavía. En 8:3 se bosqueja el contenido general de su petición, pero es en 8:5, 6 que se dan sus palabras reales. **Que se dé orden escrita para revocar las cartas que autorizan la trama de Amán agagueo...porque ¿cómo podré ver yo el mal que alcanzará a mi pueblo? ¿Cómo podré yo ver la destrucción de mi pueblo?** (vv. 5, 6). Ester estaba desesperadamente preocupada por la suerte de su pueblo Israel ahora, como se puede ver por la cuádruple fórmula introductoria que utilizó, y que enfatizaba su relación personal con el rey. No entendiendo completamente lo intrincado de la ley de Persia, apeló directamente al corazón del rey para que tuviera misericordia de Israel y para que revocara las cartas *tramadas por Amán*, teniendo buen cuidado de no dar culpa al rey por su parte en la acción de Amán.

7, 8. **He aquí yo he dado a Ester la casa de Amán...un edicto que se escribe en nombre del rey...no puede ser revocado.** Ansioso por demostrar a Ester que la amaba, empezó recordándole a ella los favores que ya le había mostrado. Pero añadió que nadie, ni tan siquiera el rey de Persia mismo, tenía poderes para revocar las leyes de los medos y de los persas (cp. el aprieto similar de Darío de Media en Dn 6). No obstante, Mardoqueo tenía todo el derecho de emitir un contradecreto en nombre del rey, que sería igual de irreversible que el emitido por Amán.

9, 10. Las cartas oficiales fueron ahora preparadas de la misma manera que las que Amán había enviado (3:12–15). La fecha fue el 25 de junio del 474 a.C., poco después de dos meses después del primer decreto, permitiendo que los judíos tuvieran ocho meses para preparar sus defensas (v. 9). **Por medio de correos montados en caballos veloces procedentes de los repastos reales.** Se pone aquí un énfasis especial en la velocidad con la que fueron enviadas las cartas de Mardoqueo, algunas de ellas quizás adelantándose a las de Amán.

11–14. Parece que hay cuatro ideas principales expuestas en el decreto de Mardoqueo: (a) los judíos tenían que reunirse en grupos para el trece de Adar; (b) tenían que defender sus vidas; (c) tenían que matar a los que les atacaran; y (d) tenían que despojar a sus atacantes. **Fuerza armada del pueblo** (v. 11) se refiere a sus fuerzas militares. **Salieron a toda prisa por la orden del rey** (v. 14). Se ha observado con frecuencia que esto sirve como una notable ilustración de la obra misionera en la actualidad. La sentencia de muerte pronunciada por Dios pende sobre una humanidad pecaminosa, pero él también nos ha encargado de que apresuremos el mensaje de salvación a todas las tierras (cp. Pr 24:11, 12). Solo mediante un conocimiento de, y una respuesta a, este segundo decreto pueden evitarse los terribles efectos del primer decreto.

15–17. Habiendo emitido el decreto, Mardoqueo se revistió en la vestidura real de azul y blanco (los colores reales de Persia; cp. 1:6), una gran corona de oro, un vestido de lino fino y de púrpura. Esta era probablemente su propia indumentaria oficial como primer ministro más que el especial atuendo que le fue concedido en su día anterior de exaltación (6:8). Su aparición en la ciudad reforzó el gozo que había sido producido por el decreto (contrástese con la tristeza y conmoción producida por el decreto de Amán, 5:3). **Y los judíos tuvieron luz y alegría, y gozo y honra** (v. 16). *Alegría y gozo, una fiesta y un buen día* (ASV). Esta fiesta fue por adelantado a la fiesta de Purim, que se celebró por primera vez ocho meses más tarde (9:17–19). **Y muchos de entre los pueblos de la tierra se hacían judíos** (v. 17). El verbo **se hacían judíos** solamente aparece en una ocasión en el AT. De hecho, hallamos pocas evidencias de que hubieran gentiles que se hicieran judíos hasta los tiempos del NT (cp. Hch 2:10; Mt 23:15). **El temor de los judíos había caído sobre ellos.** Israel había ahora empezado a experimentar una de las mayores liberaciones de Dios desde el éxodo, y la lección fue evidente para muchos (9:2, 3; Éx 15:16; Dt 11:25).

IX. La victoria de los judíos, y la institución del Purim. 9:1—10:3.

Cuando llegó el día fatal, los judíos se defendieron con todo éxito con la ayuda de oficiales del gobierno y mataron a quinientos hombres en Susa, incluyendo a los diez hijos de Amán. Ester obtuvo permiso para que los judíos se defendieran también un segundo día, y otros trescientos enemigos fueron muertos en Susa. En las provincias, fueron muertos setenta y cinco mil enemigos. La Fiesta del Purim fue entonces instituida por cartas especiales para conmemorar esta gran liberación. Una segunda carta confirmó la primera y ordenaba asimismo un ayuno. La grandeza de Mardoqueo y su amor por Israel quedaron registrados en las crónicas del reino.

1–4. Finalmente, el 7 de marzo del 473 a.C., llegó el día fatal, y los judíos se reunieron en grupos compactos dentro de las varias ciudades, esperando a sus atacantes. **Sucedió lo contrario** (v. 1). ¡Una evidente referencia a la providencia de Dios, y con todo, no aparece el nombre de Dios! **Para descargar su mano sobre los que habían procurado su mal** (v. 2). En este contexto la frase **descargar su mano** significa *matar* (cp. 2:21; 3:6; 6:2). **Todos los príncipes de las provincias... apoyaban a los judíos; porque el temor de Mardoqueo había caído sobre ellos** (v. 3). El tenor del segundo decreto puso perfectamente en claro para los oficiales persas que el rey, para no decir nada de su primer ministro, Mardoqueo, estaban ahora en favor de los judíos. Haberse unido ahora al ataque sobre los judíos hubiera ahora atraído la ira sobre ellos. Es posible que recordaran la suerte de aquellos gobernadores que se habían opuesto a los verdaderos deseos de Darío de Media en una situación algo similar (Dn 6:24).

5–10. No obstante, habían muchos ciudadanos persas que se apoyaron totalmente en el primer decreto para atacar a sus odiados vecinos judíos. Privados de un apoyo total de parte del gobierno y confrontados por un pueblo celoso y totalmente alentado y apoyado, fueron totalmente derrotados. En la misma Susa quinientos persas, además de los diez hijos de Amán, recibieron la muerte. Todos estos hijos de Amán, con la posible excepción de Adalía, tenían nombres persas (ver Lange's *Commentary, in loco*, para los significados de las raíces de los nombres). **Pero no tocaron sus bienes** (v. 10). Cp. 3:13; 8:11; 9:15, 16. Los judíos se refrenaron de aprovecharse de su privilegio de derecho, a fin de que la pureza de los motivos de ellos pudieran ser evidentes ante todos.

11–16. ¿**Qué habrán hecho en las otras provincias del rey?** (v. 12). Es evidente que el rey se regocijó de oír que los judíos habían obtenido tal victoria en Susa, y esperaba informes de victorias incluso mayores en las provincias. **Concédase también mañana a los judíos en Susa, que hagan conforme a la ley de hoy** (v. 13). Evidentemente, Ester se enteró de un complot persa de atacar a los judíos también al día siguiente, y por ello pidió permiso para que los judíos se defendieran de nuevo. El rey concedió esta petición y emitió un decreto permitiendo a los judíos que mataran a sus enemigos en Susa el día catorce de

Adar, porque el decreto de Mardoqueo había especificado solamente un día para que los judíos se defendieran de esta forma (8:13). Este decreto adicional fue obedecido (v. 15), y otros trescientos persas más fueron muertos en Susa. Así, el decreto del 9:14 no se refiere principalmente al empalamiento de los cadáveres de los hijos de Amán (14*b*; cp. Dt 21:22, 23). Entretanto, los judíos de las provincias habían dado muerte a setenta y cinco mil de sus enemigos el día trece de Adar.

17–28. Los judíos de las provincias empezaron a observar el catorce de Adar como una fiesta, en tanto que los de Susa observaban el quince. Como en nuestras navidades, se intercambiaban regalos (cp. Neh 8:10, 12; Ap 11:10), y se tenía cuidado de los pobres (v. 22). **Y escribió Mardoqueo estas cosas, y envió cartas a todos los judíos** (v. 20). Según parece, después de varios años de esto, Mardoqueo revisó los sucesos relacionados con su victoria y decretó que no hubiera más dos fiestas distintas (el catorce en las provincias y el quince en Susa), sino que se observaran los dos días como la Fiesta del Purim (vv. 26–28). De hecho, muchos judíos habían empezado ya a observar ambos días (v. 23).

29–32. Esta segunda carta referente a Purim. Esta no era la carta de 9:20, sino una nueva carta descrita en 9:30–32, según la que se observaba un período de ayuno de oración (**los ayunos y de su clamor,** v. 31), además de los días de gozo, en memoria de los días ansiosos de oración que habían precedido a la liberación divina. Es de presumir que Ester y Mardoqueo habían estado observando este tiempo de ayunos durante varios años ya (cp. 4:15–17), y creían ahora que lo mejor era hacer que se transformara en una costumbre nacional. **Y esto fue registrado en un libro** (v. 32). No en el libro mismo de Ester, sino el libro en que Mardoqueo había escrito su registro de los sucesos (v. 20) y que sirvió como una de las fuentes básicas del libro de Ester.

10:1–3. Jerjes murió en 465 a.C. Mirando retrospectivamente a su reino algo después, el autor remarca en el inmenso poder y riqueza de este rey (v. 1) a fin de mostrar la maravillosa providencia de Dios al elevar a un despreciado judío a una posición de honor en un tal imperio. **Habló paz para todo su linaje** (v. 3). Esto no se refiere a los propios hijos de Mardoqueo, sino a Israel, su raza (cp. 2 R 11:1).

BIBLIOGRAFÍA

Para la bibliografía, consultar al final del comentario a *Esdras*.

JOB

INTRODUCCIÓN

Título. Tanto el nombre del libro como el de su protagonista, *'iyyôb*, aparece en textos extrabíblicos ya en fecha tan temprana como el 2000 a.C. Su forma monosilábica castellana, *Job*, se deriva de Vulgata, o versión latina.

Género literario. El núcleo central de este libro lo constituye la poesía, engarzada como una joya dentro de un prólogo y un epílogo de prosa épica. Tales estructuras ABA se hallan en otros ejemplos de la literatura antigua. Por ejemplo, Hamurabi dispuso sus leyes entre un prólogo y un epílogo de poesía. Y una obra egipcia, *El campesino elocuente*, encuadra las nueve protestas semipoéticas del campesino dentro de un prólogo y epílogo de prosa.

Juntamente con Proverbios, Eclesiastés y, en un sentido, el Cantar de los Cantares de Salomón, el libro de Job pertenece al género Sapiencial (*ḥokmâ*), un tipo de escritos ampliamente ilustrado en una variedad de formas en la literatura del Oriente Medio antiguo. Dentro del canon de las Escrituras del AT, la contribución distintiva de los libros sapienciales es que ellos exponen la relevancia de la revelación fundamental de la revelación mediante Moisés a los grandes temas de la vida del hombre en este mundo, más específicamente, de la vida del hombre aparte del contexto peculiarmente teocrático de la historia israelita. Existen muchas similaridades formales entre Job y varias piezas sapienciales extra-bíblicas; p. ej., el estilo de diálogo, y motivos como el problema del sufrimiento y el anhelo por morir. No obstante, en su enseñanza esencial, Job difiere totalmente de la literatura sapiencial extra-bíblica debido a que representa el mensaje singular de revelación redentora, la sabiduría de Dios que hace vana la sabiduría de los hombres. Incluso en su estructura literaria, considerada como un todo, es singular: una obra maestra universalmente aclamada.

Estrechamente relacionada con el estilo literario se halla la cuestión de su historicidad. Es evidente que Job fue una personal real (cp. Ez 14:14, 20; Stg 5:11), y que su experiencia verdadera fue sustancialmente la que se registra en este libro. No obstante, la poesía magnífica de los varios discursos ha hecho llegar a un consenso general acerca de la conclusión de que el relato no es aquí literal, sino libre. Además, el estilo épico semipoético del prólogo y del epílogo (con su estructura estrófica y sus refranes), aun sin demandar el punto de vista de que la narración sea legendaria, sugiere la posibilidad de un tratamiento libre y figurado de algunos detalles.

Paternidad y fecha de composición. Las discusiones de la paternidad de Job por la mayor parte de los críticos modernos queda complicada por las dudas de los críticos acerca de la unidad del libro tal como lo tenemos. La evidencia no es principalmente externa, porque aunque el texto de Job en la LXX es alrededor de una quinta parte más corto que el del texto masorético, sus omisiones son evidentemente secundarias. Las secciones que han sido más ampliamente consideradas como adiciones a una obra original básica son el prólogo y el epílogo, el poema acerca de la sabiduría (cap. 28), el material de Eliú (caps. 32–37), y partes de los discursos del Señor (caps. 38–41). También, se considera que los caps. 24 — 27 están seriamente desordenados. No obstante, se halla una fuerte defensa de la integridad de nuestro texto actual en la unidad estructural maestra del todo y de la rica relación mútua entre todas las partes.

La cuestión de la fecha ha recibido todo tipo posible de respuestas, lo que es indicativo de la dificultad de determinar con precisión su fecha de redacción. La fecha de la *redacción* del libro no debe de confundirse con la fecha de la *historia* que se narra. Job evidentemente vivió en la época patriarcal antigua. Vemos, por ejemplo, la longevidad de Job, además de la práctica de la verdadera religión, lo que es digno de señalar (y que tenía su contexto dentro de una revelación sobrenatural especial) aparte de los límites del pacto abrahámico, y los tempranos desarrollos económicos y políticos que se reflejan en este libro. La cuestión con respecto a la fecha del libro se reduce, entonces a: El lapso de tiempo que se transmitió la historia del patriarca Job —ya oralmente, ya bien parcialmente por escrito— antes de que el escritor israelita anónimo, bajo inspiración divina, transformara la tradición en el libro canónico de Job. La mayor parte de los críticos favorecen una fecha exílica o postexílica, quedando el juicio de ellos influenciado por la forma en que erigen la interdependencia entre Job, Isaías, y Jeremías, y por las fechas que le asignan a los pasajes pertinentes de Isaías. La datación más extrema (siglo II a.C.) parece quedar decisivamente contradicho por fragmentos de manustritos jobeanos incluídos entre los hallazgos del mar Muerto, especialmente los que aparecen en hebreo arcáico. La grandeza y la espontaneidad del libro y su recreación enfática y profunda de los sentimientos de personas que se hallaban en la edad temprana de la revelación, señalan a un período pre-exílico temprano, antes de la contribución doctrinal, y especialmente escatológica, de los profetas. Muchos eruditos conservadores han favorecido una fecha en la época de Salomón, siendo ésta la edad dorada de la literatura sapiencial bíblica (cp., p.ej., las similaridades de Job con los Salmos 88 y 89, que pertenecen a la época salomónica; cp. 1 R 4:31).

Tema. Por medio del problema de la teodicea, el libro de Job vuelve a hacer sonar la demanda central del Pacto. Llama a las personas a una consagración sin reserva alguna a su soberano Señor. Y esta forma del pacto, esta consagración el Creador trascendente e inalcanzable, queda identificada con el camino de la sabiduría. Por ella presenta a la Iglesia su testimonio apropiado de la revelación redentora ante las escuelas de la sabiduría del mundo.

BOSQUEJO

I. **Desolación: La prueba de la sabiduría de Job. 1:1 — 2:10.**
  A. Descripción de la sabiduría de Job. 1:1–5
  B. La sabiduría de Job negada y exhibida. 1:6 — 2:10
    1. La enemistad de Satanás. 1:6–12
    2. La integridad de Job. 1:13–22
    3. La persistencia de Satanás. 2:1–6
    4. La paciencia de Job. 2:7–10

II. **Queja: Extravío del camino de la sabiduría. 2:11 — 3:26.**
  A. La llegada de los sabios. 2:11–13
  B. La impaciencia de Job. 3:1–26

III. **Juicio: El camino de la sabiduría oscurecido e iluminado. 4:1 — 41:34.**
  A. Los veredictos de los hombres. 4:1 — 37:24
    1. Primer ciclo de debate. 4:1 — 14:22
      a. Primer discurso de Elifaz. 4:1 — 5:27
      b. Réplica de Job a Elifaz. 6:1 — 7:21
      c. Primer discurso de Bildad. 8:1–22
      d. Réplica de Job a Bildad. 9:1 — 10:22
      e. Primer discurso de Zofar. 11:1–20
      f. Réplica de Job a Zofar. 12:1 — 14:22
    2. Segundo ciclo de debate. 15:1 — 21:34
      a. Segundo discurso de Elifaz. 15:1–35
      b. Segunda réplica de Job a Elifaz. 16:1 — 17:16
      c. Segundo discurso de Bildad. 18:1–21
      d. Segunda réplica de Job a Bildad. 19:1–29
      e. Segundo discurso de Zofar. 20:1–29
      f. Segundo réplica de Job a Zofar. 21:1–34
    3. Tercer ciclo de debate 22:1 — 31:40
      a. Tercer discurso de Elifaz. 22:1–30
      b. Tercera réplica de Job a Elifaz. 23:1 — 24:25
      c. Tercer discurso de Bildad. 25:1–6
      d. Tercera réplica de Job a Bildad. 26:1–14
      e. Instrucción de Job a los silenciados amigos. 27:1 — 28:28
      f. Protesta final de Job. 29:1 — 37:40
    4. El ministerio de Eliú. 32:1 — 37:24
  B. La voz de Dios. 38:1 — 41:34

COMENTARIO

I. Desolación: La prueba de la sabiduría de Job. 1:1 — 2:10.

A. *Descripción de la sabiduría de Job. 1:1–5.*

El temor de Jehová que es el principio de la sabiduría, era la principal característica del carácter de Dios. El manantial de su vida y carácter era la religión del pacto de la fe en el Cristo de la promesa, "que nos ha sido hecho por Dios sabiduría" (1 Co 1:30; cp. Is 11:2).

1. La patriarca de Jacob, Uz, caía en cierto lugar al este de Canaán, cerca de los límites del desierto que separa los brazos oriental y occidental del Creciente Fértil. Era un área de ciudades, granjas, y de ganados transhumantes. **Perfecto y recto** (RV) no denota una perfección sin pecado alguno (cp. el reconocimiento que Job hace de sus pecados; p.ej., 7:20; 13:26; 14:16ss.) sino una integridad directa, específicamente una fidelidad al pacto (cp. Gn 17:1, 2). Había una honrada armonía entre la profesión de Job y su realidad, muy en oposición a la hipocresía de que fue acusado por Satanás, y más tarde por sus amigos. **Temeroso de Dios.** En el AT "el temor de Jehová" es el nombre para denotar la verdadera religión. La piedad de Job era el fruto de una entrega genuína a su Señor, delante del cual andaba en reverencia, rechazando de una manera resuelta lo que Él prohíbia.

2, 3. La verdadera sabiduría halla su expresión en el seguimiento resuelto del mandato de Dios, por parte de sus criaturas, de llenar y someter la tierra (Gn 1:28). Debido a la anormalidad de la historia, que es resultado de la Caída, los fracasos estorban los esfuerzos incluso de los piadosos. Pero las empresas familiares de Job, sus actividades agrícolas, y sus ganados, habían sido coronados con la bendición de Dios (cp. la descripción que Job hace de este período en el cap. 29).

4, 6. Teniendo a Dios presente tanto en sus días buenos como en los malos, Job cumplía fielmente su papel como sacerdote dentro de su familia. No siendo un mero formalista, Job percibía la raíz del pecado en el corazón humano (cp. cap. 31); y al no ser un mero moralista, reconocía, como había evidenciado la especial revelación redentora, que no hay remisión de pecados sin el derramamiento de la sangre sacrificial. **Holocaustos,** en tanto que eran símbolos de la expiación mesiánica del pecado, eran también un rito de consagración. Mediante ellos, Job dedicaba los frutos del progreso en el área de la cultura (cp. 1:3) a su Creador. Así, la cultura humana cumplía su verdadero propósito en la adoración de Dios.

B. *La sabiduría de Job negada y exhibida. 1:6 — 2:10.*

Los sabios para salvación están al tanto de la dimensión demoníaca de la historia, de la furia duradera durante toda esta edad de Satanás en contra de "la simiente" de la mujer (cp. Gn 3:15), esto es, Cristo y su pueblo. El Adversario presentó la acusación de que la sabiduría piadosa de Job no era genuína, y que su piedad era solamente un subproducto de su prosperidad. Pero, al ser puesto a la prueba, Job aplastó a Satanás bajo su pie al demostrar que estaba dispuesto a servir a Dios "de balde". Ya que la verdadera sabiduría, el temor de Jehová, es un don de Dios divinamente otorgado, la acusación de Satanás en contra de Job era en realidad una desafiante negación de la sabiduría de Dios, un desafío a la eficacia soberana del decreto redentor de Dios de "poner enemistad" entre los elegidos y la serpiente (Gn 3:15). El propósito principal del sufrimiento de Job, sin él saberlo, era que estuviese ante los hombres y los ángeles como trofeo del poder salvador de Dios, una exhibición de aquella sabiduría divina que constituye el arquetipo, la fuente y el fundamento de la verdadera sabiduría humana.

1) La enemistad de Satanás. 1:6–12.

6, 7. A fin de que el lector pueda descubrir el propósito principal de los sufrimientos de Job y este de esta manera en posición de juzgar de una forma exacta donde se halla la sabiduría en lo que sigue, se corre el velo que cubre el mundo angélico invisible, representado aquí como una corte real con el Soberano sentado sobre su trono entre sus siervos. **Los hijos de Dios.** Esta frase denota en los antiguos mitos politeístas a seres divinos. En la Biblia se refiere bien a hombres (p.ej., Gn 6:2) o, como aquí, a criaturas celestiales. **Satanás**, lit., *el Adversario*, se halla entre aquellos obligados a rendir cuentas ante el trono celestial. Esto, además del hecho de que Satanás no puede tentar a Job sin recibir el oportuno permiso, exhibe su subordinación total, juntamente con la de todas las criaturas, visibles o invisibles, al Dios al que temía Job.

8–10. Dios se da gloria a sí mismo al señalar a Job como una creación de su gracia redentora. **No hay otro como él en la tierra** (v. 8*b*). Esta aprobación divina va incluso más allá de la descripción que hallamos en el v. 1. Pero aunque el hostil acusador no puede hallar nada en la conducta exterior de Job para condenarlo (contrástese con la situación en Zac 3), insinúa que la aparente devoción del patriarca se debe a unos intereses propios calculados. Está diciendo, efectivamente: "Job es un engañador como yo, su verdadero padre, el diablo". Satanás trató de arrebatar a Job de la mano de Dios, y así puso en tela de juicio la afirmación de Dios de que Job había sido hecho Su hijo por la gracia redentora. El diablo insinúa que, al no darse cuenta de lo fraudulenta que es la piedad de Job, Dios es por ello ingénuo. Porque, ¿quién sería el que, habiendo recibido todo un mundo para sí, y protegido todo alrededor por una cerca, no mantendría todas las apariencias necesarias de lealtad al dador? El asalto satánico sobre la integridad de Job es así, en último término, un ataque contra la integridad de Dios: Dios ha sobornado al profano Job para que actúe piadosamente. La oportunidad que se le da a Job mediante esta prueba, por ello, no es la de que se vindique a sí mismo, sino que justifique a Dios.

11, 12. En la tentación de Edén, Satanás menospreció a Dios ante el hombre; aquí menosprecia al hombre ante Dios. Pero utilizó las mismas técnicas sutiles en ambos casos. Empezó con una pregunta insinuantes, y después pasó a una contradicción abierta de la palabra divina. Elimina la prosperidad de Job, dice, y la piedad que reposa sobre ella se derrumbará. Dios acepta el desafío. Y, además, es cosa cierta de que al dirigir la atención de Satanás hacia Job, en Su sabiduría insondable es Él el que está invitando el desafío.

El hecho de que no se le revele a Job ni las transacciones en la corte celestial ni la escena del cielo va en línea con el hecho de que este libro no va destinado a dar respuesta a la pregunta de por qué sufren los justos. En lugar de ello, el libro presenta la absoluta consagración del ser mismo del hombre al su fiel Creador-Salvador como verdadera sabiduría. El hombre tiene que seguir temiendo a Dios aun si su mundo se derrumba y la vida le arroja, como a Jacob, en un aturdimiento embotado sobre un montón de cenizas.

2) La integridad de Job. 1:13–22.

13–19. ¡Qué desigual parece el duelo! ¡Un conocimiento preternatural —con el elemento sorpresa a su favor— alineado en contra de un mortal! En comparación con esto, David y Goliat estaban *en igualdad de condiciones*. Y con todo, la firme justicia de Job, así como el heroísmo de David, era solamente el índice visible del poder de la redención divina obrando en y por medio del siervo de Dios. La estrategia de Dios, como la de Elías en el monte Carmelo, era la de imposibilitar a Satanás que produjera una explicación naturalista ante los testigos de la maravilla que Él iba a llevar a cabo. La ventaja abrumadora que Dios le concedió a Satanás vino a ser, en la secuela, la medida de la ignominia del diablo y de la alabanza debida a Dios.

Y un día (v. 13*b*). Es posible que las semanas de banquetes fueran celebraciones ocasionales especiales; pero si había una sucesión contínua de celebraciones semanales, este era el día en que Job había ofrecido el holocausto. Así, exponiéndose su piedad y su tragedia juntas, la tragedia parece aún más inexplicable. Es evidente que la reiteración de la representación de la vida familiar feliz de Job como preludio al registro de los golpes que la destruyeron sirve para exponer en el más violento de los contrastes la gozosa prosperidad y la repentina desolación. **Los sabeos** (v. 15). Beduinos árabes. **Fuego de Dios** (16*b*). Posiblemente rayos. **Los caldeos** (v. 17) de este temprano período, a diferencia de los constructores del posterior imperio, eran bandidos nómadas. **Un gran viento** (v. 19*b*). Evidentemente un ciclón del desierto, como aquel desde el que más tarde Dios se dirigiera a Job. Es de señalar cómo los implacables ataques de los hombres sobre los frutos acumulados de la vida de Job se van alternando con los asaltos de la naturaleza. Los mensajeros pudieron escapar solamente para poder llevar a Job las trágicas noticias en una sucesión rápida y abrumadora, a su condolido señor.

20–22. Y adoró (v. 20*b*). ¡He aquí un hombre sabio! No sabio debido a que comprendiera el misterio de sus sufrimientos, sino porque, sin comprenderlos, todavía temía a

Dios. **Desnudo volveré allá** (v. 21*b*), esto es, más allá de la escena de la vida bajo el sol, al polvo (al cual quizás Job señalara). Cp. Gn 3:19. **Sea el nombre de Jehová bendito** (v. 21*c*). Lo notable es que Job, reconociendo que no podía resistir al Dios soberano, no mantuvo meramente su compostura espiritual, sino que incluso halló en la adversidad oportunidad para la alabanza. Quizás al medir la magnitud de su pérdida, Jacob ponderó toda la abundancia que hasta aquel entonces había sido confiada a su mayordomía. Además, este momento de desolación fue para él el momento de la verdad. Habiendo quedado desnudo de las cosas del mundo, Job quedó desusadamente sensibilizado a la presencia de Dios. Un abismo estaba clamando a otro abismo. Y, ¿cómo puede responder el corazón redimido y adorante ante la presencia de Dios, sino con doxología?: "¿A quién tengo yo en los cielos sino a tí? Y fuera de ti nada deseo en la tierra" (Sal 73:25). Satanás había anunciado: "Verás si no blasfema" (Job 1:11). Pero Job bendijo a Dios su Salvador. En hebreo hay aquí un juego de palabras sobre un radical. Satanás utilizándolo para hacer maldecir, y Job aprovechando la ocasión para bendecir.

3) La persistencia de Satanás. 2:1–6.
1–3. Convocado de nuevo ante el trono de la corte celestial para que dé cuentas, Satanás no ofrece ningún testimonio acerca de su tentación de Job. Dios, no obstante, para glorificar Su nombre, declara abiertamente el hecho de la integridad probada y verdadera de Su siervo. **Sin causa** (v. 3*c*). Esto representa la misma palabra heb. que el "de balde" de la pregunta de Satanás (1:9). Dios reitera este término para desmentir la insinuación de Satanás. Es ahora evidente que Job sirve a Dios de balde y que, por tanto, era sin causa que Satanás le había acusado.
4–6. Piel por piel (v. 4*b*). Una parodia cínica de la alabanza reverente con el que Job había respondido a su desolación (1:21). Satanás insinúa ahora que incluso la doxología de Job, nacida de la angustia del dolor, era la calculada respuesta de un regateador astuto. Aunque desilusionado por el hecho de que Dios no le había dejado con nada, Job escondió su amargura por sus pérdidas debido a una profana preocupación por su bienestar físico: **todo lo que el hombre tiene lo dará por su vida** (v. 4*b*). Satanás implica que Job, con su doxología, solamente había simulado un amor hacia Dios como un precio exorbitante, pero necesario, para asegurar su bienestar físico. **Toca su hueso y su carne** (v. 5*b*). Si Dios deja que Satanás toque no solamente las posesiones

de Job sino también su persona, de forma que no haya provecho alguno que le quede en "los tratos religiosos", Job pronunciara entonces maldición por maldición. Así, de nuevo Satanás pasa de la infravaloración de la piedad anterior de Job a la predicción de que demostrara su profanidad. Por lo que de nuevo Dios permite que el misterio de la aflicción rodee a su siervo.

4) La paciencia de Job. 2:7–10.
7, 9. Una sarna maligna (v. 7*b*). La moderna opinión médica no es unánime en su diagnosis de la enfermedad de Job, pero según la prognosis de la época de Job, era evidentemente un caso desesperado. Los horribles síntomas incluían erupciones inflamadas acompañadas de un intenso escozor (2:7, 9), gusanos en las úlceras (7:5), erosión de los huesos (30:17), ennegrecimiento y caída de la piel (30:30), y pesadillas nocturnas aterradoras (7:14), aunque algunos de estos síntomas puedan atribuirse a la prolongada exposición de Job a la suciedad que siguió al desencadenamiento de la enfermedad. Todo el cuerpo de Job, parece, fue rápidamente atacado por los penosos y asqueantes síntomas. Aunque Satanás se había visto obligado a preservar la vida de su víctima, el paciente creía, probablemente, que su muerte era inminente. **En medio de ceniza** (v. 8*b*). La incurable enfermedad era tal como para reducir a este anterior príncipe de patriarcas orientales, reverenciado entre sus compañeros por encima de todos ellos, a un proscrito de la sociedad humana. Una vez renombrado como sal de la tierra, fue ahora echado de ella como un azote. Su morada eran ahora la desolación total de lo que fuera probablemente el estercolero de la ciudad.
9, 10. La narración nos recuerda repetidamente de la tentación en Edén (Gn 3). La mujer de Job juega aquí un papel notablemente muy parecido al de Eva. Las dos mujeres sucumbieron ante el tentador y vinieron a ser instrumentos de él para la destrucción de sus maridos. Satanás había preservado la vida de Job —como había preservado la de los cuatro mensajeros— con designios de lanzar posteriores ofensivas en su guerra contra el alma de Job. **Maldice a Dios, y muérete** (v. 9*b*). La blasfema apostasía a la que ella apremiaba al paciente era precisamente lo que Satanás había profetizado acerca de Job. Su perverso consejo trajo esta fase en el tormento de Job a su punto más fiero y atrajo su segunda respuesta decisiva. **Como suele hablar cualquiera de las mujeres fatuas, has hablado** (v. 10*a*). La caritativa moderación de la respuesta de Job da testimonio de una forma como sus doxologías

de la genuinidad de su piedad. No dijo que su mujer era una necia, sino que la acusó de hablar, en el frenesí de su desesperación, como una de aquellas en cuya compañía no iría ella de ordinario. La necedad del comportamiento de ella pone aun de una forma más destacada la sabiduría de la piadosa paciencia de Job. En la Biblia, "sabiduría" es una virtud religiosa, y la "fatuidad" o necedad a que se refiere Job no es una falta de penetración intelectual sino una agria actitud contra lo que se conoce como bueno y una acusada impiedad (cp. Sal 14:1). **¿...El mal no lo recibiremos?** El verbo significa *recibir humildemente; pacientemente.* Se utiliza en un antiguo proverbio cananeo: "Si se daña a las hormigas, estas no lo reciben (de una forma pasiva) sino que muerden las manos del hombre que las daña" (Cartas de Amarna, 252:18). **El todo esto no pecó Job con sus labios** (v. 10c). no pronunció maldiciones contra Dios, en contra de lo que Satanás había profetizado esperanzadamente. No hay aquí ninguna velada sugerencia de que Job hubiera maldijo a Dios en su corazón. La sabiduría de Job se demostró realmente sana; había verdaderamente servido a Dios por nada más que por Dios mismo.

Satanás sedujo a Adán incluso cuando Adán estaba en la integridad de su rectitud creada. De esto podría parecer que Satanás podía hacer caer a su gusto a los hijos depravados de Adán, y pisotearlos. Pero aquí es donde se halla la gran maravilla de la gracia redentora: ¡el pecador Job se mantiene triunfante allí donde el recto Adán cayó trágicamente! Así, para confusión de Satanás y consolación de los santos, el Señor dio pruebas abundantes de que se estaba proveyendo de una rectitud más resiliente que la de Adán a través del segundo Adán. Este triunfo de la paciencia de Job sobre la malicia del adversario proveyó un sello, especialmente para las eras anteriores a la Encarnación, de la promesa de Dios de que él otorgaría a los fieles el don de salvación eterna por medio del Cristo que había de venir.

II. Queja: Extravío del camino de la sabiduría. 2:11 — 3:26.

A. *La llegada de los sabios. 2:11–13.*

La prueba de la sabiduría de Job no se había acabado, ni mucho menos. Empezaba ahora una nueva fase con el agravamiento del malestar de Job mediante un tormento espiritual. Aunque Satanás no vuelve ya a aparecer, no está por ello menos presente, utilizando sutilmente a los bienintencionados consoladores de Job como cómplices involuntarios, con un éxito más aparente que el que había señalado hasta ahora a sus esfuerzos.

11. Después de la segunda crisis de tentación y antes de la llegada de los amigos, hubo un intervalo de varios meses (7:3), durante el que el espíritu de Job quedó sumamente tenso por la angustia sin alivio en su carne y los adelantos de aquella enfermedad abominable que le habían desfigurado más allá de todo reconocimiento (ver caps. 19; 30). **Tres amigos de Job.** Los queridos compañeros y consejeros del "más grande de todos los hombres de oriente" deben haber sido príncipes de sus pueblos y sabios renombrados. Temán, en Edom, era proverbial por su sabiduría (Jer 49:7). La tribu suhita (cp. Gn 25:2, 6) e indudablemente Naama, estaban situadas en el país oriental, la tierra de los sabios (cp. 1 R 4:30).

12, 13. Aunque los amigos estaban conscientes de las calamidades de Job, se hallaban totalmente faltos de preparación para lo que vieron. El silencio aturdido en que quedaron sumidos, que duró una semana, era como una endecha por la muerte (cp. Gn 50:10; 1 S 31:13). Sincera como era la simpatía de ellos, su muda presencia evidentemente proveyó poca consolación. Y si juzgamos por la consiguiente interpretación que dan de la miseria de Job, su misión de consuelo habría quedado destruida todavía más pronto si antes hubieran hablado. No obstante, parece lamentable que el prolongado silencio tuviera que ser roto por el grito de un sufriente angustiado que por la palabra curativa de consuelo de un amigo.

B. *La impaciencia de Job. 3:1–26.*

Entre las elevaciones de la serenidad espiritual en el prólogo y en el epílogo se extiende el abismo de la agonía espiritual de Job. El descenso al abismo y la salida de él quedan marcados por cambios dramáticos y repentinos de temperamento espiritual. Estos quedan descritos en pasajes breves de transición (esto es, cap. 3; 42:1–6). El primero de estos levanta acta de la sorprendente caída repentina de Job la paciencia a la profunda desesperación.

1. Maldijo su día. ¿Qué es lo que volvió las sumisas doxologías de Job en irrefrenables imprecaciones? ¿Se había quebrantado su resistencia espiritual debido a los interminables días y noches de angustia física? ¿O acaso la contemplación de sus distinguidos compañeros de su antigua prosperidad le recordó con demasiada viveza el honor y la felicidad del pasado, que ya se le habían desvanecido? ¿O acaso que los rostros de sus amigos, embargados de una lástima imposible de expresar en palabras, reflejaban con demasiada fidelidad la fealdad de su presente condición? ¿No se ha de hallar la clave en la identificación de sus amigos como "hombres sabios"? La presencia constante de estos intérpretes filósofos de la vida no podía dejar de hacer que Job empezara a filosofar acerca de su trágica experiencia. Pero cuanto más reflexionaba sobre ello, tanto más ansiosamente consciente se hacía del muro de misterio que le rodeaba. Buscando el Razón, pronto perdió el Camino. Obsesionado por el terror de que Dios le hubiera abandonado, maldijo su abandonada existencia. Y tampoco aquí ni a continuación cumplió Job la profecía de Satanás de que él renunciaría a Dios con una maldición. No obstante, al maldecir su propia existencia, Job, de hecho, vino a discutir con el Soberano que la había decretado. Lo que no es de fe es pecado; de ahí la necesidad del arrepentimiento de Job (cp 42:1–6) como camino para una renovada paz con Dios.

3–10. La presente e inescapable miseria de Job deja en el olvido la memoria de sus años anteriores llenos de gozo, al lamentar haber nacido. Que el Todopoderoso no llame el día de su nacimiento a la luz (v. 4), sino que **aféenlo tinieblas y sombra de muerte** (v. 5, RV). Ojalá que aquella noche de su concepción fuera borrada del calendario (v. 6), que el **leviatán** (v. 8*b* RV; un símbolo mitológico del enemigo del orden cósmico) lo tragara a un caos.

11–19. ¿Por qué, al no haber nacido muerto, sino bienvenido a la vida y alimentado (v. 12), tenía que continuar su vida? Al irse acercando su queja a su fin, Job expresa el problema básico: ¿Por qué Dios da la luz de la vida **al hombre que no sabe por dónde ha de ir, y a quien Dios ha encerrado?** (v. 23; cp. v. 20). La palabra que Satanás había utilizado para describir a Job como *cercado alrededor* por el favor de Dios (1:10), la utiliza ahora Job de sí mismo como *asediado*, o **encerrado** por Dios con tinieblas y desfavor.

III. Juicio: El camino de la sabiduría oscurecido e iluminado. 4:1—41:34.

A. Los veredictos de los hombres. 4:1—37:24.

Debido a que el diálogo de Job y de sus amigos se refiere más a las quejas de Job que a las calamidades que han caído sobre él, la misión de los amigos asume menos el carácter de consuelo pastoral, y más el de disciplina judicial, y esto va haciéndose más y más evidente con cada ciclo sucesivo de discursos. (Para la estructura cíclica del diálogo, ver el *Bosquejo*.) Los amigos están ahora sentados como un consejo de ancianos para pasar juicio sobre el clamoroso delincuente. La evaluación de la culpabilidad de Job involucra la discusión de los más amplios aspectos del problema de la teodicea, pero siempre con el caso particular de Job y su condena a la vista. De ahí, para Job el debate no es algo lejano, no se trata de un estudio objetivo y académico del sufrimiento en general, sino de una nueva y más dolorosa fase de sus sufrimientos. Sus amigos se hallan engañados por su adhesión a la teoría tradicional, con lo que sirven de auxiliares a Satanás en su hostilidad a Dios, y oscureciendo el camino de la sabiduría para el siervo de Dios, Job. Pero el debate sirve para enmudecer la sabiduría de este mundo y así se prepara el camino para la consideración del enfoque del pacto a la sabiduría, que se presenta en los discursos de Eliú y del Señor. Nuevamente, en la apelación que Job hace de los veredictos de los hombres al tribunal más elevado, expresado en su anhelo apasionado de alegar su causa ante el Señor, el debate llega a la manifestación visible de Dios.

1) Primer ciclo de debate. 4:1—14:22.

a) Primer discurso de Elifaz. 4:1—5:27.
4:1. Como el más anciano de los amigos, evidentemente (cp. 15:10), y por ello el posesor de la sabiduría más experimentada, se le concede a Elifaz la dignidad de la precedencia en cada serie de discursos (cp. 42:7). Establece la dirección de la orientación y consejo de los amigos al exponer su teoría de pecado y sufrimiento, y aplicándola al caso de Job. La asunción fundamental, pero falsa, de Elifaz es que la justicia conlleva invariablemente prosperidad, y la maldad ruína, que hay una relación directa entre pecado y sufrimiento. Se dirige primero a la desesperación de Job (4:2–11), después a su impaciencia (4:12—5:7), y al final le aconseja que se arrepienta (5:8–27).

2–11. ¿Quién podrá detener las palabras? (v. 2*b*) Durante siete días los sabios habían estado contemplando las calamidades de Job sin ofrecer una palabra de consuelo. Pero cuando Job se quejó, los consoladores no pudieron refrenar los reproches ni por un momento. Así, durante todo el curso del debate, la atención de ellos quedaron fijados en el lapso temporal de Job a la impaciencia, en tanto que su anterior exhibición de paciencia desapareció totalmente de la perspectiva de ellos. Reprendieron a Job como si este se hubiera dado por vencido ante la primera ocasión de adversidad: **Y cuando ha llegado hasta ti, te turbas** (v. 5*b*).

Como yo he visto (v. 8; cp. 5:3). La autoridad en la que se basa la teoría de Elifaz es la experiencia. Acepta el punto de vista tradicional de los sabios orientales debido a que sus observaciones de la vida parecen sustanciarlo. Por ejemplo, sus estadísticas muestran que una calamidad extrema sigue a la maldad extrema

(vv. 8–11). Solamente pecadores arrogantes que hacen de la vida de ellos un semillero de pecado siegan una cosecha de muerte y calamidades. Perecen como la hierba seca por el viento solano (v. 9), o como una guarida de leones arrebatadores dispersados por un golpe repentino (vv. 10, 11). Su observación ha demostrado también lo inverso: **¿Qué inocente se ha perdido?** (v. 7a). Aunque los justos experiencien una medida de sufrimiento, estos nunca son **destruidos** bajo la aflicción. De estas observaciones, Elifaz deduce su ley de pecado y sufrimiento, y asume que tiene que gobernar de una forma uniforme y universal la historia humana. Desafortunadamente, el método de Elifaz de erigir la doctrina de la providencia no es confiable. Porque la verdadera teología descansa sobre la autoridad de la revelación divina, no sobre una observación humana limitada y especulaciones falibles. Desafortunadamente, también, y como Job señala después, incluso las estadísticas y observaciones son inexactas (cp. 21:17ss.).

La doctrina vana puede ofrecer solamente vanos consuelos. **¿No es tu temor a Dios tu confianza? ¿No es tu esperanza la integridad de tus caminos?** (4:6). Elifaz no pone en tela de juicio la justicia esencial de Job. Por ello, queriendo sacarle de la desesperación le asegura que, por cuanto es un hombre piadoso, no perecerá. Pero esta evaluación favorable de uno que se halla sumido en la desolación por toda una serie de calamidades es incoherente con la propia teoría de Elifaz. Para ser coherente, debiera considerar a Job como al más bajo de los hijos de Belial. Porque la agonía del patriarca es tan grande que codicia apasionadamente aquella muerte de la que Elifaz, declarando que era la peor calamidad que podía caer sobre los impíos, le declara inmune. Más tarde, cuando Elifaz elabora su posición de una forma más coherente, acusa a Job de hipocresía y de hechos malvados. En su primer discurso, no obstante, no apreciando de una forma apropiada la severidad excepcional de los sufrimientos de Job, clasifica a Job con la generalidad de hombres rectos, moderadamente pecadores y moderadamente sufrientes, y solamente se encuentra atónito de que se queje de una forma tan inmoderada.

4:12 — 5:7. Job había puesto en tela de juicio la sabiduría de la providencia de Dios. Elifaz argumenta que los hombres caídos, sean buenos o malos, son deficientes en sabiduría y en justicia y, por ende, incompetentes para hacer una crítica de la Providencia (4:12–21). Además, ellos están justamente sujetos a todos los males que acompañan a la condición mortal (5:1–7).

4:12–21. Ahora bien, me fue dicha una palabra en secreto, y mi oído ha percibido algo de ello (v. 12, RV 1977). Como fuente suplementaria de su conocimiento, Elifaz se refiere de una forma impresionante a una revelación especial que le fuera concedida en una visión nocturna espantosa (v. 15). Su relato de la misteriosa aparición y voz (vv. 15, 16) sirve para arrojar un manto profético encima de ella. (Para características similares en teofanías de las que fueran testigos Abraham, Moisés, y Elías, ver Gn 15:12; Nm 12:8; 1 R 19:12.) El contenido de la pretendida revelación se presenta en Job 4:17–21. **¿Será justo un hombre delante de Dios? ¿Será puro un varón frente a su Hacedor?** (v. 17). Esto constituye una cierta reprensión al reto al gobierno de Dios implícito en la queja de Job. Si en comparación con la sabiduría de Dios, incluso la sabiduría de los ángeles es imperfecta (v. 18), evidentemente que el hombre que vive y muere **sin haber adquirido sabiduría** (v. 21b) no está calificado para pasar juicio sobre los caminos de Dios. Al analizar la inferioridad del hombre ante los ángeles en términos de su mortalidad, Elifaz refleja el veredicto divino en contra del cuerpo de polvo del hombre (v. 19; cp. Gn 3:19). En comparación con la vida angélica, la vida humana, como la de la polilla, es pasajera (Job 4:19, 20). La muerte del hombre es como el derrumbamiento de una tienda cuando su cuerda queda suelta (v. 21).

5:1–7. Si Elifaz se hubiera aplicado a sí mismo el mensaje de la sabiduría trascendental de Dios y de la falta humana de ella, no hubiera presentado una explicación tan dogmática de los tratos de Dios con Job. **La aflicción no sale del polvo...el hombre engendra su propia aflicción** (vv. 6a, 8a; cp. 4:8). Aunque siervo de Dios, insiste, Job es un mortal caído. Sus aflicciones, por ello, no salió **del polvo** como una cosecha mágica, sino que constituyen el espinoso fruto de sus pecados. Por ello, ni los hombres ni los ángeles pueden oír su clamor con simpatía (v. 1). **Al necio lo mata el enojo** (v. 2a). La exhibición de resentimiento en contra de la providencia de Dios es peor que inútil; invita a la aflicción hasta la muerte. **He visto al necio** (v. 3a). De nuevo es la experiencia la autoridad de Elifaz. Su bosquejo irreflexivo de la maldición sobre la morada, los hijos, y los campos del necio escarnecedor (vv. 3–5), con el paralelo que representaba con las recientes pérdidas que Job había sufrido, le haría preguntarse si es que Elifaz juzgaba que era él este necio.

8–27. Elifaz apremia a la murmurante víctima a que se someta confiadamente a Dios. El concepto esencial de su exhortación lo consti-

tuye la bienaventuranza del hombre que acepta
la disciplina (v. 17). Describe la bondad de los
maravillosos caminos de Dios (vv. 8–16), las
profecías de la felicidad que seguirá el arrepentimiento (vv. 18–26), y añade la confiada
garantía de la sabiduría que acaba de exponer
(v. 27).

8–16. Ciertamente yo buscaría a Dios
(v. 8). El intocado sabio no tiene dudas acerca
de cómo actuaría él si fuera tentado como Job.
Su consejo es evidentemente bueno; su relato
de la bondad de la providencia de Dios y de Su
interés especial por los humildes enlutados es
excelente (ver la cita que Pablo hace del v. 13
en 1 Co 3:19). Pero su errónea interpretación
de los extraordinarios sufrimientos de Job y su
poco caritativa actitud indisponen a Job a sacar
provecho de esta exhortación.

**17. Bienaventurado es el hombre a quien
Dios castiga.** Elifaz reconoce la distinción
entre castigo y retribución, y aprecia los beneficios que se reciben, en último término, del
castigo corrector de Dios. No obstante, sus
puntos de vista de la relación entre el pecado y
el sufrimiento no deja lugar para otros propósitos, como la prueba y el testimonio, en el
sufrimiento de los justos. (Para comentarios
adicionales acerca de este tema ver 33:31–33.)

18–26. Restauración de las cosechas y de
los rebaños (vv. 23, 24); **nada te faltará**,
numerosa **descendencia** (v. 25), y larga vida
(v. 26): estas han de ser ciertamente la porción
feliz de Job. Elifaz, además, dijo más verdad
de lo que se había dado cuenta, al predecir
liberación **del azote de la lengua** (v. 21a),
como bien se ha dado cuenta el lector, consciente de las calumnias de Satanás y de los
juicios errados de los amigos. Es evidente la
maestría del autor al dar esta temprana anticipación del resultado final, presentado como se
presenta en forma de una predicción basada en
unos conceptos tan errados. Porque Elifaz
estaba equivocado al asumir que siempre, a
continuación del arrepentimiento, viene la
prosperidad. El sufrimiento no se envía en
proporción exacta con la culpa, en esta vida, y
tampoco se garantiza la prosperidad en proporción a la piedad. Todo depende de la voluntad
perfecta de Dios.

b) Réplica de Job a Elifaz. 6:1 — 7:21.

La presencia de los filósofos había inducido
a Job a filosofar acerca de su suerte, y ello
condujo a poner en tela de juicio a la *sabiduría*
de Dios (cap. 3). Los pronunciamientos de
Elifaz con respecto a la relación del pecado
con el sufrimiento habían introducido un tema
que iba a llevar a Job a poner en tela de juicio
la *justicia* de Dios; porque Job sabía que sus

extraordinarios sufrimientos no podían ser
explicados en base de pecados extraordinarios.
En esta primera réplica, no obstante, el
patriarca no se lanza a una discusión teológica
acerca de la justicia de Dios, sino que se desa-
hoga de su turbulento sentimiento interno, la
consecuencia de su sentido de alejamiento del
Dios que le había afligido. Esta había sido la
corriente íntima de la primera queja de Job y
los esfuerzos de Elifaz solamente la había
agravado. Por ello, este discurso es solo una
continuación de la queja, con unos sobretonos
nuevos. Empezando a la defensiva, Job justifica sus expresiones originales (6:1–13). A
continuación, y tomando la ofensiva, reprueba
a sus amigos por su actitud carente de compasión (6:14–30). Finalmente, pasando de sus
amigos a Dios, renueva su lamento (7:1–21).

6:1–13. Como indican las formas plurales,
este capítulo se dirige a todos los amigos.
Porque todos ellos concurrían en el punto de
vista de Elifaz, y es indudable que por miradas
y gestos habían evidenciado el "amén" que
quedaría explícito en los propios discursos de
ellos. **¡Oh, que pesasen juntos mi queja y mi
tormento!** (v. 2a). Job ignora las insinuaciones de Elifaz acerca de la causa de su desolación, y defiende la vejación expresada en su
queja. A Elifaz la queja le había sonado como
algo ominoso (5:2). Pero, dice Job, si las **precipitadas** palabras (v. 6:3b) surgidas de sus
labios por la angustia se dispusieran en
balanzas, con todo no llegarían al peso de sus
calamidades, que eran más pesadas que la
arena de los mares. **Las saetas del Todopoderoso... terrores de Dios** (v. 4). En la queja de
Job se entreveía un alejamiento, casi un resentimiento rencoroso hacia Dios, por su renuen-
cia a mencionar a Dios, siquiera como el autor
de sus sufrimientos. La interpretación vigorosamente teísta de Elifaz provocó por lo menos
un saludable cambio a este respecto. Job
expresa ahora con franqueza el sentimiento
de que Dios se estaba enfrentándose con él como
frente a un enemigo, disponiendo huestes de
terrores en orden de batalla contra él. Como
defensa adicional de su queja, Job señala que
ni los animales se quejan sin razón alguna (v.
5). Y es tan solo natural que un hombre
rechace alimentos insípidos y nauseabundos
(vv. 6, 8). Después, recordando la descripción
de Elifaz de la muerte de los frágiles mortales
(4:19– 21), Job afirma que es precisamente la
muerte lo que anhela (vv. 8, 9). **Sería aun mi
consuelo, si me asaltase con dolor sin dar
más tregua** (v. 10b). Incluso si muriera la
muerte que Elifaz afirma estar reservada para
los injustos, se alegraría por ello. Aunque no
sería en su caso la muerte de un impío; porque,

a pesar de las insinuaciones de Elifaz, no había él **escondido las palabras del Santo** (v. 10*c*). **¿Y cuál [es] mi fin para que tenga aún paciencia?** (v. 11*b*). Los recursos de Job para el aguante habían sido ya gastados. A pesar de las buenas predicciones de Elifaz, el futuro en este mundo era ya desesperanzado.

14–30. Elifaz había atacado la queja de Job; ahora Job ataca el "consuelo" de Elifaz. **Pero mis hermanos me traicionaron como un torrente** (v. 15*a*). No ha suplicado él favores, tales como una gran redención (vv. 22, 23); solamente la compasión que un hombre esperaba naturalmente de sus amigos. Pero ha quedado tan defraudado ante sus "consoladores" como una sedienta caravana del desierto cuando llega al wadi ansiosamente esperado —en ocasiones un torrente oscuro e impetuoso— y no halla siguiera un chorrito entre las rocas (vv. 15–21). **Habéis visto el tormento, y teméis** (v. 21*b*)...**Caváis un hoyo para vuestro amigo** (v. 27*b*). La actitud falta de compasión de ellos, dice Job, va dictada por el temor de que terrores como estos puedan ser visitados sobre ellos. Si ellos fueran a mostrarle su simpatía, Dios pudiera malinterpretar su preocupación como una crítica de Su providencia, y pudiera azotarles con sus plagas de una manera similar. Pretendiendo comprar la parcialidad de Dios en favor de sí mismos, insinúan que Job tiene que haber pecado en proporción a sus sufrimientos. Como evidencia señalan al tono rebelde de sus quejas. Pero sus desesperadas palabras pronunciadas bajo una provocación extrema no constituyen prueba alguna de su actitud y conducta normales (v. 26). **Volved ahora, y no haya iniquidad** (v. 29*a*; esto es, "Dejad de dar por supuesta la cuestión teológica asumiendo que soy culpable, pues soy justo" (v. 30).

7:1–21. En medio de sus réplicas Job pasa repetidamente de sus amigos a dirigirse a Dios. La estructura de los discursos individuales del patriarca refleja así el curso total de sus luchas internas al verse obligado, ante la decepción a que le han inducido sus amigos, a mirar de nuevo a su Amigo celestial y Redentor divino para hallar comprensión.

1–16. Como los días del jornalero (v. 1). La existencia humana, y la vida de Job en particular, es como la dura campaña de un soldado o como el pesado trabajo de un jornalero en el campo. Es una sucesión de largos días de estar deseando el fresco de la noche, y de noches intranquilas deseando que llegue la mañana, un círculo de miseria y de desesperanza (vv. 1–6). **Fijarás en mí tus ojos, y dejaré de ser** (v. 8*b*). Volviendo a pasar al tema de la mortalidad humana introducido por Elifaz, Job erige

sobre ello su renovada queja. Introduce (vv. 7–10) y concluye (v. 21*b*) su alegato en pos de ser aliviado (vv. 11–21*a*) con la patética perspectiva de la Deidad buscando demasiado tarde a Su siervo para mostrarle su piedad excesiva. **¿Soy yo el mar, o un mónstruo marino...?** (v. 12*a*). A juzgar por la supervisión incesante mantenida sobre él, dice Job, podría pensarse que él era el mónstruo del caos (una figura mitológica, cp. 3:8) amenzando la estabilidad del universo.

17–21. ¿Qué es el hombre...? (v. 17*a*). Se le da un giro irónico al Sal 8:4 (cp. Sal 144:3). El contraste entre la trascendencia divina y lo finito de lo humano se explota para minimizar la significancia de la acción humana. **Si he pecado, ¿qué puedo hacerte a ti, oh Guarda de los hombres?** En realidad, naturalmente, la trascencencia de Dios multiplica la seriedad del pecado; constituye la base del significado de la experiencia humana y de todo lo que existe. Además, esta lucha de Job era particularmente significativa debido a que constituía el caso ejemplar acerca de esta misma verdad de autoridad trascendente y el control de Dios sobre la historia. En la tentación de Job se hallaba bajo ataque la estabilidad del universo —como los "hijos de Dios" hubieran podido contarle a Job— por parte del verdadero "dragón" (cp. Ap 20:2) del que el mítico mónstruo marino era solamente una versión paganizada. Los ángeles veían a todo el mundo temblando con cada uno de los suspiros de Job. Porque si el poder redentor de Dios no podía preservar a Job en el temor de Dios, no solo Job, sino el mundo entero, quedaba perdido en el caos satánico.

c) **Primer discurso de Bildad. 8:1–22.**

Bildad demuestra ser tan insensible como Elifaz con respecto a la miseria de Job, desdeña la defensa que hace el sufriente de sus quejas, ignora la crítica hecha de el enfoque falto de simpatía de sus amigos, y pasa a darle a Job más del consejo de Elifaz en nombre de la justicia divina (vv. 2–7) y de la venerable tradición (vv. 8–19). Y después añade unas palabras de aliento totalmente fuera de sitio (vv. 20–22).

2–7. ¿Hasta cuándo...? (v. 2*a*). No hay aquí apreciación alguna de los meses de paciencia; ¡solamente una intensa indignación por unos minutos de impaciencia! **¿Acaso torcerá Dios el derecho?** (v. 3*a*). Naturalmente, Dios no era injusto con Job. Pero detrás de la pregunta retórica de Bildad se hallaba la postura de que Job estaba recogiendo una cosecha de pecado. Esta cuestión de la justicia de Dios, aunque indudablemente implicada en la queja de Job, no se había hallado anteriormente en sus pensamientos de una manera destacada. El patriarca había considerado su destino más desde el punto de vista metafísico de la trascendencia divina y de la finitud humana. Al enmarcar la atención en el aspecto judicial, los consoladores consiguieron solamente intensificar la tentación sobre su amigo. La teodicea de Job era igual de inadecuada que la de ellos. Por lo tanto, la razón le decía que Dios tenía que estar sumamente enojado con él. Pero su consciencia se resistía a reconocer una transgresión proporcionada a sus sufrimientos. ¿Dónde estaba entonces la justicia? ¿Dónde se hallaba el Dios que había conocido? **Él los echó en el lugar de su pecado** (v. 4*b*). ¡Una aplicación asombrosamente falta de afecto, pero totalmente coherente de la tesis de sus amigos! Aunque la forma es condicional, la intención es declarativa. **Si tú de mañana buscares a Dios** (v. 5*a*). Ya que las aflicciones de Job no habían probado ser todavía fatales, a diferencia de las de sus hijos, podía tener todavía la esperanza de que, a diferencia de ellos, no era un réprobo y que este arrepentimiento sería seguido de una restauración en bendición sobrepasando en mucho a su anterior prosperidad (v. 7; cp. 42:12).

8–19. Pregunta...a las generaciones pasadas (v. 8). Consciente de las limitaciones del individuo mortal (v. 9), Bildad quería apoyar la autoridad de las observaciones personales con el conocimiento tradicional (vv. 8, 10). Entre Bildad y Elifaz no hay ninguna diferencia básica alguna. Ambos construyen sobre la arena —sobre especulaciones sacadas de la subjetividad de su propia consciencia y de la relatividad de un mundo en cambio constante— en lugar de las revelaciones, sólidas como el granito, de un Creador omnisciente. Bildad reproduce la sabiduría proverbial de los padres, moldeada en similes sacados especialmente del lujuriante crecimiento de los pantanos y de los huertos (vv. 11–19). **Tales son los caminos de los que olvidan a Dios** (v. 13*a*). Todos los similes enseñan una lección: que la felicidad de los malos es frágil y perecedera. Si en ocasiones las apariencias parecen contradecir la teoría tradicional de que el sufrimiento es la paga del pecado, nunca es por largo tiempo. Pero, ¿por qué deja Bildad que una advertencia dispuesta para los impíos domine su consejo dirigido a Job?

20–22. El discurso afirma la aplicación de la doctrina de Bildad sobre los **perfectos** y los **malignos** (v. 20). El orador ofrece un cierto aliento a Job, pero breve y formal (vv. 21, 22). Aunque el sufriente se halla aquí en la categoría de los "perfectos", no puede olvidar el anterior si condicional de Bildad (v. 6).

d) **Réplica de Job a Bildad. 9:1—10:22.** Siguiendo la pauta general de su réplica anterior, Job se dirige primero a sus amigos (9:1–24), después, de una forma más o menos directa, a Dios (9:25—10:22). Abre su réplica a Bildad con un sarcástico asentimiento al tema introductorio (y fundamental) de su amigo (9:2; cp. 8:3) y concluye con una vehemente contradicción de la afirmación final (y dominante) de Bildad (9:22–24; cp. 8:20–22). Entonces Job reanuda su queja a Dios con unos modales de indómito desafío al que le había impulsado el consejo de sus amigos. En su discurso se hunde en la profundidad más oscura de su imaginada alienación de Dios. Aunque en su frenesí se acerca a la blasfemia, no se aparta de Dios con una maldición, sino que lucha con él en oración. Porque Satanás no puede arrebatarlo de las manos de su Padre.

9:1–24. Ciertamente yo sé que es así (v. 2*a*). Ver com. sobre 8:3. El aspecto judicial de la situación se le hace ahora más y más grande a Job. Dios se le presenta como un juez perseguidor. **¿Y cómo se justificará el hombre con Dios?** (v. 2*b*). Aunque esta pregunta es similar en forma a la revelación dada a Elifaz (4:17), su significado es diferente. Job no está diciendo que el hombre, al ser un mortal caído, no pueda estar de pie con su propia integridad delante de Dios. Está diciendo (cómo muestran los siguientes versículos) que no importa cuán justa sea la causa de un hombre, que es demasiado corto e ignorante para defender con éxito ante un tribunal delante de la abrumadora sabiduría y del poder de Dios. El pensamiento de la tanscendencia de Dios había llevado a Job a preguntar por qué Dios debía molestarse en afligir a un hombre tan frágil. Ahora el mismo pensamiento provoca la pregunta: ¿Por qué debiera un frágil hombre tomarse el esfuerzo de contender con Dios? Esta pregunta expone la pérdida que Job ha sufrido del sentido de la misericordia. El Todopoderoso es aquí visto como un gigantesco adversario. **Él hace cosas grandes e incomprensibles** (v. 10*a*). De nuevo da Job una nueva aplicación a una cita de Elifaz (cp. 5:9) en su respuesta a Bildad. Elifaz pronunció estas palabras como una razón por la cual Job encomendara su causa a Dios (5:8), ilustrándolas con obras de providencia en gracia (5:10–16). Job las repite para mostrar lo inútil que le es defender su causa ante Dios. Y las ilustra con ejemplos más ominosos de la incomparable omnipotencia del gobierno cósmico de Dios (vv. 5–13). En la última ilustración Job adopta otra vez las imágenes de la mitología contemporánea a él, **los que ayudan a Rahab** (RVA; *los soberbios* en RV), para representar el gobierno de Dios sobre el mar (cp. 26:12). **No le podrá responder a una cosa entre mil...Aunque fuese yo justo, no respondería; antes habría de rogar a mi juez** (vv. 3*b*, 15). Esto anticipa de una forma destacada la posterior teofanía (38:3ss.) y la respuesta de Job (40:3–5). Pero esta visión previa se halla de nuevo velada sutilmente en una mala comprensión. Porque la realidad que demostrará ser el preludio del gozo vuelto a obtener le parece aquí a Job una eventualidad desfallecedora. **Si me dijere perfecto** (v. 20*a*). Esta sección termina en un crescendo de invectivas, haciéndose las afirmaciones de Job más y más incoherentes y contradictorias. En la desesperanza total de establecer nunca su integridad delante del Dios irresistible, que parece inclinado a destruirle **sin causa** (v. 17*b*; cp. 2:3). Job no obstante proclama retadoramente su propia integridad. **Al perfecto y al impío él los consume** (v. 22*b*). La afirmación de los amigos de que solamente los malvados son llevados violentamente tiene que ser corregida; Job, no obstante, no discierne el amor de Dios en la muerte de los justos. **Se ríe del sufrimiento de los inocentes** (v. 23*b*) igual que, sentado inalcanzable en los cielos, "se burlará" (Sal 2:4, la misma palabra que aquí se traduce por "reír") de los rebeldes que claman en contra de su trono. Los amigos habían condenado a Job para mantener la justicia de Dios, según los valores de ellos. Job, defendiéndose en contra de las injustificadas insinuaciones de ellos, es llevado a condenar a Dios por tal de establecer su propia justicia (cp. 40:8).

9:25 — 10:22. El sufriente se duele de sus dolores, siguiendo interpretándolos como pruebas de condenación divina. No puede suprimir su anhelo por un día en un tribunal, aunque no tiene ni esperanzas de que se le conceda tal privilegio. De ahí que razone intensamente con un Dios extraño, la creación fantasmal de sus dudas frenéticas.

9:25–35. Mis días han sido más ligeros que un correo (v. 25*a*). La oportunidad de que el Juez anule decisión y retorne la prosperidad a Job se habrá ido pronto. Job compara el rápido pasaje de su vida miserable con aquellas cosas que son las más rápidas en la tierra (v. 25), en el mar (v. 26*a*) y en el aire (26*b*). **Aún me hundirás en el hoyo** (v. 31*a*). Incluso si esta causa viniera al tribunal y Job demostrara su inocencia con tanta habilidad como pudiera la capacidad humana (v. 30), el Juez le abrumaría con acusaciones de culpabilidad.

No hay entre nosotros árbitro (v. 33*a*). Aquí, en el momento más bajo de la fe de Job, emerge en esta queja, de forma negativa, el concepto de Mediador, que iba después a convertirse para Job en una convicción positiva. Este concepto llega a su máxima expresión en el discurso (cap. 19) que marca la cima a la que llega la fe de Job en el curso del debate. Debido a la falta de *árbitro*, Job tiembla ante el Omnipotente, que parece decidido a enmudecerlo de espanto (vv. 33–35) y a hallarle culpable.

10:1–22. Daré libre curso a mi queja (v. 1*b*). Con la temeridad de la desesperación Job pone en tela de juicio al Juez que le condena (v. 2). Apela a Dios en contra de Dios; a la naturaleza del Dios que había conocido en contra del Dios imaginario que lucha en contra de él. En particular, Dios apela al orgullo del oficio de Dios como Juez (vv. 3–7) y a su naturaleza de Creador (vv. 8–12). ¿Se halla Dios sujeto a limitaciones humanas, y por ello propenso a equivocarse en la evaluación de los hechos (v. 4) o a pasar por alto a los culpables (vv. 5, 7)? No. Él tiene las calificaciones para ser el juez de toda la tierra; es omnisciente y omnipotente (v. 7). **Tus manos me hicieron** (v. 8*a*). ¿Destruye el Creador a la criatura a la cual ha dedicado una habilidad tan maravillosa en el proceso de procreación y de gestación (vv. 10, 11) y un cuidado tan providencial (v. 12)?

El imaginario "juicio" de Dios finaliza tan pronto como la realidad del dolor y de la ignominia vuelve a hacerse patente en la consciencia de Job. Parece que el Dios imaginario ha prevalecido, y Job pasa de una forma brusca de la apelación a la queja y al lamento (vv. 13–22). **Estas cosas tienes guardadas en tu corazón** (v. 13*a*). El designio secreto en la anterior formación y mantenimiento de la vida de Job tuvo como fin preparar una presa para ser cazado como por un león, de forma inmisericorde e implacable (vv. 14–16). El propósito escondido de Dios era el de lanzar la miseria sobre aquella vida al final, lanzando sobre ella una hueste sin fin de plagas (v. 17). **¿Por qué me sacaste de la matriz?** (v. 18*a*). La consideración del papel de Dios en el origen de su vida lleva a Job de vuelta al tema de su queja primera (cp. 3:11). **Déjame** (v. 20*b*). Cortado, como se siente, del *amor* de Dios, lo más que puede pedir, antes de caer en la oscuridad de la muerte, es que Dios deje simplemente de prestarle atención por un tiempo. No obstante, es a Dios todavía a quien Job clama.

e) Primer discurso de Zofar. 11:1–20.

Job había reaccionado a los argumentos de Elifaz y de Bildad acerca de su posición legal con unas protestas de inocencia cada vez más marcadas. Estas a su vez provocaron a los amigos a una aplicación más coherente de su teoría, hasta que ahora Zofar condena abiertamente la presunta culpabilidad de Job (vv. 1–6). Apoya esta acusación apelando a la infinitud de Dios (vv. 7–12), y con todo concluye con una certidumbre de una prosperidad restaurada (vv. 13–20).

1–6. Job había insistido en que Dios le había afligido a pesar de que él era justo (v. 4; cp. 9:21; 10:7). Esto, afirma Zofar, contradice la teoría tradicional, es irreligioso, y no puede permitirse que sea mantenido como última palabra. **¿El hombre que habla mucho será justificado?** (v. 2*b*). Las cortesías introductorias, totalmente ausentes en Bildad, son así despachadas por Zofar, con tanta prisa y mal gusto que la justificación de su discurso y la acusación se mezclan todo en uno. **¡Oh, quién diera que Dios hablara, y abriera sus labios contigo!** (v. 5). Job parece irrefutable en controversia con sus iguales; pero si se le concediera lo mismo por lo que él anhela, un debate abierto con Dios (cp. 9:35), quedaría silenciado. **Conocerías entonces que Dios te ha castigado menos de lo que tu iniquidad merece** (v. 6*b*). Más lit., *Dios hace que te sea olvidada algo de tu iniquidad.* En su celo por contradecir la queja de Job de que Dios investiga y marca de una forma inmisericorde cada uno de sus pecados (cp. 10:6, 14), afligiéndole más allá de toda proporción a sus iniquidades, Zofar se aventura a modificar la teoría de sus amigos de la relación directa, ¡pero en dirección opuesta a la de Job! Aquí se halla el punto cumbre de la condena que se pronuncia en contra de él en el primer ciclo. Job 11:6 es un punto central; concluye la acusación, pero introduce también el siguiente tema al mencionar la insondable sabiduría de Dios (cp. 5:9).

7–12. ¿Llegarás tú a la perfección del Todopoderoso? (v. 7*b*). Por su sabiduría infinita Dios abarca y controla toda la creación en toda su altura, anchura, profundidad y largura (vv. 8, 9). **¿Quién podrá contrarrestarle?** (v. 10*b*). Si Dios hace comparecer a un hombre ante el juicio, aquel hombre no puede escapar. Zofar endosa así la conclusión a la que Job había ya llegado acerca de la absoluta sabiduría de Dios, esto es, que es inútil resistirle (cp. 9:12; 10:7*b*). Pero en tanto que Job había también apelado a la omnisciencia divina para vindicación de su inocencia (10:7*a*), Zofar lo hace para convencer a Job de culpa: **Ve asimismo la iniquidad** (v. 11*b*). Habiendo condenado a Job de una forma abierta, e ignorando por sí mismo toda evidencia directa para dar cuerpo a su acusación, Zofar encuentra conveniente suplementar su propia ignorancia con la omnisciencia del Altísimo. No obstante, habría hecho mejor uso de su doctrina de la incomprensibilidad de Dios si hubiera reconocido humildemente que las limitaciones de su propio conocimiento acerca de la providencia divina, y no hubiera pretendido comprender a la perfección los sufrimientos de Job. Esta verdad de la sabiduría insondable de Dios, aunque tristemente manipulada por Zofar, es la doctrina que hubiera debido pacificar el espíritu de Job y haber silenciado sus quejas. Si la hubieran tenido realmente en cuenta, tanto Job como sus amigos hubieran reconocido que sus sufrimientos eran compatibles con su piedad ejemplar por una parte, y con el favor divino por la otra. Es principalmente por la proclamación de su incomprensibilidad que el mismo Señor libera más tarde a Job de su tentación. Así es otra vez que el autor del libro emplea una anticipación velada. En 11:12 utiliza otro mecanismo favorito, uniendo un argumento con un dicho proverbial. Cita la terquedad e ignorancia asnal de los hombres vanos como un obstáculo para la infinitud de la sabiduría divina.

13–20. Cp. los alegatos similares de Elifaz (5:8ss.) y de Bildad (8:5–7, 20–22). En contra de la opinión pesimista de Job (9:28; 10:15), la búsqueda del favor divino tendría buen suceso (v. 15). Por lo menos lo sería si iba precedida de un arrepentimiento total, que se extendiera al corazón, a las manos, y al hogar (vv. 13, 14; cp. Sal 24:4). Al establecer esta condición Zofar logra insinuar una acusación en medio del consuelo. La renovación del favor de Dios irá acompañado de la restauración de la prosperidad, en la que el dolor actual será olvidado como **aguas que pasaron** (v. 16*b*). También, contrariamente a los presagios de Job de una oscuridad sin remedio (10:21, 22), le espera un resplandeciente amanecer de esperanza, de seguridad pacífica, y de honor, como en tiempos antiguos (vv. 17–19). **Pero los ojos de los malos se consumirán** (v. 20*a*). La creciente sospecha de Zofar acerca de Job sugiere la oportunidad de mezclar su consuelo con advertencias adicionales. Finaliza él identificando a la única esperanza de los malvados con la muerte, en palabras fuertemente reminiscentes de la descripción de Job de sus propias perspectivas. La pauta de Zofar de arrepentimiento y restauración tenía que llevarse a cabo; pero de una forma que le iba a sorprender a él mismo.

f) Réplica de Job a Zofar. 12:1—14:22.

Totalmente despreciativo de la arrogante ignorancia de sus consejeros, Job les somete a una crítica devastadora (12:1—13:12). Declara su justicia a sus amigos (13:13–19), y entonces vuelve a apelar directamente a Dios (13:20—14:22). En medio de esta apelación, una nueva esperanza amanece en el alma de Job: ¡la esperanza de la vida más allá del Seol! Aunque la desesperanza ensombrece las palabras finales de Job, es evidente que en esta réplica a Zofar su fe ha empezado una ascensión triunfante, saliendo del abismo de la desesperación.

12:1—13:12. Con vosotros morirá la sabiduría (12:2b). El sarcasmo de Job sugiere cuán insufribles hallaba las pretensiones del trío, que habían cantado las mismas canciones vacías. Sus palabras seguirían mordiendo pero ya no podría tomárselas más en serio como posibles soluciones del enigma de sus sufrimientos. **No soy yo menos que vosotros** (12:3b; cp. 13:2). La fórmula familiar que recitaban difícilmente podía justificar la pretensión que hacían de superioridad. **Hay desprecio para la desgracia en el pensamiento de aquel que está a sus anchas** (12:5a). Con una pura exasperación Job se lamenta de su situación. Debido a sus problemas, un hombre de una sabiduría piadosa es tratado como un simpletón o como un criminal sobre la base de una teoría que está contradicha por otro hecho (igualmente angustioso), como el de que los ladrones prosperan en tanto que él se halla reducido a tal escarnio (12:4–6). **En cuyas manos él ha puesto** (12:6c). O mejor dicho: *el que lleva a Dios en su mano* (margen de la BLA). Como Lamec (cp. Gn 4:23, 24; Dn 11:38) idolizan el arma que blanden.

Pregunta ahora a las bestias (12:7a). La doctrina de los tres amigos de la majestuosa sabiduría de Dios es de conocimiento común. Toda la creación la proclama. En 12:11–25 Job demuestra su familiaridad con este concepto de gobierno divino, que sus amigos pretendían enseñarle. Verdaderamente, su relato sobrepasa al de ellos (cp. Sal 107). Toda la gloria y la dignidad de los reinos terrenos del hombre se hallan a la merced del poder soberano de Dios (Job 12:23; cp. 1 Co 1:25). Las fuerzas elementales de la naturaleza están a su disposición para trastornar la tierra (Job 12:15; cp. Gn 7). Los más poderosos dignatarios civiles y cúlticos son impotentes ante él (Job 12:17–21, 24). El 19 menciona a *sacerdotes* (VM) y a *'etānîm* (cp. con el ugarítico *ytnm*, un gremio que se ocupaba de los templos). Job se toma un especial deleite en exponer el texto: "¿No ha enloquecido Dios la sabiduría del mundo?" (1 Co 1:20), y no se tiene que mirar lejos para descubrir a ciertos sabios que él tenía particularmente presentes.

Mas yo hablaría con el Todopoderoso (13:3a; cp. 5:8). Un disgusto creciente con sus interlocutores humanos lleva de nuevo a Job a razonar con Dios, pero primero pronuncia un mordaz reproche a los que presuntuosamente asumen ser los defensores de Dios (13:4–12). **Porque esto os fuera sabiduría** (v. 5b). Si nunca hubieran roto su silencio de siete días, no habría manifestado su necedad (cp. Pr 17:28). **¿Haréis acepción de personas a su favor? ¿Contenderéis vosotros por Dios?** (13:8). Han desgraciado la dignidad que pretenden mediante su servilismo. Peor aún, han buscado el favor de Dios a costa de la verdad: **Sois fraguadores de mentira** (13:4; cp. v. 7). Ver la acusación similar en 6:21, 27. **Vuestras máximas son refranes de ceniza, y vuestros baluartes...de lodo** (13:12). Las pesadas máximas mediante las que condenan falsamente a Job a fin de justificar a Dios son tan vulnerables al martillo de la verdad como el barro a un martillo de hierro. La defensa que hacían de Dios era una ofensa a Dios. Identificaban ciertos procedimientos providenciales, falsamente asumidos como seguidos de una forma invariable, con la justicia divina. En efecto, establecían un principio abstracto como un absoluto, y de esta manera subordinaban a Dios a ello. **¿Sería bueno que él os escudriñase?** (13:9a). Zofar trató de convencer a Job de su supuesta culpa convocándole al tribunal de la omnisciencia de Dios. El patriarca le recuerda a él y a los otros dos fiscales a él asociados que, en el proceso de acusarle a él, ellos también se encuentran sujetos a comparecer ante aquel Juez; y bajo tal escrutinio no podrán escapar a Su conocimiento los impíos motivos y las falsas acusaciones de ellos. **Él os reprochará de seguro** (13:10a) es la exacta predicción de Job (cp. 42:7ss.). Aunque queda oscurecida la confianza de Job en la justicia de Dios, en sus momentos más desesperados, por su adscripción de capricho absoluto al Todopoderoso, no la ha perdido del todo.

13:13–19. En el proceso de pasar ahora de los hombres a Dios, Job le da aliento a su valor para afrontar a su Juez. **Que me venga después lo que viniere** (v. 13b). Trata él de defender su causa a toda costa, incluso si con ello su vida peligra (v. 14). **He aquí, aunque él me matare, en él esperaré:** En lugar de esta traducción de RV, la traducción que se ajusta al texto heb. es: **He aquí, él me matará; no tengo esperanza: No obstante, defenderé delante de él mis caminos** (v. 15). Esta traducción concuerda mejor con el contexto que la traducción RV con la que tan familiarizados estamos —*en él esperaré*. Esta última depende de la sugerencia marginal en el texto masorético de leer *lô'* (''por él'') en lugar de *lō'* (''no''). El verbo en esta cláusula contestada significa ''esperar en esperanza paciente y ansiosa'' (cp. 6:11; 14:14). Job no tiene nada que esperar, porque lo que él espera es que Dios acabe pronto con su vida; quizás incluso más pronto aún por la atrevida afirmación que está a punto de hacer. No obstante, él *tiene* que afirmar su inocencia. **Y esto mismo será mi salvación** (v. 16*a*). Este atrevido deseo de presentarse ante Dios es en sí mismo una prenda de un veredicto favorable; porque es precisamente la presencia de Dios el lugar que ante todos los otros rehuyen aquellos cuyos corazones les condenan como hipócritas. **¿Quién es el que contenderá conmigo? Porque si ahora yo callara, moriría** (v. 19). Un reto triunfante, pero fuera de lugar si Job está incluyendo a Dios junto con los hombres. Si él pudiera ser contradicho con éxito, si él pudiera ser demostrado en realidad un impío —y ello no simplemente según apariencias y teorías—, entonces él moriría callado. Pero esto, como sabe él, es imposible: **Sé que seré justificado** (v. 18*b*).

13:20 — 14:22. Entonces no me esconderé de tu rostro (13:20*b*). Si se le concede un juicio justo, Job, a diferencia de Adán, no huirá de Dios cubierto de vergüenza. Si solamente Dios desistiera por un tiempo de oprimirle con Su terrible majestad (13:21; cp. 9:34, 35), Job comparecería ante él tanto como acusado como querellante (v. 22). Si Job puede defender su integridad con éxito, se hará patente (según su inadecuado concepto del sufrimiento humano) que Dios era el que no había actuado bien al afligirle tan severamente. O, si Job ha de conseguir éxito en convencer a Dios de haber sido maltratado sin causa, tendrá que demostrar primero su propia integridad. Imaginándose a sí mismo como confrontando a su opresor en el anhelado juicio, el sufriente exige ahora una explicación de la hostilidad de Dios (13:23, 24). Pero la escena judicial se desvanece rápidamente, y la oratoria judicial pasa a ser la acosumbrada lamentación que cierra su discurso (13:25ss.).

¿Por qué...me haces cargo de los pecados de mi juventud? (13:26*b*). Compárese con esto la afirmación de la pecaminosidad universal del hombre en 14:4. Cuando Job estaba disputando con sus amigos, el tema tratado era la integridad general, con respecto a la cual era vociferantemente confiado. Pero es evidente que en la imaginada confrontación con el Juez, el tema se desvanecía ante la cuestión más penetrante de la posición del pecador ante el perfecto Santo. La posterior respuesta de Job a la verdadera teofanía es

aquí vislumbrada (cp. 40:3–5). Mientras tanto, su terrible desolación, que no recibe explicación en la general pecaminosidad de los hombres, aplasta su espíritu. **Aparta de él tu rostro airado, y déjale en paz, hasta que, cual jornalero, goce de su breve día** (14:6, VM). Aunque este lamento es expresado en términos de la fragilidad de todos los mortales, es no obstante personal (cp. 14:3*b*). Que sea suficiente la carga y la tristeza comunes de la humanidad para Job (cp. 7:1ss; Gn 3:17–19). **Hasta que no haya cielo, no despertarán** (14:12*b*). Una vez hecho yacer en la muerte, el hombre, como un árbol caído (17:4–9), no tiene perspectivas de volver a estar de pie sobre la tierra (14:10–12). (En cuanto a la eternidad de los cielos, cp. Sal 72:5, 7, 17; 89:29, 36, 37; Jer 31:35, 36.) Job no espera la aniquilación, pero desespera de nada más allá de la muerte excepto la existencia en el Seol, que no es una vida verdadera.

Rehuyendo de tales tinieblas, exclama: **¡Oh, quién me diera que me escondieses en el Seol...y de mí te acordaras!** (14:13). Si este anhelo se hiciera verdad; si el Seol fuera solamente una morada temporal y, ciertamente, un lugar de alivio de la actual hostilidad inexplicable de Dios (v. 13); si más allá del Seol hubiera un cambio de resurrección (v. 14*c*) surgiendo de una renovada compasión en el Creador (v. 15): ¡un futuro tan bendecido transfiguraría la batalla presente! (v. 14*b*). El concepto de resurrección no provee la clave para desvelar el misterio del actual sufrimiento de Job, pero sí ofrece un marco a la esperanza. El anhelo de Job se transforma más tarde en convicción (19:25ss.), y esta esperanza es gloriosa. Esta esperanza de redención en último término no es, no obstante, el tema central del libro de Job. Ciertamente, el libro nos desafía a soportar con paciencia y con esperanza. Pero nos confronta con una exigencia todavía más profunda. Suena la llamada primaria y eterna a la consagración gozosa, venga lo que venga, al Señor del pacto.

Pero ahora me cuentas los pasos (14:16*a*). La curva del estado espiritual de Job a través del curso del gran debate se dibuja a escala reducida en réplicas como esta, donde el climax no se halla al final, sino que es seguido por un crescendo emocional. La llama de la esperanza del patriarca es extinguida, aunque sólo por un momento, por sus amargos pensamientos de la implacable severidad de Dios, que como avaro guarda todos los pecados de Job para visitarlos de golpe (14:16–17). **De igual manera haces tú perecer la esperanza del hombre** (14:19*c*). Mediante una incesante aflicción, de igual manera que una fuerza constante en la naturaleza desgasta los objetos más duraderos (14:18, 19). **Para siempre serás más fuerte que él** (14:20a). La hostilidad de Dios culmina en el golpe de muerte, cortando el contacto del hombre con este mundo, incluso del conocimiento de su posteridad (14:21), encerrándole en la muerte, al interminable dolor de la descomposición y de la temible endecha del alma (14:22).

2) Segundo ciclo de debate. 15:1—21:34.

a) Segundo discurso de Elifaz. 15:1–35.

¡Cómo un debate puede alienar a amigos! El gentil Elifaz se olvida incluso de las cortesías introductorias. Todo lo que dice son nuevas advertencias y censuras. El filósofo expone su sensibilidad profesional al menosprecio expresado por Job (cp. 12:2, 3, 7ss.; 13:1, 2, 5, 12) al revertir a la sabiduría relativa suya y de Job cada vez que introduce una nueva acusación (cp. vv. 1ss., 7ss., 17ss.).

1–6. Vana sabiduría (v. 2a). Lit., *conocimiento de viento*. Cp. el paralelismo de esta frase con la siguiente de **viento solano**, o *viento del este* (v. 2b), esto es, el viento sofocante y violento del desierto. Las pretensiones de Job a la sabiduría tienen su mentís en sus discursos violentos (v. 3). **Tú también disipas el temor, y menoscabas la oración delante de Dios** (v. 4). Los violentos arrebatos de Job son peores que carentes de templanza, porque devalúan el temor de Dios, y por ello minan la religión. **El hablar de los astutos** (v. 5b). Es posible que se trate de una alusión a la "astuta" serpiente de Gn 3:1. La culpabilidad de Job es la explicación de sus palabras (v. 5), y sus palabras demuestran su culpabilidad (v. 6).

7–16. Los amigos aventajan a Job en edad, y por ello en sabiduría (vv. 7–10; cp. 12:12). A pesar de su temeridad, Job no tiene ni la edad de Adán ni de algunos seres primigenios (v. 7; cp. la personificación de la sabiduría en Pr 8:22ss.). Tampoco tiene ningún conocimiento especial y secreto de los decretos de Dios (Job 15:8; cp. las escenas celestiales en el Prólogo). Es posible que el v. 10 se refiera especialmente a Elifaz mismo. **¿En tan poco tienes las consolaciones de Dios?** (v. 11). Una descripción más bien caritativa del consejo de los amigos, pero en línea con la presunta revelación especial de Elifaz (4:12ss.), que ahora rememora (vv. 14–16; cp. 4:17–19). El propósito de la repetición queda revelado por una comparación de 15:16 con 4:19. Elifaz trata de expresar su estimación revisada de Job como de uno que codicia de una manera execrable en pos del pecado.

17–35. A quienes únicamente fue dada la tierra (v. 19a). Además de las observaciones personales de los contemporáneos más viejos (v. 17: cp. v. 10), Elifaz invoca la sanción de la tradición más pura (vv. 18, 19) como apoyando su dogma de la retribución y para refutar la herejía jobana de que los impíos prosperan con frecuencia (cp. 12:6). La prosperidad de los malos, con la que Job (por sus aflicciones) queda evidentemente identificado, es meramente imaginaria (vv. 20–35). **Él no cree que volverá de las tinieblas** (v. 22a). Su paz está hecha trizas por presentimientos de una calamidad sin que nada lo remedie (vv. 20–24), los presentimientos atormentadores de una conciencia contaminada por una comodidad carnal y desprecio de Dios (vv. 25–28). Toda empresa prometedora que emprende él prueba ser abortiva (vv. 29–34), según la ley de la retribución (v. 35), que puede que se retarde, pero que no se tuerce. Elifaz ha marcado aquí la nota clave para el segundo ciclo de debates.

b) Segunda réplica de Job a Elifaz. 16:1—17:16.

Al aproximarse la crisis de la fe, Job presta poca atención a los argumentos de sus amigos, excepto para expresar su decepción en la breve introducción (16:1–5). En el resto de su discurso Job parece estar pensando en voz alta y solamente dirige sus palabras a Dios (16:8; 17:3, 4) o a sus amigos de forma ocasional (17:10).

16:1–5. Consoladores molestos (v. 2b). Una respuesta sarcástica al interrogante de Elifaz (15:11). El consejo de los tres amigos no ha sido solamente falto de relevancia, sino que también ha traicionado la ignorancia de ellos acerca del consuelo de la justicia redentora.

6–17. Si hablo (v. 6a). Le parece inútil a Job seguir su lamento y el debate, porque tanto el hombre como Dios están en contra de él. Sus fervientes protestas de inocencia han sido y serán interpretadas como prueba de impiedad. Vacío de recursos internos y de apoyos exteriores (v. 7) se le considera como "pecador" debido a su miseria impotente (v. 8). **Su furor me despedazó** (v. 9a). Le parece a Job que Dios le ha despedazado de una manera fiera (v. 9), y le ha entregado a la canalla despreciable, que en el pasado se había visto obligada a respetarle (vv. 10, 11). Dios le quebranta (v. 12a) y azota (v. 14), atravesando sus partes vitales (vv. 12b, 13) y reduciéndole a un sollozante miserable, postrado en el polvo (vv. 15, 16). Y todo ello sin causa: **A pesar de no haber iniquidad en mis manos, y de haber sido mi oración pura** (v. 17; cp. Is. 53:9).

16:18—17:3. El poder de Dios que se hace conocer a un hombre en su debilidad capacita ahora a Job a esperar contra esperanza. **¡Oh tierra! no cubras mi sangre** (v. 18*a*). El clamor de la sangre inocente de Job no debe ser ahogado (cp. Gn 4:10; He 12:24). **Mas he aquí que en los cielos está mi testigo** (v. 19*a*). ¡Este testigo vengador es el mismo Dios! Job le ruega con lágrimas (v. 20*b*), que **él defienda la causa de un hombre ante el mismo Dios y...ante su prójimo** (v. 21, VM). Esta paradójica fe en Dios que él defienda la causa de Job ante el mismo Dios, que ahora le mata, reaparece en esta súplica: **Dame fianza, oh Dios; sea mi protección cerca de ti** (17:3). Que el pacto de Dios establezca la integridad de Job en el momento del juicio.

17:4–9. El v. 4 es transicional. Explica que Dios tiene que dar provisión de la fianza, o prenda, de Job debido a que sus amigos humanos rehusan hacerlo, y da inicio a un lamento acerca de la pública humillación del patriarca. La experiencia de Job no puede dejar de asombrar a los hombres rectos (v. 8). Pero ellos (y Job entre ellos) perseverarán aún más en justicia, sin temer debido a los tratos irregulares de la providencia ni a las calumnias del público. Es una confesión triunfante; confunde las esperanzas de Satanás (cp. 2:5).

10–16. Los cambios temperamentales de Job son abruptos y extremos. Invitando con desdén a los sabios sin sabiduría a que renueven su torpe consejo (v. 10), Job llega a la conclusión con una descripción de su apuro patético: al borde de la compañía con los gusanos.

c) Segundo discurso de Bildad. 18:1–21.

En su anhelo por un abogado divino, Job sondea con mucha mayor profundidad en el misterio de la piedad que sus consejeros, cuyas últimas réplicas degeneran en arengas carentes de relevancia acerca de los males de los malvados.

1–4. Resentido por la baja estimación de Job de la inteligencia de sus acusadores, (v. 3; cp. 17:10; 12:7), Bildad le paga con la misma moneda: **Oh tú, que te despedazas en tu furor** (v. 4*a*), como un bruto sin sensibilidad, gritando entretanto que el que tiene la culpa es Dios (cp. 16:9). A juzgar por la forma en que Job se está golpeando a sí mismo hasta la muerte en contra del orden establecido de la creación y de la providencia de Dios (y en particular en contra de la ley de retribución invocada por sus amigos), parecería que espera que el universo sea vuelto a diseñar según sus propias demandas (v. 4*b*, *c*). Las formas plurales en los vv. 2 y 3 es posible que sean una alusión sarcástica a que Job se asocie en la compañía de los justos (cp. 17:8, 9).

5–21. Esta ilustración verbal, titulada por el artista como **las moradas del impío** (v. 21*a*)

no constituye una exacta identidad con el original, pero es suficiente como para que Job reconozca en ella su propio retrato. Contempla el lugar de su tienda sembrado de azufre, símbolo de la perpétua maldición de Dios (v. 15*b*; cp. 1:16; Gn 19:24; Dt. 29:23). Se ve a sí mismo consumido por el **primogénito de la muerte** (v. 13*b*), esto es, una enfermedad mortal; siendo llevado apresuradamente ante el **rey de los espantos** (v. 14*b*), la misma muerte; siendo perseguido hasta caer en el olvido (vv. 16–19), espectáculo de horror ante el que la gente se estremece de pavor sin querer (v. 20).

d) Segunda réplica de Job a Bildad. 19:1–29.

Azotado por los brutales juicios de Bildad (cp. 18:20), Job no puede convocar la despreciativa indiferencia que había mostrado hacia los polemizantes en su anterior discurso. Está anhelante de comprensión, y busca piedad de sus semejantes (19:2–22). Pero los halla todavía inhumanos. En lo más profundo de su necesidad, no obstante, descubre de nuevo el aliento de vida en el amor de Dios, su celestial Simpatizante (vv. 23–29).

2–22. La queja introductoria de Job lleva a una posterior defensa propia, juntamente con una descripción de su desolación (vv. 7–12) y aislamiento (vv. 13–19). Si los amigos son tan antagonistas que tienen que proseguir la acusación en contra de él (v. 5; cp. 22), que *sepan* **ahora que Dios me ha derribado** (v. 6*a*; Bildad utiliza el mismo verbo en 8:3, de lo que esto es una reacción retardada). Están defendiendo una injusticia. **Mis conocidos como extraños se alejaron de mí** (v. 13*b*). El sentimiento que tenía Job de aislamiento, agravado por la endurecida manera en que sus amigos le tratan, ha llegado a ser un peso aplastante. Es evitado, olvidado, aborrecido por todos: desde el conocido con el que se saludaba a pasar hasta la familia más entrañable (vv. 13–18), y por último, pero no por ello menos importante, por su grupo de consejeros (v. 19). De este abandono surge el doble **¡tened compasión de mí!** (v. 21*a*). ¡Ya hay suficiente de acusaciones y de calumnias! (v. 22). Así esta sección da toda la vuelta, rodeando a Job de desamparo.

23–29. Ya que sus contemporáneos no se creen su testimonio personal de integridad, Job desea que pudiera ser registrado por escrito en un libro (v. 23) o, más indeleblemente, en una piedra (v. 24). Entonces pudiera asegurarse un juicio y posiblemente un veredicto más bondadoso de unas futuras generaciones. Por la inclusión de la historia de Job en las Escrituras, este deseo se ha cumplido mucho más allá de lo que él se hubiera podido imaginar.

Pero Job estaba totalmente desesperanzado de que pudiera llegar a quedar fijado por escrito. Además, lo que su alma más codiciaba no era una vindicación meramente humana, sino divina. La mirada al futuro era por ello solamente preliminar a la mirada al cielo: **Yo sé que mi Redentor vive; y al fin se levantará sobre el polvo** (v. 25). La esperanza de un vindicador celestial, divino, que había estado cobrando fuerzas en el alma de Job (cp. 9:33; 16:18ss.) queda aquí perfeccionada. El oficio del redentor (*gô'ēl*) era el del pariente próximo. Era su responsabilidad restaurar las fortunas, la libertad, y el nombre de su pariente, cuando fuera ello necesario, y enderezar sus males, especialmente la venganza de la sangre inocente. Job está confiado de que, aunque todos los parientes terrenos le nieguen (cp. v. 13ss.), su divino pariente próximo está preparado a reconocerle y a decir en su favor la última palabra de su causa (cp. Is 44:6). El celestial *gô'ēl*, oyendo el clamor de la sangre inocente de Job desde el polvo de su tumba (cp. Job 16:18; 17:16), perseguirá a los calumniadores (vv. 28, 29) y vengará su nombre.

Y después de desecha está mi piel, en mi carne he de ver a Dios (v. 26). En heb., la preposición traducida aquí como **en** es ambigua, pudiendo significar en o ''fuera de'' (aunque este último significado no se halla nunca con un verbo de percepción). Job sigue considerando su muerte como inminente para su desgastado cuerpo, que estaba siendo rápidamente destruido por la enfermedad (cp. v. 20); pero su anterior anhelo de volver del Seol a la verdadera vida (14:13–15) revive ahora como una firme esperanza. Dios cumplirá plenamente su oficio de redentor, liberando a Job incluso de la tiranía del rey de los espantos. Así, Job será testigo, como nunca habría podido serlo si hubiera sido cortado en el Seol (cp. 14:21, 22), la intervención de Dios en el mundo real para su vindicación. De cualquier forma en que se presente la frase **en mi carne**, Job sigue expresando su idea de una renovación del hombre entero después de la muerte. El énfasis de 19:27 es probablemente no que Job, y **no otro** (RV), verá a Dios, sino que Job contemplará a Dios como su redentor, **no como un extraño** (VM) hostil a él (cp. vv. 11, 12). Aquí tenemos los principios de lo que la revelación progresiva enunciaría en último término en las doctrinas de la venida de Cristo al tiempo del fin, la resurrección de los muertos, y el juicio final. El hecho de que ni Job ni otro orador se refiera posteriormente a estas elevadas convicciones constituye una indicación adicional de que el propósito del autor no era una teodicea. Esta notable afirmación de fe en

el punto medio del debate sirvió para quebrantar la tensión sobre Job, aun a pesar de que su espíritu se viera incapaz de mantener este sublime nivel.

e) Segundo discurso de Zofar. 20:1–29.

Job ha tañido tales cuerdas de verdad redentora como para entusiasmar a los ángeles, pero Zofar, teniendo oídos, no oye, y pasa a hablar, en estrecha armonía con Bildad, continuando la cantinela del hombre malvado. Desafortunadamente, Zofar se halla frecuentemente en sacar inspiración para su lírica del muladar donde los amigos encontraran a Job.

He oída una reprensión que me afrenta (v. 3*a*, RVA). Ante la amenaza de que Dios le perseguiría para vengar la sangre de Job (cp. 19:29), Zofar hierve de furor. Se apresura a volver a asignar los papeles, haciendo de Job el culpable sobre el que Dios derrama venganza por su opresión contra los pobres (v. 19). Según todos los amigos, la pretendida prosperidad de los inicuos es engañosa, se desvanece. Elifaz señaló la agitación interna contínua de los malos; Bildad señaló a su perpétua desolación; Zofar destaca la repentina venganza que cae sobre ellos cuando se hallan en lo más alto de su rapaz carrera. En tanto que la ambición de ellos está por las nubles (v. 6) y **sus huesos están llenos de su juventud** (v. 11), cuando acaban de saborear el pecado como un bocado exquisito (vv. 12, 13, 15*a*), **en el colmo de su abundancia** (v. 22), entonces es que el Vengador le alcanza (v. 23). El v. 27 constituye una contradicción de la esperanza de Job (cp. 16:18, 19; 19:25) y sirve, en caso de que pudiera haber alguna duda al respecto en la mente de Job, para identificar al hombre maligno de Zofar.

f) Segunda réplica de Job a Zofar. 21:1–34.

Los acusadores, ciegos a la transparente sinceridad de Job, han negado, y no explicado, el misterio de sus aflicciones. Pero más fuerte ahora en su esperanza, Job se levanta por encima de su decepción acerca de ellos, y toma la iniciativa en el debate. Sus ojos, una vez abiertos por su propia experiencia extraña a la falacia de la fácil noción tradicional de la retribución, perciben que la historia abunda en casos ''excepcionales''. Después de una petición prefatoria en demanda de atención (vv. 2–6), pasa a minar la oposición exponiendo la falacia en el análisis de ellos acerca de las fortunas de los malignos (vv. 7–34).

2–6. Sea esto el consuelo que me deis (v. 2*b*). Sus oídos abiertos dan más consuelo que sus bocas abiertas (cp. la respuesta similarmente sarcástica a Zofar en 13:5). La fuerza del argumento de Job debiera silenciarlos (v. 5).

7-34. Job describe la prosperidad de los impíos, primero en términos generales (vv. 7-16), y después en contradicción a las presentaciones específicas de los amigos (vv. 17-26), y finalmente como defensa propia (vv. 27-34).

7-16. ¿Por qué...? (v. 7). La aparente injusticia de la vida, a pesar de que le apoya en su alegato, le turba (cp. v. 6) precisamente debido a que reconoce que Dios lo gobierna todo (vv. 9*b*, 16*a*). Es indicación de la integridad de Job que no quisiera cambiar de sitio con los ricos inicuos (16*b*). No obstante, Job no aprecia suficientemente la necesidad de la gracia divina para la continuación de la raza caída en este mundo. Además, carece del suficiente entendimiento para la gracia común de que disfrutan los creyentes (Ro 2:4; cp. Mt 5:45).

17-26. Cuántas veces (v. 17). El patriarca desafía las estadísticas sobre los que se apoyan los acusadores (cp. v. 29). Job mismo exagera, pero se halla más cerca de la verdad que sus opositores. En 21:19*a* Job anticipa una posible evasiva (cp. 5:4; 20:10) y la refuta (21:19*b*-21). Los verbos en los vv. 19*b*, 20 tienen la forma imperativa; p.ej., **¡Vean sus propios ojos su calamidad!** (v. 20*a*, VM). **¿Enseñará alguien a Dios sabiduría?** (v. 22*a*). La teoría tradicional constituye una crítica disimulada de los verdaderos caminos de Dios (vv. 23-26).

27-34. Yo conozco vuestros pensamientos (v. 27*a*). Job reconoció su imagen en los velados retratos que ellos hacían **¿No habéis preguntado a los que pasan por los caminos...?** (v. 29*a*). Aunque los amigos proponían sus observaciones como leyes primigenias (cp. 20:4), se trataba de especuladores de sillón, encerrados en su torre de marfil, sin contacto alguno con su vida real (cp. com. sobre 4:2-11). **El malo es preservado en el día de la ira** (v. 30). Job insiste en que la muerte de los inicuos es a menudo fácil (vv. 13*b*, 23) y honorable (32, 33). La estimación que hace Job del carácter de los inicuos carece de un énfasis equilibrador (que se halla hasta cierto grado en los discursos de sus amigos) acerca de la inquietud espiritual que sufren durante sus vidas y la perdición en el más allá. Pero al reventar el globo de una retribución sistemática y automática, Job deja a sus acusadores aferrándose a una falsedad (v. 34).

3. Tercer ciclo de debate. 22:1 — 31:40.

a) Tercer discurso de Elifaz. 22:1-30.

La conclusión inherente en la teoría de los tres amigos desde el principio, y más intensamente insinuada en el segundo ciclo, es ahora expuesta desvergonzadamente. Esta abierta acusación sobre Job era su única alternativa a la capitulación después de la considerada negación de Job de que la justicia de Dios sea uniformemente discernible en los tratos de Dios con los hombres. El hecho lamentable es que los amigos endosasen la postura de Satanás de que Job era un hipócrita. Creyendo defender a Dios pasaron a ser abogados en favor del diablo, insistiendo en que aquel a quien Dios había designado como Su siervo pertenecía al diablo.

2-11. Ya que el Dios todosuficiente no puede ser dañado ni ayudado por las acciones de los hombres, la respuesta a los sufrimientos de Job no puede hallarse en Él (vv. 2, 3). Evidente es que Job no está siendo castigado por su piedad: **¿Acaso te castiga, o viene a juicio contigo, a causa de tu piedad?** (v. 4*a*). A partir de estas premisas negativas Elifaz llega a su conclusión positiva en una triste traición a la verdad y a la hermandad. **Por cierto tu malicia es grande** (v. 5*a*) **...Por tanto, hay lazos alrededor de ti** (v. 10*a*). Como carece de pruebas y evidencias verdaderas, Elifaz halla la clave a la verdadera naturaleza de los crímenes de Job en su antigua riqueza: su acumulación tiene que haber estado manchada por un abuso inhumano de los pobres y de los débiles (vv. 6-9). En contra de esta drástica sobresimplificación del dilema de Job, el prólogo, naturalmente, ha revelado al lector que la respuesta se halla en Dios que, aunque todo-suficiente en sí mismo, se glorifica a sí mismo en sus obras y que había decretado la prueba de Job para la alabanza de su sabiduría redentora.

12-20. Y dirás tú: ¿Qué sabe Dios? (v. 13*a*). Presumiendo leer los más íntimos pensamientos de Job, Elifaz pone en labios de Job blasfemias que son contrarias a los sentimientos que él ha expresado en realidad (vv. 12-14). El falso argumento es así resuelto insatisfactoriamente apelando al juicio inusual de Dios sobre la generación del diluvio (15ss.; cp. Gn 6:1-7; 8:21, 22).

21-30. Las últimas palabras de Elifaz, apremiando al retorno de Dios en esperanza de paz y de bendición, nos recuerdan que, a pesar de todo, él era un amigo en la familia de la fe. No obstante, su consuelo queda viciado por su espíritu farisaico y por su repetición implícita de las falsas acusaciones. En su distorsionada forma estas promesas eran proféticas de la conclusión. Nótese especialmente 22:30: **Librará por tu causa aun al no inocente; sí, éste será librado por causa de la limpieza de tus manos** (VM). Cp. la intercesión de Job por los amigos (42:7-9). Señálese que aquí la versión Reina-Valera 1960 vicia el sentido de esta afirmación diciendo: *Él libertará al inocente,* cuando el sentido es, *Él libertará incluso al que no es inocente*, como bien se traducen en la Reina-Valera, revisión 1977, la Biblia de las Américas y la Versión Moderna.

b) Tercera réplica de Job a Elifaz. 23:1— 24:45.

El patriarca se retiene de rechazar indignado las acusaciones infundadas de Elifaz, y reanuda el tema de su anterior discurso (cap. 21). Este monólogo es, pues, una respuesta solamente indirecta a Elifaz. Job pondera la ausencia aturdidora de una justicia discernible en los tratos de Dios con él mismo, un hombre justo (cap. 23), y con los inicuos (cap. 24).

2–9. Hoy también hablaré con amargura (v. 2*a*). Job se niega tercamente a ceder ante ninguna exhortación al arrepentimiento que implique que sus sufrimientos son su merecido (cp. 22:21ss.). **¡Quién me diera el saber donde hallar a Dios!** (v. 3*a*). Ya que él cree ahora que su divino Vengador vive, su anhelo para comparecer delante de Dios es más vivo que antes, y su confianza en su vindicación más firme que nunca (vv. 4–7). Pero no puede hallar a Dios para razonar con él cara a cara (vv. 8, 9).

10–17. Mas él conoce mi camino (v. 10*a*). Conocer expresa probablemente aquí no solamente un mero conocimiento, sino aprobación (como en el Sal 1:6). **Guardé las palabras de su boca más que mi comida** (v. 12*b*). Job ha seguido de contínuo el camino que recomienda Elifaz (cp. 22:22). Pero Dios ejecuta inexorablemente contra Job todo lo que Él ha ordenado de antemano con una aparente falta de atención en cuanto al mérito o al demérito (23:13, 14). **Por lo cual yo me espanto en su presencia** (v. 15*a*) **...no...a causa de las tinieblas, ni porque las tinieblas hayan cubierto mi rostro** (v. 17, VM). Ninguna oscura calamidad (cp. 22:11) ni un rostro oscurecido hacían desfallecer tanto a Job como la inaccesibilidad de Dios (23:16) y que aparentemente dejara de llevar a cabo su gobierno providencial con justicia.

24:1–12. La carga de esta sección se halla en las palabras introductorias y conclusorias: **¿Por qué no señala plazos el Todopoderoso? ¿Por qué los que le conocen no ven sus visitaciones?** (v. 1, RV, 1977)...**Pero Dios no atiende su oración** (v. 12*c*). Dios, a diferencia de Samuel (cp. 1 S 7:16), no mantiene un circuito regular de juicio para mantener el orden y castigar los crímenes. Los hombres crueles y codiciosos explotan a los débiles, sin que tengan freno alguno. Job, por ello, pronuncia el quejoso "¿Hasta cuándo?" de aquellos que se ven oprimidos por los señores de la tierra.

13–17. Los tiranos económicos, como los acabados de describir, operan a menudo dentro de la legalidad técnica. Además de ellos, hombres voluntariosos y violentos gobiernan la tierra. Estos son asesinos, adúlteros, ladrones (Éx 20:13–15), y amantes de las tinieblas.

18–20. Si el punto de estos versículos es la muerte rápida y fácil del inicuo y la consiguiente maldición sobre su herencia, ignorándolo él, entonces están en armonía con la postura de Job en el cap. 21. La RSV inglesa los empieza con un "Decís", adoptando así la interpretación de que Job está citando la postura de sus opositores acerca de la muerte de los inicuos, a fin de dar respuesta a ella (cp. v. 21ss.). Es posible que esta sección represente una modificación correctora en el análisis anterior de Job acerca de los inicuos (cp. 27:7ss.).

21–25. Pero a los fuertes adelantó con su poder (22*a*). Dios permite que las vidas de los impíos lleguen a una total madurez y que acaben como las vidas de los otros hombres (v. 24). **¿Quién me desmentirá ahora?** (25*a*). Seguro ahora de los hechos que ha expresado, Job pronuncia su victorioso reto.

c) Tercer discurso de Bildad. 25:1–6.

Bildad evita el reto de Job (24:25). No obstante, ansioso por decir algo, repite ideas ya adelantadas por Elifaz (cp. 4:17ss.; 15:14ss.) y aceptadas por Job (cp. 9:2; 14:4). La inepta repetición indica que los filósofos habían llegado al límite de su sabiduría. El breve y débil esfuerzo de Bildad representa el último suspiro de ellos en sus argumentos. El hecho de que Zofar ya no abra la boca es el silencio de los vencidos (cp. 29:22).

Job, dice Bildad, es un insignificante gusano de la tierra, en comparación a los gloriosos cuerpos celestiales (v. 6), por lo que no puede esperar a demostrar su inocencia delante de Dios (v. 4), cuya majestad inspiradora de maravilla prevalece universalmente (vv. 2, 3), avergonzando incluso al brillo de la luna y de las estrellas (vv. 5). El discurso es reverente pero carece de relevancia a lo que se trata.

d) Tercera réplica de Job a Bildad. 26:1–14.

Job prosigue más impresionantemente y para propósitos mejores el tema iniciado por Bildad: los maravillosos caminos de Dios (cp. 9:4–10; 12:13–25).

2–4. El patriarca se permite unos sarcasmos al mencionar con desdén la inútil perorata de Bildad. **De quién has declarado tú estas palabras** (4*a*. Acerca de *'ēt*, "de", cp. acadio *ittu*; acerca de esta utilización de *'ēt* como "de" ablativo de procedencia con *higgîd*, cp. Mi 3:8). Las ideas de Bildad eran sólo ecos de las de Elifaz, y la utilización de ellas para condenar a Job estaba más inspirada por Satanás que por Dios.

5–14. Las sombras [esto es, *los muertos*] **tiemblan en lo profundo de los mares, y sus habitantes se estremecen** (v. 5, RV, 1977). Más destacable que la maravilla que Dios instila en seres cercanos a su trono celeste (25:2) es la consternación que su sabiduría y dominio provoca entre las sombras del Seol (26:5, 6). Que la cosmología de Job coincidiera realmente con los conceptos antiguos o que sea una expresión figurada, no se nos presenta necesariamente como un revelación normativa. En su repaso de las evidencias de la grandeza de Dios, el orador nos lleva ahora desde el mundo subterráneo a este mundo (vv. 7–13). Aunque el v. 7 pudiera contemplar la acción creadora, esta sección presenta como un todo el gobierno providencial de Dios sobre la naturaleza. **Él extiende el norte sobre el vacío** (v. 7a) se refiere al cielo septentrional. **Él encubre la faz de su trono** (v. 9) significa que Él vela el cielo con nubes. La cualificación en 26:10 es espacial, y no temporal (VM). **Las columnas del cielo** son las montañas, con sus picos escondidos en las nubes. **Con su poder aterra el mar** (v. 12b, VM) **...Su mano creó la serpiente tortuosa** (v. 13b). Dios controla las aguas superiores e inferiores para producir un orden climático favorable. En cuanto a la figuración mitológica, ver Is 27:1; texto ugarítico, Gordon UH 67, I, 1ss. **He aquí, estas cosas son sólo los bordes de sus caminos: ¡Y cuán leve es el susurro que hemos oído de él!** (v. 14a, b; cp. cap. 28). Si los amigos de Job hubieran reconocido las limitaciones de su conocimiento, hubieran evitado sus malas interpretaciones. La alabanza de la perfección del conocimiento de Dios contradice la identificación que ellos habían hecho de él como de un hombre inicuo.

e) Instrucción de Job a los silenciados amigos. 27:1 — 28:28.

Ya que Zofar no toma la palabra, Job continua, dirigiéndose ahora a todos los amigos (cp. los plurales en 27:11, 12). Consciente de su maestría, asume el papel de enseñante (27:11). Después de volver a proclamar su rectitud con un fuerte juramento (27:1–7), contrasta su propia experiencia con la de los inicuos (27:8–23). El cap. 28 es una artística introducción al camino de la sabiduría. Los críticos modernos han argumentado intensamente que el texto desde 27:7 hacia adelante ha sufrido manipulaciones. Afirman que los sentimientos expresados contradicen las observaciones anteriormente expresadas por Job o que, en el

caso del cap. 28, son incompatibles con la conclusión. No obstante, parece posible defender la originalidad de la presente disposición textual, y la exposición que sigue se halla basada en ella.

27:1–7. Vive Dios, que ha quitado mi derecho (v. 2a). Este juramento epitomiza de una manera notable el dilema de Job. Por una parte proclama a Dios como Dios de verdad, y por la otra acusa que el trato de Dios hacia Job es injusto. **De cierto mis labios no hablan iniquidad** (v. 4a, ASV, margen). No se trata de un voto (como en RV y VM); es una declaración de que la inamovible afirmación de integridad de Job (vv. 5, 6) se corresponde tanto con su conciencia como con los hechos. **Sea como el impío mi enemigo** (v. 7a). El lector del Prólogo puede apreciar lo diabólica que era la acusación de que la piedad de Job no era genuina.

8–23. Porque, ¿cuál es la esperanza del impío...cuando Dios le quitare la vida? (v. 8). Ya no más llevado a extremos reaccionarios por la presión del debate, Job consigue un análisis más penetrantemente espiritual de los impíos. Están sin Dios en el mundo. Esto significa no sólo que sufrirán eterna perdición (v. 8), sino que no tienen refugio divino en medio de los problemas presentes (vv. 9, 10; cp. v. 22b). **¿Por qué, pues, os habéis hecho tan enteramente vanos?** (v. 12b). Los amigos hubieran debido reconocer por el insistente clamor de Job a Dios que la identificación que ellos habían hecho entre los impíos y él era enteramente falsa (cp. 35:9ss.). **Esta es para con Dios la porción del hombre impío** (v. 13a; cp. 20:29; 31:2). La prosperidad de una familia impía (vv. 14–18) no va pasando a través de sucesivas generaciones. En cuanto al individuo malvado, la prosperidad no es su último destino (vv. 19–23). Hasta aquí es que Job modifica su anterior afirmación para concordar con sus silenciados oponentes en que la prosperidad de los impíos no constituye la tendencia dominante en el mundo. Pero sigue reconociendo que los inicuos pueden prosperar por un tiempo. Y cualquier excepción de este tipo es fatal para la teoría de los que le condenaban.

28:1–28. Algunos comentadores consideran a este cap. como un interludio en forma de himno insertado por el autor para separar el diálogo del sumario final de Job (caps. 29 — 31). Se trata aquí como una continuación de la instrucción de Job "en cuanto a la mano de Dios" (27:11a) y, como tal, sigue demostrando que su piedad es a la vez genuina y ferviente.

1–11. Como contraste al siguiente tema del fracaso del hombre de llegar a conseguir la verdadera sabiduría aparte de Dios (v. 12ss.), se presenta aquí el triunfo de los atrevidos hijos de Tubal-caín (cp. Gn 4:22) en la explotación de los escondidos tesoros de la tierra. La conquista de la tierra por parte de la humanidad, ordenada por Dios en el principio (Gn 1:28), está marcada por fenomenales triunfos tecnológicos.

12-19. Mas ¿dónde se hallará la sabiduría? (v. 12a). La siguiente sección (20—27) es también introducida por esta pregunta retórica. Allí recibe una respuesta positiva, pero aquí negativa. A pesar de los asombrosos logros de la empresa científica (vv. 1–11), los hombres son incapaces, mediante las técnicas o los tesoros de la ciencia, de llegar a la sabiduría. Este premio supremo no puede ser obtenido por búsqueda o por compra, porque no se halla, como si de gemas se tratara, depositada en la tierra ni en el mar (vv. 13, 14).

20-27. Tras la asunción de que el hombre puede descubrir la sabiduría está la presuposición de que el Creador posee una sabiduría infinita. La sabiduría no se halla en la tierra de los vivientes (v. 21; cp. 13, 14), ni tampoco en el reino de los muertos (v. 22). El camino de la sabiduría se halla más allá del discernimiento del hombre por sí mismo, sin ayuda externa, aquí y en el más allá. Es directamente visible solamente a Aquel que posee la percepción que todo lo abarca, que todo lo ve (vv. 23, 24). Nótese la utilización de ''oír'' y ''ver'' como expresión del conocimiento parcial y perfecto, respectivamente (vv. 21–27). El Creador percibió sabiduría en el principio, cuando estaba ordenando las leyes del mundo (vv. 25, 26). De hecho, la creación natural, con las leyes que la gobiernan, establecida por Dios, constituye una expresión e incorporación de sabiduría (v. 27; cp. Pr 8:22–31). Porque la sabiduría es la palabra de su voluntad y esta se articula para el hombre en la ley de Dios, tanto la natural como la moral. La ley divina es la forma en la que Dios revela su sabiduría a los hombres.

28. El temor del Señor es la sabiduría. El reverente reconocimiento del hombre de que él y su mundo se hallan sometidos al Creador es en tan alto grado la corriente vital de la sabiduría humana, que puede identificarse con la sabiduría misma. Un hombre empieza a ser sabio cuando deja de luchar por la sabiduría independientemente de Dios y en su propio poder. Adelanta en sabiduría al meditar acerca de la ley moral y de la investigación de la ley natural. Aparte de un verdadero reconocimiento de la revelación divina, sea ello en la creación natural o en la Palabra, la meditación e investigación del hombre no resultan en sabi-

duría, sino en necedad. La empresa cultural no empezada y consumada como adoración a Dios es una vanidad. Y si el culto no es el verdadero culto al Señor, es vanidad. El temor del Señor, la consagración del pacto, es el principio y la parte principal de la sabiduría.

f) Protesta final de Job. 29:1—31:40.

La discusión con los amigos ha terminado; ahora viene al foro el encuentro con Dios. En un monólogo final, Job sumariza su causa. La invocación directa en 30:20–23 lo señala como parte del contínuo recurso de Job a Dios. Este discurso es una reiteración de la queja introductoria de Job, considerablemente templada después de haber pasado por los fuegos del gran debate. Constituye una trilogía, que consiste de una descripción de la anterior exaltación de Job (cap. 29), una descripción de su humillación presente (cap. 30), y una protesta final de inocencia (cap. 31).

1-25. Job empieza esta exposición de su extraordinaria historia allí donde la comienza el libro de Job: en los prósperos **meses pasados** (v. 2a). **En el otoño** [madurez] **de mis días** (v. 4a, VM), no *de mi juventud* (RV). Job empieza con el meollo del asunto (como también lo hace el libro): el estrecho enlace entre él y Dios en pacto (cp. 1:1). La bendición de aquellos días, que ahora evocan tales anhelos en Job, no era la bendición paradisíaca como tal (v. 6), sino el favor amistoso de Dios (cp. Sal 25:14), del que fluía toda aquella prosperidad (vv. 2–5). **Cuando yo salía a la puerta** (v. 7a). Debido a que la propiedad de Job estaba cercana a la ciudad, Job estaba activo en los asuntos civiles y judiciales. La puerta y la plaza contigua a ella, o lugar de mercado, era donde se reunía el foro de la ciudad. El papel eminente que el patriarca había jugado en el consejo y en el tribunal le parece ahora haber sido el aspecto más significativo de su pasado (vv. 7–17, 21–25), considerado desde su actual lucha personal por la justicia. La última palabra, que se le concede de mala gana en este debate, siempre había sido antes su derecho indiscutido (vv. 21–23) al sentarse como rey entre sus compañeros (v. 25). La ironía es que era precisamente él quien había sido el conocido campeón de los pobres y de los oprimidos (vv. 11–17), el amado consolador de los que estaban de luto (v. 25c), estaba ahora, en su angustia, ante el hecho de que sus amigos le negaban una audiencia justa (cp. esp. cap. 22) y, aparentemente, también Dios. **Me vestía de justicia, y ella me cubría** (v. 14a). La causa de la justicia se encarnaba en Job, que, sin desalentarse ante las dificultades ni el abatimiento (v. 24), blandía la espada de la justicia para librar al inocente de los predadores (v. 17*a*; cp. Is 11:2–5; Sal 72:12–14). Una de las bendiciones del paraíso perdido de Job la había sido su esperanza feliz de prolongados días en el seno de su familia (Job 29:18), de honor (20*a*), y de fortaleza (20*b*) constantemente renovada (v. 19). Job relata ahora la triste confusión de estas esperanzas (cap. 30).

30:1–31. La repetición de *pero ahora...Y ahora...Y ahora* (vv. 1, 9, 16) acentúa el tema de una forma eficaz al ir Job contrastando el oscuro presente y turbulento con el pasado pacífico. El rey de los consejeros ha venido a ser el refrán de necios (vv. 1–15). El favor amistoso de Dios se ha tornado en crueldad (vv. 16–23).

1–15. Lo extremoso del deshonor de Job aparece en el hecho de que incluso los más bajos de la humanidad le tienen en poco. Al describir la miseria de ellos (vv. 1–8; cp. 24:25ss.) el sufriente sugiere de una forma indirecta muy maestra su condición aun peor. Tan vacía de dignidad y de confiabilidad era esta raza animalizada (vv. 6–8) de depauperados proscritos (vv. 3–5) que Job, con toda su simpatía hacia los socialmente inferiores (cp. 29:12ss.; 31:15), no hubiera confiado ni al mayor de ellos las responsabilidades comúnmente confiadas a los perros pastores (v. 1*b*). **No tienen fuerza alguna** (v. 2*b*). Carecen incluso de la resistencia física para servir como asalariados. **Pero ahora** incluso los más jóvenes de esta canalla consideran a Job como el blanco adecuado de su escarnio (v. 9). Ninguna muestra de desprecio es pequeña para ellos (v. 10; cp. 17:6), con un desdén irrefrenado (11*b*) inventan tormentos (v. 12ss.) en contra de este caído burgués, ahora un impotente proscrito en sus dominios del muladar.

16–23. Mucho más angustiador para el patriarca que la crueldad de los hombres es la de Dios (v. 21*a*) que parece mirar como de piedra (v. 20*b*) a su suplicante víctima. Dios persigue a Job (v. 21*b*) de contínuo con aflicciones físicas (vv. 16*b*, 17), humillándole (vv. 18, 19), en forma inmisericorde (vv. 20, 21), violentamente (v. 22), y hasta la tumba (v. 23). Aunque Job pierde aquí de vista la oportunidad de proseguir las implicaciones lógicas y de apropiarse del consuelo de los pensamientos recientemente expresados acerca de la sabiduría, humana y divina (cap. 28), debe tenerse presente que él no era de piedra, sino un hombre de carne y hueso, y todavía aplastado por los anillos de la serpiente.

24–31. Un clamor de dolor constituye la conclusión de las reflexiones de Job acerca de su humillación y desamparo. Es natural que se clame por ayuda en la angustia (v. 24, según la BLA, que dice así: *¿No extiende la mano el que está en un montón de ruinas, cuando clama en su calamidad?*), especialmente cuando la calamidad es contraria a todas las expectativas (vv. 25, 26; cp. 29:15–20). En un torbellino emocional (v. 27), Job derrama su clamoroso llanto delante del mundo (v. 28) como un chacal aullante o un avestruz dolorido (v. 29). Con una fiebre mortal consumiéndole (v. 30), tañe de antemano una endecha para el día del luto por él y de su enterramiento (v. 31).

31:1–40. Las protestas de inocencia han sido siempre la principal carga de Job. Aquí, de una manera muy elaborada, llega a ser el punto culminante de su discurso. En forma, se trata de un juramento retroactivo de alianza de pacto (cp. v. 1*a*). En tales juramentos, el orador invoca maldiciones sobre su propia cabeza por violaciones que se le puedan demostrar del código moral (cp. p.ej., el juramento de los soldados heteos, ANET, 353, 354). Incluso la imaginería de las muestras existentes de tales antiguos juramentos se corresponde con el de Job (p.ej., pérdida de cosechas, molienda, rotura de miembros, espinos. Ver vv. 8, 10, 22, 50). Por ello, esta representación es la de un vasallo del pacto afirmando su fidelidad a las varias estipulaciones que le han sido impuestas, y atónito de que su soberano le haya visitado con las maldiciones en lugar de con las bendiciones del pacto (cp. Dt 28:18, 31, 35). A Job le parece como si Dios hubiera dejado a un lado el papel de soberano como protector, y que se haya vuelto extrañamente como un enemigo en contra de un vasallo obediente.

1–8. Job empieza negando pecados secretos del corazón: concupiscencia (v. 1), vano engaño (v. 5), codicia (v. 7). En esto expresa una profunda penetración en la espiritualidad de la ley de Dios (cp. el Sermón del Monte, Mt 5 — 7). Su profunda preocupación con el inminente juicio de su Soberano emerge frecuentemente (vv. 2–4; cp. 11, 12, 14, 23, 28), más notablemente en las maldiciones que invoca sobre sí mismo (v. 8; cp. Dt 28:30*c*, 33). Mediante estas referencias a las sanciones penales del pacto Job solemniza sus juramentos de inocencia. Mezclado con el temor reverente de su Juez se halla su confiado anhelo de estar delante de Él, elocuentemente proclamado en los vv. 35–37 y más sencillamente aquí (v. 6).

9–23. El patriarca rechaza también todo tipo de pecado público en contra de sus prójimos: adulterio (v. 9), malos tratos a los inferiores

(v. 13), abandono de sus obligaciones sociales de caridad a los menesterosos (vv. 16, 17, 19–21). Se hallan maldiciones unidas a las cláusulas condicionales de "si" en esta sección. Además, las negaciones de Job son vigorosamente fortalecidas: su negación de haber cometido adulterio, por una denuncia indignada en contra de tal enormidad (vv. 11, 12); su negación de haber abusado de sus siervos, por una consciencia confesada de la inquisición divina (v. 14) y un reconocimiento de un común origen como criaturas (v. 15); y la negación de su falta de caridad, mediante una afirmación positiva en contra (v. 18) y la confesión de su temor de Dios (v. 23).

24–37. La acusación de hipocresía y de iniquidad secreta, que los consejeros trajeron sobre él, debido a la falta de evidencia de los supuestos crímenes de Job, ya había quedado contradicha por sus protestas. Queda ahora directamente repudiada por su negación de pecados secretos en sus relaciones con Dios, sus enemigos, o extraños. Tampoco lo engañoso de las riquezas (vv. 24, 25) ni la fascinación de la adoración pagana de los cuerpos celestes (vv. 26, 27) habían enlazado a Job en una idolatría encubierta, la transgresión de la demanda más fundamental de adhesión a Dios (v. 28). La malicia secreta en contra de sus enemigos (v. 29) es rotundamente negada por él (v. 30). Los que le conocen estrechamente en su vida familiar pueden certificar que él no ha dado la hospitalidad a regañadientes al extraño que pasaba (vv. 31, 32). Sumarizando, refuta cualquiera semejanza suya con Adán, que trató de esconder su pecado (v. 33; cp. 13:20; Gn 3:7–10). Job no tenía necesidad de temer el abierto escrutinio de la sociedad (Job 31:34) ni de Dios (v. 35ss.). En contraste total al terror y a la huída de Adán al acercársele el Señor, Job desea apasionadamente comparecer ante Dios (v. 35a; cp. 13:3, 22; 23:3–9; 30:20). **He aquí mi firma** (v. 35b, BLA). Dramatizando la deseada audiencia con Dios, Job representa la defensa que acaba de presentar como un documento firmado y legal. A continuación, con una consumada arrogancia, declara cómo comparecerá delante de Dios como príncipe (v. 37b), coronado con el mismo rollo conteniendo su acusación (v. 35c, 36), que quedará transformado en un emblema de honra para él al ser refutado punto por punto (v. 37a).

38–40. El impío reto acabado de pronunciar (vv. 35-37), en tanto que responde a la condición "si como Adán" (vv. 33, 34), forma una refutación tan satisfactoria de todo el catálogo de pecados y una conclusión tan grandilocuente de todo el discurso, que muchos eruditos consideran que los vv. anticlimáticos 38–40 están dislocados. No obstante, estilísticamente, el autor de Job está aficionado al climax penultimado (cp., p.ej., 3:23ss.; 14:15ss.). Y, materialmente, este último pecado (vv. 38, 39) e imprecación (v. 40), siguen naturalmente a la alusión de la caída de Adán (v. 33ss), porque Job invoca aquí a la maldición elemental primigenia sobre la tierra (Gn 3:17, 18; cp. Gn 4:11, 12).

Las protestas de Job de inocencia han mantenido el paso con su percepción cada vez más profunda de las exigencias de la santidad divina. Pero ahora su exhibición de una notable penetración en las demandas morales de Dios descubre una profundidad igualmente notable de justificación propia en Job. Tal ceguera a la depravación de su propio corazón no negaba la genuinidad de la obra redentora divina en Job. Pero sí que constituía una verdadera verdad espiritual, por lo que tratar de remediarla —como Eliú iba ahora a señalar— era precisamente un propósito de Dios (aunque este no es el propósito de mayor importancia) al disponer los sufrimientos de Job.

4) El ministerio de Eliú. 32:1—37:24.

Eliú, evidentemente uno de los presentes en una audiencia mayor que estaba presente para oír el debate de los maestros, se adelanta ahora y expone su teodicea. El haberle introducido anteriormente hubiera dañado el movimiento dramático del poema con una torpe anticipación de la conclusión del debate. El joven Eliú ignoraba igual que los otros las transacciones celestiales relatadas en el Prólogo. Por ello, su interpretación de los sufrimientos de Job no es exhaustiva. No obstante, Eliú sí que percibió el significado del principio todo importante de la libre gracia de Dios, que los otros habían dejado a un lado. Por ello, con este discurso, empieza a relumbrar la luz del día sobre el camino de la sabiduría después de la larga noche del debate, desgarrada hasta ahora solamente por algún rayo de entendimiento. La arrogancia principesca de Job queda sometida, y así Eliú sirve como uno enviado delante de la faz del Señor para preparar el camino a Su venida en el torbellino (cap. 38ss.).

El discurso de Eliú (32:6—37:24), aunque marcado por varias pausas (34:1; 35:1; 36:1) es, esencialmente, una unidad. A continuación de la apología (32:6–22), se desarrolla la teodicea en respuesta a quejas particulares de Job (citadas en 33:8–11; 34:5–9; 35:2, 3; cp. 36:17ss.) y mediante una exposición de la gracia (33:12–33), justicia (34:10—36:25), y poder (36:26—37:24) de Dios.

32:1–5. La forma poética queda brevemente interrumpida por este prefacio de prosa. Los orígenes de Eliú quedan totalmente detallados (v. 2*a*; cp. 1:1; 2:11). **Buzita.** Cp. Gn 22:21. El que Job dejara de ser más celoso del honor de Dios que del suyo propio había suscitado la indignación de Eliú (v. 2*b*); señálese la coincidencia de Dios (40:8). Lo que provocó a Eliú a instruir a sus mayores fue el fracaso de los amigos a dar respuesta satisfactoria a las desafiantes protestas de Job contra Dios. **Aunque habían condenado a Job** (v. 3*b*). La acusación lanzada por los amigos contra Job de que este era un hipócrita era una treta vergonzosa para esconder sus deficiencias teológicas y lógicas. Otra posible traducción es: **debido a que no habían condenado a Job.** Esto es, habían fracasado en el intento de demostrar su falsedad en las acusaciones que hace él en contra de la justicia divina. Esto concuerda bien con el interés de Eliú en justificar a Dios. Según una tradición textual variante antigua, el v. 3*b* diría: **y así condenaron a Dios.** Esto es, el silencio de los amigos delante de las persistentes protestas de Job equivalía a que condenaban a Dios.

6–22. La apología preliminar de Eliú al pedir la atención de la audiencia se expande aquí hasta más allá del gusto Occidental, pero no se iría fuera de lo apropiado en la tierra de Uz (cp. *Ilíad* 14:122ss.). **Los días hablarán** (v. 7*a*). La deferencia por la sabiduría asociada con la edad ha refrenado que Eliú interviniera antes (vv. 6, 7, 11). No obstante, la sabiduría es básicamente un asunto de don divino, específicamente del otorgamiento de Dios del espíritu que él ha dado al hombre con su soplo: **El soplo del Omnipotente le hace que entienda** (v. 8; cp. Gn 2:7). El comportamiento sin gloria alguna de los consejeros ha demostrado su carencia de sabiduría a pesar de la edad (Job 32:9, 12, 15, 16), en tanto que Eliú afirma entendimiento a pesar de la juventud (v. 6*b*, 10). Reprochándoles que abandonen la cruzada (v. 13), Eliú la emprende (vv. 16, 17) con una nueva estrategia (v. 14), bajo la compulsión de un espíritu estallando de conocimiento del misterio que los sabios han hallado tan intrincado e irresoluble (vv. 18–20), con una devoción a la verdad sin temor de ningún tipo (vv. 21, 22).

32:1–33. La apología general ha estado dirigida a los amigos. Ahora, introduciendo la respuesta a las protestas de Job, Eliú le dirige un desafío (vv. 1–7). Cita afirmaciones de Job (vv. 8–11) y le da su propia réplica (vv. 12–30). De esta forma vuelve a ser echado el guante (vv. 31–33).

1–7. Heme aquí a mí en lugar de Dios (v. 6*a*). Eliú es un prójimo humano, hecho de barro (v. 6*b*) por el soplo creador de Dios (v. 4; cp. Gn 2:7). Confrontado ante el reto de Eliú, Job no puede, por ello, presentar su excusa favorita de que terrores divinos paralizantes le roban la necesaria compostura para defenderse a sí mismo (cp. Job 9:34; 13:21).

8–11. Eliú no hace una falsa presentación de la postura de Job. Job había asentido en cuanto a su participación en el pecado humano (cp. 7:12; 13:26). Además, su clamor de inocencia estaba justificado en tanto que defendía su integridad ante las acusaciones de hipocresía y otras calumnias de los amigos. No obstante, se puede trazar una tendencia a sobreestimar su rectitud en sus protestas (cp. 9:21; 10:7; 12:4; 16:17; 23:10ss.; 27:5, 6; 29:11ss.). Y esta pretensión se hace increíblemente atrevida y transparente en las últimas palabras de Job (cap. 31). En 33:10*b* Eliú cita 13:24*b*; en 33:11 cita 13:27*a*.

12–30. Cuando Eliú cita la queja adicional de Job de que Dios **no da cuenta de ninguna de sus razones** (v. 13*b*; cp. 19:7; 30:20), pudiera parecer que deja de lado rápidamente las dudas de Job acerca de la justicia de Dios (vv. 8–12) para volver más tarde sobre ellas (cp. caps. 34 — 37). Pero en su respuesta a la pretendida falta de revelación de los caminos de Dios (vv. 14–30), Eliú incorpora una explicación de los sufrimientos de los siervos de Dios, y así empieza eficazmente su defensa de la justicia divina. En los días del AT Dios hablaba a su pueblo por medio de unos modos especiales que ya no se emplean después de la finalización del NT (cp. He 1:1). Eliú menciona sueños (Job 33:15–17) y al ángel interpretador (vv. 20–30) como medios especiales de revelación. Dios no dejaba al pueblo de su pacto que vagara sin la luz de una revelación autorizada. **Si hubiere entonces junto a él mensajero, algún intérprete, uno escogido de entre mil** (v. 23, VM). Ángeles innumerables ministran a los que han de ser herederos de salvación (He 1:14; cp. Job 4:18; 5:1; Dt 33:2; Sal 68:17; Dn 7:10; Ap 5:11), siendo uno de sus ministerios la interpretación de la voluntad y de los caminos de Dios. Es posible que **uno escogido de entre mil** sugiera no la abundancia de tales ángeles guías, sino la rareza y la preeminencia de su ángel mediador (cp. Ecl 7:28).

Para apartar su alma del sepulcro (v. 30*a*; cp. vv. 18, 24, 28). En el núcleo de esta revelación se halla el principio y los propósitos de la gracia divina. Los hombres viven a la sombra de **los destructores** (v. 22*b*), los ángeles de la muerte enviados por Dios, debido a la santa indignación de Dios hacia el pecado de los hombres. Pero una...dos y tres veces (vv. 14,

29) interviene la gracia. En algunas ocasiones se interpone la revelación especial como advertencia para prevenir que se lleve a cabo la maldad propuesta y así impedir sus desastrosas consecuencias (vv. 15–18). En algunas ocasiones la revelación viene en la hora undécima, cuando un curso de duro castigo ha llevado al hombre al borde de la hoya (vv. 19–22). Hay entonces una notable restauración de las bendiciones de la justicia (vv. 25, 26), celebrada con un salmo de confesión y de acción de gracias (vv. 27, 28). Tales liberaciones son efectuadas por la confrontación del hombre con **su deber**, o sea, el curso recto que debe emprender (v. 23*b*; cp. v. 16), y por el arrepentimiento del hombre. Este proceso es la **redención** (v. 24*c*) que se halla si Dios tiene **de él misericordia** (v. 24*a*). A la luz de la anterior revelación que Dios ha concendido a sus siervos, Eliú afirma que los sufrimientos de ellos son castigados disciplinariamente (v. 19).

31–33. La interpretación del sufrimiento como disciplina es aplicable en el caso de Job (ver los comentarios finales sobre el cap. 31). También Elifaz había sugerido el castigo disciplinario como una razón de la aflicción (5:17), pero consideraba él que el castigo se administraba en proporción al pecado. Aunque un castigo severo pudiera en verdad ser "bendición", ¡no obstante estigmatizaba a un creyente al posicionarlo en un puesto humillantemente bajo en la comunidad de los santificados! Eliú veía el castigo en su contexto redentor, informado y gobernado por los principios de la gracia soberana. ¡Ya que la gracia es, por su misma naturaleza, soberanamente libre, puede derramar la bendición de disciplinar más abundantemente al santo que relativamente tenga menor necesidad de ella! Eliú no reflexiona aquí sobre hombres perversos, pero su descubrimiento de que el sufrimiento es una actividad de la gracia libre de Dios es evidentemente la clave a la impredecible y aparentemente arbitraria variedad en sus sufrimientos, y también en su prosperidad. Para ellos, también, el sufrimiento es una dispensación llena de gracia que les advierte y les aparta del abismo eterno. Así, Eliú quita el aguijón al misterio del sufrimiento de los justos y de la prosperidad de los malvados. El corazón de Job salta de gozo. Pero la vergüenza le llena al recordar las calumniosas acusaciones que ha clamado en contra del Dios de la gracia, y por ello es que se calla (v. 33).

34:1–37. La estructura del cap. 33 se reitera: un llamamiento introductorio para demandar atención (vv. 2–4), citas de las quejas de Job (vv. 5–9), una respuesta a ello (vv. 10–28), y un reto final (vv. 29–37).

2–4. Es evidente de 34:34 que Eliú demanda la atención de un círculo más amplio de oyentes que los tres amigos.

5–9. Eliú pone otra vez como blanco de sus palabras la queja de Job de que Dios pervierte la justicia al afligirle con heridas incurables aunque él no haya cometido transgresión. Esto sumariza de una forma precisa mucho de los que se halla en los discursos de Job (para el v. 5, cp. esp. 13:18; 23:10; 27:6; para el v. 5*b*, 27:2; para el v. 6, 9:20; 6:14; 16:13; para el v. 9, cp. 9:22; 10:3; 21:7ss.; 24:1ss.).

10–28. La perversidad de la acusación de Job queda demostrada por una consideración de la justicia de Dios. Eliú empieza con una negación directa de que Dios sea injusto (vv. 10–12). En buena lógica, esto puede ser una petición de principio, pero solamente demuestra las limitaciones de la lógica humana. Porque la apelación de Eliú es al sentido de deidad en el portador de la imagen de Dios, y esta es la única forma buena de proceder en último término al declarar el nombre de Dios. La confirmación de la perfecta justicia del Creador se halla en Su omnipotencia y en Su omnisciencia (v. 13ss.). La pura imparcialidad es lo que se correlaciona con su trascendencia más allá de toda posible motivación a hacer acepción de personas entre Sus criaturas (vv. 13–20). Es en Dios que toda carne vive, se mueve, y tiene su ser (vv. 13–15); los reyes y los poderosos no constituyen excepciones (vv. 16–20). Además, el ordenamiento que Dios hace del universo contradice la acusación de injusticia en él, porque la injusticia obra anarquía, no orden (v. 17*a*). Ninguna tacha puede surgir debido a la ignorancia en el gobierno de Dios (vv. 21–28). **Porque él no tiene que parar la atención largo tiempo en el hombre** (v. 23*a*). Con una mirada omnisciente, Dios abarca todos los hechos a considerar, incluso las obras secretas de las tinieblas (vv. 21, 22) y la velada opresión de los pobres (vv. 24–28).

29–37. Poner en tela de juicio la benevolente providencia de Dios es necedad (vv. 29, 30). ¿Cómo a **Dios se le dice, he soportado la aflicción sin ofender?** (v. 31). Eliú parece reanudar el pensamiento de los vv. 5–9: la presunción increíble (cp. v. 7) de las protestas de Job frente a Dios (cp. v. 6*b*). **¿Ha de ser eso según tu parecer? Él te retribuirá, ora rehúses, ora aceptes, y no yo** (v. 33*a*, *b*). De nuevo se le ofrece una oportunidad a Job a que defienda su rebeldía, pero permanece en silencio.

35:1–16. Volviendo a la idea de que Dios se halla infinitamente exaltado por encima de cualquier tentación a pisotear la justicia

(vv. 4–8), Eliú la introduce de nuevo citando la queja de Job que esta idea refuta (vv. 2, 3). Entonces corrige una distorsión de esta idea de la trascendencia divina (vv. 9–13), aplicando este punto a Job mismo (vv. 14–16).

2. 3. Cp. 34:9. **¿Piensas que es cosa recta...?** (35; 2*a*). Esta afirmación no se refiere a 2*b*, sino al v. 3. Además, 2*b* es una cláusula subordinada al v. 3, así criticar las consecuencias de la rectitud es asumir una rectitud superior a la de Dios.

4–8. Y a tus compañeros contigo (4*b*). Los obreros de iniquidad a los que Eliú asocia a Job en esta queja de una rectitud sin provecho (cp. 34:8, 9). Es evidente que los hombres no pueden ni disminuir (v. 6) ni aumentar (v. 7) la gloria de Él que está exaltado por encima de los cielos (v. 5). Por ello, ni el temor ni el favor pueden afectarle en su administración de justicia. Elifaz había presentado un argumento similar para la justicia divina (cp. 22:2–4), pero se hallaba viciado por malos entendidos de la administración de aquella justicia. Job se había referido también a la inmutabilidad del Creador autosuficiente, pero había llegado a la conclusión de que ello minimizaba la responsabilidad humana (cp. 7:20, 21).

9–13. La inmutabilidad trascendente de Dios no es equivalente a una indiferencia frente a los vicios y a las virtudes humanas; no se trata de un desinterés distanciado en las multitudes que *claman*...**por la soberbia de los malos** (v. 12 *a, c*), como Job había dicho quejándose (cp. 24:12). Tales clamores son desatendidos, más bien, porque **Dios no oirá la vanidad**, o *un clamor vacío* (v. 13), como un grito meramente animal (v. 11) clamando por una liberación meramente física. **Y ninguno dice: ¿Dónde está Dios mi Hacedor, que da cánticos en la noche...?** (v. 10). No se trata de que Dios sea indiferente a los hombres sino que los hombres son indiferentes acerca de Dios. No buscan a Dios por él mismo, contentos con cantar doxologías en medio de la desolación si tan solo Él es la porción de ellos. Eliú convoca a Job a la sabiduría de su original respuesta de fe (cp. 1:21).

14–16. Si el juicio de Dios se tarda (v. 14; cp. 19:7; 23:8ss.; 30:20), y su ira se refrena por un tiempo (v. 15; cp. 21:7ss.), Job no debiera por ello lanzarse a conclusiones vanas (v. 16).

36:1 — 37:24. Continuando el tema de la justicia de Dios, Eliú sigue exponiendo el designio lleno de gracia en las aflicciones de los justos, exhortando a Job que fuera mediante ello ejercitado provechosamente (36:1–25; cp. 33:19ss.). En los versículos finales de esta exhortación, el énfasis pasa a la excelencia del poder de Dios (cp. 34:12ss.), y

esto viene a ser el gran tema de la conclusión de Eliú (36:26 — 37:24), el clamor del heraldo antes de la venida del Señor (cap. 38ss.).

36:1–25. Eliú caracteriza su teodicea como una verdad completa (vv. 2–4). Es posible que 4*b* se refiera a Dios (cp. 37:16). La grandeza de Dios es una grandeza de bondad y de sabiduría (v. 5), de justicia administrada imparcialmente y de una gracia derramada abundantemente sobre los justos (vv. 6, 8). Aquí parece que de nuevo Eliú cayera en el enfoque de los amigos, pero la diferencia entre ellos se evidencia en su interpretación de las aparentes excepciones a la pauta general observable en el gobierno divino (8ss.; cp. los comentarios sobre 33:12–30). Las aflicciones llaman a los justos a unas empresas espirituales de una forma más ardiente y son así un medio efectivo de liberación del pecado y de sus consecuencias (vv. 8–10, 15). Desaparecen cuando se ha conseguido el propósito específico que se perseguía con ellas (v. 11); y solamente entonces (v. 12). De manera similar, si los **hipócritas de corazón** (v. 13*a*) reaccionan ante las advertencias aflictivas de un Dios paciente con una cólera desenfrenada (v. 13), solo pueden esperar ser víctimas tempranas de sus propios desenfrenos (v. 14). **Que no te aleje la magnitud de tu redención** (v. 18*b*; cp. 33:24). La abrumadora pérdida implicada en la disciplina de Job le atrajo a apartarse de la instrucción (lit., *boca*) de la aflicción (v. 16*a*; cp. v. 15*b*) para dar una respuesta de agrio juicio y escarnio (vv. 17, 18*a*). **¿Valdrá en algo tu clamor, que llegues a no estar en aflicción?** (v. 19*a*, ASV). En la colérica queja de Job, con su amargo anhelo por la noche de la tumba (v. 20), desprecia la obra santificadora de la aflicción (v. 21). Por lo tanto, que considere las exaltadas obras de Dios (vv. 22*a*, 25), que atienda sumisamente a la instrucción que Él envía (vv. 22*b*, 23), y que así transforme la queja en una doxología (v. 24; cp. 35:10).

36:26 — 37:24. Adoptando su propio consejo (36:24), Eliú pronuncia una alabanza salmódica al Señor de la creación. La regla divina queda ilustrada por los varios tipos de fenómenos atmosféricos: el ciclo metereológico de la evaporación y de la precipitación (36:26–28), tormentas majestuosas y atemorizadoras (36:29 — 37:4), y el hielo y la nieve del frío invierno (37:5–13). Cada una de estas cosas va introducida por una afirmación de la incomprensibilidad de las obras de Dios (36:26, 29; 37:5). Eliú observa que las fuerzas elementales, una vez descargadas, no escapan al control de Dios; sino que como las armas arrojadizas expertamente manejadas por los guerreros en los cuerpos de soldados de elite, ambidextros (36:32; cp. *Ilíada* 21:183; 1 Cr 12:2), llevan a cabo la voluntad de Dios (37:12), ya bien como maldición (36:31*a*; cp. 1:16, 19) o como bendición (36:31*b*; 37:13b; cp. 37:7).

La íntima relación así sugerida entre el gobierno de la naturaleza por Dios y su gobierno de la historia prepara para la apelación final de Eliú a Job: Si el hombre no puede comprender las reglas de Dios en su gobierno de la naturaleza, no debiera esperar comprender la regla moral de Dios. Mediante una serie de preguntas llevaderas a la humildad (37:15ss.) Eliú imprime sobre Job la idea de su condición de criatura, recordándole que mediante sus reglas finitas no puede juzgar a Dios, cuyos caminos son todos infinitamente más elevados que el pensamiento humano. De ahí la necedad de discutir su gobierno (37:19, 20, 24*b*). El camino de la sabiduría es temerle a él que es incomprensible y excelente en todos sus atributos (vv. 23, 24*a*).

Habiendo cumplido su ministerio, Eliú se retira de la escena. Ha preparado el camino del Señor en los corazones de Job y de sus amigos. Desde la perspectiva literaria, el discurso de Eliú forma una transición eminentemente satisfactoria para conectar con la teofanía que sigue. La vívida descripción que hace el joven de la furia de los elementos prepara el talante para (y quizás inspirado por) el torbellino que se estaba aproximando, vehículo de la presencia de Dios. Su concentración temática en la revelación natural es proseguida por el Señor, como también incluso el estilo interrogador de su exhortación final (cp. 38:3ss.). Al juzgar la controversia de Job con sus amigos (cp. 42:7-9), el Señor no menciona a Eliú, debido a que el joven no era parte en la disputa de los más ancianos, ni sus palabras habían sido tales que demandaran una expiación. Aunque el Orador desde el torbellino no menciona a Eliú por su nombre, no lo ignora. Porque, al proseguir esencialmente el argumento de Eliú al endosar sus juicios acerca tanto de Job (cp. 32:2 y 40:8) como acerca de sus amigos (cp. 32:3 y 42:7ss.), el Señor reconoce a Eliú como su precursor.

B. La voz de Dios. 38:1—41:34.

Los veredictos pasados sobre Job por parte de los hombres habían oscurecido el camino de la sabiduría hasta que Eliú habló. Este camino queda ahora totalmente iluminado por la voz desde el torbellino. Es eminentemente apropiado que el enfoque del Señor a Job tome la forma de un reto. Así era también como había confrontado a Satanás (cp. 1:7, 8; 2:2, 3). Dios desafió tanto a Satanás como a Job con-

frontándoles con Sus maravillosas obras. Y ya que Job mismo es la obra divina por la que Satanás fue retado, es mediante el éxito de este reto a Job que Dios perfecciona el triunfo de su reto a Satanás. El reto de Dios a Job procede en dos etapas (38:1—40:2 y 40:6—41:34), con una pausa a mitad de camino, marcada por la inicial sumisión de Job (40:3–5).

1) El reto divino. 38:1—40:2.

38:1–3. Desde un torbellino (v. 1). Este vehículo característico de la teofanía (cp. Sal 18:7ss.; 50:3; Ez 1:4, 28; Nah 1:3; Hab 3; Zac 9:14) era tal como para dramatizar la revelación verbal de la que era acompañamiento. **¿Quién es este que oscurece el consejo?** (v. 2). Lo absurdo de las críticas de Job dirigidas a los consejos de Dios reside en sus respectivas identidades. ¡La criatura criticando Creador! **Ahora ciñe como varón tus lomos** (v. 3*a*). La imaginería del reto divino sale del popular deporte antiguo de lucha de cintos. La figura es especialmente apropiada en este contexto debido a que la lucha de cintos se empleaba también como prueba ante el tribunal, y era por prueba que se está resolviendo el caso de Job.

38:4—39:30. La prueba a la que el Creador reta a su criatura es una prueba de sabiduría. Muchas de las preguntas de Dios tratan del poder ejecutivo, pero el concepto que hallamos de sabiduría en el AT incluye el talento del artesano. Se dirige la atención a la sabiduría insondable del Creador, exhibida en todo lugar: en la tierra (38:4–21), en los cielos (38:22–38), y en el reino animal (38:39—39:30), siendo la secuencia de la narración, en su bosquejo principal, la misma que este Orador adoptara en Gn 1. Job va quedando más y más impresionado por la inmensidad de su propia ignorancia e impotencia.

38:4–21. ¿Dónde estabas tú...? (v. 4*a*). El conocimiento de Job de la tierra adolece de sus limitaciones espaciales y temporales. Esta sección se abre y se cierra con referencias a la no existencia de Job durante la creación (vv. 4, 21; cp. 12; contrastar ''sabiduría'' en Pr 8:22ss.). De ahí su ignorancia de cómo fuera fundada la tierra (Job 38:4–7) o el mar recibiera sus límites (vv. 8–11), de cómo los días de la tierra se hallan rodeados por el círculo de amanecer y oscuridad (vv. 12–15, 19–21). Tampoco ha sondeado Job las profundidades del mar ni medido la anchura de la tierra (vv. 16–18).

38:22–38. ¿Dispondrás tú de su potestad en la tierra? (v. 33*b*). Para tener calificación de juez y director de la vida del hombre sobre la tierra, se tiene que poder gobernar a los cuerpos celestes que gobiernan la tierra (cp. Gn 1:14–18). Nótense las repetidas menciones de la influencia de los cielos atmosférico y astral sobre los asuntos terrenos (Job 38:23, 26, 27, 33, 34, 38). Pero Job no tiene control alguno sobre las aguas de encima en cuanto a dónde, cuándo, cómo, o si una a precipitarse o no en absoluto. El rayo no se le presentará como un siervo obediente (v. 35); ni tiene tampoco la más remota influencia sobre los signos estacionales de los cielos (vv. 31, 32).

38:39 — 39:30. Nuevamente en esta sección acerca de la creación animada, el propósito es el de convencer a Job de su incompetencia para el papel de gobernador del mundo, en tanto que se magnifica la sabiduría de Aquel que es en realidad el Gobernante de la creación (cp. 12:7). La actividad creadora y providencial de Dios abraza a las criaturas salvajes más allá del control del hombre, así como, en la esfera inanimada, abarca al desierto hostil al hombre (cp. 38:26, 27). Los leones y los cuervos no están disponibles ni se someten a las amabilidades del hombre (38:39–41), ni tampoco las cabras salvajes son solícitas de los cuidados del domesticador humano (39:1–4). El hombre no puede poner bajo su yugo al indómito asno montés (39:5–8) ni al buey salvaje (39:9–12). Incluso el estúpido avestruz escarnece al orgulloso jinete (39:13–18), en tanto que el caballo, a su vez, se burla de la hueste humana en la batalla y del escarnio de Lamec (39:19–25; cp. Gn 4:22–24). La última escena dirige hacia lo alto la mirada de Job, hacia el trono de su Creador: a las rapaces águilas y a los gavilanes, que esperan ser llamados por Dios al festín de su juicio, con las presas de hombres rebeldes, de reyes y capitanes, de caballos y jinetes (39:26–30; cp. Ez 39:17; Ap 19:17ss.). Aquí hallamos la vanidad, en su grado último, de todos los esfuerzos de la vanidad humana: que el hombre quede reducido a alimento de la creación subhumana. "Lo necio del mundo escogió Dios para avergonzar a los sabios" (1 Co 1:27a). Incluso los irracionales se ríen de los esfuerzos culturales del hombre (vv. 7, 18, 22).

40:1, 2. ¿Querrá contender con el Omnipotente el que le censura? (v. 2a VM). La primera "caída" de la prueba de lucha está a punto de decidirse. Dios exige que Job admita su derrota. Esto quedaría aun más claro según una lectura reflejada en algunas versiones más antiguas: "¿Cederá el que disputa con el Omnipotente?"

2) La sumisión de Job. 40:3–5.

He aquí que yo soy vil (v. 4a). La sabiduría sobrepujante del Creador ha sido impuesta

sobre Job de una forma tan impresionante que ya no se halla dispuesto a discutir los caminos de Dios como lo había hecho una y otra vez (v. 31:37). La práctica de Job empieza de nuevo a adornar la doctrina de la sabiduría que ha confesado (cp. 28:8).

3) Renovación del reto divino. 40:6—41:34.

40:6, 7. Uno de los fines de la lucha del cinto era la de despojar al oponente de su cinto, pero la lucha no quedaba determinada por una "caída" de este tipo. Así que a Job se le demanda, figuradamente, que vuelva a ceñirse y a volver a someterse a la prueba. Su sumisión inicial (40:3–5) era buena, pero solamente el inicio de su arrepentimiento. Tiene que reconocer no solamente lo irrazonable, sino también lo pecaminoso de criticar al Omnipotente.

40:8–14. ¿Tienes tú un brazo como el de Dios? (v. 9a). El poder redentor de Dios por el cual salva a su pueblo y juzga a los enemigos de ellos queda frecuentemente representado por un brazo extendido y por una mano poderosa (cp. v. 14). La crítica que Job ha hecho del gobierno de Dios, especialmente su vanagloria de que vencerá la imaginada oposición del Señor a su justificación, era, en principio, una usurpación de la prerrogativa divina del gobierno del mundo, un deseo desordenado del conocimiento divino del bien y del mal (cp. Gn 3:5), una deificación propia. Que Job demuestre su capacidad de ejecutar la sentencia de condenación sobre los malvados, cuya prosperidad le parece injusta (Job 40:10–13). Entonces Dios adorará al culto de Job, reconociendo que posee el poder divino mediante el que puede justificarse y salvarse a sí mismo (v. 14).

40:15 – 41:34. (Texto heb., 50:15 — 41:26.) Ya que es evidente que Job no puede ascender al trono celestial para probar sus capacidades en el juicio de los inicuos, Dios propone una prueba más factible. El motivo de la deidad señalando a un animal como su campeón para que entre en pelea contra un héroe humano tiene su paralelo en la antigua mitología. (Cp. la Epica de Gilgamés, en la que Ishtar envía al toro del cielo contra Gilgamés.) Además, en el arte mesopotámico, al toro del cielo se le representa con el cinto de lucha ceñido. Es probable que el **behemot** sea el hipopótamo (40:15ss.); y al **leviatán** se le identifica generalmente con el cocodrilo (41:1ss.; texto heb. 40:25ss.). Estos dos se hallan juntos en el arte egipcio. No es necesario demostrar la presencia de los hipopótamos ni de los cocodrilos en la antigua área del Jordán, ya que *yardēn*

(40:23b) es evidentemente un nombre común que significa "río" (cp. el paralelo en el v. 23a). Se han sugerido muchas otras identificaciones; recientemente, por ejemplo, del behemot con el cocodrilo, y del leviatán con la ballena. Si al behemot se le pudiera identificar con el cocodrilo, pudiera considerarse si todo este pasaje describe solamente una criatura, esto es, al leviatán. La designación **behemot**, tomado como un plural intensivo, "la bestia por excelencia", sería un epíteto como **el principio de los caminos de Dios** (v. 19a). Nótense las afirmaciones supremas similares que se hacen del leviatán (41:33, 34). Ciertos detalles descriptivos no concuerdan con ninguna criatura real. Esto ha llevado al punto de vista que no se intenta aquí una descripción de criaturas zoológicas, sino de mónstruos del caos mitológico concebidos en las líneas generales de un hipopótamo y de un cocodrilo estilizados. Entonces 40:15ss. sería una elaboración simbólica del reto anterior a aplastar hombres orgullosos y rebeldes (40:9–14). Cp. la utilización del símbolo del dragón para Satanás en el Apocalipsis. ¡Cuán apropiada sería una intimación a Job de que sus luchas fueran con el príncipe de los orgullosos rebeldes!

Apropiada como es contextualmente esta interpretación mítica, este pasaje se comprende mejor como una representación de criaturas reales presentadas con unas pinceladas descriptivas altamente figurativas (p.ej., 41:19ss.). Se ha de señalar, específicamente, que Dios presenta a **behemot** como uno **el cual hice como a ti** (40:15a). Aquí se halla verdaderamente el punto del pasaje: Job tiene que descubrir, en base de su incapacidad de vencer incluso a una criatura como él, la necedad de aspirar al trono de Dios. La conclusión que se sigue se hace explícita en 41:10b: **¿Quién, pues, podrá estar delante de mí?** La trascendencia divina absoluta contradice el derecho asumido por Job de demandar a Dios debido a que impide la posibilidad de que Job le haya dado nada a Job: **¿Quién me ha dado a mí primero, para que yo restituya? Todo lo que hay debajo del cielo es mío** (41:11).

Ya que la ocasión de esta extensa demostración del poder de Dios es comprometer a Job en una prueba ante el tribunal, la demostración se ofrece evidentemente como una defensa de la justicia de Dios. En armonía con ello, se introduce con la pregunta: **¿Invalidarás tú también mi juicio? ¿Me condenarás a mí, para justificarte tú?** (40:8; cp. 38:2). No que el atributo de justicia pueda ser abstractamente deducido de tal omnipotencia. La atención se dirige más bien a las poderosas obras de Dios,

no solamente a un atributo sino al mismo Dios; al Dios que se ha revelado a sí mismo al hombre desde dentro y desde fuera, por revelación general y especial; el Dios viviente, infinito, eterno, e inmutable en su ser, sabiduría, poder, santidad, justicia, bondad y verdad; el Dios cuya veracidad y justicia constituían las presuposiciones del juicio de Job mediante prueba, que jura por sí mismo debido a que no puede jurar por ninguno mayor que él mismo.

IV. Confesión: Recuperación del camino de la sabiduría. 42:1–6.

42:1–6. Esta confesión constituye el contrapeso de la queja de Job (cap. 3). Reconoce la rebelión pecaminosa que empezó con aquella queja. No constituye una admisión de pecado antes de sus sufrimientos, con lo que no se da apoyo a las acusaciones de los amigos. Mediante esta entrega sin reservas algunas de sí mismo a su Señor, entrega hecha mientras se hallaba todavía en medio de sus sufrimientos, no habiendo recibido ni explicación del misterio del pasado, ni promesa en cuanto al futuro, Job evidencia en sí mismo al verdadero siervo del pacto, dispuesto a servir a su Dios de balde. La confesión, por tanto, señala el "aplastamiento" definitivo de Satanás por parte de Job, la vindicación definitiva del poder redentor de Dios.

No puede estorbarse ningún propósito tuyo (v. 2b). No es esta una desnuda resignación bajo la presión del Omnipotente, sino una alabanza del Dios vivo y un asentimiento confiado a sus sabios propósitos. En 42:3a, 4 Job cita las palabras de Dios (cp. 38:2, 3b; 40:7), dirigiendo la luz convincente de ellas sobre sí mismo, y responde a continuación, "Yo soy aquel" (42:3b, 5, 6). **Cosas demasiado maravillosas para mí** (v. 3c). El hombre finito no puede ponerse como el árbitro último, porque en Dios y Sus caminos hay un misterio más allá de la comprensión humana. **Mas ahora mis ojos te ven** (v. 5b). Para el contraste entre oír y ver en relación al conocimiento, ver 26:14; 28:21–27. Ninguna forma de Dios había aparecido en el torbellino; pero la revelación de aquella Voz había sido una experiencia transformadora, iluminando toda la otra revelación divina, ya fuera la general o una revelación especial anterior que hubiera sido trasmitida a Job. Mediante esta nueva luz Job halla de nuevo el camino de la sabiduría. **Por esto me aborrezco, y me arrepiento en polvo y ceniza** (v. 6). El odio piadoso de la propia contaminación constituye el acompañamiento natural a la confrontación del creyente con su santo Señor (cp. Is 6:5). El ¿por qué? filosófico no ha recibido respuesta, pero Dios, por la condescendecia de su presencia, ha dado seguridades a Job de su ocupación en él llena de gracia. Esto es suficiente para Job.

V. Restauración: El triunfo de la sabiduría de Job. 42:7–17.

A. Vindicación de la sabiduría de Job. 42:7–9.

El Señor obra la liberación de los males de Job en orden inverso a su ocurrencia y en orden inverso a su gravedad. El falso sentimiento del alejamiento de Dios de Job había sido el primer mal corregido. Ahora se trata de la difamación del carácter de Job delante de los hombres, y acto seguido se le restauran la familia y las riquezas.

No habéis hablado de mí lo recto, como mi siervo Job (v. 7c). Si 'ēlay se tradujera como a mí en lugar de de mí, se trataría de una clara referencia a la confesión de Job. Pero incluso si se traduce de mí, parece necesario pensar principalmente en la confesión de Job, y a la falta de tal arrepentimiento de parte de los amigos como respuesta a la teofanía. Porque en los términos de la teología que han expresado en su debate, la diferencia entre ellos era meramente de grado. Las palabras de todos ellos eran parcialmente censurables. De forma adecuada, el remedio era que Job mediara por ellos en la ofrenda de sacrificio, que era un modo de expresar el arrepentimiento público en los tiempos del AT (v. 8). Las proporciones de las ofrendas iban en proporción de la posición de los ofensores y a la solemnidad de la ocasión (cp. Nm 23ss.). Job queda vindicado y los amigos son reprendidos, pero en tal forma que los amigos son perdonados por Job así como por Dios. Porque la misma forma de la vindicación de Job es su privilegio de orar por aquellos que habían hablado mal de él (cp. Ez 14:14–20). El reconocimiento vindicativo de Dios de Job como **mi siervo** respondía a la fe de Job en su Redentor celeste, y anticipa al escatológico:

"Bien hecho, siervo bueno y fiel" (Mt 25:21ss.). Además, era la confirmación del reto de Dios a Satanás (Job 1:8; 2:3) y así constituye la coronación de Su triunfo sobre el malo.

B. Bendición de la sabiduría de Job. 42:10–17.

La religión no constituye un medio de tener prosperidad como un fin. Pero la creación de Dios es buena, y la herencia de la tierra prometida a los mansos es una parte integrante de la bienaventuranza del hombre total. Como enseña el mismo libro de Job, en este mundo la piedad y la prosperidad no son unos compañeros invariables. Pero bajo el gobierno del justo Creador, a los hombres rectos se tiene que darles, en último término, hermosura en lugar de cenizas. La vida de Job fue moldeada por Dios para que fuera un signo profético del "fin del Señor" (cp. Stg 5:11) para mayor aliento de los rectos en aquel período temprano de la revelación redentora, cuando el fin estaba todavía muy lejano (cp. el arrebatamiento de Enoc, Gn 5:24).

Significativamente, el punto de inflexión de las circunstancias externas de Job, su liberación de las manos de Satanás, quedó marcado por un hecho en el que ejemplificó espiritualmente la justicia del reino de Dios (cp. Mt 6:33) y que tipificaba ceremonialmente el sacrificio mesiánico que establece aquella justicia (Job 42:10). La doble bendición (v. 10b; cp. Is 61:7; Zac 9:12) se extiende a las propiedades de (Job 42:12) y a su familia (vv. 13:15), porque los hijos muertos son todavía de Job en su esperanza de inmortalidad (cp. también v. 16b). Es posible que la prolongación de su vida hasta la plenitud patriarcal (vv. 16, 17; cp. Gn 25:7, 8; 35:28:9) es un doblaje de unos previos setenta años de edad suya (cp. Sal 90:10). Ciertamente sugiere la recuperación de la salud, como sugiere la herencia de las hijas entre sus hermanos (Job 42:15b) la restauración de la anterior felicidad familiar de Job.

BIBLIOGRAFÍA

DAVIDSON, A.B., y LANCHESTER, H.C.O. *The Book of Job (Cambridge Bible)*. Cambridge: The University Press, 1884.

DELITZSCH, FRANZ. *Biblical Commentary on the Book of Job*. Edimburgo: T. & T. Clark, 1869; Grand Rapids: Wm. B. Eerdmans Publishing Co., 1949.

DHORME, P. *Le libre de Job*. Paris: J. Gabalda, 1926.

DRIVER, S.R., y GRAY, G.B. *A Critical and Exegetical Commentary on the Book of Job (International Critical Commentary)*. Nueva York: Charles Scribner's Sons, 1921.

GREEN, W.H. *The Argument of the Book of Job Unfolded*. Nueva York: Robert Carter & Brothers, 1881.

TERRIEN, S. *The Book of Job (The Interpreter's Bible)*. Nueva York: Abingdon Press, 1954.

TUR-SINAI, N.H. *The Book of Job*. Jerusalén: Kiryath Sepher, Ltd., 1957.

COMENTARIOS EN ESPAÑOL

MARTÍNEZ, JOSÉ M. *Job, la Fe en Conflicto*. Terrassa: Editorial CLIE.

SMITH, R.L. *Job: Un Enfoque a la Providencia y la Fe*. El Paso: Casa Bautista de Publicaciones.

TRENCHARD, ERNESTO. *Introducción a los Libros de la Sabiduría y Exposición de Job*. Grand Rapids: Editorial Portavoz, 1992.

ZUCK, ROY B. *Job*. (Serie "Comentario Bíblico Portavoz"). Grand Rapids: Editorial Portavoz, 1981.

LOS SALMOS

INTRODUCCIÓN

Naturaleza. Entre todos los libros de la antigüedad, no hay ninguno que haya ejercido una atracción tan poderosa al corazón humano como *Los Salmos*. En ningún otro libro de la Biblia se pueden hallar tantas variedades de experiencias religiosas. Aquí queda al desnudo el corazón de Israel en las multivariadas expresiones de la fe, porque Israel conocía experimentalmente la verdad de la revelación de Dios. En los varios salmos los vislumbres de Israel en el pasado se unen con la adoración y así son fijados permanentemente. La experiencia del individuo queda aquí unida a la vida corporativa de Israel. Por ello, en el libro de los Salmos hay una calidad universal que puede solamente venir de la expresión combinada de las experiencias espirituales de hombres en muchos períodos de la historia y en una variedad de circunstancias de la vida. Cada hombre se hallaba motivado por su deseo de responder al Dios viviente. Todos estaban unidos por su deseo inherente de responder mediante lo más profundo de sus emociones. Queda reflejado cada uno de los tipos de experiencia religiosa en el crisol de la vida diaria, proyectándose sobre la vida del creyente de nuestros días. Tenemos así en los Salmos una atemporalidad que hace que este libro sea igualmente aplicable a cada edad de la historia.

El término "Salmos" viene de la LXX, que aplica el título *Psalmoi* a la colección. Uno de los principales manuscritos bíblicos, el Códice Alexandrino, da la designación de "Salterio" al utilizar la palabra griega *Psâlterion*. No obstante, la Biblia hebrea utiliza la designación *Tehillîm*, que significa "Alabanzas". En la literatura rabínica esta misma idea fue continuada en el término *Sēper Tehillîm*, que significa "libro de alabanzas". Tanto en el hebreo como en el griego hay el significado radical de tocar música instrumental. Al pasar el tiempo, la palabra adoptó el significado de cantar con un acompañamiento musical, característica ésta de la adoración levítica popularizada por el canto de los coros levíticos. Muchos de los salmos nos dan evidencia de su utilización por coros y por adoradores como himnos, en tanto

que otros no son apropiados para este uso. No obstante, la colección como un todo da testimonio de los anhelos más profundos y llenos de pasión del Israel corporativo en su adoración ante Dios.

Títulos y paternidad. Una de las primeras cosas que se pueden notar acerca de un salmo en particular es el título que lleva. Cómo llegar a una interpretación apropiada de este título es uno de los problemas más difíciles que se hallan en este libro. En ocasiones, lo que se remarca en el título es quién ha sido el autor, en otras ocasiones, la relación. A veces se señala la ocasión de la composición del salmo. Ciertos títulos hacen referencia a la utilización designada del salmo como de adoración pública. Otros títulos indican el efecto musical deseado, o el marco en que se ha de cantar. Y otros describen el caracter básico del salmo como: (1) himno para ser cantado con acompañamiento musical (*mizmôr*), (2) un canto (*shîr*), (3) una antífona (*maskîl*), o (4) una lamentación (*miktām*).

A excepción de treinta y cuatro de ellos, todos los salmos llevan una especie de título como encabezamiento. Los treinta y cuatro salmos sin título son denominados como los "huérfanos judíos". Entre los salmos con título, setenta y tres utilizan la inscripción *le Dāwid*. Esto se traduce como "Salmo de David" en la RV, RVA, BLA, y VM. No obstante, el uso hebreo puede indicar: "perteneciente a David", "relacionado con David", "con respecto a David", "dedicado a David", "a estilo de David", o "por David". Estos títulos no son en absoluto indicativos de paternidad, tanto cuando se refieren a David como a otros. La LXX añade el nombre de David a quince salmos no designados de tal forma en hebreo. Además de los setenta y tres con el nombre de David (ochenta y ocho en la LXX), doce de ellos están relacionados con Asaf, doce con los hijos de Coré, dos con Salomón, uno con Etán, y uno con Moisés.

Aunque estos títulos no forman parte del texto original, se hallan basados en una tradición relativamente antigua. Una comparación entre el texto masorético y la LXX indica que los títulos son anteriores a la LXX, porque algunas de las instrucciones musicales eran ya ininteligibles a los traductores griegos, y los títulos no habían aún quedado fijados. Aunque los encabezamientos no constituyan parte del texto original, son dignos de consideración, porque representan el primer esfuerzo humano de escribir una introducción al Salterio.

Estructura. Aunque el libro de los Salmos pueda parecer carente de plan, no carece de un orden definido. En tanto que carece de organización por temas, sigue un sistema mucho más evidente de organización. Está dividido en cinco secciones, que representan la reunión de varias colecciones. Según el *Midrash de los Salmos*, un antiguo comentario judío, esta división quíntuple se hizo para corresponderse con los cinco libros de la Ley. Así, pudiera haber habido el propósito original entre los editores de la colección de los Salmos de hacer un paralelo de esta respuesta quíntuple del pueblo a la quíntuple convocatoria de parte de Dios.

Una evidencia adicional de un plan es la presencia de una doxología al final de cada uno de los cinco libros. Los Salmos 41, 72, 89, 106, y 150 incluyen doxologías para cada uno de los cinco libros. Además, el Salmo 150 es una doxología global, en tanto que el Salmo 1 es una introducción general a todo el Salterio. Los Salmos 2, 42, 73, 90, y 107 sirven como introducción a sus libros respectivos.

Esta cuidadosa organización da evidencia de que la edición final de la colección entera estaba dispuesta para que concordara en un esquema de adoración judaica. Existe una asombrosa correlación entre los primeros cuatro libros de la ley y las primeras cuatro divisiones de los Salmos. Ya que el adorador en el judaísmo palestino terminaba la lectura del Pentateuco cada tres años, es probable que la lectura de los Salmos estaba dispuesta para corresponderse. Según una antigua tradición, parece que ocho porciones de la ley estaban asignadas a los sábados durante un período de dos meses, juntamente con secciones apropiadas de los Profetas. N. H. Snaith (*Hymns of the Temple*, p. 18) ha mostrado que pueden haberse utilizado salmos sucesivos de una forma similar. Ha calculado él que el libro de Éxodo se empezaba el 42º sábado, se llegaba a Levítico en el 73º, a Números el 90º, y Deuteronomio el 117º. Estos sábados se corresponden exactamente con los primeros capítulos en cada uno de los cinco libros del Salterio. Ningún salmo pudiera ser más apropiado que el Salmo 1 para introducir la meditación trianual

de la Ley. El Salmo 23, por ejemplo, sería la lectura conjunta a la historia de Jacob en Bet-el.

Colección y crecimiento. La organización presente del Salterio es resultado de un proceso de crecimiento. Mucho antes de que el libro de los Salmos tomara su forma presente, estaban en circulación colecciones más pequeñas. Y gradualmente estas colecciones menores fueron acreciendo.

Dentro de la actual disposición quíntuple, todavía se pueden discernir los límites de ciertas colecciones menores. Además de las colecciones davídicas, aparecen ciertos agrupamientos asignados a los hijos de Coré y de Asaf. En el Salmo 72:20, se afirma que "aquí terminan las oraciones de David", aunque siguen otros salmos ascritos a David. Otras colecciones menores incluyen los Salmos Graduales, o del Ascenso, y los Salmos Aleluyas. Ciertas secciones evidencian también una decidida preferencia por *Yahweh*, y otras por *Elohim*, señalando a la existencia temprana de colecciones especializadas. Puede que las siguientes colecciones circularan separadamente, para ser reunidas más tarde:

Salmos 3—41. Una colección davídica con doxología y preferencia por *Yahweh* (272 menciones frente a 15 para *Elōhîm*).

Salmos 51—72. Una colección davídica con doxología y preferencia por *Elōhîm* (208 menciones frente a 48 para *Yahweh*).

Salmos 50, 73—83. Colección del gremio levítico atribuida a Asaf.

Salmos 42—49. Colección del gremio levítico atribuida a los hijos de Coré.

Salmos 90—99. Los Salmos del Sábado estrechamente relacionados con la adoración regular del sábado.

Salmos 113—118. Salmos Hallel de Egipto, relacionados en adoración con la Fiesta de la Pascua (cp. Sal 136).

Salmos 120—134. Cantos Graduales o del Ascenso, probablemente cantados por los peregrinos que se dirigían al Templo.

Salmos 146—150. Salmos de Aleluya cantados en las fiestas.

T. H. Robinson (*The Poetry of the Old Testament*) y otros han sugerido que una división tripártita precedió a la forma quintuple final. Estos tres libros, 1—41, 42—89, 90—150, bien hubieran podido volver a ser divididos para quedar en su forma actual para hacer que se correspondieran a las divisiones de la Ley. Que esta teoría pueda ser probada o no, es esencial llegar a comprender de una manera apropiada la naturaleza compuesta del libro de los Salmos. Mediante el proceso gradual de colección, rearreglos, y revisión, Dios preservó este tesoro de la respuesta de Israel a su revelación.

Fecha. Es imposible llegar a un sistema preciso de datación para el libro de los Salmos. Los responsables de la edición final del Salterio, así como los recopiladores anteriores, quisieron proveer un himnario para su propia generación. En épocas de angustia y de dificultades, trataron de avivar el vigor del pasado para servir a las necesidades de sus propios días. El proceso de revisión y de adaptación hace que muchos de los salmos parezcan posteriores a lo que eran en su forma original. N. H. Snaith (*Twentieth Century Bible Commentary*, p. 235) dice: "Pocos salmos son totalmente pre-exílicos o totalmente post-exílicos. Algunos Salmos pueden contener elementos variando en fecha más de mil años". Algunos eruditos han seguido a Duhm haciendo que la mayor parte de los salmos se originen en época de los macabeos. No obstante, la tendencia en la actualidad entre eruditos como Gunkel, Snaith, Patterson, Oesterley, y otros es hacia épocas más tempranas. La frase "el himnario y libro de oraciones del Segundo Templo" puede seguir aplicándose a la colección como un todo debido a la final edición después del exilio. Pero mucha parte del Salterio es pre-exílico, con algunos elementos originariamente pre-davídicos. Este reconocimiento del material anterior y posterior hace aún más valioso al libro de los Salmos como registro de toda la historia de la respuesta de Israel a Dios como pueblo escogido Suyo.

En tanto que es importante en la interpretación conocer el marco histórico exacto y la fecha de un pasaje, es menos imperativo en los Salmos que en otras secciones del Antiguo Testamento. Debido a la universalidad de su verdad, el libro sufre menos debido a la falta de este conocimiento de lo que pudiera esperarse. Su mensaje, independiente del transcurso del tiempo, lo hace aplicable al período pre-exílico, al post-exílico, y a nuestra época actual. No obstante, esta atemporalidad no debiera frenarnos de descubrir el marco histórico allí donde sea posible. El estilo literal, las alusiones históricas, el lenguaje, las ideas teológicas, y otras evidencias internas, debiera ser todo ello examinado, debido a que todo pasaje gana mayor realidad cuando se conoce el marco en que tuvo lugar de una manera apropiada. Pero aunque sean deseables estas ganancias en realidad, el dogmatismo en la asignación de autores, fechas, y circunstancias, está fuera de lugar debido al carácter atemporal del libro. Se tiene que recordar que la historia tiene la característica de repetirse una y otra vez.

Forma poética. Los hebreos han dado al mundo una herencia de una expresión poética sencilla e infantil. Sus proclamaciones poéticas venían del corazón y no de un deseo de excelencia artística. Ya que el hebreo es un idioma gráfico, cada una de sus palabras es gráfica y vívida. Las acciones verbales retratan la acción visible, en tanto que la utilización de estas palabras deja lugar para la poderosa imaginación. Hay en el lenguaje una intensa cualidad emocional bien apropiada para exhibir una ardiente pasión religiosa.

Aunque la poesía hebrea carece de rima y es débil en su sistema métrico, tiene unas características compensatorias. En lugar de estos fundamentos básicos de la poesía castellana, el hebreo emplea dos características distintivas principales: el acento de énfasis (ritmo) y el paralelismo. Según F. C. Eiselen (*The Psalms and Other Sacred Writings*), el ritmo es "la repetición armoniosa de relaciones sonoras fijas". Una pauta acentual de dos, tres o cuatro énfasis por línea hace posible esta repetición armónica. Varias sílabas inacentuadas entre los énfasis constituyen de reguladoras para las sílabas largas y cortas. Esta forma de regulación depende del ritmo entre cláusulas. El resultado es una subida y bajada de la voz, sencillo pero agradable, que puede expresar un espíritu animado, una calma seguridad, entusiasmo, lamentación, u otras cualidades emocionales.

La segunda característica distintiva de la poesía heb. lo es el equilibrio de la forma y del sentido llamado *paralelismo*. El poeta afirma un concepto; entonces lo refuerza mediante la repetición, variación, o contraste. Se hallan tres tipos principales de paralelismo a través del Salterio:

1. *Sinónimo.* La segunda línea repite a la primera con palabras ligeramente diferentes (cp. Sal 1:2).
2. *Antitético.* La segunda línea muestra un acusado contraste con la primera (cp. Sal 1:6).
3. *Sintético.* La segunda línea completa la primera al suplementar al pensamiento original (cp. Sal 7:1).

Tres tipos menores ayudan a dar mayor riqueza y variedad a la expresión hebrea:

1. *Introvertido.* La segunda línea es paralela a la tercera, y la primera a la cuarta (cp. Sal 30:8–10; 137:5, 6).

2. *Culminante*. La segunda línea completa a la primera llevando el concepto a un clímax (cp. Sal 29:1, 2).

3. *Emblemático*. La segunda línea prosigue el pensamiento de la primera subiéndola a una esfera superior o utilizando un símil (cp. Sal 1:4).

Hay otros factores que explican la efectividad del paralelismo. Al fondo de todo se halla la expectación y la satisfacción del lector. La primera línea debiera siempre suscitar un sentimiento de expectación, en tanto que las siguientes debieran satisfacer aquella expectación. El poeta puede conseguir variedad mediante el cambio de grado de expectación suscitada o satisfaciéndola utilizando el contraste para mostrar lo inesperado. En ocasiones el paralelismo es total, en ocasiones incompleto, con un elemento ausente; y en otras ocasiones se añade un elemento compensatorio para dar una mejor sensación de satisfacción. No es sólo el paralelismo sino también el ritmo pautado que produce esta sensación de expectación-satisfacción. G. B. Gray (*The Forms of Hebrew Poetry*, 1915) ha dado nombres a los dos tipos básicos de ritmo. "Ritmo equilibrante" es el que produce una cierta satisfacción debido a que la cantidad de acentuaciones es igual (3:3 ó 2:2). "Ritmo de eco" es el que produce una sensación distinta al dar a la segunda línea menos acentuaciones que la primera (3:2). La forma más frecuentemente utilizada de lo último es el metro *Quinah*, utilizado en lamentaciones y endechas.

Además del paralelismo y del ritmo, hay otros dos elementos que afectan a la poesía hebrea. No son características distintivas, porque se hallan presentes en toda la poesía. La primera es la cualidad emocional que produce una *expresión elevada*. Palabras o frases llenas de un poder especial pueden producir este efecto. La utilización de una gran cantidad de guturales puede expresar dureza. Las sibilantes acusadas pueden expresar victoria o dolor por la derrota. Las onomatopeyas poéticas pueden sugerir fácilmente el mensaje. El segundo elemento es el *valor mnemotécnico* del poema, lo que ayuda al lector a recordarlo. En lugar de utilizar la rima, el salmista empleaba en ocasiones la disposición acróstica. Cada línea o número determinado de líneas empezaría con letras sucesivas del alfabeto hebreo. El Sal 119 es un excelente ejemplo, ya que cada línea en una sección de ocho líneas empieza con la misma letra. Se utilizan las veintidós letras del alfabeto hebreo en las sucesivas secciones. Un dispositivo tan artificial hacía más fácil que se pudieran memorizar estos salmos. En realidad, sólo hay ocho o nueve salmos compuestos totalmente de esta manera. Cada uno de estos es de naturaleza proverbial y sufriría de una cierta falta de separación de pensamiento si no fuera por esta disposición alfabética.

En su estilo básico la poesía hebrea es inmensamente diferente de la poesía moderna. No obstante, la pauta hebrea tiene una estrecha afinidad con la del Oriente Medio. Existen numerosas similaridades en estilo entre la poesía de Israel y la de Egipto y Mesopotamia. Pero las similaridades más marcadas se hallan en una comparación de los salmos hebreos con los poemas de Ugarit. La poesía de Ugarit es básicamente del tipo cananeo-sirio. Canaán y Siria se hallaron en estrecho contacto con Israel a lo largo de la historia pre-exílica. Las principales similaridades tienen que ver con metáforas, frases, ritmo, y paralelismo: todos los temas de estilo literario y de fraseología. Religiosa y teológicamente, las diferencias sobrepasan a todas las similaridades.

Clasificación. Cualquier comparación de paso de los poemas del Salterio revela que no han sido agrupados por orden temático. Los temas, tratados o aludidos, cubren la gama de la experiencia humana. Aunque los diversos tópicos son demasiado numerosos para relacionarlos, pueden reconocerse cinco temas dominantes:

1. La consciencia de la presencia de Dios.
2. Reconocimiento de la necesidad de la acción de gracias.
3. Comunión personal con Dios.
4. Recuerdo de la parte de Dios en la historia.
5. Sentido de liberación de los enemigos.

Han habido muchos intentos de clasificar a los salmos en base de una pauta preconcebida. Mowinckel y otros se han centrado en el *contenido*, desarrollando unas elaboradas subdivisiones por tópicos. Pero otros han intentado descubrir el *talante* básico del autor de cada salmo. Y aún otros autores se han basado en el *tipo* de cada salmo como criterio de clasificación. Esto empezó de una manera simple como una división de los salmos entre himnos de alabanza, oraciones, y cantos de fe. Recientemente, Gunkel ha hecho un trabajo valioso al identificar más estos tipos o categorías. Su premisa básica es que los salmos fueron originalmente cantos para el culto utilizados en la adoración de Israel. Así clasifica a cada uno según la "formula repetitiva regular" de cada tipo particular. Gunkel reconoce cinco tipos principales como sigue:

1. Himnos de alabanza
2. Lamentos nacionales.
3. Salmos reales (incluyendo los Salmos mesiánicos)

4. Lamentos individuales

5. Acciones de gracias del individuo

A estos añade un número de tipos menores, representados cada uno por unos pocos salmos:

6. Cantos de la peregrinación

7. Acción de gracias de la nación

8. Poemas sapienciales

9. Liturgias de la Torá

10. Tipos misceláneos

Estas categorías representan el último y definitivo esquema de Gunkel (cp. N. H. Snaith en *Twentieth Century Bible Commentary*, p. 235ss.). Anteriormente, Gunkel había incluido otros tipos menores, tales como "Bendiciones y Maldiciones", y Salmos Proféticos" (cp. John Patterson, *The Praises of Israel*, p. 32). Podemos añadir a estas clasificaciones la categoría de los Salmos mesiánicos.

Tentador como pueda ser descubrir un sistema de clasificación, hay una cierta indeterminación en el Salterio que desafía una clasificación absoluta. Esta falta de determinación está ocasionada por las características atemporales y universales de la colección. En realidad, cada método de clasificación da una visión diferente de los Salmos, haciendo posible adquirir una compresión de las muchas facetas que presentan.

Valor permanente. El Salterio es en primer lugar un testimonio viviente a la fe de Israel. Los salmos individuales dan evidencia de los pensamientos y de los sentimientos de incontables adoradores hebreos. Se hacen un eco de las aspiraciones y de las esperanzas de hombres y mujeres en cada época de la historia de Israel. Constituyen un reflejo de las dificultades y luchas del pueblo de Dios. Muestran la peregrinación de la duda a la certeza, en esos críticos siglos, de la dirección de Dios. Señalan siempre hacia la victoria sobre la desesperanza mediante la fe en el Dios vivo. La historia de Israel sufriría ciertamente de una gran carencia sin estas evidencias de la respuesta de la fe a la revelación de Dios.

En segundo lugar, los Salmos forman un marco importante para el ministerio de Jesús. Los aprendió en su hogar judío en sus devociones. En Su bautismo, Su misión fue afirmada en las palabras de un salmo. Sobre la cruz fue un salmo lo que le vino a la mente en Sus últimos momentos en ella. Los Salmos son citados con mayor frecuencia en el AT que cualquier otro libro del Antiguo Testamento. Hay alrededor de unas cien referencias directas o alusiones al Salterio en el NT. Frases y versículos pasan a este para explicar el carácter y el mensaje de Jesús como Mesías.

En tercer lugar, el libro de los Salmos ha probado ser una fuente indispensable de material devocional. Los cristianos de todas partes del mundo han recibido ayuda en su acercamiento personal a Dios en adoración. El Salmo 51 proclama los pensamientos del pecador arrepentido. El Salmo 32 muestra el gozo que puede experimentar un hombre arrepentido. El Salmo 23 expresa el sentimiento de confianza común a todos los hijos de Dios. El Salmo 103 derrama la alabanza de Dios que todo creyente debiera expresar. Otros salmos satisfacen necesidades devocionales básicas, enriqueciendo la experiencia personal de cualquier persona diligente.

En último lugar, el Salterio ha llegado a ser el himnario de todas las épocas. Ningún otro himnario ha sido utilizado durante tanto tiempo por tanta gente. Es leído, recitado, o cantado cada día del año. Dice Samuel Terrien de este libro: "Ningún otro libro de himnos y oraciones ha sido utilizado durante tanto tiempo por hombres y mujeres de tan diversas condiciones" (*The Psalms and Their Meaning for Today*, p. vii). En una edad de informalidad, los Salmos proveen un lenguaje indispensable para la adoración. En las palabras de Lutero: "Castillo fuerte es nuestro Dios", o de Watts "Jesús reinará", y su "Oh Dios, nuestra ayuda en épocas pasadas", el mensaje del Salterio resuena por toda la tierra.

BOSQUEJO

La actual organización del libro indica claramente su propio y apropiado bosquejo:

Libro I. Salmos 1 — 41

Libro II. Salmos 42 — 72.

Libro III. Salmos 73 — 89.

Libro IV. Salmos 90 — 106.

Libro V. Salmos 107 — 150.

COMENTARIO

LIBRO I. Salmos 1—41

El primer libro en la división quíntuple del libro de los Salmos parece haber sido en el pasado una colección davídica separada. El nombre Jehová, *Yahweh* en heb., aparece 272 veces, en tanto que el nombre *'Elōhîm* más común se halla solamente 15 veces. Los Salmos son de contenido variado, pero la enseñanza moral es sencilla y directa. Evidente a través de esta división es una fe positiva en la justicia de Dios. El Sal 1 sirve como introducción a todo el Salterio, en tanto que el Sal 2 introduce la colección del Libro 1. El hecho de que algunos manuscritos señalen al Sal 3 como el primero hace más evidente el papel introductorio del 1 y del 2. Además, es posible que el 1 y el 2 hubieran estado unidos anteriormente como un solo salmo, empezando y terminando con "Bienaventurado/s". Todos, a excepción de los 1, 2, 10, y 33 se hallan relacionados con David en las notas de los títulos.

Salmo 1. Los dos caminos de la vida

Este salmo presenta en acusado contraste dos extremos: la forma verdaderamente justa de vivir y la forma básicamente malvada. El contraste introduce de una forma didáctica las dos categorías de hombres que irán siendo consideradas a lo largo del Salterio. El salmista prosigue la antítesis mostrando los destinos presentes y futuros de cada grupo.

1–3. El camino del hombre piadoso. **Bienaventurado el varón.** El salterio se inicia con una poderosa interjección: *¡Oh la felicidad del hombre!* que sigue el plan de Dios. Los verbos **anduvo, estuvo, se han sentado**, describen los pasos característicos de los malvados que evitan los justos: la aceptación de los principios de los malvados, la participación en las prácticas de los pecadores declarados, y el reunirse con aquellos que son unos escarnecedores descarados. Nótese el triple paralelo entre estos tres verbos y las cláusulas que los modifican. Después se hace un viraje de la negación del rechazo al deleite positivo. Tal hombre medita o rumía constantemente las enseñanzas de Dios. Como resultado, se va volviendo más y más como un "árbol transplantado", con sus raíces hundidas en las realidades eternas. Se le asegura una constante vitalidad y un triunfo definitivo debido a que ha puesto su esperanza firmemente en Dios.

4–6. El camino del hombre impío. **No así los malos.** Ahora viene un abrupto cambio con las palabras **no así.** El acusado contraste queda intensificado por la utilización de este frecuente término con los malvados, que actúa como una antítesis del término, **los rectos.** A diferencia del árbol firmemente plantado, el malo es barrido por el viento. La figura es la de una era en un lugar elevado, donde el viento levanta el tamo y lo barre, dejando el grano allí. En construcción paralela, las dos clases (**malos y pecadores**) no reciben promesa de parte alguna en la compañía de los rectos, aquí vindicada. En tanto que Dios *conoce* o se ocupa del camino de los rectos, los malos van simplemente a la deriva, hacia su definitiva destrucción.

Salmo 2. La victoria del Mesías de Dios

Este es básicamente un salmo real, con unas cualidades dramáticas muy elevadas y un gran poder poético. Incluida en su estructura se halla un oráculo del Señor que ha sido ocasión de varias interpretaciones. Gunkel lo relaciona con una fiesta celebrando la coronación de un rey de Judá. Si tal fue el marco original, el salmo ha sido totalmente adaptado a esperanzas mesiánicas de mayor alcance. Así como el Sal 1 trata de los dos para la vida de un individuo, el Sal 2 expone los dos caminos para las naciones y los pueblos.

1–3. La rebelión de las naciones. **¿Por qué?** En estilo profético, el salmista empieza con dos preguntas retóricas. El quid de las preguntas es el de demostrar lo absurdo de aquellos que se rebelan en contra del decreto del Todopoderoso. La rebelión de ellos en contra del pueblo de Dios y de Su rey es considerada como un ataque en contra del mismo Dios. Básicamente, este antagonismo está enfrentado directamente al gobierno de Jehová por medio de su **ungido.**

4–6. La respuesta de Dios. **Él...se reirá- ...Luego hablará.** Un atrevido antropomorfismo da un acusado contraste entre los consternados reyezuelos y el Rey Supremo que **se burlará de ellos** (la connotación de la raíz es "tartamudear"). Su risa cambia de repente a una ira ardiente al informar a estos rebeldes que ya ha instalado a su propio rey con una total aprobación divina.

7–9. El plan para el ungido. **Jehová me ha dicho.** El oráculo dado por el ungido de Dios es considerado como el decreto de Dios. La declaración, **Mi hijo eres tú,** constituye el paralelo a "mi rey" de la respuesta de Dios. La frase es aplicada a Jesús en su bautismo (Mr 1:11). El término **engendré** constituye parte de una fórmula oriental de adopción utilizada en el código de Hammurabi, Nótese que se le hacen dos promesas al ungido de Dios: dominio y victoria. Aunque es probable que el salmista pensara en el **Hijo** como el rey escogido (2 S 7:14), a la luz del NT vemos al Mesías como verdaderamente el Hijo de Dios.

10–12. La exhortación a los reyes. Sed prudentes...admitid amonestación. La elección queda puesta delante de los reyes, juntamente con la admonición a que sean prudentes y rectos al hacer su decisión. La elección de la sabiduría va más allá de la mera aceptación del decreto. Tienen que servir al Señor con el temor y la reverencia que se le debe. El beso de los pies y de las manos reales era un símbolo de homenaje. Así como en el Sal 1 se afirma que la senda de los malos perecerá, así sucederá con el camino de aquellos que rehusen dar su homenaje.

Salmo 3. Una oración matinal de confianza

En este salmo se exhiben las características básicas de un lamento individual, cuya secuela se halla en el Sal 4, donde es evidente un sentimiento de alivio. Debido a la expresión de una confianza sublime en la protección de Dios, este salmo ha sido un favorito de muchas personas afrontando peligros. El v. 5 lo identifica claramente como una oración matutina.

1, 2. El apuro del salmista. Mis adversarios. Los enemigos del salmista se están haciendo más numerosos que lo que nunca lo habían sido. Físicamente, se halla en grave peligro. Y, además, su espíritu se halla deprimido por el escarnio de sus adversarios, diciendo ellos que está sin la ayuda de Dios. Estos comentarios desoladores son similares a los dirigidos a Job (Job 2:11–13).

3, 4. Su Auxiliador. Mas tú, Jehová. En medio de sus angustias, él recuerda otra vez que Dios es un **escudo** para protegerle, **mi gloria** para restaurar su dignidad, y **el que levanta mi cabeza** para darle renovados alientos. Los verbos en el v. 4 debieran ser frecuentativos: *¡Siempre que clamo, me responde!*

5, 6. Su confianza. Yo me acosté y dormí. El conocimiento de que Dios es su ayudador y protector hace posible que duerma así. Al despertar, se da cuenta de que es Dios que le ha sostenido. Con su confianza aumentada por esta experiencia, está seguro de que ninguna cantidad de enemigos le hará temer.

7, 8. Su oración. Levántate Jehová. El poder y la liberación de Dios son invocadas en esta petición, al buscar el salmista la intervención activa. Está bien recordando lo que Dios ha hecho en anteriores ocasiones o utilizando un tiempo profético perfecto. Esto último considera un final como claramente cierto y así

habla de él como finalizado ya. El último versículo adapta el salmo para la adoración pública, y puede indicar una falta de egoísmo en la oración privada entera.

Salmo 4. Una oración vespertina de confianza en Dios

Las circunstancias que rodean este salmo son similares a las del Sal 3. No obstante, aquí el lamento pasa a ser un canto de confianza para expresar el alivio del salmista. La serenidad de tono a través de todo el salmo es el resultado de la experiencia de la ayuda de Dios en el pasado. Así como Dios dio descanso en la experiencia anterior (Sal 3), hay una certeza de que él volverá a proveer de nuevo aquel descanso pacífico. El v. 8 relaciona este canto con la oración vespertina.

1. Apremiante apelación a Dios. Respóndeme...ten misericordia de mí, y oye mi oración. Hay aquí un petición triple a Dios, que ha probado ser justo y capaz de dar liberación. La experiencia del pasado lleva al salmista a creer que Dios volverá a suplir sus más profundas necesidades.

2–5. Sabio consejo para el prójimo. Hijos de los hombres. Aquellos hombres habían calumniado la reputación del salmista; habían amado vanos trucos, y habían prosperado en la falsedad. En silencio debieran meditar en sus necesidades, y no pecar. Debían hablar a sus propias conciencias, y quedarse en silencio. En el momento en que el salmista está clamando, "Oh Dios de mi justicia" (v. 1), demanda él este mismo motivo en los sacrificios de ellos. El paralelo lógico es el de confiar en Aquel a quien ellos ofrecen estos sacrificios.

6–8. Confianza serena en Dios. Tú diste alegría a mi corazón. Muchos individuos estaban descontentos y eran pesimistas, faltándoles la alegría que conocía el salmista. En contraste a estos pesimistas, el autor conoce que la ayuda de Dios en tiempo de necesidad causa más felicidad que una abundante cosecha. Cierra con la figura de un sueño apacible posible a aquel que conoce el cuidado de Dios por experiencia personal.

Salmo 5. Plegaria matutina, preparación para la adoración

Hay en este salmo una atmósfera de lucha entre los rectos y los malos, como frecuentemente se encuentra en el Salterio. La situación es similar a la de los Salmos 3 y 4 en que en ambos hay peligrosos enemigos todo alrededor. El salmo puede haber sido utilizado por los sacerdotes en sus preparativos para el sacrificio matutino o por el individuo al prepararse él para la adoración.

1–3. Una invocación a Dios. **Escucha...
Considera...Está atento.** La preparación individual para la adoración tiene que incluir siempre el clamor del individuo a Dios. No solamente sus palabras sino su meditación (RV: **gemir,** lit., *susurro*) constituye una parte de esta invocación. En forma paralela, se especifica el tiempo, relacionando probablemente la oración del adorador con el sacrificio de la mañana.

4–9. Una lección en contraste. **Maldad...
Adoraré.** Aparece un doble contraste en estos versículos: las actitudes del recto y del malo hacia el pecado y hacia la adoración se contrastan, así como las diferentes respuestas de Dios hacia los dos grupos. El salmista reconoce que Dios no puede tolerar el pecado ni acompañar al malo. Por ello, Dios no permitirá que el **insensato** (lit., el *arrogante*) esté en Su presencia. Considera detestables **a los que hacen iniquidad.** El fin destinado para aquellos **que hablan mentira** es la destrucción total, y **el hombre sanguinario y engañador** es abominación que Dios aborrece. En tanto que estos malvados se dedican a la traición, el salmista se postra delante de Dios, orando por la dirección divina.

10–12. Oración por retribución. **Castígalos, oh Dios.** La oración prosigue con una apelación a la justicia sobre estos enemigos. Como rebeldes a Dios, tienen que ser tenidos por culpables, dejados caer, y arrojados completamente. En contraste a la triple sentencia sobre los malos, aquellos que confían en Dios participan de un gozo eterno. De ellos se dice: **alégrense...den voces de júbilo...en ti se regocijen.**

Salmo 6. Oración para conseguir alivio.

Aquí tenemos una vívida descripción de un hombre en profunda angustia debido a una severa enfermedad. Aunque el salmista se refiere a sus enemigos, está principalmente clamando para obtener alivio de su enfermedad. Su mención de la ira divina muestra que concibe que su enfermedad se debe al pecado. En tanto que es utilizado entre los cristianos como uno de los siete salmos penitenciales, este puede haber sido utilizado en la liturgia penitencial también en la adoración en el Templo.

1, 2a. Oración por el cese del castigo. **No me reprendas ...ni me castigues...ten misericordia.** Estas expresiones muestran un reconocimiento de la faceta disciplinaria del sufrimiento. El escritor no niega su culpabilidad, ni pretende ser inocente. Su castigo tiene que cesar antes de que pueda ser restaurado su cuerpo macilento. Todo lo que puede hacer es arrojarse a la misericordia de Dios.

2b–5. Oración por la recuperación. **Sáname, oh Jehová...libra mi alma...sálvame.** El sufriente se da cuenta con claridad de que la liberación tiene que venir desde fuera, porque él es totalmente inadecuado. Basa su apelación sobre la severidad de sus sufrimientos, en la misericordia de Dios, y en el hecho de que Dios perderá sus acciones de gracias si baja al Seol.

6, 7. Descripción de su condición. **Gemir... lágrimas...sufrir.** La naturaleza de su enfermedad es algo oscurecida por las expresiones orientales características. No obstante, no hay lugar a dudas que su dolor es real, y su sufrimiento, intenso. Como Job, tiene que soportar los insultos de sus enemigos, además de su miseria.

8–10. Oraciones contestadas. **Jehová ha oído.** En dos ocasiones el salmista utiliza esta frase para indicar que ha llegado una nueva era. Predice que todos sus enemigos se volverán debido a que Dios ha tomado las riendas.

Salmo 7. Oración pidiendo vindicación

Como muchos otros salmos, este es ante todo el lamento de un individuo. Hay un elemento de justicia propia en la apelación del salmista. Ello pudiera ser debido a la naturaleza de la lucha religiosa que provocó la amarga persecución de que se halla objeto. No obstante, hay aspectos corporativos que señalan a la posibilidad de que en este salmo se hayan combinado varios otros. Si se toma al individuo como representante de la nación, queda preservada la unidad del salmo.

1, 2. Oración en solicitud de vindicación. **Sálvame...líbrame.** Esta petición se basa en la confianza personal del suplicante en Dios. El fiero ataque del enemigo parece también ser personal, como queda indicado por **mi alma.**

3–5. Protestas de inocencia. **Jehová...si yo he hecho esto.** El autor estaba seguro de que no se merecía aquella persecución. Estaba dispuesto a presentar su afirmación de inocencia en forma de juramento y de un ofrecimiento a aceptar cualquier retribución que mereciera como castigo.

6–8. Oración en demanda de juicio. **Levántate, oh Jehová.** Se utiliza una atrevida ilustración de despertar a Dios para señalar la necesidad de un juicio inmediato. Hay aquí una combinación de la vindicación personal y de la idea escatológica de un juicio del mundo.

9–13. Confianza en el Juez Justo. **El Dios justo prueba la mente y el corazón.** El resultado queda asegurado por la naturaleza misma de Dios. Los rectos son preservados, en tanto que los malos sufren cada día la ira de Dios. La acción de Dios en juicio contra los impenitentes se presenta figuradamente en forma de un combate terreno.

14–16. La naturaleza de los malos. **Maldad ...iniquidad...engaño.** Estas palabras caracterizan al adversario, que ha caído en su propia trampa. Se está cubriendo con el sudario de sus propios deseos malos.

17. Voto final. **Alabaré.** Esta doxología característica ilustra la certeza del salmista de que la causa de los justos triunfará.

Salmo 8. La dignidad del hombre y la gloria de Dios

Este salmo es un himno que llega a las alturas de una majestuosidad pocas veces alcanzada por el hombre finito. Hay un desarrollo del pensamiento desde la grandeza del trono de Dios en el cielo a las bestias más bajas en la tierra. Al hombre se le presenta en el centro de la creación de Dios. El poema se halla artísticamente engarzado dentro de un estribillo al principio y al final. Este estribillo sirve como una hermosa introducción y conclusión. Las preguntas del Salmo 8 son citadas en He 2:6ss. al describirse la humillación y la exaltación de Cristo.

1, 2. La gloria de Dios. **¡Cuán glorioso es tu nombre!** La introducción relaciona cuidadosamente aquel ''nombre'' como **Jehová, Señor** (`'Adôn`) **nuestro.** La frase **de los niños y de los que maman** puede ser figurativa del hombre en su debilidad. La alabanza sincera de estos ''niños'' se pone en acusado contraste con las conspiraciones de los enemigos de Dios.

3–4. El hombre en contraste. **Cuando veo tus cielos....¿Qué es el hombre?** La escena nocturna llama a la alabanza de la gloria de Dios en los cielos. Cuando el hombre (`'enosh`, hombre frágil) es comparado con toda la expansión arriba, cuán insignificante parece. Es en verdad el hijo de la humanidad (`'ādām`, hombre genérico).   **5–6.** El lugar del hombre. **Poco menor que los ángeles.** Esto sería mejor traducido como ''poco menos que la divinidad''. Tres cosas designan la posición del hombre: su relación con la divinidad, su dignidad (gloria y honra), y su dominio.

7, 8. Ilustración del dominio del hombre. **Todo...ovejas...bueyes...bestias...aves... peces.** Estas formas menores de vida ilustran el **todo ello** del v. anterior. Las criaturas de la tierra, del aire, y del mar quedan incluidas en estas evidente referencia a la historia de la creación en Gn 1.

9. Doxología. **¡Cuán grande es tu nombre!** El estribillo vuelve a dirigir al hombre a la majestad de Dios, a fin de que no quede absorbido en sus propios pensamientos de grandeza

personal. El hombre tiene dignidad, pero solamente Dios tiene majestad gloriosa.

Salmo 9. Alabanzas por la destrucción de los enemigos

Es evidente que este salmo estuvo originalmente unido al Salmo 10, como se evidencia en ciertos manuscritos hebreos, la LXX, la Vulgata, y en otra versión latina de Jerónimo. Los dos salmos forman un acróstico utilizando las letras del alfabeto hebreo. La presencia de *Selah* al final del Sal 9 y la falta de título en el Sal 10 dan prueba de ello. El primer salmo es sumamente nacional, en tanto que el segundo es intensamente personal.

1–3. La razón de la acción de gracias. **Te alabaré...contaré...me alegraré...regocijaré...cantaré.** Todo esto es una cordial acción de gracias debido a que los enemigos del salmista han sido condenados por Dios. Sentado sobre su trono, Dios ha pasado sentencia sobre ellos de manera que no hay ya dudas acerca del resultado final.

4–8. Una visión del juicio final. **Él juzgará al mundo con justicia.** Esta es una figura escatológica del juicio final, visualizado como presente. Mowinckel cree que este es el salmo utilizado en la Fiesta de los Tabernáculos en una celebración simbólica de entronización.

9–12. La exhortación a la alabanza. **Cantad a Jehová.** Ya que Dios bendecirá a aquellos que confían en Él, el salmista busca aquellos que se quieran unir a él en alabanza sincera. La secuela natural de alabar el nombre de Dios es la declaración de Sus obras.

13, 14. Petición del favor de Dios. **Ten misericordia de mí.** En medio de la llamada nacional se inserta una nota personal. Este lamento es inusual dentro de una expresión de acción de gracias, pero puede ser natural para uno que exprese una gratitud tan sincera.

15–20. La certeza del juicio. **Jehová se ha hecho conocer** *por* **el juicio.** La idea, anteriormente introducida, de un juicio del mundo, se prosigue, al declarar el autor que de cierto la sentencia alcanzará a los malos. El salmista añade una petición de que ¡las naciones puedan ser llevadas a conocer que solamente son hombres!

Salmo 10. Plegaria pidiendo la acción divina.

En tanto que este salmo tiene una afinidad literaria y textual con el anterior, el talante es aquí totalmente diferente. El enemigo ya no es más los malvados de las naciones, sino los malos dentro mismo de Israel. La calamidad ha sido provocada por el mal uso del poder de parte de los impíos poderosos. El talante es de lamentación, no de acción de gracias.

1, 2. Afirmación de la petición. ¿Por qué...? La frecuente pregunta iniciada con el por qué describe siempre una situación de frustración y de abandono. El salmista muestra su propia impaciencia y desaliento. Después de todo, la persecución del pobre por los malvados y soberbios poderosos ha llegado a un límite insoportable. Su petición es que los malos sieguen lo que han sembrado.

3–11. La base del problema. El malo se jacta. Esta larga lista de quejas empieza con la arrogancia mencionada en los versículos anteriores. El singular se utiliza colectivamente de los muchos en Israel que no han parado a pensar en Dios. Cada condición está orientada éticamente a la forma de vida de Israel, y todo el pasaje es reminiscente de los escritos de Isaías, Miqueas, y Jeremías.

12–18. La llamada a la intervención. Levántate, oh Jehová Dios, alza tu mano. Esta intensa apelación en búsqueda de una acción directa de parte de Dios va seguida de argumentos para fortalecer la intensidad de la apelación. La fe del salmista no vacila al llegar a la conclusión de que Jehová es Rey eternamente.

Salmo 11. La certeza de la fe

Un grave peligro enfrenta al salmista al buscar los enemigos su vida. Su desesperada situación suscita unos profundos pensamientos y una noble expresión de su confianza en Jehová. Sus palabras de certeza fluyen en un poema de verdadera calidad lírica. Las circunstancias son notablemente similares a las de varios episodios de la vida de David.

1, 2. Fe frente a la conveniencia. Confiado ...escape. El consejo de amigos bien intencionados es que tome el camino de la conveniencia. "Que escape al monte, donde hay abundancia de escondrijos", es la idea que tiene el mundo de cómo hallar un lugar seguro. Pero incluso ante el arco tensado del enemigo, el salmista afirma que su confianza es en el Señor. En lugar de tomar el camino fácil de la huída, tomará el camino de la fe.

3–7. Si fuesen destruidos los fundamentos. El salmista conoce que la huída solamente minaría su fe básica. Después de todo, Dios está en su santo templo, su trono está establecido en los cielos, y sus ojos contemplan lo que está en marcha aquí abajo. Por ello, el castigo de Dios caerá sobre los malos como lo hizo sobre Sodoma, en tanto que los rectos contemplarán el rostro de Dios.

Salmo 12. Oración por los fieles

Este salmo presenta otra hora oscura de persecución, cuando la sociedad se está desmoronando. Y mientras que lamenta una situación en la que la mentira y la falsedad prevalecen, el autor está asimismo expresando su confianza total en Dios, que es todavía adorado por la minoría fiel. Gunkel trata este salmo en un sentido litúrgico, haciéndolo corporativo. Sea cual fuere el uso último, hubiera podido haber una base individualista para su composición.

1–4. La oración de los fieles. Salva, oh Jehová. El escritor está hablando como boca de los fieles y piadosos que han sido maltratados por los jactanciosos que hablan ociosas lisonjas y que se dedican a hablar con doblez. Como Elías, el salmista habla de él mismo como el único que queda que no se ha unido a estos jactanciosos.

5. La respuesta de Dios. Dice Jehová. Este v. toma la forma de un oráculo del Señor dando respuesta a las sinceras oraciones de los fieles. Dios promete su ayuda, que resultará en una total seguridad.

6–8. La respuesta del adorador. Palabras limpias. En contraste a las palabras de los jactanciosos, las palabras de Dios son tan puras como la plata más fina. Lo que Él ha prometido, lo cumplirá. Su fiabilidad es asegurada y proclamada como una respuesta de adoración.

Salmo 13. De la duda a la confianza

En este salmo se expresan los anhelos más profundos de un alma angustiada. Aunque un enemigo personal se halla detrás de la escena, el salmista está luchando con sus propias dudas acerca de la actividad de Dios en favor suyo. Ya que no se alude aquí a ninguna enfermedad, el problema es muy probablemente mental, y posiblemente el temor. En su estructura este salmo es un ejemplo excelente del lamento de un individuo, estando cuidadosamente dividido en tres breves estrofas de dos versículos cada una.

1, 2. Su problema de la duda. ¿Hasta cuándo...? La repetición cuádruple de esta frase muestra con claridad el intenso sufrimiento del escritor. Se halla agotado por su enemigo pero aun más angustiado por la aparente falta de acción de parte de Dios. Se siente abandonado por Dios en el momento de su mayor necesidad.

3, 4. Su plegaria pidiendo auxilio. Mira, respóndeme...alumbra mis ojos. En medio de la duda y del desaliento, él ora a Dios para que Él comprenda su problema y le devuelva el brillo a sus ojos. No sólo teme a la muerte física, sino que sabe cómo sus enemigos, en su impiedad, se jactarían de la caída de un amigo de Dios.

5, 6. Su alivio en la confianza. Mas yo...he confiado. Aunque no se registra ninguna respuesta hablada, un gran alivio viene sobre su alma angustiada. Su confianza se basa en la misericordia de Dios, su alegría en la salvación de Dios, su cántico en el cuidado abundante de Dios. Ha hallado la verdadera paz al confiar plenamente en Dios.

Salmo 14. Juicio por negar a Dios

Aquí tenemos un buen ejemplo para mostrar cómo se desarrolló el Salterio. Excepto por unas variaciones textuales de poca importancia (esp. v. 6), es idéntico con el Sal 53. Ya que el último es de una colección posterior y pone *Yahweh* en lugar de *Elohim*, se considera que el Sal 14 es la forma más antigua. En ambos salmos el salmista considera la condición depravada de los hombres con el verdadero espíritu profético.

1–3. La depravación del necio. No hay Dios. La utilización de la palabra **necio** (*nābāl*) no indica al ateo teórico, sino al ateo práctico, que vive como si Dios no estuviera ahí. Dios no entra en sus pensamientos para ningún propósito práctico. Las palabras **corrompido, abominables** señalan a la depravación de un individuo tal, que queda claramente señalado como típico de Israel en esta edad.

4–6. La corrupción del sacerdocio. No tiene discernimiento. Los que carecen de discernimiento, del conocimiento de Dios, son quizás los sacerdotes, que comen el pan de la proposición y que debieran invocar a Dios. En lugar de ello, se están volviendo hacedores **de iniquidad** (cp. Os 1:4–6). En lugar de conducir al pueblo de Dios, lo devoran. **La generación de los justos** se refiere evidentemente a **mi pueblo**, en tanto que **el pobre** tiene un lugar especial de refugio en Dios.

7. La esperanza de la liberación. ¡Oh, que de...! Esta oración, que forma un apéndice, parece haber sido añadida con fines litúrgicos. O puede que exprese el vislumbre de esperanza del salmista en este oscuro período. Hacer **volver a los cautivos** puede simplemente significar "restaurar las fortunas". Sea cuando fuere que fuera compuesto este versículo, forma una conclusión adecuada.

Salmo 15. El huésped de Dios

Este salmo sapiencial es un comentario sobre el deber del hombre hacia Dios y a su prójimo tal como se halla establecido en Dt 6:5 y en Lv 19:18. Trata de las condiciones morales y éticas que admiten a un adorador a

la presencia de Dios. Puede que aquí se refleje la antigua costumbre de desafiar la condición de un adorador. Es posible que un sacerdote hiciera las preguntas del v. 1, y que el adorador respondiera con una respuesta como la que se da aquí, y que el sacerdote cerrara el desafío con la promesa que se halla en el v. 5*b*. Algunos intérpretes refieren la pregunta al adorador, en tanto que la respuesta y la promesa serían la réplica normal de los sacerdotes a los adoradores entrando en el Templo. Parece que lo preferible es lo primero.

1. La pregunta pertinente. Jehová, ¿Quién...? La persona que ha llegado a la presencia de Dios tiene que afrontar abiertamente esta doble pregunta. La práctica de plantar tiendas en el monte Moríah puede haber sido permitida a los peregrinos en ciertos períodos de la historia de Israel. No obstante, las preguntas paralelas enfatizan que tiene que cumplirse la norma de Dios si el hombre ha de ser el huesped de Dios.

2–5b. La respuesta aceptable. El que... Los temas de integridad y de rectitud se relacionan con el deber del hombre hacia Dios, en tanto que la veracidad y las virtudes restantes se refieren al deber del hombre hacia sus semejantes. Al combinar las similares **integridad** y **justicia**, es posible descubrir un decálogo ético en las frases de esta sección.

5c. La promesa sacerdotal. El que hace estas cosas. Aquel que cumpla las normas de Dios será **el que hace estas cosas**. Tal persona no solamente conoce lo que Dios espera de su huesped, sino que pone estos principios en práctica. La nota de estabilidad da un punto culminante apropiado al salmo.

Salmo 16. El gozo de la lealtad

Este cántico de confianza es una profesión de corazón del gozo que proviene de la fidelidad y de la lealtad. El autor vivía en una época en la que la apostasía y la idolatría se hallaban muy extendidas. En contraste a este marco, presenta su suprema felicidad frente a la infelicidad de los que se han deslizado a la idolatría. Su gran esperanza amplifica su presente confianza en Dios. Este salmo es ascrito por Pedro a David (Hch 2:25) y por Pablo (Hch 13:35, 36) cuando se refieren a la profecía que contiene de la resurrección del Mesías.

1–4. Gozo en el servicio. Guárdame, oh Dios. Esta oración no es para ser liberado de un enemigo, sino por la continuación de la felicidad que ya ha hallado. Su deleite es en los santos, en tanto que su confianza es en Dios. En contraste con esto se halla el estado de los dolores múltiples que es la suerte de aquellos que se han buscado otros dioses.

5–8. Gozo en la fe. **Porción...herencia ...cuerdas.** Estas figuras se refieren todas a la asignación de la tierra por la que los levitas no recibieron ninguna porción específica. Juntamente con la figura de la copa de felicidad del escritor, todo esto resulta en una herencia verdaderamente **hermosa** debido a que Dios es su posesión más escogida. Su estabilidad se basa en la constante guía de Dios.

9–11. Gozo en la esperanza. **Por tanto.** Sobre la base de su gozo presente, el salmista utiliza frase tras frase para mostrar la base de su gozosa esperanza. Su **corazón, hígado** (y no *alma* como en RV) y **carne** responden todos al gozo de esta esperanza. El v. 10*a* no presenta una referencia clara a la vida de ultratumba, debido a que la primera frase puede ser mejor traducida: "Porque no abandonarás mi alma en el Seol"; pero el v. 10*b* tiene que referirse a otro que al salmista al decir: "Ni permitirás que tu Santo vea corrupción". El v. 11 señala a la continuación de la feliz vida que ya ha llegado a conocer en la presencia del Señor.

Salmo 17. La vindicación de los rectos

El salmista se lamenta aquí de su trato injusto sufrido en manos de sus enemigos. La causa de su problema se desconoce, solo que es inocente de las acusaciones que se han proferido contra él. Dios es claramente su último tribunal de apelación, su única esperanza. Su confianza absoluta en Dios se muestra de una manera plena, pero especialmente en el versículo final.

1–5. Una apelación a la justicia. **Vean tus ojos la rectitud.** El salmista ora primero que Dios "oiga", "esté atento", y "escuche" su versión de los hechos, que él presenta y declara con labios libres de engaño. Su clamor es solamente para obtener una sentencia justa de Aquel que conoce su inocencia. Dios le ha **probado, visitado,** y **puesto a prueba,** y seguirá hallándole inocente.

6–12. Petición de misericordia. **Muestra tus maravillosas misericordias.** El salmista repite su clamor, esta vez con una referencia directa a sus enemigos. Suplica que Dios demuestre Su misericordia y bondad, que le guarde en seguridad, y que le esconda de aquellos que se levantan contra él. Describe a sus enemigos en términos que señalan el contraste entre ellos y él mismo.

13–15. Petición de liberación. **Libra mi alma.** El siguiente paso es naturalmente la liberación de este sufriente y la destrucción consiguiente del malvado enemigo. El salmista pide una acción decisiva para que el enemigo quede burlado y postrado en abierta vindica-

ción suya. **Cuando despierte** puede referirse a la siguiente mañana después de esta experiencia o a una visión de Dios más allá del sueño de la muerte.

Salmo 18. La gratitud del vencedor

Como el Sal 14, este salmo puede compararse con otro pasaje, en este caso con 2 S 22. El salmista evoca repetidamente sus acciones de gracia y su confianza en Dios.

1–3. Himno introductorio de alabanza. **Te amo...Invocaré.** Esta alabanza se basa en una consciencia plena de lo que Dios significa para él. Estas figuras muestran a Dios como un auxilio en su defensa, no como el instigador de la agresión.

4–19. Una figura de la liberación que da Dios. **Me libró.** Cuando el salmista, en su angustia, clamó al Señor por Su ayuda, la tierra tembló, el Señor tronó, y vino la liberación. En figuras gráficas como estas que describen la teofanía cuando la ley fue dada en el monte Sinaí (Éx 19:16–18; 20:18, 21; 24:16–18), se expone el poder de Dios.

20–30. La base de esta liberación. **Conforme a mi justicia.** La liberación está evidentemente considerada, aquí, como un premio a la justicia, a la limpieza de manos, a la fidelidad, y a la rectitud. Esta es una evaluación comparativa, no absoluta, del yo. Todo esto se hace posible mediante la confianza en Dios.

31–45. Una ilustración de la profunda gratitud. **Dios es el que me ciñe.** El crédito por la victoria se da a Dios de una forma explícita, quien hizo posibles todos los pasos. Él preparó el camino, le enseñó, entrenó, y condujo a la batalla.

46–50. Un himno de alabanza como colofón. **Enaltecido sea el Dios de mi salvación.** Todo honor y alabanza se debe solamente a Dios.

Salmo 19. La gloria de Dios por encima y adentro

Este salmo se halla dividido claramente en dos secciones distintivas, lo que sugiere que pueda ser una composición de dos poemas. La primera sección (vv. 1–6) utiliza un nombre semítico general para Dios (*'El*), en tanto que la segunda sección utiliza el especial nombre del pacto (*Yahweh*). Las dos secciones difieren en temática, estilo, y forma. No obstante, la yuxtaposición se ha hecho de una manera muy hábil; la exaltación del salmista de la revelación de la naturaleza queda fundida con su exaltación de la ley de Dios en un glorioso himno de alabanza.

1–6. El testimonio de los cielos. **Los cielos ...el firmamento...el sol.** Cada uno de estos entes tiene su papel en dar a conocer el misterio de la gloria de Dios. En revelación constante de día en día y de noche en noche la expansión de los cielos revela la excelencia de la obra creadora de Dios. El sol aparece como el mayor de los miembros del coro celeste, corriendo su curso señalado como testigo. En tanto que en la literatura acadia abundan figuras similares describiendo al dios-sol Shamash (ANET, pp. 91, 116, 179, 387–389), el salmista considera, evidentemente, que el sol es un agente de Dios en la revelación de Su gloria.

7–10. El testimonio de la Torá. **La ley de Jehová.** El salmista utiliza aquí seis nombres para describir la totalidad de la revelación interna de Dios. La palabra *tôrâ* (**ley**) incorpora más que una lista escrita de preceptos; incluye toda la enseñanza de Dios. Utilizando adjetivos y frases participias, el salmista describe la excelencia de la revelación de Dios, que sobrepasa incluso al oro o a la miel.

11–14. La aplicación personal. **Líbrame.** La enseñanza moral de Dios, que sirve como advertencia, puede conducir a una persona a la recompensa deseada. La meditación sobre las enseñanzas de Dios actúa como un espejo que hace visible al hombre interior. Por ello, el salmista concluye pidiendo la fortaleza que le haga vencer todo tipo de pecado, y ser hallado así aceptable.

Salmo 20. Súplica por la concesión de victoria

Tanto en estructura como en contenido este salmo real se halla muy estrechamente relacionado con el Sal 21. Este último actúa como una secuela de la acción de gracias por la oración contestada. El rey es la figura central, en tanto que su victoria ocupa la atención de sus súbditos. Bien puede que hubiera sido dispuesto para el canto antifonal, con la congregación del coro levítico actuando como coro en los vv. 1–5 y 9. Un sacerdote o levita puede haber evocado las palabras de certeza de los vv. 6–8. Se expresa a todo lo largo de él una completa confianza en Dios.

1–5. Oración en intercesión por el rey. **Jehová te oiga.** Aunque la oración es dirigida *al* rey, es también un acto de intercesión *por* el rey. Describe un paso vital en los preparativos para la batalla, al presentar el rey sus sacrificios al Señor, y recibir la certeza de la bendición de Dios.

6–8. Un oráculo dando certeza. **Ahora conozco.** Después de un intervalo, posiblemente el tiempo durante el cual se ofrecían los sacrificios, la respuesta del orador en confianza resulta en la forma de un oráculo profé-

tico. La utilización del tiempo profético perfecto da la certeza necesaria al rey y los adoradores de parte de Dios. El ejército se halla ahora dispuesto para salir en **nombre de Jehová nuestro Dios.**

9. Coro final. **Salva, Jehová...** Esto se afirma de una forma más literal en la LXX como, *O Señor, salva al Rey y respóndenos cuando te invocamos.* Puede haber sido cantado por toda la congregación o por el coro levítico.

Salmo 21. Acción de gracias por la victoria

Este salmo real tiene su lugar como la secuela natural al Sal 20, ya que la súplica se transforma en acción de gracias debido a la reciente victoria. Puede haberse utilizado la misma disposición antifonal para la adoración en el templo. Algunos comentaristas han sugerido que la ocasión era el cumpleaños (cp. v. 4) o la coronación de un rey (cp. v. 3).

1–7. Acción de gracias por la respuesta a la oración. **El rey se alegra.** La congregación o el coro del templo dirige una oración de gratitud a Dios por Su señalada victoria. Cada versículo contribuye a la lista de cosas que Dios ha hecho por y mediante el rey. Todas estas bendiciones están directamente relacionadas con la absoluta confianza del rey en Dios.

8–12. Confianza en el futuro. **Alcanzará tu mano.** Las palabras se dirigen ahora directamente al rey, pero todavía con una actitud de adoración. La acción de gracias continúa en términos de victorias anticipadas hasta que por fin todos los enemigos serán destruidos.

13. Doxología final. **Engrandécete, oh Jehová.** De nuevo el coro se une en una expresión final de gratitud que sale del corazón, y en una alabanza unida, volviendo a la figura del poder del v. 1.

Salmo 22. Triunfo en el sufrimiento

Este salmo es el primero de aquellos llamados en ocasiones Salmos de la Pasión. La utilización del grito inicial por parte de Cristo en la cruz y la asombrosa fraseología de los vv. 6–8 y 13–18 han hecho que este salmo sea especialmente importante para los cristianos. Hay a través de este salmo una extraña mezcla de alabanza y de queja. No hay referencia alguna al pecado como causa de la angustia, ninguna protesta de inocencia, ninguna afirmación de justicia, ningún deseo de venganza. Por ello, estas palabras son peculiarmente apropiadas del Mesías sufriente, aunque en su significado primario estén basadas en alguna esperiencia del salmista.

1–18. Sus sufrimientos personales. **Dios mío, Dios mío, ¿por qué...?** Este llamamiento

inicial es pronunciado en una pregunta de solamente cuatro palabras en hebreo (*'Elî 'Elî
lāmâ 'âzabtānî*). Estas palabras fueron citadas
en arameo por Jesús en la cruz. Nótese que el
salmista no pierde la fe ni tan siquiera en tanto
que describe su intenso sufrimiento y persecución. Se siente abandonado de Dios, pero sabe
que Dios está cercano. Después de recordar la
confianza de sus antecesores y la liberación
que ellos gozaron, describe los despreciativos
actos de sus enemigos.

19–21. Su llamamiento para ser liberado. **No
te alejes.** Esta idea aparece por tercera vez en
una súplica abierta para que Dios ayude.
Apresúrate a socorrerme. Libra, y **sálvame,**
todo esto señala a la urgencia de su necesidad.

22–26. Su acción de gracias pública. **Anunciaré.** Este voto forma una transición desde su
descripción de sus sufrimientos a su expresión
de alabanza. Su deseo es ahora el de reconocer
públicamente su dependencia de Dios y de
proclamar su propia liberación personal.

27–31. Su anticipación gozosa. **Todos los
confines del mundo.** En esperanza, el salmista
ve al círculo ampliándose hasta incluir a toda
la humanidad y generaciones futuras. Su esperanza personal abarca a la nación y después al
mundo. De acuerdo con la más exaltada esperanza de Israel, el retorno de la humanidad a
Dios en adoración (cp. Is 40:7; Fil 2:10) se
basa en *lo que él* (el Señor) *ha hecho.*

Salmo 23. Mi Pastor

Como cántico de confianza, este salmo no
tiene igual. Es imposible estimar sus efectos
sobre el hombre a lo largo de los siglos. El
dolor, la tristeza, y la duda han sido desvane-
cidas por esta intensa afirmación de fe. La paz,
el contentamiento, y la confianza han sido las
bendiciones sobre aquellos que han venido a
compartir la sublime confianza del salmista.
En tanto que el lenguaje es sencillo y el significado es claro, nadie ha podido agotar el mensaje del poema ni mejorar su serena belleza.

1–4. Dios como el Pastor personal. **Jehová
es mi pastor.** Una larga experiencia de confianza en Dios subyace a estas palabras. La
rica relación corporativa de Israel con Dios es
apropiada como una consciencia individual.
La figura de un pastor fiel es el epítome de un
cuidado tierno y de una vigilancia contínua.
Las ovejas instintivamente confían en el pastor
para que éste provea para el día de mañana. La
característica más distintiva de esta extensa
metáfora es la sabia conducción del pastor. Él
conduce al descanso y al avivamiento, a las
luchas de la vida, y a través de los lugares
peligrosos. El pastor provee así las necesidades de la vida y protege del temor del peligro.

5–6. Dios como Anfitrión lleno de gracia.
Aderezas mesa delante de mí. El escritor
introduce una metáfora secundaria para seguir
expresando su confianza. La escena cambia
para mostrar al salmista como huésped de
honor en la casa de Dios, disfrutando de la
cálida hospitalidad característica de Oriente.
Se halla bajo la protección de Dios. Su cabeza
es ungida con aceite perfumado. Cada una de
sus necesidades es totalmente satisfecha.
Sobre la base de esta confianza, cada momento
de su vida se verá lleno con las más ricas
bendiciones de Dios. La mayor de las bendiciones será una íntima comunión con Dios a
través de la contínua adoración de Él.

Salmo 24. Una antífona inaugural

Este es uno de los salmos más majestuosos
y solemnes de todo el Salterio. Debido a los
varios abruptos cambios en la temática, muchos han juzgado que este salmo está hecho de
selecciones de tres poemas originalmente
independientes (vv. 1, 2; 3–6; 7–10). En tanto
que bien pudiera ser así, el salmo es ahora una
unidad apropiada. La ocasión ha sido asociada
con la Fiesta de los Tabernáculos, una fiesta
anual, de Año Nuevo, la dedicación del Templo, y de la entrada del arca en Jerusalén. Es
muy posible que este salmo, como muchos
otros, fuera utilizado antifonalmente.

1, 2. El coro procesional. **De Jehová es la
tierra.** Este énfasis sobre la soberanía de Dios
sobre la tierra habitable y todas sus criaturas es
una advertencia digna en contra de limitar a
Dios a una ciudad o a un templo. Estas palabras fueron posiblemente cantadas por muchos
grupos que se acercaban a la ciudad de Jerusalén.

3–6. Los prerrequisitos de la adoración.
¿Quién subirá... quién estará? Un reconocimiento del Creador. A Dios, como soberano de
toda la tierra, no se puede aproximarse el hombre a la ligera. Los requerimientos morales
para acercarse a Dios son cuidadosamente
expuestos por preguntas similares a las del Sal
15. Las mismas elevadas normas de conducta
ética se demandan aquí que allí, con un énfasis
especial sobre el carácter de la adoración. Las
preguntas y respuestas fueron probablemente
cantadas por los sacerdotes o levitas, en tanto
que el v. 6 puede haber sido utilizado como un
coro.

7–10. La divina entrada. **Alzad, o puertas,
vuestras cabezas.** Los dinteles, o partes superiores de los portales, son considerados como
demasiado bajos para el divino rey que entra.
Entrará el Rey de gloria. La llamada a los
guardianes de las puertas simboliza la verdad
de que la presencia de Dios tiene que ser

evidente. Este reto a identificar a este Rey es cantado por otro grupo, o por un individuo, sobre los muros de la ciudad. La poderosa respuesta puede haber sido la réplica de la congregación, identificando claramente a este Rey como Jehová. Después de un segundo llamamiento y reto, la respuesta suena clara: **Jehová de los ejércitos** (*Yahweh Sebā'ôt*), **Él es el rey de la gloria.**

Salmo 25. Una oración acróstica en demanda de ayuda

Este salmo, la súplica de un individuo, utiliza las letras del alfabeto hebreo como marco. Es difícil reconocer aquí un orden lógico de pensamiento debido a la necesidad de empezar cada versículo con una letra subsiguiente del alfabeto. Sólo hay dos lugares en nuestro texto presente en el que el acróstico se rompe (vv. 2, 5, 18). El estilo es simple y directo, humilde y con espíritu de oración.

1–7. Plegaria pidiendo protección. **A ti, oh Jehová.** La base de esta petición de protección es la sencilla confianza del salmista en Dios. Aunque sus enemigos no han triunfado sobre él, son una constante amenaza. Apela a la misericordia de Dios y a Sus piedades, que han sido reveladas en la historia.

8–10. Una meditación acerca del carácter de Dios. **Bueno y recto es Jehová.** Estas y otras características de Jehová se disciernen de Su respuesta en la historia. Debido a Su justicia, rectitud, misericordia, y verdad, guiará y enseñará a los hombres en estos mismos caminos.

11–14. Una meditación acerca de la relación del hombre hacia Dios. **La comunión íntima de Jehová**, o *el secreto de Jehová*. Después de una breve plegaria pidiendo perdón, el salmista reflexiona sobre el secreto de la relación apropiada del hombre con Dios. Descubre que se trata del *temor de Jehová*, aquella relación reverencial y confiada que se menciona frecuentemente en Proverbios.

15–22. Una oración pidiendo liberación. **Mírame, y ten misericordia de mí.** Utilizando palabras gráficas (**sacará, ten misericordia, sácame, mira, perdona, guarda, guarden**), el escritor ora para que Dios le libere. Se halla una conclusión adecuada al salmo en la visión ampliada del v. 22, donde se le pide a Dios que **redima** a la nación así como al orador mismo. Si se toma este versículo como una parte integral del salmo original, forma el punto culminante de su pensamiento. Si, no obstante, se toma como una adición, sirve para adaptar el salmo para utilización corporada.

Salmo 26. Una oración de adoración

Que había un conflicto entre grupos religiosos en Israel es evidente de este lamentación. Algunos comentaristas sugieren que hay una epidemia en el marco histórico de su redacción. Sea como fuere, las protestas del salmista con respecto a su integridad señalan a una sociedad en la que los impíos han conseguido el dominio. Este salmo, aunque más individual que corporativo, pudiera bien ser utilizado por un grupo piadoso en una época de aflicción.

1–7. Una protesta de inocencia. **Júzgame, oh Jehová.** El salmista se halla tan seguro de su integridad que busca el juicio divino; pide que Dios le **escudriñe**, le **pruebe**, y le **examine**. Afirma haber andado en la verdad, haber evitado todo contacto con judíos renegados, y haber participado con regularidad en la adoración. Todo esto se halla en acusado contraste con la conducta de sus enemigos.

8–12. Una oración en petición de vindicación. **No arrebates con los pecadores mi alma.** Su petición no es que pueda evitar la muerte, sino que pueda evitar ser unido a los impíos, a los que con tanto cuidado evitó en vida. En esta oración en petición de un trato especial ora a Dios que le **redima** y que tenga **misericordia** de él debido a que continuará caminando en integridad, manteniéndose firme, y bendecir públicamente al Señor.

Salmo 27. Un cántico de esperanza

El marcado contraste entre los vv. 1–6 y 7–14 ha llevado a la mayor parte de comentaristas a que designen este salmo como un compuesto de partes distintas. Tanto el contenido como el espíritu de estas secciones son inmensamente diferentes. El talante cambia desde una confianza gozosa a un temor ansioso. No obstante, dos elementos relacionan estas partes disimilares: unos enemigos similares y la confianza en Dios.

1–3. Confianza incondicional. **Jehová es mi luz y mi salvación.** Estas palabras de exultación introducen una escena de serenidad. En ninguna otra parte del AT es mencionado Jehová como **mi luz**. Debido a que el salmista ha hallado que Dios es **luz, salvación** y **fortaleza**, no hay causa alguna para temor o terror. Su serenidad no se halla condicionada por circunstancias exteriores sino que es incondicional.

4–6. El mayor deseo de la vida. **Una cosa he demandado.** La cosa deseada y demandada no puede ser identificada con el Templo, como muchos comentaristas sugieren. Tiene que referirse a una base para el deseo tripártito. La base o común denominador es con toda probabilidad la presencia del Señor, que el salmista desea y busca. La consciencia de esta presencia viene de morar en la casa de Dios, contemplando su hermosura, e inquiriendo en su Templo. Esta misma presencia resulta en refugio en tiempos de aflicción.

7–14. Un clamor de temor ansioso. **Oye, oh Jehová.** Estas palabras totalmente el talante de triunfo a una profunda angustia al introducir una nueva situación y ocasión. Aunque el salmista ha sido abandonado y rechazado, su confianza no falla. De las profundidades de la desesperación, se llama a sí mismo a la paciencia que se demanda para esperar que Dios obre su voluntad.

Salmo 28. Una oración contestada

Este salmo, como muchos otros lamentos, trata con la lucha entre los de la fe tradicional y aquellos afectados por influencias ajenas. El salmista está profundamente temeroso de que sufrirá la suerte que tiene que alcanzar a sus malvados antagonistas. Que considera que su oración ha recibido respuesta es evidente del cambio en el v. 6.

1, 2. Petición de ser oído. **No te desentiendas de mí. . . Oye.** El salmista apela a Dios tanto para que le oiga como para que responda. Para un hebreo, la falta de respuesta parecía a menudo indicar que Dios no quería oír la petición. La urgente naturaleza del clamor del orador queda enfatizada por su temor de que morirá si Dios no responde.

3–5. Oración pidiendo intervención. **No me arrebates. . . Dales conforme a su obra.** Su primera oración es pidiendo protección contra sus impíos enemigos. No obstante, su énfasis rápidamente cambia a un ruego de que caiga la retribución sobre estos enemigos.

6, 7. Acción de gracias por la oración que ha recibido respuesta. **Bendito sea Jehová.** La causa de esta explosión de alabanza debe de entenderse como la respuesta de Dios a la súplica de los vv. 1 y 2. Esta acción de gracias puede haber sido añadida más tarde por el salmista. O puede tratarse de la expresión de una confianza interior de que Dios ha oído en verdad, y que ya no guarda más silencio.

8, 9. Aplicación a la nación. **Jehová es la fortaleza de su pueblo.** El hecho de que Dios es la fortaleza del salmista encuentra su aplicación para la nación y para el rey. Esto puede bien ser una adición posterior designada para adaptar la expresión individual de fe para la adoración corporativa.

Salmo 29. La gloria de Dios en la tormenta

Con una poesía inspiradora de maravilla, este himno de alabanza señala a la tormenta como otra evidencia de la gloria de Dios. Se entremezclan constantemente notas de certeza con las frases descriptivas de la omnipotencia de Dios. Raramente exhibe ningún salmista un poder poético más gráfico que el que escribió este salmo de la naturaleza. Los estrechos paralelos en terminología con los poemas cananeos del 1400 — 1300 a.C. descubiertos en Ugarit en Siria indican que este salmo es, por menos, tan antiguo como David, pero el salmista es cuidadoso en reconocer a Yahweh solo como el verdadero Dios.

1, 2. La llamada a la adoración. **Adorad a Jehová.** Se exhorta a toda la hueste celestial a que ascriba **a Jehová la gloria y el poder.** Esta adoración ha de ser dada **en santo atavío** (RSV; mejor que *en la hermosura de la santidad,* RV). Muchos comentaristas creen que al utilizar el término *benê'ēlîm* (RV, oh hijos de los poderosos) que pudiera ser traducido como ''hijos de Dios'', el autor está convocando a los ángeles. Pero otros creen que es el pueblo de Israel, como hijos de Dios, el que está siendo llamado (cp. Dt 14:1; Sal 82:6).

3–9. La séptuple Voz. **Voz de Jehová.** En siete veces se utiliza esta frase para expresar el trueno de la tormenta. No se trata de la ira de Dios, sino de Su majestuoso poder que hace que la tormenta se mueva. Empieza afuera sobre el mar Mediterráneo con poder y majestad. Después se mueve sobre las montañas al norte de Palestina y por encima del desierto al sur. La descripción del efecto sobre árboles, montes, desiertos, y animales, es seguido por el coro de ''gloria'' que viene de la adoración del hombre.

10, 11. Conclusión. **Jehová bendecirá.** En tanto que Dios se sienta sobre todo en **gloria** (v. 9), concede a Su pueblo las dos cosas que más necesitan: **poder** y **paz.**

Salmo 30. Alabanza por la curación divina

Este salmo relata la experiencia de uno que acaba de escapar a la muerte al ser librado de una seria enfermedad. Su notable recuperación produce una gozosa acción de gracias y le hace reflexionar acerca de las lecciones que ha sacado de sus sufrimientos.

1–3. Alabanza por la recuperación. **Te glorificaré, oh Jehová.** El objeto del salmista es, evidentemente, exaltar al Señor debido a que ha sido librado del Seol y la tumba. Da todo el crédito a Dios por su liberación. No obstante, hay enemigos agazapados que se gozan al ver sufrir a un justo.

4, 5. Llamamiento al recuerdo. **Cantad. . . celebrad.** Debido a su experiencia personal con Dios, el salmista llama a los **santos** para que se unan a él en alabanza. Estos son los que son de una misma mente con él estando ligados al Señor por la relación del pacto. Se les apremia a que **celebren la memoria de su santidad.** La frase **su favor dura toda la vida** contrasta el momento de la ira de Dios con toda una vida gozando de su favor.

6–10. El sufrimiento contemplado retrospectivamente. **No seré jamás conmovido.** Antes de su enfermedad, se había jactado, en un espíritu de confianza en sí misma. Su soberbia quedó derruida con el golpe de la enfermedad. No obstante, la enfermedad tuvo el efecto de abrir sus ojos a su dependencia de Dios, de forma que clamó por misericordia y curación.

11, 12. Alabanza renovada. **Te alabaré para siempre.** Ya no más en silencio, el salmista quiere que todos sepan el cambio que ha habido en su vida: del lamento al baile, del cilicio a la alegría, de estar callado a la alabanza.

Salmo 31. Plegaria de sometimiento

Aquí tenemos de nuevo la fuerte queja de un individuo en contra del trato inmisericorde que recibe de sus enemigos. La naturaleza general de sus sufrimientos (esp. vv. 1–8) hace de este salmo la voz de muchos adoradores a lo largo de los siglos. El aparente cambio de tono en el v. 9 y el hecho de que ya ha llegado el alivio ha llevado a muchos comentaristas a sugerir una paternidad múltiple. No obstante, la última sección parece describir un problema intensificado de parte del mismo autor.

1–8. Petición confiada. **En ti, oh Jehová, he confiado.** Es en Dios que ha tomado refugio el salmista. Sobre esta base puede apelar en fe para obtener liberación y seguridad. La utilización del v. 5 por parte de Jesús en la cruz ha hecho que todo este salmo sea sagrado y memorable.

9–18. Una petición intensificada. **Ten misericordia de mí.** En tanto que los vv. precedentes describen las misericordias del pasado, estos versículos exponen la necesidad extrema del presente. Esta sección presenta varios paralelos notables con las experiencias de Jeremías. El salmista ha venido a ser **objeto de oprobio** y un **horror** a sus amigos. Es el hombre olvidado que es echado afuera como un vaso quebrado. En su estado de soledad y de desesperación, su único amigo es Dios, y su única esperanza es someterse a la misericordia de Dios.

19–24. Un espíritu de gratitud. **¡Cuán grande es tu bondad!** El recuerdo de las misericordias pasadas y la certeza de la ayuda contínua hace brotar palabras de alabanza y de bendición de sus labios. Esta confianza en Dios le lleva a exhortar a otros a que **amen a Jehová** y a que tomen **aliento.**

Salmo 32. El gozo del perdón

El salmista, en este salmo segundo de los siete salmos penitenciales, habla claramente acerca de su propia experiencia personal. Hay sólo un sentido secundario en el que se puede hacer una aplicación corporativa. La verdadera naturaleza del pecado es descubierta de una manera intensa cuando la gozosa realidad del perdón es una realidad pasada y presente. El propósito didáctico del salmo indica que este poema tiene afinidad con los salmos sapienciales.

1, 2. La bienaventuranza del perdón. **Bienaventurado.** Lit., *¡Oh cuán feliz!* El gozo vienen al pecador debido a que Dios le ha perdonado totalmente. Nótense las cuatro palabras que describen el pecado: **transgresión** significa una desobediencia voluntariosa o rebelión; **pecado** se refiere a haberse desviado del propósito o camino; **iniquidad** implica retorcimiento o perversidad; **engaño** sugiere, en este contexto, auto-engaño. Cada uno de estos conceptos constituye un delito moral y Dios se ocupa de ellos en Su misericordia y perdón.

3, 4. La carga de la culpa. **Mientras callé.** Su silencio anterior era en realidad una negación a reconocer su pecado delante de Dios. Sea que hubiera una enfermedad o no, el salmista reconoce que sentía la mano disciplinadora de Dios. No había alivio, ni de día ni de noche, en tanto que rehusara confesar su pecado ante el Señor.

5. El alivio de la confesión. **Declaré...tu perdonaste.** Este fue indudablemente un proceso más bien que un acto instantáneo. Empezó primero a reconocer, no escondió, y finalmente dijo: "confesaré". Nótese la posición enfática del **tú** al pasar el escritor la atención a lo que Dios hace.

6–11. La sabiduría de la experiencia. **Por esto.** Debido a la disponibilidad del perdón de Dios, el salmista exhorta a los hombres a que oren de igual manera. Sobre la base de su profunda experiencia, viene a ser un instructor, un maestro, y un conductor, utilizando el lenguaje de un sabio. El v. 8 parece ser una cita del cántico de liberación mencionado en el v. 7, de forma que es Dios el que conduce e instruye al creyente.

Salmo 33. Llamamiento a la adoración congregacional

Este salmo se corresponde con los salmos nacionalistas del Libro V. A primera vista parece hallarse fuera de lugar en el Libro I, pero está colocado aquí en respuesta a la invitación del v. 11 en el salmo precedente. La respuesta traduce la experiencia personal a un himno nacional de acción de gracias. La presencia de veintidós versículos sugiere una relación con el alfabeto hebreo, aunque no existe una disposición acróstica.

1–3. El llamamiento a la adoración. **Alegraos...aclamad...cantadle...tañendo.** La respuesta de los justos adopta la forma de adoración pública. La naturaleza del acompañamiento a ser utilizado, en cuanto a tipos de instrumento e intensidad de sonido, queda claramente afirmada. La ocasión exige un nuevo cántico o una composición nueva.

4–9. Alabanza de la palabra de Dios. **La palabra de Jehová.** La alabanza verdadera empieza con una relación de los atributos morales de Dios tal como están evidenciados en la historia. **Recto, fidelidad, justicia, juicio, misericordia,** todo esto le describe. La alabanza prosigue al describir el escritor el poder creador de la palabra de Dios. La palabra así es considerada como una expresión del pensamiento, palabra, voluntad, y acción de Dios.

10–12. Alabanza del consejo del Señor. **El consejo de Jehová permanecerá para siempre.** En contraste al futil consejo de los paganos, Dios ha elegido y conducido a su pueblo elegido.

13–19. Alabanza del solícito cuidado de Dios. **Desde los cielos miró Jehová.** Dios mira y contempla, considera lo que todos los hombres piensan o planean. Entiende las maquinaciones de los malos, y Su ojo que todo lo ve reconoce las necesidades de Su pueblo.

20–22. El coro final de alabanza. **Nuestra alma espera.** El regocijo de todo el salmo se halla basado en la espera, en la confianza, y en la esperanza de los adoradores congregados en Jehová.

Salmo 34. La bondad de Jehová

Este cántico de alabanza es un acróstico, similar en estructura al Sal 25. Es verdaderamente notable que ambos salmos omitan la letra *Waw* y añadan una *Pe* extra al final. Con respecto al contexto, ambos son cánticos de alabanza, similares en pensamiento al libro de los Proverbios.

1–3. Su invitación a la alabanza. **Engrandeced a Jehová conmigo.** La resolución de alabar de contínuo a Dios es la base para buscar que otros engrandezcan y exalten al Señor. Esta invitación es dirigida a aquellos que son humildes y susceptibles de ser enseñados.

4–6. Su testimonio de liberación. **Busqué... oyó...libró.** De su experiencia de primera mano, el salmista ilustra la base para su sincera alabanza. Siguiendo a la LXX y a varios manuscritos y versiones, el v. 5 quedaría mejor traducido: **Mirad a mí y sed alumbrados, y vuestros rostros no serán avergonzados.**

7–10. Su certeza de la bendición. **Gustad y ved que es bueno Jehová.** La única manera en que otros pueden conocer las bendiciones es poniendo a Dios a prueba. El salmista dice: ''Pruébale y verás''. Las verdaderas bendiciones vienen solamente a aquellos que confían, temen y buscan a Jehová.

11–22. Su lección para los discípulos. **Venid, hijos, oídme.** Su conocimiento experimental le ha dado el derecho de enseñar a otros. Aquellos llamados hijos son de nuevo los discípulos humildes y prontos a aprender de todas las edades. El estilo es el método didáctico de preguntas y respuestas de los sabios. El tema es la retribución tal como se interpretaba en el judaísmo ortodoxo.

Salmo 35. Plegaria por venganza

El salmista ofrece aquí una evidencia adicional de que Dios es el tribunal de apelaciones para los perseguidos en Israel. Parece que se describan dos incidentes o dos series de incidentes. Los vv. 1–10 se refieren principalmente a actos físicos, en tanto que los versículos restantes sugieren una escena en un tribunal. El poema se halla claramente dividido en tres ciclos, cada uno de ellos finalizando en un voto de acción de gracias. El salmista comparece como el demandado a lo largo de todo el salmo, pero este demanda constantemente el castigo de sus enemigos.

1–10. La primera demanda de juicio. **Disputa, oh Jehová, con los que contra mí contienden.** En el lenguaje guerrero, el salmista pide justicia en sus propios términos. Expresa su resentimiento pidiendo que sus enemigos queden completamente derrotados, desacreditados, y atrapados en sus propias trampas. Termina este ciclo con un voto de que se alegrará verdaderamente en Jehová.

11–18. La base para una demanda adicional. **Me devuelven mal por bien.** Esto parece pertenecer a otra ocasión, aunque pudiera ser una secuela a la primera demanda. Los enemigos son aquí antiguos amigos que se han revuelto contra el escritor y se han gozado en su mala fortuna. Emplearon testigos falsos y se burlaron de él, en tanto que él solamente devolvía el bien por el mal de ellos. De nuevo el ciclo concluye con un voto de que él alabará públicamente a Dios si solamente Dios le libra.

19–28. La segunda demanda de juicio. **Júzgame...Jehová Dios mío.** El salmista solicita primero que sus enemigos no puedan ya más escarnecerle ni hablar mal de él. Entonces apela a un juicio definitivo de su causa, de manera que sus enemigos reciban el trato de vergüenza y de deshonra que le dieran a él. De nuevo cierra el ciclo con un voto de acción de gracias.

Salmo 36. Una lección en contraste

Se presentan aquí dos figuras acusadamente definidas, una de impiedad y otra de piedad. El estilo varía con el contraste de temas. El salmista utiliza una forma toscamente poética, y un lenguaje tosco para la descripción del mal, y una forma suave y un lenguaje hermoso para la descripción de Dios. Aunque algunos comentaristas sugieren que se han unido dos poemas en este salmo, esto no es ni evidente ni necesario. El lenguaje y el pensamiento de la conclusión en los vv. 10–12 revierten a la pauta de la primera sección.

1–4. Lo aborrecible del mal. **No hay temor de Dios.** Esto parece ser la sustancia de un oráculo que describe al malvado enemigo del salmista. Los manuscritos y las versiones difieren en cuanto a si este oráculo es dirigido al corazón del salmista o al del hombre malo. Hay también dudas con respecto al sujeto de **lisonjea** en el v. 2. Puede que sea el hombre malo, la transgresión, o Dios. Parece que es el malo si el oráculo esta dispuesto para alcanzar el corazón del salmista, en tanto que la segunda posibilidad concuerda mejor si el v. 1 se refiere al corazón del malvado. Los obvios frutos de negar a Dios se hallan en los vv. 3, 4.

5–9. La gloria de Dios. **Tu misericordia... tu fidelidad...tu justicia...tus juicios...tu misericordia...tu luz.** En un fluir hermoso y melodioso de palabras, se asemejan estos varios atributos de Dios a los diferentes fenómenos de la naturaleza y después a la experiencia humana. Además, se refiere a Dios como a "el manantial de la vida". Cada aspecto de la gloria de Dios está espiritualmente orientado para producir una de las ilustraciones más espirituales de Dios en el Salterio.

10–12. El triunfo del amor. **Extiende tu misericordia.** Después de una breve oración por la continuación de los tratos de Dios con los justos, el salmista prefigura la verdadera caída de los malos.

Salmo 37. Una vindicación de la providencia

Este salmo se halla relacionado con la literatura sapiencial por su carácter distintivamente didáctico. El principal problema del salmista es la incoherencia relacionada con la prosperidad de los malos. Aunque tentado a dudar de la bondad de Dios, el autor aquieta su mente y la de sus oyentes apelando a la paciencia y a la confianza. La organización es alfabética, similar en gran manera a los acrósticos de los Salmos 9 y 10.

1–11. Consejo para los sabios. **No te impacientes a causa de los malignos.** El versículo inicial establece la máxima básica para una perspectiva madura: No impacientarse ni ser envidioso por aquellos que parecen prosperar, aun siendo malvados. En lugar de ello, el sabio **confía,** se **deleita,** se **encomienda a, espera en,** Jehová. Aquí se halla la curación positiva para la indignación y la envidia.

12–20. La condenación de los impíos. **Viene su día.** En el pasaje precedente se establece la escena para esta proclamación de alarma de que los malos, **de aquí a poco,** se encontrarán con su destino (v. 10). Las varias calamidades están cuidadosamente catalogadas.

21–31. Premio para los justos. **Heredarán la tierra.** Los **mansos** (v. 11), los **benditos** (v. 22), los **justos** (v. 29) son los términos aplicados a los receptores de la recompensa prometida. La ilustración personal en el v. 25 es una desviación singular del estilo formal del salmo como un todo.

32–40. Contrastes de la retribución. **Cuando sean destruidos los pecadores, lo verás.** En tanto que los malos están ahora constantemente al acecho para atrapar al justo, en el futuro el justo tendrá su ocasión de contemplar. El final del **íntegro** es paz, pero el fin del malo es destrucción.

Salmo 38. La lamentación de un sufriente

Aunque este salmo es un lamento personal, también está clasificado como uno de los siete salmos penitenciales. El autor se queja de una seria aflicción personal agravada por una angustia mental y la deserción de sus amados. Acepta el hecho de que su sufrimiento es una retribución merecida por sus pecados. Abandonado y desalentado, mira a Dios como su última y única esperanza.

1–8. El sufrimiento del pecado. **Nada hay sano en mi carne, a causa de tu ira.** El salmista no batalla con Dios ni pretende inocencia. Suplica misericordia, que su carga pueda ser aliviada. Su sufrimiento, declara él, es evidentemente a **causa de mi pecado.** La seriedad de su enfermedad que da indicada por la descripción de una enfermedad cutánea parecida a la de Job.

9–14. El sufrimiento de la persecución. **Se mantienen lejos...arman lazos...hablan iniquidades.** Estas palabras describen el trato que recibe de sus anteriores amigos. Sus **amigos y compañeros,** y sus **cercanos** se mantienen lejos. Sus enemigos se aprovechan de su angustia y de su condición debilitada. Esta fase de su sufrimiento es también similar a las circunstancias de Job en que los amigos le abandonan o no se duelen con él de una manera apropiada.

15–22. La esperanza de la liberación. **Porque en tí, oh Jehová, he esperado.** El autor no ha tratado de refutar a sus enemigos, debido a que su esperanza es solamente en Dios. Después de repetir su confesión de pecado, vuelve a presentar su petición de misericordia.

Salmo 39. Una petición de poder

Este parece ser una secuela al salmo anterior. No obstante, el autor no tiene que ser necesariamente el mismo en cada caso, ya que es la disposición de los salmos dentro de la colección lo que le da esta continuidad. Aunque de carácter penitencial, este poema no ha sido incluido con los siete salmos penitenciales. Hay unas ciertas afinidades a la experiencia de Job en el sufrimiento del salmista así como un paralelo al libro de Eclesiastés en la evaluación de la vida.

1–3. Una resolución de dominio propio. **Guardaré mi boca.** Debido al azote de Dios mencionado en el v. 10, el salmista se ve duramente tentado a quejarse contra Dios. Como Job, tiene que refrenar la tentación a acusar a Dios de injusticia. La presencia de los malos sugiere una fuente exterior de tentación y la posibilidad de hacer gran daño a la causa de los justos mediante una queja pública.

4–6. Oración pidiendo entendimiento. **Hazme saber, Jehová.** El objeto de esta oración es el conocimiento que le capacite a comprender la fragilidad y la vanidad de la vida. Airea sus sentimientos y pensamientos con respecto a la vanidad de las metas humanas. Espera poder ser vuelto a conducir a una tranquila confianza en Dios que barrerá estos vanos pensamientos.

7–13. Una petición de misericordia. **Y ahora, Señor...líbrame.** Sobre la base de su presente esperanza en Dios, puede pedir a Dios que le **libre, quita de sobre mí tu plaga, oye,** y **déjame** (en el sentido de ser librado). En tono, estas peticiones son muy diferentes de sus anteriores pensamientos. Su reconocimiento y confesión de sus pecados le ha dado un sentimiento de humildad que no era anteriormente posible.

Salmo 40. Un nuevo cántico de alabanza

Aquí tenemos aún otra buena ilustración del método de compilación que ha producido nuestro actual Salterio. Una lectura del salmo evidencia rápidamente el repentino cambio de alabanza a oración contestada a petición de una liberación inmediata, v. 12. Que un nuevo salmo empieza aquí queda verificado por la utilización de los vv. 13–17 como Sal 70. Aun-

que los últimos puedan haber sido sacados de este salmo en su forma presente, la identidad separada del v. 12 es evidente.

1–3. Una experiencia de la oración que ha recibido respuesta. **Esperé...se inclinó...y oyó.** Después de un período de espera, el salmista fue rescatado de gran angustia. El problema puede haber sido la enfermedad y otra situación en la que la muerte pareciera inminente. Esta experiencia le ha dado un nuevo cántico que inspirará confianza en Dios.

4, 5. El tema del cántico. **Has aumentado...tus maravillas.** Aunque el salmo empieza como el Sal 1 con una bienaventuranza, el tema de la bondad de Dios es el más destacado en la alabanza del salmista. Sus maravillas y sus pensamientos son demasiado grandes para ser descritos, y demasiado numerosos para ser contados.

6–11. La respuesta al nuevo cántico. **El hacer tu voluntad, Dios mío, me ha agradado.** Es el nuevo cántico y la experiencia detrás de él que lleva al salmista a mirar más allá del sistema sacrificial. Los cuatro sacrificios y ofrendas básicos del v. 6 son inaceptables para presentar una verdadera gratitud y alabanza. La profundidad de la experiencia del escritor se muestra en su abierta proclamación de la naturaleza y de la obra del Señor. El autor de Hebreos cita estas palabras como aplicables a Cristo (He 10:5–7).

12–17. Petición de liberación. **Apresúrate a socorrerme.** El v. 12 parece ser un eslabón para unir estos dos poemas y para servir como introducción a la petición de ayuda. Casi cada frase en esta sección se halla en otros salmos así como en el Sal 70. Esta utilización de otras fuentes aparece en violento contraste a la originalidad de los vv. 1–11. No obstante, la gran necesidad del salmista no es menos real. Después de rogar para recibir una atención inmediata, pide que sus enemigos sean **avergonzados y confundidos, vuelvan atrás, avergüéncense, sean asolados.** Pide además que los que buscan a Dios puedan verdaderamente regocijarse y engrandecer al Señor. Dándose cuenta de su propia incapacidad, está confiado en que Dios le considera y vendrá a ser su ayudador y libertador.

Salmo 41. Acción de gracias por la curación y vindicación

Una persona que acaba de recuperarse de una seria enfermedad expresa aquí su agradecimiento. No se trata de una mera acción de gracias en tanto que está influenciado por la escuela sapiencial en los versículos introductorios y que pasa a un lamento al describir su desesperada situación. No obstante, el peligro está ahora pasado y está asegurada la recuperación.

1–3. Meditación sobre la liberación dada por Dios. **Bienaventurado el que piensa en el pobre.** Esta bienaventuranza se corresponde con el "Bienaventurados los misericordiosos" del Sermón del Monte. Tal hombre es liberado, preservado, bendecido, y fortalecido por Dios. El salmista se reconoce a sí mismo como una ilustración del caso de que trata.

4–9. Oración en solicitud de restauración. **Yo dije: Jehová...sana.** Su demanda incluye una petición de misericordia y de curación total. Señálese que la confesión de pecado hace completa la oración. Sus enemigos se han tomado gran placer al observar sus aflicciones. Incluso un amigo cercano se ha revuelto contra él, como Judas Iscariote traicionó a su Maestro y Amigo (cp. Jn 13:18; Hch 1:16).

10–12. Oración pidiendo venganza. **Hazme levantar, y les daré el pago.** Esta no es una oración para que Dios dé el pago a aquellos que se aprovecharon de él. ¡Pide fuerzas para poder hacerlo él mismo! Es solamente a través de tal victoria que puede tener la seguriadad del favor de Dios.

13. Bendición. **Bendito sea Jehová.** Esta conclusión marca el final del Libro I del Salterio.

LIBRO II. Salmos 41—72

El segundo libro en la quíntuple división de los Salmos parece ser una parte de una colección mayor, esto es, los Salmos 42—83, que utiliza el nombre *'Elōhîm* en lugar de *Yahweh* en su mayor parte. El primero es utilizado 164 veces, y el último solamente en 30 ocasiones en el Libro II. Dentro de una colección más grande, se observan varias colecciones más pequeñas: una relacionada con la familia levítica llamada los hijos de Coré; una asociada a David; y una con referencia a Asaf. Además de estas colecciones, el Libro II incluye también un salmo anónimo, y uno ascrito a Salomón.

Salmos 42, 43. Anhelando a Dios

Aquí tenemos dos poemas tan estrechamente conectados en contenido como en estilo que desafían a cualquier separación. La aparición del mismo estribillo en 42:5; 42:11; y 43:5, el hecho de que el Sal 43 carezca de título, y la forma interna de los dos salmos, todo ello señala a una composición original. La división se hizo probablemente después de que empezara a circularse la colección Elohística, 42—83. El salmista se halla desalentado debido a que no puede llevar a cabo su peregrinación actual al Templo. Parece vivir en la sección septentrional de Palestina, donde se halla constantemente escarnecido por sus enemigos, que no comparten sus anhelos por Dios. El poema entero es de una gran belleza poética, entremezclando constantemente el anhelo y la esperanza.

42:1–5. La naturaleza de su anhelo. **Mi alma tiene sed de Dios.** Así como la **cierva** (no el *ciervo*) no puede esconder su sed, tampoco puede el salmista ocultar su pasión por **el Dios vivo.** Sus enemigos paganos le escarnecen con comentarios acerca de la indiferencia de su Dios. Lo más difícil para él es soportar el recuerdo de los días en que podía conducir peregrinaciones a las grandes fiestas. El estribillo del v. 5 es una hermosa fórmula de confianza con la que apaga su desaliento.

42:6–11. Las profundidades de su desesperación. **Un abismo llama a otro.** De nuevo se desalienta el salmista, y evoca su desesperación, que es más lastimero que antes. Aunque intenta orar y recordar cuán imposible es sondear es la misericordia y la bondad de Dios, se siente todavía olvidado. Entremezclado con su anhelo por el Templo hay el recuerdo de las constantes afrentas de sus enemigos. Vuelve a conseguir una fuerza renovada al repetir su fórmula para la paz interior.

43:1–5. Oración para su restauración. **Júzgame, oh Dios, y defiende mi causa.** Desesperando de nuevo, el salmista pone su causa delante de Dios. Dos deseos se alternan aquí: el deseo de liberación de la persecución y el deseo de ir al Templo. **Luz** y **verdad** son las fuerzas personificadas que él solicita para que le conduzcan, así como él ha conducido a peregrinos en el pasado. La repetición del estribillo evoca una confiada esperanza de que Dios dará respuesta a su oración.

Salmo 44. Una petición de justicia

Este salmo, de carácter nacional, se halla saturado de un profundo sentimiento de justificación propia. La seria calamidad aludida y la humillación que ella conlleva no son consideradas como resultado del pecado sino que se toman como base para reprender a Dios. Este espíritu de irrespetuosa represión no se halla en ningún otro pasaje del Salterio. Ningún otro salmo hace tales pretensiones de fidelidad a Dios. Se presenta aquí otra faceta de la vida del corazón de Israel. El valor permanente estriba en el énfasis en el poder de Dios para ayudar.

1–3. Las bendiciones del pasado. **Hemos oído.** Por tradición oral, así como por las Sagradas Escrituras leídas públicamente en todas las festividades religiosas, se han preservado los poderosos hechos de Dios en los tiempos pasados. Este sentido de la historia se ve con frecuencia debido a que Dios es mejor conocido por lo que Él ha hecho.

4–8. La certeza del presente. **En Dios nos gloriaremos.** Es por Dios que todas las victorias son posibles. La ilustración personal del arco y de la espada amplifica los argumentos del salmista.

9–16. El abandono de Israel. **Pero nos has desechado.** Su única esperanza no sale con ellos a la batalla. Así, se culpa a Dios de la reciente derrota. El salmista utiliza un amargo sarcasmo al decir que Dios ha hecho un mal negocio al dar a su pueblo de balde.

17–22. La afirmación de fidelidad. **No nos hemos olvidado de ti.** Se repite una y otra vez la afirmación de que la nación ha permanecido fiel. En ninguna época de la historia de Israel fue esto literalmente cierto. El salmista debe tener en mente una fidelidad relativa basada en generalidades.

23–26. La petición de justicia. **Despierta...no te alejes para siempre.** El concepto de que Dios esté dormido ante la obra está fuera de lugar, incluso en expresión poética. Esto es similar a las sarcásticas palabras de Elías sobre el monte Carmelo con respecto a Baal. No obstante, el salmo concluye con la petición a Dios, **redímenos por causa de tu misericordia.**

Salmo 45. Las bodas del rey

Este es uno de varios salmos reales que se relacionan a muchas fases de la vida real. Se reconoce en el acto su naturaleza secular. No obstante, el evento es idealizado y espiritualizado por un auxiliar de la corte que está evidentemente conmovido por esta solemne ocasión. La desesperanza de poder identificar al rey o el período de la historia da un significado aun más idealizado. Intérpretes judíos posteriores lo hicieron mesiánico, como también lo hicieron los primeros escritores cristianos (cp. He 1:8, 9).

1. Dedicación del cántico. **Dirijo al rey mi canto.** Debido a que su corazón está rebosando, el salmista dedica este cántico de su propia composición al rey.

2–9. Elogio del esposo. **Eres el más hermoso.** Su apariencia es apuesta; su forma de hablar, llena de gracia; su porte, majestuoso; su gobierno, recto; su fuerza militar es poderosa; sus elecciones espirituales son justas; sus prendas de vestir y su corte son reales. Si el v. 6a se refiere a un rey humano, pudiera ser traducido, **Tu trono es como el de Dios.** En He 1:8, 9 se aplican estas palabras a Cristo, según el sentido literal: "Tu trono, oh Dios".

10–12. Advertencia a la novia. **Oye, hija mía.** El consejo paterno es adecuado para una joven princesa, para ayudarle a hallar su puesto apropiado en la familia real. Tiene que ser sumisa al rey así como leal a su pueblo.

13–15. Entrada de la novia. **Será llevada al rey.** A la novia no se la describe con detalles; en lugar de ello, se pone énfasis en la marcha procesional. La vestimenta que ella lleva, y sus acompañantes, son adecuados para la ocasión.

16–17. Anticipación del casamiento. **Tus hijos...tu nombre.** Se dan dos deseos como resultados establecidos. Habrá príncipes para bendecir esta unión y dar continuidad a su nombre. El salmista promete hacer que este nombre sea recordado para todas las generaciones. El nombre representa el carácter, la reputación, la naturaleza, y los atributos de una persona.

Salmo 46. Una poderosa fortaleza

Este salmo y los dos siguientes forman una trilogía de alabanza. La posibilidad de que la misma situación histórica fuera la causa de la composición de los tres ha provocado tanta especulación como el evento mismo. Aunque parece entenderse alguna gran liberación, no puede identificarse la ocasión particular. Los pronunciados elementos apocalípticos son utilizados por el salmista para alentar al pueblo en la crisis que están pasando.

1–3. Nuestro refugio. **Dios...nuestro amparo y fortaleza.** Estas palabras expresan el tema dominante del salmo, un tema que inspirara a Martín Lutero a escribir: "Castillo fuerte es nuestro Dios". La idea de una catástrofe de carácter mundial había sido sacada de los escritos de los profetas. Provee el marco para dar certeza al pueblo de que Dios estará presente sean cuales fueran las circunstancias externas. El estribillo que se halla en los vv. 7 y 11 puede haber aparecido originalmente también entre los vv. 3 y 4.

4–7. Nuestro liberador. **Dios la ayudará.** En contraste a las aguas movidas, aquí hay un río de agua de vida que suministra a Jerusalén, porque Dios está en medio de ella (cp. Ez 47). Otra vez, en la figura de la batalla definitiva de las edades, se hace referencia a la postura apocalíptica. La liberación es cierta porque **Jehová de los ejércitos está con nosotros.**

8–11. Nuestra paz. **Que hace cesar las guerras.** El resultado de la batalla apocalíptica es el triunfo, y el final de todas las guerras. La hermosa frase, **Estad quietos, y conoced que yo soy Dios,** lleva consigo la idea de renunciar a todas las vanas luchas y a la falta de confianza. El estribillo vuelve a repetirse a fin de mostrar el triunfo de esta confianza en Dios.

Salmo 47. Un rey victorioso

Este segundo salmo en la trilogía que expresa confianza en Dios amplía el pensamiento expresado en 46:10 y en 48:2. Según el Talmud, el Sal 47 era utilizado en el judaísmo posterior en el Día de Año Nuevo judío. Como resultado de la obra de Mowinckel, muchos comentaristas consideran a los Salmos 47, 93, 95 — 100 como celebrantes de la entronización de Jehová como Rey sobre toda la tierra. No hay evidencias de que tal fiesta hubiera tenido lugar en la época pre-exílica. Pero estos salmos adquieren un mayor significado cuando se consideran frente al marco de tal celebración. En su aspecto profético este salmo halla su cumplimiento en el futuro reinado de Cristo sobre la tierra.

1–4. Llamamiento al regocijo. Batid las manos...aclamad. En una vena escatológica, se llama a todas las naciones a que se regocijen. La descripción de la soberanía divina introducida en el Salmo 46 llega aquí a una nueva altura. El salmista, como los profetas, contempla aquí la acción del futuro como teniendo lugar en el presente. Ve a las naciones sometidas, en tanto que Israel se mantiene en una relación singular con Dios debido a su herencia.

5–9. El llamamiento a la alabanza. Cantad a Dios. Hay aquí un ligero giro del júbilo entusiasta a una alabanza más formal. La clave al giro a la alabanza se ve en el v. 5. La futura victoria del Señor se expone de nuevo como presente a fin de dar confianza en su absoluta certeza.

Salmo 48. Una Ciudad Santa

La trilogía en el Sal 46 con el énfasis en la confianza en Dios se concluye aquí con una nota similar de confianza. Los conceptos de Dios como Refugio en el Sal 46 y de Dios como Rey en el 46 y en el 47 son incorporados en este salmo. Las características escatológicas prosiguen aquí, aunque en menor grado. El hecho de que haya un cierto marco histórico para esta trilogía se hace más evidente. El salmo era indudablemente utilizado en relación con una importante fiesta, al enseñársele la ciudad a peregrinos novicios.

1–8. La ciudad de nuestro Dios. La ciudad de nuestro Dios. Los dos temas dentro de esta sección — la grandeza de Dios y la gloria de su ciudad— se complementan mutuamente. No solamente el Señor es grande, sino que es el **gran Rey** y excelentemente digno de ser alabado. La estrecha relación de este salmo con los precedentes sugieren que posiblemente sea la apocalíptica Jerusalén como centro del reino mesiánico lo que se esté describiendo.

No obstante, es posible que en los vv. 4–8 haya una referencia al asedio de Jerusalén por Senaquerib el 701 a.C. (cp. Is 37:33–37).

9–14. Alabanza de nuestro Dios. Porque este Dios es Dios nuestro. Aunque el salmo empieza con alabanza "en la ciudad de nuestro Dios", se extiende al fin a una alabanza **hasta los fines de la tierra** en el v. 10. Después de que concluyera la adoración en el templo, es indudable que los peregrinos se unían en una gozosa procesión alrededor de la ciudad. Cada lugar sagrado les recordaba que Dios les conduciría como había conducido a sus padres.

Salmo 49. La vanidad de las riquezas terrenas

El Sal 49 es una lección moral designada para todos los pueblos. Existe un propósito didáctico reconocido a lo largo de todo él, en línea con el propósito de los escritores de la literatura sapiencial. Nunca se dirige el salmista a Dios es este salmo, y solamente en dos ocasiones le menciona a Él por su nombre. Su propósito es el de presentar una meditación acerca del enigma de la vida.

1–4. Llamada a la atención. Oíd...escuchad. El llamamiento no queda limitado a ninguna clase ni a ninguna nacionalidad. Es de alcance universal; el salmista está hablando a la humanidad. Utiliza cuatro palabras frecuentemente empleadas por la escuela sapiencial: **sabiduría, inteligencia, proverbio, enigma.** Su utilización del arpa para acompañar sus palabras es interesante debido a que no era una práctica general en la instrucción de este tipo.

5–12. La riqueza y la vida presente. ¿Por qué he de temer...? El salmista trata de una forma diferente con el problema secular de la prosperidad de los malvados. Dice él: ¿Para qué preocuparse? Con esta premisa pasa a considerar el problema con una actitud confiada, en lugar de pesimista. Nunca acusa a Dios de injusticia, sino que señala continuamente el fin de aquellos que confían en sus riquezas. Todos tienen que llegar al final de sus vidas, y dejar atrás sus riquezas. Siguiendo la LXX, el 11a se lee mejor: **Sus tumbas serán sus casas para siempre.** El v. 12 es un estribillo, enfatizando que el hombre sin inteligencia terminará como las bestias.

13–20. Las riquezas y el fin del hombre. Como a rebaños que son conducidos al Seol. Aquellos que confían en sus riquezas y en su propia honra serán conducidos a su común final. Serán conducidos al Seol por el pastor, la Muerte. El v. 15 es una de las evidencias más claras de un vislumbre de inmortalidad en el AT. No se trata de una promesa general, sino de una predicción con respecto al fin del salmista en contraste al del malvado rico. **Él me tomará consigo.** El mismo verbo que se utiliza aquí es el empleado para describir los casos especiales de Enoc y de Elías. El estribillo del v. 12 se utiliza de nuevo como pensamiento final.

Salmo 50. La naturaleza de la verdadera adoración

Este salmo didáctico está más cercano a la tradición profética que al énfasis sapiencial. La invocación inicial de Dios, el énfasis en la religión espiritual, y la denuncia directa de los malos, señalan un marco profético. La adoración aceptable y la moralidad social constituyen dos temas dominantes. Estos se corresponden a las dos divisiones principales de los Diez Mandamientos: la relación del hombre con Dios y la relación del hombre con sus semejantes.

1–6. La convocatoria hecha por el Juez. El Dios de dioses. . .ha hablado. En una teofanía profética, Dios viene a reunir y juzgar Israel. Esta manifestación tiene lugar en Sion, y no en el monte Sinaí. Nótese que el juicio será sobre **su pueblo,** aunque otras naciones deben escuchar. De hecho, los cielos y la tierra tienen que actuar de silenciosos testigos.

7–15. El mensaje al adorador. Oye, pueblo mío. Dios está dirigiéndose al adorador formalista y a aquel que confía en el ritual. El juicio no tiene que ver tanto con el sacrificio como con los malos motivos envueltos en él. Se pone en claro que Dios no depende de los sacrificios de su pueblo. Los que más desea es una acción de gracias de corazón, un pronto pago de los votos, y una oración sincera.

16–23. El mensaje a los malos. Pero al malo dijo Dios. Este juicio cae sobre los hipócritas dentro de Israel que pretenden guardar la ley de Dios en una observancia externa, pero que utilizan la observancia de la ley como excusa para sus malas acciones. Aun cuando Dios ha estado callado retrasando el castigo, ha llegado ahora el tiempo de la represión.

Salmo 51. Un clamor en súplica de perdón

Este es el cuarto y más profundo de los salmos penitenciales. La profundidad de la experiencia individual, el sentido de pecado, y la súplica por el perdón no son sobrepasadas en ningún otro salmo. Este es el primer salmo en otra colección que lleva el nombre de David, los Salmos 51—70. La opinión está muy dividida con respecto a la ocasión que llevó a esta confesión. Para unos, tiene un significado corporativo; para otros surge de la experiencia bien conocida de David; para otros

describe al adorador que va al Templo en pos del perdón y de la purificación. La adición de los vv. 18 y 19 parecen adaptar una súplica puramente individual a las demandas de la adoración corporativa. Sea que fuera David quien compusiera este poema o no, parece que fue su experiencia la que ocasionó su redacción.

1, 2. Un clamor pidiendo misericordia. **Ten piedad de mí, oh Dios.** El salmista no pretende inocencia ni le da la culpa a otro. Ya que sabe que no merece el perdón, ora primero por misericordia, basándose en la piadosa misericordia de Dios. En línea con esta misericordia, pide que sus transgresiones o **rebeliones** sean borradas y que su **maldad** sea lavada.

3–6. Confesión de pecado. **Porque yo reconozco mis transgresiones.** Aquí el salmista enfatiza el hecho de que sabe y está constantemente consciente de su pecado, y reconoce este pecado como más que un pecado en contra del hombre. Al mismo tiempo, reconoce que la tendencia universal hacia el pecado, pero no se excusa sobre esta base. La profundidad de su confesión es evidente en su deseo de abrir las partes interiores y escondidas de su ser.

7–12. Una súplica de purificación. **Purifícame. . .lávame.** Los verbos son extremadamente significativos en su petición. El salmista empieza (vv. 7–9) pidiendo una limpieza externa. La purificación con hisopo y el lavamiento están relacionados con actos rituales. Con la súplica por un corazón creado de nuevo y la renovación de un espíritu recto dentro de él, su énfasis pasa a la limpieza interior.

13–17. Un voto de consagración. **Entonces enseñaré.** Este voto de testificar a otros da evidencia del perdón del escritor y de su naturaleza cambiada. La postura del salmista acerca de los sacrificios es esencialmente profética y muy similar a la del autor del Sal 50. Su sentido de pecado y de culpa demanda más que ofrendas en holocausto; por ello ofrece este espíritu quebrantado y corazón contrito.

18, 19. Oración en petición de restauración. **Haz bien. . .edifica. . .entonces.** Este énfasis sobre las obras como medio de hacer que los sacrificios sean aceptables aparece ser una adición litúrgica por parte de un escritor o editor sacerdotal.

Salmo 52. El fin del pecador arrogante

En este lamento individual, presentado a la manera directa de los profetas, no hay apelación directa a la ayuda de Dios, sino solamente la confianza de que Dios hará caer un fin retributivo sobre los malos. Aunque se dirige todo a una persona en particular, puede que se refiera a una clase de hombres, con el profeta como ejemplo de hombre recto.

1–4. El carácter del oponente. **Amaste el mal.** Esta denuncia se dirige hacia un tirano arrogante cuya lengua parece ser su arma. Su codicia, su perfidia, y su falsedad, todo ello fluye de su lengua afilada como navaja aguzada.

5–7. La retribución de Dios. **Por tanto, Dios te destruirá.** Esta es la sentencia del salmista, dirigiéndose todavía al arrogante tirano. La destrucción es descrita en el v. 5 en tres etapas: Dios *asolará, arrancará, desarraigará.* Aunque estos verbos son traducidos como una oración en la LXX (*destruya Dios,* etc.), parece mejor la utilización en el futuro, ya que el salmista está seguro de que los justos observarán esta destrucción.

8, 9. La confianza del salmista. **En la misericordia de Dios confío.** En tanto que el tirano confía en sus riquezas, el salmista tiene la estabilidad de una confianza absoluta en Dios. El olivo verde puede haber crecido en el patio del templo, o el salmista puede estar enfatizando su poder en el Señor con dos figuras: **como un olivo verde** y **en la casa de Dios.**

Salmo 53. El juicio por negar a Dios

Este salmo es, en realidad, otra versión del Sal 14. Los únicos cambios significativos es que el contenido del 14:5, 6 es aquí reforzado y reducido a un versículo. Es posible que estos dos salmos sean adaptaciones de un poema original. No obstante, puede que el 53 sea una versión del 14, adaptada para alguna crisis histórica. (Para el bosquejo y los comentarios, ver acerca del Sal 14).

Salmo 54. Una oración en petición de auxilio

Aunque este es el clamor de un hombre angustiado, en la forma característica de un lamento individual, el lenguaje y el contenido son tan generales que lo hacen adaptables a las necesidades de todos aquellos que se vean oprimidos por impíos.

1–3. Oración en una situación peligrosa. **Oh Dios, sálvame por tu nombre.** Esta apelación en busca de ayuda se basa en el carácter revelado de Dios (su **nombre**) y su poder revelado (**con tu poder**). Los adversarios reciben el nombre de **extraños** (*zārîm*) según el Texto Masorético, en tanto que ciertos manuscritos los designan como soberbios o insolentes (*zādîm*). El Sal 86:14 parece citar el v. 3 de este salmo, utilizando esta última palabra. No obstante, la característica más importante de estos hombres es su total dejación de Dios.

4–7. Alabanza por la cierta liberación. **Alabaré...porque él me ha librado.** Ya que el salmista tiene una completa confianza en Dios como su ayudador, está seguro de que Dios aplicará un castigo apropiado a sus enemigos. Su certeza es tal que puede hacer el voto de dar una ofrenda voluntaria y prometer alabar el nombre de *Jehová.*

Salmo 55. Una protesta contra los malos

Básicamente, este es un lamento de una persona oprimida por enemigos y abandonada por amigos. No obstante, algunos comentaristas consideran que el lamento original ha sido adaptado para una situación nacional. En verdad, muchos eruditos creen que se han combinado dos poemas en un solo salmo. Los vv. 12–14, 18*b*–21, y 23 se hallan en tela de juicio. No obstante, no puede llegarse a ningún acuerdo acerca de qué versículos fueron un poema separado en el pasado.

1–8. Queja del salmista. **Clamo en mi oración.** En línea con la forma de un lamento poético, el autor apela a la atención de Dios en cuanto a su condición agitada. Se le calumnia, oprime, maltrata, y odia. La amenaza constante contra su vida le causa dolor, temor, temblor y terror. En palabras de lírica belleza, expresa su deseo de huir al desierto, donde pueda escapar a la persecución.

9–15. Denuncia de los malos. **Destrúyelos, oh Señor; confunde la lengua de ellos.** Esta sección se abre y cierra con una petición de venganza. La confusión de las lenguas es reminiscente del juicio de Dios sobre los constructores de la Torre de Babel (Gn 11:5–9). **Violencia, rencilla, iniquidad** y **trabajo** (o *dolor*), son palabras descriptivas de la maldad dentro de los muros se la ciudad. Lo más difícil de soportar, encuentra el salmista, es la perfidia de un amigo cercano que había adorado con él.

16–23. Confianza mediante la oración. **Tarde y mañana y a mediodía.** Su persistencia en la oración es premiada con una paz personal y con una confianza en la aflicción de sus adversarios. La confusión entre el singular y el plural ha llegado a sugerir a algunos intérpretes que los vv. 20, 21 debieran seguir a los vv. 12–14, o que forman un poema original separado. No obstante, la intensidad de la ira puede haber causado al salmista que pasara del grupo a su principal enemigo sin una transición clara. La confianza del v. 22 trae la confianza del versículo final.

Salmo 56. El triunfo de la fe

Aquí, otra vez, una persona pronuncia su lamento acerca de su trato de parte de sus enemigos. La angustia del salmista, provocada por las maliciosas maquinaciones de hombres astutos, hace inevitable el temor. No obstante, su confianza en Dios vence a todo el temor.

1–4. La petición de ayuda. **Ten misericordia de mí.** Esta súplica es a menudo repetida por el devoto adorador en Israel. Parece que los enemigos del salmista son guerreros más bien que antagonistas religiosos. Le pisotean. No obstante, el inevitable temor es vencido por la confianza en Dios.

5–11. La petición de venganza. **Derriba en tu furor a los pueblos.** Después de describir la perfidia de sus enemigos, el salmista invoca la ayuda divina. Ha conquistado el temor, pero Dios tiene que conquistar a los opresores, no sea que escapen al juicio. El escritor está seguro de que Dios dará respuesta a sus oraciones y que traerá venganza. Esta certeza le lleva a una repetición de la expresión de confianza, una especie de estribillo, que se halla en el v. 4.

12, 13. Los votos de victoria. **Sobre mí, oh Dios, están tus votos.** Ya que la victoria ha llegado o está prefigurada como cierta, el salmista recuerda su obligación de alabanza y de acción de gracias. Quizás hiciera un voto durante su angustia. Ya que Dios ha llevado a efecto su parte al librarle de la opresión y de la muerte, el resto le toca al salmista.

Salmo 57. Una oración en petición de protección

Es posible que la misma persona que escribiera el Sal 56 haya también escrito este lamento de un individuo. En espíritu, contenido, estilo, y situación los dos salmos son similares. Ambos empiezan con la misma petición y ambos utilizan un notable estribillo como división de la estructura. Los vv. 7–11 de este salmo forman un notable himno que se repite en el Sal 108. Es posible que se unieran dos poemas para formar el salmo en su forma presente.

1–5. Oración en petición de protección. **Ten misericordia de mí, oh Dios.** La petición del salmista no es para venganza ni para destrucción, sino por el cuidado y misericordia de Dios. Ya que su esperanza en Dios es tan implícita, está hallando su refugio en la confianza de que la misericordia y la verdad de Dios serán suficientes.

6–11. Una resolución de acción de gracias. **Mi corazón está dispuesto...cantaré y trovaré salmos.** Después de un breve recuerdo de su presente situación y de la certeza de que sus enemigos sufrirán propia destrucción, el salmista hace su decisión resuelta. Su alabanza es universal y surge de dos bases que tiene para confiar, señaladas en el v. 3: la misericordia de Dios y su verdad. El salmo cierra con el estribillo en oración exaltando la universal soberanía de Dios.

Salmo 58. Protesta en contra de la injusticia

Este es el lamento de una persona indignado por la falta de justicia en el mundo. Ve tiranía y opresión como norma de la sociedad y no como la excepción. Está especialmente preocupado con la perversión de la justicia por parte de los gobernantes o jueces de la tierra. No obstante, es difícil determinar si se refiere a los líderes de Israel o a gobernantes extranjeros (cp. Sal 82).

1–5. Un mundo de injusticia. **En el corazón maquináis iniquidades.** Todo el problema de la injusticia en los asuntos de los hombres se halla reconocido aquí como debido a una maldad innata. El término traducido **congregación** ([RV] *'ēlem*) en el v. 1 es oscuro. Algunos comentaristas leen en su lugar: *Oh dioses* ([BLA] *'ēlîm*), y hallan aquí una expresión de sarcasmo dirigida a los jueces injustos. Esta enmienda forma un paralelo con el Sal 82, pero no está apoyada ni por los manuscritos hebreos ni por la versión LXX. En los vv. 3–5 se hace una referencia directa a estos malvados tan innatamente perversos e indómitos.

6–11. Un llamamiento a la venganza. **Oh Dios, quiebra sus dientes.** Con un durísimo lenguaje el salmista crea una serie de breves metáforas que tratan con dientes de león, corrientes de aguas, caracol, abortos, y espinos. Cada una de estas palabras es pronunciada como imprecación contra sus injustos enemigos. Así, tenemos una séptuple maldición en forma de oración. Los vv. 10, 11 muestran la confianza del salmista en términos realistas. Se siente seguro de que los justos, a los que él representa, verán y se gozarán en la destrucción total de aquellos injustos enemigos.

Salmo 59. Oración en petición de rescate

Aunque este salmo es básicamente el lamento de un individuo, tiene sobretonos que lo adaptan también para su utilización nacional. Hay puntos de similaridad con los Salmos 55 y 58. La figura de la opresión es de nuevo dominante, como lo es la actitud vindicativa del escritor. En contra de la pauta normal de un lamento individual, son evidentes los estribillos. Los vv. 6, 13, aunque no son totalmente idénticos, actúan como un pensamiento repetitivo. Los vv. 9, 10 se repiten asimismo en una pauta de pensamiento similar en el v. 17.

1–5. Oración en petición de protección. **Líbrame...Ponme a salvo...líbrame...sálvame.** La seriedad del apuro del salmista es evidente en este clamor cuádruple. Después de describir la actividad de sus enemigos y de hacer protestas de inocencia, el salmista suplica que Dios se levante contra **las naciones.** La referencia a un castigo sobre las naciones parece aplicar la experiencia a una emergencia nacional.

6–9. Desafío del enemigo. **Ladrarán como perros.** Las aguzadas palabras y escarnios le recuerdan al salmista los perros basureros buscando comida por la noche. No obstante, está confiado en que Dios se reirá burlándose de ellos y vendrá en defensa suya.

10–13. Petición de venganza. **No los mates ...dispérsalos.** Debido a que su confianza es que **Dios irá delante** de él, ora para que los enemigos reciban un castigo gradual. No los quiere destruidos de inmediato, sino que sean hechos un escarmiento ante el pueblo. El giro a **acábalos** en el v. 13 muestra su deseo definitivo acerca de ellos.

14–17. Contrastes en los fines respectivos. **Ladren como perros...Pero yo cantaré.** El v. 7 se repite aquí para establecer este vívido contraste. En tanto que los malos buscan en vano toda la noche como perros basureros, el salmista pronuncia el voto de que él cantará en alta voz por la mañana. Los vv. 9, 10 sirven como base del estribillo lleno de certeza con el que concluye.

Salmo 60. Súplica para la obtención de la victoria definitiva

Debido al evidente desastre que afronta la nación, y debido a los frecuentes plurales, este salmo debiera ser clasificado como un lamento nacional. Se evoca una queja pública al principio y al final del salmo, y se dispone en medio un oráculo separado pronunciado de parte de Dios. El salmo termina con una nota de confianza. Los vv. 6–12 son repetidos por el autor del Sal 108.

1–5. Una circunstancia espantosa. **Oh Dios, tú nos has desechado.** La situación es peor que una mera derrota y desastre militar, porque se interpreta como un abandono del pueblo por parte de su Dios. El aparente enojo de Dios es descrito gráficamente como causante de terremotos y haciendo que la gente quedara aturdida como si estuvieran ebrios. Se llega a la conclusión de que Dios les ha dado bandera pero que les ha conducido a la derrota. La súplica del v. 5 es transicional, introduciendo la promesa de Dios.

6–8. Un oráculo profético. **Dios ha dicho.** La respuesta se expresa en términos de una promesa anterior de Dios. Las referencias a áreas geográficas más amplias parecen expresar el poder universal de Dios y que Él es el dueño de todo, y no que constituyan una situación histórica.

9–12. Una esperanza confiada. **En Dios haremos proezas.** Aunque continúan las quejas públicas a pesar del alentador oráculo, empieza a salir la esperanza. Dios es la única esperanza de ellos para obtener victoria en la batalla. La súplica en petición de ayuda trae con ella una certidumbre de la victoria definitiva.

Salmo 61. Oración por un Rey

Este salmo es la intensa lamentación y súplica de uno que se halla alejado de Jerusalén. **Desde el cabo de la tierra** no es necesariamente un rincón remoto, debido a que la distancia queda amplificada por el anhelo de estar de vuelta al hogar. Aunque puede que la suerte del salmista sea un exilio forzado, no es algo necesariamente implícito en esta frase.

1–4. Petición de restauración personal. **Oye, oh Dios, mi clamor.** En su desesperación, el salmista suplica tener la consciencia de la presencia de Dios y de su protección. Desea experimentar la seguridad de una roca demasiado alta para que él la escale sin la ayuda de Dios. Debido a las pasadas bendiciones de Dios, encuentra certeza para el presente y esperanza para el futuro.

5–8. Oración para la bendición real. **Tú ...has oído.** El escritor expresa una profunda confianza de que su oración por el bienestar del rey recibirá respuesta. Los vv. 6, 7 pueden ser considerados como una aformación de su anterior oración o traducirse como una petición: **Prolonga los días del rey...** Nótese que el escritor ruega por tres cosas: por una vida dilatada, por un reinado prolongado, y por las bendiciones de la misericordia y la verdad. Su confianza de que Dios dará respuesta le hace decidir pagar votos diarios de acción de gracias.

Salmo 62. Una fe inquebrantable

Hay un elemento de lamentación en los versículos introductorios de este cántico sobresaliente de confianza pasiva, y un propósito didáctico en los versículos finales. No obstante, la nota dominante de confianza es evidente a todo lo largo del salmo. El autor es un hombre de autoridad cuya posición se ve amenazada. Aunque sus oponentes pertenecen a todo tipo de posición en la vida, los considera absolutamente indignos.

1–4. La única salvación. **Él solamente es ...mi salvación.** La clave de su serena confianza se halla probablemente relacionada con la partícula heb., *'ak,* que aparece en seis ocasiones en este breve salmo, tres veces como la primera palabra de una estrofa. La partícula puede ser traducida como ''ciertamente'',

"pero", "sólo", o, mejor, "solamente".
Solamente por Dios espera él, en tanto que
solamente Dios es su roca, salvación, y
defensa. Sus perseguidores están maquinando
contra él todo el tiempo.

**5–8. La única esperanza. De él es mi espe-
ranza.** Las palabras de los vv. 1 y 2 están
ligeramente alteradas para formar una introducción a esta estrofa. El escritor se llama a sí
mismo a un sereno recuerdo de la clave de su
paz. De nuevo es *solamente* Dios en quien
espera él, y en quien él confía. En esta quietud
de humilde resignación añade esperanza o
expectación a la certeza de la salvación.

9–12. El único poder. De Dios es el poder.
Aunque empieza la estrofa con la misma partícula heb., *'ak*, no es sino hasta el v. 12 que
presenta la base de esta fase de su paz interior.
Sus enemigos esperan en la opresión, la
rapiña, y las riquezas, pero él ha recibido el
oráculo, dos veces pronunciado, describiendo
a Dios como el único poder y misericordia
dignos de tener.

Salmo 63. Sed de Dios

Como el salmo precedente, este es un cántico de confianza, basado sobre una estrecha
relación con Dios. El salmista se halla evidentemente exiliado o arrojado de su hogar. Su
profundo deseo de tener parte en la adoración
pública queda parcialmente satisfecho por su
comunión de Dios en meditación. Este cántico
es un excelente ejemplo del tipo más elevado
de adoración personal y espiritual en Israel.

**1–4. Anhelando a Dios. Mi alma tiene
sed...mi carne...anhela.** Después de identificar su vida con Dios de una manera positiva,
el salmista expresa su deseo más profundo.
Todo su ser anhela tener comunión con Dios.
Su vida se halla tan seca como un sediento
desierto sin esta comunión. La bondad de Dios
es más importante para él que la existencia
misma y provoca una alabanza que ha de durar
toda la vida.

5–8. Recordando misericordias pasadas.
Cuando me acuerde de ti. Recordando sus
experiencias de adoración, asemeja la satisfacción del alma con la meditación al **meollo** y
grosura de los sacrificios. En el silencio de las
tres guardias de la noche, alaba y se regocija
debido a que Dios ha sido su socorro.

9–11. Esperanza de retribución. **Caerán.**
Los enemigos del salmista aparecen aquí por
vez primera. Esta no es una oración imprecatoria en contra de ellos, sino una quieta confianza de que el resultado será una retribución
justa. El orador se halla seguro de que morirán
por la espada, que sus cuerpos yacerán insepultos para que sean comidos por chacales, y
que se hallarán en el Seol.

Salmo 64. Petición de auxilio

La familiar súplica pidiendo ayuda se oye
otra vez en este lamento individual. El apuro
del salmista es desesperado, aunque no hay
referencia aquí a ningún daño físico. Sus enemigos maquinan y calumnian en secreto en
lugar de oponerse abiertamente. Después de
enumerar y describir sus malvados hechos, el
salmista expresa su certidumbre de que Dios
los juzgará con justicia.

1–6. Petición de protección. **Escucha...la
voz de mi queja; guarda mi vida.** La apelación empieza con la demanda de que Dios oirá
esta **queja** (no *oración*) y que actuará para
darle protección frente al temor. Describe las
maquinaciones de sus enemigos conspiradores
en una serie de metáforas normalmente utilizadas para describir la caza de animales salvajes.

7–10. La certidumbre del juicio. **Pero Dios.**
El cambio es brusco y abrupto pasando a una
afirmación profética autorizada. El salmista
declara que los malos actos de los enemigos
volverán a caer sobre ellos. Los hombres reconocerán la mano de Dios a la obra. El dolor del
corazón pasa finalmente a la alegría cuando el
escritor considera la suerte de los justos.

Salmo 65. Un himno de acción de gracias

Como salmo de acción de gracias este es un
repaso admirable de los tratos llenos de gracia
de Dios con los hijos de los hombres. Un
espíritu de universalismo rompe los límites del
estrecho nacionalismo en Israel. Este himno
estaba estrechamente relacionado con una
fiesta de acción de gracias en el Templo, ya
bien compuesto para o inspirado por esta ocasión.

1–4. Alabanza por el favor de Dios. **Tuya es
la alabanza.** Como queda evidenciado en las
antiguas versiones, esto puede traducirse
mejor como: *Apropiada es la alabanza.* La
alabanza es elevada por la respuesta de Dios a
la oración, su perdón del pecado, y su favor
espiritual. La nota universal es intensa en que
se incluye a **toda carne.**

5–8. Alabanza por el poder de Dios. **Con
tremendas cosas...en justicia.** Los hechos
de Dios quedan representados como inspira-
dores de maravilla y justos, incluso a los hombres de los fines de la tierra. Su dominio en la
creación y su poder para acallar las tormentas
son tan solo dos ilustraciones de su soberanía
sobre la tierra.

9–13. Alabanza por la cosecha de Dios.
Visitas la tierra, y la riegas. La anterior alabanza lleva a una alabanza primaria debido a
la estación de la siega. Es evidentemente Dios
quien ha regado la tierra, preparado las semi-

llas, y puesto a punto el suelo. Todo esto había producido una abundante cosecha: **tú coronas el año.** Hay tal felicidad que los collados, los llanos y los valles se unen en la alegría.

Salmo 66. Cántico de liberación

El Salmo 66 es a la vez individualista y nacionalista en su presentación de acción de gracias. Los vv. 1–12 se relacionan con la nación, pero se extienden también al mundo, en tanto que los vv. 13–20 se refieren a la vida personal del salmista. Algunos comentaristas ven aquí dos salmos distintos que han sido unidos. No obstante, la experiencia corporativa de la nación forma un excelente marco para la experiencia individual del autor.

1–4. Llamamiento a la alabanza. **Aclamad a Dios con alegría...poned gloria en su alabanza.** El salmista incluye de un plumazo a todo el mundo, al convocar a la adoración, y da las palabras apropiadas para la expresión de la verdadera alabanza.

5–12. El testimonio de la historia. **Venid, y ved.** Los eventos del éxodo de Egipto y la historia primera de Israel eran lo suficientemente maravillosos como para demandar la alabanza a Dios por parte de los pueblos de la tierra. Evidencias más recientes de liberación se incluyen también para justificar esta convocatoria universal a la alabanza.

13–20. La experiencia del salmista. **Venid, oíd.** Aquellos que temen a Dios son llamados a ser testigos del pago de los votos del escritor en el Templo. Sus ofrendas y sacrificios son suplementados por su público testimonio de lo que Dios ha hecho por él.

Salmo 67. Himno para una fiesta de la cosecha

Este breve salmo de acción de gracias es notable por su belleza, su simplicidad, y su perspectiva universal. La ocasión de su utilización posiblemente pueda verse en el v. 6, en el que se expresa el punto culminante en términos de acción de gracias por la cosecha. El himno puede haber sido una parte de las composiciones musicales para la Fiesta de Pentecostés, o para la Fiesta de los Tabernáculos.

1, 2. El propósito en las bendiciones de Dios. **Para que sea conocido en la tierra tu camino.** La familiar bendición sacerdotal de Nm 6:24–26 se adapta para su utilización en primera persona a fin de presentar la base de la mayor misión de Israel. Los tratos de Dios en gracia son considerados como un medio por lo que todo el pueblo es conducido a volverse a Dios. Israel tiene que ser el testigo mediante el que el conocimiento de Dios es dispersado por todas partes.

3, 4. Llamamiento a la alabanza universal. **Te alaben los pueblos.** El estribillo en los vv. 3 y 5 parece ser introductorio, debido a la presencia de selá al final del v. 4 y debido al desarrollo general del pensamiento. Esta llamamiento a una gozosa alabanza está basada en la vindicación de Dios y su gobierno de todas las naciones. Esta es una nota destacadamente universalista.

5–7. Esperanza de la contínua bendición. **Nos bendecirá Dios.** El salmista repite el estribillo lleno de significado para concordar con las súplicas introductorias de los vv. 1 y 3. La declaración de que **la tierra dará su fruto** parece ser una evidente conexión del salmo con las gozosas fiestas de la cosecha. El v. 7 amplía el pensamiento del v. 1 expresando la esperanza de la contínua bendición de Dios a fin de que se pueda llevar a cabo la misión de Israel.

Salmo 67. La marcha victoriosa de Dios

Este salmo está compuesto de unos elementos tan diversos que desafía toda clasificación. Los vv. 1–18 son básicamente una oda, en tanto que los vv. 19–35 se parece más a un himno. Varios comentaristas han reconocido una gran cantidad de formas, clasificándolo como una mezcla de cánticos y de himnos. El tema dominante parece ser la marcha de Dios como vencedor, tanto en el pasado como en el presente y en el futuro. El marco del material ha de ser visto en la totalidad de la historia de Israel, más que en una liberación específica.

1–6. Aparición de Dios como caudillo. **Levántese Dios.** Esto puede ser una súplica o una referencia a su aparición ("¡Dios se levanta!"). La base para esta forma de hablar se halla en la antigua señal para el levantamiento del arca (cp. Nm 10:35). Los justos tienen que gozarse en su aparición en tanto que los malos se derretirán.

7–18. La marcha de Dios como Libertador. **Cuando anduviste por el desierto.** La figura es todavía la de un caudillo delante de su pueblo, liberándolos por especiales hechos de misericordia. La marcha empieza con la salida de Egipto y termina con Dios morando en Sion. Cp. Ef 4:8ss., donde Pablo aplica el v. 18 al ministerio del Cristo resucitado.

19–23. La presencia de Dios como Salvador. **El Dios de nuestra salvación.** Así como Dios ejecutó actos de liberación en el pasado, Él es todavía un auxiliador siempre presente que bendice a diario y sigue liberando.

24–27. La procesión de Dios como Rey. **Vieron tus caminos, oh Dios...mi Rey.** La escena es una verdadera procesión de una ocasión festiva celebrando la victoria y entronización de Dios como Rey. Benjamín y Judá representan a las tribus meridionales, en tanto que Zabulón y Neftalí representan a las septentrionales.

28–35. La exaltación de Dios como Señor. Los reyes te ofrecerán dones. Las liberaciones del pasado y las bendiciones del presente señalan al futuro triunfo de Dios. Se pide a Dios que ordene su fuerza en un acto definitivo de poder. Después de la afirmación de la victoria definitiva, se llama a todas las naciones a que exalten al Señor en alabanza.

Salmo 69. Oración en petición de retribución

Una persona en lo más hondo de la desesperación y de la agonía lamenta aquí su caso. Su persecución es considerada como resultado de sus convicciones religiosas. Ruega con fervor para que caiga la retribución sobre sus enemigos. Debido al preocupado estado de su mente, su talante cambia frecuentemente. No obstante, su desesperación pasa al triunfo y su queja pasa a alabanza después de haber expresado sus sentimientos más íntimos.

1–6. La queja básica. Sálvame...estoy hundido en cieno profundo. Después de clamar en petición de ayuda en una breve oración, el salmista describe su aprieto. Se utilizan las palabras **aguas, cieno, abismos de aguas,** y **corriente** para mostrar la naturaleza extrema de su angustia. Sus enemigos son numerosos, odiosos, y poderosos. Está muy preocupado en que su afrenta no dañe a otros hombres devotos que le miran como un ejemplo.

7–12. La causa subyacente. Porque por amor de ti. Es debido a su lealtad, fidelidad, y celo que sufre. Parece haber estado luchando en contra de las formas liberales y populares de expresión religiosa de sus días. Por todo esto, ha venido a ser objeto de burla de la comunidad y de los borrachos.

13–18. La petición intensificada. Pero yo a ti oraba. Con súplicas tersas y rápidas, pide liberación y vindicación. Su queja anterior se repite pero queda en segundo término a su petición de auxilio inmediato.

19–28. La amarga imprecación. Derrama sobre ellos tu ira. Cada una de estas peticiones de retribución está basada en que Dios entra en la amarga indignación del salmista. Son enemigos de Dios además de sus enemigos propios. Se llega a la fiera culminación en el ruego de que sean completamente raídos del libro de los vivientes (cp. Éx 32:33; Fil 4:3; Ap 13:8; 20:15). Los redactores de los Evangelios pueden haber tenido el v. 21 en mente cuando describieron la pasión de Cristo (Mt 27:34; Mr 15:23, Jn 19:29).

29–36. La liberación asegurada. Tu salvación, oh Dios, me ponga en alto. El voto de acción de gracias que sigue parece presuponer una respuesta a esta petición de liberación. Es interesante señalar que los puntos de vista del salmista acerca del sacrificio pueda dar cuenta de algo de la oposición que le han hecho. El salmo concluye con una nota de intensa alabanza, invitándose a los cielos y a la tierra a unirse al coro.

Salmo 70. Petición de ayuda inmediata

Este salmo aparece como un lamento individual que aparece también como parte del Sal 40. Aquí el nombre de Dios ha sido cambiado de *Yahweh* a *Elohim*, y son evidentes algunas ligeras variaciones en la fraseología. Su presencia como salmo separado puede indicar que fuera hallado en las dos colecciones básicas que ya se han indicado, o que fue separado del Sal 40 para su utilización litúrgica en el Templo. (Cp. Sal 40:13–17 para notas adicionales.)

Salmo 71. La confianza de un anciano

Tenemos aquí el lamento de una persona que ha sufrido una gran adversidad en sus muchos años sobre la tierra. Persecuciones, enfermedades, calamidades, y pruebas han añadido cabellos canos a su cabeza. Pero con todo ha mantenido una estrecha relación con Dios desde la infancia. Su petición de ayuda otra vez está basada en las bendiciones de las experiencias pasadas. Su deseo es el de vivir lo suficiente para enseñar a la generación presente algo de lo que ha aprendido al pasar por la vida.

1–3. Su confianza en Dios. En ti, oh Jehová, me he refugiado. Estas palabras son citadas por el salmista del Sal 31 como expresión de su profunda confianza en Dios. Sabe que Dios es una **roca de refugio y fortaleza.**

4–13. Su petición de liberación. Dios mío, líbrame. Aunque sus enemigos están dispuestos a aprovecharse de su debilidad, Dios ha sido su **seguridad** desde su juventud (cp. Sal 22:9, 10). Estos enemigos, que creen que Dios le ha abandonado, son reprendidos por su errónea interpretación de la causa de su aflicción. Su petición se basa solamente en su confianza en el poder de Dios y en su buena disposición a librarle.

14–16. Su esperanza en Dios. Mas yo esperaré siempre. El punto de viraje de este salmo se ve aquí, al pasar la petición a la esperanza y a la alabanza. El pasado da paso al futuro.

17–21. Su testimonio de la revelación. Me enseñaste. Sobre la base de la especial enseñanza de Dios, ha podido enseñar a otros. Ahora pide más tiempo a fin de anunciar el poder, la potencia, y la justicia de Dios (vv. 18, 19).

22–24. Su voto de alabanza. Asimismo yo te alabaré. El salmista promete alabar con su voz, con instrumentos, con los labios, la lengua, y con todo su ser. Está interiormente cierto de que será vindicado tal como ha pedido (v. 13).

Salmo 72. Bendiciones sobre el rey

Esta es la oración de un súbdito leal que desea las más ricas bendiciones de Dios sobre un joven rey. Todas las esperanzas de la nación descansan en este rey, que es el representante de Dios. La descripción está inspirada en el reinado o accesión de Salomón, pero puede haberse aplicado a más de un rey en su uso histórico. Hay a todo lo largo del salmo la figura de un rey ideal, y así el salmo tiene un significado mesiánico.

1–7. Oración en petición de justicia y de juicio. Oh Dios, da tus juicios al rey. Esta oración empieza apropiadamente con una petición para las más importantes de las características de un rey: justicia y rectitud. Es sobre la base del juicio de Dios que el rey puede actuar en justicia. La frase, el **hijo del rey**, se refiere probablemente al rey como joven, y constituye un paralelo a la primera línea del versículo. Los verbos traducidos como futuros pueden expresar una confianza profética o ser mejor traducidos como oraciones, esto es, *juzgue él* o *que juzgue*.

8–14. Oración por el dominio y la paz. Dominará. Nuevamente, esta petición puede mejor ser traducida como *Pueda él dominar*. Sobre la base de la justicia, rectitud y dominio del rey, habrá paz para sus súbditos. Los verbos en los vv. 12–14 son apropiadamente indicativos ("el *libra...salva...redime*", etc.), y marcan las recompensas públicas que surgen de sus características ideales.

15–17. Oración por fama y bendición. Será su nombre para siempre...benditas en él serán todas las naciones. Esta sección es también una oración, mejor traducida como *que viva él y que su nombre permanezca*. El salmista ora que la fama del rey (su **nombre**) pueda permanecer mucho después que haya muerto, incluso entre las otras naciones que él rige.

18–20. Doxología de alabanza, y conclusión. Bendito Jehová Dios. Estos vv. fueron añadidos como doxología final al Libro II del Salterio. El v. 20 es una nota editorial que originalmente separaba la colección precedente de los salmos relacionados con Asaf, que siguen. Un número de manuscritos no incluyen el v. 20 que se halla aquí.

LIBRO III. Salmos 73–89

La tercera división principal en el Salterio, que es mucho más breve que los dos libros anteriores, incluye solamente diecisiete salmos. Los primeros once están relacionados con el nombre de Asaf, que era uno de los músicos principales durante el reinado de David. Los otros dos músicos principales de David fueron Hemán y Etán, cada uno de los cuales está relacionado con un salmo en este libro. Un salmo se relaciona con David, en tanto que los cuatro salmos restantes están asociados con los hijos de Coré. De nuevo, no es necesario atribuir la paternidad a aquellos relacionados con estos títulos. Así como los hijos de Coré formaban un gremio levítico, así los hijos de Asaf siguieron ocupando puestos de dirección musical.

Salmo 73. La prueba de la fe

Aquí encontramos otro enfoque al problema de la prosperidad de los malos. Aunque el salmista se halla angustiado por su propio sufrimiento, se halla todavía más perplejo por la ausencia de castigo sobre los malos. Este salmo va más al fondo del problema que los Salmos 37 y 49, y el autor halla paz en la comunión espiritual con Dios. Puede ser clasificado como un cántico de confianza, con sobretonos que lo relacionan con los escritores sapienciales. El propósito didáctico se hace evidente a todo lo largo del salmo, pero está entretejido con la confesión de un hombre cuya fe ha sido puesta a prueba.

1. Su conclusión. Ciertamente es bueno Dios. El salmista afirma primero la conclusión confiada que venía de esta prueba suprema de la fe. Utiliza la partícula hebrea *'ak*, que puede ser traducida en muchas formas: "ahora", "verdaderamente", "de cierto", "solamente", "después de todo". Aquí y en los vv. 13 y 18 es probablemente mejor traducida como *ciertamente*.

2–12. Su problema. Viendo la prosperidad de los impíos. En contraste a la conclusión general del escritor hallamos su peregrinaje por el valle de la duda, introducido con su **en cuanto a mí.** Estaba en peligro de una apostasía total debido a su envidia por los malvados prósperos. Describe el porte arrogante de ellos, su libertad del sufrimiento, su soberbia abrumadora, y sus burlas contra Dios.

13–22. Su lucha. Verdaderamente en vano he limpiado mi corazón. Esta no es su conclusión tal como la ha afirmado en el v. 1, sino una afirmación de su tentación durante su lucha con las dudas. Rechazó exponer sus dudas para no influenciar adversamente a otros. Aunque luchaba con sus dudas, no halló alivio hasta que fue al Templo. Allí volvió a conseguir su equilibrio espiritual, al recibir un conocimiento del final reservado para los malos.

23–28. Su victoria. **Con todo, yo siempre estuve contigo.** Ahora el escritor ha hallado completa victoria sobre sus dudas. Su necedad es cosa del pasado, debido a que Dios es su conductor y su roca. La frase **y después me recibirás en gloria** bien puede referirse a la esperanza más allá de la vida; el mismo verbo traducido aquí como ''me recibirás'' se utiliza de las experiencias de Enoc (Gn 5:24) y Elías (2 R 2:10; cp. Sal 49:15). No obstante, el salmista enfatiza el sentido de la presencia de Dios tal como la experimenta en sus circunstancias presentes.

Salmo 74. Petición de vindicación

Este salmo es la expresión de lamento nacional por parte de Israel en vísperas de un desastre extremo. Está extendido el sentimiento de que Dios ha dejado y olvidado a su pueblo. La destrucción de la ciudad y del Templo sugiere la ocasión de la conquista babilónica. Esta es la única ocasión en que el Templo fuera incendiado y destruido. Las condiciones son similares a las descritas en el Libro de Lamentaciones.

1–3. Petición de la nación. **Acuérdate de tu congregación.** El salmista pronuncia la petición básica a Dios de que Él recuerde su relación de amor con Israel. Aunque la ira divina es evidente en la tragedia presente, es incomprensible para el salmista que el Señor, como Pastor de Israel, pueda olvidar a sus ovejas. Por ello, ruega a Dios que tome los gigantescos pasos necesarios para redimir a su pueblo.

4–11. El aprieto de la nación. **Tus enemigos vociferan.** En lugar de estar lleno de gozosos adoradores, el Templo está lleno de enemigos vociferantes. En lugar de los emblemas de las tribus, se ven las divisas del enemigo. La obra paciente y tranquila mediante la que se erigió el Templo ha sido anulada por las hachas y martillos implacables de los invasores. Las preguntas introducidas por el **hasta cuándo** y el **por qué** expresan la naturaleza exaltada del lamento, y relacionan la petición básica con el desastre específico.

12–17. El rey de la nación. **Pero Dios es mi rey desde tiempo antiguo.** Es el poder del Rey supremo de Israel que es presentado aquí. Utilizando un lenguaje simbólico y una terminología descriptiva tomada de la mitología de los cananeos, el salmista insiste en que es Dios el que ha ganado las poderosas victorias del pasado. En tanto que las figuras literarias se derivan de antiguas historias de la creación, el salmista las está aplicando a las exhibiciones del poder de Dios en el éxodo y a la peregrinación en el desierto.

18–23. La oración de la nación. **Levántate, oh Dios, aboga tu causa.** La anterior petición sube a un nivel más alto con esta súplica apasionada. No se trata meramente de la causa de Israel, sino también de la causa de Dios. Por ello, el salmista ora que Dios guarde a su indefenso pueblo, recuerde el pacto de amor, y que mantenga su vigilancia sobre los vociferantes enemigos.

Salmo 75. La gratitud de la nación

En tanto que el comienzo de este salmo es una expresión de acción de gracias nacional, y que la conclusión está relacionada con una persona, la parte central es difícil de clasificar. Algunos comentaristas sugieren que el v. 1 ha sido añadido a la oración de un individuo a fin de adaptar el salmo para la adoración pública. Aunque puede este haber sido el caso, el salmo exhibe una cuidada disposición poética así como una progresión definida del pensamiento.

1. La invocación de Israel. **Gracias te damos.** Detrás de esta tersa afirmación de gratitud parece haber una liberación verdadera, histórica. La realidad de una manifestación de poder da confianza de la naturaleza revelada de Dios (su **nombre**) está cercana, a mano.

2, 3. La respuesta de Dios. **Yo juzgaré rectamente.** Este oráculo de Dios da la base de los pronunciamientos que siguen. Es **al tiempo que señalaré** que Dios tomará su puesto en el trono del juicio. Su control del universo asegura que el juicio vendrá de cierto.

4–8. La advertencia del salmista. **Dije a los insensatos...a los impíos.** Se les recuerda a los arrogantes y a los impíos que el poder de *enaltecerse* no se halla ni en oriente ni en occidente, ni del norte ni del sur. Dios solamente puede *humillar* o *enaltecer* (v. 7) porque él es el que ejecuta el juicio y hace que los malos beban la copa de su ira (Sal 11:6; Ap 14:10).

9, 10. El triunfo de los justos. **Pero yo siempre anunciaré.** Hablando como representante de Israel, el salmista hace el voto de una alabanza interminable. Con estos votos viene la certeza de que los arrogantes caerán de su propia exaltación, en tanto que los justos conseguirán su puesto apropiado.

Salmo 76. Un cántico de victoria

Este cántico se halla estrechamente relacionado con los Salmos 46, 48, y 75 en su celebración de la victoria militar. Muchos comentaristas buscan la base común para estas cuatro piezas en la derrota de los asirios en 701 a.c. Aunque puede que algún evento histórico inspirara el poema original, el salmo presente parece haber sido adaptado para la adoración en el Templo.

1–3. La fama de Dios. En Judá...en Israel ...en Salem...en Sion. La reputación de Dios ha sido esparcida cerca y lejos debido a sus victorias. Jerusalén es el centro de su fama debido a que sus cuarteles generales están situados allí.

4–6. El poder de Dios. Glorioso eres tú. El Señor ha probado ser más poderoso en la batalla que ninguno de sus enemigos. Con facilidad conquista a **los fuertes de corazón** y a **los varones fuertes.** Es glorioso y majestuoso, **más poderoso que los montes** (cp. LXX).

7–9. El juicio de Dios. Tú, temible eres tú. El pensamiento va más allá de la escena de la batalla al levantarse Dios para juzgar. Él es el juez **temible,** que aterroriza al hombre. Toda la tierra queda en suspenso al salvar el Señor a los pueblos oprimidos, de los que Israel es representante.

10–12. El homenaje debido a Dios. Prometed, y pagad a Jehová vuestro Dios. Este llamamiento a la alabanza y a la ofrenda está basada en la atrevida afirmación de que el Señor puede volver incluso la más peligrosa de las pasiones humanas en un medio de gloria. Toda la ira de sus enemigos solamente añadirá a la gloria de Dios, el **ceñírsela sobre** sí (no *reprimirá*, RV).

Salmo 77. Recordando las obras de Dios

El lamento se entremezcla con la alabanza en este salmo. Los vv. iniciales (1–9) son el lamento de una persona que puede representar a la nación en su aflicción. Los últimos vv. (10–20) son palabras de alabanza que complementan la sección inicial de una manera evidente. Los vv. 16–19 expresan un talante diferente y exhiben un estilo y ritmo diferentes del resto del salmo.

1–3. Su perplejidad espiritual. Al Señor busqué...desmayada mi espíritu. Entre estas cláusulas se describen la profunda angustia y ansiedad del salmista. Su mano **se alzaba,** buscando a Dios, pero no hallaba consuelo. Sus meditaciones y pensamientos solamente abrumaban su espíritu.

4–9. Su búsqueda de respuestas. Mi espíritu inquiría. La preocupación y la ansiedad todavía gobernaban su vida, de forma que no podía dormir. Contaba los días del pasado, en lugar de las ovejas. Al final, pronunció las seis preguntas que le perturbaban además de angustiarle. No podía comprender por qué un

Dios de misericordia y de compasión debiera permanecer en silencio e inactivo.

10–15. Su solución en la historia. Me acordaré de las obras de JAH. El recuerdo de las maravillas de Dios en el pasado vuelve a dar esperanza al salmista. Dios ha probado ser el que hace obras gloriosas; ha mostrado su poder, y ha redimido a los hijos de Israel. La petición no expresada es que Dios quiera actuar así de nuevo.

16–19. Su confianza en el poder de Dios. Te vieron las aguas, oh Dios...y temieron. Estos versículos, que hacen el papel de un himno dentro de un himno, difieren mucho en talante y en forma del resto del poema. Aunque la nota dominante de esta sección sea el poder de Dios sobre la naturaleza en general, la posición del pasaje, entre los vv. 15 y 20, lo relaciona con la liberación en el mar Rojo.

20. Su certeza del caudillaje de Dios. Condujiste a tu pueblo. Este versículo proclama de nuevo el pensamiento del v. 15, con la intensa implicación de que Dios puede volver a hacerlo.

Salmo 78. Sabiduría de la historia

Aquí tenemos un buen ejemplo de los propósito didácticos de los escritores sapienciales. Los maravillosos actos de liberación, bendición, y caudillaje de Dios son traídos a memoria para que sirvan como lección a la generación del salmista. La enseñanza se dirige a los habitantes de Judá, ilustrando la elección de Jerusalén por parte de Dios, y de la línea davídica, como receptores de las promesas, en lugar de la tribu de Efraín, que se descalificó a sí misma por su rebelión (vv. 9–11, 57, 60, 67, 68).

1–11. Las advertencias del pasado. Hablaré cosas escondidas desde tiempos antiguos. El propósito didáctico del salmista es expresado con claridad. Una afirmación general destacando la responsabilidad de los "padres" de enseñar a los hijos, y los peligros de la apostasía, sirve como introducción a las muchas ilustraciones de la historia que siguen.

12–39. Las experiencias del desierto. Hizo maravillas...pero aun volvieron a pecar contra él. Se describen detalladamente las obras de Dios: el cruce del mar, la guía de la nube y del pilar de fuego, la provisión de agua, el maná, y las codornices. Y aun a pesar de estas constantes bendiciones, el pueblo seguía pecando y tentando a Dios. Pero a pesar de sus pecados, Dios demostró su compasión y su comprensión perdonándolos.

40–55. La liberación de Israel, y su paso de Egipto a Canaán. No se acordaron de su mano. Se repite la misma historia trágica. Esta vez el énfasis recae sobre las plagas como ilustración de la liberación obrada por Dios. Aunque solamente se citan siete de las diez plagas, y que no se hallan en el mismo orden que en el libro de Éxodo, sirven como una gráfica razón para ser fieles a Dios. El salmista relata como Dios condujo a su pueblo a Canaán y como le provocaron al volverse a la idolatría tan pronto como hubieron tomado la tierra.

56–72. Las elecciones de Dios para Israel. **Dejó...despertó...escogió.** La sujeción de Israel durante el período de los jueces es señalada como evidencia de abandono por parte de Dios. Entonces, con un lenguaje, abierto, sugiere el salmista que el Señor despertara a la necesidad de Israel. El rechazo de las tribus septentrionales trajo la certeza de la elección de Judá por parte de Dios. El establecimiento de Jerusalén como centro de adoración de Israel, y de David como rey, marcaron a las tribus meridionales como conductoras indiscutidas del pueblo de Dios.

Salmo 79. Oración en petición de venganza

Este salmo es un lamento colectivo de la comunidad de Jerusalén en un tiempo de desastre nacional. La descripción de la contaminación del Templo y de la devastación de la ciudad señala a una destrucción seria, como la conquista babilónica del 586 a.C. Hay aquí una afinidad estrecha al marco del Sal 74, en el que parece sumamente apropiada la destrucción babilónica. Los judíos han relacionado estos dos poemas para ser utilizados en el día de ayuno que conmemora las dos destrucciones de Jerusalén, en 586 a.C. y en 70 d.C.

1–4. El dolor en Jerusalén. **Vinieron las naciones.** Se describe aquí a la ciudad de Israel como hallándose en un verdadero estado de emergencia. Los gentiles han desacrado el Templo, han derruido la ciudad, y han dejado a los muertos sin sepultura. Toda esta devastación y matanza ha resultado en el escarnio y en el ridículo de parte de los vecinos gentiles de Israel.

5–8. La súplica de misericordia. **¿Hasta cuándo, oh Jehová?** Este frecuente clamor de los angustiados es seguido por la segunda pregunta: "¿Será para siempre?" El amargo dolor del salmista es evidente en esta rogativa a Dios para que desate la venganza sobre los impíos incluso antes de pedirle que extienda sus **misericordias** a su pueblo.

9–12. La oración en petición de ayuda. **Ayúdanos...líbranos...perdona...por amor de tu nombre.** El salmista no solamente reconoce el pecado de sus antecesores, sino que confiesa el pecado de su propia generación. No acentúa ningún deseo egoísta, sino la gloria del nombre de Dios. Después de todo, el nombre de Dios ha sido blasfemado en la desacración del Templo y ridiculizado por los paganos. El salmista clama a Dios para que les pague siete veces por sus escarnios.

13. El voto de alabanza. **Te alabaremos.** Si Dios responde a la oración en petición de ayuda, su pueblo cumplirá el doble voto. Se deciden a alabar a Dios dando gracias contínuas y declarando su alabanza públicamente.

Salmo 80. Una súplica en petición de restauración

Aquí hay otra expresión de lamento nacional en una época de angustia. El salmista tiene un sincero interés en el Reino del Norte, ya como extraño o como habitante de esta área. Es posible que se trate de lo anterior, porque la angustia parece estar asociada con el exilio. La aparición irregular del estribillo, en los vv. 3, 7, y 19, con una forma abreviada en el v. 14, hace difícil de explicar la estructura del salmo.

1–3. El grito al pastor. **Oh Pastor de Israel, escucha.** Aunque la frase **Pastor de Israel** no se utiliza en ningún otro sitio del AT, la figura aparece frecuentemente. Las tres tribus, Efraín, Benjamín, y Manasés, eran descendientes de Raquel y representan al Reino del Norte. El clamor está destinado a llamar a Dios a la acción para que restaure a su pueblo.

4–7. El aprieto del rebaño. **Les diste a comer pan de lágrimas.** Como en los Salmos 74 y 79, el salmista clama: **¿hasta cuándo?** Quiere saber cuánto tiempo ha de transcurrir en que Dios siga en su ardiente ira. Aunque no se menciona al Señor como pastor en estos versículos, la metáfora prosigue en la referencia a la alimentación de ellos con lágrimas.

8–13. La crianza de la vid. **Hiciste venir una vid de Egipto.** Se utiliza aquí otra metáfora para mostrar cómo Dios crió a su pueblo escogido. Después de transplantar a la vid de Egipto a Canaán, el Señor hizo que cubriera los montes y que se extendiera desde el Mediterráneo hasta el Éufrates. Con el v. 12, se compara la crianza del pasado con el rechazo actual. La vid ha sido asolada por el hombre y por la bestia al pasar a su lado.

14–19. El ruego al Labrador. **Vuelve...y visita esta viña.** Ya que Dios plantó y cuidó de la viña, debiera continuar cuidando de ella y visitándola. Es la ira de Dios que ha hecho que la viña fuera quemada, y por ello el pueblo está en peligro de aniquilación. Si Dios revive y restaura a su pueblo, éstos le adorarán. La última aparición de este estribillo queda realzado por la utilización del nombre del pacto para designar a Dios. **El varón de tu diestra.**

El salmista ora por la ayuda del pueblo de Dios, Israel, presentado como el varón de la diestra de Dios. Naturalmente, en término último, el Mesías vino a ser el cumplimiento de esta oración (cp. la utilización de la frase "el Hijo del hombre" en los Evangelios, y las referencias a Cristo como estando a la diestra de la Majestad en lo alto: He 1:3; 8:1; 10:12; Hch 7:56).

Salmo 81. Una advertencia de la experiencia

Un himno de alabanza inicia este salmo, y lo concluye un oráculo profético. El cambio abrupto al final del v. 5 ha sugerido a muchos comentaristas que se hallan aquí fragmentos unidos de dos salmos. No obstante, este punto de vista no es imperativo, porque una fiesta solemne sería el momento lógico para un recital así de la relación de Dios con Israel. El término especial para fiesta, el toque de la trompeta, las referencias a la nueva luna y al día señalado relacionan posiblemente de una forma doble a este poema con la Fiesta de las Trompetas y la Fiesta de los Tabernáculos.

1–5. Convocatoria a la fiesta. Cantad... aclamad con júbilo. Este llamamiento es una figura gráfica al ritual inaugural para una gran fiesta. Es probable que el llamamiento fuera vocalizado por un sacerdote, que convocaba al pueblo a que unieran sus voces en un canto gozoso, al coro levítico a que compartiera con salmos e instrumentos, y a los sacerdotes a que hicieran sonar las trompetas. El término traducido **el día señalado** en el v. 3b se traduce mejor como *luna llena*.

6–10. Un testimonio divino. Aparté su hombro de debajo de la carga. En tersas afirmaciones, se relata la liberación del éxodo, siendo el portavoz de Dios un profeta. Ya que Dios ha satisfecho siempre las necesidades de Israel, Él promete continuar llenando su boca si solamente las abren en confianza total.

11–16. Un lamento divino. Pero mi pueblo no oyó mi voz. La proclamación profética continúa como lamento sobre la ingratitud de Israel. El lamento del v. 13 intensifica el dolor del lamento. ¡Cuán diferente habría sido si solamente Israel hubiera andado en los caminos de Dios! Entonces hubiera tenido victoria y bendición en lugar de derrota y miseria.

Salmo 82. La autoridad final

Se expone una escena de juicio sobre la injusticia en este poema didáctico. La interpretación apropiada del salmo entero descansa en la identidad del segundo *'Elôhîm* del v. 1. Algunos comentaristas lo traducen como **dioses** y lo relacionan con un concepto de dioses subordinados en un consejo celeste.

Otros lo traducen como *ángeles* y lo relacionan con un concepto menos politeísta. Por fin, otros intérpretes lo traducen como *jueces* y lo refieren a los hombres injustos en autoridad. La última interpretación parece preferible.

1. El Juez Supremo. Dios está... [Él] juzga. La escena es una visión de la asamblea sobre la que Dios preside. Esta puede ser identificada con la nación de Israel (cp Neh 13:1, donde hallamos la frase sinónima, *qehal ha'elohîm*). Así, Dios toma su puesto en su nación y juzga entre los jueces humanos señalados sobre Israel.

2–4. Los jueces corrompidos. ¿Hasta cuándo juzgaréis injustamente? La reunión incluye a los jueces de la nación; la acusación trata de las decisiones injustas que han pronunciado. El problema básico es que los jueces favorecen a hombres de influencia en el tribunal. Estas autoridades injustas son exhortadas a que dejen su parcialidad, a que hagan justicia, y a que defiendan a los oprimidos.

5–7. La sentencia justa. Moriréis...caeréis. Ya que estos jueces carecen de entendimiento, la cualidad básica para la justicia, es inevitable que caiga el juicio sobre ellos. Se les dieron funciones divinas como jueces, pero ahora tendrán que caer como los hombres que pervierten la justicia.

8. El juez soberano. Levántate, oh Dios, y juzga la tierra. El salmo concluye con un llamamiento a Dios a que termine su obra como Juez Soberano de todas las naciones. Tiene que tomar posesión así como pasar juicio antes de que pueda permanecer la verdadera justicia.

Salmo 83. Juicio sobre las naciones

El Sal 83 es un lamento nacional típico en un tiempo de grave peligro. Ya que los enemigos de Israel son automáticamente los enemigos de Dios, el nombre de Dios (Yahweh) está en juego. La ocasión no puede ser identificada con precisión, debido a que en ningún período de la historia de Israel ha existido tal confederación de naciones. El salmo puede estar referido a un evento no registrado en ningún otro pasaje de la historia de Israel, o puede dar una relación de grupos tribales que meramente dieron un apoyo moral en una época de crisis.

1–8. Una llamada a la acción. Oh Dios, no guardes silencio. En hebreo se trata de una intensa llamada a la actividad, repetida de una forma triple. El silencio de Dios debe ser roto debido a que estas naciones también son enemigas de Él. Están rugiendo acerca de su conspiración para borrar el nombre de Israel. La mayor parte de estos pueblos que aquí se nombran eran tribus nómadas que vivían al sur y al este de Israel. Filistea y Tiro son excepciones; ocupaban territorio al oeste y al norte respectivamente. La mayor parte de estas naciones eran enemigos tradicionales de Israel.

9–18. Oración en petición de venganza. **Hazles.** En una imprecación ardiente el salmista aboga por la total destrucción de estos enemigos. Utiliza la derrota de los cananeos y de los madianitas como una ilustración del tipo de destrucción que desea. La severidad de su oración queda atenuada en los vv. 16–18 cuando inserta una base moral para la conversión y expresa el deseo de que otros puedan aprender de la destrucción de ellos.

Salmo 84. Una gozosa peregrinación

Este es el canto de un peregrino cuya meta ha sido casi conseguida. Hay en todo este salmo en sentido de paz y de comunión que trasciende al ritual y a las otras características externas de la adoración. En tanto que el poema refleja los sentimientos de los peregrinos de todas las edades, parece provenir de la época de la monarquía, cuando el templo estaba todavía en pie.

1–4. El anhelo por la Casa de Dios. **Anhela mi alma y aun ardientemente desea los atrios de Jehová.** Después de exclamar, **¡Cuán amables son tus moradas!**, el salmista comparte sus intensos deseos, que están a punto de ser satisfechos. Todo su ser desea la comunión con Dios. Envidia las aves que viven en los recintos del templo. Reconoce lo afortunados que son aquellos siervos que viven dentro de la casa de Dios.

5–8. El peregrinaje a la Casa de Dios. **Bienaventurado el hombre que tiene en ti sus fuerzas.** La felicidad del morador permanente queda reflejada en el peregrino. Tiene una consciencia especial de la fuerza de Dios y **en su corazón están tus caminos** a Sion. Al pasar a través del valle seco, donde solamente pueden crecer las balsameras, tiene lugar un cambio. El árido valle es transformado en un lugar de fuentes al recibir y trasmitir el peregrino las bendiciones de Dios.

9–12. El gozo de la adoración en la Casa de Dios. **Porque es mejor un día en tus atrios que mil.** Después de pronunciar una corta oración por el rey ungido por Dios, el salmista describe el gozo de unirse a otros en el servicio de adoración. Un día en el lugar de adoración, siente él dentro de sí mismo, es mejor que mil días en cualquier otro lugar. Mejor quisiera él ser un humilde siervo en el Templo, o ni tan solo pasar de las puertas, que tener un lugar permanente allí donde abunda la maldad. **Sol y escudo.** Dios, como el principal cuerpo celeste

en el reino físico, es la única fuente de todo nuestro poder espiritual, energía y luz. Él es nuestra protección, y Él concede la gracia necesaria en esta vida, y gloria en la vida que ha de venir. **Dichoso,** o *feliz.* De nuevo se enfatiza la felicidad de aquel que ha tomado su refugio en Dios por medio de la adoración espiritual.

Salmo 85. Un grito en súplica de perdón

Aunque se trata básicamente de un lamento nacional, este salmo tiene también un intenso elemento profético. La primera sección (vv. 1–3) parece referirse al retorno de la cautividad, pero estos versículos se hallan idealizados más allá de la situación conocida de aquella época. El salmista utiliza esta figura ideal para mostrar el acusado contraste entre el presente y la certeza del futuro.

1–3. El ideal del perdón. **Fuiste propicio a tu tierra, oh Jehová.** Las imágenes del favor de Dios, de la restauración, del perdón, y del cese de la ira establecen el ideal de una relación perfecta con Dios. Los verbos en estos versículos, aunque se traducen como tiempos pasados, son probablemente perfectos proféticos, indicando que el salmista contempla a los eventos que aquí se predicen como de cumplimiento cierto.

4–7. La realidad del presente. **Restáuranos...y haz cesar tu ira de sobre nosotros.** La situación presente se halla en total contraste cuando se contempla ante el ideal profético. La ira de Dios es todavía evidente y parece no tener fin. El salmista apela a Dios para que Él *restaure, vuelva a dar vida, muestre misericordia,* y *dé salvación.*

8–13. La respuesta de esperanza. **Escucharé lo que hablará Jehová Dios.** En forma profética el salmista se detiene a oír el mensaje de Dios en respuesta a la oración del pueblo. Está seguro de que será un mensaje de paz. Mediante unas vívidas personificaciones, describe cuán real es la salvación de Dios. La unión de la **misericordia** de Dios o su amor en pacto, de su **justicia** y nuestra **paz** de corazón, de la tierra y del cielo serán ciertas cuando Dios y el hombre se encuentren. Como resultado de este encuentro, Dios proveerá a las necesidades del hombre y les llevará al camino bueno. Para nosotros en la actualidad el único punto de reunión es al pie de la cruz.

Salmo 86. Oración en pos del favor de Dios

En el Sal 86 reconocemos la oración sincera de una persona que se halla en una angustia personal. La naturaleza general de su angustia hace que el mensaje sea aplicable a cualquier personal con ansiedades. Es esta ausencia de detalles específicos que ha conducido a varios comentaristas a considerar al salmo como corporativo más que como individual. En tanto que se trata de una meditación personal, el autor se identifica en ocasiones con su comunidad.

1–5. Una petición general de ayuda. **Inclina...escúchame.** En términos generales el salmista expone sus necesidades. Cada petición lleva consigo la razón de por qué Dios debiera responder. Clama que Dios *oiga* debido a su condición menesterosa, que *guarde* debido a su naturaleza piadosa, que *salve* debido a su oración contínua, y que le *alegre* debido a sus devociones sinceras. Su fe se halla basada en el hecho de que Dios es "perdonador", que muestra misericordia y perdones.

6–10. Esperanza confiada en la respuesta. **Escucha...porque tú me respondes.** La majestad y el poder de Dios posibilitan esta confianza. En tanto que las otras naciones tienen a sus propios dioses, ninguno de ellos puede efectuar las poderosas obras del Señor. Su grandeza hará eventualmente que estas naciones le adoren a Él, que solo es Dios.

11–17. Oración solicitando guía y protección. **Enséñame...afirma mi corazón.** Es la enseñanza de Dios que posibilitará que el salmista camine en la verdad. Desea él unidad de propósito para poder alabar y glorificar de una manera digna el nombre del Señor. Con la humildad de un esclavo o del hijo de una sierva, pide la misericordiosa protección de Dios y solicita alguna señal de favor divino hacia él.

Salmo 87. La Ciudad de Dios

El salmista canta un cántico en alabanza de Sion como el centro de la adoración para el mundo. El estilo abrupto y terso, que identifica a este salmo con los oráculos proféticos, hace también que varias frases sean oscuras y difíciles. El pronunciado universalismo señala al contacto del autor con los profetas mayores. La mención de Egipto y de Babilonia a una como poderes universales sugiere el período del exilio como la ocasión de la composición de este poema.

1–3. Las glorias de Sion. **Cosas gloriosas se han dicho de ti.** Estas glorias incluyen los hechos de que el mismo Dios fundó Sion, que la eligió en preferencia a cualquier otro lugar en que habitan los israelitas, y que es en realidad la **Ciudad de Dios.** Otras cosas gloriosas se mencionan en los vv. que siguen.

4–6. Los ciudadanos de Sion. **Este nació allá.** Esta palabra actúa como estribillo en esta proclamación profética. Los egipcios (**Rahab**), los babilonios, los filisteos, los feni-

cios (**Tiro**), y los etíopes han de llegar a ser todos ellos ciudadanos de Sion. La certeza de este edicto queda asegurada por el hecho de que Dios les registra en su censo de las naciones como "nacido en Sion". El concepto de la futura Jerusalén como madre de todos los pueblos se desarrolla en Is 60; 66:7–13, 20, 23; y es mencionado en Gá 4:26 y en He 12:22.

7. El regocijo en Sion. **Todas mis fuentes están en ti.** A los músicos se les enseña a cantar, **todas mis fuentes están en ti.** Ti es femenino aquí en hebreo, refiriéndose a Sion. El salmista exulta al dirigirse a la ciudad sagrada como la madre o cuna de las futuras generaciones de Israel. Para *ma'yān*, "fuentes", en el sentido de esposa o madre, la fuente de la descendencia, ver Pr 5:16; Cant 4:12, 15; Is 48:1.

Salmo 88. Las tinieblas de la desesperación

Este lamento y oración de una persona completamente rodeado de depresión y de desesperación termina sin una respuesta ni un rayo de esperanza. Aunque algunos intérpretes consideran que este salmo constituye una secuela a porciones en el libro de Lamentaciones, los aspectos personales son demasiado intensos para tal interpretación nacional. El salmista no puede ser situado en un marco histórico, pero esto no afecta a la interpretación, porque su sufrimiento tiene una cualidad atemporal.

1, 2. Su petición. **Llegue mi oración a tu presencia.** En medio de su sufrimiento demuestra su fe por esta apelación directa a **Jehová Dios de mi salvación.** Esta no es su primera petición a Dios sino la continuación de una oración que empieza durante el día y que prosigue hasta adentrada la noche.

3–8. Su queja. **Mi vida [está] cercana al Seol.** Su angustia es tan seria que es como si hubiera muerto. Nada le queda sino la tumba y el Seol. Su término más descriptivo del Seol es *el hoyo* (RV1909), un lugar de tinieblas donde los muertos quedan apartados de la mano de Dios. Parece sentir que Dios ya no se acuerda más de él, ya que es contado entre los muertos.

9–12. Su apremio. **Te he llamado, oh Jehová, cada día.** Está cierto de que pasará más allá de la ayuda de Dios cuando vaya en realidad al Seol. Por ello, Dios tiene que actuar de inmediato, si va a mostrar sus maravillas, su misericordia, su fidelidad, y su justicia.

13–18. Su desesperación. **Mas yo a ti he clamado, oh Jehová.** Su petición se hace más apasionada con cada clamor. Ahora, en un espíritu de desesperanza, hace la recurrente pregunta: **¿Por qué?** Habiendo orado continuamente para obtener alivio desde su juventud, solamente queda una conclusión: "Todo esto es resultado de la ira de Dios''. No hace más peticiones, sino que deja su carga ante el Señor. Cuán diferente es la esperanza que tenemos en el NT de vida con Cristo más allá del sepulcro (cp. Fil 1:21, 23; 2 Co 5:1–8).

Salmo 89. Una apelación a las promesas de Dios

Este salmo es básicamente un lamento por parte de una persona que habla de parte de la nación. El lamento mismo va precedido de una prolongada introducción, que consiste de un himno de alabanza y de un oráculo. Estos elementos divergentes han sugerido a algunos comentaristas que esta pieza es un compuesto de dos o tres poemas originales. En tanto que es posible que el autor incorporara poemas existentes, los temas están dispuestos en un orden lógico. El himno y el oráculo presentan ambos la base para el lamento.

1–4. La ilimitada misericordia de Dios. **Misericordias...fidelidad...pacto.** En esta bella introducción el salmista presenta los temas que desarrollará. El Señor ha mostrado sus **misericordias** (v. 1) en sus actos de liberación. Su **fidelidad** es la garantía de su misericordia continuada. Su **pacto** da el poder vinculante a estos importantes atributos.

5–18. La incomparable fidelidad de Dios. **¿Quién en los cielos se igualará a Jehová?** La incomparabilidad de Dios tanto en el cielo como entre sus santos dentro de Israel es presentada como una súplica a Dios y un consuelo al pueblo. La referencia a **Rahab** (v. 10) emplea un término de una antigua leyenda del Oriente Medio para hablar de la victoria de Dios sobre Egipto en el mar Rojo (cp. Job 9:13; Sal 74:13–15; 87:4; 1 S 30:7; Is 51:9, 10). Las otras alusiones se utilizan aquí para intensificar la imagen del poder de Dios en la creación, su victoria sobre toda oposición, y su dominio sobre el cielo y la tierra.

19–37. La promesa jurada de Dios. **Entonces hablaste en visión a tu santo.** El motivo del pacto con David se hace central ahora, aunque está todavía conectado con la misericordia y la fidelidad de Dios (cp. vv. 24, 28, 33). El salmista trata primero con la promesa divina a David. La anterior promesa a la nación como primogénito de Dios en su estimación (Éx 4:22) queda ahora centrada en el rey; el epíteto del v. 27 se extiende a toda la sucesión davídica, que culmina en Jesús, el Ungido (Mesías) de Dios. Entonces el énfasis gira en el v. 29 al cumplimiento de la promesa a través de la simiente de David. En tanto que apela al testimonio juramentado de Dios de que el pacto se mantendrá, reconoce que tiene que sobrevenir castigo a la simiente de David debido a la infidelidad de ellos (vv. 30–32).

38–51. El pacto quebrantado de Dios. **Mas tú desechaste y menospreciaste.** El enfático **mas tú** marca un acusado contraste entre las promesas de Dios y la situación presente. El pacto ha quedado nulificado, las murallas de la ciudad han sido derruidas, la tierra saqueada, la batalla perdida, y el trono abatido. El acortamiento de los días de la juventud del rey puede referirse a Joaquín, que tenía solamente dieciocho años cuando fue llevado cautivo. Después de exponer el presente aprieto de la nación, el salmista vuelve a su apelación en el v. 46. Lo transitorio de la vida humana, el poder de Dios para salvar, y su anterior misericordia, se relaciona todo con su pacto con David como razones para la inmediata restauración. En tanto que no se expresa ninguna esperanza, el entusiasmo de las anteriores secciones sugieren una expectación esperanzada.

52. Bendición final. **Bendito sea Jehová para siempre.** Esta bendición no forma parte del salmo mismo, sino que se añade como doxología como final formal del Libro III.

LIBRO IV. Salmos 90 — 106

La cuarta división principal en el Salterio es en realidad una parte de una colección mayor que abarca los Salmos 90 — 150. La interrupción en el Sal 106 parece haber sido hecha por conveniencia, ya que el mismo pensamiento dominante prosigue en el Sal 107. En tanto que los salmos en el Libro I eran principalmente personales, y los de los Libros II y III por lo general son nacionales, el resto del Salterio es básicamente litúrgico. El acento recae sobre la adoración del pueblo de Dios al ofrecer ellos su acción de gracias y adoración en una forma apropiada para la adoración del templo. El nombre pactual de Dios, *Yahweh*, predomina. Aparece en cada salmo en el Libro IV, y solamente está ausente en dos salmos en el Libro V.

Salmo 90. Nuestra ayuda en las edades pasadas

Aunque esta bien puede ser la meditación de una persona, su propósito es evidente el de evocar la petición de un grupo corporativo. El autor mira al pasado, a un largo trecho de la historia, para llegar a su concepto de la ira de Dios. En vista de la fragilidad y brevedad del hombre, suplica la restauración al favor de Dios.

1–6. La vida del hombre contrastada con la eternidad de Dios. **Señor, tú nos has sido refugio.** El salmista empieza expresando su confianza en la naturaleza eterna de Dios (cp. Dt 33:27). En verdad, todas las *generaciones* han hallado que esto es cierto. El Señor es inmortal, el hombre es mortal. El Señor está por encima del tiempo; el hombre siempre está consciente del tiempo. El Señor es de eternidad a eternidad; el hombre, como la hierba, tiene una corta vida. Los símiles de los vv. 4–6 enfatizan no solamente la brevedad y la fragilidad de la vida, sino también la dependencia del hombre del Eterno. El hombre está de cierto a disposición de Dios, volviendo al polvo a su mandato y siendo barrido como por un torrente de aguas.

7–12. El hombre consumido por la ira de Dios. **Porque con tu furor somos consumidos.** El salmista interpreta ahora la razón del carácter transitorio del hombre y sus sufrimientos. Se da cuenta por la historia y por la experiencia personal que el rostro de Dios es como la luz del sol en toda su fuerza para sondear hasta lo más profundo del ser del hombre. Comparado con la atemporalidad de Dios, una vida de setenta u ochenta años parece lastimosamente corta. Además, este intervalo de años está lleno de tristezas y sufrimientos. De esta consideración pesimista de la vida surge el lastimero clamor en búsqueda de enseñanza y de sabiduría para ayudar al hombre a discernir el verdadero significado de la vida.

13–17. El hombre buscando el favor de Dios. **Vuélvete, oh Jehová...sácianos.** La súplica introducida en el v. 12 es proseguida a todo lo largo del poema. El escritor desea que Dios conceda felicidad a su pueblo en proporción al sufrimiento que han experimentado baja Su ira. El salmo concluye con una petición de que la **gloria** de Dios (su *hermosura*) sea la base de que Dios confirme las tareas diarias pendientes, **la obra de nuestras manos confirma** (cp. Dt 2:7; 14:29; 16:15; 24:19).

Salmo 91. La seguridad de la confianza

En este salmo que acompaña al 90 el salmista canta un noble cántico de confianza, pero tiene además un propósito didáctico. El oráculo profético al final añade una nota de autoridad a la confianza que se expresa a través de todo el cántico. La profundidad de la confianza y la tranquila esperanza sugieren que se trata de la meditación de un individuo. No obstante, es posible utilizarlo como un cántico antifonal que lo adaptaría para uso de la congregación.

1, 2. La protección divina. **Esperanza mía y castillo mío.** El escritor empieza con una poderosa presentación de su tema: la seguridad de aquel que confía totalmente en Dios. Vemos en la palabra **abrigo**, o *refugio* un sugestivo paralelo con **sombra.**

3–8. La providencia divina. **Él te librará...te cubrirá.** La idea básica de la protec-

ción se expande para incluir muchos actos de cuidado providencial así como también una liberación activa. Debido a las referencias a la pestilencia y a la mortandad, muchos comentaristas intentan hacer de este salmo una polémica en contra de la utilización de fórmulas mágicas para mantener a los demonios a raya. Y ciertamente el Talmud sugiere que este salmo puede ser utilizado en caso de ataques demónicos. **El terror nocturno** puede referirse al demonio de la noche, Lilith, en tanto que la **saeta de día** puede describir a las maquinaciones de los malvados demonios. La **pestilencia...en oscuridad** puede tener afinidad con el demonio Namtar, en tanto que la **mortandad...en medio del día** puede referirse a un demonio cíclope mencionado en la tradición rabínica. Incluso si estas ideas hubieran estado ausentes del pensamiento del autor, formaban una buena parte del salmo en su utilización real de parte de los judíos. **El lazo del cazador** es una referencia a trampas puestas por adversarios (cp. Sal 124:7). **La peste destructora** es literalmente, *muerte de destrucciones*, refiriéndose quizás a una muerte violenta. El salmista se hallaba consciente del cuidado de Dios entre las varias circunstancias de la vida.

9–13. La recompensa divina. **Porque has puesto a Jehová...por tu habitación.** El salmista, pasando a su tema principal, desarrolla la idea de recompensa a la que alude en el v. 8. Al hombre de fe se le da la certeza que Dios enviará a sus ángeles guardianes a que le protejan de plagas y de tropiezos. Satanás citó estas palabras en la tentación a Jesús (Mt 4:6; Lc 4:10). Según el Talmud, cada hombre tiene a dos ángeles ministradores a su lado a lo largo de toda su vida.

14–16. La promesa divina. **Por cuanto en mí ha puesto su amor.** La autoridad tras esta idea de recompensa queda realzada por el oráculo de Dios. La promesa incluye la bendición de la liberación, la exaltación, la respuesta a la oración, una larga vida, y victoria. Estas bendiciones y más son prometidas a aquel que ha venido a amar a Dios y a confiar en Él.

Salmo 92. Un himno de gratitud

Un individuo con una gran confianza en el justo juicio de Dios expresa aquí sus acciones de gracias. Su confianza va más allá de la teoría o de la teología formal, porque se deriva de la experiencia personal. La utilización de este salmo como himno para la observancia semanal del sábado está atestiguada por fuentes judías antiguas. La notación en el v. 3 de los instrumentos a ser utilizados muestra que fue probablemente designado para su utilización para la adoración corporativa.

1–4. El deleite de la alabanza. **Bueno es alabarte...y cantar salmos.** El salmista expresa su deleite personal en los servicios del Templo. Después de enumerar los instrumentos empleados, expone con claridad la base de la alabanza pública. Son las maravillosas **obras** de Dios que alegran a los adoradores.

5–8. La soberanía de Dios. **¡Cuán grandes son tus obras, oh Jehová!** Naturaleza sublime y soberana de Dios expresada en sus obras y en sus pensamientos queda establecida en contraste a la falta de comprensión del **necio** y del **insensato.** En comparación a la segura destrucción de estos hombres que carecen de percepción y de entendimiento, Dios se mantiene inamovible, **para siempre eres Altísimo.**

9–15. La certidumbre del juicio. **Porque he aquí tus enemigos...perecerán...Pero tú aumentarás mis fuerzas.** Los enemigos del salmista son de nuevo considerados como los enemigos de Dios. El salmista está cierto de que Dios atraerá verdadera retribución, porque se siente a una con el Señor, que él es inseparable del triunfo vindicador de la justa causa de Dios. Concluye con una hermosa descripción de la parte feliz de los justos, que son transplantados a la casa del Señor (v. 13). Siguiendo la costumbre de la antigüedad, se recrea en la cierta destrucción de los malos, pero retorna rápidamente a una descripción de la parte feliz de los justos.

Salmo 93. El Rey Eterno

El énfasis sobre la entronización de Yahweh como Rey da a este salmo una afinidad estrecha con los Salmos 47 y 96–99. Por esta razón, estos seis poemas son generalmente llamados Salmos Reales o Salmos de Entronización. Mowinckel y otros han hecho una extensa investigación en un intento de reconstruir una ceremonia factual de entronización en relación con la celebración del Año Nuevo. Estos salmos tomarían un significado e importancia mayores si hubieran sido utilizados en tal ceremonia. No obstante, la evidencia positiva de tal práctica es ciertamente ligera.

1, 2. La realeza de Dios. **Jehová reina.** Estas palabras introductorias pueden mejor ser traducidas: *Yahweh es Rey,* o *ha venido a ser Rey.* Se ha revestido de majestad, se ha ceñido de poder, y está dispuesto para la acción. El salmista se apresura a afirmar que el gobierno de Dios no es algo nuevo, sino que es **de antiguo** (cp. Jue 8:23; el lugar a *desde entonces* en RV), mientras que Dios mismo es **eternamente.**

3, 4. El poder de Dios. **Es más poderoso que el estruendo de muchas aguas.** Es el poder de Dios que asegura la permanencia e inmutabilidad de su gobierno. Las rugientes tormentas y las ondas batientes no pueden hacer temblar su trono eterno. La supremacia del Señor en la creación es posiblemente lo que aquí se presenta, así como también su victoria sobre los poderes paganos.

5. El gobierno de Dios. **Tus testimonios son muy firmes.** La realeza de Dios y su poder quedan evidenciados por sus leyes o decretos morales. La permanencia y la inmutabilidad caracterizan la santidad que Dios imparte a su casa.

Salmo 94. Petición de venganza

Aunque este lamento abarca a toda la comunidad, queda saturado de un profundo elemento personal. Algunos escritores consideran que el salmo es un compuesto, pero hay poca justificación para negar su unidad básica. Su posición entre dos salmos gozosos lo sitúa en un acusado contraste. Mientras que es posible que estén a la vista los opresores extranjeros, el autor está principalmente preocupado acerca de aquellos líderes en Israel que oprimen a los justos.

1–7. Búsqueda del Juez. **Muéstrate, engrandécete.** El salmista apela a Jehová como el **Dios de la venganzas** y **Juez de la tierra**, como Aquel que tiene el poder de castigar y el derecho de dar retribución. La gran cuestión es no si Dios puede vengar los males hechos, sino **hasta cuándo** durará el mal hasta que Él traiga la justicia.

8–11. Represión a los necios. **Entended, necios...fatuos.** Estos dos epítetos califican a los opresores como crueles y carentes de sentido común. La apelación directa (v. 8) les expresa abiertamente que Dios está consciente de todo lo que sucede en el mundo.

12–15. Vindicación de los justos. **Bienaventurado el hombre.** Feliz es el hombre que es enseñado, corregido, por Dios. Tendrá fortaleza para los días difíciles y certeza de una vindicación definitiva.

16–23. La consciencia del juicio. **¿Quién estará por mí contra los que hacen iniquidad?** De su experiencia con Dios, el salmista da respuesta a sus propias preguntas: Dios hará ciertamente la venganza que él busca (cp. v. 1).

Salmo 95. Llamamiento a la adoración

Este salmo combina un himno y un oráculo profético para la adoración en grupo. La última sección tiene el carácter definidamente didáctico de recordar a los adoradores los fracasos de sus antecesores, a fin de evitar que caigan en los mismos errores. La sección hímnica fue dispuesta indudablemente como procesional para que fuera cantado al reunirse la congregación para la adoración del sábado. Juntamente con los otros salmos en este grupo (95 — 100), parece haber sido compuesto para los servicios en el segundo Templo.

1, 2. Anuncio de la llamada. **Venid, aclamemos alegremente.** Este llamamiento era probablemente proclamado por el coro levítico al empezar la procesión al Templo. Los felices adoradores se unían pronto en un jubiloso cántico de alabanza en un exuberante estilo oriental.

3–5. Descripción del Señor. **Dios grande, y Rey grande.** La base del llamamiento de los vv. 1 y 2 se anuncia en un verdadero estilo hímnico. La grandeza de Yahweh como Rey y Creador y Pastor queda bellamente expresada. La amenaza de las creencias extranjeras hace necesaria una afirmación clara de la naturaleza de Dios como preparación para la adoración.

6, 7. Repetición del llamamiento. **Venid, adoremos.** La procesión ha llegado ahora a las puertas del Templo. El gozoso cántico da su lugar a los actos más solemnes de la adoración, como los de adorar y postrarse delante de Dios. El énfasis sobre la soberanía de Dios abre el camino a rememorar a los adoradores de su especial relación con Israel.

8–11. Proclamación de la advertencia. **No endurezcáis vuestro corazón.** El recuerdo del pecado de Israel en la peregrinación del desierto sirve como advertencia a aquellos que esperan a entrar en el Templo. El **reposo** de Dios se refiere históricamente a la entrada en la Tierra Prometida, que fue negada a aquellos que dudaron. Aquí se exhorta a los adoradores a que mantengan sus corazones blandos ante el Señor, para que no sean también rechazados.

Salmo 96. La gloria de Dios

Aquí tenemos un himno de alabanza que cierra con una nota escatológica. El notable universalismo que se nota a todo lo largo de él demuestra la visión ampliada de los exiliados al volver estos de la cautividad. La LXX identifica esta ocasión como el tiempo ''cuando la casa estaba siendo erigida después de la cautividad''. Las frecuentes citas de otros salmos (9, 29, 33, 40, 48, 95, 98, 105), el universalismo y el concepto de la ''vanidad'' de los dioses, todo ello tiende a confirmar la designación que hace la LXX del momento.

1–3. La misión de alabanza de Israel. **Cantad a Jehová...proclamad entre las naciones su gloria.** Un **cántico nuevo** era necesario para expresar la alabanza por la liberación de Israel de la cautividad. Se exhorta al pueblo que canten a Dios y que le bendigan,

dando a conocer su salvación con nuevas explosiones de alabanzas cada día.

4–6. La gloriosa naturaleza de Dios. **Grande...y digno de suprema alabanza.** Como en el salmo anterior, se exhorta al pueblo a que alabe a Dios, debido a que el gran Dios es digno de la mayor de las alabanzas. **Alabanza ... magnificencia ... poder ... gloria,** aunque personificados aquí, son todavía relacionados en el pensamiento con las características de Dios.

7–9. El deber de alabar de la humanidad. **Oh familias de los pueblos.** En línea con la misión universal de Israel, todas las naciones son llamadas a alabar a Dios. Se las invita a dar la alabanza debida, a que traigan sus ofrendas, a que entren en los recintos sagrados, y a que adoren a Dios. Nótese que tienen que adorar en el atuendo adecuado: en **santo atuendo** (RSV), y en la actitud apropiada: **temor** o *reverencia*.

10–13. El justo gobierno de Dios. **Jehová reina.** La traducción literal de esta frase es *Jehová es Rey,* o, *ha venido a ser Rey.* Quizás esto se refiera a una entronización ceremonial que pueda haber formado parte de la celebración del Año Nuevo. No obstante, el principal énfasis es escatológico. Se presenta a Dios como Rey de las naciones y Juez de toda la tierra.

Salmo 97. La soberanía de Dios

En este himno de alabanza se aclama el principio teocrático de la realeza de Dios. Predomina una nota escatológica en la primera mitad del salmo, que se aplica después al pueblo. El himno entero puede haber sido designado como un comentario sobre el último versículo del salmo anterior, o puede haber sido dispuesto en esta secuencia debido a su relación en la línea de pensamiento. Aunque casi cada frase que aparece aquí ya había sido utilizada por otros escritores, es evidente la habilidad de este salmista en entretejer todas estas frases juntas.

1–6. La manifestación del Rey. **Jehová reina.** De nuevo la idea es que *''Jehová ha venido a ser Rey''.* Todos aquellos que se beneficiarán de ello son llamados a regocijarse en la verdad de este dominio escatológico. El misterio y la majestad asombrosa caracterizan la venida del Rey. No obstante, la justicia del gobierno de Dios subyace a toda esta asombrosa exhibición de poder.

7–12. El efecto sobre la humanidad. **Avergüéncense...se alegró.** La manifestación de Dios como Rey pone en evidencia un acusado contraste. Aquellos que adoran ídolos son avergonzados, en tanto que los adoradores de

Dios son alegrados. Con este contraste presente, sigue la conclusión de que Israel tiene un deber definido ante Dios. Aquellos que se gozan ante la venida del Rey tienen ahora que amar al Señor, aborrecer el mal, alegrarse, y dar acción de gracias en alabanza.

Salmo 98. Alabanza de toda la naturaleza

El Sal 98, un himno de alabanza, evoca los pensamientos de muchos otros salmistas. Constituye una parte integral de la colección que destaca la condición de rey de Dios (Sal 95—99). La referencia a Dios como **el rey** en el v. 6 y la nota escatológica en los versículos finales lo relacionan con los salmos precedentes. Toda la naturaleza es aquí convocada a unirse en la aclamación de Dios en alabanza.

1–3. Alabanza al Libertador. Cantad a Jehová cántico nuevo. Este nuevo cántico, aunque entresacado de fuentes anteriores, está ocasionado por alguna liberación reciente. Dios ha hecho cosas maravillosas, ha ganado la victoria, y a traido la liberación. Todo esto está basado en la declaración de su justicia a las naciones y en el recuerdo de su misericordia y verdad a Israel.

4–6. Alabanza al Rey. Cantad alegres a Jehová...el rey. Ya que toda la tierra ha visto como Dios ha liberado a Israel, todos los hombres son llamados a unirse con los israelitas en adoración a Él. Esta es una llamada a la participación universal, en línea con la amplia visión de Isa 40—66.

7–9. Alabanza al Juez. Brame el mar... porque vino a juzgar la tierra. Aunque esta estrofa prosigue el llamamiento de la estrofa anterior, se introduce aquí un nuevo elemento. Dios el Rey viene como Juez de la tierra. Ya que toda la creación debe ser juzgada, todas las cosas creadas tienen que unirse en alabanza. El salmo finaliza con la predicción de que el juicio quedará caracterizado por la **justicia** y **rectitud.**

Salmo 99. La santidad de Dios

El énfasis en este himno de alabanza recae sobre la sublime naturaleza de Dios, expresada en su santidad. En tanto que el himno se basa en el concepto de la realeza de Dios, hay menos del elemento escatológico en ello que en los cuatro salmos precedentes. El estribillo en los vv. 3, 5 y 9 expresan intensamente la enseñanza distintiva de la santidad de Dios.

1–3. El santo Dios es Soberano. Jehová reina. De nuevo, la traducción debiera ser: *Jehová es Rey, o ha llegado a ser Rey.* A Dios se le presenta como entronizado en el propiciatorio, entre los querubines, el lugar de su manifestación en la tierra en el Templo. Está también representado como tomando su lugar en su trono terrenal en Sion, un concepto que relaciona este salmo de una forma explícita con una celebración de entronización. Una tal manifestación del Eterno hace temblar a los pueblos y a la tierra, pero resulta en la alabanza de su nombre.

4, 5. El santo Dios es Justo. Juicio...rectitud...justicia. No solamente es Dios soberano en su gobierno del mundo; es además justo en sus tratos con los hombres. No blande su poder de una manera arbitraria sino conforme a su naturaleza justa y recta. De nuevo, esta justicia queda sumarizada en las palabras del estribillo, **Él es santo.**

6, 9. El santo Dios es Fiel. Invocaban...él les respondía. Moisés, Aarón, y Samuel son citados como grandes intercesores del pasado. Este es el único lugar en el AT donde Moisés es considerado como sacerdote, aunque ciertamente llevó a cabo algunas funciones sacerdotales y tenía acceso al Tabernáculo. En tanto que Dios dio respuesta a las oraciones de estos gigantes espirituales en favor de Israel, con todo ello vio necesario castigar a Su pueblo por sus persistentes malos actos. El último llamamiento a la exaltación y adoración tiene como motivo la fidelidad de Jehová y está basada en Su santidad.

Salmo 100. Las bases esenciales de la adoración

Un doble llamamiento a la adoración es lo que caracteriza este breve pero elocuente salmo de alabanza. Este salmo fue indudablemente utilizado como un himno procesional y parece haber sido escrito con este propósito. Los vv. 3 y 5 dan una afirmación concisa de la doctrina del judaísmo.

1–3. Una procesión gozosa. Cantad alegres a Dios. El primer llamamiento a la adoración pudiera bien haber sido cantado por un coro afuera del recinto del Templo. El primer elemento esencial para la adoración es un conocimiento de Dios; esto es, el reconocimiento de que Jehová es Dios, Creador, y Pastor de su pueblo Israel. Y este conocimiento lleva a una alabanza gozosa, a la alegría y al cántico.

4, 5. Una entrada llena de acciones de gracias. Entrad por sus puertas con acción de gracias. Este segundo llamamiento a la adoración puede bien haber sido la invitación dada por un coro dentro de los recintos del Templo. Los adoradores, acercándose a las puertas, fueron invitados a continuar su adoración entrando por las puertas, y a los atrios. Los elementos esenciales adicionales para la adoración son la acción de gracias, la alabanza, la oración, y el conocimiento adicional del carácter de Dios.

Los atributos del Señor de bondad, amor, y fidelidad tienen que ser reconocidos por los adoradores en todo período de tiempo.

Salmo 101. Un código de ética real

Este salmo queda mejor clasificado como un salmo real, ya que es la declaración de principios por la cual afirma un príncipe que va a gobernar. Estos principios, o resoluciones, se hallan expresados en forma de promesas a Dios, y por ello se dirigen a Él. Aunque no se menciona a ningún rey en el cuerpo de este salmo, la nobleza de expresión ciertamente concuerda con la personalidad y el carácter de David. Como un ideal de realeza, hubiera podido ser utilizado por muchos príncipes de Israel, fuera la que fuera la ocasión de su composición.

1–4. Resoluciones personales. Misericordia y juicio cantaré. Los principios rectores de la misericordia y del juicio forman la base de estas resoluciones. Después de declarar su determinación de elegir el camino de la integridad, el orador expresa su anhelo por una comunión más estrecha con Dios. Toma la resolución de abstenerse de maldad y de apostasía. No solamente aborrece la obra de los apóstatas, sino que promete rehusar conocer o dar abrigo a ningún mal pensamiento (v. 4).

5–8. Intenciones oficiales. Al que solapadamente infama a su prójimo, y lo destruiré. Manteniéndose en línea con los principios rectores de misericordia y de juicio, el orador expone sus intenciones en cuanto a qué tipo de persona le mostrará favor y a qué tipo de persona evitará o destruirá. Solamente los fieles y aquellos que caminan en su integridad conocerán su favor. Los calumniadores y los malvados destruirá, y negará su favor a los engañadores, y a los mentirosos. Actuando así limpiará los atrios reales, la ciudad real: Jerusalén, y la tierra entera.

Salmo 102. Una oración en petición de ayuda

Aunque es básicamente el lamento de una persona, este salmo tiene también un elemento corporativo. Por esta razón, los comentaristas se hallan divididos en cuanto a su intención original. Una súplica claramente personal va seguida de una súplica por toda la nación. Después el salmista vuelve a pasar a su propio problema, afrontándolo a la luz de su esperanza segura para la nación.

1–11. El sufrimiento del salmista. Jehová, escucha mi oración. El profundo sentimiento de urgencia que siente el salmista hace que este clamor sea especialmente amargo. Precisa de una respuesta inmediata. Está sufriendo de una enfermedad que le ha producido una ansiedad mental, y sus enemigos se han aprovechado de su condición. Todo este sufrimiento, cree él, se debe a la ira de Dios.

12–22. La restauración de la nación. Más tú, oh Jehová, permanecerás para siempre. En contraste con la naturaleza transitoria del salmista (v. 11), Dios permanece. Es sobre esta verdad que se halla basada la restauración de Sion. La sugerencia de algunos de que esta sección es un salmo aparte insertado por el compilador no está justificada. Es evidente que la solución del problema del orador se halla íntimamente relacionada con la solución del de su nación.

23–28. La certeza del salmista. Ellos perecerán, pero tú permaneces. Aunque el orador vuelve a pasar a su sufrimiento y a su debilidad, consigue certeza de la esperanza de su nación en el Señor. Incluso cuando toda la creación haya pasado, Dios permanecerá. Los vv. 25–27 son aplicados a Cristo el Señor en He 1:10–12 (cp. He 13:8). Entretanto, Su eternidad garantiza la liberación y la permanencia del pueblo del salmista.

Salmo 103. Un himno de alabanza llena de agradecimiento

Este himno de alabanza no tiene su igual en toda la literatura universal. Parece ser la expresión de un individuo, aunque algunos comentaristas hallan aquí una voz corporativa. El salmista trata primero de mover su propio espíritu para que ofrezca alabanza y acción de gracias a Dios, y después los espíritus de los otros. Sus palabras están intocadas por el dolor, la queja o la tristeza. La forma de expresión y la profundidad de conocimiento son notables para uno que vivió antes de la venida de Cristo.

1–5. Alabanza por las bendiciones personales. Bendice, alma mía, a Jehová. El salmista se dirige primero una exhortación a sí mismo. En el término traducido **alma** (*nepesh*) así como en la expresión paralela, **todo mi ser**, se refiere a él mismo toda su integridad. Al mover ahora a su ser interno al recuerdo, rememora todos los beneficios que ha recibido. Nótese la intensidad de las palabras: perdona, sana, redime, corona, sacia, y rejuvenece.

6–10. Alabanza por las bendiciones nacionales. Jehová es el que hace justicia y derecho. Dios no es solamente justo y recto en sí mismo, sino que además se ocupa activamente en actos de justicia y de derecho en favor de los oprimidos. Así como el Señor ha coronado al salmista con **misericordias** (*hesed*, v. 4), se ha demostrado en la historia de Israel como **grande en misericordia**. Esto se ve abundan temente en el hecho de que es lento para la ira y en que castiga a su pueblo menos severamente de lo que se merecen.

11–14. Alabanza por un amor perdonador. **Engrandeció su misericordia.** Añadiendo ilustración a ilustración, el salmista intenta dar una descripción adecuada de la misericordia de Dios. Él desconoce la distancia entre el cielo y la tierra, pero sabe que incluso esta inmensidad no podría contener la misericordia de Dios. No conoce la distancia entre el oriente y el occidente, pero sabe que el amor de Dios ha alejado nuestros pecados aun más lejos. La ilustración más hermosa y entrañable es la de Dios como Padre que tiene compasión del hombre en su debilidad y fragilidad.

15–18. Alabanza por un amor eterno. **Desde la eternidad y hasta la eternidad.** Lo contínuo de la misericordia de Dios permanece en el mayor de los contrastes posibles a lo transitorio del hombre. La extensión de esta misericordia al hombre queda condicionada a la respuesta del hombre al pacto y a los mandatos de Dios en una actitud apropiada de temor o reverencia.

19–22. Llamamiento a la alabanza universal. **Bendecir a Jehová, vosotros sus ángeles . . . ejércitos . . . ministros.** Después de afirmar el principio de la realeza divina, el salmista demanda la alabanza del coro de todo el universo. El propósito de la alabanza es el de declarar **todas sus obras, en todos los lugares,** tanto en el cielo como en la tierra. El salmista concluye tomando su lugar en el himno eterno.

Salmo 104. El poder creador de Dios

Aquí tenemos un himno de alabanza similar en ciertos respectos al precedente. Las frases introductorias y finales de los dos salmos son casi idénticas, estableciendo una actitud de acción de gracias y de alabanza. Mientras que el himno anterior destaca la relación de Dios con la historia, este describe la relación de Dios con la creación. Ofrece paralelismos interesantes con el pensamiento persa, babilónico y egipcio (cp. ''Hymn to Aten'', ANET, pp. 369–371). Aun más importantes son los paralelos con Gn 1 y Job 38 — 41.

1–4. La grandeza de Dios en la creación. **Mucho te has engrandecido.** Después de llamar a todo su ser a la alabanza, el salmista describe a Dios como revestido de la hermosa majestad de su creación. La luz aparece como su vestidura; los cielos extendidos como una cortina; sus aposentos apoyados en pilares; las nubes, los vientos y los ángeles son creados para Su uso.

5–9. La formación de la tierra por parte de Dios. **Él fundó la tierra sobre sus cimientos.**

Los conceptos de la cosmología del medio oriente son evidentes aquí como a través del salmo. La tierra se halla firmemente apoyada **sobre sus cimientos** (v. 5). Se forman las montañas o valles; los mares son divididos y fijados dentro de sus límites.

10–18. La provisión de Dios para sus criaturas. **Él que envía las fuentes.** Una de las mayores necesidades en la antigua Palestina era un suministro adecuado de agua. El salmista alaba a Dios por dar provisión para las fuentes y lluvia de manera que todas las formas de vida, animal y vegetal, puedan ser preservadas. Le alaba, también, por las bendiciones del pan, del vino, del aceite, de los áróbles, montes y rocas.

19–23. El ordenamiento de Dios de los cielos. **La luna...el sol.** Estos dos cuerpos celestes son señalados a la atención debido a que son indispensables en el ordenamiento de las estaciones y de los días. En tanto que los animales salvajes prosperan en la oscuridad, el trabajo del hombre se lleva a cabo en las horas del día.

24–30. La providencia de Dios. **Hiciste todas ellas con sabiduría.** El salmista hace una pausa para maravillarse de toda la sabiduría divina en todas las creaciones maravillosas de Dios. Las maravillas del mar y el misterio de la vida quedan señalados como ilustraciones de la providencia de Dios.

31–35. La gloria de Dios en alabanza. **Sea la gloria de Jehová para siempre.** El salmista hace el voto de que él cantará la alabanza a Dios en tanto que tenga vida. Su deseo de que el mal sea erradicado se mantiene en línea con su concepto de la bondad de la creación de Dios (cp. Gn 1).

Salmo 105. Las maravillas del pasado

De nuevo canta el salmista un himno de alabanza, destacando en esta ocasión los maravillosos actos de Dios dentro de la relación del pacto. Los Salmos 105 y 106 son piezas compañeras en el hecho de que en ambos se hace un examen de la historia. En el primero, los actos de Dios son los que quedan de relieve. En este último, se recitan los actos de desobediencia de Israel. Ambos poemas muestran una afinidad con el Sal 78, en el cual se entretejen los dos temas.

1–6. El llamamiento a la acción de gracias. **Alabad . . . invocad . . . cantadle . . . hablad . . . gloriaos . . . alégrese . . . buscad . . . acordaos.** Las detalladas instrucciones del salmista revelan qué es lo que significa alabar al Señor. Es evidente que el himno estaba destinado a su utilización congregacional.

7–15. El pacto con los patriarcas. **Se acordó para siempre de su pacto.** La característica especial del pacto que se señala aquí es la promesa de que Canaán tenía que ser la herencia de Israel. El resto del salmo demuestra cómo se lleva a cabo este aspecto del pacto. Señálense los inusuales términos **mis ungidos** y **mis profetas** para referirse a los patriarcas.

16–25. La experiencia de la peregrinación. **Trajo hambre sobre la tierra.** También inusual es esta referencia a Dios como causa directa del hambre que llevó a la familia de Israel a Egipto. El salmista está enfatizando primariamente la parte de Dios en todo lo que ocurrió: hizo una hambre, envió a un hombre (José), lo probó, permitió que fuera elevado al poder, aumentó a su pueblo, y provocó el odio entre los egipcios contra Israel. En línea con el pensamiento general del AT, el salmista deja a un lado las causas secundarias.

26–38. La liberación y salida de Israel de Egipto. **Envió a...Moisés y a Aarón.** El escritor pone un énfasis especial sobre las plagas como símbolos del poder de Dios. Pone la novena plaga a la cabecera de la lista, invierte el orden de la tercera y de la cuarta, y omite la quinta y la sexta.

39–45. El cumplimiento de la promesa. **Se acordó de su santa palabra.** Después de recordar cómo Dios mantuvo a Israel en el desierto, el salmista saca sus conclusiones: cada uno de los maravillosos actos de Dios fue llevado a cabo porque el Señor recordó y mantuvo su promesa, primeramente dada a Abraham. El punto culminante viene en el cumplimiento de la promesa de que Canaán, **las tierras de las naciones**, con todos los frutos de las labores anteriores, pertenecerían a Israel.

Salmo 106. La naturaleza paciente de Dios

La contínua rebelión de Israel es enfatizada en esta secuela al Sal 105. En tanto que empieza como un himno (vv. 1–5), el poema prosigue como un lamento o confesión nacional. La tristeza de la sección del lamento queda contrarrestada, hasta cierto punto, por la figura de la misericordia paciente de Dios en sus tratos con su pueblo.

1–6. Alabanza y confesión. **Aleluya...alabad...hemos pecado.** En forma hímnica, el autor proclama un llamamiento a la alabanza, seguido de una expresión de bienaventuranza, de una oración personal, y de una confesión del pecado nacional. Nótese que la presente generación queda incluida juntamente con las generaciones pasadas.

7–33. Murmuraciones y desobediencia. **Nuestros padres...no entendieron.** Aquí, como sucede con frecuencia en los Salmos, el éxodo y el período de peregrinación por el desierto proveen ilustraciones de la manera en que los hijos de Israel dejaron de entender a Dios. Murmuraron acerca de los alimentos (vv. 13–15); se rebelaron en contra de Moisés y de Aarón (vv. 16–18); apostataron al hacer el becerro de oro (vv. 19–23); rehusaron aceptar el caudillaje de Dios en el incidente de los espías (vv. 24–27); se unieron a la adoración moabita (vv. 28–31); e implicaron a Moisés en sus murmuraciones en Meriba (vv. 32, 33).

34–36. Apostasía e infidelidad. **Contaminaron así con sus obras.** En contraste a la fidelidad de Dios mostrada por las poderosas obras que Él llevó a cabo en favor de Israel, su pueblo demostró repetidamente ser infiel después de entrar en Canaán. Mezclándose con los habitantes, aprendieron nuevas formas de pecar. No solamente sirvieron a los ídolos, sino que se unieron a las abominaciones de los sacrificios humanos. A pesar de la compasión de Dios, fue necesario el castigo una y otra vez.

47, 48. Oración y doxología. **Sálvanos,... Bendito Jehová Dios de Israel.** La prolongada confesión lleva a una petición de misericordia y de restauración. La doxología parece ser también una parte integral del salmo, en tanto que sirve también como doxología final del Libro IV.

LIBRO V. Salmos 107 — 150

El quinto en la división quíntuple incluye varias colecciones menores o grupos de salmos. Los Salmos Graduales (120 — 134) y los Salmos Aleluyas (111 — 113; 115 — 117; 146 — 150) son evidentemente el grupo alrededor del que se agruparon los otros salmos. Antes de la quíntuple división, había posiblemente una división tripártita en la que los Libros IV y V constituían una colección grande. Es evidente un propósito litúrgico global a través de toda esta sección, que tiene como resultado un profundo sentimiento de adoración pública, que culmina en las palabras finales del Sal 150: "Todo lo que respira alabe a JAH. Aleluya".

Salmo 107. El cántico de los redimidos

Los Salmos 105, 106 y 107 constituyen una trilogía de alabanza y acción de gracias, a pesar de que la división de los libros caiga aquí. El diferente carácter de los vv. 33–42 ha sugerido a muchos que este pasaje fue añadido más tarde. Las diferencias en contenido y en estilo hacen que esta sugerencia parezca plausible, aunque no necesaria.

1–3. Llamada a las acciones de gracias. **Alabad a Jehová.** Los destinatarios de este llamamiento son **los redimidos de Jehová.** Is 62:12

utiliza este término para aplicarlo a los cautivos volviendo de Babilonia, pero bien puede significarse una utilización más amplia del término.

4–32. Las razones de la alabanza. Anduvieron perdidos...clamaron a Jehová...los dirigió. El salmista utiliza cuatro ilustraciones vívidas de las liberaciones del Señor para apoyar su llamamiento a la alabanza. Después de cada incidente repite el llamamiento en forma de interjección. Este estribillo cuádruple mantiene en la posición central el tema de la alabanza. El cuidado de Dios sobre los viajeros perdidos (vv. 4–9), sobre los cautivos (vv. 10–16), sobre los enfermos (vv. 17–22), y sobre los navegantes (vv. 23–32) demanda un recuerdo lleno de gratitud. En cada caso, el autor describe la situación de impotencia de aquellos en sus angustias, su clamor a Dios, y la liberación que da.

33–42. La providencia de Dios. Él convierte los ríos en desierto...la tierra seca en manantiales. Estos vv. describen las bendiciones y maldiciones evidentes en el gobierno de la naturaleza y de la humanidad de parte de Dios. Pueden servir como una conclusión general sacada de situaciones más particulares descritas en los vv. 4–32. No obstante, las ilustraciones dadas son bastante diferentes de aquellas de pasajes previos. Este hecho, además de la falta de notas de alabanza, el propósito didáctico, el énfasis en la sabiduría en el versículo final, y la ausencia de estribillo, sugiere que estos versículos estaban destinados a una ocasión distinta.

Salmo 108. Oración pidiendo ayuda a Dios

Es este salmo tenemos combinados un himno y una lamentación, hallándose ambos en otros salmos. Los vv. 1–5 aparecen también en el Sal 57:7–11, en tanto que los vv. 6–13 se hallan en el Sal 60:5–12 con unas variaciones solamente menores. Ya que el nombre divino *Yahweh* es utilizado en el v. 3 en lugar del *'Adōnāy* del Sal 57, el presente salmista sacó indudablemente su material de dos obras anteriores. Es posible que la combinación fuera llevada a cabo para suplir las necesidades que se afrontaban en una nueva situación histórica. (Cp. los salmos anteriormente mencionados para comentarios adicionales.)

Salmo 109. Una demanda de venganza

En contra de los puntos de vista de algunos comentaristas, este salmo es evidentemente el lamento de una persona y no la voz de la nación. El carácter personal del pensamiento y de la expresión es demasiado fuerte para un significado corporativo. Las imprecaciones en

los vv. 9–20 hacen que el poema no sea adaptable a propósitos de adoración. La teoría de que estas imprecaciones son ataques de los enemigos del salmista no es convincente. Existe una indignación *justa* contra el mal (cp. Mt 23:13ss.); y el salmista está cierto de que sus enemigos son los enemigos del Señor.

1–5. Su petición de ayuda. No calles. En una tersa afirmación hace el escritor su petición, y de inmediato empieza a expresar su queja. Sus enemigos han sido extremadamente vociferantes, en tanto que Dios ha estado en silencio. Le han calumniado injustamente **con lengua mentirosa.** Han premiado su amor y su bondad con odio y mal.

6–20. Su petición de retribución. Salga culpable. El salmista está visionando un tribunal en el que el malo tiene que ser juzgado. El orador establece los detalles de la sentencia que merece el acusado. A la muerte del acusado otro toma su oficio, y numerosas dificultades caen sobre su esposa y sus hijos. Peor que el deseo del orador de la muerte de su enemigo es que la familia de su enemigo quede consumida y que el nombre del padre sea olvidado en las futuras generaciones. En el v. 20, se incluyen a todos los adversarios del orador en las imprecaciones anteriores.

21–31. Su oración pidiendo liberación. Y tú Jehová, Señor mío...líbrame. El salmista ora para que Dios tenga misericordia de él en su condición de enfermo y menesteroso, y que le vindique, de forma que sus enemigos puedan darse cuenta de que ha sido la mano de Dios que le ha liberado. Después de otra explosión imprecatoria, concluye con la promesa confiada de que tendrá oportunidad de alabar a Dios por haber dado respuesta a su petición.

Salmo 110. La promesa de victoria y de dominio

Este es un salmo apropiadamente real con sobretonos mesiánicos a todo lo largo de él. El salmista está pronunciando un oráculo divino con la autoridad de un profeta. Dirige el oráculo a su rey y le da la certeza de la victoria. Se han sugerido personas desde Abraham hasta Simón el macabeo como los destinatarios históricos de este mensaje. Pero la utilización que hace Jesús del v. 1 nos autoriza claramente a que hallemos aquí un significado más amplio que el significado primario del salmo en la historia del AT (cp. Mt 22:41–45).

1–4. El oráculo del Señor. Jehová dijo. El término utilizado es una fórmula profética, ''Oráculo de Jehová''. No se emplea en ninguna otra parte del Salterio, pero se utiliza con frecuencia en los profetas. En tanto que algunos comentaristas limitan la extensión del oráculo al v. l, parece mejor extenderlo hasta el v. 4. Se le ordena al rey mesiánico que ocupe la posición del máximo honor y que comparta el gobierno divino hasta que sus enemigos queden completamente derrotados (cp. Jos 10:24; 1 R 5:3). El término **estrado de tus pies** es utilizado por David (1 Cr 28:2). El rey rige desde Sion, y todos los enemigos se someten a él. El oráculo es dirigido a mi Señor (*'Adōnî*), un título respetuoso utilizado para un rey o superior. Este rey tiene que recibir honra y protección por la bendición divina. Su imperio ha de ser universal. Sus súbditos han de ser voluntarios, de corazón. Todo esto se hace cierto mediante la utilización de un juramento profético declarando el sacerdocio del rey por designación divina. El príncipe mesiánico sirve como oficiante sacerdotal además de monarca. En esto se le asemeja a Melquisedec, el rey-sacerdote de Salem (Gn 14:18), cuyo ministerio tipificó al de Jesús (cp. He 6:20— 7:24).

5–7. La victoria del Rey-Sacerdote. **El Señor está a tu diestra.** La escena cambia ahora, presentándose un campo de batalla, donde el Señor a la diestra de Jehová aplastará a todos sus enemigos. El lenguaje vívido y los tiempos proféticos perfectos están dispuestos para mostrar con claridad lo total de la victoria. El tema cambia en el v. 7 mostrando al rey ungido, cuya cabeza alzará en triunfo. La frecuente aplicación que hace el NT de este salmo para Cristo le da una importancia especial al intérprete cristiano.

Salmo 111. Las maravillosas obras de Dios

Tenemos aquí un himno de alabanza cuidadosamente diseñado como un poema acróstico. Las veintidós cortas líneas empiezan con letras sucesivas del alfabeto hebreo. En tanto que esto sirve como un excelente dispositivo mnemotécnico, restringe muchísimo la elección de palabras para una línea determinada. Este himno se halla estrechamente relacionado en forma, lenguaje, y temática, al Sal 112. Los dos salmos son introductorios de la colección *Hallel*, que empieza propiamente en el Sal 113. **1.** El anuncio de la alabanza. **Alabaré a Jehová.** El salmista declara que su intención es la de alabar a Dios **con todo el corazón**, como acto de adoración pública. Esto probablemente signifique que el mensaje se cantaba en el templo en una voz de solo.

2–4. La grandeza de las obras de Dios. **Grandes son las obras de Jehová...gloria y hermosura.** El autor describe así las obras de Dios en general, y después habla de la justicia eterna del Señor, de su gracia plena, y de su compasión, atributos revelados con toda plenitud en sus actos poderosos. Señálese que el hombre responde a las evidencias de que es Dios quien está obrando pidiendo más evidencias y recordando aquellas obras ya efectuadas.

5–9. La verdad del cuidado de Dios. **Las obras de sus manos son verdad y juicio.** La provisión de Dios del maná y de las codornices demostraron que se acordaba del pacto. Sus **obras** en la conquista de Canaán mostraron Su intención de cumplir la promesa del pacto hecha a Abraham. La verdad de las obras de Dios es dada a conocer por Su fidelidad.

10. El principio de la sabiduría. **El temor de Jehová.** El salmo concluye con una máxima familiar de los escritores sapienciales. Este tipo de **temor** se comprende mejor como *reverencia* y *maravilla* que saturan todas las áreas de la vida. Es el principio de la verdadera religión en que le siguen una percepción recta y el entendimiento. Es también la consumación, porque nunca queda fuera de lugar en la verdadera expresión religiosa.

Salmo 112. Retrato del hombre recto

El pensamiento final del Sal 111 queda más plenamente desarrollado aquí, en línea con el énfasis de la literatura sapiencial. En tanto que el 111 declara las maravillosas obras de Dios, el 112 describe al hombre recto que ha aprendido lo que significa temer a Dios. En su construcción acróstica así como en su temática, este salmo didáctico es compañero del precedente.

1–3. Su bienaventuranza. **Bienaventurado el hombre.** En lenguaje reminiscente del Sal 1:1, se expone la felicidad del hombre que teme a Dios. Un hombre temeroso de Jehová hallará su deleite en forma natural en la observancia de los divinos mandamientos. Sus hijos llegan a ser herederos de sus bendiciones espirituales y materiales. Nótese que la frase, **su justicia permanece para siempre**, se aplica a Dios en el salmo anterior.

4–6. Su carácter. **Clemente, misericordioso y justo.** Estos términos se utilizan también en el Sal 111 en la descripción que hace el autor de Dios. Es una aplicación de la eterna verdad que un hombre devoto se va haciendo más y más parecido al objeto de su adoración. Su prosperidad será duradera y su nombre largamente recordado debido a su piadoso carácter.

7–10. Su permanencia. **Su corazón está firme.** Su absoluta confianza en Dios le ha dado un sentimiento de estabilidad que los malos no pueden conocer. Aquí, la verdad de que **su justicia permanece para siempre** se mantiene en acusado contraste a la suerte de los impíos.

Salmo 113. La condescendencia de Dios

Este himno de alabanza es el primer salmo en una colección conocida en el Talmud como "El Hallel de Egipto". La designación viene del uso repetido de la exclamación **Aleluya** (*Alabad a Jehová*), y de la referencia al éxodo en 114:1. Esta colección (113 — 118) se incluía en la adoración del judaísmo en ocasiones festivas.

1–3. Alabanza a Su Nombre. **Alabad el nombre de Jehová.** El salmista empieza con una llamada a los siervos o adoradores del Señor. Por el **nombre** el autor no se refiere a un mero apelativo, sino al carácter de la naturaleza revelada de Dios y las manifestaciones de su persona. Nótese que la alabanza ha de ser **para siempre** (v. 2) y universal (v. 3).

4–6. Alabanza por su incomparabilidad. **¿Quién como Jehová?** Se presenta la naturaleza incomparable del Señor en los aspectos dobles de su trascendencia y de su inmanencia. Estos dos aspectos no son puestos en contraste, sino que se tratan complementariamente. En tanto que supremo sobre las naciones de la tierra y las huestes de los cielos, Dios se humilla a considerar las necesidades de la humanidad.

7–9. Ilustraciones de su condescendencia. **Él levanta...al pobre.** El elemento de la condescendencia de Dios, establecida ya por el salmista en el v. 6, precisa de una ilustración adicional. Se señalan **al pobre, al menesteroso,** y a **la estéril** como beneficiarios de la especial providencia de Dios. Estos casos se citan como representativos de todos los hechos generosos de Dios hacia los hijos de los hombres.

Salmo 114. La maravilla del éxodo

En esta lírica se ilustra el poder de la poesía hebrea en lo mejor de su expresión. La tersa expresión, la vivacidad dramática, el excelente paralelismo, y la exageración imaginativa señalan a este salmo como una obra maestra poética. La disposición del material en cuatro estrofas de dos versículos cada una añade equilibrio a la expresión exaltada del poema. El **Aleluya** final del Sal 113 estuvo en un principio, indudablemente, en el encabezamiento de este salmo, como atestigua la LXX.

1, 2. El nacimiento de Israel. **Cuando salió Israel de Egipto.** En un lenguaje conciso, el salmista presenta su tema como el éxodo y el posterior establecimiento en Canaán. Dios trajo a su pueblo, sacándolo de una tierra de una lengua extraña, a su hogar. La referencia paralela a Judá y a Israel señala a un tiempo en que el Templo era el centro de adoración y que el área septentrional era considerada una parte del dominio de Dios.

3–6. Los efectos sobre la naturaleza. **El mar lo vio, y huyó.** Con imaginación poética, el salmista describe el efecto de las obras de Dios sobre la naturaleza. El **mar,** el **Jordán,** los **montes,** y los **collados** fueron testigos de poder al vencer todos los obstáculos que amenazaban estorbar el progreso de Israel. Las afirmaciones de los vv. 3, 4 se transforman en interrogantes, **por qué** en los vv. 5, 6. Las respuestas quedan claramente implicadas en el énfasis adicional sobre el asombroso poder de Dios.

Salmo 115. Gloria a Su Nombre

Este salmo es básicamente un himno de alabanza destinado a ser utilizado en la adoración del Templo. La presencia de una queja (vv. 1, 2) no nulifica las cualidades hímnicas, sino que le da una base histórica para su composición original. Se sabe que por varias fuentes que era utilizado en la adoración de las celebraciones festivas. De hecho, los Salmos 115 — 118 eran cantados a la conclusión de la comida de la Pascua, justo antes de que los adoradores volvieran a sus hogares. El himno parece haber sido dispuesto originalmente para uso antifonal.

1–8. Contraste de poder. **Nuestro Dios... los ídolos de ellos.** La carga de este salmo se ve en la pregunta hecha a Israel por los enemigos gentiles: **¿Dónde está ahora su Dios?** Al apelar en busca de ayuda, el salmista no busca gloria para la nación, sino el reconocimiento por parte de los paganos de la gloria debida al nombre de Yahweh. Los impotentes ídolos y sus débiles adoradores son situados en acusado contraste frente al poder y a la gloria de Dios.

9–11. Exhortación a confiar. **Oh Israel, confía en Jehová.** Este triple llamamiento a la confianza era posiblemente proclamado por un sacerdote; y es posible que una respuesta coral viniera a continuación de cada llamamiento. El llamamiento se dirige, consecutivamente, a la nación, a los sacerdotes, y a los devotos temerosos de Dios.

12–15. Certeza de bendición. **Jehová se acordó de nosotros.** El recuerdo de las anteriores bendiciones de Dios da certeza para el presente y el futuro. Nótese que se asegura la bendición para cada uno de los grupos mencionados en la anterior exhortación.

16–18. Un coro de alabanza. **Bendeciremos a JAH...para siempre.** El Señor que creó tanto los cielos como la tierra ha reservado los cielos como su dominio. Al hombre le ha dado la tierra y el derecho a alabarle a Él aquí y ahora. En el pensamiento de la mayor parte de los escritores, la muerte termina la oportunidad de continuar en la adoración. Por ello la urgencia de la exhortación, **Aleluya,** *Alabad a JAH.*

Salmo 116. Cántico personal de acción de gracias

Este himno de acción de gracias es notablemente personal desde el principio al fin. Su utilización en esta sección de la colección Hallel en relación con las principales fiestas indica probablemente que estaba asociado con el pago de los votos personales. La LXX lo divide en dos poemas separados, dividiéndolo después del v. 9. La presencia de frecuentes expresiones arameas señala a un marco posexílico.

1-11. Alabanza por la liberación. **Amo a Jehová, pues...** El salmista llamó desde lo más profundo de sus angustias, y el Señor le respondió. De esta experiencia de oración contestada, vino a conocer a Dios como **clemente, justo y misericordioso.** Sabe ahora por experiencia que Dios guarda, ayuda, trata con gracia, y libera. En medio de su exultación, recuerda que previamente se había aferrado a su fe incluso cuando había dicho: ''Estoy afligido en gran manera'' (v. 10). En su consternación o alarma (*apresuramiento*, RV) había dicho: ''Todo hombre es mentiroso'', esto es, engañoso, al no cumplir la ayuda prometida. Su cita del Sal 31:22 en el v. 11 indica probablemente que ahora había aprendido a confiar en Dios ante la fragilidad humana.

12-19. Expresiones de gratitud. **¿Qué pagaré a Jehová...?** La consciencia del orador de las bendiciones que Dios le ha concedido le suscita el deseo de mostrar una expresión más concreta de gratitud. Promete una ofrenda de libación (**tomaré la copa de salvación**), adoración (**invocaré el nombre de Jehová**), pagar sus votos, y ofrecer un sacrificio de alabanza. No es este el orden usual de tales sacrificios y ofrendas. La humildad del salmista y su sentido de dedicación son vistos en el v. 16. Como siervo, siervo además de confianza (**hijo de tu sierva**), expresa su dependencia en Dios.

Salmo 117. Un grito de alabanza

Este es el himno de alabanza más corto de todos los registrados en el Salterio. En algunos manuscritos se halla unido al poema anterior, y en otros al que le sigue. No obstante, tanto el texto hebreo como la LXX lo tratan como una entidad. Los dos versículos contienen un acto completo de alabanza. El primer versículo, empleando un paralelismo estricto de forma, proclama un llamamiento universal a la alabanza. El segundo versículo, que es de forma

similar, redondea el llamamiento expresando las razones de esta ofrenda de alabanza. Verdaderamente universal, el llamamiento incluye a todas las naciones y a todos los pueblos. El concepto de Dios es igualmente elevado, al señalarse su misericordia y fidelidad en la mención.

Salmo 118. Acción de gracias por la liberación

Como procesional y como expresión jubilosa de acción de gracias, este cántico de alabanza sirve como una conclusión apropiada a la colección Hallel. Claramente destinado a ser utilizado antifonalmente, emplea voces en solo, coros, y estribillos congregacionales. Los vv. 5-21 son bien individuales de contenido, sugiriendo que los vv. 1-4 y 22ss. fueron añadidos al salmo original para adaptarlo a su uso colectivo.

1-4. La invocación a la alabanza. **Alabad a Jehová.** Este llamamiento a la alabanza y a la acción de gracias era la señal para empezar la procesión al Templo. El conductor o sacerdote presentaba la llamada, en tanto que el coro o la congregación respondía con el estribillo. Nótese que se halla la misma división triple en el Sal 115:9-11 (Israel, casa de Aarón, y temerosos de Dios), en tanto que el estribillo viene del Sal 136.

5-21. La liberación de Dios. **Invoqué...me respondió JAH.** El tema a todo lo largo de este pasaje es de regocijo por haber concedido Dios la liberación y la victoria. En su uso presente, este pasaje, debido a su naturaleza individualizada, demandaba una voz de solo. La sola voz representaba a la nación personificada en general y a los adoradores reunidos en particular. Con los vv. 19-21 la procesión había llegado indudablemente a las puertas del Templo y estaba demandando la entrada.

22-29. La aplicación a la adoración. **De parte de Jehová es esto.** Estos versículos abundan en palabras bien conocidas por la aplicación de ellas en el NT. El v. 22, que describe a la piedra cabeza del ángulo, era probablemente un proverbio de aquel día refiriéndose a Israel, rechazado por los grandes constructores de imperios como indigna de entrar en sus planes. Pero la misión divina de Israel quedó enmarcada y cumplida en el mayor de sus representantes, el Mesías. Así Jesús se apropió de estas figuras para su propio ministerio (cp. Mt 21:42; Mr 12:10; Lc 20:17; Hch 4:11; Ef 2:20; 1 P 2:7). La bendición sacerdotal del v. 26 halló expresión seis veces en los Evangelios debido a su aplicación distintiva a la misión de Cristo.

Salmo 119. La Torá de Jehová

Esencialmente un poema didáctico, este salmo adopta la forma de un testimonio personal. Aunque el poema contiene alusiones a la persecución y muestra ciertas características de lamento, su principal propósito es el de glorificar la *Tôrâ* (la ley o enseñanza de Dios). El salmista dirige casi cada uno de los versículos a Dios, utilizando muchas formas de petición. Al mismo tiempo, utiliza algún sinónimo para la ley en todos los versículos menos en siete. Los sinónimos son: ley, testimonios, preceptos, juicios, mandamientos, estatutos, dichos, palabra, y camino. Es posible que al emplear todos estos términos para referirse a la Torá de Dios estuviese siguiendo la indicación del Sal 19:7-9, donde se utilizan seis de estos sinónimos para la *ley.*

El principio acróstico se halla muy desarrollado en este salmo, empleando las veintidós letras del alfabeto hebreo. Cada estrofa está compuesta de ocho líneas, que empiezan con la letra característica de aquella estrofa. Esta disposición artificial, pero artística, resulta en una cierta monotonía en la gran repetición de palabras y de frases. No obstante, esta monotonía es vencida por la intensidad de la propia devoción del salmista a las enseñanzas de Dios.

1-8. La bendición de la obediencia. **Bienaventurados...los que andan en la ley de Jehová.** El tema del salmo queda aquí claramente expuesto. Nótese que la mayor parte de los sinónimos se emplean ya en esta primera estrofa.

9-16. El camino de la pureza. **¿Con qué limpiará el joven su camino?** La pregunta y la respuesta se mantienen en la línea de énfasis de los escritores sapienciales. La respuesta a los problemas de la juventud en cualquier período de la historia es oír la Palabra de Dios meditando en ella (v. 15) y guardándola en la memoria (v. 11) y testificando de ella a otros (v. 13).

17-24. El deleite de la experiencia. **Tus testimonios son mi delicia.** Esta delicia está basada en su experiencia pasada con Dios en tiempos de persecución. Se ve una nota de tristeza y de anhelo en esta estrofa, pero la sección termina con delicia.

25-32. La fuerza en el entendimiento. **Vivifícame...enséñame...hazme entender.** El peligro que afronta el salmista le hace pedir fortaleza y consuelo. Se da cuenta que la vivificación que desea viene de entender las enseñanzas de Dios.

33-40. La necesidad de ser conducido. **Enséñame...y lo guardaré.** Frase tras frase, el orador ruega a Dios por Su conducción en el ordenamiento de su vida y en ser guardado de la necedad.

41-48. La valentía del testimonio. **Venga a mí tu misericordia.** Esta petición de ayuda no es egoísta; está inspirada por el deseo de **dar respuesta a mi avergonzador.** El orador declara además que dará testimonio a reyes sin avergonzarse.

49-56. La fuente de consuelo. **Acuérdate de la palabra dada a tu siervo...ella es mi consuelo.** En el tiempo de aflicción, las enseñanzas de Dios han sido su apoyo y **cánticos...en la casa donde fui extranjero.**

57-64. La resolución de la fidelidad. **He dicho que guardaré tus palabras.** La meditación acerca de sus caminos le llevó al punto en que podía dirigir sus pies hacia los testimonios de Dios. Su gratitud es evidente en su promesa de levantarse a medianoche para dar las gracias a Dios.

65-72. La disciplina de la aflicción. **Bueno me es haber sido humillado.** Habiéndose extraviado antes de su aflicción, el salmista ve ahora un propósito beneficente en su sufrimiento.

73-80. La justicia de la retribución. **Sean avergonzados los soberbios.** Después de proclamar de nuevo su deseo de entendimiento, ruega por las bendiciones de Dios sobre sí mismo y vergüenza sobre sus enemigos. Su deseo último es que él pueda fortalecer la fe de otros.

81-88. La esperanza en la oscuridad. **Desfallece mi alma...espero en tu palabra.** En una sucesión de sollozos, expresa su esperanza y su determinación en su hora más oscura. Con cada ruego pidiendo consuelo expresa su decisión de ser fiel.

89-96. El triunfo de la fe. **Si tu ley no hubiera sido mi delicia, ya en mi aflicción hubiera perecido** (v. 92). La esperanza de la estrofa anterior se transforma aquí en una victoria asegurada. Afirma que nunca olvidará los preceptos de Dios ya que **con ellos me has vivificado.**

97-104. El gozo del entendimiento. **¡Oh, cuánto amo yo tu ley!** Sin las peticiones usuales, el salmista describe cómo su estudio de la ley divina le ha hecho más sabio y más comprensivo que sus enemigos, sus maestros, y los ancianos. El énfasis aquí es sobre la ley misma, la fuente de conocimiento, y no sobre la inteligencia propia.

105-112. La luz de la vida. **Lámpara es... tu palabra, y lumbrera...** Su peregrinación a través de la vida se halla bajo la conducción de las enseñanzas de Dios. Así, él pronuncia el voto de seguir la luz sea donde sea que ella lleve y a pesar de todos los peligros que pueda afrontar.

113–120. La inspiración de la lealtad. Mi escondedero y escudo eres tú. El acusado contraste entre hombres infieles y el salmista enfatiza la lealtad del último. Esta lealtad le da un sentido de seguridad y de inspiración para afrontar el futuro.

121–128. El tiempo de intervención. Tiempo es de actuar, oh Jehová. Después de declarar que ha seguido la rectitud con diligencia, el salmista apela a la acción de parte del Señor. Es de una manera tan completa que sus opresores han despreciado la ley de Dios que solamente les queda el juicio divino.

129–136. La maravilla de la iluminación. Maravillosos son tus testimonios. La mayor maravilla es la luz interior que da entendimiento incluso al hombre no cultivado. El salmista tiene el corazón roto a causa de los que no guardan la ley.

137–144. El reto de la justicia. Justo eres tú, oh Jehová. El concepto de la naturaleza justa de Dios halla su énfasis aquí en los vv. 137, 138, 142 y 144. Debido a que el Señor es justo, sus juicios y testimonios, también, son eternamente justos.

145–152. La certeza que viene de la oración. Clamé...respóndeme, Jehová. Recordando las muchas veces que ha orado incesantemente en busca de la ayuda divina, el salmista clama una y otra vez por el poder vivificador de Dios. Entonces reafirma su fe en la cercanía del Señor y en la verdad de Sus enseñanzas.

153–160. La consciencia de la necesidad. Mira mi aflicción, y líbrame. La severidad de la aflicción del orador y su entendimiento de su necesidad personal quedan claramente exhibidos en la repetición de **vivifícame** en los vv. 154, 156, y 159. La naturaleza permanente de los justos juicios de Dios es su esperanza y certeza.

161–168. La paz en amor. Mucha paz tienen los que aman tu ley. Incluso en presencia de potentes enemigos, el salmista tiene una paz interior que crece de su amor por el camino de Dios. Señálese la ausencia de toda petición, como en los vv. 97–104.

169–176. La decisión de la constancia. Mis labios rebosarán alabanza. El salmista resume su mensaje rogando por una ayuda espiritual adicional, en tanto que declara su intención de mantenerse sobre los cimientos de las enseñanzas de Dios.

Salmo 120. La morada de los peregrinos

El Sal 120 empieza una nueva colección que se extiende hasta el 134. Cada pieza lírica de este grupo es designada por un término variamente traducido como ''Cántico gradual'' (RV), ''Canción de ascenso gradual'' (BLA), y ''Un cántico de peregrinación''. Varias teorías en cuanto al significado del término lo relacionan al retorno de Babilonia, a los quince peldaños desde el atrio de las mujeres al atrio de los hombres, al paralelismo culminante en estos poemas, y a los viajes de los peregrinos. La teoría más factual es que esta colección se originó como himnario para los peregrinos que iban al templo para las grandes fiestas. El hecho de que el 120, 124, 125, 130, y 113 no se hallen relacionados con la peregrinación señala a su incorporación a la colección procedentes de otras fuentes. La mayor parte de estos salmos concuerdan con la pauta de vida de la sociedad post-exílica, aunque algunos de ellos puedan haber tenido un origen pre-exílico.

1, 2. Un clamor pidiendo liberación. Libra mi alma, oh Jehová. El salmista se halla en el aprieto mísero de aquel que tiene que asociarse con hombres dados a la falsedad. Su petición de liberación se basa en las respuestas que Dios le ha dado en el pasado en ocasiones similares de angustia. Muchos entienden que hay aquí alguna referencia a la calumniosa oposición de Sanbalat y Tobías a la reconstrucción de los muros de Jerusalén por parte de Nehemías (Neh 4; 6).

3, 4. Petición de retribución. ¿Qué se te dará...? La lengua engañosa y su propietario son señalados para juicio. La respuesta a la retórica pregunta se basa en la naturaleza del delito denunciado. Agudas saetas y brasas serán una retribución apropiada.

5–7. Lamento por la paz. ¡Ay de mí...! ...Yo soy pacífico. La queja básica del poeta es que encuentra necesario morar entre sanguinarios y bárbaros enemigos. **Mesec** en el Asia Menor y **Cedar** en el desierto del norte de Arabia al sur de Damasco son utilizados simbólicamente para representar poderes bárbaros.

Salmo 121. El ayudador de los peregrinos

La intensa certeza de aquellos que peregrinaban a Sion queda reflejada en este cántico de peregrinación. Aquí expresan un profundo sentimiento de confianza en Dios sin una sola murmuración ni queja, ni tampoco una palabra de petición. El cántico se utilizaba, probablemente, como una antífona, aunque no se puedan identificar con certeza las voces exactas ni las partes utilizadas.

1, 2. La fuente de ayuda. ¿De dónde vendrá mi socorro? Mirando hacia las colinas alrededor de Sion, uno de los peregrinos proclama una pregunta que establece el talante para todo lo que viene a continuación. La pregunta no expresa duda sino que introduce la afirmación que contiene el tema del salmo, esto es, que su ayudador es Jehová el Creador,

3–8. La promesa de protección. **Jehová es tu guardador.** Todos los vv. excepto el 6 emplean la palabra *shāmar* para enfatizar esta idea de que Dios es guardador. A diferencia del centinela que en ocasiones se duerme, o de Baal, que tiene que ser despertado (cp. 1 R 18:27), el Señor nunca se adormece ni se duerme. El salmista emplea un paralelismo climático a través de todo el salmo, erigiendo cada frase siguiente sobre el pensamiento de la anterior. Nótese que la conclusión se aplica a los peregrinos en que Dios los preserva en cada fase de su viaje, acompañándolos hasta que retornan a sus casas sanos y salvos.

Salmo 122. La ciudad de los peregrinos

Este poema gira en torno a la visita de un peregrino a Jerusalén. Al indicar que el viaje ha finalizado, resulta una secuela de los dos salmos anteriores. Algunos intérpretes sostienen que el orador está ya de vuelta en su casa, y que está recordando su reciente peregrinación. En tanto que es posible, es no obstante más ajustado al salmo que esté todavía en Jerusalén, a punto de dirigirse de vuelta a casa.

1, 2. Gozo en la peregrinación. **Yo me alegré con los que me decían:...iremos.** El salmista recuerda con qué gozo había respondido a la invitación a unirse a un grupo de peregrinos. Ahora el viaje se ha acabo y puede decir: **Nuestros pies estuvieron dentro de tus puertas, oh Jerusalén.**

3–5. Impresiones acerca de Jerusalén. **Jerusalén...bien unida entre sí.** En tanto que la ciudad estaba indudablemente totalmente construida dentro de sus poderosos muros, el énfasis parece recaer aquí sobre su función de unificar al pueblo. El verbo *habar*, traducido ''unir bien'', se refiere principalmente a asociaciones humanas estrechamente unidas. El ascenso de las tribus acentúa esta unión y el sentido acompañante de comunión.

6–9. Ruego por la paz de Jerusalén. **Pedid por la paz de Jerusalén.** Antes de salir, el peregino exhorta a sus compañeros a orar por la prosperidad y la paz de la ciudad, debido a que en ella está la casa de Jehová. Tenemos aquí un excelente juego de palabras en hebreo, que no se evidencia en la traducción castellana.

Salmo 123. El ruego de los peregrinos

Este es un intenso lamento de una persona que habla en representación del pueblo. El cambio del pronombre singular al plural al final del v. 1 sugiere una disposición antifonal en su utilización real como canto de peregrinaje.

1, 2. Los ojos de la esperanza. **A ti alcé mis ojos.** El salmista se refiere a los ojos en cuatro ocasiones en estos versículos, a fin de destacar el hecho de que los peregrinos están buscando el favor de Dios. Así como el siervo y la sierva esperan en el favor de sus supervisores, así aquellos en la compañía de los peregrinos esperan en la misericordia de Dios.

3, 4. El ruego de misericordia. **Ten misericordia de nosotros, oh Señor.** La medida de la necesidad de ellos queda indicada por la reiteración de su clamor pidiendo misericordia. La mención anterior de siervos y señores, acompañada por la mención del escarnio de **los que están en holgura**, sugiere bien la servidumbre generalizada de Israel durante el exilio o la dispersión durante los días postexílicos.

Salmo 124. El liberador de los peregrinos

Aquí la comunidad expresa la acción de gracias al hallarse a sus anchas. En tanto que el propósito original era indudablemente el de alabar a Dios por un acto particular de liberación, el lugar del poema en esta colección de peregrinaje indica también una utilización general. Debido a que los viajeros se hallaban constantemente sujetos al peligro, las palabras de este salmo les hubieran dado certeza y fortalecido su confianza.

1–5. Su liberación por Dios. **A no haber estado Jehová con nosotros.** La repetición en los vv. 1 y 2 es litúrgica; la congregación (más tarde los peregrinos) repetían las palabras del conductor. Señálese que la utilización efectiva de las cláusulas condicionales como apódosis triple (vv. 3–5) completa la prótasis doble (vv. 1, 2). **Si no hubiera sido por el Señor, entonces** el fin habría sido total y cierto.

6–8. Alabanza a Dios. **Bendito sea Jehová.** El salmista emplea, además, figuras de lenguaje para describir el escape a duras penas y para realzar la expresión de gratitud. El último versículo se refiere al acto de invocar **el nombre de Jehová** en oración, reconociéndolo como la fuente de toda ayuda.

Salmo 125. La seguridad de los peregrinos

Este cántico de confianza enfatiza la confianza de los fieles en Israel. Como el salmo precedente, éste no fue destinado a ser un cántico para peregrinos, pero ha sido incluido en la colección. Su utilización real en peregrinaciones puede ser vista de las referencias a las montañas alrededor de Jerusalén, que se presentan a la vista después de un viaje largo y árduo.

1–3. Afirmación de confianza. **Los que confían...como el monte Sion...como...montes**

...Así Jehová. No solamente está la presencia de Dios simbolizada por la presencia de los montes alrededor de Jerusalén, sino que aquellos que confían en el Señor son inamovibles como la roca de Sion. Si el gobierno extranjero se quedara permanentemente, tendría lugar una desviación general de la fe, incluso entre los justos. El peligro de apostasía es demasiado grande incluso para que lo puedan soportar los justos.

4, 5. Oración en petición de favor. **Haz bien, oh Jehová.** El salmista ora por el favor de Dios sobre los fieles, a los que identifica como los **buenos** y **rectos.** En contraste a estas personas, los infieles renegados son abandonados a su justa suerte. El salmo concluye con la simple oración: **Paz sea sobre Israel.**

Salmo 126. La restauración de los peregrinos

El Sal 126 es el lamento de la comunidad por las esperanzas defraudadas del pasado y del presente. Aunque hay aquí una evidente referencia al retorno del exilio, las condiciones no son las presentes en la sociedad post-exílica temprana. El salmista trata de las condiciones ideales esperadas y de la desilusión experimentada durante muchos años.

1–3. El ideal de la restauración. **Eramos como los que sueñan** (BLA) y no *seremos* (RV). Es una mirada retrospectiva. La esperanza de una gloriosa restauración fue idealizada hasta tal punto que fue demasiado buena para parecer verdad. La frase, **hizo tornar el cautiverio** (VM) pudiera ser traducida como *restauró la buena fortuna.* No obstante, el contexto parece exigir la situación dentro del exilio. Hubo cantos y risas —como las del día de la victoria de una guerra— cuando el edicto de Ciro fue dado a conocer. Los exiliados se unieron al coro de alabanzas reiterando las palabras de los observadores de otras naciones.

4–6. El ruego por el cumplimiento. **Haz volver nuestra cautividad, oh Jehová.** El hermoso ideal de la restauración contemplado por los profetas y cantado por los exiliados no fue plenamente cumplido por aquellos que volvieron a la patria (cp. Hag 1:10, 11; 2:19). Por ello, se hace ahora un ruego por la consumación de este ideal. Así como el agricultor siembra en ansiedad y siega con cánticos de regocijo, Israel llegará al ideal de la restauración. Los obreros cristianos han aplicado a menudo estos vv. 5 y 6 al ministerio de la conquista de almas.

Salmo 127. La dependencia de los peregrinos

El carácter didáctico de este salmo es característico de las enseñanzas de la literatura sapiencial. Aquí lo que se destaca es la futilidad del esfuerzo humano sin la ayuda de Dios. Aunque el propósito didáctico es general, este cántico halló una especial aplicación como cántico popular entre los peregrinos.

1, 2. Dependencia del Señor. **Si Jehová no edificare...guardare.** Se ilustra la total dependencia del hombre en Dios con una referencia a empresas humanas básicas. La construcción de una casa y la vigilancia sobre una ciudad no pueden triunfar (según las normas divinas del triunfo) si no se incluye a Dios en los planes y esfuerzos de los hombres. Incluso el hombre diligente que trabaja desde la mañana temprano hasta entrada la noche no puede esperar el éxito sin la bendición de Dios y Su aprobación.

3–5. Herencia de Jehová. **He aquí, herencia de Jehová son los hijos.** El concepto de la necesidad de depender de Dios es traspasado a la formación de una familia (cp. Gn 30:2). El reconocimiento de que los hijos son don de Dios constituye la base de la formación de un hogar triunfante. El gozo y la protección se presentan aquí como resultado de la fertilidad en tener y criar hijos. De especial importancia son los hijos de la juventud del hombre, que podrán protegerle y abogar por su causa, en su vejez, en contra de sus adversarios en el tribunal local de justicia dentro de la puerta de la ciudad.

Salmo 128. La vida hogareña de los peregrinos

Como el salmo anterior, este es de carácter didáctico, y por ello vitalmente relacionado con la literatura sapiencial. La básica enseñanza sapiencial, "el principio de la sabiduría es el temor de Jehová", es el punto de arranque para el salmista. Entonces aplica esta verdad a la situación hogareña ideal. Aunque no destinado a ser un salmo para peregrinos, este salmo halló su lugar en la colección probablemente como un cántico popular que se ajustaba a las necesidades de los peregrinos.

1–4. Bendiciones sobre el hogar. **Bienaventurado todo aquel que teme a Jehová.** El salmista empieza afirmando que la felicidad es la parte del que ha aprendido a temer al Señor y a caminar en Sus caminos. Le va bien debido a que come los productos de su trabajo en lugar de perderlos en tiempo de sequía o a compartirlos con un poderoso opresor. Su mujer es asemejada a una vid fructífera, en tanto que sus hijos son asemejados a plantas de olivo. Esta figura de contentamiento, gozo, prosperidad, y fertilidad ilustra cómo el temeroso de Dios halla perfecta felicidad.

5, 6. Bendiciones sobre la comunidad. **Veas el bien de Jerusalén.** Una parte vital de la bendición disfrutada por el que teme a Dios viene de más allá de los límites de su casa, **desde Sion.** La naturaleza corporativa de la sociedad de Israel se ve en la adaptación de este salmo para la adoración pública. Como el Sal 125, este cierra con la breve oración: **Paz sea sobre Israel.**

Salmo 129. El ruego del Israel sufriente

Este es un lamento de la comunidad, con sobretonos de confianza y de certeza. Se presentan las características de un cántico de esperanza, pero quedan ensombrecidas por la queja y ruego del lamento. Repasando angustias pasadas, el salmista llega a la confianza, en tanto que sus ruegos con respecto al futuro le da la certeza de alivio.

1–4. Las aflicciones pasadas de Israel. Mucho me han angustiado desde mi juventud. La larga historia de las angustias de Israel queda comprimida por el salmista a una afirmación. Desde la época del éxodo (la **juventud** de Israel) hasta entonces, la nación ha sufrido numerosas aflicciones de parte de muchos enemigos. Se utilizan dos metáforas para ilustrar esta aflicción: Las marcas de los látigos sobre sus espaldas son asemejadas a largos surcos hechos por un arado; y las cuerdas de sus opresores son asemejadas a las coyundas utilizadas para ligar a los bueyes. No obstante, el Señor manifestó su justicia al cortar las coyundas y al liberar a su pueblo.

5–8. La futura esperanza de Israel. Serán avergonzados. En una imprecación sobre aquellos que aborrecen a Sion, el orador expresa el deseo de que el enemigo pueda ser avergonzado y vuelto atrás. Entonces se emplea un prolongado símil para pedir que los malvados planes del enemigo sean torcidos. La hierba que crecía en los tejados se secaba rápidamente debido a que la tierra en ellos era demasiado poco profunda para sus raíces. No podía ser tomada por un segador ni atada en gavillas. No recibía siquiera la bendición acostumbrada de los que pasaban al lado.

Salmo 130. El redentor de los peregrinos

Aquí una persona pronuncia una oración penitencial como su ruego personal en pos del perdón. El ruego final para otros en la familia de Israel no hace que este salmo sea corporativo, sino que al revés enfatiza la naturaleza personal de la petición del orador. No obstante, ya que las angustias y la desesperanza del salmista eran compartidos por la nación, el salmo vino a ser apropiado para los grupos de peregrinos en la sociedad post-exílica.

1, 2. El clamor del penitente. De lo profundo, oh Jehová, a ti clamo. El orador está todavía clamando desde lo profundo cuando finaliza el salmo, pero ha expresado con claridad su certeza y esperanza.

3, 4. La certeza del perdón. Pero en ti hay perdón. La universalidad del pecado es tratada de una manera poderosa en la afirmación de que nadie pudiera ser justificado si Dios señalara cada pecado en lugar de borrarlos. La única esperanza se halla en el perdón de Dios, que a su vez aviva el sentimiento de maravilla en el pecador perdonado.

5, 6. La expectativa de la esperanza. Esperé yo a Jehová...en su palabra. El sentimiento de expectación queda intensamente enfatizado por la repetición de frases. Todo el ser del orador (su **alma**) se halla dedicado a una diligente espera. Espera por el Señor más que los centinelas a la mañana cuando está de guardia en las murallas, esperando el alivio del cambio de la guardia.

7, 8. La aplicación a Israel. Espere Israel a Jehová. Los pensamientos del salmista se dirigen a otros que precisan compartir su entusiasta confianza. En vista de la misericordia y abundante redención del Señor, puede afirmar que Dios redimirá a Israel **de todos sus pecados.**

Salmo 131. La compostura de los peregrinos

Aunque se trata esencialmente de un cántico de confianza, esta composición literaria se lee como una confesión. La imagen de la humilde resignación a la conducción de Dios ejemplifica un profundo sentimiento de disciplina personal. En tanto que algunos intérpretes tratan este salmo como una expresión corporativa, la petición final por Israel sugiere que es una voz individual la que habla coherentemente a lo largo de todo el salmo. Era sólo natural que una hermosa expresión como ésta de humildad llegara a ser un cántico popular para los peregrinos.

1, 2. Un espíritu de humildad. Jehová, no se ha envanecido mi corazón. Después de una larga lucha, el salmista ha sido destetado de sus deseos presuntuosos y de su excesivo orgullo. Puede declararse ahora libre de las anteriores actitudes de enaltecimiento y de ambición irrefrenable. Ha acallado, o serenado, su alma o ser interior de manera que se asemeja ahora a un niño destetado sobre la falda de su madre, ya no preocupándose más por su leche.

3. Un deseo para Israel. Espera, oh Israel. Como en el salmo precedente, aquí el escritor expresa su deseo de que otros en Israel puedan venir a conocer esta paz interna.

Salmo 132. La certeza de los peregrinos

Singular entre los cánticos en la colección para peregrinos, este parece haber sido incluido debido a su naturaleza como himno procesional, que bien pudiera haber sido cantado antifonalmente. Es básicamente un cántico de Sion, relacionado en pensamiento con la entrada del arca del pacto en Jerusalén durante el reinado de David.

1–10. La oración de la congregación. Acuérdate, oh Jehová, de David. Aunque se mencionan primero las aflicciones de David, el énfasis de esta oración recae sobre su intención de hallar un lugar apropiado para el arca. Ya que la narración histórica no menciona ningún juramento en relación con esto, el salmista puede estar citando de una tradición independiente. Los vv. 6, 7 eran posiblemente recitados por un grupo de peregrinos al simular la búsqueda del arca, su descubrimiento en Quiriat-jearim (**los campos del bosque**), y su entrada en Jerusalén. La oración se concluye en el v. 10 con un ruego de que Dios muestre favor a cada rey sucesivo en la línea de David.

11–18. La respuesta del Señor. Juró Jehová...ha elegido. Estos versículos actúan como una respuesta litúrgica citando de dos oráculos separados del Señor. El primer oráculo (vv. 11, 12) es la promesa a David de que su línea real persistiría durante tanto tiempo como sus descendientes sean fieles (cp. 2 S 7:12–16). El segundo oráculo (vv. 14–18) es introducido por una afirmación en el v. 13 de que **Jehová ha elegido a Sion.** Debido a esta elección divina, habrá bendiciones espirituales y materiales para Sion y la línea de David, en tanto que habrá vergüenza para los enemigos de David. Ya que, cuando un hombre moría sin hijos, se detenía su línea familiar, se decía que su lámpara se había apagado; por ello una lámpara simbolizaba la descendencia. Así, Dios ordenó una serie de descendientes de David, que culminarían en el Mesías, la Luz del mundo (cp. 1 R 11:36; 15:4).

Salmo 133. La hermandad de los peregrinos

En este breve poema didáctico tenemos una hermosa expresión de una solidaridad familiar, en línea con el énfasis de los escritores sapienciales. La sugerencia de muchos comentaristas de que este salmo refleja los esfuerzos de Nehemías para aumentar la población de Jerusalén es intrigante. No obstante, el salmo tiene que tener una relación más significativa con el espíritu de la comunión y de la armonía fraternal en las grandes fiestas.

1. Afirmación de la promesa. ¡Mirad cuán bueno y cuán delicioso es! El escritor empieza con una afirmación proverbial con respecto a los beneficios de la solidaridad fraternal. El énfasis recae sobre la pauta de la antigua vida hebrea, en la que los hijos casados, con sus hijos, seguían viviendo con sus padres. No obstante, es evidente una aplicación más amplia en las reuniones familiares y tribales con ocasión de las fiestas.

2, 3. Ilustración del principio. Como el buen óleo...como el rocío. El salmista emplea dos comparaciones para ilustrar el principio incorporado en su premisa básica. Así como el aceite de unción sobre la cabeza del sumo sacerdote simbolizaba su consagración, así su espíritu de amor fraternal saturaba a la nación y simbolizaba su consagración. Así como el rocío sobre la vegetación simboliza fertilidad y crecimiento, el sentido de la verdadera fraternidad reavivaba la devoción de la nación como un todo.

Salmo 134. La bendición sobre los peregrinos

Aquí tenemos una conclusión apropiada para la colección de cánticos populares utilizados por los peregrinos. En su naturaleza de bendición, este salmo se corresponde con la bendición al final de cada libro dentro del Salterio. La posición del cántico en la colección y la referencia al servicio nocturno sugiere que se cantaba al final de la adoración vespertina. La Fiesta de los Tabernáculos constituye la ocasión más posible.

1, 2. Llamamiento a los sacerdotes y a los levitas. Mirad, bendecid a Jehová, vosotros todos los siervos de Jehová. Se reconoce generalmente que esto se dirige a los ministros regulares del templo. No obstante, la voz del llamamiento se ascribe variamente al sumo sacerdote, al coro levítico, o a los peregrinos reunidos. La última explicación da más razón para la inclusión del salmo en la colección, ya que los peregrinos participan activamente. Los ministros del templo son llamados a elevar sus manos en una actitud de oración, y que bendigan al Señor.

3. La respuesta de los sacerdotes. Te bendiga Jehová. La respuesta a la llamada se da en una forma abreviada de la bendición sacerdotal hallada en Nm 6:22–26. Al pueblo se le recuerda que Dios es creador y que sus bendiciones fluyen **de Sion.** Este hubiera bien podido ser el acto final antes de que los peregrinos volvieran a sus hogares.

Salmo 135. Un mosaico de las obras de Dios

Este himno de alabanza es un mosaico de citas de otros salmos y de varios libros del AT. El énfasis principal recae sobre aquellas obras de Dios que ilustran su poder en la naturaleza y en la historia. Es evidente de la estructura de este salmo que fue escrito para su uso en la adoración en el Templo. No obstante, no hay unanimidad en cuanto a su división en voces. Es indudable que hubo partes de solo, coros levíticos, y respuestas congregacionales.

1–4. La llamada inicial a la alabanza. **Alabad a JAH.** Frases similares se repiten como un llamamiento litúrgico enfático a la alabanza. Como en el salmo precedente, aquellos que están **en la casa de Jehová** son indudablemente los sacerdotes y los levitas. Se da la bondad del Señor y la elección que Él ha hecho de Israel como las razones iniciales de la alabanza.

5–14. La grandeza de Jehová. **Porque yo sé que Jehová es grande...mayor que todos los dioses.** El **yo** es enfático, indicando un conocimiento personal, y posiblemente indicando también a un solo en su utilización en el Templo. La utilización del nombre *Yahweh* es aquí importante, porque es el Dios del pacto de Israel el que es contrastado con los dioses de los paganos. Se le describe como el Dios de la naturaleza (vv. 5–7), haciendo lo que le place en el cielo, en la tierra, en los mares, y en todos los lugares profundos. Se le describe además como el Dios de la Historia (vv. 8–14), sacando a su pueblo escogido de Egipto y acaudillándolo afuera de Canaán.

15–18. La impotencia de los ídolos. **Los ídolos de las naciones.** Esta sección es una cita casi verbal del Sal 115:4–8. No obstante, las palabras son aquí especialmente apropiadas para establecer un contraste acusado entre la omnipotencia de Dios y lo inútil de los ídolos.

19–21. La llamada final a la alabanza. **Bendecid a Jehová.** El llamamiento a la alabanza en los Salmos 115 y 118 es ampliada por esta adición de **casa de Leví** y por el versículo final. La nación como un todo, los sacerdotes, los levitas, y los adoradores temerosos de Dios pueden haber tenido todos su parte antifonal, pero finalizando el salmo a coro.

Salmo 136. La duradera misericordia de Dios

Este himno de acción de gracias se parece en grado sumo al Sal 135 en su contenido. No obstante, es mucho más litúrgico, teniendo un estribillo antifonal que aparece en cada versículo. El hecho de que el salmo es más fácil de leer y de comprender sin el estribillo sugiere que originalmente carecía de esta repetición entre los vv. 4–25. Pero el estribillo le dio un carácter distintivo y un puesto importante en la adoración judía. En los escritos rabínicos fue designado como ''el Gran Hallel'' (algunas veces juntamente con el Sal 135). El término **Aleluya** al final del precedente salmo probablemente debiera estar al principio de este salmo, como lo evidencia la LXX.

1–3. El llamamiento a la alabanza. **Alabad a Jehová.** El salmo se abre con una triple invitación a unirse en acción de gracias a Dios por su bondad y misericordia. Es dirigido por el conductor o por el coro a la congregación. El estribillo era probablemente cantado por todo el grupo de adoradores. La brevedad del estribillo es especialmente evidente en las tres palabras del hebreo (*pues por siempre su misericordia*). Los tres términos designando a Dios —**Jehová, Dios de los dioses, Señor de los señores**— son interesantes a la luz del énfasis en el salmo anterior acerca de la impotencia de los ídolos y de la omnipotencia de Dios.

4–9. El Dios de la creación. **Maravillas...cielos...tierra...lumbreras.** En afirmaciones concisas se hace que las maravillas de la creación testifiquen de la misericordia y bondad de Dios. Cada vez que se utiliza **al que**, es el objeto de **Alabad** (v. 3).

10–25. El Dios de la historia. **Al que hirió Egipto.** Cada evento, desde Egipto a Canaán, da testimonio de la forma en que Dios manifiesta su misericordia dentro del marco de la historia de Israel.

26. La doxología de la acción de gracias. **Alabad al Dios de los cielos.** Se repite aquí el llamamiento inicial, pero utilizando un término diferente para designar a Dios. Este término sería especialmente apropiado si el énfasis se hiciera primero en las maravillas creativas de Dios.

Salmo 137. El cántico de los exiliados

Es evidente un profundo cántico de venganza en este lamento comunitario. Los versículos iniciales evocan una profunda simpatía hacia los cautivos, en tanto que los versículos finales dan rienda suelta a la indignación que ellos sintieron al ser testigos de la desolación de su tierra. En tanto que no está evidente dónde estaba el salmista al escribir este cántico, parece haber sido uno de los exiliados que volvió a Jerusalén el 538 a.C. Su primera contemplación de Jerusalén hubiera bien podido provocar sus imprecaciones contra Edom y Babilonia.

1–3. Dolores del exilio. **Junto a los ríos de Babilonia...llorábamos.** La voz del salmista solloza patéticamente al describir el quebrantamiento de corazón de la cautividad. Es indudable que los cautivos tenían unos lugares especiales a lo largo del Éufrates o de su sistema de canales, donde se dolerían de su condición. Cuando se les pidió que cantaran para entretenimiento de sus captores, respondían colgando sus liras de los sauces que crecían a lo largo de la ribera.

4–6. El amor por Jerusalén. **¿Cómo cantaremos cántico de Jehová?** Después de todo,

¿cómo podían cantar los cánticos sagrados de los servicios del Templo para diversión de aquellos en país extraño? Esto hubiera sido profanar cosas sagradas y cometer traición contra Sion. El salmista hubiera preferido perder su capacidad de tocar la lira y de cantar que olvidar la santidad de Jerusalén.

7–9. Odio hacia los enemigos. Hijos de Edom... hija de Babilonia. La intensidad de las emociones del salmista se ve en su odio hacia sus enemigos así como en su amor hacia Jerusalén. Señala a Edom por la conducta de ellos al ayudar a los enemigos contra Jerusalén (cp. Ez 25:12–14; 35; Abd 10–14). Entonces Babilonia pasa a ser el objeto de la apasionada imprecación del salmista. Aunque la degollina implacable que se expresa en el v. 9 se practicaba comúnmente en el saqueo de las ciudades antiguas (Is 13:16; Nah 3:10) y la tuvo que sufrir Israel (2 R 8:12; Os 13:16). [Difícilmente podemos, como cristianos, hacernos eco de unos sentimientos de venganza que tienen su lugar en la dispensación judaica, de retribución, pero no en este día de la gracia cristiana.]

Salmo 138. Acción de gracias de corazón

Este poema empieza como himno de alabanza pero después pasa a ser un cántico de confianza. Aunque el orador se halla en medio de angustias, no empieza con un lamento sino con un reconocimiento agradecido de las bendiciones de Dios. Muchas de las ideas y de las frases de este poema son reminiscentes de las otras secciones de las Escrituras, especialmente Is 40—66. Varios manuscritos de la LXX relacionan este salmo con la época de Hageo y de Zacarías.

1–3. Alabanza por el vigor. Te alabaré con todo mi corazón. El salmista ha experimentado una reciente respuesta a sus oraciones en petición de ayuda. Debido al don de Dios de vigor espiritual, se dedica a una adoración de todo corazón. La frase, **delante de los dioses**, ha sido variamente interpretada, debido a que la LXX usa *ángeles* y el *Targum* usa *jueces*. No obstante, **dioses** parece ser la mejor traducción, debido a la siguiente referencia a **reyes de la tierra.** Ya que ellos sirven ahora a varios dioses pero que adorarán en el futuro al verdadero Dios, el salmista reta el poder de estos "dioses" (cp. Sal 95:3; 96:4, 5; 97:7).

4–6. Adoración por los reyes. Te alabarán, oh Jehová, todos los reyes de la tierra. La alabanza del individuo es contemplada como llegando al fin a ser universal. Existe aquí una notable relación con el edicto de Ciro, en el que el rey conquistador alaba a Jehová (juntamente con los dioses de los otros pueblos desplazados). Nótese que la gloria de Dios se revela de una manera especial en su condescendencia hacia los humildes.

7, 8. Certeza de la liberación. Si anduviere yo en medio de la angustia, tú me vivificarás. El orador expresa una profunda confianza en que Dios cumplirá sus promesas y finalizará la liberación de Israel. Aunque el salmo entero es pronunciado por un individuo de una forma muy personal, está proclamando agradecimiento y certeza de parte de su nación también.

Salmo 139. El interés personal de Dios

Aquí tenemos una persona que ha tenido un íntimo conocimiento de Dios y una experiencia con Él, ofreciendo su oración personal. Desde el punto de vista de la teología del AT, este es el punto culminante en el Salterio de la relación personal de Dios con el individuo. El salmista no se entrega a una filosofía abstracta ni a una meditación especulativa; lo que hace es meramente describir su humilde andar con Dios y comparte su conocimiento experimental del Señor.

1–6. La omnisciencia de Dios. Oh Jehová, tú me has examinado y conocido. El salmista está convencido por la experiencia de que Dios sabe todo acerca de él. Se da cuenta de que el perfecto conocimiento de Dios va más allá de sus actos individuales, llegando a sus motivos y propósitos. Al quedarse asombrado de su propio entendimiento de la omnisciencia divina, sabe que la comprensión plena está más allá del entendimiento humano.

7–12. La omnipresencia de Dios. ¿A dónde me iré de tu Espíritu? Mediante dos preguntas retóricas, el salmista muestra que nunca puede ir más allá del alcance del interés personal de Dios. No considera llevar esto a cabo, sino que utiliza este método para presentar sus pensamientos. Las cuatro suposiciones que siguen expresan los extremos del universo y refuerzan su premisa básica.

13–18. El conocimiento previo de Dios. No fue encubierto de ti mi cuerpo. Son dos las ideas incluidas en el pensamiento del salmista aquí: la manera maravillosa en que fue creado, y la manera en que Dios sabía que todo iba en marcha en el proceso. Parece enfatizar esto último al ver la mano de Dios disponiendo su vida entera. Este es en realidad otro vislumbre de la omnisciencia de Dios en el maravilloso proceso de creación y de procreación. De nuevo el orador se llena de asombro ante la naturaleza incomprensible de los pensamientos de Dios.

19–24. El problema del mal. De cierto, oh Dios, harás morir al impío. Este cambio sorprendente de tono y de enfoque es considerado por algunos intérpretes como una adición posterior. No obstante, la intensidad de la convicción que se evidencia en los vv. anteriores se ve de nuevo aquí. Dios, que tiene un conocimiento tan preciso acerca del hombre, no puede pasar por alto a los pecadores. El salmista concluye con el ruego personal de que Dios le *examine*, le *conozca*, le *pruebe* y *vea*, y le *guíe*. Su meta es **el camino eterno**, el camino de la vida y de la paz, comparado con el camino de la ruína y de la destrucción de los impíos.

Salmo 140. Ruego de ser preservado

Es una persona que ha sufrido una amarga persecución de los impíos dentro de Israel que pronuncia esta lamentación. Se halla estrechamente relacionado con los Salmos 141—143, reflejando las mismas condiciones generales y empleando un lenguaje similar, y similar forma y pauta de pensamiento. Y puede que refleje el principio de las luchas entre partidos en Israel, aunque no se puedan identificar los grupos por su nombre.

1–8. Su petición de auxilio. **Líbrame, oh Jehová.** A lo largo de tres estrofas (vv. 1–3; 4, 5; 6–8) el salmista hace su ruego pidiendo la ayuda de Dios. Le ruega: **líbrame, guárdame, no concedas…al impío sus deseos.** Utiliza todo tipo de términos descriptivos para presentar de forma vívida su propio peligro. Las designaciones en forma singular deben comprenderse colectivamente, como se muestra en la utilización de los verbos plurales. Las cuatro trampas que los enemigos le han puesto deben probablemente ser interpretadas aquí en sentido figurativo.

9–11. Su deseo de retribución. **La maldad de sus propios labios cubrirá su cabeza.** La profunda amargura del salmista se hace más evidente en estos versículos. Mientras que emplea lenguaje figurado al expresar sus deseos con respecto a sus enemigos, es evidente que quiere que todos sus malvados planes se vuelvan contra ellos mismos. No quedará satisfecho con menos que la completa destrucción de ellos.

12, 13. Su confianza en Jehová. **Yo sé que Jehová tomará a su cargo la causa del afligido.** El salmista está convencido de que el justo, en contraste con el malo, tendrá causa de regocijarse, debido a que Dios defiende a aquellos que, como el salmista, son oprimidos.

Salmo 141. Un clamor en petición de protección

Es este salmo otro lamento de una persona que ha sufrido a manos de los poderosos impíos de Israel. Su oración no toma la forma usual de lamento, en el que se busca la liberación de manos de los enemigos. Es más espiritual en que busca la ayuda de Dios para ayudarle a vencer las tentaciones que le rodean.

1, 2. Su solicitud de respuesta. **Jehová, a ti he clamado; apresúrate a oír.** El salmista empieza con una urgente petición para que Dios oiga y responda a su oración. La referencia a **incienso** y a la **ofrenda de la tarde** sugiere la ofrenda de alimentos, que iba acompañada de oración y que se presentaba tanto a la mañana como a la tarde.

3–5. Su oración pidiendo fuerza. **Pon guarda a mi boca, oh Jehová.** Pasando de largo las circunstancias de su queja, el salmista ora por fuerzas para vencer a la tentación. Busca poder para guardar sus palabras, guardar su corazón puro, evitar las prácticas de los malos, evitar compartir sus lujosas indulgencias, y aceptar la reprensión de los justos.

6–10. Su confianza en la retribución. **Serán despeñados sus jueces.** Las circunstancias históricas detrás de los vv. 6, 7 se toman como conocidas. Parece que el orador espera ser probado justo cuando estos jueces sean castigados. El v. 7 o bien se refiere al degüello de los amigos del salmista o bien debiera ser traducido como *sus huesos* en lugar de **nuestros huesos**. Sea cual fuera el sentido original detrás de estos versículos, el salmista está esperando en Dios para que siga fortaleciéndole, en tanto que es seguro que los hombres malos recibirán la justicia retributiva al caer en su propia trampa.

Salmo 142. Súplica pidiendo la liberación

Aquí tenemos la oración de un devoto individuo que está afrontando una intensa persecución. Sigue la pauta normal de un lamento personal. El salmista pronuncia su petición, hace su queja, afirma su petición, y concluye con una nota de confianza. En esta ferviente oración, no hace ninguna petición de venganza y no pronuncia ninguna imprecación vindicadora.

1, 2. La apelación. **Con mi voz clamaré a Jehová.** Los verbos en los vv. 1–5 debieran ser traducidos en tiempo presente, ya que el contexto evidencia que el salmista no está relatando una petición anterior. Su gran necesidad se hace evidente por los términos **clamar** y **derramar** (*derramaré mi queja*, mejor que **expondré mi queja** como en RV), así como por su énfasis de clamar en voz alta con su voz.

3, 4. La queja. **Mi escondieron lazo…no hay quien me quiera conocer.** El salmista se da cuenta de que Dios ha conocido su condición desde el principio. Por esta razón, meramente afirma su angustia y describe su sentimiento de desaliento.

5–7. La petición. **Líbrame...saca mi alma de la cárcel.** Apelando de nuevo a la atención a sus necesidades, el salmista declara que Dios es ahora su único refugio. La referencia a una **cárcel** puede representar un verdadero confinamiento o un estado de angustia. Pronunciando el voto de alabar a Dios por su liberación, pasa a expresar su confianza en que otros se unirán a él en esta acción de gracias.

Salmo 143. Oración pidiendo dirección y liberación

De nuevo, un individuo en terrible angustia pronuncia una oración muy personal. Sus perseguidores lo han hecho todo menos arrebatarle su vida. En tanto que busca la liberación, su mayor deseo es el de tener la conducción y la dirección de Dios. Ya que viene como pecador penitente, este salmo se clasifica como uno de los penitenciales (cp. Sal 6, 32, 38, 51, 102, 130).

1–6. La súplica del penitente. **Oye mi oración...y no entres en juicio con tu siervo.** Después de suplicar la atención de Dios, el salmista implica su culpabilidad ante Dios. No alega inocencia sino que se arroja sobre la misericordia de Dios. Su queja, tersamente afirmada, como en el salmo precedente, indica una amarga persecución. Ha sido perseguido, aplastado, y se le ha hecho habitar en la oscuridad como entre los muertos. No obstante, la rememoración de las poderosas obras de Dios en el pasado le da ánimos para apelar por más manifestaciones de poder.

7–12. Súplica de acción. **Respóndeme pronto, oh Jehová.** En rápidas peticiones, el salmista expresa la urgencia de su necesidad de ayuda. Busca una respuesta rápida, una expresión de la misericordia y bondad de Dios, dirección para su vida, liberación de sus perseguidores, instrucción en la voluntad de Dios, y destrucción de sus enemigos. Como **siervo** penitente, se siente seguro que se llevará a cabo la retribución.

Salmo 144. Triunfo en la guerra y en la paz

Empezando como himno de alabanza, este salmo pasa a la pauta de lamentación después del v. 4. Muchos comentaristas han suscitado serias dudas en cuanto a su unidad. Los vv. 12-15 parecen haber sido en el pasado parte de un salmo desconocido. De hecho, el salmo entero es una compilación de citaciones de otros salmos (cp. Sal 8, 18, 33, 39, 104).

1–4. Reconocimiento de las bendiciones pasadas. **Bendito sea Jehová, mi roca.** El salmista empieza con un himno de alabanza por la ayuda que Dios le ha prestado como guerrero. Ha venido a conocer personalmente a Dios, porque le llama **mi roca, misericordia mía, mi castillo, fortaleza mía, mi libertador,** y **escudo mío.** El contraste entre la grandeza de Dios y la insignificancia del hombre impresiona el salmista. Utilizando las palabras familiares del Salmo 8, confiesa humildad antes de introducir su petición de ayuda.

5–8. Búsqueda de la liberación actual. **Oh Jehová, inclina tus cielos y desciende.** Esta oración por una manifestación del poder de Dios en forma de una teofanía está sacada de varios vv. en los Salmos 18 y 104. El salmista está solicitando que Dios intervenga en las luchas que tiene con sus enemigos, debido a que son culpables de acusaciones calumniosas y de quebrantamiento del pacto.

9–11. Voto de alabanza futura. **Oh Dios, a ti cantaré cántico nuevo.** Siguiendo muchas citas de antiguos cánticos, el salmista pronuncia el voto de dar acción de gracias en una forma nueva cuando se consiga la victoria. Después de pronunciar este voto y de expresar su confianza en la victoria, repite la petición de los vv. 7, 8.

12–15. Representación de la paz y de la prosperidad. **Hijos como plantas...hijas como esquinas labradas.** Como se indica más arriba, esto parece ser una cita de un salmo desconocido. Lo que aquí se prefigura es la visión idealizada de la vida familiar en una comunidad **cuya Dios es Jehová.** Los hijos son vigorosos como jóvenes plantas; las hijas son altas y hermosas; los graneros está llenos; los ganados son fecundos; y los bueyes son fuertes. Tales son las bendiciones ideales que son esperadas en una sociedad ideal.

Salmo 145. Alabanza por la grandeza de Dios

Este himno de alabanza es a la vez una expresión triunfante de una persona y un llamamiento a los hombres a que glorifiquen la grandeza de Dios. Lleva una nota de atracción universal muy pocas veces presente en expresiones de la fe de Israel. El salmista utiliza un marco acróstico, empezando cada versículo con una letra del alfabeto hebreo. Solo falta una letra, la *nun*, que debiera aparecer entre los vv. 13 y 14. El salmo sirve como una introducción a la colección final de alabanzas (Sal 145 — 150).

1, 2. La promesa de la alabanza. **Te exaltaré...bendeciré...alabaré.** El propósito del salmista se evidencia claramente en su promesa de bendecir a Dios **cada día, eternamente** y **para siempre.** Su relación personal y visión universal se ven en la invocación inicial a **mi Dios, mi Rey.**

3–20. La grandeza de Dios. **Grande es Jehová, y digno de suprema alabanza.** El v. 3 es el tema de su alabanza. Aunque esta grandeza es inescrutable, el salmista hace un admirable trabajo de ilustrarlo. Su esperanza es constantemente que otros darán testimonio de la grandeza de Dios. En los versículos que siguen él enfatiza la grandeza de Dios en términos de sus obras poderosas, su gloria y esplendor, su gran bondad, su bondadosa compasión, sus misericordias, su reinado glorioso y eterno, su cuidado providencial, su rectitud, su santidad. y su disponibilidad para aquellos que le invocan en verdad y con reverencia. Esta comprensión de la naturaleza de Dios es una marca de nivel superior en el Salterio.

21. La doxología de la alabanza. **Todos bendigan su santo nombre eternamente y para siempre.** Después de repetir su promesa de alabanza personal, el orador abre la invitación a toda la carne. Su deseo incluye a toda la humanidad y se extiende en tanto que el mundo persista.

Salmo 146. Alabanza por la ayuda de Jehová

Este es el primero de cinco himnos de alabanza similares, todos empezando y acabando con **Aleluya.** Esta pequeña colección ha servido como himnario corto para su utilización en el servicio diario de la sinagoga. Como la mayor parte de los salmos en este Libro final, la forma presente de estos salmos refleja circunstancias post-exílicas, y pensamiento y lenguaje asimismo post-exílico.

1, 2. El voto de alabanza. **Alabaré a Jehová en mi vida.** En un lenguaje similar al del salmo anterior, se expone el voto de alabanza en términos absolutos.

3, 4. La impotencia humana. **No confiéis en los príncipes.** Debido a sus propias experiencias, el salmista suplica a los hombres que no dependan de los favores de los nobles (cp. Pr 19:6). Se da cuenta de que no puede venir ninguna ayuda duradera de uno cuyo aliento y pensamientos se desvanecen al ir su cuerpo al polvo. No puede identificarse la circunstancia histórica exacta a la que se refiere el salmista. No obstante, se podría sacar esta conclusión de cualquier tiempo de la historia de Israel.

5–10. El poder de Dios. **Bienaventurado es aquel...cuya esperanza está en Jehová su Dios.** Aquel que tiene al Señor como su ayudador y su esperanza es verdaderamente bienaventurado. Esta esperanza se halla basada en la creación del universo por parte de Dios, su bondadoso cuidado sobre el hombre, y su rei-

nado eterno. El énfasis especial sobre Dios como el campeón de los necesitados y de los oprimidos sugiere que el salmista era un miembro de este grupo dentro de la sociedad de su época. Es de señalar el quíntuple énfasis puesto sobre el nombre Jehová en los vv. 7–10.

Salmo 147. Alabanza por la providencia de Dios

El desbordamiento de gratitud, como en este salmo, siempre ha constituido una parte vital de la adoración de Israel. Este es verdaderamente un himno de alabanza desde el principio hasta el final, sin una sola nota de queja ni una sola petición. Es difícil descubrir un desarrollo lógico debido a que se comprimen aquí tres salmos en uno solo (vv. 1–6, 7–11, 12–20). Estos elementos separados son parcialmente evidente en la LXX, donde los vv. 12–20 son presentados como un salmo diferente.

1–6. Su bondad hacia Israel. **Jehová edifica...recogerá.** Después de un breve llamamiento a la alabanza, el salmista declara cuan bueno ha sido el Señor a su pueblo. Es indudable que los vv. 2, 3 se refieren a la restauración que sigue al exilio. Cada una de las cosas que Dios ha hecho es relacionada con su grandeza, su poder, y su entendimiento.

7–11. Su providencia sobre la naturaleza. **Él es quien cubre de nubes los cielos.** El pensamiento se extiende más allá de los límites de Israel para llegar a cubrir a toda la creación. La provisión de lluvia y de alimentos de parte de Dios es especialmente importante en una tierra en la que los cielos carecen de nubes desde abril hasta octubre. El salmista se da cuenta de que el favor de Dios no se halla basado en la fuerza física del hombre ni de la bestia.

12–20. Su cuidado por Jerusalén. **Porque fortificó los cerrojos de tus puertas.** Se utilizan **Jerusalén** y **Sion** como términos paralelos en una personificación descriptiva, simbólica del pueblo de Dios que mora y adora dentro de ella. Se exponen las bendiciones de la protección, de la paz, y de la prosperidad como realidades presentes. El salmo finaliza con una referencia a la singular relación de Israel con Dios como Su pueblo escogido.

Salmo 148. Alabanza por toda la creación

El tercer himno de alabanza en la colección final es un llamamiento para un coro universal de adoración por parte de todo en los cielos y en la tierra. El versículo final se refiere indudablemente al retorno del exilio e indica la razón y la ocasión de una alabanza tan intensa, de la que se hace eco toda la creación.

1–6. El llamamiento a los cielos. **Desde los cielos...en las alturas.** Utilizando el lenguaje de la cosmología del Oriente Medio antiguo, el salmista busca la alabanza a Dios desde los seres celestes hasta los fenómenos celestiales. Los vv. 5, 6 son una respuesta o estribillo que era probablemente cantado por el coro como antífona. Que Dios haya creado los objetos celestes y que los sostenga constituye una razón suficiente para la alabanza.

7–12. El llamamiento a la tierra. **Desde la tierra.** El salmista empieza con las profundidades de la tierra y se refiere a todas las formas de vida, inanimadas y animadas. Señálese que el hombre, como corona de la creación, queda reservado para lo último. Los vv. 13, 14 actúan como una segunda respuesta, significando las razones básicas de su alabanza. La gloria de Dios y la redención de Su pueblo elegido son considerados como razones suficientes.

Salmo 149. Alabanza por el triunfo de Dios

Este himno de alabanza hace una referencia especial a la celebración de una victoria reciente. Muchos intérpretes entienden los versículos finales como escatológicos más que históricos. No obstante, los primeros cuatro vv. están evidentemente relacionados con una realidad presente de la liberación efectuada por Dios. Aunque el evento no puede ser identificado con precisión, el propósito de la composición original es evidentemente el de agradecer a Dios Su victoria en la época del retorno de los guerreros.

1–4. La convocatoria a la alabanza. **Cantad a Jehová cántico nuevo.** La escena es la gran asamblea de los **santos** o piadosos en el Templo. La importancia de la ocasión se ve en la necesidad de un cántico nuevo para celebrar la nueva victoria de sus ejércitos. El v. 3 con su mención de la danza pone de manifiesto el espíritu de regocijo y de gozo demandado en el v. 2. La victoria misma es una indicación de que el favor y la salvación de Dios han sido derramados sobre su oprimido pueblo.

5–9. El cántico de victoria. **Regocíjense los santos...canten.** Se presenta a los piadosos como regocijándose en triunfo y cantando sobre sus camas debido a que la recompensa de ellos es ahora la seguridad. La imagen de los guerreros alabando a Dios con espadas de ''doble boca'' (**de dos filos** en la RV) en sus manos es simbólica de las victorias conseguidas en su nombre. De forma figurada, los santos de Dios han de blandir en la actualidad la espada del Espíritu, que es la palabra de Dios (Ef 6:17; He 4:12).

Salmo 150. Alabanza en su punto culminante universal

Este último himno de alabanza cumple su cometido de forma adecuada en su posición de honor como doxología de todo el Salterio. Cada frase en el salmo parece apoyarse en el pensamiento precedente en preparación del punto culminante, que llega repentinamente como un desbordamiento de poderosa alabanza proviniente de las huestes de los cielos y de la tierra.

1. Especificación del lugar. **En su santuario...en...su firmamento.** El **santuario** puede que constituya una referencia a la morada celestial de Dios o al Templo terrenal. En tanto que el significado anterior es paralelo al **firmamento,** la idea posterior tendría mucho más significado para los adoradores reunidos.

2. Las razones dadas. **Sus proezas...la muchedumbre de su grandeza.** Sus actos poderosos en la creación y en la historia constituyen el tema de muchos salmos. Su grandeza ha constituido un tema recurrente en estos himnos finales de alabanza (cp. Sal 145, 147).

3–5. Enumeración de los instrumentos. **A son de...** Parece que el salmista haya dispuesto estos instrumentos sin un orden determinado. Es probable que se hiciera sonar cada uno de ellos cuando era mencionado, y que siguiera tocando hasta el final del Aleluya.

6. El coro reunido. **Todo lo que respira.** No meramente los sacerdotes y levitas, ni meramente la congregación, sino todas las criaturas del tiempo y del espacio que tienen aliento quedan incluidas en este coro de coros. El Salterio acaba, pero persiste la melodía al seguir los adoradores cantando, **Aleluya,** *Alabad al Señor.*

BIBLIOGRAFÍA

ALEXANDER, JOSEPH A. *Commentary on the Psalms*. Grand Rapids: Kregel Publications, 1991.

BRIGGS, CHARLES A., y BRIGGS, EMILIE G. *The Book of Psalms (International Critical Commentary)*. 2 vols. Edimburgo: T. & T. Clark, 1907.

CHEYNE, T.K. *The Book of Psalms*. Londres: Kegan Paul, Trench, Trubner & Co., 1904.

CLARKE, ARTHUR G. *Analytical Studies in the Psalms*. Grand Rapids: Kregel Publications, 1979.

COHEN, A. *The Psalms* (The Soncino Books of the Bible). Hindhead, Surrey: The Soncino Press, 1945.

DAVISON, W.T. *The Psalms I–LXXII (The Century Bible)*. Edimburgo: T. C. & E. C. Jack, s.f.

DELITZSCH, FRANZ. *Biblical Commentary on the Psalms*. 3 vols. Grand Rapids: Wm. B. Eerdmans Publishing Co., 1949.

EISELEN, FREDERICK C. *The Psalms and Other Sacred Writings*. Nueva York: The Methodist Book Concern, 1918.

JAMES, FLEMING. *Thirty Psalmists*. Nueva York: G. P. Putnam's Sons, 1938.

KIRKPATRICK, A.F. *The Book of Psalms*. 3 vols. *(The Cambridge Bible for Schools and Colleges.)* Cambridge: The University Press, 1902.

LESLIE, E.A. *The Psalms*. Nueva York: Abingdon Cokesbury, 1949.

LESLIE, E.A., y SHELTON, W.A. "Psalms", *Abingdon Bible Commentary*. Nueva York: Abingdon Cokesbury, 1929.

MACLAREN, ALEXANDER. *The Psalms*. Nueva York: Funk & Wagnalls Co., 1908.

McCULLOUGH, W. STEWART, and TAYLOR, WILLIAM R. "The Book of Psalms", *The Interpreter's Bible*. Vol. 4. Nueva York: Abingdon Press, 1955.

McFADYEN, JOHN E. *The Psalms in Modern Speech and Rhythmical Form*. Londres: James Clarke & Co., 1926.

MORGAN, G. CAMPBELL. *Notes on the Psalms*. Nueva York: Fleming H. Revell Co., 1947.

OESTERLEY, W.O.E. *A Fresh Approach to the Psalms*. Nueva York: Charles Scribner's Sons, 1937.

_____ *The Psalms*. Londres: Society for the Promoting of Christian Knowledge, 1939.

PATTERSON, JOHN. *The Praises of Israel*. Nueva York: Charles Scribner's Sons, 1950.

PATTON, JOHN H. *Canaanite Parallels in the Book of Psalms*. Baltimore: Johns Hopkins University Press, 1944.

PEROWNE, J.J. STEWART. *Commentary on the Psalms*. (2 tomos en 1.) Grand Rapids: Kregel Publications, 1989.

PETERS, JOHN D. *The Psalms as Liturgies*. Nueva York: G. P. Putnam's Sons, 1922.

SIMPSON, DAVID C. *The Psalmists*. Londres: Oxford University Press, 1926.

SNAITH, NORMAN H. "The Psalms", *Twentieth Century Bible Commentary*. Nueva York: Harper & Brothers, 1955.

_____. *Studies in the Psalter*. Londres: Epworth Press, 1926.

SPURGEON, CHARLES H. *The Treasury of David* Abreviado en un tomo. Grand Rapids: Kregel Publications, 1968.

TERRIEN, SAMUEL. *The Psalms and Their Meaning for Today*. Nueva York: The Bobbs-Merrill Company, 1952.

WALKER, ROLLIN H. *The Modern Message of the Psalms*. Nueva York: Abingdon Cokesbury, 1938.

COMENTARIOS EN ESPAÑOL

IRONSIDE, HARRY A. *Estudios Sobre los Salmos*. Terrassa: Editorial CLIE.

SPURGEON, CHARLES H. *El Tesoro de David*. 2 tomos. Terrassa: Editorial CLIE, 1989.

WOOD, FRED M. *Salmos: Cantos de Vida*. El Paso: Casa Bautista de Publicaciones, 1984.

PROVERBIOS

INTRODUCCIÓN

La enseñanza de los Proverbios. La esencia del libro de los Proverbios es la enseñanza de los principios éticos y morales. La peculiaridad de este libro es que está principalmente dado a la enseñanza por medio de contrastes. Especialmente dignos de mención son los caps. 10—15, donde cada versículo está dividido por la palabra ''pero'' o ''mas''.

En la primera sección, caps. 1—9, tenemos también la utilización de contrastes: entre el bien y el mal. En esta sección, el bien queda denominado por varias palabras —sabiduría, instrucción, entendimiento, justicia, juicio, equidad, conocimiento, discreción, prudencia, consejos— pero especialmente sabiduría, que aparece diecisiete veces en esta sección y veintidós veces en el resto del libro. Lo que viene a resultar en un resumen del libro es la bien conocida afirmación de 1:7, ''el principio de la sabiduría es el temor de Jehová'', que se repite cerca del final de esta sección (9:10). Esta afirmación reaparece verbalmente (con las cláusulas invertidas) en el Salmo acróstico 111:10, y de una forma casi idéntica como punto culminante de Job 28, el cual describe de una forma sumamente poética la búsqueda de la sabiduría.

Peculiar a esta sección de Proverbios es la personificación de la sabiduría como mujer. Esto se ve en primer lugar en 3:15. En realidad, en 3:15–18 el pronombre que se refiere a la sabiduría pudiera traducirse como ''ello'' así como ''ella'', pero se acepta la personificación debido a las referencias posteriores. Pr. 7:4 abre el camino a la personificación, ''Dí a la sabiduría: Tú eres mi hermana''. Se completa en los caps. 8 y 9, en los que la sabiduría invita a los simples a que participen de su fiesta. Sólo es en Proverbios, y solamente en esta sección, que hallamos así personalizada a la sabiduría.

Es esencial a la comprensión de esta primera parte reconocer esta personificación. Ya que en hebreo, como en castellano, ''sabiduría'' es un nombre femenino, queda por ello personificado fácil y rápidamente con una mujer. Más importante, el autor está aquí con-trastando a la ''sabiduría'', la mujer virtuosa, con la prostituta, la mujer extraña. Y así como la sabiduría es la representante de todas las virtudes, así probablemente la mujer extraña tipifique e incluya todo pecado.

El contraste es elaborado y artístico. La sabiduría clama por las calles (8:3). Su invitación es: ''Cualquier simple: Ven acá'' (9:4). Como contraste, la mujer necia, que invita a aguas hurtadas y cuyos convidados están en lo profundo del Seol (9:17, 18), formula una invitación idéntica: ''A cualquier simple, ven acá'' (9:16). La sabiduría llama a los simples a que se aparten del pecado; la prostituta los llama a que se lancen a él.

Esta sección, Proverbios 1—9, es por ello un contraste entre el pecado y la justicia. Las palabras ''sabiduría'', ''instrucción'', ''conocimiento'', etc., utilizados a lo largo de este pasaje, no significan meramente inteligencia y actividad humana; en lugar de ello son con-trastadas con lo que es malo. Por ello se utiliza aquí la sabiduría como una cualidad moral. Debiera observarse que se trata de un uso especial. En la mayor parte del AT, la sabiduría es una mera habilidad o sagacidad. Incluso en Eclesiastés, donde también se destaca la sabiduría, se trata meramente de la inteligencia humana, y por ello se incluye juntamente con la insensatez como una vanidad (Ecl 2:12–15). Tan solo en Job 28 y en ciertos salmos (37:30; 51:6; 90:12; 111:10) se puede reconocer el concepto de sabiduría tal cual lo hallamos en Proverbios. Incluso la sabiduría por la que Salomón recibió fama en los libros históricos no es exactamente esta sabiduría. Fue famoso por su capacidad en las ciencias naturales (1 R 4:33) y jurisprudencia (1 R 3:16–18) y por su elevada inteligencia (1 R 10:1–9). Proverbios añade al concepto de excelencia mental la rectitud moral que sólo puede hacer que la inteligencia sea de valor.

En la segunda sección, los Proverbios de Salomón, 10:1—22:16, la enseñanza es presentada caso exclusivamente mediante un tratamiento individual, de versículo en versículo. Hasta el final del cap. 15 la enseñanza es mediante contraste, indicado con un "pero" o "mas" en medio de casi cada uno de los versículos. A partir de allí tenemos paralelos en el pensamiento con más frecuencia que contrastes.

Esta sección cubre un amplio margen de temas, y desafía a todo bosquejo. No obstante, la postura es bien consecuente. Salomón está contrastando la sabiduría con la insensatez. Y, como en la Sección I, no se trata de inteligencia frente a estupidez; se trata de la sabiduría moral confrontada con el pecado. En esta sección, la sabiduría no es nunca personificada, pero se utilizan en esta sección los mismos sinónimos de ella que en la Sección I: entendimiento, rectitud, instrucción. El necio tiene también sus paralelos: el escarnecedor, el perezoso, el incorregible. Las siguientes secciones (ver el Bosquejo) prosiguen en esta línea. Como señala Toy (Crawford H. Toy, ICC sobre *Proverbs*, p. xi), la ética de este libro es muy elevada. Se insiste en la honestidad, veracidad, respeto por la vida y por la propiedad. Se apremia a los hombres a que extiendan justicia, amor y misericordia a los otros. Se refleja una buena vida familiar, con una cuidadosa instrucción de los niños y una elevada posición para la mujer.

En cuanto a su postura religiosa, se considera al Señor como el autor de la moralidad y de la justicia, y se presupone el monoteísmo. Pero son escasas las referencias a la Ley y a la profecía (29:18), al sacerdocio y a los sacrificios (15:8; 21:3, 27). El autor habla en su propio derecho, inculcando principios de conducta recta como de parte del Señor.

Paternidad. El nombre de Salomón aparece en tres partes del libro: 1:1; 10:1; y 25:1. Así hay una afirmación de la paternidad salomónica para las secciones principales, ciertamente todas las secciones a excepción de la Parte III, 22:17 — 24:22; IV, 24:23–34; y VI, 30:1 — 31:31. Esta afirmación es puesta en tela de juicio por parte de eruditos críticos. Toy (*op. cit.* p. xix), que niega la paternidad mosaica del Pentateuco y que mantiene que ni Isaías ni los otros profetas escribieron los libros que se les atribuyen, no da, naturalmente, crédito a la paternidad salomónica de este libro. Sobre la base de muchas evidencias internas, asigna al libro una fecha post-exílica. Driver (S. R. Driver, *Introduction to the Literature of the Old Testament*, 4ª ed., pp. 381ss.) mantiene que partes del libro son pre-exílicas, pero que poco de él, si es que hay algo, es de Salomón. Pfeiffer (Robert H. Pfeiffer, *Introduction to the Old Testament*, pp. 649–659) examina las características internas de Prover-

bios, creyendo que datan de varios estratos históricos. Debido a que la literatura sapiencial en Egipto alrededor del 1700–1500 a.C. era puramente secular, llega a la conclusión de que los estratos religiosos en Proverbios tienen que proceder del siglo IV a.C. Después de reconstruir a su propia satisfacción la historia del pensamiento en Israel, fecha Proverbios en relación con el dicho desarrollo. Su conclusión es que los libros fueron finalizados después del 400 a.C., y en una fecha anterior al final del tercer siglo.

W. F. Albright ("Some Canaanite–Phoenician Sources of Hebrew Wisdom" en *Wisdom in Israel and the Ancient Near East*, ed. por M. Noth y D. W. Thomas, p. 13, y citado en G. L. Archer, *Reseña Crítica de una Introducción al Antiguo Testamento*, pp. 519–520) estudia la similaridad del lenguaje con el ugarítico, y argüye que el libro "en todo su contenido" es probablemente pre-exílico, pero que buena parte de él fue trasmitido oralmente hasta el siglo V a.C. Mantiene que es probable la existencia de un núcleo salomónico. Charles T. Fritsch (*The Book of Proverbs*, p. xxvi) quisiera situar la mayor parte del libro en la época pre-exílica, pero sitúa la Sección I, 1:1 — 9:18, y la Sección VI, 30:1 — 31:31, en el siglo III "y bien posiblemente aun más tarde".

El hecho es que la atención más cuidadosa a estas evidencias internas no puede servir para asignar una fecha al libro ni a sus colecciones. Concediendo que los proverbios seculares puedan haber precedido a los religiosos, o los aforismos de una sola línea a los más elaborados, con todo ello el desarrollo de lo complejo y de lo religioso pudiera haber alcanzado ya su máximo esplendor antes de la época de Salomón. Concediendo que Jeremías se oponía a los sabios de su época (Jer 18:18), esto no demuestra nada en cuanto a la asignación de fechas. También se opuso a sacerdotes, y a profetas, y a reyes, pero ¡esto no demuestra que estos cargos fueran post-exílicos! El enfoque más prometedor de la asignación de fechas en base de la evidencia interna es el de Albright con su comparación de palabras y formas ugaríticas.

Nuestra evidencia externa no es tan completa como pudiéramos desear que lo fuera, pero no debiera ser dejada totalmente a un lado. Pr 15:8, por ejemplo, es citado con la fórmula "Escrito está" en el Documento Sadoquita (col. XI. Línea 20; C. Rabin, *The Zadokite Documents*, p. 58). Esto muestra que el libro era considerado como canónico en el siglo II a.C. La producción de "proverbios y parábolas" de Salomón es mencionada en Eclesiástico 48:17, fechado alrededor del 180 a.C. No hay todavía ningún tipo de evidencia externa anterior a esto. Oesterley afirma un caso de un pasaje tomado de Proverbios en la *Historia de Ahikar* en el siglo v a.C. (ver el com. sobre 23:14). La opinión que se tenga de la fecha de este libro irá pesadamente condicionada por la postura que se mantenga en cuanto a los otros libros. Si se mantiene que el Pentateuco no fue escrito hasta el 400 a.C. y que los profetas fueron mayormente postexílicos, se negará que Salomón escribiera los Proverbios. Si, no obstante, se admite el fechado pre-exílico del Pentateuco, de los Salmos, y de los Profetas (como hace este autor), no parece haber ninguna razón válida para negar la adscripción tradicional a Salomón de las secciones que llevan su nombre.

Fritsch (*op. cit.*, p. 770) objeta a la tradicional glorificación de la sabiduría de Salomón cuando "cometió tantas equivocaciones insensatas durante su vida en casi cada actividad". Este parece ser un juicio muy duro contra el rey más brillante de Israel. Que cometiera equivocaciones a lo largo de su largo reinado de cuarenta años es cosa cierta; pero la arqueología da testimonio de la capacidad de Salomón en arquitectura, de su habilidad en la administración, y de sus descubrimientos en ingeniería en relación con su planta de fundición de cobre en Ezión-geber. Cierto es que en su ancianidad se volvió opresor (1 R 12:10), pero su posterior decadencia no debiera cegarnos a su temprano brillo. Más críticos hay que objetan al carácter de Salomón debido a sus muchas mujeres. No obstante, una estrecha atención a los textos (y ellos constituyen nuestras únicas fuentes de información) muestra que no presentan a Salomón como una criatura concupiscente. Como un rey importante sobre un área que incluía a muchos reyezuelos de ciudades-estado, es indudable que Salomón celebró muchos pactos. Es indudable que en muchos casos tales tratados quedaban sellados con el matrimonio de Salomón con la hija del reyezuelo, como era la costumbre antigua y como sucedió en el caso de la alianza con Egipto (1 R 9:16, 17). Los casamientos de Salomón fueron indudablemente arreglos políticos en su mayor parte. Su error no cayó tanto en la concupiscencia como en permitir que sus esposas políticamente importantes trajeran sus cultos paganos a la ciudad de Dios (1 R 11:7–9).

Los autores de las otras secciones de Proverbios (III, 22:17 — 24:22; IV, 24:23–34; VI, 30:1 — 31:31) nos son totalmente desconocidos. Ver notas en el Comentario. Por ello, no podemos ser dogmáticos en cuanto a sus fechas excepto para decir que no hay necesidad de situar la final edición del libro después del fin tradicional del período bíblico: alrededor del 400 a.C.

Colecciones de proverbios. Toy (*op. cit.*, pp. vii, viii), y otros que le siguen, han argumentado que la aparición de la misma línea o versículo en varias partes del libro demuestra la diferente paternidad de aquellas partes. Toy relaciona unas cincuenta correspondencias, algunas, no obstante, no muy estrechas. Inadvertidamente omite el 15:13 y 17:22. La mayor parte de estos paralelos son señalados en la sección de Comentario de este estudio. Toy no ha prestado suficiente atención al hecho evidente de que en muchos casos se repite una porción de un versículo con variaciones que son probablemente significativas. Tales repeticiones no demuestran nada en cuanto a colecciones de proverbios de diferente paternidad. También en algunas ocasiones la repetición queda dentro de una sección que Toy sostiene ser una colección unificada, como 14:12 y 16:25. Aquí Toy se ve obligado a sugerir la existencia de sub-colecciones. Además, hay una repetición similar en una obra egipcia que se mantiene que es de paternidad unificada (cp. com. sobre 22:28). Es evidente que la pretensión de Toy se basa en una asunción falaz. Es evidente que hay varias colecciones distintas en Proverbios, como muestran los títulos; pero la evidencia interna de estos paralelos es insuficiente para confutar la paternidad de Salomón de aquellas secciones adscritas a él.

Los Proverbios y otra literatura sapiencial. Así como la redacción de poesía en la antigüedad no se hallaba limitada a los hebreos, así la forma literaria de Proverbios no es singularmente hebrea. No debiera sorprendernos el descubrimiento de que hubieran colecciones de proverbios en el antiguo Egipto y Mesopotamia. Pudieran nombrarse varias obras tales, pero dos son de importancia especial: la *Historia de Ahikar* y la *Sabiduría de Amen-em-Opet*, que tiene que ser considerado más adelante en cierto detalle.

Una de las más antiguas de estas obras sapienciales es la *Instrucción de Ptah-Hotep*, acerca de 2450 a.C. en Egipto. Son pocos los paralelos que se pretenden con el libro de Proverbios, pero el estilo de redacción es proverbial y los pensamientos son similares en algunos casos. Por ejemplo, demanda obediencia de los hijos, humildad, justicia, cuidado a la mesa de un noble, escuchar más que hablar, etc. Evidentemente, este consejo piadoso es antiguo, y constituía la común propiedad de Oriente. Los paralelos entre tales materiales y

Proverbios no demuestran nada en cuanto al origen de este libro. Observaciones similares se aplican a la *Instrucción de Ani* y otra literatura egipcia temprana. Pueden mencionarse algunas piezas de literatura mesopotámica. El llamado Job babilónico, titulado *Alabaré al Señor de la Sabiduría*, nos recuerda algo al Job bíblico, en su historia de un hombre en una gran enfermedad que es curado por los dioses. Hay también un *Diálogo acerca de la miseria humana*, en algunos casos llamado el Eclesiastés babilónico. La similaridad de las palabras con el Eclesiastés bíblico es bastante ínfima, pero incluye unos cuantos dichos proverbiales.

Varias tabletas babilónicas del siglo VIII o anterior incluyen proverbios aconsejando a devolver bien por mal, a no hablar apresuradamente, a no meterse en las peleas de otro, etc. Otra vez, ya que estos principios de moralidad son tan generales, su presencia en estas tabletas no demuestra nada acerca del origen del Libro de Proverbios, excepto que debiera naturalmente ser considerado frente a su fondo histórico. Así como Moisés pudiera haber tomado algo de las leyes de Hammurabi, y que David utilizó algo de las formas de la poesía cananea, así Salomón y sus sucesores tuvieron una riqueza de material de base para propósitos ilustrativos. No obstante, en todos estos casos, el material antiguo común fue moldeado por el autor heb., que fue inspirado por el Espíritu Santo para escribir Su revelación para su pueblo. (Todos estos escritos pueden ser cómodamente consultados en la colección editada por James B. Pritchard, *ANET.*)

De mayor importancia para nuestro estudio es la *Historia de Ahikar*, una historia mesopotámica adornada con muchos proverbios. La historia ha sido conocida durante largo tiempo, ya que pasajes de ella aparecen en autores cristianos antiguos. Pero en 1906 aparecieron once hojas de papiro conteniendo la historia en unas excavaciones de la colonia judía de Elefantina, en Egipto. Esta copia es de alrededor del 400 a.C. Ahikar era consejero de los reyes Senaquerib y Esarhadón en Asiria, alrededor del 700 a.C. Adoptó él a su sobrino, que con engaños persuadió al rey que ejecutara a Ahikar. Pero los ejecutores oficiales, siendo amigos del condenado, lo escondieron por un tiempo, hasta que se enfrió la ira del rey, y lo reinstauraron. Dos terceras partes del libro están compuestas de los dichos de Ahikar, que presentan un número de paralelos con Proverbios. W. O. E. Oesterley relaciona, en su *The Book of Proverbs* (pp. xxxvii-liii) treinta y siete paralelos, lo que en realidad es un número algo exagerado. Story (*op. cit.*, pp.

329–336) presenta también importantes comparaciones. En su mayor parte estos paralelos son generales. Por ejemplo, Ahikar advierte a los hombres en contra de contemplar a mujeres adornadas y pintadas, y de desearlas en sus corazones ya que este es un pecado contra Dios (cp. Pr 6:25, etc.). También apremia al padre a que someta a su hijo en tanto que es pequeño, pues si no se rebelará cuando sea mayor (cp. Pr 19:18). Es dudoso, no obstante, que haya alguna relación directa entre los proverbios de Ahikar y los de la Biblia. Además, los proverbios de Ahikar carecen del tono moral del libro de los Proverbios. No presentan el contraste entre el sabio frente al necio tan característico de Proverbios. Son más seculares. No obstante, el libro de Proverbios utiliza ocasionalmente el marco secular para desarrollar sus enseñanzas morales. En realidad, es difícil de llegar a saber de cierto —si es que hay alguna dependencia— cuál es la obra deudora. La *Historia de Ahikar*, aunque su escena se halla situada en Asiria, se hallaba entre los judíos y más tarde entre los cristianos. Nuestra mejor copia es de una fuente judía. Los proverbios de *Ahikar* hubieran podido ser fácilmente influenciados por el libro de los Proverbios o por el depósito popular de proverbios entre los judíos, por lo menos tan fácilmente como al revés (ver el com. sobre 23:14 para un caso probable de copia de Proverbios en *Ahikar*).

Los hay que creen que el caso es diferente con la *Sabiduría de Amen-em-Opet* egipcia. Esta notable colección de proverbios tiene aun más paralelos con el libro bíblico que *Ahikar*. Su fecha es incierta. El papiro es posterior a la redacción, pero él mismo no puede ser datado. F. Ll. Griffith hizo la principal obra en traducción del egipcio. Oesterley publica la edad asignada por Griffith al libro como la del siglo VII al VI a.C., y H. O. Lange como incluso posterior. Oesterley mismo asigna la obra al siglo VIII o posterior (*The Wisdom of Egypt*, pp. 9, 10). Albright favorece una fecha anterior, alrededor del 1100–1000 a.C. (*op. cit.*, p. 6). Si se debe mantener este fechado, cualquier pensamiento de derivación tiene que serlo de un original egipcio. John A. Wilson (ANET, p. 421) no se compromete a sí mismo, en su traducción del libro, con respecto a una fecha definida.

Tiene que observarse la naturaleza de los paralelos. Oesterley, en su prolijo estudio, señala que la *Sabiduría de Amen-em-Opet* es muy poco egipcia. Presenta una ética muy elevada y una alta concepción de Dios, señalando a un monoteísmo de un cierto tipo. Declara que "no se halla su semejante en ninguna otra obra egipcia de tiempos pre-cristianos" (*op. cit.*, p. 24). Halla Oesterley paralelos con varios libros del AT, además de Proverbios, p.ej., Dt 19:14; 25:13–15; 27:18; 1 S 2:6–8; Sal 1; Jer 17:6ss. Estos pasajes, no obstante, no son especialmente significativos, porque la mayor parte de ellos tratan de temas hallados también en el libro de Proverbios, donde los paralelos son numerosos: más de cuarenta listados por Oesterley (*The Book of Proverbs*, pp. xxxvii-liii). Los paralelos aparecen en varias secciones de Proverbios, pero son particularmente notables en la sección de 22:17 — 23:14. A excepción de cinco versículos, todo este pasaje halla su paralelo en *Amen-em-Opet*.

Lo más notable es que el libro egipcio se halla dividido en treinta capítulos (de considerable longitud) y concluye con una exhortación a hacer caso a estos treinta capítulos. Esta sección en Proverbios, expandiéndola para incluir 22:17 — 24:22, contiene, se dice, treinta dichos (Oesterley, *op. cit.*, p. 192). Las palabras introductorias de esta sección en Proverbios son: "¿No te he escrito tres veces en *consejos y en ciencia*?" (22:20). Esto pudiera leerse, justificadamente, con una vocalización muy ligeramente diferente: "¿No te he escrito treinta?" Tiene que admitirse que el descubrimiento de precisamente treinta dichos en estos sesenta y nueve versículos es algo arbitrario. Y los treinta dichos no tienen la longitud de los treinta capítulos del libro egipcio. Con todo esto, el paralelo es asombroso. Oesterley (*The Wisdom of Egypt*, p. 105) señala al curioso hecho de que la sección (Pr 22:17 — 23:12) presenta paralelos con todos excepto tres versículos con secciones dispersas de la obra egipcia. Pero las otras secciones de Proverbios, que presentan menos paralelos, los tienen en general con los capítulos X y XXI de *Amen-em-Opet*. Argumenta de una manera bastante plausible, en base de esto, que la utilización, por lo que respecta a la copia, difiere en las distintas secciones de los dos libros. Ningún libro copió directamente el otro. En algunas secciones, ambos copiaron de una reserva común de dichos proverbiales. Pero, por el peculiar carácter de la obra egipcia, argumenta

que la fuente de ambos se hallaba en el fondo de la sabiduría y la teología hebrea.

Podemos quizá ir algo más allá. Se ha hecho mucho de la versión "¿No te he escrito *treinta* veces. . .?" Es evidente que los treinta dichos en esta sección de Proverbios no han sido copiados de los treinta egipcios. En realidad, la última mitad de esta sección en Proverbios carece de paralelos con la obra egipcia. El "treinta" de Proverbios puede haber sido modelado según el "treinta" egipcio, pero en todo caso no fue servilmente copiado. Más bien, debiéramos ver aquí otro ejemplo del uso característico de los números en la literatura sapiencial. Unos ejemplos bien conocidos son las referencias culminantes a "tres cosas. . .y cuatro" (VM) demasiado difíciles de comprender (Pr 30:18ss) o "seis cosas. . .y siete" (VM, 6:16–19). Tales referencias encuentran su paralelo en la literatura ugarítica. Se dice que Baal aborrece dos sacrificios, y tres no desea (C. H. Gordon, *Ugaritic Literature*, p. 30). Baal captura sesenta y seis poblaciones, y sesenta y siete ciudades (*ibid.*, o. 36). Más tarde, se mencionan setenta y siete hermanos, y setenta y ocho (*ibid.*, p. 55). Pudieran darse muchos otros ejemplos. Evidentemente, en los dichos en *Amen-em-Opet* y en Pr 22:20 tenemos dos ejemplos de una utilización literaria del numeral treinta que probablemente pudieran ser multiplicados si nuestras fuentes de la antigua sabiduría egipcia y hebrea fueran más completas. En cuanto a la comparación detallada de Proverbios con los dichos egipcios, ver notas sobre los versículos en el comentario.

Debiéramos mencionar también los dos libros apócrifos: el Eclesiástico, de alrededor del 180 a.C., y la Sabiduría de Salomón, probablemente algo más tarde. Estos libros, de un gran interés en sí mismos, son modelados en cierta manera según Proverbios. Pero son posteriores, y muestran un desarrollo posterior de la personificación de la sabiduría y en otros temas. Toman prestado de nuestro libro de los Proverbios, y no vice-versa, y por ello no es necesario, para nuestro propósitos, referirnos extensamente a ellos.

BOSQUEJO

COMENTARIO

I. El tributo de Salomón a la sabiduría, el temor de Jehová. 1:1 — 9:18.

A. Introducción. 1:1–7.

Autor y temática. Algunos comentaristas han tomado esta sección como introducción a todo el libro, pero como las otras varias secciones hacen también referencia al autor, es probable que esto tenga que tomarse como refiriéndose a la primera sección, solamente. **1. Los proverbios.** La raíz de la que viene esta palabra se utiliza tanto en hebreo como en otros lenguajes semíticos para expresar comparación. Un derivado en acadio significa "espejo". De esta utilización, la palabra viene a incluir tanto una expresión de reproche (Sal 69:11), como el mensaje de un profeta (p.ej., Nm 23:7, 18). Se traduce "parábola" en unas pocas ocasiones en al AT. En Proverbios es utilizada principalmente en los títulos (1:1, 6; 10:1; 25:1) para denominar las comparaciones y los contrastes utilizados para expresar la enseñanza moral del libro. **De Salomón.** Ver la consideración acerca de la paternidad en la Introducción al libro.

2–4. Sabiduría...consejo, etc. Hallamos aquí cinco sinónimos para **sabiduría**. Estos incluyen la **justicia** y la **equidad**, que son virtudes más que capacidades. El énfasis recae sobre la sabiduría moral o conducta correcta. **Los simples.** Esta palabra, utilizada en catorce ocasiones en Proverbios, y en cuatro ocasiones en otros pasajes, designa a lo opuesto al hombre moral. No significa un simple en nuestra acepción del término, sino un pecador, un desalmado. Proverbios tiene un mensaje de moralidad para los malvados. No se trata de un *manual para el tontorrón* con buenos consejos

para gente de pocas o de hábitos perezosos. Esta introducción nos advierte en contra de tomarnos este libro en un sentido secular. Es un libro de principios cristianos.

7. El temor de Jehová. Expresión esta común en los Salmos y otros pasajes, esta frase se utiliza en catorce ocasiones en Proverbios. Aparecen en el Sal 115:11 ilustraciones de su utilización: "los que teméis a Jehová, confiad en Jehová", e Is 11:2, 3, donde el temor de Jehová es mencionado como una característica del Mesías. Tal temor incluye maravilla delante del Omnipotente (Sal 2:11; "Servid a Jehová con temor, y alegraos con temblor"). Job 28:28 es prácticamente una definición: "He aquí que el temor del Señor es la sabiduría, y el apartarse del mal, la inteligencia". Pr 8:13 viene a decir lo mismo: "El temor de Jehová es aborrecer el mal". **El principio de la sabiduría.** No "lo principal" o "la suma", como pudiera sugerir la raíz hebrea, porque Pr 9:10 utiliza una palabra que significa específicamente el "empezamiento" o "comienzo". Más bien, significa que nuestro primer paso en la moralidad es nuestra relación con Dios. **Los insensatos desprecian la sabiduría.** La palabra "insensato", o "necio" aparece dieciocho veces en Proverbios; siete veces en otras partes. También difiere la utilización. En Is 35:8, "torpe", traducción de la misma palabra hebrea traducida aquí como *insensato* o *necio*, significa evidentemente esto: torpe o simple, de la forma en que normalmente lo entendemos en castellano. Pero en su utilización especializada de proverbios, "necio" significa un pecador. Pr 14:9 es ilustrativo: "los necios se mofan del pecado". La cáusula significa que los pecadores ridiculizan a la santidad. La Septuaginta griega traduce bien a **necios** como *impíos*.

B. La mujer recta, la Sabiduría, frente a la mujer mala. 1:8—9:18.

En esta sección queda hermosamente ilustrado el método de enseñanza por contraste. En secciones extensas, la Sabiduría personificada es puesta en enfrentamiento al pecado (ver Introducción, *La enseñanza de Proverbios*). **11. Pongamos asechanzas para derramar sangre...al inocente.** El motivo, como se muestra, es el del robo, pero esta banda sugiere abiertamente el asesinato con fin de conseguir botín. **12. Vivos como el Seol.** Esta expresión se halla en Nm 16:30, 33; Sal 55:15. El primer pasaje afirma que Coré y su compañía fueron tragados vivos por la tierra que se abrió. El último expresa una maldición para que aquellos descendieran "vivos" a la tumba. Estos hombres de Pr 1:11–14 asesinarían con presteza. Estaban dispuestos a dar muerte a hombres **enteros**, esto es, saludables. **Seol**, en heb. *she'ol*. Este escritor cree que este término simplemente significa "tumba". Se utiliza en nueve ocasiones en Proverbios, tres veces para referirse a los resultados del adulterio. Cp. 5:5; 7:27; 9:18, donde se hace paralelo a "muerte" y a "los muertos". Al menos en 1:12 el énfasis recae simplemente en el asesinato. No hay aquí ninguna indicación acerca de la vida de ultratumba de las víctimas. Con esto no se niega que hubiera una creencia en la vida de ultratumba y en la resurrección entre los hebreos, sino que solo se quiere decir que esta palabra tan discutida puede haber tenido un significado más simple que el que se le da a veces. (Ver R. Laird Harris, "The Meaning of Sheol in the Old Testament", *The Evangelical Theological Society Bulletin*, (Vol. IV, 1961, No. 4).

16. Sus pies. Idéntico a Is 59:7. Es posible que Isaías cite de aquí, o es posible que se tratara de una expresión común. Ver comentarios sobre 30:5 para otras citas halladas en Proverbios de otros pasajes del AT. **22. Oh simples.** Evidentemente aquellos que se hallan en pecado. La palabra *burladores* se utiliza en el Sal. 1:1 en paralelo con *malos* y *pecadores*, aunque en RV se traduce como "escarnecedores". Cp. com. sobre 3:34. **25. Sino que desechasteis.** Esto debiera traducirse como *Y desechasteis*. Los vv. 24 y 25 dan la razón como una prótasis; la apódosis o conclusión se halla en el versículo 26. Cuando rehusamos la invitación del Señor, llega el momento en que se cierra la puerta de la gra-

cia. **32. El desvío.** La palabra se refiere generalmente a la apostasía, un apartarse de Dios. **2:1. Hijo mío.** En los primeros siete caps. aparece esta designación trece veces. Es de ayuda para demostrar la unidad de esta sección, 1:1 —9:18. **6. Jehová da la sabiduría.** Aquí se ilustra la naturaleza esencialmente religiosa de la exhortación.

13. Sendas tenebrosas. Los vv. 12–15 hablan de la maldad en general. Esto queda aptamente tipificado por la expresión **sendas tenebrosas.** Es todavía cierto que el crimen florece en la oscuridad. El contraste se expresa en 4:18, 19, donde el camino de los justos es comparado con la luz, y el de los malvados con las tinieblas (no obstante, una palabra hebrea distinta a la de 2:13). La figura ética de la luz y de las tinieblas aparece también en Is 5:20; Sal 43:3; y en unos otros pocos lugares donde el contraste es menos claro. No es común en el AT, pero se halla en los rollos del mar Muerto y en el NT.

16. La mujer extraña...la ajena. Estas dos expresiones se refieren a la mujer "disoluta". Las palabras significan, básicamente, "extraña", y "foránea", pero en Proverbios es evidente que se implica la inmoralidad. En otros pasajes del AT no es así. Rut se denomina a sí misma como "extranjero" (Rut 2:10). Estas expresiones, cuando se utilizan en Proverbios, son eufemismos para *zônâ*, "una prostituta", palabra esta que raramente se utiliza en este libro. **17. El compañero de su juventud.** El marido de ella. **El pacto de su Dios.** Probablemente una interesante referencia a la sanción divina de los votos matrimoniales.

18. Su casa está inclinada a la muerte. La traducción es difícil en cuanto a su detalle, pero el significado es claro por su paralelo: la paga del pecado es la muerte. El mismo pensamiento se repite en palabras muy similares en 5:5; 7:27; 9:18. El más cercano es 7:27, que dice que su casa es camino al Seol, que conduce a las cámaras de la muerte; esto es, el adulterio es algo fatal. Es difícil, no obstante, tomar **su casa** como el sujeto de **se inclina** en 2:18, porque "casa" es masculino en heb., y el verbo *shûah* es femenino. Toy (*The Book of Proverbs*, ICC., *ad loc.*) lo deriva por ello de un verbo similar con las mismas consonantes, *shāhāh*, "estar inclinado". Es posible que sea correcto. **Los muertos.** En heb. *repāîm*, traducido por algunos como *sombras* (así la RSV, BLA, margen y Berkeley) o *espectros* del mundo subterráneo. Su etimología es incierta. Se utiliza en varias ocasiones en ugarítico (C. H. Gordon, *Ugaritic Handbook*, glosario), y allí se pone en paralelo con las "deidades". Pero esta utilización no es muy instructiva, ya que involucra a la teología uga-rítica, que es bien diferente de la de la Biblia. Quedamos por ello limitados a los otros siete casos bíblicos de utilización de esta palabra. En tres veces se utiliza como paralelo de "muertos", dos veces como Seol; en dos ocasiones no tiene paralelo. Is 26:14, 19 es instructivo. En el primer versículo el lamento es que los muertos, los *repāîm*, no vivirán ni resucitarán; en el último versículo se promete que sí resucitarán. La palabra significa simplemente difuntos. En cuanto al estado de los muertos siendo espectros, conscientes o inconscientes, esta palabra nada dice. (Acerca de este tema cp. la clara enseñanza de Fil 1:23; Lc 23:43, y otros pasajes.) Hay otra palabra escrita de la misma manera y que es el nombre de una de las naciones en Canaán, los Refaim. La palabra se traduce como "gigantes" en algunas ocasiones, pero probablemente no de una forma correcta.

3:1. Mi ley. Esta frase y "mis mandamientos" (2:1) y palabras similares no deben ser presentadas como la ley de Moisés. Son el consejo del padre-maestro. Se da, no obstante, como la palabra del Señor. El autor implica que está dando mandatos divinos, como lo hace Pablo en 1 Co 14:37. Aunque a menudo se da en Proverbios un fin práctico, el autor apremia a la rectitud por causa de ella misma, no porque "la honradez sea la mejor política". **2. Largura de días.** Una posible alusión al primer mandamiento con promesa (Éx 20:12). **3. Átalas a tu cuello.** Una frase similar, pero no idéntica, aparece en Dt 6:8. Más parecida es Pr 7:3: "Escríbelos sobre la tabla de tu corazón". **5. De todo tu corazón.** Este precioso v. contraste la sabiduría humana ordinaria y la sabiduría divina que constituye la base del libro entero. **Corazón** en hebreo se utiliza simbólicamente no tanto como asiento de las emociones que como asiento del intelecto y de la voluntad. En otras palabras, encomienda tu ser interno a Dios. No busques ser independiente de Él. **6. Enderezará tus veredas.** El v. no promete tanto la guía como la capacidad de seguir adelante.

9. Primicias. Una referencia interesante a la legislación levítica. En general, Proverbios es silencioso en cuanto a las leyes mosaicas (pero cp. los vv. mencionados en el com. sobre 15:8), aunque es evidente que estas leyes estaban en vigor cuando se escribió Proverbios, incluso siguiendo la opinión que haría que tanto Proverbios como la legislación levítica fueran post-exílicos. El silencio de Proverbios a este respecto simplemente vuelve a demostrar que un argumento del silencio es a menudo una falacia. **10. Mosto.** El heb tiene dos palabras

para vino: *Yayîn*, que significa vino fermentado, es utilizado en el pasaje condenatorio de Pr 23:31–35. *Tîrôsh*, utilizado aquí como un producto fresco del prensado, es apropiadamente el "mosto", o "jugo de uva". Ambas palabras son traducidas en la LXX como *oinos*, "vino".

11. No menosprecies, hijo mío, el castigo de Jehová. Citado de Job 5:17, excepto que en Job aparece el nombre característico de *Shaddai*, "Todopoderoso". Hebreos 12:5, 6 cita verbalmente de la LXX (textos alejandrino y sinaítico), como es normal en Hebreos. La LXX representa al hebreo de una manera adecuada. (Para otras citas en Proverbios del AT, cp. 30:5).

14. Ganancia. "Provecho", o posiblemente "valor". **15. Que las piedras preciosas.** Cp. Job 28:18; Pr 8:11; 31:10. **18. Arbol de vida.** La frase aparece también en Gn 2:9; 3:22–24; Pr 11:30; 13:12; 15:4; Ap 2:7; 22:2. Génesis es la única fuente satisfactoria para la referencia en Proverbios. Por ello debiéramos concluir en que, como el Apocalipsis, estos versículos de Proverbios se relacionan con la narración de la caída. No hay evidencia alguna de un "arbol primitivo sagrado de la vida" como supone Toy. Ap 22:2 se refiere también a un árbol de sanidad al lado del río del santuario (cp. Ez 47:12; Zac 14:8). En Ez 31:8–16 se mencionan árboles famosos en el Jardín de Dios, el Edén. Todas estas referencias son presunción de familiaridad con la narración del Génesis. **19. Con sabiduría fundó la tierra.** Cp. 8:25–31. La "sabiduría" de Proverbios es básicamente un atributo de Dios, y no debe identificarse con meras máximas terrenas de un maestro inteligente. Esta sabiduría es la ley de Dios. En Pr 8, la sabiduría es personificada y llamada eterna, como Dios es eterno. Muchos han hallado aquí un esbozo de Cristo, lo cual es una posible interpretación, pero no segura.

27. No te niegues. Se han de pagar los salarios, y pagar a tiempo, esto es, se ha de pagar al obrero honrada y justamente (cp. Lv 19:13; Mal 3:5). Otros ampliarían la demanda para incluir todo tipo de caridad. **32. El perverso.** El significado de la raíz es evidentemente *apartarse*. Esta forma se utiliza solamente en Pr 2:15; 3:32; Is 30:12. Es paralelo a "torcido". La LXX dice: *transgresores*. Quizás "transgresor" u "apóstata" da mejor el sentido. **34. Él escarnecerá a los escarnecedores.** La misma raíz, *lîs*, se utiliza tanto en el nombre como en el verbo. Pero es posible que los significados tengan una sombra de diferencia. El verbo tiene el significado de "ridiculizar" (cp. Sal 119:51). La LXX, que es citada verbalmente en Stg 4:6; 1 P 5:5, utiliza *resistir* como traducción libre. No obstante, el sustantivo se halla limitado a Pr, al Sal 1:1, y a Is. 29:20. Es uno de los muchos sinónimos para el hombre malo. El griego utiliza la palabra *arrogante*, lo cual es una buena representación. Su opuesto es *humilde* en la segunda parte del versículo. Pero hay una amplia variedad de traducciones griegas de esta raíz. Evidentemente tiene muchos sobretonos de maldad. **4:3, 4. Hijo de mi padre.** Estos vv. dan un interesante toque. El maestro-padre declara que su doctrina no es nueva. No hay razón alguna por la que no podamos ver aquí el solícito cuidado de David y de Betsabé por el hijo de ellos, Salomón. **7. Sabiduría ante todo.** La RSV y Berkeley (BLA, margen) insisten en leer aquí un genitivo: *el principio de la sabiduría es: Adquiere sabiduría.* Así también Toy y Delitzsch (*The Proverbs of Solomon*, KD.). Oesterley (*op. cit.*) y Fritsch (*op. cit.*) eliminarían este versículo, ya que no se halla en la LXX. La misma forma *principio* se utiliza cuatro veces no en el genitivo. El significado de *principal* o *jefe* está bien atestiguado. La traducción de la RV puede ser bien defendida. *El principio de la sabiduría es: Adquiere sabiduría* viola el pensamiento de 1:7 y parece inapropiado. **Sobre todas tus posesiones.** O, *en todo lo que has adquirido.* **Adquiere inteligencia.** No hay aquí un progreso; no te detengas en la sabiduría; consigue verdadera inteligencia. Más bien, como es normal en Proverbios, sabiduría e inteligencia son sinónimos. **9. Corona de hermosura.** Esta misma expresión se utiliza también en 16:31; Is 62:3, como *corona de gloria.* **12. No se estrecharán.** Tus pasos no se verán frenados (Toy).

14. No entres. Los vv. 14–27 representan el consejo de la sabiduría; esto es, apártate del mal (cp. Job 28:28). **18. La senda de los justos.** Nótese el enfático contraste con "el camino de los impíos" (v. 19). **Haste que el día es perfecto.** El significado preciso es debatible. Rashi y muchos otros dicen *mediodía* (citado en Julius H. Greenstone, *Proverbs With Commentary*). El significado es claro: el justo camina con una luz en aumento; el malvado, en oscuridad (cp. com. sobre 2:13). **22. Vida...medicina.** Cp. 3:8. **23. Guarda tu corazón,** esto es, la mente que debiera buscar una conducta recta (cp. 23:26). **De él.** Gramaticalmente, pudiera referirse a que "del corazón" mana la vida, pero es más probable que la vida mane de "guardar el corazón en sabiduría". **5:3. Porque los labios.** Así como un panel destila miel, así la mujer extraña habla pala-

bras llenas de dulzura; su habla (lit. *paladar*, como órgano del habla) es, como diríamos nosotros, "untuoso", o adulador. **Mujer extraña.** Ver com. sobre 2:16. **4. Ajenjo.** El gr. traduce hiel como lo máximo en amargos. La palabra heb *la'ănâ* denota un arbusto de gusto amargo destinado a la preparación de absenta y utilizado tradicionalmente como medicina contra los gusanos. **5. Al Seol.** Ver com. sobre 2:18. **6. No los conocerás** es una frase difícil de traducir, y la LXX, Delitzsch, y otros lo traducen en esta forma negativa. **Considerares** se refiere a "sopesar" o "nivelar". El sujeto pudiera ser "tú" o "ella". Léase: *Ella no sopesa (o considera) el camino de la vida.* La última mitad puede traducirse como *sus caminos andan errantes* (como la RSV). De nuevo, el último verbo pudiera tener como sujeto a "tú" o a "ella". *Ella no lo conoce* (Berkeley y similarmente la RSV). A. F. Walls ("Proverbios", *Nuevo Comentario Bíblico*, p. 416) favorece un significado ligeramente atestiguado del verbo, *[Ella] no descansa.* **9. A los extraños tu honor.** Pr. 5:9–14 es bien llamado "la cuesta abajo del libertino" por Walls.

15. Tu misma cisterna. Los vv. 15–17 son exhortaciones sumamente poéticas y hermosas a la fidelidad, en tanto que 16 y 17 se refieren probablemente a los niños habidos. En todo caso, se presenta de una forma hermosa la bendición de la fidelidad marital. **19. Sus pechos te embriaguen en todo tiempo** (VM, cp. RV1909). Esta palabra heb., *dad*, traducida "pechos" en la VM y en la RV1909, no lleva la connotación en este versículo que traería otra palabra, *shad*. Ciertas copias de la LXX y el paralelo en Pr 7:18 arguyen que la palabra aquí debiera ser leída con otra vocal, *dōd*, y traducida *Su amor te satisfaga* (así Greenstone y RSV). **21. Ante...Jehová.** Contrariamente a Toy, que por lo general halla en Proverbios el concepto de las bendiciones temporales como incentivo de la moralidad, este versículo muestra que la postura del autor incluye la más elevada referencia a la santidad de Dios como la razón para la rectitud. **23. Por falta de corrección.** El heb. dice: *sin instrucción.* Es indudable que se significa "por falta de disciplina" (así la RSV, BV, BLA, RVA).

6:1. Si salieres fiador. Las prácticas con respecto a los préstamos entre los judíos en la antigüedad no son conocidas. Toy imagina que no había fianza en la vida pre-exílica "comercialmente sencilla". No obstante, parecería que las grandes empresas de Salomón, ahora ilustradas por la arqueología, y el incremento en riqueza presentado por Amós y otros tiene que haber provisto una amplia oportunidad para hacer préstamos y para tomar fianzas; esto aun cuando no tengamos esta clase de cosa en otros pasajes de las Escrituras. Las actitudes rabínicas son consideradas por Greenstone, que afirma que la palabra heb. para "fianza" aquí había sido utilizada por comerciantes fenicios y que entró en el latín como *arrabo*. Pudiera haber añadido que también se halla en griego como *arrabōn* (Ef 1:14. Cp. Zelling S. Harris, *Grammar of the Phoenician Language*, "American Oriental Series", Vol. VIII; Glosario). En resumen, la ley levítica prohibía el préstamo con usura a los israelitas pobres (Lv 25:35–37). La idea era que ante un pobre compatriota israelita, se tenía que prestar el dinero preciso de forma directa. La ley demandaba que si alguien prestaba y se tomaba una fianza para garantizar este préstamo, que no podía entrar en casa de su deudor para quitarle la fianza a la fuerza. Y si un pobre daba su vestido como fianza, el prestamista se lo tenía que devolver el mismo día (Dt 24:10–12). Estas provisiones se corresponden con nuestras exenciones personales mínimas. Estaba permitido el préstamo a no israelitas, y es probable que se dispusieran préstamos comerciales. El autor del artículo "usura" en ISBE señala que las normas del Pentateuco no cubren préstamos comerciales; pero quizás va demasiado lejos cuando afirma que los préstamos comerciales eran prácticamente desconocidos. Más bien es posible que la práctica de hacer préstamos comerciales diera origen a las injusticias de 2 R 4:1; Neh 5:1–12. En el año de jubileo todas las deudas de los israelitas eran remitidas (Dt 15:2). Esto constituye un argumento en favor de que se permitieran los préstamos comerciales, en tanto que los otros préstamos con interés estaban prohibidos.

Las tasas de interés, si podemos juzgar por Neh 5:11, eran comunmente de un 1% mensual, aunque es indudable que variarían. El cobro de intereses tan elevados era usura, y aquellos que lo exigían de compatriotas judíos eran condenados. El profeta Jeremías protesta (Jer 15:10) que él no se ha dedicado a tales cosas, y a pesar de ello todos los hombres le odian; es de presumir tanto como a los usureros. La palabra se traduce "acreedor" (RV y VM) en el Sal 109:11. La palabra para "usura", *neshek* (Pr 28:8), implica "bocado" o "devorar". El no practicar usura es un elemento de justicia en Sal 15:5; Ez 18:8, 13, 17; 22:12. La práctica de un acreedor es ilustrada en 2 R 4:1. Podemos completar razonablemente bien los detalles que el marido había hecho un préstamo comercial que su viuda no podía pagar; o posiblemente algún usurero había hecho un préstamo con interés a la viuda, en violación de Lv 25:33–37. La BV y RSV traducen estas palabras *con interés*. Sería mejor traducir "con usura", ya que son los excesos que se condenan. Es debido a estos excesos que Salomón advierte en contra de salir fiador por "otro". Apremia a que uno escape con presteza de la posibilidad de arruinarse. Se recomiendan las fianzas en el libro post-bíblico, Eclesiástico 29:14. Cuándo se desarrollaran, o qué forma adoptaran, es algo que ignoramos. Es probable que en la época de Salomón sus abusos fueran tales como para demandar la represión que aquí se registra (ver también Pr 11:15; 20:16; 27:13, los dos últimos vv. prácticamente idénticos).

6. La hormiga. Mencionada en la Biblia solamente aquí y en Pr 30:25, aunque allí no haya probablemente ninguna duda en cuanto a la traducción. Anteriormente se había suscitado un problema acerca de si las hormigas almacenaban comida (ver Toy). Un tipo de hormiga halada en el Medio Oriente sí lo hace. Las hormigas tienen una organización social, pero ninguna autoridad que se corresponda con una reina abeja. **Oh, perezoso.** Este nombre se halla catorce veces en Proverbios, y no se halla en ningún otro pasaje de la Biblia. Por lo general se define como "persona holgazana". Aunque la palabra incluye esta idea, puede también tener otros sobretonos, como nuestro "torpe", que no simplemente significa que haga algo mal. La utilización que se hace en Proverbios muestra que "perezoso" no es la connotación total. En 15:19, el contraste es con *los rectos*, no meramente "los activos" o "diligentes". En 19:15 el paralelo es con *remíyyâ*, que por lo general se traduce como *engaño* en la RV, pero que en este pasaje es traducido como *negligente*. En Pr 21:25, 26 el contraste es evidentemente con un *hombre justo* (así la RV, y otras versiones). La RSV separa los dos vv. y suple un pensamiento extra en el v. 26. En 26:12–16 hay varios versículos acerca del perezoso. El v. 13 es similar al 22:13. El v. 15 viene del 19:24. Pero el 26:16 es un versículo final, quizás culminante, diciendo que un "perezoso" es sabio ante sus propios ojos. Tenemos que señalar que esta sección de Pr 26 es introducida por el v. 12, que declara que el sabio a sus propios ojos es peor que un "necio". Es evidente que el autor está reprochando al "perezoso" no solamente por su holganza, sino por pecados asociados. Esperamos poder evidenciar mediante muchos ejemplos que la palabra "necio" significa no un "estúpido", sino un "pecador". De manera que el autor de Proverbios no está aquí meramente recomendando previsión y diligencia; está evidentemente con-

denando una característica que combina vagancia con falta de integridad. **10. Un poco de
sueño.** Los vv. 10 y 11 encuentran su exacto
paralelo en 24:33, 34, excepto por un par de
vocales (cp. Intr.). En este caso ambos contextos hablan de un hombre holgazán, utilizando distintas comparaciones, pero la misma
conclusión. El dicho puede haber sido un epí-
grama bien conocido. La LXX lo traduce de
forma algo diferente en los dos pasajes. La
Siríaca difiere también, pero no de la misma
forma que la LXX.

12. El hombre malo. En heb, un *hombre de
Belial.* **Depravado.** En heb., *torcido.* **13. Que
habla con los pies.** LXX, *que hace una señal
con sus pies.* El heb. *mālal* puede significar
"hablar" "frotar", "rascar", "languidecer",
o "marchitarse" (BDB). El significado "rascar" está poco atestiguado. El modismo bien
pudiera referirse a algún ademán bajo, como
nuestro "palmo de narices". **Que hace señas
con los dedos.** La palabra probablemente signifique "señalar", pero es difícil establecer la
connotación que tiene. Posiblemente otro ademán bajo típico del hombre malo. **14. Perversidades.** Una palabra diferente de la del v. 12.
Se utiliza en nueve ocasiones en Proverbios, y
solamente en Dt 32:20 fuera de este libro. La
raíz significa *trastornar.* Es evidente que
refiere a algún tipo e mal, pero es difícil captar
el intento exacto. La LXX lee: "perversidad"
(como Fritsch). Delitzsch dice: "malicia";
Toy: "mal". En 8:13 se hace al paralelo de "la
boca perversa" con soberbia y arrogancia. En
23:33 se presenta la imagen de un hombre
ebrio hablando "perversidades", utilizando
esta misma palabra. **Siembra las discordias.**
Lit., *desencadena la pelea.* La traducción de la
LXX, *provoca angustia en la ciudad,* surgió de
confundir la palabra con una derivación posterior. La raíz es *dîn,* "juzgar", de donde viene
mādôn, "lucha". Esta palabra, "discordia",
con sus variantes, se halla en veintisiete ocasiones en Proverbios y en tres ocasiones en
otras partes. Forma parte del peculiar vocabulario moral del libro. La fraseología de 16:28,
"el hombre perverso levanta contienda", es
muy similar a la de este versículo.

16. Seis cosas. . . y aun siete. No se trata de
los siete pecados capitales (Greenstone y Jones
y Walls) ni tampoco de un seis o siete indefinido (Toy). Delitzsch pone el dedo en la llaga
al afirmar que el proverbios es culminante. Las
seis cosas constituyen el marco para la séptima, la cual recibe el énfasis (cp. Job 5:19; Pr
30:18, 19). La afirmación concluye enfáticamente con lo que el v. 14 había introducido,
"el levantamiento de contienda".

21. Atalos siempre en tu corazón. Cp. 3:3.
23. El mandamiento. . .la enseñanza. Jones

y Wall señalan bien que trata aquí de instrucción paterna, pero que tales instrucciones consistían en la ley divina (Dt 6:6, 7). **25.** Nótese
bien que los mandamientos del AT llegan a las
actitudes internas del hombre. La enseñanza de
Cristo de que el deseo interno era ya un adulterio interno (Mt 5:28) no constituye un adelanto
sobre las enseñanzas del AT sino el rescate de
la doctrina del AT de los comentarios tradicionales con que quedaba adulterada en el farisa-
ísmo (cp. R. Laird Harris, *Inspiration and
Canonicity of the Bible,* p. 53). **30. Al ladrón.**
El pensamiento es aquí que pudieran haber
circunstancias atenuantes para el hurto, y que
incluso la restitución ayuda mucho en eliminar
la mancha. Pero para el adulterio no hay
excusa. Trae consigo un reino de malas consecuencias. No hay restitución posible.

35. Rescate. Un buen ejemplo del significado de *kōper,* "un pago para apaciguar". Se
dice que la raíz significa *cubrir* (BDB), pero
no se utiliza así en el AT, y se trata de una
inferencia dudosa del árabe. Del nombre para
rescate se forma verbo denominativo, *kipper,*
que significa lógicamente "dar un rescate".
Este es el verbo que se traduce en muchas
ocasiones "hacer expiación". De este verbo se
hace un segundo sustantivo, *kappōret,* "lugar
de expiación". Esta es la palabra que designa a
la parte superior del arca llamada "el propiciatorio" en la RV, o el *hilastērion* en la LXX.
Cristo recibe el nombre de nuestro *hilastērion,*
o "propiciación", en Ro 3:25.

7:2. Las niñas de tus ojos. *Centro del ojo:*
por ello, la pupila, símbolo de lo más precioso.
5. Que ablanda sus palabras, esto es, que
utiliza palabras agradables, seductoras (así lo
indican Delitzsch y la RSV).

7. Entre los simples. Los moralmente ines-
tables. Ver com. sobre 1:4 y cp. 9:4 y 16. **10.
Astuta.** El heb. significa evidentemente *mar-
rullera.* La descripción de la escena que sigue
constituye un clásico. Como dice Delitzsch:
"semejante se encuentra con semejante". La
seducción es completa, se dan las excusas.
Pero el autor inspirado da de una manera totalmente tersa el resultado final del mal. **11.
Alborotadora y rencillosa,** o, mejor, *rebelde.*
La rebelión es evidentemente un rechazo de la
ley de Dios y de las obligaciones de la moralidad. **14. Sacrificios de paz.** Los sacrificios de
paz eran comidos en parte por el adorador. Por
ello, en fiestas nacionales con miles de personas presentes, las ofrendas de paz se ofrecían a miles. La mujer no quiere significar con
ello que ha adorado hace poco. Más bien, está
atrayendo al joven con el anuncio, por así
decirlo, de que tiene la despensa llena. "Mi
esposo se ha ido", le dice, "no hay moros en

la costa. Podemos hacer lo que nos parezca, y nadie lo sabrá". ¡Nadie excepto Dios! **20. El día señalado.** Una palabra infrecuente. La LXX y la Siríaca dan el sentido, *después de muchos días*. Es probable que el significado sea el de "a la luna llena", lo cual sería presumiblemente al cabo de unos días.

22. Al punto. La resistencia del hombre al pecado se derrumba por fin, y su sentencia queda marcada. **A las prisiones.** El sentido es llano, pero de nuevo los detalles son difíciles. El hebreo parece decir: "como cadenas de corrección un necio (va)". No obstante, la palabra "cadenas" es rara, y en otros pasajes significa "tobillera". La LXX traduce esta palabra **prisiones** (heb., *cepos*) como "perro", aparentemente leyendo un texto diferente: "como un perro [va] a las cadenas". La palabra "cadenas" en la LXX surge de la palabra hebrea para "corrección" utilizando unas diferentes vocales. Después la LXX finaliza el versículo con esta cláusula: "como un perro va a las cadenas". La palabra "necio" es entendida con diferentes vocales, y se transfiere al siguiente versículo, que se lee así en la LXX: "Un ciervo atravesado en el hígado con una saeta". La lectura de la LXX en todo este pasaje difiere del hebreo solamente en dos palabras. Es apoyado por la Siríaca y el Targum, y quizás debiera ser aceptada.

27. Seol. Ver com. sobre 1:12 y 2:18. No debiéramos perder el empuje solemne de este pasaje en los detalles de la exposición. No puede uno indulgirse en pecado sin impunidad; su salario es la muerte. Lo engañoso del pecado es una antigua historia, pero el antiguo autor hebreo desenmascara aquí su engaño de una forma hermosa y muestra la verdad sin disfraces. Pero no se detiene aquí. Hay una cura para el pecado; es la voz de la Sabiduría en el cap. 8.

8:1. ¿No clama la sabiduría? Greenstone bien señala que no tenemos aquí solamente un discurso acerca de la belleza de la vida familiar o acerca de la castidad, pues en tal caso el contraste a la prostituta sería una esposa consciente. Pero Greenstone no sigue su sugerencia hasta llegar a mostrar que el contraste es en realidad el contraste básico entre pecado frente a la piedad. Es por esta razón que la sabiduría es personificada y tan estrechamente puesta en paralelo con el mismo Dios. Pr 8:1–13 da la exhortación de la sabiduría; 8:14–31 describe la posición exaltada de la sabiduría; 8:32— 9:11 presenta la invitación de la sabiduría para sacar provecho de la instrucción que ella ofrece.

5. Simples...necios. No se trata de necios mentales sino, como ya se ha mostrado en mucho de lo que precede, pecadores. Para **simple**, ver com. sobre 1:4. La palabra *kesîl*, "necio", es utilizada cuarenta y nueve veces en Proverbios, dieciocho en Eclesiastés, y tres veces en otros pasajes. Es evidente que forma parte de lo que hemos denominado el vocabulario moral de Proverbios. Su utilización en Eclesiastés es algo diferente, incluso como su contrapartida, "sabiduría" es utilizado allí en forma distinta. En Eclesiastés, la sabiduría es el genio inventivo, capacidad mental; la necedad es el placer, incluso el placer noble en obras como la arquitectura, la jardinería, etc. Ambas cosas, la sabiduría y el placer, en este sentido, son condenadas como cosas estériles. En Pr., tanto la sabiduría como la necedad son entidades morales. Ejemplos de la utilización de (*kesîl*) son: (1) en relación con *'iwwelet*, "necedad" del tipo pecaminoso, 12:23; 13:16; 14:8; 15:14; 17:12, etc.; esta raíz no se halla en Eclesiastés. (2) El "necio" (*kesîl*) es contrastado con el sabio o con la sabiduría en Pr 3:35; 10:1, 23; 13:20; 14:16; 29:11. (3) La palabra "necio" se pone en paralelo con "simple" (*petî*) en 1:22; con "escarnecedor" (*lês*) en 19:29; y asociado con "mal" (*ra'*) en 13:19. Esta palabra "necio", o "necedad", *'iwwelet*, en Pr, connota evidentemente una maldad moral. Esto tiene que ser entendido si hemos de mantener la enseñanza de Pr en su marco propio. No se trata tanto de un libro acerca de la inteligencia como acerca de la integridad (ver Introducción, *La enseñanza de Proverbios*).

8. Cosa torcida. No es la palabra utilizada en 2:12 y en otros pasajes. Esta raíz, *pātal*, significa "retorcido"; por ello se utiliza de "cordel", "lazo", "lucha", etc. Aquí significa un retorcimiento moral, lo opuesto a la rectitud. **Perversa.** *torcida.* **10. Mi enseñanza.** La traducción de la RV es satisfactoria. Estrictamente, el heb. dice: *Recibid mi instrucción y no plata*. Es un negativo comparativo (cp. 9:8; 31:6; y, para otro famoso ejemplo, ver Os 6:6). **11. Que las piedras preciosas.** Cp. 3:15; 8:10; 16:16; 31:10. **12. La cordura.** En heb., *'ormâ*. La raíz significa "ser sabio", y es utilizada en buen sentido, como aquí, y también en un mal sentido (Gn 3:1). **Y hallo la ciencia de los consejos.** La palabra traducida aquí como *consejos* es utilizada en mal sentido en otros pasajes, como en Pr 12:2. Aquí el sentido es bueno. **13. Aborrecer el mal.** Versículos que amplifican el concepto del "temor de Jehová" son: 1:7, 29; 2:5; 8:13; 9:10; 10:27; 16:6; 19:23. Job 28:28, como Pr 16:16, enfatiza el apartarse del mal. Pr 8:13 nos advierte que la verdadera piedad no es toda ella positiva. La enseñanza de que el pecado es algo aborrecible es una verdad maravillosa y vital. En los tiempos antiguos, solamente la revelación bíblica destacaba esta verdad.

22. Jehová me poseía. Un versículo famoso. La LXX traduce, *El Señor me creó,* igual que la Siríaca. La clara personificación de estos versículos llevó a la mayor parte de los Padres de la Iglesia primitivos a hallar aquí una profecía de Cristo. Los heréticos arrianos del siglo IV, por ello, se apoyaron mucho en este versículo, hablando de la sabiduría como un ser creado. El partido ortodoxo rechazó esta idea, como dicen Jones y Walls, "sobre otras bases". Es curioso que la controversia girara sobre la base del texto de la LXX. Hubo poco recurso al hebreo. En heb. se utiliza la palabra *qānâ.* Este verbo se utiliza muchas veces en el sentido de "comprar", "poseer", "adquirir". Su derivado significa "ganado" o, en la práctica, riqueza. Solamente en Gn 14:22 sería "hacer" una traducción razonable. La RSV traduce *hacedor,* así como la RV *creador,* en tanto que la RVA dice en el pasaje que nos ocupa, *creó,* y la RV *poseía.* La BV tiene *poseedor* en Gn 14:22 y *hecho* aquí. Albright mantiene que las similaridades ugaríticas con Pr 8 y 9 son notables, y arguye en favor de "crear" sobre esta base (*op. cit.,* p. 7). La pregunta más profunda es: ¿Qué función es adscrita aquí a la sabiduría? Parece evidente que se la presenta como eterna, habiendo existido incluso antes de que Dios creara el mundo. No estuvo activa en la creación, pero estuvo con Dios mientras Él creaba. Si la sabiduría es la rectitud personificada, entonces la naturaleza eterna de Dios es recta. **Jehová me poseía** simplemente significa: "Era de Jehová". La similaridad verbal con Jn 1:1 ha llevado a muchos a creer que se trata de una prefiguración de Cristo. Debiéramos comparar con Pr 8 la enseñanza del Eclesiástico 24, que procede de alrededor del 180 a.C., y la Sabiduría de Salomón 7. Eclesiástico es elevado en su alabanza de la sabiduría, pero la hace residir en Israel, y la identifica con la ley de Moisés. La Sabiduría de Salomón parece ser también un desarrollo extravagante de la enseñanza de Proverbios. No parece haber ninguna indicación clara de que debiéramos hallar a Cristo revelado en Pr 8. Ni tenemos que inquietarnos tampoco por la traducción: *Jehová me creó.* Delitzsch señala: "La sabiduría no es Dios, pero es de Dios; ella...no es en sí misma el Logos".

23. Eternamente. En varias expresiones se dice que la sabiduría es eterna: "En el principio" (v. 22); "antes de los abismos" (v. 24); "antes que los montes" (v. 25); esto es, antes de que nada fuera creado, había sabiduría. Cierto que se dice que la sabiduría fue **engendrada** (v. 24). Pero ya que este es un lenguaje eminentemente figurativo, no hay razón alguna por la que el v. 22, en un lenguaje sumamente figurativo, no pueda referirse a la creación de la sabiduría. Es una declaración de la eternidad de la sabiduría.

24. Los abismos. Toy hace mucho desarrollo del concepto del mundo de los hebreos como el sugerido en 8:24–29. Afirma él que los hebreos, como los babilonios, creían en un océano subterráneo (el **abismo**) del que surgían las fuentes y sobre el que estaban puestos los fundamentos de la tierra. El cielo sería una bóveda sólida apoyada en pilares, y la lluvia venía a través de ella cuando se abrían las "ventanas del cielo" (Gn 7:11). Todo esto es un sistema imaginario montado por autores modernos que toman lit. las expresiones poéticas de varios pasajes y que, reuniéndolas todas, erigen una burda cosmología que la Biblia no enseña. Toy argumenta que los hebreos creían que la lluvia venía a través de estas ventanas cuando eran abiertas. Olvida él que las ventanas en las antiguas casas hebreas no se cerraban como las nuestras, sino que eran meramente rendijas en las paredes. Abrir una ventana en una casa significaban probablemente cavar una ventana. Además, las "ventanas del cielo" podían dejar caer cebada y harina (2 R 7:2) u otras bendiciones (Mal 3:10). Es evidente una expresión figurada que Toy ha torcido a un crudo literalismo. También la afirmación de que los hebreos creían en aguas subterráneas es totalmente incierta. La palabra utilizada aquí para **abismo**, *tehôm,* se utiliza en muchas ocasiones simplemente del mar en el que se hundió Jonás (Jon 2:5), o donde los barcos van azotados por tempestades (Sal 107:26). También, las "aguas debajo de la tierra", del segundo mandamiento, no pueden referirse a un océano subterráneo invisible. Son simplemente las aguas debajo de la línea costera. Así como los hebreos tenían prohibido hacerse imágenes de aves y de estrellas del cielo, o de animales de la tierra, así tenían prohibido hacerse imágenes de nada que estuviera en las aguas debajo de la tierra, esto es, peces viviendo en mares, lagos, y ríos (cp. Dt 4:18). La Biblia no habla de aguas subterráneas, y la asumida cosmología hebrea de los escritores modernos es en su mayor parte una pura ficción.

27. Trazaba el círculo. Esto es, marcó el círculo del horizonte (cp. 26:10; 22:14; Is 40:22). Estos vv. se refieren probablemente todos ellos al círculo del horizonte. La utilización de esta frase debiera enseñarnos que las otras expresiones, "el extremo de la tierra" y "los cuatro ángulos de la tierra" no significan que la tierra sea cuadrada.

30. Ordenándolo todo. Esta traducción de RV sigue a la LXX. El significado de *arquitecto* (VM) pudiera ser mejor. Está basado en una tableta hallada en Taanac que tiene la raíz como "mago" o "artesano" (W. F. Albright, "A Prince of Taanach in the Fifteenth Century", BASOR, No. 94, abril, 1944, p. 18).

9:1. La sabiduría. Aquí, como en Pr 1:20, el nombre es femenino plural, pero utilizado con un verbo femenino singular. Este uso está bien atestiguado en la gramática ugarítica, como Albright ha señalado ("Some Canaanite-Phoenician Sources of Hebrew Wisdom" Wisdom in Israel and the Ancient Near East, ed. por Noth y Thomas, p. 9). **Siete columnas.** Esto ha sido variamente interpretado como una característica arquitectónica, las artes liberales, los siete sacramentos, etc. (ver Toy). ¡Fue utilizado incluso por T. E. Lawrence como el título (que no venía al caso) de su libro acerca de la campaña árabe durante a 1ª Guerra Mundial! Probablemente sea un número redondo para perfección, sugiriendo que la sabiduría está totalmente preparada para dar satisfacción. **2. Mezcló su vino.** Lo que esta práctica signifique no está claro. Los griegos mezclaban el vino con agua en un cuenco llamado *kratēr*, y la LXX traduce: *ha mezclado su vino en un cuenco*. Ap 14:10 afirma que los malos beberán el vino de la ira de Dios sin mezcla alguna, esto es, sin rebajar. El libro apócrifo de 2 Macabeos 15:39 afirma que el vino sin mezclar con agua se consideraba de mal sabor. Los rabinos mantenían que el vino de la Pascua tenía que ser disuelto en tres partes de agua (Art. "wine" [vino] en ISBE; La Misná, Berakoth 7:5). Es evidente que no todo el vino de la antigüedad se diluía de esta manera, o no hubiera sido embriagante. El vino se mezclaba también con especias (Is 5:22). El vino de la sabiduría es, en todo caso, simbólico. **5. Venid, comed.** La bendita llamada aparece a menudo como la invitación a un banquete; cp. Is 55:1; Jn 6:35; Ap 22:17. **De.** Este es un buen ejemplo de la utilización ugarítica de la preposición *b*, significando "de" en su sentido ablativo (Story, *op. cit.*, p. 329).

7. Escarnecedor. Ver notas sobre 1:22 y 3:34. Aquí **escarnecedor** es paralelo a *impío*. **8. No reprendas al escarnecedor.** El negativo es comparativo. No trata a algunos hombres como incorregibles (como Toy dice), sino que advierte del rechazo que es de esperar de parte del pecador. Ver 8:10 para otro negativo comparativo. **10. Temor de Jehová.** Ver com.

sobre 1:7. **El Santísimo.** El nombre, en heb., es plural, pero es evidentemente un plural de majestad (ver más arriba, sobre 9:1), y es paralelo con **Jehová.**

13. Insensata. El abstracto femenino para el nombre "necio" o "insensato", que es frecuente en Proverbios para la insensatez del pecado (ver com. sobre 8:5). **Alborotadora.** Ver también 7:11, donde la palabra aparece en un contexto similar. Tiene probablemente sobretonos inmorales. **18. Los muertos.** No las *sombras* (RSV), ni los *espíritus* (BV). La palabra heb. es simplemente un paralelo poético para los muertos. Ver com. sobre 2:18. Para la imagen plena de la ramera, ver 7:5–27; 5:3–13, etc. Aquí el principal contraste de la sabiduría con respecto al pecado en la primera sección del libro llega a su fin.

II. Proverbios misceláneos de Salomón. 10:1 — 22:16.

Es nuestra postura que en Proverbios la Palabra inspirada de Dios es dada en una forma literaria especial. Así como David utilizó el vehículo de la poesía, así Salomón utilizó el vehículo de la literatura sapiencial, que enseña principalmente mediante contrastes. En la primera sección principal (I) se mantiene el contraste a través de largos pasajes: p. ej., se pone a la mala mujer frente a la sabiduría. En la Sección II el contraste se expresa en unidades de un versículo. La gran mayoría de los versículos en esta sección tienen un "pero" o "mas" en medio del versículo.

La exposición queda más dificultada por la naturaleza aislada de estos proverbios. No hay un contexto inmediato que nos pueda guiar. Algunos comentaristas han llegado a la conclusión de que Proverbios no sigue ningún plan, sino que son una colección variopinta (Greenstone). Toy las denomina: "aforismos sueltos". Delitzsch afirma que hay un agrupamiento en conformidad al pensamiento que expresan, pero que no se hallan en un plan inclusivo, sino un "desarrollo progresivo" que "mana continuamente". Hay un tipo de unidad en esta sección, pero proviene más del lenguaje y del tema que de la disposición. Se anuncia un proverbio, y después se repite en otros lugares con variaciones que dan mayor amplitud al significado. El primer caso puede contrastar las partes *a* y *b*; el segundo, *a* y *c*. Puede también aparecer un tercer caso, comparando *a* y *d*. Uniendo los tres casos, conseguimos una definición más plena del pensamiento expresado en *a*. Sería más fácil para nosotros si los encontráramos agrupados juntos. Es evidente que los antiguos encontraban más interesante separar estos pensamientos y tenerlos algo escondidos. También, como hemos visto, hay una cierta unidad en el vocabulario moral que se utiliza. Así, muchos proverbios tratan de los justos, de los sabios, del recto frente al cruel, de los necios, de los perversos. Un estudio adecuado de un versículo puede implicar el estudio mediante concordancia de todo el libro; pero mejor aún, no meramente el estudio mecánico con una concordancia, sino la meditación acerca de toda la postura del autor. Porque mediante la repetición, el contraste, el vocabulario distintivo, y la variada consideración del tema, Dios, mediante este autor, nos enseña que la justicia exalta a todo el que la practica, pero que el pecado siempre es un vituperio. De nuevo, tenemos que insistir en que no tenemos aquí un *manual del tontorrón* con dichos sentenciosos y de sentido común que tratan de los problemas de la vida; es una colección divina de dichos que señalan el camino de la santidad.

A. *Proverbios de contrastes. 10:1—15:33.*
   10:1. Los proverbios de Salomón. Ver Introducción, *Paternidad.* Un hijo sabio. Esta frase se utiliza de nuevo en 13:1; 15:20. En este último, 20*a* es idéntico con 10:1*a*. El contraste en 13:1 es con un "burlador" (ver com. sobre 1:22). En 15:20 el contraste es con un "necio" (ver notas sobre 8:5).
   2. Tesoros de maldad, esto es, ganancias mal adquiridas. El v. 10:2*b* hace un paralelo con 11:4*b*. **3. El alma del justo** (VM). Aquí, como tan a menudo, se utiliza **alma** para la persona entera (cp. Sal 37:2, 25). **4. La mano negligente.** A primera vista, en las traducciones castellanas, esto parece ser meramente una recomendación de diligencia. Pero la palabra **negligente** significa generalmente *engañosa* en hebreo. La dificultad es que su raíz, *rāmâ,* puede significar tanto "engañar" como "hacerse negligente", aunque este último significado no está bien atestiguado. Hallamos el contraste con "diligente" en 12:24 y 12:27. "Negligente" es puesto en paralelo con la "pereza" en 19:15, siendo contrastada con "diligente" en 13:4. "Perezoso" tiene connotaciones morales, como hemos mostrado en 6:6. Por ello podemos llegar a la conclusión de que 10:4 significa: "El que trabaja con una mano engañosa viene a ser pobre; pero la mano recta enriquece". **5. Hijo entendido** (VM). En la traducción castellana es un proverbio que se opone a la pereza. No obstante, Toy señala que el versículo pudiera bien invertirse: "Un hijo entendido recoge en verano", etc. Este es el orden en la versión griega. Según esta postura, tenemos aquí característica del hombre bueno—es providente—¡en lugar

de la sugerencia de que ser providente haga a uno bueno!
   6. La violencia cubre. Es mejor invertir el orden de la oración, como hacen la VM. El contraste se ve mejor en 10:11, donde 11*b* es idéntico con 6*b*: la boca del malo "encubre la violencia". **7. La memoria del justo será bendita.** Esta frase es famosa al ser utilizada por los judíos después de mencionar a un buen hombre que ha muerto. Es un *requiescat in pace* hebreo, generalmente abreviado a *z s l* (*zēker saddîq liberākâ*). **8. El tonto locuaz** (VM). La palabra **necio** ("siempre moralmente mala", BDB) y su paralelo femenino, "necedad", son utilizadas cincuenta veces en el AT, y cuarenta de estas ocasiones de *'êwîl* son en Proverbios. La traducción *necio, tonto, insensato,* es inexacta en el castellano moderno. Una palabra del tipo de "granuja" sería mejor. El v. 8*b* se repite en el 10*b*.
   10. Guiña. Ver com. sobre 6:13. **11. Violencia.** Ver v. 6. **12. El amor cubrirá.** Obsérvese la relación entre este versículo y 17:9; 16:28. En 17:9 lo opuesto al que cubre una transgresión es el hombre que la divulga. Tal hombre, en 16:28, "levanta contiendas". Levantar contienda es la característica del odio en 10:12. Hay similaridades verbales entre este pasaje y 6:14-19, las cuales se deben examinar. Es evidente que el significado aquí, y en las alusiones en 1 P 4:8 y Stg 5:20, no es que si amamos a otros, nuestro amor expiará nuestros pecados, sino que si verdaderamente amamos a otros, minimizaremos sus fallos.
   14. La boca del necio es calamidad cercana. Jones y Walls señalan muy diestramente que **calamidad** en este proverbio da un lema para el siguiente versículo. Es a menudo que esto sucede, y el lema ofrece una relación entre los proverbios que se pierde totalmente en castellano. **15. El rico.** Este v. por sí solo es desorientador. Ni las riquezas ni la pobreza son un sacramento en Proverbios. La comparación con 18:11 muestra que el rico **cree** en *su imaginación* que sus riquezas son su poder. **19. En las muchas palabras.** Es probable que los vv. 18-21 vayan juntos, ya que el 20 y el 21 muestran que no es la locuacidad lo que se condena, sino el hablar mal.
   23. Insensato. El resto del capítulo da una serie de tersos contrastes entre los malos y los piadosos. **Hacer maldad.** El granuja cree que pecar es divertido. **31. Perversa,** *torcida.*
   11:1. El peso falso. El mismo pensamiento que en 16:11. En 20:10 se dice que pesos y medidas falsas son "abominación a Jehová", y en 20:23 se condena otra vez "la balanza falsa". Había varios medios de latrocinio comercial. Uno era tener una balanza con gra-

duación falsa. Otro era tener pesos de siclo de distintos pesos para utilizarlos en la compra y en la venta para ventaja propia. Estos eran los pesos falsos. **La pesa cabal.** En heb., *una piedra perfecta.* Las piedras se utilizaban como pesas, y era bien fácil molerlas o recortarlas. La Ley de Moisés prohibía tal falta de honradez (Lv 19:36; Dt 25:15; cp. Ez 45:10; Am 8:5, *et al.*). En la actualidad nuestros gobiernos tienen oficinas de normalización de pesos y medidas para mantener patrones. En la teocracia de Israel, el establecimiento de estos patrones tocaba a menudo a los sacerdotes. Por ello, hallamos referencias al "siclo del santuario" (Éx 38:26). Los pesos eran de especial importancia, porque en la ausencia de acuñación en las eras tempranas, se pesaban la plata y el oro para efectuar pagos. Se han descubierto muchos pesos de siclo. Hacen un promedio de alrededor de 11,4 gramos de plata por siclo normal (R. B. Y. Scott, "Weights and Measures of the Bible", BA, XXII (1959), 32–40).

2. Soberbia. En heb., hay una aliteración entre **soberbia**, zādôn, y **deshonra**, qālôn. **7. La expectación de los malos.** El v. *7a* es paralelo a 10:28*b*. Ver también 11:23. En Job, el término *expectación* se utiliza de la vida de ultratumba (Job 14:7, *esperanza* en la RV). Si el malo no tiene esperanza después de la muerte, si lo que le espera es la ira, en tanto que la expectación del justo es gozo, entonces el autor mira aquí por la fe más allá de la tumba, como lo hicieran Job, David, Daniel, y otros.

13. El que anda en chismes. En heb., *rākîl*, "calumniador". La afirmación en 13*a* está en paralelo con 20:19*a*, que se debiera consultar. **Lo guarda.** Ver también 10:12, donde se utiliza la misma palabra. **14. Multitud de consejeros.** Cp. 24:6 para la misma expresión. **15. Fiador.** Ver com. sobre 6:1.

16. La mujer agraciada. No en el sentido actual de buena apariencia, sino lit., *una mujer de gracia.* Posiblemente, el v. 16 no sea una mera afirmación añadida, sino una comparación bien conocida: "Una mujer de gracia retiene el honor con tanta certeza como un hombre sin escrúpulos retiene las riquezas". **17. El hombre misericordioso.** Probablemente un paralelo a "la mujer de gracia" en el v. 16. **Su propia alma...su misma carne** (VM); esto es, a sí mismo. Hay un premio a la bondad. **18. El inicuo** (VM)...**galardón firme.** Una aliteración, *sheqer* frente a *seker.* Tales aliteraciones, lemas, y repeticiones son unas de las características estilísticas de Pr que en algunas ocasiones explican el orden del material, pero que se pierden en la traducción. **20.**

Perversos de corazón. *Torcidos.* **Los perfectos de camino,** *completos* (moralmente). **22. Zarcillo de oro.** El anillo que frecuentemente llevaba la mujer oriental pendiendo de la nariz. ¡Cuán incongruente en la nariz de un animal inmundo! Pero no más incongruente que una mujer que tenga hermosura pero que carezca de carácter. **Razón.** Se trata indudablemente de percepción moral, como en el Sal 119:66.

24. Hay quienes reparten. Los vv. 24–29 pueden ser tomados como tratando de liberalidad: "Dad y se os volverá a dar". Esta persona da por un corazón dador de bendición (v. 25). El contrario acapara grano —y podemos suponer que había muchos dedicados al mercado negro en épocas de sitio y de hambre— y recibe un maldición por una bendición. El error no recae en *tener* riquezas, sino en *confiar* en ellas (v. 2).

25–31. Los justos florecerán (cp. Sal 1:3; 52:7, 8; 92:12–14; Jer 17:8). Este pensamiento aparece con frecuencia en Proverbios. **30. Arbol de vida.** Ver com. sobre 3:18. **Gana almas.** El modismo no está muy claro. Lit., es *el que toma almas* (personas) *es sabio.* Algunos interpretan: "el sabio gana amigos" (Berkeley). Fritsch dice que *tomar* significa "destruir". La RSV adopta la innecesaria conjetura de que la impiedad arrebata muchas vidas (cambiando *hākām* a *hāmās*). Delitzsch apoya a la RV, lo cual es satisfactorio, aunque puede que incluya más que el pescar hombres. **31. El justo.** La LXX interpreta que los justos serán castigados por el pecado de ellos, mucho más los impíos. Esto es citado verbalmente en 1 P 4:18. No obstante, el heb. puede también ser entendido significando que el justo obtendrá bendición, en tanto que los impíos recibirán juicio. La Siríaca concuerda con la LXX y esta interpretación puede ser aceptada. **12:4. La mujer virtuosa.** La frase se utiliza de nuevo en 31:10. La palabra *hayil*, cuando se refiere a hombres, especialmente a soldados, significa "fuerza". Refiriéndose a una esposa, designa las virtudes femeninas, quizás "nobleza". Pr 11:16 habla de una mujer de *gracia*; 19:14 se refiere a una mujer *prudente.* Todos estos términos en Pr hablan de una *buena* mujer bajo varios aspectos. **8. Sabiduría.** La palabra *sēkel* es aquí contrastada con un corazón "perverso" o "retorcido". En otros pasajes es contrastada con "transgresores" (13:15), "erudición de los necios" (16:22; 23:9). Delitzsch, Toy, y otros parecen totalmente equivocados al denominarla simplemente "inteligencia". Es de cierto que lo que aquí se presenta es sabiduría moral o bondad.

11. Vagabundos. Este proverbio se repite casi verbalmente en 28:19. La RSV, Berkeley, y Delitzsch lo traducen como *vanas actividades*. Pero esta palabra no se usa en ningún otro pasaje en este sentido. En Jue 9:4; 11:3; 2 S 6:20 se refiere a personas vanas, a granujas. La LXX dice *vanidades*, quizás refiriéndose a ídolos. **12. La red de los malvados.** La palabra **red** es difícil. La LXX la omite. La Siríaca la traduce: *hacer el mal*. Puede significar *torre fuerte* (RSV), difícilmente *botín* (Berkeley). La raíz es *cazar*. Es posible que la Siríaca dé una clave para una lectura útil: "el deseo de los malos es cazar el mal", tomándolo en su forma aramea. **18. Hay hombres cuyas palabras.** Varios proverbios empiezan con esta construcción especial, "Los hay que..." Los vv 18–23 tienen que ver con hablar mal.

28. No hay muerte. No es el negativo usual para esta construcción hebrea, pero se utiliza similarmente en 31:4. La LXX y la Siríaca hacen que 28*b* sea un contraste con 28*a*, "los caminos del malo se dirigen a una muerte", que es adoptado por la RSV, Fritsch, Toy, y otros. La lectura que da la RV, VM, AV, BV, Delitzsch, Greenstone, y otros refiere este versículo a la inmortalidad. Pero la nota en la versión de Berkeley de que "hay pocas aserciones de inmortalidad en el Antiguo Testamento" es desafortunada. Son muchas las referencias positivas a la resurrección y a la vida futura tanto en los Salmos como en los Profetas, aunque la mayor parte de ellas sean puestas en tela de juicio por los eruditos "liberales". Cp. Job 19:25–27; Sal 16:10; 17:15; Is 25:8; 26:19; Ez 37:10; Dn 12:2; y otros.

13:1. El hijo sabio. Ver com. sobre 10:1. El verbo *recibe* (RV) u *oye* (VM) tiene que ser añadido en la primera parte del versículo, como se indica en la RV 1909, que indica el *toma* en cursivas. Igual sucede en la LXX, y en la Siríaca. **4. El alma del perezoso.** Alma significa meramente el individuo, el perezoso mismo. Acerca de **perezoso** como término moral, ver notas sobre 6:6.

8. El rescate...en sus riquezas. El pensamiento es que un rico atacado o secuestrado puede pagar su propio rescate. Bajo la ley hebrea, nadie podía comprar su libertad del juicio. **Pero el pobre no oye censuras.** Cp. 1*b*, "El burlador no escucha". No *escuchar* reprensión es característico de un malo. ¿Por qué decirlo de un pobre? La LXX y la Siríaca siguen el hebreo. (Se tiene que tener en cuenta que la palabra heb., *shamea*, no hace distinción entre *oír* y *escuchar*, pasivo el primero, y activo el segundo. Las versiones RV, BLA y VM eliminan esta dificultad traduciendo, en el caso del burlador, *no escucha* [v. 1b], y en el

caso del pobre [v. 8b], *no oye*)*. Posiblemente, debiéramos leer *rāsh*, "pobre", como *rō'sh*, "jefe", y hacerlo paralelo al v. 8*a*. El "jefe", (o "pez gordo", como decimos nosotros) no oye la reprensión; siempre puede pagar su salida de una mala posición. **9. La lámpara de los impíos.** Ver también 20:20; 24:20; Job 18:5; 21:17. Era una metáfora popular. **12. Arbol de vida.** Ver com. 3:18.

14. La ley del sabio. El versículo precedente menciona la "palabra" y el "mandamiento". Por ello, el significado es aquí ley, más que *doctrina* (RSV, Berkeley). Este versículo es como el 14:27 con la "ley del sabio" cambiada en el "temor de Jehová". Es evidente a propósito que el autor recurre así a un pensamiento similar con variaciones. **15. El buen entendimiento da gracia.** Muy similar a 3:4. *Hēn*, gracia, y *sēkel*, **entendimiento** son aquí tan evidentemente valores morales, resultantes de los mandamientos de Dios, que es difícil ver como Delitzsch puede traducir *sēkel* como "refinada cultura". La BV dice: *El entendimiento ideal da atractivo*. La RSV habla de *buen sentido*. Estas traducciones pierden el significado que contrasta la bondad con la transgresión. **16. El hombre prudente.** Cp. 8:12. Un sabio, opuesto a *kesîl*, "granuja". **20. El que se junta con necios será quebrantado.** Un juego de palabras. En heb., **el que se junta**, o *compañero*, y **quebrantado** son palabras similares.

24. El que detiene el castigo. Acerca del **castigo**, o *vara de corrección*, ver también 19:18; 22:15; 23:13, 14. Hay un proverbio inglés que viene a decir: "Detén la vara y malcriarás al hijo". No obstante, debiéramos recordar que Pr no recomienda azotar brutalmente. Tampoco es el castigo físico el único instrumento de instrucción del niño que se menciona (cp. 22:6). En verdad, la instrucción en justicia y en el temor del Señor es aquello sin lo cual los meros azotes fracasarán.

14:1. La mujer sabia. No es la misma fraseología que en 9:1, sino que aquí y en 14:2 la mención de la que "teme a Jehová" es indudablemente una referencia a la primera sección del libro, 1:1 — 9:18.

5. El testigo falso. Repetido con interesantes variaciones en 19:5, 9 y 21:28. La fraseología es cercana a la del noveno mandamiento, pero no idéntica con él.

9. Los necios se mofan del pecado. La primera mitad de este versículo es difícil, principalmente porque *mofarse* es utilizado como verbo finito solamente en seis ocasiones en el AT. Su significado no es claro. Muy cercano

---

*Nota del traductor al castellano.

en significado a 14:9 tenemos el 19:28: — "El testigo perverso se *burla* del juicio" (RSA). **12. Hay camino que...parece derecho.** Este v. se repite verbalmente en 16:25. (Acerca de estas repeticiones cp. Introducción, *Colecciones en Proverbios*). En este caso, tenemos un lema en el v. 12, "su fin", que lo ata al v. 13. **13. Aun en la risa.** En lugar de entender este versículo de manera que muestre un pesimismo que no se halla comúnmente en Proverbios, se puede unir este versículo al anterior, y leer: "El fin del camino que le parece recto al hombre es triste y doloroso".

20. El pobre es odioso aun a su amigo. Este versículo no afirma solamente una verdad común, y mucho menos la aprueba. El lema **su prójimo** en el v. 21 muestra que despreciar de esta manera al prójimo de uno es pecado. **24. Las riquezas.** El griego, leyendo diferentemente una letra, vierte así: *La corona del sabio es su prudencia* (así también la RSV). **27. El temor de Jehová.** Esto va juntamente con el v. 26, como muestra la repetición de "el temor de Jehová". Por otra parte, el versículo es un paralelo de 13:14. **31. El que tiene misericordia.** Ver com. sobre 19:17, y cp. 17:5. **32. En su muerte tiene esperanza.** Tal como está, un verdadero testimonio de la esperanza en la eternidad. Por **en su muerte** la LXX y la Siríaca tienen *betummô, en su integridad*, leyendo al revés la *m* y la *t*. Esto constituye un fuerte testimonio en contra del texto hebreo, y es adoptado en la RSV. Toy argumenta en su favor porque, dice, al autor no tenía esperanza de la vida venidera. Es peligroso prejuzgar la cuestión de esta manera. Ver com. sobre 12:28. Pero el texto *en su integridad* tiene buenos apoyos.

15:4. Arbol de vida. Ver notas sobre 3:18. **8. El sacrificio de los impíos es abominación.** La frase **abominación a Jehová** une los vv. 8 y 9. Así, hay una cantidad de versículos asociados de esta manera en el texto hebreo. Pr. 15:8 es una repetición de 21:27*a*, donde se añade que tal sacrificio proviene de un corazón malo. Este v. es citado en los Documentos Sadoquitas de la época de la literatura del mar Muerto (Ver Introducción bajo *Paternidad*). Toy, representante de los antiguos "liberales", afirma que los sacrificios son mencionados en Proverbios solamente aquí y en 7:14; 17:1; 21:3, 27, y siempre con desaprobación (pero ver también 3:9). El ve aquí un contraste entre la religión profética, demandadora de moralidad, y el énfasis sacerdotal sobre el ritual. Cita al Sermón del Monte como parte del movimiento profético, que ve también en Amós 5:22; Is 1:11; Jer 7:22; 1 S 15:22; y otros. Felizmente, esta reconstrucción unilateral de la religión de Israel, con su perversión de tales textos, ya no está más de moda. Naturalmente, los profetas se oponían a sacrificios idolátricos (Jer 7:18; Amós 4:4, 5; y otros) y a los sacrificios ofrecidos en desobediencia; pero no se oponían a los verdaderos sacrificios. En verdad, Isaías nombra al Siervo sufriente que había de venir una "expiación por el pecado" (Is 53:10). Desafortunadamente, el más reciente "liberalismo" de la denominada escuela sueca se sale por otra tangente: une ciertamente a los profetas y a los sacerdotes, pero hace de todos ellos devotos del culto del Nuevo Año babilónico.

11. El Seol y el Abadón están delante de Jehová. Obsérvese como este versículo va relacionado con "los ojos de Jehová están en todo lugar" (15:3), y "los caminos del hombre están ante los ojos de Jehová" (5:21). La *destrucción* (**Abadón**) está en paralelo con **Seol** aquí y en 27:20 y Job 26:6. Está en paralelo con "muerte" en Job 28:22 y con "sepulcro" en Sal 88:11. Solamente se utiliza en los otros pasajes de Job 31:12 y Ap 9:11. Su raíz significa *perecer, morir* (BDB). Delitzsch cae víctima de la tendencia común de los eruditos de interpretar **Seol** y **Abadón** como el *Tártaro* y el *Hades* griego. Es falaz esta postura, pues las concepciones griegas y hebreas de la vida de ultratumba eran tan diferentes como sus deidades. Estas palabras ni designan al reino de los muertos ni los sitúan en una caverna subterránea. Son simplemente palabras poéticas descriptivas del sepulcro, que, naturalmente, está bajo tierra. Para **Seol**, ver notas sobre 1:12 y 2:18. **12. Escarnecedor.** Un pecador. Ver notas sobre 1:22. **13. Un corazón alegre.** O *feliz*. Similar a 17:22. Este es un proverbio secular utilizado quizás como introducción para el siguiente, con respecto a un **corazón entendido**, esto es, un corazón integro (cp. 12:25). **17. Buey engordado.** Los vv. 16 a 18 van juntos como proverbios en contra de la ira. El v. 18*a* constituye un paralelo con 29:22*a*.

20. Un hijo sabio. Ver com. sobre 10:1. **24. Del Seol abajo.** Para Seol, ver notas sobre 1:12 y 2:18. La bendición del buen hombre le salva de la muerte prematura. Toy lo toma como que el sabio es preservado de su descenso prematuro al mundo subterráneo. Delitzsch lo hace un contraste entre el cielo arriba y el Seol para los impíos, en un desarrollo de la doctrina de la vida futura. Es más sencillo tomarlo como una cuestión de vida frente a muerte.

B. Proverbios mayormente paralelos. 16:1—22:16.

16:2. Limpios en su propia opinión. El mismo pensamiento aparece en 14:12 y en

16:25. Este v. pone de una manera más explícita que el Señor es el verdadero Juez. El mismo, con variaciones, aparece en 21:2. **3. Encomienda a Jehová tus obras.** Esta fraseología es muy similar a la del Sal 37:5. Y Sal 37:1 es distintivamente paralelo con Pr 24:19. **4. Y aun al impío para el día malo.** Este v. ha sido frecuentemente citado en apoyo de un calvinismo extremo. Delitzsch comenta que "la maldad de los agentes libres es considerada en este plan", pero no toma el versículo en el sentido de una predestinación al mal, que los calvinistas cuidadosos no mantienen. Calvino mismo, según Delitzsch, afirmó que la predestinación al mal sería "un dogma horrible". Pero en la Biblia se enseña la soberanía divina codo a codo con agencia libre. El célebre versículo, "Hago la paz y crío el mal" (Is 45:7, RV1909), significa evidentemente no el mal moral, sino la calamidad. **5. Altivo de corazón.** Nótese la interconexión de versículos contra la soberbia: el espíritu altivo antes de la destrucción (16:18); soberbia antes de la destrucción, y antes del honor la humildad (18:12); antes del honor, la humildad (15:33); toda soberbia es una abominación al Señor (16:5; cp. también 11:20a). **8. Lo poco con justicia.** Ver 15:16, 17 para una fraseología similar.

10. Oráculo. Los vv. 10–15 señalan varios deberes y funciones de los reyes (Greenstone). ¡El pasaje empieza con un interesante versículo que tiene que haber complacido mucho al rey Jaime I en 1611! (En la versión autorizada inglesa, **oráculo** (RV) se traduce como *sentencia divina*. La versión autorizada fue hecha bajo el patrocinio del rey Jaime I de Inglaterra, viendo la luz en 1611, N. del T.). ¡La palabra *qesem, sentencia divina* en la AV, no se utiliza en ningún otro pasaje en buen sentido! Básicamente significa *adivinación*, u *oráculo* (como vierte RV y la LXX). *Decisiones inspiradas* (RSV) y *decisión piadosa* (Berkeley) son demasiado grandiosas para corresponderse con el hebreo. Delitzsch nos recuerda que en Israel nunca se creyó que el rey fuera infalible. El proverbio del v. 10 significa que un juicio verdadero es el deber de los reyes. Este deber es especificado y limitado en 16:12, 13. **11. Peso y balanzas justas son de Jehová.** Ver exégesis sobre 11:1. **15. Su benevolencia.** La palabra lleva la idea de 16:13, donde se dice que el contentamiento (la misma palabra) del rey está en los labios justos.

16. Mejor...que oro. Cp. 8:10, 11. **18. Antes del quebrantamiento, la soberbia.** Ver nota sobre el v. 5.

21. Aumenta el saber. El v. 21b es paralelo al 23b en una asociación consciente. Es evidente que los sabios hebreos gustaban de esta repetición con variación artística. **22. Manantial de vida.** Para el 22a, cp. 10:11; 13:14; 14:27. Para el 22b, cp. 14:24.

25. Hay camino que parece derecho. Cita verbal de 14:12. Cp. 16:2. **28. Chismoso.** Cp. 17:9; 18:8 (que es el mismo que 26:22). Sobre chismear, ver exégesis de 20:19. Como muestra 16:28a, un chismeador no es meramente uno que divulga secretos sino un hombre "perverso" (RSV y Berkeley) que "levanta contiendas" (cp. 6:14, 19).

31. Corona de honra es la vejez. Los jóvenes tienen su fuerza como gloria (20:29), y los ancianos tienen cabellos caos. Pero este versículo hace explícita la condición de la honra de los ancianos: la justicia. **33. La suerte se echa.** Greenstone concluye rectamente (frente a Toy y a Delitzsch) que no se trata aquí de una especial aprobación de las suertes para determinar asuntos, y mucho menos para determinar la voluntad humana. Se trata de una declaración de que las suertes —el más caprichoso de los actos humanos—está controlado por el Dios todopoderoso.

17:1. Una casa llena de sacrificios. De todo para comer. La RV traduce aquí *casa...llena de provisiones*. Una gran parte de los sacrificios de pacíficos era consumida por el adorador. Ver notas sobre 7:14. **2. El hijo que deshonra.** Ver también 19:26; 29:15. Un **siervo prudente**, esto es, recto, desposeerá a un hijo malvado. Toy lo interpreta en una forma puramente secular, titulándolo, "¡la inteligencia triunfa!"

3. El crisol. Se utilizaba para refinar. **5. El que escarnece al pobre.** Cp. 14:31a, que es muy similar, y las notas sobre 19:17. **6. Corona de los viejos.** Ver notas sobre 16:31.

8. Un don. Heb., un *soborno* (como RV). Aquí se da como de conocimiento común que los sobornos son eficaces (cp. 18:16; 21:14). Pero el autor no se detiene aquí; condena su utilización (17:23). **9. Cubre la falta.** Para una verdad similar a esta, ver 10:12. Ver 16:28 y la exégesis de 20:19 para la verdad de 9b. Un buen ejemplo de la interrelación de versículos distantes en Proverbios.

12. Una osa a la cual han robado sus cachorros. Se utiliza la misma figura en Os 13:8. En Pr no hay tantas ilustraciones de la naturaleza como pudiéramos esperar. **13. Mal por bien.** La mayor parte de comentaristas toman esto como mostrando que Proverbios advierte meramente en contra de la ingratitud. Pero incluso se condena también devolver mal por mal (ver 20:22; 25:21, 22, citado en Ro 12:20). **18. Fianzas.** Ver exégesis de 6:1.

21. El padre del necio. Ver com. de 10:1 y cp. 17:25 para esta palabra "necio" (heb.

nābāl; de ahí Nabal, 1 S 25:25). En Proverbios se encuentra solamente aquí y en 17:7; 30:22. Es también uno de los muchos sinónimos para "necio". Como en el Sal 14:1, no significa una mera estupidez. El Sal 14:1 significa: "El granuja ha dicho en su corazón: 'No hay Dios'." **22. Un corazón alegre.** Nótese la similaridad con 15:13. En este versículo tenemos también un lema, similar al del versículo anterior. **23. Soborno.** (cp. v. 8). **25. El hijo necio.** Cp. 17:21 y ver notas sobre 10:1. Los vv. 21, 25 usan ambos la palabra *kesîl*, "necio", en su primera parte, pero muestran una variación artística en la segunda parte. **27. Espíritu prudente.** Mejor, *espíritu sereno* (Berkeley y Delitzsch). Podemos poner en tela de juicio la declaración de Berkeley de que 17:27, 28 meramente enseña el "valor del silencio". Más bien, como muestra Delitzsch, y acentúan las palabras **entendido** y **necio** (*'ewîl*, "granuja"), la enseñanza es contra las palabras violentas.

18:1. Desvía. Este v. es algo difícil de comprender de una forma detallada. Por ello, ha recibido unas ciertas interpretaciones muy forzadas. Delitzsch toma la primera parte del versículo como una condena de "los cismáticos y de los sectarios", esto es, de los clérigos disidentes, en el sentido moderno del término. Hillel, también, según Greenstone, lo entendió como condenando el separatismo religioso. Pero esta interpretación es innecesaria y entra en colisión con otros pasajes de las Escrituras. Pablo se separó de los fariseos (Hch 19:19) de una manera que estaba evidentemente justificada. Es evidente que este versículo no tiene nada que ver con este tipo de cuestiones. **El que se desvía** es el que se separa culpablemente de Dios, buscando sus propios deseos, no la voluntad del Señor. Este hombre es así un pecador. **4. Aguas profundas.** Para el 4*a*, cp. 20:5*a*. **5. Tener respeto de la persona del impío.** Mostrar parcialidad en el juicio. Cp. 17:15, 16; 24:23; 28:21; Dt 1:17; 16:19; *et al.* **8. Chismoso.** Paralelo a 26:22. Ver nota sobre 20:19. **Heridas,** *bocados* en RV. Utilizado solamente en estos versículos. La mayor parte de las versiones modernas dicen: *bocados suaves* (como la RV), pero la evidencia para traducirlo de esta manera es muy endeble.

11. Muro alto. Este término es de la misma raíz que "levantado" en el v. 10. Este proverbio ofrece un contraste al que se halla en el v. 10, que da el secreto de la verdadera seguridad. Un rico está a seguro solamente "en su imaginación". El v. 11 es un paralelo con 10:15*a*. **12. Antes del quebrantamiento.** Nótese la similaridad entre 18:12*a* y 16:18*a*;

entre 18:12*b* y 15:33*b*. Ver notas sobre 16:5. **20. Del fruto de la boca.** Este v. no habla de comida, sino del habla, y advierte de lo que Jones y Walls denominan como "¡el poder letal de la lengua!" **22. Esposa.** La LXX vierte *una buena esposa*, lo que se ve de 12:4 y de 31:10, pero que no precisa ser expresado.

19:1. Mejor es el pobre. Obsérvese que 19:1*a* es idéntico con 28:6*a*. El contraste en 19:1 es con un hombre perverso, un necio. En 28:6, el contraste es con un rico perverso. No se condenan las riquezas por sí mismas, sino las riquezas de maldad. **3. Contra Jehová se irrita.** El verbo heb. significa *encolerizarse* o *airarse*. La LXX dice: *le da a Dios la culpa.* **4. Las riquezas traen muchos amigos.** Nótese la similaridad con 14:20. Aquí el pensamiento se desarrolla en 19:6, 7. Ver com. sobre 17:8, 23. Lo que aquí se afirma es la influencia de las riquezas, pero no se aprueba; se condena en otros pasajes la mala utilización de los dones o sobornos. **5. El testigo falso.** Casi idéntico con 19:9.

10. El deleite. Mejor, el *lujo* (como en la mayor parte de las versiones). **11. Cordura.** La palabra *sēkel* se refiere a la sabiduría, pero aquella sabiduría moral que Proverbios recomienda. **Detiene su furor.** La frase significa refrenar la ira, ser lento a la ira. El nombre, en Éx 34:6, es "tardo para la ira".

13. Las contiendas de la mujer. Tales proverbios acerca de la mujer contenciosa a menudo evocan humor. Los vv. de similar fraseología son 21:19; 25:24; y 27:15. El versículo da la impresión de que el continuo gotear de un tejado con goteras es parecido a una mujer insistente. Pero la palabra heb. para *contención* no significa insistencia. El pecado al que se objeta es, evidentemente, la cólera. Se utiliza la misma raíz para discordia (cp. 6:14, 19). Es mucho lo que se dice en contra de la ira en los hombres. Estos vv. protestan en contra del mismo vicio entre las mujeres. **14. Prudente.** La misma raíz que "deleite" en 19:10. **15. Pereza.** Ver notas sobre 6:6.

17. El que da al pobre. El que es caritativo. Pr 14:31 es un similar. La caridad por los pobres es intensamente indicada en la ley hebrea (Dt 15:7ss.). Muchos versículos en Pr recomiendan esta liberalidad (21:13; 22:9, 16; 28:3, 8, 27; 29:7). El usurero, por otra parte, es condenado porque oprime a los pobres (cp. sobre 6:1).

18. Castiga a tu hijo. Ver notas sobre 13:24; 23:13, 14. La palabra *destruirlo* se deriva de la raíz *mût*, "matar". Toy traduce, *no pongas tu corazón firme para su destrucción,* y es seguido por Greenstone y por la

RSV, Berkeley, y otras. Delitzsch es similar. Pero esta palabra también se puede leer como procedente de la raíz *hāma, hasta su lloro*, de "murmurar", "rugir". El heb. dice lit., *hasta su lloro* [o su muerte] *no levantes tu alma*. La traducción de la AV parece la más cercana al original en fraseología y contexto (*y no lo exima tu alma por su llanto*). Pero como el paralelo en 23:14 habla de que el castigo salva al niño de la muerte, así quizás, en una expresión comprimida, este proverbio significa lo mismo: "No evites el castigo y [debido a ello] provoques su muerte".

24. El perezoso. El proverbio del 24*a* se repite en el 26:15 en una serie que trata de la pereza. **26. Hijo que causa vergüenza.** Ver notas sobre 10:1, y cp. 29:15, que repite esta frase. **27. Enseñanzas que te hacen divagar.** Las palabras **que te hacen** no se hallan en hebreo, y Pr no utiliza la palabra *enseñanza* de falsas enseñanzas. Por ello la RSV y Berkeley toman el proverbio correctamente como significando oír enseñanza "solamente para apartarse" de ella.

20:1. El vino es escarnecedor. Ver el com. sobre 3:10 acerca del vino. **Sidra.** En heb., *shēkār*. El significado exacto es incierto. No era una bebida fuerte en nuestro sentido de la palabra; porque, antes de que la destilación fuera inventada por los árabes, ninguna bebida tenía más fuerza que alrededor de un 7-10 por ciento de contenido alcohólico. Era embriagante, como muestra frecuentemente el contexto bíblico. Toy y Berkeley (pie de página) sugieren que puede haber sido una bebida fermentada a partir de jugos de frutas. El escritor del artículo "drink" (bebida) en ISBE argumenta que *shēkar* es un término que comprende todo este tipo de bebidas, incluyendo el vino. Esto se arguye en base de Nm 28:7, 14. El término puede haber incluido, por lo menos, la cerveza. Sabemos que la cerveza se hacía y utilizaba en Palestina, porque se han hallado artefactos de cerámica para colar cerveza. No parece que ninguna palabra hebrea se refiera específicamente a la cerveza. El vino estaba prohibido a los sacerdotes mientras ministraban (Lv 10:9) y a los nazareos (Nm 6:3). Era utilizado como ofrenda de libación, pero no se bebía. La palabra para **escarnecedor** es *lēs*. Como dice Delitzsch, el vino es condenado con sus efectos. Podemos señalar que la condena es bastante severa. **Por ellos yerra.** El BDB arguye que significa también "andar en ebriedad". Pero la única evidencia de ello se halla en Is 28:7, donde se utiliza la palabra en referencia a "errar" con vino y a "errar" en visión. No debiera limitarse, a pesar de lo que dice Berkeley, a embriagarse. El pasaje con-

cierne a *cualquier* uso del vino, debido a sus efectos finales. La LXX dice: *pero cada necio es enredado en ello*. Ver nota: sobre 23:29ss.

2. El terror del rey. Acerca de reyes, ver 16:10ss. y 20:8.

4. A causa del invierno. *Otoño* o *invierno*. No ara en la temporada de la siembra. Cp. 10:5. La diligencia es una virtud. Señálese la regla apostólica en 2 Ts 3:10. **5. Aguas profundas.** Cp. un versículo similar, 18:4. **6. Su propia bondad.** La palabra *hesed* significa "bondad" (RV), "misericordia" (BDB), y no *lealtad*, como tiene la BLA. La BV aquí, y la RSV en otros pasajes vierten esta palabra como "amor constante", lo cual es más curioso y extraño que erróneo. La palabra incluye amor, pero la constancia hallada en algunos contextos se debe a la constancia del Dios que ama.

8. El rey. Ver 20:2.

10. Pesa falsa y medida falsa. Pesos diferentes del patrón, y medidas retocadas. Ver notas sobre 11:1. **13. No ames el sueño.** Acerca de la diligencia, ver 6:9-11. **16. Fiador.** Este v. es idéntico al 27:13. Acerca de fianzas, ver notas sobre 6:1.

19. El que anda en chismes. El *chismoso*, heb. *rākîl*. Pr 20:19*a* es paralelo con 11:13*a*. Pr 20:19*b* explica el significado: "No te entretengas, pues, con el engañoso de lengua" (leer "engañoso", no "suelto", para el heb *pāta*). *Rākîl* es traducido *calumnia* en otros pasajes. Lv 19:16 lo condena. Pero un **chismoso** no es lo que los niños dirían un "chivato". Se utiliza otra palabra, *nirgān*, en 16:28; 18:8 (que es paralelo con 26:22); 26:20. Aquí, también, el énfasis no recae sobre el chismear, sino en la dispersión de calumnias y de contiendas. **20. Maldice a su padre.** Un delito capital (Éx 21:17; Lv 20:9). Se reconocían varios grados de maldición y de rebelión filial. Es indudable que la pena capital solamente se ejecutaba en casos extremos. Pero aquí se da la actitud divina hacia este delito y también en 30:11 (señálese el contexto). **Oscuridad tenebrosa.** La pal. significa *pupila de un ojo*, como símbolo de negrura o para la media noche. **22. Yo me vengaré.** El principio establecido aquí queda reforzado en 25:21, 22, citado en Ro 12:20. **23. Pesas falsas.** Cp v. 10 y ver notas sobre 11:1.

24. De Jehová son los pasos del hombre. La primera parte de 20:24 es idéntica con la primera parte del más famoso versículo, Sal 37:23. Así como el Sal 37:1 es también evocado en Pr 24:19, no tenemos que abrigar ninguna duda en denominar a estos proverbios como citas (notar otras citas en 30:5, 6). **26. Avienta a los impíos.** Nótese la similaridad de

20:8*b*. **Sobre ellos hace rodar la rueda.** La palabra rueda se usa con frecuencia en otros pasajes, pero su utilización en castigo se desconoce. Puede que aquí sea figurativa. Así como un hombre avienta grano y hace pasar la rueda sobre él para batirlo, así un rey castiga el mal. **29. Su vejez.** Sus *canas* (VM). Ver exégesis de 16:31. **30. Los azotes que hieren.** Mejor, *los golpes que dejan amoratado*. Estos curan al hombre del mal. **Las heridas que llegan hasta lo más interior.** Se trata de que los azotes, como las heridas, limpian al hombre interior (la misma frase que en el 27*b*).

21:2. Recto en su propia opinión. Casi idéntico con 16:2. **3. Más agradable que sacrificio.** El pensamiento que aquí se da es el de 1 S 15:22, pero la fraseología cambia en algo. Acerca de sacrificios, ver Pr 15:8. **9. Mujer rencillosa.** Paralelo a 25:24. En realidad, lo que se condena es el pecado de la ira. **Casa espaciosa.** Aparentemente un almacén o un granero, según la evidencia ugarítica (Story, *op. cit.,* p. 325). **10. El impío.** Hay aquí un juego de palabras. En heb "impío" y "prójimo" suenan parecidos. **12. Considera** (RV). Un versículo difícil en cuanto a su detalle. La AV da "Dios" como el sujeto de la segunda mitad. La RV hace pasiva la segunda mitad. Quizás serviría de ayuda dividir el versículo de manera distinta: "Los justos actúan sabiamente en el hogar; la maldad trastorna a los malvados arruinándolos". Esto implica añadir una vocal para "maldad". **13. El clamor del pobre.** Ver com. sobre 19:17. **14. El don en el seno.** Un soborno. Ver notas sobre 17:8. **16. La compañía de los muertos.** La pal. es *repā'îm*, "sombras" según Toy (también Berkeley, n). La idea no es, evidentemente, que los malos "hallan descanso" (Berkeley), sino que "moran" o "yacen" (Delitzsch). La frase, *compañía de los muertos*, no dice nada del estado de la existencia de sus almas. Se refiere meramente a que yacen en la tumba. Ver exégesis de 2:18. **18. Rescate del justo.** Un pensamiento desacostumbrado, y una utilización desacostumbrada de **rescate**. La LXX vierte *hez*, interpretando evidentemente que el versículo significa que los impíos son como basura en contraste a los justos. El sentido general del versículo es que son los malos y no los buenos los que sufren el juicio (Toy). En Is 43:3, 4 se utiliza la palabra del juicio de Dios sobre Egipto a fin de liberar a Israel. **19. La mujer rencillosa e iracunda.** Ver com. sobre 19:13. **27. El sacrificio de los impíos.** El v. 27 es paralelo con 15:8*a*, consultar. **28. El testigo mentiroso.** Paralelo a 19:9*b*.

22:1. El buen nombre. No solamente reputación en nuestro sentido de un buen nombre, sino buen carácter. **3. Un hombre prudente.** Este versículo es idéntico a 27:12. En RV se vierte *avisado*. **4. De la humildad.** Esto es, las consecuencias de la humildad y del temor de Jehová. Cp. la tríada en 21:21. **5. El perverso.** El torcido, el sinvergüenza. **6. Instruye al niño en su camino.** No se trata de una palabra común para "educar", pero el significado es claro, y la promesa es bien rica. **7. El rico se enseñorea de los pobres.** Con 22:1, 2 en mente, vemos que esta cláusula afirma un hecho, pero que no lo aprueba. Es posible que este versículo sea otra advertencia en contra de tomar prestado con usura: "Con tanta seguridad como que los ricos se enseñorean de los pobres, así el que toma prestado..." Ver exégesis de 6:1, acerca de la usura. **8. La vara de su insolencia se quebrará.** Aquí la LXX añade un pareado: "Dios bendice al hombre alegre y liberal, pero castigará la necedad de sus obras". Es posible que 2 Co 9:7 aluda a la primera parte de este versículo, pero no podemos estar seguros de ello. No es preciso suponer un texto hebreo distinto, aunque no sería algo imposible. **14. La mujer extraña.** El v. 23:27 muestra que lo que se significa aquí son mujeres ligeras. La VM vierte "adúlteras". **15. La necedad...en el corazón del muchacho.** Como hemos visto, la necedad no es solamente "actitudes tontas, maneras tontas de hacer" (Delitzsch), por las cuales ciertamente no debiéramos azotar a nuestros hijos. Tampoco dice el versículo que sean "moralmente inmaduros" (Toy). Dice que son pecadores, y que precisan de castigo. Las teorías actuales de que los niños no son malos de naturaleza, sino que solamente están mal ajustados, y que la educación debiera llevarles a la propia expresión, no hallan apoyo alguno en Proverbios. **16. El que...da al rico.** Se condena el que se den sobornos (ver notas sobre 17:8, 23). La opresión de los pobres es condenada en las Escrituras, pero darles a los pobres es alabado en 28:27.

III. Las palabras del sabio, treinta dichos. 22:17 — 24:22.

La sección anterior, 10:1 — 22:16, tenía el encabezamiento: "Los Proverbios de Salomón". Estaba compuesta casi exclusivamente de versículos en dos partes. La sección que tenemos ante nosotros está compuesta de unidades mayores, a menudo de estrofas en cuatro partes, o "tetrastichs" (p.ej., vv. 22, 23). No es exacto decir, como dicen Oesterley y Fritsch, que en 22:17 la LXX tiene el encabezamiento "las palabras del sabio", porque en griego "palabras" está en caso dativo, en tanto que en el encabezamiento debiera estar en caso nominativo. La traducción de la LXX es algo libre, pero es sustantivamente igual que en el hebreo excepto en que incluye dos palabras del v. 18 en el 17. No obstante, "las palabras del sabio", que se halla tanto en griego como en hebreo, caracteriza esta sección de una forma apropiada.

A. *Dichos paralelos a la sabiduría egipcia.* *22:17—23:12.*

Los paralelos en esta sección a la *Sabiduría de Amen-em-Opet* son tomados de ANET y pueden ser consultados cómodamente para referencia en la tabla al pie de la página 424 de ANET. (Para una discusión de estos paralelos y su significado, ver Introducción, *Los Proverbios y otra literatura sapiencial.*)

17. Inclina tu oído. La similaridad entre este versículo y la introducción de la composición egipcia ha sido muy destacada. Pero las expresiones, "da oído", "escucha a las palabras de la sabiduría", son bastante generales y se hallan en otras partes de los Salmos y de Proverbios.

18. Si juntamente se afirmaren sobre tus labios. Oesterley y Fritsch mantienen que la pal. *juntamente* no tiene sentido. Sugieren ellos la traducción "clavar", debido a que el paralelo egipcio en Amen-em-Opet tiene una oscura palabra que pudiera significar esto. Pero la palabra "clavar" difícilmente pueda ajustarse mejor que "juntamente". No hay buenas razones para efectuar ninguna alteración. La LXX tiene *hama*, "juntas". **19. A ti también.** Toy y Oesterley objetan a estas palabras como redundantes. Pero no debiéramos juzgar el hebreo por nuestras ideas de la redundancia. Greenstone cita Pr 23:15 y 1 R 21:19 evidenciando una fraseología muy similar.

20. Tres veces (treinta dichos, RVA). Comentaristas más antiguos y la BDB lucharon con esta palabra, que viene de una raíz para *tres.* Se utiliza en otras partes solamente en la frase, *ayer tres días,* que significa "anteriormente". La ligera alteración de las vocales sugerida por la evidencia egipcia (ver Introducción, *Los Proverbios y otra literatura sapiencial*), para leer *treinta,* es una feliz solución. Entonces, se usa la palabra para referirse a los treinta proverbios que se encuentran en esta sección. Toy sugiere que la mención de escritura en este versículo es desusada en Proverbios y señala a una fecha posterior. Oesterley, apoyando la dependencia de Proverbios del escrito egipcio, ¡llega a la conclusión totalmente opuesta! **21. A fin de que vuelvas a llevar palabras de verdad a los que te enviaron.** Aquí la revisión RV1960 se refiere a este

pasaje como la entrega de un mensaje de una forma rápida y adecuada. Pero ¡los versículos que siguen no son instrucciones a mensajeros! Además, aunque Oesterley llega a la versión que da RV1960 por comparación con la obra egipcia, incluso ésta tiene evidentemente un sentido más profundo, porque sigue diciendo: "a fin de dirigirlo a los caminos de la vida". El hebreo utiliza un plural: "A los que te enviaren". La LXX presenta el sentido probablemente correcto: "Responden palabras de verdad a aquellos que te pregunten" (cp. 1 P 3:15). Y la RV1909 traduce en esta línea: *Para que puedas responder razones de verdad a los que a ti* enviaren.

23. Porque Jehová juzgará la causa de ellos. Este pasaje no tiene paralelo en *Amen-em-Opet.* Después de todo, la obra egipcia da solamente unos proverbios morales de sentido común. Proverbios absorbe estos dichos de muchas fuentes y los utiliza como marco de su instrucción divina.

24. El iracundo...el hombre de enojos. Lit., *un dueño de ira...un hombre de enojo.* En 29:22 la fraseología es similar, pero se invierte: "Un hombre de ira...un dueño de enojo". El paralelo egipcio es: "No te asocies con el hombre encendido ni le visites para conversar con él". En varias ocasiones contrasta *Amen-em-Opet* el hombre "encendido" con el "silencioso", esto es, al impulsivo con el humildemente piadoso (ANET, p. 422, n. 7). **25. No sea que aprendas sus maneras.** El pretendido paralelo egipcio, "No sea que un terror te arrebate" no es muy convincente.

26. Los que tocan la mano (RV1909). No se alega ningún paralelo para 22:26, 27. Acerca de los peligros de salir fiador, ver notas sobre 6:1.

28. No traspases los linderos antiguos. El egipcio dice: "No te lleves el señalador de límite a los extremos de la tierra arable...ni arrebates los límites de una viuda". El hecho de llevarse señaladores de límites significaba falsear la demarcación de tierras y hurtar tierras (cp. Dt 19:14 y 27:17). Este v. no enseña el respeto por las antiguas señalizaciones, sino el respeto a los derechos de propiedad. El proverbio egipcio es similar pero peculiarmente adaptado al Valle del Nilo. Algunos han argüido (Toy, pp. viii) que la repetición de un proverbio es prueba de dos colecciones, ya que un autor no se repetiría a sí mismo. No obstante, en esta colección de los "treinta" este proverbios aparece por segunda vez, pero con un final variante (23:10). Cosa interesante, *Amen-em-Opet* (en la versión inglesa) tiene también una repetición de tres líneas de texto (ANET, p. 422, col. 2; p. 423, col. 2). Ya que tal repetición fue evidentemente a propósito, no puede utilizarse para demostrar que hubieran dos autores. Cp. Introducción, *Colecciones en Proverbios*.

29. Hombre solícito en su trabajo. Debido a que el egipcio dice: "El escriba que es experimentado en su oficio, se verá digno de ser un cortesano", y debido a que la palabra **solícito** se asocia en algunas ocasiones en el AT con escribas, Oesterley y Fritsch asumen que aquí se tiene a un escriba en mente. Pero no hay justificación alguna para esta limitación. Los egipcios en *Amen-em-Opet* y en otras obras ("In Praise of Learned Scribes", ANET, pp. 432, 434) glorifican el trabajo de los escribas como superior a cualquier otro. El heb. exalta la solicitud en cualquier tipo de trabajo.

23:1. A comer con algún señor. Parece superficial decir, como lo dicen Fritsch y Oesterley, que esto trata de buenas maneras a la mesa. Más bien, trata de la relación de uno con la realeza. Recomienda temor y precaución delante de un rey. Lo que se señala es que la mesa del rey no es meramente para atracarse, sino para conferenciar. Conseguimos una imagen de una fiesta real acompañada por una discusión en la *Carta de Aristeas*, líneas 236-274 (R. H. Charles, *The Apocrypha and Pseudepigrapha of the Old Testament*, II, 117, 118), donde los enviados judíos a Ptolomeo son probados con preguntas a la mesa por el rey. El paralelo de *Amen-em-Opet* dice: "No comas pan en presencia del gobernante...mira por encima del plato que tienes delante". Las diferencias son tan grandes como la similaridad. En Proverbios la actitud hacia el rey (cp. también 25:6, 7) es el marco para la advertencia de 23:4, 5 en contra de ir tras las inciertas riquezas, poder, o exaltación. **2. Cuchillo a tu garganta.** Amenaza de muerte a tu apetito. **5. Poner tus ojos.** Lit., *si haces tus ojos volar* tras las riquezas, ellas a su vez vuelan también. El pretendido paralelo egipcio se refiere a las riquezas adquiridas mediante robo.

6. De mal ojo (RV1909). No un ojo de encantamiento como se habla supersticiosamente. La LXX ya erró de esta manera. La frase aparece en 28:22, que no clarifica demasiado, pero Greenstone, Toy, y Delitzsch comparan 23:6 con 22:9, donde el "buen ojo" (*ojo misericordioso*) se refiere a un hombre dadivoso. De manera que aquí la RV1960 traduce correctamente **el avaro.** El paralelo egipcio es solamente aproximado. **No codicies sus manjares.** Repetido de 23:3. Debiera ser eliminado del v. 3, a decir de Toy y Oesterley, pero no hay justificación para tal eliminación. **8. Y perderás tus suaves palabras.** Cp. v. 9. El "necio" despreciará la sabiduría de tus

palabras. Este paralelo ayuda a identificar el "necio" del 23:9 con el avaro de los vv. 6, 7.

10. No traspases el lindero antiguo. Ver 22:28. Aquí terminan los paralelismos con *Amen-em-Opet*.

B. Dichos sin paralelo en egipcio. 23:13— 24:22.

Curiosamente los pretendidos paralelos con el egipcio cesan repentinamente, y las últimas dos terceras partes de esta sección de los "treinta" solamente presentan un pretendido paralelismo con los treinta capítulos de la obra egipcia.

12. Aplica tu corazón. Se señala una nueva subdivisión de los "treinta" en estas palabras (cp. el encabezamiento de 22:17).

13. No rehuses corregir. Acerca de la utilización de la vara, ver notas de 13:24. **14. Librarás su alma del Seol.** Esta traducción es demasiado específica. La pal. **alma** significa muy frecuentemente solamente la persona misma (cp. Sal 107:9, y muchos otros casos en concordancias). La pal. Seol puede significar, y a menudo es así, la tumba (ver Gn 42:38; Is 14:11 y com. sobre Pr 1:12; 2:18). La expresión paralela de 23:13 es "no morirá". Con probabilidad el versículo no significa que los azotes salvarán el alma del joven (Greenstone), sino que le serán de beneficio espiritual, y que le librarán de una muerte inoportuna (Delitzsch, Toy). Oesterley hace la interesante observación de que este proverbio tiene un paralelo en los dichos de Ahikar. Pero en forma, el dicho es más parecido al 23:14 en la copia Elefantina de *Ahikar* que en otras copias, que presumiblemente den originales babilónicos. Llega a la conclusión de que los judíos en Egipto modelaron su *Ahikar* según este versículo de Proverbios. Esta sección de Pr, por esto, retrocede más allá del siglo quinto (cp. Introducción, *Proverbios y otra literatura sapiencial*).

15. Hijo mío. Una nueva subsección caracterizada por un tratamiento más extenso de los temas. **16. Mis entrañas.** Lit, *mis riñones.* El heb. utilizaba los riñones y el hígado como términos psicológicos de una manera muy similar a como nosotros utilizamos "corazón". El "corazón" hebreo se aproxima más a nuestra palabra "mente".

20. No estés con los bebedores de vino. La pal. *sābā'* aparece solamente aquí y en Dt 21:20; Is 56:12; Nah 1:10. **Bebedores de vino** no es una traducción precisa. La palabra no se refiere tanto a que un hombre beba habitualmente como a que beba bebida fuerte (Is 56:12). Delitzsch lo define como "beber vino u otras bebidas embriagadoras''. **21. Comilón.** No parece haber ninguna justificación para esta traducción. La palabra se utiliza en otros pasajes, como Dt 21:20; Pr 23:20; 28:7; Lm 1:8, 11; Jer 15:19; y se utiliza un derivado en Sal 12:8. En cinco de estos casos ni se sugiere la ingestión de comida en el contexto. El significado básico es ser "ligero", "indigno". Se refiere más a la naturaleza disoluta de una fiesta que a comer en exceso (cp. Pr 23:20). Aparentemente, comer en exceso no es condenado en absoluto por sí mismo.

26–28. Dame, hijo mío, tu corazón. Un solemne llamamiento a la atención del oyente. Cp. Pr 5; 7; 9 para la condena del adulterio.

29. ¿Para quién será el ay...el dolor? Esta sección parece no ser solamente una condena de la bebida excesiva, sino una exhortación debido a sus fatales consecuencias. Cp. com. sobre 3:10, donde se menciona una bebida no embriagadora. **30. Los que se detienen.** Una palabra, en realidad, derivada de la común preposición "después". Significa "quedarse atrás". Se utiliza en el Sal 127:2 para significar "ir tarde a reposar" en ansiedad. Se utiliza en Is 5:11 en un pasaje similar al nuestro para referirse a quedarse levantado hasta tarde durante la noche para beber. ¡Qué tragedia tan antigua y tan común! **La mixtura.** Ver notas sobre 9:2. **31. Resplandece su color en la copa.** Énfasis sobre la atracción de la bebida. Lit., *da su ojo.* RSV, *burbujea.* **Se entra suavemente.** Lit., *va derecho.* RSV, *desciende suavemente.*

32. Mas al fin. Condenación enfática. "No mires" (v. 31), debido a las consecuencias individuales. ¡No te deslizarás pendiente abajo si nunca te colocas en posición! ¡Cuán intensa es la comparación con el veneno de una serpiente, y cuán apta! ¿Acaso parece implicar el autor que un poco está bien, pero que no se debe ir demasiado lejos? Esta no es nuestra actitud hacia el veneno de una serpiente. **Morderá.** El significado de esta palabra hebrea es incierta, pero la traducción es adecuada para la mordedura de una serpiente. Esta misma palabra se usa de una mordedura de serpiente en ugarítico (Story, *op. cit.,* p. 326).

33. Mujeres extrañas. No *cosas extrañas,* como en la BLA y RVA. La palabra se utiliza en Pr 2:16; 5:3, 20; 7:5; 22:14, siempre de prostitutas. Tenemos los trágicos acompañamientos y las consecuencias de la bebida: inmoralidad, insensibilidad, irresponsabilidad. No es introducir un pensamiento extraño el comentar que no se dice aquí ni una sola palabra de la permisividad de la bebida moderada. Tampoco se puede argumentar justamente de las palabras de Pr 31:4–7 en favor de ello.

Aquel pasaje menciona la bebida excesiva para drogar a los profundamente desafortunados. Es probable que no excusa tal conducta, sino que solamente contrasta la situación de un rey con la de un criminal: "Otros lo hacen; tú no puedes permitírtelo".

Si esta es la conclusión de Proverbios, cuanto más cuidadosos debiéramos ser nosotros en nuestros días. El vino y la bebida fuerte de los tiempos bíblicos se parecían más a nuestros vinos ligeros y nuestras cervezas. La gente no tenía destilación y por ello no podían hacer licores fuertes. En nuestra época, la bebida social pasa más fácilmente al alcoholismo. También, en una sociedad mecanizada, una sola bebida puede tener unas consecuencias mucho peores para otros que lo que sugiere 23:35. ¿Por qué, entonces, debieran tantos aferrarse a una práctica que esclaviza rápidamente y que con tanta frecuencia degrada? ¿Por qué no puede ser igual de sociable beber refrescos? O, si el escape que provee el alcohol provee el valor del vaso social, ¿no es el deseo de "escapar" ya la embriaguez incipiente en contra de la cual batalla nuestro autor? El Eclesiástico, uno de los libros apócrifos aceptados por los católicos, que no por los protestantes, presenta un tratamiento diferente, denunciando la embriaguez, pero permitiendo de una manera expresa la bebida moderada (Eclesiástico 31:25–30).

24:1–3. Con sabiduría se edificará la casa. En esta porción, y en los versículos que siguen, los pensamientos son similares a algunos de la primera sección, 1:1 — 9:18. Esto puede indicar una cierta dependencia (cp. 9:1). **5. El hombre sabio es fuerte.** La LXX, la Siríaca y el Targum dicen: *es mejor que un hombre fuerte,* lo cual es más suave (la versión de la RSV es similar). **7. Alta está.** *Demasiado alta para el insensato está la sabiduría.* En 24:7–9 la necedad y el pecado aparecen de nuevo como el contraste proverbial a la sabiduría.

10. Si fueres flojo. Esto involucra un juego de palabras con *ṣārâ,* "adversidad", y *ṣar,* "pequeño", "comprimido". **12. ¿Acaso no lo entenderá...?** Es probable que este versículo se una con el precedente y que exponga las vanas excusas de los mortales. El v. insiste en que sí somos los guardas de nuestros hermanos. **Dará al hombre según sus obras.** El pensamiento se asemeja al del Sal 62:12, pero la fraseología no es idéntica. Vuelve a aparecer en Mt 16:27.

13. Hijo mío. Otra subsección de esta división de los "treinta". **14. Tu esperanza.** Cp. 23:18.

17. Cuando cayere tu enemigo. El mismo pensamiento que en 17:5. Oesterley y Fritsch objetan al último pensamiento de 24:18: que si no nos regocijamos, el Señor seguirá castigando a nuestros enemigos; ¡de otra forma, los dejará! Toy, Delitzsch, y Greenstone no adoptan un punto de vista tan estricto. Un tratamiento similar de Ro 12:20 (citado de Pr 25:21, 22) nos haría alimentar a nuestros enemigos, ¡a fin de que pudieran ser condenados más severamente! Más bien, estas expresiones dan resultados en estos casos, no propósitos. **19. No...tengas envidia de los impíos.** Este v. es idéntico al Sal 37:1, excepto por la última palabra. Para otras citas, ver 30:5.

IV. Las palabras del sabio, Apéndice. 24:23–34.

La principal razón para tratar este pasaje como una sección separada es que con 24:22 llegan a su fin los "treinta dichos". Toy y Delitzsch, que escribieron antes de que se llegara a sugerir la sección de los "treinta", hablan de esta sección como un apéndice o suplemento a esta porción, como ciertamente no es muy diferente. La LXX inserta 30:1–14 antes de esta sección.

23. Acepción de personas. Cp. 18:5.

26. Besados serán los labios. Fritsch, Oesterley, y otros afirman que el besado de labios no se menciona en ninguna otra parte el AT. Toy creyó que la costumbre provenía de los persas. ¡Otro argumento del silencio! Se menciona definitivamente en ugarítico (C. H. Gordon, *Ugaritic Literature*, p. 60).

29. Como me hizo. Esta es en realidad una afirmación de la regla áurea (Lc 6:31). Está bien expresada aquí, pero también en otros pasajes (20:22; 17:13; 25:21, 22). Este elevado principio ético no está opuesto por la legislación mosaica de "ojo por ojo" (Éx 21:24; Lv 24:20; Dt 19:21). Esta particular ley mosaica era para jueces, y demandaba que la pena se ajustara al delito. Probablemente, no estaba destinada a ser aplicada literalmente, y no tenemos casos de su aplicación literal en el AT. Era y es un principio de justicia. Cristo (en Mt 5:38) no contradijo este principio de la ley del AT, sino que objetó a la interpretación farisáica que permitía una actitud vengativa (ver *Inspiration and Canonicity of the Bible* de este autor, pp. 50–52). Hay paralelos a 24:29 en el *Counsels of Wisdom* (Consejos de sabiduría) babilónico (ANET, p. 427). Después de todo, no es la ética cristiana que es singular: Dios ha dado conciencias a todos los hombres. La ética del cristianismo es la más elevada, pero el elemento singular es la redención.

30–34. El campo del hombre perezoso. Ver com. sobre 6:6–11. Los últimos versículos de las dos secciones son prácticamente idénticos.

V. Proverbios de Salomón, editados por los varones de Ezequías. 25:1—29:27.

La LXX inserta el 30:15—31:9 antes de esta sección. **1.** El significado del encabezamiento es oscuro. Empieza como los encabezamientos en 1:1; 10:1, excepto que la frase **también estos** nos recuerda a 24:33. Pero, ¿qué es lo que hicieron **los varones de Ezequías**? ¿Coleccionar, editar, o volver a copiar? El verbo traducido por **copiar** (RV), o *transcribir* (VM) significa "ser viejo", o "quitar". Fritsch afirma que el significado "copiar" es muy posterior. Cierto, se utiliza en época postbíblica, pero nuestra evidencia con respecto a la actividad literaria no es lo suficientemente plena como para negar este significado a tiempos anteriores. ¡Toy dice que la referencia a Ezequías no tiene más valor que los títulos de los Salmos o que los encabezamientos de los libros proféticos! Podríamos añadir que tampoco tiene menos valor. Oesterley cita la tradición talmúdica racionalizándola con el argumento de que surgió debido a que Ezequías tenía a un prominente escriba, Sebna, en la corte! (Is 37:2). Oesterley olvida que otros reyes —y probablemente todos los reyes— tenían escribas en la corte (2 S 8:17; 1 R 4:3) cuyos deberes eran evidentemente más militares que literarios. Movilizaban el ejército. Es más seguro tomar este encabezamiento en todo su valor. Aparece en la LXX y, por ello, por lo menos, se remonta a antes del 200 a.C.

2–7. Honra del rey. Una sección corta acerca de los reyes. Señálese en los vv. 2 y 3 la repetición de las palabras lema **investigar** e **inescrutables** (VM). También en los vv. 4 y 5 el proverbio secular acerca de afinamiento se halla ligado a la máxima moral mediante la repetición **quita** y **aparta**. El rey ideal queda establecido en justicia. Fritsch señala que la referencia a los reyes constituye evidencia de una fecha pre-exílica.

11, 12. La palabra dicha como conviene. El modismo no es de interpretación fácil debido a que nuestro vocabulario de los frutos hebreos no es muy extenso. Delitzsch dice **que las manzanas de oro** son naranjas; Toy dice que son membrillos. De mayor importancia es observar que la **palabra dicha como conviene** del v. 11 es igual a **aquel que reprende sabiamente** (VM) del v. 12. **13. Como frío de nieve.** Otra hermosa comparación. Pero no significa una nevada en tiempo de cosecha (marzo-septiembre), que no sucedía y que hubiera sido desastroso. Se refiere a una bebida fría de las montañas nevadas o a un viaje a ellas para reposar del calor.

15. Quebranta los huesos. La suavidad consigue cosas duras si se tiene paciencia.

16, 17. Detén tu pie de la casa de tu vecino. El v. 16 sirve como marco al 17. Los dos versículos se hallan ligados por el verbo **hastiado. 18. Falso testimonio.** Las palabras del 18*a* citan el noveno mandamiento. Para otras citas, ver 30:5.

20. Sobre el jabón echa vinagre. La química que hallamos aquí es sencilla e interesante. **Jabón** es la antigua palabra castellana "sosa", que se recogía de los lagos alcalinos de Egipto. En egipcio era llamado "natrón". La reacción hace que el dióxido carbónico se desprenda violentamente. El símil no enfatiza "alegría", como dice Oesterley, sino violencia. La RSV sigue a la LXX, traduciendo "herida", pero es posible que la LXX no comprenda bien la química de este asunto. La nota de pie de la RSV dice, extrañamente: "Heb. *lye* (lejía)". Esto no concordaría ni con la química ni con el vocabulario. El natrón egipcio fue una fuente importante de sosa hasta que Napoleón, dándose cuenta de su valor en su campaña egipcia, ofreció un premio por su síntesis industrial. **21, 22. El que te aborrece.** Ver notas sobre 24:17. Citado en Ro 12:20 en la forma dada por la LXX, que sigue estrechamente al hebreo.

24. Mujer rencillosa. Paralelo a 21:9. Una mujer de discordias. Ver nota sobre 19:13.

26. El justo que cae. El verbo heb. significa *ser movido.* Delitzsch, Oesterley, y Fritsch lo interpretan rectamente como refiriéndose a la defección moral.

27. Buscar la propia gloria. El v. es difícil de entender, aunque las palabras, tal como están, no son difíciles. La mayor parte de los escritores afirman que este versículo está tan retocado que no tiene sentido (Fritsch, Oesterley y Toy). Sería igual de lógico decir que hay un modismo escondido en la resumida expresión que se nos escapa. Greenstone sigue a la RV. Delitzsch cambia algunas vocales para llegar a conseguir: *investigar cosas recónditas es un honor.* **28. Cuyo espíritu no tiene rienda.** Muy similar a 16:32.

26:1. Al necio. Los vv. 1–12 constituyen una subsección acerca de la temática de los necios. Ver exégesis de 10:8. Lo que aquí se trata es la insensatez moral. **4, 5. Nunca respondas al necio.** Un caso famoso de aparente contradicción, no real. El equilibrio se debe al contraste artístico de Proverbios, no a un error. En un sentido se debiera dar respuesta al necio, en otro sentido, no, ¡Estos versículos hicieron que algunos rabinos judíos antiguos pusieran en tela de juicio la canonicidad de Proverbios! Pero mentes más sobrias penetraron a través de la dificultad. **8. La honda.** No es la palabra normal para "honda". Quizás: "como el que pone piedras en un montón".

10. Este es un v. del que todos los comentarios admiten la dificultad. No obstante, la RV da el texto más probable. **11. Como perro que vuelve a su vómito.** Citado en 2 P 2:22. **12. Hombre sabio en su propia opinión.** Esta actitud de soberbia es repetidamente expuesta como pecado (3:7; 26:5, 15; 28:11). Es incluso posible que esta sea la línea culminante después de toda la discusión acerca del necio; esto es, que un soberbio es aún peor.

13–16. El perezoso. Ver com. sobre 6:6. **15. Mete el perezoso su mano.** Prácticamente idéntico a 19:24.

17. Se deja llevar de la ira en pleito ajeno. El heb. dice: *'obēr mit'abbēr,* "yendo de paso y enojándose". La RV, siguiendo la Siríaca y la Vulgata, vierte como si la palabra fuera *mit'ārēb.* Es probable que Delitzsch esté en lo cierto al hacer que "pasando" se refiera al perro (de la misma manera lo indica Oesterley). "Como uno que toma a un perro que pasa por las orejas" es el que se enoja con el pleito ajeno.

22. Chismoso. Este v. es como el 18:8. Ver com. sobre 20:19. **23. Escoria de plata.** Una nueva palabra para vidriado de cerámica hallada en la literatura ugarítica explica este versículo. Las dos palabras "escoria de plata", *kesep sîgîm,* debieran ser una sola palabra, "como envidriado", con las consonantes *kspsg* (cp. H. L. Ginsberg, "The North Canaanite Myth of Anath and Aqhat", BASOR, No. 98 (Abril, 1945), p. 21, y W. F. Albright, "A New Hebrew Word for Glaze in Proverbs 26:23", *ibid.,* pp. 24, 25). **24. El que odia.** Repetido en 26:26 como lema para expandir el pensamiento.

27:1. No te jactes del día de mañana. Un pensamiento común, pero solemne. Oesterley da un paralelo de la *Sabiduría de Amen-em-Opet,* que difiere solamente un poco de la cita de ANET, p. 423 (cap. XIX. 23.13). El paralelo general puede, no obstante, admitirse. **2. Alábete el extraño.** Alabar es la misma palabra hebrea que "jactar" en v. 1.

12. Los simples. Este v. es paralelo a 22:3. **13. Quítale la ropa.** Paralelo a 20:16. **14. Bendice a su amigo.** La mayor parte de escritores afirman que esta bendición insincera, excesivamente patente, es una maldición. Es probable que tengamos aquí un sentido contrario de "bendecir", significando "maldecir" (ver los léxicos). ¡Una maldición matutina llegará a casa a la noche!

15. Gotera contínua. Muy similar a 19:13. **16. Refrenar el viento.** El pensamiento de algo imposible. Mejor, *el que la atesora, atesora viento,* esto es, carece de todo valor. Toy y Oesterley declaran que la última parte del

versículo es imposible. La versión de Delitzsch parece correcta, *se encuentra con aceite
en su mano derecha*, esto es, no puede asir
nada. **17. Hierro con hierro se aguza.** El significado de este proverbio es bien conocido en la
educación. Pero ilustra el hecho de que los
símiles elegidos en Proverbios pueden ser
oscuros. **19. Como en al agua.** Probablemente
se refiera a reflejos en el agua.
   20. El Seol y el Abadón. Acerca del Seol,
ver 1:12; 2:18. Seol significa frecuentemente
tumba, aquí llamada insaciable. **21. Crisol.**
Para afinar metales. **22. Aunque majes al
necio.** Machacarlo como cuando se machaca
grano en un mortero para molerlo.
   28:1. El impío. Aunque no hay aquí encabezamiento, la mayor parte de los escritores lo
consideran como una nueva subsección. Los
proverbios en los caps. 28 y 29 nos recuerdan
aquellos en la segunda sección (10:1 — 22:16),
con sus frecuentes contrastes entre el bien y
el mal. **2. Sus príncipes son muchos.** Sus reinados
son breves y turbulentos. **4. Los que dejan la
ley.** Toy está en lo cierto al señalar que las
palabras implican una ley codificada, como la
ley de Moisés. Llega por ello a la conclusión
de que este versículo es tardío. ¡Igual podríamos nosotros argüir que la ley es temprana!
Contenderán. Se oponen a los malos. Oesterley afirma que el "dejar la ley" concuerda
mejor con el período helenístico. ¡Como si el
pueblo de Dios en los períodos anteriores
hubiera sido siempre fiel! **8. Usura.** Ver notas
sobre 6:1. **9. Su oración también es abominable.** Debido a que es insincera (cp. 20:4).
   13. El que los confiesa. Oesterley argumenta que este es un uso tardío de la palabra
(aunque aparece en el salmo penitencial de
David, número 32). Toy y Fritsch observan
que aquí el perdón depende no del sacrificio,
sino de la ética. Este es un buen caso de argumentar en base del silencio. El Sal 32 omite
también toda mención de sacrificio. Pero en el
otro salmo penitencial de David, el 51, se indican los sacrificios en los vv. 16–19. Estos vv.
son eliminados por W. R. Taylor (IB, *ad loc*)
como apéndice posterior. El hecho es que Dios
exige a la vez contrición y sacrificio. **14. En
el mal.** *Angustia, calamidad.*
   17. Cargado de la sangre de alguno. Toy,
Oesterley, y Fritsch afirman que el hebreo es
aquí imposible. Pero Greenstone relaciona el
versículo con el homicidio. La raíz, *'shq* aparece en arameo, y significa evidentemente
"acusar". Un hombre acusado de la sangre de
una persona huirá a la hoya (o sepulcro). Que
no se le dé apoyo. El verbo *'āshaq* ha sido

quizás elegido para hacer contraste con *'aqash*
en el v 18. **21. Acepción de personas.** Cp. 18:5 para
referencias similares. **22. El avaro.** Cp. 23:6.
23. Después. Lit, *detrás mío*. Toy, Oesterley y
Fritsch apremian su eliminación. Un sencillo
cambio de vocal haría que leyera fácilmente:
"Un hombre reprendiendo a otro".
   25. Altivo de ánimo. Una frase similar aparece en 21:4. **26. El que confía en su propio
corazón.** Un contraste consciente con el v. 25,
"el que confía en Jehová". **28. Cuando los
impíos son levantados.** Paralelo a 28:12, con
ligeras variaciones.
   29:4. El que exige presentes. La pal. **presentes** se refiere generalmente a la ofrenda
mecida del Templo. Pero se refiere claramente
a los impuestos en Ez 45:13, 16; de forma que
aquí debiera ser tomado como impuestos que
son demasiado opresivos, o presentes que de
hecho son sobornos. No es la palabra generalmente utilizada para "sobornos". **5. El hombre que lisonjea.** Cp. 26:28; 28:23.
   10. Los rectos buscan su contentamiento.
La utilización de *buscar* no parece admitir
"buscar ayudar". Por ello, Oesterley y Fritsch
dicen que esta segunda línea es imposible.
Delitzsch y Greenstone la resuelven satisfactoriamente haciendo que el "ellos" se refiera a
los malvados: *atentan ellos contra la vida del
recto.* **11. Da rienda suelta a toda su ira** (así
la RV coincide con Delitzsch, Oesterley,
RSV).
   15. Avergonzará a su madre. Nótese el
paralelo en 19:26.
   16. Cuando los impíos son muchos.
"Muchos" es la misma palabra traducida
"autoridad" en el v. 2, pero se aplica aquí a
los malos. Oesterley señala: "Ver nota sobre
el v. 2, donde aparece al misma ligera corrupción del texto". Más bien deberíamos decir:
"¡Ver v. 2, donde Oesterley de nuevo retuerce
ligeramente el texto!" No es lógico asumir la
misma corrupción en dos versículos sin una
buena razón para ello.
   18. Sin profecía. Este famoso versículo ha
sido frecuentemente mal citado, especialmente
en inglés, debido a que la versión autorizada
inglesa dice *sin visión*, y la palabra visión ha
adoptado un nuevo significado desde el siglo
XVII. El heb. significa, como bien vierte nuestra Reina-Valera: "Sin profecía el pueblo se
desenfrena, o perece". El proverbio no se
refiere a la necesidad de un elevado idealismo,
como a menudo se le hace significar. No hay
justificación para el comentario de Fritsch aquí
y en 13:13 de que los profetas del AT habían
ya sido canonizados y que los escritos todavía
no. (La obra de este autor, *Inspiration and*

Canonicity of the Bible, pp. 138–148, da la evidencia acerca de la canonización de los Escritos.) **Se desenfrena** parece ser la mejor traducción.

22. El hombre iracundo. Fraseología similar en 15:18; 22:24.

25, 26. El temor del hombre y de los gobernantes es vencido por el temor de Dios (cp. 18:10).

VI. Apéndices finales. 30:1—31:31

A. *Las palabras de Agur. 30:1-33.*

La LXX divide estos últimos capítulos en cuatro partes: 30:1-9 está situado después del 24:22; 30:10-33 y 31:1-9 se hallan después del 24:34; 31:10-31 se halla al final del libro. Es difícil comprender la referencia a Agur. De Agur, Jaqué, Itiel, y Ucal (v. 1) no sabemos nada. Además, la época y situación del autor están igualmente a oscuras. En vista de las dificultades del texto, Toy y Oesterley lo llaman desesperadamente corrompido. Agur y los otros nombres propios no aparecen en la LXX, que empieza así: "Hijo mío, reverencia mis palabras, y recíbelas, y arrepiéntete. Así dice el hombre a aquellos que creen en Dios, y yo me detengo". En esta versión, las palabras hebreas que algunas veces se transcriben como Itiel y Ucal se traducen como nombres comunes o verbos. La Siríaca traduce el hombre Ucal como *prevalecer* y transcribe Itiel solamente en una ocasión. Las vocales de nuestro presente texto hebreo fueron insertadas en épocas posteriores y evidentemente provocaron confusión en esta sección. No obstante, las consonantes originales parecen haber estado muy cercanas a lo que se representa tanto en la LXX como en la Siríaca, y en nuestro hebreo moderno.

1. No hay razón alguna para enmendar el texto del primer versículo para que se lea: **Las palabras de Agur hijo de Jaqué, el oráculo que el varón dijo.** Los nombres **Itiel** y **Ucal** presentan un problema mayor. La explicación más poco común sugerida es la ofrecida por Charles C. Torrey ("Proverbios, Chapter 30", JBL, LXXIII, 1954, 93–96). Arguye él que estas palabras no son nombres, sino una frase aramea. Las letras, tal como están en el original, con unas vocales ligeramente diferentes, puede ser traducido como: "Yo no soy Dios". Pueden entonces formar un contraste con el v. 2: "Porque soy más rudo que un hombre". En favor de la sugerencia de Torrey tenemos el bien conocido hecho de que en 31:2 la palabra aramea por "hijo" se repite en tres ocasiones.

4. ¿Cuál es su nombre, y el nombre de su hijo, se sabes? El orador busca la respuesta al enigma del universo en palabras reminiscentes del desafío a Job en Job 38:4–9. Busca a Dios. La cuestión acerca del **hijo** de Dios es peculiar. Greenstone niega que el nombre se aplique a Israel o Moisés o al Logos, pero no da ninguna sugerencia positiva para explicarlo. Delitzsch sugiere que se refiere al mediador en la Creación, revelado al final como el Hijo de Dios. Bien afirma él: "No hubiera aventurado esta pregunta si no hubiera supuesto que Dios no era una unidad carente de multiplicidad en sí mismo".

5. Toda palabra de Dios es limpia. Este v. se cita verbalmente el Sal 18:30, sustituyendo a la forma aramea de **Dios** por Jehová. La idea es que la respuesta a su búsqueda se halla en la Palabra de Dios. Cp. otras citas del AT en 1:16; 3:11; 20:24; 24:19; 25:18; 30:5. **6. No añadas.** De Dt 4:2. Oesterley y Fritsch están en lo cierto al decir que esto es una referencia a las Escrituras. Oesterley, no obstante, dice mucho que no puede ser apoyado acerca de la tercera división del AT como no habiendo estado finalizada hasta los tiempos cristianos. Los pergaminos del mar Muerto muestran que el canon del AT estaba finalizado por lo menos en el siglo II a.C. Ver exégesis de 29:18.

7–33. Proverbios numéricos (cp. Introducción, *Los Proverbios y otra literatura sapiencial*). En estas secuencias de tres cosas, y la cuarta, es probablemente la cuarta cosa culminante la que es enfatizada. Es la posición del autor que en las Bienaventuranzas, también, hay esta enseñanza en los dos conjuntos de cuatro bendiciones: Mt 5:3–6; 7–10; ver también Lc 6:20–23; 24–26. La enseñanza de Jesús en el método proverbial y culminante judío enfatiza el cuarto concepto.

8. Mantenme del pan necesario. El heb. dice: *señalado para mí.*

10. No acuses. *Calumnies* (Delitzsch). Este proverbio es el único en esta sección que se halla aislado, dice Oesterley. Toy cree que está fuera de lugar. Pero probablemente, como en 6:14–19, el proverbio numérico empieza con un pensamiento que se reitera en la afirmación final. "No calumnies", dice el v. 10. El concepto culminante mencionado en el v. 14 habla de uno con "dientes como espadas".

15. La sanguijuela. Este proverbio ha ocasionado muchos comentarios debido a la oscuridad del punto. Toy y Oesterley llegan a la conclusión de que el texto está corrompido. Delitzsch repite en medio del v. 15 la referencia a la tumba y al vientre estéril del 16. La LXX le asigna tres hijas a la sanguijuela. Nuestro problema se halla en buscar demasiado. Para el proverbio numérico, todo lo que se necesita es un marco para preparar la culminación. El v. 7 se refiere a dos cosas; cp. notas sobre el v. 17. Las dos insaciables hijas de la sanguijuela en el v. 15 simplemente forman un marco para el 3 y el 4 del 15 y del 16. ¡El sabio sabía contar!

17. Escarnece a su padre. Un versículo aislado, fuera de lugar, a decir de Oesterley y Fritsch. Como se ha señalado anteriormente, forma parte de una secuencia regular: 2 más 3, y 4. El escarnio del padre y el menosprecio a la madre son el marco a los **tres** y **cuatro** de los vv. 18–20.

19. El rastro del hombre en la doncella. Esta **doncella** es la famosa palabra *'almâ*, "virgen", utilizada en Is 7:14; Gn 24:43 (de Rebeca); Éx 2:8 (de Miriam); Sal 68:25; y Cant 1:3; 6:8 (donde las "vírgenes" son distinguidas de las reinas y de las concubinas). La palabra nunca se refiere a una mujer casada. En el caso de la niña Miriam, difícilmente pudiera referirse a una joven casadera. Significa una virgen y una virgen joven. La raíz significa "esconder". Probablemente la palabra se refiera a una doncella guardada todavía en casa de su padre. Toy, Oesterley, Fritsch, y Greenstone toman la postura de que nuestro versículo no trata de las maravillas del cortejamiento, sino los misterios de la procreación. Pero Delitzsch señala que hay otras palabras — "macho y hembra", u "hombre y mujer" — para expresar esto. Aquí las palabras son, lit., *hombre fuerte* y *doncella.* Delitzsch toma el proverbio como una referencia a pecado, inmoralidad escondida. No obstante, parece que la "virgen" parece estar en contraste con la adúltera del v. 20. Y el adulterio como es repetidamente presentado en Proverbios nunca se presenta como una cosa **demasiado maravillosa** (VM). No parece haber ninguna razón por la que no se pueda mantener una postura más romántica: Maravillosos son los caminos del cortejamiento, finalizando en último término en los misterios del amor y del engendramiento de vida.

21–31. Tenemos aquí tres grupos de proverbios acerca de la autoridad y de la realeza. El quid de los dos primeros no es muy claro, pero cada uno de los tres tiene alguna referencia al rey. Es posible que los dos primeros sirvan especialmente de marco al último.

23. La sierva cuando hereda. Una situación invertida, como el siervo cuando llega a rey. **25. Las hormigas.** Ver com. sobre 6:6–8. **26. Los conejos.** No conejos, que no viven en las rocas, sino evidentemente unos tejones de los acantilados, unos animales pequeños peculiares. Estos son clasificados como inmundos en la ley mosaica (Lv 11:5; Dt 14:7), debido a que rumía. Algunos han presentado la objeción de que estos animales no son rumiantes y que

solamente parece que rumíen. No obstante, es probable que la clasificación de Levítico no está destinada a ser una descripción científica de los rumiantes, sino solamente una clasificación basada en los hábitos fácilmente observados de masticación de estos tejones de acantilado. El hebreo puede no significar más que esto. **27. Las langostas.** No la cicada, o langosta del año decimoséptimo, sino un tipo de saltamontes. **28. Araña.** Las opiniones divergen acerca de la traducción de esta palabra, pero Delitzsch da un buen argumento para el significado de "lagarto": un animal pequeño que se puede tomar en las manos, y que invade los palacios de los reyes.

31. El galgo (VM). El significado de la palabra hebrea es incierto. La RSV dice: *gallo galopante,* pero Delitzsch argumenta en favor de *galgo* de una forma razonable. **Resiste.** La palabra hebrea es desconocida. La LXX, *hablando públicamente delante de su nación,* es otra variante ni mejor ni peor que las que podamos obtener.

B. Las palabras de Lemuel. 31:1–9.

La LXX omite el nombre de Lemuel en 1 y 4. La Siríaca lo vierte como Muel.

1. Profecía. Esta es la palabra para un oráculo profético. Pero pudiera ser el nombre de un lugar (RVA, *Lemuel, rey de Masá*). Es difícil dar cuenta de la ausencia del artículo con "rey", pero no hay artículos en esta sección, quizás debido a la influencia aramea. Parece más fácil traducir la primera parte como un título: "Las palabras del rey Lemuel, una profecía, las palabras que su madre le enseñó".

2. ¿Qué, hijo mío? En tres ocasiones se utiliza la palabra "hijo" en la forma aramea *bar,* como en el Sal 2:12. **3. Reyes.** De nuevo, en forma aramea. **4. No es de los reyes.** La elección del negativo es peculiar, como en 12:28. La LXX sigue un texto diferente, pero el hebreo parece preferible. Delitzsch sugiere la traducción: "Que no sea..." Es la lectura más difícil y, como se acepta generalmente, la lectura más difícil es la generalmente adoptada.

6. Dad la sidra. O *bebida fuerte.* Como se ha mencionado en 23:31, no se trata de una permisión de beber moderadamente, como sugiere Fritsch, ni de un consejo cínico (Oesterley). Puede que recomiende el alcohol como una droga (Toy). Delitzsch menciona el vino ofrecido por las mujeres nobles en Jerusalén en las ejecuciones sobre la base de este versículo (cp. Mr 15:23). Más probablemente, este versículo es un negativo comparativo (cp. 8:10): Sin tener en cuenta a los demás, tú no debes tomarlo. El vino, las mujeres, y la canción son el trío que siempre ha desmoralizado. Un rey tiene una responsabilidad más elevada, para la cual consultar los vv. 8, 9.

C. Poema acróstico de la mujer virtuosa. 31:10–31.
El alfabeto en esta sección es regular, como en Lam 1 y en el Sal 119. (Lam 2; 3; 4 tienen las letas *Ayín* y *Pe* invertidas. Algunos de los salmos acrósticos tienen irregularidades menores.) Desde que se descubrió un alfabeto en Ugarit datando del siglo xv, no se tiene ya que creer que las piezas acrósticas son posteriores. **10. Mujer virtuosa.** Lit., *una esposa noble*. La misma frase que en 12:4. Fritsch señala la elevada posición de las esposas tal como se muestra en 12:4; 18:22; 19:14; y otros pasajes. **15. Da comida a su familia.** Las palabras hebreas para **comida** y **ración** son desusadas, pero se utilizan en un sentido muy similar en 30:8. **16. Considera la heredad.** Oesterley señala que esto es una exageración, ya que "estas cosas se hallaban completamente afuera de la esfera de una mujer". ¿Podemos acaso estar tan seguros de ello? ¿Tendemos a juzgar al antiguo Israel por la moderna Ara

bia? **18. Su lámpara.** La lámpara de aceite de la antigüedad. ¿Se refiere esto a una costumbre de dejar arder la lámpara toda la noche? El significado es que ella tiene abundancia de aceite. Contrastar con Mt 25:8. **19. Rueca...huso.** La palabra para "rueca" se utiliza solamente aquí. **Huso** parece en otro caso significar cayado. Las mujeres hebreas no tenían ruecas, sino que giraban pesos toroidales sobre palos para formar hilo. Esta era la **rueca** de que disponían. La palabra se halla ahora en ugarítico como un instrumento de las mujeres, pero el contexto añade poco detalle (Story, *op. cit.*, p. 329). **21. Escarlata.** La LXX, y la RV también, dice *dobles*, utilizando diferentes vocales. Esto concordaría bien debido a la mención del frío, pero es innecesario el cambio. La palabra significa buenos vestidos. **26. Sabiduría.** Sus virtudes no son mera diligencia. La sabiduría, bondad, y nobleza son características de ella, no las características del perezoso. Estas virtudes, típicas del Libro de Proverbios, quedan coronadas por el hecho de que "teme a Jehová" (v. 30; cp. 1:7).

El libro finaliza como empieza, con aquella sabiduría que es el temor de Jehová.

BIBLIOGRAFÍA

DELITZSCH, FRANZ. *The Proverbs of Solomon.* Grand Rapids: William B. Eerdmans Publishing Company, 1950.

DRIVER, S. R. *Introduction to the Literature of the Old Testament,* Nueva York: Scribners, 1893.

FRITSCH, CHARLES T. "The Book of Proverbs, Introduction and Exegesis", *Interpreter's Bible.* Vol. IV. Nueva York y Nashville: Abingdon, 1955.

GORDON, CYRUS H. *Ugaritic Handbook.* Roma: Pontifical Biblical Institute, 1947.

————.*Ugaritic Literature.* Roma: Pontifical Biblical Institute, 1949.

HARRIS, R. LAIRD. *Inspiration and the Canonicity of the Bible.* Grand Rapids: Zondervan Publishing House, 1957.

NOTH, M. y THOMAS, D. W. (eds.). *Wisdom in Israel and the Ancient Near East.* Leiden: Brill, 1955.

OESTERLEY, W. O. E. *The Book of Proverbs.* Nueva York: Dutton, 1929.

PFEIFFER, ROBERT H. *Introduction to the Old Testament.* Nueva York: Harper, 1948.

PRITCHARD, JAMES B. (ed.). *Ancient Near Eastern Texts Relating to the Old Testament,* Princeton: Princeton University Press, 1955.

STORY, CULLEN I. K. "The Book of Proverbs and Northwest Semitic Literature", *Journal of Biblical Literature,* LXIV (1945), 319–337.

TORREY, CHARLES C. "Proverbs, Chapter 30", *Journal of Biblical Literature,* LXXIII (1954), 93–96.

TOY, CRAWFORD H. *The Book of Proverbs. (The International Critical Commentary.)* Edimburgo: T. & T. Clark, 1899.

COMENTARIOS EN ESPAÑOL

JONES, W. A. R. y WALLS, ANDREW, F. "Proverbios", *Nuevo Comentario Bíblico,* editado por D. Guthrie, J. A. Motyer, A. M. Stibbs y D. J. Wiseman. El Paso: Casa Bautista de Publicaciones, 1978.

KIDNER, DEREK, *Proverbios,* Buenos Aires: Ediciones Certeza.

YOUNG, EDWARD, J. *Una Introducción al Antiguo Testamento,* Grand Rapids: Editorial T.E.L.L. 1977.

ECLESIASTÉS

INTRODUCCIÓN

Título. El libro de Eclesiastés recibe su nombre de la versión griega, que tiene el título *ekklēsiastēs*, "asamblea". Literalmente, en hebreo el nombre es *qōhelet*, "uno que congrega". Esto se ha tomado como significando ya bien: (1) "uno que colecciona" sabios dichos (cp. 12:9–10), o (2) "uno que se dirige a una asamblea", esto es, un predicador u orador, siendo la implicación que uno reúne a un grupo con el propósito de dirigirse a él. Lo que en general se entiende en cada caso es que se trata de un título técnico para denotar un cargo.

Fecha y paternidad. Hasta el siglo xix se creía generalmente que fue Salomón quien escribió el libro por entero. En la actualidad la mayor parte de eruditos concuerdan en que Salomón no era el autor, sino más bien que la obra es un producto de tiempos post-exílicos. No obstante, asumen por lo general que la figura central en el libro es Salomón, y que el autor desconocido le utilizó como un instrumento literario para presentar su mensaje. No trataba de engañar a sus lectores originales, y es indudable que ninguno de ellos fue de hecho engañado. La falta de certeza con respecto a la paternidad no destruye la canonicidad del libro.

Propósito. El principal objetivo del autor es el de mostrar a partir de la experiencia personal que todas las metas y bendiciones terrenas, cuando se persiguen como fines en sí mismas, llevan a la insatisfacción y a la vaciedad. El bien más elevado en la vida se encuentra en reverenciar y obedecer a Dios, y en el goce de la vida en tanto que se puede. Así, el autor era un hombre de fe; era escéptico solamente con referencia a la sabiduría y a las empresas humanas.

BOSQUEJO

E. La resignación es mejor que la indignación. 7:13, 14

F. La moderación es mejor que la intemperancia. 7:15–22

G. Los hombres son mejores que las mujeres. 7:23–29

H. Hacer componendas es a veces mejor que estar en lo cierto. 8:1–9

VII. Demostración del tema (IV). 8:10 — 9:16.

A. Por lo incongruente de la vida. 8:10-14

B. Conclusión: Goza de la vida en tanto que puedas. 8:15 — 9:16

VIII. Palabras de consejo (C). 9:17 — 12:8.

A. Algunas lecciones acerca de la sabiduría y de la necedad. 9:17 — 10:15

B. Algunas lecciones acerca del gobierno de los reyes. 10:16–20

C. Algunas lecciones sobre una excesiva prudencia. 11:1–8

D. Algunas lecciones acerca de gozar de la vida. 11:9 — 12:8

IX. Epílogo. 12:9–14.

A. El propósito del predicador. 12:9, 10

B. Una alabanza de sus enseñanzas. 12:11, 12

C. La conclusión de este tema. 12:13, 14

COMENTARIO

I. Introducción. 1:1–3.

A. El título. 1:1.

Salomón, aunque no identificado por nombre, viene a ser el portavoz literario de las observaciones y convicciones del autor. Es el **rey en Jerusalén** que, debido a su sabiduría, riquezas, e intereses mundanos, tiene sobrada oportunidad para probar todos los aspectos de la vida.

B. El tema. 1:2, 3.

Toda la existencia humana, cuando se vive aparte de Dios, es frustrante e insatisfactoria. Todos los placeres y las cosas materiales de la vida, cuando se buscan por sí mismas, no dan nada más que una infelicidad y un sentido de futilidad.

2. Vanidad de vanidades. La palabra **vanidad** significa básicamente "aliento" (ver Is 57:13) o "vapor" (ver Pr 21:6), como el aliento condensado que uno respira en un día frío. Parece implicar aquí tanto (1) lo que es transitorio como (2) lo que es fútil. Destaca cuán rápidamente se desvanecen las cosas terrenales, y lo poco que tienen que ofrecer cuando se tienen (cp. Stg 4:14). Este concepto recibe un mayor énfasis mediante la utilización del superlativo **vanidad de vanidades.** La frase **todo es vanidad** es, lit., *el todo es vanidad*: esto es, la totalidad, la existencia entera es vana. Esto se tiene que entender, no obstante, no en referencia al universo entero, sino a todas las actividades de la vida terrenal, las cosas "debajo del sol" del v. 3. El último contexto muestra esto con toda claridad. El autor no es un pesimista total; es tan sólo pesimista acerca de que la existencia humana traiga satisfacción aparte de Dios.

3. ¿Qué provecho tiene el hombre de todo su trabajo con que se afana? De la raíz "quedar un remanente", la palabra **provecho** comunica más la idea de "ventaja" que la de "ganancia" (cp. 7:11). Si una persona mira la vida simplemente en términos de sus valores terrenales, no hay ninguna ventaja discernible en la lucha y en el afán. El autor pasa a continuación a demostrar esto por un examen de las varias áreas de la actividad humana.

II. Demostración del tema (I). 1:4 — 2:26.

A. Por la vida humana en general. 1:4–11.

La vida es una repetición sin fin y carente de significado. La actividad del hombre no consigue nada permanente; solamente la tierra permanece para siempre. El curso de la actividad humana es tan monótono y carente de objetivo como los procesos de la naturaleza.

4. Generación va, y generación viene. El hebreo utiliza participios aquí: una generación *está* siempre *pasando*, saliendo de escena, en tanto que siempre está otra llegando. El hombre nace meramente para ser llevado por la marea, y entonces pasar al olvido. Pero, como contraste, **la tierra siempre permanece,** utilizándose de nuevo un participio para expresar continuidad. El hombre, que fue hecho de la tierra, tiene una breve existencia, y muere, pero el material del que está hecho sigue permaneciendo. Esta fatigosa repetición se ve también en el "sol" (1:5), el "viento" (1:6), y los "ríos" (1:7).

8. Todas las cosas son fatigosas. La frase traducida como **fatigosas** se traduce mejor como *todas las cosas son aburridas*, referencia al hecho de que *todas las cosas* en la vida son monótonas y fútiles, que no importa adonde uno mire en la naturaleza, encuentra el mismo circuito fatigoso, incesante, de actividad. **De lo que el hombre puede expresar.** Es imposible poner en palabras la futilidad de todo ello. Nunca trae una verdadera satisfacción al **ojo** ni al **oído** del hombre. **11. No hay memoria de lo que precedió.** Esto da razón del "nada nuevo" del v. 10, y es probable que la mejor traducción sea *hombres del pasado*. El hombre se ve abrumado no solamente por su incapacidad de llevar a cabo nada digno de mención, sino también por la consciencia de que incluso la memoria de sus esfuerzos se pierde pronto. Esta es la respuesta completa a la pregunta en el v. 3: "¿Qué provecho tiene el hombre?" Nada gana. Ni siquiera la memoria de su afán. El mundo de la naturaleza es fútil; y la actividad humana es asimismo fútil.

B. Por el conocimiento. 1:12–18.

El autor fue en pos del conocimiento más que nadie lo hiciera, pero no halló ninguna satisfacción permanente, porque el mundo estaba todavía lleno de problemas que no podían hallar solución. **14. Aflicción de espíritu.** La mejor traducción es *luchar en pos del viento* o *alimentarse de viento*, referencia a la falta de objetivo y futilidad de la actividad humana, porque nunca se puede llegar a asirse de una verdadera satisfacción. **15. Lo torcido.** La búsqueda del escritor le hizo darse cuenta de que la vida se halla llena de paradojas y de anomalías que no pueden ser solucionadas; y, al contrario, se ve vacía de mucho de lo que podría darle significado y valor. **17. Conocer la sabiduría.** Trató de determinar la pauta de lo que era sabio y de lo que era necio, no meramente conocer las dos cosas. **18. Añade dolor.** No solamente la búsqueda de significado para la vida demuestra ser algo frustrante y su meta inalcanzable, sino que conlleva también un dolor mental y espiritual. No parece haber ninguna pauta de vida coherente sobre la cual se pueda basar la conducta.

C. Por el placer. 2:1–11.

Habiéndole fallado sus facultades intelectivas, el autor pasó al placer como una posible fuente de satisfacción completa. Se proveyó de vino, mujeres y canción, con lujos, y edificios y jardines. Y aunque todo ello le trajo placeres por el momento, tampoco le proveyeron de una satisfacción permanente, porque estaba siempre buscando algo nuevo que hacer. **3. Que anduviese mi corazón en sabiduría.** La idea no es que él fuera en pos de más sabiduría. La frase se traduce bien como *mi*

corazón conduciéndose sabiamente. El autor no se aferraba ciegamente a los placeres de la vida, sino que llevaba su investigación en busca de satisfacción con sistema y con cuidado.

8. Tesoros preciados de reyes. Probablemente los impuestos y los objetos de arte obtenidos de pueblos y de naciones vasallas. La frase *tesoros preciados (sequllâ)* significa básicamente "propiedad", pero se utiliza por lo general de propiedades valiosas. Así a Israel se le llama el "pueblo peculiar" de Dios (Éx 19:5), un pueblo al que Dios ha elegido y valora especialmente. **10. Esta fue mi parte de toda mi faena.** Había una cierta magnitud de provecho en la vida sensual, porque su **corazón gozó** de toda esta actividad. Esta fue su **parte**, su provecho de su saciedad. Pero la ganancia fue efímera, durando solamente tanto como el placer que tenía a mano en aquel momento. **11. Miré yo luego.** Lit., *Entonces me volví (a considerar).* El autor se detuvo en medio de su sensual indulgencia para evaluar los resultados. Y llegó a la conclusión de que aunque pueda conseguirse una cierta cantidad de provecho del placer, no da una ganancia permanente; es una **aflicción de espíritu.**

D. Por la suerte de todos los hombres. 2:12–17.

El autor hace una comparación entre la sabiduría y la necedad, y admite que la sabiduría tiene un cierto papel en que le preserva a uno de un sufrimiento innecesario. Pero la ganancia es solamente temporal, porque tanto el sabio como el necio mueren y son olvidados. **14. Ojos en su cabeza.** El sabio puede al menos ver lo que se extiende delante de él, y puede elegir el camino que le dará la mayor felicidad; en tanto que el necio tiene que andar tanteando, consiguiendo su felicidad al azar. Pero la ventaja no dura mucho tiempo, porque **un mismo suceso acontecerá al uno como al otro.**

E. Por la actividad humana. 2:18–23.

Estaba disgustado no solamente con la vida, sino también con el trabajo, porque vio que era inútil. Tendría que dejar un día el resultado de su trabajo a alguien que pudiera ser negligente, o quizás a alguien que no hubiera hecho nada para merecerlo. **20. Volvió, por tanto.** El verbo se utiliza de una acción física de girar el cuerpo. Habla aquí de un viajero que se gira para mirar el camino que ha andado. El verbo en los vv. 11 y 12 es diferente; habla de un giro mental. Lo que vio entonces cuando se volvió le hizo, dice él, **desesperanzarse mi corazón acerca de todo** el trabajo de mi corazón en que me afané, porque sentía que el camino que había andado no había valido la pena y el esfuerzo que había exigido. **21. A hombre que nunca trabajó en ello.** No solamente pudiera el heredero ser un necio, sino que había también la angustiosa posibilidad de que la riqueza por la que había trabajado tan cuidadosamente cayera en manos de alguien que, no habiendo trabajado para adquirirla, no la considerara por lo que valía y que la malgastara.

F. Conclusión: Goza de la vida en tanto que puedas. 2:24–26.

Aunque los placeres de la vida sean temporales, y no satisfagan completamente, son por lo menos reales. Así, lo mejor que puede hacer un hombre bajo las circunstancias es gozar del fruto de su trabajo en tanto que pueda. **24. De la mano de Dios.** La voluntad de Dios es que el hombre tenga su placer de comer, beber, y trabajar. Ya que le es evidente al autor que bajo la providencia divina este es el bien más alto que el hombre puede disfrutar, el autor recomienda tomarse la vida allí donde se halle. **25. ¿...mejor que yo?** La RV implica la idea: "¿Quién puede probar esto por experiencia mejor que yo?" Pero quizás la mejor manera de leer el versículo, a la luz del contexto, es juntamente con la versión griega, *apartado de Él* (esto es, Dios). **26. Al hombre que le agrada.** El autor no está dando aquí un juicio moral, porque la palabra **bueno** significa meramente "uno a quien Dios mira bien", en tanto que el **pecador** es uno con el que Dios está enojado. Está dando otra razón para su filosofía de la vida; no hay una coherencia discernible en la conducta de Dios.

III. Demostración del tema (II). 3:1—4:16.

A. Por las leyes de Dios. 3:1–15.

Toda la vida, incluyendo la actividad humana, es parte de un ciclo determinado. Aunque el hombre anhela por algo más, no puede hacer nada acerca de ello. Tiene que contentarse con conseguir la poca felicidad que pueda en tanto que se halla atrapado en este ciclo incesante de eventos.

1. Todo. Lit., *para el todo,* esto es, la totalidad. Todo en la naturaleza y en la vida humana se halla en un esquema establecido. Hay **un tiempo** (un período determinado) y una **hora** (un acontecimiento predeteminado) para todo lo que tiene lugar debajo del sol. Los sucesos aparentemente fortuitos forman todos ellos parte de un inmenso plan.

3. Tiempo de matar. Las muertes que tienen lugar en la guerra, en defensa propia, en juicio, nunca son accidentales. Esto halla su

eco en el lenguaje moderno en la expresión: "Había llegado su hora". **5. Tiempo de esparcir piedras.** A la luz del resto del versículo, la interpretación judía parece la mejor, esto es, que se trata de una metáfora para el acto matrimonial. **7. Tiempo de romper.** Esta es una referencia a la práctica de rasgarse las vestiduras propias como signo de duelo (ver Gn 37:29; Job 1:20). El **tiempo de coser** es cuando el dolor se ha mitigado. Esto sería entonces un paralelo con la última parte del versículo, y sugeriría que el **tiempo de callar** se refiere a un tiempo de profunda emoción (cp. Lv 10:3).

11. Todo lo hizo hermoso. Aunque la palabra **hermoso** se utiliza generalmente en el AT con el sentido de hermosura física, parece que esta es una alusión aquí a un concepto como el de Gn 1:31 acerca de lo "apropiado" de toda la creación. **Todo** es exactamente como Dios lo quiere. La frase **ha puesto eternidad en el corazón de ellos** tiene una variedad de interpretaciones. La traducción que hace la versión Biblia de Jerusalén, *mundo,* es muy dura en este contexto, y se opone a la utilización de la palabra en otros pasajes. Los versículos precedentes parecen exigir que la palabra sea traducida en su sentido normal de "eternidad". El autor está sugiriendo que el contraste entre el *tiempo* (sucesos individuales) y *eternidad* (continuidad sin límites discernibles). Dios ha ordenado todos los sucesos de la vida según su voluntad. También le ha dado a los hombres mentes que miran más allá de los sucesos diarios a toda la corriente de la vida. Pero la mente humana ha sido limitada, **sin que alcance el hombre a entender la obra que ha hecho Dios;** nunca puede resolver todas las aparentes paradojas de la vida. Dios le ha dado al hombre poderes de razonamiento, pero no le ha dado los suficientes como para que pueda desentrañar todos los misterios.

15. Y Dios restaura lo que pasó. Literalmente, *Dios busca aquello que es perseguido.* La idea es que Dios ha ordenado el círculo continuo de eventos en la vida, de manera que cada uno de ellos tiene su tiempo predeterminado. La imagen es que Dios persigue de continuo las cosas que han pasado a fin de capturarlas y de hacer que vuelvan a ocurrir.

B. Por la ausencia de inmortalidad. 3:16–22.

El fallo de la justicia en la vida debiera ser rectificado en alguna vida futura, pero no lo es; porque a la muerte todos los hombres vuelven al polvo, igual que los animales.

16. En lugar del juicio. En los tribunales de justicia, allí donde pudiera esperarse la recta administración de justicia, allí, en lugar de ello, lo que se halla es **impiedad** o **iniquidad.**

17. Al justo y al impío juzgará Dios. El autor sugiere una solución al problema: Dios rectificará un día los males que han sido cometidos, porque **hay un tiempo** que él ha señalado para todas las cosas. **18. Para que Dios los pruebe.** Aquí el autor se contradice, ofreciendo otra solución a la dificultad. Dios está solamente demostrando a los hombres que, a pesar de la inteligencia de ellos, no difieren en valor de los animales. Esto es, los hombres están siendo sometidos a las disciplinas de la vida **para que vean que ellos mismos son semejantes a las bestias.**

21. ¿Quién sabe que el espíritu de los hijos de los hombres sube arriba? El autor ha afirmado en el versículo anterior que no hay vida futura en la que pueda rectificarse la injusticia. Aquí añade él que incluso si la hubiera, no hay prueba de ello; de manera que lo mejor que el hombre puede hacer es **alegrase en su trabajo** (3:22) en tanto que pueda.

C. Por la malvada opresión. 4:1–3.

Debido a que hay tanta opresión en la vida, los únicos que son felices son los muertos. Los más felices o más bienaventurados son aquellos que nunca han nacido. Este es un talante transitorio que el escritor contradice hasta cierto punto en 9:4.

D. Por el trabajo. 4:4–6.

La actividad humana es fútil debido a que (1) aunque el hombre que trabaja pueda conseguir algo en la vida, su motivo es solamente la envidia hacia su prójimo; pero (2) el hombre que no trabaja se destruye a sí mismo, porque no puede subsistir sin nada. **5. Come su misma carne.** Esta es una expresión metafórica que implica inanición (cp. Amós 4:6). La persona que no trabaja utiliza todo lo que tiene hasta que ya no le queda más que su propia persona para alimentarse. **6. Un puño lleno con descanso.** El hombre no debiera ir a extremos. El trabajo da una cierta recompensa (cp. 2:10, 24), pero trabajar demasiado, o dedicarse totalmente al trabajo, puede destruir este bien. Es mejor tener un puñado de ganancias cuando se consiguen con una mente plácida, que procurarse muchas ganancias con ansiedad y afán fatigoso.

E. Por la tacaña acumulación de riquezas. 4:7–12.

La riqueza vuelve a menudo al hombre en un tacaño, de manera que se aparta de la compañía de otros. Esto entonces le priva de uno de los pocos goces que la vida puede ofrecer. **8. Existe un hombre solo.** Esto es explicado por lo que sigue, esto es, que el hombre no tiene ni socio ni ayudante. Ya que el pasaje

trata de la avaricia, la implicación aquí es que se trata de un avaro que trabaja solo a fin de no tener que compartir los beneficios con nadie. El autor pasa después a relacionar las ventajas de asociarse con otros: ayuda en la angustia, calor, protección y seguridad (cp. 4:9–12). **12. Cordón de tres dobleces no se rompe pronto.** Esto se refiere probablemente a la ventaja del compañerismo, y significa que si la comunión con dos es buena, entonces que la comunión con tres es todavía mejor. Una cuerda con tres cabos aguantará un esfuerzo mucho más intenso que una que tenga solamente dos.

F. Por la efímera naturaleza de la popularidad. 4:13–16.

Aquellos que buscan la popularidad como principal meta encontrarán que no trae una satisfacción permanente, porque depende de la volubilidad de la gente, y que es por ello insegura. **13. Mejor es el muchacho pobre y sabio.** Un ejemplo hipotético de lo que sucede a menudo en la subida de un hombre de la pobreza al trono. Un **rey viejo y necio que no admite consejos** estaba mucho mejor cuando era un muchacho pobre. Entonces, al menos, estaba abierto a las enseñanzas. Ahora la vejez y los años ante la vista del público le han cegado (implica el escritor) a sus incapacidades y a la necesidad que tiene de sabios consejos. **14. De la cárcel salió para reinar.** A menudo la edad y la experiencia no le enseñan nada al hombre. El rey que había sido, él mismo, pobre, que había subido desde **la cárcel** hasta el trono, que provocó la caída de otro, no aprendió la principal lección de su lucha: que el favor popular es incierto e impredecible. La traducción de que *aquel que nace en su reino llega a ser pobre* sugiere que el rey, debido a no haber aprendido las lecciones de la popularidad, puede un día llegar a ser un pobre en su propio reino.

IV. Palabras de consejo (A). 5:1–7.

Tenemos aquí varias palabras de consejo acerca de la adoración apropiada. El autor recomienda prudencia y brevedad en las oraciones (5:1–3) y celeridad en el pago de los votos (5:4–7).

1. Guarda tu pie. Asegúrate de que sabes lo que haces cuando vayas **a la casa de Dios.** En la frase **acércate más para oír,** el autor no está hablando de ir al templo a escuchar la exposición de la Ley, sino que está más bien advirtiendo en contra de hacer la adoración a Dios erróneamente. La palabra **oír** tiene a menudo el sentido de ''obedecer'' en al AT. El contraste está entre aquellos que vienen a Dios en obediencia, esto es, a partir de un marco de una conducta ética y moral (cp. Sal 119:101), y aquellos que son unos **necios**, esto es, aquellos que adoran con corazones no arrepentidos. **2. No te des prisa con tu boca.** El énfasis recae sobre ser consciente en las oraciones. Las "repeticiones vanas" (Mt 6:7) de muchos no consiguen tanto como las pocas palabras de aquellos que son sinceros. **3. De la mucha ocupación viene el sueño.** El autor cita un proverbio en apoyo de su punto anterior. Así como una noche de sueños es el resultado de demasiada preocupación por los negocios, así el hablar sin sentido es el resultado de demasiadas palabras en la adoración.

6. No dejes que tu boca te haga pecar. La palabra **boca** es aquí, lit., *carne*, y se utiliza como una metonimia del yo o persona total; la idea no es la de no dejar que la boca le meta a uno en problemas con Dios. El **ángel** o "mensajero" no es el ángel del juicio enviado por Dios, sino más bien el sacerdote cuyo deber era recoger aquello que había sido ofrecido en voto (cp. Mal 2:7). **7. Donde abundan los sueños.** Este difícil proverbio es probablemente una alusión al v. 3, y el autor está haciendo un resumen de su argumento. Así como una preocupación excesiva en los negocios provoca sueños, así demasiadas palabras dichas en la adoración provocan promesas ligeras y castigo de parte de Dios.

V. Demostración del tema (III). 5:8 — 6:12.

A. Por riqueza que pueda disfrutarse. 5:8-20.

Aquí se contemplan las riquezas desde tres ángulos. Aunque Dios puede dar al hombre una cierta capacidad de disfrutar de las riquezas, no obstante (1) las riquezas son causa de mucha codicia e injusticia entre funcionarios del gobierno (5:8, 9); (2) el logro de riquezas nunca conlleva satisfacción, porque cuanto más se tiene, más se desea (5:10-12); y (3) las riquezas son una posesión insegura, porque el hombre adquiere riquezas solo para pasársela a otros (5:13-17). Así en 5:18-20 el autor da este consejo reiteradamente repetido: Goza de la vida en tanto que puedas.

8. Sobre el alto vigila otro más alto. Esta no es una afirmación acerca de que Dios esté vigilando a todos los gobernantes terrenales, y que a su tiempo los castigará, sino que más bien se refiere al sistema de gobierno en aquellos días. Cada funcionario vigilaba al que estaba por debajo de él para obtener su parte del botín de los impuestos y de la extorsión. Debido a este sistema, no debiéramos de *sorprendernos* ante la opresión ni ante la falta de justicia. **9. El provecho de la tierra es para todos.** Parece mejor leer esto con la traducción

marginal de la RSV, *el provecho de la tierra se halla entre todos ellos; un campo cultivado tiene un rey.* En otras palabras, no solamente reciben los funcionarios una parte de las extorsiones sino que además no hay ningún área cultivada que no caiga bajo tasación.

13. Las riquezas guardadas por sus dueños para mal. Se refiere esto a la pérdida que el hombre sufre por las **malas ocupaciones** (v. 14), esto es, especulaciones que han resultado en un mal negocio. La vanidad de las riquezas recae en el hecho de que un hombre puede acumular una gran riqueza, solo para perderla en un negocio desafortunado, y no tener así nada que dejarle a su hijo.

20. Dios le llenará de alegría el corazón. Mejor traducido por la BLA: *Dios lo mantiene ocupado con alegría en su corazón.* No hay muchos goces en la vida, pero los que hay debieran ser buscados por el placer que den. Esto hará entonces que la vida vaya pasando placenteramente, porque Dios permitirá que el hombre quede absorbido por esto, y olvidar acerca de las dificultades de la vida.

B. Por riqueza que no pueda disfrutarse. 6:1-9.

Una de las mayores desgracias de la vida es que un hombre pueda tener riquezas y no poder disfrutar de ellas, bien debido a una muerte temprana o quizás debido a un espíritu de avaricia que no le dejará llegar a disfrutarlas.

2. Dios no le da facultad de disfrutar de ello. El siguiente versículo, así como la frase, **lo disfrutan los extraños**, muestra que se trata de la imagen de un hombre que muere temprano en la vida antes de haber tenido una oportunidad de disfrutar de sus riquezas. Ningún hijo llega a ser su heredero, sino que algún extraño llega a beneficiarse de todo ello. **3. Aunque un hombre engendrara cien hijos.** Tenemos aquí lo opuesto al primer caso. Incluso si un hombre tiene una vida dilatada y muchos hijos, ni esto constituye una garantía de que disfrutará de la vida. Puede hallarse tan atado por la avaricia o por las preocupaciones que carece de la capacidad de sentirse satisfecho. Para hacer el contraste todavía mayor, añade el autor, **y también careció de sepultura.** Esto es, si fuera a vivir para siempre, y todavía no poder disfrutar de la vida, hubiera sido mejor que nunca hubiera llegado a vivir.

9. Más vale vista de ojos. La satisfacción en las cosas que la vida permite es mejor que **deseo que pasa**, o sea, que una vida que nunca pueda hallar satisfacción en sus anhelos.

C. Por lo inmutable del destino. 6:10-12.

Es, en último grado, imposible intentar cambiar las cosas, y desear más de lo que uno tiene. Es mejor la sumisión al orden fijado, ya que Dios ha determinado las cosas de la forma que son. El hombre es impotente incluso para disputar el asunto.

VI. Palabras de consejo (B). 7:1—8:9.

El autor ha puesto en duda, en 6:12, la posibilidad de determinar el bien último. Aquí admite que hay ciertas formas de vivir que son "mejores" que otras. Y así él da su consejo acerca de cómo hallarlas.

A. *El honor es mejor que el lujo. 7:1.*

Tener **buena fama**, esto es, una buena reputación (cp. Pr 3:4; 22:1), es mejor que tener el lujo de mucho perfume fino. Una vida honorable hace que el día de la muerte de un hombre sea mejor que el día de su nacimiento, porque al final sabe que ha hecho algo con su vida.

B. *La sobriedad es mejor que la liviandad. 7:2-7.*

La comprensión compasiva del dolor y de la muerte le da a uno un aprecio equilibrado de la vida. Cuando se visita **la casa del luto** (v. 4), recuerda la brevedad de la vida y por ello la necesidad de vivir sabiamente. La frase, **con la tristeza del rostro se enmendará el corazón** (v. 3) implica una mente reflexiva y seria, preocupada por los problemas de la vida.

C. *La prudencia es mejor que la impetuosidad. 7:8-10.*

Es mejor tomarse una pausa y una mirada cuidadosa al pasado y al presente antes de decir que **los tiempos pasados fueron mejores que estos** (v. 10). Los años probablemente hayan oscurecido las dificultades en el pasado similares a las del presente. Es mejor ser lento en **enojarse** (v. 9), y no hacer una afirmación violenta de la cual sentir pesar después. La frase, **mejor es el fin del negocio que su principio** (v. 8), sugiere la sabiduría del hablar cuidadoso, ya que solamente después de que uno haya hablado es capaz de determinar los efectos plenos de sus palabras.

D. *La sabiduría con las riquezas es mejor que la sabiduría sola. 7:11, 12.*

El autor está bien dispuesto a reconocer que las riquezas pueden proveer al hombre de buenas cosas (cp. Pr 13:8), y cuando esta riqueza se combina con la sabiduría, el hombre tiene el doble de medios para hallar los pocos placeres de la vida.

E. *La resignación es mejor que la indignación. 7:13, 14.*

Este es un sumario de mucha de la filosofía de la vida del autor. Ya que nuestras vidas se hallan en el férreo dominio de Dios, tanto **el día del bien** (v. 14) como **el día de la adversidad** han sido determinados por Él. Por ello, que el hombre procure lo mejor de aquello que la vida le dé.

F. *La moderación es mejor que la intemperancia. 7:15-22.*

La experiencia ha mostrado que los justos no viven necesariamente unas vidas más felices que los malvados (cp. Sal 1:3, 5). Por ello, la mejor manera de vivir es con moderación. **No seas demasiado justo** (v. 16), porque esto no te da garantía de felicidad; y **no hagas mucho mal** (v. 17), porque la maldad puede traer una muerte prematura. Por ello, la respuesta es la moderación, porque **¿por qué habrás de destruirte?** Esto es, ¿por qué tienes que aislarte por una conducta extrema de las pocas cosas buenas que la vida tiene que ofrecer?

G. *Los hombres son mejores que las mujeres. 7:23-29.*

Un buen ejemplo de **la maldad de la insensatez** (v. 25) lo es la mujer mala (v. 26) que atrae al hombre al pecado. Ya es difícil hallar un hombre bueno, pero una (buena) **mujer** es casi imposible de descubrir (v. 28). Aunque **Dios hizo al hombre recto**, los hombres se han desviado de esta condición al lanzarse hacia sus propias **invenciones**, esto es, propósitos o artificios (quizás, aquí, los artificios de las mujeres) que han traído corrupción y mal al mundo (v. 29).

H. *Hacer componendas es a veces mejor que estar en lo cierto. 8:1-9.*

En el servicio de un rey que es a menudo arbitrario y que **hará todo lo que quiere** (v. 3*b*), lo sabio es no imponer la forma de ver propia en todos los asuntos. Cuando los mandatos del rey parecen algo desagradable, **no te apresures a irte de su presencia** (v. 3*a*). Esto es, no le des impulsivamente la espalda en lo que él desea. Hay un tiempo y un lugar para todo (v. 6).

VII. Demostración del tema (IV). 8:10—9:16.

A. *Por lo incongruente de la vida. 8:10-14.*

Aunque quizás, por lo general, se les asegura a los justos una vida dilatada, en tanto que los malvados son cortados, incluso esto tiene sus excepciones, de manera que no se puede depender de la moralidad como guía para la vida.

B. *Conclusión: Goza de la vida en tanto que puedas. 8:15 — 9:16.*

Ya que los propósitos definitivos de Dios son inescrutables (8:15–17), ya que no hay vida más allá de la tumba (9:1–10), y ya que es incierta la duración de la vida (9:11–16), el curso sabio de acción es gozarse aquí y ahora.

9:1. Que sea amor o que sea odio, no lo saben los hombres. Esta difícil frase se entiende mejor como refiriéndose a Dios. Nadie conoce si sus hechos justos ganarán o no el amor o el odio de Dios (cp. Mal 1:1–3; Ro 9:13). **5. Ni tienen más paga.** El hombre que vive puede ganarse una **paga**, esto es, algún provecho de su trabajo, y por lo menos es alguien, en tanto que los muertos no son siquiera una **memoria.**

10. En el Seol. Los hebreos de la antigüedad creían que el Seol era un abismo profundo debajo de la tierra donde moraban los muertos (cp. Dt 32:22). Se representa uniformemente como el lugar al que iban los muertos tanto justos como injustos, y donde no había ni castigos ni recompensas (cp. Ecl 3:19, 20; 6:6). Era la "tierra del olvido" (Sal 88:12) y de oscuridad (Job 38:17), donde los hombres existían como copias en sombra de sus antiguas personas (cp. Is 14:9, 10). Aquí (Ecl 9:10) se halla una de las afirmaciones más intensas del AT acerca de la falta de entidad del Seol.

VIII. Palabras de consejo (C). 9:17 — 12:8.

A. *Algunas lecciones acerca de la sabiduría y de la necedad. 9:17 — 10:15.*

El autor añade aquí unos cuantos grupos de máximas acerca del sabio uso de las palabras (9:17, 18; 10:12–14), acerca de la sabia conducta (10:2–4, 9–11), y acerca de la sabiduría en general en comparación con la necedad (10:1, 6–7, 15).

17. Las palabras del sabio escuchadas en quietud. El habla tranquila de un hombre sabio se escucha más fácilmente que el charloteo clamoroso de un bocazas. Este proverbio parece haber sido añadido para sugerir que lo que se había dicho en el v. 16 no es siempre cierto.

10:1. Las moscas muertas. Si una mosca, uno de los azotes de Oriente, cae dentro de ungüentos y muere, su cuerpo corrompido arruína todo el perfume. Así una pequeña necedad puede degradar mucha sabiduría y honor. Puede que parezca insignificante, pero puede destruir todo lo bueno que haya llevado a cabo la sabiduría. Un hombre puede cometer un pecado, y esto puede destruir una vida entera de virtud.

5. Error emanado de príncipe. Uno de los males de la vida es el fallo del juicio humano, que puede señalar a un necio a un puesto de autoridad, e ignorar a aquellos que debieran gobernar.

8. El que hiciere hoyo. Estos proverbios son observaciones generales acerca de los peligros de varias actividades, y por ello de la necesidad de prudencia. **11. Si muerde la serpiente antes de ser encantada, de nada sirve el encantamiento.** El éxito viene en la vida sabiendo como ejercitar la habilidad. Si un encantamiento ha de funcionar, tiene que ser utilizado antes de que la serpiente muerda, pues si no, ¿de qué sirve saber como efectuar el encantamiento?

15. El trabajo del necio los fatiga. Lit., *le fatiga*, esto es, a sí mismo. El necio, aunque puede hablar mucho, trabaja hasta extenuarse sin haber realmente llevado nada a cabo. Es demasiado torpe para ver la forma sencilla de llevar a cabo su propósito. Esta es la importancia de la última frase, **no sabe por donde ir a la ciudad;** aquello que es evidente a la mayoría está velado al necio. Esto último tiene su paralelo en, "no sabe lo suficiente para salirse de la lluvia".

B. *Algunas lecciones acerca del gobierno de los reyes. 10:16–20.*

Las consecuencias sobre la vida de una nación cuando está gobernada por un necio quedan aquí ilustradas por el autor. Los edificios se arruínan y el dinero es derrochado. Pero una persona, si es sabia, no dará su pensamiento ni su voz a la crítica.

16. Tu rey es muchacho. El muchacho es uno que está influenciado por consejeros (siendo la implicación de que se trata de consejeros sin escrúpulos), en tanto que el **hijo de nobles** (v. 17), mejor traducido como *hombre libre*, es maduro y capaz de pensar por su propia cuenta. **18. Por la pereza se cae la techumbre.** Se refiere al descuido de los asuntos nacionales por parte de príncipes que **banquetean de mañana,** esto es, que pasan los días en holganza cuando debieran estar trabajando.

C. *Algunas lecciones acerca de la excesiva prudencia. 11:1–8.*

Ya que el futuro es siempre impredecible, incluso "los mejores planes de hombre y ratón con frecuencia descarrilan". Por ello se tiene que estar dispuesto a arriesgarse si se tiene que conseguir triunfar en absoluto. La persona que espera hasta que esté seguro va a esperar para siempre.

1. Echa tu pan sobre las aguas. No hay ninguna explicación cierta de este proverbio. Tradicionalmente, se ha considerado como una exhortación a la liberalidad o a la caridad, que uno tiene que dar a otros sin ningún logro inmediato de ganancia, pero que volverá un día para recompensar a su dador (cp. Lc 16:9). Pero quizás este versículo tenga que leerse como "Tira tu pan a las aguas [por extraño que parezca], que con todo puede que lo encuentres después de muchos días". Leído así, se refiere a la incertidumbre en esta vida, en la cual incluso una decisión aparentemente imprudente puede dar una recompensa. **2. Reparte a siete.** Aquí hay otro énfasis acerca de la incertidumbre en los resultados en la vida incluso cuando se utiliza la sabiduría. Traducir: "Da una porción a siete, o incluso a ocho (esto es, sé sabio en tus inversiones); con todo no sabes qué mal puede caer sobre la tierra". **3. Si las nubes fueren llenas de agua.** Esto se halla en el corazón del argumento del autor, y parece formar parte de los vv. 4–6. Es un argumento en contra de la excesiva prudencia, a la luz de la impredicibilidad de la naturaleza y de la incapacidad del hombre de cambiarla. **4. El que el viento observa.** El tiempo ideal para la acción es siempre incierto, pero se tiene que actuar en algún momento si se tiene que llevar trabajo a cabo. Si uno se preocupa acerca de las tormentas antes de sembrar o de segar, no se sembrarán ni se segarán cosechas.

D. Algunas lecciones acerca de gozar de la vida. 11:9—12:8.

Aprovéchate al máximo de los días de tu juventud, cuando se puede gozar todavía de los placeres de la vida, en lugar de esperar hasta la edad anciana, cuando la vitalidad se ha ido ya. Pero es el camino de Dios, y no la disolución, lo que tiene que conducir en el placer. **9. Sobre estas cosas te juzgará Dios.** El autor recomienda un placer inteligente. Satisface los deseos de tu corazón, dice él, pero recuerda que Dios tiene ciertas demandas para la vida, y que él castiga el exceso y el abuso de su voluntad. Este pensamiento se continúa en el v. 10 en las palabras **quita…el enojo y aparta…el mal.**

12:1. Acuérdate de tu Creador. Quizás mejor traducido como *Recuerda entonces a tu Creador*, porque el autor parece estar resumiendo lo que acaba de decir. **2. Antes que se oscurezca el sol.** La imaginería en este y en los versículos siguientes ha llevado a una variedad de interpretaciones, pero la mayor parte de los comentaristas se toman el pasaje como una extensión del consejo del autor a sus lectores a que gocen de su juventud. Estos versículos son entonces, probablemente, una alegoría acerca de la decadencia en la vejez y la proximidad de la muerte. Las figuras del **sol,** la **luz,** la **luna,** las **estrellas,** y las **nubes** representan a la vejez como una tormenta que se va agregando y que oscurece la luz y los cuerpos celestes, de manera que no hay calor ni luz, esto es, no hay disfrute de la vida. **3. Los guardas de la casa.** Aquí el escritor asemeja el cuerpo a una casa. Los **guardas** de la casa son las manos y los brazos, los **hombres fuertes** son las piernas que se debilitan, las **muelas** son los pocos dientes que no han caído todavía, y **los que miran por las ventanas** son los ojos que se han oscurecido. **4. Las fuertas de afuera se cerrarán.** La forma de la palabra **puertas,** en el hebreo, es dual, sugiriendo por ello "dos puertas" o "puertas dobles", refiriéndose probablemente a los oídos que se han endurecido. **Lo bajo del ruido de la muela** se refiere a la masticación con pocas dientes. La incapacidad de un anciano para dormir queda ilustrada por el hecho de que **se levantará a la voz del ave. Las hijas del canto** son probablemente notas musicales que son oídas con dificultad debido al ensordecimiento del hombre. **5. De lo que es alto.** Esto es probablemente una referencia al aliento entrecortado, que pierde, y que hace la subida difícil. El hombre tiene **terrores en el camino** debido a que no puede confiar en sus frágiles piernas cuando tiene que tomar su camino por las callejuelas retorcidas y llenas de gente. **Florecerá el almendro** pudiera ser una referencia a las canas. Porque aunque las flores de almendro son en realidad de un color rosado claro, cuando se ve desde una distancia un árbol todo florecido tienen una apariencia de blanco de nieve. **La langosta será una carga** se traduce mejor como *se arrastrará,* una imagen del anciano que apenas si puede mover sus rígidos miembros y su espalda doblada. La frase **se perderá el apetito** es literalmente, *la alcaparra se perderá;* esta baya era un afrodisíaco que estimulaba los apetitos sexuales o físicos. **6. La cadena de plata.** La figura representa una cara lámpara de oro y de plata colgada del techo. Su cadena se rompe de forma que cae violentamente sobre el suelo. El aceite se derrama del cuenco roto, y la luz se extingue. La luz es el símbolo de la vida. El **cántaro** y la **rueda** prosiguen la misma idea, pero en base del simbolismo de sacar agua. Se rompe el cántaro, de manera que el agua ya no puede sacarse más. **7. Y el polvo vuelva a la tierra.** Aquí, bosquejado en atrevido relieve, tenemos el pensamiento común de lo que sucede después de la muerte: el cuerpo vuelve a la tierra de la que fue hecho (cp. 3:20; Gn 2:7); y el **espíritu,** esto es, al aliento de vida, vuelva a su origen (cp. Gn 2:7; Job 34:14, 15; Sal 104:29). El hombre deja de existir como hombre.

IX. Epílogo. 12:9–14.

A. El propósito del predicador. 12:9, 10.

El propósito de su sabiduría, dice al autor, ha sido el de comunicarlo a otros. Ha tratado de hacerlo de una forma efectiva y franca. **10. Hallar palabras agradables.** El autor trató de hacer que su enseñanza fuera interesante a fin de ganarse la atención de sus oyentes, pero nunca sacrificó la franqueza o la **verdad** a fin de mantener su audiencia.

B. Una alabanza de sus enseñanzas. 12:11, 12

Afirmando haber recibido sus enseñanzas por revelación directa de Dios, el autor les afirma que no precisan ir a otra parte en busca de verdad. **11. Como clavos hincados.** Estas enseñanzas son verdades a las que uno puede adherir su vida con certeza. **Los maestros de las congregaciones.** Las escuelas de los sabios. Por las palabras **un Pastor** el autor parece indicar no algún maestro, como Salomón, sino más bien Dios, que es a menudo indicado por este título (cp. Sal 23:1). Por ello, implica que sus enseñanzas provienen de Dios. **12. No hay fin de hacer muchos libros.** Hablando al lector en general como **hijo mío**, el autor advierte en contra de una lectura y estudio inútiles. El lector debiera concentrarse en las enseñanzas del autor, porque son inspiradas por Dios.

C. La conclusión de este tema. 12:13, 14.

Tomando todo en consideración — las experiencias y el torbellino mental a través del que ha ido el autor — el bien mayor de la vida es una reverencia apropiada hacia Dios durante toda la vida.

13. Teme a Dios. La base de la vida es el **temor** de Dios, esto es, reverencia hacia él, un reconocimiento apropiado de quién Él es, y de lo que Él demanda de los hombres en la vida diaria (cp. Pr 15:33; Is 11:3). **14. Toda obra a juicio.** Tanto la **obra** del hombre como **toda cosa encubierta**, esto es, sus pensamientos, será juzgada por Dios. La actitud del corazón es importante para Dios, así como las acciones públicas del hombre.

En realidad, el autor no dice nada más en estos últimos versículos de lo que ha estado diciendo a través del libro: disfruta de la vida en tanto que puedas. Esto puede llevarse a cabo solamente temiendo a Dios; porque Dios está al control de todo, y se puede esperar de Él que premie el bien y que castigue el mal.

El autor de Eclesiastés ha sido a menudo llamado un pesimista, pero no es necesariamente así. Él anhelaba conocer más de las respuestas de la vida que lo que había aprendido hasta ahora, pero en Su providencia Dios no vio oportuno revelarlas. Pero el autor había descubierto de que, alejado de Dios, la vida era fútil. Un hombre llega a la "buena vida" reverenciando a Dios. Que el "mayor bien" de este escritor fuera principalmente la felicidad física no debiera oscurecer el punto central. Él vivía sobre el plano de lo físico y de lo sensual; no conocía las cosas superiores. Pero nunca dejó a un lado su fe en Dios. El predicador aprendió a vivir con las paradojas de la vida, habiendo descubierto, como Job lo hiciera, que la vida no esperará a la solución de todos sus problemas.

BIBLIOGRAFÍA

Erdman, W. J. *Ecclesiastes: The Book of the Natural Man.* Chicago: Bible Institute Colportage Association, s. f.

Leupold, Herbert C. *Exposition of Ecclesiastes.* Columbus: Wartburg Press, 1952.

Rankin, O. S. "The Book of Ecclesiastes" *The Interpreter's Bible*, Vol. 5, NuevaYork: Abingdon Press, 1956.

Reichert, V. E. y A. Cohen. "Ecclesiastes", en *The Five Megilloth.* Londres. The Soncino Press, 1952.

Williams, A. L. *Ecclesiastes. (Cambridge Bible for Schools and Colleges).* Cambridge: University Press, 1922.

Wright, J. Stafford. "The Interpretation of Ecclesiastes", *Evangelical Quarterly*, XVIII (1946), 18–34.

COMENTARIOS EN ESPAÑOL

Archer, Gleason L. *Reseña Crítica de una Introducción al Antiguo Testamento.* Grand Rapids: Editorial Portavoz, 1987.

Hendry, G. S. "Eclesiastés," *Nuevo Comentario Bíblico.* Editado por D. Guthrie, J. A. Motyer, A. M. Stibbs y D. J. Wiseman. El Paso: Casa Bautista de Publicaciones, 1978.

CANTAR
DE LOS CANTARES
DE SALOMÓN

INTRODUCCIÓN

Nombre, paternidad, e integridad. Este libro, que pertenece a los cinco *megilloth*, o rollos, lo leían anualmente los judíos en el octavo día de la Pascua. El encabezamiento Cantar de los Cantares (1:1) es la traducción literal del hebreo *Shîr hashshîrîm.* La repetición del nombre en el genitivo plural es la forma hebrea de exponer la característica especial del Cantar: es el mejor o más excelente de los cantares (cp. Gn 9:25; Éx 26:33; Ecl 1:2).

Aunque el primer versículo del capítulo 1 puede también leerse: "El Cantar de los Cantares que es *acerca de* o *con respecto a* Salomón", el punto de vista tradicional ha sido el de considerar al rey Salomón como el autor del Cantar. Ya que el contenido del libro se halla totalmente en armonía con los grandes dones de sabiduría que sabemos que Salomón poseía (1 R 4:32, 33), no hay una base lo suficiente firme como para desviarnos de esta posición histórica.

Difícilmente pueda desafiarse la unidad del libro. Aparecen estribillos similares en 2:7; 3:5; 8:4; las imágenes son las mismas a lo largo de todo el libro, y aparecen una y otra vez los mismos personajes.

Interpretación. Con respecto a su género literario, el Cantar de los Cantares es evidentemente un poema de amor. La dificultad es cómo interpretarlo. Las siguientes son unas de las varias interpretaciones que se han propuesto.

1. Interpretación alegórica. Esta era la interpretación común entre los judíos desde la antigüedad, y de ellos pasó a la Iglesia cristiana. Los judíos consideraban el Cantar como expresando la relación de amor entre Dios y su pueblo escogido. La Iglesia cristiana vio en él reflejado el amor entre Cristo y la Iglesia. De una manera esencial, este es el punto de vista defendido por Hengstenberg y Keil.

2. El punto de vista dramático. La esencia de este punto de vista, por el que aboga Franz Delitzsch, es que el Cantar es un drama representando a Salomón enamorado de una joven rústica, la sulamita, a la que lleva a su palacio real en Jerusalén. Un punto particular de vista, la *hipótesis del pastor*, introduce en el Cantar un tercer personaje, un pastor, al que permanece fiel la sulamita a pesar de los intentos de Salomón.

3. El punto de vista típico. Este punto de vista, también, mantiene que el Cantar representa el gran amor entre Cristo y la Iglesia, considerándose a Salomón como un tipo de Cristo, y la novia representando a la Iglesia. Este punto de vista difiere del alegórico en que trata de hacer justicia al verdadero lenguaje del Cantar sin buscar un significado especial en cada frase, como lo hace el método alegórico.

4. El punto de vista natural o literal. La postura básica de este punto de vista es que el Cantar es un poema exaltando al amor humano. Desde este punto, debido a la inclusión de este libro en el canon de las Escrituras, los adherentes a este punto de vista pueden diferir ampliamente acerca del significado último de este cántico de amor. Este comentario está sobre la asunción de que la postura correcta es la natural. Tomando este enfoque, el significado canónico del Cantar de los Cantares puede afirmarse de la siguiente forma.

(*a*) El libro recibe el nombre de "el mejor de los cantares", y ello comprensiblemente. Este es un cántico que Adán hubiera podido cantar en el Paraíso cuando el Señor en Su sabia providencia le llevó a Eva para que fuera su esposa. En lenguaje franco pero puro el libro alaba el amor mútuo entre marido y mujer, y por ello nos enseña a no despreciar la belleza física y el amor matrimonial como perteneciente a un orden inferior. Ya que estos son dones del Creador a sus criaturas (cp. Stg 1:17), son buenos y perfectos en su lugar y para su propósito. El libro presenta una fuerte advertencia en contra de un dualismo abíblico que mantiene lo físico y lo material en una consideración inferior que lo espiritual, y que exalta el estado célibe como más virtuoso que el estado matrimonial.

(*b*) Como contrapartida de (*a*), el Cantar nos instruye a no idealizar la belleza física y a no idolizar el aspecto biológico del matrimonio. A pesar de la forma directa en la que se describen la belleza y el atractivo físico, la relación amorosa presentada en el Cantar es de un caracter sublime. En ninguna parte bordea siquiera la descripción en lo que pudiera ser considerado como lascivo y licencioso. Así el Cantar pone ante nosotros la relación amorosa ideal en el matrimonio. (Para la separación de que se habla entre los dos amantes, ver el comentario.) El apóstol Pablo utiliza el matrimonio para ilustrar la naturaleza del amor entre Cristo y Su Iglesia (Ef 5), pero ciertamente no todo matrimonio refleja este lazo de amor íntimo. Solamente una relación marital tan pura como la retratada en el Cantar puede servir a este propósito.

(*c*) La lectura de este libro, lejos de suscitar pensamientos sensuales en nuestras mentes, debiera llevarnos a alabar al Creador que creó al hombre a Su propia imagen, que hizo hermoso al cuerpo humano, que despertó en Adán el anhelo por una compañía semejante a él, pero diferente, y que llevó a la primera novia — el punto culminante de las obras de la creación— a su admirante novio. La lectura de este libro debiera hacernos también conscientes de nuestros fracasos pecaminosos hacia miembros del otro sexo en general, y en particular a nuestros pecados de la carne dentro del matrimonio. Así es que mediante este libro el Espíritu Santo llevará a pecadores al Cristo que es también el Redentor y Santificador del santo matrimonio. Viendo y experimentando la pureza y la santidad de este vínculo de amor terreno seremos llevados también a una mejor comprensión de aquella relación de amor que es celestial y eterna, esto es, el vínculo intachablemente puro e indestructible de amor que existe entre Cristo y su Iglesia.

BOSQUEJO

(Este libro no presenta unas divisiones definidamente señaladas. Lo que sigue es una sugerencia de bosquejo.)

I. **El afecto mútuo de la esposa y del esposo. 1:1—2:7.**

II. **La esposa hablando de su esposo. El primer sueño de ella acerca de él. 2:8—3:5.**

III. **El cortejo de bodas. El segundo sueño de la esposa. Su conversación con las hijas de Jerusalén. 3:6—6:3.**

IV. **La adicional alabanza de la belleza de la esposa por el esposo. El deseo de ella por él. 6:4—8:4.**

V. **Expresiones finales de amor mútuo. 8:5-14.**

COMENTARIO

I. El afecto mútuo de la esposa y del esposo. 1:1—2:7.

A. *Encabezamiento. Expresión de la doncella del amor de ella por su amante. 1:1–4.*

1. Para este versículo ver la Introducción. **2.** La esposa habla primero, expresando con elocuencia el gran amor que ella siente y con anhelo por su amante. **¡Oh, si el me besara!** No se trata de la expresión de un mero deseo sensual. En las Escrituras el beso es frecuentemente mencionado expresando un profundo y puro amor (Ro 16:16; 1 Ts 5:26; 1 P 5:14). La

utilización por parte de la esposa de los pronombres **él** y **sus** sugiere la espontaneidad con la que la expresión de amor brota de los labios de ella. No es necesario recurrir, como lo hace la RSV, a los pronombres *tu* y *tus*; es frecuente en hebreo la oscilación en el uso de las personas (cp. Dt 32:13–15; Jer 2:2, 3; Os 4:6; Zac 9:13, 14). El **vino** se asocia a menudo con gozo y alegría (Jue 9:13; Sal 104:15; Pr 31:6; Ecl 10:19). Puede también expresar el gozo espiritual que viene de poseer los dones de la gracia de Dios (Is 55:1; Jl 3:18; Am 9:13). Pero mejor que el vino que alegra el corazón es el amor del esposo hacia la esposa. **3. Ungüentos.** El aceite para unciones era un artículo indispensable en Oriente. El cálido clima hacía necesarios los frecuentes baños, después de los cuales se trataba la piel con un aceite aromático (cp. 2 Cr 28:15; 2 S 14:2; Dn 10:3; Mt 6:17). **Tu nombre.** No se trata meramente de una etiqueta identificadora. El nombre de una persona frecuentemente decía algo específico acerca de ella (Ex 2:10). Pudiera incluso sugerir todo su carácter (Mt 1:21). La esposa está hablando del carácter espléndido de su esposo y de la estima que se le tiene en todas partes. Debido a estas características destacadas, las doncellas le aman. En la ilimitada admiración que ella le tiene, la esposa no puede dejar de pensar en otras doncellas como atraídas también en gran admiración y afecto por su propio esposo. La palabra para doncella (hebreo 'almâ) se utiliza de una joven de edad casadera que está todavía sin casar (Gn 24:43; Éx 2:8; Is 7:14 y Mt 1:23; Sal 68:25; Pr 30:19).

4. Ya está la esposa cerca de su amante, habiendo sido introducida **en sus cámaras,** pero desea estar en su inmediata presencia. El **rey** mencionado aquí es Salomón. Aquellos que lo interpretan típicamente ven en esto y en expresiones similares una referencia a Cristo. **Gocémonos** (RV: *nos gozaremos*.) La esposa desea compartir su gozo con otras; la referencia es a las doncellas mencionadas en el v. 3. Estas doncellas no están erradas en el afecto que sienten por el rey; él lo merece plenamente.

B. La esposa a las hijas de Jerusalén. 1:5, 6.

5. Morena soy pero codiciable. La exposición al sol ha oscurecido la piel de la esposa, pero no ha perdido ella su encanto. A pesar de que es morena como **las tiendas de Cedar,** es todavía encantadora como **las cortinas de Salomón.** Cedar era un hijo de Ismael (Gn 25:13). Las tiendas de la tribu nómada descendida de él (Jer 2:10; Sal 120:5) eran de pieles de cabras negras o pardas. La hiperbólica referencia a esta tiendas destaca lo oscuro de la complexión de la muchacha. Las cortinas de Salomón tienen que haber sido muy hermosas; y a pesar de su complexión oscura, la esposa es todavía tan encantadora como ellas. El significado alegórico de "negra (AV) debido al pecado, pero encantadora por la gracia" se sugiere a menudo. **6. Los hijos de mi madre se airaron contra mí.** No se debe culpar a la muchacha por su actual complexión oscura. Por una razón no explicada, sus hermanos se enfurecieron con ella, y la pusieron a guardar las viñas. Fueron hasta el extremo de no dejar que ella cuidara de su viña. No obstante, este duro trato no le restó belleza, y no impidió que el rey concibiera un amor especial hacia ella.

C. La muchacha a su distante amado, y la contestación. 1:7, 8.

7. Hazme saber dónde apacientas. El genuino amor por el amante conlleva un anhelo constante para estar en su presencia inmediata. El Cantar expone esto en varias ocasiones presentando a los dos amantes separados. Al rey se le presenta como un pastor; ciertamente una designación adecuada. **¿Por qué he de ser yo como alguna tapada?** Era costumbre de las prostitutas velarse (Gn 38:14). El verdadero amor desea evitar toda apariencia de infidelidad y de impureza. **8. Vé, sigue las huellas del rebaño, y apacienta tus cabritos.** No se dice de quien viene la respuesta al interrogante de la muchacha. El pensamiento expresado por la respuesta es que todo lo que la esposa tiene que hacer es llevar a cabo los deberes que son suyos como la esposa del rey. Estos deberes los tiene que cumplir cerca de las tiendas de los pastores, esto es, en presencia de otros; y este fiel servicio confirmará su intachable reputación.

D. El esposo y la esposa mutuamente. 1:9-17.

9. A yegua te he comparado. Habla el rey. Las yeguas eran renombradas por su belleza y su fuerza, e iban a menudo hermosamente ornamentadas. En Job 39:19-25 se lee una hermosa descripción de un caballo. Salomón poseía grandes cantidades de caballos y de carros (1 R 4:26; 10:26), muchos de los cuales venían de Egipto (1 R 10:28, 29). La comparación sugiere la notable belleza de la esposa y sus excelentes características personales. **10. Hermosas son tus mejillas entre los pendientes.** La descripción que se da aquí se prosigue con mayor detalle en el cap. 4. Los ornamentos acentúan la belleza de las mejillas y del cuello de la esposa. **11. Te haremos.** El rey promete a su amor nuevos ornamentos para acentuar su belleza aun más (cp. Ez 16:11).

12. La esposa empieza a hablar. El hebreo puede también ser traducido como *mientras reposa el rey en su lecho* (NC). El **nardo** era una fragante planta de origen indio, de la que se extraía un aceite aromático, muy precioso y muy apreciado (Mr 14:3-5). El dulce olor del nardo es el símbolo del amor de la esposa. **13, 14.** La **mirra** era una sustancia fragante preparada de una planta que también venía originalmente de la India. Se utilizaba con varios propósitos (cp. Sal 45:8; Pr 7:17; Est 2:12). Las mujeres hebreas llevaban a menudo pequeñas bolsas de mirra entre sus pechos. La mirra se hallaba entre los presentes que los magos ofrecieron a Jesús (Mt 2:11). La **alheña** es una planta que tiene unas flores amarillas y blancas fragantes. En Palestina se hallaba especialmente en el valle de En-gadi, un oasis en la ribera occidental en la costa occidental del Mar Muerto. Las comparaciones sugieren cuán altamente considera la esposa a su amante.

15. Tú eres hermosa, amiga mía. El esposo vuelve a hablar, alabando de nuevo la inmensa belleza de su esposa. Evidentemente es la belleza lozana de los ojos de la esposa más que su pureza en inocencia lo que le recuerda al amante las palomas, porque en este pasaje lo que se acentúa es la belleza física de la esposa. El intérprete alegórico insistirá en que la belleza de la esposa es un don de la gracia de Dios.

16. La esposa responde, llamándole hermoso a él, como él la llamara a ella. Entonces pasa de inmediato a la descripción del marco imaginario que forman el escenario apropiado para el gran amor que sienten el uno por el otro. Ya que todos los otros detalles en el contexto inmediato son figurativos, no es necesario pensar aquí en un lugar real al aire libre o en una cabaña de hojas construida sobre el techo plano de una casa.

E. Continuación del diálogo entre la esposa y el esposo. 2:1–7.

1. Yo soy la rosa de Sarón. La esposa está todavía hablando. Es difícil determinar a qué flor en concreto se está refiriendo la esposa. La única otra ocurrencia de esta palabra en el AT es en Is 35:1. Parece que la mejor traducción es *croco.* Sarón es la llanura costera del Mediterráneo entre Jope y Cesarea. En tiempos de Salomón era un lugar de gran fertilidad. **2. Como el lirio entre los espinos.** Habla el esposo. En su humildad la esposa solamente puede pensar en su misma como un croco hermoso pero humilde; ella la considera como un lirio entre espinos. Así como un lirio sobrepasa a los espinos, así ella sobrepasa a las otras doncellas. **3. Como el manzano.** La esposa responde en la misma línea. Como un manzano que produce deliciosos frutos sobrepasa a todos los otros árboles del bosque, así su esposo sobrepasa a otros jóvenes. **4. El rey la ha traído a ella, una humilde campesina, a la casa del banquete.** Pero no tiene que ser tímida ni vergonzosa delante de las muchachas de Jerusalén, porque él con su amor la está protegiendo y dándole confianza. (En cuanto al pensamiento de protección, ver Éx 17:15.) **5.** Vencida por el amor y la admiración hacia su amor, la esposa pide pasteles de pasas y manzanas para fortalecerla físicamente.

6. Su izquierda esté debajo de mi cabeza. Este versículo puede traducirse igualmente como expresando un deseo como afirmando un hecho. Ambas traducciones concuerdan igual de bien con el contexto. La primera traducción haría de este texto una petición de ayuda por parte de la esposa. Según la segunda posible traducción, el hecho relatado en este versículo es la respuesta del esposo a la petición de su esposa: o puede indicar lo juntos que se hallaban los dos en la casa del banquete. **7. Yo os conjuro.** La joven no tiene la intención de hacer dar ningún juramento, ya que este juramento es por los animales. Desconocemos la razón de que se elijan estos animales. Quizás se pensara de ellos como los mejores símbolos del carácter del amor puro. Poniendo su petición en forma de un juramento enfatiza su petición apremiante de no despertar su amor prematuramente, porque el amor es muy tierno, y fácilmente se la daña. En su momento adecuado despertará por sí mismo.

II. La esposa hablando a su esposo. El primer sueño de ella acerca de él. 2:8—3:5.

A. El cantar de amor de la esposa al esposo. 2:8–17.

8. ¡La voz de mi amado! En unas imágenes bien elegidas la esposa habla de la llegada de su amado. Aunque esta sección bien hubiera podido tener un marco histórico en la vida del rey, su propósito es el de dar expresión al profundo amor de la esposa por su esposo. Las imágenes se sacan de la naturaleza. Los corzos y los ciervos suben los montes y saltan sobre las colinas con facilidad y gracia. **9. Por pared** se tiene que entender la pared de la casa en la que mora la sulamita. Ante esta pared el esposo, como un corzo o un cervatillo tímido y desconfiado de los hombres, se queda mirando por las ventanas y atisbando por las celosías. No va rudamente a su esposa, ni siquiera de una manera atrevida sino como respetándola profundamente.

10, 11. Ha pasado el invierno|a lluvia se fue. Él la llama para que vaya con él. Aquí simbolismo del corzo y del cervatillo deja paso a la imaginería de las estaciones. Lo último sugiere que la esposa y el esposo han llegado al estado de madurez para el disfrute de su amor mútuo (contrastar v. 7). **12–14.** La imagen de la llegada de este tiempo de primavera se hace más vívida con la enumeración de los cambios que tienen lugar en la naturaleza en esta estación. La urgencia de la llamada del esposo a su esposa para que se una a él es evidente de la repetición de las palabras del v. 10: **Levántate, oh amiga mía y ven.** Ella le había llamado a él un corzo y cervatillo; él ahora la llama **paloma mía,** un término de afectuosidad. La esposa reproduce aquí las palabras de su esposo.

15. Estas son las propias palabras de la esposa. **Las zorras.** Posiblemente los enojos y las ansiedades que puedan interferir con su amor y dañarlo. El amor de ellos está floreciendo totalmente, y no se debiera permitir que nada lo perturbara. **16, 17. Mi amado es mío, y yo suya.** La esposa está confiada en que ella y su esposo están destinados el uno para el otro. Aquí ella le representa como a un pastor que durante el día está apacentando a los rebaños y que está por ello alejado de ella. En el lenguaje de la devoción espiritual, estas palabras han sido frecuentemente aplicadas a la relación entre Cristo y su amado pueblo. **Entre lirios** sugiere que el esposo prosigue sus deberes diarios en un marco que concuerda con su carácter y dignidad. **Hasta que apunte el día.** O, *hasta que el día refresque.* Lit., *hasta que el día respire,* esto es, hasta que lleguen las brisas del atardecer. La referencia es al ocaso del día, cuando el calor, a menudo sumamente intenso, da paso a un frescor, vigorizante. La tarde es asimismo el momento en que las sombras, que existen solamente allí donde hay luz del día, están desapareciendo. El v. 17 es la respuesta final, en esta sección, de la esposa a su amante. A todo lo largo de esta sección ambos están dando expresión al deseo anhelante que tienen por el otro. **Los montes de Beter** (RV). O, posiblemente, *montañas escarpadas.* El verbo hebreo puede venir de una raíz que significa ''cortar en pedazos) (cp. Gn 15:10; Jer 34:19). Si se acepta esta etimología, las palabras pudieran ser traducidas montañas ''escarpadas'' o ''montes de separación'', esto es, *montes que nos separan* (Berkeley).

B. El sueño de la esposa acerca de su amor. 3:1-5.

1. Por las noches busqué al que ama mi alma. La sección que comienza con este versículo registra un sueño de la esposa. El verdadero amor no queda inactivo durante el sueño sino que puede manifestarse en sueños acerca del amado. En el sueño que se relata aquí — una consecuencia de la ocupación constante del pensamiento de la esposa acerca de su esposo durante las horas del día— ella busca a su amante por todas partes, pero sin poder hallarlo. **2. Por las calles y por las plazas buscaré al que ama mi alma.** La esposa sueña que ella se levanta y que rodea la ciudad en busca de su esposo. **3. Los guardas que rondan la ciudad.** Un detalle del sueño. Las palabras **Y les dije** (RV) no se hallan en el Texto Masorético. En un sueño, las escenas se

suceden con rapidez; de ahí la aparente brusquedad de estilo en el paso a la pregunta.

4. Hallé luego al que ama mi alma. La escena vuelve a cambiar. No se registra ninguna respuesta de los guardas; en un sueño tal cosa es innecesaria. El sueño de la muchacha y el anhelo de ella por su amante culminan en su encuentro con él y al llevarle a casa a la propia habitación de la madre de ella. Esta habitación, que habla de intimidad, tiene que haber sido casi sagrada para la muchacha. Que lo llevara allí sugiere la ternura de su amor hacia él. **5. No despertéis al amor, hasta que quiera.** El amor puede ser una poderosa fuerza en las vidas de hombres y mujeres. Si no es correspondido y queda sin satisfacer puede causar un dolor y sufrimiento grandes en el corazón humano. Pero el amor correspondido da un gozo imposible de expresar. En su sueño la sulamita experimenta ambas cosas en cierto grado: tanto el amor sin corresponder como el amor cumplido. Por ello este estribillo no es un anticlímax a la reunión de los dos amantes en el sueño. Más bien, indica reconocimiento del hecho de que debido a que estos son los efectos que el amor puede tener, tiene que ser tratado con el mayor de los cuidados y no debiera ser despertado antes de su tiempo propio.

III. El cortejo de bodas. El segundo sueño de la esposa. Su conversación con las hijas de Jerusalén. 3:6 — 6:3.

A. El cortejo de bodas. 3:6-11.

6. ¿Quién es esta? La sección que empieza aquí habla del cortejo de bodas (ver v. 11). La palabra **desierto** puede significar no más aquí que el país abierto como distinto de los pueblos y de las ciudades habitadas. La **columna de humo** indica que durante el cortejo se quema mucho incienso fragante, marcando la ruta del cortejo. **Mirra, incienso y todo polvo aromático.** Todo esto da mayor dignidad e importancia a lo que se ve llegar del desierto.

7. He aquí es la litera de Salomón. La llegada del cortejo de bodas se introduce en forma de pregunta; este versículo da la respuesta. En armonía con la dignidad real del rey, su litera está rodeada de fuertes soldados, de entre los mejores de Israel. **8. Diestros en la guerra.** Estos son todos soldados expertos, capaces de proteger al rey y a su esposa de todos los peligros a los que pudieran quedar expuestos, especialmente los peligros de la noche. **9, 10. Una carroza.** O, *un lecho,* o *un trono.* Una descripción más detallada de la litera, o palanquín que Salomón se había hecho. El todo da la impresión de un esplendor y dignidad real magnificentes. **Su interior recamado...** Posiblemente signifique, *su interior hecho de dones de amor.* Las hijas de Jerusalén, parece, proveyeron el material para el interior del palanquín real, para mostrar el amor que sentían por el rey. **11. Ved al rey Salomón con la corona.** La esposa no es mencionada por separado en este versículo; pero del hecho de que Salomón esté llevando la corona que le diera su madre, puede inferirse que ella está sentada al lado de él en el palanquín real. Debido al hecho de que Salomón tenía muchas mujeres (1 R 11:3), nos es imposible decir si lo que está registrado en esta sección se refiere o no a un evento específico en la vida del rey. No obstante, este pasaje nos habla de un día de bodas y del gran gozo que tal día trae a la parejas desposada, una alegría que es vista y compartida por otros.

B. La alabanza del esposo de la belleza de la esposa. 4:1-15.

El cap. 4 es un cántico alabando la exquisita belleza de la esposa, con unas imágenes mejor comprendidas y apreciadas por la mente oriental. **1.** Para **ojos** como de **paloma**, ver sobre 1:15. El monte **Galaad**, una cordillera al este del Jordán, estaba muy apropiado para la ganadería (cp. Nm 32:1). Las cabras, que son a menudo de color oscuro, recostadas por las laderas de la montaña, sugieren las oscuras ondas del hermoso cabello de la muchacha. **2.** En reconocimiento de la costumbre del lavado de ovejas antes del esquileo, algunos comentaristas leen este versículo: *Tus dientes son como un rebaño de ovejas listas para el esquileo.* No obstante, parece mejor traducir: *Tus dientes son como un rebaño de ovejas esquiladas que suben de ser lavadas,* debido a que la comparación es para mostrar la blancura de los dientes. Ninguno de los dientes de la esposa falta, como muestra la siguiente comparación. **3. Grana** es un color escarlata a rico y brillante, que se obtiene de un insecto llamado *kirmiz* por los árabes (*Westminster Dictionary of the Bible*). Las **mejillas** de la esposa pueden ser descritos como una granada cortada, debido a que el interior de este fruto está lleno de numerosas semillas de color de rubí. **4. Como la torre de David.** Esta torre, aunque ya no nos es más conocida, era evidentemente bien conocida en aquellos tiempos. La traducción exacta de las palabras traducidas en la RV **edificada para armería** permanece dudosa. La traducción *construida con terrazas,* que proviene de la Vulgata, parece la más plausible. La **armería** (RV), o *terrazas,* sobre la que cuelgan **escudos** (cp. Ez 27:11) puede bien sugerir joyas que lleva la esposa, que acentúan

la belleza de su cuello. **5. Como gemelos de gacela.** Los pechos de la esposa son juvenilmente tiernos como gemelos de una gacela. **Que se apacientan entre lirios** sugiere el bien formado cuerpo de la esposa, de la que salen los dos pechos.

6. Me iré al monte. Este versículo en el que el esposo hace una disgresión en medio de su descripción de la belleza de la esposa es difícil de explicar. Algunos comentaristas mantienen que el **monte de mirra** y el **collado del incienso** son símbolos del atractivo físico de la muchacha. Un mejor enfoque parece ser el de leer aquí la intención de Salomón de reunir estos preciosos aromas con los cuales, por la noche, irá a su amada. En cuanto a **hasta que apunte el día,** ver 2:17. **7. En ti no hay mancha.** Perfecta. Esto es el resumen de la belleza y del atractivo de la muchacha.

8. Este versículo expresa el gran deseo del rey por su esposa. Las palabras **desde el Líbano** indican quizás que debido a su gran deseo por ella, parece que esté lejos e inaccesible. **Amana** es uno de los ríos que corren hacia el este desde la cima de las montañas del Líbano (cp. 2 R 5:12). El monte **Hermón,** llamado **Senir** por los amorreos (cp. Dt 3:9) es la cumbre más alta del Líbano. **9.** Para el rey la belleza de la esposa es irresistible. La designación **hermana** expresa cuán inexpresablemente querida le es. **10.** Comparar con 1:3, 4. **11.** La fragancia del Líbano, viniendo de los cedros y de otras plantas que crecían allí en abundancia, puede haber sido proverbial (cp. Os 14:6, 7). **12. Huerto cerrado.** Ya que la esposa pertenece exclusivamente a Salomón, ella se asemeja a un huerto, o a un jardín, cerrado e inaccesible a todos excepto a su dueño. Igualmente se sellaban en ocasiones los pozos y las fuentes para guardar el agua, un bien que no era muy abundante en Oriente, y para mantenerla fuera del alcance de otros. **13, 14. Paraíso...con frutos suaves.** Se prosigue la imagen de un jardín o huerto de delicias. Para el rey, la sulamita, a la que puede llamar suya propia, es como un jardín que le da a su propietario los frutos más escogidos. **15. Fuente de huertos.** Como los versículos 13 y 14 desarrollan la primera parte del 12, así este versículo desarrolla la segunda parte de aquel versículo. Para el rey su esposa es como fuentes y corrientes que dan una abundancia de agua fresca y pura.

C. La respuesta de la esposa. 4:16.

La esposa llama al viento **Aquilón,** el viento del norte, y al **Austro,** el viento del sur, para que soplen sobre ella, a fin de que la marvillosa fragancia con la que su esposo le ha adscrito pueda fluir de ella como de un parque lleno de frutos excelentes. Ya que ella misma es este huerto, o paraíso, ella llama aquí a su amado a que venga a ella para que goce de los frutos a los que tiene título.

D. La respuesta del esposo a su esposa, y una llamada a los dos amantes. 5:1.

1a. Oyendo la invitación de la esposa, el rey está diciendo ahora que viene y que disfruta de los excelentes frutos de su huerto, de su esposa. La reunión de los dos amantes, tan profundamente enamorados el uno del otro, es lo que se aquí se presenta. **1b.** Es mejor no considerar estas palabras como parte del párrafo anterior. Alguien (posiblemente más de uno), no sabemos quien, está hablando aquí y exhortando a los dos amantes a que se deleiten plenamente en la presencia del otro. Esta llamada forma el punto apropiadamente culminante de la descripción del esposo de la belleza exquisita de su esposa.

E. El sueño de la esposa de su anhelo por su esposo. 5:2–7.

2. La primera afirmación aquí dada sugiere que lo que va a relatarse fue un sueño. El contenido de este sueño tiene que ser entendido como formando la introducción a las expresiones de amor y a la descripción de la aparición del esposo en 5:8–16. En 5:2 el poeta está presentando habilidosamente al esposo como viniendo a su esposa después de haber andado un largo trecho a través de la noche, como se evidencia del **rocío** con el que su cabello se ha humedecido. **3.** Me **he desnudado de mi ropa.** La excusa de la esposa por no abrir a su amado. En Oriente, sea que se andara descalzo, o que se llevaran sandalias, los pies siempre se ensuciaban, por lo que exigían frecuentes lavados. **4. Por la ventanilla.** En sucesos que tienen lugar en sueños, no debe exigirse una exactitud de detalles. A través de alguna especie de agujero el esposo pone la mano, para abrir la puerta probablemente.

Viendo esto, la esposa se llena de gozo, y (cp. v. 5) venciendo su desgana, se levanta a abrir la puerta. Al tocar la manecilla del cerrojo, sus dedos y manos gotean con la mirra que el esposo ha derramado sobre ella. **6. Tras su hablar salió mi alma,** o con su hablar mi alma había desfallecido. Esto constituye otra razón de que no abriera la puerta de inmediato; oír la voz de él la había hecho desfallecer. **7.** En lugar de hallar a su amado se enfrenta a la desgracia. Como en el sueño anterior (cap. 3), también esta vez se encuentra con los guardas. Pero esta vez, posiblemente pensando que se

trata de una mujer de mala vida merodeando por las calles de noche, la azotan y toman su manto. Entonces termina el sueño.

F. Diálogo entre la esposa y las hijas de Jerusalén. 5:8—6:3.

El sueño que precede a esta sección introduce una separación entre los dos amantes. Esta separación viene ahora a constituir la base para las declaraciones renovadas de amor y de devoción al cónyuge amado.

8. Que le hagáis que estoy enferma de amor. Esta vez es la esposa la que da expresión a su profundo enamoramiento con su esposo. No habiendo podido hallar, en su sueño, a su amado, ahora apela urgentemente a las hijas de Jerusalén, si le hallan, que le hablen del gran amor que ella siente por él (cp. 2:7; 3:5). **9. ¿Qué es tu amado más que otro amado?** Esta demanda tan apremiante hace que estas muchachas le pregunten qué es lo que es tan especial acerca de su amado. La pregunta de ellos le da oportunidad a la esposa de describir la destacada presencia de su esposo. **10. Señalado entre diez mil.** Su apariencia es tal que se puede distinguir fácilmente entre diez mil hombres. **11. Su cabeza como oro finísimo** ilustra la nobleza que irradia de su cabeza y de su rostro. **12. Sus ojos, como palomos,** ver sobre 1:15. La deslumbrante belleza de la paloma queda particularmente patente cuando se posa junto a arroyos de aguas. Lavarse en leche se refiere al blanco de los ojos. **13. Como fragantes flores.** Lit., torres de hierbas. La RVA, con un ligero cambio en el original hebreo, traduce exhalan perfumes. No obstante, se debiera permitir que permanezca la palabra **torres,** ya que se refiere a la plenitud de sus mejillas. **14–16. Sus manos...su paladar.** La esposa pasa a describir otras características del cuerpo de su amado, cada una de las cuales halla sumamente hermosas. Finalmente, les dice a las muchachas de Jerusalén: **Tal es mi amado, tal es mi amigo.**

6:1. En 5:8 la esposa apremia a las muchachas de Jerusalén a que le cuenten a su amado de su gran amor por él en caso de que lo hallen. Ahora preguntan las muchachas: **¿A dónde se ha ido tu amado?** Esta pregunta viene también como una secuencia directa del sueño de la esposa en el que no puede hallar a su amado. **2. Descendió a su huerto.** Pero la esposa ya no necesita más de las otras muchachas. Su esposo ha ido a su huerto. A la luz de 4:12–15 y de 5:1, donde cada uno de los amantes llama al otro un huerto, no parece improbable leer en este versículo que el esposo ha vuelto ahora a ella. **3.** Cp. 2:16.

IV. La adicional alabanza de la belleza de la esposa por el esposo. El deseo de ella por él. 6:4—8:4.

A. La alabanza del amante por su amada. 6:4–10.

4. La ciudad de **Tirsa**, situada al noreste de la ciudad de Samaria, fue la primera capital del reino septentrional de Israel hasta el tiempo de Omri (1 R 14:17; 15:21, 33; 16:8, 15, 23, 24.) Si se considera a Salomón como el autor del Cantar de los Cantares, es evidente que no conoció a Tirsa como ciudad capital. Es evidente que la ciudad tiene que haber sido hermosa, lo que da cuenta de su mención aquí. **Imponente como ejércitos en orden.** Aunque la mente moderna occidental encuentre difícil apreciar esta ilustración, indica la belleza irresistible de la esposa. **5. Aparta tus ojos de delante de mí.** La gran belleza de la esposa confunde al rey. Para 5*b*, 6, 7 ver sobre 4:1–3. **8.** La cantidad total de las reinas y concubinas de Salomón fue superior al mencionado aquí (cp. 1 R 11:3). **9.** Pero entre todas estas mujeres y doncellas, la sulamita se destaca en virtud de su belleza intachable, así como el rey se destaca entre diez mil (5:10). **La única de su madre** (o, *la amada tiernamente de su madre*). **10.** Las palabras **¿Quién es esta...?** se consideran mejor como reproduciendo las palabras de alabanza dichas por las reinas y las concubinas.

B. La esposa y sus admiradores. 6:11–13.

11. Al huerto de los nogales descendí. Es difícil determinar aquí quien es el que habla, si Salomón o su esposa, aunque parece mejor aceptar que se trata de ella. Está dirigiendo estas palabras a las mujeres que la están admirando (v. 10), a las que las cuenta acerca de su bajada al huerto. **12. Mi alma me puso entre los carros de Aminadab.** Nadie ha podido todavía dar una versión e interpretación satisfactoria de estas palabras. La esposa puede estar hablando aquí de la forma en que fue repentina e inesperadamente elevada a la dignidad de reina. Este versículo, así como el 11, serían entonces la respuesta de la esposa a las palabras de alabanza pronunciadas a ella por las reinas y concubinas. **13.** Las reinas y otra gente le piden a la esposa que se vuelva una y otra vez para poderla admirar. No se puede decir con certeza quién es el que hace esta pregunta, **¿Qué veréis?** Esta pregunta es evidentemente un instrumento empleado por el poeta para introducir su siguiente descripción de la belleza de la esposa. No es imposible que esta pregunta sea hecha por las mujeres que le piden a la sulamita que se vuelva una y otra vez. La designación de sulamita es probablemente derivada del lugar llamado Sunem (cp. Jos 19:18; 1 S 28:4; 2 R 4:8). **La reunión de dos campamentos** (RV) debiera traducirse como *las danzas de Mahanaim* (VM). Las danzas de Mahanaim deben haber sido unas danzas bien conocidas. Mahanaim era un lugar situado en los límites de la tribu de Gad, no lejos del río Jordán.

C. La exaltación de la hermosura de su esposa y su amor por él. 7:1–13.

Los vv. 1–9 constituyen una oda en alabanza de la excelencia física de la esposa. Nuestro Dios, que creó la magnificencia de la naturaleza, con su variedad casi infinita, creó también el cuerpo humano de tal manera que es una maravilla de su creación. La belleza física y el deseo puro de marido y mujer (y del esposo y la esposa) por el otro son dones divinos dados al hombre. Es la perversión de ello que es algo bajo, y que por ello debe ser condenado.

La segunda parte de Cantares 6:13 forma la introducción a la descripción de la esposa que aquí se expone. **7:1. ¡Cuán hermosos son tus pies...!** Es el rey quien está hablando. Quizás pudiéramos pensar que la esposa está danzando, acto en el cual su belleza se hace más evidente. **2. Que no le falta bebida** (RV), o, *pueda nunca faltarle vino mezclado*, sirve para redondear la imagen, así como la frase **cercado de lirios. 3.** Ver sobre 4:5. **4. Como torre de marfil.** El cuello de la esposa es hermoso y suave como el marfil y estilizado como una torre. Los **estanques de Hesbón** sugieren la brillante claridad de sus ojos. **Hesbón** era la antigua capital de los amorreos (Nm 21:25–26; Dt 2:24). Bat-rabim era una puerta de Hesbón. **La torre del Líbano** era probablemente una torre de vigilancia. El escritor tiene que haber considerado que una nariz prominente era muy hermosa. **5.** El **Carmelo** es la cordillera cuya cumbre se eleva mirando al mar Mediterráneo y a la tierra palestina en solitaria majestad. **El cabello...como la púrpura.** La belleza del cabello de la esposa es tal que ha cautivado al rey. **6.** De todo lo que una persona pueda desear nada hay que pueda compararse con esta hermosa esposa. **7. Tu estatura es semejante a la palmera.** Es como una majestuosa palmera. Como **racimos**, se refiere a los racimos de dátiles. **8, 9a.** El esposo expresa su deseo de abrazar a su amada esposa y de disfrutar plenamente de su amor y belleza.

9b. Como el buen vino. La respuesta de la esposa, que prosigue el lenguaje simbólico empleado por su amante. Incluso cuando está durmiendo, el amor de ella va hacia él. **10.** La esposa evoca las palabras de Gn 3:16: "Tu deseo será para tu marido". **11, 12. Salgamos al campo.** La esposa apremia a su marido a ir con ella a un lugar en el que puedan gozarse plenamente del amor mútuo. **13.** Los antiguos creían que la ingestión de las mandrágoras estimulaba el deseo sexual (así como que inducían la concepción; cp. Gn 30:14–16). Por ello a las mandrágoras se las llama también manzanas del amor. La planta despedía un intenso olor que agradaba a los pueblos del Oriente. Los frutos escogidos son una indicación del amante cuidado de la esposa por el esposo.

D. El anhelo de la esposa de ser totalmente una con su amante. 8:1–4.

1. Como un hermano mío. Evidentemente, la sulamita no desea que en realidad su amante fuera su hermano; más bien, desea la relación estrecha y confiada que solamente conocen hermano y hermana. El hecho de que el linaje de ella era mucho más humilde que el de Salomón pudiera ser la razón de esta afirmación (cp. 1:5, 6). Si él fuera el hermano de ella, podría también besarlo en público sin incurrir en el escarnio público. **2. Yo te llevaría, te metería en casa de mi madre.** La referencia es a la estrecha comunión en el círculo familiar (cp. 3:4). **3.** Ver sobre 2:6. Otro punto culminante en el libro; la esposa está próxima a su amante. **4.** Excepto por la frase **¿por qué debierais vosotros...?** en hebreo (que en RV se expresa meramente como un imperativo negativo), este versículo es idéntico a 2:7 y a 3:5. El amor no debiera ser despertado antes de su tiempo apropiado, porque la relación de amor, a no ser que se guarde de una forma celosa, pudiera provocar dolor en lugar del gran gozo que debiera dar al corazón humano (cp. 2:7; 3:5). Tampoco es necesario tratar de suscitar el amor, porque el amor digno de valor despertará por sí mismo a su propio tiempo.

V. Expresiones finales de amor mútuo. 8:5–14.

A. El amante y la amada caminando juntos. 8:5–7.

5a. ¿Quién es ésta que sube...? Esta pregunta la hace el poeta para enmarcar la escena que sigue. Para **desierto**, ver 3:6. Se observa a los dos caminando juntos y conversando. El rey recuerda a su esposa como una vez la halló (¿quizás en su primera encuentro?) durmiendo bajo un manzano, junto a la casa de su madre, y que la había despertado. **6, 7. Ponme como un sello sobre tu corazón.** Estas palabras, pronunciadas por la esposa, sumarizan el tema de todo el Cantar, y constituyen su punto culminante. Un anillo de **sello** se llevaba en la mano derecha (Jer 22:24) o colgado sobre el corazón con un cordel que iba alrededor del cuello (Gn 38:18). Era un emblema de autoridad (cp. Gn 14:42; 1 R 21:8), y por ello una posesión muy preciosa. El simbolismo es expresivo del deseo irresistible de la esposa de ser la posesión más preciada de su esposo.

El rey Salomón, que compuso este Cantar bajo la inspiración del Espíritu Santo, trasciende aquí sus propias prácticas, porque la concesión del deseo de la sulamita hubiera impedido su poligamia. Esta expresión de amor ferviente e irresistible de labios de la esposa apunta al carácter monógamo del matrimonio. El matrimonio es la unión en amor de *un* hombre y *una* mujer, y cualquier intrusión por parte de una tercera parte viola la relación singular entre los dos. El deseo de uno que verdaderamente ama es tan fuerte que se da por completo al otro, y desea el mismo intenso afecto exclusivo a cambio. Tal amor por otro es del Señor, que lo puso en el corazón humano, y no puede ser extinguido. Tampoco puede ser comprado. Ni siquiera Salomón, con todas sus riquezas, pudiera haber comprado el amor de la muchacha sulamita. En lugar de ello, ella se lo dio espontáneamente, y el amor de ella fue abrumador. Un amor tan absoluto es asimismo el ideal espiritual entre Dios y su pueblo. Somos advertidos de no servir a dos señores (Mt 6:24) y a amar al Señor nuestro Dios con todo nuestro corazón, alma, mente y fuerzas (Mr 12:30).

B. La vida virtuosa de la esposa. 8:8–10.

8, 9. Tenemos una pequeña hermana. Estos versículos, aparentemente dichos por los hermanos de la esposa, forman la introducción del v. 9, donde de nuevo oímos hablar a la esposa. **No tiene pechos.** No ha llegado todavía a la madurez; no es todavía casadera. La figura de un **muro** sugiere la virtud de la castidad y la capacidad de mantener a los pretendientes a una distancia apropiada. El **torreón** (RV, *palacio*) **de plata** muestra el gran respeto, en aquel caso, que los hermanos tendrían por su hermana. No obstante, si fuera una **puerta**, esto es, pronta en ceder, deberían entonces tomar las medidas adecuadas para defenderla, a fin de que no sufriera ella debido a su propia debilidad. No puede decirse con certeza quién es la joven mencionada en este versículo, posiblemente una hermana menor de la esposa; aunque es posible que los vv. 8 y 9 se refieran a la esposa cuando ella era todavía una niña. **10.** La sulamita era como un muro, protegiendo su sagrado honor. Solamente se rindió a su pretendiente real,

Salomón. A él no repelió; le ofreció paz; esto es, se dio plenamente a él.

C. Palabras de la esposa. 8:11, 12.

11. Puede que estas sean palabras del poeta mismo. Muestra lo rico que era Salomón y cómo sus riquezas siguieron aumentando. Las **mil monedas de plata** tenían que ser dadas al rey por cada uno de los que tomaban el fruto de la viña. Baal-hamón no se menciona en ningún otro lugar de las Escrituras; se desconoce donde estaba situada. **12. Mi viña...está delante de mí.** La esposa, también, tenía una viña, pero a diferencia de Salomón no guardaba el fruto para ella misma. Pagaba **doscientas** monedas a los que estaban a cargo de la viña, pero las **mil** (piezas de plata) que representan la ganancia de la viña se las daba a Salomón. No solamente se rindió a sí misma al rey, sino también sus posesiones.

D. Expresiones finales de amor mútuo. 8:13, 14.

13. El esposo pronuncia sus últimas palabras anhelantes a su esposa. Para él ella es como alguien que habita en los huertos (cp. 2:1). Los compañeros, esto es, aquellos que se hallan en su inmediata presencia, gustan de escuchar de su dulce voz. Él también desea oírla. **14.** Ella le responde en palabras similares a aquellas que ya había dicho antes (cp. 2:17). Con estas palabras termina el Cantar. Quizás pudiéramos pensar que una conclusión más apropiada hubiera sido traer juntos los dos amores en una unión gozosa. Pero debe recordarse que el Cantar no es una novela moderna ni un poema de amor; es la palabra de Dios que nos enseña la belleza y la pureza del amor humano genuíno, uno de los dones del Creador a sus criaturas. El Espíritu Santo vio adecuado mostrarlo en términos de un deseo mútuo de comunión de parte de aquellos dedicados el uno al otro. Esta relación puede ciertamente utilizarse para representar el amor entre Cristo y Su iglesia, aunque el amor humano, incluso en su forma más pura, no puede ser más que una sombra de esta relación espiritual. La gente que verdaderamente se ama siempre anhelarán la presencia de la persona amada. Pero mayor debiera ser aun el anhelo de la iglesia de estar con Cristo, su celestial Esposo. La Iglesia es la esposa de Cristo, y mediante el Espíritu Santo morando en ella da expresión a su gran anhelo de estar para siempre con Él en estas palabras: "Ven, Señor Jesús, ven pronto" (cp. Ap 22:17, 20).

BIBLIOGRAFÍA

AALDERS, G. CH. *Het Hooglied (Commentaar op het Oude Testament).* Kempen, Holanda: Kok, 1952.

―――― *Het Hooglied (Kort Verklaring der Heilige Schrift).* Kampen: Kok, 1953.

DELITZSCH, FRANZ. *Commentary on the Song of Songs.* Grand Rapids: Wm. B. Eerdmans Publishing Co., 1950.

HARPER, ANDREW. *The Song of Solomon (The Cambridge Bible for Schools and Colleges).* Cambridge: The University Press, 1907.

HENGSTENBERG, E.W. *Das Hohelied Salomonis.* Berlín, 1853.

ROWLEY, H.H. "The Interpretation of the Song of Solomon", *The Servant of the Lord.* Londres: Lutterworth Press, 1952, pp. 189–234.

SCHONFIELD, HUGH J. *The Song of Songs.* Nueva York: The New American Library, 1959

TAYLOR, J. HUDSON. *Union and Communion.* Londres: China Inland Mission, 1914.

YAMAUCHI, EDWIN. "Cultic Clues in Canticles"? *Bulletin of the Evangelical Theological Society*, IV (Nov. 1961).

COMENTARIOS EN ESPAÑOL

NEE, T.S. (WATCHMAN). *Cantar de los Cantares.* Terrassa, España: CLIE.

IRONSIDE, H.A. *Estudios sobre el Cantar de los Cantares.* Terrassa, España: CLIE, 1990.

ISAÍAS

INTRODUCCIÓN

Fecha y paternidad. Isaías, hijo de Amoz, era evidentemente un ciudadano muy respetado de Jerusalén, y que gozaba de acceso a la corte real, y era un consejero de confianza del rey Ezequías. Su ministerio se extendió desde el año de la muerte del rey Uzías, el 740 a.C. (si no desde una fecha anterior) hasta el reinado del idólatra rey Manasés, en cuyo reinado fue probablemente martirizado. La tradición afirma que fue muerte aserrado (cp. He 11:37).

Aparentemente no hizo ninguna prédica en público después de que Manasés ascendiera al trono en 698, sino que confinó su mensaje a la forma escrita, que quedó preservado en los capítulos 40 hasta el 66. El punto culminante de su influencia política vino en el crucial año del 701 a.C., cuando la invasión asiria amenazó con destruir el Reino de Judá y con dispersar a sus habitantes, a la esclavitud y el exilio. Por su intercesión delante de Dios, el terrible peligro fue milagrosamente erradicado, y los residuos del ejército de Senaquerib volvieron sin gloria alguna a Nínive.

Marco histórico. Fue durante este crítico período de la última mitad del siglo octavo que Israel, el Reino Septentrional (las Diez Tribus), sufrieron una rápida y catastrófica decadencia, después de la muerte del valeroso rey Jeroboam II. Samaria fue finalmente destruida al fin de un asedio desesperado en el año 722. La larga sucesión de reyes impíos y la constante decadencia de la fe bíblica provocaron la caída de Israel. Judá, bajo el corrompido y degenerado rey Acaz, parecía dispuesto a seguir el terrible ejemplo de apostasía de Israel, y se apoyaba en la pagana Asiria para su protección y liberación, en lugar de apoyarse en su Dios del pacto, Jehová. En contra de esta infidelidad Isaías y Miqueas levantaron una protesta decidida y firme. Alrededor del 726 el gobierno estaba controlado por el piadoso hijo de Acaz, Ezequías. Él destruyó la mayor parte de los idolátricos "lugares altos", incluso aquellos dedicados a Jehová (en contra de Su Ley), y promovió el conocimiento de la Biblia entre la nación como un todo. Una enfermedad casi fatal profundizó la piedad de Ezequías, y el movimiento de reforma prosiguió. Pero Judá seguía adherida a la equivocada política de confiar en aliados paganos, aun a pesar de que Isaías advirtió en contra de intrigas con Egipto. Como el profeta había predicho, la confianza en el poder mundano de Egipto (en lugar de en la sola protección de Dios) probó ser casi fatal. Los ejércitos egipcios quedaron destrozados ante el embate de la máquina guerrera de Senaquerib, y sólo la intervención divina salvó el reino de Ezequías de una ruina total. En este tiempo de crisis, el rey se arrepintió totalmente de este descuido de las advertencias de Dios (que le habían sido dadas por medio de Isaías), y subió a tal altura de fe y de pureza de confianza que el Señor encontró propio dar respuesta a su oración.

Ezequías sobrevivió a este momento de gloria durante unos pocos años tan solo. Entonces su joven y voluntarioso hijo, Manasés, accedió al trono. Dio oído atento a la nobleza, de mentalidad mundana, que había estado durante mucho tiempo murmurando en contra de la pureza religiosa que su padre había impuesto, y con un espíritu de "amplitud de miras" dio licencia a que se reasumiera la idolatría. Paso a paso llegó a ser un idólatra convencido él mismo, y persiguió brutalmente a aquellos que se mantenían fieles a la fe de su padre. La apostasía entre el pueblo iba acompañada de un relajamiento moral general. El rey y sus nobles, que explotaban al populacho para obtener beneficio, llenaron Jerusalén de sangres y de rapiña. En esta atmósfera de corrupción y de depravación Isaías recibió una serie de maravillosas revelaciones que contemplaban la conquista babilónica del siglo siguiente, y más allá al período de la Restauración, cuando la Segunda República Judía sería establecida en la Tierra Prometida.

Teorías críticas de la paternidad. Mayormente sobre la asunción de que es imposible la profecía genuinamente predictiva, los exponentes de la alta crítica racionalista han contestado la genuinidad de Isaías 40—66 desde finales del siglo XVIII. El autor de estos capítulos parecía conocer la caída de Jerusalén (que tuvo lugar algo más de un siglo después de la muerte de Isaías), y también la restauración a Palestina de los cautivos judíos después de la caída de Babilonia en manos de los persas el 539 a.C. Por ello, esta sección de Isaías debiera haber sido escrita por un autor desconocido —el "Deutero-Isaías"— que viviera por lo menos 130 años después de la muerte del profeta del siglo octavo.

En apoyo de esta postura se argumenta: (a) que no se hubiera podido mantener un punto de vista futurista a lo largo de un número tan grande de capítulos; (b) que el verdadero nombre del conquistador persa, Ciro, que estaba destinado a liberar a la cautividad judía, no hubiera podido ser conocido por anticipado un siglo y medio antes del suceso. No obstante, y en realidad, no se mantiene una posición futurista a través de estos veintisiete capítulos; hay muchos pasajes que tratan con asuntos contemporáneos del Isaías histórico. En segundo lugar, las Sagradas Escrituras no dudan en mencionar nombres específicos cuando la ocasión lo demanda. El nombre del rey Josías había sido predicho por un profeta de Judá tres siglos antes de su época (1 R 13:2), a fin de sellar el hecho de que la venidera destrucción del altar idolátrico de Jeroboam en Bet-el estaba ordenada por Dios. Belén fue nombrada específicamente como el lugar del nacimiento del Mesías siete siglos antes de su venida (Mi 5:1, 2). Además, se debiera reconocer que a lo largo de los sesenta y seis capítulos de Isaías se da un lugar enormemente destacado a la profecía predictiva como sello de inspiración divina. Algunas de las predicciones debían ser cumplidas poco después (como la liberación de Jerusalén de Senaquerib por medios sobrenaturales y repentinos —37:33–35; la derrota de Damasco a manos de Asiria al cabo de tres años —8:4, 7; la destrucción de Samaria al cabo de doce años —7:16; la retrocesión de la sombra en el reloj de sol —38:8). Otras estaban destinadas a un futuro más distante (como la gloria que vendría a Galilea con el Mesías —9:1, 2; cp. Mt 4:15, 16; la devastación de Babilonia por los medos y su eventual destrucción total, para quedar como lugar desierto y maldito para siempre—13:17, 19, 20). Se debiera señalar que fue precisamente el malvado reinado de Manasés (696—641 a.C.) que proveía el reto más serio a la supervivencia de la verdadera fe. Por ello era de lo más oportuno en aquel entonces que el Jehová guardador del pacto demostrara su soberanía y su autoridad absoluta al anunciar con uno o dos siglos de antelación exactamente qué pasos

tomaría en juicio sobre la apóstata Judá y sobre la Babilonia desafiadora de Dios. Esta prueba del cumplimiento de las profecías daría prueba irrefutable de la autoridad divina del mensaje de Isaías: "¿Y quién proclamará lo venidero...como hago yo? Anúncienles lo que viene, y lo que está por venir...? No te lo hice oír desde la antigüedad, y te lo dije? Luego vosotros sois mis testigos" (44:7, 8). (Cp. 41:21–23, 26; 42:9, 23; 43:9, 12).

Se ha supuesto que este hipotético "duetero-Isaías" vivió y escribió en Babilonia como uno de la Cautividad Judía alrededor del 550 a.C. Pero esto es imposible de conciliar con la evidencia interna. Isaías 40—66 muestra poca familiaridad con la geografía babilónica, pero mucha en cambio con Palestina. Los árboles mencionados son nativos de Palestina, pero desconocidos en Babilonia (el cedro, ciprés, y encina—44:14; 41:19). El punto de enmarque es palestino, porque se dice que el Señor envía un mensaje a Babilonia (43:14); se describe a Israel como la simiente de Abraham que el Señor ha tomado de "los confines de la tierra" (41:9), o "desde el oriente" o "de tierra lejana" (46:11). Se asume que los contemporáneos del profeta viven en Palestina, no en la tierra del exilio. Por ejemplo, "¿No es más bien el ayuno que yo escogí, desatar las ligaduras de impiedad, soltar las cargas de opresión, y dejar libres a los quebrantados, y que rompáis todo yugo"? (Is 58:6). La inferencia inevitable es que los judíos estaban todavía en posesión de sus propios tribunales y de la administración de justicia (o de injusticia) como nación independiente, y no como raza sometida en una tierra extraña.

Algunos de los críticos más recientes (como Bernhard Duhn) han abandonado la noción de que ninguna parte de Is 40—66 fuera escrita en Babilonia, pero siguen insistiendo en que no fue redactada hasta la última parte del exilio, o un siglo después. Pero esta teoría también queda negada por los datos del texto mismo. Los mismos males prevalecientes en la época de Isaías 1 siguen asimismo prevalentes en los últimos veintisiete capítulos. La hipocresía queda prevalente en religión (cp. 29:13 y 58:2–4); el derramamiento de sangre y la violencia constituyen lo normal y de esperar (1:15 y 59:3, 7); la falsedad, la injusticia, y la opresión mantienen su dominio incontestado (10:1, 2 y 59:3–9). La misma corrupción y degeneración moral prevalecen en 59:1–8 que la que caracterizara al reinado de Manasés, que "derramó...mucha sangre inocente en gran manera, hasta llenar a Jerusalén de extremo a extremo" (2 R 21:16). Lo más decisivo de todo es el hecho de que en Isaías II la idolatría aparezca como un mal amplio y dominante entre los contemporáneos judíos del profeta. "¿Contra quien ensanchásteis la boca...que os enfervorizáis con los ídolos debajo de todo árbol frondoso, que sacrificáis los hijos en los valles, debajo de los peñascos"? (57; 4, 5; cp. 65:2, 3 y 66:17, que hablan también de la práctica judía contemporánea). Está casi totalmente reconocido por parte de los críticos de toda persuasión que Judá estaba totalmente purgada de idolatría después de la cautividad babilónica. Muchos otros males y pecados nacionales son denunciados y tratados en los registros post-exílicos, Esdras, Nehemías, y Malaquías, como: matrimonios mixtos con mujeres extranjeras, opresión de los pobres a manos de los ricos, la violación del sábado, y la retención de los diezmos. Pero en ninguna ocasión se menciona la idolatría en ninguna forma ni tamaño, aun a pesar de que en los registros anteriores al exilio se hablaba tanto de él y era denunciado de una forma tan firme como el pecado número uno de Israel. La única conclusión lógica a sacar en base de esta evidencia es que estos pasajes anti-idolátricos fueron redactados antes del exilio. Y ya que se hallan dentro del contexto del resto de Isaías II (así también con 44:9-20 y otros pasajes), lo razonable es asumir que todos los veintisiete capítulos fueron redactados antes de la caída de Jerusalén en 587 a.C. No hay ni rastros de evidencia interna que den apoyo a la teoría de un Segundo Isaías, aparte de un prejuicio filosófico en contra de la posibilidad de la profecía predictiva. En cada punto susceptible de verificación el único lugar de origen que satisface a los datos del texto es Palestina; el único tiempo de redacción que cuadra con la evidencia interna es una fecha anterior a la del exilio, y más específicamente, el reinado de Manasés.

La unidad de la paternidad de todos los sesenta y seis capítulos está atestiguada por la prevalencia del título isaiánico característico aplicado a Dios: "El Santo de Israel". Este aparece solamente cinco veces en el resto del AT, pero aparece en doce ocasiones en los primeros treinta y nueve capítulos de Isaías, y catorce en los últimos veintisiete. Muchas de las frases distintivas e imágenes de lenguaje que se emplean en la primera parte del libro vuelven también a aparecer en la segunda parte (cp. 35:10 y 51:11; 11:9 y 65:25; 1:11, 14 y 43:24). Esta unidad está también certificada por referencias del NT, notablemente en Jn 12:38-41, donde Juan cita en primer lugar de Is 53:1 y después de Is 6:9, y sigue con el siguiente comentario: "Isaías dijo esto [esto es, las dos citas] cuando vio su gloria, y habló acerca de él". Si el mismo autor no redactó las dos partes de Isaías, entonces está claro que el inspirado apóstol estaba equivocado, y todo su registro evangélico estaría abierto a la sospecha de no ser de confianza.

BOSQUEJO

(En sus principales divisiones este bosquejo sigue el excelente análisis de B. F. Copass en *The Prince of the Prophets*.)

COMENTARIO

Volumen I.
REPRENSION Y PROMESA. 1:1 — 6:13.

Sermón I. La rebelión enfrentada con juicio y con gracia. 1:1–31.

1. Título: Visión. Término técnico (*hăzôn*) para la revelación divina, como algo presentado ante los ojos de la mente del profeta. En realidad no hay visión (en el moderno sentido de la palabra) en todo el primer capítulo. **Isaías.** En hebreo, *yesha'-yâhû*, "Jehová es salvación". **Amoz.** "Fuerte", o "valiente". **Uzías.** Conocido también como Azarías, un buen rey, que cayó en pecado de la soberbia y terminó sus días como leproso (reinó entre 767–740 a.C.). **Jotám** (corregente entre 750–740, rey en solitario, del 740 al 736). Fue el piadoso sucesor de Uzías. **Acaz** (736–716), fue un rey malvado e idólatra, que desvió el reino tras sus pasos. **Ezequías** (corregente, 726–716, rey en solitario del 716 al 698 a.C.). El piadoso hijo de Acaz, que promovió la reforma religiosa, y que dio una suma atención al mensaje de Isaías, excepto en el asunto de su política pro-egipcia.

A. La ingratitud y rebelión de Judá contra Dios. 1:2–9.

2. Las palabras **cielos** y **tierra** implican que los habitantes angélicos de los cielos y los habitantes humanos de la tierra deben ser los testigos condenatorios en contra del pueblo del pacto de Dios. **Jehová.** Este nombre es el nombre de Dios en su pacto (más apropiadamente, *Yahwey*), y así se da siempre en la RV. Este nombre se utiliza siempre que se halla implicado una relación de pacto. **Rebelaron.** El primero de cinco términos significativos para el pecado que se utilizan en este capítulo (cp. vv. 4, 13). Significa aquel pecado primordial del hombre en su revuelta contra Dios por la cual trató de destronar a Dios de su primer lugar y ponerse a sí mismo y a su propia voluntad como suprema. **3.** La ingratitud de estos "creyentes" les rebajaba por debajo del nivel de las bestias brutas, porque incluso las bestias reconocen y aprecian a sus dueños, que les alimentan y que se toman cuidado de ellos. **Pesebre.** El comedero donde se pone la paja. **No tiene conocimiento.** Este verbo común "conocer" se utiliza a menudo en hebreo para significar el reconocimiento del marido o de la esposa propios, o de los padres o de los hijos de uno. Israel era ignorante de Dios, pero esta ignorancia no era involuntaria, sino deliberadamente elegida por un corazón rebelde y voluntarioso.

4. Pecadora. Un participio del verbo *hāta'*, que significaba originalmente "perder la meta" (cp. Pr 8:6; Jue 20:16); de ahí perder la meta verdadera de la vida, perder el camino que Dios ha ordenado. **Cargado.** Como un vagón con una pesada carga. La carga es la iniquidad, o **maldad** de Israel —una perversión o apartamiento retorcido (de *'âwâ*, "doblar o retorcer") de la norma de rectitud y del deber. **Generación de malignos.** Eran de la familia espiritual de aquellos que cometen pecados dañinos e injuriosos (de *rā̆c a c*, "ser dañinos", "ser malos"). Eran **hijos depravados**, esto es, que destruían o hacían corromper (*hiśhḥîth*) aquello que estaba hecho bien y a la perfección. Debido a que se habían rebelado en contra de la soberanía de derecho de Dios sobre sus corazones, **dejaron** a Dios, le habían abandonado por completo, y se habían unido a las fuerzas del enemigo, por lo que tocaba a la vida moral y a su comportamiento. Aunque, por así decirlo, asistían a la iglesia, y mantenían una apariencia exterior de piedad, con todo, a los ojos de Dios, le habían abandonado en favor de sus enemigos (vv. 11–15). Un hipócrita que asista a la iglesia es una herramienta del máximo valor para Satanás.

Habían provocado a ira al **Santo de Israel.** Este nombre de Dios es el título más significativo utilizado por el profeta Isaías. En el cap. 6 Jehová se revela en una escena de gloria celestial como el Santo (*Qādôsh*), esto es, el Dios trascendente, que se halla totalmente separado de la fragilidad y finitud de la Creación (su majestad de santidad), y totalmente separado de la pecaminosidad y contaminación del hombre (su pureza en santidad). Pero el Santo ha reclamado a la familia de Abraham, de Isaac y de Jacob como sus hijos del pacto. Se ha dado a sí mismo a ellos y ellos se han dado a sí mismos a él en un pacto pronunciado nacionalmente, en su parte, y solemnizado en el monte Sinaí (Ex 19:5–8). Por ello, él es **Santo de Israel.** Siempre que este término aparece en Isaías (doce veces en los caps. 1 — 39, y catorce en los caps. 40 — 66), presenta su amor puro y santo en acción vindicadora de sus derechos del pacto y va castigando a su pueblo cuando son desobedientes, para que puedan arrepentirse y volverse a él, ya defendiéndoles y librándoles de sus enemigos paganos. Debido a que él es el Santo de Israel, no podía estar pasivo en tanto que observaba la atroz apostasía de ellos (**se volvieron atrás**). Mas bien, tiene que disciplinarlos, y dejarles sufrir aflicción e invasión, como ya la estaban entonces sufriendo.

5, 6. La tierra de Israel, y más específicamente el Reino Meridional de Judá, se presenta de forma figurada como la víctima de un asalto brutal, dejado sangrando y medio muerto a un lado del camino. El método antiguo de tratar una herida infectada era el de cerrarla apretándola, a fin de forzar la salida del pus, ungirla con aceite de oliva a fin de que siguiera supurando, y después vendarla. Ninguna de estas cosas había sido hecha a Judá. **Todo corazón doliente.** No solo tenemos aquí a la vista las aflicciones externas, sino también la enfermedad del alma. Esta enfermedad de cabeza y corazón (v. 5) hallaba su expresión en la terca tozudez y en la desobediencia que la nación manifestaba frente a Dios.

7, 8. El lenguaje figurado de los versículos anteriores se traduce ahora a tristes realidades, al describir la devastación de la tierra efectuada por los merodeadores sirios (bajo el rey Rezín), israelitas del norte (bajo el rey Peka) los edomitas, y filisteos el 734 — 733 a.C. (cp. 2 Cr 28). Jerusalén misma estaba amenazada por estos invasores y mayormente aislada de los territorios alrededor por sitiadores. Es indudable que estos versículos miran proféticamente hacia adelante a un asedio mucho más serio de Jerusalén bajo Senaquerib en 701 a.C. (algunos eruditos asignan todo este capítulo a aquel período posterior). La **enramada** (sukkâ) en la viña y la **cabaña,** o refugio para pasar la noche (*melûnâ*) se refieren a cobertizos provisionales levantados para mantener guardia y proteger a las cosechas de ladrones mientras que estas maduraban.

9. Un resto pequeño o grupo de refugiados (*'sārîd*). Esto es, un remanente de verdaderos creyentes, por causa de los cuales Dios preservaría a toda la república de la destrucción que merecía. (Cp. la total aniquilación de Sodoma y de Gomorra, centros de sucia inmoralidad y perversión sexual, durante la época de Abraham; Gn 18; 19.) El Señor sigue, en la historia posterior, preservando la raza hebrea a causa de una pequeña minoría de sinceros creyentes. En Ro 9:29 Pablo cita este versículo en referencia a los conversos cristianos del judaísmo.

B. El subterfugio pecaminoso de la adoración hipócrita. 1:10–15.

10. La apóstata gente de Jerusalén y sus corrompidos líderes (bajo el malvado Acaz) son aquí reprendidos como ciudadanos de Sodoma y de Gomorra debido a que han vuelto sus espaldas, de una manera malvada y culpable, a la revelación especial de Dios —como lo hicieron los sodomitas a la revelación general de Dios y a la voz de la conciencia.

11–14. Estos versículos no representan un rechazo de la validez de los sacrificios cruentos (como algunos eruditos han argüido), porque tal interpretación implicaría también el rechazo de la oración (cp. v. 15). Más bien, ponen en claro que incluso las formas correctas y apropiadas de adoración son totalmente ofensivas al Señor cuando son efectuadas por adoradores impenitentes tratando de sobornarle para escapar del castigo que merecen. Dios no encuentra, ni puede encontrar aceptable incluso la ofrenda más rica y costosa que los impenitentes puedan traerle al altar. **12.** Cuando el pretendido adorador no tiene un propósito sincero de abandonar sus caminos malos, su entrada ante Dios en el Templo equivale a **hollar** los atrios de los recintos sagrados (verbo este que se utiliza de la intrusión violenta de invasores extranjeros) en lugar de un andar adecuadamente reverente sobre el sagrado pavimento. **13. Vana ofrenda.** Lit., *una ofrenda* (alimenticia) *de indignidad* —indigna debido al motivo carnal detrás de ella. **Son iniquidad vuestras fiestas solemnes.** Se traduce mejor poniendo las palabras previas como anticipadoras (ya que generalmente se celebra una **fiesta solemne,** o *ăsārâh* en estas ocasiones solemnes). Así: Por lo que se refiere a la fiesta de la luna nueva y el sábado (y) la convocación de la convocatoria — no puedo sufrir la iniquidad y (esto es, juntamente con) una fiesta solemne". **14. Vuestras fiestas solemnes** (*mô'ădîm*). Probablemente las tres principales del calendario hebreo: la Pascua y los Azimos al primer mes, Pentecostés al tercer mes, y Tabernáculos en el séptimo mes. En estas tres ocasiones cada varón en Israel tenía que comparecer ante el Señor. Pero ninguna celebración de estas fiestas tenía ningún valor espiritual por si misma a no ser que estuviera apoyada por la ofrenda de un corazón totalmente entregado y obediente. **15. Cuando extendáis vuestras manos** (lit., *palmas*). En la oración suplicante los hebreos extendían sus manos con las palmas hacia Dios. ¡Cuán ofensivas tienen que haber sido estas palmas si estaban manchadas con la sangre de víctimas inocentes que ellos habían oprimido o muerto! El fracaso en volverse de sus pecados volvía a estos adoradores como totalmente inmundos a la vista de Dios.

C. La invitación a elegir entre el perdón y la destrucción. 1:16–20.

Dos cosas son necesarias para aquellos que quisieran acercarse a Dios en pos de perdón y de favor: arrepentimiento del pecado (v. 16), y un propósito como meta en la vida de andar en los caminos de santidad (v. 17). **16. Lavaos** no implica auto-corrección mediante un esfuerzo meramente humano o voluntad propia. Más bien sugiere la aplicación de la promesa llena de gracia del Señor de limpiar a aquellos que vienen a él de la forma indicada con un sacrificio cruento. Este camino indicado incluye el abandono de todo pecado conocido —**quitad la iniquidad de vuestras obras**— con un sentimiento de aborrecimiento hacia ella y con un pesar sincero de haberla cometido. **De delante de mis ojos** sugiere lo terrible de la afrenta que es que un hombre comparezca, impenitente, delante de un Dios que puede verlo todo, hasta las mismas profundidades del alma culpable. **17. Aprended a hacer el bien.** Esto es, aprended a vivir virtuosa y justamente, en conformidad con la voluntad de Dios, y en

particular a ser justos hacia los débiles y los oprimidos. **Buscad el juicio.** Tened un propósito ferviente y coherente de aplicar los principios de la justicia a situaciones concretas (*mishpāt*). La principal preocupación de un creyente tiene que ser la de evidenciar una verdadera justicia y trato limpio, incluso hacia aquellos que son presas fáciles y que no pueden defenderse a sí mismos. **Haced justicia al huérfano.** Juicio y hacer justicia vienen ambos de la misma raíz *shāpat*, "juzgar". Este mandato significa: "Haz que la justicia y la rectitud resplandezcan en la causa del huérfano". **Amparad la viuda** viene de otro término legal, *rîb*, que significa "defender o alegar en favor de la causa de alguien". La viuda debiera recibir lo suyo de derecho incluso frente a un litigante rico e influyente. En aquellos días, ya que una mujer no podía tener trabajo en un taller o industria, la pérdida de su esposo significaba generalmente la pérdida de sus ingresos. Obligada a hipotecar su propiedad, pronto caía en las redes de prestamistas ricos, que no tenían escrúpulo alguno en cuanto a arrebatarle sus propiedades o a vender sus hijos a la esclavitud para la compensación de la deuda.

18. Estemos a cuenta. Otro término legal. El Señor estaba diciendo: "Presentemos nuestros alegatos como demandante y demandado en un tribunal de justicia". En este caso los demandados eran los israelitas culpables que se habían arrepentido, y que habían mostrado sus intenciones de llevar una vida piadosa; como se describe en 1:16–17. No importa lo atroces que hubieran podido ser sus pecados, aunque llevaran la carga culpable de sangre derramada (y la **grana** que aquí se menciona, colorante del gusano de escarlata, era absolutamente sólida e indeleble), no obstante la gracia de Dios podría limpiarles completamente y restaurarles a la nevosa blancura de la inocencia.

19, 20. El destino de la gente dependía de su respuesta a su ofrenda de gracia perdonadora. Si estaban *dispuestos* a volverse de sus maldades y a reclamar las promesas llenas de gracia de Dios, y si eran *obedientes* (esto es, se presentaban como sacrificios vivos para hacer la voluntad de Dios, haciendo de ello el principal propósito de sus vidas), entonces sería justo y propio de parte de Dios concederles su favor. Él mostraría y sellaría su favor concediéndoles la bendición externa de la prosperidad material, mantenida en forma segura frente a los invasores. Pero si seguían rechazando su oferta de gracia y persistían en su rebelión en contra de su justa soberanía sobre sus corazones, él tendría entonces que desencadenar la invasión extranjera sobre ellos para provocar la destrucción en medio de ellos. **Porque la boca de Jehová lo ha dicho.** Esta fórmula se añade para dar una especial solemnidad. Debido a que contiene la misma proclamación del Señor, este anuncio predictivo se ha de cumplir con toda seguridad; o Dios dejará de ser Dios, y su palabra no podrá ya más ser tenida como digna de confianza. En este caso, el cumplimiento vino en dos etapas: la invasión asiria del 701 a.C. y las invasiones caldeas de 588-587 a.C. Los judíos fueron verdaderamente devorados por el filo de la espada.

D. El pesar de Jehová ante la decadencia moral de Judá. 1:21-23.

21. Al transgredir en contra de la relación pactual con el Señor, Israel había cometido un pecado semejante al de una esposa que se vuelve infiel a su marido. Pisotear los tiernos lazos del matrimonio es herir a su marido en aquellas áreas en que es más sensible y más vulnerable; así, este es el daño más cruel que se pueda hacer. Hubo una época en que Israel (en los días de Josué y de David) era una esposa fiel a Jehová, y en sus afectos se aferraba solamente a Él. En aquellos días la pureza doctrinal de Israel iba acompañada de una justicia moral y de una aplicación recta de la ley, por igual a todos, para beneficio de todos. Pero cuando más tarde la nación se volvió ''de mentalidad amplia'', lista para ver ''lo bueno en todas las religiones'', faltaba ya solo un paso para la fornicación espiritual, la prostitución del alma a los dioses falsos y abominables de los paganos. La decadencia doctrinal fue acompañada de la decadencia moral, ¡y unos mafiosos asesinos vinieron a dominar la vida y la política de la Santa Ciudad!

22. Vino mezclado con agua. Se acostumbraba a diluir el vino con agua antes de ser servido a la mesa. Pero los mercaderes estaban obligados a tratar honradamente con los compradores y a vender sólo el producto puro, sin aguar. **23. Tus príncipes, prevaricadores,** esto es, en contra de la soberanía y de la ley de Dios. Estos príncipes y funcionarios gubernamentales, que estaban al cargo del deber de mantener la ley y de proteger al público en contra del crimen, estaban aliados bajo cuerda con los líderes del hampa: **compañeros de ladrones.** Aquellos que decidían los juicios estaban comprados; el litigante más rico en una demanda tenía la certeza de ganar el veredicto. Los pobres e indefensos, como las viudas y huérfanos, no eran ni siquiera escuchados, debido a que no tenían dinero para sobornar al juez.

E. Restauración después del castigo y del arrepentimiento. 1:24-31.

24. Jehová de los ejércitos, esto es, de las huestes de poderosos ángeles que están atentos a sus órdenes e instrucciones. Este título de Dios alude a su omnipotencia y soberanía. Este pensamiento va reforzado por la frase adicional, **el Fuerte de Israel,** que alude al poder obrador de milagros del Señor (exhibido en milagros de redención y de liberación en los días del éxodo y de la conquista), que sería ahora empleado en contra de la nación apóstata del pacto, en lugar de en favor de ella. **Tomaré satisfacción de mis enemigos.** Esto es, aliviaría su sentimientos tanto tiempo reprimidos de desplacer santo ante la flagrante violación de su pacto y ante la opresión de los pobres en Israel. Inflingiría un debido castigo sobre todo el estado judío, y aplastaría totalmente a sus impíos caudillos.

25. Volveré mi mano contra ti. Lit., *haré que mi mano se vuelva sobre.* Esto indica la interposición especial de Dios, tomando una acción sumaria y adecuada en contra de los ofensores; o, como aquí, tratando con ellos como exigía su condición espiritual. Solamente el fuego de un horno puede eliminar las escorias e impurezas del metal que está siendo refinado; por ello se implica aquí la fiera prueba del sufrimiento y del exilio en la promesa de Dios. **26. Tus jueces como al principio**; esto es, como en los días de Josué, David, Salomón. Dios no pondría a un lado la libre voluntad de la nación de Israel, pero iba de todas maneras a cuidarse de ver que sus ideales de un pueblo piadoso del pacto se cumplirían algún día. Los israelitas, a pesar de su terca indocilidad, no frustrarían Su propósito de una manera permanente. Él haría aun de Jerusalén **Ciudad de justicia, Ciudad fiel.** Esto debía ser cumplido espiritualmente en la formación de la Iglesia del NT (cp. He 12:22 —''Jerusalén la celestial''). Pero será también cumplido en la gloriosa ciudad del Milenio, bajo el gobierno personal de Cristo. **27. Rescatada**; esto es, redimida o vuelta a comprar de la esclavitud. **Con juicio.** Y no por ningún modo de salvación que pase por encima la culpabilidad del pecado. Un acto judicial de inflingir castigo sobre todos los enemigos de Dios (y los enemigos de su pueblo elegido), y también sobre el Redentor, como representante de los pecadores, en Gólgota. **28. Los que dejan a Jehová**; esto es, aunque sean israelitas nominales. Solamente los verdaderos creyentes convertidos participarán del glorioso futuro de Sion. El resto irá a la destrucción destinada a los impíos. **29. Entonces os avergonzarán.** En el juicio final, cuando quedarán expuestos como necios que han vendido sus almas inmortales por una mentira y sellado su sentencia eterna; e incluso en esta vida, cuando la calamidad y la retribución se arroje sobre ellos, y sus falsos ídolos se vean impotentes para rescatarlos. **Encinas y huertos** se refieren a los encinares supersticiosamente venerados y a los huertos placenteros relacionados con templos de idolatría, donde se celebraban orgías sexuales en relación con adoración pagana (cp. 57:5). **30. Que les faltan las aguas.** Contrástese el árbol floreciente creciendo junto a "corrientes de aguas" en el Sal 1, cuyas hojas no se marchitan. Cuando no hay una relación vital con la vida y el Espíritu de Dios, el único resultado es el marchitamiento. **31. Lo que hizo.** Los malvados hechos del pecador en esta vida constituirán la base para su sentencia condenatoria y su ardiente destrucción al final. **No habrá quien apague.** Ningún poder humano puede impedir este ardiente castigo para los pecadores impenitentes, y el castigo será inacabable y eterno.

Sermón II. Castigo por el pecado como preparación para la gloria. 2:1—4:6.

A. *La meta de Dios para Israel: La conquista espiritual, paz permanente. 2:1-4.*

2:2. El monte de la casa de Jehová. Propiamente, el monte Moriah (que vino a ser llamado Sion), sobre el que se construyó el templo de Salomón. Pero el Templo literal era un tipo del templo espiritual: la Iglesia del NT, o cuerpo de Cristo (Ef 2:21), la baliza luminosa del testimonio divino al mundo. La reunión de las naciones a Jerusalén en una fe ansiosa significa por ello la conversión de los gentiles. Pero ya que esta escena es referida como aconteciendo **en lo postrero de los tiempos,** y ya que se nos enseña en las otras Escrituras que el Reino de Dios vencerá finalmente a todos los reinos de este mundo, tenemos que mirar entonces a la época del retorno de Cristo, al final de la presente época, para el cumplimiento definitivo de esta profecía. En este versículo se nos concede un atisbo de la meta última de Dios para Israel y para la raza humana. **Exaltado sobre los collados.** El Reino de Dios será exaltado sobre los reinos de este mundo (Dn 2:35). **Todas las naciones.** Todos los *gôyîm,* o naciones gentiles, distinguidas de las *'am,* o "pueblo" de Jehová: los israelitas. Pero estos son mencionados en el versículo 3 como **muchos pueblos,** o *'ammîn, mucha gente.*

3. La principal ocupación de los gentiles supervivientes de los 'últimos días' será la de descubrir la voluntad de Dios y hacerla. Y estarán deseosos de que otros compartan la bendición de la relación del pacto con Dios, porque se exhortarán y alentarán mutuamente a ir a él. Tratarán de aprender sus caminos y caminar en sus senderos de justicia. **De Sion[a] ley.** Sion representa aquí la única revelación autorizada, ya que era en Sion que Dios se encontraba con el hombre para iluminarle y perdonarle, y no en ningún otro lugar. La **ley,** o *tôrâ* significa aquí "revelación instructiva" en el sentido más amplio (ya que *tôrâ* proviene del verbo *hôrâ* o *yārâ,* "instruir"). El verbo **saldrá** puede traducirse igualmente de bien como **sale** (en presente). Así, puede incluirse adecuadamente en lo que las naciones convertidas dirán en los 'últimos días', al darse cuenta de la singular validez de la revelación hebreo-cristiana.

4. Juzgará entre las naciones. Jehová mismo (esto es, el Señor Jesús, según 11:3, 4) impondrá su justo gobierno sobre la tierra, y obligará a las naciones a practicar la justicia y la rectitud en los tratos mutuos. Así no habrá entonces luchas internacionales, ni naciones agresoras; todos los países vivirán en paz entre sí. **Reprenderá.** Mejor, *y él decidirá* (esto es, como juez sentado en el tribunal), como lo vierte la ASV. Ya que no se apelará entonces a las armas ni a la violencia —porque todo estará gobernado por la decisión judicial de Cristo—, las armas de guerra se convertirán en herramientas de paz y de productividad económica. El reinado milenial estará caracterizado por una sociedad sin guerras.

B. *El juicio sobre el pecado precederá al reinado del Mesías. 2:5—4:1.*

1) Una nación madura para el juicio. 2:5-11.
5. A la luz de las promesas de Dios de perdón para los pecadores arrepentidos, y en vista de las gloriosas perspectivas de la futura conversión de los gentiles, el profeta apremiaba a sus contemporáneos a caminar en la luz y a vivir para complacer a Dios, confiando en Él para que cumpla Su palabra. Tenían que confiar en Él aun cuando pareciera ponerse frente a la corriente de la época y oponerse a tendencias actuales y de moda. **6.** Judá había adoptado ávidamente las nuevas ideas de los paganos y abrazado muchos elementos de religiones y morales paganas. **Traídas del oriente.** Lit., *se han llenado de costumbres venidas del oriente.* Se habían llenado de ideas e influencias de Asiria y Babilonia. De sus vecinos filisteos en la costa occidental habían adoptado una fe en los **agoreros** (*'ōnenîm,* que probablemente significara originalmente "los que leen agüeros de las nubes"). **Pactan con hijos de extranjeros**literalmente, *chocan manos con los hijos de los extranjeros,* término

utilizado para entrar en pactos y en hacer causa común con otros. **7.** Las satisfactorias campañas y las operaciones mercantiles de Uzías habían tenido como resultado una considerable prosperidad económica para Judá, pero esta prosperidad solamente había servido para alentar a los judíos en el materialismo y a descuidar al Dios de la Biblia. Desde una visión de la vida tan carnal había solamente un paso fácil y natural a la idolatría y a unirse con el resto del mundo en ''adorar a la criatura en lugar de al Creador''. **9.** Tanto las clases más elevadas de Judá como el pueblo común se inclinaban, en adoración idolátrica, ante los ídolos más abominables: Baal, Astoret, Milcom, Dagón, Hadad, y todo el resto. El permitir que este pecado persistiera sin ser castigado hubiera arrojado descrédito sobre la causa de Dios y habría comprometido Su gloria. Por ello Isaías rogaba que Él vindicara su verdad castigando a aquellos que la habían pisoteado de la forma más desvergonzada.

10. Como seguro ya que Jehová visitaría con juicios a todos los que desprecian Su Palabra revelada, el profeta exhorta a los impenitentes de toda generación que corran en busca de refugio, si es que pueden. Porque de cierto que una terrible retribución alcanzará a cada nación y a cada cultura que ignora el mensaje de la Biblia. Hay aquí insinuaciones sugerentes de los horrores insuperables de la Gran Tribulación que ha de venir. La referencia inmediata, no obstante, es indudablemente a los juicios históricos bajo las invasiones asirias y caldeas. No solamente Israel y Judá, sino también todas las naciones de aquella época iban a experimentar unos golpes abrumadores y desastrosos, al ir surgiendo y cayendo cada imperio sucesivo.

2) La soberbia del hombre será aplastada en el Día de Jehová. 2:12–22.

12. El día de Jehová. Un término frecuentemente recurrente en los libros proféticos. Se refiere a la especial intervención de Dios en la historia humana para llevar a naciones e imperios a un juicio catastrófico. Como proceso, el Día de Jehová acontece siempre que Dios aplasta las pretensiones y el poder de una sociedad humana en revuelta contra él. Por ejemplo, la caída de Nínive y del Imperio Asirio en 612 a.C., la caída de Jerusalén en 587, la caída de Babilonia en 539 a.C. Pero como acontecimiento escatológico, el Día de Jehová es aquel evento final hacia el que señalan todos estos juicios anteriores y parciales, aquel derrumbamiento final de todo poder humano que precederá a la segunda venida de Cristo (así ver 2 Ts 1:7 — 2:12; 2 P 3:12; Hch 2:20).

13. Cedros y encinas. Símbolos de los orgullosos y auto-suficientes caudillos humanos de la sociedad (como en 10:33, 34). **14.** Similarmente, los **montes** y **collados** son simbólicos de las ciudadelas situadas en cumbres y de los reinos sobre los que presidían (como en 2:2), con la connotación adicional de la soberbia humana y de la confianza en uno mismo en la frase **todo enaltecido. 16. Las naves de Tarsis.** Un término que se aplicaba, por lo que parece, a barcos mercantes grandes, especialmente marineros, capaces de efectuar el largo viaje a la distante Tarsis (probablemente Cerdeña, y secundariamente también España), sea que se dedicaran en realidad al comercio con Tarsis o no (como desde luego no lo estaban aquellos construidos en Eziongeber; 2 Cr 20:36). **Pinturas preciadas.** O, como en la VM, *todas las preciadas obras de arte*. Probablemente los hermosos objetos de arte y de destreza que estos barcos mercantes traían a ricos compradores.

19. En las aberturas de la tierra. Cuevas más pequeñas, un lugar de escondite tradicional en épocas de invasión o de calamidad principal (cp. 1 S 14:11). Pero esto parece referirse definidamente a los eventos de Ap 6:15. En vista de las modernas armas de destrucción, la necesidad de refugiarse en lugares subterráneos o en cuevas de las montañas para escapar a una abrumadora fuerza destructiva tiene un poderoso timbre de actualidad. **20.** El colapsamiento total de todas las defensas y medidas de seguridad sobre la que los mundanos descansan resultará finalmente en su rechazo angustiado de todos los falsos dioses y vanas filosofías que han puesto en lugar del único y verdadero Dios.

22. Dejaos del hombre. Dejad de poner vuestra confianza en el hombre (en contraste con Dios, el único verdadero refugio). **Alientoen su nariz.** Un recordatorio de la frágil mortalidad del hombre. Una vez que el aliento cesa en su nariz, la vida del hombre se desvanece y su poder se va (aunque sea un Senaquerib o un Tirhakah).

3) Todas las clases de la sociedad serán humilladas y castigadas. 3:1 — 4:1.

1. Sustentador es simplemente la forma masculina de la palabra *báculo* en hebreo, Ambas palabras significan *aquello sobre los que uno se apoya*. En este caso se hace referencia a las cosechas y a la lluvia como al apoyo o al fundamento del bienestar de la nación. **2, 3.** No solamente iban la sequía y el hambre a asolar la tierra de Judá, sino que también las clases conductoras de la sociedad judía sería eliminada de sus puestos en el gobierno del ejército; e incluso sus diestros artesanos, responsables de la fabricación de productos, serían tomados y llevados. El país se quedaría sin conductores ni recursos. Esta sentencia fue gradualmente ejecutada por las sucesivas invasiones de Nabucodonosor, particularmente la del 597 a.C., cuando se llevó a "los poderosos de la tierra todos los hombres de guerra, que fueron siete mil, y a los artesanos y herreros, que fueron mil, y a todos los valientes para hacer la guerra" (2 R 24:15, 16).

4. Jóvenes por príncipes. Jóvenes no solamente por lo que toca a la edad (el malvado rey Manasés, que reinó desde el 698 hasta el 642 tenía solamente doce años cuando empezó a reinar), sino más especialmente por lo que se refiere a la prudencia y a la capacidad política. Tales eran Joacim, Joaquín, y Sedequías. Estos reyes, por su necia vacilación entre Egipto y Babilonia, llevaron a su país a una destrucción total al cabo de veinte años de la muerte del buen rey Josías. **6. Tú tienes vestido**; esto es, una vestimenta exterior o manto (*símlâ*) que evidenciaría la comparativa riqueza de un hombre en aquel venidero día de destitución general. Recibiría, por tanto, la distinción de gobernar sobre el resto, que serían demasiado pobres para tener más de una pieza de ropa interior. **7. Príncipe.** Un *vendador* (esto es, de heridas). Un consolador, uno que se ocupa de aquellos que están heridos o que son menesterosos. Tan despreciada iba a ser la nación que no considerarían los hombres que fuera un honor gobernar sobre ella. Aquellos que fueran invitados a hacerlo declinarían sobre la base de su pobreza. **8. Arruinada está Jerusalén.** Lit., *ha tropezado y caído*. Su destrucción venidera había sido ya decidida por Dios, a pesar de que no iba a ser consumada hasta casi 150 años después. **Los ojos de su majestad.** Probablemente deba entenderse como *su gloriosa presencia* (BLA).

9. Amontonaron mal para sí. Mejor, *han traído mal sobre sí mismos* (BLA). **12. Los opresores de mi pueblo son muchachos.** Gobernantes incompetentes y degenerados, que no tenían más destreza en el gobierno que niños caprichosos y miopes, y que estaban influenciados por sus rapaces mujeres. **13–15.** Estos opresivos gobernantes y aristócratas pudieran ser inmunes al castigo por parte de los tribunales humanos por su implacable explotación del pueblo de Jehová; pero el mismo Dios los traerá a juicio por su infidelidad a lo que les ha sido confiado, que ha sido una afrenta personal contra Él.

16–26. Las mujeres de la sociedad de Jerusalén se habían dado a la coquetería y al *flirt*, para atraerse los maridos de otras mujeres. Se habían dedicado a las últimas modas en joyería, estilo de peinado, y vestido. Quedaron totalmente absorbidas por el adorno de sus personas, no teniendo ningún pensamiento acerca de la ley de Dios ni de su santa misión en la vida. Pero todas las fruslerías chillonas por las que habían vendido sus almas les serían arrebatadas en las próximas invasiones (de Asiria y de Babilonia). La desnudez de ellas quedaría descubierta cuando fueran tomadas como miserables esclavas por sus conquistadores (v. 17). O se agazaparían en algún rincón escondido y miserable, llenas de desesperación y cubiertas de cilicio y cenizas. Todas sus posesiones terrenas serían destruidas o arrebatadas de sus manos, y sus hombres serían muertos. (El Rollo de Isaías de Qumrán dice en 3:24: "cubiertas de saco; de cierto que en lugar de hermosura habrá vergüenza".) Tan escasa sería la población masculina (4:1) después de la matanza de la guerra, que cada superviviente entre los hombres se vería importunado por varias mujeres solteras para que se casase con todas ellas, sin tenerlas que mantener.

C. Bendición definitiva del Israel avivado bajo el Mesías. 4:2–6.

2. En aquel tiempo no se refiere al período acabado de describir, excepto en que la devastación asiria y caldea prefiguraba la tribulación de "en lo postrero de los tiempos". En lugar de ello, se refiere a la última edad, cuando el Mesías vendrá a regir sobre la tierra. Esta es la intención usual de la frase, "en aquel tiempo", a lo largo de todos los libros proféticos del AT. **El renuevo** (*semah*) **de Jehová** se refiere al mismo Cristo como descendiente de la línea prometida de David. La misma palabra, literalmente, *brotar*, se utiliza con referencia al Mesías en Jer 23:5; 33:15; Zac 3:8; 6:12. En él se hallará la verdadera belleza y gloria de Israel (en contraste con la belleza falsa y mundana de las mujeres de la sociedad de Jerusalén). Nótese que la prosperidad definitiva se promete solamente a los **sobrevivientes** (*pelêtâ*) **de Israel.** Aunque la nación como un todo tiene que ser rechazada por su desobediencia, el Señor continuará obrando su propósito con el resto de verdaderos creyentes (como Pablo señalara más tarde en Ro 11:5). Solamente aquellos que hayan sido santificados por el nuevo nacimiento, y hayan sido transformados interiormente para ser espejo de la santidad de Cristo serán listados (Is 4:3) como ciudadanos del Jerusalén espiritual.

Limpiadas de carnalidad y de mundanalidad, las mujeres de aquella santa ciudad se verán en total contraste de las de la generación de Isaías. Pero este nuevo orden no prevalecerá hasta que el Espíritu de Dios haya limpiado la ciudad de su maldad e idolatría mediante los fuegos del juicio del sufrimiento (v. 4). En aquel día futuro la presencia de Jehová será de nuevo concedida a Israel como en los días del éxodo, y el Señor escudará a sus hijos piadosos de todas las calamidades y adversidades. (Este sermón concluye, como empezara en 2:2, con una brillante imagen del final cumplimiento del plan del pacto de Dios con Israel.)

Sermón III. El juicio y el exilio en reserva para Israel. 5:1–30.

A. *Un rendimiento perjudicial de la viña del Señor. 5:1–7.*

Esta es, cronológicamente, la primera aparición de la **viña** como símbolo de Israel. En el AT la imagen vuelve a aparecer en Jeremías 12:10 y en el Salmo 80. En el NT reaparece en la parábola de los labradores malvados (Evangelios Sinópticos), y, con una adaptación especial, en el discurso de Cristo acerca de la vid y de los pámpanos (Jn 15). **Mi amado** es posible que se refiera no a Dios (porque este término, *dôd*, nunca aplica así en ningún otro pasaje) sino a algún amigo de Isaías que hubiera sufrido este desengaño en su viña. Pero la forma en que el profeta se identifica con su ''amado'' en Is 5:4 indica una unión mística entre ellos que mejor se adecua a la relación de un profeta con el Dios cuyo portavoz es. ¡Qué culpa más inexcusable la de Israel, producir un fruto tan malo cuando Dios les había dado toda posible ventaja en una tierra fertil y buena! La sentencia inevitable sobre ellos tenía que ser la eliminación de la cerca protectora y su devastación por los invasores.

B. *El veredicto del Juez: Culpable en siete cargos. 5:8–23.*

8, 9. *Culpables de una codicia egoísta y desenfrenada.* Al incoar procesos hipotecarios o al forzar las ventas de tierra, los ricos terratenientes adquirirían todas las granjas vecinas para formar grandes fincas. Pero todas ellas les serían arrebatadas: sus mansiones quedarían en ruínas humeantes, y sus fértiles extensiones de terreno que darían reducidas a una esterilidad casi total cuando los invasores extranjeros hubieran llevado a cabo su triste obra.

11–17. *Culpables de una búsqueda frívola de placeres y de una disipación viciosa.* Se levantaban temprano, no para empezar el día con Dios en oración, sino para empezarlo con sus botellas de licores en borracheras. Y terminaban el día con reuniones para beber y darse a una música desenfrenada. Debido a que dejaban de lado a Dios y a Su propósito para las vidas de ellos, su castigo temporal sería la esclavitud, el exilio, el hambre (v. 13); y su castigo eterno sería la destrucción en el Hades (Seol) juntamente con todas sus míseras posesiones. Sus buenas fincas volverían a ser tierras de pasto (v. 17). La justicia de Dios iba a hallar una vindicación total en la suerte que sufrirían (v. 16).

18, 19. *Culpables de un materialismo cínico.* Como adoradores de ídolos arrastrando el carro de un gran ídolo en una procesión festiva, estos apóstatas arrastraban su ídolo de iniquidades, retando al Santo de Israel como si fuera impotente para intervenir en la historia humana y para ejercitar su soberanía.

20. *Culpables de invertir las normas de la moralidad.* Aclamaban la depravación de carácter como si de hombría se tratara, y aclamaban asimismo la impureza sensual como una verdadera virtud y fortaleza.

21. *Culpables de soberbia intelectual y auto-suficiencia.* Se imaginaban más sabios que Dios o que la experiencia de las generaciones pasadas.

22. *Culpables de darse al alcohol.* Medían su hombría por sus disipaciones y excesos.

23. *Culpables de corrupción.* Vendían su integridad por plata en su cumplimiento de sus funciones públicas, y privaban a los inocentes pobres de sus derechos legales en casos sometidos a juicio.

C. *La sentencia divina: Derrota y devastación por un enemigo estranjero. 5:24–30.*

Como planta marchita, podrida en su misma raíz, que de repente cae frente a la brisa, o como la paja seca se consume de inmediato en fiera llama a la más pequeña chispa, así de repentinamente caería Israel. Su seca podredumbre espiritual provenía de su despreciativo rechazo de la Palabra de Dios (v. 24). Por ello el Señor **extendió...su mano** (v. 25); esto es, su poder obrador de milagros iba a volverse contra ellos en lugar de en contra de sus enemigos. Sus cadáveres yacerían como basura en sus calles. Los agentes de este venganza serían los invasores de una tierra distante (esto es, Asiria o Babilonia) —y no de Siria ni de las tierras vecinas—, y su ataque sería inesperadamente repentino. Los guerreros enemigos serían fieros e implacables, y sus ejércitos abrumarían Palestina como una ola de aguaje. (Estas especificaciones fueron cumplidas por Nabucodonosor después de su victoria en Carquemis el 605 a.C.)

Sermón IV. El profeta, purificado y enviado por Dios. 6:1–13.

A. La visión de Dios en Su santidad. 6:1–4.

La muerte de Uzías en 740 ó 739 a.C. marcó el paso de una edad dorada de vigor espiritual en Judá (por lo menos hasta el pecado de presunción del rey diez años antes de su fallecimiento); y su impío nieto Acaz es posible que estuviera ya ejerciendo una influencia en el gobierno de Jotam. Al desalentado profeta, al arrodillarse en oración en el Templo en Jerusalén, Dios le concedió una visión transformadora de Su gloria. Él así aseguró a Isaías que a pesar del aparente triunfo de la maldad sobre la tierra, el Señor Jehová seguía estando reinando omnipotente sobre Su trono celestial, adorado por los poderosos ángeles celestiales (representados simbólicamente por los serafines con seis alas). Incluso los cimientos del Templo terrenal temblaron al trueno del coro angélico, y el santuario se llenó del humo del incienso de la oración adoradora.

B. Confesión, purificación, y santificación. 6:5–7.

¿Cómo podía el profeta de impuros labios repetir el cántico angélico? Su conciencia se hallaba agobiada por un sentido de debilidad y de fracaso personal. Tan sólo podía confesar su impotencia y su estado caído. Pero la gracia redentora de Dios se apresuró a suplir su necesidad, aplicando a sus labios un carbón encendido del altar de incienso (originalmente del altar del sacrificio cruento; cp. Lv 16:12). Isaías fue así limpiado y equipado para la alabanza, la oración intercesora, y la proclamación de la palabra de Dios.

C. Respuesta y comisión del creyente rendido. 6:8–13.

Cada creyente está salvado para servir; es, *ipso facto*, y desde la conversión, un testigo para Dios. Pero señálese que Isaías fue invitado por la pregunta: ¿**A quién enviaré, y quién irá por nosotros?** (v. 8). Dios puede usar solamente un servicio dispuesto y amante. Unida a la triple repetición de "Santo" de 6:3, esta triple referencia a **nosotros** bien puede señalar la pluralidad trinitaria de Dios (aunque también pudiera incluir a los ángeles como asociados con Dios en un punto de vista y propósito común). Isaías fue con ello comisionado a predicar fielmente el mensaje de Dios, y sin temor alguno, aun a pesar de que su ministerio resultaría rechazado y, aparentemente, un fracaso. **9.** Traducir así: *Seguid oyendo y seguid viendo*, como exige la sintáxis hebrea. Debido a que el rechazo por parte de Israel del mensaje de Isaías estaba previsto,

que lo oyeran sería como si no lo oyeran en absoluto. Y la mala disposición a escuchar resultaría en el cegamiento judicial de sus corazones. (Por mor de la claridad su negativa respuesta se pone en forma de imperativo, aunque naturalmente el profeta no hubiera citado estas palabras exactas al dirigirse al pueblo.) **13.** Pero esta obra no sería en vano, porque después de la total destrucción llevada a cabo por la invasión caldea aquí predicha (resultando en la total despoblación de la tierra), una **décima parte** de la población deportada de Judá retornaría, **volverá** (pues así debiera traducirse este verbo en vista de la aparición del hijo de Isaías, Sear-jasub —*Un remanente volverá*— en el siguiente capítulo). Esto es, un remanente volvería en fe a Palestina, esperando en las promesas de Dios que les establecería allí. No obstante, incluso este remanente sería consumido por invasión y guerra (notablemente en la época de Antíoco IV de Siria). Israel quedaría perpetuado solamente por la fidelidad de un remanente aun menor, la **simiente santa**, que surgiría del tronco del árbol caído de Judá. (El terebinto y la encina son especialmente aptos para producir tales renuevos de sus tocones.)

Volumen II.

EMANUEL. 7:1 — 12:6.

Sermón I. Emanuel rechazado por la sabiduría mundana. 7:1–25.

A. El pueblo de Dios confrontado con el peligro. 7:1, 2.

Siria y el Reino Septentrional de Israel habían formado una alianza en contra de la amenaza de un Imperio Asirio reavivado, y estaban decididas a traer a Judá dentro de su coalición, aun si esto significaba deponer a Acaz y poner en su lugar a un rey marioneta, el hijo de Tabeel (ver Albright, ("El hijo de Tabeel", BASOR nº 140, pp. 34, 35). Dirigiendo a sus ejércitos en las afortunadas expediciones registradas en 2 Cr 28, enviaron un estremecimiento de temor a través de las fuerzas mucho menores de Judá, capitaneadas por su impío rey.

B. La promesa de Dios de liberación. 7:3–9.

3. Acaz inspeccionó el sistema de suministro de agua a la ciudad en preparación del asedio que iba a sufrir la ciudad (fecha probable, el 735 a.C.). Dios le reveló al profeta los pensamientos precisos que pasaban por la mente del rey, y le hizo que fuera a encontrar al rey, tomando consigo a Sear-jesub, presumiblemente por la promesa llena de gracia que significaba su nombre: *Un remanente* *volverá* (de la cautividad). **7.** Sin ninguna mención previa de los pecados a que el rey no había renunciado, Dios le dio, mediante Isaías, una promesa de liberación práctica llena de gracia, tratándole con una bondad totalmente inmerecida. **8. Dentro de sesenta y cinco años Efraín será quebrantado.** Esto es, alrededor del 669 a.C. (contando a partir del 735). En realidad, Samaria cayó al cabo de once años (722 a.C.), y su población fue deportada hasta más allá de Asiria. Pero el establecimiento de colonos no israelitas por parte de las autoridades no empezó a tener lugar a gran escala, aparentemente, hasta el reinado de Asurbanipal (669–626): hecho al que se alude en Esd 4:10), donde los inmigrantes se refieren al rey de Asiria como Asnapar (o Osnaper). Con este influjo extranjero, el Reino del Norte fue así quebrantado étnicamente, y los pocos israelitas nativos que quedaban todavía en la tierra quedaron abrumados. **9.** Tenemos aquí una amenaza implícita a Peka, aunque no se especifica. Nótese que los judíos (**vosotros**) tenían que recibir esta promesa divina y descansar sobre ella si querían *permanecer*, esto es, derivar un beneficio práctico de este juicio que se visitaba sobre los aliados del norte. El no hacerlo así llevó a un empeoramiento de su apuro, al quedar sometidos a Asiria.

C. La promesa de Dios desdeñada por la incredulidad. 7:10–12.

El Señor ofreció un milagro confirmativo para fortalecer la fe de Acaz, invitándole a que lo pidiera. Podía ser cualquier cosa, desde los cielos arriba hasta la tierra abajo. Pero Acaz, estando decidido a poner su confianza en Asiria, dejó de lado a Isaías con un pretexto hipócritamente piadoso (aludiendo a la prohibición general de Dt 6:16).

D. La liberación de Dios reafirmada, y la promesa de Su libertador. 7:13–25.

14. La virgen concebirá. La palabra para **virgen** aquí está cuidadosamente escogida. Etimológicamente *'almâ* no significa necesariamente un *virgo intacta* (una doncella intocada). No obstante, en su utilización en las escrituras hebreas se refiere solamente a una doncella casta y soltera (por lo que al contexto se refiere). Esto concuerda bien con la futura madre a la que se alude en esta situación. A juzgar por 8:1–4, la madre típica era la profetisa que vino a ser mujer de Isaías poco tiempo después que fuera pronunciada esta profecía. Por ello era una virgen en el momento en que se dio esta profecía. Sirve como tipo de la Virgen María, que siguió siendo virgen incluso después de su concepción milagrosa por el Espíritu Santo. El hijo de esta profetisa, así, es

tipo del Emanuel mesiánico, como se explicará pronto. **15. Mantequilla y miel** era la dieta normal de los que vivían en una tierra devastada que había vuelto al pastoreo. Esta era la dieta que el hijo de la profetisa tendría que comer como resultado de las próximas acciones asirias, así como de las naciones vecinas (cp. 2 Cr 28). Léase con la ASV, **cuando él sepa**, en lugar de como la RV, **hasta que él sepa** (el hebreo puede significar ambos). Esto es, cuando llegue a la edad de la responsabilidad legal (indudablemente doce años). Esto nos llevaría al 721 a.C., después de las destructoras campañas de Salmansar V y de Sargón. Ciertamente, alrededor del 721 Damasco estaba abandonado (habiendo sido capturado por Asiria el 732) y asimismo Samaria (que cayera el 722). **17. Jehová hará venir sobre** Acaz y su pueblo, debido a que rechazaron confiar en él, **el rey de Asiria**; esto es, la opresión y la tiranía sin paralelo del Imperio Asirio.

Este castigo venidero de Judá se describe más plenamente en el resto del capítulo. **18. A la moscade Egipto, y a la abejade Asiria.** Una advertencia anticipada del choque de los ejércitos (notablemente en Eltekeh en 701) entre los poderes rivales de Egipto y de Asiria. Es indudable que sus tropas arrasaron todo el campo de Judá para obtener provisiones y suministros. **20. Navaja alquilada.** Se refiere al futuro rey Senaquerib, que arrasó la mayor parte de Judá en 701, destruyendo cuarenta y seis ciudades (según su propio relato) y llevando cautivas a unas doscientas mil personas. Los asirios fueron *alquilados* en el sentido de que al principio fueron sobornados por Acaz para que intervinieran en el oeste (2 Cr 28:21). **21, 22.** De nuevo nos encontramos aquí con **mantequilla y miel** como el alimento de los pocos supervivientes en una tierra de campos arruinados y de arboledas y ciudades asoladas. **23.** Naturalmente, en tales áreas el valor de los terrenos se desplomaría, y los campos pasarían a ser bosquecillos en los que se podrían cazar animales salvajes (v. 24) o criar ganado (v. 25).

Sermón II. Prefiguración de la liberación mesiánica. 8:1 — 9:7.

A. El nacimiento de un niño, prefiguración de la caída de los enemigos de Judá. 8:1–4.

Dios le dijo a Isaías antes incluso de que se casara con su prometida que tendría de ella un hijo, y le ordenó que inscribiera el nombre del hijo en una tableta como registro público ante dos testigos solventes. **Maher-salal-hasbaz,** que significa ''apresúrate al despojo, precipítate a la presa'', iba a ser prenda del triunfante asalto asirio sobre Damasco y Samaria. Este asalto aplastaría ambos reinos antes de que el bebé pudiera ser lo suficientemente mayor como para decir "papá" o "mamá", esto es, en el espacio de tres años. (Esta profecía se cumplió con la toma de Damasco y el saqueo de Samaria el 732 por Tiglat-pileser III.)

B. La necia elección de la sabiduría mundana. 8:5–8.

6. Las aguas de Siloé, o de Siloam. Una corriente suave de aguas sanadoras en Jerusalén, tipificando el reinado de Dios en el corazón sumiso del creyente. Las gentes olvidadizas de Dios se estaban gozando con (o mejor, con respecto a) Rezín de Damasco y con Peka de Samaria debido a que habían sido derrotados por Tiglat-pileser. (Así, esta parte del capítulo tiene que haber sido escrita dos o tres años después del episodio del cap. 7.) **8.** La palabras **Oh, Emanuel** son aquí muy significativas. El hijo de Isaías era solamente un tipo de Emanual, *Dios con nosotros*. El nacimiento del niño debe haber evocado este clamor de gratitud de los padres al contemplar el cumplimiento de la palabra de Dios. Pero a partir de este tiempo Israel pasó a ser la tierra del prometido Redentor, el antitipo mesiánico de Maher-salal-hasbaz. Aunque azotada por la invasión asiria, siguió siendo la tierra de promisión debido al Mesías.

C. El triunfo definitivo de la gracia de Dios. 8:9–15.

9. Aunque los paganos hicieran todo el mal que pudieran en sus esfuerzos por tratar de apagar la luz de Israel, tenían finalmente que fracasar, debido a que "dios con nosotros" (*'immānû'ēl*). **12.** Isaías y sus seguidores no debían quedar intimidados por el vituperio de sus compatriotas de que eran culpables de **conspiración** en contra de su país al oponerse a la alianza con Asiria. **13.** No importa lo desfavorables que pudieran parecer las circunstancias presentes, los verdaderos creyentes santificarán a **Jehová** al continuar considerándolo como supremo en el gobierno de los asuntos humanos, y el cumplidor de sus promesas. Tienen que temerle y reverenciarle a Él solamente; no deben temer nunca a los hombres. **14.** Los apóstatas de Judá tropezarían sobre su palabra (que ellos habían menospreciado) cayendo a su destrucción y condenación.

D. El remanente fiel tiene que confiar solamente en Dios. 8:16–22.

16. Ahora que la profecía de Isaías se había hecho pública, tenía que ser sellada para el día de su cumplimiento, cuando Dios lo validaría mediante los eventos históricos. **18. Los hijos que me dio Jehová** eran, naturalmente, Searjasub y Maher-salal-hasbaz, con sus nombres de significado profético. (He 2:13 indica que aquí Isaías está hablando de sí mismo y de sus hijos como tipos de Cristo y de Sus hijos comprados con Su sangre, que son señales y maravillas del Señor.) **19.** Los encantadores y adivinos eran muy consultados en aquella época en la que la gente había perdido su fe en las Escrituras. Como los espiritistas de la actualidad, pretendían tener comunicación con los muertos. Por ello, es muy adecuada la pregunta retórica: ¿**Consultará a los muertos por los vivos? 20.** Toda opinión religión o filosofía humana es válida sólo en tanto que concuerde con la Palabra de Dios: la única pauta absoluta de verdad espiritual. **21, 22.** Descripción de la trágica desilución y desesperación de aquellos que esperan en algo aparte de al Palabra de Dios. **No les ha amanecido,** o no tienen amanecer de liberación frente a ellos. Caerán a una noche de perdición eterna con maldiciones vanas y amargas en sus labios.

E. Liberación venidera gracias a un Rey Divino. 9:1–7.

El v. 1 debiera ser traducido como en la BLA: **Pero no habrá más oscuridad para la que estaba en angustia** (esto es, la tierra de Galilea). **Como en tiempos pasados El trató con desprecio a la tierra de Zabulón y Neftalí** (al dejar que fueran los primeros en caer bajo el yugo de Asiria; cp. 2 R 15:29); **pero después la hará gloriosa, por el camino de la mar,** etc. (al enviar a Su Hijo a que viviera en Galilea y a que llevara a cabo allí la parte principal de Su ministerio; cp. Mt 4:13–17). **3–5. Multiplicaste la gente;** esto es, con la adición de iglesia gentil que, en la edad venidera, se uniría a los judíos cristianos para llevar a cabo la Gran Comisión y traer una cosecha de redimidos de toda la tierra. Cp. la afirmación de Cristo acerca del gozo de los segadores en Jn 4:36. **4.** En el tiempo venidero, todos los enemigos paganos y los perseguidores del pueblo de Dios serán totalmente aplastados (como lo fuera la hueste madianita por Gedeón en el pasado). **5. Todo calzado que lleva el guerrero en el tumulto de la batalla, y todo manto revolcado en sangre, serán quemados, pasto del fuego.** Esto se refiere a la completa destrucción de todas las armas de opresión, tanto en los juicios temporales de la caída de los imperios como en el Armagedón de los 'días postreros'.

6. Aquí tenemos establecido el carácter del Emanuel que traerá esta liberación. Vendrá al mundo como un bebé nacido al pueblo hebreo, un don de gracia de Dios a ellos. (Contrastar esto con la fiera negación de la fe musulmana de que Dios pudiera nunca tener un hijo, como se enuncia en el Sura 112 del Corán.) Regirá el reino de Dios con la autoridad de Dios. Será un **Consejero Maravilloso.** Esto es, como persona con dos naturalezas distintas —Dios y Hombre— será ciertamente una maravilla de Jehová; y como Aquel que sólo tiene palabras de vida eterna, Él será un consejero como ningún otro puede serlo. Como **Dios fuerte** (un término claramente aplicado a Jehová en Dt 10:17; Is 10:21; Jer 32:18), será el irresistible campeón en la batalla (como implica su denominación de ''fuerte'') que obtendrá la victoria final en la arena de la historia. Como **Padre eterno** (lit., *Padre de Eternidad*), será no solamente el Señor de la eternidad sino también el autor de la vida eterna para los redimidos. Como **Príncipe de paz** otorgará lo que implica *shālôm*, ''paz'', en su significado más pleno: salud para el alma enferma de pecado; y una relación sana y saludable entre los pecadores y Dios, así como entre los mismos pecadores; y una sana condición de la justicia universal y de prosperidad prevaleciendo sobre la tierra. **7.** Como antitipo del rey David, y como su descendiente y heredero, este Rey prometido regirá sobre el pueblo de Dios para siempre jamás (cp. 2 S 7:16).

Sermón III. La vanagloriosa Samaria condenada al exilio. 9:8 — 10:4.

Incluso después de la desastrosa invasión del Reino Septentrional por parte de Tiglatpileser el 732 a.C. (el año en que también destruyó rey Rezín de Damasco), los efrainitas ignoraron ciegamente la última advertencia de Dios. Se vanagloriaron de que podrían reconstruir su país devastado y hacerlo más fuerte y más glorioso que nunca lo hubiera sido antes (vv. 9*b*, 10). Pero pronto llegaría el tiempo en que incluso sus propios aliados de Siria y Filistea se unirían a los ejércitos asediadores de Asiria para consumar la final extinción de Samaria. **14, 15.** Todas las clases dirigentes, que habían fracasado en arrepentirse y volverse a Dios y que habían sido infieles a lo que les había sido confiado, serían totalmente destruídas, con todos sus hijos. **18—21.** El pecado conlleva consigo mismo las simientes de su propia retribución y destrucción. Juntamente con las agonías del hambre se levantarían los horrores de la guerra civil entre Efraín y Manasés, las dos tribus principales constitutivas del Reino Septentrional (que indudablemente involucraba a las otras tribus).

10:1–4. Aquellos jueces injustos y oficiales gubernamentales que abusaban de su poder oprimiendo a su pueblo y proclamando decretos y sentencias injustas para su provecho personal encontrarían sus iniquidades apropiadamente castigadas delante del tribunal de la justicia de Dios. Perderían todas sus manchadas posesiones cuando los invasores extranjeros les arrebataran todo lo que tenían y se los llevaran como miserables cautivos a la esclavitud. **Vuestra gloria.** Sus tesoros y posesiones valiosas que habían puesto en lugar de Dios (la verdadera gloria de Israel).

Sermón IV. El imperio mundial aplastado; un glorioso imperio que ha de venir. 10:5 — 12:6.

A. El instrumento de juicio de Dios será juzgado a su vez. 10:5–34.

5, 6. No por su propio poder humano, sino debido a la acción soberana de Dios es que Asiria había llegado al poder para castigar a Israel y hacer caer el enojo punitivo de Dios sobre las naciones paganas. **9.** Las ciudades aquí mencionadas eran todas notablemente poderosas y defendidas por potentes fuerzas, pero se vieron impotentes delante de la marcha arrolladora de Asiria. Los vencedores se vanagloriaron de que habían vencido por sí mismos a estos reinos y a los dioses que eran adorados allí. La insignificante Judá con sus insignificantes dioses, decían, caería fácilmente. Pero tal desprecio hacia Jehová iba a resultar en la destrucción total de este soberbio imperio cuando Él hubiera terminado de utilizarlo. Los gobernantes humanos son solamente instrumentos en la mano de Dios, y muestran una total necedad al vanagloriarse en contra de Aquel que los utiliza para Sus propios propósitos. **17.** Dios recibe aquí el nombre de **la luz de Israel.** Su fuego judicial consumiría a los paganos tan fieramente como si sus invencibles ejércitos fueran un mero campo de cardos. El bosque de fuertes árboles, representando a sus caudillos llenos de soberbia, quedaría tan devastado por este incendio que un niñito podría contar con facilidad la cantidad que quedara. (Todo esto se cumplió entre el 612, a la caída de Nínive, y el 605, la Batalla de Carquemis.)

20–23. En tanto que los imperios paganos tendrían su duración y se desvanecerían, declaraba el Señor, el débil y despreciado pueblo de Dios persistiría a lo largo de toda la historia. Mediante la disciplina divina serían llevados a confiar solamente en el Señor para su salvación. De nuevo se sitúa aquí la esperanza de Israel en el remanente de verdaderos creyentes que volverían de la cautividad. No importa lo pequeña que fuera la fracción, después de que los juicios de Dios hubieran caído sobre la nación apóstata el futuro sería de ellos. **24–27.** Tenían que confiar en estas promesas de Dios y no temer a los implacables conquistadores que parecerían tenerlo todo a su favor. Porque también estos enemigos serían rápidamente derrotados, como lo fueron los madianitas por Gedeón, o los egipcios que fueron ahogados en el mar Rojo. **28–34.** Por ahora, los asirios pasarían de forma irresistible de una fortaleza judía a otra (su plan de marcha se predice aquí de forma detallada); pero un día serían doblados y abatidos como poderoso árbol por el hacha del leñador.

B. *El Mesías restaurará y regirá. 11:1–16.*
1, 2. El Mesías (que establecerá el imperio verdadero y piadoso, la contrapartida de Asiria) será un descendiente de la línea prometida de David, declara Dios aquí. Después de que el árbol de David haya caído, y solamente quede el tocón, este *nēṣer,* o **Vástago,** un significativo título mesiánico, surgirá. Será dotado sobrenaturalmente del séptuple Espíritu de Dios. Por ello, Él administrará un gobierno perfectamente justo, porque ningún litigante o demandante inteligente podrá jamás engañarle a él con falsas evidencias (v. 3). Además, Él mantendrá el derecho de los indefensos y de los pobres (especialmente de los mansos que sean perseguidos por su fidelidad a Dios) frente a los ricos e influyentes. Como un cinto mantiene toda la vestimenta del que las lleva en su lugar propio, así la norma divina de santidad será la fuerza constante y unificadora en el gobierno del Mesías (v. 5). **6–9.** La condición del imperio de Cristo será de armonía y paz, basada en la verdadera religión. La imagen de los animales fieros y predadores viviendo en paz con los débiles e indefensos simboliza la eliminación de toda hostilidad natural y temor entre los hombres. (Las referencias al **niño** en el v. 6, y al **niño de pecho,** en el v. 8, impiden evidentemente la interpretación de los animales como varios tipos de hombres.) **9.** La base de esta armonía edénica será el conocimiento pleno y adecuado de Dios que toda la humanidad poseerá entonces, y que incluso la creación bruta reflejará (cp. Ro 8:21).

10–16. El reino mesiánico será introducido por una **segunda** restauración (v. 11) de los judíos (que claramente excluye la referencia al retorno de Zorobabel en 537 a.C. y que con todo indica una restauración nacional de magnitud comparable). Esta vez la gente dispersada volverá desde todas las direcciones: del este — Asiria, Elam, Sinar; del oeste — las islas del mar; del norte, de Hamat; y del sur — de Egipto, Patros o Alto Egipto, y de Cus, o

Etiopía. Estas regiones tan diversas no estuvieron envueltas en el retorno del 537. No solamente los judíos, sino también las naciones gentiles (*gôyîm*) se pondrán también bajo la bandera de la cruz (v. 12) para formar una Iglesia judío-gentil incluso en los días postreros. Además, en aquel día no habrán más divisiones entre las tribus del norte y del sur, sino que los israelitas cristianos constituirán un pueblo armonioso. Además, el pueblo de Dios triunfará sobre las naciones todavía no convertidas que les rodeen (como Filistea, Edom, y Moab rodeaban al antiguo Israel). Las barreras naturales del Éufrates y del Nilo serán eliminadas, y la comunicación entre estas regiones anteriormente enemigas será fácil y sin obstáculos cuando el Príncipe de Paz rija sobre todas ellas.

C. *Acción de gracias y triunfo de los redimidos de Cristo. 12:1–6.*
Tenemos aquí un himno de alabanza expresando bellamente el gozo de un pueblo totalmente entregado a la voluntad de Dios y a su disciplina, y totalmente satisfecho con su gracia. Este cántico de creyentes mileniales da certeza de que a pesar de las dificultades presentadas por los desobedientes y apóstatas de la raza elegida, el perfecto plan de Dios para la raza quedará completamente cumplido al final de la historia humana.

Volumen III.
CARGAS DE JUICIO SOBRE LAS NACIONES GENTILES 13:1 — 23:18.

Carga I. Caída de Babilonia. El descenso del rey de ella al Hades. 13:1 — 14:27.

A. *La caída de Babilonia. 13:1–22.*
1. Carga (RV1909, *maśśā'*) se traduce también como *oráculo,* como si significara meramente un levantamiento de la voz del profeta (viniendo de *nāśā',* ''levantar''). Pero a juzgar por su utilización parece mejor entenderlo como *aquello que es levantado: una carga.* Esto es, una carga de juicio divino que el culpable tiene que sobrellevar. **2. Príncipes.** Los principales entre los babilonios. **3.** Los persas bajo Ciro el Grande son llamados proféticamente los **consagrados** de Dios debido a que los ordenó para que destruyeran Babilonia. Es de señalar que tendrían que venir de una **lejana tierra** (v. 5), no de una región vecina. Persia quedaba bien al este de Elam, a más de 560 kilómetros (350 millas) de Babilonia. **6.** Aquí **el día de Jehová,** evidentemente, no es escatológico, sino que se refiere a los sucesos del 539 a.C. Pero esta caída de Babilonia es proféticamente típica de la caída de la Babilonia de los días postreros (Ap 14:8), a la que se

aplican más particularmente los terribles fenómenos meteóricos de 13:10 (cp. Mt 24:29).
Esto es expuesto por la referencia al **mundo**
(*tēbēl*) en 13:11, más que al Imperio Caldeo.
Pero los vv. **14–16** se aplican ciertamente al
539 a.C., porque la mención de los **medos** en
el v. **17** lo pone en evidencia (siendo "medos"
más familiar en los días de Isaías que
"persas", que eran todavía desconocidos a los
asiáticos occidentales). **19–22.** En estos versículos el Señor predice muy definidamente a
la Babilonia histórica su extinción eventual de
la forma más permanente. La histórica posterior vio el cumplimiento literal de esta profecía, porque Babilonia quedó totalmente desierta alrededor del siglo vii d.C. Sus desoladas
ruinas han sido contempladas con temor
supersticioso por parte de la población de cultura arábiga, **el árabe** (v. 20), desde aquel
entonces.

B. La caída del rey de Babilonia. 14:1–27.

1, 2. El impío poder mundial de Babilonia
será quebrantado, pero el pueblo de Dios
emergerá triunfante al final. Incluso someterán
debajo de ellos a las naciones paganas (mediante la conquista espiritual del Evangelio, y
mediante la poderosa imposición del gobierno
de Cristo en 'los días postreros'). Los gentiles
ayudarán en la restauración de Israel a su tierra
prometida.
3–11. Un cántico de triunfo sobre la vencida
Babilonia (tanto la ciudad histórica como la
escatológica). **8. Los cipreses y cedros.** Estos
árboles son literales (ya que se salvaron de la
deforestación de los leñadores caldeos) y simbólicos de las otras naciones en el bosque de la
humanidad. **9. El Seol.** Un nombre de la residencia general de los muertos antes de la resurrección de Cristo. Pero aquí representa la
residencia de los espíritus de los soberbios
gobernantes que habían desafiado a Dios en
épocas anteriores. Se presenta a estos aco-
giendo la llegada del rey de Babilonia con
maliciosa satisfacción, porque toda su breve
gloria terrena habrá quedado apagada, como la
de ellos también lo fue.
12–20. Lucero. El nombre castellano para la
estrella de la mañana (Heb. *hêlēl*, "el brillante"), que rápidamente desaparece ante el
brillo más resplandeciente del sol. Este título
se dirige al rey de Babilonia, no tanto como un
ser humano específico (como Belsasar, p. ej.)
sino como el representante o encarnación de
Satanás, que es considerado como el poder tras
el trono del rey. La soberbia y ambición titá-
nicas expresada en los vv. 13, 14, están fuera
de lugar en otra boca que no sea la de Satanás.
La épica poesía de la Ugarit cananea se refiere

a menudo al "monte del norte" o *Sapunu*
(equivalente al hebreo *sāphôn* que aquí se utiliza) como la morada de los dioses. La caída
ignominiosa del tirano de Babilonia, proféticamente presentada aquí, se refleja sobre
Satanás, su señor.
21–27. Este pasaje revierte más particularmente a la caída de la Babilonia histórica en
539, y a la extinción permanente de su poder y
posteridad. Como confirmación por adelantado de esta promesa con respecto a Babilonia,
el Señor predijo el desastre más inmediato que
caería sobre los ejércitos de Asiria (los soberanos de Babilonia en aquel tiempo) en Palestina (v. 25), que tuvo lugar en la invasión de
Senaquerib en 701 a.C. Todos estos desastres
sobre naciones vecinas demostrarían el poder
irresistible del único y verdadero Dios, el Dios
de Israel (vv. 24, 27).

Carga II. Caída de Filistea. 14:28–32.

Los filisteos, en su guerra contra Acaz,
habían conquistado hacía poco cuatro grandes
ciudades judías (2 Cr 28:18). Pero aquí se les
advierte de la retribución que caería sobre
ellos de parte de Ezequías, el **áspid** del v. 29, y
de los posteriores príncipes judíos de la dinastía asmonea (como Jonatán Macabeo, que
quemó Asdod y Ascalón, y obligó a Gaza a
rendirse). **31. Humo vendrá del norte** se
refiere a las venideras devastaciones de Sargón
(20:1) y de Senaquerib (mencionado en su
registro de la campaña del 701). **32.** Los
enviados de Filistea tenían por ello que ser
enviados de vuelta con la declaración de que la
única y verdadera seguridad de Judá se hallaría
en Jehová su Dios.

Carga III. Caída de Moab. 15:1—16:14.

Tenemos aquí una visión de las temibles
depredaciones que los asirios iban a infligir
sobre las varias ciudades de Moab que se mencionan a través del cap. 15. Aun a pesar de que
los moabitas habían sido los enemigos implacables de Israel, el profeta no podía dejar de
verter llanto en compasión ante el espectáculo
de sanguinaria crueldad del conquistador, y de
los míseros cortejos de refugiados huyendo de
sus sentenciadas ciudades. **9. Las aguas de
Dimón se llenarán de sangre.** Juego de palabras entre el hebreo *dām*, "sangre", y **Dimón**,
que quizás sea una siniestra variación del más
familiar nombre de Dibón. Los leones que aquí
se mencionan puede que se refieran al triunfante Judá al final de los tiempos, o quizás a
Esar-hadón el asirio (que registra la subyugación del rey moabita, Mutsuri), o incluso a los
caldeos de una era posterior.
El **cap. 16** presenta una proclamación relacionada pero separada ocasionada por la futura

huída de los refugiados moabitas a Sela, la capital de Edom (que estaba aliada con Moab). Desde su asilo en Moab se les demanda que presten sumisión al pueblo de Dios, porque Jehová es su único refugio. Su trono será algún día establecido en la capital de David, en Jerusalén (predicción de la segunda venida de Cristo). **16:3.** Una llamada a Judá a que mantenga un piadoso testimonio, y a que muestre compasión a los refugiados moabitas. **6–12.** El profeta expone la razón del desastre de Moab: su presuntuoso orgullo (tan claramente evidenciado en la "piedra moabita" del rey Mesa). Prosigue con una descripción de su devastación venidera a manos de Senaquerib (que registra la sumisión de Qemosh-nadab, rey de Moab). **7. Las tortas de uvas de Kir-hareset** eran ofrendas que ya pronto dejarían de estar disponibles para ofrendarlas a los ídolos debido a la destrucción de todos los viñedos. **8. El mar.** Posiblemente el Mar Muerto, o quizás los famosos estanques de Hesbón. Isaías no podía dejar de lamentar la destrucción que iba a caer sobre todo el alegre y sonriente país de Moab. En vano sus suplicantes se postrarían alrededor de los altares paganos de sus **lugares altos**; sus imaginarios dioses serían impotentes para salvarlos. **13, 14. Dentro de tres años.** Una fecha más precisa para esta invasión. El tiempo fue indudablemente revelado en 704 a.C., y se refería a la venida de Senaquerib tres años más tarde.

Carga IV. Caída de Damasco y de Samaria. 17:1–14.

Este capítulo es contemporáneo con Is 7, y predice la caída de la confederación notreña durante el reinado de Acaz. Tiglat-pileser iba a dejar Damasco en un montón de ruinas el 732 a.C., e igualmente iba a hacer con sus ciudades vasallas, como Aroer, cerca de Rabat de amón. La gloria de Damasco sería eliminada juntamente con la del Israel norteño (que había ascendido hasta un gran poder bajo Jeroboam II, 782–753 a.C.). Solamente quedaría un remanente lastimosamente pequeño de las diez tribus, como los rebuscos de trigo y de oliva que quedan después de haberse recogido la cosecha. **7–11.** Una predicción de que estos últimos sobrevivientes se arrepentirían después de los trágicos eventos del 722 (cuando Samaria caería ante Sargón y sus habitantes serían deportados a Asiria). Renunciarían a sus imágenes labradas y a sus **símbolos de Asera** (de 'ashērîm, pilares cúlticos de madera o troncos de árboles representando al consorte hembra de la deidad adorada en un "lugar alto"). Ellos se volverían en fe a Jehová, el **Santo de Israel** (v. 7). (Cp. el registro de la

gran celebración de la Pascua en 2 Cr 30:1–22, en la que participaron adoradores de los samaritanos sobrevivientes. Pero es posible que la perspectiva, aquí, sea también escatológica.) La razón de esta devastación venidera era, evidentemente, la apostasía de ellos del verdadero Dios, que era su única fuerza verdadera en la resistencia de la conquista pagana.

12–14. Descripción gráfica de la invasión venidera de las huestes asirias, con sus varios contingentes de súbditos-aliados bajo Senaquerib (heredero de los conquistadores de Damasco y de Samaria). Dios reprendería repentinamente a los asirios, declara la profecía, en una noche de plaga terrible y de destrucción. Así tratará a su tiempo con todos Sus enemigos y con los ejércitos que reunan en contra de Su causa.

Carga V. Caída y conversión de Etiopía. 18:1–7.

Bajo Piankhi los etíopes habían establecido la Dinastía XXV en Egipto, y el hijo de Piankhi, Shabaka (llamado "So" en 2 R 17:4) había alentado a Oseas de Israel en la última y fracasada revuelta en contra de Asiria. Shabaka también entró en liga con Merodac-baladan de Babilonia, y fue más tarde un aliento a Ezequías para que se rebelara en contra de Senaquerib, que aplastó finalmente las fuerzas etiope-egipcias en Eltekeh el 701. El sobrino de So, Tirhakah, acaudilló un nuevo esfuerzo egipcio, pero fue finalmente aplastado por Asurbanipal en 667 a.C. **7.** Aquí los etíopes son identificados como viniendo de una tierra en la que el Nilo Azul se une con el Nilo Blanco —**cuya tierra dividen los ríos** (RVA), mejor que *cuya tierra es surcada por ríos* (RV)— y de elevada estatura y piel suave. Serían podados como ramas, dice el profeta, y sus cadáveres caerían en la batalla, para ser comidos por buitres. Pero un día los etíopes pagarán tributo a Dios y vendrán a Sion como verdaderos creyentes.

Carga VI. Aflicciones de Egipto. 19:1—20:6.

A. La subyugación de Egipto. 19:1–25.

1–10. Isaías expone las aflicciones de la guerra civil, de la conquista asiria, de la sequía, y de la devastación que iban a caer sobre Egipto en las siguientes décadas. Jehová demostraría su soberanía para descrédito de los falsos dioses de Egipto. Iba a suscitarse una guerra civil al chocar la Dinastía Libia (XXII) con los etíopes y con los saítas de la Dinastía XXIV, y así se preparó insensatamente el camino mediante los conflictos intestinos a ser todos ellos subyugados por el cruel Esar-hadón de

Asiria (v. 4). Esto iba a tener lugar el 671, y la dominación asiria iba a durar diecinueve años. La ruina económica de Egipto iba a quedar sellada con una sequía terrible y prolongada (vv. 5, 6), durante la cual el Nilo no inundaría sus riberas. **7. La pradera junto al río.** Debido a ello no se podría pescar, ni habría lino para hilar. **10. Sus redes serán rotas.** Mejor, *tejedores*. Leer así: *Por ello todos sus tejedores serán quebrantados, todos los trabajadores por cuenta ajena tendrán angustia de alma.*

11–15. Los egipcios se habían enorgullecido de ser de todos los pueblos el más sabio y el más erudito. Pero demostrarían ser el más necio e incapaz al enfrentarse a los venideros golpes de desastre, y sus enemistades caudillos les llevarían a la ruina. **13. Zoan** o Tanis era una capital nororiental cerca de la frontera del Sinaí. **Menfis** caía más al sur y al ápice del Delta. **15.** Todas las clases de la sociedad serían arrojadas a un estado de desempleo y de necesidad.

16–25. Pero Dios tenía todavía un brillante futuro en reserva incluso para esta tierra tan atrozmente idólatra. Primero, los egipcios temblarían ante el poder terrible del Dios de Israel al hacer Él caer el juicio sobre ellos, especialmente cuando los vengadores ejércitos de Nabucodonosor invadieran su tierra en persecución de los judíos que fueran allí a refugiarse (cp. Jer 46:24–26). Entonces reconocerían ellos que Jehová había intervenido en la historia. Más tarde, los judíos inmigrantes ejercerían una influencia dentro de Egipto. Establecerían grandes colonias de habla hebreo en por lo menos cinco de las ciudades egipcias, una de las cuales sería Heliópolis. **18.** La palabra *Heliópolis*, "Ciudad del Sol", ha sido deliberadamente alterada, en un juego de palabras, para que lea **ciudad de destrucción**. Habría un altar erigido a Jehová en Egipto (v. 19; erigido por un sacerdote llamado Onías en el reinado de Ptolomeo VI), como una prenda de la posterior conversión de los egipcios al cristianismo. Dios les enviaría un salvador (Alejandro Magno) que les librara de sus opresores persas, como prenda del divino Salvador que les libertaría del dominio de Satanás. **21, 22.** Probablemente una referencia a la cristianización de la tierra. **23–25.** Una predicción de las relaciones armónicas que se establecerían por la expansión del evangelio a todas las tierras del Creciente Fértil antes de la conquista mahometana. Y esto, a su vez, es tan solamente un atisbo de la paz final y más duradera que se establecerá entre el Este y el Oeste en los días del Mesías.

B. Egipto será esclavizado por Asiria. 20:1–6.

Este oráculo fue probablemente revelado algo más tarde que el del cap. 19, porque expande la predicción hecha en 19:4. En todo caso, se da el año exacto del cumplimiento de la profecía. Este fue el 711 a.C., cuando el rey Sargon envió al **Tartán** (v. 1, *tartānu* en acadio), su "principal general", para que sometiera a la ciudad filistea de Asdod. Azuri, rey de Asdod, fue depuesto (según los *Anales* de Sargón), y se suprimió una revuelta acaudillada por Iatna. Esta profecía de la desgracia de Egipto y de su subyugación fue dada unos cuarenta años antes de la Conquista Asiria. Egipto se merecía un severo castigo debido a que había pretendido servir como liberador de Israel y había hecho promesas que no podía mantener, desviando a los hebreos de una confianza de todo corazón solamente en Dios.

Carga VII. Babilonia será conquistada y sus ídolos destruidos. 21:1–10.

1. El desierto del mar. El plano aluvial de Babilonia, depositado por el Éufrates y del Tigris con sus varios tributarios. Se formaban numerosos pantanos y lagunas cuando se dañaban o descuidaban los canales de drenaje. **2. El prevaricador prevarica** (RV), o *el pérfido sigue obrando pérfidamente* (VM). Se refiere esto a la Babilonia caldea, lista ya para el juicio. **Elam.** Persia. Elam era mejor conocida que Persia en la época de Isaías, y fue más tarde incorporada al territorio de la Persia propia. **3, 4.** Para un hombre de la compasiva naturaleza de Isaías, la visión de la sangrienta carnicería en las ciudades capturadas de Babilonia, en el avance de las fuerzas de Ciro hacia la capital, tuvo un efecto profundamente perturbador, como el de una pesadilla terrible. **5.** En visión profética vio a los príncipes de Babilonia, descuidados en su falso sentido de seguridad, banqueteando con Belsasar. **7. Hombres montados.** Los contingentes de caballería y de camelleros montados formaban una parte característica de los ejércitos medopersas. **8. Y gritó como un león.** Tan intensos eran los sentimientos del centinela profético. **9.** Este es el primer pronunciamiento de juicio sobre la cultura mundana degenerada e idólatrica que Babilonia representa: el último se halla en Ap 14 y 17. **10.** Isaías previó a Babilonia totalmente derrotada, trillada y aventada, como trigo sobre una era.

Carga VIII. Derrota de Edom; victoria para Israel. 21:11, 12.

11. Duma. Edom. Evidentemente un juego ominoso de palabras según el cual la principal sílaba del nombre se ajusta a la pauta de una palabra que significa *silencio* (utilizada para el reino de los muertos en el Sal 94:17; 115:17). Isaías, como centinela, anuncia a los edomitas del monte Seir que la mañana de liberación está despuntando para Israel, pero la noche de derrota y de esclavitud caería pronto sobre Edom. Así, que los edomitas busquen a Jehová en arrepentimiento y fe.

Carga IX. Dedán y Cedar derrotados. 21:13-17.

Aliados a los filisteos, estos árabes norteños habían saqueado Jerusalén durante el reinado de Joram (c. 845 a.C.). Habían sido posteriormente derrotados por Uzías. Pero aquí se les advierte de los fuertes golpes que les han de ser administrados por los asirios (como Senaquerib) y los caldeos (como Nabónido, que hizo de Tema su segunda capital).

Carga X. Profecía de la caída de Jerusalén; Eliaquim tomará el lugar de Sebna. 22:1-25.

A. Una Jerusalén de mentalidad mundana que será destruida. 22:1-14.

Jerusalén se halla situada sobre dos o tres colinas en medio de valles rodeados por unas cordilleras dominantes. Como escena de las revelaciones concedidas a los profetas de Dios, su situación está apropiadamente descrita como el **valle de la visión.** Los jerusalemitas, desde sus terrazas, iban a avistar el acercamiento de los ejércitos sitiadores de Babilonia. Pero a pesar del inminente peligro, los judíos se entregarían a unos placeres alegres y a una indulgencia carnal. Y se iban a encontrar con un desastre total. El rey de ellos, Sedequías, intentaría en vano huir de la ciudad. Una lamentable destrucción iba a caer sobre tanto la ciudad como sobre su pueblo (v. 4).

5-11. El profeta da detalles del sitio que iba a venir (589–587 a.C.), en el que los guerreros vasallos de Kir lucharían en las filas de los persas de Elam (cp. 21:2). Las defensas físicas de la ciudad (la nueva fortificación de las brechas y la vigilancia del precioso suministro de agua) probarían ser todas inútiles, debido a que los judíos rehusarían esperar en su Dios, su única verdadera defensa en contra del mundo. **12-14.** La apremiante llamada de Dios a que se arrepintieran solamente se había encontrado con cinismo y una crasa indulgencia carnal. Pero el paterno amor de Dios no puede ser tan abiertamente desdeñado sin las consecuencias más severas. Este oráculo se refiere con la mayor de las probabilidades a la víspera de la invasión de Senaquerib, cuando Judá elegiría equivocadamente confiarse a la ayuda de Egipto a la hora de enfrentarse a la venganza

asiria. Se precisaron los horrores de la invasión del 701 a.C. para volver a Jerusalén al arrepentimiento y a una renovada entrega a Dios.

B. Un funcionario corrompido sustituido por un funcionario piadoso. 22:15–25.

A la luz del contexto precedente, es justo asumir que Sebna, el chambelán real, era un lider de la facción pro-egipcia en los consejos de estado. En la confianza de que su posición era firme, había ordenado que se le construyera una suntuosa tumba, no estando consciente de que sería depuesto de su cargo y que moriría en la indigencia en un lejano país. (En el 701 ya había sido sustituido por Eliaquim, según 2 R 18:18, aunque era todavía un secretario al servicio del gobierno.) Pero Eliquim (*Dios establecerá*) era un hombre devoto y seguidor de Dios, y por ello representa al resto de verdaderos creyentes que se oponían a la alianza con el idolátrico Egipto.

22, 23. La llave de la casa de David se refiere a la posición de gran confianza e influencia que Eliaquim iba a tener como primer ministro (perteneciendo Ezequías a la dinastía de David). Su posición sería tan segura como la de un **clavo** o taco grande colocado en la pared de una casa, y su gloria y posteridad pasarían a su familia y descendientes. Muchos interpretan el v. 25 como una predicción de la eventual caída de Eliaquim. Pero en vista del **lugar firme** del v. 23 (que, naturalmente, había sido hecho firme por el mismo Dios), parece mejor entender que se trata de otros aparte de Eliaquim que suponían falsamente estar firmemente establecidos como él, pero que no habían dado sus corazones a Jehová como él lo había hecho, y que por ello tenían que ser quitados un día.

Carga XI. Caída y esclavizamiento de Tiro. 23:1-18.

Tiro representa al implacable materialismo de un gran centro comercial. Mediante Jezabel, la hija del rey de Sidón y Tiro, había ejercido su dañina influencia sobre Samaria, y había llevado a cabo un activo comercio de esclavos israelitas (Amós 1:9). Se vio obligada a capitular ante Asiria el 664; Nabucodonosor arrasó todo excepto la ciudad insular en el siglo sexto; y Alejandro demolió completamente la ciudad insular en el 332 a.C.

1. De **Quitim,** o Chipre, vendrían las tristes noticias de la caída de Tiro. Esto significaría la ruina del comercio de Tarsis (situada en Cerdeña o España) y de las colonias fenicias generalmente establecidas a través del Mediterráneo. **3.** Ya no intercambiaría más Egipto sus productos por bienes valiosos en los mercados de Tiro. **4. Sidón** se vería afectada por la misma calamidad, y su diezmada población se desvanecería. **8–12.** Jehová sería el autor de esta condena (como el cumplimiento de esta predicción demostraría hasta la saciedad), que serviría como juicio no solamente sobre Tiro, sino también sobre toda la concepción del mundo que representa. **11. Canaán** (la *nación mercante*, VM). Originalmente el nombre de la lana teñida de grana del murex fenicio, que constituía la base principal del comercio con otras naciones. Entonces vino a aplicarse el nombre en general a los comerciantes. Ni en Chipre hallarían seguro refugio los huídos (porque esta isla se haría tributaria de Asiria y de sus sucesores).

13–18. Un eclipse de setenta años de Tiro tendría lugar entre el desastroso asedio llevado a cabo por Nabucodonosor y la caída de Babilonia en 539 a.C. La versión Berkeley vierte *tierra de los caldeos* como vocativo, implicando correctamente que eran los tirios los que no serían ya más; los asirios harían de su tierra un lugar para ser rondado por los animales salvajes. Es de presumir que fueran los caldeos los que diseñaran las máquinas de guerra. **16.** Habiendo perdido su independencia, la ciudad tendría servir a las codicias y deseos de sus conquistadores, como una ramera. Bajo los persas, Tiro gozaba de una gran medida de favor y se recuperó en buena medida de la supresión caldea. Pero incluso el persa Ciro obligó a Tiro y a Sidón a que contribuyeran materiales para la reconstrucción del Templo de Jerusalén (Esd 3:7): un cumplimiento parcial de Is 23:18. En la actualidad Tiro es en la práctica un lugar desierto, y con toda probabilidad continuará sirviendo solamente como un símbolo histórico del venidero poder comercial y capitalismo materialista de los 'días postreros'.

Volumen IV.
REPRENSION Y PROMESA
GENERALES, I. 24:1 — 27:13.

Delitzsch describe estos cuatro capítulos como un epílogo apropiado, un aleluya final, al relato desarrollado de los justos tratos de Dios con las naciones.

Sermón I. Juicio universal sobre el pecado universal. 24:1–23.

El juicio que ha sido particularizado en los caps. 13 — 23 para cada una de las naciones involucradas con Palestina se representa ahora como listo para ser derramado sobre la tierra como un todo. El v. 4 da la seguridad que aquí **tierra** tiene que significar "todo el mundo habitado" y no simplemente la *tierra* (de Palestina), como *eres* (v. 3) pudiera traducirse de otra manera. Hay solamente dos clases de

humanidad a la vista: la sociedad malvada y corrompida de este mundo; y el fiel pueblo de Dios. Sin distinción en cuanto a clase y condición, la ira del Todopoderoso ha de ser derramada sobre todo el pueblo del mundo; y todos los placeres del pecado serán arrebatados de ellos. Solamente el más pequeño de los remanentes de ellos (vv. 6, 13) sobrevivirá a la destrucción general.

Por otra parte, tiene que haber una compañía de creyentes por todo el mundo que se gozarán en este derramamiento de la justa condena de Dios sobre el pecado (vv. 14–16). Por el presente, como Isaías reconoce doloridamente (v. 16*b*), la maldad parece triunfar y cebarse en el devoto pueblo de Dios. Pero una condenación terrible e inescapable espera a cada ciudadano de la tierra al llegar el mundo a su fin catastrófico (v. 19). Y l̤   ᵤoberbios gobernantes de los hombres serán arrojados a la casa de prisión del infierno para esperar el juicio final de Dios (v. 22). Entonces se revelará la gloria de Dios (al volver Cristo a la tierra) en tal esplendor que la luz del sol y de la luna empalidecerán hasta hacerse insignificantes. Jerusalén será la capital del imperio del Mesías, y sus fieles seguidores se gozarán en su luz (cp. los veinticuatro ancianos en Ap 4:4; 7:11; 14:3).

Sermón II. Alabanza a Jehová como libertador y consolador de Sion. 25:1–12.

Como portavoz del pueblo del pacto de Dios, el profeta da expresión a una alabanza adoradora del Señor por su maravillosa providencia y por sus tratos justos hacia los hombres. A lo largo de los siglos el Santo mantiene en vigor su santa ley sobre todos los delincuentes y transgresores. La más fuerte de las ciudades puede llegar a ser un montón de ruinas olvidadas si sus ciudadanos carecen de fe en Dios. Pero los fieles y los obedientes serán preservados y protegidos a lo largo de los años. A pesar de pruebas y de desgracias, sobrevivirán el paso de los siglos después de que los más soberbios de los imperios humanos se hayan convertido en polvo. **6. Este monte.** El monte Sion. **Todos los pueblos** incluye indudablemente a los cristianos gentiles que serán incluidos en las bendiciones del Israel espiritual. **Gruesos tuétanos.** Platos escogidos preparados con aceite de oliva y tuétano de huesos, los artículos alimenticios más deseables para un semita. **Vinos purificados.** Se filtraban y daban una bebida clara y de buen sabor. Estos detalles acerca de la comida y de la bebida simbolizan los deleites y las satisfacciones sustentadoras del Evangelio. Quizás sean también simbólicos de "la cena de la bodas del Cordero'' (Ap 19:9). **7. La cubierta.** El velo de ceguera espiritual que ciega a las almas de los incrédulos. **8. Destruirá a la muerte para siempre. Para siempre,** *lānesaḥ* significa esto en todos los otros pasajes; pero *nesaḥ* significa ''gloria'' en otros dos pasajes del AT, por lo que pudiera también significar: *Destruirá a la muerte en victoria.* Esta promesa se refiere al último triunfo del cielo (cp. 1 Co 15:54, Ap 21:4). **10. Moab.** Es representante aquí del mundo endurecidamente hostil e incrédulo, cuyas tropas, resistiendo a Dios, serán aplastadas en una destrucción final. **12. Tus altos muros.** Se habla directamente a Moab. Todas las fortificaciones del mundo rebelde probará ser impotente ante Dios.

Sermón III. Cántico de gozo ante las consolaciones de Judá. 26:1–21.

1. Los santos redimidos vendrán en multitud a la puerta de Jerusalén al final de los tiempos, cantando himnos de alabanza (de ahí lo apropiado de referirse a ellos como **Judá,** porque *Yehûdâ* significa ''alabanza''). **2.** Ellos serán una **gente** o *nación* **justa** debido a que estarán revestidos de la justicia de Cristo y que el Espíritu de Dios morará en ellos. **3.** Su fe característicamente evangélica se expresará como una total confianza en la suficiencia de Dios y en la perfección de su voluntad. **Completa paz.** Más literalmente, *paz paz* (*shālôm shālôm*) lo que significa ''una paz que es realmente paz'', en lugar de la falsa paz que es todo lo que el hombre puede otorgar. **4. Confiad.** Los redimidos darán pronto testimonio de la eterna fidelidad de Jehová. **6. El afligido** y el **menesteroso.** Aquí (como a menudo en los Profetas y en los Salmos) el humilde, el perseguido, el despreciado pueblo de Dios que sufre las dificultades y discriminación en esta vida. Pero han de ver todavía las pretensiones y el poder del mundo aplastado hasta el suelo. **8. El deseo de nuestra alma.** Estarán totalmente envueltos en la verdad y en la gloria de Dios. Esto incluye todo lo que se ha revelado de su persona y voluntad (porque todo esto está implicado por el **nombre** en el uso hebreo), especialmente en su carácter como Jehová (el Dios de la gracia, guardador del pacto), porque este es su ''nombre'' y su ''memoria''. El deseo y oración más ardiente de ellos (v. 9) será: ''¡Venga tu reino!'' **10. Malvado.** Los obstinadamente pecadores, los réprobos que rechazan la fe en el Evangelio (cp. ''los malos'' en el Sal 1). **12. Tú nos darás…hiciste.** Los redimidos confesarán que ellos no tienen justicia aparte del mismo Jehová, y que es Él que ha obrado sus propias buenas obras a través de ellos (cuando ellos han rendido sus miembros como instrumentos de justicia). **13. Otros señores.** Probablemente falsos dioses más que gobernantes extranjeros. Son considerados como falsas alternativas al Señor, que los oradores habían elegido malvadamente en tiempos pasados antes que a Él. **14. Muertos son,** porque la 'vida' de ellos dependía de sus devotos, ahora desvanecidos; tampoco 'vivirán' más, porque el culto de ellos ha sido abandonado para siempre. (El cristianismo abolió para siempre la adoración de todos los dioses paganos conocidos de los israelitas.) **15. Aumentaste el pueblo.** Este notable *incremento* del pueblo de Dios señala a la inclusión de la Iglesia gentil mundial; de ahí también la ampliación de los límites del Reino.

16, 19. Derramaron oración. Israel repetidamente clamaba a Jehová en los tiempos de la más profunda angustia (comparada a las angustias del parto) y de frustración quebrantadora de corazón (**dimos a luz viento**). **Cayeron.** Esto es, ''caídos en combate bajo nuestro triunfante ataque'' (más que refiriéndose al parto, como algunos eruditos lo interpretan). Judá, el orador aquí, se refiere a los santos muertos (v. 19) tanto como **Tus muertos** — hablando a Dios— como **mis cadáveres,** o *los cadáveres de mi pueblo* (VM; la RV traduce aquí sus cadáveres). Esta es una predicción de lo más clara en el AT acerca de la resurrección de los creyentes. **20, 21.** La consoladora invitación de Dios a su pueblo. Tienen que tomar refugio en él durante el oscuro tiempo de la Tribulación, cuando habrá castigo de los inconversos por su rebelión y por sus sangrientos crímenes, que serán sacados a la luz en el Juicio Final.

Sermón IV. Los opresores serán castigados, pero el pueblo de Dios, preservado. 27:1–13.

1. Leviatán. Una criatura simbólica (reflejada en los mitos de dragones de los semitas paganos), representando al mundo arrogante y turbulento en revuelta contra Dios. Más particularmente representa los sucesivos imperios mundiales de Egipto, Asiria (asociada al rápido Tigris), y Babilonia (asociada al retorcido Éufrates). **2.** Al final de los tiempos habrá ocasión para una bendita contrapartida del dolido Cántico de la Viña de Isaías. El Israel redimido constituirá una **viña** que un Dios santo podrá proteger propiamente de sus enemigos. **4.** Leer con la Versión Berkeley: *No hay ira ahora en Mí. Si hallara ahora espinos y cardos (en ella), lucharía contra ellos y los* *quemaría del todo.* **5. Haga paz.** Incluso a un espino, esto es, a un enemigo del pueblo de Dios, se le extenderá una oportunidad para el perdón y la gracia. El v. **6** debiera ser traducido con la BLA: *En los días venideros Jacob echará raíz....* Que Israel llene el mundo de fruto se refiere a la extensión del cristianismo (que es la fe del verdadero Israel de Dios).

7–12. Dios revela su plan para el futuro de Israel: supervivencia a través de la prueba; purificación por medio del sufrimiento; y destrucción de todos sus enemigos. Traducir el versículo 7 (como Delitzsch): *¿Acaso Él ha herido* (esto es, a Israel) *como lo hirió el que le hirió, o ha sido muerto como han sido muertos aquellos que han sido muertos por Él?* Dios heriría a Israel solamente para castigarla; heriría a sus enemigos para destruirlas para siempre. Leer así el v. **8** (Berkeley): *Repudiándola, apartándola, así trató Él con ella. La removió con su viento tempestuoso en el día del solano.* Esto se refiere, naturalmente, a la cautividad babilónica. El viento solano venía del cálido desierto sirio. **9.** La profecía mira hacia adelante al completo abandono de la idolatría por parte de Israel. **10. Ciudad fortificada.** Las ciudades aparentemente inexpugnables de los conquistadores de Israel, por ejemplo, Nínive y Babilonia. Sus habitantes estaban carentes de comprensión espiritual; no recibirían compasión (como la que sería otorgada al Judá exiliado). **12. Recogerá** a su pueblo. El resto reunido y convertido de Israel. El **río.** El Éufrates.

Volumen V.
AYES SOBRE LOS INCREDULOS DE ISRAEL. 28:1—33:24.

Sermón I. Juicio sobre los ebrios de Efraín y sobre los escarnecedores de Judá. 28:1–29.

A. Sentencia sobre los ebrios de Efraín. 28:1–8.

El decadente Reino del Norte se expone como un ejemplo y advertencia al Reino de Judá. **2.** Aunque el **fuerte y poderoso** de Jehová, Asiria, estaba situado para dar el último golpe destructivo, los efrainitas seguían confiando en la fertilidad de su tierra y en la prosperidad económica, y llevando una vida de libertinaje y de disolución, en la que incluso el clero participaba con unos excesos lamentables (vv. 7, 8). **5.** En contraste con esta gloria efímera y carnal de Efraín está el Señor mismo, que es la única verdadera gloria de Israel, y que un día será reconocido como tal por el remanente de los verdaderos creyentes. Él los energizará para la justicia en el juicio y para la victoria en la guerra.

B. Los escarnios de Judá contestados por la promesa mesiánica de Dios. 28:9–22.

Los vv. **9, 10** nos dan la escarnecedora contestación del partido pro-asirio del rey Acaz, que resistió el impacto de las palabras de Isaías registradas en el párrafo anterior. Se burlaron de sus palabras como 'moralizaciones de maestro de escuela dominical', apropiadas para niños pero carentes de pertinencia para hombres crecidos que comprendían el arte de la política práctica. Rechazaron la enseñanza del profeta como dichos trillados, **mandamiento tras mandamiento, mandato sobre mandato, renglón tras renglón, línea tras línea. 11–13.** La respuesta solemne a estos escarnios. Dios les había ofrecido seguridad y paz si ellos confiaban en Él y se le sometían; pero prefirieron confiar en Asiria (en contra de la coalición norteña). Por ello, tendrían que aprender cuál había sido su error bajo las manos punitivas que hablaban una lengua extranjera (porque la lengua asiria era totalmente incomprensible para los hebreos, aunque lejanamente relacionada con el idioma de ellos). Con los martillazos de la desgracia y de los desastres crecientes, tendrían que aprender su amarga lección **mandato sobre mandato, renglón tras renglón. 14, 15.** Estos escarnecedores son identificados con los altos funcionarios en el gobierno, que habían respaldado la política exterior de Acaz de pagar a los asirios para que se comprometieran en un tratado de alianza. Asiria aplicaba su poder en los intereses del Infierno, y esparcía la muerte y la destrucción por donde pasaba. Pero lo judíos la habían elegido a ella en lugar de a Dios como protector, suponiendo en vano que escaparían así a su poder devastador. Habían hecho un pacto con un poder pagano que consideraba tratados no convenientes como meros papeles mojados: **Hemos puesto nuestro refugio en la mentira.**

16. En contraste a esta supuesta inteligente diplomacia de política de poder, Dios declara la verdadera base de la seguridad de Israel: la persona y la obra del Redentor mesiánico. **Por fundamento una piedra** implica que la expiación de Cristo es la base sobre la que Israel y la Iglesia están edificados; aparte de Él y de sus méritos, no podría haber ninguna Iglesia en absoluto. **En Sion.** El lugar señalado de revelación, la única revelación válida del único Dios verdadero; y del sacrificio cruento, el único camino para la salvación. **Piedra probada** (lit., una piedra de prueba); esto es, una piedra carente de fallos o de grietas. Cristo se mostró superior a las tentaciones más sútiles y astutas que Satanás pudo presentarle. **Angular, preciosa.** Él es de mayor valor que todo el mundo. Él sólo marca la diferencia entre el cielo eterno y el infierno eterno para el pecador. **No se apresure.** Mejor, *no se alarme* o *asuste* (cp. 1 P 2:6; la ASV lo parafrasea, siguiendo a la LXX, "no será avergonzado").

17. Los falsos fundamentos de los sabios mundanos iban a ser violentamente arrastrados en la catástrofe de la invasión asiria, y el tratado de alianza de Judá con Asiria probaría ser un falso refugio. **18. Vuestro pacto con la muerte.** El pacto con Asiria sería anulado cuando el gobierno asirio se volviera contra Judá y la tratara como a un enemigo sometido. En esto, Judá se uniría a una conspiración en revuelta contra Sargón, pero más especialmente contra Senaquerib, quebrantando así los solemnes juramentos de alianza con el gobierno de Asiria. **19.** Las incursiones punitivas de los asirios se repetirían una y otra vez con una intensidad en aumento, hasta la terrible campaña del 701. **20. La cama será corta.** Incluso con la ayuda egipcia, los recursos de Judá serían miserablemente insuficientes para confrontar la presión de Asiria. **21. El monte Perazim.** El lugar donde David, con la ayuda de Dios, derrotó a los filisteos (2 S 5:20). Pero ahora aquel poder de Dios iba a volverse contra sus propios hijos del pacto: una **extraña obra**, a la que Dios se vio obligado por la desobediencia de ellos.

23–29. La situación de Judá se expone en una parábola. El granjero no ara por arar, sino para preparar la cosecha que desea. Así Dios prepara su huerto para la cosecha que desea recoger: la cosecha de justicia de una nación santa. Para este fin, Dios tiene que emplear la fuerza rompedora y trilladora de sus juicios disciplinarios, perfectamente ajustados a las necesidades espirituales de Israel, así como el granjero (utilizando la inteligencia que Dios le ha dado) utiliza los instrumentos apropiados para batir cada tipo de grano.

Sermón II. El desastre espera a los hipócritas. 29:1–24.

1–4. Los descuidados judíos tienen que ser humillados y hechos conscientes delante de Dios. **Ariel**, que significa *hogar de Dios*, es un nombre simbólico de Jerusalén, implicando que los fuegos del juicio de Dios arderían allí (al esparcir los invasores fuego y devastación a sus mismas puertas). **Las fiestas sigan su curso.** Los judíos eran fieles acerca de la celebración de la fiesta de la Pascua, de Pentecostés, y de los Tabernáculos, año tras año, a pesar de que lo hacían con corazones endurecidos e impenitentes. **3. Te sitiaré.** Mediante los asirios como instrumentos en 701. **4. Saldrá del polvo.** Jerusalén iba a ser llevada a una abyecta humillación y a una extremidad en la que suplicaría lastimeramente. **5–8. Serán como sueño...la multitud de todas las naciones.** El Señor dispersaría y destruiría repentinamente a estos sitiadores paganos. Las fuerzas de Senaquerib levantaron el sitio para luchar contra los egipcios en Eltekeh. Fue a su vuelta de aquella victoriosa campaña que cayó sobre ellos el devastador golpe de Dios que aquí se predice. La pérdida de 185.000 soldados en una sola noche fue como la abrumadora destrucción de una poderosa tormenta y de un torbellino. Para los judíos, la repentina desaparición del enemigo sería como el desvanecimiento de una pesadilla cuando el soñador se levanta de su torturado sueño.

9–12. Represión a los compatriotas espiritualmente ciegos de Isaías. Traducir el v. 9: **Deteneos y maravillaos; ofuscaos y cegaos; están embriagados....** Como el borracho hubiera podido evitar su condición entorpecida absteniéndose de beber licor, así aquellos que se habían enceguecido a sí mismos con la necedad del pecado hubieran podido evitar su condición. **10. Jehová derramó sobre vosotros espíritu de sueño, y cerró los ojos de vuestros profetas.** La ceguera judicial era el resultado natural de haber inicialmente rechazado la voluntad de Dios. Incluso los profetas profesionales habían perdido contacto con Dios y no tenían más mensajes de Él. **11. Libro sellado.** La Biblia y los oráculos de los profetas fieles y verdaderos de Dios seguían siendo incomprensibles para los "hombres modernos" del siglo VIII a.C., que creían que ya habían progresado más allá de la pasada moda de sus padres de sumisión a la autoridad de la revelación de Dios. No teniendo, por tanto, autoridad absoluta fuera de sí mismos ni de su razón, no podían sacar nada en claro del mensaje de Dios a ellos mediante las Escrituras. Los vv. **13–16** anuncian la sentencia de Dios de cegamiento judicial sobre todos aquellos que quisieran engañar con una piedad falsa o con una sumisión fingida. **Mandamiento de hombres.** Un mero principio intelectual enseñado por la filosofía moral no es un sustituto satisfactorio a la verdadera rendición de todo corazón. Su **temor de mí**, o piedad, no era nada más que una forma artificial, y no surgía de un amor sincero a Dios por causa de Dios mismo. El conocimiento que retuvieran de la verdad espiritual les sería quitado hasta que nada les quedara sino un estéril agnosticismo o superstición pagana. **15. Encubriendo el consejo.** Los judíos estaban llevando a cabo intrigas secretas con aliados paganos, en cuyo poderío militar confiaban para su liberación, en lugar de a Jehová.

16. Vuestra perversidad. Estaban intentando invertir los verdaderos valores, poniendo al hombre en lo más alto de la escala y a Dios al fondo, y suponiendo que lo creado es de mayor importancia que el Creador. Pero Dios no se halla sometido al corto juicio del hombre ni tolerará que se comporte como si existiera autónomamente, con independencia de la voluntad divina.

17–24. Profecía de la eventual eliminación de la ceguera de Israel. **17.** Es posible que el **Líbano** represente al hombre en su orgullo de sí mismo. Los orgullosos serán talados; pero debido a esta humillación, el arrepentimiento consiguiente hará que el terreno desarbolado crezca como un huerto o arboleda fructíferos (*karmel*). Pero aquellos que producen ahora frutos de justicia pueden más tarde, debido a la negligencia y al descuido, volver a ser un bosque desordenado. **18, 19.** Dios promete un avivamiento en Israel, centrado en los pobres y en los humildes de la manada de Jehová. Entonces la sordera y la ceguera espirituales darán paso a una buena disposición a dar respuesta a las gloriosas verdades del Evangelio, y el resultado será un grupo gozoso de creyentes, elevando himnos de alabanza. **20, 21. Todos los que se desvelan por hacer iniquidad.** Los violentos y los materialistas sin escrúpulos que dominaron la vida económica y política de Israel se encontrarían con su justa retribución y sería eliminados de la república de Dios. **22–24.** El Redentor cumplirá de cierto Su perfecto plan para Israel, y los forjará en un pueblo piadoso y reverente, después de que se hayan arrepentido y abierto sus corazones a la verdad de Cristo.

Sermón III. La confianza en Egipto frente a la confianza en Dios. 30:1-33.

A. *La futilidad de la alianza con Egipto. 30:1-17.*

1–5. El Señor pronuncia aquí ayes sobre aquellos que buscan consejo humano en lugar del divino, y que siguen los dictados de la sabiduría humana. El **pacto** (VM). La alianza secreta con Egipto para sacudirse el yugo de Asiria (política a la que Ezequías fue imprudentemente atraído después de la muerte de Sargón en 705 a.C.). **4. Sus príncipes.** Los nobles judíos incluidos en la embajada a la corte egipcia, que celebraron negociaciones en Hanes (la antigua *Hwt-nn'nsw* —"Casa del hijo del rey"— Heracleopolis) a ochenta kilómetros (50 millas) a sur de Menfis, así como en Zoan (o Tanis) en el nordeste del Delta. **6–17.** El Señor condena aquí la embajada a Egipto. **6. Las bestias del Neguev** (la parte

más meridional de Judá, que se une con el desierto del Sinaí). Aquellas que llevaban a los enviados judíos y a los presentes para el rey de Egipto (Shabaka). El Neguev es, naturalmente, donde moraban estas molestas criaturas. **7. Rahab** (VM) significa "insolenta arrogancia". **Estarse quietos.** Más lit., *son unos asentados*, esto es, son unos holgazanes. **8.** Isaías debía inscribir en una tableta, que tenía que publicarse para conocimiento de todos, que Dios estaba enojado con la gente de Judá, por el caso omiso que ellos hacían a la Biblia, y que por ello serían quebrantados hasta lo último por su terca desobediencia. **10. Decidnos cosas halagüeñas.** Muy moderna es esta exigencia de la congregación de que sus ministros atemperen sus mensajes a los deseos y preferencias del pueblo, en lugar de predicar alguna doctrina impopular derivada de la Palabra de Dios. **11. Quitad de nuestra presencia al Santo de Israel.** No querían saber nada más del Dios de la Biblia, sino solamente de un Dios de amor injusto que no les estorbara seriamente en la prosecución de sus propios planes y deseos. **13.** El muro de voluntad terca que se habían erigido para su protección se derrumbaría repentinamente y les aplastaría matándolos. **14.** Dios quebraría sus iniquidades (o el muro que las simbolizaba) en trozos como de un vaso de cerámica. **15. No quisísteis.** Por medio de Sus profetas Dios les había exhortado a que se volviesen a Él, esto es, que se arrepintieran y a que en **confianza** descansaran en Él, porque entonces los liberaría del tiránico yugo de Asiria. Pero en lugar de ello, pusieron su confianza en los carros de Egipto, como si los caballos pudieran asegurar su victoria, en lugar de en el fuerte brazo del Señor de los Ejércitos. En el día de angustia venidero, apartados del favor de Dios, no podrían resistir siquiera a una fuerza enemiga inferior a ellos en una relación de uno a mil (v. 17), y solamente sobrevivirían unos pocos refugiados esparcidos.

B. *Consuelo para el pueblo castigado y arrepentido de Dios. 30:18-26.*

18. Por tanto, Jehová esperará. A pesar de la infidelidad de la nación como un todo, Jehová esperará y tendrá paciencia con ellos (en lugar de infligir sobre todos ellos la condenación eterna) hasta que un remanente penitente se vuelva a Él en fe; porque bien quisiera Él derramar sobre ellos las riquezas de su bondad en gracia. Aquellos creyentes perseguidos y afligidos que le miraban a Él en espera de la liberación le verían un día infligir juicio sobre los malvados. **19. El pueblo**

morará en Sion. Su propósito último para su pueblo es que puedan morar en seguridad y paz en su santa ciudad. Pero tiene que prepararlos y enseñarlos (traducir **Maestro** en el v. 20, en lugar de **maestros**) mediante la aflicción y las pruebas, dándoles una conducción segura para cada paso e impidiéndoles que se desvíen. Así, mediante el sufrimiento llevaría a Israel a despreciar a sus falsos dioses, que no pudieron salvarlos del desastre (v. 22), y a que abjuraran totalmente de la idolatría.

23–26. Se trata evidentemente de una descripción de las glorias del Milenio (ya que este tipo de prosperidad no es apropiado para una existencia celestial). **El día de la gran matanza** (v. 25) se refiere al Armagedón, cuando los baluartes de los impíos habrán caído en ruinas. La luz intensificada de 30:26 es simbólica de la liberación gloriosa y de la paz al establecerse el reino de David sobre la tierra.

C. Destrucción del poder mundial. 30:27–33.

27, 28. El profeta describe, con un rico simbolismo, la terrible destrucción que caerá sobre las naciones rebeldes de la tierra en el gran conflicto, prenda de lo cual sería la destrucción más cercana del ejército de Senaquerib. Pero incluso al estarse derramando estas copas de la ira divina, el pueblo redimido de Dios habitarán en paz y en gozo, reconociendo que El está llevando a cabo sus justos propósitos y vindicando la autoridad de su santa ley delante de los ángeles y de los hombres. Los **panderos** y las **arpas** de 30:32 son la orquesta que resonaría en alabanza del Señor en Jerusalén al caer su destrucción sobrenatural sobre las huestes de Asiria. **33. Tofet.** El nombre de un lugar de adoración a Moloc en el Valle de los Hijos de Hinom, justo a las afueras de la esquina suroccidental de Jerusalén. Aquí los judíos idólatras, desde la época de Acaz, habían llevado a cabo abominables sacrificios de recién nacidos (2 R 23:10), utilizando hornos especiales para este propósito. Posiblemente el **rey** aquí mencionado no sea el rey de Asiria (porque Senaquerib no sufrió este final), sino más bien Moloc, el dios-rey. Un horno, o Tofet de destrucción, estaba siendo preparado para Asiria, parecido a este horno sacrificial en el Valle de Hinom. Quizás con esto quiera implicarse el juicio final de fuego en el infierno.

Sermón IV. Dios, y no Egipto, debe ser la defensa de Jerusalén. 31:1–9.

1–3. El desastre espera a aquellos que esperan en la fortaleza humana, y no en Dios. Los auxiliadores eran, naturalmente, los egipcios (v. 3), y los auxiliados eran los judíos que hicieron alianza con ellos en contra de Asiria. **4–9.** Dios iba a defender Jerusalén sin ayuda humana. Primero se le compara a un león, invencible y no desfallecido por todos los atacantes al guardar a los suyos. Entonces se compara su protector cuidado al de las aves que sobrevuelan protectivamente. (Las aves **que vuelan** en el v. 5 es de la misma raíz que *pesah* o Pascua.) El llamamiento a arrepentirse y a quitar la idolatría (v. 6) va acompañado de la certeza de que los asediados judíos en Jerusalén, en su apuro más extremado, al lanzarse los asirios contra sus puertas, echarían afuera los ídolos y se confiarían totalmente en Jehová. El v. 8 contiene una predicción de lo más notable de que ningún ejército humano quebrantaría al enemigo, sino que sería un golpe directo de Dios. **9. Su fortaleza;** esto es la fuerza de los asirios se desvanecería de Palestina, huyendo otra vez a Nínive. **Sus banderas.** Evidentemente el estandarte de batalla judío, que indudablemente tenía inscrito el nombre de Jehová.

Sermón V. Liberación final de Israel, y su renovación espiritual. 32:1–20.

La destrucción del ejército asirio señala proféticamente a la última batalla mundial, que introducirá el gobierno de Cristo, el Rey perfecto de Israel. El reino de Cristo cumplirá el ideal de un estado santo, administrando una perfecta justicia por todo lo largo y lo ancho de la tierra. El Rey de Dios proveerá un refugio perfecto a aquellos que busquen refugio en Él, y Él satisfará sus sedientas almas con agua viva. (Señálese que estas bendiciones están ya disponibles en la época actual para los que son espiritualmente ciudadanos de este reino invisible.) Él otorgará a los creyentes una visión espiritual y poder de oir que nunca fallarán, y un corazón entendedor y un testimonio claro que resultará de la transformación completa del nuevo nacimiento. Bajo su gobierno e influencia, los hombres ya no serán más engañados por el príncipe de mentiras sino que verán claramente la diferencia entre la sabiduría moral y la necedad, apreciando lo fátua que es una vida dedicada al mal. Las normas judiciales de Dios llegarán a ser por fin la de los hombres.

9–14. El profeta pronuncia una firme advertencia a las mujeres de la sociedad de Jerusalén, de mentalidad mundana, de que la devastación de la guerra eliminaría los ingresos de ellas y las precipitaría a la pobreza (v. 10). Quedarían reducidas a unos desesperados extremos y a unas lastimeras lamentaciones al quedar destruídas sus mansiones y pasar sus fincas a desierto después del azote de Senaquerib. (En la práctica, cada una de las ciudades judías aparte de Jerusalén fue dada al saqueo y quemada en la campaña del 701, y los distritos agrícolas fueron arruinados por los saqueadores asirios).

15–20. La brillante promesa que se tenía para el futuro era que después de la total destrucción de la tierra (esto parece señalar a la invasión caldea, y más allá), el Espíritu Santo sería derramado sobre el pueblo de Dios. Esto iba a tomar lugar en Pentecostés, como sabemos ahora, y el árido desierto de almas inconversas quedaría transformado en fructíferos huertos. Pero a la luz de 32:18 es necesario ver en esto también una promesa de un gran avivamiento en los 'días postreros'. Juntamente con este derramamiento tan lleno de gracia vendrá una prosperidad sin precedentes y una gran fertilidad, incluso en tierras ahora estériles. Y las condiciones de justicia y de paz salvaguardarán los productos del afán de cada hombre. La guerra quedará totalmente abolida, después de que el bosque del poder y de la soberbia humana haya sido arrasado por el granizo del juicio de Dios. **20.** Esto parece aplicarse a las tierras bien irrigadas y fructíferas al servicio de Israel en los días postreros, donde sus ganados podrán pastar sin estorbo alguno.

Sermón VI. El castigo de los traidores, y el triunfo de Cristo. 33:1–24.

1–6. Una profecía del triunfo de Jehová sobre los traicioneros asirios. Ver 2 R 18:14–36 para el relato de cómo Senaquerib aceptó al principio la indemnización de Ezequías, indemnización que le llevaba a la bancarrota, y como después exigió su rendición incondicional. Los vv. **2, 3** expresan la súplica de los judíos creyentes a Jehová para que les librara en la crisis que se avecinaba, y su admiración y alabanza ante esta intervención especial y derrota de los invasores gentiles. **4. Sus despojos.** El profeta se dirige a los asirios directamente como a ejército derrotado. Leer *tus despojos.* El v. **5** es una afirmación de la gloriosa soberanía de Dios, que iba a ser demostrada en el desastre que cayó sobre los asirios. En su Palabra revelada y en su Santo Templo Él ha llenado a Sion de las bendiciones de la justicia y de rectitud, manifestando estas cualidades en sus propios maravillosos tratos con Israel. **6. La sabiduría y la ciencia.** Una referencia a las bendiciones del avivamiento bajo Ezequías, especialmente en los últimos años de su reinado. **Tus.** Esto se dirige al Judá de aquella generación.

7–12. Una imagen de la situación de Judá cuando Senaquerib devastase la tierra y escarneciera despreciativamente la embajada de paz enviada por Ezequías. La anterior aceptación de parte de los asirios de la indemnización implicaría **un pacto** de paz, pero lo quebrantaría. En el momento más crítico y de impotencia de Judá, Jehová se levantaría y destruiría al ejército invasor, exponiendo lo vacío de su soberbia vanagloriosa, y el desafío que habían hecho a Dios como la ocasión de su fiera condenación. **Cal quemada** (v. 12) implica un quemado tan total que solamente quedarían cenizas, como el pequeño montón que queda después de haber quemado la cal.

13–16. El Señor señala a todos los observadores la moraleja de Su juicio sobre Senaquerib. Los pecadores inconversos de Judá serían lanzados al espanto ante esta prueba del poder de Dios, porque implicaba una amenaza de que sus propias iniquidades serían visitadas sobre ellos. Verían que solamente un creyente sincero y recto puede hallarse seguro ante la llama perpétua de la justa venganza de Dios: **las llamas eternas** (v. 14). La única seguridad verdadera es un andar piadoso que siga las leyes de Dios en la vida práctica. No hay ningún lugar tan seguro como el centro de la voluntad de Dios. Allí el creyente se halla rodeado por el cuidado protector del Señor, y defendido en contra de todos los posibles asaltantes (v. 16).

17–24. Este pasaje, a juzgar por la afirmación de que Jerusalén será inviolable, es un atisbo adelantado del reino Milenial. Por ello el **rey** de Israel (v. 17) tiene que ser Cristo en su esplendor real, reinando sobre un dominio mundial. **18, 19.** El Todopoderoso profetiza la completa eliminación de los asirios de los 'días postreros' de la escena, después de su fracasado asedio. La tranquilidad imperturbable de la Santa Ciudad indica un tiempo después de la finalización de los "tiempos de los gentiles" (cp. Lc 21:24). La presencia de Jehová con una Sion obediente y fiel asegurará su defensa inexpugnable (v. 21). Será como una ciudad rodeada por fosos protectores —impenetrable a los barcos enemigos— y por fructificantes arroyos. No es un mero hombre el soberano sobre Israel, sino Jehová Dios mismo, y esto asegura su liberación definitiva. Pero la nave asiria invasora (hablando figuradamente) se encallará sin remedio alguno, con todos sus aparejos desarbolados; y todo su contenido será botín de los defensores hebreos. Incluso los judíos cojos (v. 23) podrán subir a bordo y saquear al impotente atacante. No habrá más enfermedad espiritual en la tierra purificada y perdonada del Israel de los días postreros.

Volumen VI.
REPRENSIÓN Y PROMESA
GENERALES, II. 34:1—35:10.

Sermón I. Destrucción total del poder gentil mundial. 34:1-17.
1-7. La ira judicial de Dios será derramada sobre todas las naciones rebeldes de la tierra y sobre los poderes de Satanás. Tenemos aquí descrita una escena de carnicería que seguirá a la batalla de Armagedón. El **ejército de los cielos** (v. 4) parece referirse a los poderes angélicos opuestos a Dios, en colaboración con la humanidad inconversa (cp. Ef 6:12 — "los seres espirituales de maldad en los lugares celestiales"; cp. Mt 24:29; Ap 6:12). También se halla envuelta una eliminación o alteración de los cielos (¿inferiores?) tal como estos están ahora constituidos, introduciendo "nuevos cielos y una tierra nueva" (cp. Is 65:17). **5-7.** La profecía aquí representa la destrucción de la humanidad pagana bajo el ejemplo de Edom o Idumea, la nación maldecida por Dios (v. 5). Así como Edom era un hermano enemistado de Israel (siendo Jacob y Esaú sus antecesores respectivos), así también los incrédulos son hermanos enemistados y perdidos de los redimidos. Sus muertos sobre el campo de batalla serán como animales sacrificiales muertos sobre el altar. De ahí lo apropiado de mencionar a Bosra, un famoso centro de pastoreo en Edom. Los bueyes salvajes (**búfalos**, RV) y toros son simbólicos de los invasores conquistadores, que provocarán una sangrienta destrucción por toda la tierra de los edomitas.
8-15. Es una descripción de la venidera desolación absoluta de los dominios edomitas e, implícitamente, la ruina de toda la civilización negadora de Dios de la humanidad no regenerada. La despoblación completa, y la ocupación de aquel lugar por fieras y aves de rapiña se asemeja mucho a lo que se predijo anteriormente de Babilonia (13:21, 22). Babilonia, Moab, y Edom representan todas ellas diferentes fases de la degeneración de la corrompida cultura de la caída humanidad. **11. Destrucción** y asolamiento. En Gn 1:2 se traducen las mismas palabras tōhû y bōhû como "desordenada y vacía". **La cabra salvaje** y la **lechuza** (hebreo, *lîtît*) pueden quizás representar a criaturas demónicas, porque los demonios son habitantes adecuados de estos lugares. **16, 17.** Una fuerte afirmación de que estas predicciones registradas por escrito en el **libro** de Jehová, esto es, las profecías inspiradas de Isaías, se cumplirían literalmente; y que estas

aborrecibles criaturas serían los únicas habitantes permanentes de Edom.

Sermón II. Bendición en el camino de la santidad. 35:1-10.
En violento contraste al futuro del mundo no arrepentido y desafiador de Dios tenemos el futuro del pueblo de Dios. **1, 2.** El florecimiento de la vegetación del desierto simboliza el cambio interno que tiene lugar en el alma redimida. En lugar de una esterilidad árida y muerte espiritual viene el florecer hermoso de una fe nueva y la más madura grandeza de los cedros del Líbano. Los redimidos reflejarán, en cierta medida, la gloria del Salvador que ha aparecido para la redención de ellos. **3, 4. Vuestro Dios viene.** Una certeza alentadora y consoladora para los desalentados y descorazonados, que el Señor intervendrá en la escena del mundo, para someter a la sociedad a las demandas de la rectitud y para rescatar a su pueblo de sus opresores. **5-7.** Garantía de que el poder de Dios tomará el puesto de la debilidad del hombre. Los creyentes podrán ver la verdad de Dios y oír Su voz, andar sin obstáculos por Su camino, y cantar Su testimonio y Su alabanza. Un refrigerio rico y saciador será su porción constante, en lugar del calor abrumador y de la sed ardiente de su pasado irregenerado. Nótese que el **lugar seco** (v. 7; *arena ardiente*) puede haber sido el término hebreo para "espejismo de desierto", que burla al viajero sediento con una visión engañosa de aguas en el horizonte. **8-10.** El pueblo redimido caminará por el **Camino de Santidad**, del que quedará excluido la suciedad moral, así como los rugientes leones de la malignidad satánica. Por aquel camino incluso el viajero torpe y poco avisado, una vez redimido y vuelto a nacer, podrá viajar sin perderse. Y aquellos que viajan por esta carretera desde Babilonia, la Ciudad de Destrucción, estarán caracterizados por un gozo especial del que el mundo no conoce nada, y cantarán un cántico especial de alabanza que los no salvos nunca pueden cantar.

Volumen VII.
EL VOLUMEN DE
EZEQUÍAS 36:1—39:8.

A. Evitación de la destrucción de Judá. 36:1—37:38.

Escena 1. Jehová retado por el poder mundial de Asiria. 36:1-22.

En este apasionante relato tenemos a un lado del campo de batalla al poder implacable y arrogante del mundo, con todas las ventajas materiales de su lado. Por otra parte tenemos al débil remanente de Judá, carente de todo recurso excepto el mismo Dios. Se nos presenta aquí una prueba histórica para demostrar para siempre si es o no Jehová el único y verdadero Dios, el Soberano sobre toda la tierra. **1.** **El año catorce** parece referirse al segundo reinado de Ezequías, esto es, al lapso de tiempo añadido de quince años a la vida del rey, en la época de la enfermedad mortal registrada en Is 38. La enfermedad hubiera tenido lugar el 714, u once años después de la muerte del padre de Ezequías, Acaz. Senaquerib había empezado a reinar en 705, y pasó la mayor parte de su tiempo desde entonces suprimiendo rebeliones en varias partes de su imperio. **Todas las ciudades fortificadas de Judá.** El propio registro de Senaquerib registra un número de cuarenta y seis. **2.** **Rabsaces.** No es un nombre propio, sino el título de un alto funcionario de la corte (originalmente un copero real, ya que el nombre significa "principal vertedor de vino"). Señálese que este reto se da en el mismo lugar en el que Isaías había confrontado a Acaz hacía veintitrés años (cp. Is 7). **3.** **Eliaquim** y **Sebna.** Cp. 22:15–25. **7.** Con gran astucia, el asirio apeló al partido idolátrico en Judá, que estaba dolido por las reformas de Ezequías. **8.** **Que des rehenes.** *Que llegues a un acuerdo* (BLA). Les echó en cara la lastimosa escasez que tenían de caballería y de carros. No tenían suficientes hombres diestros para manejar dos mil caballos incluso si Asiria les daba todos estos. **10.** La blasfema arrogancia de Senaquerib al pretender la autorización de Jehová contiene en sí un inquietante elemento de verdad (cp. 10:5, 6). **11.** En este temprano período el arameo —la lengua siríaca— se estaba convirtiendo en la lengua internacional del Oriente Medio (desplazando el acadio, la lengua nativa del Rabsaces, que había poseído esta posición durante el milenio anterior). Pero el judío medio, no instruido para el comercio exterior, la desconocía. **17.** La política asiria era la de deportar poblaciones rebeldes, como había sucedido en el caso de las diez tribus en 721 a.C. Es digno de señalar que se trata de una oferta de seguridad económica al precio de la libertad, oferta ésta que presentan incluso en la actualidad los modernos representantes de los asirios déspotas de aquel día. **18–20.** **¿Acaso libraron los dioses cada uno a su tierra?** El rey de Asiria consideraba la subyugación de estos principados sirios septentrionales como un triunfo sobre los dioses de las varias naciones. Ciertamente, razonaba él, ningún dios podía ser mayor ni más fuerte que la nación que le servía. La derrota de Israel podría ser interpretada como la derrota del Dios de Israel.

Escena 2. Asiria contestada y juzgada. 37:1–38.

Ezequías **rasgó sus vestidos** en prenda de la más profunda humillación y angustia. Bien sabía que era principalmente responsable él mismo del terrible golpe que el reino había sufrido. Había dejado a un lado las advertencias de Dios (cp. Is 30; 31) y había llevado a cabo la desastrosa alianza con Egipto. Ahora sólo podía volverse en penitencia al profeta cuyas advertencias había dejado de lado. **3.** **Los hijos han llegado hasta el punto de nacer.** La situación de Judá se parecía a la situación desesperada que tiene lugar cuando un bebé aprisionado en la abertura del vientre y no puede pasar. La muerte amenaza tanto a la madre como al hijo. **6, 7.** La primera respuesta de Dios al reto de Senaquerib fue que (a) un rumor de un ataque enemigo haría que Senaquerib levantara el sitio; (b) volvería a Asiria sin volver a imponer el asedio; (c) sería entonces asesinado. **8.** **Libna** estaba a unos dieciséis kilómetros (diez millas) al norte de Laquis, y justo al sur del límite de Dan. **9.** No era **Tirhaca** el rey entonces, sino Shabaka. Tirhaca tiene entonces que haber sido el oficial comandante de la fuerza expedicionaria egipcia en 701 a.C. Su reinado como rey de Egipto no empezó hasta el 688. (O quizás este Tirhaca fue una generación anterior al que vino a ser rey, ya que unas ciertas evidencias inscripcionales indican que el último hubiera sido solamente un niño para este tiempo.) **12.** **Gozán** se hallaba en Padan-arán, a unos 290 kilómetros (180 millas) al oeste de Nínive. **Harán** se hallaba todavía más al oeste, a unos 110 kilómetros (70 millas). Aunque **Resef** y **Telasar** se hallaban en la región del norte de Mesopotamia, su situación se desconoce. Las ciudades nombradas en 37:13 estaban todas ellas en Siria, al norte de Damasco. **15.** Tan profunda era la preocupación del rey y su dolor ante este insulto al Señor Dios que prescindió de intermediarios proféticos, y fue directamente a Dios. **16.** **Que moras entre.** Mejor: *que tienes tu trono entre los querubines* (RVA). Esto es, los querubines del propiciatorio sobre el arca del pacto en el Templo. **19.** Bajo las circunstancia aparentemente desesperadas con que se enfrentaba Ezequías, esta afirmación directa de la singular deidad de Jehová y de la inexistencia de los dioses de los paganos demostraba una robusta fe. **20.** Basó su petición en la necesidad de vindicar la gloria de Dios, no en su propia necesidad personal o la de su pueblo (porque se daba cuenta de lo poco que merecían el favor divino).

21–29. La segunda réplica de Dios, dirigida personalmente a Senaquerib esta vez, así como a Ezequías. **23.** Muy significativo resulta el título **el Santo de Israel,** porque era en este crítico momento que Jehová iba a demostrar su inmedible superioridad sobre sus criaturas, y su dedicación a Israel, su posesión preciosa. **24.** Los **cedros** y los **cipreses** del **Líbano** eran las maderas más escogidas para los madereros. Los asirios presumían de abatir a las naciones más escogidas, incluyendo al pueblo especialmente escogido de Dios. **26.** Cuán fátua era la soberbia de Asiria, porque sus ejércitos habían conseguido la victoria solamente por la voluntad del Dios al que desafiaban. **29.** Dios humillaría a Asiria tratándola como fiera salvaje sometida mediante garfios (utilizados especialmente para toros) y freno, y obligándola a irse de vuelta con sus objetivos incumplidos. **30–32.** El Señor dispuso una señal confirmatoria de la autoridad divina tras esta certeza: los judíos se verían libres de volver a sus arruinados campos y recoger, sin ser molestados en absoluto, lo que naciera de suyo; esto es, la cosecha que crecería de los granos caídos de la cosecha anterior (habiendo durado la invasión hasta entonces desde la primavera hasta el otoño). Al año siguiente dependerían también mayormente de lo que la tierra diera espontáneamente de sí, ya que sus casas, ganados y equipos tendrían que ser reparados o reemplazados. Al año siguiente se dedicarían a la siembra, roturación y siega normales, porque no volverían los merodeadores asirios. (Este es, naturalmente, el cumplimiento hacia el que señala esta "señal", mas que a la destrucción inmediata del ejército de Senaquerib.) **31, 32.** Dios dio la certeza de que los refugiados apiñados tras las murallas de Jerusalén podrían salir y volver a establecer sus ciudades y pueblos (durante el intervalo de 113 años antes de la caída de Jerusalén ante los caldeos). **33.** Después de retirarse para enfrentarse con los egipcios en Eltekeh, Senaquerib no volvería a renovar el asedio, sino que huiría hacia su patria por el camino más corto posible. **35.** La base de esta liberación de Jerusalén de parte de Dios no fue el mérito de la generación contemporánea, sino las promesas de su pacto con David en el pasado. **36.** La asunción usual es que el Señor utilizó una epidemia de peste bubónica, trasmitida por ratas, que se manifestó de una forma galopante, para conseguir esta fuerte mortalidad. Herodoto registra una tradición de una plaga de ratones de campo que royeron todos los cordeles de los arcos de los asirios durante la campaña egipcia. **38.** Este asesinato parece haber tenido lugar veinte años después, el 681. La forma asiria de estos nombres eran *Adadmilki* y *Shar-usur* (el

crimen de los cuales es mencionado en las inscripciones de Esar-hadón y de Assurbanipal). El nombre del ídolo no ha sido todavía identificado en los registros asirios, a no ser que **Nisroc** sea una forma diferente de *Nusku.* (Schrader lo explicó como un participio de *saráku,* que significa "el dispensador", o "el lleno de gracia". Este hubiera podido ser el título de alguna deidad mejor conocida.) La **tierra de Ararat** era la Armenia central. La tradición armenia relata que estos parricidas vivieron para fundar dinastías influyentes en aquella tierra.

B. Evitación de la destrucción del rey de Judá. 38:1—39:8.

Escena 1. Recuperación de Ezequías de su enfermedad mortal. 38:1–22.

Los vv. 5, 6 de este capítulo muestran claramente que, al tiempo de la enfermedad de Ezequías, la amenaza asiria a la existencia de Judá no se manifestaría por muchos años, presumiblemente no sino al final de los adicionales quince años añadidos a la vida del rey. Por ello, esta enfermedad tiene que haber tenido lugar mucho antes de los sucesos de los capítulos precedentes. ¿Por qué se violó de esta manera el orden cronológico en la disposición del material en este libro? Debido a que la profecía de la eventual cautividad babilónica de Judá surgió de la necedad de Ezequías al mostrar su riqueza a los enviados de Caldea. A su vez, esto preparó el marco para los eventos de la parte final del libro (caps. 40–66), que tiende a centrar la atención sobre el exilio y el retorno a Jerusalén. En cuanto a la enfermedad misma, parece haber sido un severo carbunco o abceso, o incluso un cáncer (ver v. 21). **3. Con íntegro corazón;** esto es, con un corazón totalmente sincero y devoto. No pretende una perfección intachable, ni tampoco el hebreo *shālēm* da esta connotación. **8.** A la luz de esta información presenta imposible saber cuántos pasos o grados tenía el reloj de sol de Acaz. Las señales pueden haber indicado horas o quizá medias horas, e incluso cuartos de horas. Tampoco podemos estar seguros de si este milagro involucró una verdadera rotación inversa de la tierra (lo que hubiera provocado violentas perturbaciones geológicas), o si fue provocado por una condición atmosférica especial involucrando una refracción sin precedentes de los rayos del sol. **10–14.** La perspectiva de una muerte penosa y a destiempo arrojó a Ezequías a la desesperación. **12.** En lugar de **corté** (RV) leer *he enrollado* (RVA). Esto es, la tira de tejido, ya finalizada, es arrollada a un huso de tejido. **13. Contaba yo** (RV). Mas bien, *sosegé mi alma* *hasta la mañana. Como león, Él rompe todos mis huesos* (BLA; una expresión proverbial de una aguda angustia mental y del alma).

15 — 20. El tema del segundo movimiento de este salmo es el de alabanza por la gracia de Dios. **15.** Dios ha hablado poderosamente al rey a través de esta gran crisis en su vida. **Andaré humildemente.** Mejor: *andaré en solemne procesión* debido a la [anterior] amargura de mi alma. **16. Por todas estas cosas.** Por tales providencias divinas como la enfermedad y el peligro severos. **Los hombres vivirán**; esto es, conseguirán una continuación de vida o son salvados (espiritualmente). **17.** Traducir con la BLA: *He aquí, por mi bienestar tuve gran amargura.* Mediante esta prueba había aprendido una lección de lo más valiosa. **18. El Seol.** Los habitantes de las regiones infernales no pueden mantener comunión con Dios como lo pueden aquellos que están todavía morando sobre la tierra. Según la teología cristiana, en el Seol los muertos eran encerrados en una sala de espera hasta el día de la resurrección de Cristo (o el Día del Juicio). **19.** Naturalmente, les es imposible a los padres, después que han muerto, enseñar a sus hijos acerca de Dios.

Escena 2. La necia soberbia de Ezequías y la reprensión de Dios. 39:1–8.

1. En babilónico, **Merodac-baladán** era Marduc-apla-iddina: "Marduc ha dado un hijo". En el año 721 este caudillo caldeo consiguió el control de Babilonia y fue aceptado como vasallo por Sargón. Esta embajada suya a Judá para felicitar a Ezequías tenía el ulterior propósito de alistar a Ezequías en una conspiración en contra de Asiria. Pero dos años más tarde Sargón capturó Babilonia, e hizo prisionero al caldeo el 709 a.C. **5.** Dios había confiado estas riquezas terrenas a Ezequías como un depósito, pero Ezequías las consideró como suyas propias, y perdió una maravillosa oportunidad de testificar espiritualmente a estos enviados paganos. Se estaba apropiando la gloria en lugar de dársela a Dios. **6.** Esta misma predicción explícita fue cumplida a pie de la letra en los días de Nabucodonosor. Todo este tesoro se fue como botín a Babilonia (en lugar de a Nínive, la capital de Asiria, como hubiera podido haber supuesto la previsión humana). **8.** Ezequías sintió la justicia de la reprensión de Dios y se inclinó sumisamente bajo ella. Al mismo tiempo se aferró a la consoladora certeza de que por lo menos esta cautividad babilónica no tendría lugar en vida suya.

***Volumen* VIII.
EL VOLUMEN DEL
CONSUELO. 40:1 — 66:24.**

Sección I. El propósito de la paz. 40:1— 48:22.

Sermón I. La majestad soberana de Jehová el Consolador. 40:1–31.

1–11. El Espíritu de Dios proclama aquí el consuelo divino. No hay clara sugerencia en este capítulo (ni en Is 41; 42) en cuanto a qué había caído sobre Israel. No se alude en forma específica ni al exilio ni a la restauración a la tierra. Se afirma simplemente que Israel habrá sufrido un duro servicio militar (ver VM) (**su tiempo** en el v. 2), y que había recibido de Dios doble pena por su pecado. **1. Pueblo mío.** La palabra llena de gracia de un Dios compasivo, guardador del Pacto. **Consolad** (RVA, BLA; en lugar de *consolaos* en RV). Un llamamiento a todos los verdaderos profetas de Dios, desde la época de Isaías hasta el fin del exilio. **2. Hablad al corazón de Jerusalén**, esto es, para suavizar y dar certeza. **Que su pecado es perdonado.** Más lit., *ha sido expiado.* **Doble** puede que se refiera a: (a) el castigo temporal de los setenta años de cautividad, (b) el castigo infinito visitado sobre la persona de Cristo, que llevó nuestros pecados sobre el Calvario.

3. La implicación aquí es que Jehová iba a volver a Jerusalén a través de la ruta del desierto por la que los exiliados volverían a Babilonia, y que un preparativo adecuado para su venida sería la eliminación de los obstáculos y el allanamiento de la calzada. Pero por la aplicación que Mateo hace de este versículo al ministerio de Juan el Bautista (Mt 3:3), es evidente que estas características geográficas simbolizan la árida carencia de vida del alma inconversa. Por ello, los collados simbolizan la soberbia carnal del pecador, y los valles su talante de desesperanza y de autocompasión carnales. **5. La gloria de Jehová** iba a ser revelada mediante (a) la liberación de Ciro de los exiliados de la cautividad babilónica y la restauración de ellos a la tierra prometida; y (b) la liberación efectuada por Cristo de los esclavos en manos de Satanás y la adopción de ellos en la familia de Dios. **Toda carne.** Toda la humanidad testificará esta intervención divina en favor del pueblo redimido.

6, 7. Tomado en sí mismo, el hombre es trágicamente frágil y fugaz, y pronto se desvanece su belleza. Su vida se halla vacía de una verdadera dignidad o significado. Pero la Palabra eterna e infalible de Dios reviste a la humanidad perecedera con un significado y una gloria inmortales.

9–11. La versión aquí de la RVA, **Oh, Sion, tú que anuncias buenas nuevas** (esto es, que predicas el Evangelio) es preferible a la de la RV, *Anunciadora de Sion*. Esta última versión no explica qué persona femenina puede ser que evangelice a Sion (porque el *tú* de este pasaje es femenino en hebreo). Jerusalén, la santa ciudad, tiene que anunciar la venida de Jehová a todas las otras ciudades de Judá. **10. Con poder... recompensa viene con él,** esto es, beneficio para los piadosos y retribución a los impíos. **11. Apacentará... llevará... pastoreará.** Una predicción hermosamente expuesta y vivida por nuestro Señor Jesucristo.

Los vv. **12–17** exponen la incomparable majestad de Jehová como el Creador infinitamente grande y sabio. Según la mitología pagana los dioses de los paganos fueron desovados por la materia pre-existente. Pero este Dios de revelación era eternamente preexistente antes de la creación, y permanece trascendente por encima de su creación, totalmente inaproximable en sabiduría y en profundidad de pensamiento. Esto prepara el marco para la denuncia de la idolatría (vv. 18–20) en toda su lastimosa absurdidad. El labrado de una imagen habla elocuentemente del hecho de que el mismo dios pagano era una criatura de la imaginación del hombre. **21.** Incluso los antecesores de los gentiles (p.ej., Adán, Noé), al principio de la historia, conocían al verdadero Dios-Creador. **22.** Nótese que **círculo** (*hûg*) es compatible con la noción de la tierra como una esfera (o incluso un discoide). **23.** Los grandes de esta tierra —incluso un Senaquerib o un Nabucodonosor— son mera basura (**vanidad**) carente de valor delante del omnipotente Soberano. Son como simiente no arraigada que fácilmente es aventada del suelo sobre el que cae (v. 24). **26.** La grandeza de los cielos estrellados es un recordatorio de cuan insignificante e infinitesimal es el hombre.

27–31. Si entonces el Dios de Israel es este Creador y Soberano omnipotente, Su pueblo no precisa temer nunca que sus problemas y dificultades sean demasiado grandes para que Él los maneje, o que sea incapaz de traer a sus injustos opresores a juicio (incluso a pesar de que los largos años de cautividad que Israel iba a sufrir pudieran darle tal impresión). Su poder para librar y vengarlos nunca puede disminuir ni por fatiga ni por agotamiento. Su sabiduría en el ordenamiento de los asuntos de los hombres se halla más allá de la comprensión de ellos. A Sus hijos, que carecen tanto de decisión como de fortaleza, les da liberalmente todo lo que precisan para su constante progreso y logros espirituales, siempre y cuando esperen confiadamente en Él en esperanza y oración.

Sermón II. Reto de Dios a los incrédulos idólatras. 41:1–29.

1–7. Jehová, como Señor sobre el destino de las naciones y de los hombres, declara aquí Su omnipotente providencia. Las **costas** o *tierras costeras* (v. 1). Las tierras mediterráneas. **Los pueblos.** La humanidad en general, como un agregado de unidades nacionales. Dios condesciende a razonar con ellos sobre la base de aquella inteligencia y consciencia con respecto a la ley moral que Él ha implantado en sus corazones mediante la gracia común. **2. Del oriente al justo** (VM: **Desde Oriente** *un guerrero*). Al futuro conquistador de Babilonia, Ciro el grande de Persia (558 — 529 a.C.). Él iba a venir como siervo ungido de Dios (45:1), un tipo de Cristo, el libertador del pueblo de Dios de su esclavitud. Isaías acentúa el valor evidencia del futuro cumplimiento de estas predicciones con respecto al irresistible triunfo de Ciro bajo la bendición de Dios. **3. Los siguió, pasó... habían entrado.** Traducirlo como tiempo presente o futuro (como, BLA, RVA, VM). **4.** La futura caída de Babilonia y el triunfo de Ciro demostrarían que este Dios de una pequeña y despreciada nación es verdaderamente el Eterno, el Ordenador de los destinos del hombre. **6, 7.** El ídolo manufacturado por los paganos no es más que un instrumento carnal dispuesto para dar a los hombres un cierto sentido de seguridad ante las fuerzas sobrehumanas de la vida.

8–20. Israel, como pueblo elegido del Todopoderoso, es un instrumento de Su soberana providencia. **8.** La primera aparición de la trascendental figura del Siervo de Jehová. El Siervo es aquí la nación creyente de Israel, en oposición a los gentiles incrédulos. La revelancia del pueblo de Israel cae en los hechos de que (1) son los descendientes de Abraham, el amigo de Dios (lit., *mi amador*); y (2) son por ello los herederos de las promesas de pacto (Gn 12:1–3). Como inmigrante de Ur en Sumer, Abraham vino de "los confines de la tierra" (por lo menos desde el punto de vista palestino). De igual manera los cautivos exiliados tendrían que ser reunidos y traídos de Babilonia en 537 a.C. **10.** Aun a pesar de que ninguna nación exiliada había sido nunca, a lo largo de la historia, devuelta a la vida en su patria ancestral, y aun a pesar de que el gobierno gentil no tendría ningún medio práctico para inducir a los judíos a volver a su patria, no obstante Dios haría que esta aparente imposibilidad tuviera lugar. En las palabras de este versículo buscaba fortalecer al pueblo a fin de que triunfaran sobre todo poder terreno (fuera Babilonia o Persia, Grecia o Roma) que tratara de extinguir el testimonio del que eran

portadores. Todos estos imperios paganos caerían y se desvanecerían, en tanto que el pueblo
de Jehová seguiría viviendo y floreciendo.
(¡Asombrosa predicción, asombrosamente
cumplida!) No que Israel conseguiría un gran
poder mundial, sino que su Dios sería su constante fortaleza. Por sí misma, Israel era solamente un débil **gusano** (v. 14), digno
solamente de ser despreciado y pisoteado por
el mundo. Pero como instrumento sumiso en
manos de Dios, sería el medio de derrumbar a
las más poderosas de las naciones y de traerlas a
la ruina. Las oraciones de los fieles desencade-
nan las fuerzas más poderosas de la historia, e
incluso los invencibles ejércitos de Persia,
Grecia, y Roma se desmoronarían ante los
decretos de Dios, dejando al pueblo de Dios
triunfante en medio de las ruínas.

17-20. Estos versículos exhiben con un rico
simbolismo la transformación de vida que
Dios prometiera efectuar para el Israel espiritual. Tanto en la generación que iba a volver
de Babilonia como en todas las generaciones
que iban a venir, Él garantizó que supliría las
necesidades físicas y espirituales de la nación
sierva. Incluso en lo más angustioso de las
dificultades y en los tiempos de los peligros
más graves, Dios supliría abundantemente a
todo Su pueblo de lo que pudiera precisar,
vigorizando sus almas con el refrigerio más
dulce y señalándoles jardines umbríos y
verdes, y arboledas para su deleite espiritual.
Las siete especies de árboles en el v. **19** simbolizan la perfección de la obra de Dios en relación con esto. **20.** Tal provisión llena de gracia
fortalecería poderosamente la fe del pueblo de
Dios al reconocer ellos Su fidelidad y al
gozarse en ella.

21-29. Volviéndose ahora a los gentiles
adoradores de ídolos, Jehová les reta a que
prueben la realidad y el poder de sus ídolos
mediante el ensayo de la profecía y del cumplimiento (v. 22). Su pueblo acusa a estos
falsos dioses de ser totalmente incapaces de
predecir su voluntad y propósito, a través de
sus profetas, y de llevarlo después a cabo. Pero
Jehová, aquí y ahora (v. 25) declara su propósito de suscitar —150 años más tarde— a un
irresistible conquistador del Oriente (que ata-
cará desde el norte), que respetaría el nombre
de Dios y que ejecutaría Su plan. Los imaginarios dioses de los paganos no podían llevar a
cabo un hecho como este. **27.** ¡**He aquí** *mis
profetas!* (VM). Esto es, he aquí los cumplimientos de mis predicciones. Tradúzcase así:
''(Como) el primero (en decir) a Sion: 'He
aquí, contempladlo', yo estaba dando a Jerusalén un mensajero de buenas nuevas'' (esto es,
el mismo Isaías). **28. Ninguno.** Ningún profeta
predictivo entre los devotos de los ídolos.

**Sermón III. El Siervo de Jehová: indivi-
dual y nacional. 42:1-25.**

1-4. Se presenta al Siervo-Mesías como el
entrañable Profeta (pasaje aplicado al Señor
Jesús en Mt 12:18-20). Es evidente que ahora
el Siervo es ahora un individuo y no la nación
de Israel como un todo. Dios podía tener **contentamiento** en él (cp. Mt 3:17). Como el
Escogido, iba a ser la Cabeza federal del pueblo escogido de Dios. Estaría especialmente
energizado por el Espíritu Santo (cp. Is 11:2).
Evitando toda ostentación y exhibición propia,
llevaría a cabo un ministerio discreto y humilde (incluso aun cuando multitudes como
sabemos ahora, fueran a seguirle en los
campos y en los montes). De una manera
entrañable evitaría quebrar **la caña cascada**
(v. 3), esto es, el pecador contrito, o extinguir
el testimonio más débil del más débil de los
creyentes. Tendría un ministerio hacia todas
las naciones, trayéndoles **justicia** o **ley** (en los
vv. 1, 4 *mishpāt* implica las normas o principios de la santidad y de la verdad divinas: la
verdadera fe del evangelio). Además, este
mensaje y esta norma suyas se arraigarían de
una forma permanente en el mundo, incluso en
las **costas** del occidente.

5-9. La doble misión de Dios para su siervo
sería: (a) cumplir las promesas de su pacto con
Israel; y (b) traer la luz de la revelación a los
gentiles. El Creador y Sustentador de la vida
tomaría sobre sí sostener y mantener al Siervo
en su misión terrenal (v. 6). El Evangelio del
Siervo operaría para liberar a todos los creyentes de la cárcel del pecado (v. 7). Toda la
gloria por predecir de una manera exacta los
eventos del porvenir permanece solamente
para Dios. Él no la compartirá con dioses
inventados por el hombre.

Los vv. **10-13** representan a los gentiles cantando alabanza por su liberación y conversión,
y gozándose con el fiel Israel por la conquista
de Dios de todos sus enemigos, su destrucción
de imperios y de sistemas intelectuales hostiles
a su autoridad y verdad. La conquista culminante, naturalmente, será el conflicto final del
Armagedón.

Los vv. **14-17** exponen la promesa de que
Dios visitaría del merecido juicio sobre los
gentiles y restauraría con ternura a su castigado pueblo. Habiéndose reprimido a sí mismo durante los castigos disciplinarios visitados
sobre Su pueblo, ahora lanzaría sus juicios
sobre los poderes paganos simbolizados por
estos montes y collados, y las varias barreras
de agua de Babilonia que mantendrían a los
exiliados judíos en la cautividad (v. 15). **16.
Los ciegos.** Los judíos apóstatas y tercos, que
estaban a punto, mediante el sufrimiento, de

abandonar sus idolatrías y de volver a Dios. Por su larga noche de desgracia y de dolor, el Señor les daría una renovación espiritual, y allanaría todas las dificultades barrando su retorno a Palestina. Pero los paganos idólatras que se aferraban a sus abominaciones los desacreditaría y destruiría (v. 17).

18–25. Jehová llama aquí la atención a la extraña e inexplicable ceguera de su nación-sierva, Israel. Habiendo contemplado los milagros de liberación, los judíos permanecían no obstante cortos de comprensión y obtusos. El propósito de Dios, cuando eligió a Israel, era el de exaltar y dignificar su santa ley mediante un pueblo que la obedeciera. Pero, ay, los judíos habían ignorado su ley por completo; y por ello tendrían que sufrir el expolio a manos de sus enemigos, y el cautiverio en Babilonia. **24.** Dios puso en claro que la derrota y el exilio caerían sobre su pueblo no debido a que fuera incapaz de protegerles, sino porque había decidido y decretado que ellos serían castigados de esta forma.

Sermón IV. La nación testigo redimida de la esclavitud caldea. 43:1–28.

1–7. El Señor promete aquí a Israel una bienaventurada restauración, originándose en Su amor y operando por la redención. **1. Yo te redimí.** Aquí, como a menudo en otros pasajes, la palabra "redimir" viene de *gā'al*, "servir como *gô'ēl*, o pariente-redentor''. Mediante Isaías Dios puso en claro que trataría a Israel como miembros de Su propia familia; demandaría los derechos de ellos y cumpliría en lugar de ellos sus obligaciones. **3.** La base de estas promesas de compañerismo y de liberación por medio del sufrimiento y de la prueba no residía en ninguna superioridad ni mérito por parte de los judíos, sino en el favor y en la gracia inmerecidas de Dios, y en su entrega como Padre a su pueblo del pacto. Él había concedido a los persas, por adelantado, como recompensa por haber liberado al Israel cautivo de Babilonia, el país de Egipto y una parte de Etiopía como adiciones a su imperio (siendo añadidos estos territorios durante el reinado de Cambises, hijo de Ciro). **4. Fuiste.** El pueblo de Israel, precioso a los ojos del Padre debido a que se hallaba investido de las perfecciones del Señor Jesús, imputadas a ellos por la gracia. **5.** Los exiliados dispersos serán reunidos otra vez desde todas las direcciones. Pero por implicación el retorno a Sion parece referirse también a la reunión de todos los elegidos (v. 7) en la Iglesia de Jesucristo, porque incluyen a **todos los llamados de mi nombre**...que **para gloria mía**...**he creado.**

8–13. Aquí la nación-sierva es presentada como testigo de Dios al mundo gentil. El Israel restaurado, curado de su ceguera, iba a ser apto para ser testigo de la verdad y fidelidad del Dios viviente en contraste con los devotos paganos de la idolatría, que no podían dar testimonio de nada como esto en sus propios dioses. Era responsabilidad de Israel proclamar a Jehová como el único Dios que hay, y como el único Salvador de los pecadores. **12.** Nunca hubo ninguna deidad pagana asociada con Jehová en la liberación de Israel de tiranías extranjeras ni de ningún peligro nacional. Nunca mostró el Todopoderoso su poder para salvar excepto cuando su pueblo quitó de en medio de sí la adoración a falsos dioses.

14–21. Este pasaje declara que Dios demostraría su soberanía con el hundimiento del imperio caldeo y el retorno de los judíos a Palestina. Derrumbaría a los caldeos de la preeminencia en que se hallaban y les haría huir de Babilonia ante el avance persa. Era el mismo Dios que abrió camino en medio del Mar Rojo para los hebreos del éxodo, y que ahogó a los carros egipcios que le perseguían. Pero su venidera liberación iba a eclipsar incluso aquella en gloria. Porque Él conduciría a los liberados judíos a través del ardiente Desierto Sirio, y haría que diera corrientes de agua para apagar su sed (probablemente figurativo de la provisión sustentadora que daría a los pioneros a través de los primeros años de privaciones y de sufrimiento). Los animales del desierto que se representan como gozándose de esta provisión de agua pueden prefigurar las naciones gentiles que se beneficiarán del testimonio de los judíos restaurados.

22–28. El ingrato Israel tiene que sufrir primero un desastre nacional antes de que estas bendiciones prometidas puedan serle otorgadas. Cansándose de Dios y de la religión pasada de moda de las Escrituras, se volvían hacia nuevos dioses, nuevas creencias, y hacia aliados paganos. Por ello, aunque mantuvieran las formas de la adoración, lo que realmente traían a Jehová no eran sus ovejas, sino sus corazones no arrepentidos y pecados sin confesar. Lo que el Señor demanda no son ofrendas abundantes y ricas, sino una confianza filial en Él y sumisión a Su voluntad. Pero a pesar de la culpabilidad de su pueblo Dios se proponía cancelar totalmente sus pecados (v. 25), no a causa de ningún mérito abrumador de Israel, sino solamente debido a su propio deseo amante de cumplir las estipulaciones de su pacto. Desde el punto de las leyes de justicia, los judíos no podían alegar nada en defensa de sí mismos, porque incluso el primer padre de ellos en el pacto, Abraham, fue culpable de pecado (al mentir a Faraón y a Abimelec acerca de su relación con su esposa), y sus líderes espirituales se habían vuelto contra Dios (v. 27). Por ello, tendrían que sufrir una catástrofe y vergüenza nacionales (en su cautiverio en Babilonia). **28. Yo profané.** Más bien, *profanaré* (BLA).

Sermón V. Testimonio de Israel por Dios y contra los ídolos. 44:1–28.

1–5. A pesar de la apostasía de Israel, era el pueblo escogido de Dios y el objeto de Su favor inmerecido. **2.** Desde el mismo principio —**desde el vientre**— la había señalado para que fuera su pueblo peculiar, otorgándole el título de **Jesurún**, el *Justo* (cp. Dt 32:15; 33:5, 26): una prenda de su eventual conversión a la santidad del evangelio. Las circunstancias en el reinado de Manasés (indudablemente el período en que Isaías recibió estas revelaciones) pueden haber parecido indicar una apostasía permanente, un apartamiento total de la fe. Pero Dios predice aquí explícitamente que el Israel del futuro recibiría el Agua Viva y el Espíritu Santo mismo que se derramaría sobre ellos (preeminentemente en Pentecostés, Hch 2). **6–8.** Dios presenta otra vez Su reto al mundo idolátrico, afirmando Su existencia eterna y Su singularidad como el único Dios verdadero. De nuevo señala al testimonio de predicciones cumplidas (un fenómeno peculiar de las Escrituras hebreas) como un tipo de evidencia de autoridad divina que ninguna religión de invención humana puede jamás llegar a producir. De este cumplimiento de la profecía es testigo la nación de Israel, dando verificación a todo el mundo de que solamente Jehová es Dios, y que no hay seguridad en ningún otro, sino solamente en Él.

9–20. Jehová denuncia la necedad del politeísmo y la ceguera de los idólatras a las verdades más evidentes. (Esta extensa denuncia iba indudablemente dirigida a fortalecer a los judíos en contra de las atracciones del paganismo durante la prolongada cautividad en Babilonia.) **9. Lo más precioso de ellos.** Los ídolos en los que se deleitaban estos paganos, totalmente adornados con oro y piedras preciosas. **Testigos.** Los mismos devotos espiritualmente ciegos. **11. Serán avergonzados,** al acercarse el terrible juicio de Dios que caerá sobre ellos, y cuando sus ciudades y su imperio queden en ruinas, aun a pesar de haber sido fieles devotos de sus ídolos. **15–17.** Con un sarcasmo inmisericorde el Señor señala la notoria necedad de hacer un dios de una sustancia que se utilizaba como leña. (Juan Knox, al denunciar la idolatría de la Misa, parodió este pasaje con un efecto devastador: "Con parte de la harina hacéis pan para comer, y con el residuo os hacéis un dios ante el cual postraros".) **20.** El idólatra alimenta su alma con **ceniza**; esto es, con unas indignidades abominables y degradantes. De la misma forma, en el reino de la filosofía, los agnósticos que rechazan la Biblia evidencian una ceguera similar a las leyes evidentes e inescapables de causa y efecto (esto es, que el mecanismo del universo demanda un Mecánico que le dé forma). Pero ni los idólatras ni los modernos librepensadores pueden dar respuesta a la importante pregunta: "¿Cómo puedo ser salvo?"

21–23. Tenemos aquí la promesa de misericordia para la nación que se mantiene sobre la verdad de Dios. Los numerosos y graves pecados de los judíos serían cancelados, y podrían acercarse a Dios en busca de perdón, ya que Él actuaría para su redención (al señalar al Mesías como su expiación). Ante estas nuevas del Evangelio los ángeles del cielo cantarían de gozo, y también los santos del AT que esperaban en el Seol la resurrección de Cristo. Incluso la creación no humana, que ansiosamente espera la "manifestación de los hijos de Dios" (Ro 8:19), compartiría este regocijo triunfal.

24–28. Jehová se presenta a sí mismo (1) como el Creador omnipotente, que ha preparado a Israel desde toda la eternidad como Su pueblo redimido; y (2) como el todo-sabio soberano sobre la historia, que hace derrumbar la mezquina sabiduría de los filósofos y sabios de este mundo al exponer las falacias de sus vanas imaginaciones. Los mundanos nunca hubieran creído que Jerusalén y su santo Templo serían totalmente reconstruidos setenta años después de que los caldeos los demolieran; pero la ciudad y el Templo fueron reconstruidos, exactamente como Dios lo había predicho. Los mundanos, también, hubieran escarnecido la sola posibilidad de que los descendientes de los deportados de Nabucodonosor reconstruyeran un Judá repoblado; pero Jehová iba a hacer incluso esto. El menos probable de todos los cumplimientos, para la mente del incrédulo, era la predicción de que los judíos serían liberados por un pagano no israelita como Ciro; y con todo fue así, 150 años después de que el Señor lo predijera.

Sermón VI. Un liberador gentil venidero, y conversión de los paganos. 45:1–25.

1. Su ungido es *māshîah* o Mesías. Como liberador del pueblo de Dios en la esclavitud, como vencedor invicto sobre sus enemigos, Ciro es un tipo del Señor Jesús; y muchas de las promesas dadas a él tienen su cumplimiento espiritual en el ministerio y la carrera de nuestro Redentor. **Las puertas no se cerra-**

rán. Notablemente ejemplificado en la captura de Babilonia en 539 a.C. Mediante una estratagema un contingente persa entró en la ciudad por el lecho seco del río y abrió las puertas al cuerpo principal del ejército desde adentro. **3. Los tesoros escondidos.** Tesoros en los lugares más recónditos. (Ciro secuestró oro y plata por un valor de 630.000.000 dólares USA tan solo a Creso). **4. Te puse sobrenombre.** Más bien, *te pongo sobrenombre*, o *te doy un honroso apellido*, esto es, "mi ungido". **6.** Se pone un gran énfasis en el valor evidencial de nombrar a Ciro de una manera específica con tanta anticipación. El cumplimiento de esta predicción daría una prueba positiva de la autoridad divina de esta profecía y de la soberanía del Revelador, como el único Dios que es.

7. Jehová es el Creador y Sustentador del universo físico, y tambien de la ley moral. La **adversidad** que Él crea es lo contrario a la **paz.** Adversidad es un mal físico, las consecuencias calamitosas del mal hacer. El mal como pecado se origina de la libre agencia moral de los seres creados. **8.** El propósito último de Dios es el de formar una sociedad santa y recta. Como los cielos físicos derraman una lluvia fructífera sobre la tierra, así la influencia espiritual del cielo producirá frutos espirituales en los corazones y en las vidas de aquellos que habitan en la tierra. **9, 10.** Es la parte de la necedad someter a crítico o condena los tratos de Dios con el hombre. Toda comprensión humana de lo que sea recto o torcido se origina en Él como Creador, y por ello nunca puede sobrepasarle a Él ni en excelencia ni en validez. Un niño no puede llamar de una manera justa a sus padres a dar cuenta, como si él poseyera autoridad judicial sobre ellos. ¡Cuanto menos puede un hombre ponerse en actitud crítica frente a Dios!

11–13. Como Creador de los cielos y de la tierra, como Señor de la historia, que hace que suceda lo que predice que sucederá, Jehová invita aquí al pueblo de Israel a poner toda su confianza en Él. **11. Mandadme acerca de mis hijos**... Traducir, con Delitzsch: *confíame a mí el cuidado de tus hijos*. El verbo "mandar", utilizado con el acusativo de la persona y la preposición "acerca", forma un modismo que significa "confiar algo al cuidado de alguien". **13. Yo lo desperté**; esto es, a Ciro el Grande, que financiaría la reconstrucción de Jerusalén y de su Templo sin ninguna inducción monetaria o práctica de ningún tipo.

14–19. Las naciones que caían al sur de Israel serían vencidas por el poder de la verdad de Dios y se verían por ello obligadas a reconocer al Jehová de Israel como único Dios

verdadero. Volviéndose de la idolatría (v. 16), se darían cuenta de que solamente mediante la especial revelación de las Escrituras puede verdaderamente conocerse a Dios. (El cristianismo estuvo, por un tiempo al menos, extendido por las regiones de los sabeos de Arabia del Sur, v. 14*a*; habían también sabeos en la costa etíope del Mar Rojo.) La historia, a la larga, vindicará la verdad de Dios confiada a Israel después de que todas las otras religiones y filosofías hayan caído en el descrédito (v. 14*b*). A través tanto del AT como del NT Dios revela que tiene un sabio propósito al crear la tierra como un lugar para que el hombre morara en ella. **18. En vano.** Más bien, *un caos*. Así, "no la cree como un caos", siendo *tōhû* la palabra traducida como "desordenada" en Gn 1:2. (Pero *tōhû* significa también "en vano", como en Is 45:19.) El Señor no ha dejado a la raza humana a sus propias conjeturas desesperanzadas, sino que ha hablado al pueblo de Su pacto mediante la revelación clara y suficiente de las Escrituras, a fin de que sepan con certidumbre como llegar a Él en una relación de salvación.

20–25. Aquellos gentiles que sobrevivirían al juicio que se iba a visitar sobre sus respectivas naciones son invitados aquí a dejar a un lado su necia adoración a dioses imaginarios y futiles, y a que vengan en fe al Dios único y verdadero, el cual puede llevar a cabo lo que ha predicho, al único que puede salvar del pecado y de la muerte. Todas las naciones quedan incluidas en esta invitación, incluso las más remotas. Podrán ser salvas simplemente mirando en fe al Señor, como el único Dios y Salvador. **23. En justicia.** En cumplimiento de las garantías de su pacto. **Se doblará toda rodilla**, ya bien en la amante sumisión de fe, o bien obligados por su poder abrumador (en la segunda venida de Cristo). **24. Serán avergonzados**, debido a que descubrirán que vendieron sus almas por una mentira y que por ello tienen que ser arrojados a la condenación eterna. **25. La descendencia de Israel.** La simiente del Israel espiritual, siendo todos los que son de la fe considerados como hijos de Abraham (Gá 3:7).

Sermón VII. Caída de Babilonia y preservación de Israel. 46:1—47:15.

1–12. Se contrasta la impotencia de los ídolos paganos con la omnipotencia de Jehová. **1. Bel** (la forma babilónica del nombre Baal). El dios de la atmósfera inferior y de la tierra seca, una deidad patrona de Babilonia. Su nombre aparece en Belsasar, que significa: *¡Bel, protege al rey!* **Nebo.** Nieto de Bel (hijo de Marduc), el dios de la escritura y de la educación. Su nombre aparece en Nabucodonosor, que significa: *¡Nebo, protege la frontera!* Las impotentes imágenes de estos dioses tenían que ser embaladas como equipaje sobre los animales de carga de los refugiados caldeos al huir ellos delante del ejército invasor persa. Los paganos tenían que llevarse a sus dioses, pero Jehová había llevado a Su pueblo y lo había cuidado (v. 3) desde su infancia como nación, y se había impuesto sobre sí cuidar de ellos hasta el mismo fin de su carrera nacional (al final de esta época). **7.** No importa lo caro que sea su material, las imágenes de talla o fundición son impotentes para liberar en una época de verdadera crisis. Pero Jehová Dios es abundantemente poderoso para salvar, porque es distinto de toda deidad conocida en las religiones de invención humana. **8–11.** Se invita a todos los incrédulos y escépticos a que se enfrenten a la evidencia objetiva irrefutable de la profecía y del cumplimiento divinos. Como Jehová había predicho la caída de Jerusalén, los setenta años de exilio, y el retorno a la patria, por ello debería suceder, cumpliéndose la predicción al pie de la letra, y demostrándose que las Escrituras dicen la verdad del Dios único, verdadero y omnipotente. **11.** El **ave** *rapaz* (cp. VM) y el **varón** que ejecuta el **consejo** de Dios son, evidentemente, Ciro de Ansán, la provincia de Persia. **12, 13.** El énfasis se pone aquí sobre la recta vindicación de parte de Dios de Su pueblo injustamente oprimido y aplastado. Esto lleva a un anuncio de la justicia de la salvación (según la cual Dios mantiene las promesas de Su pacto de liberación de la simiente de Abraham).

47:1–7. Este pasaje muestra un cántico de triunfo sobre la vencida Babilonia. Arrojada de su poder imperial, Babilonia iba a ser reducida a la posición lamentable de una joven esclava medio desnuda moliendo comida en la pesada rueda de molino. El silencio y la oscuridad del v. 5 se refieren a la impotencia y a la oscuridad que sería desde entonces su porción. Babilonia no conseguiría nunca más la independencia ni el poder imperial (y después del 539 a.C. nunca lo hizo). **6, 7.** El Señor explica que permitiría la victoria de los caldeos y el cautiverio solamente para el castigo del Israel apóstata. Pero los victoriosos paganos irían más allá de los límites de la decencia humana en sus salvajes malos tratos sobre los cautivos. Además, no reconocerían la justicia divina tras el desastre que iba a caer sobre Judá. Supondrían ellos que eran los señores sobre los destinos de las naciones en base de su propio poder, y que estaban seguros para siempre en su suprema posición.

En los vv. **8–11** Jehová pronuncia la sentencia sobre el humanismo ateo de la cultura babilónica. Babilonia representa a la cultura centrada en el hombre del mundo no regenerado: viviendo en pos de los placeres y de las concupiscencias carnales, renegando de sus responsabilidades hacia un Dios de justicia, e incluso —con la confianza propia que da la megalomanía— negando totalmente la existencia de Dios. La Babilonia de los caldeos (v. 10) combinaba el ateísmo práctico del librepensador con la astrología, la nigromancia, y las supersticiones más burdas. Es digna de señalarse la verdadera modernidad del humanista filosófico: "Yo soy, y no hay (Dios) aparte de mí." El único juicio apropiado para estos degenerados morales e intelectuales era la destrucción repentina y abrumadora, el degüello de los ejércitos de Babilonia (v. 9*a*), y la finalización abrupta de su poder político (todo lo cual sucedió el 539 a.C.).

12–15. Dios reta al mundo soberbio a que evite su destrucción. La antigua Babilonia se enorgullecía de la sabiduría acumulada de sus sabios y de sus magos obradores de maravillas, especialmente de aquellos que habían perfeccionado la ciencia de la astrología y que pretendían ser capaces de predecir fortunas y de conocer anticipadamente cuales eran los días propicios y los no propicios para cada empresa. (La literatura cuneiforme está llena de este tipo de cosas.) Pero el fuego del juicio de Dios iba a destruir todo el entramado de las mentiras de estos 'sabios' y dejaría solamente cenizas tras de sí. Las naciones que habían admirado el brillo de la cultura de Babilonia se volverían desilusionadas a sus propios lugares, dejando que Babilonia se enfrentara a solas con los persas.

Sermón VIII. El honor de Dios mantenido por la liberación de Israel. 48:1–22.

1–11. Dios exhorta aquí a los incrédulos hipócritas entre Su pueblo escogido. Estos israelitas de apariencia piadosa practicaban a escondidas la idolatría (v. 5), y a pesar de ello tenían la desvergüenza de invocar a Jehová también como a su Dios, pretendiendo ser ciudadanos de Su santa ciudad. A fin de exponer la falsedad y vaciedad de aquellos otros dioses con los cuales compartían sus lealtades, Dios les presenta con la prueba de Su existencia como el único verdadero Dios: la prueba irrefutable y objetiva de la predicción cumplida. **3. Las cosas pasadas** (VM). La profecía de la caída de Jerusalén a los caldeos y la deportación a Babilonia. De lo que se trata aquí es que la predicción fue dada mucho tiempo —cien años— antes de su cumplimiento. Ningún ser humano, ni siquiera un devoto a la idolatría inspirado por un demonio, puede predecir de una manera exacta y precisa unos eventos tan perdidos en el futuro. **6. Cosas nuevas.** Las profecías de la liberación de la esclavitud y el retorno a la tierra de Israel, no predichas antes de la generación de Isaías, para que los judíos no se vanagloriaran de que sabían todo acerca de estas cosas ya desde antes (v. 8). Dios bien sabía desde el principio de Israel como nación en la época de Moisés que la piedad de los judíos era principalmente un fraude y que sus oídos estaban cerrados a Su llamamiento a una vida de devoción genuina. Pero debido a que les había elegido y a que había puesto Su nombre sobre ellos, se detendría, a causa de Su gloria, de cortarlos como se merecían. En lugar de ello, los purificaría de sus idolatrías y de sus impurezas espirituales haciéndolos pasar por grandes sufrimientos y llevándolos así al arrepentimiento. **10. Como a plata** (lit., *en la capacidad o calidad de la plata*); esto es, con una llama incluso más ardiente que la necesaria para purificar la mena de la plata. **11. Mi honra no la daré a otro.** Esto es, ya bien (a) la gloria de mi posesión de Israel, que no ha de ser dada a los ídolos ni a los poderes demónicos; o (b) mi gloria en el afinamiento espiritual de Israel no debe ser concedida a los hombres, esto es, a los judíos mismos, como si fueran capaces de una perfección propia.

12-16. Jehová invita a Israel a reconocer Su sabiduría soberana en la utilización de un instrumento pagano para liberarlos. Como Creador eterno, Dios es el Señor de la historia humana y lleva a cabo providencias asombrosas más allá de la capacidad humana de suponer o de predecir. Fue ciertamente una maravilla que Dios llamara al liberador de Israel, Ciro, por su nombre 150 años antes de que naciera, y que le amara como Su instrumento escogido para azotar Babilonia y destruir su poder. Pero es una maravilla aún mayor el hecho de que desde el principio de la raza humana, Dios el Hijo, el "Angel de Jehová" (del AT) y el "Verbo" o *Logos* (del NT), ha hablado una y otra vez a los hijos del pacto de Dios y les ha revelado la voluntad y el plan divinos para el futuro. En el v. 16 el Cristo pre-encarnado se identifica a sí mismo como el enviado por el Padre y el Espíritu para comunicar el mensaje profético de Dios al profeta inspirado.

17-22. Dios reprende amantemente al perverso y terco Israel, exhortando a Su pueblo a que se vuelvan y a que confíen en Él, como durante la peregrinación por el desierto. Lamenta la innecesaria tragedia de su pérdida de la bendición que Él da debido al desvío egoísta de ellos. **18. Paz como un río.** Una fuente constante y abundante de una fructífera bendi-

ción. **Justicia.** La justicia y la santidad implantadas del Dios mismo, operando en y por medio de ellos como unas vastas y profundas ondas, fluyendo en sucesión contínua. **19.** Si Israel hubiera obedecido a Dios, su nombre no habría sido raído (como lo iba a estar durante la cautividad en Babilonia) de la Tierra Prometida. **20.** Un llamamiento por adelantado a los judíos que serían cautivos en 539 a.C. a que no se arraigaran en el suelo pagano de Babilonia, sino que sacaran partido del edicto permisorio de Ciro para volver a Judá. Ellos tendrían que ser los testigos triunfales delante de los gentiles al celebrar esta liberación y al recordar las misericordias de Jehová a sus padres en el anterior retorno desde Egipto. **22.** Aquellos que no quisieran escapar a las contaminaciones de Babilonia nunca conocerían la paz de Dios, estando espiritualmente *descoyuntados* (como implica *rāshā'*, la palabra para **malos**, en su sentido literal). Es de señalar que es con este mismo sentimiento que concluye la Sección II (57:21) de este Volumen VIII.

Sección II. El príncipe de Paz. 49:1—57:21.

En tanto que la Sección I trataba especialmente de la doctrina de Dios, la Sección II trata especialmente de la doctrina de la salvación. La salvación viene solamente de Dios, y mediante el ministerio del Siervo de Jehová. Incluye la liberación de la retribución del pecado, y una nueva vida de protección, gozo y paz. Es de alcance universal.

Sermón I. El Mesías restaurará Israel e iluminará a los gentiles. 49:1-26.

1-7. La divina comisión del Siervo como Profeta se expone en este pasaje. Aunque el Siervo es llamado "Israel" en el v. 3, tenemos que comprender este nombre como aplicado a Aquel en quien se basaba la relación del pacto y en quien descansaban las promesas del pacto, Aquel que en su propia persona cumplía lo que Dios demandaba de un pueblo santo. **1. Desde el vientre.** Se trata indudablemente de una alusión a la anunciación del ángel a la Virgen María (Lc. 1:31-33). Las palabras del Siervo, como espada aguda y afilada, iban a herir las conciencias de los pecadores y también a administrar juicio (Ap. 19:15). **4. Cristo** el Siervo tendría momentos de desaliento, al enfrentarse con una falta de comprensión casi universal, incluso de parte de Sus discípulos. Pero con todo hallaría Su principal satisfacción en "hacer la voluntad del que me envió" (Jn. 4:34). Su comisión sería doble: (1) restaurar Israel a Dios, esto es, el Remanente de verdaderos creyentes que formarían la Iglesia de Jerusalén del período del NT (así como los judíos cristianos de esta edad presente y del avivamiento del final de los tiempos); y (2) traer la luz de la salvación de Dios a todas las naciones de la tierra. **7.** En Su humillación Él sería despreciado y rechazado, incluso por parte de Su propia nación, los judíos. Pero en Su exaltación, después de la victoria en resurrección, llegaría a ser adorado como Señor, incluso por parte de los reyes de los paganos.

8–13. El profeta describe el gozo de aquellos a los que Cristo liberará. **8. En tiempo aceptable.** Una referencia anticipada a "la plenitud del tiempo" cuando el Cristo encarnado se ofreció a Sí mismo al Padre, y fue librado de la malicia de los demonios y de los hombres. En el momento de la expiación en el Calvario, cumplió el pacto de gracia a Abraham y a su simiente. En el poder de aquella expiación venidera Dios restauraría físicamente a los exiliados a su asolado patrimonio en Judá, y repoblaría espiritualmente la herencia arrebatada de Israel al confiarla a una "nación que dé los frutos dignos de ella."

Desde el v. 9 en adelante, la referencia es especialmente espiritual y pertenece a la liberación de los pecadores de la esclavitud por el poder del Evangelio, la provisión de alimento y de bebida para sus almas, y su protección de las presiones del calor de la tentación y de la oposición del mundo hostil. Incluso en **las alturas** (v. 9), esto es, en las desnudas colinas de arena del desierto semiárido, Dios les alimentará en abundancia. Esto es, utilizará el tiempo de aflicción de ellos para su enriquecimiento espiritual. Las barreras montañosas (v. 11) que el interpondrá en el camino de ellos cuando sean vencidas por la fe resultarán peldaños en la ascensión a la gloria. Al fuerte núcleo de los primeros judíos cristianos en Palestina se añadirían los convertidos de todos los gentiles, incluyendo a gentes de tierras tan remotas como la China (la identificación más probable de **Sinim**, v. 12, aunque también se han sugerido Elam y Siena). El v. **13** muestra que el marco de esta acción es universal, y que lo que aquí está a la vista es la era de la Iglesia.

14–26. El Señor ofrece aliento a Israel en vista de su descorazonamiento. En la desgracia y miseria de la Cautividad, sería fácil para Israel sentirse abandonada de Dios. De ahí la alentadora afirmación (vv. 15, 16) de que el amor paterno de Dios sobrepasa al de cualquier madre humana. Los destructores caldeos iban a pasar al olvido, y a su tiempo los paganos convertidos vendrían a Israel a someterse a su Dios, y a reconocer al Mesías como su Salvador y Rey. Así, multitudes de nuevos ciudadanos llenarían con creces los huecos dejados por los judíos que iban a ser muertos

en las guerras caldea, macabea y romana. El Israel espiritual, que después de la Segunda Venida será el Israel cristiano, se encontrará lleno de gozosa incredulidad ante esta tremenda entrada de gentiles nacidos de nuevo. Es muy probable que se refiere el v. 22 a convertidos de los gentiles reuniéndose bajo la bandera de la cruz, y mostrando una preocupación entrañable y amorosa por sus correligionarios judíos. Incluso la realeza gentil puede caer bajo la influencia del Mesías y mostrar una preocupación reverente por la Tierra Santa y su pueblo, sintiéndose honrados en servir de protectores y guardianes de la Iglesia de Cristo. **24. El cautivo** debiera ser traducido como *los cautivos de buena ley*, o aquellos a los que el "poderoso" había capturado en lucha leal. **25.** Estos **valientes** y **tiranos** eran en primer término los caldeos, y después también los seléucidas griegos, que se enfrentarían en numerosas luchas intestinas al luchar dinastías rivales por la supremacía. **26.** Estos opresores serían **embriagados** con la propia sangre de ellos. Aquí otra vez el cumplimiento de la profecía demuestra al mundo el poder soberano de Jehová Dios.

Sermón II. Pecaminosidad de Israel y obediencia del Siervo. 50:1–11.

1–3. No era una inclinación personal lo que estaba haciendo que Dios repudiara a la esposa de su pacto, Israel, durante la cautividad babilónica, sino más bien causa de la propia incorregible iniquidad de Israel y sus oídos sordos a Sus llamadas. Tampoco era debido a que Jehová debiera nada a los caldeos que les vendiera a Judá a la esclavitud. Su omnipotencia era igual para librar a su pueblo de ellos o de otro enemigo, el que fuera, cuando considerara oportuno y apropiado hacerlo así.

4–9. Como contraste, el Señor Jesús es presentado aquí como verdadero Israel, el Siervo totalmente obediente. **Lengua de sabios.** Más bien, *de aquellos que son enseñados* (cp. VM). Esto es, el Mesías hablaría como uno a quien Dios ha enseñado Su verdadero mensaje de consolación para aquellos que están cansados del pecado. **Mañana tras mañana** caracteriza sus tiempos matutinos de oración al Padre. **5.** A diferencia del Israel nacional, el Siervo presentaría a Dios una perfecta obediencia, y buena disposición a soportar la humillación y persecución por causa del Padre. El v. **7** habla proféticamente de la sublime confianza y calma majestuosa que nuestro Salvador mantuvo durante sus sufrimientos aquel Viernes Santo, sostenido por su consciencia de hallarse en el voluntad de Dios (v. 8), y por ello en lo justo, frente a todas las calumnias y ataques de sus enemigos. Estaba confiado en que el Padre le guardaría victorioso a través de la crucifixión y de la sepultura, y que sus oponentes serían inexorablemente consumidos por el juicio divino (v. 9) (hasta el golpe definitivo de la captura de Jerusalén por Tito el 70 d.C.).

10, 11. Dios enviaría liberación a los creyentes, que confían en Él, pero ardiente condenación sobre aquellos que se rebelaran en contra de Su soberanía. Nótese que el Siervo iba a hablar con una autoridad que debía ser obedecida, y que la salvación llegaría a los pecadores solamente mediante la fe, mediante la confianza en el Dios de gracia. La palabra traducida **teas** es probable que signifique *dardos encendidos*. Aquellos incendiarios que quisieran destruir el campamento del Señor serían ellos mismos consumidos por el fuego de la destrucción que habían tratado de infligir a otros.

Sermón III. Aliento a confiar en Dios, sin temer al hombre. 51:1–16.

1–3. Israel tenía que tomar consuelo para el futuro en base de la fidelidad de Dios durante el pasado. Abraham era la piedra de la que sus descendientes habían sido cortados, habiéndole Dios impartido en gracia y fidelidad una calidad de roca. De aquel solo antepasado Dios hizo una nación grande y numerosa. Se propone en el futuro establecerlos en un Edén de los últimos días (en el que será transformado la tierra de Canaán, cuando Israel misma haya sido transformada espiritualmente).

4–8. El Señor promete juzgar el mundo y purificarlo de maldad. **4.** Ley significa aquí ''instrucción autorizada''. La norma de rectitud de Dios será establecida como norma para todas las naciones de la tierra, que se someterán, mediante la conversión, a la autoridad de Jehová, y confiarán en su fortaleza y gracia. Su salvación demostrará ser más duradera que los cielos físicos (que son temporales, debido a que son materiales, en tanto que las almas redimidas morarán para siempre en la presencia de Dios). Ya que todos los incrédulos que han rechazado a Cristo están sentenciados a una destrucción total, ningún creyente debiera estremecerse ante la amenaza del mundo ni ante la hostilidad de los hombres impíos, cuya postura es desesperada, y su condenación cierta.

9–11. El creyente ora porque Dios cumpla verdaderamente Su promesa. **9.** El **brazo** de Jehová implica Su intervención activa, sobrenatural para liberar a Su pueblo y castigar a Sus enemigos. **Rahab** (*arrogancia* o *violencia rugiente*) es aquí un monstruo mitológico que representa a Egipto, que perdió sus mejores carros en el paso del Mar Rojo. **11.** Así como los israelitas del éxodo prorrumpieron en un gozoso cántico de liberación (Ex. 15), así lo harían los deportados retornados en 537 a.C. (siendo este versículo una repetición de Is. 35:10). La escena definitiva es, naturalmente, la gloria del cielo (Ap. 15:3; 21:4).

12–16. Dios habla de nuevo para alentar a Su pueblo, que ha depositado en Él su confianza. Señala la necedad de temer al hombre mortal (que puede solamente matar el cuerpo) más que al Creador omnipotente, que al fin frustra la furia de los opositores más fieros. **14. El preso agobiado.** Mejor, *Aquel que está inclinado* (como un eslavo mísero). Léase el resto del versículo como —*será rápidamente liberado; y no morirá*, etc. Los asirios y caldeos irían a su destrucción, y solamente sobrevivirían los judíos, anteriormente cautivos. **15.** El mar simboliza el mundo turbulento, no regenerado (cp. 57:20). Pero Dios ha puesto Su Palabra inspirada en la boca de Su pueblo del pacto (v. 16); es la posesión de las Escrituras lo que da su importancia a Israel.

Sermón IV. Israel llamado a despertar y a volver al favor de Dios. 51:17 — 52:12.

17–23. Dios anuncia que Él considera la Cautividad una pena suficiente para Israel, y que ha amanecido el nuevo día de perdón. Como el borracho atrae sobre sí el mal por el veneno del licor, así la terca Israel bebería el lento veneno de la desobediencia, e incurriría en la desgracia decretada por la justa ira de Dios. Huérfana de todo caudillaje espiritual entre sus ciudadanos, la nación se encontraría con calamidades que se había merecido abundantemente. Y las calles de Jerusalén quedarían cubiertas de sus muertos, que quedarían arrinconados para el degüello por los ejércitos de Babilonia (v. 20). Pero después les llegaría el turno de los brutales opresores de Judá —que habían pisoteado arrogantemente la forma postrada— de beber del cáliz de la venganza de Dios.

En 52:1–6 Dios comunica Su determinación de restaurar al cautivo Israel por causa de Su nombre y para Su gloria. Por la gracia les hizo el don de Su perfecto poder y belleza espiritual como un equipo ya preparado y acabado, que ellos tenían tan sólo que tomar por la fe. Añade la certeza de que Su nación nunca volvería a quedar tan contaminada por la idolatría como lo había estado bajo Acaz, Manasés y Sedequías. Su pueblo tenía que gozar confiadamente de ''la gloriosa libertad de los hijos de Dios'' (Ro. 8:21). **3.** Habían sido **vendidos** a la esclavitud de balde, solo con las vacías promesas del mundo. Así serían redimidos de la cautividad en Babilonia, sin pagar a Ciro ningún precio de rescate. **5. Injustamente**, o *sin causa adecuada*, por lo que a sus conquistadores concernía. El desprecio arrogante de los paganos hacia el Dios de Israel le llamaba a actuar como correspondía a su nombre del pacto: "Jehová, el Santo de Israel", y a demostrar mediante el hundimiento de Babilonia su soberanía permanente. Este cumplimiento de la profecía confirmaría también la autoridad de la santa Palabra de Dios.

Los vv. **7–10** expresan el gozo y la consolación que el Evangelio trae al pueblo de Dios. Para ellos los mismos pies de los mensajeros son hermosos, debido a que son portadores de la cosa más hermosa en el universo: el amor redentor de Dios. Al llevar a la arruinada Jerusalén las buenas nuevas de que Dios había procurado la liberación de Israel de Babilonia, estos mensajeros iban a servir de tipos de los misioneros del evangelio de la era del NT (Ro. 10:15). **Paz**, o *shalôm*, incluye la reconciliación entre Dios y el hombre, la curación del alma llagada por el pecado, y la prosperidad espiritual de un andar en armonía con Dios. **8. Jehová vuelve.** Referencia al retorno del favor de Dios y también de Su presencia en la Shekinah, en el Segundo Templo, en el Jerusalén reconstruido y restaurado.

11, 12. Esta es una exhortación dirigida de antemano a los judíos del 537 a.C., que tendrían que elegir entre la seguridad económica de su situación en Babilonia y la incertidumbre y las dificultades de volver como pioneros a su tierra ancestral devastada. Pero la seguridad y la pureza de sus almas dependería de huir de aquella contaminada atmósfera, y afirmar sus rostros al cumplimiento del programa de la redención de Dios. **12. No saldréis apresurados.** No serían refugiados escapados (como lo fueran sus antepasados en el éxodo), porque gozarían del patrocinio y del salvoconducto del emperador persa. Pero mucho más importante es que estas garantías humanas serían la defensa de vanguardia del Todopoderoso, que también cubriría su retaguardia.

Sermón V. La expiación sustitutoria del Siervo divino. 52:13 — 53:12.

13–15. Se nos presenta aquí la asombrosa victoria de Cristo por medio de la humillación. **13. Será prosperado** (de *hîśkîl*). La implicación es que Él actuaría con una inteligencia tal que tendría éxito en Sus objetivos. Las palabras de exaltación se hallan apiñadas una sobre la otra a fin de comunicar la idea que Él sería sumamente exaltado, por encima de todos los hombres, hasta la altura del mismo Dios. Las palabras para **engrandecido** y **exaltado**, y

puesto muy en alto son las mismas que se utilizan en 6:1 del Jehová entronizado: "alto y sublime". **14.** Con las palabras **de ti** el profeta habla directamente al divino Mesías, como si contemplándole con la mente. Entonces se dirige al pueblo mismo y vuelve a hablar de Él en tercera persona. Esta desfiguración de Su parecer, sabemos ahora, fue causada a manos de los soldados de Pilato. **14, 15. Como...así.** El quid de esta comparación es el siguiente: Tan asombrosa como fue Su humillación, así de asombrosa sería Su exaltación (como esta se describe en el v. 15). **Rociará** (VM; en la RV dice *asombrará*) es la versión mejor atestiguada de esta palabra de aparición frecuente, aunque algunos han preferido traducirla como "asombrar" (que sería la única vez que se le da este significado a esta raíz en el AT). El rociamiento connota el otorgamiento de purificación espiritual sobre las naciones así evangelizadas. **Los reyes cerrarán ante él la boca,** tanto de asombro como por su incapacidad de decir nada para justificarse a sí mismo. **Lo que nunca les fue contado** a estos reyes paganos sería, naturalmente, el mensaje del evangelio de la salvación por medio de la cruz.

53:1–3. El Siervo considerado por el hombre sería rechazado y despreciado. **1. Anuncio.** Lit., *la cosa oída* (esto es, por el profeta de parte de Dios); por ende, el mensaje profético. **Nuestro anuncio.** El mensaje de Isaías y de sus compañeros profetas. **El brazo de Jehová** es una frase siempre utilizada para designar interposiciones especiales en los asuntos humanos, por los cuales Dios libera a su pueblo y castiga a sus enemigos. Se utiliza especialmente en referencia a los milagros del éxodo. Cristo, entonces, iba a ser el mayor de los milagros de Dios. **2. Renuevo.** Más literalmente, *un niño de pecho* (es una palabra que se utiliza de un bebé que se alimenta del pecho de su madre, así como de un renuevo de un tocón de árbol). **No hay parecer.** Más exactamente, *son forma atractiva.* **Ni hermosura** (*hādār*). Más lit., *majestad o esplendor.* En otras palabras, el Siervo carecería de la grandeza terrena que capta la atención del mundo y su admiración. El **escondimos** incluye aquí al profeta al identificarse él mismo con sus compatriotas espiritualmente ciegos. **3. Desechado entre los hombres.** Más exactamente, *careciendo de hombres de distinción* (como partidarios suyos). **Escondimos de él el rostro.** Más lit., *y* (fue) *como si escondiéramos el rostro de él.* Esto es, los hombre evitarían de una manera persistente afrontar al verdadero Cristo, prefiriendo un "Jesús histórico", que no les perturbaría con su cruz.

4–6. El Siervo, visto desde el punto de vista de Dios, sería el Redentor vicario. **4. Enfermedades.** Como prenda del poder de Cristo de perdonar pecados, curó muchas enfermedades físicas de los hombres. Pero ya que de lo que aquí se trata es del asunto de la enfermedad del alma más que la del cuerpo, sería mejor traducir *pesadumbres* o *desgracias*. **5. Herido.** *Traspasado* o *atravesado*, término éste plenamente apropiado para la crucifixión. **Rebeliones.** Nombre derivado de la raíz "rebelarse", e implicando una revuelta en contra de la soberanía de Dios. **Molido.** Más exactamente, *totalmente aplastado*. **El castigo de nuestra paz**, esto es, el castigo que nos trae nuestra paz, o estado de bienestar (no una mera consecuencia infortunada del pecado del hombre). **6. Como ovejas:** impotentes para defenderse a sí mismas o para escapar del peligro al ser atacadas, y estando perdidas sin un pastor. **Cada cual se apartó por su camino.** Cada uno de nosotros ha preferido su propio camino al camino de Dios; esta es la esencia del pecado o de "descarriarse". **Cargó en él.** Lit., *hizo que se depositara sobre él* o, todavía mejor, *hizo que le encontrara* (cp. Nm 35:19, donde se autoriza al vengador de la sangre a matar al homicida allí donde "lo encontrare" en el camino; utilizándose allí el mismo verbo que aquí.) Nuestras transgresiones debían encontrarle a él en el camino y matarle, como si fuera él el culpable en lugar de nosotros. Nótese que el remedio tenía que tener una aplicación igual de universal (**todos nosotros**) que la necesidad (**todos nosotros**).

7–9. Visto desde el punto de vista del hombre, el sufrimiento del Mesías sería una trágica desgracia sobre un inocente. **7. No abrió su boca**; esto es, en Su propia defensa, ni delante de Caifás ni de Herodes o Pilato. **8. Por cárcel y por juicio.** *Como resultado de coerción y de acción judicial.* Esto es, mediante un juicio injusto se perpetraría un asesinato judicial. **Quitado**, esto es, llevado al lugar de la ejecución. Traducir la siguiente frase como la BLA: *Y en cuanto a su generación, ¿quién tuvo en cuenta que Él fue cortado de la tierra de los vivientes por la transgresión de mi pueblo, a quien el golpe se debía propinar?* **9. Los impíos.** Los dos ladrones homicidas crucificados a sus dos lados. **Los ricos** o *un rico* (BLA, VM). José de Arimatea, en cuyo sepulcro fue enterrado.

10–12. Dios ve el sufrimiento del Mesías como la redención de los pecadores y el triunfo sobre la muerte. **10. Cuando haya puesto su vida en expiación.** Dirigido directamente a Dios: *cuando hayas puesto su vida en expiación*, ya que solamente Dios tiene la pre-

rrogativa de disponer que la vida de Cristo sea una ofrenda en expiación por el pecado (Isaías utiliza la palabra para la ofrenda de expiación —*'āshām*— que involucraba el pago del 120 por ciento de los daños así como la presentación del animal sacrifical). **Verá linaje.** Sus hijos por la fe, cristianos nacidos de nuevo. **Vivirá por largos días.** ¿No se refiere esto a caso a una época posterior a Su muerte y sepultura? Solamente Su resurrección corporal podría cumplir una predicción tal como esta. **11. Por su conocimiento.** A la luz del cumplimiento, este tiene que ser un genitivo objetivo, significando: *por el conocimiento de él* (como Salvador). El versículo prosigue: *. . .justificará mi siervo justo a muchos* (esto es, a los muchos por los que morirá). **12. Parte con los grandes.** Más bien, *con los muchos*, porque es la misma palabra (*hārabbîm*) que la traducida *los muchos* en el v. 11, y ambas se refieren al mismo tipo de gente: los redimidos. **Con los fuertes.** Sus seguidores que luchan la batalla contra Satanás y sus esbirros en el poder de las armas espirituales de Cristo. **Despojos.** El botín de almas preciosas ganadas para Cristo mediante la predicación del Evangelio.

Sermón VI. Bendiciones resultantes para Israel y la Iglesia. 54:1–17.

1–3. Se promete fecundidad y engrandecimiento al Israel post-exílico. Jerusalén iba primero a ser **estéril**, en que su población sería cortada por los caldeos. Pero llegaría el tiempo (especialmente después de la primera venida de Cristo) en que los creyentes en Jehová serían más numerosos que lo que jamás lo había sido antes del exilio (cuando Israel había disfrutado de la posición de esposa del pacto en el hogar que su esposo celestial le había provisto en Palestina). **Ensancha el sitio de tu tienda, y. . .alarga tus cuerdas** (de medir la tierra). El Israel en su fase del NT esparciría la verdadera fe a todas las tierras de los gentiles, cuyas naciones serían consiguientemente "poseídas" por la posteridad de Sion al ser conquistadas por el Evangelio.

4–10. El profeta predice la restauración en gracia de la esposa del pacto de Jehová, Israel. La **vergüenza** de su **juventud** se refiere a sus rebeldes murmuraciones durante el viaje del éxodo, y a las apostasías de la época de los jueces y de la monarquía dividida; la **afrenta** de su **viudez** al cautiverio en Babilonia. **6. Cuando haya sido desechada** (VM, en la RV se usa *repudiada*) parece referirse a la separación de setenta años entre Jehová e Israel. **9.** La promesa tiene que entenderse aquí a la luz de la analogía del Diluvio. Así como Dios prometió a Noé que nunca más habría un diluvio igual, así promete al Israel restaurado que nunca más será echado al exilio. Ya que los judíos fueron realmente echados al exilio después de su revuelta en contra de los romanos el 135 d.C., esto solo puede significar que Dios cuenta a la Iglesia cristiana como el verdadero Israel. **10. Misericordia.** De *hesed*, traducido por la VM, RVA y BLA como *compasión*. Pero ya que implica una entrega mútua o solidaridad entre las partes involucradas en una relación pactual, se traduce mejor como *amor del pacto*.

11–17. El Señor describe la pureza y la gloria del Israel convertido del futuro. Al transformar el evangelio las vidas de los conversos judíos y gentiles, pasarán a ser piedras vivas (1 P. 2:5) erigidas en un templo espiritual, y brillando con la belleza de Cristo, que mora en ellas. Pero la plena gloria de esta nueva ciudad de Dios será la de la Nueva Jerusalén descrita en Ap. 21. La Iglesia estará compuesta de aquellos "enseñados por Jehová" (Is 54:13), como Cristo reafirmara en Jn. 6:45. La libertad definitiva del temor y del terror señala hacia condiciones mileniales. Pero por todo el camino desde el Calvario hasta Armagedón, los enemigos de la Iglesia caerán en una derrota definitiva. **16.** Dios retiene un control soberano sobre las fuerzas de la guerra y la destrucción humanas; nunca pueden realmente salirse de Su control. **17.** El Señor impartirá al redimido Israel una rectitud justificadora que para siempre Él defenderá delante de sus enemigos, sean estos humanos o satánicos.

Sermón VII. La gracia de Dios hacia los pecadores arrepentidos. 55:1–13.

1–5. El precio para la admisión a la vida eterna es arrepentimiento y fe, y nada más. Aquellos que quisieran beber del agua de vida deben primeramente sentirse sedientos (arrepentirse) y, después, estar dispuestos (tener fe) a venir al Salvador (cp. Jn 7:37). El **vino** simboliza el Evangelio como dando ánimo y vigor al alma; la **leche** indica sus cualidades de alimento sustancioso (1 P. 2:2). **2. Lo que no sacia.** El espejismo de la felicidad personal basada en ventajas y bendiciones terrenas. Solamente Dios mismo puede satisfacer el alma humana. El **David** de Is 55:3, 4 es el Hijo Mesiánico de David, ya que se le describe aquí como ejercitando una influencia controladora en la edad venidera. El v. **5** es una predicción de que los gentiles serán convertidos y se unirán al Israel redimido debido al Dios de ellos. **6, 7.** En vista de estas radiantes promesas para el futuro, se apremia a los pecadores que respondan ahora a la invitación del Evangelio en tanto que tienen todavía oportunidad. **8–11.**

La gracia de Dios sobrepasa a la comprensión humana, pero tiene garantizada su eficacia mediante la predicación fiel e inspirada de la Palabra (**que sale de mi boca**). **12, 13.** Cuando se oiga y obedezca la Palabra de Dios, los redimidos quedarán libres de su esclavitud y entrarán en el gozo y en la paz. Toda la naturaleza a su alrededor compartirá esta exultación ante la gracia manifestada de Dios. Y algún día la naturaleza compartirá ciertamente la libertad y la gloria de los hijos de Dios (Ro 8:21).

Sermón VIII. Los gentiles tienen que ser incluidos en la bendición de Israel. 56:1–8.

Aquí tenemos una exhortación a los creyentes a que mantengan el testimonio de una vida piadosa. A su debido tiempo segarán "si no desfallecen". La amante observancia del sábado se enfatiza de una forma especial como una señal del pacto dando testimonio de una fe salvadora. Se les asegura a los gentiles convertidos a la fe de Israel una ciudadanía total y permanente en el reino de Dios. A los eunucos (y por implicación a todos los creyentes sin descendencia) que manifiesten una fe salvadora por su vida piadosa tienen la certeza de la vida eterna y una gloria mucho mayor que la de una larga línea de descendientes. Quedan incluidos dos grupos en el verdadero pueblo de Dios: los conversos gentiles y los proscritos de Israel. Contrastados con los creyentes nominales e insinceros, ellos mostrarán un amor cordial por el sábado y una adhesión cordial al pacto.

Sermón IX. Condena de los corrompidos líderes de Israel. 56:9 — 57:21.

9–12. La denuncia de los profetas profesionales faltos de escrúpulos y llenos de egoísmo de Israel. (Este pasaje vuelve al examen de las degeneradas condiciones morales de la propia época de Isaías, tales como las que prevalecían en el reinado de Manasés.) Estos profetas son descritos como **atalayas...ciegos**, como vigías que no vigilan. Son como perros que no ladran para advertir a los hombres del peligro, estando solamente interesados en llenar sus propios estómagos. O, como pastores faltos de entenderas, que están tan ocupados en sus intereses propios que no se preocupan de sus ovejas, sino que se dedican a embriagarse. **57:1–2.** Dios expresa Su indignación ante el apuro de los creyentes fieles y conscientes sometidos a explotación por parte de los conductores crueles e inmorales de la sociedad judía. Un ejemplo notable de tales conductores lo fue el rey Manasés, que "derramó sangre inocente en gran cantidad, hasta que llenó Jerusalén de extremo a extremo" (2 R 21:16). Y con todo estos mártires se libraron en realidad de los horrores del venidero asedio y exilio de Judá, y habían entrado a la paz del "seno de Abraham" (Lc 16:22), esperando allí la resurrección de Cristo.

Los vv. 3–10 describen las abominaciones de la idolatría de Judá. 3. Se infiere la paternidad corrompida de los idólatras de sus prácticas degeneradas. 4. Hacían muecas de burla y de desprecio contra Jehová. 5. Con los ídolos. Más bien, *entre los robles* (BLA, RVA). Se permitían la participación en rituales orgiásticos sexuales en los encinares y llevaban a cabo sacrificios de niños. 6. Valle. Allí derramaban sus libaciones a sus ídolos. 7. En los lugares altos se hallaban sus santuarios idolátricos, en los que cometían sus adulterios espirituales. 8. Ensanchaste tu cama. Una referencia al hecho de que adoraban a varios dioses paganos a la vez. 9. El rey es probable que se refiera al rey-dios, Moloc, y no a un rey humano. 10. A pesar de la amargura y de la servidumbre que les comportaba su vida impía, el pueblo de Judá se hallaba demasiado enamorado de sus caminos para dejarlos.

11–13. Todos estas componendas teológicas las habían hecho bajo la presión de poderes paganos —aunque tales poderes son poderes puramente mortales—, y al mismo tiempo habían dejado a un lado a su paciente Dios. En las invasiones que vendrían tendrían que buscar en sus impotentes ídolos una liberación que no llegaría. Solamente los verdaderos creyentes heredarían el Reino de Dios.

14–21. El profeta habla de la misericordia de Dios sobre los verdaderamente arrepentidos. Allanad se refiere a la construcción de una carretera a través del campo amontonado un gran montículo de tierra y piedras para salvar los desniveles. Los tropiezos son los corazones impenitentes e idolátricos. El v. 15 presenta la clásica afirmación de las Escrituras de las dos moradas de Dios. Para hacer vivir; esto es, para restaurar la vida a lo que está espiritualmente muerto. 16. El espíritu, esto es, del pecador culpable al ser reprendido. 17. Esta codicia (*besa'*) es probablemente la expresión hebrea que se acerca más a la palabra castellana "egoísmo". 18. La gracia de Dios es otorgada sin el menor de los méritos humanos que pueda merecerla.

19. El Señor concede bendiciones que inspiran a los labios humanos a ofrecer adoración y alabanza: fruto de labios (cp. He 13:15). Los hombres le alaban por una paz genuina y perfecta (aquí se utiliza *shâlôm*, como en Is 26:3). Lejos —los conversos gentiles; cercano— los judíos convertidos (cp. Ef 2:17). 20. Los impíos es aquí la palabra para "los moralmente descoyuntados" (*râshâ'*). Los incon-

versos no pueden nunca hallar la verdadera paz, sino que son arrojados al final sobre la playa del tiempo como cienos y lodos.

Sección III. El programa de paz. 58:1—66:24.

En esta tercera sección de Isaías el énfasis recae sobre el Espíritu Santo al aplicar y extender él la obra de la redención. Se bosqueja el programa de Dios hasta el final de la edad y el comenzamiento del mundo nuevo.

Sermón I. La adoración falsa contrastada con la verdadera. 58:1–14.

1–7. Se denuncia aquí la hipocresía de la piedad de Israel. Se llama al profeta a que denuncia implacablemente la falsa fe de los judíos, con su pose santurrona durante los servicios de adoración y sus ostentosos ayunos, para ser pronto seguidos por las mismas malas acciones e impiedad que antes (v. 4). No hay ninguna observancia religiosa que sea de ningún valor para Jehová que no esté apoyada en una vida piadosa y cumplidora de la ley, y en compasión hacia los necesitados. El comportamiento justo, el fruto de la fe salvadora, asegurará el amanecer de la liberación (v. 8) para la infeliz Judá; la justicia del amor compasivo allanará el terreno delante del fiel ejército de Dios al proseguir su avance.

8–14. El Señor promete restaurar la comunión y la bendición a aquellos que abandonen la hipocresía. 9. El dedo amenazador; esto es, blandido en falsa acusación de los inocentes. 10. Tu oscuridad será como el mediodía; esto es, "tu actual estado de calamidad y de angustia será sustituido por el brillo del favor de Dios". 11. Como manantial de aguas. La influencia piadosa de un creyente cálido que comparte sus bendiciones con otros. 12. La nueva república (después del exilio) iba a ser erigida por creyentes sinceros y dedicados que estaban verdaderamente dispuestos a vivir para Dios. Ellos repararían el mal resultante de la perversa hipocresía de sus antepasados. 13. Una evidencia de lo más significativa del amor sincero hacia el Señor y el deleite con el que un creyente santifica el día de reposo para el servicio y la alabanza de Dios (en lugar de utilizarlo con propósitos egoístas y de gratificación propia). 14. Alturas. Exaltación y prosperidad espirituales.

Sermón II. Confesión de Israel y su rescate por Dios. 59:1–21.

1–8. Este pasaje describe la asombrosa disgregación moral de la sociedad judía que armoniza perfectamente con lo que conocemos de la degeneración del reinado de Manasés. Isaías les contó al pueblo por qué Dios no oía su clamor para ser liberados del opresivo yugo de Asiria. **5. Huevos de áspides.** Lo que se sugiere es que el pueblo apóstata eran como serpientes venenosas que producen influencias malvadas calculadas para destruir a los no avisados que se fían de ellas. Las redes de maldad que habían tejido no serían un medio para esconder su desnudez delante del ojo escrutador de Dios en el día del juicio (v. 6). Habían consagrado cada uno de los miembros de su cuerpo a la maldad y a la impiedad. **8.** La paz con otros demanda una buena voluntad amante de la que son incapaces los impíos; ni tampoco pueden nunca gozar de contentamiento ni de paz en sus propios corazones.

9–15a. Las dolorosas consecuencias de esta depravación de la vida se exponen con claridad. **9.** Judá había venido a ser una víctima de la injusticia y de la opresión de Asiria, y todas sus esperanzas de independencia y de prosperidad eran de contínuo aplastadas y abatidas al suelo. **10. A mediodía como de noche.** Mejor, *en el crepúsculo.* La verdad de Dios brillaba resplandecientemente sobre ellos, pero habían sido lanzados a las tinieblas de la ignorancia espiritual y de la calamidad nacional. La palabra hebrea para **lugares oscuros** no aparece en ningún otro pasaje, pero probablemente debiera ser traducida como *hombres concupiscentes* (así lo hace la ASV): entre los que los debilitados judíos eran como cadáveres en relación con ellos. **12–15.** Este pasaje tiene el tono de una confesión humilde de una culpa y una maldad agravada inexcusables. **15. A sí mismo se hace presa.** Esto es, cualquiera que intentara vivir una vida piadosa se hacía víctima de los implacables sicarios que dominaban la sociedad israelita.

En los vv. **15b–21** . predice la propia interposición personal de Dios para rescatar a los impotentes pecadores de su culpa y servidumbre. Aquí la perspectiva es desde el Calvario. **16.** Enojado como estaba Jehová con el total fracaso moral de los judíos, estaba también angustiado ante la ausencia de ningún mediador humano calificado de Israel. El único camino que le quedaba era venir a ser Él mismo el Mediador —**lo salvó su brazo**— en la persona de Jesucristo, el único que estaba revestido de una justicia impecable e impenetrable a los dardos de Satanás. **18.** Pero la Primera Venida se combina aquí con la Segunda, en la que el Mesías vendrá a aplastar el poder mundial (en Armagedón) y a poner en vigor los santos preceptos de Dios sobre todos los habitantes de la tierra. **19.** Todo el mundo vendrá a reverenciar a Jehová, y su Santo Espíritu repelerá con éxito todos los ataques sobre su pueblo redimido. (La traducción suma-

mente diferente de la BLA en el v. 19*b* depende de la traducción de los palabras muy infrecuentes; es de preferirse la RV.) **20. Redentor** aquí es *gô'ēl,* "pariente-redentor", que involucra un parentesco de sangre (en el que Dios no podía entrar, excepto en la encarnación de Cristo). **21.** El verdadero pueblo de Dios será siempre un pueblo testificante, fielmente proclamando la verdad del Evangelio en el poder del Espíritu Santo.

Sermón III. Resplendor y paz del pueblo redimido por Dios. 60:1–22.

1–3. El profeta declara que la oscuridad del mundo tiene que ser vencida por la luz de Israel. La perspectiva es la de la primera venida de Cristo, porque Él es la luz que iba a venir a los judíos. Y Su Iglesia sería la luz, esto es, el reflejo de Su gloriosa perfección y amor, y el canal para su verdad para alcanzar a los paganos. El Evangelio del NT iba a tener un poderoso atractivo para los gentiles que el Evangelio del AT nunca lo había tenido.

4–9. Aquí se describe a los conversos gentiles como entrando en multitudes en el Reino y presentando todas sus posesiones, talentos, y acciones de gracias y alabanzas al Señor. Quizás estos conversos debieran ser contados como hijos de Dios por adopción, y por ello los **hijos** e **hijas** de Israel (v. 4). O bien puede tratarse de los judíos dispersos que iban a ser acompañados y escoltados por los cristianos gentiles al entrar ellos por la fe en el Reino de Dios. Es muy notable que, en su origen, todos estos tesoros que se ofrecen sean preponderantemente árabes. Quizás hay aquí la sugerencia que un día el Islam se volverá a la Cruz. Todos estos inmigrantes a la Tierra Prometida se asemejan a **palomas** volando en su rapidez ardorosa y en sus grandes números (v. 8). Son llevados allí por su *esperanza* (v. 9) o confianza en el Señor. La procesión ha de ser conducida *en primer lugar* por los navíos de gran porte: los de Tarsis.

10–14. Aquí el Espíritu nos da una visión de la gloria y de la paz de la Sion milenial, al unir las manos los creyentes gentiles con los creyentes judíos para establecer la nueva teocracia y su gloriosa capital, Jerusalén. (Lo terrenal de este marco parece impedir asignarlo al cielo.) El imperio del Mesías será supremo y no anidará ni oposiciones ni rebelión (v. 12). Evidentemente (como en Ez 40—48) se tiene que erigir un hermoso Templo en Sion (Is 60:13), al cual incluso los descendientes convertidos de los perseguidores de Israel acudirán como adoradores. **15–22.** La gloria del reino milenial se contrasta con la ignominia del apóstata reino pre-exílico de Israel: gloria en lugar de desprecio, riqueza en lugar de pobreza (vv. 16, 17*a*), justicia en lugar de injusticia (v. 17*b*), una paz sin fin en lugar de derramamientos de sangre y de guerras (v. 18), la luz gloriosa del favor de Dios y su presencia perpétuamente (v. 19, versículo que señala específicamente hacia las futuras condiciones en el cielo; cp. Ap 22:3–5), un avivamiento contínuo y una piedad prevalente en toda la sociedad, más bien que las apostasías recurrentes y los apagamientos del Israel del AT (Is 60:21). El plan de Dios para una raza perfectamente recta y obediente será por fin conseguido sobre la tierra (v. 21*b*), al expandirse una pequeña minoría de verdaderos creyentes para formar grandes números y una poderosa nación (v. 22). (En el v. 16 la atrevida imaginería indica que así como la madre da energía vital al dar el pecho a su niño, así las naciones y sus conductores darán su energía vital al servicio de la iglesia milenial.)

Sermón IV. El evangelio dador de gozo del Ungido. 61:1–11.

1–3. Cristo es aquí presentado como energizado por el Espíritu para predicar el Evangelio liberador y transformador en lo más íntimo del ser (pasaje que Cristo se aplica a sí mismo en Lc 4:18–21). El Evangelio está especialmente destinado a los **abatidos** (esto es, a los humildes, que reconocen sus propios pecados y la necesidad que tienen de un Salvador) y **los quebrantados de corazón** (que se arrepienten de sus pecados). Es un mensaje de liberación de la esclavitud, de consolación en la tristeza, y de poder de Dios para una nueva santidad de vida: **árboles de justicia, plantío de Jehová** (v. 3). Este Evangelio promete también el recto juicio de Dios sobre todas las fuerzas del mal impenitente: **el día de venganza del Dios nuestro** (v. 2).

4–9. Una imagen de la gloria de la nueva vida que tomará el lugar de la vieja. El nuevo Israel, cargado de la energía del Evangelio de Cristo, reconstruirá la estructura de la teocracia que ha sido plagada por las terribles consecuencias de la desobediencia y de la infidelidad. **5.** Los conversos gentiles se unirán en la obra pastoral y en el servicio del Reino, en una voluntaria sumisión a los apóstoles judíos y a las Escrituras judías, y se presentarán contentadamente a sí mismos y todas sus posesiones, al Señor. **7. Doble.** La doble gloria o bendición de (a) membresía en la familia de Dios, (b) posesión de Cristo mismo como su Señor residente en ellos y su Compañero. **8. Latrocinio** (o *rapacidad*) *en relación con* (mejor que **para**) **holocausto** era lo que caracterizaba a la mayoría hipócrita de Israel, pero no tendrá

lugar alguno en el Reino. Los sinceros judíos redimidos poseerán una posición de gobierno e influyente entre toda la humanidad en aquel día postrero (v. 9).

10, 11. El creyente vuelto a nacer da una respuesta gozosa a estas promesas llenas de gracia. Ha sido revestido de la justicia imputada de Cristo y ha sido adornado con su gracia como una pareja desposada son adornados para la boda. Se goza en el Salvador como su principal bien, y en el triunfo de la justicia en la tierra.

Sermón V. Restauración de Sion; destrucción de los paganos infieles. 62:1—63:6.

1–5. La belleza de la justicia imputada e impartida de Sion se expone en este pasaje, juntamente con su nueva posición como la santa esposa de Cristo. Dios no quedará permanentemente frustrado en su plan de crear una nación santa, a pesar del triste registro de los fracasos y apostasías de Israel. **4.** En los 'postreros días' ella exhibirá la justicia de Cristo y recibirá, con ello, un nuevo nombre: **Hefzi-bá,** *Mi deleite está en ella.* Y su tierra será llamada **Beula,** *Desposada.* En el v. 5 altérese el punto de vocalización en *bānāyik,* ''tus hijos'' a *bōnāyik,* ''tus edificadores'', un plural mayestático para ''Tu Edificador'' (Jehová); esto evita la implicación de una relación incestuosa en la palabra ''hijos'', y forma un paralelo perfecto con la segunda mitad del versículo.

6–12. La gracia preservadora de Dios garantiza que esta belleza será conferida sobre Israel en la Segunda Venida de Cristo. Los profetas fieles y diligentes que traen a la mente las palabras de Dios (**los que os acordáis**) persistirán en predicación y oración hasta que quede establecido el reino terrenal del Mesías. Desde aquel tiempo y en adelante, ninguna invasión arrasará las cosechas de Palestina (predicción ésta que solamente puede cumplirse en el Milenio). En el v. **10** tenemos llamamiento al arrepentimiento muy similar al que se halla en el 57:14. El **pendón,** o *enseña,* es la cruz de Cristo. **12.** El pueblo del Jerusalén de los últimos días será muy opuesto a lo que eran en la época de Isaías y de sus sucesores inmediatos: un pueblo no santo, dejado a merced de sus enemigos, y no buscados por la gracia liberadora de Dios, sino abandonado a las consecuencias de la apostasía.

63:1–6. El juicio divino será inflingido sobre el poder mundial (en contraste a la final bendición de Israel). **1.** Aquí de nuevo (como en 34:5, 6) **Edom** tipifica al mundo rebelde como implacablemente hostil al pueblo de Dios (Amós 1:11). **Bosra** en Edom sugiere el verbo *bāsar*, "cortar racimos de uvas, recoger la vendimia". Se presenta a Cristo vistiendo ropas teñidas de sangre. Esta es la sangre de aquellos que han de ser muertos en Armagedón (cp. Ap 19:13), donde Él conseguirá por sí mismo la victoria (así como sólo la consiguió en el Calvario). En los vv. **3–6** Cristo da respuesta a la pregunta que hace el profeta en el v. 2. **Mi brazo** (v. 5) como en el 59:16 significa la interposición personal de Dios en la arena de la historia. La escena aquí es la misma que en Ap. 14:18, 19. Un mundo rechazador de Cristo y escarnecedor del Evangelio no le deja al Señor con otra alternativa, sino que tiene que arrojar una terrible y horrenda destrucción cuando se haya consumido el tiempo de su paciencia.

Sermón VI. Súplica de ayuda de Israel, basada en las pasadas misericordias. 63:7 — 64:12.

63:7–9. Israel canta un cántico de acción de gracias por el amor entrañable de Jehová hacia los hijos de su pacto, que ha compartido todas sus pruebas y angustias. **10–14.** El profeta recuerda la ingrata rebelión de Israel, que llevó al Señor a disciplinar a su pueblo escogido como si fueran sus enemigos. Omítase el **diciendo** del v. 11, que debiera estar en cursiva como palabra añadida. La pregunta que empieza con **¿Dónde...?** es hecha por el profeta como portavoz de Israel. **14. Los pastoreó,** esto es, durante la peregrinación por el desierto bajo Moisés y Aarón (el **pastor** mencionado en el v. 11). **15–19.** Estos versículos presentan la súplica de los apóstatas arrepentidos de que Dios dejara de estar apartado de ellos, y que otra vez les mostrara Su entrañable amor (incluso si Abraham y Jacob los hubieran rechazado a causa de su infidelidad). **18. Por poco tiempo.** Alrededor de 800 años para el tiempo de la caída de Jerusalén en 587 a.C. (y solamente 673 años después de ello: desde el 538 a.C. hasta el 135 d.C.).

64:1–7. Isaías representa al pueblo de Israel como suplicando a Jehová para que intervenga en la escena del mundo y para que ponga en vigor las demandas de su santidad y soberanía. **1.** La imaginería es reminiscente de la erupción del Monte Sinaí. **2.** Los rectos del pueblo está doloridos ante el desprecio que los hombres muestran ante Dios, con una impunidad aparente. Reconocen que el Señor no puede intervenir adecuadamente para liberar, a no ser que Su pueblo camine en amor y en obediencia (v. 5), en tanto que el pueblo de Israel (y, con mayor razón, el resto de la humanidad) se hallan contaminados por el pecado; incluso sus pretensiones de justicia (v. 6) se hallan vicia-

das por un motivo básicamente egoísta, y no por un amor supremo a Dios (lo único que puede ser la base de la verdadera moralidad; cp. Dt 6:5). **8–12.** Reconociendo su propia culpabilidad inexcusable, los penitentes israelitas suplican solamente las promesas llenas de gracia del pacto de Dios, y presentan su tierra devastada y su Templo arruinado como argumentos en pos de su piedad y compasión.

Sermón VII. La misericordia de Dios reservada al Israel espiritual. 65:1–25.

1–7. Esta es una mordiente acusación de la hipócrita nación judía de la época de Isaías, que profesaban ser una gente santa y recta (v. 5), y que a pesar de ello practicaban todas las execrables abominaciones de los paganos. (Esta descripción sería totalmente inapropiada del Israel post-exílico, que había abandonado la idolatría de una manera definitiva). **1. Gente que no invocaba mi nombre.** Los gentiles (según Ro 10:20, 21), que un día darían respuesta al Evangelio, en tanto que la nación del pacto permanecía endurecidamente en su postura de rechazar a Cristo. Las advertencias y las llamadas llenas de amor habían probado ser totalmente ineficaces; no había otra alternativa sino el bien merecido castigo del cautiverio babilónica (y de la expulsión de Palestina efectuada por los romanos en 135 d.C.).

8–12. Pero este castigo inevitable quedaría detenido por un tiempo, para preparar un remanente de verdaderos creyentes para una bendición futura. El racimo del v. **8** se compone, principalmente, de uvas estropeadas o marchitadas; unas pocas de sus uvas son redondas y dulces. Por razones de sentimiento, y debido a que es el racimo más temprano de la estación de la cosecha, el labrador no lo tira. **11. Fortuna** y **Destino.** Esta última palabra introduce el negro juego de palabras del versículo **12. Yo también os destinaré a la espada. 13–16.** El destino último del Israel desobediente se contrasta con el del Israel espiritual. Los judíos incrédulos sufrirán un hambre, y sed de alma, y los tormentos del infierno; pero los fieles gozarán de los deleites del cielo para siempre, y serán llamados por otro nombre (v. 15), posiblemente el de "cristianos".

17–25. Aquí se da una visión adelantada de la felicidad milenial sobre la tierra, después que ha sido purificada de incrédulos. **17.** La designación **nuevos cielos y nueva tierra** se aplica al reino milenial solamente como una etapa preliminar a las glorias eternas del cielo (la Nueva Jerusalén de Ap 21; 22) — así como Pentecostés debía ser considerado (Hch 2:17) como la introducción de los 'días postreros', aunque tuvo lugar por lo menos diecinueve siglos antes de la Segunda Venida. **20.** Esta predicción requiere las condiciones de una ciudad terrena, en la que nacen niños y los viejos mueren (aunque la media de vida será mucho más dilatada). Esta escena final es la de una sociedad libre de guerras, capitalista (v. 22), en la que incluso los animales de presa se han vuelto mansos e inofensivos (como en 11:7–9).

Sermón VIII. Bendición de los verdaderos creyentes en la edad final. 66:1–24.

1–4. Jehová condena el externalismo en la adoración. El Todopoderoso no precisa de templos construidos por el hombre para morar en ellos, ni de animales sacrificiales para alimentarse (¡qué contraste con el concepto pagano!) Es un corazón arrepentido y contrito lo que Él demanda. Un sacrificio válido es un sello sacramental de la fe. Aparte de la fe, el ofrecimiento de animales en sacrificio es tan abominable a Dios como el asesinato, o el ofrecimiento de un animal impuro (v. 3). Aquellos que se apartan de este llamamiento encontrarán para su tristeza que él se apartará también cuando ellos clamen.

5–9. Se predice aquí la maravillosa liberación del remanente arrepentido. La mayoría incrédula se burla de los sinceros creyentes en la Biblia, retando a su Dios a que exhiba su gloria mediante un milagro de liberación o de venganza, si puede. La respuesta de Jehová a este reto vendrá cuando los sitiadores caldeos entren en un asalto tumultuoso por los muros de Jerusalén (v. 6). En los 'días postreros' (que empezaron en Pentecostés) aquel remanente se tenía que multiplicar prodigiosamente en un pueblo grande y numeroso al predicarse el Evangelio. Y sin los dolores de parto, la enormemente dispersa compañía de la Iglesia cristiana surgiría por todos los rincones del Imperio Romano en una sola generación.

10–14. En la comodidad y prosperidad de la edad milenial, toda la compañía de creyentes gozará de una paz y abundancia ininterrumplidas (**como un río,** v. 12) y ejercerá una influencia totalmente controladora sobre todo el mundo. Las relaciones más estrechas y entrañables serán las que hayan entre la Israel de los días postreros y su Dios. Un castigo decisivo e inmediato caerá sobre todos los injustos y los desobedientes.

15–17. Los incrédulos idólatras serán consignados al fuego del infierno (como se reafirma en 2 Ts 1:7–9). **17. Unos tras otros.** Más bien, *detrás de una persona*; esto es, detrás del conductor de un falso culto que encabeza ceremonias de purificación idolátricas (p. ej., Jaazanías, en Ez 8:11).

18–21. La gloria de Dios se manifestará a todo el mundo, esto es, a todos los **escapados** de las destrucciones de Armagedón, y que se habrán reunido como adherentes de la Iglesia milenial. Evidentemente, habrá una extensa actividad misionera foránea. Se mencionan Tarsis (el Mediterráneo occidental), **Fut** (el sur de Egipto, quizás Somalia), **Lud** (probablemente Lidia, en Asia Menor), **Tubal** (al sudeste del Mar Negro), y **Javán** (Grecia). **20, 21.** Todos los judíos regenerados de la Diáspora serán honrosamente escoltados por sus correligionarios gentiles a Palestina. Posiblemente recibirán la bienvenida como igualmente santos (**para sacerdotes y levitas**) con los judíos ya en la tierra. O quizás **de ellos** se refiera a los creyentes gentiles mismos.

22–24. El establecimiento de nuevos cielos y de nueva tierra introducirá el estado definitivo, permanente e inmutable, de tanto los redimidos como de los condenados. Evidentemente, la aparición regular de toda la humanidad en Jerusalén para la adoración es figura de la entrega y adhesión religiosas a Jehová como el Dios único y verdadero. Pero las visitas a Jerusalén serían cosa lógica durante el decurso del período de los mil años. Los fieles contemplarán los cadáveres de aquellos que se han unido en el último asalto del poder mundial en Jerusalén, llenando el campo de batalla, y los abominarán a ellos y aquello por lo cual lucharon ellos en su vida. Nótese que no se dice que los cadáveres estarán allí siempre. Las almas de los malvados serán consignadas a los eternos tormentos del infierno (como Cristo reafirmará en Mr. 9:48).

Así llega a su final la majestuosa trilogía del Volumen VIII con un atisbo del destino eterno de toda la humanidad. La obra expiatoria del Siervo de Jehová ha echado los fundamentos de una nueva república, para unos Nuevos Cielos y una Nueva Tierra que jamás pasarán.

BIBLIOGRAFÍA

ALEXANDER, J.A. *Commentary on Isaiah.* Grand Rapids: Kregel Publications, 1992.

ALLEMAN, H.C., y FLACK, E.E. *Old Testament Commentary.* Filadelfia: Muhlenberg Press, 1948.

ALLIS, O.T. *The Unity of Isaiah.* Filadelfia: Presbyterian and Reformed Publishing Company, 1950.

BENTZEN, A. *Introduction to the Old Testament.* 2 Vol. Copenhagen: G.E.C. Gads Forlag, 1948.

BURROWS, MILLAR. *The Dead Sea Scrolls.* Nueva York: Viking Press. 1955.

DELITZSCH, FRANZ. *Commentary on Isaiah.* 2 vols. Grand Rapids: Wm. B. Eerdmans Publishing Co., reimpresión 1949.

DUHM, BERNHARD. *Israel's Propheten.* Tübingen: J.C.B. Mohr, 1916.

KISSANE, E.J. *The Book of Isaiah.* 2 vols. Dublin: Browne and Nolan, 1941.

MOELLER, WILHELM. *Grundriss für Alttestamentliche Einleitung.* Berlin: Evangelische Verlagsanstalt. 1958.

NÄGELSBACH, CARL W.E. *Isaiah (A Commentary on the Holy Scriptures).* Edited by J.P. Lange. Grand Rapids: Zondervan Publishing House, reimpresión s. f.

PFEIFFER, ROBERT H. *Introduction to the Old Testament.* Nueva York: Harper and Brothers, 1941.

ROBINSON, GEORGE L. "Isaiah," *International Standard Bible Encyclopaedia.* Editado por James Orr. Vol. III. Grand Rapids: Wm. B. Eerdmans Publishing Co., 1946.

SCOTT, R.B.Y., *et al.* "Isaiah," *The Interpreter's Bible.* Vol. 5. Nueva York: Abingdon Press, 1956.

SKINNER, J. *The Book of the Prophet Isaiah (Cambridge Bible for Schools and Colleges).* Cambridge: The University Press, 1951.

STEINMUELLER, J.E. *Companion to Scripture Studies.* 2 vols. Nueva York: Wagner Press, 1942.

UNGER, MERRILL F. *Introductory Guide to the Old Testament.* Grand Rapids: Zondervan Publishing House, 1952.

YOUNG, EDWARD J. *Studies in Isaiah.* Grand Rapids: Wm B. Eerdmans Publishing Co., 1954.

———. *Who Wrote Isaiah?* Grand Rapids: Wm B. Eerdmans Publishing Co., 1958.

COMENTARIOS EN ESPAÑOL

FITCH, W. "Isaías," *Nuevo Comentario Bíblico,* Editado por D. Guthrie, J.A. Motyer, M. Stibbs, y D. J. Wiseman El Paso: Casa Bautista de Publicaciones, 1978.

GUFFIN, G.L. *Isaías: Heme Aquí, Envíame a Mí.* El Paso: Casa Bautista de Publicaciones, 1982.

HENRY, MATTHEW. *Comentario Matthew Henry: Isaías-Lamentaciones.* Terrassa, España: Editorial CLIE.

IRONSIDE, H.A. *Estudios Sobre el Libro de Isaías.* Terrassa: España: Editorial CLIE.

MARTIN, ALFRED. *Isaías: La Salvación del Señor.* (Serie "Comentario Bíblico Portavoz). Grand Rapids: Editorial Portavoz, 1990.

YOUNG, EDWARD J. *Introducción al Antiguo Testamento.* Grand Rapids: T.E.L.L., 1977.

JEREMÍAS

INTRODUCCIÓN

La vida y la época de Jeremías. La historia del Reino de Judá después de la muerte de Salomón y de la división de su reino ha sido considerada como cuatro decadencias religiosas y tres avivamientos. Josías (640–609 a.C.) fue el último buen rey. Durante su reinado tuvo lugar el bien conocido avivamiento ocasionado por el hallazgo del libro de la Ley. Este fue el último avivamiento. Después de esta época la historia judaica es de decadencia política, moral y religiosa constante, culminando con el exilio a Babilonia. Este último período de decadencia fue la época del ministerio del profeta Jeremías.

Este fue el período durante el cual surgió el nuevo Imperio Babilónico. A la mitad del período del Reino Dividido, Asiria había dominado el Creciente Fértil. Pero después de la caída de su capital Nínive, en 612 a.C., el Imperio Asirio se desintegró, y Babilonia pasó a ser la dueña del mundo civilizado. El vano intento de los egipcios de establecer su autoridad en esta crisis de imperios dejó su impronta en la historia bíblica. De hecho, parece por las fuentes bíblicas que habían dos partidos en la corte de Jerusalén. El partido pro-egipcio creía que Egipto estaba reviviendo como poder mundial y que los judíos se tenían que apoyar en él como baluarte frente a la agresión babilónica. Los pro-babilónicos veían en la creciente estrella de Babilonia un poder invencible, y apremiaban a la sumisión a ella como el precio para la pervivencia de la existencia nacional. Los profetas aconsejaban no mirar ni a Egipto ni a Babilonia, sino a confiar en Dios.

Jeremías comenzó su ministerio en el año trece de Josías (626 a.C.), cinco años después del avivamiento. Su ministerio prosiguió hasta los primeros años del exilio. Murió en Egipto, probablemente pocos años después de la destrucción de Jerusalén, que tuvo lugar en 587 a.C.

Josías fue muerto en 609 a.C., en Meguido, en su fracasado intento de detener al faraón Necao, que se dirigía a sostener al tambaleante Imperio Asirio. Joacaz, el hijo de Josías, sucedió a su padre en Jerusalén. Es evidente que Necao creía que Joacaz pertenecía al partido pro-babilónico, porque se lo llevó cautivo consigo a Egipto (después de haber reinado por tres meses) e impuso a Joacim como rey (609-598 a.C.). Joacim fue un gobernante muy fuerte y muy malvado. Intentó, en una variedad de ocasiones, silenciar a Jeremías. Durante su reinado Jeremías dictó su primer libro, que fue rápidamente destruido por el rey (Jer 36). Durante su reinado también tuvo lugar la batalla de Carquemis (605 a.C.) en la que Egipto quedó aplastado por el príncipe heredero babilónico, Nabucodonosor, que poco después llegó a ser el rey de Babilonia. A partir de entonces el Imperio Babilónico estaba ya en marcha hacia el dominio mundial.

La victoria de Nabucodonosor en Carquemis fue seguida de la conquista de Palestina, lo que hizo caer a Judá en la órbita babilónica. Unos cuantos hebreos (Daniel entre ellos) fueron entonces deportados a Babilonia. Más tarde Joacim se rebeló. Siguieron muchos problemas para Judá, incluyendo posiblemente otra captura babilónica de Jerusalén. En medio de todas estas turbulencias, Joacim murió — posiblemente víctima de un motín palaciego — después de un reinado de once años

Joaquín, el hijo de Joacim, sucedió a su padre en el trono. Jeremías llama a este rey Conías y Jeconías (22:24, 28; 24:1; 27:20; 29:2). Cuando Joaquín había reinado solamente tres meses, los babilonios atacaron a Jerusalén (en un intento retardado de aplastar la revuelta de Joacim) y se llevó a Joaquín a Babilonia (597 a.C.), juntamente con otros judíos notables y muchos artesanos. Después de treinta y siete años de confinamiento allí, Joaquín fue liberado de su encarcelamiento en Babilonia.

En lugar de Joaquín, Nabucodonosor señaló a Sedequías, tío de Joaquín. Durante once años mantuvo una precaria posición como vasallo de Nabucodonosor en el trono. Tenía un carácter débil, pero protegió a Jeremías de los intentos de los nobles en contra de su vida y escuchó los consejos de Jeremías, aunque nunca pudo llevarlos a cabo. Inevitablemente, también él se vio atrapado pro el espejismo de la independencia, y se rebeló. En el año noveno de Sedequías, Nabucodonosor empezó el asedio de Jerusalén; en el año undécimo de Sedequías, la ciudad fue capturada y destruida. Sedequías, al que le sacaron los ojos, fue llevado cautivo a Babilonia, juntamente con más de los compatriotas de Jeremías.

En cuanto a los sucesos en Judá después de la destrucción de Jerusalén, dependemos casi exclusivamente de Jeremías (caps. 40–45). Jeremías y muchos del común del pueblo quedaron en la tierra bajo Gedalías, el gobernador marioneta judío. Después de revueltas civiles, en las que Gedalías fue asesinado, ciertos judíos, indudablemente restos del partido pro-egipcio, huyeron a Egipto, obligando a Jeremías a que les acompañara. En Egipto el profeta murió.

La muerte de Jeremías lleva la historia del reino hebreo a su fin. La proclamación de Ciro, permitiendo a los exiliados que volvieran a Judá, fue la señal inicial para la época del Segundo Estado.

Jeremías: El hombre y su mensaje. Jeremías el sacerdote fue llamado al oficio profético en una época sumamente desdichada. El avivamiento de Josías había llegado a su fin y sus resultados habían sido efímeros. La decadencia final había empezado ya. Cuando el profeta fue llamado, se intimó que su mensaje sería de condenación y no de salvación. A lo largo de su dilatado ministerio cubriendo más de cuarenta años, su predicación reflejó este tema del juicio. Dios se había levantado tempranamente, y había enviado a sus siervos los profetas, pero Israel no quería oir. Ahora era inevitable el destino predicho a una nación apóstata en Dt 28–30. Babilonia capturaría Judá. Y sería mejor que el pueblo se sometiera con gracia y que así salvaran sus vidas.

Este mensaje, viniendo a unos hombres cuyo desesperado nacionalismo era todo a lo que podía aferrarse, fue totalmente rechazado, y el portador del mensaje fue rechazado juntamente con su mensaje. Jeremías era considerado como un metomentodo y un traidor; y el pueblo, los nobles y los reyes intentaron, cada uno a su vez, librarse de él dándole muerte.

Comprendemos más claramente la personalidad de Jeremías que la de ningún otro profeta. Esto se debe al hecho de que su libro se halla repleto de secciones autobiográficas: "confesiones de Jeremías". Estos derramamientos del espíritu humano constituyen unas de las afirmaciones más punzantes y patéticas de la tensión de un hombre bajo el imperativo divino que puedan hallarse en lugar alguno de las Escrituras. Se relacionan más abajo. Nos muestran un Jeremías tímido, sensible, y temeroso de los "rostros" del pueblo, una persona que consideraríamos de lo más poco adecuada para la obra que le fue confiada.

Que se aferrara tenazmente a la obra que le había sido asignada a través de los años sucesivos de rechazo y de persecución constituye a la vez un tributo al valor de este hombre y a la gracia de Dios, sin la cual seguramente su personalidad se hubiera partido en pedazos.

Confesiones de Jeremías

10:23, 24	17:9–11, 14–18
11:18 — 12:6	18:18–23
15:10–21	20:7–18

La redacción del libro. El libro de Jeremías no se halla dispuesto en un orden cronológico. Este comentario da la fecha de cada sección o capítulo, esto es, el tiempo en que tuvieron lugar los sucesos o en que se pronunció la profecía, siempre que tal fecha se conozca. No sabemos por qué este libro fue dispuesto de esta forma. Cada bosquejo que se haga de Jeremías es algo arbitrario. El que se da más adelante trata de mostrar la unidad del libro.

Es imposible, en el estado actual de nuestros conocimientos, conocer las circunstancias de la redacción de este libro. Muchos comentaristas modernos creen que ciertas partes del libro no fueron escritas por Jeremías, sino por escritores posteriores, cuyo punto de vista difiere marcadamente del punto de vista del profeta. La postura mantenida en este comentario es que hay buenas razones para mantener la actitud conservadora hacia la paternidad del libro: que en su estado presente es sustancialmente obra de Jeremías y de su escriba, Baruc (cp. Jer 45:1).

Parece probable que el libro pasara por un número de distintas ediciones, conteniendo cada una de las sucesivas material adicional. La historia de la redacción de su primera edición, de su destrucción, y de la redacción de la segunda edición, con adiciones, se relata en el capítulo 36. Es indudable que hubieron sucesivas revisiones. Se ha señalado durante mucho tiempo que la traducción griega de Jeremías como aparece en la Septuaginta, hecha en Egipto antes del 132 a.C., es mucho más corta que el libro hebreo, del que se han hecho nuestras versiones castellanas. Además, la Septuaginta omite muchas de las repeticiones que se contienen en la copia hebrea, y reordena algo el material. No es posible en la actualidad llegar a ninguna conclusión certera acerca de la relación de la Septuaginta con el texto hebreo, y este comentario, basándose como se basa en la Biblia en castellano, sigue al Jeremías hebreo.

El enemigo del norte. A lo largo de los sermones de Jeremías aparecen referencias al enemigo del *norte* que devastaría a Judá y la llevaría cautiva. El cap. 4 es típico de estos oráculos: El enemigo destruirá como un león o como un torbellino, dejando a la tierra como el caos primordial. ¿Quién es este enemigo destructor? El cumplimiento indica que el enemigo del norte es Babilonia. Aunque Babilonia se halla en la misma latitud que Samaria, sus invasiones de Palestina venían siempre del norte, ya que el desierto que separaba a las dos naciones era impasable. El punto de vista de que el enemigo del norte en algunas partes del libro se refiere a los escitas no parece ser sostenido en la actualidad tan ampliamente como lo había sido antes, y puede rechazarse tranquilamente.

En algunas ocasiones se utiliza *norte* como origen de los conquistadores de Babilonia (50:3, 9, 41; 51:48). Esta utilización del término es más difícil de explicar. Los persas, que fueron los principales conquistadores de Babilonia, venían del este. Es probable que aquí *norte* venga a significar el origen de toda angustia, habiéndose llegado a tal expresión debido a que, durante tanto tiempo, las angustias de Israel habían provenido de aquella dirección. Se puede hallar una explicación adicional en el hecho de que los medos, situados al norte, se unieron con los babilonios en la captura de Nínive. Ver nota sobre Jer 50:11.

Las Cartas de Laquis. Laquis, en las faldas de los montes de Judea, era una de una serie de fortalezas que se mantenía para la defensa de Jerusalén en contra de ataques procedentes de la llanura del Mediterráneo. Fue una de las últimas ciudades en caer ante los babilonios antes de la toma final y destrucción de Jerusalén (Jer 34:7, nota). Se ha arrojado una luz interesante acerca de estos movidos últimos días de la historia de Judá con un descubrimiento en las ruínas de la antigua Laquis. Cuando se estaba excavando la ciudad (entre 1932 y 1938), se halló en el portillo de la guardia de la puerta más exterior veintiuna cartas escritas sobre trozos rotos de cerámica. Estaban escritas en la antigua grafía hebrea, con tinta de carbón y hierro, y con fecha de la época de Jeremías, cuando Laquis estaba sufriendo su último asedio.

Muchas de estas cartas estaban escritas por un cierto Hoshaiah, un oficial militar en un destacamento cercano a Laquis, a Yaosh, el comandante de Laquis. Su lenguaje es muy similar al del libro de Jeremías. Hoshaiah se está defendiendo constantemente ante su superior. ¿Pudiera ser que se sospechara de él

que estaba dispuesto a pasarse a los babilonios? Una vez describe a uno de los príncipes en palabras casi idénticas a las que los príncipes utilizaran contra Jeremías (Jer 38:4). Hay mención del "profeta" cuyo mensaje es "Cuidaos". ¿Se trata de una referencia a Jeremías? No podemos estar seguros. Según el libro de Jeremías, habían profetas en abundancia en aquellos turbulentos días. Otra carta menciona la imposibilidad de parte de Hoshaiah de ver las señales de humo de Azeca, aunque podían seguir viendo las de Laquis. Quizás Azeca hubiera caído para aquel entonces (cp. Jer 34:7). Aunque los significados específicos de muchas de las referencias a estas cartas nos eluden, las cartas nos arrojan una vívida luz sobre los turbulentos y terribles días precisamente anteriores a la caída del reino de Judá. (Para una traducción de esta correspondencia, ver *Ancient Near Eastern Texts Relating to the Old Testament*, ed. por James B. Pritchard, 2ª ed.).

Literatura acerca de Jeremías. Los comentaristas de este libro pueden dividirse en dos grupos. Los comentaristas más antiguos creen por lo general que la profecía es de inspiración divina y explican las profecías sobre esta base, pero están desfasados en lo que se trata del marco histórico. De estos el mejor probablemente siga siendo C. F. Keil, *The Prophecies of Jeremiah,* Edimburgo, 1883, recientemente reimpreso en la serie *Keil and Delitzsch Commentaries* de Eerdmans.

La mayor parte de los nuevos comentarios, de enfoque naturalista, consideran que el mensaje profético se originó en la mente del profeta, cuya brillante intuición es la forma más elevada de inspiración. Por lo general incorporan los últimos descubrimientos arqueológicos y dan así una mejor orientación a la gran cantidad de material *histórico* en el libro. "Jeremías" en la *The Interpreter's Bible* (1956), con introducción y exégesis a cargo de James Philip Hyatt, es la mejor muestra de este método.

El capítulo titulado "La sentencia de la nación" en *Understanding the Old Testament*, de Bernhard W. Anderson, da un buen sumario del contenido del libro situado en su marco histórico, junto con un trazado lleno de simpatía del caracter de Jeremías.

Edward J. Young, en *Una Introducción al Antiguo Testamento*, dispone el libro en su orden cronológico, y hace una consideración del problema de la paternidad desde el punto de vista del cristianismo conservador.

BOSQUEJO

COMENTARIO

I. Oráculos en contra de la teocracia. 1:1 — 25:38.

A. Al llamamiento del profeta. 1:1–19.

Jeremías, a pesar de su reticencia, fue encargado de proclamar el mensaje de que Judá sería destruido por un enemigo del norte. Dios le prometió protegerle de la ira de sus conciudadanos.

1) Introducción. 1:1–3.

1. Las palabras. El hebreo *dibrê* significa no sólo **palabras** sino "hechos", y así se traduce en 5:28. Quizás ambos significados se deban aplicar aquí. Este libro contiene la historia del profeta así como sus mensajes. **Sacerdotes.** Un hombre podía ser sacerdote de nacimiento, pero era profeta solamente por llamamiento divino. **Anatot.** Una ciudad en el territorio de Benjamín, señalada como residencia de los sacerdotes y levitas (Jos 21:18). Está situada a unos cuatro kilómetros (dos millas y medio) al noreste de Jerusalén, y en la actualidad se llama Anata.

2. Palabra de Jehová que le vino. Jeremías utilizaba frecuentemente afirmaciones de inspiración divina. **Josías.** El último buen rey de Judá, que instituyó una gran reforma en la religión de la nación. Su **año decimotercero** fue el 626 a.C.; todavía le quedaban dieciocho años de reinado.

3. Joacim accedió al trono tres meses después de la muerte de Josías. Durante los tres meses entre ambos, reinó su hermano Joacaz, hasta que el faraón Necao se lo llevó a Egipto (2 R 23:30–34; 2 Cr 36:1–4; Jer 22:10–12). Joacim fue un apóstata, que reavivó el paganismo que su padre había abolido, y Jeremías no tiene nada bueno que decir de él. Reinó once años (609 — 598 a.C.), y durante este tiempo Nabucodonosor atacó Jerusalén, y obligó a Joacim a pagar tributo. Más tarde Joacim se rebeló. No se conoce la forma de su muerte, pero la profecía de Jeremías (22:19, nota) parece indicativa de que iba a sufrir un final violento (2 R 23:36 — 24:7; 2 Cr 36:5–8). **Sedequías.** El último rey de Judá. Aunque llamado **rey**, parece haber sido más un regente, actuando en lugar de Joaquín, su sobrino, que, después de un reinado de tres meses, fue llevado a Babilonia por Nabucodonosor (2 R 24:8–16; 25:27–30; 2 Cr 36:9, 10). Su reinado duró once años (597–587 a.C.) y llegó a su fin con la destrucción de Jerusalén y la cautividad de los judíos (2 R 24:18 — 25:7; 2 Cr 36:11–21). **El mes quinto.** Ver nota sobre 52:12, 13. Cp. 2 R 25:8, 9.

2) Llamamiento de Dios a Jeremías. 1:4–10.
4. A mí. El cambio de la tercera persona (vv. 1–3) a la primera no es algo desusado en la antigua literatura hebrea. **5. Conocí...santifiqué...te di.** Estos verbos son aproximadamente sinónimos. La tarea de Jeremías iba a ser una muy difícil; estas palabras le aseguraban la elección de Dios y Su apoyo. *Conocer*, cuando en las Escrituras se utiliza de Dios, tiene una connotación activa. **Santifiqué.** Puesto aparte para el oficio profético. **Profeta.** El término hebreo *nābî* parece significar un "orador", lo cual es una buena caracterización del profeta hebreo. Era el portavoz de Dios. **6. Un niño.** Isaías, cuando fue llamado a ser profeta, se sintió "inmundo" (Is 6:5). Jeremías, en armonía con su naturaleza tímida, expresa sus sentimientos como inadecuacia. **8. Delante de ellos.** Lit., *sus rostros*, donde se

utiliza una parte para el todo. Los rostros de los hombres de Jerusalén reflejarán la animosidad de sus perversas personalidades. **9. Tocó mi boca.** Para capacitarle a vencer su temor y a hablar. **Mis palabras en tu boca.** Jeremías recibió un mensaje a predicar. Ezequiel, cuando vino a ser el portavoz de Dios, comió simbólicamente un libro arrollado (Ez 3:2, 3). **10.** La utilización que hace Dios de cuatro sinónimos para destrucción y de sólo dos para edificación indica que el mensaje de Jeremías iba a ser predominantemente de advertencia acerca del juicio que iba a sobrevenir. **Te he puesto.** *Hecho supervisor* (Gn 39:4, 5).

3) La visión del almendro. 1:11, 12.
11. Hay aquí un juego de palabras. **Almendro** es *shāqēd*, y **apresurarse** es *shōqēd*. La mención de *shāqēd* trae *shōqēd* a la memoria, por su semejante sonido. Este tipo de juego de palabras es frecuente en la Biblia hebrea. **12. Apresuro.** Mejor, *Me cuido* (cp. 31:28; 44:27).

4) La visión de la olla hirviendo. 1:13–16.
13. Su faz está hacia el norte. Mejor, *con su cara opuesta al norte*. La olla estaba dirigida hacia el sur. Pronto se volcaría, y su ardiente contenido caería sobre Judá. **Norte.** Cp. Introducción, *El enemigo del norte*. **14. El mal.** Mejor, *la calamidad*. La palabra hebrea significa a menudo "miseria", "angustia", "apuro", así como *mal*. **La tierra.** Esto es, Judá. **15. Yo convoco...a la entrada de las puertas.** La plaza abierta afuera de la puerta de la ciudad era la escena de los asuntos públicos (Rut 4:1, 11); allí los reyes administraban justicia (1 R 22:10). El cumplimiento de esta profecía se registra en Jer 39:3.

5) Aliento al profeta. 1:17–19.
17. Ciñe tus lomos. Cp. 13:1 nota. **No temas...quebrantar.** *No te desalientes ante ellos, no te haga yo desmayar delante de ellos.* **18. Ciudad fortificada** (cp. Ez 3:8, 9). **Reyes-...príncipes...sacerdotes...el pueblo.** Las varias clases de ciudadanos; más tarde, cada uno de estos grupos oprimiría a Jeremías. **Pueblo de la tierra.** El modismo hebreo significa "la gente común".

B. Represiones y exhortaciones, principalmente de la época de Josías. 2:1—20:18.
Estas seis secciones, que son de carácter general y reiterativo, parecen datar de la primera parte del ministerio del profeta. Bien pudieran ser típicas de su predicación oral.

1) La dejación de Dios por parte de Israel. 2:1 — 3:5.
La apostasía del pueblo hebreo es aquí tiernamente descrita en términos similares a los usados por Oseas.

2. Fidelidad. *Hesed* contiene las ideas de "amor" y de "fidelidad". La RSV lo traduce como *devoción*. La relación de Dios hacia Israel es a menudo asemejada por los profetas a la de un marido con su mujer (Is 54:4; Os 2:2–20; Ez 16). Aquí se mencionan los días tempranos de Israel como una luna de miel. Israel había dejado Egipto y había seguido a su marido a una tierra extraña (Éx 19:4). Jeremías no pretende negar las frecuentes apostasías de los primeros tiempos, sino que enfatiza la determinación digna de alabanza de la nación de seguir a su Dios al desierto. El **desierto** es definido como una tierra no sembrada. El *midbār* del Oriente Medio no es una tierra totalmente desolada, pero es una tierra sin cultivar por la que andan errantes los beduínos en busca de pastos para sus manadas (cp. Jl 2:22; Sal 65:12, 13). Aquí la referencia es al viaje de los hebreos a través del **desierto** desde Egipto a Canaán.

3. Santo (cp. Éx 19:5, 6). **Primicias.** Las primicias de la cosecha eran puestas aparte como sagradas (Éx 23:19; Lv 23:9–21); así Israel, el pueblo **primicia** de Dios entre las naciones, era sagrado. Las **primicias** eran ofrecidas a Dios y no podían ser consumidas por los israelitas. Así aquí, los que **devoraban** a Israel serán culpables (cp. Gn 12:3). La historia ha demostrado la verdad de esta afirmación.

4. Jacob...Israel. Es a toda la nación hebrea la que aquí se considera. Los profetas ignoraban frecuentemente la división del reino y el exilio de las tribus septentrionales y se dirigían a "toda la familia que hice subir de la tierra de Egipto" (Amós 3:1). **5. Vanidad...se hicieron vanos.** El nombre y el verbo vienen de la misma raíz hebrea, que significa básicamente "vapor", "aliento", y, así, "carente de valor". Se utiliza frecuentemente (como aquí) como sinónimo de la idolatría (cp. 10:15; 16:19; y muchos otros).

Ingratitud de Israel a su Dios-Salvador. 2:6–8. **Tierra de abundancia** (v. 7). *Una tierra de huertos*, cultivada y fructífera, en contraste con el desierto a través del cual habían viajado. **Los sacerdotes no dijeron**... (v. 8).

La deserción del pueblo había sido causada por sus líderes. La **ley.** Probablemente **ley** en el sentido más amplio de "instrucción en la voluntad de Dios". **No me conocieron.** La falta de conocimiento de Dios es un tema frecuente en los profetas (cp. Os 4:6). Lo que se significa es que los sacerdotes habían deliberadamente rechazado al Dios "en cuyo conocimiento reside nuestra vida eterna" (cp. Jer 31:34). **Los pastores.** El hebreo *rō'eh* tiene el significado básico de pastor, y aquí debiera de traducirse como *gobernantes*. **Baal.** Él dios cananeo de las lluvias y de la fertilidad. **Lo que no aprovecha.** Esta expresión (como *vanidad*, v. 5) se utiliza a menudo de la idolatría, como aquí (cp. v. 11).

9. Contenderé. La idea que se sugiere aquí por esta palabra es la de poner un pleito contra una persona en un tribunal. **10. Costas.** O *regiones*. **Quitim.** *Chipre*, o posiblemente las costas mediterráneas en general. **Cedar.** Probablemente una tribu árabe del desierto en dirección opuesta a Chipre (cp. Gn 25:13). El significado es, "Buscad en el oriente y en el occidente." **11. Su gloria.** Dios era la gloria de Israel (Sal 106:20). **13.** Un vívido contraste entre una fuente perenne de aguas dulces y una cisterna (cuya agua, en el mejor de los casos, era turbia) ahora quebrada por un temblor de tierra y vaciada totalmente.

Los resultados de la apostasía de Israel. 2:14–19. Al acercarse la nación a su derrumbamiento, se presentaban dos opiniones políticas en la corte. Algunos aconsejaban una liga con Babilonia —aquí mencionados como bebiendo "aguas del Eufrates", y otros apremiaban a un tratado con Egipto— bebiendo "agua del Nilo" (v. 18). Jeremías describe la destrucción que ha sobrevenido a la nación en las recientes guerras de Palestina. De ambos cursos de acción no se podía esperar nada sino cautiverio y ruína; el pueblo tenía que volverse a Dios.

14. Esclavo. Los esclavos eran de dos clases: los adquiridos por compra, y los que habían nacido en casa del amo, y que por ello eran posesión suya permanente (Éx 21:2–4). **15. Asolaron su tierra.** El reino del norte se había quedado ya asolado debido a la apostasía de su pueblo. **16.** Al mismo tiempo, los ejércitos egipcios habían empezado a efectuar incursiones sobre Judá. **Menfis**, una importante ciudad egipcia cerca del moderno Cairo (44:1). **Tafnes.** El actual Tell Defenneh, sobre la orilla oriental del Delta, dominando la ruta a Palestina (cp. 43:7–9; 44:1). **18.** El **Nilo** (*Sihor* en hebreo), que simboliza a Egipto (Is 23:3). El **Eufrates** (*El río*), que significa Asiria (cp. Os 7:11; 12:1).

20. Se tiene que preferir la RSV:

Porque mucho ha que rompiste el yugo
y quebrantaste tus ataduras;
y dijiste: "No serviré".
Sí, sobre todo lugar alto
y bajo todo árbol verde
te inclinaste como ramera.

La infidelidad de Israel a su marido-señor recibe frecuentemente el nombre de prostitución. Esta imagen recibe más fuerza por la prostitución cúltica que se practicaba con frecuencia en el culto a Baal, y a la que probablemente se alude aquí (cp. Éx 16; Os 1–3). **Collado alto...Érbol frondoso.** Cp. 3:6 nota.

21. La vinicultura era una de las principales ocupaciones de los antiguos hebreos. Debido a que la cría y el cuidado de las uvas era difícil y arriesgada, y que el rendimiento era incierto, pero el producto deseado y valioso, se utiliza con frecuencia la viña como ilustración en la enseñanza profética. Israel es asemejada a una vid. Dios al labrador (Is 5:1–7; Sal 80:8; Os 10:1; cp. Jn 15:1–8). **Vid extraña.** *Vid silvestre.* **22. Tu pecado permanecerá aun.** En otras palabras: "Aunque ejecutes obras de justicia exteriormente, ello no me esconde tus iniquidades secretas, que no pueden ser limpiadas por medios físicos". **Lejía** era en aquel entonces un producto alcalino que se obtenía de los lagos de sosa en Egipto, y que se mezclaba con aceite para lavar la ropa.

23–25. Jeremías asemeja a su pueblo a los animales silvestres en celo. Su deseo es tan grande que cualquier animal del otro sexo que los quiera los consigue sin fatigarse. Aquí la hembra persigue al macho. **Baales** (v. 23, cp. 2:8 nota). **Dromedaria ligera que tuerce su camino.** *Dromedaria rebelde entrecruzando su pista* (RSV). **Olfatea el viento. De su lujuria, ¿quién la detendrá?** Mejor: *¡Olfateando el viento en su celo! ¿Quién podrá refrenar su deseo?* **25. Guarda tus pies.** "No sigas corriendo en pos de la idolatría y ansiando por ella", dice Dios. Pero Israel replica: "seguiré yendo en pos de dioses extraños".

26–28. En un futuro tiempo de angustia, advierte el Señor, los muy deseados dioses de Judá serán impotentes para librarla. **Leño...piedra** (v. 27). Probablemente referencias a los objetos cúlticos sumamente utilizados, *'ăshērâ* y *massēbâ*. El *'ăsh·ērâ* (RV1909: *bosques*, RV1960: Asera) se cree que era un poste de madera que se levantaba en un lugar alto de adoración cananea. Era símbolo de Asera, la diosa de la fertilidad. El *massēbâ* (RV1909, "estatuas", "trofeo", "título"; RV1960, "estatuas", "monumento", "señal"), se utilizaba en relación con la adoración a Baal (Dt 12:3). **Según el número de tus ciudades** (v. 28). Los baales solían ser identificados con lugares. Había un baal de Ecrón (2 R 1:1–16). Así cada ciudad tenía una deidad local (cp. Jer 11:13).

29. ¿Por qué porfiáis conmigo? "¿Por qué os quejáis de que os abandone en vuestros tiempos de crisis, siendo así que os rebeláis contra mí?" **31. Somos libres,** esto es, hacemos lo que nos da la gana, sin restricciones. **33. ¿Por qué adornas tu camino?** *¡Qué bien que diriges tu curso buscando amantes! ¡Incluso a mujeres perversas has enseñado tus caminos!*

Condena de la inícua opresión sobre los pobres. 2:34, 35. Cp. Amós 2:6–8; 4:1; 5:10–12. **34. De los pobres, de los inocentes.** *De los pobres inocentes.* La última parte del versículo debiera relacionarse con el v. 35 de la siguiente manera: "No los encontraste entrando a hurtadillas (lo que hubiera podido justificar el homicidio; Éx 22:2). Pero a pesar de todo esto, dices: 'Soy inocente'." **35. Entraré en juicio contigo.** *Te juzgaré.*

36, 37. El Señor condena aquí los desesperados consejos del partido pro-egipcio. Ver nota sobre 2:14–19. *También de allí saldrás...* (cp. 2 S 13:19).

3:1–5. Los traductores de la RV entendieron este párrafo como un llamamiento a que Israel se volviera a Dios. Muchos comentaristas modernos creen que este es un mensaje de reprensión, no de llamamiento. Es difícil el retorno de una mujer divorciada. Pero, a pesar de todo, Israel hablaba descuidada e impudentemente de volver y esperaba así posponer el juicio.

1. Dt 24:1–4 prohibe que un hombre vuelva a tomar la mujer de que se había divorciado, si ella se había vuelto a casar, incluso si su segundo marido muere o la repudia. **Dejare;** esto es, divorciare o repudiare. **Mas ¡vuélvete a mí!** O, *¿y querréis volveros a mí?* **2.** La idolatría de Judá, afirmada bajo la figura de un animal en 2:23, 24, se describe ahora con el término más usual de "ramera". **Como árabe en el desierto** que se ponía al acecho para arrebatar y saquear a los no avisados, así corría Judá a la idolatría. **3. Las aguas...la lluvia tardía.** Las lluvias tempranas (probablemente indicadas aquí como **aguas**) caían en octubre y noviembre, terminando la sequedad del verano. Entonces el granjero araba y sembraba la tierra, y empezaban a crecer las cosechas. Las lluvias tardías venían en marzo y abril, y llevaban las cosechas a su maduración. Poco después venía la recolección. Dios mostraba su enojo con el pueblo reteniendo las lluvias (p. ej., 14:1–6; 1 R 17:1; Amós 4:7, 8). **Frente de ramera.** Cp. con la expresión castellana, "caradura". **4. Por lo menos desde ahora, ¿no me llamarás a mí?** O, *¿No acabas ahora de llamarme a mí?* **5b. Has hablado y hecho cuantas maldades pudiste.** *Aunque has hablado de volver, has hecho al mismo tiempo todo el mal que has podido.*

2) Judá advertida por el destino del Reino del Norte. 3:6—6:30.

Jeremías prosigue su condena de Judá iniciada en la sección anterior (2:1—3:5).

Además, da aquí la promesa del perdón de Dios, si tan sólo Su pueblo se arrepiente genuinamente. El Israel cautivo es aquí mencionado como advertencia a Judá, y se predice su restauración.

3:6–10. La apostasía y castigo de Israel eran una advertencia para Judá, pero no se había arrepentido. **Israel** aquí significa a las diez tribus norteñas, llevadas al cautiverio hacía casi cien años (721 a.C.). La infidelidad de ella resultó en el cautiverio, presentado como un "divorcio" (v. 8; cp. Os 2:2–13). El pretendido arrepentimiento de Judá (v. 10) es una referencia al avivamiento de Josías (2 R 23; 2 Cr 34; 35), que parece haber sido legislado por el rey y que no penetró muy profundamente en la vida de la nación. **6. Monte alto...árbol frondoso.** Referencia a los lugares altos, donde los cananeos practicaban su adoración a Baal.

3:11–18. Dios llama a Israel al arrepentimiento, y le promete perdón y restauración. Los profetas del AT rehusaron reconocer la división del reino davídico como definitiva. Hablan a menudo de su reunión y glorificación de la nación entera en el reino mesiánico.

11. Ha resultado justa. *Se ha mostrado más justa.* Judá había gozado de mayores privilegios (una línea real divinamente ordenada, servicio sacerdotal), y había tenido ante ella el ejemplo del Israel cautivo, y era por ello más culpable (Ez 16:44–63; 23:1–49; Lc 12:48). **12. Clama...hacia el norte.** Esto es, hacia Asiria, a donde Israel había sido llevada cautiva, porque no había sido totalmente rechazada por Dios. **No haré caer mi ira sobre ti.** Lit., *no haré caer mi rostro* (cp. Gn 4:5; contrastar Nm 6:26). **13. Fornicaste con todos los extraños debajo de todo árbol frondoso.** Daban abiertamente su amor a los dioses extraños en los lugares altos.

14. Soy vuestro esposo. Israel debía volver a su Dios, que es su Esposo y Señor (cp. 31:32). La palabra *ba'al* significa, principalmente, "ser señor", y después, "estar casado". Estas dos ideas son en realidad una sola para la mentalidad semítica. **Uno de cada ciudad...dos de cada familia.** La doctrina del remanente, frecuentemente hallada en Jeremías (23:3; 32:36–44), es aquí mencionada. Del juicio purificador de Dios saldrán unas pocas almas afinadas. Serán reunidas, y constituirán el nuevo Israel, bendecido por Dios (cp. Ro 11:5). **15. Pastores,** esto es, gobernantes obedientes a Dios (cp. 2:8, 26; 23:4).

16:17. En la futura reunión, el arca ya no será más el trono de Dios (Éx 25:22), sino que Jerusalén misma será el trono de Dios, al regir él a todas las naciones (cp. Ap 21:22). El pacto

simbolizado por el arca será sustituido por un nuevo pacto escrito en el corazón (cp. Jer 31:31–34). El arca desapareció cuando Jerusalén fue destruida en 587 a.C., y nunca fue vuelta a poner en su lugar. **16. Ni se hará otra.** Ni la volverán a hacer (RVA). **17. En el nombre de Jehová.** Esto es, a la presencia de Dios, que su nombre significa. **18. La cautividad de Judá así como la de Israel es lo que se entiende aquí. Ambos volverán a ser reunidos en Palestina.

3:19—4:4. Dios llama a Israel a que vuelva. Es una sección antifonal, caracterizada por un profundo sentimiento. Los apremios de Dios son seguidos por la réplica de Israel llena de remordimientos (3:22b-25), y después por más apremios y promesas divinas (4:1–4).

19. El versículo empieza con una exclamación, no con una pregunta. Dios deseaba poner a Israel entre los hijos, pero ella rechazó a su Padre y Esposo. **20. Infiel,** *infielmente. Como la esposa abandona infielmente.* **24. Confusión.** *La cosa vergonzosa.* Un eufemismo para denotar la adoración a Baal (cp. Os 9:10).

Los vv. 1 y 2 del cap. 4 constituyen una oración, siendo 4:1–2a la condición, 4:2b el resultado.

La venida del enemigo del norte. 4:5–31. La venida de los ejércitos babilónicos es aquí vívidamente descrita. Se le aconseja al pueblo a que huyan en busca de refugio (v. 5) a las ciudades fortificadas. Se utilizan aquí muchas expresiones figuradas para describir al enemigo: león (v. 7), viento seco (v. 11), águilas (v. 13). Viene a través de la Palestina del norte, desde Dan, a través del monte de Efraín e Jerusalén (vv. 15, 16). De una manera vívida el profeta afirma su angustia ante la destrucción (vv. 19–26).

5. Fortificadas. Las ciudades amuralladas a las que iban la gente del campo para refugiarse en caso de guerra. **6. Norte.** Cp. Introducción, *El enemigo del norte.*

10. Has engañado. Una afirmación difícil. Probablemente signifique que ya que Dios permitía a los falsos profetas que clamasen "¡Paz!¡paz!" (cp. cap. 28), que se creía que era el responsable del engaño hecho al pueblo. Jeremías tiene varias explosiones emocionales de este tipo (cp. 20:7, aunque en este pasaje se utiliza la traducción *sedujiste,* puesto que se trata de una palabra hebrea diferente).

11. Un viento seco. El siroco o *khamsin,* que sopla proviniente del desierto, trayendo consigo un calor y un polvo casi insoportables. **La hija de mi pueblo** es el pueblo de Judá personificado como una mujer (cp. v. 31). **Limpiar.** Cp. Mt 3:12. Este cálido viento no puede utilizarse para aventar, ya que se llevaría juntos a la paja y el grano. **12. Viento más vehemente que éste vendrá a mí.** Mejor: *Un viento demasiado fuerte para ésta* (trilla) *me viene.* **15. Dan.** El punto más septentrional de Palestina. **Monte Efraín.** La última gran sección de Palestina que se tiene que cruzar desde el norte antes de llegar a Jerusalén. **16. Guardas.** *Sitiadores.*

En los vv. 19–22 Jeremías de nuevo expresa sus dolorosas reacciones. **Entrañas** (v. 19). Los hebreos creían que se trataba del asiento de las emociones. **Mi corazón se agita.** *Palpita violentamente.*

23–26. En un lenguaje vívidamente figurativo el profeta describe la destrucción de Judá que hará el ejército de Babilonia. Entre las ciudades excavadas de Judea, los arqueólogos han hallado que cada una de las que existían en tiempos de Jeremías fue totalmente destruida. **Asolada y vacía** (v. 23). Las mismas palabras aparecen en Gn 1:2. Jeremías está asemejando la destrucción que ha de venir sobre Judá al caos primordial. **24. Temblaban.** *Se movían a uno y otro lado.* **27.** Esta afirmación cualificadora de que la desolación no será total parece fuera de lugar. Pero no lo está, porque todos los profetas concuerdan acerca de la preservación de un remanente y en la reconstitución de la nación mediante él (cp. 5:10, 18; 30:11; 46:28).

28–31. La afirmación de la destrucción está ya terminada. Finaliza con una referencia a la prostituta de grana, asolada y retorciéndose de dolor. Para el versículo 28, ver nota sobre 18:8. **Aunque pintes con antimonio tus ojos** (v. 30). *Te agrandes los ojos con antimonio.* El antimonio se utilizaba para aumentar el brillo de los ojos oscureciendo los bordes de los párpados. **Tus amantes.** Un término de escarnio, *tus queridos.* **Lamenta** (v. 31). *Trata de recobrar el aliento.* **Mi alma desmaya.** *Estoy desfalleciendo.*

La corrupción de Jerusalén. 5:1–9. Se le ordena al profeta que rebusque la ciudad en pos de un hombre temeroso de Dios (vv. 1–3), de una manera muy similar a como Diógenes, en la antigua Atenas de un tiempo posterior a Jeremías iba en pos de un "hombre cabal". No hallando a ninguno entre el común de la gente, Jeremías lo busca entre los conductores, pero no son ellos mejores (vv. 4–6). Por ello, Dios no puede hallar ninguna razón para perdonarlos (vv. 7–9). **1. Verdad.** *Fidelidad.* **2. Vive Jehová.** El hecho de que utilicen el nombre "Jehová en sus juramentos no constituye prueba de que lo adoren en realidad, porque juran mentiras. **3. A la verdad.** *Buscando fidelidad.* **4. Juicio.** La palabra utilizada aquí (y en el v. 5, y en 2 R

17:26, RSV) significa "la ley divina", esto es, la religión. **5. Los grandes.** Aquellos que tienen el tiempo y el conocimiento para conocer los mandatos de Dios. **6.** La nación es tan impotente como un hombre en un bosque con bestias salvajes (cp. 4:7).

La llamada al destructor. 5:10–19. Jeremías, como Isaías (Is 10:5–34), ve a Dios llamar a una nación extranjera a que venga y castigue a Su pueblo.

10. Muros. *Hileras de vides.* **Almenas.** *Ramas.* La vid de Israel será asolada (2:21; cp. Is 5:1–7). **12. El no es.** *El nada hará.* **13.** Este versículo prosigue la afirmación de los incrédulos. "Los profetas de castigos son solo gaitas vacías, y sus amenazadoras predicciones caerán solamente sobre ellos." Hay aquí un juego con la palabra *rûah,* que puede significar "espíritu" o "viento". Los profetas creían que tenían el espíritu de Dios; el pueblo respondía, "¡es sólo viento!" **17. Comerá a tus hijos y a tus hijas** debe entenderse metafóricamente. **19. Dioses ajenos.** *Dioses extranjeros.*

La causa de la inminente calamidad. 5:20–31. Dios, el gobernador moral del universo tiene que juzgar a su rebelde pueblo.

24. Lluvia. Ver sobre 3:3. **Nos guarda los tiempos establecidos de la siega.** La época de la siega (la segunda mitad de abril y mayo) debían ser una temporada seca; la lluvia entonces daña a las cosechas (Pr 26:1). **26–29.** Represión a los ricos malvados que oprimían a los pobres. **26, 27.** Las aves eran atrapadas con red; los hombres cerraban la red con cuerdas cuando un ave entraba en ella. Entonces las aves eran puestas en un cesto (**jaula** en la RV; cp. Mi 7:2). **28. Lustrosos.** *Se han vuelto blandos.* **30, 31.** Se administra un reproche a los falsos profetas y a los sacerdotes que estaban coligados con ellos. **Espantosa.** *Abrumadora.* **Por manos de ellos.** *A indicación de ellos.*

Amenaza de la destrucción de Jerusalén. 6:1–8. Será asediada por el enemigo del norte día y noche. La gente deben huir de la ciudad en busca de refugio, porque esta será asolada.

1. Los benjamitas, que vivían cerca de Jerusalén, generalmente huían hacia ella en busca de refugio. El profeta apremia que se dispongan señales de advertencia en puntos al sur de Jerusalén, porque el enemigo vendrá del norte (cp. 4:15). **Tecoa.** Una ciudad a veinte kilómetros al sur de Jerusalén, probablemente elegida debido a que su nombre permite un juego con la palabra "tocad" (*tiq'û*). **Bet-haquerem.** Una ciudad de Judá, probablemente la moderna Ain Karim, a ocho kilómetros al oeste de Jerusalén. La señal de humo que aquí se menciona es también mencionada en las cartas de Laquis como medio de comunicación entre ciudades que se hallaran sitiadas entonces (cp. Introducción, *Las cartas de Laquis*).

3. Se asemeja a los invasores a pastores cuyos rebaños arrasan la tierra.

4. Anunciad. Lit., *santificad* guerra, esto es, ofreced sacrificios para asegurar el triunfo. **6. Vallado.** *Montículo.*

7. Nunca cesa de manar. Lit., *se mantiene fresca.*

La desvergüenza del pueblo frente a su corrupción total. 6:9–15. Israel, como vid rebuscada, será totalmente devastada. Niños y adultos, casas y campos, el común de la gente y los nobles, sacerdotes y profetas, todos serán llevados. **9. Vuelve tu mano como vendimiador entre los sarmientos** para hallar la última uva. **10, 11.** Jeremías expresa su reacción personal ante la incredulidad de la gente. El es identificado con Dios en esta crisis, y se irá haciendo más claro que ya el pueblo ha rechazado a Dios, han rechazado también a Jeremías. **En la calle.** Toda la gente, incluidos los niños, sufrirán las penalidades de la guerra. **14.** Los profetas y los sacerdotes aseguran al pueblo que todo va bien, incluso cuando la calamidad está colgando sobre ellos.

Los caminos antiguos, rechazados por el pueblo. 6:16–21. No querían escuchar a los verdaderos profetas, y así sus contínuos sacrificios no pueden complacer a Dios (1 S 15:22, 23). **16. Las sendas antiguas.** Los caminos de los patriarcas y de los padres que experimentaron la redención de Egipto. **17. Atalayas.** En una tierra rural, sin vallar, los atalayas, o vigilantes tenían un importante papel. Los profetas se llaman a menudo a sí mismos **atalayas** (Ez 3:17; 33:7). **19. Sus pensamiento.** *Sus* (malvadas) *tretas.* **20. Sabá.** El Yemen moderno. Antigua fuente de incienso, que se utilizaba como parte del ritual sacrificial. **Buena caña.** Cálamo, una ruda aromática que provenía de la India.

La crueldad del enemigo y la incorregibilidad del pueblo. 6:22–30. La llegada de los ejércitos del norte atraerá el terror sobre todos; que toda la gente se lamente. El profeta ha sido puesto por Dios para probar, para descubrir lo malvados que son. **22. De los confines.** *Las partes más remotas de la tierra* (cp. 25:32; 31:8). **25. Temor** (*terror*) **hay por todas partes**: esta es una expresión favorita de Jeremías (cp. 20:3 nota, 10; 46:5; 49:29). **26. Hija de mi pueblo.** Cp. 4:11, nota. **Cilicio** y **cenizas** eran señales del dolor más profundo (cp. Ez 27:30). **Por hijo**

único. La pérdida más grande que podía sufrir un hebreo (cp. Am 8:10; Zac 12:10). **27. Fortaleza...torre.** Las palabras son difíciles de interpretar, pero el sentido es probablemente: ''Te he hecho un probador y ensayador entre mi pueblo''. El profeta probaría al pueblo como un herrero prueba y refina el metal, purificándolo. Pero este pueblo era todo escoria, no podía ser afinado (cp. 5:14). **29. Se quemó.** Mejor, *sopló fieramente.* Esta sección finaliza con una nota de rechazo y de desesperación.

3) *La errada religión de Jerusalén.* 7:1—10:25.

Jeremías advierte en contra de confiar en el Templo y en su ritual. Jerusalén no es más sacrosanto de lo que lo había sido el caído Silo (7:1—8:3). El pueblo había resistido toda reforma y será ciertamente castigado (8:4–9:22). La verdadera sabiduría, que consiste en el conocimiento de Dios, se contraste con la idolatría (9:23—10:25).

a) *El sermón del Templo.* 7:1—8:3.

Parece que el cap. 26 da el marco histórico de este sermón. La furia que suscitó es un buen indicador de lo convincente que era. Silo, en Efraín, era el hogar del Tabernáculo durante la época de los jueces. La Biblia no menciona la caída de Silo. La inferencia de Jeremías de que había sido destruido (7:12, 14; 26:6, 9) ha sido confirmada en la reciente excavación de aquella localidad, que indicaba que la ciudad había sido destruida por los filisteos alrededor del 1050 a.C., probablemente después de la batalla de Ebenezer (1 S 4).

4. El Templo había llegado a ser un fetiche, como lo era el arca cuando Silo fue destruido (1 S 4:3). **5–7.** Solamente la práctica de la justicia y de la piedad asegurarían la presencia divina que simbolizaba el Templo. **12. Silo.** Cp. Jos 18:1; 22:12; Jue 21:19; 18:31; 1 S 1:9, 24; 2:14; 4:3, 4. **14. Como hice a Silo.** Así como el arca era sólo una caja vacía cuando Silo fue destruida, así ahora Jerusalén, carente de la presencia divina, no será de ayuda, y perecería ella misma. **15. Generación de Efraín.** El reino septentrional de Israel. 16:20. Jeremías no debía interceder por su pueblo (contrástese con Moisés, Éx 32:32; Nm 14:13–19), porque Dios estaba decidido a castigarlos (cp. 11:14; 14:11, 12). **Tortas a la reina del cielo** (v. 18). Probablemente una referencia a la diosa babilónica de la fertilidad Ishtar, diosa del planeta Venus. Las **tortas** tendrían probablemente la forma de la diosa (cp. 44:15–25).

La inutilidad de los sacrificios sin obediencia. 7:21–28. Jeremías no está diciendo que

Dios nunca había querido ni ordenado sacrificios. Está expresando con un intenso contraste la importancia relativa de los sacrificios y de la obediencia (cp. 1 S 15:22). Los profetas se oponían a un vacío ritualismo, no a las ceremonias mosaicas como tales. **Añadid** (v. 21). Los holocaustos se quemaban totalmente sobre el altar; piezas de otros sacrificios se las comían los sacerdotes y los ofrendantes. La idea que aquí se da es que no hay santidad en las ofrendas presentadas por personas no arrepentidas. Se trata meramente de **carne**, y por ello igual daría que se comieran el holocáusto también.

Ritos pecaminosos en el valle del hijo de Hinom. 7:29 — 8:3. Este valle, inmediatamente al sur de Jerusalén, era el centro del culto de los sacrificios de niños. Este rito extranjero, introducido por Acaz y Manasés (2 R 16:3; 21:6) fue aplastado por Josías (2 R 23:10) pero había revivido ahora, probablemente bajo Joacim. El valle se convertirá en una desolación desacrada.

29. Corta tu cabello. Una señal de duelo (Mi 1:16; Job 1:20). **30. Abominaciones;** esto es, ídolos. **31. Tofet** es probable que originalmente significara "fogón", pero se pronunciaba ahora de tal manera que rimaba con *bôshet*, "vergüenza" — un eufemismo denotando un ídolo. Todas las referencias a **Matanza, enterrados** (v. 32), **cuerpos muertos** (v. 33), y **huesos** (8:1) significan que lo que era ahora un santuario religioso sería un lugar desacrado, porque el contacto con un cadaver lo volvería inmundo. Más tarde parece que este valle vino a ser un basurero de la ciudad, y así es como se originó *Gehena*, la palabra que utiliza en NT para designar el lugar de desolación. *Gehena* es una trasliteración del hebreo *gê' hinnōm*: "la valle de Hinom." **34. Haré cesar.** Cp. 25:10 nota.

8:1. Sacarán (los captores de Jerusalén). La desacración de las tumbas era una práctica común en las guerras (Amós 2:1). También con frecuencia se dejaba sin enterrar a los enemigos muertos, tanto como un insulto como también en la creencia que de esta forma sus espíritus no tendrían, de esta manera, descanso en el mundo inferior. **2. El ejército del cielo.** Cp. 19:13 nota.

b) El resultado del no arrepentimiento: retribución. 8:4 — 9:22.

Tenemos aquí una cantidad de oráculos proféticos sin tema común.

Lo innatural de la apostasía de Israel. 8:4— 7. Aquellos que caen se vuelven a levantar; incluso los pájaros vuelven en cierta estación. Pero Israel es perpétuamente apóstata. **Juicio** (v. 7). *Ordenanza, ley.*

Las falsas pretensiones de los líderes a la sabiduría. 8:8–12. Los escribas, profetas, y sacerdotes pretendían ser sabios en la ley, y afirmaban tranquilizadoramente que todo iría bien. **La pluma mentirosa de los escribas.** Esta es la primera mención de los escribas. Copiaban y estudiaban la Ley (esto es, las Escrituras; cp. 2:8). Ya estaban empezando a anular la ley de Dios (Mt 15:6). Los vv. **10–12** son casi idénticos a 6:12–15. Dios da un atisbo de los resultados de la derrota en la guerra. **8:13 — 9:22.** Estos versículos comprenden la *Haptārâh* (lección de los profetas) que se leía en la sinagoga el noveno de Ab, el aniversario de la destrucción del Templo y del final del reino hebreo (cp. 52:12 nota).

Desesperanza de la gente ante la invasión de los extranjeros. 8:14–17. **Agua de hiel.** Ver nota sobre 9:15.

El lamento del profeta. 8:18 — 9:22. Jeremías, en un poema conmovedor, expresa su simpatía con su pueblo azotado (8:18 — 9:1), lamenta la traición del pueblo (9:2–9), y lamenta la destrucción de Judá (9:10–22).

19. Vanidades ajenas. *Idolos extranjeros* (cp. 2:5 nota). **20. La siega.** Esta palabra (*qāṣîr*) se refiere a la siega de la cebada, del trigo, y de escanda en abril, mayo, y junio. **Verano** (*qāyiṣ*) significa en realidad "frutos del verano", esto es, los higos, las granadas, y las uvas, que se recogían en agosto y septiembre, y las olivas, cuya recolección empezaba en octubre. Así, Jeremías revisa toda la temporada de la cosecha; se había acabado, pero no se había guardado ningún fruto para el invierno que iba a empezar: **no hemos sido salvos. 21. Entenebrecido estoy.** De negro, en duelo. **22. Bálsamo en Galaad** era una resina derivada de un árbol y se utilizaba medicinalmente. Se exportaba (46:11; 51:8; Gn 37:25; Ez 27:17).

9:4. Todo hermano engaña con falacia. La palabra hebrea *'aqôb ya'qōb* es de la misma raíz que aparece en el nombre "Jacob" (cp. Gn 27:36). **8. Asechanzas.** *Le planea una emboscada.*

10. Los pastizales del desierto. El profeta ve a toda la tierra desolada (cp. 4:23–26). **15. Ajenjo.** Una planta que da un jugo muy amargo. **Hiel.** Una hierba amarga y venenoso (cp. 8:14). Se utilizan los dos términos para indicar unas aflicciones amargas. **17. Plañideras.** Mujeres profesionales del duelo (cp. Mt 9:23). **Hábiles.** Habilidosas en lamentar. **19. Han destruido nuestras moradas** (Cp. 2 R 25:9). **22. Manojo.** El segador tomaba un manojo de grano en la caña, lo cortaba, y pasaba al siguiente manojo. Así es como la muerte hará inexorablemente pasar su guadaña.

c) El verdadero Dios contrastado con los ídolos. 9:23 — 10:25.

24. Misericordia. Esta palabra tan sumamente utilizada describe la fidelidad de Dios a sus promesas del pacto. La RSV la traduce como *amor constante* (cp. 2:2 nota).

25, 26. Estas palabras son difíciles de comprender. El pensamiento parece ser que la circuncisión sin el verdadero conocimiento de Dios es inútil (cp. 4:4). Así, se anticipa la afirmación de Pablo (Ro 2:28, 29). **A todo circuncidado y a todo incircunciso.** Mejor, *Circuncidado, pero a pesar de ello incircunciso.* **Egipto.** Ver notas sobre Jer 46. **Edom.** Ver notas sobre Jer 49:7–22. **Amon.** Ver notas sobre Jer 49:1–6. **Moab.** Ver notas sobre Jer 48. **Los arrinconados en el postrer rincón, los que moran en el desierto.** Mejor, *que moran en el desierto, que se cortan las esquinas de sus cabellos.* Era una práctica pagana (cp. 25:23; 49:32; Lv 19:27).

Una vigorosa denuncia de los ídolos como vanidad. 10:1–16. Dios, como contraste, es el Hacedor y Sustentador del Universo.

La vanidad de los ídolos. 10:1–5. **Señales del cielo** (v. 2). Tales como eclipses y cometas. El mismo hecho de la fabricación de un ídolo demuestra su vanidad (vv. 3, 4). **Vanidad.** La palabra hebrea significa "aliento", lo que carece de sustancia y que es indigno. Se utiliza a menudo acerca de los ídolos (cp. 2:5 nota). **Derechos están como la palmera** (v. 5). Mejor, *Son* (los ídolos) *como un poste* (esto es, un espantapájaros) *en un huerto de pepinillos.*

La majestad de Dios. 10:6–16. **Rey de las naciones** (v. 7). Dios es el Rey universal, no un dios tribal. **Plata batida de Tarsis** (v. 9). Tarsis era un lugar en España o en Sicilia; una fuente de metales (Ez 27:12). **Ufaz** es desconocida. El versículo 11 es el único en Jeremías escrito en lengua aramea. Es posible que fuera originalmente una nota al margen, que finalmente llego a formar parte del texto. **Todo fundidor...su obra de fundición** (v. 14). *Todo orfebre es avergonzado por su ídolo.* **Vanidad** (v. 15). Ver sobre versículo 3. **La porción de Jacob** (v. 16). En tanto que Dios es el Rey del Universo (v. 7), es también la **porción** peculiar (*posesión*) del pueblo hebreo. **Vara.** *Tribu.*

La desolación venidera. 10:17–25. Se cree que es probable que es Jerusalén la que habla los vv. 19.21. Las ciudades eran a menudo representadas como madres con hijos (Ez 26:6, 8). **Con juicio** (v. 24). *En justa medida.*

4) Rechazo de Israel por quebrantar el pacto de Dios. 11:1 — 13:27.

"Este pacto" (11:3) había sido hecho con Israel en Sinaí. Su afirmación más plena se halla en Deuteronomio (caps. 29; 30). Muchos eruditos creen que estos capítulos de Jeremías tienen su marco histórico en las reformas de Josías que fueron precipitadas por el hallazgo de un libro, probablemente Deuteronomio, en el Templo (cp. Introducción, *La vida y la época de Jeremías*). Jeremías apoyó estas reformas, pero aquí considera que el avivamiento es superficial, inadecuado para detener el juicio.

a) La violación judaica del Pacto. 11:1–17.

3. Maldito. Cp. Dt 27:11–26. **Este pacto.** Israel tenía que obedecer al Señor y ser Su pueblo; así el Señor sería el Dios de ellos, y Canaán su tierra (Éx 19:5, 6; 24:3–8; Dt 29:1–28). **5. Confirme el juramento.** Cp. Dt 7:8; 8:18; 9:5. **Amén.** La palabra hebrea *amén* es un término que se utiliza para indicar afirmación de la maldición en el v. 3 (cp. Dt 27:15–26). **8. Imaginación.** *Terquedad.* **Traeré.** Mejor, *traje.* El pueblo había ya empezado a sentir la pena del pacto quebrantado.

11. Yo traigo. Mejor, *estoy trayendo.* Habiendo constituido un fracaso el avivamiento de Josías, Dios estaba ahora en el acto de cancelar el pacto y de atraer sobre ellos el castigo. **13.** Los judíos tenían tantos dioses y altares como ciudades y calles (cp. 2:28 nota). **Ignominia.** Ver nota sobre 3:24. **14.** Ver nota sobre 7:16.

15. Este es un versículo difícil, evidentemente una afirmación de la incapacidad del ritual del templo para impedir el juicio que se estaba avecinando (cp. 7:1 — 8:3). Utilizando la LXX, la RSV traduce: *¿Qué derecho tiene mi amada en mi casa, cuando ha cometido viles actos? ¿Pueden tus votos y tu carne sacrificial impedir tu juicio? ¿Puedes luego exultar?* **Mi amada.** Israel. **Mi casa.** El templo. **16, 17.** Judá es asemejada a un olivo destruido. El olivo era la fuente de aceite para luz, cocinar, medicina, ungüento para el cuerpo, y muchos otros usos. Llegó a ser el símbolo de "prosperidad y de bendición divina, de belleza y de poder." Así es aquí una apta descripción del pueblo hebreo, bendecido por Dios, pero ahora rechazado. Pablo utiliza la misma figura (Ro 11:17–24).

b) El complot en contra de la vida de Jeremías. 11:18 — 12:6.

Es posible que Jeremías no se hubiera mudado de Anatot a Jerusalén cuando se escribió esta sección. Es evidente por 12:6 que la pregunta: "¿Por qué es prosperado el camino de los impíos, y tienen bien todos los que se portan deslealmente?", suscitada en 12:1–6 tiene que ser relacionada con el complot contra la vida del profeta (11:18–23). Es posible que los parientes de Jeremías en Anatot (ellos hubieran también sido sacerdotes) trataran de matar al profeta debido a su frecuente denuncia de la falsa confianza en el ritual. Esto explicaría la situación de esta sección después de 11:15–17. Esta es una de las confesiones de Jeremías (cp. Introducción, *Las confesiones de Jeremías*).

18. Lo conocí . . . sus obras, esto es, el complot en contra de la vida de Jeremías. El profeta parece estar diciendo que Dios le había informado del complot a tiempo para que pudiera escapar. **20. El corazón.** Lit., *los riñones*, esto es, la región de los riñones, los lomos, que antiguamente se creía al asiento de los sentimientos. **12:3.** Jeremías no tenía el ejemplo de Cristo, ''Padre, perdónalos, porque no saben lo que hacen'' (Lc 23:34). La prosperidad de los malvados era uno de los problemas mas intrigantes que afrontaban los santos del AT. **4. Dijeron**; esto es, los hombres malvados.

5, 6. Dios responde a su desalentado profeta. **La espesura del Jordán** (v. 5). *La selva del Jordán*, la baja tierra del fondo a través de la que fluye el Jordán, llena de espesos matorrales, y habitada por fieras salvajes (cp. 49:19; 50:44). **Dieron grito.** Habían levantado el clamor y el grito en contra de Jeremías, como si se tratara de un criminal común.

c) El lamento de Jehová ante la destrucción de Su tierra. 12:7–13.

Es más bien el Señor que el profeta el que llora sobre la tierra en este desusado pasaje. Se utilizan muchas imágenes gráficas —**casa, heredad, lo que amaba** (v. 7); **león** (v. 8); **ave** (v. 9); **viña, heredad** (v. 10)— para describir a Israel. **9. Ave de rapiña de muchos colores.** Sería atacada por muchas otras aves, debido a su plumaje brillantemente coloreado. **10. Pastores.** Los pastores son aquí los reyes de las naciones extranjeras que habían desolado Israel. **12. Sobre todas las alturas del desierto.** Mejor, *sobre todas las alturas peladas del desierto*. **13. Se avergonzarán de sus frutos.** *Mejor, os avergonzaréis de vuestros frutos.*

d) La suerte de los enemigos de Judá. 12:14–17.

Ellos serán también despojados, pero serán restaurados si se arrepienten (cp. 25:8–14).

e) Parábolas y advertencias. 13:1–27.

El capítulo contiene cinco pasajes unificados por el tema de la humillación y del juicio sobre Judá. Es posible que este capítulo date del reinado de Joaquín (13:18; cp. 22:26).

La parábola del cinto enterrado. 13:1–11. Esta parábola enseña gráficamente la antigua importancia de Israel para Dios y su actual corrupción y rechazo. **1. Cinto.** Se utilizaba para unir las articulaciones de la pelvis durante un esfuerzo prolongado, y para mantener arriba los faldones para tener más libertad para andar o trabajar. **4. Eufrates.** La distancia de Judá al Eufrates es de por lo menos seiscientos cuarenta kilómetros (400 millas), una distancia considerada como muy grande en la antigüedad. Se mencionan dos viajes de ida y vuelta (cp. vv. 4–6). Algunos eruditos creen que no es el río Eufrates, sino una ciudad palestina con un nombre similar lo que aquí se dice. No obstante, son muchos los que creen que lo que se denota es el río Eufrates, pero que consideran el relato como una parábola hablada, no efectuada literalmente. La verdad de la historia no depende de que Jeremías hubiera verdaderamente hecho el viaje. ¡Es evidente que la referencia al Eufrates en 2:18 no tiene que ser tomada literalmente! **11.** Israel, tan íntimamente ligado a Dios como un cinto (v. 11), se ha vuelto corrompido e inútil. Será arrojado.

La parábola de las tinajas. 13:12–14. Indicaba que Dios llenaría al pueblo de confusión, como cuando los hombres están borrachos; se lanzarían unos contra otros y se destruirían. **12. Toda tinaja se llenará de vino.** Probablemente un dicho común entre los borrachos. **Tinaja.** Un recipiente grande de barro utilizado para guardar aceite, grano, o vino. Las más grandes que han hallado los arqueólogos contienen hasta 40 litros (10 galones). **13. Embriaguez.** No una borrachera literal. Aquí, como en otros pasajes de los profetas (Jer 25:15–28; Ez 23:31–34; Is 57:17, 18), se utiliza la imagen de un borracho para simbolizar la patética condición del pueblo cuando es llevado al cautiverio.

Advertencia en contra de la soberbia. 13:15–17. **Dad gloria** (v. 16). Confesad vuestra pecaminosa soberbia. **Montes de oscuridad.** *Montes del ocaso.* Una vivida imagen. El viajero por las montañas es primeramente alcanzado por el atardecer, y después por las espesas tinieblas.

Lamento sobre el rey y la reina madre. 13:18, 19.

Es probable que la referencia sea a Joaquín y a Nehusta (22:26; 2 R 24:8).

18. Reina. Mejor, *reina madre*. Los hebreos prestaban gran atención a la madre del rey. Ya que los reyes tenían muchas mujeres, y no todas ellas tenían la misma posición, la identidad de la madre del príncipe era importante para la sucesión al trono. **19. Neguev**, la parte meridional de Judá. Sólo ahora se ha llegado a reconocer la importancia que esta parte de la tierra tenía en la antigüedad. **Cerradas. Asediadas.**

La vergüenza de Jerusalén. 13:20–27. La ciudad es una pastora que ha abandonado su rebaño. Ella, la cabeza de la nación, la ha conducido al pecado. **22. Descubiertas.** *Quitadas.* Evidentemente una referencia al trato dado a una ramera (cp. v. 26; Os 2:3). **Desnudados.** Mejor, *sufrieron violencia.* **Calcañares** puede ser un eufemismo para "partes secretas" y la cláusula paralela a la anterior. **25. Mentira.** *Idolatría.* **26.** Ver nota sobre el v. 21.

5) Incapacidad de la intercesión profética para impedir el juicio. 14:1—17:27.

Una sección totalmente autobiográfica, llena del pesimismo del profeta con respecto al futuro de su pueblo, y reveladora también de su comunión con Dios, de la que derivaba su sostén.

a) La sequía, y la intercesión del profeta. 14:1—15:9.

Descripción de la sequía. 14:1–6. La lluvia en Palestina es marginal; un solo año de sequía puede causar mucho verdadero sufrimiento. Aquí se describe a la sequía como primero tocando a la ciudad (vv. 2, 3), después a los granjeros (v. 4), y después incluso a los animales salvajes (vv. 5, 6). **2. Se enlutó Judá;** en duelo. **3. Lagunas.** *Cisternas.* Mucho del suministro de agua en las ciudades se reunía en cisternas durante la estación lluviosa. *Cubrieron sus cabezas.* Como señal de duelo (cp. 2 S 15:30).

Intercesión de Jeremías por el pueblo. 14:7–9. **Nuestras iniquidades** (v. 7). El profeta se identifica con su pueblo. **Por amor de tu nombre.** Una solicitud a Dios a que actúe a causa de Su reputación y gracia (cp. Sal 25:11; 79:9; 106:8; 109:21; 143:11). **Forastero...caminante** (v. 8). Los extranjeros y los turistas tienen muy poca preocupación real por la tierra a través de la cual pasan. Que no suceda así con Dios. **Atónito** (v. 9). Sorprendido por un ataque imprevisto.

Prohibición a Jeremías a orar por el pueblo. 14:10–12.

Juicio sobre los falsos profetas. 14:13–16. Cp. 6:13–14; 23:9–32.

Adicional lamentación de Jeremías, y oración por Judá. 14:17–22. **La virgen hija de mi pueblo** (v. 17). Judá es personificada como una **virgen,** término éste que enfatiza la selección de Dios de su pueblo para que sea su posesión peculiar, su virgínea desposada. **Anduvieron vagando en la tierra, y no**

entendieron (v. 18). Mejor, *siguen haciendo sus actividades por la tierra* (la actitud de "continuar haciendo lo mismo de siempre") *y no tienen conocimiento* (del juicio que se avecina). **Idolos.** Lit., vanidades. Ver nota sobre 2:5.

La decisión de Dios de no aplacarse. 15:1–9. **Moisés y Samuel** (v. 1). Dos grandes intercesores. En cuanto a Moisés, cp. Éx 32:11–14; Nm 14:13–19. En cuanto a Samuel, ver 1 S 7:5–11; 12:19; Sal 99:6. Pero tampoco ellos tendrían éxito ahora: **Cuatro géneros de castigo** (v. 3). **Los entregaré para terror,** esto es, para ser objeto de terror a todos los reinos de la tierra. **Manasés** introdujo gran idolatría en Judá (2 R 23:26; 24:3). Pero generalmente, Jeremías insiste en que el pueblo mismo es responsable de sus pecados y del castigo que cae sobre ellos (p.ej., 31:29, 30). **De arrepentirme** (v. 6). Cp. nota sobre 18:8. **Los avente con aventador** (v. 7, cp. Mt 3:12).

b) La renovación de la vocación del profeta, y su costo. 15:10—16:9.

Una confesión profundamente reveladora, mostrando la amargura de alma del profeta. La respuesta de Dios indica que Jeremías necesitaba tener cuidado con su temperamento, y no decir así más que la verdad. Entonces se le vuelve a alentar y a comisionar.

El lamento y recomisión del profeta. 15:10–21. El v. 11 es difícil de interpretar. El significado parece ser que Dios protegerá al profeta en la catástrofe que se cierne. En el v. 11 se debiera seguir la VM: **Seguramente tu descargo será con bien,** dirigiéndose Dios al profeta.

13, 14. Estos versículos vuelven a aparecer, con variaciones, en 17:3b, 4. Se dirigen al pueblo de Judá, y predicen al exilio. **16.** La suficiencia de la Palabra de Dios se afirma de una manera gráfica. Cp. Jos 1:8; Ez 3:1–3; Ap 10:8–11, donde la experiencia de Juan es muy similar a la de Jeremías. **Tu nombre se invocó sobre mí.** Una referencia al especial llamamiento del profeta de parte de Dios. El recuerdo de este llamamiento fortaleció a Jeremías para proseguir. **17. Tu profecía.** Lit., *tu mano.* La mano de Dios se hallaba sobre Jeremías, modismo este que expresa la inspiración divina, la cual era la razón de la persecución de Jeremías (cp. Ez 1:3, y frecuentemente en Ezequiel; 1 R 18:46; Is 8:11). **18.** ¿Serás...torrente falaz? (VM). Jeremías le reprocha a Dios con haberle fallado, como cuando un viajero en una estación seca descubre que el torrente del que esperaba beber se ha secado (cp. Job 6:15–20). **19. Si te convirtieres, yo te restauraré.** La idea es que si el profeta se volvía de su autocompasión, Dios le restauraría. **Si entresacares lo precioso de lo vil.** El profeta precisaba disciplinar su pensamiento y su habla. Entonces sería el portavoz de Dios (**boca**). El final de este versículo es un mandato al profeta a que no se hunda al nivel de aquellos a los que él ministraba.

20, 21. Estos versículos repiten la sustancia de 1:18, 19.

El profeta recibe la orden de permanecer célibe y de evitar relaciones sociales. 16:1–9. Su vida debía ser una advertencia del juicio inminente. **2. Mujer.** El celibato era muy desusado en el antiguo Israel. A Jeremías se le negó el gozo y el cumplimiento del matrimonio. Otros de los profetas utilizaron su vida matrimonial como señal (cp. Os 1—3; Is 8:3, 4; Ez 24:15–27). Los vv. 4, 6, 7, 9 retratan los resultados de la guerra. **5–7.** Los antiguos semitas hacían una gran exhibición para el duelo (cp. 7:29, nota; 9:17 nota). Se prohibía la auto-laceración y el afeitado de los cabellos (Dt 14:1; Lv 19:28), pero otras menciones parecen indicar su frecuente práctica (Jer 41:5; 47:5; Is 22:12; Am. 8:10; Mi 1:16; Ez 7:18). **7. Ni partirán pan con ellos en el luto.** Era costumbre de parte de los amigos de los que estaban en duelo que les dieran su primera comida después del funeral (2 S 3:35). Es probable que **el vaso** (o *la copa*) **de consolaciones** fuera una costumbre similar.

c) Advertencias y promesas. 16:10 — 17:27. **10–13.** Cuando el pueblo pregunte: "¿Por qué el exilio?" Jeremías tiene que señalarles sus maldades. **14, 15.** Experimentarán un segundo éxodo. Ver nota sobre 23:7, 8. **16–18.** Israel es todavía reconocido por Dios. **Doble** (v. 18). En gran medida (cp. Is 40:2). **Cadáveres.** Así como los cadáveres contaminan, así también los ídolos. **19–21.** Los gentiles serán convertidos al Señor. **Mentira...vanidad, y no hay...provecho** (v. 19). Sinónimos de ídolos (cp. 2:5 nota).

El pecado de la nación es indeleble. 17:1–4. **En la tabla de su corazón** (v. 1). Allí donde el nuevo y mejor pacto será escrito (31:31–34). **Los cuernos de sus altares.** Allí donde se untaba la sangre de los sacrificios (Lv 4:7). **Imágenes de Asera** (v. 2). Ver nota sobre 2:27. **Arboles frondosos...collados altos.** Ver nota sobre 3:6. Los vv. 3, 4 repiten la sustancia de 15:13, 14.

Contraste de la confianza en el hombre y de la confianza en Dios. 17:5–8. El marco de estos versículos puede ser la tendencia de los últimos reyes de Judá a buscar la ayuda de Egipto en contra de la amenaza babilónica (cp.

2:18 note). **Carne** (v. 5). En el AT el término se refiere a la fragilidad de la humanidad. **Retama** (v. 6). Un tipo de enebro enano que crece en el desierto y que tiene una apariencia siniestra y agostada. **Fatigará** (v.8). *Entrará en ansia.*

El pecado, una enfermedad del corazón. 17:9–13. **Corazón** (v. 9). En el AT, el ser interno del hombre, del que surgen su voluntad y su acción. Puede referirse también a la razón. **Perverso.** Esta palabra se refiere a veces a la enfermedad, y entonces se traduce como "incurable" (15:18). Aquí significa "corrompido". **Escrudiño la mente.** Lit., *los riñones* (v. 10). Ver nota sobre 11:20. **Escritos en el polvo** (v. 13); esto es, no en el Libro de la Vida (Éx 32:32).

Una oración en petición de vindicación. 17:14–18. Cp. 15:15–18. **16.** Parafrasear: "No he abandonado la misión que me encomendaste".

La observancia del sábado, prerrequisito para el retorno de la gloria nacional. 17:19–27. Cp. Is 58:13, 14. Puede parecer extraño que Jeremías, que ataca las observancias rituales, estuviera interesado en el sábado. Pero el sábado es algo más que una observancia ritual. Es una institución humanitaria (Dt 5:14, 15) y una señal de que Dios es el santificador de Israel (Éx 31:13). Estas palabras no son incongruentes en la boca de Jeremías. **La Sefela** (v. 26), las colinas bajas y los valles entre el país montañoso de Judá y la llanura filistea. Un centro de antigua vida agrícola judía. **Los montes.** El país montañoso central de Judá. **Neguev.** Cp. 13:19 nota.

6) Dos sermones simbólicos y un encarcelamiento. 18:1 — 20:18.

La parábola del alfarero y la acción simbólica de la vasija de barro son buenos ejemplos. El resto de la sección trata de la respuesta negativa del pueblo a la predicación de Jeremías, y la oración de Jeremías a Dios.

a) La parábola del alfarero. 18:1–23. *La obra del alfarero como símbolo de la forma de actuar de Dios.* 18:1–17. Aquí se enfatiza el carácter condicional de la profecía. Incluso la declaración más dura de condena de Jeremías, como la de Jonás (Jon. 3:4) presupone una oportunidad al arrepentimiento. Esta parábola enseña también la paciencia del Alfarero divino. **2, 3. A casa del alfarero.** Probablemente situada en el barrio de los alfareros en la sección meridional de la ciudad, cerca de la Puerta del Alfarero y del Valle del hijo de Hinom (cp. 19:2 nota). **Sobre la rueda.** Se utilizaban dos discos de piedra. El inferior, que era impulsado por el artesano con los pies, estaba unido al superior mediante en eje, sobre el que se daba forma al barro (Eclesiástico 38:29, 30 describe el proceso).

5–11. La homilia. Jehová, el Alfarero de las naciones, es soberano en Su obra, pero es una soberanía que responde a las voluntades de Sus criaturas. Aquí la analogía termina. El barro humano no es pasivo como el del alfarero de Jeremías; y si Israel se arrepiente, Dios hará todavía de ella un "vaso para honra". **8. Me arrepentiré.** La utilización de la palabra **arrepentir** cuando se refiere a Dios no implica que haya variación de parte del Omnipotente. Cuando se utiliza una palabra humana para describir las acciones de lo divino, la palabra sufre una sútil redefinición. Dios no es hombre para que se arrepienta (cp. 4:28; 15:6): Él no sopla frío y caliente. Pero si se *aplaca* cuando Su pueblo torna a Él; y a esta acción de aplacarse se le llama *arrepentimiento* (cp. 20:16; 26:3, 13, 19; 42:10).

13–17. La virgen de Israel (v. 13). Ver nota sobre 14:17. El v. 14 es difícil de interpretar. Parece enseñar lo innatural de la apostasía de Israel de Dios. ¿**Faltará la nieve del Líbano de la piedra del campo? ¿Faltarán las aguas frías que corren de lejanas tierras?** Es decir, la naturaleza sigue inmutable su curso, pero la nación ha cambiado su curso de una manera innatural. **Vanidad** (v. 15). Ver nota sobre 2:5. **Caminos. Atajos. Por sendas,** esto es, no construídos apropiadamente, no se trata de un camino o carretera. **Desolación...asombrará** (v. 16). Estas dos palabras son de la misma raíz hebrea. Pudieran traducirse como *un horror...se horrorizará.* **Viento solano** (v. 17). Ver nota sobre 4:11. **Las espaldas, y no el rostro.** Debido a que Dios se aparta. El rostro de Dios simboliza su favor (Nm 6:25, 26).

Un complot en contra de Jeremías. 18:18–23. Cp. 11:18—12:6; 15:15–21. Los tres grupos de líderes religiosos se mencionan aquí (v. 18), juntamente con la obra especial de cada uno. **El sacerdote** enseñaba la ley (Mal 2:6) y llevaba a cabo sus mandatos rituales; **el sabio** dispensaba la sabiduría acumulada a lo largo de las edades; y **el profeta** mediaba la *palabra* directa de Jehová (aquí se significa al falso profeta, que se oponía a Jeremías). ¡Evidentemente Jeremías, que se encontraba con la oposición de estos tres grupos, no podía estar en lo cierto! **Hirámoslo de lengua;** esto es, acusémoslo. Acerca de los vv. 21–23, ver nota sobre 12:3.

b) La vasija rota. 19:1–15.

Este sermón sobre una acción simbólica sigue naturalmente la parábola del alfarero. En tanto que la vasija siguiera siendo plástica, podía ser rehecha. Pero una vez que fuera cocida, ya no podía ser vuelta a moldear. Si era entonces inaceptable, tenía que ser rota.

1. Vasija de barro. Un decantador de agua de barro, con un cuello estrecho, llamado *baqbūq* por el sonido gorgoteante del agua al salir. **2. Valle del hijo de Hinom.** El límite meridional de Jerusalén (cp. 18:2 nota). **La puerta oriental.** Probablemente, "la puerta del alfarero". **4. Sangre de inocentes;** esto es, sacrificios de niños (cp. 7:29 nota). **Para quemar con fuego a sus hijos** (v. 5). Cp. 2 R 16:3; 23:10; Jer 32:35; y notas sobre 7:29—8:3. **6. Tofet.** Ver nota sobre 7:31. **9. Apuro...estrecharán.** *Angustia...angustiarán.*

11. No se conocía ninguna manera de arreglar una vasija rota; se tiraba y se compraba otra; así es como Jerusalén sería rechazada, habiendo pasado ya el tiempo de su arrepentimiento. **13. El ejército del cielo.** Es una expresión utilizada de las estrellas (p.ej., Gn 2:1; Is 45:12), pero aquí de la adoración de los planetas o de los dioses de los planetas. Acaz y Manasés introdujeron este culto pagano en Judá (2 R 21:5; 23:12), probablemente de Mesopotamia, donde se practicaba desde la más remota antigüedad.

c) Persecución contra Jeremías, y su lamento. 20:1–18.

Jeremías en el cepo 20:1–6. **Pasur** (v. 3). Un nombre de origen egipcio. No hay juego de palabras con este nombre aquí, sino solamente con **Magor–misabib,** que significa "terror por todas partes"; cp. **terror** (v. 4). **Trabajo** (v. 5), *prosperidad.*

La queja del profeta contra Dios. 20:7–18. Una de las confesiones más reveladores de Jeremías, esta oración muestra al precio personal y terrible con que proununció la palabra que le fue encomendada.

7. Sedujiste. Una palabra fuerte, utilizada de "seducir" a una virgen (Éx 22:16), y del espíritu "mentiroso" que engañó a Acab (1 R 22:20–22). Aquí el profeta, amargado en su alma, se queja del empuje divino, al que llama seducción. **10. La murmuración de muchos...** Una afirmación vívida del sentimiento de un hombre que cree que todos están en contra de él. **Temor de todas partes.** Las palabras hebreas son las mismas que el nombre *Magor–misabib* (cp. 20:3 nota). **11. Poderoso gigante.** *Poderoso guerrero.* **12. Los pensamientos.** Lit., *los riñones.* **El corazón.** Cp. notas sobre 11:20; 17:9.

14–18. Jeremías lamenta el día de su nacimiento (cp. Job 3). **Ciudades.** Sodoma y Gomorra (Gn 19). **Arrepintió.** Ver nota sobre **18:8. Gritos.** *Una alarma.*

C. Profecías posteriores. 21:1—25:38.

Estos capítulos registran oráculos con respecto a los reyes de Judá y los falsos profetas después de la época de Josías. Reflejan el sentimiento creciente de juicio al irse acercando la cautividad.

1) El resultado del sitio. 21:1–14.

Fecha: En alguna época posterior del reinado de Sedequías. Se le apremia a Sedequías a que se someta a Nabucodonosor, porque la ciudad caerá.

a) Réplica a una Representación de Zacarías. 21:1–10.

1. Pasur. No es el Pasur de 20:1–6. **Sofonías hijo de Maasías.** Ver nota sobre 29:25. **2. Nabucodonosor** había evidentemente acabado de empezar el ataque final contra Jerusalén (558–587 a.C.) que finalizó con la destrucción de la ciudad. Este es el Nabucodonosor de los libros de Reyes y de Crónicas. En el original hebreo, no obstante, hay no ligera diferencia en la morfología del nombre, que es una transcripción más cercana a la forma babilónica del nombre del monarca babilónico. **4. Caldeos.** El nombre dado a la dinastía reinante del imperio neo-babilónico y, por extensión, en general a los babilonios en aquella época. **8–10.** Lo mejor que podría hacer el pueblo sería rendirse a los caldeos. No es de asombrarse que a Jeremías se la tuviera por traidor. Pero el suyo era un patriotismo superior; la piedad era para él la única razón de ser de la nación, así como su única esperanza de supervivencia. **9. El que saliere y se pasare a los caldeos;** esto es, pasarse al enemigo. **Despojo.** *Premio de guerra.*

b) Un mensaje a la casa real. 21:11–14.

El v. 12 es típico de la exigencia del profeta de justicia social. Incluso cuando la ciudad se halla en sus últimas boqueadas, se proclama la preocupación por el bienestar humano. No es cosa cierta contra quién se dirigen los vv. 13 y 14.

2) Una exhortación al rey y al pueblo. 22:1–9.

Esta exhortación, demandando del palacio y del pueblo a que hagan justicia o serán destruidos, es probablemente una introducción a los oráculos posteriores en contra de reyes que se nombran, y puede que date rel reinado de Joacim.

3–5. Ver nota sobre 21:11–14. **Al oprimido** (v. 3). Al que ha sido robado. **Galaad...Líbano** (v. 6) Regiones bien boscosas. **Tus cedros escogidos** (v. 7). El complejo del palacio en Jerusalén incluía la Casa del Bosque del Líbano; y se había utilizado mucho cedro del Líbano en la construcción del palacio y templo de Salomón (1 R 5:6, 8–10; 10:27). Todo ello será quemado.

3) La suerte de Salum. 22:10–12.

Es indudable que este oráculo fue hecho temprano en el reinado de Joacim. El pueblo no debía llorar por Josías, que había muerto hacía poco, ni por su hijo **Salum** (el nombre privado de Joacaz; 1 Cr 3:15), a quien el faraón Necao había deportado a Egipto, porque nunca volvería (2 R 23:29–35).

4) Oráculo en contra de Joacim. 22:13–23.

La denuncia del malvado Joacim, hecha durante su reinado, es una de las más intencionadas de Jeremías. Condena al rey por erigir su palacio con trabajadores forzados en una época en la que se tenía que pagar un fuerte tributo a Egipto (2 R 23:35). Concluye con un lamento (Jer 22:20–23) sobre el final de los reyes, o posiblemente sobre la ciudad de Jerusalén.

13. El que edifica su casa; esto es, Joacim. **14. Espaciosa.** *Con cielos rasos.* **15. Padre.** Josías. **16.** El conocimiento de Dios es un asunto moral; no es suficiente el intelecto. **19. Sepultura de asno;** esto es, no tendría enterramiento, dejándose su cadáver a las fieras y a las aves (36:30). No se nos informa acerca del cumplimiento de esta profecía (cp. 2 R 24:6). Es posible que este malvado rey fuera depuesto por una revuelta palaciega y que su cuerpo fuera arrojado fuera de las puertas de la ciudad.

20. Todas partes. Mejor dicho, ''las regiones alejadas'' (*abarim*), la cordillera montañosa (que incluía al monte Nebo) de la que Moisés vio la Tierra Prometida (Nm 27:12; Dt 32:49). **Enamorados.** Quizás las naciones en las que confiaban los reyes como auxilio, en lugar de confiar en Dios. **22. Enamorados.** *Ibid.* **23. Habitaste en el Líbano.** Cp. nota sobre los vv. 6, 7.

5) Oráculo en contra de Joaquín. 22:24–30.

En pocas ocasiones ha sido tan duramente denunciado un rey reinante en un oráculo como aquí lo es Joaquín.

24. Conías. Este hombre, también llamado Jeconías y Joaquín, sucedió en el trono a su padre Joacim el 598 a.C. Durante su reinado, a primeros del 597 a.C., Nabucodonosor cercó y capturó a Jerusalén y tomó a Joaquín y a muchos notables a Babilonia (2 R 24:8–17; 2 Cr 36:9–10. **26. Tu madre.** Ver nota sobre 13:18. **30. Hombre privado de descendencia.** Conías no tendría quien le sucediera en el trono. Si tenía siete hijos (1 Cr 3:17). Las tabletas cuneiformes de Babilonia relacionan raciones de aceite provistas a "Yaukin (esto es, Joaquín), rey de la tierra de Yahud (esto es, Juda)" y a sus cinco hijos. Aunque en la genealogía de Mt 1 se sigue la línea de la descendencia del Mesías a través de David y de Jeconías, aquel registro del linaje de David indica solamente quien fuera el padre legal de Jesús, no su padre real. Lucas sigue la línea real a partir de María, Su verdadero progenitor, a través de Natán y David.

6) El Rey Mesiánico. 23:1–8.

Después de los oráculos en contra de los malvados reyes, hay una promesa de uno de justo, el Renuevo de David. El árbol davídico, cortado de raíz por la cautividad, volvería a rebrotar, y su renuevo sería llamado "Jehová justicia nuestra". Profeta, sacerdote y rey son los tres oficios de los tiempos del AT que son típicos y proféticos de Cristo. La Iglesia ha visto siempre aquí una profecía del Mesías, el "mas grande hijo del gran David", el Rey de Reyes.

1, 2. **¡Ay de los** (falsos) **pastores.** Estos son los injustos rey y gobernadores de Judá, que han sido condenados en los caps. 21 y 22. La casa de David, que una vez había gozado de gloria, se ha vuelto totalmente degenerada. Pero este mal, a diferencia de muchos males de este libro, es tan sólo un preludio de los pronunciamientos de una mejor esperanza. **No las habéis cuidado** (v. 2). Lit., *no las habéis visitado.* **Yo castigo la maldad de vuestras obras.** *Yo visito la maldad de vuestras obras.* Se trata de un juego con la palabra **visitar.**

3, 4. Israel será reunido del exilio, y será conducido por piadosos pastores. Los vv. 3–8 presuponen el exilio. Esto no significa que Jeremías no fuera el autor de este pasaje. Es una característica común entre los profetas pre-exílicos que después de anunciar el exilio pasen a predecir la restauración (cp. Amos 9:11–15; Is 11:1–16; 44:24—45:13; y muchos otros). *Todas las tierras* (v. 3). La profecía parece implicar no sólo el exilio babilónico, sino una dispersión a escala mundial. **Pastores** (v. 4). Los líderes de la nación después del exilio (Zorobabel, Esdras, Nehemías, los Macabeos) que prepararon el camino para el Mesías. **Ni serán menoscabadas.** *Ni faltará ninguna.*

5, 6. El renuevo de David, repetido en 33:15, 16. **He aquí que vienen días** (v. 5). Una fórmula a menudo utilizada para introducir predicciones acerca del día mesiánico. **A David;** esto es, de la línea davídica (cp. 2 S 7:8–16; Is 11; 12; Mt 1:1; 21:9, 15; Lc 1:32; Ro. 1:3). **Renuevo,** un título mesiánico (Zac 3:8; 6:12;

se utiliza una palabra diferente en Is 11:1). **Juicio y justicia.** *Justicia y rectitud.* Estos frecuentes atributos mesiánicos arrojaron un rayo de esperanza en los tiempos antiguos, dominados por déspotas, como así lo hacen en la actualidad.

Judá, e Israel (v. 6). Era todo el pueblo judío el que estaba implicado, no solamente el reino meridional (Ez 37:19). **Jehová justicia nuestra.** El nombre Jehová Ṣidqēnû es quizás un juego de palabras con el nombre de Sedequías (*Sidqîyāhû* — "Jehová es justo"). El rey ideal davídico se merecerá este nombre. Aquí *rectitud* tiene el doble sentido de "rectitud" y "salvación" (cp. Is 46:13; 51:6–8; Ro. 1:16, 17). A Dios se le ve aquí como el Salvador o Libertador.

7, 8. Un segundo éxodo (cp. 23:3, 4 nota).

7) En contra de los falsos profetas. 23:9–40.

Jeremías se vio perseguido a lo largo de su carrera por hombres que pretendían ser verdaderos profetas pero que no lo eran (27:16–22; 28; 29:8, 9). Predicaban un mensaje fácil de "paz en nuestra época" e indudablemente eran populares. Aquí el profeta les denuncia.

16. Hablan visión de su propio corazón; esto es, hablaban lo que se originaba en sus propias mentes (cp. 17:9 nota, pero el verdadero profeta habla la palabra que Dios le da (cp. v. 18).

20. Corazón. Ver nota sobre 17:9. **En mi secreto.** Lit., *en mi consejo.* Esta palabra es ambivalente, significando consejo tanto en sentido de un consejo de una persona a otra como de una asamblea reunida. El AT presenta en varios pasajes una asamblea celestial presidida por el Señor. Los seres que constituyen esta asamblea son llamados "santos", "espíritus", "hijos de Dios", etc. Estos seres adoran a Dios y se hallan bajo su poder (Sal 82; 1 R 22:19–22; Job 1:1—2:7; Is 6:1–13). Evidentemente, los verdaderos profetas son admitidos a este consejo.

23, 24. Los falsos profetas no pueden esconderse de Dios para escapar del castigo que merecen. **25–32.** Jeremías parece estar diciendo que la palabra del Señor le vino no mediante un sueño, sino de una manera mejor, quizás mientras estaba totalmente despierto.

33. Profecía. Lit., *carga*, que era un término utilizado para denotar oráculos proféticos. La palabra tiene una raíz hebrea que significa "levantar". Dios ponía la *carga* sobre el profeta. El la llevaba al pueblo. Se de dice aquí al pueblo que no utilice el término a la ligera.

8) La visión de los higos. 24:1–10.

En esta visión, utilizada como parábola, el profeta afirma que aquellos que se han ido al exilio con Joaquín lo tendrán mucho mejor que los que se quedaran en Jerusalén. Esta visión fue dada a principios del reinado de Sedequías.

1. Después de haber transportado... Cp. notas de Jeremías 29. **2. Brevas.** La cosecha temprana que se recogía en junio era considerada como la mejor. **6.** Los exiliados serán purificados, y después volverán; aquellos que quedaron en Jerusalén serán destruidos a la caída de la ciudad. **7.** Cp. 31:33. **9. Los daré.** Ver nota sobre 15:4.

9) El juicio sobre Judá y sobre todas las naciones. 25:1–38.

Este importante capítulo, significativamente fechado en el primer año de Nabucodonosor (el cuarto de Joacim; v. 1) predice un exilio de setenta años para Judá, y entonces prosigue, en estilo apocalíptico, convocando a las naciones para que beban la copa de la ira de Dios. Daniel estaba leyendo este pasaje cuando la profecía de las setenta semanas le fue dada a él (Dn 9:2; cp. 2 Cr 36:21).

a) El cautiverio de Judá y el castigo de Babilonia. 25:1–14.

1. El año cuarto de Joacim. 605 a.C. (cp. 36:1; 45:1; 46:2). **9. Las tribus del norte.** Cp. Introducción, *El enemigo del norte.* **Mi siervo.** El pagano Nabucodonosor estaba inconscientemente haciendo la voluntad de Dios (cp. 27:6; 43:10). Así, Ciro es llamado el ''ungido'' de Dios (Is 45:1). **Todas estas naciones en derredor.** Mucha parte del Oriente Medio iba a ser capturada por los babilónicos. **10.** El sonido de la actividad humana diaria cesaría. **11. Setenta años.** Un número redondo. Si se cuenta el inicio de la sumisión de Judá a Babilonia desde la primera captura de Jerusalén (el 605 a.C.; cp. 1:3 nota), y el decreto de Ciro permitiendo el retorno el 538 a.C., el exilio duró sesenta y siete años.

12. Babilonia, despues de haber sido utilizada por Dios para castigar a Judá, será destruida por sus propios pecados (cp. Is 10:5–34). **Desiertos para siempre.** Ver nota sobre 50:12–13. **14. Serán sojuzgadas por muchas naciones.** ''Harán esclavos de ellos'', esto es, de los babilonios. La referencia es a los medos y a los persas, que derribaron a Babilonia (cp. nota introductoria a los caps. 50; 51; y 51:11 nota).

b) Las naciones beberán la copa de la ira de Dios. 25:15–38.

Estos versículos pudieran servir como una introducción a los oráculos de Jeremías contra las naciones extranjeras (caps. 46—51), y se hallan relacionados con estos oráculos en la

LXX. Las naciones relacionadas en estos versículos son principalmente las mismas que las mencionadas en los oráculos; solamente las que no se mencionan allí se comentan aquí.

15–17. Recibir una poción estupefaciente de sentir el efecto de la ira de Dios (cp. 49:12; 51:7). **20. Mezcla de naciones**; esto es, ''extranjeros'' en Egipto. **Uz.** La tierra de Job (Job 1:1). Se hallaba al este de Palestina, probablemente en territorio edomita (Gn 10:23; 22:21; 36:28; Lm 4:21). **22. Costas.** Ver nota sobre 2:10. **23. Tema** se halla en el noroeste de Arabia (cp. Is. 21:14; Job 6:19). **Buz** es desconocida. **Todos los que se rapan las sienes.** Ver nota sobre 9:26. **25. Zimri** es desconocida. **Media.** Ver nota sobre 51:11. **26. Babilonia.** Lit., *Sheshach.* Aquí el profeta utiliza una cifra que sustituye la última letra del alfabeto por la primera, la penúltima por la segunda, etc.

32. De los fines de la tierra. Ver nota sobre 31:8. **34. Pastores...mayorales del rebaño;** esto es, gobernantes de las naciones. **37. Pastos.** *Rediles.*

II. Eventos en la vida de Jeremías. 26:1—45:5.

Esta sección consiste principalmente en material autobiográfico e histórico. Las relaciones de Jeremías con las naciones y con los gobernantes se hacen más tensas, hasta que finalmente Jerusalén cae, como él lo había predicho. Con todo, y en todo esto, emerge un tema de esperanza con el mensaje del Nuevo Pacto. La sección se cierra con un breve relato de los últimos días de Jeremías.

A. El sermón en el Templo y el arresto de Jeremías. 26:1–24.

Aquí se dan las circunstancias que rodean la predicación del sermón en el templo que se registra en 7:1—8:3. La fecha es a principios del reinado de Joacim.

1) La predicación del sermón. 26:1–6.

3. Me arrepentiré. Ver nota sobre 26:13, 19; 18:8. Un sumario del mensaje registrado en 7:3—8:3. **Silo** (v. 6). Ver notas sobre 7:12–14. **Maldición.** Esto es, la gente maldecirá a otros diciendo: ''Así vengas a quedar asolado como Jerusalén''.

2) El arresto y el juicio de Jeremías. 26:7–19.

8, 9. Parece que los líderes religiosos agitaron a la gente en contra de Jeremías. **Contra.** Mejor, *alrededor.* Jeremías quedó rodeado por la multitud.

10. Príncipes. Aquellos eran los buenos funcionarios de la corte que habían sido designados por Josías y que le habían sobrevivido. Aquí defienden al profeta (cp. 26:24). **14, 15.** Difícilmente sea preciso glosar el valor imperturbable de Jeremías.

16. El pueblo. Contrastar con el v. 8. ¡Qué facilmente cambia de lados el populacho!

17. Ancianos. Es evidente que se trataba de hombres ancianos y piadosos. El término hebreo significa más frecuentemente "gobernantes".

18. Miqueas de Moreset. El profeta escritor, de Moreset, que había vivido hacía más de cien años. La cita es de Mi 3:12.

19. No tenemos otro registro del arrepentimiento de Ezequías, pero es conocido como un rey reformador (2 R 18:3–6).

3) El arresto y la ejecución de Urías. 26:20–24.

Este relato de cómo Joacim dio rienda suelta a su despecho contra un adversario inferior sugiere su intenso odio contra Jeremías, y nos da razones de creer que era él quien estaba detrás de las persecuciones contra Jeremías (26:8).

20. Urías hijo de Semaías. No se sabe nada de él aparte de estos versículos. **Quiriat–jearim.** Una ciudad a unos trece kilómetros (ocho millas) al oeste de Jerusalén, en la carretera que lleva a la llanura costera. **21. Tuvo temor...huyó.** No se le da a todos los hombres que puedan mantenerse firmes como se le dio a Jeremías, ni tampoco es siempre prudente hacerlo. **23. Sacaron.** Joacim era todavía un rey marioneta de los egipcios; de forma que la extradición fue fácil de disponer.

24. Ahicam hijo de Safan. Uno de los príncipes de Josías (cp. v. 10 nota; 2 R 22:12, 14). Su hijo Gedalías fue el desafortunado gobernador de Judá después de la caída de Jerusalén (2 R 25:22).

B. El yugo de Babilonia. 27:1—29:32.

Sedequías, aunque puesto en el trono por Nabucodonosor, conspiró en contra de él, y los reyes de las naciones vecinas se reunieron en Jerusalén para hacer unos planes unidos para la rebelion. Es indudable que las esperanzas del pueblo se levantaron. Jeremías aconseja aquí a los reyes extranjeros y a Sedequías a que desistan, porque no tienen perspectivas de triunfo. Quizás su consejo tuviera influencia. por lo menos, parece que la rebelión no tuvo lugar en este tiempo. Los eventos de 27; 28 tuvieron lugar en el cuarto año de Sedequías (cp. 25:1 nota); los de Jer 29, en algún tiempo durante el mismo reinado.

1) El mensaje a los reyes extranjeros. 27:1–11.

Un sermón simbólico; las coyundas y los yugos expresarían gráficamente la imagen de la cautividad. En 1 R 22:11 se expresa un acto similarmente simbólico.

1. Joacim. Los vv. 3, 12, 20 indican que Sedequías estaba gobernando por aquel entonces. La Versión Siríaca y algunos manuscritos hebreos dicen *Sedequías* aquí. La LXX omite el versículo por entero. Muchos comentaristas creen que este versículo fue erróneamente transcrito por un copista de 26:1. Lo cierto es que aquí lo correcto es *Sedequías*.

2. Coyundas. Los **yugos** consistían de barras de madera unidas por coyundas de cuero. En 28:10 Jeremías está todavía llevando el yugo. **3. Moab.** Ver nota sobre 48:1. **Amonitas.** Ver nota sobre 49:1. **Sidón.** Ver nota sobre 47:4. Las pequeñas naciones de Siria-Palestina se levantaban frecuentemente contra sus dominadores mesopotámicos, a menudo con la connivencia egipcia. Pocas veces triunfaban. **6.** No solamente fracasaría la revuelta; estaría mal hacerla, porque Dios había ordenado al poder de Babilonia para su extraña obra, y Nabucodonosor era el siervo de Dios (cp. 25:9 nota). **7. La reduzcan a servidumbre.** *Le harán su esclavo.* **Su hijo, y al hijo de su hijo.** Un modismo que significa "un tiempo muy largo".

9. Encantadores. Los que cuentan la "buenaventura". La prolongada crisis nacional había visto el surgimiento de una multitud de charlatanes pseudoreligiosos. La gente, al borde de la histeria, los acogió, evidentemente, de brazos abiertos. Le decían a la gente lo que estos más querían oir: "Paz, paz" (6:14).

2) El mensaje a Sedequías. 27:12–15.

Sedequías era una persona débil y vacilante, con propensión a mezclarse en revueltas, y también a echarse atrás al último minuto. La palabra que se le da a él es similar a la dada a los enviados extranjeros. Es evidente que Jerusalén hubiera podido ahorrarse la destrucción, y que se hubiera podido evitar la última y gran deportación, si Sedequías hubiera proseguido su sumisión a Babilonia.

3) El mensaje a los sacerdotes y al pueblo. 27:16–22.

Se les advierte a todos que no se descarríen por el fácil mensaje de los falsos profetas (cp. 23:9–40 notas).

16. Utensilios. En el Templo habían almacenes, algunos de los cuales eran tesorerías de objetos de gran valor que habían sido dados a Dios. Estos tesoros habían sido llevados a Babilonia cuando Nabucodonosor saqueó Jerusalén en 597 a.C. (2 R 24:13). **19. Columnas.** De bronce. Se hallaban frente al Templo (1 R

7:15). **Estanque.** El lavadero de bronce en el patio del templo (1 R 7:23–26). **Basas.** *Pies.* Eran objetos sobre ruedas, y se mencionan en 1 R 7:27–36. El metal de estos objetos, así como el de los "utensilios" mencionados en el v. 16 era de gran valor. **20. Jeconías.** Ver nota sobre 22:24. **22. Visite.** *Prestar atención.*

4) La oposición de Hananías a Jeremías. 28:1–17.

Este conflicto tuvo lugar poco después de los eventos del capítulo precedente, porque Jeremías llevaba todavía el yugo (v. 10). Acerca de los falsos profetas, ver notas sobre 29:9–32.

1. Hananías hijo de Azur. Aparecen catorce Hananías en el AT. El nombre significa, *Jehová ha sido bondadoso.* Nada se sabe del **hijo de Azur,** excepto lo que se dice aquí. **2–4.** No contento con las predicciones generales de paz, Hananías predice el retorno de los deportados y del tesoro en dos años. Esta predicción específica demuestra ser el medio de desacreditarle, porque evidentemente no hubo tal retorno. El cumplimiento es la verdadera prueba de la profecía (Dt 18:22). Es interesante señalar que según la recientemente publicada *Baylonian Chronicle,* Nabucodonosor estaba en aquel entonces ocupado reprimiendo una rebelión en Babilonia. Es probable que los amigos de Hananías entre los deportados en Babilonia le remitieran esta información, provocándole así a especificar su optimismo. **Jeconías** (v. 4). Ver nota sobre 22:24.

6. Amén. *Sea así* (cp. 11:5, nota). Jeremías está bien dispuesto a que la predicción fuera cierta. **7–9.** Es evidente que entonces Jeremías no tenía palabra de Jehová contra Hananías. De manera que simplemente declaró que el tiempo diría — si la predicción se cumplía — si Hananías había sido enviado por Dios o no. **10. Yugo.** Ver nota sobre 27:2. **12.** Más tarde Jeremías recibió una respuesta para Hananías. **16.** Jeremías hizo una contraseñal (cp. v. 3). Su cumplimiento significaba no solamente el descrédito de Hananías como profeta, sino también su muerte (v. 17).

5) Carta a los exiliados. 29:1–32.

Los profetas del optimismo estaban activos entre los judíos ya exiliados en Babilonia (los transportados después del ataque del 597 a.C. sobre Jerusalén), así como entre los que estaban todavía en Jerusalén. Persuadir a los deportados a que se establecieran en Babilonia y a conformarse a su situación allí era el propósito de esta carta, indudablemente escrita al cabo de unos pocos años después del 597 a.C. **2. Jeconías.** Ver nota sobre 22:24. **Artífices ...ingenieros.** Nabucodonosor se llevó a líderes importanes como rehenes, y también a artesanos (a los que recogía de toda nación que conquistaba) para que le ayudaran a reconstruir y a embellecer Babilonia. **3. Elasa hijo de Safán.** Posiblemente el hermano de Ahicam, que protegiera a Jeremías de Joacim (26:24), y también de Gemarías, en cuya habitación en el Templo Baruc leyera el pergamino de Jeremías (36:10). **Gemarías hijo de Hilcías** es desconocido. Es muy improbable que se tratara del hermano de Jeremías (1:1). **Elasa y Gemarías** fueron enviados en una misión oficial a Babilonia. Se desconoce su propósito.

5. Los exiliados hebreos en Babilonia no eran esclavos, sino deportados. Es evidente que estaban libres de vivir como quisieran. Con el paso del tiempo, algunos se hicieron ricos en el comercio, y otros llegaron a elevados puestos en la corte. **7.** Este mandato, de lo más desusado, se dio en consideración del bienestar del pueblo. La adhesión de los judíos a este principio de lealtad al gobierno del país en el que viven es una de las razones de su supervivencia en el mundo hasta la actualidad.

8. Los sueños que soñáis. Los falsos profetas florecieron por el aliento general del pueblo. **10. Setenta años.** Ver nota sobre 25:11. **11. El fin que esperáis.** Un futuro y una esperanza. Israel tenía ambos; pero no iban a cumplirse inmediatamente. Primero, tendrían que sufrir una purificación por fuego. (cp. vv. 12–14). **14. Haré volver vuestra cautividad.** El significado general de esta frase es "restauraré vuestra fortuna". Aquí significa en particular "os restauraré a vuestra tierra". **17. Los higos malos.** Cp. 24:1–10. **18. Los daré.** Ver nota sobre 15:4. **Los he arrojado.** Aquí, como tan a menudo en los profetas, se habla de un suceso futuro como si este ya hubiera tenido lugar.

21. Acah hijo de Colaías...Sedequías hijo de Maasías. Nada sabemos acerca de estos hombres, ni acerca del incidente aquí mencionado. **22. De ellos.** *Debido a ellos.* **Asó a fuego.** Otra referencia al uso que hacían los babilonios de este castigo aparece en Dn 3:6. **23.** Los babilonios difícilmente hubieran dado muerte a nadie por estas razones. Estos eran pecados en contra de Dios, que entregó a estos hombres en manos de Nabucodonosor, quien probablemente los entregó a la muerte por conspirar contra el estado. **24. Semaías de Nehelam.** Un líder judío en Babilonia, que había escrito al sacerdote Sofonías en Jerusalén, apremiándole a que hiciera silenciar a Jeremías. Por otra parte, **Semaías** es un personaje desconocido. **25. Sofonías hijo de Maasías** era un funcionario del templo (cp. 21:1; 37:3; 52:24). **26–28.** El texto de la carta de Semaías. **Que os profetiza** (v. 27). *Que se* *pretende profeta.* ¡Que póco comprendía Semaías la compulsión divina que llevaba al tímido Jeremías a hacer y decir lo que tanto le repugnaba! **29. Leído esta carta.** Es evidente que Sofonías sentía simpatía por Jeremías.

C. *El libro de consuelo. 30:1—33:26.*

Mucha de la obra de Jeremías era la de proclamar juicio. En esta sección lanza la mirada más allá del juicio que se avecinaba para fijarla en el Día de Jehová, la restauración y salvación de Israel, y el Nuevo Pacto.

1) El Día de Jehová: Su terror y liberación. 30:1–24.

El Día de Jehová comenzará con gran angustia para Israel, pero llegará por fin a cumplir la reunión y salvación de la nación

a) Introducción. 30:1–3.

La cautividad se toma aquí por supuesta (cp. 23:3, 4). Iba a haber una restauración a la tierra. **Haré volver a los cautivos** (v. 3). Ver nota sobre 29:14.

b) La angustia de Jacob. 30:4–7.

En la visión profética, el Día del Señor empieza con un tiempo de gran angustia para las naciones y para Israel (Amós 5:18–20; Is 2:12–22; 34:1–15; Sof 1:2—3:8; Zac 14:1–8, 12–15). **Israél y... Judá** (v. 4). Ver nota sobre 2:4. **Aquel día** (v. 7; esto es, el Día de Jehová. Cp. Is 13:6; Jer 46:10; Lm 2:22; Ez 30:3; Joel 1:15; 2:1; y las referencias anteriores en este mismo párrafo.)

c) La liberación de Jacob. 30:8–11.

Israel será salvada de su angustia. Liberada de la dominación gentil, y devuelta a su tierra, donde servirá a Dios y a un rey davídico. Esta es la segunda parte de la visión del Día de Jehová. **No lo volverán a poner más en servidumbre** (v. 8). Ver nota sobre 27:7. **9. David su rey.** No al resucitado David hijo de Isaí, sino a un rey de la línea davídica (Os 3:5; Ez 34:23). Cesar era originalmente el nombre de un emperador romano; vino a ser el título de sus sucesores. Jeremías había ya indicado que el Mesías vendría de la línea davídica (23:5 nota). **10, 11.** Estos versículos se repiten en 46:27, 28. **Siervo mío Jacob** (v. 10). La idea de que Israel es el siervo de Dios se desarrolla más plenamente en Isaías (p.ej., 41:8–14; 43:1–7; 44:1–2).

d) Las heridas aparentemente incurables de Jerusalén serán sanadas. 30:12–17.

14. No te buscan. *No se preocupan de ti.*

e) Jerusalén será reconstruida y feliz. 30:18–22.

18. Yo hago volver a los cautivos. Ver nota sobre 29:14. **Su colina.** *Montón de ruínas.* En hebreo *tēl.* La misma palabra la utilizan los árabes en la actualidad para designar los montículos de ruínas de Palestina, las localidades de antiguas ciudades. **Según su forma.** Mejor, *estará sobre su lugar propio.* **21. De ella saldrá su príncipe... él se acercará a mí.** Parece utilizarse la palabra **príncipe** para evitar la más usual de "rey". **Porque ¿quien es aquel que se atreve a acercarse a mí?** Este príncipe es también un sacerdote que tiene el derecho de acercarse a Dios.

23, 24. La tempestad de la venganza de Jehová.

2) La restauración de la nación, y el nuevo pacto. 31:1–40.

En preparación de la afirmación del Nuevo Pacto, primero Israel (vv. 1–22) y a continuación Judá (vv. 23–30) reciben la seguridad del amor de Dios y de su propósito de volver a reunirlos.

a) Dios hará por el Israel dispersado lo que hizo por los supervivientes del éxodo. 31:1–6.

1. El propósito del Pacto Abrahámico (Gn 17:7) se llevará por fin a cabo. Esta es la más alta bendición que Dios pueda dar. **2. El pueblo que escapó de la espada halló gracia en el desierto;** esto es, en la peregrinación de cuarenta años en el desierto (Éx 14— Dt 34). **3. Mi misericordia.** Ver nota sobre 9:24. **4. Virgen de Israel.** Ver nota sobre 14:17. **Panderos.** Los instrumentos utilizados para marcar el compás para los danzarines en las ocasiones de regocijo (cp. Éx 15:20). **5. Disfrutarán de ellas.** Los hebreos no comían del fruto los tres primeros años. El fruto del cuarto año se daba a Dios. Pero se podía "redimir" y comer como una cosa común (Lv 19:23–25; Dt 20:6). Así, la RV 1909 traduce; *Harán común uso.* Este versículo significa que Israel estaría establecido y viviendo de los frutos de la tierra en condiciones normales. **6.** Israel volvería también a la pura adoración del Señor que había perdido en la división del reino. El **monte de Efraín** era el centro del Reino del Norte. Es probable que fuera el **guarda** el que diera la señal para la peregrinación.

b) Predicción de la reunión de los exiliados. 31:7–14.

Volverán, arrepentidos y restaurados al favor de Dios (cp. Is 40:3–5, 9, 11; 42:5–16; 43:1–21; 48:20–22; 49:8–13). **8. La Tierra del Norte.** Cp. Introducción, *El enemigo del norte.* **Los confines de la**

tierra. Esto parece indicar una dispersión a lo ancho de todo el mundo.

10. Costas. Ver sobre 2:10. **11. Redimió.** Referencias a la liberación por parte de Dios de Su pueblo de la esclavitud extranjera a la libertad de su propia tierra. La utilización en el NT (probablemente anticipada por Is 44:22, 23; 62:12) de estas palabras en el sentido de liberación del pecado es una extensión muy natural de su significado. **12. Correrán.** Toda la multitud correrá junta. **Pan...vino... aceite.** Símbolos de la buena vida (cp. Sal 104:15). **Huerto de riego.** En la seca Palestina, la irrigación es el único procedimiento de verdor perpétuo (Is 58:11).

c) Raquel y Efraín serán consolados. 31:15–22.

Raquel, la madre de José y de Benjamín, de los que descendían las tribus principales del Reino del Norte, es representada como llorando por la cautividad de Israel; pero Dios la consuela con la promesa de la restauración de ellos.

15. Ramá (v. 16). Una ciudad a unos ocho kilómetros (cinco millas) al norte de Jerusalén, evidentemente el lugar donde los cautivos fueron reunidos antes de ser llevados a Babilonia (40:1). La profecía representa a **Raquel,** que rogó por tener a sus hijos (Gn 30:1) y que murió llena de tristeza (Gn 35:18, 19), como llorando en Ramá al ver a sus descendientes llevados cautivos. (El lugar donde Raquel fue enterrada es asunto no resuelto.) Mateo ve un cumplimiento de este versículo en la Masacre de los Inocentes (Mt 2:17, 18).

18, 19. Efraín pronuncia una oración de arrepentimiento. **Efraín** es un sinónimo de Israel. **19. Me aparté;** esto es, de Dios. **Herí mi muslo.** Una señal de gran tristeza (Ez 21:12). **20.** Dios declara a Efraín perdonado. **Entrañas.** Cp. 4:19, nota.

21, 22. El profeta exhorta a Israel a que se prepare al retorno de la cautividad. **Majanos altos** (v. 21). Se utilizaban como señalizaciones. **Vuélvete.** *Vuelve.* **Andarás errante** (v. 22). *Irás por aquí y por allá* (en incertidumbre). **La mujer rodeará al varón.** Esta afirmación es difícil de comprender. Los comentadores difieren ampliamente en cuanto a su significado. Es difícil saber cómo traducir el verbo traducido como **rodear** en la RV. La postura que ve aquí una profecía del nacimiento virginal de Cristo es ahora rechazado por la mayor parte. La RSV traduce: "Una mujer protegerá a un hombre"; esto es, la débil Israel se hará lo suficientemente fuerte como para proteger a otros. Otros traducen: "una mujer abrazará a un hombre"; esto es,

Israel volverá a su Esposo-Dios. Ninguna interpretación ha conseguido jamás la aceptación de la mayor parte de los comentadores.

d) Judá será también restaurada. 31:23–30.

23. Aun...cuando yo haga volver sus cautivos. Ver nota sobre 29:14. **24. Labradores.** En la antigua Palestina, los labradores y los pastores vivían en las ciudades y salían cada mañana a los campos y a los pastos. Se significa con ello una situación de tranquila prosperidad. **25. Satisfaré...Saciaré.** (con gozo). **26.** El profeta parece decir esto. Pero es extraño, porque Jeremías repudiaba los sueños (23:25–28).

27. El cautiverio resultó en la decimación de los habitantes humanos y animales. En el día que ha de venir, Dios repoblará la nación unida (Ez 36:8–11; Os 1:11; 2:23). **28. Edificar y plantar.** Cp. 1:10. **29.** Un proverbio popular (cp. Ez 18:2–4). **30. Por su propia maldad.** Una afirmación de la responsabilidad del individuo.

e) El nuevo pacto. 31:31–34.

El concepto del nuevo pacto es la contribución más importante de Jeremías al pensamiento bíblico. El AT menciona frecuentemente el pacto que Dios hizo con Israel (Éx 19:3–8; 24:3–8; Dt 29:1–29), pacto que constituía la base de la vida nacional y religiosa de Israel. Dios pone en claro, a través de Jeremías, que Israel no ha mantenido la fidelidad a este pacto (7:21–26; 11:1–13) y predice que hará un nuevo pacto con Su pueblo. El nuevo pacto no será una nueva ley (la ley antigua seguía siendo buena), sino que producirá un nuevo "corazón", esto es, conferirá un nuevo motivo a obedecer la ley de Dios. Jesús, al instituir la Cena del Señor, declaró: "Esta copa es el nuevo pacto en mi sangre" 1 Co 11:25; cp. Lc 22:20). La Epístola a los Hebreos enseña que Cristo introdujo el nuevo pacto mediante su sacrificio perfecto y definitivo por el pecado (He 7:22; 8:7–13; 10:15–22; cp. 2 Co 3:5–14).

31. He aquí que vienen los días. Una fórmula escatológica. Se significa el Día de Jehová (cp. 30:7 nota). **32. El pacto que hice con sus padres.** El pacto hecho en Sinaí, renovado en los campos de Moab (cp. referencias en el párrafo introductorio anterior). **Yo fui un marido para ellos;** esto es, les fui fieles a ellos, aunque ellos me fueron infieles a mí. **33. En su corazón.** El viejo pacto fue escrito sobre piedra (Éx 31:18). Sólo el nuevo pacto, escrito sobre el corazón, puede cumplir lo que el antiguo intentaba llevar a cabo: "Yo seré a ellos por Dios, y ellos me serán por pueblo" (cp. Lv 26:12; Ez 36:25–27). **34. Me conoce-**

rán. Este conocimiento es entrañable, experimental, basado en el perdón de los pecados.

f) Israel permanecerá para siempre. 31:35–37.

La supervivencia del pueblo hebreo, mucho después que sus vecinos han perecido, difícilmente se puede explicar sobre una base que no sea sobrenatural.

g) Jerusalén será reconstruida y será santa. 31:38–40.

38. A Jehová. No hay aquí un mero nacionalismo; la ciudad se dedica a Dios, santa (v. 40). **Torre de Hananeel.** En la esquina nororiental (Neh 3:1; 12:39; Zac 14:10). **Puerta del Angulo;** la esquina noreste (2 R 14:13; 2 Cr 26:9). **39. Collado de Gareb... Goa.** Desconocidos. Es probable que indiquen los extremos suroccidental y suroriental de la ciudad. **40. Valle de los cuerpos muertos.** El valle de Hinom (cp. 7:31 nota). **El arroyo de Cedrón** es el límite oriental de Jerusalén, y fluye hacia el valle de Hinom. **La puerta de los caballos** parece haber estado en el extremo suroriental de la ciudad.

3) Jeremías redime un campo en Anatot. 32:1–44.

Con esta acción, que tuvo lugar durante el último sitio de Jerusalén, Jeremías evidenció su fe en la restauración de Palestina después de la cautividad. La ley de la redención ordenaba que si un hebreo necesitado estaba a punto de vender su tierra para pagar sus deudas, su pariente próximo debía redimir la tierra, esto es, volverla a comprar para él. La acción de Jeremías tiene el mayor de los significados cuando se recuerda que Anatot había ya caído en manos del enemigo; por ello esta acción hubiera carecido de significado aparte de la esperanza de una restauración.

a) El mandato de Dios. 32:1–8.

1. Año décimo. Jerusalén cayó al año siguiente. Ya estaba sitiada. **2.** La historia del encarcelamiento de Jeremías se relata en 37:11–21. **7. Cómprame.** *Redime.* Cp. párrafo introductorio anterior; Lv 25:23–28. **Anatot.** El lugar natal de Jeremías (cp. 1:1 nota).

b) La redención de la tierra. 32:9–15.

Un interesante ejemplo de una transacción de aquel tiempo. **9. Le pesé el dinero.** Ya que no había dinero acuñado, los pagos se hacían pesando el metal precioso. **Diecisiete siclos.** Alrededor de de 200 gramos de plata. Posiblemente el campo fuera pequeño. **10. Le sellé... la hice certificar con testigos.** Los **testigos** eran siempre importantes para las transacciones legales. Cp. una transacción de terrenos en período más anterior, Rut. 4:1–12. **Balanza.** Para pesar el dinero. **11.** Se hicieron dos copias del documento, probablemente sobre papiro. Uno fue arrollado y sellado para impedir que fuera manipulado, y el otro se dejó sin sellar, para tenerlo disponible como referencia. **12. Baruc.** La primera mención del secretario de Isaías, que escribió mucha parte del libro de Jeremías bajo la dirección del profeta.

c) Reacción de Jeremías de duda. 32:16–25.

Hecha la compra, una oleada de dudas se abatió sobre el profeta, y este oró en angustia de espíritu. Su oración es algo similar a la de los levitas registrada en Neh 9:6–38. **18. Misericordia.** Ver nota sobre 9:24. **20. Señales y portentos en tierra de Egipto.** Cp. Éx 7:8 — 12:36. **Hasta este día.** Probablemente esta frase modifique el sentido de la que le sucede. **24. Caldeos.** Ver nota sobre 21:4. **25.** La oración borta al sentir el profeta la incongruidad de estar "haciendo negocios como de costumbre" cuando la tierra está perdida en manos de los babilonios. Pero no afirmará su duda de una manera más plena.

d) La bondadosa respuesta de Dios. 32:26–44.

El Señor consuela y confirma a Su profeta al decirle que, aunque la ciudad caerá tal como lo ha estado prediciendo, habrá una restauración, cuando la gente volverá de nuevo a comprar y a vender en la tierra de Judá. **27.** Con gran bondad Dios apremia a Jeremías a una mayor fe pronunciando la misma afirmación del profeta (v. 17) y poniéndosela como pregunta, como diciendo: "Jeremías, ¿te crees de veras lo que has dicho?" **34. Abominaciones.** *Idolos.* Habían ídolos incluso en el Templo de Jerusalén (cp. Ez 8:3–11). **35.** Ver notas sobre 7:29, 31; 19:13. **38–40.** Ver notas sobre 31:31–34. **44. Montañas.** Ver nota sobre 17:26. **Sefela.** Cp. 17:26 nota. **Neguev.** Cp. 13:19 nota. **Yo haré regresar sus cautivos.** Ver nota sobre 29:14.

4) Más promesas de restauración. 33:1–26.

Los temas introducidos en Jer 31 se repiten aquí. Este capítulo registra revelaciones que recibió Jeremías durante el último sitio contra Jerusalén.

a) La Jerusalén reconstruida será santa. 33:1–9.

2. Jehová. Ver nota sobre Éx 3:14. **4.** Los edificios cercanos al muro fueron destruidos a fin de que los soldados que defendían la ciudad tuvieran más espacio en el que maniobrar (cp.

32:24 nota). **7. Los cautivos...los restablecéré.** Ver nota sobre 29:14. **Como al principio.** Antes de que el reino fuera dividido a la muerte de Salomón. **8. Los limpiaré.** Cp. 31:34. **9. Me será;** esto es, Jerusalén (cp. 32:40–42).

b) La devastada Jerusalén revivirá. 33:10–13.
11. Ver nota sobre 25:10. **Alabad a Jehová.** Un estribillo ritual utilizado en los servicios del templo (Sal 135:1). **Volveré a traer los cautivos.** Ver nota sobre 29:14. **12. Cabañas de pastores.** Una imagen de una paz tranquila. **13. Montañas.** Ver nota sobre 17:26. **Sefela.** Ver nota sobre 17:26). **Neguev.** Cp. 13:19 nota.

c) Los reyes davídicos y los sacerdotes levíticos y los israelitas jamás serán cortados. 33:14–26.
15, 16. Estos versículos repiten 23:5, 6, por lo cual ver notas. **21.** El pacto de Dios con David se afirma en 2 S 7:8–16. Ver nota sobre 23:5. **24. Dos familias;** esto es, Israel y Judá.

D. Algunas de las experiencias de Jeremías antes de la caída de Jerusalén. 34:1—36:32.
Estos eventos ilustran las profundidades en las que se habían hundido el rey y el pueblo, preparándose así el camino para el relato de la destrucción de Jerusalén que sigue a continuación.

1) Un oráculo a Sedequías. 34:1–7.
Esta advertencia fue dada en el reinado de Sedequías, en tanto que Jerusalén se hallaba sometida al asedio. Contiene las advertencias frecuentemente repetidas de la derrota nacional, con una promesa al rey.
1. Jerusalén. Aquí, como frecuentemente sucede en la Biblia, el nombre de la capital se utiliza para denotar a toda la nación, como por ejemplo se utilizan los nombres de Tiro y Sidón para Fenicia, Damasco para Siria, etc.
5. Estas palabras de promesa difícilmente parecen haber sido cumplidas. A Sedequías le arrancaron los ojos, y murió en una prisión en Babilonia (39:7; 52:8–11; 2 R 25:5–7; Ez 12:13). Parece que se trata de una promesa condicional, que dependía de la rendición del rey a los babilonios. Ya que Sedequías rehusó obedecer, su final fue aún peor. **Quemaron especias.** La quema de incienso era parte de la ceremonia funeral.
7. Laquis. Una importante ciudad en la Sefela (cp. 17:26 nota), a unos 37 kilómetros (23 millas) al sudoeste de Jerusalén (el actual Tell ed-Duweir). Guardaba una carretera que por el valle llevaba a Jerusalén, y por ello era importante para la defensa de la capital. Sus

excavadores han hallado evidencias gráficas de su destrucción por el ejército babilónico. (En cuanto a las cartas de Laquis, ver Introducción, *Las cartas de Laquis*.) **Azeca.** Otra ciudad de la Sefela, importante para la defensa de una carretera que se dirigía a Jerusalén. Es el moderno Tell ez-Zakariyeh, a veintinueve kilómetros (18 millas) al oeste-sudoeste de Jerusalén, y a unos dieciocho kilómetros (11 millas) al norte de Laquis. Estas dos ciudades tendrían que caer antes de que Jerusalén pudiera ser totalmente reducida.

2) El quebrantamiento del pacto con respecto a los esclavos hebreos. 34:8–22.
Durante el sitio de Jerusalén, el pueblo prometió liberar a sus esclavos hebreos, esperando así obtener el favor de Dios. Pero cuando los babilonios se distrajeron momentáneamente del asedio debido a la incursión de un ejército egipcio (37:6–11), y se retiraron de la ciudad, el pueblo volvió a tomar sus esclavos, ganándose así la reprensión de Jeremías.
9. Que ninguno usase a... sus hermanos como siervos. Los esclavos hebreos (que generalmente se tomaban por deudas) podían ser guardados solamente por seis años. Al séptimo se les tenía que dejar ir libres (Éx 21:2; Dt 15:1, 12–15). Parece que esta ley (como la del año sabático, 2 Cr 36:21) no se guardaba con gran fidelidad. En una oleada de arrepentimiento, se soltaron todos los esclavos que habían sido retenidos más de seis años. Es probable que, con la ciudad ahora bajo sitio y los campos afuera inaccesibles, los esclavos fueran una carga económica, y que sus dueños no pudieran alimentarlos.
14. Siete años. En realidad eran seis, pero se incluye el año de liberación (cp. Dt 15:1, 12).
18. Dividiendo en dos partes el becerro, y pasando por medio de ellas. Una interesante alusión a la forma de ratificar un pacto. Se cortaba una víctima sacrificial en dos partes, y las partes contratantes andaban juntas entre las partes antes de la ofrenda del sacrificio (cp. Gn 15:9–17). Esto probablemente da cuenta del hecho de que el verbo hebreo que se utilizaba regularmente para hacer un pacto significa literalmente *cortar*.

3) El ejemplo de los recabitas. 35:1–19.
La moraleja de Jeremías sacada del extraño comportamiento de los hijos de Jonadab el hijo de Recab fue dada en el reinado de Joacim.

a) El rechazo de los recabitas a beber vino. 35:1–11.
Los recabitas eran un grupo puritano, los seguidores de Jonadab el hijo de Racab (2 R

10:15, 16, 23). Seguían el ideal del desierto, tratando de abstenerse de lo que les perecía ser las influencias degenerantes de la vida sedentaria: la agricultura, el vino, y las casas. El Señor les alaba no por sus extraños ideales, sino por la tenacidad con la que se aferraban a lo que creían correcto. **2. Casa de los recabitas;** esto es, el clan de los recabitas. **3, 4.** Las personas aquí nombradas son desconocidas, excepto que **Maasías** puede haber sido el padre del sacerdote Sofonías mencionado en 21:1; 29:25; 37:3. **6. Nuestro padre.** Utilizado en el extenso sentido semítico de "fundador" de la orden. **11. Y en Jerusalén nos** quedamos. Probablemente todavía en tiendas. No obstante, les era ahora imposible guardar del todo su voto.

b) Sermón de Jeremías acerca de los recabitas. 35:12–17.

19. Contrástese con la maldición pronunciada sobre Jeconías (22:30). Incluso en la actualidad, en Siria y en Arabia hay grupos que afirman ser recabitas y que siguen la regla recabita.

4) Dictado de las profecías de Jeremías a Baruc. 36:1–32.

Este capítulo es de gran interés en que da la única detallada descripción en el AT de la redacción de un libro profético. Que Jeremías dictara a un secretario era cosa normal en aquel tiempo. La escritura era una profesión especializada, a menudo restringida a una clase profesional. Los instruidos podían leer pero (como los ejecutivos en la actualidad) desdeñaban escribir. El libro fue dictado en el cuarto año de Joacim. Esta "primera edición" del libro fue quemada; y de inmediato el profeta sacó una "nueva edición" con adiciones (v. 32). El desusado orden de los materiales en nuestro actual Libro de Jeremías puede deberse a esta forma de redacción — una corta obra original, con frecuentes revisiones.

a) El rollo escrito por Baruc. 36:1–7.

2. Un rollo de libro. Un rollo de papel en blanco, probablemente de papiro importado de Egipto. Nuestra presente forma de libro ("codex") se originó en los tempranos tiempos el cristianismo. **4. Baruc hijo de Nerías.** El secretario de Jeremías, de quien se cree que provenía de una importante familia (32:12, 13, 16; 51:59). **5. Se me ha prohibido entrar.** Mejor, *estoy detenido.* No sabemos si se trataba de una impureza ritual o impedimento físico de parte de sus enemigos lo que impedía a Jeremías ir por sí mismo al Templo. **6. El día del ayuno.** Se había proclamado un ayuno debido a alguna calamidad que desconocemos.

Esto aseguraba que habría una multitud que oiría la lectura.

b) Baruc lee el rollo en voz alta. 36:8–21.

9. Año quinto...mes noveno. Era diciembre del 605 a.C. Algunos creen que en este entonces se contaba el año de reinado desde el otoño (a partir del mes séptimo). Si es así, el cuarto año del rey había finalizado solamente dos meses antes, y no tiene que haber transcurrido un largo tiempo entre la redacción (cp. 6:1) y la lectura del libro. **10. Gemarías hijo de Safán** era un hermano de Ahicam (26:24; 39:14; 2 R 22:8–14). Es evidente que se trataba de una piadosa familia de nobles.

11, 12. Con respecto a estos príncipes, ver nota sobre 26:10. **17. De boca.** *De su boca.* En el original no sale el nombre de Jeremías, sino que se sobreentiende. Los nobles tenían temor por Jeremías, pero le tenían simpatía, y trataban de protegerle (v. 19).

c) El rollo quemado por el rey. 36:22–26.

22. La casa de invierno. Probablemente una parte resguardada del palacio, de cara al sol. **Brasero.** La estación lluviosa en el país montañoso de Judea es frío, con ocasionales nieves ligeras, así como lluvia. **23. Planas.** Mejor, *columnas.* Un rollo estaba compuesto de hojas de pápiro pegadas, con la escritura en columnas en el lado interior del rollo. Cuando se hubieron leído unas cuantas columnas, el rey las cortó y las quemó.

24. Baruc quedó asombrado de la falta de reverencia de los hombres hacia el rollo. En el pasado, cuando Josías oyó la lectura del rollo de la Ley, "rasgó sus vestidos" (2 R 22:11). Parece que Baruc consideraba el rollo de Jeremías como igualmente Escritura con la Ley que tanto había impresionado a Josías.

26. Hamelec. Lit., *el rey.* Pero es probable que Joacim fuera demasiado joven para tener un hijo adulto para aquel entonces. Es posible que se tratara de un título honorífico. **Seraías.** Ver nota sobre 51:59.

d) Jeremías dicta una segunda edición. 36:27–32.

30. No tendrá quien se siente sobre el trono de David. El hijo de Joacim, el último de los descendientes en regir, reinó tres meses. **Su cuerpo será echado.** No se afirma la manera de la muerte de Joacim. Sobre la base de este versículo, se cree que este malvado rey puede haber muerto en un golpe palaciego o en un motín popular (cp. 22:19).

32. Muchas otras palabras semejantes. El hecho de quemar el primer rollo no podía destruir los oráculos; solamente llevó a pronunciar más palabras de juicio.

E. Jeremías durante el sitio y la destrucción de Jerusalén. 37:1—39:18.

Esta sección habla de las fortunas de Jeremías durante los últimos días del reino de Judá. Los caps. 21, 32—34 dan también información acerca de este período.

1) Jeremías en prisión. 37:1-21.

No hay razón para creer que el profeta quería pasarse a los babilonios cuando trato de dejar la ciudad durante el breve período en que se levantó el cerco. Pero su pueblo, que lo consideraban un odioso quisling, interpretó así su acción, y por ello fue arrojado a una mazmorra.

1. Sedequías. Ver nota sobre 1:3. **Reinó.** La expresión hebrea es singular: lit., *Y Sedequías reinó* (como) *rey.* Sedequías, tío de Joaquín (Conías), era probablemente considerado como regente en lugar de su sobrino, que había sido llevado a Babilonia.

a) Predicción de Jeremías del retorno de los caldeos y de la caída de la ciudad. 37:3-10. (Cp. 21:1-10, donde se habla de una situación diferente.)

3. Jucal hijo de Selemías. Estaba opuesto a Jeremías. **Sofonías hijo de Maasías.** Ver nota sobre 29:25. **Ruega ahora por nosotros.** Sedequías no era un hombre voluntarioso y retorcido como Joacim. Más bien era un hombre débil y vacilante, generalmente llevado por el mal camino por los malvados nobles que habían subido al poder durante el reinado de Joacim. Parece haber tenido un supersiticioso respeto hacia Jeremías, como lo indica aquí su petición.

5. Faraón. En 44:30 recibe el nombre de Faraón Hofra. Es probable que fuera una alianza con Hofra lo que alentara a Sedequías a rebelarse. Ahora el Faraón venía en su ayuda, pero, poco después, los babilonios derrotaban a los egipcios, y volvían a Jerusalén.

b) Jeremías encarcelado. 37:11-15.

12. Para apartarse de en medio. Es difícil descifrar el hebreo. A menudo se traduce como *a recibir allí su porción.* La porción no podía ser la tierra mencionada en 32:8, porque los eventos de aquel capítulo no habían todavía tenido lugar. Es probable que se estuviera dirigiendo a Anatot. **13. La puerta de Benjamín.** Una puerta en el lado septentrional de la ciudad, que llevaba a la tierra de Benjamín (cp. 38:7). **Capitán.** *Centinela.* **Irías.** No se le menciona en ningún otro lugar. Es interesante ver como se nombra a todos los caracteres en el conmovedor drama del ministerio de Jeremías, incluso a un humilde centinela. **15. Los**

príncipes. Ver nota sobre 37:3. **La casa del escriba Jonatán.** Es posible que las prisiones regulares estuvieran repletas de presos políticos.

c) Reunión secreta de Sedequías con Jeremías. 37:16-21.

16. Bóvedas. *Celdas.* **17-20.** Otra situación dramática, ante la que el profeta no se dobla ni se vuelve atrás. **21. El patio de la cárcel.** Se hallaba en el complejo del palacio (cp. 32:2). **Torta de pan.** Mejor, *hogaza de pan.* **La calle de los Panaderos.** En las antiguas ciudades (y en la Ciudad Vieja de la Jerusalén actual) cada tipo de actividad tenía su propia calle o barrio (cp. 18:2 nota). **Hasta que todo el pan de la ciudad se gastase.** Debido a la escasez provocada por el sitio.

2) Jeremías rescatado de una cisterna por Ebed-melec. 38:1-28.

Estos eventos parecen haber sucedido antes que los del capítulo anterior, cerca del final del asedio, cuando, en desesperación, el partido antibabilónico en la corte trató de librarse de su más vigoroso opositor. Sedequías aparece como débil, pero no enemigo del profeta. Su final entrevista con el profeta también se registra aquí.

a) El rescate de Jeremías. 38:1-13.

1. Gedalías hijo de Pasur. Puede haber sido hijo del Pasur que antes había azotado a Jeremías y que le había puesto en el cepo (20:1-6). **Jucal hijo de Selemías.** Cp. 37:3. **Pasur hijo de Malquías.** Ver nota sobre 21:1. **2.** Este versículo es casi idéntico con 21:9. **4. Hace desmayar las manos de los hombres de guerra;** esto es, Jeremías es un traidor. La misma acusación se hace en las cartas de Laquis contra ciertas personas en Jerusalén (cp. Introducción, *Las cartas de Laquis.* **El está en vuestras manos.** Esto revela la debilidad de Sedequías. **6. Cisterna.** Jerusalén estaba llena de cisternas, donde se recogía el agua durante la estación de las lluvias para utilizarla en los meses en los que no caía lluvia (de mayo a octubre). Jeremías se vio arrojado a una cisterna casi vacía y dejado allí para que se asfixiara o muriera de hambre. **Malquías hijo de Hamelec.** Quizás el padre del Pasur del v. 1. **Hamelec.** Ver nota sobre 36:26.

7. Ebed-melec, hombre etíope. Ebed-melec significa *siervo del rey,* pero este hombre no era un esclavo. **Eunuco** es una traducción demasiado restringida del hebreo *sārîs,* que significa "funcionario" o "funcionario de palacio". No obstante, es dudoso que se tratara de un funcionario importante. Concuerda con la línea melancólica de este libro que solamente un despreciado extranjero se preocupó lo suficiente del profeta como para arriesgarse a salvarlo (cp. 39:15–18). **Puerta de Benjamín.** Ver nota sobre 37:13. **10. Treinta hombres.** La cantidad parece innecesariamente grande y la construcción gramatical es desacostrumbrada, como si la cantidad hubiera sido cambiada. Un manuscrito hebreo y la LXX dicen *tres hombres*, siendo probablemente la cantidad original. **12.** Estas atenciones contrastan destacadamente con el veneoso odio le habían mostrado al profeta sus compatriotas judíos.

b) La última entrevista de Sedequías con Jeremías. 38:14–28.
17. Tu alma vivirá. *Salvarás tu vida.* El significado básico de *nepesh* es "vida". La palabra aparece en dos ocasiones en el versículo 16, una vez traducido como "alma", una como "vida" (cp. v. 20). **19.** Algunos judíos se habían rendido (39:9; 52:15). El rey temía que los caldeos pudieran entregarle a ellos para ser torturado. **22.** Un rey conquistador tomaba siempre posesión del harén de su enemigo derrotado (cp. 2 S 16:21, 22). La segunda parte del versículo representa a las mujeres del harén real como pronunciando un oráculo al ser sacadas.
26. Casa de Jonatán. Ver nota sobre 37:15.

3.) La caída de Jerusalen. 39:1–18.
La captura y la destrucción de la ciudad se describen en mayor detalle en Jeremías 52, excepto que los contenidos de 39:3, 14 no se hallan aquí. Para comentarios, ver las notas sobre el cap. 52.
3. Un gran prisma de barro hallado en Babilonia, que da la relación de los altos funcionarios de la corte babilónica, nos es de ayuda para comprender estos nombres. Se mencionan tres personas: **Nergal-sarezer** (cuyo oficio es) **Samgar** (significado desconocido); **Nebo-sarsequim** (cuyo oficio es) **Rab-saris** (jefe de los eunucos: un alto cargo) y **Nergal-sarezer** (cuyo oficio es) **Rabmag** (significado desconocido); **Nergal-sarezer** era yerno de Nabucodonosor, y segundo en la línea de sucesión al trono.
9. Nabuzaradán era un general. Este nombre ha sido hallado en varias listas babilónicas, con el título de "Principal de los Panaderos". Ya que este nombre era muy común en este período, no podemos estar seguros de que la persona que aparece en la Biblia sea idéntica con la mencionada en estas listas.
13. Ver nota sobre el v. 3. **14. Gedalías hijo de Ahicam.** Cp. 40:5.
El oráculo con respecto a Ebed-melec. 39:15–18. **Estando preso** (v. 15). Antes de que

la ciudad cayera (cp. 38:13). **Ebed-melec** (v. 16). Ver nota sobre 38:7. **Aquellos a quienes tú temes** (v. 17). Quizás los príncipes de Sedequías, que bien hubieran podido estar planeando su venganza en contra del que había salvado la vida de Jeremías.

F. Los últimos años de Jeremías. 40:1—45:5.
La ancianidad de Jeremías fue tan patética como su vida anterior. Dejado en Judá después de la caída de Jerusalén, fue llevado a Egipto en contra de sus deseos, y murió en aquel lugar idolátrico.

1) La administración de Gedalías, y su asesinato. 40:1—41:18.
2 Reyes 25:22–26 da un sumario de estos eventos.

a) Liberación de Jeremías a la caída de la ciudad. 40:1–6.
Es difícil reconciliar la afirmación que se hace aquí de que Jeremías fue liberado después de ser prisionero en Ramá con la deducción que se saca de 39:13, 14 de que los príncipes babilónicos le liberaron de la cárcel de Jerusalén poniéndolo bajo la custodia de Gedalías. Es posible que la deducción carezca de base y que 39:14 de por sentado el episodio de Ramá.
1. Nabuzaradán. Ver nota sobre 52:12. **Ramá.** Una ciudad benjamita a unos pocos kilómoetros al norte de Jerusalén. Es probable que los cautivos fueran interrogados y seleccionados allí antes de ser deportados. **2–4.** Esta manera de hablar, expresada en el lenguaje teológico judío, no es tan improbable en una boca babilónica como pudiera parecer a primera vista. Parece que los asirios estudiaban la teología de las gentes a las que atacaban para utilizarla en guerra psicológica (2 R 18:22, 33–35). Y los babilonios ciertamente se habrían enterado del extraño profeta traidor dentro de los muros de Jerusalén y sus discursos aparentemente pro-babilónicos. Ya que les había servido tan lealmente (o así lo creyeron ellos), los babilonios decidieron dejarlo ir. El orgulloso corazón hebreo de Jeremías tiene que haberse rebelado ante la inferencia de que estaba del lado de ellos, pero aceptó su libertad.
5. Gedalías hijo de Ahicam. Un hombre de alta cuna, nieto de uno de los nobles de Josías. Los babilonios le hicieron gobernador marioneta de la provincia subyugada y muy asolada de Judá. Un sello de esta época, hallado en Laquis, menciona un Gedalías que estaba "sobre la casa"; esto es, un gobernador de palacio (cp. Is 36:3). este puede haber sido el mismo Gedalías mencionado en estos versículos. **6. Mizpah.** Solo quedaron unos pocos

agricultores pobres (52:16). Se establecieron en Mizpa, cerca de Ramá (cp. 40:1), un lugar a unos pocos kilómetros al norte de Jerusalén, algunas veces identificada con Tell en-Nasbeh, recientemente excavada. Este lugar no fue tan totalmente destruido por los babilonios que no pudiera servir como refugio después de la destrucción de Jerusalén. Se halló allí un sello exquisitamente tallado con el nombre de su dueño, "Ya'-azanyahu siervo (funcionario) del rey", quizás el Jaazanías de 2 R 25:23 y Jer 40:8.

b) La gobernaduría de Gedalías. 40:7–12. Gedalías fue un buen gobernador, y probablemente tuvo el apoyo de Jeremías. Se cree que su gobernaduría duró alrededor de cinco años (cp. 52:30 nota). Fue llevado a su fin por su asesinato. Sus autores fueron el mismo desesperado grupo que había impulsado a Judá a su fatal resistencia a los babilonios antes de la caída de Jerusalén.

7. Ejército...por el campo; esto es, una unidad militar judía aun no capturada. **8. Seraías.** Ver nota sobre 51:59; cp. 2 R 25:23. **Jezanías.** Ver nota sobre 40:8. **9.** Gedalías trató de aquietar estas explosivas fuerzas de resistencia prometiéndoles que si se sometían, sus vidas estarían a salvo. **10. Mizpa.** Ver nota sobre 40:6. Jerusalén fue destruida en medio del verano. Había todavía tiempo para recoger los frutos tardíos del verano (cp. 8:20 nota) y las olivas, y así poder librarse de morir de hambre durante aquel primer desolado invierno. En esto tuvieron éxito.

c) La vida de Gedalías amenazada. 40:13–16. El bienestar de la pequeña comunidad que se había salvado dependía de su sumisión a Babilonia y del apoyo que prestaran a Gedalías. Juhanán sabía que Ismael, a sueldo de los amonitas, y probablemente también del partido pro-egipcio, estaba intentando matar a Gedalías, pero este rehusó tomar las precauciones necesarias.

d) Gedalías asesinado por Ismael. 41:1–3. **Mes séptimo** (v. 1). Octubre. Los judíos guardan un ayuno para recordar aquel asesinato. **De la descendencia real.** Quizás además de ser un extremista antibabilónico, Ismael deseaba vengar las indignidades hechas al rey Sedequías, su pariente.

e) La masacre de los setenta peregrinos. 41:4–9. Esta brutal matanza, de la que no puede darse ninguna razón adecuada, muestra el estado de ánimo desesperado de Ismael y de su banda.

5. Unos peregrinos de ciudades que habían pertenecido al Reino del Norte iban de camino a Jerusalén. **Raída la barba...rotas las ropas...rasguñados.** Indicaciones de duelo, probablemente por la caída de Jerusalén y por la destrucción del Templo (cp. 16:5 nota). **7. Cisterna.** Ver notas sobre el v. 9. **8. En el campo tesoros.** Con frecuencia se utilizaban las cisternas en el campo como escondites para almacenar bienes. Se podían cubrir con facilidad y quedar disimuladas, lo cual era una ventaja para esta época de gran turbulencia política. **9. Cisterna.** Ver nota sobre 14:3. El rey Asa había fortificado a Mizpa contra Baasa, rey de Israel (1 R 15:22). Las cisternas para proveer agua durante los asedios eran vitales para las ciudades fortificadas. En Tell en-Nasbeh (cp. 40:6 nota) se han hallado cincuenta y tres de estas cisternas.

f) El pueblo residual llevado y vuelto. 41:10–18. Ismael, que estaba aliado con el rey amonita (40:14), se llevó a los refugiados de Mizpa, tratando de llevarlos a los amonitas. Pero Johanán, con ciertas fuerzas judías, los rescató, y se fueron al sur a un lugar cerca de Belén.

12. El gran estanque. Mencionada en 2 S 2:13. Gabaón es la moderna El-jib, a unos cinco kilómetros (tres millas) al sudoeste de Tell en-Nasbeh (40:6 nota). Recientes excavaciones allí han revelado un complejo sistema de obras hidráulicas, con una gran cisterna de almacenamiento. **17. Gerut-quimam.** Este lugar es desconocido. **A fin de ir y meterse en Egipto.** El pueblo temía que, todo y siendo inocentes ellos mismos de actividades antibabilónicas, sufrirían por el asesinato de Gedalías y de la guarnición caldea a manos de Ismael.

2) Migración de los refugiados a Egipto. 42:1 — 43:7.

a) Se le pide a Jeremías que pida consejo de Dios. 42:1–6. El pueblo tenía temor de quedarse en Palestina, pero dudaba de dejar su patria en pos de la protección de una nación extranjera. **Jezanías hijo de Osaías** (v. 1). No es el mismo que Jezanías de 40:8. Puede ser idéntico con el Azarías hijo de Osaías, porque los dos nombres tienen un significado similar.

b) Advertencia del profeta contra ir a Egipto. 42:7–22. **7. Al cabo de diez días.** Aun cuando su petición era urgente, Jeremías tenía que esperar hasta que estuviera seguro de que tenía la respuesta divina. No se atrevía a confundir su propio deseo de quedarse en su tierra con la voluntad de Dios. **10. Arrepentido.** Ver nota sobre 18:18. **20. ¿Por qué hicisteis errar vuestras almas?** Tomadas en lo que valen estas palabras parecen significar que los judíos le preguntaron hipócritamente a Jeremías por su consejo, habiendo ya predeterminado el curso que iban a seguir. Pero muchos traducen, *Porque erráis a costa de vuestras vidas.* Al ir a Egipto lo perderéis todo (cp. v. 22).

c) Jeremías llevado a Egipto por el pueblo. 43:1-7.

Impacientes después de diez días de espera, los refugiados echaron a un lado las advertencias de Jeremías y emigraron a Egipto. Se llevaron con ellos a Jeremías y a Baruc en contra de las voluntades de ellos. Es evidente que Jeremías murió en Egipto.

2. Azarías hijo de Osaías. Ver nota sobre 42:1. **3. Baruc hijo de Nerías.** Ver nota sobre 36:4. No hay evidencia en este libro que pueda confirmar la opinión de que Baruc influenciara indebidamente al ahora anciano Jeremías. **5. Convertirse de su maldad.** La guerra que culminó en la destrucción de Jerusalén había causado la dispersión de muchos judíos por las naciones vecinas en busca de refugio. Algunos de ellos habían vuelto ahora a su tierra. **6. Nabuzaradán.** Ver nota sobre 52:12. **Gedalías hijo de Ahicam.** Ver nota sobre 40:5. Parece evidente que Jeremías fue a la fuerza. Sea que fuera obligado por los demás o por un sentido de responsabilidad hacia sus irreflexivos compatriotas, no se conoce. **7. Tafnes.** Ver nota sobre 2:16.

3) Jeremías en Egipto. 43:8 — 44:30.

La vida de Jeremías en Egipto parece haber sido muy infeliz. La tierra estaba repleta de ídolos; su propio pueblo no le miraba con simpatía; y difícilmente podía esperar un buen trato de parte del gobierno cuando sus actitudes políticas proclamadas durante los últimos años de Judá fueran conocidas.

a) Predicción de Jeremías de la conquista de Egipto por parte de nabucodonosor. 43:8–13.

Otra acción simbólica del profeta. Nuestro conocimiento del imperio neo-babilónico es totalmente fragmentario. En tanto que por ahora no tenemos suficiente información extra-bíblica para conformar el hecho de que Nabucodonosor conquistara de hecho al Egipto, sí que sabemos que lo invadió. El hecho de que esta profecía fuera dejada en este libro por la siguiente generación argumenta en favor de que ellos conocían la reducción de la tierra (que ahora nosotros desconocemos debido a la pérdida de registros) por parte de Nabucodonosor.

9. Barro en el enladrillado. Sir Flinders Petrie, que excavó Tell Defenneh, halló una gran área pavimentada que cree ser la que aquí se menciona. Estaba situada enfrente de lo que identificó como la casa de Faraón, y es probable que se utilizara como un área de carga y descarga y de almacenamiento. Ver nota sobre 25:9. **10. Mi siervo.**

12. A ellos los llevará cautivos. Los ídolos eran frecuentemente llevados en las procesiones triunfales de los reyes conquistadores. **Limpiará la tierra de Egipto como un pastor limpia su capa.** Estas son traducciones del mismo verbo hebreo. El significado parece ser que Nabucodonosor tendría a Egipto bajo un control tan pleno que podría envolverse con la tierra como un pastor se envuelve en su ropa en la fría noche. **13. Bet-semes.** El hebreo para ''la Casa del Sol'', la anciente Heliópolis, el moderno Tell Husn, cerca de El Cairo. Re, el dios sol, era adorado allí en los tiempos antiguos. Las **estatuas** son obeliscos. Uno de los obeliscos de Heliópolis se halla ahora en el Central Park de la ciudad de Nueva York, y otro en el paseo Enbankment en Londres. Ambos reciben erróneamente el nombre de ''Aguja de Cleopatra''.

b) Condena de la idolatría de los judíos egipcios. 44:1–14.

1. Migdol. Sobre la frontera nororiental de Egipto, probablemente el moderno Tell e-Heir, a dieciocho kilómetros (once millas) al sur de Pelusium. **Tafnes.** Ver nota sobre 2:16. **Menfis,** situada cerca del ápice del Delta, era un importante centro de vida egipcia, habiendo sido la capital de la nación en días más tempranos. El dios Ptah, el dios creador, patrón de los artesanos y de los escultores, era adorado allí. **La tierra de Patros.** El Egipto Superior, o meridional, la tierra al sur del Delta. El hecho de que algunos judíos hubieran emigrado hacia el sur muestra que pronto se dispersaron por la tierra. Algo más tarde hubo una colonia de soldados mercenarios judíos en Elefantina, la moderna Asuán en la frontera con Etiopía. **7. Contra vosotros mismos.** Lit., *contra vuestras almas.* La RV da una buena traducción, mostrando el sentido correcto. **14. No volverán sino algunos fugitivos** (cp. 44:28).

c) La respuesta de los judíos. 44:15–19.

Esta descarada confesión de confianza en la Reina del Cielo es característica del pueblo al que Jeremías había predicado toda su vida.

15. Sus mujeres. Las mujeres parecen haber sido especialmente devotas de la Reina del Cielo, quizás debido a que creían que ella traía la deseada fertilidad. **Patros.** Ver nota sobre 44:1. **17. La reina del cielo.** Ver nota sobre

7:18. Y tuvimos abundancia de pan. En opinión de estas mujeres, la reforma de Josías, que excluyó las formas de idolatría que habían sido anteriormente practicadas (2 R 23) eran la causa de la caída de la nación. **19. Para tributarle culto.** Mejor, *en su imagen* (cp. 7:18 nota). Los maridos aprobaban también estos sentimientos.

d) Conclusión de la advertencia de Jeremías. 44:20–28.

26. Mi nombre no será invocado más. Debido a que los judíos en Egipto perecerían. Más tarde, durante el periodo intertestamentario, hubo una gran población judía en Egipto, adorando al Señor. Quizás este sea un ejemplo del caracter condicional de las profecías de juicio. Los judíos se arrepintieron de su idolatría, y fueron perdonados.

e) La caída del Faraón Hofra, señal de desastre para los judíos egipcios. 44:29, 30. El faraón Hofra reinó desde el 588 al 569 a.C. (cp. 37:5 nota). Jeremías dijo que Faraón sería capturado por sus enemigos, como lo fue Sedequías. Uno de sus oficiales, Amasis, rebelándose contra su rey, finalmente le mató y le sucedió.

4) Oráculo de Jeremías a Baruc. 45:1–5. Baruc, como su señor, se desalentó en su obra. Evidentemente, estaba también tentado a buscar "grandes cosas". Quizás aspirase a influenciar a Jeremías (cp. 43:3). En todo caso, aquí se le alienta y adviete. Ciertamente que su acción de publicar las memorias de Jeremías, haciéndolas accesibles a todo el mundo, le ha dado una fama legítima. **1. Baruc hijo de Nerías.** Ver nota sobre 32:12. **Estas palabras.** Evidentemente se refiere a Jer 36. Compárese la fecha mencionada en este versículo con la de 36:1. **5. A ti te daré tu vida por botín.** Aunque Baruc sufriría, su vida sería preservada.

III. Oráculos de Jeremías en contra de las Naciones Extranjeras. 46:1—51:64.

El profeta hebreo tenía característicamente una palabra para las naciones vecinas de los hebreos así como para el mismo Pueblo Elegido. Jeremías fue ordenado como "profeta a las naciones" (1:5) y había sido puesto "sobre naciones y sobre reinos" (1:10). En la última parte de este libro se hallan reunidas sus acusaciones proféticas de los gentiles, dadas en varias épocas. La Biblia griega sitúa estos oráculos inmediatamente después del 25:13.

A. Oráculo contra Egipto. 46:1–28.

1) Encabezamiento. 46:1. Este versículo forma un encabezamiento para toda la sección 46:1—51:64.

2) Cántico acerca de la victoria de Nabucodonosor sobre Faraón Necao en Carquemis. 46:2–12. **2. En Carquemis.** Una rica ciudad comercial, situada cerca del vado del Eufrates en el norte de Siria. Había sido un centro heteo (o hitita) en los días antiguos, y más tarde fue dominada por los asirios. Después del derrumbamiento del imperio asirio, llegó a ser el punto donde con frecuencia chocaban los poderes egipcio y babilónico. La batalla de Carquemis (605 a.C.) fue una de las batallas decisivas de la Historia. Los egipcios intentaron allí contener el poder ascendiente de Babilonia y apoyar al imperio asirio, casi destrozado. Los egipcios fueron derrotados, y la persecución de Nabucodonosor tras Necao hacia Egipto llegó a su fin sólo por las noticias de la muerte de su padre Nebopolassar. Se apresuró a dirigirse a Babilonia para ser el nuevo rey. Desde entonces el imperio asirio dejó de existir, y Babilonia dominaba no sólo la Mesopotamia, sino también todo el Levante. **5. Miedo de todas partes.** Ver nota sobre 6:25. **7. Como río.** *Como el Nilo.* La palabra traducida "río" es $ye'\bar{o}r$, una palabra tomada de prestado del egipcio que significa el río Nilo. Se utiliza frecuentemente en relación con las plagas de Egipto (Éx 7, 8). Los ejércitos egipcios son aquí asemejados al Nilo durante su inundación anual. **8. Río.** Ver nota sobre 46:7. En realidad, la palabra traducida como **río** en la versión RV quedaría mejor traducida como "inundación del Nilo". **9. Etíopes, los de Put,...los de Lud.** Aliados de Egipto en la batalla (cp. Ez 30:5). Los **etíopes** (en hebreo, *Cus*) ocupaban la región del Alto Nilo, y parecen haberse involucrado más y más en la escena egipcia hacia el final de la grandeza de Egipto (cp. 2 Cr 14:9–15); 2 R 19:9; Is 37:9). **Los de Put** (libios) vivían al oeste de Egipto, a lo largo del Mediterráneo. **Los de Lud**, o Lidios, se refiere a un reino en Asia Menor. Su significado aquí no está claro.

10. Para Jehová Dios de los ejércitos día de retribución. Esta expresión no aparece en ningún otro pasaje de Jeremías. Aquí (como en Joel 1:15; 2:1) el **Día de Jehová** significa el día del juicio de Dios sobre una nación, y no se refiere al juicio que precederá al Día mesiánico. **11. Bálsamo..** Ver nota sobre 8:22.

3) Egipto devastado por Nabucodonosor. 46:13–26. Cp. 43:8 nota. **14.** Para estos lugares ver notas en 43:7; 44:1. **15.** La RSV traduce así este versículo: *¿Por qué ha huído Apis? ¿Por qué no se mantuvo firme vuestro buey? Porque Jehová lo empujó.*

Si esta división es correcta, esta es la única mención en la Biblia de Apis, el dios-toro de Egipto. La imagen de este Dios era frecuentemente llevada en las batallas, y su influencia sobre los hebreos se ve probablemente en el becerro de oro hecho por Aarón (Éx 32:4, 5) y en la similar imagen de Jeroboam (1 R 12:28, 29).

17. Dejó pasar el tiempo señalado. Quizás esto signifique que Faraón se dejó detener por las dudas originadas por su miedo, dejando pasar el momento oportuno para una batalla triunfante. **18. Tabor...Carmelo** son montañas principales en la Palestina septentrional. El camino a Egipto pasa al lado de ellas. **Vendrá** (Nabucodonosor). Tan de cierto como que estos picos están en Palestina, Nabucodonosor vendrá a Egipto.

19. Hija; esto es, los egipcios (cp. v. 11). **Menfis** (ver nota sobre 2:16). **20. Destrucción.** Mejor, *un tábano.* Un insecto aguijoneante vendrá como plaga sobre la hermosa becerra. **22. Su voz saldrá como de serpiente.** Mejor: *su sonido es como la de una serpiente que se mueve.*

23. Langostas. En cuanto a la severidad de una plaga de langostas, ver notas sobre Joel 1:1 — 2:27.

25. Amón, dios de Tebas. El dios Amón, identificado para aquel entonces con Re, el dios-sol, era adorado en Tebas (la moderna Luxor). Era ahora ya casi un dios nacional (cp. Nah. 3:8). **A los que en él confían;** esto es, los estados satélites de Egipto. **26. Pero después será habitado.** Egipto será restaurado, y no vendrá a ser una ruína perpétua (cp. Ez 29:13–15).

4) La salvación de Israel. 46:27, 28.

Los profetas añadían frecuentemente un oráculo favorable con respecto a Israel después de la denuncia de una nación extranjera (cp. Ab 17–21). Estos versículos se hallan también en Jer 30:10–11 (cp. notas allí).

B. Oráculo contra los Filisteos. 47:1–7.

Los filisteos habitaban aquella parte del área costera de Palestina conocida como la Llanura Filistea. Sus cinco ciudades eran Ecrón, Asdod, Ascalón, Gaza, y Gad. Aunque David subyugó a los filisteos hasta cierto punto, durante el Reino Dividido estas ciudades mantuvieron su independencia frente a Judá. En las inscripciones asirias son mencionadas como pueblos formidables. Las muchas campañas guerreras que fueron dirimidas en la Llanura Filistea desde el período asirio hasta la época de Alejandro Magno provocó la gradual atrición de los filisteos. Los que quedaron fueron conquistados por los Macabeos (en la segunda mitad del siglo II a.C.) y fueron absorbidos por el pueblo hebreo. Otros oráculos contra los filisteos se hallan en Amós 1:6–8; Is 14:28–31; Ez 25:15–17; Sof. 2:4–7.

1. Antes que Faraón destruyese a Gaza. Quizás tuvo lugar durante la campaña en la que Josías perdió la vida en Meguidó (2 R 23:29–30). **2. Del norte.** Los babilonios constituían una amenaza no sólo para Judá, sino para todo el Levante. Ver Introducción, *El enemigo del norte.*

4. Tiro y Sidón. Tiro y Sidón eran las principales ciudades fenicias, situadas en la costa de lo que ahora es el Líbano. Eran grandes centros de comercio marítimo, y resistieron vigorosamente la conquista asiria y la babilónica. Aunque en relaciones amistosas con los hebreos durante el Reino Unido, más tarde se hicieron amargos enemigos. Algunos oráculos proféticos en contra de ellos son: Amós 1:9, 10; Joel 3:4–8; Is 23:15–18; Jer 27:1–11; Ez 26—28. No se sabe la razón de que Tiro y Sidón se mencionen en relación con los filisteos; es posible que estuvieran aliados. **El resto de la costa de Caftor.** Caftor se identifica generalmente como Creta, la supuesta patria de los filisteos antes de la migración de ellos a Palestina (Amós 9:7; Dt 2:23).

5. Rapada. Quizás una afirmación figurada, significando que Gaza sería arrasada. O posiblemente se trate de una señal de duelo por la destrucción (cp. 16:5 nota). **El resto de su valle.** Esta frase es difícil de entender. La LXX dice: *Oh resto de los anaceos,* lo cual representa el cambio de una sola letra hebrea. Los anaceos eran habitantes aborígenes de palestina (cp. Jos 11:21, 22). **Te sajarás.** Ver nota sobre 16:5. **7. La costa del mar,** esto es, la Llanura Filistea.

C. Oráculo contra Moab. 48:1–47.

Los moabitas eran descendientes de Moab, el hijo de Lot (Gn 19:37). Vivían en la Transjordania, al este del Mar Muerto. Vecinos cercanos a los hebreos, se hallaban frecuentemente en conflicto con ellos; porque los hebreos pretendían el control sobre el territorio moabita, y lo ponían en marcha cuando eran fuertes. Nabucodonosor subyugó a los moabitas, que desaparecieron entonces como nación. Otros oráculos proféticos contra Moab son: Is 15; 16; Jer 9:26; 25:21; 27:3; Ez 25:8–11; Amós 2:1–3; Sof. 2:8–11. Este oráculo es más largo que los anteriores en esta sección, y se ha señalado que contiene unas semejanzas con Is 15; 16. Es posible que la invasión de los moabitas (entre otros) en Judá durante el reinado de Joacim (2 R 24:2) sea el marco en el que se tenga que comprender este oráculo. De los muchos nombres de lugares moabitas que aparecen aquí, solamente se comentará acerca de los más significativos. **1. Nebo.** Un pico enfrente de Jericó al otro lado del Jordán. **2. En Hesbón maquinaron mal.** Un juego de palabras. El verbo traducido **maquinaron mal** suena parecido a **Hesbón**. Esta ciudad alternaba entre el control israelita y el moabita. Contenía famosos depósitos (Cant. 7:4). **Madmena, serás cortada.** Madmena es el nombre de un lugar desconocido. **Serás cortada.** Mejor, *serás reducida a silencio.* **5. La subida de Luhit.** Otra ciudad. **6. Retama en el desierto** es un símbolo de destrucción y de soledad (cp. 17:6 nota). **7. Quemos.** El dios nacional de Moab (cp. vv. 13, 46; Nm 21:29; 1 R 11:7, 33; 2 R 23:13). Los ídolos se llevaban con frecuencia cautivos juntamente con la gente que los adoraban (cp. Jer 43:12; Is 46:1, 2). **8. Valle.** El valle del Jordán, cerca del Mar Muerto. **Llanura.** La meseta en que habitaban los moabitas. **11. Sobre su sedimento ha estado esposado.** Moab se hallaba tan aislado que no había experimentado la disciplina de frecuentes invasiones y de cautividad. La figura viene de la vinicultura. El vino se ''afinaba'' al derramarlo de vasija en vasija a través de un colador. Moab nunca había sido purificado así, y era como un vino con **sedimento. 12. Trasvasadores que lo trasvasarán,** lleva a su continuación la metáfora del versículo anterior. Pero en el caso de Moab este trasvase sería desastroso; porque los descuidados trasvasadores romperían los recipientes, y Moab perecería. **13. Bet-el.** Una referencia al centro de adoración hecho por Jeroboam I en Bet-el, una piedra de tropiezo religiosa para la nación de Israel (1 R 12:26–33). **18. Dibón.** La moderna Dibán, a veintidós kilómetros (trece millas) al este del Mar Muerto, cerca del río Arnón. Aquí se descubrió la famosa Estela de Moab. **20. En Arnón.** *En la ribera del río Arnón.* Un río perenne que cae en el Mar Muerto a alrededor de mitad de camino entre sus extremos septentrional y meridional. **21. La tierra de la llanura.** Ver nota sobre 48:8. **22. Nebo.** Ver nota sobre 48:1. **25. Su borazo.** Lit., *su cuerno.* Un símbolo de la fuerza militar y del poder político, probablemente derivado de los toros, que empujan con sus cuernos.

26. Embriagadle. Ver nota sobre 25:15. **28. La boca de la caverna.** *Los lados de la garganta* (del Arnón). Los moabitas llevaría una existencia perseguida y precaria. **30. Su cólera.** *Arrogancia.* **Sus jactancias no le aprovecharán.**

32, 33. La desolación venidera de Moab se presenta como la de una viña destruida. *Con llanto de Jazer lloraré por ti, oh vid de Sibma; tus sarmientos pasaron el mar* (v. 32). **Jazer** y **Sibma** eran lugares cercanos a Hesbón, y señalados por sus viñedos. Los campos fértiles. Ver nota sobre 8:20. **34. Zoar.** Es evidente que la ciudad de refugio de Lot existía aun entonces (Gn 19:20–22). Ha sido identificada con el-Keryeh, al sudeste del Mar Muerto. **Becerra de tres años.** Mejor, y *Eglath-Selishiyeh,* otro lugar. **35. Lugares altos.** Ver nota sobre 3:6. **36. Flautas;** se utilizaban para las endechas funerales. **37. En** cuanto a estas prácticas de duelo, ver nota sobre 16:5.

40. Como águila volará; esto es, el enemigo destructor vendrá. **42. Será destruido.** Acerca de la suerte de Moab, ver el párrafo introductorio a este capítulo. **45.** Este versículo parece depender de Nm 21:28, 29; 24:17. El pensamiento parece ser que los refugiados moabitas huirían a la fortaleza de Hesbón, pero que incluso allí serían destruidos. **Sehón** (Nm 21:21–30) es mencionado aquí para recordar la derrota de los amorreos en Hesbón en tiempos antiguos. **46. El pueblo de Quemos.** Ver nota sobre 48:7. **47. Pero haré volver a los cautivos de Moab.** Moab no perecería completamente, porque se hallará un remanente de Moab en el Reino de Dios (cp. 46:26; 49:6, 39). Ver también la nota sobre 29:14.

D. Oráculo contra los amonitas. 49:1–6.

Los amonitas descendían de Ben-ammi, hijo de Lot (Gn 19:38). Vivían en la Transjordania, entre los ríos Arnon y Jaboc, en dirección al este, hacia el desierto. Ellos, como los moabitas, hostilizaron frecuentemente a los hebreos. Mostraron su hostilidad a ellos durante el reinado de Joacim (2 R 24:2), y ayudaron a destruir a la comunidad de refugiados después de la caída de Jerusalén (Jer 40:11–14). Otros oráculos en contra de ellos se hallan en Ez 21:20; 25:1–7; Amós 1:13–15; Zac 2:8–11.

1. ¿No tiene hijos Israel? Esta es probablemente una referencia a la captura de la Transjordania de manos del Reino del Norte por parte de los asirios el 732 a.C. (2 R 15:29). Después de la deportación de los israelitas, los amonitas pasaron a ocupar el territorio de Gas —las tierras de Transjordania entre el Arnón y el Jaboc cerca del Jordán. **Milcom,** el dios de los amonitas (1 R 11:5, 7, 33; 2 R 23:13). Esta lectura tiene el apoyo de las Biblias griega, latina y siríaca.

2. Rabá. La principal ciudad de los amonitas, en la actualidad llamada Amán, la capital del Reino de Jordania. **Montón.** Ver notas sobre 30:18. **Sus ciudades.** Lit., *sus hijas.* Aldeas cercanas que vivían dependientes de Rabá.

3. Hesbón, aunque estaba solamente a unos nueve kilómetros (seis millas) de la frontera amonita, estaba controlada por el rey amorreo Sehón cuando llegó Israel (Nm 21:25–30, 34). Más tarde pasó a manos moabitas (cp. 48:2 nota). **Hai.** Parece que se señala a un lugar amonita que tenía este nombre (no a la Ai capturada por Josué, Jos 8:1–29). No se menciona en ningún otro lugar. **Vallados,** para encerrar ovejas. **Milcom.** ver nota sobre 49:1.

4. La que confía en sus tesoros. El versículo expresa la confianza de un pueblo que vivía en una tierra tan remota e inaccesible que parecía imposible una invasión.

6. Haré volver. Ver nota sobre 48:47.

E. Oráculo contra Edom. 49:7–22.

Los edomitas eran descendientes de Esaú, que fue también llamado Edom (Gn 36:1–19). Vivían en la tierra de Seir, o Edom, un país muy escabroso y montañoso, que se extendía hacia el sur del Mar Muerto, a ambos lados del Arabá, hasta el golfo de Akaba. Las relaciones entre los reinos hebreos y los edomitas nunca fueron felices. Los últimos se gozaron en la destrucción de Jerusalén (Sal 137:7), y después ocuparon el sur de Judá. Fueron a su vez desposeídos por los nabateos. Los macbeos guerrearon triunfantemente contra los edomitas y obligaron a los supervivientes a hacerse judíos. Otras profecías en contra de los edomitas se hallan en Ez 25:12–14; 35:1–15; Joel 3:19; Amós 9:12; Ab 1–16. Partes de esta sección se parecen estrechamente a partes de la profecía de Abdías.

7. Temán. Una tribu de edomitas conocida por su sabiduría (cp. Job 2:11). **8. Dedán.** Una tribu que habitaba al sur de Edom, conocida por sus intereses comerciales (Ez 25:13; 27:15, 20; 38:13; Is 21:13; Jer 25:23). Es posible que el nombre siga permaneciendo como Daidán, en el desierto Arábigo. **9, 10.** Edom sería desnudado del todo, sin que le quedara nada ni siquiera el rebusco. **12.** Edom era especialmente culpable, debido a su complicidad en la caída de Jerusalén (Ab 10–14; cp. 25:15 nota, 28).

16. Cavernas de peñas...altura del monte. Una referencia a la fortaleza montañosa, debido a las altas montañas que protegían a Edom. **Peñas.** *Sela',* el nombre hebreo de Petra, la principal ciudad de los edomitas (cp. Ab 3).

19–21. Estos versículos se repiten en 50:44–46, donde se aplican a Babilonia. Es difícil interpretar el v. 19. Dice aparentemente que el enemigo de Edom vendrá sobre ella desde el valle del Jordán, pero que huirá ante ella; no se afirma por qué razón. Dios hará que Su escogido rija sobre Edom. **Subirá,** esto es, el conquistador de Edom. **La espesura del Jordán.** *La jungla del Jordán* (cp. 12:5 nota). **Temán** (v. 20). Ver nota sobre 49:7. **Los arrastrarán.** *Los sacarán para afuera.*

F. Oráculo contra Damasco. 49:23–27.

Damasco era la principal ciudad de Siria. Poco es lo que se conoce acerca de ella en la época de Jeremías. Amós 1:3–5 registra una profecía en contra de ella.

23. Hamat. La moderna Hamah, sobre el río Orontes, a 200 kilómetros (120 millas) al norte de Damasco. Originalmente una ciudad hetea, era para este entonces una parte de Siria. **Arfad.** Una ciudad cercana a Hamat (cp. Is 10:9). **Malas nuevas, se derritieron en aguas de desmayo.** Lit., *dolor sobre el mar.* Pero Siria no tenía entonces costa marítima en la antigüedad. Esta expresión es una metáfora para expresar inquietud y angustia. **No pueden sosegarse.** Esta es la misma expresión hebrea traducida como *no puede estarse quieto* en Is 57:20.

25. Damasco estaba considerada una de las más bellas ciudades de la antigüedad. Sus fuentes hacían de ella un gran oasis en medio del desierto sirio. **27. Ben-adad.** El nombre de varios reyes damascenos (1 R 15:18, 20; 2 R 13:24).

G. Oráculo contra Cedar y Hazor. 49:28–33.

Este oráculo se dirige contra tribus árabes. *Cedar* y *Hazor* no son mencionadas las naciones en el oráculo de Jer 25, pero los vv. 23, 24 de aquel capítulo parecen referirse a los mismos pueblos. Poco es lo que se conoce de la temprana historia de los pueblos del desierto al este de Palestina, a los que ahora llamamos árabes.

28. Cedar. Una tribu ismaelita del desierto (Gn 25:13; Is 21:13–16; 60:7; Ez 27:21. Cp. Jer 2:10 nota). **Los reinos de Hazor.** Difícilmente puede esto referirse a la gran fortaleza de Hazor en la Palestina septentrional (Jos 11:1–13; 12:19), porque se utiliza aquí de una área desértica. No hay otra mención en las Escrituras de una Hazor en el desierto. **Destruid.** Anteriormente, los asirios habían emprendido campañas contra los árabes, y Josefo se refiere a una conquista de Arabia hecha por Nabucodonosor. **29. Miedo alrededor.** Una expresión favorita de Jeremías (cp. 6:25; 20:3, 10; 46:5).

31. Levantaos, subid. Un encargo a los babilonios para que despojen a los pueblos del desierto. **32. Hasta el último rincón.** Mejor *que se rapan las esquinas* (de su cabello). Ver nota sobre 9:26.

H. Oráculo contra Elam. 49:34–39.

Poco es lo que se sabe acerca de Elam en la época de Jeremías. La tierra de Elam está situada más allá del río Tigris, al este de Babilonia. Había sido conquistado por los asirios. Los elamitas pueden para este entonces haber estado planeando una campaña contra Babilonia. Ez 32:24, 25 menciona también a Elam. **35. El arco.** Los elamitas eran famosos por la destreza que tenían en el uso del arco (cp. Is 22:6). **38. Pondré mi trono**; esto es, Juzgaré (cp. 1:15). **39.** Ver notas sobre 48:47.

I. Oráculo contra Babilonia. 50:1—51:64.

Este largo oráculo tiene dos temas: la caída de Babilonia y el retorno de los exiliados judíos de Babilonia. El argumentar que no pudo haber sido escrito por Jeremías debido a la severidad de su lenguaje en contra de los babilonios es no comprender al profeta. El no era "pro-babilónico". Como portavoz de Dios ciertamente que apremió a la sumisión de los judíos a Nabucodonosor, el siervo de Dios (27:6) para administrar castigo. Aquí, predice que la nación pagana de Babilonia será castigada también por su soberbia y rapacidad. Babilonia cayó en 539 a.C. ante los ejércitos de Ciro el persa sin que mediara batalla alguna. Ciro invirtió la antigua política asirio–babilónica de deportación emitiendo una serie de decretos permitiendo a los pueblos cautivos que volvieran a sus tierras. A los judíos se les permitió dar fin a su exilio y volver a construir Jerusalén. **2. Bel...Merodac. Bel** es un título que significa señor, y parece haber sido aplicado en esta época a Marduk, el principal dios de Babilonia, que en el AT recibe el nombre de **Merodac.** Era un dios del sol y, según el mito de la creación babilónico, el creador del mundo. **3. Del norte.** Evidentemente se trata de una alusión a los persas, que provenían del este. Es posible que para este tiempo **norte** hubiera llegado a ser para los judíos un término siniestro como lugar del origen de todo mal (cp. Introducción, *El enemigo del norte*). **4.** Ver notas sobre 31:7–9. **5. Pacto eterno.** cp. 31:31–34; 32:40. **6. Pastores.** Ver nota sobre 23:1. **8. Machos cabríos** son los conductores del rebaño. Que los judíos acaudillen el retorno de los pueblos cautivos a sus hogares. **9. El país del norte.** Ver nota sobre 50:3. **12, 13.** Ciro no destruyó Babilonia cuando la capturó. Más tarde en el período persa, la ciudad se rebeló, y Darío Histaspes la capturó y derruyó sus muros (514 a.C.), empezando así su decadencia. La ciudad continuó declinando hasta bien entrada la era cristiana, cuando dejó de existir. Las asoladas ruinas quedaron para

ser desenterradas por los arqueólogos en el siglo diecinueve. **15. Muros.** Ver nota sobre 50:2. **16. Al que siembra.** Babilonia se hallaba situada en una fértil llanura, bien irrigada. Con la destrucción de la autoridad central, el sistema de canales de irrigación se fue llenando de sedimento, de manera que en la actualidad toda el área parece un desierto.

19. La fertilidad de la tierra a la que el Israel dispersado sería restaurado se expone aquí. **Carmelo** significa *Tierra de huertos.* Las áreas transjordanas de Galaad y de Basán eran conocidas por sus pastos y bosques (Dt 32:14; Is 2:13; Mi 7:14; Zac 11:2). Las colinas de **Efraín** contenían mucha buena tierra agrícola. **21. Merataim...Pecod.** Estos nombres representan juegos de palabras sobre los nombres de las localidades babilónicas. **Merataim** significa doble amargura, y es un juego de palabras con *mat marrati,* un nombre aplicado a la Babilonia meridional. **Pecod** significa *castigo,* y se refiere al nombre de una tribu en Babilonia oriental, el *Puqûdu* (cp. Ez 23:23). **25. Los instrumentos de su furor.** Cp. Is 13:5. **34. Redentor**; esto es, Libertador de la cautividad babilónica (cp. Is 43:14; Pr 23:11). **38. Sequedad.** Ver nota sobre 50:16. **39, 40.** Los viajeros dicen que estas palabras son todavía verdaderas de las ruinas de Babilonia. Los beduínos las evitan como morada de animales salvajes y de espíritus malignos (cp. Is 13:19–22).

41. Del norte. Ver sobre 50:3. **44–46.** Ver nota sobre 49:19–21. **Subirá** (v. 44) se refiere a Ciro. **La espesura del Jordán.** Ver sobre 12:5.

51:1, 2. El juicio de Dios sobre Babilonia se asemeja al batido y al viento de aventamiento que trilla el grano en una era oriental (cp. 51:33; Sal 1:4). **Que se levantan contra mí** (v. 1). El hebreo es *lēb qāmāy* es un críptico para "Caldea", utilizada de la misma manera que el críptico de 25:26. Traducir: "y en contra de los habitantes de Caldea". **Un viento destruidor.** Una imagen muy apta de Ciro.

6. Librad cada uno su vida. *Salve cada uno su vida.* **Maldad.** *Castigo.* **7.** El vino de la ira de Jehová (cp. 25:15–17 nota). **10. Nuestras justicias**; esto es, nuestra vindicación o victoria (cp. 23:6 nota).

11. Limpiad. El pulimentado de las flechas las afilaría. **Medos.** Un pueblo antiguo que vivía al sur del mar Caspio y al este de la parte norteña de Mesopotamia. Se habían unido a los babilonios para destruir Nínive. Juntamente con los persas, los medos (ambas eran naciones arias) aplastaron Babilonia en 539 a.C. Y el imperio medo-persa sucedió al babilónico (cp. Is 13:17–19; 21:2, 9; Dn 5:28, 31; 8:20).

13. Muchas aguas. Una referencia al Eufrates y sus muchos canales (cp. 50:16 nota). **14. Langostas** (cp. Jl 1:1—2:27). **15–19.** Estos versículos están repetidos del 10:12–16. Ver notas allí. **20–23.** Estos versículos pueden estar dirigidos a Ciro (cp. Is 41:2–4). **25. Oh monte destruidor.** Babilonia se hallaba situada en una llanura. quí **monte** es un símbolo de un reino poderoso (cp. Dn 2:35, 44). **27. Arat...Mini...Askenaz** eran pueblos al norte de Babilonia que fueron conquistados por los medos en el siglo sexto. Aquí se les llama a que auyden a los medos (v. 28) en su batalla contra Babilonia. **Ararat.** La tierra más o menos equivalente a Armenia, al norte del lago Van. **Mini.** Un pueblo cercano al reino de Araret, al este del lago Van. **Askenaz.** Se afirma que provenía de Gomer (Gn 10:3). Askenaz es identificado por algunos con los fieros escitas. **Langostas.** Ver nota sobre v. 14. **28. Medos.** Ver nota sobre el v. 11. **34. Dragón.** *Mónstruo.* **36. Secaré.** Cp. nota sobre 50:16. **39. En medio de su calor.** *Cuando se inflamen.* Este versículo describe de una manera sucinta la caída de Babilonia tal como se registra en Dn 5. **42. Mar...olas.** Lenguaje figurativo para describir a los abrumadores ejércitos enemigos (cp. v. 25 nota). **44. Bel.** Ver sobre 50:2. **Lo que se ha tragado**; esto es, la gente deportada de sus tierras a Babilonia volvería de nuevo a sus hogares. **45. Salvad cada uno su vida.** Ver nota sobre 51:6. **46. No desmaye vuestro corazón.** Un tiempo de ansiedad precedería a la caída de Babilonia. El pueblo de Dios debería esperar pacientemente el resultado. **48. El norte.** Ver sobre 50:3. **55. Olas.** Ver sobre 51:42. **59–64.** Un apéndice al oráculo contra Babilonia. **Seraías** debía ejecutar una acción simbólica en lugar del profeta (cp. 13:1–11). **Seraías hijo de Nerías** (v. 59). Este **Seraías** debe distinguirse del que ayudó a arrestar a Jeremías (36:26), del sumo sacerdote del mismo nombre (52:24–27), y también del Seraías de 40:8. El Seraías de este versículo era humano de Baruc, el secretario de Jeremías (32:12). **El cuarto año de su reinado.** Este viaje babilónico no se registra en ninguna otra parte. Se ha supuesto que Sedequías fue en esta época para justificarse de sospechas que había estado participando en una revuelta. No es infrecuente que los gobernantes marionetas de países satélites visiten ocasionalmente la capital del imperio.

IV. Apéndice: La caída de Jerusalén, y sucesos relacionados. 52:1–34.

Este capítulo es casi idéntico con 2 R 24:18—25:30. El material en 2 R que ha sido omitido aquí se da en Jer 40:7—43:7 (cp. 39:1 nota). Probablemente, este apéndice se añadío al Libro de Jeremías para mostrar como se cumplió el mensaje de condenación.

1) El reinado de Sedequías. 52:1–3.
1. Sedequías. Cp. Introducción, *Marco histórico del profeta*; y ver sobre 1:3.

2) El asedio y la caída de Jerusalén. 52:4–27.
7. En su desesperación Sedequías y su guardia trataron de huir a través de los desolados valles que llevaban hacia el Arabá —aquella falla geológica en la que el Jordán y el Mar Muerto se hallan situados. Cruzando el Jordán, tratarían de esconderse en los parejes desolados de la Transjordania. **El jardín del rey.** Localizado al sur de la ciudad, cerca del valle del Cedrón, que lleva al Mar Muerto. **8. Los llanos de Jericó.** Es asombroso que el rey y su escolta tuvieran éxito en atravesar las líneas de las fuerzas asediantes y que huyeran hasta tan lejos. **9. Ribla en tierra de Hamat.** Una ciudad (probablemente Ribleh sobre el río Orontes, a unos cincuenta y ocho kilómetros [36 millas] al noreste de Baalbed) donde los babilonios mantenían sus cuarteles generales (2 R 25:6, 7, 21).
12. En el mes quinto, a los diez días del mes. Según 2 R 25:8, estos eventos tuvieron lugar en el día séptimo del quinto mes. El auyno judío del noveno de Ab (agosto) recuerda a la vez esta destrucción de Jerusalén y la de Tito el 70 d.C. **Año diecinueve.** El 587 a.C. **Nabuzaradán.** Ver sobre 39:9.
16. Los pobres del país. En cuanto a lo que sucedió a estas gentes después, ver Jer 40—45.
17–23. Los vasos sagrados fueron llevados cautivos a Babilonia (cp. 1 R 6—8).
24. Seraías. Ver sobre 51:59. **Sofonías.** Ver sobre 29:25. **25. Oficial.** Ver sobre 38:7. **Al principal secretario.**
27. Estos hombres fueron ejecutados por su rebelión contra el imperio, porque los babilonios habían considerado a Judá como un estado vasallo ya desde hacía varios años, por lo menos desde el 605 a.C.

3) Las tres deportaciones. 52:28–30. Mucha de esta información solo aprece en este pasaje.
28. La primera deportación. Esta deportación se describe en 2 R 24:12–16. Allí se da la cantidad de deportados como ''diez mil''. Esta discrepancia la reconcilian algunos con la suposición de que la cifra en 2 Reyes es para el número de los que salieron de Jerusalén, en

tanto que Jeremías nos dice cuántos llegaron a Babilonia, no pudiendo el resto resistir el viaje. 2 Reyes indica el octavo año de Nabucodonosor como la fecha; Jeremías, el **séptimo**. Acerca de esto, compárese la nota sobre el v. 29.

29. La segunda deportación. Esta tuvo lugar en **el año dieciocho**; esto es, la época de la destrucción de la ciudad (587 a.C.), mencionado como el año diecinueve en el v. 12. Los sistemas de detación basados en el año del reinado de un rey son sumamente confusos. Algunas veces se contaba como primer año el año en el que el rey comenzaba su reinado; en otras ocasiones (y lugares) el primer año nuevo después de la accesión del rey) era el que se consideraba como su primer año. Este hecho parecería explicar algunas de las discrepancias en la cronología del período babilónico (cp. v. 28 nota).

30. La tercera deportación. No se menciona en ningún otro pasaje. Puede haber sido causada por la expedición babilónica en castigo a los judíos por las revueltas en la época del asesinato de Gedalías (cp. caps. 40; 41; 40:7 nota). **Nabuzaradán.** Ver sobre 39:9.

4) Liberación de Joaquín de la cárcel. 52:31–34.

Esta sección se repite en 2 R 25:27–30 (cp. Jer 22:24–30). Después de un reinado de tres meses, Joaquín había sido llevado cautivo a Babilonia (2 R 24:8–17) y nunca había vuelto. Los sellos hallados en Palestina nos llevan a inferir que los judíos siguieron considerándole como el rey reinante, y que Sedeuías (su tío) era meramente un regente. Las tabletas cuneiformes halladas en Babilonia confirman este relato de la pensión otorgada a Joaquín (cp. 22:30 nota).

31. Evil-merodac. El hijo y sucesor de Nabucodonosor. **Alzó la cabeza.** La expresión hebrea (aquí traducida muy literalmente) significa que Evil-merodac consideró favorablemente a Joaquín y que le permitió *ver el rostro del rey* — el significado literal de la frase traducida **que estaban con él en Babilonia** (v. 25). Ver el rostro del rey (en la corte) era el mayor favor que uno podía esperar ganar en política (cp. Gn 40:13, 20; contrastar Est 7:8).

34. Y contínuamente se le daba una ración. Esta es la forma oriental de decir que Joaquín vivía a cargo del gobierno; recibía una pensión.

BIBLIOGRAFÍA

BALL, C. J., y BENNETT, W. H. *The Book of Jeremiah (The Expositors' Bible).* Nueva York: George H. Doran Co, s.f.

LATSCH, THEODORE. *Jeremiah.* San Luis: Concordia Publishing House, 1952.

LESLIE, ELMER A. *Jeremiah.* Nueva York: Abingdon Press, 1954.

PEAKE, A. S (ed.) *Jeremiah and Lammentations (The New Century Bible).* Edimburgo: T. C. & E. C. Jack, 1910.

SMITH, GEORGE ADAM. *Jeremiah.* Garden City: Doubleday, Doran & Co, 1929.

COMENTARIOS EN ESPAÑOL

HONEYCUT, ROY L. *Jeremías: Testigo Audaz.* El Paso: Casa Bautista de Publicaciones, 1981.

JENSEN, IRVING L. *Jeremías y Lamentaciones* (serie ''Comentario Bíblico Portavoz). Grand Rapids: Editorial Portavoz, 1990.

MEYER, F.B. *Jeremías: Sacerdote y Profeta.* Terrassa, España: CLIE.

LAMENTACIONES

INTRODUCCIÓN

Los primeros cinco capítulos de Lamentaciones son cinco hermosas y solemnes elegías, o endechas, expresando la angustia del pueblo judío ante la total ruína de su ciudad, su templo, y de su población, bajo los conquistadores babilónicos el 586 a.C.

Título. El título de este libro en hebreo es la primera palabra de los caps. 1, 2 y 4— *'êkâ*, literalmente, *¡Ah, cómo!* o *¡Ay!*. En la versión griega del Antiguo Testamento, la Septuaginta (LXX), se asocia el libro de Lamentaciones con la profecía de Jeremías, como en nuestra Biblia castellana. Pero en la Biblia hebrea se sitúa entre los libros que forman la tercera división de los escritos sagrados. Nuestro Señor habló de esta disposición tripartita al referirse a "la ley[los profetas y los salmos" (Lc 24:44).

El título griego de estos poemas en la LXX es *thrēnoi*, el plural de *thrēnos*, "una lamentación". Este nombre proviene del verbo griego *threomai*, "Clamar o lamentar". El término hebreo para lamentación es *qînâ*, y el peculiar metro de los poemas en este libro es llamado *qînôt*. Es el equivalente a nuestro término castellano "elegíaco". De manera que en el Talmud babilónico el libro aparece bajo el título *Qînôt* —"Lamentaciones". El título de este libro en la Biblia latina es *Liber Threnorum*, "El Libro de Lamentaciones". En castellano, "treno" significa "lamentación", "canto fúnebre".

Forma y estilo literarios. El libro consiste de cinco hermosos poemas, no por capítulo. Los cuatro primeros son elegías, pero el quinto es más como un poema de rogativa. Los primeros cuatro son alfabéticos (acrósticos) en su disposición, teniendo cada uno de ellos veintidós estrofas (versículos en la RV, excepto en él cap. 3, donde cada estrofa está dividida en tres versículos), y cada estrofa empieza con una letra del alfabeto hebreo. El quinto capítulo tiene también veintidós estrofas, pero no hay en él ninguna disposición alfabética. (Comparar la disposición alfabética de las secciones del Sal 119.) En el cap. 1 de Lamentaciones los versículos siguen el orden establecido del alfabeto hebreo, pero en los caps. 2 y 4 las posiciones de las letras *ayin* y *pe* están traspuestas. No se ha hallado ninguna razón satisfactoria de esta trasposición.

En los caps. 1 y 2 cada estrofa tiene tres miembros, pero solamente el primero empieza con la letra apropiada del alfabeto. En el cap. 3 cada estrofa tiene tres miembros, cada uno de los cuales empieza con la misma letra del alfabeto. Ya que cada miembro está numerado por separado en nuestras Biblias castellanas, tenemos sesenta y seis versículos en el tercer capítulo. El cap. 4 tiene estrofas de dos miembros, pero de nuevo sólo el primer miembro empieza con la letra que le corresponde del alfabeto hebreo. En los primeros cuatro capítulos se utiliza el metro elegíaco, en tanto que el segundo de los dos miembros paralelos (líneas en la poesía castellana) tiene un tiempo menos que el primero. Esto da, generalmente, una línea de cuatro tiempos seguida de una línea de tres tiempos. En el cap. 5 se utiliza el metro hebreo normal, con cuatro tiempos para cada línea o mitad del paralelismo.

Los trenos con este "metro cojeante" los utilizaban en los tiempos bíblicos las mujeres plañideras en las endechas funerales durante las veladas por los muertos. Y así el cántico de canciones con una cadencia tan quejumbrosa y melancólica parecía una manera apropiada de dolerse de la destrucción de Jerusalén, ahora un puro montón de ruínas. Es posible que esto ayude a explicar por qué estos himnos respiran un patetismo tan exquisito y han sido construidos con un arte tan consciente. La forma hebrea de verso elegíaco está admirablemente adaptada para expresar el dolor nacional. En estos himnos patrióticos oímos el llanto de muerte de la Sion azotada.

En estilo se utiliza mucho el paralelismo en estos poemas, mucha repetición, antítesis, y apóstrofe, y juegos de palabras y de frases. Se encuentra a todo lo largo del libro una vívida imaginería. Así, se le hace al lector ver el sufrimiento y sentir el dolor de la enviudada y llorosa Sion.

Paternidad. Aunque el libro mismo no da el nombre de su autor, 2 Cr 35:25 relaciona definidamente a Jeremías con el tipo de literatura de Lamentaciones. Nuestro libro de Lamentaciones no es la lamentación de Jeremías sobre la muerte del buen rey Josías, como algunos han sugerido. Pero hay unos definidos puntos de similaridad entre Lamentaciones y las secciones poéticas de la profecía de Jeremías. Y desde la antigüedad el libro ha sido atribuido a Jeremías. La LXX presenta la siguiente nota como encabezamiento al primer versículo del primer capítulo de Lamentaciones: "Y aconteció, después que Israel fuera llevada a la cautividad y que Jersalén fuera arrasada, que Jeremías se sentó llorando y lamentó con esta lamentación sobre Jerusalén, diciendo:..." Sigue a continuación el primer versículo del primer capítulo. Algunos eruditos creen que el carácter hebraico de esta frase sugiere que estas palabras vinieron de un original hebreo que no ha legado hasta nosotros.

Se debe señalar que tanto en la profecía de Jeremías como en Lamentaciones se halla la misma sensibilidad al dolor nacional. En ambos escritos se relacionan las calamidades nacionales con las mismas causas: el pecado nacional, y la vana confianza del pueblo en aliados débiles y traicioneros, juntamente con la culpabilidad de sus falsos profetas y la laxitud de sus sacerdotes. Una imaginería similar corre a través de ambos escritos. La frase característica, "hija de", aparece en unas veinte ocasiones en cada libro. El llanto del profeta, sus temores al apelar a la ayuda de Dios, el Juez justo, y su esperanza de que los enemigos de Jerusalén llegarán a ser a su tiempo castigados también; todo ello está manifiestamente destacado en ambos libros. Estas similaridades de expresión constituyen un argumento de la identidad de paternidad. Aunque una cantidad de notables eruditos rechazan la idea de que Jeremías fuera el autor de estos poemas, muchos otros de la misma importancia argumentan convincentemente a favor de Jeremías como autor.

Lo vívido de la descripción constituye un argumento en pro de que el libro fue compuesto en una época muy cercana a la caída de Jerusalén, y por parte de alguien que vivió la terrible catástrofe y que escribió en tanto que su corazón estaba todavía herido y cada horrible detalle todavía fresco en su memoria. Este hecho, también, señala a Jeremías como el autor más probable.

La ocasión de este libro es ciertamente la destrucción de la ciudad de Jerusalén en 586 a.C., y por ello la fecha de redacción no hubiera podido ser muchos meses posterior.

Importancia y uso religioso. El libro de Lamentaciones representa el lamento de muerte de Jerusalén, representada como una princesa enviudada y caída en desgracia. Es interesante recordar que a continuación de la caída de Jerusalén en manos de los romanos en 70 d.C., el arco de triunfo erigido como memorial de la conquista por el general romano Tito representaba a Judá como una mujer llorando y con toda su apariencia en confusión, sentada en duelo sobre la tierra. Recuérdese también que las hijas de Jerusalén trataron igualmente de lamentar una endecha así sobre Jesús en su muerte (Lc 23:27–31). Ciertas porciones de Lamentaciones han sido interpretadas como aplicadas a la pasión de Cristo. Es evidente que la utilización de estos cánticos nacionales indica que el pueblo judío aceptó una interpretación religiosa de la destrucción de su ciudad. Los judíos incluyen este escrito entre los Cinco Rollos que deben ser leídos en importantes días de aniversario. El día establecido para la lectura de Lamentaciones es el noveno de Ab, que conmemora la destrucción del Templo. Pero siempre se repite el v. 21 del capítulo 5 después de la lectura del v. 22, de manera que la lectura termine con una nota más positiva. Entre los católico-romanos el tiempo señalado para la lectura de Lamentaciones es los últimos tres días de la Semana Santa. Los cristianos protestantes, triste es decirlo, han dejado a menudo de lado la lectura de estos solemnes poemas. Pero en estos días de crisis (y desastres) personales, nacionales e internacionales, el mensaje de este libro es un reto a arrepentirse de pecados personales, nacionales e internacionales, y a entregarnos de nuevo al firme amor de Dios. Aunque este amor está siempre presente y activo, un Dios santo y justo tiene que juzgar ciertamente al pecador no arrepentido.

BOSQUEJO

"Las tristezas de la cautiva Sion"

I. **La ciudad de Sion, arruinada y sufriente. 1:1–22.**
   A. Mísera condición de la devastada Jerusalén. 1:1–11
   B. Lamento de la "hija de Jerusalén". 1:12–22

II. **El lugar santo de Sion, arruinado y sufriente. 2:1–22.**
   A. Los juicios de Jehová sobre las fortalezas y sobre Su santuario. 2:1–10
   B. Lamento de los testigos oculares de este juicio. 2:11–19
   C. Terrores de este día de la ira de Jehová. 2:20–22.

III. **El representante sufriente de la Sion azotada. 3:1–66.**
   A. Los dolores que Dios envió a su siervo. 3:1–18

B. La oración del siervo buscando confirmación. 3:19–42
C. La oración del siervo pidiendo vindicación. 3:43–66.

IV. **El sufriente pueblo de Sion. 4:1–22.**
   A. Los horrores del asedio, y la triste suerte de la nobleza de Sion. 4:1–11
   B. Causas y punto culminante de la catástrofe de Sion. 4:12–20
   C. Un apóstrofe a la soberbia Edom, en su gozo por el infortunio de Judá. 4:21, 22

V. **Súplicas de la arrepentida Sion. 5:1–22.**
   A. La súplica de Sion a Jehová a que considere la aflicción y desgracia que le ha sobrevenido. 5:1–18
   B. Una final invocación al Soberano eterno. 5:19–22

COMENTARIO

I. La arruinada ciudad de Sion. 1:1–22.

A. Mísera condición de la devastada Jerusalén. 1:1–11.

¡Cómo se ha quedado sola la ciudad populosa! Ver Introducción, párrafo segundo. **1, 2. La señora de provincias.** Ya no más la principal entre las provincias de la tierra, Judá está asentada como una viuda tributaria, habiendo perdido sus hijos, y traicionada por sus amigos y aliados, sola y desolada, y llorando amargamente, sin nadie que la consuele (cp. la inversa en Esd 4:20). **3. Judá ha ido en cautiverio.** El exilio y la esclavitud quedan empeorados por el ambiente pagano. La profecía de Isaías se ha cumplido (Is 39:5–7; 47:8, 9). **4–6. Desapareció de la hija de Sion toda su hermosura** (v. 6). La descripción del poeta es gráfica. Sus invitaciones son olvidadas, sus fiestas dejadas, sus puertas (lugares de reunión) abandonados, sus sacerdotes se hallan angustiados, sus vírgenes han sido afligidas, y ella misma sufre amargamente. El juicio divino sobre sus pecados ha dado a sus enemigos ventaja sobre ella, al forzar a que sus hijos vayan al exilio delante de ella. Sus príncipes, como ciervos sin pasto, son totalmente incapaces a escapar al que los persigue. (Los hijos de Sedequías fueron capturados y ejecutados delante de su padre, a quien a continuación le fueron sacados los ojos; Jer 39:4–7.)

7. Jerusalénse acordó. La memoria de días mejores solamente multiplica los actuales dolores de Jerusalén, especialmente cuando se ve burlada por aquellos que contemplan con deleite la aflicción en que se halla.

8–11. Pecado cometió Jerusalén. El pecado nunca trae una felicidad definitiva. Jerusalén, despreciada y desacralizada por aquellos que antes le habían dado honra, vuelve su espalda en desnuda vergüenza, porque la corrupción y la falta de cuidado han conllevado sus trágicas consecuencias. Los paganos han robado los utensilios del Templo, y unas gentes moral y ceremonialmente impuras habían invadido su santuario en desafío a las ordenanzas de Jehová. Gimiendo en pos de alimento, la gente daba lo más precioso que tenían por un mero bocado. (Nótense las dos invocaciones a Jehová en los vv. 9, 11.)

B. Lamento de la "hija de Jerusalén". 1:12–22.

El desastre que les ha venido de mano de Dios es severo, pero merecido, como reconoce el orador.

12. El día de su ardiente furor. Muchos modernos quieren ignorar la severidad de la naturaleza divina. Dejan de reconocer que la verdadera bondad no es indulgente con el mal. **13–16. De lo alto envió fuego que consume mis huesos** (v. 13). La hija de Judá relata sus sufrimientos padecidos de manos del Señor: calentura en sus huesos, una red para sus pies, frustración y fatiga todo el día. Dios ha entretejido sus pecados como yugo de subyugación y de esclavitud. Vino para la fiesta de los enemigos de Judá es la sangre de sus valientes, pisoteados en el lagar de la aflicción. Por ello Judá llora, desconsolada y desalentada, por sus hijos que perecen, sobre los que han prevalecido sus enemigos.

17–19. Mis amantesme han engañado (v. 19). La extendida mano de Sion en busca de ayuda fue desdeñada, porque el justo decreto de Dios ha hecho que todos sus amantes se transformaran en sus enemigos (cp. Lv 15:19–27). Los vecinos de Jacob, ahora sus adversarios, tratan a Jerusalén como algo inmundo. Sion recoge la recompensa de su rebelión. Sus sacerdotes y ancianos, buscando una mera subsistencia, han muerto de hambre; y su hombres jóvenes y sus vírgenes están cautivos. **20–22. Mira, oh Jehová, estoy atribulada...no hay consolador para mí.** El clamor de Sion para ser vindicada. La espada se halla en sus calles y el silencio de la muerte se halla en cada hogar. Ella ora para que sus exultantes enemigos puedan sufrir la misma suerte. "Dales a ellos los mismos suspiros y dolor de corazón que yo padezco".

II. El lugar santo de Sion, arruinado y sufriente. 2:1–22.

A. Los juicios de Jehová sobre las fortalezas y sobre Su santuario. 2:1–10.

1–5. ¡Cómo oscureció el Señor en su furor a la hija de Sion! El Dios de Sion ha venido a ser el enemigo de Sion. En su ira, Jehová ha destruido el templo, **el estrado de sus pies** (1 Cr 28:2), **la hermosura de Israel.** Los límites de Jacob son derribados, las fortalezas de Judá arrasadas, y el reino con sus príncipes ha sido degradado. Dios ha venido a ser un fuego consumidor (He 12:29; Dt 4:24) para la tierra simplemente al retirar Su poder en la presencia de los enemigos de ella. Y como un arquero cazando su presa, ha dado muerte a todo lo que tuviera juventud, belleza y rango. Su furia ha ardido como un fuego en el tabernáculo de Sion. El divino Adversario ha devorado a Judá, a sus palacios y fortalezas, y a la hija de Judá le ha multiplicado **la tristeza y el lamento** (*llantos y ayes*).

6–10. Quitó su tienda como enramada de huerto. Esto es, su Templo y sus sagradas instituciones. El tabernáculo, la asamblea, los sábados, el rey y el sacerdote; todo ello ha sido desechado y demolido violentamente. El Señor ha descartado Su propio altar, ha despreciado su santuario, ha entregado en manos del enemigo el arca del pacto, y ha permitido que el grito de conquista resonara en la Casa de Jehová como el sonido de una orgía. En su decisión de destruir los muros de Sion, su pesado juicio ha hecho tambalearse y caer los baluartes y los muros. Las puertas de Sion se hallan hundidas, sus cerrojos rotos, sus nobles exiliados; su Ley suspendida y ya no más enseñada, y sus profetas se hallan sin revelación. Por ello los ancianos de Judá, en su dolor, se asientan callados sobre la tierra, con polvo en sus cabezas y cilicio en sus lomos; en tanto que sus vírgenes bajan sus cabezas en vergüenza.

B. Lamento de los testigos oculares de este juicio. 2:11–19.

11, 12. Mis ojos desfallecieron de lágrimas. Una representación gráfica de una prolongada angustia emocional: unos ojos cansados de llorar (Jer 9:1; 14:17), simpatías ultrajadas, el corazón quebrantado ante el espectáculo de bebés desfalleciendo, de niños pequeños clamando por comida y bebida y —peor que nada— niños de pecho exhalando sus vidas en los regazos de sus madres. **13, 14. ¿A quién te haré semejante?** El testigo de estos sufrimientos no sabe como encontrar una imagen o una situación no sabe como encontrar una imagen o una situación con la que poder comparar la ruína de Sion. Está más allá de toda reparación. Las visiones falsas y halagadoras de sus profetas (Jer 14:14–16; 23:9–40) no mostraron a la nación su pecado, de otra manera la nación se hubiera podido ahorrar su cautiverio. Aquí tenemos la causa moral de su infortunio claramente expuesta. **15, 16. Todos los que pasaban por el camino batieron las manos.** Los enemigos de Sion burlan sus ruínas. La mano batiente, el meneo de cabeza, el silbido despectivo, acompañan a las burlas expresadas contra Jerusalén. Los enemigos, en sus congratulaciones, chillan y silban y crujen los dientes al bendecir el día de la ruína de ella. Es una ridiculización desenfrenada. **17–19. Jehová ha hecho lo que tenía determinado,** esto es, lo que había preanunciado que haría. Que Sion se duela en su angustia. Se había rebelado, y El ha permitido que sus enemigos triunfasen sobre ella. Los vv. 18, 19 son un apóstrofe a los muros de la ciudad: Gritad día y noche con lágrimas perpétuas; levantad ambas manos a Jehová implorando su misericordia hacia vuestros desfallecientes hijos.

C. Terrores de este día de la ira de Jehová. 2:20–22.

Aquí tenemos la cuarta invocación de Sion a Jehová.

20–22. Considera a quién has hecho así. ''¡Oh Señor! ¿te das cuenta a quien has dado muerte''? Los hijos son víctimas de madres caníbales; los sacerdotes yacen muertos en el santuario; jóvenes y viejos yacen insepultos por las calles; vírgenes y muchachos son víctimas de la espada. En esta matanza inmisericorde, a la que nadie escapa, estos objetos de los afectos de Sion son entregados al degüello en manos enemigas. (Cp. la descripción que Josefo hace de la caída de Jerusalén en el 70 d.C., *Guerras de los Judíos*, libro VII, y en *Josefo: Los Escritos Esenciales,* pp. 351–353.)

III. El representante sufriente de la Sion azotada. 3:1–66.

Este capítulo es el punto culminante del libro. Aquí Jeremías descubre su corazón al lector, como frecuentemente lo hace en su profecía. Su vida fue un prolongado martirio, en la que sirvió a la vez de juez y de intercesor por el pueblo que se dedicaba a arrojarse a su propia destrucción. Ningún profeta argumentó nunca con su pueblo de una forma más apasionada, llamando a una conversión nacional, que él. Y ninguno, excepto el Señor Jesús, fue tratado con mayor desprecio nacional que él. Estos hechos son claramente evidentes en estos sesenta y seis versículos del cap. 3.

A. Los dolores que Dios envió a su siervo. 3:1–18.

1–3. Yo soy el hombre. Aquí el sufriente se identifica, y se afirma el tema. Habla como un israelita representativo, afrontando los caminos oscuros y desconcertantes de la Providencia. En los vv. 4–18 describe al ataque implacable de Jehová sobre él.

4–13. Quebrantó mis huesos. Bajo la tribulación del constante ataque de Jehová sobre él, el poeta conoce solamente amargura y frustración. Sufre físicamente; su luz (Sal 143:3) y libertad se han ido; sus oraciones son rechazadas. Y durante todo este tiempo parece como si Jehová estuviera agazapado en emboscada contra él —como una fiera que acecha a su presa— y al mismo tiempo parece bloquearle todos los caminos de escape. Dios le ha cercado, torcido y abandonado. Como blanco del arco de Jehová, sus entrañas están llenas de saetas.

14–18. Fui escarnio a todo mi pueblo. Como objeto de público ridículo, su paz de alma y su descanso en Jehová se han desvanecido. Es la burla de todo el pueblo, el tema de la sátira diaria de ellos. Su condición abyecta es semejante a la de uno relleno de hierbas amargantes, bebido he hiel (cp. Jer 23:15), con sus dientes quebrados con cascajo, y su cuerpo cubierto con cenizas. Su gloria y prosperidad

han sido olvidadas y su esperanza en el Eterno se ha desvanecido.

B. La oración del siervo buscando confirmación. 3:19–42.

19–21. Esto recapacitaré en mi corazón, por lo tanto esperaré (v. 21). El profeta, ponderando sus amargas aflicciones, se da cuenta de cómo éstas han humillado su alma. Sabe que Dios recuerda al humilde y al afligido, y por ello expresa su esperanza. Los vv. 22–39 hablan de la confirmación de la fe del profeta en la bondad de Jehová y de su resignación a Sus caminos soberanos. **22–24. Nunca decayeron sus misericordias.** La bondad (*hesed,* ''amor firme'') de Jehová es inalterable. Se renueva diariamente (como el maná de los días antiguos); es por ello que su pueblo no es consumido, y que permanece un remanente como simiente para un nuevo principio. **Grande es tu fidelidad** (v. 23). ''Jehová es mi tesoro más querido'', declara mi alma, ''por ello *yo* espero en él'' (v. 24).

25–27. Bueno es esperar en silencio (v. 26). La paciente espera en Jehová hace de uno partícipe de su bondad. **El yugo desde su juventud** (v. 27). La temprana disciplina engendra una confiabilidad madura. **28–30. Calle.** Que el alma castigada se someta en silencio y humildad, porque al hacerlo así hay esperanza. **Su boca en el polvo** (v. 29). Una confesión de indignidad.

31–33. No aflige ni entristece voluntariamente (v. 33). En hebreo, *de su corazón.* Jehová no arroja para siempre, ni hay espíritu de revancha en su corazón. No se deleita provocando dolor y angustia. **34–36. Torcer el derecho del hombre** (v. 35). El Altísimo no es como una deidad pagana, cambiante e imperfecta. No aprueba la opresión, ni la injusticia, ni la subversión. (El favoritismo en los tribunales era entonces, como ahora, demasiado común.) Dios es el Gobernador moral por encima de todo.

37–39. ¿Por qué se lamenta el hombre viviente? (v. 39). Nada puede suceder sin la permisión del Altísimo. Entonces, ¿por qué se ha de lamentar el hombre, cuando es castigado por sus pecados? No es el sufrimiento, sino los pecados lo que debiera lamentarse. No murmuremos a Dios por lo que nos hemos atraído sobre nosotros mismos. **40–42. Escudriñemos nuestros caminos, y busquemos.** Una exhortación al examen del propio corazón, a un arrepentimiento sincero. Que se levanten las manos en súplica y en rendición, y que el corazón se vuelva sumiso. **Nosotros tú** (v. 42). Estas palabras aparecen en contraste. Nosotros, por una parte, hemos pecado y nos hemos rebelado; y tú, por la otra, tú por ello no has perdonado (cp. el hebreo y el alemán de la versión de Martín Lutero).

C. La oración del siervo pidiendo vindicación. 3:43–66.

El poeta y su pueblo hablan de las calamidades sufridas debido a la ira de Jehová. **43–45. Nos perseguiste.** Envuelto en una nube de ira que ninguna oración puede penetrar, Jehová ha perseguido al pueblo de Judá, matando sin compasión, hasta que Sion es solamente basura entre el pueblo. **46–48. Temor y lazo** (v. 47). En presencia de sus enemigos, que claman contra ella, Sion se ve llena de terror, como un animal perseguido, que no puede ver la manera de escapar del lazo (trampa, hoyo), en tanto que torrentes de lágrimas inundan los ojos de su intercesor.

Los vv. 49–54 comprenden el lamento del poeta sobre la enemistad de su propio pueblo en contra de él. **49–51. Mis enemigos me dieron caza**∫**in haber por qué.** Sin excusa por su odio, le han cazado como a un ave y le han arrojado a un pozo, amontonando piedras sobre él hasta que el agua se cerró sobre su cabeza.

En los vv. 55–66 tenemos la oración que llevó a Jehová a rescatarle. Va seguida de una confiada petición de venganza sobre los enemigos del poeta. **55–57. Invoqué**∫**dijiste: No temas.** Su oración desesperada atrajo la presencia de Jehová y su mandato consolador: **No temas. 58–60. Tu has visto** (v. 59). El está ahora confiado de que Jehová ha observado su apuro y que vendrá a ser su Redentor, Abogado, y Vindicador. **61–63. Has oído.** Está también seguro de que Jehová ha oído los insultos de sus asaltantes, sus conspiraciones y murmuraciones diarias al ser él el tema de sus diarios cánticos de escarnio. **64–66. Dales el pago,** esto es, una venganza conforme a sus hechos: ceguera de corazón, la maldición de Jehová, persecución, y exterminación de debajo de los cielos.

IV. El sufriente pueblo de Sion. 4:1–22.

En este capítulo tenemos un relato de testigo ocular tanto de la culpa de Sion como del castigo que cayó sobre ella. El inspirado poeta-profeta describe su suerte como pueblo, y da después la explicación moral de tal suerte.

A. Los horrores del asedio, y la triste suerte de la nobleza de Sion. 4:1–11.

Los vv. 1–6 nos dan la descripción del sufrimiento de los hijos del rey. **1, 2. Los hijos de Sion, preciados** (v. 2). Valiendo su peso en oro como preciosos tesoros de Sion, han sido tirados como vasijas rotas de barro y se hallan

tirados al comienzo de cada calle. **3–5. Los que se criaron entre púrpura se abrazaron a los estercoleros** (v. 5). Incluso los animales de presa no tratan a sus cachorros como Sion se ha visto obligada a tratar a los suyos. Los niños de pecho mueren de sed, y los pequeñuelos carecen de pan en tanto que sus madres, como crueles avestruces del desierto, se hacen sordas a sus clamores y llantos. La dieta y vestiduras reales han dado paso al hambre y al montón de inmundicia.

En los vv. 7–11 en poeta contrasta la anterior hermosura de los príncipes de Sion con la terrible suerte que están ahora padeciendo. **7. Sus nobles.** ¡Qué puros, apuestos, y saludables habían sido! **8–10. Muertos por el hambre** (v. 9). Ahora toda la hermosura se ha convertido en negritud. Obsérvese lo inverso a la situación en el v. 7. La piel que una vez había sido rubia es ahora negra, seca, y pegada a los huesos (una figura sacada de cadáveres insepultos bajo el sol del desierto). Mejor la cortante espada que los horrores del hambre y de la inanición. Algunas madres, incluso, llegaron a comerse a sus propios hijos durante el hambre provocada por el asedio. **11. Su enojo.** La ira consumidora de Jehová ha ardido como un fuego hasta los mismos cimientos de Sion.

B. Causas y punto culminante de la catástrofe de Sion. 4:12–20.

Aquí el escritor se enfrenta con la explicación moral de estas desgracias. Los vv. 12–16 señalan que lo que los paganos consideraban imposible de Sion —que pudiera ser tomada por el enemigo— fue causado por los pecados de sus profetas, sacerdotes, y ancianos. Judá se había destruido a sí misma por sus pecados. **12. Creyeron.** Nadie en la tierra, ni siquiera sus enemigos, pensaron nunca que las puertas de Jerusalén caerían delante de sus enemigos. **13–15. Derramaron en medio de ella la sangre de los justos.** ¡Ay!, estos caudillos, culpables de derramar una sangre justa e inocente, se hallan ahora contaminados con la sangre que una vez habían evitado. Por ello, se les trata a ellos mismos como despreciables e inmundos. (Tocar un cuerpo muerto significaba adquirir impureza ceremonial.) **16. No respetaron la presencia de los sacerdotes.** Ahora, como fugitivos y vagabundos, los sacerdotes se encuentran sin honor ni respeto. Si Jehová los había considerado antes como su herencia, ahora no se cuida para nada de ellos. **17–20.** Al irse avecinando el final, se frustra la esperanza de ayuda extranjera, y se frustran los intentos de escapar. Incluso el rey es capturado, y por ello queda destruida toda esperanza de vivir en una tierra extranjera bajo su caudillaje.

C. Un apóstrofe a la soberbia Edom, en su gozo por el infortunio de Judá. 4:21–22.

Edom era "hermana" de Judá, descendiendo de Esaú e Ismael. A menudo los ataques más fuertes le vienen a uno de sus parientes. Pero ahora Jehová dirige su atención a Edom y predice su humillación.

V. Súplicas de la arrepentida Sion. 5:1–22.

Este capítulo es en realidad una oración nacional a Jehová, la única esperanza y ayuda de Sion.

A. La súplica de Sion a Jehová a que considere la aflicción y desgracia que le ha sobrevenido. 5:1–18.

El versículo 1 empieza el tema con la quinta invocación de Sion a Jehová. El lastimoso apuro de Sion demanda la atención de Jehová. **2–10.** Esta es una imagen del general sufrimiento del pueblo debido a la falta de las cosas esenciales para vivir: han perdido sus hogares y a sus seres queridos; han tenido que pagar precios de mercado negro incluso por agua y leña; trabajan sin alivio en duras ocupaciones; se ven obligados a pedir comida como limosna a sus enemigos a oriente y a occidente; sufren las consecuencias de los pecados de sus padres; se ven esclavizados por sus antiguos esclavos; al buscar pan se ven expuestos al peligro de las incursiones beduínas; y entretanto la fiebre del hambre los consume. Estas antiguas son los normales resultados de la guerra. **11–13.** Aquí se señalan unos casos específicos de sufrimiento individual, como violaciones, insultos, y trabajos forzados más allá de la capacidad propia.

14–18. Prevalece una desesperación general. **Cesó el gozo se cambió en luto** (v. 15). Los ancianos han abandonado todas las ocupaciones y reuniones sociales, en tanto que los jóvenes han dejado sus músicas y sus danzas. El gozo pasa a duelo. La única corona es una de dolor por los pecados cometidos. **Fue entristecido nuestro corazón** (v. 17). El valor y la visión fallan debido a que el lugar del santuario está desolado y moran en el los animales salvajes.

B. Una final invocación al Soberano eterno. 5:19–22.

En esta estrofa el libro llega a su conclusión. Nótense aquí la sexta y séptima invocaciones a Jehová. **19. Tu trono.** El trono de Jehová permanece inmutable. **20. ¿Por qué?** ¿Por qué, entonces, tenía El que olvidarse para siempre de su pueblo? **21. Vuélvenos y volveremos.** Restáuranos y establécenos. Dios es la única fuente de verdadero avivamiento. **22. Nos has desechado.** En hebreo esto es más probablemente una pregunta finalizando la invocación: *¿Nos desecharás para siempre?* En otras palabras: "Ciertamente, ¡no puedes desecharnos y estar airado con nosotros para siempre!" Dios no retendrá para siempre el enojo. O, como orara otro: "En la ira, acuérdate de la misericordia" (Hab 3:2).

BIBLIOGRAFÍA

ADENEY, W. F. *The Song of Solomon and the Lamentations of Jeremiah (Expositor's Bible).* Nueva York: A. C. Armstrong & Son, 1895.

CALVIN, JOHN. "Lamentations of Jeremiah", *Calvin's Commentary, Jeremiah,* Vol. V. Grand Rapids: Wm. B. Eerdmans.

CHEYNE, T. K. "Lamentations", *Pulpit Commentary.* Vol. 11. Grand Rapids: Wm B. Eerdmans, 1950.

CLARKE, ADAM, "Lamentations of Jeremiah", *Commentary.* Vol. IV. Nueva York: Abingdon-Cokesbury. s.f.

KEIL, KARL F., and DELITZSCH, FRANZ. *Commentaries on the Old Testament, Jeremiah.*

Vol. II. Grand Rapids: Wm. B. Eerdmans, 1956.

MEEK, THEOPHILE J., y WM. P MERRIL. "Lamentations", *Interpreter's Bible.* Vol. 6. Nueva York: Abingdon Press, 1956.

NAEGELSBACH, C. W. E. *Jeremiah and Lamentations.* Lange's *Commentary on The Holy Scriptures.* Grand Rapids: Zondervan Publishing House.

VON ORELLI C. "Lamentations, Book of", *International Standard Bible Encyclopedia.* Vol. III, pp. 1824–25.

PFEIFFER, R H. *Introduction to the Old Testament.* Nueva York: Harper & Bros., 1941.

COMENTARIOS EN ESPAÑOL

HENRY, MATTHEW. *Comentario Matthew Henry: Isaías-Lamentaciones.* Terressa, España: CLIE, 1990.

JENSEN, IRVING I. *Jeremías y Lamentaciones* (serie "Comentario Bíblico Portavoz"). Grand Rapids: Editorial Portavoz, 1990.

EZEQUIEL

INTRODUCCIÓN

La época. La fecha en el libro de Ezequiel sitúa al ministerio del profeta en los primeros años del exilio en Babilonia, entre 593/592 y 571/570 a.C. (1:1, 2; 29:17). El profeta Ezequiel, desde su situación en Babilonia, consideró la caída y la restauración de la casa de Israel, en tanto que su contemporáneo más anciano, Jeremías, contemplaba en Jerusalén la agonía del reino de Judá (Jer 1:1–3).

Durante mucha parte de los siglos VIII y VII antes de Cristo, el implacable poder asirio hostigó a los reinos de Israel y de Judá. El reino septentrional cayó el 721 a.C.; pero Judá, aunque seriamente debilitada, consiguió sobrevivir a su opresor. Con el reinado de Assurbanipal (669–633), el imperio asirio empezó su decadencia. Egipto se liberó de su yugo en 655. Al cabo de pocos años, Asiria estaba luchando por su propia existencia contra los babilonios y los medos. La antigua capital de Asiria, Assur, sucumbió en 614, y la poderosa Nínive fue totalmente destruida en el año 612. Alrededor del año 607 se habían derrumbado los restos del Imperio Asirio.

Aprovechándose de la decadencia de Asiria, Josías (640/639 — 609/608), el último gran rey de Judá, fortaleció su reino. Su brillante carrera fue cortada por un encuentro en Meguido con el faraón Necao II de Egipto, que intentaba apoyar al Imperio Asirio como baluarte frente a Caldea (2 R 23:29). Salum o Joacaz (Jer 22:10–12; Ez 19:2–4), que sucedió a su padre Josías, fue deportado a Egipto después de un reinado de tres meses, y Joacim, un hijo mayor de Josías, fue deportado a Egipto después de un reinado de tres meses, y Joacim, un hijo mayor de Josías, fue impuesto por Necao sobre Judá (2 R 23:31–35).

Los egipcios bajo Necao fueron derrotados por Nabucodonosor en Carquemis sobre el río Éufrates en 605 (Jer 46:2ss.). Los caldeos vinieron a ser los nuevos dueños del mundo (2 R 24:7), con Judá como estado vasallo. Joacim (608 — 597) persiguió a los profetas (Jer 7; 26; 36), degradó la vida espiritual de la nación (Jer 7:1–15; 13; 16 — 20; cp. Ez 8), y demostró ser un tiranuelo (Jer 22:13–15, 17–19). Se levantó en revuelta contra Nabucodonosor en 602 y fue acosado por las naciones vecinas (2 R 24:1ss.). Murió en desgracia antes de que la expedición de castigo de Nabucodonosor llegara a Judá (Jer 22:19).

Joaquín (Jeconías o Conías), el hijo de Joacim, reinó durante tres meses y después se rindió a Nabucodonosor (2 R 24:8–17; Jer 22:24–30; Ez 19:5–9). Después de entrar a saco en Jerusalén, el monarca caldeo deportó a varios miles de sus ciudadanos de las capas superiores a Babilonia. A estos Jeremías los asemejó a "higos buenos", la esperanza para el futuro de Israel, en contraste con los "higos malos", la gente más pobre del pueblo, que quedaron atrás (Jer 24; 29). Incluidos en la compañía de exiliados se hallaba Ezequiel, que fecha sus mensajes a partir del año de la cautividad de Joaquín (1:1, 2; 3:16; 8:1; 20;1; 24:1; 26:1; 29:1; 29:17; 30:20; 31:1; 32:17; 33:21; 40:1). Las "tabletas de Joaquín", publicadas en 1939, se refieren a "Yaukin el rey de Yahud" y a sus hijos (cp. W. F. Albright, "King Joiakin in Exile", BA, V (Dic., 1942), pp. 49–55). Fue liberado de su encarcelamiento por Amel-Marduk, el hijo de Nabucodonosor, en 560 a.C., al año trigésimo séptimo de su exilio.

El rey décimonoveno y último de Judá fue Sedequías (597–586), un tercer hijo de Josías (2 R 24:17 — 25:7; Ez 19:11–14), un rey débil (Jer 37; 38), que pronto quebrantó su juramento de lealtad a Nabucodonosor uniéndose a una coalición de estados en revuelta (Ez 17:13–15; Jer 27:1–11). Esta insensatez atrajo a los vengativos caldeos a Jerusalén. Después de un asedio de un año y medio (2 R 25:1–3), aliviado solamente de forma breve por el rumor de la llegada del ejército egipcio del faraón Hofra (Jer 34:3ss.; 37:5–8), la ciudad fue destruida, el Templo saqueado y quemado, Sedequías llevado preso, y una multitud de exiliados deportados a Babilonia (2 R 25:1–21). Jeremías decidió quedarse en la tierra con los míseros supervivientes bajo la gobernaduría de Gedalías en Mizpa. Después del cobarde asesinato de este último, el grupo, temiendo represalias, emigró a Egipto, en contra del consejo de Jeremías (Jer 40—44).

La Biblia dice muy poco acerca de los exiliados, y Ezequiel es especialmente reticente acerca de ellos. Es indudable que algunos vinieron a ser siervos o esclavos, en tanto que otros prosperaron, como indican las tabletas de contratos de Nippur (ver sobre 1:1). De entre los *gôlâ* (exiliados) surgieron líderes como Zorobabel, Esdras, y Nehemías. Es evidente que muchos exiliados vivían en sus propios hogares (Jer 29:1-7), en varias colonias (Esd 2:59; Neh 7:61), y tenían una organización de ancianos (Ez 3:15, 24; 8:1; 14:1; 20:1; 33:31). Algunos de ellos perdieron su fe; pero para aquellos que permanecieron fieles, Ezequiel vino a ser una torre de fortaleza. No es extraño que, al ser desarraigados de su tierra, templo, y sacrificios, pudieran el acento sobre los ayunos, el sábado, y la circuncisión, y que se destacaran la oración, la lectura de las Escrituras, y las salmodias: precursor todo ello de la sinagoga.

El hombre. Ezequiel (*Dios fortalece*), el hijo de Buzi, era de una familia sacerdotal, posiblemente por la línea de Sadoc (1:3; 40:46; 44:15). Manifiesta una gran familiaridad con Jerusalén, donde pasó sus años tempranos, y con su Templo. En el año 597 a.C. fue exiliado a Babilonia por Nabucodonosor, juntamente con el rey Joaquín y las capas superiores de la sociedad de Jerusalén. Su hogar se hallaba en Tel-abib, la principal colonia de los exiliados, sobre el río Quebar, o "Gran Canal" (1:1; 3:15), cerca de la ciudad de Nippur, al sudeste de Babilonia. Tenía una esposa a la que amaba profundamente, pero no tenía hijos (24:16-18). Evidentemente una persona de elevado rango, su hogar vino a ser el lugar de reunión de los ancianos de los exiliados (3:24; 8:1; 14:1; 20:1).

En respuesta a una magnífica teofanía (1:4-28), recibió el llamamiento a ser el portavoz de Dios y el atalaya de los exiliados (caps. 2; 3). Su ministerio se extendió desde el quinto año del exilio de Joaquín, el 592 a.C., al año vigésimo séptimo, en 570 a.C. (1:2; 29:17). Antes de la caída de Jerusalén en 586, fue principalmente un predicador de arrepentimiento y de juicio (caps. 1—24). Pronunció constantes advertencias a un pueblo rebelde, inclinado a la idolatría, y susceptible frente a un medio pagano (2:3ss.; 3:4-11; 13; 14:1ss.; 18:2, 25; 20:1ss.). Recordó a los exiliados que el pueblo que seguía en Jerusalén se aferraba falsamente a la inviolabilidad del Templo y de la tierra (11:1-15), y que alejaban de sí el día de la retribución (12:21-28). A sus oyentes desesperanzados, después de la caída de Jerusalén

(24:21ss.; 33:10, 17; 37:11), vino a ser un consolador, un heraldo de salvación, un expositor de la necesidad de una religión interna, un profeta de la reunión, y el anunciador de la restauración por Dios del Templo, de la adoración, y de la tierra a un Israel redimido y purificado (33:11; 34; 36:25-31; 37; 40-48). Representó al juicio cayendo sobre las naciones hostiles conducidas por Gog y Magog (caps. 38; 39), pero señaló a la conversión de otros pueblos, p.ej., Sodoma y Samaria (16:53ss.), y previó a muchas naciones tomando su refugio, como aves, bajo el buen cedro, el Mesías (17:22, 24).

Ezequiel presentó sus mensajes por métodos tan asombrosos como alegorías (caps. 15; 16; 17:1-21; 19; 21:1-17; 23; 24:1-14), acciones simbólicas (4:1—5:4; 12:1-7, 17-20; 21:18-23; 24:3-5, 15-24; 37:15-17), y visiones (1:4-28; 2:9—3:3; 3:22, 23; 8—11; 37:1-10; 40—48). Como en Zacarías, en Ezequiel es también notable en sus visiones un ángel intérprete (a menudo en 40—48; p.ej., 40:3, 4; 43:6, 7; 47:1ss.). La imaginería apocalíptica aparece frecuentemente (7:5-12; 20:33-44; 28:25, 26; 34:25-31; 36:8-15, 33-36; 38; 39; 47:1-12). El dominio de Ezequiel de muchos tipos de prosa y de poesía muestra una cuidadosa preparación y reflexión.

Durante la última generación, los eruditos han propuesto teorías ampliamente divergentes acerca de Ezequiel: que no existió tal persona, sino que el libro es pseudoepigráfico del 230 a.C. (C. C. Torrey); que vivió en época de Manasés, que era nativo del norte de Israel, y que se dirigía a la diáspora asiria (James Smith); que todo su ministerio tuvo lugar en Palestina (Herntrich, Harford); que ejerció parte de su ministerio en Palestina, pero que después del 586 estuvo en Babilonia (Bertholet, Auvray, Van den Born, Oesterley y Robinson); que tuvo varias residencias (I. G. Matthews, Fisher, Freedman); y que era un israelita del norte del 400 a.C. (Messel). La incapacidad de los erutidos de proveer una teoría superior a la postura tradicional, además de la fuerte evidencia en favor de esta última, muestra que no es preciso hacer ningún cambio con respecto a la residencia de Ezequiel. (Cp. Carl G. Howie, "The Residence of Ezequiel", en *The Date and Composition of Ezequiel*, pp. 5-26.)

Se han hecho intentos de demostrar que Ezequiel era psicopático. E. C. Broome, escribiendo acerca de "Ezekiel's Abnormal Personality" (JBL, 65 (1946), pp. 272-292), lo diagnosticó como ¡padeciendo una esquizofrenia catatónica o paranóidea! Howie ha contrastado cuidadosamente la pretendida evidencia de la esquizofrenía de Ezequiel con los paralelos entre Ezequiel y los otros místicos ("Psychological Aspects of Ezekiel and His Prophecy," *op. cit.*, pp. 69–84). Señala lo absurdo que es que un estudioso no profesional de la psiquiatría pretenda haber psicoanalizado con éxito ¡a una persona que ha estado muerta durante más de 2500 años!

Dice Howie: "Ezequiel... era un místico por su naturaleza, con una imaginación sensible y artística, que dio origen a algunas de las visiones y figuras simbólicas de lenguaje mejor conocidas de la literatura bíblica... Se desvió considerablemente de 'la norma,' pero no era un verdadero psicopático. Ningún profeta es 'normal', o no sería un profeta. Lo extraño o anormal de Ezequiel parecería ser el secreto de su grandeza" (*Ibid*, p. 84).

El profeta Ezequiel ha sido llamado "el primer dogmático del Antiguo Testamento", "el Calvino del Antiguo Testamento", "el hombre más influyente en el curso de la historia del pueblo hebreo", "el padre del judaísmo", "el profeta de la responsabilidad personal", etc. El que estudíe seriamente este libro verá pronto cómo se pueden aplicar estos epítetos a este sacerdote, profeta, y pastor.

El libro: paternidad y unidad. El libro, excepto por sus glosas de redacción, ha sido ascrito por la mayor parte de los eruditos a Ezequiel en le *gôlâ* babilónica; pero los modernos eruditos frecuentemente desafían la unidad y la paternidad solitaria del libro.

Oeder, en 1771, negó la autenticidad de los capítulos 40—48, y Carrodi (1791) rechazó además el 38 y 39. Zunz (1831) situó al libro en el período persa, entre el 440—400, fechando los capítulos 25—28 como 332 a.C. Seinecke (1876—1884) consideraba a Ezequiel como una pseudoepigrafía del 163 a.C. Kraetzschmar (1900) y Hermann (1908) sostuvieron el punto de vista radical de que solo los mensajes de condenación escritos en el metro *qînâ* se podían atribuir con certeza a Ezequiel. Así, seis séptimas partes de la obra serían adiciones editoriales, según dijo él, habiendo sido escritos solamente 170 versículos del total de 1273 por el profeta. C. C. Torrey (1930) consideraba el libro como una pseudoepigrafía que dataría del 230 a.C., pero pretendiendo ser del tiempo de Manasés. En apoyo de su postura citaba al tratado talmúdico acrítico del siglo IV d.C. *Baba Bathra* 14*b*–15*a*. trató el exilio babilónico como una invención (en contra de los hallazgos de la arqueología; cp. W. F. Albright, "The American Excavations at Tell Beit Mirsim", ZAW, 6 (1929), p. 16), y halló muchos aramaismos tardíos en el libro. Para

una réplica, consúltese Howie, "The Aramaic of the Book of Ezekiel" (*op. cit.*, pp. 47–68). W. A. Irwin (1943) ascribe solamente 251 versículos en forma poética entresacados de los capítulos 1—39 a Ezequiel. Del resto de la profecía, el 80 por ciento del libro, dice que es "un falso comentario", reflejando muchas adiciones de una multiplicidad de manos a lo largo de un prolongado período de tiempo.

Es bueno oír una nota de advertencia hecha sonar por H. G. May en su comentario acerca de Ezequiel: "La crítica literaria e histórica no es una ciencia exacta... El elemento subjetivo entra ahí, porque en un libro como el de Ezequiel los eruditos se ven influenciados por su concepto total del desarrollo y de las características de la religión y de la historia hebreas" (IB, VI, 45).

Las alusiones históricas, la naturaleza del lenguaje utilizado, y la evidencia de que Ezequiel vivió antes de la destrucción del Templo Salomónico son todas ellas evidencias positivas para apoyar la fecha tradicional del libro (cp. Howie, "The Date of the Prophecy", *op. cit.*, pp. 27–46).

El Texto Masorético (TM, el texto recibido hebreo, que fue preservado y vocalizado por escribas entre los años 600 y 900 a.C.) tiene muchas corrupciones textuales, tal como se indica en el comentario. Los eruditos recurren a versiones, particularmente a la Septuaginta (LXX), al intentar restaurar el texto. El Códice Papiro 967 de la LXX, los papiros Chester Beatty, conteniendo Ezequiel 11—17 con lágunas, y la colección de John H. Scheide, conteniendo la mayor parte de Ezequiel 19:12—39:29, datando antes de la Héxapla de Orígenes del tercer siglo d.C., son especialmente útiles. También es de esperar que pronto se hará luz sobre el texto de Ezequiel en base de los manuscritos y fragmentos de los Rollos del Mar Muerto.

El libro: contenido. Es de rigor una breve referencia al contenido del libro. Existen muchas similaridades entre Jeremías y Ezequiel en los giros de lenguaje, figuras e ideas. G. Currey exhibe en una carta sinóptica una comparación de Ezequiel, Daniel, Zacarías, y el Apocalípsis (Ezequiel en *The Speaker's Commentary*, pp. 12–16).

Algunos de los pasajes más notables del libro, relacionados por capítulos, son: 1; 2; 3:16–21 (cp. 33:1–9); 8 y 9; 11:19ss. (cp. 18:31; 24:7; 31:31; 32:39; 36:26); 14:14; 15; 16; 17:22–24; 18 (cp. 33); 21:8–17; 21:18–27; 23; 27 y 28; 31; 32:17–22; 34; 36:16–38; 37; 38 y 39; 47. Los principales pasajes mesiánicos son: 11:16–20, el Señor, el santuario; 17:22–24, el magnífico cedro; 21:26, 27, el verdadero rey; 34:11–31, el pastor fiel; 36:25–35, la gran purificación; 37:1–14, la gran resurrección; 37:21–28, la gran reunión; 38 y 39, el derrumbamiento de Gog; 47:1–12, la corriente vivificadora que sale del Templo.

Las enseñanzas fundamentales de Ezequiel pueden ser enumeradas de la siguiente forma: (1) Ideas con respecto a Dios: su gloria, capítulos 1; 10; 43; su nombre, 20:8, 9, 14, 22; 36:22, 23; su santidad, 20:41; 28:22–25. (2) Enfasis sobre la responsabilidad individual, 18:2, 5–9, 19, 20, una expansión de Jeremías 31:29, 30. (3) La pecaminosidad de Israel en los comienzos de su historia, 20:8, 9; 23:3ss.

(4) Promesas de restauración: juicio sobre las naciones, 25 — 32; 38 y 39; otorgamiento a la tierra de una extraordinaria fertilidad, 36:8, 9, 29, 30, 34, 35; una regeneración espiritual, 36:25–27; restauración de los exiliados, 37:1–14; el gobernante mesiánico, 34:11–22, 23, 24; 37:22ss.; el retorno del Señor al pueblo regenerado, 37:26, 27; 43:1–12. (5) Organización de la comunidad restaurada, 40 — 48, Ezequiel, escribiendo como sacerdote bajo el viejo pacto, representa al renovado Templo, a los sacerdotes y al sistema sacrificial como los medios por los cuales Dios entra en relación con su pueblo redimido.

BOSQUEJO

COMENTARIO

El libro de Ezequiel comprende dos secciones: Los capítulos 1 — 24, una serie de mensajes emitidos antes de la caída de Jerusalén, la carga general de los cuales es el "juicio"; y los capítulos 25 — 48, emitidos después de la caída, con el tema subyacente de la "esperanza". El libro se estudia más apropiadamente bajo dos encabezamientos: los capítulos 1 — 24, Profecías de juicio sobre Judá y Jerusalén; capítulos 25 — 32, Profecías en contra de las naciones vecinas; capítulos 33 — 39, Profecías de la restauración de Israel; capítulos 40 — 48, Visiones del Nuevo Templo y de la Nueva Ley para el pueblo redimido.

I. Profecías en contra de Judá y de Jerusalén. 1:1 — 24:27.

Los amenazantes discursos en contra de Jerusalén y de la casa de Israel, emitidos antes de la caída de Jerusalén, consisten en: una sección introductoria, detallando el llamamiento del profeta (caps. 1 — 3); acciones y oráculos simbólicos prefigurando la caída de la ciudad y del estado (caps 4 — 7); un grupo de visiones relacionando los terribles pecados de Jerusalén que clamaban por su destrucción (caps. 8 — 11); acciones simbólicas, parábolas, y alegorías exponiendo la necesidad moral de la cautividad (caps. 12 — 19); y una reseña de la historia pasada de Israel que clamaba por un juicio cierto (caps. 20 — 24).

A. *Introducción: El llamamiento de Ezequiel. 1:1 — 3:27.*

1) Superscripción. 1:1–3.

1. En el año treinta. Desde la época de Orígenes (185 — 254) se ha entendido esta nota cronológica como referente a la propia edad del profeta, la edad a la que empezaban los profetas su ministerio (Nm 4:3, 4), sistema de datación éste sin paralelo en la historia hebrea. Otras interpretaciones propuestas: Año trigésimo de la edad de Joaquín, 585 a.C. (Snaith); año treinta después de la reforma de Josías, 593/592 a.C. (así el Targum, Jerónimo, Hermann, Hölscher, L. Finkelstein); el año treinta del período entonces en vigor del jubileo (Seder Olam, Kimchi, Hitzig); el año treinta del imperio Neobabilónico. 606/605 a.C. (Scaliger, Ewald)... año treinta de Manasés, 667 a.C. (Torrey); el año treinta de Artajerjes III, 328 a.C. (¡sic! L. E. Browne); varias enmiendas: el año décimo tercero del reinado de Nabucodonosor, 592 a.C. (Rothstein, Bertholet); el quinto año del exilio de Joaquín, 595/594 a.C. (Herntrich). Albright y Howie sugieren que este fue el año trigésimo de la edición del libro de Ezequiel, tres años después del año vigésimo séptimo de 29:17, o 567 a.C., y el año trigésimo del reinado de Joaquín. Comparar 2 R 26:27. Todas las otras fechas en profecía son contadas desde el "reinado" o cautividad de Joaquín también.

El mes cuatro era de mediados de junio a mediados de julio, contando a partir del primer mes, de mediados de marzo a mediados de abril.

Entre los cautivos. *En medio del exilio*, o *cautividad*. La palabra hebrea *gôlâ* es un nombre colectivo significando "exiliados," o en sentido abstracto, "el exilio".

El río Quebar (Ké-bär) o *Nehar-Kebār* (1:1, 3; 3:15, 23; 10:15, 20, 22; 43:3). Probablemente el *nâru kabari*, "el gran río," "el gran canal", un curso hidráulico artificial del Éufrates. Empezando más arriba de Babilonia, fluye hacia el sudeste, pasa a través de Nippur, una localidad de antiguos establecimientos judíos (y de la rica casa de banca Murashû y Hijos, cuyos archivos [464 — 405 a.C.] contienen muchos nombres judíos), y se une de nuevo con el Éufrates más abajo de Ur. Su nombre moderno es Shatt en Nîl, "El río Nilo" (ver H. V. Hilprecht, *Explorations in Bible Lands in the Nineteenth Century*, p. 409ss.).

Visiones de Dios incluye aquí visiones dadas por Dios y visiones en las que Dios fue visto.

2. Rey Joaquín. El décimo-octavo, y penúltimo, rey de Judá, fue el hijo de un tiranuelo, Joacim, y nieto del piadoso Josías. Su nombre, que significa "Jehová establece", se escribe de varias formas: *Yôyākīn*, Ez 1:2; *Yehôyākīn*, 2 R 24:6, 8, 12, 15; 25:27*a, b*; Jer 52:31*a, b*; 2 Cr 36:8, 9; *Yekonyā*, Jer 27:20; *Qerê*, 28:4; 29:2; Est 2:6, 1 Cr 3:16, 17; *Yekon Yāhû*, Jer 24:1; *Konyāhû*, Jer 22:24, 28; 37:1. Entronizado por el faraón Necao de Egipto, reinó solamente tres meses, al cabo de los cuales fue deportado a Babilonia por Nabucodonosor en el año 597, juntamente con las clases superiores (2 R 24:8–16). Fue liberado por Amel Marduk (Evil Merodac), hijo de Nabucodonosor el año 560, el trigésimo séptimo de su exilio (2 R 25:27). "Las tabletas de Joaquín", publicadas en 1939, se refieren a "Yaukin" y a sus hijos como receptores de raciones (Albright, BA, V (Dic. 1942), pp. 49–55). Jeremías (22:20–30) y Ezequiel (19:5–9) se muestran con simpatía hacia él. Su nieto Zorobabel se hallaba en la línea mesiánica (cp. Mt 1:11, 12; Esd 3:8; 1 Cr 3:17–19).

El quinto año de la deportación del rey Joaquín (Junio-Julio, 592) es la primera de las catorce referencias cronológicas en el libro de Ezequiel (cp. 1:2; 3:16; 8:1; 20:1; 24:1; 26:1; 29:1; 29:17; 30:20; 31:1; 32:1; 32:17; 33:21; 40:1). Ezequiel fue el primer profeta en fechar cronológicamente sus mensajes. (Para fechas del período, cp. J. Finegan, "Nabucodonosor y Jerusalén", JBR 25 [1957], pp. 203–205.)

3. Ezequiel (*Yeḥezeqē'l*, "Dios fortalece") el **sacerdote.** No se sabe nada de su padre Buzi. Otros profetas de ascendencia sacerdotal fueron: Samuel (1 Cr 6:28; 1 S 7:9; 11:14; 16:2ss.); Jeremías (1:1); Zacarías (1:7; Neh 12:4, 16; Esd 5:1). **Vino allí sobre él la mano de Jehová.** Una expresión que describe una condición que se aproxima al éxtasis profético. (Ver también 3:14, 22; 8:1; 33:22; 37:1; 40:1.) Trece MSS hebreos y la Septuaginta, la Siríaca, y la Arábiga vierten: *sobre mí*.

2) La visión inaugural del profeta: Una teofanía. 1:4–28.

El llamamiento de Ezequiel vino en forma de una teofanía, una manifestación de Dios en medio de una tempestad. Su visión se describe con mucho mayor detalle que las teofanías ante Moisés (Éx 33; 24:9ss.), Amós (7:15), Isaías (cap. 6), Jeremías (1:4–10), o Daniel (7:9ss.). Empieza desde abajo, describiendo en primer lugar a los cuatro seres vivientes con las cuatro alas y los cuatro rostros, combinando formas animales y humanas para hacer el carruaje del trono (vv. 4–14), después las ruedas dentro de las ruedas capacitando al carro para moverse en todas las cuatro direcciones sin girar (vv. 15:21), y por último la plataforma de cristal en la que se hallaba una apariencia de trono, en el que se hallaba sentada la semejanza de uno como fuego rodeado por el arco iris de gloria (vv. 22–28).

a) Los seres vivientes y el carro. 1:4–14. **4.** En cuanto a la aparición de Dios en un **viento tempestuoso** y en una **gran nube**, ver también Éx 9:24; 19:16; Jue 5:4; 1 R 19:11; Sal 29; Zac 9:14. **Del norte.** Ezequiel no está aquí aceptando el concepto mitológico del norte como el hogar de los dioses, sino que debe estar sugiriendo la trascendencia de Dios. **Un fuego envolvente.** Lit., *fuego ardiendo sobre sí mismo.* **Bronce refulgente.** En hebreo, *como el ojo de hashmal.* Utilizado solamente en 1:4, 27; 8:2. Comparar con el acadio *elmešu* y el egipcio *hesmen*, "bronce" (G. R Driver, VT, I [1951], 60–62). **5. Semejanza** (*demût*) y *apariencia* (*mar' eh*) aparecen diez y catorce veces respectivamente en el relato. El profeta siente lo inadecuado del lenguaje humano para describir lo inefable, pero también toma el cuidado de evitar antropomorfismos. Los **cuatro seres vivientes** (*ḥayyôt*) son más tarde identificados como querubines (10:15, 20).

7. Los pies de ellos. Mejor *sus piernas*; cp. Gn 49:10; Is 6:2; 7:20) **eran derechos;** sin articulaciones en las rodillas; y **la planta de sus pies** era redondeada (Targum, Aquila) como pies de becerro, para excluir que se doblaran y que giraran. **8.** Probablemente, cada querubín tenía dos manos, porque **a sus cuatro lados** puede significar "sobre los lados de los cuatro de ellos."

9. Los querubim, con un par de alas extendidas tocándose, formaban los costados del carro, que podía moverse en las cuatro direcciones, sin volverse (cp. v. 12). Un segundo par de alas cubría el cuerpo de ellos (v. 11). **10.** Cada querube tenía cuatro caras, **cara de hombre,** y **cara de león al lado derecho de los cuatro,** y **cara de buey a la izquierda en los cuatro;** asimismo había en los cuatro **cara de águila** por la parte de atrás (cp. 10:14; Ap 4:7). **12.** El Espíritu de Dios dirigía sus movimientos (cp. v. 20; 10:17), así como dirigió a Ezequiel (2:2; 3:12, 24; 11:24). **13. Fuego y relámpagos** relumbraban de en medio de ellos (cp. Ez 3:2; 13:22; 19:18; Nm 11:1–3; Dt 4:24; 2 R 1:12). **14.** Este versículo se omite en la LXX B como una amplificación marginal del v. 13. El texto hebreo parece estar corrompido.

b) Las cuatro ruedas. 1:15–21. **15.** A continuación el profeta vio ruedas **junto a los seres vivientes. 16.** El aspecto de las ruedas y su obra era semejante al color (lit., *el ojo*) **del crisólito.** En hebreo *tarshîsh.* La piedra llamada por el nombre de Tarsis, o Tartesos, en el sur de España, es probablemente el antiguo crisólito (*piedra de oro*), que se corresponde con nuestro topacio dorado, no con la pálida aguamarina verde, o berilo, como lo traducen algunas versiones. **Rueda en medio de rueda.** La explicación más común es que cada rueda se asemejaba a dos ruedas que se cortaban en ángulos rectos para formar una rueda compuesta que podría moverse en diferentes direcciones sin cambiar su frente (v. 17). **18.** El texto hebreo está en desorden. La LXX sugiere: **Y tenían bordes...Y yo los miré** (en lugar del hebreo, *y había en ellos terror*). **Y sus bordes estaban llenos de ojos,** simbolizando vida e inteligencia.

19–21. Había una unidad entre **los seres vivientes** y las ruedas, dirigida por el Espíritu de Dios. Compara referencias a las ruedas del trono del "Anciano de días" en Dn 7:9, y de las bases del Templo de Salomón, 1 R 7:27–30, y al carro en 1 Cr 28:18. En tiempos posteriores, los "ofanim", ruedas personificadas, se hallan junto a los querubim y a los serafim en la presencia de Dios (Enoc 61:10; 71:7).

c) La plataforma, el trono, y la aparición divina sobre ellos. 1:22–28. **22. Una expansión a manera de cristal.** El hebreo *raqî'a* aparece diecisiete veces en las Escrituras, en Gn 1; Ez 1; 10:1; Sal 19:1; 150:1; Dn 12:3. Aquí la figura es la de una "plataforma" **extendida encima** de las cabezas de los seres vivientes como **cristal** (lit., *como el ojo o brillo de hielo*; así la LXX; Sir., Vulg., Cp. Ap 4;6. Omítase "maravilloso", con la LXX),

24. Cuando se movían, el sonido de sus alas era **como sonido de muchas aguas** (Sal 42:7; Is 17:12), **como la voz del Omnipotente** (Sal 29, "voz de Dios", siete veces), **como ruído de muchedumbre, como el ruído de un ejército** (Is 17:12; Joel 2:5). **Omnipotente.** El hebreo *Shadday* es un término utilizado para Dios en tiempos premosaicos, utilizado principalmente en poesía, o en prosa con El (Dios) como prefijo (Gn 17:1). El nombre es de derivación incierta, pero puede significar "omnisciente", "todo sapiente", más que "Todopoderoso" o "de los montes" (cp. N. Walker, "A New Interpretation of the Divine Name Shaddai", ZAW, 72 [1960], pp. 64–66). **25.** Este versículo se halla omitido en nueve manuscritos hebreos, la LXX, y un manuscrito de la siríaca, como error de copia por repetición.

26. Sobre la plataforma se hallaba **un trono que parecía de piedra de zafiro** (cp. Éx

24:10). Pudiera tratarse de la antigua piedra parecida al mármol, de tintes azulados, conocida como *lapislazuli*. **27.** La parte superior de la apariencia humana sentada sobre el trono brillaba como **bronce refulgente** (lit., *como el ojo de hashmal*; cp. v. 4), que el fuego rodeaba (lit., *como la apariencia de fuego una casa a ello a su alrededor*); mientras que la parte inferior, también, estaba cubierta por un fuerte resplandor.

28. El resplandor alrededor del trono del Señor era **como parece el arco iris que está en las nubes.** Esto sugiere la calma después de la tormenta. Para los hebreos y para nosotros el arco recuerda el pacto hecho con Noé (cp. Gn 9:12ss.; Ap 4:3; 10:1). **La gloria de Jehová** (*kebôd Y H W H*, 1:28; 3:12, 23; 10:4, 18; 11:23; 43:4, 5; 44:4; "la gloria del Dios de Israel," 8:4; 9:3; 10:19; 11:22; 43:2) en Ezequiel significa principalmente "una apariencia de luz y de esplendor indicadora de la divina Presencia" (Cook, *Ezequiel*, ICC, p. 22). La idea de la raíz en *kābôd* es "peso", "pesadez", y comunica la idea de alguna manifestación externa, física, de dignidad, de pre-eminencia, o de majestad (cp. Betteridge, "Glory", ISBE, II, 1235ss.).

En la presencia de Dios, Ezequiel reconoció su indignidad (cp. Gn 32:30; Éx 20:19, 20; 24:11; Is 6:5; Jer 1:6).

De su visión Ezequiel aprendió que Dios no se hallaba limitado a Palestina, sino que estaba presente en Babilonia entre los exiliados, descendiendo a la tierra sobre querubim y una tempestad (Sal 18:10; 104:3). El carro podía moverse con celeridad en todas las direcciones, simbolizadas por el número cuatro. Las figuras, encarando las cuatro direcciones (vv. 9, 10, 17) sugieren el pensamiento de que todas las partes del universo se hallan a descubierto ante la mirada de Dios. Las alas relacionaban la visión con el cielo, y las ruedas con la tierra. Así, no hay ningún lugar que sea inaccesible para la divina energía y presencia. Así se comunica poderosamente el hecho de la omnipresencia de Dios.

La figura sentada sobre el trono habla de la omnipotencia y del gobierno soberano de Dios (v. 26). La soberanía de Dios se manifiesta sobre la creación inanimada —el viento, la nube, el fuego (vv. 4, 24), y la creación animada— los cuatro seres vivientes (vv. 5, 10).

La forma generalmente humana y las varias caras de las criaturas vivientes expresan la dignidad asignada por Dios a las varias partes de su creación, un reflejo de Su majestad: el hombre, la inteligencia; el águila, la velocidad; el buey, la fortaleza; el león, la majestad. Los rabinos explican así el simbolismo: "El hombre está exaltado entre las criaturas; el águila está exaltada por encima de las aves; el buey está exaltado por encima de los animales domésticos; el león se halla exaltado por encima de las fieras; y todos ellos han recibido dominio, y se les ha dado grandeza, pero con todo se hallan situadas por debajo del carro del Santo" (Midrash Rabbah *Shemoth*, no. 23, sobre Éx 15:1). El sonido de las alas de los querubim (v. 24) es el testimonio de toda la creación a Dios (Sal 19:1), en tanto que los cuerpos cubiertos (vv. 8, 11) representan la incapacidad de todas las criaturas de presentarse a la presencia de un Dios santo (cp. Is 6:2). Los Padres de la Iglesia emplearon los cuatro rostros como emblemas de los Evangelistas. Ireneo, Jerónimo, Atanasio, y Agustín varían en su utilización. Jerónimo, que es el que tiene mayor aceptación, lo aplica como sigue: El hombre, Mateo; el león, Marcos; el buey, Lucas; el águila, Juan. En tanto que las deidades babilónicas Marduk, Nebo, Nergal, y Ninib eran denotadas respectivamente por el buey, el hombre, el león, y el águila (Jeremías), lo más probable es que Ezequiel derivara su simbolismo de las imágenes en el Templo de Salomón (1 R 6:23–35; 7:27–37) y del propiciatorio encima del arca en el Tabernáculo (Éx 25:10–22).

Los ojos sobre las ruedas sugieren una inteligencia omnisciente (v. 18), en tanto que el espíritu en las alas y en las ruedas (vv. 20,21) representa la obra pervasiva del Espíritu de Dios vista en la unidad y armonía de sus obras. La pureza y santidad divina son exhibidas por el fuego (v. 27), en tanto que el arco iris alrededor del trono ilustra una sublime belleza y, quizás, también la idea de perdón y de misericordia (v. 28).

Esta gloria fue vista por Ezequiel en Quebar (1:4–28), recibió de ella un mensaje en Telabib (3:12ss., 22ss.), le transportó de su hogar en el exilio a la entrada de la puerta del atrio interior del Templo en Jerusalén (8:4, 5), se apartó de los querubim en el Templo hasta el umbral del Templo (9:3; 10:4), subió desde el umbral a la puerta oriental del atrio exterior del Templo (10:15, 16, 18, 19), subió desde el centro de la ciudad al Monte de los Olivos al lado oriental de la ciudad (11:22, 23), pero volvió para llenar el nuevo Templo y a la gente purificada (43:2–7; 44:4).

3) Su iniciación al oficio profético. 2:1 — 3:27.

En los capítulos 2 y 3, el profeta recibe la comisión de ser un mensajero arrojado frente a un pueblo rebelde (2:1–7), se le ordena que asimile como propia la palabra o mensaje de Dios (2:8 — 3:3), se le dota del valor para dirigirse a un encallecido Israel (3:4–9), se le empuja a una misión a los exiliados en Tel-abib (3:10–15), se le encarga con la responsabilidad de ser atalaya o centinela (3:16–21), y se le pone bajo una restricción de silencio y de seclusión (3:22–27).

a) La comisión del profeta. 2:1–7.
1. Hijo de hombre (*ben-'ādām*) aparece noventa y tres veces en Ezequiel, significando simplemente "hombre" u "hombre mortal". El término expresa la debilidad de la criatura en la presencia de la majestad y del poder de Dios (cp. Dn 8:17). El arameo *bar'ênosh*, "hijo del hombre", de Daniel 7:13, es un título mesiánico. El uso que Jesús hace de este título estaba quizás pensado para esconder así como para revelar su verdadera naturaleza (Mt 8:20; 11:19; 16:13; Jn 12:34; Mr 2:10, 28; 8:31; 9:9, 12; 10:45; 14:41, etc.; cp. G. P. Gould, "Son of Man," HDCG, II, 659–665; y J. Stalker, "Son of Man", ISBE, V, 2828–2830).
2. Entró el Espíritu en mí. En tanto que la palabra carece en hebreo del artículo determinado, se trata del Espíritu Santo. (Para una similar utilización ver 3:12, 14, 24; 8:3; 11:1, 5, 24; 37:1; 43:5.) En 11:5 y 37:1 aparece "el Espíritu del Señor", y en 11:24, "el Espíritu de Dios" (cp. H. B. Swete, "Holy Spirit," HDB, II, 402–411).
3. A los hijos de Israel; la LXX dice, *la casa de Israel.* Esta es la frase usual en Ezequiel. **A gentes rebeldes.** El *gôyîm* del TM casi siempre significa "naciones paganas". Esta palabra se omite en la LXX y en la Latina Antigua. Aparece en la Siríaca en su forma singular *gôy*, "nación". La misión de Ezequiel era a la nación como un todo, tanto en Jerusalén como en el exilio.
4. Jehová el Señor. El Texto Masorético dice *'Ădōnāy Yahweh.* Los antiguos hebreos decían *'Ădōnāy*, "Señor", en lugar del sagrado tetragramatón Jehová o Yahweh (así llamado debido a las cuatro consonantes, YHWH, no existiendo vocales escritas en la antigüedad). Cuando aparecían *'Ădōnāy* y *Yahweh* juntas, los hebreos leían el tetragramatón como *'Ēlōhîm*, Dios. Una característica inusitada en Ezequiel es la aparición del nombre doble Jehová el Señor más de doscientas veces. A. D. Johnson, Gehman, y Kase, editores de *The John H. Scheide Biblical Papyri: Ezekiel*, afirman que solamente debiera leerse *Yahweh*, o Jehová, en estos pasajes (pp. 48–63).
5. Conocerán que hubo profeta entre ellos. El cumplimiento es la prueba de un verdadero profeta. Ver Dt 18:21, 22; Jer 28:9.

6. Entre zarzas y espinos. Las dos palabras son *sārābîm* y *sallônîm*. El primero solamente se halla en este pasaje de todo el AT, y es posible que sea una palabra tomada del arameo; la última, de etimología desconocida, aparece también en 28:24. En Sir 4:2 y en arameo, la raíz *srb* significa "contradecir". La LXX y la Siríaca vierten "porque ellos contradecirán." El modismo hebreo apoya la traducción castellana. **Casa rebelde.** "Casa de rebelión" (*bêt merî*, como en el v. 5). Esta traducción es apoyada por treinta y dos manuscritos hebreos, así como por la LXX y la Siríaca.

b) La inspiración del profeta, 2:8 — 3:3.
8. Oye... no seas rebelde. cp. Jer 1:7, 8, 17; Is 50:5.
9. Un rollo de libro. En Palestina y en Babilonia, se utilizaban de ordinario pieles para rollos. El rollo de Isaías de las Cuevas del Mar Muerto (I Q Isaa) es un pergamino, de 7, 3 metros de longitud. (cp. Jer 36; Sal 40:7. Ver J. P. Hyatt, "The Writing of an Old Testament Book, BA, VI [1943], 41–80).
10. Escrito por delante y por detrás, esto es, por ambos lados de la piel, en contra de la práctica usual. **Endecha** siguiendo la lectura *qînâ*, "elegía, endecha," de la LXX, y las versiones Latina Antigua y Arábiga, y el Targum, un lugar del inusitado plural masculino, *qînîm*, del TM. **Lamentaciones** traducido como *pensamiento*, (pero en la Versión Autorizada inglesa es *suspiro*) en el Sal 90:9, y como *estrépito* (de trueno; Job 37:2). **Ayes.** Se llega a esta traducción puntuando la *hî* del TM como *hôy*, juntamente con la LXX, y las versiones Latina Antigua, Arábiga, y Siríaca. Antes de la caída de Jerusalén el 586, los mensajes de Ezequiel en los capítulos 1 — 24 fueron de juicio.
3:1. Come lo que hallas. Literalmente, *lo que halles, esto encuentra.* El Señor tocó la boca de Jeremías (Jer 1:9) pero le dio a Ezequiel un rollo, para que lo comiera. La inmanencia y la trascendencia de Dios quedan ilustradas por los modos. **3. Llena tus entrañas. Vientre** y **entrañas** (*beten* y *mē'îm*) se usan ambas de "abdomen", "vientre", "entrañas", y, de forma figurada, como el "asiento de las emociones". El mensaje había sido dado por Dios, pero tenía que ser asimilado por el profeta y apropiado por él. Aunque las palabras eran amargas, el rollo sabía *dulce* debido a que su contenido era la palabra de Dios, y el privilegio de ser el mensajero de Dios es un gran gozo. Entre los pasajes que ilustran la inspiración de la mente y de la voluntad mediante el "comer" de la palabra

de Dios y que hablan de la dulzura de esta palabra están: Jer 15:16; Dt 8:3; Sal 19:11; 119:103; Ap 10:9, 10. (Para inspiración mediante bebida, ver 2 Esd 14:38–41.)

c) El aliento dado al profeta. 3:4–9.

4. Ve y entra a la casa de Israel. Este y similares pasajes (p.ej., 6:2; 7:2; 12:10, 11; 16:2; 21:7; 22:2, 3) son presentados como evidencia de que Ezequiel no residía en Babilonia y que la misión era a sus contemporáneos en Jerusalén (cp. la Introducción.)

5, 6. Habla profunda...lengua difícil. Lit., *profundos de labios y pesados de lengua* (cp. Éx 4:10; Is 28:11; 33:19; y para un uso similar del genitivo de especificación, ver Ez 16:26; 17:3, 6, 7). El encallecido Israel es a menudo comparado con los poco privilegiados paganos (cp. 5:16, 17; 16:4, 5, 51; Jer 2:10, 11; Mt 11:24–27; Lc 4:24–27). **7. Toda la casa de Israel es dura de frente y obstinada de corazón.** (Cp. 2:4; Jer 5:3; Is 48:4.)

8. Fuerte. Quizás un juego de palabras con el nombre de Ezequiel, *Dios fortalece.* Cp. Jer 1:18; 15:20. **9. Como diamante, más fuerte que pedernal.** El hebreo *shāmîr* es una palabra extranjera, posiblemente relacionada con la acadia *ašmar*, ''esmeril''. Se traduce también *diamante* (cp. Jer 17:1; Zac 7:12). Para la oposición entre el pueblo y el verdadero profeta, ver Amós 7:10–17; Jer 20:7–18; 26:1–24.

d) La misión del profeta. 3:10–15.

11. Ve y entra a los cautivos (cp. 1:1): ''a los hijos de'' **tu pueblo.** El hebreo *'am*, ''pueblo'', se utiliza la mayor parte de las veces de la nación elegida. La misión del profeta era ante la casa de Israel (v. 4), pero en realidad se vio limitada a sus compañeros de exilio. Pero hace poca referencia a las circunstancias de los exiliados.

12. Y me levantó el Espíritu. Ver también 3:14; 8:3; 11:1, 24; 43:5. Estas no son referencias a levitaciones físicas, como el Bel y el Dragón, vv. 36, 39; ni tampoco a la clarividencia; sino a las experiencias místicas de un alma sumamente sensible bajo la exaltación del Espíritu. **Oí detrás de mí la voz de un gran estruendo. 13. Sonido de las alas de los seres vivientes que se juntaban la una con la otra.** Lit., *se besaban.* **Sonido de gran estruendo.** Lit., *y un sonido de.*

14. Y fui en amargura. Un acusativo adverbial (cp. 27:30). Ezequiel, en simpatía con Dios, sentía amargura y ardor de espíritu en contra de su pueblo y ante su tarea (cp. Jer 6:11; 20:7–11). Aunque el carro se había ido, sentía que la mano del Señor le empujaba.

15. Y vine a los cautivos en Tel-abib. En obediencia a Dios, el profeta fue a la principal

colonia de exiliados junto **al río Quebar**, en la antigua *Tilabûbu*, ''montículo de la inundación tempestuosa'' (cp. Hilprecht, *Explorations in Bible Lands*, p. 411). Para los nombres de las otras colonias, ver Esd 2:59; Neh 7:61. La frase hebrea, a continuación de la palabra Quebar, dice: *y que estaban morando allí*, o siguiendo el *Qerê, y me senté donde se sentaban*. Está ausente de dos manuscritos hebreos y de la Siríaca. **Y allí permanecí...atónito.** Lit., *mostrando horror*, un verbo interiormente transitivo (ver G–K, no. 53d y no. 67cc; cp. Esd 9:3, 4; Dn 9:27; 11:31).

e) La responsabilidad del profeta. 3:16–21.

17. Te he puesto por atalaya; esto es, uno que vigila, o un centinela (cp. Jer 6:17; Is 57:10). El llamamiento del profeta a ser un pastor, un centinela de las almas de individuos además de para la nación, es más plenamente expuesto en 18:1–32 y en 33:1–20. En el presente párrafo se consideran cuatro casos: el pecador habitual que no es advertido (v. 18), el pecador que es advertido, pero que no se arrepiente (v. 19), el justo que apostata pero que no es advertido (v. 20), y el justo que es advertido y que permanece justo (v. 21). Ezequiel es responsable de la fiel proclamación del mensaje de Dios, no de su éxito o fracaso (vv. 17–19). **Morirás** (v. 18), y **vivirá** (v. 21) no llegan hasta el nivel que les da el NT, sino que se refieren respectivamente a (1) morir en la destrucción del estado y quedar excluido del reino restaurado de Dios, y (2) ser preservado y entrar en la bendición del reino.

20. Y pusiere yo tropiezo. Esto puede solamente significar que ''las tentaciones del justo se hallan bajo el control providencial de Dios'' (Dummelow's *Commentary*). Los hebreos ascribían la tentación a Dios, reconociendo que el mismo Satanás se halla sometido a la voluntad divina (cp. Gn 22:1; Éx 4:21; Jer 6:21; contrastar con 2 S 24:1 con 1 Cr 21:1). **21. Pero si al justo amonestares.** Esto sigue a las versiones, y no al TM, *si le amonestares, el justo*. La segunda aparición del ''hombre justo'' en el TM está ausente en la LXX, y en la Latina Antigua y la Siríaca.

f) La limitación del profeta. 3:22–27.

Algunos eruditos entienden esta sección como indicadora de un elemento patológico en Ezequiel: que sufría de catalepsia y de afasia (vv. 23, 26), y que sus compatriotas le tuvieron que atar con cuerdas después que entrara él en un estado de demencia (v. 25).

Sin embargo, es mejor considerar las varias expresiones de limitaciones como figurativas de un período de silencio y de inactividad de parte del profeta. Es posible que Ezequiel profetizara públicamente a los exiliados después de su llamamiento, y que se encontrara con oposición. ¿Fue esta oposición ocasionada por la hostilidad después de la ejecución de ciertos falsos profetas que habían incitado al pueblo a la rebelión? (cp. Jer 29:21–23; H. L. Ellison, *Ezekiel: The Man and his Message*, p. 31). Fue llamado por Dios al llano (v. 22), donde en una gloriosa teofanía Dios le instruyó a que dejara de ser un reprendedor público durante un tiempo (v. 26). Tenía que abrir su boca solamente en su propia casa a aquellos que le consultaran en privado (v. 24; 26:8). Este silencio intermitente prevaleció desde el principio del asedio de Jerusalén (24:1, 27) hasta que las noticias de la caída de la cuidad fueron traídas al profeta por un fugitivo unos dos años después. Después Ezequiel habló libremente, y el pueblo se dio cuenta de que era Dios quien había hablado.

22. El campo. De Babilonia. No se trata del lugar de la visión en 1:1 (cp. 8:4; 37:1, 2). **23. La gloria de Jehová.** Ver sobre 1:28. **25. Pondrán sobre ti cuerdas.** Esto no se refiere ni a una magia llena de simpatía ni al encadenamiento del profeta ''enloquecido'', porque no se registran tales actos de hostilidad, sino al refrenamiento de Dios sobre él (cp. 4:8), excepto en aquello que Él le hacía decir (vv. 26, 27).

B. Predicción de la caída de la ciudad y del estado. 4:1 — 7:27.

En este círculo de amenazas el profeta predice la caída de Jerusalén y de Judá mediante cuatro acciones simbólicas (4:1 — 5:17), un oráculo en contra de los centros idolátricos del estado (6:1–14), y una endecha sobre la caída del reino de Judá (7:1–27).

1) Cuatro acciones simbólicas con respecto a Jerusalén. 4:1 — 5:17.

En 4:1 — 5:4 se registran cuatro acciones simbólicas exponiendo el venidero asedio de Jerusalén, con las estrecheces correspondientes, y el exilio que vendría como consecuencia. Los profetas Ahías (1 R 18), Isaías (Is 8; 20), Jeremías (Jer 13; 14; 18; 19; 27; 28; 34; 35; 43; 51) todos hicieron uso efectivo de acciones simbólicas; y Ezequiel también empleó simbolismos: 3:25, 26; 4:1–54; 12:3–7, 17–20; 21:11, 12; 24:3–5, 15–24; 37:15–17. Los eruditos están en desacuerdo acerca de si estos símbolos fueron actuados totalmente, en parte, o en absoluto. Se sostiene que algunos de ellos son tan extraordinarios, o tan ridículos, que son imposibles de llevar a cabo. ¡Pero no hubieran parecido ridículos a los Orientales! Estos símbolos tienen que ser considerados como ilustrativos, no como magia simpatizante. Puede ser que, en tanto que la intención de los símbolos fuera ejecutada en realidad, que se utilizara un lenguaje metafórico para describir algunos de sus detalles (cp. 4:3, 12; contrastar 8:3. El profeta no fue llevado literalmente a Jerusalén por los cabellos de su cabeza, sino en una visión). Se han hecho intentos de reconstruir ser lógicas las visiones?— y estas reconstrucciones, como mucho, son especulaciones.

a) Símbolo del asedio de Jerusalén. 4:1–3.
En esta sección el profeta dibuja sobre un ladrillo de adobe la representación del asedio de Jerusalén.

1. Tómate un adobe. De arcilla blanda, tales como los que utilizaban los babilonios para escribir o dibujar con un estilo de tres lados.

2. Fortaleza. *Obras de asedio; muro de asedio,* o torres con ruedas. La palabra *dāyēq* es probablemente aramea. **Baluarte.** Para conectar la torre con los muros de la ciudad asediada. **Campamento.** O destacamento de soldados. **Arietes.** Máquinas demoledoras. Para estas operaciones, ver 17:17; 21:22; 26:8; Dt 20:20; Mi 4:11; Is 29:3. Ver también el relieve del ejército de Senaquerib sitiando a Laquis (2 R 18) sobre las paredes del palacio en Nínive en J. B. Pritchard, *The Ancient Near East* (Fig. 101).

3. Tómate también una plancha de hierro; esto es, una plancha de las que se utilizaban para cocinar cosas en el horno. Este acto debía representar los firmes ataques del enemigo sobre la ciudad y sugerir la barrera entre Dios y el pueblo.

b) Símbolo de la duración del exilio. 4:4–8.
4, 5. Tú te acostarás sobre tu lado izquierdo. Para el Reino del Norte, Israel. Cuando uno está de cara al sol naciente, la izquierda es el norte, y la derecha es el sur (cp. Gn 14:15; Sal 121:5). **Yo pondré...sobre vosotros.** El texto así enmendado es preferible al TM. Aquí Ezequiel representa a Israel llevando su propia iniquidad en lugar de sufrir vicariamente por ella. **Trescientos noventa días.** Igual al número de años de su castigo. La LXX dice: ''ciento noventa días''. **6. Te acostarás sobre tu lado derecho** por Judá; esto es, por el reino del sur. **Cuarenta días...día por año.** Igual que el la LXX.

7. Por su tema, este versículo parece pertenecer con los vv. 1–3.

8. He aquí que he puesto sobre ti ataduras, y no te volverás de un lado a otro. No se trata de ataduras físicas, sino de una limitación divina observada en 3:25; un símbolo de la pérdida de libertad que le esperaba al pueblo.

Algunos eruditos mantienen que una catalepsia o una enfermedad prolongada es el motivo tras este segundo símbolo. Parece que lo mejor es, sin embargo, seguir los comentarios hechos en 3:25 y hallar allí una referencia similar a la atadura espiritual y psíquica de Ezequiel. Cuando se echó en la soldad de su casa, se echó sobre su costado izquierdo o derecho, de acuerdo con las instrucciones divinas.

Desde la caída de Jerusalén en el año 586 hasta el primer retorno de los exiliados el 538 hay 48 años, que puede en números redondos representar la duración del **castigo de la casa de Judá** (v. 6). Acerca de los 390 (ó 190) días existe un amplio desacuerdo. Las penas de Israel y de Judá se habrían solapado por lo menos durante cuarenta años, pero ¿cuál es el punto inicial de este solape? Desde la división de la monarquía en el 922 a.C. hasta el retorno en el 538 tenemos 384 años, lo cual está muy cerca de los 390 años. Quizás se pudiera considerar este como un período de iniquidad y de castigo para el Reino del Norte. En los libros de los Reyes se da el total de los reinados de los reyes de Judá desde Roboam hasta Sedequías como de 394½ años; pero difícilmente se puede identificar esto con la iniquidad o el castigo de Israel. Otros hallan una cierta similaridad mística con los 430 años de esclavitud en Egipto ¡añadiendo 40 a 390! Operando desde el 734 a.C., las incursiones de Tiglat-pileser (2 R 15:29), hasta el exilio tenemos 148 años, lo cual se hallaría muy cercano a los 150 años de la LXX en la frase añadida en 4:5. Desde la caída de Samaria en 721 hasta el 538 tenemos 183 años, lo cual está muy cerca de la cifra de 190 años en la LXX en 4:5, 9. Es posible que los números deban de tomarse idealmente en lugar de literalmente. Con los datos a nuestra disposición, parece imprudente dogmatizar acerca de cómo se tienen que contar los 40 y 390 (ó 190) años.

c) Símbolo de escasez durante el sitio. 4:9–17.

9. El profeta tenía que hacer un pan mixto en base de **trigo, cebada, habas, lentejas** (cp. 25:34), **millo** (*dōhan*, un *hapax legomenon*, probablemente una palabra aramea; una hierba anual que crece y madura sin lluvia, cuyas semillas se muelen hasta reducirlas a harina y se mezclan con otros cereales para hacer pan para los pobres), y **avena,** un tipo de trigo silvestre (cp. 2 S 17:28). **El número de días que te acuestes sobre tu lado.** A no ser que esto se contemple como una intrusión del símbolo anterior, la indicación es que el segundo y el tercer símbolos fueron ejecutados simultá-

neamente. El profeta no hubiera podido estar atado literalmente sobre su costado y haber recogido a la vez grano y cocido pan.

10. La comida...será de peso de veinte siclos al día. Un siclo pesa cuatro décimas de una onza, o alrededor de unos 15 gramos. Su ración diaria de alimento era solamente de ¡unos 300 gramos al día! **11. Agua por medida, la sexta parte de un hin.** Ya que un *hin* es alrededor de 6,2 litros, ¡su ración de agua era de alrededor de un litro diario!

12. Excremento. El pan cocido sobre excrementos humanos sería repulsivo y contaminante (cp. Dt 23:12–14; Lv 5:3; 7:21). **13. Así comerán los hijos de Israel su pan inmundo entre las naciones.** Las naciones extranjeras y sus productos eran considerados todos inmundos (cp. Amos 7:17; Os 9:3, 4).

14. Inmunda. Como miembro de la familia sacerdotal. Ezequiel había observado las leyes alimenticias (cp. Éx 22:30; Lv 7:18, 24; 17:11–16; 19:7; 22:8; Dt 12:16; 14:21). El v. 14 es una de las pocas oraciones registradas en el libro. **15.** Se le permitió a Ezequiel que pusiera en su lugar **estiércol de bueyes,** que es todavía utilizado como combustible por los beduinos y fellahs de Arabia y de Egipto.

16. El sustento del pan. Cp. 12:17–19; 14:13; Lv 26:26. **17. desfallezcan en su iniquidad** (VM). Cp. 24:23; 33:10; Lv 26:39.

d) Símbolo de la destrucción de los habitantes de Jerusalén. 5:1–4.

1. Tómate un cuchillo agudo, tómate una navaja de barbero. *Como la navaja de.* Así lo vierten la Siríaca, Teodocio, Simacus, la Latina Antigua). **Barbero.** El sustantivo es *gallāb,* del acadio *gallābu,* a través del fenicio o de otra lengua o dialecto cananeo. Un *hapax legomenon.* **Hazla pasar sobre tu cabeza y tu barba.** ''La justicia divina es exacta'' (A. B. Davidson).

2. Quemarás a fuego. Una tercera parte del cabello debería ser quemado, simbolizando el desfallecimiento por la peste y el hambre; una segunda tercera parte debería ser cortada por la espada, como sería la suerte de muchos de sus habitantes; y una tercera parte sería esparcida a los vientos, una figura de los exiliados dispersados (cp. v. 12). **3. Unos pocos en número...a la falda;** esto es, sobre su túnica. Una referencia al remanente piadoso. Para otras alusiones al remanente en Ezequiel, ver 6:8–10; 9:8; 11:13. **4. Tomarás otra vez de ellos, y los echaras en medio del fuego.** Incluso este pequeño remanente se vería sometido a pruebas adicionales.

e) Explicación de los símbolos. 5:5–17.

5. Jerusalén...en medio de las naciones. Esto no es para identificar a Jerusalén con ''el ombligo de la tierra'' de los posteriores escritores apocalípticos, rabínicos, y cristianos (cp. Eth Enoch 26:1, 2; El Libro de los Jubileos 8:12, 19). Israel, cierto es, estaba situada en medio de las rutas comerciales que conectaban Africa con Asia y con Europa; pero más especialmente era el centro de la elección y del cuidado providencial de Dios (cp. Éx 19:5, 6; Dt 7:6–8; 14:2; 26:19). **6. Y ella se ha rebelado...haciendo más maldad** (VM). Esta versión del TM es preferible a la de las versiones *y ella cambió* que recoge la RV (Teodocio, Simacus, Samaritano, Targum). La raíz es *mârâ*. En cuanto a lo horrendo del pecado de Israel, ver 16:47, 48; Jer 2:10, 11; 18:13. **7. Por cuanto habéis sido más turbulentos.** Böttcher enmienda la palabra *hâmonkem* del TM (raíz hāmâ, ''rugir, ser turbulento'') a *hamrôtkem* (raíz *mārâ*, como en el v. 6), ''debido a vuestra exhibición de rebelión''. **No habéis andado en mis mandamientos.** Apoyado por la LXX, la Latina Antigua y la Siríaca. **Habéis andado.** El ''ni aun'' del TM queda omitido en alrededor de treinta manuscritos hebreos y en la Siríaca. **8. Ante los ojos de las naciones.** Dios vindicará su santidad delante de todo el mundo (cp. 20:9, 14, 22, 41; 22:16; 28:25; 38:23; 39:27). **9. Lo que nunca hice.** Unos castigos sin paralelo sobre Israel de parte del Señor (cp. Lm 1:12; 2:20; 4:6). **10. Los padres comerán a los hijos.** Canibalismo (cp. 2 R 6:24–29; Lv 26:29; Dt 28:53; Lm 4:10). **11. Por haber profanado mi santuario.** Ver cap. 8 para los detalles. **Te cortaré** (*'egda'*). Esta traducción de la RSV sigue a diez manuscritos hebreos, así como a Simacus, el Targum, la Vulgata, y el Texto Masorético. **12. Una tercera parte...morirá.** Estos juicios son mencionados en el v. 2 (cp. Jer 14:12). **13. Tomaré satisfacción.** Una fuerte antropopatía. ''Tomaré satisfacción'' ejecutando venganza (cp. Is 1:24). **En mi celo.** El ''celo'' de Dios le incita a castigar la displicente deslealtad de su pueblo (16:38, 42) y a restaurarles, a fin de que los paganos no pongan Su poder en tela de juicio (36:5, 6; 38:19; 39:25–29). La solemne aseveración, ''yo Jehová he hablado'' aparece en los vv. 13, 15, 17, 17:21, 24; 21:17, 32; 23:34; 24:14; 26:14; 30:12; 34:24; 36:36; 37:14; 39:5; y en otros pasajes en fraseología muy parecida a esta. **15. Y serás oprobio.** Esta es la lectura que dan la LXX, la Siríaca, la Vulgata, y el Targum, que concuerda con el resto del versículo. **16. Cuando suelte yo sobre vosotros.** Esta lectura propuesta difiere solamente por una letra — *bākem* en lugar de *bāhem*— del TM. **17.** ''Los cuatro amargos actos de juicio'', **hambre, y bestias feroces...pestilencia y...**

espada aparecen también en 14:20. Ver también Lv 26:22–26; Dt 32:24, 25; Ap 6:7, 8. Los juicios sobre Israel tienen significado para el mundo (Ez 5:5–8), para Israel (5:13–17), y para los supervivientes (6:8–10).

2) Oráculo en contra de los montes de Israel, asientos de idolatrías. 6:1–14.

En tanto que el profeta denuncia a Jerusalén en los cap. 4 — 5, en este capítulo denuncia a la nación.

a) La suerte de los lugares altos. 6:1–7.

2. Los montes de Israel. Formaban la principal característica topográfica de la tierra de Israel. La frase es peculiar de Ezequiel. Ver también 6:2, 3; 19:9; 33:28; 34:13, 14; 35:12; 36:1, 4, 8; 37:22; 38:8; 39:2, 4, 17. En 36:1–15, el profeta representa la felicidad de los montes bajo el nuevo reinado. **3. Los montes...los collados...los arroyos...los valles eran** características físicas diferentes de los llanos babilónicos. Eran también el asiento de idolatrías de diferentes tipos (Amós 7:9; Os 4:13; Jer 2:20, 23; 7:31, 32; Is 57:3–12; Zac 12:11; Mal 2:10, 11). El curso de la idolatría había sido reprimido en Israel por caudillos como Samuel, David, Asa y Ezequías. Manasés reintrodujo muchos tipos de adoración pagana. Josías se dedicó a una reforma en gran escala en 622 a.C. (2 R 23:13–20), pero sus sucesores no prosiguieron su trabajo. **Lugares altos.** Para una descripción del lugar alto, ver W. F. Albright, *Archaeology and the Religion of Israel*, pp. 92, 105–107; G. E. Wright, *Biblical Archaeology*, pp. 113, 114.

4. Altares de incienso, y no ''imágenes del sol'', como en algunas versiones, incluyendo la RV y la VM. Ver también Lv 26:30; 2 Cr 14:3; 34:4, 7; Is 17:8; 27:9; Ez 6:4, 6. Pequeños altares de piedra de limolita, con un cuerno en cada esquina, y cuencos de cerámica para quemar incienso, han sido descubiertos en Meguido. Un espécimen hallado en la ruínas de Palmira en Siria ha establecido la identidad del *hammān* (cp. Albright, *op. cit.*, pp. 144–147, 215; Wright, *op, cit.*, pp. 113, 114). **Vuestros ídolos.** La palabra hebrea *gillûlîm* aparece en treinta y nueve ocasiones en Ezequiel y solamente en nueve ocasiones en el resto del AT. La raíz significa *rodar*, pero la derivación específica de este nombre despreciativo es oscura.

5. Vuestros huesos esparciré. Este era un método de contaminar altares (cp. 2 R 23:16). **6. Para que sean asolados...vuestros altares.** Esta traducción sigue a la lectura *weyēshammû* de Simacus, la Siríaca, el Targum, y la Vulgata, en lugar de *weyē'shemû*, ''y serán hechos culpables'', del TM. **7. Y sabréis que**

soy Jehová. Esta afirmación, con sus variantes, es la frase más característica de Ezequiel, apareciendo más de sesenta veces en el libro. Jehová es identificado con el verdadero Dios, la única deidad.

b) Un remanente preservado. 6:8–10.
8. Dejaré un resto. "Atempera el juicio con la gracia" (Flack; cp. sobre 5:3). **9. Cuando haya yo quebrantado su corazón infiel** (VM). Esta es la lectura *shābartî* (así lo hacen Aquila, Simacus, Teodocio, el Targum, y la Vulgata) en lugar de la que de el TM, *nishbartî*, "yo me quebranté" (como la RV). Literalmente, el corazón de ellos que ha estado cometiendo adulterio. Comparar las alegorías en Ezequiel 16 y 23. **Humillado sus ojos infieles** (VM). Se precisa de un verbo así para expandir el duro literalismo que se traduce de *zeugma*, "roto su corazón y ojos". **10. En vano.** En hebreo, *hinnām* (un *hap. leg.*; cp. la palabra asiria *annáma*, "en vano"), un sustantivo que se utiliza como un adverbio, de *ḥēn*; así, "de balde, por nada, en vano".

c) Asolamiento total. 6:11–14.
Las repeticiones en este párrafo son características de Ezequiel, y enfatizan su función como atalaya, o centinela.
11. El profeta tenía que exultar ante el castigo de las abominaciones de Israel (cp. 21:14, 17; 22:13; 25:6) y exclamar, ¡Ay!, o ¡Ajá! (Cp. 25:3; 26:2; 36:2). **12. Lejos...cerca.** El juicio caería no solamente sobre Palestina, sino sobre los judíos idólatras, fuera donde fuera que se hallaran. **Y sea asediado,** o mejor, *preservado* (lit., *vigilado*; cp. Is 26:3). Los supervivientes morirán de hambre.
13. Debajo de todo árbol frondoso y debajo de toda encina espesa. Literalmente, *bajo todo árbol frondoso y...terebinto lleno de hojas.* El terebinto (*'ēlâ*) es un árbol de hoja caduca con hojas pinadas y con bayas rojas (*Pistacia terebinthus*), que a menudo llega a una altura de 12 metros (40 pies), y que posee unas ramas que se extienden muy alrededor. Da un tipo de trementina. El versículo se refiere a la adoración de la diosa de la fertilidad (cp. Os 4:13). **Incienso.** En hebreo, *olor de aplacamiento,* esto es, un olor tranquilizante de los sacrificios que ascienden (Gn 8:21; Éx 29:18, 25, 41; Lv 1:9). Utilizado con referencia a los ídolos, aquí y en 16:19; 20:28.
14. Tornaré la tierra desolada y solitaria desde el desierto a Ribla (así las variantes en la Biblia Masorética de Ginsberg y en el Códice Petropolitanus del 916 d.C.); esto es, desde el límite más meridional hasta el límite septentrional ideal (cp. Nm 34:11, 12). El TM y la LXX leen *desde el desierto de Diblat*. No

existe conocimiento de tal lugar, ni tampoco las ciudades moabitas mencionadas en Nm 33:45; Jer 48:22 serían localidades lógicas en este contexto. El nombre de la ciudad se halla en acusativo (o *he directivo*). Michaelis, señalando la fácil confusión entre la *d* y la *r* tanto en los caracteres arcaicos como en los cuadrados, propuso *Ribla*, una ciudad a ochenta kilómetros (50 millas) al sur de Hamat, sobre el río Orontes (ver también 2 R 23:33; 25:20, 21; Ez 48:1).

3) Endecha sobre la caída de Judá. 7:1–27.
Ezequiel 7 es la culminación de los cap. 4 — 6. Parcialmente lírico, parcialmente homilético, declara que ha llegado el tiempo del castigo definitivo de Israel. Cuatro cortos oráculos de juicio abren el capítulo (vv. 1–18) con el tema recurrente: "el fin viene" (vv. 2–4), "he aquí que viene un mal" (vv. 5–9), "he aquí el día" (vv. 10–11), y "el tiempo ha venido" (vv. 12, 13). Las escenas finales de la desolación del estado (vv. 14–27) representan la inutilidad de defenderse (vv. 14–18), la riqueza de la ciudad siendo el despojo del invasor (vv. 19–22), y la caída del entorpecimiento sobre todas las clases del pueblo (vv. 20–22), y el enemigo (v. 24) son todos mencionados de una forma enigmática. El capítulo abunda en repeticiones, y el hebreo presenta muchos problemas textuales.

a) Cuatro oráculos de juicio. 7:1–13.
2. El fin viene sobre los cuatro extremos de la tierra. Estas profecía se halla limitada a Israel (vv. 1, 3, 7. Cp. Amós 8:2; Jer 19:22). **3. Enviaré sobre ti mi furor.** Cp. Job 20:23; Sal 78:49. **Y te juzgaré.** Lit., *Y te daré* (o *pondré) sobre todas tus abominaciones* (cp. vv. 4, 8, 9; 23:49). Llevar la culpa era parte del castigo. **4. Mi ojo no te perdonará.** Cp. 5:11; 7:9; 8:18; 9:10. En tanto que el lenguaje de los vv. 5–9 se aplica a la caída de Judá, tiene parecido a pasajes escatológicos, p.ej., 30:3; Joel 1:15; Mal 4:1; Dn 12:1.
5. Un mal, he aquí que viene un mal. *Desastre tras desastre, mal tras mal.* Esta traducción, hallada en treinta manuscritos hebreos y en el Targum, se deriva de leer *'ahar,* "después, en lugar de *'ahat,* "uno", del TM (lit., *un mal, un mal ha venido*). Cp. v. 26. **6. El fin...se ha despertado.** Un ejemplo de paronomasia, o de juego de palabras: *haqqēṣ hēqqîṣ.* Unas paronomasias similares aparecen en Amós 8:2 en "fruta de verano" y "fin", *qāyiṣ,* y *qēṣ* y Jer 1:11 con "almendra" y "apresurar", *shāqēd* y *shōkēd.*
7. El juicio (RV, *la mañana*). Esta traducción de *sepîrâ* asume una raíz parecida a la palabra acadia afin *sapāru,* "destruir", en

lugar del significado "diadema" de Isaías 28:5, o *mañana* de la RV basado en el arameo *saphrâ*, "amanecer". **Cercano está el día.** Cp. v. 10. En la forma de pensar popular, "el día" significaba la victoria de Israel sobre sus enemigos (cp. Is 9:3; Os 2:2; Ez 30:9), pero los profetas subrayaron su aspecto de juicio sobre Israel (Amós 5:18; Is 2:12ss.; 13:9; Jer 30:7; Ez 7:19; 13:5; 36:33; Mal 4:1). Un desarrollo posterior asignó al "Día de Jehová" el derrumbamiento del paganismo (Jer 46:10; Ez 30:2ss.; 38:10, 14; 39:8, 11, 13; Zac 14:3) y la introducción del nuevo orden, el gobierno de Dios (Ez 39:22; Mal 4:2). **Día de tumulto, y no de alegría, sobre los montes.** *Ruído de batalla y no un* (gozoso) *clamor de los montes* (lit.). El TM es oscuro.

Los vv. **8, 9** son virtualmente una repetición de 3, 4. **10. El día...viene.** Cp. 7. **Ha florecido la injusticia** (RSV). El Texto Masorético tiene *matteh*, "vara". Sustituyendo otros signos de vocalización, se consigue *mutteh*, "perversión de la justicia" (cp. 9:9). Esto forma un paralelo con **ha reverdecido la soberbia.** Estas son con la mayor de las probabilidades unas referencias a los gobernantes en Jerusalén. **11. Ninguno...de ellos...entre ellos.** El texto hebreo es aquí incierto. La versión que nos da la RV es tan buena como cualquiera otra de las que se nos ha ofrecido. (Ver T. H. Gaster, "Ezekiel and the Mysteries," JBL, 60 [1941], 299.)

12, 13. La propiedad es de poco valor tanto para **el que compra** como para **el que vende** cuando el exilio les amenaza (Is 24:2). **13. Porque la ira está contra toda su multitud...** (RVA). Leyendo *hārôn*, "ira" (cp. v. 12b), en lugar de *hāzôn*, "visión", del TM. La última mitad del versículo lee literalmente, *y un hombre —en su iniquidad (es) su vida— no se fortalecerán a sí mismos.*

b) Escenas finales de la desolación del estado. 7:14–27. **14. Prepararán todas las cosas.** Una forma anómala del infinitivo absoluto utilizado como continuación del precedente verbo finito (cp. Is 5:5. Gesenius–Kautzsch, *op. cit.*, 72z, 113zN). **Porque mi ira.** Cp. vv. 12, 13. **15. Espada...pestilencia...hambre.** Cp. 5:2, 12; 6:12; 33:27; Jer 14:18; Lm 1:20. **16. Como palomas...gimiendo.** Lit., *murmurando* o *gruñendo* (cp. Is 38:14; 59:11). La versión que ofrece la Siríaca, *Todos ellos morirán, cada uno de ellos debido a su propia iniquidad*, parece prematura en vista de los versículos que siguen. **17.** Lo que aquí se representa es una paralización de la fortaleza.

Cp. 21:7; Is 13:7; Jer 6:24. **18. Ceñirán...cilicio...todos sus cabezas estarán rapadas.** Todo esto se utilizaba para lamentar un desastre (27:31; Is 15:2, 3; Jer 48:37) y para lamentar los muertos (Gn 37:34; Jer 16:6; Mi 1:16). A los hebreos se les prohibía tonsurarse por los muertos (Lv 21:5; Dt 14:1; Ez 44:20).

19. Su oro será desechado. Lit., *será impureza*, esto es, la impureza ceremonial de la menstruación (Lv 15:19ss.; Ez 18:6); o de tocar un cadaver (Nm 19:13, 20, 21); y aquí de idolatría (cp. v. 20 y 36:17). Ezequiel "comparte las sospechas acerca del dinero que hallamos en el N.T." (Lofthouse, *op. cit.*, p. 92). **Ni su plata ni su oro...saciarán su alma.** Cp. Lm 1:11; 2:11, 12, 19, 20; 4:4, 8–10; 2 R 6:25. Fue el tropiezo que provocó la ruína de ellos (cp. 14:3; 18:30; 44:12).

20. La gloria de su ornamento. Mejor, *su bello ornamento* (así la Siríaca, Simacus, y el TM). **Hicieron de ello las imágenes de sus abominables ídolos.** esto es, de plata y de oro. Cp. 16:16, 17; Os 2:8; 8:4. **21. En mano de extraños la entregué para ser saqueada...los impíos.** Una referencia a los caldeos (cp. v. 24; 11:9; 28:10; 30:12; 31:12). **La profanarán,** esto es, al oro de los ídolos, poniéndolo a un uso común. **22. Mi lugar secreto.** La raíz significa *esconder, atesorar.* Connota tanto "secreto" como "de gran precio". Se trata probablemente de una alusión al Templo (cp. 24:21, 25; Lm 2:1). **Invasores** (RV) o *ladrones* (VM). Los saqueadores caldeos.

23. Y hará una desolación (RSV). La LXX adjunta esta frase al final del v. 22, leyendo: "Y provocarán confusión". La traducción procedente del TM, *Haz una cadena* (RV), refiriéndose a una cadena para los cautivos, tiene poco sentido. **24. Los más perversos de las naciones.** Los caldeos (ver también v. 21; 28:7; 30:11; Jer 6:23; Hab 1:6, 7, 13). **Soberbia de los poderosos.** *La soberbia de su poder* (según un manuscrito hebreo, la LXX, la Latina Antigua de Dold, la Arábiga, y la frase usual de Ezequiel; cp. 24:21; 30:6, 18; 33:28). El TM vierte como RV. **Sus santuarios serán profanados.** Una referencia a los santuarios locales. Los signos de vocalización para **santuarios** presentan una forma participial, "los que los santifican", que puede ser fácilmente corregida.

25. Destrucción viene. Lit., *estremecimiento viene.* **26. Quebrantamiento vendrá sobre quebrantamiento.** La palabra hebrea *hōwâ*, "desastre, quebrantamiento, ruína" es diferente de la palabra en el v. 5, *rā'â*, "mal" (cp. Jer 4:20). El **profeta** con sus oráculos de parte del Señor, el **sacerdote** con la instrucción de la Ley, y los **ancianos** con sus consejos acerca de la administración civil quedaron todos igualmente enmudecidos (cp. Jer 18:18; Lm 2:9). **27. El rey...príncipe...** y **pueblo** se encontraban también impotentes. Ezequiel se refiere a Joaquín (17:12), a reyes pasados (43:7, 9), y al futuro gobernante (37:22, 24) como **rey**, pero no utiliza el título con respecto al reinante Sedequías (12:12; 21:25). **Príncipe** es la designación del cabeza de la nueva comunidad (45:7, 8, 16, 17, 22; 46:2ss., 16ss.; 48:21, 22), de la cual solamente Jehová es rey. Se utiliza de miembros de la clase gobernante en 21:12; 22:6. **El pueblo de la tierra.** Se refiere aquí a la población en general de Israel ('*am hā'āreṣ*; 12:19; 33:2; 39:13; 46:3, 9). En los tiempos post-exílicos el término se utilizaba con desprecio acerca de los no-hebreos en Palestina (Esd 4:4; 10:2, 11; Neh 10:31). En la Misná significa el vulgo, los que no conocían la Ley (cp. *Aboth* ii, 5; Jn 7:49). **Con los juicios de ellos** es la lectura de la RV siguiendo el TM. Pero según veinte manuscritos hebreos y la Vulgata, es *Y según sus propios juicios* (RVA) o *Y conforme a sus costumbres* (VM).

C. El pecado y la suerte de Jerusalén. 8:1— 11:25.

El profeta es transportado en el Espíritu a Jerusalén, donde en visión contempla y describe cuatro formas de idolatría practicadas en el Templo (cap. 8), la matanza de los idolátricos habitantes por parte de los vengadores divinos (cap. 9), la destrucción de Jerusalén por fuego (cap. 10), y el abandono de la ciudad y del santuario por parte del Señor, juntamente con una predicción de restauración (cap. 11).

1) Visión de las cuatro abominaciones practicadas en el Templo. 8:1–18.

En este capítulo se describe la idolatría y la superstición practicadas en público y en privado por todas las capas sociales. El contraste entre el Dios santo y glorioso y esta baja adoración es algo asombroso.

a) La imagen de los celos. 8:1–6.

1. En el sexto año. Esta visión está fechada catorce meses más tarde que la del llamamiento de Ezequiel (1:1, 2), alrededor de agosto/septiembre del 591 a.C. **Estaba yo sentado en mi casa, y los ancianos de Judá estaban delante de mí.** Los principales representantes de la diáspora, o *gôlâ* son frecuentemente mencionados (cp. 11:25; 14:1; 20:1, 3). **La mano de Jehová el Señor** puso a Ezequiel en estado de trance (cp. 1:3; 11:5). **2. Parecía de hombre,** siguiendo aquí la RV a la LXX, '*îsh* en lugar de '*ēsh*, "fuego",

según el TM, estando además de acuerdo con la descripción en 1:26, 27. **3. El Espíritu...me llevó en visiones de Dios a Jerusalén.** Se nos dice con claridad que esto eran visiones (v. 3; 11:24; ver 3:12), una especie de "sexto sentido", en lugar de levitaciones físicas (cp. 2 R 5:26; 6:8–12; Is 21:6–10). Contrástese con Bel y el Dragón, vv. 33–39, donde el ángel de Dios transporta a Habacuc corporalmente desde Judá a Babilonia, llevándolo asido del cabello de su cabeza.

A la entrada de la puerta de adentro, o *del atrio interior.* El atrio interior era el atrio del Templo propio (v. 16; 10:3; 1 R 6:36; 7:12). El atrio medio, a un nivel inferior, contenía el palacio (1 R 7:8; 2 R 20:4). A un nivel aún inferior se hallaba el gran atrio, o atrio exterior, que rodeaba todo el complejo del palacio (Ez 10:5; 1 R 7:12. Ver descripción y plano, W. S. Caldecott, "Temple, ISBE, V, 2932 f). En templos antiguos, la entrada era un edificio cubierto por el que se entraba mediante un portal y puerta (vv. 3, 5, 7). **La habitación de la imagen del celo,** no que la imagen representara al "celo" mismo, sino (aquello) "que provoca a celos" (cp. 5:13; 16:38; 42; 36:6; 38:19; Dt 32:21). Puede haberse tratado de una imagen de Asera, la diosa madre de los cananeos, puesta por Manasés (2 R 21:7), y posteriormente destruida por Josías (2 R 23:6). Albright mantiene que la *imagen* o losa con la figura (Heb., *sēmel*; utilizada solamente aquí y en Ez 8:5; Dt 4:16; 2 Cr 33:7, 15), similar a las halladas en Siria, Asia Menor, y Mesopotamia, estaba situada en un nicho en la pared (ver *Arch. and Relig. of Israel*, pp. 165, 166, 221). ¿Se debe acaso a que el nicho estaba vacío que las mujeres llorasen por Tamuz (v. 14)? **4. La gloria del Dios de Israel.** Ver sobre 1:28. **5. Al norte, junto a la puerta del altar, aquella imagen de celo** (estaba) en la entrada. La puerta del norte era la más utilizada, porque los edificios del palacio se hallaban al sur y al este. **6. Las abominaciones...de Israel** estaban haciendo que Jehová se retirara de su **santuario** (cp. 11:1, 22, 23). **Verás abominaciones mayores.** Ver vv. 13, 15.

b) La idolatría secreta de los ancianos. 8:7–13.

7. La entrada del atrio es aparentemente la entrada exterior a el portalón que conduce el atrio interior (cp. v. 3). **8, 9.** Vio un agujero en la pared, y se le ordenó que cavara a través de la pared, y allí vio una puerta, mandándosele entrar por ella. **10. Pintados** (lit., *tallados, grabados*; cp. 23:14) **en la pared por todo alrededor** se hallaban "toda forma" de **reptiles**. Albright (*op. cit.,,* p. 166) ve aquí un culto sincretístico de origen egipcio, en tanto que otros ven una influencia babilónica, o una sugerencia del antiguo culto cananeo. **Idolos**. La misma palabra que al final de 6:4. **11. Setenta varones.** Probablemente un número redondo de prominentes hombres del exilio (cp. Ez 24:1; Nm 11:16, 24, 25). **Jaazanías**. Evidentemente, se trata de un hombre bien conocido. Si este hombre era hijo del **Safán** que había apoyado la reforma de Josías (2 R 22:3-10; Jer 26:24; 29:3; 36:10-12; 39:14), había corrompido sumamente la fe de su familia. **Nube** u *olor*. La palabra hebrea *'āthār* es un *hapax legomenon* y su significado se deduce del contexto y de las versiones. **12. En tinieblas**; esto es, secretamente. **Cada uno en sus cámaras pintadas.** Cámara recibe el apoyo de la LXX, de la Siríaca, del Targum, y de la Vulgata. La versión de la LXX es un "su cámara secreta", y también de la Siríaca y de la Vulgata. Lo que vierte el Targum parece ser *En la cámara de su morada*, esto es, "en el Templo". Quizá todo lo que se significique sea "en su imaginación".

Se dan dos razones para estas prácticas: **No nos ve Jehová; Jehová ha abandonado la tierra.** Cp. 9:9; Sal 94:7.

c) Las mujeres llorando a Tamuz. 8:14, 15. **14. Tamuz**. Este dios puede seguirse hasta el Damuzi sumerio, el dios del océano subterráneo, una deidad pastoril, cuya hermana-consorte, Inanna-Ishtar, descendió al mundo inferior para volverlo a la vida. En su adoración existen similaridades con la del Osiris egipcio, el Baal cananeo, y el Adonis sirio. Gebla o Biblos, a unos 34 kilómetros (21 millas) al norte de Beirut, era el gran centro de adoración de Adonis. La muerte cada noche del dios, la muerte del dios antes de la llegada del invierno, o la muerte del dios vernal con el seco verano, son variaciones del tema de la muerte y de la resurrección. La endecha por el dios iba seguida de una celebración de la resurrección. Los sacrificios humanos, la castración, la virginidad, y la unión sexual formaban parte de los ritos del culto en una u otra época (ver S. Langdon, *Mythology of All Races: Semitic*, pp. 336-351, y más adelante). Aquí, se presenta a mujeres judías dedicadas a los tristes ritos del mito de la vegetación involucrando la adoración de Tamuz. Puede que haya alusiones a Tamuz en Dn 11:37 y Zac 12:11.

d) Adoradores del sol en el atrio interior. 8:16-18. **16**. Dentro **del atrio de adentro de la casa de Jehová**, cerca de la **entrada del templo**

...**entre la entrada** en el extremo oriental del Templo (1 R 6:3) y el **altar** del holocausto (1 R 8:64) estaban **como veinticinco varones**. Su posición aquí sugiere que eran sacerdotes (cp. Jl 2:17), los veinticuatro líderes de los cursos del sacerdocio (1 Cr 24:5ss.) y el sumo sacerdote (Keil). Estos hombres reciben el nombre de "ancianos de los sacerdotes" (Jer 19:1), o "sacerdotes principales" (RSV). Al adorar al sol **hacia el oriente**, es evidente que estarían de espaldas al Templo. Para referencias a la adoración al sol, ver Dt 4:19; 2 Cr 14:5; 2 R 23:5; Jer 44:17 (?); Job 31:26.

17. Han llenado de maldad la tierra. La palabra maldad puede referirse tanto a pecados cometidos contra el prójimo como contra Jehová (7:23; 12:19;22:26; cp. 11:1-13). **Aplican el ramo a sus narices.** El significado es incierto. Algunos han hallado aquí una referencia a la utilización zoroástrica de manojos de varas de mirto, o la rama sagrada *barsom* sostenida por los parsis durante sus oraciones, o incluso a símbolos fálicos. **18. También yo procederé con furor.** Cp. 5:11; 7:4, 9; 9:5, 10.

2) Visión de los habitantes muertos por los vengadores divinos. 9:1–11.

1. Acérquense los que están encargados del castigo de la ciudad (VM). El hombre abstracto hebreo que significa "visitación" tiene que tomarse en un sentido concreto en el plural: "vigilantes, oficiales, ejecutores" (p.ej., 44:11; 2 R 11:18; Jer 52:11). **Cada uno trae en su mano su instrumento para destruir**...Mejor, *con sus armas de destrucción en su mano.*

2. Y he aquí...seis varones. Agentes sobrenaturales en forma humana. **La puerta de arriba que mira hacia el norte.** Esta puerta es mencionada en 8:14 y quizás en 8:3, 5, 7. Cp. 2 R 15:35; Jer 20:2, 10; 36:10. **Cada uno traía en su mano su instrumento para destruir. Y había entre ellos un varón vestido de lino.** Las vestimentas blancas sugieren su santidad divina y su eminencia (cp. Dn 10:5; 12:6, 7; Ap 15:6). **Un tintero de escribano.** Esta palabra aparece solamente aquí y en los vv. 3, 5, 11. La palabra parece haber sido tomada prestada del egipcio. Esta era una caja para plumas de caña, con un tintero incluido, y que era llevada en el cinto (cp. J. P. Hyatt, "The Writing of an Old Testament Book", BA, VI [1943], pp. 78, 79). La aparición de siete ángeles es común: Ver Ap 8:2, 6; 15:6; Enoc 20:1-8; 81:5; 87:2; 90:21, 22. Explicar el número de ellos como el equivalente a los dioses de los siete planetas (incluyendo al sol y a la luna) es solamente hacer una conjetura. **Se pararon junto al altar de bronce.** Este había sido puesto por Salomón (1 R 8:64; 2 Cr 4:1), y fue más tarde reemplazado por el altar de piedra de Acaz (2 R 16:14).

3. La gloria del Dios de Israel se elevó de encima del querubín. Algunos dicen: *de los querubines en el lugar santísimo del Templo.* El texto implica que Jehová fue al umbral (9:3), en tanto que los querubim y el trono vacante esperaban (10:3) hasta que el Señor volvera a subir sobre ellos y partiera (10:18).

4, 5. El Señor ordenó que el hombre con el tintero que pusiera **una señal en las frentes** de aquellos que lloraran sobre el pecado de la ciudad, en tanto que el resto debían ser muertos indiscriminadamente por los seis ejecutores. Aquí, la palabra **señal** es *taw* (en castellano, la ''t''), la última letra del alfabeto hebreo, escrita en la forma arcaica en forma de cruz. Comparar con la ''señal'' dada para proteger a Caín (Gn 4:15); la sangre sobre el dintel y en los postes de las puertas en la noche de la primera Pascua (Éx 12:23); y el sellado de los santos de Dios (Ap 7:3–8; 9:4; 14:1; 22:4). Orígenes y Jerónimo hallaron un significado místico en la marca.

6. La matanza debía diezmar a todas las clases, incluyendo a los **niños** (contrastar Jon 4:11), pero **sobre el que hubiere señal** no deberían acercarse. Ezequiel acentúa a menudo la doctrina de la responsabilidad personal por el pecado (cp. 3:19; 14; 18; 33). Como Elías, había aprendido que no estaba sólo en su fidelidad a Dios (1 R 19:18). **Comenzaréis por mi santuario.** Allí donde se había estado efectuando la idolatría más crasa. Ni Ezequiel ni Jeremías aceptaban la inviolabilidad del Templo (cp. Jer 7:4ss.; 1 P 4:17). **7. Contaminad la casa.** El Templo fue profanado con los muertos. Compara lo que realmente sucedió, 2 Cr 36:17, 18. Ver también Ap 14:9–11, donde aquellos recibiendo la marca de la bestia (Ap 13:16–18) quedan sujetos a los tormentos divinos.

8. ¿Destruirás a todo el remanente de Israel...? Ezequiel se identificó de tal manera con la ira del Señor en contra del pecado que son raras las ocasiones que hallamos en él expresiones de compasión. Ver, sin embargo, 11:13; 24:15ss. Comparar las intercesiones de Abraham (Gn 18:23–32), Amós (Amós 7:1–6), Jeremías (Jer 14; 15).

9. La culpa de la tierra recaía en sus derramamientos de sangre y en la perversión de la justicia (cap. 22). El pueblo creía que podían pecar impunemente, afirmando: **Ha abandonado Jehová la tierra, y Jehová no ve.** Todos los profetas recordaban a Israel que un Dios justo quiere un pueblo justo, y que la calamidad nacional es el precio del pecado nacional.

10. Mi ojo no perdonará. Ver también 5:11; 7:4, 9; 8:18; 9:5; Is 5:25ss.; Amós 1:3, 6ss.

11. El varón vestido de lino. El ángel escriba anunció que había llevado a cabo su tarea, y el ominoso silencio con respecto a los seis ejecutores implica que ellos habían llevado a cabo la suya.

3) Visión de Jerusalén destruida por el fuego. 10:1–22.

La parte narrativa del capítulo comprende los vv. 2–4, 6, 7, 18, 19, y queda completada por 11:22–25. El resto del capítulo contiene descripciones del carro-trono muy similares a las del capítulo 1. El ángel registrador recibe fuego de los querubim con el que incendiar la ciudad, y la gloria del Señor se aleja a la puerta oriental exterior del atrio de afuera.

1. Miré. Cp. 1:26. El trono estaba vacío (cp. 9:3), y el carro esperaba el retorno del Señor (10:3, 18). **2.** El señor se dirigió **al varón vestido de lino,** que en este capítulo viene a ser el agente de destrucción. **Entra en medio de las ruedas.** En hebreo *galgal*, ''un torbellino'', se utiliza de carruajes (23:24; 26:10); de ruedas (Is 5:28; Jer 47:3); y de torbellinos (Sal 77:18; 83:13). Aquí la palabra es singular y colectiva, describiendo todo el sistema de ruedas. **Debajo de los querubines.** La LXX, la Siríaca, y la Vulgata tienen el plural *querubim* en lugar del singular *querube* del TM, pero el singular se puede utilizar en un sentido colectivo, como sucede con ''ser viviente'' en los vv. 15, 17, 20. **Carbones encendidos...espárcelos sobre la ciudad.** Dios se proponía la destrucción de la ciudad. Compárese con el suceso registrado en 2 R 25:9. También Sodoma y Gomorra fueron destruídas por Dios (Gn 19:24).

3. Los querubines estaban a la mano derecha de la casa (se refiere al sur. ''Casa'' = *Templo*). **La casa fue llena de la nube, y el atrio se llenó del resplandor de la gloria de Jehová,** como prenda de la Divina Presencia (cp. v. 4; Éx 33:9, 10; 1 R 8:10, 11; Is 6:1). **4. La gloria de Jehová se elevó.** La primera mitad del versículo es una repetición del acto descrito en 9:3. **5. El estruendo de las alas de los querubines.** Cp. 1:24. **6. Se paró entre las ruedas.** Cp. v. 2; y 1:13. **7. Un querubín** al lado del cual se había acercado el escriba le dio fuego. El relato se calla acerca de su esparcimiento por la ciudad, pero esto se asume.

En los vv. 8–17 tenemos una renovada descripción del carro del trono, pareciéndose mucho a la del cap. 1, pero con la característica añadida de que los seres vivientes quedan definitivamente identificados como querubim.

8. Una mano de hombre. Cp. 1:8. **9, 10. Las ruedas.** Cp. 1:16. **11. No se volvían.** Cp.

1:9, 17. **Al lugar donde se movía la primera.** Lit., *allí adonde se movía la cabeza*, esto es, el frente del carro. **12. Y sus bordes...estaban llenos de ojos** (RSV). El TM, que es el que aquí sigue la RV, dice: *Y todo su cuerpo, sus espaldas, sus manos, sus alas y las ruedas estaban llenos de ojos alrededor*, lo que parece confundir los querubim y las ruedas. Espaldas puede traducirse como *bordes* (cp. 1:18), y manos como *radios*, con lo que se confina la referencia a las ruedas.

13. Este versículo está decididamente fuera de lugar y su lugar más apropiado es a continuación del v. 6.

14. Y cada uno tenía cuatro caras. Cp. 1:10, donde cada querube tiene cuatro caras. En este versículo, lo que puede significarse es que el profeta, de pie al norte del carro y mirando hacia él, vio la cara de cada querube que estaba dirigida hacia él en lugar de todas las caras de todos los querubim. Así, al frente del carro directamente en línea con su mirada se hallaba el **buey** (en lugar de *querubín*), en tanto que al norte estaba el **hombre**, detrás del carro el **león**, y al sur, la cara interior visible, estaba el **águila. 15.** Cp. vv. 19, 20, 22. **Ser viviente** es un nombre utilizado aquí y en los vv. 17, 20 en forma colectiva.

16. Cp. 1:19. **Las ruedas tampoco se apartaban de ellos** sugiere que las ruedas no se separaban del lado de los querubim. La preposición *min*, ''desde'', pierde a menudo su significado en otro idioma, y es mejor dejarla sin traducir, llevando así esta frase en línea con 10:11; 1:9, 12, 17 (cp. BDB, p. 581, bajo *min*, 4c). **17. Cuando se paraban ellos, se paraban ellas.** Cp. 1:21.

18. La gloria de Jehová se elevó por encima del umbral...(cp. 9:3), **y se puso sobre los querubines**, preparándose para partir. **19.** El carro del trono se desplazó a **la puerta oriental**, evidentemente en el atrio exterior, se detuvo brevemente sobre el monte de los Olivos, ''al lado oriental de la ciudad'' (11:23), y se fue definitivamente. Más tarde, en una visión profética, Ezequiel vio la gloria volver por la misma puerta oriental (43:1–4).

20. Los mismos seres vivientes...eran querubines, ya identificados en el v. 15. **21, 22. Cuatro caras.** Cp. 1:6, 8, 9, 12*a*.

La etimología de *querube, querubim* sigue siendo dudosa, aunque el acadio *karâbu*, ''tener gracia, bendecir'', y *karubu*, ''intercesor'', puedan ser formas relacionadas. Son figuras emblemáticas, compuestas que representan la naturaleza humana espiritualizada, santificada, y exaltada para ser la morada de Dios. Funcionan en varias maneras: (a) guar-

dan el árbol de la vida (Gn 3:24), y el arca en el Templo de Salomón (1 R 6:23–28; 8:7); (b) se dedican a la adoración de Dios en relación con el propiciatorio en el Tabernáculo (Éx 25:18–20; 37:7–9); (c) sostienen el trono de Dios (1 S 4:2; 2 S 6:2; 2 R 19:15; Sal 80:1; 99:1); y (d) personificados como el viento y la nube, forman el carro de la Deidad (2 S 22:11; Sal 104:3; 1 Cr 28:18). Estos varios conceptos se hallan presentes en Ezequiel, especialmente sus funciones como portadores del trono de Jehová. En el libro del Apocalipsis se dedican a una adoración perpétua (4:6ss.; 5:6ss.; 6:1ss.; 7:11). Cuando la humanidad redimida ha entrado en el cielo, estas figuras tipificadoras de la humanidad, habiendo servido su propósito, desaparecen. (Ver G. A. Cook, ICC, pp. 113, 114, y una exhaustiva consideración de ''cherubim'' en P. Fairbairn, *The Typology of Scripture*, I, pp. 215–239).

4) Visión de la condición interna de la ciudad y de la partida de Jehová de ella. 11:1–25.

En los caps. 8 — 10, el profeta denuncia el sincretismo en religión. En este capítulo denuncia la falsa confianza de los líderes de Jerusalén que creían que la ciudad estaba segura y que sus habitantes eran moralmente superiores a los exiliados que habían sido deportados a Babilonia en 597 (vv. 1–13). Entonces proclama un mensaje de esperanza para los exiliados, afirmando que Dios cambiará el corazón de piedra de ellos por un corazón de carne (vv. 14–21). La gloria divina se levanta de la ciudad y se desplaza al monte de los Olivos; el profeta es ''devuelto'' a Babilonia; y a continuación relata su visión a los exiliados (vv. 22–25). La narración parece seguir el cap. 8, y parece fuera de lugar después de los eventos descritos en el cap. 10; pero en una visión no es de esperar que haya un orden cronológico.

a) La olla y la carne. 11:1–13.

1. Ezequiel fue llevado a la puerta oriental de afuera, donde vio a **veinticinco hombres** (no los mismos que en 8:16), entre los que se hallaba Jaazanías (no idéntico con el personaje de 8:11) y Pelatías, **principales del pueblo.** Representaban ellos al gobierno civil de Judá.

2. Estos hombres dieron **mal consejo** para perjuicio de la ciudad. El partido antibabilónico aconsejaba que la nación se rebelara contra Nabucodonosor y que formara una alianza con Egipto (cap. 17), en contra del mandato de Dios (Jer 28:16), y en violación del juramento que su gobernante había hecho al monarca caldeo (2 Cr 36:13). Este era el partido de la violencia (7:23; 9:9; 11:6; cap. 22).

3. No será tan pronto; edifiquemos casas. Si se lee como pregunta, "¿No está cerca el tiempo de construir casas?" (lit., *¿no está cerca la construcción de casas?*), tenemos un atisbo de sus consejos que iban en contra de los de los profetas. Entonces sigue un dicho popular diciendo: **Esta ciudad es una olla** que nos protege del fuego: **y nosotros la carne,** valiosa en contraste al inútil jugo echado afuera, como los exiliados en Babilonia. Pero en Jer 24 se hace la valoración exactamente opuesta del remanente en Jerusalén y de los exiliados en Caldea.

5. Vino sobre mí el Espíritu de Jehová. Solamente aquí se utiliza esta expresión en Ezequiel. El profeta fue capacitado para profetizar en tanto que seguía en trance.

6, 7. Ezequiel invierte el significado del proverbio, comparando la **ciudad** a una **olla** ardiendo con los fuegos del juicio, y la **carne** a los muertos caídos por las calles (cp. 7:23; 22:25). **8. La espada.** Los que se hallaban en Jerusalén irían a compartir la suerte de los exiliados. Para la antítesis, ver 35:6. **9. Extraños...juicios.** Cp. 7:21; 5:10. **10, 11. En los límites de Israel os juzgaré;** esto es, lejos de la pretendida protección de la ciudad. El terrible juicio sobre el rey Sedequías y los líderes tuvo lugar en Ribla (ver comentario en 6:14). Cp. Jer 39:5–7; 52:24–27; 2 R 25:18–21. **12. Yo soy Jehová.** Este versículo repite varias de las frases características de Ezequiel. Cp. v. 10; 5:6; 18:9, 17.

13. Mientras yo profetizaba. Ezequiel, capacitado por el Espíritu de Dios para discernir cosas a distancia y en el futuro, vio la muerte de Pelatías, uno de los veinticinco líderes. Ante ello, intercedió por el *remanente de Israel* (cp. 9:8).

b) Esperanza para los exiliados. 11:14–21.

14. Palabra de Jehová. Cp. 6:1; 7:1; 12:1. **15. Tus hermanos, los hombres de tu parentesco.** Siguiendo a la LXX, la Latina Antigua y la Siríaca, *gălutekă* en lugar del TM *ge'ullătekă,* "tu redención, tus parientes próximos". Los exiliados y **toda la casa de Israel,** descendientes de la cautividad de Samaria en 722/721, habían sido tenidos como objetos de desprecio por parte de los habitantes de Jerusalén, que ahora pretendían la posesión de la tierra. **16. Aunque les he arrojado lejos** (cp. 20:23; 28:25; 36:19)...**con todo esto les seré por un pequeño santuario** (lit., *en pequeña medida*). No en el sentido de asilo, sino como Uno mayor que el Templo, que es santificado por Su presencia (cp. Sal 84; 137:4–6; Is 8:12, 13). Incluso **en las tierras adonde lleguen.** Cp. 12:16; 36:20–22.

17. Por tanto...Yo os recogeré. El recogimiento de los exiliados es una frecuente promesa en Ezequiel: 20:34, 41, 42; 28:25; 29:13; 34:13; 36:24; 37:31; 38:8; 39:27; así como en los otros profetas: Jer 23:3; 29:14; 31:8, 9; 32:37; Is 43:5, 6; 54:7; 56:8; Zac 10:8, 9. **Y os daré la tierra de Israel.** Cp. 20:42; 28:25; 34:13; 37:21; 39:28; y en otras partes. El anhelo de estar de vuelta en la tierra de Israel, uniendo motivos patrióticos y religiosos, ha caracterizado al judaísmo a través de los siglos. **18.** Los exiliados retornados eliminarán todas las **abominaciones** de la tierra. La adoración pura es la condición para la renovación de las verdaderas relaciones con el Señor (cp. 14:6; 18:30, 31).

19. Y les daré un corazón. Tres manuscritos hebreos y la Siríaca leen: *un nuevo corazón,* como en 18:31; 36:26. La LXX tiene *otro corazón.* En la Biblia, el **corazón** es considerado como el asiento de las actividades mentales del hombre, su mente, su voluntad. El **espíritu** es considerado como el aliento, el viento, la disposición que anima las acciones. Las dos juntas constituyen el ser interno del hombre, en el que Dios instilará una nueva energía. En lugar del "corazón de piedra", inimpresionable, obstinado, Dios les dará **un corazón de carne** (cp. 36:26, 27; Jer 31:31–33), que será sensible, que responderá al toque de Dios, su don de gracia. **20. Para que...me sean por pueblo, y yo sea a ellos por Dios.** Ver también 14:11; 36:28; 37:23, 27. Cp. Jer 24:7; 30:22; 31:1, 33; 33:28. La comunidad del futuro se hallará compuesta de individuos convertidos.

21. Mas a aquellos cuyo corazón anda tras...abominaciones. Lit., *y a los corazones de sus idolatrías y de sus abominaciones su corazón va.* La lectura más clara se obtiene con ayuda del Targum y de la Vulgata.

c) Partida de la gloria divina. 11:22–25.

La narración en el cap. 10 queda completada con este párrafo.

23. En medio de la ciudad. El Templo se hallaba en el extremo oriental de la ciudad, pero era el foco de la vida de la ciudad. **El monte que está al oriente de la ciudad,** al otro lado del valle del Cedrón, o valle de Josafat, era el monte de los Olivos (cp. 2 S 15:30; Zac 14:4). Desde este monte Jesús lloró sobre la ciudad sentenciada (Lc 19:37–44). Cp. Ez 10:19; 43:1–4.

24. El Espíritu...me volvió a llevar en visión...a la tierra de los caldeos, a los cautivos. Ver sobre 8:3. **25.** El profeta relató a los ancianos que estaban sentados ante él (8:1) **todas las cosas que Jehová me había mostrado.**

D. *Necesidad moral de la cautividad, 12:1—19:14.*

Los anteriores mensajes de Ezequiel predicen la caída de la nación. En esta sección (caps. 12—19), el profeta trata de las objeciones de los hombres que creían que la presente tempestad pasaría, que no veían calamidades frente a ellos, y que mantenían que Dios jamás repudiaría a su pueblo. Mediante acciones simbólicas, alegorías, y parábolas, Ezequiel les demuestra la necesidad moral de la cautividad. Da dos representaciones simbólicas de huída desde la ciudad asediada (12:1–20), disputa con falsos profetas (12:21—14:23), presenta a Israel como viña estéril (cap. 15), y con una detallada alegoría recuerda la dilatada historia de Israel de infidelidad a su divino esposo (cap. 16). Vuelve a la metáfora de la vid para enfatizar la deslealtad de Sedequías (cap. 17), da respuestas a objeciones contra el castigo divino mediante un análisis de la responsabilidad individual (cap. 18), y prorrumpe en una endecha sobre los príncipes de Judá y sobre la misma Judá (cap. 19).

La temática de los cap. 12—24 puede clasificarse bajo tres categorías. I. *La infiel Israel:* la vid inútil (cap. 15); la niña abandonada que vino a ser la esposa infiel (cap. 16); las dos hermanas infieles (cap. 23); una revisión de la historia pasada de Israel (20:1–44). II. *El pecado y su castigo:* la profecía y sus abusos (12:21—14:23); la libertad moral y la responsabilidad personal (cap. 18); el castigo de Jerusalén, demandado por sus pecados (cap. 22). III. *El fin de la monarquía:* dos actos simbólicos (12:1–20); dos águilas y la vid (cap. 17); dos leones y la vid (cap. 19); la espada vengadora de Jehová (20:45—21:32); la alegoría de la olla herrumbrosa (cap. 24).

1) Acciones simbólicas representando el exilio y la invasión. 12:1–20 (cp. caps. 4; 5). **1. Vino a mí palabra de Jehová** ("diciendo"). Esta fórmula aparece seis veces: aquí y en los vv. 8, 17, 21, 26; 13:1. **2.** Los exiliados en Babilonia son **casa rebelde** (2:3, 6–8; 3:26, 27). Tienen **ojos para ver** pero no disciernen el significado moral de los eventos (Dt 29:3, 4; Is 6:9; Jer 5:21; Mr 8:18; Hch 28:27).

3–7. Al profeta se le ordenó que preparara **enseres de marcha** (lit., *hazte vasijas de exilio*), con provisiones tan parcas como las que los exiliados pudieran llevar en líos sobre sus hombros, que tenía que sacar **de día delante de sus ojos.** Entonces tenía que salir **por la tarde a vista de ellos...te abrirás paso por entre la pared**, quizás de su propia casa, **y saldrás por ella** (la lectura de la LXX, Siríaca, Vulgata, y Targum, en preferencia al TM

sacarás), llevando los enseres sobre su hombro **de noche** (o, *en las espesas tinieblas* (vv. 6, 7, 12). Tenía también que cubrir su rostro (lit., *ojos*). Al hacer esto, tenía que ser una **señal** o portento para **la casa de Israel.** Ver también v. 11; 24:24, 27; cp. Is 8:18; 20:3; Zac 3:8.

10. Esta profecía se refiere al príncipe en Jerusalén. Lit., *el príncipe es este oráculo,* o *carga.* Hay aquí un juego de palabras. Ezequiel no se refiere en ningún pasaje a Sedequías como rey. **La casa de Israel que está en medio de ella.** Léase *betôkâh* en lugar del TM *betôkām*, con lo que queda, *que esta en ella.* **11. Yo soy vuestra señal.** Lit., *vuestro protento, símbolo.* Cp. v. 6. **Así se hará con vosotros;** esto es, al pueblo de Jerusalén.

12. Al príncipe [Sedequías]**...llevarán** ("su impedimenta" debiera añadirse aquí como complemento directo). **Por la pared abrirán paso,** según dice el TM, seguido aquí por la RV, lo cual se referiría a la escolta de Sedequías. La LXX y la Siríaca tienen *El cavará a través de la pared.* **Para sacarlo por ella.** De nuevo la RV sigue aquí al texto masorético. La LXX, las Siríaca y el Targum leen *Y saldrá por ella.* **Para no ver con sus ojos la tierra.** La LXX tiene la siguiente lectura en la que combina las variantes del texto: *a fin de no ser visto por nadie, y él mismo no verá la tierra.* El v. 12 se refiere al disfraz de Sedequías, en tanto que el v. 13 se refiere a su cegamiento en Ribla (2 R 25:4–7; Jer 52:8, 11).

13. Mi red...trampa. Ver también 17:20; cp. 19:8, en referencia a Joaquín. **A Babilonia...no la verá.** Sedequías, por quebrantar su juramento de alianza, fue cegado y murió en la cautividad en Babilonia (cp. 17:1–12). **14. A los que estuvieren...para ayudarle...esparciré.** Así la LXX, la Latina Antigua de Dold, la Siríaca, y el Targum. El TM lee *su ayuda,* un nombre abstracto utilizado en un sentido concreto. **A todas sus tropas.** Una palabra tomada del acadio, "alas", después "el ala de un ejército", "hordas"; utilizado también metafóricamente en 17:21; 38;6, 9, 22; 39:4. **Desenvainaré espada.** Cp. 5:2, 10, 12. **15. Y sabrán que yo soy Jehová.** Ver 6:10.

16. Y haré que unos pocos de ellos escapen. Lit., *Dejaré permanecer de ellos hombres de número;* esto es, "pocos hombres en número". Cp. el modismo en Gn 34:30; Dt 4:27; Sal 105:2; Jer 44:28. Ver también Ez 6:8–10. **Para que cuenten...entre las naciones.** La preservación de supervivientes por parte del Señor pondrá en claro ante las naciones que la catástrofe de Su pueblo no fue debida a su impotencia sino a Su justicia. Está concernido con el honor de Su nombre. Ver 14:21–23.

b) Símbolo del asedio. 12:17–20.

18. Con este símbolo de comer **pan con temblor** y de beber **agua con estremecimiento y con ansiedad,** comparar el símbolo expuesto en 4:9–17. El énfasis ahí estaba en la escasez de alimento; aquí está en el terror. La palabra **temblor,** *ra'ash,* se utiliza de un terremoto (3:12; 37:7; Amós 1:1); del sacudimiento hiperbólico de la tierra por las fuerzas en batalla (Is 9:4; Jer 47:3; Job 39:24; 41:21). **19.** El **pueblo de la tierra.** El populacho general, los que se quedaron atrás, en Judea (cp. 7:27). **Su tierra será despojada de su plenitud.** *A fin de que su tierra* (esto es, la de Jerusalén) *pueda quedar asolada de su plenitud* (lit.; cp. construcción similar en 32:15). **Por la maldad** (o *violencia*) **de todos los que en ella moran.** Ver Amós 3:9–11 acerca de la violencia de Israel. **20.** Cp. 35:4.

2) La profecía y sus abusos. 12:21 — 14:23.

En esta colección de oráculos el profeta trata con la actitud popular de desprecio hacia la profecía (12:21–28), citando el dicho común de que la profecía no ya se cumplía más en absoluto (vv. 21–25). A estas acusaciones, Ezequiel responde que las profecías tratan con el presente, y que se cumplirán. Esto lleva a una discusión acerca de los engañadores del pueblo, los falsos profetas y las falsas profetisas (cap.14). Los profetas mentirosos son comparados a las zorras que se encuentran a gusto en medio de las ruínas (vv. 1–9); estos recubren las endebles torres que la gente construye; esto es, aprueban aduladoramente los inútiles proyectos del pueblo (vv. 10–16). Las falsas profetisas, mujeres excercrables que pretendían leer el futuro contra pago y que predecían triúnfo a los malvados, son denunciadas (vv. 17–23). El profeta se vuelve entonces a las maldades de aquellos que preguntaban a Dios pero cuyos corazones se iban tras sus ídolos todo el tiempo (14:1–11). Esto suscita el problema de la responsabilidad general. La presencia de un hombre justo entre un pueblo pecaminoso no salvará a una tierra cuando Dios haga caer su juicio sobre ella (14:12–23).

a) Represión en contra del desprecio sobre la profecía. 12:21–28.

22. ¿**Qué refrán es este...?** La palabra hebrea *māshāl* es aparentemente derivada de un verbo que significa "asemejar, comparar, ser igual"; de ello, significa una "comparación", o "similitud. Bentzen y J. Pedersen la derivan de un verbo que significa "regir"; de ahí, una sentencia pronunciada por los gobernantes con todo el peso de almas poderosas, una palabra con alas, sobreviviendo a lo efí-

mero. Ezequiel cita y refuta frecuentemente los dichos populares (8:12; 11:3; 16:44; 18:2; 20:32). El tiempo va pasando y **desaparecerá toda visión;** esto es, se transforma en agua de borrajas. El fallo de la profecía en cumplirse llegó a constituir un proverbio. Los burladores se tomaban a la ligera las amenazas de juicio. Ver también Jer 5:13, 14; 17:15; 2 P 3:3, 4, 9. **23.** El **cumplimiento** (lit. la *palabra*). Los contenidos iban pronto a cumplirse. Los profetas no imponían de ordinario fechas definidas para el cumplimiento de sus mensajes debido a su caracter moral y contingente (ver sobre v. 27). **24.** Visión vana. Los falsos profetas hablaban en contra de los hombres llamados por Dios, y no había forma externa de distinguir la verdad de la mentira excepto que "aquel que es de la verdad oye mi voz' (Jn 18:37). Los paganos utilizaban **adivinación,** magia, y mediums para conocer la mente de la deidad (21:1; Dt 18:9–12). En la verdadera profecía se descartaban las artes mecánicas, porque Jehová hablaba a la mente del profeta. Una *adivinación* lisonjera o blanda prometían inmunidad a la persecución (cp. 13:10, 16; Jer 23:16, 17; 28:1–17). **25. Yo Jehová hablaré.** Este versículo prosigue el v. 23. Lit., *porque Yo Jehová hablaré aquella palabra que hablaré.*

27, 28. A aquellos que decían, **La visión ...es para de aquí a muchos días...lejanos tiempos,** esto es, no para preocuparse de inmediato, el profeta replicó que las palabras divinas iban a ser puestas en práctica de inmediato. Al pronunciar amenazas, los profetas no fechaban normalmente su cumplimiento, porque tales profecías eran amenazas morales, contingentes, que podían evitarse mediante el arrepentimiento y cambio de comportamiento (ver Jonás; Jer 18; 26:17–19; Joel 2:14, 18).

b) Falsos profetas. 13:1–16.

El término *falsos profetas* no se utiliza en el AT, pero la perspectiva histórica está en lo cierto al designarlos así. Había dos clases de falsos profetas: los que eran representantes de otro objeto de culto que el verdadero Dios, p. ej., Baal, Moloc (cp. el reto de Elías a los profetas de Baal, 1 R 18:19ss.); y aquellos que falsamente pretendían hablar en nombre de Jehová (cp. la oposición de Micaías a los profetas de Acab, 1 R 22:5–28). Las denuncias más intensas de estos engañadores son las pronunciadas por Jeremías, que se oponía a ellos sobre bases morales, personales, y políticas (Jer 23:9–32). Durante los estertores de agonía de Jerusalén, Hananías se opuso a Jeremías en Jerusalén misma, y Acab, Sedequías, y Semaías se le opusieron en Babilonia (Jer

29:15-32). Ezequiel, en este capítulo, expone también a los falsos profetas y a las falsas profetisas. (Ver A. B. Davidson, "The False Prophets", *O. T. Prophecy*, pp. 285-308).

2. Ezequiel se refiere aquí sarcásticamente a **los profetas de Israel**, falsos profetas que **profetizan de su propio corazón**, esto es, de sus emociones y deseos. Revela la fuente (v. 3), el contenido (vv. 4, 5), y el resultado de su mensaje (vv. 6, 7), y la sentencia sobre los falsos profetas (vv. 8, 9). **3. Profetas insensatos.** Un juego de palabras: *nebî'îm nebālîm*. La insensatez es principalmente una dificiencia moral, más que intelectual. En el libro de los Proverbios, por ejemplo, se expone la sabiduría como "el temor de Jehová", y la insensatez como el descuido de Él y de Sus preceptos. La energía que movía a estos profetas era **su propio espíritu** y no el Espíritu del Señor.

4. Las ruinas les eran tan cómodas como las zorras en los desiertos, y aumentaban la asolación. **5.** No subían **a las brechas**, para detener el desastre que hacía su entrada (cp. 22:30; Sal 106:23). Tampoco erigieron un **muro** de consejo moral y espiritual para Israel en la crisis venidera. **El día de Jehová.** Cp. sobre 7:7. **6. Adivinación mentirosa.** Adivinar significa obtener un oráculo de un dios echando suertes (cp. 21:21). La consecución de conocimiento de cosas secretas con medios supersticiosos estaba prohibida por la ley a Israel (Éx 22:18; Nm 23:23; Dt 18:10, 11), y la adivinación era despreciable (cp. Ez 13:7, 9, 23; 21:29; 22:28; Mi 3:6, 7, 11). **Decís: Dijo Jehová.** *Oráculo de Jehová (ne'um Yahweh),* la fórmula de la verdadera inspiración (cp. Amós, que la utiliza 21 veces. 2:11, 16, etc.). **Con todo, esperan que Él confirme la palabra de ellos.** No había criterio externo de la verdadera profecía. "En tanto que el verdadero profeta tenía el testimonio en sí mismo de que él era verdadero, el falso profeta pudiera no estar consciente de que él era falso" (Jer 23:21, 31; A. B. Davidson, *op. cit.*).

9. Se predice un castigo triple sobre los falsos profetas. Por ahora ellos tenían prestigio e influencia, pero en el nuevo reino **no estarán en la congregación de mi pueblo** (cp. Gn 49:6; Sal 89:7; 111:1), **ni serán inscritos en el libro de la casa de Israel** (cp. Esd 2; Neh 7; Éx 32:32, 33; Is 4:3; Mal 3:16), **ni a la tierra de Israel volverán** (cp. Ez 20:38; Jer 29:32).

10. Los falsos profetas anunciaban, **paz, no habiendo paz.** Ver Mi 3:5; Jer 6:14; 8:11; 23:17.

La siguiente sección dice, lit., *y él* (el pueblo) *está erigiendo un muro divisorio (hayis,* solamente aquí en el AT; un muro de piedras apiladas sin mortero), *y he aquí que ellos* (los profetas) *las recubren con lodo suelto,* o *cal.* Los profetas apoyaban los intentos de la gente de defender la ciudad, escondiendo las debilidades de ella mediante profecías mentirosas.

11. Hay un juego con las palabras **recubrir,** *tāpēl* y **caer,** *nāpal.* Tres elementos en la naturaleza provocarán la caída del muro (v. 13). **Piedras de granizo. 13.** Cp. Mt 7:24-27. **Piedras de granizo.** La desusada palabra *'elgābîsh* (solamente utilizada aquí y en 38:22) es probablemente la palabra acadia *algamesŝu,* "cristal", y, por ende, "cristales de hielo". **14. Así desbarataré la pared.** Los profetas fueron enterrados debajo de los caídos muros (cp. Is 25:12; Lm 2:2; Amós 9:1).

c) Falsas profetisas. 13:17-23.

Las Escrituras se refieren a varias mujeres piadosas y dotadas como profetisas: Miriam (Éx 15:20; Débora (Jue 4:3, 4); la esposa de Isaías (Is 8:3); Hulda (2 R 22:14); Ana (Lc 2:36); y las cuatro hijas de Felipe (Hch 21:9). En el presente párrafo, las profetisas, o mejor dicho hechiceras, eran la contrapartida de los falsos profetas, los antecesores de las modernas lectoras de la palma de la mano, anunciadoras de la buenaventura, y mediums.

17. De su propio corazón. Cp. v. 2.

18. Que cosen vendas mágicas para todas las manos, y hacen velos mágicos para la cabeza de toda edad (o, *de todas las personas*). Las expresiones crípticas de este versículo aparentemente describen características de "magia simpática" mediante la cual las hechiceras ligaban influencias mágicas sobre los que iban a inquirir de ellas, atando lazos y cubriendo con velos a las personas, variando estos de longitud según la estatura de ellas. Se creía que semejante efectúa semejante, que se podía conseguir un resultado deseado imitándolo, y que cosas que habían estado en contacto seguían influyéndose mutuamente después de haberse separado. **Para cazar las almas.** O *personas* (cp. BDB, p. 660b. Igual en los vv. 19, 20; 17:17; 18:4; 22:27). Las profetisas hacían víctimas de aquellos que las consultaban, cazando a algunas personas y dejando vivas a otras para su propio provecho, o guardando vivas sus personas.

19. ¿Y habéis de profanarme...? Mejor, **Me habéis profanado** (RVA). Contaminar o profanar es lo opuesto a santificar. Es hacer descender a Dios a la esfera de lo común, de lo falso, de lo indigno (cp. 20:39). **Con** (no *por*) **puñados de cebada y con** (no *por*) **pedazos de pan,** utilizados para obtener los oráculos (cp. Jer 44:15-19). **Matando a las personas que no deben morir,** esto es, los justos; **y dando vida a las personas que no deben**

vivir, esto es, los impíos (cp. v. 22; Os 6:5; Jer 1:10). Contrástese la obra del verdadero profeta, expuesta en Ez 3:16–21.

20. Vendas mágicas, con que (siguiendo la Antigua Latina de Dold, la Siríaca, el Targum, y la Vulgata en lugar del TM *donde* **(cazáis las almas,** o personas (omitir, con la LXX y la Siríaca, el TM *al vuelo). Pāra,* "volar", es una palabra aramea, posiblemente una glosa. **Yo las libraré de vuestras manos...las almas,** o *personas,* **que vosotras cazáis volando.** Esta es la enmiendo de Cornill, leyendo el TM 'et nepāshîm como *'ōtān hopshîm,* "como aves" (así Ewald), en lugar del TM "para aves". Esta puede ser también una glosa aramea como la anterior. **21. Ser cazado.** Cp. vv. 18, 20.

22. Por cuanto entristecéis con mentiras el corazón del justo, al cual yo no entristecí. Los verbos utilizados con *kā'â* (desalentar) y *kā'ab* (entristecer) respectivamente. Cornill utiliza "entristecer", *kā'ab,* en ambos lugares, lectura esta que es seguida por la RV. **Infundiéndole ánimo.** Lit., "como para mantenerlo vivo". Sea lo que sea que aliente el pecado, es falso (cp. Jer 23:22). **23. No veréis más visión vana;** esto es, falsedad, como en el v. 6. El juicio sobre los adivinos es inminente. Cp. 12:24; Mi 3:6, 7; Amós 8:11. El resultado será que Jehová será conocido en verdad.

d) Idólatras consultantes a Jehová. 14:1–11.

1. Ancianos de Israel; esto es, ancianos de los exiliados (cp. 8:1; 20:1). Estos líderes, probablemente confundidos por las denuncias de Ezequiel contra los falsos profetas, vinieron a consultar más acerca de Jerusalén y de su futuro. **3. Estos hombres han puesto sus ídolos en su corazón.** Nótese la frecuente mención de ídolos (*gillûlîm*) en el párrafo. Cp. 6:4, 5. **El tropiezo de su maldad.** Cp. 7:19, 20. Han ocupado sus pensamientos con la idolatría, que hace que tropiecen y caigan (cp. v. 6). **4. Cualquier hombre de la casa de Israel.** Una fórmula legal (cp. Lv 17:3, 8, 10, 13; 20:2). El hombre cuyo corazón estaba dividido en su adhesión a Jehová no recibiría conocimiento a través de un profeta, sino que recibiría respuesta directamente de Jehová, con hechos. **Yo Jehová responderé.** Esta traducción sigue la lectura del Targum y del v. 7, *bî,* en lugar del TM, *bâ,* "viniendo". **5. Para tomar a la casa de Israel por el corazón.** El Señor les llamaría a que diesen cuenta de la idolatría en que habían caído. El no puede tolerar infidelidad secreta. **6. Aunque el profeta había señalado la ley automática de la retribución divina (v. 4), aquí**

dice que Dios ruega a los hombres que abandonen sus malos caminos. **7. De los extranjeros que moran en Israel.** Nótese el cuidado de Ezequiel por los extranjeros residentes (22:7, 29; 47:22, 23). El prosélito disfrutaba de igualdad de derechos bajo la ley y se enfrentaba a las mismas penas (Lv 17:8, 10, 13; 20:2). **8.** Cp. Lv 17:8–10; 20:3, 5, 6. **Señal,** ejemplo de advertencia (cp. Nm 26:10; Dt 28:37, 46). **Escarmiento,** esto es, *un proverbio* leyendo esta palabra en singular juntamente con la Siríaca y la Vulgata.

9. Cuando el profeta fuere engañado. Esto puede resultar no solamente de un auto-engaño (13:3, 6) y de inquiridores idólatras (v. 7), sino que **Yo Jehová engañé al tal profeta.** En el pensamiento antiguo, a menudo se pasan por alto las causas secundarias, y se atribuyen directamente los eventos a la obra del Señor. Ver Amós 3:6; Is 45:7. Cuando alguien peca contra la luz espiritual, atrae sobre sí mismo ceguera espiritual. Esto no le libra de su responsabilidad, sin embargo, debido a que siempre existe el principio de "no tendrás otros dioses delante de Mí". Cp. 2 R 22:15 — 23:3.

10, 11. El **profeta** y el que **consulta** serían ambos castigados, con el doble propósito de detener a Israel de su infidelidad (cp. Is 4:4); y de restaurarla a su verdadera relación con el Señor (cp. 11:20). Los juicios tienen todos la misericordia a la vista.

e) Los justos se salvarán solamente ellos, no podrán salvar la tierra llena de pecado. 14:12–23.

13. El profeta declara que **cuando la tierra pecare,** y Dios envíe uno de sus cuatro juicios (cp. 5:16, 17) contra ella —hambre (vv. 12–14), bestias feroces (vv. 15, 16), espada y guerra (vv. 17, 18), pestilencia (vv. 19, 20)— aunque los justos antiguos, Noé, Daniel y Job, se hallaran en aquella tierra, solamente podrían salvarse ellos mismos. La aplicación a Jerusalén (vv. 21–23) no halla personas justas dentro de ella. Y que unos malvados supervivientes escapen a los cuatro juicios, en aparente excepción al principio enunciado anteriormente, será una dolorosa prueba para los exiliados del justo juicio de Dios sobre Jerusalén. **Rebelándose pérfidamente.** Una traducción más cercana al original es *traicioneramente cometiendo traición.* Ver también 15:8; 17:20; 18:24; 20:17; 39:26; Lv 5:15; 6:2.

14. Noé, Daniel y Job son citados como ejemplos de hombres justos, no hebreos, en la antigüedad. Cp. Gn 6:8; 7:1; Job 42:7–10. Virolleaud, deVaux y otros identifican al Daniel de Ezequiel con *Dan'el,* "juez justo de la causa de las viudas y de los huérfanos", que es mencionado en los textos de Ras Shamra de alrededor del 1400 a.C. (Aqht, 170; 2 Aqht, V:7, 8. Para una consideración extensa, cp. Ginsberg, BA 8 (1945), p. 50: Pére de Vaux, RV (1937), pp. 245, 246; W. H. Morton, "Ras Shamra—Ugarit y Exégesis del Antiguo Testamento", *Review and Expositor*, 45 (1948), pp. 70–72).

15. Bestias feroces (cp. 5:17; Lv 26:22). **Y la asolaren.** Cp. Jer 9:10, 12. **6. Estos tres varones.** Cp. 18:10–13; Jer 15:1–4. **17. Espada.** Ver también 5:12; 6:3; 11:8; 21:3, 4; 29:8; 33:2; Lv 26:25. **19, 20. Pestilencia.** Cp. 5;17; 38:22.

21–23. *Aplicación a Jerusalén.* **21. Mis cuatro juicios terribles.** Cp. Jer 15:2, 3; Lv 26:22–26. **Cuatro** significa lo que es completo.

22. Un remanente. *Supervivientes que tengan hijos e hijas* (LXX, Sir., Sim., Vulg.) Cuando estos higos malos (Jer 24:8–10; 29:16–20) vengan **a vosotros** a Babilonia, **os consolarán** o les reconciliarán con la justicia del castigo de Dios sobre Jerusalén.

3) Parábola de la vid. 15:1–8.

La figura de Israel como vid o viña aparece frecuentemente (Gn 49:22; Dt 32:32; Os 10:1; Is 5:1–7; Jer 2:21; Ez 17:61; Sal 80:8–16). Aquí la referencia es a la vid silvestre del bosque más que a la vid cuidada de una viña. **3. ¿Tomarán de ella madera...?** Si la vid no daba fruto, su madera no podía ser utilizada ni siquiera para hacer una estaca. **4.** Además, si había sido quemada por ambos extremos, **¿servirá para obra alguna**, excepto como combustible? **6. Jerusalén** es la vid destinada para el fuego (5:2; 10:2, 7; 16:38–42). **7. Aunque del fuego se escaparon, fuego los consumirá.** Escaparán de la ciudad incendiada, solamente para encontrarse con otra suerte (5:4; 11:9; 12:14; 23:25).

4) Alegoría de la abandonada. 16:1–63.

Esta alegoría, como la del cap. 23, representa la relación entre el Señor y su pueblo en términos de una relación esposo–esposa (cp. Os 2; Jer 2:1–3; 3:1–5). El AT raras veces utiliza esta figura o el tema padre-hijo, en tanto que en las religiones cananeas y otras religiones politeístas, es prominente el casamiento entre divinidades y mortales, y el nacimiento físico de dioses y de semidioses. Después de haberse extirpado la idolatría de la tierra de Israel, los escritores del NT podrían eficazmente presentar la relación entre Dios y los redimidos, entre Cristo y su Iglesia, bajo los símbolos de la paternidad y del maridaje (Ef 5:25, 26; 1 Jn 3:1–3).

Es posible que Ezequiel tomara una historia familiar y que la desarrollara como alegoría,

en línea con los gustos orientales. Una niña abandonada de dudoso origen, Jerusalén, es dejada al lado del camino para que muera. Pero es rescatada por el Señor, que se convierte en su benefactor (vv. 1–7). Habiendo crecido hasta una hermosa juventud, es tomada en matrimonio por su benefactor, que viene a ser su consorte real (vv. 8–14). La soberbia reina demuestra ser totalmente infiel, y se convirtió en una ramera con los cananeos y otros paganos (vv. 15–34). El castigo por esta conducta, que es descrito en los vv. 35–43, queda justificado, ya que su depravación es peor que la de sus dos hermanas, Sodoma y Samaria (vv. 44–52). Sin embargo, el Señor da gloriosas promesas de restauración para las tres hermanas (vv. 53–58), prediciendo que la penitente Jerusalén experimentará una gloriosa reconciliación mediante un pacto eterno (vv. 59–63).

a) Jerusalén como niña abandonada. 16:1–7.

2. Sus abominaciones. Especialmente la adoración a **Baal** y a **Moloc** (vv. 15–22) y las alianzas con las naciones paganas (vv. 23–34.) **3. Canaán.** Mencionada en la estela de Amenhotep II (1447–1421), en las *Cartas de El Amarna* de alrededor de 1370 a.C., y en el antiguo encantamiento heteo (ver ANET, pp. 246, 352, 483, 484). **Amorreo** (*Occidental*). O los Amurru, una poderosa nación semítica que invadió al Creciente Fértil alrededor del 2000 a.C. Cp. Gn 14:7; 15:16; Nm 21:21–30; Jos 24:15. Hammurabi (1728–1686), de la primera dinastía de Babilonia, era amorreo. (Ver G. E. Mendenhall, "Mari", BA, XI [1948], 1–19.) **Hetea.** Un pueblo no semítico, residente en Asia menor en el segundo milenio a.C., con contactos en Canaán desde los tiempos patriarcales hasta los salomónicos (Gn 23:10–20; 26:34; Jos 1:4; 1 S 26:6; 1 R 11:1). Acerca del bestialismo de los heteos, consúltese G. A. Barton, *Archaeology and the Bible*, pp. 423–426. Ezequiel estaba acentuando el paganismo en los orígenes de Israel. **4.** El salado hacía que la piel quedara más seca, lo que facilitaba la limpieza. **Limpiarte** (*lemish'î*) es una expresión desconocida, pero queda sugerida por el acadio y el Targum. **5.** Sin embargo, esta recién nacida fue **arrojada al campo** abierto. El abandono de los bebés a las inclemencias del campo, para provocar la muerte de ellos, se practicaba durante la época de Cristo (W. H. Davis, *Greek Papyri of the First Century*, pp. 1–7). **6. Sucia;** mejor, *pataleando.* Cinco manuscritos, la LXX, la Latina Antigua, y la Siríaca omiten la segunda parte "Sí, te dije..., Vive", como repetición de copista.

7. Multiplicar. La LXX y la Siríaca leen *crecer* en lugar del TM *y decenas de millares...te hice.* **Llegaste a ser muy hermosa.** *Llegaste a la plena doncellez.* La Siríaca *en la menstruación*, o el v. 8, **tiempo de amores,** sugiere el significado, *plena doncellez.* **Desnuda y descubierta;** esto es, "soltera".

b) La doncella casa con su benefactor. 16:8–14.

8. Extendí mi manto sobre tí. Simbólico del matrimonio (Rut 3:9; Dt 22:30). **Entré en pacto contigo.** Cp. Mal 2:14; Pr 2:17. **9. Te lavé.** Ceremonias preparatorias para las nupcias. Cp. Rut 3:3. Purificación del paganismo y consagración al Señor. **10. Te calcé de tejón.** *Tahash* (utilizado como cubierta para el Tabernáculo, Éx 25:5; 26:14), se trata o bien de una palabra tomada del egipcio, "piel," o del *dugong* arábico, un tipo de marsopa, cuya piel se utilizaba para hacer sandalias.

11–13. Para los atavíos de la novia, ver Is 3:18–24; Gn 24:22, 30, 47. **12. Joyas en tu nariz.** Ver también Jue 8:24; Is 3:21. **13.** Comida excelente y abundante. Cp. Dt 32:13–14; Os 2:10. **14.** El esplendor de Jerusalén en tiempos de Salomón (cp. 1 R 10; Lm 2:15).

c) La desvergonzada infidelidad de la esposa. 16:15–34.

Sus idolatrías con los cananeos (vv. 15–22), y con pueblos extranjeros (vv. 23–29): Egipcios (vv. 26, 27); Asirios (v. 28), y Caldeos (v. 29). **15.** Después de establecerse en Canaán, Israel frecuentó los santuarios cananeos (cp. 20:28; Jer 2:5–7; 3:1–3). **16.** Tiendas de colores alegres en los lugares altos (cp. 2 R 23:7). **17.** Imágenes ¿O Baales? ¿O símbolos fálicos? (Mayo, IB). **18, 19.** Cp. Jer 10:9; Os 2:8. **20, 21.** Sacrificios de niños. Cp. 20:26, 31; 23:37–39. Cp. Éx 22:29; Jue 11:39; 2 R 16:3; 21:6; 23:10; Jer 7:31; 19:5; 32:35. **24.** Objetos erigidos para los cultos prohibidos. **25.** Cp. 23:8, 17, 30, 40. **26, 27.** Alianza con Egipto. Cp. Is 30:1ss; 31:1ss.; 2 R 18:21. **Gruesos de carnes;** cp. 23:20, eufemismo del poder de Egipto. **27.** El hostigamiento filisteo sobre Judá en tiempos de Senaquerib (Ver ANET, p. 288). **28. Con los asirios.** La política pro-asiria de Acaz y Manasés (2 R 16:7ss.; 21:1ss.; 2 Cr 33:1ss.). **29. La tierra de Canaán y los caldeos.** Aquí se utiliza la palabra Canaán en el sentido de "comerciante, mercader", esto es, *hasta la tierra de los mercaderes, hasta Caldea* (cp. 17:4; Os 12:7; Sof 1:11; Zac 14:21). **30. ¡Cuán inconstante es tu corazón!** "Cuán ansioso de amor está tu corazón", parece ser la idea. En arameo y en acadio aparece la frase "¡Cómo estoy lleno de ira contra ti!" (Cook, ICC). Los hechos de una

ramera desvergonzada. Literalmente, *la obra de una mujer, una ramera imperiosa.* **31.** Cp. los vv. 24, 25. **Menospreciaste la paga** (cp. H. G. May, "The Fertility Cult in Hosea", AJSL, 48 [1932] 89–93). **32–34.** Otras rameras aceptaban paga; ella era diferente en que era ella la que pagaba a los extraños (cp. Dt 23:18; Os 2:19; 9:1). **33.** Las palabras *nēdeh*, "don" y *nādān*, "dones de casamiento", son *hapax legomena.*

d) El castigo de la esposa adúltera. 16:35–43. El pasaje entreteje una descripción del castigo de una adúltera con una predicción de la destrucción de Jerusalén.

36. La palabra hebrea traducida como **tus desnudeces** significa en los demás pasajes "cobre" o "bronce". Puede que sea una palabra tomada del acadio: "exceso, prodigalidad." La última parte del versículo evoca los vv. 20, 21. **37. Todos tus enamorados.** Las naciones con las que se había aliado; **y todos los que aborreciste.** Aquellos con los que no se habían establecido alianzas, p.ej., los filisteos. **38. Adúlteras.** Cp. Lv 20:10; Dt 22:22; Jn 8:5–7. **Derraman sangre.** Cp. vv. 20, 36; Gn 9:6; Éx 21:12; Lv 24:17. **Sangre de ira y de celos.** Cp. 23:25. **39. Te despojarán de tus ropas.** Esto significa la exposición de la adúltera. Ver también 23:26; Os 2:3, 10. **40. Muchedumbre.** Una multitud reunida para el juicio y la lapidación de la adúltera (cp. v. 38). **41. Quemarán tus casas a fuego.** Cp. Jue 12:1; 15:6. **En presencia de muchas mujeres.** Para advertirlas. Cp. 23:10, 48. **42. Mi ira** será aplacada. Cp. 5:13. **43. Por cuanto no te acordaste.** Un sumario de los vv. 35–43.

e) Comparación de la depravación de Jerusalén con la de Sodoma y de Samaria. 16:44–52.

44, 45. Cual la madre, tal la hija. Jerusalén y sus hermanas se parecían a su madre común, **hetea** (cp. v. 3). **46. Tu hermana mayor** (esto es, en poder político y territorial) era **Samaria**, que vivía con **sus hijas** (sus ciudades dependientes) al **norte**, en tanto que su **hermana menor** al sur era **Sodoma** con sus hijas. Abrumadoras comparaciones. Cp. Jer 3:6ss.; Is 1:9. **47. Más que ellas.** Jerusalén excedió a la maldad de sus hermanas (cp. Mt 10:15; 11:20–24). **48–50.** No se relatan los atroces crímenes de Sodoma de Génesis 19, sino más bien su **soberbia, saciedad de pan, y abundancia de ociosidad** y que **no fortaleció la mano del afligido y del menesteroso.** Cp. Amós 6:4–6; Est 3:15; Lc 16:19–31. **51, 52.** No se mencionan los pecados de Samaria, pero tanto ella como Sodoma parecen justas, hablando relativamente, si se las compara con Jerusalén (cp. Amós 3:2).

f) Gloriosas promesas de restauración para las tres hermanas. 16:53–58.

53. Yo, pues, haré volver a sus cautivos. Cp. Jer 12:14–17; 46:26; 48:47; 40:6, 39; Is 19:24. **54–56.** Si Samaria y Sodoma fueron castigadas, ¡cuánto más no se merecía Jerusalén el castigo! Si Jerusalén iba a ser restaurado, era solo justo que aquellas que habían venido a ser un refrán en su boca fueran también restauradas.

57, 58. Jerusalén había venido a ser objeto de **afrenta de las hijas** (esto es, ciudades) de **Siria** (siguiendo a muchos MSS y la Siríaca, leer *Edom* en lugar del TM *Aram*, esto es, Siria) y **de todas las hijas de los filisteos.** La destrucción de Jerusalén, aquí proféticamente asumida, provoca un impío regocijo entre los edomitas y los filisteos (25:12–14, 15–17; Ab 10–14; Sal 137:7–9).

g) Una reconciliación gloriosa y un pacto eterno. 16:59–63.

59, 60. Invalidar el pacto. Jerusalén había violado el pacto hecho en su juventud en el éxodo (cp. vv. 8, 43). Por consiguiente, tenía que sufrir; pero en el día de su arrepentimiento, Dios le dará un pacto eterno (cp. 37:26; Is 54:9, 10; 55:3; Jer 31:35, 36; 32:40; 33:20–22). Samaria y Sodoma (representadas por el mundo pagano) deberán ser incluidas en el nuevo pacto como un acto de gracia, ya que el antiguo pacto violado por Israel no las incluía. **63. Acuerdes.** Jerusalén será humillada por las memorias de su indigno pasado "cuando yo perdone", "haga expiación por ti". Se utiliza la palabra "expiación", *kippēr*, con Dios como el agente (cp. Dt 21:8; Jer 18:23; Sal 78:38).

La caída de Israel fue una causa de que Ezequiel se abriera al mundo gentil. Incluso naciones como la de Sodoma serán convertidas al Señor, dice Ezequiel. Similarmente declara el apóstol Pablo que "Por su caída (la de Israel) ha venido la salvación a los gentiles" (Ro 11:11, 12). "Dios los encerró a todos en desobediencia, a fin de tener misericordia de todos" (Ro 11:32).

5) Parábola de la vid y de las dos águilas. 17:1–24.

a) La alegoría. 17:1–10.

2. El profeta propone **una figura** (*ḥidâ*; cp. Jue 14:12; 1 R 10:1) que demanda interpretación, o una **parábola** (*māshāl*; cp. 24:3; Is 14:4), que contiene una similitud o comparación.

3, 4. Una gran águila. La águila de grandes alas (*nesher*, a menudo "buitre"; Os 8:1; Lm 4:19; pero aquí "aguila" es más apropiado) con grandes plumas representa aquí a Nabucodonosor. Los muchos colores es posible que indiquen las varias naciones incluidas en el imperio babilónico. **Líbano** es el monte de Israel; el **cedro** es la casa davídica (vv. 12, 22). Se presenta a nabucodonosor llevándose a Joaquín, rey de Judá, a la **tierra de mercaderes,** Babilonia. **5, 6. La simiente de la tierra,** nativa de la región, es Sedequías. Fue plantada en un **campo bueno** (la tierra de Israel), en la vecindad de aguas abundantes (Dt 8:7; 11:11), donde poseía todo tipo de ventajas naturales para su crecimiento y fructificación. Se indica la prosperidad por el hecho de que la semilla **brotó, y se hizo una vid de mucho ramaje, de poca altura...arrojó sarmientos y echó mugrones.**

7, 8. Otra gran águila. El faraón Hofra de Egipto entra en escena (Jer 44:30; 37:7). Aunque floreciendo en buen terreno, la vid (Sedequías) buscó la agencia de otro poder que le ofreciera más abundancia.

9, 10. Ezequiel pregunta: **¿Será prosperada?** Como Isaías y Jeremías, Ezequiel se oponía a una alianza con Egipto (Is 30:1–5; 31:1–3; Jer 2:36). Cooke (ICC) sugiere una transposición de los vv. 9 y 10. En primer lugar viene la destrucción sobre la vegetación de Palestina debido a un viento oriental y después la destrucción por el brazo de Nabucodonosor, cuya ciudad, Babilonia, quedaba casi justo al este de Jerusalén.

b) La interpretación de la alegoría. 17:11–21.

Ezequiel dirige la interpretación a la **casa rebelde** (v. 12), los exiliados judíos entre los que vivía. La historia de la deportación de Joaquín y del juramento de fidelidad de Sedequías (2 Cr 36:13; cp. Gn 15:9–18; Jer 34:8–22) se recapitula aquí.

13, 14. Nabucodonosor había sacado de la tierra a **los poderosos de la tierra,** los que tenían más posibilidad de incitar a la revuelta, a fin de que Judá quedara como estado dependiente y amistoso a Babilonia. **15–17. Se rebeló.** Sedequías violó el pacto con el rey de Babilonia, así como el pacto con el Señor (v. 19), y por consiguiente iba a morir en Babilonia sin ayuda alguna del Faraón. **21. Y todas sus tropas escogidas** (RSV, siguiendo al Targum y la Siríaca) **caerán** delante de los ejércitos babilónicos (aquí, la RV sigue el TM).

c) La promesa de un reino nuevo y universal en Israel. 17:22–24.

El Señor pone en claro que no permitirá que Su reino quede aniquilado, sino que cumplirá Su promesa a la simiente de David.

Nabucodonosor rompió un cogollo del cedro y se lo llevó a Babilonia, y lo que plantó murió. El Señor declara que él mismo arrancará un cogollo del alto cedro (la casa davídica; vv. 2, 3; Is 53:2) y lo plantará en un monte alto, a fin de que todos puedan verlo (cp. Is 2:2; 11:10) y hallar protección bajo él (Ez 17:23; cp. Mt 13:31, 32). El establecimiento de este nuevo reino universal por parte de Jehová llevará al mundo a reconocerle como el Señor de la vida humana y el Controlador del destino de Israel.

Otros reinos son asimismo denominados como árboles. Ver 31:5, 8, 14, 16, 18. Para pasajes en Ezequiel con respecto al reino de Dios, ver 21:27; 34:24ss.; 37:24ss. Ver también Lc 1:51–55. El linaje de Cristo es trazado a través de Joaquín (Mt 1:11, 12).

6) La justicia de Dios mostrada en sus tratos hacia los individuos. 18:1–32.

Ezequiel empieza este pasaje con la cita de Jeremías de un dicho popular (Jer 31:29) que había llegado hasta los exiliados en Tel Abib: "Los padres comieron las uvas agrias, y los dientes de los hijos tienen la dentera" (Ez 18:2).

Jeremías había descrito a los exiliados transportados por Joaquín en 597 a.C. como "higos buenos", en tanto que los dejados atrás bajo Sedequías eran los "higos malos" (Jer 24). Los judíos de la época de Sedequías, probablemente, se consideraban a sí mismos como justos en comparación con el pueblo de la época de Manasés; y así el proverbio puede conllevar una afirmación de justicia propia.

Sin embargo, el pueblo se estaba deslizando hacia la desesperanza y el fatalismo. Si estaban siendo castigados por los crímenes de Manasés (2 R 24:3, 4) y por los pecados de sus padres, ¿para qué hacer nada? ¿Qué probabilidades tiene un individuo frente a una suerte heredada del pasado? ¿Por qué debía uno tratar de ser justo en un mundo tan impío? (Cp. el hedonismo exhibido en Is 22:12, 13). ¿Hay alguna alternativa a la negra desesperanza para el hombre? (Ez 33:10).

Ezequiel había antes tronado con una condena global sobre el pueblo (cp. caps. 16; 20; 23). Pero Dios permitía que se arrancaran tizones del incendio. Los justos se hallaban marcados aparte de los impíos por una señal (4:4). Ante el inminente juicio, ellos salvarían sus propias vidas, pero no las de otros (14:14, 16, 18, 20). Sin embargo, sería posible el arrepentimiento (14:6, 11).

Los conceptos de solidaridad social y de responsabilidad corporativa eran antiguos en Israel. La homilía de Ezequiel en el cap 18

implica el cumplimiento de la secuencia natural de causa y efecto entre las circunstancias de la vida humana. Dios no tiene al hombre por responsable de las circunstancias en las que ha nacido, sino solamente por el uso que ha hecho de ellas posteriormente. Así, el hombre es libre de renunciar a su pasado, sea para bien o para mal.

Así como un escritor puede cambiar el curso de una narración añadiendo nuevo material a los capítulos previamente escritos de un libro, así a pesar del terrible pasado, el presente puede llegar a ser la oportunidad para la transformación total y puede resultar en un futuro triunfal. El perdón no puede borrar el pasado, pero se relaciona de una nueva forma con Dios, de manera que podemos transformarlo de una maldición a una fuente de bendición (cp. Allen, IB, pp. 157–161).

Nuestro profeta desea vindicar la divina justicia, y al hacerlo así asigna un nuevo valor al individuo en su tratamiento en las manos de Dios. Dios trata con los hombres como individuos, dice el profeta. "Todas las almas son mías" (18:4). "Porque no quiero la muerte del que muere" (v. 32). Ya que cada alma se halla inmediatamente relacionada con Dios, su destino depende de esta relación. "El alma que pecare, esta morirá" (v. 4). "Convertíos, pues, y viviréis" (v. 32). Cp. 3:16–21; 33:10–20.

Como representante de Dios, Ezequiel afirma que el hombre individual no se halla involucrado en los pecados y la suerte de sus antepasados (vv. 1–4). Y a continuación desarrolla el principio de la responsabilidad individual en el caso de tres generaciones sucesivas: un padre justo, un hijo malvado, y un nieto justo (vv. 5–9, 10–13, 14–18). Reafirma el principio de la responsabilidad individual (vv. 19, 20), y declara que el perdón divino está disponible para el pecador arrepentido, pero que el apóstata morirá en sus pecados (vv. 21–29). Llega a la conclusión con una exhortación a arrepentirse y a ser salvos (vv. 30–32).

a) Todas las personas son individualmente responsables ante el Señor. 18:1–4.

2. Refrán (*māshāl*). Cp. 8:12; 12:22, 23. **Los padres comieron** (lit., *comían* o *acostumbraban a comer* **uvas agrias**, no maduras todavía (*bōser*), **y los dientes de los hijos tienen la dentera.** Esto es, los hijos sufren las consecuencias de los pecados de los padres (citado en Jer 31:29, 30). Acerca de la transmisión de la culpa, ver Éx 34:7; Nm 14:18; Dt 24:16; 2 R 14:6; Lm 5:7. **3.** La utilización de este proverbio, con la ascripción que hace de injusticia a Dios, cesará en el acto. **4. Todas las almas son mías**; esto es, todas las personas pertenecen por igual e individualmente al Señor, y solamente él tiene la autoridad de juzgar. **El alma que pecare, esa morirá.** "Vivir" (vv. 9, 17, 19) y "morir" (vv. 4, 13, 18) se utilizan tanto en un sentido literal como escatológico. "Vivir" es entrar en el perfecto reino del Señor que está al venir (caps. 37, 38) y "morir" es no tener parte en él. Ezequiel, como los otros escritores del AT, considera este reino como un reino terreno.

b) La vida será la recompensa de los justos. 18:5–9.

En esta figura del justo vemos las obligaciones de la vida justa. Una afirmación general acerca de la justicia del hombre (v. 6) va seguida de la descripción de su práctica de la piedad, su castidad, y su munificiencia (vv. 7, 8), como arraigadas en la obediencia a los mandamientos de Dios (v. 9). Para una vista similar de virtudes, ver el Sal 15; 24:3–6; Is 58:5–7; Job 31. La conducta externa de un hombre bueno es una revelación de su carácter interno, el resultado de la obediencia a Dios.

6. Que no comiere comidas sacrificiales a dioses falsos **sobre los montes, ni alzare sus ojos** en oración **a los ídolos** (cp. 6:4). Un hombre justo se abstiene del adulterio y de la impureza (Lv 15:19–30). **7, 8. Que al deudor devolviere su prenda.** Cp. Éx 22:26; Dt 24:6; Job 22:6, Amós 2:8. **Que no prestare a interés.** A los judíos se les prohibía prestar a interés a sus hermanos necesitados (Éx 22:25; Lv 25:25–37; Dt 23:19) pero se les permitía hacer préstamos a interés a los extraños (Dt 23:20). **Ni tomare usura;** esto es, más de lo que fue prestado. **9.** El TM lee: "Y ha guardado mis juicios para hacer *verdad ('emet),* que la LXX vierte "para *hacerlos" (ôtām).* **Este vivirá.** Esto contrasta con el v. 4.

c) El hijo malvado de un padre justo incurrirá en la muerte. 18:10–13.

10. Si engendrare hijo ladrón, derramador de sangre (el resto del versículo puede que sea una glosa procedente de Lv 4:2). **11. Y que no haga las otras** obras que debiera hacer. Las relacionadas en los vv. 6–9. **13. ¿Vivirá este?** Esta es la conclusión lógica de la pregunta hecha en el v. 10. **De cierto morirá.** Lit., *será puesto a muerte,* la fórmula utilizada en Éx 21:15; 22:18; Lv 20:9, 11. Un buen padre no puede acumular méritos para su hijo.

d) El hijo justo de un padre malvado merecerá vivir. 18:14–18.

14. El hombre en tercer lugar en la cadena ve **todos los pecados** de su padre, y teme (así la LXX, la Latina Antigua, y la Vulgata), y

evita su ejemplo. **16. La prenda no retuviere,** yendo así más allá que los vv. 7, 12. **17. Apartare su mano del pobre,** para no oprimirlo. Aquí, la RV sigue al TM, el cual es sostenible (cp. 20:22). La lectura del v. 8 y la LXX dicen: *ha apartado su mano de la iniquidad.*

Ezequías, Manasés y Josías, los últimos reyes de Judá, ilustran muy apropiadamente los tres casos mencionados anteriormente, aunque comprendan cuatro generaciones.

e) El principio de la responsabilidad, reafirmado. 18:19, 20.

19. Y si dijéreis. Ver también vv. 25, 29; 33:17, 20; Mal 1:2; y frecuentes veces en Malaquías. **¿Por qué el hijo no llevará el pecado del padre?** Ezequiel señala que ni el hijo ni el padre serán tenidos como responsables de la iniquidad del otro, sino que cada persona es individualmente responsable a Dios.

f) Perdón divino para el pecador arrepentido, pero no para el apóstata. 18:21–29.

Así como un hombre no hereda las consecuencias de lo que sus padres han hecho, así el individuo, mediante el arrepentimiento, puede ser emancipado de su propio pasado. El malvado que se vuelve de su maldad a la justicia vivirá (vv. 21–23). Sin embargo, el justo que abandone su justicia por la maldad morirá (v. 24). A la objeción de que los caminos del Señor no son justos (vv. 25–29).

21. El pecador es libre de arrepentirse y de volverse del pecado para hacer la voluntad de Dios. Contrástese la idea en Os 5:4; Jer 13:23. **22. En su justicia.** Cp. el v. 24, 33:16. **23. ¿Quiero yo la muerte del impío?** Esta pregunta refleja la misericordia de Dios y su deseo de salvar a todos. "La palabra más preciosa en todo el Libro de Ezequiel" (Kraetzschmar). Cp. el v. 32; 33:11; 1 Ti 2:4; 2 P 3:9.

25. El camino del Señor, el principio en base del cual actúa, **no es recto** (*yittākēn*). Lit., *ajustado a la norma.* Figura de intercambio mercantil (cp. v. 29; 33:17; 1 S 2:3). **26–29.** Estos versículos repiten en una forma más corta el pensamiento presentado en los vv. 21–25, para enfatizar este nuevo concepto.

g) Exhortación a arrepentirse y a ser salvos. 18:30–32.

31. Echad de vosotros. Aquí se refiere Ezequiel a la parte del hombre en la renovación. En 11:19; 36:25–27, señala la parte de Dios. Cp. Jer 4:4; 24:7; 31:33; Sal 51:7; Fil 2:12, 13. Su ministerio demandaba ambos énfasis. **32. No quiero la muerte del que muere;** esto es, del que merece morir (cp. v. 23; 33:11).

Ezequiel, como vigía señalado por el Señor (3:16–21; 33:1–9), advirtió y llamó a su pueblo, proclamado la justicia de Dios y también Su amor hacia el pecador arrepentido. Cómo armonizar la responsabilidad personal del individuo y su libertad moral con la justicia de Dios en le tratamiento de cada individuo constituye un problema difícil, con el que se enfrentan el libro de Job y el Salmo 73. Job no recibio una solución, sino satisfacción en una nueva visión de Dios (Job 42:5, 6). "El corazón tiene razones de los que la razón no sabe nada", dijo Pascal. A pesar de los problemas del sufrimiento y del pecado, la confianza en el amante Padre Celestial es siempre la actitud apropiada del creyente.

7) Alegoría de los dos leones y de la vid. 19:1–14.

Dos lamentos en metro elegíaco (*qînâ*) bajo la guisa de una alegoría, representando: (1) una leona, la nación de Israel, privada sucesivamente de sus dos cachorros: Joacaz, deportado a Egipto (vv. 2–4), y Joaquín, tomado cautivo a Babilonia (vv. 5–9); y (2) una vid y sus vástagos, arrancada, plantada en el desierto, y consumida por fuego procedente de uno de su propio rey Sedequías y exiliada a Babilonia (vv. 10–14).

a) La leona, privada de sus dos cachorros. 19:1–9.

1. Endecha (*qînâ*; ver también 26:17; 27:2; 28:12; 32:2; Amós 5:1) es un poema en un metro elegíaco característico, en el que una línea, por lo general de tres cadencias, va seguida por otra más corta, por lo general de los cadencias (cp. Amós 5:1–3; Lm 1).

2. La nación Israel (o Judá) es representada como una **madre** de poderosos reyes, una leona en poder y majestad. Los leones eran comunes en la antigua Palestina (Jer 49:19; 50:44; Zac 11:3; Cant 4:8; Is 30:6). Se hallan cinco términos distintos para ellos en Job 4:10, 11, tres de los cuales aparecen en este versículo. El león quedó prácticamente extinguido en Palestina después de las cruzadas. **3. Uno de sus cachorros.** Joacaz. **Aprendió a arrebatar la presa**; esto es, vino a ser un rey reinante. **4. Las naciones oyeron de él.** El TM debiera ser leído como causativo. *Las naciones hicieron que se supiera de él*, o *sonaron la alarma*. Cp. Is 31:4; Jer 50:29. Joacaz fue llevado a **Egipto** por parte de Faraón Necao (2 R 23:33, 34). **5. Había esperado.** Leyendo *nô'âlâ*, en lugar del TM *nôhâlâ*, tenemos "había quedado burlada". **Otro de sus cachorros.** Joaquín. **7. Saqueó fortalezas.** Esta traducción sigue al Targum en lugar de al TM *y conoció a sus viudas*. Cp. Jer 2:15, 16; 4:7; 5:6; 25:37. **8.** (Red) **alrededor.** Cp. 12:13; 17:20, donde está

también en paralelo con "red". **9.** Nabucodonosor se llevó a Joaquín cautivo a Babilonia (2 R 24:15).

b) La vid desarraigada y consumida por fuego. 19:10–14.

10. Se introduce aquí otra metáfora. Se compara a Israel con una vid. Ver también Is 5:1–7; 27:2, 3; Sal 80:9; Mr 12:1–9. **En medio de la viña aparece en dos manuscritos, en contraste con el TM** *en tu sangre*. **11. Tuvo varas fuertes para cetros de reyes.** Según la LXX B, la Antigua Latina, la Arábiga, y los vv. 12, 14, es *Su vara más fuerte fue el cetro de un rey*. Esta vara es Sedequías (o Joaquín). **12. Pero** (la nación) **fue arrancada con ira.** Cp. 17:9, 10; 31:12; Amós 9:15. **El viento solano**, Babilonia, **secó su fruto. 13.** La nación se halla ahora en el exilio entre condiciones en los que la vida nacional no puede prosperar. **14. Ha salido fuego de la vara de sus ramas.** La vid ha sido consumida por fuego de una de sus propias varas. Sedequías, por su rebelión atrajo destrucción tanto sobre la nación como sobre la dinastía (2 R 24:20ss.; Jer 52:3). **Endecha es esta, y de endecha servirá.** Esto es, la endecha está acabada, y ha venido a ser historia (cp. 32:16).

E. La venidera caída de Israel, inevitable y necesaria. 20:1—24:27.

Ezequiel repasa la historia del pueblo de Israel al que el Señor había mantenido vivo en consideración a Su propio nombre (20:1–44). Pero ahora la consideración hacia Su propio nombre demandaba ahora que la espada vengadora cayera sobre Jerusalén (20:45 — 21:23 = TM 21:1–37). Además, las abominaciones de Jerusalén, como la escoria, tenían que experimentar el fuego fundidor del juicio tanto sobre las clases gobernantes como sobre la masa del pueblo, por igual (cap. 22). En una alegoría reminiscente de la del cap. 16, el Señor se extiende acerca de la infidelidad de las dos hermanas, Ahola (Samaria) y Aholiba (Jerusalén), hacia el divino esposo de ellas, y el castigo consiguiente a su adulterio (cap. 23). En el día del comienzo del asedio de Jerusalén (Jer 39:1), Ezequiel relata la alegoría del caldero herrumbroso puesto al fuego para purificación. Y por su abstención de llorar ante la muerte de su mujer, se transforma en un símbolo de la desesperanza del pueblo ante la suerte de su propia ciudad (cap. 24).

1) Examen de las infidelidades de Israel, y su preservación. 20:1–44.

Para los ancianos de la comunidad en Babilonia que buscaban un oráculo divino (vv. 1–4), Ezequiel examina la historia de Israel, con sus repetidas rebeliones (vv. 8, 13, 16, 21, 28), y su preservación por el Señor debido a Su consideración hacia Su propio Nombre (vv. 9, 14, 17, 22, 41–44). Israel pecó tanto en Egipto como en el viaje desde Egipto hasta Cades-barnea (vv. 10–17). La segunda generación en el desierto se rebeló en contra de Dios (vv. 18–26), y el pueblo que entró en Canaán fue constantemente infiel hacia Él (vv. 27–29). La propia generación del profeta era tan idolátrica como las generaciones anteriores (vv. 30–32). Sin embargo, el propósito de Dios para Su pueblo en el futuro involucraban juicio y esperanza (vv. 33–44). Israel sería llevada al desierto por segunda vez, con el propósito de ser juzgada (vv. 33–39). A continuación, después de que la idolatría hubiera sido desarraigada y que se hubiera posibilitado la verdadera adoración, el Señor sería reconocido por las naciones y por un Israel que aborrecería su pasado (vv. 40–44).

a) Introducción: Ezequiel consultado por los ancianos de Israel. 20:1–4.

1. En el año séptimo. En julio/agosto del 590 (591) a.C., once meses después de la última fecha mencionada (8:1). **Los ancianos.** Cp. 8:1. **3. No os responderé.** Cp. el v. 31; 14:3; 36:37. En lugar de dar respuesta a su pregunta con respecto al presente, Dios muestra la lección pertinente del pasado de Israel. **4. Juzgar** (cp. 22:2; 23:6), **haciéndoles saber las abominaciones de sus padres.**

b) El rebelde Israel preservado por la consideración del Señor hacia Su propio nombre. 20:5–32.

5–9. *La rebelión de Israel en Egipto.* **5. La** elección de Israel es mencionada solamente aquí en todo el Libro de Ezequiel. Es mencionada en primer lugar en Dt 4:37; 7:7, 8; 10:15; 14:2; una vez en Jer 33:24; frecuentemente en Is 40—66, p.ej., 41:8, 9. **Alcé mi mano,** al tomar un juramento (ver también los vv. 6, 15, 23, 28, 42; 36:7; 44:12; 47:14). **Me di a conocer a ellos.** Cp. Éx 3:6ss.; 4:28ss.; 6:3. **6. Fluye leche y miel.** En el Pentateuco, esta expresión aparece quince veces, por ej. Éx 3:8. En otras partes aparece solamente en Ez 20:15; Jer 11:5; 32:22. Acerca de la hermosura de Israel, ver Jer 3:19; Dn 8:9. **7, 8.** La acusación contra Israel de idolatría en Egipto (cp. 23:3; Jos 24:14; Lv 18:3) no es aludida en el relato del éxodo. **9. A causa de mi nombre...actué.** Este tema aparece también en los vv. 14 y 22. Cp. Jer 14:7, 21; Is 43:25; 48:9, 11. El nombre denota todo lo que Dios es y ha mostrado ser. Si no habiera conducido a Su pueblo afuera de Egipto, las naciones le habrían acusado de debilidad (Nm 14:13–16; Dt 9:28). Su nombre

es **infamado** cuando los hombres abrigan pensamientos acerca de Él o le atribuyen hechos que son inconsistentes con su carácter como santo y único (cp. v. 39; 36:20–22). Lo opuesto a "infamar" es "santificar." Es reconocer al Señor como el único y verdadero Dios en cada área de la vida, y vivirla de una manera que sea adecuada para estar ante Él.

10–17. *Las rebeliones de Israel en el desierto.* **11. Estatutos...decretos.** La proclamación de la Ley en el Sinaí (Éx 19ss.). **12. Mis días de reposo.** Como señal de que el Señor era su Dios y que ellos eran Su pueblo (v. 20; Éx 31:13, 14; Is 66:2, 4). Durante el exilio la observancia del sábado vino a ser una señal distintiva de los judíos como el pueblo del Señor (ver vv. 12, 13, 16, 20, 21, 24). **Yo soy Jehová que los santifico;** esto es, los he puesto aparte de los otros pueblos y los he consagrado para mí mismo. Por consideración hacia Su nombre (v. 14) y por su compasión hacia los pecadores (v. 17), el Señor perdonó a la segunda generación.

18–26. *La rebelión de la segunda generación contra Dios.* **18. En el desierto...sus hijos.** Ver Dt 1:39; Nm 14:31, 33. **21.** Imitaron los pecados de sus padres (Nm 25:1, 2; Dt 9:23, 24; 31:27). **23–26.** Sus pecados fueron castigados de dos formas: por la amenaza de dispersión después de entrar en Canaán (vv. 23, 24); y al forzarles a incurrir en castigos (vv. 25, 26). **23. Los esparciría entre las naciones.** Tales amenazas podían ser evitadas por el arrepentimiento (cp. Mi 3:12; Jer 18; 26:16–19; Jonás). **25. También les di estatutos que no eran buenos.** El Señor no está aquí hablando de la Ley, que si era buena (vv. 13, 21). Pero los rebeldes fueron abandonados a una ley de otro tipo (v. 18), no obrando para vida, sino para muerte. "Constituye parte del gobierno moral universal del mundo...que el efecto de la desobediencia y el desprecio de la gracia es el de llevar al pecador a mayores pecados" (F. Gardiner en el *Commentary* de Ellicott). En cuanto a la ceguera judicial con que Dios aflige a los que cierran sus ojos voluntariosamente, ver Hch 7:42; Ro 1:24, 25; 2 Ts 2:11. **26.** Dios les permitió que cayeran en el crimen de ofrecer **el fuego a todo primogénito** (cp. v. 31; 16:21; 23:37) **para desolarlos y hacerles saber que yo soy Jehová.**

27–29. *La rebelión de Israel contra Dios al entrar en Canaán.* **28.** La adoración cananea en los lugares y bajo los árboles frondosos fue adoptada por Israel. Fue condenada por Amós (4:4; 5:21); por Oseas (6:6; 8:11, 13; 9:1); por Jeremías (2:20; 3:6). **Y allí sacrificaron sus víctimas.** El hebreo *zebah* significa animales degollados y comidos en las fiestas, especialmente ofrendas de pacíficos y ofrendas de acción de gracias (Lv 3:1ss.; 7:12–25). **Ofrendas que me irritan** (omitido por la Siríaca). **Ofrenda,** en hebreo *qorbān*, se refiere tanto a oblaciones cruentas como incruentas (Lv 1:2, 3, 10; 2:1, 5), tales como las primicias (Lv 2:12; 23:10, 17). **Incienso agradable** (*rêah nîhôah*). Los olores de carne, grasa, o de harina quemadas sobre el altar como pacenteras a Dios (Gn 8:21; Éx 29:18; Lv 1:9). **Libaciones,** de vino, que se derramaba en acompañamiento de las ofrendas de alimentos y de ofrendas de pacíficos (Lv 23:13; Nm 15:1–12). **29. ¿Qué es este lugar alto adonde vosotros vais?** Estos santuarios idolátricos no eran adecuados para la adoración del Señor. *Bāmâ,* o ''lugar alto'', es objeto de un escarnecedor juego de palabras — *bā',* ''ir'', ''más *mâ,* ''qué''.

30–32. *La rebeldía de la generación de Ezequiel.* **30, 31.** Los contemporáneos de Ezequiel que, como sus padres, se habían contaminado, no podían recibir un oráculo del Señor (cp. v. 3). **32. Seamos como las naciones.** Una interpretación mantiene que los exiliados estaban planeando asimilarse a sus alrededores paganos, pero no es probable que compartiesen sus planes con el profeta Ezequiel. Otra postura afirma que los exiliados querían la aprobación de Ezequiel para establecer un altar y un templo del Señor en Babilonia. (Cp. el templo judío en Elefantina, en Egipto.) Con toda probabilidad el profeta, hablando de parte de Jehová, estaba condenando las prácticas sincretistas e idolátricas de sus paisanos en Judea.

c) La consideración de Jehová por Su nombre llevaría a Israel, a través de juicios futuros, a unas perspectivas de esperanza. 20:33–44.
33–39. *Un segundo encuentro en el desierto* (en contraste con los vv. 10–26) *con propósitos de juicio.* **33. He de reinar sobre vosotros.** El soberano Vindicador del derecho y de la verdad habla aquí. **34. Os sacaré de entre los pueblos.** Como una raza distinta, para ser tratada como su propio pueblo. **35. Al desierto de los pueblos.** Quizás no un desierto material, sino una condición desértica — dispersados entre las naciones. **37. Os haré pasar bajo la vara.** Una referencia figurativa a la vara del pastor, utilizada para contar las ovejas (Lv 27:32; Jer 33:13). **Os haré entrar por número** (así la RSV, siguiendo a la LXX) en el redil. **38. Y apartaré de entre vosotros a los rebeldes.** Los rebeldes quedarán separados y no se les permitirá que tengan parte en la futura restauración. **39. Andad cada uno tras sus ídolos.** Dios los entregará a que sigan su camino elegido hasta su inevitable fin.
40–44. *La idolatría será desarraigada de Israel y se posibilitará la verdadera adora-*ción. **40. En el alto monte de Israel** (Mi 4:1, 2; Is 2:2, 3, **toda la casa** (redimida) **de Israel** será aceptada. **41. Como incienso agradable al Señor. Seré santificado en vosotros.** A fin de que las naciones puedan reconocer el poder y la singular deidad de Jehová. Ver también 28:22, 25; 36:23; 38:16, 23; 39:27. **42. Yo soy Jehová.** Israel conocerá al Señor como el Dios que ha de ser honrado y servido cuando Él cumpla Sus antiguas promesas a los padres en la restauración de la tierra. **43. Os aborreceréis a vosotros mismos.** Por sus pecados pasados (6:9; 16:61ss.). Pero ellos serán traídos al arrepentimiento por la bondad de Dios (Ro 2:4). **44. Yo soy Jehová.** El pueblo verá que a través de todo su pasado como nación el Señor, por causa de Su nombre, trató con ellos en gracia y no como ellos merecían (cp. Is 40:5). Los vv. 40–44 señalan hacia adelante al cap. 40 y los siguientes.

2) Israel será castigado por la espada vengadora de Dios. 20:45 — 21:32.
El TM numera esta sección como cap. 21, en tanto que la versión castellana, siguiendo a la LXX, la Siríaca, y la Vulgata, la hace 20:45–49; 21:1–32. Se pueden distinguir cuatro oráculos: (a) Un fuego devorará los bosques del sur (20:45–49), el fuego de la guerra y de la espada contra Jerusalén e Israel (21;1–7); (b) el ''canto de la espada'', a pesar de sus oscuridades textuales, representa de una forma bien gráfica la visitación divina inminente sobre Jerusalén (vv. 8–17); (c) el rey de Babilonia, el que blande la espada, es dirigido por suertes en los cruces de los caminos para dirigirse contra Jerusalén (vv. 18–27); (d) Amón, amenazando a Israel con la espada, será ella misma sentenciada (vv. 28–32).

a) El fuego devorador de la guerra en contra de Jerusalén y de Israel. 20:45 — 21:7.
45–59. *La figura de un fuego devorando los bosques del sur.* **46. Pon tu rostro hacia el sur.** Aparecen tres palabras para **sur** en este versículo — *têmān, dārôm,* y *negeb,* que significan, respectivamente, ''mano derecha'', ''brillo'' o ''mediodía'', y ''tierra seca''. Todas ellas son designaciones para Israel, que caía al sur en el camino de los conquistadores avanzando de Babilonia (cp. 1:4). Señálese la triple referencia a Israel en 21:2, 3. **Derrama tu palabra** (cp. Amós 7:16; Mi 2:6, 11). **47. Enciendo en ti fuego.** Esta es una figura de destrucción (Is 9:17; 10:17–19; Jer 21:14; Zac 11:1–3; Sal 83:14). **Arbol verde...árbol seco.** Cp. 21:3. Todos por igual, justos y malvados, se verán involucrados en el juicio nacional (cp. Lc 23:31). **Todos los rostros.** De espectadores, o de los árboles.

49. Parábolas. O enigmas. Para la palabra *māshāl*, ver 18:2. El pueblo se dio cuenta del modo de hablar del profeta, pero no se aplicaron a sí mismos los mensajes.

21:1–7. *El fuego de la guerra y la espada dirigidas contra Jerusalén e Israel.* **2. Derrama palabra.** Cp. 20:46. Las palabras **Jerusalén...santuarios** (el Templo y sus recintos) e **Israel** se corresponden a los tres *sures* de 20:46. **3. Mi espada.** Cp. 21:5; 30:24, 25; 32:10. Jehová luchará en favor de Su pueblo (Jos 5:13–15); derrotará a los enemigos de Israel (Dt 32:41, 42; Is 31:8; Jer 50:35), y juzgará a los impíos Jer 25:31; Is 66:16). La espada desenvainada contra Israel es la de su agente, Nabucodonosor (ver v. 19; 12:13; 17:20). **Cortaré...al justo y al injusto.** Los árboles "verdes" y "secos" de 20:47. Este caso de solidaridad corporativa no impide que el individuo justo entre en aquella comunión con Dios que trasciende a la muerte (cp. cap. 18).

6. Gime con quebrantamiento de tus lomos. Los lomos eran considerados como el centro de la fortaleza (Job 40:16; cp. Sal 66:11; 69:23; Is 21:3; Nah 2:10). **Delante de los ojos de ellos.** Una parábola actuada. **9.** Los exiliados en Babilonia quedarían asimismo quebrantados de corazón cuando recibieran las noticias de la caída de Jerusalén (cp. 33:21).

b) El cántico de la espada. 21:8–17.

9–11. *La espada, afilada para el degollamiento.* **10. ¿Hemos de alegrarnos?** Estas palabras, desde aquí hasta el final del versículo, son una corrupción del texto. La interpretación de Keil (*Biblical Commentary on Ezekiel, in loco*) retiene el TM: "¿Nos gozaremos (diciendo): 'El cetro de mi hijo desprecia a todas las maderas' (esto es, a los otros cetros)?". Esta interpretación ve aquí una referencia a Gn 49:9, 10; 2 S 7:14. Cp. el v. 27.

12, 13. *La agitación del profeta.* **12. Hiere...tu muslo.** como gesto de desesperación (Jer 31:19). **13. Está probado.** Este texto está corrompido. De las muchas reconstrucciones, la de Keil es la que se halla más cercana al TM: "Porque la prueba está hecha, ¿y qué si el cetro despreciativo no viene?" Esto es, ¿qué pasará si el reino, Judá, se queda sin quien lo rija? Cp. los vv. 10 y 27.

14, 15. *La espada dobla y triplica su intensidad para la carnicería.* El TM de estos versículos es difícil, y todas las traducciones recurren a enmiendas especulativas. **Bate una mano contra otra.** Un gesto de profunda emoción (cp. v. 17; 22:13). **16. Adonde quiera que te vuelvas.** Estas palabras se dirigen a la espada. **17. Yo también batiré mi mano con-**tra mi mano. El Señor se exulta sobre la venidera venganza.

c) El rey de Babilonia, que blande la espada, ha de proceder contra Jerusalén. 21:18–27.

19. Traza dos caminos. Se le ordena al profeta que marcara sobre la arena, o posiblemente sobre una losa o un ladrillo (cp. 4:1), dos líneas que representaran dos caminos que podrían seguir el rey de Babilonia y su ejército. Estos caminos provienen de la misma tierra, Babilonia, y siguen el mismo trazado por varios cientos de kilómetros hasta el valle del Orontes antes de bifurcarse. **Al comienzo de cada camino.** Es posible que esto indique Ribla, en el país del Líbano (o Damasco), donde se separan los dos caminos. Se tenía que erigir un poste indicador (cp. 1 S 15:12; 2 S 18:18), indicando la dirección. **20. Rabá de los hijos de Amón** (cp. 25:5). En los tiempos grecorromanos esta ciudad recibía el nombre de Filadelfia; en la actualidad es conocida como Amán. Está situada en el nacimiento del Jaboc, a unos 40 kilómetros al noreste del Mar Muerto. Rabá-amón estaba en un camino, y Jerusalén en el otro. Ambas eran culpables de conspirar contra Babilonia (Jer 27:1–3).

21. Encrucijada (lit. madre) **de los dos caminos.** Allí el **rey de Babilonia** utilizaría tres tipos de **adivinación.** Sacudiría **saetas,** una marcada para Jerusalén, y otra para Amón, en un carcaj; y la marcada para "Jerusalén" sería la que saldría. Consultaría a sus **ídolos,** o *terafim,* pequeños dioses familiares en forma humana (cp. Gn 31:19; 1 S 19:13, 16). Miraría el **hígado** (como asiento de la vida, lleno de sangre) en busca de presagios, costumbre esta practicada entre los babilonios, los griegos y los romanos. **22. La adivinación...sobre Jerusalén.** Todos los métodos señalarían a Jerusalén como la meta en contra de la cual los invasores lanzarían el grito de guerra, y contra la cual erigirían **arientes, vallados** y **torres de sitio. 23.** Pero a los judíos que habían **hecho solemnes juramentos** de alianza con Nabucodonosor solamente para quebrantarlos (17:16–18), la adivinación les parecería falsa. **24. Habéis hecho traer a la memoria vuestras maldades.** Debido a vuestra culpa (*āwôn*), transgresiones (*pesha'*) y pecados (*hattā't*), **seréis entregados en su mano;** esto es, arrestados por oficiales enemigos.

25. En deshonrado **impío príncipe de Israel,** Sedequías, había llegado a su **día** (1 S 26:10) de castigo (cp. Ez 21:29; 35:5). **26. La tiara** (*misnepet,* "diadema" o "mitra", utilizada en otros pasajes del sumo sacerdote; ver Éx 28:4; Lv 8:9 y la **corona** (*'atārā;* cp. Jer 13:18; 2 S 12:30) de la casa real serían quitadas de su cabeza. Todo el estado existente de cosas sería derribado. **27. A ruína, a ruína, a ruína lo reduciré.** La repetición expresa un grado superlativo (cp. Is 6:3; Jer 22:29). La condición prevalente de cosas sería derribada, **hasta que venga aquel cuyo es el derecho, y yo se lo entregaré.** Esta es la primera clara referencia de Ezequiel al Mesías personal, que tendrá el derecho a llevar la corona y que será un verdadero rey. Ver Gn 49:10, donde Ezequiel evidentemente leyó *shellô*, "cuyo es" (equivalente a '*ăsher lô*; cp. v. 27) en lugar de *Shîlōh*. Acerca de esta utilización de **derecho**, ver Dt 21:17; Jer 32:7, 8.

d) Oráculo contra Amón. 21:28–32 (cp. 25:1–7; Amós 1:13–15; Sof 2:8–11; Jer 49:1–6).

Aunque Nabucodonosor iba a dirigirse primero a Jerusalén que a Raba-amón (vv. 19, 20), la suerte de Amón iba a ser peor que la de Jerusalén. **28.** Al lanzar afrenta contra Israel, desenvainaron la espada contra ella para conquistarla. **29. Adivinan mentira.** Las falsas visiones y mentiras de los adivinos amonitas apremiarían a sus guerreros a poner la espada **sobre los cuellos de los malos sentenciados,** de los príncipes y de la nación de Israel. **30.** Dice el Señor: en tu propia tierra, **en el lugar donde te criaste, te juzgaré. 31. Te entregaré en mano de hombres temerarios** (cp. Sal 94:8), salvajes del desierto (Ez 25:4, 10), "forjadores de destrucción". **32.** Amón iba a ser **pasto del fuego**, siendo la sangre de la nación derramada en su propia tierra. En contraste con Israel, no habría una futura restauración de Amón.

3) Los pecados de Jerusalén han de ser juzgados en el horno ardiente. 22:1–31.

Desde el punto de vista de la homilética, este capítulo especifica las abominaciones de las que la nación era culpable (vv. 1–12), lamenta la ausencia de ninguna voz que se levantara en contra de estos pecados (vv. 23–31), y anuncia los fuegos del juicio sobre la nación (vv. 13–22).

a) Catálogo de los contaminantes crímenes de Jerusalén. 22:1–12.

Se tratan de cuatro grupos principales de hechos abominables en este primer oráculo. (1) La idolatría y la irreligiosidad. El olvido del Señor (v. 12) se halla a la raíz de todos estos pecados (23:35). Los **ídolos** (v. 3, 4), el desprecio de los **santuarios**, profanación e los **sábados** (v. 8; cp. v. 26; 20:20, 21), y el comer sacrificios a ídolos **sobre los montes** (v. 9; cp. 18:6) son todo ello denunciados. (2) Tenía lugar mucho derramamiento de sangre en la ciudad (ver vv. 2–4, 6, 9, 12, 13, 27). (3) La

inmoralidad y el incesto eran comunes. Los hombres cometían **perversidades** (v. 9*b*; cp. 16:27; Lv 18:17), como el caso de casamiento con una madrasta (v. 10; cp. Lv 18:7, 8; 20:11ss.). Humillaban a mujeres que estaban **inmunda(s) por su menstruo** (v. 10*b*; cp. 18:6; Lv 18:9). Cometían adulterio con **la mujer de su prójimo**, e incesto con **la nuera**, y con **la hermana** (v. 11; cp. Lv 18:20, 5, 9). (4) Se practicaba la inhumanidad: **Al padre y a la madre despreciaron en tí; al extranjero trataron con violencia en medio de ti; al huérfano y a la viuda despojaron** (v. 7; cp. Éx 21:17; 22:21, 22). **Había calumniadores** que provocaban derramamientos de sangre (v. 9; cp. Lv 19:16). Los hombres aceptaban **precio** (cohecho), **interés y usura** (v. 12; cp. Ex 23:8; 22:25; Lv 19:13). El pueblo no mantuvo el código de justicia exaltado en 18:5–9.

b) El juicio del Señor será visitado sobre la pecadora nación. 22:13–22.

13–16. *La necesidad y certeza del juicio.* **13. Batí mis manos.** Un ademán de desdén (cp. 21:14, 17). **16. Serás degradada a la vista de las naciones.** El castigo sería la dispersión entre las naciones. Cp. 20:9; 36:20.

17–22. *Juicio sobre Israel bajo la figura de un horno ardiente.* Para esta figura, ver también Is 1:22, 25; 48:10; Jer 6:27–30; Zac 13:9; Mal 3:2, 3. Aquí Israel es la materia prima, Jerusalén es el horno, Jehová funde la mena, e Israel, ¡sale como escoria! Nótese la repetición de ideas a través de este párrafo. **18. La casa de Israel se me ha convertido en escoria.** La **escoria** era un símbolo de indignidad (cp. Sal 119:119; Pr 25:4; 26:23).

c) Todas las clases y las masas igualmente culpables de dejar de reprochar los vicios nacionales. 22:23–31.

Empezando desde las capas sociales superiores, Ezequiel acusa a los príncipes, sacerdotes, potentados, profetas, y al pueblo, por su complicidad en el pecado.

24. Israel es una tierra que no es **rociada con lluvia.** Una sequía cae sobre ella (cp. 34:26). **En el día del furor.** El día de la destrucción de Jerusalén (cp. v. 31; 21:31). **25. Sus profetas.** Léase, sus *príncipes*, sustituyendo *nāsî'*, 'príncipe'', siguiendo la LXX, en lugar del TM *nābî'*, "profeta". Estos eran miembros de la casa real (cp. v. 6). Los profetas son señalados en el v. 28. Cp. Jer 19:1; 21:12; 45:8, 9; Sof 3:4. **26. Sus sacerdotes.** *Los kōhen.* Cp. Sof 3:4. **27. Sus príncipes**; esto es, sus potentados o nobles, los *śarîm*, jefes o líderes del pueblo. cp. Jer 26:10; 36:12; Sof 3:3. **28. Sus profetas.** Los *nābî'*. Cp. 13:10, 11; 21:28; Sof 3:4.

29. El pueblo de la tierra (*'am hā' āres*). El común del pueblo. Cp. 7:27; 12:19; 2 R 25:3, 19; Jer 37:2. **30. Y busqué entre ellos hombre que hiciese vallado y que se pusiese en la brecha delante de mí.** cp. 13:5; Sal 106:23. El Señor buscó en vano a alguien que detuviera la marea y que volviera las fortunas del pueblo, pero no había ninguno. cp. Is 59:15, 16; 63:5, donde, en ausencia, de nadie, el brazo de Jehová trajo victoria. **31.** La indignación y la ardiente ira de Dios se derraman sobre tal pueblo (cp. vv. 21, 22; 9:10; Sof 3:8).

4) Alegoría de Ahola y de Aholiba. 23:1–49. El cap. 23 contiene una representación alegórica de la historia de Samaria y de Jerusalén como dos hermanas infieles a su divino esposo. En la alegoría del cap. 16, la infidelidad religiosa de Israel debido a las seducciones de la adoración cananea es asemejada al adulterio. El presente capítulo trata de las alianzas políticas de Israel con las naciones paganas, involucrando la desconfianza en el poder del Señor, bajo la figura de la prostitución. En un poema que exhibe mucho detalle repulsivo (vv. 1–35), el profeta describe (1) las infidelidades de Ahola (Samaria) y su castigo (vv. 1–10); (2) las infidelidades de Aholiba (Jerusalén; vv. 11–21) y su castigo (vv. 22–35). Un discurso incluido como apéndice (vv. 36–49) representa a las dos hermanas pecando y recibiendo el juicio en forma simultánea. El reino del Señor tiene que ser fiel a él, y no descansar en alianzas paganas. "Estaba ya tomando posesión la concepción de la mente profética de que el reino de Dios no era un estado, sino lo que ahora llamamos una iglesia" (A. B. Davidson, *Cambridge Bible*, p. 165).

a) Introducción. 23:1–4.
2. Los dos reinos, Israel y Judá, son introducidos como hermanas (cp. Jer 3:7; Ez 16:46). **4. Ahola**, *la que tiene una tienda*, y **Aholiba**, *una tienda está en ella*, eran "hermanas tanto en nombre como en culpa." Ver Gn 35:18; Is 62:4 para nombres formados de manera similar. Ewald señala que en el Este los hermanos y hermanas tienen a menudo nombres que son muy similares, como Hasan y Husein (pequeño Hasán), hijos de Alí, yerno de Mahoma. **Llegaron a ser mías.** La ley prohibía tomar dos hermanas en matrimonio (Lv 18:18). La figura del matrimonio (cp. Jer 2:2; Os 2:21, 22) se desarrolla extensamente en Ezequiel.

b) Las infidelidades de Ahola, Samaria. 23:5–10.
5, 6. Sus amantes los asirios, hombres de guerra (RVA). El *vecinos* de la RV, *qerōbîm*, está probablemente relacionado con la palabra *qerāb*, "batalla" (Job 38:23; Zac 14:3); o pudiera estar relacionada con el término acadio, *kurâdû*, "guerreros", que debe leerse *qerôdîm*. **7.** El Obelisco Negro de Salmansar III (859–824) muestra a Jehú rey de Israel pagando tributo, 842 a.C. (cp. Pritchard, ANET, pp. 281–284). Israel entró en una costosa alianza con Tiglas–pileser III (745–727), rey de Asiria (2 R 15:19–29). Los vv. 8, 9 hablan de las intrigas de Samaria con Asiria y Egipto (ver también Oseas (5:13; 7:11; 8:9, 10; 12:1). Las intrigas de Oseas con Egipto en contra de Asiria llevaron a la destrucción de Samaria (2 R 17:3–6). **10. Vino a ser famosa;** esto es, vino a ser proverbio (lit., *nombre*; cp. v. 48; 16:41; 36:3).

c) Las infidelidades de Aholiba, Jerusalén. 23:11–21.
11–13. *Intrigas con Asiria.* **11. Y lo vio su hermana Aholiba.** El ejemplo de Samaria no demostró ser un freno para Jerusalén, que se hizo culpable de mayores excesos (16:47, 51; Jer 3:8, 11). **12. Se enamoró de los hijos de los asirios.** Cp. los vv. 5, 6. Acaz llamó en su ayuda a los asirios (2 R 16:7; 23:11, 12; Is 7:1–25).
14–18. *Intrigas con Babilonia.* **Hombres pintados en la pared.** Los babilonios decoraban los muros de sus habitaciones con paneles tallados y pintados (cp. 8:10; Jer 22:14). **15. Talabartes.** Cintos o faldones formaban parte de la vestimenta de los babilonios (ver Is 5:27; 11:5; también, descripción de los nobles babilonios, *Historias*, de Herodoto, I, 195). **Tiaras de colores en sus cabezas.** *Cosas enrolladas alrededor*, con bandas colgando por detrás. **Teniendo todos ellos apariencia de capitanes.** Un "capitán" (*shālîsh*) era el tercer hombre que ocupaba el carro, con el rey y el conductor, un hombre de elevado rango. **16. Les envió mensajeros.** La ocasión es desconocida, aunque Ezequías había dado la bienvenida a una embajada de Babilonia alrededor del año 712 a.C. (cp. Is 39). **17. Su alma se hastió de ellos** (lit. *fue dislocada;* cp. Gn 32:25). Sintió la revulsión de una pasión saciada.
19–21. *Intrigas con Egipto.* **19. Había fornicado en la tierra de Egipto.** En el tiempo de Isaías había un fuerte partido pro-egipcio (Is 30–31; cp. Jer 2:18; 37:5ss.; Ez 29–32). **20. Rufianes.** Para paralelos de las repulsivas figuras de este versículos, ver Os 8:9; Jer 2:24; 5:8; 13:27. Como una prostituta es atraída por la potencia sexual, así Judá se vio atraído por la potencia militar de Egipto.

d) El castigo de Aholiba. 23:22–35.
Se anuncian cuatro amenazas, cada una de ellas empezando con la expresión: "Así ha

dicho Jehová el Señor''; vv. 22–27, 28–31, 32–34, 35.

22–27. *Primera amenaza de castigo.* **23. Pecod, Soa y Coa** (cp. Jer 50:20; Is 22:5) son identificadas con los Pukûdû, Sutû, y Ḳutû, tribus viviendo al este del río Tigris, cerca de su desembocadura, y todos ellos parte de su imperio Caldeo. **Gobernadores y capitanes.** *Oficiales y guerreros,* siguiendo la lectura de los vv. 5, 6 y 12. **Nobles.** El TM traduce *llamados,* lo cual puede sugerir consejeros ''llamados'' para dar consejo. **24. Escudos.** Un escudo pequeño que se llevaba en el brazo. **Paveses.** Un escudo muy grande. **Yo pondré delante de ellos el juicio.** Esto es, el juicio de Jerusalén a los caldeos (cp. 1 R 8:46). Ellos iban a juzgarla en base de sus propios crueles **juicios. 25. Pondré mi celo contra ti.** Cp. Nm 25:11. Acerca de la mutilación de una adúltera, y otras, ver el código de ley del Imperio Asirio Medio (Barton, *Archaeology and the Bible*), pp. 427–438, especialmente las secciones 4, 8, 9, 11–14, 40, 41, 50–59. Acerca de la práctica en Egipto, ver Diodorus Siculus, *The Historical Library* i. 78. Cp. Ez 12:13; 16:40. **26. Te despojarán de tus vestidos.** Cp. 16:38, 39.

28–31. *Segunda amenaza de castigo.* **29.** (Fruto de) **tu labor;** esto es, la riqueza (Jer 20:5; Sal 128:2). **31. Cáliz.** Jerusalén tiene que beber del cáliz del castigo de su hermana (cp. Is 51:17, 22, 23; Jer 25:15, 16; Hab 2:16).

32–34. *Tercera amenaza de castigo.* Estos versículos constituyen un poema acerca del cáliz de castigo. **34. Arrancarás tus cabellos** (RSV). Una traducción libre del TM *morderás sus tiestos* que aparece en la LXX. **Rasgarás tus pechos.** Cp. Jer 25:16; Job 39:24.

35. *Cuarta amenaza.* **35. Lleva tú también tu lujuria** (sus consecuencias). Cp. los vv. 8, 27, 44.

e) Juicio de Ahola y de Aholiba. 23:36–39. Este pasaje constituye en apéndice con una descripción independiente.

36–39. *Las hermanas, culpables de adulterio, idolatría.* **37.** La **sangre** de sus sacrificios de recién nacidos se hallaba en **sus manos,** en su adoración de los ídolos, especialmente Moloc (cp. 16:20, 21). **38. Contaminaron mi santuario** del Templo y **profanaron** los sábados. cp. 20:12, 13; 22:8. **39.** Después de efectuar la adoración pagana, entraban como si nada hubiera pasado, en la casa del Señor. Cp. Mi 3:11; Jer 7:9–11.

40–44. *La prostitución de Israel en alianzas extranjeras.* En estos versículos la ramera hace elaborados preparativos para dar la bienvenida a sus amantes. **40.** Las mujeres pintaban sus párpados con antimonio en polvo para hacerlas

parecer grandes y lustrosas (cp. 2 R 9:30; Jer 4:30; ver también el nombre de la hija de Job, *Keren-hapuc,* ''cuerno de pintura de ojos'', Job 42:14). **42, 43.** Estos versículos son ininteligibles en el TM, y las versiones no dan lecturas satisfactorias. El v. **44** es un resumen de los versículos precedentes. Traducir, **cometer perversión** (RSV), siguiendo la LXX, en lugar del TM *mujeres pervertidas.*

45–49. *Las adúlteras ejecutadas por los hombres justos.* **Hombres justos.** Quizás el significado es que el sentido moral de la comunidad (no los caldeos) pasaría juicio sobre las adúlteras (cp. vv. 24, 47; 16:40). **47. Las apedrearán.** El apedreamiento era el castigo para el adulterio prescrito por la Ley (cp. 16:38–40; Dt 21:21). **48. Escarmentarán.** Advertidas por ejemplo público (cp. el v. 10; 16:41). **49. Sobre vosotras pondrán vuestras perversidades.** Así el Targum. **Pagaréis los pecados.** Cp. el v. 35; Lv 20:20.

5) Símbolos del asedio definitivo de Jerusalén. 24:1–27.

a) Alegoría de la olla herrumbrosa sobre el fuego. 24:1–14.

En el día en el que empezó el asedio y la captura de Jerusalén, el Señor dio al profeta una alegoría y una parábola actuada para proclamar con respecto al asedio y a la definitiva captura de la ciudad. Tenía que disponer una olla herrumbrosa (Jerusalén) sobre el fuego, llenarlo con agua, y echar trozos de carne (los habitantes de Jerusalén) en él. Tenía que amontonar combustible debajo de ella para hacerlo hervir tumultuosamente (el asedio y su severidad). A continuación tenía que sacar indiscriminadamente trozos de carne de la olla (la dispersión universal cuando acabara el asedio). Lo siguiente era poner la olla vacía sobre carbones a fin de que su herrumbre y su suciedad pudieran ser fundidas y consumidas (los juicios purificadores tendrían que continuar hasta mucho después de la destrucción de la ciudad).

1. El año noveno...mes décimo...diez días del mes. El día del inicio del asedio de Jerusalén (2 R 25:1; Jer 30:1; 52:4). Enero del 587 (o 588) a.C. Durante el exilio y hasta el 518 a.C. este día fue observado con un ayuno (Zac 8:19). **3. Habla por parábola.** *Un māshāl* (cp. 17:2). Los vv. **3–5** se hallan en forma poética. La inspiración del profeta venía a menudo durante sus ocupaciones ordinarias, aquí evidentemente durante el curso de preparar una comida.

5. Amontona la leña (RVA). Leer con el v. 10, en lugar de *los huesos debajo de ella* del TM. **Cuece también sus huesos.** Juntamente con la carne en ellos (cp. v. 4). **6. Olla herrumbrosa, cuya herrumbre**, o suciedad, **no ha sido quitada.** Cp. 22:2. **Sin echar suerte sobre ella.** En el 597 a.C., ¿fueron los habitantes llevados a cautiverio por suertes? No será así ahora. La dispersión será indiscriminada. **7, 8. Sangre...sobre la dura piedra.** Lo abierto del pecado de Jerusalén (cp. Is 3:9) tendrá su paralelo en lo abierto de su castigo. La sangre derramada clama a gritos por su venganza (Gn 4:10; Lv 17:13; Dt 12:16; Job 16:18). En el v. 8 se habla del Señor como señalando este derramamiento, a fin de hacer caer el juicio sobre Jerusalén a causa de él. **10. Multiplicando la leña.** Esto tiene su paralelo en el v. 5. **Hacer la salsa**, o *vaciar la salsa*, esta última lectura es la de la LXX, frente a la del TM, *condimentar los condimentos.* **Los huesos serán quemados.** Por la poderosa acción del calor en la ebullición. **12. En vano me he cansado** (RSV). Una ligera enmienda da esta lectura, en lugar del TM *con trabajos ella ha cansado* (a mí, o a sí misma). **Su mucha herrumbre**, o mucha suciedad, tienen que ser eliminadas de la olla. **13. Hasta que yo sacie mi ira.** Ver también 5:13; 8:18; 16:42. **14. Te juzgaré** (RVA). Así lo leen dos manuscritos hebreos y varias versiones. La RV lee aquí: *Te juzgarán.* Cp. 23:49.

b) La innatural abstinencia del profeta del duelo. 24:15–24.

El Señor le reveló a Ezequiel que su amada esposa moriría repentinamente, y que él no tenía que dedicarse a la acostumbrada práctica del duelo. Tenía que ser así un símbolo de la desesperanza del pueblo ante el destino de su amada ciudad de Jerusalén.

16. El deleite de tus ojos. Cp. los vv. 21, 25. "Esta frase sola revela que había una fuente de lágrimas sellada dentro del pecho de este firme predicador" (J. Skinner, ExpB). **De golpe.** Esta expresión se refiere a una enfermedad repentina y fatal (Nm 14:37), por lo general una plaga (Éx 9:14; 2 Cr 21:14). **17.** El profeta tenía que reprimir sus instintos naturales cuando cayera el golpe. Para las costumbres del duelo, consúltese Eclesiástico 38:17; Is 20:2; Mi 3:7; Lv 13:45. **Ni comas pan de enlutados.** Así el Targum y la Vulgata. Cp. Os 9:4, leyendo *'ônîm* en lugar del TM *'ânāshîm*, "pan de hombres." Cp. Jer 16:7; Tob 4:17. **18, 19.** El pueblo, acostumbrado a consultar a Ezequiel (8:1; 14:1; 20:1), le preguntó por qué no lloraba la muerte de su esposa. Contrastar 21:12.

21. Yo profano mi santuario. Mediante la acción de un enemigo pagano (7:24; 25:3; 44:7; Dn 11:31). El Señor mira aquí detrás de las causas secundarias. **La gloria de vuestro poderío.** El Templo (cp. v. 25). **22, 23.** Ezequiel tenía que decirles al pueblo que se dolerían en silencio, profundamente, ante la destrucción del Templo (cp. 33:10; Sal 38:8), como él se había dolido por su esposa. **24. Ezequiel, pues, os será por señal.** Cp. el v. 27; 12:6, 11.

c) Liberación del profeta de sus limitaciones en su ministerio a la caída de la ciudad. 24:25–27.

Cuando vengan noticias de la caída de la ciudad, verificando las predicciones del profeta, ya no debe ser más como mudo; las limitaciones serán eliminadas, y será capaz de hablar sin restricción alguna a los que le escuchen bien dispuestos a su alrededor.

25. En el día. De la caída de Jerusalén. **26. Ese día.** Cuando las nuevas de la caída de la ciudad lleguen a Babilonia. **27. Se abrirá tu boca para hablar con el fugitivo.** En conversación con él. **No estarás más mudo.** Cp. 3:26, 27; 33:21, 22. Puede entonces ser un vigía en el sentido pastoral. Sus profecías de condenación habrán sido confirmadas; se verá libre para dedicarse a la edificación de la nueva comunidad. **Les será por señal.** Cp. los vv. 16–18.

II. Oráculos en contra de naciones extranjeras. 25:1 — 32:32.

Los oráculos anunciando castigos sobre los hostiles vecinos de Israel (caps. 25 — 32) constituyen una transición entre las profecías de juicio sobre Judá y Jerusalén (caps. 1–24), y las predicciones de su restauración (caps. 33 — 39; 40 — 48). Los oráculos en contra de las naciones extranjeras se agrupan juntos también en otros profetas: Is 13 — 23; Jer 46 — 51; Amós 1; 2; Sof 2:4–15.

Antes de que se pueda realizar el estado ideal, los enemigos tienen que quedar destruidos e Israel debe estar morando en seguridad en su tierra (28:24, 26; 34:28, 29). Siete naciones, posiblemente un símbolo de plenitud, se hallan destinadas a la retribución. Cinco de ellas habían formado una alianza en contra de Caldea (Jer 27:1–3). Babilonia, el poder anti-Dios en el AT, no queda incluido en las imprecaciones, quizás debido a que esta nación era el instrumento de la justicia de Dios (29:17ss.), aunque Ezequiel conocía el carácter de los caldeos (7:21, 22, 24; 28:6; 30:11, 12; 31:12).

El Señor iba a castigar los enemigos vecinos de Israel debido a su comportamiento hacia Israel (25:3, 8, 12, 15; 26:2; 29:6) y debido a su impía soberbia y auto-deificación (28; 29:3).

Aquí, como en los oráculos extranjeros de los otros profetas, se exhibe la visión internacional de la profecía hebrea, con su acento sobre la soberanía universal de Dios y sobre la responsabilidad moral de toda la humanidad. "El rango de una nación sobre los pueblos depende de la contribución que haga al propósito de Dios para la humanidad y en el homenaje que rinda a Su gobierno universal" (Cook, ICC, p. 282).

Las naciones que caen bajo la mirada del profeta son Amón, Moab, Edom, Filistea (25:1-7, 8-11; 12-14; 15-17), Tiro (tres oráculos: 26; 27; 28:1-19), Sidón (28:20-26), y Egipto (siete oráculos: 29:1-16; 17-21; 30:1-19, 20-26; 31; 32:1-16, 17-32). Los primeros cuatro oráculos son cortos y en prosa (cap. 25), en tanto que los pronunciamientos contra Tiro (caps. 26—28) y Egipto (caps. 29—32) son unos poemas largos y magníficos, llenos de color y de ardor, ilustrando bien lo variado del estilo de Ezequiel. Las fechas que acompañan a varios de los oráculos datan esta sección entre el 587/586 a.C. (siete meses antes de la caída de Jerusalén, 29:1) y 571/570 a.C. (16 años después de su caída, 29:17).

A. *Oráculo contra Amós. 25:1-7.*

Para otras denuncias, ver 21:28-32; Amós 1:13-15; Sof 2:8-11; Jer 49:1-6.

Amón había poseído en el pasado la tierra entre los ríos Arnón y Jaboc pero había sido echado al este por los amorreos (Jue 11:13; Nm 21:21). Una implacable enemiga de los israelitas a través de los años (Jue 10—11; 1 S 11; 2 S 10), Amón es denunciada en este oráculo por su impía alegría y malicia ante la destrucción del Templo y la desgracia sobrevenida sobre Israel y Judá (Ez 25:3, 6). Referencias postexílicas a Amón se hallan en Neh 4:3; 1 Mac 5:6. **4. Los orientales.** Las tribus arameas y árabes al este de Amón (cp. Jue 6:3, 33; Is 11:14; Jer 49:28) saquearían Amón y lo despojarían. **5. Rabá.** Su principal ciudad (cp. 21:20), el lugar de Filadelfia, establecida por Ptolomeo II Filadelfo (285-246 a.C.), se convertiría en tierra de pastos (cp. Is 17:2; 32:14; Sof 2:14). **Sabréis que yo soy Jehová.** El propósito de estos juicios es el de hacer saber que Jehová rige a los hombres y que él dirige la historia (cp. Dn 4:17). Esta expresión, en varias formas, haciendo en Ez 6:7 su primera aparición en este libro, se repite unas sesenta y cinco veces en Ezequiel, y repetidamente en los oráculos acerca de naciones extranjeras.

B. *Oráculo en contra de Moab. 25:8-11.*

Otras maldiciones se hallan en Is 15—16; 25:10-12; Jer 48; Amós 2:1-3; Sof 2:8-11.

El territorio de Moab caía entre el río Arnón y el torrente Zered, pero Moab reclamaba a menudo la posesión de la tierra extendiéndose hasta la cabecera del Mar Muerto. Poseía un mayor grado de cultura que Amón. (Acerca de las ciudades en Moab, cp. Nelson Glueck en AASOR, 18-19 [1937-39], 72-75; *The Other Side of the Jordan* [New Haven: ASOR, 1940], pp. 134-139. Cp. Gn 19:30-38; Nm 22—24; Rut; Neh 13:1.) **8.** Moab no vio nada bueno ni singular en la existencia de Israel: **La casa de Judá es como todas las naciones. 9. Betjesimot.** Tell el-'Azeimah, a unos cuatro kilómetros al noreste del Mar Muerto (Jos 12:3; 13:20). **Baal-meón.** *Mâ'în*, a unos quince kilómetros al este del Mar Muerto y a más de 6 kilómetros al sur de Medeba (Jos 13:17). **Quiriataim.** Identificada como el Qereiyat, a dieciseis kilómetros al sur de Baal-meón y a once kilómetros al noroeste de Dibón (Jos 13:9; Jer 48:1, 23). La segunda y la tercera de estas ciudades son mencionadas en la "Inscripción de Mesa" o "Estela Moabita" (ANET, pp. 320, 321).

C. *Oráculo contra Edom. 25:12-14.*

Para otras maldiciones, ver 35:1-15; 36:5; Is 34; 63:1-6; Joel 3:19; Amós 1:11, 12; Ab; Mal 1:2-5.

Edom desplazó a los hurrianos en Seir para ocupar el escabroso terreno que se extiende desde el extremo meridional del Mar Muerto a ambos lados del Arabá hasta el golfo de Akaba (Gn 14:6; 32:3; 36:20, 21, 30; Dt 2:1, 12; Jue 11:17, 18; 1 R 9:26). Su capital fue Sela, probablemente el lugar de la posterior Petra. A la caída de Jerusalén, los edomitas invadieron el sur de Judá (1 Mac 4:29; 5:65). Desde finales del cuarto siglo a.C. hasta el fin del primer siglo d.C., los árabes nabateos establecieron un alto grado de cultura en el territorio edomita. Los edomitas fueron sometidos por Juan Hircano el 125 a.C., e incorporados a Israel. Herodes el Grande era idumeo, el nombre griego y romano por edomita. (Ver Josefo, *Antigüedades*, XII.8.6; XIV.1.3; 7.3; *Guerras* IV.9.7. 1 Mac 5:3, 5.)

12. Por lo que hizo Edom, tomando venganza de la casa de Judá, todo su territorio, **desde Temán** (v. 13), probablemente Tawîlân cerca de Sela en el norte, hasta **Dedán,** en el sur (cp. Jer 49:7, 8; no la Dedán de Arabia, 27:20; 38:13), sería desolado.

D. *Oráculo contra Filistea. 25:15-17.*

Para otras maldiciones, ver Is 14:29-31; Jer 47; Amós 1:6-8; Sof 2:4-7; Zac 9:5-7.

Los filisteos, de quienes se deriva el nombre de *Palestina* (Herodoto, *Historias*, vii.89), vinieron de Caftor, or Creta, en el mar Egeo (Jer

47:4; Amós 9:7), y como parte de los "pueblos del mar" se establecieron en la costa meridional de Canaán, desplazando a los aveos (Dt 2:23). Siempre una amenaza para los hebreos (Éx 3:17, 18; Jue 14 — 16; 1 S 4 — 6), su monopolio de artículos de hierro (1 S 18;19–23) los hacía particularmente temibles. Su pentápolis se hallaba bajo el control de cinco señores, o *serens* (cp. Gr. *tyrannos*; Jos 13:3; 1 S 6:4). Adoptaron la adoración a Dagón, la deidad semítica del grano (1 S 5), y a varios dioses cananeos. Los grandes "incircuncisos" de la antigüedad eran grandes juerguistas, como lo sugieren sus siempre presentes jarros de vino y jarras de cerveza (Albright, *Arch. of Pal.*, p. 115). Saúl luchó contra ellos (1 S 13 — 14; 17 — 18; 31), y David los derrotó (2 S 8:1, 12; 5:17–25; 21:15–22). Las relaciones siguieron siendo hostiles entre Judá y los filisteos (2 Cr 21:16; 28:18; 2 R 18:8; 2 Cr 26:6, 7), hasta que finalmente los macabeos los liquidaron (1 Mac 5:68; 10:83–89; 11:60, 61).

16. Los ceretos. (cretenses) eran mercenarios extranjeros, la guardia personal de David (2 S 8:18; 15:18; 20:7). Son aquí sinónimos con los filisteos, y no deben de identificarse con los Keret de las tabletas ugaríticas (cp. Albright, BASOR, 71 [Oct. 1938], 35–40). Los filisteos debían esperar **grandes venganzas con represiones de ira** de parte del Señor (v. 17), debido a que se tomaron venganza con malicia, **con despecho de ánimo, destruyendo por antiguas enemistades** (v. 15).

E. Oráculos contra Tiro. 26:1—28:19.
Para otras maldiciones, ver Is 23; Joel 3:4–8; Amós 1:9, 10; Zac 9:3, 4.
La antigüedad de Tiro queda atestiguada por Herodoto (ii, 44) y las cartas de El Amarna (cp. Pritchard, ANET, 484). Expulsados de Palestina y de Siria en los siglos xiii y xii a.C., los fenicios volvieron sus energías hacia el mar y llegaron a ser los más grandes marinos y comerciantes de todas las épocas, en relación con el mundo conocido (cp. Albright, "The Role of the Canaanites in the History of Civilization," en *The Bible and the Ancient Near East*, ed. por G. E. Wright, pp. 328–362, esp. pp. 328, 335, 340ss.). Hiram I, rey de Tiro (969–936), hizo pactos con David y Salomón (2 S 5:11; 1 R 5:1–18; 9:10–14, 26, 27). La reina de Acab, Jezabel, la hija de Et-baal (Itobaal I, 887–856 a.C.), rey de los sidonios, introdujo la adoración del tirio Baal Melkart, señor del mundo inferior, de las tormentas y de la fertilidad, en Israel (1 R 16:31; 18).
Tiro fue hostigada por los monarcas asirios, y se rindió ante Asurbanipal (ANET, p. 295).

Trató de aliarse con Sedequías frente a Nabucodonosor (Jer 27:3; 28:1). En 588 el Faraón Hofra atacó Tiro y Sidón (Herodoto ii. 161; Diodoro Siculo, I. 68). Nabucodonosor puso sitio a Tiro durante trece años (585 — 573), pero no la tomó (Ez 29:18; Josefo, *Antigüedades X. 11. 1; Contra Apión* I. 20, 21). Después de un asedio de siete meses, Alejandro Magno consiguió al final destruir la ciudad isleña en 332, construyendo un dique hasta ella desde la costa (Diod. Sic XVII. 40–46). Fue reconstruida en 314. Tiro tuvo contactos con el ministerio de Jesús (Mt 15:21–28; Mr 3:8; cp. Mt 11:21, 22), y fue hogar de creyentes (Hch 21:3–6). Orígenes fue enterrado allí en 254 d.C., y Eusebio predicó allí en 323. Los musulmanes la conquistaron en el año 638, y los cruzados la tomaron en 1124. La ciudad fue totalmente destruida por los sarracenos en 1291. En la actualidad, es un pequeño pueblo de pescadores, *es-Sur*.
Ezequiel le concede mayor espacio a Tiro, "la Venecia de la Antigüedad", que cualquier otro escritos del AT. En los capítulos 26 — 28, el profeta predice la caída de este principal poder marítimo en manos de Nabucodonosor (cap. 26); lamenta el naufragio de la hermosa nave de Tiro en una magnífica endecha (cap. 27); y en un cántico escarnecedor representa la soberbia y la caída del príncipe de Tiro (28:1–19).

1) Profecía de la destrucción de Tiro. 26:1–21.
El capítulo contiene cuatro oráculos, cada uno de ellos introducidos por "Así ha dicho Jehová el Señor" (vv. 3, 7, 15, 19). La tradicional nota marginal hebrea al principio del capítulo dice "la mitad del libro".

a) La culpabilidad de Tiro. 26:1–6.
1. En el undécimo año, en el día primero del mes; esto es, en 586 (o 587) a.C. El v. 2 implica que el oráculo vino después de la destrucción de Jerusalén en 586, cuyas noticias no oyó Ezequiel hasta el año doce y mes décimo (33:21). Algunos manuscritos hebreos y la LXX y la Siríaca dicen *undécimo año* en el v. 33:21, lo que permitiría esta profecía en el año undécimo y en el mes once o doce. **2. Puerte de las naciones.** Jerusalén estaba en las carreteras de peaje. **Desierta.** No podría ya recibir de las caravanas los impuestos que Tiro codiciaba.

4. Tiro (= *sôr*; y *sûr* = "roca"), localizada en una isla rocosa de 142 acres, tenía dos puertos conectados por un canal, el puerto de Sidón al noreste y el Egipcio al sur. La ciudad isleña se hallaba a unso 1.100 metros de la orilla desde la ciudad amurallada de la costa.

6. Sus hijas que están en el campo (cp. v. 8).
La línea de establecimientos fenicios enfrente
de la ciudad isleña.

b) Su inminente destrucción por Nabucodonosor. 26:7–14.

7. Nabucodonosor es la transcripción castellana de *Nabukudurriusur*, ''Nebo, protege mis
fronteras''. **Rey de Babilonia, rey de reyes.**
Un título asirio (cp. Dn 2:37; Esd 7:12). **Del
norte.** Ver también Jer 1:14; 4:6; 6:1, etc. **8, 9.**
En su ataque, **Nabcodonosor** empleó **torres
de sitio**, que eran movibles; **baluartes; escudo,** como el *testudo* romano; **arietes y hachas,**
literalmente, *espadas,* en el sentido de herramientas. **11. Tus fuertes columnas.** Pilares
sagrados o monumentos (cp. Herodoto ii.44).

c) Efectos de su caída sobre los príncipes
del mar. 26:15–18.
15. Las costas. Los lugares con los que Tiro
comerciaba. Muchas de sus colonias y mercenarios temieron una amenaza a su propia prosperidad ante la caída de Tiro. **16. Los príncipes del mar.** Príncipes mercaderes, o reyes de
ciudades independientes. **Se quitarán sus
mantos, y...sus ropas bordadas.** Cp. Jon
3:6. Nótense los elaborados ropajes de los
reyes asirios en esculturas y monumentos. **17,
18.** Las **endechas** de los príncipes. Cp.
27:25b–36.

d) Descenso de Tiro al mundo inferior.
26:19–21.
19. El abismo (*tehôm*). El mar inferior, virtualmente es aquí un nombre propio, como en
31:15; Amós 7:4. Tiro fue conquistado por las
muchas aguas, en lugar de conquistarlas.
20. Tiro descendería al **sepulcro, con los
pueblos de otros siglos** (Sal 143:3; Lm 3;6),
en **las profundidades de la tierra.** Cp. 31:15
para una discusión de **sepulcro, profundidades,** Seol. Las Escrituras hablan frecuentemente del lugar de los muertos como siendo
las profundidades de la tierra (cp. Ef 4:9), pero
esto no demuestra que los escritores creyeran
que este fuera el verdadero lugar de los espíritus que habían dejado este mundo. Ya que los
hombres piensan en términos concretos, es natural, en vista del entierro del cuerpo, localizar
este lugar debajo de la tierra. Los hombres, en
lugares opuestos del globo, hablan de Dios
como ''encima'' de ellos, aunque saben que Él
es omnipresente (cp. Mr 6:41; 7:34; Lc 9:16; Jn
17:1). **Para que nunca más seas habitada ni
te establezcas** (RVA; LXX, *y no permanecerás,* esto es, existir) **en la tierra de los
vivientes.** Esta traducción y lectura de la vocalización parece darle el sentido que demanda,
más bien que la inusitada antítesis del TM, *y
daré gloria,* etc., que sigue la RV.

Nabucodonosor, o bien no conquistó Tiro, o
no llegó a obtener un botín considerable de ella
(29:18); porque sus tesoros fueron probablemente embarcados, tal como sugiere Jerónimo.
Alejandro Magno destruyó la ciudad en 332
a.C., y la destrucción final de la ciudad reconstruida fue obra de los sarracenos en 1291 d.C.
Este puede ser un ejemplo de la naturaleza
condicional de algunas profecías, un caso en el
que el arrepentimiento revocó la sentencia de
condenación (cp. el libro de Jonás; Jer 26:17–
19, lo cual constituye una elucidación de Mi
3:12; Is 38; Jer 11:7–11, una clara exposición
del principio). Es posible que Tiro fuera perdonada por un arrepentimiento no registrado.

2) Lamento sobre la caída de Tiro. 27:1–36.
En este espléndido poema, introducido dentro de un pasaje de prosa, Tiro es representada
como una galante nave con una tripulación de
marinos de ciudades fenicias (vv. 1–9a), ricamente cargados con mercancías de muchas
naciones (vv. 9b–25a), y naufragado, para la
consternación y lamentación de los marinos
(25b–36).

a) Construcción y tripulación del barco.
27:1–9a.
2. Endechas. Cp. 19:1. **3. Orillas** (lit., *entradas*) del mar. Posiblemente una referencia a
sus dos puertos (cp. 26:4). **Yo soy de perfecta
hermosura.** El pecado de Tiro fue su soberbia
(28:2, 5, 17).
5, 6. Se describen las maderas del barco. Su
maderaje estaba hecho de **hayas del monte
Senir,** el nombre amorreo para el Hermón.
Senir significaba *monte sagrado,* y es equivalente al sidonio *Sirion.* Sus **mástiles** estaban
hechos de **cedros del Líbano.** Sus **remos** venían de **encinas de Basán,** una región al este-
noreste de Cineret, o mar de Galilea. Sus
bancos (lit., *estructuras,* esto es, *puentes,* cp.
Éx 26:15, 16; Nm 3:36) estaban hechos de **pino**
(el *te'ashshur,* o *sherbîn,* en árabe, se refiere a
una especie de cedro) de **Quitim.** *Kittîyyîm*
designaba primero al pueblo de Kition en la
costa meridional de Chipre, y después se
aplicó a las islas y costas del mar mediterráneo, especialmente a Grecia (cp. Dn 11:30; 1
Mc 1:1; 8:5). El Rollo de Habacuc del mar
Muerto dice *Kittîm* (1:6) en lugar del TM *Kas-
dîm,* ''Caldeos''. (cp. Brownlee, BASOR, 112
[Dic, 1948], 8–18; Ginsberg, *ibid,* 20, 21.) El
puente se hallaba incrustado de **marfil.**
7. Sus velas eran de **lino fino bordado de
Egipto** (*shêsh;* cp. 16:10). Y su **pabellón** o
cubierta del puente era de **azul y púrpura** de
Elisa, probablemente Chipre, Alashiya
(ANET, p. 29; Cartas de El Amarna 33–40) o
Cartago. Fenicia, de *phoinix,* ''púpura'', era

famosa por sus colorantes, obtenidos del molusco murex (cp. Plinio, *Historia Natural* ix. 60; B. Maisler, BASOR, 102 [Abril, 1946], 7-12).

8. Los **remeros** del barco eran de **Sidón y de Arvad** (del extremo norte de fenicia; la clásica Aradus; Ruwād en la actualidad). En lugar de **tus sabios, oh Tiro,** leer, *sabios de Zemer* (Tell Kezel, al sur de Aradusp cp. Gn 10:18). Estos servían como **pilotos.** Literalmente, *tiradores de cuerda.* **9. Los ancianos** (o magistrados) **de Gebal** (Gr. Byblos; Jebeil en la actualidad, a unos 34 kilómetros al norte de Beirut) trabajaron como **carpinteros del barco.**

b) El gran comercio de Tiro. 27:9*b*-25*a*. Sigue una sección en prosa. **9b-11.** Sus mercenarios. **10. Persas.** La primera mención de **Persia** (*Pāras*) en la Biblia. Lit., *los de Persia. Las Tabletas de Weidner,* procedentes de Babilonia (592 a.C.), mencionan a cuatro medos y a un persa. Fue enviada una embajada de Assurbanipal a Ciro, el rey de Persia, en el año 639 a.C. (cp. Albright, JBL, 51 [1932], 98, 99). **Lud.** Probablemente del Asia menor occidental. **Fut** puede ser Cirene, en el norte de Africa, o más posiblemente Punt o Somalia (cp. 38:5). **11. Arvad.** cp. el v. 8. Es posible que se trate de *Helech*, en Cilicia; o *Hethlon* cerca de Hamat. **Gammadim.** Quizás el Kumidi del norte de Siria, mencionada en las Cartas de El Amarna, 116, 129, etc., o los Gomerim de Capadocia. **Sus escudos colgaron sobre tus muros,** sobre los muros de Tiro (Cp. Cant 4:4; 1 Mac 4:57).

12-25. En esta sección se nombran lugares que actuaban como mercaderes de Tiro. Este es "El catálogo del mercader". Para los problemas involucrados en la identificación de estos lugares, ver J. Simons, *The Geographical and Topographical Texts of the Old Testament* (Leiden: Brill, 1959), pp. 455ss. **12. Tarsis** enviaba a Tiro...**plata, hierro, estaño y plomo.** Los fenicios habían establecido una cantidad de társiras, esto es, "plantas de fundición, refinerías". Tartesos, en el sudoeste de España, construida el siglo ix a.C., era famosa por sus exportaciones de las minas (Strabo, *Geografía* iii. 2. 8, 9; Diodoro Siculo, *His. Lib.* v. 35ss. Cp. Albright, en *The Bible and the Ancient Near East,* ed. por G. E. Wright, pp. 346, 347). **Tus riquezas.** Hebreo '*izzābôn,* esto es, "lo que queda ('*āzab*) con el comprador." La expresión aparece también en los vv. 14, 16, 22.

13. Javán, Tubal y Mesec. Estos son, respectivamente, los Jonios del Asia Menor, Tabal, y Musku de las formas cuneiformes,

que se establecieron a ambos lados de la cordillera Anti-Taurus en Asia Menor, restos de la antigua población hetea (o hitita) (Cooke, ICC, p. 353); o pueden haber sido los Tibarenoi y Moschoi, que vivían al sudeste del Mar Negro (Herodoto iii. 94; vii. 78). Traficaban en esclavos y en bronce. **14. Casa de Togarma** ...**caballos y corceles de guerra y mulos.** Probablemente se tratara de Armenia, al este del río más meridional Halys, famosa por su cría caballar.

15. Dedán...marfil y ébano. Esta **Dedán,** (que no debe identificarse con la Dedán en el v. 20) era probablemente una tribu árabe habitando una parte de Edom (v. 16). La LXX B lee *rdn,* "Rodas", en lugar de *ddn,* "Dedán" (cp. Is 21:13). **16. Edom...perlas, púrpura, vestidos bordados, linos finos, corales y rubíes.** Esta lectura es apoyada por veinticinco manuscritos, la LXX, Aquila, y la Siríaca. La "Aram", o "Siria" del TM viene en el v. 18. Aquí la RV sigue también el cuerpo de manuscritos citado, dejando de lado al TM.

17. Judá y la tierra de Israel...trigo. El TM tiene *trigos de Minit* (como asimismo la RV; Minit era una ciudad amonita, Jue 11:33) y *Panag.* Ninguna de las versiones tiene aquí ningún nombre propio. Cornill sugiere "trigo y especias" (cp. Gn 37:25). *Panag* puede venir de la palabra acadia *pannigu,* "mijo" (Zimmern).

18. Damasco...con vino de Helbón y lana blanca. Helbón, a veinte kilómetros al norte de Damasco, era famosa por su vino (Estrabo, *Geografía* xv. 22). **19. Asimismo Dan.** La LXX omite el término hebreo *wedan,* "y Dan", y lee *Yawan* ("Javán") como *yayin,* "vino". Juntamente con trece manuscritos, la LXX, y la Siríaca, lee *mĕ'ūzāl,* **de Uzal,** en lugar de *me'ûzzāl,* "yendo de una a otra parte". **Uzal.** Sana', capital del Yemen en sudoeste de Arabia. **Casia.** Una madera aromática del sur de la India, ingrediente que se usaba para el aceite de la unción (Éx 30:24). RV: *mirra destilada.* **Caña aromática.** Se utilizaba en las ofrendas y en el aceite de unción (Éx 30:23; Cant 4:14; Is 43:24; Jer 6:20).

20. Dedán...paños preciosos para carros. Esta es el-'Ulâ, cerca de Têma, al sudeste del Golfo de Akaba (cp. Is 21:13, 14; Jer 25:23). **21. Arabia...Cedar.** Los beduinos nómadas del norte de Arabia y una raza nómada en el desierto siro-árabe (cp. Gn 25:13; Jer 2:10; 49:28). **Sabá y Raama... especiería.** El primer país se halla situado en la Arabia sudoccidental, casi a 2.000 kilómetros de Jerusalén. Era famosa por su oro, incienso, y piedras preciosas (cp. 1 R 10:1-13; Job 6:19). **Raama** estaba probablemente en el Golfo Pérsico (Gn 10:7).

23. Harán, una antigua ciudad en el noroeste de Mesopotamia, a cien kilómetros al este de Carquemis (Gn 11:31, 32; 12:45). **Cane.** Un lugar no identificado en Mesopotamia. **Edén.** Situado en el curso medio del Éufrates, al sur de Harán (cp. Amós 1:5; Is 37:12). **Los mercaderes de Sabá** del TM es una repetición de copista, seguramente, procedente del v. 22. **Assur** es la ciudad al sur de Nínive, sobre la orilla occidental del Tigris, entre los ríos Zab Superior e Inferior. **Quilmad.** Desconocida, aunque aparentemente estaba cerca de Assur. **24. En mantos de azul.** Hebreo *gelômîm*, "mantos" es un *hapax legomenos* del arameo a través del acadio. **Cajas de ropas preciosas.** *Alfombras de materiales coloreados.* Léase (*ginzê berômîm*) explicados por paralelos arameos y acadios. **Enlazadas.** Cp. la raíz árabe, significando, "unir, hacer firme". El TM, hecho de cedro, es improbable. **Negociaban contigo en varias cosas.** En lugar del TM *en tu mercado.*

c) Naufragio del barco, con tripulación y cargamento. 25b–36.

25b–31. *Consternación de todos los marinos.* **26. Viento solano.** Oriental, como agente de destrucción (cp. 17:10; 19:12; Sal 48:7; Jer 18:14; Hch 27:14). **27.** El cargamento comprende **riquezas, mercaderías y tráfico.** La tripulación consiste de **remeros, pilotos, calafateadores** (carpinteros), **agentes de negocios,** o *los que manejan las noticias,* y **hombres de guerra. 28. Las costas,** —esto es, el terreno o la tierra común alrededor de una ciudad (Lv 25:34; Nm 25:2)— oyen los gritos de los marinos que se ahogan. **30, 31.** Ocho señales de dolor se relacionan aquí. Ver también 7:18; 26:16; Job 2:12; Jer 6:26.

32–36. *Lamentación sobre el barco naufragado.* **32.** Levantan **endechas en sus lamentaciones** (*qînâ*), diciendo: **¿Quién como Tiro, como la destruida en medio del mar?** Según la LXX, Siríaca, el Targum y la Vulgata es: **¿Cuál jamás fue destruida como Tiro? 34. En el tiempo en que seas quebrantada.** Se debe leer con los manuscritos y las versiones: **Ahora estás hundida. 35. Demudarán sus rostros.** Los habían comerciado con Tiro quedarán abrumados y aturdidos (cp. vv. 3, 6, 7; 26:15, 18).

Apocalipsis 18:11–20 está dispuesto según las líneas de 26:16, 17; 27:12ss.

3) La caída del príncipe de Tiro. 28:1–19.

De la ciudad, el profeta pasa a su príncipe, como representante del genio de la comunidad, la encarnación del espíritu de la soberbia ciudad comercial. El rey y el pueblo constituyen una sola corporación solidaria, cuya soberbia y

deificación propia están sentenciadas. Otros casos de la "insensatez de la prosperidad" son Senaquerib (2 R 17:33–35); Faraón (Ez 29:3); Nabucodonosor (Dn 3:15; 4:30; señálese particularmente el autoteísmo de Babilonia, Is 47:7–10); Herodes (Hch 12:21–23); "el hombre de pecado" (2 Ts 2:3, 4); y los conquistadores que confían en sus armas (Hab 1:11, 16); y todos aquellos que en la actualidad adoran a la "diosa del triunfo".

El profeta presenta el castigo del soberbio príncipe (Ez 28:1–10); y pronuncia una endecha irónica sobre su caída (28:11–19).

a) Castigo del príncipe de Tiro por su autoexaltación. 28:1–10.

2. Al príncipe de Tiro se le llama un *nāgîd*, "líder", término éste empleado solamente de los gobernantes israelitas excepto aquí y en Dn 9:25, 26. Su aparición aquí sugiere que mantenía su cargo sólo debido a que había sido designado por Dios. Se le designa "rey", *melek* en el v. 12, ilustrando el concepto del Creciente Fértil de que el gobernante era el representante de los dioses, y más que humano. Itobaal II era rey de Tiro para este entonces (Josefo, *Contra Apión* I. 21), pero es más al autoteísmo que al gobernante específico lo que se denuncia aquí. **En la sede de los dioses** (RVA; no Dios, RV) puede referirse a (1) un trono vacío en el templo de Tiro reservado para el rey, (2) la situación inexpugnable de Tiro, o (3) a la isla como sagrada a sus propios dioses.

3. Más sabio que Daniel. Este puede ser el *Dan'el* de las tabletas de Ras Shamra (cp. sobre 14:14, 20); o el Daniel bíblico (Dn 1:17–20; 2:48; 4:8, 9). **4, 5.** Esta sabiduría fue dedicada al amasamiento de riquezas.

7. Extranjeros, los fuertes de las naciones; esto es, los caldeos. Ver también 7:21, 24; 30:11; 31:12; 32:12; Hab 1:5–10. **8. Al sepulcro** (*shahat*). Equivalente a Seol, el reino de los muertos bajo la tierra (cp. 31:15). de la raíz *shûah*, "hundirse"; de ahí, "lugar hueco", "caverna". **10. Muerte de incircuncisos.** Para los fenicios, que practicaban la circuncisión (Herodoto II.104), morir como los despreciados incircuncisos era una gran vergüenza (cp. Ez 31:18; 32:19, 21, 24ss.).

b) Lamentación sobre la caída del rey de Tiro. 28:11–19.

Ezequiel aplica al rey de Tiro una historia que corría entre los fenicios. Tiene solamente semejanzas superficiales al relato del huerto del Edén en Gn 2:3. En el Huerto de Dios en Edén vivió con el querube que lo mantenía como persona ideal (el *Urmensch*, o primer hombre), la perfección de sabiduría y de belleza. Aunque solamente un hombre, en su soberbia pretendió ser un dios. Por su pecado fue arrojado del huerto por el querube. Según la palabra de Dios a Ezequiel, el rey de Tiro, por una ofensa similar, debía ser hecho caer. Algunos de los primeros Padres de la Iglesia interpretaron esta sección como teniendo una referencia última a la caída de Satanás o del Anticristo (cp. Is 14:4-20). Este punto de vista sigue siendo mantenido por algunos grupos evangélicos en la actualidad.

12. Endechas. La lamentación de Ezequiel sobre el rey de Tiro, aunque en metro *qînâ*, es más una ironía que una endecha. **Eras el sello de la perfección.** El TM lee, *Tú eres* (o fuiste) *un sellamiento,* o *un sellador de (hôtēm) proporción,* medida, simetría, esto es, "perfección" (*toknît*). Este uso no aparece en ningún otro lugar del AT, y las versiones varían considerablemente. Un manuscrito, la LXX, la Siríaca, y la Vulgata leen, *Tú eres* (o fuiste) *el sello (hôtam) de proporción,* etc., como en el TM. La Siríaca y la Vulgata leen, *el sello de la semejanza (tabnît)* de Dios. Otra lectura propuesta es: *Eras sabio en perfección ('atâ hāk̠ām letaklît).*

13. En Edén, en el huerto de Dios, estuviste. Nótese "monte de Dios" en los vv. 14, 16. **Edén** se deriva del acadio *edinu,* "llano", un lugar susceptible de irrigación y de fertilidad. Es también un juego de palabras con la palabra *'ēden,* "lujo, delicadeza, deleite" (Gn 49:20; Jer 51:39; Sal 8. Ver también Ez 31:9, 16). **De toda piedra preciosa era tu vestidura.** Se nombran nueve de las doce piedras preciosas que llevaba el sumo sacerdote en su pectoral. Ver Éx 28:17-30, que tiene su paralelo en Éx 39:10-13. Ver también Ap 21:19, 20. Las tres que faltan aquí son suplidas en la LXX. **Trabajados en oro eran tus engastes y tus grabados** (RSV). El TM lee: *y* (de) *oro* (era) *la obra (melā'kâ) de tus tamboriles* (el contexto demanda *engastes*) *y de tus órbitas (clavaduras, neqeb;* probablemente, "grabados." Cp. acadio y ugarítico).

14. Con un querube guardián ungido te puse (RSV). El TM tiene *Tu ('at) eres un querube.* Leer con la LXX y la Siríaca, *Con ('et) un querube.* El TM lee: *ungido* (o "de expansión"; *hapax legomenon) que cubre* (da sombra) *y di* (puse) *a tí.* **El santo monte de Dios.** Situado en los confines del norte (Is 14:13). Para los fenicios este hubiera sido probablemente el monte Ṣāfôn o Casius, entre Antioquía y Laodicea. Cp. al dios Tirio, *Baal Ṣāphôn,* "señor del Norte". **Piedras de fuego.** Joyas muy resplandecientes (cp. Enoc 18:6-9; 24:1; 25:3); o, fenómenos que acompañan a la divina presencia (cp. Ez 1:13; 10:16).

Cp. el huerto de árboles enjoyados en la *Epica de Gilgamés* (IX. v. vi. ANET, p. 89). **15. Perfecto eras** (*tāmîm,* "íntegro, sin defecto, inocente")... **hasta que se halló en tí maldad** (*'awlātâ,* en lugar del más usual *'āwel*). No hay referencia aquí al querube, porque la Biblia no habla de la caída de los querubim; y los seres celestes existían antes de la creación (Job 38:7).

16. A causa de la multitud de tus contrataciones. La primera parte del versículo es probablemente una glosa del v. 5; 26:12; 27:12, 18, anticipando el versículo 17. **Por lo que yo te eché del monte de Dios. Y el querube protector te echó** (RSV). Esta lectura sigue a la LXX *we'ibbedkā* (cp. Gn 3:24), en lugar del TM, *Y yo te destruí (wā'abbedkā), oh querube que cubres* (cp. Ez 28:14).

17. Tu corazón. Esta es una aplicación directa de la historia al rey, que representa a la ciudad (27:3) y a sus habitantes (27:8, 9). **18, 19. Profanaste tu santuario.** El profeta predice la ruína del mismo Tiro. El rey desacró los templos que hacían de Tiro una isla santa, atrayendo la destrucción por su propio pecado. Cayó por debajo de la norma de verdad que su religión había preservado para él.

F. Oráculo contra Sidón. 28:20-26.

Otras maldiciones contra Sidón aparecen en Joel 3:4-8; Zac 9:2. Sidón (la actual Saida, probablemente relacionada con la deidad Ṣid, de la razi *ṣûd,* "cazar") está localizada a unos 40 kilómetros al norte de Tiro. Es mencionada en las Cartas de el Amarna (75, 85, 149, etc.) y por Homero, *Ilíada* 7:290. La tribu de Aser no expulsó a los sidonios (Jue 1:31; 10:12). Sidón vino más tarde a ser tributaria a su ciudad hija de Tiro (Josefo, *Antigüedades.* IX. 14. 2). Fue destruida por Esarhadón en 677; con Tiro vino a quedar sometida al Faraón Hofra en 588; se sometió a Cambises en 526 (Herodoto VII. 89; VIII. 67); vendió cedro para la reconstrucción del Templo (Esd 3:7); fue destruida por los persas el 345; se rindió a Alejandro Magno el 333; y pasó a los romanos el 64. En varias referencias del NT es mencionado en relación con Tiro (cp. Int. al cap. 26), y Pablo tocó en su puerto (Hch 27:3).

20-23. Pon tu rostro hacia Sidón. La grandeza del Señor es reconocida por los juicios sobre Sidón. Sidón, y las otras naciones, habían sido una "espina desgarradora y un agujón doloroso" para Israel (v. 24).

24-26. La casa de Israel. El castigo a las naciones resultará en la restauración para la casa de Israel. La providencia de Dios queda claramente marcada en estos versículos. La cautividad de Israel entre sus vecinos (v. 24), llevará a su arrepentimiento y restauración (v. 25), al juicio de Dios sobre sus impíos enemigos, y a la paz y prosperidad para Israel (v. 26).

G. Siete oráculos contra Egipto. 29:1—32:32.
Otras maldiciones contra Egipto aparecen en Is 19; Jer 46; Zac 14:18, 19. El pecado de Egipto fue su soberbia (Ez 29:3, 9b; 30:10) y que apartara a Israel del Señor (29:6–9a).

Las implicaciones de Israel con Egipto en esta época se consideran en la Introducción a Ezequiel. Ya que Egipto era una gran potencia mundial, rigiendo naciones y aspirando a un dominio universal (29:15), el profeta la trata a una escala cósmica. El juicio de Egipto sería "el día de Jehová" (30:3). La caída de la gran nación sería sentida a través de todo el mundo (32:10), en tanto que incluso la creación temblaría y se estremecería (31:15). El mundo iba a saber que Jehová es el Señor (30:19, 26).

Los siete oráculos describen en varias formas el juicio de Dios sobre Egipto: (1) El Faraón, representado como un mónstruo marino, ha de ser echado para ser devorado, y la nación habrá de ser restaurada a una posición humilde después de cuarenta años (29:1–16). (2) Egipto será entregado a Nabucodonosor como recompensa por su inútil asedio de Tiro (29:17–21). (3) Egipto será derribado, juntamente con sus aliados, riquezas, príncipes, y ciudades (30:1–19). (4) Los brazos de Egipto serán quebrantados por los brazos del rey de Babilonia (30:20–26). (5) En una alegoría, Faraón, el poderoso cedro, es cortado y entra en desgracia en el mundo inferior (31:1–18). (6) Un lamento sobre Faraón, el mónstruo marino del Egipto, destruido por el rey de Babilonia (32:1–16). (7) Una endecha cantada ante el descenso de Egipto al mundo inferior (32:17–32).

1) Desolación y restauración de Egipto. 29:1–16.

a) La suerte del gran mónstruo marino. 29:1–5.
1. Año décimo, en el mes décimo, a los doce días del mes. Enero del 586 (o 587) a.C., siete meses antes de la caída de Jerusalén. **2. Faraón rey de Egipto.** Apries, u Hofra, de la XXVI dinastía (588–569). **3. El gran dragón** (tannîm, o tannîn en muchos MSS). Cp. 32:2; Is 27:1; 51:9. Gunkel y otros identifican este dragón con el mitológico Tiamat de los babilonios. También se le asocia a menudo con el Leviatán (Is 27:1; Job 41:1; Sal 74:14) y con "Rahab" (Is 51:9; Job 26:12, 13. Cp. Barton, Archaeology and the Bible, 279–302; ANET, 61–68, 137). Aquí quizás el **dragón** sea el

cocodrilo, porque no hay asociaciones en el presente contexto (cp. A Heidel, The Babylonian Genesis). Río, el Nilo, ye'ôr, es una palabra tomada del egipcio. Los **ríos**, ye'ôrîm, son los brazos del Nilo en el Delta (cp. vv. 4, 5, 10). "Egipto es el don del Nilo", dice Herodoto, pero Faraón se vanagloria: **Yo lo hice** (cp. v. 9. Así dice la Siríaca, y la RV lo sigue; cp. LXX).

4. Los peces de tus ríos. La población de mercenarios en Egipto. **5. A las fieras de la tierra y a las aves del cielo te he dado por comida.** El entierro impropio era considerada una suerte terrible en el mundo antiguo, especialmente para los egipcios en vista de su meticuloso cuidado por los muertos (cp. 32:4, 5; Jer 22:18, 19).

b) Vendrá una espada sobre Egipto, 29:6–9a.
6. Sabrán todos los moradores de Egipto. Cp. Éx 2:3, 5; Is 19:6; 2 R 18:21. **7. Temblar** (RSV). Así la Siríaca, una traducción derivada al trasponer dos letras del TM, mantener en pie. **8. Espada.** Esto es, los caldeos. Ver también los vv. 10; 32:11, 12; Jer 46:13ss.

c) Desolación y restauración. 29:9b–16.
10. Migdol (torre). Tell el-Heir, a veinte kilómetros al sudoeste de Pelusium, el límite noreste de Egipto (cp. 30:6; Éx 14:2; Jer 44:1). **Sevene.** Egipcio sun (probablemente significando elefante), en la primera catarata del Nilo, cerca de Asuan, el límite sur de Egipto (cp. 30:6), cerca de la frontera con **Etiopía**, o Kûsh (Josefo, Guerras, IV. 10. 5). **11. No pasará...pie de hombre, ni pie de animal.** Cp. 32:13, 15; 26:20. **Cuarenta años.** El período de la supremacia caldea, anticipando el v. 13. **12. Egipto en soledad entre las tierras asoladas** del desierto arábigo y libio a cada lado (cp. 30:7). Los egipcios serían dispersados (cp. 30:23, 26).

13–16. Al fin de cuarenta años Egipto sería restaurado, pero solamente en una posición de reino **humilde.** Cp. Jer 46:26. **Patros,** el Alto Egipto. Ver también 30:14; Is 11:11; Jer 44:15.

2) Egipto será dado a Nabucodonosor como recompensa. 29:17–21.
17. En el año veintisiete, en el mes primero, el primer día del mes. Marzo-abril 570 (571 a.C.) La última profecía de Ezequiel. Nabucodonosor invadió Egipto en al año treinta y siete de su reinado, 568/567 a.C., pero Egipto no vino a ser parte de su imperio. **18.** En el severo sitio impuesto por Nabucodonosor sobre Tiro (585–573), los soldados de su ejército tuvieron un árduo trabajo, tanto que **toda cabeza ha quedado calva, y toda espalda**

desollada por el gran peso de las cargas en las obras contra Tiro.

19, 20. El botín de Egipto iba a ser la **paga** para el ejército de Nabucodonosor. Cp. 30:10, 24, 25; Jer 43:10, 11.

21. En aquel tiempo. Cp. vv. 19, 20; 30:9; 24:26, 27. **El poder.** Lit., *el cuerno*, simbolizando la restauración de Israel al poder (cp. 1 S 2:1, 10; Sal 92:10). El Salmo 132:17 indica que la dinastía davídica tiene que ser restaurada. **Abriré tu boca.** La verificación de las palabras del profeta a sus compañeros de exilio (16:63), de que los juicios divinos serían seguidos de una nueva esperanza.

3) Todas las fases de la vida de Egipto serán castigadas en el Día de Jehová. 30:1–19.

Esta sección, de un carácter escatológico, es la única que no está fechada, pero es posible que se halle cronológicamente relacionada con el 29:1–16. Consiste de cuatro oráculos, cada uno de ellos empezando con: "Así ha dicho Jehová el Señor" (ver vv. 2, 6, 10, 13).

a) El Día de Jehová anunciado con referencia a Egipto. 30:1–5.

3. El día de Jehová. El *dies irae*, "día de la ira". Ver también 7:7; Amós 5:18–20; Sof 1:7, 14; Is 13:6; Joel 1:15; 2:1, 2. Este es el día del juicio del pecado y de la final condenación del mundo pagano, del que Egipto es el representante. **4. Fundamentos.** Las instituciones políticas y sociales en las que se apoyaba la fuerza de Egipto) cp. vv. 6, 8, 13, 15, 17). **5.** Los aliados de Egipto serían derruidos. **Arabia.** Esta traducción sigue Simaco, Aquila, y a la Siríaca en lugar de otras versiones que dicen, *el pueblo mezclado*. **Libia.** En el norte de Africa, al oeste de Egipto (cp. Nah 3:9). Leer *Lûb*, con la LXX, y la Siríaca en lugar de la desconocida *Chûb* del TM. **Los hijos de las tierras aliadas,** se refiere a los aliados de Egipto, y no a mercenarios judíos en el ejército de Psamético II (594–588; ver *Carta de Aristeas*, cap. 13).

b) Egipto y sus aliados serán destruidos. 30:6–9.

6. Desde Migdol hasta Sevene. cp. 29:10. **7.** Cp. 29:12. **8. Fuego.** Figurativo de la guerra (cp. vv. 14, 16). **9.** Cp. Is 18:2. Los actos del Señor en contra de Egipto tenían como propósito advertir a **la confiada Etiopía** y al mundo.

c) La riqueza de Egipto será arrebatada por Nabucodonosor. 30:10–12.

10. Las multitudes de Egipto (cp. 4; 29:19) serían llevadas por **Nabucodonosor**, al que se menciona por primera vez aquí por su nombre. La referencia en 29:17–19 es de una fecha

posterior. **11. Los más fuertes.** Cp. 28:7; 31:12; 32:12; 7:24. **12. Y secaré los ríos.** La desecación de los brazos del nilo sería una calamidad para Egipto. Cp. Is 19:5ss. **En manos de malos...de extranjeros.** Cp. Hab 1:6ss., 12, 13.

d) Los príncipes y las ciudades de Egipto serán destruidas. 30:13–19.

Ocho ciudades principales, tres en el Egipto Inferior y cinco en el Egipto Superior, son señaladas para su destrucción.

13. Imágenes...ídolos. Las palabras *gillûlîm*, "troncos, bloques", y *'elîlîm*, "no dioses", son utilizados solamente aquí por Ezequiel, pero muy a menudo por parte de Isaías. Una sugerencia es leer *gedôlîm*, "nobles" y *'elîm*, "jefes" (LXX). **Menfis** (Gr.). O *Nof* (Heb.), *Menofri* (Egipcio), cerca de *mit Rahîneh*, a dieciseis kilómetros al sur de El Cairo. El hogar del dios del fuego, Ptah, y del toro Apis. **14. Patros.** Cp. 29:14. **Zoán.** La egipcia *S'nt*, o Tanis griega. La capital de los hiksos, Avaris, la actual Sân el-Hagar, en el Delta oriental del Nilo, al oeste del Pelusium. **Tebas.** O *No*, No-Amón, la Nēt egipcia, la capital del Egipto Superior, a 640 kilómetros al sur de Menfis, hogar del dios del sol, Amón. **15. Sin** (solamente aquí en Ez). Identificado como Tell Foramen. Era una fortaleza fronteriza sobre el límite nororiental, cerca de Sin, a treinta y siete kilómetros al sudeste de Port Said. **16. Sin** a Tebas (*No*) es toda la tierra de Egipto de norte a sur.

17. On, o *Aven.* El egipcio *'nw*, la griega Heliópolis. La actual Tell Hasn, o 'Ain Shems, "fuente del sol", situada alrededor de doce kilómetros al noreste de El Cairo. Era el centro del dios del sol Ra. Era también el hogar del suegro de José (Gn 41:45, 50). **Pibeset.** En egipcio *Pi Bastis*, en griego *Bubastis*. El Tel Basta de la actualidad, a cincuenta kilómetros al norte-noreste de El Cairo. Era el centro de la diosa Bast, para la que el gato era sagrado. **18. Tafnes.** En griego *Dafnes*. El moderno Tell Defenneh, en la ribera Pelusíaca del Nilo. Era una fortaleza en el límite oriental, a unos cincuenta kilómetros al sudoeste de Sin.

19. Haré, pues, juicios en Egipto. El propósito del juicio iba a ser la revelación del Señor y el reconocimiento de su deidad.

4) Los brazos de Faraón serán rotos. 30:20–26.

20. El año undécimo, en el mes primero, a los siete días del mes. Marzo-abril del 586 (o 587), tres meses después del 29:1, y cuatro meses antes de la caída de Jerusalén. En los vv. 21–23 el Señor es el que destruye a Faraón; en los vv. 24–26 el rey de Babilonia es Su

agente. **21. He quebrado el brazo de Faraón.**
Probablemente una referencia a la reciente
derrota del Faraón Necao (Jer 37:5–8; 34:21).
22. La rotura de ambos brazos de Faraón, del
fuerte y del **fracturado**, se refiere al ejército
todavía en Egipto para su defensa y el que
estaba derrotado y en desbandada.
23. Esparciré a los egipcios. Cp. vv. 26;
29:12. **24. Fortaleceré los brazos del rey de
Babilonia.** Esto se refiere a la espada de
Jehová en manos de Nabucodonosor. Cp. 21:9.
25. Y sabrán que yo soy Jehová. Ver también
los vv. 8, 19, 25.

5) Alegoría del poderoso cedro. 31:1–18.
El el presente capítulo, se predice el derrumbamiento de un principal poder *terrestre* (en
contraste con la potencia *marítima* en el cap.
26. Ezequiel utiliza de nuevo la alegoría, ahora
para describir a Faraón, representando a
Egipto, como un poderoso cedro, llegando a
las nubes, bajo cuyo abrigo se refugiaban los
animales y las aves (vv. 1–9). En la alegoría el
soberbio cedro es talado y desmochado como
advertencia a los otros árboles, esto es, naciones (v. 10–14). La naturaleza se estremece ante
la caída del árbol, mientras que los árboles en
el mundo inferior toman ánimo al verle descender también a él (vv. 15–18).

a) Grandeza del cedro. 31:1–9.
**1. Año undécimo, en el mes tercero, el día
primero del mes.** Mayo-junio, 586 a.C. (o
587), alrededor de dos meses antes de la caída
de Jerusalén.
3. Te asemejaré a un cedro en el Líbano
(RSV). El TM lee así: *He aquí era el asirio
cedro.* El capítulo no tiene nada que ver con
Asiria, ni hay tampoco ningún llamamiento a
comparar Egipto con Asiria. Añadir una letra
que falta a *'ashshûr*, transformándola en
te'ashshûr, lo que da la lectura: "He aquí un
sherbin, un cedro del Líbano." Cp. 27:5. Para
la figura, ver 17:3; Dn 4:10ss. **Su copa estaba
entre las nubes** (RVA y VM). Leer *'abôt*, con
la LXX, en lugar del TM *'abôtîm*, "densas
ramas". La RV sigue aquí al TM. La lectura
corregida debe aplicarse también a los vv. 10,
14.
14. Las aguas. Del Nilo. **El abismo** (*tehôm*). La fuente subterránea de todas las
fuentes y ríos (cp. 26:19; 29:3; Hab 3:10). **6.
Las aves... las bestias,** esto es, las naciones, **a
su sombra habitaban,** la protección de Egipto. **8, 9.** Los sublimes árboles del Edén, **el
huerto de Dios,** tuvieron de él envidia. Cp.
28:13; Sal 104:16; 31:16.

b) La caída del árbol, y su significado.
31:10–14.

10. Tu corazón se elevó. La soberbia de
Egipto (cp. 29:3, 9) iba a caer delante del
poder de Caldea (vv. 11, 12). **11. El poderoso**
(lit., *un carnero*) **de las naciones.** Cp. 17:13.
12. Extranjeros, los poderosos (otras versiones: *los terribles*). Cp. 28:7; 30:11; 32:11, 12.
13. El árbol caído, como el cadáver del 29:5,
vendría a ser presa de animales y aves.
14. La caída del gran cedro sería una advertencia contra la soberbia. La última parte del
versículo, empezando en **Porque todos están
destinados a muerte,** pertenece a la temática
de la siguiente estrofa.

c) Consternación ante la caída del cedro, y
su descenso al mundo inferior. 31:15–18.
Hay un número de referencias al mundo
inferior en este párrafo (cp. nota en 26:20). El
mundo inferior (*'eres tahtît*) está situado muy
profundamente debajo de la tierra (26:20;
31:14, 16, 18; 32:18, 24). **La fosa** (*bôr*). Nombre que se le aplicaba al mundo inferior,
debido a que la tumba era su boca. Designa la
entrada en el Seol, y es a menudo una palabra
paralela para designarlo (26:20; 31:14, 16;
32:18, 23, 24, 25, 29, 30). **Seol** ("Lugar de
inquirir" para la necromancia; lugar que insa-
ciablemente "pide", Pr 20:15, 16; "lugar
hueco", "mundo inferior"). El vasto cementerio del mundo, lleno de tumbas (31:15, 16, 17;
32:21, 27. Cp. *shahat*, 28:9).
15. Hice hacer luto. El mundo de la naturaleza lloraría a Egipto. El **Líbano,** "blanco",
quedaría cubierto de **tinieblas,** o *negrura.* **16.
Los árboles escogidos del Edén... fueron
consolados en lo profundo de la tierra,** o
mundo inferior. Cp. Is 14:9–11; Enoc 25:4–6.
**17. También ellos descendieron con él al
Seol.** Con mayor exactitud, *Ellos también des-
cenderán con él al Seol* (profético perfecto).
Los aliados del Faraón perecerían con él (cp.
v. 18). Faraón sería **derribado... con los
árboles de Edén,** para yacer **entre los incircuncisos.** Cp. 28:10; 32:19–21. Los egipcios
también practicaban la circuncisión. Cp.
ANET, p. 326.

6) Lamentaciones sobre Faraón y Egipto.
32:1–16.

a) El mónstruo de Egipto, atrapado, muerto,
y devorado. 32:1–10.
**1. Año duodécimo, en el mes duodécimo,
el día primero del mes.** Febrero-marzo, 584
(585) a.C., un año y siete meses después de la
caída de Jerusalén. **2. Endechas** (19:1). Aquí,
un cántico trágico con denuncias: "¡Faraón,
leoncillo de las naciones, eres destruido!"
Eres como el dragón en los mares (*tannîm*;
cp. 29:3), provocando enturbiamiento.

4, 5. Y te dejaré. El mónstruo sería muerto y su cadáver sería arrojado para ser devorado. Cp. 29:3–5. **7, 8. Y cuando te haya extinguido.** Se compara a faraón como una lumbrera cuya extinción oscurece el cielo y las estrellas. Cp. 30:18; Amós 5:18, 20; Is 13:9, 10; 14:12. **9, 10. Entristeceré el corazón de muchos pueblos.** La caída de Egipto haría una profunda impresión sobre las naciones. cp. cap. 30, 31.

b) Devastación de Egipto por el rey de Babilonia. 32:11–16.

11, 12. La espada del rey de Babilonia y sus guerreros caerían sobre Egipto (cp. 21:19; 29:8; 30:11). **13, 14. Destruiré.** Una figura dramática del Egipto deshabitado. Cp. vv. 2; 29:11. **14. Entonces haré asentarse sus aguas.** El fango se asentaría y el agua se pondría clara, y los ríos correrían **como aceite,** ya no más perturbados ni por hombres ni por ganados. Esta es la única comparación mostrando una corriente plácida de aceite. **15.** El propósito del juicio.

16. La endecha cantada por **las hijas de las naciones.** A las mujeres se las contrataba como plañideras (cp. v. 18; 19:14; Jer 9:16, 17).

7) Descenso de Egipto al mundo inferior. 32:17–32.

17. El año duodécimo, a los quince días del mes (así el TM). Sobre la base del 32:1, se puede asumir que este oráculo fue fechado en el mes duodécimo, dos semanas después.

Este oráculo contiene la representación más gráfica de la Fosa o Seol en el AT. Es el hogar internacional de los muertos, lleno de tumbas (vv. 22, 23), poblado de naciones que habían estado llenas de vitalidad (vv. 18, 29, 30); las naciones se hallan en puestos de honor o de deshonor (vv. 23–25, 30); los guerreros son enterrados con sus armas debajo de sus cabezas (v. 27); las naciones son débiles (vv. 20, 21; Is 14:10; cp. también Job 3:17–19. **19.** Egipto sería consignada entre los incircuncisos. Cp. 31:18.

22–30. *Seis naciones dan la bienvenida a Egipto en el Seol.* La repetición, 24–27, 32, da una calidad de duelo al oráculo. El tema general es, "Los que por la espada viven, por la espada morirán".

22, 23. Asiria sería consignada al fondo del Seol. **24, 25. Elam** (*tierras altas*), mencionada solamente aquí en el libro de Ezequiel, se hallaba situada al este del río Tigris y al norte del Golfo Pérsico. Su capital era Susa (Neh 1:1; Dn 8:2). Los elamitas eran un pueblo no semita.

26–28. Mesec y Tubal. Cp. 27:13. **27.** La LXX y la Siríaca omiten **no,** con lo que se lee:

yacen con los poderosos, caídos de la antigüedad, con sus armas enterradas con ellos. La forma de su muerte y entierro será acorde con su vida de derramamientos de sangre y de violencia. **29. Edom.** Cp. 25:12–14. Los edomitas se circuncidaban, pero aquí han de yacer con los que no lo están.

30. Los **príncipes** (o *jefes, nāshîk,* de nāshak, "instalar"; cp. Jos 13:21; Mi 5:4; Sal 83:11; Dn 11:8) **del norte** (*Ṣapôn*); esto es, de los estados sirios bordeando el Monte Ṣāphôn (cp. 28:14). **Los sidonios,** o fenicios en general. Cp. Dt 3:9; 1 R 16:31. El pueblo de los estados sirios y los sidonios eran circuncisos, y por ello el texto debiera leer, como en el v. 29, "yacen con los incircuncisos".

31, 32. A estos verá Faraón. Faraón iba a tener el mezquino consuelo de saber que no se hallaba solo en tamaña suerte. Cp. 14:22; 31:16.

III. Profecías de la restitución de Israel. 33:1 — 39:29.

La caída de Jerusalén marca un punto de inflexión en el ministerio de Ezequiel. Los oráculos hasta ahora amenazadores contra Judá (caps. 1 — 24) y sus enemigos paganos (caps. 25 — 32) dan ahora paso a los de exhortación de un pastor a su pueblo quebrantado (caps. 33 — 39). Después del derrumbamiento del estado (33:21) y de la completa postración de las mentes del pueblo bajo sus calamidades (33:10), el profeta declaró que el Señor no había acabado definitivamente con Israel (contrastar el cap. 35). Una nueva era estaba ante la nación. Con palabras conmovedoras, Ezequiel habla aquí de la purificación, restauración, y de la paz de Israel (caps. 34; 36:16ss.; 37).

En primer lugar, el profeta es vuelto a comisionar como atalaya, o vigía, para preparar a su pueblo para la nueva era (cap. 33). Un nuevo gobierno bajo David el siervo de Dios tomará el lugar de la vieja dinastía, cuyos perversos pastores (gobernantes) dispersaron a las ovejas (cap. 34). La integridad territorial de Israel será asegurada por el asolamiento del Monte Seir y de otros enemigos (cap. 35), en tanto que Israel experimentará tanto la restauración externa (36:1–15) como la interna (36:16–38). La reintegración del pueblo en una nación bajo un rey, David, queda simbolizada por la resurrección de los huesos secos y por la unión de los dos palos (cap. 37). La paz del Israel restaurado será perpetua, porque el Señor protegerá a la nación de manera milagrosa de la amenazadora invasión de Gog en los últimos días (cap. 38; 39).

A. Función del profeta en la preparación de la Nueva Era. 33:1–33.

En este capítulo de transición, Ezequiel indica que el profeta es tan sólo el medio a través del que van a anunciarse los principios del nuevo reino y del modo de entrar en él. Así como el vigía tiene que advertir a los habitantes de una cuidad con respecto a los peligros que puedan amenazarla, así el profeta tiene que proclamar la advertencia de Dios en contra del pecado (vv. 1–9). En respuesta a la desesperanza del pueblo ante el castigo caído sobre ellos, Ezequiel les recuerda la buena voluntad de Dios y Su perfecta justicia (vv. 10–20). Los presuntuosos supervivientes de la caída de Jerusalén en Judá no tendrán futuro (vv. 21–29) sino que, más bien, los propósitos de Dios serán llevados a cabo por los que se hallan en el exilio (vv. 30–33).

1) El profeta, señalado como atalaya para su pueblo. 33:1–9.

a) La parábola. 33:1–6.
2. Atalaya. En hebreo *sôpeh*, "uno que vigila, que guarda". Cp. 2 S 18:25; 2 R 9:17, 18. **3. Espada.** Cp. 21:1–19. **Trompeta.** Ver Os 8:1; Jer 6:1; Neh 4:19, 20.

b) Su aplicación. 33:7–9.
7. Te he puesto por atalaya. El profeta recibe un nuevo encargo como vigía del pueblo. El concepto de Ezequiel de la seriedad de su tarea ha tenido un profundo efecto en todos los siervos de Dios. Cp. Is 21:6; 56:10; Jer 6:17; Hab 2:1.

2) El mensaje del profeta a los exiliados desesperados. 33:10–20.
10. Somos consumidos. Cp. 4:17; 24:23. **11, 12.** Se les concede dos palabras llenas de gracia a los exiliados, atónitos ante el sentimiento de una condena irrevocable: (1) Dios **no quiere la muerte del impío, sino que** quiere que **se vuelva el impío de su camino y que viva.** (2) El pasado no es irrevocable para los hombres, porque son libres ya para arrepentirse, o para pecar. Cp. 18:21–32.
13. Acerca de **vivir y morir,** ver comentario sobre 18:4; cp. 18:24, 26. **14.** Cp. 3:18; 18:27. **15. Los estatutos de la vida.** "Vida" en este y otros pasajes relacionados es "el goce del favor de Dios y de la prosperidad externa que es su reflejo y sello" (Davidson, *Cambridge Bible*). Cp. 18:7; 20:11. **16.** Cp. vv. 18–22. **17–20.** Cp. 18:24–30.

3) Las nuevas de la caída de Jerusalén, y el mensaje del profeta a los supervivientes en Judá. 33:21–29.

Jerusalén cayó en el año undécimo, al cuarto mes, y noveno día del reinado de Sedequías (Jer 39:2 es paralelo a 52:5–7 y a 2 R 25:2), y fue quemada un mes después (Jer 52:12–14, paralelo con 2 R 25:8–10). **21. Año duodécimo...mes décimo...cinco días del mes.** La versión de TM implica que el fugitivo llevó al exilio un año y medio después de la caída de Jerusalén. Stuernagel sostiene que el año de Jeremías empezaba en el otoño, en tanto que Ezequiel, siguiendo el calendario babilónico, empezaba el año en la primavera. Así, el año undécimo de Jer 39:2 es el mismo que el duodécimo de Ez 33:21, y así las noticias le llegaron a Ezequiel en enero del 585.

E. Auerbach (VT, X [1960] 69, 70, y M. Noth (ZDPV, LXXIV [1958], 133–157) han amasado datos para mostrar que en la última monarquía el año empezaba en primavera. Ocho manuscritos, la LXX, Luciano, y la Siríaca, leen *año undécimo.* La datación de este oráculo en el año undécimo, mes décimo, día quinto, permite situarlo antes del 26:1, que pudo haber sido emitido en el mes undécimo o duodécimo del año once. Las noticias habrían llegado en seis meses después de la caída de Jerusalén, esto es, alrededor de enero del 585 a.C. Cp. el viaje de Esdras, 108 días (Esd 8:31; 7:8, 9).

22. El profeta había estado en un éxtasis **la tarde antes,** y el Señor le abrió la boca para el tiempo en que el hombre llegó al día siguiente (cp. 3:26, 27; 24:27). Una tradición identifica al mensajero con Baruc (Jer 45:5; Baruc 1:2). Ezequiel se veía ahora libre para dedicarse a la obra pastoral, anteriormente insinuada. Cp. 16:60ss.; 17:22ss.; 20:33ss.

24. Los que habitan aquellos lugares asolados (lit., *ruínas;* cp. 2 R 25:12, 22), que sobrevivieron a la destrucción de Jerusalén, **hablan diciendo,** o *siguen diciendo:* Si **Abraham** siendo **uno...poseyó la tierra** (Is 51:1, 2), ciertamente que ellos, entonces, sus numerosos descendientes, tenían mayor derecho a ella (cp. Mt 3:9). **25, 26. Diles.** Los supervivientes de Jerusalén, tan confiados en su seguridad antes de la caída de la ciudad (11:3–21), son acusados de seis pecados específicos (cp. 18:6, 10–12, 15; 22:6, 9), que los descalificaban para cualquier tipo de posesión de herencia. **27.** Los que se hallaban escondidos entre las "ruínas", en el asolado campo, y en **fortalezas y...cuevas** caerán delante de las tres fuerzas destructuras de 5:12; 14:13–20. **28. Los montes de Israel** (cp. 6:2, 3). **29.** Las visitaciones de Dios sobre la tierra harán que los israelitas apóstatas le reconozcan como Jehová, una lección generalmente necesitada por los paganos (25:7, 11, 17).

4) Un oráculo para los exiliados. 33:30–33.

Ya que las profecías de Ezequiel habían sido cumplidas de una forma tan sobresaliente, los exiliados se tomaron interés en él; pero el entusiasmo de ellos era superficial. **30, 31.** En este atisbo de la vida oriental, se ve a los exiliados **hablando el uno con el otro** de Ezequiel, sentados **delante** de él (cp. 8:1; 14:1; 20:1). Les agradaban sus mensajes de una futura restauración y las profecías que daba contra las naciones pero no querían obedecer las condiciones morales y religiosas sin las que no podrían tener parte en la nueva era. **32. Cantor de amores** (RVA: "cantante de motivos sensuales," *'āgāb*). Cp. 1 S 16:17; Sal 33:3; 137:3. **33. Cuando ello viniere** (el juicio, o la crisis), sabrán que no han estado escuchando a un cantante mercenario sino a un profeta del Señor. Cp. 2:5.

B. Los pastores de Israel y sus ovejas. 34:1–31.

Debido a que los pastores o gobernantes en esta alegoría han sido negligentes y egoístas, el Señor los castigará (vv. 1–10). El mismo recogerá a las ovejas y será el Buen Pastor (vv. 11–16). El juzgará entre una y otra oveja, protegiendo a las débiles de las violentas (vv. 17–22). El Señor establecerá a David como el pastor (vv. 23, 24), y hará un pacto de paz para la tierra (vv. 25–31).

1) Juicio sobre los pastores egoístas y negligentes. 34:1–10.

La palabra pastor, *rô'eh*, aparece en dieciseis ocasiones en este capítulo. **2. Los pastores de Israel.** Gobernantes, como Joaquín y Sedequías. Ver 19:1–9; Jer 22:10—23:4; ver también Jer 25:34–38; Mi 5:5; Zac 10:2, 3; 1 R 22:17. (Cp. Homero, *Ilíada* i. 273; ii. 85; Dante, *La Divina Comedia*, "Paraíso," xxvii, 55, 56; Milton, *Lycidas*, 112ss. Acerca de rey y dios como pastor en otras literaturas, cp. G. E. Wright, "The Good Shepherd", BA, 2 [1939], 44–48.) **3. Coméis la grosura.** O, *la leche*; esto es, requeson (así la LXX, Vulg.) **4. Las débiles...la enferma...la perniquebrada...la descarriada...la perdida.** Cinco casos de negligencia de los pastores. Cp. v. 16; Jer 50:6; Mt 18:12–14; Lc 15:4; 19:10. **5. Errantes por falta de pastor.** Cp. 1 R 22:17; Mt 9:36; Mr 6:34. **8. Vivo yo.** Cp. 5:11. **Fieras del campo.** Las naciones explotadoras, especialmente Babilonia.

2) El Señor como Buen Pastor para Su pueblo. 34:11–16.

El Señor irá a **buscar** a Sus ovejas (v. 11); **las libraré** (v. 12); **las traeré a su propia tierra** (v. 13); **en buenos pastos las apacentará** (v. 14); y **pastoreará** El mismo a sus ovejas (15, 16). Ezequiel, como Jehová, tenía un corazón de pastor. **15.** Jehová se identifica a sí mismo como el buen pastor. Cp. Is 40:11; Jer 31:10; Sal 23:1; 30:1; 95:7. En el NT Cristo es el Buen Pastor. Ver Lc 15:3–7; Jn 10:10–16; He 13:20; 1 P 2:25; 5:4; Ap 7:17.

3) El Señor protegerá a las ovejas débiles de las violentas. 34:17–22.

17. El Señor juzgará **entre cordero y cordero** (RVA; *śeh*). Esto es, entre las débiles y las conductoras, los **carneros** y los **machos cabríos**, que oprimen a las pobres. **18, 19.** Injusticias alevosas de las clases superiores quedan aquí señaladas. Cp. Is 1:23; 3:14, 15; 5:8; Os 4:7–11; 7:1–6; Amós 3:9, 10; 4:1, 6; Mi 3:1–3.

4) David puesto como pastor-príncipe. 34:23, 24.

En lugar de muchos pastores indignos, habrá **un pastor...mi siervo David...príncipe** (vv. 23, 24). No hay aquí una alusión a la resurrección de David. Más bien, el gobernante ideal del futuro será como David, un siervo del Señor, ejerciendo un gobierno universal, y asegurando la paz para el pueblo (Is 55:3, 4; Jer 23:5, 6). Él será el virrey o príncipe del Señor (*nāśî'*) para siempre. Cp. 37:24, 25. Cristo como el buen pastor (Jn 10:14–18) y el "Hijo de David" cumple totalmente las promesas halladas en 2 S 7:13; Jer 23:5, 6; Mi 5:2–5; Is 9:6, 7; Dn 9:25, 26; Cp. Mt 1:1; 22:41–45; Lc 1:31–33; Jn 1:43; 4:25; Hch 2:29–33; 13:22, 23, para nombrar solamente unos pocos pasajes. La profecía mesiánica denota toda la profecía que trata de la persona, obra, o reino de Cristo. Por extensión, incluye aquellos pasajes que hablan de la futura salvación, gloria, y consumación del reino de Dios incluso cuando el mediador no es específicamente nombrado. Los tiempos mesiánicos comprenden la era que Cristo inauguró y que conduce como rey mediador, sea que contemplado en su integridad, o solamente en algunos de sus aspectos.

5) El pacto de paz de Dios para la tierra. 34:25–31.

El pacto de paz de Dios eliminará de la tierra todo lo que es dañino (vv. 25, 28). Dará **lluvias de bendición** (v. 26), y restaurará la productividad de la naturaleza (vv. 27, 29). Y, lo mejor de todo, restablecerá la presencia de Dios con Su pueblo, las ovejas de Su pasto (vv. 30, 31).

26. Lluvia en su tiempo; lluvias que traeran **bendición.** Las palabras usuales para lluvia son: *yôreh*, "la lluvia temprana", desde

finales de octubre hasta principios de diciembre (Os 6:3); *malkôsh*, la "lluvia tardía, la
lluvia de primavera", de marzo-abril (Os 6:3);
geshem, "lluvia", la palabra que aquí se utiliza; y *mâtâr*, "lluvia" (Éx 9:33), utilizándose
ambas para denotar las pesadas lluvias de invierno desde mediados de diciembre hasta
marzo. **27.** Cp. Os 2:22; Joel 3:18; Amós 9:13;
Zac 8:12.
31. Ovejas de mi pasto. Cp. Sal 74:1; 79:13;
95:7; 100:3. La LXX B, la antigua Latina de
Ranke, y la Arábiga, omiten *hombres* (**vosotros**...**hombres sois**, RV).

*C. Se asegura la integridad territorial de Is-
rael. 35:1—36:38.*

Después de la promesa de un buen pastor
que tomará el lugar de los malvados pastores
que habían regido Israel, siguen tres oráculos
acerca de la seguridad de la tierra misma de
Israel. El monte Seir, por su hostilidad a Israel,
iba a ser asolado (35:1–15); en tanto que los
montes de Israel, que habían sido asolados por
las naciones, se volverían lujuriantemente
fructíferos (36:1–15). El Señor hará todas estas
cosas por Su pueblo a causa de Su nombre
(36:16–38).

1) La devastación del monte de Seir. 35:1–
15.

El presente oráculo, mucho más detallado
que el de 25:12–14, fue provocado por el hóstil
comportamiento de Edom hacia Judá después
del 586. Israel tiene que ser librado de vecinos
hostiles antes de que puedan comenzar las
bendiciones de la nueva edad (36:1–7). La asolación del monte de Seir y la restauración de
los montes de Israel forman un acusado contraste (35:3, 4, 7–9, 15; 36:1–6, 8).
2. El monte de Seir (*peludo*, esto es, cubierto de matorrales). Las tierras altas al este
del Arabá, que se extienden desde el Mar
Muerto hasta el Golfo de Akaba, eran la patria
de Edom (Gn 36:8, 9; Dt 1:2; 1 Cr 4:42). Los
edomitas son acusados por: (1) su **enemistad
perpétua** hacia Israel (v. *5a*; cp. Gn 25:15;
27:41; y referencias a Ez 25:12. Ver N. Glueck,
The Other Side of the Jordan, pp. 50–113;
Rivers in the Desert); (2) Por entregar a **Israel
al poder de la espada** a la caída de Jerusalén
(v. *5b*, cp. Ab 10–14; Sal 137:7, 8); (3) por sus
planes de poseer el territorio de Israel después
de la destrucción de sus habitantes (v. 10; cp.
v. 12), sin autorización ni de parte de Nabucodonosor ni del Señor (36:5).
6–9. La retribución debe caer sobre Edom.
10. Las dos naciones. Israel y Judá (cp. Jer
33:24). Después de la caída de Jerusalén, los
edomitas penetraron gradualmente hacia Judá,
ocupándola hasta llegar a Hebrón (cp. Ez

25:12ss.). **Estando allí Jehová.** El Señor había
retirado Su presencia visible del Templo y de
la ciudad (10:18; 11:22, 23), pero no había
renunciado a Sus derechos a la tierra (36:5).
Un Israel purificado, afirma esta profecía, volverá, y Jerusalén recibirá un nuevo nombre
(48:35). **14, 15.** Como Edom se regocijó sobre
la destrucción de Judá, así toda la tierra se
regocijará cuando el Señor ponga a Edom
como una desolación. Nótese los frecuentes
pronombres en primera persona a través de
todo el capítulo, aplicados a la obra del Señor.

2) La restauración de los montes de Israel:
Restauración externa. 36:1–15.

a) Juicio de las naciones. 36:1–7.
1. Los montes de Israel, denunciados por
su idolatría en 6:1–7, reciben promesas llenas
de gracia en este capítulo. **2. El enemigo.**
Edom y las otras naciones (vv. 3–7). Cp. 35:3,
5, 10, 11. Nótese que en los vv. 2–7 aparece en
seis ocasiones la expresión: "Así ha dicho
Jehová el Señor". Los vv. 3–7, 14 empiezan,
todos ellos, con *lākēn*, "por tanto". **5. En el
fuego de mi celo.** Cp. v. 6; 5:13; 23:25; 38:19;
39:25. **6.** Cp. los vv. 2, 3. **El oprobio de las
naciones.** El haber sido escarnecidos y ocupados por ellas (ver v. 2; 34:29). **7. He alzado
mi mano** (cp. 20:5, 6).

b) Restauración de Israel. 36:8–15.
En la era venidera de la regeneración, la
tierra será feraz (vv. 8, 9); populosa (vv.
10-12); libre de escaseces (vv. 13, 14); y libre
de oprobio (v. 15). Cp. Is 54:1–8.
8. Porque cerca están (mi pueblo Israel)
para venir del exilio. Cp. 4:5, 6. **10. Toda la
casa de Israel.** Tanto Israel como Judá (cp.
37:16ss.). **11. Como solíais antiguamente.** En
la época del éxodo (Os 11:1–4; Jer 2:1–3, 6, 7).
12b, 13, 14. Los montes, azotados por el
hambre o por las fieras, son comparados a
animales de presa y se dice que devoran a sus
habitantes o que son **matadores** de los hijos
(cp. Nm 13:32). En Ez 36:13, 14, 15, Israel es
llamada un *goy* o nación, la designación usual
para los paganos (cp. 2:3). Léase la palabra
como un singular, juntamente con la palabra
marginal hebrea *ketíb* y las versiones. **15. Injuria**...**denuestos.** La ocupación por parte de
vecinos hostiles (v. 6), destitución y empobrecimiento (v. 30).

3) Restauración del pueblo de Israel. Restauración interna. 36:16–38.
Esta sección contiene una filosofía divinamente impartida de la historia, afirmando que
los pecados de Israel merecían el castigo que
se le aplicó (vv. 16–21); pero que el Señor

restaurará a Israel, no debido a ningún mérito de la nación, sino para santificar Su nombre. Las gloriosas consecuencias de la restauración se enumeran en vv. 22–32). En dos apéndices el Señor predice que la prosperidad de Israel y la población aumentada harán que las naciones reconozcan Su grandeza (vv. 33–36, 37, 38).

Los vv. 16–23 constituyen la lección profética o *haphtarah* de la lectura semanal del sábado, Nm 19:1 — 22:1, la *Pārāh*, "la vaca alazana".

a) Israel, exiliada por sus pecados. 36:16–21. **17. Como inmundicia de menstruosa.** Una figura de idolatría. Cp. 7:19; 18;6. (Para la figura, ver Lv 15:19ss.) **18. Idolos** (*gillûlîm*). Cp. 6:4; 20:7, 8; 30:13. **20. Profanaron mi santo nombre.** El exilio de Israel llevó al oprobio sobre el santo nombre del Señor por parte de las naciones. Nótese la expresión "mi santo nombre" en los vv. 20–23. Cp. discusión en 20:9, 14, 22. **Pueblo de Jehová.** Cp. Ex 6:7; Lv 20:24; Dt 4:20; 7:6.

b) Restauración de Israel. 36:22–32. **23. Santificaré mi grande nombre.** O, ponerlo aparte como sagrado. El retorno de Israel después de su castigo pondrá de manifiesto a las naciones de que el Señor es el Dios santo y supremo, y que desea revelarse a sí mismo a todo el mundo. Ver también los vv. 36; 29:6; 37:28; 39:7; Mal 1:11; Ef 1:3–10.

El siguiente pasaje, versículos 25–29, aunque refiriéndose principalmente a Israel, se utiliza en la liturgia cristiana, y es muy querido en toda la Iglesia.

25–27. Los pasos en la redención de Israel son el perdón, la regeneración, y el don del Espíritu de Dios. **25. Esparciré sobre vosotros agua limpia.** Ezequiel el sacerdote recuerda el ritual mosaico (cp. Éx 30:17–21; Lv 14:5–7, 9; Nm 19:9, 17–19) que se una figura del perdón. Ver también Sal 51:7; Jer 33:8; He 9:13; 10:22. **26. Corazón nuevo...espíritu nuevo.** Se acentúa aquí la parte de Dios en la regeneración. Cp. 11:19; 18:30–32. Ver también Jer 31:31–34; Sal 51:10–12. Acerca de cosas nuevas en el esquema redentor de Dios, ver Is 42:9, 10; 62:2; 66:22; 2 P 3:13; Ap 5:1; 21:1, 5. **27. Y pondré dentro de vosotros mi Espíritu.** El derramamiento del Espíritu de Dios ha de ser una característica de la edad venidera (cp. 37:14; 39:29; Is 42:1; 44:3; Joel 2:28, 29; Hag 2:5; Hch 2:16–21; Ro 8:23; Ef 1:13, 14; 4:30).

28.32. Los resultados de la regeneración de Israel serán: su permanente ocupación de la tierra (v. 28*a*); una relación de pacto con Dios (v. 28*b*); protección contra la recaída en la idolatría (v. 29*a*); todas las necesidades quedarían cubiertas (vv. 29*b*, 30); y una propia humillación y arrepentimiento con respecto a los pecados del pasado (vv. 31, 32; cp. Plumptre, *Pulpit Commentary, in loco*). Estos beneficios son de pura gracia (v. 22).

c) Efecto de la prosperidad de Israel sobre las naciones. 36:33–36. La restauración de Israel hará que aquellos que pasan (v. 34*b*), de **las naciones que queden en vuestros alrededores** (v. 36) a reconocer la supremacía del Señor. **35.** La Historia se mueve desde Edén hasta Edén. **Ciudades... fortificadas.** Contrastar 38:11.

d) La aumentada población de Israel. 36:37, 38. **37*a*. Seré solicitado por la casa de Israel.** Dios está ahora dispuesto para escuchar a Israel, en contraste a Su actitud en los días del pecado de ella (14:3; 20:3, 31). **37*b*, 39.** La tierra será repoblada **por hombres como se multiplican los rebaños,** numerosos como **las ovejas consagradas...ofrecidas en Jerusalén en sus fiestas solemnes** (Dt 16:16ss.; cp. 1 Cr 29:21; 2 Cr 7:4ss.; 29:33; 36:7–9; Josefo, *Guerras.* VI. 9. 3).

D. *Reintegración del pueblo de Israel a una sola nación. 37:1–28.*

Por la visión de los huesos secos volviendo a la vida, el Señor por medio de Ezequiel, proclama a Israel la venidera resurrección de su vida nacional (vv. 1–14). Predice por el acto simbólico de unir a dos palos la unión futura de los dos reinos bajo una sola cabeza, David (vv. 15–28).

1) La visión de los huesos secos. 37:1–14.

Esta porción del capítulo constituye el *haphtarah* (lectura de los Profetas) para la Pascua y su sábado en la sinagoga. Toda la iglesia ha hecho uso de este pasaje en la adoración pública y privada. Aparece una pintura representando esta escena, fechada del 244–245 d.C., en los restos de una sinagoga en Dura-Europus (cp. RB 43 [1934], 117, 118).

a) Una visión a los exiliados que temían el aniquilamiento nacional. 37:1–10. **1. El espíritu de Jehová** (cp. 1:12, 20; 3:14) toma a Ezequiel, en éxtasis profético (cp. 1:3; 3:14), a un **valle** (cp. 3:22, 23) lleno de **huesos** secos de cuerpos humanos. **4.** Se le ordena a Ezequiel que **profetice** a los huesos la promesa de la vida. **5. He aquí, yo hago entrar espíritu en vosotros.** La palabra hebrea *rûah* se traduce "aliento" o "espíritu" o "viento", dependiendo del contexto la forma que se elija. En el v. 9 se traduce *vientos*, y espíritu en los

vv. 1, 5, 6, 8, 9, 10 y 14, aunque en los vv. 5, 6, 7, 8 y 10 fuera quizás más adecuado "aliento" en el sentido de vida humana. "Aliento" es una señal de vida, idéntico al viento o aire, y en esta profecía denota al principio de la vida, al mismo espíritu.

9. El aliento de vida es alentado desde **los cuatro vientos** del cielo (cp. Jer 49:36), un símbolo del Espíritu de Dios dador universal de la vida (v. 14).

b) Explicación de la visión. 37:11–14.

11. Todos estos huesos son la casa de Israel (tanto Israel como Judá, vv. 16, 22), cuyos supervivientes dicen: **Pereció nuestra esperanza.** El profeta cita con frecuencia los dichos del pueblo (p.ej., 11:13; 12:22, 27; 16:4; 18:2; 20:49; 36:20).

12. La figura queda alterada de aquellos muertos en el campo de batalla a aquellos muertos en las tumbas. **Os haré subir de vuestras sepulturas y os traeré,** sacándoos de los tenebrosos lugares de vuestro cautiverio, **a la tierra de Israel.** Ver también los vv. 14, 21; 36:24. **14. Y pondré mi Espíritu en vosotros, y viviréis.** El Espíritu de Jehová da vida. Cp. el v. 10 y Sal 104:30. En 36:27, 28 El es el Espíritu regenerador. Cp. Is 49:8–12 y 61:1.

El profeta no está aquí hablando de la resurrección corporal, aunque hay intimaciones de la doctrina en el AT, particularmente en Is 25:8; 26:19; Dn 12:2. Fue "nuestro Salvador Cristo Jesús, que ha abolido la muerte y que ha traído vida e inmortalidad a la luz mediante el evangelio" (2 Ti 1:10).

2) Un símbolo de la reunión de Judá y de Israel. 37:15–28.

a) Los dos palos unidos. 37:15–17.

16. Un palo. En hebreo '*ēs*, "árbol, madera, bastón" (así los vv. 17, 19, 20). Cp. Zac 11:7. Quizás una tabla de madera. **Para Judá, y para los hijos de Israel sus compañeros,** esto es, Benjamín, Simeón, Leví. **José** o **Efraín** representa a las tribus del norte.

b) Explicación del símbolo. 37:18–20.

Así como los palos fueron unidos en uno solo, así Israel y Judá han de ser reunidos en un solo reino.

c) Las bendiciones resultantes de la unificación. 37:21–28.

Se prometen aquí cinco grandes bendiciones: (1) El pueblo serán devueltos a su tierra (vv. 21, 22). **Una nación...un rey...nunca más serán dos naciones.** El profeta contemplaba a Israel del norte como todavía vivo (Os 1:11; 8:3, 4; Jer 3:12–15; Is 43:5–7; 49:5, 6).

Nótese la disposición de las doce tribus en el nuevo reino (cap. 48). (2) Serán purificados de la idolatría (v. 23; cp. 36:25). (3) David será instalado como rey sobre ellos (vv. 24, 25). Aquí se le llama **rey** (*melek*) y también en el v. 22, pero "príncipe en otros lugares. **25.** Cp. 36:28. **Mi siervo Jacob.** Jacob era el antepasado de Israel, como también Abraham (Os 12:12; Is 29:22). **Su príncipe...para siempre.** Cp. 34:23, 24. Un gobernante ideal semejante a David, más bien que una referencia a David resucitado y reinando para siempre. (4) Será establecido un pacto de paz (v. 26*a*). Cp. 34:25. (5) Dios habitará en medio de ellos (vv. 26*b*–28).

26. Mi santuario (*miqdāsh*). El Templo como morada de Jehová, santificado por Su presencia. **27. Mi tabernáculo** (*mishkān*) **estará con ellos.** Lit., *sobre ellos*, esto es, sobre un terreno elevado (ver 40:2; Is 2:2; Mi 4:1), protegiéndoles o santificándoles. **Yo seré su Dios.** Ver también 11:20; 14:11; 36:28. **28. Yo ...santifico Israel.** Dios desciende para morar con el hombre, transformando la tierra en cielo (cp. 43:7, 9; 48:8, 10, 21). Los vv. 26–28 llevan a la reconstrucción del Templo (cap. 40ss.).

Esta profecía, como la precedente, no ha sido todavía cumplida históricamente, porque hasta ahora Israel no ha cumplido las condiciones. Su cumplimiento cae en el futuro recogimiento de un Israel convertido en el cuerpo de Cristo. Mira al tiempo en que el Tabernáculo de Dios estará con Su pueblo (Ap 21:3).

E. El Señor protegerá a Israel en contra de Gog y de sus aliados. 38:1—39:29.

Estos capítulos describen de una forma apocalíptica la liberación por parte de Dios de su pueblo de una invasión sin paralelo por parte de un terrible enemigo. Israel ha sido restaurado a su propia tierra (34:12, 13, 15, 23, 27) y convertido (36:24–28). La morada de Dios se halla en medio de ella (37:21–28), y está viviendo en prosperidad y seguridad (38:8, 11, 12, 14). Sus enemigos vecinos ya no la molestan más (25—32; 36:36). Entonces, en el futuro distante (38:8, 16), unas naciones que habitan en las márgenes del mundo llevan a cabo una invasión preanunciada (38:17; 39:8; cp. Is 66:19). Vienen como una nube (38:9–16): Gog de la tierra de Magog, y sus aliados, Ros (¿?), Mesec y Tubal (38:2–3), de los confines del norte (38:15; 39:2), juntamente con Persia, Cus, y Fut (38:5), y Gomer y la casa de Togarma, con sus hordas del norte (38:6). Las naciones comerciales, Sabá, Dedán, Tarsis y sus príncipes estarán también interesados en esta invasión. Gog viene a la llamada del Señor (38:4–7, 16; 39;2, 3), así como de su propia iniciativa, espoleado por su codicia (38:10–14). Sólo Ezequiel de todos los profetas sitúa "aquel día" (38:10, 14, 18, 19; 39:11) después de que Israel haya disfruto durante largo tiempo de la restauración y de la prosperidad en su tierra. Ver también Ap 19:11; 20:7.

Israel es milagrosamente preservado, pero las hordas de Gog son destruidas por el terremoto, por las luchas intestinas, por las plagas, por las lluvias torrenciales, fuego y azufre (38:19–22), así como por quedar impotente en la batalla (39:3, 4). Sus armas abandonadas proveerán a Israel de combustible durante siete años (39:9, 10). Se precisará de siete meses para enterrar sus cadáveres (39:11–15), y también la carne y la sangre de ellos será un festín para las fieras y las aves (39:17–20). El resultado de esta batalla será que las naciones sabrán que Jehová es el Señor (38:16, 23; 39:6, 7, 21, 23; cp. Is 45:23), en tanto que Israel no tendrá que dudar jamás de la protección de su Dios (39:22; cp. 39:25–29).

Hay tres puntos de vista divergentes acerca de estos capítulos.

(1) Presentan una descripción literal de un ataque futuro sobre Israel. Desde Jerónimo hasta nuestra época, Gog ha sido variamente identificado como los babilonios, los escritas, Cambises rey de Persia, Alejandro Magno, Antíoco Epífanes, Antíoco Eupator, los partos, Mitríades rey del Ponto, los turcos de Suleiman, los turcos y los cristianos, los armenios descendientes de los escitas, y una confederación de poderes europeos septentrionales incluyendo a Rusia (Ros; Mesec y Tubal como Moscú y Tobolsk) y Alemania (Gomer).

Se suscitan las siguientes objeciones a la interpretación literal (cp. Fairbairn, 414–431, esp. p. 421; Keil, II, 432; Faussett, JFB, IV, 348ss.): (a): La imposibilidad de identificar a Gog y a Magog con una persona o lugar históricos. (b) La improbabilidad de que un tal ejército conglomerado forme una coalición militar. (c) El tamaño desproporcionado del ejército invasor en comparación con Israel y sus productos. (d) El problema involucrado en el enterramiento de los cadáveres durante siete meses y la utilización de armas descartadas como combustible durante siete años. (e) la crasa carnalidad de la escena como incoherente con los tiempos mesiánicos.

(2) Son una descripción simbólica de algún evento futuro. Algunos eruditos adoptan la postura de Hengstenberg de que esta sección representa el conflicto final de la nación de Israel con unos enemigos sin definir. La interpretación más tradicional de Hävernick y Keil lo considera como la catastrófica lucha definitiva entre la Iglesia y las fuerzas del mundo, y el triunfo de la verdad de Dios sobre todas las formas de impiedad. Este punto de vista permite a la narración ser una fuente de consuelo para Israel y la iglesia pero la limita a un cumplimiento en un futuro lejano.

(3). Constituyen un parábola profética ilustrativa de una gran verdad en lugar de referirse a ningún evento histórico específico.

Las ilustraciones de Ezequiel presentan frecuentemente detalles que no pueden apremiarse como literales (p.ej., 16:46–51, 53–56, 61) sino que forman parte de la vestimenta de la historia. Aquí la elaborada y extraña imaginería expresa una gran verdad. Para Israel en Babilonia esta profecía daba la seguridad de que, una vez que se hallara restaurada en su tierra, el poder de Dios la protegería de lo peor que pudieran imaginarse. Para la Iglesia sufriendo en manos de sus perseguidores más implacables, esto constituye una promesa de la liberación que Dios da. También queda implícita en esta parábola la verdad del triunfo final y definitivo del Mesías al fin de los tiempos. Este punto de vista hace que el pasaje sea pertinente a todo período de la historia. El propósito de los escritos apocalípticos como este es el de la "revelación del futuro, mostrando la soberanía de Dios sobre él. Así conduce y fortalece al pueblo de Dios en tiempos de oscuridad (p.ej., Daniel, Apocalípsis. Cp. H. H. Rowley, *The Relevance of Apocalyptic*).

En la sinagoga, 38:18 — 39:16 tenemos la *haphtarah* para Éx 33:12 — 34:26 y Nm 29:26–31 para el sábado durante la fiesta de Sukkoth (de las Cabañas o Tabernáculos).

Los capítulos contienen siete oráculos introducidos por la fórmula: "Así ha dicho Jehová el Señor" (ver Introducción para el pasaje siguiente: 38:1, 2; también vv. 3–9, 10–13, 14–16, 17–23; 39:1–16, 17–24; conclusión, vv. 25–29).

1) Invasión de Gog y su destrucción. 38:1–23.

a) Introducción. 38:1, 2.
2. Gog (en caps. 38; 39; Ap 20:7), no basado en Gogaia de las cartas de El Amarna, ni en Gyges, rey de Lidia (670–652), sino en profecías pasadas por el curso de la historia. **Tierra de Magog.** La situación de este lugar es desconocida. Es posible que cayera entre Capadocia y media; o el término pudiera referirse a los escitas (Josefo, *Antigüedades*, I.6.1). **Príncipe soberano de Mesec y Tubal** (cp. 27:13). Léase el TM *nesî' rô'sh* en aposición, *príncipe de, cabeza de Mesec y Tubal.* La

palabra *rô'sh* significa "cabeza" o "jefe". El TM puede también leerse: "Príncipe de Rosh, Mesech y Tubal." **Rosh** no ha sido identificado. Es posible que se refiera a alguna tribu escita en la región de las montañas Taurus.

En las últimas batallas con Gog y Magog, ver Enoc 56, 57; Libros Sibilinos [Oráculos], III, 319, 320; II Esd 13; Talmud Babilónico, *Aboda Zara*, 3*b*; Berakoth, 7, 8; G. F. Moore, *Judaism*, II, 344, 348. Cp. las sangrientas batallas de Anat, ANET, 136, 137.

b) Gog y sus hordas conducidas por el Señor. 38:3–9.

4. Te sacaré a tí. La figura es la de dirigir a una fiera alejándola de sus inclinaciones carentes de significado para cumplir los propósitos divinos. **5. Persia, Etiopía** (*Kûsh*), **Libia** (*Fût*). Cp. 27:10; 30:5. **6. Gomer** (Gn 10:2). Los gimirrai de los asirios; los cimerios de los griegos, viviendo al sur del Mar Negro, probablemente en Capadocia. **Togarma** (cp. 27:14), **de los confines del norte. 7. Sé tú su guarda,** o conductor para huestes invasoras.

8. De aquí a muchos días...al cabo de años. Expresión ésta utilizada del futuro escatológico (cp. notas introductorias sobre los capítulos 38; 39). **9.** Gog y sus aliados avanzan **como tempestad...como nublado** (cp. v. 16; Is 21:1; Jer 4:13) contra un Israel pacífico y próspero (cp. vv. 8, 11, 12).

c) El malvado propósito de Gog en la invasión. 38:10–13.

10. En tu corazón. Los planes de los hombres constituyen tan sólo una parte de los propósitos todo-inclusivos de Dios. Ver, p.ej., 39:2; Is 10:5, 6. **12. En la parte central de la tierra.** Cp. 5:5. **13. Sabá y Dedán...mercaderes de Tarsis.** Cp. 27:12, 20, 22. **Y todos sus príncipes.** El grito de las naciones mercantes puede ser irónico, o quizás en aprobación de las ganancias que anticipan para ellas.

d) La venida de Gog, determinada por el Señor. 38:14–16.

14. Cuando mi pueblo Israel habite en seguridad. Cp. los vv. 8, 11, 12. **16. Mi pueblo...mi tierra.** Un ataque contra la tierra del Señor es un ataque en contra de él.

e) La destrucción de Gog. 38:17–23.

17. Los profetas...los cuales profetizaron. Esta invasión había sido predicha, ya en la anterior profecía de Ezequiel, o en profecías que ya no existen (cp. 39:8; Sof 1:14ss.; Jer 3:6; Joel 3; Zac 14). **19–22.** La destrucción de Gog es efectuada mediante un terremoto (v. 19) que aterroriza a toda la naturaleza (v. 20), por un pánico sobrenatural que cae sobre sus soldados (v. 21), por la pestilencia y el derramamiento de sangre y las visitaciones de la naturaleza (v. 22). **23.** Cp. 36:23.

2) Continuación de la profecía en contra de Gog. 39:1–29.

Esta no es una segunda invasión, sino un relato paralelo. Ezequiel repite a menudo sus enseñanzas. Cp. los caps. 1 y 10; 2:3–7 y 8:4–11; 3:17–21 y 33:1–19; caps. 16 y 23.

a) Destrucción y sepultura de las hordas de Gog. 39:1–16.

1. Profetiza contra Gog. Cp. 38:2, 3. **2. Te conduciré...te haré subir.** Cp. 38:4. **4. Gog** cae sobre los **montes.** Cp. los vv. 17 y 38:21. **6. las costas** también sienten **el fuego** que azota a **Magog.**

7. Y haré mi santo nombre notorio. Esto expresa el propósito de Dios en cuanto a la invasión (cp. 38:16, 17, 23): el reconocimiento de Su santidad por parte de Israel y de las naciones. Ver también los vv. 13, 21, 25–28. **9.** Las **armas** del enemigo servirán como combustible para Israel durante **siete años. 11.** los cadáveres de Gog serán enterrados en el **Valle de Hamon-gog** o, según la RSV de Los Viajeros (*hā'oberîm*), **este del mar.** Este lugar ha sido identificado como Wady Fejjas, a dos kilómetros del extremo meridional del Lago Cineret (Mar de Galilea), o el Valle de Abarim (*hā'ăbārîm*) en Moab, al este del Mar Muerto (Dt 32:48), llamado el valle de **Hamón-gog,** (*multitud de Gog*). **12, 13.** Todos los habitantes estarán ocupados **siete meses** en el enterramiento a excepción de los sacerdotes (nótese 44:25). El número siete (vv. 9, 14) significa lo completo de la limpieza de la tierra de sus enemigos. **14–16. Y tomarán hombres a jornal que vayan por el país...y el que vea los huesos de algún hombre pondrá junto a ellos una señal** (*sîyûn*, "señalización, monumento") a fin de ayudar a los **sepultureros, y así limpiarán la tierra. Allí hay una ciudad llamada Hamona** (forma femenina "multitud"). Allí, según el Targum *shām*, en lugar de *shem*, "nombre". Es una ciudad de tumbas (cp. Josefo, *Vida* 54).

b) Las aves y las bestias invitadas a hacer festin de las hordas de Gog. 39:17–24.

17–20. *Las aves y las fieras se comen la carroña* (cp. Is 63:1–6; Ap 19:7–21).

17, 18. El degollamiento de los animales era originalmente un acto sacrificial (cp. Lv 17; Is 34:6; Sof 1:8). Aquí se invita a las **aves** y a las **fieras** a **un sacrificio grande sobre los montes de Israel...sobre la carne de fuertes** y...**sangre de príncipes de la tierra,** que son comparados a los **toros engordados de Basán**

(cp. 27:6), una región pastoral famosa por sus ganados (Dt 32:14; Amós 4:1). **19.** De ordinario, la **grasa** y la **sangre**, las partes más sagradas del sacrificio, se ofrecían al Señor (Lv 3:11ss., 17). Aquí son comidos por las fieras. **20. Caballos y...jinetes** (LXX, *rōkēb*, "jinete", en lugar del TM *rekeb*, "carro"; pero cp. 2 S 8:4, "caballos de carros") son la comida para los animales de rapiña convocados a la mesa del Señor. Estos horrendos detalles dan fuerza a la parábola profética de Ezequiel.

21–24. *Lecciones de la gran destrucción.* **21. Pondré mi gloria entre las naciones.** El gran poder de Dios será revelado a las naciones por la destrucción de Gog (38:16, 23). **22.** Israel nunca dudará de su protección **de aquel día en adelante. 23, 24.** Las naciones aprenderán que la casa de **Israel fue llevada cautiva...y cayó a espada** no debido a que Jehová fuera impotente para protegerles (36:20), sino debido a su **rebelión** y traición, lo que había causado que él escondiera su **rostro** de ellos (36:20). ¡Qué lección en nuestros días de poderosas armas!

c) Conclusión: Restauración de las fortunas de Jacob. 39:25–29.

En este párrafo, que no constituye parte del Apocalipsis, el profeta vuelve al punto de vista de los caps. 33—37, prediciendo la restauración de Israel.

25. Celoso por mi santo nombre. Cp. 20:9, 14, 22, 44. **26. Ellos olvidarán su vergüenza** (RSV), esto es, oprobio (cp. Is 54:4). *Qerê*, varios manuscritos, y las versiones leen: *Ellos llevarán (wenāŝe'û) su vergüenza,* esto es un sentimiento interno de indignidad ante la bondad de Dios (cp. 16:52, 54). **27, 28. Los reúna sobre su tierra.** A lo largo de la historia de Su pueblo, Dios se revela tanto a las naciones como a Israel. **29. Habré derramado mi Espíritu.** Cp. 36:25–31; Joel 2:28; Zac 12:10.

IV. Visión de la comunidad restaurada. 40:1—48:35.

Ezequiel trató primero de los pecados que llevaron a la caída de Judá (caps. 1–24), y anunció la humillación de sus vecinos hostiles (caps. 25—32). A continuación representó la gloriosa restauración de su pueblo a su tierra (caps. 33—39), su regeneración (36:22–32), y la morada de Jehová en su medio para siempre (37:26–28). Como un vidente práctico, bajo la dirección divina, la siguiente preocupación del profeta era la de dar atención a la organización de la vida religiosa en la comunidad restaurada (caps. 40—48).

Estos capítulos finales presentan inmensas dificultades. Los rabinos del Talmud (Menahot 45a) señalaron que solamente el profeta Elías, que será el heraldo de la redención definitiva, elucidará las discrepancias con las leyes del Pentateuco y los términos que no aparecen en otros pasajes. Además, dicen ellos, si no hubiera sido por el Rabbí Chanina ben Ezequías (*Talmud de Babilonia, Hagiga* 13a), que explicó algunas de estas dificultades, el libro de Ezequiel habría quedado excluido del Canon de las Escrituras.

Las corrupciones textuales y los perturbadores detalles arquitecturales y rituales dejan perplejo al lector. Pero el problema más persistente es el de la interpretación de estos capítulos, acerca de la cual los eruditos piadosos han diferido a lo largo de los años. Los detalles múltiples de esta visión (Ez 40:2), ¿han de ser hechos realidad en alguna fecha futura? ¿Qué parte tendrán los sacrificios cruentos en una futura economía (40:38–43; 43:18–27; 45:13–17; 46:13–15)? ¿Volverá al sacerdocio de Sadoc, sin sumo sacerdote, a funcionar de nuevo (40:45, 46; 42:13, 14; 43:18–27; 44:15–31; 45:18–20; 46:19–24)? ¿Quién es el príncipe y quiénes son sus hijos (44:3; 45:7–12, 13–17, 21–24; 46:1–8, 12, 16–18)? ¿Quiénes son los levitas degradados (44:10–14), los extranjeros incircuncisos excluidos del santuario (44:5, 9), y los extraños residentes que reciben propiedades (47:22, 23)? ¿Cómo se tienen que explicar los problemas geográficos relacionados (1) con la corriente que nace del Templo (47:1–12) y (2) de la división de la tierra entre las doce tribus (47:13—48:29)?

El énfasis sobre lo ceremonial, formas, e instituciones ha llevado a la acusación de que Ezequiel transformó los ideales de los profetas en leyes y dogmas y que, por ello, vino a ser "el padre del judaísmo". Ezequiel, es cierto, creía que la nueva era demandaba una expresión de sus conceptos religiosos de una forma externa concreta. La comunidad judía postexílica seguía precisando del Templo, de los sacerdotes y de los sacrificios. Es dudoso creer que hubiera podido sobrevivir sin ellos. Como los profetas del siglo VIII, Ezequiel estaba interesado en una vida justa (p.ej., caps. 3; 18; 33). Las normas de los caps. 40—48 están dispuestas para gente regenerada (cp. caps. 33—37).

Las interpretaciones de la visión del templo aparecen básicamente bajo dos categorías: la literal y la figurativa. Aquí tenemos un sumario de las principales posturas con respecto al relato del templo en la "Utopía política" o "nomocracia" (gobierno por estatuto; así Joseph Salvador, citado en J. Klausner, *The Messianic Idea in Israel*, p. 131) en los caps. 40—48.

1) Algunos mantienen que se trata de una descripción del Templo de Salomón, preservada a fin de que los exiliados retornados pudieran reconstruir su santuario. En realidad, las especificaciones para el Templo de Ezequiel son diferentes de las del Templo de Salomón, y sus dimensiones son mayores.

2) Otros mantienen que representa un elevado ideal, una pauta general para guiar a los exiliados retornados en su construcción. Toda la sección se considera entonces como una constitución para la teocracia del post-exilio. Pero no se halla ninguna referencia en ninguno de los libros post-exílicos del AT del Templo de Ezequiel, y no hay tampoco ninguna insinuación de ello en la obra de Zorobabel ni de Josué, Hageo y Zacarías (Esd 3:8–13; 5:1, 2, 13–17; cp. 1:2–4; 6:14; Hag 1:2, 7–15; 2:1–9; Zac 6:9–15), o Esdras (Esd 7:10, 15, 16, 20, 27) y Nehemías (8–9) que este fuera el tipo de templo que tenían que construir.

3) Algunos comentaristas judíos han mantenido que el Rey Mesías, en Su venida, finalizará el Templo e instituirá los detalles del ritual.

4) Asimismo, hay cristianos que mantienen un Templo literal, y que habrán sacrificios, y que existirá un sacerdocio durante el Milenio, según las especificaciones establecidas por Ezequiel.

Entre las más serias objeciones a este punto de vista, se pueden señalar las siguientes:

a) El sacrificio de nuestro Señor Jesucristo nulificó los sacrificios del AT para siempre (He 9:10–15; 10:1–4, 18).

b) El sistema antiguo era de una forma provisional, al que los creyentes en Cristo no deben revertir (Gá 3:23–25; 4:3–9; 5:1; Col 2:16, 17; He 10:11–14).

c) Todos los creyentes, ya sean judíos o gentiles, son la simiente de Abraham (Gá 3:7, 16, 29), y miembros del "Israel de Dios" (Gá 6:16), una relación basada sobre la fe, no sobre la descendencia (Ro 4:11, 14, 16; 8:17; 9:6–8). Cristo ha roto "la pared intermedia de separación" (Ef 2:11–22), de manera que las distinciones entre judío y griego, circuncisión-incircuncisión, esclavo-libre, varón-hembra no dan ningún mérito superior (Gá 3:28; Col 3:11; Ef 3:6; Ro 2:28, 29).

d) El NT se refiere a la Iglesia como el Nuevo Israel, en el que los adherentes del antiguo Israel pueden participar aceptando a Cristo (1 P 2:3–5, 8–10). Las promesas al antiguo Israel se ensanchan para incluir a la Iglesia universal (Hch 2:39; 10:43ss.; 13:26; 15:14–18; Ro 15:9–12).

e) No una tribu específica está dedicada al sacerdocio ahora, sino que todos los creyentes son sacerdotes y tienen acceso directo a Dios mediante la sangre de Cristo (ver He 8:8–13, como cumplimiento de Jer 31:3–34; Lc 22:20; He 9:26; 10:4–10). Es la adoración espiritual, no la ritual, la que Dios reconoce (Jn 4:21–24; Hch 7:48–50).

f) Cuando Juan emplea estos capítulos para describir a la Iglesia de Cristo, elimina los elementos específicamente judíos (Ap 21:9 — 22:5).

No parece necesario tener que insistir en una explicación literal de la visión. El rechazo de una interpretación literal no impide mantener la doctrina del Milenio.

5) Aún otros mantienen que el Templo de Ezequiel es una figura representativa de los redimidos de todas las edades adorando a Dios en el cielo. Sin embargo, muchos de los detalles terrenos de la visión, p.ej., la ofrenda por el pecado, refutan la sugerencia de que se trate de una representación de la perfecta adoración en el cielo.

6) El punto de vista simbólico-típico o, más exactamente, el punto de vista alegórico, fue el favorecido por los Padres de la Iglesia y por los reformadores. Descubrieron en el príncipe, en los sacerdotes, en las ofrendas, en las mediciones del templo, en la corriente de aguas que mana del santuario, en la distribución de las tribus, etc., elementos prefiguradores de Cristo y de las perfecciones espirituales de la Iglesia a través de la era del Evangelio. Este punto de vista adolece de las imprecisiones y de las fantasías del subjetivismo, y roba a este pasaje del significado que tuvo para la época de Ezequiel.

7) Algunos ven en ello meramente una parábola profética. Estos capítulos, dicen, exponen una gran verdad espiritual en el lenguaje y en las pautas de pensamiento de Ezequiel el sacerdote. Se ven caracterizados por la misma minuciosidad de detalle observada en sus visiones (cap. 1), alegorías (caps. 16 — 23), predicación (cap. 18); y predicciones (caps. 26 — 28; 29 — 32), siendo así vehículo de una certidumbre divina.

Ezequiel y los otros profetas concibieron de la futura vida ideal vivida en el cuerpo, sobre esta tierra (ver sobre 18:4; cp. Is 66:20; Jer 33:17, 18). La verdadera perfección religiosa, enseñaban ellos, puede conseguirse solamente mediante la presencia personal del Señor en medio de Su pueblo (cp. 48:35*b*). Así, para los contemporáneos de Ezequiel en el exilio babilónico, y para las siguientes generaciones, la descripción del nuevo Templo, de la nueva adoración, y de la tierra supuso consuelo y edificación.

La iglesia cristiana, a través de toda su historia, saca de estos capítulos, no detalles minuciosos alegóricos o tipológicos de su vida, sino el principio amplio y general de la presencia de Dios con su pueblo y el poder fructificante de Su Espíritu Santo. Señalan a la Iglesia, especialmente en su adaptación en Ap 21; 22, a la consumación que espera al pueblo de Dios en la *parousia* (la segunda venida) de Su Hijo, que ha preparado moradas para los suyos en la casa del Padre. Recuerdan a la Iglesia de su carácter de peregrina en este mundo, que está esperando ''nuevos cielos y nueva tierra, en la que mora la justicia'' (2 P 3:13).

La visión de Ezequiel de una comunidad restaurada abraza un nuevo Templo, al que vuelve la gloria del Señor (caps. 40—43), un nuevo servicio de adoración, con un ministerio ideal y un sistema sacrificial asimismo ideal (caps. 44—46), y una nueva tierra santa vuelta a distribuir entre las tribus bajo nuevos principios (caps. 47; 48).

A. Un nuevo Templo. 40:1—43:27.

El área del Templo, como se describe en Ezequiel, consiste de tres terrazas, sobre la más elevada de las cuales, mirando hacia el oriente, se halla el Templo con sus anexos, el patio del Templo, y un gran edificio, directamente detrás de él. Sobre una terraza media se hallan cocinas y cámaras para los sacerdotes, el atrio conteniendo el altar del holocausto, y los atrios interiores con tres elaborados pórticos. La terraza inferior, rodeada de un muro exterior, contiene los atrios exteriores con tres pórticos y cocinas y cámaras para el pueblo.

1) El plan del nuevo santuario, con sus atrios y cámaras. 40:1—42:20.

1-4. *Introducción.* El profeta es transportado en una visión al monte del templo, donde un guía celestial le conduce a una visita al Templo, empezando por la puerta del atrio exterior. **1. En el año veinticinco...al principio del año, a los diez días del mes.** Marzo-abril del 572 (573) a.C. **2. En visiones.** Cp. 8:3; 11:22-25. **Un monte muy alto.** La idealización del monte Sion (cap. Sal 48:2; Is 2:2; Mi 4:1; Zac 14:10). En visiones lo natural y lo sobrenatural se entremezclan libremente. El Templo se parece **a una gran ciudad. 3. Un varón, cuyo aspecto era...de bronce.** Un carácter sobre-

natural (cp. Ap 21:10–27). **Con un cordel de lino.** Para medidas de gran longitud. **Y una caña de medir.** Para medidas más cortas.

a) Medidas de los atrios. 40:5–47.

5-27. *El atrio exterior y sus tres puertas.* Existe un **muro** rodeando toda **la casa** (o Templo) (v. 5), de **una caña** de espesor y de una caña de altura (v. 6), que estaba abierto por tres elaborados pórticos al este (vv. 5–16), al norte (vv. 20–23), y al sur (vv. 24–27). Siete **grandes** llevan a estas puertas (v. 6; LXX, 22, 26) que se abren sobre la terraza o plataforma sobre la que se halla situada toda el área del Templo (v. 18).

5-16. *La puerta oriental.* **5.** El codo hebreo era de 44,65 centímetros. El codo largo era de 52,52 centímetros, y la caña de Ezequiel era de alrededor de 3,15 metros.

6. La **puerta** (*sha'ar*) del templo tiene 50 codos de longitud (v. 15) y 25 codos de anchura (v. 13). Contiene un **umbral** de 6 codos de profundidad y de 10 codos de anchura (vv. 6, 11); un pasaje de 13 codos de anchura (v. 11) con tres **cámaras**, unas habitaciones pequeñas, a cada lado, cada una de ellas de 6 codos de lado (v. 7), con unas ventanas estrechas (v. 16), y protegidas en el lado hacia el pasillo con un **poste** o muro bajo de 1 codo de espesor (v. 12); Las cámaras tenían una separación de cinco codos, hecha de obra, con aperturas estrechas y **palmeras** esculpidas en relieve (v. 16); una **entrada** interior de 6 codos de profundidad (v. 7); un vestíbulo o **portal** de 20 codos por 8 codos en el extremo interior del corredor, con ventanas estrechas (vv. 8, 16); y **postes** de dos codos de grosor (v. 9).

17-19. *Las treinta cámaras en el atrio exterior.* Pasando a través de la puerta oriental, Ezequiel y su guía entran en el **atrio exterior**, situado en el **enlosado** o *terraza* inferior (v. 17). Dispuestas alrededor de **aquel atrio** se hallaban treinta **cámaras** (para su uso por parte del pueblo y de los levitas que adoran en el atrio exterior), quizás diez al lado del este, diez al del norte, y diez al del sur, cinco a cada lado de un portal. El pavimento o **enlosado** tiene una anchura de cincuenta codos, **en proporción a la longitud de los portales** exteriores (vv. 18, 15). Las cuatro esquinas contienen las cocinas del pueblo (46:21-24). **19.** Desde **el frente de la puerta de abajo** hasta **el frente del atrio interior por fuera** hay una distancia de **cien codos.**

20-27. *Las puertas del norte y del sur.* Los detalles de las puertas del norte y del sur se corresponden con las de la puerta oriental, con la mención específica de **siete gradas** hasta la plataforma (vv. 22, 26).

28-47. *El atrio interior y sus tres puertas.*
El atrio *interior*, o **de adentro**, se halla
situado a 100 codos al interior de las puertas
exteriores (v. 19) sobre una plataforma a ocho
gradas de altura sobre el atrio exterior (vv. 31,
34, 37). Se entra a través de unas puertas al sur
(vv. 28–31), al este (vv. 32–34), y al norte (vv.
35–37). En el vestíbulo de la puerta al oriente
hay medios para la manipulación de los sacrificios (vv. 38–43). Sobre los lados orientales
de las puertas a los lados norte y sur se hallan
cámaras para los sacerdotes responsables del
cuidado de los edifios del Templo y del altar
(vv. 44–46). Dentro del patio interior se halla
el atrio del altar (v. 47), un cuadrado de 100
codos de lado, situado al este del Templo, en
cuyo centro se halla el altar del holocausto
(43:13–27). Las cocinas de los sacerdotes y sus
cámaras se hallan situadas en el extremo occidental del atrio interior (42:1–14). El Templo
mismo se halla sobre una plataforma a una
altura de diez gradas sobre el atrio interior (v.
49).

28-31. *Puerta del sur del atrio interior.* **28.**
Desde la puerta del sur del atrio exterior (vv.
24–27), Ezequiel es conducido al **atrio interior** a través de su **puerta del sur.** Las puertas
del atrio interior se corresponden con las del
atrio exterior en todos los respectos excepto en
que sus vestíbulos caen en el extremo exterior
del portal, cerca del atrio exterior (vv. 31, 34,
37). **31. Ocho peldaños** llevan desde el enlosado inferior a la terraza sobre la que se alza el
atrio interior.

32-27. *Las puertas interiores del este y del
norte.* Estas puertas son similares en descripción a la puerta del sur.

38-43. *El vestíbulo de la puerta oriental
interior, y disposiciones para el sacrificio.* **38.**
Se halla construida **una cámara** dentro del
vestíbulo de la **puerta** oriental (cp. vv. 40, 44;
43:17*b*; 46:2ss.), donde los sacerdotes ministradores o levitas lavarán los holocaustos. **39.**
Dentro del *vestíbulo*, o **la entrada de la
puerta** se hallan cuatro mesas, **dos mesas a un
lado, y otras dos al otro**, sobre las cuales se
prepara la carne del **holocausto** (*'ōlâ*; Lv 1,
''lo que sube'', una bestia o un ave totalmente
consumidos sobre el altar para simbolizar la
rendición propia del adorador a Dios), **la
expiación** (*hatta't*; Lv 4:1 — 5:13, en expiación
por el pecado), y **el sacrificio por el pecado**
(*'āshām*; Lv 5:14 — 6:7, en el que se hace
recompensa o restitución). **40. En el exterior,
hacia el norte subiendo la entrada del portal**
(Cooke, ICC) se hallan cuatro mesas más,
constituyendo **ocho mesas**, o pedestales, **de
piedra labrada...sobre las que los instrumentos** para matar las víctimas **se deben**

depositar (RSV). **43.** Hay unos **ganchos** en
derredor en la pared exterior del vestíbulo
sobre los que colgar la carne de las víctimas
antes de desollarlas.

44-46. *Las cámaras de los sacerdotes en los
lados orientales de las puertas de los lados sur
y norte.* **44.** Hay **dos cámaras en el atrio
interior** (RVA), una (v. 45) sobre el lado
oriental de **la puerta del norte hacia el sur**
para **los sacerdotes** (levitas, 44:10–14) **que
están encargados del Templo** y la otra sobre
el lado oriental de la puerta del sur que mira al
norte **para los sacerdotes que están al cargo
del altar** (v. 46). Los sacerdotes del orden de
Sadoc.

47. *Las medidas del atrio del altar.* Dentro
del atrio interior se halla el **atrio** del altar, un
cuadrado de 100 codos **delante de la casa**
(esto es, al este del Templo), en el que se halla
el altar del holocausto.

b) Medidas del Templo mismo y de sus
alrededores. 40:48 — 41:26.
El templo del siglo VIII en Tell Tainat en
Siria y el templo cananeo recientemente excavado en Hazor presentan una división triple del
vestíbulo, nave, y estancia interior, similar a
las disposiciones en los planos del Templo de
Salomón, y del de Ezequiel. El Templo de
Ezequiel se levanta sobre una tercera plataforma a diez peldaños más elevado que el atrio
interior (v. 49). Consiste de tres partes, el vestíbulo (vv. 48, 49), nave (41:1, 2), y el Lugar
Santísimo (41:3, 4). Un anexo de cámaras laterales corre a lo largo de tres lados del Templo
(vv. 5–11), y detrás de ella se halla un gran
edificio (v. 12). Las dimensiones del Templo
(vv. 13–15*a*) y se da una breve descripción de
su interior (15*b*–26).

48, 49. *El vestíbulo o pórtico ('ûlām).*
El **pórtico** (cp. 1 R 6:3) tiene 20 codos de
anchura desde el norte al sur y 12 codos del
este al oeste. Su entrada, de catorce codos de
anchura, tiene un muro de 3 codos a cada lado.
Además de los **postes**, de 5 codos de grosor,
había **columnas** (cp. 1 R 7:15–22, donde se
llaman Jaquín y Boaz).

41:1, 2. *La nave o Lugar Santo (hêkāl).* La
nave tiene 40 codos de longitud desde el este
hasta el oeste y 20 codos desde el norte hasta
el sur. Su entrada tiene 10 codos de anchura,
con muros laterales de 5 codos de anchura a
cada lado y *postes* de 6 codos de grosor (cp. 1
R 6:5).

3, 4. *El lugar santísimo.* O *estancia interior*
(*qōdesh haqqodāshîm*). Solamente el ángel
penetra en *la estancia interior*, o **Lugar santísimo**, *más allá de la nave*, que tiene 20 x 20
codos. Su entrada, muros laterales, y postes

miden 6, 7, y 2 codos respectivamente (cp. 1 R 6:16; 7:50; 8:6).

5–11. *Las cámaras laterales del anexo.* **Alrededor** de los tres muros del Templo se hallan cámaras laterales para propósitos de almacenaje en tres pisos, 30 en cada piso (v. 6; cp. 1 R 6:5–10). La **pared exterior de las cámaras laterales** tiene 5 codos de grosor (v. 9), y la hilera inferior de cámaras tiene 4 codos de anchura (v. 5), haciéndose más ancha cada hilera superior, **proporcionalmente al agrandamiento del indentamiento en el muro del Templo** (v. 7). Tomando una indicación del Templo de Salomón (1 R 6:6), las paredes del Templo tendrían probablemente unos seis codos de espesor en el primer piso, con una cámara de 4 codos de espesor (v. 5), 5 codos de grosor en el segundo piso, dejando espacio para una cámara de cinco codos, y 4 codos de espesor en el tercer piso, dejando lugar para una cámara de seis codos. Unas escaleras, posiblemente de caracol, conectan las cámaras (v. 7; cp. 1 R 6:6). Tanto el Templo como el edificio anexo se levantan sobre una plataforma levantada a seis codos de altura (v. 8), la altura de diez peldaños (40:49), y de cinco codos de anchura (v. 9), que dan acceso a las cámaras laterales al norte y al sur (v. 11). Esto, a su vez, es rodeado por un atrio estrecho de 20 codos de anchura (vv. 10, 12).

12. *El edificio (binān) detrás del Templo.* El propósito del gran edificio (90 x 40 codos, con muros de 5 codos de espesor) detrás o al oeste del Templo, frente al *espacio abierto, gizrâ*, 41:12–15; 42:1, 10, 13), no recibe explicación. Es llamado el *parwārîm* en 2 R 23:11, donde los reyes guardaban caballos sagrados al sol, y *parbār* en 1 Cr 26:18.

13–15a. *La medida del Templo.* De este a oeste el Templo tiene 100 codos de longitud (v. 13; poste del vestíbulo, 5 codos; vestíbulo, 12; poste de la nave, 6; nave, 40; poste del Lugar Santo, 2; el Lugar Santo, 20; muro, 6; cámara lateral, 4; muro exterior del edificio lateral, 5 = 100). La anchura del Templo desde el norte hasta el sur, incluyendo el patio, es de **100 codos** (v. 14; anchura del Templo, 20; muro lateral, 6 + 6; cámaras laterales, 4 + 4 y sus muros, 5 + 5; plataforma elevada, 5 + 5; patio, 20 + 20 = 100). El patio y los edificios occidentales con sus muros tienen 100 codos de longitud de este a oeste (vv. 12, 13). La longitud del edificio occidental desde el norte hasta el sur, más sus muros, es de 100 codos. Hay así tres cuadrados adyacentes de 100 codos: El atrio del altar (40:47); el Templo y los atrios en sus lados norte y sur; y el edificio occidental con el patio enfrente de él.

15b–26. *Descripción del interior del Templo.* Las tres secciones del Templo —nave,

estancia interior, y vestíbulo exterior (15b)— se hallan recubiertos de madera (o "de *śehîp*", una palabra acadia que denota una costosa madera negra; cp. G. R Driver, "Notes on Hebrew Lexicography", JTS 23 [1922], 409), **desde el suelo hasta las ventanas** (v. 16). Las ventanas con un estrechamiento progresivo al adentrarse en el muro (cp. 40:16) están **cubiertas.** Las paredes de la estancia interior y de la nave se hallan talladas con apariencias de *querubim* de dos rostros alternando con **palmeras** (vv. 17, 18). **El rostro de un hombre y el rostro de un león mirando a cada lado de una palmera** (cp. 1:6; 10:14, 21; 1 R 6:29ss.).

Cada poste del templo era cuadrado. En frente del santuario hay una mesa de madera como altar, de 3 x 2 x 2 codos, posiblemente para el pan de la proposición (v. 22; cp. Ex 25:23ss.; Lv 24:5–9). **El templo y el santuario** *tiene cada uno de ellos una doble puerta* (v. 23), *con dos hojas que giran para cada puerta* (RSV; v. 24), sobre la que hay labrados **querubines y palmeras** (v. 25). Se halla una cubierta o cornisa ornamental, hecha de madera en el frente exterior del vestíbulo.

c) Otros edificios en el atrio interior. 42:1–20.

1–14. *Las cámaras de los sacerdotes.* Los edificios que contienen las cámaras de los sacerdotes se hallan situados, por lo que parece, en el extremo occidental del atrio interior, entre los patios del norte y del sur del templo (vv. 1, 10; cp. 41:10, 12) y el borde interior del atrio exterior (v. 3). Las cámaras sobre el lado norte se describen detalladamente (vv. 1–10a) y las del sur son idénticas a ellas (vv. 10b–12). Los detalles son oscuros, y el texto está corrompido. Aparentemente, hay dos estructuras, una corriendo paralela al patio del Templo, con un tamaño de 100 x 20 codos (v. 2), con un pasaje a su lado de 10 codos de anchura (v. 4), al otro lado del cual, morando por encima del atrio exterior, se halla la segunda estructura, de 50 x 20 codos en tamaño (v. 8). Las dos estructuras más el pasaje totalizan una anchura de 50 codos (v. 2). Las cámaras entre estas estructuras pueden ser dispuestas en tres pisos (v. 6) o en tres hileras sobre terrazas descendiendo al patio exterior. En alguna parte por debajo del extremo oriental de la serie más corta de cámaras se halla una entrada, dando acceso a un tramo de diez peldaños (40:49) desde el atrio exterior a las cámaras de los sacerdotes (v. 9).

13, 14. *Utilización de estas cámaras por parte de los sacerdotes.* Las cámaras serán utilizadas por los sacerdotes para comer las ofrendas santas, para guardarlas hasta que sean cocinadas en las cocinas (cp. 44:29; 46:20) y para guardar las vestiduras sacerdotales cuando los sacerdotes no estén ejerciendo (cp. 44:19; 46:20). La sección de las cocinas de los sacerdotes (46:19–24) bien podría estar situada aquí.

15–20. *Las medidas globales del área del templo.*

Todo el área del templo es un cuadrado de 500 codos de lado (v. 20; 45:2), no un cuadrado de 500 cañas de largo, lo cual serían 3000 codos (cp. Ap 21:13). El propósito del muro que lo rodea es el de hacer separación **entre el santuario y el lugar profano** (v. 20).

2) Retorno del Señor a la casa preparada para Él. 43:1–12.

Unos dieciocho años y medio antes, Eze-quiel había visto una visión de la partida de la gloria del Señor del Templo (10:19; 11:22, 23). Ahora que todas las cosas están dispuestas, ve retornar la gloria (vv. 1–5). El Señor entroni-zado pronuncia que el Templo es su trono e instruye al profeta a que enseñe al pueblo las normas del Templo (vv. 6–12).

a) El retorno del Señor. 43:1–5.

1. La puerta que mira al oriente. Allí el profeta ve la manifestación visible de la pre-sencia del Señor, como la había visto cuando había venido **a destruir la ciudad** (v. 3; cp. caps. 8–11), y en su visión inaugural **junto al río Quebar** (1:28; 3:12, 23). **4. La gloria de Jehová** entró por la puerta oriental y el **Espíri-tu...alzó** a Ezequiel (v. 5; cp. 2:2; 3:12, 14; 8:3) y le **llevó al atrio interior.** El profeta no puede entrar por la puerta oriental una vez que el Señor haya entrado (cp. 44:2). Sobre la gloria del Señor llenando el Tabernáculo y el Templo, ver Éx 40:34, 35; 1 R 8:11.

b) Exhortación de Dios a Israel desde el santuario interior. 43:6–12.

El Señor (no el hombre a su lado, v. 6) habla a Israel a través de Ezequiel con respecto a la santidad del Templo (vv. 7–9). Su exhortación forma una conclusión a los caps. 40 — 42, y las regulaciónes del Templo (vv. 10–12) for-man una introducción al cap. 44 y a los siguientes capítulos.

7. El Templo de Jerusalén es aquí represen-tado como **el trono** de Dios (ver también Jer 3:17; 14:21; 17:12. En cuanto a los cielos como el trono de Dios, ver Is 66:1; Sal 2:4; 11:4; Mt 5:34; 23:22. Ezequiel está presentando el cielo descendido a la tierra (cp. 37:26–28). **Sus fornicaciones.** Prostitución en el Templo (2 R 23:7); o idolatría (cap. 8). **Los cuerpos muertos de sus reyes.** Los sepulcros reales se hallaban en la misma colina que el Templo,

separados de él solamente por un muro (2 R 21:18, 26). **8.** Antiguamente el Templo y el palacio se hallaban contiguos (1 R 7:8; 2 R 20:4, corregido). **Umbrales y contrafuertes** pueden referirse a las tumbas de los reyes, con formas como de casas (Is 14:18; Job 17:13).

Los vv. 10–27 forman la *haphtarah* de la sinagoga para Ex 27:20 — 30:10.

10. Cp. 40:4; 44:5. **12. La ley de la casa,** o *del templo* es establecida en los capítulos 40 — 42. Toda el área del Templo **sobre la cumbre del monte** es declarada lugar **santísimo** (41:4; 45:3; 48:12).

3) El altar del holocausto y su consagración. 43:13–27.

a) Descripción del altar. 43:13–17.

Comparar los varios altares: en el Taber-náculo (Ex 27:1–8), en el Templo de Salomón (2 Cr 4:1); en el Templo de Zorobabel (Esd 3:2, 3; 1 Mac 4:47); en el Templo de Herodes (Misná *Middoth IV*, 1*a*, 3*b*, 4. Josefo, *Guerras* V. 5, 6; *Carta de Aristeas,* 87).

13. El altar del holocausto (cp. 40:47), hecho de un material sin especificar, posible-mente de piedra, consiste de cuatro etapas, que van disminuyendo en tamaño, colocadas una encima de la otra. La base es de 18 x 18 codos y tiene un codo de altura, probablemente como un canal para llevar la sangre sacrificial. **14.** sobre esto descansa la siguiente etapa, de 2 codos de altura y de 16 x 16 codos. A continua-ción viene la etapa superior o mayor, de 4 codos de altura y de 14 x 14 codos. **15, 16.** Encima se halla el fogón del altar, o el altar propiamente dicho, de cuatro codos de altura y de 12 codos de lado, con cuernos de un codo de altura, proyectándose desde sus cuatro lados. El nombre *hār'ēl* (v. 15), o *'rī'ēl,* tiene afini-dad con el acadio *arallû,* ''mundo subterrá-neo'', o con la ''montaña de los dioses'' (Albright, *Archeology and Religion of Israel,* pp. 150–152), y su diseño es reminiscente del zigurat babilónico (Nielson, *Journal of the Palestine Oriental Society,* 13 [1933], 203 ss.). Su altura total, incluyendo los cuernos, es de 12 codos. Unas gradas en el lado oriental posi-bilitan que el sacerdote esté frente al templo, y no hacia el sol (cp. 8:16; Éx 20:26).

b) Consagración del altar. 43:18–27.

El altar es consagrado mediante la aplica-ción de la sangre de la ofrenda por el pecado durante siete días sobre sus cuatro cuernos, sobre las cuatro esquinas de la etapa superior, y sobre el borde de la base, para *limpiarlo* (*hittē',* para quitar el pecado de él mediante la aplicación de sangre sacrificial al objeto), y para *purificarlo* (*kippēr,* ''purificar'', ''expiar mediante un acto ritual'', v. 20; cp. Éx 29:12; Lv 8:15). Debido a que los objetos utilizados en la adoración entran en contacto con impurezas del hombre pecador, se les tiene que aplicar sangre, como asiento de la vida, para eliminar la impureza y para impartir santidad (cp. Lv 16:15–20). La ofrenda por el pecado el primer día es un becerro (v. 19), y en los días sucesivos de la semana un macho cabrío (vv. 22, 25). A continuación de la ofrenda diaria por el pecado, se ofrecen un becerro y un carnero salados con sal como holocausto (23, 24). La sal, añadida originalmente a las ofrendas de grano (Lv 2:13) y al incienso (Ex 30:35), fue más tarde añadida a todas las ofrendas de holocausto (Mr 9:49 margen; Josefo, *Antigüedades* III. 9.1). **26. Así lo consagrarán.** Lit., *llenarán su mano*, esto es, conferir una dignidad, investir de un cargo (cp. Ex 28:41; Lv 16:32; 1 Cr 29:5). **27.** Desde el **octavo día en adelante** se pueden ofrecer sobre él los holocaustos regulares y las ofrendas de pacíficos (*shelem*, Lv 3, significando paz y comunión con Dios; estas también incluyen las ofrendas de acción de gracias, votivas, y voluntarias, Lv 7:12, 16*a*, 16*b*).

B. *Un nuevo servicio de adoración. 44:1— 46:24.*

Las siguientes ordenanzas tratan (1) acerca de quien puede ministrar en el Templo (cap. 44); (2) los ingresos de los sacerdotes, de los levitas, y del príncipe, y las obligaciones del príncipe hacia el Templo (45:1–17); y (3) las ofrendas festivas y diarias en el Templo, y las ofrendas especiales del príncipe (45:18— 46:24).

1) Los que pueden ministrar en el Templo. 44:1–31.

a) La puerta exterior, de oriente, cerrada. 44:1–3.

Ezequiel, llevado por el ángel a la puerta oriental de afuera (v. 1), es informado de que esta puerta quedará cerrada después de la entrada del Señor por ella, para que la entrada de un mortal no la profane (v. 2). La ''Puerta Dorada'' en el muro oriental de la Antigua Jerusalén actual está tapiada. Los muros fueron construidos por el sultán otómano, Suleiman el magnífico, en 1542. Cerró la puerta, tapiándola, para impedir que se hicieran fiestas conmemorando ''la recuperación de la Santa Cruz''. El **príncipe** no puede entrar a través de la puerta pero se le permite comer la comida sacrificial en su vestíbulo (v. 3; cp. Jer 30:21).

b) Restricciones al servicio en el Templo. 44:4–14.

4. La gloria de Jehová. Cp. 43:3. **5.** Cp. 40:4.

7. De traer extranjeros. Esclavos extranjeros o cautivos de guerra habían hasta entonces ayudado en la ofrenda de sacrificios y en la ejecución de tareas subordinadas (Dt 29:11; Jos 9:23, 27; 1 S 2:13; Zac 14:21; Esd 8:20; 2:43– 54). Los **extranjeros** quedan ahora excluidos como espiritual y físicamente descalificados (cp. Nm 3:10; 16:40; Hag 2:14; Esd 4:3; Neh 13:7–9, 30). El Templo de Herodes tenía tabletas en el atrio exterior advirtiendo a los no judíos que no penetraran bajo pena de muerte (Josefo, *Guerras*, V. 5; *J. E.* XII. 85). **10. Los levitas** (cp. 48:11, o Israel, v. 15; 14:11) que al descarriarse hicieran desviar al pueblo (v. 12; Jue 17:7–13; 18:18–19; 30; Dt 33:8–11) serán degradados de rango. Serán vigilantes de las puertas (cp. 40:7), asistirán al pueblo en el atrio exterior, y matarán sus ofrendas y cocinarán sus sacrificios (v. 11; cp. 46:24; Nm 3:5— 4:33).

c) Reglas para los sacerdotes del orden de Sadoc. 44:15–31.

15. Los sacerdotes levitas hijos de Sadoc, que eran descendientes de Sadoc, un contemporáneo de David y de Salomón (2 S 8:17; 15:24–29; 20:25; 1 R 27, 35) y de Aarón a través de Eleazar (1 Cr 6:50–53). **16.** Los sacerdotes fieles ministraran delante de Dios. **Se acercarán a mi mesa.** Cp. Mal 1:7, 12. **Guardarán mis ordenanzas.** Cp. 40:45, 46.

Los vv. **17–19** describen sus vestiduras (cp. Lv 13:47, 48; Jer 13:1; Herodoto ii.37). Tienen que sacar sus vestimentas de lino antes de salir, **para no santificar al pueblo con sus vestiduras,** una santidad ritual que descalificaba a las personas para los deberes ordinarios de la vida (cp. Lv 6:18, 27; Ex 29:37; 30:29; Hag 2:10–12).

20, 21. Acerca de cortar el cabello, ver Lv 21:5; 10:6; 21:10. Acerca de beber vino en tanto que se está en funciones, ver Lv 10:9; Os 4:11; Pr 20:1 (cp. Josefo, *Antigüedades*, III. 12. 2). **22. Ni viuda ni repudiada tomará por mujer.** Cp. Lv 21:7, 13, 14. **23, 24. Y enseñaran a mi pueblo.** Estos versículos exponen los deberes de los sacerdotes hacia el pueblo: instrucción ceremonial (cp. 22:26; Lv 10:10; Hag 2:11; Mal 2:7); instrucciones para la administración de la justicia (Dt 17:8–13; 33:10; 1 S 4:18; 7:15; Os 4:6); **juicios...leyes... decretos** (cp. 5:6; Lv 26:46); instrucciones para guardar los **días de reposo,** o sábados (cp. 20:12).

25–27. No se acercarán a hombre muerto. Se dan reglas para el necesario contacto de los sacerdotes con los muertos. Estaba prohibido el duelo excepto en el caso del parentesco de sangre más estrecho (cp. Lv 21:1–3, 11; Nm 19:14ss.). **26. Después de su purificación.** Cp. Nm 19:14–19. **27. Ofrecerá.** Cp. Lv 4:3.

En los vv. **28–31** se provee para el mantenimiento de los sacerdotes. Tienen que subsistir de las ofrendas, cosas dedicadas al Señor (Nm 18:14ss.; Lv 27:28, 29), primicias (Nm 8:13; Dt 18:4), las contribuciones (*terûmâ*; cp. 20:40), quizás el diezmo (Nm 15:19; 18:19). **30b. Bendición.** Cp. Mal 3:10. **31. Mortecina,** muerta por sí misma. Cp. 4:14; Lv 22:8.

2) Partes de tierra para los sacerdotes, los levitas, y el príncipe. 45:1–17.

a) Territorio sagrado del Templo, y sus alrededores. 45:1–8.

El Templo de Ezequiel, además de estar sobre un monte alto (40:2) y de tener atrios amurallados (caps. 40—42), y además de estar protegido por las medidas precautorias de 44:4ss., se halla adicionalmente protegido de desecración al estar localizado en medio de un territorio sagrado rodeado por las propiedades de los sacerdotes (48:8–22). **Una porción** (*terûmâ*, "parte levantada o separada del todo") de tierra pasa a propósito sagrados (v. 1).

El área consiste de tres bandas paralelas, que corren de este a oeste, formando un cuadrado de 25.000 codos de lado. La banda central, de 25.000 x 10.000 codos, queda aparte para los sacerdotes y sus casas (vv. 3, 4). En su centro se halla un lugar cuadrado, de 500 codos de lado, para el santuario, rodeado de un espacio abierto de 50 codos por todos sus lados (vv. 1, 2). Al norte de ésto se halla el área para los levitas y sus ciudades, de 25.000 x 10.000 codos (v. 5, LXX; Nm 35:2; Jos 14:4). Al sur se halla la otra sección de 25.000 x 5.000 codos, en el centro de la cual se halla un cuadrado de 5.000 codos de largo para la santa ciudad, con tierra cultivable a ambos lados (cp. 48:15–20), propiedad de todas las tribus (v. 6). A ambos lados de esta posesión de toda la tierra de Israel se halla la parte de la tierra asignada al príncipe, de 25.000 codos de anchura, extendiéndose desde el límite **occidental hasta el extremo oriental** de la tierra (vv. 7, 8). En contraste con los perversos pastores del pasado, **nunca más sus príncipes oprimirán a mi pueblo** (cp. 22:25; 34:1ss.).

b) Deberes de los príncipes. 45:9–12.

Los **príncipes** del futuro reino deben **eliminar la violencia** (Amós 3:6; Jer 6:7), **hacer ...justicia** (Jer 22:3, 15; 23:5), y quitar **las imposiciones** (v. 9; cp. 46:18; 1 S 8:14; Is 5:8; 1 R 21:9). No habrá un avivamiento de la realeza con el poder y la pompa de antaño. La principal función del príncipe será la de proveer a las ofrendas. Mediante él la unidad de la nación hallará expresión en su adoración (45:16, 17, 21–25; 46:1–12). No posee ni poderes sacerdotales ni autocráticos. El Señor es el verdadero dueño de la tierra. El príncipe tiene que establecer un sistema de medidas y de pesos verdadero (vv. 10, 11, 12; cp. G. A. Barrois, "Chronology, Metrology, etc., of the Bible", IB, 1, 142–164).

c) Las ofrendas del pueblo al príncipe y las ofrendas del príncipe al Templo. 45:13–17.

El pueblo tiene que dar una ofrenda especificada de su grano (v. 13), aceite (v. 14), y ovejas (v. 15) al príncipe (v. 16), que a su vez proveerá las varias ofrendas para las **fiestas solemnes**, las **lunas nuevas**, los **días de reposo** y todas las **fiestas de la casa de Israel**, a fin de que se pueda hacer expiación por Israel (v. 17).

El pasaje 45:16—46:18 es el *haphtarah* para Éx 12:1–20.

3) Ofrendas de las varias temporadas sagradas. 45:18—46:24.

a) Ofrendas en las fiestas. 45:18–25.

18–20. *La purificación semi-anual del Templo.* El santuario tiene que ser purificado semianualmente por la sangre de la ofrenda por el pecado en el primer día del primer mes, marzo/abril (vv. 18, 19), y por ritos similares "en el mes séptimo" (sept/oct) en "el primer día del mes" (v. 21, LXX) **harás expiación por la casa.**

21–25. *Ofrendas en la Fiesta de la Pascua y en la Fiesta de los Tabernáculos.* En la **pascua** en la primavera (cp. Éx 12:6; Dt 16:1) y en los siete días de los **panes sin levadura** (cp. Éx 13:6, 7; Dt. 16:8), el príncipe tiene que proveer **por sí mismo** y para **todo el pueblo** la precisa ofrenda por el pecado, el holocausto, y la ofrenda de grano (vv. 21–24). **En el mes séptimo** tiene que proveer ofrendas similares para la fiesta de las cabañas, o *sukkoth*, la gran fiesta de la cosecha (cp. Éx 23:16; 34:22; Dt 16:13ss.).

b) Las ofrendas en los sábados y las lunas nuevas. 46:1–12.

1–5. *Sábados.* La puerta oriental del atrio interior, cerrada durante los seis días laborales, tiene que abrirse el sábado (v. 1). El príncipe entrara por ella y adorará en su umbral, desde donde puede ver los sacrificios en el altar (v. 2). En la entrada exterior de la puerta adorará el pueblo, mirando a través de ella (v. 3). El príncipe proveerá ofrendas de holocausto, de grano, y ofrendas optativas (vv. 4, 5; cp. Nm 28:11–15).

6–8. *Luna nueva.* El príncipe tendrá que proveer ofrendas similares para las lunas nuevas. **8.** Entrará por el portal, y saldrá **por el mismo camino.** Esto es, sin poner su pie en el atrio interior. **9, 10.** Para evitar confusión, la gente que entre a las fiestas entrará por una puerta y saldrá por la otra. El príncipe adorará con ellos como uno de los del pueblo ordinario. **11.** **En las fiestas y en las asambleas solemnes,** se tiene que añadir la ofrenda de grano al holocausto, como en los sábados. **12.** Se tienen que preparar las ofrendas voluntarias, hechas **libremente** por la comunidad. Acerca del holocausto contínuo *(tāmîd)*, ver Éx 29:42; Nm 28, 29; Dt 8:11–13.

c) El príncipe y las tierras de su propiedad. 46:16–18.

Estos versículos suplementan al 45:8, 9. **Si el príncipe da** alguna propiedad de tierra a sus hijos, esta permanecerá de ellos. Si da tierra a sus **siervos,** esta **volverá al príncipe** el año del jubileo (v. 17), cada cincuenta años (cp. Lv 25:10; Jer 34:14; Is 61:1). El príncipe no puede echar a nadie de su propiedad (v. 18; cp. 45:8, 9).

d) Cocinas para las comidas sacrificiales. 46:19–24.

Las cocinas para los sacerdotes (vv. 19, 20) se hallan al extremo occidental de las cámaras de los sacerdotes, descritas en el 42:1–14. **Para no** santificar **al pueblo.** Ver 44:19. **21–24.** Las cocinas para la preparación de las comidas sacrificiales del pueblo se hallan situadas en las cuatro esquinas del atrio exterior. En cada una de estas se hallan pequeños patios o recintos, de 40 x 30 codos, para las cocinas en las que los levitas sirven al pueblo (44:10–14). Queda ahora finalizada la visita a los edificios del Templo, y se introduce un nuevo tema.

C. Una nueva Tierra Santa. 47:1—48:35.

Después de una descripción de la corriente que da vida a la tierra (47:1–12), se indican los límites de la tierra (47:13–23), y la disposición de las tribus en ella (48:1–35).

1) La corriente vivificante que sale del Templo. 47:1–12.

El profeta es llevado del atrio exterior (46:21) al vestíbulo del Templo (40:48–49). Allí ve una corriente de aguas que manan de debajo del umbral del templo hacia el oriente, pasando al sur del altar (v. 1), y al sur de la puerta exterior del oriente (v. 2). A 1.000 codos de la puerta, las aguas tienen una profundidad que cubren los tobillos (v. 3), pero al cabo de 4.000 codos se han transformado en un río *(nahal)*, lo suficientemente profundo como para poder nadar en él (vv. 4, 5).

A lo largo de las riberas crecen árboles (v. 7) que dan nuevo fruto cada mes, cuyas hojas poseen una virtud curadora (v. 12 BLA). El agua desciende **al Arabá,** la depresión del Valle del Jordán que llega al Golfo de Akaba, transformándolo, y haciendo que las aguas muertas del Mar Muerto recibirán **sanidad** (v. 8), y hervirán de vida (v. 9), como el mar Mediterráneo (v. 10). **Junto a él** (al Mar Muerto) **estarán los pescadores** y **desde Engadi** *(fuente del Kid* en el centro de la costa occidental del Mar Muerto, un osasis de fertilidad debido a la abundancia de aguas que hay allí; cp. Cant 1:14) hasta **En-eglaim** (v. 10; "fuente de los dos becerros" (¿?), posiblemente cerca de la moderna Ain Feshka, a unos tres kilómetros al sur de área de Khirbet Qumram, donde se hallaran los Rollos del Mar Muerto. **Sus pantanos** al lado del mar quedarán sin endulzar, esto es, serán marismas saladas (v. 11). La transformación de la tierra se deberá a la presencia de Dios (cp. 34:26–30; 36:8–15, 30–36; 37:26–28).

Nótese la influencia de esta visión sobre otros escritores: Joel 3:18; Zac 13:1; 14:8; Jn 4:14; 7:37, 38; Ap 22:1, 2; también Sir 24:34, 35; Enoc 26:2, 3. Para el creyente cristiano, habla de vida, curación, paz y prosperidad, todo ello conseguible por el Espíritu Santo.

2) Los límites de la tierra. 47:13–23.

Compárese Nm 34:1–12, donde los límites de norte a sur están a unos 450 kilómetros de distancia. La nueva tierra se ha de dividir igualmente entre todas las doce tribus (vv. 13, 14).

14–17. *Los límites septentrionales:* **Desde el Mar Grande** (Mediterráneo), camino de **Hetlón** (Heitela, a diez kilómetros al norte de Tripoli, o Adlun, entre Sarepta y Tiro) **viniendo a Zedad** (Sadat, al sudoeste de Homs) a (**la entrada de** (LXX)) **Hamat** sobre el Orontes (a 185 kilómetros al norte de Damasco, Amós 6:2), **Berota** (perteneciente a Zoba, 2 S 8:8; o Beratain cerca de Baalbek), **Sibraim** (Sifron, cerca de Hamat y de homs, Nm 34:9), hasta **Hazarhaticón** *(Hazer central* = Hazar-enán?) sobre **el límite de Haurán** (al este del Jordán, y al sur de Damasco).

18. *El límite oriental.* Cp. Nm 34:10–12. RSV: **Desde Hazer-enan a lo largo del Jordán, hasta el Mar Oriental** (Mar Muerto) hasta **llegar a Tamar** (quizás Kurnub, a 40 kilómetros al suoeste del extremo del Mar muerto; cp. 1 R 9:17).

19. *El límite meridional.* RVA: **Desde Tamar hasta las aguas de Meriba en Cades** (Cades-barnea; Nm 27:14; Jos 10:41; etc., generalmente identificada con *'Ain Qadeis*, a unos 80 kilómetros al sur de Beerseba), **a lo largo del arroyo de Egipto** (Nm 34:5; el Wadi el-'arish) **hasta el Mar Grande.**

20. *El límite occidental.* El Mar Mediterráneo hasta un punto enfrente de la entrada de Hamat (probablemente al extremo oriental de la llanura *el Biqâ*, entre el Líbano y el Antilíbano).

Se excluye el país al oriente del Jordán.

21–23. **Según las tribus de Israel.** Los extranjeros residiendo entre ellos tienen que recibir **heredad entre las tribus de Israel** entre las que moran.

3) La distribución de las tribus en la tierra. 48:1–35.

a) Siete tribus al norte de la Porción Sagrada. 48:1–7.

Siete tribus —Dan, Aser, Neftalí, Manasés, Efraín, Rubén, y Judá— tendrán franjas de terreno corriendo de este a oeste desde el extremo septentrional de la tierra hasta la porción sagrada. Se pasan por alto las dificultades físicas y topográficas.

b) La porción sagrada. 48:8–22.

Para una descripción paralela, ver 45:1–8*a*. Una faja de tierra de 25.000 codos de anchura y extendiéndose desde el límite oriental hasta el occidental se halla apartada para usos sagrados. En su centro se halla el distrito santo (vv. 8, 9, 20; cp. 45:1, 2).

10–12. *La porción de los sacerdotes.* Cp. 45:3, 4. **13, 14.** La porción de los levitas. Cp. 45:5.

15–20. *La porción de la ciudad.* Cp. 45:6. En medio de la tercera franja de la porción sagrada, de un tamaño de 25.000 x 5.000 codos, se halla **la ciudad** (v. 15), un cuadrado de 4.500 codos de lado (v. 16), rodeado por una franja de 250 codos de anchura de *terreno abierto*, o **suburbios** (*ejidos* en la RV; v. 17). Los 10.000 codos de tierra a cada lado de la ciudad son para propósitos de agricultura, cuyo producto tiene que ir a los trabajadores agrícolas e industriales (v. 18). Miembros de **todas las tribus de Israel** tienen que trabajar en él (v. 19).

21, 22. *La porción del príncipe.* **Y del príncipe será lo que quedare.** Cp. 45:7, 8*a*. Su territorio está limitado por Judá al norte y por Benjamín al sur.

c) Las cinco tribus al sur de la porción sagrada. 48:23–29.

Benjamín, Simeón, Isacar, Zabulón y Gad reciben secciones de tierra corriendo de este a oeste, a partir del área del Templo hasta el límite meridional de la tierra.

Esta distribución no sigue la del establecimiento original de las tribus. Toda la nación queda aquí unida al oeste del Jordán. Ya que el Templo tiene que quedar en Jerusalén, se sitúa a siete tribus al norte y cinco al sur de él. Las tribus de Lea y de Raquel son situadas más cerca del Templo, en tanto que las tribus de Bilha y de Zilpa quedan más alejadas.

d) La Nueva Ciudad de Jerusalén. 48:30–35.

30–34. **Las salidas de la ciudad**; esto es, las puertas de la ciudad. Cada lado de la ciudad tiene 4.500 codos de longitud, con tres puertas a cada lado, cada una de ellas llevando el nombre de una de las tribus el Israel. Al norte se hallan las puertas de Rubén, Judá y Leví (v. 31); al este, las puertas de José, Benjamín y Dan (v. 32); al sur, las puertas de Simeón, Isacar y Zabulón (v. 33); y al oeste, las puertas de Gad, Aser, y Neftalí (v. 34). Nótese que Leví es contado aquí como una tribu, y que José representa a ambos Efraín y Manasés. Cp. Ap 21:12–21; 7:5–8. **35*a*. En derredor tendrá dieciocho mil cañas.** La circunferencia de la ciudad sera de 18.000 **codos**, no cañas. En los días de Josefo, el perímetro de la ciudad de Jerusalén era de treinta y tres estadios, alrededor de 6,5 kilómetros (*Guerras* V. 4. 3).

35*b*. El nombre de la ciudad, desde el día en que vuelva a existir, **será Jehová-sama,** *Jehová está allí.* Cp. Ap 21:3.

BIBLIOGRAFÍA

Cook, G. A. *Ezekiel (International Critical Commentary)*. Nueva York: Charles Scribner's Sons, 1937.

Clarey, G. *Ezekiel (Speaker's Commentary)*. Londres: John Murray, 1876.

Davidson, A. B. *Ezekiel (Cambridge Bible)*. Cambridge: Cambridge University Press, 1892.

Ellison, H. L. *Ezekiel: The Man and His Message*. Grand Rapids: Wm. B. Eerdmans Publishing Co, 1956.

Fairbairn, Patrick. *Commentary on Ezekiel*. Grand Rapids: Kregel Publications, 1989.

Gardner, F. *Ezekiel (Ellicott's Old Testament Commentary)*. Londres: Cassell, 1884.

Keil, Carl F. *Biblical Commentary on Ezekiel*, 2 tomos. Edimburgo: T. & T. Clark, 1882.

Lofthouse, W. F. *Ezekiel (Century Bible)*. Nueva York: Frowde, 1909.

Matthews, I. G. *Ezekiel (American Commentary on the Old Testament)*. Filadelfia: Judson Press, 1939.

May, H. G. "Ezekiel," *The Interpreter's Bible*. Vol. 6. Nueva York: Abingdon Press, 1956.

Plumptre, E. H. *Ezekiel (Pulpit Commentary)*, 2 tomos. Nueva York: Funk and Wagnalls Co., 1913.

Redpath, H. A. *Ezekiel (Westminster Commentary)*. Londres: Methuen, 1907.

Schroeder, J. W. J., y Fairbairn, Patrick. *Ezekiel (Lange's Commentary)*. Nueva York: Charles Scribner's Sons, 1873.

Skinner, J. *Ezekiel (Expositor's Bible)*. Nueva York: Armstrong, 1896.

COMENTARIOS EN ESPAÑOL

Alexander, Ralph. *Ezequiel* (Serie "Comentario Bíblico Portavoz"). Grand Rapids: Editorial Portavoz, 1979.

Fausset, A. R. "Ezequiel", *Comentario Exegético y Explicativo de la Biblia*, tomo I. Editado por Robert Jamieson, A. R Fausset, y David Brown. El Paso: Casa Bautista de Publicaciones, 1958.

Henry, Matthew. *Comentario Matthew Henry: Ezequiel-Malaquías*. Terrassa: Editorial CLIE, 1990.

Maier, Paul L. *Josefo: Los Escritos Esenciales*. Grand Rapids: Editorial Portavoz, 1991.

DANIEL

INTRODUCCIÓN

Nombre del libro. En nuestras Biblias castellanas, el título de esta porción de las Escrituras es "El Libro de Daniel", o simplemente "Daniel". En la Biblia hebrea el título es simplemente "Daniel" que, de acuerdo con la costumbre seguida en los Profetas Mayores y Menores, es el nombre del autor del libro. Como en varios otros libros de profecías (p.ej., Jeremías y Oseas), el autor es el principal actor de los eventos que se registran. Estos escritos del Antiguo Testamento portan estos nombres en las listas y referencias más antiguas. Jesús se refirió a las profecías de este libro como "habladas por Daniel el profeta" (Mt 24:15; Mr 13:14). El testimonio de nuestro Señor no es simplemente que el libro recibiera el nombre de Daniel, sino que sus profecías fueron pronunciadas por él.

El nombre *Daniel* ha sido identificado en la literatura de varios otros lenguajes antiguos — acadio, sabeo, palmirense, nabateo (J. A. Montgomery, *A Critical and Exegetical Commentary on the Book of Daniel*, ICC., p. 128), — y en la literatura cananea de Ras Shamra, en la que aparece un héroe llamado Daniel (*Historia da Aqhat*, ANET, 149–155).

Los eruditos evangélicos usualmente identifican al autor de nuestro libro con el Daniel de Ez 14:14, 20; 28:3, donde se le cita, juntamente con Noé y Job, como un ejemplo de hombre justo. Los que niegan la autenticidad de Daniel afirman que el Daniel de Ezequiel es "una figura de una tradición cosmopolita y antigua, como el Noé-Utnapishtim de la historia del Diluvio," etc. (Montgomery, ICC, p. 2). Sin embargo, el Job y el Noé de Ezequiel son figuras bíblicas, no cosmopolitas. Por ello, podemos asumir que el Daniel en Ezequiel es también el autor de nuestro libro. (Para el significado del nombre, ver notas sobre Dn 1:7).

Fecha y paternidad. Desde el siglo III de la era cristiana la fecha de redacción y la paternidad de Daniel han constituido un campo de batalla entre aquellos que aceptan las afirmaciones de la Biblia acerca de sí misma, y aquellos que las niegan. Por lo que se puede saber,

todos los judíos y cristianos de la antigüedad aceptaron el libro como habiendo sido redactado en los períodos babilónico y pérsico del siglo VI, en y cerca de la ciudad de Babilonia, tal como afirma el libro. El Nuevo Testamento, igual que varias obras no bíblicas, aceptan sin dudarlo la genuinidad del libro. Un filósofo neo-platónico, Porfirio (233–304 d.C.), en controversia con los cristianos, vio que el libro relata con precisión la historia de los eventos que tuvieron lugar entre el siglo V y principios del segundo. Específicamente, habla del advenimiento de los imperios medo-persa y griego, y especialmente los detalles de la carrera de un Antíoco Epífanes, rey de Siria entre 175–163 a.C., en su conflicto con el rey de Egipto y con los judíos en Palestina. Por lo cual Porfirio, negando que el libro hubiera sido escrito como se afirmaba, afirmó que había sido escrito en Palestina por un judío viviendo en la época de Antíoco, y que lo que estaba escrito como profecía no era en realidad más que historia. Afirmó además que el libro es exacto como historia hasta la época de Antíoco, pero inexacto a partir de él. Eusebio de Cesarea, Apolinario, Metodio y, más notablemente, Jerónimo, escribieron respuestas a Porfirio (ver *Comentario sobre Daniel* por Jerónimo, Prólogo).

En la época moderna, el surgimiento de la incredulidad en los círculos eclesiásticos ha llevado a la resurrección de los argumentos tanto de Porfirio como de sus opositores. Como escribiera E. B. Pusey hace casi un siglo: "La inventividad humana en las cosas espirituales, como en las no espirituales, es muy limitada. Es probable que fuera difícil inventar una herejía nueva. Los objetores de la antigüedad eran tan agudos o más agudos que los actuales; de forma que ya queda prácticamente muy poco terreno nuevo al que moverse" (*Daniel the Prophet*, p. iii).

Las razones básicas por las que algunos eruditos niegan la genuinidad de Daniel es que han rechazado previamente la posibilidad de la profecía predictiva (ver J. E. H. Thomson, *Daniel* en *Pulpit Commentary*, p. xliii). Esta, aunque generalmente se deja sin expresar, se admite en ocasiones de una manera clara (p.ej., Robert H. Pfeiffer, *Introduction to the Old Testament*, p. 755). Los argumentos adelantados para apoyar el punto de vista negativo son principalmente estos: (1) El autor comete errores históricos. (2) El hebreo y el arameo de Daniel son de tipos muy posteriores al siglo VI. (3) Varios términos utilizados son persas y griegos que un autor judío del siglo VI no hubiera podido conocer. (4) La posición del libro en la tercera sección (Escritos o Hagiógrafos) del Antiguo Testamento indica un origen posterior, después de la conclusión del canon profético. (5) No hay testimonio externo de la existencia de Daniel antes del siglo II. (6) Las ideas teológicas del libro de Daniel son demasiado avanzadas para el siglo VI. (7) Las historias son fantasiosas, ahistóricas e irreales. (8) La literatura apocalíptica, de la que Daniel es un ejemplo, no surgió hasta "bien entrado el período helenístico". (Ver Carballosa, *Daniel*, para un estudio sobra estos argumentos, pp. 13–29.)

Los argumentos utilizados por los modernos apologetas en apoyo de la genuinidad de Daniel son siguientes: (1) La evidencia *prima facie* del testimonio del libro; (2) su recepción en el canon, lo que da testimonio al hecho de que los judíos de la época pre-cristiana creían en su autenticidad; (3) el testimonio histórico del Nuevo Testamento, incluyendo la propia aceptación expresada por nuestro Señor; (4) antiguos testimonios externos directos (incluyendo Ez 14:14, 20; 28:3; 1 Mc 2:59, 60; y varios pasajes en Josefo); (5) evidencia de la influencia de Daniel antes del 165 a.C.; (6) refutación de los argumentos negativos concernientes a las ideas y a la historia del libro. Esta refutación ha resultado poderosa especialmente en base de la arqueología. La mayor de las objeciones históricas han sido silenciadas por Boutflower y Dougherty (Charles Boutflower, *In and around the Book of Daniel*; R H. Dougherty, *Nabonidus and Belshazzar*). Nótese la admisión de Montgomery, más bien dañina para la postura que defiende (ICC, p. 72, segundo párrafo entero).

Estructura del libro. Un examen superficial pudiera presentar una división del libro en dos partes principales, cada una de ellas cuales tiene seis subdivisiones, de un capítulo cada una: caps. 1 — 6, las *Historias* de Daniel; capítulos 7 — 12, las *Profecías* de Daniel. Como es usual con estos bosquejos tan perfectos, sin embargo, es que esta división bipártita es más aparente que real. Los caps. 10 — 12, de hecho, constituyen una importante unidad por sí mismos.

La verdadera base de la división tiene que buscarse en el hecho de que la Sección 1:1 — 2:4a se halla en hebreo; la Sección 2:4b — 7:28 está en arameo (siríaco, caldeo), y la sección 8:1 — 12:13 está en hebreo. Este extraño uso de dos lenguajes, por misterioso que pueda ser, es de intencionalidad divina y significa algo. Siguiendo a C. A. Auberlen (*The Prophecies of Daniel and the Revelation of St. John*, 1857), y S. P. Tregelles (*Remarks on the Prophetic Visions in the Book of Daniel*, 1864) contemplando el cambio de idiomas como la clave de la estructura mental —hasta el punto en que exista una estructura—, observamos que el libro de Daniel es portador de un mensaje de juicio y de derrota para el mundo gentil, del que los representantes principales en la época del profeta eran Nabucodonosor, Belsasar, Darío y Ciro. El lenguaje apropiado en la sección dirigida a los gentiles (2:4b — 7:28) es el arameo, el lenguaje comercial y diplomático de la época. El libro es portador de otro mensaje, de esperanza y de liberación para el oprimido pero precioso pueblo santo de Dios, los hebreos. Para la sección que se dirige a los hebreos el idioma, muy apropiadamente, es el hebreo. No se quiere decir con esto que no aparezcan los hebreos en los caps. 2 — 7, o que no aparezcan gentiles en los caps. 8 — 12. Solamente significa que hay un cambio en la perspectiva básica.

Todo Daniel es un libro de profecía. Esto, desde la perspectiva bíblica, significa meramente que su autor era un profeta (Mt 24:15; cp. He 1:1, 2). De ahí, en tanto que la profecía bíblica incluye la predicción, se trata de más que de predicción. Puede relacionarse con eventos en el pasado, en el presente, o en el futuro. Se presenta siempre desde una perspectiva moral y espiritual determinadas. Así, las porciones históricas y exhortatorias son tan proféticas como las predictivas.

Sobre esta base se efectúa el siguiente análisis.

Marco histórico. Ezequiel y Daniel fueron escritos en el exilio, un nombre usualmente dado al período durante el que los judíos del reino de Judá fueron deportados, después de la destrucción de su templo y de su ciudad capital y nación, por Nabucodonosor. Esta destrucción tuvo lugar en tres etapas: La primera, el 605 a.C., cuando Nabucodonosor hizo rendirse a Joacim y se llevó rehenes, entre ellos a Daniel y a sus tres compañeros (Dn 1:1–6; ver más adelante sobre 1:1). Más tarde, en el 597 a.C., en otra expedición a Palestina, después que ciertos actos de rebelión por parte de los reyes judíos Joacím y Joaquín hicieran necesario el castigo, Nabucodonosor hizo de nuevo que Jerusalén se sometiera. Esta vez se llevó a 10.000 cautivos, entre ellos al rey Joaquín y al joven profeta Ezequiel (Ez 1:1–3; cp. 2 Cr 36:10; 2 R 24:8–20). Finalmente, en 587 a.C., después de un prolongado asedio, Nabucodonosor destruyó la ciudad y el Templo y dispersó a toda la comunidad judía (2 R 25:1–7; Jer 34:1–7; 39:1–7; 52:2–11).

La restauración de la tierra empezó el 538 a.C., cuando el victorioso Ciro, rey del nuevo imperio medo-persa y conquistador de Babilonia, en armonía con su política general de restaurar a pueblos desplazados a sus tierras, decretó que los judíos podían volver (2 Cr 36:22, 23; Esd 1:1–4). Aunque algunos judíos quedaron en el exilio durante muchos años después que se les concediera permiso para volver (y, ciertamente, la mayoría jamás volvieron como residentes), el exilio como tal, durante el cual estuvo prohibida la residencia en Jerusalén, duró solamente alrededor de cuarenta y ocho años. Sin embargo, el Templo quedó sin restaurar hasta alrededor del 515 a.C. (ver Esd 6:15), unos setenta años después de su destrucción el 587. La profecía de Jeremías de "setenta años", sin embargo, se refería al período de servidumbre a Babilonia (Jer 25:11), e incluía no solamente a Judá, sino también a sus vecinas. Este fue el período desde el 605 hasta el 538, en números redondos "setenta años" (cp. Dn 9:1, 2, fechado en el 539/538 a.C.).

Fueron muchos los cambios culturales y religiosos que se impusieron sobre los judíos debido a su exilio. Entre ellos hubo el surgimiento de la adoración en la sinagoga en lugar de la adoración en el Templo, y el inicio al menos de la adopción de una segunda lengua: el arameo (llamado también siríaco o caldeo). Un número de evidencias llevan a la conclusión de que originalmente la lengua de Abraham era la aramea. Unas notas bíblicas (Dt 26:25; Gn 31:47) muestran que la familia de la que Abraham, Isaac y Jacob surgieron hablaba arameo. Las evidencias arqueológicas (p.ej., la Piedra Moabita, las Tabletas de Ras Shamra) demuestran que los cananeos hablaban un lenguaje casi idéntico al hebreo. Así, los judíos, en el pasado, incluso antes de establecerse en Canaán, habían adoptado el "cananeo" que, con una pequeñas evolución, pasó a ser hebreo. En Babilonia hallaron que el arameo era el lenguaje del comercio. Había sido también el lenguaje de la diplomacia por un tiempo (cp. Is 36:11, 12). Así que, con toda probabilidad, los judíos adoptaron el arameo, en realidad muy similar al hebreo (aunque no idéntico con él en absoluto; ver 2 R 18:26), y fueron bilingües por un tiempo. Esta circuns-

tancia forma aparentemente el marco tras el hecho de que seis capítulos de Daniel se hallen en hebreo.

Forma de literatura. Daniel es el primer gran libro de Apocalipsis. Aunque *apocalipsis* es simplemente una palabra griega que significa "desvelado" o "revelación" y que, por ello, es propiamente un nombre para todas las Escrituras, especialmente de sus porciones predictivas, es costumbre entre los teólogos y exegetas aplicarlo ahora exclusivamente a un cierto tipo de literatura del que Daniel es el único ejemplo del Antiguo Testamento y Apocalipsis el único ejemplo en el Nuevo Testamento. Existen porciones apocalípticas en otros libros (p.ej., Zac 1:7 — 6:8), pero no otros libros bíblicos apocalípticos. Ningún erudito conservador podría dar una definición de Apocalipsis que fuera aceptable para el temperamento naturalista de mucha de la erudición bíblica actual. Porque los racionalistas mantienen que las paternidades y fechas falsamente ascritas, como las que aparecen en la literatura judía apocalíptica no-bíblica de los dos siglos inmediatamente anteriores a Cristo, son la misma esencia de lo apocalíptico.

Aquellos que consideramos tanto a Daniel como el Apocalipsis como auténticos y veraces, mantenemos que la literatura apocalíptica de la Biblia es una forma de profecía predictiva. Se distingue principalmente por: (1) El empleo de visiones registradas tal como han sido con templadas (en lugar de rumiadas y sumarizadas, como sucede en la mayor parte de las profecías). (2) Utilización de los símbolos predominantemente como el vehículo de la revelación, ya con su interpretación (como el carnero y el macho cabrío de Dn 8), o sin ser interpretados (como la mujer vestida del sol en Ap 12). (3) Predicción del futuro del pueblo de Dios (ya sea Israel o la Iglesia) en relación a las naciones de la tierra, en su consumación a la venida del Mesías. (4) Estilo de prosa en lugar del estilo poético característico de otras secciones proféticas del Antiguo Testamento.

Interpretación de la literatura apocalíptica. El carácter especial de la literatura apocalíptica demanda los mejores esfuerzos del intérprete y su humilde dependencia en Dios. No se han sacado a luz todavía unas normas hermenéuticas especiales que puedan tratar satisfactoriamente con la literatura apocalíptica. Se tiene que ejercitar un cuidado especial para que las normas para la interpretación de literaturas apocalípticas no bíblicas no sean aplicados acríticamente a la interpretación de los apocalipsis bíblicos. Después de todo, solamente los escritos inspirados de Daniel y de

Juan son verdaderos Apocalipsis. Los otros son falsos; y, por útiles que puedan resultar para proveer marcos neotestamentarios o por mucho interés que tengan en sí mismos a aquellos que disfruten de literaturas de fantasía, siguen siendo pseudoepigráficos, esto es, escritos falsos. Son todos ellos imitaciones conscientes del verdadero Apocalipsis, del que Daniel es un modelo bíblico resplandeciente.

BOSQUEJO

Título: Profecías de las naciones del mundo y del futuro de Israel en relación con ellas en el plan de Dios.

I. La introducción histórica. 1:1—2:4a.

II. Las naciones de la tierra: su caracter, relaciones, sucesión, y destino. 2:4b—7:28.

1. El sueño de Nabucodonosor de una gran imagen: una profecía de "los tiempos de los gentiles". 2:1–49

2. Juicio de Nabucodonosor a los confesores de la fe: una lección de la firmeza de la fe. 3:1–30

3. Visión de Nabucodonosor de un elevado árbol: una lección en humildad. 4:1–37

4. La fiesta de Belsasar: una lección acerca del pecado y de su castigo. 5:1–31

5. Darío de Media en su papel de perseguidor religioso: una lección acerca de la fe y de la oración. 6:1–28

6. Una visión de cuatro bestias, del Anciano de Días, y del Hijo del Hombre: el conflicto de Cristo con el Anticristo. 7:1–28

III. La nación hebrea: su relación con el dominio gentil, y su futuro en el plan de Dios. 8:1—12:13.

1. Un carnero, un macho cabrío, y un pequeño cuerno: Israel en conflicto con el Anticristo del Antiguo Testamento. 8:1–27

2. La profecía de las setenta semanas: el futuro de Israel en el plan de Dios. 9:1–27

3. La visión final: Israel a través de los siglos y en la consumación en manos de los enemigos y en manos de Dios. 10:1—12:13

COMENTARIO

I. La introducción histórica. 1:1—2:4a.

En esta sección se introducen las principales personalidades del libro, juntamente con las circunstancias que las situaron en las posiciones que más tarde se informa que ejercieron.

A. El marco de la historia y de libro 1:1–5.
1. En el año tercero del reinado de Joacim. Según Jer 25:1, el cuarto año de Joacim fue el primer año de Nabucodonosor. Y con todo el caldeo recibe el nombre de "rey de Babilonia" aquí en el tercer año de Joacim. Esta es una "prolepsis" (C. F. Keil, *Biblical Commentary on the Book of Daniel*) o "anticipación" (Rose, *The Bible Commentary*) por el que se aplica un título posterior al hablar de un período antes de que este fuera verdaderamente conferido. Poco después el padre de Nabucodonosor, rey de Babilonia, moría, y Nabucodonosor, volviendo precipitadamente a Babilonia al frente de sus ejércitos, recibió el trono (Josefo, *Antigüedades* x. 11. 1.). **Vino Nabucodonosor.** Ver Introducción, *Marco histórico*. Es incierto si la traducción del hebreo *bā'* debiera ser "fue", o "se puso en marcha" (esto es, salió de Babilonia), o "llegó". El punto de referencia de Daniel para sus escritos era Babilonia, ya que estaba allí, por lo que es posible que el significado sea "fue". La palabra hebrea admite ambos significados. Hasta fechas recientes este versículo era la única información disponible acerca de esta captura de Jerusalén, excepto por un breve relato de Josefo. Sin embargo, 2 R 24:1, así como 2 Cr 36:6, 7 puede que se refieran a ello. A falta de pruebas adicionales ha llegado a ser casi axiomático entre los irreverentes críticos modernos negar que tuviera lugar tal suceso y citar esto como el primer "error histórico" del autor. En fecha tan reciente como febrero de 1956 se han publicado los antiguos documentos que proveen ahora una plena prueba histórica de la presencia de Nabucodonosor en Judá precisamente en esta fecha (ver JBL, Dic. 1956, Vol. LXXV, Pt. IV, p. 277).

Es lamentable ver como estos nuevos datos son dejados a un lado por escritores recientes (ver B. W. Anderson, *Understanding the Old Testament*, 1957, p. 355; N. K. Gottwald, *A*

Light to the Nations, 1959, p. 618; John Bright, *A History of Israel*, 1959, p. 569). Sin embargo, los creyentes no precisan esperar una confirmación arqueológica para aceptar la palabra de Daniel.

2. Esta es una verdadera interpretación de la historia. **El Señor entregó en sus manos a Joacim.** "No es difícil para Jehová salvar con muchos o con pocos" (1 S 14:6). Tampoco le es difícil *destruir* con muchos o con pocos. Posteriormente, el gobierno de Dios sobre la historia se hace más enfático (Dn 4:17). Nabucodonosor era el "siervo" de Dios (Jer 25:9). Similarmente, Dios ha utilizado los dictadores auto-exaltados del actual siglo para castigar a tierras y a pueblos, destruyéndolos más tarde (cp. Jer 25:12–14). Como alguien ha afirmado de una manera muy ingeniosa, sus hazañas con las que se glorificaban eran poco más que un "ejercicio para mantenerse sanos para la ejecución." **Los utensilios de la casa de Dios.** Se ve en 1 R 14:25, 26; 2 R 14:8–14; 16:8; 18:13–16; 24:8–13; Jer 27:16–22; 52:17–23 como los pecados de la nación llevaron a un progresivo empobrecimiento al magnífico templo de Salomón. En cuanto a la desacración de los vasos del templo, ver Dn 5; y en cuanto al retorno de ellos a Jerusalén, ver Esd 1:7–11.

3. Jefe de sus eunucos. Eunuco (Heb. *sarís*), un varón castrado. Por razones evidentes, los eunucos estaban a menudo al cargo de harenes reales. En algunas ocasiones se utilizaba la palabra, simplemente como metáfora, para referirse a un funcionario. Existe una gran posibilidad de que Daniel y sus amigos hayan sido castrados. Ver otra vez la ominosa predicción de Isaías (2 R 20:18). **De los hijos de Israel** (Heb. *Mib-benê yiś-rā-'ēl*, lit., *procedentes de los hijos de Israel*). Estos eran originalmente todos los descendientes de Jacob o Israel. Más tarde, Israel fue el nombre aplicado a las diez tribus, así llamadas, que se apartaron en pos de Jeroboam (1 R 11:13; cp. 12:19). Pero después de la destrucción del (Reino Septentrional", el nombre de Israel volvió a tomar su significado primitivo. **Del linaje real de los príncipes** (lit., *simiente del reino*). Esto se refiere a la familia de David (cp. Is 7:2, 13). Para muestra de la degeneración espiritual de ciertos de los miembros de la línea real alrededor de esta época, ver 2 R 25:25; Jer 41:1ss. **De los príncipes.** La palabra **príncipes** (heb., *partemîm*) es un término persa aparentemente relacionado con palabras para personas prominentes en varias lenguas indoeuropeas. Puede haber sido de uso común en la corte. Se refiere a familias importantes que no pertenecían a la casa de David. El sentido de los tres términos, **Israel...la**

simiente real...los nobles, es que se iba a seleccionar entre los hebreos, tanto de la familia real como de otras familias de la corte.

4. Muchachos en quienes no hubiese tacha alguna. Esta es la primera de una serie de cualificaciones establecidas para seleccionar a hombres para ser instruidos en la corte de Babilonia. **Muchachos.** En hebreo *yelādîm* es una palabra carente de especificidad, y que depende de la perspectiva de edad del que la utiliza. En un informe objetivo como este, la estimación común de catorce o quince años es probablemente correcta. La ausencia de tachas no elimina la posibilidad de su castración. Al ser seleccionados, evidentemente hubieran carecido de esta mutilación. **De buen parecer,** esto es, bien parecidos. Aquello que el rey tenía que contemplar tenía que carecer de deformidades y ser sumamente hermoso. La misma combinación de palabras se utiliza de la belleza de Raquel (Gn 24:16; 26:7), Betsabé (2 S 11:3), la reina Vastí (Est 1:11), y Ester (Est 2:2, 3, 7). **Enseñados en toda sabiduría, sabios en ciencia y de buen entendimiento.** Estas tres expresiones acumuladas enfatizan la capacidad innata y la instrucción anterior. La redundancia que se da en el hebreo es para dar énfasis más que para ofrecer unas sútiles distinciones. Esto es lo que los jóvenes ya eran más que lo que iban a llegar a ser. Por lo general, la capacidad intelectual es una "flor temprana". **Idóneos para estar en el palacio del rey.** Se significa talentos naturales y adquiridos que capacitarían a estos hombres a atender delante de un rey espléndido en un magnífico edificio. Los muchachos tenían que ser humildes pero ni tímidos ni torpes.

Y que les enseñase las letras y la lengua de los caldeos Las letras (heb. *libro*) de los caldeos significa la literatura del pueblo de la Mesopotamia inferior. Desde que los descubrimientos arqueológicos del siglo pasado han revelado y provisto la clave a la traducción de aquella literatura, conocemos lo inmensa que era la erudición de los caldeos. Recientes descubrimientos en las regiones del Oriente Próximo y del Egeo demuestran que tuvo lugar un gran intercambio cultural entre las dos áreas. Y los filisteos vecinos de Israel eran evidentemente de raza "helénica". Con ellos hubo, como muestra el Libro de los Jueces, un intercambio cultural. (Ver G. Bonfante, "Who were the Philistines?" *American Journal of Archaeology*, I, 2 (Abril-junio, 1946), pp. 251–262.) **La lengua de los caldeos** tiene que referirse al acadio (babilonio, asirio), que era el lenguaje vigente en aquellos tiempos. **Caldeos** se utiliza aquí, aparentemente, en su sentido más amplio, para designar a los habitantes de la región de Caldea, que en su significado más amplio era toda Babilonia. Las varias lenguas de la región, incluyendo el antiquísimo lenguaje ritual, eran escritos en arcilla con unos caracteres en forma de cuña (cuneiforme). Se trataba de un sistema ideográfico y silábico, muy diferente de la escritura alfabética inscrita sobre pápiro con pluma y tinta, que era a lo que estaban acostumbradas las gentes de Palestina y Siria. Los fundamentos de astronomía, matemáticas, leyes, y una docena de otras disciplinas, juntamente con una gran cantidad de charlatanería mágica. Si se le tenía que enseñar todo este conocimiento a estos jóvenes, entonces tres años (cp. v. 5) no eran demasiado tiempo para la educación de ellos.

5. Ración para cada día, de la provisión de la comida del rey, y del vino que bebía. La palabra traducida **comida** (*patbag*) es una palabra introducida en el hebreo procedente del Antiguo Persa, que significa "apropiación" o "asignación" (Montgomery, ICC, pp. 122-124). Tiene referencia al hecho de que estos jóvenes fueron puestos a cargo del gobierno, compartiendo con otros de las raciones oficiales del rey. No hay siquiera una insinuación en el texto hebreo de que hubiera nada física o moralmente nocivo en la comida ni en la bebida. El vino era muy normal en la dieta judía (ver Sal 104:15; Is 55:1; Neh 5:18, donde se utiliza la misma palabra *yayin*). Sin embargo, aparecen muchas advertencias en el AT en contra de un uso abusivo del vino (Pr 20:1; 23:20, 30, 31); y a ciertos órdenes religiosos les fueron prohibidos el uso de vino (Nm 6:1-20; Jue 13:1-7; Jer 35:1-14). A los sacerdotes les estaba prohibido el uso del vino inmediatamente antes del servicio en el Templo (Lv 10:1-9), y a los reyes se les desaconsejaba su bebida (Pr 31:4, 5).

B. La identidad del principal carácter de la historia y sus asociados. 1:5-7.

Daniel, introducido por su nombre, es el que a través del libro no solamente relata eventos, sino que él mismo es el sujeto de la mayor parte de la narración en varios papeles: interpretador de sueños (caps. 2; 4; 5), amigo de sufrientes (cap. 3), receptor de visiones y de sueños reveladores procedentes de Dios (caps. 6—12). En varios incidentes se hallan tres amigos judíos estrechamente asociados a él. Aquí se presentan todos ellos con sus nombres. El cambio de los nombres de los jóvenes es sumamente significativo. Su educación en la más elevada de las culturas paganas que la historia había producido hasta entonces tenía que ser completada con el cambio de sus nombres, poniéndoseles nombres que honraran a

las viles deidades de Babilonia en lugar de los que honraban al Santo de Israel. Se les tenía que desligar totalmente de la antigua religión y cultura, y se les tenía que transformar completamente, incluso en su *identidad*, en babilonios. Porque entre los antiguos el hombre era incluso más una parte de su identidad y de su caracter que entre los modernos.

7. Puso a Daniel, Beltsasar. Daniel Significa en hebreo, *príncipe* (o *juez*) de Dios, en tanto que su nombre **Beltsasar**, en el idioma de Babilonia, significa *príncipe de Bel*. Este nombre, Beltsasar (una variante de Belsasar el rey, cap. 5), da honra a una de las principales deidades de Babilonia (ver Is 46:1; Jer 50:2; 51:44). **Ananías** significa *misericordia de Yahweh* (siendo una variación del original del bienamado nombre de Juan), en tanto que **Sadrac**, posiblemente significando "mandato de Aku", el dios de la luna (HDB) puede ser una forma algo disimulada de *Marduc* (Carballosa, *Daniel*, p. 45), un dios principal de Babilonia. **Misael** significa casi con toda certeza *¿Quién es como Dios?* en tanto que **Mesac** (según una autoridad competente, Fred. Delitzsch) significa, *¿Quién es como Aku?* Lamentablemente, no hay certidumbre en cuanto a ello, ya que el nombre no aparece en ningún otro lugar y debido a que su derivación es incierta. **Azarías** significa *A quien Yahweh ayuda* o *Yahweh ayudará*, en tanto que **Abednego** significa, con gran probabilidad, *siervo de Nebo*.

"Se halla extensamente desarrollada en el AT una costumbre... de imponer nuevos nombres cuando las personas entraban en una nueva condición o relaciones en la vida", señala Moisés Stuart, añadiendo: "Ver *Abram y Abraham*, Gn 17:5; José y Zafnat-panea, Gn 41:45; cp. 2 S 12:24, 25; 2 R 23:34; 24:17; también Est 2:7; Esd 5:14 cp. con Hag 1:14; 2:2, 21. Así en el NT: Mr 3:16, 17. Estos nombres impuestos de esta forma como nombres nuevos, designan generalmente algo con lo que se pretende honrar a las personas que los reciben, u honrar al dios que es adorado por aquel que los impone, o para conmemorar algún evento que es interesante, etc." (*Commentary on the Book of Daniel*, p. 9). Se hallará una extensa discusión de estos nombres en enciclopedias y diccionarios bíblicos, así como en léxicos hebraicos.

C. Eventos que hacen destacar al autor. 1:8— 2:4a.

Una crisis de justicia. Esta se describe más arriba en el v. 5. Los vv. 6 y 7 están intercalados con el objeto de identificar a Daniel y a sus amigos.

8a. *Una decisión en pos de la justicia.* **Daniel propuso en su corazón.** La inteligencia natural y la capacidad cortesana se hallaban conjugadas en este hombre por una lealtad escrupulosa a los principios. **No contaminarse.** La contaminación (v. 5) no tenía nada que ver con ningún tipo de elementos nocivos en la comida ni en la bebida. Más bien de lo que se trataba era que era "del rey". La palabra para **contaminarse** (*gā'al*, una palabra hebrea posterior) puede significar contaminación física (Is 63:3, "manché"), contaminación moral (Sof. 3:1), o, con mayor frecuencia, contaminación moral (p.ej., Esd 2:62; cp. Neh 7:64). Acerca de la relación de la bebida y de la comida con la contaminación moral, ver Mt 15:11. En tanto que orden a moderación, en ningún pasaje la Biblia ordena abstinencia de ningún tipo de comida ni de bebida sobre una base *moral*; el problema era ceremonial o religioso. La religión afectaba a toda la vida para los antiguos, como lo hace en pueblos aborígenes en la actualidad, y como debiera hacerlo con todas las personas. Incluso los actos de comer y de beber tenían un significado ritual y místico. El degüello de los animales era un acto religioso que tenía que llevarse a cabo con las debidas solemnidades. La carne de la mesa del rey había sido sacrificada indudablemente siguiendo un ritual pagano y ofrecida a un dios. Los judíos tenían prohibido comer carne sacrificada a un dios pagano (ver Éx 34:15), porque equivalía, ante la vista de los demás, a servir a otros dioses. Los judíos se enfrentaban con este problema siempre que comían fuera de su patria (Os 9:3, 4; Ez 4:13, 14). Una situación similar prevalecía con respecto al vino. Otro de los problemas era que no se seguían los procedimientos levíticos, esto es, la comida y la bebida del rey no eran "kosher" (ver Lv 3:17; 6:26; 17:10–14; 19:26).

8b–14. *Un proceder en pos de la justicia.* **8b. Pidió, por tanto,** etc. En caso de necesidad del sostenimiento de la vida, las leyes ceremoniales podían echarse a un lado (Mt 12:3–5; 1 S 21:6; Nm 28:8, 9). Fue debido a que Daniel tuvo el discernimiento de reconocer el propósito del rey en estas cosas de desligarle de su santa fe que llegó a la resolución de no consentir sin entablar batalla. "Simplemente se decidió... por su propia comida mantener a su país en su recuerdo. Deseaba vivir de tal modo en Caldea como para considerarse un exiliado y un cautivo, surgido de la sagrada familia de Abraham" (Calvino, *Comentario sobre el Libro de Daniel el Profeta, in loco*.) La palabra para *pidió* (*biqēsh*, "buscar") no puede utilizarse para una petición suave. Hallándose en forma *piel* (activa intensa), siempre es una palabra intensa (utilizada en 2 S 2:17; 12:16).

9. Y puso Dios... Aunque hay versiones (como la AV inglesa) que dan la impresión de que Daniel ya se había ganado previamente el favor del principal de los eunucos, el sentido del hebreo se traduce mejor como un consecutivo, como hace la RV, esto es, Daniel hizo una petición, y en consecuencia Dios le dio favor a los ojos del jefe de los eunucos. Obsérvese que no hay carencia de buenos motivos ni de admirables sentimientos en corazones paganos (cp. Jos 2:1ss.; contrastar Pr 12:10; ver Gá. 5:22). Dios suscita defensores de Su pueblo en maneras extrañas. **10.** Esto recuerda al panadero y al copero que conociera José (Gn 40). Parece que, aunque el jefe de los eunucos estaba dispuesto a ayudar a Daniel, no vio ninguna forma de hacerlo (ver Stg 2:14–18).

11. Melsar. No es un nombre propio, sino más bien *el mayordomo*. Los nombres hebreos no llevan normalmente el artículo. **Sobre Daniel, Ananías, Misael y Azarías.** Guiado por la propia perspectiva del Espíritu Santo, el autor no se digna a reconocer los nuevos nombres a la honra de los dioses paganos de Babilonia que había impuesto un burócrata pagano adulador y carente de escrúpulos, sino que utiliza los nombres a la honra de Dios impuestos por cuatro piadosas madres judías.

12. Te ruego que hagas la prueba con tus siervos diez días. La palabra *hacer* **la prueba,** o **probar** (*nā-sâ*) está en intensivo (piel) y unido al futuro paragógico *na'* expresa una petición anhelante. Para Daniel y sus amigos así como para el mayordomo el límite de diez días era una prueba de la voluntad de Dios. Si el experimento fracasara, los jóvenes hebreos estarían dispuestos a sobreponerse a sus escrúpulos ceremoniales, como evidencia el siguiente versículo. No hay evidencias de que Daniel supiera cual sería el resultado. No se hallaba involucrada ninguna presunción, como Young supone (Edward J. Young, *The Prophecy of Daniel, in loco*), porque se proveen en las Escrituras una cantidad de muestras aprobadas de tales pruebas. **Diez días.** Un número redondo favorecido (1:20; cp. Amós 5:3; Zac 8:23). **Legumbres a comer** (lit., del *zērō'îm* y comeremos*). Aunque utilizado solamente aquí y en 1:16 en toda la Biblia, y en ningún otro lugar en toda la literatura conocida, la palabra significa evidentemente legumbres, porque se deriva de una palabra que significa "sembrar" (semilla). Así que las **legumbres** eran cosas que crecían de semillas plantadas en el suelo. No había ningún ritual religioso de dedicación a ningún dios directamente involucrado en la preparación de las legumbres como sucedía en la preparación de carnes; y las legumbres no eran utilizadas en rituales paganos como las libaciones de vino. No se trata de un texto de prueba a favor del vegetarianismo (ver Ro 14:1–4).

14. Consintió en cuanto a esto. El hebreo indica que hizo un caso meticuloso a Daniel. **15, 16.** *Recompensas de la justicia.* El ensayo tuvo resultados satisfactorios, y así Daniel y sus amigos se ahorraron el embarazo y la tensión emocional que les hubiera causado aquella ofensa en contra de sus propias normas.

17. A estos cuatro muchachos. Esto enfatiza que todos cuatro recibieron ciertas cosas, en tanto que Daniel tuvo unos dones especiales adicionales. **Dios les dio.** Todas las capacidades y dones, sean estas naturales o adquiridas, provienen de Él, y tienen que ser utilizadas para Él. **Conocimiento.** En hebreo, *maddā'*, una palabra infrecuente y tardía. Aunque relacionada con el verbo ordinario "conocer", parece significar "pensamiento", en el sentido del proceso racional secreto, como indica claramente su uso en Ec 10:12. Quizás "una mente preclara" o "buena inteligencia" den el sentido correcto. **Inteligencia.** De *haśkel* (un *hiph.* inf. abs.), significando aparentemente "atisbo" o "entendimiento". **Letras.** El hebreo *sēper*, generalmente significando "libro", designa aquí, como en el 1:4, todo el mundo de las letras, la literatura. **Y ciencias.** En hebreo *hakmâ*. Aunque designando frecuentemente la cultura proverbial del antiguo Oriente Medio, tiene el significado más amplio de cualquier "cuerpo de principios inteligentemente dispuesto" o, como nosotros diríamos, "ciencia" (S. R. Driver, *Daniel*, en CBSC). Nótese que la palabra "todas" califica a estas **ciencias**, mostrando que lo que se está tratando es algo más que el supersticioso folklore de los sacerdotes paganos. Los investigadores han mostrado que, además de la astronomía (un auxiliar de la adoración pagana), ya estaban desarrolladas la arquitectura, la lingüística, la agricultura, la meteorología, agronomía, y muchas otras ciencias, en la tierra de los dos ríos. **Daniel tuvo entendimiento en toda visión y sueños**, o mejor, *en todo tipo de visión y de sueños.* Aquí se está meramente señalando, anticipando la siguiente narración, la importancia de Daniel como agente de la revelación de Dios.

19. Y el rey habló con ellos, y no fueron hallados entre todos ellos... Todo el grupo, incluyendo a muchos más además de nuestro especial grupo de cuatro, había participado en los tres años de instrucción, y todos ellos fueron presentados a Nabucodonosor. La pregunta es irresistible: ¿Qué sucedió a la instrucción de los otros jóvenes judíos en la verdadera religión? Es evidente que quedó diluída en las componendas y en la apostasía. **No fueron hallados...como Daniel...delante del rey.** "El rey, por su propio examen personal, quedó atraído a los mismos individuos a los que la Providencia había distinguido por dones peculiares que los hacía superiores a los otros jóvenes" (Stuart, *Commentary*).

20. Diez veces mejor que todos los magos. "Probablemente ... hombres familiarizados con las artes ocultas en general" (Driver). La oscura palabra *hartummîm*, utilizada también en 2:2, 10, 27; 4:7, 9; 5:11, proviene, en opinión de autoridades, del egipcio. Fuera del libro de Daniel se utiliza solamente de los "magos" egipcios (Gn 41:8, 24; Éx 7:11, 22; 8:7, 18, 19; 9:11). Algunos sugieren que la palabra, evidentemente derivada de *heret*, un "estilo", debiera ser traducida como *escribas*, esto es, escribas de los antiguos textos rituales en la lengua arcaica de los primeros habitantes de Babilonia, un lenguaje desconocido para el común del pueblo en la época de Daniel. (Y) **astrólogos.** No hay conjunción en el texto hebreo, por lo que **astrólogos** se utiliza apositivamente. Esta es una palabra babilónica, que se halla tanto en la sección hebrea como en la aramea de Daniel, pero que no se halla en ningún otro lugar de las Escrituras. Se traduce mejor como *encantadores*. Estas palabras muestran qué patrañas supersticiosas viciaban el conocimiento de la verdad científica en Babilonia.

21. Hasta el año primero del rey Ciro. Con frecuencia se ha imaginado que esto es una contradicción con 10:1. Es muy probable que ya que la época de la cautividad vino oficialmente a su fin durante el primer año de Ciro (cp. Esd 1:1ss.), que el versículo esté señalando al hecho notable que el joven Daniel, que se hallaba entre la primera compañía de judíos llevados cautivos desde Jerusalén a Babilonia (605 a.C.) sobreviviera a la larga y estéril época de la cautividad para ver el retorno del primer grupo de cautivos. Esta es la forma más natural de comprender el versículo.

En *lenguaje y significado primario*, Dn 2:1–4*a*, que sigue, pertenece al cap. 1; porque estos versículos forman parte de la introducción del libro. Aquí se introduce al lector al conocimiento de la precisa circunstancia que llevó a Daniel a un puesto destacado en Babilonia. Estos versículos sirven también como prólogo a la dramática narración profética del cap. 2. Por ello, son tratados en esta relación posterior en el Comentario.

No debieran omitirse unas observaciones acerca del significado practico del cap. 1. Para la instrucción de cien generaciones, esta historia presenta *los elementos del heroísmo moral*. (1) *Discernimiento*. Los cuatro muchachos vieron precisamente qué era lo que estaba mal en comer la comida prescrita. ¿Dónde aprendieron ellos esto? De padres piadosos (Dt 6:4–9). (2) *Resistencia al mal*. La distancia a la observación crítica no la debilitó (ver Mt 10:26–28; Stg 4:7). Esta resistencia al mal también se desarrolló en sus años más tempranos en hogares piadosos. Los niños no resisten al mal *de natural suyo*; en lugar de ello, lo abrazan. ¡Se les tiene que enseñar a aborrecer el mal! (ver He 12:9–13; Pr 3:11, 12; 13:24; cp. los hijos de Elí, 1 S 2:12–30). (3) *Poder de expresar el desacuerdo*. La juventud es una edad de conformidad. De ahí que este incidente da una poderosa evidencia de una gracia especial en las vidas de estos cuatro. (4) *Valentía física*. El eunuco estaba en lo cierto. Su cabeza, así como las de ellos, hubieran podido peligrar (cp. Dn 2:5, el foso de los leones, el horno ardiente.) (5) *Perseverancia*. Cuando no vino ayuda por medio del eunuco, Daniel lo intentó con el mayordomo. (6) *Determinación*. El propósito se hallaba "en su corazón", el mismo centro de su ser. No era un propósito superficial. (7) *Gentileza*. Sin pretensiones de heroísmo, Daniel "rogó" respectuosamente a sus superiores. (8) *Sentido recto*. La prueba sugerida era razonable y factible. (Ver también Ez 28:3; Pr 2:23 en contexto.)

II. Las naciones de la tierra: su caracter, relaciones, sucesión, y destino. 2:4b — 7:28.

A. *El sueño de Nabucodonosor de una gran imagen: una profecía de "los tiempos de los gentiles". 2:1–49.* (En cuanto a la inclusión aquí de 2:1–4a, ver la nota que sigue al tratamiento de 1:21.)

En esta sección se informa que Nabucodonosor tuvo una espantosa pesadilla (v. 1), que es utilizada como medio de comprobar la capacidad y la buena disposición de sus consejeros ocultistas (vv. 2–6). El fracaso del grupo principal de "sabios" en reproducir e interpretar el sueño pone en peligro las vidas de todos los sabios, incluyendo a los cuatro hebreos (vv. 7–12). Pero Daniel, apoyado por la eficaz intercesión efectuada por él mismo y por sus amigos, reproduce el sueño (vv. 13–23). Informa a Nabucodonosor de su sueño (vv. 24–35) y provee una interpretación divina (vv. 36–45). Como recompensa, Daniel es designado "gobernador" sobre la provincia de Babilonia, con lo que él procura puestos para sus tres compañeros (vv. 46–49). La interpretación del sueño provee al lector con un bosquejo de la sucesión de los reinos del mundo desde la época de Nabucodonosor hasta el

establecimiento externo y definitivo del reino de Cristo en su segunda venida. (Para una discusión de puntos de vista variados acerca de este capítulo, ver la nota al final del capítulo.)

1) El espantoso sueño de Nabucodonosor. 2:1.

1. En el segundo año del reinado de Nabucodonosor. Una aparente contradicción con los datos del cap. 1 aparece aquí. Nabucodonosor es llamado "rey" en la época de la captura de Jerusalén (1:1). Pero después del paso de los tres años, como mínimo (1:5, 18), cuando Daniel es llamado ante Nabucodonosor en este capítulo, el rey se halla en su segundo año de reinado. Varias explicaciones se pueden presentar como posibles. Ninguna de ellas es necesariamente correcta, aunque varias son adecuadas como explicando los hechos. Lo cierto es que un verdadero gran escritor como el autor de Daniel no hubiera caído en discrepancias crasas. Sus primeros lectores lo comprendieron. Existe, naturalmente, la posibilidad de corrupción textual, que no es poco común en el AT cuando se trata de números (Montgomery, ICC, informa de varias sugerencias). Los hay que sugieren un principio diferente de la época que la referida en 1:1: su reinado sobre todo el imperio, o después del saqueo de Egipto, etc.

La mayoría de la erudición reciente adopta la visión de que la discrepancia surge sencillamente de los métodos hebreo y babilónico de contar los años de reinado. Entre sugerencias de este tipo la postura de Driver (adoptada por Young) es buena: "Quizás no hay aquí una contradicción, necesariamente, con los 'tres años' de 1:5, 18. En el uso hebreo, las fracciones de tiempo se contaban como unidades enteras. Así, de Samaria, que fue asediada desde el cuarto al sexto año de Ezequías, se dice que fue tomada 'al final' de tres años (2 R 18:9, 10) y en Jer 34:14 'al final de siete años' significa evidentemente que ha llegado el séptimo año (ver también Mr 8:31, etc.). Si, ahora, el autor, siguiendo una costumbre que en algunas ocasiones adoptaban los escritores judíos, y que era general en Asiria y en Babilonia, 'postdataba' los años del reinado de un rey, esto es, contaba como su primer año de reinado no el año de su accesión, sino su primer año entero después de ella, y si además de ello Nabucodonosor dio sus órdenes para la educación de estos jóvenes judíos en el año de su accesión, el final de los 'tres años'... pudiera ser contado como cayendo dentro del segundo año del rey" (Driver, *Daniel*, CBSC, p. 17). Como sucede con la mayor parte de las dificultades de este tipo, la solución se hallará

casi siempre una vez que se haya llegado a
conocer la perspectiva del autor y su forma de
utilización de las palabras.

**Tuvo Nabucodonosor sueños, y se per-
turbó su espíritu, y se le fue el sueño.** Nabucodonosor no era un tembloroso neurótico
fácilmente perturbado, como un jovencito, por
fugaces impresiones. Este versículo es solamente la primera de varias evidencias de que
la RV es incorrecta al sugerir que Nabucodonosor había olvidado el sueño (v. 5). Estaba
asustado precisamente debido a que **no** lo
había olvidado.

2) La prueba mediante el sueño. 2:2–6.

**2. Magos, astrólogos, encantadores y cal-
deos.** Acerca de magos y astrólogos, ver notas
sobre 1:20. **Encantadores.** En hebreo *me-
kashshepîm.* Posiblemente de una raíz semítica
que significa "cortar"; de ahí cortar componentes para pociones mágicas, fórmulas. De
ahí el *farmacoi* griego, esto es, farmacéuticos.
La erudición más reciente prefiere una idea
complementaria de "encantador de dichos
mágicos, hechicero". La misma raíz aparece
en acadio para hechiceros o brujos. La práctica
de la hechicería es proscrita en el AT (Éx
22:18 [v. 17 en la Biblia hebrea], Dt 18:10; Is
47:9). *Caldeos.* No se utiliza en su amplio
sentido etnográfico de 1:4, sino en el estrecho
sentido profesional, indicando la clase sacerdotal de la religión babilónica. Aunque utilizada en este sentido solamente en Daniel entre
los libros de la Biblia, era comunmente utilizada en este sentido por escritores clásicos, de
los que el más antiguo es Herodoto (*Historias*
I, 181, alrededor del 440 a.C.; ver Driver, *op.
cit.,* pp. 12–16 y Young *op. cit.,* pp. 271–273).
La mayor parte de las autoridades concuerdan
en que los cuatro términos son señalados precisamente pero de una manera más bien distri-
butiva, para incluir a *todas* las clases de
consejeros reales.

4. Caldeos. Aquí, se denota a todas las
clases de sabios. **En arameo.** La lengua de un
pueblo semítico concentrado aquellos días
principalmente en la Mesopotamia Superior y
en Siria. Son los sirios del AT. La idea que se
da aquí es no que los caldeos hablaran en
arameo sino que, a partir de aquí, la siguiente
sección de Daniel está en arameo. Cp. la frase,
"en arameo", de Esd 4:7.

5. El asunto lo olvidé. Olvidé es una traducción errónea de una palabra poco frecuente
de origen persa, que por lo general hoy se
reconoce como un adjetivo, y no como un
verbo, y que significa "seguro" o "cierto".
Asunto, mejor, *palabra.* "Respuesta" (*palabras*) en el v. 9 es una traducción de la misma

palabra. Traducir así: *Cierta es la palabra en
mí, si no me mostráis,* etc. La VM muestra en
este pasaje la verdadera traducción, juntamente con la intención del rey. Cp. el v. 9.

El rey no había olvidado el sueño sino que,
ya que lo recordaba, razonaba que sus sabios,
si eran capaces de predecir el futuro mediante
la interpretación de los sueños, tenían que ser
capaces de ejecutar la tarea más fácil de
reconstruir el pasado; esto es, el sueño privado
del rey. Esta interpretación del pasaje halla
apoyo no solamente en el espanto del rey (cp.
comentarios acerca del v. 1) y en la versión
revisada del 2:5, sino también en el hecho de
que los sabios no se inventaron nada que
sonara a "sueño" al rey cuando vieron que sus
vidas estaban amenazadas. ¡Hubiera valido la
pena intentarlo! Con toda probabilidad es precisamente debido a que conocían que el rey
recordaba su sueño que no hicieron tal intento
(ver también acerca del v. 8 a continuación).

3) El fracaso de los sabios. 2:7–12.

8. Vosotros poneis dilaciones. No que estuvieran tratando simplemente de ganar tiempo
para retrasar el momento fatal de la ejecución
temida (Driver, *et al.*), ni que estuvieran ganando tiempo para pensar alguna manera de
salir de aquel apuro (H. C. Leupold —*Exposition of Daniel*— *et al.*); sino más bien en el
sentido del significado primitivo de *'idānā'*,
"tiempo", lo que se significa es un tiempo
especificado (cp. BDB). Se sostenía que la
interpretación de los sueños estaba relacionada
con las posiciones de los cuerpos celestes.
Cuando se había desvanecido la peculiar disposición del Zodíaco que afectaba al sueño,
podrían afirmar que era imposible la adivinación (Thomson, *Pulpit Commentary*; Carballosa, *Daniel y el Reino Mesiánico,* p. 64).

10. La queja de que el rey era injusto en su
exigencia tiene un tono de justicia. Pero
cuando se recuerda lo gigantesco de la patraña
que era todo el engaño de la antigua astrología,
de la adivinación, de los encantamientos, en
realidad, el decreto del rey, aunque excesivamente duro, en el hecho de incluir a sus
"casas" (¿familias? v. 5), no era injusto por lo
que respecta a los "sabios" mismos. Pretendían poderes ocultos, y eran engañadores,
reconociendo que hubiera algo de auto-engaño
sincero. Dios tiene a los hombres por responsables de su ignorancia voluntariosa (cp. Ro
1:28). **11. Los dioses cuya morada no es con
la carne.** La coma que en algunas versiones se
añade a continuación de **dioses** hace que la
siguiente cláusula sea no restrictiva, esto es,
aplicable a todos los dioses. Si se omite la
coma (como lo hace la RV), se lee la cláusula

como restrictiva, esto es, aplicable solamente a cierta clase de dioses. Quizás sea mejor omitir la coma y entender que los sabios pretendían tener comunicación en su "carne" con ciertos dioses del panteón, pero con ninguno de los mayores (Marduc), que eran capaces de controlar o revelar el futuro.

13. El hecho de que Daniel y sus compañeros estuvieran implicados en el decreto de destrucción muestra que estaban incluidos entre los consejeros oficiales. ¿Es debido a la soberbia de los caldeos que los hebreos no fueran consultados antes? ¿O, se supuso que la juventud de los exiliados no les permitía ningún conocimiento que no fuera común para sus compañeros profesionales de mayor edad?

4) Triunfo milagroso mediante la intercesión de Daniel y de sus amigos. 2:13–23.

Aquí quedan destacados la sabiduría y la piedad de Daniel. La misma fortaleza de carácter demostrada en el capítulo 1 se eleva un grado más. El valor de la oración concertada e importuna ante un peligro personal inminente es a la vez aprobada y ejemplificada. La oración de acción de gracias de Daniel (2:20–23) es un modelo atemporal, una de las dos oraciones modélicas del libro (ver también 9:3–19; cp. 6:9–11; 10:2–12).

5) El sueño divinamente reconstruido. 2:24–35.

25. He hallado un varón. Parece que Arioc era otro burócrata oportunista, dispuesto a pretender parte en algo que él no había tenido parte alguna en proveer.

28. Lo que ha de acontecer en los postreros días. Este es el alcance de la profecía que ha de ser revelado por el sueño y por su interpretación. Es un error restringir esto al final de los tiempos. Una frase típica de la literatura profética general, se refiere al futuro desarrollándose y consumándose en la era mesiánica. Ver Is 2:2; Mi 4:1; Gn 49:1ss (en contexto), y Jer 48:47. Debido a que incluye ambas venidas de Cristo, así como la época entre ellas, involucra a la edad presente. El estudioso investigador quedará satisfecho acerca de este extremo comparando Hch 2:17 con Jl 2:28, y Jn 5:18 con He 1:1, 2.

29. Lo que había de ser en lo por venir (lit., *lo que deberá ser después de esto*). **Lo por venir** (*'aharê denâ*) no se refiere a la vida después de la muerte, ni al futuro en general. Más bien, como las expresiones equivalentes griegas *meta tauta,* o *meta touto* (Ap 4:1; 7:1), se refiere al futuro como posterior a algún evento mencionado en el contexto. Aquí, el evento parecen ser los pensamientos del rey acerca de su propio reino y de su futuro. Por

ello, en cierto sentido, el significado del sueño se halla confinado a lo que el rey podría comprender. "Lo" que debía ser "después de esto" es el dominio del mundo en su aspecto político. Debiéramos esperar verdad acerca de una política externa aquí en este capítulo, porque Dios está dando a conocer la verdad al nivel de la comprensión de un rey pagano ("El ha hecho saber al rey Nabucodonosor", Dn 2:28; "te mostró corazón", v. 30). Cualquier espiritualización del mensaje en dirección a la iglesia del NT o del "Israel espiritual" está aquí claramente fuera de lugar.

La descripción del sueño y del relato de las acciones involucradas se tratan en el comentario juntamente con la interpretación del sueño, que viene a continuación.

6) La interpretación divina del sueño. 2:36–45.

El sueño había sido la visión de una imagen impresionante, resplandeciente, espantosa, en forma de hombre.

a) La cabeza de oro (vv. 36–38; cp. v. 32).

37. Eres rey de reyes. Título este usualmente aplicado a los emperadores medopersas y babilónicos, hallado no solamente en los clásicos griegos sino también en los registros de los países involucrados y en las Escrituras (Ez 26:7; Esd 7:12), concediendo que la literatura involucrada es posterior al siglo vi.

38. Y dondequiera que habitan hijos de hombres...te ha dado el dominio sobre todo. Se ascribe el poder de Nabucodonosor a la providencia divina (cp. Jer 25:9; 27:5, 6; 28:14; Dn 12:1). Puede que la manera de expresión pueda ser hiperbólica, porque Nabucodonosor no fue un gobernante universal. Sin embargo, es posible que la referencia sea a un otorgamiento divino de dominio universal que Nabucodonosor nunca se lanzó a poseer. **Tú eres aquella cabeza de oro.** Ver Is 14:4.

b) Los pechos y los brazos de plata (v. 39*a*; cp. v. 32).

39*a*. Y después de ti se levantará otro reino inferior al tuyo. Los pechos y los brazos de plata representan el reino conocido en la historia y en las Escrituras como "los medos y los persas" (ver Dn 5:28, 31; cp. 6:8). Reemplazó a Babilonia el 539 a.C. (cp. cap. 5). La dualidad del reino está evidentemente representada por la dualidad de los pechos y de los brazos.

c) El vientre y los muslos (nalgas) de bronce (v. 39*b*; cp. v. 32).

39*b*. Y luego un tercer reino de bronce, el cual dominará sobre toda la tierra. La historia y las Escrituras concuerdan en que este era el imperio griego (macedonio) de Alejandro y de sus sucesores. Esta interpretación que establecida por Dn 8:20, 21. Este reino sustituyó al de los medos y persas cuando Alejandro, en una serie de avances, empezando el 334 a.C., venció a los medos y a los persas.

d) **El cuarto reino de hierro** (vv. 40–43; cp. v. 33). Aunque dividido en dos piernas de hierro, y en pies y dedos de hierro mezclado con barro, se trata de *un* reino. Es la forma de dominio mundial conocido en la Biblia y en la historia como Roma, y que, a través de la progresiva occidentalización de la humanidad, evidencia su prevalencia hasta nuestra época. Tiene su primera mención histórica (cronológicamente) en Lc 2:1.

40. Fuerte como hierro. De todos los cuatro metales, este es el más fuerte. Considerado en el contexto de su propia época, ninguno de los anteriores reinos fue tan poderoso como el de Roma. Y hasta el presente día, el gobierno tiende a ejercer más y más poder sobre toda área de la actividad humana. Esta es una consecuencia necesaria de la progresiva industrialización de la sociedad. **Quebrantará.** Roma fragmentó y volvió a montar —social, cultural, y políticamente— a todas las naciones, instituciones, etc., de las que se apoderó. La única excepción notable fue el cristianismo mismo como movimiento espiritual (aunque verdaderamente romanizado en la perversión de la Iglesia Romana). **Desmenuzará.** "El imperio de los Romanos llenó el mundo, y cuando el imperio cayó en manos de una sola persona, el mundo se convirtió en una prisión desolada y segura para sus enemigos. Resistir era fatal, y era imposible huir" (Gibbon). Algunos ven en las dos piernas una profecía de la división del imperio en dos, con capitales en Roma y en Constantinopla.

41. Será un reino dividido. La palabra *pelîga*, aunque relacionada con un verbo hebreo común que significa "dividir", aparece solamente aquí de todo el AT. La sugerencia de Young, siguiendo a Buxtorf, que se traduzca "compuesto", es buena, y parece coherente con el significado de la raíz semítica prevalente.

42, 43. En su etapa final, este reino será frágil y fácilmente roto. Esto se debe a la mezcla (en el símbolo) del barro con el hierro. **Se mezclarán.** Esta cláusula, un participio simple reflexivo en el arameo, significa aparentemente el barro y el hierro (como sugiere el acuerdo gramatical). Mi postura es que "la simiente humana" (VM), esto es, lo común de la humanidad, se introducirá en masa dentro del gobierno. El gobierno humano vino a ser el gobierno del populacho. Si se predice aquí la historia moderna, la sugerencia de la dictadura del hombre de la calle, en el socialismo, es casi irresistible.

e) **El reino mesiánico de la piedra** (vv. 44, 45; cp. 34, 35). Los intérpretes de todas las escuelas —cristianos reverentes, judíos, racionalistas-incrédulos— todos concuerdan en que se refiere esto al reino mesiánico. El significado gramatical de los versículos no es oscuro. Los desacuerdos acerca de la interpretación se deben a los varios puntos de vista con los que los lectores examinan el pasaje. Se tiene que entablar conocimiento, en este punto, de dos posturas principales sostenidas por los cristianos evangélicos. Los que identifican el reino del Mesías totalmente con la Iglesia (principalmente los post-milenialistas y los amilenialistas) ven el cumplimiento de esta profecía en la primera venida de Cristo. Los que, en tanto que reconocen que la Iglesia es un aspecto del reino de Cristo (Col. 1:13; Jn 3:3; Hch 1:3; 20:25; 1 P. 2:9), esperan que se manifieste definitivamente en la tierra solamente en la Segunda Venida (quiliastas, premilenialistas), ven el cumplimiento en ambas venidas. Llaman la atención al hecho de que la profecía es de dominio político externo tal como se reveló *a la mente de un rey pagano* (cp. Dn 2:29, 30, y comentarios), y así relacionan la profecía con la Segunda Venida de Cristo y con el establecimiento de un "milenio" (cp. Ap 20).

Las principales razones presentadas en apoyo de este punto de vista son las que siguen. (1) La profecía se relaciona con los avatares políticos de importantes imperios de la historia. El quinto reino (el mesiánico) en esta serie no presenta ninguna diferencia evidente en cuanto a esto con los precedentes. Pero la Iglesia (a no ser que se asuma el punto de vista Católico Romano), no es una estructura política. El Milenio sí presenta este aspecto político. (2) Según el sueño y su interpretación, la destrucción del cuarto reino por parte del Mesías es repentina, violenta, cataclísmica. Precisamente es esta destrucción la que es frecuentemente asignada a la inauguración del reino milenial del Mesías (ver Ap 19:11ss.). Hasta allí donde la Iglesia haya conseguido alguna victoria sobre este presente mundo, lo ha conseguido de una forma vastamente diferente. (3) Este pasaje predice la victoria plena del reino del Mesías sobre los reinos del mundo. Es precisamente esta victoria total la que se asigna al Milenio (p.ej., Ap 19; 20; Is 2). La Iglesia no ha conquistado el mundo y no lo hará (Mt 13:24–30, 36–43, 2 Ti 3:2ss.). La edad presente ha de terminar en una gran apostasía en lugar de en la victoria de la Iglesia (2 Ts. 2).

7) Recompensa y ascenso para Daniel y sus amigos. 2:46–49.

48. Gobernador de toda la provincia de Babilonia. Esta provincia, que incluía evidentemente a la ciudad y a sus alrededores, era evidentemente un territorio no muy grande. Quizás fuera lo mismo que "el reino de los caldeos" (9:1). **Jefe supremo de todos los sabios de Babilonia.** "Desconocemos cuales fueran los deberes particulares de este cargo. Que Daniel los dirigiera de tal forma como para quedar apartado de la adivinación mediante hechicerías o de astrología, y de la ejecución de ritos paganos, parece quedar implicado en el relato de su comportamiento que se da en el libro de Daniel" (Stuart, *Commentary*) **49. En la corte del rey.** Lit., *a la puerta del rey.* Cp. Est 2:19, 21. Una posición importante del acceso más fácil ante los reyes. Existen muchos ejemplos antiguos y modernos de tales ejemplos para cortesanos orientales. Es posible que la palabra **puerta** deba ser traducida *corte* (cp. BDB, BLA y RV).

B. Juicio de Nabucodonosor de los confesores de la fe: una lección en la firmeza de la fe. 3:1–30.

Todo en Daniel 3 sugiere claramente que el propósito principal de este capítulo es directamente práctico antes que doctrinal. No hay predicciones. La narración relata simplemente los avatares de los tres amigos de Daniel como firmes confesores de la fe (Daniel no figura en absoluta en el capítulo). Hebreos 11:34 cita la historia como una lección de fe. El principal incidente es tema de una ampliación espúrea en un libro apócrifo conocido como "El cántico de los tres muchachos hebreos".

Los actores en el 'drama' son familiares, habiendo todos ellos sido presentados anteriormente: Nabucodonosor (Dn 3:1; cp. 1:1; 2:1); los caldeos (3:8; cp. 2:2); los "tres muchachos hebreos" (cp. 3:12ss.; cp. 1:6, 7; 2:17, 49). Por qué Daniel no fue descubierto en desobediencia civil como los tres lo fueran puede recibir su mejor explicación en el hecho de que se hallara ausente de la ciudad en algún asunto oficial.

En armonía con el carácter didáctico de este capítulo narrativo, se sugiere un bosquejo *homiléctico*, mejor que uno de *analítico*. Las acciones aquí expuestos son: (1) la oposición a la fe (v. 1; cp. v. 8); (2) la tentación de la fe (vv. 2–15); (3) la demostración de la fe (vv. 16–18); y (4) la salvación por la fe (vv. 19–30).

1) La oposición a la fe. 3:1 (cp. v. 8). La *circunstancia* la constituyó la erección de una imagen idolátrica. Las dimensiones dadas en relación, $60 \times 6 = 10 \times 1$, sugieren una imagen colocada sobre un pedestal. En cuanto a la *situación* en Dura, aunque hay por lo menos tres lugares con este nombre de que informan los eruditos, solamente uno de ellos se hallaba en los alrededores de la ciudad. La imagen puede haber sido dedicada a alguna deidad babilónica, aunque los vv. 12, 14, 18 parecen eliminar esta posibilidad. Montgomery y Keil argumentan que se trataba de un símbolo del imperio de Nabucodonosor. La acusación de traición apoya este punto de vista. Seiss (Joseph A. Seiss, *Voices from Babylon*) pensaba que hubiera podido ser un símbolo de Jehová, ya que Nabucodonosor había parecido confesar Su supremacía (2:47, 48). Existen precedentes de imágenes de Jehová (Éx 32; 1 R 12:25–33; cp. Hch 17:23), pero parece poco probable que esta fuera una. Las personas que dirigieron el ataque (Dn 3:8) eran del grupo que hubieran debido sentir amistad por estos hebreos, ya que le debían sus vidas a ellos. Pero como todos los hombres malvados, se oponían a todo verdadero servicio a Dios (cp. Pr 29:25; Mt 10:16–39, esp. v. 28).

2) La tentación de la fe. 3:2–15. La tentación fue *primeramente* a la *perversión* de la fe. La idolatría es esencialmente una perversión de un deseo apropiado de ver a Dios (Jn 14:6). Pero la fe tiene que estar siempre puesta en "el Invisible" que solamente al final de los tiempos fue "hecho carne" (ver Ro. 1:23; 1 Jn 5:21; Hch 17:29; Éx 20:4–6). La tentación era, en segundo lugar, a *comprometer* su fe. La promoción en sus posiciones parecía depender de conformarse de esta forma a la idolatría en tanto que escondiendo artificiosamente su rechazo de ella (cp. 2 R 5:15–19). El versículo 14 sugiere también la tentación a *esconder* la fe.

3. Los sátrapas, los magistrados y capitanes, oidores, tesoreros, consejeros, jueces, y todos los gobernadores de las provincias (cp. v. 2). Ciertos de estos términos son semíticos, como lo era el lenguaje de Babilonia y tanto el hebreo como el arameo; ciertos otros se derivan del persa, la lengua no semítica de los señores medo-persas del reino que tomó el dominio en 539 a.C. (cp. caps. 5; 6). Se argumenta que las palabras persas se utilizan en forma anacrónica. Pero esto no es correcto, ya que la narración fue hecha por Daniel, que publicó este libro durante el período *persa*. Las palabras entonces elegidas hubieran sido las más adecuadas para ser comprendidas en el entorno cultural de sus lectores. Si este libro hubiera sido redactado en el período helénico y en Palestina, como pretenden muchos críticos, hubiera sido algo sorprendente que se hubiera utilizado ninguna palabra babilónica.

5. El son de la bocina, de la flauta, del tamboril, del arpa, del salterio, de la zampoña, etc. (cp. vv. 7, 10, 15). Se ha pretendido que, ya que los nombres de ciertos de estos instrumentos son griegos, el libro tiene que haber sido redactado después de la conquista de Alejandro en Oriente. Sin embargo, cada año demuestra más y más que hubo un temprano intercambio cultural entre Grecia y el Oriente. Estos instrumentos musicales de origen griego, simplemente, llevaron consigo sus nombres griegos, como en el caso de similares intercambios culturales en la actualidad, como, por ejemplo, los nombres del piano, viola, guitarra, cítara, etc., que se hallan en muchos idiomas con pequeñas modificaciones.

3) La demostración de la fe. 3:16–18.

16. No es necesario que te respondamos sobre este asunto. La ausencia de títulos adulatorios al dirigirse los hebreos al rey no indica una falta de respeto; en lugar de ello, una forma llanamente directa de hablarle. Quizás el nombre Nabucodonosor debiera unirse en sentido con ''el rey'', el empezar la frase tal como lo hace la RV con ''no es necesario'' (Hay versiones que la empiezan así: "Oh Nabucodonosor, no es necesario..."). La respuesta de los tres varones expresan una entrega total, y son la respuesta de la pregunta que hace el rey en el v. 14, ¿*Es verdad...?*, o mejor, ¿*Ha sido a propósito...?* **17, 18. Nuestro Dios...puede librarnos.** Esto expresa *la total confianza de la fe* de ellos (cp. 2 Ti 1:12). **Y de tu mano, oh rey, nos librará.** Esto expresa *el total conocimiento* de la fe de ellos. Ellos no sabían *como* Dios les libraría; bien por la muerte, llevándolos a Su presencia, o mediante un acto especial de providencia, salvándoles la vida. Pero, muertos o vivos, ellos sabían que pertenecían a Dios (1 Co 3:21–23; ver también He 13:6).

4) La salvación por la fe. 3:19–30.

19. Siete veces más. Es posible que la palabra aramea *ḥad*, traducida *uno/una*, tiene aquí el sentido de nuestro artículo indefinido, con lo que se debiera traducir *un siete*. Esto sería un tipo familiar de una cosa séptuple (p.ej., la palabra hebrea para semana es siete, como también lo es la palabra similar para juramento). Este siete sería entonces, como Zoeckler (*Lange's Commentary*) sugiere, un siete de integridad de pena juidicial. Ver también Lv 26:18–24; Mt 18:21, 22.

21. Fueron atados en sus propias prendas de vestir, porque no se podía perder el tiempo en preparativos especiales. Los significados de las palabras para los artículos de vestir se han perdido por completo en la actualidad. Han estado perdidos desde la época de las traducciones más antiguas, y la Septuaginta (no el texto mejor conocido de Teodocio) proviene de la misma época que, según ciertos críticos pretenden, se hubiera redactado este libro. Si las palabras eran desconocidas en los dos siglos y medio anteriores a Cristo, entonces el libro tuvo que haber sido escrito mucho antes.

24, 25. Estas palabras tienen que ser interpretadas desde el punto de vista pagano de Nabucodonosor, no desde nuestro punto de vista cristiano. Como **hijo de los dioses,** esto es, como un ser divino. El rey estaba pensando en los varios órdenes de deidades paganas. Cierto es que esta persona puede haber sido el Hijo de Dios preencarnado, pero si es así, Nabucodonosor no sabía quién era Él. Ver también Is 43:1–3.

La victoria de la fe fue quíntuple: (1) Fueron librados de sus ataduras (v. 25). (2) Se les protegió de daño (v. 27). (3) Fueron consolados en su prueba (vv. 24, 25, 28). (4) Su Dios fue glorificado (v. 29). (5) Como siervos de Dios, recibieron recompensa (v. 30).

C. Visión de Nabucodonosor del alto árbol: una lección en humilidad. 4:1–37.

Los tres primeros versículos en arameo se unen equivocadamente al cap. 3. Tanto en estilo como en pensamiento corresponden al cap. 4. El hecho de que Nabucodonosor habla en primera persona a lo largo de todo el cap. 4, a partir del v. 1 en adelante, indica un cambio distintivo del relato en *tercera* persona de 3:30.

Empezando con una breve salutación (vv. 1–3), seguido del informe propio de parte del rey de las circunstancias en la corte (vv. 4–9), presenta la narración de un sueño (vv. 10–18), que Daniel interpretó (vv. 19–27), y que cumplió en las humillantes experiencias de Nabucodonosor (vv. 28–33), felizmente seguidas por la recuperación y restauración del rey (vv. 34–37).

1) Saludo de Nabucodonosor. 4:1–3. La forma de esto, así como del resto del capítulo, indica que existe un papel de estado babilónico, incorporado por Daniel a las Sagradas Escrituras. Esto muestra que la inspiración de las Escrituras es por virtud de la autoridad divina de la persona bajo cuya dirección se incluye una palabra determinada. Incluso se incluyen las palabras de una asna en las Escrituras (Nm 22:28, 30), ¡por autoridad de

Moisés! El saludo de Nabucodonosor dirige este documento —que indudablemente circuló independientemente antes de ser incluido en las Escrituras— a su reino entero. No es demasiado esperar que algunos arqueólogos puedan descubrirlo. Quizás se ya halle irreconocido entre algunas de los miles de tabletas de barro recuperadas, pero todavía no leídas.

2) Circunstancias en la corte. 4:4–9.

4. Yo Nabucodonosor estaba tranquilo en mi casa. Unas guerras triunfantes y la inmensa construcción de Babilonia le habían llevado al descanso del éxito. (Así lo atestiguan unos inmensos restos arqueológicos. Ver la bibliografía y el texto de Boutflower, *In and around the Book of Daniel*, pp. 65–113.) **Floreciente en mi palacio.** Ordinariamente utilizada para plantas, este adjetivo **floreciente**, *ra-'anan*, aparece a menudo en el hebreo bíblico en descripciones del lujuriante crecimiento de árboles (Sal 92:12) y figurativamente de personas saludables (Sal 92:14). Exteriormente todo era próspero. **5. Vi un sueño que me espantó.** ¡El rey tenía una neurosis! Intranquila está la cabeza que lleva una corona. **6, 7.** No tuvo resultado la petición de ayuda a sus consejeros. Aquel grupo de pomposos embusteros hubiera debido haber sido echada afuera hacía mucho tiempo.

8. Hasta que entró delante de mí Daniel. ¿Era el orgullo nacional lo que le hizo refrenarse de llamar a Daniel? ¿Perversidad? ¿Depravación? El resto del versículo indica que, aunque tenía a Daniel en la mayor de sus consideraciones, seguía manteniendo un punto de vista totalmente pagano. La evidencia no demuestra que *rûaḥ 'elahîn qaddishîn* tenga que ser traducido como "El Espíritu del Dios Santo", como algunos mantienen, aunque la traducción sea gramáticamente posible, y que el paralelo con el hebreo relacionado con esta frase en Jos 24:19 lo apoye, así como el griego de Teodocio y el margen de la BLA. Siendo que Nabucodonosor reconocía a otro como "mi dios", es de dudar que considerara a Jehová como al Dios único y Santo. **Santos** parece significar meramente "divino". **Mi dios** es de identidad incierta. Puede referirse a Bel, como en Beltsasar, o Nabu, como en Nabucodonosor, o Marduk, el principal dios patrón de Babilonia y de todo el panteón babilónico. Ver las similares palabras de Faraón en Gn 41:38.

Cuatro expresiones sumarizan las circunstancias en la corte: apariencia de *prosperidad*, *angustia* interior en el corazón del rey, *frustración* de sus esfuerzos, y una patética *apelación* al profeta de Dios.

3) Narración del sueño. 4:10–18.

10, 11. Un árbol. La más útil de todas las plantas, utilizada para sombra, alimento para el hombre y los animales, decoración y belleza, combustible, material de construcción. Símbolo común en las Escrituras (p.ej., Jue 9:8ss.; Sal 1:3; Jer 1:11, 12; Ez 15:1ss.; 31:3–18). Nabucodonosor amó los árboles del Líbano. Los registros existentes nos hablan de sus viajes para verlos y para llevarlos como material de construcción a Babilonia (Inscripción de Wady Brissa. Boutflower, *op. cit., in loco*). Cp. Ez 31:3–18. **12.** Cp. Mt 13:31, 32.

14, 16. Si había alguna sugerencia psicológica natural *detrás* del pasado del rey, era probablemente su experiencia en el Líbano, donde había supervisado personalmente la tala de cedros para su transporte a su capital. La tala de un alto árbol produce una tremenda impresión en quien la contempla.

Para más detalles, ver comentarios sobre interpretación en la sección siguiente. Lo importante aquí es la afirmación de propósito, lo cual sumariza el mensaje espiritual no solamente de este capítulo sino también de todo el libro.

17. La afirmación de Young (*Prophecy of Daniel, in loco*) acerca de que el rey habla aquí como un pagano parece estar errada. El rey está relatando las palabras de un mensajero divino. Es mejor decir que tenemos aquí la cita evidentemente exacta de las palabras de un mensajero celestial dada por un pagano. La profecía aquí, como en el cap. 2, va dirigida al nivel de comprensión de un rey pagano. **La resolución**, o *el decreto*. Las autoridades concuerdan en que este es el lenguaje del paganismo. Es posible que se esté utilizando el lenguaje de las decisiones astrológicas (Montgomery, BDB). **Por decreto de los vigilantes...de los santos.** Cp. v. 13; "un vigilante, un santo" (BLA). Los dos nombres son para los mismos mensajeros divinos generalmente conocidos por parte de los hebreos como ángeles. Son ángeles vigilantes y santos. **El Altísimo.** Este nombre es particularmente apropiado. El rey pagano asignaba de esta manera al Dios de Daniel, con el que él identificaba a Daniel, la preeminencia sobre todos los dioses. La designación puede asimismo ser entendida como la grandeza solitaria de Dios como el Dios único y verdadero (cp. 1 Cor. 8:4–6). **Al más bajo de los hombres.** La referencia es a los hombres de origen humilde más que a un carácter perverso.

Este versículo que solemnemente declara el control soberano providencial de Dios sobre el curso de la historia humana es el centro del libro de Daniel (cp. Is 40:15 y contexto; Pr 21:1; Ro. 13:1; Hch 17:24–26).

4) La interpretación del sueño. 4:19–27.

19. Daniel...quedó atónito. No debido a que tuviera ninguna dificultad en interpretar el sueño, sino porque lo comprendía perfectamente, y sentía gran repugnancia a dar malas noticias al bondadoso monarca. **Una hora.** Probablemente una expresión como nuestra expresión familiar "unos minutos", significando un rato. **Sus pensamientos lo turbaban** (esto es, los espantaban). Estaba espantado por causa de Nabucodonosor. La conmiseración de Daniel parece mostrar el afecto que el rey tenía hacia su consejero hebreo, a pesar de no haber invitado antes a Daniel ante su presencia. **Para los que mal te quieren.** Algunos toman esta cláusula y la siguiente para indicar el deseo de Daniel que la desgracia predicha sobre el rey pudiera caer sobre sus enemigos y rivales. Es totalmente posible interpretar sus palabras como afirmando simplemente que los eventos predichos darían ánimos a los enemigos y rivales del rey, y este último parece ser el sentido más probable.

20–22. El árbol...tú mismo eres, oh rey. El mismo rey, conquistador y soberbio señor **hasta los confines de la tierra**, es simbolizado por el árbol. **Pues creció tu grandeza y ha llegado hasta el cielo, y tu dominio hasta los confines de la tierra.** Esta afirmación, especialmente la segunda y tercera partes de ella, no era literalmente cierta, aun cuando era la declaración del profeta. Los antiguos semitas estaban muy apegados a las hipérbolas y la utilizaban sin ser mal entendidos por nadie. De hecho, el reino de Nabucodonosor fue más pequeño geográficamente que los imperios persa o griego, o que el romano. Era, sin embargo, muy grande e incluía la mayor parte de las zonas bien conocidas del mundo.

23. La intención de estas palabras era que el rey experimentaría personalmente un gran desastre, perdiendo su posición por un período de **siete tiempos.** El arameo no es más específico que la traducción castellana con respecto a la duración del tiempo involucrado. Ya que los días, semanas, o meses difícilmente hubieran dado el tiempo suficiente para los eventos del v. 33b, parece que lo mejor es seguir a la mayor parte de los comentaristas adoptando "años" como el significado de este término.

26. Esto le daba seguridades al rey de su eventual restauración. **27.** El consejo de Daniel le recomendaba los signos externos de arrepentimiento (ver Joel 1:8, 14; 2:17, 18), indudablemente como señales de un cambio interno (ver Joel 2:13). Tenía que detener la impureza personal (**pecados**) así como la opresión de sus súbditos y enemigos vencidos (**iniquidades**). Su arrepentimiento pudiera conseguir el divino "arrepentimiento" (ver Jer 18; Jl 2:12–14).

5) Cumplimiento del sueño 4:28–33.

29. Doce meses. Había tenido una misericordiosa "prolongación de tu tranquilidad" (v. 27). **El palacio real de Babilonia.** Afirman los antiguos autores, como lo confirma la arqueología, que Nabucodonosor, además de reparar y de agrandar los edificios más antiguos de Babilonia, llevó a cabo magníficos proyectos de urbanización y construcción propios. Una gran calle que él había reconstruido para procesiones se extendía ante él, así como muchos templos y muchos kilómetros de murallas. "Ahora en este palacio, habiendo construido sublimes infraestructuras de piedra, y habiéndolas poblado con todo tipo de árboles, dando una apariencia muy semejante a montes, dispuso y preparó los famosos Jardines Colgantes, para complacer a su esposa, que estaba encariñada con el paisaje montañoso, habiéndose criado en Media" (Josefo, *Contra Apión* I. 19).

30. La gran Babilonia que yo edifiqué. Ver notas sobre 4:29. Cp. Is 14:4ss. "El marco de la escena y la autocomplacencia del rey en su gloriosa Babilonia son notablemente fieles a la historia" (Montgomery, *op. cit.*, p. 243. Ver también obras estándar acerca de la antigua historia y arqueología de Babilonia. Algunas de las mejores son del siglo xix p.ej., Layard, *Niniveh and Babylon*; las varias obras de Rawlinson; George Smith, *Assyrian Discoveries*. Cp. Boutflower, *op. cit.*, para obras más recientes, así como Carballosa, *op. cit.*, p. 114).

31–33. Una voz del cielo. La última experiencia consciente y lúcida del rey dirigió su atención arriba hacia Dios en el cielo. En la siguiente sección se nos indica que *siete años más tarde*, cuando fue vuelto a la sanidad, su primera acción fue la de responder mirando arriba.

En cuanto a la evidencia histórica de la antigüedad sobre la historicidad de este evento, se remite al lector a obras estándar de mayor extensión. Hay *apoyo*, aunque no *prueba*. Se han hecho varios paralelos antiguos con la enfermedad de Nabucodonosor. Si se trató de un juicio divino especial, no es necesario que haya ningún paralelo natural, por interesante que pudiera ser. Ya que los antiguos siempre consideraban que una persona perturbada estaba "poseída" por un dios, este rey hubiera podido haber sido guardado en un parque, y haber recibido un trato deferente. Se han encontrado paralelos a los cambios físicos del rey en la antigüedad en la historia de Ahikar (ANET, pp. 427–430).

6) Recuperación y restauración del rey. 4:34–37.

34. Cuando le **fue devuelta** la razón a Nabucodonosor, ¡dio alabanza a Dios! Nada hay que sea más insensato que el orgullo humano. Nada es más sobrio y razonable que alabar a Dios. **35–37.** La restauración del rey debiera alentar a los hombres a esperar días más brillantes en el futuro, en la providencia de Dios, sin importar lo que el Señor les haya hecho sobrevenir en castigo.

Este capítulo muestra que los paganos no se hallan exentos del gobierno moral de Jehová. Las leyes morales gobiernan el ascenso y la caída de los hombres, sea que estén relacionados a Dios mediante la gracia salvadora o no (ver también Amós 1:1 — 2:3).

D. La fiesta de Belsasar: una lección acerca del pecado y de su castigo. 5:1–31.

El propósito de este capítulo es dar una instrucción moral más que el de darnos una información histórica. Los vv. 1, 30 y 31 son los únicos que nos dan unos datos históricos significativos. El resto es una lección acerca del pecado y de su castigo.

Gobryas (Bab., *Gubaru*), general de Ciro, estaba a las puertas de Babilonia en el mismo momento de la inauguración de la fiesta del rey. Había desviado las aguas del Éufrates, y estaba dirigiendo a sus hombres por el lecho del río hacia dentro de la ciudad, que se extendía a lo largo de sus dos riberas. La entrada del río había sido dejada sin protección. Babilonia, con suministros para veinte años, estaba supuestamente a salvo tras sus inmensas murallas. Nabónido (Bab., *Nabunaid*), el padre de Belsasar, había sido derrotado en batalla por los ejércitos de Ciro, y estaba ahora asediado en Borsippa, no lejos de allí. ¡No era este el momento para necia embriaguez!

1) El placer, el objetivo de la fiesta. 5:1–4.

1. Belsasar. Anteriormente desconocido, a excepción de por este capítulo, el rey se halla ahora bien autentificado por documentos antiguos (R. P. Dougherty, *Nabonidus and Belshazzar*). **Gran banquete.** Un banquete sensual, como lo muestra la presencia de mujeres entre los hombres, desusada en el antiguo Oriente (cp. Est 1:9). **En presencia de los mil bebía vino.** Incluso en las fiestas públicas los reyes orientales (por lo menos en la época persa) quedaban escondidos de la luz pública. Esto era una licencia sin restricción alguna por convencionalismos de ningún tipo.

2. Mandó que trajesen los vasos. Que Nabucodonosor sacara estos vasos del Templo de Jerusalén (1:1–3) estaba de acuerdo a la práctica aceptada en la guerra. Que los sacara

del depósito nacional para una fiesta de borrachos constituía un sacrilegio. Nabucodonosor, el gran rey, tenía hazañas militares *verdaderas* a su cargo, y Nabónido también, hasta cierto punto, había llevado a cabo grandes obras desde un punto de vista pacífico. Este príncipe sin agallas, en cambio, solamente podía llevar a cabo unos actos sacrílegos y necios para ganar notoriedad, si no la fama. **4.** El comportamiento de Belsasar era sensual, desenfrenado, salvaje, y sacrílego. Era también insensato. El ejército de Gobryas estaba ya dentro de la ciudad.

2) Un portento, la contribución de Daniel a la fiesta. 5:5, 6.

5. En aquella misma hora. Dios habló de repente. El tiempo había llegado a su fin. **Dedos de una mano de hombre.** El portento era misterioso. Lo sobrenatural estaba en evidencia. **Sobre lo encalado.** En la misma pared donde pueden haber estado escritos los memoriales nacionales. ¡Acción implacable! Dios no se cuida de nuestros orgullos nacionales. **El rey veía.** Fue algo que causaba impacto.

3) Perplejidad, el efecto de la visitación divina. 5:7, 8.

7. Magos, caldeos, adivinos. Una vez más (cp. 2:2–14; 3:8; 4:6, 7) aparecieron estos monumentales engañadores. No solamente "no conocían a Dios" (1 Co 1:21) en "la sabiduría de ellos", sino que era poca cosa lo que conocían (cp. Dn 5:8). **Púrpura.** El color de la realeza entre varios pueblos antiguos, y probablemente también entre los babilonios. **Un collar de oro.** Cp. Gn 41:42. **Tercer señor.** De significado incierto. Algunas autoridades lo identifican con "ayudante" u "oficial". La palabra *taltî* es, sin embargo, derivada casi seguramente del arameo *telat* (cp. BDB), y probablemente significa *tercero* (gobernante o parte). De ordinario, solamente el padre de Belsasar, el asediado Nabónido, hubiera tenido autoridad para declarar un **tercer señor.** Pero por una hora más iba a ser Belsasar el supremo monarca *de facto*, sino *de jure*, y creería que podía conferir este honor. Ningún judío en Palestina durante el período Macabeo (siglo II a.C.) hubiera podido reconstruir así de correctamente la situación histórica, como ciertos críticos pretenden que el escritor de Daniel lo hizo.

4) Sentencia de condenación, la parte de Daniel en la fiesta. 5:10–28.

10. La reina. No la esposa del rey, sino su madre. En familias polígamas la gran dama es la madre del marido (cp. menciones de madres de reyes judíos en el AT). Esta reina era probablemente una esposa de Nabónido. Quizás hubiera sido también una joven esposa del señalado Nabucodonosor (cp. Boutflower, *in loco*).

11. Nabucodonosor tu padre. Nabucodonosor, naturalmente, no era el padre inmediato del rey. Es improbable que Nabucodonosor fuera incluso su abuelo. Es probable que fuera **padre** solo en un sentido legal, ya que Nabónido se habría aliado por medio del matrimonio con la familia del gran Nabucodonosor (Boutflower, *in loco*). La reiterada afirmación de la reina de la relación "paterna" sugiere que era un tema de etiqueta en la corte, y no un hecho real. Este tipo de etiqueta no es deconocido en otras partes de la Biblia (p.ej., 1 Cr 3:17, donde a Salatiel, el hijo de Neri, que descendía de David a través de Natán (Lc 3:27, 31) se le llama le "hijo" de Jeconías).

17. Los dones temporales de un rey cuyo tiempo se había consumado significaban poco para un santo profeta avanzado en años.

25. MENE, MENE, TEKEL, UPARSIN. La evidencia textual, así como los versículos que siguen, indican que hay aquí posiblemente una combinación de mala compresión y de corrupción textual. El verso debiera posiblemente decir, utilizando comillas: "Y esta es la escritura que fue escrita, 'Mene, Mene, Tekel' y 'Peres'." La U de **Uparsin** es la palabra aramea para "y". El IN al final de la palabra es una forma plural, probablemente introducida por algún escriba posterior que relacionó la palabra con los persas, porque el sufijo solamente pluraliza la palabra. **Mene** se repite para dar énfasis. Las tres palabras, **Mene, Tekel,** y **Peres**, como se hallan en el texto, son participios pasivos, correctamente traducidos como *contado, pesado,* y *dividido.* También son, cuando se les deja sin vocales, MN, TKL, PRS, los nombres de tres antiguos pesos que pudieran tener su paralelo con nuestros términos una libra, una onza, y media libra. Además, es posible que la inscripción sobre la pared fuera en cuneiforme silábico o en ideogramas. Ninguno de estos modos de escritura hubiera sido inteligible sin un contexto. En realidad, aparte de interpretación, su único valor es asegurar la atención del rey a fin de que Daniel pudiera hablarle.

26, 28. (Boutflower, Montgomery, y Young son aquí una ayuda excelente.) Es posible que las palabras interpretadas sean nombres de pesos o de monedas tal como se indica anteriormente. Si es así, entonces se trata de un juego de palabras. *Maneh* (Aram.), un peso de cincuenta siclos, equivalente a alrededor de dos libras (ver Ez 45:12), es paralelo a **mene,** que significa dividido. *Tekel,* una moneda, o

peso, equivalente al *shekel* hebreo, sugiere *tekel* en el sentido de pesado. *Peres* (medio *maneh*) sugiere **Peres,** *dividido.* También sugería ominosamente a Persia, que aparece en el v. 28. **A los medos y a los persas.** Este versículo demuestra concluyentemente que el autor de este libro creía que el sucesor del reino babilónico era *un reino dual,* incluyendo dos elementos nacionales. No era culpable de suponer que las etapas segunda y tercera del imperio (caps. 2 y 7) fueran respectivamente meda y persa, sino que las reconocía respectivamente como medo-persa y griega. La crítica incrédula, que haría que el autor supusiera una sucesión Babilonia, Media, Persia, y Grecia, en lugar de la sucesión verdadera de Babilonia, Medo–Persia, Grecia y Roma, queda "colgada" en este versículo.

5) El castigo, el final de la fiesta. 5:29-31.

30. El sacrilegio de Belsasar, como el de otros (2 S 6:6, 7; Lv 10:1, 2; 1 Co 3:17) demandaba un castigo inmediato **la misma noche.** Los detalles del asedio y de la caída de Babilonia habían sido profetizados hacía mucho tiempo por Jeremías (caps. 50; 51). Así, Dios estaba cumpliendo la profecía de Isaías con respecto a Ciro (Is 44:24–28; 45).

E. Darío de Media en el papel de perseguidor religioso: una lección acerca de la fe y de la oración. 6:1–28.

El tema de la fe y de la oración se desarrolla en una historia de persecución religiosa, tema éste mencionado por vez primera en las Escrituras en Gn 4 y que continúa hasta Ap 20 (ver también Mt 10:16–26; 23:33–36; 24:1–28; Jn 21:18, 19; Hch 7; 18:2; 1 P. 4:12, 13; 1 Jn 3:12; Ap 1:9; 13).

El capítulo empieza explicando lo prominente de la posición que tenía Daniel en Babilonia (vv. 1–3). A continuación hay el relato de un complot en contra de su vida (vv. 4–9). Sigue la oración ejemplar de Daniel (vv. 10, 11), a continuación el relato del éxito aparente del complot (vv. 11–17). El capítulo prosigue con la asombrosa respuesta de Dios a la oración, y el fracaso del complot (vv. 18–28).

1) La prominencia de Daniel. 6:1–3.

1a. Pareció bien a Darío. El mismo Darío que el presentado en 5:31 como el primer gobernante en Babilonia después de la conquista medo-persa, un hombre de sesenta y dos años de edad. La historia no nos dice nada acerca de un hombre llamado Darío que rigiera Babilonia *en este período.* Ciro (1:21; 10:1) era el rey persa que entonces tenía la autoridad suprema, como testifican la Biblia (Is 44:21—

45:5; 2 Cr 36:22, 23; Esd 1:1-4), los historiadores seculares (Herodoto, Beroso, Jenofonte), y las evidencias arqueológicas (La Crónica de Nabónido, el Cilindro de Ciro, etc.). La verdad de la narración puede mantenerse, sin embargo, sin un mayor apoyo. Es evidente que Darío era un sub-rey bajo Ciro. El lenguaje de Dn 5:31 y especialmente de 9:1 requiere esto en la práctica. El era el rey local "sobre el reino de los caldeos" (9:1, esto es, de Babilonia); en tanto que Ciro era "rey de Persia" (esto es, del imperio, 10:1). La identificación de Darío, bien sea con el mismo Ciro, con Ciaxares, con Astiages, o Cambises de las fuentes seculares, o con el Ugbaru o Gubaru de los registros contemporáneos, no puede considerarse como establecida, aunque recientemente se ha presentado una excelente argumentación identificándolo con Gubaru (John Whitcomb, *Darius the Mede* y Carballosa, *Daniel*, p. 135). Varias de las identificaciones mencionadas anteriormente se creen ahora sumamente implausibles. La fe puede esperar a recibir una confirmación posterior. Y sabemos que era común que los reyes tuvieran dos o más nombres (p.ej., 2 Cr 36:4, 8; cp. Jer 22:4).

1b. Ciento veinte sátrapas. Estos no son los príncipes de las 127 provincias del gran imperio de Asuero (Jerjes, 486-465 a.C.). No se da ninguna división geográfica. Más bien, son 120 ayudantes de Darío como gobernador de Babilonia. "Rey" en arameo y hebreo es un término bastante elástico, cubriendo a cualquier gobernante, desde un reino minúsculo (p.ej., las ciudades del libro de Josué) hasta Nabucodonosor (Dn 1:3), Ciro (10:1), y Asuero (Est 1:2). **2. Tres gobernadores,** o *supervisores.* **Para que el rey no fuese perjudicado.** El rey estaba preocupado por sus propios beneficios financieros y materiales, no por la administración de justicia. Los antiguos monarcas paganos no tenían una verdadera concepción de gobierno "para el pueblo" (ver 1 S 8).

3. Evidentemente Daniel, con más de cincuenta años de servicio público tras él, era una figura internacional prominente, conocido por su integridad; porque era un extranjero, doblemente separado de Darío, y perteneciente a la antigua administración enemiga. Esto sugiere el valor de la edad en posiciones de alta responsabilidad (Pr 16:10-16). Pero en la misma prominencia de Daniel se hallaba su peligro, debido a la envidia y a los celos de otros.

2) El complot en contra de Daniel. 6:4-9.
4. La envidia estaba haciendo su obra (cp. Pr 27:4; los hermanos de José, Hch 7:9; Joab, 2 S 20:4-10; los enemigos de Jesús, Mt 27:18). **5.** La bien conocida integridad de Daniel hizo de él un blanco seguro. Se sabe por adelantado

lo que un hombre honrado hará en ciertas circunstancias. ¡Contrólense las circunstancias, y se le controlará a él!

6-9. La eficacia del plan caía en aprovecharse de la vanidad de Darío. El discurso y las sugerencias de los hombres atrajeron todo ello los vanagloriosos deseos paganos del rey. Como hombre de sesenta y dos años, sabía que si había de conseguir la gloria, ¡era ahora o nunca! La pretensión de que "todos" los consejeros habían sido consultados era mentira, porque Daniel no lo había sido. **El foso de los leones.** Los persas, al ser zoroastras, creían que el fuego era sagrado. Así que para ellos hubiera sido impropio quemar o ejecutar con fuego. Los zoroastras (*parsis*) siguen hasta el día de hoy dejando a sus muertos a merced de aves carroñeras.

3) La oración de Daniel. 6:10, 11.
La propia estimación de Dios acerca de Daniel y su reputación en el cielo hace que sus oraciones sean dignas de nuestra atención y emulación (Ez 14:14; Dn 10:11). Lo sublime de su valiente fe es reconocida por todos aquellos que entran en la situación como si fuera propia. Mantuvo sus hábitos piadosos y su creencia —**como solía hacer antes**— frente a unas dificultades totalmente imposibles de superar **cuando...supo que el edicto había sido firmado.**

10. Cuando...supo. La oración, en primer lugar, fue valiente (cp. Hus en Constanza el 1415 d.C.). **Entró en su casa...oraba.** Fue, en segundo lugar, verdaderamente piadoso, sin heroicidades artificiales en público. No hubo una exhibición de religión. Daniel hizo solamente lo que sabía que debía hacer (cp. Stg 1:27; Mt 6:5ss.). En tercer lugar, fue una oración conforme a las Escrituras. Como Moisés, en Dt 28:36-68, había predicho la cautividad de los judíos, así las palabras de Salomón en 2 Cr 6:36-39 habían predicho la adoración de ellos en el cautiverio. Daniel 6:10, 11 tiene que ser entendido a la luz indispensable de estos pasajes.

Aparecen ocho elementos específicos de la verdadera oración en la comparación. (1) *Fe.* Daniel creía en la Palabra, porque la obedecía y regulaba sus oraciones mediante ella. La oración de los exiliados tenía que ser dirigida "hacia su tierra", **hacia Jerusalén.** Daniel mostró una fe llena de respeto. (2) *Adoración.* Salomón prescribió "hacia la ciudad", esto es, Jerusalén (Dt 12:5-7; 1 Cr 11:4-9; 13:1-14; 15:25-29; 2 Cr 3:1, 2; 5:1-14; 7:1-3. Cp. Jn 4:20-22; Hch 4:12). Daniel no podía adorar literalmente en la Ciudad Santa, pero su postura mostraba que deseaba hacerlo; y en espíritu así lo hacía. (3) La base de *la expiación por la sangre*. La "casa...construida para mi nombre" era el centro del ritual sacrificial. La postura de Daniel reconocía esto (cp. He 10:19-22). (4) *Humildad*. Esto queda indicado por el marcado énfasis en la postura de rodillas (cp. Lc 18:13, 14). (5) *Regularidad*. **Tres veces al día** (cp. Sal 55:16, 17). (6) *Petición*. **Y oraba** o *y seguía orando*. La palabra *sela'* significa "postrarse en ruegos". (7) *Acción de gracias*. **Daba gracias**, etc. (cp. Fil 4:6). (8) *Constancia*. **Como solía hacer antes.**

11. Entonces se juntaron aquellos hombres, y hallaron a Daniel orando. Aquí, como en el v. 6, **juntaron** tiene el sentido de una reunión tumultuosa. En el caso anterior se acercaron al rey con sugerencias excitadas, y en el segundo interrumpieron ruidosamente a un anciano y santo funcionario público en sus devociones privadas. Ninguno de los dos actos fue para honra de ellos.

4) El aparente éxito del complot. 6:12-17. Dario se vio ligado por su propia ley, sin poder escapar a ella. De esta manera mostró que su autoridad era totalmente inferior en naturaleza a la de Nabucodonosor, cuya persona se hallaba por encima de la ley. El gobierno de Darío se acercaba más al ideal democrático, pero era menos absoluto que el de los caldeos. En este sentido era inferior, y así cumplió la predicción que había sido hecho de él por la porción de plata de la imagen profética del cap. 2. Nótese el afecto del rey hacia Daniel, que no cesó, y que la fe de Daniel inspiró al rey a creer también.

5) La asombrosa respuesta a la oración de Daniel. 6:18-28. Si Daniel oró por sí mismo, entonces los vv. 21-23 describen la respuesta; si por el rey, entonces el v. 16 de la sección anterior muestra la obra de Dios en su corazón; si por la gloria de Dios, entonces los vv. 24-28 dan la respuesta. La fe zoroasta del rey Darío era lo más cercano que el paganismo jamás llegara al monoteísmo ético de los judíos. Esta afirmación lee casi como si se hubiera "convertido". Dios quedaba glorificado por la destrucción de Sus enemigos, por la confesión del rey, y por la recompensa a Su siervo.

F. Una visión de cuatro bestias, el Anciano de Días, y el Hijo del Hombre: el conflicto de Cristo y del Anticristo. 7:1-28.

Empiezan tres cambios importantes en este capítulo. Hasta el cap. 7 el material es principalmente histórico. A partir de él es principalmente predictivo. Hasta aquí Daniel ha sido el agente de Dios en revelación, interpretando los sueños de otros. A partir de aquí, un ángel interpreta los sueños y visiones de Daniel (7:16; 8:15-17; 9:20-23; 10:10-14). Hasta aquí ha informado en tercera persona; a partir de aquí escribe en primera, dando un informe mucho más íntimo de sus experiencias.

Tiene lugar una transición de la profecía centrada en las naciones gentiles a una profecía centrada en los judíos con la introducción de los *santos*, vv. 18, 22, 25). Los judíos son el centro de interés hasta el final del libro.

Aparece aquí la misma sucesión de reinos que la que hallamos en el cap. 2: cuatro imperios gentiles, y después el reino del Mesías. El punto de vista que el cap. 7 describe solamente eventos en el área del Mediterráneo al final de esta edad presente es capazmente expuesto por G. H. Lang (*The Histories and Prophecies of Daniel*) en una perspectiva premilenarista. El punto de vista de que los cuatro reinos sean (1) Babilonia, (2) Medopersia, (3) Grecia y (4) los sucesores griegos de Alejandro, y que el quinto es el reino del Mesías es defendido de una forma reverente, pero no milenial, por Moses Stuart (*Commentary on Daniel*) y desde una reverente perspectiva amilenial por la obra católica romana de C. Lattey (*The Book of Daniel*). Después del usual marco histórico (v. 1), siguen detalles de una serie de visiones (vv. 2-14, 21, 22), el nuevo método de interpretar sueños y visiones (vv. 15, 16), la interpretación (vv. 17-20, 23-27), y una afirmación personal final (v. 28).

1) Marco histórico. 7:1.

1. El primer año de Belsasar. Alrededor de catorce años antes de los eventos del cap. 5. Es probable que la debilidad babilonia ya empezara a mostrarse en evidencia. **Sueño, y visiones.** No siempre claramente distinguidos. Los sueños son experiencias mientras se duerme; las visiones pueden tener lugar en estado despierto o, como aquí, pueden ser "escenas" sucesivas, o etapas de un sueño. **Luego escribió el sueño, y relató lo principal del asunto.** Lo registró de inmediato (*entonces*, o **luego**, o *en aquel tiempo*, como requiere enfáticamente el arameo *'ĕdayin* prefijado por la *b*). Fue *escrito*, en contra de las teorías actualmente corrientes de transmisión-oral-de-la-profecía (ver Is 30:8; cp. 8:1, 16; Hab 2:2; Ap 1:19; 14:13; 21:5). Era solamente un *sumario*, porque se registró la *suma* o *lo principal* (en arameo, *cabeza*), o la sustancia del material. Aparece un uso similar del hebreo *rō'sh* en el Sal 119:160 (RV, la *suma*) y en 137:6 (*preferente*). (Ver Stuart, *Commentary, in loco.*)

2) Detalles de las visiones. 7:2-14, 21, 22.

2. Los cuatro vientos del cielo. La utilización en otras partes indica que los vientos representan el poder providencial de Dios mediante el cual controla a las naciones, poniéndolas en conmoción o estableciéndolas en paz (Ap 7:1–3; Jer 23:19; 49:36; 51:1; Zac 6:1–6, 7:14). *Rûah* puede ser traducido bien "espíritu" o "viento", y es ambiguo a propósito. (Nótese también Dn 4:17; 1 Ti. 2:1, 2.) Jerónimo creía que los vientos representaban ángeles. **En el gran mar.** No simplemente en cualquier mar, sino, como Lang ha demostrado capazmente (*Histories and Prophecies of Daniel*, p. 86ss.), el Mediterráneo (ver esp. Nm 34:6, 7; Jos 1:4; 9:1; 15:11, 12, 47; 23:4; Ez 47:10–15, 19, 20; 48:28).

3. Cuatro bestias grandes...subían del mar. De ahí que las bestias, más tarde descritas, están relacionadas con el área del Mediterráneo. Asimismo, como la utilización profética, simbólica, de "mar" lo indica, surgen con tumultuosidad, perturbaciones, habla desenfrenada, etc., acompañamientos de la llamado diplomacia (Is 57:20; Jer 6:23; 50:42; 51:42; Ap 17:15; cp. Lc 21:25). Las naciones, y su surgimiento, no son vistas halagadoramente en las Escrituras (Is 34:2; 40:15–17; Joel 3:2; cp. "el mundo", 1 Jn 2:15ss.; 5:19; 2 P. 3:10). **Diferentes la una de la otra.** Cada nación tiene sus propias características especiales, aunque todas comparten en común su carácter brutal, irracional, bestial. ¡Cuán diferente es la mirada interna del profeta de la resplandeciente dignidad de la imagen del sueño del pagano Nabucodonosor!

4. El **león** simboliza a Babilonia aquí y también en Jer 4:6, 7. Las **alas de águila** hablan de velocidad, como el león de fuerza. Estos son símbolos naturales que apenas si necesitan explicación (cp. 2 S 1:23; Jer 49:19–22; Ez 17:3–24). **5.** El **oso** es un símbolo adecuado del reino medo-persa. La fuerza y la ferocidad figuran en casi cada utilización bíblica del oso. Su gran volumen concuerda con los inmensos ejércitos persas. Se dice que Jerjes desplazó a dos millones y medio de hombres para atacar a Grecia. La dualidad puede hallarse sugerida por la referencia al **costado** de la bestia. **6.** El vigoroso **leopardo** con cuatro alas habla, indudablemente, del reino griego (macedonio) de Alejandro. El dominio pasó de Nínive (Asiria) a Babilonia el 612 a.C.; de Babilonia a Persia el 539 a.C., y de Darío III a Alejandro el 331 a.C.

7, 8. Como en el cap. 2, la cuarta etapa del imperio es Roma. Ya que este reino tiene que prevalecer hasta la destrucción del Anticristo (el **cuerno pequeño**) y el establecimiento del reino eterno, definitivo, y visible de Cristo (cp. Ap 19:11 — 20:4), tiene que ser considerado como prevaleciente en la actualidad. La forma décuple de la etapa final, quizás sugerida por los diez dedos del cap. 2, está claramente enseñada aquí y confirmada por Ap 17:3ss. Más tarde en el capítulo el **cuerno pequeño** es identificado con el Anticristo final.

9–14. Esta escena del trono se halla totalmente desarrollada en Apocalipsis, caps. 4 — 20. Evidentemente los cinco versículos de Daniel cubren el mismo terreno que esos dieciseis capítulos de Apocalipsis. Es una escena de juicio en la que el **Anciano de días** — ninguno otro que "el Alto y Sublime, el que habita la eternidad" (Is 57:15) — toma posesión de los reinos de la tierra mediante el **hijo de hombre**, nombre este que nuestro Señor reclamó claramente para sí mismo (Mt 24:30). La dramática acción por la que es quitado el reino de la bestia en forma violenta concuerda con las muchas predicciones bíblicas acerca de la manera en la que nuestro Señor juzgará las naciones al finalizar esta época.

21, 22. Aunque separados por detalles de interpretación (vv. 15–20), estos dos versículos pertenecen a la visión misma más que a la interpretación. **Los santos del altísimo...los santos recibieron el reino.** No hay nada más seguro que el hecho de que los santos de todas las edades compartirán en el triunfo definitivo de Cristo en su reino. Pero este pasaje está afirmando solamente una faceta de la verdad. La perspectiva del libro, el significado de las palabras, y el contexto aquí limitan la aplicación al pueblo de Daniel, Israel, claramente identificado en 10:14 (se utiliza la expresión hebrea equivalente). "Por el 'pueblo de los santos del Altísimo', a quienes se ha de dar el dominio (Dn 7:18–27), es evidente que Daniel sólo podía comprender el pueblo de Daniel, distinguido de las naciones y reinos de la gentilidad, que tendrían que gobernar hasta entonces (2:44); y tampoco tenemos el derecho, en exégesis estricta, a aplicar la expresión a ninguna otra nación; por ello no podemos aplicarla de inmediato a la Iglesia.... Las palabras del profeta se refieren al restablecimiento del reino de Israel" (C. A. Auberlen, *The Prophecies of Daniel and the Revelation of St. John*, pp. 216, 217).

3) El método de interpretación. 7:15, 16. Muy extrañamente, un ángel que es él mismo parte de la visión pero asimismo un ser personal real, más tarde identificado como Gabriel, pasa aquí a ser el intérprete y a lo largo del resto del libro (cp. 8:16; 9:21). Aunque tratada brevemente por Daniel, esta es una característica importante.

4) Interpretación de las visiones. 7:17–20, 23–27.

Excepto por lo que se señala en consideraciones al principio de este capítulo, se concuerda en general que la sucesión de cuatro reinos gentiles que tiene que ser seguida del reino mesiánico es la misma aquí que la contemplada en el cap. 2. Pero a partir del v. 19, la profecía avanza mucho más allá que el sueño de Nabucodonosor, para dar detalles de la predicción con respecto al final Anticristo y las relaciones que el pueblo de Dios tendrá con él en los tiempos escatológicos.

19. Tuve deseo de saber la verdad acerca de la cuarta bestia. Esta bestia es de interés especial debido a que produce el ''cuerno pequeño'', el Anticristo, y constituye la forma final de dominio gentil (ver los vv. 23–25 y cp. los comentarios sobre 2:40–43). **20. Asimismo acerca de los diez cuernos.** Ver el v. 24. Diez reyes surgirán en la etapa final del cuarto reinado (el romano) y reinarán contemporáneamente (no sucesivamente; cp. Ap 17:12ss. como explicación adicional). **Este mismo cuerno tenía ojos, y boca**, etc. Todos los intérpretes —judíos, cristianos, incrédulos— concuerdan en que se trata del Anticristo. Los racionalistas que afirman que este libro se escribió en la época macabea insisten en que se trata de Antíoco Epífanes (alrededor del 165 a.C.) y que nuestro autor, aunque equivocado, creía que el reino mesiánico seguiría inmediatamente.

24–26. Nótense aquí doce hechos acerca del Anticristo: (1) Él no creará una *confederación* décuple; sino que *absorberá* una (v. 24). (2) Será simplemente **otro** rey: ''otro cuerno...'' (v. 8), y será mortal (Ap 13:2; 2 Ts. 2:9). Será el poder satánico tras él el que le hará significativo. (3) Al principio será una personalidad oscura: ''pequeño'' (Dn 7:8). (4) Su marcha al poder empezará con la conquista de tres reinos (v. 8; cp. v. 24). (5) Pero algo en él será especial (**diferente de los primeros** [diez], v. 24). Ver Ap 13:15; 2 Ts 2:4. Muchos eventos extraordinarios estarán relacionados con él (Ap 13:16, 17; 2 Ts 2:9, 10). (6) Será muy inteligente: ''tenía ojos como de hombre'' (Dn 7:8). (7) Será un orador capaz (v. 8). (8) Su apariencia será asombrosa (v. 20; cp. Is 53:2, 3). (9) Será un blasfemo (Dn 7:25; cp. Ap 13:5, 6). (10) Tratará de hacer que su accesión sea el inicio de una nueva era (Dn 7:25, **cambiar los tiempos**). (11) Tratará de destruir Israel (v. 25*a*; cp. 9:26, 27). (12) Su tiempo será corto (v. 25), *tiempo*, [dos] *tiempos*, y *medio tiempo* (cp. Ap 11:2; 13:5; Dn 9:25; 12:7–12).

Evidencia aquí de una postura premilenial: (1) El reino del Mesías sigue a la aparición del Anticristo (descrita aquí en términos personales, y no institucionales), y a su destrucción.

Tal persona no ha aparecido todavía. Esto parece dejar los esquemas post-mileniales y amilenialistas que identifican a la Iglesia con el Reino como imposibles. (2) El reino del Mesías sigue aquí a los reinos gentiles; nunca es contemporáneo con ellos. Por ello, tiene que ser todavía futuro. (3) El reino de Cristo sucede a una forma final de dominio gentil que todavía no ha aparecido. (4) El reino mesiánico es aquí externo en su aspecto, no un reino en los corazones de los hombres, como exigen las teorías Iglesia-Reino. (5) Este reino es, en cierto sentido, israelita (cp. vv. 7, 22, 25, 27 con 8:24). Los ''santos'' de los que se hace mención aquí son Israel, y no otros. La Iglesia no es un reino judío.

III. La nación hebrea: su relación con el domino gentil, y su futuro en el plan de Dios. 8:1 — 12:13.

A. Un carnero, un macho cabrío, y un cuerno pequeño: Israel en conflicto con el Anticristo del AT: 8:1–27.

Este capítulo repite mucha de la predicción del cap. 2, y especialmente del cap. 7. Añade detalles con respecto a los períodos de Medo-persia y de Grecia. Después de una introducción histórica (v. 1), se describe la visión de un carnero y de un macho cabrío (vv. 2–14), seguida de su interpretación (vv. 15–26), y de una conclusión (v. 27).

1) Introducción histórica. 8:1. Esta visión vino dos años después de la del cap. 7 (cp. 7:1). Vio cuando los judíos exiliados precisaban de aliento para creer que Dios realmente los restauraría, como había prometido (Jer 25:11, 12).

2) Las visiones. 8:2–14. **2. Vi en visión...en Susa.** Su presencia en Susa, una ciudad a 400 kilómetros al este de Babilonia, fue solamente en visión (cp. Ez 8:1–3; 2 Co 12:2ss.; contrastar Jer 13:1–7). Susa fue más adelante capital *sobre* Babilonia en el imperio persa. **La capital** (RV), *la metrópoli* (VM). Otras traducciones hablan de un *palacio* (AV) o *ciudadela* (BLA), en lugar de **capital**. Si es así, se trataría de una estructura aun futura, probablemente un palacio persa (cp. Ap 20; 21; y la visión de Juan de una ciudad venidera. Probablemente se tratara del palacio de Jerjes un siglo más tarde (486–465 a.C.), uno de los más magníficos de la antigüedad, cubriendo más de una hectárea (cp. las obras arqueológicas). Los sucesos de Ester tuvieron lugar allí (cp. Est 1:2).

3. Un carnero que estaba delante del río, y tenía dos cuernos. Se sugiere de nuevo la dualidad del imperio medo-pérsico (cp. los dos pechos y los dos brazos en la imagen del cap. 2). **El más alto creció después.** Aunque Persia era el más importante miembro de la unión, era el reino más reciente. En 550 a.C., Ciro, un persa, constructor de Pasargadae, a cuarenta kilómetros al norte de Persépolis, la antigua capital, se reveló en contra de los medos, que habían tenido el dominio, y llegó a ser el señor del reino dual. Esto tuvo lugar para la época en que Daniel estaba profetizando.

4. Dos libros de las *Historias* de Herodoto describen los eventos sumarizados aquí. El imperio persa no sufrió ningún serio revés hasta el 490, cuando un decidido pequeño ejército de atenienses en Maratón derrotó a las fuerzas de Dario (el padre de Jerjes, el Asuero de *Ester*). Una segunda derrota, esta vez en una batalla naval en el golfo de Aegina (por encima de Atenas), le sobrevino a Jerjes diez años más tarde. Pero ciertamente el **carnero se engrandecía** con una magnificencia todavía recordada e imitada en la actualidad.

5. Un macho cabrío venía del lado de poniente. Obsérvese que ambos animales son animales de granja relativamente domésticos, a diferencia del feroz oso y del leopardo del cap. 7. Esto parece deberse a que, por lo que a Israel se refiere, ambos fueron en general relativamente suaves. Con lo que respecta a las relaciones mútuas, fueron feroces (ver Ez 34:17 y contexto, también Zac 10:3). Al irse haciendo progresivamente más duros los metales de la imagen, así el macho cabrío es más fuerte que el carnero de las ovejas. La limpia acometida de los ejércitos de Alejandro queda predicha en la última parte de Dn 8:7. Su pequeño y veloz ejército, con su devastadora formación en falange, barrió el Asia Menor, Siria, Egipto, y, finalmente, Mesopotamia (334–331 a.C.). Después de ello, sus ejércitos avanzaron hacia el este, hacia la India, y después volvieron de nuevo hacia el oeste.

8. Alejandro murió en su año treinta y tres, de fiebre y de alcohol, en Babilonia. En los siguientes veinte años, sus conquistas fueron divididas en cuatro partes entre cuatro de sus sucesores militares. Dos de las divisiones resultantes —Egipto bajo los ptolomeos (el último de los cuales fue la famosa Cleopatra) y Siria bajo los seléucidas, los históricos reyes del Sur y del Norte, respectivamente— son importantes como vecinas a los judíos. Figuran prominentemente en el cap. 11.

9–14. Estos versículos predicen el triste conflicto de los judíos, en la segunda mitad del siglo II a.C. (después de su retorno del exilio), con el rey seléucida, Antíoco IV, llamado *Epífanes* (''Magnífico'') por sus amigos, *Epímanes* (''loco'') por sus enemigos. Muchos intérpretes evangélicos ven aquí a un tipo del Anticristo y su conflicto con Cristo y su pueblo al final del tiempo. Esto bien pudiera ser así (ver más abajo). Los 2300 días son, literalmente, y como lo traduce la RV, **tardes y mañanas**, esto es, sacrificios vespertinos y matutinos ofrecidos diariamente en holocausto, y se refiere así solamente a 1.150 días. Parece referirse a un período en el 168 — 165 a.C., cuando el Templo fue desacrado por sacrificios paganos.

3) Interpretación de las visiones. 8:15–26.

15, 16. Gabriel significa *héroe de Dios*. (Ver 9:21; 10:13; Lc 1:19. Cp. Dn 7:16 y nota.)

17, 18. Que un hombre del recto carácter de Daniel reaccionara así demuestra el abismo moral que separa a Dios y a los santos seres del cielo de la humanidad. Ver también 10:9, 15, 17; Éx 3:6; Is 6:5; Ez 1:28; Hch 9:3, 4; Ap 1:17. Daniel tenía razón en temer morir (ver Éx 33:20; Jue 13:22).

19. Los términos **el fin** y **la ira** (cp. 11:36), sugieren que hay aquí más que historia relacionándose con la época de Antíoco y de los macabeos. Esta observación da apoyo a la interpretación típica sugerida anteriormente. No es incomún hallar una perspectiva cercana, literal, combinada con una perspectiva lejana, típica, dentro del campo de una profecía particular.

23–26. Estos versículos añaden detalles específicos al retrato de Antíoco. Difícilmente podían dejar de reconocerle los judíos cuando apareciera. Esta profecía puede haber bien constituido los medios divinos utilizados para dar aliento a los fieles a través de aquellos difíciles días. He 11:34–37 memorializa su heroísmo.

(4) Conclusión histórica. 8:27. **Quebrantado.** Más tarde fue de vuelta a sus actividades, preguntándose, evidentemente, qué era realmente lo que había visto.

B. La profecía de las Setenta Semanas: El futuro de Israel en el plan de Dios. 9:1—27.

Esta profecía es singular en las Escrituras en que en realidad establece una especie de calendario de los eventos que han de venir. Lo más cercano a ello es la profecía de Jeremías de setenta años (ver más abajo). El calendario se relaciona con eventos en el futuro de los israelitas. Después de dedicar una breve atención al marco histórico (vv. 1, 2), Daniel pasa a relatar una sesión intensiva de oración (vv. 3–19), seguida de la llegada de un mensajero angélico de la profecía (vv. 20–23). Las importantísima profecía de las setenta semanas viene al final (vv. 24–27).

1) El marco histórico de la profecía. 9:1, 2.
1. En el año primero de Darío. Esto es, en
539/538 a.C., sesenta y seis años después de la
deportación de Daniel en el verano del 605
a.C.; alrededor de cincuenta y nueve años
desde el inicio de la cautividad del rey Joaquín
(2 Cr 36:9, 10; Ez 1:1ss.); algo menos de cincuenta años desde la destrucción total de Jerusalén en 586 a.C. Esto explica el interés de
Daniel en Jerusalén (Dn 9:2). Se preguntaba si
había llegado ya el tiempo. **Vino a ser rey
sobre el reino de los caldeos.** Daniel no lo
confunde con Ciro. Fue *hecho* rey, esto es,
designado, y ello no sobre todo el imperio
medo-persa, sino solamente sobre Babilonia.
2. El número de los años. La referencia
parece ser a Jer 25:11, 12, que dice: "cuando
sean cumplidos los setenta años...castigaré al
rey de Babilonia." Aquel rey había sido ya
castigado; por lo que Daniel supo que era
tiempo también que finalizaran las ruinas, o
desolaciones de Jerusalén. Setenta es un
número redondo. En realidad fueron sesenta y
ocho años. Cp. Lc 21:26.

2) La ejemplar oración de Daniel. 9:3–19.
En la valoración de un poema, de una función, o de una pintura, el mayor valor se ha de
dar tomando la creación como un todo. Así
también debiera estudiarse la oración de
Daniel como un todo. La oración fue un medio
providencial de cumplir lo que estaba ya determinado (ver Is 42:24, 25; 43:14, 15; 48:9–11;
Jer 49:17–20. Cp. Jer 50:4, 5, 20).

Los nombres empleados de la Deidad son
significativos. Daniel recuerda a Dios que
tanto sobre Jerusalén (Dn 9:18) como sobre los
judíos (v. 19) **tu nombre es invocado.** Se
dirige al Señor como **Señor, Dios** ('*adōnāy
'elôhîm*, v. 3) y *Jehová Dios* (*Yahweh 'elôhîm*,
v. 4). Ver un diccionario bíblico acerca de los
nombres de Dios. La concepción de Daniel
acerca de Dios muestra equilibrio entre el **Dios
grande y digno de ser temido** (v. 4; cp. Is
6:1ss.) y un **Dios** de **misericordia** y *perdonar*
(v. 9; cp. Éx 20:5, 6).

Los problemas de interpretación aquí no son
difíciles. Nótese la luz que este capítulo arroja
sobre la oración (Mt 6:5–18; Lc 11:1–13).
Obsérvese: (1) La oración de Daniel fue *persistente*, con un interés inasequible al desaliento (Dn 6:1–10; cp. 9:1–3). En sesenta y
ocho años de esperar, el profeta no había perdido la esperanza. (2) Tenía *determinación* (v.
3; cp. Lc 9:51). (3) Era *importuno* (Dn 9:3. Ver
también Mt 9:27; 15:22; 17:15; 20:30, 31. Cp.
Lc 16:24; 17:13; 18:38, 39). (4) Mostró *humildad*. Nótese cómo se asoció a sí mismo con su
pueblo en sus pecados (cp. Lc 18:10–14; 2 Co

12:7). (5) Hizo *confesión* (esp. Dn 9:4, 5. Cp.
Sal 32:5; 51:4; Stg. 5:16). (6) Exhibió *sumisión*
(Dn 9:14) y se dedicó a (7) la *petición* y a (8) la
intercesión.

Como Moisés (Éx 32:10–14; cp. Ez 14:14,
20), Daniel como intercesor entró en disputa
con el Todopoderoso, sobre varios temas: (1)
El pueblo de Dios eran un escarnio entre los
paganos (Dn 9:16). (2) Dios era conocido
como misericordioso (v. 18). (3) La reputación
de Dios estaba en la estacada (v. 19).

3) El mensajero angélico de la profecía.
9:20–23. Importante para la continuidad del
libro es el hecho de que a lo largo de la
segunda mitad de Daniel el revelador es el
mismo individuo (cp. 7:16, 23; 8:16; 9:21;
10:5ss. y comentarios). Nótese también que
tenemos aquí una respuesta inmediata a la oración, en tanto que en el cap. 10 tenemos una
respuesta *muy retrasada*, estando ambas en la
voluntad y en el plan de Dios.

4) La gran profecía de las Setenta Semanas.
9:24–27.

(Para un tratamiento más extenso, ver R D.
Culver, *Daniel and the Latter Days*, pp. 135–
160 y, en castellano, la obra íntegra de Sir
Robert Anderson, *El Príncipe que ha de venir*,
y la de Evis L. Carballosa, *Daniel y el Reino
Mesiánico*, pp. 190–224 [Editorial Portavoz].)
Esta profecía es mencionada por Josefo: "Cre-
emos que Daniel conversó con Dios; porque
no solamente profetizó el futuro, como hicieron los otros profetas, sino que también determinó el tiempo de su cumplimiento"
(*Antigüedades*, X. xi. 7). Jerónimo informa de
las interpretación cristianas que corrían por su
época. Eran tan variadas como lo son las nuestras en la actualidad, aunque entonces, como
ahora, todos creyeron que la profecía era
acerca de Cristo. Por lo menos uno de los
autores (Hipólito) creyó que llegaba hasta los
tiempos del Anticristo al final de los tiempos,
como se afirma y defiende en este comentario
(*Commentary* de Jerónimo sobre Daniel, traducción al inglés por Archer, p. 103. Ver también Froom, *The Prophetic Faith of the
Fathers*, I., 277. Hipólito, "Tratado acerca de
Cristo y del Anticristo", *Padres Antenicenos*,
V, 213).

24. Setenta semanas están determinadas.
La palabra hebrea para **semana** (*shābu'îm*),
"sietes", significa "sietes" de años. Esta
interpretación era común en la antigüedad.
Daniel había estado pensando en un múltiplo
de "siete" de años (9:1, 2; cp. Jer 25:11, 12).
Sabía que aquel múltiplo (setenta años) era
una época de juicio por 490 años de sábados
violados (490 ÷ 7 = 70. Ver 2 Cr 36:21).

Además, había un "siete" común de años empleado en el contaje religioso y civil (Lv 25, esp. v. 8), que recibe igual de aptamente el nombre de "semana" que el siete de días. No es solamente esto, sino que cuando se quieren expresar semanas de días (Dn 10:2, 3), se añade el hebreo para días a "semanas" (*shābu'îm*). Esto indica evidentemente una discontinuidad en su utilización en el cap. 9. Más importante aún, si se ha de dar un significado literal a las semanas, ningún período inferior al de semanas de años concuerda con las exigencias contextuales. **Sobre tu pueblo y sobre tu santa ciudad.** El pueblo son los judíos; la ciudad es Jerusalén. "Aquí he traducido *al* sobre. . .a fin de enfocar más de cerca la verdadera idea del hebreo; porque *al* a menudo designa la idea de *sobre* o de *encima* en el sentido de lo que hace sentir su peso, o se utiliza en el sentido de lo que los léxicos estilan como un sentido hóstil. . .Evidentemente, es así aquí. Las setenta semanas comprenden la carga especial, las pruebas, las angustias, a través de las que Israel tendrá que pasar, antes de que el Gran Liberador haga su aparición, o, en la forma de hablar del versículo, antes de que el pecado sea totalmente sometido y expiado, y la justicia introducida en la medida total tan a menudo predicha" (Stuart, *Commentary*, p. 268). Es este hecho, la referencia jerusalénica y judaica de la profecía, lo que hace que sean improbables ninguna de las interpretaciones a mayor escala aplicándola a la "Iglesia" o a la "redención".

Se predicen seis logros de los 490 años:

(1) **Terminar la prevaricación.** "Terminar" (heb. *lekallē*') significa "completar", o "consumar", no "expiar" como se pretende en ocasiones. El tipo de transgresiones que Daniel había estado confesando de parte de su pueblo debían venir a su fin. Esto no ha ocurrido todavía, después de dos milenios y medio después.

(2) **Poner fin al pecado.** Lit., *sellar*. Esta palabra (como en Job 9:7; 37:7) significa poner bajo una restricción o refrenamiento total. Cp. el sellamiento de la prisión de Satanás para refrenarle (Ap 20:1–3).

(3) **Expiar la iniquidad** (*lekap-pēr 'āwōn*). La reconciliación efectuada en el Calvario será hecha efectiva para el pueblo de Daniel cuando de nuevo, "en aquel Día" de la Segunda Venida del Mesías, le mirarán a Él, "a quien traspasaron" (Zac 12:10; cp. Ap 1:7) y, en arrepentimiento, creerán en Él (Jer 50:4, 5, 17–20).

Los primeros tres apartados de los logros son negativos. Los siguientes tres son positivos:

(4) **Para traer la justicia perdurable.** Esto se llevará a cabo mediante una transformación moral interna (Jer 31:33, 34). (5) **Sellar la visión y la profecía** (Heb. al profeta). Cuando el pueblo deje de pecar, ya no se necesitará más de los oráculos disciplinarios de los profetas (Jer 31:34). (6) **Ungir al Santo de los santos** (o, el *Lugar Santísimo*, BLA y RVA). La mayor parte de los comentaristas, incluso muchos amilenialistas (p.ej., Keil y Leupold), para los cuales este pasaje constituye un cierto embarazo, creen que se refiere a un Templo renovado, ungido como el Tabernáculo de la antigüedad, a continuación de los resultados enumerados en las cinco promesas precedentes (ver Ez 40:1–7; Is 4:2–6). La naturaleza de la adoración en tal Templo es problemática en vista del fin del sistema ritual (ver Epístola a los Hebreos; Col. 2:14–17). Pero este problema no debiera interferir con la aceptación de esta predicción.

25. Desde la salida de la orden para restaurar. Aunque el decreto fue dado en el cielo, tenía que hacerse manifiesto en la tierra en algún edicto de un rey humano permitiendo el retorno y la restauración. El punto de vista más adecuado es el de africano (siglos II y III) de que se refiere al decreto de Artajerjes Longimano (465 — 423? a.C.) dado el 445/444 a.C. (Neh 2). El lenguaje de Daniel concuerda mejor con ésto que con el decreto de Ciro (Is 44:28, en contexto; Esd 1:1–4). **Hasta el Mesías Príncipe.** Las opiniones son casi unánimes en este punto, acerca de que este pasaje se refiere a Cristo nuestro Señor. **Mesías** es el término hebreo que significa *ungido*, traducido *Christos* en griego, y transliterado al latín como Christus, del que derivamos "Cristo". Parece predecirse aquí alguna presentación oficial, tal como su bautismo y el inicio formal de su ministerio, o su entrada triunfal. **Habrá siete semanas, y sesenta y dos semanas.** Esta traducción es la mejor del texto hebreo y tiene tras sí el peso de siglos de tradición y de traducción cristiana tras de sí. El razonamiento y la evidencia que apoyan a la RSV inglesa, que vierte esta cláusula de una forma que la deja muy difícil de comprender, son muy oscuros, aunque el efecto, el de hacer que la profecía se centre sobre Antíoco en lugar de sobre Cristo, es bastante claro. La versión de Berkeley no es mejor. Ambas parecen destruir la referencia esencial a Cristo en este pasaje.

En realidad, 7 más 62 hace 69; 69 × 7 = 483. Del 444 a.C. a alrededor del 30 d.C., el período general del ministerio de Cristo, tenemos más de 470 años —tan cercano a los específicos 483 que, sin un afinamiento posterior la correspondencia es bien convincente—

e igual de precisa en proporción como los 70 de la profecía de Jeremías, en realidad de alrededor de 68 años. Ya que Cristo se presentó oficialmente como "Mesías-príncipe" solamente en una ocasión (Zac 9:9; cp. Mt 21:5. Contrastar Mt 16:20; Lc 9:20, 21) al principio de su última semana, los intérpretes que apoyan la Entrada Triunfal como el final de las 69 semanas parecen hallarse en lo correcto.

(La obra de Sir Robert Anderson, *El Príncipe que ha de venir* —publicada en castellano por Editorial Portavoz, Grand Rapids, 1980— que trata de evidenciar la precisión matemática de la profecía, es de lo más convincente. Sin embargo, en vista del estado actual de los estudios del NT en relación con la cronología de la vida de nuestro Señor, y en especial de la fecha de Su crucifixión, una postura de total acuerdo con su postura sería muy arriesgada. Las evidencias de Anderson para las fechas inicial y final son con todo sumamente respetables, incluso si su matemática resultara como menos que totalmente demostrativa de la inspiración.)

26. Y después de las sesenta y dos semanas. Es de la mayor de las importancias observar que ciertos de los eventos son predichos como **y después** (heb. *we'aharê*) de las sesenta y dos semanas (además, naturalmente, de las siete, o sea, de las sesenta y nueve en total). La palabra hebrea no significa "justo entonces" o "en aquel momento" tal como lo hacen ciertas otras palabras (cp. 12:1). Ni tampoco la profecía sitúa el siguiente evento *en* la semana septuagésima. La sitúa *después* de la semana sesenta y nueve. **Se quitará la vida al Mesías, mas no por sí** (o, y no tendrá nada, BLA, RVA); **y el pueblo de un príncipe que ha de venir destruirá la ciudad y el santuario.** Se está de acuerdo por parte de casi todos los intérpretes evangélicos que estos dos eventos, el cortamiento del Mesías (el *Ungido*) y la destrucción del santuario se refieren a la crucifixión de Cristo y a la destrucción de Jerusalén por parte de los romanos. Estos dos eventos estuvieron separados por un período de casi cuarenta años (29 — 70 d.C.). Sin embargo, en el orden literario del pasaje, ambos eventos se hallan a la vez *después* de la semana sesenta y nueve y *antes* de la "otra semana" final mencionada en el siguiente versículo. Así, la misma sintáxis, la gramática, y el significado de las palabras indican un intervalo en la sucesión de las setenta semanas.

Otras razones importantes para suponer aquí un intervalo son: (1) Jesús situó la semana culminante, con su "abominación" en la época del Anticristo final, precisamente antes de Su segunda venida (Mt 24:15). (2) Dn 7:25,

que describe lo que parecen ser los mismos eventos que los de 9:27, la semana septuagésima, es ciertamente una profecía de los tiempos del Anticristo final. (3) El período de tres y medio *tiempos* o años (la segunda mitad del v. 27) se menciona frecuentemente en otras secciones de las Escrituras, y siempre en un marco escatológico (Ap 11:2, 3; 12:6, 14). (4) Las seis cosas que deben cumplirse en las setenta semanas demandan la segunda venida de Cristo, y la restauración y conversión de Israel.

Estas consideraciones muestran que la idea de un intervalo en las semanas en este punto es un asunto de exégesis. Las consideraciones teológicas no van involucradas en una forma principal. No es la opinión de este autor que la Iglesia sea una mera consideración provisional introducida en este intervalo o discontinuidad. Es indudable que tanto los teólogos 'dispensacionalistas' como 'del pacto' hallan más en esta profecía que lo que verdaderamente tiene. Quedémonos con lo que dice este pasaje. C. F. Keil (*Commentary, in loco*) está en lo correcto al afirmar que se habla del **príncipe** que *ha de venir* (*hābbā'*), debido a que ha sido ya introducido y considerado en la profecía del cap. 7 como el Anticristo final. Los romanos que destruyeron Jerusalén (70 d.C.) eran su **pueblo** debido a que tanto ellos como él pertenecen a la cuarta etapa (la romana) el imperio mundial (caps. 2; 7).

27. Y por otra semana confirmará el pacto con muchos (*hará un pacto firme*, BLA). El lenguaje (*higbîr*, de *gābar*, "ser fuerte") no significa la confirmación de un pacto, sino la causación de un firme pacto. *Y él hará prevalecer* es una excelente traducción. El antecedente más natural para *él* (dejado en elipsis en la traducción castellana), el sujeto de la cláusula, es el perverso "príncipe" del v. 26. Este es el nombre más cercano en concordancia gramatical, y concuerda con el sentido. Los **muchos** aquí, como en otros pasajes, es una referencia al pueblo hebreo, el sujeto de la discusión a través de todo el cap. 9 (cp. vv. 2, 12, 18, 19, esp. 24, "tu pueblo... tu santa ciudad"). Es evidente que el pacto tiene que ser hecho entre el Anticristo e Israel cuando los judíos estén de vuelta a su patria en los últimos días. Se desconoce la naturaleza exacta del pacto.

Los eventos perjudiciales y destructores descritos en el resto de este versículo debieran ser interpretados como una información resumida con respecto al final "tiempo de angustia para Jacob" (Jer 30:7 y contexto) expuesto con bastante mayor detalle en Dn 12:1 ss.; 2 Ts. 2; Ap 13; 14; y otros pasajes.

C. La visión final: Israel a través de los siglos y en la consumación en manos de los enemigos y en manos de Dios. 10:1—12:13.

Los últimos tres capítulos de Daniel constituyen una unidad de profecía. Las "fechas" en 11:1 y en 12:1 no anuncian nuevos oráculos, como sucede con informaciones similares al inicio de otros capítulos.

El cap. 10 es el registro de una visión introductoria, correspondiente en la estructura de la sección con los primeros dos versículos del cap. 9. El cap. 11, hasta el v. 35, se relaciona con eventos de la antigüedad que tuvieron lugar principalmente en el período griego después de la muerte de Alejandro y que culminaron con la persecución que sufrieron los judíos bajo Antíoco Epífanes. Desde el 11:36 hasta el final del cap. 12, la predicción trata de los eventos del tiempo del fin.

A través de toda esta sección Daniel está completando detalles de lo bosquejado en sus anteriores profecías. El cap. 2 daba el gran bosquejo; el cap. 7 lo renovaba desde otro punto de vista, extendiéndose sobre el escenario final del fin de los tiempos del cuarto reino y sobre el reino del Mesías. El futuro de los hebreos ("santos") queda escasamente introducido. El cap. 8 expande la consideración acerca de los avatares de los judíos en el período de Medo-persia y de Grecia, concentrándose en Antíoco Epífanes y el conflicto macabeo. El cap. 9 presenta una delineación del futuro total del Israel y de Jerusalén. Ahora bien, este último oráculo, los caps. 10 a 12, completa lo anterior con detalles adicionales del futuro de Israel, concentrándose tanto en la época de Antíoco como en las cuestiones de las "últimas cosas": la Gran Tribulación, la resurrección de los muertos, y recompensas y castigos finales.

Estos capítulos finales informan también de una maravillosa culminación en la creciente experiencia espiritual del profeta. En primer lugar, solamente interpretó el sueño de otro mediante un sueño propio (cap. 2). Más tarde, interpretó más sueños y experiencias de Nabucodonosor y de Belsasar (caps. 4; 5). El cap. 7 informa de visiones propias de él: en verdad magnas experiencias espirituales. La historia del cap. 8 registra un "transporte" espiritual, en el que recibió, en una tierra muy alejada de la suya, una visión del futuro que afectaría a su nación. A continuación se informa de la real contemplación física del ángel Gabriel en la propia habitación de Daniel. Ahora el profeta ve con sus propios ojos a uno como el mismo Hijo de Dios en su presencia física.

1) Circunstancias de la revelación. 10:1–4.

1. La fecha explica el duelo de Daniel. Alrededor del tercer año de Ciro, la obra empezada para restaurar el Templo (Esd 1—3) había sido detenida (Esd 4:4, 5). **2, 3.** Estos versículos muestran cómo la ancianidad puede ser una edad de intensa actividad y logros espirituales (cp. Lc 2:36, 37). Se trataba de una abstinencia temporal, no de ascetismo (ver Mr 7:14–23; Hch 10:9–18; 1 Ti 4:1–5).

2) La revelación y sus efectos. 10:5–9.

En favor de identificar al **varón** del v. 5 con Gabriel, el ángel que más tarde habla con Daniel, se halla la ausencia de ninguna identificación categórica en otro sentido. En favor de identificarlo con el Cristo pre-encarnado tenemos: (1) la correspondencia del lenguaje con 7:13; (2) similaridades con la visión de Ezequiel de Él (Ez 1:26, en contexto); (3) similaridad con la visión que Juan tuvo de Cristo (Ap 1:12–20); (4) Su situación, más tarde en la visión, "sobre las aguas del río", separado de los demás, donde ni tan solo los ángeles se atreven a estar (Dn 12:6, BLA); (5) la manera en que los ángeles se dirigen a Él como poseedor de un conocimiento superior (12:6).

El efecto de esta visión sobre Daniel debiera refrenar a las personas de buscar o de orar para tener experiencias espirituales desusadas de la presencia de Dios más allá de las experiencias concedidas de ordinario a creyentes sinceros.

3) Fortalecimiento del profeta para su obra. 10:10–12, 15–19.

Sugerencias para las devociones privadas del creyente: (1) El *temor* no es necesariamente perjudicial (contrastar Ro. 3:18). "Dios desea que nuestros temores nos refrenen como unas riendas" (Calvino). (2) La oración puede ser *fervorosa* cuando está clara la voluntad de Dios. El ángel solamente confirmó el conocimiento de Daniel (cp. 1 Jn 5:14). (3) La profunda *humildad* es un acompañamiento apropiado de la oración en vista de la soberanía de Dios. (4) El temor, el fervor y la humildad pueden ir unidas a la *confianza*, porque uno se allega a su *propio* Dios en Cristo (cp. "tu Dios", Dn 10:12). Ver también He 11:6; Stg 1:6, 7; He 4:16. (5) *Expectación*. Algo realmente sucedió.

4) El campo de la profecía. 10:14. Ver comentarios sobre 2:38.

5) Los conflictos del mensajero angélico. 10:13, 20, 21.

En el mundo del AT los hombres creían que cada nación tenía su dios especial (p.ej., Is 37:38; Dn 4:8; 2 Cr 28:23). Los profetas proclamaban que los ídolos no eran nada. Sin embargo, hay en otras porciones de las Escrituras informaciones ocasionales acerca de que hay malos espíritus, que no deben identificarse con los ídolos, se hallaban tras todo el engaño, sacando placer y malvado provecho de todo ello (Ef. 6:11, 12; 1 Co 8:4, 5; 10:19, 20; Jud. 9; Ap 12:7; Mt 25:41). Ver también 2 Co 10:3, 4; 1 Ti 4:1–4.

6) El futuro inmediato de Israel en relación con las naciones. 11:1–35.

a) Profecía de los medos y de los persas (vv. 1, 2). El propósito y la naturaleza del fortalecimiento angélico de Darío puede solamente conjeturarse. Quizá tuviera algo que ver con el tratamiento benevolente que este rey concediera a los judíos. Los **tres reyes en Persia** parecen haber sido: primero, Cambises, el hijo de Ciro (accesión, el 529 a.C.); segundo, Pseudo-Smerdis, un impostor (aunque Olmstead, *History of Persia*, argumenta que era un aqueménida genuino, que reinó brevemente en 522 a.C.); y, en tercer lugar, Darío I, o Histaspes, también llamado el Magno, (522–486 a.C.); un monarca verdaderamente grande. El cuarto, **más que todos ellos**, era, entonces, Jerjes, conocido en Ester como Asuero (486–464 a.C.). Las guerras de Darío y de Jerjes, por las que los persas se ganaron la hostilidad de toda Grecia, son bien conocidas por los estudiantes de la antigüedad clásica y de la historia antigua estándar.

b) Profecía de los griegos y de Alejandro (vv. 3, 4). Ver notas sobre cap. 8.

c) Profecía de Siria y de Egipto en conflicto mútuo y con los judíos (vv. 5–35). La falta de espacio impide tratar detalladamente la correspondencia entre la profecía de Daniel y la historia del reino seléucida sirio (el rey del norte), y la historia del reino egipcio de los ptolomeos (el rey del sur). La profecía no da una visión contínua, esto es, hay intervalos en ella. Tampoco es completo el conocimiento actual de la historia egipcia de la época. Incluso las secciones llamadas históricas del AT carecen de la precisión exigida por la historia estricta. No podemos, entonces, esperar que las predicciones sean igual de precisas con respecto a la secuencia, la cronología, etc., que lo desearía nuestra curiosidad. **Egipto** (v. 8) es mencionado por su nombre de tal manera como para identificarlo con ''el rey del sur'' (v. 9); pero Siria (en realidad mucho más grande que lo que conocemos en la actualidad por Siria, y sin relación histórica con el reino de este nombre en el AT) queda sin nombrar. Esto parece ser así debido a que

Egipto había sido conocido durante largo tiempo como un reino en la época de Daniel, en tanto que el reino de los seléucidas no existía todavía. Si Daniel hubiera sido escrito en el siglo II, como pretenden algunos críticos, es casi seguro que el reino de Siria hubiera sido mencionado por su nombre.

En el v. 21 se introduce a Antíoco Epífanes (175–163 a.C.) como **un hombre despreciable.** Su perversa persecución contra los judíos y la profanación del Templo son descritas por un testigo contemporáneo en 1 Macabeos, que debiera ser leído por todo estudioso de Daniel. Su acción es predicha también en Dn 8:13, y sus actos proveen una especie de pauta de los del malvado ''príncipe que ha de venir'' (Dn 9:26, 27; cp. 2 Ts 2; 4, 5; Mt 24:15–21).

En los terribles días de Antíoco, solamente aquellos que conocían **a su Dios** (Dn 11:32) pudieron mantenerse sin avergonzarse, capacitados por Dios para *esforzarse y actuar.* Muchos murieron por su fe (vv. 34, 35), instruyendo a muchos con sus hechos (v. 33) El sufrimiento de ellos, con la ayuda de Dios, produjo un carácter desacostumbrado (vv. 34, 35). Eran los separatistas de aquella época, que rechazaban no menos los vicios paganos de sus señores griegos que las hermosas mentiras del ritual y de la religión paganas. Constituyen el principal lazo entre los dos testamentos, porque sus descendientes espirituales aparecen en los evangelios como los fariseos (cuyo nombre significa ''los separados''). ¡Qué triste que sus descendientes cayeran de sus verdaderos principios! Hebreos 11:34–39 es un memorial de los judíos fieles de aquella época de tribulación.

d) Profecía de Israel en conflicto con el ''rey voluntarioso'' (vv. 36–45). Jerónimo afirma que en su tiempo esta porción de Daniel fue aplicada al Anticristo ''por nuestros escritores''. Y hasta la actualidad esta es la interpretación que prevalece. Las siguientes son las principales razones para mantener que la profecía hace un giro de Antíoco al Anticristo precisamente en el v. 36:

(1) El alcance de la profecía (10:14) exige una referencia escatológica, haciendo así que esta postura acerca de la división sea una posibilidad.

(2) Aunque toda la profecía en Daniel hasta el 11:35 puede relacionarse fácilmente con los eventos bien conocidos de la historia antigua, no puede seguirse la correspondencia más allá de aquí.

(3) El v. 36 menciona a un rey cuyo período es ''la ira'', un término técnico sacado de la literatura profética, que usualmente tiene referencia a eventos escatológicos (p.ej., Is 26:20).

(4) Las predicciones aquí se corresponden con bastante precisión con profecías reconocidas del anticristo final (cp. 2 Ts 2:4ss.; Ap 13; 17).

(5) Aparece una discontinuidad literaria natural antes de Dn 11:36, observada tanto por la ASV como por la RVA.

(6) El rey voluntarioso es un nuevo elemento, separado de ambos de los dos reinos cuya historia se halla bajo consideración hasta el v. 35.

(7) De peso decisivo es la relación con la Gran Tribulación, la resurrección de los muertos, y las recompensas finales, etc. (12:1–3) que se expresa con las palabras "en aquel tiempo" (heb., *ûbe'ēt hahî'*, 12:1). El tiempo de estos eventos escatológicos es la época de los eventos de la última parte del cap. 11.

36. Este rey es el mismo que el "hijo de perdición" (2 Ts 2:3, 4), que tiene que aparecer antes de la segunda venida de Cristo (2 Ts 2:1, 2; cp. Dn 7:11, 25). Su carrera será de poca duración, abarcando solamente hasta que la indignación de Dios sea derramada sobre la humanidad en los tiempos del fin.

37. El **Dios de sus padres** (*'elōhê' abōtāyw*). Aunque la frase pueda ser traducida como "dioses de su padre", sin duda tiene que ser interpretada como refiriéndose al Señor Dios de Israel, porque un falso Mesías de los judíos difícilmente podría ser un gentil. "Dios de sus padres" es una designación familiar del Señor. **Del amor de las mujeres.** O, *del deseo de las mujeres.* Significado desconocido. Las interpretaciones varían desde ídolos femeninos hasta la pasión sexual. (Ver comentario acerca del "cuerno pequeño" del cap. 7). **38, 39. Dios de las fortalezas.** La adoración del poder militar, tal como el de los césares, de los hititas, etc. Los dos versículos describen a un engañador monumental que, mientras que se proclama un dios, practica en secreto el charlatanismo con astrólogos, echadores de cartas, etc., situación ésta no incomún a lo largo de la historia.

40. Al cabo del tiempo. Cp. 1 Co 15:24; Mt 28:20; 13:39. El **cabo del tiempo** es el final de los eventos profetizados en este libro: la llegada del reino del Mesías para tomar el lugar de todos estos otros. Desde aquí hasta la conclusión de las profecías de Daniel, lo que está a la vista son los eventos consumadores (cp. esp. 12:1, "En aquel tiempo", etc.). El final del Anticristo es revelado en otros pasajes (Ap 19:11ss.; Is 11:4; Sal 2). Obsérvese que a través de toda esta sección este voluntarioso rey es una persona distinta tanto del "rey del norte" como de "el del sur", ambos luchando contra él. Es difícil decir ciertamente con qué

naciones se hallarán identificados estos dos oponentes. Se profetiza aquí la buena fortuna del Anticristo en la guerra (cp. Dn 7:8, 20; Ap 17:13). Probablemente que las máquinas de guerra —torbellino, carros, jinetes, naves— tengan que ser interpretadas en términos de los ingenios de aquel día futuro. Daniel vio la guerra en términos de su propia época, pues en otro caso no hubiera podido reconocerla.

41. Esto describe un ataque sobre Palestina. Quizás esté relacionado con el quebrantamiento del pacto por parte del Anticristo (Dn 9:27). Acerca de su fracaso en capturar Edom, Moab y Amón, ver Is 11:14. **Muchas provincias.** La palabra "provincias" no se halla en el hebreo.

42–44. La correspondencia de esta sección con sucesos que llevaron a la 2ª Guerra Mundial, especialmente la primera parte de la carrera de Mussolini, fue asombrosa. Pero el fracaso de la historia en justificar las interpretaciones proféticas de aquella década debiera desalentar otras identificaciones prematuras con poderes contemporáneos. Lo que sigue parece ser cierto: Han de haber por lo menos tres grandes potencias nacionales contemporáneas con el Anticristo, el "rey" romano. Serán "del norte" (v. 40), "del sur" (v. 40), y **del oriente** (v. 44).

45. Evidentemente en Palestina para eliminar para siempre el perenne problema judío mediante el recurso de barrer a todos los judíos, se encuentra él mismo con su fin (Zac 12:1–14; cp. Jl 3:16; ver también Zac 14; Ap 14:17–20; 19). Tregelles (*op. cit.*) aplica Is 14:14 y Ez 28 a la caída de este hombre. G. H. Lang (*Histories and Prophecies of Daniel*) aplica Ez 38; 39 a este punto.

e) Profecía con respecto a la Gran Tribulación de Israel (12:1). Ver aquí Jer 30:4–11. **En aquel tiempo** (cp. sobre Dn 11:36). En la misma época que los eventos de 11:36–45. **Miguel.** Ver Ap 12:7; cp. Jos 5:13–15; 2 R 6:15–17; Is 37–35, 36; Mt 26:53. Este es el tiempo de la angustia de Jacob. Toda referencia a este tiempo utiliza lenguaje superlativo (cp. también Mt 24:21). Es un castigo providencial de manos del malvado Anticristo para preparar la venida del Mesías (cp. Jer 30; 31; Ez 20:33–38. Ver R. Culver, *Daniel and the Latter Days*, pp. 69–76). Aunque se trata especialmente de la *tribulación* de Israel, es una época de *ira* divina también sobre toda la tierra; de forma que otros sufrirán (Is 26:20; Dn 11:36; Ap 16:10).

f) Profecía con respecto a la resurrección de los muertos (v. 2). Como el resto de la profecía, este versículo se relaciona con los israelitas. Ya que las Escrituras no sabe nada de una resurrección especial para los israelitas, la "primera resurrección" predicha en Ap 20:6 incluirá a esta compañía. Dn 12:2 se refiere solamente al Israel justo. Otros pasajes que hablan de tres etapas en la resurrección (la de Cristo, la de sus santos, la del resto de los muertos) son 1 Co 15:20–24 (ver R. Culver, "A Neglected Millenial Passage from St. Paul", *Bibliotheca Sacra*, Abril, 1956; C. F. Kling, traducción de D. W. Poor de 1 Co 15:20–24 en el *Lange's Commentary*) y Ap 20. Ver también Jn 5:28, 29; Hch 24:15. Que este pasaje describe una resurrección selectiva es aceptado no solamente por parte de muchos eruditos premilenialistas sino también por algunos amilenialistas (p.ej., Keil). Ver R. Culver, *Daniel and the Latter Days*, pp. 172–176; Tregelles, notas, *in loco*.

g) Profecía con respecto a las recompensas finales (v. 3). **Entendidos.** Ver 11:33, 35; 12:10. Cp. Pr 11:30; 1 Co 9:19; Stg 5:20; 1 P 2:19–25; 4:12–16. Ver también 1 Co 3:19–23; 9:25; 2 Co 5:8–10; Fil 4:1; 1 Ts 2:19; 2 Ti 2:5; 4:8; Stg 1:12; 1 P 5:4.

h) Profecías e instrucciones finales (vv. 4–13).

4. Cierra las palabras y sella el libro. No hay aquí intención de referirse a un oscurecimiento del significado. El uso paralelo de la expresión muestra que tiene que ver con la protección y la autentificación del mensaje. Ver una concordancia. **Correrán de aquí para allá...la ciencia se aumentará.** Los ojos irán aquí y allá investigando la profecía, y el entendimiento de ella crecerá. Están bajo consideración la disposición del libro y su futuro. **5.** Daniel (como los apóstoles, Hch 1:3–6) sabía que la revelación había llegado ahora a su fin. Se preguntaba cuándo vendrían a pasar todos estos eventos (cp. Hch 1:7, 8). **Otros dos.** Dos criaturas angélicas, una de las cuales puede haber sido el Gabriel de las visiones anteriores. **6. Sobre las aguas.** Mejor, *por encima de las aguas* (ASV). Aquí aparece en la visión la gran brecha que separa a las criaturas (a los ángeles) del Creador. El **varón vestido de lino** parece ser el mismo Hijo preencarnado de Dios (cp. Ap 1:13–20). Nótese que las preguntas definitivas se dirigen a él. **7.** El cumplimiento tiene que tener lugar cuando hayan corrido su curso los tres tiempos y medio (3½ años; 1260 días, 42 meses) tan frecuentemente mencionados en las anteriores profecías de Daniel y en el Apocalipsis. Este versículo es una importante base en apoyo de la interpretación futurista no solamente de Dn

9:27 (septuagésima semana) sino también de las principales secciones del Apocalipsis. Aquella última mitad de la semana de años es una consideración de suma importancia en la profecía, debido a que es en ella que tienen lugar los principales eventos de la consumación. La majestuosa toma de juramento vuelve a aparecer en Ap 10:5–7. Nótese que el centro del interés profético aquí sigue siendo el precioso **pueblo santo** de Dios (y de Daniel). **8.** Daniel seguía sin ser un experto en interpretación profética. No habrá expertos hasta que la profecía se transforme en historia (cp. Jn 2:22). **9.** Ver sobre el v. 4. **10.** Ver Sal 19:7. **11.** Esto lleva la profecía desde la mitad de la septuagésima semana de Dn 9 hasta los primeros treinta días del Milenio que sigue, quizás el final de un período de "limpieza". **12.** Esto lleva la profecía sesenta y cinco días más allá del fin de la "semana". ¿Llega al establecimiento total del reinado del Mesías después de sesenta y cinco días de obra inicial preliminar? El Milenio, si es una verdadera administración del gobierno de los cielos sobre la tierra de una manera visible, demandará tiempo para que los procesos administrativos empiecen a obrar. **13. Y tú irás hasta el fin, y reposarás, y te levantarás para recibir tu heredad al fin de los días.** Mejor, *anda tu camino*. Un hombre de la avanzada edad de Daniel no podía ponerse unos vestidos de escalada y pasar a la cumbre más cercana para esperar la venida del Señor. Tampoco podemos nosotros. Más bien, todos tenemos, como Daniel, que servir fielmente hasta el final.

> Pongámonos pues dispuestos a la acción
> Con el corazón a todo dispuesto
> Persistentes en la acción, sin desfallecer,
> Aprendamos a obrar y a esperar.
> — Longfellow

Reposarás. A la luz del resto de la Biblia, estas palabras significan simplemente que Daniel, como todos los verdaderos creyentes, hallaría ciertamente un tipo de **reposo** en la tumba (cp. Is 57:2), gozándose su espíritu en la presencia de Dios, donde él "vería su rostro" (Ap 22:4; Lc 16:19–22). El estado intermedio, esto es, el período entre la muerte y la resurrección, no es ni de doloroso purgatorio, como pretende la Iglesia de Roma, ni de inconsciente sueño del cuerpo y del alma. Es más bien "partir y estar con Cristo" (Fil 1:23), "en el paraíso" (Lc 23:43). Es un tiempo de reposo, como leemos aquí, en el seno de Abraham (Lc 16:22) y un tiempo de consolación (Lc 16:25). **Te levantarás para recibir tu**

heredad al fin de los días. Ni Daniel ni ningún otro santo perderá jamás en "el ancho campo de batalla del mundo, en el vivac de la vida"; no, sino que se **levantarán** en la gloria de la resurrección. Sembrado en corrupción, se segará en incorrupción; descendidos en deshonra, levantados en honra; abajados en derrota, subidos en victoria; enterrados en dolor, resucitados en gozo, nos levantaremos para recibir nuestra **heredad.** Hay una "corona de justicia" guardada que el Señor nos dará en aquel día.

Con esta plácida nota de gozo sin fin, el libro de Daniel llega a su fin.

BIBLIOGRAFÍA

AUBERLEN, CARL AUGUST. *The Prophecies of Daniel and the Revelation of St. John.* Andover: Draper, 1857.

BARNES, ALBERT. *Notes on the Book of Daniel.* Grand Rapids: Baker Book House.

BOUTFLOWER, CHARLES. *In and Around the Book of Daniel.* Grand Rapids: Kregel Publications, 1977.

CALVIN, JOHN. *Commentaries on the Book of Daniel the Prophet.* 2 tomos. Grand Rapids: William B. Eerdmans Publishing Company, 1948.

CULVER, ROBERT D. *Daniel and the Latter Days.* Westwood, N.J.: Fleming H. Revell Co., 1954.

DOUGHERTY, RAYMOND PHILIP. *Nabonidus and Belshazzar*, New Haven: Yale University Press, 1900.

DRIVER, S. R. *Daniel (Cambridge Bible for Schools and Colleges).* Cambridge: The University Press, 1900.

IRONSIDE, HARRY A. *Lectures on Daniel the Prophet.* Nueva York: Loizeaux Brothers, 1946.

Jerome's *Commentary on Daniel.* Grand Rapids: Baker Book House, 1958.

KEIL, C. F. *Biblical Commentary on the Book of Daniel.* Grand Rapids: William B. Eerdmans Publishing Company, 1949.

LANG, G. H. *The Histories and Prophecies of Daniel.* Grand Rapids: Kregel Publications, 1973.

LATTEY, C. *The Book of Daniel.* Dublin: Browne and Nolan, Ltd., 1948.

LEUPOLD, H. C. *Exposition of Daniel,* Columbus, Ohio: Wartburg Press, 1949.

McCLAIN, ALVA J. *Daniel's Prophecy of the Seventy Weeks.* Grand Rapids: Zondervan Publishing House, 1940.

MAURO, PHILIP. *The Seventy Weeks and the Great Tribulation.* Nueva York: Fleming H. Revell, 1919.

MONTGOMERY, JAMES A. *A Critical and Exegetical Commentary on the Book of Daniel (International Critical Commentary).* Nueva York: Charles Scribner's Sons, 1927.

PUSEY, E. B. *Daniel the Prophet,* Nueva York: Funk and Wagnalls, 1885.

SEISS, JOSEPH A. *Voices From Babylon or, Records of Daniel the Prophet,* Filadelfia: The Castle Press, 1879.

SMITH, R. PAYNE. *Daniel, An Exposition of the Historical Portion of the Writings of the Prophet Daniel.* Nueva York: Cranston and Curts (s.f.).

STUART, MOSES. *A Commentary on the Book of Daniel.* Boston: Crocker and Brewster, 1850.

THOMSON, J. E. H. *Daniel (Pulpit Commentary).* Grand Rapids: William B. Eerdmans Publishing Company, 1944.

TREGELLES, S. P. *Remarks on the Prophetic Visions of the Book of Daniel.* Londres: Bagsters, 1864.

WHITCOMB, JOHN C. *Darius the Mede.* Grand Rapids: William B. Eerdmans Publishing Company, 1959.

WILSON, R. DICK. *Studies in the Book of Daniel.* Nueva York y Londres: G. P. Putnam's Sons, 1917.

_____. *Studies in the Book of Daniel, Second Series.* Nueva York: Fleming H. Revell, 1938.

YOUNG, EDWARD J. *The Prophecy of Daniel.* Grand Rapids: William B. Eerdmans Publishing Company, 1948.

COMENTARIOS EN ESPAÑOL

ANDERSON, SIR ROBERT. *El Príncipe Que Ha de Venir*, Grand Rapids: Editorial Portavoz, 1980.

CARBALLOSA, EVIS L. *Daniel y el Reino Mesiánico.* Grand Rapids: Editorial Portavoz, 1979.

DEANE, WILLIAM J. *Daniel, So Vida y Sus Tiempos*, Terrassa: Editorial CLIE.

IRONSIDE, HARRY A. *Daniel*, Buenos Aires: Fundación Cristiana de Evangelización, 1976.

PETTINGILL, W. L. *Estudios Sobre el Libro de Daniel*. Terrassa: Editorial CLIE.

SILVA, KITTIM. *Daniel: Historia y Profecía*, Terrassa: Editorial CLIE.

WHITCOMB, JOHN. *Daniel* (Serie "Comentario Bíblico Portavoz"). Grand Rapids: Editorial Portavoz, 1987.

OSEAS

INTRODUCCIÓN

Autor. Nuestro conocimiento de la vida de Oseas, hijo de Beeri, se deriva exclusivamente del libro que lleva su nombre. Profetizó al Reino Septentrional (Israel, o Efraín) durante la época en que Isaías estaba profetizando en Judá (1:1; cp. Is 1:1). Otro contemporáneo, Amós (Am 1:1), era un nativo de Judá que profetizó en Israel. Oseas, sin embargo, fue el profeta escrito del Reino del Norte que se dirigió a su propio pueblo. Hablándoles con un corazón quebrantado, profetizó el inminente exilio al que estaban abocados (Os 3:4). Su visión profética miraba más allá del exilio a la restauración, cuando un pueblo castigado reconocería de nuevo los derechos del Señor (3:5). Ya que no se menciona la caída de Samaria en Oseas como un hecho consumado, se cree que su ministerio tuvo lugar en su mayor parte antes del año 722 a.C. La mayor parte de su ministerio profético tuvo lugar, evidentemente, durante el cuarto de siglo entre el 750 y el 725 a.C. En 1:1 se evidencia que vivió y profetizó hasta los tiempos de Ezequías (cuyo reinado empezó alrededor del 715 a.C.).

El casamiento de Oseas. La infidelidad de Israel al Señor se representa en Oseas en términos de una esposa que ha dado la espalda a su fiel marido a fin de seguir a malvados amantes. La imaginería se toma de la propia experiencia de Oseas, porque 1:2 nos dice que el Señor habló a Oseas diciendo: "Ve, tómate una mujer fornicaria". Las muchas interpretaciones de estas extrañas palabras caen en tres categorías: (1) Los hay que sugieren que las palabras llevan la intención de presentar una alegoría destinada a impartir la lección espiritual de la infidelidad de Israel, y que Oseas no contrajo tal matrimonio en realidad. Entre los eruditos que han mantenido este punto de vista se hallan Calvino, Keil, von Hoonacher, Reuss, Gressman, Robert Pfeiffer, y E. J. Young. (2) Algunos insisten que Oseas verdaderamente se casó con una mujer que él sabía que era una ramera, quizás una prostituta del templo. T. H. Robinson y T. Laetsch defienden este punto de vista. (3) Muchos mantienen que Oseas se casó con una mujer que él creía pura, pero que más tarde se enteró de la infidelidad de ella. Según este punto de vista, la expresión "mujer de fornicaciones" se utiliza como prolepsis. En la época de escribir este libro, Oseas vio que la mano de Dios había causado un casamiento que, desde el punto de vista humano, estaba marcado por una tragedia sin paliativos. Con grandes esperanzas, Oseas se casó con Gomer, solo para enterarse posteriormente de sus tendencias al adulterio. Siguió la separación, y 2:2 contiene en realidad una fórmula de divorcio: "Ella no es mi mujer, ni yo su marido". Con todo, el amor de Oseas persistió, y posteriormente volvió a casarse con ella (3:1). Esto hace un paralelo con los tratos de Dios con Israel. Después de prometer fidelidad a la Ley de Jehová, Israel se fue tras Baal y los otros dioses de Canaán hasta que Dios les impuso un rechazamiento temporal (el exilio), después del cual el castigado Israel volvió al favor de Dios en la tierra de Judea. Este punto de vista identifica a la "mujer" de 3:1 con la "mujer de fornicaciones" de 1:2. Con algunas variaciones, ha sido sostenido por Ehrlich, Marti, W. R Harper, y G. W. Anderson. El presente comentario está escrito desde este punto de vista.

La época de Oseas. Las profecías de Oseas fueron proclamadas primeramente durante el caótico reinado de Jeroboam II, cuando Israel disfrutaba de prosperidad externa pero sufría de corrupción interna. Los santuarios se hallaban llenos a rebosar de adoradores (Am 4:4, 5), pero los pobres eran oprimidos (Am 4:1) por un pueblo cuya religión era externa. Durante los prósperos días de Jeroboam II el juicio le parecía remoto a los israelitas, pero pronto iba a dejarse sentir el poder de Asiria en el Asia occidental. Al siguiente año de la muerte de Jeroboam, Tiglat-pileser III accedió al trono de Asiria (745 a.C.). Alrededor del

732 a.C., Damasco había caído en poder de los asirios, y una década más tarde era Samaria, la capital de Israel, la que caía, y sus habitantes eran deportados. Amós y Oseas profetizaron durante los años finales del Reino del Norte, así como Jeremías de Jerusalén profetizó durante las horas finales de la historia de Judá.

BOSQUEJO

I. La vida matrimonial del profeta. 1:1—3:5.
   A. Su casamiento con Gomer. 1:1–9
   B. Un mensaje de esperanza. 1:10, 11
   C. Juicio sobre la infiel Israel. 2:1–13
   D. La restauración de la infiel Israel. 2:14–23
   E. Redención de Oseas de su infiel esposa. 3:1–5

II. Infidelidad de Israel, y su juicio consiguiente. 4:1—13:16.
   A. La culpabilidad del pueblo. 4:1–3
   B. La culpabilidad de los sacerdotes. 4:4–8
   C. Castigo para todos. 4:9, 10
   D. Inmorales prácticas cúlticas. 4:11–19
   E. Juicio sobre reyes y sacerdotes por conducir al pueblo al extravío. 5:1–7
   F. Desastrosas políticas exteriores de Efraín (Israel) y de Judá. 5:8–15
   G. Apelación de Israel y réplica de Dios. 6:1–6
   H. Los crímenes de Israel. 6:7—7:7
   I. La desastrosa política exterior de Israel. 7:8—8:3
   J. La idolatría de Israel y sus perversas alianzas. 8:4–14
   K. Predicción del exilio de Israel. 9:1–9
   L. La antigua apostasía de Israel en Baal-peor. 9:10–14
   M. La apostasía de Israel en Gilgal. 9:15–17
   N. Profecía de la destrucción del culto a Baal. 10:1–8
   O. El pecado en Gabaa. 10:9, 10
   P. La ruína de Israel. 10:11–15
   Q. El amor de Dios; la ingratitud de Israel. 11:1–7
   R. El dolor de Dios por su pueblo. 11:8–11
   S. Los pecados de Jacob. 11:12—12:14
   T. El malvado culto al becerro. 13:1–3
   U. El Dios lleno de gracia traerá la destrucción. 13:4–11
   V. Destrucción ineludible. 13:12–16

III. La conversión y renovación de Israel. 14:1–9.
   A. El llamamiento al arrepentimiento. 14:1–3
   B. La promesa del perdón. 14:4–8
   C. Una exhortación final. 14:9

COMENTARIO

I. La vida matrimonial del profeta. 1:1—3:5.

A. Su casamiento con Gomer. 1:1–9.

1. Profecía de Osea empieza con la afirmación de que tiene su origen en Dios: **Palabra de Jehová vino.** La palabra es divina; halla expresión en un instrumento humano: el profeta, **Oseas hijo de Beeri.** El nombre **Oseas** significa ''liberación'' o ''salvación''. El padre del profeta, **Beeri,** no es mencionado en ningún otro pasaje de las Escrituras, aunque los antiguos escritores judíos le identifican con Beera (1 Cr 5:6), que fue llevado al exilio por Tiglat-pileser. Oseas profetizó en días de Uzías y fue contemporáneo de Isaías (cp. Is 1:1). Sin embargo, Isaías vivió en Jerusalén y dirigió sus profecías principalmente al Reino del Sur (Judá), en tanto que Oseas profetizó al Reino del Norte (Israel o Efraín).

2. A Oseas se le ordenó casarse a **una mujer fornicaria,** y que fuera parte de **hijos de fornicación.** Muchos comentaristas mantienen que no se casó en realidad con una ramera, sino que la descripción tiene que tomarse alegóricamente (ver Introducción). Interpretan las palabras de Oseas como descriptivas de una visión que vio, en lugar de un evento en el que participó. No hay, sin embargo, indicación alguna en el texto de que se trate de una alegoría, y las palabras parecen realmente describir la vida matrimonial de Oseas. Bien pudiera ser, sin embargo, que la actitud infiel de su mujer surgiera después de su casamiento con el profeta. En retrospección, Oseas consideraría que su matrimonio había sido providencialmente ordenado por Dios, puesto que proveía una analogía que utilizó para dirigirse a Israel. El profeta acusa: **la tierra fornica.** Así como la esposa de Oseas había demostrado serle infiel, así Israel era infiel al Señor. El adulterio espiritual es una figura de lenguaje sacada del culto cananeo de la fertilidad, con su prostitución ritual.

3. Gomer hija de Diblaim era el nombre de la mujer de Oseas. El nombre de ella era común, y no hay razón para sacar de él un significado alegórico. **4.** El primer hijo de Gomer tuvo por nombre **Jezreel**, que significa *Dios siembra*. Tenía un significado doble: (1) Después que el pueblo de Israel hubiera sido dispersado debido a su pecado, Dios los plantaría o ''sembraría'' de nuevo en su propia tierra. (2) Serían castigados los pecados cometidos por Jehú en el valle de Jezreel, e Israel probaría la derrota. **La sangre de Jezreel** es una referencia al descaminado intento de Jehú de defender la causa del Señor asesinando a todos los adoradores de Baal (2 R 10:1–11).

5. En juicio Dios dijo: **Quebraré yo el arco de Israel.** El arco aquí representa el poder (cp. Gn 49:24) del Reino de Israel, que pronto finalizaría. Un arco roto era una señal de impotencia. **6. Lo-ruhama** (*no compadecida*). La hija de Gomer recibió un nombre designado para mostrar al pueblo de Israel que no podía esperar misericordia. Como la ''no compadecida'', simbolizaba el aprieto en que se hallaba el Reino del Norte, que había pecado contra Dios, y que se hallaba maduro para el juicio. **7.** Como contraste a la inminente caída de Israel, Dios dijo: **Mas de la casa de Judá tendré misericordia.** Israel cayó ante los asirios (722 a.C.), pero cuando Senaquerib asedió a Jerusalén, Dios intervino para salvar la ciudad (2 R 19:35). **9.** El segundo hijo de Gomer recibió el nombre de **Lo-ammi**, significando, *No pueblo mío*. En el Sinaí Israel había hecho el pacto de ser el pueblo de Jehová, y que Él sería el Dios de ellos (Éx 19:1–7). Repetidamente quebrantaron aquel pacto, y aquí Oseas declara proféticamente que serán rechazados. Este no sería un rechazo permanente (cp. Os 2:3), pero resultaría en el exilio y en la destrucción del Reino del Norte como entidad política.

B. *Un mensaje de esperanza. 1:10, 11.*

10. Según la promesa (Gn 15:5, 6), el número de los hijos de Israel sería como **la arena del mar.** Oseas había sentenciado el juicio sobre el Israel no arrepentido, pero sostenía la promesa de la redención final. El pueblo, aunque diezmado por el enemigo, reviviría numéricamente y volvería otra vez a ser llamado los **hijos del Dios viviente.**

C. *El juicio del infiel Israel. 2:1–13.*

2. Oseas debía dirigirse a Gomer con las palabras: **Ella no es mi mujer, ni yo su marido.** La mujer del profeta se había

separado de él, y con su corazón roto reconoció que sus lazos matrimoniales estaban rotos. Las palabras son reminiscentes de la fórmula utilizada para el divorcio. Dios se dirige a Israel en términos similares. **3.** Ella tiene que abandonar sus adulterios, **no sea que yo la despoje y desnude.** Hay testimonio en las Escrituras de este tipo de castigo para el adulterio (Ez 16:38) y en las tabletas Nuzi del norte de Mesopotamia. Las palabras aquí se aplican a Israel, que vendrían a ser una presa para sus enemigos cuando quedaran desolados y desnudos ante su Dios. **5.** La esposa de Oseas había dicho: **Iré tras mis amantes.** Así como ella había mirado a sus amantes, así Israel había ido tras Baal y otros dioses cananeos. **7.** Después de verse desengañada, Gomer, como Israel, diría: **Iré y me volveré a mi primer marido.** Ni Gomer ni Israel podían hallar satisfacción en su infidelidad. Dios declara aquí que Él llevará a Israel a la situación en la que verá la necesidad que tiene de Él.

8. Dios había tratado misericordiosamente con Su pueblo: **le daba el trigo, el vino y el aceite.** Toda la fertilidad de la tierra tenía su origen en el Señor, pero Israel le olvidó y dio por sentadas sus bendiciones. El trigo (o mejor, el *grano*), el vino, y el aceite eran las bendiciones provistas por Dios en Canaán (Dt 7:13). **9.** Dios, en disciplina, declaró que quitaría todo esto. Al eliminar la bendición llevaría a Israel a la situación en la que recordaría su fuente divina. Baal era impotente para ayudar; y si el Señor no proveía para Israel, ésta se encontraría hambrienta y destituida. Así como se utilizaba el grano como alimento, así la **lana** y el **lino** proveían para vestir. La infiel Israel se vería desnuda, al haber olvidado al Señor. **10.** En juicio, Dios añade que descubriría **su locura.** Literalmente, *revelaría la impudicia de ella*, esto es, que les mostraría a los amantes de ella lo desvergonzada que era en realidad. **13.** Los días en que incensaba a los baales fueron días pecaminosos, durante los que Israel olvidó al Señor y se dedicó a prácticas idolátricas y a menudo moralmente degeneradas, como parte de la vida religiosa israelita. Dios no podía quedar pasivo cuando Su nombre era profanado de esta forma.

D. *La restauración de la infiel Israel. 2:14–23.*

14. En amor Dios dice de Israel: **La atraeré.** Dios dice que persuadirá a Su pueblo con palabras afectuosas a que se aparten de sus ídolos y a que hallen gozo en él. En Canaán Israel rechazó a su Dios. Rodeada por otros ''amantes'' (esto es, Baal y otros ídolos), ella no sintió ninguna necesidad de él. Sin embargo, Dios declara Su propósito de sacar a

Su pueblo de la tierra de leche y miel y de llevarla **al desierto**, a fin de hablarla **a su corazón**. El dolido amante quería volver a ganarse al objeto de su amor. Iba a llevar a Israel al desierto solitario, donde ella podría oir Su voz sin distracciones.

15. Viñas, que hablan de prosperidad y de feracidad, serían dadas por Dios a Su pueblo restaurado. El **valle de Acor** es descrito como una **puerta de esperanza**. Allí, siglos antes, había muerto Acán como el que había turbado a Israel (Jos 7:25, 26). Sólo a través de Acor, *angustia*, podría Israel volver a la comunión con el Señor, y a sus bendiciones resultantes. Dios restauraría así **los tiempos de su juventud**. Cuando la joven Israel cruzó el Mar Rojo, tuvo un cántico que cantar (Éx 15:1–19). Al perder ella su primer amor, el cántico quedó silenciado; pero Oseas representa a la arrepentida y restaurada Israel como cantando de nuevo. **16**. El Israel restaurado se dirigiría a Dios como **Ishi**, lit., *mi marido*, una palabra llena de ternura. **Baali** es un sinónimo de **ishi**, pero contiene la palabra Baal (*señor*), el nombre de una deidad cananea. Debido a ello se hallaba relacionado con la idolatría, y es rechazado por Oseas. Los baales (v. 17) no serán mencionados por la Israel restaurada, que será fiel entonces a su Señor.

18. Los antiguos pactos hititas eran de dos tipos: (1) pactos de paridad, entre iguales; (2) tratados de soberanía entre un soberano y sus súbditos. El **pacto** entre Dios e Israel era del segundo tipo. El pacto bíblico participa de la naturaleza de un pacto **con las bestias del campo**. La naturaleza misma se hallará en paz con la Israel restaurada (cp. Is 11:1–9). Dios añade: **quitaré de la tierra arco y espada**. Las armas de los enemigos de Israel serán destruidas a fin de que no hagan daño a Israel. **19**. En amor, Dios le dice a Su pueblo: **te desposaré conmigo**. Un segundo casamiento entre Dios e Israel —después de su restauración— se representa como precedido por un segundo desposorio. Este desposorio será **para siempre**; esto es, no vendrá a un fin violento, como sucedió con el primer casamiento de Israel con Dios en el Sinaí. Esta desposorio es **en justicia**. La unión entre Dios e Israel no está constituida por un mero sentimiento, sino que está basada en una relación justa. También es **en juicio**, en oposición a lo que es arbitrario. Dios tratará a Su pueblo con **benignidad**. En hebreo *hesed*, una palabra que acentúa la idea de solidaridad y de pertenencia mútua. Dios trata con Su pueblo de una forma coherente con el hecho de que le pertenecen. Asimismo trata con ellos en **misericordia**, o compasión, estando consciente de sus necesi-

dades. **20**. El desposorio es **en fidelidad**, porque Dios será fiel a Su pacto, y Su amada aprenderá a corresponder.

21. Dios puede ahora responder las oraciones de su pueblo: **Yo responderé a los cielos**. Oseas representa el ruego que hace Israel de prosperidad como yendo a través de los cielos al Señor. La tierra no suspirará en vano por las lluvias del cielo, porque **ellos responderán a la tierra**, esto es, los cielos serán sensibles al ruego de una tierra reseca. Toda la naturaleza obra en armonía. **22. Y la tierra responderá al trigo** (al *grano*), **al vino y al aceite**, los productos alimenticios de Palestina. Las necesidades de las cosechas son discernidas por la tierra; las necesidades de la tierra son discernidas por los cielos; y la necesidad de los cielos es discernida por Dios. En un lenguaje poético Osea representa así al Dios del cielo como la fuente última de toda bendición. Dios responde amantemente a las necesidades de la tierra, regándola de manera que rinda en abundancia. El grano, el vino y el aceite responderán entonces **a Jezreel** (*Dios siembra*), que aquí representa a Israel. **23**. Con ello, Dios añade, **Y la sembraré para mí en la tierra**. La Israel restaurada florecerá como simiente en un suelo fértil.

E. Redención de Oseas de su infiel esposa. 3:1–5.

1. A Oseas se le apremió a que *amara* a la **mujer** que le había dado la espalda a él por la compañía de otros. **Amada de su compañero**, esto es, de su amante. Oseas fue llamado a amar a una **adúltera**, a una mujer que le había sido infiel. Era como los israelitas, que ama[ba]n **tortas de pasas**. Participaban en ritos paganos a Baal que involucraban la ofrenda de tortas de pasas. **2**. Oseas redimió a su esposa de la esclavitud a la que la había reducido su pecado por **quince siclos de plata**. El precio de un esclavo era de treinta siclos de plata (Éx 21:32). Es evidente que Oseas pagó la mitad en dinero y la otra mitad en grano. **3**. Como castigo por sus pecados, el profeta le dice: **Tú me esperarás por muchos días**. El verbo se utiliza en ocasiones en el sentido de "vivir en aislamiento" (Lv 12:4; Dt 21:13). Gomer debía llevar una vida tranquila, y apartada, hasta que Oseas se sintiera libre para volver a tomarla como mujer. **Lo mismo haré yo contigo**. Lit., *y también yo contigo*. Oseas parece estar diciendo que Gomer tiene que separarse de todos los demás, y que él no tendría relaciones maritales con ella durante el período definido como **muchos días**.

4. La experiencia de Oseas con Gomer tenía su contrapartida en la experiencia de Dios con

Israel, que estaría **muchos días**şin rey, sin **príncipe**. Israel, en el exilio, no tendría gobierno civil, sino que se vería gobernado por extraños. Se encontraría también **sin sacrificio**. La manera y el lugar del sacrificio se hallaban particularmente acentuados en la ley levítica. Israel se vería incapaz de cumplir estas condiciones en la tierra donde estaría deportada. **Sin estatua**. Lit., *un pilar*, un objeto cúltico utilizado en la adoración pagana, pero prohibido en la Ley (Dt 16:22). El exilio de Israel le eliminaría las familiares tentaciones de Canaán. **Sin efod**. El efod era una parte del atuendo del sumo sacerdote (Éx 28:6–14). El significado de la raíz de la palabra es, ''cubrir'', y en los tiempos de Gedeón leemos de un efod que era un ídolo. Probablemente estaba hecho de madera recubierta de algún metal precioso. **Sin terafines**, o dioses domésticos (cp. Gn 31:19, 34; 1 S 19:13, 16). Oseas afirma que el exilio sería un tiempo durante el que los objetos cúlticos tan queridos por el Israel pre-exílico serían eliminados.

5. Después. Después que Israel hubiera sido quitada de su tierra, y se hubiera quedado sin su rey, y sin su adoración idolátrica, Dios les restauraría **David su rey**, esto es, al rey davídico, el Mesías, que gobernaría como el rey de derecho de Israel (cp. Mal. 3:1). La dinastía sería avivada en **el fin de los días**. Esta expresión se utiliza para describir la era mesiánica, el punto culminante de la historia, cuando el Mesías de Dios regirá sobre todo el mundo.

II. Infidelidad de Israel, y su juicio consiguiente. 4:1—13:16.

A. La culpabilidad del pueblo. 4:1–3.

1. Israel había sido infiel a su pacto con el Señor, con el resultado de que Jehová tenía una controversia con ella. Dios actúa ahora como demandante y como juez (cp. 12:2; Is 1). Israel había sido culpable de una repetida transgresión, y el profeta declara que la tierra no tenía **verdad** o fidelidad (*'emet*) ni **misericordia** o lealtad al pacto (*hesed*), **ni conocimiento de Dios**, en el sentido de conocer y de obedecer Su voluntad. **2**. Se lanzan a actos de violencia, y **homicidio tras homicidio se suceden**. Un asesinato sucedía a otro, y el rastro de sangre era contínuo. La idolatría y los crímenes de violencia se hallan estrechamente relacionados en el pensamiento de Oseas. El que rechace al verdadero Dios puede llegar a hacerse culpable de las atrocidades más desvergonzadas.

B. La culpabilidad de los sacerdotes. 4:4–8.

4. Israel había rechazado las demandas de Dios, y era como un pueblo que **resiste al** **sacerdote**, rechazando el consejo del mensajero ordenado por Dios (cp. Mal. 2:7). **5**. El resultado era que Israel caería **en el día**, cuando normalmente los hombres pueden ver y evitar los hoyos. Oseas estaba consciente del fracaso de los líderes espirituales, o de los profetas (esto es, los falsos profetas). Debido a que no mantenían la verdad, caerían **de noche**. Tropezarían y caerían en la oscuridad. **6**. El resultado sería la destrucción de Israel, **por falta de conocimiento**. El pueblo no conoció a Dios ni Sus caminos. No se trataba simplemente de negligencia, sino de una acción criminal. *Desecharon* **el conocimiento**, decidiendo resolver sus problemas apoyándose en falsos dioses y en las poderosas naciones que los adoraban. Los sacerdotes habían sido pobres ejemplos, conduciendo a Israel a la apostasía. Por esta razón, fueron rechazados con las palabras **te echaré del sacerdocio**. **7**. Los sacerdotes habían recibido altos honores, pero **conforme a su grandeza, así pecaron contra mí**. Esto es, *cuanto más aumentaban, más pecaban*. **8**. Los sacerdotes se volvieron codiciosos, y el espíritu mercenario que prevaleció entre ellos se expresa en la acusación. **Del pecado de mi pueblo comen. Pecado** puede referirse a la ofrenda por el pecado, refiriéndose al hecho de que los sacerdotes se enriquecían al apoderarse codiciosamente de las ofrendas que el pueblo llevaba al Señor. Los hijos de Elí (1 S 2:13–17) eran culpables de este tipo de pecados.

C. Castigo para todos. 4:9, 10.

9. El juicio de Dios se expresa en las palabras **el pueblo como el sacerdote**. Tanto el pueblo como los sacerdotes habían transgredido, y era de esperar que el juicio cayera sobre ambos grupos. **10**. A pesar de la rapacidad de los sacerdotes, Oseas afirma que **comerán, pero no se saciarán**. No quedarán satisfechos. La codicia será castigada con la falta de alimentos.

D. Inmorales prácticas cúlticas. 4:11–19.

11. Fornicación, vino y mosto caracterizan a aquellos que rechazan la palabra de Dios. Oseas afirma que **quitan el juicio**. Le quitan al hombre todo entendimiento espiritual. **12**. En su aturdimiento, el pueblo buscó ayuda de **los ídolos de madera** (cp. Is 40:19–21; Jer 2:27). Similarmente, utilizaban el **leño**, o *báculo*, mediante el que los paganos practicaban la adivinación, para predecir el futuro. **13**. Se ofrecían sacrificios **sobre las cimas de los montes**, en lugar de en el santuario del Señor. Los ''lugares altos'' estaban caracterizados por un culto licencioso a la naturaleza. Este tenía lugar bajo las **encinas, álamos y olmos**

(o terebintos). Los hogares de los israelitas quedarían contaminados, porque las **hijas** y las **nueras** adoptarían las licenciosas prácticas del culto a Baal. **14.** De una manera irónica, el Señor declara: No castigaré a las hijas ni a las nueras. Enfatiza el hecho de que los hombres son los peores delincuentes, y que no se puede señalar a las mujeres como culpables.

15. Oseas advierte al pueblo de Judá que no sigan el pecado de Israel. Se apremia a Judá que **no peque**. Lit., *que no se haga culpable.* Tiene que evitar los santuarios de **Gilgal** y **Bet-avén** (*Casa de maldad*, la designación que el profeta aplica a Betel). Judá debía reprimirse de jurar (porque) **vive Jehová**. Ser culpable de idolatría jurando por el Señor sería un pecado doble.

16. Como novilla indómita se apartó Israel. Léase: *Israel es terca como novilla indómita.* Comenta Rashi: ''Como un animal engordado que cocea, así Israel ha engordado y da coces''. **¿Los apacentará ahora Jehová como a corderos en lugar espacioso?** La pregunta es retórica. Una novilla indómita se halla atada, de manera que no puede ser apacentada como un cordero. Dios tenía que reprimir a Israel debido a su propensión al mal. **17. Efraín** (*Israel*) **es dado a los ídolos.** La alianza de Israel con los ídolos de la tierra hizo que Dios clamara: **déjalo**. Esto equivale a decir: ''que se valga por sí mismo''. El futuro mostraría si los ídolos podrían serle de ayuda o no.

18. Su bebida se corrompió. Leer, en lugar de ello: *Acabada su bebida, se entregaron a la prostitución* (BLA). La JPS sugiere: *cuando su orgía termina, se dedican a la fornicación* (cp. VM). Cuando se cansaban de un pecado, pasaban a otro. **Sus príncipes amaron lo que avergüenza.** El texto es difícil. La JPS vierte: *Sus gobernantes aman profundamente la deshonra.* Cheyne traduce: *Sus escudos están enamorados de la infamia* (CBSC). **19.** Hablando del inminente desastre, Oseas añade: **El viento los ató en sus alas.** El viento viene repentina y violentamente, trayendo la destrucción. De esta forma, Israel iba a ser llevada al exilio.

E. Juicio sobre reyes y sacerdotes por conducir al pueblo al extravío. 5:1-7.

1. El llamamiento, **sacerdotes**, nos recuerda que el sacerdocio de Israel había sido responsable de conducir al pueblo a una adoración idolátrica en los lugares altos. El rey y sus cortesanos habían similarmente rechazado el mensaje de los profetas de Israel; de ahí el posterior llamamiento a ellos: **casa del rey.** Los santuarios idolátricos en Betel y Dan tenían implicaciones políticas. Habían sido eri-

gidos con la intención de impedir que el pueblo tomara parte en la adoración en el templo de Jerusalén. Oseas cita a **Mizpa** y **Tabor** como ejemplos de la idolatría que se practicaba por todo Israel. Había varios lugares llamados Mizpa (*torre del vigía*, o *atalaya*). Este probablemente deba identificarse con es-Salt en Galaad. Tabor es la bien conocida montaña en Galilea (cp. Jue 4:6; 10:17).

2. Apóstatas (ver VM) eran los que se habían apartado de Dios y de Su ley. Son descritos como **abismados en el degüello.** En este contexto, **abismados** tiene que tener un sentido literal más que metafórico. La traducción de estas palabras ha preocupado a los eruditos bíblicos desde la antigüedad. Sugiere Cheyne: *Los apóstatas han caído profundamente en la corrupción.* Con una ligera corrección el texto lee: ''Y la hoya de Shittim han hecho profunda''. Si esta última versión es la correcta, Sitim (Nm 25:1; Jos 2:1; 3:1), como Mizpa y Tabor, era considerado como un centro de culto idolátrico. Dios añade: **Yo castigaré a todos ellos.** Si se traduce *mûsār* como un participio hoph'al, leemos: *Soy rechazado por todos ellos.* Esto indicaría que la idolatría de Israel tuvo como resultado el rechazo del Dios de Israel.

3. Yo conozco a Efraín. En este contexto **conocer** conlleva la idea de estar informado. Los caminos idolátricos de Efraín no estaban escondidos de Dios. Era ella culpable de *prostitución*, volviéndose infielmente de Dios a Baal y participando en el licencioso culto. **4. No piensan en convertirse.** La traducción preferible es: *Sus actos no les permitirán volverse a su Dios.* Israel había rechazado al Señor, y se estaba hundiendo más y más en el cieno de las prácticas paganas. El pecado era un déspota, apartando a Israel de su única esperanza: el mismo Dios. **No conocen a Jehová** constituye una acusación sobre una gente cuyos hechos desmentían cualquier profesión de fidelidad a su Dios. La palabra *conocer* se halla aquí en tiempo presente, indicando el estado presente de Israel.

5. La soberbia de Israel sugiere un espíritu de arrogancia y de confianza propia que debía ser humillada. Esta interpretación está sugerida por la LXX, el Targum, y la Peschita. Cheyne sugiere que al que aquí se denota es al mismo Señor como ''el orgullo de Israel'', el Dios de Israel. Así, se ve a Dios testificando en contra de Israel debido a su pecado (cp. Rut 1:21). **6.** Israel se acercaría a Dios con ofrendas sacrificiales, **con sus ovejas y con sus vacas;** pero sus pecados los habían alienado de tal manera del Señor que tales gestos externos

carecerían de significado. El profeta advirtió
que los ídolos no serían de ayuda a Israel en el
día de su aprieto, y que el mismo Señor no
respondería cuando su pueblo hiciera vacíos
gestos de reconciliación. **7.** Los padres se
habían apartado de Dios, y habían **engendrado hijos extraños** (cp. 2:4, 5), que son
presentados como siguiéndolos en sus perversos caminos. **Ahora en un solo mes serán
consumidos.** La palabra hebrea para **mes** se
traduce normalmente como "luna nueve". El
profeta acentúa lo inminente del juicio. En
lugar de dar una gozosa bienvenida a la luna
nueva, su llegada les recordaría la inminencia
del juicio en manos de Asiria. **Sus heredades**
es una referencia a las tierras otorgadas a las
varias tribus. Serían "consumidos" por el enemigo.

*F. Desastrosas políticas exteriores de Efraín
(Israel) y de Judá. 5:8–15.*

8. Bocina...trompeta. Nótese que estos
nombres aparecen en una relación paralela. No
era propósito de Oseas acentuar ninguna diferencia entre ambos instrumentos. Posiblemente, los dos eran ligeras variaciones del
mismo instrumento. La Misná afirma que el
shôpār (aquí traducido como **bocina**) era en
ocasiones recto, y en otras era curvo. Generalmente, se trataba de un simple cuerno de carnero. La ley prescribía una trompeta de
plata, *hasōsrâ*, para ciertas ocasiones (Nm
10:1–10; 31:6). **Gabaa** y **Ramá** se hallaban
ambas en alturas entre los montes de la Palestina central. El sonido de la alarma desde estas
cumbres podía oírse tanto en Judá como en
Israel. **Bet-avén.** Cp. 4:15. **Tiembla, oh Benjamín.** Mejor, *tras de tí, oh Benjamín* (VM).
Esta frase puede ser una advertencia dirigida
a Benjamín por los hombres de Bet-avén (Bet-
el). Significaría, "Benjamín, el enemigo está
detrás de tí".

9. El día del castigo. Lit., *día de represión*
(VM). En el pensamiento hebreo, **represión**
es una decisión judicial. Dios pronunciará el
veredicto de "culpable" contra la idolátrica
Israel, y los ejércitos de Asiria serían sus instrumentos para el castigo de un pueblo infiel.
Dios ha **dado a conocer lo que es cierto,** o *lo
que está determinado* (esto es, *lo que ha de
suceder con toda certeza*). El juicio venidero
había sido decretado por Dios. Es por esto que
venía de cierto. **10. Como los que traspasan
los linderos.** Los **linderos** eran los límites de
las propiedades. Bajo la ley israelita su violación era un crimen (Dt 19:14; 27:17; Pr 22:28;
23:10). Judá es presentado como esperando la
caída de Israel, después de la cual podría cruzar la frontera y apropiarse del territorio israe-

lita. La ira de Dios iba a ser derramada **como
agua.** Un río desbordado deja tras sí gran destrucción, y los príncipes de Judá merecían el
juicio.

11. Quebrantado en juicio expresa en concepto de guerra como un juicio de Dios. Los
ejércitos en lucha son presentados como
defendiendo su causa ante el estrado judicial
de Dios. Aquí, el juicio cae sobre Israel. El
Juez rinde una decisión adversa. Es difícil aquí
explicar **el mandato** (VM). Israel no seguía
los mandamientos de Dios, sino que es acusado de idolatría. La LXX, la Peschita, el Targum, traducen "vanidad", "ídolos", línea
que sigue la versión RV. El tratado talmúdico
Sanh. 56*b* interpreta el pasaje como una condena de la adoración de los ídolos. Jeroboam I
ordenó a Israel que adorara becerros en Bet-el
y en Dan, y puede que Oseas se esté refiriendo
a aquel mandamiento. La JPS enmienda el
texto vertiendo: *De buena gana anduvo tras
basura.* **12.** Dios asemeja la destrucción que
iba a caer sobre Efraín a la obra de una **polilla**
y a la **carcoma** que consume una casa. Ambas
operan en silencio. La polilla viene de afuera,
la carcoma opera desde dentro. Efraín estaba
siendo destruida tanto por su propia corrupción
interna como por sus propios enemigos
externos.

13. Consciente de sus angustias, Efraín
buscó ayuda de **Asiria,** pidiendo ayuda **al rey
Jareb** (*contencioso*), "el rey luchador", quizás Tiglat-pileser III. **14.** Dios declara que será
como **león,** llevándose a Israel y a Judá como
presa. Nadie es lo suficientemente fuerte como
para desafiar a un león en sus propósitos. **15.**
Contemplando al idolátrico Israel, dice Dios:
Volveré a mi lugar (esto es, al cielo), dejando
a Su rebelde pueblo que sufra por sus pecados.
Cuando **en su angustia** busquen a Dios, Él
estará dispuesto a ir en su ayuda.

*G. Apelación de Israel, y réplica de Dios. 6:1–
6.*

1. El afligido Israel había aprendido las
amargas lecciones de la desobediencia, y su
pueblo se alentaron unos a otros con las palabras: **venid, y volvamos a Jehová.** Las palabras contienen una confesión implícita, porque
Israel se había apartado del Señor en sus idolátricas prácticas. El Dios que había **herido** en
juicio podría **curar** en misericordia. Las
heridas de Israel no podrían ser curadas ni por
Egipto ni por Asiria (cp. 7:1; 11:3). Solamente
Dios podría traer nueva vida a la desgarrada
nación.

2. No solamente se podía contar con Dios
para librar a Su pueblo, sino que Su ayuda
vendría velozmente. El profeta afirma que **nos**

dará vida después de dos días, añadiendo la línea paralela de que **en el tercer día nos resucitará.** Ezequiel utilizó un lenguaje similar al describir la vida que entraría en los huesos secos, representando a Israel (Ez 37:1–10; cp. Is 26:19). El Targum parafrasea Os 6:2: "Él nos avivará en los días de consolación que han de venir". Calvino interpretó estas palabras como expresivas de la esperanza de Israel durante el exilio: "aunque permanecieron durante largo tiempo en oscuridad, y el exilio que tuvieron que soportar fue de larga duración, con todo no dejaron de esperar: 'Bien, dejemos pasar los dos días, y el Señor nos volverá a avivar'" (Juan Calvino, *Los Doce Profetas Menores*, I, 218). Por otra parte, Pusey considera la referencia a la resurrección de nuestro Señor como principal: "¿Qué otra cosa puede esta ser que los dos días en los que el cuerpo de Jesús yació en la tumba, y el tercer día en el que resucitó...?" (E. B. Pusey, *The Minor Prophets*, I, 63). El hecho de que "después de dos días" y "en el tercer día" sirvan como modismo para un corto período de tiempo puede ser demostrado por la utilización que Jesús hace de él en Lc 13:32, 33. Las palabras no deben ser aplicadas a la resurrección en un sentido primario, aunque puedan ser contempladas como típicas (cp. Os 11:1). Así como Dios sacó a Su hijo Israel del exilio "después de tres días" (esto es, un breve período de tiempo), así resucitó a Su Hijo Jesús de la tumba afuera de los muros de Jerusalén al tercer día (literalmente).

3. Y conoceremos prosigue el pensamiento del v. 1. Aquellos que volvieran al Señor de su apostasía vendrían a conocer al Señor. Experimentarían su presencia y poder en sus vidas. El verbo puede ser traducido como cohortativo hebreo —"haznos conocer"— sugiriendo que las calamidades habían caído sobre Israel debido a que estaba viviendo sin el conocimiento de Dios. **Su salida.** Su respuesta a las necesidades de Su pueblo. **Como el alba está dispuesta.** *Es tan segura como el alba.* Israel estaba "en oscuridad" (Is 9:1), pero la aparición de Dios para traer alivio podría ser asemejado al amanecer de un nuevo y glorioso día. **4. ¿Qué haré a ti, Efraín?** ¿Qué medios pueden ser empleados para volverte a traer a la comunión con Dios? **La piedad vuestra es como nube de la mañana.** Hacéis esfuerzos de reforma, que no valen para nada. La nube de la mañana es engañosa. Es una densa masa de vapor que los vientos de poniente del verano traen del Mediterráneo. El sol pronto lo disipa, y no produce ninguna lluvia en el seco verano de Palestina. Similarmente, **el rocío de madrugada** no persiste. Gramaticalmente,

debiéramos leer: *El rocío* [que] *se desvanece pronto.* El rocío no provee ningún alivio permanente para el sol del verano.

5. Dios, quejándose acerca de la conducta de Su pueblo, dice: **Por esta causa los corté por medio de los profetas.** Dios trató de tallar a Israel a su forma adecuada mediante el envío de profetas. Los profetas advirtieron de las consecuencias del pecado (Is 11:4; 49:2; Jer 1:10; 5:14; 1 R 19:17). **Proclamaban las palabras de la boca** de Dios. **6.** Dios rechaza el externalismo de la religión que caracterizaba a muchos en Israel, con las palabras **misericordia quiero, y no sacrificio.** La **misericordia** (*ḥesed*) es una palabra que habla del afecto correspondiente al pacto y de la lealtad. Laetsch (*The Minor Prophets*, p. 60) y Harper (ICC, p. 286) lo traducen *amor.* Harper añade: "Este amor no es el amor a Dios en contradistinción del amor por el prójimo, sino ambos".

H. Los crímenes de Israel. 6:7—7:7.

7. Como Adán. Israel había transgredido el mandamiento de Dios igual que Adán lo había hecho en el Edén. La RSV toma *Adán* como una referencia geográfica, *en Adán.* Otras versiones traducen *como hombres*, lo que probablemente quiere indicar "como otros hombres". **8. Galaad**, el distrito al este del Jordán, es citado como un ejemplo de infamia particular. Los galaaditas estaban menos civilizados que las tribus al oeste del Jordán. Aquí se menciona a Galaad como ciudad en la que los asesinatos eran cosa común. **9.** Los sacerdotes **matan en el camino hacia Siquem.** Siquem, situada en el camino de Samaria a Bet-el, había sido señalada durante mucho tiempo por su violencia (cp. Jue 9:25, 43). **10.** Desde el cielo, Jehová dice: **En la casa de Israel he visto inmundicia.** La abominación de Israel atraería juicio, y Judá también, segaría de cierto la cosecha que había sembrado.

7:1. Mientras curaba yo a Israel (*cuando hubiera restaurado las fortunas de mi pueblo* —RSV), se hizo evidente el pecado de Efraín y de su ciudad capital, **Samaria.** Se mencionan específicamente los pecados de **engaño** y de **latrocinio. 2.** Los gobernantes de Israel **no consideran en su corazón** que Dios es el juez de sus actos. Sus conciencias han sido embotadas mediante un pecar constante. Pero **les rodearán sus obras.** Se vieron atrapados por su pecado y no pudieron escapar. **3.** Incluso el **rey** y **los príncipes** eran tan depravados como para gozarse en las iniquidades que abundaban en Israel. Los gobernantes se aprovechan en realidad de los pecados del pueblo. Todo el cuerpo rector estaba corrompido.

4. Oseas describe un incidente en el que el rey y el pueblo se vio involucrado en una orgía de embriaguez. Empieza con una generalización. **Todos ellos adúlteros,** afirmando que los perversos deseos ardían dentro de ellos como un **horno encendido.** Para el panadero había un período de descanso desde el momento en que *amasaba* **la masa** hasta que esta *había* **leudado** totalmente. Así Israel tenía un breve descanso después de una indulgencia antes de lanzarse a una concupiscencia e infamia aún mayores. **5. El día de nuestro rey** era alguna ocasión especial, quizás la coronación (según el Targum) o un cumpleaños real (cp. Mt 14:6). El rey participaba en la orgía: **Extendió su mano con los escarnecedores** (cp. Pr 21:24; Is 28:14).

6. Aplicaron su corazón, semejante a un horno. Los corazones de los malvados cortesanos estaban ardiendo con intriga. El Texto Masorético dice: **su hornero duerme.** Pero la LXX y muchas traducciones recientes sugieren: *Su ira duerme toda la noche; en la mañana arde como un fuego ardiente.* Si seguimos el TM, el **hornero** puede ser el asesino que, después de una noche de sueño, atacó al rey. Lehrman identifica al asesino con Salum (2 R 15:10). **7. Todos ellos arden como un horno** parece caracterizar las últimas décadas de Israel. Salum, que mató a Zacarías, fue a su vez muerto por Menahem. Cuatro de los seis últimos reyes de Israel fueron asesinados.

I. La desastrosa política exterior de Israel. 7:8—8:3.

8. Con referencia a la política exterior de Israel, Oseas se queja con respecto a **Efraín** de que **se ha mezclado con los demás pueblos; Efraín fue torta no volteada.** La búsqueda de alianzas produjo una situación en la que Israel no era ni totalmente israelita ni totalmente extraño, sino "medio cocido", como una torta cocida solamente por un lado. **9.** Las naciones extranjeras, descritas como **extraños,** habían debilitado a Israel, que mostraba ya señales de edad, apareciendo **canas** en su cabeza. Pero Israel no se fijó en la señal, sino que asumió que estaba todavía en el vigor de la juventud, y capaz de cuidarse de sus necesidades. **10. La soberbia de Israel** (cp. 5:5). Aquí evidentemente es Dios mismo el que testifica en contra de su pueblo; pero ellos no muestran disposición alguna a escuchar.

11. La volubilidad de Israel queda remarcada en el término de **paloma incauta,** carente de entendimiento. Primero, llama a **Egipto,** después **a Asiria.** Osea vio las alianzas tanto con Egipto como con Asiria como evidencia de la falta de confianza en el Señor. **12.** En sus vuelos confusos, dice Dios: **tenderé sobre ellos mi red.** Así, Dios haría caer las aves al suelo. Israel no podría hallar liberación ni en Egipto ni en Asiria. Dios la humilló por su rebelión.

13. ¡Ay de ellos! Israel huía de Dios como un ave espantada de su nido, pero al hacerlo así dejaba su único refugio seguro. La VM vierte, **Cuando yo los iba a redimir del mal, entonces mismo decían mentiras contra mí.** Dios deseaba mostrar misericordia a Su pueblo confuso y errante, pero ellos habían endurecido sus corazones. **14.** Cuando vino la angustia, **gritaban sobre sus camas** en dolor, pero a pesar de todo no clamaban al Señor. Debido a su necesidad de alimento, **para el trigo y el mosto se congregaron,** deseando el don, pero no al Dador. Una lectura variante de varios manuscritos hebreos, seguida por la LXX, dice, *se sajan a sí mismos,* aludiendo a la práctica de cortarse el cuerpo como señal de duelo (Dt 14:1; Lv 19:28; 21:5; Jer 16:6; 41:5; 47:5; 48:37). **15.** En mejores días pasados, Dios había *enseñado y fortalecido* **sus brazos,** capacitándolos para que estuvieran firmes ante el enemigo; pero Israel rechazó Su voluntad revelada.

16. Volvieron, pero no al Altísimo se podría traducir literalmente como, *Se vuelven —no hacia lo alto.* Israel se volvió en busca de ayuda, pero no a Dios. Se volvió a la caña cascada de Egipto en búsqueda de ayuda. **Un arco engañoso** no lanza la flecha al blanco deseado. Así, los movimientos políticos de Israel no cumplieron sus objetivos. Los príncipes habían pronunciado palabras soberbias en desafío al Señor, pero **la soberbia de su lengua** sería la destrucción de ellos. Esperaban ayuda de Egipto, pero todo lo que conseguirían sería escarnio.

8:1 Pon tu boca a tu trompeta. Lit., *a tu paladar la trompeta.* Al profeta se le ordena que advierta del enemigo que se avecina. Al asirio llegaría **como águila.** En hebreo *nesher,* el buitre carroñero. El ave de presa es un símbolo apropiado de Asiria, que trataba de controlar toda la Asia occidental con una política de crueldad sin paralelo. Se describe al enemigo como viniendo **contra la casa de Jehová,** esto es, Israel. Así es como se designa afectuosamente a Israel. Comparar "mi siervo Moisés, que es fiel en toda mi casa" (Nm 12:7). Aunque el Reino del Norte (Israel) se había separado de Judá, todavía se contaban a los dos juntos como casa de Dios.

2. En su angustia, Israel clamaría: **Dios mío, te hemos conocido.** El orden de las palabras es: *Dios mío, nosotros, Israel, te conocemos.* En tiempos de aflicción, Israel acentuaría el hecho de que había conocido al Señor. En tiempos de prosperidad, había estado complacida en olvidarlo. **3. Israel desechó el bien.** Dios, que había sido bueno hacia Israel a través de los años de su historia, había sido rechazado, con el resultado de que Israel tendría que afrontar el mal que vendría de sus enemigos sin la ayuda de Dios.

J. La idolatría de Israel y sus perversas alianzas. 8:4–14.

4. Israel buscó ayuda de una sucesión de gobernantes: **Establecieron reyes.** Pero los reyes de Israel carecían de la bendición de Dios y no dieron al pueblo ningún bien duradero. Los reyes y los príncipes no fueron de ninguna ayuda cuando la idolatría florecía en el país. **5.** Samaria había estado dedicada al culto al becerro (o al toro), hecho éste que llevó al profeta a decir: **Tu becerro, oh Samaria, te hizo alejarte.** La RSV dice: *He desechado tu becerro.* Y Cheyne (CBSC) sugiere: *Tu becerro, oh Samaria, es abominable.* El becerro de Samaria era probablemente similar a los puestos por Jeroboam en Bet-el y Dan (1 R 12:28, 29), que vinieron a ser causa de pecado en Israel. **6.** Asombrado ante lo enorme del pecado de Israel, Oseas exclama: **Porque de Israel es también este**; esto es, el ídolo, así como una sucesión de reyes impíos, habían venido de Israel. **Artífice lo hizo.** Por ello, era en vano adorar la obra de las manos humanas. De hecho, **el becerro de Samaria** iba a ser destruído por el justo dios de Israel.

7. Israel iba a aprender las lecciones de causa y efecto, de sembrar y de recoger. **Sembraron viento**, lo que no puede producir cosechas, pero habría una cosecha, el destructor **torbellino.** Los esfuerzos de Israel no darían **mies.** Nada producirían, sino vanas esperanzas. Si viniera una apariencia de cosecha, **extraños la comerán.** El enemigo se apoderaría de ella. Israel no tendría nada. **8.** Y no serían solamente las cosechas, sino que también afirma, **devorado será Israel.** Las tribus fueron llevados al exilio, echadas a un lado como **vasija que no se estima**, esto es, una pieza barata de barro. **9.** Israel, en el exilio, es comparada a un **asno montés** que va errante de lugar en lugar. Los asnos generalmente se desplazan en manada, pero un asno solitario y terco a veces persiste obstinadamente en proseguir por su propio camino. Volviendo la espalda al amor del pacto de Dios, Israel **alquiló amantes.** Intentó mediante regalos conseguir ayuda de Asiria y de Egipto.

10. Aunque Israel había tratado de comprar el favor de las naciones, Dios enviará a los israelitas al exilio. **Serán afligidos.** Se empobrecerían, debido a la carga impuesta sobre ellos por **el rey de príncipes**, una expresión utilizada solamente aquí, y que puede referirse a Tiglat-pileser III, conocido como "el rey de reyes". La LXX, seguida por la RSV, da una lectura corregida: *pronto dejarán de ungir a reyes y a príncipes.*

11. Israel cumplía las formas externas de la religión. **Multiplicó altares**, pero su multiplicación de sacrificios era una abominación para Dios (cp. Is 1:11). Oseas dice que son **altares para pecar.** Los altares fueron erigidos en desafío a Dios, y vinieron a constituir una ocasión más de pecado. **12.** Dios había suscitado profetas en Israel que habían proclamado abierta y osadamente su Ley. **Las grandezas** debiera ser leído *diez mil* (BLA) o *gran número de cosas* (JPS). Bewer lee el versículo de la siguiente forma: "Si hubiera de escribirle mis instrucciones decenas de miles de veces, aun serían consideradas como las de un extraño".

13. El profeta prosigue insistiendo que los sacrificios eran una mera formalidad: **Sacrificaron carne** y, de acuerdo con la Ley, **comieron.** Pero no había en ello ningún mérito espiritual. Las palabras traducidas **en los sacrificios de mis ofrendas** son problemáticas. La JPS las traduce, *En cuanto a los sacrificios que son ofrecidos con fuego*, lo cual queda justificado sobre la base factual de que la palabra es utilizada en hebreo rabínico con el sentido "asar". La RSV da un significado conjetural: "aman el sacrificio". Debido al declinar espiritual de Israel, Osea profetiza: **Volverán a Egipto**, esto es, al exilio. Sea que Oseas significara literalmente que volverían a Egipto o no es algo discutible. Sí que afirmó categóricamente que sufrirían una esclavitud futura similar a la que habrían experimentado en Egipto en el pasado. **14.** Oseas acusa a Israel de olvidar a Dios, y de erigir **templos.** El significado alternativo de la palabra, esto es, *palacios*, concuerda mejor aquí. Judá es similarmente acusado de erigir **ciudades fortificadas.** Los palacios y las ciudades fortificadas no son malas en sí mismas, pero eran evidencia de una confianza secular en las cosas materiales, lo cual era la contrapartida de la decadencia espiritual.

K. Predicción del exilio de Israel. 9:1–9.

1. Las naciones paganas se lanzaban a orgías durante sus gozosos festivales, pero el profeta advierte a Israel: **No te alegres.** Los vecinos de Israel tomaban parte en licenciosos ritos de fertilidad, e Israel, siguiéndolos, había amado **salario**, lit., *la paga de prostituta* (RVA), **en todas las eras de trigo.** Los paganos ofrecían dones a Baal, el dios de la fertilidad, para inducirlo a que diera feracidad a los campos. Israel había seguido sus huellas. **2.** El profeta advierte que la **era y el lagar** no darán rendimiento. Los esfuerzos de buscar bendición de Baal resultarán baldíos, debido a que solamente Dios puede dar bendición a los campos. **3.** El exilio que se avecinaba se describe como un retorno a **Egipto**, esto es, a la casa de esclavitud. En realidad, es a Asiria que fue transportado Israel, pero la experiencia es comparada metafóricamente a la anterior esclavitud en Egipto (cp. 8:13). En Asiria, los israelitas tendrían que comer **vianda inmunda.** No habría ofrenda de primicias a Jehová (cp. Ex 22:29; 23:19; Lv 23:10–12); por ello se consideraría la comida como inmunda. **4.** En el exilio, no habría **libaciones.** Las ofrendas son asemejadas al **pan de enlutados** (cp. Dt 26:14), que, debido a su asociación con la muerte, era considerado inmundo. Los alimentos guardados en hogares judíos en tanto que el cadáver está todavía allí siguen considerándose como ritualmente inmundos. En el exilio, **será, pues, el pan de ellos para sí mismos.** Los exiliados tendrían pan para suplir sus necesidades corporales, pero estarían cortados de **la casa de Jehová;** por ello, no habría sacrificios aceptables. **5.** Los exiliados se verían confusos y angustiados en **el día de la solemnidad** en el que debiera hacerse celebrado **la fiesta de Jehová** en circunstancias normales.

6. El profeta describe la tierra tal como estaría después de que hubiera llegado el enemigo. **A causa de la destrucción** Palestina quedaría sin habitantes. Una parte de la gente iría a Egipto (cp. 2 R 25:26). **Ortigas y espinos** crecerían sobre sus ciudades del tesoro (**lo deseable de su plata**) y **sus moradas** (o tabernáculos, tiendas en las que ellos moraran o en las que anteriormente guardaran sus ídolos). **7.** El juicio es descrito como **los días del castigo,** lit., *de la visitación,* y **los días de la retribución.** Oseas parece estar citando aquí los comentarios del pueblo incrédulo que no querría responder a su ministerio: **Necio es el profeta, insensato es el varón de espíritu.** Se burlaban del profeta por su pesimista mensaje. Algunos eruditos sugieren que Oseas está pronunciando estas palabras como una condena contra los falsos profetas (así es con Laetsch, *in loco*).

8. Atalaya es Efraín. El versículo es de traducción difícil. La VM vierte, *El atalaya, oh Efraín,* y RVA, *es centinela de Efraín,* el cual es probable que deba ser identificado con Oseas. Bewer sugiere la traducción: "El profeta es el atalaya de Efraín, el pueblo de mi Dios. El lazo del cazador está en todos sus

caminos, enemistad en la casa de Dios". El verdadero profeta declara fielmente la palabra de Dios y se encuentra con una oposición activa de parte de los ciegos conductores de Israel, incluyendo sus falsos profetas. **9.** La corrupción de la época de Oseas es asemejada a la de **los días de Gabaa** (Jue 19—21), que llevó a la aniquilación casi total de la tribu de Benjamín. Por un tiempo pareció como si Benjamín fuera a ser victorioso y que la justicia fracasaría, pero Dios tiene la última palabra. Así sería de nuevo.

L. La antigua apostasía de Israel en Baalpeor. 9:10–14.

10. Oseas retrocede a la anterior historia de Israel. Dios halló a Su pueblo **como uvas en el desierto.** El viajero se regocija al llegar a un oasis con sus jugosas uvas. Así Dios se gozó sobre Israel, que recibió Su Ley en el desierto, y le juró fidelidad. En **Baal-peor** (Nm 25) la disposición de Israel hacia la idolatría quedó evidenciada. Allí **se apartaron para vergüenza, y se hicieron abominable como aquello que amaron:** esto es, Baal. **11.** Una vez había sido feraz, pero Efraín pronto hallaría que **su gloria** *volaría* **cual ave. La gloria** aquí parece referirse a la progenie (cp. 4:7). El resultado de la partida de esta "gloria" se especifica: **No habrá nacimientos, ni embarazos, ni concepciones** (JPS). **12.** Si algunos niños nacieran a pesar de todo, **los quitaré de entre los hombres.** Los hijos que sobrevivieran a la infancia no llegarían a la edad adulta. Los ayes son pronunciados sobre un pueblo del que el Señor se ha apartado. Su bendición se había ido, y estaban esperando su juicio. **13.** Efraín es asemejado a la antigua **Tiro, situado en lugar delicioso** (cp. Ez 27; 28), pero destinado **a sacar sus hijos a la matanza. 14.** ¡A la luz de los horrores que habían de venir, el profeta ora que Dios de **matriz que aborte, y pechos enjutos!** Los juicios de Dios son justos, y Oseas ruega que los hijos de Israel sean cortados antes de que nazcan, a fin de que puedan ahorrarse los horrores que han de sobrevenir.

M. La apostasía de Israel en Gilgal. 9:15–17.

15. El idolátrico santuario de **Gilgal** (cp. 4:15; 12:11; Am 5:5) incorporaba todo el mal que había marcado la historia de Israel. Los males allí perpetrados, y en similares santuarios en otras partes, hicieron que Dios dijera: **Los echaré de mi casa;** esto es, de la tierra de Canaán, que Dios les había dado en herencia. Con un fuerte lenguaje, Dios dice: **les tomé aversión,** y que **no los amaré más.** En tanto que Israel persistiera en su pecado, no podría gozar de las bendiciones del amor de Dios.

16. El pensamiento de los vv. 11, 12 se reanuda en el v. 16: El "fructífero" Efraín será estéril; los hijos nacidos a Efraín serían destruidos. **17.** El rechazo a oír a Dios y a Sus profetas atraería sobre el juicio del exilio. Como Caín (Gn 4:12) estaban destinados a andar **errantes**.

N. Profecía de la destrucción del culto a Baal. 10:1-8.

1. Israel es descrita como **una frondosa viña**. La viña era muy feraz, pero **conforme a la abundancia de su fruto multiplicó también los altares** (paganos). Con el incremento de riquezas y de poder en Israel, vino un aumento de la idolatría y sus males consecuentes. **2.** Al tratar de servir a Dios y a Baal, **está dividido su corazón**. Pero Dios es celoso, rehusando compartir Su gloria con otro. **Altares e ídolos** que le eran ofensivos tenían que ser destruidos. **3.** Cuando Israel viera sus ciudades asoladas por el enemigo, clamaría: **No tenemos rey**, esto es, ninguno digno de este nombre. Los gobernantes impíos se habían visto impotentes para detener el curso de decadencia de la nación. **4. Han hablado palabras.** Los reyes y sus ministros hablaron palabras vanas, haciendo **pacto** con Asiria y Egipto. Su pervertido **juicio florecerá** como el **ajenjo** mortal que crece abundantemente **en los surcos del campo**.

5. Los moradores de Samaria, viendo a sus ídolos arrebatados por el enemigo, quedarían **atemorizados. Las becerras de Bet-avén.** Los ídolos de Bet-el. Bet-el significa *casa de Dios*, pero su idolátrico culto le había hecho merecedora de un nuevo nombre: **Bet-avén**, *casa de iniquidad*. Bajo las trágicas circunstancias el **pueblo lamentará a causa del becerro**, y sus idolátricos sacerdotes **lamentarán** (RSV) o *temblarán* (JPS). Contrástese con *se regocijaban* de la RV. La referencia es a una danza ritual efectuada por los idolátricos sacerdotes, durante la cual imploraban que su ídolo los salvara a ellos y a sí mismo. **6.** El becerro sería llevado de Bet-el **a Asiria**, donde sería dado como regalo **al rey Jareb**, o "el rey contencioso". La JPS le designa como "rey contencioso" (cp. 5:13). El reino del norte (Israel-Efraín), abrumado de vergüenza, aprendería por fin la vanidad de establecer un mudo ídolo como protector de la nación. **7. Samaria**, la capital de Israel, caería. **Fue cortado su rey.** No solamente perdió él su vida, sino que su muerte marcó el fin de Israel como estado. El rey es descrito como **espuma sobre la superficie de las aguas**, o *como una astilla sobre la superficie del agua* (BLA). Una astilla de madera es irremisiblemente arrastrada por la fuerza de la corriente. **8.** Oseas afirma categóricamente que **los lugares altos de** (Bet-) Avén serían destruidos. El **espino** y el **cardo**, mencionados al principio en la maldición sobre la tierra a continuación del pecado de Adán (Gn 3:18), cubrirían los altares de Bet-avén, que vendrían a ser símbolos de la pecaminosidad el Israel pre-exílico. Las palabras del pueblo, que habían de ser dirigidas **a los montes y a los collados**, tienen su eco en Lc 23:30 y Ap 6:16.

O. El pecado en Gabaa. 10:9, 10.

9. El pecado de Israel en **Gabaa** (Jue 19) halló muchos ecos en la historia posterior. Israel había ejecutado venganza sobre los benjamitas por el ultraje de Gabaa, pero la maldad allí perpetrada se introdujo en la vida de todo Israel. **10. Cuando lo desee.** El castigo vendrá en el plazo dispuesto por Dios, y se mostraría que las naciones en las que Israel había confiado no eran más que cañas quebradas. Las palabras **cuando sean atados por su doble crimen** es posible que se refieran a los becerros de Dan y de Bet-el. También pudiera tratarse de su rechazo del Señor y de la línea davídica (cp. 3:5).

P. La ruína de Israel. 10:11-15.

11. Israel es asemejado a una **novilla domada** que disfruta trillando el grano del que puede comer libremente (Dt 25:4). No se había puesto ningún yugo **sobre su lozana cerviz**, como los yugos que frecuentemente oprimían a los animales en el este. La bondad de Dios fue, sin embargo, abusada, y ahora haría que Efraín llevara **yugo**, esto es, que llevara una pesada carga. El duro trabajo de la novilla es además descrita en términos de arar y rotura de terrones. El arrastre del arado y la roturación del terreno son tareas pesadas en comparación con la tarea más liviana del trillado. **12.** Oseas exhibe todavía esperanza para el pueblo: **Sembrad para vosotros en justicia.** Si tan solo quisieran volverse a Dios, lo hallarían misericordioso. Si había de recogerse una cosecha, Israel tenía que hacer **barbecho**. No podía sembrar entre espinos y esperar tener una buena cosecha. Osea le recuerda a Israel que sigue habiendo **tiempo de buscar a Jehová.** Si lo hacían de todo corazón, Dios les respondería y les enseñaría **justicia.** Aunque estaban necesitados de bendiciones materiales, Oseas acentúa la "lluvia" espiritual de bendiciones, o de salvación, que era la primera necesidad que tenían. La RVA vierte **haga llover justicia sobre vosotros.**

13. En contraste con las posibilidades espirituales de regeneración, Oseas acusa que Israel había **arado impiedad** y *segado* **iniquidad** (o injusticia). ¡La política de mentiras pronto dio un fruto amargo! **14. Alboroto**, el ruído de ejércitos, surgiría entre los pueblos que habían sido el objeto de la esperanza de los israelitas. Las **fortalezas** israelitas serían **destruidas. Salmán** pudiera ser el rey asirio Salmansar V (727–722 a.C.; cp. 2 R 17:1–6). La batalla de **Bet-arbel** no se conoce de otra fuente. La ciudad es o bien Irbid en Galilea, o Arbela, a veinte kilómetros al sudoeste de Gadara, en Transjordania. **15.** El juicio de Bet-arbel tuvo como causa los pecados asociados con la idolátrica **Bet-el. A la mañana.** *Al amanecer* (RVA), cuando pudieran esperarse mejores cosas. **Será del todo cortado el rey de Israel.** La nación sería llevada al exilio, y finalizaría el día de la gracia. Cierto es que Dios recordaría a Su pueblo en la tierra de esclavitud, pero el reino del norte y su sucesión de gobernantes iba a venir a su final definitivo con la caída de Samaria (722 a.C.).

Q. El amor de Dios; la ingratitud de Israel. 11:1–7.

1. Cuando Israel era muchacho. Dios pasa a la historia antigua de Israel, y la contrasta con la posterior idolatría de Su pueblo. **De Egipto llamé a mi hijo** (cp. Ex 4:22). Dios llamó a Israel de Egipto a Canaán y proveyó protección y sustento. Estas palabras se aplican a Cristo en Mt 2:15. El hijo de Dios, Israel, fue sacado de Egipto, pero demostró ser infiel en la historia ulterior y fue amenazado con el juicio. El Unigénito del Padre, el Hijo, Jesús, fue tomado de Egipto, creció una perfecta humanidad, y cumplió la obra que el Padre le había asignado. **2. Yo los llamaba.** Cuanto más los llamaba a través de los profetas, tanto más Israel endurecía obstinadamente su corazón y rehusaba oír al Señor. **A los baales sacrificaban** (cp. 2:13). Los objetos de culto de la inicua adoración a Baal demandaban la lealtad de Israel.

3. Enseñaba a andar al mismo Efraín. De nuevo el Señor se refiere a la infancia de Efraín. Como un padre, Dios enseñó a Israel a caminar. Su cuidado protector se mostraba cuando Israel protestaba, y sin embargo Israel no mostró ningún discernimiento: **No conoció que yo lo cuidaba.** Israel no se dio cuenta de que el Señor era su curador. Tomó estas bendiciones como cosa segura, ascribiéndolas a Baal y a otras deidades. **4. Con cuerdas humanas los atraje.** El cuidado de Dios por Israel continuó al llegar a la madurez. La ilustración se toma aquí del mundo animal. Un hombre puede conducir a su animal con

cuerdas apropiadas para un animal. Dios utilizó cuerdas apropiadas para un hombre —esto es, gentiles, humanas— al tratar de conducir a Israel. **Como los que alzan el yugo.** Un dueño considerado levanta el yugo de la cerviz de sus animales a fin de que puedan comer más cómodamente. Dios había mostrado consideración en sus tratos con Israel.

5. No volverá a tierra de Egipto. El profeta habla de juicio, pero este no tomaría la forma de una renovada esclavitud en Egipto (cp. Dt 17:16). **Sino que el asirio mismo será su rey.** El Reino del Norte cayó ante Asiria en 722 a.C. **6. La espada** es el símbolo de la guerra. Oseas representa a las ciudades de Israel como devastadas por la guerra. **A causa de sus propios consejos.** En desesperación, el rey Oseas conspiró con So de Egipto para conseguir una liberación, pero esto solamente sirvió para acelerar la derrota de Israel (2 R 17:4–6). **7. Adherido a la rebelión contra mí.** La palabra traducida **rebelión** es, lit., *revuelta.* En lugar de volverse a Dios, Israel persistía en revolverse contra El. **Aunque los profetas los llaman** (VM) es una referencia a los profetas cuyo ministerio fue rechazado por Israel.

R. El dolor de Dios por su pueblo. 11:8–11.

8. ¿Cómo podré abandonarte...? El lamento parte el corazón. Dios había amado a Su pueblo, pero la justicia demandaba que fueran castigados. Ya que Dios no podía olvidar a la ligera los primeros días de la fidelidad de Israel, decretó el juicio con mucho pesar. **Adma...Zeboim** eran ciudades de la llanura que fueron destruidas juntamente con Sodoma y Gomorra (Gn 19). **9. No ejecutaré el ardor de mi ira.** Aunque el juicio caería sobre Israel, en la ira Dios recordaría la misericordia. Israel no sería desechado para siempre, aunque sería duramente castigado. **No entraré en la ciudad** no parece tener mucho sentido. La JPS sugiere: *no vendré en ira.* Cheyne prefiere: no vendré a exterminar, lo cual es paralelo con **ni volveré para destruir a Efraín. 10. Rugirá como león.** Se asemeja a Jehová con un león que ruge para llamar a sus cachorros. Al sonido de su rugido vendrían desde el oeste (Egipto, v. 11) y del este (Asiria). **Los hijos vendrán temblando** implica el estremecimiento de gozo más que el de temor. La Siríaca combina las ideas de apresuramiento y de estremecimiento.

S. Los pecados de Jacob. 11:12—12:14.

12. Me rodeó Efraín de mentira. En el texto hebreo, 11:12 es 12:1, porque empieza un nuevo tema. El Señor está hablando con respecto a la infidelidad tanto de Efraín (esto es,

Israel) como de Judá. **Judá aun gobierna con Dios** puede leerse *Judá todavía anda lejos de Dios* (BLA). A pesar de todos los mensajes proféticos dirigidos a Judá, ¡ésta persistía en su pecado! **Es fiel con los santos.** La JPS vierte: *Y hacia el Santo que es fiel.* La LXX da una versión totalmente diferente: *Judá es todavía conocido por Dios y fiel con el Santo.* **12:1 Efraín se apacienta de viento.** Lit., *apacienta al viento.* Las palabras representan la futilidad de correr a Asiria o a Egipto en busca de ayuda. El **solano** es un viento cálido y destructor conocido como *siroco.* No era solamente vano buscar ayuda hacia el este (Asiria), sino también peligroso, porque la destrucción vendría de aquella dirección. La política exterior de Israel era tal que podría hacer **pacto con los asirios** en tanto que al mismo tiempo exportarían **aceite** a la rival de Asiria, a Egipto. Tal duplicidad era posible mediante una política de **mentira** que al fin atraparía a Israel y provocaría su ruína. **2.** No solamente Israel, sino Judá también seguía un camino de engaño y de duplicidad. Su juicio vino después del de Israel, pero Jerusalén fue destruida tan violentamente como lo fue Samaria. **Jacob** es aquí utilizado para designar a Judá (cp. Sal 77:15). **3. Tomó por el calcañar a su hermano** (Gn 25:26)...**y con su poder venció al ángel** (Gn 32:22–32). La RSV traduce: *en su hombría luchó con Dios.* **4. En Bet-el le halló** (Gn 28:10–17). En Bet-el se encontró cara a cara con Dios. **Y allí habló con nosotros.** Dios, al hablar con Jacob, habló a todos los israelitas que podían considerarse como presentes en los lomos de su antecesor (cp. He 7:9, 10). **5.** El Dios que se dirigió a Jacob en Bet-el es identificado como el **Dios de los ejércitos. 6.** En memoria de las pasadas misericordias, el profeta apremia a Israel a que se vuelva a su Dios. Las victorias de Jacob proveerían un ejemplo de las misericordias que sus descendientes podrían disfrutar. Al volverse a Dios, sería de esperar de Israel que obedeciera Sus mandamientos: **Guarda misericordia y juicio, y en tu Dios confía siempre.**

7. Israel no había solamente seguido a los cananeos en la licenciosa religión de ellos, sino que también había adoptado sus malvadas prácticas comerciales. La palabra **mercader** es idéntica a la palabra *Canaán.* Como designación geográfica, significaba las tierras bajas, y se aplicaba a Fenicia así como a las otras partes de Palestina (cp. Is 23:11). Así, "cananeo" vino a ser un sinónimo de mercader (Job 41:6; Pr 31:24; Sof 1:11; Ez 17:4). La malvada reputación de los comerciantes fenicios queda reflejada en Homero (*Odisea* XIV, 290, 291).

8, 9. Viviendo como sus vecinos cananeos, Israel se había vuelto orgullosa y arrogante. Ni se había dado cuenta que su vida había quedado marcada por el pecado. Sin embargo, Dios le recordó los eventos del éxodo, el período durante el cual las tribus habían morado en tiendas. En su historia ulterior, la Fiesta de las Cabañas pasó a ser una ocasión de gozo. Sin embargo, el profeta advertía que Dios haría que de nuevo el pueblo morara en **tiendas** (o cabañas), y que esto significaría que sus ciudades serían destruídas y la vida violentamente alterada.

10. Israel no podía alegar ignorancia, porque Dios había **hablado a los profetas** y había *aumentado* **la profecía.** Había sido "de muchas maneras" (He 1:1) que Dios había hablado a través de los voceros de la profecía. Aquí se mencionan tres: palabras ("he hablado"); visiones ("aumenté la profecía", o "las visiones"); y parábolas ("por medio de los profetas usé parábolas"). **11. ¿Es Galaad iniquidad?** Léase con la RVA: *Si hay iniquidad en Galaad, ciertamente serán convertidos en nada.* 2 Reyes 15:29 relata como los ejércitos de Tiglat-pileser saquearon Galaad en los días de Peka de Israel. El Señor fue adicionalmente insultado por la ofrenda de **bueyes** en el santuario de Gilgal.

12. Los vv. 3–5 dan ciertas lecciones de la vida de Jacob que eran relevantes para el Israel de la época de Oseas. Estas prosiguen en el v. 12, donde leemos que **Jacob huyó a la tierra de Aram, Israel sirvió para adquirir mujer.** Jacob-Israel había servido en la casa de Labán para conseguir una mujer para sí. A través de todos aquellos años, Dios había tenido cuidado de Jacob, y al fin lo volvió a conducir a Canaán. Este hecho ofrece un atisbo de esperanza a la nación que tenía que ir a la cautividad de Asiria. Dios había vuelto a traer al primer Israel de vuelta de Siria (lit., *el campo de Aram,* el mismo significado que Padán-arán). **13.** De nuevo, después de un tiempo en una tierra lejana, **por un profeta** [Moisés] Jehová **hizo subir a Israel de Egipto.** El Dios que había suscitado a Moisés para que fuera el conductor del éxodo, podría suscitar aún a otros profetas durante la cautividad para que acaudillaran al pueblo de vuelta a la patria. **14.** Debido a su persistente pecar, **Efraín ha provocado a Dios con amarguras.** El resultado sería que Él **hará recaer sobre él** [Efraín] **la sangre que ha derramado.** Efraín-Israel llevaría las consecuencias de su culpabilidad.

T. El malvado culto al becerro. 13:1–3.

1. Cuando Efraín hablaba, hubo temor. La tribu de Efraín gozaba de tanta influencia que se ganó la lealtad incondicional en los primeros días del Reino del Norte. Ulteriormente, Efraín y todo Israel quedaron debilitados por el impacto del culto a Baal, de forma que Oseas podía decir aquí, **y murió**. La muerte fue espiritual, pero el profeta predijo también el juicio nacional y la victoria de los enemigos de Israel. **2.** En su muerte espiritual Efraín **pecó...y añadieron a su pecado** haciéndose y adorando **imágenes de fundición**. Los que *besaban los becerros* como un acto de adoración eran culpables de pecado contra Dios (cp. 8:5; 1 R 19:18; Is 40:18-20; 44:9-20; 46:6, 7). **3.** Debido al pecado, Israel sería como **la niebla de la mañana**, la neblina de la noche que aparece como niebla en la mañana pero que pronto se dispersa. Cp. 6:14.

U. El Dios lleno de gracia traerá la destrucción. 13:4-11.

4. A pesar de todos los pecados de Israel, Dios le recuerda a Su pueblo la relación de pacto que tienen con Él: **Yo soy Jehová tu Dios desde la tierra de Egipto**. La referencia a **Egipto** sirve como recordatorio de los grandes eventos asociados con el éxodo. Dios había sido fiel a Su pueblo, incluso durante las épocas de su infidelidad. **No conocerás, pues, otro dios que a mí** debiera traducirse en presente: *No conoces otro dios que a mí*. Solamente el Señor había suplido las necesidades de su pueblo. Todas las otras deidades eran impotentes por sí mismas e inútiles a sus adoradores. **5.** Dios le recuerda a Israel: **Yo te conocí en el desierto**. Como en el Sal 1:6, *conocer* conlleva la idea de "tomar una nota favorable". Aquellos a los que Dios conoce, los bendice, e Israel había recibido bendiciones incontables —p.ej., maná del cielo, agua de la roca— durante su peregrinación por el desierto. Pero Israel vino a ser un pueblo murmurador, rebelándose en contra de Dios, y toda una generación pereció sin ver la Tierra Prometida. **6.** Dios había tomado cuidado de todas las necesidades de Su pueblo, pero ellos pronto le olvidaron. **En sus pastos se saciaron**, y cuando hubieron comido hasta saciarse, **se ensoberbeció su corazón**, y así olvidaron la fuente de sus bendiciones, el mismo Dios.

7. Dios, que había sido el protector de Su pueblo, en juicio sobre ellos vino a ser su destructor. Aquí él mismo se asemeja a un **león**, dispuesto a devorar, y a un **leopardo**, listo para saltar sobre Su pueblo no preparado (cp. Jer 5:6): **como leopardo en el camino los acecharé**. **8.** Continuando con sus parábolas en base del mundo animal, Dios se asemeja a

una **osa que ha perdido los cachorros**, por ello feroz (cp. 2 S 17:8). El corazón de Israel se había endurecido frente a la amante llamada de su Dios; ahora, sin embargo, Dios se asemeja a un animal al acecho, diciendo: **Desgarraré las fibras de su corazón**. **9.** Dios sigue dirigiéndose a Israel: **Te perdiste, oh Israel**. La JPS vierte: *Es tu destrucción, oh Israel*. Dios había descrito el camino que llevaba a la destrucción de Israel, pero añade: **mas en mí está tu ayuda**. La LXX y la siríaca sugieren una versión distinta: *¿Quién te podrá socorrer?* (Así lo vierte la RVA). La JPS vierte así este versículo: *Es tu destrucción, oh Israel, que estés en contra de mí, en contra de tu ayuda*. Aunque hay aquí problemas textuales, el significado está claro: al rebelarse en contra de Dios que siempre ha estado listo para ayudar a su pueblo, Israel había atraído sobre sí su propia destrucción.

10. ¿Dónde está tu rey...? Tenemos aquí una pregunta retórica. El pueblo había dicho anteriormente, **Dame rey y príncipes** (cp. 1 S 8:5), pero estos gobernantes habían demostrado ser inútiles en la presente emergencia. La BV y la RSV enmiendan las palabras **con todas tus ciudades** a *todos tus príncipes* debido a la referencia a reyes y príncipes al final del versículo. El versículo dice entonces: "¿Dónde está tu rey, para que os guarde; dónde están todos vuestros príncipes, que os defiendan— aquellos de los que dijiste: dame rey y príncipes"? **11. Te di rey en mi furor**. La referencia inicial puede ser a Saúl, pero las palabras son también apropiadas para la historia dinástica del Reino del Norte, empezando con Jeroboam I. Los reyes fueron repetidamente dados y quitados. Laetsch traduce este pasaje así: *Os he estado dando reyes en mi ira, y quitándoslos en mi enojo*. Debido a que los reyes se hallaban sometidos al gobierno providencial de Dios, pueden ser descritos como dados por Dios. Pero sus caminos idolátricos y el rechazo de la dinastía davídica por el Reino del Norte proveen la base para la afirmación de que fueron dados en el furor de Dios.

V. Destrucción ineludible. 13:12-16.

12. El pecado de Efraín (esto es, el pecado del Reino del Norte) se describe como **atado** o *envuelto*. Está **guardado**, recordado en los atrios del cielo, y un día será tratado con justicia. **13.** Se asemeja a Efraín-Israel a una mujer que da a luz: **Dolores de mujer que da a luz le vendrán**. Así como son ineludibles los dolores de parto, así Israel tendría que llevar las pruebas que había merecido por sus pecados. También es asemejado a **hijo no sabio** que, en el momento del nacimiento no se presenta **al**

punto mismo de nacer (esto es, a la salida del vientre). En la adecuada ilustración de Oseas, un niño inteligente se apresuraría a salir del vientre; el abandono del vientre daría paso a una nueva vida (cp. Jn 3:3, 4). Israel (Efraín) pudiera haber hallado un nuevo principio en una vida de obediencia, pero eligió detenerse en la idolatría.

14. De la mano del Seol los redimiré. Las palabras expresan el sentimiento de un padre que no puede soportar contemplar la ruína absoluta siquiera de un hijo infiel. Tenía que caer juicio sobre Israel, pero más allá del juicio habría liberación. La tumba, o **seol** y la **muerte** se utilizan sinónimamente del mundo inferior. Sus poderes están alineados contra el pueblo de Dios en todas las edades (cp. Mt 16:18). Pero Dios será victorioso sobre el **Seol** y la **muerte**. Pablo, en 1 Co 15:55, cita Os 13:14 al describir el triunfo del cristiano sobre la muerte: "¿Dónde está, oh muerte, tu aguijón? ¿Dónde, oh sepulcro, tu victoria?" **15.** Volviendo de nuevo al inminente juicio sobre Efraín (que significa *feracidad*), Oseas dice: **Aunque él fructifique entre los hermanos** el viento del este destruidor, procedente del desierto, traería desolación sobre la tierra. El viento del este parece ser una alusión al asirio que pronto saquearía Israel. **16.** Con la llegada del asirio, **Samaria** sería **asolada**. O, lit., *Samaría llevará su culpa*. Los reyes de Israel habían sido culpables de atrocidades similares a las aquí descritas (cp. 2 R 15:16).

III. La conversión y renovación de Israel. 14:1–9.

A. *El llamamiento al arrepentimiento. 14:1–3.*

1. Oseas se dirigió a su pueblo con un ruego: **Vuelve, oh Israel, a Jehová tu Dios.** Israel había sido infiel, pero el profeta veía todavía una esperanza si se volvía de su pecado. Israel había **caído**. Lit., *tropezado*. El pecado había constituido una piedra de tropiezo en el camino. **2.** Oseas demanda una confesión de pecado: **Llevad con vosotros palabras de súplica.** Israel había sido conducida en dirección del juicio, que solamente podría ser evitado mediante un giro total, apartándose del pecado y de la idolatría y volviéndose a Dios y asintiendo a sus justas demandas sobre las vidas de su pueblo; de ahí la demanda de que volviera **a Jehová**. La oración, **Quita toda iniquidad**, implica la renuncia al pecado. Las palabras, **y acepta el bien**, son la lectura literal del texto. El salmista dice: "es bueno cantar salmos a nuestro Dios" (Sal 147:1). **La ofrenda de nuestro labios** es, lit., *los becerros de nuestros labios* (cp. He 13:15). La confesión

del pecado, y la renunciación de su poder sobre la vida de Israel, tendría como resultado el derramamiento de bendiciones, con su correspondiente expresión de alabanza. La alabanza se asemeja a sacrificios ofrecidos por el adorador agradecido.

3. Un partido de la corte israelita buscaba la ayuda de Asiria, pero Oseas insistía en que **no nos librará el asirio**. A aquellos que buscaban la ayuda de Egipto, el suministrador de caballos de guerra (cp. 1 R 10:28; Is 31:1), el profeta insistía: **no montaremos en caballos.** Israel se veía tentado a mirar a uno u otro de los poderes rivales para satisfacer sus necesidades, pero Oseas intentó recordarle que tal política resultaría en un juicio divino. **La obra de nuestras manos** se refiere a ídolos que Israel hacía. La salvación no vendría de Asiria, Egipto, ni de los propios esfuerzos de Israel ni de sus invenciones idolátricas (cp. Is 42:17; 54:17). En las palabras, **el huérfano alcanzará misericordia**, se presenta a Israel como un huérfano sin padre que le provea sustento. Aunque expuesto al peligro de Asiria y de Egipto, y de otros enemigos, en su impotencia Israel podría hallar misericordia solamente en su Dios.

B. *La promesa del perdón. 14:4–8.*

4. Cuando el pueblo de Dios le llame en arrepentimiento genuino, Él estará dispuesto a ir en su ayuda, y *sanará* **su rebelión**. El amor del Señor está motivado por Su propia gracia y no por ningún mérito en Su sujeto. Es dado **de pura gracia**, palabra ésta que sugiere que se otorga de la libre voluntad de Dios. Israel no se había ganado el amor de Dios, pero Dios estaba dispuesto a darlo como un don de gracia. La **ira** de Dios habla de Su reacción frente al pecado, que siempre provoca Su ira. Sin embargo, en gracia la ira *se aparta* y se evita el juicio.

5. La lluvia es escasa en gran parte del Medio Oriente, y el **rocío** es esencial para el crecimiento de la vegetación. Dios haría que Israel floreciera: **Florecerá como el lirio**, sugiriendo tanto belleza como feracidad. Son varias las flores que se señalan como el lirio que aquí se menciona. Plinio hablaba del lirio blanco que crece silvestre en Palestina y que "no es sobrepasado por ninguna otra planta en su fecundidad, a menudo produciendo cincuenta bulbos a partir de una sola raíz" (Linio, *Historia Natural*, XXI.5). También se sugiere la *Anemona coronaria*. Las palabras, **raíces como el Líbano**, implican estabilidad. Es incierto si lo que se significa son los cedros de los montes del Líbano, pero en todo caso el símbolo tiene el significado de permanencia.

6. Las **ramas que se extenderán** son las ramas tiernas o vástagos que surgen de la raíz después que la vid de Israel es cortada (cp. Is 53:2). Oseas indica que la raíz del árbol dará origen a muchas plantas nuevas. El fruto del **olivo** era básico en la economía del antiguo Oriente. Jer 11:16 habla de Israel como "Olivo verde, hermoso en su fruto y en su parecer". El **Líbano** tenía el fresco aroma de su cedros y de los arbustos que crecían en sus laderas. **7a.** Léase, **Los que moran bajo su sombra volverán a cultivar trigo** (grano) (así lo vierte la JPS). Dios está hablando y declarando que el Israel restaurado gozará de tales bendiciones que otros pueblos también serán bendecidos por su asociación con Israel. Plantarán grano y recogerán cosechas bajo la sombra de Israel. **8.** El v. 8 se entiende mejor como un diálogo entre Israel y Dios. Israel pregunta: **¿Qué más tendré ya con los ídolos?** Efraín (Israel) había aprendido la lección, y estaba dispuesta a renunciar a la idolatría. Dios contesta: **Lo he oído y observado.** Dios mira favorablemente la renunciación de Israel a su idolatría. De nuevo habla Israel: **Yo seré a él como la haya verde.** En su prosperidad Israel se asemeja a una majestuosa haya, o ciprés. Sin embargo, esto parece vanagloria, y Dios le recuerda a Su pueblo, **de mí será hallado tu fruto.**

C. Una exhortación final 14:9.

La pregunta, **¿Quién es sabio para que entienda esto...?** tiene el significado de, "El que sea sabio, que entienda estas cosas". Se puede esperar de los sabios y de los prudentes que escuchen el mensaje del profeta. Los **caminos de Jehová** incluyen su Palabra, o voluntad. El término "caminos" es aquí utilizado como metáfora. **Los justos** pueden andar en los caminos de Jehová sin temor alguno, pero **los rebeldes** hallarán tropiezos por el camino, y caerán en ellos.

BIBLIOGRAFÍA

BATTEN, L. W. "Hosea's Message and Marriage," *Journal of Biblical Literature*, XLVIII (1929), 257–273.

BEWER, JULIUS A. *The Prophets*. Nueva York: Harper & Brothers, 1949.

BROWN, S. L. *The Book of Hosea (Westminster Commentary)*. Londres: Methuen & Co, 1932.

CHEYNE, T. K. *The Book of Hosea (The Cambridge Bible for Schools and Colleges)*. Cambridge: The University Press, 1913.

HARPER, WILLIAM R. *A Critical and Exegetical Commentary on Amos and Hosea (International Critical Commentary)*. Nueva York: Charles Scribner's Sons, 1910.

KEIL, CARL FRIEDRICH. *The Twelve Minor Prophets*. Vol. I. (*Keil and Delitzsch Commentaries*). Grand Rapids: William B. Eerdmans Publishing Co., 1949.

LAETSCH, THEODORE. *The Minor Prophets*. San Luis: Concordia Publishing House, 1956.

MAUCHLINE, JOHN. "Hosea," *The Interpreter's Bible*. Vol. 6. Nueva York: Abingdon Press, 1956.

NYBERG, H. S. *Studien zum Hoseabuch*. Uppsala: Almqvist & Wiksells, 1935.

PUSEY, E. B. *The Minor Prophets With a Commentary*. Vol. I. Nueva York: Funk & Wagnalls Co., 1885.

ROBINSON, H. WHEELER. *Two Hebrew Prophets*. Londres: Lutterworth Press, 1948.

ROWLEY, H. H. "The Marriage of Hosea," *Bulletin of the John Rylands Library*, XXXIX (1956).

SMITH, GEORGE ADAM. *The Book of the Twelve Prophets*. Vol. 1. Nueva York: Harper & Brothers, 1928.

SNAITH, NORMAN H. *Mercy and Sacrifice*. Londres: Student Christian Movement Press, 1953.

WOLFE, ROLLAND EMERSON. *Meet Amos and Hosea*. Nueva York: Harper & Brothers, 1945.

COMENTARIOS EN ESPAÑOL

MORGAN, G. CAMPBELL. *El Corazón de Dios: Estudios en el Libro de Oseas*. Posadas, Argentina: Ediciones Hebrón, 1980.

Wood, F. M. *Oseas: Profeta de la Reconciliación*. El Paso: Casa Bautista de Publicaciones, 1981.

JOEL

INTRODUCCIÓN

Nombre del autor e historia personal. El autor es nombrado como "Joel hijo de Petuel" (1:1). El nombre hebreo *Yô'ēl* (LXX; Iōél, Vulg.) significa "Yahweh [o Jehová] es Dios". Por ello, como el nombre *Miqueas*, puede constituir una confesión de fe de parte de los padres del niño.

La historia personal de Joel se halla limitada a lo que está sugerido en la historia misma. Aunque otras trece personas en el Antiguo Testamento llevan el nombre *Joel*, no puede identificarse al profeta con ninguna de ellas. Su mensaje se halla principalmente centrado en Judá y Jerusalén. Sus referencias a la tierra y a la ciudad sugieren que era un ciudadano del sur de Palestina, y probablemente residente en Jerusalén (Ver "Sion", 2:1, 15, 32; 3:16, 17, 21; los "hijos de Sion", 2:23; "Juda" y "Jerusalén", 2:32; 3:1, 16, 17, 18, 20; los "hijos de Judá" y Jerusalén, 3:6, 8, 19). Demuestra un conocimiento exhaustivo del Templo de sus servicios y de su personal (p.ej., 1:9, 13, 14, 16; 2:14, 17). Sin embargo, sus ataques a los sacerdotes parecen indicar que él no era miembro de la casta de ellos.

Fecha. Hasta ahora los eruditos no han podido llegar a un acuerdo con respecto a la fecha del libro de Joel. Sin embargo, de las varias fechas propuestas, hay dos sugerencias principales: (1) Una fecha temprana, durante el reinado de Joas en Judá, alrededor del 830 a.C. (2) Una fecha post-exílica, alrededor del 400 a.C., durante el período persa. Hay algunos argumentos lógicos para dar apoyo a una fecha tardía. Una indicación sería que no hay referencia en el versículo primero (1:1) al rey reinante, como sucede en el caso de otros profetas pre-exílicos. Asimismo, el Reino del Norte (Samaria) no es mencionado, por lo que es evidente que había estado ya extinguido durante largo tiempo. Joel utiliza la palabra *Israel* para designar a Judá, lo que no hubiera hecho ningún profeta pre-exílico. El término se utilizaba solamente para las diez tribus norteñas antes del 722 a.C. (la fecha de la caída de Samaria). Los sacerdotes, no los nobles ni los reyes, eran los líderes en la sociedad post-exílica. La referencia en 3:6 a los griegos (jonios) indica una época en la que los judíos estaban en contacto con ellos. Asimismo, los vv. 1, 2, 17 de Joel 3 indican que la cautividad había ya tenido lugar.

Por otra parte, los argumentos en favor de una fecha pre-exílica son poderosos. La prominencia de los sacerdotes y la ausencia de los nobles y del rey se deben al hecho de que Joiada el sumo sacerdote estaba como regente durante la infancia del rey-niño, Joas. El argumento del silencio (acerca de Samaria, anteriormente tratado) carece de todo peso, debido a que la atención del autor no se fija en los eventos del Reino del Norte. El término *Israel* podía utilizarse apropiadamente de Judá como heredero de derecho de las bendiciones espirituales de Jacob. Habían tenido intercambios con Grecia y Tiro en épocas tempranas, porque Grecia no es aquí mencionada como nación. La palabra hebrea *Yāwān* (jonio) podía referirse a un grupo de bandas aisladas de mercaderes de esclavos procedentes de un país distante. **Haré volver la cautividad** (3:1) significa simplemente "restaurar la fortuna" (cp. Job 42:10). No hay descripción en Joel 3 que no concuerde con la época pre-exílica. Joel 3:4–6 se refiere a los mismos eventos que están descritos en el libro de Abdías. Los enemigos mencionados no son países del exilio (Asiria, Babilonia, y Samaria), sino países pre-exílicos (Fenicia y Filistea; cp. 2 Cr 21:16, 17).

Paternidad. El libro de Joel ha sido tradicionalmente aceptado como obra de un solo autor. Sin embargo, alrededor del 1870 M. Vernes sugirió que 2:28—3:21 (en la Biblia hebrea, caps. 3; 4) no habían sido escritos por el autor de 1:2—2:27 (en la Biblia hebrea, 1:1—2:18). Más tarde, modificó su punto de vista, y admitió que el mismo autor había escrito ambas secciones; sin embargo, persistió en mantener que existen notables diferencias entre ambas secciones. Otros intentos de menor importancia han sido los de tratar de demostrar que el libro no es una unidad literaria. Nowack, Marti, y otros que han puesto muy eficazmente en tela de juicio la validez de esta escuela de pensamiento contienden que Joel es una unidad. El punto de vista de la "alta crítica" comúnmente aceptado en la actualidad es que Joel es el autor responsable del libro, pero que modificaciones, expansiones e interpolaciones ulteriores han tenido lugar a lo largo de los siglos de la transmisión de las Escrituras.

Estilo. El estilo de Joel es clásico, asemejándose al de Amós y de Miqueas. Que Joel tomara de prestado de los profetas anteriores, o que él fuera la fuente de la que todos bebieran, es algo que no se puede determinar con certidumbre; pero la afinidad literaria es fuerte. Cp. Joel 3:18 con Amós 9:13; Joel 1:4 con Amós 4:9; Joel 2:11 con Sof 1:14, 15; Joel 2:3 con Ez 36:35 e Is 51:3; Joel 2:11 con Mal 3:2; Joel 3:10 con Is 2:4.

Motivo de la redacción. El motivo inmediato para la redacción del libro fue la devastación de la tierra por una doble plaga de langostas y de sequía. Con una forma poética de elegancia y fuerza sin rival, el profeta representa la invasión de las langostas bajo la figura de un ejército, sugiriendo que eran un presagio del "Dia de Jehová". Llama a todas las clases del pueblo al arrepentimiento, y promete que si cumplen las condiciones de obediencia a Dios, la tierra será restaurada a su antigua feracidad. También el Espíritu de Dios será derramado sobre toda carne, el pueblo del pacto triunfará al final sobre todos sus enemigos, y principiará una era de santidad y paz universales.

Enseñanzas. La enseñanza central de este libro es que se está acercando "el día de Jehová": el día en que se manifestará el Señor en la destrucción de sus enemigos y en la exaltación de sus amigos. Este día irá acompañado de grandes convulsiones en la tierra y de una una exhibición de extraordinarios fenómenos en la naturaleza (2:30, 31). La actitud del corazón y de la vida de un hombre ante el Señor determinará su reacción a aquel día. Será un día de terror para el pecador (1:15; 2:11) y un día de bendición para el santo (2:12–14, 19–29). Los que invocan el nombre de Jehová serán salvos, pero los enemigos del pueblo serán aniquilados (cap. 3).

BOSQUEJO

Versículo título: El autor de la profecía. 1:1

I. **La plaga de langostas como presagio del Día de Jehová. 1:2—2:17.**
  A. Una triple calamidad: langostas, sequía, y conflagraciones. 1:2–20
    1. La invasión de las langostas 1:2–12
    2. Un llamamiento al arrepentimiento. 1:13, 14
    3. Los terrores del Dia de Jehová. 1:15–20
  B. La plaga como heraldo del juicio venidero. 2:1–17
    1. Una vívida imagen del juicio venidero. 2:1–11

  2. Una exhortación al arrepentimiento. 2:12–17

II. **La evitación del juicio y el otorgamiento de bendiciones. 2:18—3:21.**
  A. Las bendiciones en el futuro inmediato. 2:18–27
  B. El derramamiento del divino Espíritu. 2:28–32
  C. El juicio sobre las naciones. 3:1–17
    1. La venganza por los males cometidos contra los judíos. 3:1–3
    2. Juicio sobre Fenicia. 3:4–8
    3. El juicio del mundo. 3:9–17
  D. Las bendiciones que siguen al juicio. 3:18–21

COMENTARIO

Versículo título. 1:1.

1. Joel significa *Yahweh* [o Jehová] *es Dios.* **Petuel,** *Persuadido por Dios.* En el Oriente la utilización del nombre del padre servía como marca de identificación. Era análogo a nuestra utilización de un segundo nombre o de los apellidos (cp. Os 1:1; Sof 1:1; Mi 1:1).

I. La plaga de langostas como presagio del Día de Jehová. 1:2—2:17.

A. Una triple calamidad: langostas, sequía, y conflagraciones. 1:2–20.

En *medio* de una terrible calamidad el profeta llama al pueblo a un duelo universal. Interpreta la presente condición como un heraldo (o presagio) del Día de Jehová (1:2–12). Para evitar sus terrores llama a todas las clases que componen el pueblo a que vuelvan a Dios en arrepentimiento (1:13, 14). Vuelve a poner el acento en el presente aprieto y cierra con una oración en petición de liberación (1:16–20).

1) La invasión de la langosta. 1:2–12.

2. Oíd esto. Una solemne petición de que estén atentos a lo que sigue (cp. Amós 3:1; 4:1; 5:1). **Ancianos.** No los ancianos oficiales, sino los "viejos" que trasmitían las tradiciones del pasado a la siguiente generación. **En los días de vuestros padres.** Entre la gente del Oriente las memorias del pasado iban de generación a generación. **3.** No se afirma cuál sea la contestación a la pregunta del v. 2. La respuesta podía ser únicamente: ¡NO! **Contaréis.** La palabra hebrea *săppĕrû* (un tronco intensivo) viene de la misma raíz de la que se deriva el vocablo "libro". Aquí el verbo significa que se da una información cuidadosa y detallada. (Para la transmisión del registro de liberación y revelación divinas en esta forma, ver Dt 4:9; 6:6, 7; 11:8; Sal 78:5). Ahora, el mismo proceso debería registrar esta calamidad sin paralelo.

4. Oruga...saltón...revoltón...langosta. Lit., *Cortador...enjambre...revoltón devorador*, describiendo a cuatro de las ochenta o noventa especies de langostas en el Oriente. **5. Despertad, borrachos.** ¡Es ya hora de que se despierten del sueño de la borrachera! Los borrachos representan a las clases rodeadas de lujos, a las que se apremia a que lloren y giman debido a la destrucción de las viñas, que ha anulado los ingresos de que gozaban.

6, 7. La razón de su aprieto, esto es, la inmensa cantidad de enemigos, sus terribles armas, y los terribles resultados de su ataque. **Pueblo** (en hebreo, *gôy*). Los enjambres de langostas son como una nación; devastan la tierra como un ejército invasor. **Subió.** Un término militar utilizado del avance de un enemigo (cp. 1 R 20:22; Is 21:2). **Sus muelas.** Las mandíbulas de algunas langostas tienen una dentadura parecida a una sierra. Con este tipo de mandíbulas pueden masticar madera y cuero además de follaje. **Descortezó.** Esto es hiperbólico. Las langostas no podrían descortezar una higuera, pero podrían reducir el valor de una higuera al de un árbol muerto. **Desnudó.** Lit., **desnudándola la desnudó.** Por su constante masticación las langostas destruyeron sus flores, follaje, y corteza. **Blancas.** No la apariencia de un país quemado, sino la de la tierra cubierta por nieve, debido a la blancura de los árboles y de las hierbas secas.

8. Llora (Heb. *'ĕlî*). Este verbo se utiliza solamente aquí, pero su significado es claro en base del arameo y del siríaco. La forma es femenina debido a que se dirige a toda la comunidad. **Como joven** (Heb. *betûlâ*). Lit., *una que está separada* de todos los demás, una que no ha conocido *ningún* hombre (Gn 24:16). Así, su verdadero significado sería *virgen*. **Marido de su juventud.** Enviudada antes de casarse. **9.** Justificación del llamamiento a un duelo universal. **La ofrenda y la libación.** La denominación del sacrificio diario (cp. Nm 15:5; 28:7; Éx 29:38). En el judaísmo posterior nada se temía más que la suspensión del Thamid (ver Dn 8:11; 11:31; 12:11). Josefo creía que esta interrupción del sacrificio diario fue la calamidad más terrible y sin precedentes en el sitio de Jerusalén (*Antigüedades* xiv. 16. 2; *Guerras* vi.2.1).

11, 12. El profeta proclama un llamamiento a los labradores y a los viñeros. **Confundíos.** Los labradores, como las vides, han de quedar en situación apurada. Joel representa a hombres, cosechas, y campos como lamentándose juntos. Jerónimo alegoriza aquí y pretende que los labradores y los viñeros son sacerdotes y predicadores. La **higuera** era nativa de Asia occidental y muy abundante en Palestina. Era sumamente apreciada y a menudo mencionada juntamente con la vid (cp. Dt 8:8; Jer 5:17). Sentarse "debajo de su vid y debajo de su higuera" era un símbolo de prosperidad y de seguridad (1 R 4:25; Mi 4:4). Los higos se secaban y se prensaban formando tortas, y consumidos como alimento (1 S 25:18) y como emplastos (2 R 20:7; Is 38:21). Las uvas y los higos son mencionados por Josefo como los principales frutos de la tierra (*Guerras* iii. x. 8). Hay también muchas casas en el Oriente Medio que están totalmente cubiertas de parras de uvas y escondidas casi totalmente tras higueras. El **granado.** Hay numerosas referencias a este árbol en las Escrituras (p.ej., Nm 13:23; 20:5; Dt 8:8; 1 S 14:2; Cant 4:3, 13). Es un arbusto o árbol bajo, de tres a cinco metros de altura, con una gran frondosidad de hojas verdes oscuras pequeñas. Da un fruto del tamaño de una naranja, dulce en una variedad, y ácido en otra. La pulpa es muy refrescante. El jugo del tipo ácido se endulzaba y utilizaba como bebida (Cant 8:2). Se utilizaba también en ensaladas.

Palmera. La palmera ha existido desde la prehistoria por una vasta área en la zona cálida y seca que se extiende desde el Senegal hasta la cuenca del Indus: principalmente entre los quince y treinta grados de latitud. Es muy común en Palestina. La moneda acuñada para conmemorar la captura de Jerusalén en 70 d.C. representaba a una mujer llorando (el símbolo del país) sentada bajo una palmera; llevaba la inscripción *Judea capta.* El **manzano.** Se han ofrecido varias sugerencias para la identificación de este árbol, esto es, el membrillo, el limón, el naranjo, el albaricoque, y el manzano. Según el Cantar era un árbol majestuoso apropiado para sentarse debajo de sus ramas, cubriendo estas una tienda o una casa, siendo su fruto sabroso, y su olor deseable, que daba fuerzas al cansado. **Se secaron...se extinguió.** Lit., *muestra vergüenza.* El mismo verbo aparece en los vv. 10, 11, 12. Esta frecuente repetición de la palabra que denota "vergüenza" es un llamamiento indirecto al arrepentimiento en el v. 13. Cuando el gozo mismo desaparece, ¡ha llegado el tiempo para la penitencia!

2) Llamamiento al arrepentimiento. 1:13, 14.
13. El pensamiento vuelve al v. 9, reanudandolo. Se dirige aquí a los sacerdotes sobre la misma base que a los borrachos en el v. 5. Al no haber cosecha, el ministerio de ellos vería su fin, porque no habrían primicias, y los sacrificios pronto finalizarían. **Dormid en cilicio.** Que los sacerdotes se revistieran de cilicio añadiría solemnidad a la ocasión. **Lamentad.** Esta palabra se utiliza expresamente del duelo por los muertos: expresa un intenso dolor (LXX, *golpeaos en el pecho*). **Mi Dios... vuestro Dios.** ¡Un acusado contraste! El Dios del profeta llamaba al arrepentimiento; el Dios de los sacerdotes demandaba la ofrenda y la libación. **14.** Joel llama a los sacerdotes a que convoquen una **asamblea** solemne, que hicieran un llamamiento a una reunión religiosa pública, en la que todos participarían. **Los ancianos.** Aunque eran oficiales, se hallaban sometidos a los sacerdotes en temas religiosos. **La casa de Jehová.** El Templo.

3) Los terrores del Día de Jehová. 1:15–20.
15. El día de Jehová. El hombre tiene su día y camina en sus propios caminos, ¡pero vendrá el momento en que amanecerá el Día de Jehová! Y a la luz del pecado del hombre, el Día de Jehová tiene que ser un día de venganza. **Todopoderoso.** En hebreo *Shadday* se utiliza como nombre de Dios, con una referencia definida al poder divino (se utiliza treinta y una veces en el Libro de Job). **16. Delante de nuestros ojos.** Los judíos se ven impotentes para evitar la destrucción. **La alegría y el placer.** La **alegría** de la convocatoria religiosa y de la presentación de las primicias. Estas debían ofrecerse en el Templo con regocijo (Dt 26:1–11). **18.** Incluso los animales irracionales son presentados como gimiendo en agonía. **Gimiendo** (sollozando). El ganado participa en el dolor de los hombres. **Turbados.** *Se aprietan,* o *son tenidos por culpables.* Los pobres animales, inocentes e impotentes, tienen que llevar la culpa del pecado del hombre.

19, 20. En tanto que las bestias pueden solamente gemir y sufrir, las almas humanas pueden clamar al Señor. **Las praderas del desierto.** Tierra sin cultivar en la que las ovejas pastan (cp. Amós 1:2). **Fuego...llama.** El calor y la sequía que acompañan a la plaga de las langostas.

B. La plaga como heraldo del juicio venidero. 2:1–17.

El profeta visualiza una plaga más terrible avecinándose. En términos exaltadamente poéticos presenta a los enjambres de langostas como un ejército hostil, viniendo como el ejército de Jehová para hacer caer el juicio (2:1–11). Pero, dice él, la puerta de la misericordia se halla todavía entreabierta. Si el pueblo se vuelve a su Dios con contrito corazón, podrá evitarse la calamidad (2:12–14). El profeta convoca a toda la comunidad para que se reuna para oración y ayuno en la casa de Jehová (2:15–17).

1) Una vívida imagen del juicio venidero. 2:1–11.
1. Tocad la trompeta. Un anuncio de peligro (ver Jer 6:17; Ez 33:3; Os 8:1). **Tiemblen.** Es ya hora de despertar de una descuidada indiferencia. El llamamiento es a mostrar arrepentimiento ante la plaga que ha caído.
2, 3. Una imagen muy efectiva del terror del día tal como éste está indicado por la presente calamidad. **Día de tinieblas y de oscuridad, día de nube y de sombra.** Se utilizan cuatro sinónimos para dar énfasis, significando una oscuridad intensa, impenetrable (cp. Sof 1:15; Ez 34:12). Tres de las palabras se utilizan en Dt 4:11 de la oscuridad que envolvió al Sinaí cuando el Señor descendió sobre él en fuego. La cuarta palabra se aplica en Éx 10:22 a la plaga de oscuridad. **Sobre los montes se extiende el alba.** Se compara la plaga de las langostas al alba, ya bien por su coloración rojiza, o debido a que el alba está rodeada de masas de nubes y de niebla, de manera que el día queda cubierto. Un viajero dice que vio un enjambre de langostas que tenía un kilómetro y medio de longitud y casi un kilómetro de anchura, y que en la distancia parecía una nube negra. **Consumirá fuego.** Todo se ha perdido; el hermoso campo ha venido a ser un desierto arrasado. El campo parece como si hubiera sido abrasado, quemado, o reducido a unas cenizas parduzcas. **El huerto de Edén.** Esta y Ez 36:26–35 son las únicas referencias al huerto fuera del Génesis. Antes de la destrucción, la tierra era rica en vegetación, y daba placer contemplarla; pero era ahora un desierto desolado, como Egipto y Edom.

4. El profeta describe vívidamente la apariencia de los ejércitos y su terrible avance. **Como...caballos.** ''En la langosta tenemos ...el rostro de un caballo, el ojo de un elefante, el cuello de un toro, los cuernos de un ciervo, el torax de un león, el vientre de un escorpión, las alas de un águila, los muslos de un camello, los pies de un avestruz, la cola de una serpiente'' (Un proverbio árabe, citado por Pusey en *The Minor Prophets*, I, 174). **5.** El ruído que acompaña al avance de innumerables caballos se compara al estruendo de los carros: vehículos bajos de dos ruedas utilizados para fines militares. El asombroso ruído de las langostas se puede oír a diez km. de distancia. Es comparable al sonido de una catarata, o de un torrente, de un viento huracanado, o de un incendio devorador.

7. Joel empieza su comparación de esta hueste con un ejército bien equipado. El avance es irresistible; no hay confusión en las filas de los guerreros; escalan los muros más elevados; penetran en los recintos más interiores de las casas. **Correrán** al asalto, listos para cargar. **No torcerá su rumbo.** Lit., *no cambiarán sus caravanas*; cada escuadrón se mantiene compacto, como un regimiento en un ejército.

8. Espada o *arma arrojadiza*. Las langostas desafían a todas las armas que los hombres puedan alinear frente a ellas. Son tan numerosas que, incluso después de haberse destruido millones de ellas, los enjambres avanzan como si nada hubiera sucedido. Es solamente mediante la destrucción de sus huevos que se pueden eliminar las langostas.

9. A manera de ladrones. Las puertas están cerradas, pero las invasores se precipitan por las ventanas carentes de cristales. Esta imagen revela que el profeta no está pensando en un ejército invasor, sino solamente en las verdaderas langostas. La misma imagen se utiliza en el NT de la venida de nuestro Señor (Mt 24:43, 44; Lc 12:39; 1 Ts 5:2; 2 P 3:10).

11. Su orden. En la terrible tormenta exhibida en 2:10, el profeta oye la voz de Dios (cp. 1 S 12:18; Sal 18:14; 46:8). **¿Quién podrá soportarlo?** Detrás y más allá de la destrucción causada por las langostas, el terremoto y la tormenta acecha el Día de Jehová, trayendo consigo una masa más inexpugnable, una hueste más irresistible, y un castigo mucho mayor y terrible. ¿Quién podrá resistir el día de Su venida? Aparentemente, ¡nadie! Pero hay todavía esperanza. ¡La puerta de la misericordia está abierta! ¡Si el pueblo se vuelve a Dios en un verdadero espíritu de arrepentimiento, Él puede todavía perdonar!

2) Una exhortación al arrepentimiento. 2:12–17.

12. Por eso pues, ahora. En la hora undécima, ¡cuando la destrucción se muestra inminente! **Convertíos a mí.** Abandonad los caminos que vosotros habéis elegido de rebelión; venid a vuestros sentidos; reconocedme como vuestro Dios; y seguid mis instrucciones. Este es el llamamiento de todos los grandes profetas (p.ej., Os 14:1; Is 1:2; Am 4:6). Lit., es *volveos*, lo que enfatiza la idea de la conversión. **Con todo vuestro corazón.** El corazón no es el asiento solamente de los sentimientos, sino de todos los poderes de la personalidad, intelecto, sensibilidad, y voluntad. Todas las actividades del espíritu humano (todos los pensamientos, todos los afectos, y toda la voluntad) han de centrarse en el Señor. El cambio interno (vuelta del corazón) se manifestará en el cambio externo de las acciones.

13. Rasgad vuestro corazón, y no vuestros vestidos. Una demanda de religión ética y moral. La penitencia tiene que surgir del corazón; no tiene que tratarse de algo de un mero ritual. Joel, como todos los verdaderos profetas, exige ''un dolor de corazón, y una vida recta a continuación'' (cp. Ez 36:26; Sal 51:19). La penitencia no es una *opus operatum* (''una obra efectuada'', esto es, una obra meritoria), un rasgarse el vestido (cp. esta expresión de dolor el Lv 13:45; Jer 36:24), ¡sino un dolor interno, un anhelo, una ansiedad, y un desgarramiento del corazón! **Clemente.** Lit., *inclinado* a perdonar al pecador arrepentido. **Misericordioso.** Poseyendo abundancia de misericordia, equivalente a ''lleno de compasión''. **Tardo para la ira.** Lit., *tardo en cuanto al enardecer las narices* en ira. El Señor no permite que Su ira surja inmediatamente como avalancha al descubrir el pecado, sino que espera a ver si el pecador se arrepentirá. **Grande en misericordia.** La palabra hebrea *hesed*, utilizada de: (1) el amor de Dios hacia el hombre, (2) el amor del hombre hacia el hombre, y (3) el amor del hombre hacia Dios.

14. ¿Quién sabe...? Quizás él *se volverá* y *se arrepentirá*. Dios no es hombre para arrepentirse; no puede volverse ni convertirse como un hombre. Sin embargo, tiene Su propia forma divina de arrepentirse y volverse. Aunque inmutable en Su actitud hacia el pecado, Dios puede todavía mostrar misericordia a Su culpable pueblo. **Bendición.** Una nueva cosecha, que volverá a hacer posibles la ofrenda y la libación.

15, 16. Asamblea. Convocada primeramente en terror en 1:14 y 2:1, es *ahora* convocada en la esperanza de misericordia divina. ¡Se convoca a todas las clases y edades de la población a esta gran reunión en espera de arrepentimiento! Incluso la esposa y el esposo, a los que se les permitía un año de excención de servicio público, quedan aquí incluidos (cp. Dt 24:5).

17. Sacerdotes ministros. Los mediadores entre Dios y el pueblo. **Lloren.** En dolor y arrepentimiento al conducir al pueblo. **Entre la entrada y el altar.** La parte interior del atrio de los sacerdotes (cp. Ez 8:16). Aquí es donde Zacarías se hallaba cuando fue martirizado (2 Cr 24:20–22; Mt 23:35). **Perdona.** Ten misericordia, y detén los juicios futuros. **Tu pueblo...tu heredad.** La base de la súplica (cp. Dt 9:25, 29). El Señor se halla intensamente interesado en el bienestar de ellos. **Oprobio.** Una y otra vez se le presenta al Todopoderoso el hecho de que, si abandonara a Israel y dejara que fuera destruída, Su poder sería puesto en tela de juicio. **¿Dónde está su Dios?** Un escarnio a la relación de pacto entre el Señor y Su pueblo. La única forma de evitar el escarnio es que Dios impida la calamidad (cp. Éx 32:12; Sal 79:10).

II. La evitación del juicio y el otorgamiento de bendiciones. 2:18—3:21.

A. Las bendiciones en el futuro inmediato. 2:18–27.

Este es el punto culminante del libro. Es evidente que el pueblo respondió a la invitación del profeta. Se celebró la convocación solemne, el pueblo se arrepintió, y el Señor los perdonó. Como consecuencia, Él les promete ahora eliminar las langostas y restaurar la prosperidad de la tierra. Ahora todos conocerán que Dios mismo mora con Su pueblo.

18. Y entones. No se afirma el tiempo de una forma definida, pero se implica que el pueblo se volvió a Dios en arrepentimiento de corazón. **Solícito...perdonará.** La solicitud de Dios se halla basada en el pacto (cp. la relación marital entre el Señor y Su pueblo en Is 54:5; 62:5; Os 2:19). Su solicitud se suscita cuando Su pueblo desecha Su amor.

20. El del norte. Las terribles langostas serán arrojadas y dispersadas por el desierto, por el Mar Muerto, y por el Mar Mediterráneo. El profeta visualiza la invasión de la tierra desde el norte por los ejércitos de Asiria y de Babilonia, tipificados por las langostas. **Grandes cosas.** La referencia es a dos sujetos, uno de inmediato —las langostas, y otro más remoto— **el del norte.** El ejército de langostas es considerado como el instrumento del Señor. Terribles y repulsivos como eran las langostas, movieron al pueblo a que se volvieran a Dios en arrepentimiento. Con frecuencia hay referencias al hedor de las langostas muertas como

intolerable y como causa de plagas. Agustín cita de Julio Obsequens para mostrar cómo una vasta nube de langostas, arrojada en el Mar de Africa, fueron devueltas a la costa en estado de descomposición, y se desató una peste que mató a 800.00 personas.

21. Se llama ahora a los animales, a los hombres, y a todos los que sufren en el cap. 1 a que arrojen sus temores y a que se regocijen. **Jehová hará grandes cosas** o, mejor, *Jehová ha hecho grandes cosas.* Un profético perfecto (una acción finalizada). El profeta está tan seguro, en base a la autoridad divina, de lo que va a suceder, que habla como si ha hubiera sucedido.

23. Gozaos en Jehová vuestro Dios. En medio de su gozo tienen que recordar que ha sido la misericordia de Dios que ha hecho esto posible. **La primera lluvia a su tiempo** (*hammôreh lise dāqâ*). No hay duda de que *môreh* en la última cláusula del versículo significa *lluvia temprana.* pero el Targum, la Vulgata y los escritores judíos, seguidos por Pusey, Keil, y otros, traducen ''Instructor en justicia'': el Mesías. El líder de la comunidad de Qumrán llevaba este título. Sin embargo, el contexto no permite esta traducción, que Calvino señaló como ''una extraña exposición''. **Lluvia temprana y tardía.** Las lluvias de septiembre-octubre y de marzo-abril eran necesarias para la fertilidad de la tierra de Palestina. **24, 25.** Una vez más los cielos se abrirán, se acabará la sequía, las langostas desaparecerán, volverá la cosecha, y se hará patente la presencia del Señor.

26. El resultado de esta abundante restauración: Los judíos reconocerán al Señor como el Dios de ellos y le alabarán por Su intervención divina. **El nombre de Jehová.** Equivalente a *la persona* de Jehová (cp. Amós 2:7; Mi 5:4).

27. Yo soy Jehová vuestro Dios. Cada líder religioso desde la época de Moisés insistía en que Jehová era el Dios de Israel (ver, p.ej., Éx 20:2; Dt 5:6), pero el pueblo lo olvidaba con demasiada frecuencia y por ello se iba ''fornicando tras otros dioses'' (Os 2:5–8). El Señor, a fin de hacerles volver a un sano juicio, tuvo que darles una lluvia de juicio una y otra vez. Sin embargo, este golpe los curaría definitivamente; le reconocerían como su solo Dios. **No hay otro.** Los dioses que en el pasado habían seducido al pueblo son indignos de toda apreciación. No poseen ningún poder ni para proteger ni para dar auxilio. Añaden cargas en lugar de levantarlas (ver Os 2:7; Is 1:29–31; 45:5, 6, 18).

B. El derramamiento del divino Espíritu. 2:28–32.

En la Biblia hebrea, los vv. 28–32 constituyen el cap. 3. Las palabras **después de esto** miran hacia el futuro más allá de la plaga de las langostas y del arrepentimiento de Israel y su restauración. Porque aquí el profeta pasa de lo físico y material a lo espiritual y eterno. Por medio de esta visión profética, Joel se levanta por encima de la experiencia religiosa de la plaga local de las langostas, y enfoca una visión más amplia de la historia. Profundiza en el futuro y ve un avivamiento espiritual en Israel y liberación de todos los enemigos alrededor. Su visión anticipa así un primer cumplimiento en el día de Pentecostés y un cumplimiento definitivo en la victoria completa del reino del Señor Jesucristo.

28. Derramaré mi espíritu. En gran abundancia (Calvino). El espíritu es el principio de la vida en el hombre (cp. Gn 1:2; Job 33:4), el poder invisible al que se siguen todas las acciones externas, y que dotó a los héroes de Israel de energía guerrera (p.ej., Jue 3:10; 11:29). El Espíritu produce el poder profético en sus formas más sublimes y más pequeñas (1 S 10:6, 10; 19:20; Is 61:1). **Toda carne.** No los animales, sino toda *la humanidad* **profetizarán...soñarán sueños...verán visiones.** En esta venidera manifestación del Espíritu, no se hará ninguna distinción en base de sexo, edad, o posición; pero se hará una distinción en los diferentes métodos por los que se recibe la revelación, y se ejercita el don profético. Esto, es, sus hijos e hijas, sus ancianos y jóvenes, recibirán el Espíritu del Señor con sus varios dones. **Profetizarán.** ¡Vendrán a ser "órganos de revelación divina" a todas las naciones!

29. Y también. Algo extraordinario. En la edad mesiánica no se hará distinción entre los libres y los siervos. En Ez 39:29 y Zac 12:10 el Espíritu es prometido a Israel, a la casa del rey, y a los favorecidos habitantes de Jerusalén. Pero Joel va más allá de esto e incluye a todas las clases, en un espíritu de universalismo que caracteriza también al libro de Jonás.

30. Habrá maravillosos portentos del acercamiento del juicio. Prodigios. Extraordinarios fenómenos sobre la tierra y en el cielo. **Sangre, y fuego, y columnas de humo.** Terrores de la guerra, derramamientos de sangre, violencia y columnas de humo levantándose por encima de ciudades incendiadas. Unas guerras a una escala sin precedente serán los heraldos del Día de Jehová (cp. Is 13:6; Sof 1:7). Algunos eruditos consideran que esto es "unos fenómenos atmosféricos anormales", o resultados de una hecatombe nuclear. **Sangre.** El color rojo de la luna. **Humo.** Quizá las nubes de humo que llenan el aire como resultado de erupciones volcánicas. **Fuego.** Rayos, ya que a menudo las tormentas con aparato eléctrico acompañan a los terremotos.

31. Los fenómenos en el cielo. El oscurecimiento del sol y la extinción de las luces del cielo se mencionan con frecuencia en las Escrituras como anunciando el Día de Jehová o el inminente juicio (2:2, 10; 3:15; Is 13:10; 34:4; Jer 4:23; Mt 24:29; Mr 13:24; Lc 21:25; Ap 6:12).

32. Un día grande y terrible para las naciones (3:2), ¡pero los verdaderos adoradores de Dios no tienen que temer! **Aquel que invocare el nombre de Jehová.** No con un frío ceremonial de repetición vacía de frases, sino con una adoración sentida de corazón. El que **invoca** al Señor es el que le *adora*. El camino de huída es mediante la membresía en el verdadero Israel, no en el Israel según la carne, sino en el Israel según el Espíritu. Esta membresía se evidencia por una devoción verdadera, de todo corazón, al Señor. **Remanente.** (Heb., *pelêtâ*). Todos los que escapen. ¡El remanente en Jerusalén abarca a todos los que creen o creerán de entre todas las naciones, pueblos y lenguas! El apóstol Pedro citó 2:28–32 después del derramamiento del Espíritu Santo en Pentecostés como cumplimiento de este evento. Sin embargo, el derramamiento del Espíritu en el Día de Pentecostés fue solamente el principio. Será continuado hasta que toda carne esté provista de iluminación divina.

C. El juicio sobre las naciones. 3:1–17.

Cuando rompa el gran día anunciado por los extraordinarios fenómenos (2:30, 31), sus terrores caerán *solamente* sobre los enemigos de Israel. Este juicio es doble: primero, para consumar una separación completa y definitiva entre los fieles y los enemigos de Dios; en segundo lugar, para establecer el reino del Señor sobre la tierra en gloria triunfante. Este conflicto tendrá lugar en el valle de Josafat (lit., *el juicio de Jehová*; 3:1–3). Quizá este valle deba ser identificado con el Cedrón. Las naciones que hayan exhibido la mayor hostilidad serán las que más sufrirán (3:4–8); a pesar de sus números superiores, serán totalmente aniquiladas, y los habitantes de Jerusalén no experimentarán ningún daño (3:9–17).

1) La venganza por los males cometidos contra los judíos. 3:1–3.

El versículo 1 empieza el capítulo 4 en el hebreo. **Porque** conecta 3:1 con 2:32. Introduce la explicación del profeta para la liberación de los judíos solamente; las otras naciones serán destruidas. **En aquellos días, y en aquel tiempo.** se refiere *no* de vuelta al 2:28, sino hacia adelante al tiempo de la liberación de los judíos (Jer 33:15).

2. Reuniré a todas las naciones. Todas las que han maltratado al pueblo de Dios. **Valle de Josafat,** o el valle del juicio divino. Este nombre se aplica a la escena del conflicto final debido al significado del término: *Jehová juzga.* **Esparcieron...repartieron.** Dos acusaciones específicas en contra de las naciones; deportaron a los israelitas; y dividieron la tierra entre ellos.

3. El trato ignominioso dado a los impotentes judíos por parte de los conquistadores quedá aquí señalada. **Echaron suertes.** Una costumbre común entre los pueblos antiguos (cp. Ab 11; Nah 3:10); Tucídides, *Historia,* iii. 50). Esto hacía de los cautivos una propiedad absoluta de sus dueños. **Dieron los niños.** Ya que no serían de uso inmediato, los cambiaban por una **ramera,** para satisfacer sus concupiscencias. **Las niñas.** Demasiado jóvenes para sus propósitos; o, después de haber satisfecho sus concupiscencias, las cambiaban por vino, para lanzarse a un desenfreno licencioso.

2) Juicio sobre Fenicia. 3:4–8.

4. El profeta se vuelve momentáneamente a un lado para dirigirse a las naciones que han sido especialmente hostiles en contra del pueblo del pacto. Señala malos tratos en especial, y promete a las naciones una retribución rápida y justa por sus crímenes. **Tiro...Sidón.** Las dos principales ciudades de Fenicia. Originalmente, Tiro estaba situada en tierra firme, pero fue transferida, por causas de seguridad, a una vecina isla rocosa. **Territorio de Filistea.** Este distrito en el sudoeste de Palestina, cubriendo un área de alrededor de 65 kilómetros de longitud y de veinticinco km de anchura, estaba dividido entre las cinco ciudades principales. los filisteos fueron sumamente hostiles a los israelitas a lo largo de su accidentada historial.

5. Estas naciones trataron al Señor con el mayor de los desprecios. Robaron su plata y oro, llenaron sus templos con sus cosas preciosas, y vendieron a sus niños a la esclavitud. **Mi plata y mi oro, y mis cosas preciosas y hermosas.** Estas incluían las cosas tomadas de las casas de los ricos así como las saqueadas del Templo. En los tiempos de la antigüedad, el saqueo seguía siempre a la conquista de una ciudad (p.ej., 1 R 14:26; 2 R 14:14).

6. Los griegos. Lit., *Ionios,* o Javán (cp. Gn 10:2–4; Is 66:19; Ez 27:13, 19). La literatura post-bíblica menciona frecuentemente el tráfico de esclavos de los fenicios (cp. Ez 27:13; 1 Mc 3:41). Sin embargo, los escritores griegos muestran que los fenicios y los griegos tuvieron relaciones comerciales desde una época muy temprana. **Para alejarlos de su tierra.**

Así no tendrían esperanzas de poder volver. Este era un severo golpe para los judíos, porque consideraban como inmunda toda nación o país extranjero.

7, 8. Todo lo que los enemigos han hecho les será devuelto según la *lex talionis* (esto es, por la ley de la venganza). **Los levantaré.** A los hijos de Judá y de Jerusalén. Serán avivados a la actividad y serán devueltos a la patria; las bendiciones del Señor les harán fuertes y poderosos. Los judíos serán a su vez utilizados por Dios para destruir a los tirios, a los sidonios y a los filisteos, ¡y para venderlos a la esclavitud! **Sabeos.** Una famosa raza de mercaderes en Arabia. **Porque Jehová ha hablado.** Una fórmula común de aseveración en el AT (p.ej., Is 1:20; 22:25; Ab 18).

3) El juicio del mundo. 3:9–17.

9. Proclamad esto entre las naciones. El profeta vuelve al anuncio interrumpido en el v. 3. Las naciones son apremiadas a que se dispongan para el conflicto y a que se reunan en el valle de Josafat. Allí se reunirán al mandato del Señor, pero serán aniquiladas. **Proclamad guerra** (lit., *santificaos* para la guerra). Traed los sacrificios, efectuad los acostumbrados ritos religiosos antes de hacer la batalla. **Despertad.** Este no es tiempo para que los héroes duerman. **Acérquense, vengan.** Términos técnicos militares. **10. Azadones... hoces.** Los instrumentos pacíficos de la agricultura tienen que convertirse en armas de guerra. **11. Apresuraos.** El asunto tiene que resolverse con urgencia. **Las naciones de alrededor.** No meramente las naciones inmediatas, sino todas las naciones gentiles.

12, 13. La contestación de Dios a la breve petición es que Él tendrá cuidado de Su pueblo. **Me sentaré para juzgar.** No para oír alegatos adicionales, sino para pronunciar sentencia. El juicio se prefigura bajo una figura doble: la siega del grano y el pisado de las uvas (ver también Ap 14:15, 16, 19, 20). **Madura.** Son tan pecaminosas que están ya listas para el juicio (cp. Amós 3). **Lleno.** Otra imagen de la excesiva pecaminosidad. **Rebosan las cubas.** Las uvas del pecado son tan numerosas y están tan maduras que incluso antes de que sean pisadas artificialmente, el jugo sale de ellas al quedar prensadas por su propio peso.

14. La imagen del juicio empieza aquí. **Muchos pueblos.** Lit., *tumultos.* Esto es, grandes multitudes. La repetición es para dar énfasis. **Valle de la decisión.** ¡El juicio será decisivo! Las naciones están reunidas debido a que el juicio está ya listo para ser derramado.

15, 16. Esta oscuridad, simbólica del juicio, como en la crucifixión, podría significar que ante la luz de Dios las lumbreras menores se apartan. Pero la mayor probabilidad es que se refiera al terror de la ira de Dios (ver 2:10, 31; Is 13:10; Ez 32:7; Mt 24:29; Mr 13:24). **Jehová rugirá.** El verbo denota la ira del león al saltar sobre su presa. Bajo la figura de un león lleno de furia (cp. Amós 1:2; Jer 25:30), se representa al Señor como dispuesto a saltar sobre las naciones. **Dará su voz.** La apariencia de Dios es frecuentemente descrita en el AT bajo la imagen de una tormenta huracanada. **Sion ...Jerusalén.** El Templo sobre el monte Sion en Jerusalén es la morada terrena del Señor, la base de sus operaciones. El hecho de que Dios no abandone el Templo es una señal favorable para Su pueblo. **Los cielos y la tierra temblarán.** Un severo terremoto acompañará a la tormenta.

17. La presente crisis, esto es, la destrucción de las naciones y la liberación de Israel, enseñará al pueblo de Israel que el Señor es su Dios. Ellos le reconocerán ahora como supremo (2:27; cp. Os 2:8; Ez 28:23). **Jerusalén será santa.** Puesta aparte, consagrada enteramente a Dios. **Extraños.** Extranjeros, ciudadanos de países extranjeros, que no tienen ni interés ni amor por las cosas que son preciosas para los judíos redimidos (cp. Os 7:9; Jer 30:8).

D. Las bendiciones que siguen al juicio. 3:18–21.

Después del juicio sobre las naciones, Judá, bajo el cuidado y la mano protectora del Señor, gozará de la plenitud de la bendición divina. El asiento de anteriores poderes mundiales se transformará en una desolación estéril, pero en Judá habrá fertilidad y paz.

18. En aquel tiempo. El principio de la Edad Mesiánica: el día del juicio sobre los enemigos de Dios y de liberación para los judíos. Sigue ahora una imagen de una fertilidad extremada. El territorio de Judá se hallaba cubierto de rocas de limolita, y el suelo rendía solamente un sustento escaso a cambio del trabajo más árduo. Pero en esta nueva era se presenta la feracidad en término de los **montes** y los **collados** mismos destilando **mosto** y fluyendo **leche.** A Canaán se le da el nombre de ''tierra que fluye leche y miel'' (Éx 3:8). El **agua** se racionaba cuidadosamente en Judá. la mayor parte de los arroyos se secaban durante las estaciones secas. En la nueva era no habrá más sequías. El agua será abundante tanto para el hombre como para los animales. **Una fuente de la casa de Jehová.** Una fuente brotará de Jerusalén, o del Templo del Señor (Ez 47:1–12; Zac 14:8). **Valle de Sitim.** Lit., valle de Acacias: un lugar seco y sediento. Este fue el nombre del último campamento de los israelitas antes de que entraran en Canaán (Nm 25:1; Jos 3:1). Ezequiel presenta al agua como fluyendo hacia el este a través del Jordán.

19. En tanto que Judá está prosperando, una maldición de desolación (cp. 2:3) caerá sobre Edom y Egipto debido a los crímenes que han cometido contra los israelitas. **Egipto.** El viejo opresor. **Edom.** El aguijón constante clavado en el costado de Israel que triunfó y se benefició de las calamidades de Israel (Sal 137:7; Lm 4:22; Ez 25:12; 35:15; 36:5; Ab 10–14). Esta violencia consistía no solamente en el derramamiento de sangre judía durante las guerras, sino también en la masacre sin provocación de los pacíficos judíos viviendo en estas tierras (Amós 1:11; Ab 10).

20. En tanto que las naciones alrededor serán desoladas, Judá y Jerusalén florecerán para siempre. **Habitada para siempre.** En realidad significa *permanecerá para siempre.* *Asentada* es la palabra utilizada para ello, una expresión poética denotando una ocupación y prosperidad contínuas. **Para siempre.** (Heb. '*ôlãm*). Un período sin fin— sinónimo con el de **generación y generación.** Ni los romanos ni los turcos redujeron al pequeño país de Judá a la desolación. ¡En la actualidad, los israelitas están reconstruyendo sus ciudades, rejuveneciendo su tierra, y restaurando su antigua gloria!

21. Yo tomaré venganza. (RVA) o **Yo vindicaré** (VM). En la RV se vierte *limpiaré.* El juicio sobre las naciones constituirá una prueba decisiva de su culpa y de la inocencia de las víctimas judías. **Yo Soy el que mora en Sion.** Una reiteración de la mayor de las promesas. Con la ejecución del juicio, el Señor se establecerá para siempre en Sion. Nunca más abandonará a su pueblo de manera que vengan a ser un proverbio entre las naciones.

En el libro de Joel se presenta el paso de Israel desde la Ciudad de Destrucción hasta la Ciudad Celestial. La brillante promesa de los versículos finales constituye un paralelo al glorioso epílogo del Evangelio según San Mateo.

BIBLIOGRAFÍA

DEERE, DERWARD W. *The Twelve Speak*. Vol. 1. Nueva York: The American Press, 1958.

EISELEN, F. C. *The Minor Prophets*. Cincinnati: Jennings and Graham, 1907.

PUSEY, B. *The Minor Prophets*. Vol. 1. Nueva York: Funk & Wagnalls Co., 1885.

ROBINSON, GEORGE L. *The Twelve Minor Prophets*. Nueva York: George H. Doran Co., 1926.

SMITH, GEORGE ADAM. *The Book of the Twelve Prophets (The Expositor's Bible)*. Nueva York: Harper and Brothers, 1928.

SMITH, J., WARD, W. H., BEWER, J. *Joel (International Critical Commentary)*. Edimburgo: T. & T. Clark, s.f.

COMENTARIOS EN ESPAÑOL

ARCHER, GLEASON L. *Reseña Crítica de una Introducción al Antiguo Testamento*. Grand Rapids: Editorial Portavoz, 1987.

ELLISON, HAROLD. *Portavoces del Eterno: Una Introducción a los Libros Proféticos*. Madrid: Literatura Bíblica, 1982.

AMÓS

INTRODUCCIÓN

Fecha y marco histórico. El primer versículo de la profecía de Amós, juntamente con 7:10-13, sitúa al profeta en medio del siglo VIII a.C., contemporáneo con Uzías de Judá y Jeroboam II de Israel. Uzías, rey de Judá, reinó alrededor de cincuenta años (791-740 a.C.), y tuvo éxito en ciertos aspectos. Derrotó a los enemigos de Judá y fortaleció los muros de Jerusalén. El país tuvo prosperidad bajo su liderato, y durante un tiempo la influencia de Amós fue espiritualmente constructiva.

Pero Uzías se hallaba probablemente bajo la influencia de Jeroboam, rey de Israel. El reinado de Jeroboam de aproximadamente cuarenta años (793-753 a.C.) fue extremadamente exitoso, y su influencia eclipsó la de Uzías en prácticamente todos los aspectos. En su liderazgo religioso, Jeroboam, como el primer Jeroboam, el hijo de Nabat, alentó deliberadamente las prácticas de los cultos de la fertilidad (2 R 14:24, 25). No excluyó la adoración de Jehová, pero la paganizó añadiéndole pilares cúlticos, imágenes y terafines (Os 2:13, 16, 17; 3:4; 4:12; 10:2; 11:2). La vida social de la nación estaba caracterizada por el adulterio, el robo, y el asesinato. El lujo de los ricos estaba basado en la injusticia y en la opresión sobre los pobres (Amós 2:6-8; 3:15; 4:1; 5:7-12; 6:3-6; 8:4-6; Os 4:1, 2, 11-13; 6:8, 9; 12:7, 8).

Por lo general se cree que Amós profetizó alrededor del 760 a.C. El período de Amós fue un tiempo de seguridad política para Israel, lo que se reflejó en el orgullo y en el descuido de las clases gobernantes. La lucha con Siria había finalizado en una victoria para Israel; Jeroboam había restaurado "los límites de Israel desde la entrada de Hamat hasta el mar del Arabá" (2 R 14:25). Este talante negligente caracterizó los últimos años del reinado de Jeroboam más acusadamente que en su primera parte. La amenaza del poder de Asiria bajo Tiglat-pileser III (745-727 a.C.; ver comentario sobre Amós 1:14) no se había desarrollado todavía. El terremoto mencionado en 1:1 no es de ayuda para determinar con mayor precisión la fecha del ministerio del profeta.

Vida de Amós. Amós era natural de Tecoa, en el desierto de Judá, a veinte kilómetros al sur de Jerusalén. Era un pastor, que suplementaba sus ingresos cuidando de higueras silvestres (1:1; 7:14, 15). No se dice nada acerca de su familia. El llamamiento de Dios le sobrevino mientras estaba cuidando de su familia. El llamamiento de Dios le sobrevino mientras estaba cuidando de su rebaño. Su afirmación de que el Señor le llamó de forma directa (7:15) le pone en línea con todos los profetas que experimentaron una revelación directa de Dios. Aunque Amós era nativo de Judá, profetizó en el Reino del Norte. Sin embargo, su predicación suscitó tanta oposición que volvió a Judá, donde registró su mensaje por escrito.

El estilo de redacción de Amós demuestra que no se trataba de un rústico sin educación, sino que tenía un profundo conocimiento de la historia y de los problemas de su época. Su lenguaje, rico en figuras y símbolos, se halla dentro del estilo literario más bello del AT.

El mensaje de Amós. La gran proclamación en el principio de esta profecía (1:2) marca el tono del mensaje de Amós. La voz del Señor, como el rugido de un león, será oída en juicio desde Sion. El profeta revela la corrupción espiritual bajo el formalismo religioso y la prosperidad material de la época (5:12, 21). Reprocha a los líderes por el deterioro de la justicia social y de la moralidad (2:7, 8) y señala a su desprecio total a los derechos y a la personalidad del hombre (2:6). Insiste en que el pueblo de Dios tiene que buscar a Jehová a arrepentirse, y establecer justicia si quieren vivir (5:14, 15). Pero debido a que el pueblo de Israel no se arrepentirá, nada hay para ellos sino destrucción (9:1-8). El Día de Jehová será una afirmación de las demandas del carácter moral de Dios sobre aquellos que le han repudiado. Cuando esto sea reconocido, se establecerá la gloria del prometido reino davídico; y es inevitable la llegada de este día (9:11-15). El mensaje de Amós es en gran medida un "clamor por la justicia".

BOSQUEJO

I. **Profecías contra las naciones. 1:1—2:16.**
   A. Título y proclamación. 1:1, 2
   B. Acusación sobre las naciones vecinas. 1:3—2:3
   C. Acusación sobre Judá. 2:4, 5
   D. Acusación sobre Israel. 2:6–16

II. **Tres sermones en contra de Israel. 3:1—6:14.**
   A. Una declaración de juicio. 3:1–15
   B. La depravación de Israel. 4:1–13
   C. Una lamentación por el pecado y la condena de Israel. 5:1—6:14

III. **Cinco visiones de la condición de Israel. 7:1—9:10.**
   A. Las langostas devoradoras. 7:1–3
   B. El fuego devorador. 7:4–6
   C. La plomada. 7:7–9
   D. Oposición eclesiástica. 7:10–17
   E. El canastillo de fruta de verano. 8:1–14
   F. El juicio del Señor. 9:1–10

IV. **La promesa de la restauración de Israel. 9:11–15.**

COMENTARIO

I. Profecías contra las naciones. 1:1—2:16.

A. Título y proclamación. 1:1, 2.

El título (1:1) describe todo el libro e identifica al autor. Sitúa al libro en su marco histórico. La proclamación (1:2) crea el espíritu y el talante de la profecía como un todo.

1. Las palabras de Amós. En algunas ocasiones, un profeta se refiere a su profecía como "palabra de Jehová" (p.ej., Joel 1:1; Jon 1:1; Mi 1:1). Pero en esta afirmación (cp. Hag 1:12) las palabras de la profecía se declaran ser palabras de Jehová. El origen divino de las palabras del profeta se enfatiza en la frase, **visión que tuvo.** La palabra *hāzāh*, "él vio", caracteriza generalmente el método de la recepción del mensaje divino como sobrenatural (cp. Is 1:1). El mensaje provenía de Dios y no de Amós. **Uno de los pastores.** El hebreo para **pastores** no es la palabra ordinaria para *pastor, rō'eh*, sino *nōqêd*, lo cual significa que las ovejas de Amós no pertenecían a la variedad común. La palabra se refiere a uno que cuida ovejas enanas, piernicortas. Es de ayuda para explicar la expresión árabe, "más vil que un naqqad". Esta raza de ovejas es apreciada por su lana fina y abundante. Aparte de esta referencia en Amós, *nōqêd* se halla solamente en 2 R 3:4, donde se refiere a Mesa, rey de Moab, y donde se traduce "propietario de ganados". Los arqueólogos han hallado esta palabra en la línea 30 de la Estela Moabita de Mesa. Sobre la base de 2 R 3:4, los judíos han insistido en que Amós era un rico propietario de ovejas, con otros intereses además de sus ovejas (cp. Amós 7:14), y que se sometió voluntariamente a la aflicción debido a los pecados de Israel. Pero esta interpretación no sigue necesariamente. **Tecoa.** Un pueblo en Judá, a diez kilómetros al sudeste de Belén y a veinte kilómetros al sudeste de Jerusalén. El terreno que rodeaba al monte sobre el que se levantaba Tecoa era pedregoso, pero rico en pastos. **Acerca de Israel.** Aunque hay alusiones a Judá en la profecía, las palabras de Amós iban destinadas a Israel. **Uzías...Jeroboam.** Ver *Fecha y marco histórico.* **Dos años antes del terremoto.** El terremoto a que se refiere es mencionado como nota cronológica. Tiene que haber sido desusadamente severo para ser mencionado de esta manera, ya que los terremotos son muy comunes en aquella área. El profeta Zacarías se refiere también a este terremoto (14:5). Josefo (*Antigüedades*, ix. 10.4) lo relaciona con el pecado de Uzías al actuar como sacerdote (2 Cr 26:16).

2. Rugirá. El verbo hebreo *shā'ag* describe el rugido del león al saltar sobre su presa. Expresa lo inminente del juicio; porque cuando el pastor oye el rugido, sabe que el ataque está ya teniendo lugar, y que es demasiado tarde para salvar a las ovejas. La palabra refleja el origen de Amós que, como pastor, estaba familiarizado con el terror del salto del león, utilizado simbólicamente del venidero juicio del Señor (cp. Jl 3:16). Este versículo es el texto central del libro. **Sion;...Jerusalén.** Para los verdaderos adoradores del Señor, estos términos representaban el centro de la teocracia y de la vida nacional. **Los campos de los pastores se enlutarán.** *Los pastos se secarán.* Esto de nuevo refleja la vida pastoril de Amós. **Se secará la cumbre del Carmelo.** El **Carmelo** significa *tierra de huertos*, y es la tierra más fértil del país. La sequía del Carmelo indica la severidad de la sequía (cp. Is 33:9; Nah 1:4).

B. Acusación sobre las naciones vecinas. (1:3—2:3.

Amós era un profeta para Israel, pero empezó su predicación con un anuncio de que el juicio caería sobre las naciones vecinas. De esta manera podría mostrar que ya que las otras naciones serían castigadas, que Israel tampoco podría esperar librarse del castigo. Debido a que poseía la verdad que habían predicado los profetas del Señor, sufriría mayor condenación que las naciones que no poseían esta verdad.

3. Por tres pecados...y por el cuarto. La palabra traducida **pecados** significa en realidad *rebeliones*, y la expresión se refiere a los innumerables malos actos cometidos, y a la verdad de que Dios es paciente y que no actúa apresuradamente en juicio. **Damasco.** Según la tradición en el área, es la ciudad más antigua del mundo, y los árabes la consideran el jardín del mundo. Era la capital de Siria, el mayor de los reinos arameos. **No revocaré.** Esta es una referencia al hecho de que en el curso de las cosas, debido a las rebeliones de Damasco, el juicio era inevitable, a no ser que Dios interviniera. **Trillaron a Galaad.** Los cuerpos de las víctimas fueron desgarrados por los dientes de las rastras de trilla.

4. Casa de Hazael. Hazael, cuya accesión al trono fue predicha por Elías (2 R 8:7–13), fue el fundador de la dinastía siria que gobernaba en tiempos de Amós. Era contemporáneo de Joram (2 R 8:29), Jehú (2 R 10:31, 32) y de Joacaz (2 R 13:22). La **casa de Hazael** es una referencia a su palacio real, como queda indicado por el paralelismo en la siguiente sección del versículo. **Ben-adad.** El hijo y sucesor de Hazael (2 R 13:3, 25).

5. Los cerrojos de Damasco. Se usaban cerrojos para cerrar las puertas de las antiguas ciudades. Por sinécdoque se refieran a las defensas de una ciudad (Jue 16:3; 1 R 4:13; Jer 51:30; Lm 2:9). **Valle de Avén.** Un valle a una distancia de unas cuatro horas de camino desde Damasco. **Al que lleva el cetro.** RV: *los gobernadores.* **Edén.** No es el Edén de Gn 2:8, sino la residencia de verano del rey, no lejos de Damasco. **Kir.** Según Amós 9:7, era el hogar ancestral de los sirios (arameos), y es a Kir donde fueron llevados en la deportación (2 R 16:9). Se desconoce su situación.

6. Gaza. Este juicio es contra los filisteos en general, pero especialmente contra Gaza, la más importante de las cinco ciudades filisteas (1 S 6:17). Gaza, que caía en un cruce de las rutas comerciales, era culpable de tráfico de esclavos. Comunidades enteras de israelitas fueron vendidas a Edom, el peor enemigo de los israelitas. **7. Muro.** Una referencia a la fortaleza de la ciudad. **8. Asdod...Ascalón ...Ecrón.** Amós omite a Gat de las cinco importantes ciudades filisteas, quizás debido a que hubiera ya perdido su influencia (2 Cr 26:6). **El resto...perecerá.** La destrucción será completa.

9. Tiro. Tiro, con su posición isleña y sus dos puertos, se hizo muy poderosa. fue un gran centro comercial (Is 23:1–3) y, como Gaza, se dedicó al tráfico de esclavos. **No se acordaron del pacto de hermanos.** Una referencia al pacto entre Salomón e Hiram de Tiro (1 R 5:12), y que quizás también prohibiera la venta de esclavos hebreos. Hiram se refiere a Salomón como "hermano" (1 R 9:13), y varios pasajes indican que durante un largo tiempo Israel y Tiro gozaron de relaciones amistosas (2 S 5:11; 1 R 5:1–12; 16:31).

11. Edom. Las Escrituras siguen la enemistad entre Edom e Israel hasta la rivalidad entre Jacob y Esaú, de los que descendían ambas naciones. La palabra significa *bermejo* (Gn 25:25, 30). **Persiguió a espada a su hermano.** Esta no es una referencia a un caso específico, sino una descripción de la actitud tradicional de Edom hacia Israel (Nm 20:17–21; 2 Cr 21:8–10; 2 R 8:20–22). **12. Temán.** Otro nombre para Edom (Jer 49:7; Ab 8, 9; Hab 3:3). Se utiliza en paralelismo con Edom en Jer 49:20. **Bosra.** Una de las importantes ciudades de Edom (Is 63:1; Jer 49:22).

13. Hijos de Amón. Descendientes de Benammí, hijo de Lot con una de sus hijas (Gn 19:38). Eran más nómadas que los vecinos moabitas. **Abrieron a las mujeres de Galaad que estaban encintas.** Estos crímenes es posible que tuvieran lugar cuando Hazael (Amós 1:3, 4) atacó también a Galaad (2 R 8:12; 10:32, 33). **14. Rabá.** Una referencia a "Rabá de los hijos de Amón" (Dt 3:16; 2 S 12:26–31; Jer 49:2; Ez 21:20). Era la capital de los amonitas. Esta profecía probablemente fuera cumplida cuando los asirios invadieron Amón. Tiglat-pileser III (745–727 a.C.), el Pul de 2 R 15:19, menciona a Sanipu en sus inscripciones, rey de Amón, en una lista de reyes que estuvieron obligados a pagarle tributo. Otros en la lista son Salamanu de Moab, Quashmalaka de Edom, Mitinti de Ascalón, Hanno de Gaza, Acaz de Judá, y Menahem de Samaria. El Senaquerib asirio (705–681 a.C.) dice que Buduilu de Amón, Etbaal de Sidón, Mitinti de Asdod, y otros le pagaron tributos y le besaron los pies.

2:1. Moab. Una nación que descendía de Moab, hijo de Lot con su hija mayor (Gn 19:37). Los moabitas estaban estrechamente relacionados con los amonitas y con los israelitas. **Quemó los huesos del rey de Edom.** Esto quizás tuviera lugar en relación con los eventos registrados en 2 R 3, cuando Mesa, el rey de Moab, gozó al menos de un éxito temporal en su rebelión. El evento es también descrito en la Estela Moabita, inscrita por Mesa, que era entonces el rey de Moab (2 R 3:4). **Hasta calcinarlos.** O *hasta hacerlos polvo.* La LXX dice *hasta konia,* lo cual era un polvo fino con el que se cubría el cuerpo de un luchador después de haber sido ungido con aceite. Esto le daba a su oponente la ventaja de poderlo asir más fácilmente. La Vulgata dice *a cenizas.* El Targum indica que el rey de Moab utilizó el polvo para encalar su casa. **2. Queriot.** Quizás la capital de Moab, llamada Kir de Moab en Is 15:1. Es mencionada en la Estela moabita como centro de un templo a Quemós, un dios de los moabitas. **3. Juez.** La palabra hebrea es *shôpēt,* que en algunas ocasiones se refiere a un juez en el sentido usual de la palabra. Se utiliza también del rey (cp. Mi 5:2) en funciones de juez (2 S 8:15; Jer 21:12), y puede utilizarse de un alto funcionario que toma el lugar del rey (cp. 2 R 15:5).

C. Acusación sobre Judá. 2:4, 5.

Las profecías contra las naciones vecinas llevan a profecías contra Israel. La predicción del profeta de castigo en contra de las naciones vecinas probablemente provocara una atención simpatizante de sus compatriotas judíos, por lo menos al principio.

4. Judá. Las únicas referencias específicas a Judá fuera de este juicio se hallan en 1:2; 6:1; 7:12; 9:11. **5. Los palacios de Jerusalén.** Jerusalén era, incluso en el Reino del Norte, un símbolo de Jehová, que unía a los reinos del Norte y del Sur en adoración.

D. Acusación sobre Israel. 2:6–16.

Israel iba ahora a aprender que su relación especial con Jehová no la excusaba del castigo. **6. Vendieron por dinero al justo, y al pobre.** Una imagen de la opresión que había en Israel. **7. Se llegan a la misma joven.** Una referencia a la prostituta del templo, que llevaba a cabo sus prácticas como parte del culto cananeo a la fertilidad en el que se habían involucrado los israelitas. **8. Las ropas empeñadas.** Estos eran vestidos dados como prenda por los pobres. Eran retenidos de un día para otro por los acreedores, en violación de la ley (Éx 22:25, 26; Dt 24:12). La ley decía que, debido a que los pobres precisaban de sus vestidos para dormir en ellos, debían serles devueltos al final del día. **El vino de los multados beben.** El vino pertenecía en realidad a los que lo habían empeñado. El versículo presenta una figura de una implacable resolución en contra de deudores honestos.

9. Amorreo. Un nombre general dado al pueblo al este del Jordán y a los cananeos al oeste del río. **11. Nazareos.** La ley del nazareo se da en Nm 6:1–21. **13. Yo os apretaré en vuestro lugar, como aprieta el carro lleno de gavillas.** Israel experienciaría la presión aplastante que ejerce un carro totalmente cargado sobre la tierra sobre la que se mueve. **16. Aquel día.** El Día de Jehová, cuando el juicio de Dios caerá sobre Israel. Los vv. 14 a 16 describen un desastre abrumador.

II. Tres sermones contra Israel. 3:1—6:14.

A. Una declaración de juicio. 3:1–15.

Esta parte del libro es una expansión del tema de los primeros dos capítulos. Amós empieza mostrando la singular relación que Israel disfruta con Dios. Pero bajo el impulso de su responsabilidad profética, el profeta pronuncia también el mensaje de condena y advierte de la destrucción.

1. Toda la familia. Amós pone en claro que ha de caer el juicio sobre todas las doce tribus. **2. A vosotros solamente he conocido.** El verbo hebreo traducido "conocer", cuando se utiliza para expresar la relación entre dos personas, describe con frecuencia la intimidad del matrimonio (Gn 4:1). Es a Israel por encima de todas las otras naciones que Dios ha elegido para que goce de una relación especial con Él y para que efectúe un servicio especial al mundo. Esta doctrina es peculiar de los profetas de Israel, y no tiene paralelo entre otras naciones. Esto, naturalmente, sitúa a Israel en una posición de una responsabilidad especial.

3. ¿...si no estuvieron de acuerdo? La ASV dice, **a no ser que hayan efectuado un acuerdo,** esto es, que hayan fijado una cita. **5. Cazador.** En realidad, se refiere al mecanismo que activa la trampa. **6. ¿Se tocará la trompeta en la ciudad...?** Se tocaba la trompeta para advertir de un ataque, o como llamamiento a la batalla (cp. Ez 33:3; Jl 2:1). **¿...y no se alborotará el pueblo?** Las advertencias de Amós tenían que ser reconocidas. **Algún mal.** No una referencia al pecado, sino a calamidades y desastres.

7. No hará nada Jehová. Cuando Dios envía calamidad, también revela el propósito de la calamidad. **8. Si el león ruge.** El profeta oyó el rugido en el recio paso del ejército de Asiria.

9. Asdod...Egipto. En algunas ocasiones los profetas señalan a la superioridad moral de las naciones paganas sobre la rebelde Israel. **Los montes.** Ebal y Gerizim, desde los que se podía contemplar la ciudad de Samaria. **Samaria.** Fundada por Omri (1 R 16:24). **10. No saben hacer lo recto.** Han perdido todo sentido de dirección moral.

11. Un enemigo. El rey de Asiria. **12. De la boca del león.** La afirmación refleja el origen de Amós. Los restos de un animal se presentaban en ocasiones como evidencia (Éx 22:13). La insignificancia de lo que quedaba servía para enfatizar la comparación. **El rincón de una cama.** Las ASV y las RSV y asimismo la VM dicen: *en el ángulo de los sofás.* Este era el lugar de honor. **Los lechos damasquinos** (VM), se refiere a la obra de bordado en seda de las colchas. Lo que se presenta es una cámara del consejo en Samaria en la que los conductores de la nación reposaban libres de preocupaciones.

13. Casa de Jacob. Una referencia a las diez tribus, como se indica por la mención de Bet-el en el siguiente versículo. **Jehová el Señor, el Dios de los ejércitos.** Esta es la forma más larga del nombre de Dios en la Biblia, y aparece solamente aquí de todo el AT. Enfatiza de una manera especial la omnipotencia de Dios para el propósito de exaltar el efecto del juicio predicho. **14. Los cuernos del altar.** Los cuernos del altar simbolizaban poder y eran sagrados para los israelitas (1 R 1:50). Eran importantes debido a que la sangre del sacrificio era aplicada sobre ellos (Lv 4:30). Cortarlos era un acto de desacración.

B. La depravación de Israel. 4:1–13.

Amós acusa a las mujeres de ser responsables de mucha de la maldad en Israel. Irónicamente, el profeta apremia a Israel a que persista en su forma de adoración formal paganizada en sus santuarios. Dios había demostrado repetidas veces su desaprobación de la conducta de Israel, pero sin resultados. Como consecuencia, el castigo era inevitable.

1. Vacas de Basán. Basán, que estaba al este del Mar de Galilea, era famosa por su trigo y sus pastos, y especialmente por su ganado gordo y lustroso (Dt 32:14; Sal 22:12; Ez 39:18). Esto es un reproche a las bien alimentadas mujeres de Samaria, que eran responsables, en parte, de la injusticia en la tierra, debido a las exigencias que hacían a los hombres para los lujos de la vida. **2. Por su santidad.** La santidad de Dios será vindicada por su castigo del pecado. Esta es una expresión del monoteísmo ético de Amós, porque la santidad es la descripción del ser esencial de Dios. **Ganchos.** Como animales llevados con ganchos o anillos en sus narices. **Descendientes.** En lugar de esto, leer con la ASV, vuestro residuo, o con la RSV, *incluso los últimos de vosotros.* **Anzuelos.** Debido a que los ganchos normales quedarían agotados debido al gran número de cautivos, se utilizarían anzuelos con los otros. **3. Brechas.** Las mujeres serían llevadas cautivas a través de las brechas hechas por el enemigo en el muro de la ciudad. **Del palacio.** En lugar de ello, leer con la VM,

y seréis arrojadas hasta Harmona, un lugar de cautiverio.

4. Prevaricad...aumentad...la rebelión. La ironía de la afirmación tiene como fin mostrar que con cuanta mayor frecuencia los israelitas visitaban sus santuarios, tanto más lejanos se hallaban de Dios. Incluso si ofrecieran sus sacrificios anuales (1 S 1:3, 7, 21) cada mañana y su diezmo trianual (Dt 14:28; 26:12) cada tres días, sus sacrificios se verían viciados por su apostasía. **5. Pan leudado.** La levadura estaba prohibida en Éx 23:18 y Lv 7:12. **Ofrendas voluntarias** se refiere a aquellas ofrendas no obligatorias que se ofrecían de la libre voluntad de uno (Dt 12:6, 7), que era la expresión más sincera de la religión de uno. **Pues que así lo queréis.** O, *eso es lo que os gusta* (RVA).

6. A diente limpio. Nada que comer. **7. También os detuve.** Esta frase pone en acusado contraste el hecho de que fue el poder de Dios el que se había revelado en los asuntos de la nación. **8. Con todo, no os volvisteis a mí.** Esta frase recurrente revela la ternura de Dios, que había tratado, incluso en lo más duro de sus juicios, ganarse a Su pueblo a una comprensión más profunda de Él mismo. **10. Tal como a Egipto.** Una referencia a la especial severidad y destrucción causada por las plagas de Egipto.

12. De esta manera te haré. Amós predice dramáticamente el castigo final sin describir con claridad en qué consistirá. **Prepárate para venir al encuentro de tu Dios.** No se trata aquí de un reto a Israel a que esté dispuesto a afrontar el castigo, sino un llamamiento al arrepentimiento (LXX dice: *llama a tu Dios*). Toda profecía de juicio es una exhortación al arrepentimiento. **13. El que forma.** Amós de nuevo declara que las fuerzas de la naturaleza son una revelación de la majestad de Dios.

C. Una lamentación por el pecado y la condena de Israel. 5:1–6:14.

Amós exhorta al pueblo escuchar esta lamentación sobre Israel. El profeta enfatiza la necesidad de arrepentimiento y especifica algunos de los pecados de los que eran culpables el pueblo. Ya que su persistente idolatría había establecido una forma de vivir, era inevitable el castigo en forma de cautividad.

1. Oíd esta palabra. Esta introducción a un nuevo discurso estaba designado para avivar la atención y el temor en los corazones del pueblo. **2. La virgen de Israel.** Israel es designada como una **virgen** debido a que hasta aquel tiempo había permanecido incólume, sin haber sido conquistada. La designación señala al contraste entre su pasado y su futuro. **No hay quien la levante.** Ningún poder sería capaz de volverla a levantar. **3. La ciudad que salga con mil volverá con ciento...volverá con diez.** El versículo describe una terrible matanza en una guerra, con la muerte del 90 por ciento del ejército.

5. No busquéis a Bet-el...Gilgal. Centros de adoración corrompida. **7. Los que convertís el ajenjo en juicio.** Esto se dirige a los conductores. La figura se toma de una hierba amarga y venenosa (Jer 9:15; Dt 29:18). Los que tenían la responsabilidad de administrar la justicia hacían injusticias. **8. Al que hace las Pléyades y el Orión.** Estas constelaciones son mencionadas en el AT (Job 9:9; 38:31) como una demostración del poder creador de Dios. **El que llama a las aguas.** El versículo se refiere no solamente al control de Dios sobre la fuerzas de la naturaleza, sino probablemente al diluvio Noéico. **9. Al que trae repentina destrucción sobre los fuertes.** El poder irresistible de Dios destruye lo que constituye la base del orgullo humano.

10. El represor en la puerta de la ciudad. La puerta de las ciudades eran los lugares donde se administraba justicia (Dt 22:15). Un juez o un profeta que denunciaran las injusticias era impopular (Is 29:21). **13. El prudente en tal tiempo calla.** El hombre que comprendía la naturaleza del pecado de Israel se daba cuenta de la inutilidad de hablar en contra de él. Esto se halla en acusado contraste con los ataques directos de Amós sobre los pecadores de su época.

15. El remanente de José. La doctrina del remanente (esto es, que habrá unos pocos salvos y purificados fieles, en los que se cumplirá mucha de la profecía del AT) es prominente en los profetas (Is 11:11; Mi 2:12; 4:7). **18. El día de Jehová.** El día en el que el Dios de Israel se revelará en gran poder. Algunos creían que este día vindicaría a Israel frente a sus enemigos, pero Amós señala que el Día de Jehová solamente podría significar destrucción para una nación apóstata. **19. Se encuentra con el oso...le muerde una culebra.** El versículo enfatiza la repentina venida de catástrofe cuando y donde no es esperada. **22. No los recibiré.** Una repudiación sin paliativos de los sacrificios de Israel. **24. Juicio...justicia.** Esto no es una apelación a Israel a que vuelva a la justicia, sino una proclamación de que lo único que quedaba era juicio y destrucción.

25. ¿Me ofrecisteis sacrificios y ofrendas en el desierto...? La implicación es que los israelitas en el desierto no ofrecieron meros sacrificios y ofrendas (cp. Jer 7:22, 23). Lleva-

ban algo más que ceremonias formales. Amós no dice que no se ofrecieran sacrificios en el desierto. La relación es con lo que sigue. **26. Antes bien lleváis a Sacut vuestro rey y a Quiyún vuestro dios estrella** (RSV). Es imposible en la actualidad identificar a **Sacut. Quiyún** era un dios babilónico en ocasiones identificado con Saturno. Los ídolos serían llevados al exilio por los idólatras. **27. Más allá de Damasco.** A Asiria. Esteban menciona a Babilonia en lugar de Damasco (Hch 7:43).

6:1. Los reposados en Sion. Amós advierte a los hombres y mujeres descuidados de Judá, así como a los de Israel, que su negligencia acabará en un desastre. **Confiados en el monte de Samaria.** Esto se comprende en ocasiones como expresivo de confianza en el gran poder de la fortaleza montañosa de la ciudad, pero podía entenderse igualmente de bien como una referencia al sentimiento de seguridad y de confianza en su propio poder de parte de los que habitaban en Samaria. **A los cuales.** Los jueces y los líderes de Israel, a los que venían la gente de la nación para la administración de justicia. **2. Calne.** Su situación es incierta. **Hamat.** Una importante ciudad sobre el río Orontes.

3. Dilatáis el día malo. Actuaban como si el día de la calamidad no fuera a llegar. **4. Duermen en camas de marfil.** La estructura de sus camas estaban incrustada de marfil. **5. Inventan instrumentos musicales.** Al final de la traducción del Salterio en la LXX, se cita a David como diciendo: "Mis manos formaron un instrumento, y mis dedos montaron un Salterio" (cp. 2 Cr 29:26, 27). **6. Tazones.** La ordinaria taza no era lo suficientemente grande, por lo que, en su indulgencia, se apropiaron de vasos utilizados generalmente para propósitos sacrificiales (Éx 38:3; Zac 14:20).

8. Juró por sí mismo. El juramento era por su santidad. Esta expresión solamente se halla en Amós 4:2 y en Jer 51:14, además de en este pasaje. Para expresiones similares ver Gn 22:16 y He 6:13. **La grandeza de Jacob.** Esto no se refiere, como podría parecer, a lo que Israel era en sí misma, sino a sus ciudades y palacios, de los que se vanagloriaba y enorgullecía (cp. Nah 2:2). **9. Si diez hombres quedaren en una casa.** Los no muertos en la guerra morirían por la plaga. **10. Lo quemará.** Una referencia no a la cremación sino a la costumbre de honrar a los muertos quemando especias (Jer 34:5; 2 Cr 16:14; 21:19). **No podemos mencionar el nombre de Jehová.** Cuando solamente se hallara un solo sobreviviente de la plaga en una casa, los parientes y amigos tendrían cuidado en evitar mencionar el nombre del Señor por temor al juicio de Dios (cp. Amós 8:3; Hab 2:20; Sof 1:7).

12. ¿Correrán los caballos por las peñas? Hay un orden espiritual y moral en el universo que es tan imposible de ignorar como el orden natural. Es algo tan carente de sentido pervertir la justicia como esperar que los caballos corran sobre rocas o que los bueyes aren sobre peñas. **13. En nada.** El pueblo tenía confianza en lo que existía solamente en sus imaginaciones. **14. Hamat.** En el límite norte de la tierra (Nm 13:21). **El arroyo del Arabá,** que desemboca en el Mar Muerto entre Edom y Moab.

III. Cinco visiones de la condición de Israel. 7:1—9:10.

A. Las langostas devoradoras. 7:1–3.

Una visión de las destructoras langostas, cuya devastadora invasión fue detenida por el Señor cuando el profeta oró. **1. Así me ha mostrado Jehová el Señor.** Esta fórmula introduce todas las visiones que siguen, excepto la quinta (9:1). **El criaba langostas.** Estas eran langostas en estado larval. En 4:9 el Señor dice que envió langostas para señalar el pecado de Israel, lo cual fue en realidad una revelación de la misericordia de Dios. Aquí la misericordia de Dios se revela en la retirada de las langostas antes de que hubieran consumido del todo las cosechas. Los dos relatos hablan de la misma plaga, y revelan las dos facetas de la misericordia de Dios: en primer lugar, la faceta activa, y aquí la pasiva. **El heno tardío.** La hierba que crece después de las últimas lluvias de marzo y de abril. **Las siegas del rey.** El primer corte de la hierba se destinaba a la alimentación de los caballos del rey, antes de que el pueblo recogiera la principal cosecha. El pensamiento en el versículo es que ''desde el principio del crecimiento del heno tardío'' las langostas se hallaban en estado larval; después de **las siegas del rey** eran langostas totalmente crecidas. Así, Amós advertía a Israel de una total destrucción de las cosechas cuando tuviera que empezar el calor del verano. **2. Cuando acabó de comer la hierba.** La destrucción no era completa. *Cuando estaba a punto de acabar con la hierba.* **¿Quién levantará a Jacob? porque es pequeño.** A pesar de sus pretensiones (cp. 6:1), Jacob era pequeño. **3. Se arrepintió Jehová.** Esta es una expresión antropopática (cp. 7:6; Gn 6:7; 1 S 15:35; Jon 3:9). Dios no cambió de actitud, como lo hacen los hombres, sino que cambió su curso de acción, lo cual es coherente con un inmutabilidad interna. Esto fue en respuesta al clamor de Amós: ''Señor Jehová, perdona ahora'' (7:2). Según algunos eruditos, Amós tenía en mente la plaga de langostas; según otros, estaba pensando en el ataque de los asirios.

B. El fuego devorador. 7:4–6.

Una visión de fuego consumidor, cuya obra de destrucción es detenida por el Señor cuando el profeta ora. **4. Jehová el Señor llamaba para juzgar con fuego.** El Señor se hallaba ahora en conflicto abierto con Su pueblo (cp. Is 66:15–18; 3:13; Jer 2:9; Os 4:1). Demostraría sus juicios con fuego. **Consumió un gran abismo, y consumió una parte de la tierra.** El calor del verano fue tan severo que consumió las fuentes subterráneas de los arroyos y ríos y afectó de esta manera a la tierra. El fuego simboliza un castigo más severo que el de las langostas. Las dos primeras visiones son paralelas con los castigos de Amós 4:6–11.

C. La plomada. 7:7–9.

Una visión de la plomada y de la completa destrucción. **7. Sobre un muro.** *Junto a un muro* (BLA, cp. VM) es mejor traducción. El muro es el reino de Israel. **8. Yo pongo plomada de albañil.** La medición de la pared es un símbolo del juicio de la conducta de Israel (cp. 2 S 8:2; 2 R 21:13). **No lo toleraré más.** O, *no perdonaré.* En las visiones anteriores Dios había escuchado la súplica del profeta, pero ahora no permitiría la intercesión. El justo castigo tenía que venir. **9. Los lugares altos.** El pueblo proseguía en su adoración sobre los llamados lugares altos, que eran colinas naturales o montículos artificiales. Otras naciones utilizaban también tales lugares (Dt 12:2; Is 15:2; 16:12). Estos lugares altos, con su influencia pagana, contribuyeron a la corrupción de Israel (1 R 12:31–33; 13:32–34). **De Isaac.** Se han ofrecido muchas interpretaciones variadas de este pasaje, pero es evidente que Amós utiliza el nombre como sinónimo de Israel, la nación. **Los santuarios de Israel serán asolados.** El paralelismo de esta afirmación con la que la precede en el versículo es evidente. **La espada** símbolo del ejército asirio (Amós 6:14).

D. Oposición eclesiástica. 7:10–17.

Amasías, el sacerdote de Bet-el, acusó a Amós de ser un conspirador contra Jeroboam, y le ordenó que se volviera a Judá. Amós respondió que hablaba por mandato de Dios. **12. Comé allá tu pan.** Amasías le estaba diciendo a Amós que fuera a ganarse la vida profetizando en Judá. **14. Soy boyero.** Amós negó que él fuera un profeta en ningún sentido profesional, sino que dijo que era un boyero y que recogía **higos silvestres.** Estos higos tienen que abrirse con un instrumento especial para dejar escapar el exceso de jugo antes de que madure.

15. Jehová me tomó...y dijo. La repetición de nombre de Jehová en el original (la versión literal sería *Jehová me tomó...Jehová me dijo*) pone de una manera atrevidamente destacada el hecho de que Amós no profetizó por la voluntad de hombre sino por el llamamiento directo de Dios, que le había hecho profeta. **17. Ramera.** Violada por los soldados invasores.

E. El canastillo de fruta de verano. 8:1–14.

Amós tuvo una cuarta visión de destrucción, representando lo preparada que estaba Israel para su destrucción. Esta visión fue la ocasión del discurso que sigue. **1. Fruta de verano.** La palabra significa fruta tardía de verano o de otoño, y por tanto totalmente madura. **2. Ha venido el fin.** Una reiteración del pensamiento de la tercera visión. Israel estaba maduro en sus pecados y el fin se estaba ahora avecinando. **3. Los cantores del templo.** Aquí, la RV sigue a la LXX. Otras versiones dicen: *las canciones* (cp. VM). **5. Mes...semana.** *La nueva luna...el sábado.* Días sagrados en el sentido de que estaban prohibidas las ocupaciones ordinarias. **Achicando el efa, y engrandeciendo el siclo** (VM). Los mercaderes utilizaban pequeñas medidas para dar menos de lo que era correcto, y al utilizar pesos más pesados para el dinero, engañaban al tomar más dinero de la cuenta en la compra. **8. Como un río.** Más bien, *como el Río,* o *como el Nilo* (VM, RVA). El texto hebreo tiene en realidad *como la luz,* pero los eruditas están de acuerdo en que se trata de una referencia al Nilo. **9. En aquel día.** El Día de Jehová, que estará caracterizado por cambios en el mundo natural. **Cubriré de tinieblas la tierra.** Esto es probable que se refiera a un eclipse. **10. Unigénito.** Una descripción de la tristeza más profunda (Jer 6:26; Zac 12:10). **11. Enviaré hambre.** El pueblo anhelaría oír las palabras que habían ignorado durante tanto tiempo. **14. El pecado de Samaria.** El hebreo tiene *la culpa de Samaria* (RVA), lo cual constituye una referencia al culto idolátrico efectuado allí. Algunos prefieren leer *Ashimah*, el nombre de la diosa pagana adorada en Samaria (2 R 17:30). **El camino de Beerseba,** que se refiere a las peregrinaciones al santuario pagano.

F. El juicio del Señor. 9:1–10.

La quinta visión fue la del Señor ejecutando juicio del que sería imposible escapar. Sigue una vívida descripción de la devastación.

1. Vi. La introducción de esta visión difiere de las cuatro primeras. Aquí el Señor mismo apareció, y por ello Amós ya no utiliza símbolos. **Junto al altar** (VM). La destrucción empezó en el centro de la idolatría. **2. Aunque cavasen hasta el Seol.** Se refiere al lugar de los muertos (Is 14:9), como lugar inaccesible. **Aunque subieren hasta el cielo.** El Seol y el cielo se utilizan en ocasiones como símbolos de una oposición total (Job 11:8). **3. Carmelo.** Un símbolo de inaccesibilidad. **La serpiente.** Un símbolo del mónstruo del abismo (Is 27:1). **5. Como un río.** Cp. 8:8. **6. En el cielo sus cámaras.** Una imagen de lo inmenso del universo. **Su expansión,** o *bóveda.* El hebreo significa *enlazar.* La primera parte del versículo es una descripción del vasto arco del cielo, que parece estar bien establecido sobre la tierra. **7. Etíopes.** Más bien, cusitas. **Caftor.** Se acepta generalmente que se refiere a Creta (RVA, nota).

IV. La promesa de la restauración de Israel. 9:11–15.

Esta última sección de la profecía da una descripción del reino davídico restaurado. Da relieve a la meta del control de Jehová de la historia. La idea de que la voluntad de Dios tiene que ser cumplida en la historia constituía una parte integral del pensamiento de Amós. **11. En aquel día.** El Día de Jehová. **El tabernáculo de David.** En el castigo de Israel la casa de David quedó reducida a un tabernáculo. Esta es una figura de la restauración venidera de Israel, cuando el trono de David será re-establecido (cp. Hch 15:15–17). **12. Todas las naciones.** La visión de Amós del reino mesiánico bajo el trono de David la representa como universal e incluyendo a los gentiles. **13. El que ara alcanzará al segador.** Una predicción de la fertilidad milenial de la tierra. **14. Y traeré del cautiverio a mi pueblo.** Una promesa de que Israel será restaurado a su tierra, que será reconstruída y hecha próspera. **15. Los plantaré sobre su tierra** (cp. Jer 24:6; 32:41; 42:10). El retorno de Israel será un acto directo de Dios. **Nunca más serán arrancados de su tierra.** Una promesa incondicional de posesión permanente, que no ha sido cumplida todavía (2 S 7:10; Is 60:21; Jl 3:20). **Jehová Dios tuyo.** Las palabras finales de la profecía eran la base de la certeza dada a Israel de que estas cosas sucederán.

BIBLIOGRAFÍA

CRIPPS, RICHARD S. *A Critical and Exegetical Commentary on the Book of Amos.* Nueva York: The Macmillan Co., 1929.

DRIVER, S. R. *The Books of Joel and Amos. (The Cambridge Bible).* Cambridge: Cambridge University Press, 1934.

EDGHILL, ERNEST ARTHUR. *The Book of Amos With Notes.* Londres: Methuen and Co. Ltd., 1914.

JENKINS, SARA LUCILE. *Amos, Prophet of Justice.* Nueva York: Association Press, 1956.

JONES, PHILIP COWELL. *Prophet Without Portfolio.* Filadelfia: Board of Christian Education of the Presbyterian Church in the United States of America, 1959.

MITCHELL, HINCKLEY G. R. *Amos, an Essay in Exegesis.* Nueva York: Houghton Mifflin Co., 1900.

SMITH, GEORGE ADAM. *The Book of the Twelve Prophets.* Nueva York: Harper & Bros., 1940. Vol. I.

SNAITH, NORMAN H. *The Book of Amos.* Londres: Epworth Press, 1946. Pt. I.

WATTS, JOHN D. W. *Vision and Prophecy in Amos.* Grand Rapids: William B. Eerdmans Publishing Co., 1958.

WEISER, ARTHUR. *Das Buch der Zwölf Kleinen Propheten.* Göttingen: Vandenhoeck & Ruprecht, 1949. Vol. 1.

WOLFE, ROLLAND E. *Meet Amos and Hosea.* Nueva York: Harper & Bros., 1945.

COMENTARIOS EN ESPAÑOL

ELLISON, HAROLD. *Portavoces del Eterno: Una Introducción a los Libros Proféticos.* Madrid: Literatura Bíblica, 1982.

MOTYER, J.A. "Amos". *Nuevo Comentario Bíblico*, editado por D. Guthrie, J. A. Motyer, A. M. Stibbs y D. J. Wiseman. El Paso: Caso Bautista de Publicaciones, 1978.

YATES, K. M. *Amós: El Predicador Laico.* El Paso: Casa Bautista de Publicaciones, 1966.

ABDÍAS

INTRODUCCIÓN

Título. El libro de Abdías no identifica al profeta (aparte de dar su nombre) ni hace ninguna afirmación de una fecha clara de su redacción. Aproximadamente una docena de personas reciben el nombre de Abdías en otros pasajes del Antiguo Testamento, pero ninguno de ellos se corresponde al profeta de este escrito. Su origen, posición social, y ocupación en la vida siguen siendo cosas oscuras para nosotros. El nombre del profeta significa "siervo de Jehová", o "adorador de Jehová". Está compuesto de *'ôbed*, "siervo", y *yâ*, una forma abreviada del nombre de cuatro letras *yhwh*, pronunciado *'ădônāy* por los judíos piadosos, y traducido como *Jehová* o *Yavé* en las versiones en castellano.

Paternidad. Los primeros nueve versículos de este libro, el más corto de todos los del Antiguo Testamento, forman un estrecho paralelo de secciones de Jer 49, aunque la secuencia del material es diferente (cp. Ab vv. 1–4 con Jer 49:14–16; Ab vv. 5, 6 con Jer 49:9, 10; Ab vv. 8, 9 con Jer 49:7, 22). La cuestión es: ¿Qué profeta depende del otro? La situación más probable es que ambos escritores utilizaran una profecía anterior bien conocida. Es indudable que la disposición presente en este libro es obra de Abdías. Es evidente que todo el libro es oráculo de Jehová (1a).

Fecha. La profecía de Abdías alude a una situación histórica en la que los edomitas se aliaron con los enemigos de Israel y participaron en el saqueo de Jerusalén (vv. 10–14). Jerusalén fue saqueada por los filisteos y árabes durante la época de Joram (2 Cr 21:16,

17), alrededor de mediado el siglo ix. Edom es mencionado aquí como teniendo más de un aliado (vv. 7, 11). Se sabe que Edom estuvo aliado con los babilonios y otros en la caída de Jerusalén en 587/586 a.C., y que participó en el saqueo de la ciudad. Es probable que la profecía de Abdías pueda ser situada en este período como el más ajustado a la evidencia interna.

Sumario del mensaje. El tono emocional de la profecía de Abdías es intenso pero no lo suficientemente amargo como para justificar la acusación de que se trata de un himno de odio. Los intensos sentimientos del poema se hallan ceñidos por un intenso sentimiento de justicia. Unos parientes próximos habían quebrantado los lazos que unen a tribus emparentadas, y habían cometido horrendos crímenes. ¡Sus pecados tenían que ser castigados! Los israelitas no se tomaron sobre sí mismos la empresa de castigar a los edomitas. En lugar de ello, reconocieron a Dios como el Juez de todas las naciones, y creían que Él ejecutaría la justicia sobre la base de los crímenes cometidos (v. 15). Dios es aquí considerado como universal en Su poder, de manera que ninguna nación puede escapar a su mirada escudriñadora, que lo alcanza todo. Dios está interesado en los oprimidos, y los levantará, restaurándoles lo que ha sido arrebatado de sus manos. Hay en la profecía una intensa nota de esperanza y de consolación. Sin embargo, la soberanía de Dios nunca queda fuera de la perspectiva. Él es el Juez al principio del libro, y el Rey a su final.

BOSQUEJO

I. **Título. v. 1a.**

II. **Las naciones alineadas contra Edom. v. 1b.**

III. **Citación al Enemigo Público. Número Uno. vv. 2–7.**

IV. **Acusación sobre Edom. vv. 8–14.**
A. La intención del Juez. vv. 8, 9
B. La causa contra Edom. vv. 10–14

V. **Sentencia sobre Edom. vv. 15–20.**
    A. Juicio. vv. 15, 16

    B. Vindicación. vv. 17–20
VI. **Jehová será el Rey. v. 21.**

COMENTARIO

I. Título. Versículo 1a. (Ver introducción).

II. Las naciones alineadas contra Edom. Versículo 1b.

La profecía de Abdías está puesta en forma de una causa criminal. Se identifica a uno que está fuera de la ley, es traído a la justicia, y recibe sentencia. **Jehová el Señor** es el juez que habla en contra del proscrito **Edom. Hemos oído el pregón de Jehová, y mensajero ha sido enviado.** Antes del juicio, los heraldos del Juez han proclamado el evento a las naciones, llamándolas a que se presenten a fin de estar preparadas para la batalla (cp. Jer 49:14).

III. Citación al Enemigo Público Número Uno. Versículos 2–7.

El Juez divino hace pública su propia estimación del criminal que es aquí citado a que dé cuenta de sus actos.

2. Pequeño te he hecho. Edom se consideraba como nación superior (vv. 3, 4), pero, a los ojos de Dios, era insignificante. No sería cosa accidental que otras naciones la despreciaran; sería algo dispuesto por Dios. La fuerza del verbo hebreo se refiere no a una acción pasada sino a una acción cierta, en el futuro. Irónicamente, Edom deseaba desesperadamente ser una igual entre las naciones, pero ninguna la consideraba como tal.

3. La soberbia de tu corazón te ha engañado. La estimación que Edom tenía de sí misma estaba ampliada más allá de toda proporción con respecto a su verdadero poder. Había venido a depender en gran manera de la protección de su fortaleza montañosa natural. **Las hendiduras de las peñas.** La inaccesibilidad del monte Seir había hecho de aquella montaña un refugio en muchas ocasiones para los edomitas. Es una cordillera de granito, con una anchura de veinticinco a treinta y dos kilómetros, orientada de norte a sur, y con acantilados de hasta 600 metros de altura. Su fortaleza es una roca elevada, y llana, llamada *Sela'* en el Antiguo Testamento, pero más generalmente conocida por el nombre de Petra. La fortaleza tenía como único acceso una estrecha barranca, con enhiestos muros de piedra. Edom había llegado a creer que ningún enemigo tendría éxito en un ataque contra sus defensas. **4. Como águila.** La fortaleza se hallaba situada tan alta sobre la montaña que

es aquí asemejada a un nido de águilas entre las estrellas. Pero el Señor declara que Edom no se halla más allá de su alcance. Él la llevaría a tierra y la juzgaría en presencia de las naciones.

5. Si ladrones...o robadores...vendimiadores. Comparando con prácticas comunes, el Juez divino representa de una forma notable el fin del poder de Edom. Los ladrones y asaltantes (y los edomitas eran conocidos como tales) se llevaban normalmente como botín aquello que consideraban valioso. Asimismo, los vendimiadores solamente se llevaban los racimos maduros. Pero las fortalezas de Edom serían desgarradas y *todas* sus posesiones serían arrebatadas de sus escondites. **7. Tus aliados.** Mediante engaños Edom sería entregada al Juez por sus propios aliados. Aquellos mismos de los que Edom se había alimentado se volverían en contra de ella.

IV. Acusación sobre Edom. Versículos 8–14.

A. La intención del juez. Versículos 8, 9.

El Juez declara que tiene la intención de exponer la superficialidad de la pretensión de sabiduría y poder de Edom.

8. Los sabios no podrán conseguir la absolución de Edom. Se verán confundidos por la fuerza de los argumentos de la acusación. **9. Y tus valientes.** La inteligencia y habilidad del guerrero no libraría esta vez a Edom. *Teman* era el principal establecimiento edomita cercano a la fortaleza, *Sela'* o Petra. La justicia obtendría una clara convicción y una sentencia de muerte.

B. La causa contra Edom. Versículos 10–14.

La exposición de los pecados de Edom es devastadora y abrumadora.

10. La violencia hecha a tu hermano Jacob (VM). El padre ancestral de los edomitas era Esaú, el hermano gemelo de Jacob. Aunque Jacob había perjudicado gravemente a Esaú (Gn 25:33; 27:36), Esaú le había perdonado (Gn 33:4). Ahora había violencia en lugar de perdón. **11. Estando tú delante.** Cuando los extranjeros se llevaron al exilio a los descendientes de Jacob y capturaron la Ciudad Santa, los descendientes de Esaú no vinieron a ayudar a Judá en contra del enemigo, sino que se pusieron del lado del invasor. Edom participó en el saqueo de la ciudad. Esta situación concuerda mejor con los eventos relacionados con la caída de Jerusalén en 587/586 a.C., y el período inmediatamente siguiente.

12. Pues no debiste tú haber estado mirando en el día de tu hermano. En los vv. 12, 13, 14 aparece esta frase en siete ocasiones: **no debiste**, o sus equivalentes. Marcan los crímenes específicos cometidos por los edomitas. Un pariente se veía obligado por sus lazos de sangre a ayudar a otro cuando este se hallaba en peligro. Edom rehusó ayudar a Jacob (Israel) en su aprieto. Ver Jue 5:23 para un ejemplo de condena de parientes que no dieron ayuda en una crisis. **Alegrado.** Edom no se había limitado meramente a no dar ayuda, sino que además había disfrutado viendo la derrota de los israelitas. Los edomitas se habían **jactado** a otros acerca del hecho de que los israelitas se merecían el castigo que les había sobrevenido. Así, añadieron insulto a la injuria. **13. Entrado por la puerta de mi pueblo.** Edom dejó de ser un espectador gozoso, y empezó a participar activamente en el saqueo de Jerusalén. Este crimen está enfatizado en este versículo por otras dos afirmaciones paralelas. **14. Parado en las encrucijadas.** La acusación muestra a Edom primero como espectador gozoso, después como participante en el saqueo de la ciudad, y después sirviendo en las barreras en las encrucijadas de las rutas de huída de la ciudad caída, arrestando cruelmente a los fugitivos y entregándolos al invasor como esclavos. ¡Un hecho aberrante y digno del mayor de los castigos!

V. Sentencia sobre Edom. Versículos 15–20.

A. Juicio. Versículos 15, 16.

La acusación ha expuesto su causa contra Edom, y el Juez señala ahora la base para castigar al criminal.

15. El día de Jehová. El Día de Jehová es la época del juicio de Dios sobre la maldad y la vindicación de la justicia. Dios es misericordioso, pero no tolerará indefinidamente el pecado. Cuando el pecador, sea un individuo o una nación, ignora completamente el gobierno de Dios, Él interviene para juzgar y vindicar (cp. Jl 2:1; Amós 5:18–20; Sof 1:7, 8, 14–18; Ez 25:12–14; 35:1–15). **Como tú hiciste se hará contigo.** Los juicios del Señor estarán basados en la justicia, y no sobre capricho ni una actitud vengativa. El castigo no será ni más ni menos que lo que merezcan los crímenes cometidos. (Ver Oseas 8:7 para una pintoresca manera de afirmar el mismo principio.) La sentencia sobre el pecador no estará por encima de los crímenes cometidos, pero el tal debe estar seguro de que deberá sufrir por sus pecados.

Históricamente, Edom vino a conocer la realidad de esta verdad. Poco después de estos sucesos, Edom fue expulsado de su hogar ancestral por los nabateos, de forma que tuvieron que desplazarse al límite occidental del mar muerto. Hebrón fue hecha la capital de su nuevo hogar en el sur de Judá. Los macabeos, especialmente Juan Hircano (c. 125 a.C.) sometieron y judaizaron a los edomitas. Fueron al fin destruidos con los judíos el 70 d.C. por el general romano Tito.

16. De la manera que vosotros bebisteis …beberán…todas las naciones. El dolor que acompaña al castigo es algunas veces comparado a la bebida de vino fuerte. Ver Jer 25:15–28 para una aplicación extensa de esta analogía. Dios no haría solamente un ejemplo de Edom, sino que igualmente juzgaría a todas las naciones por sus pecados.

B. Vindicación. Versículos 17–20.

No solo castigaría Dios a los malvados; libraría también a los oprimidos de su miseria.

17. Pero en el monte Sion habrá un remanente que se salve. En la destrucción del monte Sion, Israel fue castigada por sus pecados; pero Israel iba también a conocer liberación. El pecado tenía que ser castigado, pero lo que Dios desea más profundamente es dar liberación a aquellos que vuelven a él. La caída de Jerusalén trajo al reino de Judá a su fin, pero no había cesado con ello el interés de Dios en Su pueblo. Volvería a traer un remanente de la cautividad al monte Sion. **Será santo.** En el AT, santidad significa principalmente separación hacia Dios (Dt 7:6; Jer 1:5), pero significa también separación de todo aquello que es inmundo (Lv 20:7; 21:6; 22:9). El pueblo liberado sería el pueblo de Dios, pero debían también ser limpiados de las prácticas idolátricas que habían provocado la destrucción de la nación. **La casa de Jacob recuperará sus posesiones.** La tierra prometida será devuelta a los exiliados que vuelvan, y los hogares y porciones de tierra que pertenecieron a sus padres volverán de nuevo a ser suyos.

18. Será fuego…será llama. En el día del Señor, la relación entre Israel y Esaú quedaría invertida. La **casa de Jacob** y la **casa de José** (sinónimos para Israel) serán señores sobre **el monte de Esaú** (Edom) y serán instrumentos en las manos de Dios para llevar a cabo el juicio divino sobre Edom.

19. Los del Neguev poseerán el monte de Esaú. Otra traducción lee: **Poseerán el Neguev, esto es, el monte de Esaú.** Los límites del reino davídico serán restaurados en el sur y en **la Sefela de los filisteos,** lo cual incluiría a las ciudades de Gat, Ecrón, Asdod, Ascalón, y Gaza. (Toda esta región se halla ahora dentro del territorio israelita, aunque la franja de Gaza como territorio ocupado.) Luego, hacia el norte, **los campos de Efraín** y **los campos de Samaria** serían devueltos a los exiliados repatriados. La tribu de Benjamín se moverá a través del río Jordán, y reposeerá Galaad.

20. Los límites davídicos serán extendidos con la inclusión de **los cananeos** (fenicios) hasta **Sarepta**, ahora conocida como Safarand. Se halla situada entre Tiro y Sidón sobre la costa del Mediterráneo. **Sefarad.** Con la mayor de las probabilidades es Sardis, capital de Lidia en el Asia Menor occidental.

VI. Jehová será el Rey. Versículo 21.
Así como la profecía de Abdías empieza

con el Señor dominando la escena, termina con la proclamación de que él será Rey sobre todos. **Salvadores.** La LXX vierte, *aquellos que han sido salvados*; pero el hebreo parece referirse a vencedores, esto es, los exiliados retornados, que de nuevo regirán desde Jerusalén sobre la tierra de Edom. **El reino será de Jehová.** Los exiliados retornados se hallarán bajo un gobierno teocrático regido por el mismo Dios. Esta era la gran visión de Abdías y de otros profetas: Que Jehová Dios iba a ser Rey sobre Israel y que Él regiría el mundo desde el monte Sion (cp. Zac 14:9–11).

BIBLIOGRAFÍA

BEWER, J. A. "Obadiah," *International Critical Commentary.* Edimburgo: T. & T. Clark, 1951.

EXELL, J. S. "Obadiah," *Pulpit Commentary,* Vol. 14. Grand Rapids: Wm. B. Eerdmans Publishing Co., 1950.

KEIL, C. F. "Obadiah," *Biblical Commentary on the Old Testament*, Minor Prophets. Vol. 1. Grand Rapids: Wm. B. Eerdmans Publishing Co., 1951.

KLEINERT, PAUL. "Obadiah," *Commentary on the Holy Scriptures*, Minor Prophets. Editado por J. P. Lange. Grand Rapids: Zondervan Publishing house, s.f.

SMITH, G. A. "Obadiah," *Expositor's Bible.* Vol. 4. Grand Rapids: Wm. B. Eerdmans Publishing Co., 1943.

THOMPSON, J. A. "Obadiah," *Interpreter's Bible.* Vol. 6. Nueva York: Abington Press, 1956.

COMENTARIOS EN ESPAÑOL

ARCHER, GLEASON L. *Reseña Crítica de una Introducción al Antiguo Testamento.* Grand Rapids: Editorial Portavoz, 1987.

JAMIESON, ROBERTO, FAUSSET, A. R., y BROWN, DAVID. *Comentario Exegético y Explicativo de la Biblia.* Tomo I. El Paso: Casa Bautista de Publicaciones, 1958.

ROBINSON, D. W. B. "Abdías". *Nuevo Comentario Bíblico*, editado por D. Guthrie, J. A. Motyer, A. M. Stibbs y D. J. Wiseman. El Paso: Casa Bautista de Publicaciones, 1978.

JONÁS

INTRODUCCIÓN

Título. El libro recibe su nombre del principal protagonista en la narración. *Jonás (paloma)* es identificado como hijo de Amitai. Un profeta de este nombre, que aparece en una corta narración en 2 R 14:25, proviene de Gathefer, situada en el territorio de Zabulón, conocido ahora como Galilea. Este profeta había predicho las triunfantes conquistas de Jeroboam II en la primera mitad del siglo VIII a.C. Hay pocas dudas de que el profeta de Gathefer era el mismo que el profeta de este pequeño libro.

Fecha y paternidad. En ninguna parte del texto se halla ninguna afirmación de que hubiera sido el profeta mismo el que escribiera el libro, aunque la oración en el cap. 2 se halla en primera persona del singular. Sin embargo, la tradición ha mantenido firmemente que el autor fue el mismo Jonás. En años recientes muchos han mantenido que el libro es *acerca* de Jonás, pero no *por* él. Este punto de vista se halla basado en varias observaciones: los capítulos 1, 3, y 4 están escritos en tercera persona; aparecen expresiones hebreas y arameas tardías en el libro; el gran número de milagros que se registran impide una base histórica; y el énfasis sobre la misericordia de Dios hacia una nación extranjera sugiere una fecha posexílica. Los eruditos conservadores han mantenido coherentemente que estos factores, por sí mismos, no son lo suficientemente importantes como para constituir prueba de que el profeta no hubiera vivido en el siglo VIII o de no fuera él el autor del libro.

Marco histórico. Tomado como narración histórica de un profeta activo en la época de Jeroboam II, rey de Israel, los eventos del libro tuvieron que haber ocurrido en algún tiempo entre el 780 y el 750 a.C. Jeroboam II había triunfado en su intento de restablecer el poder de Israel sobre la mayor parte del territorio al norte de Judea controlado por David y Salomón. En el siglo anterior el imperio asirio había constituido una amenaza a lo largo e la costa Mediterránea oriental, y se había dado a conocer como un opresor cruel e implacable. Durante el reinado de Jeroboam II, aunque el poder de Asiria había descendido, todavía era un factor a ser tenido en cuenta. Nínive no había venido a ser todavía la capital del imperio, pero Cala, una de las secciones del antiguo complejo de la antigua ciudad-estado que incluía a Nínive, fue la capital entre el 880 y el 701 a.C.

No hay inscripciones asirias afirmando que jamás tuviera lugar un avivamiento como el descrito en este libro en Nínive; pero durante la época en que la Reina Semíramis era coregente con su hijo Adad-Nirari III (810–782), hubo una breve asunción de monoteísmo. Es difícil afirmar si pueden identificarse los frutos el ministerio de Jonás con esta purificación del culto asirio. Hubieron dos severas plagas que cayeron sobre Asiria el 765 y el 759 a.C., así como un eclipse total el 763 a.C., todo lo cual era considerado por los antiguos como evidencias de juicio divino, y que hubieran podido preparar los corazones del pueblo para la predicación de Jonás.

Interpretaciones del libro. Se ha suscitado mucha controversia con respecto al significado del libro de Jonás, y esto ha provocado un amplio campo de opiniones contrapuestas. El libro ha sido interpretado como leyenda, parábola, mito, y como alegoría profética; también ha sido enfocado como historia con relevancia mesiánica.

Se ha sugerido (R. H. Pfeiffer, *Introd. to the OT*) que el libro es una ficción basada en un posible carácter legendario cuyo verdadero nombre ha sido perdido. Según este punto de vista, el desconocido autor sacó los milagros de las historias de Elías y de Eliseo (cp. Jon 4:3 con 1 R 19:4*b* y Jon 4:5, 6 con 1 R 19:4*a*, 5*a*) y la escena del duelo de Joel. El libro, así tenía la intención solamente de protestar en contra de un estrecho nacionalismo de los judíos, que se hallaban bajo las enseñanzas de Esdras. El salmo de Jonás 2 es la oración de acción de gracias de un hombre salvado de morir ahogado.

La interpretación del libro como parábola (IB) es muy similar al punto de vista de que es legendario. Según este segundo punto de vista, el carácter de Jonás es a la vez un análisis y una crítica del judaísmo del post-exilio, y la ciudad de Nínive representa el inmenso mundo no judío que espera el despertar que solamente puede dar el verdadero mensaje de Dios. La parábola trata de presentar la justicia y la misericordia de Dios hacia cualquier hombre o grupo que se arrepienta de sus pecados.

Los que entienden la historia de Jonás como un mito revestido de fantasía judáica detectan una similaridad entre ella y una antigua fábula griega. Un rey de Troya encadenó a su hija Hesiona a una roca sobre la costa. Su intención era sacrificarla a Neptuno, que, como tiburón, vendría con la marea y la devoraría. Sin embargo, Hércules luchó contra el mónstruo y lo destruyó, salvando así a la muchacha.

Según la interpretación alegórica, popular desde hace mucho tiempo (ver *Abingdon Bible Commentary*), Jonás es identificado con Israel. La verdadera misión de Israel es la de declarar la verdad de Dios al mundo, pero ha fracasado en hacerlo así. El ''gran pez'' es Babilonia, que tragó a los israelitas (se los llevó al exilio). El vómito de Jonás en tierra representa el retorno de los judíos del exilio. La falta en tierra representa el retorno de los judíos del exilio. La falta de satisfacción de Jonás ante el arrepentimiento de los gentiles es un paralelo del espíritu del judaísmo después del retorno.

Aquellos que han mantenido el carácter histórico del libro han mantenido que un profeta verdadero (Jonás) experimentó lo que allí se registra y así cumplió, en parte, la tarea misionera de Israel en la antigüedad. Para ellos (ver Unger, *Introductory Guide to the OT*) la historia factual tiene un significado subyacente también: mesiánico y típico a la vez. Pasajes importantes que apoyan este punto de vista son ciertas afirmaciones del Nuevo Testamento hechas por Jesús considerando a Jonás como señal de Su propia muerte y resurrección (Mt 12:40; Lc 11:30). Los que mantienen este punto de vista utilizan estas referencias en un doble sentido: para verificar la historicidad de la historia y para exponer su significado típico. La posición de este comentario es que la historia de Jonás es un relato histórico.

El mensaje del libro. La narración en sí misma es sencilla, dinámica, y conmovedora. Un profeta, Jonás, recibe la orden de ir a predicar a los ninivitas. En lugar de ello, huye y toma pasaje en un barco que está dispuesto a salir al otro confín del mundo. Se mete en un rincón y se pone a dormir. Poco después de salir el barco a alta mar, una fuerte tormenta agita el mar, formándose olas muy altas, y los marineros, en su terror, arrojan la carga por encima de la borda y oran desesperadamente a sus dioses. Al echar suertes, Jonás es identificado como el culpable que ha ofendido. La tormenta cesa solamente cuando Jonás, a su misma sugerencia, es echado al mar. Es tragado por un gran pez. Ahora verdaderamente arrepentido, ora intensamente a Dios por su salvación, por lo que Dios le deposita sin daños en la costa.

Esta vez el profeta obedece el mandato de ir a Nínive, y proclama, a través de la ciudad, su mensaje breve de condenación. El pueblo de Nínive, desde el rey hasta el súbdito más humilde, responden con un intenso arrepentimiento, poniendo cilicio incluso encima del ganado. El Señor oye la oración de ellos, y levanta su amenaza de destrucción. Jonás, sin embargo, ve la liberación de Nínive solamente como una negación de su profecía, y se queja en oración a Dios. A fin de enseñarle una lección al profeta, Dios prepara una planta de rápido crecimiento que le dé sombra del sol, pero a la siguiente noche permite que un gusano la destruya. A continuación, hace venir un cálido viente del este. Como resultado, Jonás se debilita y desea la muerte. La historia concluye con una declaración de que en tanto que Jonás está preocupado por la calabacera, Dios lo está por la salvación de los pecadores.

Algunas de las enseñanzas religiosa básicas de este libro son: (a) Dios siente interés por los gentiles y pide a Sus siervos que les adviertan del juicio. (b) Ante una tarea difícil, los hombres se hallan sumamente inclinados a evadirse de la responsabilidad. (c) Dios es poderoso y puede, a Su voluntad, utilizar las fuerzas de la naturaleza para Sus propios fines. (d) Aunque Dios castigará la desobediencia, sigue deseando mostrar misericordia. (e) Los campos misioneros más poco prometedores son a menudo los que mejor responden. (f) Por encima de todo, Dios anhela tratar con el hombre en misericordia y bondad.

BOSQUEJO

I. **La huída. 1:1–17.**
   A. El mandato de Dios. 1:1, 2
   B. Una nave a Tarsis. 1:3
   C. Una tormenta en el mar. 1:4–14
      1. Dormido durante una tormenta. 1:4–6
      2. El culpable, hallado. 1:7–10
      3. La angustia de los marineros. 1:11–14
   D. Arrojado por la borda. 1:15–17

II. **La oración. 2:1–10.**
   A. Desechado. 2:1–4
   B. Sacado. 2:5, 6
   C. Pago de votos. 2:7–9
   D. Liberación. 2:10

III. **La predicación. 3:1–10.**
   A. El segundo mandato del Señor. 3:1, 2
   B. La proclamación del mensaje. 3:3, 4
   C. El arrepentimiento de Nínive. 3:5–9
      1. En cilicio y cenizas. 3:5, 6
      2. El decreto el rey. 3:7–9
   D. La suspensión del juicio. 3:10

IV. **La lección. 4:1–11.**
   A. La queja. 4:1–3
   B. La calabacera y el gusano. 4:4–7
   C. El viento y el sol. 4:8
   D. La lección. 4:9–11

COMENTARIO

I. **La huída. 1:1–17.**

A. *El mandato del Señor. 1:1, 2.*

1. Vino palabra de Jehová. No hay indicaciones de cómo Dios habló a Jonás. Para los verdaderos profetas del AT, la *manera* en que Dios les hablara no era tan importante como el *hecho* de que Él había hablado. **Jonás.** Ver Introducción para el comentario acerca del profeta. **2. Nínive, aquella gran ciudad.** Situada en la ribera oriental del río Tigris en Mesopotamia, había sido una ciudad-estado dominante desde la antigüedad. Una ciudad-estado comprendía el territorio que ocupaba y el territorio vecino, incluyendo los pueblos cercanos bajo su control. En Gn 10:11, 12, se mencionan Rehobot, Cala y Resén juntamente con Nínive como comprendiendo ''la gran ciudad''. Senaquerib hizo de la ciudad la capital de su imperio alrededor del 700 a.C., lo cual fue tiempo después de la época de Jonás. Estaba a más de 800 kilómetros de Palestina, una gran distancia para andarla a pie. **Su maldad.** Los pecados de Nínive no son descritos aquí, pero la ciudad era ampliamente conocida como un centro de la culto de la fertilidad, y por su crueldad a las víctimas de la guerra.

B. *Una nave a Tarsis. 1:3.*

3. Tarsis. Quizás se deba identificar con una colonia minera semítica situada justo al oeste de la Roca de Gibraltar, en la desembocadura del río Guadalquivir (España) (cp. Gn 10:4; Is 23:1, 6, 10; Ez 27:12). Para Jonás, huir a Tarsis era huir tan lejos de la patria como fuera posible. **Jope.** El puerto de mar más cercano a la parte central de Palestina, y, en los tiempos de la antigüedad, uno de los pocos lugares a lo largo de la línea costera del Mar Mediterráneo donde se podía establecer un puerto de mar (cp. 1 R 5:9; 2 Cr 2:16). **De la presencia de Jehová.** Esta frase, que se repite dos veces, tiene que relacionarse con la venida de la palabra del Señor a Jonás. Jonás creyó equivocadamente que al ir tan lejos de Nínive como pudiera ser posible, podría nulificar el mandato de Dios.

C. *Una tormenta en el mar. 1:4–14.*

Ya que por lo general no hay tormentas en la sección oriental del Mar Mediterráneo hasta finales de otoño, los marineros pueden haber creído que tenían tiempo de sobras para navegar hacia Tarsis sin peligro (cp. el viaje de Pablo a Roma siglos después, Hch 27). Esta tormenta tuvo lugar fuera de tiempo, enviada por el Señor por un propósito especial.

1) Dormido durante una tormenta. 1:4–6.
4. Jehová hizo levantar. Lit., *arrojó* o *echó sobre el mar.* **Tempestad.** La palabra viene de una palabra hebrea que significa ''agitar o embravecerse''. En aquellos días las naves eran pequeñas y no lo suficientemente fuertes para soportar severas tormentas. **5. Marineros.** Estos marineros eran con la mayor de las probabilidades hombres de las ciudades de Fenicia, porque aquel país era el poder marítimo principal de los siglos ix y viii a.C., y Tarsis era una colonia fenicia. Eran los remanentes de la antigua cultura cananea que se hallaba ampliamente dispersa por Palestina antes de la época de Josué. Debido a que los hombres eran paganos, creyendo en muchos dioses, en esta emergencia cada uno de ellos

empezó a orar a su propia deidad favorita. **Echaron al mar los enseres.** Una nave muy cargada puede volcar fácilmente en mares turbulentos. Un barco aligerado podría surcar mejor las olas. **Jonás...se había echado a dormir.** Es evidente que Jonás se había quedado tan aliviado al encontrarse en el barco, que inmediatamente encontró un lugar en el que reposar su fatigado cuerpo, después del viaje. Se metió en lo más interior de la bodega y, echándose, había caído rápidamente en un profundo sueño. (Este es el único lugar del AT en el que se describe una nave poseyendo una bodega inferior y una cubierta superior, hechos ambos que son claros en el texto hebreo.) **6. El patrón de la nave.** El patrón, al examinar a fondo la nave, encontró a Jonás. Sorprendido que este hombre estuviera tan poco preocupado, le exhortó a que orara. **Tu Dios.** Lit., *el Dios*, término este frecuentemente utilizado en el AT para denotar al verdadero Dios de Israel. El capitán se hallaba tan desesperado que estaba dispuesto a probar cualquier dios con el fin de librarse de los peligros de la tormenta.

2) El culpable, hallado. 1:7–10.

7. La suerte cayó sobre Jonás. Echar suertes era una forma popular de adivinación entre las naciones paganas, y sigue siéndolo. Los hebreos utilizaban suertes a menudo, bajo la conducción de Dios, para seleccionar personas para una posición o una tarea (ver Jos 7:14; 1 S 10:20, 21), e incluso los apóstoles utilizaron la suerte en un caso (Hch 1:26). Probablemente se utilizaron piedras especiales para echar las suertes. **8. Decláranos.** Una vez que Jonás fue señalado, se convirtió en el centro de la atención. Sufrió un intenso interrogatorio. **9. Soy hebreo.** Jonás les relató con franqueza toda su historia a los marinos. Dio testimonio del hecho de que era adorador del gran Dios universal, y que le había desobedecido. **10. Temieron sobremanera.** Como la mayor parte de los paganos, estos hombres eran supersticiosos, y temían en gran manera que la ira de Dios caería sobre ellos por no adorarle de forma apropiada.

3) La angustia de los marineros. 1:11–14.

11. ¿Qué haremos? Los marineros estaban perplejos acerca de cómo dar solución a su problema. Tenían a bordo a un hombre con el que Dios estaba airado, y se hallaban lejos de cualquier lugar en el que poderlo dejar en tierra. **12. Echadme al mar.** Los marineros, no deseosos de actuar a la ligera con la vida humana, se pusieron a los remos en un último esfuerzo desesperado de llegar a la costa en medio de la tormenta. Su preocupación por una vida destaca intensamente frente a la acti-

tud de Jonás, que más tarde confesó que había huído de delante de Jehová debido a que no quería ver como se salvaban los ninivitas de la destrucción (4:2). **14. Ni pongas sobre nosotros la sangre inocente.** Estos hombres no eran mónstruos de crueldad, sino hombres lo suficientemente religiosos como para orar intensamente cuando se hallaban en peligro. Los marineros finalmente razonaron que si Dios había mandado la tormenta para castigar a Jonás, que no era la intención de Él hacerles ningún daño. Por ello, decidieron que solamente Jonás debía sufrir por sus pecados y, siguiendo su propio consejo, lo echaron por la borda.

D. Arrojado por la borda. 1:15–17.

15. El mar se aquietó de su furor. El final de la tormenta pareció confirmar su decisión, y se vieron estremecidos hasta lo más íntimo de sus seres cuando se dieron cuenta que se habían escapado por muy poco de la ira del gran Dios. **16. Ofrecieron sacrificio...hicieron votos.** Los paganos se quedaron convencidos de inmediato de que el Señor de Israel era el verdadero Dios. Dejando a un lado a sus ídolos, ofrecieron un sacrificio de acción de gracias y se consagraron al Dios de Israel.

17. Tenía preparado un gran pez. Incluso en su castigo, Jonás no fue olvidado por Dios. Ser tragado por un gran pez puede no parecer un acto de bondad divina. Pero el pez era el medio de Dios para llevar a Jonás sano y salvo a la costa. La criatura que tragó a Jonás no fue una ballena. ''Ballena'' es una mala traducción del griego de Mt 12:40. No sabemos qué tipo de pez es el que aquí se menciona en Jon 1:17. Algunos mantienen que el tigre marino (tiburón) es lo bastante grande como para concordar con esta situación; se conoce que ha tragado hombres. El texto pone en claro que el pez había sido *especialmente* preparado por el Señor. **Tres días y tres noches.** Esto no significa necesariamente setenta y dos horas, ya que se puede considerar cualquier fracción de día como un día entero, según la forma de contar del AT. Un total de cuarenta y nueve horas sería adecuado para concordar con una interpretación literal de la expresión. Sigue siendo un lapso de tiempo muy largo para estar dentro de un pez. Jesús aplicó el incidente a su propia sepultura. Si Cristo fue enterrado antes de la puesta del sol el viernes (como se mantiene tradicionalmente) y se levantó antes de la salida del sol la madrugada del domingo, entonces no se pretendía una lectura literal de los ''tres días y tres noches'' (esto es, setenta y dos horas).

II. La oración. 2:1–10.

A. Desechado. 2:1–4.

1. Oró Jonás a Jehová. Jonás no había orado en tanto que la tormenta rugía y los marineros estaban clamando desesperadamente a sus dioses. Ahora sintió lo desesperado de su situación.

2. Invoqué. Es evidente que la oración no fue escrita por Jonás mientras estaba orando en el interior del pez. Está toda en pasado, en armonía con el hecho de que fue redactada después de la experiencia. **A Jehová.** Al menos Jonás sabía a quien orar. Los marineros tenían a sus varios dioses, pero los abandonaron cuando se dieron cuenta lo poderoso que era el Señor. Sin embargo, Jonás había siempre conocido al verdadero Dios. Esta era su dificultad. Conocía el interés de Dios por los hombres, y a pesar de ello había huído. Ahora que se encontraba en un apuro, fue la misma comprensión del amor divino que le hizo volver a Dios. **El me oyó.** Según la forma hebrea de pensar, un oír genuíno implicaba respuesta. Para el hombre, oír a Dios involucraba obedecerle. Para Dios, oír al hombre involucraba liberarle. **El seno del Seol.** Aquí no se significa otra cosa en hebreo que el interior del pez era un tipo de tumba.

3. Me echaste a lo profundo. En el AT una característica típica de una oración de súplica es la declaración de la causa y naturaleza de la aflicción que motiva la oración. Jonás sabía por qué había sido castigado, y reconocía la justicia de los tratos de Dios para con él. **4. Mas aún veré tu santo templo.** Sin embargo, Jonás veía algo más que justicia; veía también el amor de Dios, y esperanzadamente rogó en petición de misericordia.

B. Sacado. 2:5, 6.

5. Las aguas me rodearon. La experiencia de ser tragado fue tan horrible que Jonás vuelve aquí sobre ello con una gráfica descripción de ella. Se había quedado incluso enredado con los otros materiales dentro del pez. **6. Los cimientos de los montes.** Varias frases de este versículo son difíciles de traducir con un sentido claro. La palabra **cimientos** parece referirse a las bases o fundamentos de las montañas en los océanos. El golpear de las olas sobre la costa sugiere la existencia de barreras que impiden que el mar inunde la tierra (cp. Job 38:4–11). **Para siempre.** Jonás no podía ver la manera de salir de su apuro, pero esperaba en Dios. **Mas tú sacaste mi vida de la sepultura, oh Jehová Dios mío.** La salvación es un acto de Dios frente a lo imposible, y Jonás, en sus palabras, reconoció el interés que Dios tenía personalmente en él: **Dios mío.**

C. Pago de votos. 2:7–9.

La liberación de Jonás engendró en su corazón un deseo de expresar su gratitud a Dios en alguna forma. El término se repite varias veces en la oración, debido a que la imposibilidad física de ser liberado se hallaba en intenso contraste con el hecho de la intervención divina. Esta fue una fuente de constante asombro para Jonás. **Tu santo templo.** De ordinario, la oración se ofrecía en los patios del Templo de Jerusalén. Pero Jonás sabía que la presencia de Dios no se halla limitada a ningún templo terrenal y que el Señor está consciente de las necesidades de sus hijos, estén donde estén.

8. Vanidades ilusorias. Un nombre descriptivo para los ídolos y los dioses del paganismo (cp. Sal 31:6; Dt 32:21). En este contexto, **vanidades** no tiene el sentido de ''superficialidades'', sino de algo ''que carece de valor''. **Misericordia.** En contraste, la palabra no se refiere ni al acto de salvar a otro ni al espíritu de amor hacia el hombre, sino a la fuente de la salvación: Dios mismo. Jonás reafirmó su repudio de la idolatría como forma de adoración. **9. Con voz de alabanza te ofreceré sacrificios.** En contraste con los conceptos paganos, el verdadero acto de sacrificio es una expresión de gratitud a Dios, y no un esfuerzo de aplacar su ira. Con el sacrificio, se hacía una completa consagración a Dios. En las palabras, **pagaré lo que prometí**, el profeta indicaba que estaba sometiéndose a los deseos que tenía Dios acerca de él. Había llegado a saber una cosa de cierto: que la **salvación** es un don de Dios, y no un logro del hombre.

D. Liberación. 2:10.

La seguridad interna de que Dios salva por el acto de Su poder no era una idea fantasiosa ni abstracta, sino que fue acompañada de un suceso real. Jonás fue liberado del gran pez, y se halló sobre tierra firme, salvado pero disciplinado.

III. La predicación. 3:1–10.

A. El segundo mandato del Señor. 3:1, 2.

Ahora que Jonás se había rendido a Dios, estaba listo para dar servicio. El segundo mandato fue casi idéntico al primero (1:2). El contenido de la proclamación le sería dado al profeta más tarde.

B. La declaración del mensaje. 3:3, 4.

Esta vez, la respuesta de Jonás fue inmediata. Siguiendo la ruta de caravanas hasta el área superior del río Tigris, llegó al área metropolitana conocida como **Nínive, aquella** gran ciudad (v. 2), habiendo sido dirigido en sus viajes por el Señor.

3. Era Nínive. Algunos han mantenido que el verbo hebreo traducido **era** es un tiempo pasado puro, lo que sugiere que en la época de la redacción de esta historia la ciudad había sido destruida. Sabemos que la destrucción de la ciudad tuvo lugar en 612 a.C. El idioma hebreo no tiene un tiempo pasado verdadero, en realidad no tiene tiempos en su sistema verbal. El aspecto "perfecto" del verbo puede en ocasiones traducirse como un tiempo pasado castellano, pero su sentido es mucho más amplio. La forma "perfecta" puede también indicar un acto (tal como la fundación de una ciudad) que se extiende hasta formar un estado esencial. Como consecuencia, todo lo que aquí se significa es: que Nínive existía como gran ciudad en los días de Jonás. **De tres días de camino.** En la antigüedad, una ciudad comprendía no sólo su área urbana, sino también su territorio y pueblos o ciudades dependientes (ver comentario sobre 1:2). La frase descriptiva puede referirse a la circunferencia del área metropolitana, esto es, entre 100 y 120 km (60–70 millas). Por otra parte, la expresión pudiera ser simplemente un paralelo idiomático de "aquella gran ciudad".

4. Comenzó Jonás a entrar...camino de un día. Esta afirmación no dice que Jonás finalizara el camino de un día; significa que empezó a predicar al principio de su visita a Nínive. Un día de camino en campo abierto era alrededor de 35 km (20 millas), pero en una ciudad habitada el curso de tal viaje no caería en una línea recta, sino que se retorcería por las callejuelas y los mercados. **De aquí a cuarenta días.** El mensaje de Jonás era breve, y a primera vista parecía incondicional. Era una proclamación de ay y de calamidad.

C. El arrepentimiento de Nínive. 3:5–9.

1) En cilicio y cenizas. 3:5, 6.

5. Los hombres...creyeron a Dios. El pueblo de Nínive tomó el mensaje de Jonás como procedente de Dios y quedaron profundamente preocupados por el peligro en el que se hallaban. Las gentes semíticas en grupo siempre han sido fácilmente influenciadas, y un hombre de la apariencia de Jonás, y su desolada proclamación atrajo probablemente a las multitudes y las conmovió profundamente. Las reacciones de grupo son todavía frecuentes en Oriente Medio. Aquí es indudable que su tendencia natural fue intensificada por el Espíritu de Dios. **Proclamaron ayuno.** En época de peligro se consideraba apropiado rehusar el alimento, y dar todo el tiempo a la súplica a la deidad, hasta que el peligro

hubiera pasado. **Vistieron de cilicio.** El cilicio era considerado como un símbolo de humildad y de total dependencia en Dios. Era un tejido feo y basto, inadecuado para vestir normalmente. **5. El rey de Nínive.** No el emperador de Asiria, sino el gobernante de la ciudad-estado. Él también se unió al ayuno haciéndolo oficial. Vistiéndose de cilicio, juntamente con otros, empezó a orar en súplica de misericordia. **Se sentó sobre ceniza** (cp. Job 2:8; Jer 6:26; Mi 1:10). Una forma gráfica de declarar que el hombre no es nada frente a un grave peligro.

2) El decreto del rey. 3:7–9.

7. Por mandato del rey. La respuesta del pueblo fue hecha oficial, por acto del estado. Ha sido práctica común entre los semitas incluir a sus animales en sus épocas de lamentación y de angustia. Puede parecer extraño para los occidentales que se añadiera intencionadamente el clamor de los animales hambrientos a los de la gente; pero los orientales consideraban que esto era esencial para una súplica eficaz. **8. Cúbranse de cilicio hombres y animales.** Al poner cilicio sobre los animales además de sobre sí mismos, los ninivitas simbolizaban la unidad del hombre y de la naturaleza en la humillación y en la petición. **Conviértase cada uno de su mal camino.** Como es a menudo el caso en épocas de peligro, personas que en otras circunstancias parecen totalmente indiferentes se vuelven muy conscientes de sus pecados: un comentario muy triste de la falta de gratitud del hombre hacia Dios por Sus bendiciones en tiempos de prosperidad. **De la rapiña.** Las gentes de Asiria eran conocidas por su crueldad a otras personas, especialmente hacia los prisioneros de guerra. Los ninivitas se vieron remordidos en su consciencia al darse cuenta cómo sus tratos a otras gentes iba a atraer el desastre sobre ellos. **9. Se volverá y se arrepentirá Dios.** Estos dos verbos no significan que los ninivitas pensaran que Dios es antojadizo. En lugar de ello, indican que estos paganos creían que el mayor deseo de Dios no era el de destruir hombres, sino el de salvarlos. La palabra **arrepentirse,** cuando se utiliza acerca de Dios, no denota dolor por el pecado. Señala más bien a una decisión de parte de Dios de cambiar su método de tratar con Sus criaturas. El repudio radical del pecado por parte del hombre es algo que place a Dios, y en respuesta Él derrama Su amor el gracia.

D. La suspensión del juicio. 3:10.

El mensaje de Jonás, aparentemente, no era una sentencia condicional; pero en realidad sí lo era, debido a que la amenaza de castigo por parte de Dios puede ser suspendida cuando se evidencia un verdadero arrepentimiento. Las promesas de salvación por parte de Dios tienen precedencia por encima de Sus amenazas. El amor de Dios es eterno, pero Sus expresiones de ira sirven para avivar al hombre al arrepentimiento. En el caso de Nínive, Dios no cambio en esencia; sólo cambió Su forma de tratar con los hombres. Esta es la maravilla de la misericordia y del amor.

IV. La lección. 4:1–11.

A. *La queja. 4:1–3.*

Jonás había obedecido a Dios yendo a Nínive y predicando el mensaje de Dios, pero la actitud de su corazón no había sido cambiada a una de amor. Odiaba tanto a los ninivitas por su crueldad que en lo más hondo de su corazón esperaba que fueran destruidos. Ahora los cuarenta días habían transcurrido, y Nínive seguía en pie, sin daño alguno.

1. Jonás se apesadumbró en extremo...se enojó. Un paralelismo típicamente hebreo, expresando la reacción extrema de Jonás ante la salvación de la ciudad de Nínive.

2. Sabía yo que tú eres un Dios clemente y piadoso. Por fin, el secreto sale a la luz. Jonás no ignoraba el carácter de su Dios. Había huído a Tarsis, no debido a que tuviera miedo de los ninivitas, sino debido a que no quería que fueran salvos. Sabía que todas las amenazas de Dios son condicionales, no importa en que forma se expresen. Dios **es clemente** significando que tiene el bien del hombre en Su corazón, y que desea apasionadamente levantarle de su pecado. Incluso la misma nación de Jonás no hubiera llegado a existir si Dios no hubiera sido clemente con los hijos de Israel al mismo principio (Éx 34:6, 7). Toda liberación de la esclavitud, opresión, hambre, o destrucción es evidencia del amor lleno de gracia de Dios hacia el hombre (Is 30:18), y el Señor perdona los pecados debido a que es clemente (Os 14:2). **Piadoso.** Una palabra relacionada con **clemente**, señalando al hecho de que el amor de Dios es derramado sobre el pecador sin méritos que se arrepiente de sus pecados. Dios retiene el derecho de ayudar a aquellos que exhiben un dolor genuino por su pecado y que esperan en Su bondad. **Tardo en enojarte.** No es el primer deseo de Dios el de castigar al descaminado. Él soporta mucha de la maldad humana. Pero cuando se hace evidente, en cualquier situación determinada, que los hombres son demasiado orgullosos y tercos para ser guiados por una disciplina fácil y soportable, Dios empieza a enseñarles el "camino duro", expresando Su enojo contra el

pecado. **De grande misericordia.** Para el profeta, el amor de Dios es tan grande que solamente puede expresarlo multiplicando las frases. **Misericordia** es una traducción de la palabra *hesed*, que significa lealtad a una promesa pactada. La expresión de la misericordia no queda agotada cuando el pacto es quebrantado por la otra parte, sino que se proyecta tras el descaminado para devolverlo a una relación entrañable. La bondad de Dios es tan grande que está complacido en dejar a un lado el juicio a fin de que el arrepentido pueda volver a entrar en la relación del pacto.

3. Jonás no tenía en su corazón el amor de Dios, y se sentía avergonzado debido a que su profecía había sido nulificada por la conversión de aquellos a los que odiaba. El profeta se hallaba tan abatido que deseaba la muerte.

B. *La calabacera y el gusano. 4:4–7.*

4. ¿Haces tú bien en enojarte tanto? El Señor puso en tela de juicio la actitud de Jonás. A la luz del interés de Dios en el hombre, ¿cómo podía Su siervo pensar de una manera tan diferente?

5. Se hizo allí una enramada. Aunque Jonás estaba consciente de que una oleada de arrepentimiento en Nínive movería a Dios a salvar la ciudad, se decidió tercamente a esperar la destrucción que había predicho. Yendo a un terreno elevado afuera de la ciudad, se hizo una cabaña con ramas para protegerse del sol. Este tipo de cabañas siguen siendo utilizadas en campo abierto en el Oriente Medio. Se puede estar cómodamente a su sombra incluso cuando el sol está brillando inclemente.

6. Y preparó Jehová Dios una calabacera. La planta, *palma cristi*, es común en el Oriente Medio. La velocidad de su crecimiento, en este caso, es un acto de Dios, según se afirma en el texto. Jonás estaba sufriendo tal conflicto interno que reaccionó con unas emociones ampliamente contrastadas en momentos diferentes. En tanto que había estado sumamente deprimido, ahora estaba lleno de gozo. **7. Dios preparó un gusano.** La destrucción de la calabacera fue también un acto de Dios. El gusano, atacando las raíces, destruyó la planta y, con ella, la bendición de la sombra.

C. *El viento y el sol. 4:8.*

Preparó Dios un recio viento solano. Este acto final de Dios robó a Jonás de su última comodidad terrena: la fresca sombra del sol. El viento solano es famoso por su temperatura ardiente, de la que ni la sombra de una cabaña puede proteger a nadie. Cuando Jonás no podía soportar el calor, clamó por segunda vez por la liberación de la muerte. La primera vez deseó la muerte debido a su desesperación interna;

esta vez clamó a Dios debido a su angustia física.

D. La lección. 4:9–11.

Es evidente que la serie de acciones divinas dirigidas a Jonás tenía un propósito. Dios estaba actuando para señalar lo absurdo de la falta de interés de Jonás por el bienestar de los seres humanos, contrastándolo con su legítimo interés en su propio bienestar físico.

9. Se repite aquí la pregunta del v. 4. Del contenido de 4:1–3 se puede asumir que la respuesta de Jonás la primera vez que le fue hecha la pregunta sería la misma que la respuesta dada aquí.

10. Tuviste tú lástima de la calabacera. Este era un interés legítimo y probablemente una razón justa de sentirse enojado. Y con todo, la planta era solamente esto, una planta, y Jonás no había tenido nada que ver ni con su crecimiento ni con su destrucción. **11.** ¿No

tendré yo piedad de Nínive? Los ninivitas eran seres humanos —hombres, mujeres, y niños— objetos de la creación especial de Dios y, por lo tanto, objetos de Su amor. Una mera planta, como la calabacera, no puede entrar en comunión personal con Dios; ni tampoco puede el pecado corromperla. El interés de Jonás por la calabacera era egoísta; sintió su destrucción debido a que servía a su comodidad personal. Pero el interés de Dios por el hombre no es egoísta, porque Él solamente busca dar liberación y bienestar mediante la liberación del pecado. Nadie tiene derecho a poner en tela de juicio ni a quejarse del derramamiento del amor de Dios en la salvación del hombre —de cualquier hombre— del pecado y de la destrucción que el pecado comporta. Los ninivitas necesitaban a Dios más que otros debido a que no tenía a nadie que les mostrara distinciones morales.

BIBLIOGRAFÍA

BEWER, J. A. "Obadiah," *International Critical Commentary.* Edimburgo: T. & T. Clark, 1951.

DEANE, W. J. "Jonah," *Pulpit Commentary*, Vol. 14. Grand Rapids: Wm. B. Eerdmans Publishing Co., 1950.

KEIL, C. F. "Jonah," *Biblical Commentary on the Old Testament. Minor Prophets.* Vol. 1. Grand Rapids: Wm. B. Eerdmans Publishing Co., 1951.

KENNEDY, JAMES H. *Studies in the Book of Jonah.* Nashville: Broadman Press, 1956.

KLEINERT, PAUL. "Jonah," *Commentary on the Holy Scriptures.* Editado por J. P. Lange. Grand Rapids: Zondervan Publishing Co., s.f.

SMART, J. D. "Jonah," *Interpreter's Bible.* Vol. 6. Nueva York: Abingdon Press, 1956.

SMITH, G. A. "Jonah," *Expositor's Bible.* Vol. 4. Grand Rapids: Wm. B. Eerdmans Publishing Co., 1943.

COMENTARIOS EN ESPAÑOL

ARCHER, GLEASON L. *Reseña Crítica de una Introducción al Antiguo Testamento.* Grand Rapids: Editorial Portavoz, 1987.

JAMIESON, ROBERT, FAUSSET, A. R., y BROWN, DAVID. *Comentario Exegético y Explicativo de la Biblia.* Tomo I. El Paso Casa Bautista de Publicaciones, 1958.

KITTIM, SILIA. *Jonás: El Profeta Exclusivista.* Terressa: CLIE, 1991.

MIQUEAS

INTRODUCCIÓN

Título. La profecía de Miqueas recibe su título del nombre del mismo profeta. El nombre *Mîkâ* (LXX, *Michaias*; Vulg., *Michaeas*) es una abreviación de *Mîkāyâ*. El profeta recibe este nombre completo en Jer 26:18. La forma original y más plena es *Mîkāyāhû*, que significa: "¿Quién es como Jehová?" Esta forma más plena fue el nombre de un príncipe en 2 Cr 17:7. Se utiliza tanto de hombres como de mujeres, y por lo general se abrevia. *Yahu* es una forma antigua del nombre el Dios de Israel, a menudo traducida "Jehová" (Éx 6:3; Sal 83:18; Is 12:2; 26:4).

El nombre del profeta, como los de otros profetas, como Elías, Eliseo, Oseas, Joel, Abdías, y otros, es importante. Tales nombres, unidos al de Dios o de Jehová significaban la actitud del profeta y su adhesión al Dios verdadero y, en el caso de Miqueas, era un desafío a los falsos profetas y pecadores.

Fecha y paternidad. La fecha del ministerio se da en términos de los reinados de Jotam (739–735 a.C.), Acaz (735–715 a.C.), y Ezequías (715–687 a.C.), reyes de Judá (Mi 1:1). Miqueas empezó su obra en la época de Jotam, y sirvió a través de todo el reinado de Acaz y quizás a través de todo el de Ezequías. Sus escritos, que evidencian una estrecha relación con los de Isaías, fueron redactados durante los reinados de Acaz y de Ezequías. Tanto Miqueas como Isaías, aunque principalmente sus profecías a Judá, ponen en claro que el juicio de Dios caerá también sobre el Reino del Norte. Que Miqueas profetizara durante el reinado de Ezequías es, además, atestiguado por Jer 26:18, 19.

Hay críticos liberales que juzgan la obra de una manera objetiva, mediante la utilización del método histórico-crítico. Para ellos, el libro de Miqueas es simplemente otra producción humana. Olvidando que tenemos solamente fragmentos de sus mensajes proclamados en distintas ocasiones, que se hallaba profundamente preocupado por las condiciones políticas y sociales de su pueblo, y que estaba movido por el Espíritu de Jehová, estos críticos hallan lo que ellos consideran glosas e interpolaciones, que datan de fecha tan tardía como después del exilio. Rechazan lo sobrenatural en la profecía, especialmente la mención de Babilonia en 4:10, a pesar de que Asiria era el poder hostil de aquella época. En disposición y en perspectiva, los caps. 1–5 son similares a las profecías de Isaías. En los caps. 1–3 Miqueas anuncia la proxima llegada del juicio por el pecado, y en los caps. 4 y 5 proclama que Israel será consolada por el perdón y la restauración. Por ello, los 'liberales' asignan los caps. 4 y 5 al Deutero-Miqueas del período post-exílico.

Mantenemos que la obra entera es de Miqueas, que profetizó en la época de Isaías. Miqueas no procedía de una gran ciudad, como su contemporáneo mayor, sino del pequeño pueblo de Moreset, que pertenecía a Gat. Habló como hombre del pueblo, cuyas simpatías se hallaban con las gentes del campo, tratando de protegerlos de las codicias de los ricos y de los nobles de las ciudades principales. Aunque el profeta vivió y profetizó en el Reino del Sur, condenó los pecados del Reino del norte; y profetizó y fue testigo de su caída. La profecía de Miqueas no se presenta en forma de un tratado sistemático. Esto puede deberse al hecho de que contiene una colección de oráculos, posteriormente escritos por el profeta o por uno de sus discípulos.

El estilo oratorio y el juego de palabras del cap. 1 son reminiscentes de Cicerón. En los caps. 2, 6 y 7 la forma literaria es la de un diálogo dramático.

Marco histórico. Los reyes de Asiria de este período fueron Tiglas-pileser III (745–727), Salmansar V (727–722), Sargón II (722–705), y Senaquerib (705–681). Senaquerib condujo su ejército a las zonas del norte y del oeste de Judá, subyugando ciudades y pueblos en su avance, hasta que llegó a Jerusalén, que, aunque sometida a un prolongado sitio, nunca fue tomada. La profecía con respecto a la eventual captura y destrucción de Jerusalén señala a la posterior época de Nabucodonosor. Asiria conquistó todo el Oriente Medio a excepción de Egipto y de Jerusalén. Sus ejércitos, sin embargo, no ocuparon todas estas tierras; en lugar de ello, las exigió, como naciones subyugadas, que pagasen un tributo anual. Cuando un nuevo sucesor subía al trono de Asiria, los reinos tributarios se rebelaban. Consiguientemente, era tarea del nuevo rey volver a subyugar toda la tierra previamente sometida mediante una serie de campañas militares. Las campañas más difíciles eran las que se efectuaban contra las naciones cercanas a Egipto. Estos países limítrofes, que actuaban como estados tampón al llevar la carga de la guerra, eran alentados por Egipto, en un esfuerzo por protegerse a sí misma.

Eran aquellos días de turbulencias, inseguridad, y de una vida muy difícil, especialmente para los campesinos y habitantes de los pueblos pequeños. El hostigamiento que sufrían de parte de los ejércitos que pasaban por sus localidades, que con no poca frecuencia asaltaban los pueblos pequeños y hacían esclavos a sus habitantes, causaba un estado de temor. Las condiciones políticas tanto en Israel como en Judá no hubieran podido ser peores. Los gobernantes, los ricos, los sacerdotes y profetas que seguían la corriente en las ciudades principales, sintiéndose seguros tras poderosas fortalezas, utilizaban la mayor parte de sus poderes en oprimir a los pobres. Los habitantes de las zonas rurales no tenían protección ni frente a los asirios ni frente a los "vividores" de su propia nación. Miqueas afrontó estos males, como campeón de la causa de los oprimidos. Siguiendo sin temor alguno la conducción del Espíritu Santo, predicó a riesgo de su propia vida. Los mensajes de Miqueas reflejan las corrupciones prevalentes. Sus alusiones a los asirios muestran lo que era el tópico común de conversación en aquella época.

BOSQUEJO

Título 1:1

I. **El inminente juicio sobre Israel y Judá debido al persistente pecado. 1:2–16.**
   A. El toque de atención. 1:2
   B. Anuncio y descripción de la terrible venida del Señor Jehová. 1:3, 4
   C. Los pecados de la ciudad capital, representativos de los de toda la nación. 1:5
   D. Las terribles consecuencias de este juicio. 1:6, 7
   E. La reacción del profeta y su visión de este juicio. 1:8–16

II. **Sentencia sobre los opresores corrompidos y los falsos profetas. 2:1—3:12.**
   A. Ay sobre los monopolizadores de la tierra. 2:1–5
   B. La falsa predicación de profetas mentirosos. 2:6–13
      1. Esfuerzo para detener la predicación del verdadero profeta. 2:6
      2. Falsa predicación de que el Espíritu de Jehová está acortado. 2:7
      3. Inseguridad de los ciudadanos debido al gobierno de los opresores. 2:8–13
   C. Denuncia contra los conductores del pueblo. 3:1–7

   1. La respuesta de Miqueas a los falsos profetas y opresores. 3:1
   2. Descripción del carácter de los malvados opresores. 3:2, 3
   3. Rechazo de Jehová a escuchar sus oraciones. 3:4
   4. Carácter de los falsos profetas. 3:5
   5. Los falsos profetas serán desacreditados. 3:6, 7
   D. La consciencia de Miqueas del poder del Espíritu de Jehová. 3:8
   E. Los crasos pecados y crímenes atraerán la destrucción sobre Jerusalén. 3:9–12

III. **Visión de esperanza a través de Aquel que ha de venir. 4:1—5:15.**
   A. Triunfo final de Jerusalén. 4:1—5:1
      1. Avivamiento de la verdadera religión, y retorno a Jehová. 4:1, 2
      2. El retorno de Jehová para traer paz y prosperidad. 4:3–5
      3. Promesa del retorno de los de la cautividad. 4:6, 7
      4. Jerusalén será restaurada a un mayor esplendor y poder. 4:8
      5. La redención deberá ir precedida por sufrimiento como castigo por el pecado. 4:9, 10

6. Los enemigos verán la vindicación que Jehová hará de su pueblo. 4:11, 12
7. Predicción de la victoria final,
con exhortaciones para prepararse para un asedio venidero.
4:13—5:1 (4:14 en el texto
hebreo)
B. El poderoso conductor venidero
nacerá en Belén y restaurará al
remanente de Jacob. 5:2–15
1. El Mesías nacerá en Belén. 5:2, 3
2. El beneficiente reinado del
Mesías. 5:4–7
3. El Israel espiritual vendrá a ser
un gran conquistador. 5:8, 9
4. El Israel espiritual será privado
de poder y ayuda materiales.
5:10–15

IV. **Controversia de Jehová. 6:1—7:20.**
A. Primera queja de Jehová. 6:1–5
B. Primera réplica de Israel. 6:6–8
C. Segunda queja de Jehová. 6:9–16
D. Segunda réplica de Israel: una confesión de pecado. 7:1–10
E. Las prometidas bendiciones a Israel
seguirán al juicio. 7:11–13
F. Último ruego en favor de Israel: reunido de entre muchas naciones.
7:14–17
G. Doxología: El triunfo de la gracia.
7:18–20
1. Jehová, el Dios del amor perdonador. 7:18
2. Jehová, el Dios del poder redentor. 7:19
3. Jehová, el Dios de la fidelidad
perpétua. 7:20

COMENTARIO

Título. 1:1.
Palabra de Jehová. El mensaje procedía de
Jehová, y por ello tenía una autoridad divina.
Esta era la afirmación usual de los profetas
hebreos (cp. Jon 1:1; Abd 1:1). **Vino a.** En el
sentido de "dirigida a". Así, la palabra de
Jehová fue dirigida a Miqueas, le fue dada para
que la proclamara. **Vio,** esto es, con una visión
mental y espiritual, no necesariamente con la
mirada física. Este verbo significa ver subjetivamente. Miqueas tenía un entendimiento
espiritual del mensaje que tenía que declarar.

**I. El inminente juicio sobre Israel y Judá
debido al persistente pecado. 1:2–16.**

A. El toque de atención. 1:2.
Oíd o escuchad. Escuchad con atención,
teniendo percepción mental y espiritual, y con
vistas a la obediencia. Esta es la palabra que
acostumbran a utilizar los profetas para pedir
atención a sus mensajes (cp. Is 1:2, 10; Amós
3:1; Jl 1:2; Os 4:1). **Pueblos todos;. . .tierra, y
cuanto hay en ti.** El mensaje va dirigido a
todos los pueblos. La tierra y su plenitud tienen que prestar atención (cp. Is 1:2; Dt 32:1).
Está atenta. Lit., *haz señalar, aguzar* (los
oídos). El pueblo tiene que estar atento en
tanto que el mensaje está siendo proclamado.
Señor. El Señor o Dueño entronizado sobre
todo el universo. **Contra** o **entre** (ASV, margen). Si "contra", la referencia es a Samaria y
a Jerusalén. Si se utiliza en el sentido de
"entre", el pronombre se refiere al pueblo
todo. En todo caso, Jehová está hablando con

respecto a la maldad de las ciudades principales de Israel y de Judá. Está testificando
desde su santo Templo, o desde *el templo de
Su santidad.* Este templo, según indica el contexto, está en el cielo. "Santidad" significa
primariamente "separación". El cielo mismo
se halla separado y consagrado a los propósitos
de la santidad de Jehová. La santidad activa de
Jehová sale por toda la tierra, en salvación o en
juicio.

*B. Anuncio y descripción de la terrible venida
del Señor Jehová. 1:3, 4.*
Estos vv. introducen una razón solemne de
por qué todos los pueblos debieran oír el mensaje.
3. Sale. La forma utilizada indica que
Jehová está de contínuo sentado en juicio contra el pecado y contra los pecadores. **Descen-
derá y hollará.** Los dos verbos indican una
acción reiterada.
4. Así la majestuosa salida de Jehová toca
las cumbres de los montes, así estos **se derretirán.** Se formarán nuevos valles, tal como
expresa, y **los valles** (los montes) **se hendirán**
y, como cera delante del fuego, se derramarán
como un torrente de agua sobre un precipicio.
Se debe señalar que Orelli (*The Twelve Minor
Prophets,* p. 191) prefiere *llanuras* a **valles.**
Otros sugieren la enmienda *montes,* a fin de
evitar la aparente dificultad del hendimiento
de "valles". Descripciones similares de tales
manifestaciones maravillosas de Jehová aparecen en Éx 19:18, 19; Jue 5:5; Is 64:1; Hab 3:6.

C. *Los pecados de la ciudad capital, representativos de los de toda la nación. 1:5.*

Por la rebelión de Jacob. Rebelión significa lit., *separación. Apostasía* estaría más cercano al texto hebreo (Cheyne, "Micah", *The Cambridge Bible*). Israel, el Reino del Norte, se había separado de Jehová y se había rebelado en contra de Sus justas demandas. **Por,** esto es, "debido a". **Todo esto** es debido a la transgresión, ya bien el testimonio precedente o el juicio que sigue. Las frases pueden señalar en ambas direcciones. **Pecados.** Pecar es lit., *errar el blanco,* como cuando un tirador yerra el disparo. En el NT, la palabra griega para pecado, *hamartia,* tiene el mismo sentido. Dios había establecido un blanco, y la casa de Israel había errado el tiro. **¿Cuál es...?** Lit., *¿Quién es...?* La rebelión y el pecado son cometidos por el pueblo. La forma de la pregunta exige una respuesta afirmativa. **Los lugares altos** eran lugares para la adoración idolátrica, que estaba prohibida por la ley de Moisés (cp. Dt 13). El profeta acusaba a las dos ciudades capitales de ser los centros de los pecados de las naciones. Estas acusaciones pueden hacerse contra muchas ciudades capitales a través de toda la historia.

D. *Las terribles consecuencias de este juicio. 1:6, 7.*

6. Pues. Debido a los pecados de Samaria, Jehová hará como sigue. **Montones de ruínas, y tierra para plantar viñas.** Las guerras causaron varias veces la destrucción de la ciudad, y esta profecía se cumplió literalmente (cp. Is 21:1–3). Jehová declara que hará que las piedras de Samaria sean derramadas por el valle, dejando totalmente a descubierto sus cimientos. En la actualidad, Samaria es un montón de piedras, no solamente en la cumbre, sino también en los campos de abajo. Las expediciones arqueológicas han extendido la exhumación de los cimientos a los propios palacios de Omri y de Acab.

7. Todas sus estatuas, Jehová predice, **serán despedazadas,** en Su ira contra la idolatría (Éx 20:4). **Todos sus dones,** esto es, paga dada a las prostitutas como precio por su pecado. El profeta consideraba la idolátrica civilización de Samaria como el producto de la paga de las prostitutas; o sobre idolatría como prostitución. Samaria sería destruida y los fragmentos de sus imágenes serían devueltos a su uso original, como dones de rameras.

E. *La reacción del profeta y su visión de este juicio. 1:8–16.*

8. Por esto. El profeta declara que lamentará y llorará, y que andará despojado y desnudo, debido a las heridas incurables de Samaria que han caído sobre su propio pueblo, hasta las mismas puertas de Jerusalén, la capital política y centro de adoración. El profeta se identifica con su nación. La forma literaria del v. 8 produce una fuerte impresión. Miqueas empieza, **haré aullido como de chacales.** Se lamentará hasta quedar exhausto, de manera que su voz se volverá como el lamento de un polluelo de avestruz hembra (ASV, RVA). La desnudez era la suerte común de un cautivo. En su dolor el profeta andaría despojado y desnudo.

9. La idolatría y maldad de Samaria había influenciado de tal forma a Jerusalén que se había hecho culpable de un pecado similar. Los descendientes de la casa de Acab (rey sobre el Reino del Norte, marido de Jezabel) gobernaron en Jerusalén y condujeron a la nación lejos de Jehová. Las heridas consiguientes, que nunca podrían curarse, habían infectado la vida política, social, y religiosa de Judá, incluyendo el mismo lugar del consejo, esto es, "la puerta de la ciudad". En el Oriente Medio, **puerta** había venido a significar los consejeros del rey, o su gabinete, y el significado persistió incluso hasta la caída del sultanato turco en años recientes. Durante siglos el gabinete de Turquía fue llamado "la Sublime Puerta". Parecidos pecados merecen parecidos castigos, sea que se trate del pecado de Samaria o del de Jerusalén.

10. Es de señalar que, empezando con el v. 10, que la relación de las ciudades muestra la ruta del invasor. En tanto que la primeras cinco ciudades se hallan al norte de Jerusalén, las últimas cinco se hallan al suroeste o al sur de la ciudad. El profeta, en estilo oratorio, nombra a las ciudades según el sonido de sus nombres además de según su significado. No solamente Jerusalén, sino también las ciudades de su alrededor sufrirían. **En Gat** (*gat*) **no lo anunciéis** (*taggîdû*). En **Bet-le-afra** (*casa del polvo*) **en el polvo me he revolcado.** Ambas eran ciudades paganas. El profeta temía el derramamiento del escarnio de estas gentes cuando se enteraran del pecado y del castigo consiguiente de aquellos que eran llamados el pueblo de Jehová. Revolcarse en el polvo significaba un duelo intenso y abyecto.

11. Morador está en realidad en género femenino. Miqueas tiene la visión profética de las mujeres de estas ciudades sentenciadas pasando delante de los hombres. En desnudez y vergüenza irán a la cautividad, y los hombres se verán impotentes para ayudar en contra del poder del enemigo. En 1:6, el profeta introduce la profecía en contra de Samaria. En 1:11 el castigo sobre Judá se halla sin afirmación introductoria. **La moradora de** Zanaán no sale, esto es, de la casa. Estará llena de terror debido a la venida del invasor. **Llanto de Betesel** (*casa de separación*) **os quitará su** apoyo. Esta ciudad, que estaba posiblemente fortificada, podría esperar resistir frente al investor. Pero su pueblo se lamentaría sobre el sufrimiento de otros hasta que sus energías quedaran consumidas. **12. Porque** (*kî*)...*pues* (*kî*). La primera *kî* es una partícula: "ciertamente". La segunda da razón de la primera cláusula. La moradora de Marot, dice Miqueas, esperará penosamente por el **bien**, pero Jehová enviará **el mal** a la puerta de Jerusalén. La invasión de los asirios fue violencia enviada como juicio de parte de Jehová (cp. Is 10:5). **13. Uncid al carro bestias veloces.** La moradora de Laquis (*monte inexpugnable*) recibe la orden de que huya del invasor que se avecina. El juicio deberá caer sobre Laquis debido a que ella fue **principio de pecado** (esto es, *de errar el blanco*) de **la hija de Sion** (Jerusalén). Mediante ella, **las rebeliones de Israel** (*apartándose de su Dios*) —la adoración a Baal con las abominaciones consiguientes— vinieron a Sion. La utilización de *Lākîsh* y de *rekesh* ("bestias veloces") de una manera tan estrechamente relacionada es una característica de los juegos de palabras hebreas. **14. Regalos de despedida** (VM), esto es, el retorno de la parte matrimonial correspondiente a la novia, y por ello una carta de divorcio. La "hija de Sion" y Moreset-gat (el pueblo natal del profeta) han sido unidas en pecado. Ahora tendrán que ser separadas. **Casas de Aczib** (Lugar de engaño) serán **para engaño** a los reyes de Israel. Esta ciudad (a 14 km [8 millas] al norte de Moreset), en lugar de servir como defensa en contra de los invasores, serán impotentes o incluso harán traición. **15. Aun os traeré nuevo poseedor.** Jehová hará que el poseedor (los invasores asirios) venga y los lleve cautivos. **Maresa**, "ciudad hereditaria (de Judá)", tiene que ser ahora posesión de Asiria. **La flor de Israel huirá hasta Adulam.** La nobleza huirá a Adulam, famosa por sus cuevas; los hombres que debieran hallarse al frente de la batalla se esconderán. **16. Ráete** y trasquílate. Esto se expresa en el género femenino. Quizás Israel sea exhortada como madre a una extremada manifestación de dolor debido a que sus hijos, nacidos y criados en lujos (*hijos de tus delicias*), han ido a la cautividad. Miqueas ve el horror como ya ejecutado.

II. Sentencia sobre los opresores corrompidos y los falsos profetas. 2:1—3:12.

A. Ay sobre los monopolizadores de la tierra. 2:1–5.

1. ¡Ay! Este ay se pronuncia sobre aquellos que velan durante la noche pensando en formas torcidas o métodos traicioneros para conseguir sus egoístas fines. Cuando llega la mañana, ponen en marchas sus planes, porque el poder lo tienen en sus manos. "El fin justifica los medios". **2. Roban...toman... oprimen.** Toman todo lo que **codician: heredades** (o *campos*) casas, todo. Nada hace más impotente a una nación que hacer que la gente llana, el núcleo del poder de una nación, queden sin hogar y reducidos a la esclavitud. **3. Por tanto.** Jehová recompensará a estos opresores según lo que ellos hacen. Está preparando un yugo para sus cuellos. En lugar de ir con la cabeza arrogantemente levantada, serán llevados al cautiverio con cuellos abatidos.

4. En aquel tiempo algún endechador lamentará amargamente la ruína (lit., *llora un llanto de lamento*) al ver los campos divididos entre el enemigo. Por ello, no habrá prosperidad, ni tierra, y para estos ricos carentes de escrúpulos no habrá más parte en la herencia de Jehová (v. 5).

B. La falsa predicación de profetas mentirosos. 2:6–13.

1) Esfuerzos para detener la predicación del verdadero profeta. 2:6.
No profeticéis...los que profetizan. Los líderes corrompidos, utilizando a los falsos profetas que les sirven, tratarán de detener al verdadero profeta en su predicación. **Profetizar** se utiliza en un doble sentido, "predicar" por parte de los verdaderos profetas, y "divagar" por parte de los falsos profetas.

2) Falsa predicación de que el Espíritu de Jehová está acortado. 2:7.
¿Se ha acortado [está impaciente] **el Espíritu de Jehová? ¿Son estas sus obras?** Los opresores no pueden ascribir las calamidades a un Dios que está acostumbrado solamente a castigar. No, para el justo sus palabras son bien.

3) Inseguridad de los ciudadanos debido al gobierno de los opresores. 2:8–13.
En lugar de andar rectamente, el pueblo de Jehová está viniendo a ser el enemigo de Él. Saquean a la sociedad, ingénua e impotente, no solamente robando vestimentas y sacando fraudulentamente a mujeres y a niños de sus hogares, sino quitándoles también a los niños (que pronto han de empezar a sufrir el cautiverio) los derechos de la ciudadanía y de la adoración en el Templo (vv. 8, 9). "Levantaos y andad", proclama el profeta, "e id al

cautiverio, porque la impureza destruye por completo'' (v. 10). La acusación del profeta es hiriente. Si una persona fuera a ellos predicando en favor del vino y de la bebida fuerte, estos opresores serían lo suficientemente perversos como para hacer del tal el profeta de ellos (v. 11).

Los estudiosos de la Biblia difieren acerca de si lo que se predice en 2:12, 13 es el retorno del exilio. Algunos mantienen que el giro abrupto del mensaje que trata del futuro más cercano al que trata del futuro lejano se halla a menudo en los escritos de los verdaderos profetas, y sería de esperar en uno que tenía la esperanza de la bendición final. En este punto de vista, **el que abre caminos** (v. 13) se refiere al Mesías, que conducirá a Su asediado remanente como rey de ellos, el mismo Jehová, en Su segunda venida. Otros creen que esta profecía fue dada por los falsos profetas que mantenían una falsa esperanza de un retorno rápido. Por lo que respecta al Reino del Norte de Israel, esta profecía no se ha cumplido nunca todavía.

C. Denuncia de los conductores del pueblo. 3:1–7.

1) La respuesta de Miqueas a los falsos profetas y opresores. 3:1.

Miqueas llama a los gobernantes de ambas naciones a que escuchen con comprensión a fin de actuar en manera conforme a la palabra de Jehová. Atacando en primer lugar a los líderes políticos, pregunta si no es el deber de ellos conocer la justicia por experiencia. La cuestión implica una respuesta afirmativa.

2) Descripción del carácter de los malvados opresores. 3:2, 3.

En lugar de conocer la justicia, son habituales aborrecedores del bien y amantes del mal. Tratan a los pobres como lo hacen los caníbales con sus víctimas en sus fiestas.

3) Rechazo de Jehová a escuchar sus oraciones. 3:4.

Entonces. Cuando caiga el juicio de Jehová, ellos clamarán repetidamente a él, pero a Su vez Él no dará respuesta, sino que **esconderá...su rostro** de ellos. Aquellos conductores eligieron hacer el mal (2:1–3) y se hicieron culpables, de manera que Jehová no podía sino esconder Su rostro de ellos y dejar que la justicia siguiera su curso.

4) Carácter de los falsos profetas. 3:5.

Cuando estos profetas tuvieron de sobras para comer (**cuando tienen algo que comer**), predicaron paz. La implicación es que los ricos opresores protegían y apoyaban a los falsos profetas. Y, si el portavoz no conseguía el apoyo de ellos, declaraba una guerra santa contra sus benefactores.

5) Los falsos profetas serán desacreditados. 3:6, 7.

Los falsos profetas, declara Jehová, no tendrán visiones ni podrán adivinar. Esta frustración les será como la oscuridad de la noche. Los profetas desacreditados **serán avergonzados** (RV; lit., *se volverán de grana*); cerrarán sus labios; no habrá nada que decir. Y el pueblo quedará palpando a ciegas en las tinieblas religiosas.

D. La consciencia de Miqueas del poder del Espíritu de Jehová. 3:8.

Miqueas aquí se contrasta a sí mismo con los falsos profetas. Se halla lleno de poder heroico, energía interna, del mismo **Espíritu de Jehová.** Se halla también lleno de celo por la justicia administrativa en lugar del amor a la opresión, y de valentía, en lugar de la cobardía de los falsos profetas. Este celo y esta valentía hallan expresión en este acto de dar a conocer **a Jacob su rebelión, y a Israel su pecado** (su *yerro del blanco*). Miqueas, lleno de una santa pasión por la causa de Jehová, podía hacer la sublime afirmación de este versículo.

E. Los crasos pecados y crímenes atraerán la destrucción sobre Jerusalén. 3:9–12.

9. Oíd ahora esto. Empezando con un ruego lleno de compasión, Miqueas resume sus acusaciones a los **jefes** (*jueces*), **capitanes, sacerdotes,** y falsos **profetas** (vv. 9–11) que incluso se atreven a decir: **¿No está Jehová entre nosotros? No vendrá mal sobre nosotros** (v. 11), esperando el asentimiento del pueblo. **12.** Debido a tales líderes, es por ello que vendrá la destrucción. Ya no más una ciudad, Sion **será arada como campo** de labranza, **vendrá a ser montones de ruínas,** y **el monte de la casa** (monte Moriah) donde Jehová ha sido adorado durante largo tiempo será una cumbre boscosa abandonada.

III. Visión de esperanza a través de Aquel que ha de venir. 4:1—5:15.

A. Triunfo final de Jerusalén. 4:1—5:1.

Los vv. 1–3 se hallan, casi palabra por palabra en Is 2:2–4. Aunque Miqueas e Isaías eran contemporáneos (Jer 26:18; Is 1:1), es dudoso que el mayor, Isaías, copiara del profeta más joven. Además, los vv. concuerdan mejor y son más completos que los hallados en Miqueas. Algunos eruditos proponen una tercera fuente de la que el Espíritu Santo guió a ambos hombres a conseguir material para sus discursos.

1) Avivamiento de la verdadera religión, y retorno a Jehová. 4:1–2.

1. En los postreros tiempos. Después de los días de juicio descritos en el capítulo anterior. Esta frase es comúnmente utilizada por los profetas para denotar la era mesiánica (cp. Os 3:5). C.F. Keil afirma: "La predicha exaltación del monte del templo es asignada al período de consumación del reino de Dios" (*The Twelve Minor Prophets*, II, 456). **El monte de la casa de Jehová** será espiritualmente exaltado sobre todos los montes. Las naciones **correrán** (como ríos) **a él,** de suyo propios, porque Dios estará allí.

2. Ellos invitarán y apremiarán a otros, y Jehová será el maestro. La palabra hebrea para **enseñar** proviene de una palabra que significa "lanzar una jabalina" o "disparar como una flecha". Vino a significar "hacer señalar" y, de ahí, "enseñar o instruir". Lo que era señalado vino a ser conocido como la "torah" o ley. Esta palabra se utiliza no solamente de la ley de Moisés, sino también de todo el AT; de ahí que queden incluídas las enseñanzas con respecto al Mesías. Todas las naciones correrán a la morada de Jehová para aprender del Mesías, porque desearán ellas **sus caminos...su veredas.** Jehová enseñará Sus propósitos y demandas, y será posible caminar en todo ello debido a que esta **ley** (Heb. *tôrâ*) saldrá de Sion.

2) El retorno de Jehová para traer paz y prosperidad. 4:3–5.

3. El juzgará...y corregirá (lit., *arbitrará*). Jehová actuará como árbitro entre pueblos en conflicto, corrigiendo a **naciones poderosas hasta muy lejos.** Dejarán la guerra y cambiarán los útiles de guerra en herramientas de paz. Esto señala a la determinación de los pueblos de andar en los caminos de Jehová, y a la salida de la Torah de Jerusalén (v. 2). En Jerusalén, la morada de los reyes, se halla el concepto de autoridad real y de gobierno, además de juicio. La paz es el fruto de la enseñanza de la Palabra de Dios. **4, 5.** Ya no aprendiendo más a hacer la guerra, **se sentará cada uno debajo de su vid y debajo de su higuera, y no habrá quien los amedrente** (cp. Zac 3:10). Esto es posible, ya que Jehová, el Dios de Israel, es el Eterno y el que tiene propia existencia. En contraste con Él, los dioses paganos carecen de vida, y la adoración de ellos perecerá. Los que caminan en el **nombre de Jehová** (v. 5) tendrán paz eterna.

3) Promesa del retorno de los de la cautividad. 4:6, 7.

El oráculo de Jehová es que los que se hallan en la cautividad volverán, pero en los "postreros" días (v. 1), después de sufrimiento y de juicio. Jehová reunirá a los que cojean y a la descarriada, a los llevados cruelmente al cautiverio, afligidos por dios por sus pecados. Estos pasarán a ser el remanente (v. 7) anunciado por los profetas (cp. Is 37:32; 46:3; Jer 23:3; Amós 5:15). Los desechados vendrán a ser la **nación robusta** propia de Jehová. Y Él regirá sobre ellos en el monte de Sion desde su retorno hasta la misma eternidad. (Ver conclusión del cap. 5 para el cumplimiento de esta profecía.)

4) Jerusalén será restaurada a un mayor esplendor y poder. 4:8.

El señorío primero. Los reinados de David y de Salomón representan a Jerusalén en su gloria. Aquí se implica que esplendores aún más grandes han de venir a Sion, a la **torre,** una parte del palacio davídico, del que el Buen Pastor, en figura, vigila su **rebaño.**

5) La redención deberá ir precedida por sufrimiento como castigo por el pecado. 4:9–10.

No habrá rey en Israel. Como mujer que está de parto (v. 10) la casa de Jacob tendrá que sufrir cautiverio en Babilonia. Allí será ella puesta en libertad.

6) Los enemigos verán la vindicación que Jehová hará de Su pueblo. 4:11, 12.

Vendrá escarnio de las crueles naciones paganas que desean la profanación de Israel. Pero estas no se habrán dado cuenta de los consejos de Jehová, de que Él va a reunirlos en Jerusalén como **gavillas en la era.** Algunos mantienen que los enemigos son los asirios ("Miqueas", *The Cambridge Bible*, p. 40), o el ejército de Antíoco Epífanes, tal como está descrito en Daniel y en 1 y 2 Macabeos (Cowles, *The Minor Prophets*, p. 200), o las naciones reunidas en la gran batalla final de Joel 3; Ez 38; 39; Zac 12; y Ap 20:8ss.

7) Predicción de la victoria final, con exhortaciones para prepararse para un asedio venidero. 4:13—5:1.

13. Levántate y trilla. Sion castigará con un cuerno de hierro y con pezuñas de bronce. Sus enemigos serán destruidos así como el grano se ve pisoteado por bueyes en la era. Los enemigos de Sion pensarán hacerse de botín para sus fines egoístas, pero, al revés, el botín ha de ser **consagrado,** *dedicado,* a Jehová.

5:1 (4:14 en la Biblia hebrea). Miqueas pasa bruscamente a una experiencia inminente. **Israel,** que aquí significa Judá, debe disponer sus fuerzas para un asedio, en el que el rey reinante, que es un juez, será humillado. Esto se cumplió en parte en en sitio de Senaquerib en 701 a.C., por la captura de Jerusalén por parte de Nabucodonosor en 587 a.C. y por el castigo que infligió al rey Sedequías, y por cada asedio sucesivo hasta la destrucción de Jerusalén en 70 d.C.

B. El poderoso conductor venidero nacerá en Belén y restaurará al remanente de Jacob. 5:2–15.

1) El Mesías nacerá en Belén. 5:2, 3.

2. Belén (Heb. *Bethlehem*, Casa de Pan) en el distrito de **Efrata** era demasiado pequeña para tener un lugar entre **las familias de Judá.** Pero estaba destinada a ser exaltada por todo el mundo; porque el Mesías iba a nacer en aquel humilde lugar, en el pueblo de su gran antepasado David. **Sus salidas son desde. . . los días de la eternidad,** porque este futuro **Señor de Israel** es el eterno "Angel de Jehová" coigual con Jehová a través del AT.

3. La que ha de dar a luz se refiere a Israel en aflicción, o a la madre personal del que ha de venir; se prefiere el segundo significado. Luego, habrá un retorno del **resto,** o remanente, de sus **hermanos** (compatriotas judíos) a Jehová y al hogar.

2) El beneficiente reinado del Mesías. 5:4–7.

4. El. . . apacentará su rebaño. El Mesías vendrá a ser el pastor que obra en el poder y la majestad de Jehová (cp. Jn 10:11; He 13:20; 1 P 5:4). Los enemigos se verán incapaces de hostigar, porque **será engrandecido hasta los fines de la tierra. 5, 6. Y éste será nuestra paz** (cp. Ef 2:14) dentro de las almas de los hombres, entre los hombres, entre las naciones. **Cuando el asirio viniere.** Asiria era el enemigo más temido en la época de Miqueas, y se utiliza aquí para tipificar a los enemigos de Israel. En Aquel que es Paz hay el poder de suscitar líderes que protegerán a Israel y que vencerán a enemigos. Miqueas señala a la victoria de Aquel que ha de venir sobre todos los poderes del mundo.

7. El remanente de Jacob [el Israel espiritual] **será en medio de muchos pueblos como el rocío. . . como las lluvias.** El verdadero pueblo de Jehová es refrescante y una bendición como el rocío —de Dios— no hecho ni perturbado por **hijos de hombres.**

3) El Israel espiritual vendrá a ser un gran conquistador. 5:8, 9.

Israel será como **el león** del cual **no hay quien escape,** como poderoso guerrero que destruirá a todos sus **adversarios** (v. 9). Esta guerra será consumada cuando Aquel habrá

puesto a todos sus enemigos debajo de Sus pies (1 Co 15:25–28).

4) El Israel espiritual será privado de poder y ayuda materiales. 5:10–15.

Jehová proclama que vendrá el día en que todos los útiles de *guerra* en el que han confiado los hombres serán **destruidos** (vv. 10, 11). Todas las religiones de factura humana —con sus hechicerías, adivinos, ídolos, santuarios, y ciudades dedicadas a la idolatría— por medio de las cuales Israel ha sido descarriada, Jehová **las arrancará** (vv. 12–14). Israel descansará entonces en el poder y la misericordia de Dios tal como se reveló en Aquel de Belén. Israel y el mundo tienen que reconocer que de quien dependen es de Él. Para las naciones que rechazan el mensaje de Jehová (v. 15) habrá solamente **ira** (implicando el profeta la aceptación del mensaje por parte de algunos; ver **que no obedecieron**).

En los caps. 4 y 5 Miqueas desarrolla con claridad la enseñanza de la promesa abrahámica tal como fue dada a Abraham (Gn 12:1–3; 13:14–18; 15:1–21) y tal como queda elaborada en el Pacto Patriarcal (Dt 30:1–20):

(1) Debido a su pecado, Israel deberá sufrir castigo: (a) Inmediato: esto es, pestilencia, sequía, etc.; (b) Futuro: una verdadera cautividad.

(2) Israel será salvada y ejercer un servicio de carácter universal: (a) Ha de venir un retorno verdadero, dice (y así sucedió), aunque solamente para un remanente. Este remanente tiene que ser la simiente del Reino y se hará grande y de extensión mundial. Tal simiente ha de ser producida no solamente por el nacimiento natural (el Israel natural fue solamente el vehículo para la realización del Reino espiritual), sino por la conversión espiritual, como en Pentecostés, etc.

Para Miqueas el reino espiritual es la adoración universal de Jehová, y el rey davídico ideal es el Mesías.

(b) Durante el período macabeo Israel existió verdaderamente como nación, con un rey aarónico como gobernante. El espíritu de nacionalismo era intenso, y se puso mucho énfasis en una restauración venidera literal de un gobernante davídico. En contra del propósito misionero de Dios (Gn 12:3), la nación en esta época era sumamente aislacionista en su actitud. Miqueas predijo que el reino que ha de ser establecido será universal, eterno, y esencialmente espiritual.

(3) El cap. 5 predice el lugar de nacimiento y las características del rey venidero. Esta profecía se cumplió en Jesucristo, que proclamó un reino espiritual, para frustración de

los fariseos, saduceos, y otros. Los judíos rechazaron a Jesús debido a que sostenían un concepto materialista del reino prometido.

(4) Pablo enseñaba en sus cartas a los Romanos y a los Gálatas que no hay judío ni griego...en el reino; *todos son uno* y todos *en* Cristo son simiente de Abraham y herederos de la Promesa.

IV. La controversia de Jehová. 6:1—7:20.

Los caps. 4 y 5 del libro de Miqueas predicen la venida y obra del Mesías. La profecía se extiende a la consumación de todas las cosas, lo que Miqueas ve como siendo conducido a través del pecado, del juicio y de la salvación. En estos dos últimos capítulos el profeta describe el pecado del pueblo, así como el pleito que tiene Jehová con ellos y Su juicio sobre ellos; predice también que el pueblo confesará su pecado y que recibirá las prometidas bendiciones. Todo esto se expone en forma de un pleito. El profeta es presentado como el fiscal en nombre de Jehová, con los montes y los collados (quizás símbolos de una justicia inmutable) como el tribunal y los jueces. Jehová acusa a través del profeta; el pueblo contesta; los montes y los collados juzgan en silencio.

A. Primera queja de Jehová. 6:1-5.

1. Oíd (con obediencia). El profeta convoca al tribunal a que atienda; Jehová demanda que se oigan Sus palabras. **Contiende.** Terminología legal, que significa "defender una causa ante el tribunal". Jehová llama a Miqueas para que se levante y defienda Su causa contra Su pueblo. **2. El pleito...altercará.** Lit., *demostrará totalmente.*

3. Pueblo mío, ¿qué te he hecho? Aquí está la queja formal de Jehová contra Su pueblo, que debiera llevar a la mente Su fidelidad y la infidelidad de ellos. **4, 5.** Jehová no espera por una respuesta, sino que señala Su conducción llena de gracia y Su protección en la pasada historia de ellos. Los había redimido de la esclavitud en Egipto, los había provisto de grandes conductores, y los había liberado de Balac y de Balaam (Nm 22—24). ¿No pueden aprender por experiencia **las justicias** de Jehová (v. 5)? Los caminos de los hombres pueden ser retorcidos, pero en la historia humana Jehová exhibe una fidelidad al pacto en sus caminos rectos.

B. Primera réplica de Israel. 6:6-8.

Con una aparente sinceridad, Israel replica mediante tres preguntas específicas, de intensidad creciente. **¿Puedo complacer a Jehová** (1) En sacrificios ordinarios de becerros? (v. 6).

(2) ¿En sacrificios extraordinarios en su cantidad, como "millares de carneros, o de diez mil arroyos de aceite"? (v. 7).

(3) ¿Con unos sacrificios de naturaleza tan extraordinaria como para constituir una violación de la ley de Moisés, esto es, el sacrificio del primogénito? (v. 7*b*; cp. Dt 12:29–31; 2 R 3:27; Jue 11:30–40).

Si la salvación pudiera ser comprada, con la ofrenda de bienes materiales como propiciación por el pecado, toda la humanidad se vería luchando por la salvación. Pero la verdadera salvación es una rendición del espíritu. Israel había olvidado la ley de redención del primogénito dada por Jehová (Éx 13:12, 13) y la experiencia de Abraham (Gn 22).

8. Lo que Jehová demanda se aplica a todos los hombres en todas las épocas, perpétua e inmutablemente:

(1) **Hacer justicia.** Esto es, vivir de una manera justa en relación con el prójimo en los asuntos sociales, políticos, e industriales.

(2) **Amar misericordia.** Esto es, exhibir aquella cualidad de una bondad constante como la que se ve en Jehová y que proviene de Él.

(3) **Humillarte ante tu Dios.** Esto es, tener humildad y devoción a Dios por la fe. Tales sacrificios —de actitudes rectas y de un carácter justo— son aceptables a Jehová.

C. Segunda queja de Jehová. 6:9-16.

9. Jehová proclama un reproche y advertencia a la ciudad de Jerusalén. **Es sabio tener tu nombre** (esto es, Jehová) y por ello se ha de prestar atención a la advertencia, porque la vara del castigo —Asiria— señalada por Jehová está dispuesta para caer. **10–13. ¿Hay aun...tesoros de impiedad?** La respuesta se halla en las acusaciones de falta de honradez en los negocios, en las medidas parcas, en las balanzas falseadas (v. 11), en la opresión de los pobres por parte de los ricos, mentira y engaño (v. 12; cp. Stg 4:1–12). Esta es la vieja historia de condiciones sociales, financieras y morales corrompidas, a pesar de las advertencias de Jehová. Por ello, vendría el asolamiento.

14–16. Jehová no es arbitrario en Sus juicios. Ellos son el resultado natural del pecado, esto es: (1) hambre (lit., **tu abatimiento** ...etc., significando "un sentimiento de vahído en el estómago debido a la falta de alimentos", v. 14); (2) una dura actividad, sin el poder de acumular posesiones que, si se acumulaban, serían entregadas a la espada; y (3) asolamiento. ¡Ojalá el pueblo de Israel hubiera caminado con tanto cuidado en los mandatos de Jehová como habían seguido en la maldad de **Omri** y de **Acab**! (v. 16; 1 R 16—

22). En la persistente maldad de ellos, se estaban poniendo dentro de los propósitos de juicio de Dios. Él usa incluso el pecado para llevar a fin Sus propios fines para Su gloria.

D. La segunda réplica de Israel: una confesión de pecado. 7:1–10.
Este capítulo final completa el pleito de Jehová con Israel que empieza en el cap. 6. La sección es discontínua en su expresión, lo cual sugiere con qué profunda emoción Miqueas proclama la respuesta de su pueblo: la confesión y la lamentación de ellos.

1–4. Las bendiciones de Jehová bajo la figura de la cosecha de la fruta han dejado de lado a Israel, declara Miqueas, y la nación se halla ahora carente de hombres y normas morales. Nótese el paralelismo de **misericordioso** con **racimo** y **recto** con **los primeros frutos** (vv. 1-2). Estos hombres morales no tienen éxito, desaparecen. Todos son sanguinarios, incluso en contra del propio hermano. El príncipe demanda de contínuo cosas injustas; el juez está siempre dispuesto a aceptar un soborno (Heb., "pagar", como en una transacción); y el grande expone sus malos deseos. Y lo confirman (v. 3) en una terrible realidad. Los **atalayas** (v. 4), esto es, los verdaderos profetas (cp. Is 62:6; Ez 3:16ss.). El día de los atalayas de Israel era el día de la **visitación** (RV, *castigo*)

5, 6. La sociedad se estaba desmoronando en sus mismas raíces; sí, los enemigos del hombre estaban en su propia casa. Las sospechas mútuas, la falta de confianza, y la enemistad prevalecían. Si consideramos el mundo actual, poco es lo que ha cambiado la naturaleza humana (cp. Mt 10.34ss.).

7. La nación afligida se ve aquí volviéndose a su única fuente de esperanza: **Mas yo a Jehová miraré, esperaré al Dios de mi salvación; el Dios mío me oirá,** "me prestará atención y me liberará". **8. Me levantaré.** El enemigo, Asiria, recibe la advertencia de no regocijarse, porque Jehová resplandecerá en la oscuridad para aquellos que le esperan. **9, 10. Ira** (lit., *indignación hirviente*). La nación está dispuesta a llevar la ira de Jehová debido a que sabe que ha pecado. Aquí hay un verdadero arrepentimiento, y también fe de que Jehová mismo solucionará el caso (del pecado) y que el pecador será sacado a la luz, para contemplar y caminar en Su justicia. El enemigo de Israel verá y se esconderá avergonzado; peor aun, sufrirá el castigo. Tal es el fin de los que escarnecen a Jehová.

E. Las prometidas bendiciones a Israel seguirán al juicio. 7:11–13.
11, 12. El día en que se edificarán los muros. Aquí tenemos prosperidad, edificación y extensión de los límites de Israel. ¿Contempla esto la expansión del Evangelio? Israel (quizá el Israel espiritual) será el centro o el punto de unión, y el pueblo vendrá a ella desde lugares lejanos debido a las bendiciones de Jehová sobre ella, que desean. O, ¿puede que estos viajeros sean los propios hijos dispersados del Israel?

13. Pero, antes de la bendición, vendrá juicio como **el fruto de sus obras.**

F. Último ruego en favor de Israel —reunido de entre muchas naciones. 7:14–17.
En este pasaje Miqueas ruega que Jehová, el Pastor, como en los gloriosos días de antaño, apaciente y conduzca a Su pueblo, morando ahora en seguridad en el bosque. La respuesta es una promesa de ayuda milagrosa, como en el éxodo de Egipto. El terror será lo que caracterizará a las naciones paganas en presencia de estas manifestaciones del poder de Dios, y se someterán a él en temor y reverencia humildes. ¡Qué contraste con sus bravatas y arrogancia cuando escarnecían al pueblo de Jehová (cp. Os 11:10ss.).

G. Doxología: El triunfo de la gracia. 7:18–20.
El profeta empieza esta doxología con un juego de palabras con su propio nombre, **¿Quién es como Dios?** (ver Introd., *Título*), y en una alabanza llena de agradecimiento prorrumpe en esta incomparable descripción de Jehová.

1) Jehová, el Dios del amor perdonador (v. 18):
El **perdona** (Heb., *levantar* o *llevar el pecado de otro*, con la idea de perdón) **la maldad** (Heb., *torcimiento*) **y...olvida** (*pasa por alto*; cp. Sal 19:11) **el pecado** (Heb., *rebelión*). La misericordia es la cualidad activa de este amor anhelante.

2) Jehová, el Dios del poder redentor (v. 19): Él tendrá otra vez **misericordia,** como una madre hacia su pequeñuelo, y **echará en lo profundo del mar todos nuestros pecados** (aquí la RV sigue a la LXX, Pesh., Vulg.)

3) El Dios de la fidelidad perpétua (v. 20): Él cumplirá el pacto que juró a Jacob y Abraham (cp. Gá 3:29).

¿Quién más es o puede ser un Dios así? ¡Con cuánta gracia suple y satisface todas las necesidades humanas! Así, las últimas palabras que oímos de boca del profeta son las de esta maravillosa doxología. Tal doxología era posible solamente debido a su fe en Dios. Dios había jurado, y él cumpliría su juramento (cp. He 6:18–20).

BIBLIOGRAFÍA

Barnes, Albert. *Notes on the Old Testament.* Grand Rapids: Baker Book House, 1950.

Calvin, John. *Commentaries on the Twelve Minor Prophets.* Grand Rapids: Wm. B. Eerdmans Publishing Co., 1948.

Cheyne, T. K. *Micah, With Notes and Introduction (Cambridge Bible).* Cambridge: Cambridge University Press, 1885.

Copass, Benjamin A. y Carlson, E. Leslie. *A Study of the Prophet Micah.* Grand Rapids: BakerBook House, 1950.

Deere, Derward William. *The Twelve Speak.* Vol. 1. Nueva York: The American Press, 1958.

Keil, C. F. y Delitzsch, F. *The Twelve Minor Prophets (Biblical Commentary on the Old Testament).* Edimburgo: T. & T. Clark, n.d.

Lange, John Peter. *Minor Prophets (Commentary on the Holy Scriptures).* Grand Rapids: Zondervan Publishing House, s.f.

Masterman, J. H. B., y Box, G. H. *Minor Prophets (Study Bible Series).* Nueva York: Richard R. Smith, 1930.

Morgan, G. Campbell. *Voice of Twelve Hebrew Prophets.* Nueva York: Fleming H. Revell Co., 1960.

Pusey, E. B. *Minor Prophets.* 2 tomos, Nueva York: Funk and Wagnalls Co., 1885.

Robinson, George L. *Twelve Minor Prophets.* Nueva York: George H. Doran Co., 1926.

COMENTARIOS EN ESPAÑOL

Archer, Gleason. "Miqueas" *Nuevo Comentario Bíblico,* editado por D. Guthrie, J. A. Motyer, A. M. Stibbs y D. S. Wiseman. El Paso: Casa Bautista de Publicaciones, 1978.

Ellison, Harold. *Portavoces del Eterno: Una Introducción a los Libros Proféticos.* Madrid: Literatura Bíblica, 1982.

Jamieson, R., Fausset, A. R., y Brown, D. *Comentario Exegético y Explicativo de la Biblia.* Tomo I. El Paso: Casa Bautista de Publicaciones, 1958.

NAHUM

INTRODUCCIÓN

Título. Como sucede con todos libros proféticos en el Antiguo Testamento, este lleva el nombre de su autor. **Nahum** (nāhûm) significa "consolación" o "consolador". La naturaleza del contenido de la profecía se indica en el título "carga" (RV1909, VM). Cuando se utiliza técnicamente entre los profetas, significa aquello que constituye un peso sobre el corazón de Dios y también sobre el corazón del profeta; esto es, un mensaje amenazante o judicial. El único tema del libro es Nínive, la antigua capital del Imperio Asirio.

Fecha y paternidad. El libro de Nahum es susceptible de datación dentro de los límites de alrededor de medio siglo. En base de la investigación arqueológica se conoce que Nínive cayó en 612 a.C. La predicción de Nahum fue redactada probablemente poco antes de la destrucción de la ciudad. Además, en 3:8 el profeta menciona la cautividad de No (No-Amón o Tebas, la capital del Alto Egipto) como un suceso histórico. Asurbanipal de Asiria (668–626 a.C.) provocó la caída de la ciudad egipcia en el año 663 a.C. De aquí que este libro puede ser datado entre el 663 a.C. De aquí que este libro puede ser datado entre el 663 y el 612 a.C., probablemente más cerca de este última fecha. Aunque no se conoce nada acerca de la vida de Nahum, aparte del hecho de que era natural de Elcos, no se ha presentado ninguna evidencia válida para establecer a ninguna otra persona como autor de la profecía. Incluso el lugar del nacimiento del profeta no se conoce con certidumbre. Se han presentado tres sugerencias principales en cuanto a su identidad. (1) Era una ciudad al norte de Nínive. Este punto de vista se basa en una tradición que proviene del siglo XVI. (2) Jerónimo, traductor de la versión de la Vulgata, lo identificó con un pueblo pequeño de Galilea. No se puede mantener con certidumbre que Capernaum (lit., *el pueblo de Nahum*) recibiera su nombre por el profeta. (3) Un tercer punto de vista sitúa a Elcos en el territorio al sur de Judá. Bien pudiera ser que Nahum hubiera nacido en Galilea, y que más tarde ministrara en el sur.

Marco histórico. Juntamente con los profetas Jeremías, Habacuc, y Sofonías, Nahum fue un testigo al Reino del Sur. El Reino del Norte había sido llevado a la cautividad por Asiria casi un siglo antes (722/721 a.C.). Era ahora el propósito de Dios visitar aquella nación que había sido la vara de la ira de Dios contra Israel. Nínive se había arrepentido genuinamente en la época de Jonás el profeta, pero estaba ahora madura para el juicio debido a su crueldad y codicia. Era implacable en la guerra y codiciosa de riquezas deshonestas. El poder que había regido en el Asia occidental durante tres siglos iba a ser quebrantado ahora por el poder combinado de los babilonios y de los medos.

BOSQUEJO

III. La advertencia desoída de Amón.   IV. La desesperada condición de Nínive.
3:8–10.   3:11–19.

COMENTARIO

Capítulo 1

I. Título. 1:1.
1. **La carga de Nínive** (VM). La designación indica que la profecía es un mensaje lleno de peso, o una sentencia judicial sobre Nínive (cp. Is 13:1; Zac 9:1; 12:1). **La visión.** La palabra hebrea (cp. Is 1:1) es un término técnico denotando una revelación autorizada de parte de Dios.

II. El majestuoso Dios de Israel. 1:2–8.
2. **Jehová es Dios celoso.** El profeta, recordando el pasado celo de Dios en favor de Su pueblo cuando estuvo amenazado por los asirios, recibe la certeza de que Él no estará menos interesado en la protección y vindicación de ellos. Cuando las Escrituras hablan de Dios como "celoso", no utilizan la palabra en el sentido en que se utiliza de los hombres. Aquí, más bien, significa que Dios está celoso en mantener Su santidad y Su justo gobierno en el mundo (cp. Éx 20:5; Nm 25:11, 13). Dios ama a Su pueblo, y tiene que rectificar los males perpetrados sobre ellos en la deportación del reino de Israel y la invasión del reino de Judá, acciones ambas llevadas a cabo por el reino de Asiria. **Jehová es vengador.** En tres ocasiones en este versículo declara el profeta que Dios tomará venganza sobre Sus enemigos. Se dan solemnidad y certeza al pronunciamiento de que por fin el justo Dios se ha decidido a actuar en juicio sobre Sus adversarios.
3. **Tardo para la ira.** El hecho de que la venganza de Dios se proclame abiertamente y en forma insistente no constituye razón para inferir que la decisión de Dios haya sido tomada precipitadamente. En lugar de ello, Él es paciente. Es una necedad imaginar que la paciencia del Señor surja de una falta de poder (ver Éx 34:6, 7). No se puede prevalecer sobre el Señor para que trate a los culpables como si fueran inocentes. Esto constituiría una negación de Su naturaleza. **En el tempestad y el torbellino.** La omipotencia de Dios se ve con claridad en los fenómenos del mundo natural, aquellos poderes elementales que el hombre, incluso en la actualidad, es impotente para domeñar o dominar (cp. Éx 19:16–18). **Las nubes son el polvo de sus pies.** Dios utiliza las nubes de los cielos como el hombre lo hace

con el polvo de la tierra. En la literatura cuneiforme de Ras Shamra (Ugarit) en Siria, los poetas paganos hablan de sus dioses cabalgando sobre las nubes. Pero solamente el verdadero Dios es capaz de tales hechos de poder y de majestad (cp. Sal 104:3).
4. **Amenaza al mar.** Al mandato de Dios, los ríos y los mares se secan, como lo fueron el Mar Rojo y el Jordán (Is 50:2). Nuestro Señor Jesucristo manifestó este poder en el Mar de Galilea (Mt 8:26). **Basán fue destruido.** En la Tierra Prometida Basán era famosa por sus ricos pastos, Carmelo por sus viñedos, y el Líbano por sus majestuosos bosques. Pero todos ellos se secarían por la sequía a la voluntad de Dios (cp. Is 33:9; Os 14:7). 5. **Los montes tiemblan.** Los terremotos, que aplanan por un igual a los montes y a los collados, se hallan bajo el mandato de Dios; también el fuego sirve a Su irresistible propósito. Además, cualquier aplicación de la política de tierra quemada implica a aquellos que habitan en la región. 6. **¿Quién permanecerá delante de Su ira?** Si el Dios Todopoderoso puede así manipular las fuerzas y los fenómenos de la naturaleza, ¿cómo puede el insignificante hombre esperar resistir la indignación de Dios? Estas preguntas retóricas del profeta sugieren su propia poderosa réplica. **Se hienden las peñas.** La actividad volcánica también responde a la poderosa mano de Dios.
7. **Jehová es bueno.** A fin de que los contemporáneos del profeta no adquirieran una impresión errónea de Dios, como si fuera hosco y austero, Nahum enfatiza ahora tres verdades consoladoras acerca de Él. En primer lugar, que Él es intrínseca e inherentemente bueno. Nunca se le puede asociar con un atributo opuesto. En segundo lugar, Él es el refugio incomparable para los Suyos en tiempo de angustia, "fortaleza inexpugnable", como lo expresó, en el sentido de un cuidado amante, en fidelidad al pacto, a todos los que han reposado su fe en Él (cp. Sal 1:6; 144:3). 8. **Tinieblas perseguirán a sus enemigos.** El cuidado solícito de Dios nunca debe ser interpretado como un blando sentimentalismo. El Señor nunca hace componendas con Su verdad ni con Su santidad; por ello, Sus enemigos serán tratados de una manera sumarísima. El golpe será aplastante. Este versículo anticipa

lo que Nahum desvela en los siguientes capítulos de este libro. Las Escrituras emplean la figura de un río inundando sus riberas para representar un ejército invasor que inunda una tierra y que extiende la desolación en su camino (cp. Is 8:8; 10:5–19). Como hecho de interés histórico, Ctesias (un historiador griego del siglo v a.C.) relata que cuando estaba en marcha una orgía en Nínive, una repentina inundación del río Tigris barrió las puertas de la ciudad y arrastró los cimientos del palacio, lo que permitió al ejército babilónico entrar e incendiar la ciudad.

III. El juicio de Dios sobre Asiria. 1:9–14.

9. ¿Qué pensáis contra Jehová? En esta sección del capítulo el profeta predice la caída de las fuerzas asirias. La pregunta de Nahum en su abrupto discurso implica su asombro ante la audacia del enemigo extranjero en el esfuerzo de ellos, inútil y carente de sentido, de conseguir en ningún intento una ventaja sobre el Señor. Brevemente, el profeta pregunta: "¿Cómo podéis tener la más mínima esperanza de contender con un Dios como el que tiene Israel?" (cp. Is 37:23–29). **Hará consumación.** El castigo que Dios aplicaría a los asirios sería tal que nunca se vería precisado a repetirlo. Sería un golpe irreparable. **10. Como espinos.** Pueblo agricultor, como lo era también Israel, podrían comprender fácilmente la vívida figura de unos espinos entrelazados y de hojarasca totalmente seca. Lo primero, aunque exteriormente presentando un frente aparentemente invencible, es tan impotente para resistir al fuego como la hojarasca seca. **Empapados en su embriaguez.** Lo que hizo que el ejército asirio fuera fácil de vencer fue el hecho de que estaban en medio de sus orgías durante el asedio de la capital. Según el historiador Diodoro Siculo (*The Historical Library* 2:26), el rey y sus cortesanos se vieron sorprendidos en medio de su bacanal; y el imperio cayó.

11. De ti salió. Aunque algunos estudiosos del pasaje prefieran no identificar específicamente a esta persona, se mantiene generalmente que el que había imaginado mal contra Jehová había sido Senaquerib de Asiria (705–681 a.C.), el hijo de Sargón II (el conquistador de Samaria). **Un consejero perverso** (lit., aconsejó *belial*, "una cosa llena de vanidad"). No triunfó frente a la mano refrenadora de Dios (cp. 2 R 19:22, 23). **12. Aunque reposo tengan.** Mejor, *aunque estén al completo* (esto es, completos, en toda su energía). A pesar del hecho de que la hueste de Asiria era potente (2 Cr 32:7), se vería impotente frente al pueblo de Israel. Asiria, que había ya diezmado a

muchas naciones, sería ella misma talada (lit., *trasquilada*) en su desafío al Señor. **Pasará.** En el sentido de *se desvanecerá*. De hecho, el rey de Asiria, con 185.000 de sus hombres muertos en una sola noche, levantó el asedio de Jerusalén, y se retiró a Nínive (2 R 19:35, 36; Is 37:36, 37). **Te he afligido.** Esta sección del pasaje trata de los tratos de Dios con Israel. Aunque Él había permitido que las fuerzas asirias castigaran a Israel, no lo haría más (ver v. 9, "dos veces").

13. Ahora quebraré su yugo. Asiria había triunfado en reducir a Judá al estado de rey vasallo, que tenía que pagar tributo (2 R 18:14), pero el Señor estaba decidido a liberar a Su pueblo. El yugo y las coyundas del poder opresor quedarían rotas permanentemente (ver también Is 14:25). **14. Ni memoria de tu nombre.** El profeta se dirige ahora al rey de Asiria, y predice el trágico final de una vida dedicada al desafío a Dios. La dinastía de Senaquerib se extinguiría, profecía que se cumplió con el suicidio del biznieto de Senaquerib, Saraco, en los últimos días del imperio de Asiria. **Estatua de fundición.** Juntamente con la caída de la dinastía vendría el fin de su adoración en el templo y su idolatría. Se sabe que los medos que, juntamente con los babilonios, destruyeron el imperio asirio, eran enemigos de la idolatría, que con gran placer destruían los ídolos de sus cautivos. **Pondré tu sepulcro.** El lugar de la muerte de Senaquerib es mencionado en las Escrituras (2 R 19:37; Is 37:38). En tanto que el rey estaba adorando a sus dioses en el templo, sus hijos le asesinaron. **Fuiste vil.** Cuando fue pesado en las balanzas de la justicia divina, el monarca asirio fue hallado vil (lit., *ligero*; cp. Dn 5:27).

IV. La liberación de Judá. 1:15.

15. El que anuncia la paz. Este versículo empieza el cap. 2 en el texto hebreo; por lo que respecta a la conexión del pensamiento, puede unirse igual de bien con el cap. 1. La escena es una en la que los mensajeros proclaman una liberación largamente esperada. La fraseología es paralela a la de Is 52:7. Allí, el profeta estaba anunciando la liberación del yugo babilónico; aquí se trata de la libertad de la tiranía asiria. La caída de Nínive (el 612 a.C.) constituiría buenas nuevas para los judíos. Así como Dios había intervenido en favor de Judá y de Jerusalén en 701 a.C. y diezmó el ejército de Senaquerib durante el reinado del piadoso Ezequías, así Dios destruiría totalmente al imperio asirio. **Celebra...tus fiestas.** Manifiestamente, era imposible celebrar las ceremonias religiosas de la ley de Moisés durante el prolongado asedio de los asirios, y fue difícil durante las siguientes décadas. Con la finalización de aquella crisis y opresión, la ciudad de Jerusalén retornaría a su vida religiosa normal. **Tus votos.** En las horas de la prueba, muchos de los piadosos deben haber hecho votos al Señor. Cuando hubiera pasado la prueba, estos votos debían ser puestos en práctica. **El malvado.** La referencia es evidentemente al impío Senaquerib y sus sucesores sobre el trono de Asiria (cp. v. 11). No volverían a hostigar al pueblo de Dios. Ro 10:15 aplica este pasaje a la bendita liberación que ha procurado el Señor Jesucristo.

Capítulo 2

I. Un cántico escarnecedor sobre Nínive. 2:1, 2.

1. Subió destruidor contra ti. Irónicamente y con un amargo escarnio Nahum se dirige a Nínive, aconsejándole que haga todos los esfuerzos posibles y que refuerce todas las fortificaciones a fin de poder resistir al ejército que se avecina del medo, Ciaxares, y del babilonio, Nebopolasar. En verdad, todo sería inútil, porque Jehová mismo había decretado la caída de Asiria. El sarcasmo y el escarnio sirven para exponer lo desesperado de la posición del enemigo de Judá de una forma más intensa.

2. La gloria de Jacob. Por la gloria de Jacob e Israel se significa la tierra y el Templo de Dios. Ambas cosas, aunque sumamente favorecidas por el Señor, quedaron bajo la vara disciplinadora debido al pecado de Israel. **Estropearon sus mugrones,** o pámpanos. En pasajes del AT, la herencia del Señor es asemejada a una viña (cp. Is 5 con Sal 80:8–16). Había sufrido del implacable asirio, que saqueaba aparentemente a voluntad.

II. El asedio de Nínive. 2:3–7.

3. Enrojecido. En su relato de la captura de Nínive, los hombres valientes son las fuerzas de los medos y de los babilonios. Estos estaban particularmente enamorados del color rojo (ver Ez 23:14). Enrojecían sus escudos pintándolos o recubriéndolos de cobre. Calvino sugirió que hacían esto para espantar al enemigo con el brillante color, y para esconder la sangre de sus heridas, de forma que el enemigo no ganase confianza con ello. **Grana.** Jenofonte afirma que este era el color favorito de los medos, y que lo utilizaban para sus túnicas militares. **El carro como fuego de antorchas.** Mejor, *los carros relumbrarán con acero* (ASV). Algunos carros de guerra relumbraban con acero debido a que se situaban guadañas ángulos rectos a sus ejes para formar lo que llamaban carros-guadaña. Uno puede imagi-

narse fácilmente lo pavorosas que eran estas armas, que podían abatir a todos los que se resistieran al progreso del ejército. **Temblarán las hayas.** Introducir *hayas* en este punto no da buen sentido al pasaje. Probablemente sea mejor entender que el profeta está describiendo el blandimiento de lanzas de ciprés (así lo vierte la BLA, frente a otras versiones) por los lanceros dispuestos al conflicto.

4. Los carros se precipitarán a las plazas. Los ninivitas no aceptarían la invasión de su ciudad capital sin lanzarse a su defensa. Los carros de guerra, lanzados a la batalla, se lanzarían a uno y otro lado de la ciudad en batalla. Los carros, en su veloz carrera aquí y allí en el pánico parecerían antorchas encendidas al caer el sol sobre ellos. Su velocidad, tal como Nahum los vio en su visión, pudiera asemejarlas a los destellos de los rayos. Esta es una de las mejores descripciones de un asedio en la literatura, si no la mejor. No sirve a ningún buen propósito ver aquí una referencia al automóvil moderno, como algunos lo hacen. Esta manipulación de las Escrituras no es digna del estudioso serio de las Escrituras.

5. Sus valientes. Los líderes militares asirios, con el rey a su cabeza, llamarían a los más valientes de los soldados a los colores. Cosa bien extraña, responderían de una forma torpe; serían cogidos totalmente desprevenidos. En su perplejidad darían poca ayuda en el tiempo de la crisis. **El muro.** En tiempos antiguos era de la mayor importancia proteger el muro de la ciudad; por ello los defensores más capaces tomaban allí sus puestos. **La defensa se preparará.** Por **defensa,** léase *mantelete* (así la ASV). Era un tipo de protección de quita y pon, bajo cuya cubierta los defensores podían preparar su contra-ataque.

6. Las puertas de los ríos se abrirán. Esto se ha tomado como significando que los asirios, en posesión de las compuertas que controlaban el río Chaser que fluía a través de la capital, las abrieron, de forma que los edificios se inundaran y al final el palacio quedó minado por la inundación. Es más probable que, después de mantenerse firmes en su ciudad fortificada durante dos años, los asirios fueran testigos de pesadas lluvias que destruyeron los muros de la ciudad. Cuando los canales del río Tigris se abrieron, se destruyó el palacio.

7. Huzzab. Los intérpretes se hallan todavía divididos en cuanto a si esta palabra se tiene que tomar como un nombre propio, o si es el verbo que significa "está ordenado" (así la ASV y la RV, en tanto que la VM vierte **Huzzab**). No se conoce ninguna reina de Nínive de este nombre, ni ninguna diosa asiria.

El pasaje está claro si se admite la fuerza plena del verbo. **Será cautiva.** Como Dios había determinado, la ciudad iba a ser llevada a la cautividad, en tanto que las criadas, el pueblo de la metrópolis, lamentaría la caída de su amada ciudad.

III. La sentencia sobre Nínive. 2:8–10.
8. De tiempo antiguo. Cp. Gn 10:11. **Como estanque de aguas.** Algunos intérpretes han tomado esta afirmación como significando que la población de Nínive era heterogénea, como un estanque alimentado por muchos tributarios. El sentido literal es el mejor. La ciudad era como un estanque de aguas en que diques alrededor de la ciudad formaban una barricada de agua. Pero en lugar de proveer seguridad, no sirvieron de ayuda a la gente que huía presa del pánico. **¡Deteneos, deteneos!** La orden de los líderes militares de mantener sus posiciones en contra de los invasores no iba a servir de nada en esta hora de confusión.
9. Saquead. El Señor es representado como dirigiéndose a los vencedores, llamándoles a que sequearan la ciudad de su oro y plata, de sus muebles, y de toda su riqueza. La inundación de la ciudad sería temporal, debido a la situación elevada de Nínive por encima del Tigris. Los escritores de la antigüedad confirman que habían grandes tesoros acumulados en Nínive, resultado de repetidas campañas por los constructores del imperio Asirio.
10. Vacía, agotada y desolada. La ciudad, tan influyente en el pasado, y tan rica, se halla ahora desolada, saqueada, y totalmente destruída. Las palabras del original dan la idea de vaciedad. **El corazón desfallecido.** El valor ha huído, y nadie tiene corazón para seguir la lucha. Los sobrevivientes contemplan tristes y aterrorizados la ruína de la ciudad que había sido tan rica en el pasado.

IV. La razón de la caída de Nínive. 2:11–13.
11. ¿Qué es de la guarida de los leones? El profeta, mirando al futuro, pide escarnecedoramente a la orgullosa ciudad dónde se halla su soberbia, y adónde ha huído el valor del que tanto se vanagloriaban. La comparación es totalmente apropiada, debido a que se han hallado leones en diferentes formas, con alas, y en ocasiones con la cabeza de un hombre, en esculturas asirias. Las predicciones de Nahum se cumplieron de una forma tan literal que durante siglos marcharon ejércitos sobre la localidad de Nínive sin darse cuenta de lo que yacía a sus pies. **12. El león arrebataba.** La crueldad sin precedentes de los asirios fue la razón de su caída bajo el golpe de Dios. Las reliquias asirias revelan cuán rapaces eran sus monarcas. Podían vanagloriarse de que habían

hecho manar la sangre de sus enemigos sobre los lugares altos de los montes. Uno de ellos incluso declaró que había enrojecido la ladera de todo un monte con la sangre de sus enemigos. **13. Reduciré a humo tus carros.** La respuesta de Dios a esta serie de atrocidades fue que Él destruiría los carros de Asiria, un apoyo principal de sus fuerzas. Ya que Asiria se deleitaba en incendiar las ciudades de otras naciones (casi cada descripción de una batalla incluía una declaración así), sería pagada con la misma moneda. **Nunca más se oirá.** Durante años los reyes asirios habían exigido tributo de los pueblos conquistados; ahora la voz de estos mensajeros quedaría enmudecida para siempre. Tanto el pueblo como su posición serían destruidos.

Capítulo 3
I. El relato de la destrucción. 3:1–3.
1. Ciudad sanguinaria. Nínive fue fundada y mantenida sobre el asesinato, el derramamiento de sangre, y el guerrear constante. **Llena de mentira y de rapiña.** Dentro del reino, así como fuera de él, se rompían las promesas y era sumamente común el quebrantamiento de las treguas. La extorsión y la violencia estaban a la orden del día. **Sin apartarte del pillaje.** Nunca dejó de vivir mediante el saqueo y de la rapiña. La historia posterior de Asiria es de una guerra casi ininterrumpida.
2. Chasquido de látigo. Como en el cap. 2, Nahum describe en términos vívidos el asedio de la ciudad. El lector puede casi oír el ruído de los látigos apremiando a los caballos, el fragor de las ruedas de los carros de guerra, el galope de los caballos. Se puede casi ver espadas llameantes, y las relumbrantes lanzas; y a continuación la muerte —por todas partes.
3. En sus cadáveres tropezarán. En este asedio no hay tiempo para un entierro decente, tan importante en el mundo antiguo; los vivos tropiezan sobre los montones de cadáveres. No hay ningún pasaje en la literatura hebrea que sobrepase a este en su vívida descripción.

II. El fracaso moral de Nínive. 3:4–7.
4. Maestra en hechizos. Nínive es comparada con una ramera muy favorecida. Cuando se utiliza esta figura de Israel, la referencia es a la idolatría, debido a que se hallaban en una relación de pacto con Dios. En el caso de Asiria, la fornicación consistía en el tráfico en hechicerías, en lo oculto. Mediante sus astucias sometía a otros pueblos a su dominio. **5. Descubriré tus faldas.** Nínive se había atraído la desgracia sobre sí; ahora Dios la manifestaría (cp. Is 47:3; Ez 16:37–41). **6. Inmundicias.**

Estiércol, la prueba del mayor de los desprecios. Vendría a ser escarnio para todas las naciones. **7. Todos los que te vieren se apartarán de ti.** Los que contemplaran la desolación de la ciudad huirían en terror, no deseando participar en sus miserias. Se vería abandonada y sin amigos, objeto tanto de escarnio como de disgusto.

III. La advertencia desoída de No-Amón. 3:8–10.

8. ¿Eres tu mejor que No-amón? Nínive, neciamente, no había tenido en cuenta la suerte de No. Dios, que no hace acepción de personas, tenía que tratar el pecado de Nínive como lo había hecho con el de No. **No-Amón,** o *Tebas* (RV), la capital del Alto Egipto, floreció durante los reinados de los Faraones de las Dinastías XVIII, XIX, y XX. Incluso los griegos y romanos admiraron su arquitectura. Los griegos se refirieron a ella como Diospolis, "Ciudad de Dios", debido a que la contrapartida egipcia de Júpiter se adoraba allí. **Asentada junto al Nilo.** Estaba situada a ambos lados del río Nilo. El gran poeta griego Homero habló de ella como poseyendo cien puertas. Allí se adoraba a Amón (o Amún), el principal dios de los egipcios, como una figura con cuerpo humano y cabeza de carnero.

9. Etiopía era su fortaleza, también Egipto. No-Amón tenía mayores ventajas que Nínive, porque en tanto que esta última se había enemistado con sus naciones vecinas, la primera había formado poderosas alianzas. La capital de Egipto podía depender de los suministros de los fuertes etíopes en su límite meridional, así como en la ayuda de toda la tierra de Egipto. La ayuda era tan grande que el profeta la llama **sin límite. Fut y Libia.** Tanto en la Vulgata como en la Septuaginta se traduce *Fut* como **Libia.** Sin embargo, Fut se distingue de Libia en este pasaje. El consenso actual identifica a Fut con Punt, la actual Somalia en Africa. Los Lubim que aquí se mencionan son los libios (con su capital en Cirene) del norte de Africa.

10. Sin embargo ella fue llevada. A pesar de tener todas las ventajas políticas y geográficas, No-Amón sufrió una tremenda derrota en manos de Assurbanipal de Asiria (cp. Is. 20:3, 4). Tales atrocidades como las que se mencionan perpetradas sobre la ciudad egipcia eran cosa común en las conquistas de aquella época (ver 2 R 8:12). La caída de No-Amón era lo suficientemente reciente en la época de Nahum como para permitir un excelente paralelo al juicio que pronto caería sobre Nínive.

IV. La desesperada condición de Nínive. 3:11–19.

11. Tú también serás embriagada. El Señor escribe su lección en grandes letras en las páginas de la historia humana. Nínive había fracasado en discernir la advertencia de Dios en el juicio sobre No-Amón. No se trataba de que sería atrapada en una orgía de borracheras, sino que bebería hasta lo más hondo de la copa de la ira de Dios. (En cuanto a esta figura, ver Is 51:17, 21–23; Jer 25:15–28; Ez 23:33, 34.) **Tú también serás escondida.** La profecía se cumplió al pie de la letra. Nínive desapareció de la escena de la historia hasta 1842, cuando el francés Botta y los ingleses Layard y Rawlinson descubrieron el lugar de la metrópolis de antigua fama.

12. Todas tus fortalezas serán cual higueras. En la época de su necesidad desesperada Nínive descubrió que ninguna de sus fortificaciones le eran de ayuda para resistir a los embates del enemigo. El higo maduro es fácilmente recogido, y no ofrece resistencia; de manera que Nínive se hallaría en mano de sus enemigos. **13. Mujeres.** En su pánico, los guerreros no ofrecerían más resistencia que mujeres aterrorizadas. **Las puertas...se abrirán de par en par.** Una vez que las entradas de la ciudad quedaran abiertas sin una defensa adecuada, el enemigo encontraría una fácil tarea entrar y quemar la asediada capital.

14. Provéete de agua para el asedio. Otra vez Nahum se vuelve de la descripción de la venidera destrucción al amontonamiento de escarnio y de burla sobre la malvada ciudad. Para defenderse en un largo asedio, el agua era imprescindible. El profeta aconseja a la ciudad que acumule un gran suministro. **Entra en el lodo.** El enemigo traería indudablemente arietes para quebrantar los muros de la ciudad a fin de hacer brechas en ellos. Por ello, serían precisos los ladrillos en el acto para reparar los agujeros que pudieran hacerse en los muros. **15. Allí te consumirá el fuego.** Serían inútiles todas estas medidas desesperadas, porque tanto el fuego como la espada conseguirían la destrucción de Nínive. Tanto la historia antigua como los hallazgos arqueológicos recientes dan testimonio del hecho de que se cumplió la predicción de Nahum y que la ciudad fue destruida por el fuego. **Como langosta.** La langosta es bien conocida por su poder destructor. Nínive aparecería como si hubiera sido abrumada por una plaga de langostas. Entonces, mediante un rápido giro, el profeta compara al pueblo de Nínive a una horda de langostas. Aun a pesar de que sean tan numerosos como una horda de langostas, no podrían escapar a lo que el profeta estaba prediciendo.

16. Multiplicaste tus mercaderes. Nadie podría dudar de la preeminencia comercial de la ciudad. Era uno de los grandes centros comerciales del mundo antiguo. Su comercio con otras naciones, especialmente Fenicia, era lucrativo. **Voló.** Lo que había sido acumulado durante muchos años de esfuerzo paciente y contínuo sería arrebatado por el enemigo. **17. Tus príncipes serán como langostas.** ¿De qué les serviría la ayuda de los grandes caudillos militares en el día de la calamidad? Se les asemeja a un enjambre de langostas con alas ateridas de frío, que, después de ser calentadas por los rayos del sol, adquieren nuevas fuerzas y vitalidad, huyen volando. En el Oriente Medio, las langostas son tan destructoras que el hebreo tiene casi una docena de palabras para denotarlas. Las langostas pueden huir sin dejar rastros, y se utiliza aquí esta característica. **18. Durmieron tus pastores.** El sueño de la muerte sería la parte de los oficiales y de los gobernadores del rey. **Por los montes.** El pueblo de Asiria sería desparramado por los montes al norte de la tierra, sin nadie que los volviera a reunir.

19. No hay medicina para tu quebrantamiento. No habría remedio para la pérdida y destrucción sufrida por Asiria. No se hace ninguna mención de un remanente de supervivientes. **Batirán las manos sobre ti.** Aquellos que oyeran las noticias de la calamidad se regocijarían por la desgracia del implacable imperio. Aplaudirían la retribución que había caído finalmente sobre el opresor de ellos. **Tu maldad.** La pregunta se dirige al rey como representante del reino. El dominio del tirano vino a un final infame en 612 a.C., según la Crónica Babilónica. La profecía de Nahum concluye así con una fuerte afirmación de causa y efecto: maldad y desgracia, crueldad y calamidad, crimen y catástrofe.

BIBLIOGRAFÍA

ELLICOTT, CHARLES J. (ed.). *Commentary on the Whole Bible.* Vol. V. Grand Rapids: Zondervan Publishing House, 1954.

FEINBERG, CHARLES L. *Jonah, Micah, and Nahum.* Nueva York: American Board of Missions to the Jews, Inc., 1951.

MAIER, WALTER A. *The Book of Nahum, A Commentary.* San Luis: Concordia Publishing House, 1959.

ROBINSON, GEORGE L. *The Twelve Minor Prophets.* Nueva York: Doran, 1926.

COMENTARIOS EN ESPAÑOL

ELLISON, HAROLD. *Portavoces del Eterno: Una Introducción a los Libros Proféticos.* Madrid: Literatura Bíblica, 1982.

FREEMAN, HOBART. *Nahum, Sofonías, Habacuc: Profetas Menores del Siglo VII* (Serie "Comentario Bíblico Portavoz). Grand Rapids: Editorial Portavoz, 1980.

FAUSSET, A. R "Nahum", *Comentario Exegético y Explicativo de la Biblia*, Tomo I. El Paso: Casa Bautista de Publicaciones, 1958.

FRASER, A. "Nahum", *Nuevo Comentario Bíblico.* Editado por D. Guthrie, J. A. Motyer, A. N. Stibbs, y D. J. Wiseman. El Paso: Casa Bautista de Publicaciones, 1978.

HABACUC

INTRODUCCIÓN

El autor. De Habacuc mismo no se sabe nada excepto lo que pueda inferirse de este libro que lleva su nombre. Es descrito como "el profeta" y es posible, por ello, que no solamente tuviera el don de profecía sino que fuera uno de un grupo profesional de profetas. Ciertas notaciones musicales al salmo en el cap. 3 sugieren que puede haber profetizado en el Templo, como los hombres mencionados en 1 Cr 25:1.

Sería poco exacto hablar del carácter del profeta en base de su escrito. Su nombre parece derivarse de una raíz hebrea que significa "abrazar". Jerónimo (siglo v d.C.) afirmó que el profeta se llamaba "el abrazador", ya por su amor a Dios o debido a que luchó con Dios. Una tradición rabínica relaciona el nombre con 2 R 4:16 y dice que Habacuc era el hijo de la mujer sunamita. Naturalmente, esto es pura imaginación, y a no ser que se conceda que el nombre del profeta, como el de Jesús, fue dado en previsión de su ministerio (Mt 1:21), todas las conjeturas en cuanto a su significado, aunque interesantes, son inútiles. Habacuc es mencionado en la leyenda apócrifa de Bey y el Dragón como rescatando a Daniel de una segunda ocasión en el foso de los leones. No es preciso dar crédito alguno ni a esta ni a otras ciertas tradiciones que afirman que Habacuc huyó a Arabia cuando Jerusalén cayó, y que volvió a Palestina después del exilio babilónico. Las historias, sin embargo, señalan a la época aproximada en que el profeta ejerció su ministerio.

Fecha. La época exacta de la redacción de la profecía ha constituido un tema de conjeturas en cuanto a la persona del profeta. La erudición competente ha sugerido fechas oscilando entre el 650 a.C. (C. F. Keil, *Commentary on the Minor Prophets*, p. 410) hasta el 330 a.C. (E. Sellin, *Introduction to the Old Testament*, p. 183). Por varias razones, la primer fecha parece ser un poco demasiado temprana, ya que ocurre en tiempos del dominio asirio de Judá; en tanto que la fecha posterior está estrechamente asociada con la opinión de que las huestes invasoras descritas en el primer capí-

tulo de la profecía no son los caldeos, sino las fuerzas griegas al mando de Alejandro Magno. La conclusión más satisfactoria parece ser que la profecía fue escrita en una época en que los caldeos o babilonios estaban empezando a mostrarse inquietos en contra del poder de Asiria y, quizás, habían empezado ya a dar muestras de su poder. Situar la redacción de este libro en una fecha muy posterior a ésto sería lo mismo que asumir que la profecía no es realmente una predicción de la invasión de Judá por los caldeos, sino que es simplemente una explicación de la presencia de los babilonios en las tierras de poniente como los instrumentos del Señor. La mejor conclusión parece ser que la profecía fue escrita hacia el final del reinado de Josías (640–609 a.C.), preferiblemente después de la destrucción de Nínive por las fuerzas combinadas de los babilonios, medos y escitas en 612 a.C. Esta fecha parece plausible por dos razones. Una es que el profeta parece sorprendido al enterarse de que los *caldeos* fueran los elegidos por Dios para castigar al desobediente Judá; después de todo, ¿no había sido pro-babilónico el piadoso rey Josías en sus simpatías políticas, al tratar de estorbar la marcha del faraón Necao en su campaña contra los babilonios en 609 a.C.? La otra razón es que la ascensión del poder de Caldea sería lo suficientemente evidente para que la descripción del profeta tuviera significado para sus oyentes. Evidentemente, el libro debiera ser fechado antes del 605 a.C., cuando Nabucodonosor hizo su primera invasión de Palestina y se llevó a Daniel y a otros cautivos a Babilonia.

Problema del capítulo 3. En ocasiones se ha argumentado que el cap. 3, que es un salmo, no fue escrito por Habacuc. Las notaciones musicales halladas en el capítulo señalan a haber sido preparado para su utilización en la adoración del Templo. Esto ha conducido a algunos eruditos a preferir pensar que la adoración en el Templo adquirió una pureza relativa y una teología avanzada solamente en el período después del exilio, datando el salmo en el período post-exílico. Parece hallarse apoyo adicional al argumento en el hecho de que el comentario de Habacuc hallado entre los Rollos de Qumrán no hace referencia alguna al tercer capítulo de Habacuc. Este evidente silencio acerca de Habacuc 3 puede explicarse, sin embargo, por el hecho de que los escritores de aquel comentario estaban tratando de explicar los dos primeros capítulos no en términos de la invasión caldea sino en términos de los eventos de sus propios días. Así, no hallaron al tercer capítulo apropiado para sus propósitos. La utilización de anotaciones litúrgicas en la literatura poética hebrea difícilmente pudiera ser evidencia decisoria en favor del origen post-exílico de ningún escrito. Ya que algunos de los más antiguos de los Salmos llevan tales anotaciones, pacere ser que formaban parte de tal literatura mucho antes del exilio.

Singularidad del libro. Debido a que el contenido del tercer capítulo provee un *clímax* triunfante a los problemas presentados en los primeros dos capítulos, tenemos en todo el libro una teodicea. La estructura de esta profecía es singular en el Antiguo Testamento, como lo es el contenido teológico. En los dos primeros capítulos hay un diálogo entre el Señor y el profeta, en el que el último no solamente se queja del mal, como lo hacen algunos de los salmistas, sino que incluso reta al Señor a que indique cómo Él, el Santo, puede tolerar tal mal. Este diálogo tiene que ser considerado como teniendo lugar en el reino de la visión (cp. 1:1 y 2:2). El tercer capítulo es una oración, en la que el profeta empieza pidiéndole al Señor que cumpla en la historia el propósito que ha anunciado, que haga que Su obra viva en medio de los tiempos. A continuación de esta oración, se le concede a Habacuc una visión de Dios ejerciendo Su poder y manifestando Su gloria en la tierra en cierta forma de la misma en que lo hizo en las experiencias del éxodo en el monte Sinaí. El resultado de la visión es una mezcla de temor y de confianza por parte del profeta.

BOSQUEJO

I. Introducción. 1:1.

II. Queja del profeta de violencia incontrolada en Judá. 1:2–4.

III. La respuesta del Señor: El caldeo es su instrumento de castigo. 1:5–11.

IV. Un segundo problema: Los caldeos son más malvados que los judíos. 1:12 — 2:1.

V. La segunda respuesta del Señor: El propósito es cierto, y la fe será premiada. 2:2–4.

VI. Cinco ayes sobre la iniquidad, sea esta judía o caldea. 2:5–20.

VII. Una visión del juicio divino. 3:1–16.

VIII. El triunfo de la fe. 3:17–19.

COMENTARIO

I. Introducción. 1:1.

Carga. Son muchas las proclamaciones proféticas que se describen como ''cargas'', particularmente donde hay un anuncio de un carácter ominoso o amenazador. Aquí el profeta lamenta la subyugación y devastación inminentes de su propio pueblo, por lo que hay aquí un aspecto de mal presagio por lo que a ellos respecta. Al mismo tiempo, la carga es contra los soberbios caldeos, cuyo poder es su propio dios (1:11). **Que vio.** La palabra *hāzâ*, ''ver'', un término algo técnico, indica que se trata de una revelación. El Espíritu de Dios imprime el mensaje sobre la consciencia interna de los profetas con tanta fuerza y de una manera tan vívida como si hubieran visto algo con su mirada física. En 1 R 22:17 dice Micaías: ''*Vi* a todo Israel esparcido...''

II. Queja del profeta de violencia incontrolada en Judá. 1:2–4.

2. ¿Hasta cuándo...? Aparentemente, el profeta había estado angustiado por algún tiempo por el estado de cosas en Judá. Por experiencia, había hallado que parecía que la gente no tuvieran conciencia, e indudablemente él había orado a Dios para que corrigiera tal maldad, porque afirma que había clamado al Señor. **No oirás.** No se debiera asumir que el profeta dudara que el Señor hubiera oído su clamor (en el sentido de que el Señor estuviera al tanto de ello). Daba por supuesto que el *oír* del Señor implicaría la *respuesta* del Señor. Hasta ahora su oración había sido en vano (cp. Sal 22:1, 2). **Violencia.** La referencia es a una maldad sin freno. La pregunta es: ¿Quién tiene la responsabilidad de ello? Se asume que se trata de la violencia de los de Judea. Hay los que creen que, debido a que se utiliza la misma palabra en 2:8 y 2:17 para describir a los caldeos, la violencia de la que se queja el profeta es la de los caldeos. Sin embargo, ya que ellos iban a ser el medio del castigo y que iban a ser suscitados para ello, no puede pensarse en ellos como los perpetradores. Tampoco era la violencia la de los asirios que habían controlado durante cierto tiempo a Judá, ya que una parte de la queja del profeta es el hecho de que la **ley** es debilitada, y el **juicio** falseado (v. 4). Estas dos palabras se refieren en el Antiguo Testamento, por lo general, al código mosaico, y parece, por ello, que la violencia consistía en actos de crueldad y de injusticia que saturaban la vida pública y privada en Judá.

3. ¿Por qué me haces ver iniquidad, y haces que vea molestia? La aparente falta de interés del Señor con la angustiosa situación era algo que perturbaba al profeta. No solamente había Dios permitido que el profeta viera iniquidad, sino que Él mismo la había contemplado y aparentemente su respuesta había sido la de indiferencia o inactividad. Lo que preocupaba a Habacuc era que, ya que Dios es santo, no podía entender cómo Dios podía quedarse indiferente ante el mal. El intenso alegato del profeta, por ello, es en realidad una expresión de fe. Su indignación había hervido a la vista de la abundancia de pecado, y su confianza en un Dios santo le decía que Dios tiene que hacer algo respecto a ello. **Destrucción y violencia.** Estos términos señalan a la animosidad entre los miembros de la comunidad judaica. Los dominadores asirios no se mezclaban con los residentes locales. Meramente exigían sujeción política y un impuesto, que se recogía en nombre del rey. Estas dos palabras, por ello, apoyan la conclusión de que la maldad de que estaba quejándose el profeta era la de su propio pueblo.

4. La ley es debilitada. La ley aquí es la ley Divina como ésta está expresada en el código mosaico. La ley, como dice Delitzsch, es ''la ley revelada en toda su sustancia, y que había sido dispuesta para que fuera el alma, el corazón, de la vida política, religiosa, y doméstica.'' Los dos verbos hebreos traducidos en la RV **debilitada** y **sale** indican que la violencia en Judá era tal que la ley y el orden se hallaban paralizados. El gobierno de Dios era un asunto muerto. **Juicio.** Un juicio es una decisión legal basada en una ley precedente o acostumbrada. Por ello, a menudo significa el equivalente de nuestra ley común. El asunto es que no existía nada que realmente pudiera recibir el nombre de juicio y que lo que pasaba como juicio era una perversión del tal. No había seguridad en la vida pública ni para la persona ni para la propiedad. Que tal estado de cosas existió durante el reinado de Joacim queda indicado en Jer 26:1 — 27:11. **El impío asedia al justo.** El justo se halla rodeado de maldad y de personas impías. Esta es la triste situación que se presentaba ante la vista del profeta. La ley de Dios era despreciada en todos los lugares. Incluso aquellos que debían defender la causa de la justicia y de la verdad estaban dados,

ellos mismos, a la perversión. Los piadosos se veían desesperanzadamente abrumados por la superioridad de los malos, de manera que su testimonio no servía de mucho. ¡En verdad, Dios no podía soportar durante largo tiempo este estado de cosas entre Su pueblo!

III. La respuesta del Señor: El caldeo es su instrumento de castigo. 1:5–11.

5. Mirad entre las naciones. El profeta ha expresado asombro de que Dios permitiera durante tanto tiempo que los pecados de Judá estuvieran sin castigo. La respuesta del Señor es que Él tiene un instrumento en Su mano que pronto va a utilizar. Será incluso más asombroso que lo que ha sido su paciencia. Las palabras se dirigen en plural, ya que Dios no está hablando solamente al profeta, sino más bien a través de él a todo el pueblo. El apóstol Pablo, citando de la LXX en este versículo, aplica el principio de los tratos de Dios con Habacuc a la situación en la iglesia de su propia época (Hch 13:41). Indudablemente la obra de Dios de llamar a los gentiles a Su Iglesia sería tan asombrosa como Su obra de utilizar a los ejércitos de Babilonia para castigar a Judá. El lenguaje de este versículo justifica la conclusión de que en la época de la profecía no se pensaba en Babilonia como una gran potencia mundial. Los oyentes del profeta tenían que mirar entre las naciones debido a que era de entre ellas que se suscitaría la obra de Dios que constituiría una justa recompensa a un pueblo pecador. **Asombraos.** No puede haber mucha excusa para aquellos que no atienden, porque, como dice Calvino: ''Les exhorta dos veces a que miren y las dos veces les exhorta a que se asombren.'' **Aun cuando se os contare, no la creeréis.** No creerían que la catástrofe les alcanzaría por decisión divina. Tenían un falso sentido de seguridad, pensando que ser el pueblo elegido de Dios era meramente un asunto de una relación externa. Bajo el reinado de Josías había habido un retorno a las ceremonias prescritas del Templo, pero no necesariamente un retorno al Señor que moraba en el Templo. El ceremonialismo pronto se convierte en un enemigo de la verdadera espiritualidad. Israel estaba siempre dispuesto a decir: ''El templo del Señor, el templo del Señor, el templo del Señor, son estos'' (Jer 7:4).

6. Dios empieza ahora a describir detalladamente la nación mediante la cual castigará a Judá, **los caldeos.** En tanto que esta palabra se refiere generalmente al imperio neobabilónico, que llegó a su cénit bajo Nabucodonosor en el siglo VI a.C., hay indicaciones de que, como grupo, los caldeos eran muy antiguos. Jeremías

5:15 los describe como un antiguo pueblo, una nación de remotos orígenes. Es probable que en la antigüedad estuvieran organizados tribalmente, como sucedía con muchos grupos semíticos, y que se infiltraran gradualmente a Babilonia desde los límites exteriores del valle de Mesopotamia. Eventualmente consiguieron dominio en la ciudad de Babilonia. Y Merodac-baladán, que intentó establecer la independencia de Babilonia frente a Asiria en la época de Ezequías, era un caldeo. El imperio neobabilónico o caldeo fue establecido bajo el caudillaje de Nebopolasar, un general caldeo en las fuerzas asirias. El monarca más ilustre de los caldeos fue Nabucodonosor, que es descrito en Esd 5:12 como "el caldeo". **Yo levanto.** Los caldeos estaban a punto de ser levantados por Dios, no meramente como potencia política, sino para llevar a cabo una parte especial del plan divino. Esta es la respuesta a la pregunta del profeta: "¿Hasta cuándo?" **Nación cruel y presurosa.** Las dos palabras señalan a una campaña feroz y rápida. Los caldeos no habían perdido estas características en la época de Daniel, porque vio al imperio babilónico en visión como un león que tenía alas de águila (Dn 7:4).

7. De ella misma procede su justicia y su dignidad. El conquistador que vendría sería arrogante e imperioso. No reconocería ninguna autoridad superior que la de él mismo y, de hecho, negaría a Dios. En carácter y conducta el imperio caldeo se parecería a todos los imperios mundiales posteriores.

8. Lobos nocturnos. Esta expresión se halla un número de veces en el AT (véase Gn 49:27; Jer 5:6; Sof 3:3). Los lobos nocturnos son probablemente aquellos que han estado cazando todo el día sin éxito y que se vuelven más y más feroces al ir declinando el día. La guerra es para el invasor lo que la presa para la fiera: un feroz deleite. **Volarán como águilas,** o mejor, quizás, como el *buitre.* Hay una cierta evidencia de que no siempre se hacía una cuidadosa distinción entre el águila y el buitre. En Mt 24:28 se traducen así las palabras de Jesús: "Porque allí donde esté el cuerpo muerto, allí se juntarán las águilas". El águila no es carroñera, pero el buitre sí lo es. Los buitres son también conocidos por su habilidad en ver u oler alimento desde grandes distancias. Vuelan a gran velocidad para conseguirlo, y al comerlo lo desgarran vorazmente.

9. Sus rostros consumirán como el viento solano. RV: *el terror va delante de ella.* En Palestina, el viento solano, procedente del este, sopla desde el desierto, amontonando arena en su camino. Tales vientos eran el terror de los habitantes de Palestina, debido a que destruían las cosechas y a que eran muy destructores.

10. Amontonando el polvo, las toma (VM). *Levantará terraplén y la tomará* (RV). Esto es, indudablemente, referencia al levantamiento de obras terreras mediante las cuales se podían abatir o vencer los muros de una ciudad de una manera efectiva. Muchas antiguas inscripciones representan esta actividad.

11. Luego pasará como el huracán. Aquí el profeta reanuda la metáfora del v. 9 e indica que el avance de los caldeos podría ser detenido localmente por alguna fortaleza. Pero, como el huracán, pronto la destruiría, y, cambiando su dirección, proseguiría adelante. **Ofenderá atribuyendo su fuerza a su dios.** Un rayo de esperanza brilló a través de las tinieblas y, para aquellos que confiaran en Dios, había una verdadera esperanza. Por mucho éxito que tuviera el invasor, sería culpable delante de Dios, y aunque fuera el instrumento de Dios para castigar a los culpables de Judá, él mismo quedaría sometido a su debido tiempo al juicio divino.

IV. Un segundo problema: los caldeos son más malvados que los judíos. 1:12 — 2:1.

12. Se ha sugerido que hubo un intervalo de tiempo entre la respuesta de los vv. 2–11 y la pregunta de los vv. 12–17. En este intervalo, se supone, los caldeos hubieran venido sobre Judá demostrando ser peores que el pueblo al que habían sido enviados a castigar. Habían ofendido las leyes de la humanidad. Sin embargo, no hay nada en el texto que indique que transcurriera ningún período de tiempo. El profeta ha visualizado a los caldeos como una rápida horda reuniendo cautivos como si se tratara de arena. La imaginería de los vv. 12–17 sugiere a un pescador utilizando todos los medios posibles para conseguir una rica pesca. Puede ser entonces que el argumento del profeta surgiera de lo que creía que sucedería con toda certeza si un instrumento tan vengativo era utilizado por Dios. Es indudable que Habacuc estaba angustiado no solamente por la destrucción de Judá, sino también por el hecho de que el castigo que iba a caer sobre los malvados en su propio país caería también, e igual de inevitablemente, sobre los fieles. **Desde el principio.** La eternidad de Dios en Sus tratos con el pueblo del pacto desde la antigüedad es a menudo la base de la confianza para los creyentes (cp. Is 40:28; Sal 90:2). La acumulación de vocativos: **Oh Jehová, Dios mío, Santo mío** es similar a aquellas expresiones de profunda confianza que se hallan con tanta frecuencia en los Salmos. Lo que se significa por **Santo** se desvela en el v. 13. **No moriremos.** Pusey dice correctamente que este es el vislumbre de la fe. Las palabras de los hombres en momentos de crisis indican a menudo sus convicciones más internas y verdaderas. La utilización del pronombre *nosotros* elíptico debe ser entendida como refiriéndose al remanente, que recibe el nombre de "el justo" (1:2–13), o aquellos que viven por su fe (2:4).

13. Muy limpio eres de ojos para ver el mal. Dios no puede contemplar la iniquidad de una manera complaciente y tolerante, y mucho menos con favor. No es solamente los ultrajes de los caldeos lo que aquí se menciona. Dios es demasiado limpio de ojos para contemplar *cualquier* maldad. No podía estar inactivo ni ante la violencia de los caldeos ni ante la que se había hallado en Judá. Es debido a que el profeta había tomado como supuesto que Dios es puro por naturaleza que podía encontrarse con algún tipo de problema. Uno que ponga en tela de juicio la omnipotencia de Dios, o cualquier otro de Sus atributos, diría que la justicia de Dios es irreconciliable con tal maldad y que, por tanto, o bien Dios no es justo, o no es omnipotente. El profeta, sin embargo, hace dos preguntas: ¿Por qué es así? ¿Cuánto durará? Y era del mismo Dios de quien buscaba una respuesta. Al mismo tiempo, el problema persistía de que el resto piadoso de la nación tendría que sufrir cuando los impíos fueran castigados.

14. Haces que sean los hombres como los peces del mar. Aquí se afirma que el Señor hace lo que permite que otros hagan. Como resultado de la aparente indiferencia de Dios ante la destrucción, los hombres vienen a ser como peces atrapados del mar por un pescador que utiliza todos los medios concebibles — anzuelo, red, mallas (v. 15)— para aumentar su pesca. Un comentarista dice que este pensamiento es el inverso al de Jesús, que afirmó que incluso los gorriones están bajo el cuidado de Dios. Solamente una creencia en una Providencia todo inclusiva, sin embargo, puede producir una afirmación como la que hace aquí el profeta.

16. Hará sacrificios a su red. La referencia, probablemente, no es a una verdadera práctica, aunque se dice que los escitas ofrecían sacrificios animales a la cimitarra en honor de su dios de la guerra. Lo que se significa es que los babilonios ascribían honores divinos a sus armas, y por ello a sí mismos. Adoraban y servían a la criatura en lugar de al Creador.

Con 2:1, el argumento del profeta llega a su fin. No era el escepticismo lo que le había hecho derramar su queja a Dios, sino su fe, porque estaba ahora dispuesto a esperar en el Señor, con la certeza de que vendría respuesta. La afirmación que se hace en ocasiones de que Habacuc es el primer ejemplo que hallamos en las Escrituras de dudas honestas carece enteramente de base. Nada en el lenguaje de la profecía traiciona ni un solo elemento de duda. En verdad, la profecía finaliza con una nota sublime de fe. Es una cosa afrontar un problema que confronta a todos los que creen en un Dios omnipotente y bueno y preguntar por qué las cosas son así, o cómo pueden serlo. Es algo muy distinto poner en tela de juicio la bondad divina o Su justicia, o la misma existencia de Dios, simplemente debido a que no se pueda dar respuesta a estas preguntas.

2:1. Sobre mi guarda. Varios intérpretes entienden esto como una verdadera atalaya o elevación, citando los ejemplos de Moisés (Éx 33:21), o Balaam (Nm 22:41), y Elías en Sinaí (Horeb, 1 R 19:8ss.). Ninguno de estos casos es realmente comparable con el de Habacuc, que pudiera estar solamente utilizando una figura de lenguaje. Ciertamente, debió haberse preparado mediante una meditación en oración para recibir la respuesta divina. Jeremías esperó diez días por una respuesta a su pregunta (Jer 42:7). Es probable que transcurriera algún intervalo de tiempo entre el argumento del cap. 1 y la respuesta recibida. Habacuc registra solamente su determinación de esperar por una respuesta; no nos dice cuando esta vino.

V. La segunda respuesta del Señor: El propósito es cierto, y la fe será premiada. 2:2–4.

Estos tres versículos contienen lo que quizás sea la sección más difícil de la profecía, tanto desde el punto de vista de la traducción como del de la interpretación.

2. Escribe la visión. Que el profeta escribiera la visión en tabletas para su lectura pública o no ha sido un tema de disputa, pero todos están de acuerdo en que se le ordenó que registrara la visión. El propósito de registrarla es doble: que el que la lea corra; la visión es para un tiempo señalado y se tiene que guardar a fin de que su verdad pueda ser comprobada. **En tablas.** Se utilizaban diferentes tipos de materiales para hacer registros, ya que los judíos tenían contactos con todas las culturas del Oriente Medio. Isaías y Jeremías escribieron en rollos de pergaminos, pero a Isaías se le ordenó también escribir en una tableta (Is 30:8). Se puede suponer razonablemente que Habacuc hiciera un registro de su visión sobre una tableta de barro, que presentara a muchas personas. **Para que corra el que leyere en ella.** La cosa quedaría tan clara para el que la leyera que correría a anunciarla. En Dn 12:4, también, las palabras "muchos correrán de aquí para allá" parecen señalar a una publicación de información, ya que se añade que el conocimiento aumentará.

3. Por un tiempo...hacia el fin. El cumplimiento de la visión iba a tener lugar en el propio tiempo de Dios. Ya que las mismas dos palabras se utilizan en Dn 8:19, algunos han llegado a la conclusión de que es el tiempo del fin, o los últimos días, lo que se significa aquí. Aquí las palabras se refieren al designio de Dios con respecto a los caldeos. Sin embargo, podemos comprender que la visión se refiere a la destrucción del poder mundial impío, del que Babilonia era la manifestación existente, y que solamente el día del Mesías vería el cumplimiento definitivo de tal promesa. **Se apresura...no mentirá.** Los propósitos de Dios se apresuran a su cumplimiento, aunque en la estimación humana parezcan haber innecesarios retrasos. Dice Juan Calvino: "Este es el verdadero sacrificio de la alabanza, cuando nos refrenamos y permanecemos firmes en la persuasión de que Dios no puede ni engañar ni mentir, aunque parezca por un tiempo que este jugando con nosotros." **Sin duda vendrá.** El modismo hebreo utilizado aquí ha sido traducido literalmente por la versión griega LXX), *viniendo vendrá*. La referencia es a la certidumbre del evento. El escritor de la Epístola a los Hebreos, utilizando la LXX, adapta el texto a la promesa de la segunda venida de Cristo, un evento igualmente cierto en el plan de Dios, aunque parezca a la vista de los hombres que ha sufrido un retraso indebido. Así leemos en He 10:37: "El que ha de venir vendrá."

4. Es de gran importancia un entendimiento claro de este versículo para el cristiano. De los pasajes del AT citados en el NT, este aparece en tres ocasiones en contextos muy vitales. Se debiera señalar que cuando este versículo se utiliza en el NT se presenta como *un principio inmutable de la relación de Dios con Su pueblo*, y no como una predicción de eventos que tendrían lugar en la dispensación del NT. En Habacuc la respuesta divina tiene la intención de estimular la esperanza y la confianza de aquellos que son espiritualmente hijos de Dios, en tanto que pronuncia la sentencia sobre la potencia mundial de los caldeos.

Se enorgullece. Decir que este es el caldeo, en contraposición al judío, el que es descrito con estas palabras es una repuesta muy simple. Pero ya que la visión es una respuesta a la pregunta de 1:12–17, es el caldeo el que está principalmente a la vista.

Por su fe. Un problema menor es: ¿Es el hombre justificado por la fe el que vive, o es que el justo tiene que vivir por fe? La utilización de Pablo parece acentuar el primer significado, aunque el tenor de sus escritos dan lugar al segundo. En todo lugar, el apóstol utiliza la palabra "vivir" con una fuerza particular. No significa meramente sobrevivir, sino vivir eternamente en la gracia de Dios.

Una cuestión más importante es si el hebreo *'ĕmûnâ* debiera ser traducido como "fe" o como "fidelidad". En la mayor parte de los pasajes del AT en que se utiliza tiene el segundo significado, por ejemplo en 2 R 12:15; Jer 5:1. Sin embargo, es digno de señalarse que la raíz de esta palabra ya ha sido utilizada en Hab 1:5 en el sentido de dar crédito a la palabra o promesa de Dios. Además, la fidelidad, incluso como aspecto del carácter de un hombre, no aparece en el vacío. La fidelidad tiene que ejercerse con relación a alguien o a algo. En este caso el individuo debería ser fiel a Dios, a la palabra y al pacto de Dios. Tiene que descansar firmemente en ellos, teniendo una esperanza firmemente arraigada en el mismo Dios. El uso del NT está total acuerdo con esto.

Se debiera señalar también que es mejor enriquecer nuestra idea del significado de "fe" en el NT con el del AT. La fe no es un mero consentimiento a una proposición acerca de Dios revelado en Cristo Su Hijo. Es lo opuesto a la soberbia enaltecedora, o confianza en uno mismo. Es la humildad ante Dios, una buena disposición a conformarse a Su voluntad. Es una convicción de que Él no puede ni mentir ni fallar (2:3), una confianza a pesar de las circunstancias exteriores (3:17). Un hombre profundamente religioso como Habacuc difícilmente hubiera dejado de pensar en Abraham y de recordar lo que fue dicho de él que creyó en el Señor, y que le fue contado como justicia.

Vivirá. Indudablemente, en esta profecía está presente la idea de supervivencia. Sin embargo, en vista de las relaciones espirituales involucradas, no es esta la única idea. El verdadero significado está bien dado por la petición de Abraham en Gn 17:18, utilizando el mismo verbo: "Ojalá Ismael **viva** delante de ti." **Vivir** significa no solamente tener seguridad o protección en esta vida, sino también gozar la misericordia de Dios, que es mejor que la vida. Es serle querido a Él, el objeto de Sus cuidados.

Permanecen dos cuestiones en relación con la utilización que hace Pablo de Hab 2:4 en Ro 1:17 y en Gá 3:11. ¿No utiliza acaso el apóstol la palabra "fe" en el sentido definido de una antítesis a ley-obras como medio de aceptación ante Dios? Esta antítesis no se halla presente en Habacuc. Además, ¿no es la fe de que habla Pablo una fe en el Mesías, del que no se hace mención en Habacuc?

Se tiene que reconocer de entrada que Pablo no tenía intención de enseñar que el profeta

hubiera establecido la doctrina de la justificación por la fe. Sí que enseña, no obstante, que
hay un principio decididamente establecido en
las Escrituras con respecto a la relación del
hombre con Dios y que este principio opera
con la mayor de las claridades en el reino de la
posición del hombre ante Dios. Para expresarlo con otras palabras, Habacuc había establecido el principio por el que la fidelidad, esto
es, la confianza humilde, y firme, en la palabra
de Dios, queda declarada como el instrumento
para dar bienestar y seguridad al pueblo el
pacto. Pablo declara que el mismo instrumento
es el medio de conseguir la justificación
delante de Dios. Al hacerlo así, no elimina en
modo alguno la idea de fidelidad, o de fe, de su
verdadero significado. En realidad, si muchos
modernos predicadores evangélicos le dieran a
la palabra ''fe'' el significado que lleva la
palabra hebrea, habría menos superficialidad
en la profesión y la práctica del cristianismo.

Por otra parte, se tiene que reconocer también que Pablo, en comparación con Habacuc,
extiende infinitamente la palabra ''vivir'', porque la aplica a la vida venidera, a la esfera de
la salvación o del bienestar eterno en distinción de un mero bienestar temporal. Que el
apóstol está justificado en hacerlo lo concede-
rán con toda presteza los cristianos, ya que el
NT emplea muchas formas y figuras del AT
con una plenitud de significado que trasciende
en gran manera al que tenían para los creyentes de la anterior dispensación. Finalmente,
la antítesis entre el principio de la fe activa y el
de las obras meritorias de la ley como medio
de salvación es, naturalmente, una parte del
argumento propio del apóstol. Es un desarrollo
lógico de la naturaleza misma de la fe.

**VI. Cinco ayes sobre la iniquidad, sea esta
judía o caldea. 2:5–20.**

5. El vino es engañoso (VM). La palabra
hebrea *yayin*, ''vino'' constituye un problema
debido a que aparece en el texto como sujeto
del verbo. La LXX lo interpreta figurativamente como *el hombre orgulloso*. Algunos
comentaristas cambian las consonantes para
producir otra palabra, ''el opresor''. El comentario de Qumrán apoya el texto hebreo, sin
embargo. Probablemente, el significado sea
que la conducta de los traicioneros sea como la
que produce el vino. Se nos vienen a la memoria las palabras del *Recesional* de Kipling:
''Si, bebidos con la contemplación del
poder, perdemos desenfrenadas lenguas
que no te tienen en reverencia.''

Ensanchó como el Seol su alma. El Seol, la
morada de los que han partido de este mundo,
es contemplado como una criatura rapaz dese-
osa de tragarse a la humanidad.

6. Todos estos. La referencia es a las
naciones y pueblos mencionados en el v. 5.
Refrán. La palabra hebrea significa una semejanza, de la que toma el sentido de parábola.
Sin embargo, ya que no hay parábola en este
capítulo, es mejor traducirlo como lo hace la
RV, en el sentido de *refrán escarnecedor*.
Prenda. La palabra utilizada aquí no aparece
en ningún otro pasaje de las Escrituras, pero
esta traducción es la mejor de las propuestas.
El significado se basa en el aborrecimiento
hebreo a los usureros y en las leyes levíticas en
contra de tomar prendas de mayor valor que lo
que se necesitaba para asegurar el pago. Los
caldeos habían robado a los pobres, acumu-
lando todo lo que podían conseguir, ilegalmente.

7. Tus deudores. Los caldeos, aunque
actuando como los acreedores, eran en realidad deudores a todos; y llegaría su turno de ser
hechos **temblar**, o vejados (cp. Mt 18:28).

8. Todos los otros pueblos te despojarán.
Los babilonios iban a ser recompensados por
la ley de Talión, ojo por ojo, diente por diente.
La ley de retribución que discurre a través de
todo el AT desde Gn 9:6 en adelante no tiene
la intención de constituir una norma de venganza, sino un principio de justicia. Los hombres recibirán el castigo que merecen.

En tanto que los caldeos han sido el sujeto
del primer ''ay'', los ayes que se proclaman en
el resto del capítulo, vv. 9–20, se aplican más
universalmente, y ciertamente incluyen los
pecados de Judá y de Israel. Si se hubiera
confinado la condena solamente a los enemigos de Israel habría servido sólo para confirmar en un sentido de seguridad carnal a los
pecadores de los que Habacuc se había que-
jado originalmente.

9. Codicia injusta ganancia. Aquí son condenados el extorsionador y el estafador. Básicamente, es evidente que no eran solamente
los actos específicos que eran malvados, sino
los objetivos y las tendencias del alma de la
que estos actos fluían. **En alto su nido.** El
águila y el buitre construyen sus nidos en
riscos altos e inaccesibles. Esperar conseguir
la felicidad y la permanencia en base de una
acumulación deshonesta de poder y de posesiones es intentar ''establecer'' el nido propio
''en alto''. Por otra parte, el Señor es la
morada de los creyentes de generación en
generación.

10. Tomaste consejo vergonzoso. Los caldeos y otros no habían planeado una confusión
para sí mismos; en lugar de ellos, Dios haría
que sus planes se volvieran en contra de ellos,
para su vergüenza. Por ello, habían pecado en
contra de sus propias almas, aunque pudiera

parecer que habían pecado principalmente en contra de otros.

12. Edifica la ciudad con sangre. Expresiones similares en Mi 3:10 y Jer 51:8 señalan al hecho de que los pecados de Judá así como los de Babilonia se hallan involucrados aquí. De hecho, bien pudiera haber aquí una referencia al mal gobierno de Joacim (cp. Jer 22:13). Por lo general, las grandes empresas de edificación eran los esfuerzos de los monarcas para glorificarse a sí mismos. **Con sangre.** Esta es una expresión frecuente que significa culpa de sangre o gran culpabilidad.

13. ¿No es esto de Jehová...? La causa última del fracaso de los planes y de los programas humanos se halla en la providencia soberana de Dios. No se halla restringido en su aplicación a la destrucción de Babilonia. Los términos utilizados son muy generales e incluyen a todos los que se hallan opuestos a la voluntad de Dios y a su reino. El Señor de los ejércitos no es simplemente el Señor de las batallas y, por ello, aquel en quien se halla la victoria definitiva para los judíos. Es el Señor de todas las huestes del universo, y es capaz de hacer Su voluntad entre los ejércitos el cielo y los habitantes de la tierra. **Trabajarán para el fuego.** Tomarán en sus manos un trabajo infructuoso.

14. La tierra será llena. Muchos han considerado que este versículo es una predicción bien de la era del Evangelio o del reino milenial de Cristo. A diferencia de la predicción de Isaías, en Is 11:9, que predice un tiempo en el que los hombres *conocerán* a Dios, siendo llevados a una comunión entrañable con Él, este versículo afirma que habrá una manifestación de la **gloria** del Señor. La referencia es al poder y a la majestad de Dios al revelarse estos en juicio en contra de la impiedad y en contra de los enemigos de Su pueblo (cp. Nm 14:21–23; Sal 97). Así como el agua llena el mar en abundancia rebosante, así la gloria de Dios se manifestará a todos los hombres en la mayor de las medidas.

15. Que da de beber a su prójimo. Una comparación con varios otros pasajes del AT, tales como Jer 25:15, 16; Is 51:17; Sal 75:8, muestra que esta afirmación no debe tomarse literalmente. El concepto es el de inducir un estado de humillación y de postración impotente como el de una persona ebria. **Su desnudez.** Se utiliza la concupiscencia sensual como metáfora de la bárbara concupiscencia de poder. La utilización de estas figuras implica, naturalmente, una intensa condena de los actos que proveen las figuras.

16. Este versículo promete que el caldeo sufriría de manos del Señor el mismo tipo de desnudez vergonzosa que él mismo había inflingido a otros. **Sé como un incircunciso** (ASV). Estar en tal condición era ser objeto de escarnio para el pueblo de Dios (Jue 14:3; 15:18; 1 S 17:26) y no ser apto para entrar en presencia de Dios. **El caliz de la diestra de Jehová vendrá hasta ti.** Esta no es una convicción de que de una u otra forma el derecho tiene que prevalecer, o que la injusticia será castigada en el orden natural de las cosas. Es una filosofía de la historia en la que Dios juzga a las naciones y la caída de los imperios es el cumplimiento de Su voluntad.

17. La rapiña del [efectuada sobre el] **Líbano.** Sucesivos monarcas de varias naciones habían talado los árboles del Líbano, habían cazado sus fieras, y dado muerte a su ganado. En este caso Líbano es el nombre utilizado para describir a Judea, como sucede también en Jer 22:6, 23; Zac 10:10; 11:1.

18. Estatua de fundición que enseña mentira. ¿En qué sentido pueden los ídolos, de los que también se dice que son mudos, ser maestros de mentiras? Como señala Calvino, seducían a las almas simples. Eran instrumentos para engañar a los hombres. La imagen, dice Matthew Poole, ''era el producto de su arte [el del hombre], y a pesar de ello la esperanza de su alma.''

19. Que dice al palo: Despiértate... El lenguaje es de un escarnio evidente, como el de Elías al escarnecer a los sacerdotes de Baal. Dice una inscripción babilónica a Bel: ''¿Hasta cuándo dormirá el señor que duerme?''

20. En su santo templo. En tanto que eruditos de muchos matices de opinión teológica identifican al **santo templo** como el santuario en Jerusalén, una comparación del Sal 11:4; 18:6, 9; 2 S 22:7, 10 muestra que la expresión se utiliza con referencia específica al cielo. En vista del hecho de que se ordena a toda la tierra que calle delante del Señor, esta conclusión parece la más apropiada. **Calle.** El hebreo tiene un fuerte imperativo, *has!*, muy parecida a nuestra expresión ¡Shhhh! Los creyentes, en especial, poseerán sus almas en quietud y en confianza, porque Dios ha prometido que aunque la visión tarde, ciertamente vendrá.

VII. Una visión de juicio divino. 3:1–16.

Este capítulo es llamado una oración (*tepilâ*), aunque se está universalmente de acuerdo en que es, en su mayor parte, la descripción de una teofanía experimentada por el profeta. Solamente el v. 2 es una petición. Pero las actitudes de temor reverente, de asombro maravillado, de fe triunfante por encima de las circunstancias perturbadoras, se hallan tanto en el espíritu de la oración, que puede haber poca duda que la "oración" incluye todo el capítulo. El capítulo es también llamado un salmo —aunque no por Habacuc— ya que se dan instrucciones en el encabezamiento acerca de cómo tiene que ser cantado, y al final se dicen qué instrumentos tienen que acompañar al canto. Asimismo, el enigmático *Selah*, que marca usualmente pausas periódicas, o que quizás marca un cambio de compás, aparece en tres ocasiones.

Por varias razones, como ya se ha mencionado en la Introducción, de este capítulo se ha opinado que ha sido escrito por otra persona, en vez de por Habacuc. Esto significaría, naturalmente, que 3:1, que le ascribe a él el capítulo, es incorrecto. El hecho de que el tercer capítulo no aparezca en el comentario de Qumrán no constituye una verdadera objeción. Tampoco lo es el argumento de que este pasaje no tiene la forma de diálogo de las anteriores secciones. La misma naturaleza del capítulo, que es una oración, impide el estilo de diálogo. Existen algunas evidencias lingüísticas que señalan la unidad del libro así como el hecho de que la teodicea queda incompleta sin este capítulo.

1. Sobre Sigionot. El significado de la palabra es tan incierto, que el curso más prudente es transliterarlo. La Vulgata lo traduce como *pro ignorantiis*, "por pecados hechos en ignorancia". No hay sugerencia alguna en la profecía de que los pecados de Judá ni los de los caldeos puedan ser considerados como debidos a la ignorancia. Probablemente, la palabra indica el tipo de música o el compás en el que puede cantarse el salmo cuando se utilice en adoración.

2. Tu palabra, o *nuevas*. Las nuevas son aquel acto de juicio divino que probablemente provocaría sufrimiento a Habacuc y a aquellos ligados a él por los lazos comunes de la fe y del amor. Es el juicio anunciado en el cap. 1.

La traducción de la RV de este versículo no es totalmente satisfactoria. Se sugiere la siguiente traducción:

Oh Jehová, he oído tu fama,
He temido, oh Jehová, tu obra:
En medio de los años hazla vivir,
En medio de los años dala a conocer;
En la ira acuérdate de la misericordia.

Hazla vivir (RV, *aviva*). Aquí el profeta, a pesar de la versión que dan varias traducciones, como la RV, VM, etc., no está pidiendo que Dios repita lo que fue hecho en la antigüedad. El verbo se utiliza en otros pasajes con un significado causativo, p.ej., Gn 7:3; 19:32; Dt 32:39, donde el significado es el de

preservar la vida, o el de llamar a la existencia. Se le pide a Dios que ponga su obra, esto es, su programa declarado, en marcha, que lo haga una acción viva. Que este es el caso queda confirmado por el paralelismo, "en medio de los años dala a conocer." **Tu obra** es entonces el propósito anunciado en 1:5, juntamente con los juicios pronunciados en el cap. 2.

En medio de los años. Un antiguo comentarista, Bengel, afirma que este versículo señala al nacimiento de Cristo y a la era cristiana. La obra de Dios se tiene que efectuar en una época que divide la historia, el Antiguo Testamento del Nuevo Testamento. Esta propuesta no ha hallado una verdadera aceptación. Habacuc está pidiendo que en el curso de los años venideros Dios castigue y cure.

Algunos han creído que los vv. 3–15 describen una teofanía, o una manifestación de la Deidad al profeta. Otros creen que se trata simplemente de una recitación poética de las obras de Dios con un argumento del éxodo, esto es, empleando las pautas de la actividad divina en la época del éxodo. No hay razón para creer que Habacuc experimentara el tipo de teofanía que le fue dada a Abraham. Al mismo tiempo, estos versículos son algo más que una mera celebración poética.

En tanto que el lenguaje parece apoyarse en el Éxodo y en los posteriores relatos de los tratos de Dios con Israel, hay también una buena cantidad de originalidad en la descripción. El profeta habla, por ejemplo, de los montes como desmenuzados y humillados, y también de una exhibición de un resplandor que llenó la tierra y los cielos. Lo mejor es pensar que todo el panorama de perturbaciones cósmicas que resultan de la presencia de Dios estuvieron en la visión del profeta.

3. De Temán...Parán. Parán era el área desértica al oeste del Arabá y cerca del sitio tradicional del monte Sinaí. Temán era la capital de Edom, una fortaleza rocosa, pero el nombre designa también al territorio al este de Parán. A Dios se le presenta como acercándose en juicio desde el distrito de donde Israel había experimentado su gracia redentora sino donde también había entrado en pacto con Él. Esta era también la zona en la que algunos de la generación incrédula perecieron. **Su alabanza. Alabanza**, aquí, se refiere no a aquello que es pronunciado por los habitantes de la tierra, sino más bien a la excelencia de Dios que merece la alabanza de toda la creación.

4. Rayos brillantes salían de su mano. Estos rayos emanan de ambos lados. El centro del que venía el resplandor como del sol era el lugar donde se esconde el poder de Dios.

5. Mortandad y **carbones encendidos** son fenómenos que acompañan la llegada del

Señor, así como los rayos y truenos acompañan una tormenta que se avecina. Quizás el profeta viera la creación animada como marchitándose delante de Dios, como azotada por un viento agostador. Detrás de él el camino se hallaba quemado como si hubiera sido cauterizado por una llama.

6. Se levantó. Jehová se detuvo en su camino a fin de medir la tierra, para determinar el tipo y grado de castigo que se tenía que administrar. El mero toque de Dios sobre los montes los desmenuzó y los hizo temblar. Hay aquí un argumento para dar más peso a lo que se está diciendo. Si las mismas rocas y colinas que han desafiado los embates del tiempo se hunden en la nada al toque de los pies del Señor, o a la mirada de Su ojo, entonces, ¿quién podrá resistir el día de Su ira?

7. Cusán. Se asume comúnmente que Cusán es Etiopía. Es, sin embargo, más lógico suponer que Cusán era parte de un territorio sobre el que vagaban los madianitas, y que fue de allí que provenía Séfora, la mujer de Moisés, que recibe el nombre de cusita.

8. ¿Te airaste, oh Jehová, contra los ríos? La pregunta es retórica, calculada para dirigir la mente a las verdaderas razones de la visitación del Señor: la **salvación.** La salvación divina constituye, según se puede asumir, el tipo de liberación por la que había orado el profeta en el cap. 1. Incluirá liberación de la violencia y del engaño del que se hallan rodeados los piadosos, de manera que la ley no se vea ya más "debilitada". La salvación no es sinónima con la que se ofrece en nuestro Señor Jesucristo, aunque es en varios respectos una sombra de la obra mesiánica.

9. Los juramentos a las tribus. De todas las cláusulas en toda la profecía, esta es probablemente la más difícil de explicar. Tal como se halla, debe ser una interpolación, significando que la única esperanza de Jehová se halla en la promesa del pacto de Dios, particularmente en el pacto mosaico o sinaítico. En un pequeño grupo de manuscritos, esta frase se lee así: "porque tu llenas tu carcaj de saetas", lo que da un buen sentido, pero que no tiene apoyo en los mejores manuscritos hebreos.

10. El abismo...alzó sus manos. En su visión, el profeta vio grandes olas a caballo del mar, y ello le recordó los gestos de un hombre aterrorizado.

11. El sol y la luna se pararon. Los dos orbes que dan luz a la tierra y que gobiernan su calendario parecieron detenerse atónitos, juntamente con el resto de la creación, ante el esplendor del Señor al aparecer Él en juicio. Parecían pálidos en comparación con la luz de las saetas de Dios y de su fulgente lanza.

12. Hollaste la tierra. El Señor marchó a través de la tierra como triunfante guerrero, pisoteando las naciones como lo hace el labrador al **trillar** su grano al pisotearlo. **13. Socorrer a tu ungido.** El **ungido** tiene que ser el remanente fiel entre el pueblo del pacto. En los tiempos del AT no eran todos Israel que eran de Israel (Ro 9:6). La liberación de Dios se extiende al pueblo que esperan la consolación de Israel en la persona de su rey Mesiánico.

13. El cimiento hasta la roca. La figura es la de un conquistador desgarrando el cimiento hasta la misma roca. La casa de los malvados será totalmente demolida.

16. Oí. Aunque la visión había sido *vista*, su significado había sido *oído*, o comprendido, por el profeta. Cp. Is 55:3: "*oíd*, y vivirá vuestra alma." El profeta sabía bien cual sería para él el significado de que Dios saliera en juicio y para el pueblo entre el que vivía. El efecto inmediato sobre él fue el de un tremendo asombro, como lo indica la reacción de sus entrañas. Sin embargo, el efecto final fue el de la fe segura. Como dice Calvino: "Aquel que anticipa a tiempo la ira de Dios, y es tocado por el temor, tan pronto que oye que Dios el juicio está cercano, se provee del descanso más seguro para el día de la aflicción."

VIII. El triunfo de la fe. 3:17–19.

17. La mención de la higuera, de la vid, del olivo, del grano, y de los regaños cubre todo el espectro de los productos agrícolas de los que dependía la nación. Presumiblemente, la razón del fracaso de las cosechas sería la invasión caldea. Las tropas enemigas no solamente vivieron del producto de la tierra sino que a menudo destruyeron deliberadamente los árboles y las cosechas. Una antigua crónica egipcia se vanagloría de que los soldados egipcios habían destruido los árboles frutales en una de las llanuras costeras de Palestina.

18. Con todo, yo me alegraré en Jehová. La desolación tan vívidamente descrita conduce al profeta no a la desesperación, sino a la fe en su Señor.

19. Mis pies como de ciervas, o gacelas. La gacela es a la vez rápida y de paso seguro, de manera que escapa rápidamente de sus perseguidores. La figura es la de uno que se halla supremamente confiado en que Aquel que conduce a Su pueblo a las pruebas es fiel y que con cada prueba dará una salida, a fin de que puedan resistir.

Al jefe de los cantores. Esta oración fue evidentemente destinada a ser utilizada por el coro levítico, aunque el salmo, a diferencia de otros que se hallan fuera de la colección, p.ej., 2 S 22:2ss., 1 Cr 16:8ss., nunca fue incluido en el libro de los Salmos.

BIBLIOGRAFÍA

CALVIN, JOHN. *Commentaries on the Twelve Minor Prophets*. Edimburgo: Calvin Translation Society, 1849.

DAVIDSON, A. B. *Habakkuk (Cambridge Bible for Schools and Colleges)*. Cambridge: The University Press, 1896.

GOTTWALD, NORMAN K. *A Light to the Nations*. Nueva York: Harper & Brothers, 1959.

GRAY, G. B. *A Critical Introduction to the Old Testament*. Nueva York: Charles Scribner's Sons, 1913.

KEIL, C. F. *The Twelve Minor Prophets*. Vol. 2. Edimburgo: T. & T. Clark, 1868.

LAETSCH, THEODORE. *The Minor Prophets*. San Luis: Concordia Publishing House, 1956.

NOWACK, D. W. *Die Kleinen Propheten Handkommentar Zum Alten Testament)*. Göttingen: 1897.

PFEIFFER, ROBERT H. *Introduction to the Old Testament*. Nueva York: Harper & Brothers, 1948.

TAYLOR, CHARLES L. "The Book of Habakkuk," *The Interpreter's Bible*. Editado por G. A. Buttrick y otros. Vol. 6. Nueva York: Abingdon Press, 1956.

WADE, G. W. "Habakkuk," *Westminster Commentaries*. Londres: Methuen & Co. 1929.

WARD, WILLIAM HAYES. *Habakkuk (International Critical Commentary)*. Nueva York: Charles Scribner's Sons, 1911.

COMENTARIOS EN ESPAÑOL

FREEMAN, HOBART. *Nahum, Sofonías, Habacuc: Profetas Menores del Siglo VII* (Serie "Comentario Bíblico Portavoz"). Grand Rapids: Editorial Portavoz, 1980.

LLOYD-JONES, D. MARTYN. *Del Temor a la Fe: Estudios en Habacuc*. Grand Rapids: Editorial Portavoz, 1992.

STEPHENS-HODGE, L. E. H. "Habacuc". *Nuevo Comentario Bíblico*, editado por D. Guthrie, J. A. Motyer, A. M. Stibbs y D. J. Wiseman. El Paso: Casa Bautista de Publicaciones, 1978.

SOFONÍAS

INTRODUCCIÓN

Título. El libro de Sofonías recibe su nombre del profeta cuyo ministerio registra. *Sepanyâ* significa "el Señor esconde", o "el Señor ha escondido". El profeta nació durante el sangriento reinado de Manasés (692–638 a.C.), que "derramó. . .mucha sangre inocente en gran manera, hasta llenar a Jerusalén de extremo a extremo" (2 R 21:16). Su nombre indica una confianza en el poder de Dios para esconder (esto es, proteger) a su adorador en tiempo de peligro.

El profeta y su mensaje. De Sofonías es poco lo que se sabe. Probablemente era de sangre real (Sof 1:1), y profetizó durante el reinado de Josías (637–607 a.C.) entre la caída de Nínive y el ataque de Babilonia sobre Judá. Bajo Josías la administración de la Ley y la adoración del Señor habían sido avivadas brevemente, pero el pueblo seguía practicando costumbres idolátricas en secreto. La percepción de esta hipocresía agitó al joven profeta, lanzándolo a la acción. Aunque el rey se unió al profeta en el movimiento de reforma, la marea de maldad siguió subiendo. El aumento de maldad llevó inevitablemente al momento en que Dios utilizaría a Nabucodonosor como la vara de su ira.

Sofonías señala la causa del juicio de Dios proclamando la degeneración moral del pueblo. Sin embargo, deja claro que la puerta de la misericordia se halla abierta para aquellos que se arrepientan sinceramente. El profeta ve el significado de todo esto a la luz del propósito de Dios de enviar a su Hijo, el Señor Jesús, como Mesías de Israel y el Salvador de toda la humanidad.

Paternidad y fecha. El primer versículo de Sofonías (utilizando la formula usual de los profetas redactores) indica que el libro constituye el mensaje que Dios había impartido al profeta y que el profeta mismo había registrado. Y no hay razón alguna para considerar que esta indicación fuera insertado por algún redactor no identificado en alguna fecha posterior. Aunque Sofonías nació durante el reinado de Manasés (692–638 a.C.), no asumió su oficio profético hasta la parte anterior del reinado de Josías, probablemente 627–626 a.C. Es presumible que la profecía fuera escrita no muchos años después.

Marco histórico. Los malvados reinados de Manasés (692–638 a.C.) y de Amón (638–637 a.C.) habían llegado a su fin. El rey Josías (637–607 a.C.) había subido al trono de Judá. Su reforma estaba todavía a varios años de distancia, y las condiciones de apostasía que habían prevalecido por más de medio siglo durante los reinados de Manasés y de Amón no habían sido todavía desafiadas. En la parte anterior del reinado de Josías (probablemente *c*. 627–626 a.C.), Sofonías empezó a advertir a su pueblo del inminente juicio de Dios, cuya ira habían provocado con su comportamiento. La suerte de Samaria en 722 a.C. fue un recordatorio solemne del poder y de la justicia de Dios. Con un vigor juvenil Sofonías puso las bases de las reformas que tendrían lugar más tarde durante el reinado de Josías.

BOSQUEJO

2. La tierra de Moab y Amón. 2:8–11
3. La tierra de los etíopes. 2:12
4. La tierra de los asirios. 2:13–15
5. La tierra de Judá y la ciudad de Jerusalén. 3:1–8

IV. Una promesa de bendición futura. 3:9–20.
A. La promesa de la conversión. 3:9–13
B. La promesa de la restauración. 3:14–20

COMENTARIO

Introducción. 1:1.

La declaración de Sofonías de su ordenación al oficio profético toma una forma familiar: **Palabra de Jehová...vino** al profeta. Un hombre tomaba el oficio profético en respuesta a un llamamiento directo; el oficio sacerdotal, que estaba restringido a la familia de Aarón, pasaba de padre a hijo. El padre de Sofonías era Cusi; su abuelo, Gedalías; su bisabuelo, Amarías; y su tatarabuelo, Ezequías, con toda probabilidad el Ezequías que fuera el buen rey de Judá.

II. Advertencia del inminente juicio. 1:2–18.

A. Advertencia del inminente juicio. 1:2–6.

2. Destruiré por completo. La destrucción iba a ser cierta y completa. La destrucción total sugiere las horribles consecuencias de la idolatría o adulterio espiritual. Algunos eruditos sugieren que el juicio pronunciado tenía a la vez una referencia inminente y futura. Su referencia inminente, piensan algunos, era al hecho de que los bárbaros escitas, que habían abandonado su patria al norte del Mar Negro, estaban barriendo el Asia occidental y era de esperar que atacaran a Judá en cualquier momento. Los implacables escitas empleaban la política de tierra quemada con furia y venganza. **3. Destruiré los hombres y las bestias.** Nada escaparía. El hombre, las bestias, las aves del cielo, y los peces del mar se verían sometidos a la ira de Dios. Las aguas quedarían infectadas y el aire contaminado.

4. Exterminaré de este lugar los restos de Baal. Los hombres que se inclinaban ante Baal, el dios cananeo de la fertilidad, cuya adoración incluía actos de prostitución ritual, serían destruidos. **Y el nombre mismo de los Kemarim** (VM). Estos eran sacerdotes vestidos de largas túnicas, y que eran representantes de los ídolos (2 R 23:5). Serían totalmente exterminados. **5. El ejército del cielo.** La astrología y la adoración de los cuerpos celestes, tal como era practicada por los asirios y babilonios era común entre los idólatras de Judá (cp. 2 R 23:11; Jer 19:13; 32:29; Ez 8:16).

Milcom. Moloc, una deidad semítica que recibía culto con sacrificio de niños.

6. Y los que se apartan. Atrapados en esta corriente de apostasía se hallaban los que rechazaban las demandas del Dios de Israel y se quedaban cautivos del inmoral culto a la fertilidad. **Los que no buscaron a Jehová, ni le consultaron.** Algunos no se habían aprovechado de la gracia y de la misericordia del Señor. Eran egocéntricos, auto-suficientes, viviendo con un olvido total de sus necesidades espirituales.

B. Definición del juicio. 1:7–13.

7. Calla en la presencia de Jehová el Señor. El pueblo había cometido apostasía hasta el punto de no haber retorno. El castigo era ahora inevitable. Su vano clamor nos recuerda de la generación que pareció en el Diluvio cuando la puerta del Arca fue cerrada. Habían rehusado ofrecer holocausto al Señor; ahora ellos mismos vendrían a ser el sacrificio. El día de Jehová es el día del juicio, como en Amós 5:18. Los **convidados** son los enemigos de Judá, y el **sacrificio** es Judá (cp. Is 34:6).

8. Castigaré a los príncipes, y a los hijos del rey. Después de la muerte de Josías, Judá se apresuró a su juicio. El malvado reinado de Joacaz (el sucesor de Josías) duró solamente tres meses, y el reinado del idolátrico Joacim solamente once años. El reinado de tres meses de Joaquín fue acto seguido por la segunda deportación a Babilonia. Después vino la destrucción definitiva de Jerusalén durante el reinado de Sedequías, que fue llevado a Babilonia como cautivo, después que le fueran quitados los ojos (2 R 25:6, 7). **9.** Aquí se hace evidentemente referencia a los ayudantes del rey, que estaban constantemente pendientes de sus órdenes. Evidentemente, eran ellos los políticos corrompidos de aquella época, vendiendo la influencia y la posición que tenían ante el rey por plata. Los eruditos rabínicos judíos sugieren que **los que saltan la puerta** eran los filisteos, que, después de Dagón cayera ante el arca, no pisaban el umbral cuando entraban en el templo de ellos, sino que saltaban por encima. Otros sostienen que se trataba de bandidos que irrumpían en las casas y que se llevaban lo que querían. Pudiera ser que saltaran sobre el umbral para evitar provocar a los dioses que se creían guardaban las entradas de las casas.

10. Y habrá... voz de clamor... y aullido. Una imagen profética del enemigo atacante viniendo sobre Jerusalén desde el norte. La puerta del Pescado se habría en el extremo norte del Valle del Tiropoeon (cp. Neh 3:3; 12:39). Esta era la dirección por la que llegarían las noticias de la llegada del ejército caldeo. Se describe el sonido de la llegada del ejército como **gran quebrantamiento desde los collados.**

11. Mactes ("un mortero", "abrevadero", o "hueco"). Algunos comentaristas identifican a Mactes con la sección de Jerusalén que cae en el valle del Cedrón, donde se molían el arroz, el maíz y otros granos en un mortero. La configuración de Mactes pudiera haber dado origen a su nombre. Proféticamente, se utiliza para mostrar la forma en que los habitantes serían golpeados y batidos hasta morir, como el grano es batido y molido en un mortero. **Todo el pueblo mercader es destruido.** Más específicamente, los mercaderes y los cambistas serían azotados hasta morir, sin esperanza, y serían cortados de toda ayuda.

12. Escudriñaré a Jerusalén con linterna. Se haría una cuidadosa búsqueda, tanto de día como de noche. Nadie podría escapar. No habría ni un rincón sin escudriñar en el que el pecado pudiera escapar al castigo. **Hombres que reposan tranquilos como el vino asentado.** Se refiere a los sedimentos depositados del vino o del licor (cp. Is 25:6). Significa volverse cómodo y satisfecho con el propio carácter y circunstancias; quizás hallarse en un estupor ebrio (cp. Jer 48:11). **13. Sus bienes.** Aquello en lo que confiaban se volvería como una trampa para ellos. Sus esfuerzos en pos del beneficio material se volverían en nada. No disfrutarían de los frutos de sus labores. No vivirían en las casas que hubieran construido, ni cosecharían las vides que habían plantado (cp. Amós 5:11).

C. Descripción del juicio. 1:14–18.

14. Cercano está el día. Después de la muerte de Josías, el juicio se acercó rápidamente. Se compara aquí a una tempestad que se mueve con rapidez. En tanto que la referencia inmediata parece ser a la invasión escita, el cumplimiento definitivo vendrá con el Juicio final, en el que habrá "llanto y crujir de dientes" (Mt 8:12; 25:30, y otros). **15. Día de ira aquel día.** Cuando se desprecian las misericordias del Señor, el resultado

cierto es la ira. **Día de angustia y de aprieto.** Todas las consecuencias horribles del juicio: la invasión, el ataque, la confusión, la tortura —sufrimiento y horror de todo tipo. Sería un día de tinieblas. La ciudad se vería espesamente cubierta con el humo y el hedor de la carnicería. **16. Día de trompeta.** Se tocaría la alarma, y se despacharían correos con las terribles noticias, pero sin resultado alguno. La nación había cruzado el punto a partir del que ya no había retorno posible. El juicio tenía que seguir su curso. Las **ciudades fortificadas** serían asaltadas, y las **altas torres** serían derrumbadas ante el empuje de los arietes.

17. Atribularé a los hombres. Un severo estado de sufrimiento, dolor, y aflicción caería sobre ellos. En su desesperación total, los hombres enloquecerían. Tantearían en búsqueda de ayuda y de salvación, pero toda esperanza de liberación del juicio se habría desvanecido. El pecado y apostasía de ellos contra el Señor había sido causa de Su ira. La sangre cubriría las calles como polvo, y los cuerpos humanos serían amontonados sobre la basura como si fueran estiércol. **18. Ni su plata ni su oro.** Había pasado el tiempo en que los privilegiados podían conseguir sus propósitos mediante sobornos. Su dinero no podría comprar alimentos, debido a que no habría alimentos para comprar. Un juicio ardiente consumiría sus posesiones terrenas. Una desolación universal haría presa de la tierra.

III. Una exhortación al arrepentimiento inmediato. 2:1—3:8.

A. Invitación al arrepentimiento. 2:1–3.

1, 2. Congregaos. La miseria ama la compañía. El pueblo de Judá debían congregarse a fin de poder ver su propia corrupción colectiva. **¡Oh nación sin pudor!** Por su desvergüenza y apostasía habían perdido su derecho a vivir. Se habían divorciado del Señor. **Antes que tenga efecto el decreto.** Se invitaba al pueblo a una convocación definitiva **antes de que venga sobre vosotros el furor de Jehová.** Los agentes de castigo de parte del Señor, quizás los escitas, iban a traer un castigo inmediato, y los babilonios acabarían lo que los escitas dejaran sin hacer.

3. Buscad a Jehová. El Señor extiende una última exhortación por medio del profeta. **Quizás seréis guardados en el día del enojo de Jehová.** Era todavía posible que los arrepentidos escaparan al juicio si tan sólo se volvían al Señor. Así como el Señor había advertido a los endurecidos entre el pueblo que se humillaran, así ahora exhortó a los humildes a que le buscaran a fin de escapar de la calamidad general (cp. Sal 76:9).

B. Una detallada advertencia de juicio. 2:4—3:8.

1) La tierra de los filisteos. 2:4–7.
4. Porque Gaza será desamparada. Incluso la vecina comunidad filistea sentiría el juicio que iba a venir. Esta gente había sido hostigada por los egipcios; ahora los babilonios traerían un juicio definitivo. Reproducir de una manera exacta la asonancia de este versículo en castellano es cosa imposible, pero se podría hacer una similaridad como la que sigue: "Gaza será como agujeros de gazapos; Ascalón será esquilmada". **5. Los cereteos.** Pueblo que ocupaba la costa meridional del país filisteo (ver 1 S 30:14; Ez 25:16). La LXX traduce esta palabra como *cretenses* (Amós 9:7; Dt 2:23). Los **cereteos** estaban probablemente relacionados con los filisteos y eran procedentes de Creta. Toda la costa filistea sentiría la ira de Dios. No quedarían ningunos habitantes; todos serían muertos o llevados al cautiverio. El invasor no haría acepción de personas.
6. La costa del mar...corrales de ovejas. Todos los edificios permanentes serían destruidos. Los pastores construirían pequeños refugios y corrales de las ruínas (Is 17:2). La población y la labranza desaparecerían de la región. **7. El remanente de la casa de Jehová.** Quedaría un pequeño remanente después del ataque babilónico. Un remanente, guardado en Babilonia por el poder de Dios, volvieron al final del exilio. **Levantará su cautiverio.** Una vez más, volverían a ser un pueblo libre (cp. MI 4:6, 7).

2) La tierra de Moab y de Amón. 2:8–11.
8. Moab, y...Amón...deshonraron a mi pueblo. Debido a que estos enemigos habían abusado del pueblo de Jehová, castigo caería sobre ellos (cp. Jer 48:27–31; Ez 25:8–11). **9. Moab será como Sodoma...los hijos de Amón como Gomorra. Sodoma y Gomorra** son señalados como símbolos del fiero juicio del Señor. Así como aquellas ciudades fueron totalmente destruidas, de la misma manera caería el juicio de Dios sobre las ciudades de Moab y de Amón. Todo el país sería campo de ortigas, y su perpétua desolación sería comparable a minas de sal (cp. Is 15:1ss.). **10. Esto les vendrá por su soberbia.** Una actitud de soberbia precede a la caída (Pr 18:12). Los amonitas y los moabitas habían exhibido su arrogancia delante del pueblo de Judá. Ahora la soberbia de ellos se reduciría a la humildad y a la calamidad (cp. Ez 25:8–11). **11. Destruirá a todos los dioses de la tierra.** La destrucción de Jerusalén por los babilonios demostró la futilidad de la confianza en los dioses de Canaán. La adoración a Baal perdió su atracción para los judíos durante el exilio.

3) La tierra de los etíopes. 2:12.
También vosotros los de Etiopía. También ellos vendrían a ser víctimas del avance de Nabucodonosor (cp. Jer 46:2, 9; Ez 30:4, 5; Amós 9:7).

4) La tierra de los asirios. 2:13–15.
13. Destruirá a Asiria...a Nínive. Nínive fue destruida tan totalmente que su situación quedó perdida para la memoria del hombre hasta que fue descubierta por arqueólogos durante el siglo XIX. Nahum da una gráfica descripción de su destrucción total en 612 a.C. (cp. Is 10:12; Nah 1:2; 2:10; 3:15). **14. Rebaños de ovejas harán en ella majada.** Esta profecía ha sido cumplida literalmente. Las ovejas pastan en la actualidad en el mismo lugar en el que se había levantado en el pasado la orgullosa Nínive. Los arqueólogos han excavado porciones de esta gran ciudad, incluyendo las grandes figuras de toros alados con cabezas humanas que se hallaban a cada lado de la puerta principal y que simbolizaban su poder. En la actualidad este sitio es verdaderamente la morada del **pelícano** (un ave grande, cp. Lv 11:17) y del **erizo.**
15. Esta es la ciudad alegre que estaba confiada (cp. Is 47:8, 9). En el pasado Nínive había sido la orgullosa capital de Asiria, la ciudad de emperadores como Senaquerib y Esarhadón. Esta soberbia ciudad, la capital del Asia occidental, donde emisarios de toda la zona oriental del Mediterráneo presentaban sus credenciales reales en busca de favor, vendría a ser un lugar de desolación y de ruínas. **Cualquiera que pasare junto a ella, se burlará y sacudirá su mano.** Ambas acciones son señal de desprecio y de vergüenza.

5) La tierra de Judá y la ciudad de Jerusalén. 3:1–8.
1. Contaminada y opresora. Como resultado de su adoración de Baal y de Moloc, Jerusalén había degenerado. Los líderes religiosos vivían en adulterio, y ofrecían a sus hijos como sacrificios humanos a fin de conseguir el favor de los dioses de la naturaleza (Jer 19:5; 23:13, 14; 32:35). Jeremías tenía dificultades en hallar un hombre justo en Jerusalén (Jer 5:1). Sus líderes civiles y religiosos se hallaban en el campo de la idolatría en lugar de ser voceros de Dios. **2. No escuchó la voz.** Jerusalén había sido advertida. Los profetas habían contendido con el pueblo, pero todos los apremios al arrepentimiento habían sido ignorados. La ruptura entre el pueblo y el Señor fue agrandándose con cada día que pasaba (cp. Jer 22:21).

3. Sus príncipes...son leones rugientes.
Las personas en posiciones de autoridad y de
poder no tenían consideración alguna por la
verdad ni por la justicia. Su rugido arrogante
era como el de una bestia salvaje. **Sus jueces,
lobos nocturnos.** Los jueces desgarraban todo
vestigio de justicia. Se emboscaban en las
sombras, dispuestos a tomar un soborno. Practicaban la violencia y la opresión predatoria de
las fieras (Ez 22:27; Mi 3:9–11). **4. Sus profetas son livianos, hombre prevaricadores.**
Los profetas ya no poseían las serias convicciones ni la integridad de los santos. Traiciona-
ban las almas de los ciegos. **Sus sacerdotes
contaminaron el santuario.** Los sacerdotes
habían violado la ley ofreciendo animales con
tachas e imperfecciones. Los sacrificios estaban vacíos de todo contenido espiritual (cp.
23:11, 32).

5. Jehová en medio de ella es justo. El
Señor estaba todavía presente, y estaba manteniendo un registro de sus maldades. La bondad
sería la suerte de los justos, pero el castigo
caería ciertamente sobre los malvados (cp. Dt
32:4). **6. Hice destruir naciones.** Es evidente
que la referencia aquí es a Siria y a Israel. Esto
era una profecía de lo que el Señor estaba a
punto de ejecutar. **Hasta no quedar habitante.** Cada hogar sería desarraigado. **7. Ciertamente me temerá.** El Señor tenía razones
para esperar el arrepentimiento y la obediencia, después del castigo intermitente aplicado a
Jerusalén, pero el pueblo persistía en sus malvadas obras. Finalmente, vino una destrucción
total en manos de los babilonios.

**8. Porque mi determinación es reunir a
las naciones.** La misericordia del Señor se
dirige a todos los pueblos y a todas las
naciones. Incluso Nínive se arrepintió a la predicación de Jonás. Pero, de la misma forma, el
juicio caerá sobre todos los que abandonan al
Señor. El juicio de fuego se halla siempre
asociado con el castigo de las naciones mediante la guerra.

**IV. Una promesa de bendición futura. 3:9–
20.**

A. La promesa de la conversión. 3:9–13.
**9. En aquel tiempo devolveré yo a los
pueblos pureza de labios.** Esta es una referencia profética al tiempo en que los judíos se
volverían de la blasfemia de la idolatría y a
pronunciar alabanzas al Señor (cp. Jl 2:28;
Hch 2:16–21). **Pureza de labios** puede referirse a la forma de la adoración religiosa que
practicarían. Habían sido idólatras; ahora Dios
les prometía restaurar la adoración en medio
de ellos. **10. De la región más allá de los ríos
de Etiopía.** Después del juicio, el Señor devol-

vería a su pueblo de todos los lugares de su
cautiverio. Incluso una tierra tan lejana como
Etiopía experimentaría este acto de gracia
soberana.

11. No serás avergonzada. El castigo termi-
naría, finalmente, para aquellos que se arrepintieran. Un remanente sería purificado de la
idolatría y volvería. **Entonces quitaré de en
medio de ti.** Los líderes malvados se encontrarían con su suerte. **Nunca más te ensoberbe-
cerás.** La falsa soberbia se volvería en humildad. **12. Un pueblo humilde y pobre.** El cautiverio reduciría a muchos a la pobreza. De
hecho, muchos de los pobres respondieron a la
liberación bajo Ciro, en tanto que los ricos se
quedaron atrás. La profecía mira también más
allá del retorno de los de Babilonia al tiempo
en que los pobres y los humildes recibirían por
fin al Mesías: "Gran multitud del pueblo le oía
de buena gana" (Mr 12:37). **13. El remanente
de Israel.** Después de la cautividad babilónica
volvería un remanente limpiado y purificado.
Nunca volverían de nuevo a inclinarse a los
dioses paganos (cp. Mi 4:7).

B. La promesa de la restauración. 3:14–20.
14. Canta, oh hija de Sion. Vendría un
tiempo de regocijo cuando el remanente adoraría otra vez en el Templo reconstruido. Habrá
también un tiempo de regocijo en el futuro
más distante cuando Israel aceptará a su
Mesías. **15. Jehová es rey de Israel en medio
de ti.** Esta es una anticipación profética del día
cuando el Rey-Mesías regirá. Israel no ha
tenido en realidad ningún rey davídico ejerciendo el poder real desde la muerte de Sedequías.

16. No temas. En el día glorioso del Mesías,
todas las cautividades y aflicciones nacionales
serán eliminadas. **17. Jehová tu Dios** (RVA).
Este es el punto culminante de la profecía de
Sofonías. **Jehová...Dios** es el Ser trascendente, existente por Sí mismo, que estará en
medio de Israel. **Poderoso.** Él es el héroe conquistador. Este es el carácter que Isaías da al
Mesías (Is 9:6). Él salvará a su pueblo. **Se
gozará sobre ti.** Después de salvarlos, el
Mesías hallará en el Israel redimido su razón
de gozarse (cp. Jn 15:11).

18. A los que lloran...yo los recogeré
(VM). Un remanente se arrepentirá de sus
pecados, y de nuevo volverán a reunirse en
Jerusalén para ver la restauración de su gran
esplendor. **El oprobio de ella era una carga.**
Los judíos no han podido disfrutar de su religión en los países de la dispersión, debido al
oprobio que ha caído sobre ellos por parte de
sus vecinos paganos (cp. Sal 137).

19. Me las habré con cuantos te afligen
(VM). Los que han castigado a Judá serán

castigados. **20. Yo os traeré.** Volverán a poseer su propia tierra y serán restaurados al favor con el Señor. Finalmente, todas las naciones de la tierra serán bendecidas por los judíos a través de su rey mesiánico, el Señor Jesús (cp. Is 11:12; Ez 28:25; 34:13; Amós 9:14).

BIBLIOGRAFÍA

BEWER, JULIUS. *The Prophets*. Nueva York: Harper and Brothers, 1955.

DAVIS, JOHN A. "Zephaniah," *The Westminster Dictionary of the Bible*. Filadelfia: Westminster Press, 1944.

DUMMELOW, J. R. *A Commentary on the Holy Bible*. Nueva York: The Macmillan Company, 1943.

EISELEN, F. C. "Book of Zephaniah," *International Standard Bible Encyclopedia*. Grand Rapids: Wm B. Eerdmans Publishing Co., 1952.

LAETSCH, THEODORE. "Zephaniah," *Bible Commentary, The Minor Prophets*. San Luis: Concordia Publishing House, 1956.

COMENTARIOS EN ESPAÑOL

CARSON, JOHN T. "Sofonías", *Nuevo Comentario Bíblico*. Editado por D. Guthrie, J. A. Motyer, S M. Stibbs, y D. J. Wiseman. El Paso: Casa Bautista de Publicaciones, 1978.

JAMIESON, ROBERT, FAUSSET, A. R. y BROWN, DAVID. *Comentario Exegético y Explicativo de la Biblia*, tomo I. El Paso: Casa Bautista de Publicaciones, 1958.

FREEMAN, HOBART. *Nahum, Sofonías, Habacuc, Profetas Menores del Siglo VII* (Serie "Comentario Bíblico Portavoz"). Grand Rapids: Editorial Portavoz, 1980.

HAGEO

INTRODUCCIÓN

Fecha y paternidad. El autor de este libro es la única persona del AT con el nombre de *Hageo* (que significa "festivo"). El nombre puede ser indicativo de la fe de los padres del profeta de que el hijo de ellos tendría el gozo de ver cumplidas sus predicciones de restauración. Es posible que recibiera este nombre por haber nacido en alguna fiesta del calendario sagrado hebreo. Aunque es uno de los profetas del que se desconocen los detalles de su vida personal, es mencionado por Esdras (Esd 5:1; 6:14). Fue el primero de los profetas posteriores al exilio que ministraron entre el remanente que había vuelto de la cautividad babilónica. Su profecía tiene que ser fechada evidentemente en el año 520 a.C., el segundo año de Darío rey. Probablemente, Hageo nació en el exilio a principios del siglo sexto. Su contemporáneo en el oficio profético fue Zacarías (cp. Hag 1:1 con Zac 1:1; ver también Esd 5:1; 6:14).

Marco histórico. Los profetas antes del exilio (586 a.C.) habían predicho la caída del reino judío ante el nuevo imperio babilónico. Se reveló también que después de setenta años el Señor restauraría a su pueblo a su patria (Jer 25:11, 12; Dn 9:2). Cuando Ciro el persa destruyó el poder de Babilonia, favoreció y promovió el retorno de los judíos a la tierra prometida para que reconstruyeran el santuario en Jerusalén. Se echaron los cimientos del Templo, y se empezaron las obras con grandes esperanzas. Pero pronto los hostiles vecinos emplearon varias argucias para detener la obra. Esta se detuvo, pero la oposición exterior a la obra era solamente un aspecto del problema. Un estado de indiferencia se había apoderado de los cincuenta mil exiliados que habían retornado con la resolución de reconstruir la casa de Dios. Cuando Darío Histáspes subió al trono de Persia, el Templo había estado sin tocar por unos dieciséis años. Hageo (y más tarde Zacarías) fue enviado por Dios para despertar al pueblo y para reprocharles por su letargo en su empresa de llevar a cabo la obra de restauración. No sería justo considerar que los mensajes de Hageo traten solamente de asuntos de construcción. Empieza desde esta perspectiva, pero prosigue para hablar de la gloria de la presencia del Señor Jesucristo, el futuro establecimiento del reino terrenal de Dios, el juicio de Dios sobre las impías potencias del mundo, y la bendición que espera a las naciones que se vuelvan a Dios.

BOSQUEJO

COMENTARIO

CAPÍTULO 1

I. Reproche de indiferencia. 1:1-4.

1. En el año segundo. Cp. Introducción. El profeta fecha todas sus profecías, como si guardara un diario estricto de todos los eventos importantes en la reconstrucción del Templo. **En el primer día del mes.** La luna nueva era una época cuando el pueblo se reunía para la adoración (como lo hacen en la actualidad los judíos ortodoxos); así constituía una ocasión apropiada para la predicación del mensaje divino de Hageo. **En el mes sexto.** Mes de Elul, este mes cae alrededor de septiembre. El fechado de la profecía en el reinado de un monarca gentil es un elocuente testimonio de que "los tiempos de los gentiles" habían ya empezado (cp. Lc 21:24; Esd 4:24). Al ir progresando las fechas a través de la profecía, se hace evidente el adelanto en la obra. **Zorobabel.** Su nombre significa "nacido o engendrado en Babilonia". En los relatos históricos recibe el nombre de Sesbasar (ver Esd 1:8; 5:14, 16). Era descendiente de la dinastía davídica, nieto de Joaquín (Jeconías; 1 Cr 3:17, 19), y fue hecho gobernador de Judá por Ciro (Esd 5:14). **Josué.** Era hijo de Josadac, que fue sumo sacerdote en la época de la invasión babilónica (1 Cr 6:15). Así la profecía de Hageo se dirige a las cabezas civil y religiosa de la nación.

2. Este pueblo. No es "Mi" pueblo, sino "este" pueblo, a fin de expresar el enojo del Señor. **No ha llegado aun el tiempo.** Esta era la excusa que ofrecía el pueblo por no reconstruir el Templo. Según la forma de pensar de ellos, el tiempo no era el apropiado. En realidad, la raíz de la dificultad estaba en ellos, no en algunas circunstancias externas ni en factores de tiempo. El subterfugio es evidente; ellos no pretendían que la obra no debía de llevarse a cabo, sino que no era el momento adecuado de emprenderla. Uno pensaría que un lapso de dieciseis años hubiera traído a su atención la necesidad de dedicarse a la obra. Pero los mal dispuestos siempre hallan excusas. Es difícilmente apropiado decir que estaban contando los setenta años a partir del 586 a.C. La impresión es más bien que creían que una renovación de la actividad constructora evocaría la hostilidad latente de los persas, y que ello les ocasionaría problemas. **4. ¿Es para vosotros tiempo...?** La ASV traduce el pronombre adicional en el original, *vosotros mismos.* Hageo estaba preguntando a los líderes si es que la hora no era apropiada solamente por lo que concernía a las cosas de Dios. La actividad de ellos en asuntos personales (como la edificación de casas) daba una impresión totalmente distinta. ¡Qué contraste: el Templo desolado y en ruínas al lado de las moradas ornamentadas de los que habían vuelto del exilio! La pregunta del profeta, con un golpe maestro, puso al desnudo la indiferencia, egoísmo, y desobediencia de la nación. **Casas artesonadas.** Estas eran casas recubiertas de paneles, exquisitamente acabadas. El artesonado con cedro se hallaba en los palacios de los reyes (ver 1 R 7:7; Jer 22:14). Ya que el maderamen caro no era común en Judá, su utilización era una marca de lujo. **Desierta.** Allí donde estaban sus corazones, también se hallaba el corazón de ellos. Contrástese la indiferencia que manifestaban hacia la casa de Dios con el interés digno de encomio de David (2 S 7:2).

II. Llamamiento a una seria reflexión. 1:5, 6.

5. Meditad bien sobre vuestros caminos. La necesidad de la hora era la de considerar (lit., *poner su corazón a*) sus acciones. En el AT el corazón representa comunmente la vida pensante. Para ser agradecido uno tiene que mantener las bendiciones en mente. El llamamiento a considerar, o a meditar, es un pensamiento constante para este profeta. Lo utiliza en el v. 7 y después en dos ocasiones en 2:18. Es una exhortación al auto-examen y juicio propio. El pueblo judío podía fácilmente evaluar la naturaleza de sus actos mediante los resultados que tenían.

6. Sembráis mucho, y recogéis poco. Se agotaban hasta el máximo en el tiempo de la siembra. No ahorraban ningún esfuerzo en conseguir prosperidad. Pero sus rendimientos en la cosecha eran totalmente frustrantes. Hubieran debido darse cuenta que no podían enriquecerse a costa de Dios (cp. Lv 26:26; Os 4:10; Mi 6:14). **Os vestís.** Nada parecía estar en suficientes cantidades, bien fuera alimento como bebida, o vestido. **Saco roto.** Los salarios eran tan pequeños que no eran nada frente a las necesidades diarias; las ganancias de los trabajadores se iban pronto. No hay contradicción entre la descripción de la pobreza aquí y la descripción de las caras casas artesonadas del v. 4. Como en otras sociedades, se hallaban los ricos entre la clase más pobre. Aquella era, como toda era en la historia del hombre, ha demostrado la verdad de Mt 6:33. Cuando Dios es olvidado, todo trabajo carece de provecho. Las civilizaciones materialistas de nuestros días necesitan ponderar esta verdad en tanta medida como cualquier otra del pasado.

III. La disciplina de Dios sobre Israel. 1:7–11.

8. Subid al monte. Después de otro llamamiento a una seria meditación acerca de la condición en que se hallaban, se afirma el remedio. El pueblo tenían que dirigirse al monte, a las áreas arboladas, para conseguir madera para el Templo. **Pondré en ella mi voluntad,** o *complacencia.* Dios prometió de entrada que la obediencia tendría como resultado su aprobación. Resumiendo, Hageo está afirmando: "obedeced a Dios, y Su bendición y aprobación serán vuestras". **Seré glorificado.** Aquí hay pruebas de que Dios estaba interesado, como lo estaba Hageo, con los aspectos espirituales de la reconstrucción. Salomón había orado (1 R 8:30) que Dios fuera exaltado mediante la adoración de Su pueblo. Cuando descuidaron esta actividad de su vida espiritual, el resultado fue esterilidad espiritual. El Talmud babilónico afirma que faltaban cinco cosas en el Templo de Zorobabel: (1) La gloria de la Sekiná, (2) el fuego santo, (3) el arca del pacto, (4) el Urim y el Tumim, y (5) el espíritu de profecía (probablemente el Espíritu Santo). Sea lo que fuere que estuviera ausente en el Templo de la restauración, Dios prometió inequívocamente que su bendición estaría allí.

9. Buscáis mucho. Hageo vuelve al tema de las desastrosas consecuencias de la indiferencia del pueblo en cosas espirituales. Tal negligencia tenía un efecto directo sobre sus intereses temporales. Aunque habían tenido las esperanzas más grandes de obtener abundantes cosechas, estas expectativas quedaron totalmente defraudadas. Eran pocos los frutos en comparación con el trabajo invertido. **Lo disiparé en un soplo.** Incluso lo poco que almacenaba en el granero les sería de poca ayuda. Dios se preocuparía de que no fuera apto para el consumo o que se dispersara. Así, se informaba al pueblo que no podían atribuir los pobres rendimientos de la tierra a ninguna otra causa, tales como el prolongado descuido de la tierra durante el período de la cautividad, sino al castigo directo de Dios. **¿Por qué?** ¿Cómo se había de explicar la providencia de Dios? El castigo de Dios tenía que estar provocado por los hechos de ellos. ¿En qué habían pecado? **Corre.** La contestación está clara. Al buscar sus propias fortunas, habían exhibido una gran

actividad; habían corrido, de hecho, para favorecer sus propios intereses egoístas, con un descuido total de los intereses del Señor. Se presenta un acusado contraste entre *mi casa* y *su propia casa.*

10. Los cielos detienen el rocío (VM). El Señor detuvo el rocío que había sustituido a la lluvia durante los secos meses del verano, de manera que no había crecimiento en la tierra. Así, Dios demostraba a las claras que Él era el supremo proveedor de alimento para Israel. **11. Y llamé la sequía.** Más de una vez en la historia de Israel, Dios veía que había necesidad de llevar a la nación a la consciencia de que dependía totalmente de él para las necesidades de la vida. Repetidamente, los maestros y profetas del AT enfatizaron que en el camino de la obediencia Israel conocería el equilibrio apropiado de las fuerzas de la naturaleza para su beneficio y bendición. Dios había advertido al pueblo que si eran desobedientes, los mismos cielos se les volverían como bronce (Dt 28:23). La sequía que había enviado sobre la tierra y los montes afectaban al **grano** (no *trigo*), al vino, al aceite, y a todos los frutos de la tierra, y a todo el trabajo del hombre y del ganado. El hambre ha sido un azote temido en manos de Dios. Ver 2 R 8:1; Sal 105:16; cp. Dt 11:14; 18:4. La creación inferior se halla siempre ligada a las fortunas del hombre (Ro 8:19–21).

IV. La obediencia de la nación. 1:12–15.

12. Y oyó...la voz de Jehová su Dios. Aquí se indica una alentadora cooperación entre los conductores y el pueblo. El mensaje del profeta tuvo el resultado para el que había sido destinado. El pueblo estuvo pronto a evaluar el mensaje de Hageo en su verdadero valor: la voluntad de Dios expresada mediante su siervo. **Su Dios.** Dios es así designado en dos ocasiones. Parece haber aquí una implicación de que la nación se había movido a una conformidad más estrecha con la relación que sostenía con Dios como Su pueblo elegido del pacto. **13. Mensajero de Jehová, habló por mensaje de Jehová** (VM). Con una nueva percepción espiritual, el pueblo reconoció a Hageo como el portavoz de Dios, investido de autoridad divina. **Yo estoy con vosotros, dice Jehová.** El mensaje era corto, pero no hubiera podido ser más consolador o estimulante. En el pasado este mensaje había sido utilizado por Dios para alentar a los hombres a poderosas hazañas (p.ej., Éx 3:12; Jer 1:8), y sigue siendo la más alentadora de todas las promesas a los siervos del Señor Jesucristo alrededor del mundo (cp. Mt 28:20). El retorno al Señor era de corazón; de otra forma esta fuerte palabra de aliento no les hubiera sido dada.

14. Y despertó Jehová. Toda buena intención y propósito del pueblo de Dios emanan del Señor. Es Él quien energiza a los hombres para que quieran y hagan Su buena voluntad (Fil 2:13). **Espíritu.** La utilización triple del término indica que la batalla se gana o se pierde en el campo de lo espiritual, no por ninguna condición favorable o poco favorable. **Vinieron y trabajaron.** El pueblo empezó la obra de recoger los materiales necesarios para la estructura; sin embargo, los cimientos no fueron echados sino hasta tres meses más tarde.

15. En el día veinticuatro. Hageo es cuidadoso, y provee otra fecha precisa, mostrando la importancia del asunto en el que su corazón está ocupado. Hubo un intervalo de veintitrés días entre esta fecha y la que se da en el v. 1. Dios siempre toma nota de todas las características de la obediencia de sus hijos.

CAPÍTULO 2

I. Aliento para emprender la construcción. 2:1–5.

1. En el mes séptimo, a los veintiún días del mes. El segundo mensaje del profeta está fechado en el séptimo día de la Fiesta de los Tabernáculos, la final fiesta de la recogida de la cosecha en el calendario hebreo (cp. Lv 23:39–44). Aquella fiesta estaba marcada por un gran gozo (como lo está en la actualidad), y los sacrificios de acción de gracias eran más numerosos en el día final que en ningún otro día del año. Sin embargo, con una cosecha escasa y los humildes inicios del Templo, el contraste con las condiciones anteriores tiene que haber resultado especialmente penoso. Por ello, había necesidad de dar aliento (cp. Esd 3:12, 13). A menudo Satanás hace su ataque más poderoso sobre los hombres precisamente después de que han resuelto firmemente seguir el camino por el que el Señor los quiera conducir. El pueblo se hallaba en gran necesidad de recibir aliento, a fin de ser guardados de la desesperación. En el primer capítulo la necesidad era un mensaje a las conciencias y a las voluntades de unas gentes indiferentes; aquí se trata de una palabra necesaria de consolación y de aliento a los corazones de una nación despertada.

3. ¿Quién ha quedado entre vosotros...? Las palabra se dirigen a los conductores civiles y religiosos del remanente retornado. Dios estaba comparando el Templo de Salomón y el que ahora estaba siendo construido. Por medio de Hageo preguntaba a los líderes y al pueblo

cuántos de ellos recordaban la gloria del primer edificio. Después de setenta años de exilio, es probable que fueran muy pocos los que hubieran visto el anterior Templo. **¿...como nada?** La ocasión de esta pregunta del Señor se halla en el relato de Esdras 3:8–13. El registro afirma que en la fundación del segundo Templo los sacerdotes acompañaron la ceremonia con el cántico de Salmos y el toque de trompetas. La generación más joven, sin posibilidades de comparar con lo anterior, estaba entusiasmada ante el logro de la reconstrucción. Pero los más viejos, que habían conocido el primer Templo glorioso lloraban abiertamente debido al acusado contraste entre ambos santuarios. Hageo dirigió esta pregunta al segundo grupo. Desde el punto de Dios solamente había una casa de Jehová en Jerusalén, bien fuera construida por Salomón, Zorobabel, o más tarde por Herodes. Por ellos Dios se refirió al edificio de Salomón como "esta casa en su gloria primera". Los pensamientos de Dios no son los del hombre, y sus juicios se hacen sobre la base de absolutos.

4. Esfuérzate. En la triple instrucción al príncipe, al sacerdote, y al pueblo, el Señor les ordenó a todos que fueran fuertes. Dios, que había primeramente mostrado un vívido contaste entre ambos edificios, ofrecía ahora al pueblo una dirección espiritual para la ejecución de su tarea. Su propósito al establecer la diferencia no era el de desalentarlos, sino hacerles conscientes de la magnitud de la tarea, de lo poco adecuados que eran para llevarla a cabo en sus propias energías, y de la necesidad que tenían de confiarse a la suficiencia de Dios. El Señor era su fortaleza. Nuevamente, se les dio la alentadora palabra de que la presencia del Señor sería la constante porción de ellos.

5. Según el pacto que hice con vosotros. Si alguna nación de la tierra pudiera estar segura de la confiabilidad de Dios con respecto a Sus promesas, esta era Israel. Él había pactado (lit., había *cortado un pacto*, hablando con respecto a las víctimas que se despiezaban para ratificar un pacto; cp. Gn 15:10) entrar en una relación permanente con los hijos de Israel cuando dejaran Egipto. El pacto que se contempla es el del Monte Sinaí (cp. Éx 19:5; especialmente 33:12–14). Ya que Dios había sido fiel a aquella promesa a través de todos los siglos del pasado de la historia de Israel, desde luego se podría confiar en Él en que mantendría Su palabra empeñada a los contemporáneos del profeta Hageo. **Mi Espíritu estará en medio de vosotros.** Una prenda de la veracidad de la promesa era la presencia del Espíritu de Dios que entonces moraba entre ellos. Dios no los había abandonado, aunque había estado sumamente enojado con ellos por la indiferencia que le habían mostrado hacia Su amor y Sus mandamientos. No tenían nada que temer.

II. Promesa de la gloria futura. 2:6–9.

6. De aquí a poco. Esta críptica expresión significa, probablemente, que falta solamente un poco de tiempo para que los eventos expuestos se hagan realidad. **Yo haré temblar los cielos.** Este versículo y los tres siguientes son distintivamente mesiánicos en su carácter (ver también Is 61:1–3; Dn 9:24–27; Zac 9:9, 10). Aquí, el mensaje del profeta une detalles de la primera y de la segunda venida de Cristo, como a menudo lo hacen otras profecías del AT. La predicción de la conmoción de los cielos, de la tierra, del mar, y de la tierra seca habla ciertamente de algo más que una desusada exhibición de la omnipotencia de Dios en el reino de la naturaleza; toda la atmósfera de la profecía introduce al lector en los tiempos apocalípticos. Aquí se ve a Dios una vez más interviniendo de una manera detectable y manifiesta en los asuntos de los hombres. ¿Cuál puede ser la relación de conceptos entre la afirmación en este versículo y la del v. 5? El profeta alentó a los judíos a que prosiguieran con toda diligencia la obra del Templo, porque, y así les aseguraba, su Dios, el Señor de todas las naciones, mostraría antes de mucho Su poder en favor de Israel. Haría temblar el universo material y arrojaría por tierra reinos terrenos y finitos a fin de establecer el reinado final y definitivo sobre la tierra, el reino del amado Hijo de Dios.

7. Haré temblar a todas las naciones. Esta predicción ha sido relacionada con las revueltas y convulsiones en los imperios persa y griego. Nadie puede negar razonablemente que estos imperios fueran sacudidos en el pasado. Pero la cuidadosa lectura de las profecías de las Escrituras convencerá a cualquier estudiante libre de prejuicios que aquellos acontecimientos fueron solamente una preparación en el proceso mediante el cual Dios ha de desalojar todavía los reinos de este mundo, para sustituirlos por el justo gobierno del Mesías de Israel y el Redentor del mundo (ver He. 12:26, 27; Ap 11:15). **Vendrá el Deseado de todas las naciones.** Los traductores no han estado de acuerdo en su tratamiento de las cuatro palabras hebreas de esta sección del versículo. La LXX traduce: *las cosas escogidas de todas las naciones vendrán.* La ASV prefiere las cosas preciosas de todas las naciones, con la lectura marginal: *las cosas*

deseadas (He., *deseo*) *de todas las naciones vendrán.* Otros han sugerido: *los gentiles vendrán con sus cosas deleitosas,* o *las preciosas posesiones de los paganos.* ¿Cuál es el significado que se le tiene que dar a este pasaje, si se siguen estas traducciones? La falta de esplendor y de ornamentación externa en el Templo de Zorobabel quedaría más que compensada por los dones preciosos que todos los pueblos presentarían para hacer del Templo del Señor una cosa hermosa y gloriosa. Naturalmente, este tributo al Señor sería ofrecido como un verdadero homenaje a Él. Se cita en favor de esta interpretación que hace justicia a la utilización del sujeto femenino singular y al verbo en plural.

Sin embargo, estará bien recordar que desde los días más tempranos la mayor parte de los intérpretes cristianos siguió la tradición judía al referir el pasaje a la venida del Mesías de Israel. Les parece claro estos intérpretes que el anhelo que todas las naciones tienen en común debe ser su anhelo por un Liberador, sea que se den cuenta o no de la naturaleza de su deseo o de la identidad de su verdadero cumplimiento en el Señor Jesucristo. Además, en hebreo se utiliza a menudo un nombre abstracto en lugar del concreto; así, no queda automáticamente excluida una referencia al Mesías en base de las consideraciones lingüísticas. La utilización de un verbo en plural no milita en contra de la interpretación mesiánica, porque hay casos en los que el verbo concuerda con el segundo de dos nombres.

Y llenaré de gloria esta casa. Es interesante que cada morada terrenal del Dios infinito fue llenada de gloria (ver Éx 40:35 para el Tabernáculo de Moisés; 1 R 8:10, 11; 2 Cr 5:13, 14 para el Templo de Salomón). El Templo de Zorobabel tenía todavía que ser llenado de la gloria de la presencia de Dios el Hijo en Su encarnación (Jn 1:14), por no decir nada de la gloria de la Segunda Venida (Mal. 3:1). El Señor predice que las naciones serán hechas temblar (no redimidas). Esta acción empezó preparatoria de la primera venida, y será consumada en la segunda aparición (Dn 2:35, 44; Mt 21:44). Consiguientemente, Dios llenará su casa, el Templo del futuro, con una gloria sin precedentes.

8. Mía es la plata. A fin de que el remanente no siga viéndose entorpecido por la preocupación acerca de la falta de metales preciosos en el Templo restaurado, el Señor señala a sus recursos inagotables. Se ha conjeturado que en el Templo de Salomón se invirtieron un equivalente a unos veinte mil kilógramos de oro para recubrir el compartimiento interior del santuario. Pero, ¿qué era esto en comparación con los recursos de Aquel a quien todo le pertenece? (Sal 50:12). Y más aún que esto, Dios lo hermoseará con la venida de Su Hijo. Los pobres exiliados tenían poca cosa con la que decorar el Templo, pero Dios les aseguró que Él supliría lo que faltaba.

9. La gloria postrera de esta casa. El sentido es que la gloria postrera de la casa excedería con mucho toda la gloria primera. Es vital estar conscientes de que en las Escrituras el Templo de Dios en Jerusalén es concebido como una entidad, existente bajo diferentes formas y circunstancias en diferentes períodos de la historia. La presencia de Cristo dará una gloria al segundo Templo que el primero jamás la conoció. Se ha presentado el punto de vista que la gloria postrera tiene referencia a la gloria milenial del Templo que se ve en Ezequiel caps. 40 a 48. Ya que existe una continuidad en los Templos de diferentes eras, esta posibilidad no puede ser excluida. Aunque el Templo de Zorobabel fue arrasado hasta los cimientos por Herodes cuando procedió a su renovación, su Templo seguía siendo considerado como el segundo Templo. Así es mencionado por todas las autoridades judías. **Y daré paz a este lugar.** Cristo consiguió la base para la paz espiritual en Jerusalén (Col 1:20). Concede Él ahora paz de corazón y de mente a los creyentes (Ro 5:1; Fil 4:7). Pero traerá definitivamente la paz mundial como Príncipe de Paz (Is 9:6, 7). Suficiente, y más que suficiente, entonces, es esta respuesta de Dios a la apariencia poco impresionante del v. 3. Dios siempre reserva lo mejor para lo último. Solamente el ojo de la fe puede verlo.

III. Pureza e impureza en temas levíticos. 2:10–14.

10. A los veinticuatro días del noveno mes. El cuarto mensaje de la profecía de Hageo fue dado dos meses después el precedente. Era al mes noveno en que eran de esperar las lluvias tempranas para regar las nuevas cosechas. Habiendo ya experimentado escasez y desaliento en el período anterior, el pueblo hubiera estado especialmente preocupado acerca de la cosecha del siguiente año. Durante el anterior período de desobediencia, habían sido castigados en asuntos temporales. ¿Habría ahora un cambio, habiendo obedecido la orden de Dios a través de Hageo? Esta es la pregunta que pasa a contestar ahora el profeta.

11. Preguntad ahora a los sacerdotes acerca de la ley. El pueblo tenía que buscar ayuda legal de los sacerdotes que tenían entonces. Los sacerdotes en Israel eran los maestros autorizados de la Ley de Moisés (ver Dt 17:8, 9). Estaban puestos por Dios para interpretar la Ley; los profetas eran enviados para aplicarla (p.ej., Hag 2:13, 14). En los vv. 11 y 13 se describe al pueblo de Israel, indirectamente, como habían estado en su condición de desobediencia, condición esta que no debía ser repetida.

12. Si alguno llevare carne santificada. Se hacen dos preguntas definidas. La primera es: si no está llevando carne santificada (sacrificial), y toca otro objeto, este objeto, debido a su contacto con la carne, ¿se volverá santo, o consagrado al Señor? **Y respondieron los sacerdotes y dijeron: No.** La respuesta es, en el primer caso, una negativa (cp. Lv 22:4–6; Nm 19:11). **13. ¿Será inmunda?** La segunda pregunta era: Si un hombre que era ceremonialmente impuro debido a haber entrado en contacto con un cuerpo muerto tocara un objeto, ¿se volvería impuro el objeto debido a la impureza ceremonial del hombre? La respuesta a la segunda pregunta es afirmativa. El principio es que la pureza moral no puede ser trasmitida, según las regulaciones mosaicas, pero la impureza moral sí que puede serlo. Es la impureza legal lo que es trasmitido, y no la pureza legal o levítica. Un hombre no puede trasmitir su salud a un niño enfermo, pero un niño enfermo puede comunicar su enfermedad a un hombre.

14. Así es este pueblo. Aunque el pueblo había estado descuidando la obra del Templo, habían estado ofreciendo sacrificios sobre un altar improvisado en Jerusalén (Esd 3:3). Estas ofrendas no eran del agrado del Señor; por ello, Dios había retenido sus bendiciones del pueblo, como se ve claramente en el cap. 1. **Todo lo que aquí ofrecen es inmundo.** Así como el israelita ceremonialmente impuro hacía impuro aquello que tocaba, así el pueblo en su desobediencia trasmitía los resultados de aquella desobediencia a su obra, que la volvía en desaprovechable. Así como la carne santificada no podía comunicar su consagración a ningún otro objeto, así las buenas obras externas del pueblo, las mismas ofrendas que tenían el cuidado de presentar en el altar de Dios, no podían proveerles la bendición de Dios ni el gozo de la santidad. Todas sus labores pasadas participaban de su impureza espiritual. La conclusión está clara: no debían volver a su anterior curso de desobediencia, sino que tenían que abandonarlo. Aquí Hageo está interpretando el principio de causa y de efecto desde la perspectiva de la Ley de Moisés, así como lo había explicado anteriormente (1:6, 9–11) desde la perspectiva de sembrar y segar. Los paralelos son claros entre "este pueblo" en 1:2 y "este pueblo y esta gente" aquí.

IV. La aplicación de estas verdades. 2:15-19.

15. Antes que pongan piedra sobre piedra. Se le pidió al pueblo de Dios que consideraran sus difíciles circunstancias durante el período en que interrumpieron la obra del Templo. **16. Venían al montón de veinte efas.** En aquellos días de escasez, cuando uno se llegaba a un montón de grano del que creía poder sacar veinte efas, encontraba que, después de trillar, solamente le había rendido la mitad de aquella cantidad. **Lagar.** Un lagar que parecía que daría cincuenta cántaros de vino daba sólo veinte. Las expectativas se veían constantemente destruidas, porque la mano prosperadora de Dios no estaba con ellos. **17. Os herí.** Como en los días del profeta Amós (cp. Amós 4:9), el Señor azotaba los campos y los viñedos de su pueblo con viento solano, una abrasadora sequía, y con tizoncillo, un hongo que era consecuencia de una excesiva humedad. El resto de la obra de las manos de ellos era destruido por el granizo. Toda la naturaleza estaba conspirando contra ellos. **Mas no os convertisteis a mí.** Estas pruebas del enojo de Jehová hubieran debido ser unas indicaciones lo suficientemente claras de posteriores castigos, pero el pueblo era lento en percibir y no volvieron a Dios en arrepentimiento y confianza.

18. Meditad, pues, en vuestro corazón. Este versículo emite una doble exhortación a considerar. ¡Qué poco aplican los hombres sus mentes, sus pensamientos, a la relación que sostienen con el Señor! Antes del día veinticuatro el pueblo no se había dedicado enteramente a la obra, como hubieran debido hacer. Tenían que comparar las condiciones de antes y después de aquella obediencia. **19. ¿No está la simiente aun en el granero?** El pueblo pudiera haber contrastado fácilmente la verdad o la falsedad de las conclusiones del profeta. Al haberlo hecho, hubieran descubierto al cabo de poco tiempo que no había simiente en el granero, y que las vides y los árboles no habían dado su producto. **Mas desde este día os bendeciré.** Pero ahora, desde al posición de la obediencia, Israel lo iba a hallar todo diferente. El profeta no estaba hablando como un inteligente experto en agricultura, previendo buenas cosechas, sino como un profeta de Dios pronunciando bendiciones sobre la fe, prosperidad sobre la confianza. El Dios que podía retener la bendición podría también concederla sobre su pueblo fiel.

V. La bendición futura de Dios para Zorobabel. 2:20-23.

20. A los veinticuatro días del mismo mes. En el mismo día en que había proclamado el anterior mensaje (v. 10) Hageo proclamó su último mensaje, una palabra de aliento personal para el conductor civil, Zorobabel. **21. Habla a Zorobabel.** Es posible que Zorobabel, como gobernador y conductor civil, se hubiera preguntado acerca de la anterior predicción (vv. 6, 7) con respecto a las revoluciones entre los poderes y reinos del mundo. Es posible que hubiera estado preocupado acerca de cómo estos tratos de Dios afectarían al pueblo sobre el que ejercía su autoridad. **Yo haré temblar los cielos y la tierra.** Se puede ver y reconocer fácilmente que el mensaje personal a Zorobabel se une con la proclamación profética con respecto a los futuros juicios de Dios sobre las naciones.

22. Trastornaré el trono de los reinos. Algunos intérpretes han situado este pasaje en la época del derrumbamiento, y de la revuelta de las naciones sometidas, en contra del Imperio Persa. Esto sucedió cuando Darío Histaspes ascendió al trono en 521 a.C. Pero la profecía de Hageo mira al futuro; no está hablando de algún suceso histórico conocido para todos. Además, hay una pertinencia en la utilización de "trono" en singular. Es mejor ver aquí, juntamente con muchos expositores capaces, una referencia al derrumbamiento definitivo de este sistema del mundo, dominado por Satanás, cuando el Rey cuyo es el derecho, el Señor Jesucristo, vuelva a asumir las riendas del gobierno (cp. Ap 11:15). **Carros.** Las naciones, entonces como ahora, estarán dependiendo de las fuerzas y de las armas carnales para conseguir sus objetivos carnales, pero el Señor destruirá consumadamente su poder y exhibición de fuerzas. **Cada cual por la espada de su hermano.** La destrucción iniciada por el Señor llegará a su fin mediante la locura de una lucha civil (ver también Ez 38:21; Zac 14:13). Estos eventos están enmarcados en los días de la Guerra de Armagedón. Los eventos de este versículo no pueden retorcerse mediante ningún salto de la imaginación para convertirlos en conflictos del pasado ni en movimientos políticos de los grandes imperios del pasado.

23. En aquel día, dice Jehová de los ejércitos, te tomaré. La nota personal es inconfundible. Zorobabel no estaba destinado al juicio, sino a una misión específica. Dios tenía un honor especial reservada para este uno de sus siervos. La promesa pertenece en realidad al oficio que Zorobabel cumplió como gobernador de Judá. No puede referirse al período de la existencia de Zorobabel. En su época no se cumplieron los eventos predichos. El significado es que la descendencia mesiánica vendría a través de Zorobabel, de la línea de David, así como lo hizo a través del mismo David. El trono seguro de David se contrasta aquí con las tambaleantes dinastías del mundo. Zorobabel se halla en las dos genealogías del Mesías (Mt 1:12; Lc 3:27). Los expositores judíos relacionaban este pasaje en Hageo con el Mesías. Así, Zorobabel como tipo, se prefigura la persona del antitipo, el Mesías. Ambos descendían de David; de ahí el paso a esta profecía. **Como anillo de sellar.** El anillo de sellar era un objeto de valor y de consideración para el Oriental. Su sello era una marca de honor y de autoridad (ver Cant 8:6; Jer 22:24). En la antigüedad, cuando se utilizaba el anillo de sellar para sellar cartas y documentos, representaba al dueño, que siempre lo llevaba (cp. Gn 38:18; Jer 22:24). Era su posesión apreciada. De ahí que el anillo de sellar prefigure al precioso Cristo. **Yo te escogí.** Así como otras personas dignas del AT asumieron su lugar en la línea de sucesión del Mesías, así Zorobabel recibió este honor de ser situado en esta compañía para señalar al Escogido de Dios, el Señor Jesucristo.

BIBLIOGRAFÍA

Dods, Marcus. *The Post-Exilian Prophets.* Edimburgo: T. & T. Clark, s.f.

Feinberg, Charles L. *Habakkuk, Zephaniah, Haggai, and Malachi.* Nueva York: American Board of Missions to the Jews, Inc., 1951.

Jennings, A. C. "Haggai," *Commentary on the Whole Bible.* Editado por Charles J. Elicott. Vol. 5. Grand Rapids: Zondervan Publishing House, 1954.

Robinson, George L. *The Twelve Minor Prophets.* Nueva York: Doran, 1926.

COMENTARIOS EN ESPAÑOL

Fausset, S. R. "Hageo", *Comentario Exegético y Explicativo de la Biblia,* tomo I. Editado por R. Jamieson, A. R. Fausset, y D. Brown. El Paso: Casa Bautista de Publicaciones, 1958.

Feinberg, Charles L. *Los Profetas Menores.* Deerfield, Florida: Editorial Vida.

McIlmoyle, J. "Hageo," *Nuevo Comentario Bíblico.* Editado por D. Guthrie, J. A. Motyer, S. M. Stibbs y D. J. Wiseman. El Paso: Casa Bautista de Publicaciones, 1978.

Tatford, F. A. *Hageo: El Profeta de la Restauración.* Grand Rapids: Editorial Portavoz, 1974.

Wolf, Herbert. *Hageo y Malaquías: Rededicación y Renovación* (Serie "Comentario Bíblico Portavoz"). Grand Rapids: Editorial Portavoz, 1980.

ZACARÍAS

INTRODUCCIÓN

Fecha y paternidad. Zacarías, contemporáneo de Hageo, empezó su ministerio profético en el año 520 a.C. La fecha más tardía indicada en el libro (7:1) es en 518 a.c., el año cuarto de Darío Histaspes. El nombre "Zacarías" es frecuente en el AT, habiéndolo llevado veintinueve personas. Significa *Jehová recuerda.* Los eruditos "liberales", habiendo observado ciertas diferencias en estilo y temática, han mantenido que los caps. 9 al 14 no fueron escritos por el autor de los caps. 1 al 8. Sin embargo, los caps. 9 al 14 parecen haber sido escritos en un tiempo posterior, y el intervalo de tiempo puede dar cuenta del cambio de estilo. La diferencia en temática se debe al hecho de que en la última parte del libro el profeta recibe el encargo de revelar los eventos apocalípticos relacionados con la venida del Mesías y su reino terrenal. Toda la evidencia interna señala a una paternidad singular del libro en lugar de una paternidad múltiple.

Marco histórico. Ciro, el rey persa, había emitido un decreto (alrededor del 538 a.C.) por el que todos los que desearan volver a Jerusalén para reconstruir el Templo recibían el permiso para así hacerlo (2 Cr 36:22, 23; Esd 1:1–4). Alrededor de 50.000 exiliados se acogieron a esta política conciliadora. Con un elevado propósito decidieron volverse a asentar en la tierra y restaurar el Templo. En el segundo mes del 536 a.C. echaron los cimientos (Esd 3:11–13). Ya al principio de la obra los samaritanos, que habían recibido una negativa a su ofrecimiento de participar en la reconstrucción, se opusieron al proyecto (Esd 4:5). La obra cesó por un espacio de casi catorce años. Cuando Darío Histaspes subió al trono de Persia en 521 a.C., Hageo y Zacarías, asumiendo que los decretos de los gobernantes anteriores eran papel mojado, alentaron a sus compatriotas a que volvieran a la tarea Zorobabel y Josué, respectivamente el gobernador y el sumo sacerdote, acaudillaron la reconstrucción. Una investigación efectuada por Tatnai, el gobernador persa del territorio al oeste del Éufrates, volvió a detener la obra, pero Darío confirmó el decreto original de Ciro. Desafortunadamente, para este tiempo se había efectuado un cambio en el actitud del pueblo judío. Juzgaban que los obstáculos en la reconstrucción era indicación de que Dios no estaba en la obra. Hageo y Zacarías trataron de despertar a la nación de la indiferencia en que se hallaba. El pueblo respondió, y se finalizó la construcción en 516 a.C., el sexto año del reinado de Darío. Los datos cronológicos de esta profecía caen dentro del período de la obra del Templo. Aunque Zacarías empieza con el tema de la restauración del Santuario, toca muchas fases de la vida espiritual de la nación, y trata con una plenitud notable los eventos proféticos que llevan al retorno y reinado del Mesías.

BOSQUEJO

III. **Preguntas con respecto al ayuno.**
7:1—8:23.
A. La pregunta. 7:1–3
B. La lección de la historia. 7:4–14
C. El propósito de Dios de bendición
sobre Israel. 8:1–23

IV. **El futuro de las naciones, de Israel, y**
del reino del Mesías. 9:1—14:21.
A. La primera carga. 9:1—11:17
1. Las victorias de Alejandro
Magno. 9:1–8
2. El reinado de paz del Mesías. 9:9,
10
3. Las victorias de los Macabeos.
9:11–17

4. Bendiciones mediante el reinado
del Mesías. 10:1–12
5. El rechazamiento del Buen Pastor. 11:1–17
B. La segunda carga. 12:1—14:21
1. Los poderes del mundo contra
Jerusalén. 12:1–14
2. Purificación de la tierra y del
pueblo. 13:1–6
3. El Pastor herido y el remanente.
13:7–9
4. El retorno visible del Mesías a la
tierra. 14:1–5
5. El santo reino del Mesías. 14:6–
21

COMENTARIO

I. Introducción: El llamamiento al arrepen-
timiento. 1:1–6.

1. El año segundo de Darío. El fechado de
una profecía según el reinado de un monarca
gentil evidencia que los tiempos de los gentiles, empezados en la época de Nabucodonosor, estaban prosiguiendo (cp. Lc 21:24).
2. Se enojó Jehová en gran manera. Con
un lenguaje enfático, el profeta declara el
enojo de Dios con los padres de sus compatriotas. Era más que el descuido en la reconstrucción del Templo lo que le entristecía; era la
perspectiva espiritual que habían asumido en
general. El retorno del exilio, por sí mismo, no
era suficiente para que con ello el Señor estuviera complacido; precisaban un retorno al
Señor de corazón. **3. Yo me volveré a voso-**
tros. El arrepentimiento de ellos hallaría que
Dios estaba dispuesto y deseoso de recibirlos y
de bendecirlos.

4. No seáis como vuestros padres. El mal
ejemplo es tan infeccioso que Zacarías tenía
que advertir a sus correligionarios que no imi-
taran los malos ejemplos de sus predecesores.
Estos últimos habían dejado de escuchar los
auténticos mensajes de los profetas de Dios, y
como consecuencia habían segado una cosecha de miseria y de aflicción en el cautiverio
babilónico. **5. Vuestros padres, ¿dónde es-**
tán? Tanto los padres como los profetas ya se
habían ido. El hombre es como la hierba que se
seca, pero hay una fuerza en el universo que
permanece (Is 40:6–8).

6. ¿No alcanzaron a vuestros padres? El
hombre es mortal, pero la palabra y los estatutos de Dios son inmortales. Aunque la generación ya se había desvanecido, los siguientes
eventos revelaron la verdad del mensaje de
Dios en los juicios que cayeron sobre Israel

por la desobediencia de ellos. Así lo hizo con
nosotros. Dios cumplió cada una de las predicciones al pie de la letra. Los contemporáneos de Zacarías tenían que aprender las
lecciones de la historia, y decidir obedecer
implícitamente a Dios.

II. Las visiones nocturnas de Zacarías.
1:7—6:15.

A. Visión de los caballos y de los jinetes. 1:7–
17.

7. A los veinticuatro días del mes undé-
cimo. Todas las ocho visiones nocturnas fueron concedidas al profeta en una sola noche,
tres meses después del primer mensaje. Forman una unidad que halla su clave en la primera visión.

8. Un varón que cabalgada sobre un
caballo alazán (o *bermejo*). En los vv. 11, 12
se dice que el varón sobre el caballo bermejo
es el "ángel de Jehová". A toda lo largo del
AT el Angel del Señor es designado como
Dios (ver Gn 16:7–13; Ex 3:2–6; Jue 13:9–18,
22; y otros). El Talmud de Babilonia interpreta: "Este varón no es otro que el Santo, sea
él bendito; porque se dice, 'El Señor es varón
de guerra'." **Caballos alazanes, overos y**
blancos. Se ha sugerido que el color de los
caballos representa la misión distintiva a la que
están destinados juntamente con sus jinetes.
Según el uso, bermejo significa guerra, en este
caso juicio sobre los enemigos de Israel (cp.
Ap 6:4). El hecho de que el Angel del Señor
está cabalgando sobre este caballo revela cual
era el propósito de Dios para aquella hora.
Overo es una mezcla de los otros colores.
Blanco indica victoria (cp. Ap 6:2). Los mirtos
representan Israel.

9. El ángel que hablaba conmigo. Este
ángel es el ángel mediador o interpretador,

comisionado a explicar las visiones al profeta (cp. Ap 1:1; 22:16). Él no introduce las visiones, pero clarifica el significado de ellas a Zacarías.

10. Jehová ha enviado a recorrer la tierra. Los caballos, que simbolizan la actividad divina entre las naciones de la tierra, fueron enviados en una misión de reconocimiento. Dios está siempre interesado en los asuntos de la tierra, especialmente en lo que toca a las fortunas de su pueblo terreno, Israel. **11. Toda la tierra está reposada y quieta.** El informe de los jinetes era algo desusado; dieron voz de que toda la tierra se hallaba en paz. En realidad, los años tempranos del reinado de Darío habían sido tormentosos, marcados por repetidas rebeliones a través de su dominio; pero en este año todo volvía a estar en calma. Pero Dios había predicho que las naciones temblarían (Hag 2:21, 22). ¿A qué se debe la disparidad, y cómo se podía explicar?

12. ¿Hasta cuándo no tendrás piedad de Jerusalén? El contraste entre las naciones sosegadas y el pisoteado pueblo de Dios era penoso; y por ello el Angel de Jehová intercedió por ellos. Oró para que se les pudiera extender misericordia después de su prolongado período de castigo bajo la mano disciplinadora de Dios. **Setenta años.** Este período ha sido variamente considerado. Un cálculo establece las dos fechas límite entre el 606 a.C. (cp. 2 R 24:1) y en 538 a.C., el año de la salida del decreto de Ciro para la reconstrucción (cp. Jer 25:11; 29:10). En este caso se obtendrían setenta años ya bien contando los años inicial y final como inclusivos, una práctica antigua, o bien considerando setenta como número redondo. Aquí, los setenta años parecen ser una referencia al período desde el 586 hasta el 516, período durante el cual el Templo (''mi casa'', v. 16) estuvo en ruínas.

13. Buenas palabras, palabras consoladoras. De acuerdo con la necesidad de ellos Dios les respondió con palabras que predecían el bien y que daban consuelo. El resto de la primera visión muestra cuáles eran las palabras consoladoras. El consuelo consistía en la certeza que da el Señor de: (1) Su celo contínuo por Israel; (2) Su gran enojo contra las naciones; (3) Su retorno a Jerusalén con misericordia; (4) la reconstrucción del Templo; (5) la restauración de la ciudad arruinada; (6) la prosperidad de las ciudades en la tierra; (7) la consolación de Sion; y (8) la elección de Jerusalén.

14. Celé con gran celo a Jerusalén. Era ciertamente un consuelo para Israel saber que Dios estaba aun activamente interesado y celoso por su bienestar. **15. Estoy muy airado con las naciones.** Esto es lo contrario al concepto del amor celoso de Dios hacia Israel. Por la misma naturaleza del caso, tiene que estar inalterablemente opuesto a todos los que buscan el daño de Su pueblo. **Reposadas.** El hecho de que las naciones estaban entonces disfrutando de paz no significaba que la bendición de Dios estuviera sobre ellas. **Ellos agravaron el mal.** Es cierto que Dios había ordenado a las naciones que castigaran Israel, pero ellas asumieron y llevaron a cabo la comisión por motivos falsos, no por la orden de Dios. El malvado propósito de ellas dominaba sus acciones. No tenían ningún deseo por la gloria de Dios; así, estaban también descuidada e inconscientemente en holganza.

16. Yo me he vuelto a Jerusalén con misericordias. Ahora siguen los propósitos de Dios con respecto a Israel relacionados con la restauración, bendición, y engrandecimiento de ellos. **En ella será edificada mi casa.** La marca del favor retornado de Dios a Jerusalén iba a ser la reconstrucción del Templo. El Templo ya estaba siendo construido, pero no fue acabado hasta el sexto año de Darío (Esd 6:15). **Y la plomada será tendida sobre Jerusalén.** Antes de entregar la ciudad a la destrucción, se extendió cordel sobre ella, como para limitar el área de las desolaciones (cp. 2 R 21:13). Ahora se iba a tender plomada sobre la ciudad de Jerusalén en preparación de la reconstrucción (cp. Job 38:5). Se indica con ello una inversión total de condiciones.

17. Aun rebosarán. Las ciudades de Judá tenían que llegar a disfrutar de una notable prosperidad. Josefo, el historiador judío del primer siglo d.C., afirmó que la población de la tierra había aumentado en gran manera para la época de los macabeos (siglo II a.C.). **Aun consolará Jehová a Sion.** Las intensas consolaciones de Dios por Su pueblo revelarían a sus corazones receptivos la inmutabilidad de Su elección de ellos como Suyos. Nadie podrá negar que estas predicciones fueron cumplidas en aquellos días del siglo VI a.C., pero la perspectiva más amplia de las Escrituras muestra que tendrán su cumplimiento más pleno en los días mesiánicos.

B. Visión de los cuernos y de los carpinteros. 1:18–21.

18. He aquí cuatro cuernos. En el canon hebreo la segunda visión empieza con el segundo capítulo del libro. La versión castellana sigue a la LXX y a la Vulgata. Ninguna de las disposiciónes afecta al sentido del pasaje. En la Biblia el cuerno es una figura bien conocida que significa poder; los animales con cuernos manifiestan su poder a través de sus cuernos (cp. Mi 4:13; Dn 8:3, 4). Los intérpretes difieren en cuanto al significado de los cuatro cuernos. Se ha sugerido que representan: los cuatro puntos cardinales de la tierra; los enemigos de Israel por sus cuatro costados; enemigos específicos en los límites de la Tierra Prometida; todos los adversarios con los que se encuentra Israel hasta el reinado del Mesías. Tomando el amplio testimonio de las Escrituras, especialmente en vista de las figuras que se hallan en Daniel y en el Apocalipsis, una gran cantidad de expositores relacionan los cuernos con los cuatro poderes mundiales de Daniel 2, 7, y 8; esto es, Babilonia, Persia, Grecia, y Roma. Este es probablemente el punto de vista mejor apoyado. No se puede negar que en la época de Zacarías no se habían hecho presentes todavía el tercer y el cuarto imperio, pero se sabe que la profecía recoge en un amplio panorama los elementos componentes del plan profético. (Cp. Is 61:1–3; Dn 9:24–27; Zac 9:9, 10.)

20. Cuatro carpinteros. La palabra que se utiliza en el original denota a cualquier diestro artesano, ya sea que trabaje en madera, metal, o piedra.

21. Estos han venido para hacerlos temblar. Los artesanos vinieros a propósito para aterrorizar y atemorizar los corazones de las naciones que habían tratado a Israel de una forma inmisericorde, dejándolas en una condición de postración y de quebranto. Para cada enemigo de Israel Dios tiene un instrumento apropiado de juicio para llevar a cabo su juicio sobre ellos.

C. Visión del agrimensor. 2:1–13.

1. Un varón que tenía en su mano un cordel de medir. De la analogía de las otras visiones esta es probablemente un ángel en forma humana. No es el Angel de Jehová, porque es designado de una forma más precisa que lo es el Angel de Jehová, y con una mención más plena (cp. Ez 40:3; Ap 11:1, 2). **2. ¿A dónde vas?** La pregunta del profeta le lleva a conocer que el hombre con el cordel de medir tenía la intención de medir la ciudad de Jerusalén para determinar sus dimensiones exactas. Esto no significa que la ciudad de Jerusalén estuviera totalmente restaurada para aquel entonces. Estaba siendo inspeccionada con vistas a esta tarea. **3. Otro ángel le salió al encuentro.** A fin de que Zacarías pudiera dar el mensaje a sus contemporáneos, el ángel intérprete va a recibir el mensaje de otro ángel delegado para este propósito. **4. Sin muros será habitada.** El joven profeta es informado de que Jerusalén será tan

engrandecida que se extenderá mucho más allá de sus límites. Debido a la multiplicación de hombres y de ganado en ella, será habitada como los pueblos sin muros. Jerusalén iba a experimentar una explosión demográfica sin paralelos en su historia. En cuanto a morar seguramente, sin muros, ver 1 S 6:18; Est 9:19; Ez 38; 39. Este incremento de población no siguió al retorno del exilio; está relacionado con el distante día indicado en el siguiente versículo.

5. Muro de fuego. No habrían muros tangibles alrededor de Jerusalén, pero el Señor mismo sería como un muro impenetrable de fuego a su alrededor. **Para gloria estaré en medio de ella.** Pero la protección es tan solamente parte de la necesidad de Israel. Se promete aquí el retorno de la gloria de la Sekiná. La necesidad espiritual de la nación quedará cubierta con el retorno de aquella gloria que Ezequiel contempló partiendo de la ciudad. Esta profecía espera su cumplimiento en el día milenial (Ez 11:23; cp. Hab 2:14).

6. Huid de la tierra del norte. Algunos de los judíos exiliados, debido a sus achaques propios de la edad avanzada, y por otras razones, habían decidido quedarse en Babilonia. El Señor les exhorta ahora de una manera apremiante a que huyan de la ciudad sentenciada. La calamidad iba a volver a caer sobre aquella malvada ciudad después de su inútil intento de revuelta durante el reinado de Darío. **Por los cuatro vientos del cielo.** Habían esparcidos no por todos los lugares del globo, sino con gran intensidad, como por los cuatro vientos.

8. Tras la gloria me enviará. Esta gloria difícilmente puede tener que ver con la época de gloria del versículo 5, porque en este caso se hubieran podido haber dado más detalles, como en otras referencias a esta época de bendición. Además, Dios visitará juicio sobre los enemigos de Israel después que Él venga a morar en Jerusalén, no antes de esta era. El versículo significa más bien que Dios enviará al Mesías para la vindicación de Su gloria tratando con las naciones que han oprimido a Israel. **La niña de su ojo.** La pupila del ojo es de lo más sensible, fácilmente dañada, irremplazable, y cuidadosamente protegida. Así es Israel a la vista de Dios. **9. Yo alzo mis manos sobre ellos.** Con este gesto amenazador (cp. Is 11:15) Dios invertirá las condiciones de Israel, de manera que sus señores pasarán a ser los siervos de ellos.

10. He aquí vengo, y moraré en medio de ti. El gozo de Sion se consumará en el retorno de su Mesías en su aparición visible (cp. 9:9; Mal 3:1). **11. Y se unirán muchas naciones a**

Jehová. En la hora de su poder y gloria el Mesías se atraerá a muchas naciones a Sí. **Y moraré en medio de ti.** Por tercera vez en este capítulo el profeta declara que el Mesías morará en medio de su pueblo (cp. 8:20–23). **12. Jehová poseerá a Judá su heredad.** El hecho de que muchas naciones serán bendecidas en Cristo el Señor no robará de la gloria de Israel. Israel seguirá siendo la herencia del Señor, y la Santa Ciudad seguirá siendo el lugar de Su morada.

13. El se ha levantado de su santa morada. Cuando el Señor se halla silencioso acerca de los asuntos humanos, es como si estuviera dormido. En su intervención, se le asemeja a un hombre despertando a la acción, o un león saliendo de su guarida.

D. Visión de Josué el sumo sacerdote. 3:1–10.

1. El sumo sacerdote Josué...delante del ángel de Jehová. Las anteriores visiones han acentuado la bendición para Israel. Pero tales promesas son contingentes, dependiendo de la obediencia y de la purificación de la nación. La cuarta visión revela que el oficio sacerdotal de Israel tiene que ser reinstaurado en el favor de Dios. Un sacerdocio contaminado había atraído la desgracia sobre Israel; necesitaba purificación (cp. Ez 22:26). Zacarías vio a Josué el sumo sacerdote, en su cargo oficial y representativo, de pie ante el ángel del Señor en la ejecución de su ministerio sacerdotal. Repentinamente, se vio objeto de las acusaciones de Satanás. Si era desechado, la nación sería también rechazada; si era exonerado, la nación sería aceptada. **Satanás estaba a su mano derecha.** Satanás apareció a fin de solicitar su condenación (cp Sal 109:31).

2. Jehová...ha escogido a Jerusalén. El Mesías pidió la represión del Padre sobre Satanás, no debido a que Israel fuera justa, ni debido a que Satanás hubiera exagerado sus acusaciones, ni debido a que la nación hubiera ya sufrido en el exilio, sino debido a que Dios había hecho una elección eterna e inmutable de Israel por su amor a ella (cp. Ro 9:16; 11:5). **Un tizón arrebatado del incendio.** Se utiliza esta figura de Israel, debido a que aunque había estado bajo la mano divina en castigo, tenía todavía propósitos de bendiciones futuras para el mundo mediante ella.

3. Josué estaba vestido de vestiduras viles. El sacerdocio estaba manchado con la inmundicia del pecado. Cuan incoherente, así, que un sacerdote tratara de estar en pie ante el santo Angel de Jehová. **4. Quitadle estas vestiduras viles.** Josué era impotente para remediar esta condición; no podía hacer nada para limpiarse a sí mismo. La eliminación de los vestidos inmundos simboliza el perdón, la aceptación, y la reinstauración en el oficio sacerdotal. **5. Pongan mitra limpia sobre su cabeza.** Este mandato del Angel de Jehová involucra la total purificación e investidura del sacerdocio (cp. Éx 28:36–38).

7. Si anduvieres por mis caminos. La demanda básica que se hace a los siervos del Señor es que ejerciten cuidado en el tema de la piedad personal. **Guardares mi ordenanza.** Esto se relaciona con la ejecución fiel de los deberes oficiales. **Tú gobernarás mi casa.** Los sacerdotes estaban llamados a pronunciarse sobre lo limpio y lo impuro (Lv 10:10). **Guardarás mis atrios.** Los atrios del Señor tenían que ser guardados contra la contaminación. **Y entre estos que aquí están te daré lugar.** La bendición más grande de todas sería la concesión de acceso (lit., *caminos* o *senderos*) entre los ángeles del cielo. Se indica la comunión inmediata con el Señor.

8. Son varones simbólicos, u hombres tipificadores, que señalan a otro. **Mi siervo el Renuevo.** Está claro que el antitipo es el Mesías de Israel. Tanto el Siervo como el Renuevo son designaciones que el AT aplica al Mesías. Ver Is 42:1; 52:13; Ez 34:23, 24; Is 4:2; Jer 23:5. Se enfatizan la humanidad y la humildad del Mesías.

9. Aquella piedra. Este es el tercer nombre del Mesías (cp. Sal 118:22; Mt 21:42; 1 P 2:6). **Grabaré su escultura.** La alusión es a todas las gracias, bellezas, y dones del Mesías, equipándole para su gran obra. **Quitaré el pecado de la tierra en un día.** Aquí se halla el punto culminante de la visión y el propósito del símbolo. La iniquidad de Israel ha de ser eliminada de una vez y por todas mediante la obra del Mesías. Así como fueron limpiados Josué y sus compañeros, y la nación con ellos, así el Mesías cumpliría todo esto para su pueblo en el futuro.

10. Debajo de su vid y debajo de su higuera. En forma reiterada en el AT, cuando Israel se halla en una relación espiritual apropiada con el Señor, se le concede prosperidad material (cp. Mi 4:4 con 1 R 4:25).

E. Visión del candelero de oro. 4:1–14.

1. Volvió el ángel que hablaba conmigo. Así como la visión del capítulo 3 tenía como objetivo alentar a Josué, de la misma forma la visión en este tiene como objetivo fortalecer a Zorobabel. El caudillo civil se había visto frustrado una y otra vez en sus esfuerzos de reedificar el Templo.

2. Un candelabro todo de oro. El profeta estaba familiarizado con el candelero en el Tabernáculo de Moisés (cp. Éx 25:31–40) y con el que se hallaba en el Templo de Salomón, pero este candelabro de oro difería de aquellos en cuatro detalles: el depósito, los tubos, los dos olivos, y las lámparas. El candelero tenía siete lámparas, y siete tubos para cada lámpara, sugiriendo un suministro abundante y pleno de aceite.

6. No con ejército, ni con fuerza, sino con mi Espíritu, ha dicho Jehová de los ejércitos. La revelación de Dios a Zorobabel era que toda esta obra para Dios dependía no de la fuerza humana, ni del ingenio humano, sino del Espíritu de Dios. Es por este pasaje que se sabe que en las Escrituras el aceite es un símbolo del Espíritu Santo.

7. Delante de Zorobabel serás reducido a llanura. Cualquier obstáculo montañoso delante de Zorobabel se convertiría en nada frente al poder del Espíritu de Dios. **La primera piedra.** El líder civil vería la consumación de la estructura que había iniciado. **Gracia, gracia a ella.** El pueblo de Dios invocarían la gracia de Dios, y Su favor sobre el santuario finalizado. **9. Sus manos la acabarán.** A fin de que Zorobabel pudiera tener un consuelo poderoso y exento de dudas para la tarea, se reitera la promesa del versículo 7.

10. El día de las pequeñeces. De Esdras 3:12, 13 y de Hageo 2:3 se sabe que en Israel muchos hicieron comparaciones desfavorables entre el glorioso Templo de Salomón y la estructura que se estaba entonces edificando. El tiempo de la reconstrucción que estaban ellos efectuando es aquí designado como el día de las pequeñeces. **Los ojos de Jehová.** Los ojos de los hombres pueden haber contemplado desdeñosamente la obra que se efectuaba, pero los ojos del Señor contemplaban con favor la actividad constructora de Zorobabel. Además, el cuidado providencial del Señor, que se extiende a toda la tierra, estaba al cuidado de la finalización del Templo (cp. 2 Cr 16:9).

14. Estos son los dos ungidos. Los dos olivos a cada lado del candelero representan a los ungidos (lit., *hijos del aceite*), que eran los canales a través de los cuales se mediaba entonces la gracia de Dios a su pueblo. Los individuos considerados eran Josué y Zorobabel, los agentes religioso y civil de Dios. En último término, Aquel por medio del cual obtenemos todas las bendiciones religiosas o espirituales y civiles o gubernamentales es el Señor Jesucristo.

F. Visión del rollo volante. 5:1–4.

1. Un rollo que volaba. En las Escrituras se emplea un rollo o pergamino como un pronunciamiento de juicio (cp. Ez 2:9, 10; Ap 5:1 y 10:2 en contexto). Antes de que Israel venga a ser la luz del mundo (capítulo 4), tiene que ser juzgada individual y nacionalmente por el pecado. **2. De veinte codos de largo.** El rollo tenía que estar desenrollado a fin de poderse apreciar sus dimensiones y de verse su contenido. El hecho de que estuviera volando indica que sus revelaciones iban pronto a ser visitadas sobre los malvados.

3. Esta es la maldición que sale sobre la faz de toda la tierra. El pacto de Moisés conllevaba maldición sobre el transgresor (Dt 27:15–26; 25:15–68). Esta maldición pendía por encima de la tierra del pueblo de Israel, a quienes había sido dada la Ley, amenazándola (cp. Éx 20:1, 2). **Hurta.** El hurto era una violación del mandamiento central de la segunda tabla de la Ley; el juramento en falso en nombre de Dios era una transgresión del mandamiento central de la primera tabla de la Ley. Los hombres que violaban estos mandamientos demostraban ser falsos tanto hacia el hombre como hacia Dios. Estos dos mandamientos se utilizan como representativos de toda la Ley de Moisés.

4. La consumirá. La maldición no se desviará; hallará al culpable y lo extirpará, raíz y rama.

G. Visión de la mujer en el efa. 5:5–11.

6. Un efa. El efa era la medida más grande que utilizaban los judíos. Se emplea aquí para simbolizar la aparición de los malvados en la tierra; así como los granos son puestos juntos en la medida, así los impíos de la tierra serán reunidos para ser finalmente juzgados. **7. Levantaron la tapa de plomo.** Esto se hizo a fin de permitir que el profeta viera el contenido del efa. **Una mujer.** En Pr 2:16; 5:3, 4 se compara una mujer con la maldad. Se utiliza el femenino en hebreo para comunicar ideas abstractas. En el NT la maldad es encabezada por el "hombre de pecado" (2 Ts 2:3). **8. Echó la masa de plomo.** Es evidente que esto fue echo a fin de impedir que la mujer escapara del lugar de su encierro. **9. Dos mujeres que salían.** Forman parte de la imaginería; se indican dos debido a la carga que tenían que llevar entre las dos. **11. En tierra de Sinar.** La referencia es a Babilonia (cp. Gn 10:10, 11; 11:2; Is 11:11). Esta era el área donde los hombres habían unido por primera vez en una rebelión general contra Dios. A través de las Escrituras representa la confusión en materias espirituales, idolatría impureza moral (cp. Ap 17:3-5). En Babilonia culmina todo aquello que desafía a Dios y a Su justicia sobre la tierra. La impiedad de todo tipo, incluyendo la de Israel, hallará en ella su lugar.

H. Visión de los carros. 6:1–8.

1. He aquí cuatro carros. La visión de los carros completa la serie vista por Zacarías en una noche. Concluye en concepto lo que había sido expuesto en la primera visión. Evidentemente, los carros pusieron en ejecución los decretos de juicio del Señor. Ya que los carros eran empleados en la guerra, está claro el propósito de ellos en la visión. El número cuatro no se refiere a las cuatro potencias mundiales de Daniel, porque las cuatro notaciones geográficas de este pasaje no se ajustan a las monarquías de Daniel 2 y 7. Más bien, constituyen agentes de Dios mediante los cuales El va a derramar el juicio sobre los adversarios de Israel. **Entre dos montes.** El original emplea el artículo definido: *los dos montes*; esto es, el monte Moriah y el monte Olivete. Los carros corrían por el valle de Josafat.

2. Caballos alazanes, o *bermejos.* Representan la guerra. **Caballos negros.** Es probable que sean indicativos de calamidad. **3. Caballos blancos.** La victoria y el gozo están simbolizados en este color. **Caballos moteados y bayos** (RVA). Es posible que estos colores indiquen guerras y pestilencias. **5. Que salen después de presentarse delante del Señor.** Cada agente salió a cumplir la voluntad de Dios con respecto a un objetivo particular.

8. Hicieron reposar mi Espíritu en la tierra del norte. La ira de Dios se aquietó en **la tierra del norte,** o Babilonia. (Aunque no estaba en realidad al norte de Israel, se llegaba a Babilonia viajando en dirección al norte.) Es cierto que el remanente había sido liberado del poder de Babilonia por el juicio de Dios sobre aquel país por medio de Ciro. Pero aunque Babilonia había sido sometida por Ciro, se rebeló en el año quinto de Darío, que sumariamente devastó y deportó a la población del país.

I. La coronación de Josué. 6:9–15.

10. A Heldai, a Tobías y a Jedaías. Como una especie de epílogo a las visiones nocturnas, el profeta concluye con un acto simbólico. Tres hombres habían llegado como delegación de Babilonia al hogar de Josías hijo de Sofonías, con un don de los exiliados para la construcción del Templo. **En aquel día.** El mismo día que 1:7; la noche en que el profeta recibió la serie de visiones.

11. Coronas. El original indica **una** espléndida corona hecha de varias coronas más simples, porque estaba destinada únicamente a coronar a Josué. Como en el capítulo 3, es tipo del Mesías, tanto en su nombre como en su oficio. El sacerdocio levítico no estipulaba

coronación del sumo sacerdote. A su ministración u oficio no le pertenecía la corona. Lo que pertenecía al oficio sacerdotal era una mitra, y una corona al oficio de rey.

12. Renuevo. La figura del Mesías en 6:12, 13 ha sido aclamada como la más inclusiva del AT. La idea del **Renuevo** es una de humildad y de modestia. **De sus raíces.** Se originará, en cuanto a su humanidad, de su tierra natal; no será de origen extranjero. **El templo de Jehová.** No se trata del Templo restaurado de aquella hora, porque Zorobabel había recibido la promesa de que él lo finalizaría (cp. cap. 4). Se trata del Templo Milenial de Ezequiel 40 a 48.

13. Siendo Sacerdote sobre su trono (VM, aquí la RV desvirtúa el significado del versículo). En verdadera forma de Melquisedec (cp. He. 5:10) será un Sacerdote-Rey (cp. Sal 110:4). Los conceptos de permanencia, seguridad, y de una expiación consumada se hallan todos aquí. **Consejo de paz habrá entre ambos.** Las dignidades de sacerdote y de rey se hallarán reunidas en una sola persona; estas dos funciones se hallarán unidas en la Persona del Mesías.

14. Como memoria. La corona tenía que ser preservada como una memoria del piadoso interés de la delegación (y de aquellos a los que ellos representaban) en las cosas de Dios.

15. Y los que están lejos. Zacarías ve ahora a la delegación que vino de Babilonia como representativa de los gentiles que vendrán en el reinado del Mesías a construir el Templo de Jehová (cp. Is 60:10, 11).

III. Preguntas con respecto al ayuno. 7:1—8:23.

A. La pregunta. 7:1–3.

1. En el año cuarto. EL año cuarto del reinado de Darío fue en 518 a.C. El pueblo había trabajado diligentemente en el Templo, y la obra había progresado mucho. Se iban construyendo nuevos hogares en Jerusalén, y las huellas de la destrucción se iban borrando. **2. Había enviado...a implorar el favor de Jehová.** La ciudad de Bet-el había enviado una delegación a Jerusalén con dos propósitos: para implorar la bendición del Señor, y para inquirir acerca de ciertos ayunos nacionales. **3. El mes quinto.** La pregunta era: Con todas las señales de vida en la economía nacional, ¿seguía siendo necesario ayunar y lamentarse en el quinto mes, como lo habían hecho durante los años de exilio? El ayuno en el día décimo del quinto mes conmemoraba la destrucción a fuego de Jerusalén en 586 a.C. (cp. Jer 52:12, 13). Sigue siendo el día más grande

para los judíos (excepto por el Día de la Expiación, que tiene un objetivo totalmente diferente). La pregunta parecería indicar que el
ayuno era a la vez irritante y molesto.

B. La lección de la historia. 7:4–14.

5. ¿Habéis ayunado para mí? De un solo
golpe esta pregunta reveló toda la pretensión e
hipocresía en sus ritos y ceremonias. No era
Dios quien había instituido este ayuno; ni tampoco se llevaba a cabo con el fin de glorifi-
carle. Se hacía con el fin de satisfacer el
corazón y el espíritu carnales. Dios no entraba
en absoluto en sus consideraciones. Entonces,
como ahora, Dios quería la verdad en lo
interno. El profeta añadió el ayuno del mes
séptimo en su interrogante. Más tarde, añade
dos otros ayunos (cp. 8:19). Todos ellos estaban relacionados con la caída de Jerusalén
bajo Nabucodonosor el caldeo. En el mes
décimo Nabucodonosor sitió Jerusalén (2 R
25:1); en el cuarto mes el enemigo entró en la
ciudad (2 R 25:3, 4; Jer 39:2); en el quinto mes
el Templo fue incendiado (2 R 25:8, 9), y en el
mes séptimo Gedalías, el gobernante judío de
Judá, fue asesinado (2 R 25:23–25). **6. ¿No
coméis y bebéis para vosotros mismos?** En
sus fiestas, como en sus ayunos, era manifiesta
su perspectiva egocéntrica. Ya fuera en una
práctica o en la otra, exhibían su vacía pretensión de justicia propia y la propia satisfacción
que sentían.

7. ¿No son estas las palabras...? ¿Por qué
tenían que molestarse acerca de algo que Dios
no había ordenado, cuando eran tan rebeldes a
lo que él había ordenado explícitamente una y
otra vez por medio de los profetas pre-
exílicos? Es mucho mejor ofrecer obediencia a
Dios que amontonar ayunos innumerables (cp.
Is 58:1–9). La conciencia carnal trata de liberarse mediante ordenanzas formales, en lugar
de tomar advertencia de las visitaciones de
Dios por el descarrío respecto a Su voluntad
revelada. El pecado era la causa del ayuno de
ellos. Si abandonaran el pecado los ayunos
dejarían de ser necesarios.

9. Juzgad conforme a la verdad. Los anteriores profetas se habían unido todos ellos en
su testimonio en favor de la justicia práctica en
la vida diaria. Dios se deleita en la apropiada
administración de justicia. La misericordia y la
compasión entre hermanos deleitan el corazón
del Creador infinitamente misericordioso. **10.
A la viuda, al huérfano, al extranjero ni al
pobre.** Los menos afortunados y los carentes
de protección se hallan siempre bajo la especial consideración del Señor; toda bondad que
se les manifieste le es especialmente grata.

**Ninguno piense mal en su corazón contra su
hermano.** El resentimiento y el odio en el
corazón en contra de un hermano están claramente prohibidos. La fe y la piedad tienen que
ir de la mano. La religión sin piedad es inútil, y
además una burla; la moralidad sin verdadera
religión o piedad se halla sin una base apropiada y como mucho es tan sólo temporal.

11. Pero no quisieron escuchar. Aquí se
halla un sumario de la actitud de Israel a través
de los siglos del ministerio de los profetas, al
predicar ellos la fe, la piedad, y la justicia
social. **12. Vino, por tanto, gran enojo.** Cuando fracasaron las repetidas advertencias y
exhortaciones, quedaba solamente la ira de
Dios, porque Dios no puede abdicar como
Gobernador Moral del universo. Su mensaje
había sido cuidadosamente entregado mediante el Espíritu energizador por las manos, cora-
zónes, y bocas de sus siervos, los profetas (cp.
2 Cr 36:16).

**13. También ellos clamaron, y yo no escu-
ché.** Experimentaron retribución del mismo
tipo. Cuando no quisieron oír las exhortaciones de Dios a la obediencia, rehusó sobera-
nemente oír los clamores de ellos en su
angustia, que surgían solamente de la amargura de sus calamidades, y no de una verdadera contrición de corazón. **14. Por todas las
naciones.** Hasta aquella hora habían sido dispersados principalmente a Asiria y a Babilonia. Si se tiene que dejar al texto que exprese
todo su significado de la manera más llana,
tiene que tratar de la dispersión mundial de los
judíos, resultado de su rechazamiento de su
Mesías, la mayor exhibición de la terca desobediencia de ellos a las palabras del Señor y de
Sus mensajeros. **Sin quedar quien fuese ni
viniese.** La tierra que había sido anteriormente
un deleite sería abandonada y sin habitantes.
Aunque el enemigo consiguió efectuar esta
destrucción, es Israel quien tiene la responsabilidad de ella, debido a que la causa de todo
ello había sido su propio pecado.

*C. El propósito de Dios de bendición sobre
Israel. 8:1–23.*

2. Celé a Sion con grande celo. La línea de
pensamiento seguida en el capítulo 7 es proseguida en este pasaje. En dos ocasiones declara
Dios su amor e interés continuados por Israel
(cp. cap. 1). **Gran ira.** Este amor tiene que
tratar en ira con aquellos que hostigan al pueblo de Dios. **3. Yo he restaurado a Sion**
(RVA: *He vuelto a Sion*). Dios está tan
resuelto a volver a Sion con bendiciones en el
futuro, que habla de ello como su estuviera
hecho. **Ciudad de la Verdad.** Este es el resultado de que el Señor more en medio de ella.

4. Ancianos y ancianas. La imagen es de paz y seguridad. Cuando Israel se halle apropiadamente relacionado con el Señor en lo espiritual, las bendiciones materiales seguirán. **5. Llenas de muchachos y muchachas.** Las guerras no se entrometerían para destruir las vidas y las esperanzas de los jóvenes (cp. Éx 20:12; Dt 33:6, 24). Indudablemente algunas de estas características estuvieron presentes en la época de los Macabeos, pero las condiciones de aquella época no serán suficientes para el total cumplimiento de estas promesas. Esperan su cumplimiento en el reinado del Mesías (cp. Is 65:20, 22).

6. ¿También será maravilloso delante de mis ojos? Aunque estas predicciones puedan parecer imposibles para el hombre, nada es demasiado maravilloso para el Señor (Gn 18:14; Mt 19:26). **7. De la tierra del oriente, y de la tierra donde se pone el sol.** Israel tiene que estar en la Tierra Prometida antes de que pueda darse cuenta del propósito definitivo de Dios para ella. La restauración de la tierra es un prerrequisito básico según el testimonio de las Escrituras proféticas. El retorno será de todos los puntos de la tierra (cp. Is 11:11, 12; Amós 9:14, 15).

9. Esfuércense vuestras manos. Las palabras de Hageo y de Zacarías tenían el propósito de dar abundancia de aliento y de esperanza a los trabajadores del Templo. **10. Antes de estos días.** Antes que el pueblo hubiera decidido reasumir la obra de la reconstrucción, su condición era verdaderamente precaria. El trabajo no daba sus frutos, y las luchas intestinas acompañaban a los ataques efectuados por los enemigos desde afuera (Hag 1:6, 9–11; 2:16–19). **11. Mas ahora.** Su obediencia ha cambiado toda la perspectiva. Dios está dado a la tarea de bendecirlos a ellos y a sus esfuerzos. **12. Posea todo esto.** Las bendiciones de la naturaleza no serán ya más retenidas; serán concedidas con plenitud. **13. Como fuisteis maldición entre las naciones.** Cuando lo mano del Señor actuaba pesadamente sobre ellos, fueron un escarmiento entre las naciones cuando su nombre fue empleado para maldecir. Fueron maldición **entre** las naciones. **Seréis bendición.** El nombre de ellos será utilizado como fórmula de bendición (cp. Gn 48:20; Mi 5:7; Sof 3:20). **15. He pensado hacer bien.** Si el Señor los castigó por desobediencia tal como había advertido que les haría, ¿no les bendeciría mucho más en respuesta a la fe? Dios se deleita en bendecir, no en destruir.

17. Porque todas estas son cosas que aborrezco. Otra vez tienen que ser advertidos de cuan odiosas son las injusticias sociales y éticas. No hay ningún sustituto posible para la piedad genuina. **19. Gozo y alegría.** Zacarías viene finalmente a la respuesta a las preguntas acerca del ayuno. Dios volverá todos los ayunos en fiestas; abrogará todos los ayunos en respuesta a la obediencia de ellos. **21. Vayamos con empeño a implorar el favor de Jehová** (VM). Israel en comunión con Dios será el canal de bendición para todo el mundo (cp. Sal 67; Is 2:3; 60:3). Así, las naciones le serán atraídas que no hubieran podido serlo de otra forma. **23. Hemos oído que Dios está con vosotros.** Las naciones anhelarán conocer las bendiciones que Israel tendrá en su hora de avivamiento espiritual y retorno.

IV. El futuro de las naciones, de Israel, y del reino del Mesías. 9:1—14:21.

A. La primera carga. 9:1—11:17.

1) Las victorias de Alejandro Magno. 9:1–8.

Los primeros ocho capítulos de Zacarías tenían como propósito el aliento para la reconstrucción del Templo. Los últimos seis capítulos tratan de eventos muy distantes del día del profeta, y fueron probablemente escritos por él mismo mucho tiempo después. El pueblo de Israel se hallaba bajo el poder del Imperio Medo-persa (caps. 1 a 8); iban a verse bajo el dominio griego (caps. 9 y 10); Roma iba a gobernarles (cap. 11); y la historia nacional de ellos vería su consumación en los días postreros (caps. 12 a 14). La primera parte del capítulo 9 bosqueja las conquistas de Alejandro Magno en el cuarto siglo a.C.

1. La carga del oráculo de Jehová (VM). Una **carga** es una predicción amenazante (cp. Is 13:1). **Hadrac.** Se trata de la *Hattarika* de las inscripciones cuneiformes, ciudad que no se halla lejos de Hamat sobre el Orontes. **Damasco.** Alejandro conquistó una cantidad de ciudades sirias, pero el principal premio que perseguía era la importante ciudad de Damasco. **A Jehová.** Tal terror y asombro provocarían las campañas de Alejandro que los ojos de Israel y de los hombres de aquella época se dirigirían a Jehová para que se interpusiera de una forma milagrosa.

2. Hamat. Esta ciudad, que limitaba con Damasco, iba también a sentir el azote de la invasión griega. **Tiro y Sidón.** Después de Siria, Alejandro presionó sobre Fenicia en sus campañas. Lo que no pudieran hacer ni los asirios ni los babilonios contra Tiro, esto es, subyugarla, Alejandro lo consiguió. **4. Herirá en el mar su poderío.** Cuando los tirios se fortificaron en una isla, Alejandro utilizó las ruínas de la ciudad vieja para construir un dique, por cuyo medio capturó la fortaleza isleña de Tiro. Entonces, quemó a Tiro hasta los cimientos y destruyó para siempre supremacía marítima. **5. Ascalón.** Se señalan cuatro de las ciudades de la pentápolis filistea en este versículo y en el siguiente (omitiéndose a Gat) como cayendo bajo un juicio similar. La marcha hacia adelante de Alejandro era irresistible. **6. Una raza bastarda morará en Asdod** (VM). La ciudad de Asdod iba a perder su población nativa durante el ataque, tomando su lugar una población entremezclada. Era la política de Alejandro entremezclar diferentes naciones conquistadas. **7. Quitaré la sangre de su boca.** Los paganos comían sus idolátricos sacrificios con su sangre (Ez 33:25). La ley de Moisés prohibía comer la sangre (Lv 17:10, 12; cp. Gn 9:4; Hch 15:29). El pensamiento es que los filisteos serán apartados de sus prácticas idolátricas y serán incorporados en la comunidad judía. **8. Acamparé alrededor de mi casa.** Alejandro pasó al lado de Jerusalén más de una vez en sus campañas, y aunque hostigó a los samaritanos, no les hizo ningún daño a los judíos. **No pasará más sobre ellos el opresor.** Por la ley profética de sugestión Zacarías pasa de la liberación en la época de Alejandro a hablar de la liberación final de Israel de todos sus opresores.

2) El reinado de paz del Mesías. 9:9, 10. **9. He aquí tu rey vendrá a ti.** No un conquistador implacable, sino el humilde rey de Israel llena ahora la visión y el horizonte del profeta (cp. Mt 21:5). **Justo.** La justicia es el primer prerrequisito para su oficio de Rey. Es básico para toda paz en el mundo (cp. Is 45:21; Jer 23:5, 6; Mal 4:2). **Salvador.** El justo Rey procura una redención justa para los suyos. ¿De qué sirve la paz política a un corazón fuera de sintonía con el Dios viviente? **Humilde.** En contraste con el soberbio Alejandro, el Mesías de Israel viene en gran humildad, manifestada en parte por la forma de su viajar. Además, el asno era el animal de la paz (cp. Gn 49:11). El versículo 9 fue cumplido al pie de la letra en la primera venida de nuestro Señor Jesucristo. **10. Destruiré los carros.** Zacarías pasa por alto en silencio todos los siglos interpuestos entre la primera y la segunda venidas del Mesías a Su pueblo y al mundo. Cuando él vuelva destruirá todos los instrumentos de lucha carnal. **Hablará paz.** Lo que las docenas de conferencias de desarme y tratados no conseguirán nunca, Él lo conseguirá mediante una palabra llena de autoridad a las naciones.

Hasta los fines de la tierra. Su reinado de paz será universal (cp. Sal 72:8). La Biblia no conoce nada de una paz limitada o contenida. Este pasaje no emplea artículos definidos en la expresión de la extensión del dominio del Rey.

3) Las victorias de los Macabeos. 9:11–17. **11. Tus presos.** Se presenta otra escena marcial. Pero en primer lugar se extiende una palabra de esperanza a los que todavía se hallaban en Babilonia, sobre la base del pacto de sangre celebrado en el Sinaí. No obstante a todo, el pacto con Abraham no puede ser anulado (cp. Gn 15:9–12; 18–21). Para los que vuelvan habrá bendición y esperanza. **12. Os restauraré el doble.** Habrá una medida abundante y rebosante de bendición en lugar de la anterior angustia. **13. Contra tus hijos, oh Grecia.** El resto del capítulo predice las victorias de los Macabeos (en el segundo siglo a.C.), cuando, como ahora sabemos, el pueblo de Israel tuvieron éxito en su conflicto contra Antíoco Epífanes (cp. Dn 11:32; también Dn 8:9–14). **14. Jehová será visto sobre ellos.** El Señor les promete su intervención personal en su favor. Lo que los historiadores no pueden explicarse fue debido a la obra sobrenatural de Dios. **15. Como cuernos del altar.** Mediante una atrevida y gráfica imagen Zacarías describe la gran carnicería entre los opresores de Israel. **16. Y los salvará en aquel día Jehová su Dios.** La victoria física es solamente la bendición menor; se les da la certeza de la liberación espiritual. **Piedras de diadema.** Como pueblo redimido serán la delicia del corazón de Dios, como una corona a ser llevada y de la que gloriarse. **17. ¡Cuánta es tu bondad!** La ilimitada bondad de Dios se hará manifiesta en la pacífica prosperidad de la época mesiánica.

4) Bendiciones mediante el reinado del Mesías. 10:1–12. **1. Pedid a Jehová lluvia.** Es estrecha la relación con el capítulo anterior. Si las bendiciones de la prosperidad tienen que hacerse reales, Dios tendrá que dar el crecimiento. Esto lo hará en respuesta a la oración de fe. **2. Los terafines** (ídolos) **han dado vanos oráculos.** En la época anterior al exilio la nación buscó a menudo beneficios materiales provinientes de ídolos, adivinos, y falsos soñadores. **No tiene pastor.** La condición posterior de Israel y su dispersión se debían a tales extravíos. En lugar de bendiciones materiales había un caos espiritual como resultado de seguir en pos de aquellas vanidades. Además, perdieron sus reyes propios. **3. Castigaré a los**

jefes (lit., *los machos cabríos*). El sentido es que Dios castigó a los líderes por la parte que habían tenido en extraviar a la nación. Mostraba su deseo de tomar cuidado por Su pueblo.

4. De él saldrá la piedra angular. De Judá específicamente, acabado de mencionar en el versículo 3, provendrá el Rey Mesías. Las figuras utilizadas representan al Mesías en su poder, estabilidad, y confiabilidad. Comparar Is 19:13; 1 P 2:6; Is 22:23, 24; Éx 15:3; Sal 45:4, 5. **Todo caudillo** (VM) **5. Porque Jehová estará con ellos.** Concediendo que la referencia sea general, el contexto la sitúa en los tiempos mesiánicos. Entonces Israel consistirá de guerreros invencibles de Dios. Los profetas se hallaban tan llenos de la esperanza mesiánica que volvían a ella en toda ocasión posible. Como verdaderos estudiosos de la historia, veían que cada victoria era un paso adelante en el progreso del propósito finalmente victorioso de Dios.

6. Como si no los hubiera desechado. ¡Qué maravillosa gracia! ¡Borrar de repente todo el terrible pasado! El Señor sabe cómo restaurar los años que se han comido las langostas. **7. Su corazón se gozará en Jehová.** Efraín, el Reino del Norte que había experimentado un exilio más prolongado que el de Judá, iba a entrar también en la victoria del Señor. Dios prometía la bendición para una nación reunida (Ez 37:15–23).

8. Yo los llamaré con un silbido. Jeremías utilizó las figuras de la caza y de la pesca (Jer 16:16) para la reunión de Israel. Zacarías utiliza la figura del apicultor llamando con un silbato a sus abejas. **Serán multiplicados.** Así como se habían multiplicado en el pasado durante la esclavitud en Egipto (Éx 1:7), así volverán a aumentar en número. **9. Aun en lejanos países se acordarán de mí.** Aquí tenemos la prueba de que el profeta está prediciendo más que el retorno de Asiria y de Babilonia, que ya había tenido lugar en el siglo sexto a.C.

10. Yo los traeré. Las tierras de Egipto y de Asiria, de las que Dios los reunirá, se utilizan como representantes de todos los países de su dispersión. **11. Se secarán todas las profundidades del río.** Así como Dios hirió las aguas del Mar Rojo para capacitarles a que lo cruzaran a pie enjuto, así eliminará todo obstáculo a su futura restauración.

12. Caminarán en su nombre. Toda su vida y conducta estará controlada por su deseo de dar honra al Señor. Tal es la meta de la profecía para la nación de Israel.

5) El rechazamiento del Buen Pastor. 11:1–17.

Los eventos de este capítulo son enmarcados en la época del ministerio terrenal del Pastor de Israel, y el rechazo que sufrió de parte de ellos, con las consecuencias que se manifestaron en 70 d.C. Hablan de la hora más negra de la historia nacional de Israel.

1. Consuma el fuego tus cedros. Zacarías, en una forma dramática, presenta el juicio de Dios cayendo sobre Israel como una potente conflagración, devorando, primero de todo, a los poderosos cedros del Líbano en el norte. **3. Jordán.** El Líbano, el Jordán y Basán representan a la tierra en toda su extensión. Naturalmente, el pueblo se verá involucrado en la destrucción de su tierra; no podrán escapar al castigo. Tal es la pronunciación del juicio.

4. Apacienta las ovejas de la matanza. Se da primero el efecto, y después la causa. La razón del juicio es el rechazamiento del Mesías. El profeta toma representativamente el puesto del Pastor que ha de venir. Ellos reciben el nombre de **las ovejas de la matanza**, debido a que han sido antes pisoteados, y a que aun iban a experimentar más persecuciones (cp. Sal 44:22). **5. A las cuales matan sus compradores.** Las naciones en cuyas manos cayeron por permisión divina abusaron de ellos, se enriquecieron a costa de ellos, y no sintieron ninguna culpabilidad por todo ello. **Ni sus pastores tienen piedad de ellas.** Sus propios gobernantes no habían tenido más piedad de ellas que sus opresores señores extranjeros.

6. No tendré ya más piedad. El punto culminante de la miseria de ellos vendría con la decisión de Dios de no tener más piedad de ellos. **No los libraré.** Sea que cayeran por mano de sus prójimos en luchas intestinas, o bajo el azote mortífero de algún rey extranjero, el Señor no se interpondría.

7. Apacenté las ovejas. Zacarías cumplió fielmente su deber de asumir el papel del venidero Mesías, y su ministerio fue recibido por el remanente, especialmente por los pobres del rebaño. **Dos cayados.** Para llevar a cabo su obra, el pastor oriental utilizaba un cayado para contener a las fieras (**Gracia**, o *favor*), y el otro para ayudar a las ovejas a superar dificultades, para mantener intacto el rebaño (*Ataduras*).

8. Tres pastores. Un autor ha contado cuarenta diferentes interpretaciones de estas palabras. Hay tan poca evidencia en favor de cualquier de ellas que se debe dejar de lado cualquier dogmatismo. La referencia puede ser a tres clases de líderes en Israel: el profeta, el sacerdote y el magistrado civil. **El alma de**

ellos me aborreció a mí. Había un aborrecimiento mútuo, y se rechazaron el uno al otro. **9. No os apacentaré.** El Pastor decidió dejarles su ministerio; su paciencia había llegado a su límite. Iban a ser dejados a su suerte, a la misma destrucción mútua. **10. Lo quebré.** Para simbolizar su rotura de relaciones con ellos, el Mesías quebró el primer cayado. Esta rotura de su pacto con todas las naciones las hacía fácil presa a todos sus enemigos. La mano refrenadora de Dios se había apartado.

11. Los pobres del rebaño. Solamente la minoría piadosa se dio cuenta de cuales eran los eventos que estaban teniendo lugar delante de ellos.

12. Dadme mi salario. El Mesías trató entonces de revelar la profundidad del rechazo que Israel había hecho de él y de su ministerio; de forma que les pidió que le dieran su valoración o apreciación de sus labores. Pero no había obligación. Les indicó que podía dejar de hacerlo si querían. **Treinta piezas de plata.** Esta es una de las más asombrosas transacciones de que informa la Biblia. Le valoraron por el precio de un esclavo acorneado por un animal (cp. Éx 21:32). Esto era mucho peor que el rechazo abierto (cp. Mt 26:15). Pusieron al Mesías al nivel de un esclavo sin valor. **13. Echalo al tesoro.** Dios ordenó a Zacarías que mostrara el enojo Divino por la estimación que habían hecho de Su Hijo. Aquel precio mezquino y humillante debía ser echado en casa del alfarero (VM), cuyos untensilios valían muy poco y podían fácilmente ser sustituidos. **En la casa de Jehová.** El hermoso precio (dicho esto con un mordiente sarcasmo) iba a ser arrojado en el lugar más solemne y público de todos (cp. Mt 27:3–7).

14. Quebré luego el otro cayado. Ahora, la ligadura interna de la nación quedaba desatada, y la nación quedaba dividida en muchas facciones enfrentadas. Los historiadores seculares confirman ampliamente el cumplimiento de esta profecía en la época de la guerra judeo-romana, que tuvo su punto culminante en el 70 d.C.

15. Los aperos de un pastor insensato. Después del rechazamiento de Cristo, el verdadero Pastor, el pueblo de Israel se vio dispersado por todo el mundo. Cuando el Señor reanude sus tratos con ellos, será de la forma aquí establecida. Ellos rechazaron al verdadero Pastor; tendrán que sufrir el gobierno del falso pastor, el pastor insensato. Moralmente, esto se refiere a cualquiera de los numerosos gobernantes malvados que han azotado a Israel a través de los siglos. La culminación aparecerá en la falsificación de Cristo que aparecerá en los tiempos postreros. (Ver Dn 11:36–39; 2 Ts

2:1–12; Ap 13:11–18.) **16. Yo levanto en la tierra a un pastor.** Por permisión divina este malvado perpetrará sus atrocidades sobre la desventurada Israel. No llevará a cabo ninguna actividad de buen pastor, sino que se servirá *a sí mismo* haciendo mercadería de la manada. **17. Su brazo.** El juicio de Dios caerá sobre él con un golpe sin remedio, específicamente sobre el órgano del poder y sobre el órgano de la inteligencia (el brazo y el ojo).

B. La segunda carga. 12:1—14:21.

1) Los poderes del mundo contra Jerusalén. 12:1–14.

1. Carga del oráculo de Jehová respecto a Israel. La carga final, que comprende los últimos tres capítulos, está repleta de una vital verdad profética con respecto a la consumación de la historia de Israel. Dios es presentado en la plenitud de Su poder en los reinos del cielo, de la tierra, y de la humanidad, tan significativos son los pronunciamientos que van a ser hechos.

2. Yo pongo a Jerusalén por copa que hará temblar. Este asedio de Jerusalén por los pueblos de la tierra no puede ser la invasión de Nabucodonosor ni el asedio de Tito (70 d.C.); los pasajes proféticos nos llevan a situarlo antes del retorno visible de Cristo a la tierra. La copa es un símbolo familiar de la ira de Dios (ver Is 51:17, 22; Jer 13:13; 25:15–28; 51:7). Los enemigos que asedian a Judá a Jerusalén recibirán un golpe abrumador, que los hará retroceder tambaleándose. **3. Piedra pesada.** Cuando los enemigos de Israel la ataquen lo harán para su propio perjuicio y destrucción.

4. Heriré…a todo caballo. El pánico sobrenatural, la locura, y la ceguera alcanzarán tanto a los caballos como a los jinetes en el ataque. La caballería ha formado siempre una gran parte de los ejércitos orientales. **6. Como brasero de fuego entre leña.** Dios traerá este triunfo suyo de una manera doble: privando a los enemigos de su poder, y potenciando a Israel a resistir a sus adversarios. Los enemigos serán destruidos como la leña y las gavillas lo son por el fuego.

7. Y librará Jehová las tiendas de Judá primero. A fin de que la liberación pueda ser reconocida por todos como proviniente de Dios, Él rescatará primero a las áreas exteriores, menos defendidas de la tierra antes de liberar la capital. Ni la casa real ni los habitantes de la capital podrán jactarse frente al menor de los moradores en la sección menos favorecida del campo.

8. Será como David. Incluso el débil (lit., *tambaleante, vacilante*) entre ellos se hará tan irresistible como el invencible David (cp. 2 S 17:8; 18:3). Este es un poder invencible en la tierra. **Como el ángel de Jehová delante de ellos.** Los descendientes de David, como líderes de la nación, son comparados con el Cristo pre-encarnado, el más alto nivel de poder celestial (cp. Jos 5:13).

9. Yo procuraré destruir a todas las naciones. No hay aquí intimación de debilidad ni de incapacidad, sino más bien se trata de una forma de hablar al modo humano.

10. Derramaré sobre la casa de David. Cuando el ejército invasor haya sido destruido, Dios pasará a asunto espirituales que tienen que ser enderezados con Israel. **Espíritu de gracia y de oración.** En último término, la referencia es al Espíritu Santo. Dios derramará sobre toda la nación, grandes y pequeños por igual, el espíritu de convicción que les llevará a la oración (cp. Ez 39:29; Jl 2:28, 29). **Y mirarán a mí, a quien traspasaron.** Pero, ¿traspasará acaso la generación futura al Mesías? Al rehusar creer en él se alinean con sus antecesores que sí lo hicieron en la historia (cp. Jn 19:37). **Afligiéndose por él.** Este es el futuro Día de la Expiación nacional de Israel. Cuando Aquel que es mayor que José se dé a conocer a sus hermanos, ellos quedarán quebrantados de corazón con dolor y contrición. **Por el primogénito.** El dolor privado más intenso se indica en la muerte del único hijo, o del primogénito. Este versículo enseña claramente que en el día futuro Israel verá al Mesías que había sido traspasado volviendo del cielo. Será el mismo Mesías que ellos habían rechazado en el pasado, llevando las mismas heridas que le habían inflingido.

11. El llanto de Hadad-rimón. La referencia histórica es a la muerte del piadoso rey Josías de Judá a manos del Faraón Necao de Egipto, calamidad de un gran significado público que tuvo lugar en Meguido (2 R 23:29, 30; 2 Cr 35:22–27). **12. Cada linaje aparte.** Todos los estratos de la sociedad se postrarán con dolor universal, sea que sean rey, profeta, sacerdotes o laicos. **Y sus mujeres por sí.** Tan grande será el dolor que incluso las mujeres no se unirán con sus maridos en la lamentación; cada uno de ellos afrontará a solas su dolor. El dolor trascenderá a los lazos terrenos más estrechos.

2) Purificación de la tierra y del pueblo. 13:1–6.

1. Habrá un manantial abierto. En concepto, este versículo sigue de inmediato a los sucesos de la sección anterior. La fuente del Calvario, abierta potencialmente tantos siglos atrás, efectuará su obra en la nación, elimi-

nando el pecado y la inmundicia (cp. Ro 11:26, 27; Is 65:19; Ez 36:25). La nación será moralmente purificada.

2. Quitaré de la tierra los nombres de las imágenes. La idolatría serán tan totalmente desarraigada de la nación, cuando sean purificados del pecado, que incluso la memoria de los ídolos se perderá. **El espíritu de inmundicia.** Es el espíritu de inmundicia detrás de toda idolatría y adoración demoníaca, esto es, Satanás. Se halla en acusado contraste al espíritu de gracia y de oración, el Espíritu Santo (cp. Mt 12:43–45; Ap 13:11–18).

3. No vivirás. La falsa profecía que acompañaba a la idolatría no será fácilmente eliminada de la nación. Pero si nadie pretende el oficio de profeta, sus mismos padres le darán muerte en su celo por Dios. **4. Los profetas se avergonzarán.** Los falsos profetas se jactaban anteriormente de su posición supuestamente exaltada; en el día de la purificación de Israel ningún profeta se vanagloriará de su oficio.

5. No soy profeta. Si un falso profeta fuera apresado e interrogado, este negaría toda relación con la profecía. En lugar de ello pretenderá pertenecer a la baja clase de los labradores. **6. ¿Qué heridas son estas en tus manos?** Pero el interrogador del falso profeta no quedará fácilmente convencido. Sobre el pecho del falso profeta verá ciertas señales reveladoras (cp. 1 R 18:28) que llevan a la conclusión de que el hombre es un falso profeta. **En casa de mis amigos.** El profeta afirmará que las marcas pertenecen a castigos recibidos de padres o de parientes en su juventud. No hay ninguna interpretación válida que pueda hacer referir este pasaje a Cristo. Cristo nunca fue labrador, ni jamás pretendió serlo. Nunca hubiera podido afirmar que no era profeta. ¿Bajo qué condiciones hubiera podido ser interrogado de esta forma después de haber ido a la cruz y recibido sus benditas heridas por nuestros pecados?

3) El pastor herido y el remanente. 13:7–9.

7. Levántate, oh espada, contra el pastor. Dios está ordenando a la espada que azote a su Pastor, que no puede ser otro que el Señor Jesucristo (cp Mt 26:31). Se ve la muerte de Cristo aquí como un acto del Padre. La espada representa el más alto poder judicial (cp. Ro 13:4) y se puede utilizar simbólicamente de cualquier medio de arrebatar la vida. Como en el capítulo 11, el Mesías se ve aquí bajo la figura de un pastor. **El hombre compañero mío.** Dios habla de su Pastor como su Compañero, su Igual. Cuando la palabra se utiliza en Levítico (6:2; 18:20; 25:14, 15, 17; y otros pasajes) es igual a *hermano*. No hay afirmación más fuerta en el AT con respecto a la indiscutible deidad del Mesías de Israel, el Hijo de Dios. **Hiere al pastor.** Esta fue la experiencia de la cruz. Implicaba la dispersión del pueblo de Israel, que había atraido sobre sí el azote romano por su rechazamiento de su Rey. **Sobre los pequeñitos.** Con un tierno cuidado él se reunirá el remanente a sí mismo. **8. Las dos terceras partes serán cortadas de ella.** Aunque el terrible acto del Calvario había sido perpetrado durante muchos años, sin embargo, cuando Dios reasuma sus tratos con Israel en juicio, precisará cortar dos terceras partes del pueblo, los incrédulos, a fin de purificar al resto para Su gloria. **9. Pueblo mío.** Una vez que el resto sea purificado, reconocerán a Dios como el Dios de ellos, y Él los reconocerá como Su pueblo.

4) El retorno visible del Mesías a la tierra. 14:1–5.

1. He aquí, el día de Jehová viene. El profeta vuelve al tema de la confederación mundial contra Jerusalén, ya tratada en el capítulo 12. El tiempo es el que precede el retorno del Mesías a la tierra. El día es peculiarmente el día de Jehová, debido a que en el tal vindicará por fin Su justicia. En medio de ti serán repartidos tus despojos. Jerusalén es considerada como habiendo ya experimentado el dolor de la derrota. Sus enemigos, a sus anchas, se reparten en medio de ella el botín. **2. Yo reuniré a todas las naciones.** El resultado de la invasión se da en el versículo 1; ahora se presenta la ocasión. El Señor atrae a las naciones en forma soberana —infectadas estas a través de los siglos con el virus del aborrecimiento contra Israel, y deseosas de asestarle un golpe definitivo— a la ciudad del Rey que ha venir. **La ciudad será tomada.** Es la imagen tan familiar de una ciudad que ha sido tomada, sus propiedades confiscadas, sus mujeres violadas, y su población desmoralizada y dispersada. **3. Después saldrá Jehová.** Cuando las perspectivas son de lo más negras, el Señor, el ''varón de guerra'' (cp. Éx 15:3) vendrá como el campeón de la desesperada causa de ellos. **4. Se afirmarán sus pies en aquel día en el monte de los Olivos.** Las palabras no pueden expresar de una manera más llana el retorno personal, visible, corporal, literal del Señor Jesucristo en poder. **El monte de los Olivos se partirá por en medio.** Al este de Jerusalén, esta montaña constituye una formidable barrera a quien trate de escapar de la ciudad. El aturdido pueblo tendrá de esta manera provisión de una ruta de escape, formada sobrenaturalmente para ellos. **5. Y vendrá Jehová mi**

Dios, y con él todos los santos. Será la gloriosa aparición del Hijo de Dios, Jehová Dios mismo, con sus santos y los santos ángeles. El profeta se ve tan abrumado por esta visión que cambia el estilo a la invocación directa. En el original dice: *y contigo todos los santos.*

5) El santo reino del Mesías. 14:6–21.

7. Al caer la tarde habrá luz. El día del retorno de Cristo será desusado desde el punto de vista de los fenómenos de la naturaleza. El día será oscurecido; y al atardecer, cuando debiera hacerse oscuro, se verá la luz, la luz de la presencia efulgente de Cristo.

8. Aguas vivas. La tierra no sufrirá sequía, sino que tendrá aguas abundantes para fertilizar toda la tierra. La provisión será abundante tanto en verano como en invierno.

9. Jehová será rey sobre toda la tierra. El Mesías reinará desde Sion, pero toda la tierra se gozará en su gobierno benevolente y benefactor. **Uno su nombre.** Su gloria manifiesta será adorada por todo el universo (cp. Is 54:5; Dn 2:44; Ap 11:15).

10. Toda la tierra. Toda la Tierra Prometida será renovada (cp. la implicación de Mt 19:28) para el reinado del Señor. **11. No habrá nunca más maldición.** El pecado, la lucha y la guerra se habrán desvanecido.

12. Y esta será la plaga. Este versículo está relacionado en concepto con el versículo 3. El Señor conseguirá su victoria sobre las fuerzas invasoras azotándolas con una plaga sobrenatural que consumirá sus carnes. **13. Gran pánico enviado por Jehová.** La confusión y la lucha entre los mismos atacantes completará la obra de devastación. **14. Las riquezas de todas las naciones.** Las pérdidas del enemigo serán contadas en vidas, riquezas, y ropas de vestir. **15. La plaga.** Tristemente, la plaga que caerá sobre el hombre abarcará la creación inferior también.

16. La fiesta de los tabernáculos. Las naciones que sobrevivan a la guerra adorarán al Señor, especialmente celebrando la fiesta de los tabernáculos, la fiesta de la recolección, del gozo y del reposo. Tipifica espléndidamente el morar de Dios en Su tabernáculo entre los suyos en Israel y entre los gentiles. **17. No vendrá sobre ellos lluvia.** Cualquier nación que no envíe una delegación que la represente perderá la lluvia necesaria para una buena cosecha. **18. Egipto.** Aunque Egipto pudiera parecer independiente de la necesidad de lluvia, sufrirá también en caso de desobediencia. La plaga caerá sobre su pueblo.

20. Santidad a Jehová. Estas palabras se hallaban sobre la tiara del sumo sacerdote de Israel. Serán puestas sobre las campanillas de los caballos, significando que lo que había sido utilizado para la guerra y para propósitos personales sería totalmente dedicado al Señor. **21. Y toda olla en Jerusalén.** El pecado había traído la distinción entre lo sagrado y lo profano; con el pecado erradicado en el reinado del Mesías, no habrá necesidad de tales diferenciaciones. Un objeto será igual de sagrado que otro. **No habrá...más mercader** (lit., *cananeo*). Esta es otra manera de afirmar que la santidad lo saturará todo. Cananeo (fenicio) era un nombre que implicaba prácticas impías (cp. Os 12:7), porque estos marineros y mercaderes del pasado carecían de escrúpulos. Ahora todos serán santos.

BIBLIOGRAFÍA

BARON, DAVID. *Comentary on Zechariah: His Visions and Prophecies.* Grand Rapids: Kregel Publications, 1988.

DODS, MARCUS. *The Visions of a Prophet.* Nueva York: Hodder and Stoughton, s.f.

ELLICOTT, CHARLES J. (ed.) *Commentary on the Whole Bible.* Vol. 5. Grand Rapids: Zondervan Publishing House, 1954.

FEINBERG, CHARLES L. *Israel's Comfort and Glory.* Nueva York: American Board of Missions to the Jews, Inc., 1952.

_____. *God Remembers: Studies in Zechariah.* Wheaton: Van Kampen Press, 1950.

MEYER, F. B. *The Prophet of Hope: Studies in Zechariah.* Nueva York: Fleming H. Revell Company, 1900.

COMENTARIOS EN ESPAÑOL

COLLINS, G. N. M. "Zacarías", *Nuevo Comentario Bíblico.* Editado por D. Guthrie, J. A. Motyer, A. N. Stibbs y D. J. Wiseman. El Paso: Casa Bautista de Publicaciones, 1978.

FAUSSET, A. R "Zacarías," *Comentario Exe-gético y Explicativo de la Biblia,* tomo I. Editado por Robert Jamieson, A. R. Fausset y David Brown. El Paso: Casa Bautista de Publicaciones, 1958.

MEYER, F. B. *Zacarías: El Profeta de la Esperanza.* Deerfield, FL: Editorial Vida.

MALAQUÍAS

INTRODUCCIÓN

Autor y título. Malaquías es un nombre personal hebreo que significa "el mensajero de Jehová". Dios honró la fe de los padres que así llamaron a su hijo haciéndole el último de los instrumentos proféticos de la Antigua Dispensación. La tradición nos dice que Malaquías fue un miembro de la "Gran Sinagoga", y que era un levita que nació en Sufa en Zabulón, pero no se ha preservado ningún conocimiento seguro acerca del profeta.

Fecha y marco histórico. Las condiciones presentadas en Malaquías presuponen la reconstrucción del Templo después del cautiverio babilónico, el conocimiento de la ley comunicado por Esdras (Esd 7:10, 14, 25, 26), y un apartamiento posterior de las laxas condiciones religiosas de la época de Malaquías y aquellas con las que tuvo que enfrentarse Nehemías cuando volvió en el 433 a.C. de Persia para asumir sus deberes como gobernador en Jerusalén. Estos males incluían: (1) El descuido de los sacerdotes por la santidad del Templo y de sus ceremonias (Neh 13:1-9); (2) negligencia del pueblo en la presentación de los diezmos y de las ofrendas (Neh 13:10-13); y (3) matrimonios mixtos del pueblo del pacto con los gentiles (Neh 13:23-28). Malaquías estaba preocupado por estos mismos males (1:6—2:9; 3:8-12; 2:10-16). Así, su libro fue probablemente escrito durante el tercer cuarto del quinto siglo a.C.

Mensaje. Lo que Malaquías tiene que decir se basa una y otra vez en la soberanía de Dios. Dios es un padre (1:6), señor (1:6), un gran rey (1:14). Es un gobernante celestial (1:7, 8). Da pactos y mandatos (2:4, 5, 10; 4:4). Debido a que es un Dios aborrecedor del pecado, y a que su pueblo es negligente, indiferente, y pecador —habiendo contaminado el Templo, fracasado en sus responsabilidades del culto, y habiéndose unido en matrimonio con los vecinos incircuncisos— tiene que llevar juicio sobre ellos (2:2, 3, 12; 3:1-5; 4:1). Pero debido a que es un Dios de gracia infinita, ejercitará misericordia si tan solamente su pueblo oye su voz y se vuelve de sus malvados caminos (3:7, 10-12). Llegará el terrible Día de Jehová (3:2; 4:1-5), pero los justos no tienen motivos para temer, porque Dios tiene cuidado de los suyos (3:16, 17; 4:2, 3). El profeta siempre está contendiendo, directa o indirectamente, con unas gentes que son rebeldes en contra de su Cabeza del pacto. Con invitación en tonos amantes les apremia a que se vuelvan a Dios a quien han abandonado, no sea que sean destruidos en el día del juicio.

BOSQUEJO

I. **Encabezamiento. 1:1.**

II. **Preguntas para las que Dios tiene buenas respuestas. 1:2—4:3.**
   A. "¿En qué nos amaste?" 1:2-5
   B. "¿En qué hemos menospreciado tu nombre?" 1:6—2:9
   C. "¿Por qué?" 2:10-16
   D. "¿En qué le hemos cansado?" 2:17—3:6
   E. "¿En qué hemos de volvernos?" 3:7-12
   F. "¿Qué hemos hablado contra ti?" 3:13—4:3

III. **Conclusión. 4:4-6.**
   A. Exhortación a guardar la Ley de Moisés. 4:4
   B. Promesa de la venida de "Elías". 4:5, 6

COMENTARIO

I. Encabezamiento. 1:1.

La mayor parte de los libros proféticos del AT tienen encabezamientos que identifican al autor y que indican que lo que sigue es una revelación divina. Malaquías no es una excepción a la regla general.

1. Carga significa "un mensaje pesado" o "sentencia judicial". La VM lo traduce correctamente, pero la RV sustituye esta traducción por *Profecía*, desviándose de la RV1909 que lo vertía también como **carga**. Cp. Nah 1:1; Hab 1:1; Zac 9:1. Por medio de **Malaquías.** Ver *Introducción.*

II. Preguntas para las que Dios tiene buenas respuestas. 1:2—4:3.

A. "¿En qué nos amaste?" 1:2–5.

Las preguntas alrededor de las que está redactado el libro de Malaquías son las que el profeta pone en boca de los israelitas apóstatas de su época. Pudieran o pudieran no haber sido pronunciadas, pero lo cierto es que se hallaban en los corazones del pueblo. La primera pregunta revela una falta de verdadera piedad, una carencia de confianza. Solamente corazones de piedra podrían haber olvidado las incontables manifestaciones del amor de Dios hacia Su pueblo del pacto. Pero al hablar del Dios de sus padres, los israelitas, vienen en efecto a decir: "No hemos visto evidencias de tu amor".

2. Y os he amado. Ver Dt 7:8; Jer 31:3; Os 11:1. **Esaú.** Un nombre utilizado en ocasiones del hermano de Jacob, y en otras de los edomitas. **Hermano de Jacob.** Esaú era el primogénito de los mellizos (Gn 25:23–26). **Y amé a Jacob.** En el ejercicio de su soberana voluntad (Ro 9:10–18), Dios escogió otorgar la promesa y las bendiciones del pacto sobre uno que no era el primer nacido. El amor de Dios se ha traducido en acción constantemente a través de la historia de Israel. **3. A Esaú aborrecí.** Romanos 9:10ss. sugiere que el "aborrecimiento" consistió en perpetuar la línea del pueblo elegido a través de Jacob en lugar de a través de Esaú, y en dar a Esaú una posición subordinada a la de su hermano (cp. Gn 27:37–40). Por otra parte, tanto Esaú como sus descendientes llevaron vidas profanas y pecaminosas (Gn 26:34; 27:41; Ab 10–14). Un Dios santo no puede sino enfrentarse al pecado y a los pecadores no arrepentidos. **Convertí sus montes en desolación, y abandoné su heredad.** La furia de las fuerzas caldeas, responsables de la destrucción de Jerusalén en 586 a.C., puede también haber sido sentida en Edom (cp. Jer 25:9, 21); y más tarde los árabes nabateos arrojaron para siempre a los edomitas de

su tierra. **Chacales.** La heredad de Esaú vino a ser un lugar desierto, el hogar de los chacales.

4. Volveremos a edificar lo arruinado. Edom estaba confiada en que podría luchar contra Dios y que podría volver a su antiguo estado de prosperidad. **Yo destruiré.** En juicio, Dios enviaría a los nabateos, o a cualquier otro poder que estuviera en la mente del profeta. **Territorio de impiedad.** Aquellos que fueran testigos del aprieto de Edom llegarían a la conclusión de que Dios los había quebrantado a causa de la impiedad de ellos. **Contra el cual Jehová estará indignado para siempre.** Edom nunca se recuperaría de los golpes del invasor. **5. Y vuestros ojos lo verán.** La indicación pudiera ser que los contemporáneos de Malaquías serían testigos de la conquista. **Sea Jehová engrandecido.** Cuando el pueblo de Israel contemplara a Edom en ruinas perpétuas pero a Jerusalén reconstruida y restaurada, tendrían que reconocer el amor de Dios en lugar de expresar la pregunta: "¿En qué nos amaste?"

B. "¿En qué hemos menospreciado tu nombre?" 1:6—2:9.

El centro de atención pasa ahora a un sacerdocio corrompido. Los sacerdotes de la época de Malaquías seguían en la línea de Nadab y Abiú (Lv 10:1) y de los hijos de Elí (1 S 2:12–17). Ellos eran los administradores del ritual sacrificial de Moisés, pero sus corazones estaban bien lejos de Dios. De hecho, su menosprecio por la ley de Dios, y el fracaso de ellos en darle honra eran las mismas influencias que minaban la verdadera fe y la justa conducta de parte de Israel.

6. Padre...señor. Se debe honra al Dios soberano. Es como si Dios dijera: "Si mostráis respeto a los padres y señores terrenos, ¿no debiérais mucho más dar honra a vuestro Padre celestial (Ex 4:22; Is 43:6; Jer 3:4; Os 11:1) y a Aquel que es el Señor sobre todo?" (cp. Esd 5:11). **¿Dónde está mi honra...mi temor?** Los sacerdotes se comportaban como si Dios no existiera. **Oh sacerdotes, que menospreciáis mi nombre.** Los sacerdotes no solamente no honraban al Señor, sino que lo menospreciaban. **¿En qué hemos menospreciado...?** Los sacerdotes eran hipócritas, fingiendo piedad, ¡pero cumpliendo con el ritual del altar sin hacer caso ni de la letra ni del espíritu de la Ley!

7. Pan. La palabra hebrea significa ordinariamente "alimento", pero se refiere aquí a la carne de los sacrificios animales. **¿En qué te hemos deshonrado?** El ofrecimiento de sacrificios inmundos a Dios es aquí identificado con deshonrar al mismo Dios. **La mesa.** El altar del holocausto (ver Ex 27; 38; Ez 41:22). **Despreciable.** Los sacerdotes eran irreverentes, expresando solamente desprecio por las cosas sagradas. **8.** Lo **ciego...cojo...enfermo.** Tales sacrificios estaban explícitamente prohibidos (Lv 22:20–25; Dt 15:21). **A tu príncipe.** Los dones imperfectos presentados a un príncipe terreno serían ofensivos; sería una afrenta mucho mayor ofrecer dones imperfectos al Gobernador del universo. **¿Le serás acepto?** La respuesta es, ''No.''

9. Orad por el favor de Dios. Esto es una ironía. Dios no oirá las oraciones de aquellos que le deshonran. **De nosotros.** Todos sufren por igual cuando sus representantes ofenden a Dios. **De vuestra mano ha procedido esto** (VM). Aunque los inocentes sufrían, la culpa era de los sacerdotes. **10. ¿Quién también hay de vosotros...?** Una mejor traducción hace que este sea una petición para que alguien cierre el Templo, tal como lo vierte la VM. Sería mejor que *no* hubiera adoración que una adoración despreciativa. **No tengo complacencia en vosotros.** Comparar la pregunta del versículo 9. **Ofrenda.** La palabra se refiere aquí a sacrificios en general.

11. Porque. Dios no quería los indignos sacrificios que le eran ofrecidos por los sacerdotes judíos, *debido* a que su majestuosa grandeza, que hacía que estos sacrificios fueran inaceptables, atraería en verdad una acción de gracias real, y alabanza y adoración, sin todo lo cual eran en vano todas las formas de adoración. **Desde donde el sol nace hasta donde se pone.** Esto es, en todas partes. **Es grande mi nombre.** Esta profecía sería solamente cumplida cuando Cristo fuera recibido en corazones de gentiles por todo el mundo. **Incienso y ofrenda limpia.** El concepto no es que los gentiles seguirían un ritual mosaico de sacrificio, sino que en la Nueva Dispensación se ofrecería una adoración espiritual a Jehová por parte de las naciones (cp. Sal 141:2; Ro 12:1; He 13:15).

12. Su alimento. La ofrenda sacrificial (cp. v. 7).

13. ¡Qué fastido! Los sacerdotes encontraban sus tareas gravosas y fastidiosas. **Me despreciáis.** Habían tratado despreciativamente el sistema sacrificial. **Hurtado.** Traducir como *recuperado.* La idea es que el animal había sido recuperado de las garras de una fiera, y que por ello estaba posiblemente mutilado. **¿Aceptaré yo eso?** Una pregunta retórica. Jehová no aceptará tales ofrendas.

14. Maldito el que engaña. No solamente el sacerdote, sino que también el laico que traía el sacrificio ilegítimo era culpable. **Machos.**

(Lv 22:18, 19) indica que era un macho lo que tenía que usarse para una ofrenda votiva. **Lo dañado.** Literalmente, *una hembra dañada.* Lo que aquí se puede estar diciendo es que el que había pronunciado el voto pretendía originalmente ofrecer un macho sin tacha, pero que en realidad presentó una hembra dañada. El punto principal queda claro, esto es, que se había hecho una ofrenda inferior en lugar de la demandada por la ley de Moisés. **Gran Rey.** El engaño era una afrenta para la soberanía de Dios.

2:1. Este mandamiento. Aquí se ha de entender **mandamiento** como amenaza de castigo (cp. Nah 1:14). **2. Si.** El juicio de Dios quedaría condicionado por el arrepentimiento de los sacerdotes. **Maldición.** Dios retiraría las bendiciones que habían gozado los sacerdotes. Ver también la exposición de 3:9. **Las he maldecido.** La pesada mano de Jehová había empezado a caer ya.

3. Dañaré la sementer. En lugar de ello, traducir *refrenaré vuestro brazo.* Dios ''ataría las manos'' de aquellos que oficiaban en el altar, y no habría fruto de sus labores. **El estiércol de vuestros animales sacrificados.** Dios no solamente rechazaría la multitud de los sacrificios en las fiestas, sino que sometería a los sacerdotes al más ignominioso de los tratamientos. **Os echaré al rostro el estiércol** es una metáfora del desprecio con el que Jehová trataría a los extraviados sacerdotes. **Seréis arrojados juntamente con él.** El fin señalado por Dios para los pecadores sacerdotes se asemeja al lugar de rechazo que recibía el ''estiércol'' de los sacrificios. Solamente la condenación podía ser el fin de tales sacerdotes.

4. Este mandamiento. Ver 2:1. **Para que fuese mi pacto con Leví.** Cp. Nm 25:12, 13; Dt 33:8–11. **Vida y paz...temor.** Mediante el pacto, Jehová se comprometía a otorgar a los sacerdotes vida y paz; a su vez, los sacerdotes quedaban obligados a servirle con reverencia.

6. Le ley de verdad. Una función primordial del sacerdote era instruir según la ley moral, que estaba basada en la verdad. **Iniquidad no fue hallada en sus labios.** Hubieron sacerdotes que habían presentado con fidelidad la justa revelación de Dios. **Anduvo conmigo** (cp. Gn 5:22, 24; 6:9). Los sacerdotes de la antigüedad hablaban la verdad de Dios y la vivían. **A muchos hizo apartar de la iniquidad.** Tanto por sus palabras como por su conducta el sacerdote que andaba con Dios volvió a muchos a la justicia (cp. Dn 12:3). **7. De su boca el pueblo buscará la ley.** Los sacerdotes habían sido designados por Dios en parte para exponer un conocimiento de Dios y de Su voluntad. **Mensajero es de Jehová.** En una cantidad de pasajes del AT, la expresión se refiere aparentemente a un mensajero que él mismo es Dios (ver Éx 3:2, 4; Jue 6:12–14). No podía recibir un honor más elevado el sacerdote que el que se le aplicaran estas palabras a él.

8. Habéis hecho tropezar a muchos. En lugar de dirigir a muchos a la justicia (cp. v. 6), la influencia de los sacerdotes había servido justamente para lo opuesto. **En la ley.** Corrompida tanto por las palabras de los sacerdotes como por el ejemplo que daban, la Ley solamente podía desviar a las personas. **Habéis corrompido el pacto.** Por sus actos, los sacerdotes habían nulificado el pacto. **9. Yo también os he hecho viles.** Los sacerdotes no tenían el respeto del pueblo cuyos pecados hacían propios. **En la ley hacéis acepción de personas** (cp. Mi 3:11). En su capacidad judicial, los sacerdotes habían sido parciales.

C. "¿Por qué?" 2:10–16.

Expresada de una forma más plena, la pregunta pudiera leerse así: "¿Por qué hemos actuado traicioneramente cada uno contra su hermano?" Así como los sacerdotes habían quebrantado el pacto de Dios con Leví, el pueblo había violado los pactos más generales de Dios con sus padres al contraer matrimonios mixtos con los paganos y divorciándose de sus propias mujeres a fin de poder contraer los nuevos matrimonios.

10. Un mismo padre. Dios era su "padre" en que en amor había elegido a Israel para que fueran sus hijos. **¿No nos ha creado un mismo Dios?** Dios era el padre de ellos también en virtud de Su actividad creadora. **Nos portamos deslealmente.** Ver los siguientes versículos. **El uno contra el otro.** *Contra su hermano.* Si Dios es padre, sus hijos son hermanos y hermanas, y tienen obligaciones familiares unos con otros. **El pacto de nuestros padres** (cp. Éx 19:5, 6; 24:8). El pacto de Dios con Israel prohibía ya expresamente o por implicación los pecados que se pronuncian a continuación (Éx 34:10–16; Dt 7:1–4).

11. Abominación. Los judíos tenían que ser confrontados de una forma impresionante con la consciencia de que el anatema de Dios se hallaba tanto sobre la transgresión que se iba a mencionar como sobre los pecados de idolatría y de hechicería. **Profanado el santuario de Jehová.** Lo que había sido profanado no era el atributo divino de la santidad sino los que eran santos debido a su relación con un Dios santo (ver Jer 2:3). **Con hija de dios extraño.** El pecado específico, ahora mencionado, es el casamiento de un israelita con una persona dedicada a la adoración de un dios pagano (cp. Éx 34:16; Dt 7:3, 4; Esd 9:1, 2; Neh 13:26, 27). **12. Jehová cortará.** El castigo de Dios tomará la forma de privar de posteridad al pecador. La alusión proverbial que sigue indica que todos se hallaban incluídos. **Al que ofrece ofrenda.** Dios infligiría también un castigo semejante al que se viera movido a ofrecer un sacrificio para expiar los pecados del transgresor.

13. Otra vez. La expresión indica que se incluye una segunda ofensa moral en el "comportamiento desleal" del versículo 11. **Cubrir el altar...de llanto y de clamor.** La transgresión adicional era que los israelitas se habían divorciado de sus propias mujeres a fin de verse libres para casarse con mujeres paganas, pero esto no se indica hasta 2:14–16. Aquí se presenta a los israelitas como angustiados debido a que el enojo de Dios por la conducta de ellos había sido dado a conocer, y porque sus sacrificios ya no le eran aceptos. **14. Mas diréis: ¿Por qué?** Un acto de comportamiento traicionero había sido ya desvelado. Había aun otro. Si rehusaban reconocerlo y preguntaban de qué se trataba, la respuesta sería dada de una forma clara. **Ha atestiguado entre ti y la mujer de tu juventud.** Ya que los contratos, de matrimonio o de otro tipo, se consumaban con Dios como testigo (ver Gn 31:49; Pr 2:17), consideraba culpables a los israelitas que habían tomado para sí a esposas judías, pero que ahora las habían divorciado. **Siendo ella tu compañera.** Los lazos de afecto hubieran debido persistir como resultado de un prolongado compartir de experiencias en común. **La mujer de tu pacto.** El matrionio es una relación de pacto delante de Dios (cp. Pr 2:17).

15. ¿No hizo él uno? Se refiere a "Jehová" (v. 14). El tópico que se está tratando es el de la validez de la monogamia prescrita por Dios. Jesús, al tratar el mismo tema, enseño que Dios en la creación unió de una manera indisoluble al hombre y a la mujer como "una carne" (Mr 10:2–9). De manera similar, Malaquías puede estar diciendo: "Y acaso Dios, en la creación, no hizo un par para que vivieran juntos a pesar del hecho de que su control del espíritu de la vida hubiera podido ser distribuido en otras formas? ¿Y por qué hizo Él que el hombre y la mujer fueran una sola carne? Era con el fin de que sus propósitos para una simiente santa, un pueblo del pacto con una religión pura, vinieran a cumplirse." El divorcio constituía un ataque frontal contra el propósito creativo de Dios. **No seáis desleales.** Es evidente el llamamiento al arrepentimiento. **16. El aborrece el repudio.** Esto es, Dios aborrece el divorcio. El AT no aprueba el divorcio en ninguno de sus pasajes, aunque sí prescriba lo que debe hacerse bajo circunstancias en las que tenga lugar el divorcio (Dt 24:1–4; ver también Mt 19:7, 8). **Cubre de iniquidad su vestido.** El mismo vestido del israelita culpable estaba, a la vista de Dios, manchado por su execrable pecado (cp. Zac 3:3, 4).

D. "¿En qué le hemos cansado?" (2:17—3:6.

La actitud israelita era reprensible a los ojos de Dios; porque el pueblo se habían convertido en ateos prácticos, asumiendo que, si hubiera un Dios, ya habría intervenido mucho antes para ejercitar el juicio en contra del mal y de los malhechores. Sin embargo, Dios advertía que el juicio, aunque se retrasara, ciertamente llegaría.

17. ¿En qué le hemos cansado? Aunque su religión era tan solo una formalidad vacía, los contemporáneos de Malaquías protestaron en contra de que se pusiera la piedad de ellos en tela de juicio. **Cualquiera que hace mal.** La referencia es a judíos profanos así como a paganos. **Agrada a Jehová.** El argumento: ya que muchos gozan de prosperidad material, aunque violando constantemente la ley moral, si hay un Dios, aparentemente les otorga Su favor. **¿Dónde está el Dios de justicia?** La misma existencia de un Dios omnipotente y justo era puesta en duda. La insinuación era que si Dios existe, nunca actuaría.

3:1. Mi mensajero. Juan el Bautista (Is 40:3; cp. Mr 1:2, 3). **Preparará el camino.** Juan predicó en contra de la decadencia oral y del hueco formalismo religioso, preparando así el camino para el énfasis de Cristo sobre la regeneración y la adoración espiritual. También proclamó la venida de Cristo. **Vendrá súbitamente...el Señor.** Esta es la respuesta a la pregunta: "¿Dónde está el Dios de justicia?" "Dios" (2:17), **Señor, y el ángel del pacto** se refieren a una y a la misma persona divina. Ya que el heraldo de esta persona fue Juan el Bautista, la persona divina no fue otra que Jesucristo. **A su templo.** En la nueva dispensación el santuario de Dios, que había sido el Jardín del Edén, más tarde el Tabernáculo y después el Templo, iba a ser la Iglesia (1 Co 3:16, 17; Ef 2:21; 1 P 2:5). **A quien vosotros buscáis.** Habían profesado estar esperando a Dios en Su revelación. **El ángel del pacto.** Este Mensajero divino, el que ha de venir, representaba el pacto de Dios con Israel mediante el cual, en contraste con su juicio sobre las naciones, podría esperarse que diera bendición a su pueblo elegido. **A quien deseáis vosotros.** Supuestamente, Israel anhelaba la aparición del Dios de justicia.

2. ¿Y quién podrá soportar el tiempo de su venida? Los judíos quebrantadores del pacto, así como los paganos, hallarían que el Día de Jehová sería un día terrible de juicio (Sof 1:17, 18). **Como fuego purificador.** Todos los indignos serían consumidos. **Jabón de lavadores.** Una segunda metáfora simboliza la misma terrible verdad. Se utilizaba lejía o potasa para lavar las ropas. **3. Se sentará para afinar.** La venida del Señor es ahora representaba como un Refinador de metales, que ejecutará el proceso de afinado. **Limpiará a los hijos de Leví.** El sacerdocio mismo sería el primer objeto de las actividades del Afinador. **Los afinará.** Lo que tuviera valor sobreviviría al proceso de selección. **Y traerán... ofrenda en justicia.** En el proceso de afinado, algunos sacerdotes saldrían con corazones puros, de manera que su adoración sería aceptable delante de Jehová; otros serían echados a un lado para ser rechazados.

4. La ofrenda de Judá y de Jerusalén. No debe entenderse la terminología sacrificial como enseñando que el ritual mosaico seguiría después de la venida del Señor. Más bien, esta terminología es un vehículo conveniente para la descripción del profeta de la adoración bajo la nueva dispensación. Cuando los líderes religiosos fueran transformados, la verdadera religión volvería entre el pueblo.

5. Y vendré a vosotros. Ver la exposición de 3:1. **Para juicio.** El proceso de afinación incluiría no sólo a los sacerdotes, sino también al pueblo. **Pronto.** Aunque el Señor pudiera retardar Su venida, cuando viniera vendría de una forma súbita, inesperada. **No teniendo temor de mí.** El pecado básico de los que preguntaban, "¿dónde está el Dios de justicia?" era el desprecio que manifestaban por el Dios de sus padres. **6. Yo Jehová no cambio.** "Jehová" tiene en sí mismo el concepto de inmutabilidad, pero esta inmutabilidad también se expresa en el **Yo no cambio.** Es debido a que el justo Dios nunca altera su actitud hacia el pecado que el juicio, por mucho que se retarde, será de cierto ejecutado. **Por esto, hijos de Jacob, no habéis sido consumidos.** La inmutabilidad de Dios es también la garantía de la gracia de Dios. Los fuegos del afinamiento no destruirán del todo a Su pueblo.

E. "¿En qué hemos de volvernos?" 3:7–12.

Esta pregunta hace pronunciar a Dios la acusación de que los israelitas le habían robado al no guardar las leyes del diezmo y de la ofrenda mecida (terûmâ). Pero Dios estaba lleno de gracia. Mediante el profeta les apremiaba a que rectificasen la situación, y les prometía una copiosa bendición si lo hacían así.

7. Os habéis apartado de mis leyes. Las ordenanzas quebrantadas a que aquí se refiere de forma específica eran las demandas de mayordomía que pertenecían al diezmo y a la denominada ofrenda mecida. **Yo me volveré a vosotros.** Si el pueblo se arrepentía, serían restaurados a Su favor. **¿En qué hemos de volvernos?** No quisieron reconocer que se habían extraviado. **8. Me habéis robado.** La mayordomía negligente era equivalente a fraude o robo. **Diezmos.** En cuanto a la obligación específica, ver Lv 27:30-33; Nm 20—32; Dt 14:22—29. **Ofrendas.** Esta es la palabra *teruma*, que se utiliza de las ofrendas voluntarias, de dones de las primicias, del impuesto de medio siclo del santuario, y de las partes de los sacrificios que se reservaban para los sacerdotes (Éx 30:13; Lv 7:14; Nm 15:19-21; 18:26-29). **9. Maldición.** Literalmente, *la maldición*. El castigo mencionado en 2:2 sería visitado sobre la nación culpable como un todo. **10. Todos los diezmos.** Mejor, *todo el diezmo*. Evidentemente, los israelitas hacían pretensión de conformarse a la Ley, presentando algunos diezmos delante de Dios, pero no todos aquellos que ordenaba la Ley (cp. Hch 5:1, 2). **Al alfolí.** Los diezmos tenían que ser traídos y guardados en cámaras especiales del Templo. **Alimento.** Los diezmos proveían sustento para los levitas (Nm 18:24). **Las ventanas de los cielos.** La figura (cp. 2 R 7:2, 19) hace referencia al derramamiento de la bendición material en sobreabundancia (cp. Lc 6:38). **Y derramaré sobre vosotros bendición.** Si los judíos dudaban que Jehová premia al justo (cp. Mal 2:17), tenían que poner esto a prueba.

11. Reprenderé...al devorador. El Dios soberano causaría la superabundante cosecha en parte mediante la destrucción de las langostas y otras plagas que pudieran dañar las cosechas. **Ni vuestra vid en el campo será estéril.** Dios protegería también a las vides del tizoncillo y del viento solano. **12. Todas las naciones os dirán bienaventurados.** El tiempo demostraría que Dios es Dios y que bendeciría a su pueblo con sustancia material (contrastar 2:17).

F. "¿Qué hemos hablado contra ti?" 3:13—4:3.

Esencialmente, se trata de una recapitulación de 2:17—3:6, aunque teniendo un énfasis algo distinto. Aquí se evidencia que no todo el pueblo del pacto había levantado su voz contra Dios acusándole de injusticia. El pueblo de los justos y temerosos de Dios hallarían liberación, victoria y ricas bendiciones en el Día de Jehová.

13. Hablado contra ti. ¿Había ninguna razón en seguir con las formas de la ley cere-

monial? El consenso de la opinión se hallaba peligrosamente cercana a la conclusión de que más valía interrumpir la adoración a Jehová. Pero una vez más los israelitas fingieron piedad y preguntaron: "¿Qué hemos hablado contra ti?" **14. Por demás es servir a Dios.** El servicio a Jehová fue puesto sobre una base puramente económica: Si no venía prosperidad material, más valdría no servir a Dios. **Que andemos afligidos.** Se debiera entender la expresión como yendo a través de las formalidades externas asociadas con el arrepentimiento, pero sin experimentar interiormente el verdadero arrepentimiento. **15. Decimos... Bienaventurados son los soberbios.** Este pasaje es posible que se refiera en general a los pecadores declarados, fueran judíos o gentiles, que hubieran prosperado materialmente. **Son prosperados.** Medrán.

16. Entonces. Una sociedad impía con su conducta en contra de Dios empuja a la unión de los creyentes para la mútua edificación y aliento, y un testimonio unido. **Los que temían.** Había todavía verdaderos creyentes en Israel. **Libro de memoria.** En el cielo se guarda registro de aquellos que reverencian al Señor. En cuanto a la imaginería, ver Est 2:23; 6:1–3; Éx 32:32; Sal 56:8; 69:28; Lc 10:20; Ap 10:12; 21:27.

17. Para mí. La primera parte del versículo debiera leerse: *Y serán míos, una posesión valiosa* (cp. Éx 19:5). **En el día.** El Día de Jehová (cp. 3:1, 2). Se pudiera traducir: "En el día en que yo actúe", como lo hace la RV. Otras traducciones, *el día que yo preparo* (VM). Llegará el día en que Dios actuará, cuando se hará justicia. **Y los perdonaré.** El Día del Señor será un día temido (Sof 1:15–18), pero los justos tienen la certeza consoladora de que Aquel cuyo es el día liberará a los Suyos (cp. Sal 91:7). **18. Os volveréis.** Traducir como "nuevamente", y leer: "y nuevamente discerniréis". La historia había dado abundante testimonio del hecho de que "todo lo que el hombre sembrare, esto también segará" (Gá 6:7); seguiría siendo así. Solamente los ojos ciegos o la obstinación persistente puede dar cuenta de la tesis de que Dios no haga distinción entre el justo y el malvado en su otorgamiento de bendiciones.

4:1. Viene el día. El Día de Jehová. Ignórese la división de capítulos de la RV. **Horno.** Un cazo para cocer al horno. El fuego es un símbolo de juicio que se halla comúnmente en las Escrituras (p.ej., Zac 3:8). **Estopa...ni raíz ni rama.** La imaginería hace un cambio. La **estopa** sugiere lo que será consumido en un instante; la imagen anterior sugiere que ninguno de los malvados escapará al Juicio.

2. El Sol de justicia. El sol es el símbolo de la justicia. En el Día de Jehová la noche de maldad se desvanecerá ante una administración en la que la justicia, como un sol enviando sus rayos para barrer todas las tinieblas, dará la recompensa a los piadosos, y los malvados dejarán de florecer. **En sus alas traerá salvación.** Como alas, los rayos del sol naciente sugieren la figura básica. Al hacer desvanecer las tinieblas los penetrantes rayos, el pecado y los males que le acompañan se desvanecerán igualmente. **Saltaréis como becerros.** Así como un becerro soltado se goza en su libertad recién hallada, así los justos, ya no más presos pisoteados en un mundo hostil, asumirán su día, y experimentarán un gozo conmovedor. **3. Hollaréis a los malos.** La figura es una de gran regocijo al prevalecer la perfecta justicia, con los malvados totalmente destruidos y los rectos gozando las bendiciones ininterrumpidas de su Dios del pacto. **En el día en que yo actúe** (cp. 3:17).

III. Conclusión. 4:4–6.

A. Exhortación a guardar la Ley de Moisés. 4:4.

La acusación de Malaquías sobre el pueblo de Israel era que se habían apartado de las ordenanzas del Señor (3:7). Sin embargo, podrían a pesar de todo evitarse el temido juicio del Dia de Jehová si, arrepentidos y convertidos, se dedicaban a guardar la Ley en su letra y espíritu.

4. Acordaos de la ley de Moisés. La exhortación se dirige tanto a pecadores como a santos. **En Horeb.** Sinaí. **Ordenanzas y leyes.** Traducir: *constituida por ordenanzas y juicios.*

B. Promesa de la venida de "Elías". 4:5, 6.

Dios enviaría un profeta, llamado "Elías", que cultivaría el terreno moral y espiritual para preparar la venida de Cristo, y poner así de lado la necesidad de juicio inmediato.

5. El profeta Elías. El pensamiento es aquí paralelo al de 3:1. Antes del Día de Jehová un mensajero enviado por el cielo preparará el camino. El paralelismo por sí exige la identificación de Elías como Juan el Bautista. Sin embargo, los Evangelios ponen también en claro que el "profeta" que vendría no iba a ser Elías el tisbita sino uno de espíritu y poder semejante (Mt 11:14; 17:13; Mr 9:11–13; Lc 1:17).

6. El hará volver el corazón de los padres. Juan el Bautista iba a hacer esto (Lc 1:16, 17). Por medio de él, los hombres serían llevados a la unidad de la fe: al arrepentimiento y a la conversión, y a una obediencia contentada a la ley de Dios. La unidad de mente que sería obrada por Juan mediante el Espíritu sería el terreno trabajado que, con la venida de Cristo, produciría fruto al ciento por uno. **No sea que yo venga y hiera la tierra con maldición.** Estas palabras se hallan relacionadas tanto con la exhortación a guardar la ley de Moisés como con el ministerio de Juan el Bautista. Cuando el Señor venga en juicio, la morada de las personas quebrantadoras del pacto vendrán a estar inevitablemente bajo la sentencia de destrucción. Un ministerio profético en espíritu y en poder produciría un avivamiento y desviar así la plenitud del juicio a fin de que los corazones por todos lados pudieran recibir al Rey; y el juicio final del Día de la Ira podría ser pospuesto hasta que el Señor del Templo completara la lista de sus elegidos. Esto es así como sucedió. "Elías" ciertamente *vino* y *dispuso* a un pueblo preparado para el Señor, y el Señor Jesús *vino* a su templo. Así, aunque el AT cierra con una maldición condicional, el NT cierra con la promesa incondicional de Cristo a los suyos: "Ciertamente, vengo en breve," juntamente con la respuesta de aquellos que son su "especial tesoro": "Amen; sí, ven, Señor Jesús" (Ap. 22:20).

BIBLIOGRAFÍA

CALVIN, JOHN. *Commentaries on the Twelve Minor Prophets*. Vol. 5. Grand Rapids: Wm. B. Eerdmans Publishing Co., 1950.

COWLES, HENRY. *The Minor Prophets*. Nueva York: D. Appleton and Company, 1867.

DENTAN, ROBERT C. "Malachi," *The Interpreter's Bible*. Vol. 6. Nueva York: Abingdon Press, 1956.

HENDERSON, E. *The Twelve Minor Prophets*. Andover: Warren F. Draper, 1863.

KEIL, CARL FRIEDRICH. *The Twelve Minor Prophets*. Vol. 2. Edimburgo: T. & T. Clark, 1900.

PACKARD, JOSEPH. "Malachi," *Commentary on the Holy Scriptures*. Editado por John Peter Lange. Grand Rapids: Zondervan Publishing House, s.f.

PEROWNE, T. T. *Malachi (The Cambridge Bible for Schools and Colleges)*. Editado por J. J. S. Perowne. Cambridge: The University Press, 1893.

PUSEY, E. B. *The Minor Prophets*. Vol. 2. Nueva York: Funk and Wagnalls Co., 1885.

ROBINSON, GEORGE. *The Twelve Minor Prophets*. Nueva York: George H. Doran Co., 1926.

SMITH, JOHN MERLIN POWIS. *The Book of Malachi (The International Critical Commentary)*. Nueva York: Charles Scribner's Sons, 1912.

COMENTARIOS EN ESPAÑOL

ADAMSON, JAMES T. H. "Malaquías". *Nuevo Comentario Bíblico*, editado por D. Guthrie, J. A. Motyer, A. M. Stibbs y D. J. Wiseman. El Paso: Casa Bautista de Publicaciones, 1978.

KELLEY, PAGE H. *Malaquías: Reavivar el Fuego de la Fe*. El Paso: Casa Bautista de Publicaciones, 1987.

WOLF, HERBERT. *Hageo y Malaquías: Rededicación y Renovación* (Serie "Comentario Bíblico Portavoz"). Grand Rapids: Editorial Portavoz, 1980.

DE MALAQUÍAS A MATEO

I. Desarrollos políticos

La expresión "años del silencio", frecuentemente empleada para describir el período entre los escritos del Antiguo Testamento y los del Nuevo, es una expresión errónea. Aunque no surgió en Israel ningún profeta inspirado durante estos siglos, y el Antiguo Testamento estaba considerado como finalizado, sucedieron hechos que confirieron al judaísmo posterior su ideología distintiva y preparon providencialmente el camino para la venida de Cristo y la proclamación del Evangelio.

Supremacía persa

Durante aproximadamente un siglo después del tiempo de Nehemías, el Imperio Persa ejerció el control sobre Judea. Este período careció relativamente de hechos importantes, pues se les permitía a los judíos observar sus instituciones religiosas sin ser molestados. Judea estaba gobernada por sumos sacerdotes, quienes eran responsables al gobierno persa, hecho éste que aseguraba a los judíos una gran medida de autonomía, mientres el sacerdocio era degradado al nivel de un oficio político. Los celos, las intrigas, y hasta el asesinato jugaron su papel en las competiciones para alcanzar la distinción de ser sumo sacerdote. Se cuenta que Johanán, hijo de Joiada (Neh 12:22), dio muerte a su hermano Josué en el propio Templo.

Johanán fue sucedido como sumo sacerdote por su hijo Jadúa, cuyo hermano Manasés, según Josefo, se casó con la hija de Sanbalat, gobernador de Samaria, y estableció un santuario sobre el Monte Gerizim, que iba a ocupar en los afectos de los samaritanos un lugar comparable al amor de los judíos por el Templo de Jerusalén (cp. Jn 4:20). Aunque este santuario fue destruido durante el reinado de Juan Hircano (134 a 104 a.C.), el monte Gerizim siguió siendo considerado como el santo monte de los samaritanos, como lo es en la actualidad. Los detalles en el relato de Josefo no son históricos, pero se sabe que se estableció un templo rival alrededor de esta época.

Persia y Egipto estuvieron envueltas en constantes luchas durante este período, y Judea, situada entre las dos naciones, no pudo evitar el verse implicaba en estos conflictos. Durante el reinado de Artajerjes III (Oco), muchos judíos tomaron parte en una revuelta contra Persia, siendo deportados a Babilonia y a las costas del Mar Caspio.

Durante el siglo v a.C., se estableció una colonia judía en la isla de Elefantina, en la primera catarata del río Nilo, cerca de la moderna Asuán. En contra de las leyes de Moisés, estas colonias se erigieron un templo para sí mismas y adoraron a otros seres divinos (p.ej., *Eshem-bethel; Herem-bethel; Anath-bethel*) juntamente con el Dios de Israel. En realidad, estas deidades pueden haber sido identificadas con el Dios del judaísmo ortodoxo de la época, pero su misma existencia muestra tendencias hacia el sincretismo. Ya que los colonos de Elefantina tenían relaciones con los samaritanos además de con los judíos, no se hallan en la corriente principal de la vida religiosa de Israel.

Alejandro Magno

Tras derrotar a los ejércitos persas en Asia Menor (333 a.C.), Alejandro marchó hacia Siria y Palestina. Después de una fuerte resistencia, fue tomada Tiro, y Alejandro se dirigió hacia el sur, en dirección a Egipto. Dice la leyenda que, al acercarse Alejandro a Jerusalén, se encontró con Jadúa, el sumo sacerdote judío, que le habló de las profecías de Daniel acerca de que el ejército griego había de salir victorioso (Dn 8). Los historiadores no toman en serio tal leyenda, pero lo cierto es que Alejandro se portó amablemente con los judíos. Les permitió observar sus leyes; les concedió exención de tributo durante los años sabáticos; y cuando fundó Alejandría en Egipto (331 a.C.), animó a los judíos a establecerse allí y les otorgó privilegios comparables a los de sus súbditos griegos.

Judea bajo los ptolomeos

Después de la muerte de Alejandro (323 a.C.), Judea se vio sometida por un tiempo a Antígono, uno de los generales de Alejandro que controlaba parte del Asia Menor. Cayó después bajo el dominio de otro general, Ptolomeo I (quien a la sazón era el amo de Egipto), de sobrenombre Soter, o *Libertador*, quien se apoderó de Jerusalén en un sábado en 320 a.C. Ptolomeo trató bien a los judíos. Muchos de ellos se establecieron en Alejandría, que siguió siendo un centro importante del pensamiento judío por muchos siglos. Bajo Ptolomeo II (Filadelfo), los judíos de Alejandría tradujeron al griego su Ley, esto es, el Pentateuco. Esta versión fue posteriormente conocida como la Septuaginta, con base en la leyenda de que sus setenta (más correctamente 72; seis por cada una de las doce tribus) traductores fueron sobrenaturalmente inspirados para producir una versión infalible.

Los judíos en Palestina gozaron de un período de prosperidad en los días de Simón el Justo, el sumo sacerdote al cargo del gobierno, cuyo caracter es descrito en el libro apócrifo de Eclesiástico (50:1–21). Se le atribuye la reparación de los muros y la fortificación de la ciudad de Jerusalén y haber construido un espacioso depósito para proveer de agua a la ciudad.

Judea bajo los seléucidas

Después de aproximadamente un siglo, durante el cual los judíos estuvieron sometidos a los Ptolomeos, Antíoco III (el Grande) de Siria arrebató a Egipto el control de Siria y Palestina (198 a.C.). Los gobernantes sirios son conocidos con el nombre de seléucidas por el hecho de que su reino, erigido sobre las ruínas del imperio de Alejandro, había sido fundado por Seleuco I (Nicator). La mayor parte de los primeros gobernantes llevaron el nombre de Seleuco o de Antíoco. La capital del gobierno se hallaba en Antioquía sobre el río Orontes.

Durante los primeras años del gobierno sirio, los seléucidas permitieron al sumo sacerdote continuar gobernando a los judíos de acuerdo con su ley. Sin embargo, estelló la contienda entre el partido helenista y los judíos ortodoxos. Antíoco IV (Epífanes) se alió con el grupo helenizante y nombró sumo sacerdote a un tal Josué que había cambiado su nombre por el de Jasón y había incitado a prestar adoración al Hércules tirio. No obstante, Jasón fue desplazado, dos años después, por otro helenista, un rebelde llamado Menahem (gr. *Menelao*). Cuando los seguidores de Jasón contendieron con los de Menelao, Antíoco marchó sobre Jerusalén, saqueó el Templo y dio muerte a muchos judíos (170 a.C.). Fueron suspendidas las libertades civiles y religiosas, prohibidos los sacrificios diarios y fue erigido a Júpiter un altar encima del antiguo altar del holocausto. Se quemaron ejemplares de las Escrituras, y se obligó a los judíos a comer carne de cerdo, en contra de lo que mandaba su ley. En el altar del holocausto fue sacrificada una arda, en señal de despreció a la conciencia religiosa de los judíos.

Los macabeos

Los oprimidos judíos no tardaron en hallar un campeón para su causa. Cuando los emisarios de Antíoco llegaron a la pequeña ciudad de Modín, a unos veintitrés kilómetros (15 milles) al oeste de Jerusalén, esperaban que el anciano sacerdote, Matatías, diese un buen ejemplo a su pueblo ofreciendo un sacrificio pagano. Pero él, no sólo rehusó, sino que, además, dio muerte junto al altar pagano a un judío apóstata, así como al oficial sirio que presidía la ceremonia. Matatías huyó a la región alta de Judea y, con sus hijos, entabló una guerra de guerrillas contra los sirios. Aunque el anciano sacerdote no llegó a vivir hasta ver a su pueblo libre del yugo sirio, comisionó a sus hijos para que llevaron a cabo esta tarea. Judas (de sobrenombre, ''el Macabeo'') asumió la jefatura a la muerte de su padre. Para el año 164 a.C., Judas se había posesionado de Jerusalén. Purificó el Templo y restableció las ofrendas diarias. Poco después de las victorias de Judas, murió Antioco en Persia. Con todo, continuaron por unos veinte años las luchas entre los macabeos y los gobernantes seléucidas. (Durante aquel tiempo, Judás murió en batalla, y su hermano Jonatán asumió el mando.) Al final, Jonatán fue ordenado sumo sacerdote. Cuando fue asesinado (143 a.C.), el último de los hijos de Matatías, Simón vino a ser el gobernante. Simón logró la independencia total frente a Siria, pero también él fue asesinado (135 a.C.), por un yerno, Ptolomeo. El hijo superviviente de Simón, Juan Hircano, sucedió a su padre y así estableció una dinastía. Hircano se decidió a hacer de Judea un estado independiente y poderoso. También ensanchó los límites de Judea en las direcciones de Siria, Fenicia, Arabia, e Idumea. Durante el reinado de Hircano, en el que consiguió el poder el partido Saduceo pro-helenista, los judíos tendieron a dejar de lado los principios ortodoxos de los primeros macabeos.

Aristóbulo I, el hijo de Hircano, fue el primero de los gobernantes macabeos en asumir el título de ''Rey de los judíos''. Después de un breve reinado, fue sucedido por el tirano Alejandro Janneo, quien, a su vez, dejó el reino en manos de su madre, Alejandra. El reinado de ésta fue relativamente tranquilo. Los fariseos asumieron el control, pero persiguieron a los saduceos como ellos mismos lo habían sido durante la época de Janneo. El hijo mayor de Alejandra, Hircano II, sirvió como sumo sacerdote. A la muerte de Alejandra, un hijo menor, Aristóbulo II, desposeyó del trono a su hermano. Con todo ello, el gobernador de Idumea, antipater, asumió la causa de Hircano, y hubo peligro de guerra civil. Como consecuencia, Pompeyo marchó a Judea con sus legiones romanas para arreglar la disputa y promover los intereses de Roma. Aristóbulo trató de defender Jerusalén contra Pompeyo, pero los romanos tomaron la ciudad y penetraron el el lugar Santísimo del Templo. Sin embargo, Pompeyo no tocó los tesoros del Templo.

Roma

Marco Antonio apoyó la causa de Hircano. Tras el asesinato de Julio César, y de Antípater (padre de Herodes), quien por veinte años había sido el virtual gobernador de Judea, Antígono, el segundo hijo de Aristóbulo, intentó apoderarse del trono. Por algún tiempo fue él realmente quien gobernó en Jerusalén, pero Herodes, el hijo de Antípater, regresó de Roma y fue proclamado rey de los judíos con el apoyo de Roma. Su matrimonio con Mariamne, nieta de Hircano, proveyó un enlace con los gobernantes macabeos.

Herodes era ambicioso y cruel. Agrandó y adornó Jerusalén, y empezó la tarea de reconstruir el Templo en gran escala. Reconstruyó Samaria y le dio el nombre de Sebasté. Cesarea, sobre la costa del Mediterráneo, en el lugar de la anterior Torre de Estrato, fue construida como un puerto marítimo principal y centro de gobierno.

Herodes fue uno de los gobernantes más crueles de todos los tiempos. Asesinó al venerable Hircano (31 a.C.) y dio muerte a su esposa Mariamne y a sus dos hijos. Desde su propio lecho de muerte, Herodes ordenó la ejecución de Antípater, un hijo tenido de otra mujer. En las Escrituras, Herodes es conocido como el rey que ordenó la matanza de los inocentes en Belén por temor como a un rival a Uno que había nacido para ser Rey de los judíos.

II. Literatura

Durante el período entre los dos Testamentos, se escribió gran parte de los apócrifos. Los libros apócrifos son los que siguen:

I (o III) Esdras. El apócrifo I Esdras (esto es, Esdras) vuelve a contar la historia bíblica desde Isaías hasta Esdras. Incluye el relato de un debate en la corte de Darío I (Histaspes) con respecto a la fuerza más poderosa en el mundo. Zorobabel recibe la comisión debido a la sabiduría que manifiesta en la discusión.

II (o IV) Esdras. Totalmente diferente de I Esdras, II Esdras contiene una serie de visiones apocalípticas asignadas a la época de Domiciano (81–96 d.C.) por muchos críticos.

Tobías. La historia de Tobías describe la vida de un piadoso judío que permaneció fiel a su fe en tanto que vivía en la pagana Nínive. El arcángel Rafael guió a Tobías, el hijo de Tobit, que pudo exorcisar demonios de una muchacha con la que posteriormente se casó, y también curar la ceguera de su padre.

Judit. Judit era una hermosa judía que, como la Jael de la antigüedad, mató al enemigo de su país. Judit utilizó su belleza para seducir al general caldeo, Holofernes, que había puesto sitio a la ciudad judía de Betulia. La historia data probablemente de la época de los macabeos.

El Resto de Ester. Un suplemento al libro canónico de Ester, las adiciones apócrifas, que profesan ser documentos originales, incluyen oraciones de Ester y de Mardoqueo.

La Sabiduría de Salomón. Siguiendo la pauta de la parte primera de los Proverbios, la Sabiduría de Salomón contiene elocuentes alabanzas a la sabiduría. Acentúa la inmortalidad de los justos y el castigo de los malvados. También se presentan el origen y la insensatez de la idolatría, juntamente con un sumario del cuidado de Dios por Israel a través de la historia.

Eclesiástico (La Sabiduría de Jesús, el hijo de Sirach). Un buen ejemplo de literatura sapiencial judaica. El Eclesiástico exalta las virtudes de la sabiduría y del temor de Dios. La eulogía de los héroes (44–50) es una pieza particularmente buena. Fue escrito alrededor del 180 a.C.

Baruc y la Epístola de Jeremías. Afirmando ser escrita desde Babilonia en el quinto año después de la destrucción de Jerusalén, Baruc contiene un mensaje de los judíos en el exilio a sus compatriotas en Judea, incluyendo una oración para que ellos la utilicen el la confesión de pecados y en el ruego por la misericordia de Dios. La Epístola de Jeremías advierte a los exiliados contra la idolatría.

El Cántico de los Tres Niños. El cántico se pone en boca de los jóvenes hebreos, Sadrac, Mesac, y Abed-nego, y se inserta después de Dn 3:23 en la Septuaginta.

La Historia de Susana. Un suplemento apócrifo de Daniel, la historia de Susana describe la hipocresía de dos ancianos. Intentaron seducir a Susana, fueron rechazados por ella, y entonces la acusaron falsamente. Fue salvada por el joven Daniel, que señaló discrepancias en el testimonio que ofrecían.

Bel y el Dragón. La historia de Bel relata cómo Daniel demostró el fraude de los sacerdotes de Bel, que consumían secretamente la comida dejada para su ídolo, engañando así al pueblo. La segunda historia relata cómo Daniel mató un dragón que era adorado como dios en Babilonia. Daniel fue arrojado a un foso de leones, pero fue milagrosamente preservado. Habacuc, traído al foso por un ángel, ministró a Daniel.

I Macabeos. Las luchas con el helenismo y el período de la revuelta macabea se describe en I Macabeos, libro que nos da la historia de Judea desde la accesión de Antíoco Epífanes (175 a.C.) hasta la muerte de Simón (135 a.C.). Se cree que fue escrito alrededor del 105 a.C.

II Macabeos. El segundo libro de los Macabeos contiene una historia del período entre el 175 y el 160 a.C., paralela, pero independiente, de I Macabeos. Es el resumen de una obra más larga de un Jasón de Cirene (2:23).

III. Sectas religiosas

Cuando, a continuación de la conquista de Alejandro el Magno, el helenismo arrojó su desafío al pensamiento del Oriente Medio, algunos judíos se adhuvieron con más tenecidad que nunca, a la fe de sus padres, mientras otros estaban dispuestos a adaptar su mentalidad a las nuevas ideas emanadas de Grecia. El último término, el choque entre el helenismo y el judaísmo dio origen a un cierto número de sectas judías.

Los fariseos. Los fariseos eran los descendientes espirituales de los judíos piadosos que habían luchado contra los helenizantes en los días de los primeros macabeos. El nombre *fariseos* (''separatista'') les fue puesto por sus enemigos, probablemente para indicar que eran nonconformistas. Con todo, es posible que fuese usado despectivamente a causa del rigor estricto que les separaba, tanto de sus compatriotas judíos como de los gentiles. La lealtad a la verdad produce a veces orgullo y aun hipocresía, y fue esta perversión del primitivo ideal farisaico la que Jesús denunció. Pablo se incluyó a sí mismo entre los miembros de este grupo ortodoxo dentro del judaísmo de su tiempo (Fil 3:5).

Los saduceos. El partido saduceo, probablemente así nombrado por Sadoc, el sumo sacerdote designado por Salomón (1 R 2:35), negaba la autoridad de la tradición y se mostraba suspicaz hacia toda revelación posterior a la ley mosaica. Negaban la doctrina de la resurección y no creían en la existencia de ángeles ni espíritus (Hch 23:8). Eran, en general, gente rica y de alta posición, y cooperaban con agrado con el helenismo de la época. En tiempo del Nuevo Testamento, ocupaban los cargos principales del sacerdocio y del ritual del Templo. La sinagoga, por otro lado, era el baluarte de los fariseos.

Los esenios. El esenismo fue una reacción ascética contra el externalismo de los fariseos y la mundanidad de los saduceos. Los esenios se retiraban de la sociedad y llevaban una vida de ascetismo y celibato. Prestaban atención a la lectura y al estudio de las Escrituras, a la oración, y a las purificaciones ceremoniales. Tenían sus posesiones en común y eran conocidos por su laboriosidad y su piedad. Tanto la guerra como la esclavitud eran contrarias a sus principios.

El monasterio de Qumrán, cerca de las cuevas en los que fueron hallados los Rollos del Mar Muerto, es considerado por la mayoría de los eruditos como un antiguo centro esenio en el desierto de Judea. Los rollos indican que los miembros de la comunidad habían abandonado las corruptas influencias de las ciudades judeas para preparar, en el desierto, ''el camino del Señor.'' Tenían fe en el Mesías venidero y se consideraban a sí mismos como el verdadero Israel al que el Mesías había de venir.

Los escribas. Los escribas no eran, hablando con propiedad, una secta, sino más bien miembros de una profesión. Eran, en primer lugar, copistas de la ley. Llegaron a ser considerados como autoridades en las Escrituras, y de ahí que ejerciesen una función docente. Su manera de pensar era generalmente similar a la de los fariseos, con quienes se hallan frecuentemente asociados en el Nuevo Testamento.

Los herodianos. Los herodianos creían que los intereses más altos del judaísmo estribaban en la cooperación con los romanos. Debían su nombre a Herodes el Grande, quien trató de romanizar la Palestina de su tiempo. Los herodianos constituían un partido político más bien que una secta religiosa.

La opresión política romana, simbolizada por Herodes, y las reacciones religiosas expresadas en las reacciones sectarias dentro del judaísmo precristiano, proporcionaron el marco histórico en el que apareció Jesús. Las frustraciones y los conflictos prepararon a Israel para la venida del Mesías de Dios, quien apareció ''cuando vino el cumplimiento del tiempo'' (Gá 4:4).

BIBLIOGRAFÍA

BARROW, R. H. *The Romans*. Baltimore: Penguin Books, Inc., 1949.

BENTWICH, NORMAN. *Hellenism*. Filadelfia: The Jewish Publication Society of America, 1919.

BEVAN, E. R. *Jerusalem Under the High Priests*. Londres: Edward Arnold, 1904.

BICKERMAN, ELIAS. *The Maccabees*. Berlin: Schocken, 1947.

BOTTSFORD, G. W., y SIHLER, E. G. *Hellenic Civilization*. Nueva York: Columbia University Press, 1950.

FAIRWEATHER, WILLIAM. *The Background of the Gospels*. Edimburgo: T. & T. Clark, 1908.

FARMER, WILLIAM R. *Maccabees, Zealots, and Josephus*. Nueva York: Columbia University Press, 1956.

GHIRSHMAN, R. *Iran*. Baltimore: Penguin Books, Inc., 1954.

KITTO, H. D. F. *The Greeks*. Baltimore: Penguin Books, Inc., 1956.

LEVISON, N. *The Jewish Background of Christianity*. Edimburgo: T. & T. Clark, 1932.

MARCUS, RALPH. "The Hellenistic Age," *Great Ages and Ideas of the Jewish People*. Editado por Leo W. Schwarz. Nueva York: Random House, 1956.

MOORE, GEORGE F. *Judaism in the First Centuries of the Christian Era*. Cambridge: Harvard University Press, 1927.

OESTERLEY, W. O. E., y ROBINSON T. H. *A History of Israel*. Londres: Oxford University Press, 1932.

OLMSTEAD, A. T. *The History of the Persian Empire*. Chicago: The University of Chicago Press, 1948.

PEROWNE, STEWART. *The Life and Times of Herod the Great*. Londres: Hodder and Stoughton, 1957.

PFEIFFER, CHARLES F. *Between the Testaments*. Grand Rapids: Baker Book House, 1959.

RIGGS, S. J. *A History of the Jewish People: Maccabean and Roman Periods*. Nueva York: Charles Scribner's Sons, 1908.

SNAITH, NORMAN H. *The Jews From Cyrus to Herod*. Nueva York y Nashville: Abingdon Press, s.f.

TCHERICKOVER, VICTOR. *Hellenistic Civilization and the Jews*. Filadelfia: The Jewish Publication Society, 1959.

LIBROS EN ESPAÑOL

JOSEFO, FLAVIO. *Antigüedades de los Judíos*, 3 tomos. Terrassa: Editorial CLIE, 1983.

————. *Las Guerras de los Judíos*, 2 tomos. Terrassa: Editorial CLIE, 1983.

MAIER, PAUL. *Josefo: Los Escritos Esenciales*. Grand Rapids: Editorial Portavoz, 1992.

RUSSELL, D.S. *El Período Intertestamentario*. El Paso: Casa Bautista de Publicaciones, 1973.

COMENTARIO BIBLICO MOODY:
NUEVO TESTAMENTO

Redactado por Everett F. Harrison

Volumen complementario del
Comentario Bíblico Moody: Antiguo Testamento

Un tesoro de ayuda práctica dedicado a proveer enriquecimiento y descubrimiento espiritual para todos los lectores del Nuevo Testamento.

- ☐ Introducción a cada libro
- ☐ Bosquejo de cada libro
- ☐ Panorama general y análisis en detalle de cada libro
- ☐ Analiza frase por frase la totalidad del texto bíblico
- ☐ Da el significado del texto bíblico
- ☐ Ofrece información histórica
- ☐ Escrito por eruditos de la Palabra de Dios
- ☐ 568 páginas de texto de doble columna

El *Comentario Bíblico Moody: Nuevo Testamento* es su mejor compañero para el estudio de la Biblia. Presenta el mensaje bíblico en tal forma que el estudiante diligente de la Palabra de Dios halle en sus páginas ayuda extensiva.

EDITORIAL
PORTAVOZ

NUESTRA VISIÓN

Maximizar el efecto de recursos cristianos de calidad que transforman vidas.

NUESTRA MISIÓN

Desarrollar y distribuir productos de calidad —con integridad y excelencia—, desde una perspectiva bíblica y confiable, que animen a las personas a conocer y servir a Jesucristo.

NUESTROS VALORES

Nuestros valores se encuentran fundamentados en la Biblia, fuente de toda verdad para hoy y para siempre. Nosotros ponemos en práctica estas verdades bíblicas como fundamento para las decisiones, normas y productos de nuestra compañía.

Valoramos la excelencia y la calidad
Valoramos la integridad y la confianza
Valoramos el mérito y la dignidad de los individuos
y las relaciones
Valoramos el servicio
Valoramos la administración de los recursos

Para más información acerca de nuestra editorial y los productos que publicamos visite nuestra página en la red: www.portavoz.com